…eilber, *auch:* Fahrt-… *…utomatisches Regis-… …ergerat zum Festhalten von Geschwindigkeit, Fahr- und Haltezeiten [in Lkws und Bussen]*
Fahrtlschreilber → Fahrtenschreiber

Nebenform folgt

Verweis auf die **Hauptform**

fauchen = pfauchen: der fauchende Kater
pfauchen = → fauchen

gleichwertige Form folgt

Verweis auf **alphabetisch erstgereihte gleichwertige Form**

Herkunftsangabe

File [faıl] das, -s/-s ⟨engl.⟩ (EDV): *Computerdatei*

Sachbereichsangabe

Fleslserl das, -s/-[n] (bes. S, O): *Gebäck in Zopfform mit Salz, Kümmel oder Mohn*

regionale Angabe

Flop der, -s/-s ⟨engl.⟩ (sal.): *Misserfolg;* → G.: Hit

Angabe zur **Stilschicht**

Verweis auf **Gegensatzwort**

fretlten sich (ugs.): *sich behelfen, so gut es geht* | (veraltet) *sich wund reiben*

Angabe zur **Sprachschicht**

Funk[1] [-ʌ-] der, -s ⟨lat.⟩ (Mus.): *eine Stilrichtung im Pop und im Jazz*
Funk[2] [-u-] der, -s: *drahtlose Übertragung von Botschaften und Musik;* über F. Hilfe holen | *Hörfunk, Rundfunk;* in F. und Fernsehen

gleich geschriebene Wörter unterschiedlicher Herkunft oder mit **unterschiedlichen grammatikalischen Angaben**

Österreichisches Wörterbuch

Österreichisches Wörterbuch

41., aktualisierte Auflage

Herausgegeben
im Auftrag des
Bundesministeriums für
Unterricht, Kunst und Kultur

Auf der Grundlage
des amtlichen Regelwerks

öbv

www.oebv.at

Bearbeiter:
Otto Back
Erich Benedikt
Karl Blüml
Jakob Ebner
Maria Hornung
Hermann Möcker
Heinz-Dieter Pohl
Herbert Tatzreiter

Unter Mitwirkung von Fachkonsulenten

Redaktion:
Herbert Fussy, Ulrike Steiner

www.oewb.at

Umschlaggestaltung: Silvia Bliem und Martin Stumpauer, Wien
Layout: Alois Kiendlhofer, Wien
Herstellung: Martin Stumpauer, Wien

41. Auflage

Papier: Amber Graphic
Satz: Manz Crossmedia GmbH & Co. KG, Wien
Druck und Bindung: Stürtz GmbH, Würzburg
ISBN 978-3-209-06875-0

INHALTSVERZEICHNIS

Vorwort

Die tiefgreifenden Umarbeitungen des Österreichischen Wörterbuchs (ÖWBs) und die Umstellung auf die neue Rechtschreibung haben dieses Standardwerk zum österreichischen Deutsch in den letzen Jahren stark verändert. Nur wenig verändert hat sich die letzten Auflagen hindurch das äußere Erscheinungsbild des ÖWBs. Die hier vorliegende 41. Auflage kann nun mit einer durchgehenden typografischen Neugestaltung aufwarten: ein modernes Layout, das Wiederaufleben der Dreispaltigkeit (wie schon in den allerersten Auflagen), eine neue Schrift und eine zusätzliche Farbe. In ihrem Umfang ist die aktuelle Auflage gegenüber der vorangegangenen gleich geblieben, allerdings wurden einzelne Stichwörter, Verwendungsbeispiele und erklärende Kommentare aktualisiert und ergänzt. Alle diese Neuerungen zielen zusammen darauf ab, die Arbeit mit dem Wörterbuch zu erleichtern und noch stärker zum Nachschlagen zu motivieren.

Das Österreichische Wörterbuch kann bereits auf eine mehr als fünf Jahrzehnte lange Tradition zurückblicken. Sein unmittelbarer Vorläufer, die „Regeln für die deutsche Rechtschreibung nebst Wörterverzeichnis", in der ältesten Form auf 1879 zurückgehend, hatte sich auf einfache Wortlisten ohne Erklärungen beschränkt. Damals entstanden in verschiedenen Teilen des deutschen Sprachraums ähnliche Rechtschreibwörterbücher, aber jeweils nur mit regionaler (einzelstaatlicher) Geltung. Letztlich geht die Tradition aber bis ins Jahr 1774 zurück, als mit der maria-theresianischen „Allgemeinen Schulordnung" auch die „Anleitung zur deutschen Rechtschreibung. Zum Gebrauche der deutschen Schulen in den kaiserlich-königlichen Staaten" erschien.

Das erste Österreichische Wörterbuch wurde im Verordnungsblatt des Bundesministeriums für Unterricht vom 1. Jänner 1950 als ein Nachschlagwerk angekündigt, das „den in Österreich gebräuchlichen Wortschatz enthält und für alle Fragen der Rechtschreibung, die erfahrungsgemäß in Schule, Amt oder Büro auftauchen, die passende Lösung findet". Erstmals erschienen ist es Ende 1951. Seine Aufgabe, Grundlage der Rechtschreibung in den Schulen und Ämtern Österreichs zu sein, ist seither bestehen geblieben. Es wurde nach pädagogischen Grundsätzen gestaltet und ist als Behelf zu selbständiger Arbeit für Schülerinnen und Schüler etwa ab der fünften Schulstufe geeignet. Aber neben der Aufgabe für den Schulgebrauch hatte das ÖWB auch immer das angestrebte Ziel vor Augen, ein Buch fürs Leben zu sein, für eine breite Öffentlichkeit und vor allem für den Gebrauch im administrativen Bereich.

Das ÖWB ist ein Gemeinschaftswerk, das ständig weiterentwickelt werden muss. Auch mit dieser 41. Auflage ist ein deutlicher Schritt vorwärts gemacht worden. Die Redaktion sowie die Bearbeiterinnen und Bearbeiter hoffen, dass dieses Werk gern und mit Erfolg verwendet wird. Es soll dem traditionsreichen österreichischen Deutsch weiterhin jenen Platz sichern helfen, der ihm innerhalb des gesamten deutschsprachigen Raums zukommt.

Zum Gebrauch des Wörterbuchs

1 Auswahl und Aufbau der Artikel

1.1 Zur Auswahl der Stichwörter

Bei der Stichwortauswahl im Österreichischen Wörterbuch (ÖWB) wurden folgende Kategorien von Wörtern berücksichtigt:

- der Grundwortschatz der deutschen Sprache einschließlich der dazu zählenden gebräuchlichen Fremdwörter;
- der darauf aufbauende Wortschatz, vor allem im Hinblick auf seine Bedeutung für die Schule bis hin zur Reifeprüfung;
- der administrativ-rechtliche Wortschatz des Schulwesens und des öffentlichen Dienstes, weil dem ÖWB auch die Aufgabe zufällt, diesen Arbeitsgebieten in gewissem Ausmaß als normatives Nachschlagewerk zu dienen;
- der spezifische Wortschatz der österreichischen Varietät der deutschen Standardsprache und in Auswahl auch (überregionale) mundartliche Wörter;
- Benennungen aus österreichischer Geschichte, Kultur und Politik;
- Fachwortschatz aus einigen ausgewählten Gebieten wie zB Wirtschaft, Rechtswesen, Medizin, Technik, Physik, Medien, Sport sowie in verstärktem Ausmaß auch aus EDV und neuen Medien;
- gebräuchliche Vornamen und wichtige geografische Namen;
- häufig vorkommende Abkürzungen.

1.2 Die Anordnung der Stichwörter

1.2.1 Alphabet

Die Stichwörter sind alphabetisch angeordnet.

Die Buchstaben *ä, ö, ü* und *ß* stehen an derselben Stelle wie *a, o, u* bzw. *ss.*

Unterscheiden sich zwei Stichwörter nur durch den Umlaut (*ä* und *a* usw.), so steht *a* vor *ä*, *o* vor *ö*, *u* vor *ü*, *ss* vor *ß*, zB **sagen** vor **sägen.**

Unterscheiden sich Wörter nur durch Groß- und Kleinschreibung oder Getrennt- und Zusammenschreibung, so stehen klein- vor großgeschriebenen und getrennt vor zusammengeschriebenen Wörtern, zB **wagen** vor **Wagen, auf Grund** vor **aufgrund.**

Stichwörter mit mehr als drei Buchstaben werden im Text abgekürzt, wenn kein Missverständnis möglich ist.

1.2.2 Wortfamilien („Nester“, „Blöcke“, „Nischen“)

Verwandte Wörter, die zu demselben Wortstamm gehören (Wortfamilie), werden zu einem Absatz („Nest“, „Block“, „Nische“) zusammengefasst, d. h., nur das erste Wort steht ausgerückt am Beginn des Absatzes, die weiteren innerhalb des Absatzes, aber im Druck als Stichwort gekennzeichnet, zB **gelten, geltend, Geltung, Geltungstrieb** usw.

Kommt innerhalb eines Nestes in der alphabetischen Reihenfolge ein Wort, das nicht zu diesem Nest gehört, wird der Block unterbrochen.

Gleichgeschriebene, aber nicht verwandte Wörter (Homonyme, Homografe) und Wörter mit Unterschieden in Genus und Flexion werden eigens angesetzt und durch hochgestellte Ziffern getrennt, zB:

Star^{1} [ʃt-] der, -[e]s/-e: *ein Singvogel*

Star^{2} [ʃt-] der, -[e]s/-e: *eine Augenkrankheit* [...]

Star^{3} [st-] der, -s/-s ⟨engl.⟩: *berühmte/r Künstler/in*; Filmstar; → Starlet

1.2.3 Suchhilfen

- **Leitwörter:** Als Suchhilfe stehen auf jeder Seite des Wörterverzeichnisses ganz oben, über der waagrechten Linie, die Leitwörter, nämlich links das erste und rechts das letzte neu begonnene Stichwort der betreffenden Seite. Wer zB das Wort **Champion** sucht, findet auf Seite 134 oben die Leitwörter **Ce** und **Charakterologie.** Das Wort **Champion,** das seinen alphabetischen Platz zwischen diesen Wörtern hat, ist somit auf Seite 134 zu finden.
- **Alphabetleiste:** Auf der rechten bzw. linken Seite des Wörterbuchteils befindet sich eine Alphabetleiste zum leichteren Auffinden des gesuchten Anfangsbuchstaben.
- **Fremdwörter** und andere Wörter, die man nicht unter k findet, suche man auch unter c (und umgekehrt). Gleiches gilt für: b/p, d/t, e/ä, f/ph/v, g/k, i/y, k/c/qu, o/au/eau, r/rh, sch/ch/sh, t/th, u/ou, w/v usw.

1.3 Aufbau und Darstellung der Artikel

Innerhalb der Wörterbuchartikel sind die einzelnen Angaben (soweit sie für das betreffende Stichwort in Frage kommen) meist wie folgt gereiht:

- Stichwort (fett; mit integrierter Angabe der Worttrennung und der Betonung, wenn Schreibung und Aussprache übereinstimmen; vgl. S. 12, 2.5.1);
- Lautschrift (in eckigen Klammern);
- Varianten der Schreibung;
- grammatische Angaben wie Genus, Flexion, Verbformen;
- Herkunftsangaben bei Fremdwörtern (in spitzen Klammern);
- Angaben zu Sprach-, Alters- und Stilschichten, Fachbereichen usw. (in runden Klammern);
- Bedeutungsangaben (nach Doppelpunkt oder in runden Klammern) und Beispiele.

Erklärungen zu Beispielen stehen in runden Klammern. Unterschiedliche Bedeutungen eines Wortes sind voneinander durch einfachen senkrechten Strich getrennt, die Stichwörter eines Absatzes durch doppelten senkrechten Strich. Hinweisende Wörter wie *auch, aber* usw. sind meist kursiv gesetzt. Auf besondere Schwierigkeiten wird zusätzlich durch Fettdruck hingewiesen, zB beim Plural von **Kürbis:** Kürbi**ss**e.

Eine Darstellung des Stichwortaufbaus und der verwendeten Zeichen findet man auch auf den vorderen Innenseiten des Einbandes.

1.4 Verweise in den Artikeln

Mit dem Pfeil → wird auf ein Stichwort mit mehr Informationen verwiesen oder auf verwandte Stichwörter (**dito → detto**), auf Gegenwörter (**deskriptiv → präskriptiv**), Schreibungsvarianten (**Dätschen → Tätschen**) und ähnliche Fälle.

Bei der Angabe von Varianten werden gleichwertige Formen mit = gekennzeichnet (**Schänke = Schenke**), Nebenformen durch *auch* (**adverbial,** *auch:* adverbiell). Dies gilt auch für grammatische Angaben, zB „der = das" bzw. „der (*auch:* das)" bzw. „der, *fachspr(achlich) auch:* das", sowie für Aussprache- und Betonungsangaben.

Wortbestandteile, die nur in Zusammensetzungen auftreten (Komposita), zB **-wöchig** und **-spurig** (etwa in *achtwöchig, breitspurig*), werden im Wörterverzeichnis auch eigens angeführt (mit Ergänzungsstrich).

Sprachbezeichnungen, Farbwörter, Grundzahlwörter und Wochentagsnamen werden meist bei dem alphabetisch zuerst kommenden Wort ausführlicher dargestellt, von den folgenden Wörtern wird darauf verwiesen, zB Englisch → Deutsch, fünf → acht, Samstag → Dienstag, rot → blau.

2 Angaben in den Wörterbuchartikeln im Einzelnen

2.1 Worttrennung

In den Stichwörtern bezeichnen kleine senkrechte Striche alle Stellen zwischen zwei Buchstaben, wo am Zeilenende getrennt werden darf, zB **Che|mi|ke|rin, In|s|t|ru|ment, The|o|rie.** Man bedenke aber, dass nicht alle Trennungen gleich empfehlenswert sind (vgl. S. 863 f.). Ein Stichwort, das zufällig am Zeilenende (am Ende der Spalte) abgeteilt wird, hat dort den normalen (also nicht den kleinen senkrechten) Trennstrich.

2.2 Etymologische Herkunftsangaben

Bei den meisten Fremdwörtern ist in spitzer Klammer die Herkunftssprache angegeben: **fabulieren** ⟨lat.⟩; **Novelle** ⟨lat.-it.⟩. Ausnahmen: Abkürzungen und Abkürzungswörter sowie Kunstwörter und Eigennamen. Das heißt, dass keine Angabe bei Wörtern deutscher Herkunft steht sowie bei den meisten Lehnwörtern, wo der Fremdwortcharakter nicht mehr erkennbar ist (zB *Fenster, Mauer*).

Oft hat ein Wort den Weg über mehrere Sprachen genommen; dies wird durch einen Bindestrich angezeigt: **Talent** ⟨gr.-lat.⟩. Manchmal werden nur die wichtigsten Stationen der Wanderung eines Wortes angegeben werden, weil die Darstellung sonst zu kompliziert wäre.

Gelegentlich ist nicht sicher, aus welcher Sprache ein Wort direkt übernommen wurde; in solchen Fällen steht ein Schrägstrich: **Damast** ⟨it./fr.⟩.

Manche Wörter sind aus Bestandteilen verschiedener Sprachen zusammengesetzt; dies wird durch ein Pluszeichen gekennzeichnet: **Petroleum** ⟨gr.+lat.⟩; **Egotrip** ⟨lat.+engl.⟩.

Bei Zusammensetzungen (Komposita), in denen erster Bestandteil (Bestimmungswort) und zweiter Bestandteil (Grundwort) aus der gleichen Sprache stammen, steht nur eine Angabe: **Backgammon** ⟨engl.⟩ (also nicht ⟨engl.+ engl.⟩).

Wichtige fremdsprachliche Vorsilben (zB *hyper-, de-*) werden als eigenständige Stichwörter behandelt: **hy|per-** [hy-] ⟨gr.⟩ (nur in Zusammensetzungen wie hypergenau, Hyperthermie).

Lässt sich die Herkunft eines offensichtlichen Fremdwortes nicht ermitteln, steht für die unbekannte Herkunft ein Fragezeichen: ⟨?⟩.

In einem Block steht die Angabe im Allgemeinen beim ersten (Fremd)wort.

2.3 Soziolinguistische Angaben

2.3.1 Sprachschichten

Die Standardsprache ist nicht gekennzeichnet. Auf wichtige andere Sprachschichten beziehen sich folgende Angaben:

- umgangssprachlich (ugs.);
- mundartlich (mda.).

2.3.2 Stilschichten

Nicht besonders gekennzeichnete Wörter sind als stilistisch neutral anzusehen. Manche Wörter können je nach Zusammenhang ihre stilistische Funktion verändern. Deshalb ist der Übergang zwischen den Stilschichten fließend, zB wenn „normale" Wörter auch als Warenzeichen (Wz.) verwendet werden oder besonders im Bereich Schülerjargon und Jugendsprache (Jug.). Gelegentlich wird außer den im Folgenden aufgezählten Angaben auch eine Umschreibung gewählt, die darauf hinweist, dass ein Wort oder eine Wendung im Sinne der Political Correctness bedenklich ist.

Die im Wörterbuch bezeichneten Stilschichten sind:

- abwertend (abw.);
- beschönigend (beschön.);
- derb;
- gehoben (geh.);
- ironisch (iron.);
- salopp (sal.);
- scherzhaft (scherzh.).

2.3.3 Altersschichten

Altersspezifische Angaben sind:

- veraltend;
- veraltet;
- früher.

2.3.4 Sprachgeografische Zuordnung

Die sprachgeografische Zuordnung innerhalb Österreichs wird meist auf folgende Weise gekennzeichnet:

- regional (reg.): das Wort ist nicht in ganz Österreich üblich, aber keiner größeren Sprachlandschaft eindeutig zuzuordnen;
- ostösterreichisch (ostöst.): besonders Wien, Niederösterreich, Burgenland;
- westösterreichisch (westöst.): besonders Tirol und Vorarlberg.

Diese Angaben können auch mit Bundesländerangaben kombiniert werden, zB „ostöst., bes. W". Daneben werden aber auch Bundesländer angegeben: Oberösterreich (O), Kärnten (K), Salzburg (S) usw.

Die benachbarten deutschsprachigen Gebiete werden mit Ländernamen und Zusätzen gekennzeichnet:

- D (Deutschland);
- CH (Schweiz);
- SüdT (Südtirol).

2.3.5 Fachsprachen und Wortschatzbereiche

Für die einzelnen Fachbereiche wird eine große Zahl von Angaben verwendet, zB Administration (Admin.), Amtssprache (Amtsspr.), Astronomie (Astron.), Gastronomie und Gastgewerbe (Gast.), Psychologie (Psych.), Kraftfahrzeugwesen (Kfz), Medizin (Med.). Eine Zusammenstellung der abgekürzten Fachsprachenbezeichnungen findet sich im Abkürzungsverzeichnis auf den hinteren Innenseiten des Einbandes.

2.4 Grammatische Angaben

2.4.1 Nomen (Substantiv, Hauptwort)

Bei Nomen sind angegeben:

- der bestimmte Artikel;
- die Endungen des Genitivs Singular;
- die Endungen des Nominativs Plural (nach einem Schrägstrich).

Gehört ein Nomen zwei sprachlichen Geschlechtern an, so sind gleichwertige Artikel durch = gekennzeichnet, ein seltenerer durch ein vorgesetztes „auch".

Ausgelassene, nicht wiederholte Wortteile werden durch einen Ergänzungsstrich ersetzt, zB: „**Ä̱rmel** der, -s" (der Genitiv Singular lautet *des Ärmels*). Ein allein stehender Bindestrich zeigt an, dass das Wort im Genitiv Singular unverändert bleibt, zB: „**Frau** die, -" (der Genitiv Singular lautet *der Frau*). Das Gleiche gilt für den Nominativ Plural (nach dem Schrägstrich), zB: „**Ärmel** der, -s/-" (der Nominativ Plural lautet *die Ärmel*).

Eingeklammerte Buchstaben bei der Fallangabe besagen, dass man die Form *mit* diesem Buchstaben und *ohne* ihn gebrauchen kann: „**Arm** der, -[e]s/-e" (der Genitiv kann also lauten *des Arms* oder *des Armes*). Also bedeutet bei **Stockerl** die Angabe -[n], dass der Plural mit oder ohne -n gebildet werden kann (*die Stockerln* oder *die Stockerl*).

Bei Umlaut im Plural wird die umgelautete Form meist ganz angegeben. Ebenso werden auftretende Rechtschreibschwierigkeiten sowie der seltenere Gebrauch mancher Formen von Fremdwörtern angeführt: „**Satz** der, -es/Sätze"; „**Album** das, -s/Alben"; „**Aula** die, -/Aulen [Aulas]"; „**Globus** der, - [-bu**ss**es]/Globen [-bu**ss**e]".

Ist bei einem Nomen keine Pluralform angegeben, so gibt es keine, oder es ist keine üblich: „**Mark** das, -[e]s". Gibt es dagegen nur die Pluralform, also keinen Singular, so steht in Klammern „Pl." (Plural): „**Eltern** die (Pl.)".

Bei einem umgangssprachlichen oder mundartlichen Nomen kann aus den Angaben zum Genitiv nicht auf die (meist geringe) Gebräuchlichkeit geschlossen werden.

Bei Wortzusammensetzungen sind im Allgemeinen für das Grundwort außer Lautschrift und Worttrennung keine grammatikalischen Angaben angeführt; man schlage also bei diesem Wort selbst nach, also zB zu **Bahnhofsbuffet** bei **Buffet**.

2.4.2 Verb (Zeitwort)

Das Verb wird als Stichwort im Infinitiv angegeben. Endet die Stammsilbe auf *s, ss, ß, x, tz, z, sch, tsch* wie zB in *reisen*, wird die 2. Person Singular Präsens angeführt: „du reist", „du lässt", „du reißt", „du hext", „du sitzt", „du heizt". Bei Verben mit der Stammsilbe auf *(t)sch* ist in Österreich auch die Endung *-t* (ohne vorangehendes *s*) korrekt: *du wäsch(s)t, du tratsch(s)t*.

Bei Verben auf *-eln*, zB *wechseln*, wird in der 1. Person Singular nur „ich wechsle" angegeben, nicht aber das umgangssprachliche *ich wechsel* und das in Österreich ungebräuchliche *ich wechsele*.

Bei den starken Verben stehen nach dem Stichwort bzw. nach der Erklärung die Stammformen („**bieten,** bot/geboten") und fallweise noch weitere Angaben, wenn die einzelnen Formen der Konjugation eine auffallende Bildungsweise haben oder schwierig zu schreiben sind: „**essen,** ich esse, du isst/aß/gegessen/iss!, esst!"; „**gießen,** du gießt/goss/gegossen".

Konjugierte Formen schlage man immer bei der Grundform nach, also beim Infinitiv des Verbs, zB *(du) läufst, (er) läuft, (er) lief, gelaufen* bei **laufen,** *(sie) stand, gestanden* bei **stehen.**

Nähere Angaben bei zusammengesetzten (starken) Verben schlage man beim jeweiligen Grundwort nach: Die Formen von **vergeben** findet man also bei **geben.** (Vgl. dazu auch die Tabelle mit den Stammformen, S. 818 ff.)

2.4.3 Adjektiv (Eigenschaftswort)

Bei Adjektiven sind fallweise die Vergleichsformen angegeben, wenn sie irgendeine Schwierigkeit aufweisen: „**arm,** ärmer, am ärmsten". Sind zwei Vergleichsformen gebräuchlich, so ist die seltener verwendete in Klammern beigefügt: „**dunkel,** dunkler [dünkler], am dunkelsten".

Adjektive (sowie Pronomen und Numeralien), die nur attributiv (und nicht prädikativ) vorkommen, sind als Stichwörter mit der Endung -e angegeben, zB **linke, andere.**

2.5 Aussprache und Betonung

2.5.1 Die Angaben im und neben dem Stichwort

Soweit in einem Stichwort Schreibung und Aussprache übereinstimmen, steht unterhalb der Vokal- bzw. der Diphthongschreibung der betonten (bzw. der einzigen) Silbe eines der drei folgenden Zeichen:

- Punkt für kurzen Vokal, zB **Wald, mit, Fens|ter;**
- waagrechter Strich für langen Vokal oder Diphthong, zB **Stahl, wo, Feu|er;**
- zwei nebeneinander stehende Punkte für einen Vokal, der kurz oder lang gesprochen werden kann, zB **Ma|the|ma|tik.**

Ist in einem Wort eine von zwei Betonungen seltener, steht sie in Klammern danach: **da|für** [auch: 'daː-].

Gibt es nebeneinander zwei gleichwertige Betonungen, so sind nach dem Stichwort beide in der Lautschrift angegeben, zB **Ara|ber** ['ara-, a'raː-].

Bei manchen (besonders bei langen) Wörtern kann es vorkommen, dass zwei Silben betont sind: **Elektroenzephalogramm, Bundesschulsprecherin.** In solchen Fällen ist es aber auch möglich, nur jeweils eine der zwei in Frage kommenden Silben zu betonen, besonders dann, wenn es darum geht, einen Gegensatz auszudrücken, zB **antikolonialistisch – antikolonialistisch.** Daneben gibt es Wörter mit richtiggehend „schwebender" Betonung – diese ist gleichermaßen auf zwei Silben verteilt –, wie **steinreich** 'sehr reich', **blitzgescheit.**

Stimmen Aussprache und Schreibung nicht überein, so finden sich bei diesen Stichwörtern – auch bei Komposita! – Lautschriftangaben in eckigen Klammern, zB **Claque** [klak]. Bindestriche beziehen sich auf Wortteile, deren Aussprache sich von selbst versteht und keiner Bezeichnung bedarf, zB **Chrom** [k-], **Porphyr** [-'fyːə]. In der Lautschrift werden tunlichst nur die problematischen Teile der Wörter wiedergegeben, unter anderem regelmäßig die Schreibungen *c, ph, y,* ebenso in Zweifelsfällen *chs* und *v.*

Innerhalb eines Blocks gilt die Lautschriftangabe eines Stichwortes auch für nachfolgende Stichwörter, sofern dort keine neue Lautschriftangabe steht.

In der Lautschrift des ÖWBs, dem Internationalen Phonetischen Alphabet „IPA", werden die im Folgenden aufgelisteten Zeichen und Buchstaben verwendet.

2.5.2 Betonung und Länge in der Lautschrift

Das Zeichen ' (hochgestelltes senkrechtes Strichlein) steht *vor* der betonten Silbe, zB **Chassis** [ʃa'siː], das tiefgestellte ˌ vor einer nebenbetonten Silbe. Bisweilen beschränkt sich die Betonungsangabe auf einen Vokal, zB **Bussard** [auch: -'a-].

Das Zeichen ː (Doppelpunkt) nach einem IPA-Vokalbuchstaben gibt an, dass der Vokal lang ist, zB **Computer** [k-'pjuː-].

2.5.3 IPA-Buchstaben

Die folgenden IPA-Buchstaben sind nach der Alphabetfolge der zu Grunde liegenden Buchstaben gereiht (in Klammern Beispiele).

Die IPA-Buchstaben b, d, f, g, h, j, k, l, m, n, p, t bedürfen keiner Erklärung.

a	helles a *(Masse)*
ɑː	langes dunkles a (engl. *car, father*)
ɑ̃	nasaliertes a *(Chance)*
ɒ	a-ähnliches, sehr offenes o (mda. *Patschen*, engl. *boss, God*)[1]
ʌ	ohne Lippenrundung gesprochenes offenes o *(Clubbing)*[1]
æ	a-ähnliches, sehr offenes e (engl. *jazz, chat*)[1]
ç	Ichlaut *(ich, echt)*
dʒ	d + stimmhaftes sch *(Dschungel, Jeans)*
ð	lispelnd hervorgebrachtes stimmhaftes s (engl. *father*)
e	geschlossenes e *(Tee, Mehl)*
eɪ	e, das in i übergeht (engl. *play, mail*)[1]
ɛ	offenes e (ä) *(Berg, Ähre, Statue, Mädchen)*[2]
ɛ̃	nasaliertes offenes e *(Bassin, Teint)*
ɜː	ohne Lippenrundung gesprochenes langes offenes ö (engl. *cursor, girl*)[1]

ə	abgeschwächter a-Laut, geschrieben *er (Oper, Computer, Joker);* auch zweiter Bestandteil von Diphthongen, geschrieben *r (Monteur, Airbag,* engl. *cheers)* bzw. *a* (mda. *Hias, schiach*)[3]
əʊ	ə + u (engl. *Joe, show, window*)[1]
i	geschlossenes i *(sieben, Zitrone)*
i̯	unsilbisches i *(Aktion, genial)*
ɨ	mit gesenktem Zungenrücken gesprochenes i (russ. ы, türk. ı)
ɪ	offenes i *(Irrtum,* engl. *kid);* auch zweiter Bestandteil von Diphthongen *(bei,* engl. *by, okay, boy)*
ʲ (hochgestelltes j)	zeigt nach einem IPA-Konsonantenbuchstaben an, dass der Konsonant palatalisiert, d. h. in Richtung auf j gesprochen wird; besonders d^j, l^j, n^j, t^j (it. *figlio,* fr. *compagnon*)
ɫ	u-ähnliches l (mit gesenkter Zungenwurzel) *(Zuckerl, Kerl,* engl. *girl, well)*
ʎ	= l^j
ŋ	ng-Laut *(Lunge, singen)*
ɲ	= n^j
o	geschlossenes o *(hoch)*
o̯	unsilbisches o *(Reservoir)*
õ	nasaliertes geschlossenes o *(Bronze)*
ɔ	offenes o *(Ort, Wolle)*
ɔː	langes offenes o (engl. *awful, call, score,* fr. *or*)[1]
ɔ̃	nasaliertes offenes o (fr. *leçon*)
ø	geschlossenes ö *(Löwe)*
œ	offenes ö *(Körper)*
œ̃	nasaliertes offenes ö *(Parfum)*
r	„vorderes" r; der IPA-Buchstabe r wird auch vereinfachend zur Bezeichnung verschiedener anderer r-Laute verwendet
ʀ	„hinteres" r (Zäpfchen-r, Gaumen-r) (fr. *grand, crayon*)
s	stimmloser, „scharfer" s-Laut, wie ß *(Wasser, groß)*
ʃ	sch *(schön)*
ts	t + s *(zehn, Witz, stets)*
tʃ	t + sch *(rutschen, deutsch, checken)*
θ	lispelnd hervorgebrachtes stimmloses s (engl. *thanks, three*)
u	geschlossenes u *(Mut, Musik)*
u̯	unsilbisches u *(Sanguiniker, Statue)*
ʊ	offenes u *(schnurren);* auch als zweiter Bestandteil von Diphthongen *(Auge,* engl. *window, show)*
v	w *(warten, vis-à-vis)*
w	unsilbisches u im Englischen *(World Wide Web)*
x	Achlaut *(Sache, hoch)*
y	geschlossenes ü *(kühl, Physik)*
y̆	unsilbisches ü *(Etui, Suite)*
ɥ	= y̆
ʏ	offenes ü *(mürrisch);* zweiter Bestandteil des Diphthongs [ɔʏ] *(Leute, Säule)*
z	stimmhafter, „summender" s-Laut *(Rose,* engl. *zero)*
ʒ	stimmhafter sch-Laut *(Genie, Journal, engagiert)*

2.5.4 Anmerkungen zu den IPA-Buchstaben

1) Fremdsprachliche Wörter in gesprochenen deutschen Sätzen werden normalerweise an die Lautgewohnheiten des Deutschen angepasst. Wie sich dabei englische Laute verändern, wird im Folgenden angegeben.

Links vom Pfeil (→): englischer Originallaut; rechts vom Pfeil: angepasster Laut.

ɒ → ɔ (*boss* [bɒs] → [bɔs])

ʌ → a (*cup* [kʌp] → [kap])

æ → ɛ (*chat* [tʃæt] → [tʃɛt])

eɪ → eː (*mail* [meɪl] → [meːl])

ɜː → œə (*cursor* ['kɜːsə] → ['kœəsə])

əʊ → oː oder oʊ (*Joe* [dʒəʊ] → [dʒoː, dʒoʊ])

ɔː vor r → ɔə (*score* [skɔː] → [skɔə])

Einige stimmhafte Konsonanten am Wortende werden durch entsprechende stimmlose Konsonanten ersetzt: [b] → [p], [d] → [t], [dʒ] → [tʃ], [g] → [k], [v] → [f], [z] → [s], zB *Gag* [gæg] → [gɛk], *live* [laɪv] → [laɪf].

2) Das e in unbetonten Nachsilben (soweit es nicht überhaupt stumm ist) klingt in Österreich normalerweise wie [ɛ]. Deshalb verwendet das ÖWB dafür den IPA-Buchstaben [ɛ] und nicht [ə].

3) Das ÖWB verwendet für abgeschwächtes a den IPA-Buchstaben [ə] sowohl in englischen als auch in deutschen Wörtern. Der in anderen Werken verwendete IPA-Buchstabe [ɐ] wird daher im ÖWB nicht benötigt.

2.6 Bedeutung und Beispiele

Die Wortbedeutung kann je nach Stichwort in verschiedenen Arten angegeben werden:

- als (Kurz)definition;
- als Synonym;
- durch Erklärung des Wortes in einem Beispielsatz;
- durch Anführung von treffenden Beispielen oder Zusammensetzungen.

Wenn für eine männliche bzw. eine weibliche Personenbenennung innerhalb eines Blocks eine Erklärung notwendig ist, steht sie meist nur bei der alphabetisch erstgereihten der beiden.

Wörterverzeichnis

Alle Anregungen und Vorschläge zum Österreichischen Wörterbuch bitte an eine der folgenden Adressen senden:

Österreichischer Bundesverlag Schulbuch GmbH & Co. KG
Redaktion Österreichisches Wörterbuch
Frankgasse 4
1090 Wien

E-Mail: oewb@oebv.at

a A

a [aː] das, -/- (Kleinbuchstabe): das a im Wort *arm;* das Doppel-a; das Umlaut-a *(ä)* | (Laut) der a-Laut | die a-Klasse | (Mus.) der Ton a (A) | (Mus.) a-Moll | (Math.) **Ar**

A [aː] das, -/- (Großbuchstabe): das A im Wort *Alm;* das Vitamin A; von A bis Z *(alles, vom Anfang bis zum Ende);* das A und O *(das Wesentliche, das Um und Auf);* wer A sagt, muss auch B sagen *(das Begonnene auch mit unangenehmen Konsequenzen fortsetzen)* | (auch Kfz) **A**ustria | (Phys.) **A**mpere | (Mus.) der Ton A (a) | (Mus.) A-Dur | (Mus.) **A**lt | (Verk.) **A**utobahn; die A 2 *(Südautobahn)*

ä das, -/- (Kleinbuchstabe): *Umlaut-a;* das ä im Wort *ähnlich*

Ä das, -/- (Großbuchstabe): das Ä im Wort *Ähre*

à ⟨fr.⟩: *zu, zu je;* 10 kg à 9 €; → à la

@ → At-Zeichen

Å: Ångström

a- ⟨gr.⟩ (nur in Zusammensetzungen wie apolitisch, Amoral)

a.: am; Neustift a. Walde | **a**nno

A.: Anno

Aa [aˈaː] das, -s (Kinderspr.): *Kot, Exkremente;* Aa machen

Aa|chen: *Stadt in Deutschland*

Aal der, -[e]s/-e: *ein schlangenförmiger Fisch;* glatt wie ein Aal sein *(sich so verhalten, dass einem niemand etwas anhaben kann)* ‖ **aa|len** sich: sich in der Sonne a. *(räkeln)* ‖ **Aal|fang** ‖ **aal|glatt:** *sehr gewandt; durchtrieben*

a. a. O.: am **a**ngegebenen **O**rt *(Hinweis auf eine bereits genannte Quelle)*

Aar der, -[e]s/-e (geh., veraltet): *Adler*

Aar|gau der, -s: *Schweizer Kanton*

Aas das, -es/Äser [Aase]: *[verwesende] Tierleiche* | (ugs.) faules Aas *(ein Schimpfwort)* ‖ **Aas|fresser** der, -s/-: *Tier, das Tierleichen frisst, zB Hyäne* ‖ **Aas|gei|er:** *ein Greifvogel* | *ein Schimpfwort*

ạb

Präposition mit Dativ:
- ab der Grenze
- ab dem ersten Mai

Bei Zeitangaben oÄ mit Dativ oder Akkusativ, wenn kein Artikel steht:
- ab erstem/ersten Mai
- ab 14 Jahre[n]

Adverb:
ab und zu ([bes. D: ab und an] *manchmal*); Hut ab! *(alle Anerkennung!)* | (ugs.) der Finger ist ab *(abgetrennt)*

A. B. [a ˈbeː]: **A**ugsburger **B**ekenntnis; die Evangelische Kirche A. B.; → H. B.

ạb|än|der|bar ‖ **ạb|än|dern:** ein abgeändertes Programm ‖ **Ạb|än|de|rung** ‖ **Ạb|än|de|rungs|an|trag:** ein A. zu einem Gesetzentwurf

ạb|ängs|ti|gen sich: sich um den Verschwundenen tagelang a.

ạb|ar|bei|ten: *eine Schuld durch Arbeit begleichen* | abgearbeitete *(durch manuelle Tätigkeit abgenützte)* Hände

ạb|är|gern sich: *sich ständig ärgern*

Ạb|art: die A. einer Hunderasse ‖ **ạb|ar|tig:** ein abartiges *(aus der Art geschlagenes)* Verhalten ‖ **Ạb|ar|tig|keit** die, -/-en

ạb|äsen (Jägerspr.): *abfressen*

ạb|äs|ten: *einen Baum von Ästen befreien*

Abb.: Abbildung

ạb|bal|gen (Jägerspr.): *enthäuten;* einen Hasen a. *(sein Fell abziehen)*

Ạb|bau der, -[e]s: der A. von Gerüsten | der A. *(die Kündigung)* von Arbeitskräften | der A. *(die Reduzierung)* von Privilegien | der A. *(die Gewinnung)* von Erzen | (Chem.) der A. *(die Zerlegung)* von Alkohol ‖ **ạb|bau|en:** Vorurteile a.; geistig a. *(nachlassen)* | Arbeitskräfte a. *(kündigen)* | Kohle a. ‖ **Ạb|bau|pro|dukt:** *durch den Abbauprozess entstandenes Produkt, zB Zucker* ‖ **Ạb|bau|pro|zess:** Fäulnis ist ein natürlicher A. ‖ **ạb|bau|wür|dig:** ein abbauwürdiges *(für den Abbau rentables)* Kohlebergwerk

Ab|bé der, -s/-s: *niederer Weltgeistlicher [in Frankreich]*

ạb|bee|ren (bes. D): *abrebeln*

ạb|bei|ßen: von der Semmel a.

ạb|bei|zen: *mit einem Lösungsmittel zB Lack entfernen*

ạb|be|kom|men: sie hat viel davon a. *(vom Ganzen bekommen)*

ạb|be|ru|fen: *aus dem Amt entlassen;* der Botschafter wurde a. *(zurückberufen)* | (geh.) [aus dem Leben] a. werden *(sterben)* ‖ **Ạb|be|ru|fung:** die A. des Vorstands/einer Ministerin

ạb|be|stel|len: *eine Bestellung rückgängig machen* ‖ **Ạb|be|stel|lung**

ạb|bet|teln: jemandem Geld a. | (ugs.) jemandem eine Ohrfeige a. *(jemanden so lange provozieren, bis er zuschlägt)*

ạb|beu|teln: *abschütteln*

ab|be|zah|len: *abzahlen*

ạb|bie|gen: nach links a.; den Ellbogen a. *(beugen)* | (ugs.) etwas a. *(verhindern)* ‖ **Ạb|bie|ge|spur** ‖ **Ạb|bie|gung**

Ạb|bild: Anna ist das A. ihrer Mutter *(sie sieht ihr sehr ähnlich)* ‖ **ạb|bil|den:** *bildlich darstellen;* naturgetreu a. ‖ **Ạb|bil|dung** (Abb.) ‖ **Ạb|bil|dungs|feh|ler** (Phys.): A. einer optischen Linse ‖ **Ạb|bil|dungs|maß|stab** (bes. Phys.): *Verhältnis von Bildgröße zu Gegenstandsgröße*

ạb|bin|den: die Schürze a. *(abnehmen)* | den verletzten Arm a. *(abschnüren, um die Blutung zu stillen)* | Gips bindet ab *(wird fest)*

Ạb|bit|te (geh.): einem Freund A. leisten *(ihn um Verzeihung bitten);* A. tun ‖ **ạb|bit|ten** (geh.): seine Missetaten a.

ạb|bla|sen: den Staub a. | (sal.) ein Vorhaben a. *(aufgeben, absagen)*

ạb|blät|tern: die Farbe blättert ab

ạb|blen|den: *abdunkeln* | (Kfz) das Licht a. *(mit Abblendlicht fahren)* ‖ **Ạb|blend|licht:** *ein Scheinwerfer am Kfz;* → Fernlicht

ạb|blit|zen (ugs.): *abgewiesen werden;* jemanden a. *(sich vergeblich bemühen)* lassen

ạb|blo|cken: einen Angriff a. *(verhindern, abwehren)*

Ạb|brand|ler der, -s/- = **Ạb|bränd|ler** (veraltend): *durch den Brand seines Hauses schwer Geschädigter*

ạb|bra|ten: Fleisch schnell a. *(anbraten)*

ạb|brau|sen: *duschen;* sie braust sich nach der Gartenarbeit ab | (ugs.) *rasch davonfahren* | (ugs., derb) damit kannst du dich a. *(davon will ich nichts hören)*

ạb|bre|chen: einen Zweig a. | ein Gespräch a. | die Zelte a. *(abbauen; den Ort verlassen)* | die Küste bricht *(fällt)* steil ab ‖ **Ạb|bre|cher** der, -s/-: *Schüler oder Student, der seine Schullaufbahn* *bzw. sein Studium vorzeitig (ohne Abschluss) beendet* ‖ **Abbrecherin** die, -/-innen

abbremsen: die Fahrerin musste scharf a.

abbrennen: das Haus brennt ab; Benzinreste a. | (veraltend) *von der Sonne gebräunt werden;* er lässt sich a.; → abgebrannt

Abbreviatur [-v-] die, -/-en ⟨lat.⟩: *Abkürzung in der Schrift*

abbringen: jemanden von seiner Meinung a.

abbröckeln: der Mauerverputz bröckelt ab

abbrocken (bes. ostöst.): *abpflücken*

Abbruch: der A. eines Hauses | der A. der Verhandlungen/des Studiums ‖ **Abbruchbescheid,** *auch:* Abbruchsbescheid ‖ **Abbruchhaus,** *auch:* Abbruchshaus ‖ **abbruchreif,** *auch:* abbruchsreif

abbrühen (bes. D) (Küchenspr.): Gemüse a. *(mit kochendem Wasser übergießen; blanchieren);* → abgebrüht

abbuchen: den Betrag vom Konto a. ‖ **Abbuchung** ‖ **Abbuchungsauftrag** (Bankw.): *Auftrag des Kontoinhabers an seine Bank, einen bestimmten Geldbetrag vom Konto abzubuchen;* einen A. erteilen

abbürsten: den Mantel a.

abbusseln (ugs.): *abküssen*

abbüßen: eine Schuld a.

Abc [a be ˈtseː] = **ABC** das, -[s]/-s: *das Alphabet*

Abchasien: *ein autonomer Teil Georgiens*

abchecken [-tʃ-] (sal.): *[Punkt für Punkt] kontrollieren* | (Jug.) die Homepage musst du unbedingt a. *(unbedingt anschauen)*

Abc-Schütze [a be ˈtseː-] (veraltet bzw. scherzh.): *Schulanfänger* ‖ **Abc-Schützin** (veraltet bzw. scherzh.)

ABC-Waffen [a be ˈtseː-] die (Pl.): **a**tomare, **b**iologische und **c**hemische Waffen (im Gegensatz zu den konventionellen Waffen)

abdampfen: *Dampf ablassen* | (ugs.) *abfahren, sich rasch entfernen*

abdämpfen: *die Wirkung abschwächen;* einen Klang a.; einen Sprung a.

abdanken: der Monarch dankte ab *(legte sein Amt nieder)* ‖ **Abdankung** die, -/-en

abdecken: den Tisch a. *(abräumen);* der Sturm deckte Häuser ab | die Beete mit Zweigen a. *(bedecken)* | Verpflichtungen a. *(begleichen);* Anforderungen a. *(erfüllen)* | alle Bereiche a. *(umfassen)* ‖ **Abdecker** der, -s/- (veraltet): *Tierkadaververwerter* ‖ **Abdeckplane** ‖ **Abdeckung**

abdichten: ein Rohr a. *(dicht machen)*

abdienen: *(eine verpflichtende Dienstzeit) zur Gänze ableisten;* den Militärdienst a.

abdingbar (Jus): *durch freie Vereinbarung ersetzbar;* → G.: unabdingbar

Abdomen das, -s/Abdomina ⟨lat.⟩ (Med.): *Bauch*

abdrängen: jemanden von der Straße a.

abdrehen: das Licht a. *(ausschalten)* | das Flugzeug/Schiff dreht ab *(ändert seine Richtung)* | einen Film a. *(fertig drehen)* | (sal.) eine Aktion a. *(abwürgen, stilllegen);* → abgedreht

abdriften: *vom Kurs abweichen*

Abdruck[1] der, -[e]s/-drucke: der A. des Stempels | der A. eines Manuskripts ‖ **Abdruck**[2] der, -[e]s/-drücke: Abdrücke ihrer Finger | im letzten A. *(Augenblick)* ‖ **abdrucken:** ein Gedicht a. *(veröffentlichen)* ‖ **abdrücken:** er drückte [die Pistole] ab | die Hand in Gips a.

abdunkeln: einen Raum a.

abduschen: sich vor der Sauna kurz a.

abebben: die Flut ebbte ab | die Erregung ist abgeebbt *(schwächer geworden)*

abeisen: das Auto a. *(von Eis befreien)* | (veraltend) *abtauen;* den Kühlschrank a.

Abend der, -s/-e:
am A.; diesen A.; bunter A. *(Abendveranstaltung mit verschiedenen Darbietungen)* | (geh.) *der Westen;* von A. her; der Heilige Abend *(24. Dezember)*

Großschreibung:
- des/eines Abends
- [um] acht Uhr Abend *(abends)*
- zu Abend essen; *aber zusammen:* → abendessen
- guten (= Guten) Abend sagen
- heute Abend; morgen Abend; gestern Abend; *aber zusammen:* → Dienstagabend

Kleinschreibung von „abends“:
- abends lesen *(jeden Abend,* auch: *am Abend)*
- [um] acht Uhr abends
- sie kommen [am] Mittwoch abends

Abendanzug: *[dunkler] Anzug für einen festlichen Anlass* ‖ **Abendausgabe:** die A. einer Zeitung ‖ **Abendbrot** (nördl. D): *Abendessen* ‖ **Abenddämmerung** ‖ **abendessen** (nur Inf. und Part.): früh a. gehen; *aber:* zu Abend essen; → mittagessen ‖ **Abendessen** ‖ **abendfüllend:** ein abendfüllendes *(den ganzen Abend dauerndes)* Programm ‖ **Abendgymnasium** [-gy-]: *Gymnasium oder Realgymnasium für Berufstätige* ‖ **Abendhimmel** ‖ **Abendkarte:** *Speisekarte für den Abend* ‖ **Abendkassa** = **Abendkasse:** Theaterkarten an der A. *(unmittelbar vor der Vorstellung)* kaufen ‖ **Abendkleid:** ein festliches Kleid ‖ **Abendkurs** ‖ **Abendland** das, -[e]s: *der Bereich der europäischen Kultur* ‖ **abendländisch** ‖ **Abendläuten** das, -s ‖ **abendlich:** *abendliche Stille* ‖ **Abendluft** die, - ‖ **Abendmahl** (geh.): *Abendessen* | (Rel.) das Letzte A. *(das Mahl Jesu mit den Jüngern vor seinem Tod)* | (evangelische Kirche) *ein Sakrament;* → Eucharistie | (evangelische Kirche) → *Abendmahlsfeier* ‖ **Abendmahlsbrot** (evangelische Kirche): *Brot, das beim Abendmahl verteilt wird* ‖ **Abendmahlsfeier:** *Gottesdienst in der evangelischen Kirche* ‖ **Abendmesse** ‖ **Abendnachrichten** die (Pl.) ‖ **Abendprogramm** ‖ **Abendrot:** *rote Färbung des Himmels im Westen* ‖ **abends:** a. *(am Abend; jeden Abend)* zu Hause sein; [um] acht Uhr a.; sie kommen [am] Mittwoch a. (auch: mittwochabends, mittwochs abends, Mittwochabend) ‖ **Abendschule** ‖ **Abendsonne** ‖ **Abendspitze:** *die Verkehrsspitze am Abend;* → G.: Frühspitze ‖ **Abendstern** der, -[e]s: *die Venus, Morgenstern* ‖ **Abendstunde** ‖ **Abendtoilette** [-toˌlɛt(ɛ)]: eine Dame in A. *(festlicher Abendkleidung)* ‖ **Abendveranstaltung** ‖ **Abendzeitung**

Abenteuer das, -s/-: *aufregendes, gefahrvolles Erlebnis* | (auch abw.) *risikoreiche, waghalsige*

Aktion | ein A. *(eine kurzzeitige Liebesbeziehung)* mit jemandem haben || **Abenteuerfilm** || **Abenteuerin** → Abenteurerin || **abenteuerlich:** *riskant* | *ungewöhnlich* || **Abenteuerlust:** *Lust am Abenteuer* || **abenteuerlustig** || **Abenteuerroman** || **Abenteuerspielplatz** || **Abenteuerurlaub** || **Abenteurer** der, -s/-: *Mann, der Abenteuer liebt und sucht* || **Abenteurerin** die, -/-innen, *auch:* Abenteuerin || **Abenteurernatur:** sie war eine A.

aber
das glaube ich a. nicht; a., a.! *(nicht doch!)*

Konjunktion mit Beistrich:
- reich, aber unglücklich
- die Torte ist schön, schmeckt aber nicht gut

Großschreibung bei Nominalisierung:
- viele Wenn und **A**ber; kein **A**ber!

Aberglaube = **Aberglauben:** *als irrig angesehener Glaube an übernatürliche Kräfte* || **abergläubisch** || **aberhundert** = **Aberhundert:** *viele hundert;* aberhundert[e] = Aberhundert[e] von Zuhörern; hundert[e] und aberhundert[e] = Hundert[e] und Aberhundert[e] Vögel

aberkennen, ich erkenne ab/ich aberkenne: ihm wurde ein Recht aberkannt || **Aberkennung**

abermalig: bei abermaligem *(neuerlichem)* Regelverstoß || **abermals:** *nochmals*

abernten: das Getreide a.; das Feld a.

Aberration [-tsi̯-] die, -/-en ⟨lat.⟩ (Phys.): *ein Abbildungsfehler* | (Astron.) *scheinbare Veränderung eines Gestirns am Himmel*

Abersee: → *Wolfgangsee*

abertausend = **Abertausend:** *viele tausend;* abertausend[e] = Abertausend[e] von Zuhörern; tausend[e] und abertausend[e] = Tausend[e] und Abertausend[e] Vögel || **Aberwitz** der, -es (geh.): *Unsinnigkeit* || **aberwitzig** (geh.)

abfackeln: *durch Verbrennen vernichten* | (abw.) *durch Brandlegung vernichten*

abfahren: übermorgen fahre *(reise)* ich ab; der Bus fährt ab; auf der Rodel ins Tal a.; der Zug ist abgefahren *(die Gelegenheit ist vorbei; die Sache ist entschieden)* | (ugs.) fahr ab! *(verschwinde!)* | abgefahrene *(abgenutzte)* Winterreifen | den Film a. *(starten)* | (sal.) er fährt auf Kekse ab *(mag sie)* || **Abfahrt** || **Abfahrtslauf** (Sport) || **Abfahrtspiste** || **Abfahrtsrennen** (Sport) || **Abfahrtsstelle** || **Abfahrtsstrecke** || **Abfahrtszeit**

Abfall der, -[e]s/-fälle: *Überrest;* radioaktive Abfälle | (ohne Pl.) *das Abtrünnigwerden* | (ohne Pl.) der A. *(Rückgang)* der Leistungen || **Abfallbeseitigung** || **Abfallbewirtschafter:** *ein Beruf* || **Abfallbewirtschafterin** || **Abfalleimer:** *Mistkübel* || **abfallen:** in der Leistung a. *(nachlassen)* || **abfällig:** sich über jemanden a. *(geringschätzig)* äußern || **Abfallprodukt** || **Abfallrecht** (Jus) || **Abfallvermeidung** || **Abfallverwertung** || **Abfallwirtschaft**

abfälschen (Sport): den Ball a. *([unbeabsichtigt] in eine andere Richtung lenken)*

abfangen: eine geheime Botschaft a. || **Abfangen** das, -s (reg.): *Fangen, Fangerlspiel;* A. spielen || **Abfangjäger** (Mil.): *ein Jagdflugzeug*

abfärben: der Stoff färbt ab

abfassen: *verfassen, formulieren* || **Abfassung**

abfedern: *mittels Federung abfangen* | die Maßnahmen werden sozial abgefedert *(abgemildert)* || **Abfederung**

abfeilen: den Nagel a.

abfertigen: einen Zug a. | einen Angestellten a. *(abfinden)* || **Abfertigung** die, -/-en: *Abfindung eines Arbeitnehmers bei Beendigung des Dienstverhältnisses* || **Abfertigungsanspruch** || **Abfertigungsrücklage** || **Abfertigungsschalter** || **Abfertigungssumme**

abfeuern: einen Schuss a.

abfieseln (mda.): *abnagen*

abfinden[1]: die Angestellte mit einer Geldsumme a. *(ihre Forderungen damit abgelten)* || **abfinden**[2] sich: sich mit dem Schicksal a. *(sich mit ihm zufriedengeben)* || **Abfindung** die, -/-en: *Zahlung zur Abgeltung von Ansprüchen* || **Abfindungssumme**

abfischen: *leer fischen*

abflachen: die Ecken a. *(flach machen)* | die Schwellung flacht ab *(wird flacher)* | die Diskussion flachte ab *(wurde stetig uninteressanter, niveauloser)* || **Abflachung** die, -/-en

abflauen: der Wind flaute ab *(wurde schwächer)* | die Begeisterung flaute ab

abfliegen: die Maschine flog um 8 Uhr ab

abfließen: das Wasser a. lassen

Abflug || **abflugbereit** || **Abflugzeit**

Abfluss: der A. des Waschbeckens || **Abflussrohr**

Abfolge: *Reihenfolge*

abfordern: den Sportlerinnen alles a.

abfotzen (ugs., derb): *ohrfeigen*

abfragen: die Vokabel a.

abfressen: die Schnecken fressen den Salat ab

abfretten sich (ugs.): *sich abmühen*

abfrieren: sich die Ohren a.

abfrottieren: *mit einem Tuch abreiben*

Abfuhr: jemandem eine A. *(Zurückweisung)* erteilen | *Abtransport [von Müll]* || **abführen:** den Angeklagten a. | (Amtsspr.) Steuern a. *(zahlen)* || **Abführen** das, -s (geh.): *Durchfall;* A. haben || **Abführmittel**

abfüllen: Wein in Flaschen a. || **Abfüllung**

Abg.: Abgeordnete/r

Abgabe die, -/-en: öffentliche Abgaben *(vom Staat eingehobene Geldleistungen)* | (ohne Pl.) die A. des Stimmzettels || **abgabenfrei,** *auch:* abgabefrei || **Abgabenordnung** (Admin.): *ein Gesetzeswerk* || **Abgabenquote** || **abgabenpflichtig,** *auch:* abgabepflichtig: abgabenpflichtige Organisationen || **Abgabetermin**

Abgang: der A. zur U-Bahn | sein A. *(Austritt)* von der Schule | (sal.) das war ein starker A. *(ein spektakuläres Weggehen, Abtreten)* | (veraltet) *Absatz;* A. finden | (Amtsspr.) *Fehlbetrag* | der A. *(der Nachgeschmack)* eines Weines || **Abgänger** der, -s/-: ein A. des Akademischen Gymnasiums || **Abgängerin** die, -/-innen || **abgängig:** *nicht zurückgekehrt, verschwunden* || **Abgängigkeitsanzeige:** die A. *(Vermisstenanzeige)* erstatten || **Abgangszeugnis**

Abgas (meist Pl.): die Abgase der Autos || **abgasarm** || **abgasfrei**

ABGB [a be ge ˈbeː] das, -[s]: das

A

Allgemeine **B**ürgerliche **G**esetz**b**uch

ạb|ge|ben: ein Paket a. | eine Erklärung a. *(Stellung nehmen)* | den Vorsitz a. *(zurücklegen)* | mehrere Schüsse a. *(mehrmals schießen)* | (oft abw.) sich mit den Nachbarskindern a. *(beschäftigen, mit ihnen Kontakt haben)* | (derb) den Löffel a. *(sterben)*

ạb|ge|brannt (ugs.): ich bin a. *(ohne Geld);* → abbrennen

ạb|ge|brüht: *unempfindlich [gegen Vorhaltungen, starke Gefühle, Schmerzen];* → abbrühen

ạb|ge|dreht (ugs.): *durchtrieben, gemein;* → abdrehen

ạb|ge|dro|schen (ugs.): eine abgedroschene *(bis zum Überdruss gehörte)* Melodie

ạb|ge|feimt (veraltend): ein ganz abgefeimter *(durchtriebener)* Schurke; → Feim || **Ạb|ge|feimt|heit** die, -/-en (veraltend)

ạb|ge|fuckt [-fakt] ‹engl.› (ugs., derb): abgefuckte *(abgetragene, schmutzige)* Kleidung

ạb|ge|grif|fen: ein abgegriffenes *(abgenütztes)* Buch; → abgreifen

ạb|ge|hackt: a. *(stoßweise)* sprechen; → abhacken

ạb|ge|han|gen: ein abgehangenes *(mürbes)* Fleisch; → abhängen[1]; → abliegen

ạb|ge|härmt (veraltet, geh.): *verhärmt*

ạb|ge|hen: (von der Bühne) nach links a. | der Zug geht *(fährt)* um 10 Uhr ab | der Nierenstein ging ab *(wurde ausgeschieden)* | von einer Forderung a. *(abweichen)* | es ging nicht ohne Schwierigkeiten ab *(verlief nicht glatt)* | mir geht etwas ab *(ich vermisse es)* | (ugs.) hier geht die Post ab! *(hier ist etwas los!)*

ạb|ge|kämpft: der Sieger sah a. *(erschöpft)* aus

ạb|ge|kar|tet (abw.): eine abgekartete *(heimlich ausgemachte)* Sache

ạb|ge|klärt: *erfahren, ruhig; reifer geworden;* → abklären || **Ạb|ge|klärt|heit** die, -

ab|ge|lebt: ein abgelebtes *(durch das Leben gezeichnetes)* Aussehen

ạb|ge|le|gen: ein abgelegenes *(abseitsliegendes)* Haus; → abliegen || **Ạb|ge|le|gen|heit** die, -

ạb|gel|ten || **Ạb|gel|tung** die, -/-en: *Vergütung*

ạb|ge|neigt: einer Sache nicht a. sein *(ihr wohlwollend gegenüberstehen)* || **Ạb|ge|neigt|heit** die, -

ạb|ge|ord|net: *entsandt*

Ạb|ge|ord|ne|te[1] der, -n/-n, ein Abgeordneter (Abg.): *Mandatar;* Oskar Meier, Abgeordneter zum Nationalrat; A. zum Bundesrat; A. zum Landtag || **Ạb|ge|ord|ne|te**[2] die, -n/-n (Abg.)

Deklination:
- eine Gruppe österreichischer Abgeordneter
- wir Abgeordnete[n]; unsere Abgeordnete[n]
- eine Anfrage von Frau Abgeordneter/Abgeordneten Schmidt; eine Anfrage von Herrn Abgeordneten Rieder
- mit Abgeordnetem Rieder; mit Abgeordneter Schmidt

Ạb|ge|ord|ne|ten|haus (Gesch.): *Parlament in Österreich 1867–1918 (neben dem Herrenhaus eine der beiden Kammern des Reichsrats)* || **Ạb|ge|ord|ne|ten|kam|mer** (SüdT) (Admin.): *die erste Kammer des italienischen Parlaments*

ạb|ge|passt → abpassen

ạb|ge|plat|tet: die Erde ist an den Polen a. *(abgeflacht)*

ạb|ge|putzt (V): *durchtrieben;* → abputzen

ạb|ge|ris|sen: abgerissene *(alte, zerfetzte)* Jeans | abgerissene *(wirre)* Gedanken; → abreißen

ạb|ge|sandt || **Ạb|ge|sand|te**[1] der, -n/-n, ein Abgesandter (geh.): *ein Beauftragter* || **Ạb|ge|sand|te**[2] die, -n/-n (geh.)

Ạb|ge|sang (geh.): *das nahe Ende, langsamer Abschluss*

ạb|ge|schie|den: ein abgeschiedener *(einsam gelegener)* Bauernhof || **Ạb|ge|schie|de|ne**[1] der, -n/-n, ein Abgeschiedener (geh.): *ein Verstorbener* || **Ạb|ge|schie|de|ne**[2] die, -n/-n (geh.) || **Ạb|ge|schie|den|heit** die, -: in völliger A. wohnen

ạb|ge|schlafft: *müde, erschöpft*

ạb|ge|schla|gen: der abgeschlagene *(zurückliegende)* Zweite | er schaut a. *(erschöpft)* aus | abgeschlagenes Geschirr; → abschlagen

ạb|ge|schmackt (geh.): eine abgeschmackte *(geschmacklose, dumme)* Bemerkung || **Ạb|ge|schmackt|heit** die, -/-en

ạb|ge|se|hen → absehen

ạb|ge|spannt: *erschöpft, müde* || **Ạb|ge|spannt|heit** die, -

ạb|ge|stan|den: ein abgestandenes *(durch zu langes Stehen geschmacklos gewordenes)* Getränk; → abstehen

ạb|ge|straft (Amtsspr., veraltend): *vorbestraft;* → abstrafen

ạb|ge|ta|kelt (ugs., abw.): ein abgetakelter *(heruntergekommener)* Filmstar; → abtakeln

ạb|ge|tra|gen: ein abgetragener *(verschlissener)* Anzug; → abtragen

ạb|ge|win|nen: einer Sache nichts a. können *(nichts Gutes daran finden)*

ạb|ge|wirt|schaf|tet: *[durch eigene Schuld] heruntergekommen*

ạb|ge|wöh|nen: jemandem eine Unart a.; ich habe mir das Rauchen abgewöhnt

ạb|ge|wohnt: ein abgewohntes *(abgenütztes)* Zimmer

ạb|ge|zehrt (geh.): *abgemagert, entkräftet*

ạb|gie|ßen: das Nudelwasser a.

Ạb|glanz: der A. *(noch spürbare Glanz)* vergangener Tage

ạb|glei|chen: *etwas in Übereinstimmung, auf den gleichen Stand bringen;* Testergebnisse a.

ạb|glei|ten (geh.): *abrutschen*

Ạb|gott: *Götze* | *Idol* || **Ạb|göt|tin** || **ạb|göt|tisch:** jemanden a. lieben

ạb|gra|ben: den Boden a. | jemandem das Wasser a. *(jemandes Existenzgrundlage bedrohen, zunichtemachen)*

ạb|gra|sen: *das Gras auf der Weide fressen* | (ugs.) *absuchen;* alle Geschäfte nach etwas a.

ạb|grei|fen: *abtasten;* den gebrochenen Arm a. | der Umschlag greift sich rasch ab *(nützt sich durch längere Handhabung ab);* → abgegriffen

ạb|gren|zen: *abtrennen;* die Arbeitsbereiche voneinander a.; sich von jemandem/etwas a. || **Ạb|gren|zung** die, -/-en

Ạb|grund: *Tiefe* | am Rande des finanziellen Abgrunds *(Ruins, Untergangs)* || **ạb|grün|dig:** ein abgründiges *(unergründliches, rätselhaftes)* Lächeln || **ạb|grund|tief:** *sehr tief*

Ạb|guss: ein A. *(eine Nachbildung)* in Gips

ạb|ha|cken: einen Ast a.; → abgehackt

ạb|ha|keln (ugs.): *abhaken* || **ạb|ha|ken:** Namen in einer Liste a. |

eine Sache a. *(als erledigt betrachten)*

ạb|half|tern: das Pferd a.; → Halfter

ạb|hal|ten: jemanden von etwas a. | eine Versammlung a. ‖ **Ạb|hal|tung**

ạb|han|deln: ein Thema a. *(sich damit schriftlich/mündlich auseinandersetzen)*

ab|hạn|den|kom|men: *verloren gehen*

Ạb|hand|lung: eine umfangreiche A. *(Untersuchung, Studie)* schreiben

Ạb|hang: ein steiler A. ‖ **ạb|hän|gen**[1]: es *ist* von ihr abgehangen; → abgehangen; → hängen[1] ‖ **ạb|hän|gen**[2]: er *hat* den Waggon abgehängt | eine Zimmerdecke a. *(einen niedrigeren Plafond einziehen);* → hängen[2] ‖ **ạb|hän|gig:** von jemandem finanziell a. sein ‖ **Ạb|hän|gig|keit** die, -/-en ‖ **Ạb|hän|gig|keits|ver|hält|nis**

ạb|här|men sich: *sich [längere Zeit] kränken*

ạb|här|ten: sich gegen Verkühlung a. ‖ **Ạb|här|tung** die, -/-en

ạb|hau|en[1]: *abschlagen* | (ugs.) *sich aus dem Staub machen;* sie ist abgehaut/abgehauen ‖ **ạb|hau|en**[2] sich (ugs., sal.): *laut über etwas lachen;* er hat sich darüber abgehaut

ạb|hau|sen (mda.): ein abgehauster *(pleitegegangener)* Bauer

ạb|häu|teln (ugs.): *abhäuten* ‖ **ạb|häu|ten:** *die Haut abziehen*

ạb|he|ben: den Telefonhörer a. | Geld vom Konto a. *(beheben)* | das Flugzeug hebt vom Boden ab | sich von den anderen a. *(deutlich unterscheiden)*

ạb|hef|ten: die Kopien a. *(zB in einem Ordner ablegen)*

ạb|hei|len: die Wunde heilt nicht ab

ạb|hel|fen: dem Mangel a.

ạb|het|zen: „Hetz dich nicht so ab!" *(Beeil dich nicht so!)*

Ạb|hil|fe die, -: A. schaffen

Ab-Hof-Ver|kauf: *Vertrieb landwirtschaftlicher Produkte direkt vom Bauernhof*

ạb|ho|beln: *mit dem Hobel bearbeiten*

ạb|hold [auch: -ˈɔ-] (veraltet): dem Trinken a. *(abgeneigt)* sein

Ạb|hol|dienst ‖ **ạb|ho|len:** jemanden vom Flughafen a. ‖ **Ạb|ho|lung** die, -/-en

ạb|hol|zen: den Wald a. *(schlägern)* ‖ **Ạb|hol|zung** die, -/-en

ạb|hor|chen: Telefonate a. | die Lunge a.

ạb|hö|ren: Telefongespräche a. | die Lunge a. | *Lernfortschritte kontrollieren;* Vokabel a. ‖ **Ạb|hör|ge|rät** ‖ **ạb|hör|si|cher:** eine abhörsichere Telefonanlage

ạb|hü|ten (scherzh., bes. W): Gott soll a.! *(Gott möge es verhindern)*

ạb|ir|ren (geh.): meine Gedanken irrten ab *(schweiften ab)*

Ab|i|tur das, -s/-e ⟨lat.⟩ (D): *Reifeprüfung, Matura* ‖ **Ab|i|tu|ri|ẹnt** der, -en/-en (D): *jemand, der eine höhere Schule absolviert hat* ‖ **Ab|i|tu|ri|ẹn|tin** die, -/-innen (D)

ạb|ja|gen: dem Dieb die Beute a. *(entreißen)*

Abk.: Abkürzung

ạb|käm|men: einen Wald a. *(absuchen)*

ạb|kan|zeln, ich kanzle ab: sie hat den Mitarbeiter öffentlich abgekanzelt *(heftig zurechtgewiesen)*

ạb|kap|seln: *isolieren;* ich kapsle *(schließe)* mich von meinem Umfeld ab ‖ **Ạb|kap|se|lung** = **Ạb|kaps|lung** die, -/-en

ạb|kas|sie|ren: *Zahlungen eintreiben* | (ugs., abw.) *viel Geld einnehmen*

ạb|kau|fen: dem Kolporteur eine Zeitung a. | (sal.) jemandem etwas nicht a. *(glauben)*

Ạb|kehr die, -: die A. vom Gewohnten ‖ **ạb|keh|ren**[1]: eine Bank a.

ạb|keh|ren[2] (geh.): sich vom Bösen a. *(abwenden)* | (reg., bes. S) *Vieh von der Alm abtreiben*

ạb|ket|teln: *beim Stricken die Maschen abschließend verschlingen;* → ketteln

ạb|kie|feln (ugs.): *abnagen;* Knochen a.

ạb|klap|pern (ugs.): Ämter a. *(von Amt zu Amt gehen)*

ạb|klä|ren: strittige Probleme durch Diskussion a.; → abgeklärt ‖ **Ạb|klä|rung**

Ạb|klatsch der, -[e]s/-e (Kunstg.): einen A. *(Abdruck)* eines Reliefs herstellen | (abw.) *Nachahmung* ‖ **ạb|klat|schen**

ạb|klau|ben: *abpflücken, abnehmen*

ạb|klem|men: ein Kabel a.

ạb|klin|gen: *leiser werden* | die Krankheit klingt ab *(heilt); aber:* das **A**bklingen von Krankheitssymptomen

ạb|klop|fen: den Staub a. | den Brustkorb a. *(mittels Klopfen untersuchen)* | (Sport) *beim Fußball oÄ sehr hart an den Gegner gehen* | der Dirigent klopfte ab *(unterbrach)*

ạb|knal|len (abw.): *ohne Gefühlsregung erschießen*

ạb|kni|cken: eine Blume a.

ạb|knöp|feln: *abknöpfen* ‖ **ạb|knöp|fen:** die Kapuze a. *(durch Öffnen der Knöpfe abnehmen)* | (ugs.) jemandem Geld a. *(abnehmen)*

ạb|ko|chen: Wasser a.

ạb|kom|man|die|ren: *zu einer anderen Tätigkeit, an einen anderen Ort entsenden* ‖ **Ạb|kom|man|die|rung** die, -/-en

Ạb|kom|me der, -n/-n (veraltet): *Nachkomme;* → Abkunft ‖ **ạb|kom|men:** vom Weg a. *(sich davon entfernen)* ‖ **Ạb|kom|men** das, -s/-: *Vertrag;* ein A. *(eine Vereinbarung)* treffen ‖ **ạb|kömm|lich:** sie ist momentan nicht a.; → G.: unabkömmlich ‖ **Ạb|kömm|ling** der, -s/-e (veraltet): *Nachkomme*

ạb|kop|peln: die Landekapsel vom Raumschiff abkoppeln

ạb|kör|nen: *die Körner entfernen, abrebeln;* den Kukuruz a.

ạb|kra|geln, ich kragle ab (ugs., sal.): *den Hals abschneiden; erwürgen*

ạb|krat|zen: Farbe a. | (ugs., derb) *sterben*

ạb|küh|len: am Abend kühlt es stark ab ‖ **Ạb|küh|lung:** sich A. verschaffen

Ạb|kunft die, - (veraltend): *Herkunft;* bäuerlicher A. sein *(von Bauern abstammen);* → Abkomme

ạb|kup|fern (ugs.): *abschreiben, abschauen, kopieren*

ạb|kup|peln: einen Waggon a. *(von der Lokomotive abhängen)*

ạb|kür|zen ‖ **Ạb|kür|zung** die, -/-en (Abk.) ‖ **Ạb|kür|zungs|ver|zeich|nis**

ạb|la|den: Heu a.; einen Lkw a. | die Sorgen bei jemandem a. *(sich bei jemandem aussprechen)* ‖ **Ạb|la|de|platz**

Ạb|la|ge: die A. *(das Ablegen)* von Dokumenten | *Platz, wo etwas abgelegt wird;* Kleiderablage

ạb|la|gern: Kalk lagert sich ab; abgelagertes Geröll im Fluss ‖ **Ạb|la|ge|rung**

Ạb|lass der, -es/-lässe (kath.): *Nachlass von Sündenstrafen* ‖ **Ạb|lass|brief** (früher) (kath.) ‖ **ạb|las|sen:** Wasser a. | von der Verfolgung a. *(nicht mehr verfolgen)*

A

A

Ablativ der, -s/-e [-fɛ, -vɛ] ⟨lat.⟩ (Gramm.): *ein Kasus, zB im Lateinischen*

Ablauf: der A. der Ereignisse | (ohne Pl.) vor A. einer Frist || **ablaufen:** die Gültigkeit eines Ausweises läuft ab; eine abgelaufene Frist | sich die Füße a. *(weit gehen,* auch: *keine Mühe scheuen),* um etwas zu erreichen | Wasser a. lassen | einen Film a. lassen | jemandem den Rang a. *(jemanden übertreffen)* | deine Uhr ist abgelaufen (auch: *du musst gehen/sterben)* || **Ablaufdatum**

ablaugen: Lack von Möbeln a.

Ablaut (Gramm.): *Wechsel des Stammvokals in verwandten Wörtern, zB* geben – die Gabe

Ableben das, -s (geh.): *der Tod*

ablecken: *abschlecken*

ablegen: den Mantel a. *(ausziehen)* | Akten a. *(einordnen)* | eine Gewohnheit a. *(sich abgewöhnen)* | ein Geständnis a.; Rechenschaft über sein Tun a. | (Seemannsspr.) *vom Land abfahren* || **Ableger** der, -s/-: *Steckling (bestimmter Pflanzen)*

ablehnen: einen Vorschlag a. *(zurückweisen)* || **Ablehnung** die, -/-en

ableisten: den Präsenzdienst a.

ableiten: Wasser a. *(woanders hinleiten)* | (Math.) eine Formel a. *(die Entstehung nachvollziehen)* || **Ableitung:** die A. des Baches | die A. eines mathematischen Beweises | (Gramm.) *eine Art der Wortbildung, zB* Ablenkung *zu* ablenken

ablenken: der Schuss wurde abgelenkt *(in eine andere Richtung gelenkt)* | er lenkt seine Sitznachbarin ab; ich lenke mich mit Musik ab *(bringe mich damit auf andere Gedanken)* || **Ablenkung** || **Ablenkungsmanöver** [-f-, -v-]

ablesen: den Zählerstand a. | der Freundin jeden Wunsch von den Augen a.

ablichten: *fotokopieren* | sich für ein Magazin a. *(fotografieren)* lassen || **Ablichtung**

abliefern: *abgeben, übermitteln* || **Ablieferung** || **Ablieferungstermin**

abliegen: das Fleisch muss länger a. *(vor dem Verbrauch einige Zeit liegen);* → abgelegen; → abgehangen

ablisten: jemandem Geld a. *(abluchsen, durch List entlocken)*

ablöschen: ein Wort von der Tafel a. | (Küchenspr.) den Braten a. *(aufgießen)*

Ablöse die, -/-n: *Abschlagszahlung zB für Wohnungseinrichtung oder für einen Sportler bei Vereinswechsel;* A. zahlen || **ablösefrei:** eine ablösefreie Wohnung mieten || **ablösen:** das Etikett a. *(entfernen)* | jemanden bei der Arbeit a. *(jemandes Arbeit übernehmen)* | Investitionen a. *(zB bei Übernahme einer Mietwohnung bezahlen)* || **Ablösesumme** (Sport): *Geldbetrag, den ein Verein für den Übertritt eines Spielers verlangt* || **Ablösung:** die A. der Ministerin fordern; auf A. warten

abluchsen [-ks-] (ugs.): jemandem Geld a. *(es von jemandem durch List bekommen)*

ablutschen: die Finger a.

abmachen: ein Treffen a. *(vereinbaren)* | (westöst.) Salat a.; → anmachen || **Abmachung** die, -/-en: eine A. *(Vereinbarung)* treffen

abmagern: sie ist von 70 auf 55 Kilo abgemagert || **Abmagerungskur**

abmähen: das Gras a.

abmahnen (Amtsspr.): *[er]mahnen, zurechtweisen* || **Abmahnung** (Amtsspr.)

abmalen: eine Landschaft a.

Abmarsch || **abmarschieren:** die Truppe ist abmarschiert

abmartern: sich mit bösen Gedanken a. *(quälen)*

abmelden: sich polizeilich a. *(einen Wohnsitz offiziell aufgeben);* sich auf einem Computer a. *(ausloggen);* → anmelden

abmessen: den Tisch a.

abmildern: eine Strafe a. *(herabsetzen)*

abmischen: alle Zutaten gut a. | (Mus.) einen Song neu a. *(auf dem Mischpult neu gestalten)*

abmontieren: einen Luster a. *(abnehmen)*

abmühen sich: *sich abplagen*

abmurksen (ugs., auch scherzh.): *umbringen*

abnabeln[1], ich nable ab: ein Neugeborenes a. *(seine Nabelschnur durchschneiden)* || **abnabeln**[2] sich: *sich von einer Abhängigkeit freimachen*

abnagen: einen Knochen a.

Abnäher der, -s/-: einen A. am Kleid machen

Abnahme die, -/-n: *Verminderung* | die A. *(Amputation)* des linken Beines | die A. *(der Kauf)* mehrerer Kartons || **abnehmen:** die Vorhänge a. *(herunternehmen)* | 5 Kilo a. | jemandem Arbeit a. | Blut a. | jemandem ein Versprechen a. *(sich etwas von jemandem versprechen lassen)* | die Beichte a. | den Führerschein a. *(beschlagnahmen)* | den fertig gestellten Bau a. *(prüfend begutachten)* | das nehme ich ihm nicht ab *(glaube ich ihm nicht)* || **Abnehmer** der, -s/-: *Käufer* || **Abnehmerin** die, -/-innen

Abneigung: gegen jemanden eine A. *(einen Widerwillen)* hegen

abnorm: *regelwidrig; ungewöhnlich;* ein a. kalter Winter || **abnormal:** *nicht normal, ungewöhnlich;* → anomal || **Abnormität** die, -/-en: *Abweichung* | *Missbildung*

abnötigen: *abringen, von jemandem erzwingen;* den Kritikern Bewunderung a.

abnutzen = **abnützen:** ein abgenützter Mantel || **Abnutzung** = **Abnützung** die, -/-en || **Abnutzungserscheinung** = **Abnützungserscheinung**

Abo das, -s/-s ⟨fr.⟩: *Kurzwort für Abonnement*

Abolition [-tsi̯-] die, -/-en ⟨lat.⟩ (Jus): die A. *(Niederschlagung)* des Gerichtsverfahrens

A-Bombe: Atombombe

Abonnement [abɔn'mɑ̃:] das, -s/-s ⟨fr.⟩: *Dauerbezug [einer Zeitung, eines Theater-, Konzertplatzes];* → Abo || **Abonnementkonzert** || **Abonnementvorstellung** || **Abonnent** der, -en/-en: *regelmäßiger Bezieher [einer Zeitung]* || **Abonnentin** die, -/-innen || **abonnieren:** eine Zeitung a.

abordnen: jemanden zu einem Kongress a. *(entsenden)* || **Abordnung** die, -/-en: *Delegation*

Aboriginal[1] [æbə'rɪdʒɪnəl] der, -[s]/Aborigines [-ni:z; auch: abo'ri:ginɛs] ⟨lat.-engl.⟩: *Ureinwohner Australiens* || **Aboriginal**[2] die, -/Aborigines: *Ureinwohnerin Australiens*

Abort der, -[e]s/-e (veraltet): *Klosett*

Abortus der, -/- [Aborte] ⟨lat.⟩ (Med.): *vorzeitiger Verlust der Leibesfrucht; Fehlgeburt*

ab ovo [- 'o:vo] ⟨lat.⟩: *von Anfang an*

ạb|pa|cken: Zucker a. *(paketieren)*
ạb|pa|schen (ostöst., ugs.): *heimlich, plötzlich verschwinden, davonlaufen*
ạb|pas|sen: den Bruder an der Hausecke a. *(ihn erwarten, ihm auflauern);* einen günstigen Moment a. *(abwarten)* | abgepasste *(durch Abbinden in bestimmte Form gebrachte)* Wurst
ạb|pau|sen: eine Zeichnung a.
ạb|per|len: das Regenwasser perlt *(rinnt)* ab
ạb|pfei|fen: das Fußballspiel a. ‖ **Ạb|pfiff**
ạb|pflü|cken: Beeren a.
ạb|pla|gen sich: *sich sehr anstrengen*
Ạb|plat|tung die, -/-en (Astron.): *Verformung eines Himmelskörpers durch Rotationskräfte*
Ạb|prall der, -(e)s ‖ **ạb|pral|len:** der Ball prallte von der Wand ab ‖ **Ạb|pral|ler** der, -s/- (Sport)
ạb|pum|pen: Wasser a.
ạb|put|zen[1]: *reinigen;* du musst dir die Schuhe a. ‖ **ạb|put|zen**[2] sich (ugs., sal.): *die Schuld auf andere schieben;* mein Chef putzt sich immer ab
ạb|quä|len: er quält sich mit der Hausübung ab *(plagt sich dabei)*
ạb|qua|li|fi|zie|ren: *schlecht beurteilen, herabwürdigen*
ạb|ra|ckern sich: *sich plagen*
A̲b|ra|ham: *männl. Vorname*
ạb|rah|men: Milch a.
A̲b|ra|ka|da̲|b|ra das, -s ⟨?⟩ (auch scherzh.): *ein Zauberspruch* | (abw.) *sinnloses Gerede*
ạb|ra|sie|ren: den Bart a.
ạb|ras|peln: Holz a.
ạb|ra|ten: ich rate dir [davon] ab
Ạb|raum (Bergmannsspr.): *nutzlose Gesteinsschicht* ‖ **ạb|räu|men:** den Tisch a. *(abservieren)* | (sal.) sie hat ganz schön abgeräumt *(hat viele Preise gewonnen)* ‖ **Ạb|raum|hal|de** (Bergmannsspr.) ‖ **Ạb|raum|salz** (Bergmannsspr.): *Nebenprodukt eines Salzbergwerks*
ạb|rau|schen (ugs.): *sich rasch entfernen*
ạb|re|a|gie|ren: sich beim Rasenmähen a. *(seine Aufregung dabei loswerden)* ‖ **Ạb|re|ak|ti|on** [-tsi̯-]
ạb|re|beln: Weintrauben a. *(die Beeren von der Traube pflücken)*
ạb|rech|nen: *wegrechnen* | *Kassa machen;* mit einem Kunden a. *(das Finanzielle regeln)* | mit seinem Vorgesetzten a. *(ihn zur Rechenschaft ziehen; sich an ihm rächen)* ‖ **Ạb|rech|nung:** die A. des vergangenen Monats fertig stellen | *Vergeltung*
Ạb|re|de die, -: etwas in A. stellen *(bestreiten)* ‖ **ạb|re|den:** der Freundin a. *(sie davon abhalten)*
ạb|re|gen sich (sal.): *sich wieder beruhigen;* → G.: aufregen
ạb|rei|ben: den nassen Hund a. *(abfrottieren);* den unterkühlten Körper mit Wasser a. ‖ **Ạb|rei|bung:** *das Abreiben* | (ugs.) *heftige Rüge*
Ạb|rei|se ‖ **ạb|rei|sen:** *eine Reise antreten, wegfahren*
ạb|rei|ßen: die Telefonverbindung riss ab | ein Haus a.; → abgerissen ‖ **Ạb|reiß|ka|len|der**
ạb|rib|beln (ugs.): *fest abreiben*
ạb|rich|ten: Hunde a. *(dressieren)*
Ạb|rieb der, -[e]s: *Abnutzung durch Reibung* ‖ **ạb|rieb|fest:** abriebfestes Material
ạb|rie|geln, ich riegle ab: die Polizei musste das Gebiet a.
ạb|rin|gen: jemandem ein Zugeständnis a. *(es von jemandem mit großer Mühe erhalten)*
Ạb|riss: der A. des Hauses | der A. *(Kontrollstreifen)* von Kinokarten | einen A. *(eine kurze Übersicht)* geben; → Aufriss
ạb|rol|len: ein Kabel a.
ạb|rü|cken: vom Sitznachbarn a. *(wegrücken)* | von einer Sache wieder a. *(Abstand nehmen, sich distanzieren)*
Ạb|ruf der, -[e]s: Möbel auf A. bestellen; auf A. für etwas bereitstehen; auf A. bereit sein ‖ **ạb|ruf|bar:** die Daten sind jederzeit a. ‖ **ạb|ruf|be|reit** ‖ **ạb|ru|fen:** gespeicherte Daten a.
ạb|run|den: scharfe Kanten a. | einen Betrag a.; → G.: aufrunden
ạb|rup|fen: Gras a. *(abreißen)*
ab|rụpt ⟨lat.⟩: *jäh, plötzlich;* ein abruptes Ende
ạb|rüs|ten: *die Kriegsrüstung vermindern* | *aus dem Militärdienst ausscheiden* ‖ **Ạb|rüs|tung** ‖ **Ạb|rüs|tungs|kon|fe|renz**
ạb|rut|schen: am Hang a.; Geröll ist abgerutscht
ABS [a be ˈɛs] das, - (Kfz): **A**nti**b**lockier[ungs]**s**ystem (der Räder)
Abs.: **Abs**atz (in Gesetzeszitaten) | **Abs**ender
ạb|sa|cken: *jäh [ver]sinken;* das Schiff/Flugzeug sackte ab
Ạb|sa|ge: jemandem eine A. erteilen; → G.: Zusage | *Ansage am Schluss einer Radiosendung;* → G.: Ansage ‖ **ạb|sa|gen:** einen Besuch/eine Veranstaltung a.; einer Freundin a. müssen
ạb|sä|gen: einen Ast a. | (ugs., sal.) einen Mitarbeiter a. *(um die Stellung bringen)*
ạb|sah|nen (bes. D): *den Rahm abschöpfen* | (sal.) *den Vorteil einheimsen;* die Konzerne werden wieder a. *(großen Profit machen, abkassieren)*
ạb|sa|lu|tie|ren (Mil.): *salutieren* | (sal.) *sich entfernen, abtreten, [aus einem Amt, einer Funktion] ausscheiden*
Ab|sam: *Ort in Tirol*
ạb|sam|meln: die Hefte a. *(einsammeln)*
ạb|sat|teln: das Pferd a.
Ạb|satz: diese Ware findet reißenden A. *(wird von vielen gekauft)* | *erhöhter Teil der Schuhsohle* | (mit Abkürzung: Abs.) *Abschnitt eines Textes* ‖ **Ạb|satz|flau|te** ‖ **Ạb|satz|ge|biet** ‖ **Ạb|satz|markt** ‖ **Ạb|satz|re|kord** ‖ **ạb|satz|wei|se:** den Text a. lesen
ạb|sau|fen (ugs., sal.): *untergehen;* das Boot säuft ab | *ertrinken* | der Motor säuft ab
ạb|sau|gen: das Sofa a. | (Med.) Fett a.
ạb|scha|ben: *mit einem Schaber abkratzen*
ạb|schaf|fen: ein Unrecht a. *(beseitigen)* ‖ **Ạb|schaf|fung**
ạb|schä|len: Baumrinde a.
ạb|schal|ten: das Licht, das Radio a. | völlig a. *(nicht mehr aufpassen, sich entspannen)*
ạb|schas|seln (ostöst., ugs., sal.): ich schassle den Kollegen ab *(fertige ihn kurz ab)*
ạb|schät|zen: *ungefähr beurteilen* ‖ **ạb|schät|zig:** *geringschätzig*
ạb|schau|en: das hat er von ihr abgeschaut *(abgeschrieben; bei ihr beobachtet und dann nachgemacht)*
Ạb|schaum der, -[e]s (geh., abw.): der A. *(die moralisch minderwertigsten Menschen)* der Gesellschaft
ạb|schei|den: *absondern;* giftige Substanzen a.
ạb|sche|ren[1]: er schor das Fell ab ‖ **ạb|sche|ren**[2] = **ạb|scher|ren** (ugs.): *abschaben;* sie scher[r]te die Tapete ab
Ạb|scheu der, -[e]s = die, -: *Widerwillen, Ekel;* A. vor etwas haben; A. erregen ‖ **Ạb|scheu er|re|gend** = **ạb|scheu|er|re|gend:** Abscheu erregende (= abscheuerre-

gende) Bilder; *aber nur:* abscheuerregendere Bilder, äußerst abscheuerregend, große Abscheu erregend

ạb|scheu|ern: *abwetzen, abschürfen*

ab|scheu|lich: *widerwärtig; niederträchtig* ‖ **Ab|scheu|lich|keit** die, -/-en

ạb|schi|cken: einen Brief a.

ạb|schie|ben: die Schuld auf andere a. | (abw.) einen alten Menschen [ins Altersheim] a. *(zur Betreuung anderswo unterbringen)* | (Jus) illegal Eingereiste ins Ausland a. ‖ **Ạb|schie|be|haft** = Abschiebungshaft (D) (Jus): *Schubhaft* ‖ **Ạb|schie|bung** (Jus) ‖ **Ab|schie|bungs|haft** = → Abschiebehaft

Ạb|schied der, -[e]s/-e: von den Eltern A. nehmen ‖ **Ab|schieds|brief** ‖ **Ab|schieds|fei|er** ‖ **Ạb|schieds|gruß** ‖ **Ab|schieds|rede** ‖ **Ab|schieds|sze|ne** ‖ **Ạb|schieds|wort** das, -[e]s/-e

ạb|schie|ßen: er schoss das Flugzeug ab | (ugs.) den Vogel a. *(unerwartetes Glück haben)*

ab|schir|men: die Augen gegen die Sonne a. | durch den Leibwächter abgeschirmt werden

ạb|schlach|ten: Vieh a. | (abw.) *grausam ermorden* ‖ **Ab|schlachtung**

Ạb|schlag (Kaufmannsspr.): *Preisnachlass* | (Bankw.) *Teilzahlung* | (Sport) *Abstoß* ‖ **ạb|schla|gen:** den Verputz a. | jemandem eine Bitte a. *(nicht gewähren)* | (geh.) sein Wasser a. *(urinieren);* → abgeschlagen ‖ **ạb|schlä|gig** (Amtsspr.): *ablehnend;* jemanden/etwas a. bescheiden ‖ **Ab|schlags|zah|lung:** *Teilzahlung*

ạb|schle|cken: [sich] die Finger a. *(ablecken)*

ạb|schlei|fen: den Lack a.

Ạb|schlepp|dienst: *Pannenhilfe* ‖ **ạb|schlep|pen:** ein Auto a. *(ein nicht fahrtaugliches oder falsch geparktes Auto abtransportieren)* | (ugs.) sich mit etwas a. *(schwer daran tragen)* ‖ **Ạb|schlepp|seil** ‖ **Ab|schlepp|wa|gen**

ạb|schlie|ßen: die Wohnung a. *(versperren);* sich von seiner Umgebung a. *(zurückziehen)* | die Arbeit a. *(beenden);* eine abschließende *(letzte)* Frage | ich habe mit ihm abgeschlossen *(habe unseren Kontakt/unsere Beziehung beendet)* | eine Wette a. *(vereinbaren)* ‖ **Ạb|schluss:** etwas zum A. bringen *(fertig stellen)* ‖ **Ạb|schluss|di|plom** ‖ **Ab|schluss|ex|a|men:** *Abschlussprüfung* ‖ **Ạb|schluss|fei|er** ‖ **Ạb|schluss|prü|fung** ‖ **Ạb|schluss|trai|ning** [-ˈeː-, engl. -ˈeɪ-] (Sport) ‖ **Ạb|schluss|zeug|nis**

ạb|schmal|zen: *in heißem Fett schwenken;* du schmalzt Nudeln ab

ạb|schme|cken: eine Speise a. *(probieren und richtig würzen)*

ạb|schmel|zen: die Schneedecke schmilzt ab; abgeschmolzene Gletscher

ạb|schmet|tern (ugs.): Forderungen a. *(brüsk zurückweisen)*

ạb|schmie|ren: den Traktor a. *(die Schmierstellen mit Fett versehen)*

ạb|schmin|ken: *die Schminke entfernen* | (sal.) das kannst du dir a. *(das kannst du vergessen)*

ạb|schnal|len: die Skier a. *(abnehmen)* | sich nach der Landung a. *(den Gurt lösen)* | (bes. D, Jug.) da schnallst du ab *(da staunst du nur)*

ạb|schnei|den: einen Ast a. | bei einer Prüfung gut a. *(erfolgreich abschließen)* | jemandem das Wort a. *(jemanden nicht zu Ende reden lassen)* | den Weg a. *(einen kürzeren Weg nehmen und daher schneller sein)* | du kannst dir eine Scheibe von ihr a. *(an ihr ein Beispiel nehmen)* ‖ **Ạb|schnei|der:** *Wegabkürzung*

Ạb|schnitt: *Teilstück; Passage;* einen A. des Buches allen vorlesen | *Zeitspanne* ‖ **ạb|schnitts|wei|se,** *auch:* **ạb|schnitt|wei|se**

Ạb|schnit|zel (veraltet): *Abfall von Papier, Stoff ua.*

ạb|schnü|ren: mit einem Band den blutenden Arm a.

ạb|schöp|fen: den Rahm a. (auch: *sich das Beste nehmen)* | den Gewinn a. *(sich aneignen)* ‖ **Ab|schöp|fungs|auf|trag** (Bankw.): *automatische Überweisung eines Kontoguthabens auf ein Sparbuch*

ạb|schot|ten (Seemannsspr.); → Schott | sich gegen die Außenwelt a. *(abschließen)* ‖ **Ab|schot|tung** die, -/-en

ạb|schrä|gen: die Kanten a.

ạb|schre|cken: die Angreifer mit/durch Waffen a.; ein abschreckendes Beispiel | (Küchenspr.) Erhitztes a. *(schnell abkühlen);* → schrecken[2] ‖ **Ab|schre|ckung** die, -/-en ‖ **Ạb|schre|ckungs|stra|te|gie** [-ʃt-, -st-]

ạb|schrei|ben: einen Text a.; bei der Schularbeit [von der Nachbarin] a. | einer Firma a. *(schriftlich absagen)* | einen eingenommenen Betrag von der Steuer a. *(→ absetzen)* ‖ **Ạb|schreib|mög|lich|keit:** die [steuerliche] A. von Investitionen nutzen ‖ **Ab|schreib|pos|ten** ‖ **Ab|schrei|bung:** → *Absetzung*

ạb|schrei|ten: der Präsident schritt die Front der Ehrenkompanie ab

Ạb|schrift: eine A. amtlich beglaubigen lassen ‖ **ạb|schrift|lich:** *in Abschrift*

ạb|schuf|ten sich (ugs.): *schwer arbeiten*

ạb|schup|pen: einen Fisch a.

ạb|schür|fen: [sich] die Haut a. ‖ **Ab|schür|fung** die, -/-en

Ab|schuss: *das Abschießen;* zum A. freigeben ‖ **Ab|schuss|ba|sis:** *Stützpunkt, von dem Raketen abgeschossen werden* ‖ **ạb|schüs|sig:** eine abschüssige *(steil abfallende)* Wiese ‖ **Ạb|schuss|lis|te:** *Anzahl des Wildes, das abgeschossen werden darf* | (sal.) auf der A. stehen *(zur Absetzung, Entlassung vorgesehen sein)* ‖ **Ạb|schuss|ram|pe:** *Vorrichtung, von der Raketen abgeschossen werden*

ạb|schüt|teln: [sich] den Schnee a. | einen Verfolger a. *(loswerden)*

ạb|schwä|chen: *mildern* ‖ **Ab|schwä|chung**

ạb|schwei|fen: vom Weg a. | er ist vom Thema abgeschweift *(abgekommen)* ‖ **Ab|schwei|fung** die, -/-en

ạb|schwel|len: der Lärm schwillt ab *(wird leiser)*

ạb|schwen|ken: *die Richtung ändern*

ạb|schwö|ren: dem Alkohol a. *(sich davon lossagen)*

Ạb|schwung (Wirt.): *wirtschaftlicher, konjunktureller Rückgang;* → G.: Aufschwung | *Skischwung zum Stoppen*

ạb|seg|nen: den Entwurf a. *(genehmigen)*

ab|seh|bar: in absehbarer Zeit *(bald)* ‖ **ạb|se|hen:** ein Ende a. *(erkennen)* | von der Bestrafung a. *(keine Strafe verhängen)* | er hat es auf dich abgesehen *(trachtet nach dir, macht dir Schwierigkeiten);* → abgesehen

ạb|sei|hen: Milch durch ein Sieb a.

ạb|sei|len: *an einem Seil hinunterlassen* | (sal.) sich gleich nach der

Festrede a. *(sich entfernen);* du seilst dich nicht ab! *(drückst dich nicht [vor der Arbeit]!)*

Ab|seit [westöst.: 'a-] das, -s/-s (veraltend): *Abseits* || **ạb|sei|tig** (geh.): *vom Normalen abweichend*

ạb|seits

Präposition mit Genitiv:
– abseits des Weges

Adverb mit der Präposition „von“:
– abseits vom Wege

Zusammenschreibung, wenn die Betonung auf „abseits“ liegt:
– ạbseitsliegen
– ạbseitsstehen

Ab|seits [westöst.: 'a-] das, -/- (Sport): *ein Regelverstoß [im Fußballspiel];* auf A. entscheiden || **Ab|seits|fal|le** (Sport) || **ạb|seits|lie|gen** || **ạb|seits|ste|hen** || **Ab|seits|stel|lung** (Sport) || **Ab|seits|tor** (Sport) || **ab|seits|ver|däch|tig** (Sport)

ạb|sen|den: *abschicken* || **Ạb|sen|der** der, -/- (Abs.): ein Brief ohne A. || **Ạb|sen|de|rin** die, -/-innen

ạb|sen|ken: die Zimmertemperatur a. || **Ạb|sen|kung**

ab|sen|tie|ren sich ⟨lat.⟩: *sich entfernen, abwesend sein* || **Ab|sẹnz** die, -/-en: *Abwesenheit [von der Schule];* → G.: Präsenz

ạb|ser|vie|ren [-v-]: das Geschirr a. | (sal.) die Ministerin eiskalt a. *(rücksichtslos entlassen, entmachten);* den Verlobten a. *(verlassen)*

ạb|setz|bar: von der Steuer als Abzugsposten a. || **Ạb|setz|bar|keit** die, - || **Ạb|setz|be|trag:** *Reduktion der steuerlichen Bemessungsgrundlage, zB Abschreibung, Freibetrag* || **ạb|set|zen**[1]: den König a. | jemanden vor dem Kino a. *(aussteigen lassen)* | Waren a. *(verkaufen)* | Medikamente a. *(nicht mehr einnehmen);* eine Veranstaltung a. *(entfallen lassen)* | trinken ohne abzusetzen | von der Steuer a. *(von der zu versteuernden Summe abziehen)* || **ạb|set|zen**[2] sich: er hat sich ins Ausland abgesetzt *(hat seinen Aufenthaltsort [heimlich] dorthin verlegt)* | sich vom Feind a. *(zurückziehen)* || **Ạb|set|zung** die, -/-en (Wirt.): *Abschreibung;* A. für Abnutzung *(Verminderung des steuerlichen Gewinnes [für abnutzbare Wirtschaftsgüter])*

ạb|si|chern: eine Rennstrecke a. | eine Theorie a. *(untermauern)*

Ạb|sicht die, -/-en: etwas mit A. *(absichtlich)* machen | (nur Pl.) ernste Absichten haben *(jemanden heiraten wollen)* || **ạb|sicht|lich:** er hat mich a. in die Irre geführt *(mit Vorsatz)* || **Ạb|sichts|er|klä|rung** (Jus): *unverbindliche Mitteilung, meist zur Geschäftsanbahnung* || **ạb|sichts|los** || **ạb|sichts|voll:** jemanden a. täuschen

ạb|sie|deln: die Firma wird nach Ungarn abgesiedelt

ạb|sie|den: *abkochen*

ạb|sin|ken: die Zimmertemperatur sinkt ab

Ab|sịnth der, -[e]s/-e ⟨gr.⟩: *Branntwein aus Wermut*

ạb|sit|zen: *vom Pferd steigen* | eine Gefängnisstrafe a. *(verbüßen)*

ab|so|lut ⟨lat.⟩: die absolute Mehrheit *(mehr als 50 %)* der Stimmen; → G.: relativ | a. *(durchaus)* nicht | er genießt absolute *(uneingeschränkte)* Freiheit | (Mus.) ein absolutes Gehör haben *(einen angegebenen Ton richtig bestimmen bzw. singen können)* | (Phys.) der absolute Nullpunkt *(-273,15° C)* || **Ab|so|lut|heit** die, - || **Ab|so|lu|ti|on** [-tsi̯-] die, -/-en (kath.): *Lossprechung, Vergebung* || **Ab|so|lu|tịs|mus** der, -: *unumschränkte Herrschaft; Alleinherrschaft* || **ab|so|lu|tịs|tisch** || **Ab|sol|vẹnt** [-v-] der, -en/-en: *jemand, der einen bestimmten Bildungsgang abgeleistet hat;* ein A. der Fachhochschule || **Ab|sol|vẹn|tin** die, -/-innen || **ab|sol|vie|ren:** eine Schule a. *(sie bis zum Abschluss besuchen)* || **Ab|sol|vie|rung** die, -

ab|sọn|der|lich: *ungewöhnlich; eigenartig;* sein Verhalten ist a. || **Ab|sọn|der|lich|keit** die, -/-en || **ạb|son|dern:** sich von einer Gruppe a. *(entfernen)* | die kranken Tiere a. *(isolieren)* | Flüssigkeit a. *(ausscheiden)* || **Ạb|son|de|rung** die, -/-en

ab|sor|bie|ren ⟨lat.⟩: *aufsaugen* | (Phys.) gefärbtes Glas absorbiert Licht || **Ab|sorp|ti|on** [-tsi̯-] die, -/-en

ạb|spal|ten: sie haben sich von der Partei abgespalten/abgespaltet *(getrennt)* | (Chem.) Ionen von Molekülen a. *(abtrennen)* || **Ạb|spal|tung**

ạb|spä|nen (Landw.): *[ein Kalb von der Kuh] entwöhnen;* → Spanferkel

Ạb|spann der, -[e]s/-e: → *Nachspann* || **ạb|span|nen:** die Schlittenhunde a.

ạb|spa|ren: sie hat sich etwas vom Mund abgespart

ạb|spe|cken (ugs.): *[Gewicht] abnehmen*

ạb|spei|chern: elektronische Daten a.

ạb|spei|sen: jemanden mit leeren Worten a. *(abfertigen)*

ạb|spens|tig: dem Konkurrenzunternehmen die Kunden a. machen *(weglocken)*

ạb|sper|ren: die Haustür a. *(zusperren, verschließen)* | ein verseuchtes Gebiet a. *(abriegeln)* | die Gasleitung a. *(den Zustrom von Gas unterbinden)* || **Ạb|sperr|ket|te** || **Ạb|sper|rung** die, -/-en: die Demonstranten haben die Absperrungen durchbrochen

ạb|spie|len[1]: den Ball a. *(zuspielen)* | eine Schallplatte a. || **ạb|spie|len**[2] sich: *ereignen;* der Vorgang spielte sich rasch ab

ạb|split|tern: der Lack splittert ab || **Ạb|split|te|rung** die, -/-en

Ạb|spra|che: eine A. *(Vereinbarung)* treffen || **ạb|spre|chen:** sich mit jemandem a. *(mit jemandem etwas vereinbaren; sich mit jemandem abstimmen)* | jemandem alles Talent a. *(bestreiten, dass jemand überhaupt Talent hat)*

ạb|sprei|zen: die Äste eines Baumes a. *(stützen)*

ạb|sprin|gen: mit dem Fallschirm a.; der Ball springt von der Torstange ab; die Beschichtung springt ab | sie ist abgesprungen *(macht bei einem Projekt nicht mehr mit)*

ạb|sprit|zen: den Hund mit dem Schlauch a.

Ạb|sprung: zum A. bereit; → abspringen

ạb|spu|len: *abwickeln* | *in gleichförmiger Weise ablaufen lassen;* ein Programm a.

ạb|spü|len: Geschirr mit Wasser a.; heute spülst du ab *(wäschst du ab)* || **Ạb|spü|ler** der, -s/-: *Abwäscher* || **Ạb|spü|le|rin** die, -/-innen

ạb|stam|men: alle Hunde stammen vom Wolf ab || **Ạb|stam|mung** die, -

Ạb|stand: es donnerte in kurzen Abständen; auf der Autobahn A.

halten | den gebührenden A. halten *(angemessene Zurückhaltung zeigen)* | (Amtsspr.) von einer Bestrafung A. nehmen *(auf sie verzichten)* ‖ **Ạb|stands|sum|me:** *eine Entschädigung für einen Verzicht*

ạb|stat|ten: einen Besuch a.; den Dank a.

ạb|stau|ben: *den Staub entfernen* | (ugs., sal.) *etwas mitgehen lassen, stehlen* | (Sport) er brauchte nur mehr abzustauben *(den abprallenden Ball nur noch über die Torlinie zu schieben)* ‖ **Ạb|stau|ber** der, -s/- (Sport) ‖ **Ạb|stau|ber|tor** (Sport)

ạb|ste|chen: ein Schwein a. | diese Farbe sticht stark von der anderen ab ‖ **Ạb|ste|cher** der, -s/-: einen A. machen *(von einer Reiseroute kurz zu einem Nebenziel abweichen)*

ạb|ste|cken: eine Skipiste, einen Baugrund a. *(markieren)*

ạb|ste|hen: seine Ohren stehen weit ab | (Jus) vom Vertrag a. *(ihn vorzeitig auflösen);* → abgestanden

Ạb|stei|ge die, -/-n (oft abw.): *billiges Hotel* ‖ **ạb|stei|gen:** vom Fahrrad a. | ins Tal a. | in einem Hotel a. *(nächtigen)* | absteigende Linie *(Nachkommen einer Person);* → G.: aufsteigend ‖ **Ạb|stei|ger** der, -s/-: *jemand, mit dem es bergab geht;* → G.: Aufsteiger | (Sport) *Mannschaft, die in eine niedrigere Klasse absteigen muss* ‖ **Ạb|stei|ge|rin** die, -/-innen ‖ **Ạb|steig|quar|tier:** *[vorübergehende] Unterkunft*

Ạb|stell|bahn|hof ‖ **ạb|stel|len:** den Motor a. | Möbel auf dem Dachboden a. | schlechte Gewohnheiten a. *(beseitigen)* | einen Häftling zu Arbeiten a. *(abkommandieren)* ‖ **Ạb|stell|gleis:** der Zug steht auf dem A. | (ugs.) jemanden aufs A. schieben *(jemandem keinerlei Beachtung mehr schenken)* ‖ **Ạb|stell|kam|mer** ‖ **Ạb|stell|platz:** *Platz zum Abstellen [eines Fahrzeugs]* ‖ **Ạb|stell|raum**

ạb|stem|peln: einen Brief a. | jemanden als Verbrecher a. *(einstufen, hinstellen)*

ạb|step|pen: eine abgesteppte Jacke *(eine Jacke mit Steppnähten)*

ạb|ster|ben: der Baum stirbt ab | der Motor ist abgestorben

Ạb|stich: der A. eines Hochofens *(das Öffnen des Abflussloches)*

Ạb|stieg der, -[e]s/-e: der A. ins Tal ‖ **ạb|stiegs|ge|fähr|det:** *vom [wirtschaftlichen] Niedergang bedroht* | (Sport) ein abstiegsgefährdeter Verein

ạb|stil|len: den Säugling a. *(ihn der Muttermilch entwöhnen)*

ạb|stim|men: im Parlament a. | Maßnahmen auf die Lage a.; ich stimme *(spreche)* mich mit jemandem ab ‖ **Ạb|stim|mung** ‖ **Ạb|stim|mungs|er|geb|nis**

ab|s|ti|nẹnt [-st-] ⟨lat.⟩: *enthaltsam (bes. von Alkohol)* ‖ **Ab|s|ti|nẹnz** die, - ‖ **Ab|s|ti|nẹnz|ler** der, -s/- (ugs.) ‖ **Ab|s|ti|nẹnz|le|rin** die, -/-innen (ugs.)

ạb|stop|pen: einen Ball a. *(mit dem Fuß aufhalten)* | die Skiläuferin a. *(mit der Stoppuhr die Zeit messen)*

Ạb|stoß (Sport): *Schuss, mit dem der [Fuß]ball ins Spiel gebracht wird* ‖ **ạb|sto|ßen:** sich von der Wand a. | abgestoßene Ecken | alte Ware a. *(weggeben)* | sein Äußeres stößt mich ab *(löst Missfallen, Ekel in mir aus);* abstoßend *(besonders)* hässlich | (Med.) ein Transplantat a. ‖ **Ạb|sto|ßung** die, -/-en

ạb|stot|tern (ugs.): die Schulden a. *(auf Raten abzahlen)*

Ab|stract ['æbstrækt] das, -s/-s ⟨lat.-engl.⟩: *Zusammenfassung [eines Aufsatzes]*

ạb|stra|fen (Amtsspr., veraltend): *eine [verwaltungsbehördliche] Strafe verhängen;* den Raser a.; → abgestraft

ab|s|tra|hie|ren [-st-] ⟨lat.⟩: *einen Begriff bilden | vom Unwesentlichen absehen;* → G.: konkretisieren

ạb|strah|len: Wärme a.

ab|s|trạkt [-st-] ⟨lat.⟩: *unanschaulich; nur gedacht;* abstrakte Kunst *(Kunstrichtung, die Gegenständliches vermeidet);* → G.: konkret ‖ **Ab|s|trạkt|heit** die, - ‖ **Ab|s|trak|ti|on** [-tsi̯-] die, -/-en: *Begriffsbildung, Vereinfachung, Verallgemeinerung* ‖ **Ab|s|trak|ti|ons|ver|mö|gen:** *Fähigkeit zur Begriffsbildung* ‖ **Ab|s|trạk|tum** das, -s/Abstrakta (Gramm.): *ein Nomen, das etwas Nichtgegenständliches bezeichnet, zB* Angst, Freude, Friede, Schönheit, Zorn; → Konkretum

ạb|stram|peln[1]: das Baby strampelt die Decke ab ‖ **ạb|stram|peln**[2] sich (ugs.): *sich abmühen*

ạb|strei|chen: überschüssiges Mehl a. | (Med.) mit einem Wattetupfer den entzündeten Bereich a. *(einen Abstrich machen)*

ạb|strei|fen: den Schmutz a. *(wegwischen)* ‖ **Ạb|strei|fer:** *Fußabstreifer*

ạb|strei|ten: die Schuld a. *(leugnen)*

Ạb|strich: einen A. von seinen Forderungen machen *(seine Forderungen zurückstecken)* | (Med.) einen A. machen *(eine Probe zB aus einer Geschwulst zur Untersuchung entnehmen)* | (Druckw.) *Strich nach unten* | (Mus.) *Bogenstrich nach unten*

ạb|stru|deln sich (ugs.): *sich abmühen;* ich strudle mich ständig für dich ab

ab|s|trus [-st-] ⟨lat.⟩: *verworren, schwer verständlich*

ạb|stu|fen: die Gehälter a. *(der Höhe nach einteilen)* ‖ **Ạb|stu|fung** die, -/-en

ạb|stump|fen: *teilnahmslos werden; jemanden teilnahmslos machen;* das große Leid hat ihn abgestumpft

Ạb|sturz: der A. des Flugzeuges | der Absturz des Computers | ein senkrechter A. *(Abhang)* zur Küste ‖ **ạb|stür|zen:** das Flugzeug stürzt ab | der Computer stürzt ab *(reagiert nicht mehr)*

ạb|stüt|zen: den Kopf mit der Hand a.

ạb|su|chen: den Wald nach dem abgängigen Kind a.

Ạb|sud: *durch Absieden gewonnene Flüssigkeit;* ein A. von Kamille

ab|sụrd ⟨lat.⟩: *vernunftwidrig, widersinnig;* ein absurder Gedanke; → ad absurdum führen ‖ **Ab|sur|di|tät** die, -/-en

Ab|s|zẹss der = das, -es/-e ⟨lat.⟩ (Med.): *Eitergeschwulst*

Ab|s|zị|s|se die, -/-n ⟨lat.⟩ (Math.): *die parallel zur Abszissenachse gemessene Koordinate* ‖ **Ab|s|zịs|sen|ach|se** [-ks-] (Math.): *die waagrechte Achse, x-Achse;* → Ordinatenachse

Ạbt der, -[e]s/Äbte: *Vorsteher eines Mönchsklosters;* → Äbtissin

Abt.: Abteilung

ạb|ta|keln, ich takle ab: *das Takelwerk eines Schiffes abnehmen;* → abgetakelt

ạb|tan|zen (Jug.): *ausgelassen tanzen*

ạb|tas|ten: *vorsichtig abgreifen*

ạb|tau|en: den Kühlschrank a.

(das entstandene Eis entfernen)

Ab|tei die, -/-en: *ein Kloster*

Ab|teil ['a-, -'taɪl] das, -[e]s/-e: ein A. zweiter Klasse || **ab|tei|len:** *ein Wort am Zeilenende trennen* || **Ab|tei|lung** die, -/-en: die A. *(das Abteilen)* eines Wortes | [auch: -'taɪl-] (Abt.): eine A. *(größere organisatorische Einheit)* eines Ministeriums || **Ab|tei|lungs|lei|ter** ['a-, -'taɪl-] || **Ab|tei|lungs|lei|te|rin** || **Ab|tei|lungs|zei|chen:** *Worttrennungszeichen*

ab|te|le|fo|nie|ren: *telefonisch absagen*

Ab|te|nau [auch: 'a-]: *Marktgemeinde in Salzburg*

ab|tip|pen: *mit Maschine/Computer abschreiben*

Äb|tis|sin die, -/-innen: *Vorsteherin eines Nonnenklosters;* → Abt

ab|tö|nen: ein Pullover in abgetönten Farben *(Farbschattierungen, Farbabstufungen)* || **Ab|tö|nung**

ab|tö|ten: alle Bakterien a. *(töten)*

Ab|trag (geh.): das tut der Angelegenheit A. *(das schadet ihr)* || **ab|tra|gen:** ein Gebäude a. *(abreißen)* | eine Schuld a. *(zurückzahlen)* | abgetragene *(abgenützte)* Kleider || **ab|träg|lich:** der Gesundheit a. *(schädlich)* sein || **Ab|träg|lich|keit** die, - || **Ab|tra|gung** die, -/-en: *das Abtragen*

Ab|trans|port: der A. der Rinder || **ab|trans|por|tie|ren**

ab|trei|ben: von der Strömung abgetrieben *(mitgerissen)* werden | *die Schwangerschaft abbrechen;* ein Kind a. *(den Embryo aus dem Mutterleib entfernen)* | (Küchenspr.) den Teig a. *(ihn [schaumig] rühren)* | die Herde von der Alm a. || **Ab|trei|bung** die, -/-en: eine A. vornehmen *(den Embryo entfernen)* || **Ab|trei|bungs|kli|nik** || **Ab|trei|bungs|pil|le:** *Medikament zur Abtreibung*

ab|trenn|bar || **ab|tren|nen:** die Knöpfe a. | den Wohn- vom Essbereich durch einen Vorhang a. || **Ab|tren|nung**

ab|tre|ten: den Teppich a. | von der Bühne a. *(sie verlassen)* | jemandem seinen Besitz a. *(überlassen)* | (Jus) seine Forderung a. *(zedieren)* || **Ab|tre|tung** die, -/-en (Jus): *Zession*

Ab|trieb: der A. des Viehs von der Alm | (Küchenspr.) einen A. machen; → abtreiben

Ab|tritt (veraltet): *Klosett*

ab|trock|nen: das Geschirr a.

ab|trop|fen: den gewaschenen Salat a. lassen

ab|trot|zen: jemandem ein Versprechen a. *(es durch Trotz erzwingen)*

ab|tru|deln: das Flugzeug trudelt ab *(stürzt um sich selbst drehend ab)*

ab|trün|nig (geh.): a. werden *(sich [von einer Partei/Idee] abwenden, lossagen)* || **Ab|trün|ni|ge**[1] der, -n/-n, ein Abtrünniger || **Ab|trün|ni|ge**[2] die, -n/-n || **Ab|trün|nig|keit** die, -

ab|tun: *für unwichtig erklären;* etwas mit Beschwichtigungen a. | die Sache ist abgetan *(erledigt)*

ab|tup|fen: eine Wunde a.

ab|ur|tei|len: *verurteilen*

Ab|ver|kauf: *Ausverkauf* || **ab|ver|kau|fen**

ab|ver|lan|gen: *als Gegenleistung fordern;* jemandem alles a. *(jemanden bis aufs Äußerste fordern)*

ab|wä|gen: die Ware a. *(ihr Gewicht ermitteln);* → abwiegen | das Für und Wider gut a. *(überlegen);* → wägen || **Ab|wä|gung** die, -/-en

Ab|wahl || **ab|wäh|len:** *durch Wahl absetzen*

ab|wäl|zen: auf jemanden die Schuld a. *(sie jemandem zuschieben)*

ab|wan|deln: ein Thema a. *(leicht verändern)* | (Gramm.) *konjugieren*

ab|wan|dern: vom Dorf in die Stadt a.; die Firma wandert ab *(verlegt ihren Sitz woanders hin)* || **Ab|wan|de|rung**

Ab|wand|lung die, -/-en: *Variation* | (Gramm.) *Konjugation*

Ab|wär|me: *als Nebenprodukt [bei chemischen Reaktionen] entstehende Wärme*

ab|war|ten: einen günstigen Augenblick a.

ab|wärts: vom 10. Rang a. || **ab|wärts|fah|ren** || **ab|wärts|ge|hen:** die Treppe a. | es wird mit ihm a. *(schlechter werden)* || **Ab|wärts|be|we|gung** || **Ab|wärts|trend**

Ab|wasch[1] die, -/-en: *Becken zum Geschirrabwaschen, Spülbecken* || **Ab|wasch**[2] der, -[e]s (D): *das Abwaschen des Geschirrs* || **ab|wasch|bar** || **Ab|wasch|be|cken** || **Ab|wä|sche:** *das Abwaschen* | (fachspr.) *Spülbecken* || **ab|wa|schen:** das Geschirr a. || **Ab|wasch|was|ser** das, -s/-wässer

Ab|was|ser das, -s/-wässer: die Abwässer einer Fabrik || **Ab|was|ser|ent|sor|gung** || **Ab|was|ser|rei|ni|gung**

ab|wat|schen (ugs.): *ohrfeigen*

ab|wech|seln [-ks-]: wir wechseln uns beim Autofahren ab || **Ab|wechs|lung** die, -/-en || **ab|wechs|lungs|los** || **ab|wechs|lungs|reich**

Ab|weg (meist Pl.): *Irrweg;* auf Abwege geraten || **ab|we|gig:** dieser Gedanke ist a. *(irrig; sonderbar; abseitig)* || **Ab|we|gig|keit** die, -/-en

Ab|wehr die, -: *Widerstand* | (Sport) *Verteidigung* || **Ab|wehr|dienst** (Mil.): *Geheimdienst* || **ab|weh|ren:** eine Gefahr, einen Angriff a. || **Ab|wehr|kampf** || **Ab|wehr|ket|te** (Sport) || **Ab|wehr|kraft** (meist Pl.) (Med.): Abwehrkräfte gegen Krankheitserreger || **Ab|wehr|re|ak|ti|on** [-tsi̯-] || **Ab|wehr|spie|ler** (Sport): *Verteidiger;* → Stopper || **Ab|wehr|spie|le|rin** (Sport) || **Ab|wehr|stoff** (meist Pl.) (Med.): *Antikörper*

ab|wei|chen: von einer Norm a. || **Ab|weich|ler** der, -s/- (abw.): *jemand, der sich von der Parteilinie entfernt* || **Ab|weich|le|rin** die, -/-innen (abw.) || **Ab|wei|chung** die, -/-en

ab|wei|den: *abgrasen*

ab|wei|sen: *zurückweisen*

ab|wend|bar → G.: unabwendbar || **ab|wen|den:** ein Unheil a. *(verhindern)* | sich von jemandem a. *(wegwenden);* den Blick a. || **Ab|wen|dung** die, -

ab|wer|ben: eine gute Verkäuferin a. *(zum Übertritt in die eigene Firma bewegen)*

ab|wer|fen: das Pferd wirft den Reiter ab | hohen Gewinn a. *(bringen)*

ab|wer|ten: *den Wert [des Geldes, einer Währung] herabsetzen* || **Ab|wer|tung**

ab|we|send: *nicht anwesend* || **Ab|we|sen|de**[1] der, -n/-n, ein Abwesender || **Ab|we|sen|de**[2] die, -n/-n || **Ab|we|sen|heit** die, -

ab|wet|zen: abgewetzte Jeans

ab|wi|ckeln: Wolle a. | ein Geschäft a. *(durchführen)* || **Ab|wick|lung** die, -/-en

ab|wie|geln (ugs.): *beruhigen, beschwichtigen;* ich wiegle eine Krise ab; → G.: aufwiegeln

ab|wie|gen: einen Sack Erdäpfel a. *(abwägen)*

ab|wim|meln (ugs.): *mit Ausflüch-*

A

ten abweisen; ich wimmle den Kollegen/eine Arbeit ab
Ab|wind: *absteigender Luftstrom;* → G.: Aufwind
ab|win|keln: den Arm a.
ab|win|ken: *ein Zeichen der Ablehnung geben* | (Mus.) der Dirigent winkt ab *(unterbricht)*
ab|wi|schen: den Tisch a.
ab|wra|cken: *verschrotten;* ein Schiff a.
Ab|wurf: der A. einer Bombe
ab|wür|gen (abw.): *unterbinden;* eine Diskussion a. *(nicht zulassen, abbrechen)* | (ugs.) den Motor a. *(unsachgemäß zum Stillstand bringen)*
ab|zah|len: in Raten a. || **Ab|zahlung**
ab|zäh|len: die Anwesenden a. | (ugs.) das kannst du dir an den Fingern a. *(leicht ausrechnen)*
ab|zap|fen: Bier a.
ab|zäu|nen: ein Grundstück a. || **Ab|zäu|nung** die, -/-en: *Zaun*
Ab|zei|chen: *Aufnäher, Plakette oÄ zur Kennzeichnung;* Schwimmabzeichen
ab|zeich|nen: ein Muster a. *(kopieren)* | einen Vorvertrag a. *(als gelesen und akzeptiert markieren)* | schwierige Zeiten zeichnen sich ab *(sind absehbar)*
ab|zieh|bar (Kaufmannsspr.): eine Ausgabe ist a. || **Ab|zieh|bild:** *Bild, das durch Abziehen einer Folie sichtbar wird* || **ab|zie|hen:** eine Folie a.; die Bettwäsche a.; toten Tieren die Haut a. | die Wolken ziehen ab; die Belagerer zogen ab | einen Betrag a. *(subtrahieren)* | die Klinge a. *(schärfen)* | (sal.) eine Show a. *(etwas vorspielen, inszenieren, vortäuschen)*
ab|zie|len: auf höhere Löhne a. *(darauf aus sein)*
ab|zi|schen (ugs.): *schnell davongehen; sich verdrücken*
ab|zo|cken (D, sal.): *unverschämt viel Geld verlangen; auf leichte bzw. nicht ganz korrekte Weise Gewinne machen*
Ab|zug: *Vorrichtung an Schusswaffen zum Auslösen eines Schusses* | der A. der Truppen | ohne A. von Steuern; etwas in A. bringen *(abziehen)*

ab|züg|lich

Präposition mit Genitiv:
– abzüglich des vereinbarten Rabatts
Allein stehendes starkes Nomen im Singular bleibt undekliniert:
– abzüglich Rabatt
Im Plural mit Dativ, wenn Genitiv nicht erkennbar:
– abzüglich Rabatten (statt: Rabatte)

Ab|zugs|pos|ten: Spenden sind steuerliche A. || **Ab|zugs|schacht:** *Lüftungsschacht*
ab|zup|fen: Blätter a.
ab|zut|zeln, *auch:* **ab|zu|zeln** (ugs.): *ablutschen*
ab|zwa|cken (ugs.): etwas vom Taschengeld a. *(wegnehmen)*
ab|zwei|gen: diese Bahnlinie zweigt von der Hauptstrecke ab | (ugs.) Geld a. *(in die eigene Tasche fließen lassen)* || **Ab|zwei|gung**
ab|zwi|cken: ein Kabel a.
ab|zwin|gen: jemandem eine Unterschrift a. *(sie von jemandem durch Zwang erreichen)*
Ac: Actinium
a cap|pel|la [- k-] ⟨it.⟩ (Mus.): *[Gesang] ohne Instrumentalbegleitung* || **A-cap|pel|la-Chor** [-k-] (Mus.)
ac|ce|le|ran|do [atʃe-] ⟨it.⟩ (Mus.): *schneller werdend*
Ac|ces|soire [aksɛˈsoaːr] das, -s/-s (meist Pl.) ⟨fr.⟩: *modisches Zubehör, zB Gürtel und Tasche zum Kleid*
Ac|com|pa|gn|a|to [akompaˈnjaːto] das, -s/-s [Accompagnati] ⟨it.⟩: *vom Orchester begleitetes Rezitativ*
Ac|count [əˈkaʊnt] der, -s/-s ⟨engl.⟩: *Zugangsberechtigung (Konto) zum Internet oder zu einem Netzwerk*
Ace|tat [ats-] (fachspr.) → Azetat || **Ace|tat|sei|de** (fachspr.) → Azetatseide || **Ace|ton** (fachspr.) → Azeton || **Ace|ty|len** [-ty-] (fachspr.) → Azetylen || **Ace|tyl|sa|li|cyl|säu|re** [-tsyːl-] (fachspr.) → Azetylsalicylsäure
ach: ach so! | (geh.) ach und weh (= **A**ch und Weh) schreien; *aber:* mit **A**ch und Weh | (ugs.) mit **A**ch und Krach *(mit knapper Not)*
Achat der, -[e]s/-e: *ein Schmuckstein*
Ache die, -/-n: *Bezeichnung verschiedener [Gebirgs]flüsse, zB Gasteiner A.*
Achen|see der, -s: *ein See in Tirol*
Achil|les|fer|se: *einzig verwundbare Stelle, schwache Seite (nach der griechischen Sagenfigur Achilles)* || **Achil|les|seh|ne:** *Sehne in der Ferse*
Achim: *männl. Vorname*
Ach|laut (Lautschrift: [x]) (Sprachwiss.): *Aussprache des ch nach a, o, u;* → Ichlaut
Achs|bruch [-ks-] = Achsenbruch || **Achs|druck** = Achsendruck der, -[e]s/-drücke || **Ach|se** die, -/-n: *stabiler Drehpunkt, um den sich ein Rad dreht;* die A. eines Rades | *Mittellinie, um die sich ein Körper dreht;* Erdachse | (ugs.) auf [der] A. sein *(unterwegs sein)* | (Math.) x-Achse *(Koordinatenachse)*
Ach|sel [-ks-] die, -/-n: *Achselhöhle; Schulter;* verlegen die Achseln zucken; einen über die A. *(verächtlich)* anschauen || **Ach|sel|haar** (meist Pl.) || **Ach|sel|höh|le** || **Ach|sel|klap|pe:** *Schulterklappe [an Uniformjacken]* || **Ach|sel|zu|cken:** mit einem A. *(gleichgültig, ratlos, ohne Entscheidung)* antworten || **ach|sel|zu|ckend:** eine achselzuckende Gebärde; *aber:* mit den Achseln zuckend
Ach|sen|bruch [-ks-] = → Achsbruch || **Ach|sen|druck** = → Achsdruck || **Ach|sen|kreuz** (Math.): *Koordinatenkreuz* || **Ach|sen|mäch|te** die (Pl.) (Pol., Gesch.): *Deutschland und Italien als Verbündete im Zweiten Weltkrieg* || **-ach|sig** (nur in Zusammensetzungen wie zweiachsig) || **Achs|sturz** (Technik): *von der Senkrechten abweichende Schrägstellung der Räder bei Automobilen*

acht (8)

Kleinschreibung als Grundzahl:
– es ist/schlägt acht
– gegen acht
– viertel/halb acht
– drei viertel acht
– Punkt acht
– in acht Tagen *(in einer Woche)*
– die ersten acht
– wir waren unser acht
– in Reihen zu acht
– Platz acht belegen
– die Nummer acht ziehen
– die Zahlen von acht bis fünfzehn
– drei und acht ist elf
– acht Millionen Mal[e]
Das Ordnungszahlwort „achte“:
– die achte Zeile; *aber groß:* der **A**chte des Monats; jeder **A**chte

Großschreibung bei Nominalisierung der Grundzahl zur Bezeichnung einer Ziffer:
- die Ziffer **A**cht (8, → Achter)
- die Ziffern **A**cht und Neun
- sie setzt alles auf die **A**cht; → Achter

Weiters:
- achtfach (8fach = 8-fach); *aber groß:* das Achtfache (8fache = 8-Fache)
- achtmal (8-mal; *bei bes. Betonung auch:* acht Mal)
- achtjährige (8-jährige) Schülerinnen; *aber groß:* die **A**chtjährige (die 8-Jährige)

Acht[1] die, -/-en (bes. D): → *Achter;* → acht

Acht[2] die, - (früher): *Ächtung;* jemanden in A. und Bann tun *(aus einer Gemeinschaft ausstoßen);* → Geächtete

Acht[3] **die, -:** *Beachtung*

- sich in Acht nehmen
- außer [aller] Acht lassen

Getrennt- und Zusammenschreibung:
- Acht geben = achtgeben; gib Acht (= gib acht)!; *aber nur zusammen bzw. getrennt:* sehr achtgeben; allergrößte Acht geben
- Acht haben = achthaben; habt Acht (= habt acht!) *(ein militärisches Kommando)*

acht|ar|mig (8-armig): ein achtarmiger Kristallluster ‖ **acht|bän|dig** (8-bändig): ein achtbändiges Lexikon

acht|bar: ein achtbarer Mensch *(jemand, der Achtung verdient)* ‖ **Acht|bar|keit** die, - (geh.)

acht|blätt|rig (8-blättrig) ‖ **ach|te** (8.): die a. Zeile; *aber:* der **A**chte (8.) des Monats; → acht; → Achte ‖ **Ach|te**[1] der, -n/-n, ein Achter: jeder A.; der A. von rechts; Heinrich der A. (Heinrich VIII.); → achte ‖ **Ach|te**[2] die, -n/-n ‖ **Acht|eck** ‖ **acht|eckig** (8-eckig) ‖ **acht|ein|halb** ‖ **acht|ein|vier|tel** ‖ **ach|tel** (8el, ⅛) (vor Maßangaben); → achtel Kilogramm; → achtel Liter; → achtel Meter; → Achtel; → viertel ‖ **Ach|tel** (8el, ⅛) das, -s/-: ein A. der Strecke; ein A. Butter; ein A. Wein; drei A. bezahlen; → achtel; → Viertel; → Achterl ‖ **Ach|te|le** das, -s/- (V, T, K): *Achterl* ‖ **Ach|tel|fi|na|le** (Sport) ‖ **ach|tel Ki|lo|gramm** = **Ach|tel|ki|lo|gramm** (⅛ Kilogramm, ⅛-Kilogramm) das, -s/- ‖ **ach|tel Li|ter** = **Ach|tel|li|ter** (⅛ Liter, ⅛-Liter) ‖ **ach|tel Me|ter** = **Ach|tel|me|ter** (⅛ Meter, ⅛-Meter) ‖ **Ach|tel|no|te** (Mus.) ‖ **Ach|tel|pau|se** (Mus.)

ach|ten: fremde Meinungen a. *(respektieren);* geachtet sein *(angesehen, geschätzt sein)* | auf jemanden a. *(aufpassen, Acht geben)*

äch|ten (geh.): *in Acht und Bann tun; aus einer Gemeinschaft ausstoßen;* → Geächtete

Ach|ten|der der, -s/-: *Hirsch mit acht Geweihenden* ‖ **ach|tens** (8.)

ach|tens|wert: *Achtung verdienend*

Ach|ter (8er) der, -s/-: *die Ziffer Acht* (8); → Acht[1] | → *Achterwagen* | (Sport) *Boot für acht Ruderer* | *achterförmige Verbiegung des Rades*

Die österreichischen Formen der nominalisierten Zahlwörter werden auf -er gebildet:
- einen Achter hinschreiben (bes. in Deutschland: eine Acht)
- mit dem Rad einen Achter fahren (bes. in Deutschland: eine Acht)

ach|ter|aus (Seemannsspr.): *nach hinten*

Ach|ter|bahn: *Berg-und-Tal-Bahn, Hochschaubahn*

Ach|ter|deck (Seemannsspr.): → *Hinterdeck;* → G.: Vorderdeck

Ach|terl das, -s/-[n]: *ein Achtel[liter] Wein;* noch ein A. *(ein weiteres Glas Wein)* trinken; → Achtel; → Achtele ‖ **ach|ter|lei**

ach|tern (Seemannsspr.): *hinten*

Ach|ter|wa|gen (8er-Wagen): *Zug der Straßenbahnlinie/U-Bahn-Linie 8; Achter*

acht|fach (8fach = 8-fach) ‖ **Acht|fa|che** (8fache = 8-Fache) das, -n

Acht ge|ben = **acht|ge|ben** → Acht[3] ‖ **Acht ha|ben** = **acht|ha|ben** → Acht[3]

acht|hun|dert (800) ‖ **acht|jäh|rig** (8-jährig): ein achtjähriger Bub; *aber:* ein **A**chtjähriger ‖ **Acht|jäh|ri|ge**[1] (8-Jährige) der, -n/-n, ein Achtjähriger: der A. spielt Fußball; *aber:* ein achtjähriger Bub ‖ **Acht|jäh|ri|ge**[2] (8-Jährige) die, -n/-n ‖ **Acht|kampf:** *ein Sportbewerb in acht Einzeldisziplinen* ‖ **acht|klas|sig** (8-klassig): eine achtklassige Schule ‖ **Acht|klass|ler** der, -s/-: *Schüler der achten Klasse* ‖ **Acht|kläss|ler** der, -s/- (V, südl. D): *Achtklassler* ‖ **Acht|klass|le|rin** die, -/-innen ‖ **Acht|kläss|le|rin** die, -/-innen (V, südl. D)

acht|los: *ohne nachzudenken;* a. etwas wegwerfen ‖ **Acht|lo|sig|keit** die, -

acht|mal (8-mal), *bei besonderer Betonung auch:* acht Mal: a. so groß ‖ **acht|ma|lig** (8-malig): die achtmalige Weltmeisterin ‖ **acht|mi|nü|tig** (8-minütig), *auch:* achtminutig: eine achtminütige Wartezeit ‖ **acht|mi|nüt|lich** (8-minütlich), *auch:* achtminutlich: achtminütliche U-Bahn-Intervalle ‖ **acht|mo|na|tig** (8-monatig): ein achtmonatiger (*nicht:* achtmonatlicher) Kurs *(ein Kurs, der acht Monate dauert)* ‖ **acht|pro|zen|tig** (8-prozentig, 8%ig)

acht|sam (geh.): *vorsichtig; wachsam* ‖ **Acht|sam|keit** die, - (geh.)

acht|sei|tig (8-seitig) ‖ **acht|stel|lig** (8-stellig) ‖ **acht|stö|ckig** (8-stöckig): ein achtstöckiges Haus ‖ **Acht|stun|den|tag** (8-Stunden-Tag) ‖ **acht|stün|dig** (8-stündig): eine achtstündige Arbeitszeit ‖ **acht|stünd|lich** (8-stündlich): ein achtstündlicher *(alle acht Stunden stattfindender)* Schichtwechsel ‖ **acht|tä|gig** (8-tägig) ‖ **acht|tau|send** (8 000) ‖ **Acht|tau|sen|der** (8 000er): *Berg, der zwischen 8 000 und 8 999 m hoch ist* ‖ **acht|tei|lig** (8-teilig) ‖ **Acht|uhr|zug** ‖ **Acht|und|sech|zi|ger** der, -s/- (68er): *Angehöriger der 1968 revoltierenden jungen Generation* ‖ **Acht|und|sech|zi|ger|ge|ne|ra|ti|on** [-tsi̯-] ‖ **Acht|und|sech|zi|ge|rin** die, -/-innen ‖ **acht|und|zwan|zig** (28)

Ach|tung die, -: *Wertschätzung;* alle A.!

Äch|tung die, -/-en (geh.): → *Acht*[2]; → ächten

Ach|tungs|er|folg: die Aufführung brachte nur einen A. *(Anerkennung)* ‖ **ach|tungs|voll:** *Achtung zeigend*

acht|wö|chig (8-wöchig): ein achtwöchiger *(acht Wochen dauernder)* Kurs; → wöchentlich ‖ **acht|zehn** (18) ‖ **acht|zehn|hun|dert** (1800) ‖ **acht|zehn|jäh|rig** (18-jährig): eine achtzehnjähri-

A

ge Maturantin; *aber:* eine **A**chtzehnjährige (18-Jährige) ‖ **ạcht|zei|lig** (8-zeilig)

ạcht|zig (80)

Kleinschreibung des Zahlworts:
– er ist achtzig [Jahre]
– Mitte [der] achtzig
– im Jahr[e] achtzig *(im achtziger Jahr)*
Großschreibung bei Nominalisierung der Grundzahl zur Bezeichnung einer Ziffer:
– die Zahl **A**chtzig (80, → *Achtziger*)

ạcht|zi|ger (80er): → achtziger Jahr = Achtziger Jahr; → achtziger Jahrgang = Achtziger Jahrgang ‖ **Ạcht|zi|ger** (80er) der, -s/-, ein A.: Mitte der A.; den A. *(den 80. Geburtstag)* feiern; einen A. *(Wein aus dem Jahre achtzig)* trinken; → Achtzig ‖ **Ạcht|zi|ge|rin** die, -/-innen ‖ **ạcht|zi|ger Jahr** = **Ạcht|zi|ger|jahr** (= 80er Jahr, 80er-Jahr): in den achtziger Jahren (= Achtzigerjahren) des 20. Jh. ‖ **ạcht|zi|ger Jahr|gang** = **Ạcht|zi|ger|jahr|gang** (= 80er Jahrgang, 80er-Jahrgang) ‖ **ạcht|zig|jäh|rig** (80-jährig): eine achtzigjährige Pensionistin; *aber:* eine **A**chtzigjährige (80-Jährige) ‖ **Ạcht|zig|jäh|ri|ge**[1] (80-Jährige) der, -n/-n, ein Achtzigjähriger ‖ **Ạcht|zig|jäh|ri|ge**[2] (80-Jährige) die, -n/-n ‖ **ạcht|zigs|tel** (80stel); → achtzigstel Sekunde = Achtzigstelsekunde ‖ **Ạcht|zigs|tel** (80stel) das, -s/- ‖ **ạcht|zigs|tel Se|kun|de** = **Ạcht|zigs|tel|se|kun|de** (= 80stel Sekunde, 80stel-Sekunde) ‖ **Ạcht|zy|lin|der** [-tsy-, -tsi-] (8-Zylinder): *ein Auto mit einem Achtzylindermotor*

ạ̈ch|zen: du ächzt *(stöhnst)* im Schlaf; → Geächze

Ạcker der, -s/Äcker: *landwirtschaftlich genutzte Bodenfläche* ‖ **Ạcker|bau** der, -[e]s: A. treiben ‖ **Ạcker|bo|den** ‖ **Ạcker|flä|che** ‖ **Ạcker|kru|me:** *frisch aufgepflügte Erde* ‖ **Ạcker|land** ‖ **ạckern:** *pflügen* ‖ **Ạckers|mann** (veraltet): *pflügender Bauer*

Ạck|ja der, -[s]/-s, *auch:* Akja ⟨schwedisch⟩: *Rettungsschlitten für Berg- und Skiunfälle*

a cọn|to [- k-] ⟨it.⟩: 100 € a c. zahlen *(anzahlen);* → Akonto

Ac|ry̲l [-'kry:l] = → Akryl ‖ **Ac|ryl|far|be** = → Akrylfarbe

Ac|ti̲|ni|um [ak-] das, -s ⟨gr.⟩ (Zeichen: Ac): *ein chemisches Element*

Ac|tion [ækʃn] die, - ⟨engl.⟩: *spannendes Geschehen, Handlungsreichtum* | (sal.) da war mir zu wenig A. *(zu wenig los);* → Aktion ‖ **Ac|tion|film** ‖ **Ac|tion|re|search** [-rɪ'sɜːtʃ] das, - (Päd.): *Handlungsforschung*

a. d.: **a**n **d**er; Linz a. d. Donau

a. D.: **a**ußer **D**ienst; Oberst a. D.

A. D.: Anno Domini, A. D. 996

A̲da|bei der, -[s]/-s (scherzh.): der Herr A. *(jemand, der überall [auch] dabei sein will; Neugieriger; Wichtigmacher)*

ad ab|sụr|dum ⟨lat.⟩: etwas ad a. führen *(ins Unsinnige übertreiben; als widersinnig nachweisen)*

ad ạc|ta [- -k-] ⟨lat.⟩: etwas ad a. legen *(zu den Akten legen; als erledigt betrachten)*

ada̲|gio [a'da:dʒo] ⟨it.⟩ (Mus.): *langsam, sanft* ‖ **Ada̲|gio** das, -[s]/-s (Mus.): *ein langsames Musikstück*

A̲dal|bert: *männl. Vorname;* → Bertl

A̲dam: *männl. Vorname* | A. und Eva *(in der Bibel das erste Menschenpaar);* bei A. und Eva *(ganz am Beginn)* anfangen ‖ **Ạdam Rie̲|se** (scherzh.) (nur in der Wendung): das macht nach A. R. *(korrekt gerechnet)* 14 Euro *(nach einem deutschen Rechenmeister im 16. Jh.)* ‖ **A̲dams|ap|fel:** *ein Knorpel am Kehlkopf des Mannes* ‖ **A̲dams|kos|tüm** (scherzh.): im A. *(nackt; von Männern)* herumlaufen; → Evaskostüm

Ad|ap|ta|ti|o̲n [-tsi̯-] = Adaption die, -/-en ⟨lat.⟩: *Anpassung* ‖ **Ad|ạp|ter** der, -s/-: *ein Zusatzgerät für [Stromnetz]anschlüsse* ‖ **ad|ap|ti̲e|ren:** ein Gebäude a. *(renovieren, einem neuen Zweck anpassen)* ‖ **Ad|ap|ti̲e|rung** die, -/-en: *Neugestaltung [einer Wohnung]* ‖ **ad|ap|ti̲e|rungs|be|dürf|tig:** eine adaptierungsbedürftige *(renovierungsbedürftige)* Wohnung ‖ **Ad|ap|ti̲e|rungs|kos|ten** ‖ **Ad|ap|ti|o̲n** = → Adaptation

Ad|ä|quạnz die, -/- ⟨lat.⟩ (Jus): *Angemessenheit* ‖ **ad|ä|qua̲t:** *angemessen, entsprechend;* → G.: inadäquat ‖ **Ad|ä|qua̲t|heit** die, -

ad|di̲e|ren ⟨lat.⟩: *zusammenzählen*

Ạd|dis Abe̲|ba: *Hauptstadt Äthiopiens*

Ad|di|ti|o̲n [-tsi̯-] die, -/-en ⟨lat.⟩ ‖ **Ad|di|ti|o̲ns|zei|chen:** *Pluszeichen* ‖ **ad|di|ti̲v:** *aneinanderreihend, nummerierend* ‖ **Ad|di|ti̲v** das, -s/-e (Chem.): *Zusatzmittel, das die Eigenschaft eines anderen Stoffes verändert* ‖ **Ạd|di|tum** das, -s/Addita (Päd.): → *Erweiterungsbereich;* → Fundamentum

ade̲ (veraltet): ade (= **A**de) sagen; → adieu ‖ **Ade̲** das, -s/-s (veraltet): ohne Ade fortgehen; Ade (= **a**de) sagen

A̲del der, -s: *adelige Familien* ‖ **Ade̲|le:** *weibl. Vorname* ‖ **Adel|heid:** *weibl. Vorname* ‖ **a̲de|lig** = adlig ‖ **A̲de|li|ge**[1] = Adlige der, -n/-n, ein Ad[e]liger ‖ **A̲de|li|ge**[2] = Adlige die, -n/-n ‖ **adeln,** ich adle: auf Grund seiner Verdienste von der englischen Königin geadelt werden ‖ **Adels|prä|di|kat:** *Benennung, die die Zugehörigkeit zum Adel ausdrückt, zB Gräfin* ‖ **A̲dels|stand** ‖ **A̲dels|ti|tel**

Ad|ẹpt der, -en/-en ⟨lat.⟩ (geh.): *Person, die in eine Wissenschaft eingeweiht ist; jemand, der ein Fachgebiet, eine Wissenschaft studiert* ‖ **Ad|ẹp|tin** die, -/-innen (geh.)

A̲der die, -/-n: *Blutgefäß* | eine künstlerische A. *(Begabung)* haben | (Bot.) *Gefäß im Blatt* | (Geol.) *Lagerstätte von Mineralien oÄ* ‖ **Ä̲der|chen** ‖ **a̲de|rig** = **ä̲de|rig,** *auch:* adrig, ädrig ‖ **A̲der|lass** der, -es/-lässe: *Blutabnahme zu Heilzwecken* | *großer Verlust*

Ad|hä|si|o̲n die, - ⟨lat.⟩ (Phys.): *das Aneinanderhaften verschiedener Stoffe*

ad học [- -k] ⟨lat.⟩: *eigens zu diesem Zweck* | *augenblicklich* ‖ **Ad-học-Bil|dung** (Sprachwiss.): *Wort, das aus dem Stegreif gebildet wird*

Adi|a|ba̲|te die, -/-n ⟨gr.⟩ (Phys.): *Kurve der Zustandsänderung eines Gases ohne Wärmeaustausch mit der Umgebung* ‖ **adi|a|ba|tisch** (Phys.): *ohne Änderung der Entropie ablaufend*

adieu [a'di̯øː] ⟨fr.⟩: *leb wohl, leben Sie wohl;* a. (= **A**dieu) sagen; → ade ‖ **Adieu** das, -s/-s: *Lebewohl;* ohne A. fortgehen; A. (= **a**dieu) sagen

ad in|fi|ni|tum ⟨lat.⟩: *endlos weiter*

Adj.: **Adj**ektiv ‖ **Ạd|jek|tiv** das, -[e]s/-e [-fɛ, -vɛ] (Adj.) ⟨lat.⟩ (Gramm.): *Eigenschaftswort;* →

Zahladjektiv || **ad|jek|ti|visch** (Gramm.): *als Adjektiv verwendet;* adjektivisches Attribut
Ad|junkt der, -en/-en ⟨lat.⟩: *ein Beamtentitel* || **Ad|junk|tin** die, -/-innen
ad|jus|tie|ren ⟨lat.⟩: *ausrüsten, zurichten* | *dienstmäßig kleiden* || **Ad|jus|tie|rung** die, -/-en: *Uniform, Aufmachung*
Ad|ju|tant der, -en/-en ⟨lat.⟩: *einem Kommandanten zugeteilter Offizier* || **Ad|ju|tum** das, -s/Adjuten: *Ausbildungsbeitrag*
Ad|la|tus der, -/Adlaten [Adlati] ⟨lat.⟩ (veraltet bzw. iron.): *Helfer, persönlicher Mitarbeiter*
Ad|ler der, -s/-: *ein Greifvogel* | *ein Wappentier* || **Ad|ler|au|ge:** etwas mit Adleraugen *(sehr genau; argwöhnisch)* beobachten || **Ad|ler|blick:** *scharfer Blick* || **Ad|ler|na|se:** *große, gebogene Nase*
ad lib.: **ad libitum** || **ad li|bi|tum** (ad lib.) ⟨lat.⟩: *nach Belieben*
ad|lig = → adelig || **Ad|li|ge** = → Adelige
Ad|mi|nis|tra|ti|on [-tsi̯-] die, -/-en ⟨lat.⟩: *Verwaltung* || **ad|mi|nis|tra|tiv** || **Ad|mi|nis|tra|tor** der, -s/-en [-'oː-]: *Verwalter, Verweser* || **Ad|mi|nis|tra|to|rin** die, -/-innen || **ad|mi|nis|trie|ren**
Ad|mi|ral der, -s/Admiräle [-e] ⟨arab.⟩: *höchster Marineoffizier* | *ein Schmetterling* || **Ad|mi|ra|li|tät** die, - || **Ad|mi|rals|rang** || **Ad|mi|rals|stab:** *oberste Leitung einer Kriegsmarine*
Ad|mont: *Marktgemeinde und Stift in der Steiermark*
ad no|tam ⟨lat.⟩: etwas ad n. *(zur Kenntnis)* nehmen
ad ocu|los [-k-] ⟨lat.⟩: etwas ad o. *(vor aller Augen)* demonstrieren
Ado|les|zenz die, - ⟨lat.⟩: *Übergangszeit von der Jugend zum Erwachsenenalter*
Adolf: *männl. Vorname*
Ado|nis[1]: *griechische Sagengestalt* || **Ado|nis**[2] der, -/-nisse: *schöner Jüngling*
ad|op|tie|ren ⟨lat.⟩: *als eigenes Kind annehmen* || **Ad|op|ti|on** [-tsi̯-] die, -/-en || **Ad|op|tiv|el|tern** || **Ad|op|tiv|kind** || **Ad|op|tiv|mut|ter** || **Ad|op|tiv|sohn** || **Ad|op|tiv|toch|ter** || **Ad|op|tiv|va|ter**
ad per|so|nam ⟨lat.⟩: die Mitarbeiterinnen ad p. *(persönlich)* einladen
Adr.: **Adr**esse
ad rem ⟨lat.⟩: *zur Sache*
Ad|re|na|lin das, -s ⟨lat.⟩ (Med.): *ein Hormon* || **Ad|re|na|lin|stoß:** *erhöhte Ausschüttung von Adrenalin [bei Höchstleistungen]*
Ad|res|sant der, -en/-en ⟨fr.⟩: *Absender [einer Sendung]* || **Ad|res|san|tin** die, -/-innen || **Ad|res|sat** der, -en/-en: *Empfänger [einer Sendung]* || **Ad|res|sa|tin** die, -/-innen || **Ad|ress|buch** || **Ad|res|se** die, -/-n (Adr.): *Anschrift;* sich an die richtige A. *(Stelle)* wenden; an die falsche A. kommen *(zurückgewiesen werden)* | (EDV) *Speicherstelle in einem Computer* | (veraltet) *Bittschrift, Denkschrift;* → Grußadresse || **Ad|res|sen|ver|wal|tung** || **Ad|res|sen|ver|zeich|nis** || **ad|res|sie|ren:** *mit einer Adresse versehen*
ad|rett ⟨fr.⟩: *nett, ordentlich in der äußeren Erscheinung;* sich a. kleiden
Ad|ria die, - = **Ad|ri|a|ti|sche Meer** das, -n -[e]s
ad|rig → aderig || **äd|rig** → äderig
ADSL [a de ɛs 'ɛl] (EDV): **A**symmetric **D**igital **S**ubscriber **L**ine *(bes. leistungsfähige digitale Datenübertragung);* → ISDN
Ad|sorp|ti|on [-tsi̯-] die, -/-en ⟨lat.⟩ (Phys.): *Aufnahme von Stoffen an der Oberfläche von festen [porösen] Stoffen*
A-Dur (A) (Mus.): *eine Tonart* || **A-Dur-Ton|lei|ter** (Mus.)
ADV [a de 'fau̯] die, -: **a**utomatische **D**aten**v**erarbeitung; **a**utomationsgestützter **D**aten**v**erkehr
Adv.: **Adv**erb
Ad|van|tage [əd'vaːntɪdʒ] der, -s/-s ⟨engl.⟩ (Sport): *Vorteil, ein Spielstand im Tennis*
Ad|vent [-v-] der, -s/-e ⟨lat.⟩ (Rel.): *die vier Wochen vor Weihnachten* || **Ad|ven|tist** der, -en/-en: *Angehöriger einer bestimmten christlichen Glaubensgemeinschaft* || **Ad|ven|tis|tin** die, -/-innen

> **Ad|vent|ka|len|der**
>
> **Zusammensetzungen mit „Advent-“ werden in Österreich häufiger ohne → Fugen-s, in Deutschland mit Fugen-s gebildet:**
>
> – Adventkalender (in Deutschland im Allgemeinen: Adventskalender)
> – Adventzeit (in Deutschland im Allgemeinen: Adventszeit)

Ad|vent|ker|ze || **Ad|vent|kranz** || **ad|vent|lich** || **Ad|vent|markt** || **Ad|vent|sin|gen** das, -s/- || **Ad|vent|sonn|tag:** erster, zweiter, dritter, vierter A. || **Ad|vent|zeit:** *die Zeit vor Weihnachten*
Ad|verb [-v-] das, -s/-ien [-i̯ɛn] (Adv.) ⟨lat.⟩ (Gramm.): *Umstandswort* || **ad|ver|bi|al,** *auch:* adverbiell [-i̯ɛl] (Gramm.): *als oder auch wie ein Adverb verwendet;* adverbiale Bestimmung || **Ad|ver|bi|al|be|stim|mung** (Gramm.): *Umstandsergänzung* || **Ad|ver|bi|a|le** das, -s/-n (Gramm.): *adverbiale Bestimmung* || **Ad|ver|bi|al|satz** (Gramm.): *Umstandssatz* || **ad|ver|bi|ell** → adverbial
ad|ver|sa|tiv ⟨lat.⟩ (Gramm.): *entgegensetzend, zB die Konjunktion* aber
Ad|vo|ca|tus Di|a|bo|li [-vok- -] der, - - /Advocati - ⟨lat.⟩ (wörtl.: Anwalt des Teufels): *jemand, der es übernimmt, die Argumente der Gegenseite zu vertreten* || **Ad|vo|kat** der, -en/-en (veraltend): *Rechtsanwalt, Anwalt* || **Ad|vo|ka|tin** die, -/-innen (veraltend)
ae|rob ⟨gr.⟩ (Biol.): aerobe *(Sauerstoff benötigende)* Prozesse; → G.: anaerob
Ae|ro|bic [ɛ-k] das, -s ⟨engl.⟩: *ein Gymnastiksport*
Ae|ro|dy|na|mik [ɛrody-, auch: ae-] ⟨gr.⟩ (Phys.): *Lehre von der Bewegung gasförmiger Körper* || **ae|ro|dy|na|misch** || **Ae|ro|plan** der, -[e]s/-e ⟨gr.+lat.⟩ (veraltet): *Flugzeug* || **Ae|ro|fon** = **Ae|ro|phon** [-f-] das, -s/-e (Mus.): *Instrument, das mit Luft zum Klingen gebracht wird, zB Flöte, Orgel* || **Ae|ro|sol** das, -s/-e (Phys.): *feinstverteilte Materie, zB Staub, Rauch, in Gasen* | (Med.) *zu Nebel zerstäubtes Medikament*
Af|fä|re [a'fɛːə, -'ɛːrɛ] die, -/-n ⟨fr.⟩ (frühere Schreibung: Affaire): *unangenehme Angelegenheit;* sich geschickt aus der A. ziehen *(aus einer unangenehmen Situation befreien)* | *[kurzzeitige] Liebesbeziehung*
Äff|chen das, -s/- || **Af|fe** der, -n/-n: *ein Säugetier* | (derb) *eitler, affektierter Mensch* | (ugs., sal.) *Rausch*
Af|fekt der, -[e]s/-e ⟨lat.⟩: *Gemütserregung;* im A. *(Zorn)* handeln || **Af|fekt|hand|lung** || **af|fek|tiert:** *geziert, gespreizt, unnatürlich* || **Af|fek|tiert|heit** die, -/-en || **af|fek|tiv:** *gefühlsbetont*
äf|fen (geh.): *in die Irre führen,*

A

foppen, betrügen ‖ **af|fen|ar|tig** ‖ **Af|fen|brot|baum:** *ein afrikanischer Laubbaum* ‖ **Af|fen|hit|ze** (ugs.): *große Hitze* ‖ **Af|fen|klam|mer:** → *Klammeraffe* ‖ **Af|fen|lie|be:** *übertriebene Liebe zu einem Kind* ‖ **Af|fen|schan|de** (ugs., sal.): *große Schande* ‖ **Af|fen|tem|po** (ugs., sal.): *rasantes Tempo* ‖ **Af|fen|the|a|ter** (ugs.): *übertriebenes Getue* ‖ **Af|fen|zahn** (ugs., sal.): mit einem A. *(rasant)* daherkommen

af|fet|tu|o|so ⟨it.⟩ (Mus.): *ausdrucksvoll, leidenschaftlich*

af|fi|chie|ren [-ˈʃiː-] ⟨fr.⟩: *plakatieren, anschlagen*

af|fig (ugs.): *eitel, unnatürlich wirkend* ‖ **Af|fin** die, -/-innen: *weiblicher Affe*

Af|fi|ni|tät die, -/-en ⟨lat.⟩: *[chemische] Verwandtschaft, gegenseitige Anziehung*

af|fir|ma|tiv ⟨lat.⟩: *bestätigend, bekräftigend* ‖ **Af|fir|ma|ti|on** [-tsi̯-] die, -/-en

Af|fix das, -[es]/-e ⟨lat.⟩ (Sprachwiss.): *nicht selbstständiger Wortteil;* → Vorsilbe; → Nachsilbe

Af|fri|ka|ta die, -/Affrikaten ⟨lat.⟩ (Sprachwiss.): *Verschlusslaut mit nachfolgendem Reibelaut, zB* pf

Af|front [-ˈrõː] der, -s/-s ⟨fr.⟩: *Beleidigung*

Af|gha|ne [-ˈgaː-] der, -n/-n: *Bewohner Afghanistans* | *eine Hunderasse* ‖ **Af|gha|nin** die, -/-innen ‖ **af|gha|nisch** ‖ **Af|gha|ni|s|tan:** *ein Staat in Asien*

à fonds per|du [- fɔ̃ -ˈdy] ⟨fr.⟩: *trotz zu erwartenden Verlustes*

Af|ri|ka: *ein Erdteil* ‖ **Af|ri|kaans** das, -: *eine aus dem Niederländischen entstandene Sprache in Südafrika* ‖ **Af|ri|ka|ner** der, -s/- ‖ **Af|ri|ka|ne|rin** die, -/-innen ‖ **af|ri|ka|nisch** ‖ **Af|ri|ka|nis|tik** die, -: *eine Wissenschaft* ‖ **Af|ro|ame|ri|ka|ner:** *Amerikaner schwarzafrikanischer Abstammung* ‖ **Af|ro|ame|ri|ka|ne|rin** ‖ **af|ro|ame|ri|ka|nisch** ‖ **af|ro|asi|a|tisch:** *die Länder Afrikas und Asiens betreffend* ‖ **Af|ro|look** [-lʊk]: *Frisur aus vielen dichten Locken*

Af|ter der, -s/-: *Darmausgang* ‖ **Af|ter|mie|ter** (veraltet): *Untermieter* ‖ **Af|ter|mie|te|rin** (veraltet)

Af|ter|shave [-ʃeɪv] das, -[s]/-s ⟨engl.⟩: *Rasierwasser* ‖ **Af|ter|shave|lo|tion** [-loːʃn, engl.: -ləʊʃn] = **Af|ter|shave-Lo|tion**

Ag: **Ar**gentum

a. G.: **a**ls **G**ast (nach Künstlernamen auf Theaterprogrammen)

AG [a ˈgeː] die, -/-s: **A**ktien**g**esellschaft | **A**rbeits**g**emeinschaft; → ARGE | **A**ktions**g**emeinschaft

Ägä|is die, - = **Ägä|i|sche Meer** das, -n -[e]s: *Teil des Mittelmeeres*

Aga|pe die, -/-n ⟨gr.⟩ (Rel.): *selbstlose Liebe* | *kleine Bewirtung nach dem Gottesdienst*

Agar-Agar der = das, -s ⟨mal.⟩: *Verdickungsmittel aus Algenarten*

Aga|tha [auch: -ˈgaː-] = **Aga|the:** *weibl. Vorname*

Aga|ve [-v-] die, -/-n ⟨gr.⟩: *eine aus Amerika stammende Pflanze*

AGB [a ge ˈbeː] die (Pl.) (Jus): **all**gemeine **G**eschäfts**b**edingungen

Agen|da die, -/Agenden ⟨lat.⟩: *Verhandlungsplan, Tagesordnung;* etwas auf die A. setzen | (Pl.) (Amtsspr.) *der Aufgabenbereich; zu erledigende Angelegenheiten;* Zollagenden | *Notizbuch, Terminkalender* ‖ **Agens** der = das, -/Agenzien [-i̯ɛn]: *wichtige Triebkraft* | (Med.) *wirksamer Stoff* ‖ **Agent** der, -en/-en: *Spion* | *Geschäftsvermittler; Vertreter* ‖ **Agen|tie** [-ˈt(s)iː] die, -/-n (veraltet): *eine Geschäftsstelle* ‖ **Agen|tin** die, -/-innen

Agent Pro|vo|ca|teur [aˈʒɑ̃ prɔvɔkaˈtœːr] = **Agent pro|vo|ca|teur** der, - -/-s - ⟨fr.⟩: *jemand, der zur Entlarvung eines Täters eine andere Person zu einer Straftat veranlasst*

Agen|tur [ag-] die, -/-en ⟨lat.⟩: *Vertretung, Geschäftsstelle* | *Nachrichtenagentur* | (SüdT) *für einen bestimmten Bereich eingerichtete Dienststelle;* A. für Liegenschaften ‖ **Agen|tur|mel|dung:** *Meldung einer Nachrichtenagentur*

Ag|glo|me|rat das, -[e]s/-e ⟨lat.⟩: *Anhäufung* ‖ **Ag|glo|me|ra|ti|on** [-tsi̯-] die, -/-en (Geogr.): *großer städtischer Siedlungsraum*

Ag|glu|ti|na|ti|on [-tsi̯-] die, -/-en ⟨lat.⟩ (Med.): *Verklumpung von Blutzellen* | (Sprachwiss.) *Wort- und Formenbildung, bei der die Bestandteile (fast) unverändert bleiben, zB* Wien, Wien+er, Wiener+in ‖ **ag|glu|ti|nie|ren**

Ag|gre|gat das, -[e]s/-e ⟨lat.⟩ (Technik): *eine Koppelung von Maschinen oder Maschinenteilen* ‖ **Ag|gre|ga|ti|on** [-tsi̯-] die, -/-en (Phys.): *Vereinigung von Molekülen zu Verbindungen* ‖ **Ag|gre|gat|zu|stand,** *auch:* **Ag|gre|gats|zu|stand** (Phys.): *Form eines Stoffes;* fester, flüssiger, gasförmiger A.

Ag|gres|si|on die, -/-en ⟨lat.⟩: *militärischer Überfall, Angriff* | *feindseliges Verhalten* ‖ **ag|gres|siv:** *angreifend, angriffslustig* ‖ **Ag|gres|si|vi|tät** [-v-] die, -/-en ‖ **Ag|gres|sor** der, -s/-en [-ˈoː-]: *Angreifer* ‖ **Ag|gres|so|rin** die, -/-innen

Ägi|de die, - ⟨gr.-lat.⟩: unter der Ä. *(unter dem Schutz)* der Vereinten Nationen

agie|ren ⟨lat.⟩: *handeln, sich verhalten* ‖ **agil:** *beweglich, rege* ‖ **Agi|li|tät** die, -: *Beweglichkeit*

Agio [ˈaːdʒo, auch: ˈaːʒi̯o] der = das, -s/-s ⟨it.⟩ (Kaufmannsspr.): *Aufgeld, Preisaufschlag;* → Disagio ‖ **Agio|ta|ge** [aʒi̯oˈtaːʃ] die, -/-n ⟨fr.⟩: *unerlaubter Handel [mit Eintrittskarten] zu überhöhten Preisen* ‖ **Agio|teur** [-ˈtøːə] der, -s/-e: *Spekulant [mit Eintrittskarten]* ‖ **Agio|teu|rin** die, -/-innen

Agi|ta|ti|on [-tsi̯-] die, -/-en ⟨lat.⟩: *eifrige Werbung* | (abw.) *Hetze* ‖ **agi|ta|to** [adʒi-] ⟨it.⟩ (Mus.): *aufgeregt* ‖ **Agi|ta|tor** [ag-] der, -s/-en [-ˈoː-] ⟨lat.⟩ (abw.): *jemand, der andere aufhetzt* ‖ **Agi|ta|to|rin** die, -/-innen (abw.) ‖ **agi|ta|to|risch** (abw.) ‖ **agi|tie|ren** (abw.): gegen Mitbewerber a. *(gegen sie Stimmung machen)* ‖ **Agit|prop** die, -: **Agit**ation und **Prop**aganda (oft im Marxismus: *ideologische Arbeit zur Massenbeeinflussung)*

Ag|nes: *weibl. Vorname*

Ag|nos|ti|ker der, -s/- ⟨gr.⟩: *jemand, der alles Übernatürliche, zB Gott, für unerkennbar hält* ‖ **Ag|nos|ti|ke|rin** die, -/-innen

ag|nos|zie|ren ⟨lat.⟩ (Amtsspr.): einen Toten a. *(identifizieren, feststellen, wer er ist)* ‖ **Ag|nos|zie|rung** die, -/-en (Amtsspr.)

Ag|nus Dei [- ˈde(ː)i] das, - - ⟨lat.⟩ (wörtl.: Lamm Gottes) (Rel.): *ein Teil der heiligen Messe*

Ago|gik die, - ⟨gr.⟩ (Mus.): *feine Differenzierung des Tempos*

Ago|nie die, -/-n ⟨gr.⟩: *Todeskampf;* in A. *(in den letzten Zügen)* liegen

Ago|ra die, -/Agoren ⟨gr.⟩: *Marktplatz im alten Griechenland* ‖ **Ago|ra|pho|bie** [-f-] die, -/-n (Psych.): *Angst auf freien Plätzen* | *Platzangst*

Ag|raf|fe die, -/-n ⟨fr.⟩: *Schmuckspange*

Agram: *deutscher Name von Zagreb*
Agrarbevölkerung ⟨lat.⟩ ‖ **Agrarier** der, -s/-: *Landwirt, Agronom* | *Interessenvertreter der Landwirtschaft* ‖ **Agrarierin** die, -/-**inn**en ‖ **agrarisch:** *landwirtschaftlich* ‖ **Agrarland** ‖ **Agrarmarkt** ‖ **Agrarpolitik** ‖ **Agrarprodukt** ‖ **Agrarreform** ‖ **Agrarstaat** ‖ **Agrarwirtschaft**
Agrasel ['ɒːgrɒzl] die, -/-n (ostöst., mda.): *Stachelbeere*
Agreement [ə'griːm-] das, -s/-s ⟨engl.⟩: *Übereinkommen*
Agrikultur die, -/-en ⟨lat.⟩: *Landwirtschaft; Ackerbau*
Agronom der, -en/-en ⟨gr.⟩: → *Agrarier* ‖ **Agronomie** die, -: *Lehre von der Landwirtschaft* ‖ **Agronomin** die, -/-innen
Agrumen die ⟨lat.-rom.⟩ (Pl.): *Zitrusfrüchte*
Aguntum: *römische Stadt, Ruinenstätte bei Lienz (Osttirol)*
Ägypten [-'gy-, -'gi-]: *ein Staat in Nordafrika;* in Ä. leben ‖ **Ägypter** der, -s/- ‖ **Ägypterin** die, -/-**inn**en ‖ **ägyptisch** ‖ **Ägyptologe** der, -n/-n ‖ **Ägyptologie** die, -/-n: *Wissenschaft von der altägyptischen Sprache, Schrift und Kultur* ‖ **Ägyptologin** die, -/-**inn**en
ah: ah (= **A**h) rufen ‖ **Ah** das, -s/-s: ein lautes Ah rufen
Ah: *Abkürzung für Amperestunde*
aha ‖ **Aha-Erlebnis,** *auch:* Ahaerlebnis (Psych.): *das plötzliche Einleuchten eines Zusammenhanges*
ahd.: **al**t**h**och**d**eutsch
ahistorisch: *nicht historisch;* in diesem Film ist vieles a.
Ahle die, -/-n: *ein Werkzeug [für Schuster] zum Stechen von Löchern*
Ahn → Ahne[1]
ahnden (geh.): ein Verbrechen a. *(bestrafen)*
Ahndl, Ähndl → Ahnl
Ahndung die, -/-en (geh.): *Bestrafung;* → ahnden
Ahn der, -[e]s [-en]/-en (geh.): *Ahne*[1] ‖ **Ahne**[1] der, -n/-n: *männlicher Vorfahre, Ahnherr* ‖ **Ahne**[2] die, -/-n: *weiblicher Vorfahre, Ahnin;* → Ahnin ‖ **Ähne**[1] der, -n/-n (V): *Ahne*[1] ‖ **Ähne**[1] die, -/-n (V): *Ahne*[2]
ähneln: *ähnlich sein;* ich ähnle meinem Vater
ahnen: *vorausfühlen;* ich habe etwas geahnt; nichts [Böses] ahnend; wer konnte das a.!
Ahnenbild ‖ **Ahnenforschung** die, -: *Genealogie* ‖ **Ahnengalerie:** *repräsentativer Raum mit Ahnenbildern* ‖ **Ahnenkult** ‖ **Ahnenreihe** ‖ **Ahnentafel:** *Stammbaum* ‖ **Ahnfrau** (geh.): *Ahne*[2] ‖ **Ahnherr** (geh.): *Ahne*[1] ‖ **Ahnin** die, -/-innen: → *Ahne*[2] ‖ **Ahnl**[1] der, -s/-n, *auch:* Ähnl, Ahndl, Ähndl (mda., veraltet): *Großvater, Ahne*[1] ‖ **Ahnl**[2] die, -/-n, *auch:* Ähnl, Ahndl, Ähndl (mda., veraltet): *Großmutter, Ahne*[2]; → Ehnl

ähnlich
ein ähnlicher *(in Teilen übereinstimmender)* Vorschlag

Großschreibung bei Nominalisierung:
- etwas/nichts **Ä**hnliches
- ich habe **Ä**hnliches zu berichten
- und **Ä**hnliches (u. Ä., uÄ)
- oder **Ä**hnliches (o. Ä., oÄ)

Getrenntschreibung:
- sich zum Verwechseln ähnlich sehen

Zusammenschreibung bei übertragener Bedeutung:
- das hat ihm ähnlichgesehen (ugs.: *ist für ihn typisch gewesen*)

Ähnlichkeit die, -/-en ‖ **ähnlichsehen** (ugs.): das sieht ihm ähnlich *(ist für ihn typisch); aber:* die beiden haben sich ähnlich gesehen
Ahnung die, -/-en: *Vorgefühl, Vermutung;* böse Ahnungen | (ugs.) keine A. *(ich weiß es nicht);* hast du eine A.! *(da liegst du völlig falsch!)* ‖ **ahnungslos:** völlig a. sein ‖ **Ahnungslosigkeit** die, - ‖ **ahnungsvoll** (geh.)
ahoi (Seemannsspr.): *Anruf eines Schiffes;* a. (= **A**hoi) rufen; Boot a.!
Ahoi das, -s/-s: A. (= **a**hoi) rufen
Ahorn der, -s/-e: *ein Laubbaum* | (ohne Art., ohne Pl.) *Holz des Ahorns* ‖ **Ahornsirup:** *Süßmittel aus dem Saft von Ahornbäumen*
Ähre die, -/-n: *Blütenstand bzw. oberster Teil bei Getreide und Gräsern* ‖ **Ährenfeld** (geh.) ‖ **Ährenkranz**
AHS [a ha 'ɛs] die, -/-: **a**llgemein bildende (= allgemeinbildende) **h**öhere **S**chule; → allgemein; → APS ‖ **AHS-Lehrer** ‖ **AHS-Lehrerin**
AI [a 'iː]: **A**mnesty **I**nternational | **A**rtificial **I**ntelligence | **A**ustrian **I**ndustries | **a**ll-**i**nclusive
Aids [eɪdz] = **AIDS** das, - (meist ohne Art.) (aus engl.: **a**cquired **i**mmune **d**eficiency **s**yndrome): *eine Infektionskrankheit, die eine Immunschwäche hervorruft* ‖ **aidskrank** ‖ **Aidskranke** ‖ **Aidstest**
Aikido das, -[s] ⟨jap.⟩: *eine japanische Form der Selbstverteidigung*
Air [ɛːə] die, -/-s = das, -s/-s ⟨fr.⟩ (Mus.): *Melodie; ein Satz in barocken Suiten*
Airbag ['eəbæg] der, -s/-s ⟨engl.⟩ (Kfz): *sich automatisch aufblasendes Luftkissen als Aufprallschutz* ‖ **Airbrush** [-brʌʃ] der, -[s]/-[s]: *Luftpinsel für eine grafische Technik* ‖ **Aircondition** [-k-dɪʃən] die, - = **Airconditioning** das, -s: *Klimaanlage* ‖ **Airport** der, -s/-s: *Flughafen*
ais das, -/- (Mus.): *das um einen Halbton erhöhte A (a);* → Ais | ais-Moll ‖ **Ais** das, -/- (Mus.): *das um einen Halbton erhöhte A (a);* → ais | Ais-Dur ‖ **Ais-Dur** (Ais) (Mus.) ‖ **Ais-Dur-Tonleiter** (Mus.) ‖ **ais-Moll** (ais) (Mus.) ‖ **ais-Moll-Tonleiter** (Mus.)
Aist die, -: *ein Nebenfluss der Donau in Oberösterreich*
Ajatollah [-la] der, -[s]/-s ⟨pers.⟩: *ein iranischer Ehrentitel für islamische Geistliche*
à jour [a 'ʒuːə, fr.: -'ʒuːr] ⟨fr.⟩: mit der Arbeit à jour *(auf dem Laufenden)* sein ‖ **ajour** [a'ʒuːə]: *durchbrochen [in einem Saum]* ‖ **Ajourarbeit:** *eine Ausnähtechnik; durchbrochene Handarbeit* ‖ **ajourieren:** *aktualisieren*
Ajvar ['aɪv-] der, -s ⟨serb.⟩: *eine pikante Sauce*
AK[1] [a 'kaː] die, -: **A**rbeiter**k**ammer
AK[2] [a 'kaː] der, -: **A**rbeits**k**reis
Akademie die, -/-n ⟨gr.⟩: *eine Ausbildungsstätte;* pädagogische A.; A. für Sozialarbeit | *eine Vereinigung von Gelehrten oder Künstlern;* Österreichische A. der Wissenschaften | *eine Hochschule, Ausbildungsstätte;* A. für angewandte Kunst (früher für: Universität für angewandte Kunst) | *eine literarische oder musikalische Veranstaltung* ‖ **Akademiker** der, -s/-: *Inhaber eines an einer Universität bzw. Hochschule erworbenen Grades, zB Doktor* ‖ **Akademikerin** die, -/

A

A

-innen || **akademisch:** *hochschulmäßig; theoretisch;* das akademische Viertel *(Beginn nach einer Viertelstunde);* eine akademische *(nur theoretische, überflüssige)* Frage; *aber:* das Akademische Gymnasium *(Name einiger österreichischer Gymnasien)*

Akazie [-iɛ] die, -/-n ⟨gr.-lat.⟩: *ein Laubbaum* || **Akazienhonig:** *Honig aus Akazienblüten*

Akelei die, -/-en ⟨lat.⟩: *eine Blume*

AKH [a ka 'haː] das, -[s]: **A**llgemeines **K**ranken**h**aus; das Wiener AKH

Akja → Ackja

Akk.: Akkusativ

Akklamation [-tsi̯-] die, -/-en ⟨lat.⟩: *Beifall;* jemanden durch A. *(durch zustimmenden Applaus, ohne Stimmzettel)* wählen || **akklamieren:** den Redner lebhaft a. *(ihm durch Zuruf, Händeklatschen uÄ beistimmen)*

Akklimatisation [-tsi̯-] die, -/-en ⟨lat.⟩ || **akklimatisieren** sich: *sich anpassen; sich eingewöhnen* || **Akklimatisierung** die, -

Akkolade die, -/-n ⟨fr.⟩ (Druckw.): *geschwungene Klammer* | (Mus.) *in der Notenschrift durch Klammer verbundene Liniensysteme, deren Noten gleichzeitig erklingen*

Akkommodation [-tsi̯-] die, -/-en ⟨lat.⟩: *Anpassung [des Auges an verschiedene Entfernungen]* || **akkommodieren** sich

Akkompagnement [akɔmpanjɛ'mɑ̃ː, fr.: akɔ̃panʲ'mɑ̃] das, -s/-s ⟨fr.⟩ (veraltet) (Mus.): *Begleitung* || **akkompagnieren** (veraltet) (Mus.): am Klavier a.

Akkord der, -[e]s/-e ⟨lat.⟩ (Mus.): *Zusammenklang, zB der C-Dur-Dreiklang* | (Wirt.) im A. arbeiten || **Akkordarbeit:** *Arbeit, die nach der Menge des Geleisteten entlohnt wird (nicht nach Zeit)* || **Akkordarbeiter** || **Akkordarbeiterin** || **Akkordeon** das, -s/-s: *Ziehharmonika mit Klaviertasten* || **Akkordeonspieler** || **Akkordeonspielerin** || **akkordieren:** *einigen, abstimmen, vereinbaren;* → d'accord || **Akkordlohn:** *Stücklohn;* → G.: Zeitlohn

akkreditieren ⟨lat.⟩: die Botschafterin a. *(im Gastland bevollmächtigen)* || **Akkreditierung** die, -/-en || **Akkreditiv** das, -s/-e (Kaufmannsspr.): *Kreditbrief*

Akku der, -[s]/-s = Akkumulator der, -s/-en [-'oː-] ⟨lat.⟩: *Stromspeicher*

Akkulturation [-tsi̯-] die, -/-en ⟨lat.⟩ (Soz.): *kulturelle Anpassung*

Akkukapazität || **Akkumulation** [-tsi̯-] die, -/-en: *Anhäufung* || **Akkumulator** = → Akku || **akkumulieren:** *sammeln, anhäufen*

akkurat ⟨lat.⟩: *sorgfältig, genau;* → G.: inakkurat || **Akkuratesse** [-'tɛs] die, - (veraltet): *Genauigkeit*

Akkusativ der, -s/-e [-fɛ, -vɛ] (Akk.) ⟨lat.⟩ (Gramm.): *4. Fall, Wenfall*

a-Klasse = **A-Klasse:** *in Schulen eine von mehreren Parallelklassen;* 1a-Klasse/1A-Klasse

AKM [a ka ɛm] die, -: (Staatlich genehmigte Gesellschaft der) **A**utoren, **K**omponisten und **M**usikverleger *(eine Urheberrechtsgesellschaft)*

Akne die, -/-n ⟨gr.⟩ (Med.): *eine Hautkrankheit*

akontieren ⟨it.⟩ (Kaufmannsspr.): *anzahlen* || **Akonto** das, -s/Akonten [-s]: *Anzahlung;* → a conto || **Akontozahlung:** *Anzahlung, Abschlagszahlung*

akquirieren [akvi-] ⟨lat.⟩: *Kunden werben* || **Akquisiteur** [-'tøːə] der, -s/-e (bes. D): → *Akquisitor* || **Akquisiteurin** die, -/-innen (bes. D): → *Akquisitorin* || **Akquisition** [-tsi̯-] die, -/-en: *Teilerwerb eines Unternehmens* | *Gewinnung von Kunden* || **Akquisitor** der, -s/-en [-'oː-]: *Kundenwerber* || **Akquisitorin** die, -/-innen

Akribie die, - ⟨gr.⟩: *besondere Genauigkeit, große Sorgfalt* || **akribisch**

akritisch: *unkritisch;* → G.: kritisch

Akrobat der, -en/-en ⟨gr.⟩: *Zirkuskünstler, zB Seiltänzer, Trapezkünstler* || **Akrobatik** die, - || **Akrobatin** die, -/-innen || **akrobatisch**

Akronym [-'yːm] das, -s/-e ⟨gr.⟩ (Sprachwiss.): → *Initialwort*

Akropolis die, -/Akropolen ⟨gr.⟩: *auf einem Hügel liegende Stadtburg in der Antike, bes. in Athen*

Akrostichon das, -s/Akrostichen ⟨gr.⟩: *Gedicht, dessen Zeilen- oder Strophenanfänge einen Sinn ergeben*

Akryl [-'yːl] = Acryl [-k-] das, -s ⟨lat.⟩: *eine Synthetikfaser* || **Akrylfarbe** = Acrylfarbe

Akt[1] der, -[e]s/-e ⟨lat.⟩: *[feierliche] Handlung* | *Teil eines Theaterstückes;* im zweiten A. | *künstlerische Darstellung des nackten menschlichen Körpers* | *Geschlechtsakt*

Akt[2] **der, -[e]s/-en:** *[amtliches] Schriftstück, Sammlung von Unterlagen;* Personalakt

Die österreichische Form lautet „der Akt" (in Deutschland heißt es hingegen dafür „die Akte").

Aktbild || **Akte** die, -/-n (bes. D): *Akt*[2] || **Akteneinsicht:** das Recht auf A. *(Einsichtnahme in die Akten)* || **Aktenkoffer** || **aktenkundig:** *in den amtlichen Akten enthalten; bekannt* || **Aktenlage:** *Situation auf Grund der vorhandenen Akten* || **Aktenlauf:** der A. innerhalb eines Amtes || **Aktenmappe** || **Aktennotiz** || **Aktenordner** || **Aktentasche** || **aktenwidrig:** *mit dem Akteninhalt nicht in Einklang* || **Aktenzeichen:** *Signatur eines Akts*[2] || **Akteur** [-'tøːə] der, -s/-e: *Darsteller, handelnde Person* || **Akteurin** die, -/-innen || **Aktfoto** || **Aktie** [-tsi̯ɛ] die, -/-n: *Anteilschein, ein Wertpapier;* die Aktien steigen || **Aktienfonds** [-fõː] (Wirt.) || **Aktiengesellschaft** (AG): *Kapitalgesellschaft, deren Gesellschafter mit Einlagen am Grundkapital beteiligt sind* || **Aktiengesetz** || **Aktienindex** (Wirt., Bankw.): *Kennzahl, die die Entwicklung von Aktienkursen ausdrückt (in Ö: ATX)* || **Aktienkapital** (Bankw.) || **Aktienkurs** (Bankw.) || **Aktiensplit** [-sp-] der, -s/-s (Bankw.): *Teilung des Nennwertes in kleinere Einheiten* || **Aktion** die, -/-en: *Handlung, Unternehmung;* eine konzertierte A. *(mit allen Beteiligten abgestimmte Vorgehensweise);* A. scharf *(gezielte, schwerpunktmäßige Kontrollen [der Polizei])* | in A. treten/sein *(handeln);* → Action | *Sonderangebot* || **Aktionär** der, -s/-e: *Besitzer von Aktien* || **Aktionärin** die, -/-innen || **Aktionärsversammlung** || **Aktionismus** der, -: *Absicht, durch provozierende [künstlerische] Aktionen zu schockieren* || **Aktionist** der, -en/-en || **Aktionis-**

A

tin die, -/-innen ‖ **ak|ti|o|nis|tisch** ‖ **ak|ti|ons|fä|hig:** *im Stande, Handlungen zu setzen* ‖ **Ak|ti|ons|ge|mein|schaft** (AG): *Zusammenschluss von Personen/Firmen zur Verfolgung eines gemeinsamen Zieles* ‖ **Ak|ti|ons|plan:** die Regierung beschließt einen A. gegen die Arbeitslosigkeit ‖ **Ak|ti|ons|preis:** *reduzierter Preis* ‖ **Ak|ti|ons|ra|di|us:** *Wirkungsbereich, Reichweite* ‖ **Ak|ti|ons|tag:** ein EU-weiter A. für den Tierschutz ‖ **ak|ti|ons|un|fä|hig** ‖ **ak|tiv** ['a-, -'i:-]: *tätig; rührig;* → G.: inaktiv | das aktive Wahlrecht *(das Recht zu wählen);* → G.: passiv | *[noch] im Berufsleben stehend* | (Gramm.) → Aktiv ‖ **Ak|tiv** das, -s (Gramm.): *Form des Verbs, bei der die handelnde Person oder Kraft betont wird, zB* die Firma baut die Straße; → G.: Passiv ‖ **Ak|ti|va** [-v-] = Aktiven [-f-, -v-] die (Pl.): *Summe der Vermögenswerte eines Unternehmens;* → G.: Passiva ‖ **Ak|tiv|bezug** (Amtsspr.): *Gehalt eines aktiven Beamten* ‖ **Ak|ti|ve**[1] der, -n/-n, ein Aktiver: A. und Pensionisten | (Sport) A. und Betreuer ‖ **Ak|ti|ve**[2] die, -n/-n ‖ **Ak|ti|ven** = → Aktiva ‖ **ak|ti|vie|ren** [-v-]: *in Tätigkeit setzen* ‖ **Ak|ti|vie|rung** die, -/-en ‖ **Ak|ti|vist** der, -en/-en: *jemand, der für eine Sache bes. tätig ist* ‖ **Ak|ti|vis|tin** die, -/-innen ‖ **Ak|ti|vi|tät** die, -/-en: *Tätigkeit; Unternehmungsgeist, Betriebsamkeit* | (Phys.) *Anzahl der zerfallenden Atomkerne eines radioaktiven Stoffes pro Zeiteinheit* ‖ **Ak|tiv|ur|laub:** *Urlaub mit sportlichen Aktivitäten* ‖ **ak|tu|a|li|sie|ren:** ein Thema a. *(ihm zeitgemäße Bedeutsamkeit verleihen);* Zahlen a. *(auf den letzten Stand bringen)* ‖ **Ak|tu|a|li|sie|rung** die, -/-en ‖ **Ak|tu|a|li|tät** die, -/-en: *Bezug zur Gegenwart* ‖ **ak|tu|ell:** *zeitgemäß, für die unmittelbare Gegenwart bedeutsam*

Aku|pres|sur die, -/-en ⟨lat.⟩: *auf Druck an bestimmten Körperstellen beruhendes Heilverfahren* ‖ **Aku|punk|teur** [-'tø:ə] der, -s/-e ‖ **Aku|punk|teu|rin** die, -/-innen ‖ **aku|punk|tie|ren** ‖ **Aku|punk|tur** die, -/-en: *auf Nadelstichen beruhendes Heilverfahren*

Akus|tik die, - ⟨gr.⟩: ein Saal mit guter A. *(ein Saal, in dem man gut hört)* | (Phys.) *Lehre vom Schall; Schallwirkung* ‖ **akus|tisch:** akustische *(klassische)* Gitarre; → G.: Elektrogitarre

akut ⟨lat.⟩: *plötzlich auftretend, heftig verlaufend [bei Krankheiten];* → G.: chronisch ‖ **Akut** der, -[e]s/-e (´): *ein Betonungszeichen, Aussprachezeichen, Akzent, zB im Wort* Café

AKW [a ka 've:] das, -[s]/-[s]: **A**tom**k**raft**w**erk ‖ **AKW-Be|für|wor|ter** ‖ **AKW-Be|für|wor|te|rin** ‖ **AKW-Geg|ner** ‖ **AKW-Geg|ne|rin**

Ak|ze|le|ra|ti|on [-tsi̯-] die, -/-en ⟨lat.⟩: *Beschleunigung*

Ak|zent der, -[e]s/-e ⟨lat.⟩: *ein Zusatzzeichen, bes. Betonungszeichen, zu einem Buchstaben* | *Tonfall;* sie spricht Deutsch mit ungarischem A. | *Betonung, Schwerpunkt;* neue Akzente *(richtungsweisende Handlungen)* setzen ‖ **ak|zent|frei:** a. Ungarisch sprechen ‖ **ak|zent|los:** → *akzentfrei* ‖ **ak|zen|tu|ie|ren:** *betonen, hervorheben* ‖ **Ak|zen|tu|ie|rung** die, -/-en

Ak|zept das, -[e]s/-e ⟨lat.⟩ (Kaufmannsspr.): *angenommener Wechsel; Annahmeerklärung* ‖ **ak|zep|ta|bel:** *annehmbar;* → G.: inakzeptabel ‖ **Ak|zep|ta|bi|li|tät** die, -: → *Akzeptanz* ‖ **Ak|zep|tanz** die, -/-en: *Annahme, Annahmebereitschaft* ‖ **ak|zep|tier|bar** ‖ **ak|zep|tie|ren:** *annehmen, billigen;* ein Angebot a.

ak|zes|so|risch ⟨lat.⟩: *zusätzlich, nebensächlich*

Al: **Al**uminium

à la ⟨fr.⟩: *in der Art von*

Ala|bas|ter der, -s ⟨gr.⟩: *eine durchscheinende Gipsart* ‖ **ala|bas|tern:** eine alabasterne Schale

à la carte [- - 'kart] ⟨fr.⟩ (wörtl.: nach der Speisekarte); → G.: Menü

à la longue [- - lɔ̃:g] ⟨fr.⟩: *auf die Dauer*

à la mode [- - mɔd] ⟨fr.⟩: *modisch*

Alarm der, -s/-e ⟨fr.⟩: *Warnruf; aufrüttelndes Zeichen; Gefahrenzustand;* A. schlagen; falscher A. ‖ **Alarm|an|la|ge** ‖ **alarm|be|reit** ‖ **Alarm|be|reit|schaft:** die Sicherheitskräfte sind in höchster A. ‖ **Alarm|glo|cke** ‖ **alar|mie|ren:** die Polizei a. *(zu Hilfe rufen)* | eine alarmierende *(beunruhigende, erschreckende)* Nachricht erhalten ‖ **Alarm|si|g|nal** ‖ **Alarm|stu|fe:** A. Rot *(höchster Alarm)* ‖ **Alarm|zei|chen** ‖ **Alarm|zu|stand** der, -[e]s

Alas|ka: *Bundesstaat der USA*

Alaun der = das, -s/-e ⟨lat.⟩: *ein Mineral*

a-Laut

Alb der, -[e]s/-e: *ein gespenstisches Wesen, Elf, Elfe; aber:* → Alp[2]; → Albdruck = Alpdruck; → Albtraum = Alptraum

Al|ba die, -/Alben = Albe die, -/-n ⟨lat.⟩: *langes, weißes Gewand der katholischen liturgischen Kleidung*

Al|ban: *männl. Vorname*

Al|ba|ner der, -s/- ‖ **Al|ba|ne|rin** die, -/-innen ‖ **Al|ba|ni|en** (Kfz: AL): *ein Staat in Südosteuropa* ‖ **al|ba|nisch** ‖ **Al|ba|nisch** das, -[s] = **Al|ba|ni|sche,** -n: *die albanische Sprache*

Al|ba|t|ros der, -/Albatrosse ⟨arab.-span.-port.-engl./niederl.⟩: *ein Meeresvogel*

Alb|druck = Alpdruck der, -[e]s/-drücke: *beklemmendes Gefühl im Schlaf;* → Alb ‖ **Alb|drü|cken** = Alpdrücken das, -s: A. *(einen Albtraum)* haben; → Alb

Al|be = → Alba

Al|ben die (Pl. von → Alba, → Albe und → Album)

al|bern[1] (Adj.): *dumm, einfältig* ‖ **al|bern**[2] (Verb) (nördl. D): *blödeln;* → herumalbern ‖ **Al|bern|heit** die, -/-en

Al|bert: *männl. Vorname;* → Bertl ‖ **Al|ber|ti|na** die, -: *bedeutende Grafiksammlung in Wien*

Al|bi|nis|mus der, - ⟨lat.⟩ (Med., Biol.) ‖ **Al|bi|no** der, -s/-s ⟨lat.-rom.⟩: *Mensch, Tier oder Pflanze mit Farbstoffmangel, zB mit weißen Haaren, roten Augen*

Al|bi|on: *alter (dichterischer) Name für England*

Al|brecht: *männl. Vorname*

Alb|traum = Alptraum: *Angsttraum;* → Alb

Al|bum das, -s/Alben ⟨lat.⟩: *Sammelbuch [für Briefmarken oder Fotos]* | *Stammbuch;* Poesiealbum | *CD mit Musikstücken eines bestimmten Künstlers*

Al|can|ta|ra [-k-] das, -[s] (Wz.): *ein Lederimitat*

Al|che|mie [-ç-, -k-] = Alchimie die, - ⟨arab.-lat.⟩: *Goldmacherkunst* ‖ **Al|che|mist** = Alchimist der, -en/-en ‖ **Al|che|mis|tin** = Alchimistin die, -/-innen ‖ **al|che|mis|tisch** = **al|chi|mis|tisch**

al den|te ⟨it.⟩ (Küchenspr.): die Nudeln al d. *(bissfest)* kochen

Ale|a|to|rik die, - ⟨lat.⟩ (Mus.): *eine Kompositionsweise des 20. Jh.*

A

mit Zufallskomponenten ‖ **aleatorisch** (Jus): der Vertrag ist a. *(seine Erfüllung hängt vom Zufall ab, zB Wette, Spiel)*

Alemanne der, -n/-n ‖ **Alemannin** die, -/-innen ‖ **alemannisch:** alemannische Mundarten *(deutsche Dialekte in Vorarlberg, in der Schweiz und in Südwestdeutschland)* ‖ **Alemannisch** das, -[s] = **Alemannische** das, -n: *alemannische Mundart*

alert ⟨fr.⟩: *lebhaft, dynamisch*

Alex: *männl. Vorname (Alexander)* ‖ **Alexander:** *männl. Vorname;* → Alex; → Xandl ‖ **Alexandra:** *weibl. Vorname* ‖ **Alexandria** [auch: -'dri:-] = **Alexandrien** [-iɛn]: *Stadt in Ägypten* ‖ **Alexandriner** der, -s/-: *eine Versform*

Alexie die, - ⟨gr.⟩ (Med.): *Leseunfähigkeit trotz Sehvermögens*

Alf: *männl. Vorname (Alfred, Adolf, Alfons)* ‖ **Alfons:** *männl. Vorname* ‖ **Alfred:** *männl. Vorname;* → Fred

al fresco [- -k-] ⟨it.⟩: al f. malen; → Fresko

Alge die, -/-n ⟨lat.⟩: *eine Wasserpflanze*

Algebra [auch: -'ge:-] die, -/Algebren ⟨arab.⟩ (Math.): *Lehre von den Gleichungen bzw. von den mathematischen Strukturen* ‖ **algebraisch**

Algenpest (Ökol.): *Überhandnehmen von Algen*

Algerien: *ein Staat* ‖ **Algerier** der, -s/- ‖ **Algerierin** die, -/-innen ‖ **Algier** [-ʒi:ə]: *Hauptstadt von Algerien*

algorithmisch ⟨gr.⟩ ‖ **Algorithmus** der, -/Algorithmen: *Rechenvorschrift*

alias ⟨lat.⟩: *anders; eigentlich (bei Personennamen);* Henri du Marais a. Hugo Müller

Alibi das, -s/-s ⟨lat.⟩: ein A. erbringen *(seine Abwesenheit [vom Tatort] nachweisen)* | (ugs.) sie hat ein wasserdichtes A. ‖ **Alibiaktion** [-tsi̯-] (abw.): *Unternehmung, die nur etwas vortäuscht, aber den eigentlichen Zweck nicht erfüllt* ‖ **Alibifrau** (sal., abw.): *Frau, die bei einer Unternehmung nur in den Vordergrund treten soll, um frauenfreundliche Einstellung zu demonstrieren;* → Quotenfrau

Alice [-'i:s]: *weibl. Vorname*

Alien ['eɪlɪən] das = der, -s/- ⟨lat.-engl.⟩: *ein außerirdisches Wesen*

Alimentation [-tsi̯-] die, -/-en ⟨lat.⟩: für die A. *(den Lebensunterhalt)* sorgen ‖ **Alimente** die (Pl.): *Unterhaltsbeiträge;* A. zahlen ‖ **alimentieren:** *finanziell unterstützen*

aliquot ⟨lat.⟩: *anteilsmäßig, entsprechend;* der aliquote Teil ‖ **Aliquotsaite** (Mus.): *mitklingende Saite bei manchen Streichinstrumenten* ‖ **Aliquotton** (meist Pl.) (Mus.): → *Oberton*

Alk der, -s ⟨arab.⟩ (ugs.): *Kurzwort für Alkohol*

Alkali das, -[s]/-en [-iɛn] ⟨arab.⟩: *laugenartige chemische Verbindung* ‖ **alkalisch** ‖ **Alkaloid** das, -[e]s/-e (Chem.): *basische Stickstoffverbindung*

Alkohol [auch: -'o:l] der, -s/-e ⟨arab.⟩: *eine Gruppe chemischer Verbindungen* | *Weingeist* | *alkoholisches Getränk;* keinen A. trinken ‖ **Alkoholabgabe:** *eine Steuer* ‖ **alkoholabhängig:** *trunksüchtig sein* ‖ **alkoholarm** ‖ **Alkoholeinfluss:** unter A. stehen ‖ **alkoholfrei** ‖ **alkoholgefährdet:** *gefährdet, Alkoholiker/in zu werden* ‖ **Alkoholgehalt:** der A. eines Weines ‖ **Alkoholgrenze:** *höchster zulässiger Alkoholgehalt im Blut bei Kfz-Lenkern* ‖ **alkoholhältig,** *auch:* alkoholhaltig ‖ **Alkoholika** die (Pl.): *alkoholische Getränke* ‖ **Alkoholiker** der, -s/-: *Trinker, Alkoholkranker* ‖ **Alkoholikerin** die, -/-innen ‖ **alkoholisch** ‖ **alkoholisiert:** *betrunken* ‖ **Alkoholismus** der, -: *die krankhafte Sucht nach Alkohol, Trunksucht* ‖ **Alkoholkonsum** ‖ **Alkohollimit:** *Alkoholgrenze* ‖ **Alkoholmissbrauch** der, -[e]s ‖ **Alkoholproblem:** er hat ein A. *(ist alkoholgefährdet)* ‖ **Alkoholspiegel:** *Alkoholgehalt im Blut* ‖ **alkoholsüchtig** ‖ **Alkoholtest** → Alkotest ‖ **Alkoholverbot** ‖ **Alkoholvergiftung** ‖ **Alkolenker:** *alkoholisierter Kraftfahrzeuglenker* ‖ **Alkolenkerin** ‖ **Alkomat** der, -[e]s/-e: *Gerät zur Überprüfung des Alkoholgehalts im Blut* ‖ **Alkopops** die (Pl.): *Mischgetränke aus Spirituosen und Limonade* ‖ **Alkotest,** *auch:* Alkoholtest: *Verfahren zur Feststellung der Alkoholisierung [eines Autolenkers]*

Alkoven[1] [-f-]: *Ort in Oberösterreich*

Alkoven[2] [-v-, *auch:* 'al-] der, -s/- ⟨arab.-fr.-span.⟩: *Bettnische*

all: all das Schöne ‖ **All** das, -s: *Weltraum, Kosmos* ‖ **allabendlich:** *jeden Abend*

alla breve [-v-] ⟨it.⟩ (Mus.): *im $^2/_2$- (oder $^4/_2$-)-Takt*

Allah ['ala, al'la:h] ⟨arab.⟩: *Name Gottes im Islam*

alla turca [- -k-] ⟨it.⟩ (Mus.): *nach türkischer Art, nach Art der Janitscharenmusik* ‖ **alla zingarese** (Mus.): *in der Art von Zigeunermusik [zu spielen]*

allbekannt: *überall bekannt*

alldem [auch: 'a-], *auch:* alledem: bei a., trotz a., zu a. ‖ **alle:** wir a.; ich grüße euch a.; vor allem *(besonders)*

Allee die, -/-n ⟨fr.⟩: *Straße, die von Bäumen begrenzt wird* ‖ **Alleebaum**

Allegorie die, -/-n ⟨gr.⟩: *sinnbildliche Darstellung eines abstrakten Begriffes in Dichtung oder bildender Kunst;* die A. des Alters ‖ **allegorisch**

allegretto ⟨it.⟩ (Mus.): *mäßig lebhaft* ‖ **Allegretto** das, -[s]/-s [Allegretti] (Mus.): *ein mäßig lebhaftes Musikstück* ‖ **allegro** (Mus.): *lebhaft* ‖ **Allegro** das, -[s]/-s [Allegri] (Mus.): *ein lebhaftes Musikstück*

allein, *auch:* alleine:
von ganz a. *(aus eigenem Antrieb);* sie a. *(nur sie)* war pünktlich | (geh.) *aber;* ich wartete Stunden, a. sie kam nicht

Getrenntschreibung bei wörtlicher Bedeutung:
- ein Hauptsatz kann allein stehen
- allein sitzen; allein erziehen
- allein sein

Zusammenschreibung bei übertragener Bedeutung:
- jenen helfen, die alleinstehen *(ohne Familie sind)*
- die alleinstehende Frau
- der/die Alleinstehende *(Single)*

Getrennt- und Zusammenschreibung:
- allein erziehende (= alleinerziehende) Mütter
- der allein gültige (= alleingültige) Maßstab

Alleinberechtigung ‖ **Alleinbesitzer** ‖ **Alleinbesitzerin** ‖ **alleine** → allein ‖ **Alleineigentümer** ‖ **Alleineigentümerin** ‖ **Alleinerbe** ‖ **Alleiner-**

bin ‖ **Al|lein|er|hal|ter** (Jus): *unverheirateter Sorgepflichtiger* ‖ **Al|lein|er|hal|te|rin** (Jus) ‖ **al|lein er|zie|hend** = **al|lein|er|zie|hend** ‖ **Al|lein|er|zie|her:** *Elternteil, der sein Kind allein erzieht* ‖ **Al|lein|er|zie|her|ab|setz|be|trag** ‖ **Al|lein|er|zie|he|rin** ‖ **Al|lein|gang:** *Handeln auf eigene Faust, ohne Unterstützung; etwas im A. erledigen* ‖ **al|lein gül|tig** = **al|lein|gül|tig** ‖ **Al|lein|herr|schaft:** *unumschränkte Herrschaft* ‖ **Al|lein|herr|scher** ‖ **Al|lein|herr|sche|rin** ‖ **al|lei|nig:** die alleinige *(ausschließliche)* Berechtigung ‖ **Al|lein|re|gie|rung:** *Regierung, die nur von einer Partei gebildet wird* ‖ **Al|lein|schuld** ‖ **Al|lein|sein** das, -s ‖ **al|lein|ste|hen:** *ohne Partner/in, Familie sein;* eine alleinstehende *(nicht verheiratete)* Frau ‖ **Al|lein|ste|hen|de**[1] der, -n/-n, ein Alleinstehender ‖ **Al|lein|ste|hen|de**[2] die, -n/-n ‖ **Al|lein|un|ter|hal|ter** der, -s/-: *jemand, der eine Gesellschaft ohne weitere Mitwirkende unterhält* ‖ **Al|lein|un|ter|hal|te|rin** ‖ **Al|lein|un|ter|mie|te:** *Vermietung einer ganzen Wohnung an einen Untermieter* ‖ **Al|lein|ver|die|ner:** *jemand, der allein die Familie erhält* ‖ **Al|lein|ver|die|ner|ab|setz|be|trag:** *Absetzbetrag für einen Alleinverdiener mit mindestens einem Kind* ‖ **Al|lein|ver|die|ne|rin** ‖ **Al|lein|ver|schul|den** (Jus): das A. an einem Unfall, einer Scheidung

Al|lel das, -s/-e ⟨gr.⟩ (Biol.): *alternative Form eines Gens*

al|le|lu|ja → halleluja ‖ **Al|le|lu|ja** → Halleluja

al|le|mal: das kannst du a. *(auf jeden Fall, selbstverständlich)* annehmen; *aber:* ein und alle Mal[e]; → mal

Al|le|man|de [al'mɑ̃:d] die, -/-n ⟨fr.⟩ (Mus.): *deutscher Tanz in der Barockmusik*

al|len|falls: *im besten Falle; vielleicht* ‖ **al|lent|hal|ben** (geh.): *überall*

Al|lent|steig: *Stadt in Niederösterreich*

al|ler|al|ler|letz|te ‖ **al|ler|art:** a. Tiere; *aber:* Antiquitäten aller Art ‖ **al|ler|äu|ßers|te:** in alleräußerster Not; *aber:* aufs **A**lleräußerste (= alleräußerste) reizen

al|ler|bes|te

Kleinschreibung:
- die allerbeste Arbeit
- etwas am allerbesten können (= Superlativ, Frage *Wie?*)

Großschreibung bei Nominalisierung:
- ich wünsche dir das **A**llerbeste
- es ist das **A**llerbeste, dass ...
- aufs (= auf das) **A**llerbeste großen Wert legen (Frage *Worauf?*)
- sich aufs (= auf das) **A**llerbeste (= allerbeste; mit Frage *Wie?*) bemühen

al|ler|dings: ich möchte a. *(jedoch)* einwenden, dass ... | „Hat er angerufen?“ – „Allerdings.“ *(doch, sicherlich)* | „Das ist a. *(zugegebenermaßen)* wahr!“ ‖ **al|ler|ers|te:** von allererster Güte; *aber:* der/die/das **A**llererste

Al|ler|gen das, -s/-e ⟨gr.⟩ (Med.): *eine Allergie bewirkender Stoff* ‖ **Al|ler|gie** die, -/-n (Med.): *Überempfindlichkeit gegen bestimmte Stoffe;* → Idiosynkrasie ‖ **al|ler|gie|ge|tes|tet** (Med.) ‖ **Al|ler|gi|ker** der, -s/- (Med.) ‖ **Al|ler|gi|ke|rin** die, -/-innen (Med.) ‖ **al|ler|gisch** (Med.)

al|ler|größ|te: die allergrößte Portion; sie ist am allergrößten (Frage *Wie?*); *aber:* der/die/das **A**llergrößte ‖ **al|ler|hand:** a. *(Verschiedenes)* sehen; a. Schönes | (ugs.) das ist a.! *(Ausruf des Erstaunens)* ‖ **Al|ler|hei|li|gen** die (Pl.), *bes. D auch:* das, -/- (Art. selten): *Fest aller Heiligen;* zu A.; A. ist am 1. November ‖ **Al|ler|hei|li|gen|strie|zel,** *auch:* **Al|ler|hei|li|gen|strit|zel:** *ein Hefezopf* ‖ **Al|ler|hei|ligs|te** das, -n (Rel.): *geweihte Hostie* ‖ **al|ler|höchs|tens:** a. *(bestenfalls)* 10 Euro ‖ **al|ler|lei:** sie hat a. *(Verschiedenstes)* erzählt ‖ **Al|ler|lei** das, -s/-s: ein buntes A. ‖ **al|ler|letz|te:** eine allerletzte Chance; *aber:* der/die/das **A**llerletzte ‖ **al|ler|liebst** ‖ **al|ler|meis|ten:** am a. essen; die a. (auch: Allermeisten) haben keine Zeit ‖ **al|ler|min|des|te:** der allermindeste Betrag; *aber:* das allermindeste (= **A**llermindeste) ist, dass ... ‖ **al|ler|min|des|tens** ‖ **al|ler|neu|es|te:** die allerneuesten Nachrichten; *aber:* das **A**llerneueste ‖ **al|ler|nö|tigs|te:** die allernötigsten Sachen; *aber:* das **A**llernötigste ‖ **al|ler|or|ten** (geh.): *überall* ‖ **al|ler|orts** ‖ **al|ler|schlimms|ten|falls** ‖ **al|ler|schöns|te:** das allerschönste Erlebnis; *aber:* der/die/das **A**llerschönste ‖ **Al|ler|see|len** die (Pl.), *bes. D auch:* das, -/- (Art. selten): *Totengedenktag;* zu A.; A. ist am 2. November ‖ **Al|ler|see|len|tag** ‖ **al|ler|seits:** guten Morgen a. *(alle zusammen)* ‖ **al|ler|spä|tes|tens** ‖ **al|ler|weil** → allweil ‖ **Al|ler|welts|na|me,** *auch:* **Al|ler|welts|na|men** (ugs.): *häufig vorkommender, gewöhnlicher Name* ‖ **al|ler|we|nigs|ten:** am a., die a. (auch: Allerwenigsten) haben Zeit ‖ **Al|ler|wer|tes|te** der, -n/-n (scherzh.): *Gesäß*

al|les

Kleinschreibung:
- alles in allem; alles und jedes
- von allem etwas
- alles *(alle)* aussteigen!
- alles and[e]re

Großschreibung bei Nominalisierung:
- du bist mein Ein und **A**lles

Großschreibung des folgenden Adjektivs:
- alles **M**ögliche *(allerlei; alle Möglichkeiten)*
- alles **Ü**brige; alles **G**ute; alles **S**chöne

al|le|samt: *alle zusammen* ‖ **Al|les|fres|ser** der, -s/- (Biol.): *Tier, das von tierischer und pflanzlicher Nahrung lebt* ‖ **Al|les|kle|ber:** *ein Klebstoff* ‖ **Al|les|kön|ner** ‖ **Al|les|kön|ne|rin** ‖ **Al|les|wis|ser** der, -s/- (abw.) ‖ **Al|les|wis|se|rin** die, -/-innen (abw.) ‖ **al|le|weil** → allweil ‖ **al|le|zeit** (veraltend): *jederzeit;* → allzeit ‖ **all|fäl|lig** [auch: -'fɛ-]: a. *(gegebenenfalls)* auftretende Störungen ‖ **All|fäl|lige** das, -n, Allfälliges: *letzter Punkt einer Tagesordnung*

All|gäu|er Al|pen die (Pl.): *eine Gebirgsgruppe in Vorarlberg, Tirol, Deutschland*

All|ge|gen|wart die, - ‖ **all|ge|gen|wär|tig:** *immer, an jedem Ort zugegen*

all|ge|mein

Kleinschreibung:
- eine allgemeine Antwort geben

Großschreibung bei Nominalisierung:
- das **A**llgemeine hervorheben
- im **A**llgemeinen

Großschreibung in Eigennamen:
- **A**llgemeine Unfallversiche-

A

rungsanstalt (AUVA)
- **A**llgemeines Sozialversicherungsgesetz (ASVG)
- **A**llgemeines Verwaltungsverfahrensgesetz (AVG)

Getrennt- und Zusammenschreibung mit Adjektiven und adjektivisch gebrauchten Partizipien:
- allgemein bildende (= allgemeinbildende) höhere Schule (AHS) *(Gymnasium, Realgymnasium uÄ)*
- allgemein bildende (= allgemeinbildende) Pflichtschule (APS)
- allgemein gültig = allgemeingültig
- allgemein verbindlich = allgemeinverbindlich *(für alle verbindlich)*

Allgemeinbefinden ‖ **Allgemeinbesitz** der, -[e]s ‖ **Allgemeinbildung** ‖ **allgemein bildend** = **allgemeinbildend** ‖ **allgemein gültig** = **allgemeingültig** ‖ **Allgemeingut:** *etwas, woran alle teilhaben* ‖ **Allgemeinheit** die, -: *die Öffentlichkeit; alle* ‖ **Allgemeinmedizin:** *Richtung in der Medizin ohne Spezialisierung* ‖ **Allgemeinmediziner:** *praktischer Arzt* ‖ **Allgemeinmedizinerin** ‖ **Allgemeinplatz** (abw.): *abgedroschene Phrase, Plattitüde, Gemeinplatz* ‖ **allgemein verbindlich** = **allgemeinverbindlich** ‖ **Allgemeinwissen** ‖ **Allgemeinwohl** ‖ **Allgemeinzustand:** der A. der Patientin ist befriedigend ‖ **Allgewalt** (geh.): *höchste Gewalt* ‖ **allgewaltig** (geh.) ‖ **Allheilmittel:** gegen Krankheit gibt es kein A.

Allianz die, -/-en ⟨fr.⟩: *Bündnis;* die Heilige A. (1815) | (Wirt.) *Kooperation*

Alligator der, -s/-en [-'o:-] (Zool.) ⟨span.⟩: *eine Krokodilart*

alliieren sich [-i'i:-] ⟨fr.⟩: *sich verbünden* ‖ **Alliierte**[1] der, -n/-n, ein Alliierter: *ein Verbündeter* | (Gesch., Pol.) die Alliierten *(bes. Großbritannien, Frankreich, die UdSSR und die USA im Zweiten Weltkrieg; die Verbündeten 1813 bis 1815 gegen Napoleon)* ‖ **Alliierte**[2] die, -n/-n

all-inclusive [ˌɔ:liŋ'klu:sɪv] (AI) ⟨engl.⟩: *alles inklusive [bei einer Urlaubsbuchung]*

Alliteration [-tsi̯-] die, -/-en ⟨lat.⟩: *Anlautreim, Stabreim, zB* **H**aus und **H**of

alljährlich [auch: 'al-]: *jedes Jahr* ‖ **Allmacht** die, - (geh.): *unbeschränkte Macht* ‖ **allmächtig** (geh.) ‖ **Allmächtige** der, -n (geh.): *Gott* ‖ **allmählich:** *nach und nach* ‖ **allmonatlich** ‖ **allmorgendlich**

Allonge [a'lõ:ʃ, -ʒɛ] die, -/-n ⟨fr.⟩: *ein Verlängerungsstück zum Abtrennen [als Antwortschein, Empfangsbestätigung]* ‖ **Allongeperücke:** *barocke, langlockige Herrenperücke*

Allotria das, -s/- ⟨gr.⟩ (veraltet): A. *(Unfug)* treiben

Allparteienregierung: *Konzentrationsregierung* ‖ **Allradantrieb:** *Kraftübertragung auf jedes Rad [eines Autos], Vierradantrieb* ‖ **allradbetrieben**

Allrounder [ɔ:l'raʊnd-] der, -s/- ⟨engl.⟩: *ein vielseitiger Mann* ‖ **Allrounderin** die, -/-innen ‖ **Allroundkraft:** *Arbeitskraft für verschiedene Tätigkeitsbereiche* ‖ **Allroundsportler** ‖ **Allroundsportlerin**

allseitig: *auf allen Seiten, nach allen Seiten hin, überall* ‖ **allseits** ‖ **Allstromgerät:** *ein Gerät für Gleich- und Wechselstrom* ‖ **Alltag** der, -[e]s: *Werktag* | *tagtägliche Eintönigkeit* ‖ **alltäglich:** *nicht außergewöhnlich* ‖ **Alltäglichkeit** ‖ **alltags:** *an Wochentagen* ‖ **Alltagsbeschäftigung** ‖ **Alltagsgewand** ‖ **Alltagskultur** ‖ **Alltagssorgen** ‖ **Alltagssprache** ‖ **Alltagstrott** ‖ **allumfassend** (geh.): *alles umfassend*

Allüren die (Pl.) ⟨fr.⟩ (abw.): *eigenwilliges, auffälliges Benehmen*

alluvial [-v-] ⟨lat.⟩ (Geol.): *angeschwemmt; seit der letzten Eiszeit abgelagert* ‖ **Alluvium** das, -s (Geol.): *der jüngste erdgeschichtliche Zeitraum (seit der letzten Eiszeit)*

Allvater (Rel., Mythologie): *Gott als Schöpfer, als Vater aller Götter*

allweil, *auch:* allerweil, alleweil (ugs.): *immer* ‖ **allwissend:** *alles wissend* ‖ **Allwissende** der, -n: *Gott;* Gott der A. ‖ **allwöchentlich:** *jede Woche* ‖ **allzeit:** *immer* ‖ **allzu:** a. bald; a. früh; a. oft; a. sehr; a. viel Arbeit; a. viele Menschen; a. weit; das allzu Menschliche ‖ **Allzweckreiniger**

Alm die, -/-en: *Viehweide im Gebirge mit Behausung;* → almen

Alma: *weibl. Vorname*

Almabtrieb

Alma Mater die, - - ⟨lat.⟩: *Beiname einer Hochschule;* A. M. Rudolphina *(die Universität Wien, nach Herzog Rudolf IV., dem Stifter, gegründet 1365)*

Almanach der, -s/-e ⟨arab.-span.-niederl.⟩: *Jahrbuch; Kalender mit literarischen Beiträgen*

Almauftrieb ‖ **Almdudler** der, -s/- (Wz.): *ein Getränk* ‖ **almen:** *Vieh auf der Alm halten;* → alpen ‖ **Almenrausch** → *Almrausch* ‖ **Almer** der, -s/- (westöst., SüdT, veraltet): *Vorratskasten* | *Senner* | (Mus.) *alpines Schnaderhüpfel* ‖ **Almerin** die, -/-innen (westöst., SüdT, veraltet): *Sennerin* ‖ **Almhütte**

Almosen [auch: 'a-] das, -s/- ⟨gr.⟩: *barmherzige* (oft auch: *beschämende) Gabe;* für ein A. arbeiten ‖ **Almosenempfänger** ‖ **Almosenempfängerin**

Almrausch der, -[e]s, *auch:* Almenrausch: *Alpenrose* ‖ **Almweide** ‖ **Almwirtschaft**

Aloe [auch: 'a:-] die, -/-n ⟨hebr.-gr.-lat.⟩: *eine südländische Pflanze*

alogisch: *unlogisch;* → G.: logisch

Alois: *männl. Vorname;* → Lois; → Luis ‖ **Aloisia:** *weibl. Vorname*

Alp[1] der → *(neu:)* Alb

Alp[2] die (V, T) → Alpe; *aber:* → Alb ‖ **Alpabfahrt** (V, CH): *Almabtrieb*

Alpaka[1] das, -s/-s ⟨indian.-span.⟩: *ein südamerikanisches Säugetier, Lama* | (ohne Pl.) *Alpakawolle*

Alpaka[2] das, -s ⟨?⟩: *eine silberähnliche Legierung*

Alpauffahrt (V, CH): *Almauftrieb*

Alpdruck = → Albdruck ‖ **Alpdrücken** = → Albdrücken

Alpe die, -/-n, *auch:* Alp die, -/-en (V, T): *Alm;* → Alpen ‖ **alpen** (westöst.): *almen* ‖ **Alpen** die (Pl.): *ein europäischer Gebirgszug* | *Name verschiedener Gebirge;* Seetaler A., Ostalpen; → Alpe ‖ **Alpen-Adria** die, -: *eine Region in Mittel- und Südeuropa* ‖ **Alpen-Adria-Region** die, - ‖ **Alpendollar** (scherzh., früher): *der österreichische Schilling* ‖ **Alpenglühen** das, -s: *Abendröte auf Berggipfeln* ‖ **Alpenhauptkamm** ‖ **Alpenjäger:** *Soldat einer Gebirgstruppe* ‖ **Alpenjägerin** ‖ **Alpenland** das, -[e]s ‖ **alpenländisch** ‖ **Alpenliga:**

ein internationaler Sportbewerb im Eishockey ‖ **Al|pen|milch** ‖ **Al|pen|ost|rand:** *östliche Grenze der Alpen* ‖ **Al|pen|pass** ‖ **Al|pen|raum** ‖ **Al|pen|re|pu|blik:** *Österreich* ‖ **Al|pen|ro|se:** *eine Bergpflanze;* → Almrausch ‖ **Al|pen- und Do|nau|gaue** die (Pl.), *auch:* Alpen- und Donau-Reichsgaue: *NS-Bezeichnung Österreichs von 1942 bis 1945;* → Ostmark ‖ **Al|pen|ver|ein:** *eine Bergsteigervereinigung* ‖ **Al|pen|vor|land** das, -[e]s: *Gebiet zwischen Alpen und Böhmischem Massiv;* → Voralpenland

Al|pha [-f-] das, -[s]/-[s] (α, A) ⟨gr.⟩: *erster Buchstabe (a) des griechischen Alphabets;* das A. und das Omega *(der Anfang und das Ende)* ‖ **Al|pha|bet** das, -[e]s/-e: *Abc* ‖ **al|pha|be|tisch** ‖ **al|pha|be|ti|sie|ren:** *alphabetisch ordnen* | *das Lesen und Schreiben lehren* ‖ **Al|pha|be|ti|sie|rung** die, -/-en ‖ **al|pha|nu|me|risch:** *gleichzeitig Buchstaben und Ziffern verwendend, zB 11. Juni 2009 (gegenüber: 11. 6. 2009)* ‖ **Al|pha|strah|len** (α-Strahlen) die (Pl.) (Phys.): *positiv geladene Teilchenstrahlen aus radioaktivem Zerfall* ‖ **Al|pha|teil|chen** das, -s/- (Phys.)

Alp|horn: *ein hölzernes Blasinstrument* ‖ **Alp|horn|blä|ser** ‖ **Alp|horn|blä|se|rin** ‖ **Alp|hüt|te** (westöst.): *Almhütte* ‖ **al|pin** ⟨lat.⟩: alpine Pflanzen *(Hochgebirgspflanzen);* der alpine Skilauf; alpine Kombination; → nordisch ‖ **Al|pin|chef** [-ʃ-]: *Leiter des alpinen Skilaufs im ÖSV* ‖ **Al|pin|gen|dar|me|rie** [-ʒɑ̃d-, -ʒand-] (früher): → *Alpinpolizei* ‖ **Al|pi|nis|mus** der, - = **Al|pi|nis|tik** die, -: *das Bergsteigen* ‖ **Al|pi|nist** der, -en/-en: *Bergsteiger* ‖ **Al|pi|nis|tin** die, -/-innen ‖ **Al|pin|po|li|zei:** *Spezialeinheit der Polizei für den Einsatz in [hoch]alpinen Regionen* ‖ **Al|pin|ski** [-ʃiː] = Alpinschi ‖ **Al|pin|sport|art** ‖ **Al|pi|num** das, -s/Alpina: *Steingarten mit Alpenpflanzen* ‖ **Al|pin|wet|ter** ‖ **Älp|ler** der, -s/-: *Alpenbewohner* | (V) *jemand, der berufsmäßig auf die Alm geht* ‖ **Älp|le|rin** die, -/-innen ‖ **älp|le|risch** ‖ **Alp|senn** (V): *Senn* ‖ **Alp|sen|ne|rin** (V): *Sennerin*

Alp|traum = → Albtraum ‖ **Alp|wei|de** (V): *Almweide*

Al|rau|ne die, -/-n (Bot.): *eine giftige Pflanze mit einer menschenähnlich geformten Wurzel, der Zauberkraft zugeschrieben wurde*

als
als Fee verkleidet

Deklination:
- wir schätzen ihn als großen Künstler
- mit ihrer Stellung als Angestellte kam sie nicht zurecht

„als" steht nach dem Komparativ:
- sie ist größer als ich
- lieber heute als morgen

„wie" gilt als umgangssprachlich: größer wie ich

Nach dem Positiv steht „wie":
- [nicht] so groß wie ich; → wie

„als" oder „wie":
- so bald als/wie möglich

Beistrichsetzung:
- er ging, als ich kam
- du wirst höher springen, als dein Bruder gesprungen ist; *aber ohne Beistrich:* sie kann alles besser als ihre Freundin

als|bald (geh.): *bald* ‖ **als|bal|dig:** *ehestens* ‖ **als|dann** (geh.): *dann* | (ugs.) *also [dann]; na also!*

Al|ser|grund der, -[e]s: *9. Bezirk Wiens;* am A. wohnen

al|so: *aus diesem Grund, folglich;* du kommst a. nicht ‖ **al|so|bald** (veraltend): *sogleich* ‖ **al|so|gleich** (veraltet): *sofort*

alt, älter/am ältesten:
alt aussehen; alt sein/werden

Kleinschreibung:
- eine alte Geschichte *(nichts Neues)*
- zwei Tage alt
- auf alt herrichten
- das alte Jahr
- die alten Römer *(die Römer im Altertum)*
- alte Meister *(bildende Künstler vergangener Jahrhunderte)*

Großschreibung bei Nominalisierung:
- es bleibt beim **Alten** *(Zustand)*
- er ist wieder der **Alte** *(wie früher)*
- wir bleiben die **Alten** *(Freunde)*
- **Alt** und **Jung** *(alle)*
- **Altes** und Neues
- aus **Alt** Neu machen
- etwas/nichts **Altes**

Großschreibung in Eigennamen:
- das **Alte** Testament *(älterer Teil der Bibel)*
- die **Alte** Welt *(Europa, Asien, Afrika)*
- die **Alte** Donau *(Donauarm in Wien)*
- die **Alte** Geschichte *(Geschichte des Altertums)*

→ Alte; → älter; → älteste

Alt der, -[e]s/-e ⟨lat.⟩ (Mus.): *tiefe Frauen- oder Kindersingstimme;* → Altist

alt|an|ge|se|hen: eine altangesehene *(seit langer Zeit geachtete)* Familie

Al|tar der, -[e]s/Altäre ⟨lat.⟩: *Bet-, Opferstelle;* jemanden zum A. führen *(heiraten)* ‖ **Al|tar|bild** ‖ **Al|tar|raum** ‖ **Al|tar|sa|kra|ment,** *auch:* **Al|tars|sa|kra|ment** (ohne Pl.): *Eucharistie*

Alt|aus|see: *Kurort in der Steiermark*

alt|ba|cken: eine altbackene *(nicht frische)* Semmel ‖ **Alt|bau** der, -[e]s/-ten: *älteres Gebäude, Althaus* ‖ **Alt|bau|er:** *Bauer, der den Hof zB an seinen Sohn übergeben hat* ‖ **Alt|bäu|e|rin,** *auch:* **Alt|bäu|rin** ‖ **Alt|bau|woh|nung,** *auch:* Altwohnung: *Wohnung in einem Altbau* ‖ **alt|be|kannt** ‖ **alt|be|währt** ‖ **Alt|bi|schof:** *ehemaliger Bischof*

Alt|bun|des|kanz|ler: *ehemaliger Bundeskanzler* ‖ **Alt|bun|des|kanz|le|rin** ‖ **Alt|bun|des|prä|si|dent** ‖ **Alt|bun|des|prä|si|den|tin** ‖ **Alt|bür|ger|meis|ter:** *ehemaliger Bürgermeister* ‖ **Alt|bür|ger|meis|te|rin** ‖ **alt|deutsch:** *in altdeutschem Stil, bes. in der Art der Renaissance;* eine altdeutsche Anrichte ‖ **Al|te**[1] der, -n/-n, ein Alter: die **Alten** und die Jungen | (ugs., sal.) *Vater* | (ugs., sal.) *Ehemann;* mein Alter | (ugs., sal.) *Chef* | (ostöst.) *Wein aus einem vergangenen Jahr;* → G.: Heurige; → alt ‖ **Al|te**[2] die, -n/-n: *alte Frau* | (ugs., sal.) *Ehefrau* | (ugs., sal.) *Chefin* ‖ **Al|te**[3] das, -n: *das Vergangene;* an Altem hängen ‖ **alt|ehr|wür|dig** ‖ **Alt|ei|gen|tum:** *Altbauwohnung im Eigentum* ‖ **alt|ein|ge|ses|sen:** eine alteingesessene *(seit Generationen an diesem Ort lebende)* Familie ‖ **Alt|ei|sen** (ohne Pl.): *gebrauchtes Eisen, das wiederverwertet wird* ‖ **Al|ten|be|treu|er** ‖ **Al|ten|be|treu|e|rin** ‖ **Al|ten|be|treu|ung** ‖ **Al|ten|heim:** *Altersheim*

Altenmarkt: *ein Siedlungsname, zB A. im Pongau (S)*

Altenpflege ‖ **Altenteil** der = das, -[e]s/-e: *Versorgung des Bauern nach der Übergabe des Hofes* ‖ **Altenwohnheim** ‖ **Alter** das, -s/-: im hohen A.; das A. des Hauses ‖ **älter:** der ältere Bruder; ein älterer *(noch nicht alter)* Herr; *aber:* der **Ältere** (d. Ä.) *(zB der Vater);* Hans Holbein d. Ä.; → alt; → älteste; → jünger

Alter Ego das, - - ⟨lat.⟩ (wörtl.: das andere Ich): *sehr guter Freund*

alterieren sich ⟨lat.⟩: *sich aufregen, sich ärgern*

altern: *alt werden*

alternativ ⟨lat.⟩: *zwei oder mehr Wahlmöglichkeiten betreffend* | *unkonventionell* ‖ **Alternative**[1] [-f-, -v-] der, -n/-n, ein Alternativer: *jemand, der herkömmliche Werthaltungen und Problemlösungen durch neuartige ersetzen will* ‖ **Alternative**[2] die, -n/-n ‖ **Alternative**[3] die, -/-n: *Wahl zwischen zwei Möglichkeiten* ‖ **Alternativenergie** ‖ **Alternativmedizin** ‖ **Alternativprogramm** ‖ **alternieren:** *abwechseln;* sich alternierend in Wien und Bregenz treffen

Alternsforschung die, -: → *Gerontologie* ‖ **alterprobt:** *seit langer Zeit bewährt* ‖ **alters** (geh.): seit a. *(seit jeher);* von a. her ‖ **altersbedingt:** altersbedingte Schäden ‖ **Altersdispens:** *Nachsicht einer Bedingung bei zu geringem oder zu hohem Alter* ‖ **Altersfleck** -[e]s/-e[n]: *altersbedingte Hautverfärbung* ‖ **Altersgrenze** ‖ **Altersgründe** die (Pl.): aus Altersgründen zurücktreten ‖ **Altersgenosse:** *Gleichaltriger* ‖ **Altersgenossin** ‖ **altersgerecht** ‖ **Altersgruppe:** *Personenkreis im gleichen Alter* ‖ **Altersheim:** *Seniorenheim, Altenheim, Pensionistenheim* ‖ **Altersklausel:** *Altersgrenze [für politische Funktionäre]* ‖ **alterslos:** *ohne Zeichen des Alters* ‖ **altersmäßig** ‖ **Alterspension:** *Pension bei Erreichen des gesetzlichen Pensionsalters; vorzeitige A.;* → Frühpension ‖ **Altersrente** ‖ **altersschwach** ‖ **Altersschwäche** ‖ **Alterssichtigkeit** die, - (Med.): *Weitsichtigkeit im Alter* ‖ **Alterssitz:** *Wohnsitz im Alter* ‖ **Altersstarrsinn** ‖ **Altersstufe** ‖ **Altersteilzeit:** *eine Art Frühpension [für ASVG-Angestellte] mit Gehaltsabzügen* ‖ **Altersversorgung** ‖ **Altersvorsorge** ‖ **Alterswerk:** *Spätwerk eines Künstlers/einer Künstlerin* ‖ **Altertum** das, -s: das klassische A. *(die Antike)* ‖ **Altertümer** die (Pl.): *Antiquitäten* ‖ **altertümlich** ‖ **Altertumsforschung** die, -: *Archäologie* ‖ **Alterung** die, -/-en: die A. der Haut ‖ **Alterzbischof:** *ehemaliger Erzbischof* ‖ **älteste:** von allen Schülern bin ich der älteste | (Großschreibung) ich bin der **Älteste** der Klasse; die **Ältesten** des Stammes; → alt; → älter ‖ **Ältestenrat**

altgedient: *mit langer Dienstzeit* ‖ **altgewohnt:** es herrschte das altgewohnte Treiben ‖ **Altglas** (ohne Pl.): *gebrauchtes Glas, das wiederverwertet wird* ‖ **Altglascontainer** [-k-teːn-, engl.: -eɪ-] ‖ **altgolden:** a. *(dunkelgolden)* wirken ‖ **altgriechisch:** die altgriechische Kunst; → neugriechisch ‖ **Altgriechisch** das, -[s] = **Altgriechische,** -n: *das Griechisch der Antike* ‖ **Althaus:** *Altbau* ‖ **althergebracht:** eine althergebrachte *(alte)* Sitte ‖ **althochdeutsch** (ahd.) ‖ **Althochdeutsch** das, -[s] = **Althochdeutsche,** -n: *Sprachform des Deutschen (8. bis 11. Jh.)*

Altist der, -en/-en (Mus.): *Sänger[knabe] mit Altstimme* ‖ **Altistin** die, -/-innen (Mus.)

Altjahrstag: *Silvester, 31. Dezember;* am A. *(zu Silvester)* ‖ **altjüngferlich** [auch: 'a-]: *zimperlich, überempfindlich* ‖ **Altkanzler** → Altbundeskanzler ‖ **Altkatholik:** *Angehöriger einer bestimmten christlichen Glaubensgemeinschaft* ‖ **Altkatholikin** ‖ **altkatholisch** ‖ **Altkleidersammlung** ‖ **altklug:** *neunmalklug, besserwisserisch (bei Kindern)*

Altlage (Mus.): ein Instrument in A.; → Alt

Altlast (meist Pl.): *von Vorgängern oder Vorfahren stammende Probleme, zB Sondermülldeponie; zu bereinigende Sache* ‖ **ältlich:** ein ältlicher *(alt wirkender)* Mann ‖ **Altmaterial:** *gebrauchtes Material, das wiederverwertet oder entsorgt wird* ‖ **Altmetall** ‖ **altmodisch** ‖ **Altmünster:** *Marktgemeinde in Oberösterreich*

Alto Adige [- -dʒe] das, - - ⟨it.⟩ (wörtl.: Ober-Etsch): *italienischer Name von Südtirol*

Altöl das, -[e]s: *altes Öl, das wiederverwertet oder entsorgt wird* ‖ **Altösterreicher:** *Bezeichnung für einen Einwohner der Gebiete der ehemaligen Monarchie bzw. einen von ihr geprägten Menschen* ‖ **Altösterreicherin** ‖ **Altpapier** das, -s: *altes Papier, das wiederverwertet wird* ‖ **Altpapiercontainer** [-k-teːn-, engl.: -eɪ-] ‖ **Altpapiersammlung** ‖ **Altpartei** (meist Pl.): *etablierte politische Partei* ‖ **Altphilologe** [-f-] ‖ **Altphilologie:** *Wissenschaft von der altgriechischen und der lateinischen Sprache sowie von der Kultur der Antike, klassische Philologie* ‖ **Altphilologin**

altrömisch ‖ **altrosa:** *dunkelrosa*

Altruismus der, - ⟨fr.⟩: *Selbstlosigkeit, Menschenliebe;* → G.: Egoismus ‖ **Altruist** der, -en/-en ‖ **Altruistin** die, -/-innen ‖ **altruistisch**

Altschlüssel (Mus.): *C-Schlüssel auf der mittleren Linie (= c1), zB für Bratsche*

Altschnee ‖ **altsilbern:** *dunkelsilbern* ‖ **Altstadt:** *ältester Stadtteil* ‖ **Altstadtsanierung:** *Erneuerung alter Stadtteile* ‖ **Altsteinzeit** die, -: *Paläolithikum;* → Jungsteinzeit

Altstimme (Mus.): *Alt*

Altstoff (meist Pl.) ‖ **alttestamentarisch:** *zum Alten Testament (der Bibel) gehörig* ‖ **Alttestamentler** der, -s/-: *Fachmann für alttestamentliche Theologie* ‖ **Alttestamentlerin** die, -/-innen ‖ **alttestamentlich** ‖ **Alttirol:** *Tirol vor der Trennung in Nordtirol (samt Osttirol und Südtirol)* ‖ **altväterisch** (geh.): *altmodisch* ‖ **altvertraut** ‖ **Altvordern** die (Pl.) (geh., veraltet): *Vorfahren;* → Vorvordern ‖ **Altwaren** die (Pl.): *gebrauchte Waren, die wiederverwendet werden* ‖ **Altwarenhändler** ‖ **Altwarenhändlerin** ‖ **Altwasser:** *abgetrennter, stehender Flussarm* ‖ **Altweibersommer:** *schöne Herbsttage | vom Wind getragene Spinnweben im Frühherbst* ‖ **Alt-Wien** ‖ **Alt-Wiener:** A. Porzellan ‖ **alt-wienerisch** ‖ **Altwohnung** → Altbauwohnung

Alu das, -[s] ⟨lat.⟩: *Kurzwort für Aluminium* ‖ **Aludose** ‖ **Alufelge** ‖ **Alufolie** [-iɛ] ‖ **Aluminium**

das, -s (Zeichen: Al): *ein chemisches Element;* → Alu
Alumnat das, -[e]s/-e ⟨lat.⟩ (kath.): *Ausbildungsstätte für Priester* ‖ **Alumne** der, -n/-n (kath.): *Zögling eines Alumnats*
Alveolar [-v-] der, -s/-e ⟨lat.⟩ (Sprachwiss.): *Laut, der direkt hinter den Zähnen gebildet wird, zB t, l*
Alzerl [auch: 'aɪtsəl] das, -s/-[n] (ostöst., ugs.): es fehlt nur noch ein A. *(ein bisschen, ein ganz kleines Stück)*
Alzheimer (ohne Art.) = **Alzheimerkrankheit** = **alzheimersche Krankheit** = **Alzheimer'sche Krankheit** (Med.): *eine Alterskrankheit*

am
an dem; (örtlich) am Abhang; (zeitlich) am Montag, dem/den 10. Mai | *auf dem;* am Programm; [sich] am Laufenden halten | am wichtigsten, am schnellsten | (mit Abkürzung a.) Neustift am Walde

am – auf
„am" bedeutet „an dem"
- das Fahrrad lehnt am *(an dem)* Haus

Früher hat „am" allgemein auch „auf dem" bedeutet. In Österreich ist dieser Gebrauch bis heute erhalten geblieben:
- Urlaub am Bauernhof (statt: *auf dem*)
- am Kopf; am Dach; am Rücken
- am Boden
- am Land leben

Richtig ist dieser Gebrauch aber immer nur zur Angabe einer Lage (im Dativ), nicht zur Angabe einer Richtung (im Akkusativ).

Am: Americium
AM: Amplituden**m**odulation
AMA die, -: **A**grar**m**arkt **A**ustria ‖ **AMA-Gütesiegel:** *Qualitätszertifikat der AMA*
Amadeus: *männl. Vorname*
Amalgam das, -s/-e ⟨arab.⟩: *eine Quecksilberlegierung* ‖ **Amalgamplombe:** *eine Zahnfüllung*
Amalia = **Amalie** [-iɛ]: *weibl. Vorname;* → Mali
Amanda: *weibl. Vorname*
Amaranth der, -s ⟨gr.-lat.⟩: *eine lateinamerikanische Getreideart*
Amaretto der, -s/-s [Amaretti] ⟨it.⟩: *Bittermandellikör* ‖ **Amaro** der, -s/-s [Amari]: *ein bitterer Kräuterlikör (als Digestif)*
Amateur [-'tøːə] der, -s/-e ⟨fr.⟩: *Nichtfachmann; die Sache nicht berufsmäßig, sondern aus Liebhaberei, als Hobby Ausübender;* → Dilettant; → Profi; → Professional ‖ **amateurhaft** ‖ **Amateurin** die, -/-innen ‖ **Amateursportler** → G.: Professional ‖ **Amateursportlerin**
Amazonas der, -: *ein Strom in Brasilien* ‖ **Amazone** die, -/-n ⟨gr.⟩: *Kriegerin in der griechischen Sage | streitbare Frau* ‖ **Amazonien:** *Großlandschaft im Einzugsgebiet des Amazonas*
Ambiente das, -s ⟨it.⟩: *Umgebung, das Drumherum;* das A. *(die Atmosphäre)* einer Wohnung
ambig ⟨lat.-fr.⟩ (fachspr.): *mehr-, doppeldeutig* ‖ **Ambiguität** die, -/-en: *Mehrdeutigkeit, Doppeldeutigkeit* | (Sprachwiss.) *Doppeldeutigkeit eines Wortes oder eines Satzes*
Ambition [-tsi̯-] die, -/-en ⟨lat.⟩: *Ehrgeiz, Strebsamkeit* ‖ **ambitioniert**
ambivalent [-v-] ⟨lat.⟩: *doppelwertig;* ambivalentes Verhalten *(zB Hassliebe)* ‖ **Ambivalenz** die, -/-en
Ambo[1] der, -[s]/-s [Amben] ⟨lat.-it.⟩: *Lottotreffer (mit zwei gezogenen Nummern);* → Terno
Ambo[2] der, -[s]/-nen [-'oː-] ⟨gr.⟩: *Vortragspult in der Kirche*
Amboss der, -es/-e: *Vorrichtung aus Eisen, auf der Metall geschmiedet wird;* Eisen auf dem A. schmieden | *ein Gehörknochen*
Ambras: *Schloss im Dorf Amras (bei Innsbruck)*
Ambrosia die, - ⟨gr.⟩: *eine Speise der Götter;* → ambrosisch ‖ **ambrosianisch:** der ambrosianische Lobgesang *(das Tedeum, nach dem hl. Ambrosius benannt)* ‖ **ambrosisch** (geh.): *herrlich, himmlisch;* → Ambrosia
Ambulance [-nts] die, -/-n ⟨fr.⟩: *Rettungswagen;* → Ambulanz ‖ **ambulant** ⟨lat.-fr.⟩: jemanden a. *(ohne Aufnahme in ein Spital)* behandeln; → G.: stationär | ein ambulantes Gewerbe *(Wandergewerbe)* ‖ **Ambulanz** die, -/-en: *Spitalsabteilung für ambulante Behandlung | Rettungswagen;* → Ambulance ‖ **Ambulanzgebühr** (früher): *Behandlungsbeitrag bei Besuch einer Ambulanz* ‖ **Ambulanzjet** [-dʒ-]: *ein Rettungsflugzeug;* → Ärzteflugambulanz ‖ **ambulatorisch:** *ambulant* ‖ **Ambulatorium** das, -s/Ambulatorien [-i̯ɛn]: eine *Behandlungsstätte für ambulante Kranke*
Ameise die, -/-n: *ein Insekt* ‖ **Ameisenbär:** *ein Säugetier mit langer Schnauze, das Ameisen frisst* ‖ **Ameisenhaufen:** *Erdbau der Ameisen* ‖ **Ameisensäure** (Chem.) ‖ **Ameisenvolk**
amen: *Gebetsschluss; wahrlich;* ja und a. (= Ja und **A**men) sagen ‖ **Amen** das, -s/-: so sicher wie das A. im Gebet *(ganz sicher);* Ja und A. (= ja und **a**men) sagen
American Football [ə'merɪkən 'fʊtbɔːl] das, - - ⟨engl.⟩: → Football ‖ **American way of life** [- weɪ əv 'laɪf] der, - - - -: *US-amerikanische Lebensart* ‖ **Americium** [-ts-] das, -s (Zeichen: Am): *ein chemisches Element* ‖ **Amerika:** *Nord- und Südamerika | die USA* ‖ **Amerikaner** der, -s/- ‖ **Amerikanerin** die, -/-innen ‖ **amerikanisch** ‖ **Amerikanisch** das, -[s] = **Amerikanische,** -n: *die US-amerikanische Sprache* ‖ **amerikanisieren** ‖ **Amerikanismus** der, -/Amerikanismen: *charakteristische Eigenart des Amerikanischen [in einer anderen Sprache];* → Anglizismus ‖ **Amerikanistik** die, -: *Wissenschaft von der Geschichte, Sprache und Kultur der USA*
Amethyst [-'ti-, -'ty-] der, -[e]s/-e ⟨gr.⟩: *ein Schmuckstein*
Ami der, -s/-s (sal., veraltend): *US-Amerikaner*
Amin das, -s/-e (meist Pl.) (Chem.): *eine organische Stickstoffverbindung* ‖ **Aminosäure** (Chem.): *eine organische Säure*
Ammann der, -s/Ammänner (CH): *gewählter Leiter der Verwaltung einer [Stadt]gemeinde;* → Amtmann
Amme die, -/-n: *Frau, die ein fremdes Kind stillt und betreut* ‖ **Ammenmärchen:** *erfundene Geschichte für Leichtgläubige*
Ammer die, -/-n: *ein Vogel*
Ammoniak das, -s ⟨gr.⟩ (Chem.): *ein stechend riechendes Gas*
Amnesie die, -/-n ⟨gr.⟩ (Med.): *Gedächtnisschwund*
Amnestie die, -/-n ⟨gr.⟩: *[allgemeiner] Strafnachlass; Begnadigung* ‖ **Amnestiegesetz** ‖ **amnestieren:** den Verbrecher a. ‖ **Amnesty International**

['æmnəsti -'næʃənəl] die, - -(meist ohne Art.) (AI) ⟨engl.⟩: *eine Vereinigung zum Schutz der Menschenrechte*

Amöbe die, -/-n ⟨gr.⟩: *ein einzelliges Lebewesen*

Amok ⟨mal.⟩: A. laufen *(rasend und mordend durch die Straßen laufen)* ‖ **Amokfahrt** ‖ **Amokläufer** ‖ **Amokläuferin** ‖ **Amokschütze** ‖ **Amokschützin**

a-Moll (a) (Mus.): *eine Tonart* ‖ **a-Moll-Tonleiter** (Mus.)

Amor: *römischer Liebesgott*

Amoral → Amoralität ‖ **amoralisch:** *unmoralisch* ‖ **Amoralität:** *fehlende Moral; Amoral*

amorph [-f] ⟨gr.⟩: *formlos* | *ohne Kristallform, Kristallstruktur*

Amortisation [-tsi̯-] die, -/-en ⟨lat.⟩: *Wertausgleich* ‖ **amortisieren:** diese Anschaffung hat sich amortisiert *(bezahlt gemacht)* ‖ **Amortisierung** die, -/-en

Amouren [-'mu:-] die (Pl.) ⟨fr.⟩ (veraltet): *Liebschaften* ‖ **amourös:** ein amouröses Abenteuer

Ampel die, -/-n: *Lichtanlage zur Verkehrsregelung* | *Lampe, die von der Decke hängt* | *hängender Blumen[über]topf* ‖ **Ampelkoalition** [-tsi̯-] (Pol.): *Koalition, in der Sozialdemokraten, Grüne und Liberale vertreten wären* ‖ **Ampelkreuzung**

Ampelografie = **Ampelographie** [-f-] die, - ⟨gr.⟩: *Rebsortenkunde*

Ampere [-'e:ɐ] das, -[s]/- (Phys.) (A): *Maßeinheit für die elektrische Stromstärke (nach einem französischen Physiker);* zehn Ampere (10 A) ‖ **Amperemeter:** *Strommessgerät* ‖ **Amperestunde** (Ah)

Amphibie [-f-i̯ɛ] ⟨gr.⟩ → Amphibium ‖ **Amphibienfahrzeug:** *Land-Wasser-Fahrzeug, Kombination von Auto und Motorboot* ‖ **amphibisch:** *sowohl im Wasser als auf dem Land stattfindend* ‖ **Amphibium** das, -s/Amphibien [-i̯ɛn], *auch:* Amphibie [-i̯ɛ] die, -/-n (Zool.): *Lurch, Tier aus der Gruppe der Frösche, Molche uÄ*

Amphitheater [-f-] ⟨gr.⟩: *stufenförmig ansteigendes Freilicht-Rundtheater* ‖ **amphitheatralisch**

Amphore [-f-] die, -/-n ⟨gr.⟩: *ein zweihenkeliger Tonkrug*

Amplitude die, -/-n ⟨lat.⟩ (Phys., Math.): *größter Ausschlag [eines Pendels]* ‖ **Amplitudenmodulation** [-tsi̯-] (AM) (Phys.): *ein bestimmtes Verfahren in der Hochfrequenztechnik*

Ampulle die, -/-n ⟨lat.⟩: *zugeschmolzenes [mit Impfstoff gefülltes] kleines Glasgefäß*

Amputation [-tsi̯-] die, -/-en ⟨lat.⟩ (Med.) ‖ **amputieren** (Med.): jemandem ein Bein a. *(abnehmen)*

Amras → Ambras

AMS[1] [a ɛm 'ɛs] das, -: **A**rbeits**m**arkt**s**ervice

Amsel die, -/-n: *ein Singvogel* ‖ **Amselschlag:** *Gesang der Amsel*

Amsterdam [-st-]: *Hauptstadt der Niederlande;* → Haag

Amstetten [-ʃt-]: *Stadt in Niederösterreich*

Amt das, -[e]s/Ämter: *offizielle [staatliche] Stellung;* ein A. innehaben; im Amt sein; in Amt und Würden | *Pflicht, Aufgabe;* seines Amtes walten | *Behörde;* von Amts wegen; → amtswegig | *Gebäude eines Amtes* | (kath.) *Messe mit Gesang;* Hochamt ‖ **Ämterhäufung:** *Ausübung mehrerer Ämter durch eine Person* ‖ **Amtfrau** (D): *ein Beamtentitel* ‖ **amtieren:** der amtierende Bundespräsident ‖ **amtlich:** eine amtliche Mitteilung; a. beglaubigt; → nicht amtlich = nichtamtlich ‖ **amtlicherseits** ‖ **Amtmann** (D): *ein Beamtentitel;* → Ammann ‖ **Amtmännin** die, -/-innen (D) ‖ **Amtsanmaßung:** *unerlaubte Ausübung eines öffentlichen Amts* ‖ **Amtsantritt** ‖ **Amtsarzt** ‖ **Amtsärztin** ‖ **amtsärztlich:** eine amtsärztliche Untersuchung ‖ **amtsbekannt:** *aktenkundig* ‖ **Amtsblatt:** *Zeitung für amtliche Verlautbarungen* ‖ **Amtsbote** ‖ **Amtsbotin** ‖ **Amtsdeutsch:** *Stil der Behördensprache* ‖ **Amtsdiener:** *Angestellter für Hilfsdienste in einer Behörde* ‖ **Amtsdienerin** ‖ **Amtsdirektor:** *ein Amtstitel* ‖ **Amtsdirektorin** ‖ **Amtseid:** *ein Treueeid* ‖ **Amtsenthebung** ‖ **Amtsenthebungsverfahren** ‖ **Amtsentschädigung** (SüdT) (Amtsspr.): *Gehalt für die Ausübung einer politischen Funktion, Politikergehalt* ‖ **Amtsentsetzung** die, -/-en: *Entlassung aus einem Amt* ‖ **amtsführend** (Amtsspr.): die amtsführenden Stadträte (in Wien); *aber:* der Amtsführende Präsident ‖ **Amtsgebäude** ‖ **Amtsgeheimnis:** *behördliche Verschwiegenheitspflicht* ‖ **Amtsgericht** (D): *Bezirksgericht* ‖ **Amtsgeschäft** (meist Pl.): *die Obliegenheit eines Amtes bzw. Beamten* ‖ **Amtshaftung:** *Haftung des Staates für Fehlverhalten seiner Organe* ‖ **Amtshaftungsgesetz** ‖ **amtshandeln** (nur Inf. und Part.) (Amtsspr.): *behördlich einschreiten* ‖ **Amtshandlung** (Amtsspr.): *behördliches Einschreiten* ‖ **Amtshaus:** *Sitz verschiedener Ämter* ‖ **Amtshelfer** der, -s (Admin.): *Internetdienst zur Einsparung von Behörden- bzw. Amtswegen* ‖ **Amtshilfe:** *Beistand der Behörden untereinander* ‖ **Amtskalender:** Österreichischer A. *(jährliches Verzeichnis aller Ämter, Behörden, Schulen uÄ)* ‖ **Amtskanzlei:** *Büro eines Amtes* ‖ **Amtskappl** (ugs., veraltend, abw.): das A. aufhaben *(sich als Beamter engstirnig verhalten)* ‖ **Amtskirche:** *die Amtsträger der [katholischen] Kirche, vor allem die Bischöfe* ‖ **Amtskollege** ‖ **Amtskollegin** ‖ **Amtsmissbrauch** ‖ **amtsmüde:** a. sein ‖ **Amtsperiode** ‖ **Amtsperson:** → *Amtsträger/in* ‖ **Amtsrat:** *ein Beamtentitel* ‖ **Amtsrätin** ‖ **Amtsschimmel** der, -s (meist scherzh.): *eine umständliche, schleppende Erledigung durch ein Amt* ‖ **Amtssitz:** der A. des Bundespräsidenten ‖ **Amtssprache:** *im Umgang mit Behörden und Ämtern gesetzlich zugelassene Sprache;* in Österreich sind Deutsch sowie (in bestimmten Gebieten) Slowenisch und Kroatisch Amtssprachen; → Staatssprache; → Unterrichtssprache | *in der Verwaltung gebräuchliche Ausdrucksweise, Amtsdeutsch* ‖ **Amtsstunde:** *öffentlicher Parteienverkehr* ‖ **Amtstafel:** *amtliches Anschlagbrett* ‖ **Amtstag:** *in bestimmten Abständen regelmäßig stattfindende Sprechstunden einer Behörde* ‖ **Amtstätigkeit** (Amtsspr.): seit Beginn ihrer A. ‖ **Amtstitel:** *Titel der Beamten, zB Amtsrat* ‖ **Amtstracht:** *Kleidung von Beamten bei feierlichen Amtshandlungen oÄ* ‖ **Amtsträger:** *Beamter, Angestellter einer offiziellen Behörde, Amtsperson* ‖ **Amtsträgerin** ‖ **Amtsverschwiegenheit:** *Verpflichtung,* *das Amtsgeheimnis zu wahren* ‖ **Amts|vor|mund** (Jus): *Jugendamt* ‖ **Amts|weg:** *Dienstweg* ‖ **amts|we|gig** (Jus): *von Amts wegen;* ein Gesuch a. ablehnen ‖ **Amts|we|gig|keit** die, - (Jus): *Grundsatz, dass ein Verfahren auch ohne Antrag geführt werden kann* ‖ **Amts|zeit:** eine 3-jährige A.

Amu|lett das, -[e]s/-e ⟨lat.⟩: *kleiner Gegenstand, der vor Unheil schützen soll*

Amur der, -[s]: *Strom in Ostasien*

amü|sant ⟨fr.⟩: *unterhaltend, erheiternd;* ein amüsanter Film ‖ **Amuse Gueule** [amyz'gœl] das, -/-s [-'gœl]: *Appetithäppchen, kleine Vorspeise [auf Einladung des Restaurants]* ‖ **Amü|se|ment** [-'mɑ̃ː] das, -s/-s ‖ **amü|sie|ren:** ich amüsiere mich köstlich

amu|sisch: *ohne Sinn für Kunst*

AMV [a ɛm 'faʊ] die, -: **A**rbeits**m**arkt**v**erwaltung

an

Präposition mit Dativ oder Akkusativ:
- an diesem Tag
- jung an Jahren
- es ist an dir, ihm zu helfen
- an jemanden glauben
- an [und für] sich; → am; → ans

Mit Akkusativ zur Angabe einer Richtung:
- ein Bild an die Wand hängen *(wohin?)*

Mit Dativ zur Angabe einer Position:
- das Bild hängt an der Wand *(wo?)*
- Linz an der Donau
- Tür an Tür wohnen

Zum Gebrauch „am/auf" → am

Adverb:
- von nun/heute an
- es waren an die 100 Kilometer

Ana|bo|li|kum das, -s/Anabolika ⟨gr.⟩ (Med.): *Hormon, das den Muskelaufbau fördert*

Ana|chro|nis|mus [-kr-] der, -/Anachronismen ⟨gr.⟩ ‖ **ana|chro|nis|tisch:** *nicht in eine bestimmte Zeit passend, zB ein Flugzeug im Mittelalter*

an|ae|rob ⟨gr.⟩ (Biol.): anaerobe *(keinen Sauerstoff benötigende)* Prozesse; → G.: aerob

Ana|gramm das, -s/-e ⟨gr.⟩: *ein Rätsel mit Buchstabenumstellung*

Ana|ko|luth das = der, -s/-e ⟨gr.⟩ (Sprachwiss.): *Bruch im Satz*

Ana|kon|da die, -/-s [singhalesisch-engl.]: *südamerikanische Riesenschlange*

anal ⟨lat.⟩ (Med.): *den After betreffend;* ein Medikament a. anwenden; → Anus

An|al|ge|ti|kum das, -s/Analgetika ⟨lat.⟩ (Med.): *schmerzstillendes Arzneimittel* ‖ **an|al|ge|tisch** (Med.): *schmerzstillend*

ana|log ⟨gr.⟩: *gleichartig, entsprechend;* analoge Methoden; analog diesem Modell | ein Signal a. umwandeln; → G.: digital ‖ **Ana|log|an|zei|ge:** *Anzeige mit Zifferblatt;* → G.: Digitalanzeige ‖ **Ana|lo|gie** die, -/-n: *vergleichbare Ähnlichkeit* ‖ **Ana|lo|gie|schluss:** *Schlussfolgerung auf Grund analoger Fälle*

An|al|pha|bet [-f-] der, -en/-en ⟨gr.⟩: *jemand, der nicht lesen und nicht schreiben kann* ‖ **An|al|pha|be|tin** die, -/-innen ‖ **an|al|pha|be|tisch** ‖ **An|al|pha|be|tis|mus** der, -

Ana|ly|se [-'lyː-] die, -/-n ⟨gr.⟩: *Zerlegung, Auflösung; genaue Untersuchung der Einzelheiten* | *Psychoanalyse* ‖ **ana|ly|sie|ren** ‖ **Ana|lyst** der, -en/-en (Wirt., Börse): *eine Berufsbezeichnung, jemand, der Aktienanalysen vornimmt* ‖ **Ana|lys|tin** die, -/-innen (Wirt., Börse) ‖ **Ana|ly|ti|ker** der, -s/-: *jemand, der analytisch denkt und arbeitet* | *Psychoanalytiker* ‖ **Ana|ly|ti|ke|rin** die, -/-innen ‖ **ana|ly|tisch:** analytische Chemie; analytische Geometrie

An|ä|mie die, -/-n ⟨gr.⟩ (Med.): *Mangel an roten Blutkörperchen, Blutarmut* ‖ **an|ä|misch** (Med.)

Ana|mne|se die, -/-n ⟨gr.⟩ (Med.): *Krankengeschichte*

Ana|nas die, -/- ⟨indianisch-port.-niederl.⟩: *eine tropische Obstart* | (reg., veraltend) *Ananaserdbeere* ‖ **Ana|nas|erd|bee|re** (reg., veraltend): *Gartenerdbeere*

Ana|päst der, -[e]s/-e ⟨gr.⟩: *ein dreisilbiger Versfuß, zB* Telefón

Ana|pher [-f-] die, -/-n ⟨gr.⟩ (Sprachwiss.): *absichtliche Wiederholung eines Wortes oder einer Wortgruppe am Beginn aufeinanderfolgender Sätze* | (in der Textgrammatik) *Rückverweis;* → Katapher ‖ **ana|pho|risch:** anaphorischer Verweis *(Verweis auf bereits genannte Textteile)*

An|ar|chie die, -/-n ⟨gr.⟩: *Herrschaftslosigkeit* | *Gesetzlosigkeit* | *Chaos* ‖ **an|ar|chisch** ‖ **An|ar|chis|mus** der, - ‖ **An|ar|chist** der, -en/-en ‖ **An|ar|chis|tin** die, -/-innen ‖ **an|ar|chis|tisch** ‖ **An|ar|cho** der, -[s]/-s (sal.): *Anarchist, Außenseiter*

Anas|ta|sia: *weibl. Vorname* ‖ **Anas|ta|si|us:** *männl. Vorname*

An|äs|the|sie die, -/-n ⟨gr.⟩ (Med.): *Schmerzbetäubung* ‖ **An|äs|the|sist** der, -en/-en: *Facharzt für Narkose;* → Narkotiseur ‖ **An|äs|the|sis|tin** die, -/-innen

Ana|tol: *männl. Vorname* ‖ **Ana|to|li|en:** *in Asien liegender Teil der Türkei* ‖ **ana|to|lisch**

Ana|tom der, -en/-en ⟨gr.⟩: *Forscher und Lehrer der Anatomie* ‖ **Ana|to|mie** die, -/-n: *Lehre vom Körperbau der Lebewesen* | *Anstalt, in der A. gelehrt wird* ‖ **Ana|to|min** die, -/-innen ‖ **ana|to|misch:** ein anatomischer Befund

an|bag|gern (bes. D, Jug.): *flirten;* dein Bruder hat mich angebaggert

an|bah|nen: Geschäftsverbindungen a. *(in die Wege leiten);* es bahnt sich eine neue Regierungskrise an *(sie zeichnet sich ab)* ‖ **An|bah|nung** die, -/-en

an|bamp|fen → anpampfen

an|ban|deln, ich bandle an (ugs.): mit der Nachbarin a. *(einen Flirt oder eine Auseinandersetzung beginnen)*

An|bau der, -[e]s: *Aussaat;* der A. von Getreide | (mit Pl. -ten) *dazugebauter Gebäudeteil* ‖ **an|bau|en:** Weizen a. | (reg., sal.) sein Geldbörsel a. *(verlieren)* ‖ **An|bau|flä|che** ‖ **An|bau|ge|biet:** das A. einer Rebsorte

an|be|feh|len (geh.): *befehlen* | sich dem Schutz Gottes a. *(anvertrauen)*

An|be|ginn (geh.): *Beginn*

an|be|hal|ten: den Mantel a. *(nicht ablegen)*

an|bei: *als Beilage*

an|bei|ßen: die Birne a.; die Fische beißen nicht an | (ugs.) sie biss sofort an *(ist auf das Angebot eingegangen); aber:* etwas/jemand ist zum **A**nbeißen *(sieht schön aus)*

an|be|lan|gen: was die Schule an[be]langt *(betrifft)* ...; → anlangen

an|bel|len: der Hund bellt den Briefträger an

an|be|rau|men: eine Sitzung a. *(festsetzen)*

an|be|ten: Götzen, Götter a. ‖ **An-**

A

beiter: *Verehrer* ‖ **An|be|te|rin**
An|be|tracht: in A. *(angesichts)* des Umstandes, dass ...
an|be|tref|fen: *betreffen;* was das anbetrifft ...
an|bet|teln: jemanden um Taschentücher a.
An|be|tung die, -/-en: die A. des Allerheiligsten ‖ **An|be|tungs|tag** (kath.) ‖ **an|be|tungs|wür|dig**
an|bie|dern sich (abw.): sich jemandem/sich an jemanden a. *(sich plump-vertraulich an jemanden heranmachen)* ‖ **An|bie|de|rung** die, -/-en (abw.) ‖ **An|bie|de|rungs|ver|such** (abw.)
an|bie|ten[1]: Hilfe a. | den Rücktritt a. *(das Amt zur Verfügung stellen)* ‖ **an|bie|ten**[2] sich: folgende Erklärung bietet sich an *(kommt in Frage)* ‖ **An|bie|ter** der, -s/- ‖ **An|bie|te|rin** die, -/-innen
an|bin|den: die Weinreben a.; → angebunden
an|bla|sen: die Glut a. | die Jagd a. *(eröffnen)*
An|blick: ein erfreulicher A. ‖ **an|bli|cken:** jemanden spöttisch a.
an|blin|ken: *ein Zeichen mit dem Blinker/der Lichthupe geben*
an|blin|zeln: jemanden verständnisvoll a.
an|boh|ren: ein Rohr a.
An|bot das, -[e]s/-e (Kaufmannsspr., Amtsspr.): *Angebot;* ein gutes A. legen *(einreichen, vorlegen)* ‖ **An|bots|le|gung,** *auch:* Anbotlegung (Kaufmannsspr., Amtsspr.) ‖ **An|bots|stel|lung,** *auch:* Anbotstellung (Kaufmannsspr., Amtsspr.) ‖ **An|bots|sum|me,** *auch:* **An|bot|sum|me** (Kaufmannsspr., Amtsspr.)
an|bra|ten: Fleisch kurz a. [lassen] | (ugs.) ein Mädchen a. *(mit ihm flirten)*
an|brau|sen: der Wagen kommt angebraust *(kommt in einem hohen Tempo heran)*
an|bre|chen: eine Packung Schnitten a. *(öffnen)* | der Tag bricht an
an|bren|nen: die Milch ist angebrannt | (reg., ugs.) sie lässt nichts a. *(lässt sich nichts entgehen)*
an|brin|gen: eine Gedenktafel a. *(montieren)* | eine Bitte a. *(äußern)* | (ugs.) einen Ladenhüter a. *(verkaufen);* → angebracht
An|bruch der, -[e]s/-brüche: bei A. des Tages
an|brül|len: *anschreien*
An|chor|man ['æŋkəmæn] der, -s/ Anchormen [-men] ⟨engl.⟩: *maßgeblicher Nachrichtenmoderator [im Fernsehen]* ‖ **An|chor|wo|man** [-wʊmən] die, -/-women [-wɪmɪn]
An|cho|vis [-'ʃoːv-] = → Anschovis
An|dacht die, -/-en: *kurzer Gottesdienst* | (ohne Pl.) *geistige Sammlung, Gebet* ‖ **an|däch|tig** ‖ **An|dachts|stun|de** ‖ **an|dachts|voll**
An|da|lu|si|en: *Landschaft in Südspanien*
an|dan|te ⟨it.⟩ (Mus.): *mäßig langsam, ruhig* ‖ **An|dan|te** das, -[s]/-s [Andanti] (Mus.): *ein mäßig langsames Musikstück* ‖ **An|dan|ti|no** das, -[s]/-s [Andantini] (Mus.): *ein bewegteres bzw. kurzes Andante*
an|dau|ern: das Schönwetter dauert an *(besteht weiter)* ‖ **an|dau|ernd:** *ständig*
An|den die (Pl.): *Gebirgsketten in Südamerika*
an|den|ken: eine neue Vorgehensweise a. *(überlegen, durchzudenken beginnen)* ‖ **An|den|ken** das, -s/-: jemandem etwas als/zum A. schenken

an|de|re
andere *(verschiedene)* Meinungen; ein and[e]res Mal; *aber zusammen:* ein andermal; → anders

Im Normalfall gilt Kleinschreibung:
- der/die/das andere
- ein/kein and[e]rer
- die/alle ander[e]n (= andren)
- der eine, der and[e]re
- einer nach dem ander[e]n (= andren)
- jemand/niemand/wer and[e]rer
- etwas/nichts and[e]res
- von etwas ander[e]m (= andrem) sprechen
- viel and[e]res; vieles and[e]re
- unter ander[e]m (= andrem); unter ander[e]n (= andren)
- zum einen ..., zum ander[e]n (= andren)

Wenn der nominale Gebrauch betont werden soll, ist auch Großschreibung möglich:
- die einen (*auch:* Einen) sagen das, die anderen (*auch:* Anderen) das
- die Konstrukteurin erfand etwas völlig anderes (*auch:* Anderes)
- die Stellung des einen (*auch:* Einen) zum anderen (*auch:* Anderen)

an|de|rer|seits = anderseits = andrerseits; → einerseits
An|derl: *männl. Vorname (Andreas)*
an|der|mal: ein a.; *aber:* ein anderes Mal ‖ **än|dern:** *anders machen;* die Meinung ä. *(wechseln);* sie hat sich nicht geändert *(verändert)* ‖ **an|dern|falls:** *sonst* ‖ **an|dern|orts:** *woanders* ‖ **an|dern|tags:** *am Tag darauf* ‖ **an|dern|teils**

an|ders
a. als; a. geht es nicht

Getrenntschreibung:
- die Frage muss anders lauten
- anders sein
- anders denken
- anders gesinnt

Getrennt- und Zusammenschreibung mit adjektivisch gebrauchten Partizipien:
- anders denkend = andersdenkend
- anders geartete (= andersgeartete) Verhältnisse
- anders lautend = anderslautend
- die anders Denkende = die Andersdenkende
- der anders Gläubige = der Andersgläubige

Zusammenschreibung, zB:
- andersherum
- anderssprachig
- andersfärbig

an|ders|ar|tig ‖ **an|ders den|kend** = **an|ders|den|kend** ‖ **an|ders Den|ken|de**[1] der, - -n/- -n = **An|ders|den|ken|de**[1] der, -n/-n, ein anders Denkender (= Andersdenkender) ‖ **an|ders Den|ken|de**[2] die, - -n/- -n = **An|ders|den|ken|de**[2] die, -n/-n ‖ **an|der|seits** = → and[e]rerseits ‖ **an|ders|fär|big,** *auch:* andersfarbig ‖ **an|ders ge|ar|tet** = **an|ders|ge|ar|tet** ‖ **An|ders|gläu|bi|ge** ‖ **an|ders|he|rum** ‖ **an|ders lau|tend** = **an|ders|lau|tend** ‖ **an|ders|rum:** *andersherum* | (sal.) *homosexuell* ‖ **An|ders|sein** ‖ **an|ders|spra|chig** ‖ **an|ders|wie** ‖ **an|ders|wo** ‖ **an|ders|wo|her** ‖ **an|ders|wo|hin** ‖ **an|dert|halb:** *eineinhalb* ‖ **an|dert|halb|fach** ‖ **An|dert|halb|fa|che** das, -n ‖ **an|dert|halb|mal** ‖ **Än|de|rung** die, -/-en: *Umgestaltung* ‖ **Än|de|rungs|schnei|de|rei** ‖ **Än|de|rungs|vor|schlag** ‖ **Än|de|rungs|wunsch** ‖ **an|der|wär|tig:** *anderswo* ‖ **an|der-**

wärts: *anderswo* ‖ **anderweitig:** *anderswo*
andeuten: eine Absicht a. *(durchblicken lassen)* ‖ **Andeutung** ‖ **andeutungsweise**
Andi: *männl. Vorname (Andreas)*
andichten: jemandem etwas a. *(fälschlicherweise zuschreiben)*
andiskutieren: *mit der Diskussion beginnen;* ein Thema a.
andocken: *Raumschiff[teil]e im Weltraum aneinanderkoppeln*
Andorra (Kfz: AND): *ein Staat* ‖ **Andorraner** der, -s/- ‖ **Andorranerin** die, -/-innen
Andrang: *Zustrom;* bei der Kinoeröffnung herrschte großer A. ‖ **andrängen**
andre = → andere
André [auch: ɑ̃-]: *männl. Vorname (Andreas)* ‖ **Andrea** [an-]: *weibl. Vorname* ‖ **Andreas:** *männl. Vorname* ‖ **Andreaskreuz** das, -[e]s/-e: *ein Kreuz mit diagonal gekreuzten Balken [vor Bahnübergängen]*
andrehen: das Licht a. | (ugs.) jemandem schlechte Ware a. *(aufschwatzen)*
andrerseits = → andererseits
androgyn [-ˈyː-] ⟨gr.⟩: *mit männlichen und auch weiblichen Geschlechtsmerkmalen* ‖ **Androgynie** die, -
androhen: jemandem eine Strafe a. ‖ **Androhung**
Androide der, -n/-n ⟨gr.⟩: *künstlicher Mensch*
Andruck der, -[e]s/-e (Druckw.): *Probedruck;* einen A. machen ‖ **andrucken** (Druckw.) ‖ **andrücken**
andudeln sich (ugs.): *sich betrinken*
andünsten (Küchenspr.): das Fleisch kurz a.
anecken (sal.): *Anstoß erregen*
aneifern: *anspornen* ‖ **Aneiferung** die, -/-en
aneignen sich: sich vielerlei Kenntnisse a.; sich fremdes Gut a. *(es unrechtmäßig in Besitz nehmen)* ‖ **Aneignung** die, -/-en

> **aneinander**
>
> **Getrenntschreibung, wenn die Hauptbetonung auf dem Verb liegt:**
> – aneinander denken
> – zwei Freunde, die aneinander hängen
> – aneinander vorbeigehen
>
> **Zusammenschreibung, wenn die Betonung auf „aneinander“ liegt:**
> – aneinandergeraten *(streiten)*
> – zwei Wagons aneinanderhängen
> – aneinanderreihen

aneinandergeraten: *streiten* ‖ **aneinanderhängen:** zwei Wagons a.; *aber:* aneinander hängen; → aneinander ‖ **aneinanderreihen**
Anekdote die, -/-n ⟨gr.⟩: *kurze, kennzeichnende, pointierte Geschichte* ‖ **anekdotenhaft** ‖ **anekdotisch**
anekeln: es ekelt mich an *(widert mich an)*
Anemone die, -/-n ⟨gr.⟩: *eine Waldblume*
anempfehlen, anempfiehlt/empfiehlt an (geh.): es wurde uns sehr dringend anempfohlen *(geraten)* ...
Anerbe (Jus): *Erbe des ungeteilten Hofes*
Anerbieten das, -s/- (geh.): *Angebot*
Anerbin (Jus): *Erbin des ungeteilten Hofes*
anerkannt: *angesehen, renommiert* ‖ **anerkanntermaßen** ‖ **anerkennen,** ich erkenne an/ich anerkenne: *würdigen, gutheißen* ‖ **anerkennenswert** ‖ **Anerkenntnis** das, -nisses/-nisse (Jus): *Anerkennen des Anspruchs* ‖ **Anerkennung** die, -/-en: *Lob* ‖ **Anerkennungsschreiben**
Aneroid das, -[e]s/-e = **Aneroidbarometer** ⟨gr.⟩: *Dosenbarometer, Barometer ohne Flüssigkeit*
anessen sich (ugs.): *sich satt essen*
anfachen: das Feuer a. *(zum Lodern bringen)*
anfahren: langsam a. | eine Passantin a. *(beim Fahren verletzen)* | *heftig, energisch anreden;* fahr mich nicht so an! | eine Produktion a. *(beginnen)* ‖ **Anfahrt:** *Weg bzw. Zeit bis zum Ziel der Fahrt* ‖ **Anfahrtsweg** ‖ **Anfahrtszeit**
Anfall: einen A. bekommen *(ausrasten, heftige Gefühlsregungen zeigen)* | (Med.) *Attacke;* ein epileptischer A. | (ohne Pl.) der A. *(das Vorkommen)* von Reparaturen ‖ **anfallartig** = anfallsartig ‖ **anfallen:** täglich anfallende Probleme | der Tiger fiel *(griff)* den Wärter an ‖ **anfällig:** für eine Krankheit a. *(empfänglich)* sein ‖ **Anfälligkeit** ‖ **anfallsartig** = anfallartig
Anfang der, -[e]s/-fänge: im/am A.; von A. an; A. Mai; von A. bis Ende; das ist der A. vom Ende; zu A.; den A. machen ‖ **anfangen:** eine Arbeit a.; mit dem Essen a.; klein a. *(bescheiden beginnen);* das fängt ja gut an! | (ugs.) sich mit jemandem etwas a. *(sich auf jemanden einlassen; ein Verhältnis beginnen)* ‖ **Anfänger** der, -s/- ‖ **Anfängerin** die, -/-innen ‖ **Anfängerkurs** ‖ **anfänglich:** *am Anfang* ‖ **anfangs** (Adv.): a. *(zuerst)* ging alles gut | (Präp. mit Gen.) (ugs.) a. des 19. Jahrhunderts ‖ **Anfangsbuchstabe** ‖ **Anfangserfolg** ‖ **Anfangsgehalt** der = das, -[e]s/-hälter ‖ **Anfangsstadium** [-ʃt-]
anfassen: *angreifen, zupacken*
anfauchen = anpfauchen: die Katze faucht *(pfaucht)* den Hund an | den Verkäufer a. *(heftig zurechtweisen)*
anfaulen: angefaulte Birnen
anfaxen (ugs.): den Kunden a. *(ihm ein Fax senden);* → faxen
anfechtbar: *angreifbar* ‖ **Anfechtbarkeit** die, - ‖ **anfechten:** ein Urteil a. *(dagegen Einspruch erheben)* | (geh.) jemanden ficht nichts an *(jemanden bringt nichts in Versuchung, bekümmert nichts)* ‖ **Anfechtung** die, -/-en: die A. einer Entscheidung | (geh.) *Versuchung*
anfeinden: seine Kollegen feinden ihn an *(begegnen ihm feindselig)* ‖ **Anfeindung** die, -/-en
anfertigen: *herstellen* ‖ **Anfertigung**
anfeuchten: Briefmarken a.
anfeuern: *[heftig] anspornen* | den Ofen a. *(anheizen)* ‖ **Anfeuerung** die, -/-en
anflehen: *inständig bitten*
anfliegen: die Fluglinie fliegt Graz täglich an ‖ **Anflug:** im A. auf Paris | ein A. *(eine Spur)* von Schnupfen
anfordern: *bestellen, verlangen* ‖ **Anforderung:** *Erfordernis;* die Anforderungen, die an eine Person gestellt werden | eine A. *(Bestellung)* von Baumaterialien ‖ **Anforderungsprofil:** *Summe aller Anforderungen [für eine ausgeschriebene Stelle]*
Anfrage: *Frage, Ersuchen um Auskunft;* eine parlamentarische A.; eine Dringliche (auch: dringliche) A. im Parlament ‖ **anfragen:** *sich erkundigen*
anfressen[1]: Mäuse fressen den

Speck an; → angefressen ‖ **an|fres|sen**[2] sich (derb): *anessen*
an|freun|den sich: *Freundschaft schließen;* sich mit der Nachbarin a.
an|frie|ren: die Scheibenwischer sind angefroren
an|fü|gen: *hinzugeben, anhängen* ‖ **An|fü|gung**
an|füh|len: sich weich a.
an|füh|ren: eine Kompanie a. *(befehligen)* | eine Textstelle a. *(zitieren)* ‖ **An|füh|rer:** *Befehlshaber* ‖ **An|füh|re|rin** ‖ **An|füh|rung** ‖ **An|füh|rungs|zei|chen:** *ein Satzzeichen,* zB „Sehr gut", "Sehr gut", »Sehr gut«; halbe A. *(‚...')*
an|fül|len: die Gießkanne mit Wasser a.
An|ga|be: *Aussage, Mitteilung* | *Anzahlung* | (Sport) *Aufschlag, Service*
an|gaf|fen (abw.): *anstarren*
an|ga|lop|pie|ren: *galoppierend kommen*
an|gän|gig (veraltend): etwas ist nicht a. *(nicht erlaubt, nicht statthaft)*
an|ga|sen (ugs., sal.): gas an *(beeil dich, gib Gas),* sonst kommst du zu spät!
an|ge|ben: persönliche Daten a. | *prahlen, sich wichtigmachen* | (Sport) wer gibt an? *(wer hat den Aufschlag?)* ‖ **An|ge|ber** der, -s/- ‖ **An|ge|be|rei** ‖ **An|ge|be|rin** die, -/-innen ‖ **an|ge|be|risch**
An|ge|be|te|te[1] der, -n/-n, ein Angebeteter: *verehrter, geliebter Mann* ‖ **An|ge|be|te|te**[2] die, -n/-n
an|geb|lich: das Buch hat a. *(wie gesagt wird)* über 1 000 Seiten | ein angeblicher Doktor *(Mann, dessen Doktortitel angezweifelt wird)*
an|ge|bo|ren: diese Eigenschaft ist ihr a.
An|ge|bot: A. und Nachfrage; ein schriftliches A. *(Anbot)* einholen
an|ge|bracht: so ein Verhalten ist nicht a. *(zulässig)*
an|ge|bun|den: kurz a. sein *(wortkarg, zurückweisend)* sein; → anbinden
an|ge|dei|hen (geh.): jemandem eine gute Erziehung a. *(zuteilwerden)* lassen
An|ge|den|ken (geh.): zum A. *(zur Erinnerung)* | (veraltet) seligen Angedenkens *(verstorben)*
an|ge|fres|sen (ugs.): er ist deswegen a. *(wütend, beleidigt);* → anfressen
an|ge|gos|sen: die Hose sitzt wie a. *(passt genau);* → angießen
an|ge|grif|fen: eine angegriffene Gesundheit; → angreifen ‖ **An|ge|grif|fen|heit** die, -: *Schwäche [durch Krankheit]*
an|ge|hei|ra|tet: ein angeheirateter *(durch Heirat in die Verwandtschaft gekommener)* Onkel; → G.: leiblich
an|ge|hei|tert: *leicht betrunken*
an|ge|hen: ein Problem a. *(in Angriff nehmen)* | das geht dich an *(es betrifft dich)* | es geht nicht an *(ist unmöglich)* | das Licht geht an | der Hund ging die Briefträgerin an *(griff sie an)* | eine angehende *(noch in Ausbildung stehende)* Ärztin | jemanden um Geld a. *(bitten)*
an|ge|hö|ren: *dazugehören;* einer Partei a. *(Parteimitglied sein)* ‖ **an|ge|hö|rig** ‖ **An|ge|hö|ri|ge**[1] der, -n/-n, ein Angehöriger: *Familienmitglied;* ein Angehöriger *(Mitarbeiter)* unseres Verlages ‖ **An|ge|hö|ri|ge**[2] die, -n/-n
An|ge|klag|te[1] der, -n/-n, ein Angeklagter: *jemand, der vor Gericht angeklagt wird* ‖ **An|ge|klag|te**[2] die, -n/-n
an|ge|knackst (ugs.): seine Gesundheit ist a. *(er ist nicht ganz gesund)*
an|ge|kohlt: die Holzscheiter sind angekohlt *(teilweise verbrannt)*
an|ge|krän|kelt: *kränklich* | sie ist von Selbstzweifel a. *(zweifelt an sich selbst)*
An|gel die, -/-n: → *Scharnier;* Türangel; die Welt aus den Angeln heben | *Gerät zum Fischen* | *Angelhaken*
An|ge|la [auch: 'andʒ-]: *weibl. Vorname*
An|geld (Jus): *Anzahlung, Akonto*
An|ge|le|gen|heit ‖ **an|ge|le|gent|lich** (geh.): sich aufs (auf das) angelegentlichste (= Angelegentlichste) *(sehr genau)* erkundigen
An|gel|ha|ken
An|ge|li|ka[1] [-ŋg-]: *weibl. Vorname* ‖ **An|ge|li|ka**[2] die, -/Angeliken [-s]: *eine Pflanze, Engelwurz*
an|geln, ich angle: [nach] Forellen a. | (sal.) sich einen Millionär a. *(ihn erobern)*
an|ge|lo|ben: *zum Dienstantritt vereidigen* ‖ **An|ge|lo|bung** die, -/-en: die A. *(Vereidigung)* der Bundesregierung; → Gelöbnis
An|gel|punkt: *entscheidender Punkt [einer Frage]* ‖ **An|gel|ru|te**
An|gel|sach|se [-ks-] ‖ **An|gel|säch|sin** ‖ **an|gel|säch|sisch:** die angelsächsischen Völker *(zB Engländer, Nordamerikaner)*
An|gel|schein: *Berechtigung zum Angeln*
An|ge|lus|läu|ten [-ŋg-] das, -s ⟨gr.-lat.⟩ (veraltet) (kath.): *das Glockengeläut zum Gebet „Der Engel des Herrn";* → Englische Gruß
an|ge|mes|sen: a. *(der Lage entsprechend)* handeln; → anmessen ‖ **An|ge|mes|sen|heit** die, -
an|ge|nehm: *willkommen, erfreulich, wohltuend*
an|ge|nom|men: a. *(vorausgesetzt),* dass ...; → annehmen
An|ger der, -s/-: *Grasplatz im Dorf* | (geh.) *Wiese* | (reg.) *kleine Wiese um das Haus, wo man Obst und Gemüse anpflanzt* ‖ **An|ger|dorf**
an|ge|regt → anregen
an|ge|rührt (ugs.): sie ist deswegen a. *(leicht beleidigt);* → anrühren
an|ge|sagt: heuer ist die Farbe Rot a. *(im Trend, gefragt);* da ist Sparen a. *(geboten);* → ansagen
an|ge|säu|selt (ugs.): *beschwipst*
an|ge|schla|gen: er schaut a. *(angegriffen, erschöpft)* aus; → anschlagen
an|ge|se|hen: angesehene *(allseits geachtete)* Frauen; → ansehen
An|ge|sicht das, -[e]s/-e[r] (geh.): *Gesicht;* jemanden von A. *(persönlich)* kennen; im A. der Öffentlichkeit ‖ **an|ge|sichts** (Präp. mit Gen.): a. *(im Angesicht)* des Todes
an|ge|spannt: a. *(mit höchster Konzentration)* nachdenken | eine angespannte *(kritische, beunruhigende)* Lage; → anspannen
an|ge|stammt: *ererbt, überliefert;* angestammte Rechte
An|ge|stell|te[1] der, -n/-n, ein Angestellter: der kaufmännische A. ‖ **An|ge|stell|te**[2] die, -n/-n ‖ **An|ge|stell|ten|ver|hält|nis**
an|ge|tan: es jemandem a. haben *(jemanden für sich einnehmen);* von jemandem a. *(begeistert)* sein; sie ist dazu a. *(geeignet);* → antun
An|ge|trau|te[1] der, -n/-n, ein Angetrauter (geh.): *Ehemann* ‖ **An|ge|trau|te**[2] die, -n/-n (geh.)
an|ge|wandt: angewandte Sprachwissenschaft; Museum/Universität für angewandte Kunst; → anwenden
an|ge|wie|sen: auf jemanden a. sein *(von jemandem abhängig sein);* → anweisen

an|ge|wöh|nen: sich keine Unart a. ‖ **An|ge|wohn|heit** ‖ **An|ge|wöh|nung**
an|ge|zeigt (geh.): es wäre a. *(angebracht),* sich zu bedanken; → anzeigen
An|gi|na [-ŋg-] die, -/Anginen ⟨lat.⟩: *Mandelentzündung* ‖ **An|gi|na Pec|to|ris** [- -k-] die, - - (Med.): *eine Erkrankung der Herzkranzgefäße*
an|gie|ßen: etwas a.; → angegossen
an|glei|chen: *anpassen;* etwas einer Vorlage a.
Ang|ler der, -s/-: *jemand, der Fische angelt* ‖ **Ang|le|rin** die, -/-innen
an|glie|dern: *hinzufügen;* eine Abteilung a.
An|gli|ka|ner [-ŋg-] der, -s/- ⟨lat.⟩ ‖ **An|gli|ka|ne|rin** die, -/-innen ‖ **an|gli|ka|nisch:** die anglikanische Kirche *(die englische Staatskirche, Hochkirche)* ‖ **An|glist** der, -en/-en: *Kenner bzw. Lehrer der englischen Sprache und Literatur* ‖ **An|glis|tik** die, - ‖ **Ang|lis|tin** die, -/-innen ‖ **An|gli|zis|mus** der, -/Anglizismen: *charakteristische Eigenart des Englischen [in einer anderen Sprache];* → Germanismus ‖ **An|glo|ame|ri|ka|ner:** *ein Amerikaner britischer Abstammung* | (nur Pl.) *Sammelname für Briten und Amerikaner* ‖ **An|glo|ame|ri|ka|ne|rin** ‖ **an|glo|ame|ri|ka|nisch** ‖ **an|glo|fon** = **an|glo|phon** [-f-]: *englischsprachig*
an|glot|zen (abw.): *anstarren*
an|glu|ren (ostöst., ugs., meist abw.): *anstarren*
An|go|la: *afrikanischer Staat*
An|go|ra|kat|ze [-ŋg-] ‖ **An|go|ra|wol|le:** *Wolle von Angoraziegen oder Angorakaninchen, Mohair*
an|greif|bar: *kritisierbar* ‖ **an|grei|fen:** *mit der Hand berühren* | *einen Kampf beginnen; attackieren;* → angegriffen ‖ **An|grei|fer** der, -s/- ‖ **An|grei|fe|rin** die, -/-innen
an|gren|zen: *nebeneinanderliegen, aneinanderstoßen;* sein Haus grenzt an meine Garage an
An|griff: *Beginn eines Kampfes* | etwas in A. nehmen *(mit etwas anfangen)* | *Anfeindung* | (Jus) *Straftat* ‖ **An|griffs|flä|che:** *Stelle, wo ein Angriff einwirken kann* | Gegnern eine A. bieten ‖ **An|griffs|krieg** ‖ **an|griffs|lus|tig** ‖ **An|griffs|spie|ler** (Sport) ‖ **An|griffs|spie|le|rin** (Sport)

an|grin|sen: *[höhnisch] lächelnd anschauen*

angst

Kleinschreibung des Adjektivs:
- ihm ist/wird angst und bang *(wie?)*

Angst die, -/Ängste

Großschreibung des Nomens:
- Angst vor jemandem haben *(sich vor jemandem fürchten)*
- Angst um jemanden haben
- jemandem Angst machen
- es mit der Angst zu tun bekommen
- in tausend Ängsten sein *(sich große Sorgen machen)*

angst|er|füllt ‖ **Angst|ge|fühl** ‖ **Angst|geg|ner** (Sport): *Spieler oder Mannschaft, gegen die man meistens verliert* ‖ **Angst|geg|ne|rin** (Sport) ‖ **Angst|ha|se:** *Feigling* ‖ **ängs|ti|gen:** sie ängstigt sich *(fürchtet sich)* im Dunkeln; jemanden mit Drohungen ä. *(jemandem Angst einjagen)* ‖ **Ängs|ti|gung** die, -/-en ‖ **ängst|lich:** *furchtsam, schreckhaft* ‖ **Ängst|lich|keit** die, - ‖ **Angst|ma|che** die, - (sal.): die Parteien gehen mit A. auf Stimmenfang ‖ **Angst|par|tie:** *Vorhaben, das einem Angst macht*
Ång|ström [ˈɔŋs-, auch: ˈaŋs-] das, -[s]/- (Å) (früher): *Messeinheit für Röntgenwellenlänge*
Angst|schweiß ‖ **Angst|zu|stand** (meist Pl.)
an|gur|ten: sich im Auto a. *(anschnallen)*
an|ha|ben: jemandem nichts a. können *(nichts gegen jemanden ausrichten können)* | eine neue Hose a. *(tragen)*
an|haf|ten: *an etwas kleben* | *einer Sache zugehörend sein;* den Gedichten haftet etwas Unheimliches an
an|ha|keln (ugs.): *anhaken* ‖ **an|ha|ken:** *mittels Haken befestigen* | in einer Liste Namen a.
An|halt[1] → Sachsen-Anhalt
An|halt[2]: keinen A. *(Beweis, Anhaltspunkt)* für etwas finden ‖ **An|hal|te|la|ger:** *Internierungslager* ‖ **an|hal|ten:** *stehen bleiben* | die Luft a. *(nicht atmen)* | zum Lernen a. *(anleiten, auffordern)* | das Schlechtwetter hält *(dauert)* an; anhaltend starkes Wachstum | (veraltend) um die Hand der Tochter a. *(Erlaubnis zur Heirat einholen)* ‖ **An|hal|ter** der, -s/-: per A. *(als Autostopper)* fahren ‖ **An|hal|te|rin** die, -/-innen ‖ **An|halts|punkt:** → *Anhalt*[2] ‖ **An|hal|tung** (Jus): die A. *(das Festhalten, Einsperren)* einer Person in einer Anstalt
an|hand: a. des Planes; a. von Unterlagen
An|hang: im A. *(Nachtrag)* | (ohne Pl.) sie kommt mit A. *(mit Verwandtschaft)* ‖ **an|hän|gen**[1]: sie hing einer anderen Meinung an; → hängen[1] ‖ **an|hän|gen**[2]: er hängte das Fahrrad am Zaun an | (ugs.) jemandem eine unangenehme Arbeit a. *(aufbürden);* jemandem minderwertiges Obst a. *(verkaufen);* → hängen[2] ‖ **An|hän|ger** der, -s/-: *ein angehängtes Fahrzeug* | *Schmuckstück, das [an einer Kette] befestigt wird* | *[Namens]schildchen [auf Gepäckstücken]* | *Parteigänger* ‖ **An|hän|ge|rin** die, -/-innen ‖ **An|hän|ger|schaft** die, - ‖ **an|hän|gig** (Amtsspr.): ein Gerichtsverfahren ist gegen ihn a. *(in Gang)* ‖ **an|häng|lich:** ein anhängliches Kind ‖ **An|häng|lich|keit** die, - ‖ **An|häng|sel** das, -s/-: *kleines Schmuckstück*
an|hau|chen: einen Polizisten *(zur Alkoholprobe)* a. | (ugs.) sie ist philosophisch angehaucht *(interessiert)*
an|hau|en[1] sich: sich an der Kante a. *(anstoßen)* ‖ **an|hau|en**[2] (ugs.): jemanden um Geld a. *(bedrängen)* | (fachspr.) einen Baumstamm a. *(zum Fällen vorsehen; eine Kerbe schlagen)*
an|häu|fen: Vorräte a. ‖ **An|häu|fung**
an|he|ben: die Preise a. *(erhöhen)* | (geh.) sie hob an *(begann)* zu sprechen ‖ **An|he|bung**
an|hef|ten: *beiheften;* eine Rechnung an ein Schriftstück a. *(dort befestigen)*
an|heim|fal|len (geh.): *zufallen;* das Erbe fiel dem Staat anheim ‖ **an|heim|stel|len** (geh.): ich stelle [es] ihm anheim *(frei),* zu gehen oder zu bleiben
an|hei|melnd: der Ofen verbreitet anheimelnde *(gemütliche, behagliche)* Wärme
an|hei|schig (geh.) (nur in der Wendung: sich a. machen): er machte sich a. *(er bot sich an),* etwas zu tun

A

an|hei|zen: den Ofen a. | (sal.) die Situation a. *(die vorhandene Spannung verstärken)*
an|herr|schen: *herrisch anfahren*
an|heu|ern (Seemannsspr.): auf einem Schiff a. *(eine Arbeit annehmen);* → Heuer | Arbeitskräfte a. *(anwerben)*
An|hieb: auf A. *(sofort, beim ersten Mal, ohne Vorbereitung)*
an|him|meln (ugs.): *schwärmerisch verehren;* ich himmle die Sängerin an
An|hö|he: *[kleiner] Hügel*
an|hö|ren: verschiedene Meinungen a. | das hört sich gut an | ich kann sein Jammern nicht mehr mit a. | jemandem die Angst a. || **An|hö|rung** die, -/-en: *Befragung;* → Hearing || **An|hör|ver|fah|ren** (Jus)
an|hus|ten: *ins Gesicht husten*
Ani|lin das, -[s] ⟨Sanskrit-arab.⟩: *Ausgangsstoff für die Herstellung von Farben und Heilmitteln*
Ani|ma die, - ⟨lat.⟩ (Psych.): *Seele* || **ani|ma|lisch:** *tierisch*
Ani|ma|teur [-'tøːə] der, -s/-e ⟨fr.⟩: *jemand, der beruflich Spiel- und Sportaktivitäten für Urlauber organisiert* || **Ani|ma|teu|rin** die, -/-innen || **Ani|ma|ti|on** [-tsi̯-] die, -/-en ⟨lat.⟩: *das Angebot an Freizeitaktivitäten in Klubhotels u. dgl.* | *Computeranimation* || **Ani|ma|ti|ons|film:** *Zeichentrickfilm, Puppentrickfilm oÄ* || **ani|ma|to** ⟨it.⟩ (Mus.): *lebhaft* || **Ani|mier|da|me** ⟨lat.⟩: *Frau, die [in Nachtklubs] die Gäste zum Alkoholkonsum animiert* || **ani|mie|ren:** *anregen, verlocken, ermuntern* || **Ani|mier|lo|kal:** *Lokal, in dem Animierdamen arbeiten* || **Ani|mis|mus** der, -: *Vorstellung von der Beseeltheit aller Dinge* || **Ani|mo** das (*auch:* der), -s ⟨it.⟩ (veraltend): *Lust, Schwung;* kein A. haben || **Ani|mo|si|tät** die, -/-en ⟨lat.⟩: *Abneigung, Feindseligkeit* || **Ani|mus** der, - (Psych.): *Seele*
An|ion das, -s/-en ⟨gr.⟩ (Phys.): *negativ geladenes Ion;* → G.: Kation
Anis der, -es/-e: *ein Gewürz* || **Anis|bo|gen:** *eine Bäckerei* || **Anis|brot**
An|iso|tro|pie die, -/-n ⟨gr.⟩ (Phys.): *Richtungsabhängigkeit verschiedener Eigenschaften eines Stoffes (vor allem von Kristallen)*
Anis|schar|te (bes. ostöst.): *Anisbogen* || **Anis|schnaps**
Ani|ta: *weibl. Vorname* || **An|ja:** *weibl. Vorname*

an|kämp|fen: *etwas abwehren;* gegen die Korruption a.
An|ka|ra [-ŋk-]: *Hauptstadt der Türkei*
An|kauf: *Kauf* || **an|kau|fen**
an|ken|nen (ugs.): jemandem sein schlechtes Gewissen a. *(anmerken)*
An|ker der, -s/-: *an einem Tau/einer Kette hängender [Doppel-]haken, der Schiffe am [Meeres-]grund festhält* | (Seemannsspr.) A. werfen; A. lichten *(einziehen);* vor A. liegen *(verankert sein);* vor A. gehen *(ankern)* || **an|ker|för|mig** || **An|ker|ket|te** || **an|kern:** *vor Anker gehen, liegen* || **An|ker|platz**
an|ket|ten: *an die Kette legen*
An|kick der, -[e]s/-e: der A. *(Anstoß)* im Fußballspiel || **an|ki|cken**
an|kläf|fen: *anbellen*
An|kla|ge: *Strafantrag im Rechtsverfahren vor Gericht;* A. erheben | *Anklagevertretung, zB Staatsanwalt im Strafverfahren* || **An|kla|ge|bank:** *Platz des Angeklagten im Gerichtssaal* || **an|kla|gen:** jemanden [wegen] eines Verbrechens a. *(beschuldigen)* || **An|klä|ger:** *Vertreter der Anklage beim Gericht;* der öffentliche A. *(Staatsanwalt)* || **An|klä|ge|rin** || **An|kla|ge|schrift**
an|klam|mern[1]: *mit einer Klammer befestigen* || **an|klam|mern**[2] sich: sich an ein Versprechen a. *(verbissen, verzweifelt daran festhalten)*
An|klang: A. *(freundliche Zustimmung)* finden | das Musikstück hat Anklänge an Franz Schubert *(an ihn erinnernde Züge)*
an|kle|ben: einen Papierstreifen a.
An|klei|de|ka|bi|ne || **an|klei|den:** *anziehen*
an|kli|cken (EDV): *mit der Maustaste einen Befehl anwählen;* einen Menüpunkt a.
an|klin|gen: *andeutungsweise erkennbar werden*
an|klop|fen: vor dem Öffnen a.
an|knab|bern: das Keks a.
an|knip|sen: die Schreibtischlampe a.
an|knöp|feln = **an|knöp|fen:** die Kapuze a.
an|knüp|fen: an ein Gespräch a. *(davon ausgehen, daran anschließen)* || **An|knüp|fung** die, -/-en || **An|knüp|fungs|punkt:** *gemeinsamer Ausgangspunkt für ein Gespräch*

an|knur|ren: der Hund knurrt die Polizistin an
an|kom|men: um 17:30 Uhr in Wien a. *(eintreffen)* | der Roman ist gut angekommen *(hat beim Publikum Zustimmung gefunden)* | es kommt mich hart an *(fällt mir schwer)* | es kommt auf dich an *(hängt von dir ab)* | wir lassen es auf eine Konfrontation a. *(schrecken nicht davor zurück);* → Ankunft || **An|kömm|ling** der, -s/-e: *jemand, der eben angekommen ist*
an|kön|nen: jemandem/gegen jemanden nicht a. *(nichts gegen jemanden ausrichten können)*
an|kop|peln: an das Raumschiff a. *(anhängen)*
an|kot|zen (derb): etwas kotzt mich an *(widert mich an)*
an|krei|den: jemandem eine Nachlässigkeit a. *(übelnehmen)*
an|kreu|zeln = **an|kreu|zen:** Namen auf einer Liste a.
an|kün|den = **an|kün|di|gen:** *bekannt machen, anmelden* || **An|kün|di|gung**
An|kunft die, -: die A. *(das Ankommen)* des Zuges || **An|kunfts|hal|le:** *Wartehalle auf Bahnhöfen oÄ* || **An|kunfts|zeit**
an|kup|peln: Waggons a. *(anhängen)*
an|kur|beln: *mit der Kurbel in Schwung versetzen* | die Wirtschaft a. *(fördern, beleben)*
an|lä|cheln || **an|la|chen**[1]: die Sonne lacht mich an || **an|la|chen**[2] sich (ugs.): sich jemanden a. *(eine Bekanntschaft anknüpfen)*
An|la|ge: *Veranlagung* | *Park; Fabriksbau* | *Geldanlage* | (Amtsspr.) *Beilage [zu einem Brief]* | *Hi-Fi-Gerät* || **An|la|ge|be|ra|ter:** *Berater für Geldanlagen* || **An|la|ge|be|ra|te|rin** || **An|la|gen|bau** der, -[e]s: *Planung und Errichtung von [Industrie]anlagen* || **An|la|ge|ob|jekt:** *als Geldanlage erworbenes Objekt*
an|lan|gen: am Ende des Weges a. *(ankommen)* | (bes. D) du sollst das Bild nicht a. *(angreifen)* | was den Preis anlangt *(betrifft);* → anbelangt
An|la|ge|ver|mö|gen (Wirt.): *Vermögensteil eines Unternehmens, der zum dauernden Gebrauch dient*
An|lass der, -es/-lässe: *Veranlassung;* kein A. zur Freude; ein besonderer A. || **an|las|sen:** den

Motor a. *(in Gang setzen)* | die Schuhe a. *(anbehalten)* | (ugs.) etwas lässt sich gut an *(beginnt zufrieden stellend)* ‖ **Ạn|las|ser** der, -s/- (Kfz): der A. des Motors

ạn|las|sig (reg., ugs.): *[sexuell] aufdringlich, provozierend*

ạn|läss|lich (Präp. mit Gen.): a. *(aus Anlass)* des Geburtstages

ạn|las|ten: jemandem ein Verbrechen a. *(zur Last legen)*

Ạn|lauf: einen A. nehmen; es gelang schon beim ersten A. *(auf Anhieb)* ‖ **ạn|lau|fen:** einen Hafen a. *(dort anlegen)* | den Motor a. lassen *(in Gang setzen)* | vor Wut rot a. | die Gläser sind angelaufen *(mit einer Dunstschicht bedeckt);* die Marmelade ist angelaufen *(mit Schimmel bedeckt)* ‖ **Ạn|lauf|stel|le:** → *Anlegestelle* | (Amtsspr.) *Adresse für bestimmte Anliegen* ‖ **Ạn|lauf|zeit:** *Vorbereitungszeit*

Ạn|laut (Sprachwiss.): *erster Laut einer Silbe oder eines Wortes* ‖ **ạn|läu|ten:** *an der Tür klingeln* | (westöst., SüdT) *anrufen*

ạn|le|gen[1]: einen Maßstab a. | die Perlenkette a. | das Boot legt am Ufer an | Geld in Aktien a. | mit dem Gewehr auf das Ziel a. | eine Adresskartei a. ‖ **ạn|le|gen**[2] sich: leg dich nicht mit ihm an! *(streite nicht mit ihm!)* ‖ **Ạn|le|ge|platz** ‖ **Ạn|le|ger** der, -s/-: *Investor* ‖ **Ạn|le|ge|rin** die, -/-innen ‖ **Ạn|le|ge|stel|le:** *Landestelle eines Schiffes*

ạn|leh|nen: sich an die Tür a.; die Haustür bloß a. | sich eng an eine Vorlage a. *(halten)* ‖ **Ạn|leh|nung** die, - ‖ **ạn|leh|nungs|be|dürf|tig:** *Rückhalt, Zärtlichkeit suchend*

Ạn|lei|he die, -/-n: *ein Wertpapier;* eine A. auflegen; eine A. zeichnen *(erwerben)* | eine A. bei Grillparzer machen *(von ihm etwas übernehmen)*

ạn|lei|nen: *an die Leine nehmen*

ạn|lei|ten ‖ **Ạn|lei|tung:** *Anweisung, Unterweisung;* die A. zu einem Spiel

ạn|ler|nen: jemanden für eine bestimmte Tätigkeit a.; ein angelernter *(nicht ausgebildeter)* Arbeiter ‖ **Ạn|lern|ling** der, -s/-e: *jemand, der für eine Arbeit angelernt wird, keine Fachausbildung hat*

ạn|le|sen: den Brief nur a. *(zu lesen beginnen)* | sich Wissen a. *(durch Lesen aneignen)*

an|lie|fern: *liefern* ‖ **An|lie|fe|rung**

ạn|lie|gen: das Top liegt eng am Körper an; anliegende Ohren | (ugs.) was liegt an? *(was gibt es?)* ‖ **Ạn|lie|gen** das, -s/-: *Wunsch, Bitte* ‖ **Ạn|lie|ger** der, -s/- (bes. D): *Anrainer* ‖ **Ạn|lie|ge|rin** die, -/-innen (bes. D)

ạn|lo|cken: *zum Näherkommen bewegen*

ạn|lü|gen: *belügen*

Anm.: Anmerkung

Ạn|ma|che die, -/-n (bes. D, sal.): *Annäherungsversuch [mit sexuellen Absichten]* ‖ **ạn|ma|chen**[1]: Farbe a. *(ansetzen)* | das Licht a. *(aufdrehen)* | (bes. D, sal.) → *anbraten;* in der Disco wird man ständig angemacht | (Küchenspr.) Salat a.; → abmachen ‖ **ạn|ma|chen**[2] sich (ugs.): *in die Hose machen* | *Angst haben* | (ugs., sal.) ich mach mich an! *(das gibt's doch nicht!)*

ạn|ma|len: ein Tuch a. *(bemalen)* | *anstreichen* | (sal.) sie malt sich an *(sie schminkt sich)*

Ạn|marsch: ein langer A. ‖ **ạn|mar|schie|ren**

ạn|ma|ßen sich: du maßt dir viel an *(du erlaubst dir viel)* ‖ **ạn|ma|ßend:** ein anmaßendes *(hochmütiges)* Benehmen ‖ **Ạn|ma|ßung** die, -/-en: *unberechtigter Anspruch, Hochmut*

Ạn|mel|de|for|mu|lar ‖ **Ạn|mel|de|frist** ‖ **ạn|mel|den:** ein Kind in/an einer Schule a.; sich polizeilich a.; → abmelden | den Fernseher a. *(registrieren lassen)* | sich auf einem Computer a. *(einloggen)* | seinen Besuch a. *(ankündigen)* | Bedenken a. *(als Einwand vorbringen)* ‖ **ạn|mel|de|pflich|tig** ‖ **Ạn|mel|de|zahl** ‖ **Ạn|mel|dung**

ạn|mer|ken: Textstellen a. *(optisch hervorheben)* | sich seinen Ärger nicht a. lassen *(ihn nicht offen zeigen)* | zu einem Thema etwas a. *(dazu etwas sagen)* ‖ **Ạn|mer|kung** die, -/-en (Anm.): *ein ergänzender Hinweis* | *Fußnote*

ạn|mes|sen: sich einen Anzug a. lassen; → angemessen

Ạn|mo|de|ra|ti|on: *einleitende Worte eines [Fernseh]moderators zum folgenden Thema* ‖ **ạn|mo|de|rie|ren:** eine Fernsehzuspielung a.

Ạn|mut die, -: *Liebreiz* ‖ **ạn|mu|ten** (geh.): das mutet mich sonderbar an *(es kommt mir sonderbar vor)* ‖ **ạn|mu|tig** ‖ **ạn|muts|voll** ‖ **Ạn|mu|tung:** (geh.): *Eindruck*

Ạn|na: *weibl. Vorname* ‖ **An|na|bel|la:** *weibl. Vorname*

ạn|na|geln: *festnageln*

ạn|nä|hen: einen Saum a.

ạn|nä|hern: sich dem Ziel a. *(ihm näher kommen)* ‖ **ạn|nä|hernd:** *ungefähr;* nicht a. *(bei Weitem nicht)* ‖ **Ạn|nä|he|rung** die, -/-en: *das Näherkommen; Entgegenkommen* ‖ **Ạn|nä|he|rungs|ver|such**

Ạn|nah|me die, -/-n: die A. *(das Annehmen)* eines Geschenks | die A. *(Genehmigung, Einwilligung)* eines Antrages | die A. *(Vermutung, theoretische Möglichkeit)* einer Katastrophe ‖ **Ạn|nah|me|stel|le:** eine A. für Wettscheine

An|na|len die (Pl.) ⟨lat.⟩: *nach Jahren geordnete geschichtliche Aufzeichnungen*

ạn|nehm|bar: *akzeptabel, vertretbar* ‖ **ạn|neh|men**[1]: Geschenke a.; eine Entschuldigung a. | ihre Forderungen a. *(sich damit einverstanden erklären)* | schlechte Manieren a. *(sich aneignen)* | ich nehme an *(glaube, meine),* dass ... | unerwartete Ausmaße a. *(erreichen)* | ein Kind a. *(adoptieren);* → angenommen ‖ **ạn|neh|men**[2] sich: ich nehme mich der Kinder an *(kümmere mich um sie)* ‖ **ạn|nehm|lich** ‖ **Ạn|nehm|lich|keit** die, -/-en (meist Pl.): *etwas Angenehmes*

an|nek|tie|ren ⟨lat.⟩: ein Land a. *(sich gewaltsam aneignen);* → Annexion ‖ **An|nek|tie|rung** die, -/-en

Ạn|ne|le (reg.): *weibl. Vorname (Anna)* ‖ **Ạn|ne|lies** = **Ạn|ne|lie|se** [auch: -'liː-]: *weibl. Vorname* ‖ **Ạn|ne|ma|rie** [auch: -'riː]: *weibl. Vorname* ‖ **Ạn|nerl:** *weibl. Vorname (Anna)* ‖ **An|nẹt|te** [auch: -'nɛt]: *weibl. Vorname*

An|nẹx der, -es/-e ⟨lat.⟩: *Anhängsel; Anhang* ‖ **An|ne|xi|on** die, -/-en: *politische Aneignung eines Gebietes;* → annektieren; → Okkupation

An|ni|hi|la|ti|on [-tsi̯-] die, -/-en ⟨lat.⟩ (Phys.): *Vernichtung von Teilchen*

ạn|no, *auch:* **Ạn|no** (a., A.) ⟨lat.⟩: *im Jahr[e];* a. neun *(im Jahr neun, zB 1809, 1909)* | (scherzh.) a. Schnee *(vor langer Zeit)* | a. dazumal *(früher einmal)* ‖ **Ạn|no Do|mi|ni** (A. D.) (wörtl.: im Jahr des Herrn): *nach Christus* (= n. Chr.)

A

Annonce [aˈnõːs(ɛ)] die, -/-n ⟨fr.⟩: *Zeitungs-, Zeitschriftenanzeige* ‖ **Annoncenteil:** *Anzeigenteil [einer Zeitung]* ‖ **annoncieren** [-õs-, -ɔns-]: *eine Anzeige [in einer Zeitung] publizieren*

Annuität die, -/-en ⟨lat.-fr.⟩: *jährliche Zahlung zur Begleichung einer Schuld* ‖ **Annuitätenzuschuss** (Wirt.): *[staatliche] Förderung, die den Rückzahlungsbetrag für Darlehen reduziert*

annullieren ⟨lat.⟩: *für ungültig erklären, außer Kraft setzen* ‖ **Annullierung** die, -/-en

Anode die, -/-n ⟨gr.⟩ (Phys.): *positive Elektrode, die in Gasen oder Flüssigkeiten von den negativen Ionen die überschüssigen Elektronen aufnimmt;* → G.: Kathode

anöden: etwas/jemand ödet mich an *(langweilt mich)*

anomal [auch: -ˈaːl] ⟨gr.-lat.⟩: *regelwidrig, von der Norm abweichend; aber:* → abnormal ‖ **Anomalie** die, -/-n: *[krankhafte] Abweichung, Missbildung*

anonym [-ˈyːm] ⟨gr.⟩: *ohne Namensnennung;* ein anonymer Brief; → ungenannt ‖ **anonymisieren:** *die persönlichen Daten [auf Fragebögen] löschen* ‖ **Anonymität** die, - ‖ **Anonymus** der, -/Anonymi: *unbekannter, nicht genannter Verfasser* ‖ **Anonymverfügung** (Jus): *Strafverfügung gegen anonym bleibende Täter;* → Organstrafmandat; → Strafzettel

Anorak der, -s/-s ⟨Eskimospr.⟩: *eine wetterfeste Sportjacke [mit Kapuze]*

anordnen: die Sessel anders a. *(reihen)* | *einen Befehl, eine Anweisung geben;* Einsparungen a. ‖ **Anordnung**

Anorexie die, - ⟨gr.⟩ (Med.): *Untergewicht; Appetitlosigkeit; Magersucht*

anorganisch ⟨gr.⟩: *unbelebt;* anorganische Chemie; → G.: organisch

anormal: *nicht normal, abnormal*

anpacken: *fest zugreifen;* eine schwierige Aufgabe a. *(beginnen)*

anpassen: sich den Verhältnissen a. *(angleichen; sich einfügen)* ‖ **Anpassung** die, -/-en ‖ **anpassungsfähig** ‖ **Anpassungsfähigkeit** ‖ **Anpassungsschwierigkeiten** die (Pl.)

anpampfen, *auch:* anbampfen sich (ugs.): *sich mit Essen vollstopfen*

anpatzen (ugs.): sich/etwas beim Essen a. *(beschmutzen)* | die Konkurrentin a. *(verleumden)*

anpeilen: ein Ziel a. *(ansteuern)*

anpfauchen = → anfauchen

anpfeifen: der Schiedsrichter pfeift das Spiel an ‖ **Anpfiff:** der A. zum Spielbeginn | (sal.) *Tadel durch den Vorgesetzten*

anpflanzen: *einsetzen;* Tulpen, Reis a. ‖ **Anpflanzung**

anpicken[1]: die Amsel pickt die Kirschen an

anpicken[2]: sie hat den Zettel angepickt *(angeklebt)*

anpinseln: *mit einem Pinsel anstreichen*

anpirschen sich: der Jäger pirschte sich (an das Wild) an

anpöbeln: *beschimpfen, grob belästigen* ‖ **Anpöbelung** die, -/-en

anpochen (geh.): *anklopfen*

Anprall ‖ **anprallen:** *heftig anstoßen*

anprangern: *öffentlich bloßstellen, verurteilen* ‖ **Anprangerung** die, -/-en

anpreisen: die Ware a. *(loben)*

anpressen: das Brett nach dem Kleben fest a.

Anprobe: eine A. bei der Schneiderin ‖ **anprobieren**

anpumpen (ugs.): jemanden a. *(um Geld bitten)*

anquatschen (ugs.): *bedenkenlos anreden*

Anrainer der, -s/-: *Grundnachbar, Anlieger;* „Zufahrt nur für Anrainer!"; → Rain ‖ **Anrainerin** die, -/-innen ‖ **Anrainermaut** ‖ **Anrainerstaat:** *Nachbarstaat* ‖ **Anrainerverkehr**

Anrand der, -s (reg., mda., veraltet): *Anlauf;* sich einen A. nehmen

anraten: *empfehlen, nahelegen;* ich rate Ihnen an, pünktlich zu sein ‖ **Anraten** das, -s: auf/ über A. der Ärztin

anrauchen: *jemanden mit Rauch anblasen* | (ugs.) sich eine [Zigarette] a. *(anzünden)* | (reg., derb) jemandem eine a. *(eine Ohrfeige androhen, geben)*

anrauen: *rau machen;* angerauter Stoff

anraunzen (ugs.): *eindringlich und klagend Bitten vorbringen, anjammern;* raunz mich nicht an!

anrechnen: zusätzliche Ausgaben a. *(berechnen)* | jemandem sein Verhalten hoch a. *(es bes. anerkennen)* ‖ **Anrechnung**

Anrecht: ein A. haben *(einen [gesetzlichen] Anspruch haben)*

Anrede: *Art, wie man jemanden anspricht;* die höfliche/distanzierte A. (mit „Sie"); die vertrauliche A. (mit „du") ‖ **Anredepronomen** (Gramm.): *du, ihr, Sie* ‖ **anreden:** jemanden auf eine Sache a. *(ansprechen);* jemanden mit Du a.

anregen: *etwas vorschlagen, veranlassen;* ihn zu mehr Sport a. *(ermuntern)* | ein anregendes/angeregtes *(unterhaltsames, interessantes)* Gespräch; sich anregend/angeregt *(lebhaft)* unterhalten ‖ **Anregung:** jemandem eine wertvolle A. *(einen Tipp, Hinweis)* geben | zur A. *(Belebung)* der Verdauung einen Schnaps trinken ‖ **Anregungsmittel**

anreichern: Fruchtsaft mit Vitaminen a. *(Vitamine hinzufügen, um ihn zu verbessern)* ‖ **Anreicherung** die, -/-en

Anreise: *Anfahrt* ‖ **Anreisetag** ‖ **anreisen:** mit dem Zug a.

anreißen: in der Diskussion das Problem nur a. *(nur kurz behandeln)*

Anreiz: der A. *(Beweggrund)* zum Kauf

anrempeln: den Fahrgast a. *(ihm [absichtlich] einen Stoß versetzen)*

anrennen: sie kommt angerannt | *anstoßen;* sich den Ellbogen a. | gegen etwas a. *(Widerstand leisten)* | (ugs.) jemanden a. lassen *(ins Verderben laufen lassen)*

Anrichte die, -/-n: *ein Möbelstück zum Bereitstellen von Speisen* ‖ **anrichten:** es ist angerichtet *(serviert)* | das Unwetter richtete schweren Schaden an

anrollen: die Bagger können a.; *aber:* etwas ist im **A**nrollen

anrösten: *kurz in Fett anbraten;* Zwiebel a.

anrüchig: *von zweifelhaftem Ruf* ‖ **Anrüchigkeit** die, -/-en

anrücken: die feindlichen Truppen rücken an *(kommen heran)*

Anruf: *Zuruf* | *Telefongespräch* ‖ **Anrufbeantworter** der, -s/-: *Gerät zur Aufzeichnung ankommender Anrufe* ‖ **anrufen:** eine Ärztin a. *(telefonisch kontaktieren)* | jemanden als Zeugen a. *(um eine Aussage als Zeuge bitten)* | (geh.) Gottes Hilfe a. *(erbitten)* ‖ **Anrufer** der, -s/- ‖ **Anru-**

fe|rin die, -/-in|nen || **Ạn|ru|fung** die, -/-en: die A. Gottes; eine A. eines Gerichtes

ạn|rüh|ren: jemanden/etwas a. *(berühren);* „Rühr mich nicht an!" | Farben a. *(sie mit Flüssigkeit vermengen);* Teig a. | (geh.) euer Leid rührt mich an *(erregt mein Mitleid);* → angerührt

ạns: *an das;* ans Fenster treten

Ạn|sa|ge die, -/-n: *Ankündigung [am Beginn einer Radiosendung];* → G.: Absage | (veraltet) *Übungsdiktat in der Schule* || **ạn|sa|gen:** eine Radiosendung a. *(ankündigen)* | *[eine Übung] diktieren* | sich zum Besuch a. *(ankündigen)* | (reg.) a. gehen *(ankündigen);* → einsagen*;* → angesagt

ạn|sä|gen: den Baumstamm a.

Ạn|sa|ger der, -s/-: *Sprecher, Conférencier* || **Ạn|sa|ge|rin** die, -/-in|nen

ạn|sam|meln: in zehn Jahren sammelt sich viel an *(häuft sich viel an)* || **Ạn|samm|lung**

ạn|säs|sig: *wohnhaft* | (SüdT) *amtlich gemeldet* || **Ạn|säs|sig|keit** die, - || **Ạn|säs|sig|keits|ge|mein|de** (SüdT) (Admin.): *ordentlicher Wohnsitz*

Ạn|satz: *Beginn;* der A. der Haare | ein A. *(Anzeichen)* zur Besserung | (Mus.) beim Trompeteblasen einen guten A. *(eine gute Lippenstellung)* haben | (Wirt.) ein bestimmter A. *(Einzelposten)* des Budgets | (Math.) *erste Umsetzung einer Aufgabenstellung in mathematische Form* || **Ạn|satz|punkt:** einen neuen A. suchen || **ạn|satz|wei|se:** etwas funktioniert nur a. *(nur in Grundzügen, nicht vollständig)*

ạn|sau|fen sich (derb): *sich betrinken*

ạn|schaf|fen: sich ein Auto a. *(kaufen)* | jemandem eine Arbeit a. *(befehlen, anordnen)* | (sal.) a. gehen *(als Prostituierte/r arbeiten)* || **Ạn|schaf|fer** der, -s/- (veraltend): *Vorarbeiter; jemand, der Arbeiten befiehlt, beaufsichtigt* || **Ạn|schaf|fe|rin** die, -/-in|nen (veraltend) || **Ạn|schaf|fung** die, -/-en || **Ạn|schaf|fungs|kos|ten** die (Pl.) || **Ạn|schaf|fungs|wert**

ạn|schau|en[1]: *ansehen;* den verletzten Finger genau a.; sich im Spiegel a. || **ạn|schau|en**[2] sich (ugs.): du wirst dich noch anschauen *(wundern)* || **ạn|schau|lich:** *deutlich, lebendig* || **Ạn|schau|lich|keit** die, - || **Ạn|schau|ung** die, -/-en: *Sichtweise, Meinung;* aus eigener A. ein Urteil fällen || **Ạn|schau|ungs|ma|te|ri|al** || **Ạn|schau|ungs|un|ter|richt**

Ạn|schein der, -[e]s: *Eindruck;* der erste A.; ein falscher A.*;* allem A. nach *(anscheinend)* || **ạn|schei|nen:** *anstrahlen* || **ạn|schei|nend:** *wie es scheint;* a. hat sie Recht *(alle Anzeichen sprechen für sie); aber:* → scheinbar

ạn|schei|ßen sich (derb): *sich ängstigen, sich anmachen*[2]

ạn|schi|cken sich (geh.): sie schickten sich an *(machten sich bereit),* eine Weltreise anzutreten

ạn|schie|ben: das Moped a. | (ugs.) *protegieren, zur [schnelleren] Erledigung verhelfen* || **Ạn|schie|ber** (ugs.): *Protektor [mit guten Beziehungen]* || **Ạn|schie|be|rin** (ugs.)

ạn|schie|ßen: angeschossenes Wild

ạn|schim|meln: angeschimmelter Käse

ạn|schir|ren: *(einem Pferd) das Geschirr anlegen*

Ạn|schiss der, -es/-e (ugs., sal.): einen A. *(eine Rüge)* bekommen

Ạn|schlag: ein A. *(eine Bekanntmachung)* am schwarzen Brett | das Gewehr in A. *(in eine schussbereite Haltung)* bringen | einen A. *(ein Attentat)* verüben | das Ventil bis zum A. aufdrehen | (Mus.) beim Klavierspielen einen guten A. *(Druck auf die Tasten)* haben | *die erste Maschenreihe beim Stricken* || **Ạn|schlag|brett** || **ạn|schla|gen:** ein Plakat a. | sich den Kopf a. | angeschlagene *(leicht beschädigte)* Teller | die Klaviertasten a. | Maschen (beim Stricken) a. | Bier frisch a. *(ein volles Fass anzapfen)* | (ugs.) das gute Essen schlägt ihr an *(macht sie dick)* | der Hund schlägt an *(bellt);* → angeschlagen

ạn|schle|dern sich (reg., mda.): *sich mit Wasser anschütten* | *unmäßig viel [Wasser] trinken*

ạn|schlei|chen: *geräuschlos herankommen;* sich an den Rehbock a.

ạn|schlep|pen: Sessel a. *(heranschleppen)* | (sal.) die ganze Familie a. *(mitbringen)*

ạn|schlie|ßen: eine Waschmaschine a. | sich einer Meinung a. *(ihr beipflichten)* | sich einer Sekte a. *(ihr beitreten)* | die anschließende *(gleich darauffolgende)* Feier || **Ạn|schluss:** kein A. *(Telefonanschluss)* unter dieser Nummer | beim Umsteigen den A. *(Anschlusszug)* versäumen | den A. *(die Entwicklung)* verpassen | im A. an *(gleich danach)* | leicht A. finden *(Bekanntschaften machen)* | (Gesch., Pol.) *die Einverleibung Österreichs durch NS-Deutschland 1938* || **Ạn|schluss|tref|fer** (Sport): *Tor, durch das die Toranzahl bis auf einen Treffer Differenz an den Gegner herankommt* || **Ạn|schluss|zug**

ạn|schmie|gen sich: sich an jemanden a. || **ạn|schmieg|sam** || **Ạn|schmieg|sam|keit** die, -

ạn|schmie|ren: die Wände nicht a. | (ugs.) einen Kunden a. *(betrügen)*

ạn|schnal|len: sich im Auto a. || **Ạn|schnall|pflicht** die, -

ạn|schnau|zen (ugs.): du schnauzt sie an *(fährst sie grob an)*

ạn|schnei|den: Brot a. | ein Thema a. *(zur Sprache bringen)* || **Ạn|schnitt:** *Schnittfläche (von Brot, Wurst)* | *das erste heruntergeschnittene Stück*

ạn|schnor|ren (ugs.): *anbetteln*

An|scho|vis [-v-] = Anchovis [-ʃ-] die, -/- ⟨span.-port.⟩: *stark gesalzene Sardelle*

ạn|schrau|ben: *mit einer Schraube befestigen*

ạn|schrei|ben: Preise bei/an den Waren a. | eine Firma a. *(an sie schreiben)* | beim Kaufmann a. lassen *(auf Kredit kaufen)* | sie ist gut angeschrieben *(angesehen, geschätzt)*

ạn|schrei|en: schrei mich nicht so an!

Ạn|schrift: *Adresse*

ạn|schul|di|gen: *anklagen* || **Ạn|schul|di|gung** die, -/-en

ạn|schüt|ten: das Tischtuch a.; sich mit Wasser a. | (ugs., sal.) ich lasse mich nicht a. *(verleumden)*

ạn|schwän|zeln: der Hund schwänzelt sein Frauerl an

ạn|schwär|men: *schwärmerisch verehren*

ạn|schwär|zen: *verleumden*

ạn|schwel|len: *an Größe, Umfang zunehmen;* die Donau schwillt an; → schwellen[1] || **Ạn|schwel|lung**

ạn|schwem|men: angeschwemmtes Holz

ạn|schwim|men: ein Biber kam angeschwommen | gegen die Strömung a.

ạn|schwin|deln: *in harmloser Weise anlügen*

A

anschwitzen (Küchenspr.): Zwiebel a. *(goldgelb anlaufen lassen)*
ansehen: jemanden groß/verwundert a.; jemanden schief a. *(jemandem Missbilligung zeigen)* | sich einen Film a.; die Angebote a. *(prüfen)* | jemandem seine Verzweiflung a.; man sieht ihm sein Alter nicht an *(er sieht jünger aus)* | jemanden als seinen Freund a. *(für seinen Freund halten);* nicht für voll a. *(nicht ernst nehmen);* → angesehen || **Ansehen** das, -s: *Wertschätzung;* hohes A. genießen; in hohem A. stehen; ohne A. der Person *(ohne Berücksichtigung von Rang, Beziehungen usw.)* || **ansehnlich** (geh.): *bedeutend*
anseilen: sie seilte sich bei der Bergtour an
Anselm: *männl. Vorname*
ansempern (ugs.): *anjammern*
ansengen: die Zeitung mit dem Feuerzeug a.
ansetzen: eine Prüfung a. *(ihren Zeitpunkt festlegen);* die Herstellungskosten zu hoch a. | die Motorsäge a. *(in die gewünschte Stellung bringen)* | den Ausschnitt am Kleid tief a. | zum Sprung a. *(anheben, ihn beginnen)* | Kräuter a. *(anpflanzen)* | eine Spezialistin auf das Problem a. | eine Farbe a. *(für den Gebrauch fertig stellen, anrühren)*
Ansfelden: *Stadt in Oberösterreich*
Ansicht die, -/-en: *Meinung, Anschauung;* nach meiner A. | *Darstellung, Abbildung* | ein Buch zur A. *(nur zum Anschauen, nicht fix zum Kauf)* bestellen || **ansichtig** (geh.): jemandes a. werden *(jemanden erblicken);* des Ziels a. werden || **Ansichtsexemplar:** *ein zur Ansicht bestelltes oder aufgelegtes Buch* || **Ansichtskarte** || **Ansichtssache:** das ist A.
ansiedeln: sich in Südamerika a. *(dort sesshaft werden)* || **Ansiedler** || **Ansiedlerin** || **Ansiedlung**
Ansinnen das, -s/-: an jemanden ein A. stellen *(etwas von jemandem verlangen, jemandem etwas zumuten)*
Ansitz (westöst.): *schlossartiger Wohnsitz* | (Jägerspr.) vom A. *(Hochstand)* das Wild beobachten || **ansitzen** (Jägerspr.): *auf dem Hochstand auf das Wild warten*
ansonst = ansonsten: *sonst, andernfalls*
anspannen: die Pferde a. | alle Kräfte a. | ein Seil a.; → angespannt || **Anspannung**
ansparen: den Kaufpreis a.
anspeiben (mda.): *[beim Erbrechen] anspeien* || **anspeien** (geh.): *anspucken*
anspielen: ein Musikstück a. *(nur die ersten Takte spielen)* | auf ein Ereignis a. *(eine Bemerkung darüber machen)* | (Sport) den Stürmer a. || **Anspielung** die, -/-en: *Andeutung*
anspitzen: *zuspitzen* | (ugs.) *jemanden motivieren; aufstacheln*
Ansporn der, -[e]s || **anspornen:** *aneifern, motivieren*
Ansprache: *Rede* | (ohne Pl.) keine A. *(Gelegenheit, mit jemandem zu sprechen; Kontakt)* haben || **ansprechbar:** die Verletzte ist wieder a. || **ansprechen:** jemanden auf der Straße a. *(anreden)* | auf ein Medikament a. *(reagieren)* | als Autor ein bestimmtes Publikum a. | die Theatervorstellung hat mich angesprochen *(hat mir gefallen)* | ein Problem a. *(zur Sprache bringen)* || **ansprechend:** ein ansprechendes *(gefälliges)* Äußeres || **Ansprechpartner** || **Ansprechpartnerin**
anspringen: der Hund springt die Gäste freudig an | sie kommt schon angesprungen | der Motor springt nicht an
anspritzen: mit Wasser a.
Anspruch: *Forderung;* A. auf etwas erheben; Ansprüche stellen; jemanden in A. nehmen *(bemühen)* | Ansprüche *(Rechte)* geltend machen || **anspruchsberechtigt** || **anspruchslos:** *bescheiden, nicht verwöhnt* || **Anspruchslosigkeit** die, - || **anspruchsvoll:** ein anspruchsvolles *(kritisches)* Publikum; ihr letzter Roman ist a. *(hat ein bemerkenswertes, hohes Niveau)* || **Anspruchsvoraussetzung** (meist Pl.) (Amtsspr.)
anspucken: er ist angespuckt worden
anspülen: am Ufer wurden tote Fische angespült
anstacheln: *anspornen, schüren;* jemandes Wut a. || **Anstalt** die, -/-en: *Einrichtung, zB Schule, Krankenhaus;* geschlossene A. *(Psychiatrie)* | (nur Pl.) Anstalten machen *(Vorbereitungen treffen)* | mach jetzt keine Anstalten *(Schwierigkeiten)*! || **Anstaltserziehung** || **Anstaltsleiter** || **Anstaltsleiterin**
Anstand der, -[e]s: *gutes Benehmen* | (mit Pl. Anstände) (ugs., veraltend) einen A. haben *(gerügt werden);* A. *(Anstoß)* an etwas nehmen | (mit Pl. Anstände) (Jägerspr.) der Jäger war auf dem A. *(an dem Ort, wo er das Wild erwartet);* → Hochstand || **anständig:** *gesittet, ordentlich, ehrenhaft* | (ugs.) ein anständiger *(angemessener)* Preis | (ugs.) *ziemlich;* ein paar anständige Ohrfeigen; a. draufzahlen || **Anständigkeit** die, - || **Anstandsdame** (früher): *weibl. Person, die ein junges Mädchen überwacht/betreut;* → Anstandsperson || **anstandshalber** || **anstandslos:** *ohne Schwierigkeit* || **Anstandsperson:** *Person, die durch ihre Anwesenheit für korrektes Verhalten sorgt* || **Anstandsregel** || **Anstandswauwau** (scherzh.): *Anstandsperson*
anstänkern (ugs., abw.): *anpöbeln*
anstarren: *starr anschauen*

anstatt

Präposition mit Genitiv:
- anstatt dessen
- anstatt des Autos

Der Dativ gilt als umgangssprachlich: anstatt dem Auto
Im Plural mit Dativ, wenn Genitiv nicht erkennbar:
- anstatt Büchern *(statt:* Bücher)

Konjunktion:
- er spielt, anstatt *(statt)* zu arbeiten
- sie liest, anstatt dass sie arbeitet

anstaunen: *voll Bewunderung ansehen*
anstechen: die Wespe hat den Apfel angestochen | ein Bierfass a. *(anzapfen);* → Anstich
anstecken: ein Abzeichen a. | eine ansteckende *(durch Kontakt übertragbare)* Krankheit || **Anstecknadel** || **Ansteckung** die, -/-en || **Ansteckungsgefahr**
anstehen: etwas a. *(unerledigt)* lassen | *angewiesen sein;* sie steht nicht auf seine Hilfe an *(braucht sie nicht)* | ich stehe an *(komme nicht mehr weiter)* | (bes. D) für ein Autogramm ist

sie zwei Stunden angestanden *(hat sich dafür zwei Stunden angestellt)* | (geh.) ich stehe nicht an *(zögere nicht),* den Fehler zuzugeben

ansteigen: ansteigende Preise

an Stelle = anstelle: an Stelle der Lehrerin; an ihrer Stelle; an Stelle von Worten || **anstellen:** sich an der Kassa a. | eine neue Mitarbeiterin a. *(ihr eine Anstellung geben);* jemanden fix a. | Überlegungen a. *(überlegen)* | Hast du etwas angestellt? *(Hast du eine Dummheit begangen?)* | sich ungeschickt a. *(benehmen)* || **anstellig:** *geschickt* || **Anstelligkeit** die, - || **Anstellung:** *Arbeitsverhältnis, Posten* || **Anstellungsvertrag**

ansteuern: einen Hafen a. *(auf ihn zusteuern)*

Anstich: *Anzapfen eines Fasses;* → anstechen

Anstieg der, -[e]s: *Steigung* | der A. *(das Ansteigen)* der Zinsen | (mit Pl. -e) der A. zum Gipfelkreuz

anstieren (oft abw.): *starr anschauen*

anstiften: jemanden zu einer Dummheit a. *(dazu überreden, veranlassen)* || **Anstifter** || **Anstifterin** || **Anstiftung**

anstimmen: ein Lied a. *(zu singen beginnen)*

Anstoß der, -es/-stöße: *das Anstoßen | Anlass;* den A. geben | (ohne Pl.) an etwas A. nehmen *(es missbilligen);* A. erregen | (Sport) *erstes Berühren des Fußballs [bei Spielbeginn]* || **anstoßen:** mit dem Kopf a. | mit den Gläsern a.; auf ihr Wohl a. || **anstößig:** *unanständig; Ärgernis erregend* || **Anstößigkeit** die, -/-en

anstreben: ein bestimmtes Ziel a. || **anstrebenswert**

anstreichen: ein Haus a. | einen Rechtschreibfehler a. *(kenntlich machen)* || **Anstreicher** der, -s/-: *eine Berufsbezeichnung;* Maler und A. || **Anstreicherin** die, -/-innen

anstreifen: an der frischen Farbe a. *(sie berühren)* | (ugs.) das Thema will ich nicht einmal a. *(gar nicht erwähnen, weil es zB Unmut auslösen würde)*

anstrengen: die Augen a.; sie strengt sich wirklich an *(bemüht sich);* angestrengt *(konzentriert)* nachdenken | (Jus) *einleiten;* ein Verfahren a. || **anstrengend** || **Anstrengung** die, -/-en

Anstrich: ein frischer A.; → anstreichen | der Vortrag hatte einen humoristischen A.

anstückeln: einen Ärmel a. *(verlängern)*

Ansturm: der A. der Soldaten | ein A. auf die letzten Karten || **anstürmen**

ansuchen: um eine Bewilligung a. || **Ansuchen** das, -s/-: *Gesuch* || **Ansucher** der, -s/- || **Ansucherin** die, -/-innen

Antagonismus der, -/Antagonismen ⟨gr.⟩: *Gegensatz* || **Antagonist** der, -en/-en: *Gegenspieler* || **Antagonistin** die, -/-innen

antanzen (sal.): er ist erst um 9.00 Uhr angetanzt *(gekommen)*

Antarktika [die], - ⟨gr.⟩: *der Südpolarkontinent* || **Antarktis** die, -: *die Südpolarregion | Südpolarkontinent* || **antarktisch**

antasten: die Ehre a. *(verletzen)*

antauchen (ugs.): *anschieben* | du musst a. *(dich mehr anstrengen)*

Anteil der, -[e]s/-e: an etwas A. haben *(zB an einer Firma beteiligt sein)* | A. nehmen *(Mitgefühl haben)* || **anteilig:** *zu bestimmten Teilen* || **Anteilnahme:** *Mitgefühl;* unter großer A. der Bevölkerung || **Anteilschein** (Bankw.): *Aktie* || **anteilsmäßig**

Antenne die, -/-n ⟨lat.⟩: *ein Teil der Empfangs- und der Sendevorrichtung* | (Zool.) *Fühler [bei Insekten]* || **Antennenmast**

ante portas ⟨lat.⟩ (wörtl.: vor den Toren): *im Kommen*

Anthologie die, -/-n ⟨gr.⟩: *Auswahl von [literarischen] Texten bzw. Musikstücken*

Anthrax das, - ⟨gr.⟩ (Med.): *eine bakterielle Infektionskrankheit, Milzbrand*

Anthrazit der, -s/-e ⟨gr.⟩: *eine hochwertige Steinkohle* || **anthrazitfarben** || **anthrazitgrau:** *tief dunkelgrau*

anthropogen ⟨gr.⟩: *vom Menschen herbeigeführt* || **Anthropoid** der, -en/-en: *Menschenaffe* || **Anthropologie** die, -: *die Lehre vom Menschen;* → Humanbiologie || **anthropomorph** [-f]: *menschenähnlich, vermenschlicht* || **Anthroposophie** [-f-] die, -: *eine philosophische Lehre* || **anthropozentrisch:** *den Menschen in den Mittelpunkt stellend*

anti- ⟨gr.⟩ (nur in Zusammensetzungen wie antiautoritär)

Antialkoholiker: *jemand, der aus Prinzip keinen Alkohol trinkt* || **Antialkoholikerin**

antiamerikanisch: *USA-feindlich*

antiautoritär: *gegen Autorität gerichtet*

Antibabypille [-'be:bi-]: *ein Empfängnisverhütungsmittel*

antibakteriell: *Bakterien abtötend*

Antibiotikum das, -s/Antibiotika ⟨gr.⟩ (Med.): *biologischer Wirkstoff gegen Krankheitserreger, zB Penicillin*

Antiblockiersystem [-zy-] → ABS

antichambrieren [ɑ̃tiʃɑ̃b-, antiʃam-] ⟨fr.⟩ (abw.): bei der Ministerin a. *([vor ihrem Zimmer] unterwürfig auf eine Gelegenheit warten, um Gehör zu finden)*

Antichrist [-kr-] der, -s: *Gegner Christi, des Christentums | der Teufel* || **antichristlich**

antidemokratisch: *die Demokratie ablehnend*

Antidepressivum das, -s/Antidepressiva (Med.): *Medikament gegen Depressionen*

Antifaschismus || **Antifaschist:** *Gegner des Faschismus* || **Antifaschistin** || **antifaschistisch**

Antifon → Antiphon

Antigen (Biol., Med.): *artfremder Eiweißstoff, der die Bildung von Antikörpern hervorruft*

Antiheld: *negative Hauptfigur* || **Antiheldin**

antik ⟨lat.-fr.⟩: *dem [klassischen] Altertum angehörig | altertümlich* || **Antike** die, -: *das Altertum, die griechisch-römische Welt* || **Antiken** die (Pl.): *antike, alte Kunstwerke;* → Antiquität || **antikisieren:** *die Antike nachahmen*

antiklerikal: *kirchenfeindlich* || **Antiklerikalismus**

Antiklopfmittel (Kfz): *ein Kraftstoffzusatz*

Antikoinzidenz (Phys.): *das Nichtzusammenfallen von Ereignissen*

antikolonialistisch → Kolonialismus

Antikommunismus || **antikommunistisch**

Antikörper die (Pl.) (Med.): *Schutz- und Abwehrstoffe im Blut*

Antilope die, -/-n ⟨fr.⟩: *ein Huftier*

Antimaterie [-iɛ] die, - (Phys.): *aus Antiteilchen bestehende Materie*

A

Antimilitarismus: *strikte Ablehnung von Militär und Rüstung* ‖ **Antimilitarist** ‖ **Antimilitaristin**
Antimon das, -s ⟨arab.-lat.⟩ (Zeichen: Sb): *ein chemisches Element, Stibium*
antimonarchistisch: *gegen die Monarchie eingestellt*
Antinomie die, -/-n ⟨gr.⟩ (Phil.): *Widerspruch*
Antipasto der = das, -s/Antipasti ⟨it.⟩: *italienische Vorspeise*
Antipathie die, -/-n ⟨gr.⟩: *Abneigung;* → G.: Sympathie
Antipersonenmine (Mil.): *gegen Personen gerichtete Mine*
Antifon [-f-] = **Antiphon** [-f-] die, -/-en: *liturgischer Wechselgesang*
Antipode der, -n/-n ⟨gr.⟩: *Bewohner der entgegengesetzten Stelle der Erdkugel* | *jemand, der die entgegengesetzte Meinung vertritt* ‖ **Antipodin** die, -/-innen
Antiqua die, - ⟨lat.⟩: *eine Schriftart, lateinische Druckschrift;* ein in A. gedrucktes Buch ‖ **Antiquar** der, -s/-e: *Buchhändler, der gebrauchte Bücher verkauft* ‖ **Antiquariat** das, -[e]s/-e ‖ **Antiquarin** die, -/-innen ‖ **antiquarisch:** ein Buch nur mehr a. bekommen ‖ **Antiquaschrift** ‖ **antiquiert** (abw.): *veraltet* ‖ **Antiquiertheit** die, - (abw.) ‖ **Antiquität** die, -/-en: *Altertümliches, zB alte Möbel, Kunstwerke;* → Antiken ‖ **Antiquitätenhändler** ‖ **Antiquitätenhändlerin**
Antiraucherkampagne [-anjɛ, fr.: -kɑ̃panj] = Antiraucherampagne [-k-]
Antisemit: *Judenfeind* ‖ **Antisemitin** ‖ **antisemitisch** ‖ **Antisemitismus** der, -: *Feindschaft gegenüber Juden; politische Bestrebungen mit judenfeindlichen Inhalten*
Antiseptikum das, -s/Antiseptika (Med.): *antiseptisches Mittel* ‖ **antiseptisch** (Med.): antiseptische *(keimtötende, Bakterien tötende)* Wundbehandlung
Antiserum (Med.): *Serum, das Antikörper enthält*
antistatisch [-st-, auch: -ʃt-] (Phys.): *nicht elektrisch aufladend*
Antiteilchen das, -s/- (Phys.): *Elementarteilchen mit Eigenschaften (zB elektrischer Ladung), die denen eines zugehörigen Teilchens entgegengesetzt sind*
Antiterroreinheit (Mil.): *den Terror bekämpfende militärische Einheit*
Antithese [auch: 'a-]: *Gegenbehauptung, Gegensatz* ‖ **antithetisch**
Antitoxin das, -s/-e (Med.): *Gegengift* ‖ **antitoxisch** (Med.)
Antivirenprogramm [-v-], *auch:* **Antivirusprogramm:** *EDV-Programm gegen Computerviren*
antizipieren ⟨gr.⟩: *[in Gedanken] vorwegnehmen; vorausschauend handeln*
antizyklisch [-tsy(ː)-]: *sich in unregelmäßigen Abständen wiederholend* | (Wirt.) *dem aktuellen Markttrend entgegengesetzt*
Antlass der, -es/-lässe (veraltet): *Ablass* ‖ **Antlassritt** (Volksk.): *ein Volksbrauch* ‖ **Antlasstag** (reg.) (Volksk.): *Gründonnerstag* | (bes. T) *Fronleichnamstag*
Antlitz das, -es/-e (geh.): *Gesicht*
Anton: *männl. Vorname;* → Toni
antönen: *anklingen* | (CH) *andeuten*
Antonia = **Antonie** [-i̯ɛ]: *weibl. Vorname;* → Toni
Antonym [-'yːm] das, -s/-e ⟨gr.⟩ (Sprachwiss.): *Wort mit gegensätzlicher Bedeutung, zB* kurz – lang; → G.: Synonym
antörnen = anturnen [-tœ-] ⟨engl.⟩ (Jug.): der Song turnt mich an *(begeistert mich, bringt mich in Schwung)*
Antrag der, -[e]s/-träge: *Ansuchen, Vorschlag;* über/auf A.; einem A. stattgeben | einer Frau einen A. *(Heiratsantrag)* machen ‖ **antragen:** *anbieten* | (ugs.) jemandem eine Ohrfeige a. *(androhen)* ‖ **Antragsformular** ‖ **antragsgemäß:** a. *(so wie beantragt)* entscheiden ‖ **Antragsteller** der, -s/- ‖ **Antragstellerin** die, -/-innen
antrainieren [-trɛn-]: einem Hund hohe Sprünge a.
antreffen: die Ärztin in der Ordination a. *(vorfinden)*
antreiben: *drängen, schneller zu sein* | der Motor treibt die Räder an *(setzt sie in Bewegung)*
antrenzen (ugs.): sich beim Essen a. *(anpatzen)*
antreten: zum Appell a. | (Sport) gegen die siegreiche Mannschaft a. | eine Reise a. *(beginnen)* | den Beweis a. *(die Richtigkeit beweisen)* | eine Erbschaft a. *(übernehmen)*
Antrieb: *bewegende Kraft* | *Anreiz;* aus eigenem A. *(von sich aus, von selbst)* ‖ **Antriebskraft** ‖ **Antriebsrad**
antrinken: eine Weinflasche nur a.; eine angetrunkene Bierflasche | sich Mut a.; angetrunken *(betrunken)* mit dem Auto fahren | (ugs.) sich einen Rausch a.
Antritt: der A. *(Beginn)* der Reise, eines Amtes | (Sport) ein starker A. *(Sprint, bes. im Radsport)* ‖ **Antrittsbesuch:** *erstmaliger Besuch* ‖ **Antrittsrede**
antrocknen: die Speisereste sind angetrocknet
Antschi (bes. W): *weibl. Vorname (Anna, Angelika)*
antun: sich etwas a. *(sich ein Leid zufügen; Selbstmord begehen)* | (ugs.) tu dir nichts an *(reg dich darüber nicht übermäßig auf)* | (ugs.) tu mir das nicht an! *(verschone mich damit!);* → angetan
anturnen [-tœ-] = → antörnen
Antwort die, -/-en: eine abschlägige A.; eine A. schuldig bleiben ‖ **antworten:** *erwidern, eine Antwort geben* ‖ **Antwortkarte** ‖ **Antwortschreiben**
Anus der, -/Ani ⟨lat.⟩ (Med.): *After;* → anal
anvertrauen: jemandem ein Geheimnis a. *(vertrauensvoll mitteilen)*
anverwahrt (Amtsspr., veraltend): *beiliegend*
anverwandt (geh.): *verwandt* ‖ **Anverwandte**[1] der, -n/-n, ein Anverwandter (geh.): *ein Verwandter* ‖ **Anverwandte**[2] die, -n/-n (geh.)
anvisieren [-v-]: ein Ziel a. *(anpeilen)*
anwachsen [-ks-]: *festwachsen; wurzeln* | die Ersparnisse wachsen an *(werden mehr)*
Anwalt der, -[e]s/-wälte: *Rechtsanwalt* | *Fürsprecher* ‖ **Anwältin** die, -/-innen ‖ **Anwaltsbüro** ‖ **Anwaltschaft** die, -/-en ‖ **Anwaltskanzlei** ‖ **Anwaltszwang** (Jus): *Pflicht, sich bei Gericht durch einen Rechtsanwalt vertreten zu lassen*
anwandeln (geh.): *überkommen, befallen;* ein Gefühl von Hilflosigkeit wandelte ihn an ‖ **Anwandlung** (geh.): eine leichte A. von Schwäche spüren
Anwärter: A. auf einen Posten sein ‖ **Anwärterin** ‖ **Anwartschaft** die, -/-en (Amtsspr.): *Aussicht auf einen zukünftigen Erwerb;* die A. auf einen Posten

an·we·hen: angewehter Schnee
an·wei·sen: jemandem einen Platz a. *(zuweisen)* | jemanden a. *(beauftragen),* etwas zu tun | jemandem Geld a. *(per Post oÄ überweisen);* → angewiesen ‖ **An·wei·sung:** *Anordnung, Befehl* | (Bankw.) *Überweisung;* die A. durch Unterschrift bestätigen
an·wend·bar ‖ **An·wend·bar·keit** die, -/-en ‖ **an·wen·den:** ein Waschmittel a.; Gewalt a. | eine bestimmte Formel zur Lösung a.; → angewandt ‖ **An·wen·der** der, -s/-: der A. *(Benützer, User)* eines Computerprogramms; der A. einer Kur ‖ **An·wen·de·rin** die, -/-innen ‖ **An·wen·dung:** die A. eines Medikaments; die A. einer gesetzlichen Bestimmung | (Med.) (bei einer Kur) Anwendungen bekommen | (EDV) → *Programm* ‖ **An·wen·dungs·feh·ler** ‖ **An·wen·dungs·ge·biet**
an·wer·ben: Kunden a. *(durch Werbung gewinnen [wollen])*
an·wer·fen: die Mauer a. *(verputzen)* | den Motor a. *(in Gang setzen)*
An·wert der, -[e]s: *Wertschätzung;* A. haben/genießen
An·we·sen: *[bäuerlicher] Besitz* ‖ **an·we·send:** *zugegen, am Platz* ‖ **An·we·sen·de**[1] der, -n/-n, ein Anwesender ‖ **An·we·sen·de**[2] die, -n/-n ‖ **An·we·sen·heit** die, - ‖ **An·we·sen·heits·lis·te**
an·wi·dern: etwas widert *(ekelt)* mich an
an·win·seln: der Hund winselt mich an
An·woh·ner der, -s/-: *Anrainer* ‖ **An·woh·ne·rin** die, -/-innen
An·wurf (meist Pl.): *Anschuldigung, Verdächtigung*
an·wur·zeln: rasch anwurzelnde Pflanzen; wie angewurzelt *(starr)* dastehen
An·zahl die, -: *Menge, Zahl* ‖ **an·zah·len:** ein Auto a. *(nur einen Teil bezahlen)* ‖ **An·zah·lung**
an·zap·fen: ein Bierfass a. *(durch Einschlagen eines Zapfhahns öffnen);* einen Baumstamm zur Harzgewinnung a. | eine Telefonleitung a. *(abhören)*
An·zei·chen: *Vorzeichen; Kennzeichen;* A. *(Symptome)* einer Krankheit
an·zeich·nen: *anstreichen, markieren*
An·zei·ge die, -/-n: *Meldung bei der Polizei, bei einer Behörde;* A. erstatten; etwas zur A. bringen | *Annonce;* eine A. schalten/aufgeben ‖ **an·zei·gen:** jemanden bei der Polizei a. | die Vermählung a. *(bekannt machen)* | die Temperatur a.; → angezeigt ‖ **An·zei·gen·an·nah·me:** *Stelle, Abteilung [bei Zeitungen], die Anzeigen entgegennimmt* ‖ **An·zei·gen·teil:** *[Zeitungs]teil, der die Anzeigen enthält* ‖ **An·zei·gen·schluss:** *letzter Termin der Entgegennahme von Anzeigen* ‖ **an·zei·ge·pflich·tig:** eine anzeigepflichtige Krankheit ‖ **An·zei·ger** der, -s/-: *einer, der jemanden anzeigt* | *Zeitungstitel [von Annoncenzeitungen]* ‖ **An·zei·ge·rin** die, -/-innen ‖ **An·zei·ge·ta·fel**
an·zet·teln, ich zettle an: eine Verschwörung a. *(anstiften)*
an·zie·hen: sich warm a. | die Schraube a. *(festdrehen);* die Handbremse a. | er fühlt sich von ihr angezogen *(sie gefällt ihm);* viele Besucher a. *(anlocken)* | die Preise ziehen an *(steigen)* | es zieht an *(wird kälter, unter 0°)* | (ugs.) zieh endlich an! *(bemüh dich, tu was!)* ‖ **an·zie·hend:** er hat ein anziehendes *(gewinnendes, reizvolles)* Wesen ‖ **An·zie·hung** die, - ‖ **An·zie·hungs·kraft** ‖ **An·zie·hungs·punkt:** Schönbrunn ist ein A. für Touristen
an·zip·fen (ugs.): *[ver]ärgern, stören;* das zipft mich an
An·zug: ein dunkler A. | schwarze Wolken sind im A. *(nähern sich)* ‖ **an·züg·lich:** eine anzügliche *(boshaft anspielende)* Bemerkung ‖ **An·züg·lich·keit** die, -/-en
an·zün·den: eine Kerze a. ‖ **An·zün·der:** *Gerät, mit dem zB Heizgas angezündet wird*
an·zwei·feln: *bezweifeln, in Frage stellen*
an·zwi·dern (reg., ugs.): *zuwider sein, lästig werden;* etwas/jemand zwidert mich an!
an·zwin·kern: jemanden verschmitzt a. *(zwinkernd anschauen)*
an·zwit·schern (ugs.): er hat sich am Nachmittag [einen] angezwitschert *(betrunken)*
Äon der = das, -s/-en (meist Pl.) ⟨gr.⟩ (geh.): *sehr lange Zeit, Weltperiode; Ewigkeit* | (Geol., Kosmologie) *eine Milliarde Jahre* ‖ **äo·nen·lang**
Aor·ta die, -/Aorten ⟨gr.⟩: *größte Arterie; Hauptschlagader*
Ao. Univ.-Prof.: **A**ußer**o**rdentliche/r **Univ**ersitäts**prof**essor/in
APA die, -: **A**ustria **P**resse **A**gentur *(eine österreichische Nachrichtenagentur)*
Apa·che [-tʃɛ] der, -n/-n: *Angehöriger eines nordamerikanischen Indianerstamms* ‖ **Apa·chin** die, -/-innen
Apa·na·ge [-ˈa:ʃ, -ʒɛ] die, -/-n ⟨fr.⟩: *regelmäßige höhere finanzielle Unterstützung [für Mitglieder der Königsfamilie]*
apart ⟨gr.⟩: ein apartes *(originelles, reizvolles)* Kleid
Apart·heid die, - ⟨Afrikaans⟩ (früher): *Rassentrennung in Südafrika*
Apart·ment [əˈpɑ:t-] das, -s/-s ⟨engl.⟩: *luxuriöse Kleinwohnung; aber:* → Appartement ‖ **Apart·ment·haus**
Apa·thie die, - ⟨gr.⟩: *Teilnahmslosigkeit; Stumpfheit* ‖ **apa·thisch**
Apen·nin der, -s = **Apen·ni·nen** die (Pl.): *ein Gebirgszug in Italien* ‖ **Apen·ni·nen·halb·in·sel:** *Mittel- und Süditalien*
aper: *schneefrei;* → apern
Aper·çu [-ˈsy:] das, -s/-s ⟨fr.⟩: *geistreiche Bemerkung*
Ape·ri·tif der, -s/-s ⟨fr.⟩: *anregendes Getränk vor dem Essen*
apern: es apert *(der Schnee schmilzt weg);* → ausapern; → aper ‖ **Aper·schnal·zen** das, -s: *ein Volksbrauch, Winteraustreiben*
Ap·fel der, -s/Äpfel: *ein Obst;* in den sauren A. beißen *(Unangenehmes tun)* müssen ‖ **Ap·fel·baum** ‖ **Ap·fel·butz** (reg.): *Apfelbutzen* ‖ **Ap·fel·but·zen:** *Kerngehäuse des Apfels* ‖ **Ap·fel·es·sig** ‖ **Ap·fel·kiachl** (T): *Apfelkücherl* ‖ **Ap·fel·kom·pott** ‖ **Ap·fel·kren:** *eine Beilage* ‖ **Ap·fel·küach·le,** auch: **Ap·fel·küach·li** (V): *Apfelkücherl* ‖ **Ap·fel·ku·chen** ‖ **Ap·fel·kü·cherl** = **Ap·fel·küchl:** *eine Mehlspeise* ‖ **Ap·fel·most** ‖ **Ap·fel·mus** ‖ **Ap·fel·radl:** *eine Mehlspeise* ‖ **Ap·fel·saft** ‖ **Ap·fel·scha·le** ‖ **Ap·fel·schlan·gel** = **Ap·fel·schlan·kel** (reg., bes. St, K, O): *eine Mehlspeise* ‖ **Ap·fel·schnit·te:** *Apfelkuchen* ‖ **Ap·fel·si·ne** die, -/-n ⟨niederl.⟩ (nördl. D): *Orange* ‖ **Ap·fel·sor·te** ‖ **Ap·fel·spal·te** ‖ **Ap·fel·spat·zen** die (Pl.): *eine Mehlspeise* ‖ **Ap·fel·stru·del:** *eine Mehlspeise* ‖ **Ap·fel·tor·te** ‖ **Ap·fel·wein:** → *Zider* | (D) *Apfelmost*
Apha·sie [-f-] die, -/-n ⟨gr.⟩ (Med.): *Sprachstörung; Störung, Verlust des Sprachverständnisses*

A

Aphel das, -s/-ien [-i̯ən] ⟨gr.⟩ (Astron.): *der von der Sonne am weitesten entfernte Punkt auf der Bahn eines Himmelskörpers;* → G.: Perihel

Aphorismus [-f-] der, -/Aphorismen ⟨gr.⟩: *Sinnspruch, Gedankensplitter* ‖ **Aphoristiker** der, -s/- ‖ **Aphoristikerin** die, -/-innen ‖ **aphoristisch**

Aphrasie [-f-] die, -/-n ⟨gr.⟩ (Med.): *Unvermögen, richtige Sätze zu bilden*

Aphrodisiakum [-f-] das, -s/ Aphrodisiaka ⟨gr.⟩: *sexuell erregendes Mittel* ‖ **aphrodisisch:** *zu Aphrodite gehörig* | *himmlisch, herrlich* ‖ **Aphrodite:** *griechische Göttin der Liebe und der Schönheit;* → Venus

Aphthe [-f-] die, -/-n ⟨gr.⟩ (Med.): *offene Stelle, kleines Geschwür im Mund*

apodiktisch ⟨gr.⟩: *unumstößlich, keinen Widerspruch duldend*

Apokalypse [-'ly-] die, -/-n ⟨gr.⟩: *Vision vom Weltuntergang; die Offenbarung des Johannes in der Bibel* | *Weltuntergang* ‖ **apokalyptisch:** die apokalyptischen Reiter *(Sinnbilder für Pest, Krieg, Hunger, Tod)*

apokryph [-'y:f] ⟨gr.⟩ (geh.): *abweichend von der traditionellen Überlieferung;* die apokryphen Bücher der Bibel

apolitisch: *unpolitisch*

Apoll, *auch:* Apollo, Apollon: *griechisch-römischer Gott der Dichtkunst und der Musik;* schön wie A. ‖ **apollinisch** (geh.): *zu Apoll gehörig; erhaben, klar;* → G.: dionysisch ‖ **Apollo, Apollon** → Apoll

Apologet der, -en/-en ⟨gr.⟩ (geh.) ‖ **Apologetin** die, -/-innen (geh.) ‖ **apologetisch** (geh.): *vehement eine Anschauung, Lehre rechtfertigend* ‖ **Apologie** die, -/-n (geh.): *Rechtfertigungsrede*

Apoplexie die, -/-n ⟨gr.⟩ (Med.): *Schlaganfall*

Aporie die, -/-n ⟨gr.⟩ (geh.): *Ausweglosigkeit*

Apostat der, -en/-en ⟨gr.⟩ (geh.): *vom Glauben Abtrünniger*

Apostel der, -s/- ⟨gr.⟩: die zwölf Apostel (Christi) | *Glaubensbote* | *eifriger Befürworter* ‖ **Apostelbrief** (meist Pl.): *ein Teil der Schriften des Neuen Testaments* ‖ **Apostelgeschichte** die, -: *ein Buch des Neuen Testaments*

a posteriori ⟨lat.⟩: *nachträglich, aus Erfahrung;* → G.: a priori

Apostolat das, -[e]s/-e ⟨gr.-lat.⟩: *Apostelamt* ‖ **apostolisch:** *von den Aposteln Christi ausgehend;* apostolischer Segen | (Großschreibung) ein **A**postolischer *(päpstlicher)* Nuntius; **A**postolisches Glaubensbekenntnis

Apostroph [-f] der, -s/-e (') ⟨gr.⟩: *Auslassungszeichen* ‖ **apostrophieren:** die Künstlerin in der Festrede a. *(auf sie hinweisen)*

Apotheke die, -/-n ⟨gr.⟩ ‖ **Apothekenbereitschaftsdienst** ‖ **apothekenpflichtig:** ein Medikament ist a. *(darf nur in Apotheken verkauft werden)* ‖ **Apotheker** der, -s/- ‖ **Apothekerin** die, -/-innen

Apotheose die, -/-n ⟨gr.⟩: *Verherrlichung*

Apparat der, -[e]s/-e ⟨lat.⟩: *Vorrichtung, Gerät;* den A. einschalten | *Organisation, System* ‖ **Apparatschik** der, -s/-s ⟨lat.+russ.⟩ (abw.) (Pol.): *Repräsentant eines verknöcherten Machtapparates* ‖ **Apparatur** die, -/-en ⟨lat.⟩

Appartement [apart'mɑ̃:] das, -s/-s ⟨fr.⟩: *komfortable Wohnung; Zimmerflucht in einem Hotel; aber:* → Apartment ‖ **Appartementhaus**

appassionato ⟨it.⟩ (Mus.): *leidenschaftlich*

Appeal [ə'pi:l] der, -s ⟨engl.⟩: *Ausstrahlung, Anziehungskraft;* Sexappeal

Appell der, -s/-e ⟨lat.⟩: *Aufforderung, Ermahnung;* „Antreten zum Appell!" ‖ **Appellation** [-tsi̯-] die, -/-en (Jus): *Anrufung eines höheren Gerichts* ‖ **Appellativ** das, -s/-e [-fɛ, -vɛ] (Sprachwiss.): *Gattungsname;* → G.: Eigenname ‖ **appellieren:** an jemandes Güte a. *(sie wachrütteln, sie ansprechen);* die Rednerin appellierte *(wendet sich eindringlich mit einem Anliegen)* an die Verantwortlichen | (Jus) *in die nächste Instanz gehen*

Appendix der, -/Appendizes (Appendices [-ts-]) ⟨lat.⟩: *Anhang, Zusatz* | (auch mit Art. die) (Med.) *Wurmfortsatz des Blinddarms*

Appenzell: *Schweizer Stadt und Kanton* ‖ **Appenzeller** der, -s/-: *ein Schweizer Käse*

Apperzeption [-tsi̯-] die, -/-en ⟨lat.⟩ (Psych.) *die bewusste Auffassung von Wahrnehmungen* ‖ **apperzipieren** (Psych.)

Appetit der, -[e]s/-e ⟨lat.⟩: *Esslust; Verlangen;* A. auf etwas haben; guten A.!; mit A. essen ‖ **appetitanregend** ‖ **Appetitanreger** der, -s/- ‖ **appetitlich:** *appetitanregend; geschmackvoll, ansprechend* ‖ **Appetitlosigkeit** die, - ‖ **Appetitzügler** der, -s/- (Med.) ‖ **Appetizer** ['æpətaɪzə] der, -s/- ⟨lat.-engl.⟩: *Appetitanreger, zB ein Aperitif*

applanieren ⟨lat.⟩: *einebnen* | Konflikte a. *(beilegen)*

applaudieren ⟨lat.⟩: *Beifall klatschen;* stehend a. ‖ **Applaus** der, -es/-e

Applet ['æplɛt] das, -s/-s ⟨engl.⟩ (EDV): *ein Programm in der Programmiersprache Java*

Applikation [-tsi̯-] die, -/-en ⟨lat.⟩: *Anwendung, Anbringung* | (EDV) *Anwendung; ein Programm* | (Med.) *Verabreichung von Medikamenten* ‖ **applizieren:** *anwenden, anbringen*

Apport der, -s/-e ⟨lat.-fr.⟩ (Jägerspr.): *das Apportieren* ‖ **apportieren:** *herbeibringen* ‖ **Apportl** das, -s/-n (reg., ugs.): der Hund holt das A. *(ein Stück Holz oÄ)*

Apposition [-tsi̯-] die, -/-en ⟨lat.⟩ (Gramm.): *nominales Attribut, zB Johann Nestroy,* der sozialkritische Dichter, *wurde …;* → Attribut

appretieren ⟨fr.⟩: *[Textil]gewebe stärken, glänzend machen, glätten* ‖ **Appretur** die, -/-en

Approach [ə'prəʊtʃ] der, -[e]s/-s ⟨engl.⟩: *Vorgehensweise, Annäherung*

Approbation [-tsi̯-] die, -/-en ⟨lat.⟩: *behördliche Genehmigung, Zulassung; Druckerlaubnis* ‖ **approbieren:** ein Buch für den Unterrichtsgebrauch a.

approximativ ⟨lat.⟩ (geh.): *annähernd, schätzungsweise*

Après-Ski [aprɛ'ski] das, - ⟨fr.⟩: *bequeme Kleidung bzw. geselliges Beisammensein nach dem Skifahren*

Aprikose die, -/-n ⟨arab.-niederl.⟩ (D, CH): *Marille*

April der, -[s]/-e ⟨lat.⟩: *der vierte Monat* ‖ **Aprilscherz:** *Brauch am 1. April (jemanden in den April schicken)* ‖ **Aprilwetter** (ohne Pl.): *wechselhaftes Wetter*

a priori ⟨lat.⟩: das steht a priori *(von vornherein)* fest; *durch Vernunft begründet;* → G.: a posteriori ‖ **apriorisch**

A

apropos [-'poː] ⟨fr.⟩: *in diesem Zusammenhang, übrigens*

APS [a pe 'ɛs] die, -: **a**llgemein **b**ildende (= allgemeinbildende) **P**flicht**s**chule; → BPS; → AHS

Apside die, -/-n ⟨gr.⟩ (Astron.): *Punkt einer Planetenbahn mit der kleinsten oder größten Entfernung zum umkreisten Gestirn* | (Arch.) → Apsis ‖ **Apsiden** die (Pl. von → Apsis und → Apside) ‖ **Apsis** die, -/Apsiden, *auch:* Apside, -/-n: *Altarnische als Abschluss eines Kirchenraumes, Chor[raum]*

Aquädukt der = das, -[e]s/-e ⟨lat.⟩: *Wasserleitungsbrücke* ‖ **Aquamarin** der, -s/-e: *ein Schmuckstein* ‖ **Aquaplaning** das, -[s] ⟨lat.+engl.⟩: *Verlust der Bodenhaftung der Reifen durch Wasser auf der Fahrbahn* ‖ **Aquarell** das, -s/-e ⟨it.⟩: *mit Wasserfarben auf Papier gemaltes Bild* ‖ **Aquarellfarbe** ‖ **aquarellieren** ‖ **Aquarellmalerei** ‖ **Aquarelltechnik** ‖ **Aquarianer** der, -s/- ⟨lat.⟩: *Aquarienliebhaber* ‖ **Aquarianerin** die, -/-innen ‖ **Aquaristik** die, -: *artgerechte Haltung und Züchtung von Unterwassertieren und -pflanzen* ‖ **Aquarium** das, -s/Aquarien [-i̯ɛn]: *Behälter für Wassertiere und -pflanzen;* → Terrarium

Äquator der, -s ⟨lat.⟩: *größter Breitenkreis* ‖ **äquatorial:** äquatoriales *(tropisches)* Klima

Aquavit [-v-] der, -s/-e ⟨lat.⟩: *ein Korn- oder Kartoffelschnaps*

äquidistant ⟨lat.⟩: *den gleichen Abstand habend* ‖ **Äquidistanz:** in Ä. zu allen Parteien

Äquinoktium [-tsi̯-] das, -s/Äquinoktien [-i̯ɛn] ⟨lat.⟩ (Astron.): *Tagundnachtgleiche* ‖ **äquivalent** [-v-]: *von entsprechendem Gegenwert* ‖ **Äquivalent** das, -s/-e: *gleichwertiger Ersatz* ‖ **Äquivalenz** die, -/-en ‖ **Äquivalenzprinzip** das, -s (Phys.): *Satz von der Gleichwertigkeit von Masse und Energie*

Ar^{1} das, -s/-e (a) ⟨lat.-fr.⟩: *ein Flächenmaß für Grund und Boden, 100 m*^{2} | (in Mengenangaben mit Pl. Ar) drei Ar (3 a)

Ar^{2}: **Ar**gon

Ära die, -/Ären ⟨lat.⟩: *Zeitalter; Zeitrechnung*

Arabella: *weibl. Vorname*

Araber ['ara-, a'raː-] der, -s/-: *Bewohner Arabiens* | *eine Vollblut-Pferderasse* ‖ **Araberin** die, -/-innen: *Bewohnerin Arabiens*

Arabeske die, -/-n ⟨it.-fr.⟩: *fantasievolles Ornament*

Arabien: *die arabische Halbinsel* ‖ **arabisch:** arabische Ziffern; *aber:* die **A**rabische Liga *(eine Vereinigung arabischer Staaten)* ‖ **Arabisch** das, -[s] = **Arabische,** -n: *die arabische Sprache* ‖ **Arabistik** die, -: *Wissenschaft von der arabischen Sprache und Literatur*

Arachniden = **Arachnoiden** die (Pl.) ⟨gr.⟩ (Zool.): *Spinnentiere*

Aramäisch das, -[s] = **Aramäische,** -n: *die aramäische Sprache, eine semitische Sprache*

Aranzini die (Pl.) ⟨it.⟩: *überzuckerte konservierte Orangenschalen*

Aralsee: *See im westlichen Innerasien*

Aräometer der = das, -s/- ⟨gr.⟩: *Gerät zur Dichtebestimmung von Flüssigkeiten, Senkwaage*

Ärar der = das, -s/-e ⟨lat.⟩ (veraltet): *Staatseigentum; Fiskus* ‖ **ärarisch** (veraltet): *staatlich; fiskalisch*

Arbeit die, -/-en: eine harte A.; ganze A. leisten; viel A. haben; sich an die A. machen; A. suchen; → Arbeit suchend = arbeitsuchend; etwas ist in A. *(wird gerade hergestellt);* etwas in A. geben *(anfertigen lassen)* | eine wissenschaftliche/kunstvolle A. | (Physik) *Produkt aus Kraft und Weg* ‖ **arbeiten:** als Fremdenführer a.; körperlich, geistig a.; wir a. Hand in Hand *(gemeinsam)* | sie arbeitet an ihrem Image *(versucht es zu verbessern)* | das Holz arbeitet *(verändert, verzieht sich)* ‖ **Arbeiter** der, -s/- ‖ **Arbeiterabfertigung** ‖ **Arbeiterbewegung** ‖ **Arbeiterheim** ‖ **Arbeiterin** die, -/-innen: *weibl. Form von Arbeiter* | (Zool.) *unfruchtbare Ameise, Termite, Biene* ‖ **Arbeiterkammer** (AK): *Kammer für Arbeiter und Angestellte;* → Kammer ‖ **Arbeiterkämmerer** der, -s/- (sal., veraltend): *Funktionär der Arbeiterkammer;* → Kämmerer ‖ **Arbeiterkammertag:** Österreichischer A. *(Zusammenschluss der Arbeiterkammern)* ‖ **Arbeiterpartei** ‖ **Arbeiter-Samariter-Bund** (ASBÖ): *eine Hilfs-, Rettungsorganisation* ‖ **Arbeiterschaft** die, - ‖ **Arbeiter- und Angestelltenbund** der, -[e]s (ÖAAB): *eine Teilorganisation der ÖVP* ‖ **Arbeiterviertel:** *Wohngegend von Arbeiterfamilien* ‖ **Arbeitgeber** der, -s/-: *Person, Firma, Körperschaft, die Arbeitskräfte beschäftigt* ‖ **Arbeitgeberin** die, -/-innen ‖ **Arbeitgebervertretung:** *ein Gremium in der Sozialpartnerschaft* ‖ **Arbeitnehmer** der, -s/-: *unselbständig Erwerbstätiger;* A. *(G.: selbständig)* sein ‖ **Arbeitnehmerabsetzbetrag** (Wirt.): *Absetzbetrag, der allen Arbeitnehmer/innen zusteht* ‖ **Arbeitnehmerin** die, -/-innen ‖ **Arbeitnehmerschutz** ‖ **Arbeitnehmerveranlagung** (Wirt.): *Lohnsteuerausgleich bei unselbständig Erwerbstätigen* (früher: *Jahresausgleich)* ‖ **Arbeitnehmervertretung** ‖ **arbeitsam** ‖ **Arbeitsamt:** → *Arbeitsmarktverwaltung* ‖ **Arbeitsaufwand** ‖ **Arbeitsbedingungen** die (Pl.) ‖ **Arbeitsbehelf** ‖ **Arbeitsbereich** ‖ **Arbeitsbeschaffungsmaßnahme** ‖ **Arbeitsbewilligung** ‖ **Arbeitsbuch:** *ein Übungsbuch;* Lehr- und Arbeitsbuch ‖ **Arbeitseifer** ‖ **Arbeitseinkommen:** *Lohn, Gehalt* ‖ **Arbeitsessen:** *Essen mit Verhandlungs-, Geschäftspartnern* ‖ **arbeitsfähig** ‖ **Arbeitsfähigkeit:** geminderte A. ‖ **Arbeitsfassung:** *vorläufige Fassung* ‖ **arbeitsfrei** ‖ **Arbeitsgang** ‖ **Arbeitsgemeinschaft** (ARGE, Arge, AG) ‖ **Arbeitsgericht** ‖ **Arbeitsinspektion** [-sp-tsi̯-, auch: -ʃp-]: *Gruppe von Kontrolloren, die die Einhaltung des Arbeitnehmerschutzes überprüft* ‖ **Arbeitsinspektorat:** *Einrichtung, die die Einhaltung des Arbeitnehmerschutzes überprüft* ‖ **arbeitsintensiv** ‖ **Arbeitsjahr** ‖ **Arbeitskleidung** ‖ **Arbeitsklima:** *Betriebsklima* ‖ **Arbeitskollege** ‖ **Arbeitskollegin** ‖ **Arbeitskraft:** *Leistungskraft* | *arbeitende Person* ‖ **Arbeitskreis** (AK) ‖ **Arbeitsleistung** ‖ **Arbeitslohn** ‖ **arbeitslos** ‖ **Arbeitslose**^{1} der, -n/-n, ein Arbeitsloser ‖ **Arbeitslose**^{2} die, -n/-n: *arbeitslose Frau* | (ugs.) *Arbeitslosengeld* ‖ **Arbeitslosenfürsorge** ‖ **Arbeitslosengeld** ‖ **Arbeitslosenrate** ‖ **Arbeitslosenversicherung** ‖ **Arbeitslosigkeit** die, - ‖ **Arbeitsmantel** ‖ **Arbeitsmarkt** ‖ **Arbeitsmarktabgabe** (Wirt.) ‖

A

Ar|beits|markt|la|ge || **Ar|beits|markt|ser|vice** [-sɜːvɪs] das = der, - (AMS): *eine Betreuungsstelle für Arbeitsplatzsuchende* (früher: *Arbeitsamt*) || **Ar|beits|markt|ver|wal|tung** die, - (AMV): *eine berufsberatende und arbeitsvermittelnde Institution, Arbeitsmarktservice* || **Ar|beits|me|tho|de** || **Ar|beits|mi|g|rant:** *jemand, der in ein fremdes Land zieht, um dort zu arbeiten* || **Ar|beits|mi|g|ran|tin** || **Ar|beits|mi|g|ra|ti|on** [-tsi̯-] || **Ar|beits|mi|nis|ter** || **Ar|beits|mi|nis|te|rin** || **Ar|beits|mi|nis|te|ri|um:** *Bundesministerium Arbeit, Soziales und Konsumentenschutz* || **Ar|beits|mo|ral** || **Ar|beits|nie|der|le|gung** die, -/-en: *Streik* || **Ar|beits|pa|pier:** *Entwurf für das weitere Vorgehen* || **Ar|beits|pen|sum** || **Ar|beits|platz:** am A. nicht rauchen | einen guten A. *(Posten)* finden || **Ar|beits|pro|zess** || **Ar|beits|recht** || **Ar|beits|sit|zung** || **Ar|beits|spei|cher** (EDV); → RAM; → Hauptspeicher || **Ar|beits|stät|te** || **Ar|beits|stel|le:** *Arbeitsplatz* | *Forschungseinrichtung* || **Ar|beits|strich:** *Straße oder Platz, wo sich Personen ohne Arbeitsbewilligung für eine Arbeit anbieten* || **Ar|beits|stun|de** || **ar|beits|su|chend:** arbeitssuchende (= Arbeit suchende, arbeitsuchende) Jugendliche || **Ar|beits|su|chen|de**[1] der, -n/-n, ein Arbeitssuchender || **Ar|beits|su|chen|de**[2] die, -n/-n || **Ar|beits|tag:** *Tag, an dem ein Arbeitnehmer arbeitet;* → Werktag || **Ar|beits|tech|nik:** *Methode des Arbeitens* || **ar|beits|tei|lig** || **Ar|beits|tei|lung** || **Ar|beits|tisch** || **Ar|beits|ti|tel:** *während des Arbeitsprozesses verwendeter, vorläufiger Titel* || **Ar|beit su|chend** = **ar|beit|su|chend** → arbeitssuchend || **Ar|beits- und So|zi|al|ge|richt** || **ar|beits|un|fä|hig** || **Ar|beits|un|fall** || **Ar|beits|un|ter|la|ge** (meist Pl.): *einschlägige Papiere, Dokumente oÄ* || **Ar|beits|ver|hält|nis:** *bes. das Verhältnis zwischen Arbeitnehmer und Arbeitgeber* || **Ar|beits|ver|trag:** *Dienstvertrag* || **Ar|beits|wei|se:** *Methode des Arbeitens* | *Funktionsweise* || **Ar|beits|welt:** *Lebensbereich, der durch Arbeit bestimmt ist* || **ar|beits|wil|lig** || **Ar|beits|wo|che:** eine kurze A. || **Ar|beits|wut** (scherzh.): *übergroßer Arbeitseifer* || **Ar|beits|zeit:** geregelte A. || **Ar|beits|zeit|ge|setz** || **Ar|beits|zeit|ver|kür|zung** || **Ar|beits|zim|mer**

Ar|bi|t|ra|ge [-'aːʃ, -ʒɛ] die, -/-n ⟨fr.⟩ (Bankw.): *Ausnützen von Kursunterschieden an der Börse* || **ar|bi|t|rär** ⟨lat.-fr.⟩: *beliebig, willkürlich*

ARBÖ der, -: **A**uto-, Motor- und **R**adfahrer**b**und **Ö**sterreichs

ar|cha|isch ⟨gr.⟩: *altertümlich, urtümlich* || **ar|cha|i|sie|ren**

Ar|chäo|lo|ge der, -n/-n ⟨gr.⟩ || **Ar|chäo|lo|gie** die, -: *Altertumskunde (bes im Zusammenhang mit Ausgrabungen)* || **Ar|chäo|lo|gin** die, -/-innen || **ar|chäo|lo|gisch**

Ar|che die, -/-n ⟨lat.⟩: ein Fahrzeug | die A. Noah[s] *(schiffähnliches Wasserfahrzeug in der biblischen Erzählung von der Sintflut)*

Ar|che|typ [-yːp, auch: 'aː-] ⟨gr.⟩: *Urform, Urbild* || **ar|che|ty|pisch**

ar|chi|me|disch: *nach dem griechischen Gelehrten Archimedes benannt;* archimedischer Punkt *(Angelpunkt, entscheidender Punkt)* | (Phys.) archimedisches Prinzip

Ar|chi|pel der, -s/-e ⟨gr.⟩: *Inselgruppe*

Ar|chi|tekt der, -en/-en ⟨gr.⟩: *Konstrukteur von Bauwerken* || **Ar|chi|tek|tin** die, -/-innen || **ar|chi|tek|to|nisch** || **Ar|chi|tek|tur** die, -/-en: *Baukunst, Bauart*

Ar|chiv das, -s/-e [-f-, -v-] ⟨lat.⟩: *Sammlung von Dokumenten, Akten u. dgl.* || **Ar|chi|va|li|en** die (Pl.): *Urkunden, Schriftstücke* || **Ar|chi|var** [-v-] der, -s/-e: *wissenschaftlicher Archivbeamter* || **Ar|chi|va|rin** die, -/-innen || **Ar|chiv|bild** [-f-] | **ar|chi|vie|ren** [-v-]: *in einem Archiv ablegen* || **Ar|chi|vie|rung** die, -

Are|al das, -s/-e ⟨lat.⟩: *Fläche [eines Grundstücks]*

are|li|gi|ös: *nicht religiös*

Are|na die, -/Arenen ⟨lat.⟩: *Kampfplatz* | *Sportplatz* | *Freilichttheater*

arg, ärger/am ärgsten: ein arger Fehler *(schlimmer)* | (Großschreibung) nichts **A**rges denken; im **A**rgen liegen; **Ä**rgstes befürchten

ARGE = **Ar|ge** die, -/-s, *auch:* AG: **Ar**beits**ge**meinschaft; die A. Alpen-Adria

Ar|gen|ti|ni|en: *ein südamerikanischer Staat* || **Ar|gen|ti|ni|er** der, -s/- || **Ar|gen|ti|ni|e|rin** die, -/-innen || **ar|gen|ti|nisch**

Ar|gen|tum das, -s ⟨gr.⟩ (Zeichen: Ag): *ein chemisches Element;* → Silber

Är|ger der, -s: *Erregung, Missfallen, Verstimmung;* seinen Ä. an jemandem auslassen; nichts als Ä. haben || **är|ger|lich:** *verärgert* | *Ärgernis erregend;* ein ärgerlicher Vorfall || **är|gern:** sich über einen Fehler ä. || **Är|ger|nis** das, -nisses/-nisse (geh.): Ä. erregen *([berechtigte] Empörung hervorrufen)* | (Jus) ein öffentliches *(für die Öffentlichkeit wahrnehmbares)* Ä. *(ein Verwaltungsdelikt)*

Arg|list die, - (geh.): *Hinterlistigkeit, Böswilligkeit* || **arg|lis|tig** || **arg|los:** *vertrauensselig, harmlos* || **Arg|lo|sig|keit** die, -

Ar|gon [auch: -'oːn] das, -s ⟨gr.⟩ (Zeichen: Ar): *ein chemisches Element*

Ar|gu|ment das, -[e]s/-e ⟨lat.⟩: *Beweisgrund* || **Ar|gu|men|ta|ti|on** [-tsi̯-] die, -/-en || **ar|gu|men|tie|ren:** *einen Beweis führen; eine Ansicht, eine Meinung begründen*

Ar|gus|au|gen die (Pl.): mit A. *(scharf, misstrauisch)* beobachten

Arg|wohn der, -[e]s (geh.): A. *(Zweifel, Verdacht)* hegen || **arg|wöh|nen** (geh.): er argwöhnte *(vermutete)* dahinter einen Betrug || **arg|wöh|nisch** (geh.)

arid ⟨lat.⟩ (Geogr.): *trocken;* arides Klima

Arie [-i̯ɛ] die, -/-n ⟨it.⟩ (Mus.): *kunstvolles Gesangsstück für eine Singstimme mit Instrumentalbegleitung;* Opernarie

Ari|er der, -s/- ⟨Sanskrit⟩: *Angehöriger einer indogermanischen Sprachengruppe in Asien* | (im Nationalsozialismus) *Nichtjude;* → arisch || **Ari|e|rin** die, -/-innen

ari|o|so ⟨it.⟩ (Mus.): *in der Art einer Arie*

arisch → Arier || **ari|sie|ren** (im Nationalsozialismus): *jüdisches Vermögen durch Beschlagnahme oder Enteignung in nichtjüdischen Besitz übertragen* || **Ari|sie|rung** die, -/-en (im Nationalsozialismus) || **Ari|er|nach|weis** (im Nationalsozialismus): *der Beleg für nichtjüdische Abstammung auf Grund der Vorfahren*

Aris|to|krat der, -en/-en ⟨gr.⟩: *Adeliger* || **Aris|to|kra|tie** die, -/-n: *Herrschaft des Adels* | *der Adel* || **Aris|to|kra|tin** die, -/-innen || **aris|to|kra|tisch**

aristotelisch: *nach dem griechischen Philosophen Aristoteles*
Arithmetik die, - ⟨gr.⟩: *Zahlenlehre; Rechnen mit Zahlen* ‖ **arithmetisch**
Arkade die, -/-n ⟨fr.⟩ (Arch.): *Bogengang, Laubengang*
Arkadien: *eine altgriechische Landschaft* ‖ **arkadisch:** eine arkadische *(idyllische)* Landschaft
Arktis die, - ⟨gr.⟩: *Nordpolargebiet* ‖ **arktisch:** arktische Temperaturen
Arlberg: *ein Gebirgszug in Vorarlberg, Tirol* ‖ **Arlbergstraße** ‖ **Arlbergtunnel**

arm, ärmer/am ärmsten: ein armes Kind; arm an Zuwendung | (ugs.) arm dran sein *(in einer schlechten Situation sein)*

Großschreibung bei Nominalisierung:
– der/die **A**rme hat sich verletzt
– [für] **A**rm und Reich *(alle)*
– **A**rme und Reiche
Getrennt- und Zusammenschreibung:
– seine Ansprüche werden uns arm machen (= armmachen)

Arm der, -[e]s/-e: das Baby im A. halten; → Armvoll = Arm voll; der A. des Gesetzes *(Gericht, Polizei);* jemandes verlängerter A. *(an jemandes Stelle)* sein; jemanden mit offenen Armen *(freundlich)* aufnehmen; jemandem unter die Arme greifen *(behilflich sein);* jemandem in den Arm fallen *(ihn von etwas abhalten);* jemanden auf den A. nehmen *(zum Narren halten)* | (ugs.) jemandem in die Arme laufen *(zufällig begegnen)* | ein Arm der Alten Donau
Armada die, -/Armaden [-s] ⟨span.⟩: *große Kriegsflotte* | *große Heerschar*
Armatur die, -/-en ⟨lat.⟩: *Absperrvorrichtung [für Wasser, Gas]; Vorrichtung an Maschinen oder Apparaten zur Bedienung oder Kontrolle* ‖ **Armaturenbrett**
Armband ‖ **Armbanduhr** ‖ **Armbeuge:** *Innenseite des Ellbogens* ‖ **Armbewegung** ‖ **Armbinde:** Blinde tragen eine A. *(Schleife um den Arm als Kennzeichen)* ‖ **Armbruch** ‖ **Armbrust** die, -/-e [-brüste]: *eine alte Schusswaffe mit Pfeilen; ein Sportgerät* ‖ **armdick**
Arme[1] der, -n/-n, ein Armer: wir Armen; A. und Reiche; → arm ‖ **Arme**[2] die, -n/-n
Armee die, -/-n ⟨fr.⟩: *Heer; Heeresteil* | eine A. von *(sehr viele)* Ameisen ‖ **Armeecorps** [-koːə] = → Armeekorps ‖ **Armeeeinheit** ‖ **Armeefahrzeug** ‖ **Armeekommandant** ‖ **Armeekorps** [-koːə] = Armeecorps [-koːə]: *ein Heeresverband*
Ärmel der, -s/-: ein zu langer Ä.; etwas aus dem Ä. schütteln *(ohne Probleme, mit Leichtigkeit schaffen)* | (ugs.) die Ä. aufkrempeln *(energisch ans Werk gehen)*
Armeleuteessen: *billige Speise*
-ärmelig = -ärmlig (nur in Zusammensetzungen wie kurzärmelig, hemdärmelig) ‖ **Ärmelkanal** der, -[e]s: *Meeresenge zwischen Frankreich und England* ‖ **ärmellos** ‖ **Ärmelschoner:** *ein Kleidungsstück zum Schutz der Ärmel*
Armenanwalt (veraltet): *vom Staat kostenlos beigestellter Rechtsanwalt;* → *Verfahrenshilfe* ‖ **Armenanwältin** (veraltet) ‖ **Armenhaus** (früher): *Unterkunft für Arme*
Armenien: *ein Staat der GUS in Vorderasien* ‖ **Armenier** der, -s/-: *Bewohner Armeniens* ‖ **Armenierin** die, -/-innen ‖ **armenisch**
Armenrecht (Jus): *Bestimmungen über die einstweilige Befreiung bedürftiger Personen von der Bezahlung von Gerichtskosten;* → Verfahrenshilfe ‖ **Armen-Sünder-Glocke,** *auch:* Armesünderglocke (früher): *Glocke, die zur Hinrichtung geläutet wurde* ‖ **Armen-Sünder-Miene,** *auch:* Armesündermiene (veraltet): *reuiger Gesichtsausdruck* ‖ **Armenviertel:** *Stadtteil der Armen, Slum*
Armeslänge: um A. zu kurz
Armesünder der, -s/- (früher): *zum Tod Verurteilter; aber:* des armen Sünders ‖ **Armesünderglocke** → Armen-Sünder-Glocke ‖ **Armesündermiene** → Armen-Sünder-Miene
armieren ⟨lat.-fr.⟩ (veraltet) (Mil.): *mit Waffen ausstatten* ‖ **Armierung** die, -/-en: → *Bewehrung*
-armig (nur in Zusammensetzungen wie zweiarmig)
Armin: *männl. Vorname*
armlang: eine armlange Wunde ‖ **Armlehne:** ein Sessel mit Armlehnen ‖ **Armleuchter:** *mehrarmiger Leuchter* | *Schimpfwort für einen dummen Menschen*
ärmlich: *armselig, dürftig, jämmerlich* ‖ **Ärmlichkeit** die, -
-ärmlig = → -ärmelig
arm machen = **armmachen** → arm
Armprothese ‖ **Armreif** (geh.): *Armreifen* ‖ **Armreifen:** *ein Schmuckstück*
armselig: *kümmerlich, jämmerlich* ‖ **Armseligkeit** die, -
armstark: ein armstarker Ast ‖ **Armstumpf**
Armut die, - ‖ **Armutschkerl** das, -s/-[n] (ostöst., ugs., sal.): *bedauernswerte Person* ‖ **Armutsgrenze:** unterhalb der A. *(in Armut)* leben ‖ **Armutszeugnis:** sich ein A. ausstellen *(seine Unfähigkeit zeigen)*
Armvoll der, -/- = **Arm voll:** einen/mehrere A. Holz sammeln
Arnika die, -/Arniken ⟨lat.⟩: *eine Heilpflanze*
Arno: *männl. Vorname* ‖ **Arnold:** *männl. Vorname* ‖ **Arnoldstein:** *Marktgemeinde in Kärnten* ‖ **Arnulf:** *männl. Vorname*
Aroma das, -s/Aromen [-s, -ta] ⟨gr.⟩: *Wohlgeruch, würziger Geschmack* ‖ **aromatisch** ‖ **Aromastoff:** natürliche, künstliche Aromastoffe ‖ **aromatisieren**
arpeggio [-ˈɛdʒo] ⟨it.⟩ (Mus.): *nach Harfenart gespielt*
Arrangement [arɑ̃ʒˈmɑ̃ː] das, -s/-s ⟨fr.⟩: *Anordnung, Zusammenstellung* | (Mus.) *Bearbeitung eines Musikstückes* | ein A. *(Übereinkommen)* treffen ‖ **Arrangeur** [-ˈʒøːə] der, -s/-e ‖ **Arrangeurin** die, -/-innen ‖ **arrangieren**[1]: die Tischdekoration a. *(zusammenstellen);* einen Ball a. *(veranstalten)* ‖ **arrangieren**[2] sich: sie hat sich mit ihm/damit a. *(einen Kompromiss gefunden)*
Arrest der, -[e]s/-e ⟨lat.-fr.⟩: *Gefängnis; Haft* ‖ **Arrestant** der, -en/-en (veraltet): *Häftling* ‖ **Arrestantenwagen** (veraltet): *Auto für den Transport von Häftlingen* ‖ **Arrestantin** die, -/-innen (veraltet) ‖ **Arrestzelle** (veraltet) ‖ **arretieren** ⟨fr.⟩: *bewegliche Teile sperren* | (veraltend): *festnehmen, verhaften* ‖ **Arretierung** die, -/-en (veraltet)

A

Ar|rhyth|mie [-ryt-] die, -/-n ⟨gr.⟩ (Med.): *unregelmäßige Herztätigkeit;* → Rhythmus ‖ **ar|rhyth|misch** [auch: -ˈry-]: *nicht rhythmisch*
ar|ri|viert [-v-] ⟨fr.⟩: eine arrivierte *(erfolgreiche)* Künstlerin
ar|ro|gant ⟨lat.-fr.⟩: *anmaßend, hochmütig* ‖ **Ar|ro|ganz** die, -
ar|ron|die|ren [auch: -rõ-] ⟨fr.⟩: *einen Grundbesitz (durch Zukauf oder Zusammenlegung) abrunden* ‖ **Ar|ron|dis|se|ment** [arõdisˈmɑ̃ː] das, -s/-s: *Verwaltungsbezirk in Frankreich*
Arsch der, -[e]s/Ärsche (derb): *Gesäß, Hintern* ‖ **Arsch|krie|che|rei** (derb, abw.): *Schmeichlerei, Unterwürfigkeit* ‖ **Arsch|loch** (derb): *After* | *ein derbes Schimpfwort*
Ars Elec|tro|ni|ca [- -kt-ka] die, - - ⟨lat.⟩: *ein multimediales Festival der elektronischen Kunst in Linz*
Ar|sen das, -s ⟨gr.⟩ (Zeichen: As): *ein (giftiges) chemisches Element*
Ar|se|nal das, -s/-e ⟨arab.-it.⟩: *Waffenlager; Zeughaus*
Ar|se|nik das, -[s] ⟨gr.⟩: *eine giftige Arsenverbindung*
Art [geh. auch: aː-] die, -/-en: von der Art; in der Art von *(in der Gestaltungsweise);* nach Art des Hauses | *Wesenszug;* ihre unkomplizierte Art schätzen | (ohne Pl.) *Verhalten;* das ist doch keine Art! *(so nicht!)* | (Biol.) *Rangstufe im System der Organismen, Spezies;* → derart; → derartig
Art.: Artikel
Art dé|co [aːr deˈko] der = das, - -[s] ⟨fr.⟩ (Kunstg.): *eine Kunstrichtung von 1920 bis 1940* ‖ **Art|di|rek|tor** [ˈɑːt-] ⟨engl.⟩: *künstlerischer Leiter [einer Werbeagentur], Kreativdirektor* ‖ **Art|di|rek|to|rin**
Ar|te|fakt das, -[e]s/-e ⟨lat.⟩: *von Menschen Hergestelltes; Kunstgegenstand* | *frühgeschichtliches Werkzeug*
ar|ten|reich ‖ **Ar|ten|reich|tum** der, -s ‖ **Ar|ten|schutz:** *Schutz in ihrem Bestand bedrohter Tier- und Pflanzenarten* ‖ **Ar|ten|viel|falt**
Ar|te|rie [-i̯ɛ] die, -/-n ⟨gr.⟩: *Schlagader* ‖ **ar|te|ri|ell** ‖ **Ar|te|ri|en|ver|kal|kung** ‖ **Ar|te|rio|skle|ro|se** die, -/-n (Med.): *Arterienverkalkung*
ar|te|sisch: artesischer Brunnen *(Bohrbrunnen, aus dem das Wasser selbsttätig emporsteigt)*
art|fremd: *von anderer Art* ‖ **Art|ge|nos|se:** *Lebewesen derselben Art* ‖ **Art|ge|nos|sin** ‖ **art|ge|recht:** artgerechte Tierhaltung ‖ **art|gleich**
Ar|th|ri|tis die, -/Arthritiden ⟨gr.⟩ (Med.): *Gelenksentzündung* ‖ **Ar|thro|po|den** die (Pl.) (Zool.): *Gliederfüßer* ‖ **Ar|th|ro|se** die, -/-n (Med.): *chronische Abnützungserkrankung [an der Wirbelsäule]* ‖ **Ar|th|ro|s|ko|pie** die, -/-n (Med.): *Gelenksuntersuchung*
Ar|thur, *auch:* Artur: *männl. Vorname;* → Turl
Ar|ti|fi|cial In|tel|li|gence [-ɪʃəl -dʒəns] die, - - (AI) ⟨engl.⟩: *künstliche Intelligenz [bei Computern]* ‖ **ar|ti|fi|zi|ell** ⟨lat.-fr.⟩: *künstlich* | *gekünstelt*
ar|tig: *brav, gehorsam* ‖ **-artig** (nur in Zusammensetzungen wie andersartig, gutartig) ‖ **Ar|tig|keit** die, -/-en
Ar|ti|kel der, -s/- ⟨lat.⟩: *Beitrag in Zeitung, Zeitschrift, Lexikon u. dgl.* | *Warengattung* | *Abschnitt eines Vertrages oder eines Gesetzes* | (Gramm.) *Begleiter des Nomens;* bestimmter A. *(der, die, das);* unbestimmter A. *(ein, eine)* ‖ **Ar|ti|kel|se|rie** [-i̯ɛ] ‖ **Ar|ti|ku|la|ti|on** [-tsi̯-] die, -/-en: *Lautbildung; [deutliche] Aussprache* | (Mus.) *Bindung, Trennung, Betonung von Tönen* ‖ **ar|ti|ku|lie|ren:** einen Laut nicht richtig a. *(aussprechen, bilden)* können | er kann sich nicht a. *(kann seine Meinung nicht formulieren, in Worte fassen)*
Ar|til|le|rie die, -/-n ⟨fr.⟩ (Mil.): *eine Truppengattung* | *die Geschütze* ‖ **Ar|til|le|rist** der, -en/-en
Ar|ti|scho|cke die, -/-n ⟨it.⟩: *ein südländisches Gemüse*
Ar|tist der, -en/-en ⟨lat.-fr.⟩: *Varietee- oder Zirkuskünstler* ‖ **Ar|tis|tik** die, - ‖ **Ar|tis|tin** die, -/-innen ‖ **ar|tis|tisch**
Ar|tur → Arthur
art|ver|wandt: artverwandte Berufe
Ar|ve [-v-, -f-] die, -/-n (reg., bes. V, CH): *Zirbelkiefer*
Arz|nei die, -/-en (veraltend): *Medikament, Medizin* ‖ **Arz|nei|mit|tel** ‖ **Arz|nei|pflan|ze** ‖ **Arzt** der, -es/Ärzte: praktischer A. *(Arzt für Allgemeinmedizin);* der behandelnde A. ‖ **Ärz|te|flug|am|bu|lanz** die, -: *ein ärztlicher Rückholdienst per Ambulanzjet* ‖ **Ärz|te|kam|mer** → Kammer ‖ **Ärz|te|man|tel** → Arztmantel ‖ **Ärz|te|not|dienst** ‖ **Arz|tens|wit|we** (veraltet): *Arztwitwe* ‖ **Ärz|te|schaft** die, - ‖ **Ärz|tin** die, -/-innen ‖ **ärzt|lich** ‖ **Arzt|man|tel,** *auch:* Ärztemantel ‖ **Arzt|pra|xis** ‖ **Arzt|rech|nung** ‖ **Arzt|wahl:** freie A. haben; → Wahlarzt ‖ **Arzt|wit|we**
as das, -/- (Mus.): *das um einen Halbton erniedrigte A (a);* → As[1] | as-Moll ‖ **As**[1] das, -/- (Mus.): *das um einen Halbton erniedrigte A (a);* → as | As-Dur; *aber:* → Ass
As[2]: **Ars**en
As[3] → Ass[1]
ASA[1]: **A**merican **S**tandard **A**ssociation *(Normungsinstitution für die Lichtempfindlichkeit von Filmen);* → ISO
ASA[2] die, -: **A**ustrian **S**pace **A**gency *(Österreichische Gesellschaft für Weltraumfragen);* → ESA
A-Sai|te: die A. der Geige
As|best der = das, -[e]s/-e ⟨gr.⟩: *ein feuerfester mineralischer Faserstoff* ‖ **As|best|an|zug** ‖ **As|best|staub**
ASBÖ der, -: **A**rbeiter-**S**amariter-**B**und **Ö**sterreich[s]
Aschan|ti die, -/-[s] = **Aschan|ti|nuss** (ostöst., veraltet): *Erdnuss (benannt nach einem afrikanischen Volk)*
asch|blond: *fahlblond* ‖ **Asche** die, -/-n: *Rückstand bei Verbrennungen;* glühende A.
Äsche die, -/-n: *eine Forellenart*
Aschen|bahn: *eine mit gemahlener Schlacke bedeckte Rennbahn* ‖ **Aschen|be|cher** ‖ **Aschen|brö|del** = **Aschen|put|tel** das, -s/-: *eine Märchengestalt* | *eine benachteiligte Person* ‖ **Aschen|kreuz** (Rel.): *katholische Segnung am Aschermittwoch* ‖ **Aschen|put|tel** = → Aschenbrödel ‖ **Ascher** der, -s/-: *Aschenbecher* ‖ **Ascher|mitt|woch:** *Beginn der Fastenzeit vor Ostern* ‖ **asch|fahl:** *totenblass* ‖ **asch|grau:** eine aschgraue Färbung | (Großschreibung) (veraltend) das geht schon ins **Asch**graue *(weit über das Überschaubare hinaus)*
ASCII [ˈastsi, auch: ˈaski] der, -[s] = ASCII-Kode [-koːt] = ASCII-Code [engl.: -kəʊd]: *älterer internationaler Zeichenkode für Computer*
As|cor|bin|säu|re [-k-] = → Askorbinsäure
As-Dur (As) (Mus.) ‖ **As-Dur-Ton|lei|ter** (Mus.)

A

ASEAN ['æsıæn] die, -: **A**ssociation of **S**outh **E**ast **A**sian **N**ations *(Bündnis südostasiatischer Staaten)*

äsen (Jägerspr.): der äsende *(grasende)* Hirsch; → Äsung

asep|tisch (Med.): *keimfrei*

Aser|bai|dschan: *Staat am Kaspischen Meer* | *iranische Provinz* || **Aser|bai|dscha|ner** der, -s/-: *Bewohner Aserbaidschans* || **Aser|bai|dscha|ne|rin** die, -/-innen

Asi|a|te der, -n/-n || **Asi|a|ti|ka** die (Pl.): *Bücher, Kunstgegenstände aus Asien* || **Asi|a|tin** die, -/-innen || **asi|a|tisch** || **Asi|en**

As|ke|se die, - ⟨gr.⟩: *streng enthaltsame Lebensweise* || **As|ket** der, -en/-en: *Entsagender, Büßer* || **As|ke|tin** die, -/-innen || **as|ke|tisch**

As|kor|bin|säu|re = Ascorbinsäure [-k-] ⟨gr.+lat.⟩ (Chem.): *Vitamin C*

Äs|ku|lap: *griechisch-römischer Gott der Heilkunde* || **Äs|ku|lap|nat|ter** || **Äs|ku|lap|stab:** *Sinnbild der Medizin*

as-Moll (as) (Mus.) || **as-Moll-Ton|lei|ter** (Mus.)

ASO die, -/-[s]: **a**llgemeine **So**nderschule

a|so|zi|al: *gesellschaftsschädigend;* a. veranlagt | *gesellschaftsfremd;* → unsozial; → G.: sozial

As|pa|ra|gus der, - ⟨gr.⟩: *eine Zimmerpflanze, Zierspargel*

As|pekt [-sp-] der, -[e]s/-e ⟨lat.⟩: *Gesichtspunkt*

As|perl [-sp-, -ʃp-] das, -s/-[n] (ostöst., mda.): *Frucht des Mispelbaums, Mispel*

As|phalt [-f-] der, -s ⟨gr.⟩: *ein Teerprodukt, Erdpech* || **as|phal|tie|ren:** eine Straße a.

As|pik der = das, -s/-e ⟨fr.⟩: *Fleisch- oder Fischsulz*

As|pi|rant [-sp-] der, -en/-en ⟨lat.⟩: ein A. *(Anwärter)* auf eine Stelle | *ein Beamtentitel* || **As|pi|ran|tin** die, -/-innen || **as|pi|rie|ren** (geh., veraltend): *sich um eine Stelle bewerben* | (Sprachwiss.) *behaucht aussprechen*

As|pi|rin [-sp-] das, -s (Wz.): *ein Medikament*

aß → essen

Ass[1] das, -es/-e: *eine Spielkarte;* Pikass | *hervorragender Sportler* | (Sport) *unannehmbares Service im Tennis*

Ass[2] das, -es/-e (bes. W, K, mda.): *Abszess*

Ass.: **Ass**istent/in | (SüdT) **Ass**essor/in

as|sai ⟨it.⟩ (Mus.): *ziemlich, sehr;* allegro a. *(sehr lebhaft)*

as|sa|nie|ren ⟨lat.⟩: *gesunde Wohn-, Bodenverhältnisse herstellen* || **As|sa|nie|rung** die, -/-en

As|se|ku|ranz die, -/-en ⟨it.⟩ (veraltet): *Versicherung, Versicherungsanstalt*

As|sel die, -/-n: *ein Krebstierchen;* Kellerassel | *ein derbes Schimpfwort für eine unangenehme Person*

as|sen|tie|ren ⟨lat.⟩ (veraltet) (Mil.): → *mustern* || **As|sen|tie|rung** die, -/-en (veraltet) (Mil.): → *Musterung*

as|ser|vie|ren [-v-] ⟨lat.⟩ (Amtsspr.): *in Verwahrung nehmen*

As|sess|ment [ə-] das, -s/-s ⟨lat.-engl.⟩: *Einschätzung, Einstufung, Beurteilung* || **As|sess|ment|cen|ter** [-s-]: *ein Personalauswahlverfahren*

As|ses|sor der, -s/-en [-'oː-] ⟨lat.⟩ (Ass.) (D bzw. früher): *ein Beamtentitel;* → Gerichtsassessor | (SüdT) *Ressortleiter in der [Gemeinde]verwaltung bzw. Mitglied der Regionalregierung oder der Südtiroler Landesregierung* || **As|ses|so|rat** das, -[e]s/-e (SüdT) (Admin.) || **As|ses|so|rin** die, -/-innen (Ass.)

As|si|mi|la|ti|on [-tsi̯-] die, -/-en ⟨lat.⟩: *Angleichung; das Ähnlichwerden* || **as|si|mi|lie|ren:** *anpassen, angleichen* || **As|si|mi|lie|rung** die, -/-en: *Assimilation*

As|si|si: *Stadt in Italien;* Franz[iskus] von A.

As|sis|tent der, -en/-en (Ass.) ⟨lat.⟩: *Helfer* | *Mitarbeiter; eine Berufsbezeichnung* | (SüdT) technischer A. *(Person, die an Schulen für die Wartung von Spezialräumen ua. zuständig ist)* || **As|sis|ten|tin** die, -/-innen (Ass.) || **As|sis|tenz** die, -/-en: *Hilfe, Beistand* || **As|sis|tenz|arzt** || **As|sis|tenz|ärz|tin** || **As|sis|tenz|ein|satz** (Mil.): *[Grenz]überwachung durch das Bundesheer zur Unterstützung der Polizei* || **as|sis|tie|ren:** *jemandem bei etwas behilflich sein*

as|sor|tiert ⟨fr.⟩ (veraltet): ein assortiertes *(reichhaltiges, gut sortiertes)* Warenlager

As|so|zi|a|ti|on [-tsi̯-] die, -/-en ⟨lat.⟩: *Verknüpfung von Vorstellungen;* etwas weckt bestimmte Assoziationen | *Bündnis, Zusammenschluss* || **as|so|zi|a|tiv** || **as|so|zi|ie|ren:** mit Geburtstag assoziiert *(verbindet)* man Geschenke | assoziierte *(verbündete)* Staaten || **As|so|zi|ie|rung** die, -/-en

Ast der, -[e]s/Äste: *dicker Zweig eines Baumes;* sich selbst den Ast absägen [auf dem man sitzt] *(sich selbst die Existenzgrundlage nehmen)*

As|tat das, -s ⟨gr.⟩ (Zeichen: At): *ein chemisches Element*

Äst|chen das, -s/-: *kleiner Ast*

As|te die, -/-n (reg.): *Voralm, Bergweide mit Stall*

As|ter die, -/-n: *eine Blume*

As|te|rix: *eine Figur aus Comics und Zeichentrickfilmen;* → Obelix

As|te|ro|id der, -en/-en ⟨gr.⟩ (Astron.): *kleiner Planet, Planetoid*

Äs|thet der, -en/-en ⟨gr.⟩: *Mensch mit ausgeprägtem Hang zum Schönen* || **Äs|the|tik** die, -: *Lehre vom Schönen* || **Äs|the|ti|ker** der, -s/-: *Wissenschaftler bzw. Vertreter der Ästhetik* || **Äs|the|ti|ke|rin** die, -/-innen || **Äs|the|tin** die, -/-innen || **äs|the|tisch:** *schön, geschmackvoll*

Asth|ma das, -s ⟨gr.⟩: *eine Krankheit (verbunden mit Atemnot)* || **Asth|ma|ti|ker** der, -s/- || **Asth|ma|ti|ke|rin** die, -/-innen || **asth|ma|tisch**

as|tig|ma|tisch ⟨gr.⟩ || **As|tig|ma|tis|mus** der, -: *ein Sehfehler, Zerrsichtigkeit*

äs|ti|mie|ren ⟨lat.⟩ (veraltet): *hoch schätzen, achten*

as|tral ⟨gr.-lat.⟩: *auf die Himmelskörper bezogen* || **As|tral|re|li|gi|on**

ast|rein: *von Ästen freies Holz* | *tadellos*

As|trid: *weibl. Vorname*

As|tro|lo|ge der, -n/-n ⟨gr.⟩ || **As|tro|lo|gie** die, -: *Sterndeuterei;* → Horoskop || **As|tro|lo|gin** die, -/-innen || **as|tro|lo|gisch** || **As|tro|me|trie** die, -: *Ortsbestimmung der Gestirne, ein Teilgebiet der Astronomie* || **As|tro|naut** der, -en/-en: *[amerikanischer] Weltraumfahrer;* → Kosmonaut || **As|tro|nau|tin** die, -/-innen || **As|tro|nom** der, -en/-en: *Sternkundiger* || **As|tro|no|mie** die, -: *Sternkunde, Himmelskunde* || **As|tro|no|min** die, -/-innen || **as|tro|no|misch:** astronomische *(unvorstellbar große)* Zahlen || **As|tro|phy|sik** [-fy-]

Äsung die, -/-en; → äsen

ASVG [a ɛs faʊ 'geː] das, -: das **A**ll-

A

gemeine **S**ozial**v**ersicherungs**g**esetz ‖ **ASVG-Pension:** *Pension der Arbeiter und Angestellten*

Asyl [-'y:l] das, -s/-e ⟨gr.⟩: *Zufluchtsstätte; ein Heim [für Obdachlose];* A. gewähren; A. geben ‖ **Asylant** der, -en/-en (auch als abw. empfunden): *jemand, der [politisches] Asyl sucht, Asylbewerber* ‖ **Asylantenheim** ‖ **Asylantin** die, -/-innen (auch als abw. empfunden) ‖ **Asylantrag** ‖ **Asylbewerber** = Asylwerber: *Antragsteller im Asylverfahren* ‖ **Asylbewerberin** = Asylwerberin ‖ **Asylgesetz** ‖ **Asylmissbrauch** ‖ **Asylrecht** ‖ **Asylverfahren** ‖ **Asylwerber** = → Asylbewerber ‖ **Asylwerberin** = → Asylbewerberin

Asymmetrie [-zy-] ‖ **asymmetrisch** → G.: symmetrisch

Asymptote [-zy-] die, -/-n ⟨gr.⟩ (Math.): *Näherungsgerade*

asynchron [-ynk-] (Phys.): *mit ungleicher Geschwindigkeit laufend, nicht gleichzeitig*

Aszendent der, -en/-en ⟨lat.⟩: *der Vorfahre (Eltern, Großeltern);* → G.: Deszendent | (Astron.) *Gestirn im Aufstieg*

at[1]: **At**mosphäre *(ein Druckmaß)*

at[2] [æt] (Zeichen: @); → At-Zeichen ‖ **At**[1] das, -[s]/-[s]: *Kurzwort für → At-Zeichen*

At[2]: **Ast**at

AT: Autriche, **A**us**t**ria *(zweistelliger Buchstabencode für Österreich);* → AUT

A. T.: Altes **T**estament (in der Bibel)

Atavismus [-v-] der, -/Atavismen ⟨lat.⟩ (Biol.): *individuelle Rückschläge auf entwicklungsgeschichtliche Ahnenzustände* ‖ **atavistisch** (Biol.)

Atelier [-'lie:] das, -s/-s ⟨fr.⟩: *Werkstatt [einer Künstlerin, eines Fotografen]* ‖ **Atelierwohnung:** *[großräumige] Wohnung unter dem Dach*

Atem der, -s: tief A. holen; jemanden in A. halten *(ohne Pause beschäftigen);* jemandem den A. verschlagen *(bei jemandem Sprachlosigkeit hervorrufen)* | in einem A. *(ohne Unterbrechung)* ‖ **atemberaubend:** *überwältigend* ‖ **Atembeschwerden** die (Pl.) ‖ **Atemholen** das, -s ‖ **atemlos** ‖ **Atemlosigkeit** die, -‖ **Atemnot** ‖ **Atempause**

a tempo ⟨it.⟩ (Mus.): *wieder im ursprünglichen Tempo* | (veraltet) *zur rechten Zeit; sofort*

Atemschutz ‖ **Atemschutzgerät:** *Gasmaske oÄ* ‖ **Atemtechnik:** *Technik des richtigen Atmens [beim Singen, Sprechen]* ‖ **Atemübung** ‖ **Atemwege** die (Pl.) ‖ **Atemwegserkrankung** ‖ **Atemzug:** hastige Atemzüge | (geh.) bis zum letzten A. *(bis zum Tod)* | in einem A. *(ohne Unterbrechung);* im selben A. *(gleichzeitig)*

Äthanol das, -s ⟨gr.⟩ (Chem.): *ein Alkohol, Weingeist, Äthylalkohol*

Atheismus [-e'i-] der, - ⟨gr.⟩ ‖ **Atheist** der, -en/-en: *jemand, der nicht an Gott glaubt* ‖ **Atheistin** die, -/-innen ‖ **atheistisch**

Athen (gr.: Athínai [a'θinɛ]): *Hauptstadt Griechenlands* ‖ **Athene:** *griechische Göttin des Handwerks, der Künste und der Weisheit*

Äther[1] der, -s ⟨gr.⟩ (geh.): *Himmelsraum* ‖ **Äther**[2] der, -s/- (Chem.): *ein flüssiges Lösungs- und Betäubungsmittel* ‖ **ätherisch:** *[wohl] riechend;* ätherische Öle | *himmlisch; hauchzart*

Äthiopien: *afrikanischer Staat*

Athlet der, -en/-en ⟨gr.⟩: *Wettkämpfer* | *Kraftmensch* ‖ **Athletin** die, -/-innen ‖ **athletisch:** *kräftig, muskulös*

Äthylalkohol [-'y:l-] ⟨gr.+arab.⟩ (Chem.): → *Äthanol*

Atlant der, -en/-en: *tragende männliche Figur an einem Bauwerk (nach dem griechischen Gott Atlas);* → Karyatide ‖ **Atlanten** die (Pl. von → Atlant und → Atlas) ‖ **Atlantik** der, -[s]: *der Atlantische Ozean* ‖ **Atlantis:** *sagenhaftes (im Atlantik) versunkenes Land* ‖ **atlantisch:** das atlantische Klima; *aber:* der **A**tlantische Ozean ‖ **Atlas**[1] der, -/Atlanten: *Landkartenwerk* | *Bildtafelwerk*

Atlas[2] der, -: *Gebirgszug in Nordafrika (nach einem sagenhaften Riesen, der das Himmelsgewölbe trägt)*

Atlas[3] der, Atla**ss**es/Atla**ss**e ⟨arab.⟩: *ein stark glänzender Seidenstoff*

atmen: durch die Nase a. | frei a. können *(ohne Unterdrückung leben)*

Atmosphäre [-f-] die, -/-n ⟨gr.⟩: die A. *(Lufthülle)* der Erde; → Sphäre | es herrschte eine angenehme A. *(Stimmung)* | (at) (Phys.) *ein Druckmaß, in Österreich keine gesetzliche Maßeinheit mehr (= 0,98 Pa)* ‖ **Atmosphärenüberdruck** der, -[e]s/-drücke ‖ **atmosphärisch**

Atmung die, -/-en: künstliche A. ‖ **atmungsaktiv:** *luftdurchlässig* ‖ **Atmungsorgan**

Atoll das, -s/-e ⟨engl.-fr.⟩: *ringförmige Koralleninsel in der Südsee*

Atom das, -s/-e ⟨gr.⟩: *kleinstes Teilchen eines chemischen Elements* ‖ **atomar:** atomare Bedrohungen ‖ **Atombombe** (A-Bombe) ‖ **Atomenergie** ‖ **Atomexplosion** ‖ **atomisieren:** *völlig zerstören* ‖ **Atomisierung** die, -/-en ‖ **Atomkern** ‖ **Atomkraft:** *Kernkraft* ‖ **Atomkraftwerk** (AKW) ‖ **Atomkrieg** ‖ **Atommacht:** *Staat, der im Besitz von Atomwaffen ist* ‖ **Atommeiler:** → *Atomreaktor* ‖ **Atommüll:** *radioaktiver Abfall [von Atomkraftwerken]* ‖ **Atomphysik** [-fy-] ‖ **Atomreaktor:** *Anlage zur Gewinnung von Atomenergie* ‖ **Atomsprengkopf:** Raketen mit Atomsprengköpfen ‖ **Atomstrom** ‖ **Atomtest** ‖ **Atom-U-Boot** ‖ **Atomwaffe** ‖ **atomwaffenfrei** ‖ **Atomwaffensperrvertrag**

atonal (Mus.): *an keine Tonart gebunden;* → G.: tonal ‖ **Atonalität** (Mus.) ‖ **Atonie** die, -/-n (Med.): *Erschlaffung der Muskeln*

Atout [a'tu:] das, -[s]/-s ⟨fr.⟩: *der Trumpf im Kartenspiel*

à tout prix [a tu 'pri] ⟨fr.⟩: *um jeden Preis*

Atrium das, -s/Atrien [-iɛn] ⟨lat.⟩: *offener Innenhof* ‖ **Atriumhaus**

ATS [a te 'ɛs] (früher): **A**utriche/**A**ustria + **S**chilling; → öS

ätsch: *Ausruf der Schadenfreude*

Attaché [-'ʃe:] der, -s/-s ⟨fr.⟩: *Sonderbeauftragter für einen bestimmten Sachbereich bei einer diplomatischen Vertretung;* Kulturattaché

attachen [ə'tætʃn] ⟨engl.⟩ (sal.): sie hat dem E-Mail eine Datei attacht *(beigefügt, angehängt);* → Attachment

attachieren [-ʃ-] ⟨fr.⟩ (geh.): der Delegation einen Dolmetsch a. *(beigeben)*

Attachment [ə'tætʃ-] das, -s/-s ⟨engl.⟩: *Beilage zu einem E-Mail;* → attachen

Attacke die, -/-n ⟨fr.⟩: *Angriff;* eine A. reiten | (Med.) *Krankheitsanfall;* Herzattacke ‖ **attackieren:**

körperlich angreifen; heftig kritisieren

At|ten|tat [auch: -'taːt] das, -[e]s/-e ⟨lat.-fr.⟩: *[politische] Gewalttat; Mordanschlag* ‖ **At|ten|tä|ter** [auch: -'tɛː-] ‖ **At|ten|tä|te|rin**

At|ter|see der, -s: *See in Oberösterreich* (selten auch: *Kammersee*)

At|test das, -[e]s/-e ⟨lat.⟩: *Bescheinigung, [medizinisches] Gutachten, Zeugnis* ‖ **at|tes|tie|ren:** die Ärztin attestierte ihm Reisefähigkeit

At|ti|la: *männl. Vorname*

At|ti|tü|de die, -/-n ⟨fr.⟩: *Haltung, Gehaben*

Att|nang-Puch|heim: *Stadt in Oberösterreich*

At|trak|ti|on [-tsi̯-] die, -/-en ⟨lat.⟩: etwas/jemand übt eine besondere A. *(Anziehungskraft)* auf jemanden aus | unsere Stadt ist um eine A. *(ein Glanzstück; einen Publikumsmagnet)* reicher ‖ **at|trak|tiv:** eine attraktive *(anziehende, gut aussehende)* Frau ‖ **At|trak|ti|vi|tät** [-v-] die, -

At|trap|pe die, -/-n ⟨fr.⟩: *Nachbildung eines Gegenstands [für eine Auslage]*

At|tri|but das, -[e]s/-e ⟨lat.⟩: *charakteristisches Merkmal* | *beigegebenes Sinnbild, zB die Waage als Sinnbild der Gerechtigkeit* | (Gramm.) → *Beifügung;* → Apposition ‖ **at|tri|bu|tiv** ‖ **At|tri|but|satz** (Gramm.)

atü: **A**tmosphären**ü**berdruck [in einem Autoreifen]; 10 atü *(10 Atmosphären Überdruck);* → Atmosphäre

ATX [a te 'iks] der, - (Bankw.): **A**ustrian **T**rade Inde**x** *(wichtigster Aktienindex der Wiener Börse)*

aty|pisch [-yp-]: *nicht der Regel bzw. einem bestimmten Typus entsprechend;* a. Beschäftigte *(Beschäftigte, die in keinem Normalarbeitsverhältnis stehen);* → G.: typisch

At-Zei|chen ['æt-] (Zeichen: @): *Sonderzeichen in E-Mail-Adressen, Klammeraffe;* → at²; *aber:* → Et-Zeichen

at|zen (Jägerspr., sonst veraltet): du atzt *(fütterst)* junge Vögel; → Atzung

ät|zen: du ätzt mit Säure | (bes. D, Jug.) ätzende *(scheußliche)* Musik; ätzende *(ablehnende, beleidigende)* Bemerkungen; → Ätzung

At|zung die, -/-en (Jägerspr., sonst veraltet): *Fütterung;* → atzen

Ät|zung die, -/-en; die Ä. einer Kupferplatte; → ätzen

au: au (= Au) schreien; → au weh (= auweh)

Au¹ die, -/-en: *Wald- und Wiesengebiet an einem Fluss;* Donauauen; → Aue

Au²: **Au**rum; → Gold

AUA die, -: **Au**strian

Au|ber|gi|ne [obɛr'ʒiː-] die, -/-n ⟨fr.⟩ (D): *ein Gemüse, Melanzani;* → Eierfrucht

auch: a. gut *(in Ordnung);* a. das noch; wer a. immer *(jede/r);* wie dem a. sei

au con|traire [o kɔ̃'trɛːr] ⟨fr.⟩: *im Gegenteil*

au|di|a|tur et al|te|ra pars ⟨lat.⟩ (Jus): *es muss auch die andere Streitpartei angehört werden* ‖ **Au|di|enz** die, -/-en: *Empfang bei einer hochgestellten Person* ‖ **Au|di|enz|saal** ‖ **Au|di|max** das, - (Studentenspr.): *Kurzwort für Auditorium maximum* ‖ **Au|dio|book** [-bʊk] das, -s/-s: → *Hörbuch* ‖ **Au|dio-CD** [-tse deː] ‖ **au|dio|vi|su|ell** [-v-], *auch:* **au|dio|vi|su|ell** (AV): *akustisch und optisch;* audiovisuelle Unterrichtsmittel

Au|dit [engl. 'ɔː-, auch: 'aʊ-] das, -[s]/-s ⟨lat.-engl.⟩: *Anhörung, Prüfverfahren*

au|di|tiv ⟨lat.⟩: *das Gehör betreffend;* ein auditiver Typ *(jemand, der Gehörtes besonders gut im Gedächtnis behält)* ‖ **Au|di|tor** der, -s/-en [-'oː-] (früher) (Mil.): *Ankläger* ‖ **Au|di|to|ri|um** das, -s/Auditorien [-i̯ɛn]: *Hörsaal* | *Zuhörerschaft* ‖ **Au|di|to|ri|um ma|xi|mum** ⟨lat.⟩: *größter Hörsaal einer Universität/Hochschule;* → Audimax

Au|e die, -/-n (D): *Au*

Au|er|hahn ‖ **Au|er|hen|ne:** *ein Wildhuhn* ‖ **Au|er|ochs** [-ks]: *ein Wildrind, Ur*

auf

Präposition mit Dativ oder Akkusativ:
- auf Urlaub sein
- auf einmal
- in der Nacht auf Montag
- auf etwas vergessen

Mit Akkusativ zur Angabe einer Richtung:
- auf den Tisch legen *(wohin?)*
- etwas auf ein Plakat malen
- auf den Zug müssen (in Vorarlberg für: *zum Zug müssen*)

Mit Dativ zur Angabe einer Position:
- auf dem Tisch liegen *(wo?)*
- ein Fachmann auf dem Sektor
- auf der Post; auf der Universität; auf See

Zum Gebrauch „am/auf" → am

Groß- und Kleinschreibung:
- auf (= Auf) Wiedersehen sagen; *aber nur groß:* das **A**uf und Ab

Groß- und Kleinschreibung nach „auf das/aufs" auf die Frage *Wie?*:
- auf das Äußerste (= äußerste) erstaunt sein
- sie wurde auf das Beste (= beste) bewirtet
- sie wurde auf das Freundlichste (= freundlichste) empfangen

Großschreibung nach „auf das/aufs" auf die Frage *Worauf?*:
- aufs Äußerste *(auf den Tod)* gefasst sein
- auf das Beste hoffen

Adverb:
- auf und davon
- Fenster auf!
- von klein auf
- früh auf sein *(wach sein, aufstehen)*

→ auf Seiten (= aufseiten); → auf und ab; → auf und zu

auf|ar|bei|ten: einen Rückstand a. | (Psych.) ein vergangenes Geschehen a. *(bewältigen)* ‖ **Auf|ar|bei|tung** die, -

auf|at|men: erleichtert a.

auf|bah|ren: den Verstorbenen a. *(in einer Bahre oder in einem Sarg aufstellen)* ‖ **Auf|bah|rung** die, -/-en ‖ **Auf|bah|rungs|hal|le**

Auf|bau der, -[e]s: *Errichtung, Wiedererrichtung* | *Gliederung* | (mit Pl. -ten) *aufgesetztes Stockwerk;* die Aufbauten auf dem Deck eines Schiffes ‖ **Auf|bau|ar|beit:** große A. leisten ‖ **auf|bau|en¹:** das Haus wieder a. | auf neuen Erkenntnissen a. *(sie als Grundlage heranziehen, daran anknüpfen)* ‖ **auf|bau|en²** sich: der Türsteher baute sich vor mir auf *(stellte sich mir wuchtig in den Weg)* ‖ **Auf|bau|gym|na|si|um** [-gy-]: *eine Sonderform der allgemein bildenden höheren Schule* ‖ **Auf|bau|hil|fe**

auf|bäu|men sich: *sich plötzlich aufrichten* | *sich widersetzen*

auf|bau|schen: *übertreiben;* eine Bagatelle a.

auf|be|geh|ren: *sich auflehnen, protestieren*

A

auf|be|hal|ten: den Hut a. *(nicht ablegen)*
auf|be|kom|men: das Kompottglas nicht a. *(nicht öffnen können)* | eine Hausübung a.
auf|be|rei|ten: Trinkwasser a. *(reinigen)* | ein Thema für ein Seminar a. *(bearbeiten, vorbereiten)* || **Auf|be|rei|tung**
auf|bes|sern: den Gehalt a. *(etwas dazuverdienen)* || **Auf|bes|se|rung**
auf|bet|ten: *das Bett [zum/nach dem Schlafen] herrichten*
auf|be|wah|ren || **Auf|be|wah|rung:** die A. *(Verwahrung, Lagerung)* von Lebensmitteln || **Auf|be|wah|rungs|ort**
auf|bie|ten: alle seine Kräfte a. *(einsetzen)* || **Auf|bie|tung** die, -: unter A. aller Kräfte; → Aufgebot
auf|bin|den: *Verschnürtes öffnen* | Weinreben a. *(anbinden)* | jemandem einen Bären a. *(jemanden belügen)*
auf|blä|hen[1]: *aufblasen* | ein aufgeblähter *(zu großer, ineffizienter)* Verwaltungsapparat || **auf|blä|hen**[2] sich (abw.): *sich wichtigmachen*
auf|blas|bar || **auf|bla|sen**[1]: den Luftballon a. || **auf|bla|sen**[2] sich (abw.): *sich wichtigmachen;* ein aufgeblasener *(überheblicher)* Kerl
auf|blat|teln (ugs.): eine Zeitung a. *(aufblättern)* | den Professor a. *(seine Schwächen aufdecken, blamieren)* | es hat ihn aufgeblattelt *(er ist ausgerutscht, gefallen)* || **auf|blät|tern:** eine Zeitschrift a.
auf|blei|ben: lange a. *(spät zu Bett gehen)*
auf|blen|den: *das Fernlicht einschalten;* die Scheinwerfer a.
auf|bli|cken: von der Arbeit kurz a. *(aufschauen)*
auf|blü|hen: die Tulpe blüht auf | im neuen Beruf a. *(sich positiv entwickeln)*
auf|boh|ren: ein Schloss a.
auf|brau|chen: *völlig verbrauchen* || **Auf|brauchs|frist:** die A. für Nahrungsmittel
auf|brau|sen: ein aufbrausender *(leicht erregbarer, zorniger)* Mensch
auf|bre|chen: die Tür a. | wir brechen jetzt auf *(machen uns auf den Heimweg, reisen ab)*
auf|brin|gen: *beschaffen, besorgen* | *auftragen;* den Klebstoff dick a. | die Türe nicht a. *(nicht öffnen können)* | das bringt *(regt)* ihn sicher auf; sie ist deswegen aufgebracht *(erzürnt, verärgert)*
Auf|bruch: *Abreise, das Fortgehen* | (geh.) *Neubeginn* || **Auf|bruchs|stim|mung,** *auch:* **Auf|bruch|stim|mung**
auf|brum|men (ugs.): jemandem eine Strafe a. *(auferlegen)*
auf|bü|geln: den Anzug a. *(bügeln)* | ein Abzeichen auf die Jacke a.
auf|bür|den (geh.): *aufladen, auferlegen*
auf|de|cken: zum Essen a. *(den Tisch decken)* | Missstände a. | *die Bettdecke entfernen* || **Auf|de|ckung**
auf|drän|gen: dem Kind etwas a. wollen *(ihm gegen seinen Willen etwas zuschieben wollen);* du drängst dich jedem auf *(bietest auch unerwünscht deine Hilfe an);* eine Frage drängt sich auf *(stellt sich)*
auf|dre|hen: das Licht a. *(einschalten)* | (ugs.) *aufbegehren, schimpfen*
auf|dring|lich: *zudringlich, lästig* || **Auf|dring|lich|keit**
auf|drö|seln (bes. D, ugs.): einen Wollknäuel a. *(entwirren)*
Auf|druck der, -[e]s/-e: *(auf ein Schild, auf Textilien) gedruckte Schrift oder Abbildung*
auf|drü|cken: die Haustür a. | *aufprägen;* sein Siegel a.

auf|ei|n|an|der

Getrenntschreibung, wenn die Hauptbetonung auf dem Verb liegt:
- aufeinander achten
- aufeinander warten

Zusammenschreibung, wenn die Hauptbetonung auf „aufeinander“ liegt:
- Bücher aufeinanderlegen
- aufeinandertreffen

Getrennt- und Zusammenschreibung:
- aufeinander folgen = aufeinanderfolgen (die Betonung kann auf „folgen“ oder auf „aufeinander“ liegen)
- zwei aufeinander folgende (= aufeinanderfolgende) Tage

Auf|ei|n|an|der|fol|ge: *Reihenfolge* || **auf|ei|n|an|der fol|gen** = **auf|ei|n|an|der|fol|gen** || **auf|ei|n|an|der|le|gen** || **auf|ei|n|an|der|tref|fen**
Auf|ent|halt der, -[e]s/-e: *Verbleib;* der gewöhnliche A. *(zB Wohnsitz)* einer Person | *Halt, Pause;* in Mailand hatten wir 10 Minuten A. || **Auf|ent|halts|be|wil|li|gung:** *behördliche Aufenthaltserlaubnis [für Ausländer]* || **Auf|ent|halts|dau|er** || **Auf|ent|halts|er|laub|nis** || **Auf|ent|halts|ge|neh|mi|gung** || **Auf|ent|halts|ge|setz** || **Auf|ent|halts|ort** || **Auf|ent|halts|raum** || **Auf|ent|halts|recht** (Jus): *Recht ausländischer Personen, im Einwanderungsland bleiben zu dürfen*
auf|er|le|gen: jemandem eine Buße a. *(vorschreiben)*
auf|er|ste|hen (Rel.): *nach dem Tod zum Leben erweckt werden* || **Auf|er|ste|hung** die, - (Rel.) || **Auf|er|ste|hungs|fei|er** (Rel.): *Osterfeier* || **Auf|er|ste|hungs|got|tes|dienst** (Rel.): *Totenmesse*
auf|er|we|cken: *wieder zum Leben erwecken*
auf|es|sen, aufgegessen: „Iss alles auf!“
auf|fä|chern: sich in fünf Bereiche a. *(teilen)*
auf|fä|deln: ich fädle Perlen auf
auf|fah|ren: auf ein Riff a. | knapp a. *(an das davorfahrende Auto heranfahren)* | aus dem Schlaf a. *(aufschrecken, hochfahren)* | (Mil.) *in Stellung bringen* | (sal.) *servieren;* sie ist mit allen Köstlichkeiten aufgefahren | (Rel.) aufgefahren *(aufgestiegen)* in den Himmel || **Auf|fahrt:** *das Hinauffahren* | *Zufahrt;* Autobahnauffahrt | die A. *(das Vorfahren)* der Politiker vor dem Parlament || **Auf|fahr|un|fall**
auf|fal|len: eine auffallende Ähnlichkeit; negativ a. | auffallendes Licht || **auf|fäl|lig** || **Auf|fäl|lig|keit**
auf|fan|gen: den Abstürzenden a. | Regenwasser a. *(in einem Kübel oÄ sammeln)* | eine heruntergefallene Masche a. (beim Stricken) | die Inflation a. *(in den Griff bekommen)* | Gesprächsteile a. *(zufällig mithören)* || **Auf|fang|ge|sell|schaft** (Wirt.): *Gesellschaft, die ein in Konkurs befindliches Unternehmen zur Sanierung übernimmt* || **Auf|fang|la|ger:** *vorübergehende Unterbringungsstätte [für Flüchtlinge]* || **Auf|fang|netz**
auf|fas|sen: *verstehen;* etwas falsch a. || **Auf|fas|sung:** *Meinung* || **Auf|fas|sungs|ga|be** die, -: *das Verstehen* || **Auf|fas|sungs|sa|che** die, -: das ist reine A. *(Ansichts-*

sache) || **Auf|fas|sungs|un|ter|schied** (meist Pl.)

auf|fet|ten: *aufbessern*

auf|fin|den: *finden;* sie wurde tot aufgefunden

auf|fir|nen (reg.): der Schnee firnt auf *(wird weich)*

auf|fi|schen: *aus dem Wasser holen* | (ugs.) jemanden in einer Bar a. *(zufällig treffen; kennen lernen)*

auf|fla|ckern: alte Konflikte könnten wieder a. *(wieder hervortreten, aufbrechen)*

auf|flam|men: die Lichter flammten auf

auf|flie|gen: der Fasan fliegt auf | die Tür flog auf | (ugs.) der Skandal ist aufgeflogen *(bekannt geworden)*

auf|for|dern: *[nachdrücklich] ersuchen; bitten;* jemanden zum Tanz a. || **Auf|for|de|rung:** *nachdrückliche Bitte* || **Auf|for|de|rungs|satz** (Gramm.): *Satz, der eine Aufforderung oder einen Befehl zum Ausdruck bringt; Befehlssatz*

auf|fors|ten: *einen Wald (Forst) anpflanzen* || **Auf|fors|tung** die, -/-en

auf|fres|sen: *zur Gänze fressen*

auf|fri|schen: du frisch[s]t alte Kenntnisse auf || **Auf|fri|schung** die, -

auf|fri|sie|ren (ugs.): ein Motorrad a. *(tunen)*

auf|führ|bar || **auf|füh|ren:** ein Theaterstück a. *(spielen)* | sich anständig a. *(benehmen)* || **Auf|füh|rung** || **Auf|füh|rungs|pra|xis** (Mus.): *Realisierung eines Notentextes*

auf|fül|len: *[wieder] füllen, anfüllen*

Auf|ga|be: Aufgaben machen; eine schwierige A. | dieser Teil hat die A. *(Funktion)* zu stützen | die A. *(Absendung)* eines Briefes | die A. *(das Aufgeben)* des Wettkampfes || **Auf|ga|ben|heft**

auf|ga|beln: ich gable Heu auf | (ugs.) jemanden im Urlaub a. *(zufällig kennen lernen, aufreißen)*

Auf|ga|ben|be|reich || **Auf|ga|ben|stel|lung** || **Auf|ga|be|stem|pel:** *Poststempel*

Auf|gang: der A. zum Turm | der A. der Sonne

auf|ge|ben: den [Wett]kampf a.; seinen Beruf a.; das Rauchen a.; alle Hoffnungen a. | einen Brief a. | jemandem eine Übung a. | (ugs.) die Uhr hat plötzlich den Geist aufgegeben *(funktioniert nicht mehr)*

auf|ge|bla|sen → aufblasen[2]

Auf|ge|bot: ein großes A. an Sicherheitskräften | mit dem A. aller Kräfte *(mit allen Kräften)* | das A. (der Brautleute) *(die öffentliche Bekanntmachung der beabsichtigten Eheschließung);* → aufbieten

auf|ge|bracht → aufbringen

auf|ge|don|nert (abw.): sie war a. *(auffällig hergerichtet)* wie eine Filmdiva

auf|ge|dun|sen: ein aufgedunsenes *(aufgequollenes)* Gesicht

auf|ge|hen: die Sonne geht auf | die Tür geht auf | die Rose geht *(blüht)* auf | eine Rechnung geht auf *(erweist sich als richtig)* | ganz im Beruf a. *(darin seine Erfüllung finden)*

auf|gei|gen: bei einem Fest a. *(mit der Geige aufspielen)* | (ugs.) euch werde ich a.! *(werde ich es zeigen!)*

auf|gei|len (derb): *sexuell erregen;* das geilt mich auf

auf|ge|kratzt (ugs.): *gut aufgelegt;* → aufkratzen

auf|ge|legt: gut a. *(gut gelaunt)* sein; nicht dazu a. *(nicht in der richtigen Stimmung)* sein | (ugs.) ein aufgelegter *(offenkundiger)* Unsinn; → auflegen

auf|ge|räumt: a. *(gut gelaunt)* sein; → aufräumen

Auf|ge|regt|heit die, -/-en

auf|ge|schlos|sen: *empfänglich, interessiert;* → aufschließen || **Auf|ge|schlos|sen|heit**

auf|ge|schmis|sen (ugs.): ohne dich bin ich a. *(ratlos, hilflos)*

auf|ge|ta|kelt → auftakeln[2]

auf|ge|weckt: ein aufgewecktes *(lebhaftes, begabtes)* Kind; → aufwecken

auf|gie|ßen: Gemüse mit Suppe a.

auf|glei|ten (Met.): warme Luftschichten gleiten auf kalten Schichten auf

auf|glie|dern: *einteilen, ordnen* || **Auf|glie|de|rung**

auf|gra|ben: die Straße a. *(durch Grabung öffnen)*

auf|grei|fen: *verhaften* | einen Gedanken a. *(daran anknüpfen)* || **Auf|griff** (Amtsspr.): *das Beschlagnahmte, Verhaftete*

auf Grund = **auf|grund:** auf G. (= aufgrund) eines Bescheides; auf G. von Untersuchungen

Auf|guss: ein A. von Heilkräutern; in der Sauna einen A. machen || **Auf|guss|beu|tel:** *Teebeutel*

auf|ha|ben: einen Hut a. | Aufgaben a.

auf|ha|cken: den gefrorenen Boden a.

auf|hal|sen: jemandem eine Arbeit a. *(aufbürden)*

auf|hal|ten[1]: ein Auto a. || **auf|hal|ten**[2] sich: sich in Bregenz a. | sich über etwas a. *(sich darüber beschweren)* || **auf|häl|tig** (Amtsspr.): er ist seit drei Jahren hier a. *(wohnhaft)*

auf|hän|gen: sie hat ein Bild aufgehängt | *erhängen* | einen Vortrag an statistischem Material a. *(damit stützen)* || **Auf|hän|ger** der, -s/-: *Kleiderhaken, -bügel* | *aktuelles Thema, interessanter Einleitungsteil [für einen Zeitungsartikel];* → Aufmacher || **Auf|hän|gung** die, -/-en (Technik): die A. *(Art der Anbringung)* der Vorderräder

auf|hau|en: *aufschlagen* | (ugs.) es hat ihn aufgehaut *(er ist hingefallen)* | (ostöst., ugs., sal.) *prahlen, demonstrativ prassen;* er hat heute im Wirtshaus wieder aufgehaut

auf|häu|fen: *zu einem Haufen schichten;* Schneemassen häufen *(türmen)* sich auf

auf|hau|sen (westöst., mda.): *pleitegehen/Pleite machen;* → abhausen

auf|he|ben: einen Knopf vom Boden a. | ein Andenken a. *(aufbewahren);* der Sohn ist bei den Großeltern gut aufgehoben | ein Urteil a. *(für ungültig erklären);* die Sitzung a. *(beenden, schließen)* || **Auf|he|ben** das, -s: von etwas nicht viel Aufheben[s] machen *(nicht viel darüber reden)* | (geh.) ohne A. *(Aufsehen zu erregen)* || **Auf|he|bung:** *Abschaffung*

auf|hei|tern: die Gäste a. *(froh stimmen)* | es heitert sich auf *(wird schön)* || **Auf|hei|te|rung** die, -/-en

auf|hel|fen: *beim Aufstehen helfen*

auf|hel|len: es hellt *(heitert)* sich auf | eine Fotografie a. || **Auf|hel|ler** der, -s/-: *Substanz mit aufhellender Wirkung [im Waschmittel];* optische A. || **Auf|hel|lung** die, -/-en

auf|het|zen: *Hass schüren, aufwiegeln* || **Auf|het|zung** die, -/-en

auf|heu|len: den Motor a. lassen

auf|ho|len: das Fahrzeug hinter dir holt auf; Versäumtes a. || **Auf-**

hol|jagd (Sport): eine A. starten

auf|hor|chen: *gespannt zu horchen beginnen* | das lässt a. *(weckt die Aufmerksamkeit)*

auf|hö|ren: *beenden;* da hört sich aber alles auf! *(Ausruf der Entrüstung)*

auf|hus|sen (ugs.): *aufhetzen*

auf|jau|len: der Hund jaulte laut auf

auf|ka|schie|ren: ein Bild a. *(auf eine feste Unterlage kleben)*

auf|kau|fen: *alles kaufen, zusammenkaufen*

auf|keh|ren: *zusammenkehren;* den Boden, die Brösel a.

auf|kei|men: langsam aufkeimender *(aufkommender)* Zorn

auf|klaf|fen: im Boden klafften Risse auf

auf|klapp|bar ‖ **auf|klap|pen:** das Taschenmesser a.

auf|kla|ren: es klart auf *(der Himmel wird klar)*

auf|klä|ren: einen Irrtum a. *(klarstellen);* etwas hat sich aufgeklärt | *informieren;* die Schüler/innen über Drogen a. | die Tochter a. *(über Sexualität informieren)* | (Mil.) das feindliche Gebiet a. *(erforschen)* ‖ **Auf|klä|rer** der, -s/-: *ein Militärflugzeug* | *Vertreter der Aufklärung* ‖ **Auf|klä|re|rin** die, -/-innen: *Vertreterin der Aufklärung* ‖ **auf|klä|re|risch** ‖ **Auf|klä|rung** die, -/-en: die A. des Verbrechens | sexuelle A. | (ohne Pl.) *eine europäische geistesgeschichtliche Strömung im 18. Jh.* ‖ **Auf|klä|rungs|film:** *Informationsfilm [über Sexualität]* ‖ **Auf|klä|rungs|flug|zeug** (Mil.) ‖ **Auf|klä|rungs|kam|pa|gne** [-kamˌpanjə, fr.: -kɑ̃ˌpanj]: *Informationsaktion*

auf|klau|ben: etwas vom Boden a. *(aufheben)*

auf|kle|ben ‖ **Auf|kle|ber**

auf|knöp|feln = **auf|knöp|fen:** den Mantel a.

auf|kno|ten: *den Knoten lösen*

auf|ko|chen: eine Suppe a. lassen | für ein Fest groß a. *(aufwändig kochen)*

auf|kom|men: Sturm kommt auf *(entsteht);* eine neue Mode ist aufgekommen | es kommt alles auf *(wird bekannt)* | jemanden nicht a. lassen *(jemandes Erfolg verhindern)* | für etwas a. *(die Kosten übernehmen)* ‖ **Auf|kom|men** das, -s/-: *Ertrag* | (ohne Pl.) (geh.) *Genesung*

auf|krän|zen (reg.): das Vieh zum Almabtrieb a. *(schmücken)*

auf|krat|zen: sich eine Wunde a.; → aufgekratzt

auf|krem|peln: die Ärmel a. (auch: *eine Arbeit mit Eifer beginnen)*

auf|kreu|zen (sal.): *überraschend auftauchen*

auf|krie|gen: eine Dose a. *(aufbekommen)* | eine Hausübung a. *(aufbekommen)*

auf|kün|di|gen: eine Wohnung a.; ein Dienstverhältnis a.; eine Freundschaft a. *(beenden)* ‖ **Auf|kün|di|gung:** *Kündigung eines Vertrages*

auf|kur|beln: das Autofenster a.

Aufl.: Auflage

Auf|la|den: das Gepäck a. | sich Verantwortung a. | die leere Batterie a.

Auf|la|ge (Aufl.): ein Buch in hoher A. *(Stückanzahl)* drucken | eine A. *(Bedingung)* vorschreiben; unter folgender A. | *aufgelegte Schicht* ‖ **Auf|la|gen|hö|he** ‖ **auf|la|gen|stark**

auf|las|sen: eine Haltestelle a. *(abschaffen)* | den Hut a. *(aufbehalten)* | die Kinder lange a. *(nicht schlafen schicken)* ‖ **Auf|las|sung** die, -/-en: *Schließung, Stilllegung*

auf|lau|ern: *mit schlechten Absichten auf jemanden warten;* sie lauerte ihm auf

Auf|lauf: *Menschenansammlung* | *eine Speise;* Reisauflauf ‖ **auf|lau|fen:** aufgelaufene *(bisher entstandene)* Kosten | das Schiff ist aufgelaufen *(auf Grund gelaufen)* ‖ **Auf|lauf|form:** *ein Kochgeschirr für Aufläufe*

auf|läu|ten (reg.): *durch Läuten aufwecken*

auf|le|ben: nach längerem Leiden wieder a.

auf|le|cken: die Milch a. *(aufschlecken)*

auf|le|gen: eine Platte a.; ein weiteres Gedeck a.; den Hörer a. | Baupläne zur Einsichtnahme a. *(für alle zugänglich machen);* → aufgelegt

auf|leh|nen sich: sich gegen die Eltern a. *(sich empören, Widerstand leisten)* ‖ **Auf|leh|nung** die, -/-en

auf|le|sen: *aufklauben, aufheben*

auf|lie|gen[1]: Zeitungen liegen im Lesesaal auf ‖ **auf|lie|gen**[2] sich (ugs.): die Kranke hat sich aufgelegen *(wund gelegen)*

auf|lis|ten: Waren a. *(in einer Liste erfassen)* ‖ **Auf|lis|tung** die, -/-en

auf|lo|ckern: es lockert auf *(die Wolken werden weniger)* | den Vortrag durch Dias a. *(abwechslungsreicher gestalten)* ‖ **Auf|lo|cke|rung** die, -/-en

auf|lo|dern: die Flamme lodert auf *(brennt empor)* | der alte Hass lodert wieder auf *(entsteht wieder)*

auf|lös|bar ‖ **auf|lö|sen:** eine Versammlung/einen Vertrag a. *(beenden)* | ein Rätsel a. | Zucker in Wasser a. ‖ **Auf|lö|sung:** die A. des Rätsels | (Jus) vorzeitige A. *(nicht an Fristen gebundene Entlassung, zB einer Regierung);* A. eines Vertrages | die A. *(Schärfe, Klarheit)* eines Fotos/eines Monitorbildes ‖ **Auf|lö|sungs|pro|zess** ‖ **Auf|lö|sungs|ver|mö|gen** (Phys.): *Fähigkeit eines optischen Geräts zur Trennung eng beieinanderliegender Details* ‖ **Auf|lö|sungs|zei|chen** (♮) (Mus.): *Aufhebung eines Vorzeichens*

auf|ma|chen[1]: die Tür a. *(öffnen)* | ein Geschäft a. *(eröffnen)* ‖ **auf|ma|chen**[2] sich: *sich auf den Weg machen, aufbrechen* ‖ **Auf|ma|cher** der, -s/-: *journalistischer Blickfang; besondere [Zeitungs-]schlagzeile;* → Aufhänger ‖ **Auf|ma|chung** die, -/-en: in großer A. *(auffällig, prunkvoll)*

Auf|marsch: der A. der Sportlerinnen ‖ **auf|mar|schie|ren:** die Truppen marschieren auf | (sal.) er marschierte mit der ganzen Verwandtschaft auf

auf|ma|scherln (ostöst., ugs.): *[aus]schmücken, um Eindruck zu machen;* ich mascherl mich für den Ball a. *(putze mich dafür heraus)*

auf|mer|ken (geh.): *aufpassen; aufhorchen* ‖ **auf|merk|sam:** a. zuhören; jemanden auf etwas a. machen *(hinweisen)* | das ist sehr a. *(freundlich, liebenswürdig)* von Ihnen ‖ **Auf|merk|sam|keit** die, -: die A. wecken | (mit Pl. -en) kleine Aufmerksamkeiten *(Geschenke)*

auf|mi|schen (ugs.): *in Schwung bringen, anregen*

auf|mö|beln (ugs.): *erneuern, modernisieren* | *aufmuntern*

auf|mot|zen (ugs.): *aufputzen*

auf|mu|cken = **auf|muck|sen** (ugs.): gegen ein Verbot a. *(sich dagegen auflehnen)*

auf|mun|tern: das Publikum a. *(aufheitern)* | jemanden zum Weitermachen a. *(anspornen)* ‖

Auf|mun|te|rung die, -/-en

auf|müp|fig: *aufsässig, eigensinnig* ǁ **Auf|müp|fig|keit** die, -/-en

auf|nä|hen ǁ **Auf|nä|her** der, -s/-: *Plakette aus Stoff zum Aufnähen*

Auf|nah|me die, -/-n: die A. ins Krankenhaus; eine herzliche A. | die A. ins Wörterbuch | die A. einer Anzeige | die A. *(Einstellung)* von Arbeitskräften | eine schöne A. *(Fotografie)* | die A. *(Aufzeichnung)* eines Films ǁ **Auf|nah|me|be|din|gung** ǁ **auf|nah|me|be|reit** ǁ **auf|nah|me|fä|hig** → aufnahmsfähig ǁ **Auf|nah|me|fä|hig|keit** ǁ **Auf|nah|me|prü|fung** → Aufnahmsprüfung ǁ **Auf|nah|me|sper|re:** *Einstellungsstopp* ǁ **auf|nahms|fä|hig,** *auch:* aufnahmefähig ǁ **Auf|nahms|prü|fung,** *auch:* Aufnahmeprüfung ǁ **Auf|nahms|wer|ber:** *jemand, der sich um Aufnahme bewirbt* ǁ **Auf|nahms|wer|be|rin** ǁ **auf|neh|men:** eine neue Mitarbeiterin a. *(anstellen)* | das muss ich a. *(fotografieren; filmen; auf Kassette aufzeichnen);* ein Protokoll a. | etwas ins Programm a. | es mit jemandem a. können *(sich mit jemandem messen können)* | jemanden gastlich a. *(beherbergen)* | Verhandlungen a. *(beginnen)* | einen Kredit a. *(Geld [von einer Bank] leihen)*

auf|nö|ti|gen: *aufoktroyieren*

auf|ok|tro|y|ie|ren [-oi:-, -ǫaji:-]: jemandem etwas a. *(aufzwingen);* → oktroyieren

auf|op|fern: sich für jemanden a. *(ihn zB selbstlos pflegen)* ǁ **Auf|op|fe|rung:** die A. *(Preisgabe)* einer Sache ǁ **auf|op|fe|rungs|voll**

auf|päp|peln: jemanden nach einer Krankheit a. *(mit entsprechender Nahrung stärken)*

auf|pas|sen, du passt auf: *Acht geben;* auf den Hund a. ǁ **Auf|pas|ser** der, -s/- ǁ **Auf|pas|se|rin** die, -/-innen

auf|pe|cken: das Kücken hat das Ei aufgepeckt *(mit dem Schnabel geöffnet);* → aufpicken

auf|pel|zen: *aufbürden;* jemandem eine hohe Strafe a.; der Mannschaft viele Tore a.

auf|pflan|zen sich: *sich herausfordernd aufstellen*

auf|pfrop|fen: eine neue Rebsorte a. | ein aufgepfropftes *(unechtes, nur angelerntes)* Wissen

auf|pi|cken[1]: Körner a. *(mit dem Schnabel aufsammeln)* | *mit dem Schnabel öffnen;* → aufpecken

auf|pi|cken[2]: *aufkleben*

auf|plat|zen: die Wunde ist aufgeplatzt

auf|plus|tern sich: der Vogel plustert sich auf

auf|po|lie|ren: die Tischplatte a.

Auf|prall der, -[e]s ǁ **auf|pral|len:** der Pkw prallte auf die Leitschiene auf

Auf|preis: *Aufzahlung*

auf|pul|vern [-f-]: man muss ihn von Zeit zu Zeit a. *(aufrütteln);* sich mit Kaffee a.

auf|pum|pen: die Reifen a.

auf|put|schen: die Belegschaft a. *(aufstacheln, aufhetzen)* | sie putscht sich/ihren Körper mit Kaffee auf ǁ **Auf|putsch|mit|tel:** *anregende Substanz, die eingenommen wird, zB Kaffee, Dopingmittel, Rauschgift*

Auf|putz der, -es: *Schmuck; Aufmachung* ǁ **auf|put|zen:** *schmücken;* den Christbaum a.

auf|raf|fen sich: *alle Kraft zusammennehmen, endlich etwas tun*

auf|ra|gen: *in die Höhe ragen*

auf|rap|peln sich: *sich [mühsam] erheben*

auf|rau|en: *rau machen*

auf|räu|men: das Zimmer, die Spielsachen a. *(zusammenräumen)* | mit Missbräuchen a. *(sie beseitigen);* → aufgeräumt ǁ **Auf|räu|me|rin** die, -/-innen: *Bedienerin, Putzfrau* ǁ **Auf|räu|mung** ǁ **Auf|räu|mungs|ar|bei|ten** die (Pl.)

auf|rech|nen: *verrechnen* | eine Leistung mit Gegenforderungen a. *(kompensieren)* ǁ **Auf|rech|nung**

> **auf|recht**
> ein aufrechter *(ehrlicher)* Charakter | (Jus) aufrechte Erledigung *(günstige Bewilligung)*
>
> **Getrenntschreibung:**
> – sich aufrecht halten
> – aufrecht sitzen
>
> **Zusammenschreibung bei übertragener Bedeutung:**
> – der Beschluss muss aufrechtbleiben *(bestehen, gültig bleiben)*
> – eine Behauptung aufrechterhalten

auf|recht|blei|ben: der Beschluss muss a. *(bestehen bleiben)* ǁ **auf|recht|er|hal|ten:** eine Behauptung a. ǁ **Auf|recht|er|hal|tung**

auf|re|gen: sie ist vor der Prüfung aufgeregt; sich über jemanden/etwas a.; das war ein aufregender Tag ǁ **Auf|re|gung**

auf|rei|ben[1]: den Fußboden a. *(mit einem Aufreibfetzen aufwischen)* | (ugs.) mit der Hand a. *(einen Schlag androhen)* ǁ **auf|rei|ben**[2] sich: sie reibt sich dabei auf *(überanstrengt sich körperlich und psychisch)* ǁ **Auf|reib|fet|zen** ǁ **Auf|reib|tuch**

auf|rei|hen: die Ergebnisse untereinander a.

auf|rei|ßen: ein Brieflos a. | *aufbrechen;* die Straße a. | (ugs., sal.) einen Job a. *(finden)* | (ugs., sal.) ein Mädchen a. *(sich anlachen, für sich gewinnen);* → anmachen ǁ **Auf|rei|ßer|lo|kal** (sal.): *Lokal, in dem man schnell einen Aufriss macht* ǁ **Auf|rei|ßer|typ** [-yp] (sal.)

auf|rei|zen: *aufhetzen;* jemanden zu Gewalttaten a. | aufreizend *(erregend, erotisch)* gekleidet

auf|rich|ten: *in die Höhe richten* | *trösten, aufmuntern* ǁ **auf|rich|tig:** *ehrlich, offen;* a. bedauern ǁ **Auf|rich|tig|keit** ǁ **Auf|rich|tung**

Auf|riss: *Bauzeichnung mit frontaler Darstellung;* → Grundriss | *Übersicht* | (ugs., sal.) einen A. *(eine Eroberung)* machen ǁ **Auf|riss|zeich|nung**

auf|rol|len: ein Kabel a. | ein Problem a. *(darlegen, angehen)*

auf|rü|cken: *anschließen*

Auf|ruf: *Appell, Aufforderung* ǁ **auf|ru|fen:** den nächsten Patienten a. | alle zum Spenden a. *(auffordern)*

Auf|ruhr der, -[e]s/-e: *Aufstand, Erhebung;* das ganze Land ist in A. ǁ **auf|rüh|ren:** *umrühren, um etwas an die Oberfläche zu bringen* | (geh.) Gefühle a. *(hervorrufen)* | (geh.) das Volk a. *(politisch verhetzen)* ǁ **Auf|rüh|rer** der, -s/- ǁ **Auf|rüh|re|rin** die, -/-innen ǁ **auf|rüh|re|risch**

auf|run|den: einen Betrag a.; → G.: abrunden ǁ **Auf|run|dung**

auf|rüs|ten: *die Bewaffnung verstärken* | den Computer a. *(nachrüsten)* ǁ **Auf|rüs|tung**

auf|rüt|teln: sein Gewissen a. *(wachrütteln)*

aufs: auf das; a. Land fahren; → auf

auf|sa|gen: ein Gedicht a. *(auswendig vortragen)* | (geh.) jemandem die Freundschaft a. *(kündigen)*

A

auf|sam|meln: Abfälle a.
Auf|san|dung die, -/-en (Jus): *Verzicht auf ein im Grundbuch eingetragenes Recht* ‖ **Auf|san|dungs|er|klä|rung** (Jus) ‖ **Auf|san|dungs|ur|kun|de** (Jus): *öffentlich beglaubigte Aufsandungserklärung*
auf|säs|sig: *rebellisch* | (veraltet) jemandem a. sein *(ihn dauernd benachteiligen)* ‖ **Auf|säs|sig|keit** die, -/-en
Auf|satz: *eine schriftliche Arbeit* | ein A. *(Aufbau)* für einen Kasten ‖ **Auf|satz|the|ma**
auf|sau|gen: Wasser mit dem Schwamm a.
auf|schau|en: von einem Buch a. *(aufblicken)* | zu jemandem a. *(jemanden verehren)*
auf|schau|keln: *intensivieren, sich vergrößern;* Gefühle a.
auf|schäu|men: Milch für den Cappuccino a.
auf|schei|nen: in einer Liste a. *(vorkommen)*
auf|scheu|chen: Wild a.
auf|schich|ten: Ziegel a.
auf|schie|ben: einen Termin a. *(auf später verschieben)* | (Jus) aufschiebende Bedingung *(Bedingung, die einen Vertrag wirksam werden lässt)* ‖ **Auf|schie|bung** die, -/-en
Auf|schlag: 10 % A. *(Aufpreis)* | *nach außen gestülpter Ärmel-, Hosenabschluss* | *Aufprall* | (Sport) *der erste Schlag bei Spiel- oder Satzbeginn; Service* ‖ **auf|schla|gen:** er schlug mit dem Kopf auf | ein Ei a. | das Heft a. *(aufklappen);* die Augen a. *(öffnen)* | ein Hosenbein a. *(umstülpen)* | (Sport) *den ersten Ball schlagen; servieren* | die Umsatzsteuer wird auf den Preis aufgeschlagen *(dazugerechnet)* | seine Zelte an einem Ort a. *(sich da niederlassen)* ‖ **Auf|schlä|ger** (Sport): *Spieler, der den Ball serviert* ‖ **Auf|schlä|ge|rin** (Sport) ‖ **Auf|schlag|zün|der:** eine Bombe mit A.; → Zeitzünder
auf|schle|cken: *auflecken*
auf|schlich|ten: *aufstapeln;* Holzscheiter a.
auf|schlie|ßen: *aufsperren; zugänglich machen* | (bes. Sport) zu den Führenden a. *(den Rückstand vermindern);* → aufgeschlossen ‖ **Auf|schluss:** A. *(Auskunft, Einsicht)* geben | (Geol.) *Stelle im Gelände, an der das anstehende Gestein zugänglich ist, zB Felswände, Steilufer* ‖ **auf|schlüs|seln,** ich schlüssle auf: statistisch a. *(gliedern, analysieren)* ‖ **Auf|schlüs|se|lung** = **Auf|schlüss|lung** die, -/-en ‖ **auf|schluss|reich:** *viele Kenntnisse und Einsichten vermittelnd*
auf|schmei|ßen (ugs.): *bloßstellen*
auf|schnap|pen: *durch Zufall erfahren* | das Türschloss ist aufgeschnappt | *mit dem Mund/Maul fangen*
auf|schnau|fen (ugs.): *aufatmen*
auf|schnei|den: Brot a. | (abw.) *großsprecherisch übertreiben, fantasievoll aufbauschen* ‖ **Auf|schnei|der** (abw.): *Wichtigtuer* ‖ **Auf|schnei|de|rei** (abw.) ‖ **Auf|schnei|de|rin** (abw.) ‖ **Auf|schnitt:** *Scheiben von verschiedenen Würsten und Fleischsorten*
auf|schnü|ren: *eine Verschnürung/einen Knoten lösen;* die Schuhe a.
auf|scho|bern = **auf|schö|bern:** *anhäufen, kleine [Stroh]haufen machen*
auf|schre|cken[1]: sie schreckte (schrak) aus dem bösen Traum auf; → schrecken[1] ‖ **auf|schre|cken**[2]: der Hund schreckte das Rebhuhn auf *(scheuchte es auf);* → schrecken[2]
Auf|schrei: *plötzlicher Schrei*
auf|schrei|ben: *notieren* | a. *(anschreiben)* lassen *(auf Kredit kaufen)*
auf|schrei|en: sie schrien empört auf
Auf|schrift: eine A. in Großbuchstaben
Auf|schub: *Verzögerung; gewährte Frist*
auf|schür|fen: sich beim Sturz das Knie a.
auf|schüt|teln: *auflockern* ‖ **auf|schüt|ten:** Kies a. | einen Damm a. *(errichten)* ‖ **Auf|schüt|tung** die, -/-en
auf|schwat|zen: *überreden, aufdrängen*
auf|schwem|men: ein aufgeschwemmtes *(aufgedunsenes)* Gesicht
auf|schwin|gen[1]: die Türen schwingen auf ‖ **auf|schwin|gen**[2] sich: der Adler schwingt sich auf *(fliegt in die Höhe)* | endlich schwingt *(rafft)* er sich zum Wohnungsputz auf | sich zum Geschäftsführer a. *(hinaufarbeiten)* ‖ **Auf|schwung:** *eine Turnübung* | *Aufstieg, positive Entwicklung;* wirtschaftlicher A.; → G.: Abschwung
auf|se|hen: vom Lesen a.

> **Auf|se|hen** das, -s: *Beachtung, Aufregung*
>
> **Getrenntschreibung:**
> – Aufsehen erregen
> – großes Aufsehen erregen[d]
>
> **Getrennt- und Zusammenschreibung:**
> – Aufsehen erregende (= aufsehenerregende) Bilder
>
> **Zusammenschreibung bei Steigerung oder näherer Bestimmung der ganzen Fügung:**
> – aufsehenerregendere Bilder
> – am aufsehenerregendsten
> – äußerst aufsehenerregend

Auf|se|hen er|re|gend = **auf|se|hen|er|re|gend** → Aufsehen ‖ **Auf|se|her** ‖ **Auf|se|he|rin**
auf Sei|ten = **auf|sei|ten** (Präp. mit Gen.): auf Seiten des Freundes; → Seite
auf|set|zen: sich im Bett a. | den Hut a. | einen Brief a. *(entwerfen)* | das Flugzeug setzt auf *(landet)*
Auf|sicht die, -/-en: unter ärztlicher A.; Kinder dürfen nicht ohne A. sein | *Person, die Aufsicht hat;* die A. um Erlaubnis fragen ‖ **Auf|sichts|be|schwer|de** (Jus): *Beschwerde gegen die Amtstätigkeit eines öffentlichen Organs im Amtsweg (an die vorgesetzte Behörde);* → Dienstaufsichtsbeschwerde‖ **Auf|sichts|füh|ren|de**[1] der, -n/-n, ein Aufsichtsführender ‖ **Auf|sichts|füh|ren|de**[2] die, -n/-n ‖ **Auf|sichts|per|so|nal** ‖ **Auf|sichts|pflicht:** die A. verletzen ‖ **Auf|sichts|rat:** *Kontrollorgan einer AG oder GmbH* | *Mitglied dieses Organs* ‖ **Auf|sichts|rä|tin** ‖ **Auf|sichts|rats|sit|zung** ‖ **Auf|sichts|rats|vor|sit|zen|de**[1] der, -n/-n, ein Aufsichtsratsvorsitzender ‖ **Auf|sichts|rats|vor|sit|zen|de**[2] die, -n/-n
auf|sit|zen: *aufs Pferd, [Motor]rad steigen* | (ugs.) dem Betrüger a. *(von ihm hineingelegt werden)* ‖ **Auf|sit|zer** der, -s/- (ugs.): *Übertölpelung, Reinfall* | (Sport) *dummer Fehler, leicht vergebene Chance*
auf|spal|ten: etwas in kleinere Einheiten a. *(teilen)* ‖ **Auf|spal|tung**
auf|span|nen: den Regenschirm a.; ein Netz a.
auf|spa|ren: sich das Beste immer

für den Schluss a. *(aufheben)*
auf|sper|ren: *aufschließen* ‖ **Auf|sperr|dienst:** *Firma, die [in Notfällen] Türschlösser öffnet*
auf|spie|len[1]: zum Tanz a. ‖ **auf|spie|len**[2] sich (abw.): *wichtigtun;* sich als Richter a. *(sich zum Richter machen [wollen])*
auf|spie|ßen: eine Erbse mit der Gabel a.
auf|sprin|gen: *in die Höhe springen;* vor Wut a. | aufgesprungene Hände
auf|sprit|zen: den Apfelsaft a. *(mit Sodawasser, Mineralwasser verdünnen)*
auf|spu|len: das Kabel a.
Auf|sprung: beim A. das Gleichgewicht verlieren
auf|spü|ren: *ausfindig machen, auskundschaften*
auf|sta|cheln, ich stachle auf: jemanden zum Widerstand a. *(aufreizen)*
auf|stamp|fen: mit dem Fuß a.
Auf|stand: *Auflehnung, Revolte* ‖ **auf|stän|disch** ‖ **Auf|stän|di|sche**[1] der, -n/-n, ein Aufständischer ‖ **Auf|stän|di|sche**[2] die, -n/-n
auf|sta|peln: Kisten a. *(sie aufeinanderstellen)*
auf|stau|en: einen Fluss a.
auf|ste|chen: ein Blase a.
auf|ste|cken: einen Ring a. | (ugs.) nichts a. *(erreichen)* | (ugs.) bei einem Wettkampf a. *(sich nicht mehr einsetzen, aufgeben)*
auf|ste|hen: früh a. | nicht mehr a. *(nicht mehr gesund werden und sterben)*
auf|stei|gen: auf das Fahrrad a. | zur Berghütte a. | das Flugzeug steigt auf; Luftblasen steigen auf | Tränen stiegen in ihm auf *(er begann zu weinen)* | beruflich a.; in die höhere [Schul]klasse a. | aufsteigende Linie *(die Vorfahren einer Person);* → G.: absteigend ‖ **Auf|stei|ger** der, -s/-: *jemand, der rasch [gesellschaftlich] in eine höhere Position gekommen ist* | (Sport) *Mannschaft, die in die höhere Spielklasse kommt;* → G.: Absteiger ‖ **Auf|stei|ge|rin** die, -/-**inn**en
auf|stel|len: den Sonnenschirm a.; den Kragen a. | eine Kandidatin für die Wahl a. *(nennen);* eine Fußballmannschaft a. | eine Behauptung a. | einen Weltrekord a. | (ugs.) die Haare a. *(Widerstand zeigen)* | (ugs.) einen Baum a. *(Widerstand leisten)* ‖ **Auf|stel|lung:** die A. einer Fußballmannschaft bekannt geben
auf|stem|men: eine Wand a.
Auf|stieg der, -[e]s/-e: der A. zur Berghütte; der A. des Heißluftballons | der berufliche A. ‖ **Auf|stiegs|hil|fe:** *Schlepplift oÄ* ‖ **Auf|stiegs|mög|lich|keit:** *Möglichkeit beruflich weiterzukommen* ‖ **Auf|stiegs|spiel** (Sport)
auf|stö|bern: das gesuchte Buch in der Bibliothek a. *(finden)* | das Wild a. *(aufscheuchen)*
auf|sto|cken: das Haus a. | das Darlehen a. *(erhöhen)* ‖ **Auf|sto|ckung** die, -/-en
auf|sto|ßen: die Tür a. | das Baby hat aufgestoßen *(gerülpst)*
auf|stre|ben: ein aufstrebendes *(wachsendes)* Unternehmen
auf|strei|chen: Marmelade a.
auf|streu|en: Sand a.
Auf|strich: *Nahrungsmittel, das man aufs Brot streicht*
auf|stüt|zen: den Kopf auf den Ellbogen a.
auf|su|chen: die Ärztin a.
auf|ta|keln[1]: ein Schiff a. *(mit Segeln versehen);* → takeln ‖ **auf|ta|keln**[2] sich (ugs., abw.): *sich übermäßig, geschmacklos herausputzen, kleiden* ‖ **Auf|ta|ke|lung**
Auf|takt: zum A. *(Beginn)* des heutigen Festes | (Mus.) *Beginn mit einem unvollständigen Takt*
auf|tan|ken: das Flugzeug bei einem Zwischenstopp a.
auf|tau|chen: *(aus Wasser, einer Menge) emporkommen; sichtbar werden*
auf|tau|en: gefrorenes Fleisch a.
auf|tei|len: *verteilen;* die Süßigkeiten untereinander a. ‖ **Auf|tei|lung:** die A. eines Vermögens
auf|ti|schen, du tisch[s]t auf: *reichlich Speisen und Getränke auftragen* | (abw.) Märchen a. *(Unwahrscheinliches erzählen)*
Auf|trag der, -[e]s/-träge: einen A. erteilen, ausführen; im Auftrag (→ i. A.) der Direktorin; etwas in A. geben *(anordnen)* ‖ **auf|tra|gen:** Make-up a. | jemandem etwas a. *(Anweisungen erteilen)* | (abw.) dick a. *(übertreiben)* ‖ **Auf|trag|ge|ber** der, -s/- ‖ **Auf|trag|ge|be|rin** die, -/-**inn**en ‖ **Auf|trags|be|stä|ti|gung:** *Bestätigung der Übernahme eines Auftrags, einer Arbeit* ‖ **auf|trags|ge|mäß** ‖ **Auf|trags|werk:** *in Auftrag gegebenes [Kunst]werk*
auf|tref|fen: mit der Vorderseite a. *(aufprallen)*
auf|trei|ben: das Vieh auf die Alm a. | ein seltenes Buch a. *(es zu beschaffen wissen)*
auf|tren|nen: eine Naht a.
auf|tre|ten: bestimmt a. *([in der Öffentlichkeit] selbstbewusst in Erscheinung treten)* | im Theater a.; → Auftritt | Unstimmigkeiten traten *(tauchten)* auf ‖ **Auf|tre|ten** das, -s: ein gutes A. *(Benehmen)* haben
Auf|trieb: der A. der Viehherden (auf die Alm) | (ohne Pl.) (Phys.) *gewichtsvermindernde Kraft, die auf einen in eine Flüssigkeit getauchten Körper wirkt* | (ohne Pl.) neuen A. *(Schwung, Motivation)* bekommen
Auf|tritt: der A. einer Schauspielerin | (Theater) *Szene* | ein heftiger A. *(Streit)* ‖ **Auf|tritts|ver|bot**
auf|trock|nen: die Flüssigkeit rasch a. *(wegwischen)*
auf|trump|fen: *die eigene Überlegenheit betonen*
auf|tun (geh., veraltend): das Tor tut sich auf *(öffnet sich);* eine neue Perspektive tut sich auf
auf|tür|men: *stapeln;* sie türmte alle Gutachten vor mir auf | er türmte *(baute)* sich vor mir auf
auf und ab: auf und ab *(hin und her)* gehen; *aber:* das ewige **Auf** und **Ab** ‖ **Auf-und-ab-Ge|hen** das, -s: *Herumgehen* ‖ **auf und da|von:** a. u. d. gehen
auf und zu ‖ **auf- und zu|ma|chen:** *aufmachen und wieder zumachen*
auf|wa|chen: *erwachen*
auf|wach|sen [-ks-]: in der Stadt a.
auf|wal|len (Küchenspr.): die Suppe a. *(aufkochen)* lassen
Auf|wand der, -[e]s: großen A. treiben *(viel Geld für Essen, Kleidung usw. ausgeben)* ‖ **auf|wän|dig** = aufwendig ‖ **Auf|wands|ent|schä|di|gung:** *Ersatz des mit der Berufsausübung verbundenen Aufwands, Abgeltung besonderer Kosten*
auf|wär|men: das Essen a. | alte Geschichten a. *(wieder in Erinnerung rufen)* | (Sport) sich vor dem Wettkampf a. *(die Muskeln lockern)*
auf|war|ten: einem Gast etwas a. *(anbieten)* | mit Neuigkeiten a. | damit kann ich nicht a. *(dienen)*
auf|wärts: vom 7. Rang a. ‖ **auf|wärts|ge|hen:** die Treppe a. | es wird mit ihr bald a. *(besser wer-*

den) || **aufwärtsstreben** || **Aufwärtstrend**

Aufwartung: jemandem seine A. machen *(jemanden aufsuchen; sich jemandem vorstellen)*

Aufwasch der, -[e]s (D): *das Aufwaschen* || **aufwaschen:** den Gang a. | (ugs.) etwas in einem **A**ufwaschen *(in einem Arbeitsgang)* erledigen

aufwecken: *wach machen, wecken;* → aufgeweckt

aufweichen: der Boden war durch den Regen aufgeweicht

aufweisen: *etwas zeigen; über etwas verfügen;* sie hat große Erfolge aufzuweisen

aufwenden: für etwas viel Geld a. *(ausgeben);* viel Zeit a. *(einsetzen)* || **aufwendig** = → aufwändig || **Aufwendung:** hohe Aufwendungen *(Kosten)*

aufwerfen: ein Thema a. *(vorbringen, erwähnen)*

aufwerten: *den Wert [des Geldes, einer Sache] hinaufsetzen* || **Aufwertung** || **Aufwertungsfaktor** (Wirt.): *Faktor für die Berechnung der Bemessungsgrundlage*

aufwickeln: *zusammenwickeln* | *auseinanderwickeln*

aufwiegeln: *anstacheln, aufhetzen;* ich wiegle die Unzufriedenen auf; → G.: abwiegeln || **Aufwiegelung** die, -/-en, *auch:* Aufwieglung || **Aufwiegler** der, -s/- || **Aufwieglerin** die, -/-innen || **aufwieglerisch** || **Aufwieglung** → Aufwiegelung

Aufwind: *aufsteigender Luftstrom* | im A. *(in günstiger Entwicklung)* sein

aufwirbeln: beim Kehren Staub a. | das hat viel Staub aufgewirbelt *(es hat großes Aufsehen erregt)*

aufwischen: den Boden a.

aufwühlen: Schlamm a. *(auflockern)* | die Nachricht hat ihn aufgewühlt *(sehr erregt)*

aufzahlen: für ein Einzelzimmer a. *(etwas dazuzahlen)* müssen || **aufzählen:** er zählt die sportlichen Erfolge auf || **Aufzahlung:** *Zusatzzahlung;* A. auf die 1. Klasse || **Aufzählung**

aufzäumen: ein Pferd a. | eine Sache verkehrt a. *(angehen);* das Pferd beim Schwanz a. *(eine Sache unrichtig anpacken)*

aufzehren (geh.): *aufbrauchen;* die Reserven a.

aufzeichnen: jemandem den Weg a. | alle Ergebnisse a. *(vermerken, dokumentieren);* eine Sendung a. *(auf Band aufnehmen)* || **Aufzeichnung:** *schriftliches oder anderes mediales Festhalten* | (meist Pl.) *Notizen* | (Medienw.) *vor der Aussendung aufgenommene Darbietung;* → G.: Livesendung

aufzeigen: der Schüler zeigt auf *(meldet sich durch Handheben)* | Missstände a. *(darauf hinweisen)*

aufziehen: Vorhänge a. | eine Uhr a. | das Kind allein a. | ein Gewitter zieht auf | eine neue Saite auf der Gitarre a. | (ugs.) *hänseln* || **Aufzucht:** die A. von Kälbern

Aufzug: *Lift* | ein Theaterstück in fünf Aufzügen *(Akten)* | (abw.) *äußere Aufmachung einer Person;* sein A. war unmöglich || **Aufzugsschacht**

aufzwicken: eine Kette a. | (reg., ugs.): sich ein Mädchen a. *(es für sich gewinnen, aufreißen)*

aufzwingen: *aufnötigen*

Augapfel (geh.): etwas wie seinen A. hüten *(bes. genau darauf aufpassen)*

Augarten: *ein Park in Wien mit Schloss und Porzellanmanufaktur* || **Augartenporzellan** (Wz.)

Auge das, -s/-n: jemandem nicht in die Augen schauen können *(aus schlechtem Gewissen);* etwas mit bloßem A. gesehen haben; ein Ziel vor Augen haben; mir gehen die Augen auf *(jetzt verstehe ich);* jemandem die Augen öffnen *(jemanden aufklären);* ein Gespräch unter vier Augen *(ohne eine dritte Person);* vor aller Augen *(vor allen Anwesenden);* jemandem schöne Augen machen *(flirten);* beide Augen zudrücken *(nachsichtig sein);* mit einem blauen A. *(ohne großen Schaden)* davonkommen | (geh.) sehenden Auges *(in vollem Bewusstsein auch der negativen Folgen)* | *Punkt auf einem Spielwürfel* | (Bot.) *Knospe [bei Weinreben, Erdäpfeln]*

Augebiet: das A. an der Donau

äugen: das Reh äugte *(blickte vorsichtig umher)* || **Augenarzt** || **Augenärztin** || **Augenaufschlag** || **Augenauswischerei** die, - (abw.): *Vortäuschung, Schönfärberei* || **Augenblick:** *Moment, eine sehr kurze Zeit;* im letzten A.; alle Augenblicke *(ständig, immer wieder)* || **augenblicklich:** *unmittelbar, sofort* | ich habe a. *(jetzt)* viel zu tun || **Augenblickskompositum** (Gramm.): *Wortzusammensetzung, die nach Bedarf (auch aus dem Stegreif) gebildet wird* || **Augenbraue:** dichte Augenbrauen || **Augenbrauenstift:** *ein Kosmetikartikel* || **augenfällig:** *offenkundig* || **Augenfarbe** || **Augengläser** die (Pl.): *Brille* || **Augenheilkunde:** *Ophthalmologie* || **Augenhöhe:** das Bild in A. aufhängen || **Augenlicht:** *Sehkraft* || **Augenlid** || **Augenmaß:** nach A. *(ohne nachzumessen);* A. bewahren *(den Sinn für das Durchführbare, Zumutbare bewahren)* || **Augenmerk** das, -[e]s: *Aufmerksamkeit;* sein A. auf etwas richten || **Augenpaar** (geh.): von einem stechenden A. fixiert werden || **Augenringe** die (Pl.): *dunkle Ränder unter den Augen* || **Augenschein** der, -[e]s (geh.): etwas in A. nehmen *(besichtigen, genau betrachten)* || **augenscheinlich:** *so viel man sieht, offensichtlich* || **Augenschmaus** (scherzh.): *bes. schöner Anblick* || **Augentrost:** *eine Heilpflanze* || **Augenweide:** *schöner Anblick* || **Augenzahn:** *oberer Eckzahn* || **Augenzeuge:** A. eines Unfalls sein || **Augenzeugin** || **Augenzwinkern** das, -s || **augenzwinkernd**

Augiasstall [auch: ˈaʊ̯-]: *Ort größter Unsauberkeit (nach dem griechischen König Augias)*

-äugig (nur in Zusammensetzungen wie blauäugig, braunäugig) || **Äuglein** das, -s/-: *kleines Auge*

Augsburg: *Stadt in Deutschland* || **Augsburger** die, -/-: *eine Wurstsorte* || **Augsburgische Bekenntnis** das, -n -nisses (Rel.): *das Glaubensbekenntnis der evangelisch-lutherischen Kirche;* → A. B.

Augur der, -s [-en] [-ˈuː-]/-en [-ˈuː-] ⟨lat.⟩: *Wahrsager* || **Augurenlächeln** das, -s (geh.): *Lächeln unter Eingeweihten*

August[1] der, -[s] [-es]/-e ⟨lat.⟩: *der achte Monat* || **August**[2]: *männl. Vorname;* → Gustl | der dumme A. *(Zirkusclown)* || **Augusta** → Auguste || **Auguste,** *auch:* Augusta: *weibl. Vorname;* → Gusti; → Gustl || **augusteisch:** *nach dem römischen Kaiser Augustus benannt; aber:* das **A**ugusteische Zeitalter || **Augustin:** *männl. Vorname;* der Liebe A. *(Wiener Volkstype der Barockzeit);* →

Gustl ‖ **Augustine:** *weibl. Vorname;* → Gusti; → Gustl ‖ **Augustiner-Chorherr** [-k-]: *Angehöriger eines bestimmten geistlichen Ordens*

Auktion [-tsi̯-] die, -/-en ⟨lat.⟩: *Versteigerung, Lizitation* ‖ **Auktionator** der, -s/-en [-'oː-]: *Versteigerer* ‖ **Auktionatorin** die, -/-innen

Aula die, -/Aulen [Aulas] ⟨gr.-lat.⟩: *Halle, Festsaal [in Schulen, Universitäten]*

Aulandschaft

au pair [o 'pɛːr] ⟨fr.⟩: sie geht au p. nach Frankreich *(sie arbeitet dort gegen Kost, Quartier und Taschengeld in einem Haushalt, um die Sprache zu lernen)* ‖ **Au-pair-Mädchen**

Aura die, -/Auren ⟨lat.⟩ (geh.): *Ausstrahlung eines Menschen;* → Charisma

Aurelia = **Aurelie** [-i̯ɛ]: *weibl. Vorname*

Aurikel die, -/-n ⟨lat.⟩: *eine Schlüsselblume*

Aurum das, -s ⟨lat.⟩ (Zeichen: Au): *ein chemisches Element;* → Gold

aus (Präp. mit Dat.): aus dem Haus gehen; aus diesem Grund; aus Metall; eine Prüfung aus Biologie | (Adv.) weder aus noch ein wissen; die Vorstellung ist aus; auf etwas aus sein *(etwas verfolgen);* von mir aus *(meinetwegen);* → aus und ein

ausapern: *durch Apern zum Vorschein kommen, schneefrei werden;* die Bergweiden apern im Frühjahr aus ‖ **Ausaperung** die, -/-en: *aper gewordene Stelle*

ausarbeiten: *[genau] ausführen* ‖ **Ausarbeitung** die, -/-en

ausarten: *über das Normale, über das Erlaubte hinausgehen*

ausatmen: tief ein- und a.

ausbaden (ugs.): etwas a. *(dafür die Folgen tragen)* müssen

ausbaggern: ein Flussbett a. *(mit einem Bagger ausräumen)*

ausbalancieren [-lɑ̃s-]: *das Gleichgewicht herstellen*

Ausbau der, -[e]s/-ten: A. *(Vergrößerung)* des Eisenbahnnetzes | der A. *(Umbau)* des Dachbodens (zu Wohnraum) ‖ **ausbauen:** den Motor a. | das Warenangebot a. *(erweitern)* ‖ **ausbaufähig:** *erweiterbar*

ausbedingen: sie hat sich etwas ausbedungen *(sie hat es zur Bedingung gemacht)*

ausbeineln (ugs.): *ausbeinen* ‖ **ausbeinen:** *(beim Schlachtvieh) die Knochen aus dem Fleisch lösen*

ausbeißen: sich einen Zahn a. | sich die Zähne an etwas a. *(es nicht bewältigen)*

ausbessern: einen Fehler a. *(in Ordnung bringen, den Schaden beheben)* ‖ **Ausbesserung** ‖ **Ausbesserungsarbeit** ‖ **ausbesserungsbedürftig**

ausbeulen: eine ausgebeulte Hose

Ausbeute: *Ertrag;* eine magere A.

ausbeuteln: ich beutle das Staubtuch aus *(schüttle es aus)*

ausbeuten: eine Goldmine a. | (abw.) seine Angestellten in der Firma a. *(rücksichtslos ausnutzen)* ‖ **Ausbeuter** der, -s/- (abw.) ‖ **Ausbeuterin** die, -/-innen (abw.) ‖ **ausbeuterisch** (abw.) ‖ **Ausbeutung** die, -/-en

ausbezahlen: den Lohn a.; die Arbeiterinnen a. *(entlohnen);* eine Wohnung a. *(alle Schulden bezahlen)*

ausbilden: Fachkräfte a. | Farne bilden Sporen aus *(entwickeln sie)* ‖ **Ausbilder** der, -s/- (urspr. D): *Person, die für die Ausbildung von Lehrlingen verantwortlich ist;* → Ausbildner ‖ **Ausbilderin** die, -/-innen (urspr. D) ‖ **Ausbildner** der, -s/-: *Lehrer, Trainer;* ein A. beim Militär; → Ausbilder ‖ **Ausbildnerin** die, -/-innen ‖ **Ausbildung** ‖ **Ausbildungsplatz** ‖ **Ausbildungsstätte** ‖ **Ausbildungsvertrag**

ausbitten: sich Bedenkzeit a. *(erbitten)*

ausblasen: die Kerze a.

ausbleiben: *wegbleiben;* stundenlang a.; der befürchtete Stau blieb aus *(trat nicht ein)*

ausbleichen[1]: *blass werden;* → bleichen[1] ‖ **ausbleichen**[2]: *blass machen;* → bleichen[2]

ausblenden: den Sender im Fernsehbild a. *(wegschalten)*

Ausblick: *Fernsicht* | ein kurzer A. *(Vorgriff)* ins kommende Jahr

ausbluten: das Tier nach dem Schlachten a. lassen | eine Organisation a. lassen *(ihr Ende langsam herbeiführen)*

ausbomben: ausgebombte Stadtviertel

ausbooten [-boː-]: den Konkurrenten a. *(ihn aus seiner Stellung verdrängen)*

ausborgen: sich ein Buch a. *(entlehnen)*

ausbrechen: sich einen Zahn a.; eine Tür a. *(die Mauer durchbrechen und eine Tür einsetzen)* | aus der Haft a. *(fliehen)* | Feuer ist ausgebrochen | der Vulkan ist wieder ausgebrochen | in Tränen a. ‖ **Ausbrecher** der, -s/- ‖ **Ausbrecherin** die, -/-innen

ausbreiten[1]: das Tischtuch a. *(auseinanderbreiten)* ‖ **ausbreiten**[2] sich: das Feuer breitet sich aus; das Marchfeld breitet sich vor dir aus | er breitet sich zu sehr aus *(nimmt seinem Nachbarn Platz weg)* ‖ **Ausbreitung** die, -

ausbrennen: die Fackel brennt aus | das Zimmer ist ausgebrannt | er ist völlig ausgebrannt *(ohne Energien; ohne Geld)*

ausbringen: Holz a. *(aus unwegsamem Gelände wegtransportieren)*

ausbröckeln: die Mauer bröckelt aus *(bricht aus)*

Ausbruch: der A. dreier Häftlinge | der A. einer Seuche; der A. des Krieges | der A. des Vulkans | *ein Prädikatswein* ‖ **Ausbruchsversuch**

ausbrüten: Eier a. | eine Idee a.; eine Krankheit a.

ausbuchen: der Flug, das Hotel war ausgebucht *(es ist kein Platz, Zimmer mehr frei)*

Ausbuchtung: *Wölbung nach außen;* eine trichterförmige A.

ausbügeln: Falten a. | einen Fehler a. *(wiedergutmachen)*

ausbuhen: *Missfallen kundtun;* der Schauspieler wurde ausgebuht; → buh

Ausbund der, -[e]s (geh., abw.): *Inbegriff;* er ist ein A. an Faulheit

ausbürgern: *jemandem die Staatsbürgerschaft entziehen* ‖ **Ausbürgerung** die, -/-en

auschecken [-tʃɛ-]: *am Flughafen oÄ nach der Ankunft Passagiere und Gepäck abfertigen;* ich checke nach dem Frühstück im Hotel aus *(bezahle an der Rezeption);* → G.: einchecken

Auschwitzlüge die, -: *strafbare Behauptung, die Massenermordungen von Juden, zB im polnischen KZ Auschwitz, seien nur erfunden*

Ausdauer: *Beharrlichkeit, Zähigkeit* ‖ **ausdauernd** ‖ **Ausdauertraining** [-treːn-, engl.: -treɪn-]

ausdehnbar ‖ **ausdehnen:** die Jeans dehnen sich beim Tragen aus *(werden weiter);* die Ermitt-

A

lungen auf alle Bundesländer a. | ausgedehnte *(weite)* Wanderungen || **Ausdehnung**

ausdenken: sich einen Plan a. | nicht auszudenken! *(nicht vorstellbar)*

ausdeutschen (ugs.): *erklären;* du deutsch[s]t es ihm aus

ausdienen: *seine Dienstzeit zu Ende bringen* | die Hose hat ausgedient *(ist nicht mehr verwendbar, ist alt geworden)*

ausdiskutieren: eine Sache a. *(zu Ende diskutieren, klären)*

ausdörren: *austrocknen*

ausdrehen: *ausschalten;* das Licht a. | die Schulter a. *(auskegeln)*

Ausdruck[1] der, -[e]s/-drücke: treffende Ausdrücke *(Formulierungen)* | *Miene;* Gesichtsausdruck | (ohne Pl.) *Aussagekraft* || **Ausdruck**[2] der, -[e]s/-drucke: *auf Papier gedruckte Daten;* von einer Datei einen A. machen || **ausdrucken:** mehrere Seiten a.; → Ausdruck[2] || **ausdrücken:** einen Schwamm a. | sich verständlich a.; sein Beileid a. || **ausdrücklich:** *deutlich, klar* || **Ausdrucksart:** *Ausdrucksweise* || **Ausdrucksform:** Tanz ist eine künstlerische A. || **Ausdruckskraft** || **ausdruckslos** || **Ausdrucksmittel:** sprachliche A. || **ausdrucksstark** || **Ausdrucksvermögen** || **ausdrucksvoll** || **Ausdrucksweise:** *Art und Weise sich sprachlich auszudrücken;* eine gehobene A.

ausdünnen: *reduzieren;* die Haare am Hinterkopf a.

ausdunsten = **ausdünsten:** die neuen Möbel dünsten giftige Substanzen aus *(geben giftige Substanzen ab)* | (Küchenspr.) den Reis a. lassen *(Dampf entweichen lassen)* || **Ausdünstung** die, -/-en: die A. *(der Körpergeruch, Schweiß)* des Sitznachbarn

auseinander

Getrenntschreibung, wenn die Hauptbetonung auf dem Verb liegt:

- Regeln auseinander entwickeln (voneinander ableiten); *aber zusammen:* Interessen, die sich auseinanderentwickeln *(in andere Richtungen)*

Zusammenschreibung, wenn die Hauptbetonung auf „auseinander" liegt:

- die Freundschaft ist auseinandergegangen *(zerbrochen)*
- auseinanderplatzen
- jemandem etwas auseinandersetzen *(erklären)*
- sich mit etwas auseinandersetzen *(befassen)*
- zwei Schüler auseinandersetzen *(trennen)*

auseinandergehen || **auseinanderplatzen** || **auseinandersetzen:** zwei Schülerinnen a. *(trennen)* | jemandem etwas a. *(erklären);* sich mit etwas a. *(befassen)* || **Auseinandersetzung** die, -/-en: *intensive Beschäftigung* | *Streit*

auserkoren (geh.): *auserwählt*

auserlesen (geh.): *ausgesucht schön; bes. gut*

ausersehen (geh.): sie ist zur Nachfolgerin ausersehen *(bestimmt)*

auserwählen (geh.): jemanden für eine Aufgabe a. *(aussuchen);* wenige sind a. *(ausgewählt; zu Höherem bestimmt)*

ausfädeln: das Schuhband a.

ausfahrbar || **ausfahren:** der Frachter fährt aus *(verlässt den Hafen)* | sie fährt mit dem Kabrio aus | das Fahrgestell a. *(vor der Landung in fahrbereite Stellung bringen)* | die Kurven a. *(nicht schneiden)* | den Tank a. *(leerfahren)* || **Ausfahrer** (veraltet): *jemand, der Waren zustellt* || **Ausfahrerin** (veraltet) || **Ausfahrt:** A. frei halten | eine A. *(Spazierfahrt)* machen

Ausfall: *Verlust, Einbuße* | (ohne Pl.) der A. der Haare | *Beleidigung, Affront* | (Mil.) *Angriff, Attacke* || **ausfallen:** ein Zahn fällt ihm aus | die Stunde ist ausgefallen *(entfallen);* die Spielerin fällt wegen Verletzung aus; der Strom fällt aus | der Test ist schlecht ausgefallen; → ausgefallen || **Ausfallerscheinung** → Ausfallserscheinung || **Ausfallhaftung** → Ausfallshaftung || **ausfällig:** a. *(grob, beleidigend)* werden || **Ausfallsbürge** (Jus): *Bürge für den Forderungsausfall* || **Ausfallserscheinung,** *auch:* Ausfallerscheinung: sein Gedächtnis zeigt Ausfallserscheinungen *(Erinnerungslücken)* || **Ausfallshaftung,** *auch:* Ausfallhaftung (Versich.): *Haftung für den Rest der Schuld, der nicht bezahlt werden kann* || **Ausfallstraße** (Verk.): *wichtige Verkehrsstraße, die vom Ortskern hinausführt;* → G.: Einfallstraße

ausfaltbar: ausfaltbare Karten in einem Buch

ausfassen: *in Empfang nehmen, erhalten;* eine saftige Strafe a.

ausfechten: einen Streit a. *(auskämpfen; ausmachen)*

ausfertigen (Amtsspr.): ein Dokument a. *(ausstellen)* || **Ausfertigung** (Amtsspr.): ein Dokument in doppelter A. *(in zwei Exemplaren)*

ausfetten: die Gugelhupfform a. *(innen mit Fett bestreichen)*

ausfinanzieren: *die Finanzierung zur Gänze bewerkstelligen* || **Ausfinanzierung**

ausfindig: etwas/jemanden a. machen *(suchen und finden)*

ausflaggen: einen Riesentorlauf a. *(mit Fahnen abstecken)*

ausfliegen: *mit dem Flugzeug wegbringen;* Touristen aus dem Krisengebiet a. | (sal.) alle waren ausgeflogen *(nicht daheim, fort)*

ausfließen: Diesel ist ausgeflossen

ausflippen (sal.): *die Selbstkontrolle verlieren* | *sich außerhalb der Gesellschaft stellen;* ausgeflippte *(auffällige, extravagante)* Kleider

ausflocken: *gerinnen*

Ausflucht die, -/-flüchte: *Ausrede*

Ausflug: einen A. machen || **Ausflügler** der, -s/- || **Ausflüglerin** die, -/-innen || **Ausflugsort** || **Ausflugsverkehr** || **Ausflugsziel**

Ausfluss: der A. der Badewanne ist verstopft | (Med.) *Absonderung*

ausfolgen (Amtsspr.): *übergeben, aushändigen* || **Ausfolgung** die, -/-en (Amtsspr.)

ausformen || **Ausformung** die, -/-en: verschiedene Ausformungen *(Formen, Ausprägungen)* von Tanz

ausformulieren: *Gedanken, Entwürfe oÄ zu einem endgültigen Text formulieren*

ausforschen: *ausfindig machen* || **Ausforschung**

ausfragen: *aushorchen* || **Ausfragerei**

ausfransen: ausgefranste Ärmel

ausfratscheln (ugs.): *zudringlich ausfragen*

ausfressen: *leer fressen* | (ugs.) etwas a. *(anstellen);* → ausgefressen

ausfrisieren: die Haare a. *(entwirren; glatt frisieren)*
Ausfuhr die, -: *Export;* die A. von Lebensmitteln ‖ **ausführbar:** *machbar, möglich* ‖ **Ausführbarkeit** die, - ‖ **Ausfuhrbestimmung** (meist Pl.) (Wirt.): *[gesetzliche] Richtlinie für den Export* ‖ **ausführen:** die Freundin a. *(zB in ein Lokal einladen)* | Getreide a. *(exportieren)* | einen Plan a. *(in die Tat umsetzen, durchführen)* | etwas genau a. *(erklären, darlegen)* ‖ **Ausfuhrland** (Wirt.) ‖ **ausführlich:** *detailliert, genau, umfassend* ‖ **Ausführlichkeit** die, -: in aller A. ‖ **Ausführung:** die Ausführungen *(Darlegungen)* der Vortragenden | eine Tasche in sehr guter A. *(Qualität, Verarbeitung)* ‖ **Ausführungsbestimmung** (bes. Jus): *Durchführungsbestimmung* ‖ **Ausfuhrverbot** (Wirt.)
ausfüllen: ein Formular a. | der Beruf füllte sie nicht aus *(stellte sie nicht zufrieden, forderte sie nicht)*
Ausgabe: die A. von Essen | die A. einer Tageszeitung | (meist Pl.) sie hat Ausgaben *(Kosten)* gehabt ‖ **Ausgabenpolitik** ‖ **ausgabenseitig:** a. stärker sparen
Ausgang: jemanden am A. abholen | A. haben | der A. *(das Ergebnis)* der Verhandlungen ‖ **ausgangs:** a. der Zwanziger ‖ **Ausgangsbasis:** *Grundlage* ‖ **Ausgangsleistung** (Elektrot.): *die höchstmögliche Verstärkerleistung in Watt* ‖ **Ausgangsort:** *ursprünglicher Ort* ‖ **Ausgangspunkt:** A. *(Anfang, Ursprung)* der Diskussion war ... ‖ **Ausgangssperre** ‖ **Ausgangssprache:** *Sprache, aus der übersetzt wird;* → Zielsprache ‖ **Ausgangsstellung:** *ursprüngliche Stellung*
ausgeben: Platzkarten a. *(austeilen)* | einen Befehl a. *(kundtun)* | Geld a. *(verbrauchen)* | sich als Arzt a. *(fälschlich behaupten, einer zu sein)*
ausgebucht → ausbuchen
Ausgeburt (abw., veraltet): *Werk, Schöpfung;* eine A. der Hölle *(ein Schimpfwort)*
ausgedient → ausdienen
Ausgedinge das, -s/-: *Altenteil, Ausnahme, Auszug;* sich ins A. zurückziehen
ausgefallen: eine ausgefallene *(ungewöhnliche)* Idee; → ausfallen
ausgefressen (ugs., derb): *dick;* → ausfressen
ausgefuchst [-kst] (ugs.): ein ausgefuchster *(raffinierter, listiger)* Kerl
ausgeglichen: ein ausgeglichener *(ruhiger, besonnener)* Charakter; → ausgleichen ‖ **Ausgeglichenheit** die, -
ausgegoren: ausgegorener *(völlig vergorener)* Wein | seine Vorschläge sind nicht ausgegoren *(nicht zu Ende gedacht)*
ausgehen: am Abend a. | dieses Feuer geht aus *(erlischt)* | das geht nicht gut aus | das Geld geht aus *(geht zur Neige);* seine Haare gehen aus *(werden immer weniger)* | (ugs.) dieser Stoff geht aus *(färbt ab)* | die Intrigen gehen von ihm aus *(kommen, stammen von ihm)* | ich gehe davon aus *(setze als gegeben voraus, vermute),* dass ... | (ugs.) es geht sich mit dem Geld nicht aus *(es reicht nicht aus)* ‖ **ausgehend:** im ausgehenden *(zu Ende gehenden)* 20. Jh. ‖ **Ausgehverbot:** die Militärregierung verhängte ein A.
ausgekocht: *durchtrieben, verschlagen;* → auskochen
ausgelassen: *übermütig;* → auslassen ‖ **Ausgelassenheit**
Ausgeliefertsein das, -s
Ausgelöste das, -n: das hintere, vordere A. *(ausgebeinte Fleisch)*
ausgemacht: ein ausgemachter *(offensichtlicher)* Unsinn; → ausmachen
ausgemergelt: *abgezehrt*
ausgenommen → ausnehmen
ausgepowert [-paʊət] (Sport): *erschöpft, ausgepumpt;* → Power; → auspowern
ausgeprägt → ausprägen
ausgepumpt: *erschöpft, ausgepowert;* → auspumpen
ausgerechnet: *grad, just;* a. heute kommt sie!; → ausrechnen
ausgereift → ausreifen
ausgeschlossen → ausschließen
ausgeschnitten → ausschneiden
ausgesorgt: er hat a. *(ist gut versorgt)*
ausgespielt: ihr habt a. *(nichts mehr zu sagen);* → ausspielen
ausgesprochen: ein ausgesprochener *(offensichtlicher)* Unsinn; → aussprechen
ausgestalten: den Warteraum funktionell a. *(einrichten)* ‖ **Ausgestaltung**
ausgesteckt → ausgsteckt
Ausgesteuerte[1] der, -n/-n, ein Ausgesteuerter (früher): *jemand, der eine Aussteuer erhält* ‖ **Ausgesteuerte**[2] die, -n/-n (früher)
ausgesucht: ausgesuchte *(bes. gute)* Spezialitäten | das Angebot ist schon sehr a. *(nur mehr ein geringer Teil ist übrig geblieben);* → aussuchen
ausgewogen: ein ausgewogenes *(gerechtes)* Urteil ‖ **Ausgewogenheit** die, -
ausgezeichnet: *vortrefflich, hervorragend;* → auszeichnen
ausgiebig: *reichlich; ergiebig* ‖ **Ausgiebigkeit** die, -
ausgießen: die Flüssigkeit a. *(ausleeren)*
Ausgleich der, -[e]s/-e: eine Firma geht in A. *(schließt mit ihren Gläubigern einen Vergleich);* einen A. anmelden; → sich vergleichen | (Sport) *Treffer zum Torgleichstand* ‖ **ausgleichbar** ‖ **ausgleichen:** Unebenheiten a. *(beseitigen)* | Verluste wieder a. *(wettmachen);* Angebot und Nachfrage gleichen sich aus *(halten sich die Waage);* ausgeglichene Bilanzen; → ausgeglichen ‖ **Ausgleichsgericht** ‖ **Ausgleichssport:** *Sport zum Ausgleich einseitiger [körperlicher] Belastung* ‖ **Ausgleichstreffer** (Sport): *Ausgleich* ‖ **Ausgleichsverfahren** (Jus) ‖ **Ausgleichsverwalter** (Jus): *vom Gericht eingesetzter Vermögensverwalter* ‖ **Ausgleichszulage:** *Unterstützung für Pensionsbezieher zum Erreichen des gesetzlichen Mindesteinkommens*
ausgliedern: *ausschließen, herauslösen* | (Wirt.) *einen Unternehmensbereich aussondern* ‖ **Ausgliederung**
ausgraben: Erdäpfel a. *(ernten)* | alte Geschichten a. *(an sie erinnern)* ‖ **Ausgräber** der, -s/-: wissenschaftlicher A. *(Archäologe)* ‖ **Ausgräberin** die, -/-innen ‖ **Ausgrabung**
ausgrenzen: *außerhalb der Zusammengehörigen stellen* | (Pol.) *einen Einzelnen oder eine Gruppe aus dem demokratischen Wettbewerb fernhalten* ‖ **Ausgrenzung** die, -/-en
ausgschamt (ostöst., ugs.): *schamlos*
ausgsteckt, *auch:* ausgesteckt (reg.): „Es ist ausgsteckt" *(zum*

A

Zeichen des Ausschanks von Eigenbauwein hängt über dem Tor ein Buschen/Zweig); → ausstecken

Aus|guck der, -[e]s/-e: *Beobachtungsstelle, -ort; Wachtturm*

Aus|guss: *Abfluss [der Wasserleitung]* | der A. *(Schnabel)* der Teekanne

aus|ha|ben: wir haben um 13:00 Uhr aus *(der Unterricht endet um 13:00 Uhr)*

aus|ha|cken: Bäume a. | Fleisch a. *(zum Verkauf fachgemäß zerlegen)*

aus|haf|tend (Bankw.): ein aushaftender *(noch nicht zurückbezahlter)* Kredit

aus|ha|keln (ugs.): *aushaken, aushängen* || **aus|ha|ken:** die Sperrkette a. *(aushängen)*

aus|hal|ten: einen Ton a. | die Schmerzen a.; es ist mit ihm nicht mehr auszuhalten | den Bruder a. *(für ihn finanziell aufkommen)*

aus|han|deln: höhere Löhne a. *(durch Verhandeln vereinbaren)*

aus|hän|di|gen: *übergeben, ausfolgen* || **Aus|hän|di|gung** die, -

Aus|hang der, -[e]s/-hänge: *öffentlicher Anschlag* || **aus|hän|gen**[1]: die Verordnung ist drei Wochen ausgehangen *(durch einen Aushang öffentlich bekannt gemacht worden);* → hängen[1] || **aus|hän|gen**[2]: sie hat das Fenster ausgehängt | die Falten in der Hose hängen sich wieder aus; → hängen[2] || **Aus|hän|ge|schild** das, -[e]s/-er: sein Name war nur ein A. für die Partei *(sollte ihr Ansehen fördern)* || **aus|hang|pflich|tig** (Amtsspr.): aushangpflichtige Gesetze

aus|har|ren (geh.): *aushalten, durchhalten*

aus|här|ten: der flüssige Kunststoff muss anschließend a. *(hart werden)*

aus|hau|chen (geh.): sein Leben/seine Seele a. *(sterben)*

aus|hau|en: sich einen Zahn a. *(ausschlagen)*

aus|he|ben: der Briefkasten/die Post wird ausgehoben *(geleert)* | eine Grube a. *(ausschaufeln)* | eine Verbrecherbande a. *(festnehmen)* || **Aus|he|bung** die, -/-en

aus|he|cken: eine Bosheit a. *(listig ersinnen)*

aus|hei|len: eine Krankheit a. *(völlig heilen)*

aus|hel|fen || **Aus|hil|fe:** *außertourliche Hilfeleistung* | *Aushilfskraft* || **Aus|hilfs|kraft** || **aus|hilfs|wei|se**

aus|höh|len: ein ausgehöhlter Baum || **Aus|höh|lung**

aus|ho|len: zum Schlag weit a.; mit ausholenden Schritten | sie holt beim Erzählen oft weit aus *(erzählt weitschweifig)*

aus|hol|zen: ein Waldstück völlig a. *(abholzen)*

aus|hor|chen: *ausfragen, jemandem ein Geheimnis entlocken*

Aus|hub der, -[e]s: *die ausgehobene Erdmasse beim Hausbau*

aus|hun|gern: die belagerte Stadt a.; ich bin völlig ausgehungert

aus|ixen, du ixt aus (veraltend): *auf der Schreibmaschine mit x übertippen und damit ungültig machen*

aus|jä|ten: Unkraut a.

aus|jas|sen (V): *ausschnapsen;* → jassen

aus|ju|di|zie|ren (Jus): *endgültig, in letzter Instanz entscheiden;* → judizieren

aus|käm|men: die Haare a. *(ausfrisieren)*

aus|ke|geln: ich kegle mir den Arm a. *(renke ihn mir aus)*

aus|keh|ren: die Küche a. *(mit dem Besen reinigen)*

aus|kei|men: die Zwiebeln keimen *(treiben)* aus

aus|ken|nen sich: *gut Bescheid wissen*

aus|kit|ten: *mit Kitt ausfüllen*

aus|klam|mern: einen Tagesordnungspunkt a. *(davon absehen);* → klammern || **Aus|klam|me|rung** die, -/-en: *das Ausklammern* | (Gramm.) *Satzglied oder Teil eines Satzgliedes, das außerhalb der verbalen Klammer steht*

Aus|klang: *Ende, Abschluss;* der A. des Faschings

aus|klapp|bar || **aus|klap|pen:** eine Armlehne a.

aus|klau|ben: Linsen a. *(die schlechten heraussuchen, aussortieren)*

aus|klei|den (geh.): sich im Badezimmer a. *(ausziehen)* | einen Raum mit Isoliermaterial a. *(verkleiden)*

aus|klin|gen: der Fasching klingt aus *(geht zu Ende)* | das Lied klingt aus *(verklingt)*

aus|klin|ken[1]: *[sich] aus einer Halterung lösen;* eine Sperrvorrichtung a. || **aus|klin|ken**[2] sich: aus der Diskussion werde ich mich jetzt a. *(daran werde ich ab jetzt nicht weiter teilnehmen)*

aus|klop|fen: den Polster a.

aus|klü|geln, ich klügle aus: *raffiniert ausdenken*

aus|knip|sen: das Licht a. *(abschalten)*

aus|kno|beln, ich knoble aus: *mittels Los oder Würfel entscheiden*

aus|ko|chen: Wäsche a.; → ausgekocht

aus|kom|men: mit jemandem gut a. | der Papagei ist ausgekommen *(entwischt)* || **Aus|kom|men** das, -s: sein A. *(Auslangen)* finden

aus|kön|nen (ugs.): nicht mehr a. *(keinen Ausweg finden)*

aus|kos|ten: den Urlaub a. *(genießen)*

aus|kra|men (ugs.): alte Fotos a. *(hervorholen)*

aus|krat|zen: jemandem die Augen a. wollen *(sehr böse auf jemanden sein)* | (Med.) *ausschaben*

aus|ku|geln: → *auskegeln*

aus|küh|len: heiße Milch a. lassen

Aus|kul|ta|ti|on [-tsi̯-] die, -/-en ⟨lat.⟩ (Med.) || **aus|kul|tie|ren** (Med.): *abhorchen*

aus|kund|schaf|ten: *in Erfahrung bringen*

Aus|kunft die, -/-künfte: *Information;* eine A. erteilen, einholen | *Informationsstelle* || **Aus|kunf|tei** die, -/-en: *Unternehmen für [Geschäfts]auskünfte* || **Aus|kunfts|pflicht,** *auch:* Auskunftpflicht || **Aus|kunfts|pflicht|ge|setz** || **Aus|kunfts|stel|le**

aus|kup|peln: *den Gang herausnehmen*

aus|ku|rie|ren: eine Krankheit a. *(völlig heilen)*

aus|la|chen: *sich über jemanden lustig machen*

aus|la|den[1]: *entladen, abladen* | ausladende *(bes. breite)* Formen

aus|la|den[2]: einen eingeladenen Gast wieder a. *(ihm absagen)*

Aus|la|ge die, -/-n: Waren in die A. *(ins Schaufenster)* stellen | viele Auslagen *(Geldausgaben)* haben || **Aus|la|gen|schei|be** || **aus|la|gern:** *verlagern; aus dem System nehmen; ausgliedern* || **Aus|la|ge|rung**

Aus|land: im A. Urlaub machen; das benachbarte A. || **Aus|län|der** der, -s/-: *Staatsbürger eines fremden Landes; Staatenloser* || **Aus|län|der|be|stim|mung** (meist Pl.) || **aus|län|der|feind|lich** || **aus|län|der|freund|lich** || **Aus|län-**

der|freund|lich|keit ‖ **Aus|län|der|hass** ‖ **Aus|län|de|rin** die, -/-innen ‖ **Aus|län|der|pa|ra|graf** = **Aus|län|der|pa|ra|graph** [-f] (meist Pl.): *Passage in einem Gesetz, die Ausländer betrifft* ‖ **Aus|län|der|po|li|tik** ‖ **Aus|län|der|pro|ble|ma|tik** ‖ **Aus|län|der|quo|te:** *Gesamtzahl von Flüchtlingen und Einwanderern* ‖ **Aus|län|der|recht:** *Fremdenrecht* ‖ **aus|län|disch** ‖ **Aus|lands|auf|ent|halt** ‖ **Aus|lands|be|zie|hung** (meist Pl.) ‖ **Aus|lands|ein|satz:** Soldaten im A. ‖ **Aus|lands|ge|schäft** ‖ **Aus|lands|ge|spräch:** *Telefongespräch mit jemandem im Ausland* ‖ **Aus|lands|kor|re|s|pon|dent:** das Netz der Auslandskorrespondenten des ORF ‖ **Aus|lands|kor|re|s|pon|den|tin** ‖ **Aus|lands|ös|ter|rei|cher:** *im Ausland lebender Österreicher* ‖ **Aus|lands|ös|ter|rei|che|rin** ‖ **Aus|lands|rei|se** ‖ **Aus|lands|zah|lungs|ver|kehr** (Bankw.) ‖ **Aus|lands|zi|vil|dienst:** *eine Form des Zivildienstes, zB Gedenkdienst, Friedensdienst im Ausland* ‖ **Aus|lands|zo|ne:** *eine Tarifzone für Fernmeldegebühren*

aus|lan|gen: *[aus]reichen* ‖ **Aus|lan|gen** das, -s: das A. *(Auskommen)* finden

Aus|lass der, -es/-lässe: *Öffnung zum Abfließen* ‖ **aus|las|sen:** ein Tier a. *(freilassen)* | ein Kapitel a. *(weglassen)* | kein Konzert a. *(sich entgehen lassen)* | sich an jemandem a. *(entladen, abreagieren);* sich über jemanden a. *(schlecht über ihn reden)* | Speck a. *(zerlassen)* | Kleider a. *(länger oder weiter machen);* → ausgelassen ‖ **Aus|las|sung** die, -/-en: *Weglassung* | (meist Pl.) *[kritische] Anmerkung, Aussage* ‖ **Aus|las|sungs|punk|te** die (Pl.) (...) ‖ **Aus|las|sungs|zei|chen** ('): *Apostroph*

aus|las|ten: ich bin mit meiner Arbeit voll ausgelastet ‖ **Aus|las|tung** die, -

aus|lat|schen (ugs.): ausgelatschte *(durch häufiges Tragen ausgeweitete)* Schuhe

Aus|lauf: der A. des Brunnens | das Pferd braucht einen A. *(einen Platz zum Herumlaufen)* ‖ **aus|lau|fen:** das Badewasser läuft aus | der Vertrag läuft aus *(wird nicht verlängert);* ein auslaufendes Automodell | das Schiff läuft aus *(verlässt den Hafen)* ‖ **Aus|läu|fer:** die A. der Alpen ‖ **Aus|lauf|mo|dell:** *Modell, das nicht mehr produziert wird* ‖ **Aus|lauf|schutz:** *Schutzvorkehrung bei Geschirrspülern oÄ*

aus|lau|gen: *herauswaschen* | er war vollkommen ausgelaugt *(entkräftet)*

Aus|laut (Sprachwiss.): *letzter Laut eines Wortes* ‖ **aus|lau|ten** ‖ **aus|läu|ten:** das alte Jahr a. ‖ **Aus|laut|ver|här|tung** (Sprachwiss.): *stimmlose Aussprache eines ursprünglich stimmhaften Konsonanten am Wortende, zB* Hand [hant]

aus|le|ben: seine Launen a.

aus|lee|ren: den Mistkübel a.

aus|le|gen: für jemanden Geld a. *(vorstrecken)* | einen Text a. *(deuten)* | Rattengift a. | die Kästen mit Samt a. *(auskleiden)* | das Funkgerät ist auf eine Reichweite von 10 km ausgelegt *(konstruiert)* ‖ **Aus|le|ger** der, -s/-: *Ruderstütze, die seitlich über das Boot hinausragt; seitlich angebrachter, zusätzlicher Kiel* ‖ **Aus|le|gung** die, -/-en: die A. *(Deutung)* einer Regel

aus|lei|ern: *[durch oftmaliges Drehen] ausdehnen, abnützen;* eine ausgeleierte Schraube

aus|lei|hen: ich leihe *(borge)* mir ein Buch aus

aus|ler|nen: nie a. *(zu Ende lernen)* | *eine Lehre abschließen;* er ist (bes. D auch: hat) ausgelernt *(er hat seine Lehrzeit beendet)*

Aus|le|se die, -: *Auswahl* | *ein Prädikatswein* ‖ **aus|le|sen:** ein Buch a. *(zu Ende lesen)* | Obst a. *(aussortieren)*

aus|leuch|ten: die Bühne a. *(alle Teile gut beleuchten)*

aus|lie|fern: die Waren a. | jemanden dem Feind a. *(übergeben)* ‖ **Aus|lie|fe|rung** ‖ **Aus|lie|fe|rungs|an|trag** (Jus): *Antrag an ein anderes Land, eine Person wegen einer gerichtlichen Untersuchung auszuliefern* ‖ **Aus|lie|fe|rungs|ver|trag**

aus|lie|gen (bes. D): zur Ansicht a. *(aufliegen)*

aus|lo|ben (Jus) ‖ **Aus|lo|bung** die, -/-en: *Ausschreibung eines Wettbewerbs, bes. bei Architekten* | (Jus) *verbindliche Zusage einer Belohnung für eine zukünftig zu erbringende Leistung*

aus|löf|feln: den Teller a. *(mit einem Löffel leer essen);* die Suppe selber a. *(selbst Verschuldetes wieder in Ordnung bringen)*

aus|log|gen: *die Verbindung zu einem anderen Computer oder zu einem Netzwerk beenden;* sie hat sich bereits ausgeloggt *(abgemeldet);* → Log-off; → einloggen

aus|lö|schen: die Kerze a. *(löschen)*

aus|lo|sen: *durch das Los auswählen*

aus|lö|sen: *(einen Mechanismus) in Gang setzen, einschalten;* eine Kamera a., eine Alarmanlage a. | eine Störung a. *(herbeiführen, bewirken)* | Erbsen a. *(aus der Schote herauslösen);* Knochen a.; → Ausgelöste | ein Pfand a. ‖ **Aus|lö|ser** der, -s/-: *Ursache, Beweggrund* | der A. des Fotoapparats

Aus|lo|sung → auslosen

aus|lo|ten: ein Problem a. *(bis auf den Grund prüfen);* → Lot

aus|lüf|ten: die Betten a. *(lüften)*

Aus|lug der, -[e]s/-e (veraltet): *Ausguck;* → lugen

aus|ma|chen: sich mit jemandem ein Rendezvous a. *(es vereinbaren)* | es macht mir nichts aus *(es stört mich nicht, berührt mich nicht)* | in der Ferne eine Gestalt a. *(erkennen)* | das macht insgesamt 650 Euro aus | ihm fehlt alles, was einen echten Politiker ausmacht *(charakterisiert, kennzeichnet);* → ausgemacht

aus|ma|len: ein schön ausgemaltes Zimmer

aus|ma|nö|v|rie|ren [-v-, -f-]: jemanden geschickt a. *(ausschalten)*

Aus|marsch ‖ **aus|mar|schie|ren**

Aus|maß: *Größe, Intensität, Dimension*

aus|mer|zen, du merzt aus: *beseitigen* ‖ **Aus|mer|zung** die, -/-en

aus|mes|sen: ein Zimmer a. *(vermessen)*

aus|mis|ten: den Kuhstall a. | (ugs.) den Kleiderkasten a. *(Unnötiges aussondern)*

aus|mus|tern: *Schlechtes von Gutem trennen;* den Kleiderkasten a. | (Mil.) ausgemustert werden *(vom Fähnrich zum Leutnant befördert werden)* ‖ **Aus|mus|te|rung** (Mil.): *feierliche Beförderung der Fähnriche zu Leutnants*

Aus|nah|me die, -/-n: die A. von einer Regel | (ohne Pl.) (veraltend) *bäuerliche Altersversorgung nach der Übergabe des Besitzes;* in die A. gehen; → Ausnehmer ‖ **Aus|nah|me|be|stim-**

mung, *auch:* Ausnahmsbestimmung || **Aus|nah|me|be|wil|li|gung,** *auch:* Ausnahmsbewilligung || **Aus|nah|me|er|schei|nung,** *auch:* Ausnahmserscheinung || **Aus|nah|me|fall,** *auch:* Ausnahmsfall || **Aus|nah|me|ge|neh|mi|gung,** *auch:* Ausnahmsgenehmigung || **Aus|nah|me|si|tu|a|ti|on** [-tsi̯-] *auch:* Ausnahmssituation || **Aus|nah|me|zu|stand,** *auch:* Ausnahmszustand: *verschärfte Rechtsordnung [in Katastrophenzeiten];* den A. verhängen || **Aus|nahms|be|stim|mung** → Ausnahmebestimmung || **Aus|nahms|be|wil|li|gung** → Ausnahmebewilligung || **Aus|nahms|er|schei|nung** → Ausnahmeerscheinung || **Aus|nahms|fall** → Ausnahmefall || **Aus|nahms|ge|neh|mi|gung** → Ausnahmegenehmigung || **aus|nahms|los** || **Aus|nahms|si|tu|a|ti|on** [-tsi̯-] → Ausnahmesituation || **aus|nahms|wei|se** || **Aus|nahms|zu|stand** → Ausnahmezustand || **aus|neh|men:** etwas nicht a. *(sehen, erkennen)* können | ein Tier a. *(die Eingeweide entfernen)* | sie wurde als Einzige von den Anschuldigungen ausgenommen; alle, ausgenommen die Eltern | (ugs.) er nimmt dich aus [wie eine Weihnachtsgans] *(er nützt dich finanziell stark aus)* || **aus|neh|mend:** a. *(besonders)* schön || **Aus|neh|mer** der, -s/-: *Auszugsbauer, Bauer auf dem Altenteil;* → Ausnahme || **Aus|neh|me|rin** die, -/-innen

aus|nüch|tern: den Alkolenker a. *(nüchtern werden lassen)* || **Aus|nüch|te|rungs|zel|le**

aus|nut|zen = **aus|nüt|zen:** eine Gelegenheit a. | die Eltern a. *(rücksichtslos für seine Zwecke missbrauchen)* || **Aus|nut|zung** = **Aus|nüt|zung**

aus|pa|cken: Geschenke a. | (sal.) *ein Geständnis ablegen*

aus|par|ken: *mit dem Auto eine Parklücke verlassen;* → G.: einparken

aus|peit|schen: *mit der Peitsche wiederholt schlagen*

aus|pfei|fen: einen Sänger a. *(ihm durch Pfiffe das Missfallen ausdrücken)*

aus|pflan|zen: *junge Pfanzen setzen*

Au|s|pi|zi|en [-sp-i̯ɛn] die (Pl.) ⟨lat.⟩: *Vorbedeutung, Vorzeichen | Ehrenschutz;* unter den A. des Bundespräsidenten; → Promotion

aus|plau|dern = **aus|plau|schen:** ein Geheimnis a. *(verraten)*

aus|plün|dern: *ausrauben*

aus|pols|tern: ein Kästchen a. *(innen mit weichem Material ausstatten)*

aus|po|sau|nen: eine Neuigkeit laut a. *(überall nachdrücklich verkünden)*

aus|po|wern[1] [-paʊ-] ⟨engl.⟩ → ausgepowert

aus|po|wern[2] [-pov-] ⟨fr.⟩ (ugs., abw., veraltet): *ausbeuten*

aus|prä|gen: *prägen;* Münzen a. | ein ausgeprägter *(stark geformter)* Geschäftssinn; *deutlich werden;* ihre Kreativität prägt sich in ihren Arbeiten aus

aus|prei|sen: Waren a. *(mit Preisschildern versehen)*

aus|pres|sen: Zitronen a.

aus|pro|bie|ren: ein neues Gerät a. *(testen)*

Aus|puff der, -[e]s/-e: *Bauteil, das bei Verbrennungsmotoren die Abgase wegleitet* || **Aus|puff|gas** || **Aus|puff|rohr** || **Aus|puff|topf**

aus|pum|pen: überflutete Keller a.; → ausgepumpt

aus|punk|ten (Sport): *[im Boxen] den Gegner nach Punkten besiegen*

aus|put|zen: die Ohren a. | (ugs.) die Schüssel a. *(leer essen)* | (sal.) (Sport) der Libero konnte noch a. *(den Ball wegschießen)*

aus|quar|tie|ren: *aus der Wohnung weisen*

aus|quet|schen: eine Zitrone a. | (ugs.) einen Freund a. *(ausfragen)*

aus|ra|die|ren: *mittels Radiergummi entfernen* | (abw.) *dem Erdboden gleichmachen, zur Gänze zerstören;* ein Dorf a.

aus|ran|gie|ren [-nʒ-]: alte Waggons a. *(ausscheiden, weggeben)*

aus|ras|ten[1]: [sich] nach der Reise a. *(sich ausruhen)*

aus|ras|ten[2]: *aus einer Halterung springen* | (ugs.) da ist sie ausgerastet *(ist vor Freude oder Zorn außer sich geraten)*

aus|rau|ben: eine Bank a.

aus|rau|chen: *zu Ende rauchen* | der Kaffee raucht aus *(verliert sein Aroma)* || **aus|räu|chern:** Wespennester a.

aus|räu|men: *leeren; den Inhalt herausschaffen* | alle Missverständisse a. *(beseitigen, klären)*

aus|rech|nen: sich die Kosten a.; → ausgerechnet

Aus|re|de: *Vorwand, unzureichende Entschuldigung* || **aus|re|den**[1]: *zu Ende reden* | jemandem ein Vorhaben a. *(jemanden davon abbringen)* || **aus|re|den**[2] sich: *Ausreden gebrauchen* | *sich aussprechen*

aus|rei|ben: die Küche a. *(aufwischen)* || **Aus|reib|fet|zen** || **Aus|reib|tuch**

aus|rei|chen: ausreichende *(genügende)* Kenntnisse

aus|rei|fen: die Früchte müssen noch a. *(reif werden)* | eine ausgereifte Idee, Erfindung

Aus|rei|se: sie wurde bei der A. verhaftet || **Aus|rei|se|ge|neh|mi|gung** || **aus|rei|sen:** *ein Land verlassen*

aus|rei|ßen: Unkraut a. | das Kind ist ausgerissen *(von zu Hause weggelaufen)* || **Aus|rei|ßer** der, -s/-: *jemand, der von daheim/vom Internat weggelaufen ist* || **Aus|rei|ße|rin** die, -/-innen || **Aus|reiß|ver|such**

aus|rei|ten: mit dem Pony a.

aus|rei|zen: jemandes Geduld bis zum Äußersten a. *(bis an die Grenzen beanspruchen)*

aus|ren|ken: sich einen Arm a. *(auskegeln)*

aus|rich|ten: jemandem einen Gruß a. | eine Feier a. *(organisieren, bezahlen)* | wenig a. *(erreichen)* können | die Produktion auf Export a. | (ugs.) sie richtet ihre Chefin aus *(redet abfällig über sie)* | die Antenne a. || **Aus|rich|tung**

aus|rin|nen: *ausfließen;* Wasser rinnt aus; ein Fass rinnt aus *(es ist leck)*

Aus|ritt: ein morgendlicher A. mit dem Pony | (sal.) *aggressive Äußerung [eines Politikers], Ausfall*

aus|ro|den: *Wurzelstöcke ausgraben;* ein ausgerodeter Wald

aus|rot|ten: Ungeziefer a. *(vollständig vernichten)* || **Aus|rot|tung** die, -/-en

aus|rü|cken: ausrückende Soldaten | (veraltend) *fliehen, ausreißen* || **Aus|rü|ckung** die, -/-en: *Einsatz [der Feuerwehr]*

Aus|ruf: ein A. des Erstaunens || **aus|ru|fen:** *laut äußern* | *verlautbaren;* die Republik a. | jemanden a. lassen *(zB mittels Lautsprecherdurchsage suchen)* || **Aus|ruf|preis,** *auch:* Ausrufungspreis: *festgesetzter, nicht unterbietbarer Betrag bei Versteigerungen*; den A. überbieten; →

Mindestgebot ‖ **Aus|ru|fung** ‖ **Aus|ru|fungs|preis** → Ausrufpreis ‖ **Aus|ru|fungs|zei|chen** → Ausrufzeichen ‖ **Aus|ruf|wort** (Gramm.): → *Interjektion* ‖ **Aus|ruf|zei|chen,** *auch:* Ausrufungszeichen (!): *Rufzeichen*
aus|ru|hen: sich nach der Reise a. *(ausrasten)*
aus|rup|fen: Federn a.
aus|rüs|ten: die Feuerwehr modern a. ‖ **Aus|rüs|tung:** eine neue A. *(Ausstattung)* zum Tauchen ‖ **Aus|rüs|tungs|ge|gen|stand**
aus|rut|schen ‖ **Aus|rut|scher** der, -s/- (ugs.): *Fehler, Versehen, verbale Entgleisung*
Aus|saat: *Pflanzensamen, Saat* ‖ **aus|sä|en**
aus|sa|ckeln (ugs.): *finanziell ausnützen, schröpfen*
Aus|sa|ge die, -/-n: die A. der Zeugin | die A. *(Botschaft)* dieses Films ‖ **Aus|sa|ge|kraft** ‖ **aus|sa|ge|kräf|tig** ‖ **aus|sa|gen:** seine Frisur sagt viel über ihn aus | sie sagt als Zeugin vor Gericht aus ‖ **Aus|sa|ge|satz** (Gramm.) ‖ **Aus|sa|ge|wei|se** (Gramm.): → *Modus* ‖ **Aus|sa|ge|wert:** *Informationswert*
Aus|satz der, -es (Med.): → *Lepra* ‖ **aus|sät|zig** ‖ **Aus|sät|zi|ge**[1] der, -n/-n, ein Aussätziger ‖ **Aus|sät|zi|ge**[2] die, -n/-n
aus|sau|fen (beim Menschen derb): *leer saufen*
aus|sau|gen: den Kofferraum a. | die Bisswunde a.
aus|schach|ten: *einen Schacht ausheben*
aus|schal|ten: den Mixer a. *(abdrehen)* | den Widersacher a. *(besiegen)*
Aus|schank[1] der, -[e]s: *das Servieren, Verkaufen (von Getränken) im Lokal* ‖ **Aus|schank**[2] die, -/-en = der, -s/-en: *Schank; Schanktisch; Schankraum;* → ausschenken
Aus|schau (nur in der Wendung): A. halten ‖ **aus|schau|en:** *aussehen;* gut a. | (ugs.) wie schaut's aus? *(wie steht es?)*
aus|schau|feln: eine Grube a.; das Auto a. *(mit einer Schaufel zB von Schnee befreien)*
aus|schei|den: *abscheiden, aussondern;* Flüssigkeit a. | aus dem Unternehmen a. *(gekündigt haben/werden)* | sein Vorschlag scheidet aus *(kommt nicht in Betracht)* ‖ **Aus|schei|dung** die, -/-en: in die nähere A. *(Auswahl)* kommen | *eine Körperfunktion, Teil des Stoffwechsels;* die A. von Harnstoff ‖ **Aus|schei|dungs|spiel** (Sport)
aus|schen|ken: Wein a.; → Ausschank
aus|sche|ren: ein Auto scherte aus der Kolonne aus
aus|schi|cken: Einladungen a.
aus|schie|ßen: *ausbleichen* | (Sport) *(den Ball) vom Tor ins Spielfeld schießen*
aus|schif|fen: *an Land bringen*
aus|schil|dern: eine Route a. *(mit Hinweistafeln kennzeichnen)*
aus|schimp|fen: *tadeln*
aus|schlach|ten: *aushacken, ausschroten* | eine Nachricht propagandistisch a. *(ausnützen)*
aus|schla|fen: sich am Wochenende a.; heute bin ich ausgeschlafen
Aus|schlag: vom Sonnenöl einen A. bekommen | den A. geben *(entscheidend sein)* ‖ **aus|schla|gen:** sich einen Zahn a. | das Pferd schlägt aus | die Bäume schlagen aus *(die Knospen sprießen)* | eine Erbschaft, einen Wunsch a. *(ablehnen, darauf verzichten)* | ein Kästchen mit Samt a. *(auskleiden)* ‖ **aus|schlag|ge|bend:** ihre Stimme war a. *(entscheidend); aber:* das **A**usschlaggebende war ...
aus|schle|cken: den Eisbecher a.
aus|schlei|chen (Med.): die Dosis ausschleichend beenden *(die Einnahmemenge des Medikaments langsam verringern)*
aus|schlie|ßen: jemanden aus einer Partei a. | das eine schließt das andere nicht aus; jeden Irrtum a. | ausgeschlossen! *(nein!; unmöglich!; auf keinen Fall!)* ‖ **aus|schließ|lich** (Adv.): *nur, allein* | (Adj.) zum ausschließlichen *(alleinigen)* Gebrauch im Notfall | (Präp. mit Gen.) a. des Portos | (auch mit unflektiertem Nomen) a. Porto | (im Pl. mit Dat., wenn Gen. nicht erkennbar) a. Getränken ‖ **Aus|schließ|lich|keit** die, - ‖ **Aus|schlie|ßung** ‖ **Aus|schlie|ßungs|grund**
aus|schlüp|fen: aus dem Ei a.
aus|schlür|fen: die Auster a.
Aus|schluss: unter A. der Öffentlichkeit verhandeln
aus|schmie|ren: die Gugelhupfform a. *(mit Fett bestreichen)*
aus|schmü|cken: einen Raum a. *(dekorieren, verschönern)* | eine Rede a. *(ausbauen, Details ergänzen)* ‖ **Aus|schmü|ckung** die, -/-en
aus|schnap|sen (ugs.): sich etwas mit dem Partner a. *(unter sich ausmachen)*
aus|schnau|fen (ugs.): *rasten, zu Atem kommen*
aus|schnei|den: etwas aus der Zeitung a. | das Kleid ist sehr tief ausgeschnitten *(hat ein tiefes Dekolletee)* ‖ **Aus|schnitt:** *Teil* | *Dekolletee;* ein tiefer A. ‖ **aus|schnitt|wei|se**
aus|schöp|fen: alle Möglichkeiten a. *(nutzen)*
aus|schop|pen (veraltend): *ausstopfen*
aus|schrei|ben: den Namen a. *(nicht abkürzen)* | eine Stelle a. *(für Bewerbungen bekannt machen)* ‖ **Aus|schrei|bung** die, -/-en: die öffentliche A. eines Postens
Aus|schrei|tung die, -/-en (meist Pl.): *Gewalttätigkeit;* bei der Demonstration kam es zu Ausschreitungen
aus|schro|ten (veraltend): Fleisch a. *(aushacken);* ein Ereignis a. *(ausschlachten)*
aus|schu|len (veraltend): *aus der Schulpflicht entlassen*
Aus|schuss: *mit besonderen Aufgaben betrauter Teil einer Körperschaft* | (ohne Pl.) *fehlerhafte, minderwertige Ware; Ausschussware* | (Sport) *Abschlag vom [Fußball]tormann* ‖ **Aus|schuss|sit|zung** ‖ **Aus|schuss|wa|re**
aus|schüt|teln: das Staubtuch a.
aus|schüt|ten: die Milch a. *(verschütten)* | (Bankw., Börse) einen Gewinn a. *(verteilen);* eine Dividende a. *(auszahlen)* | (reg.) *gebären (bei Tieren), werfen* ‖ **Aus|schüt|tung** die, -/-en (Bankw., Börse): *Auszahlung der Dividende auf Aktien*
aus|schwär|men: *in Schwärmen wegfliegen, wegziehen;* die Bienen schwärmen aus | (Mil.) die Soldaten sind ausgeschwärmt
aus|schwe|feln: ein Fass a. *(keimfrei machen)*
aus|schwei|fen: ich will nicht weiter a. *(vom Thema abkommen);* die Phantasie a. lassen *(über die Grenzen hinausgehen lassen)* | ein ausschweifendes *(ungezügeltes, wildes)* Leben ‖ **Aus|schwei|fung** die, -/-en: *Exzess*
aus|schwei|gen sich: *sich nicht äußern*
Aus|see → Bad Aussee

A

aus|se|hen: nicht gut a.; sehe ich danach aus? *(wäre mir das zuzutrauen?)* ‖ **Aus|se|hen** das, -s: ein gesundes A. haben
au|ßen: von a. und innen begutachten; der → außen Stehende = Außenstehende ‖ **Au|ßen|auf|nah|me:** *im Freien (nicht im Studio) gedrehte Filmaufnahme* ‖ **Au|ßen|be|zie|hung** (meist Pl.) (Pol.) ‖ **Au|ßen|be|zirk:** *Randbezirk*
aus|sen|den: Werbeprospekte a. *(ausschicken)* | Signale a. *(ausstrahlen)*
Au|ßen|dienst: im A. *(außerhalb der Dienststelle)* arbeiten ‖ **Au|ßen|dienst|mit|ar|bei|ter** ‖ **Au|ßen|dienst|mit|ar|bei|te|rin**
Aus|sen|dung: *Verlautbarung [einer Presseagentur];* eine A. an alle Studierenden
Au|ßen|gren|ze ‖ **Au|ßen|han|del:** *Handel mit dem Ausland* ‖ **Au|ßen|han|dels|bi|lanz** ‖ **Au|ßen|mi|nis|ter** ‖ **Au|ßen|mi|nis|te|rin** ‖ **Au|ßen|mi|nis|te|ri|um:** *Bundesministerium für europäische und internationale Angelegenheiten* ‖ **Au|ßen|naht** ‖ **Au|ßen|po|li|tik** ‖ **au|ßen|po|li|tisch:** außenpolitische Themen; *aber:* Außenpolitischer Rat ‖ **Au|ßen|ring|au|to|bahn:** *eine Autobahn mit einer Teilumfahrung von Wien* ‖ **Au|ßen|rist:** *Außenseite des Fußrückens* ‖ **Au|ßen|sei|te** ‖ **Au|ßen|sei|ter** der, -s/-: *jemand, der sich von den anderen absondert* | (Sport) *jemand, der wenig Aussicht auf den Sieg hat* ‖ **Au|ßen|sei|te|rin** die, -/-innen ‖ **Au|ßen|sei|ter|rol|le:** eine A. einnehmen ‖ **Au|ßen|spie|gel** ‖ **Au|ßen|stand** (meist Pl.): *bestehende Geldforderung[en]* ‖ **au|ßen Ste|hen|de**[1] der, - -n/- -n = **Au|ßen|ste|hen|de**[1] der, -n/-n, ein außen Stehender (= Außenstehender) ‖ **au|ßen Ste|hen|de**[2] die, - -n/- -n = **Au|ßen|ste|hen|de**[2] die, -n/-n ‖ **Au|ßen|stel|le:** *Zweigstelle* ‖ **Au|ßen|stür|mer** (Sport) ‖ **Au|ßen|stür|me|rin** (Sport) ‖ **Au|ßen|tem|pe|ra|tur** ‖ **Au|ßen|ver|tei|di|ger** (Sport) ‖ **Au|ßen|ver|tei|di|ge|rin** (Sport) ‖ **Au|ßen|welt** ‖ **Au|ßen|wirt|schaft**
au|ßer (Präp. mit Dat.): a. mir; a. ihm; a. [allem] Zweifel; a. [aller] Gefahr; a. Acht lassen; a. Dienst (a. D.) sein; sie ist a. Haus; a. sich *(fassungslos)* sein | (Präp. mit Akk.) a. Kraft setzen; → außer Stand | (Präp. mit Gen.) a. Landes gehen | (Konj.) ich gehe weg, a. *(es sei denn)* es regnet ‖ **au|ßer|dem:** *überdies* ‖ **äu|ße|re:** die äußeren Blumenblätter ‖ **Äu|ße|re** das, -n [Äußern]: *die äußere Erscheinung* ‖ **au|ßer|ehe|lich:** ein außereheliches Kind; → ehelich; → unehelich ‖ **au|ßer|eu|ro|pä|isch** ‖ **Au|ßer|fern** das, -[s]: *eine Landschaft in Tirol* ‖ **au|ßer|ga|lak|tisch:** *außerhalb der Milchstraße* ‖ **au|ßer|ge|richt|lich:** sich a. einigen; → Diversion ‖ **au|ßer|ge|wöhn|lich** ‖ **au|ßer|halb** (Präp. mit Gen.): a. des Gartens | (Adv.) a. wohnen ‖ **au|ßer|ir|disch:** *nicht von der Erde stammend, extraterrestrisch* ‖ **Au|ßer|ir|di|sche**[1] der, -n/-n, ein Außerirdischer ‖ **Au|ßer|ir|di|sche**[2] die, -n/-n ‖ **Au|ßer|kraft|set|zung** die, -/-en ‖ **äu|ßer|lich:** rein ä. *(vom Äußeren her)* ist mir nichts aufgefallen ‖ **Äu|ßer|lich|keit** die, -/-en ‖ **äu|ßerln** (reg., ugs.): einen Hund ä. *(auf die Gasse)* führen ‖ **äu|ßern:** einen Wunsch ä. *(aussprechen);* sich dazu ä. *(Stellung nehmen)* ‖ **au|ßer|or|dent|lich:** a. fleißig; *aber:* Außerordentlicher Universitätsprofessor; → G.: ordentlich | (Jus) außerordentliche Gerichtsbarkeit *(Rechtsprechung vor Sondergerichten, zB Arbeitsgericht, Schiedsgericht);* → G.: ordentliche Gerichtsbarkeit ‖ **au|ßer|orts** (bes. V, CH): *auswärts* ‖ **au|ßer|plan|mä|ßig:** der Zug hielt a. am Semmering ‖ **au|ßer|schu|lisch:** außerschulische Einrichtungen

äu|ßerst
ä. genau arbeiten

Großschreibung bei Nominalisierung:
- jemanden bis zum **Ä**ußersten reizen
- bis zum **Ä**ußersten gehen *(entschlossen sein)*
- das **Ä**ußerste befürchten

Großschreibung nach „auf das/aufs" auf die Frage *Worauf?*:
- auf das **Ä**ußerste *(auf alles)* gefasst sein
- es aufs **Ä**ußerste ankommen lassen

Groß- und Kleinschreibung nach „auf das/aufs" auf die Frage *Wie?*:
- auf das **Ä**ußerste (= äußerste) erschrecken

au|ßer Stand = **au|ßer|stand** = **au|ßer Stan|de** = **au|ßer|stan|de:** a. S. sein, etwas zu tun ‖ **äu|ßers|ten|falls** ‖ **au|ßer|strei|tig** (Jus): außerstreitiges Verfahren *(Außerstreitverfahren)* ‖ **Au|ßer|streit|rich|ter** (Jus) ‖ **Au|ßer|streit|rich|te|rin** (Jus) ‖ **Au|ßer|streit|ver|fah|ren** (Jus): *auf Parteienübereinkunft ausgerichtetes Verfahren der Gerichtsbarkeit* ‖ **au|ßer|tour|lich** [-tu:ə-]: *außer der Reihe* ‖ **Äu|ße|rung** die, -/-en: *Bemerkung*
aus|set|zen: mit der Arbeit a. *(aufhören);* der Kreislauf setzt aus; bei einem Spiel (eine Runde) a. | sich einer Gefahr a. *(sich in Gefahr begeben)* | eine Belohnung a. *(in Aussicht stellen)* | an jemandem, an einer Sache etwas a. *(kritisieren)* | ein Kind, ein Tier a. *(sich selbst überlassen);* → Aussetzung | ein Abkommen a. *(außer Kraft setzen)* | (Jus) ein Urteil (wegen Überprüfung) a. *(aufschieben)* ‖ **Aus|set|zer:** *Geistesabwesenheit, Erinnerungslücke* | *Ausfall [bei technischen Geräten]* ‖ **Aus|set|zung** die, -/-en (Jus): *das Im-Stich-Lassen einer Person, nachdem man sie in eine hilflose Lage gebracht hat*
Aus|sicht die, -/-en: *Fernblick* | etwas in A. haben *(Hoffnung haben, es zu erhalten);* in A. *(in Frage)* kommen; in A. stellen *(als möglich ankündigen)* ‖ **aus|sichts|los** ‖ **Aus|sichts|lo|sig|keit** die, - ‖ **Aus|sichts|punkt** ‖ **aus|sichts|reich** ‖ **Aus|sichts|turm** ‖ **Aus|sichts|war|te**
aus|sie|ben: Erde a. | die geeignetsten Kandidatinnen a. *(durch ein Auswahlverfahren herausfinden)*
aus|sie|deln: diese Menschen wurden ausgesiedelt *(vom Staat gezwungen wegzuziehen)* ‖ **Aus|sied|ler** ‖ **Aus|sied|le|rin** ‖ **Aus|sied|lung**
aus|sit|zen: ein Problem, einen Streit a. *(durch Abwarten, Untätigkeit lösen [wollen])*
aus|söh|nen: sich mit jemandem a. *(versöhnen)* ‖ **Aus|söh|nung** die, -/-en
aus|son|dern: ältere Bestände a. *(aussortieren)* ‖ **Aus|son|de|rung** die, -/-en
aus|sor|tie|ren: abgetragene Kleidung a. *(ausrangieren)*
aus|span|nen: die Pferde a. | einmal a. *(sich erholen)* | (sal.) je-

mandem seine Freundin a. *(abwerben)*

aus|spa|ren: dieses Rasenstück (beim Mähen) a. *(auslassen)* | das heikle Thema a.

aus|spech|teln (ugs.): *ausspionieren*

aus|spei|en (geh.): *erbrechen; ausspucken*

aus|spei|sen (geh.): Bedürftige a. *(ihnen zu essen geben)* || **Aus|spei|sung** (veraltend): *Ausgabe von Essen; Speisung*

aus|sper|ren: den Hund a. *(nicht ins Haus lassen);* sie hat mich ausgesperrt *(ausgeschlossen)* | die Arbeitnehmer a. *(als Gegenmaßnahme zu einem Streik von der Arbeit ausschließen)* || **Aus|sper|rung** die, -/-en

aus|spie|len: das Pikass a. | Kinder gegeneinander a. *(zum eigenen Vorteil benützen);* → ausgespielt

aus|spin|nen: *sich ausdenken*

aus|spi|o|nie|ren: Geheimnisse a.

aus|spot|ten: *verspotten*

Aus|spra|che: die A. eines Wortes | *Unterredung* || **Aus|spra|che|wör|ter|buch** || **aus|spre|chen:** einen Namen falsch a. | lass mich a. *(zu Ende sprechen)* | sich für höhere Löhne a. *(dafür eintreten)* | sein Beileid a. *(bekunden)* | sich mit dem Partner a.; → ausgesprochen

aus|spren|gen (geh.): ein Gerücht a. *(absichtlich verbreiten)*

Aus|spruch: *Zitat;* ein sehr bekannter A.

aus|spu|cken: den Bissen wieder a. müssen

aus|spü|len: das Shampoo gründlich aus dem Haar a.

aus|staf|fie|ren [-ʃt-] (ugs.): *ausstatten; aufputzen* || **Aus|staf|fie|rung** (ugs.)

aus|stal|lie|ren [-ʃt-] (mda., ostöst.): *kritisieren, bekritteln*

Aus|stand: *Streik* || **aus|stän|dig:** die Antwort ist noch a. *(fehlt)*

aus|stat|ten: *ausrüsten, einrichten* || **Aus|stat|tung** die, -/-en || **Aus|stat|tungs|film:** *Spielfilm mit aufwändigen Kostümen* || **Aus|stat|tungs|lis|te**

aus|ste|chen: Keks a. | die anderen Kandidaten a. *(übertrumpfen)*

aus|ste|cken: einen Slalom a. *(die Torstangen positionieren)* | → ausgsteckt

aus|ste|hen: eine Antwort steht noch aus *(fehlt)* | jemanden nicht a. *(leiden)* können | die kalten Wintermonate sind nun ausgestanden *(vorbei)*

aus|stei|gen: wir müssen [an der nächsten Station] a.; aus dem Auto a. | aus einem Projekt a. *(nicht mehr mitmachen)* | sie ist ausgestiegen *(hat ein neues, unkonventionelles Leben begonnen);* → Aussteiger || **Aus|stei|ger** der, -s/-: *jemand, der außerhalb der konventionellen Gesellschaftsordnung ein neues Leben beginnt* || **Aus|stei|ge|rin** die, -/-innen

aus|stel|len: Bilder a. *(zur Besichtigung, zum Verkauf in einer Galerie oÄ aufhängen)* | eine Bestätigung a. *(ausfertigen)* | ein ausgestellter *(unten weiter werdender)* Rock || **Aus|stel|ler** der, -s/- || **Aus|stel|le|rin** die, -/-innen || **aus|stel|lig** (Amtsspr., veraltet): a. bemerken *(tadeln)* || **Aus|stel|lung:** eine A. besuchen || **Aus|stel|lungs|ge|län|de** || **Aus|stel|lungs|hal|le** || **Aus|stel|lungs|ka|ta|log** || **Aus|stel|lungs|stück**

aus|ster|ben: ausgestorbene Tierarten

Aus|steu|er: *Heiratsgut* || **aus|steu|ern:** das Aufnahmegerät a. *(richtig einstellen)* | *eine Aussteuer mitgeben* | (früher) *eine Leistung, zB Arbeitslosenunterstützung, nicht mehr auszahlen*

Aus|stich der, -s: *eine Bezeichnung für einen Qualitätswein;* St. Laurenz A.

Aus|stieg der, -[e]s/-e: *das Aussteigen;* der A. aus der Atomenergie | *die Stelle zum Aussteigen;* → G.: Einstieg

aus|stop|fen: ein ausgestopfter *(präparierter)* Marder

Aus|stoß: *Produktionsmenge* || **aus|sto|ßen:** einen Freudenschrei a. | jemanden aus der Gemeinschaft a. || **Aus|sto|ßung** die, -/-en

aus|strah|len: Zuversicht a. | ein Fernsehprogramm a. || **Aus|strah|lung**

aus|stre|cken: die Beine a.

aus|strei|chen: *innen bestreichen* | ein Wort a. *(wegstreichen)*

aus|streu|en: Gerüchte a. *(verbreiten)*

aus|strö|men: giftige Gase strömten aus

aus|su|chen: *auswählen;* → ausgesucht

aus|ta|pe|zie|ren: ein Zimmer a.

aus|ta|rie|ren: eine Flasche a. *(auf der Waage das Leergewicht feststellen);* die Waage a. *(ins Gleichgewicht bringen);* das politische Kräfteverhältnis a. *(ausgleichen);* → tarieren

Aus|tausch der, -[e]s: der A. von Meinungen || **aus|tausch|bar** || **Aus|tausch|bar|keit** die, - || **aus|tau|schen:** *etwas gegen anderes auswechseln* || **Aus|tausch|pro|gramm:** ein A. zB zwischen Universitäten || **Aus|tausch|schü|ler** || **Aus|tausch|schü|le|rin** || **Aus|tausch|stu|dent** || **Aus|tausch|stu|den|tin** || **aus|tausch|wei|se**

aus|tei|len: Geschenke a.

Aus|ter die, -/-n: *eine Muschel* || **Aus|tern|pilz:** *ein Speisepilz*

aus|tes|ten: *durch Ausprobieren prüfen*

aus|to|ben: die Kinder toben sich im Garten aus; seine Wut a. *(seine starken Gefühle nicht bremsen, abreagieren)*

Aus|trag der, -[e]s (reg.): *Altenteil, Ausnahme* || **aus|tra|gen:** Zeitungen a. *(verteilen)* | ein Kind a. *(bis zur Geburt im Mutterleib tragen)* | einen Streit a. || **Aus|trä|ger:** *jemand, der Zeitungen oÄ austrägt* || **Aus|trä|ge|rin** || **Aus|träg|ler** der, -s/- (reg.): *Mann, der nach der Hofübergabe im Austrag lebt* || **Aus|träg|le|rin** die, -/-innen (reg.) || **Aus|trags|stü|berl** (reg., veraltend): *Wohnung für Austrägler* || **Aus|tra|gung** die, -/-en: *Veranstaltung [eines Wettbewerbs]* || **Aus|tra|gungs|ort**

Aus|t|ra|li|en [-i̯ən]: *ein Erdteil und Staat* || **Aus|t|ra|li|er** der, -s/-: *Bewohner Australiens;* → Aboriginal || **Aus|t|ra|li|e|rin** die, -/-innen || **aus|t|ra|lisch**

aus|träu|men: der Traum vom Erfolg ist ausgeträumt *(war vergeblich)*

aus|trei|ben: das Vieh a. | (geh.) *vertreiben* | dieser Strauch treibt im März aus | jemandem seine Launen a. *(abgewöhnen)* | (Küchenspr.) den Teig a. *(ausrollen);* Blech austreiben *(auswalzen)* || **Aus|trei|bung** die, -/-en

aus|tre|ten: aus einem Verein a. | Erdöl war ausgetreten | (geh.) *die Notdurft verrichten*

Aus|t|ria (A; → AT; → AUT) 〈lat.〉: *Bezeichnung für Österreich;* → made in A.; Statistik Austria (früher: Österreichisches Statistisches Zentralamt) | *Bezeichnung verschiedener Fußballvereine;* A. Wien || **Aus|t|ri|a|cum** [-k-] = → Austriakum || **Aus|t|ri-**

A

a̤ke der, -n/-n (scherzh., auch abw.): *Österreicher* ‖ **Aus|t|ri|a̤|kin** die, -/-innen (scherzh., auch abw.) ‖ **aus|t|ri|a̤|kisch** (scherzh., auch abw.): *[typisch] österreichisch* ‖ **Aus|t|ri|a|kum** = Austriacum [-k-] das, -s/Austriaka: *spezifische österreichische Eigenart, Erscheinung* | *spezifische Publikation zum Thema Österreich* ‖ **Aus|t|ri|an** ['ɔ:striən] ⟨lat.-engl.⟩ (AUA): *eine österreichische Fluggesellschaft* ‖ **Aus|t|ri|an Air|lines** [- 'eəlaınz] die (Pl.) (AUA) (früher): *Austrian* ‖ **Aus|t|ri|an In|dus|t|ries** [- 'ındəstriz] die (Pl.) (AI): → Verstaatlichte ‖ **Aus|t|ri|an|look** [-'lʊk] = **Aus|t|ri|an Look** der, - -s: *Kleidung nach Art österreichischer Trachten* ‖ **Aus|t|ri|a|zi̤s|mus** der, -/Austriazismen ⟨lat.⟩ (Sprachwiss.): *Merkmal des österreichischen Deutsch;* → Helvetismus; → Teutonismus; → Germanismus

aus|trick|sen: *durch einen Trick ausschalten, überlisten*

aus|trin|ken: den Kakao a.

Aus|tritt: *das Austreten* ‖ **Aus|tritts|er|klä|rung**

aus|t|ro- ⟨lat.⟩ (nur in Zusammensetzungen): *österreichisch* ‖ **Aus|t|ro|chi|ne|se** [-k-]: *Chinese mit österreichischer Staatsbürgerschaft* ‖ **Aus|t|ro|chi|ne|sin**

aus|trock|nen: der Bach wird bald ausgetrocknet sein

Aus|t|ro|fa|schis|mus (Gesch., Pol.): *autoritäres System in Österreich 1933/1934–1938;* → Ständestaat ‖ **Aus|t|ro|mar|xis|mus** (Gesch., Pol.): *österreichische Ausformung des Marxismus ca. 1900–1934*

aus|trom|pe|ten: *überall ausplaudern, ausposaunen*

aus|t|ro|phil [-f-] ⟨lat.+gr.⟩: *österreichfreundlich* ‖ **aus|t|ro|phob** [-f-]: *österreichfeindlich* ‖ **Aus|t|ro|pop:** *eine Musikrichtung*

aus|tüf|teln, ich tüftle aus: *ausklügeln*

aus|üben: ein Amt a. ‖ **Aus|übung**

aus|ufern: die Zahl der Anordnungen ist ausgeufert *(unnötig angewachsen)*

aus und ein: aus und ein gehen; nicht aus und ein wissen; *aber:* Waren aus- und einführen

aus|ver|han|deln: *zu Ende verhandeln*

Aus|ver|kauf: *Abverkauf aller Waren* | (abw.) ein A. der heimischen Industrie an ausländische Konzerne ‖ **aus|ver|kau|fen:** ein ausverkauftes Konzert

aus|wach|sen [-ks-]: der Salat ist ausgewachsen | (ugs.) ein ausgewachsener Blödsinn; *aber:* etwas ist zum **A**uswachsen *(es ist nicht mehr zu ertragen)*

aus|wag|go|nie|ren = **aus|wa|go|nie|ren:** *[Güter] ausladen* | (ugs.) *entlassen, hinauswerfen*

Aus|wahl: eine A. treffen *(auswählen)* ‖ **aus|wäh|len** ‖ **Aus|wahl|mann|schaft** (Sport) ‖ **Aus|wahl|mög|lich|keit** ‖ **Aus|wahl|ver|fah|ren**

aus|wal|ken: den Teig a. *(ausrollen)*

aus|wal|zen: Blech dünn a.

Aus|wan|de|rer: *Emigrant* ‖ **Aus|wan|de|rin,** *auch:* Auswandrerin ‖ **aus|wan|dern:** *sein Heimatland auf Dauer verlassen, emigrieren* ‖ **Aus|wan|de|rung** ‖ **Aus|wan|de|rungs|wel|le** ‖ **Aus|wand|re|rin** → Auswanderin

aus|wär|tig: auswärtige *(nicht ortsansässige) Firmen* | *das Ausland betreffend; auswärtige Angelegenheiten* ‖ **Aus|wär|ti|ge**[1] der, -n/-n, ein Auswärtiger: *jemand, der von auswärts kommt* ‖ **Aus|wär|ti|ge**[2] die, -n/-n ‖ **aus|wärts:** a. *(nicht zu Hause)* essen ‖ **aus|wärts|ge|hen:** *mit nach außen gerichteten Fußspitzen gehen* ‖ **Aus|wärts|nie|der|la|ge** (Sport) → G.: Heimniederlage ‖ **Aus|wärts|schlap|pe** (Sport) → G.: Heimschlappe ‖ **Aus|wärts|sieg** (Sport) → G.: Heimsieg ‖ **Aus|wärts|spiel:** *ein auf der Anlage des Gegners ausgetragener Wettkampf;* → G.: Heimspiel

aus|wa|schen: sich die Augen a. | ein vom Wasser ausgewaschener *(geformter, ausgehöhlter)* Fels | ausgewaschene *(verblasste)* Farben

aus|wech|sel|bar [-ks-] ‖ **aus|wech|seln:** eine Spielerin a. *(gegen eine Ersatzspielerin austauschen);* er ist wie ausgewechselt *(ganz anders als sonst)* ‖ **Aus|wechs|lung** die, -/-en

Aus|weg: verzweifelt nach einem A. *(einem Lösungsweg)* suchen ‖ **aus|weg|los** ‖ **Aus|weg|lo|sig|keit** die, -

Aus|wei|che: *Ausweichstelle* ‖ **aus|wei|chen:** dem Reh auf der Autobahn a. ‖ **Aus|weich|ma|nö|ver** [-v-, -f-]: *Versuch, einen Zusammenstoß zu vermeiden* ‖ **Aus|weich|stel|le**

aus|wei|den (Jägerspr.): ein Reh a. *(seine Eingeweide herausnehmen)*

aus|wei|nen sich: sich bei der Freundin a.

Aus|weis der, -es/-e: einen A. bei sich haben | (veraltet) *Schulzeugnis* ‖ **aus|wei|sen:** Asylwerber a. *(aus einem Staat weisen)* | „Bitte weisen Sie sich aus!“ *(bitte legitimieren Sie sich)* ‖ **Aus|weis|kon|t|rol|le** ‖ **Aus|weis|leis|tung** (Amtsspr.): *das Nachweisen der Identität durch einen Ausweis*

aus|wei|ßeln: *ausweißen* ‖ **aus|wei|ßen,** *auch:* ausweißeln: *einen Raum [weiß] ausmalen* ‖ **aus|wei|ßi|gen** (veraltet): *ausweißen*

Aus|wei|sung → ausweisen

aus|wei|ten: *erweitern, ausdehnen* ‖ **Aus|wei|tung** die, -/-en

aus|wen|dig: ein Gedicht a. *(aus dem Gedächtnis)* können; ein Gedicht a. lernen; etwas in- und auswendig *(genauestens)* kennen; *aber:* das **A**uswendiglernen

aus|wer|fen: die Angel a. | Daten vom Computer a. lassen

aus|wer|keln (ugs., veraltend): dieses Gewinde ist ausgewerkelt *(ausgeleiert, stark abgenützt)*

aus|wer|ten: Ergebnisse a. ‖ **Aus|wer|tung**

aus|wet|zen: eine Scharte a. *(den Fehler wiedergutmachen)*

aus|wi|ckeln: ein Geschenk a.

aus|wie|gen: *genau abwiegen*

aus|win|den: *durch Zusammendrehen Flüssigkeit herauspressen, auswringen*

aus|win|tern: die Saat ist ausgewintert *(im Winter erfroren)*

aus|wir|ken sich: das wirkt sich auf deine Gesundheit aus *(hat Folgen für sie)* ‖ **Aus|wir|kung**

aus|wi|schen: ein Gefäß a. *(säubern, trocknen)* | (ugs.) jemandem eins a. *(einen kleinen Denkzettel erteilen); aber:* das ist nur zum **A**ugenauswischen (ugs.: *nur zum Schein)*

aus|wrin|gen: Wäsche a. *(auswinden)*

Aus|wuchs [-ks]: *Geschwulst, Wucherung* | (meist Pl.) *Missstand;* Auswüchse des Profitdenkens

aus|wuch|ten: *ausbalancieren;* Rotoren a.

Aus|wurf: *ausgehusteter Schleim* | (geh., abw.) *Abschaum*

aus|zah|len: jemandem seinen Lohn a. | das zahlt sich nicht aus *(es lohnt sich nicht)* ‖ **aus|zäh|len:** *die Anzahl feststellen, ab-*

zählen | (Sport) den zu Boden geschlagenen Boxer a. ‖ **Aus|zähl|reim** ‖ **Aus|zah|lung** ‖ **Aus|zäh|lung**

aus|zeh|ren (geh.): *entkräften* ‖ **Aus|zeh|rung** die, - (geh.): die A. der Kräfte | (veraltet) *Schwindsucht, Lungentuberkulose*

aus|zeich|nen: einen Künstler a. | sich durch Fleiß a. *(hervortun)* | Waren a. *(ihre Preise anschreiben);* → ausgezeichnet ‖ **Aus|zeich|nung** ‖ **Aus|zeich|nungs|pflicht:** A. für Inhaltsstoffe von Nahrungsmitteln

Aus|zeit (Sport): *regelkonforme außertourliche kurze [Spiel]unterbrechung;* eine A. nehmen

aus|zieh|bar ‖ **aus|zie|hen:** aus der Wohnung a. | sich im Badezimmer a. | einen Tisch a. *(verlängern)* | auf Abenteuer a. *(aufbrechen, um Abenteuer zu erleben)* ‖ **Aus|zieh|tisch:** *durch Ausziehen einer eingeschobenen Platte vergrößerbarer Tisch*

Aus|zu|bil|den|de[1] der, -n/-n (bes. D): *Lehrling* ‖ **Aus|zu|bil|den|de**[2] die, -n/-n (bes. D)

Aus|zug: *Auswanderung* | *Teil des Ganzen;* Kontoauszug | *Ausgedinge* ‖ **Aus|züg|ler** der, -s/-: *Ausnehmer* | (T, K) (Küchenspr.) *auseinandergezogener Krapfen [aus Germteig]* ‖ **Aus|züg|le|rin** die, -/-innen ‖ **Aus|zugs|mehl:** *bes. feines Mehl* ‖ **Aus|zugs|tisch** = **Aus|zug|tisch:** *Ausziehtisch* ‖ **aus|zugs|wei|se:** *nur das Wichtigste auswählend*

aus|zup|fen: Haare a.

AUT: Autriche *(dreistelliger Buchstabencode für Österreich [bei internationalen Sportbewerben]);* → AT

au|t|ark ⟨gr.⟩: *[wirtschaftlich] unabhängig* ‖ **Au|t|ar|kie** die, -/-n

au|then|tisch ⟨gr.⟩: *echt, verbürgt;* eine authentische Nachricht ‖ **Au|then|ti|zi|tät** die, -

Au|tis|mus der, - ⟨gr.⟩ (Med.): *krankhafte Kontaktunfähigkeit* ‖ **au|tis|tisch** (Med.)

Au|to das, -s/-s ⟨gr.⟩: A. fahren; A. stoppen; *aber:* das Autofahren ‖ **Au|to|at|las** ‖ **Au|to|bahn** ‖ **Au|to|bahn|ab|fahrt** ‖ **Au|to|bahn|ab|schnitt** ‖ **Au|to|bahn|auf|fahrt** ‖ **Au|to|bahn|gen|dar|me|rie** [-ʒɑ̃d-, -ʒan-] (früher) ‖ **Au|to|bahn|kno|ten:** *Autobahnkreuzung, -anbindung* ‖ **Au|to|bahn|kreuz** (D): *Autobahnknoten* ‖ **Au|to|bahn|maut** ‖ **Au|to|bahn|meis|te|rei** die, -/-en ‖ **Au|to|bahn|netz** ‖ **Au|to|bahn|pi|ckerl:** *Autobahnvignette* ‖ **Au|to|bahn|rast|stät|te:** *an der Autobahn gelegenes Restaurant* ‖ **Au|to|bahn|ring:** *Autobahnumfahrung rund um eine Stadt* ‖ **Au|to|bahn|sta|ti|on** [-ʃtatsi̯-]: *Autobahnraststätte mit Tankstelle* ‖ **Au|to|bahn|un|ter|füh|rung** ‖ **Au|to|bahn|vi|g|net|te** [-vinjɛ-]: *Aufkleber für die Autobahngebühr* ‖ **Au|to|bio|gra|fie** = Autobiographie [-f-]: *Beschreibung des eigenen Lebens, Selbstbiografie* ‖ **au|to|bio|gra|fisch** = autobiographisch [-f-] ‖ **Au|to|bom|be:** *in einem Auto versteckte [ferngezündete] Bombe* ‖ **Au|to|bus** ‖ **au|to|ch|thon:** *bodenständig, ursprünglich* | (Biol.) autochthone *(aus der Region stammende)* Pflanzen

Au|to|da|fé das, -s/-s ⟨port.⟩ (früher): *öffentliche Ketzerverbrennung*

Au|to|di|dakt der, -en/-en ⟨gr.⟩: *jemand, der sich durch Selbstunterricht ausbildet* ‖ **Au|to|di|dak|tin** die, -/-innen ‖ **au|to|di|dak|tisch:** a. eine Sprache lernen ‖ **Au|to|drom** das, -s/-e: *Anlage zum Fahren mit Kleinautos [in Vergnügungsparks]* | *Skooter* | *Renn-, Teststrecke* ‖ **Au|to|fah|rer** ‖ **Au|to|fah|re|rin** ‖ **Au|to|fahrt** ‖ **Au|to|fo|kus** der, - [-kusses]: *automatische Scharfeinstellung [bei Kameras]* ‖ **au|to|frei** ‖ **Au|to|fried|hof** (scherzh.): *Sammelplatz für Autowracks* ‖ **au|to|gen** (Technik): a. *(mit einer heißen Stichflamme)* schneiden oder schweißen | (Psych.) autogenes Training *(eine Methode der Selbstentspannung)* ‖ **Au|to|graf** = Autograph [-f] das, -s/-e[n]: *eigenhändig geschriebener Text [eines Schriftstellers]* ‖ **Au|to|gramm** das, -s/-e: *eigenhändige Unterschrift einer prominenten Person* ‖ **Au|to|gramm|jä|ger** ‖ **Au|to|gramm|jä|ge|rin** ‖ **Au|to|graph** [-f] = → Autograf ‖ **Au|to|haus:** *Geschäft, das Autos verkauft* ‖ **Au|to|in|dus|t|rie** ‖ **Au|to|kenn|zei|chen** ‖ **Au|to|ki|no:** *Kino, das man im Auto sitzend besucht* ‖ **Au|to|ko|lon|ne** ‖ **Au|to|krat** der, -en/-en: *Alleinherrscher* ‖ **Au|to|kra|tin** die, -/-innen ‖ **au|to|kra|tisch:** *selbstherrschend, eigenmächtig;* ein autokratischer Erziehungs- oder Führungsstil ‖ **Au|to|len|ker:** *Autofahrer* ‖ **Au|to|len|ke|rin** ‖ **Au|to|mar|ke** ‖ **Au|to|mat** der, -en/-en: *selbsttätiger Apparat, Maschine* ‖ **Au|to|ma|ten|buf|fet** [-byfeː] = Automatenbüfett [-feː, D auch: -fɛt] ‖ **Au|to|ma|tik** die, -: *automatische Einrichtung* | *routinemäßiger Vorgang* ‖ **Au|to|ma|ti|on** [-tsi̯-] die, - ‖ **au|to|ma|tisch** ‖ **au|to|ma|ti|sie|ren** ‖ **Au|to|ma|ti|sie|rung** die, -: *Umstellung auf automatischen Betrieb* ‖ **Au|to|ma|tis|mus** der, -/Automatismen: *selbsttätiger, ohne Kontrolle ablaufender [psychischer] Mechanismus* ‖ **Au|to|me|cha|ni|ker** ‖ **Au|to|me|cha|ni|ke|rin** ‖ **Au|to|mo|bil** das, -s/-e (veraltend): *Auto* ‖ **au|to|nom:** *selbständig, unabhängig* | (SüdT) *separat;* autonomer Zugang ‖ **Au|to|no|mie** die, -/-n: *weitgehende Selbstverwaltung, Unabhängigkeit;* die A. Südtirols ‖ **Au|to|no|mie|sta|tut** [-ʃ-] (SüdT): *Verfassungsgesetz, das die Südtiroler Autonomie festschreibt* ‖ **Au|to|num|mer:** *Autokennzeichen* ‖ **Au|to|pi|lot** (Technik): *ein automatisches Steuerungssystem [von Flugzeugen]* ‖ **Au|t|op|sie** die, -/-n: *Leichenbeschau, ärztliche Leichenöffnung zur Feststellung der Todesursache*

Au|tor der, -s/-en [-ˈoː-] ⟨lat.-fr.⟩: *Verfasser*

Au|to|ra|dio ‖ **Au|to|ra|ser** ‖ **Au|to|ra|se|rin** ‖ **Au|to|rei|fen** ‖ **Au|to|rei|se|zug:** *Zug, in dem Autos mittransportiert werden können;* → Autozug

Au|to|ren|ka|ta|log: *ein nach Autorennamen geordnetes [Bücher-]verzeichnis;* → G.: Schlagwortkatalog

Au|to|ren|nen ‖ **Au|to|re|pa|ra|tur** ‖ **Au|to|re|verse** [-rɪvɜːs] das, - (Elektrot.): *automatische beidseitige Abspielfunktion bei einem Kassettenrekorder*

Au|to|rin die, -/-innen ‖ **au|to|ri|sie|ren:** *ermächtigen* ‖ **au|to|ri|siert** ‖ **au|to|ri|tär:** *Autorität ausübend; Autorität betonend; Autorität missbrauchend;* a. regieren ‖ **Au|to|ri|tät** die, -/-en: *maßgebende Person;* eine A. auf dem Gebiet der Orthopädie | (ohne Pl.) *Macht; Ansehen;* sich A. verschaffen ‖ **au|to|ri|ta|tiv:** *auf Autorität beruhend* ‖ **au|to|ri|täts|gläu|big** ‖ **Au|to|ri|täts|gläu|big|keit** ‖ **Au|tor|schaft** die, -: *Urheberschaft*

Au|to|schlüs|sel ‖ **Au|to|speng|ler**

A

‖ **Au|to|speng|le|rin** ‖ **Au|tostopp:** per A. reisen ‖ **Au|to|stop|per** ‖ **Au|to|stop|pe|rin** ‖ **Au|tostra|ße:** *eine autobahnähnliche Schnellstraße* ‖ **Au|to|sug|ges|ti|on** [-st-] (Psych.): *Selbstbeeinflussung* ‖ **Au|to|te|le|fon** ‖ **au|totroph** [-f] (Biol.): *aus anorganischen Substanzen organische herstellend* ‖ **Au|to|tür** ‖ **Au|toun|fall** ‖ **Au|to|ver|kehr** ‖ **Au|tover|mie|tung** ‖ **Au|to|werk|statt** ‖ **Au|to|wrack:** *stark beschädigtes Kraftfahrzeug* ‖ **Au|to|zug:** *Eisenbahnzug zur Beförderung von Autos;* → Autoreisezug

autsch → au

AUVA [a u fau ˈaː] die, -: **A**llgemeine **U**nfall**v**ersicherungs**a**nstalt

Au|wald → Au

au weh = **au|weh:** *Ausruf des Schmerzes;* au weh (= auweh, **Au** weh, **A**uweh) schreien ‖ **au|weia** = **au weia:** *ein Ausruf [der Betroffenheit]*

Au|xi|li|ar das, -s/-e = **Au|xi|li|arverb** [-v-] ⟨lat.⟩ (Gramm.): *Hilfsverb*

AV [a ˈfau]: **a**udio**v**isuell ‖ **AV-Anschluss**

Avan|ce [aˈvãːs(ɛ)] die, -/-n ⟨fr.⟩ (geh.): jemandem Avancen machen *(Interesse an einer Beziehung zeigen, Hoffungen machen)* ‖ **Avan|ce|ment** [-sˈmãː] das, -s/-s (geh., veraltend): *Beförderung, Vorrückung* ‖ **avan|cie|ren** (veraltend): *[im Rang] vorrücken, befördert werden*

Avant|gar|de [avãˈgart, -rdɛ] die, -/-n ⟨fr.⟩: *Gruppe von Vorkämpfern für eine neue Idee* | (veraltet) *Vorhut* ‖ **avant|gar|dis|tisch:** *[künstlerisch] wegweisend, modern*

Ava|tar [av-] der, -s/-e ⟨Sanskrit-engl.⟩: *Grafik im Internet, die in Chats eine/n Teilnehmer/in darstellt*

Ave [ˈaːvɛ] das, -[s]/-[s] ⟨lat.⟩: *Kurzwort für Ave-Maria* ‖ **Ave-Ma|ria** das, -[s]/-[s] ⟨lat.⟩: *das Gebet „Gegrüßet seist du, Maria ...“* ‖ **Ave-Ma|ria-Läu|ten** das, -s: *Läuten der Kirchenglocken zu bestimmten Tageszeiten*

Avers [av-] der -es/-e ⟨fr.⟩: *Vorderseite einer Münze oder Medaille;* → Revers[3] ‖ **Aver|si|on** [av-] die, -/-en: *Abneigung*

AVG [a fau ˈgeː] das, - (Jus): **A**llgemeines **V**erwaltungsverfahrens**g**esetz

Avis [aˈviː] das, -/- ⟨fr.⟩ (bes. D): *Aviso* | (Pol.) *Stellungnahme der EU-Kommission zu einem Beitrittswerber* ‖ **avi|sie|ren:** *ankündigen* ‖ **Avi|so** das, -s/-s ⟨it.⟩: *Ankündigung, Wink*

AV-Me|di|um [a ˈfau-]: *Videokassette, DVD, CD u. dgl.*

Avo|ca|do [avok-] die, -/-s ⟨indianisch-span.⟩: *eine tropische Frucht*

Award [əˈwɔːd] der, -s/-s ⟨engl.⟩: *Preis, Auszeichnung*

Awa|re der, -n/-n: *Angehöriger eines Reitervolkes der Völkerwanderungszeit* ‖ **Awa|rin** die, -/-innen ‖ **awa|risch**

Axa|mer Li|zum: *ein Talschluss bei Innsbruck (Wintersportort)*

Axel[1]: *männl. Vorname* ‖ **Axel**[2] der, -s/-: *ein Sprung im Eiskunstlauf*

axi|al ⟨lat.⟩ (Technik): *auf eine Achse bezogen; entlang der Achse*

Axi|om das, -s/-e ⟨gr.⟩: *unmittelbar einleuchtender, nicht beweisbarer Grundsatz* ‖ **Axi|o|ma|tik** die, -: *Lehre von den Axiomen*

Axon das, -s/-e [-ˈoː-] [Axonen] ⟨gr.⟩ (Biol.): *faserartiger Fortsatz einer Nervenzelle*

Axt die, -/Äxte: *Hacke, Beil mit langem Stiel* ‖ **Axt|hieb**

Ayur|we|da [ajur-] = **Ayur|ve|da** [-v-] der, -s ⟨Sanskrit⟩: *auf altindische Schriften aufbauende Richtung der indischen Heilkunde*

Aza|lee die, -/-n ⟨gr.⟩: *eine Zierpflanze*

Aze|tat das, -s/-e, fachspr.: Acetat [ats-] ⟨lat.⟩ (Chem.): *eine Chemiefaser* ‖ **Aze|tat|sei|de** ‖ **Aze|ton** das, -s (Chem.): *ein feuergefährliches Lösungsmittel* ‖ **Aze|ty|len** [-ty-] das, -[s] (Chem.): *ein brennbares Gas* ‖ **Aze|tyl|sa|li|cylsäu|re** [-zaliˈtsyːl-] (Chem.): *ein fiebersenkender, schmerzlindernder und entzündungshemmender Wirkstoff*

Azi|mut [auch: -ˈuːt] der = das, -s/-e ⟨arab.⟩ (Astron.): *bestimmte Koordinate eines Himmelskörpers*

Azo|ren die (Pl.): *eine Inselgruppe im Atlantik* ‖ **Azo|ren|hoch** (Met.): *ein Hochdruckgebiet mit Auswirkung auf das Wetter in Mitteleuropa*

Az|te|ke der, -n/-n: *Angehöriger eines mexikanischen Indianervolkes* ‖ **Az|te|ken|reich** ‖ **Az|tekin** die, -/-innen ‖ **az|te|kisch**

A-Zug der, -[e]s (früher): *erster Klassenzug der Hauptschule;* → Leistungsgruppe

Azur der, -s ⟨fr.⟩ (geh.): *das Blau des Himmels* ‖ **azur|blau:** *himmelblau* ‖ **azu|ren** (geh.): *azurblau*

azy|k|lisch [-yk-]: *nicht im Sinne eines vorherrschenden Rhythmus* | (Med.) eine azyklische *(unregelmäßige)* Menstruation

b B

b [beː] das, -/- (Kleinbuchstabe): das b im Wort *bald* | (Laut) der b-Laut | (Mus.) der Ton b (B) *(das um einen Halbton erniedrigte H bzw. h)* | (Mus.) b-Moll | (Mus.) *ein Vertiefungszeichen (♭)*

B [beː] das, -/- (Großbuchstabe): das B im Wort *Bad;* das Vitamin B | **B**undesstraße; die B 10 *(Budapester Bundesstraße)* | (Mus.) der Ton B (b) *(das um einen Halbton erniedrigte H bzw. h)* | (Mus.) B-Dur | (Mus.) **B**ass | (auslaufend auch Kfz) **B**urgenland | (Phys.) **B**el | (Chem.) **B**or | (EDV) **B**yte

b.: **b**ei; Baden b. Wien

Ba: **Ba**rium

ba|ba, *auch:* papa (ugs.): *leb wohl!*

Ba|bel[1] (bes. biblisch für): *Babylon* || **Ba|bel**[2] das, -s/-: *vielsprachige Stadt* | (geh.) *lasterhafter Ort;* Sündenbabel

Ba|ben|ber|ger der, -s/-: *Angehöriger eines mittelalterlichen österreichischen Herrschergeschlechts* || **Ba|ben|ber|ge|rin** die, -/-innen

Ba|by ['beːbi, engl.: 'beɪ-] das, -s/-s ⟨engl.⟩: *Säugling, Kleinkind* | *Liebling* || **Ba|by|aus|stat|tung** || **Ba|by|boom** [-buːm]: *Anstieg der Geburtenrate* || **Ba|by|fon** = Babyphon [-f-] das, -s/-e: *Gerät zur akustischen Überwachung von Babys* || **Ba|by|klap|pe:** *Babynest* || **ba|by|leicht** (ugs.): *kinderleicht, sehr leicht*

Ba|by|lon [-bi-, -by-]: *eine antike Stadt, Babel* || **ba|by|lo|nisch:** eine babylonische *(totale)* Sprachverwirrung

Ba|by|nah|rung ['beːbi-, engl.: 'beɪ-] || **Ba|by|nest:** *Abgabeplatz für weggelegte Babys* || **Ba|by|phon** [-f-] = → Babyfon || **ba|by|sit|ten** (nur Inf. und Part.): sie hat oft babygesittet || **Ba|by|sit|ter** der, -s/-: *jemand, der aushilfsweise auf Kinder aufpasst* || **Ba|by|sit|te|rin** die, -/-innen || **Ba|by|speck** (scherzh.): *Rundlichkeit bei Kindern* || **Ba|by|strich:** *Gegend, wo sich Minderjährige zur Prostitution anbieten*

Bac|ca|lau|re|at [-k-] = → Bakkalaureat || **Bac|ca|lau|re|us** = → Bakkalaureus || **Bac|ca|lau|rea** = → Bakkalaurea

Bac|cha|nal [baka-, auch: -x-] das, -s/-e [-ien] [-i̯ən] ⟨gr.-lat.⟩ (geh.): *Trinkgelage* || **Bac|chant** der, -en/-en (meist Pl.) (geh.): *betrunken von Gelage zu Gelage Ziehender* || **Bac|chan|tin** die, -/-innen (geh.) || **bac|chan|tisch** (geh.): *trunken, ausschweifend* || **Bac|chus:** *römischer Gott des Weins*

Bach der, -[e]s/Bäche: ein reißender B. || **Bach|bett** || **Bach|blü|ten|the|ra|pie** (Med.): *eine alternative Behandlungsmethode mit kombinierten Blütenessenzen*

Ba|che die, -/-n: *weibliches Wildschwein*

Ba|che|lor ['bætʃ(ə)lə] der, -s/-s (B.) ⟨engl.⟩: *akademischer Grad;* → Bakkalaureus

ba|cherl|warm (ugs.): *angenehm warm* || **Bach|fo|rel|le** || **Bäch|lein** das, -s/- || **Bach|stel|ze:** *ein Vogel*

Bach-Wer|ke-Ver|zeich|nis (BWV) (Mus.): *Verzeichnis der Werke Johann Sebastian Bachs*

Bäck der, -en/-en (reg., mda.): *Bäcker* || **Back|blech**

Back|bone ['bækbəʊn] das, -s/-s ⟨engl.⟩: *zentrale Datenleitung für große Datenmengen (bes. im Internet)*

back|bord (Seemannsspr.) || **Back|bord** (Seemannsspr.): *linke Schiffsseite (von hinten aus gesehen);* → G.: Steuerbord

Ba|cke die, -/-n: *Wange* | (meist scherzh.) *Gesäßbacke*

ba|cken, du bäckst, backst/backte [veraltet: buk]/gebacken: Semmeln b.; Kuchen b.; *aber:* → packen; → frischgebacken

Ba|cken der, -s/-: *beweglicher Seitenteil bei Schraubstock, Bremse u. a. Klemmvorrichtungen; aber:* → Bakken

Ba|cken|streich (veraltet bzw. geh.): *Ohrfeige* || **Ba|cken|zahn** (bes. D): *Stockzahn*

Bä|cker der, -s/-: der B. bäckt Brot || **Bäck|erb|se** (meist Pl.): *eine Suppeneinlage* || **Bä|cke|rei** die, -/-en: Brot in der B. *(beim Bäcker)* kaufen | *Kleingebäck, Keks;* zum Tee B. aufwarten || **Bä|cke|rin** die, -/-innen || **Back|fisch** (veraltet): *halbwüchsiges Mädchen* || **Back|form**

Back|gam|mon [bæk'gæmən] das, -[s] ⟨engl.⟩: *ein Würfelspiel* | *ein Kartenspiel* || **Back|ground** ['bækgraʊnd] der, -s: *Hintergrund, Gesamtheit der Voraussetzungen* || **Back|ground|sän|ger** || **Back|ground|sän|ge|rin** || **Back|hand** [-hænd] die, -/-s (Sport): *Rückhand, zB im Tischtennis;* → G.: Forehand

Back|hendl: *Backhuhn* || **Back|hendl|fried|hof** (ugs., scherzh.): *großer [Männer]bauch* || **Back|hendl|sta|ti|on** [-ʃtatsi̯-]: *eine Gaststätte* || **Back|huhn**

Back|list ['bæk-] die, -/-s ⟨engl.⟩: *Liste aller lieferbaren Werke eines Verlags*

Back|ofen: im B. Brot backen || **Back|pa|pier:** *Schutzauflage für das Backbleck* || **Back|pul|ver** [-f-] || **Back|rohr:** den Braten ins B. schieben

Back|slash ['bækslæʃ] ⟨engl.⟩ (Druckw.) (\): *ein Zeichen, zB in Programmiersprachen, verkehrter Schrägstrich* || **back|stage** [-steɪdʒ]: *hinter der Bühne* || **Back|stage** die (*auch:* der, das), -/-s [-ɪz]: *Bühnenhintergrund* | *Geschehen hinter den [Bühnen-]kulissen*

Back|stein: *Ziegel* || **Back|stein|go|tik:** *Ziegelbau im [neu]gotischen Stil* || **Back|stu|be** || **Back|teig**

Back-up [bæk'ʌp] = **Back|up** das, -s/-s ⟨engl.⟩ (EDV): *Sicherung der Arbeit am Computer durch Kopieren, zB auf Diskette oder Streamer*

Back|wa|re (meist Pl.)

Bá|csi ['baːtʃi] der, -[s]/-s ⟨ung.⟩ (B, W, N ugs.): *Onkel, vertrauter Bekannter;* Pepi-Bácsi *(Pepi-Onkel)*

Bad das, -[e]s/Bäder: ein Bad nehmen *(baden)* | *Badezimmer* | *Bezeichnung von Kurorten, zB Bad Wimsbach-Neydharting in Oberösterreich* || **Bad Aus|see** (Kfz: BA): *Kurstadt in der Steiermark* || **Bad-Aus|se|er** der, -s/-, *auch:* Bad Ausseer || **Bad-Aus|se|e|rin** die, -/-innen, *auch:* Bad Ausseerin || **Bad Blei|berg:** *Kurort in Kärnten* || **Bad Deutsch-Al|ten|burg:** *Kurort in Niederösterreich* || **Ba|de|an|zug** || **Ba|de|hau|be** || **Ba|de|ho|se** || **Ba|de|man|tel** || **Ba|de|meis|ter:** *Badewärter* || **Ba|de|meis|te|rin** || **ba|den:** das Baby b. | (ugs., sal.) damit kannst du b. gehen *(daraus wird nichts)* || **Ba|den** (Siedlungsname): B. bei Wien *(Kurstadt in Niederösterreich)* | (Kfz: BN) Bezirk B. || **Ba|den-Würt|tem|berg:** *deutsches Bundesland* || **ba|den-würt|tem|ber|gisch** || **Ba|de|ort** || **Ba|der** der, -s/- (früher): *Besitzer einer Badestube* | (veraltet) *Kurpfuscher* ‖ **Badesachen** die (Pl.) ‖ **Badesaison** [-zɛzoːn, fr.: -sɛˌzõ] ‖ **Badesalz** ‖ **Badeschlapfen** (ugs.) ‖ **Badeschuh** ‖ **Badesee** ‖ **Badestrand** ‖ **Badetuch** ‖ **Badewanne** ‖ **Badewaschel** (ugs., oft abw.): *Bademeister* ‖ **Badewetter** ‖ **Badezimmer** ‖ **Badezusatz** ‖ **Bad Fischau:** *Kurort in Niederösterreich* ‖ **Bad Gastein:** *Kurort in Salzburg* ‖ **Bad Gleichenberg:** *Kurort in der Steiermark* ‖ **Bad Goisern:** *Kurort in Oberösterreich* ‖ **Bad Hall:** *Kurort in Oberösterreich* ‖ **Bad Hofgastein:** *Kurort in Salzburg* ‖ **Bad Ischl:** *Kurort in Oberösterreich* ‖ **Bad Kleinkirchheim:** *Kurort in Kärnten* ‖ **Bad Leonfelden:** *Kurort in Oberösterreich*

Badminton [ˈbædmɪnt(ə)n] das, -[s] ⟨engl.⟩: *ein Ballspiel;* B. spielen; → Federball

Bad Radkersburg (Kfz: RA): *Kurstadt in der Steiermark* ‖ **Bad Sankt Leonhard im Lavanttal** [- -f-, auch: -v-]: *Kurstadt in Kärnten* ‖ **Bad Schallerbach:** *Kurort in Oberösterreich* ‖ **Bad Tatzmannsdorf:** *Kurort im Burgenland* ‖ **Bad Vöslau** [- f-]: *Kurstadt in Niederösterreich*

baff → paff

BAG [be a ˈgeː]: **B**erufs**a**usbildungs**g**esetz

Bagage [-ˈaːʃ, auch: -ʒɛ] die, - ⟨fr.⟩ (ugs., abw.): *Pack, Gesindel* | (veraltet) *Gepäck*

Bagatelle [-l(ɛ)] die, -/-n ⟨fr.⟩: *Kleinigkeit* ‖ **Bagatellfall** (Jus) ‖ **Bagatellgrenze** (Jus) ‖ **bagatellisieren:** etwas b. *(leicht nehmen)*

Bagdad: *Hauptstadt des Iraks*

Bagel [ˈbeɪ-] der = das, -s/-s ⟨jidd.-engl.⟩: *ein Gebäck;* → Beugel

Bagger der, -s/- ⟨niederl.⟩: *eine Maschine zum Entfernen von Geröll, Sand oder Schutt* ‖ **Baggerführer:** *eine Berufsbezeichnung* ‖ **Baggerführerin** ‖ **baggern:** eine Grube b. | (Sport) *Abspiel von unten [im Volleyball]* ‖ **Baggersee:** *Teich, See in einer ehemaligen Kies- oder Schottergrube*

bagschierlich (W, ugs., veraltend): ein bagschierliches *(herziges, graziöses)* Mädchen

Baguette [-ˈgɛt] das, -s/-s, *auch:* die, -/-n ⟨fr.⟩: *ein knuspriges längliches Weißbrot*

Bahamas die (Pl.): *Inselgruppe und Staat in der Karibik*

bähen: *rösten;* gebähtes Brot

Bahmigoreng das, -[s]/-[s], *auch:* Bamigoreng ⟨mal./indonesisch⟩: *indonesisches Nudelgericht*

Bahn die, -/-en: *Durchgang, Weg;* Fahrbahn; sich B. brechen; auf die schiefe B. *(auf Abwege)* geraten | *breiter Stoffstreifen* | *Rennbahn* | *Eisenbahn;* mit der/per B. fahren/befördern; jemanden zur B. *(Bahnstation)* bringen | (ohne Pl.) *Bundesbahn;* → ÖBB ‖ **bahnbrechend:** bahnbrechende Erfindungen; *aber:* sich eine Bahn brechen ‖ **Bahndamm** ‖ **bahnen:** sich einen Weg b. ‖ **Bahnfahrt** ‖ **Bahnhof** (Bhf., Bf.) ‖ **Bahnhofsbuffet** [-byfeː] = Bahnhofsbüfett [-feː, D auch: -ˌfɛt]: *Imbisslokal in einem Bahnhof* ‖ **Bahnhofshalle** ‖ **Bahnhofsmission:** *eine kirchliche Betreuungseinrichtung* ‖ **Bahnhofsrestaurant** [-torãː] ‖ **Bahnhofsvorstand** ‖ **Bahnkörper:** *eine Gleisanlage* ‖ **Bahnlinie** [-iɛ] ‖ **Bahnreisende** ‖ **Bahnrennen** (Sport): *eine Disziplin im Radsport;* → G.: Straßenrennen ‖ **Bahnschranken** ‖ **Bahnschwelle** ‖ **Bahnstation** [-ʃtatsi̯-] ‖ **Bahnsteig:** B. 2, Gleis 3 ‖ **Bahnstrecke** ‖ **Bahntrasse** ‖ **Bahnübergang** ‖ **Bahnübersetzung:** *Bahnübergang* ‖ **Bahnverbindung**

Bahöl [-ˈhœː] der, -[s] (ostöst., mda.): *Lärm, Wirbel*

Bahre die, -/-n: *ein Gestell zum Tragen*

Bai die, -/-en ⟨fr.⟩: *Meeresbucht*

Baikalsee: *See in Russland (Sibirien)*

> **bairisch** (Sprachwiss.): *die bairischen Mundarten betreffend*
>
> Die Schreibung mit i bezieht sich auf den mittelalterlichen Stamm der Baiern. Sie ist für die auf die Baiern zurückgehenden Mundarten in Österreich, Bayern und Südtirol, aber auch in der Volkskunde gebräuchlich; → bayerisch = bayrisch

Bairisch das, -[s] = **Bairische,** -n (Sprachwiss.): *die Dialekte des größten Teils von Österreich, Südtirols und eines großen Teils von Bayern*

Baiser [bɛˈzeː] das, -[s]/-s ⟨fr.⟩ (Küchenspr.): *eine Windbäckerei*

Baisse [bɛs] die, -/-n ⟨fr.⟩: *Fallen der Börsenkurse;* → G.: Hausse

Bajazzo der, -[s]/-s ⟨it.⟩: *komische Figur, Hanswurst*

Bajonett das, -[e]s/-e ⟨fr.⟩: *eine Stoß-, Stich- und Hiebwaffe (nach der französischen Stadt Bayonne)*

Bajuware der, -n/-n: *Angehöriger eines altdeutschen Volksstamms* | (scherzh.) *Bayer* ‖ **Bajuwarin** die, -/-innen ‖ **bajuwarisch**

Bake die, -/-n: *ein Verkehrs- und Signalzeichen*

Bakelit das, -s (Wz.): *ein Kunststoff (nach dem belgischen Erfinder benannt)*

BAKI (früher): BAKIPÄD ‖ **BAKIPÄD: B**ildungs**a**nstalt für **Ki**ndergarten**päd**agogik

Bakk.: Bakkalaureus, Bakkalaurea; Bakk. phil. ‖ **Bakkalaureat** = Baccalaureat [-k-] das, -[e]s/-e ⟨lat.⟩: *unterster akademischer Grad* | (in manchen Staaten) *Reifeprüfung* ‖ **Bakkalaurea** = Baccalaurea die, -/Bakkalaureae [-reɛ] (Bakk.): *Trägerin des Bakkalaureatgrades* ‖ **Bakkalaureus** = Baccalaureus der, -/Bakkalaurei [-re.i] (Bakk.): *Träger des Bakkalaureatgrades*

Bakkarat [-ˈra(ː)] das, -[s] ⟨fr.⟩: *ein Glücksspiel*

Bakken der, -s/- ⟨norw.⟩ (Sport): *[Absprungtisch der] Sprungschanze; aber:* → Backen

Bakk. phil. [ˈbak ˈfil]: bakkalaureus philosophiae [- -fiɛ] *(Bakkalaureus/Bakkalaurea der Philosophie)*

Bakschisch das (auch: der), -[e]s/-e ⟨pers.-arab.⟩: *Trinkgeld, kleine Geldzuwendung*

Bakterie [-iɛ] die, -/-n = Bakterium das, -s/Bakterien [-i̯ɛn] ⟨gr.-lat.⟩: *mikroskopisch kleines Lebewesen, einige sind Krankheitserreger* ‖ **bakteriell:** bakterielle Infekte ‖ **Bakterienkultur:** *künstlich gezüchtete Bakterien* ‖ **Bakteriologe** der, -n/-n: *Wissenschaftler mit dem Tätigkeitsbereich Bakteriologie* ‖ **Bakteriologie** die, -: *Lehre von den Bakterien* ‖ **Bakteriologin** die, -/-innen ‖ **bakteriologisch** ‖ **Bakterium** = → Bakterie ‖ **Bakterizid** das, -[e]s/-e: *Bakterien tötendes Mittel*

Baku: *Hauptstadt Aserbaidschans*

Balalaika die, -/-s ⟨russ.⟩: *ein russisches Zupfinstrument*

Balance [-ˈlãːs] die, -/-n ⟨fr.⟩: *Gleichgewicht* ‖ **Balanceakt** ‖

balancieren: auf dem Balken b. *(das Gleichgewicht haltend gehen);* er balanciert die Gläser auf dem Tablett
bald: b. hier, b. dort; ich komme b. wieder; das hätte ich b. *(fast)* vergessen; auf/bis bald!; möglichst b.; so bald als (= wie) möglich
Baldachin [auch: -'iːn] der, -s/-e ⟨it.⟩: *Schmuckdach; Traghimmel*
Balde (veraltet) (nur in der Wendung): in B. *(bald)* ‖ **baldig** ‖ **baldigst**
Baldrian der, -s ⟨lat.⟩: *eine Heilpflanze* ‖ **Baldriantropfen** die (Pl.): *ein Beruhigungsmittel*
Balduin: *männl. Vorname*
Balg[1] der, -[e]s/Bälge: *Haut von Tieren und von bestimmten Früchten* | *Blasbalg*
Balg[2] der = das, -[e]s/Bälge[r]: *unartiges Kind* ‖ **balgen** sich: *raufen* ‖ **Balgerei** die, -/-en
Balkan der, -[s]: *ein Gebirge* | *Balkanhalbinsel* ‖ **Balkanhalbinsel** die, - ‖ **balkanisch:** balkanische Speisen | (abw.) balkanische *(verworrene)* Zustände
Balken der, -s/-: *großes Stück [Bau]holz* ‖ **Balkenlettern** die (Pl.) (Druckw.): ein Zeitungstitel in B. *(in großen, fetten Buchstaben)* ‖ **Balkenwaage:** *bestimmte Form der Hebelwaage*
Balkon der, -s/-e (D auch -s) ⟨germ.-it.-fr.⟩: wir haben eine Wohnung mit B.
Ball[1] der, -[e]s/Bälle: [mit einem] B. spielen | (ugs.) am B. bleiben *(an einer Sache dranbleiben)*
Ball[2] der, -[e]s/Bälle ⟨fr.⟩: *Tanzunterhaltung;* einen B. besuchen
Ballade die, -/-n ⟨prov.⟩: *ein Gedicht mit dramatischem Inhalt* ‖ **balladesk:** eine balladeske *(balladenhafte)* Erzählung
Ballast der, -[e]s/-e: *schwere Last zum Gewichtsausgleich;* B. abwerfen | (abw.) *wertlose, störende Last* ‖ **Ballaststoff** (meist Pl.): *Nahrungsbestandteil, der von den Verdauungssäften nicht abgebaut werden kann* ‖ **ballaststoffreich**
Ballawatsch → Pallawatsch
ballen: die Faust b. ‖ **Ballen** der, -s/-: ein B. *(eine aufgerollte Bahn)* Stoff | *Teil der Hand, des Fußes* | ein Baum samt B. *(Wurzelballen)*
Ballerina die, -/Ballerinen ⟨it.⟩: *[Solo]tänzerin beim Ballett*
ballern (sal.): *herumschießen, herumknallen* ‖ **ballestern** (ostöst., ugs., veraltet): *[Fuß]ball spielen*
Ballett das, -[e]s/-e ⟨it.⟩: *ein künstlerischer Tanz* | *eine Tanzgruppe;* beim B. sein ‖ **Balletteuse** [-'tøːs, -zɛ] die, -/-n: *Balletttänzerin, Ballerina* ‖ **Ballettmeister:** *Lehrer, der eine Ballettgruppe ausbildet* ‖ **Ballettmeisterin** ‖ **Balletttänzer** ‖ **Balletttänzerin**
Ballgefühl (Sport): *Fähigkeit, mit einem Ball umzugehen* ‖ **Ballhausplatz:** *Bundeskanzleramt bzw. Präsidentschaftskanzlei (nach einem Platz in Wien)*
Ballistik die, - ⟨gr.-lat.⟩: *Lehre von der Flugbahn [eines Geschosses]* ‖ **ballistisch:** eine ballistische Kurve *(Flugbahn)*
Ballkleid ‖ **Balllokal** ‖ **Ballnacht**
Ballon der, -s/-e [-s] ⟨fr.⟩: *mit Luft oder Gas gefüllte kugelförmige Hülle;* Luftballon | *ein Fluggerät;* B. fahren ‖ **Ballonfahrer** ‖ **Ballonfahrerin** ‖ **Ballonflasche** ‖ **Ballonmantel:** *ein leichter Mantel*
Ballsaal: *Saal für Tanzveranstaltungen*
Ballschani (ostöst., ugs., veraltend): *jemand, zB ein Bub, der die [Tennis]bälle einsammelt* | ich bin doch nicht dein B. *(Diener)*
Ballspende: *kleines Geschenk für Ballbesucher;* → Damenspende; → Herrenspende
Ballspiel ‖ **Balltechnik** (Sport)
Ballung die, -/-en ‖ **Ballungsgebiet** ‖ **Ballungsraum:** *bes. dicht besiedeltes Gebiet; Industriegebiet* ‖ **Ballungszentrum**
Ballwechsel [-ks-] (Sport)
Balneologie die, - (Med.) ⟨lat.+gr.⟩: *Heilbäderkunde*
Balsa das, -s ⟨span.⟩: *Holz des Balsabaums* ‖ **Balsabaum:** *tropische Baumart* ‖ **Balsaholz:** *ein sehr leichtes Holz*
Balsam der, -s/-e [-'zaː-] ⟨gr.-lat.⟩: *ein Gemisch von Harz und Ölen* | *ein Schmerzlinderungsmittel* ‖ **balsamieren:** *einbalsamieren* ‖ **balsamisch** (geh.): balsamische *(wohl riechende)* Düfte
Balte der, -n/-n: *Bewohner des Baltikums;* → Baltin
Balthasar: *männl. Vorname*
Baltikum das, -s: *geografische Bezeichnung für die baltischen Staaten (Estland, Lettland und Litauen);* → Balte ‖ **Baltin** die, -/-innen; → Balte ‖ **baltisch:** die baltischen Staaten
Balustrade die, -/-n ⟨fr.⟩: *ein Geländer; eine Brüstung*
Balz die, -/-en: *Paarungszeit und -spiel mancher Vögel* ‖ **balzen:** der balzende *(um ein Weibchen werbende)* Auerhahn | (sal.) du balzt schon wieder *(versuchst dich an eine Frau heranzumachen)* ‖ **Balzzeit**
bam: *lautmalend [für Geräusche, Klänge];* → bim
Bambi[1] das, -s/-s (meist Kinderspr.): *Rehkitz (nach einer literarischen Gestalt)* ‖ **Bambi**[2] der, -s/-s: *ein Filmpreis*
Bambus der, - [-busses]/-busse ⟨mal.-niederl.⟩: *tropische baumförmige Graspflanze* ‖ **Bambushütte** ‖ **Bambusrohr** ‖ **Bambusspross** = **Bambussprosse** (meist Pl.): *ein Trieb des Bambus* | *ein Gemüse*
Bamigoreng → Bahmigoreng
Bamperletsch der, -[en]/-en, *auch:* *Pamperletsch* ⟨?⟩ (ostöst., ugs., meist abw.): *kleines Kind*
bampfen → pampfen
Bams der, -/-e (reg., ugs., abw.): *[lästiges, schlimmes; dickes] Kind*
bamstig (reg., ugs.): dieser Rettich ist b. *(saftlos, schwammig)* | ein bamstiges Gefühl *(kein Empfinden)* im Finger haben | (bes. ostöst., ugs., abw.) *protzig, aufgeblasen*
Ban der, -s/-e = Banus, -/- ⟨awarisch-slaw.-lat.⟩ (Gesch.): *ein Fürstentitel*
banal ⟨fr.⟩: *nichts sagend; geistlos; abgedroschen* ‖ **banalisieren** ‖ **Banalität** die, -/-en
Banane die, -/-n ⟨afrik.-port.⟩: *eine tropische Obstart* ‖ **Bananenrepublik** (abw.): *politisch instabiler Staat [in der Dritten Welt]* ‖ **Bananenschale** ‖ **Bananensplit** der, -s/-s: *eine Süßspeise aus Eis, Bananen, Schokoladesauce und Schlagobers*
Banat das, -[e]s: *Gebiet, an dem Rumänien, Serbien und Ungarn Anteil haben* ‖ **Banater** der, -s/- ‖ **Banaterin** die, -/-innen
Banause der, -n/-n ⟨gr.⟩: *Mensch ohne Kunstverständnis; Spießbürger*
Bancomat [-k-] (SüdT, CH): → Bankomat (Wz.)
band → binden ‖ **Band**[1] das, -[e]s/Bänder: *[Stoff]streifen;* ein B. aus Seide | *Fließband;* am laufenden B. *(in ununterbrochener Reihe)*

B

etwas erzeugen | (Med.) *Bindegewebestrang, der für Zusammenhalt und Beweglichkeit der Gelenke sorgt* | (Elektrot.) *Tonband* || **Band**[2] das, -[e]s/-e: *persönliche Bindung;* das B. der Freundschaft | (meist Pl.) (veraltet) *Fessel*

Band[3] der, -[e]s/Bände (Bd.): *Buch;* ein Roman in mehreren Bänden | etwas spricht Bände *(besagt sehr viel)*

Band[4] [-æ-] die, -/-s ⟨engl.⟩: *[kleinere] Musikkapelle;* in einer B. Schlagzeug spielen

Bandage [-'aːʃ, -ʒɛ] die, -/-n ⟨fr.⟩: *elastische Binde; Stützverband* | harte Bandagen *(Kämpfe; Vorwürfe)* || **bandagieren** [-ʒ-] || **Bandagist** der, -en/-en: *Erzeuger von Bandagen und Prothesen* || **Bandagistin** die, -/-innen

Bandbreite: *Vielfalt innerhalb von Grenzen* | (Elektrot.) *Frequenzbereich von Audio- bzw. Videosignalen*

Bande[1] die, -/-n: *wilde Schar; Verbrecherbande*

Bande[2] die, -/-n ⟨fr.⟩: *Einfassung, zB eines Spielfeldes* | (Phys.) *Vielzahl eng benachbarter Spektrallinien* || **Bandeisen:** *eiserner Reifen, zB für Fässer*

Banderole die, -/-n ⟨fr.⟩: *ein Etikett [auf Weinflaschen]*

Bänderriss (Med.): *Riss eines Gelenkbandes* || **Bänderzerrung** (Med.): *Überdehnung eines Gelenkbandes* || **Bandgenerator** (Phys.): *Gerät zur Erzeugung elektrischer Hochspannung* || **-bändig** (nur in Zusammensetzungen wie mehrbändig)

bändigen: wilde Pferde b. *(zähmen)* | seinen Hunger b. *(bezwingen)* | sie kann ihr volles Haar kaum b.

Bandit der, -en/-en ⟨it.⟩: *Räuber, Verbrecher* | einarmiger B. *(ein Glücksspielautomat)* || **Banditin** die, -/-innen

Bandl das, -s/-n (ugs.): *schmales Band;* jemanden am B. haben *(in Abhängigkeit halten)*

Bandleader ['bændliːdə] ⟨engl.⟩: *Leiter einer Band*[4] || **Bandleaderin**

Bandler der, -s/- (ugs., veraltet): *langsamer, umständlicher Mensch* || **Bandlerin** die, -/-innen (ugs., veraltet) || **Bandlkramer** (mda.) (früher): *fahrender Händler mit Kurzwaren* || **Bandlkramerin** (mda.) (früher) || **Bandlwurm** (ugs.): Bandwurm || **Bandnudeln** die (Pl.) || **Bandsäge:** *eine Motorsäge* || **Bandscheibe** (Med.): *Knorpelscheibe zwischen den Wirbeln* || **Bandscheibenschaden** (Med.) || **Bandscheibenvorfall** (Med.) || **Bandwurm:** *ein Parasit* | (sal.) etwas hat den B. *(dreht sich unaufhörlich)*

bang = **bange:** mir ist/wird angst und b. || **Bange** die, - (bes. nördl. D): jemandem Angst und B. machen || **bangen** (geh.): um etwas/jemanden b. *(sich ängstigen)*

Bangkok: *Hauptstadt von Thailand*

Bangladesch: *Staat in Südasien*

Banjo ['bændʒəʊ] das, -s/-s ⟨engl.⟩: *ein Zupfinstrument*

Bank[1] die, -/Bänke: *eine Sitzgelegenheit;* auf die lange B. schieben *(hinauszögern);* durch die B. *(ausnahmslos)* | *Hobelbank, Arbeitsbank*

Bank[2] die, -/-en ⟨it.⟩: *Geldinstitut* | *Sandbank* | (westöst.) *Schotteraufschüttung im Gebirge* || **Bankangestellte** || **Bankdepot** [-ˌpo] || **Bankdirektor** || **Bankdirektorin**

Bänkellied || **Bänkelsänger** (früher): *Jahrmarktsänger, der die neuesten [Schauer]geschichten verbreitet* || **Bänkelsängerin**

Bankenaufsicht ⟨it.⟩ || **Banker** ['bæ-, auch: 'ba-] der, -s/- ⟨engl.⟩: *Bankfachmann; Bankier* || **Bankerin** die, -/-innen

Bankerl das, -s/-[n]: *[kleine] Bank* | (W, ugs., sal.) ein B. reißen *(sterben)*

Bankert der, -s/-en (veraltet, abw.): *uneheliches Kind* | (ugs., derb) *ungezogenes Kind*

Bankett[1] das, -[e]s/-e ⟨Pseudofr.⟩: *Festmahl* || **Bankett**[2] das, -[e]s/-e: *Weg-, Randstreifen neben der Fahrbahn* || **Bankette** die, -/-n (D): *Bankett*[2]

Bankgarantie ⟨it.⟩: *Haftungserklärung (Zahlungsverpflichtung) einer Bank* || **Bankgebäude** || **Bankgeheimnis:** *Geheimhaltungspflicht der Banken* || **Bankgeschäft** || **Bankguthaben** || **Bankier** [-'kjeː] der, -s/-s ⟨fr.⟩: *Inhaber eines Bankhauses, Banker* || **Banking** ['bæ-] das, -[s] ⟨engl.⟩: *Abwicklung von Bankgeschäften;* Telebanking || **Bankkauffrau** ⟨it.⟩: *eine Berufsbezeichnung* || **Bankkaufmann** || **Bankkonto** || **Bankkoordinaten** die (Pl.) (SüdT): *Bankencode und Bankleitzahl* || **Bankleitzahl:** *Kennnummer von Banken*

Bankl das, -s/-n: *Bankerl* || **Banknachbar:** *Sitznachbar* || **Banknachbarin**

Banknote [auch: 'ba-] ⟨it.⟩: *Geldschein* || **Bankomat** der, -en/-en ⟨it.+gr.⟩ (Wz.): *Geldausgabeautomat* || **Bankomatkarte** (Wz.): *Scheckkarte mit Geldausgabefunktion* || **Bankomatkassa** = **Bankomatkasse** (Wz.): *bargeldlose Kasse, bei der mit →* Bankomatkarte (Wz.) *bezahlt wird* || **Bankraub** || **Bankräuber** || **Bankräuberin**

bankrott: pleite

Kleinschreibung in Verbindung mit „sein" und „werden":
– bankrott sein
– bankrott werden
Großschreibung in Verbindung mit „machen":
– Bankrott machen
Zusammenschreibung bei übertragener Bedeutung:
– die Firma wird bankrottgehen

Bankrott der, -[e]s/-e: *Zusammenbruch; Zahlungsunfähigkeit [eines Bankinstituts, einer Firma];* B. machen || **Bankrotterklärung** || **Bankrotteur** [-'tøːə] der, -s/-e: *jemand, der Bankrott macht* || **Bankrotteurin** die, -/-innen || **bankrottgehen:** die Firma geht bankrott; → bankrott || **Bankschließfach** || **Bankstelle:** *Banknebenfiliale, Zweigstelle* || **Banküberfall** || **Bankverbindung:** *Kontoangabe zu einem bestimmten Geldinstitut* || **Bankwesen**

Bann der, -[e]s (früher): in Acht und B. tun *(ächten)* | (geh.) im B. eines Erlebnisses sein *(davon gefesselt sein)* || **bannen:** eine Gefahr b. *(abwehren)* | *wie gebannt (angewurzelt) starren*

Banner das, -s/- ⟨germ.-fr.⟩ (geh.): *eine Fahne;* das B. der Freiheit | (auch mit Aussprache ['bæ-]) ⟨engl.⟩ (EDV): *Werbeeinschaltung im Internet* || **Bannerträger:** *Fahnenträger* | *Leitfigur, Vorkämpfer* || **Bannerträgerin** || **Bannerwerbung** [auch: 'bæ-] (EDV): *Werbung im Internet*

Bannfluch (früher): *Kirchenbann;* der B. des Papstes gegen den Kaiser || **Bannkreis** (geh.): *Wir-*

kungsbereich, Einflussgebiet ‖ **Bannmeile:** *Sicherheitsabstand [zu Regierungsgebäuden]* ‖ **Bannwald:** *Wald, der nicht geschlägert werden darf [als Lawinenschutz]*

Bantamgewicht [auch: 'bæntəm-] das, -[e]s (Sport): *eine Gewichtsklasse (nach einer indonesischen Stadt)*

Banus = → Ban

BAO [be a 'oː] die, -: **B**undes**a**bgabe**n**o**rdnung**

Baptisterium das, -s/Baptisterien [-i̯ən] ⟨gr.-lat.⟩: *Taufkapelle*

Baon das, -s (Mil.): *Kurzwort für Bataillon*

bar[1] (als Zeichen): *Bar*[2]

bar[2]: bar zahlen *(zum Unterschied von bargeldlos, nicht ratenweise)* | (Kaufmannsspr.) 100 € in bar; nur gegen bar liefern; bares Geld; *aber:* über **B**ares verfügen *(Bargeld)* | (geh.) barer *(offenkundiger)* Unsinn | bar jedes/jeden Gefühls *(ohne jedes Gefühl)*

Bar[1] die, -/-s ⟨engl.⟩: *ein erhöhter Schanktisch;* an der Bar stehen | *ein [Vergnügungs]lokal, in dem Getränke und kleine Imbisse serviert werden* | *Vorrat verschiedener [alkoholischer] Getränke;* Hausbar

Bar[2] das, -[s]/- ⟨gr.⟩ (bar): *Maßeinheit für Druck und Spannung, bes. für den Luftdruck (100 000 Pa)*

Bär der, -en/-en: *ein Raubtier* | der Große Bär *(ein Sternbild)* | jemandem einen Bären aufbinden *(ihn anschwindeln)*

Baraber der, -s/-, *auch:* **Baraberer** ⟨it.⟩ (ugs., abw., veraltend): *ein körperlich schwer arbeitender Mensch* ‖ **barabern** (veraltend, ugs.): *schwer arbeiten*

Barabhebung (Bankw.): *Abheben von Geld von einem Konto;* → bar[2]

Baracke die, -/-n ⟨span.-fr.⟩: *ein [behelfsmäßiger] ebenerdiger, leichter Bau*

Baranweisung (Bankw.) → bar[2]

Barbar der, -en/-en ⟨gr.⟩: *ungesitteter, roher Mensch*

Barbara: *weibl. Vorname;* → Bärbl; → Wetti ‖ **Barbarazweig:** *abgeschnittener [Kirsch-]zweig, der im Dezember blüht*

Barbarei die, -/-en ⟨gr.⟩: *Rohheit, Wildheit* ‖ **Barbarin** die, -/-innen ‖ **barbarisch**

Barbe die, -/-n: *ein Fisch*

Barbecue [-bɪkjuː] das, -[s]/-s ⟨indian.-engl.⟩: *auf dem Rost Gebratenes* | *Grillparty*

bärbeißig: ein bärbeißiger *(mürrischer, unfreundlicher)* Mensch

Bärbel = Bärbl: *weibl. Vorname (Barbara)*

Barbier der, -s/-e ⟨lat.-fr.⟩ (veraltet): *[Herren]friseur*

Barbiturat das, -s/-e ⟨lat.⟩ (Med.): *Schlafmittel, Beruhigungsmittel*

Bärbl = → Bärbel

barbusig (oft scherzh.): *mit nacktem Busen* ‖ **Barcheck** [-ʃ-] (CH): *Barscheck;* → bar[2]

Barchent der, -s/-e ⟨arab.-lat.⟩: *ein Baumwollgewebe*

Barcelona [-se-]: *Stadt in Spanien, Hauptstadt Kataloniens*

Bardame ⟨engl.⟩: *Frau, die in einer Bar die Gäste bedient*

Barde der, -n/-n ⟨kelt.-fr.⟩ (geh., veraltet): *Dichter, Sänger*

Bareinhebung (Bankw.): *Kassieren in bar*

Bärendienst: jemandem einen B. *(schlechten Dienst)* erweisen ‖ **Bärendreck** der, -s (reg., zB V, T): *Lakritze* ‖ **Bärenfell** ‖ **Bärenhunger** (ugs.): *riesiger Hunger* ‖ **Bärenkälte:** *sehr arge Kälte* ‖ **bärenstark:** *sehr stark* ‖ **Bärentatze** die, -/-n: *ein Pilz* ‖ **Bärenzucker** der, -s: *Lakritze*

Barett das, -[e]s/-e ⟨it.⟩: *eine Kopfbedeckung ohne Krempe*

barfuß = **barfüßig:** *bloßfüßig;* b. gehen

barg → bergen

Bargeld: *Geld in Scheinen bzw. in Münzen* ‖ **bargeldlos:** bargeldloser Zahlungsverkehr *(Scheckverkehr oÄ);* → bar[2] ‖ **barhaupt** = **barhäuptig:** *ohne Kopfbedeckung, bloßköpfig*

Barhocker ⟨engl.⟩: *ein hoher Hocker*

bärig (ugs.): *großartig, ausgezeichnet*

Barist der, -en/-en (SüdT): *Betreiber einer Bar* | *Barkeeper* ‖ **Baristin** die, -/-innen (SüdT)

Bariton der, -s/-e ⟨gr.-it.⟩: *Männerstimme zwischen Tenor und Bass* | *Sänger mit dieser Stimmlage* ‖ **Baritonsaxofon** = Baritonsaxophon [-f-]

Barium das, -s (Zeichen: Ba) ⟨gr.⟩: *ein chemisches Element*

Barkarole die, -/-n ⟨it.⟩: *venezianisches Gondellied* ‖ **Barkasse** die, -/-n ⟨rom.-niederl.⟩: *ein Motorboot*

Barkauf: *Kauf mit sofortiger Bezahlung des Kaufpreises;* → bar[2]

Barke die, -/-n ⟨fr.⟩: *ein Boot*

Barkeeper ['baː(r)kiː-] ⟨engl.⟩: *Kellner hinter der Bartheke* ‖ **Barkeeperin**

Bärlauch: *eine Lauchart*

barmherzig: *mitleidig, mildtätig;* ein barmherziger Mensch; *aber:* die **B**armherzigen Brüder, Schwestern *(katholische Krankenpflegeorden)* ‖ **Barmherzigkeit** die, -

Barmixer ⟨engl.⟩ ‖ **Barmixerin** ‖ **Barmusik**

Barn der, -[e]s/-e, *auch:* Barren, -/- (Landw.): *Futtertrog*

barock ⟨port.⟩: *im Barockstil* | *prunkvoll, überladen* | *wunderlich, seltsam* ‖ **Barock** das = der, -[s]: *eine historische Epoche* | *eine Kunstrichtung im 17. und 18. Jh.* ‖ **Barockkirche** ‖ **Barockmusik** ‖ **Barockschloss** ‖ **Barockstil** [-st-, auch: -ʃt-]

Barometer der = das, -s/- ⟨gr.⟩: *Luftdruckmesser;* das B. steigt

Baron der, -s/-e ⟨fr.⟩: *ein Adelstitel* ‖ **Baroness** die, -/-en = Baronesse [-'ɛs], -/-n: *Tochter eines Barons* ‖ **Baronin** die, -/-innen: *Frau eines Barons*

Barcheque [-ʃɛk] → Barscheck

Barrel ['bæ-] das, -s/-[s] ⟨engl.⟩: *ein Hohlmaß (163,6 Liter bzw. für Petroleum 159 Liter);* zehn Barrel[s] Erdöl

Barren der, -s/-: *ein Turngerät* | ein B. *(gegossener Block)* Gold ‖ **Barrenturnen**

Barriere [-'ri̯eːə, -'eːrɛ] die, -/-n ⟨fr.⟩: *Schlagbaum* | *Sperre, Hindernis* ‖ **Barrikade** die, -/-n: *[eilig errichtetes] Hindernis auf Straßen; Verschanzung;* auf die Barrikaden steigen *(sich leidenschaftlich für etwas engagieren)*

Barriquewein [-'rikv-] ⟨fr.⟩: *in speziellen Eichenfässern ausgebauter Wein*

barsch: *grob, unfreundlich*

Barsch der, -[e]s/-e: *ein Fisch*

Barschaft die, -/-en: *zur Verfügung stehendes Bargeld* ‖ **Barscheck,** *auch:* Barcheck [-ʃ-]: *in Bargeld einzulösender Scheck;* → G.: Verrechnungsscheck

barst → bersten

Bart der, -[e]s/Bärte: einen B. tragen; Schnurrbart | *Schlüsselbart* ‖ **Barterl** das, -s/-[n] (bes. ostöst., ugs.): *Lätzchen;* dem Baby ein B. umhängen ‖ **Bartgeier:** *Lämmergeier* ‖ **Barthaar**

B

B

Bar|the|ke ⟨engl.⟩: *Schanktisch in einer Bar*[1]
Bar|tho|lo|mä|us: *männl. Vorname*
bär|tig: ein bärtiger Mann ‖ **Bart|stop|pel** die, -/-n (meist Pl.) ‖ **Bart|wisch** (bes. ostöst.): *Handbesen* ‖ **Bart|wuchs** [-ks]
Bar|zah|lung: 3 % Skonto bei B.; → bar[2]
ba|sal ⟨gr.-lat.⟩: *die Grundlage (die Basis) betreffend;* basale Klassen *(für mehrfach behinderte, pflegeabhängige Kinder und Jugendliche)*
Ba|salt der, -[e]s/-e ⟨gr.-lat.⟩: *ein vulkanisches Gestein*
Ba|sal|tem|pe|ra|tur (Med.): *Körpertemperatur der Frau vor dem Aufstehen (zur Erkennung des Eisprungs)*
Ba|sar = Bazar [-z-] der, -s/-e ⟨pers.-türk.-fr.⟩: *orientalisches Marktviertel* | *Wohltätigkeitsverkauf*
Ba|se[1] die, -/-n (veraltet): *Cousine*
Ba|se[2] die, -/-n ⟨gr.⟩: *eine chemische Verbindung*
Base|ball ['beɪsbɔːl] der (*auch:* das), -[s] ⟨engl.⟩: *ein Schlagballspiel [in den USA];* B. spielen
Ba|se|dow [-doː, *auch:* -dɔf] der, -[s] = **ba|se|dow|sche Krank|heit** = **Ba|se|dow'|sche Krank|heit** die, -n -: *eine Schilddrüsenerkrankung*
Ba|sel: *Schweizer Stadt und Kanton*
Ba|sen die (Pl. von → Base und → Basis)
BASIC ['beɪsɪk] das, -[s] ⟨engl.⟩ (EDV): *eine internationale Programmiersprache*
ba|sie|ren ⟨gr.-fr.⟩: *beruhen;* dieses Urteil basiert auf Zeugenaussagen
Ba|si|li|ka die, -/Basiliken ⟨gr.-lat.⟩: *eine Kirchenbauform* | *Ehrentitel einer Kirche;* eine Kirche zur B. erheben
Ba|si|li|kum das, -s ⟨gr.-lat.⟩: *eine Gewürzpflanze*
Ba|si|lisk der, -en/-en ⟨gr.-lat.⟩: *tropische Echsenart* | *ein Fabeltier*
Ba|sis die, -/Basen ⟨gr.⟩: *Grundlage* | (Math.) *Grundfläche; Grundlinie; Grundzahl einer Potenz oder eines Logarithmus* | *breite Masse der [politischen] Anhänger* | *[militärischer] Stützpunkt* ‖ **Ba|sis|arzt** (SüdT): *Hausarzt* ‖ **Ba|sis|ärz|tin** (SüdT) ‖ **ba|sisch** (Chem.): → Base[2] ‖ **Ba|sis|de|mo|kra|tie:** *Form des [staatlichen] Zusammenlebens, die den Bürger/innen unmittelbare Mitspracherechte einräumt* ‖ **Ba|sis|grup|pe** ‖ **Ba|sis|la|ger:** *[bei Expeditionen] Stützpunkt [zur Versorgung];* ein B. errichten ‖ **Ba|sis|sta|ti|on** [-ʃtatsi̯-]: *Basislager* | (Elektrotech.) *zentrales Gerät für den Betrieb von [Schnurlos]telefonen* ‖ **Ba|sis|tun|nel** ‖ **Ba|sis|wis|sen:** *grundlegendes Wissen*
Bas|ke der, -n/-n: *Angehöriger eines Volkes in Spanien und Frankreich* ‖ **Bas|ken|land** das, -[e]s ‖ **Bas|ken|müt|ze:** *eine Kopfbedeckung*
Bas|ket|ball der, -[e]s/-bälle ⟨engl.⟩: *spezieller Ball fürs Basketballspiel* | (auch mit Art. das, ohne Pl.) *ein Korbballspiel;* B. spielen
Bas|kin die, -/-innen ‖ **Bas|kisch** das, -[s] = **Bas|ki|sche,** -n: *die baskische Sprache*
Bas|ma|ti|reis: *eine Reissorte*
bass (veraltet): *sehr;* b. erstaunt
Bass der, -es/Bässe (B) ⟨it.⟩ (Mus.): *tiefste Männersingstimme* | *Sänger mit dieser Stimmlage* | *tiefste Stimme eines Tonsatzes* | *Kurzwort für Bassgeige, Bassgitarre*
Bas|se|na die, -/-s ⟨fr.⟩ (W) (bes. früher): *gemeinsames Wasserbecken auf dem Gang alter Wohnhäuser* ‖ **Bas|se|na|ge|rücht** (W, veraltend) ‖ **Bas|se|na|tratsch** (W, veraltend): *Gerede auf niedrigstem Niveau* ‖ **Bas|se|na|woh|nung** (W) (bes. früher): *eine Substandardwohnung mit Fließwasser auf dem Gang oder im Stiegenhaus*
Bas|sett|horn ⟨it.⟩ (Mus.): *eine Klarinette in Altlage* ‖ **Bass|gei|ge** (Mus.): *Kontrabass* ‖ **Bass|gi|tar|re** (Mus.)
Bas|sin [-'sɛ̃ː] das, -s/-s ⟨fr.⟩: *Wasserbehälter, Wasserbecken*
Bas|sist der, -en/-en ⟨it.⟩ (Mus.): *Basssänger* | *Bassgeiger* ‖ **Bas|sis|tin** die, -/-innen (Mus.) ‖ **Bass|la|ge** (Mus.): ein Instrument in B. ‖ **Bas|so con|ti|nuo** [- k-] der, - - (Mus.): *Generalbass* ‖ **Bas|so os|ti|na|to** der, - - (Mus.): *sich ständig wiederholendes Bassmotiv* ‖ **Bass|schlüs|sel** (𝄢) (Mus.): *F-Schlüssel;* → C-Schlüssel ‖ **Bass|stim|me** (Mus.)
Bast der, -[e]s/-e: *Pflanzenfaser* | *Haut am Geweih [der Hirsche]*
bas|ta ⟨it.⟩ (ugs.): *genug!*
Bas|tard [auch: 'ba-] der, -[e]s/-e ⟨fr.⟩ (Biol.): *Lebewesen, das durch Kreuzung verschiedener Arten entstanden ist, Hybride, zB der Muli* | (geh., veraltet) *uneheliches Kind* | [nur: 'ba-] *ein Schimpfwort*
Bas|tei die, -/-en ⟨it.⟩: *Teil einer alten Stadtbefestigung [als Plattform für Kanonen]*
Bas|tel|ar|beit ‖ **Bas|te|lei** die, -/-en ‖ **bas|teln,** ich bastle
Bas|til|le [-'ij] die, - ⟨fr.⟩: *in der Französischen Revolution gestürmtes Pariser Staatsgefängnis*
Bas|ti|on die, -/-en ⟨it.⟩: *Bastei, Schutzwehr, Befestigung;* die letzte B. der Freiheit
Bast|ler der, -s/- ‖ **Bast|le|rin** die, -/-innen
Bas|to|na|de die, -/-n ⟨fr.⟩: *eine orientalische Prügelstrafe*
bat → bitten
Ba|tail|le [-'taːj(ɛ)] die, -/-n ⟨fr.⟩ (veraltet): *Schlacht, Gefecht* ‖ **Ba|tail|lon** [-al'joːn, auch: -a'joːn] das, -s/-e (Baon) (Mil.): *eine militärische Abteilung*
Ba|ta|te die, -/-n ⟨indian.-span.⟩ (meist Pl.): *Süßkartoffel*
Ba|tik die, -/-en ⟨javanisch⟩: *ein künstlerisches Färbeverfahren für Stoffe* ‖ **ba|ti|ken:** *im Batikverfahren färben*
Ba|tist der, -[e]s/-e ⟨fr.⟩: *ein feines Gewebe*
Bat|man ['bætmæn] ⟨engl.⟩: *eine Figur aus Comics und [Zeichentrick]filmen*
Bat|te|rie die, -/-n [-'iː(ɛ)n] ⟨fr.⟩: *eine Zusammenstellung gleichartiger Einheiten* | *ein Stromspeichergerät* | *Armatur zum Mischen von Warm- und Kaltwasser* | (Mil.) *eine Artillerieeinheit* | (Mus.) *Schlagzeuggruppe* ‖ **bat|te|rie|be|trie|ben** ‖ **Bat|te|rie|hal|tung:** *Hühnerhaltung in Legebatterien;* → G.: Freilandhaltung
Bat|zen der, -s/- (ugs.): *Klumpen;* ein B. *(sehr viel)* Geld
Bau der, -[e]s/-e: das Haus ist in Bau | *höhlenartiger Unterschlupf [für Füchse]* | (mit Pl. -ten) *Gebäude* | (ohne Pl.) (sal.) vom Bau *(fachlich kompetent)* sein | (ohne Pl.) (reg.) *Anbau* ‖ **Bau|ab|schnitt** ‖ **Bau|ar|bei|ter** ‖ **Bau|ar|bei|te|rin** ‖ **Bau|art** ‖ **Bau|auf|sicht** ‖ **Bau|be|wil|li|gung:** *Baugenehmigung* ‖ **Bau|bio|lo|gie:** *Lehre von der Wechselwirkung zwischen dem Menschen und der Wohnumwelt*
Bauch der, -[e]s/Bäuche: den B. einziehen; aus dem B. heraus *(spontan)* ‖ **Bauch|an|satz:** *di-*

cker werdender Bauch ‖ **Bauchatmung** ‖ **Bauchdecke** ‖ **Bauchfell:** *Auskleidung der Bauchhöhle* ‖ **Bauchfellentzündung** (Med.) ‖ **Bauchfleck** der, -s/-: *Sprung ins Wasser mit Bauchlandung* ‖ **Bauchfleisch** (Küchenspr.): *ein fettes Schweinefleisch* ‖ **bauchfrei:** ein bauchfreies T-Shirt ‖ **Bauchgrimmen** (veraltend): *Bauchschmerzen, Kolik* ‖ **bauchig:** ein bauchiger Krug ‖ **Bauchladen:** *vor dem Körper getragener kleiner Verkaufskasten* ‖ **Bauchlage:** in B. schlafen ‖ **Bauchlandung** ‖ **Bäuchlein** das, -s/- ‖ **bäuchlings:** *auf dem Bauch;* b. schlafen ‖ **Bauchnabel** ‖ **bauchpinseln,** ich bauchpinsle, er hat gebauchpinselt (ugs., scherzh.): *schmeicheln* ‖ **bauchreden** (nur Inf. und Part.): *ohne sichtbare Mundbewegungen sprechen* ‖ **Bauchredner** ‖ **Bauchrednerin** ‖ **Bauchschmerz** (meist Pl.) ‖ **Bauchspeck** (Küchenspr.): *Bauchfleisch* ‖ **Bauchspeicheldrüse** ‖ **Bauchtanz** ‖ **bauchtanzen** (nur Inf. und Part.) ‖ **Bauchweh:** *Bauchschmerzen* | (ugs.) B. haben *(Angst haben, in Ungewissheit sein)*

Baud [auch: bɔːd] das, -[s] (Phys., EDV): *Einheit für die Schrittgeschwindigkeit von Datenübertragungen (nach dem Franzosen Baudot)*

Baudenkmal: *historische Architektur*

Baudenzug → Bowdenzug

Bauelement ‖ **bauen:** solide gebaute Häuser; ein Auto b. *(herstellen)* | auf jemanden b. *(sich verlassen)* können | (ugs.) du hast Mist gebaut *(einen Fehler gemacht)* ‖ **Bauer**[1] das (*auch:* der), -s/-: *Vogelkäfig*

Bauer[2] der, -n [-s]/-n: *Landwirt* | *eine Schachfigur* ‖ **Bäuerchen** das, -s/-: *Aufstoßen [bes. bei Babys];* ein B. machen ‖ **Bäuerin** die, -/-innen, *auch: Bäurin* ‖ **bäuerlich:** ein bäuerlicher Besitz; → bäurisch ‖ **Bauernaufstand** (Gesch.): *Erhebung der Bauern bes. im Spätmittelalter und in der frühen Neuzeit* ‖ **Bauernbrot** ‖ **Bauernbund** der, -[e]s: Österreichischer B. *(eine Teilorganisation der ÖVP)* ‖ **Bauernbursch** ‖ **Bauernfängerei** die, -/-en: *Täuschung, plumper Trick, um zB zu einem schlechten Handel zu verleiten* ‖ **Bauernfrau** = Bauersfrau (veraltend): *Bäuerin* ‖ **Bauernhaus** ‖ **Bauernhof** ‖ **Bauernkrapfen:** *ein bes. großer Germteigkrapfen* ‖ **Bauernkrieg** (Gesch.): *Niederwerfung von Bauernaufständen mit Waffengewalt durch die Landesherren* ‖ **Bauernmädchen** ‖ **Bauernmarkt** ‖ **Bauernmöbel** ‖ **Bauernopfer:** ein B. machen *(im Schach)* | *Verzicht auf etwas Geringeres, um etwas Größeres zu erlangen* ‖ **Bauernregel:** *in der Erfahrung begründete Wetterregel* ‖ **bauernschlau:** *pfiffig, listig, gewitzt* ‖ **Bauernschläue** ‖ **Bauernschaft** die, - ‖ **Bauernschmaus:** *Gericht mit mehreren Fleisch- und Wurstsorten, Sauerkraut und Knödel* ‖ **Bauernschnapsen:** *ein Kartenspiel, Viererschnapsen* ‖ **Bauernschnapser:** *eine Partie Bauernschnapsen* | *eine Ansage im Bauernschnapsen* ‖ **Bauernstand** ‖ **Bauernsterben:** *Rückgang bäuerlicher Betriebe aus wirtschaftlichen Gründen* ‖ **Bauerntum** das, -s ‖ **Bauersfrau** = → Bauernfrau ‖ **Bauersmann** der, -[e]s/-leute (veraltend)

baufällig: ein baufälliges *(einsturzgefährdetes)* Haus ‖ **Baufirma** ‖ **Baufläche:** *zum Bauen gewidmetes Grundstück;* → G.: Grünland ‖ **Bauführer:** *Firma, die mit der Errichtung eines Bauwerks beauftragt ist* ‖ **Bauführerin** ‖ **Bauführung:** *Leitung bei der Errichtung eines Bauwerks* ‖ **Baugebrechen:** *Mangel an einem Bauwerk* ‖ **Baugenehmigung** ‖ **Baugesellschaft** ‖ **Baugewerbe** ‖ **Baugrube:** *Grube für ein Fundament* ‖ **Baugrund:** *Grundstück für einen Bau* ‖ **Bauherr:** *Auftraggeber eines Bauvorhabens* ‖ **Bauherrin** ‖ **Bauholz** ‖ **Bauingenieur** [-ʒeˌniøːɐ] ‖ **Bauingenieurin** ‖ **Bauindustrie** ‖ **Baujahr** ‖ **Baukasten:** *Kasten, der Bauklötze für Kinder enthält* ‖ **Baukastensystem** [-zy-]: *aus mehreren Einzelteilen bestehendes System* ‖ **Bauklammer:** *schwere Klammer aus Eisen* ‖ **Bauklotz:** *Baustein* ‖ **Baukosten** die (Pl.) ‖ **Baukostenzuschuss** ‖ **Baukran** ‖ **Baukunst** die, -: *Architektur* ‖ **Bauland** ‖ **Bauleiter** ‖ **Bauleiterin** ‖ **Bauleitplan** (SüdT): *Flächenwidmungsplan* ‖ **baulich:** bauliche Veränderungen vornehmen ‖ **Baulos:** *bestimmter Abschnitt beim Straßenbau* ‖ **Baulöwe** (sal.): *einflussreicher Bauunternehmer* ‖ **Baulöwin** (sal.) ‖ **Baulücke:** *unbebaute Baufläche in bebautem Gebiet*

Baum der, -[e]s/Bäume: einen B. pflanzen

Baumarkt ‖ **Baumaschine** ‖ **Baumaterial**

Baumbestand ‖ **Baumblüte:** *Blütezeit der Bäume*

Baumeister: *eine Berufsbezeichnung* ‖ **Baumeisterin**

baumeln, ich baumle, bin gebaumelt: im Wind b. *(schaukeln, pendeln)*

bäumen sich: das Pferd bäumte sich *(es stellte sich auf die Hinterbeine)*

Baumgrenze: *Höhe im Gebirge, bis zu der einzelne Bäume wachsen* ‖ **Baumgruppe** ‖ **baumhoch** ‖ **Baumkrone** ‖ **Baumkuchen:** *eine Mehlspeise* ‖ **baumlang** ‖ **baumreif:** baumreife Früchte ‖ **Baumschere** ‖ **Baumschule:** *Betrieb, in dem Bäume gezogen werden* ‖ **Baumstamm** ‖ **baumstark:** ein baumstarker Kerl ‖ **Baumsterben:** *Waldsterben durch Krankheiten, Schädlinge, Umwelteinflüsse* ‖ **Baumstrunk** ‖ **Baumstumpf** ‖ **Baumwipfel** ‖ **Baumwolle** ‖ **Baumwollhemd** ‖ **baumwollen:** baumwollene Tücher

Baunzerl das, -s/-[n] (bes. W, veraltend): *ein Kleingebäck;* → Paunzen

Bauordnung (Jus): *gesetzliche Regelung der Bautätigkeit* ‖ **Bauplan** ‖ **Bauplatz** ‖ **Baupolizei** ‖ **baupolizeilich** ‖ **Baurecht** (Jus): *Recht, auf fremdem Grund zu bauen* ‖ **Bausatz:** *Fertigteile zum Zusammenbauen*

Bäurin → Bäuerin ‖ **bäurisch** (oft abw.): *plump, unkultiviert, roh;* → bäuerlich

Bausch der, -[e]s/-e [Bäusche]: *kleiner weicher [Textil]ballen, Knäuel, Bauschen; Wattebausch* | in B. und Bogen *(alles zusammen)* kaufen, verurteilen ‖ **Bauschbetrag** (Kaufmannsspr.): *ein vereinbarter Gesamtbetrag, Pauschale* ‖ **bauschen,** du bausch[s]t: die Wäsche bauschte sich im Wind ‖ **Bauschen** der, -s/-: *Bausch;* Wattebausch ‖ **bauschig:** eine bauschige *(weiche, füllige)* Decke

B

Bauschlosser ‖ **Bauschlosserin** ‖ **Bauschutt** ‖ **bausparen** (nur Inf. und Part.): *bei einer Bausparkasse (steuerbegünstigt) sparen;* sie hat baugespart ‖ **Bausparen** das, -s ‖ **Bausparer** ‖ **Bausparerin** ‖ **Bausparkasse** ‖ **Bausparvertrag** ‖ **Baustein** ‖ **Baustelle** ‖ **Baustil** [-st-, auch: -ʃt-] ‖ **Baustoff** ‖ **Bausubstanz:** *Beschaffenheit der wichtigsten Bauteile eines Gebäudes* ‖ **bautechnisch** ‖ **Bauteil** der = das, -[e]s/-e ‖ **Bauträger:** *Unternehmen, das für die Abwicklung eines Baus verantwortlich ist* ‖ **Bauträgerin** ‖ **Bautrupp** ‖ **Bauunternehmer** ‖ **Bauunternehmerin** ‖ **Bauverbot:** *behördliche Untersagung des Verbauens eines Grundstückes* ‖ **Bauvorhaben** ‖ **Bauweise** ‖ **Bauwerber** (Amtsspr.): *Antragsteller für eine Baubewilligung* ‖ **Bauwerberin** (Amtsspr.) ‖ **Bauwerk:** *Gebäude* ‖ **Bauwirtschaft**

Bauxerl das, -s/-[n], *auch:* Pauxerl (ostöst., mda.): *kleines, herziges Kind*

Bauxit der = das, -[e]s/-e: *Mineral, aus dem Aluminium gewonnen wird (nach einem französischen Fundort)*

Bauzeit

Bayer der, -n/-n ‖ **Bayerin** = Bayrin die, -/-innen

bayerisch = bayrisch
das bay[e]rische Wappen; bay[e]risches Bier; *aber:* die Bayerischen Alpen

Die Schreibung mit y bezieht sich auf das deutsche Bundesland Bayern. Neben der Schreibung „bayrisch" wird in Bezeichnungen von amtlichen Einrichtungen und Amtsträgern meist die Form „bayerisch" gebraucht; → bairisch.

Bayern: der Freistaat B. *(ein Bundesland Deutschlands)*

Bayreuth: *Stadt in Deutschland*

Bayrin = → Bayerin ‖ **bayrisch** = → bayerisch ‖ **Bayrische** der, -n/-n (Mus.): *ein Volkstanz*

Bazar [-z-] = → Bazar

Bazi der, -[s]/-[s] (ostöst., mda., scherzh.): *Schlingel, Früchtchen*

Bazillus der, -/Bazillen, *auch:* Bazille die, -/-n ⟨lat.⟩ (Med., Biol.): *Stäbchenbakterie*

BB (Kfz): Österreichische **B**undesbahnen; → ÖBB | (Kfz) (früher) → **B**undes**b**us

BD (Kfz): **B**undesbus**d**ienst

BDM [be de 'ɛm] der, - (im Nationalsozialismus): **B**und **d**eutscher **M**ädchen *(Zwangsorganisation für Mädchen von 14 bis 21 Jahren);* → HJ

Bd.: **Band**[3]; Lexikon, Bd. 5

B-Dur ['beː'duːə] (B) (Mus.): *eine Tonart* ‖ **B-Dur-Tonleiter** (Mus.)

Be: **Be**ryllium

BE [be 'eː]: **B**ildnerische **E**rziehung (als Unterrichtsgegenstand)

BEA die, -/-n [-s] (früher): **B**undes**e**rziehungs**a**nstalt *(höhere Internatsschule des Bundes)*

beabsichtigen: *planen, im Sinn haben, wollen*

beachten: die Verkehrsvorschriften b. ‖ **beachtenswert** ‖ **beachtlich:** eine beachtliche *(erstaunlich gute, bedeutende)* Leistung ‖ **Beachtung**

Beachvolleyball ['biːtʃvɔli-] der, -[e]s/-bälle ⟨engl.⟩: *spezieller Ball fürs Beachvolleyballspiel* | (auch mit Art. das, ohne Pl.) *Volleyballspiel auf Sand;* B. spielen

beamen ['biː-] ⟨engl.⟩: *von einem Ort zu einem anderen bewegen, ohne dass dabei Zeit vergeht, zB in Sciencefictionfilmen* | den Computerbildschirm an die Wand b. *(projizieren)* ‖ **Beamer** der, -s/-: *ein elektronisches Projektionsgerät*

Beamte[1] der, -n/-n, ein Beamter: *Beschäftigter im öffentlichen Dienst* ‖ **Beamte**[2] die, -n/-n: *Beamtin* ‖ **Beamtenaufstiegsprüfung:** *Externistenprüfung, die im öffentlichen Dienst angerechnet werden kann, Beamtenmatura, B-Matura* ‖ **Beamtenburg** (scherzh., sal.): *Amtsgebäude* ‖ **Beamtendeutsch:** *Papierdeutsch* ‖ **Beamtenebene:** auf B. *(ohne politische Funktionäre)* verhandeln ‖ **Beamtengewerkschaft:** *die Gewerkschaft öffentlicher Dienst* ‖ **Beamtenmatura** (B-Matura): *Beamtenaufstiegsprüfung* ‖ **Beamtenpension** ‖ **Beamtenschaft** die, - ‖ **Beamtenstatus** [-st-, -ʃt-] ‖ **Beamtentitel** ‖ **Beamtin** die, -/-innen

beangaben (Kaufmannsspr.): eine Ware b. *(eine Anzahlung für sie leisten)*

beängstigend; es ist b. ruhig

beanspruchen: Hilfe b. *(verlangen)* | der Aufzug wird zu stark beansprucht *(benützt)* ‖ **Beanspruchung** die, -/-en

beanstanden, *auch:* **beanständen:** einen Fehler b. *(auf ihn aufmerksam machen, ihn tadeln)* ‖ **Beanstandung** die, -/-en, *auch:* **Beanständung**

beantragen: *einen Antrag stellen;* seine Versetzung b.

beantworten: einen Brief b. ‖ **Beantwortung** die, -/-en: die B. meiner Frage ließ auf sich warten | (bes. Amtsspr.) in B. Ihres Schreibens

bearbeiten: den Boden b.; einen Roman b.; einen Fall b. *(an ihm arbeiten);* jemanden b. *(zu beeinflussen versuchen)* ‖ **Bearbeiter** ‖ **Bearbeiterin** ‖ **Bearbeitung** die, -/-en

beargwöhnen: *jemanden misstrauisch beobachten*

Beat [biːt] der, -[s] ⟨engl.⟩ (Mus.): *Grundrhythmus im Jazz;* → Beatmusik

Beate, *auch:* Beata: *weibl. Vorname*

Beatgeneration ['biːt-tsi-] ⟨engl.⟩: *jene Altersgruppe, die mit der Beatmusik groß wurde*

beatmen: den Verletzten künstlich b. ‖ **Beatmung** die, -: Mund-zu-Mund-Beatmung

Beatmusik ['biːt-]: *verschiedene Arten von Pop- oder Rockmusik;* → Beat

Beatrix [auch: 'beː-]: *weibl. Vorname*

Beau [boː] der, -[s]/-s ⟨fr.⟩ (meist abw., veraltet): *schöner Mann, Frauenheld*

Beaufortskala ['boʊfɔtsk-]: *Skala für die Angabe der Windstärke (nach einem englischen Admiral)*

beaufsichtigen: Kinder b. ‖ **Beaufsichtigung** die, -/-en

beauftragen: einen Auftrag erteilen; jemanden mit etwas b. *(es ihm auftragen)* ‖ **Beauftragte**[1] der, -n/-n, ein Beauftragter ‖ **Beauftragte**[2] die, -n/-n

beäugen: *genau besehen*

Beaujolais [boʒɔ'lɛ] der, -/-: *ein französischer [Rot]wein (nach einer französischen Landschaft)*

Beautycase ['bjuːtikeɪs] der = das, -/-s [-ɪz] ⟨engl.⟩: *Kosmetikkoffer* ‖ **Beautyfarm:** *ein Schönheitspflegeinstitut*

bebauen: Felder b. *(zB Getreide anbauen)* | ein Grundstück b. ‖ **Bebauung** die, -/-en

beben: *zittern* ‖ **Beben** das, -s/-: *Erschütterung, Erdbeben*

be|bil|dern: *illustrieren* || **Be|bil|de|rung** die, -/-en
Be|bop ['bi:-] der, -[s] ⟨engl.⟩ (Mus.): *ein Jazzstil*
be|brillt: *mit Brille*
Bé|cha|mel [-ʃa-] die, -: *feine Einmach mit Milch (nach einem französischen Marquis)* || **Bé|cha|mel|sau|ce** [-zo:s(ɛ)], *auch:* **Bé|cha|mel|soß, Bé|cha|mel|so|ße**
Be|cher der, -s/-: *ein Gefäß* || **be|chern:** *viel Alkoholisches trinken, zechen*
be|cir|cen [-'tsirts-] = → bezirzen
Be|cken das, -s/-: *ein Teil des Skeletts;* ein breites B. | *Waschbecken, Planschbecken* | (Geogr.) das Grazer B. | (Mus.) *ein Schlaginstrument, Tschinelle* || **Be|cken|bruch** (Med.) || **Be|cken|kno|chen** (Med.) || **Be|cken|rand:** *Rand eines [Schwimm]beckens*
Beck|mes|ser der, -s/- (abw.): *pedantischer [Kunst]kritiker, Kritikaster (nach einer Operngestalt)* || **Beck|mes|se|rei** die, -/-en (abw.) || **beck|mes|sern,** ich beckmess[e]re (abw.): *kleinlich tadeln*
Bec|que|rel [bɛkœ'rɛl] das, -[s]/- (Zeichen: Bq) (Phys.): *Maßeinheit der Radioaktivität (nach einem französischen Physiker)*
be|dacht: auf seinen Vorteil b. sein *(an ihn denken, ihn im Auge haben);* → bedenken || **be|däch|tig:** b. *(vorsichtig)* vorgehen || **Be|dacht** (ohne Art.) (geh.): mit B. *(wohl überlegt);* auf etwas B. nehmen || **Be|däch|tig|keit** die, -: *überlegtes Handeln* | *Langsamkeit* || **Be|dacht|nah|me** die, - (Amtsspr.): unter B. auf || **Be|dacht|neh|men** das, -s (Amtsspr.) || **be|dacht|sam**
be|dan|ken[1]: den Redner b. *(ihm danken)* || **be|dan|ken**[2] sich
Be|darf der, -[e]s: der B. an Nahrungsmitteln; nach B. *(wenn nötig)* || **Be|darfs|ar|ti|kel** || **Be|darfs|fall:** im B. || **be|darfs|ge|recht**
be|dau|er|lich || **be|dau|er|li|cher|wei|se** || **be|dau|ern:** ich bedauere *(bemitleide)* sie; er bedauert *(bereut)* seinen Fehler; „Bedaure, keine Zeit" || **Be|dau|ern** das, -s: jemandem sein B. aussprechen || **be|dau|erns|wert**
be|de|cken: etwas mit Laub b. *(zudecken)* | (Kaufmannsspr., Amtsspr.) die Kosten b. *(finanziell absichern, decken)* || **be|deckt:** ein bedeckter *(bewölkter)* Himmel | sich b. halten *(sich nicht äußern/festlegen)* || **Be|deckt|sa|mer** der, -s/- (Biol.): *Pflanzengruppe, deren Samenanlagen im Fruchtknoten eingeschlossen sind;* → Nacktsamer || **Be|de|ckung:** *[polizeilicher] Schutz* | (Kaufmannsspr., Amtsspr.) *finanzielle Deckung, Vorsorge [im Budget]* | (Amtsspr.) unter [militärischer, polizeilicher] B. *(mit Begleitschutz)*
be|den|ken: etwas b. *(erwägen);* ich gebe zu b., dass ... | jemanden mit etwas b. *(beschenken);* jemanden bei der Verteilung b. *(berücksichtigen);* → bedacht || **Be|den|ken** das, -s: *Nachdenken* | (mit. Pl. -en) ernste B. *(Zweifel)* [gegen etwas] haben || **be|den|ken|los** || **Be|den|ken|lo|sig|keit** die, - || **be|den|kens|wert:** dieses Argument ist b. || **Be|denk|jahr:** *Gedenkjahr* || **be|denk|lich:** ein bedenklicher *(Besorgnis erregender; fragwürdiger)* Zustand; b. *(schwer)* erkrankt sein || **Be|denk|lich|keit** die, -/-en || **Be|denk|zeit:** sich B. erbitten
be|deu|ten: ihr Schweigen bedeutet *(verheißt)* nichts Gutes | er bedeutet mir nichts *(ist mir gleichgültig);* er bedeutete uns *(gab uns ein Zeichen)* nachzukommen || **be|deu|tend:** bedeutende Persönlichkeiten | (geh.) ein bedeutender *(wesentlicher)* Unterschied; *aber:* um ein Bedeutendes besser sein || **be|deut|sam:** *wichtig* || **Be|deut|sam|keit** die, - || **Be|deu|tung** die, -/-en: von B. || **be|deu|tungs|los** || **Be|deu|tungs|lo|sig|keit** die, - || **Be|deu|tungs|un|ter|schied:** einen B. erkennen || **be|deu|tungs|voll:** *wichtig, von großer Bedeutung* || **Be|deu|tungs|wan|del:** der B. eines Wortes
be|dien|bar: ein Gerät ist einfach b. || **be|die|nen**[1]: Kunden b. | die Waschmaschine b. | *als Bedienerin arbeiten* | „Bedienen Sie sich!" *(Greifen Sie zu!);* → bedient || **be|die|nen**[2] sich: sie musste sich einer fremden Hilfe b. || **be|die|ner|freund|lich:** ein Gerät ist b. *(leicht zu bedienen)* || **Be|die|ne|rin** (bes. ostöst.): *Haushaltshilfe, Putzfrau;* → Zugehfrau || **be|diens|tet** || **Be|diens|te|te**[1] der, -n/-n, ein Bediensteter: der öffentlich B. || **Be|diens|te|te**[2] die, -n/-n || **be|dient** (ugs., sal.): b. *(in einer schwierigen Situation)* sein; → bedienen || **Be|die|nung** die, -/-en: ein Gasthaus mit guter B. *(mit gutem Service)* | diese Frau geht in B. *(sie arbeitet als Bedienerin)* || **Be|die|nungs|an|lei|tung** || **Be|die|nungs|feh|ler** || **be|die|nungs|freund|lich:** *bedienerfreundlich* || **Be|die|nungs|zu|schlag:** *zusätzliche Gebühr [in einem Lokal] für die Bedienung*
be|din|gen: *verursachen, hervorrufen, zur Folge haben* || **Be|ding|nis** die, -/-nisse (Amtsspr., veraltet): *Bedingung* || **be|dingt:** b. *(veranlasst, verursacht)* durch ... | *mit Vorbehalt; eingeschränkt* | (Jus) *auf Bewährung;* eine bedingte Strafe || **Be|dingt|heit** die, -: eine historische B. || **Be|din|gung** die, -/-en: folgende B. musst du erfüllen || **be|din|gungs|los:** jemanden b. ergeben sein || **Be|din|gungs|satz** (Gramm.): *Konditionalsatz* || **be|din|gungs|wei|se:** *unter einer bestimmten Bedingung*
be|drän|gen: *in unangenehmer Weise belästigen oder zu etwas auffordern* || **Be|dräng|nis** die, -/-nisse: in B. *(Not)* sein
be|dro|hen || **be|droh|lich:** die Lage wird immer bedrohlicher || **Be|droh|lich|keit** die, - || **Be|dro|hung**
be|dru|cken: Papier/Stoff b.
be|drü|cken: *Sorgen, Kummer bereiten;* es bedrückt mich, dass ... || **Be|drückt|heit** die, - || **Be|drü|ckung** die, -
Be|du|i|ne der, -n/-n ⟨arab.-fr.⟩: *Angehöriger eines nicht sesshaften Araberstammes* || **Be|du|i|nin** die, -/-innen
be|dür|fen: eines Anstoßes b. *(ihn brauchen)* || **Be|dürf|nis** das, -nisses/-nisse || **Be|dürf|nis|an|stalt** (Amtsspr., veraltend): *öffentliche Toilette* || **Be|dürf|nis|be|frie|di|gung** || **be|dürf|nis|los:** *anspruchslos* || **Be|dürf|nis|lo|sig|keit** die, - || **be|dürf|tig:** rascher Hilfe b. sein
be|du|seln sich (ugs.): *sich [leicht] betrinken;* sie waren alle [leicht] beduselt
Beef|steak ['bi:fste:k, engl.: -steɪk] ⟨engl.⟩: *[gebratenes] Stück vom Lungenbraten des Rindes*
be|eh|ren (geh., veraltend): „Wir beehren *(erlauben)* uns, Ihnen mitzuteilen ..." | „Beehren *(besuchen)* Sie mich bald wieder!"
be|ei|den: *mit einem Eid bekräftigen;* ein gerichtlich beeideter

B

Sachverständiger ‖ **be|ei|di|gen** (Amtsspr.): *vereidigen*
be|ei|len sich: beeil dich, sonst kommen wir zu spät ‖ **Be|ei|lung** die, - (nur in der Aufforderung): Beeilung!
be|ein|dru|cken: von einem Erlebnis tief beeindruckt *(ergriffen)* sein
be|ein|fluss|bar ‖ **be|ein|flus|sen:** jemanden b. *(sein Tun mitbestimmen);* sie beeinflusst ihn ‖ **Be|ein|flus|sung** die, -/-en
be|ein|spru|chen (Amtsspr.): einen Bescheid b. *(dagegen Einspruch erheben)*
be|ein|träch|ti|gen: die Ernte wurde durch die nasse Witterung beeinträchtigt *(gemindert)* ‖ **Be|ein|träch|ti|gung** die, -/-en
Beel|ze|bub [b(e)'ɛl-, 'be:l-] ⟨hebr.⟩: *der oberste Teufel;* den Teufel durch/mit B. austreiben *(ein Übel durch ein größeres beseitigen)*
be|en|den = **be|en|di|gen:** diese Arbeit ist beendet/beendigt ‖ **Be|en|di|gung** die, -/-en
be|en|gen: in der Wohnung beengt sein; in seinem Wirken beengt *(gehemmt)* werden ‖ **Be|engt|heit** die, -
be|er|ben: einen verstorbenen Verwandten b.
be|er|di|gen: *begraben, bestatten* ‖ **Be|er|di|gung** die, -/-en
Bee|re die, -/-n: Beeren pflücken/sammeln ‖ **Bee|ren|aus|le|se:** *ein Prädikatswein* ‖ **Bee|ren|koch:** *Beerenmus* ‖ **Bee|ren|obst**
Bee|per ['bi:pə] der, -s/- ⟨engl.⟩: *Piepserl*
Beet das, -[e]s/-e: ein B. mit Blumen anpflanzen
be|fä|hi|gen: seine Kenntnisse b. ihn dazu ‖ **Be|fä|hi|gung** die, -/-en ‖ **Be|fä|hi|gungs|nach|weis**
be|fahl → befehlen
be|fahr|bar: die Straße ist wieder b. ‖ **be|fah|ren**
Be|fall der, -[e]s: die Bäume litten unter dem B. von Schädlingen ‖ **be|fal|len:** von Angst b. *(ergriffen)* werden
be|fan|gen: *verlegen, schüchtern* | *voreingenommen* ‖ **Be|fan|gen|heit** die, -
be|fas|sen: sie hat sich mit jemandem/etwas befasst *(auseinandergesetzt)*
be|feh|den (geh.): *bekämpfen;* → Fehde
Be|fehl der, -[e]s/-e: auf B. | (Mil.) zu B. *(jawohl, verstanden)* ‖ **be|feh|len,** ich befehle, du befiehlst/befahl/befohlen/befiehl!, befehlt!: sie befiehlt dir zu gehen | (geh.) sie befahl mich zu sich | (veraltend) Gott befohlen *(ein Gruß)* ‖ **be|feh|li|gen:** eine Truppe b. *(kommandieren)* ‖ **Be|fehls|emp|fän|ger** ‖ **Be|fehls|emp|fän|ge|rin** ‖ **Be|fehls|form** (Gramm.): *Imperativ* ‖ **Be|fehls|ha|ber** der, -s/-: *Kommandant* ‖ **Be|fehls|ha|be|rin** die, -/-innen ‖ **Be|fehls|not|stand** (Jus, Mil.): *Situation, in der jemand zur Ausführung von Befehlen gegen sein Gewissen gezwungen ist* ‖ **Be|fehls|satz** (Gramm.): *Aufforderungssatz* ‖ **Be|fehls|ton:** etwas im B. sagen ‖ **Be|fehls|ver|wei|ge|rung**
be|fein|den (geh.): *jemandem feindlich gegenübertreten;* den Konkurrenten b. *(bekämpfen)*
be|fes|ti|gen: etwas an der Wand b. *(festmachen)* | eine befestigte *(von Festungswerken umgebene)* Stadt ‖ **Be|fes|ti|gung** ‖ **Be|fes|ti|gungs|an|la|ge**
be|feuch|ten: Briefmarken b.
be|fiehlt → befehlen
be|fin|den: etwas für gut b. | über etwas b. *(urteilen)* | sich daheim b. ‖ **Be|fin|den** das, -s: *der Gesundheitszustand* ‖ **be|find|lich** (Amtsspr.): das in Graz befindliche Museum ‖ **Be|find|lich|keit** die, -/-en: *die Art, wie sich jemand fühlt; Lage, Situation*
be|fin|gern: *betasten*
be|flag|gen: die Häuser b. *(Fahnen/Flaggen hinaushängen)*
be|fle|cken: *beschmutzen;* sie hat sich ihr Kleid befleckt
be|fle|geln, ich beflegle: *grob beschimpfen, beleidigen*
be|flei|ßi|gen sich (geh.): *sich bemühen;* sich eines guten Benehmens b. ‖ **be|flis|sen:** *eifrig*
be|flü|geln: durch Lob beflügelt *(angespornt)*
be|fol|gen: einen Rat b. ‖ **Be|fol|gung** die, -
be|för|dern: Lasten mit der Bahn b. | befördert werden *(einen höheren Rang erhalten, vorrücken)* ‖ **Be|för|de|rung** ‖ **Be|för|de|rungs|mit|tel** (meist Pl.) ‖ **Be|för|de|rungs|ver|trag:** *Vertrag über die Beförderung von Gütern, Speditionsvertrag*
be|frach|ten: ein Fahrzeug b. *(mit Fracht beladen)* | (geh.) die Erklärung nicht mit weiteren Informationen b. *(belasten)*
be|frackt: er war b. *(im Frack)*
be|fra|gen: Passanten, Hausfrauen b. ‖ **Be|fra|gung** die, -/-en
be|frei|en: einen Gefangenen b. | sich von allen Sorgen b. | ein befreiendes Lachen | du bist vom Unterricht befreit *(musst nicht teilnehmen)* ‖ **Be|frei|er** der, -s/- ‖ **Be|frei|e|rin** die, -/-innen ‖ **Be|frei|ung** die, -/-en ‖ **Be|frei|ungs|be|we|gung** ‖ **Be|frei|ungs|kampf** ‖ **Be|frei|ungs|krieg** ‖ **Be|frei|ungs|schlag** (Mil., Sport): *Aktion zur Rettung aus einer Bedrängnis*
be|frem|den: das befremdet mich *(berührt mich merkwürdig, unangenehm)* ‖ **Be|frem|den** das, -s: etwas mit B. *(peinlichem Erstaunen)* bemerken ‖ **be|frem|dend:** *befremdlich* ‖ **be|fremd|lich:** das wirkt b. ‖ **Be|frem|dung** die, -
be|freun|den sich ‖ **be|freun|det:** mit jemandem b. sein
be|frie|den (geh.): das Land b. *(ihm den Frieden bringen)* ‖ **be|frie|di|gen:** *zufrieden stellen* ‖ **be|frie|di|gend:** diese Leistung ist b.; *aber:* **B**efriedigend *(3, eine Beurteilungsstufe in der Schule);* die Note **B**efriedigend bekommen ‖ **Be|frie|di|gung** die, -/-en ‖ **Be|frie|dung** die, - (geh.)
be|fris|ten: ein kurz befristeter *(zeitlich begrenzter)* Aufenthalt ‖ **Be|fris|tung** die, -/-en
be|fruch|ten: befruchtete Blüten ‖ **Be|fruch|tung** die, -/-en: *Verschmelzung der Eizelle mit der Samenzelle;* künstliche B.
Be|fug|nis die, -/-nisse: seine Befugnisse *(Rechte)* überschreiten ‖ **be|fugt:** zu etwas b. *(berechtigt)* sein
be|füh|len: einen Stein b. *(abtasten)*
be|fum|meln (nördl. D, ugs.): *begrapschen*
Be|fund: ein ärztlicher B. *(schriftliches Untersuchungsergebnis)*
be|fürch|ten: das Schlimmste b. *(ahnen, damit rechnen)* ‖ **Be|fürch|tung** die, -/-en
be|für|sor|gen (Amtsspr.): *betreuen* ‖ **Be|für|sor|gung** die, - (Amtsspr.)
be|für|wor|ten: *empfehlen* ‖ **Be|für|wor|ter** der, -s/- ‖ **Be|für|wor|te|rin** die, -/-innen ‖ **Be|für|wor|tung** die, -/-en
be|gabt: für Musik b. sein *(Talent dafür haben)* ‖ **Be|gab|ten|för|de|rung** ‖ **Be|ga|bung** die, -/-en
be|gat|ten[1] (Zool.): das Männchen begattet das Weibchen ‖ **be|gat|ten**[2] sich: *sich paaren, sich ge-*

B

schlechtlich vereinigen ‖ **Be|gat|tung**

be|ge|ben sich: sich nach Graz b. *(dorthin reisen);* sich ins Parlament b. *(dorthin gehen)* | (geh.) sich eines Rechtes b. *(darauf verzichten)* | (geh.) es begab *(ereignete)* sich ‖ **Be|ge|ben|heit** die, -/-en: *Geschehnis* ‖ **Be|ge|bung** die, -/-en (Bankw.): *Einlösung [eines Schecks]*

be|geg|nen: ich bin ihr nie mehr begegnet ‖ **Be|geg|nung** die, -/-en ‖ **Be|geg|nungs|stät|te**

be|geh|bar: ein begehbarer Schrank ‖ **be|ge|hen:** die Grenze des Grundstücks b. *(abschreiten)* | er hat einen Fehler begangen

Be|geh|ren das, -s/- ‖ **be|geh|ren:** *wünschen, wollen* ‖ **be|geh|rens|wert** ‖ **be|gehr|lich** (geh.): begehrliche *(verlangende)* Blicke ‖ **Be|gehr|lich|keit** die, -/-en (geh.)

Be|ge|hung die, -/-en: *[amtliche] Besichtigung*

be|geis|tern: von etwas begeistert sein; sich für etwas b.; sich an einer Sache b. ‖ **Be|geis|te|rung** die, - ‖ **be|geis|te|rungs|fä|hig** ‖ **Be|geis|te|rungs|fä|hig|keit** die, - ‖ **Be|geis|te|rungs|sturm:** ein B. der Zuschauer brach los

Be|gier die, - (geh.) ‖ **Be|gier|de** die, -/-n: *heftiges Verlangen* ‖ **be|gie|rig:** auf Neuigkeiten b. sein

be|gie|ßen: *bewässern* | (ugs.) wir b. deinen Geburtstag *(feiern ihn mit Alkohol);* er steht da wie ein begossener Pudel *(hilflos, verlegen)*

Be|ginn der, -[e]s: Anfang; zu B. ‖ **be|gin|nen:** begann/begonnen: der Film beginnt gleich; es beginnt zu regnen ‖ **Be|gin|nen** das, -s (geh.): ein vergebliches B. *(Vorhaben)*

be|glau|bi|gen: die amtlich beglaubigte *(als richtig bestätigte)* Kopie eines Dokuments ‖ **Be|glau|bi|gung** die, -/-en: *Legalisierung* ‖ **Be|glau|bi|gungs|schrei|ben**

be|glei|chen: eine Rechnung b. *(zahlen)*

be|glei|ten: die Kinder zur Schule b. | die Sängerin am Klavier b. ‖ **Be|gleit|brief** ‖ **Be|glei|ter** der, -s/- ‖ **Be|glei|te|rin** die, -/-innen ‖ **Be|gleit|er|schei|nung** ‖ **Be|gleit|leh|rer:** *zusätzliche Lehrkraft [bei Lehrausgängen]* ‖ **Be|gleit|leh|re|rin** ‖ **Be|gleit|mu|sik** ‖ **Be|gleit|per|son** ‖ **Be|gleit|schrei|ben:** der Sendung liegt ein B. bei ‖ **Be|gleit|um|stand** (meist Pl.): ein Urlaub mit traurigen Begleitumständen ‖ **Be|glei|tung** die, -/-en: in B. der Eltern

be|glü|cken (geh.): *jemanden glücklich machen, erfreuen* | (ironisch) die Chefin beglückt uns mit neuer Arbeit ‖ **be|glück|wün|schen:** er wird zu seinem Erfolg beglückwünscht

be|gna|det (geh.): eine begnadete *(sehr begabte)* Künstlerin ‖ **be|gna|di|gen:** *jemandem die Strafe erlassen* ‖ **Be|gna|di|gung** die, -/-en ‖ **Be|gna|di|gungs|recht** (Jus): *ein Recht des Bundespräsidenten* ‖ **Be|gna|dung** die, - (Rel.): *Zustand der Gnade*

be|gnü|gen sich: sich mit wenig[em]/Wenigem b. müssen

Be|go|nie [-i̯ɛ] die, -/-n: *eine Zierpflanze (nach einem französischen Gouverneur)*

be|gra|ben ‖ **Be|gräb|nis** das, -nisses/-nisse ‖ **Be|gräb|nis|kos|ten** die (Pl.) ‖ **Be|gräb|nis|stät|te**

be|gra|di|gen: eine Straße b.

be|grap|schen (ugs.): *unsittlich berühren*

be|grei|fen: die Zusammenhänge b. ‖ **be|greif|lich** ‖ **be|greif|li|cher|wei|se**

be|gren|zen: den Garten mit einer Hecke b. *(abschließen)* | seine Macht b. *(einschränken);* die Vorräte sind begrenzt ‖ **Be|grenzt|heit** die, -/-en: die B. der vorhandenen Mittel ‖ **Be|gren|zung** die, -/-en: die B. des Grundstücks | die B. der vorgesehenen Ausgaben ‖ **Be|gren|zungs|licht:** *ein Scheinwerfer am Kfz*

Be|griff der, -[e]s/-e: *das, was als Wesen einer Sache angesehen wird;* mein B. von Partnerschaft; sich einen B. von etwas machen; das ist mir kein B. *(das kenne ich nicht);* ein dehnbarer B. | *Auffassungsgabe;* schwer von B. sein | ich bin im B. wegzugehen *(ich will soeben weggehen)* | (sal.) *Benennung, Wort*

Es wirkt oft verwirrend, wenn anstelle von „Wort" „Begriff" gesagt wird, obwohl wir über Begriffe natürlich mit Hilfe von Wörtern, Ausdrücken und Benennungen reden. Ein Beispiel: „Über den Begriff Liebe haben sich schon viele Gedanken gemacht." *Aber:* „Das Wort Liebe schreibt man mit ie."

be|grif|fen: etwas ist im Umbau b. *(wird gerade umgebaut);* → begreifen ‖ **be|griff|lich:** begriffliches Denken ‖ **Be|griffs|be|stim|mung:** *Definition* ‖ **be|griffs|stüt|zig,** *auch:* begriffsstutzig: *schwer begreifend* ‖ **Be|griffs|ver|wir|rung**

be|grün|den: ein begründeter *(berechtigter) Verdacht* ‖ **Be|grün|der** der, -s/- ‖ **Be|grün|de|rin** die, -/-innen ‖ **Be|grün|dung** ‖ **Be|grün|dungs|satz** (Gramm.): *Kausalsatz*

be|grü|nen: *bepflanzen* ‖ **Be|grü|nung** die, -/- en

be|grü|ßen: einen alten Freund b. | ihren Vorschlag b. *(gutheißen)* ‖ **be|grü|ßens|wert:** *positiv zu bewerten* ‖ **Be|grü|ßung** die, -/-en ‖ **Be|grü|ßungs|an|spra|che** ‖ **Be|grü|ßungs|trunk**

be|güns|ti|gen: *vorziehen; fördern* ‖ **Be|güns|tig|te**[1] der, -n/-n, ein Begünstigter ‖ **Be|güns|tig|te**[2] die, -n/-n ‖ **Be|güns|ti|gung** die, -/-en

be|gut|ach|ten: *fachmännisch beurteilen* ‖ **Be|gut|ach|ter** ‖ **Be|gut|ach|te|rin** ‖ **Be|gut|ach|tung** die, -/-en ‖ **Be|gut|ach|tungs|pla|ket|te** (Kfz): *Prüfpickerl (nach § 57a StVO)* ‖ **Be|gut|ach|tungs|ver|fah|ren**

be|gü|tert: *wohlhabend*

be|gü|ti|gen: *besänftigen*

be|haart ‖ **Be|haa|rung** die, -/-en

be|hä|big: *gemächlich, beleibt; schwerfällig* ‖ **Be|hä|big|keit** die, -

be|haf|tet: mit einem Fehler b. sein *(einen Fehler haben)*

be|ha|gen: das behagt ihm nicht *(es ist ihm nicht angenehm)* ‖ **Be|ha|gen** das, -s ‖ **be|hag|lich** ‖ **Be|hag|lich|keit** die, -/-en

be|hal|ten: sie durfte das Buch b.; das Kind b. *(nicht weggeben);* den Angestellten b. *(weiter beschäftigen);* b. Sie Platz! *(bleiben Sie sitzen!)* | etwas b. *(sich merken)* | etwas für sich b. *(nicht weitersagen)* ‖ **Be|hal|te|frist** die, -/-en (Amtsspr.): *Frist, in der ein Arbeitnehmer weiter beschäftigt werden muss* | (Jus) *Frist, die für die Inanspruchnahme steuerlicher Begünstigungen verstrichen sein muss* ‖ **Be|häl|ter** der, -s/- ‖ **Be|hält|nis** das, -nisses/-nisse (geh.): *Behälter*

be|häm|mert (ugs.): eine behämmerte *(dumme, verrückte)* Idee

be|hän|de, *auch:* behänd: *flink,*

B

geschickt, gewandt; geistig b.
be|hạn|deln: Haustiere gut b.; sie behandelt mich von oben herab *(herablassend)* | einen Patienten b. | der Film behandelt auch die Flüchtlingsproblematik
Be|hặn|dig|keit die, -: → behände
Be|hạnd|lung: bei einem Arzt in B. sein ‖ **Be|hạnd|lungs|kos|ten** die (Pl.) ‖ **Be|hạnd|lungs|me|tho|de** ‖ **Be|hạnd|lungs|pflicht** (Jus): *Verpflichtung zur medizinischen Versorgung*
be|hặn|gen: den Christbaum mit Schmuck b.
be|har|ren: auf seiner Meinung b. *(an ihr festhalten)* ‖ **be|hạrr|lich** ‖ **Be|harr|lich|keit** die, - ‖ **Be|hạr|rungs|be|schluss** (Jus, Amtsspr.): *eine Entscheidung des Nationalrates gegenüber einem Einspruch des Bundesrates* ‖ **Be|hạr|rungs|ver|mö|gen**
be|hau|chen: *anhauchen* | (Sprachwiss.) ein behauchtes t
be|hau|en: Steine b.
be|haup|ten: *überzeugt etwas sagen* | sich b. *(sich halten, sich durchsetzen);* seine Position b. können ‖ **Be|haup|tung** die, -/-en
Be|hau|sung die, -/-en: *Wohnstätte*
Be|ha|vi|o|ris|mus [bɪheɪv-] der, - ‹engl.›: *eine Richtung der Verhaltenspsychologie* ‖ **be|ha|vi|o|ris|tisch**
be|he|ben: einen Schaden b. *(beseitigen)* | *abheben;* in der Bank Geld b. ‖ **Be|he|bung** (Amtsspr.): *Abhebung, Abholung* ‖ **Be|he|bungs|frist** (Amtsspr.)
be|hei|ma|ten: die Stadt beheimatet mehrere Museen
be|hei|zen: elektrisch b. ‖ **Be|hei|zung**
Be|hẹlf der, -[e]s/-e: *Hilfsmittel;* Notbehelf ‖ **be|hẹl|fen** sich: sich mit etwas zu b. wissen ‖ **Be|hẹlfs|brü|cke** ‖ **be|hẹlfs|mä|ßig:** *provisorisch* ‖ **be|hẹlfs|wei|se**
be|hẹl|li|gen: jemanden mit Fragen b. *(belästigen)*
be|hẹr|ber|gen: *Unterkunft geben* ‖ **Be|hẹr|ber|gungs|be|trieb:** *Pension, Hotel uÄ*
be|hẹrr|schen: eine Fremdsprache b. *(gut gelernt haben)* | sich nicht b. *(zurückhalten)* können ‖ **Be|hẹrr|scher** ‖ **Be|hẹrr|sche|rin** ‖ **Be|hẹrr|schung** die, -: die B. *(Zurückhaltung, Fassung)* verlieren
be|hẹr|zi|gen: einen Rat b. *(ernst nehmen, befolgen)* ‖ **be|hẹr|zi|gens|wert** ‖ **be|hẹrzt** (geh.): *mutig*
be|hẹ|xen: *verzaubern*
be|hịlf|lich: jemandem b. sein
be|hịn|dern: ein Falschparker behinderte die Straßenbahn | geistig behindert sein ‖ **Be|hịn|der|te**[1] der, -n/-n, ein Behinderter ‖ **Be|hịn|der|te**[2] die, -n/-n ‖ **Be|hịn|der|ten|ein|stel|lungs|ge|setz** ‖ **be|hịn|der|ten|ge|recht:** eine behindertengerechte Toilettenanlage ‖ **Be|hịn|der|ten|in|te|gra|ti|on** [-tsi̯-] ‖ **Be|hịn|der|ten|park|platz** ‖ **Be|hịn|der|ten|sport** ‖ **Be|hịn|der|ten-WC** [-ve tse:] ‖ **Be|hịn|de|rung**
Be|hör|de die, -/-n: *Amt, Dienststelle;* Schulbehörde ‖ **Be|họ̈r|den|deutsch:** *Papierdeutsch, Amtsdeutsch* ‖ **Be|họ̈r|den|weg:** *Erledigung bei einer Behörde* ‖ **be|họ̈rd|lich:** *amtlich;* b. verboten ‖ **be|họ̈rd|li|cher|seits:** etwas ist b. vorgeschrieben
be|hüb|schen, du behübsch[s]t (oft abw.): *[nur oberflächlich] verschönern* ‖ **Be|hụ̈b|schung** die, -/-en (oft abw.)
Be|huf (Amtsspr., veraltend) (nur in der Wendung): zu diesem B. *(Zweck)* ‖ **be|hufs** (Präp. mit Gen.) (Amtsspr., veraltend): *zwecks;* b. besseren Verständnisses
be|hü|ten: eine behütete *(sorgenfreie)* Kindheit; behüt (= **B**ehüt) dich Gott sagen; Gott behüte! *(Ausruf der Ablehnung)* ‖ **be|hut|sam:** *vorsichtig* | *rücksichtsvoll* ‖ **Be|hut|sam|keit** die, -
bei (Präp. mit Dat.): bei dem Brunnen; bei diesem Wetter; bei Gott schwören; bei weitem/Weitem *(durchaus)* nicht | (mit Abkürzung b.) Baden bei (b.) Wien
bei|be|hal|ten: Traditionen b. *(an ihnen festhalten)*
Bei|blatt: die weiteren Informationen finden Sie im B. *(in der Beilage, Anlage)*
Bei|boot: ein Schiff mit einem B.
bei|brin|gen: *lehren;* jemandem etwas b. | (Amtsspr.) ein Dokument b. *(vorlegen)*
Beich|te die, -/-n (kath.): *[sakramentales] Sündenbekenntnis;* die B. hören ‖ **beich|ten:** *eingestehen* | (kath.) Sünden b. ‖ **Beicht|ge|heim|nis** (kath.): *die Schweigepflicht des Geistlichen über die Inhalte von Beichten* ‖ **Beich|ti|ger** der, -s/- (kath., veraltet): *Beichtvater* ‖ **Beicht|stuhl** (kath.): *Beichtkabine in der Kirche* ‖ **Beicht|va|ter** (kath.): *Priester, bei dem gebeichtet wird*
beid|ar|mig ‖ **beid|bei|nig:** *mit beiden Beinen* | (Sport) b. schießen können ‖ **bei|de:** beides wollen; diese beiden; wir b.; mit [den] beiden; einer von beiden; die ersten beiden *(der Erste und der Zweite);* die beiden Ersten *(die zwei Ersten);* b. Mal[e] ‖ **bei|der|lei:** *von beiden Arten;* b. Geschlechts ‖ **bei|der|sei|tig:** in beiderseitigem Einverständnis ‖ **bei|der|seits** (Präp. mit Gen.): b. der Donau | (Adv.) b. *(auf, von beiden Seiten)* wurden Fehler gemacht ‖ **beid|hän|dig:** b. schreiben können | (Sport) Tennis mit beidhändiger Rückhand spielen
bei|dre|hen (Seemannsspr.): *die Fahrt verlangsamen und die Richtung ändern*
beid|sei|tig: *beiderseits;* b. gelähmt

bei|ei|nan|der

Getrenntschreibung in Verbindung mit „sein“:
– dicht *(nahe)* beieinander sein; → beinand
Getrenntschreibung, wenn die Hauptbetonung auf dem Verb liegt:
– es beieinander aushalten
Zusammenschreibung, wenn die Betonung auf „beieinander“ liegt:
– für immer beieinanderbleiben
– beieinanderliegen
– beieinanderstehen

bei|ei|nan|der|blei|ben ‖ **bei|ei|nan|der|lie|gen** ‖ **Bei|ei|nan|der|sein:** *Zusammensein* ‖ **bei|ei|nan|der|ste|hen**
Bei|fah|rer: *neben dem Lenker sitzende Person* ‖ **Bei|fah|rer|air|bag** [-eəbæg] ‖ **Bei|fah|re|rin** ‖ **Bei|fah|rer|sitz**
Bei|fall der, -[e]s: heftig B. klatschen; B. heischende (= beifallheischende) Blicke ‖ **Bei|fall hei|schend** = **bei|fall|hei|schend** ‖ **bei|fäl|lig:** *zustimmend* ‖ **Bei|fall|klat|schen** = **Bei|falls|klat|schen** das, -s ‖ **Bei|falls|kund|ge|bung** ‖ **Bei|falls|sturm**
Bei|fang der, -[e]s: *unbeabsichtigt in Netzen mitgefangene Delfine, Robben ua.*
bei|fü|gen: einen Lebenslauf b. ‖ **Bei|fü|gung** (Gramm.): *nähere Beschreibung, zB das schöne Haus, Attribut*

B

Bei|fut|ter (Landw.): *Zugabe zum Futter*
Bei|fuß: *eine Heilpflanze*
Bei|ga|be: eine B. zum Essen | *Grabbeigabe*
bei|ge [beːʃ, fr.: bɛːʒ] ⟨fr.⟩: *bräunlich gelb, sandfarben;* ein beige (*auch:* beiges [ˈbeːʒɛs]) Kleid; → beigefarben || **Bei|ge** das, -/-
bei|ge|ben: etwas Salz b. | klein b. *(sich [letztlich] fügen)*
bei|ge|far|ben [beːʃf-]: *beige*
Bei|ge|schmack: etwas hat einen B. *([unangenehmen] Nebengeschmack)*
bei|ge|sel|len (geh.): *als Begleitung dazugeben;* sich jemandem b.
Bei|heft: *Ergänzungsheft* || **bei|hef|ten:** *anheften*
Bei|hil|fe: *finanzielle Unterstützung;* um eine B. ansuchen || (Jus) *Mithilfe bei einer Straftat;* B. zum Mord
Bei|jing [ˈbeɪdʒiŋ] → Peking
Bei|klang: seine Worte hatten einen unangenehmen B. *(eine üble Nebenbedeutung)*
bei|kom|men: jemandem nicht b. können *(gegen jemanden nicht ankönnen)*
Bei|kraut (Bot.): *Unkraut*
Beil das, -[e]s/-e: *Hacke, Axt mit kurzem Stiel*
Beil.: Beilage[n] || **Bei|la|ge:** eine Fleischspeise mit B. | die Sonntagsbeilage einer Zeitung | (mit Abkürzung Beil.) *(Anlage [zu einem Brief, Ansuchen oÄ])*
Bei|la|ger (veraltet): *[fürstliche] Vermählung und Beischlaf*
bei|läu|fig: *nebenbei* | *ungefähr, etwa* || **Bei|läu|fig|keit** die, -/-en
bei|le|gen: dem Brief ein Bild b. | einen Streit b. *(schlichten)* || **Bei|le|gung** die, -/-en: Konfliktbeilegung
bei|lei|be (veraltend): b. nicht! *(keinesfalls!)*
Bei|leid: sein B. *(Mitgefühl)* bei einem Todesfall ausdrücken || **Bei|leids|schrei|ben,** *auch:* Beileidschreiben
bei|lie|gen: das beiliegende *(als Beilage mitgeschickte)* Zeugnis

beim: *bei dem*

Großschreibung des nachfolgenden Infinitivs und Adjektivs:
- beim **S**chreiben
- beim **R**adfahren
- beim **K**lavierspielen
- es bleibt alles beim **A**lten

bei|men|gen: *beimischen*
bei|mes|sen: einer Nachricht keine Bedeutung b. *(sie nicht wichtig nehmen)*
bei|mi|schen: *beimengen*
Bein das, -[e]s/-e (mda. auch: -er): *Knochen;* das geht mir durch Mark und Bein *(durch und durch)* | *ein Körperteil, bestehend aus Oberschenkel, Unterschenkel und Fuß;* auf einem B. stehen; mit einem B. im Grab stehen *(schwer krank sein);* etwas auf die Beine stellen *(zu Stande bringen, bewerkstelligen);* auf eigenen Beinen stehen *(selbständig sein)* | (ugs.) jemandem Beine machen *(jemanden antreiben)*
bei|nah = **bei|na|he:** *fast*
Bei|na|me, *auch:* **Bei|na|men:** *Namenszusatz, zB Karl* der Große, *Heinrich* Jasomirgott
bein|am|pu|tiert: ein beinamputierter Mann
bei|nand (ugs.): → *beieinander;* gut b. *(gesund, rüstig)* sein
Bein|ar|beit die, - (Sport): ein Boxer mit guter B. || **Bein|bruch** || **Beindl|vieh,** *auch:* Beinlvieh (mda.): *Schlachtvieh [mit etwas minderwertigerem Fleisch], das ausgebeint wird* || **-bei|ner** (nur in Zusammensetzungen wie Zweibeiner) || **bei|nern:** *aus Bein;* beinerne Knöpfe || **Bein|fleisch:** *eine Rindfleischsorte [mit Knochen]* || **Beinl|vieh:** *Beindlvieh*
be|in|hal|ten: *enthalten; das Programm beinhaltet nichts Neues*
bein|hart: *hart wie ein Knochen* || **Bein|haus:** *Gebäude zur Aufbewahrung ausgegrabener Totengebeine, Karner* || **-bei|nig** (nur in Zusammensetzungen wie zweibeinig) || **Bein|kleid** (oft Pl.) (veraltet): *Hose* || **Bein|pro|the|se** || **Bein|schie|ne** || **Bein|schin|ken:** *eine Schinkenspezialität [mit Knochen]* || **Bein|stumpf:** *[nach einer Amputation] verbliebener Teil des Beines*
bei|ord|nen: *zuordnen*
bei|pa|cken || **Bei|pack|text** = **Bei|pack|zet|tel:** *Medikamenten beiliegende Information*
bei|pflich|ten: *zustimmen;* ich pflichte ihr bei
Bei|pro|gramm: *ein zusätzliches Angebot zum Hauptprogramm*
Bei|rat: *ein beratender Ausschuss;* in einen B. berufen werden | *Mitglied eines Beirates* || **Bei|rä|tin**
Bei|ried das, -[e]s, *auch:* die, -: *eine Rindfleischsorte, Rückenstück*

be|ir|ren: *unsicher machen, verwirren;* sich nicht b. lassen
Bei|rut [auch: -ˈuː-]: *Hauptstadt des Libanons*
bei|sam|men: *zusammen;* b. sein | (ugs.) nicht ganz b. sein *(nicht ganz gesund sein, geistig gestört sein)* || **bei|sam|men|blei|ben** || **Bei|sam|men|sein** || **bei|sam|men|sit|zen** || **bei|sam|men|ste|hen**
Bei|satz (Gramm.): *Apposition*
bei|schie|ßen: jährlich 10 Millionen Euro b. *(beisteuern)*
Bei|schlaf (geh.): *Geschlechtsverkehr*
bei|schlie|ßen (Amtsspr.): Rechnung beigeschlossen *(beiliegend)* || **Bei|schluss** (Amtsspr.): Bewerbungen unter B. eines Lebenslaufes
Bei|sein (Amtsspr.): im B. *(in Anwesenheit)* des Ministers
bei|sei|te: „Spaß beiseite!" *(„Im Ernst!")* || **bei|sei|te|le|gen** || **bei|sei|te|schaf|fen:** *wegbringen* | (sal.) *umbringen* || **bei|sei|te|spre|chen:** *auf der Bühne zu sich selbst bzw. zum Publikum sprechen, als ob die anderen Personen auf der Bühne es nicht hörten*
Bei|sel das, -s/-n ⟨hebr.-jidd.⟩ (reg., bes. ostöst.): *kleine, volkstümliche Gaststätte*
bei|set|zen (geh.): *[feierlich] begraben, bestatten* || **Bei|set|zung**
Bei|sit|zer der, -s/- (Amtsspr.): *Mitglied eines Gerichts, einer Kommission* || **Bei|sit|ze|rin** die, -/-innen (Amtsspr.)
Bei|spiel: zum Beispiel (z. B., zB); mit gutem B. vorangehen || **bei|spiel|ge|bend** || **bei|spiel|haft:** *vorbildlich* || **bei|spiel|los:** *ohne Beispiel* || **Bei|spiel|satz** || **bei|spiels|wei|se**
bei|sprin|gen (geh.): *helfen;* die Nachbarn sind uns beigesprungen
bei|ßen, du beißt/biss/gebissen: in den sauren Apfel b. *(etwas nur ungern tun);* auf Granit b. *(auf unüberwindlichen Widerstand stoßen)* | es beißt *(juckt)* mich | beißende *(schmerzende)* Kälte | (ugs.) ins Gras b. *(sterben)* || **Bei|ßer** der, -s/-: *ein Hebeeisen* | *jemand, der sich in eine Arbeit verbeißt* | *Beißzahn* | (W, derb) *lautstarker, aggressiver Kerl* || **Bei|ße|rei** die, -: eine wilde B. zwischen zwei Hunden || **Beiß|korb** || **Beiß|zahn** || **Beiß|zan|ge:** *eine Zange* | (ugs., abw.) *streitsüchtige Frau*

B

Beistand: *Hilfe;* jemandem B. leisten | *Helfer* | *Trauzeuge* || **Beistandspakt** (Pol.) || **Beistandspflicht** (Pol.): *Vereinbarung, sich gegenseitig [militärisch] zu helfen* | (Jus) eheliche B. || **beistehen:** *helfen;* ich stehe dir in der Gefahr bei

beistellen: *zur Verfügung stellen* || **Beistelltisch:** *ein kleiner Tisch* || **Beistellung**

beisteuern: *beitragen*

beistimmen: einem Vorschlag b.

Beistrich (,): *Komma;* einen B. setzen || **Beistrichsetzung**

Beitel der, -s/-: *ein Stemmwerkzeug*

Beitrag der, -[e]s/-träge: *anteilige Summe;* der B. für eine Mitgliedschaft | *Mitwirkung* | *Artikel [in einer Zeitschrift]* || **beitragen** || **Beitragsgrundlage** (Amtsspr.): *Bruttoeinkommen für die Berechnung der Sozialversicherung* || **Beitragsleistung** || **Beitragspflicht:** *Verpflichtung, einen bestimmten Beitrag, zB zur Sozialversicherung, zu leisten* || **Beitragszahlung**

beitreten: ich trete einem Tennisverein bei || **Beitritt** || **Beitrittserklärung** || **Beitrittsverhandlung** (meist Pl.) || **Beitrittswerber** (Amtsspr.): ein B. für die EU-Mitgliedschaft || **Beitrittswerberin** (Amtsspr.)

Beiwagen: *seitlich montierte einrädrige Karosserie bei einem Motorrad* | *Anhänger der Straßenbahn* || **Beiwagenmaschine:** *Motorrad mit Beiwagen* || **Beiwagerl** (ugs.): *Helfer* | (ugs.) *Unterrichtspraktikant/in*

Beiwerk das, -[e]s: *Nebensächliches; Zubehör*

beiwohnen (geh.): einer Veranstaltung b. *(daran teilnehmen)* | (geh.) einer Frau b. *(mit ihr Geschlechtsverkehr haben)*

Beiwort das, -[e]s/-wörter: *ein schmückendes oder näher präzisierendes Wort, zB ein Adjektiv*

Beiz die, -/-en ⟨hebr.-jidd.⟩ (CH, V): *Beisel, Wirtshaus*

Beize die, -/-n: Fleisch in die B. *(saure, stark gewürzte Flüssigkeit)* legen | (Jägerspr.) *Beizjagd*

beizeiten: *rechtzeitig*

beizen, du beizt: Holz b. *(färben, imprägnieren)* | Fleisch b. *(zum Würzen in die Beize legen)* | (Jägerspr.) *auf Beizjagd gehen*

beiziehen: einen Sachverständigen b. *(zu Rate ziehen)* || **Beiziehung:** unter B. eines Anwalts

Beizjagd: *Jagd mit abgerichteten Greifvögeln, Beize*

bejahen: *ja sagen, zustimmen;* sie bejahte meine Frage || **Bejahung** die, -/-en

bejahrt (geh.): b. *(alt)* sein

bejammern || **bejammernswert**

bejubeln: der viel bejubelte Sieger

bekämpfen: die Konkurrenz b.; eine Erkältung mit Medikamenten b. || **Bekämpfung** die, -/-en

bekannt
ein bekannter Künstler

Getrenntschreibung in Verbindung mit „sein":
- bekannt sein
- bekannt gewesen

Getrennt- und Zusammenschreibung:
- die Sponsion bekannt geben (= bekanntgeben)
- jemanden/eine Verordnung bekannt machen (= bekanntmachen)
- bekannt werden = bekanntwerden

Bekannte[1] der, -n/-n, ein Bekannter || **Bekannte**[2] die, -n/-n || **Bekanntenkreis:** *alle Bekannten, die jemand hat* || **bekanntermaßen** || **Bekanntgabe** die, - || **bekannt geben = bekanntgeben** → bekannt || **Bekanntheit** die, - || **Bekanntheitsgrad** || **bekanntlich** || **bekannt machen = bekanntmachen:** die Gäste miteinander b. m.; → bekannt || **Bekanntmachung** die, -/-en || **Bekanntschaft** die, -/-en: eine neue B. schließen | (oft scherzh. oder drohend) „Du wirst schon noch meine B. machen!" | (veraltend) eine neue B. *(sexuelle Beziehung)* haben || **bekannt werden = bekanntwerden** || **Bekanntwerden** das, -s: nach B. der Ergebnisse; *aber:* etwas muss bekannt werden

bekehren: jemanden zu einer anderen Ansicht b.; sich zum Christentum b. || **Bekehrung**

bekennen: einen Fehler b. *(eingestehen);* sie hat sich zu ihrer Überzeugung bekannt *(ist für sie eingestanden);* Farbe b. *(sich eindeutig deklarieren)* || **Bekenner** || **Bekenneranruf:** *Anruf, in dem sich ein Täter zu einem Attentat bekennt* || **Bekennerbrief** || **Bekennerin** || **Bekennerschreiben:** *Bekennerbrief* || **Bekenntnis** das, -nisses/-nisse: *Geständnis, Eingeständnis* | *Religionsbekenntnis;* ohne B. || **Bekenntnisgemeinschaft** (Amtsspr.): *religiöse Gemeinschaft mit Rechtspersönlichkeit*

beklagen[1]: *jemanden bedauern* || **beklagen**[2] sich: sich über den Lärm b. || **beklagenswert** || **Beklagte**[1] der, -n/-n, ein Beklagter (Amtsspr.): *Beschuldigte* || **Beklagte**[2] die, -n/-n (Amtsspr.)

beklatschen: *jemandem applaudieren*

beklauen (ugs.): *bestehlen*

bekleben: ein Heft b.

bekleckern (nördl. D, ugs.): *anpatzen;* sich mit Eis b. || **beklecksen** (nördl. D, ugs.)

bekleiden (geh.): ein Amt b. *(innehaben)* || **Bekleidung** || **Bekleidungsvorschrift**

beklemmend: ein beklemmendes Gefühl || **Beklemmung** die, -/-en: *Gefühl der Angst, Sorge* || **beklommen:** *ängstlich, bedrückt*

beknien [-ˈiː(ɛ)n]: *inständig um etwas bitten;* jemanden um Unterstützung b.

bekochen: *verpflegen; für jemanden kochen*

bekommen: *kriegen;* wohl bekomm's! *(ein Wunsch)* | etwas nicht über sich b. *(sich nicht dazu durchringen)* können || **bekömmlich:** *gut verträglich* || **Bekömmlichkeit** die, -

beköstigen: *verpflegen*

bekräftigen: eine Aussage b. *(bestärken)* || **Bekräftigung**

bekränzen, du bekränzt

bekreuzen: *jemanden/etwas mit dem Kreuzzeichen segnen* || **bekreuzigen** sich

bekriegen: *jemanden bekämpfen*

bekritteln: ich bekrittle alles *(setze an allem etwas aus)*

bekritzeln: bekritzelte Wände

bekrönen: *krönen* || **Bekrönung:** die B. der Kuppel ist ein Kreuz

bekümmern: diese Vorfälle b. ihn am meisten *(bereiten ihm die meisten Sorgen)* || **bekümmert:** b. *(sorgenvoll)* dreinschauen

bekunden (geh.): Anteilnahme b. *(zeigen)*

Bel das, -[s]/- (Zeichen: B): *Verhältniszahl von Energiegrößen oder Leistungen; Dämpfungsmaß für Schwingungen; physikali-*

sches Maß für Schallstärke (nach dem amerikanischen Erfinder Bell); → Dezibel
be|lä|cheln: einen Vorschlag b. *(darüber geringschätzig lächeln)* ‖ **be|la|chen**
be|la|den: einen Wagen b.; mit Sorgen b. sein
Be|lag der, -[e]s/-läge: *[dünne] Beschichtung, Auflage;* ein B. auf der Zunge
Be|la|ge|rer der, -s/- (meist Pl.) ‖ **Be|la|ge|rin** die, -/-innen ‖ **be|la|gern:** eine Stadt b.; eine Gruppe von Neugierigen belagerte die Auslage ‖ **Be|la|ge|rung** ‖ **Be|la|ge|rungs|zu|stand:** *ein Ausnahmezustand;* den B. ausrufen
be|läm|mert: ziemlich b. *(verdutzt, irritiert)* dreinschauen
Be|lang der, -[e]s/-e: von/ohne B. *(Wichtigkeit, Bedeutung)* sein | (meist Pl.) *Angelegenheit;* wirtschaftliche Belange ‖ **be|lan|gen** (Amtsspr.): *zur Rechenschaft ziehen; verklagen* ‖ **be|lang|los:** *unwichtig* ‖ **Be|lang|lo|sig|keit** die, -/-en ‖ **Be|lang|sen|dung:** *[politische] Werbesendung*
Be|la|rus (Kfz: BY), *auch:* Belorussland: *Weißrussland* ‖ **Be|la|rus|se** ‖ **Be|la|rus|sin** ‖ **be|la|rus|sisch**
be|las|sen: *unverändert lassen;* wir wollen es dabei b. *(bewenden lassen)*
be|last|bar ‖ **Be|last|bar|keit** die, -/-en ‖ **be|las|ten:** eine Brücke b. | mit Sorgen belastet sein
be|läs|ti|gen: er belästigte sie mit zudringlichen Fragen ‖ **Be|läs|ti|gung** die, -/-en
Be|las|tung die, -/-en: ich bin der B. gewachsen ‖ **Be|las|tungs-EKG** [-e ka 'geː] (Med.): *EKG, das die Belastbarkeit des Herzens überprüft* ‖ **Be|las|tungs|gren|ze** ‖ **Be|las|tungs|ma|te|ri|al** (Jus): *Materialsammlung, die eine Angeklagte/einen Angeklagten belastet* ‖ **Be|las|tungs|pa|ket:** ein massives B. auf Kosten der Arbeitnehmer/innen schnüren ‖ **Be|las|tungs|pro|be:** *Prüfung auf Belastungsfähigkeit* ‖ **Be|las|tungs|ver|bot** (Jus): *Verbot, eine Liegenschaft mit Hypotheken zu belasten* ‖ **Be|las|tungs|zeu|ge** (Jus): *Zeuge, dessen Aussage Beschuldigte belastet;* → G.: Entlastungszeuge ‖ **Be|las|tungs|zeu|gin** (Jus)
be|laubt: belaubte Bäume
be|lau|ern: *heimlich jemanden beobachten;* sich gegenseitig b.
be|lau|fen sich: die Kosten b. sich auf ... *(betragen ...)*
be|lau|schen: *heimlich beobachten und mithören*
Bel|can|to [-k-] der, -[s] ⟨it.⟩: *Gesangskunst italienischer Art*
be|le|ben: die Wirtschaft b. *(ankurbeln);* Kaffee belebt *(regt an)* ‖ **be|lebt:** eine belebte *(bevölkerte)* Straße
Be|leg der, -[e]s/-e: *Beweisstück;* Zahlungsbeleg ‖ **be|leg|bar:** alle Kurse sind einzeln b.; die Funktionen der Tasten sind frei b. ‖ **be|le|gen:** ein belegtes Brötchen | eine belegte *(heisere)* Stimme | einen Platz b.; einen Kurs b. | das kann ich b. *(beweisen)* ‖ **Be|leg|ex|em|plar:** ein B. von ihrem neuen Buch ‖ **Be|leg|schaft** die, -/-en: *die Arbeiter und Angestellten eines Betriebs*
be|leh|nen: *beleihen, verpfänden, zum Pfand bestellen;* ein Haus b. | (früher) *ein Lehen übergeben;* er wurde vom König mit einem Herzogtum belehnt; → Lehen ‖ **Be|leh|nung** die, -/-en
be|lehr|bar ‖ **be|leh|ren** (geh.): *unterrichten, informieren;* jemanden eines Besser[e]n b. *(zur Einsicht bringen)* | ich lasse mich gerne b. *(vom Gegenteil überzeugen)* ‖ **Be|leh|rung** die, -/-en
be|leibt: *dick*
be|lei|di|gen: *jemanden in seiner Ehre verletzen;* beleidigende Äußerungen ‖ **Be|lei|di|gung** die, -/-en
be|lei|hen: *belehnen*
be|le|sen: *[durch viel eigenes Lesen] kenntnisreich, gebildet*
Bel|eta|ge [-'aːʃ, -ʒɛ] ⟨fr.⟩ (Arch.): *repräsentatives Stockwerk; erster Stock [eines Palais]*
be|leuch|ten ‖ **Be|leuch|ter** der, -s/-: *jemand, der für die Bühnenbeleuchtung verantwortlich ist* ‖ **Be|leuch|te|rin** die, -/-innen ‖ **Be|leuch|tung** die, -/-en ‖ **Be|leuch|tungs|kör|per**
be|leum|det = **be|leu|mun|det:** gut b. sein *(in gutem Ruf stehen);* übel b. sein; → Leumund
Bel|fast: *Hauptstadt Nordirlands*
bel|fern ⟨?⟩: *stoßweise, wütend bellen | laut schimpfen*
Bel|gi|en (Kfz: B): *ein Staat* ‖ **Bel|gi|er** der, -s/- ‖ **Bel|gi|e|rin** die, -/-innen ‖ **bel|gisch**
Bel|grad (serbisch: Beograd): *Hauptstadt von Serbien*
be|lich|ten: einen Film b. ‖ **Be|lich|tung** ‖ **Be|lich|tungs|zeit**
be|lie|ben (veraltend bzw. scherzh.): wie es Ihnen beliebt; du beliebst wohl zu scherzen ‖ **Be|lie|ben** das, -s: nach B. *(nach freier Wahl)* ‖ **be|lie|big:** eine beliebige Zahl nennen; *aber:* jeder **B**eliebige; → x-beliebig ‖ **be|liebt:** ein beliebtes Lokal ‖ **Be|liebt|heit** die, -
be|lie|fern: die Kunden b.
bel|len: die Hunde b. | der Vorgesetzte bellte *(brüllte)* die Befehle
Bel|le|t|ris|tik die, - ⟨fr.⟩: *schöngeistige, unterhaltende Literatur (zum Unterschied von Sachliteratur und Fachbüchern)* ‖ **bel|le|t|ris|tisch**
be|lo|ben = **be|lo|bi|gen:** *jemandem öffentlich ein Lob aussprechen* ‖ **Be|lo|bi|gung** = **Be|lo|bung** die, -/-en
be|loh|nen ‖ **Be|loh|nung:** eine B. erhalten
Be|lo|russ|land: *Belarus*
be|lüf|ten ‖ **Be|lüf|tung** ‖ **Be|lüf|tungs|an|la|ge**
be|lü|gen: den Freund b. *(ihm bewusst die Unwahrheit sagen)*
be|lus|ti|gen: die Zuschauer b. *(erheitern)* ‖ **Be|lus|ti|gung** die, -/-en: *Vergnügen*

Bel|ve|de|re [-ve'deːə, -'eːrɛ] das, -s ⟨it.⟩:
ein Barockpalais in Wien

Das Wiener Belvedere wird traditionellerweise ohne das Schluss-e ausgesprochen (unter Einfluss des Französischen oder wie auch regional im Italienischen).

be|mäch|ti|gen sich: sich einer Sache b. *(sie sich aneignen)*
be|ma|len: eine bemalte Schüssel ‖ **Be|ma|lung** die, -/-en
be|män|geln: ich bemängle die Ausführung einer Arbeit *(zeige an ihr Mängel auf)*
be|man|nen: ein Boot b. *(mit Mannschaft besetzen);* ein bemanntes Raumschiff ‖ **Be|man|nung** die, -/-en
be|män|teln (geh.): ich bemäntle *(beschönige, vertusche)* seine Fehler
be|ma|ßen (fachspr.): *mit Maßen versehen*
be|mau|ten (Amtsspr.): *mit einer Maut belegen;* eine Straße b. ‖ **Be|mau|tung** die, -/-en (Amtsspr.)
be|merk|bar: sich b. machen *(auf*

B

sich aufmerksam machen) || **be|mer|ken:** eine Veränderung b. *(feststellen)* | etwas zu einem Thema b. *(sagen);* nebenbei bemerkt || **be|mer|kens|wert** || **be|mer|kens|wer|ter|wei|se** || **Be|mer|kung** die, -/-en

be|mes|sen: meine Zeit ist knapp b. *(ich habe wenig Zeit)* || **Be|mes|sung** || **Be|mes|sungs|grund|la|ge:** *durchschnittliches beitragspflichtiges Arbeitseinkommen*

be|mit|lei|den || **be|mit|lei|dens|wert**

be|mit|telt: *wohlhabend, reich*

Bem|merl das, -s/-[n] (mda.): *kugelförmiger Kot, zB von Ziegen*

be|moost: ein bemooster *(mit Moos bedeckter)* Baum | (geh. bzw. scherzh.) ein bemoostes Haupt *(alter, weißhaariger Mensch)*

be|mü|hen[1] (geh.): *in Anspruch nehmen;* den Nachbarn b. *(um Hilfe bitten)* || **be|mü|hen**[2] sich: *sich Mühe geben* || **be|müht:** sie führten eine sehr bemühte *(gezwungen freundliche)* Unterhaltung || **Be|mü|hung** die, -/-en: *trotz aller Bemühungen*

be|mü|ßigt (geh.): sich b. *(veranlasst, gezwungen)* fühlen/sehen, etwas zu tun

be|mut|tern: *wie eine Mutter für jemanden sorgen*

be|nach|bart: sie wohnt im benachbarten Dorf

be|nach|rich|ti|gen: die Eltern b. || **Be|nach|rich|ti|gung** die, -/-en

be|nach|tei|li|gen: *schädigen* || **Be|nach|tei|lig|te**[1] der, -n/-n, ein Benachteiligter || **Be|nach|tei|lig|te**[2] die, -n/-n || **Be|nach|tei|li|gung** die, -/-en

be|na|gen: von Mäusen benagtes Brot

be|nam|sen (ugs., scherzh.): *benennen* || **Be|nam|sung** die, -/-en (ugs., scherzh.)

Bench|mar|king ['bentʃ-] das, -s ⟨engl.⟩ (Wirt.): *Konkurrenzvergleich bei Herstellungsprozessen, Produkten und Management, Suche nach Leitwerten*

be|ne|belt (ugs.): *benommen; leicht betrunken*

be|ne|dei|en (veraltet) → gebenedeit || **Be|ne|dic|tus** [-k-] das, - ⟨lat.⟩: *ein Teil der heiligen Messe* || **Be|ne|dikt:** *männl. Vorname* || **Be|ne|dik|ti|ner** der, -s/-: *Angehöriger eines Mönchsordens* || **Be|ne|dik|ti|ne|rin** die, -/-innen

Be|ne|fiz das, -es/-ien [-i̯ɛn] ⟨lat.⟩: *Begünstigung* || **Be|ne|fi|zi|um** das, -s/Benefizien [-i̯ɛn]: *kirchliche Pfründe; Lehen* || **Be|ne|fiz|kon|zert** || **Be|ne|fiz|vor|stel|lung:** *[Theater]vorstellung zu Gunsten einer wohltätigen Sache*

be|neh|men: sich anständig b. | (geh.) etwas benimmt *(raubt)* mir den Atem || **Be|neh|men** das, -s: ein gutes B.

be|nei|den: jemanden um etwas b. || **be|nei|dens|wert**

Be|ne|lux|staa|ten die (Pl.): *die zu einer engen Gemeinschaft zusammengeschlossenen Staaten* **Be***lgien, Niederlande (***Ne***derland) und* **Lux***emburg*

be|nen|nen: *einen Namen geben;* eine Straße nach einer Künstlerin b. | als Zeugin benannt *(bestimmt)* werden || **Be|nen|nung**

Be|neš|de|kre|te [-ʃ-] die (Pl.) (Pol.): *Beschlüsse der tschechoslowakischen Republik 1945 über Enteignung, Ausbürgerung und Ausweisung der deutschen Volksgruppe*

be|net|zen: *feucht machen*

Ben|ga|len: *eine Landschaft in Bangladesch und Indien* || **Ben|ga|li** das, -[s]: *Sprache in Bengalen* || **ben|ga|lisch**

Ben|gel der, -s/-: *ungezogener, frecher Bub*

Ben|ja|min[1]: *männl. Vorname* || **Ben|ja|min**[2] der, -[s]/-e: *der Jüngste in der Familie, in der Schulklasse uÄ*

be|nom|men: *wie betäubt* || **Be|nom|men|heit** die, -

be|no|ten: eine Schularbeit b.

be|nö|ti|gen: eine Brille b. *(brauchen)*

Be|no|tung die, -/-en

be|nutz|bar = **be|nütz|bar:** etwas ist nicht b. || **be|nut|zen** = **be|nüt|zen:** *nutzen, gebrauchen, verwenden* || **Be|nut|zer** = **Be|nüt|zer** der, -s/- || **Be|nut|ze|rin** = **Be|nüt|ze|rin** die, -/-innen || **be|nut|zer|freund|lich** = **be|nüt|zer|freund|lich:** das Computerprogramm ist b. || **Be|nut|zer|freund|lich|keit** = **Be|nüt|zer|freund|lich|keit:** *einfache Handhabung* || **Be|nut|zer|na|me** = **Be|nüt|zer|na|me,** *auch:* **Be|nut|zer|na|men, Be|nüt|zer|na|men:** *Name des Benutzers, der bei der elektronischen Registrierung gemeinsam mit dem Passwort anzugeben ist, Username* || **Be|nut|zer|ober|flä|che** = **Be|nüt|zer|ober|flä|che** (EDV): *Programm zur bequemeren Bedienung des Computers* || **Be|nut|zung** = **Be|nüt|zung** || **Be|nut|zungs|ent|gelt** = **Be|nüt|zungs|ent|gelt** (Amtsspr.): *Miete, Pachtzins* || **Be|nut|zungs|ge|bühr** = **Be|nüt|zungs|ge|bühr**

ben|zen, du benzt (ugs.): *beharrlich, aufdringlich bitten oder mahnen*

Ben|zin das (ugs. auch: der), -s/-e ⟨arab.-rom.⟩: *ein Treibstoff; Lösungs- und Reinigungsmittel;* B. tanken; → B. sparend = benzinsparend || **Ben|zi|ner** der, -s/- (ugs.): *benzinbetriebenes Auto* || **Ben|zin|feu|er|zeug** || **Ben|zin|ka|nis|ter** || **Ben|zin|preis:** der B. wurde schon wieder erhöht || **Ben|zin|preis|er|hö|hung** || **Ben|zin spa|rend** = **ben|zin|spa|rend:** B. sparende Autos || **Ben|zin|ver|brauch** || **Ben|zoe|säu|re** [-o.e-] die, - (Chem.): *ein Konservierungsmittel* || **Ben|zol** das, -s/-e (Chem.): *eine Flüssigkeit, die als Treibstoff oder als Fleckputzmittel verwendet wird*

Beo der, -s/-s: *ein Vogel*

be|ob|ach|ten: Wild b.; einen Verdächtigen b. | (geh.) das Gesetz b. *(beachten)* || **Be|ob|ach|ter** der, -s/- || **Be|ob|ach|te|rin** die, -/-innen || **Be|ob|ach|ter|sta|tus** [-ʃt-]: bei einer internationalen Organisation nur B. haben *(nicht Mitgliedstaat sein)* || **Be|ob|ach|tung** die, -/-en: eine B. machen || **Be|ob|ach|tungs|ga|be**

be|or|dern: Polizisten zum Unfallsort b. *(befehlen)*

be|pa|cken: *voll beladen*

be|pflan|zen || **Be|pflan|zung:** *Begrünung*

be|pflas|tern: *bekleben; voll kleben*

be|pin|seln: *bemalen*

be|quem: bequeme Kleidung | das geht sich b. *(spielend)* aus | dafür ist er viel zu bequem *(faul)* || **be|que|men** sich: *sich bereit finden* || **Be|quem|lich|keit** die, -/-en

be|rap|pen: *bezahlen*

be|ra|ten: die Kundin gut b. | neue Gesetze b. *(gemeinsam überlegen)* || **Be|ra|ter** der, -s/- || **Be|ra|te|rin** die, -/-innen || **be|rat|schla|gen:** *gemeinsam überlegen, beraten* || **Be|ra|tung** die, -/-en || **Be|ra|tungs|ge|spräch** || **Be|ra|tungs|stel|le**

be|rau|ben: *ausrauben* | (geh.) *wegnehmen;* sie wurden ihrer Freiheit beraubt || **Be|rau|bung** die, -/-en

B

be|rau|schen, du berausch[s]t: *betrunken machen;* der Wein berauschte sie; berauschende *(betäubende)* Mittel; die Aufführung war nicht berauschend *(nur durchschnittlich);* er berauschte *(begeisterte)* sich an dieser Musik

Ber|ber der, -s/-: *Angehöriger einer nordafrikanischen Völkergruppe* ‖ **Ber|ber|hengst** ‖ **Ber|be|rin** die, -/-innen

Ber|be|rit|ze die, -/-n ⟨arab.-lat.⟩: *ein Strauch, Sauerdorn; ihre Frucht*

Ber|ber|tep|pich

be|re|chen|bar: *einschätzbar, voraussehbar* ‖ **be|rech|nen:** den Umfang b.; die Kosten b. ‖ **be|rech|nend:** *auf seinen Vorteil bedacht sein* ‖ **Be|rech|nung:** eine schwierige B. anstellen ‖ **Be|rech|nungs|grund|la|ge**

be|rech|ti|gen: dieses Zeugnis berechtigt zum Besuch einer Fachschule ‖ **be|rech|tigt:** berechtigte Einwände ‖ **Be|rech|tig|te**[1] der, -n/-n, ein Berechtigter ‖ **Be|rech|tig|te**[2] die, -n/-n ‖ **be|rech|tig|ter|wei|se:** b. mehr Lohn bekommen ‖ **Be|rech|ti|gung** die, -/-en ‖ **Be|rech|ti|gungs|schein**

be|re|den: etwas in Ruhe b. | ihr Verhalten b. *(darüber abfällig reden)* | sie haben mich beredet *(überredet)* mitzukommen ‖ **be|red|sam:** *redegewandt, mitteilsam* ‖ **Be|red|sam|keit** die, - ‖ **be|redt:** *beredsam*

be|reg|nen: *künstlich bewässern;* den Rasen b. ‖ **Be|reg|nungs|an|la|ge**

Be|reich der, -[e]s/-e: ein markierter B. | *[Aufgaben]gebiet;* das liegt nicht im B. des Möglichen *(es ist nicht möglich)* ‖ **be|rei|chern:** sein Wissen b.; sich rücksichtslos b. ‖ **Be|rei|che|rung** die, -/-en: sie ist eine B. für die Runde | (Jus) die ungerechtfertigte B. ‖ **Be|reichs|spre|cher** (Pol.): *Wortführer einer Parlamentspartei für einen bestimmten Sachbereich, zB Justizsprecher* ‖ **Be|reichs|spre|che|rin** (Pol.)

be|rei|fen[1]: von Frost bereifte Wiesen

be|rei|fen[2]: *mit Reifen versehen;* ein Auto b. ‖ **Be|rei|fung** die, -/-en

be|rei|ni|gen: ein Missverständnis b. *(es aufklären, es aus der Welt schaffen)* ‖ **Be|rei|ni|gung**

be|rei|sen: den Fernen Osten b.

> **be|reit**
>
> **Getrenntschreibung in Verbindung mit „sein“:**
> – zu etwas bereit sein
>
> **Zusammenschreibung bei übertragener Bedeutung:**
> – sich zu etwas bereitfinden
> – immer eine Ausrede bereithaben
> – sich für den Einsatz bereithalten
> – bereitlegen
> – bereitliegen
> – bereitstehen
> – die nötigen Mittel bereitstellen *(zur Verfügung stellen)*
> – sich zu etwas bereitzeigen
>
> **Getrennt- und Zusammenschreibung:**
> – sich zu etwas bereit erklären (= bereiterklären)
> – bereit machen = bereitmachen

be|rei|ten[1]: jemandem eine Freude b. *(machen)* | (geh.) das Essen/ein Mahl/einen Tee b.

be|rei|ten[2]: Pferde b. ‖ **Be|rei|ter:** *jemand, der Pferde zureitet;* B. der Spanischen Reitschule (Hofreitschule) ‖ **Be|rei|te|rin** die, -/-innen

be|reit er|klä|ren = be|reit|er|klä|ren → bereit ‖ **be|reit|fin|den** sich → bereit ‖ **be|reit|ha|ben** → bereit ‖ **be|reit|hal|ten** → bereit ‖ **be|reit|le|gen** ‖ **be|reit|lie|gen** ‖ **be|reit ma|chen = be|reit|ma|chen** ‖ **be|reits:** *schon* ‖ **Be|reit|schaft** die, -/-en ‖ **Be|reit|schafts|dienst:** der B. der Ärzte ‖ **be|reit|ste|hen** → bereit ‖ **be|reit|stel|len** → bereit ‖ **Be|reit|stel|lung** ‖ **Be|rei|tung** die, -: *Aufbereitung* ‖ **be|reit|wil|lig** ‖ **Be|reit|wil|lig|keit** die, - ‖ **be|reit|zei|gen** sich → bereit

be|reu|en: einen Entschluss b.

Berg der, -[e]s/-e: einen B. besteigen; die Haare stehen einem zu Berg[e] *(sie sträuben sich);* sie ist wieder über den/dem B. *(einigermaßen gesund);* Berge versetzen *(Unglaubliches bewirken)* können; sie war längst über alle Berge *(in Sicherheit; verschwunden)* | ein B. *(Haufen)* Wäsche ‖ **berg|ab:** b. gehen/fahren ‖ **berg|ab|wärts:** b. gehen

Ber|ga|mot|te die, -/-n ⟨türk.-fr.⟩: *eine Zitrusfrucht* ‖ **Ber|ga|mott|öl,** *auch:* Bergamottenöl

berg|an: b. gehen; b. fahren ‖ **Berg|ar|bei|ter** ‖ **Berg|ar|bei|te|rin** ‖ **berg|auf:** b. steigen ‖ **berg|auf|wärts:** b. gehen ‖ **Berg|bahn** ‖ **Berg|bau** der, -[e]s: *Förderung von Bodenschätzen* ‖ **Berg|bau|er** ‖ **Berg|bäu|e|rin,** *auch:* Bergbäurin

ber|gen, ich berge, du birgst/barg/geborgen/ birg!, bergt!: *in Sicherheit bringen;* die Verletzten b. *(retten)* | (geh.) etwas birgt Vorteile in sich *(enthält Vorteile);* → geborgen ‖ **Ber|ge|un|ter|neh|men:** *Firma zur Bergung [von gesunkenen Schiffen]* ‖ **ber|ge|wei|se:** *in großer Menge*

Berg|fex: *jemand, der ins Bergsteigen und in die Berge vernarrt ist* ‖ **Berg|fried** der, -[e]s/-e, *auch:* Burgfried: *Hauptturm einer Burg* ‖ **Berg|füh|rer** ‖ **Berg|füh|re|rin** ‖ **Berg|gip|fel** ‖ **Berg|haupt|mann|schaft** die, -/-en (früher): *erste Instanz für das Bergwesen* ‖ **Berg|hüt|te** ‖ **ber|gig**

Berg|isel [-'giː-] der, -[s]: *Anhöhe bei Innsbruck (mit Sprungschanze)*

Berg|kä|se, *auch:* Bergkäs: *ein [Vorarlberger] Käse* ‖ **Berg|ket|te** ‖ **Berg|knap|pe:** *Bergmann* ‖ **Berg|kris|tall:** *ein klares Mineral* ‖ **Berg|kup|pe** ‖ **Berg|land** ‖ **Berg|leh|ne:** *Abhang* ‖ **Berg|ler** der, -s/- (reg., ugs.): *Bergbewohner* ‖ **Berg|le|rin** die, -/-innen (reg., ugs.) ‖ **Berg|mann** der, -[e]s/-leute [-männer]: *Arbeiter im Bergbau* ‖ **berg|män|nisch** ‖ **Berg|manns|spra|che** ‖ **Berg|mas|siv** ‖ **Berg|not** die, -: in B. geraten *(im Gebirge in Gefahr kommen)* ‖ **Berg|pre|digt:** *eine der wichtigsten Predigten Christi* ‖ **Berg|ret|tungs|dienst** ‖ **Berg|rutsch** ‖ **Berg|schrund** ‖ **Berg|sta|ti|on** [-ʃtatsi̯-]: *die oberste Station einer Bergbahn* ‖ **berg|stei|gen** (nur Inf. und Part.): b. gehen ‖ **Berg|stei|ger** der, -s/- ‖ **Berg|stei|ge|rin** die, -/-innen ‖ **Berg|stra|ße** ‖ **Berg|tour** [-tuːə]: eine B. machen ‖ **Berg-und-Tal-Bahn:** *Achterbahn, Hochschaubahn* ‖ **Berg|un|fall**

Ber|gung die, -/-en: die B. der Verletzten war schwierig ‖ **Ber|gungs|mann|schaft** ‖ **Ber|gungs|hub|schrau|ber** ‖ **Ber|gungs|schiff**

Berg|wacht: von der B. gerettet werden ‖ **berg|wan|dern** (nur Inf. und Part.): in den Alpen b. ‖ **Berg|wan|de|rung** ‖ **Berg|wein:** *Wein, der auf Steillagen gewach-*

B

sen ist ‖ **Bergwerk:** *[unterirdische] Abbaustätte für Bodenschätze*

Bericht der, -[e]s/-e: B. erstatten *(berichten)* ‖ **berichten:** über einen Unfall b. ‖ **Berichterstatter** der, -s/- ‖ **Berichterstatterin** die, -/-innen ‖ **Berichterstattung** die, - ‖ **berichtigen:** einen Fehler b. ‖ **Berichtspflicht** (Jus): *Verpflichtung zur Berichterstattung an die übergeordnete Dienststelle/Behörde* ‖ **Berichtigung** die, -/-en

berieichen: die Welpen b. alles Neue

berieseln: der Gärtner berieselt *(beregnet)* ein Feld | sich vom Radio b. lassen ‖ **Berieselung** = **Berieslung** die, -/-en

beringen: Zugvögel b. *(durch Beinringe kennzeichnen)*

beritten: berittene Polizei

Berkelium das, -s (Zeichen: Bk): *ein chemisches Element (nach der amerikanischen Universität Berkeley)*

Berlin: *deutsche Bundeshauptstadt und zugleich Bundesland* ‖ **Berliner**[1] (Adj.): B. Pfannkuchen *(Berliner)* ‖ **Berliner**[2] der, -s/-: *Bewohner Berlins* | (Küchenspr.) *eine Art Krapfen* ‖ **Berlinerin** die, -/-innen ‖ **berlinerisch**

Bermuda die, -/-s: *Kurzwort für Bermudashorts (nach einer Inselgruppe)* ‖ **Bermudadreieck:** *Meeresgebiet in der Karibik, wo viele Flugzeuge und Schiffe verschwunden sind* | (ugs.) *Stadtviertel mit vielen In-Lokalen* ‖ **Bermudashorts** [-ʃɔːts]: *eine [fast knielange] Hose*

Bern: *Hauptstadt der Schweiz* | *ein Schweizer Kanton*

Bernadette [-'ɛt]: *weibl. Vorname*

Bernd, *auch:* Bernt: *männl. Vorname (Bernhard)*

Berndorf: *Stadt in Niederösterreich*

Bernhard: *männl. Vorname;* → Bernd ‖ **Bernhardiner** der, -s/- = **Bernhardinerhund**

Bernstein der, -[e]s: *ein Schmuckstein, versteinertes Harz*

Bernt → Bernd

Bersch der, -[en]/- (reg., ugs., sal.): *Bub, Bursch*

Berserker [auch: 'bɛ-] der, -s/- ⟨germ.⟩: wie ein B. *(Besessener)* toben ‖ **berserkerhaft:** *wild, tobend, ungebärdig*

bersten, ich berste, du birst/barst/geborsten/birst!, berstet!: das Wasserrohr ist geborsten *(zersprungen);* vor Wut b. *(platzen); aber:* der Bus ist zum Bersten voll

Berta = Bertha: *weibl. Vorname;* → Bertl ‖ **Berthold,** *auch:* Bertold: *männl. Vorname* ‖ **Bertl:** *weibl. und männl. Vorname (Albert, Berta, Herbert, Hubert uÄ)* ‖ **Bertold** → Berthold

Bertram[1]: *männl. Vorname*

Bertram[2] der, -s ⟨gr.-lat.⟩ (reg.): *Name verschiedener Pflanzen*

berüchtigt: *durch schlechten Ruf bekannt*

berücken (geh.): *bezaubern, betören*

berücksichtigen: *darauf Rücksicht nehmen;* alle bei der Verteilung b. *(bedenken)* ‖ **berücksichtigenswert** ‖ **Berücksichtigung** die, - ‖ **berücksichtigungswürdig**

Beruf der, -[e]s/-e: sie ist von B. Ärztin ‖ **berufen**[1] (Verb): sie wurde als Professorin an die Universität b. | gegen ein Urteil b. *(Einspruch erheben)* ‖ **berufen**[2] sich: sich auf ein Versprechen b. *(beziehen)* ‖ **berufen**[3] (Adj.): *geeignet, talentiert;* sie ist zur Sängerin b. ‖ **beruflich** ‖ **Berufsalbum** (SüdT., Amtsspr.): *Verzeichnis der Ausübungsberechtigten für bestimmte Berufe* ‖ **Berufsanfänger** ‖ **Berufsanfängerin** ‖ **Berufsausbildung** ‖ **Berufsausbildungsgesetz** (BAG) ‖ **Berufsaussichten** die (Pl.) ‖ **berufsbedingt** ‖ **berufsbegleitend** ‖ **Berufsberater** ‖ **Berufsberaterin** ‖ **Berufsberatung** ‖ **Berufsbezeichnung** ‖ **berufsbezogen** ‖ **Berufsbild** ‖ **berufsbildend:** die berufsbildende mittlere Schule (BMS) *(Handelsschule ua.);* die berufsbildende höhere Schule (BHS) *(Handelsakademie ua.)* ‖ **Berufserfahrung** ‖ **Berufsethos:** *ideale Berufsauffassung* ‖ **Berufsfeuerwehr** → G.: freiwillige Feuerwehr ‖ **Berufsförderungsinstitut** [-st-] (BFI): *Dachverband von Fortbildungseinrichtungen der Arbeitnehmerorganisationen* ‖ **Berufsgeheimnis** ‖ **Berufsheer** ‖ **Berufsinformation** [-tsi̯-] ‖ **Berufsinformationszentrum** (BIZ): *Einrichtung der Arbeitsmarktverwaltung zur Berufsberatung* ‖ **Berufskleidung** ‖ **Berufskrankheit:** *eine berufsbedingte Krankheit* ‖ **Berufsleben:** neu ins B. eintreten ‖ **Berufslaufbahn** ‖ **berufsmäßig:** ein Hobby b. ausüben ‖ **Berufsorientierung:** *ein Unterrichtsgegenstand und -prinzip* ‖ **berufspädagogisch:** berufspädagogische Maßnahmen; *aber:* → die Berufspädagogische Akademie (BPA) ‖ **Berufsreife:** ein Lehrling erlangt die B. ‖ **Berufsreifeprüfung:** *Prüfung für Berufstätige, die die Matura ersetzt* ‖ **Berufsrisiko** ‖ **Berufsschule:** *berufsbildende Pflichtschule* ‖ **Berufsschulinspektor** [-sp-, auch: -ʃp-] (BSI) ‖ **Berufsschulinspektorin** (BSI) ‖ **Berufssoldat** ‖ **Berufssoldatin** ‖ **Berufsstand** ‖ **berufstätig** ‖ **Berufstätige**[1] der, -n/-n, ein Berufstätiger ‖ **Berufstätige**[2] die, -n/-n ‖ **Berufstitel:** *auszeichnender Titel, der sich auf eine bestimmte berufliche Tätigkeit bezieht, zB Medizinalrat, Oberstudienrat* ‖ **Berufsunfähigkeit** ‖ **Berufsverbot** ‖ **Berufsverbrecher** ‖ **Berufsverbrecherin** ‖ **Berufsverkehr** ‖ **Berufswahl** ‖ **Berufsweg** ‖ **Berufswunsch** ‖ **Berufung** die, -/-en: eine B. an die Universität Graz | besonderes Talent; die B. zur Künstlerin fühlen | B. gegen ein Urteil einlegen *(es anfechten)* ‖ **Berufungsverfahren**

beruhen: das beruht auf einem Irrtum; etwas auf sich b. lassen *(diesbezüglich nichts unternehmen)*

beruhigen: das weinende Kind b.; sich vor Aufregung nicht b. können ‖ **Beruhigung** die, - ‖ **Beruhigungsmittel**

berühmt: sie ist für ihren Humor b. ‖ **berühmt-berüchtigt:** *auf Grund auffälliger Vorkommnisse/Eigenschaften zu Berühmtheit gelangt;* er ist für seine Sager b. ‖ **Berühmtheit** die, -: *der Ruhm* | (mit Pl. -en) er ist eine B. *(berühmte Persönlichkeit)*

berühren: *angreifen* | ein heikles Thema b. *(ansprechen)* | sein Schicksal berührt *(bewegt, ergreift)* mich ‖ **Berührung** die, -/-en ‖ **Berührungsangst:** *Angst vor Berührung* ‖ **Berührungspunkt**

berußt, *auch:* berusst: *mit Ruß bedeckt*

Beryll [-'yl, -'il] der, -s/-e ⟨Sanskrit-gr.-lat.): *ein Schmuckstein* ‖ **Beryllium** das, -s (Zeichen: Be): *ein chemisches Element*

bes.: besonders

besagen: das will nichts b. *(bedeuten)* ‖ **besagt:** besagter *(vorhin erwähnter)* Mann

besaiten: die Geige neu b.; zart besaitet (= zartbesaitet) *(sensibel, überempfindlich)*

besamen: *befruchten*

besänftigen: das weinende Kind b. *(beruhigen)* ‖ **Besänftigung** die, -/-en

besät (geh.): mit Blüten b. *(übersät)*

Besatz: *Verzierung aus Spitzen oder Borten an Kleidern* ‖ **Besatzer** der, -s/- (oft abw.): *Angehöriger, Soldat einer Besatzungsmacht* ‖ **Besatzerin** die, -/-innen (oft abw.) ‖ **Besatzung:** die B. *(Mannschaft)* eines Flugzeugs | (Mil.) *Besatzungsmacht* ‖ **Besatzungsmacht:** *Truppen (Staat) auf fremdem Staatsgebiet* ‖ **Besatzungszone:** *von fremdem Militär besetztes Gebiet*

besaufen sich (derb): *sich betrinken* ‖ **Besäufnis** das, -nisses/-nisse = die, -/-nisse (derb)

beschädigen: das Auto beim Einparken b. ‖ **Beschädigung**

beschaffen[1] (Verb): sie hat etwas beschafft *(besorgt)* ‖ **beschaffen**[2] (Adj.): gut b. *(geartet)* sein ‖ **Beschaffenheit** die, - ‖ **Beschaffung:** *Besorgung* ‖ **Beschaffungsamt:** *eine administrative Einrichtung* ‖ **Beschaffungskriminalität:** *kriminelle Handlungen zur Beschaffung von Drogen*

beschäftigen[1]: *jemandem Arbeit geben* ‖ **beschäftigen**[2] sich: *sich befassen* ‖ **Beschäftigte**[1] der, -n/-n, ein Beschäftigter | (Wirt.) geringfügig B. ‖ **Beschäftigte**[2] die, -n/-n ‖ **beschäftigungslos** ‖ **Beschäftigung** die, -/-en ‖ **Beschäftigungstherapie** (Med.): *eine Heilmethode* ‖ **Beschäftigungsverbot** (Jus): *gesetzliches Verbot der Beschäftigung von Kindern, Jugendlichen und werdenden Müttern*

beschallen: einen Saal mit Lautsprechern b. ‖ **Beschallung** die, -/-en: *Tontechnik [bei Veranstaltungen auf großen Plätzen]*

beschämen: *in Verlegenheit bringen, demütigen* ‖ **beschämend** ‖ **beschämenderweise**

beschatten: *jemanden heimlich beobachten, überwachen*

Beschau die, - (Amtsspr.): *eine amtliche Kontrolle;* Fleischbeschau ‖ **beschauen:** *ansehen* ‖ **beschaulich:** *ruhig, besinnlich; ein beschauliches Leben führen* ‖ **Beschaulichkeit** die, -

Bescheid der, -[e]s/-e (Amtsspr.): *[schriftliche] Entscheidung einer Behörde* | (ohne Pl.) B. *(Auskunft; Nachricht)* geben; B. wissen *(sich auskennen)* ‖ **bescheiden**[1] (Verb) (Amtsspr.): der Antrag wurde abschlägig beschieden *(er wurde abgelehnt);* jemanden zu sich b. *(vorladen)* ‖ **bescheiden**[2] sich (Verb) (geh.): *sich begnügen* ‖ **bescheiden**[3] (Adj.): *genügsam, anspruchslos* ‖ **Bescheidenheit** die, -

bescheinen: von der Sonne beschienen

bescheinigen (Amtsspr.): *schriftlich bestätigen* ‖ **Bescheinigung** die, -/-en (Amtsspr.)

bescheißen (derb): ich lasse mich nicht b. *(betrügen);* → beschissen

beschenken: jemanden reichlich b. ‖ **Beschenkte**[1] der, -n/-n, ein Beschenkter ‖ **Beschenkte**[2] die, -n/-n

bescheren: *zu Weihnachten beschenken* | (oft iron.) das neue Jahr beschert *(bringt)* uns neue Steuern ‖ **Bescherung** die, -/-en (veraltend): *Beschenkung zu Weihnachten* | (ugs.) „Da haben wir die B.!"

bescheuert (nördl. D, ugs.): *dumm, blöd*

beschichten: *mit einer Schicht überziehen* ‖ **Beschichtung**

beschicken: der Obstmarkt ist reich beschickt *(es wird viel Obst angeboten)*

beschieden (geh.): den Flüchtlingen war ein schweres Schicksal b.

beschießen: mit Raketen b. ‖ **Beschießung** die, -/-en

beschildern: *mit Verkehrszeichen versehen;* einen Verkehrsweg b. ‖ **Beschilderung** die, -/-en

beschimpfen: jemanden arg b. ‖ **Beschimpfung** die, -/-en

beschirmen (geh.): *beschützen*

Beschiss der, -es (ugs., derb): *Betrug, Irreführung* ‖ **beschissen** (ugs., derb): eine beschissene *(miserable)* Situation; es geht mir b. *(sehr schlecht);* → bescheißen

Beschlag: ein B. an der Haustür | (ohne Pl.) jemanden/etwas in B. nehmen *(ganz für sich beanspruchen)* ‖ **beschlagen**[1] (Verb): Pferde b. *(sie mit Hufeisen versehen)* ‖ **beschlagen**[2] (Adj.): das Fenster war b. *(angelaufen);* er ist sehr gut b. *(er weiß viel)* ‖ **Beschlagnahme** die, -/-n: *behördliche Einziehung [einer Schmuggelware]* ‖ **beschlagnahmen** ‖ **Beschlagnahmung** die, -/-en

beschleichen: der Fuchs beschleicht seine Beute | (geh.) Angst beschleicht mich *(überkommt mich)*

beschleunigen: die Fahrt b. ‖ **Beschleunigung** die, -/-en

beschließen: das Gesetz wurde beschlossen ‖ **Beschluss:** einen B. fassen *(etwas beschließen)* ‖ **beschlussfähig:** ein beschlussfähiger Gemeinderat ‖ **Beschlussfassung**

beschmieren: einen Karton mit Klebstoff b. *(bestreichen);* die Mauern [mit Parolen] b. *(mit Schmierereien verunstalten)*

beschmutzen: du beschmutzt deine Hose

beschneiden: jemanden in der Ausübung seiner Rechte b. *(einschränken)* | (Med.) *die Vorhaut entfernen* ‖ **Beschneidung** die, -/-en: *ein Ritual bei manchen Völkern und Religionen*

beschneien: beschneite Pisten ‖ **Beschneiung** die, -/-en: künstliche B. *(Schneefall mittels Schneekanonen)*

beschnuppern: der Hund beschnupperte den Fremden

beschönigen: *etwas bewusst günstiger darstellen*

beschottern: eine Straße b.

beschränken: *einengen;* sich auf das Wesentliche b. ‖ **beschrankt:** ein beschrankter *(mit Schranken versehener)* Bahnübergang ‖ **beschränkt:** Gesellschaft mit beschränkter Haftung | etwas b. *(dumm)* sein ‖ **Beschränktheit** die, - ‖ **Beschränkung** die, -/-en

beschreiben: ein Blatt eng b. | einen Weg b.; ein Erlebnis b. | der Planet beschreibt eine Kreisbahn um die Sonne ‖ **Beschreibung:** das spottet jeder B. ‖ **beschreibbar:** etwas ist schwer b. *(wiederzugeben, zu schildern)* | (EDV) der Datenträger ist mehrmals b.

beschreiten: einen Weg b.

beschriften: ein Schild b. *(etwas*

B

B

draufschreiben) ‖ **Beschriftung** die, -/-en

beschuht: *mit Schuhen versehen*

beschuldigen: jemanden des Diebstahls b. ‖ **Beschuldigte**[1] der, -n/-n: ein Beschuldigter im Zivilprozess ‖ **Beschuldigte**[2] die, -n/-n ‖ **Beschuldigung** die, -/-en

beschummeln (ugs.): *anschwindeln*

Beschuss: die Stadt lag unter B.

beschützen: *schützen* ‖ **Beschützer** der, -s/- ‖ **Beschützerin** die, -/-innen

beschwatzen (ugs.): *jemandem etwas einreden;* lass dich nicht b.!

Beschwerde die, -/-n: B. führen *(sich beschweren)* | (nur Pl.) *gestörtes Wohlbefinden;* Beschwerden haben ‖ **beschwerdefrei** ‖ **Beschwerdeführer** ‖ **Beschwerdeführerin** ‖ **beschweren**[1]: eine Plache mit Steinen b. ‖ **beschweren**[2] sich: sich über den Lärm b. ‖ **beschwerlich:** ein beschwerlicher *(anstrengender)* Weg ‖ **Beschwerlichkeit** die, -/-en ‖ **Beschwernis** die, -/-nisse (geh.): *Mühe, Anstrengung*

beschwichtigen: *beruhigen;* einen Streit b. ‖ **Beschwichtigung** die, -/-en ‖ **Beschwichtigungshofrat** (scherzh. bzw. abw.): *jemand, der sich stets bemüht, Beschwerdeführer zu beschwichtigen* ‖ **Beschwichtigungshofrätin** (scherzh. bzw. abw.) ‖ **Beschwichtigungspolitik**

beschwindeln: *die Unwahrheit sagen*

beschwingt: ein beschwingter *(schwungvoller)* Gang ‖ **Beschwingtheit** die, -: *gehobene Laune, Stimmung*

beschwipst (ugs.): *leicht betrunken;* → Schwips

beschwören: eine Aussage [als Zeuge] b. | ich beschwöre dich *(flehe dich an),* die Wahrheit zu sagen | Geister b. *(herbeirufen)* ‖ **Beschwörung** die, -/-en ‖ **Beschwörungsformel**

beseelen (geh.): ein beseelter *(ausdrucksvoller)* Blick; *aber:* → beseligen

besehen: sich etwas näher b. *(betrachten)*

beseitigen: *wegbringen, wegschaffen* | (beschön.) *umbringen* ‖ **Beseitigung** die, -

beseligen (geh.): von Glück beseligt; ein beseligendes *(erhebendes)* Gefühl; *aber:* → beseelen

Besen der, -s/-: Mistschaufel und B.; mit eisernem B. kehren *(unerbittlich durchgreifen)* ‖ **Besenbinder** ‖ **Besenbinderin** ‖ **Besenkammer** ‖ **Besenkammerl** (ugs.): *kleiner Abstellraum* ‖ **besenrein** ‖ **Besenreiser** die (Pl.): *mit Blut gefüllte erweiterte Adern, die sichtbar unter der Haut verlaufen* ‖ **Besenstiel** ‖ **Beserlpark** (W, scherzh.): *kleiner, kümmerlicher Park*

besessen: von einer Idee b. *(ganz eingenommen)* sein ‖ **Besessene**[1] der, -n/-n, ein Besessener ‖ **Besessene**[2] die, -n/-n ‖ **Besessenheit** die, -

besetzen: „Der Platz ist schon besetzt!" | eine Rolle in einem Theaterstück b.; eine Stelle/einen Posten b. | ein Land [mit Truppen] b. | ein Kleid mit Spitzen b. ‖ **Besetztzeichen:** *Telefonsignal bei besetzter Leitung;* → G.: Freizeichen ‖ **Besetzung:** die B. eines Landes | der Posten gelangt zur B. *(wird besetzt);* die B. einer Theaterrolle ‖ **Besetzungsliste:** *Verzeichnis der Rollen und Schauspieler [im Theater]*

besichtigen: Sehenswürdigkeiten b. ‖ **Besichtigung** die, -/-en ‖ **Besichtigungszeit**

besiedeln: eine dicht besiedelte Region ‖ **Besiedelung** = **Besiedlung** die, -/-en

besiegeln: das Bündnis b. *(gültig abschließen)* | sein Schicksal ist besiegelt *(in ungünstigem Sinn entschieden)* ‖ **Besiegelung** = **Besieglung**

besiegen: die Mannschaft wurde hoch besiegt

besingen: *literarisch, musikalisch rühmen;* die Donau b.

besinnen sich: sich eines Besser[e]n b. *(sich für etwas Vernünftigeres entscheiden)* ‖ **besinnlich:** eine besinnliche Stunde *(eine Stunde des Nachdenkens)* ‖ **Besinnlichkeit** ‖ **Besinnung** die, -: *Bewusstsein;* zur B. kommen ‖ **besinnungslos:** b. *(ohnmächtig)* werden

Besitz der, -es/-e: etwas in seinen B. bringen ‖ **besitzanzeigend** (Gramm.): besitzanzeigendes Fürwort *(Possessivpronomen)* ‖ **besitzen:** kein Geld b. ‖ **Besitzer** der, -s/-: der neue B. des Hauses ‖ **Besitzergreifung** die, -/-en ‖ **Besitzerin** die, -/-innen ‖ **besitzlos** ‖ **Besitznahme** die, -/-n ‖ **Besitzstand:** *was jemand an materiellen Gütern erreicht hat;* den B. wahren ‖ **Besitzstandswahrer** der, -s/-, *auch:* Besitzstandwahrer (abw.): *jemand, der erworbene Privilegien verteidigt, Reformen verhindert* ‖ **Besitzstandswahrerin** die, -/-innen, *auch:* Besitzstandwahrerin (abw.) ‖ **Besitzstörung** (Jus) ‖ **Besitzstörungsklage** (Jus) ‖ **Besitztitel** (Jus): *verbrieftes Recht auf einen Besitz* ‖ **Besitztum** das, -s/-tümer ‖ **Besitzung** die, -/-en: *Grundbesitz, Gutshof* ‖ **Besitzverhältnisse** die (Pl.)

besoffen (ugs., derb): *[völlig] betrunken;* eine besoffene Geschichte *(eine im Rausch begangene Handlung)* | (Küchenspr.) besoffene (auch: Besoffene) Liesl *(eine Mehlspeise)*; besoffener (auch: Besoffener) Kapuziner *(eine Mehlspeise)*

besohlen: *doppeln*

besolden ‖ **Besoldung** die, -: *Gehalt, Entlohnung*

besondere: ein besonderer Fall; *aber:* das **Besondere** *(Außergewöhnliche)* an der Sache; ich sehe darin etwas/nichts **Besond[e]res** *(Außergewöhnliches);* im **Besond[e]ren;** → insbesondere ‖ **Besonderheit** die, -/-en ‖ **besonders** (bes.): *insbesondere*

besonnen: *gut überlegt;* ein besonnener *(ruhig überlegender)* Mensch ‖ **Besonnenheit** die, -

besorgen: Kinokarten für jemanden b.

Besorgnis die, -/-nisse: *Befürchtung, Sorge;* **in tiefer B.**

Getrenntschreibung:
- Besorgnis erregen
- große Besorgnis erregen[d]

Getrennt- und Zusammenschreibung:
- Besorgnis erregende (= besorgniserregende) Nachrichten

Zusammenschreibung bei Steigerung oder näherer Bestimmung der ganzen Fügung:
- besorgniserregendere Nachrichten
- äußerst besorgniserregende Nachrichten

besorgniserfüllt: *von Besorgnis erfüllt* ‖ **Besorgnis erregend** = **besorgniserregend** → Besorgnis || **be|sọrgt:** um den Kranken b. sein || **Be|sọrgt|heit** die, - || **Be|sọr|gung** die, -/-en: *Durchführung, Erledigung;* Besorgungen *(Einkäufe)* machen

be|spạn|nen: die Kutsche mit Pferden b. | einen Tennisschläger neu b. lassen

be|spie|geln[1]: *widerspiegeln;* der Film bespiegelt die Nachkriegsjahre || **be|spie|geln**[2] sich: *sich im Spiegel anschauen*

be|spie|len: ein Tonband b. | eine Bühne b. | der Tennisplatz ist ganzjährig zu b. || **be|spiel|bar**

be|spịt|zeln, ich bespitzle: *heimlich beobachten und aushorchen* || **Be|spịt|ze|lung** die, -/-en

be|spọ̈t|teln: *mit Spott überhäufen*

be|sprẹ|chen: eine Angelegenheit b. | ein Tonband b. | ein Buch b. *(rezensieren)* || **Be|sprẹ|chung** die, -/-en

be|sprẹn|gen: Blumen b. *(gießen, besprühen)*

be|sprịt|zen: mit Wasser b.

be|sprü|hen: die Bügelwäsche mit Wasser b.; Pflanzen b.

bẹs|ser
b. heute als morgen; → gut; → beste

Großschreibung bei Nominalisierung:
- jemanden eines **B**esser[e]n belehren
- nichts **B**esseres wissen
- zum **B**esser[e]n wenden
- sich eines **B**esser[e]n besinnen

Getrenntschreibung bei wörtlicher Bedeutung:
- besser sein
- alles besser wissen
- besser verdienen als früher

Zusammenschreibung bei übertragener Bedeutung:
- die Älteren besserstellen *(besser bezahlen)*
- ein bessergestellter *(besser verdienender)* Beamter

Getrennt- und Zusammenschreibung:
- dem Kranken wird es bald besser gehen (= bessergehen)

bẹs|ser ge|hen = **bẹs|ser|ge|hen** → besser || **bẹs|ser|ge|stellt** → besser || **bẹs|sern** sich: ich bess[e]re mich; das Wetter bessert sich || **bẹs|ser|stel|len** → besser || **Bẹs|se|rung** die, -/-en || **bẹs|se|rungs|fä|hig** || **Bẹs|ser|ver|die|ner** || **Bẹs|ser|ver|die|ne|rin** || **Bẹs|ser|wis|ser** der, -s/- (abw.) || **Bẹs|ser|wis|se|rin** die, -/-innen (abw.) || **bẹs|ser|wis|se|risch** (abw.) || **Bẹst** das, -[e]s/-e: *höchster ausgesetzter Gewinn [bei einer Tombola]*

Be|stạl|lung die, -/-en (Amtsspr.): *Ernennung*

Be|stạnd der, -[e]s/-stände: der 10-jährige B. der Firma *(ihr 10-jähriges Bestehen)* | *Vorrat* | (Jus) *Pacht, Miete* || **be|stạn|den:** mit Bäumen b. *(bewachsen);* → bestehen || **Be|stạnd|ge|ber** (Jus): *Verpächter, Vermieter, Verkäufer* || **Be|stạnd|ge|be|rin** (Jus) || **be|stän|dig:** beständiges *(gleich bleibendes)* Wetter || **Be|stän|dig|keit** die, - || **Be|stạnd|neh|mer** der, -s/- (Jus): *Pächter, Mieter, Käufer* || **Be|stạnd|neh|me|rin** die, -/-innen (Jus) || **Be|stạnds|auf|nah|me:** *Inventur* || **Be|stạnds|ju|bi|lä|um** || **Be|stạnds|ver|trag,** *auch:* Bestandvertrag (Jus): *Miet- oder Pachtvertrag* || **Be|stạnd|teil** der, -[e]s/-e

be|stär|ken: jemanden in seiner Meinung b.

be|stä|ti|gen: den Empfang der Ware b. | die Prophezeiung hat sich bestätigt *(als richtig erwiesen)* || **Be|stä|ti|gung** die, -/-en

be|stat|ten: *einen Toten beerdigen oder seine Asche beisetzen* || **Be|stätt|nis** die, -/-nisse (reg., bes. V): *Bestattung, Begräbnis* || **Be|stätt|nis|got|tes|dienst** (reg., bes. V): *Begräbnisgottesdienst* || **Be|stạt|tung** die, -/-en: *Beerdigung* || **Be|stạt|tungs|fir|ma** || **Be|stạt|tungs|kos|ten** die (Pl.)

be|stau|ben: *mit Mehl oÄ bedecken* || **be|stäu|ben:** bestäubte *(befruchtete)* Blüten || **Be|stäu|bung** die, -/-en

be|stau|nen: *bewundern, anstaunen*

bẹst|be|kannt || **bẹst|be|zahlt:** die bestbezahlten Berufe || **Bẹst|bie|ter** der, -s/-: *derjenige, der das beste (nicht unbedingt das billigste) Angebot macht;* → Billigstbieter || **Bẹst|bie|te|rin** die, -/-innen

bẹs|te
b. Grüße ausrichten; → gut; → besser

Großschreibung bei Nominalisierung:
- es ist das **B**este zu schweigen
- der erste **B**este *(irgendeiner);* → erstbeste
- das **B**este/sein **B**estes tun
- der/die **B**este in der Klasse
- zu deinem **B**esten
- zum **B**esten der Menschheit
- zum **B**esten geben/halten
- es steht mit dem Kranken nicht zum **B**esten
- sie findet immer nur am **B**esten Gefallen; *aber klein:* etwas am besten können

Großschreibung nach „auf das/aufs" auf die Frage *Worauf?*:
- auf das **B**este hoffen

Groß- und Kleinschreibung nach „auf das/aufs" auf die Frage *Wie?*:
- auf das beste (= **B**este) versorgt sein

be|stẹ|chen: *durch Geschenke für sich gewinnen* || **be|stẹ|chend:** eine bestechende *(überzeugende)* Idee || **be|stẹch|lich:** ein bestechlicher *(korrupter)* Funktionär || **Be|stẹch|lich|keit** die, - || **Be|stẹ|chung** die, -/-en || **Be|stẹ|chungs|ver|such**

Be|stẹck das, -[e]s/-e: *Essbesteck* | chirurgisches B. *(Geräte für eine Operation)*

be|ste|hen: eine Regelung b. lassen; b. bleiben | die Wohnung besteht aus mehreren Räumen | hartnäckig auf seinem Recht b. *(darauf beharren)* | eine Prüfung b.; → bestanden || **Be|ste|hen** das, -s: eine Feier zum 10-jährigen B. *(Bestand)* der Firma

be|steh|len: der Reisende wurde bestohlen

be|stei|gen: einen Berg b. | den Thron b.

be|stẹl|len: ein Buch b. | jemanden zum Bahnhof b. | im Frühjahr die Felder b. | es ist schlecht um ihn bestellt *(es geht ihm schlecht)* | zum Vorsitzenden bestellt *(mit dem Vorsitz betraut)* werden | jemandem eine Botschaft b. *(ausrichten)* || **Be|stẹl|ler** der, -s/- || **Be|stẹl|le|rin** die, -/-innen || **Be|stẹll|lis|te** || **Be|stẹll|kar|te** || **Be|stẹl|lung**

Be|stẹmm der, -[e]s (ugs.): B. machen *(sachlich nicht begründeten Widerstand leisten);* nur aus B. dagegen sein

bẹs|ten|falls: *günstig[st]enfalls* || **bẹs|tens:** sich b. bedanken

be|steu|ern: Vermögen hoch b. || **Be|steu|e|rung** die, -/-en

Bẹst|form (Sport): in B. *(besonders. leistungsfähig)* sein || **bẹst-**

gehasst: *am meisten gehasst*
bestialisch ⟨lat.⟩: eine bestialische *(viehische, grausame)* Tat ‖ **Bestialität** die, -/-en
besticken → sticken
Bestie [-stiə] die, -/-n ⟨lat.⟩: *wildes Tier* | *Unmensch*
bestimmen: den richtigen Zeitpunkt b. | den Ablauf b. *(anordnen)* | Pflanzen b. ‖ **bestimmt** (Adj.): zur bestimmten *(festgesetzten)* Stunde | (Adv.) etwas b. *(sicherlich)* tun ‖ **Bestimmtheit** die, -: etwas mit B. behaupten ‖ **Bestimmung** die, -/-en: *Schicksal, Los* ‖ **bestimmungsgemäß** ‖ **Bestimmungsbahnhof** ‖ **Bestimmungsort:** *Zielort* ‖ **Bestimmungswort** (Gramm.): *erster Teil eines Kompositums, zB* Schul*wart;* → Grundwort
bestinformiert: etwas aus bestinformierten Kreisen erfahren ‖ **Bestleistung:** *die beste Leistung [in einer Sportart]* ‖ **Bestmarke:** *Rekord* ‖ **bestmöglich:** bestmögliche Lösungen; *aber:* das **B**estmögliche *(sein Bestes)* versuchen
bestoßen: bestoßene *(beschädigte)* Kanten | (westöst., CH) eine Alm mit Vieh b. *(belegen)*
Bestplatzierte[1] der, -n/-n, ein Bestplatzierter ‖ **Bestplatzierte**[2] die, -n/-n
Bestpreisgarantie: *Sicherheit des niedrigsten Preises*
bestqualifiziert: *am besten beurteilt, hervorragend geeignet* ‖ **Bestschießen** (veraltend): *Preisschießen*
bestrafen: der Täter wurde streng bestraft ‖ **Bestrafung** die, -/-en
bestrahlen: von der Sonne bestrahlt werden | (Med.) einen Krebskranken b. *(ihn mit Strahlen behandeln)* ‖ **Bestrahlung**
Bestreben das, -s: *Bestrebung* ‖ **bestrebt:** sie ist b. *(bemüht),* das Beste zu leisten ‖ **Bestrebung** die, -/-en: *Bemühung, Anliegen*
bestreichen: das Brot mit Butter b. | (Mil.) den Waldrand b. *(beschießen)*
bestreifen (Amtsspr.): *[eine Gegend] durch eine Polizeistreife überwachen* ‖ **Bestreifung** die, -/-en (Amtsspr.)
bestreiken: *ein Unternehmen durch Streik lahmlegen*
bestreiten: das wird niemand b. *(anzweifeln)* | mit wenig Geld den Haushalt b. *(führen)*
bestreuen: mit Staubzucker b.
bestrickend (geh.): *bezaubernd*
Bestseller der, -s/- ⟨engl.⟩: dieses Buch wurde ein B. *(ein großer Verkaufserfolg);* → Longseller ‖ **Bestsellerliste** ‖ **bestsituiert:** *reich*
bestücken: *ausstatten, versehen, ausrüsten*
bestuhlen: *[einen Saal] mit Sesseln ausstatten* ‖ **Bestuhlung** die, -/-en
bestürmen: jemanden mit Bitten b. *(bedrängen)*
bestürzt: über eine Nachricht b. *(erschüttert)* sein ‖ **Bestürzung** die, -
Bestzeit: *beste, kürzeste Zeit [im Sport]*
Besuch der, -[e]s/-e: auf B. sein ‖ **besuchen:** die Schule b. ‖ **Besucher** der, -s/-: zur Premiere kamen zahlreiche B. ‖ **Besucherandrang:** *großer Zustrom von Besuchern* ‖ **Besucherin** die, -/-innen ‖ **Besucherzahl** ‖ **Besuchsschullehrer:** *Lehrer, der Studenten der Pädagogischen Hochschule im schulpraktischen Teil ausbildet* ‖ **Besuchsschullehrerin** ‖ **Besuchszeit:** die B. im Spital einhalten ‖ **Besuchsrecht** (Jus): *gerichtliche Einwilligung zum Besuch einer Person*
besudeln (meist abw.): *schmutzig machen* ‖ **Besudelung** die, -/-en (meist abw.)
Beta das, -[s]/-[s] ⟨gr.⟩ (β, B): *griechischer Buchstabe (b)* ‖ **Betablocker** der, -s/- (Med.): *ein Medikament*
betagt (geh.): eine betagte *(alte)* Frau
betakeln, ich betakle ⟨?⟩ (ugs.): *übervorteilen, beschwindeln, hineinlegen*
betasten: vorsichtig den gebrochenen Arm b.
Betastrahlen die (Pl.) (β-Strahlen) ⟨gr.⟩ (Phys.): *die aus Elektronen bestehenden Teilchenstrahlen aus radioaktivem Zerfall* ‖ **Betazerfall** (Phys.)
betätigen[1]: die Bremse b. *(bremsen)* ‖ **betätigen**[2] sich: sie betätigte sich künstlerisch ‖ **Betätigungsfeld**
betäuben: betäubender Lärm | einen Schmerz b. ‖ **Betäubung** die, -/-en ‖ **Betäubungsmittel**
Betbank die, -/-bänke: *Bank in der Kirche zum Knien und Beten; aber:* → Bettbank ‖ **Betbruder** (abw.): *Frömmler*
beteilen (geh., veraltend): *beschenken* ‖ **beteiligen:** am Gewinn beteiligt sein *(einen Teil des Gewinns erhalten);* sich an einem Geschäft b. *(finanziell daran teilhaben)* ‖ **Beteiligung** die, -/-en ‖ **Beteilung** die, - (geh., veraltend): *Zuteilung*
beten, betete/gebetet: das Vaterunser b. ‖ **Beter** der, -s/- ‖ **Beterin** die, -/-innen
beteuern: seine Unschuld b. *(ausdrücklich erklären)* ‖ **Beteuerung** die, -/-en: *Versprechen*
betiteln: *mit einem Titel versehen* | dieses Buch betitelt sich: ...
Beton der, -s/-e [-s] ⟨fr.⟩: *Zementmörtel*
betonen: ein Wort richtig b. | seine Meinung b. *(bes. hervorheben)*
betonieren ⟨fr.⟩: ein Fundament b. | seine Meinung b. *(starr festlegen)* ‖ **Betonierer** der, -s/- (abw.): *jemand, der seine Machtpositionen verteidigt* ‖ **Betoniererin** die, -/-innen (abw.) ‖ **Betonierung** die, -/-en ‖ **Betonmischmaschine** ‖ **Betonstampfer** (meist Pl.) (ugs., abw.): *unförmiges Bein*
Betonung die, -/-en ‖ **Betonungszeichen**
betören: *bezaubern, bezirzen* ‖ **Betörung** die, -/-en
betr.: betreffend, **betr**effs ‖ **Betr.: Betr**eff
Betracht: für eine Stelle in B. kommen *(in Frage kommen, ein Kandidat sein);* etwas in B. ziehen *(berücksichtigen, erwägen);* etwas außer B. lassen *(nicht berücksichtigen)* ‖ **betrachten:** ein Bild b. *(anschauen)* | unter diesem Gesichtspunkt betrachtet, sieht die Sache anders aus | jemanden als Rivalen b. *(dafür halten)* ‖ **Betrachter** der, -s/- ‖ **Betrachterin** die, -/-innen ‖ **beträchtlich:** ein beträchtlicher *(ziemlich großer)* Schaden; *aber:* sich um ein **B**eträchtliches irren ‖ **Betrachtung** die, -/-en ‖ **Betrachtungsweise:** *Gesichtspunkt, Perspektive*
Betrag der, -[e]s/-träge: *Geldbetrag* ‖ **betragen**[1]: das Gewicht betrug 30 kg ‖ **betragen**[2] sich: sich gut b. *(benehmen)* ‖ **Betragen** das, -s ‖ **Betragensnote:** *Verhaltensnote*
betrauen: jemanden mit einer Aufgabe b.
betrauern: die Opfer b.
beträufeln: *mit Tropfen befeuch-*

ten; einen Würfelzucker b.
Betraum: *Raum [in öffentlichen Gebäuden], der Betenden zur Verfügung steht*
Betreff der, -s (Betr.) (Amtsspr.): *kurze Angabe über den Inhalt [am Beginn] eines Schreibens* ‖ **betreffen:** das betrifft nur die Erwachsenen; sie fühlte sich nicht betroffen *(sie bezog den Vorwurf nicht auf sich)* | von einem Unglück betroffen werden; → betroffen ‖ **betreffend** (betr.): den Beschluss b. ‖ **Betreffende**[1] der, -n/-n, ein Betreffender: *derjenige, der gemeint ist* ‖ **Betreffende**[2] die, -n/-n ‖ **betreffs** (Präp. mit Gen.) (betr.) (Amtsspr.): b. des Beschlusses
betreiben: ein Geschäft b. | eine elektrisch betriebene *(angetriebene)* Eisenbahn; *aber:* auf mein Betreiben *(meine Veranlassung)* ‖ **Betreiber** der, -s/-: *Anbieter* ‖ **Betreibergesellschaft** ‖ **Betreiberin** die, -/-innen
betreten[1] (Verb): „Den Rasen nicht b.!" | (Amtsspr.) der Verbrecher wurde auf frischer Tat b. *(ertappt)* ‖ **betreten**[2] (Adj.): b. *(verlegen)* schweigen ‖ **Betretung** die, - (Amtsspr.): im Falle der B. *(des Ertapptwerdens)*
betreuen: Kinder b., Kranke b. *(für sie sorgen, sie pflegen)* ‖ **Betreuer** der, -s/- ‖ **Betreuerin** die, -/-innen ‖ **Betreuung** die, -/-en ‖ **Betreuungslehrer:** *Lehrer, der Unterrichts- oder Schulpraktikanten ausbildet* ‖ **Betreuungslehrerin**
Betrieb der, -[e]s/-e: *Firma, Fabrik* | Aufzug außer B.! *(nicht in Funktion)* | ein reger, lebhafter B. *(Verkehr, geschäftiges Treiben)* ‖ **betrieblich:** betriebliche Aufwendungen ‖ **betriebsam:** *fleißig, rührig* ‖ **Betriebsamkeit** die, - ‖ **Betriebsanleitung** ‖ **Betriebsansiedlung** ‖ **Betriebsausflug** ‖ **betriebsbereit:** die Maschinen sind b. ‖ **Betriebsbereitschaft** ‖ **Betriebsbewilligung** ‖ **betriebsblind:** *durch Routine unkritisch geworden* ‖ **betriebsfremd:** betriebsfremden Personen ist der Zutritt nicht gestattet ‖ **Betriebsgebarung** (Amtsspr.): *Art einer Geschäftsführung* ‖ **Betriebsgeheimnis** ‖ **betriebsintern** ‖ **Betriebskantine** ‖ **Betriebsklima:** *die Atmosphäre im Betrieb* ‖ **Betriebskosten** die (Pl.) ‖ **Betriebsleitung** ‖ **Betriebsmanagement** [-mænɪdʒm-] ‖ **Betriebsprüfung** ‖ **Betriebsrat:** *gewählte Vertretung der Arbeitnehmer/innen im Betrieb | Mitglied dieser Vertretung* ‖ **Betriebsrätin** ‖ **Betriebsratsobfrau** ‖ **Betriebsratsobmann** ‖ **Betriebsschluss:** *Arbeitsschluss* ‖ **Betriebsstandort** ‖ **Betriebsstörung** ‖ **Betriebssystem** [-zy-] (EDV): *Programm, das die Bedienung eines Computers und alle anderen Programme steuert, zB Windows* ‖ **Betriebsunfall** ‖ **Betriebsvereinbarung:** *Vereinbarung zwischen Firmenleitung und Belegschaft* ‖ **Betriebsvermögen** ‖ **Betriebsversammlung:** *[vom Betriebsrat einberufene] Versammlung aller Arbeitnehmer* ‖ **Betriebswirtschaft** ‖ **Betriebswirtschaftslehre** (BWL): *ein Unterrichtsfach* ‖ **Betriebszeit:** B. von 8 bis 17 Uhr | B. eines Akkus
betrinken sich: er hat sich sinnlos betrunken
betroffen: *besorgt, bestürzt, verwirrt;* → betreffen ‖ **Betroffene**[1] der, -n/-n, ein Betroffener ‖ **Betroffene**[2] die, -n/-n ‖ **Betroffenheit** die, -
Betrogene[1] der, -n/-n, ein Betrogener ‖ **Betrogene**[2] die, -n/-n
betroppezt ⟨jidd.⟩ (ostöst., sal.): *betroffen, bestürzt, verwirrt*
betrüben (geh.): *traurig machen* ‖ **betrüblich:** eine betrübliche Nachricht ‖ **betrüblicherweise** ‖ **Betrübnis** die, -/-nisse (geh.) ‖ **betrübt:** *traurig*
Betrug der, -[e]s: *kriminelle Täuschung;* ein frommer B. *(Täuschung in guter Absicht)* ‖ **betrügen:** er wurde beim Verkauf betrogen ‖ **Betrüger** der, -s/- ‖ **Betrügerei** die, -/-en ‖ **Betrügerin** die, -/-innen ‖ **betrügerisch:** in betrügerischer Absicht handeln
betrunken: *alkoholisiert;* b. Auto fahren; b. machen
Betschwester (abw.): *Frömmlerin*
Bett das, -[e]s/-en: ins/zu B. gehen; wegen Angina das B. hüten müssen | (ugs.) mit jemandem ins B. gehen/steigen *(Geschlechtsverkehr ausüben)* | das B. eines Flusses ‖ **Bettbank** (veraltend): *ein bettähnliches Sofa; aber:* → Betbank ‖ **Bettdecke**
Bettel der, -s (geh.): *wertlose Sachen, Geringfügigkeit* ‖ **bettelarm** ‖ **Bettelei** die, -/-en, *auch:* Bettlerei (abw.) ‖ **Bettelmann** der, -[e]s/-leute (veraltet): *Bettler* ‖ **Bettelmönch:** *Mönch eines Bettelordens* ‖ **betteln,** ich bettle ‖ **Bettelorden:** *auf Almosen angewiesener Orden* ‖ **Bettelstab** (zB in der Wendung): an den B. kommen *(total verarmen)* ‖ **Bettelweib** (veraltet): *Bettlerin*
betten: jemanden sanft b. *(hinlegen)* ‖ **Bettenbau** der, -[e]s (bes. Mil.): *Bettenmachen* ‖ **Bettenmachen** das, -s: *Herrichten der Betten* ‖ **Bettgeher** (früher): *Untermieter, der nur eine Schlafstelle benützen darf* ‖ **Bettgeherin** (früher) ‖ **Bettgewand** (veraltet): *Bettwäsche* ‖ **Betthupferl** das, -s/-[n] (ugs.): vor dem Schlafengehen ein B. *(eine kleine Süßigkeit)* bekommen
Bettina: *weibl. Vorname*
Bettkante ‖ **Bettlade:** *ausziehbarer Unterteil des Betts* ‖ **bettlägerig** = **bettlägrig:** *krankheitshalber zur Bettruhe gezwungen* ‖ **Bettlaken** (nördl. D): *Leintuch* ‖ **Bettlektüre:** *Lesestoff vor dem Einschlafen*
Bettler der, -s/- ‖ **Bettlerei** → Bettelei ‖ **Bettlerin** die, -/-innen
Bettnässer der, -s/- ‖ **Bettnässerin** die, -/-innen ‖ **Bettpolster** ‖ **Bettrand** ‖ **Bettruhe:** der Arzt verordnete B. ‖ **Bettschwere:** *Müdigkeit vor dem Schlafengehen* ‖ **Bettstatt** die, -/-en (veraltet): *Bettgestell; Bett* ‖ **Bettszene:** *Filmszene, die ein Liebespaar im Bett zeigt* ‖ **Betttuch** (D): *Leintuch* ‖ **Bettüberwurf:** *Tagesdecke* ‖ **Bettvorleger:** *Teppich vor dem Bett* ‖ **Bettwäsche** ‖ **Bettzeug:** *Bettwäsche*
betucht (sal.): *wohlhabend*
betulich: *zuvorkommend bemüht, aber umständlich* ‖ **Betulichkeit** die, -/-en
betupfen: eine Wunde b.
Beuge die, -/-n: die B. des Armes | *eine Turnübung, Kniebeuge* ‖ **Beugehaft** (Jus): *Haft[verschärfung] zur Erzwingung einer Aussage* ‖ **Beugel** das, -s/- (ostöst.): *ein Gebäck* ‖ **Beugemittel** (Jus, Amtsspr.): *staatliche Zwangsmaßnahme, Geld- oder Haftstrafe* ‖ **beugen:** das Knie b. *(abbiegen);* sich aus dem Fenster b. | sich der Gewalt b. *(ihr nachgeben)* | (Gramm.) *deklinieren* ‖ **Beuger** der, -s/- (Med.): *Beuge-*

B

B

muskel; → G.: Strecker ‖ **Beugung** die, -/-en: *Krümmung, Biegung* | (Phys.) *Abweichung von Wellen, zB Licht, vom geradlinigen Strahlengang* | (Gramm.) *Deklination*

Beule die, -/-n: *Anschwellung des Gewebes [auf Grund eines Stoßes]* ‖ **Beulenpest**

beunruhigen: *in Sorge/Angst versetzen;* du brauchst dich deswegen nicht zu b. ‖ **Beunruhigung** die, -/-en

Beunte die, -/-n (reg.): *kleines Haus mit landwirtschaftlichem Grund, eingezäuntes Grundstück (bes. in Orts- und Flurnamen)* ‖ **Beuntler** → Beuntner ‖ **Beuntlerin** → Beuntnerin ‖ **Beuntner** der, -s/-, *auch:* Beuntler (reg.): *Besitzer einer Beunte* ‖ **Beuntnerin** die, -/-innen, *auch:* Beuntlerin (reg.)

beurkunden (Amtsspr.): *urkundlich bestätigen*

beurlauben: jemanden b. ‖ **Beurlaubung** die, -/-en

beurteilen: die Leistung b. *(bewerten, benoten)* ‖ **Beurteilung** die, -/-en ‖ **Beurteilungsstufe** (Bildw.): *Benotung, zB Befriedigend*

Beuschel das, -s/-: *Lunge [und Herz] als Speise* | (scherzh.) *Lunge, Bauch* ‖ **Beuschelreißer** (ugs., sal.): *starker Tabak* | *starker Alkohol/Schnaps*

Beute die, -: der Adler ließ seine B. los; B. machen *(etwas erbeuten)* ‖ **Beutegreifer** der, -s/- (Zool.): *Raubtier* ‖ **Beutegut** ‖ **Beutekunst** die, -: *[während eines Krieges] in einem fremden Land beschlagnahmte Kunstwerke*

Beutel der, -s/-: *eine Art Sack;* ein voller B. *(Geldbeutel)* ‖ **beuteln,** ich beutle: den Kopf b. *(schütteln)* | *jemanden schütteln* ‖ **Beutelschneider** (veraltet): *Taschendieb* ‖ **Beutelschneiderin** (veraltet) ‖ **Beuteltier:** das Känguru gehört zu den Beuteltieren

Beutezug: *Raubzug*

Beutler der, -s/- (ugs.): einen B. bekommen *([am Kopf] geschüttelt werden)*

BEV [be e ˈfaʊ]: **B**undesamt für **E**ich- und **V**ermessungswesen

bevölkern: *bewohnen, ansiedeln* ‖ **bevölkert** ‖ **Bevölkerung** die, -/-en: ein kleiner Teil der B. lebt von der Landwirtschaft ‖ **Bevölkerungsdichte** ‖ **Bevölkerungsexplosion:** *sprunghaftes Ansteigen der Bevölkerungszahl* ‖ **Bevölkerungsgruppe** ‖ **bevölkerungsreich:** das bevölkerungsreichste Bundesland

bevollmächtigen: *eine Vollmacht erteilen* ‖ **Bevollmächtigte**[1] der, -n/-n, ein Bevollmächtigter ‖ **Bevollmächtigte**[2] die, -n/-n ‖ **Bevollmächtigung** die, -/-en: *die Erteilung der Vollmacht*

bevor: *ehe;* b. es zu spät ist ‖ **bevormunden** ‖ **Bevormundung** die, -/-en: *Einschränkung der Entscheidungsfreiheit* ‖ **bevorrangen** (Amtsspr.): *mit dem Vorrang versehen, vorrangig behandeln* ‖ **Bevorrangung** die, -/-en (Amtsspr.): *Bevorzugung;* die B. des öffentlichen Verkehrs ‖ **bevorrechtet:** *privilegiert* ‖ **bevorschussen,** du bevorschusst: *einen Vorschuss geben* ‖ **bevorstehen:** ihnen stand eine Prüfung bevor ‖ **bevorteilen:** *bevorzugen* ‖ **bevorzugen:** jemanden bevorzugt behandeln ‖ **Bevorzugung** die,-/-en

bewachen: ein bewachtes Haus ‖ **Bewacher** der, -s/- ‖ **Bewacherin** die, -/-innen

bewachsen [-ks-]: von/mit Pflanzen b.

Bewachung die, -/-en

bewaffnen: bis an die Zähne bewaffnete Banden; bewaffneten Widerstand leisten ‖ **Bewaffnete**[1] der, -n/-n, ein Bewaffneter ‖ **Bewaffnete**[2] die, -n/-n ‖ **Bewaffnung** die, -/-en

bewahren: „Gott bewahre!" *(„Gott behüte!");* jemanden vor Schaden b. | Ruhe b.

bewähren sich: diese Erfindung hat sich bewährt *(als brauchbar erwiesen)*

Bewahrer der, -s/- ‖ **Bewahrerin** die, -/-innen

bewahrheiten sich: *sich als wahr, richtig herausstellen, sich bestätigen*

bewährt: ein bewährtes Rezept

Bewahrung die, -/-en

Bewährung die, -/-en: *Erprobung* | (Jus) auf B. entlassen *(bedingte Strafnachsicht)* ‖ **Bewährungsfrist** (Jus) ‖ **Bewährungshelfer:** *geschulter Betreuer von Haftentlassenen bei ihrer Resozialisierung* ‖ **Bewährungshelferin** ‖ **Bewährungshilfe:** B. bekommen ‖ **Bewährungsprobe**

bewalden: bewaldete Hänge

bewältigen: eine schwere Arbeit wurde bestens bewältigt *(vollbracht)* ‖ **Bewältigung** die, -/-en

bewandert: in seinem Fach b. *(tüchtig, erfahren)* sein

Bewandtnis die, -/-nisse (geh.): damit hat es eine andere B. *(das ist anders zu verstehen, es verhält sich anders)*

bewässern ‖ **Bewässerungsanlage**

bewegen[1], bewegte/bewegt: die Hand b.; sich nicht frei b. dürfen; bewegte Luft | die Angebote b. sich zwischen 2 und 3 Millionen | eine bewegte *(ereignisreiche)* Vergangenheit | bewegt *(ergriffen)* sein | nichts b. *(bewirken, ausrichten)* können ‖ **bewegen**[2], bewog/bewogen: jemanden zum Nachdenken b. *(veranlassen)* ‖ **Beweggrund:** ihr wahrer B. *(Anlass)* ‖ **beweglich:** bewegliche Glieder | (Jus) bewegliche *(körperliche)* Sachen; → G.: unbewegliche Sachen; → Fahrnis ‖ **Beweglichkeit** die, - ‖ **Bewegung** die, -/-en: B. im Freien; der Lkw setzt sich in B.; B. und Sport *(ein Unterrichtsfach)* | die innere B. *(Ergriffenheit)* | (Pol.) *[Selbst]bezeichnung politischer Parteien oder Vereinigungen;* eine politische B. ‖ **Bewegungsablauf** ‖ **Bewegungsapparat:** Schäden am B. *(Schäden an der Wirbelsäule, der Hüfte uÄ)* ‖ **Bewegungsdrang** ‖ **Bewegungsenergie** (Phys.): *Energie eines Körpers auf Grund seines Bewegungszustandes* ‖ **Bewegungsfreiheit** die, - ‖ **bewegungslos** ‖ **Bewegungstherapie** (Med.) ‖ **bewegungsunfähig**

Bewehrung die, -/-en: *Stahleinlage im Beton, Armierung* | (früher) (Mil.) *Bewaffnung, Armierung*

beweiden: von Rindern beweidet

beweihräuchern: *mit Weihrauch versehen;* den Altar b. | (abw.) *schmeichlerisch übertreibend loben*

beweinen: den Tod eines Freundes b.

Beweis der, -es/-e: *Nachweis;* schlüssige Beweise; den B. erbringen; mangels Beweisen freigesprochen ‖ **Beweisaufnahme** (Jus): *das Erfassen von Beweismitteln* ‖ **beweisbar** ‖ **beweisen:** *nachweisen;* der Mord konnte bewiesen werden ‖ **Be|weis|füh|rung** ‖ **Be|weis|ket|te:** eine B. aus mehreren Indizien ‖ **be|weis|kräf|tig** ‖ **Be|weis|la|ge** (Jus) ‖ **Be|weis|last** (Jus): die B. liegt bei der Anklage *(sie muss die Schuld beweisen)* ‖ **Be|weis|last|um|kehr** (Jus): *Grundsatz, dass (ausnahmsweise) der Beschuldigte/Angeklagte seine Unschuld beweisen muss* ‖ **Be|weis|mit|tel** (Jus): *Urkunden, Zeugenaussagen uÄ* ‖ **Be|weis|pflicht** (Jus): *Pflicht jeder Partei, ihren Standpunkt zu beweisen* ‖ **Be|weis|stück** ‖ **Be|weis|wür|di|gung** (Amtsspr.): *behördliche Prüfung von Beweisen, zB Zeugenaussagen*

be|wen|den: es dabei b. lassen *(es damit genug sein lassen)* ‖ **Be|wen|den** das, -s (geh.): die Sache hat damit ihr B.

Be|werb der, -[e]s/-e (Sport): *Wettkampf* ‖ **be|wer|ben**[1]: *für etwas Werbung machen* ‖ sich **be|wer|ben**[2] sich: sich um eine Stelle b. ‖ **Be|wer|ber:** *jemand, der sich um etwas bewirbt;* für die vakante Stelle meldeten sich zehn B. ‖ **Be|wer|be|rin** ‖ **Be|wer|bung** ‖ **Be|wer|bungs|ge|spräch** ‖ **Be|wer|bungs|schrei|ben** ‖ **Be|wer|bungs|un|ter|la|gen** die (Pl.)

be|wer|fen: jemanden mit faulen Eiern b. | eine Fassade mit Mörtel b. *(verputzen)*

be|werk|stel|li|gen: *zu Stande bringen*

be|wer|ten: dieses Schmuckstück ist zu hoch bewertet *(geschätzt)* ‖ **Be|wer|tung:** die B. *(Beurteilung)* ihrer Leistung

be|wil|li|gen: ein Gesuch b. *(genehmigen)* ‖ **Be|wil|li|gung** die, -/-en: *Zusage*

be|will|komm|nen [auch: -'ɔ-] (geh.): sie wurde feierlich bewillkommnet *(begrüßt)* ‖ **Be|will|komm|nung** die, -/-en (geh.)

be|wir|ken: *verursachen*

be|wir|ten: den Gast gut b. ‖ **be|wirt|schaf|ten:** eine bewirtschaftete Schutzhütte ‖ **Be|wirt|schaf|tung** die, -/-en ‖ **Be|wir|tung** die, -/-en

be|wog → bewegen

be|wohn|bar ‖ **be|woh|nen:** das Haus ist nicht bewohnt ‖ **Be|woh|ner** der, -s/- ‖ **Be|woh|ne|rin** die, -/-innen

be|wölkt: es ist b. ‖ **Be|wöl|kung** die, -

Be|wun|de|rer der, -s/-: die B. der Schauspielerin ‖ **Be|wun|de|rin** die, -/-innen ‖ **be|wun|dern** ‖ **be|wun|derns|wert** ‖ **Be|wun|de|rung** die, - ‖ **be|wun|de|rungs|wür|dig**

be|wusst
aus dem bewussten *(bekannten)* Grund

Getrenntschreibung:
– sich keiner Schuld bewusst sein
– etwas bewusst *(mit Absicht)* tun/machen

Getrennt- und Zusammenschreibung:
– jemandem etwas bewusst machen (= bewusstmachen) *(klarmachen)*
– sich einer Sache bewusst werden (= bewusstwerden)

be|wusst|los: b. schlagen ‖ **Be|wusst|lo|sig|keit** die, - ‖ **be|wusst ma|chen** = **be|wusst|ma|chen** → bewusst ‖ **Be|wusst|ma|chung** die, - ‖ **Be|wusst|sein:** bei vollem B.; wieder zu B. kommen ‖ **Be|wusst|seins|bil|dung** ‖ **Be|wusst|seins|er|wei|te|rung** ‖ **Be|wusst|seins|spal|tung** (Psych.): *Schizophrenie* ‖ **be|wusst wer|den** = **be|wusst|wer|den** sich → bewusst

bez.: bezahlt | **bez**üglich

Bez.: Bezirk

be|zah|len: 5 € b.; den Schneider b.; eine Unvorsichtigkeit mit dem Leben b.; etwas hat sich bezahlt gemacht *(gelohnt);* → bez.; → zahlen ‖ **Be|zah|lung**

be|zäh|men: seinen Zorn b. *(beherrschen)*

be|zau|bern: sie hat ein bezauberndes Wesen

be|zeich|nen: *kenntlich machen* | *benennen* ‖ **be|zeich|nend:** es ist b., dass ...; der bezeichnendste *(charakteristischeste)* Fall ‖ **be|zeich|nen|der|wei|se** ‖ **Be|zeich|nung**

be|zei|gen (geh.): jemandem Achtung b. *(erweisen)*

be|zeu|gen: die Wahrheit b. *(sie als Zeuge/Zeugin bekräftigen)*; ich bezeuge *(bestätige, erkläre)*, dass ...

be|zich|ti|gen: jemanden des Diebstahls b. *(beschuldigen)*

be|zieh|bar ‖ **be|zie|hen:** eine neue Wohnung bezogen haben | Waren b. *(bekommen);* ein hohes Einkommen b. | sich auf ein Versprechen b. *(berufen)* ‖ **Be|zie|her** der, -s/-: B. einer Zeitschrift ‖ **Be|zie|he|rin** die, -/-innen ‖ **Be|zie|hung:** das neue Gesetz bringt in jeder B. *(überall)* eine Verbesserung | gute Beziehungen *(gesellschaftliche, wirtschaftliche Verbindungen uÄ)* haben; diplomatische Beziehungen *(offizielle staatliche Kontakte)* | *Liebesbeziehung* ‖ **Be|zie|hungs|kis|te** (ugs., sal., veraltend): *Beziehung, Partnerschaftsverhältnis* ‖ **be|zie|hungs|los:** *zusammenhanglos* ‖ **be|zie|hungs|wei|se** (bzw.): *auf das eine oder andere bezogen, oder*

be|zif|fern: der Brandschaden wurde mit ca. 50 000 € beziffert *(angegeben);* der Schaden beziffert sich auf 50 000 € | (Mus.) bezifferter Bass *(Basso continuo)*

Be|zirk der, -[e]s/-e ⟨lat.⟩ (Bez.) (Admin.): *Stadtbezirk;* politischer B. *(Verwaltungsbezirk)* ‖ **Be|zirks|amt** ‖ **Be|zirks|ge|mein|schaft** (SüdT) (Admin.): *Interessenverband benachbarter Gemeinden* ‖ **Be|zirks|ge|richt** ‖ **Be|zirks|haupt|frau:** die B. des Bezirks Reutte ‖ **Be|zirks|haupt|mann** ‖ **Be|zirks|haupt|mann|schaft** die, -/-en (BH) ‖ **Be|zirks|haupt|stadt** ‖ **Be|zirks|mu|se|um** ‖ **Be|zirks|par|la|ment:** *die Bezirksvertretung [in Wien]* ‖ **Be|zirks|po|li|zei|kom|man|do** (Admin.): *höchste Bezirksbehörde der Polizei* ‖ **Be|zirks|rat:** *Mitglied des Bezirksparlaments* ‖ **Be|zirks|rä|tin** ‖ **Be|zirks|rich|ter** ‖ **Be|zirks|rich|te|rin** ‖ **Be|zirks|schul|in|spek|tor** [-sp-, auch: -ʃp-] (BSI) ‖ **Be|zirks|schul|in|spek|to|rin** (BSI) ‖ **Be|zirks|schul|rat** ‖ **Be|zirks|stadt** ‖ **Be|zirks|ver|tre|tung:** *Abgeordnete/r eines Stadtbezirks, besteht in Wien aus den Bezirksräten und dem Bezirksvorsteher;* → Bezirksparlament ‖ **Be|zirks|ver|wal|tungs|be|hör|de:** *Bezirkshauptmannschaft* ‖ **Be|zirks|vor|ste|her:** der B. eines Wiener Gemeindebezirks ‖ **Be|zirks|vor|ste|he|rin**

be|zir|zen = becircen [-'tsirts-] ⟨gr.-lat.⟩: *betören, umgarnen;* → Circe

Be|zug: *Gehalt, Lohn, Pension uÄ* | (ohne Pl.) im/in/mit/unter Bezug auf; B. nehmend auf Ihr Schreiben ‖ **Be|zü|ge|re|ge|lung** ‖ **be|züg|lich** (Adj.): ein bezügliches Fürwort *(Relativpronomen)* | (Präp. mit Gen.) (bzgl., bez.) b.

Ihres Briefes ‖ **Bezugnahme** ‖ **bezugsfertig:** die Wohnung ist b. ‖ **Bezugskosten** die (Pl.) (Kaufmannsspr.): *Porto, Speditionskosten uÄ* ‖ **Bezugsperson:** *Person, zu der jemand einen engen Kontakt hat* ‖ **Bezugssystem** [-zy-]: *zu Grunde gelegtes Koordinatensystem*

bezuschussen (Amtsspr.): *einen Zuschuss gestatten;* ein Theater b. ‖ **Bezuschussung** die, -/-en (Amtsspr.)

bezwecken: *beabsichtigen;* was bezweckst *(willst)* du damit?

bezweifeln: die Richtigkeit der Angaben b. ‖ **Bezweifelung** = **Bezweiflung** die, -

bezwingen: einen Berg b. *(unter Anstrengungen erklimmen)* | den Gegner b. *(besiegen)* | ein bezwingender *(überwältigender)* Charme

Bf.: Bahnhof

BFI [be ɛf 'iː] das, -: **B**erufs**f**örderungs**i**nstitut

BG[1] (Kfz) (früher): **B**undes**g**endarmerie

BG[2] [be 'geː] das, -/-: **B**undes**g**ymnasium

BGBl. [be ge be 'ɛl] das, -: **B**undes**g**esetz**bl**att

Bgld.: Burgenland

BGV [be ge 'fau] die, - (früher): **B**undes**g**ebäude**v**erwaltung

Bh: Bohrium

BH[1] (Kfz): **B**undes**h**eer

BH[2] [be haː] die, -/-[s]: **B**ezirks**h**auptmannschaft

BH[3] [be haː] der, -[s]/-[s]: **B**usen**h**alter, **B**üsten**h**alter

Bhf.: Bahnhof

BHS [be ha 'ɛs] die, -/-: **b**erufsbildende **h**öhere **S**chule; → berufsbildend

Bi: Bismut

bi- ⟨lat.⟩ (nur in Zusammensetzungen wie zB bilateral)

Bianca ['bjaŋka] = **Bianka:** *weibl. Vorname;* → Blanka

Biathlet ⟨lat.+gr.⟩ ‖ **Biathletin** ‖ **Biathlon** das = der, -[s]/-s: *Skilanglauf mit Schießwettbewerb*

bibbern: *zittern;* vor Kälte b.

Bibel die, -/-n ⟨gr.⟩: *die Heilige Schrift, Altes und Neues Testament* ‖ **Bibellesung** ‖ **Bibeltext** ‖ **Bibelübersetzung** ‖ **Bibelwissenschaft** ‖ **Bibelzitat**

Biber der, -s/-: *ein Nagetier* | *Pelz des Bibers* ‖ **Biberpelz**

biberln → piperln

Bibliografie = Bibliographie [-f-] die, -/-n ⟨gr.⟩: *ein systematisches Bücherverzeichnis [zu einem bestimmten Sachgebiet]* ‖ **bibliografieren** = bibliographieren ‖ **bibliografisch** = bibliographisch ‖ **bibliophil** [-f-]: *bücherliebend* ‖ **Bibliothek** die, -/-en: *Bücherei* ‖ **Bibliothekar** der, -s/-e ‖ **Bibliothekarin** die, -/-innen ‖ **Bibliotheksdienst** ‖ **Bibliotheksdirektor** ‖ **Bibliotheksdirektorin**

biblisch: biblische *(aus der Bibel stammende)* Namen; die biblische Geschichte; ein biblisches *(sehr hohes)* Alter

Bichl der, -s/-n, *auch:* Pichl (mda.): *Hügel, Bühel, Abhang*

Bidet [-'deː] das, -s/-s ⟨fr.⟩: *Sitzwaschbecken*

bieder: ein biederer *(ehrlicher; treuherziger)* Mensch | *konventionell, ohne Schwung, langweilig* ‖ **Biederkeit** die, - ‖ **Biedermann** (abw.): *Spießer* | (veraltet) *Person mit tadellosem Verhalten* ‖ **Biedermeier** das, -[s]: *Kunstrichtung und bürgerlicher Lebensstil in der ersten Hälfte des 19. Jh.* | echtes B. *(Biedermeiermöbel u. dgl. aus der Zeit)* ‖ **Biedermeierzeit**

Biegehantel: *ein Sportgerät, Königsfeder*

Biegel das, -s/-[n] (ostöst.): *Geflügelschenkel*

biegen, bog/gebogen: die Gabel gerade b. (= geradebiegen); sich vor Lachen b.; *aber:* auf Biegen und Brechen *(mit aller Gewalt)* | (Gramm.) *beugen* ‖ **biegsam** ‖ **Biegsamkeit** die, - ‖ **Biegung** die, -/-en: die Straße macht eine B. | (Gramm.) *Beugung*

Biene die, -/-n: *Honigbiene, Imme* ‖ **bienenfleißig** ‖ **Bienenhonig** ‖ **Bienenkönigin** ‖ **Bienenschwarm** ‖ **Bienensprache** ‖ **Bienenstich:** auf einen B. allergisch reagieren | *eine Mehlspeise* ‖ **Bienenstock** ‖ **Bienenvolk** ‖ **Bienenwabe:** *der aus Wachs bestehende Zellbau der Bienen* ‖ **Bienenwachs** [-ks] ‖ **Bienenzucht** ‖ **Bienenzüchter** ‖ **Bienenzüchterin**

Biennale [biɛ-] die, -/-n ⟨lat.⟩: *Veranstaltung, die alle zwei Jahre stattfindet* ‖ **Biennalsprung:** *kollektivvertragliche Gehaltsvorrückung nach zwei Jahren* ‖ **Biennium** das, -s/Biennien [-iɛn]: *Zeitraum von zwei Jahren* | *damit verbundene Gehaltsvorrückung* | (SüdT) *die ersten beiden Jahre der Südtiroler Oberschule;* → Triennium

Bier das, -[e]s/-e: ein Glas B. | (ugs.) das ist nicht mein B. *(das geht mich nichts an)* ‖ **Bieranstich:** *Anzapfen eines Bierfasses* ‖ **Bierbauch** ‖ **Bierbrauerei** ‖ **Bierdeckel:** *Untersatz aus Karton [mit Werbung]* ‖ **Bierdose** ‖ **bierernst:** *sehr ernst* ‖ **Bierfass** ‖ **Bierflasche** ‖ **Biergarten** ‖ **Bierglas** ‖ **Bierhansl** (ugs.): *abgestandener Bierrest* ‖ **Bierkäse,** *auch:* Bierkäs ‖ **Bierkiste** ‖ **Bierkrug** ‖ **Bierkrügel** (bes. ostöst.) ‖ **Bierrettich** ‖ **Bierschinken** (D): *eine Schinkenart* ‖ **Bierstube** (D) ‖ **Bierstübl** ‖ **Bierstübile** = **Bierstubli** (V): *Bierstübl* ‖ **Biersuppe** ‖ **Biertazze** (reg., mda.): *Bierdeckel* ‖ **Biertazzerl** ‖ **Bierteig** ‖ **Biertippler** (W, ugs., veraltend): *gewohnheitsmäßiger Trinker von Bierresten* ‖ **Biertipplerin** (W, ugs., veraltend) ‖ **Bierzelt:** *Zelt auf Volksfesten für Gastronomie und Unterhaltung*

Biest das, -[e]s/-er: *lästiges, bösartiges Tier* | *ein Schimpfwort*

bieten, bot/geboten: [bei einer Auktion] das meiste b. | jemandem die Hand b. | ein Programm b. | die Gelegenheit bot sich | jemandem Trotz b. *(widerstehen, trotzig entgegentreten)* ‖ **bieten lassen** = **bietenlassen** sich: ich lass mir das nicht bieten *(gefallen)*

bifokal ⟨lat.⟩: *mit zwei Brennpunkten (bei Brillengläsern für Nähe und für Ferne)* ‖ **Bifokalbrille**

BIG [be i 'geː]: **B**undes**i**mmobilien**g**esellschaft (früher: BGV)

Bigamie die, -/-n ⟨lat.+gr.⟩: *ungesetzliche Doppelehe* ‖ **Bigamist** der, -en/-en ‖ **Bigamistin** die, -/-innen

Big Band [- -æ-] = **Bigband** die, -/-s ⟨engl.⟩: *großes Jazz- oder Tanzorchester* ‖ **Big Bang** [- -'æ-] = **Bigbang** der, -[s] (Astron.): *Urknall* ‖ **Big Foot** [- fʊt] = **Bigfoot** der, -[s]/-[s] (Wz.): *ein spezieller Kurzski*

bigott ⟨fr.⟩ (abw.): *übertrieben fromm, frömmelnd* ‖ **Bigotterie** die, -/-n (abw.)

Bijouterie [-ʒut-] die, -/-n ⟨fr.⟩: *[Mode]schmuckwaren; Schmuckherstellung und -handel* | Geschäft für [Mode]schmuck

Bike [baɪk] das, -[s]/-s ⟨engl.⟩ (sal.): *Fahrrad, meist in Spezialausführung;* Mountainbike | *Motorrad* || **Bi|ker** der, -s/- (sal.) || **Bi|ke|rin** die, -/-innen (sal.)

Bi|ki|ni der, -s/-s: *ein zweiteiliger Damenbadeanzug (nach einem Atoll im Pazifik)*

bi|kon|kav ⟨lat.⟩ (Phys.): eine bikonkave *(beiderseits konkave)* optische Linse || **bi|kon|vex** (Phys.)

Bi|la|bi|al der, -s/-e (Sprachwiss.): *Laut, der mit beiden Lippen erzeugt wird, zB* b, m

Bi|lanz die, -/-en ⟨it.⟩: *Rechnungsabschluss; Gegenüberstellung von Vermögen und Schulden; B. machen/ziehen* || **Bi|lanz|buch|hal|ter:** *Buchhalter, der selbständig eine Bilanz erstellt* || **Bi|lanz|buch|hal|te|rin** || **Bi|lanz|fäl|schung** || **bi|lan|zie|ren** || **Bi|lanz|sum|me**

bi|la|te|ral ⟨lat.⟩: ein bilaterales *(zweiseitiges)* Abkommen; → G.: multilateral, unilateral

Bild das, -[e]s/-er: ein B. zeichnen | ein B. *(Foto)* knipsen | ein B. *(Anblick)* der Zerstörung | über etwas im B. *(informiert)* sein; sich ein B. von der Lage machen | in Bildern sprechen || **Bild|ar|chiv** || **Bild|auf|lö|sung** || **Bild|band:** *Buch, das hauptsächlich Abbildungen enthält* || **Bild|be|richt:** *[reich]illustrierter Bericht* || **Bild|do|ku|ment** || **Bild|ebe|ne** (Math.) || **bil|den:** eine Gruppe b.; Sätze b.; die bildende Kunst *(Malerei, Bildhauerei usw.)* | sich b. *(Bildung erwerben)* | Gase b. sich *(entstehen)* || **Bil|der|buch** || **Bil|der|buch|ehe:** *eine vorbildliche Ehe* || **Bil|der|rah|men** || **Bil|der|rät|sel** || **Bil|der|stür|mer** (geh.): *Gegner traditioneller Ansichten* || **Bil|der|stür|me|rin** (geh.) || **Bil|der|ver|eh|rung** (Rel.) || **Bild|flä|che:** *Fläche eines [projizierten] Bildes;* von der B. verschwinden *(nicht mehr vorhanden sein)* || **Bild|for|mat:** Fotos in größerem B. || **Bild|fre|quenz:** *Anzahl der Bilder in einer Sekunde [im Film]* || **Bild|ge|schich|te:** *[hauptsächlich] in Bildern erzählte Geschichte* || **bild|haft** || **Bild|hau|er** || **Bild|hau|e|rin** || **bild|hübsch** || **Bildl** das, -s/-n (ugs.): sich bei jemandem ein B. einlegen *(beliebt machen)* || **bild|lich:** eine bildliche Redensart, zB der *Fuß* des Berges || **Bild|ma|te|ri|al** || **bild|ne|risch:** ein bildnerisches Talent; *aber:* Bildnerische Erziehung *(ein Unterrichtsgegenstand)* (BE) || **Bild|nis** das, -nisses/-nisse: *Porträt* || **Bild|plat|te** (Technol., Elektrot.): *Laserdisc, Speichermedium, auf dem auch Bilder gespeichert sind* || **Bild|punkt** (meist Pl.) (Elektrot.): *Pixel* || **Bild|qua|li|tät** || **Bild|rau|schen** das, -s (Elektrot.): *Störsignale am Bildschirm, Grieß, Schnee* || **Bild|re|por|ta|ge** [-'aːʃ, -ʒɛ] || **Bild|röh|re:** *ein Teil in Fernsehgeräten* || **Bild|schirm:** *Monitor* || **Bild|schirm|ar|beit:** *Dateneingabe uÄ am Computer* || **Bild|schirm|di|a|go|na|le:** der Fernseher hat eine B. von 72 cm || **Bild|schirm|for|mat** || **Bild|schirm|me|nü** (Elektrot.): *Anzeige für die Bedienung auf dem Bildschirm* || **Bild|schirm|scho|ner** (EDV): *ein Programm zur Schonung der Bildröhre* || **Bild|schnit|zer:** *Bildhauer, der Holzfiguren schnitzt* || **Bild|schnit|ze|rin** || **bild|schön:** ein bildschöner Mann || **Bild|stock:** *ein kleines Heiligendenkmal* || **Bild|stö|rung:** *Störung des Fernsehbildes* || **Bild|te|le|fon** (Elektrot.): *Gerät, das Ton und Bild zugleich überträgt bzw. empfängt* || **Bild|tep|pich:** *Gobelin*

Bil|dung die, -/-en: *Formung;* die B. einer neuen Regierung | (ohne Pl.) *erworbenes Wissen und geistige Formung* || **Bil|dungs|an|stalt:** B. für Kindergartenpädagogik || **Bil|dungs|be|ra|ter:** Schüler- und B. *(Lehrer mit berufs- bzw. schülerberatender Funktion)* || **Bil|dungs|be|ra|te|rin** || **Bil|dungs|be|ra|tung** || **Bil|dungs|bür|ger|tum** || **Bil|dungs|chan|ce** [-ʃãːs] (meist Pl.) || **Bil|dungs|ein|rich|tung** || **bil|dungs|feind|lich** || **Bil|dungs|grad** || **Bil|dungs|gut** || **Bil|dungs|lü|cke** || **Bil|dungs|mi|nis|ter** || **Bil|dungs|mi|nis|te|rin** || **Bil|dungs|mi|nis|te|ri|um:** *Bundesministerium für Unterricht, Kunst und Kultur* || **Bil|dungs|po|li|tik** || **Bil|dungs|spra|che** || **bil|dungs|sprach|lich:** *in gehobener Ausdrucksweise, gute Schulbildung voraussetzend* || **Bil|dungs|spre|cher:** *für Bildung zuständiger Sprecher einer Parlamentspartei* || **Bil|dungs|spre|che|rin** || **Bil|dungs|stan|dards** [-ʃt-, -st-] die (Pl.): *Katalog von Kompetenzen, die die Schüler/innen erworben haben sollen* || **Bil|dungs|ur|laub** || **Bil|dungs|weg:** auf dem zweiten B. *(nach der normalen Schullaufbahn, schon während einer Berufstätigkeit)* || **Bil|dungs|we|sen**

Bild|un|ter|schrift || **Bild|wand:** *Projektionswand* || **Bild|wör|ter|buch**

Bil|har|zi|o|se die, -/-n (Med.): *eine Wurmerkrankung (nach dem Arzt Bilharz)*

bi|lin|gu|al ⟨lat.⟩: *zweisprachig;* eine bilinguale Schule

Bil|lard [bi(l)'jaːr] das, -s/-s ⟨fr.⟩: *ein Kugelspiel; der Tisch dafür;* B. spielen || **Bil|lard|ku|gel** || **Bil|lard|queue** [-køː] || **Bil|lard|spiel** || **Bil|lard|tisch**

Bil|let [bi(l)'jeː, -'leː] das, -s/-s, *auch:* Billett [-bi(l)'jeː, -'leː, (D): -'l(j)ɛt], -[e]s/-s [-e] ⟨fr.⟩: *Glückwunschkarte in einem Kuvert* | (veraltend) *Eintrittskarte* | (veraltend, CH) *Fahrkarte, Ticket* || **Bil|le|teur** [-'tøːə] der, -s/-e (veraltend): *Platzanweiser, der [im Theater, im Kino] die Eintrittskarten überprüft* || **Bil|le|teu|rin** die, -/-innen (veraltend) || **Bil|le|teu|se** [-'tøːs, -zɛ] die, -/-n (veraltend)

Bil|li|ar|de die, -/-n ⟨lat.⟩: *tausend Billionen (10^{15})*

bil|lig: *preiswert;* Waren billigst abgeben | (abw.) *minderwertig;* billiger Wein | es ist recht und b. *(es ist angemessen, gerecht)* || **Bil|lig|an|ge|bot** || **Bil|lig|ar|beits|kraft** || **bil|li|gen:** *gutheißen* || **Bil|lig|keit** die, - || **Bil|lig|lohn|land:** *Land mit niedrigen Löhnen und Preisen* || **Bil|lig|pro|dukt** || **Bil|ligs|dor|fer** der, -s/- (bes. W, ugs.): *billige, minderwertige Ware | Geschäft, Firma mit billigen Waren (nach dem Ortsnamen Pillichsdorf in N)* || **Bil|ligs|dor|fer|pro|dukt** || **Bil|ligst|bie|ter** der, -s/-: *jener, der das billigste Angebot macht;* → Bestbieter || **Bil|ligst|bie|te|rin** die, -/-innen || **Bil|lig|ta|rif** || **Bil|li|gung** die, -/-en: *Zustimmung, Einverständnis*

Bil|li|on die, -/-en ⟨lat.⟩: *eine Million Millionen bzw. tausend Milliarden (10^{12})* | (in den USA) *eine Milliarde* || **bil|li|ons|tel:** ein b. Gramm (= Billionstelgramm) || **Bil|li|ons|tel** das, -s/- || **bil|li|ons|tel Gramm** = **Bil|li|ons|tel|gramm**

bim: *lautmalend für den Klang kleiner Glocken;* die Glocken läu-

B

ten bim, bam, bum ‖ **Bim** die, -/- (W, sal.): *Straßenbahn* ‖ **Bimbam** das, -s: *Glockenläuten*

Bimbo der, -s/-s: *Schimpfwort für einen Schwarzen*

Bimetall = Bimetallstreifen ⟨lat.+gr.⟩: *Streifen aus zwei miteinander verbundenen Metallen*

Bimmelbahn (ugs., scherzh.): *Kleinbahn [mit Warnglocke] | Bahn in einem Vergnügungspark | Straßenbahn, Bim* ‖ **bimmeln,** ich bimmle: ein bimmelndes Glöcklein

Bims der, - ⟨lat.⟩: *Kurzwort für Bimsstein* | (ugs.) (Mil.): *Brot* ‖ **Bimsstein:** *ein vulkanisches Gestein [zum Abreiben der Haut]*

bin → sein

binär ⟨lat.-fr.⟩: *nur aus zwei Elementen (Teilen) bestehend* ‖ **Binärsystem** [-zy-] (Math.): *Dualsystem* ‖ **Binärzahl** (Math.): *Dualzahl*

Binde die, -/-n: *Armbinde;* eine elastische B. | *Damenbinde* ‖ **Bindegewebe** (Med.) ‖ **Bindegewebsmassage** [-a:ʃ, -ʒɛ] ‖ **Bindeglied:** *verbindender Teil* ‖ **Bindehaut** ‖ **Bindehautentzündung** (Med.) ‖ **Bindemittel:** *Mittel zum Binden anderer Stoffe, zB Farben* ‖ **binden,** band/gebunden: einen Knoten b.; ihm sind die Hände gebunden *(er kann nicht frei handeln);* jemandem etwas auf die Nase b. *(etwas erzählen, was nicht unbedingt notwendig ist, ausplaudern)* | bindende *(verpflichtende)* Vereinbarungen; sie ist an den Vertrag gebunden | Bücher b. | gebundene Sprache *(durch Rhythmus. Versmaß gestaltete Sprache im Gegensatz zur Prosa)* | (Küchenspr.) *eine Sauce oder Suppe verdicken* ‖ **Binder** der, -s/-: *Bindemittel | Verbindungsbalken | Kurzwort für Fassbinder* ‖ **Binderin** die, -/-innen ‖ **Bindestrich** (-) (Druckw.): *kurzer Strich;* der B. in der Wendung *das Entweder-oder* ‖ **Bindewort** (Gramm.): *Konjunktion* ‖ **Bindfaden** (nördl. D): *Spagat, dünne Schnur* ‖ **Bindl** das, -s/-n (ugs., veraltend): *eine bandförmige Krawatte zu Trachtenanzügen* ‖ **Bindung** die, -/-en: keine feste B. *(Beziehung)* haben | *Kurzwort für Skibindung* ‖ **Bindungsangst:** *Angst vor festen Beziehungen* ‖ **Bindungsenergie** (Phys.): *freigesetzte Energie bei Teilchen, die in einen gebundenen Zustand übergehen*

Bingo das, -[s] ⟨engl.⟩: *ein Spiel | ein Ausruf, „Volltreffer!"*

Binkel der, -s/-[n] (ugs.): *Bündel | [liebevolle] Bezeichnung [für ein Kind];* Zornbinkel ‖ **Binkerl** das, -s/-[n] (ugs.): *kleines Bündel | liebes Kind;* Herzbinkerl

binnen (Präp. mit Dat., auch mit Gen.): *innerhalb, im Laufe von;* b. zwei Monaten/b. zweier Monate; b. einem Jahr/b. eines Jahres; b. Jahr und Tag; b. kurzem (= Kurzem) ‖ **binnendeutsch** (veraltend, Sprachwiss.): *nur Deutschland betreffend* ‖ **Binnengewässer:** *Gewässer innerhalb eines Festlandes* ‖ **Binnengrenze:** *die gemeinsame Grenze mit einem Bündnisstaat, zB innerhalb der EU* ‖ **Binnenland:** *Binnenstaat* ‖ **Binnenmarkt** (Wirt.): *gemeinsamer Markt unter verschiedenen Staaten;* EU-Binnenmarkt ‖ **Binnenreim:** *Reim im Inneren eines Verses* ‖ **Binnenschifffahrt** ‖ **Binnenstaat:** *Staat, der nicht ans Meer grenzt, Binnenland* ‖ **Binnenverkehr:** *Verkehr innerhalb des Landes*

binokular ⟨lat.⟩: → monokular ‖ **Binokular** das, -s/-e: *Fernglas, Mikroskop für beide Augen*

Binom das, -s/-e ⟨lat.+gr.⟩ (Math.): *Summe aus zwei Gliedern*

Binse die, -/-n: *eine Pflanzengattungsgruppe feuchter Standorte* | (sal.) in die Binsen gehen *(verloren gehen; unbrauchbar werden)* ‖ **Binsenwahrheit = Binsenweisheit:** *Selbstverständliches, Altbekanntes*

bio ⟨gr.⟩ (sal.): *Kurzwort für biologisch uÄ;* sie lebt bio *(gesundheitsbewusst)* ‖ **Biobauer** ‖ **Biobäuerin,** *auch:* Biobäurin ‖ **Biochemie** [-k-, auch: 'bi:-]: *die Lehre von den chemischen Vorgängen in der belebten Natur* ‖ **Biodiesel:** *Treibstoff [aus Rapsöl]* ‖ **Biodiversität** [-v-]: *Vielfalt des Lebens auf der Erde* ‖ **Biodroge:** *Rauschmittel, das aus Pflanzen gewonnenen wird* ‖ **biodynamisch** [-dy-]: *bestimmten Richtlinien für die Landwirtschaft folgend, zB biologische Düngung* ‖ **Bioethik:** *Teilbereich der Ethik, der sich besonders Fragen im Bereich Gentechnik und Medizin widmet* ‖ **Biofeedback** [-fi:dbæk]: *eine Behandlungsmethode zur Steuerung unbewusster Körpervorgänge* ‖ **Biogas:** *eine Alternativenergie* ‖ **Biogenese** die, - (Biol.): *individuelle bzw. stammesgeschichtliche Entwicklungsgeschichte der Lebewesen* ‖ **biogenetisch** (Biol.): *die Biogenese betreffend* ‖ **Biograf** = Biograph [-f] der, -en/-en: *Verfasser einer Lebensbeschreibung* ‖ **Biografie** = Biographie die, -/-n ‖ **Biografin = Biographin** die, -/-innen ‖ **Biologe** der, -n/-n ‖ **Biologie** die, -: *Wissenschaft von den Lebewesen (Mikroben, Pflanzen, Tieren, Menschen); B. und Erdwissenschaften (ein Studienfach); B. und Umweltkunde (ein Unterrichtsgegenstand)* ‖ **Biologin** die, -/-innen ‖ **biologisch:** biologischer Gemüseanbau *(ohne Kunstdünger und Spritzmittel)* ‖ **Biomasse** die, - (Biol.): *Gesamtheit der Substanz der lebenden und toten Organismen* ‖ **Biomüll:** *organischer Abfall* ‖ **Bionahrung** ‖ **Bionik** die, -: *Wissenschaft, die zur Klärung von technischen Problemen biologische Funktionen heranzieht* ‖ **Biophysik** [-fy-, auch: 'bi:-]: *Lehre von den physikalischen Vorgängen in der belebten Natur* ‖ **Bioprodukt** (meist Pl.) ‖ **Biopsie** die, -/-n (Med.): *Probe von lebendem organischem Gewebe* ‖ **Bioresonanztherapie:** *ein alternatives Heilverfahren* ‖ **Biorhythmus** [-y-]: *vom persönlichen Befinden beeinflusster Lebensablauf* ‖ **Biosphäre** [-f-] ⟨gr.⟩ (Ökol.): *die von Lebewesen bewohnte Welt* ‖ **Biosprit** [-ʃp-]: *Rapsöl uÄ* ‖ **Biospritmotor** ‖ **Biotonne:** *Sammelbehälter zum Kompostieren von Biomüll* ‖ **Biotop** der = das, -s/-e (Biol., Ökol.): *Lebensraum bestimmter Pflanzen- bzw. Tierarten* ‖ **Biowetter:** *der klimatische Einfluss auf den menschlichen Organismus*

BIP: **B**rutto**i**nlands**p**rodukt

bipolar: *zweipolig*

Birchermüsli, *CH auch:* Birchermüesli (Wz.): *Müsli einer bestimmten Art (nach einem Schweizer Arzt)*

Birett das, -[e]s/-e ⟨lat.⟩: *Kopfbedeckung katholischer Priester*

Birgit = Birgitta: *weibl. Vorname;* → Brigitta

birgt → bergen

Birke die, -/-n: *eine Laubbaumgat-*

tung | (ohne Pl.) *Holz der Birke* ǁ **Birkenpilz** ǁ **Birkhahn:** *ein Wildhuhn* ǁ **Birkhuhn**

Birnbaum ǁ **Birne** die, -/-n: *ein Obst* | *Glühbirne* ǁ **Birnenbrot** (V, CH): *Kletzenbrot, Früchtebrot* ǁ **birnenförmig,** *auch:* birnförmig ǁ **Birnenkompott** ǁ **Birnenmost**

birst → bersten

bis (–)

Präposition mit Akkusativ:
- bis Eisenstadt
- bis nächsten Freitag
- von der Schule bis hierher
- bis nachher; → Biszeichen

Adverbiell gebraucht:
- vom 12. bis [zum] 15. Mai
- bis auf weiteres (= Weiteres)
- Jugendliche bis zu 18 Jahren; *aber:* Jugendliche bis 18 Jahre

Konjunktion:
- Kinder von 10 bis 12 Jahren
- wir warten, bis sie kommt

Bisamratte: *ein Nagetier*

Bischof der, -s/Bischöfe (Rel.): *durch eigene Weihe legitimierter Inhaber eines kirchlichen Amtes; Leiter einer Diözese* | (Küchenspr.) *Teil des Geflügels* ǁ **Bischöfin** die, -/-innen ǁ **bischöflich** ǁ **Bischofsbrot:** *eine Mehlspeise* ǁ **Bischofshofen:** *Stadt in Salzburg* ǁ **Bischofskonferenz** (kath.): *Versammlung aller Bischöfe;* die österreichische B. ǁ **Bischofssitz:** *Hauptort eines bischöflichen Amtsbereichs* ǁ **Bischofsstab** ǁ **Bischofssynode** [-zy-]: *Bischofsversammlung zur Beratung des Papstes* ǁ **Bischofsweihe**

Bisexualität ǁ **bisexuell:** *beiden Geschlechtern zugewandt; zweigeschlechtlich*

bisher [auch: 'bi-]: *bis jetzt* ǁ **bisherig** [auch: 'bi-]: das bisherige Leben | (Großschreibung) alles **B**isherige; im **B**isherigen

Biskotte [ugs.: -ʃ'koː-] die, -/-n ⟨it.⟩: *eine [löffelförmige] Biskuitart* ǁ **Biskottentorte** ǁ **Biskuit** [-'kvit, auch: -'kviː] das, -[e]s/-e [-s] ⟨fr.⟩: *eine Mehlspeise; Bäckerei* ǁ **Biskuitroulade** [-ru-] ǁ **Biskuitschöberl**

bislang: *bis jetzt*

Bismarckhering (bes. D): *großer marinierter Hering, Russe (nach dem deutschen Staatsmann Bismarck)*

Bismut das, -[e]s, *auch:* Wismut ⟨lat.⟩ (Zeichen: Bi): *ein chemisches Element*

Bison der, -s/-s ⟨germ.-lat.⟩: *nordamerikanischer Büffel*

biss → beißen ǁ **Biss** der, -es/-e: der B. eines Hundes | ein B. *(eine Bisswunde)* im Arm | (ugs.) seine Reden haben wenig B. *(Überzeugungskraft)* ǁ **bisschen:** ein b. *(ein wenig);* ein b. Geduld; das b. Zeit, das wir noch haben; dieses kleine b. ǁ **bissel** (ugs.): *bisschen* ǁ **Bissen** der, -s/-: nur einen B. machen; ein fetter B. *(etwas Gewinnbringendes)* ǁ **bisserl** (ugs.): *bisschen* ǁ **bissfest:** *das Gemüse b. kochen* ǁ **Bissgurn** die, -/- (ugs., derb): *Schimpfwort für eine zänkische Frau* ǁ **bissig:** ein bissiger Hund | eine bissige Antwort geben ǁ **Bissigkeit** die, -/-en ǁ **bissl** (ugs.): *bisschen* ǁ **Bisswunde**

bist → sein

Bistro [-st-] das, -s/-s ⟨russ.-fr.⟩: *kleine [französische] Gaststätte*

Bistum [-st-] das, -s/-tümer ⟨gr.-lat.⟩: *Amtsbereich eines katholischen Bischofs, Diözese*

bisweilen (veraltend): *manchmal*

Biszeichen (–) (Druckw.): *mittellanger Strich ohne Zwischenraum;* 1939–1945; Ordination 15–18 (sprich: von 15 bis 18) Uhr; → bis

Bit das, -[s]/-[s] ⟨engl.⟩ (Zeichen: bit) (EDV): *kleinste Messeinheit für den Informationsgehalt einer Nachricht;* → Byte

bitte: b. schön; wie b.?; b. wenden! (b. w.!); b. (= Bitte) sagen ǁ **Bitte** die, -/-n ǁ **bitten,** bat/gebeten: um etwas b. und flehen; sich b. lassen *(gebeten werden wollen);* jemanden zur Kasse b. *(zum Zahlen auffordern);* wenn ich b. darf! *(auch als nachdrückliche Bitte)*

bitter: ein bitterer Geschmack | *unangenehm, leidvoll;* bittere Not | ein bitterer *(sehr kalter)* Winter ǁ **Bitter** der, -s/-: *Kurzwort für Bitterlikör* ǁ **bitterböse:** *sehr böse* ǁ **bitterernst:** *sehr ernst* ǁ **bitterkalt** ǁ **Bitterkeit** die, -/-en: voll B. ǁ **bitterlich:** b. weinen ǁ **Bitterlikör** ǁ **Bittermandel:** *ein natürlicher Aromastoff* ǁ **Bitternis** die, -/-nisse (geh.) ǁ **Bittersalz** (Med.): *ein Abführmittel, Magnesiumsulfat* ǁ **Bitterschokolade** ǁ **Bitterstoff** (meist Pl.): *bitterer Geschmacksstoff* ǁ **bittersüß:** *bitter und süß* | ein bittersüßer *(tragisch-schöner)* Liebesfilm

Bittgang (kath., veraltet): *Bittprozession* ǁ **Bittgebet** ǁ **Bittgesuch** ǁ **Bittleihe** die, -/-n (Jus): *Verleihen einer Sache gegen jederzeitigen Widerruf; Prekarium* ǁ **bittlich** (veraltet): b. werden *(bitten)* ǁ **Bittprozession** (kath.) ǁ **Bittschrift** (veraltet): *Bittgesuch* ǁ **Bittsteller** der, -s/-: *jemand, der um etwas bittet, ansucht* ǁ **Bittstellerin** die, -/-innen ǁ **Bitttag** (kath.): *Tag, an dem ein Bittgang stattfindet*

Bitumen das, -[s]/- ⟨lat.⟩: *eine teerartige Masse*

bitzeln (mda.): *zornig, unbeherrscht sein;* ein Kind bitzelt; *aber:* → pitzeln ǁ **Bitzler** der, -s/- (mda.) ǁ **Bitzlerin** die, -/-innen (mda.)

Biwak das, -s/-s [-e] ⟨niederl.-fr.⟩: *[Nacht]lager im Freien* ǁ **biwakieren**

BIZ: Berufs**i**nformations**z**entrum

bizarr ⟨fr.⟩: *seltsam, absonderlich, wunderlich*

Bizeps der, -[es]/-e ⟨lat.⟩: *ein Oberarmmuskel*

Björn: *männl. Vorname*

Bk: Berkelium

BKA [be ka 'aː] das, -: **B**undes**ka**nzleramt

BKI [be ka 'iː] der, -: **B**örsen**k**ammer**i**ndex

Bl.: Blatt [einer Handschrift, eines Dokuments]

BLA [be ɛl 'aː]: **B**undes**l**ehr**a**nstalt; → HBLA

Blabla das, -[s] (ugs., abw.): *leeres Gerede, Unsinn*

Blachfeld (veraltet): *Ebene*

Black Box ['blæk -] = **Blackbox** die, -/-es [-ɪz] ⟨engl.⟩ (Phys.): *Teilbereich eines Ablaufes, der nicht erforscht werden kann* | (Technik) *Behälter mit dem Flugschreiber* ǁ **Black-out** [- aʊt] = **Blackout** das (*auch:* der), -[s]/-s, *auch: Geistesabwesenheit, kurzes Aussetzen des Denkvermögens* | *Stromausfall* | *[Cabaret]szene, die mit plötzlicher Verdunkelung endet* ǁ **Black Power** [- 'paʊə] die, -: *afroamerikanische Bürgerrechtsbewegung gegen Rassendiskriminierung*

blad (reg., ugs., abw.): *dick* ǁ **Blade**[1] der, -n/-n, ein Blader (reg. ugs., abw.) ǁ **Blade**[2] die, -n/-n (reg. ugs., abw.)

B

blähen: *aufbauschen;* der Wind bläht die Segel | blähende Speisen ‖ **Blähhals** ‖ **Blähung** die, -/-en: an Blähungen leiden

blamabel ⟨fr.⟩: *beschämend;* eine blamable Angelegenheit ‖ **Blamage** [-ˈa:ʃ, -ʒɛ] die, -/-n: *Beschämung; Schande; Bloßstellung* ‖ **blamieren:** *bloßstellen;* sich vor den Kollegen b. *(sich lächerlich machen)*

blanchieren [blɑ̃ˈʃi:-] ⟨fr.⟩ (Küchenspr.): *abbrühen, [über]brühen;* Gemüse b.

blank
rein, glänzend | unbedeckt, bloß; die blanke Faust; blankes Entsetzen | mit blanken *(gezogenen)* Waffen | *offensichtlich;* blanker Unsinn | (ugs.) *ohne Geld*

Getrenntschreibung in Verbindung mit „sein" und bei wörtlicher Bedeutung:
- blank sein
- blank liegen *(frei, bloß)*
- blank gehen (veraltet: *ohne Mantel*)

Zusammenschreibung bei übertragener Bedeutung:
- den Säbel blankziehen *(aus der Scheide ziehen);* zieh blank!

Getrennt- und Zusammenschreibung, zB:
- Nerven, die blank liegen (= blankliegen)
- blank polieren = blankpolieren

Blanka: *weibl. Vorname;* → Bianca ‖ **Blankett** das, -[e]s/-e ⟨pseudofr.⟩ (Wirt.): *noch nicht unterschriebenes Schriftstück; unfertiges Formular* ‖ **blank liegen = blankliegen:** die Nerven sind b. *(bloß)* gelegen; → blank ‖ **blanko** ⟨it.⟩: ein b. *(unausgefüllt) unterschriebener Scheck* ‖ **Blankocheck** [-ʃ-] = → Blankoscheck ‖ **Blankocheque** [-ʃɛk] (CH): *Blankoscheck* ‖ **Blankoscheck** = Blankocheck [-ʃ-]: *Scheck, bei dem der Betrag erst nachträglich einzusetzen ist* ‖ **Blankounterschrift** ‖ **Blankovollmacht:** *unbeschränkte Vollmacht* ‖ **blank polieren = blankpolieren** ‖ **Blankvers** [-v-, -f-]: *reimloser Vers in fünftaktigen Jamben* ‖ **blankziehen:** den Säbel b. *(aus der Scheide ziehen);* → blank

Blasbalg → Blasebalg ‖ **Bläschen** das, -s/- ‖ **Blase** die, -/-n: Blasen an den Füßen; kochende Milch wirft Blasen | *Harnblase* ‖ **Blasebalg** der, -[e]s/-bälge, *auch:* Blasbalg ‖ **blasen,** du bläst/blies/geblasen: der Wind bläst | Trompete b. | jemandem den Marsch b. *(jemanden zurechtweisen)* | Trübsal b. *(traurig sein)* ‖ **Blasenentzündung** (Med.) ‖ **Blasenkammer** (Phys.): *Gerät zum Nachweis ionisierender Teilchen* ‖ **Blasenkatarr** = Blasenkatarrh (Med.): *Blasenentzündung* ‖ **Blasenleiden** (Med.) → Harnblase ‖ **Blasensprung** (Med.): *Platzen der Fruchtblase am Beginn der Geburt* ‖ **Bläser** der, -s/-: *Musiker, der ein Blasinstrument spielt* | (nur Pl.) (Mus.) *die Blasinstrumente im Orchester* ‖ **Blaserei** die, - (abw.) ‖ **Bläserin** die, -/-innen

blasiert ⟨fr.⟩ (abw.): *eingebildet; gelangweilt tuend* ‖ **Blasiertheit** die, - (abw.)

Blasinstrument [-st-] *Aerofon, zB Flöte, Klarinette, Trompete* ‖ **Blaskapelle:** in der B. spielen ‖ **Blasmusik**

Blasphemie [-f-] die, -/-n ⟨gr.⟩: *Gotteslästerung* ‖ **blasphemisch**

blass, blässer [blasser]/am blässesten [blassesten]: im Gesicht ganz b. werden ‖ **blassblau** ‖ **Blässe** die, -: wegen der B. ins Solarium gehen ‖ **Blassl** der = das, -s/- (mda.): *Pferd oder Rind mit weißem Stirnfleck;* → Blesse ‖ **blässlich:** *blass | uncharakteristisch, farblos*

Blatt das, -[e]s/Blätter: grüne Blätter; das leere B. in der Mitte falten; sich kein B. vor den Mund nehmen *(deutlich seine Meinung sagen)* | *Zeitung* | *Spielkarte;* das B. hat sich gewendet *(die Verhältnisse haben sich geändert)* | (mit Abkürzung Bl.) Blatt (Bl.) 14 dieser Handschrift | (in Mengenangaben mit Pl. Blatt) fünf Blatt Papier | (Bot.) *Organ der höheren Pflanzen;* Blütenblatt ‖ **blatteln,** ich blattle (ugs.): *blättern*

Blattern die (Pl.) (Med.): *eine ansteckende Krankheit, Pocken; ihre hinterlassenen Narben*

blätterig = blättrig ‖ **blättern:** in einem Buch b.

blatternarbig

Blätterpilz: *ein Pilz mit Lamellen* ‖ **Blätterteig** (Küchenspr.): Schinken in B. ‖ **Blätterteigkolatsche,** *auch:* Blätterteiggolatsche *(W, N)* (Küchenspr.) ‖ **Blätterwald** der, -[e]s (scherzh.): *die [Tages]zeitungen* ‖ **Blattgold:** *hauchdünne Goldblättchen [zum Vergolden]* ‖ **Blattgrün:** *Chlorophyll* ‖ **Blattl** das, -s/-n (ugs.): *kleines Blatt* | → Plattl ‖ **Blattlaus:** *ein Pflanzenschädling* ‖ **blättrig** ‖ **Blattsalat** ‖ **Blattschuss** (Jägerspr.): *Schuss ins Herz* ‖ **Blattspinat** ‖ **Blatttrieb**

blau

Kleinschreibung:
- blaue Augen
- blauer Fleck *(Bluterguss)*
- sein blaues Wunder erleben *(unangenehm überrascht werden)*
- blau in blau
- blaue Zone (Verk.: *Kurzparkzone*)
- blauer (*auch:* **B**lauer) Brief *(Kündigungsschreiben)*

Großschreibung bei Nominalisierung und in Eigennamen:
- in **B**lau gekleidet; → Blau
- eine Fahrt ins **B**laue *(ohne bestimmtes Ziel)*
- **B**lauer Burgunder (→ Blauburgunder)
- der **B**laue Planet *(die Erde)*
- **B**lauer Portugieser *(eine Rebund Weinsorte)*
- **B**lauer Wildbacher *(Weinrebe, aus der Schilcher gewonnen wird)*

Getrenntschreibung in Verbindung mit „sein":
- blau sein (ugs. auch: *betrunken sein*)

Zusammenschreibung bei übertragener Bedeutung:
- blaumachen (ugs.: *nicht arbeiten*)

Getrennt- und Zusammenschreibung mit Verben, die ein Resultat herbeiführen:
- einen Stoff blau färben (= blaufärben)
- blau streichen = blaustreichen

Getrennt- und Zusammenschreibung mit adjektivisch gebrauchten Partizipien:
- ein blau gestreifter (= blaugestreifter) Schal

Blau das, -[s]/-: das B. des Himmels; in B. [gekleidet] *(blau angezogen);* ihr steht B. gut; → Blaue ‖ **blauäugig:** das Baby ist b. | *naiv;* sich b. stellen ‖ **Blaubart:** *eine Märchengestalt, Mörder seiner Ehefrauen* ‖ **Blaubeere** (reg.): *Heidelbeere* ‖ **blaublü-**

B

tig: *adelig* ‖ **Blau|bur|gun|der:** *eine Reb- und Weinsorte, Blauer Burgunder* ‖ **Blaue**[1] der, -n/-n: *ein Blauer* | (ugs.) *Anhänger der FPÖ* | (sal., früher) *Tausendschillingschein* ‖ **Blaue**[2] die, -n/-n (ugs.): *Anhängerin der FPÖ* ‖ **Blaue**[3] das, -n: ins B. *(unsachlich; gedankenlos) reden; eine Fahrt ins B. (mit unbekanntem Ziel); das B. vom Himmel versprechen (Unerfüllbares versprechen, lügen)* ‖ **Bläue** die, - ‖ **blau|en** (geh.): der Himmel blaut *(wird blau)* ‖ **blau fär|ben** = **blau|fär|ben** → blau ‖ **Blau|fich|te** ‖ **Blau|frän|kisch** der, -[s]/- = **Blau|frän|ki|sche,** -n/-n: *eine Reb- und Weinsorte* ‖ **blau ge|streift** = **blau|ge|streift** → blau

blau|grün
eine blaugrüne *(blaue und grüne)* Fahne; blaugrüne *(bläulich grüne)* Augen; ein b. gestreifter (= blaugrüngestreifter) Stoff

Um deutlich zu machen, dass es sich um zwei verschiedene Farben handelt, kann ein Bindestrich gesetzt werden:
- ein blau-grünes Kleid *(ein Kleid in den beiden Farben Blau und Grün)*

Blau|helm (meist Pl.): *Soldat einer Truppe der Vereinten Nationen (nach dem hellblauen Stahlhelm)* ‖ **Blau|kraut:** *Rotkraut* ‖ **bläu|lich:** b. grün ‖ **Blau|licht:** *Warnsignal von Einsatzfahrzeugen;* eine Rettung mit B. ‖ **Blau|licht|steu|er** (sal.): *Gebühr für die polizeiliche Aufnahme von Unfällen ohne Personenschaden* ‖ **blau|ma|chen** (ugs.): *nicht arbeiten* ‖ **Blau|pau|se** (Druckw.): *letzter Kontrollabzug vor dem Druck* ‖ **Blau|säu|re** (Chem.): *ein Gift* ‖ **Blau|schim|mel|kä|se:** *ein Käse* ‖ **blau|sti|chig:** blaustichige *(bläulich verfärbte)* Fotos ‖ **blau strei|chen** = **blau|strei|chen** → blau ‖ **Blau|ver|schie|bung** (Phys.): *die Verschiebung von Spektrallinien nach kürzeren Wellenlängen;* → G.: Rotverschiebung ‖ **blau|weiß|rot:** die Fahne ist b.

Bla|zer ['bleɪzə] der, -s/- ⟨engl.⟩: *eine Jacke*

Blech das, -[e]s/-e: *dünne Metallplatte* | *Kurzwort für Backblech* | (scherzh.) *fiktive Medaille für den vierten Platz* | (ohne Pl.) (Mus.) *Blechbläser* ‖ **Blech|blä|ser** die (Pl.) (Mus.): *die Spieler der Blechblasinstrumente, Blech* ‖ **Blech|blas|in|s|tru|ment** [-st-] (Mus.): *Trompete, Horn, Posaune, Flügelhorn uÄ* ‖ **ble|chen** (ugs.): *zahlen* ‖ **ble|chern:** *aus Blech* ‖ **Blech|la|wi|ne** (sal.): *Autokolonne* ‖ **Blech|mu|sik** (Mus.): *Besetzung mit Blechblasinstrumenten* ‖ **Blech|sa|lat** (sal.): *Verkehrsunfall mit mehreren Fahrzeugen* ‖ **Blech|scha|den:** *Unfallschaden an einem Kfz* ‖ **Blech|sche|re:** *ein Werkzeug* ‖ **Blech|trot|tel** (veraltend, scherzh.): *Computer*

ble|cken: die Zähne b. *(drohend zeigen)*

ble|dern, *auch:* pledern (ostöst., mda.): *sich schnell und geräuschvoll [mit dem Motorrad] fortbewegen*

Blei[1] das, -[e]s (Zeichen: Pb): *ein chemisches Element;* zu Silvester B. gießen | Senkblei ‖ **Blei**[2] der, -s/-[e]: *Kurzwort für Bleistift*

Blei|be die, -/-n: *[vorübergehender] Aufenthaltsort*

blei|ben, blieb/geblieben:
bleibende Erinnerungen | (geh.) im Krieg b. *(als Soldat fallen)*

Getrenntschreibung bei wörtlicher Bedeutung:
- cool bleiben
- trotz Nervosität ruhig bleiben

Getrennt- und Zusammenschreibung der Verbindung von Infinitiv + „bleiben"/„lassen" bei übertragener Bedeutung:
- sie soll es bleiben lassen (= bleibenlassen) *(unterlassen)*
- er wird sitzen bleiben (= sitzenbleiben) *(die Klasse wiederholen); aber nur getrennt:* sitzen bleiben (nicht aufstehen)
- die Uhr ist stehen geblieben (= stehengeblieben); *aber nur getrennt:* stehen bleiben (nicht weitergehen; sich nicht setzen)

Ebenso getrennt und zusammen:
- es wird ihr nichts übrig bleiben (= übrigbleiben) *(sie wird es tun müssen)*

blei|ben las|sen = **blei|ben|las|sen** → bleiben

Blei|be|recht (Jus): *Aufenthaltsrecht*

Blei|berg → Bad Bleiberg ‖ **Blei|burg:** *Stadt in Kärnten*

bleich: *blass, fahl* | (geh.) bleiches *(blankes)* Entsetzen ‖ **Blei|che** die, -/-n: *Blässe* | (früher) die Wäsche lag auf der B. *(zum Bleichen)* ‖ **blei|chen**[1], bleichte/gebleicht: sie bleichte ihre Haare; chlorfrei gebleichtes Papier ‖ **blei|chen**[2], blich/geblichen (veraltet): die Farben blichen in der Sonne; → erbleichen ‖ **Bleich|ge|sicht** (meist Pl.): *Weißer (im Gegensatz zu einem farbigen Menschen, aus der Sicht der Indianer)* ‖ **Bleich|mit|tel** ‖ **Bleich|sucht** (veraltet): *Blutarmut*

blei|ern: *aus Blei; wie Blei* ‖ **blei|frei:** b. tanken ‖ **Blei|ge|halt** der, -[e]s ‖ **blei|häl|tig,** *auch:* bleihaltig ‖ **Blei|kris|tall:** *[wertvolles] Glas mit Bleizusatz;* → Kristall[2] ‖ **blei|schwer:** bleischwere Müdigkeit ‖ **Blei|stift** ‖ **Blei|stift|ab|satz:** *spitzer Damenschuhabsatz* ‖ **Blei|stift|spit|zer** ‖ **Blei|stift|stum|mel**

Blen|de die, -/-n: mit mittlerer B. *(Objektiveinstellung)* fotografieren | *Wechsel der Filmszene durch Ein-, Ausblenden* ‖ **blen|den:** *blind machen* | vom Scheinwerfer geblendet werden ‖ **blen|dend:** b. *(strahlend, auffallend)* schön; b. weiß; mir geht es b. *(ausgezeichnet)* ‖ **Blen|dung** die, -/-en ‖ **Blend|werk** (abw.): etwas als B. *(Täuschung)* entlarven

Bless der = die, -/-en: *Blassel* ‖ **Bles|se** die, -/-n: *weißer Stirnfleck bei Pferden und Rindern;* → Blassel

bles|siert ⟨fr.⟩ (veraltet): *verwundet* ‖ **Bles|sur** die, -/-en

Blet|schen die, -/- (ugs.): *großes Pflanzenblatt* | *größerer Fleck, zB Schmutzfleck* | (scherzh.) *auffälliges Abzeichen, Platschern*

bleu [blø(ː)] ⟨fr.⟩ (Küchenspr.): *eine Garstufe beim Fleischbraten;* → englisch

blich → bleichen[1]

Blick der, -[e]s/-e: sich Blicke zuwerfen; auf den ersten B. *(sofort)* | Zimmer mit B. *(Ausblick)* auf den Dachstein | (ohne Pl.) einen geübten B. *(Erfahrung)* für etwas haben ‖ **blick|dicht:** eine blickdichte Strumpfhose ‖ **bli|cken:** der Gefahr ins Auge b. ‖ **bli|cken las|sen** = **bli|cken|las|sen** sich: sich nicht mehr b. l. *(nicht mehr kommen)* ‖ **Blick|fang** ‖ **Blick|feld** ‖ **Blick|kon|takt:** B. herstellen ‖ **Blick|punkt:** *Gesichtspunkt* ‖ **Blick|rich|tung** ‖ **Blick|win|kel**

blieb → bleiben

bli̱es → blasen

blịnd
ein blinder Mann | ein blindes *(vorgetäuschtes)* Fenster; ein blinder *(ohne Fahrkarte versteckt mitfahrender)* Passagier; ein blinder *(unnötiger; falscher)* Alarm

Getrenntschreibung in Verbindung mit „sein":
– für etwas blind sein *(es nicht verstehen, nicht wahrhaben wollen)*
Getrenntschreibung:
– sich blind stellen
– jemanden blind verstehen *(sehr gut kennen)*
– jemandem blind *(voll)* vertrauen
Getrennt- und Zusammenschreibung mit Verben, die ein Resultat herbeiführen:
– blind machen = blindmachen *(blenden)*
Zusammenschreibung bei übertragener Bedeutung:
– blindfliegen *(ohne Sicht)*
– auf der Tastatur blindschreiben *(ohne hinzusehen)*

Blịnd|darm (Med.): *Teil des Dickdarms* ‖ **Blịnd|darm|ent|zün|dung** (Med.)
Blind Date ['blaınd 'deıt] = **Blind|date** ⟨engl.⟩: *Treffen mit einer unbekannten Person*
Blịn|de[1] der, -n/-n, ein Blinder ‖ **Blịn|de**[2] die, -n/-n ‖ **Blin|de|ku̱h:** B. spielen ‖ **Blịn|den|hund:** *Hund, der Blinde führen kann* ‖ **Blịn|den|schrift:** *Brailleschrift* ‖ **Blịn|den|stock** ‖ **blịnd|flie|gen** → blind ‖ **Blịnd|flug:** *Instrumentenflug;* im B. *(ohne etwas zu sehen)* ‖ **Blịnd|gän|ger** der, -s/-: *nicht explodiertes Geschoß* | (ugs.) *Versager* ‖ **Blịnd|heit** die, - ‖ **blịnd|lings:** b. *(ohne zu schauen)* über die Straße laufen ‖ **blịnd ma|chen** = **blịnd|ma|chen** → blind ‖ **Blịnd|schlei|che** die, -/-n: *eine Eidechse* ‖ **blịnd|schrei|ben** → blind ‖ **blịnd|wü|tig**
blịn|ken: blinkende *(leuchtende)* Sterne ‖ **Blịn|ker** der, -s/-: *ein Licht [am Kraftfahrzeug]* ‖ **Blịnk|licht** ‖ **Blịnk|zei|chen**
blịn|zeln: ich blinzle in der Sonne
Blịtz der, -es/-e: wie ein B. aus heiterem Himmel *(unvorhersehbar, unerwartet);* sie war wie vom B. getroffen *(sehr erschreckt)* | *Kurzwort für Blitzlicht* ‖ **Blịtz|ab|lei|ter** der, -s/-: *Vorrichtung [an Gebäuden], die Blitze ableiten soll* ‖ **Blịtz|ak|ti|on** [-tsi̯-]: eine B. der Polizei ‖ **blịtz|ar|tig** ‖ **blịtz|blạnk** ‖ **blịtz|bla̱u:** ein blitzblauer *(klarer)* Himmel ‖ **blịt|zen:** es blitzt und donnert | du blitzt *(fotografierst mit Blitzlicht)* ‖ **Blịt|zes|schnel|le:** in/mit B. *(schnell wie der Blitz)* ‖ **blịtz|ge|sche̱it** (ugs.): *sehr gescheit* ‖ **Blịtz|gnei|ßer** der, -s/- (ugs., scherzh.): *jemand, der etwas schnell versteht* ‖ **Blịtz|gnei|ße|rin** die, -/-innen (ugs., scherzh.) ‖ **Blịtz|krieg:** *überraschend durchgeführte Kriegshandlungen, um einen schnellen Sieg zu erringen* ‖ **Blịtz|licht** ‖ **blịtz|sa̱u|ber:** *sehr sauber* ‖ **Blịtz|schlag** ‖ **blịtz|schnẹll** ‖ **Blịtz|tem|po:** im B. etwas erledigen ‖ **Blịtz|zan|ge:** *schnell verstellbare Rohrzange*
Blịz|zard ['blızəd] der, -s/-s ⟨engl.⟩: *Schneesturm [in Nordamerika]*
Blọch der = das, -[e]s/-e [Blöcher]: *gefällter und entrindeter Baumstamm* ‖ **Blọch|holz** ‖ **Blọch|zie|hen** das, -s: *ein Volksbrauch*
Blọck der, -[e]s/Blöcke [Blocks]: *Häuserblock, Gruppe von Gebäuden;* ich mache einen Spaziergang um den B. | *Steinblock* | *Abreißblock* | *Gruppe von Staaten, politischen Strömungen uÄ;* der oppositionelle B. | *Blockveranstaltung* | (in Mengenangaben mit Pl. Block) drei Block Papier ‖ **Blo|cka̱|de** die, -/-n ⟨fr.⟩: *Einschließung; Absperrung der Zufuhr* ‖ **Blọck|buch|sta|be**
Blọck|bus|ter [-bʌ-] der, -s/- ⟨engl.⟩: *[Film]kassenschlager*
Blọck|flö|te ‖ **blọck|frei:** blockfreie Staaten *(früher: Staaten, die keinem Mächteblock angehören und Distanz zum Westen und Osten betonen)* ‖ **Blọck|haus** ‖ **blo|cki̱e|ren** ⟨fr.⟩: *absperren; an der Bewegung hindern;* die Räder b. *(sie drehen sich nicht)* ‖ **Blo|cki̱e|rung** die, -/-en ‖ **Blọck|schrift:** *lateinische Druckschrift* ‖ **Blọck|ver|an|stal|tung:** *eine längere, mehrere Termine zusammenfassende Veranstaltung [auf der Universität]* ‖ **Blọck|ve|to** [-v-] (Jus): *Recht einer Gruppe, ein Veto einzulegen* ‖ **Blọck|wart** (im Nationalsozialismus): *Leiter einer kleinen Organisationseinheit*
blö̱d, *auch:* **blö̱|de:** *dumm;* sich b. stellen | (ugs.) jemanden b. sterben lassen *(über etwas nicht informieren)* | (ugs.) *lästig, unangenehm; zu blöd!* ‖ **Blö|de|le̱i** die, -/-en ‖ **blö̱|deln,** ich blödle: *zum Vergnügen Unsinniges treiben* ‖ **blö̱|der|we̱i|se** ‖ **Blö̱d|heit** die, -/-en: mach keine Blödheiten *(keinen Unsinn)* | (ohne Pl.) (veraltend) *Debilität* ‖ **Blö̱|di|an** der, -s/-e (ugs.): *Dummkopf* ‖ **Blö̱d|sinn** ‖ **blö̱d|sin|nig**
blö̱|ken: blökende Schafe

blọnd
blondes Haar | eine blonde *(helle, goldgelbe)* Semmel

Getrennt- und Zusammenschreibung mit adjektivisch gebrauchten Partizipien:
– blond gefärbt = blondgefärbt
– blond gelockt = blondgelockt

Blọnd das, -[s]/- ‖ **blọnd ge|fä̱rbt** = **blọnd|ge|färbt** ‖ **blọnd gelọckt** = **blọnd|ge|lockt** ‖ **Blon|di̱e|ren:** *blond färben* | (Küchenspr.) *bräunen;* Zwiebelringe b. ‖ **Blon|di̱|ne** die, -/-n ‖ **Blon|di̱|nen|witz** (abw.) ‖ **Blọnd|oran|ge** [-rɑ̃ːʒɛ]: *helle Orange*

blo̱ß (Adj.):
mit bloßem *(nacktem)* Oberkörper | mit bloßer *(ungeschützter)* Hand | mit dem bloßen Auge *(ohne Fernglas)* | (Adv.) *nur;* b. zufällig

Getrenntschreibung:
– bloß *(unbedeckt)* liegen
Getrennt- und Zusammenschreibung:
– Mauern bloß legen (= bloßlegen) *(freilegen)*
– Nerven, die bloß liegen (= bloßliegen) *(flattern); aber nur getrennt:* b. *(nur)* liegen, aber nicht schlafen
Zusammenschreibung bei übertragener Bedeutung:
– die Vergangenheit eines Politikers bloßlegen *(enthüllen)*
– jemanden bloßstellen *(blamieren)*

Blö̱|ße die, -/-n: *Nacktheit* | sich keine B. geben *(keine Schwäche zeigen)* ‖ **blo̱ß|fü|ßig:** *barfuß* ‖ **Blo̱ß|fü|ßi|ge**[1] der, -n/-n, ein Bloßfüßiger | (ugs., abw.) (bes. Sport) *Nichtskönner, Dahergelaufener* ‖ **Blo̱ß|fü|ßi|ge**[2] die, -n/-n ‖ **blo̱ß|köp|fig** ‖ **blo̱ß|le|gen:**

enthüllen, aufdecken; Missstände b.; *aber:* Mauern b. (= bloß legen); → bloß ‖ **bloß lie|gen** = **bloß|lie|gen:** so angespannt sein, dass die Nerven b. l. *(flattern)* ‖ **bloß|stel|len:** *blamieren;* → bloß
Blou|son [blu'zõ:, -'zo:n] das = der, -[s]/-s ⟨fr.⟩: *eine blusenähnliche Jacke*
blub|bern: *sprudeln, glucksen*
Blu|denz (Kfz: BZ): *Stadt in Vorarlberg*
Blue Box ['blu: -] = **Blue|box** die, -/-es [-ɪz] ⟨engl.⟩ (Elektrot.): *ein Effekt, bei dem der gewünschte Hintergrund einer Szene erst bei der Aufzeichnung eingespielt werden kann* ‖ **Blue Chip** [- tʃ-] = **Blue|chip** (meist Pl.) (Börse): *Aktientitel erstklassiger Unternehmen* ‖ **Blue Jean** [blu: 'dʒi:n] = **Blue|jean** = **Blue Jeans** = **Bluejeans:** *eine Hose, Jean* ‖ **Blues** [-z] der, -/- (Mus.): *schwermütiges Lied [der Afroamerikaner]* | *eine Jazzform* | *ein Tanz* ‖ **Blue|tooth** ['blu:'tu:θ] das, -[s] (Wz.): *kabellose Übertragung von Daten und Sprache [zwischen PC und dazugehörigen Geräten]*
Bluff [-œ-, engl.: -ʌ-] der, -s/-s ⟨engl.⟩: *beabsichtigte Täuschung* ‖ **bluf|fen:** er hat nur geblufft
blü|hen: ein blühender Baum | eine blühende *(gut gedeihende)* Wirtschaft | (ugs.) das wird dir auch noch b. *(das Unangenehme wird auch dir zuteilwerden)*
Blu|me die, -/-n: Blumen gießen; etwas durch die B. *(umschreibend)* sagen | die B. *(der Duft, der besondere Geschmack)* des Weines ‖ **Blu|men|beet** ‖ **Blu|men|draht** ‖ **Blu|men|er|de** ‖ **Blu|men|ge|schäft** ‖ **blu|men|ge|schmückt** ‖ **Blu|men|gruß** ‖ **Blu|men|kind** (früher): *Hippie* ‖ **Blu|men|kohl** (D, CH, V): *Karfiol* ‖ **Blu|men|kro|ne** (Bot.) ‖ **Blu|men|schmuck** ‖ **Blu|men|stock** ‖ **Blu|men|strauß** ‖ **Blu|men|topf** ‖ **Blu|men|va|se** [-v-] ‖ **blu|mig:** eine blumige *(ausschmückende)* Rede | ein blumiger Wein
Blun|ze die, -/-n, *auch:* Blunzen, -n/-n: *Blutwurst* | (derb) *dicker Mensch* | (derb) *dumme Frau* ‖ **blun|zen** (bes. ostöst., ugs.): das ist mir b. *(egal;* Frage *Wie?); aber:* → Blunze ‖ **Blun|zen|grös|tel** = **Blun|zen|gröstl** ‖ **Blun|zen|stru|del**
Blu|se die, -/-n ⟨fr.⟩: *ein Kleidungsstück*

Blut das, -[e]s:
B. spenden; den Alkohol im B. messen; B. vergießen *(Menschen töten, verletzen);* B. und Wasser schwitzen *(sehr aufgeregt sein, Angst haben);* jemanden bis aufs B. *(bis aufs Äußerste)* quälen; kaltes/ruhiges B. *(die Ruhe)* bewahren; böses B. machen *(Feindseligkeit, Widerstand erregen);* die Musik liegt ihr im B. *(sie hat eine besondere Begabung dafür)*

Getrennt- und Zusammenschreibung mit adjektivisch gebrauchten Partizipien:
– Blut bildende (= blutbildende) Medikamente
– Blut reinigend = blutreinigend
– Blut stillende (= blutstillende) Mittel

Zusammenschreibung, wenn der erste Bestandteil für eine Wortgruppe steht, zB:
– blutbefleckt *(mit Blut befleckt)*
– blutdurstig *(nach Blut durstig)*
– blutleer
– bluttriefend

Blut|ab|nah|me (Med.) ‖ **Blut|al|ko|hol** ‖ **blut|arm**[1] (Med.): *zu wenige rote Blutkörperchen [im Blut]* ‖ **blut|arm**[2]: *sehr arm* ‖ **Blut|ar|mut** (Med.): → *Anämie* ‖ **Blut|bad:** der Amokläufer richtete ein B. an ‖ **Blut|bahn:** *Blutkreislauf* ‖ **Blut|bank** (Med.): *Depot verschiedener Blutkonserven [für Transfusionen]* ‖ **blut|be|fleckt** ‖ **blut|be|schmiert** ‖ **Blut|bild** (Med.): *Ergebnis einer Blutuntersuchung* ‖ **Blut bil|dend** = **blut|bil|dend** (Med.) → Blut ‖ **Blut|do|ping** (Med., Sport) ‖ **Blut|druck** ‖ **Blut|druck|mes|ser:** *ein Messgerät* ‖ **blut|druck|sen|kend** (Med.) ‖ **blut|durs|tig** (geh.): *blutrünstig*
Blü|te die, -/-n: ein Kaktus mit gelben Blüten | (ohne Pl.) die Marillenbäume stehen in B. | (ohne Pl.) (geh.) die B. *(Blütezeit)* der Gotik | (ugs.) *Falschgeld*
Blut|egel der, -s/-: *ein Ringelwurm* ‖ **blu|ten:** die Verletzung blutet; eine blutende Wunde
Blü|ten|blatt ‖ **Blü|ten|le|se:** *Auswahl, Anthologie* ‖ **Blü|ten|pflan|ze** ‖ **Blü|ten|pol|len:** *Blütenstaub* ‖ **Blü|ten|stand** (Bot.) ‖ **Blü|ten|staub:** *Pollen* ‖ **blü|ten|weiß:** *leuchtend weiß*
Blu|ter der, -s/- (Med.): *jemand, dessen Blut schwer gerinnt* ‖ **Blut|er|guss:** *Hämatom* ‖ **Blu|te|rin** die, -/-in|nen (Med.) ‖ **Blu|ter|krank|heit** (Med.)
Blü|te|zeit: die B. der römischen Kultur
Blut|fett (meist Pl.) (Med.) ‖ **Blut|fleck** der, -[e]s/-e[n] ‖ **Blut|ge|fäß:** *Ader, Vene, Arterie* ‖ **Blut|ge|rinn|sel** (Med.): *ein Stück geronnenes Blut [in einem Blutgefäß]* ‖ **Blut|grup|pe** (Med.): *eine der vier Grundtypen des menschlichen Blutes* ‖ **Blut|hoch|druck** (Med.) ‖ **Blut|hund:** *eine Hunderasse, Spürhund* | (abw.) *brutaler Mörder, Folterer* ‖ **blu|tig:** blutige Kleider; blutige Nasen; blutige Rache | sie sind blutige Anfänger *(ganz unerfahren)* ‖ **blut|jung:** *sehr jung* ‖ **Blut|kon|ser|ve** [-v-, -f-] (Med.) ‖ **Blut|kör|per|chen** das, -s/- (meist Pl.): rote, weiße B. *(Bestandteile des Blutes)* ‖ **Blut|krebs** (Med.): *Leukämie* ‖ **Blut|kreis|lauf** ‖ **blut|leer** ‖ **Blut|oran|ge** [-'rã:ʒɛ]: *Orange mit rötlichem Fruchtfleisch* ‖ **Blut|plas|ma:** *Blutflüssigkeit* ‖ **Blut|pro|be** (Med.) ‖ **Blut|ra|che:** *Tötung als Rache für eine Tötung* ‖ **Blut|rausch:** *[besinnungslose] Mordgier* ‖ **Blut rei|ni|gend** = **blut|rei|ni|gend** (Med.) ‖ **blut|rot** ‖ **blut|rüns|tig:** *blutgierig* ‖ **Blut|sau|ger** der, -s/- (Zool.): *Blut saugendes Insekt* | *Vampir* | (abw.) *ausnutzerische, rücksichtslose Person* ‖ **Blut|sau|ge|rin** die, -/-in|nen ‖ **Bluts|brü|der|schaft** die, -/-en: *durch Blut besiegelte Kameradschaft, Freundschaft* ‖ **Blut|schan|de:** *Geschlechtsverkehr zwischen Nächstverwandten;* → Inzest ‖ **Blut|schuld** die, - (geh.): eine B. auf sich laden *(einen Mord begehen)* ‖ **Blut|sen|kung** (Med.) ‖ **Blut|se|rum** (Med.) ‖ **Blut|spen|der** ‖ **Blut|spen|de|rin** ‖ **Blut|spen|de|zen|t|ra|le** ‖ **Blut|spie|gel** (Med.): *Bezeichnung für die Konzentrationshöhe natürlicher oder künstlicher Stoffe im Blutserum* ‖ **Blut|spur** ‖ **Blut stil|lend** = **blut|stil|lend** (Med.) → Blut ‖ **Bluts|trop|fen** ‖ **Blut|sturz** (Med.): *plötzliche starke Blutung [aus Mund oder Nase]* ‖ **bluts|ver|wandt:** *verwandt durch gleiche Vorfahren* ‖ **Bluts|ver|wand|te** ‖ **Blut|tat:** eine B. *(Mord oÄ)* verüben ‖ **Blut|tom|merl** (St, K): *eine Speise* ‖ **Blut|trans|fu|si|on** (Med.): *Blutübertragung, Blut-*

B

B

austausch ‖ **bluttriefend** ‖ **blutüberströmt** ‖ **Blutung** die, -/-en ‖ **blutunterlaufen:** sein Auge ist b. ‖ **Blutuntersuchung** (Med.) ‖ **Blutvergießen** das, -s: *Auseinandersetzungen mit Körperverletzungen und Tod;* B. vermeiden ‖ **Blutvergiftung** (Med.) ‖ **Blutverlust** ‖ **blutverschmiert** ‖ **Blutwäsche** (Med.): *Reinigung des Blutes von schädlichen Stoffen* ‖ **blutwenig** (ugs.): *so gut wie gar nichts* ‖ **Blutwurst:** *Blunze* ‖ **Blutzeuge** (geh.): *Märtyrer* ‖ **Blutzeugin** (geh.) ‖ **Blutzirkulation** [-tsi̯-]: *Blutkreislauf* ‖ **Blutzoll** der, -[e]s (geh.): *Verlust an Menschenleben [im Straßenverkehr]*

Blutzer → Plutzer

Blutzucker (Med.): *Zuckergehalt im Blut*

BM [beː 'ɛm] (in Abkürzungen): **B**undes**m**inisterium | **B**undes**m**inister/in | Bürger**m**eister/in

BMASK [be ɛm ɑ ɛs 'kaː]: **B**undes**m**inisterium für **A**rbeit, **S**oziales und **K**onsumentenschutz

B-Matura ['beː-]: **B**eamtenmatura

BMeiA [be ɛm e i 'aː]: **B**undes**m**inisterium für **e**uropäische und **i**nternationale **A**ngelegenheiten *(Außenministerium)*

BMF [be ɛm 'ɛf]: **B**undes**m**inisterium für **F**inanzen

BMG [be ɛm geː]: **B**undes**m**inisterium für **G**esundheit

BMHS [be ɛm ha 'ɛs]: **b**erufsbildende **m**ittlere und **h**öhere **S**chule

BMI [be ɛm 'iː]: **B**undes**m**inisterium für **I**nneres

BMJ [be ɛm 'jeː]: **B**undes**m**inisterium für **J**ustiz

BMLFUW [be ɛm ɛl ɛf u 'veː]: **B**undes**m**inisterium für **L**and- und **F**orstwirtschaft, **U**mwelt und **W**asserwirtschaft

BMLVS [be ɛm ɛl fau 'ɛs]: **B**undes**m**inisterium für **L**andes**v**erteidigung und **S**port

b-Moll ['beː'mɔl] (b) (Mus.): *eine Tonart* ‖ **b-Moll-Tonleiter** (Mus.)

BMS [be ɛm 'ɛs] die, -/-: **b**erufsbildende **m**ittlere **S**chule

BMUKK [be ɛm u ka 'kaː]: **B**undes**m**inisterium für **U**nterricht, **K**unst und **K**ultur

BMVIT [be ɛm 'fit]: **B**undes**m**inisterium für **V**erkehr, **I**nnovation und **T**echnologie

BMWFJ [be ɛm ve ɛf 'jeː]: **B**undes**m**inisterium für **W**irtschaft, **F**amilie und **J**ugend

BMWF [be ɛm ve 'ɛf]: **B**undes**m**inisterium für **W**issenschaft und **F**orschung

BMX-Rad [be ɛm 'iks-]: *kleines, geländegängiges Fahrrad*

BNE [be ɛn 'eː] das, -/-: **B**rutto**n**ationaleinkommen

BNP [be ɛn 'peː] das, -/-: **B**rutto**n**ational**p**rodukt

Bö die, -/-en = **Böe,** -/-n: *heftiger Windstoß;* → böig

Boa die, -/-s ⟨lat.⟩: *eine Riesenschlange* | *ein langer, schmaler Schal;* Federboa

Board [bɔːd] das, -s/-s ⟨engl.⟩: *Snowboard, Skateboard ua.* ‖ **boarden** ‖ **Boarder** der, -s/- ‖ **Boarderin** die, -/-innen

Boatpeople ['bəʊtpiːpl] die (Pl.) ⟨engl.⟩: *Menschen, die mit [seeuntüchtigen] Booten in ein anderes Land fliehen*

Bob der, -s/-s ⟨engl.⟩: *Kurzwort für Bobsleigh;* Bob fahren ‖ **Bobbahn**

Bobby [-i] der, -s/-s ⟨engl.⟩: *englischer Polizist* | *ein Vorname, Robert;* Graf B. *(eine altösterreichische Witzgestalt)*

Bobfahrer ‖ **Bobfahrerin**

Bobo der, -s/-s: *Angehöriger einer jungen Gesellschaftsschicht, die sich durch Individualismus und Modebewusstheit auszeichnet (aus* ***Bo****urgeois und* ***Bo****hémien)*

Bobsleigh [-sleɪ] der, -s/-s: *steuerbarer schwerer Rennschlitten*

Bobtail [-teɪl] der, -s/-s ⟨engl.⟩: *eine Hunderasse*

Boccia ['bɔtʃa] das, -[s]/-[s], *auch:* die, -/-[s] ⟨it.⟩: *ein Spiel mit Kugeln*

Bock der, -[e]s/Böcke: *männliches Tier;* Rehbock | *ein Arbeitsgerät* | *ein Turngerät;* B. springen; ich springe [über den] B.; *aber:* → Bockspringen | (ugs.) einen B. schießen *(einen groben Fehler machen)* | (Jug.) keinen B. *(keine Lust)* [auf etwas] haben ‖ **bockbeinig:** *störrisch* ‖ **Bockbier:** *ein starkes Bier* ‖ **böckeln** (ugs.): *nach Ziegenbock riechen* ‖ **bocken:** das Pferd bockt *(ist störrisch)* ‖ **Bockerl** das, -s/-[n] (ostöst., ugs.): *Föhrenzapfen* ‖ **bockig:** *steif; störrisch* ‖ **Bockkäfer** ‖ **Bockshorn:** sich nicht ins B. jagen *(nicht einschüchtern)* lassen ‖ **Bockshörndl** das, -s/-n (ugs.): *Frucht des Johannisbrotbaums* ‖ **Bockshörndlbaum:** *Johannisbrotbaum* ‖ **Bockspringen** das, -s: *eine Turnübung; aber:* [über den] Bock springen ‖ **bocksteif** (ugs.): b. *(sehr hart)* gefroren

Bodega die, -/-s ⟨span.⟩: *spanisches Weinlokal*

Boden der, -s/Böden: *Erde;* sandige Böden; aus dem B. stampfen *(schnell hervorbringen)* | zu B. *(auf den Erdboden, Fußboden)* fallen; den B. unter den Füßen verlieren; am B. zerstört sein; auf unsicherem B. | *Dachboden* | (ohne Pl.) *Fläche, Gebiet;* an B. gewinnen (auch: *Vorteile erringen)* ‖ **Bodenbelag** ‖ **Boden-Boden-Rakete** (Mil.): *eine Waffe* ‖ **Bodenbürste** ‖ **Bodenerosion** ‖ **Bodenfetzen:** *Bodentuch* ‖ **Bodenfrost** ‖ **Bodenhaftung:** die B. eines Autos ‖ **Bodenhaltung:** Eier aus B. *(nicht aus Legebatterien)* ‖ **Bodenheizung:** *Fußbodenheizung* ‖ **Bodenkultur** (sal.): Universität für B. Wien ‖ **Bodenkunde:** *Wissenschaft von den Böden* ‖ **bodenlos:** eine bodenlose *(unerhörte)* Frechheit; *aber:* ins Bodenlose stürzen ‖ **Boden-Luft-Rakete** (Mil.): *eine Flugzeug- bzw. Raketenabwehrwaffe* ‖ **bodennah:** bodennahe Luft ‖ **Bodennähe** ‖ **Bodennebel** ‖ **Bodenpersonal:** das B. am Flughafen ‖ **Bodenreform:** *Agrarreform* ‖ **Bodensatz:** *feste Rückstände einer Flüssigkeit am Boden eines Gefäßes* ‖ **Bodenschätze** die (Pl.): *Erze, Kohle, Erdöl uÄ* ‖ **Bodensee** der, -s (V, CH, D) ‖ **Bodenseeregion** ‖ **Bodensee-Rheintal** das, -[e]s: *eine Landschaft* ‖ **bodenständig:** ein bodenständiges *(einheimisches)* Gewerbe ‖ **Bodenstation** [-ʃtatsi̯-] ‖ **Bodenstreitkräfte** die (Pl.) (Mil.) ‖ **Bodentuch** ‖ **Bodenturnen** (Sport): *eine Disziplin im Kunstturnen* ‖ **Bodenvase** [-v-] ‖ **Bodenwelle:** *Unebenheit im Erdboden*

Body [-i] der, -s/-s ⟨engl.⟩: *einteiliges [Damen]trikot (für den Rumpf)* ‖ **Bodybuilder** [-bɪl-] der, -s/- ‖ **Bodybuilderin** die, -/-innen ‖ **Bodybuilding** das, -[s]: *ein systematisches Muskeltraining* ‖ **Bodycheck** [-tʃek] (Sport): *erlaubtes Rempeln im Eishockey* ‖ **Bodyguard** [-gɑːd] der, -s/-s: *Leibwächter* ‖ **Bodypainting** [-'peɪn-] das, -s: *Bemalung des nackten Körpers*

Böe = → Bö

Boeuf [bœf] das, -s/-s, *auch:* **Bœuf** ⟨fr.⟩ (Küchenspr.): *Rindfleisch in besonderer Zubereitung;* B. Stroganoff

Bofel → Pofel

Bofese → Pafese

Bofist → Bovist

bog → biegen ‖ **Bogen** der, -s/Bögen [Bogen]: um jemanden einen [großen] B. machen *(jemandem aus dem Weg gehen);* Bögen auf dem Eis laufen | mit Pfeil und B.; den B. überspannen | *gewölbte Einfassung einer Öffnung;* Brückenbogen | *Geigenbogen* | zwei B. Papier | in Bausch und B. *(insgesamt)* ‖ **bogenförmig** ‖ **Bogenmaß** (Phys.): *ein bestimmtes Maß für ebene Winkel* ‖ **Bogenschießen** das, -s (Sport) ‖ **Bogenschütze** ‖ **Bogenschützin** ‖ **Bogerl** das, -s/-[n] (ugs.): *Kurve, Bogen;* B. *(Slalom)* fahren

Bogotá [-'a(:)]: *Hauptstadt Kolumbiens*

Boheme [bo'ɛ:m] die, - ⟨fr.⟩ (veraltend): *Künstler- oder Studentenmilieu [mit ungebundener Lebensweise]* ‖ **Bohemien** [-'miɛ̃:] der, -s/-s (veraltet)

Bohle die, -/-n: *Kantholz*

böhmakeln [auch: 'bɛ(:)-], ich böhmakle (ugs.): *fehlerhaftes Deutsch, das vom Tschechischen beeinflusst ist, sprechen* ‖ **Böhme** der, -n/-n ‖ **Böhmen:** *westlicher Teil der Tschechischen Republik* ‖ **Böhmerwald:** *Teil des Böhmischen Massivs (O, D, Tschechien)* ‖ **Böhmin** die, -/-innen

böhmisch

Kleinschreibung:
- die böhmischen Länder
- böhmische Dalken

Großschreibung in Eigennamen:
- **B**öhmisches Massiv
- **B**öhmische Masse *(eine Gebirgslandschaft, O, N, D, Tschechien)*

Bohne die, -/-n: *eine Gemüsepflanze;* → Fisole | *deren Samen* | *ihre Frucht* | *Kaffeebohne* ‖ **Bohnengulasch,** *auch:* Bohnengulyas [-laʃ] ‖ **Bohnenkaffee** ‖ **Bohnenkäse:** *eine Speise aus Sojabohnen;* gebratener B. ‖ **Bohnenkraut:** *eine Gewürzpflanzenart* ‖ **Bohnensalat** ‖ **Bohnscharl** das, -[s]/-n (ostöst., mda.): *Bohnschote* ‖ **Bohnenschote** → Bohnschote ‖ **Bohnenstange:** *Kletterstange für Bohnenpflanzen* | (ugs.) *große magere Person* ‖ **Bohnenstrudel:** *eine burgenländische Speise* ‖ **Bohnensuppe**

bohnern (nördl. D): den Fußboden b. *(mit Bohnerwachs polieren, wachsen)* ‖ **Bohnerwachs** [-ks] (nördl. D): *Fußbodenwachs*

Bohnschote, *auch:* Bohnenschote (ostöst.): *Fisole*

bohren: ein Loch b.; Brunnen b.; in der Nase b. | ein bohrender Blick; bohrende *(qualvolle)* Schmerzen | bohrende *(nachforschende)* Fragen stellen ‖ **Bohrer** der, -s/-: *Gerät zum Bohren* ‖ **Bohrfutter:** *Halterung für Bohrer in Bohrmaschinen* ‖ **Bohrhammer** ‖ **Bohrinsel** ‖ **Bohrist** der, -en/-en: *ein Facharbeiter* ‖ **Bohristin** die, -/-innen

Bohrium das, -s (Zeichen: Bh): *ein chemisches Element (nach dem dänischen Physiker Bohr)*

Bohrmaschine ‖ **Bohrturm** ‖ **Bohrung** die, -/-en

böig: böiges Wetter *(Wetter mit stoßweise wehenden Winden);* → Bö

Boiler der, -s/- ⟨engl.⟩: *Apparat zur Warmwasserbereitung und -speicherung*

Bojar der, -en/-en = **Bojare,** -n/-n ⟨russ.⟩ (früher): *russischer Adeliger* ‖ **Bojarin** die, -/-innen (früher)

Boje die, -/-n ⟨niederl.⟩: *verankertes schwimmendes Schifffahrtszeichen*

Boku die, -: Kurzwort für Universität für **Bo**den**ku**ltur Wien

Bolero der, -s/-s ⟨span.⟩: *ein spanischer Tanz* | *ein kurzes, offenes Jäckchen*

Bolide der, -n/-n ⟨gr.⟩: *schwerer Rennwagen*

Bolivien [-v-]: *ein Staat in Südamerika* ‖ **bolivianisch**

Böller der, -s/-: *kleiner Mörser, mit dem bei festlichen Gelegenheiten geschossen wird;* B. schießen ‖ **böllern** ‖ **Böllerschuss**

Bolletta die, -/-n ⟨it.⟩ (Amtsspr.): *Zoll- oder Steuerbescheinigung*

Bollwerk: *Befestigungsanlage; Schutzwehr;* ein B. des Friedens

Bolschewik der, -en/-en, *auch:* Bolschewist ⟨russ.⟩: *Anhänger des Bolschewismus* ‖ **Bolschewikin** die, -/-innen, *auch:* Bolschewistin ‖ **Bolschewismus** der, - (Gesch.): *eine russische Form des Kommunismus* ‖ **Bolschewist** der, -en/-en: *Bolschewik* ‖ **Bolschewistin** die, -/-innen: *Bolschewikin* ‖ **bolschewistisch**

Bolzen der, -s/-: *ein Eisenstift* | *ein Geschoß*

Bombardement [-d'mɑ̃:] das, -s/-s ⟨fr.⟩: *[heftige] Beschießung; Bombenabwurf* ‖ **bombardieren**

bombastisch (abw.): er hielt eine bombastische *(schwulstige)* Rede

Bombay [-beɪ]: *früherer Name von Mumbai*

Bombe die, -/-n ⟨gr.-lat.-it.-fr.⟩: *ein Sprengkörper;* er fiel mit Bomben und Granaten durch *(schnitt ganz schlecht ab)* ‖ **Bombenangriff** ‖ **Bombenanschlag** ‖ **Bombendrohung** ‖ **Bombenerfolg** (ugs.): *sehr großer Erfolg* ‖ **bombenfest** (ugs.): etwas b. *(steif und fest)* behaupten ‖ **Bombengeschäft** (ugs.) ‖ **bombensicher:** ein bombensicherer Unterstand | (ugs.) ein bombensicherer *(100-prozentiger)* Erfolg ‖ **Bombenstimmung** (ugs.): *sehr gute, ausgelassene Stimmung* ‖ **Bombenteppich** (Mil.): *flächendeckendes Bombardement* ‖ **Bombenterror** ‖ **Bombentrichter:** *Einschlagloch einer Bombe* ‖ **Bombenwerfer** der, -s/- ‖ **Bombenwerferin** die, -/-innen ‖ **Bomber** der, -s/- (Mil.): *ein Kampfflugzeug zum Abwerfen von Bomben* ‖ **Bomberjacke:** *eine kurze sportliche [Piloten]jacke mit Bund* ‖ **bombieren:** bombiertes *(gebogenes)* Glas

Bon [bo:n, auch: bõ:] der, -s/-s ⟨fr.⟩: *Gutschein* | *Kassenzettel;* → bonieren

bona fide ⟨lat.⟩ (wörtl.: im guten Glauben) (geh.): *vertrauensvoll*

Bonbon [auch: bõ'bõ:] das, -s/-s ⟨fr.⟩: *Zuckerl* ‖ **Bonboniere** [-bɔ'nie:rə] = **Bonbonniere** die, -/-n: *Geschenkpackung mit Bonbons*

Bongo die, -/-s = das, -[s]/-s ⟨span.⟩ (Mus.): *ein Schlaginstrument* ‖ **Bongotrommel**

bonieren ⟨fr.⟩: *einen Bon ausstellen* ‖ **Bonifikation** [-tsi-] die, -/-en: *Vergütung, Entschädigung* ‖ **Bonität** die, -: *[finanzielle] Zuverlässigkeit [einer Firma]*

Bonmot [bõ'mo:] das, -[s]/-s ⟨fr.⟩: *treffende, witzige Bemerkung*

Bonn: *Stadt in Deutschland*

Bonsai der, -[s]/-s ⟨jap.⟩: *[japa-*

B

nisches] Zwergbäumchen
Bo|nus der, - [Bonus**s**es]/- [Bonus**s**e] ⟨lat.⟩: *Gutschrift für Kunden, Sondervergütung | Prämienermäßigung nach unfallfreiem Fahren [in der Kfz-Haftpflichtversicherung];* → G.: Malus ‖ **Bo|nus-Ma|lus-Sys|tem** [-zy-] (Versich.): *eine von der Unfallhäufigkeit abhängende Kfz-Versicherung*
Bon|vi|vant [bõvi'vã:] der, -s/-s ⟨fr.⟩: *ein Genießer, Lebemann*
Bon|ze der, -n/-n ⟨jap.⟩: *buddhistischer Geistlicher* | (abw.) *hoher Funktionär*
Boo|gie-Woo|gie [bugi'wu:gi] der, -[s]/-s ⟨engl.⟩ (Mus.): *ein Klavierstil im Jazz | ein Tanz*
Book|let ['bʊklət] das, -s/-s ⟨engl.⟩: *Broschüre | beigelegtes Heft [zu einer CD]*
Boom [bu:m] der, -[s]/-s ⟨engl.⟩: *starkes Interesse an oder für etwas* | (Wirt.) *plötzlicher [wirtschaftlicher] Aufschwung, Hochkonjunktur* ‖ **boo|men** (bes. Wirt.): *plötzlich im Aufschwung sein*
Boot[1] das, -[e]s/-e: B. fahren; *aber:* beim **B**ootfahren
Boot[2] [bu:t] der, -s/-s ⟨engl.⟩: *ein Stiefel;* Moonboots ‖ **boo|ten** (EDV): ich boote *(starte)* den Computer
Boot|fah|ren das, -s ‖ **Boots|bau|er** der, -s/- ‖ **Boots|bau|e|rin** die, -/-innen ‖ **Boots|haus:** *Garage für Boote* ‖ **Boots|mann** der, -[e]s/-leute: *ein Unteroffizier auf Schiffen* ‖ **Boots|ver|leih**
Bor das, -s ⟨lat.⟩ (Zeichen: B): *ein chemisches Element*
Bo|ra die, -/-s ⟨gr.-lat.-it.⟩: *ein Fallwind im Adriagebiet*
Bo|rax der = das, -[es] ⟨arab.-lat.⟩: *ein Borsalz [zum Weichmachen des Wassers]*
Bord[1] das, -[e]s/-e: *Wandbrett, Stellage*
Bord[2] der, -[e]s/-e: *oberster Schiffsrand;* an B. gehen *(das Schiff, das Flugzeug besteigen);* von B. gehen; eine Ladung an B. haben; etwas über B. werfen *(sich davon trennen);* über B. gehen *(vom Schiff ins Wasser fallen)* ‖ **Bord|buch:** *Tagebuch eines Fahrzeugs* ‖ **Bord|case** [-'keɪs] das = der, -/-(s [-ɪz]) ⟨engl.⟩ *kleiner Handkoffer* ‖ **Bord|com|pu|ter** [-k-pju:-]
bor|deaux [-'do:] ⟨fr.⟩: *weinrot;* eine b. *(bordeauxrote)* Handtasche ‖ **Bor|deaux**[1]: *Stadt in Frankreich* ‖ **Bor|deaux**[2] der, - [-'do:(s)]/- [-'do:(s)]: *Rotwein aus der Gegend von Bordeaux* ‖ **Bor|deaux**[3] das, - [-'do:(s)]: *eine Farbe;* → Bordo ‖ **bor|deaux|rot**
Bor|dell das, -s/-e ⟨fr.⟩: *Haus für Prostituierte*
bör|deln = börteln, ich börtle: Blechkanten b. *(umbiegen)*
Bor|der|line|syn|drom [-laɪnzy-] (Med.) ⟨engl.+gr.⟩: *eine psychische Erkrankung, Persönlichkeitsstörung*
Bord|funk ‖ **Bord|ka|me|ra** ‖ **Bord|kü|che**
Bor|do das, -[s] ⟨fr.⟩: *Bordeaux*
Bor|dun der, -s/-e ⟨it.⟩ (Mus.): *tiefer, lang klingender Begleitton [beim Dudelsack]*
Bor|dü|re die, -/-n ⟨fr.⟩: *Einfassung; Borte, Randmuster*
Bord|waf|fe: *Panzerkanone, Flugzeugrakete uÄ* ‖ **Bord|wand**
Borg (veraltet) (nur in der Wendung): auf B. kaufen ‖ **bor|gen:** *leihen*
BORG [auch: be o ɛr 'ge:] das, -/-: **B**undes-**O**berstufen**r**eal**g**ymnasium
Bo|ris: *männl. Vorname*
Bor|ke die, -/-n: *Baumrinde* ‖ **Bor|ken|kä|fer:** *ein Baumschädling*
Born der, -[e]s/-e (geh.): *Brunnen, Quelle*
bor|niert ⟨fr.⟩ (abw.): *beschränkt, dumm; eingebildet* ‖ **Bor|niert|heit** die, -/-en (abw.)
Bor|retsch der, -[e]s ⟨lat.-rom.⟩: *eine Gewürzpflanze, Gurkenkraut*
Bor|sal|be ‖ **Bor|säu|re:** *ein Antiseptikum*
Borschtsch der, -[s] ⟨russ.⟩: *eine [russische] Suppe*
Bör|se[1] die, -/-n: *Geldbörse* ‖ **Bör|se**[2] die, -/-n (Bankw., Wirt.): *Ort bzw. Institution für Waren- und Geldgeschäfte im Großen;* an die B. gehen *(ein Unternehmen in eine AG umwandeln)* ‖ **Bör|se|ein|füh|rung** (Wirt.): *erstmalige Notierung von Aktien an der Börse* ‖ **Bör|se|gang** = Börsengang (Wirt.) ‖ **Bör|se|ge|schäft** = Börsengeschäft (Wirt.): *Geschäft an einer Börse* ‖ **Bör|sen|be|richt** ‖ **Bör|sen|crash** [-kræʃ] ‖ **Bör|sen|gang** = → Börsegang ‖ **Bör|sen|ge|schäft** = → Börsegeschäft ‖ **Bör|sen|kam|mer|in|dex** (BKI) (Wirt.) ‖ **Bör|sen|kurs** (Wirt.) ‖ **Bör|sen|mak|ler:** *Aktienhändler an der Börse* ‖ **Bör|sen|mak|le|rin** ‖ **bör|sen|no|tiert** = **bör|se|no|tiert** (Wirt.): ein börsenotiertes Unternehmen *(Unternehmen, dessen Aktien an der Börse gehandelt werden)* ‖ **Bör|sen|sen|sal** = Börsesensal (Wirt.): *öffentlicher Börsenmakler* ‖ **Bör|sen|sen|sa|lin** = Börsesensalin (Wirt.) ‖ **Bör|sen|spe|ku|lant** [-ʃp-] ‖ **Bör|sen|spe|ku|lan|tin** ‖ **Bör|sen|ver|ein** ‖ **Bör|si|a|ner** der, -s/- (Wirt.): *Börsenmakler, Börsenspekulant* ‖ **Bör|si|a|ne|rin** die, -/-innen ‖ **Börsl** das, -s/-n (ugs.): *Börse, Geldtäschchen*
Bors|te die, -/-n: eine Bürste mit langen Borsten ‖ **Bors|ten|pin|sel** ‖ **Bors|ten|vieh** ‖ **bors|tig:** sein Haar ist b. | ein borstiges *(unhöfliches)* Wesen
Bor|te die, -/-n: *Schmuckband zum Aufnähen oder Einfassen* ‖ **bör|teln** = → bördeln
Bor|was|ser: *eine antiseptische Lösung*

bös = bö|se
ein böser Mensch; es war nicht b. gemeint; auf jemanden b. sein *(jemandem grollen)* | (Jus) böse Absicht *(mit Vorsatz etwas Bösartiges tun)*

Großschreibung bei Nominalisierung:
– das Gute und das **B**öse
– im **B**ösen [wie im Guten]
– sich zum **B**ösen wenden
– jenseits von **G**ut und **B**öse

bös|ar|tig ‖ **Bös|ar|tig|keit**
Bö|schung die, -/-en: eine steile B. *(ein steiler Abhang)*
bö|se = → bös ‖ **Bö|se** der, -n (geh.): die Macht des Bösen *(des Teufels)*
Bö|sen|dor|fer der, -s/- (Wz.): *ein Flügel, Klavier (nach dem Firmengründer)*
Bö|se|wicht der, -[e]s/-e[r]: *bösartige Person* ‖ **bös|gläu|big** (bes. Jus): *bedenkenlos, in böser Absicht;* → G.: gutgläubig ‖ **bos|haft:** boshafte *(bösartige, spöttische)* Bemerkungen ‖ **Bos|haf|tig|keit** die, -/-en ‖ **Bos|heit** die, -/-en
Bos|kop der, -s/-: *eine Apfelsorte (nach einem Ort in den Niederlanden)*
Bos|na die, -/-s = **Bos|ner** die, -/- (Küchenspr.): *eine Bratwurst mit Zwiebel und Curry in einem Weckerl* ‖ **Bos|ni|ak** der, -en/-en, *auch:* **Bos|ni|a|ke**, -n/-n (auch

abw.): *muslimischer Bewohner von Bosnien, Bosnier* | (Küchenspr.) *Bosniakerl* || **Bos|ni|a|kerl** das, -s/-[n] (reg.) (Küchenspr.): *schmales, dunkles Weckerl* || **Bos|ni|a|kin** die, -/-innen (auch abw.): *Bosnierin* || **Bos|ni|en:** *Land in Südosteuropa* || **Bos|ni|en-Her|ze|go|wi|na** [auch: -'vi:-] (Kfz: BIH, auch: BiH): *ein Staat, Republik Bosnien und Herzegowina* || **Bos|ni|er** der, -s/-: *Bewohner von Bosnien* || **Bos|ni|e|rin** die, -/-innen

Bos|ni|gel = Bos|nigl der, -s/-[n] (ugs.): *boshafter Mensch;* → Nickel[1]

bos|nisch || **Bos|nisch** das, -[s] = **Bos|ni|sche,** -n: *die bosnische Sprache;* → Serbokroatisch

Bo|son [auch: -'o:n] das, -s/-en [-'zo:-] (Phys.): *Elementarteilchen mit ganzzahligem Spin (nach dem indischen Physiker Bose);* → G.: Fermion

Bos|ruck: *ein Berg (O, St)* || **Bos|ruck|tun|nel**

Boss der, -es/-e ⟨niederl.-engl.⟩: *Chef/in*

Bos|sa no|va [- -va] der, - -/- -s ⟨port.⟩ (Mus.): *ein [südamerikanischer] Tanz*

bos|sen, du bosst (ostöst., mda.): Nüsse b. *(sie vom Baum schlagen)* || **Bos|sing** das, -s: *Mobbing durch Vorgesetzte*

bös|wil|lig: sie haben b. gehandelt || **Bös|wil|lig|keit** die, -/-en

bot → bieten

Bo|ta|nik die, - ⟨gr.⟩: *Wissenschaft von den Pflanzen, Pflanzenkunde* || **Bo|ta|ni|ker** der, -s/- || **Bo|ta|ni|ke|rin** die, -/-innen || **bo|ta|nisch:** botanische Studien betreiben; *aber:* der Botanische Garten in Wien || **bo|ta|ni|sie|ren:** *Pflanzen sammeln und bestimmen*

Bo|te der, -n/-n: den Brief per B. schicken || **Bo|ten|dienst** || **Bo|ten|gang** || **Bo|ten|stoff** (Biol.): *Hormon* || **Bo|tin** die, -/-innen || **bot|mä|ßig** (geh.): jemandem b. *(untertan, zum Gehorsam verpflichtet)* sein || **Bot|schaft** die, -/-en: *Nachricht;* eine B. überbringen | (Rel.) die frohe B. *(Frohbotschaft, Evangelium)* | *diplomatische Vertretung eines Staates im Ausland* || **Bot|schaf|ter** der, -s/-: *ein Berufstitel* || **Bot|schaf|te|rin** die, -/-innen

Bött|cher der, -s/- (reg. in D): *Fassbinder* || **Bött|che|rin** die, -/-innen (reg. in D) || **Bot|tich** der, -[e]s/-e: *ein Behälter*

Bou|c|lé [bu'kle:] = → Buklee

Bou|doir [bu'doa:r] das, -s/-s ⟨fr.⟩ (geh., veraltet): *Damenzimmer*

Bouil|la|baisse [buja'bɛs] die, -/-s [-'bɛs] ⟨fr.⟩ (Küchenspr.): *eine [französische] Fischsuppe*

Bouil|lon [bu'jo:n, -'jõ:] die, -/-s ⟨fr.⟩ (Küchenspr.): *klare [Rind]fleischsuppe*

Bou|le|vard [bul'va:r], -[s]/-s ⟨fr.⟩: *breite Prachtstraße* || **Bou|le|vard|blatt:** *eine Sensationszeitung* || **Bou|le|vard|pres|se** || **Bou|le|vard|stück:** *ein unterhaltsames Theaterstück*

Bou|quet [bu'ke:] = Bukett das, -s/-s [-'ke:, D: -'kɛt], -s/-s [-e] ⟨fr.⟩: *Blumenstrauß* | *Blume des Weines*

Bour|geois [bur'ʒoa:] der, -/- ⟨fr.⟩ (abw., veraltend): *wohlhabender Bürger* || **Bour|geoi|se** [-'ʒoa:z(ɛ)] die, -/-n (abw., veraltend): *wohlhabende Bürgerin* || **Bour|geoi|sie** die, -/-n (abw., veraltend): *Großbürgertum*

Bou|teil|le [bu'tɛı, auch: -'tɛlɛ] die, -/-n ⟨fr.⟩ (veraltend): *[0,7-l-Wein-]Flasche [mit langem, schlankem Hals]*

Bou|ti|que [bu'tik] die, -/-n, *D auch:* Butike [-kɛ] ⟨fr.⟩: *kleines Fachgeschäft für Modeartikel*

Bo|vist [-v-] der, -[e]s/-e, *auch:* Bofist: *Staubpilz*

Bow|den|zug ['baʊd-], *auch:* Baudenzug: *Drahtkabel für Kraftübertragung, zB bei der Fahrradbremse (nach dem Engländer Bowden)*

Bow|le ['bo:lɛ, engl.: bəʊl] die, -/-n ⟨engl.⟩: *ein Getränk aus Wein und Früchten* | *Gefäß dafür* || **Bow|len|glas**

Bow|ling ['bəʊl-] das, -s/-s ⟨engl.⟩: *[amerikanisches] Kegelspiel* || **Bow|ling|bahn**

Box die, -/-en ⟨engl.⟩: *Abteil in einem Stall oder einer Garage* | *Einzelraum in Ausstellungen* | *ein Behälter* | *Lautsprecherbox*

bo|xen, du boxt ⟨engl.⟩

Bo|xen|stopp [-ʃt-] ⟨engl.⟩ (Motorsport)

Bo|xer der, -s/- ⟨engl.⟩: *ein Sportler* | *eine Hunderasse* | *ein Faustschlag* || **Bo|xe|rin** die, -/-innen || **Bo|xer|mo|tor:** *ein Verbrennungsmotor* || **Bo|xer|shorts** [-ʃɔ:ts]: *eine weite Unterhose* || **Box|hand|schuh** || **Box|kampf:** *Faustkampf* || **Box|ring:** *der abgegrenzte Kampfplatz beim Boxen*

Boy der, -s/-s ⟨engl.⟩: *Bub, Bursch, junger Mann* | *[Hotel]diener;* Liftboy || **Boy|group** [-gru:p] die, -/-s (Mus.): *aus männlichen Teenagern bestehende Popgruppe [mit Tanzeinlagen]*

Boy|kott der, -[e]s/-s [-e] ⟨engl.⟩: über jemanden einen B. verhängen || **boy|kot|tie|ren:** *meiden, ächten;* ein Geschäft b. *(dort grundsätzlich nicht einkaufen)*

Boy|scout [-skaʊt] der, -[s]/-s ⟨engl.⟩: *Pfadfinder*

Bo|zen (it.: Bolzano): *Hauptstadt von Südtirol*

BP [be 'pe:] (Kfz): **B**undes**p**olizei

BPA[1] [be pe 'a:] die, -/-[s]: **B**erufs**p**ädagogische **A**kademie

BPA[2] [be pe 'a:] die, -: **B**undes**p**rüf**a**nstalt *(für Kraftfahrzeugüberprüfungen und Messtechnik, in Wien)*

BPA[3] [be pe 'a:] das, -[s]: **B**undes**p**ensions**a**mt

BPS [be pe 'ɛs] die, -: **B**erufsbildende **P**flicht**s**chule

Bq: Beq**uerel**

Br: Brom

bra|b|beln (bes. D, ugs.): *undeutlich sprechen*

brach[1] (Verb) → brechen

brach[2] (Adj.): *unbebaut;* das Feld ist b. gelegen; → brach liegend = brachliegend || **Bra|che** die, -/-n (Landw.): *das Brachliegen; Kurzwort für Brachfeld* || **Brach|feld:** *unbebauter Acker*

bra|chi|al ⟨gr.-lat.⟩: *handgreiflich, brutal* || **Bra|chi|al|ge|walt:** einen Widerstand mit B. brechen

Brach|lie|gen das, -s: *Brache* || **brach lie|gend = brach|lie|gend:** jahrelang b. liegende *(unbebaute)* Felder

brach|te → bringen

bra|ckig: brackiges *(salziges, ungenießbares)* Wasser || **Brack|was|ser:** *Mischung von Fluss- und Meerwasser [an Flussmündungen]*

Brah|ma [auch: brax-] ⟨Sanskrit⟩: *indische Gottheit* || **Brah|ma|ne** der, -n/-n: *Angehöriger der Priesterkaste in Indien* || **Brah|ma|nin** die, -/-innen || **Brah|ma|pu|t|ra** der, -[s]: *Strom in Indien und Bangladesch*

Brail|le|schrift ['braılɛ-, bra:j-] die, - ⟨fr.⟩: *Blindenschrift (nach dem französischen Erfinder Braille)*

Brain|stor|ming ['breınst-] das, -[s]/-s ⟨engl.⟩: *eine Methode gemeinsamer Problemlösung* || **Brain|trust** [-trʌst] der, -[es]

B

[-s]/-s [-truste]: *Beratungsausschuss*
Bramburi die (Pl.) ⟨tschech.⟩ (ostöst., scherzh., veraltet): *Kartoffel, Erdäpfel*
Branche [brɑ̃:ʃ] die, -/-n ⟨fr.⟩: *Berufszweig, Fach; Geschäftszweig* ‖ **branchenfremd** ‖ **branchenkundig** ‖ **Branchenerfahrung** ‖ **branchenüblich** ‖ **Branchenverzeichnis:** *Firmenverzeichnis [im Telefonbuch]*
Brand der, -[e]s/Brände: in B. geraten; in B. setzen; einen B. legen; den B. löschen | (Med.) *Absterben von Gewebe auf Grund unzureichender Durchblutung* | (meist Pl.) *Schnaps, Branntwein, Brandy, Weinbrand ua.* | (Biol.) *durch bestimmte Pilze hervorgerufene Pflanzenkrankheit* | (ugs.) einen B. *(nach starkem Alkoholgenuss großen Durst)* haben ‖ **brandaktuell:** *hochaktuell* ‖ **Brandanschlag** ‖ **Brandblase** ‖ **Brandbombe** ‖ **brandeln** (ugs.): es brandelt *(es riecht nach einem Brand)* | (ugs.) *zahlen;* ich brandle für eine verlorene Wette
branden: brandende *(an das Ufer schlagende)* Wogen; → Brandung
Brandenburg: *deutsches Bundesland* | (früher) die Mark B.; → märkisch ‖ **brandenburgisch** → märkisch
Brandfackel ‖ **Brandgeruch** ‖ **brandheiß** ‖ **Brandherd:** *Ausgangspunkt des Brandes* ‖ **brandig:** eine brandige *(faulende)* Wunde ‖ **Brandkatastrophe** [-f-] ‖ **Brandleger** der, -s/-: *Brandstifter* ‖ **Brandlegerin** die, -/-innen ‖ **Brandlegung** die, -/-en ‖ **Brandmal** das, -[e]s/-e ‖ **brandmarken,** gebrandmarkt: *öffentlich anprangern* ‖ **brandneu:** *ganz neu, aktuell* ‖ **Brandobjekt:** abgebranntes Gebäude ‖ **Brandrede:** *eine zündende Ansprache* ‖ **Brandsalbe** (Med.) ‖ **Brandschaden** ‖ **Brandschadenversicherung** ‖ **brandschatzen** (geh.): *[plündern und] zerstören* ‖ **Brandschutz:** vorbeugender B. ‖ **Brandsohle:** *Sohle im Innern des Schuhes* ‖ **Brandstatt** = **Brandstätte** ‖ **Brandstifter** ‖ **Brandstifterin** ‖ **Brandstiftung** ‖ **Brandteig:** *Teig, der auf dem Herd erhitzt wird* ‖ **Brandteigkrapferl:** *gefüllte Süßigkeit aus Brandteig*
Brandung die, -/-en: → branden
Brandursache ‖ **Brandwache:** B. halten *(Wache zur Kontrolle, falls das Feuer wieder aufflammt)* ‖ **Brandwunde**
Brandy ['brændi] der, -s/-s ⟨engl.⟩: *Weinbrand*
Brandzeichen: *Eigentümerzeichen bei Rindern, Pferden*
brannte → brennen ‖ **Branntwein:** *Schnaps;* → Brandy ‖ **Branntweiner** der, -s/- (veraltend): *Wirt einer Branntweinschank* | *Branntweinschank* | (ugs.) *Säufer* ‖ **Branntweinerin** die, -/-innen (veraltend) ‖ **Branntweinschank** = **Branntweinschänke** = **Branntweinschenke** ‖ **Branntweinmonopol** (früher)
Brasilia: *Hauptstadt von Brasilien* ‖ **Brasilianer** der, -s/- ‖ **Brasilianerin** die, -/-innen ‖ **brasilianisch** ‖ **Brasilien:** *ein Staat*
Brat = **Brät** das, -s: *Wurstfülle*
Bratapfel ‖ **braten,** du brätst/briet/gebraten: Fleisch b. | in der Sonne b. *(liegen, um braun zu werden)* | (ugs.) *aufreißen, anmachen* ‖ **Braten** der, -s/-: *gebratenes Stück Fleisch;* den B. riechen *(eine günstige Gelegenheit erkennen);* ein fetter B. *(eine Gewinn bringende Sache)* ‖ **Bratenfett** ‖ **Bratensaft** ‖ **bratfertig** ‖ **Bratfisch** ‖ **Brathendl:** *Brathuhn* ‖ **Brathering** ‖ **Brathuhn**
Bratislava [-v-]: *Hauptstadt der Slowakei (Pressburg)*
Bratkartoffel (meist Pl.) ‖ **Bratl** das, -s/-n: *[Schweins]braten* | (reg., bes. O) B. in der Rein *(in der Kasserolle servierter Schweinsbraten mit Zuspeisen)* ‖ **Bratpfanne** ‖ **Bratrohr:** *Backrohr*
Bratsche die, -/-n ⟨it.⟩: *ein Streichinstrument, Viola* ‖ **Bratschist** der, -en/-en ‖ **Bratschistin** die, -/-innen
Bratspieß ‖ **Bratwurst** ‖ **Bratwürstel** [meist: -ʃt-]
Bräu[1] das, -[e]s/-e: *Brauhaus, Brauerei* | *das dort gebraute Bier, zB Stadtbräu* | *Kurzwort für Bräustüberl* ‖ **Bräu**[2] der, -[e]s/-e (S): *Brauereibesitzer, der selbst ausschenkt* ‖ **Bräuin** die, -/-innen
Brauch der, -[e]s/Bräuche: *Sitte;* das ist bei uns B. ‖ **brauchbar** ‖ **Brauchbarkeit** die, - ‖ **brauchen:** sie braucht nicht [zu] kommen; ich brauchte (auch für den Konjunktiv: *ich würde brauchen, bräuchte*); das kann ich jetzt [gut] b.; ich kann euch jetzt nicht b. *(habe jetzt keine Zeit für euch)* ‖ **Brauchtum** das, -s/-tümer: altes B. *(alte Bräuche)*
Braue die, -/-n: *Augenbraue*
brauen: Bier b. ‖ **Brauer** der, -s/- ‖ **Brauerei** die, -/-en ‖ **Brauerin** die, -/-innen ‖ **Brauhaus** ‖ **Braumeister** ‖ **Braumeisterin**

braun
braune Haare | *braungebrannt, sonnengebräunt;* b. aus dem Urlaub zurückkommen | (ugs.) (Pol.) *nationalsozialistisch geprägt;* → Braune

Getrennt- und Zusammenschreibung mit adjektivisch gebrauchten Partizipien:
– braun gebrannte (= braungebrannte) Kinder
– ein braun getupftes (= braungetupftes) Kleid

Braun das, -[s]/-: ein Pulli in B.
Braunau am Inn (Kfz: BR): *Stadt und Bezirk in Oberösterreich*
braunäugig ‖ **Braunbär** ‖ **Braune**[1] der, -n/-n, ein Brauner: *braunes Pferd, Bräunl* | ein kleiner Brauner *(ein Mokka mit Obers oder Milch)* | (ugs.) (Pol.) *Anhänger einer nationalsozialistisch geprägten Gesinnung (bes. während der NS-Zeit)* ‖ **Braune**[2] die, -n/-n (ugs.) (Pol.) ‖ **Bräune** die, - ‖ **bräunen:** sich im Sonnenstudio b. lassen ‖ **braun gebrannt** = **braungebrannt** → braun ‖ **braun getupft** = **braungetupft** → braun ‖ **braunhaarig** ‖ **Braunkohle** ‖ **Bräunl** der, -s/-n (ugs.): *braunes Pferd* ‖ **bräunlich:** b. grau ‖ **Braunschweiger** die, -/-: *eine Wurstsorte* ‖ **Bräunung** die, -/-en ‖ **Bräunungsstudio** [-ʃt-]: *Salon mit Solarium uÄ*
Braus → Saus und Braus ‖ **Brause** die, -/-n: *Dusche* | *Gerät zum Brausen;* die B. ist verstopft | (veraltend) *Kurzwort für Brausegetränk, Brausepulver* ‖ **brausen,** du braust: brausender Herbstwind; sich nach dem Joggen b. *(sich duschen)* | (ugs., sal.) geh dich b. *(lass mich damit in Ruhe, verschwinde)* ‖ **Brausepulver** [-f-] ‖ **Brausetablette** ‖ **Brausetasse:** *Duschwanne*
Bräustüberl = **Bräustübl:** *[zu einer Brauerei gehörendes] Bierlokal*
Braut die, -/Bräute: die B. zum Altar führen ‖ **Brautbouquet**

[-bukeː] = **Braut|bu|kett** [-keː, D: -kɛt] ‖ **Braut|el|tern** ‖ **Bräu|ti|gam** der, -s/-e: *zukünftiger Ehemann am Tag seiner Hochzeit* | (veraltend) *Verlobter* ‖ **Braut|jung|fer** ‖ **Braut|kleid** ‖ **Braut|kranz** ‖ **Braut|leu|te** die (Pl.) ‖ **Braut|mut|ter** ‖ **Braut|paar** ‖ **Braut|schau** die, - (meist scherzh.): auf B. gehen *(sich eine Ehefrau suchen)* ‖ **Braut|va|ter**

brav ⟨it.⟩: *gesittet, anständig* | b. *(bieder, ohne Pfiff)* angezogen sein | (veraltend) *rechtschaffen;* ein braver Angestellter | (veraltend) *mutig, tüchtig;* brave Soldaten ‖ **bra|vo** [-v-]: anerkennend b. (= Bravo) rufen ‖ **Bra|vo|ruf** ‖ **Bra|vour** [-'vuːɐ] = → Bravur ‖ **bra|vou|rös** = → bravurös ‖ **Bra|vour|stück** = → Bravurstück ‖ **Bra|vur** = Bravour [-'vuːɐ] die, - ⟨fr.⟩: etwas mit B. *(souverän)* meistern ‖ **bra|vu|rös** = bravourös: *meisterhaft, tollkühn* ‖ **Bra|vur|stück** = Bravourstück: *gewagte Tat, virtuose Leistung*

BRD [be ɛr 'deː] die, - (nicht amtliche Abkürzung, veraltend): **B**undes**r**epublik **D**eutschland

Break [breɪk] das, -s/-s ⟨engl.⟩ (im Tennis): *Durchbrechen des gegnerischen Aufschlags* | (Mus.) *Zwischensolo im Jazz* ‖ **Break|dance** [-dɑːns, -dæns] der, -[s]: *ein moderner Tanzstil* ‖ **brea|ken** (bes. im Tennis): *beim Aufschlag des Gegners ein Spiel machen* ‖ **Break-even** = **Break|even** [-'iːvən] = **Break-even-Point** = **Break|even-Point** der, -s/-s (Wirt.): *Rentabilitätsgrenze, Übergang zur Gewinnzone*

Brech|durch|fall (Med.) ‖ **Brech|ei|sen:** *ein Werkzeug, Brechstange*

bre|cheln: *den Flachs schlagen, bis die Fasern freigelegt werden*

bre|chen, ich breche, du brichst/brach/gebrochen/brich!, brecht!: sein Wort b. | den Weltrekord b. | jemandem das Herz b. *(großen Kummer bereiten);* den Stab über ihn b. *(ihn verurteilen);* einen Streit vom Zaun b. *(anfangen)* | *brecheln* | *sich übergeben, erbrechen*

Bre|cher der, -s/-: *schwere Meereswelle* | *Maschine zum Zerkleinern [von Gesteinsbrocken]*

Brech|mit|tel: *Mittel, das ein Erbrechen verursachen soll* | (derb, abw.) *ungute Person, Sache* ‖ **Brech|reiz** (Med.) ‖ **Brech|stan|ge:** *ein Werkzeug, Brecheisen* ‖ **Bre|chung** die, -/-en (Phys.): die B. *(Richtungsablenkung)* der Lichtstrahlen ‖ **Bre|chungs|in|dex** (Phys.): *Maß für die Lichtbrechung in einem Stoff*

Bre|douil|le [-'dujə] die, - ⟨fr.⟩: in der B. *(in Schwierigkeiten, Bedrängnis)* sein

Bre|genz (Kfz: B): *Landeshauptstadt und Bezirk von Vorarlberg* ‖ **Bre|gen|zer** der, -s/- ‖ **Bre|gen|ze|rin** die, -/-innen ‖ **Bre|gen|zer Wald** = **Bre|gen|zer|wald:** *eine Gebirgsgruppe (V, D)* ‖ **Bre|gen|zer|wäl|der:** *Bewohner des Bregenzer Waldes,* → *Wälder* ‖ **Bre|gen|zer|wäl|de|rin**

Brei der, -[e]s/-e: *Haferbrei;* um den heißen B. herumreden *(die Sache nicht klar aussprechen)* ‖ **brei|ig**

Brein der, -s (Küchenspr.): *gekochtes Korn* ‖ **Brein|wurst** (St): *eine Speise*

breit
ein breites Brett; 10 m b. | die breite Öffentlichkeit; weit und b.

Großschreibung bei Nominalisierung:
- etwas **B**reites
- des Langen und [des] **B**reiten (ausführlich)

Zusammenschreibung bei übertragener Bedeutung:
- sich breitmachen *(ausbreiten)*
- jemanden breitschlagen *(überreden)*
- eine Sache breittreten *(ihr zu viel Gewicht beimessen)*

Getrennt- und Zusammenschreibung mit Verben, die ein Resultat herbeiführen, und mit adjektivisch gebrauchten Partizipien:
- breit machen = breitmachen *(breit anlegen)*
- breit gefächert = breitgefächert *(vielseitig)*

Breit|band: *Kurzwort für Breitbandinternet uÄ* ‖ **Breit|band|an|ti|bi|o|ti|kum** (Med.) ‖ **Breit|band|in|ter|net:** *eine schnelle Internetverbindung* ‖ **breit|bei|nig** ‖ **Brei|te** die, -/-n: in voller B. | (Geogr.) *Breitengrad;* 48° nördliche[r] B. ‖ **Brei|te|grad** = Breitengrad (Geogr.) ‖ **brei|ten:** ein Tischtuch über den Tisch b. | (geh.) Wolken b. sich über den Bergen ‖ **Brei|ten|grad** = Breitegrad (Geogr.) ‖ **Brei|ten|kreis** (Geogr.): *Parallelkreis zum Äquator* ‖ **Brei|ten|sport:** *Sportart, die von vielen Menschen betrieben wird* → G.: Leistungssport ‖ **Brei|ten|wir|kung:** *große Wirkung in der Öffentlichkeit* ‖ **breit ge|fä|chert** = **breit|ge|fä|chert:** *vielseitig* ‖ **breit|ma|chen** sich: *viel Raum beanspruchen; aber:* den Weg b. (= breit machen) *(breit anlegen);* → breit ‖ **breit|schla|gen** (ugs.): *überreden;* sich b. lassen ‖ **breit|schult|rig** ‖ **Breit|sei|te:** die B. eines Schiffes; → G.: Längsseite | (Mil.) *Salve aller Geschütze einer Längsseite des Schiffes* ‖ **breit|spu|rig** ‖ **breit|tre|ten** (abw.): eine Sache b.; → breit ‖ **Breit|wand:** *ein Aufnahme- und Projektionsverfahren für Filme* ‖ **Breit|wand|fern|se|hen** ‖ **Breit|we|ge|rich:** *eine Pflanzenart*

Bre|men: *Stadt in Deutschland (zugleich Bundesland)*

Brems|ba|cke: *Bestandteil der Bremse in Fahrzeugen* ‖ **Brems|be|lag** ‖ **Brem|se**[1] die, -/-n: *eine Hemmvorrichtung;* Notbremse

Brem|se[2] die, -/-n: *eine Stechfliege*

brem|seln (ugs.): es bremselt *(kribbelt) im Finger*

brem|sen, du bremst: scharf b.; die Inflation b. *(stoppen, verhindern)* ‖ **Brem|ser** der, -s/- ‖ **Brem|se|rin** die, -/-innen ‖ **Brems|flüs|sig|keit:** B. [in hydraulischen Bremsen] wechseln ‖ **Brems|klotz** ‖ **Brems|licht** ‖ **Brems|pe|dal** ‖ **Brems|spur:** eine lange B. am Unfallort ‖ **Brems|strah|lung** (Phys.): *bei der Abbremsung geladener Teilchen entstehende elektromagnetische Strahlung* ‖ **Brem|sung** die, -/-en ‖ **Brems|weg:** ein langer B.

brenn|bar ‖ **Brenn|dau|er** ‖ **Brenn|ele|ment** (Phys.): *meist stabförmiger Bauteil eines Kernreaktors;* → Brennstab ‖ **bren|nen,** brannte/gebrannt: brennende Kerzen; brennend heiß | das Licht brennt noch *(ist noch eingeschaltet)* | die Sonne brennt; aus dem Urlaub braun gebrannt (= braungebrannt) zurückkommen | die Augen b. | Ziegel b. | Schnaps b. | (EDV, Elektrot.) eine CD-ROM b. *(bespielen, Daten darauf speichern)* | sich brennend *(sehr)* für etwas interessieren; auf Vergeltung b. *(sie dringend wünschen)* | er brennt vor Liebe *(ist sehr ver-*

liebt) | es brennt *(es ist sehr dringend, gefährlich);* die Sache brennt unter den Nägeln; eine brennende Frage; der Hut brennt *(es ist sehr dringend)* | (ugs., sal.) *zahlen;* b. müssen || **Brenner**[1] der, -s/-: *eine Vorrichtung zum Brennen;* Gasbrenner; CD-Brenner

Brenner[2] der, -s: *Pass zwischen Nord- und Südtirol* || **Brennerautobahn** || **Brennerbasistunnel**

Brennerei die, -/-en || **brennheiß:** *sehr heiß* || **Brennholz** || **Brennmaterial** || **Brennnessel:** *eine Pflanzengattung* || **Brennofen** || **Brennpunkt** (Math., Phys.): der B. *(Punkt, in dem sich gebrochene Strahlen bündeln)* einer Linse | im B. *(im Mittelpunkt des aktuellen Geschehens)* || **Brennschere** (früher): *scherenförmiges Gerät zum Lockenlegen* || **Brennspiritus** [-ʃp-]: *ein Brennstoff* || **Brennstab** (Phys.): *Brennelement in einem Atomreaktor* || **Brennstoff** || **Brennsuppe:** *Einbrennsuppe* || **Brennweite** (Phys.): die B. einer optischen Linse *(Entfernung zu ihrem Brennpunkt)*

brenzeln: es brenzelt *(es riecht nach Brand)* || **brenzlig** = **brenzlich:** ein brenzliger Geruch | es wird b. *(gefährlich)*

Bresche die, -/-n: eine B. *(Lücke)* schlagen; in die B. springen *(helfend eingreifen);* sich für jemanden in die B. werfen *(für jemanden eintreten)*

bresthaft (geh., veraltet): *krank, gebrechlich* || **Bresthaftigkeit** die, - (geh., veraltet)

Bretagne [-'anʲ(ɛ), fr. brœ'tanʲ] die, -: *Landschaft in Westfrankreich* || **Bretone** der, -n/-n || **Bretonin** die, -/-innen || **Bretonisch** das, -[s] = **Bretonische,** -n: *eine keltische Sprache*

Brett das, -[e]s/-er: ein B. festnageln; Anschläge am schwarzen (auch: Schwarzen) B. *(Anschlagtafel)* | (ugs.) ein B. vor dem Kopf haben *(etwas nicht kapieren)* | *Spielbrett* | (ohne Sing.) (geh.) Bretter, die die Welt bedeuten *(Theater, Bühne)* | (St, S) *kahle Felsplatte* || **Bretterboden** || **brettern** (ugs.): *aus Brettern* || **Bretterzaun** || **Brettl** das, -s/-n (ugs.): *kleines Brett* | *Kleinkunstbühne, Cabaret* | (sal.) *Ski;* gewachste Brettln || **Brettlboden:** *Boden aus schmalen Brettern* || **brettleben** (ugs.): *flach wie ein Brett* || **Brettljause:** *kleine kalte Mahlzeit, auf einem Brett serviert* || **Brettspiel:** *Spiel, zu dem ein Spielbrett benötigt wird, zB Schach*

Breve [-v-] das, -[s]/-n [-s] ⟨lat.⟩: *ein kürzeres päpstliches Schreiben; Urkunde* || **Brevier** das, -s/-e (kath.): *Stundengebet* | *Gebetbuch des Priesters* | (geh.) *Anleitung, Leitfaden; Textsammlung*

Brezel das, -s/-[n] = die, -/-n ⟨rom.⟩ (reg., zB V, auch mit Art. der): *ein Gebäck* || **Brezen** die, -/- (ugs.): *Brezel* | (ugs.) eine B. reißen *([beim Skifahren] stürzen)*

BRG [be ɛr 'geː] das, -/-: **B**undes**re**algymnasium

bricht → brechen

Bridge [-tʃ, engl.: -dʒ] das, - ⟨engl.⟩: *ein Kartenspiel* || **Bridgepartie**

Brie der, -s/-s: *eine Käsesorte (nach einer französischen Landschaft)*

Brief der, -[e]s/-e: Briefe schreiben; blauer (auch: Blauer) B. *(Kündigungsbrief);* ein offener *(in der Zeitung veröffentlichter)* B.; mit B. und Siegel *(offiziell)* || **Briefbeschwerer** der, -s/- || **Briefbombe:** *als Brief getarnter Sprengkörper* || **Briefchen:** ein B. *(Päckchen)* Lose

briefen: *jemanden [für ein Interview] mit allen wichtigen Informationen versorgen;* → Briefing

Brieffreund: *Partner für Briefwechsel* || **Brieffreundin** || **Briefgeheimnis:** das B. verbietet das Öffnen fremder Briefe

Briefing das, -s/-s ⟨engl.⟩: *[kurze] informative Besprechung;* → briefen

Briefkasten: der B. wurde schon geleert || **Briefkastenfirma:** *Scheinfirma* || **Briefkastl** (ugs.): *Briefkasten* || **Briefkopf:** *oberer Teil des Briefes [bis zum Text] mit Absender, Adresse, Datum ua.* || **Briefkurs** (Bankw.): *Kurs, zu dem Wertpapiere angeboten werden* | *Börsekurs* || **Briefkuvert** [-veːə, in D: -vɛrt]: *Briefumschlag* || **brieflich:** b. *(in Briefform)* verkehren || **Brieflos:** *ein Glücksspiel* || **Briefmarke** || **Briefmarkensammlung** || **Brieföffner** || **Briefpapier** || **Briefporto** || **Briefroman:** *Roman in Form von Briefen* || **Briefsendung** (Amtsspr.) || **Briefschaften** die (Pl.) (veraltend): *Briefe, persönliche Post* || **Brieftasche:** die B. mit allen Ausweisen wurde gestohlen || **Brieftaube:** *dressierte Taube, die Briefbotschaften überbringt* || **Briefträger** || **Briefträgerin** || **Briefumschlag:** *Kuvert* || **Briefwaage** || **Briefwahl:** *Wahlform für im Ausland weilende Wahlberechtigte* || **Briefwechsel** [-ks-]: *Korrespondenz*

Bries das, -es/-e: *eine Drüse [des Kalbes]* | *Speise daraus*

briet → braten

Brigade die, -/-n ⟨fr.⟩ (Mil.): *eine größere Truppeneinheit* || **Brigadier** [D: -'djeː] der, -s/-e: *Kommandant einer Brigade* || **Brigadiere** [-'diɛːre] der, -s/- ⟨it.⟩: *Unteroffizier bei der Südtiroler Polizei*

Brigg die, -/-s ⟨engl.⟩ (Seemannsspr.): *ein zweimastiges Segelschiff*

Brigitta = **Brigitte:** *weibl. Vorname;* → Britta; → Gitta; → Birgit || **Brigittenau** [auch: -'aʊ] die, -: *20. Bezirk Wiens*

Brikett das, -[e]s/-s ⟨fr.⟩: *gepresster Kohlenstaub in Ziegel- oder Eiform*

brillant [-l'jant] ⟨fr.⟩: *glänzend, hervorragend* || **Brillant** der, -en/-en: *Diamant mit bestimmtem Schliff* || **Brillantring** || **Brillantschliff** || **Brillanz** die, -: eine Aufgabe mit B. *(mit meisterhafter Geschicklichkeit)* erledigen

Brille die, -/-n: *Augengläser;* etwas durch eine rosa B. *(zu optimistisch)* sehen || **Brillenfassung** || **Brillenglas** || **Brillenschlange:** *Kobra* | (abw.) *Brillenträger/in* || **Brillenträger** || **Brillenträgerin**

brillieren [auch: -l'jiː-] ⟨fr.⟩: *mit einer Leistung glänzen*

Brimborium das, -s, *auch:* Brimbamborium ⟨fr.⟩ (abw.): *geheimnisvolles Getue, Gerede*

Brimsen der, -[s]/- ⟨slaw.⟩ (ostöst.): *ein Weichkäse aus Schafmilch*

bringen, brachte/gebracht: Gewinn b. | Glück b.; etwas an sich b. *(es in Besitz nehmen);* es zu etwas b. *(erfolgreich sein)* | jemanden zur Bahn b.; den Verbrecher hinter Gitter b. *(bewirken, dass er inhaftiert wird/ins Gefängnis muss)* | etwas hinter sich b. *(es erledigen);* das bringt mit sich *(hat zur Folge);* sie brachte es nicht über sich *(konnte sich nicht dazu entschließen)* | jemanden um den Schlaf b. | einen Beitrag im Radio b. *(sen-*

den) | Holz b. *(zu Tal, zur Straße schaffen)* ‖ **Bringschuld** die, -: *Verpflichtung, die beim Gläubiger zu begleichen ist;* → Holschuld ‖ **Bringung** die, -/-en: *Holztransport*

Brioche ['bri:ɔʃ, -'ɔʃ] das, -/-s ⟨fr.⟩: *ein mürbes Gebäck* ‖ **Briochekipfel** = **Briochekipferl**

brisant ⟨fr.⟩: *hochexplosiv* | *sehr aktuell und heikel* ‖ **Brisanz** die, -

Brise die, -/-n: *leichter Wind*

Britannien: *Kurzform für Großbritannien* ‖ **Brite** der, -n/-n: *Bewohner Großbritanniens* ‖ **Britin** die, -/-innen ‖ **britisch:** die britische Regierung; *aber:* die Britischen Inseln

Britta: *weibl. Vorname (Brigitta, Brigitte)*

Brixen (it.: Bressanone): *Stadt in Südtirol*

Brixlegg: *Marktgemeinde in Tirol*

Broadway ['brɔ:dweɪ] der, -s ⟨engl.⟩: *Theaterstraße in New York*

Broccoli [-k-] = → Brokkoli

bröckelig, *auch:* bröcklig ‖ **bröckeln:** die Mauer bröckelt; ich bröckle *(brocke)* Brot in die Suppe ‖ **brocken** (bes. ostöst.): Beeren b. *(pflücken)* | ich brocke *(bröckle)* Brot in die Suppe ‖ **Brocken** der, -s/-: *Felsbrocken* | nur ein paar B. Italienisch können; ein harter B. *(eine schwierige Aufgabe)* ‖ **Bröckerl** das, -s/-[n] (ugs.): *kleiner Brocken, Stückchen, Klümpchen* | *kräftiges Kind* | (scherzh.) *dicker Mann*

brodeln, ich brodle: *sieden, wallen* | *langsam sein, Zeit verschwenden* ‖ **Brodler** der, -s/- ‖ **Brodlerin** die, -/-innen

Brokat der, -[e]s/-e ⟨it.⟩: *ein schweres, gemustertes Gewebe*

Broker [engl.: -'əʊ-] der, -s/- ⟨engl.⟩: *Börsenmakler* ‖ **Brokerin** die, -/-innen

Brokkoli = Broccoli [-k-] die (Pl.) ⟨it.⟩: *eine Gemüsepflanzensorte*

Brom das, -[s] ⟨gr.⟩ (Zeichen: Br): *ein chemisches Element*

Brombeere ‖ **Brombeerstrauch**

Bronchialasthma ⟨gr.⟩ (Med.) ‖ **Bronchialkatarr** = **Bronchialkatarrh** (Med.): *Bronchitis* ‖ **Bronchie** [-iɛ] die, -/-n (meist Pl.): *Verästelung der Luftröhre* ‖ **Bronchitis** die, -/Bronchitiden (Med.): *Entzündung der Bronchien*

Bronze ['brõ:s(ɛ)] die, -/-n ⟨fr.⟩: *eine Legierung aus Kupfer und Zinn;* eine Statue aus B. ‖ **Bronzemedaille** [-'ailjɛ]: *Medaille für den dritten Platz bei Wettbewerben* ‖ **bronzen:** *aus Bronze* ‖ **Bronzezeit:** *eine vor-, frühgeschichtliche Periode* ‖ **bronzezeitlich** ‖ **bronzieren:** *mit Bronzefarbe überziehen, anstreichen*

Brosamen die (Pl.) (veraltet): *Brotbrösel*

Brosche [-ʃ(ɛ)] die, -/-n ⟨fr.⟩: *Schmucknadel* ‖ **broschiert:** *geheftet;* ein broschiertes Buch ‖ **Broschüre** die, -/-n: *Druckschrift mit weichem Einband*

Brösel[1] das, -s/-[n]: B. *(Semmelbrösel)* reiben ‖ **Brösel**[2] der, -s/-[n] (V): *Speise aus Weizen- oder Maisgrieß* ‖ **bröselig,** *auch:* bröslig ‖ **Bröselknödel:** *eine Suppeneinlage* ‖ **Bröselmühle** ‖ **bröseln,** ich brösle ‖ **Bröseltopfen** (reg., bes. K, T): *bröseliger Topfen* ‖ **Bröserl** das, -s/-[n]: *Brösel* | (ugs.) nicht ein B. *(gar nichts)* ‖ **bröslig** → bröselig

Brot das, -[e]s/-e: ein Stück B. | das tägliche B.; sich sein B. *(den Lebensunterhalt)* verdienen ‖ **Brotaufstrich** ‖ **Brotberuf:** *nur auf den Verdienst angelegte Berufswahl* ‖ **Brötchen** das, -s/-: *[kleines] belegtes Brot, Sandwich* | (D) *Semmel, [Weiß]gebäck* ‖ **Brotdose** ‖ **Broteinheit** (Med.): *Maßeinheit bei Zuckerkrankheit* ‖ **Broterwerb:** *Brotberuf* ‖ **Brotfabrik** ‖ **Brotgetreide** ‖ **Brotkorb** ‖ **Brotkrume:** *Schmolle, weicher Teil des Brotes* ‖ **Brotlaib** ‖ **Brötle** das, -s/- (V): *kleines Gebäck, Weckerl* ‖ **brotlos:** *ohne Einkommen;* eine brotlose *(nichts einbringende, wenig einträgliche)* Kunst ‖ **Brotmesser** ‖ **Brotneid:** sie kennt keinen B. *(ist nicht auf Geld oder Position anderer neidig)* ‖ **Brotscheibe** ‖ **Brotschnitte** ‖ **Brotsorte** ‖ **Brotstudium** [-ʃt-]: *auf sicheres und rasches Unterkommen angelegtes Studium* ‖ **Brotsuppe** ‖ **Brotteig** ‖ **Brotwecken** ‖ **Brotzeit** (reg. westöst., Bayern): *Jause[npause]*

Browser ['braʊzə] der, -s/- ⟨engl.⟩ (EDV): *Programm, mit dem man im Internet navigieren und Informationen abrufen kann*

brr: *ein Ausruf; Zuruf an Zugtiere, „halt!“;* → öha; → hüa

BRT: Brutto**r**egister**t**onne

Bruch der, -[e]s/Brüche: zu B. gehen; in die Brüche gehen | (Med.) *Knochenbruch* | (Med.) *Leistenbruch* | das ist ein B. unseres Abkommens; ein B. mit der Vergangenheit | (Math.) *Schreibweise für Bruchzahlen mit Bruchstrich* | *zerbrochene Teile oder Reste von Schokolade, Mehlspeisen ua.* | (Jägerspr.) *abgebrochener Zweig* ‖ **Bruchband** (Med.) ‖ **Bruchbude** (ugs., abw.): *baufälliges Gebäude* ‖ **bruchfest** ‖ **brüchig** ‖ **Bruchlandung:** *Landung, bei der das Flugzeug beschädigt wird* ‖ **bruchrechnen** (nur Inf. und Part.) ‖ **Bruchrechnung** (Math.) ‖ **Bruchstelle** ‖ **Bruchstrich** (Math.) ‖ **Bruchstück** ‖ **bruchstückhaft** ‖ **Bruchteil** der, -(e)s/-e ‖ **Bruchzahl** (Math.): *Zahl, die als Bruch geschrieben werden kann;* → rational

Bruck (Siedlungsname): B. an der Leitha (N) (Kfz: BL) | B. an der Mur (St) (Kfz: BM)

Brücke die, -/-n: eine B. über den Inn; hinter sich alle Brücken *(Verbindungen, die Rückkehrmöglichkeiten)* abbrechen; jemandem eine goldene B. bauen *(eine Aufgabe, einen Entschluss sehr erleichtern)* | *ein Zahnersatz* | *ein [kleiner] Teppich* | *Kommandobrücke* | (Sport) *Figur im Bodenturnen* ‖ **Brückenbau** der, -[e]s/-ten ‖ **Brückengeländer** ‖ **Brückenkopf** (Mil.): *vorgeschobener Stützpunkt [am feindlichen Ufer]* ‖ **Brückenpfeiler** ‖ **Brückenschlag:** *Errichtung einer Brücke* | *Vermittlung bei Verhandlungen* ‖ **Brückenwaage**

Bruckfleisch (reg., bes. W): *beim Schlachten zurückgebliebene Fleischteile und Innereien* | *ragoutähnliche Speise daraus*

Brucknerhaus: *ein Konzerthaus in Linz (nach dem Komponisten A. Bruckner)* ‖ **Brucknerorchester** [meist: -k-]: *oberösterreichisches Landesorchester* ‖ **Brucknerorgel:** *die Orgel der Stiftskirche St. Florian (O)*

Bruder der, -s/Brüder: mein kleiner *(jüngerer)* B. | alle Menschen sind Brüder *(Mitmenschen)* | (ugs.) unter Brüdern *(offen gesprochen; ohne Benachteiligung)* | der große B. *(die totale [staatliche] Überwachung)* | *Mönch ohne Priesterweihe, Frater;* B. Paul | (abw.) was führen diese Brüder *(Kerle)* bloß im Schilde? ‖ **Bruderherz** (meist scherzh.): *Bruder*

B

B

‖ **Bruderkrieg:** *Bürgerkrieg* ‖ **Bruderkuss:** *Freundschaftskuss auf beide Wangen* ‖ **brüderlich:** etwas b. teilen ‖ **Brüderlichkeit** die, -: *brüderliche Gesinnung* ‖ **Brudermord** ‖ **Bruderschaft** die, -/-en: *religiöse Vereinigung* | mit jemandem B. trinken *(per Du werden)*

Brühe die, -/-n (abw.): *trübe [stinkende] Flüssigkeit* | (bes. D) *Suppe;* Kraftbrühe ‖ **brühen** (Küchenspr.): *blanchieren* ‖ **brühwarm:** etwas b. *(sofort)* weitererzählen

Brüllaffe: *eine Affenart* ‖ **brüllen:** brüllende Löwen; vor Lachen b.; *aber:* das ist zum **B**rüllen

Brummbär (ugs., scherzh.): *grantiger, schlecht gelaunter Mensch* ‖ **brummen:** der Bär brummt | etwas vor sich hin b. *(unverständlich, unhöflich reden)* | mein Kopf brummt *(ich habe Kopfweh)* | (ugs.) b. müssen *(eine Haftstrafe absitzen)* ‖ **Brummi** der, -s/-s (bes. D, ugs., sal.): *[großer] lauter Lastwagen* ‖ **Brummschädel** (scherzh.): *schmerzender Kopf [auf Grund übermäßigen Alkoholkonsums]*

Brunch [brʌntʃ] der, -[es] [-s]/-e[s] [-ɪz] [-s] ⟨engl.⟩: *statt des Frühstücks erst gegen Mittag eingenommene ausgedehnte Mahlzeit* ‖ **brunchen,** du brunch[s]t

Bründl das, -s/-n, *auch:* Brünnl (ugs.): *Quelle, Brunnen*

Bruneck (it.: Brunico [-k-]): *Stadt in Südtirol*

brünett ⟨fr.⟩: *braunhaarig* ‖ **Brünette**[1] der, -n/-n, ein Brünetter ‖ **Brünette**[2] die, -n/-n

Brunft die, -/-en (Jägerspr.): *Brunst* ‖ **Brunftzeit**

Brunn (Siedlungsname): B. am Gebirge (N)

Brünn (tschech.: Brno ['bṛnɔ]): *Stadt in Tschechien (Hauptstadt von Mähren)*

Brünnele das, -s/- (V): *Quelle, Brunnen* ‖ **Brunnen** der, -s/-: einen B. bohren | *[gemauerte] Vorrichtung zur Wasserentnahme;* der B. auf dem Markt | *Heilquellenwasser* ‖ **Brunnenfigur** ‖ **Brunnenkresse:** *eine Salatpflanze* ‖ **Brunnenschwengel:** *Hebel zum Pumpen* ‖ **Brunnenvergifter** der, -s/- (abw.): *jemand, der gute Verhältnisse [durch Verleumdung, Intrigen] zerstört* ‖ **Brunnenvergifterin** die, -/-innen (abw.) ‖ **Brunnenvergiftung** (abw.): *absichtliche Belastung der Beziehungen [zum politischen Gegner]; [verleumderisches] Intrigenspiel* ‖ **Brunnenwasser,** *auch:* Brunnwasser ‖ **Brünnl** → Bründl

Bruno: *männl. Vorname*

Brunst die, -/Brünste: *Paarungszeit bei einigen Tierarten, Brunft* | *Feuersbrunst* ‖ **brünstig:** ein brünstiger Hirsch ‖ **Brunstzeit**

brunzen, du brunzt (ugs., derb): *urinieren*

brüsk ⟨fr.⟩: *schroff* ‖ **brüskieren:** *beleidigend abweisen* ‖ **Brüskierung** die, -/-en

Brüssel (fr.: Bruxelles [bry'(k)sɛl], niederländisch: Brussel [-'y-]): *Hauptstadt Belgiens; Hauptsitz der Organe der Europäischen Union*

Brust die, -/Brüste: aus voller B.; sich in die B. werfen *(mit etwas prahlen)* | dem Säugling die B. geben *(ihn stillen)* | (nur Sing., ohne Art.) (Sport) *Kurzwort für Brustschwimmen;* → Brust schwimmen = brustschwimmen ‖ **Brustbeutel:** Geld im B. verwahren ‖ **Brustbild:** *Darstellung von Kopf und Oberkörper* ‖ **brüsten** sich: *protzen* ‖ **Brustkorb** ‖ **Brustkrebs** (Med.) ‖ **Brust schwimmen = brustschwimmen** (meist nur Inf. und Part.): ich schwimme Brust; sie ist 100 m B. geschwommen (= brustgeschwommen) ‖ **Brustschwimmen** das, -s ‖ **Bruststimme:** *[tiefere] Lage der menschlichen Stimme mit Brustresonanz;* → G.: Kopfstimme ‖ **Brusttasche** ‖ **Brustton** der, -[e]s/-töne: im B. der Überzeugung sprechen ‖ **Brustumfang** ‖ **Brüstung** die, -/-en: *Schutzgeländer* ‖ **Brustwarze** ‖ **Brustwehr** (Mil.): *Verteidigungswall* | *Brüstung bei Burgmauern*

brut [bryt] ⟨fr.⟩: *sehr trocken (bei Sekt und Champagner)*

Brut die, -/-en: das Vogelweibchen ist mit der Aufzucht der B. beschäftigt | (abw.) *Gesindel*

brutal ⟨lat.⟩: *roh, gewalttätig* ‖ **Brutalität** die, -/-en ‖ **Brutalo** der, -[s]/-[s] (Jug.): *ein gewalttätiger Mensch*

brüten: brütende Vögel | brütende Hitze; brütend heiß ‖ **Brüter** der, -s/- (Phys.): *Kernreaktor zur Erzeugung von spaltbarem Material;* schneller B. ‖ **Bruthenne** ‖ **Brutkasten:** *Apparat zum künstlichen Ausbrüten von Eiern* | (Med.) *Vorrichtung für die Versorgung von Frühgeborenen* ‖ **Brutpflege** (Zool.)

brutto ⟨it.⟩: *im Gesamten* | *mit Verpackung* | *mit Steuern* ‖ **Bruttodefizit** (Wirt.) ‖ **Bruttoeinkommen** (Wirt.) ‖ **Bruttoeinnahme** (Wirt.): *Gesamteinnahme ohne Abzüge* ‖ **Bruttogehalt** der = das, -[e]s/-hälter ‖ **Bruttogewicht:** *Gewicht der Ware samt Verpackung* ‖ **Bruttoinlandsprodukt** (BIP) (Wirt.): *Jahresergebnis der Wirtschaftsleistung einer Volkswirtschaft, in Geld bewertet* ‖ **Bruttonationaleinkommen** [-tsi̯-] (BNE) (Wirt.): *Einkommen der Inländer einer Volkswirtschaft* ‖ **Bruttonationalprodukt** (BNP) (Wirt.): *Jahresergebnis der Wirtschaftsleistung eines Staates* ‖ **Bruttoraumzahl** (BRZ): *Maßeinheit für den Rauminhalt von Schiffen* ‖ **Bruttoregistertonne** (BRT) (in Österreich keine gesetzliche Maßeinheit) (früher): *ein Raummaß für Handelsschiffe (2,8316 m^3);* → Bruttoraumzahl ‖ **Bruttosozialprodukt** (BSP) (Wirt.) (veraltend): *Bruttonationalprodukt*

brutzeln: *in heißem Fett braten*

BRZ: **B**rutto**r**aum**z**ahl

BS: **B**erufs**s**chule

Bschütte die, - (V, mda.): *Jauche* ‖ **Bschüttekasten** (V, mda.): *Jauchegrube*

BSE [be ɛs 'e:] die, -: **B**ovine **S**pongiforme **E**nzephalopathie *(eine Krankheit bei Rindern, Rinderwahnsinn)*

BSI[1] [be ɛs 'i:] der, -/-: **B**ezirks**s**chul**i**nspektor ‖ **BSI**[2] [be ɛs 'i:] die, -/-: **B**ezirks**s**chul**i**nspektorin

BSP [be ɛs 'pe:] das, -/-: **B**rutto**s**ozial**p**rodukt

Btx [be te 'iks] der = das, -: **B**ild**s**chirm**t**e**x**t

Buaba ['buə-] die (Pl.) (V, mda.): *Buam* ‖ **Buam** die (Pl.) (mda.): *Buben* | *Bezeichnung zB von Musikantengruppen* ‖ **Bub** der, -en [-'u:-]/-en [-'u:-]: *Knabe* | *eine Spielkarte*

Bube der, -n/-n (veraltet): *Schuft* ‖ **Bubenstück** (geh., veraltet): *Schandtat* ‖ **Buberl** das, -s/-[n]: *[kleiner, schwacher] Bub* ‖ **Bubi** der (*auch:* das), -s/-s (ugs.): *kleiner Bub* | (sal., abw.) *Muttersöhnchen; unreifer Mann* ‖ **Bubikopf:** *eine Damenfrisur* ‖ **bü-**

bisch: *spitzbübisch* ‖ **Bübl** das, -s/-[n] (ugs.): *kleiner Bub*
Buch das, -[e]s/Bücher: ein B. lesen; ein B. mit sieben Siegeln *(unverständlich)* sein; wie es im Buch[e] steht *(wie man sich etwas erwartet);* das B. der Bücher *(die Bibel);* erstes B. Moses *(Teil der Bibel)* | *Drehbuch* | *Kassabuch;* B. führend (= buchführend); zu Buch[e] schlagen *(ins Gewicht fallen)* ‖ **Buchbesprechung:** *Rezension* ‖ **Buchbinder** ‖ **Buchbinderin** ‖ **Buchdeckel:** *vorderer bzw. hinter Teil des Einbands* ‖ **Buchdruck** der, -[e]s ‖ **Buchdrucker** ‖ **Buchdruckerin**
Buche die, -/-n: *eine Laubbaum* | (ohne Pl.) *Holz der Buche* ‖ **Buchecker** die, -/-n: *Frucht der Buche* ‖ **Buchel** die, -/-n (mda.): *Buchecker*
buchen[1] (Verb): einen Betrag b. *(ihn ins Kassabuch bzw. auf ein Konto eintragen)* | einen Flug b. *(einen Platz für eine Flugreise bestellen)* | etwas als Erfolg b.
buchen[2] (Adj.): *aus Buchenholz;* ein buchenes Scheit ‖ **Buchenholz**
Bücherei die, -/-en: *Bibliothek* ‖ **Bücherkasten** ‖ **Bücherkunde** ‖ **Bücherregal** ‖ **Bücherschrank** ‖ **Bücherverbrennung:** *Vernichtung von [politisch] unerwünschter Literatur, zB als Propagandaaktion im Nationalsozialismus* ‖ **Bücherwand** ‖ **Bücherwurm** (scherzh.): *jemand, der sehr gern und viel liest* ‖ **Buch führend** = **buchführend** ‖ **Buchführung:** *Aufzeichnung aller Geschäftsvorgänge eines Unternehmens für den Jahresabschluss und die Kostenrechnung* ‖ **Buchgemeinschaft:** *Buchklub* ‖ **Buchhalter** ‖ **Buchhalterin** ‖ **buchhalterisch** [veraltet auch: -'eː-]: *die Buchhaltung betreffend* ‖ **Buchhaltung:** *Buchführung* ‖ **Buchhandel:** *Buch- und Musikalienhandel* ‖ **Buchhändler** ‖ **Buchhändlerin** ‖ **Buchhandlung** ‖ **Buchkritik** ‖ **Büchl** das, -s/-n (ugs.): *kleines Buch;* wie's im B. steht ‖ **Buchmacher:** *Vermittler von Wetten (im Pferdesport)* ‖ **Buchmacherin** ‖ **Buchmalerei:** *gemaltes Bild [in mittelalterlichen Handschriften]* ‖ **Buchmesse:** die Frankfurter B. ‖ **Buchprüfer:** *amtlicher Experte für das Rechnungswesen* ‖ **Buchprüferin**
Buchs [-ks] der, -es/-e = **Buchsbaum** ⟨gr.-lat.⟩: *eine immergrüne Strauchart* ‖ **Buchse** [-ks-] die, -/-n ⟨gr.-lat.⟩: *eine Hülse [für Stecker]* ‖ **Büchse** die, -/-n: *ein Behälter* | *ein Jagdgewehr* ‖ **Büchsenmacher:** *ein Beruf* ‖ **Büchsenmacherin**
Buchstabe [-xʃt-] der, -n[s]/-n: die Buchstaben des Alphabets; nach dem Buchstaben des Gesetzes *(überkorrekt, streng formell)* handeln | (ugs., scherzh.) setz dich auf deine vier B. *(auf deinen Popo)* ‖ **buchstabengetreu:** *wörtlich* ‖ **Buchstabenschrift:** *Schrift mit Buchstabenzeichen (im Gegensatz zu Silbenschrift und Wortschrift)* ‖ **-buchstabig** (nur in Zusammensetzungen wie dreibuchstabig/3-buchstabig) ‖ **buchstabieren:** ein Wort b. ‖ **buchstäblich** (Adj.): etwas b. *(genau nach dem Wortlaut)* nehmen | (Adv.) er ist b. *(tatsächlich, ohne Übertreibung)* verhungert ‖ **Buchstütze** ‖ **Buchtitel:** einen B. zitieren
Bucht die, -/-en: das Schiff liegt in einer B.
Buchtel die, -/-n, *auch:* Wuchtel ⟨tschech.⟩: *eine Mehlspeise aus Germteig*
Buchung die, -/-en: die B. *(Bestellung)* bestätigen ‖ **Buchversand**
Buchweizen: *eine Pflanze, Heiden* ‖ **Buchweizenmehl**
Buckel der, -s/-: *[krummer] Rücken* | (ugs.) sie sollen mir den B. runterrutschen *(mich in Ruhe lassen);* sie hat schon viele Jahre auf dem B. *(ist alt und hat schon viel erlebt)* | *Höcker, Erhebung* ‖ **buckelfünferln** (mda., derb): er kann mich b. *(er kann mir den Buckel hinunterrutschen)* ‖ **Buckelkraxe** (mda.): *ein Rückentraggestell* ‖ **buckelkraxen** (mda.): jemanden b. *(auf dem Rücken)* tragen ‖ **buckeln:** *sich unterwürfig zeigen* | (V) *hart arbeiten* ‖ **Buckelpiste** (Sport): *zu Buckeln abgefahrene Skipiste* ‖ **Buckelrind:** *Zebu* ‖ **Buckelwal** ‖ **bücken** sich ‖ **Buckerl** das, -s/-[n] (ugs.): *Verbeugung;* ein B. machen ‖ **bucklig:** eine bucklige Skipiste | ein buckliger Greis; *aber:* die **B**ucklige Welt *(ein Hügelland in Niederösterreich)* ‖ **Bückling**[1] der, -s/-e: *Verbeugung, Diener*
Bückling[2] der, -s/-e: *geräucherter Hering*
Budapest (ung.: ['budɒpɛʃt]): *Hauptstadt Ungarns*
buddeln, ich buddle (nördl. D, ugs.): *graben;* ein Loch b.; im Sand b.; Kartoffeln aus der Erde b. | (bes. D, ugs.) *arbeiten*
Buddha[1] ⟨Sanskrit⟩: *indischer Religionsstifter* ‖ **Buddha**[2] der, -s/-s: *Buddhafigur* ‖ **Buddhafigur** ‖ **Buddhismus** der, -: *die Lehre des Buddha* ‖ **Buddhist** der, -en/-en ‖ **Buddhistin** die, -/-innen ‖ **buddhistisch**
Bude die, -/-n: *Hütte; Marktstand* | (abw.) *heruntergekommene Wohnung, baufälliges Haus* | (veraltend) *Zimmer, Wohnung* | (ugs.) *Laden, Werkstätte* ‖ **Budel** die, -/-n (veraltend): *Verkaufstisch* | *Kegelbahn*
budern → pudern
Buderl das, -s/-[n] (reg., bes. ostöst., ugs.): *Schnapsglas; Fläschchen mit Schnaps oder Öl*
Budget [by'dʒeː] das, -s/-s ⟨fr.⟩: *Zusammenstellung der zu erwartenden Einnahmen und Ausgaben [einer Gemeinde oder des Staates], Haushaltsplan, Voranschlag* ‖ **budgetär** ‖ **Budgetausschuss:** *eine Einrichtung des Nationalrats* ‖ **Budgetdefizit** ‖ **budgetieren:** *im Budget vorsehen* ‖ **Budgetierung** die, -/-en ‖ **Budgetkonsolidierung** ‖ **Budgetloch** ‖ **Budgetmittel** die (Pl.) ‖ **Budgetverhandlung** (meist Pl.)
Budo das, -s ⟨jap.⟩: *Sammelbezeichnung für japanische Kampfsportarten, zB Judo, Karate, Aikido, Kendo*
Budweis (tschech.: České Budějovice ['tʃɛskɛː 'budjɛjɔvitsɛ]): *Stadt in Tschechien*
Buenos Aires: *Hauptstadt von Argentinien*
Büfett [-'feː, D: -'fɛt] = → Buffet
Büffel der, -s/-: *eine Rinderart* | (ugs. abw.) *sturer, ungehobelter Mensch* ‖ **büffeln,** ich büffle (Schülerspr., Studentenspr.): *viel, angestrengt lernen*
Buffet [by'feː] das, -s/-s = Büfett [-'feː, D auch: -'fɛt], -[e]s/-s [-e] ⟨fr.⟩: *Schanktisch* | *kleine Gaststätte [an Bahnhöfen]* | Party mit kaltem B. *(kalte Speisen zur Selbstbedienung)* | (veraltet) *Automatenbuffet* | (veraltend) *Geschirrkasten*
Buffo der, -s/-s ⟨it.⟩: *Sänger komi-*

scher Rollen ‖ **buf|fo|nesk**
Bug[1] der, -[e]s/Büge: *Hosenbug* | (mit Pl. Buge, meist Sing.) *vorderster Teil [eines Schiffes];* ein Schuss vor den Bug *(eine drohende Warnung);* → G.: Heck
Bug[2] [bʌg] der, -s/-s ⟨engl.⟩ (EDV): *ein Hard- oder Softwarefehler*
Bü|gel der, -s/-: *Kleiderbügel* | *Steigbügel* | *Brillenbügel* | (Technik) *ein Gerät zur Stromabnahme* ‖ **Bü|gel|brett** ‖ **Bü|gel|eisen** ‖ **Bü|gel|fal|te** ‖ **bü|gel|frei:** dieses Hemd ist b. *(braucht nicht gebügelt zu werden)* ‖ **Bü|gel|laden:** *Bügelbrett* ‖ **Bü|gel|maschine** ‖ **bü|geln,** ich bügle ‖ **Bü|gel|schloss:** *ein festes Schloss [zum Absperren von Fahrrädern]* ‖ **Bü|gel|ver|schluss:** eine Flasche mit B.
Bug|gy ['bʌgi] der, -s/-s ⟨engl.⟩: *leichter, kleiner Wagen bzw. Kinderwagen* | *Rollstuhl* | *kleines Cabrio*
Büg|ler der, -s/- ‖ **Büg|le|rin** die, -/-innen
bug|sie|ren ⟨port.-niederl.⟩ (ugs.): jemanden ins Haus b. *(hineindrängen, hineinschieben)* | (Seemannsspr.) ein Schiff b. *(schleppen oder schieben)* ‖ **Bug|wel|le** (Seemannsspr.): *Welle am Bug des fahrenden Schiffes*
buh: *ein Ausruf;* → Buhruf; → buhen
Bü|hel der, -s/-: *Hügel*
bu|hen: *durch Buhrufe sein Missfallen kundtun;* → buh
buh|len: um jemandes Gunst b. *(werben)*
Buh|mann (sal.): *Sündenbock; Angriffsziel* ‖ **Buh|frau** (sal.)
Buh|ne die, -/-n: *Schutzdamm in Flüssen und Seen*
Büh|ne die, -/-n: *erhöhter Boden* | *Theaterbühne;* zur B. gehen *(Schauspieler/in werden);* etwas über die B. bringen *(erledigen);* über die B. gehen *(stattfinden)* ‖ **Büh|nen|ar|bei|ter** ‖ **Büh|nen|ar|bei|te|rin**
Büh|nen|aus|spra|che, *auch:* *Bühnensprache: festgelegte Aussprache der deutschen Hochsprache für die Bühne, bes. für die klassische Rezitation*
Büh|nen|be|leuch|tung ‖ **Büh|nen|bild:** *künstlerische Gestaltung der Bühne für eine bestimmte Aufführung* ‖ **Büh|nen|bild|ner** der, -s/- ‖ **Büh|nen|bild|ne|rin** die, -/-innen ‖ **Büh|nen|de|ko|ra|ti|on** [-tsi̯-] ‖ **Büh|nen|mu|sik:** *Musik zu einem Sprechdrama, Schauspielmusik* | *auf der Bühne (nicht im Orchesterraum) ausgeführte Musik* ‖ **büh|nen|reif:** *geeignet zur Aufführung oder zum Auftritt auf der Bühne* ‖ **Büh|nen|spra|che:** *Bühnenaussprache* ‖ **Büh|nen|tanz:** *für ein Bühnenwerk, zB Ballett, bestimmter Tanz* ‖ **Büh|nen|tür:** *Theatereingang für die Schauspieler* ‖ **Büh|nen|türl** (ugs.) ‖ **büh|nen|wirk|sam**
Buh|ruf: *eine Missfallensäußerung;* → buhen
buk (veraltet): → backen
Bu|ka|rest (rum.: București [-ku'reʃtʲ]): *Hauptstadt Rumäniens*
Bu|kett [-'keː, in D: -'kɛt] = → Bouquet
Bu|k|lee = Bouclé [bu'kleː] der, -[s]/-s ⟨fr.⟩: *eine Gewebeart*
bu|ko|lisch ⟨gr.⟩ (geh.): *in der Art antiker Schäferdichtung, ländlich-idyllisch*
Bu|ko|wi|na die, -: *eine Landschaft (Rumänien, Ukraine)*
Bu|let|te die, -/-n ⟨fr.⟩ (reg. in D): *Fleischlaibchen*
Bul|ga|re der, -n/-n: *Angehöriger eines südslawischen Volks* ‖ **Bul|ga|ri|en** (Kfz: BG) ‖ **Bul|ga|rin** die, -/-innen ‖ **bul|ga|risch** ‖ **Bul|ga|risch** das, -[s] = **Bul|ga|ri|sche,** -n: *die bulgarische Sprache*
Bu|li|mie die, - ⟨gr.⟩ (Med.): *Magersucht*
Bull|au|ge: *rundes Schiffsfenster*
Bull|dog der, -s/-s = **Bull|dog|ge** die, -/-n ⟨engl.⟩: *eine Hunderasse*
Bull|do|zer [-doːzə, engl.: -dəʊ-] der, -s/- ⟨engl.⟩: *Planierraupe*
Bul|le[1] der, -n/-n: *männliches Tier bei Elefanten und anderen Großwildarten* | (nördl. D) *Stier* | (bes. D, ugs., abw.) *Polizist*
Bul|le[2] die, -/-n ⟨lat.⟩: *mittelalterliche Papst- oder Herrscherurkunde;* die Goldene B.
Bul|le|tin [byl'tɛ̃ː] das, -s/-s ⟨fr.⟩: *[amtlicher] Bericht*
bul|lig: massig; ein bulliger *(kräftiger)* Mensch
Bull|ter|ri|er der, -s/- ⟨engl.⟩: *eine Hunderasse*
bum, *auch:* bumm: *lautmalend [für einen Schuss];* → bim
Bum|bass ⟨?⟩: *ein Geräuschinstrument der Volksmusik, Teufelsgeige*
Bu|me|rang der, -s/-s ⟨Sprache der Aborigines⟩: *gekrümmtes Wurfholz, das zum Werfer zurückfliegt* ‖ **Bu|me|rang|ef|fekt:** *[unerwartete] negative Rückwirkung einer Maßnahme*
bumm → bum
Bum|mel der, -s/-: *zielloser Spaziergang* ‖ **Bum|me|lei** die, -
bum|me|lig → pummelig
bum|meln, ich bummle: wir *sind* durch die Stadt gebummelt; wir *haben* gebummelt *(wir haben uns zu viel Zeit gelassen)* ‖ **Bum|mel|zug** (ugs.): *Bummler*
Bum|merl das, -s/-[n] (ugs.): *Verlustpunkt, Verlustpartie beim Kartenspiel* | das B. *(der Gefoppte, Benachteiligte)* sein ‖ **Bum|merl|sa|lat** (W): *ein [Winter-] salat, Eissalat*
bumm|fest (ugs.): b. *(vollkommen)* geschlossene Fenster
Bumm|ler der, -s/- | (ugs.) *Bummelzug* ‖ **Bumm|le|rin** die, -/-innen
bumm|voll (ugs.): *gesteckt voll, überfüllt*
bum|sen, du bumst (ugs.): es hat gebumst *(gekracht)* | (ugs., derb) *koitieren*
bums|ter|nazl = **bums|ti|nazl** (mda., scherzh.): *ein Ausruf, meist nach dem Hinfallen eines Kindes*
Bund[1] der, -[e]s/Bünde: *Bündnis;* einen B. schließen; der B. der Ehe; mit jemandem im Bund[e] stehen; der Neue Bund *(das Neue Testament)* | (auch mit Pl. Bunde) *zusammenhaltendes Band, Gurt* | (meist mit Gen. -es und ohne Pl.) (Admin.) *der österreichische Bundesstaat, die Republik Österreich; die bundesstaatlichen Einrichtungen im Gegensatz zu denen der [Bundes]länder* ‖ **Bund**[2] der, -[e]s/Bünde: *Bündel, Gebinde* | (in Mengenangaben auch Pl. Bund) ein B. Schnittlauch; drei Bund Holz ‖ **Bund**[3] der = das, -[e]s/Bünde (Mus.): *die Querleiste[n] auf dem Griffbrett [der Gitarre]* ‖ **Bünd|chen** das, -s/-: *ein Ärmel- oder Kragenabschluss* ‖ **Bün|del** das, -s/-: ein B. Holz ‖ **bün|deln:** ich bündle Reisig *(binde es zusammen);* gebündelte Zeitschriften ‖ **bün|del|wei|se** ‖ **Bun|des|ab|ga|be:** *Abgabe (Steuer), die durch den Bund erhoben wird* ‖ **Bun|des|ab|ga|ben|ord|nung** (BAO): *Steuergesetz zur Regelung der Einhebung von Bundesabgaben* ‖ **Bun|des|amt:** B. für Eich- und Vermessungswesen (in Wien) (BEV); B. für Zivilluftfahrt ‖ **Bun|des-**

amtsgebäude ‖ **Bundesanstalt:** B. für Erziehungsbedürftige *(Anstalt für jugendliche Rechtsbrecher);* B. für Pflanzenschutz ‖ **Bundesbahn** (Verk.): *Kurzwort für die Österreichischen Bundesbahnen (ÖBB)* ‖ **Bundesbahner** der, -s/-: *Eisenbahner* ‖ **Bundesbahnerin** die, -/-innen ‖ **Bundesbetreuung** (Amtsspr.): *Betreuung von Asylwerbern durch den Staat* ‖ **Bundesbus** (Kfz: BD, früher: BB) (Verk.): *Busdienste von ÖBB und PTA (früher: Bundesbahn- bzw. Postautobus)* ‖ **Bundesdenkmalamt:** *für Denkmalschutz und -pflege zuständiges Amt (in Wien)* ‖ **bundesdeutsch:** *auf die BRD bezogen, bes. früher im Vergleich zur DDR;* → deutschländisch ‖ **Bundesdienst** ‖ **Bundesebene:** auf B. *(in der Zuständigkeit des Bundes, der Republik);* → Landesebene ‖ **Bundesfinanzgesetz** (Jus): *das jährliche Budget des Bundes, Budgetgesetz* ‖ **Bundesforst** (meist Pl.): *Verwaltung der österreichischen Bundesforste* ‖ **Bundesgebiet** ‖ **Bundesgendarmerie** [-ʒɑ̃d-, -ʒan-] (Kfz: BG) (früher): *ein Wachkörper (jetzt Teil der Bundespolizei)* ‖ **Bundesgenosse:** *Verbündeter* ‖ **Bundesgenossin** ‖ **Bundesgeschäftsführer** ‖ **Bundesgeschäftsführerin** ‖ **Bundesgesetzblatt** (BGBl.) ‖ **Bundesgrenze** ‖ **Bundesgymnasium** [-gy-] ‖ **Bundeshaftung:** Anleihen mit B. ‖ **Bundeshauptstadt:** Wien ist unsere B. ‖ **Bundesheer** ‖ **Bundeshymne** [-hy-]: die österreichische B. ‖ **Bundesimmobiliengesellschaft** (BIG) ‖ **Bundesjugendring:** *Dachverband für Jugendorganisationen* ‖ **Bundeskanzler:** *Vorsitzender der Bundesregierung* ‖ **Bundeskanzlerin** ‖ **Bundeskanzleramt** (BKA) ‖ **Bundeskriminalamt** ‖ **Bundeslade** (Rel.): *Heiligtum Gottes im Alten Testament* ‖ **Bundesland:** Österreich hat neun Bundesländer | die neuen Bundesländer *(die ehemalige DDR)* ‖ **Bundesländerzeitung** ‖ **Bundeslehranstalt** (BLA) ‖ **Bundeslehrer:** *vom Staat angestellter Lehrer [an höheren Schulen]* ‖ **Bundeslehrerin** ‖ **Bundesliga** (Sport): *oberste Spielklasse im österreichischen Fußball* ‖ **Bundesminister** ‖ **Bundesministerin** ‖ **Bundesministerium:** B. für europäische und internationale Angelegenheiten *(Außenministerium)* (BMeiA); B. für Finanzen (BMF); B. für Gesundheit (BMG); B. für Inneres (BMI); B. für Justiz (BMJ); B. für Land- und Forstwirtschaft, Umwelt und Wasserwirtschaft *(Umweltministerium)* (BMLFUW); B. für Landesverteidigung und Sport (BMLVS); B. für Arbeit, Soziales und Konsumentenschutz *(Sozialministerium)* (BMASK); B. für Unterricht, Kunst und Kultur *(Unterrichtsministerium, Bildungsministerium)* (BMUKK); B. für Verkehr, Innovation und Technologie (BMVIT); B. für Wirtschaft, Familie und Arbeit (BMWFJ); B. für Wissenschaft und Forschung (BMWF) ‖ **Bundesmobiliendepot** [-poː]: *Sammlung von Möbeln in staatlichen Einrichtungen* ‖ **Bundespensionsamt** (BPA): *eine Verrechnungsstelle für [Bundes]beamte* ‖ **Bundespolizei** (Kfz: BP): *Wachkörper des Bundes, Sicherheitsexekutive* ‖ **Bundespolizeidirektion** [-tsi̯-] (Admin.) (früher): *Landespolizeikommando* ‖ **Bundespräsident:** *Staatsoberhaupt [in Österreich]* ‖ **Bundespräsidentin** ‖ **Bundesprüfanstalt:** B. für KFZ-Überprüfungen und Messtechnik (in Wien) (BPA) ‖ **Bundesrat:** *die zweite Kammer des österreichischen Parlaments;* → Nationalrat | (mit Pl. -räte) *eines ihrer Mitglieder* | (CH) *die Schweizer Regierung* | (mit Pl. -räte) (CH) *eines ihrer Mitglieder* ‖ **Bundesrätin** ‖ **Bundesrechenzentrum** (Admin.) (BRZ): *IT-Zentrale für die öffentliche Verwaltung* ‖ **Bundesregierung** ‖ **Bundespressedienst:** *eine Sektion im Bundeskanzleramt* ‖ **Bundesrepublik:** *aus einem Bund von Ländern bestehender republikanischer Staat, zB Österreich;* die B. Deutschland ‖ **Bundesschatz:** *Staatsvermögen, Wertpapier der Republik* ‖ **Bundesschülervertretung** ‖ **Bundesschulsprecher** ‖ **Bundesschulsprecherin** ‖ **Bundessicherheitswache:** *Sicherheitsorgan zur Unterstützung der Polizei* ‖ **Bundessprecher** ‖ **Bundessprecherin** ‖ **Bundesstaat:** *Staat, der aus mehreren [Bundes]ländern besteht;* Österreich ist ein B. ‖ **Bundesstraße** (B): Budapester B. (B 10) ‖ **Bundestag** der, -[e]s: *das deutsche Parlament* ‖ **Bundestheater** (meist Pl.): *Staatsoper, Burgtheater, Akademietheater, Volksoper (alle in Wien)* ‖ **Bundesverfassung:** die österreichische B. *(die gesetzliche Grundlage des österreichischen Staates und des Wirkens seiner Organe)* ‖ **Bundesverfassungsgesetz** das, -es/-e (BVG) (Jus): *mit qualifizierter Mehrheit des Nationalrats beschlossenes Gesetz im Verfassungsrang* | (auch in der Schreibung: Bundes-Verfassungsgesetz) (ohne Pl.) (B-VG) *Gesetz, das die Verfassung der Republik Österreich normiert (1920/29)* ‖ **Bundesversammlung:** *National- und Bundesrat gemeinsam* ‖ **Bundesverwaltung:** *zentrale Verwaltung [durch Bundesbehörden und mittelbar durch Landesbehörden]* ‖ **Bundesvoranschlag:** *Budgetentwurf* ‖ **Bundesvorstand** ‖ **bundesweit** ‖ **Bundfalte** ‖ **Bundfaltenhose** ‖ **Bundhacke:** *eine Zimmermannshacke* ‖ **bündig:** kurz und b.; eine bündige *(schlüssige)* Erklärung ‖ **Bündner Fleisch** (Küchenspr.): *luftgetrocknetes Geselchtes (nach dem Kanton Graubünden)* ‖ **Bündnis** das, -nisses/-nisse ‖ **Bündnispartner** ‖ **Bündnispartnerin** ‖ **Bundweite:** *Weite des Hosen- oder Rockbundes*

Bungalow [ˈbu-loː, engl.: ˈbʌŋgə-ləʊ] der, -s/-s ⟨Bengali-engl.⟩: *ebenerdiges [Sommer]haus*

Bungeejumping [ˈbʌndʒidʒʌm-] das, -s ⟨engl.⟩: *Springen [von einer Brücke] mittels eines gesicherten Gummiseils*

Bunker der, -s/- ⟨engl.⟩: *befestigter Unterstand* | *Vorratsbehälter;* Kohlenbunker ‖ **bunkern:** *in Bunkern einlagern* | das Schiff bunkert *(tankt auf)* | (ugs.) *in Abwehrstellung sein*

bunkert (mda.): *klein und dicklich*

Bunsenbrenner: *ein Gasbrenner (nach dem deutschen Chemiker Bunsen)*

bunt
bunte Luftballons | das wird uns zu b. *(geht zu weit);* es zu b. treiben

B

Getrennt- und Zusammenschreibung mit Verben, die ein Resultat herbeiführen:
– bunt färben = buntfärben
Getrennt- und Zusammenschreibung mit adjektivisch gebrauchten Partizipien:
– bunt gefärbte (= buntgefärbte) Eier
– bunt gefleckte (= buntgefleckte) Felle
– ein bunt gemischtes (= buntgemischtes) Treiben
– die Hose ist bunt gestreift (= buntgestreift)

bunt fär|ben = bunt|fär|ben: bunt gefärbte (= buntgefärbte Eier; → bunt ‖ **bunt ge|fleckt = bunt|ge|fleckt** → bunt ‖ **bunt ge|mischt = bunt|ge|mischt** → bunt ‖ **bunt ge|streift = bunt|ge|streift** → bunt ‖ **Bunt|glas:** Container für B.; → Weißglas ‖ **Bunt|heit** die, -‖ **Bunt|me|tall:** *Kupfer, Zinn, Messing ua.* ‖ **Bunt|pa|pier** ‖ **bunt|sche|ckig** ‖ **Bunt|specht** ‖ **Bunt|stift** ‖ **Bunt|wä|sche**

Bünt die, -/-en (V): *[eingezäunte] Wiese um das Haus*

Bür|de die, -/-n: *Last*

Bu|ren|häutl (reg., bes. W, ugs.): *Burenwurst* ‖ **Bu|ren|wurst** [-st, auch: -ʃt] (reg., bes. W): *eine Wurstsorte (nach den Siedlern in Südafrika)*

Burg die, -/-en: eine mittelalterliche B. besichtigen | „Nicht um die Burg!" *(„Um keinen Preis!")* | (ohne Pl.) *die Hofburg in Wien* | (ohne Pl.) *das Burgtheater in Wien*

Bür|ge der, -n/-n ‖ **bür|gen:** für jemanden b. *(gutstehen, die Bürgschaft übernehmen)*

Bur|gen|land das, -[e]s (Bgld., B): *ein österreichisches Bundesland;* ins B. fahren ‖ **Bur|gen|län|der** der, -s/- ‖ **Bur|gen|län|de|rin** die, -/-innen ‖ **bur|gen|län|disch:** burgenländisches Obst; *aber:* die **B**urgenländische Landesregierung ‖ **Bur|gen|land|kro|a|te:** *Angehöriger der kroatischen Volksgruppe des Burgenlandes* ‖ **Bur|gen|land|kro|a|tin** ‖ **Bur|gen|land|kro|a|tisch** das, -[s], *auch:* Burgenlandkroatische, Burgenländischkroatisch, Burgenländisch-Kroatisch: *spezielle Form des Kroatischen im Burgenland*

Bur|ger [ˈbɜːɡə] der, -s/-[s] ⟨engl.⟩: *Kurzform für Hamburger uÄ*

Bür|ger der, -s/-: 10 Mio. B. waren zur Wahl aufgerufen | *Angehöriger des Bürgertums* ‖ **Bür|ger|be|fra|gung** die, -/-en ‖ **Bür|ger|dienst:** *Service-Einrichtung auf jedem Polizeiposten* ‖ **Bür|ge|rin** die, -/-innen ‖ **Bür|ger|in|i|ti|a|ti|ve** [-tsi̯-vɛ, -fɛ]: *zur Durchsetzung bestimmter Forderungen gebildete Vereinigung* ‖ **Bür|ger|ka|pel|le** (SüdT): *städtische Blasmusikkapelle* ‖ **Bür|ger|krieg:** *Krieg zwischen den Bewohnern des eigenen Staates* ‖ **bür|ger|kriegs|ähn|lich:** bürgerkriegsähnliche Zustände ‖ **Bür|ger|kun|de** (SüdT): *politische Bildung* ‖ **bür|ger|lich:** bürgerliche *(konservative, liberale)* Parteien; das bürgerliche Recht *(das Zivil- oder Privatrecht, das für alle gilt); aber:* das Allgemeine **B**ürgerliche Gesetzbuch (ABGB) ‖ **Bür|ger|meis|ter** ‖ **Bür|ger|meis|te|rin** ‖ **bür|ger|nah** ‖ **Bür|ger|pflicht** ‖ **Bür|ger|recht|ler** der, -s/- ‖ **Bür|ger|recht|le|rin** die, -/-innen ‖ **Bür|ger|schaft** die, -: die B. *(die Einheimischen)* der Stadt ‖ **Bür|ger|schreck:** *jemand, der sich provozierend verhält* ‖ **Bür|ger|schu|le** (früher): *Hauptschule* ‖ **Bür|ger|steig** (bes. D, veraltend): *Gehsteig* ‖ **Bür|ger|tum** das, -s: *Gesellschaftsschicht mit bestimmtem Lebensstil* ‖ **Bür|ger|ver|samm|lung** ‖ **Burg|fried** → Bergfried ‖ **Burg|frie|de = Burg|frie|den:** B. halten *(sich innerhalb des gemeinsamen Bereichs vertragen)* ‖ **Burg|haupt|mann:** *ein Amtstitel* ‖ **Burg|haupt|mann|schaft** die, -/-en: *Verwaltungsbehörde für Hofburg, Belvedere und Schönbrunn in Wien*

Bür|gin die, -/-innen: *weibl. Form von Bürge*

Burgl: *weibl. Vorname (Notburga, Walburga uÄ)*

Burg|ru|i|ne

Bürg|schaft die, -/-en: [eine] B. leisten; → bürgen

Burg|schau|spie|ler: *am Wiener Burgtheater engagierter Schauspieler* ‖ **Burg|schau|spie|le|rin** ‖ **Burg|stall** der, -[e]s/-e [-ställe]: *Stätte einer [einstigen] Wehranlage* ‖ **Burg|the|a|ter:** *ein Bundestheater in Wien*

Bur|gund: *eine Landschaft in Frankreich* ‖ **Bur|gun|der** der, -s/-: *Kurzwort für Burgunderwein;* → Blauer Burgunder; → Weißer Burgunder ‖ **Bur|gun|der|wein**

Burg|ver|lies: *Kerker einer Burg* ‖ **Burg|vogt** (früher): *Aufseher einer Burg*

Burk|hard: *männl. Vorname*

bur|lesk ⟨fr.⟩: *possenhaft* ‖ **Bur|les|ke** die, -/-n: *Posse, Schwank*

Bur|li der, -s/-s (ugs.): *Koseform für Bub*

Burn-out [ˈbɜːnaʊt] = **Burn|out** das, -[s] ⟨engl.⟩: *Gefühl des Ausgebranntseins [in einem Beruf]* ‖ **Burn-out-Syn|drom = Burn|out-Syn|drom** (Med.)

Bur|nus der, - [-nusses]/-nusse ⟨arab.⟩: *Beduinenmantel mit Kapuze*

Bü|ro das, -s/-s ⟨fr.⟩: ins B. gehen ‖ **Bü|ro|an|ge|stell|te** ‖ **Bü|ro|ar|beit** ‖ **Bü|ro|klam|mer** ‖ **Bü|ro|kraft:** *jemand, der in einem Büro angestellt ist* ‖ **Bü|ro|krat** der, -en/-en (oft abw.) ‖ **Bü|ro|kra|tie** die, -/-n (oft abw.): *Beamtenschaft | Beamtenherrschaft* ‖ **Bü|ro|kra|tie|ab|bau** ‖ **Bü|ro|kra|tin** die, -/-innen (oft abw.) ‖ **bü|ro|kra|tisch** (oft abw.): *übertrieben amtlich* ‖ **Bü|ro|kra|tis|mus** der, -/-men (oft abw.): *schwerfälliges, pedantisches Handeln nach Vorschriften* ‖ **Bü|ro|ma|te|ri|al** ‖ **Bü|ro|mö|bel** ‖ **Bü|ro|schluss**

bur|ren (ugs.): *ein dumpfes Geräusch machen*

Bursch der, -en/-en: *junger Mann;* ein fescher B.; Burschen und Mädchen | *Schankbursch* ‖ **Bürsch|chen** das, -s/-(sal.): *Bursch, Bürscherl* ‖ **Bur|sche** der, -n/-n (D): *Bursch* | (im Sing. meist abw.) ein übler B. ‖ **Bur|schen|schaft** die, -/-en: *Studentenverbindung | Gemeinschaft der [ledigen] Burschen eines Dorfes* ‖ **Bür|scherl** das, -s/-[n] (ugs.) ‖ **bur|schi|kos:** ein burschikoses *(betont ungezwungenes, formloses)* Benehmen

Bürs|te die, -/-n: eine B. mit weichen Borsten ‖ **bürs|ten** ‖ **Bürs|ten|bin|der** ‖ **Bürs|ten|bin|de|rin** ‖ **Bürs|ten|fri|sur**

Bür|zel der = das, -s/-[n]: *Vogelsteiß*

Bus der, Busses/Busse ⟨lat.-engl.⟩: *Autobus, Omnibus* | (EDV) *Leiterbahnen zur Informationsübertragung zwischen den Komponenten eines Computers*

Busch der, -[e]s/Büsche: *Strauch* | der afrikanische B. *(eine tropi-*

sche Landschaft) ‖ **Bü|schel** das, -s/-: ein B. Gras ‖ **bü|schel|wei|se** ‖ **Bu|schen** der, -s/-: *Bündel von Blumen, Zweigen uÄ* ‖ **Bu|schenschank** = **Bu|schen|schän|ke** = **Bu|schen|schen|ke** (bes. St): *Heurigenschank, Weinausschank im Freien [durch Weinhauer]* ‖ **Buschen|schan|ker** der, -s/- (bes. St): *Wirt einer Buschenschank* ‖ **Bu|schen|schan|ke|rin** die, -/-innen (bes. St) ‖ **Bü|scherl** das, -s/-[n]: *kleiner Buschen;* ein B. Gras ‖ **bu|schig:** ein buschiger Schwanz ‖ **Busch|mes|ser** ‖ **Busch|werk** das, -[e]s

bü|seln ⟨?⟩ (reg., bes. W, ugs.): *einnicken, schlummern*

Bu|sen der, -s/-: *weibliche Brust* | (geh., veraltend) *Herz, Gemüt* | *Meerbusen* ‖ **Bu|sen|freund** (oft scherzh.): er ist sein B. *(bester Freund)* ‖ **Bu|sen|freun|din** (oft scherzh.): *vertraute Freundin [einer Frau]* ‖ **Bu|sen|hal|ter** (veraltend) (BH)

Bu|se|rer der -s/- ⟨?⟩ (reg., bes. W, ugs.): *kleiner Auffahrunfall, Blechschaden* ‖ **bu|se|rie|ren** (sal., veraltet): *drängen, nötigen*

Bus|fah|rer ‖ **Bus|fah|re|rin** ‖ **Bushal|te|stel|le**

Busi|ness ['bɪznɪs] das, - ⟨engl.⟩: *Geschäft[sleben]* | (Wirt.) B. to B. (*auch:* B2B [bi: tu 'bi:]) *(Geschäftstätigkeit zwischen Unternehmen);* B. to Consumer [- - kən'sju:mə] (*auch:* B2C [bi: tu 'si:]) *(Geschäftstätigkeit zwischen Unternehmen und Endverbrauchern)* ‖ **Busi|ness|cen|ter** [-se-]: *Geschäftszentrum* ‖ **Busi|nessclass** [-kl-] die, -: *eine Reisekategorie im Flugverkehr*

Bus|sard [auch: -'a-] der, -[e]s/-e ⟨fr.⟩: *eine Falkenart*

Bu|ße die, -/-n (Rel.): B. tun | (Jus) *Geldbuße, Bußgeld*

Bus|sel das, -s/-[n] (ugs.): *Busserl* ‖ **bus|seln,** ich bussle (ugs.): *küssen*

bü|ßen, du büßt: eine Unvorsichtigkeit mit dem Leben b. *(bezahlen)* | (Rel.) für seine Sünden b. ‖ **Bü|ßer** der, -s/- (Rel.) ‖ **Bü|ßerge|wand** (Rel.) ‖ **Bü|ße|rin** die, -/-**in**nen (Rel.)

Bus|serl das, -s/-[n] (ugs.): *Kuss* | (Küchenspr.) *eine Bäckerei;* Kokosbusserl ‖ **bus|serln** (ugs.): *küssen*

buß|fer|tig (Rel.): *zur Buße bereit* ‖ **Buß|fer|tig|keit** die, - (Rel.): *Bereitschaft zur Buße, Wiedergutmachung* ‖ **Buß|geld** (Jus): *vom Gericht oder einer Behörde verhängte Geldstrafe*

Bus|si das, -[s]/-[s] (Kinderspr.): *Busserl, Küsschen*

Bus|so|le die, -/-n ⟨fr.⟩: *ein Kompass*

Bus|spur: *eine eigene Fahrspur*

Buß|übung (Rel.): eine B. *(Gebet, gute Tat oÄ)* zur Wiedergutmachung ‖ **Buß- und Bet|tag:** *ein evangelischer Feiertag*

Büs|te die, -/-n ⟨it.-fr.⟩: *plastisches Brustbild;* eine B. Schuberts | (veraltend) *weibliche Brust* ‖ **Büs|ten|hal|ter** (veraltend) (BH) ‖ **Bus|tier** [bys'tie:] das, -s/-s: *miederartiges Damenoberteil*

Bu|tan das, -s ⟨lat.⟩ (Chem.): *ein Kohlenwasserstoffgas*

Bu|ti|ke → Boutique

Bu|tler ['bʌ-] der, -s/- ⟨engl.⟩: *[englischer] Hausbediensteter in leitender Stellung*

But|te die, -/-n: *ein [hölzernes] Gefäß;* eine B. voller Weintrauben

Büt|tel der, -s/- (früher): *Gerichtsbote; Häscher*

Büt|ten|pa|pier: *eine teure Papierart*

But|ter die, -: B. auf Brot streichen | (ugs.) B. am Kopf *(etwas angestellt)* haben ‖ **But|ter|berg** (sal.) (Wirt.): *Butterüberschuss* ‖ **Butter|blu|me:** *volkstümliche Bezeichnung für verschiedene Pflanzen* ‖ **But|ter|brot:** Honig aufs B. streichen | (ugs.) für ein B. *(fast umsonst, unterbezahlt)* ‖ **But|ter|do|se** ‖ **But|ter|fass**

But|ter|fly ['bʌtəflaɪ] der, -s/-s ⟨engl.⟩: *Mascherl [am Kragen]* | (Sport) *ein Schwimmstil, Schmetterling* ‖ **But|ter|fly|mes|ser:** *Messer mit zweiteiligem Heft*

But|ter|kip|ferl ‖ **But|ter|mes|ser** ‖ **But|ter|milch:** *entrahmte saure Milch* ‖ **but|tern:** *Butter rühren, stoßen* | (nördl. D, ugs.) *[Brot] mit Butter bestreichen* | (ugs.) in eine neue Firma Geld b. *(viel Geld hineinstecken)* ‖ **But|ter|schmalz:** *durch Schmelzen haltbar gemachte Butter* ‖ **But|ter|sei|te** (scherzh.): *die günstige Seite einer Sache* ‖ **But|ter|sem|mel** ‖ **But|ter|teig** ‖ **but|ter|weich**

But|ton [bʌtn] der, -s/-s ⟨engl.⟩: *Plakette (mit Abbildung oder Aufschrift) zum Anstecken* | (EDV) *Schaltfläche, die mit der Maus angeklickt werden kann* ‖ **Button-down-Kra|gen** [-'daʊn-]: *Hemdkragen mit Knöpfen an den Spitzen*

Butz[1] der, -en/-en (westöst.): *Kobold*

Butz[2] der, -en/-en (reg.): *Butzen;* → Butz und Stingel ‖ **But|zen** der, -s/-: *Kerngehäuse des Apfels, der Birne ua., Butz*[2] ‖ **But|zenschei|be:** *kleine, runde Glasscheibe*

But|zerl → Putzerl

Butz und Stin|gel (ugs.) (nur in der Wendung): mit B. und S. *(ganz und gar);* → Butz[2]

Buy-in ['baɪɪn] = **Buy|in** das, -s/-s ⟨engl.⟩ (Wirt.): *Management-Buy-in* ‖ **Buy-out** [-aʊt] = **Buy|out** das, -s/-s (Wirt.): *Management-Buy-out*

BVG: Bundes**v**erfassungs**g**esetz ‖ **B-VG: B**undes-**V**erfassungs**ge**setz

b. w.: bitte **w**enden

BWL [be ve 'ɛl]: **B**etriebs**w**irtschafts**l**ehre

BWV [be ve 'faʊ]: **B**ach-**W**erke-**V**erzeichnis

By|pass ['baɪ-] der, -[es]/-pässe ⟨engl.⟩ (Med.): *Überbrückung eines Blutgefäßstückes;* einen B. legen | (Elektrot.) *die Umleitung eines Signals* ‖ **By|pass|ope|ra|tion** [-tsi-] (Med.)

Byte [baɪt] das, -[s]/-[s] (B) ⟨engl.⟩ (EDV): *Zeichen, Einheit von 8 Bits*

By|zanz ['by:-, auch: -'a-]: *antiker Name von Istanbul;* → Konstantinopel ‖ **by|zan|ti|nisch:** byzantinische Kunst *(im oströmischen Reich, etwa 6. bis 15. Jh.)* | (geh.) *schmeichlerisch, unterwürfig*

bzgl.: bezüglich

B-Zug (früher): *zweiter Klassenzug der Hauptschule*

bzw. [oft scherzh. auch mit Aussprache: be tsɛt 've:]: **bezie**hungs**w**eise

B

c C

c [tseː] das, -/- (Kleinbuchstabe): das c im Wort *cremefarben* | (Mus.) der Ton c (C) | (Mus.) c-Moll

C [tseː] das, -/- (Großbuchstabe): das C im Wort *Celsius;* das Vitamin C | (Mus.) der Ton C (c) | (Mus.) C-Dur | 100 *(römisches Zahlzeichen)* | **C**elsius | (Phys.) **C**oulomb | (Chem.) Kohlenstoff; C-14-Methode [tse'firtsen-] *(ein Verfahren zur Altersbestimmung organischer Stoffe)*

Ca: Calcium; → Kalzium

ca.: circ**a**; → zirka

Ca|bal|le|ro [k-'(l)jeː-] der, -s/-s ⟨span.⟩: *spanische Anrede für Herr (ohne Namensnennung)* | (früher) *ein spanischer Adeliger*

Ca|ba|ret [k-'reː] das, -s/-s = Kabarett [-'reː, -'rɛt, in D auch: 'ka-] das, -s/-s [-e] ⟨fr.⟩: *Kleinkunstbühne, Brettl*

Ca|ber|net Sau|vi|gnon [k-'neː sovi'njɔ̃] der, --/-s -s [-'neː -'njɔ̃] ⟨fr.⟩: *eine Reb- und Weinsorte*

Ca|b|rio [k-] = Kabrio das, -s/-s ⟨fr.⟩: *Kurzwort für Cabriolet* ‖ **Ca|b|ri|o|let** [-'leː] = Kabriolett das, -s/-s: *Auto mit zurückklappbarem, versenkbarem oder abnehmbarem Dach, Cabrio*

Cä|ci|lia [tsɛts-] = **Cä|ci|lie** [-i̯ɛ]: *weibl. Vorname;* → Cilli

CAD [kat, engl.: kæd, auch: siː eɪ 'diː] das, -s/-s (EDV): **c**omputer-**a**ided **d**esign *(ein technisches Zeichenprogramm für Computer);* → CAM

Cad|die ['kædi] der, -s/-s ⟨engl.⟩: *fahrbares Gerät für die Golfausrüstung*

Cad|mi|um [k-] = → Kadmium

Ca|fé [k-] das, -s/-s ⟨fr.⟩: *Kaffeehaus; aber:* → Kaffee ‖ **Ca|fe|te|ria** die, -/-s [Cafeterien] [-'iː(ɛ)n]: *[Selbstbedienungs]café* ‖ **Ca|fe|tier** [-'ti̯eː] der, -s/-s: *Kaffeehausbesitzer*

Cai|pi|ri|n|ha [kai-nja] der, -s/-s ⟨port.⟩: *ein Cocktail aus Rum, Eis und Limetten*

cal: Kalorie

Cal|ci|um ['kaltsi̯-] = → Kalzium

Für das Wort gibt es zwei Schreibweisen:
– Kalzium: die eingedeutschte Schreibung. Im Deutschen stehen für *c* die Buchstaben *k* bzw. *z*.
– Calcium: die fremdsprachige Schreibung. Sie ist v. a. in der Fachsprache üblich.

Ca|li|for|ni|um [k-] das, -s (Zeichen: Cf): *ein chemisches Element*

Cal|la|ne|tics [kæ-ks] die (Pl.) ⟨engl.⟩ (Wz.): *eine Gymnastik als Fitnesstraining*

Call|boy ['kɔːlbɔɪ] ⟨engl.⟩: *telefonisch erreichbarer Prostituierter* ‖ **Call|cen|ter** [-s-] (Wirt.): *Büro für telefonische Dienstleistungen* ‖ **Call|girl** [-gɜːl]: *telefonisch erreichbare Prostituierte*

Cal|va|dos [k-v-] der, -/-: *ein französischer Apfelbranntwein*

cal|vi|nisch [k-v-] = → kalvinisch ‖ **Cal|vi|nist** = → Kalvinist ‖ **Cal|vi|nis|tin** = → Kalvinistin

Ca|lyp|so [ka'li-] der, -s/-s ⟨?⟩: *ein Tanz aus der Karibik*

CAM [kam, engl.: kæm, auch: siː eɪ 'em] das, -s/-s (EDV): **c**omputer-**a**ided **m**anufacturing *(ein Programm zur computerunterstützten Fabrikation);* → CAD

Cam|cor|der [k-k-] = Kamkorder [k-] der, -s/- ⟨engl.⟩: *Videokamera mit integriertem Rekorder*

Ca|mem|bert ['kamɛmbeːɐ, fr.: kamɑ̃'bɛːr] der, -s/-s: *eine Käsesorte*

Ca|mil|la [k-]: *weibl. Vorname* ‖ **Ca|mil|lo:** *männl. Vorname*

Ca|mor|ra [k-] = Kamorra die, -⟨it.⟩: *süditalienische Verbrecherorganisation*

Ca|mou|f|la|ge [kamu'flaːʃ, -ʒɛ] die, -⟨fr.⟩ (Biol., Mil.): *Verbergen, Tarnung* ‖ **Ca|mou|f|la|ge|look** [-lʊk]: *eine Moderichtung;* → Militarylook

Camp [kɛ-] das, -s/-s ⟨engl.⟩: *[Ferien]lager;* → campieren

Cam|pa|g|ne [k-'anjɛ, fr.: kɑ̃'panʲ] = → Kampagne

Cam|pa|ni|le [k-] = Kampanile der, -/- ⟨it.⟩: *frei stehender Glockenturm [in Italien]*

Cam|pa|ri [k-] der, -s/- (Wz.): *ein roter Bitterlikör aus Kräutern*

cam|pen ['kɛ-] ⟨engl.⟩: *zelten;* → Camp ‖ **Cam|per** der, -s/- ‖ **Cam|pe|rin** die, -/-innen ‖ **cam|pie|ren** [ka-] ‖ **Cam|ping** ['kɛ-] das, -s; → kampieren ‖ **Cam|ping|bus** ‖ **Cam|ping|platz** ‖ **Cam|pus** ['ka-] der, -/- ⟨lat.⟩: *der gesamte [in sich abgeschlossene] Bereich einer Universität oder einer Schule*

Ca|na|di|er [k-] = → Kanadier

Ca|nail|le [k-ljɛ] = → Kanaille

Ca|na|pé [k-] = → Kanapee

Ca|nas|ta [k-] das, -s ⟨span.⟩: *ein Kartenspiel* ‖ **ca|nas|tern**

Can|ber|ra ['kæn-]: *Hauptstadt von Australien*

Can|can [kɑ̃'kɑ̃(ː)] der, -s/-s ⟨fr.⟩: *ein Bühnentanz*

can|celn [kænsln] = **canc|len** ⟨engl.⟩ (sal.): *streichen, annullieren*

Bei aus dem Englischen übernommenen Wörtern ist die Wortbildung oft im Schwanken:
canceln: wird wie einige deutsche Verben auf *-eln* gebildet, zB *wechseln* ..., nah an der englischen Form *to cancel*
canclen: Endung *-en* wie die meisten deutschen Verben
ich cancle/cancel: Schwankungen auch bei der Konjugation

can|ce|ro|gen [kants-] = → kanzerogen

cand.: candid**a**tus [k-], **cand**id**a**ta; zB cand. med. (candidatus/-data medicinae [- -'tsiːnɛ]) *(Kandidat/in der Medizin, Mediziner/in kurz vor Studienabschluss)*

Can|de|la [k-] die, -/- (cd) ⟨lat.⟩ (Phys.): *fotometrische Einheit für die Lichtstärke*

Can|na|bis [k-] der, - ⟨lat.⟩: *Hanf* | *Haschisch*

Can|nel|lo|ni [k-] die (Pl.) ⟨it.⟩: *eine italienische Nudelspeise*

Ca|ñon ['kanjɔn] der, -s/-s, *auch:* Canyon ['kænjən] ⟨span.⟩: *enges, tief eingeschnittenes Tal [bes. im Westen Nordamerikas]*

Ca|nos|sa|gang [k-] = → Kanossagang

can|ta|bel [k-] = → kantabel ‖ **can|ta|bi|le** [k-] ⟨it.⟩ (Mus.): *gesanghaft, ausdrucksvoll* ‖ **Can|ta|bi|le** das, -s/- (Mus.): *gesangliche Vortragsart; ein musikalischer Satz mit dieser Anweisung*

Can|tus fir|mus [k- -] der, - -/- firmi ⟨lat.⟩ (Mus.): *eine vorgegebene, als Thema kontrapunktisch verarbeitete Melodie, zB Choral*

Can|yon ['kænjən] → Cañon ‖ **Can|yo|ning** das, -s ⟨engl.⟩: *eine Extremsportart, Durchklettern von Schluchten*

Cape [keɪp] das, -s/-s ⟨engl.⟩: *ärmelloser Umhang*

Cap|puc|ci|no [k-'tʃiː-] der, -[s]/-[s]

[Cappuccini] ⟨it.⟩: *[italienischer] Kaffee mit aufgeschäumter Milch*
Ca|pric|cio [k-'itʃo] das, -s/-s ⟨it.⟩ (Mus.): *ein heiteres Musikstück*
Ca|ra|bi|ni|e|re [-'nje:-] der, -[s]/Carabinieri ⟨it.⟩: *italienischer Gendarm*
Ca|ra|cas [k-kas]: *Hauptstadt Venezuelas*
Ca|ra|van [k-v-, engl.: 'kærəvæn] der, -[s]/-s ⟨engl.⟩: *kombiniertes Personen- und Lastauto* | *Wohnwagen;* → Van
Car|bid [k-] = → Karbid ‖ **Car|bid|lam|pe** = → Karbidlampe ‖ **Car|bo|nat** [k-] = → Karbonat
Card [ka:d] die, -/-s ⟨engl.⟩: *Karte;* E-Card
car|di|al [k-] = → kardial
Car|diff [k-]: *Hauptstadt von Wales*
Car|di|gan ['ka:digən] der, -s/-s: *eine lange [Damen]strickweste*
car|dio|vas|ku|lär [k-v-] = → kardiovaskulär
care of ['keərəv] (c/o) ⟨engl.⟩: *per Adresse von ...*
Care|pa|ket ['keə-]: *Paket mit Hilfsgütern (der Hilfsorganisation CARE)*
Car|go [k-] = → Kargo
Ca|ri|na [k-] → Karina
Ca|rin|thia [k-tia]: *lateinischer Name von Kärnten* ‖ **Ca|rin|thi|an** [kə'rınθiən]: *eine Kärntner Fluglinie* ‖ **ca|rin|thisch** [ka-t-]: *kärntnerisch; aber:* **C**arinthischer Sommer *(Kulturwochen in Kärnten)*
Ca|ri|tas [k-] die, - ⟨lat.⟩: *eine wohltätige Hilfsorganisation der katholischen Kirche; aber:* → Karitas
Car|men [k-]: *weibl. Vorname*
Carl [k-] → Karl ‖ **Car|la** → Karla
Car|ni|tin [k-] das, -s ⟨lat.⟩: *ein körpereigener Stoff, der zur Gewinnung von Energie dient*
Car|nun|tum [k-]: *ausgedehnte Ruinenstätte einer römischen Stadt bei Deutsch-Altenburg (N)*
Ca|ro|la [k-] → Karola ‖ **Ca|ro|li|ne** → Karoline ‖ **Ca|ro|li|no Au|gus|te|um** das, - -s ⟨lat.⟩: *das Salzburger Stadt- und Landesmuseum*
Car|pac|cio [kar'patʃo] das, -s/-s ⟨it.⟩: *kalte Speise aus rohem, dünn geschnittenem und mariniertem Fleisch, Fisch oder Gemüse*
Car|tell|ver|band [k-] (CV): *ein* → *Kartellverband*
Car|toon [k-'tu:n] der = das, -[s]/-s ⟨engl.⟩: *Karikatur, Witzzeichnung* | *Bildgeschichte* ‖ **Car|too|nist** der, -en/-en ‖ **Car|too|nis|tin** die, -/-innen
Car|tridge ['ka:trıdʒ] die, -/-s [-ız] ⟨engl.⟩: *Farbpatrone [für Toner von Druckern]*
Car|ver ['ka:və] ⟨engl.⟩: *Kurzwort für Carverski* ‖ **Car|ver|ski** [-ʃi:] = Carverschi: *Carvingski* ‖ **Car|ving** das, -s/-s: *Skifahren mit Carvingskiern* ‖ **Car|ving|ski** [-ʃi:] = Carvingschi: *ein [stark] taillierter Ski, Carver, Carverski*
Ca|sa d'Aus|t|ria [k-] die, - ⟨it.⟩ (wörtl.: das Haus Österreich): *die Habsburger*
Ca|sa|no|va [k-v-] der, -[s]/-s: *Frauenheld (nach dem italienischen Abenteurer)*
Cä|sar[1] ['ts-]: *männl. Vorname* ‖ **Cä|sar**[2] der, -s/-en [-'a:-]: *römischer Kaisertitel (nach dem römischen Feldherrn und Staatsmann)* ‖ **Cä|sa|ren|wahn:** *Größenwahn von Mächtigen* ‖ **cä|sa|risch:** *kaiserlich* | *überheblich, selbstherrlich*
Cash [kæʃ] das = der, -[s] ⟨engl.⟩: *Bargeld;* in C. ‖ **Cash|cow** [-kaʊ] die, -/-s (Wirt.): *großer Umsatzträger in einem Unternehmen*
Ca|shew|nuss ['kæʃu-] ⟨indian.-port.-engl.⟩: *eine tropische Nussart*
Cash|flow [-fləʊ] der, -s (Wirt.): *Messgröße zur Einschätzung der Zahlungskraft eines Unternehmens*
Ca|si|mir [k-] → Kasimir
Ca|si|no [k-] = → Kasino
Cä|si|um ['tse:-] das, -s ⟨lat.⟩ (Zeichen: Cs): *ein chemisches Element*
Cas|par [k-] → Kaspar
Cas|sis [k-] der, -/- ⟨lat.-fr.⟩: *Likör aus schwarzen Ribiseln*
cas|ten [k-] ⟨engl.⟩: die Darsteller für eine Fernsehserie c. *(auswählen)* ‖ **Cas|ting** [k-] das, -s/-s: *Besetzung der Rollen [in Theater, Film, Musical]*
Ca|sus Bel|li [k-] der, - - ⟨lat.⟩: *Grund zum Krieg bzw. Streit*
cat|chen ['kætʃ-], du catch[s]t ⟨engl.⟩ ‖ **Cat|cher** der, -s/-: *Freistilringer* ‖ **Cat|che|rin** die, -/-innen
Ca|te|ring ['keı-] das, -s ⟨engl.⟩ (Gast.): *Zustellung von Essen und Getränken*
Ca|ter|pil|lar ['ka-lə, 'kæ-] der, -s/-[s] ⟨engl.⟩ (Wz.): *ein Planier-, Raupenfahrzeug*
Cat|walk ['kætwɔ:k] der, -s/-s ⟨engl.⟩: *Laufsteg [der Models]*
Cau|sa [k-] die, -/Causae [-zɛ:] ⟨lat.⟩: *Grund, Ursache* | (auch mit Pl. Causen) (Jus) *Rechtsfall, Streitfall*
Ca|va|li|e|re [kav-] der, -s/Cavalieri ⟨it.⟩: *ein italienischer Adelstitel*
Ca|yen|ne|pfef|fer [ka'jɛnpf-]: *ein scharfes Gewürz, Chilipfeffer*
CB-Funk [tse 'be:-]: *dem privaten Funkverkehr überlassener Frequenzbereich*
CBT [tse be 'te:, engl.: si: bi: 'ti:] der = das, -[s] (EDV): **C**omputer **B**ased **T**raining *(computerunterstützter Unterricht)*
CC [tse 'tse:]: **C**orps **c**onsulaire *(konsularisches Korps)*
CCD [tse tse 'de:] das, -/-[s] (Phys., Elektrot.): **C**harged **C**oupled **D**evice *(lichtempfindliche Elemente in der Halbleitertechnik)*
cd: Candela
Cd: Cadmium; → Kadmium
CD[1] [tse 'de:]: **C**orps **d**iplomatique *(diplomatisches Korps)*
CD[2] [tse 'de:] die, -/-[s]: **C**ompact **D**isc | **CD**-ROM ‖ **CD-Bren|ner,** *auch:* CD-Writer der, -s/-: *Gerät, das Daten auf eine CD schreiben kann* ‖ **CD-i** [tse de 'i:, auch: si: di: 'aı] die, -/-s (EDV) (Wz.): **C**ompact **D**isc-**i**nteraktiv *(CD mit multifunktionaler Information, zB mit Grafiken, bewegten Bildern, Musik u. dgl.)* ‖ **CD-Play|er** [-pleıə], *auch:* CD-Spieler: *Abspielgerät für CDs* ‖ **CD-Roh|ling:** *unbeschriebene CD* ‖ **CD-ROM** [tse de-] die, -/-s: **C**ompact **D**isc-**R**ead **O**nly **M**emory *(CD, auf der Computerdaten gespeichert sind, die nicht bearbeitet, sondern nur gelesen werden können)*

CD-ROM-Lauf|werk
Computerlaufwerk, das auf einer Compact Disc gespeicherte Daten lesen kann

Zwischen Zusammensetzungen mit Einzelbuchstaben oder Abkürzungen steht ein Bindestrich:
- CD-Brenner, CD-Player
- C-Dur, Cis-Dur
- CD-ROM-Laufwerk
- C-Dur-Tonleiter

C-Dur ['tse:'du:ə] (C) (Mus.): *eine Tonart* ‖ **C-Dur-Ton|lei|ter** (Mus.)
CD-Spie|ler [tse'de:-] → CD-Player ‖ **CD-Wechs|ler** [-ks-] der, -s/-: *automatische Wechselanlage bei einem CD-Player* ‖ **CD-Wri|ter**

[tse'de:raɪtə, auch: si 'di:-] → CD-Brenner
Ce: **Cer**
Ce|dil|le [se'dij] die, -/-n ⟨fr.⟩: *beistrichähnliches Zeichen unter einigen Buchstaben als Aussprachezeichen, zB* Façon [fa'sɔ̃]
Ce|les|ta [tʃ-sta] die, -/-s ⟨it.⟩: *ein Tasteninstrument mit Metallstäben*
Cel|list [tʃ-] der, -en/-en ⟨it.⟩: *Cellospieler* ‖ **Cel|lis|tin** die, -/-innen ‖ **Cel|lo** das, -s/-s [Celli]: *Violoncello*
Cel|lo|phan [ts-f-] (Wz.) = → Zellophan ‖ **Cel|lu|lite** ['seljʊlaɪt] = → Zellulitis ‖ **Cel|lu|li|tis** = → Zellulitis ‖ **Cel|lu|loid** = → Zelluloid ‖ **Cel|lu|lo|se** = → Zellulose
Cel|si|us [ts-] (C): *Gradeinheit für die Temperaturmessung;* 20° C; → Reaumur; → Fahrenheit ‖ **Cel|si|us|ther|mo|me|ter:** *Thermometer mit 100-teiliger Skala*
Cem|ba|lo [tʃ-] das, -s/-s [Cembali] ⟨it.⟩: *ein Tasteninstrument* ‖ **Cem|ba|list** der, -en/-en ‖ **Cem|ba|lis|tin** die, -/-innen
Cent [ts-, engl.: s-] der, -s/-s (meist C, c, Ct., ct.) ⟨lat.-engl.⟩: *Untereinheit der Währungseinheiten verschiedener Länder bzw. des Euros;* drei Cents *(drei 1-Cent-Münzen);* dafür bekommst du keinen C. *(nichts)* | (in Angaben von Beträgen mit Pl. Cent) eine Rechnung über 90 Cent
Cen|ter [s-] das, -s/- ⟨engl.⟩: *Zentrum;* Shoppingcenter ‖ **Cen|tre|court** [-təkɔ:t] der, -s/-s = **Cen|tre-Court:** *wichtigster Platz einer Tennisanlage (mit den meisten Zuschauerplätzen)*
Cer [ts-] das, -s (Zeichen: Ce): *ein chemisches Element;* → Zereisen
Ce|ran [ts-] das, -s (Wz.): *eine temperaturstabile Glaskeramik* ‖ **Ce|ran|feld:** *Cerankochfläche* ‖ **Ce|ran|koch|flä|che**
Cer|be|rus [ts-] = → Zerberus
Cer|cle [sɛrkl] der, -s/-s [sɛrkl] ⟨fr.⟩: *[vornehmer] Gesellschaftszirkel* | *vorderste Sitzreihen im Theater bzw. im Konzertsaal* ‖ **Cer|cle|sitz**
ce|re|bral [ts-] = → zerebral
CERN [tsɛrn] der, -: **C**onseil **E**uropéen pour la **R**echerche **N**ucléaire *(europäisches Kernforschungszentrum bei Genf)*
ces [tsɛs] das, -/- (Mus.): *das um einen Halbton erniedrigte C (c);* → Ces | ces-Moll ‖ **Ces** das, -/- (Mus.): *das um einen Halbton erniedrigte C (c);* → ces | Ces-Dur ‖ **Ces-Dur** (Ces) (Mus.) ‖ **Ces-Dur-Ton|lei|ter** (Mus.) ‖ **ces-Moll** (ces) (Mus.) ‖ **ces-Moll-Ton|lei|ter** (Mus.)
c'est la vie [sɛ la 'vi] ⟨fr.⟩: *so ist eben das Leben*
Će|vap|či|ći [tʃe'vaptʃitʃi] = **Će|vap|či|ći** die (Pl.) ⟨serb.⟩: *eine serbische Fleischspeise*
Cey|lon ['tseɪl-, 'tsaɪl-]: *früherer Name von Sri Lanka* ‖ **Cey|lon|tee:** *Tee aus Sri Lanka*
Cf: **C**ali**f**ornium
cf.: vergleiche (lat. confer ['kɔ-])
cg: Zentigramm
CGS-Sys|tem [tse ge 'ɛszy-]: *auf Zentimetern, Gramm und Sekunden basierendes Maßsystem*
CH [tse 'ha:]: **C**onfoederatio **H**elvetica *(Autokennzeichen der Schweiz)*
Cha-Cha-Cha ['tʃatʃa'tʃa] der, -[s]/-s ⟨span.⟩: *ein Tanz*
Cha|co|ne [ʃa'kɔn] die, -/-n ⟨span.-fr.⟩: *ein barocker Variationsatz und Tanz*
Cha|grin|le|der [ʃa'grɛ̃:l-] ⟨fr.⟩: *Leder mit aufgepresstem Narbenmuster*
Chair|man ['tʃeəmən] der, -[s]/Chairmen ⟨engl.⟩: *Vorsitzender [einer Konferenz]*
Chai|se|lon|gue [ʃɛz'lɔ̃:g] die, -/-n [-s] ⟨fr.⟩ (veraltet): *ein gepolstertes Liegemöbel mit Kopflehne*
Cha|let [ʃa'le:, 'ʃalɛ] das, -[s]/-s ⟨fr.⟩ (bes. CH): *Landhaus*
Cha|mä|le|on [k-] das, -s/-s ⟨gr.⟩: *eine Echse, die ihre Hautfarbe rasch verändern kann*
Cham|bre se|pa|rée [ʃɑ̃(:)br sepa're(:)] das, - -/-s -s [ʃɑ̃(:)br sepa're(:)] ⟨fr.⟩ (veraltend): *separiertes [intimes] Zimmer in Restaurants, Bars*
cha|mois [ʃa'moa(:)] ⟨fr.⟩: *gamslederfarben, gelbbraun;* eine c. Tasche ‖ **Cha|mois** das, -/-: *eine Farbe* ‖ **cha|mois|far|ben** ‖ **Cha|mois|le|der**
Cham|pa|gne [ʃam'panj, fr.: ʃɑ̃-] die, -: *eine Landschaft in Nordfrankreich* ‖ **Cham|pa|gner** [ʃam'panjə] der, -s/- (Wz.): *[französischer] Schaumwein, Sekt*
Cham|pi|gnon ['ʃampinjo:n, fr.: ʃɑ̃pi'njɔ̃] der, -s/-s ⟨fr.⟩: *ein essbarer Pilz*
Cham|pi|on ['tʃæmpiən] der, -s/-s ⟨engl.⟩: *Meister in einer Sportart* | (mit Aussprache ['ʃampion]) (ostöst.) (fachspr.) *Aufsatz auf dem Rauchfang* ‖ **Cham|pi|ons League** ['tʃæmpiənz 'li:g] die, - - (Sport): *höchster europäischer Fußballvereinsbewerb*
Chan [k-] = → Khan ‖ **Cha|nat** = → Khanat
Chan|ce [ʃɑ̃:s] die, -/-n ⟨fr.⟩: eine C. *(günstige Gelegenheit)* haben, etwas zu erreichen ‖ **Chan|cen|gleich|heit** ‖ **Chan|cen|ge|rech|tig|keit** ‖ **chan|cen|los**
chan|geant [ʃɑ̃'ʒɑ̃:] ⟨fr.⟩: *die Farbe wechselnd, schillernd* ‖ **chan|gie|ren** [ʃɑ̃'ʒi:-]: *wechseln;* ein changierender Stoff
Chan|son [ʃɑ̃'sɔ̃:] das, -s/-s ⟨fr.⟩: *ein Lied* ‖ **Chan|so|net|te** [-ɔ'nɛt] = Chansonnette die, -/-n: *Autorin, Sängerin von Chansons* ‖ **Chan|so|nier** [-'nje:] = Chansonnier der, -s/-s: *Chansonsänger* ‖ **Chan|so|ni|e|re** [-'nje:ə, -rɛ] = **Chan|son|ni|e|re** die, -/-n: *Chansonette*
Cha|os [k-] das, - ⟨gr.⟩: *Unordnung, Wirrwarr* | (Phys.) deterministisches C. *(nicht vorhersagbares Verhalten eines Systems)* ‖ **Cha|os|the|o|rie** (Phys.): *Versuch, hinter scheinbar zufälligen Abläufen ein System zu erkennen* ‖ **Cha|o|te** der, -n/-n (abw.): *Wirrkopf* | *gewaltbereiter politischer Aktivist* ‖ **Cha|o|tin** die, -/-innen ‖ **cha|o|tisch**
Cha|rak|ter [k-] der, -s/-e [-'te:-] ⟨gr.⟩: *Wesensart;* ein Mensch mit C. *(festen Grundsätzen)* ‖ **Cha|rak|ter|an|la|ge** ‖ **Cha|rak|ter|bild** ‖ **Cha|rak|ter|dar|stel|ler:** *Schauspieler, der auf Charakterrollen spezialisiert ist* ‖ **Cha|rak|ter|dar|stel|le|rin** ‖ **Cha|rak|ter|ei|gen|schaft** ‖ **cha|rak|ter|fest:** *feste Grundsätze besitzend, willensstark* ‖ **Cha|rak|ter|fes|tig|keit** ‖ **cha|rak|te|ri|sie|ren:** einen Menschen c. *(seine Eigenart treffend beschreiben)* | Was charakterisiert *(kennzeichnet)* das moderne Theater? ‖ **Cha|rak|te|ri|sie|rung** die, -/-en ‖ **Cha|rak|te|ris|tik** die, -/-en ‖ **Cha|rak|te|ris|ti|kum** das, -s/Charakteristika: *spezifische Eigenheit, typisches Merkmal* ‖ **cha|rak|te|ris|tisch** ‖ **cha|rak|te|ris|ti|scher|wei|se** ‖ **Cha|rak|ter|kopf:** *Kopf, Gesicht mit ausgeprägten Zügen* ‖ **Cha|rak|ter|kun|de:** *Charakterologie* ‖ **cha|rak|ter|lich:** ein c. gefestigter Mensch ‖ **cha|rak|ter|los:** *ohne feste Grundsätze, willensschwach* ‖ **Cha|rak|ter|lo|sig|keit** die, -/-en ‖ **Cha|rak|te|ro|lo|gie** die, -: *Teilgebiet der Psychologie, Charak-*

terkunde ‖ **Cha|rak|ter|rol|le** (Theater, Film): *Rolle mit ausgeprägtem Charakter* ‖ **Cha|rak|ter|schwä|che** ‖ **Cha|rak|ter|stär|ke:** C. zeigen ‖ **Cha|rak|ter|stück** (Mus.): *kurzes, genrehaftes Instrumentalstück* ‖ **Cha|rak|ter|stu|die** [-iɛ]: *[filmische] Analyse eines Charakters* ‖ **cha|rak|ter|voll** ‖ **Cha|rak|ter|zug:** ein typischer C.

Char|don|nay [ʃardɔ'neː] der, -s/-s ⟨fr.⟩: *eine Reb- und Weinsorte*

Char|ge ['ʃarʃ, -ʒɛ] die, -/-n ⟨fr.⟩ (Mil.): *Dienstgrad* | (nur Pl.) *die Mannschaftsdienstgrade* | *Amt in einer Studentenverbindung* | *zusammengehörende Tranche von Medikamenten* | (Theater) *kleine Rolle, Nebenrolle* ‖ **Char|gen|num|mer:** *Kennzahl auf den Verpackungen einer Medikamentenserie* ‖ **char|gie|ren** [-ʒ-]: *[als Schauspieler] übertreiben* | *als Charge auftreten* ‖ **Char|gier|te** der, -n/-n, ein Chargierter: *Amtsträger einer Studentenverbindung*

Cha|ris|ma ['ka(ː)-, -'i-] das, -[s]/Cha|ris|men [Cha|ris|ma|ta] ⟨gr.⟩: *Gnade, Berufung, persönliche Ausstrahlung* ‖ **cha|ris|ma|tisch**

Cha|ri|ty|ver|an|stal|tung ['tʃærɪti-] ⟨engl.⟩: *Wohltätigkeitsveranstaltung*

Charles|ton ['tʃɑːlstən] der, -[s]/-[s]: *ein Tanz (benannt nach einer US-amerikanischen Stadt)*

Char|lot|te [ʃ-]: *weibl. Vorname*

char|mant [ʃ-] = scharmant ⟨fr.⟩: ein charmantes *(bezauberndes)* Lächeln ‖ **Charme** [-m] = Scharm der, -s: *Anmut, Liebreiz* ‖ **Charmeur** [-'møːə] der, -s/-e: *[oft übertrieben] charmanter Mann* ‖ **Char|meu|rin** die, -/-innen ‖ **Char|meu|se|wä|sche** [ʃar-'møːsv-]: *Wäsche aus Kunstseide*

Chart [tʃɑːt] der = das, -s/-s ⟨engl.⟩ (Bankw.): *Grafik des Kursverlaufes eines Wertpapiers* | (nur Pl.) *Hitparade*

Char|ta [k-] die, -/-s [Charten] ⟨lat.⟩: *eine grundlegende Urkunde;* die C. der Vereinten Nationen *(UNO-Charta)*

Char|ter|flug [tʃ-] ⟨engl.⟩ → G.: Linienflug ‖ **Char|ter|ma|schi|ne** ‖ **char|tern:** *ein Flugzeug oder Schiff mieten*

Chas|si|dis|mus [x-] der, - ⟨hebr.⟩: *eine mystische Bewegung im Judentum*

Chas|sis [ʃa'siː] das, - [-'siː(s)]/-[-'siːs] ⟨fr.⟩: *Fahrgestell [eines Autos]* | *Rahmen [eines Radioapparates]*

Chat [tʃæt] der, -s/-s ⟨engl.⟩: *digitale Kommunikation via Computer (bes. im Internet);* → Netchat

Cha|teau|bri|and [ʃatobri'ɑ̃ː] das, -s/-s (Küchenspr.): *bes. dickes Filetsteak vom Rind (nach einem französischen Schriftsteller und Politiker)*

Chat|room [-ruːm] der, -s/-s ⟨engl.⟩: *eine Internetanwendung zum Chatten* ‖ **chat|ten:** *im Internet plaudern*

Chau|deau [ʃo'doː] das = der, -[s]/-s ⟨fr.⟩: *warme Creme aus Wein und Eiern;* Weinchaudeau

Chauf|feur [ʃo'føːə] der, -s/-e ⟨fr.⟩ ‖ **Chauf|feu|rin** die, -/-innen ‖ **Chauf|feu|se** [-'føːs, -'føːzɛ] die, -/-n: *Chauffeurin* ‖ **chauf|fie|ren:** *ein Auto lenken;* jemanden c. *(mit dem Auto führen)*

Chaus|see [ʃo'seː] die, -/-n [-eː(ɛ)n] ⟨fr.⟩ (bes. D, veraltend): *Landstraße*

Chau|vi ['ʃoːvi] der, -s/-s ⟨fr.-engl.⟩ (sal., abw.): *Kurzwort für Chauvinist;* → Macho ‖ **Chau|vi|nis|mus** der, -/Chauvinismen ⟨fr.⟩ (abw.): *übertriebener, unduldsamer Nationalstolz* | *Machogehabe* ‖ **Chau|vi|nist** der, -en/-en (abw.) ‖ **Chau|vi|nis|tin** die, -/-innen (abw.) ‖ **chau|vi|nis|tisch** (abw.)

Check[1] [tʃ-] der, -s/-s ⟨engl.⟩: *Kontrolle;* → checken | (Sport) *Stoß, Schlag;* → Bodycheck

Check[2] [ʃ-] = → Scheck ‖ **Check|be|trug** = → Scheckbetrug ‖ **Check|buch** = → Scheckbuch

che|cken [tʃ-] ⟨engl.⟩: *kontrollieren* | (sal.) das checkst *(verstehst)* du nicht; → Check[1] ‖ **Che|cker** der, -s/- (sal.): *jemand, der viel regelt, organisiert; Macher* ‖ **Che|cke|rin** die, -/-innen (sal.) ‖ **Check|lis|te**

Check|kar|te [ʃ-] = → Scheckkarte ‖ **Check|kar|ten|be|trug** [ʃ-] = → Scheckkartenbetrug

Chef [ʃ-] der, -s/-s ⟨fr.⟩: *Vorgesetzter; Leiter; Geschäftsinhaber* ‖ **Chef|arzt:** *leitender Arzt einer Krankenkasse* ‖ **Chef|ärz|tin** ‖ **Chef|arzt|pflicht** die, -: *Begutachtungspflicht bestimmter Medikamente, Therapien durch einen Chefarzt* ‖ **chef|arzt|pflich|tig:** chefarztpflichtige Medikamente ‖ **Chef|di|ri|gent:** *ständiger Dirigent eines großen Orchesters* ‖ **Chef|di|ri|gen|tin** ‖ **Chef|eta|ge** [-aːʃ, -ʒɛ] ‖ **Che|fin** die, -/-innen ‖ **Chef|re|dak|teur** [-tøːə] ‖ **Chef|re|dak|teu|rin** ‖ **Chef|sa|che:** *Angelegenheit, die dem Chef vorbehalten ist, von ihm entschieden wird* ‖ **Chef|se|kre|tär** ‖ **Chef|se|kre|tä|rin** ‖ **Chef|ver|hand|ler** ‖ **Chef|ver|hand|le|rin**

Che|mie [k-] die, - ⟨gr.⟩: *Wissenschaft, die das Verhalten und die Zusammensetzung von Stoffen erforscht* | die C. stimmt *(die persönliche Beziehung ist gut)* ‖ **Che|mie|fa|ser** ‖ **Che|mi|ka|lie** [-iɛ] die, -/-n (meist Pl.) ‖ **Che|mi|ker** der, -s/- ‖ **Che|mi|ke|rin** die, -/-innen ‖ **che|misch** ‖ **Che|mis|mus** der, -: *die chemischen Abläufe im Stoffwechsel*

Chem|nitz [k-]: *Stadt in Deutschland*

Che|mo|tech|nik [k-] ⟨gr.⟩ (Chem.) ‖ **che|mo|the|ra|peu|tisch** ‖ **Che|mo|the|ra|pie** (Med.): *Behandlung mit chemischen Mitteln*

Cheque [ʃɛk] der, -s/-s (CH): *Scheck*

Cher|ry|bran|dy [tʃeri'brændi] ⟨engl.⟩: *Kirschlikör; aber:* → Sherry

Che|rub [k-] = Kerub der, -[s]/-im [-inen] ⟨hebr.⟩: *Engel, Wächter vor dem Paradies* ‖ **che|ru|bi|nisch:** *engelhaft*

che|va|le|resk [ʃœv-] ⟨fr.⟩ (geh., veraltet): *kavaliersmäßig* ‖ **Che|va|lier** [-'lieː] der, -s/-s [-'lieː(s)] (wörtl.: Ritter): *ein französischer Adelstitel*

Che|vreau [ʃœ'vroː] das, -s ⟨fr.⟩: *Ziegenleder*

Chi[1] [çiː] das, -[s]/-[s] (χ, X) ⟨gr.⟩: *griechischer Buchstabe (entspricht ch)*

Chi[2] [tʃiː] = Qi [tʃiː] das, -[s] ⟨chin.⟩: *die Lebensenergie in der chinesischen Philosophie*

Chi|an|ti ['kja-] der, -s: *ein italienischer Rotwein (benannt nach einer italienischen Landschaft)*

chic [ʃik] ⟨fr.⟩: fesch; → schick

Die französische und die eingedeutschte Schreibweise sind korrekt:
– du bist chic (= schick)
Bei dekliniertem Adjektiv gilt nur die eingedeutschte Form:
– ein schicker Hut
– mit einem schicken Kleid

Chic = → Schick

Chi|ca|go [ʃi'k-]: *Stadt in den Vereinigten Staaten*

Chicorée [ʃiko're:] = → Schikoree
Chiemsee [k-]: *See in Deutschland (Bayern)*
Chiffon [ʃ-] der, -s/-e [-s] ⟨fr.⟩: *ein Gewebe*
Chiffre ['ʃifə, fr.: 'ʃifr(œ)] die, -/-n ⟨fr.⟩: *geheimes Schriftzeichen; Kennwort; Kennzahl [in geschäftlichen Mitteilungen]* ‖ **chiffrieren:** *eine Botschaft verschlüsseln;* → dechiffrieren ‖ **Chiffrierung** die, -/-en
Chile [tʃ-]: *ein Staat* ‖ **Chilene** der, -n/-n ‖ **Chilenin** die, -/-innen ‖ **chilenisch** ‖ **Chilesalpeter** (Chem.)
Chili [tʃ-] der, -s/-s ⟨indianisch-span.⟩: *eine scharfe Paprikasorte* | *ein scharfes Gewürz;* C. con carne [- k- k-] *(eine Fleischspeise)* ‖ **Chilipfeffer:** *ein scharfes Gewürz, Cayennepfeffer* ‖ **Chilisauce** [-zo:s(ɛ)] = **Chilisoß** = **Chilisoße:** *eine scharfe Sauce*
chillen [tʃ-] ⟨engl.⟩ (Jug.): *relaxen;* sie chillt gerne mit ihren Freunden ‖ **chillig** (Jug.): die Musik ist echt c. *(angenehm zu hören)*
Chimäre [ʃ-] = → Schimäre
China [k-]: *ein Staat* ‖ **Chinakohl:** *ein Gemüse; eine Salatsorte*
Chinchilla[1] [tʃin'tʃil(j)a] das, -[s]/-s ⟨span.⟩: *ein Nagetier* ‖ **Chinchilla**[2] der, -[s]/-s: *ein Pelz*
Chinese [k-] der, -n/-n ‖ **Chinesin** die, -/-innen ‖ **chinesisch:** chinesische Seide; *aber:* die Chinesische Mauer ‖ **Chinesisch** das, -[s] = **Chinesische,** -n: *die chinesische Sprache*
Chinin [k-] das, -s ⟨indianisch⟩: *ein Heilmittel aus Chinarinde*
Chinoiserie [ʃinoazə'ri:] die, -/-n ⟨fr.⟩: *Kunstgewerbearbeit in chinesischem Stil*
Chip [tʃ-] der, -s/-s ⟨engl.⟩: *Spielmarke beim Roulett* | (nur Pl.) *gebackene Erdäpfelscheiben* | (EDV, Elektrot.) *Mikroprozessor; Halbleiterplättchen* ‖ **Chipkarte** (EDV): *kleine Plastikkarte mit eingebautem Chip (oft als Berechtigungskarte)* ‖ **Chipkartengebühr**
Chiromantie [k-] = **Chiromantik** die, - ⟨gr.⟩: *Zukunftsvorhersage durch Handlesen* ‖ **Chiropraktik** die, - (Med.): *eine Behandlungsmethode für Schäden des Bewegungsapparats (bes. der Wirbelsäule)* ‖ **Chiropraktiker** der, -s/- ‖ **Chiropraktikerin** die, -/-innen ‖ **Chirurg** der, -en/-en: *Facharzt für Chirurgie* ‖ **Chirurgie** die, - (Med.): *operative Behandlung von Erkrankungen und Verletzungen* | *chirurgische Station in einem Krankenhaus* ‖ **Chirurgin** die, -/-innen ‖ **chirurgisch**
Chişinău ([rumänisch: kiʃi'nəu̯], russ.: Kischinew [-'nʲɔf]): *Hauptstadt Moldawiens*
Chitin [k-] das, -[s] ⟨gr.⟩: *hornartiger Stoff [im Panzer von Insekten]*
Chlor [k-] das, -s ⟨gr.⟩ (Zeichen: Cl): *ein chemisches Element* ‖ **chloren:** gechlortes Wasser ‖ **chlorfrei:** c. gebleichtes Papier ‖ **chlorieren:** *mit Chlor versetzen* ‖ **Chloroform** das, -s: *ein Betäubungs- und Desinfektionsmittel*
Chlorophyll [k-'fyl] das, -s ⟨gr.⟩ (Bot.): *Blattgrün (in Pflanzen)*
Choke [tʃəʊk] der, -s/-s ⟨engl.⟩: *Luftklappe am Vergaser eines Verbrennungsmotors als Kaltstarthilfe* ‖ **Choker** der, -s/-: *Bedienungshebel für den Choke*
Cholera [k-] die, - ⟨gr.⟩: *eine epidemische Infektionskrankheit*
Choleriker [k-] der, -s/- ⟨gr.⟩: *jähzorniger Mensch* ‖ **Cholerikerin** die, -/-innen ‖ **cholerisch:** *jähzornig, aufbrausend* | (Med.) *die Galle betreffend*
Cholesterin [k-] das, -s ⟨gr.⟩: *ein Fettstoff im menschlichen Organismus, in tierischen Lebewesen* ‖ **cholesterinarm** ‖ **cholesterinfrei** ‖ **Cholesterinspiegel:** *Cholesteringehalt im Blut*
Chopsuey [tʃɒp'su:i] = **Chop-Suey** das, -s/-s ⟨chin.⟩ (Küchenspr.): *ein chinesisches Gericht aus Fleisch und Gemüse*
Chor [k-] der, -[e]s/Chöre ⟨gr.⟩: *mehrstimmiger Gesang* | *eine Komposition hiefür* | *die gemeinsam Singenden;* im C. sprechen; *aber:* das Chorsprechen | (auch mit Art. das, selten auch Pl. Chore) (Kunstg.) → *Apsis* | (auch mit Art. das, selten auch Pl. Chore) (Kunstg.) → *Empore* ‖ **Choral** der, -s/Choräle: *ein Kirchengesang* ‖ **Choralvorspiel:** *Orgelstück, in dem eine Choralmelodie verarbeitet wird* ‖ **Chordirektor:** *Leiter eines [Kirchen]chors, Regens Chori, Chorregent* ‖ **Chordirektorin** ‖ **Chordofon** = **Chordophon** [k-f-] das, -s/-e (meist Pl.): *ein Saiteninstrument* ‖ **Choreograf** = Choreograph [-f] der, -en/-en ‖ **Choreografie** = Choreographie die, -/-n: *Entwurf und Ausarbeitung eines Bühnentanzes* ‖ **choreografieren** = choreographieren ‖ **Choreografin** = Choreographin die, -/-innen ‖ **choreografisch** = **choreographisch** ‖ **Chorgebet:** *ein gemeinsames Gebet in Klöstern* ‖ **Chorgesang** ‖ **Chorgestühl:** *Sitzbänke in der Kirche für Geistliche und Klosterfrauen [für das Chorgebet]* ‖ **Chorherr:** *Angehöriger bestimmter geistlicher Orden;* → Augustiner-Chorherr ‖ **Chorherrenstift:** das C. Klosterneuburg ‖ **chorisch:** *im Chor, in mehrfacher Besetzung der einzelnen Stimmen* ‖ **Chorleiter:** *Chordirigent* ‖ **Chorleiterin** ‖ **Chormusik** ‖ **Chororgel:** *Orgel in der Nähe des Chorgestühls* ‖ **Chorprobe** ‖ **Chorregent:** *Chordirektor* ‖ **Chorsänger** ‖ **Chorsängerin** ‖ **Chorus** der, -/- [-russe]: *im Jazz das Grundschema einer Komposition; Refrain*
Chose [ʃ-] die, -/-n ⟨fr.⟩ (veraltend): *[unangenehme] Angelegenheit*
Chrisam [k-] das = der, -s ⟨gr.⟩: *geweihtes Salböl in der katholischen Kirche* ‖ **Chrisamgeld** (früher): *Tauf- oder Firmgeschenk*
Christ [k-] der, -en/-en ⟨gr.⟩ ‖ **Christa,** *auch:* Krista: *weibl. Vorname (Christiane, Christine);* → Christel ‖ **Christbaum** ‖ **Christbaumbehang:** *Lebkuchen, Strohsterne uÄ* ‖ **Christbaumschmuck** ‖ **Christdemokrat:** *Anhänger einer christlich-sozialen Partei* ‖ **Christdemokratin** ‖ **Christel** = Christl: *weibl. und männl. Vorname (Christian, Christine, Christiane)* ‖ **Christenheit** die, -: *alle Christen* ‖ **Christenpflicht:** *Nächstenliebe* ‖ **Christentum** das, -s ‖ **Christenverfolgung** ‖ **Christfest** (geh.): *Weihnachtsfest* ‖ **Christian:** *männl. Vorname;* → Christel ‖ **Christiane:** *weibl. Vorname;* → Christa; → Christel ‖ **christianisieren:** *zum Christentum bekehren* ‖ **Christin** die, -/-innen ‖ **Christina** = **Christine:** *weibl. Vorname* ‖ **Christkind** (Rel., Kunstg.): *Jesus Christus als kleines Kind, Jesukind;* → Christkindl ‖ **Christkindl** das, -s/-[n]: *Christkind* | (ugs.) *Weihnachtsgeschenk* | (ohne Art.) *Stadtteil von Steyr (O)* ‖ **Christkindlmarkt:** *Weihnachtsmarkt* ‖ **Christkö-**

nigs|fest (kath.): *letzter Novembersonntag* ‖ **Christl** = → Christel ‖ **christ|lich** ‖ **Christ|met|te:** *Mitternachtsmesse am Weihnachtsabend* ‖ **Christ|nacht:** *Nacht vom 24. auf den 25. Dezember* ‖ **Chris|tof** → Christoph ‖ **Chris|tof|fer** → Christopher ‖ **Chris|toph** [-f] = **Chris|to|pher,** *auch:* Christof, Christoffer: *männl. Vorname* ‖ **Chris|to|pho|rus** [auch: -'foː-]: *Schutzpatron der Reisenden und der Kraftfahrer* ‖ **Christ|tag:** *der erste Weihnachtsfeiertag, der 25. Dezember* ‖ **Chris|tus** der (Art. selten) (Gen.: Christus/Christi; Dat.: Christus, *veraltet auch:* Christo; Akk.: Christus, *veraltet auch:* Christum): Christi Himmelfahrt *(ein Feiertag);* v., n. Chr. = vor/nach Christus = vor/nach Christi Geburt; → Jesus Christus ‖ **Chris|tus|dorn** (Bot.): *eine Pflanze* ‖ **Chris|tus|fi|gur**

Chrom [k-] das, -s ⟨gr.⟩ (Zeichen: Cr): *ein chemisches Element* ‖ **Chro|ma|tik** (Phys.): *Farbenlehre* | (Mus.) *Veränderung der Tonstufen um einen Halbton;* → Diatonik ‖ **chro|ma|tisch** (Mus.): *Halbtöne verwendend* ‖ **Chrom|gelb** ‖ **Chrom|ni|ckel|stahl** ‖ **Chro|mo|som** das, -s/-en: *der Teil des Zellkerns, der die Erbanlagen trägt* ‖ **Chro|mo|sphä|re** [-f-] die, - (Astron.): *glühende Gasschicht um die Sonne*

Chro|nik [k-] die, -/-en ⟨gr.⟩: *Aufzeichnung historischer Ereignisse in zeitlicher Reihenfolge* ‖ **chro|nisch:** eine chronische *(langwierige)* Krankheit; → G.: akut ‖ **Chro|nist** der, -en/-en: *Verfasser einer Chronik* | *Berichterstatter* ‖ **Chro|nis|tin** die, -/-innen ‖ **Chro|no|lo|gie** die, -/-n [-'iː(ɛ)n]: *(wissenschaftliche) Zeitmessung* | eine C. *(Reihenfolge)* der Ereignisse ‖ **chro|no|lo|gisch:** *nach der Zeit geordnet* ‖ **Chro|no|me|ter:** *Präzisionsuhr*

Chry|san|the|me [kry-, kri-] die, -/-n ⟨gr.⟩: *eine Herbstblume*

chtho|nisch [çt-] ⟨gr.⟩ (geh.): *erdbezogen, unterirdischen, finsteren Mächten zugehörig*

Chur [k-]: *Schweizer Stadt*

Chut|ney ['tʃʌtni] das, -s/-s ⟨Hindi-engl.⟩: *eine scharfe Würzsauce*

Chuz|pe [x-] die, - ⟨jidd.⟩ (ugs., veraltend): *Frechheit, Unverschämtheit*

CI [tse 'iː, engl.: siː 'aɪ] die, -/-s (Werb.): **C**orporate **I**dentity

CIA [si aɪ 'eɪ] der (*auch:* die), -: **C**entral **I**ntelligence **A**gency *(Geheimdienst der USA)*

ciao [tʃaʊ] = tschau ⟨it.⟩ (sal.): *servus, leb wohl;* c. (= **C**iao) sagen ‖ **Ciao** das, -[s]/-[s]: C. (= **c**iao) sagen

Ci|dre ['siːdə, fr.: sidr] der, -[s] ⟨hebr.-gr.-lat.-fr.⟩: *Apfelwein, Zider*

Cie. (veraltet): **C**ompagn**ie** (in Firmennamen); → Co.; → Kompanie

Ci|li[1] [ts-] (slowen. Cęlje [ts-]): *Stadt in Slowenien*

Ci|li[2] [ts-] = **Ci|ly** [-i]: *weibl. Vorname (Cäcilia)*

Ci|ne|ast [s-] der, -en/-en ⟨gr.-fr.⟩: *Filmkenner, Filmbegeisterter* ‖ **Ci|ne|as|tin** die, -/-**innen** ‖ **Ci|ne|ma|scope** [-'koːp, engl.: -'kəʊp] = **Ci|ne|ma-Scope** das, -[s] (Wz.): *besondere Aufnahme- und Projektionstechnik beim Film* ‖ **Ci|ne|ma|thek** die, -/-en: *Filmsammlung*

Cin|que|cen|to [tʃiŋkue'tʃe-] das, -[s] ⟨it.⟩: *das 16. Jh. und seine Kunst in Italien*

cir|ca ['tsirka] (ca.) = → zirka

Cir|ce ['tsirtsɛ] die, -/-n: *Verführerin* | (ohne Pl.) *griechische Sagengestalt;* → bezirzen

Cir|cuit ['sɜːkɪt] der, -s/-s ⟨engl.⟩: *eine Turnierserie im Tennis*

Cir|cu|lus vi|ti|o|sus ['tsirk- vitsi̯-] der, - -/Circuli vitiosi ⟨lat.⟩: *verhängnisvoller Kreislauf von Ursache und Wirkung, Teufelskreis* ‖ **Cir|cus** = → Zirkus

cis [tsis] das, -/- (Mus.): *das um einen Halbton erhöhte C (c);* → Cis | cis-Moll ‖ **Cis** das, -/- (Mus.): *das um einen Halbton erhöhte C (c);* → cis | Cis-Dur ‖ **Cis-Dur** (Cis) (Mus.) ‖ **Cis-Dur-Ton|lei|ter** (Mus.)

Cis|lei|tha|ni|en [ts-] = → Zisleithanien

cis-Moll ['tsis-] (cis) (Mus.) ‖ **cis-Moll-Ton|lei|ter** (Mus.)

Ci|ty ['sɪti] die, -/-s ⟨engl.⟩: *Stadtkern, Innenstadt* ‖ **Ci|ty|bike** [-baɪk]: *[Stadt]fahrrad mit dicken Reifen*

cl: Zentiliter

Cl: Chlor

Clan [k-] = → Klan

Cla|que [klak] die, -/-n ⟨fr.⟩: *bezahlte Beifallsklatscher* ‖ **Claqueur** [-'køːə] der, -s/-e: *einer von der Claque* ‖ **Cla|queu|rin** die, -/-**innen**

Cla|ra [k-] → Klara ‖ **Cla|ris|sa:** *weibl. Vorname;* → Klarissa

Clau|dia [k-]: *weibl. Vorname*

Claus [k-] → Klaus

Cla|ves [k-v-] die (Pl.) ⟨span.⟩: *ein hölzernes Schlaginstrument*

Cla|vi|chord [klavik-] = → Klavichord

clean [kliːn] ⟨engl.⟩: *nicht mehr drogensüchtig*

Clea|ring ['kliːr-] das, -s/-s ⟨engl.⟩ (Wirt.): *ein Verrechnungsverfahren* ‖ **Clea|ring|stel|le:** *Anlaufstelle, Kontaktstelle*

Cle|ma|tis [k-] = → Klematis

Cle|mens [k-], *auch:* Klemens: *männl. Vorname*

cle|ver [k-v-] ⟨engl.⟩: *klug, schlau, gerissen* ‖ **Cle|ver|ness** die, -

Cli|ent ['klaɪənt] der, -s/-s ⟨engl.⟩ (EDV): *Computer, der Teil eines Netzwerkes ist und von einem Server Informationen bekommt;* → Klient ‖ **Cli|ent|ser|ver** [-sɜːvə] (EDV): *Verbindung zwischen Arbeitsplätzen und einem zentralen Datenspeicher*

Clinch [klɪn(t)ʃ] der, -[e]s ⟨engl.⟩: *Umklammerung des Gegners im Boxkampf* | mit jemandem im C. liegen *(sich mit jemandem im Konflikt befinden)* ‖ **clin|chen,** du clinch[s]t (Sport)

Clip [k-] der, -[s]/-s = Clips, -/- = Klipp = Klips ⟨engl.⟩: *etwas zum Festklammern, zB ein Ohrschmuck;* → Videoclip ‖ **Clip|art** das, -s/-s: *kurze Bild- oder Videoanimation in einer Computerpräsentation* ‖ **Clips** = → Clip

Clique [klik] die, -/-n ⟨fr.⟩ (meist abw.): *Gruppe, die sich gegen andere abschließt* ‖ **Cli|quen|wirt|schaft** (meist abw.)

Clo|chard [klɔ'ʃaːr] der, -s/-s ⟨fr.⟩: *Obdachloser [in Frankreich]*

Clou [kluː] der, -s/-s ⟨fr.⟩: *Glanzpunkt, Schlager*

Clown [klaʊn] der, -s/-s ⟨engl.⟩: *Spaßmacher im Zirkus* ‖ **Clown|doc|tor** [-ktə] der, -s/-s (meist Pl.): *Clown, der [in Spitälern] für Kinder auftritt* ‖ **Clow|ne|rie** die, -/-n

Club [k-] = → Klub ‖ **Club|bing** ['klʌ-] das, -s/-s: *eine [Tanz]party* ‖ **club|ei|gen** = → klubeigen ‖ **Club|gar|ni|tur** = → Klubgarnitur ‖ **Club|klau|sur** = → Klubklausur ‖ **Club|ob|frau** = → Klubobfrau ‖ **Club|ob|mann** = → Klubobmann ‖ **Club|ses|sel** = → Klubsessel ‖ **Club|ur|laub** = → Kluburlaub ‖ **Club|zwang** = → Klubzwang

C

Clus|ter ['klʌs-] der, -s/- ⟨engl.⟩: *Gemisch aus nebeneinanderliegenden Tönen (in der Musik des 20. Jh.)* | (Phys.) *aus Einzelteilen bestehendes Gesamtsystem* | (Wirt.) *Kooperation gleichartiger Unternehmen*
cm: Zentimeter ‖ **cm²:** Quadratzentimeter ‖ **cm³:** Kubikzentimeter
Cm: Curium
C + M + B, *auch:* K + M + B: **C**aspar (Kaspar), **M**elchior und **B**althasar *(die Heiligen Drei Könige)* | **C**hristus **m**ansionem **b**enedicat *(Christus segne dieses Haus) (Haussegenzeichen)*
c-Moll ['tseːˈmɔl] (c) (Mus.): *eine Tonart* ‖ **c-Moll-Ton|lei|ter** (Mus.)
Co: Kobalt
Co. [koː]: **Co**mpagnie (in Firmennamen); → Cie.; → Kompanie
c/o: → **c**are **o**f
Coach [kəʊtʃ] der, -[s]/-s ⟨engl.⟩ (bes. Sport): *Trainer, [sportlicher] Betreuer* ‖ **coa|chen,** du coach[s]t (bes. Sport) ‖ **Coa|chin** die, -/-innen (bes. Sport) ‖ **Coaching** das, -[s] (bes. Sport): *Betreuung*
Co|au|tor = → Koautor ‖ **Co|au|torin** = → Koautorin
Co|balt [k-] = → Kobalt
Co|b|ra [k-] die, -: *ein Sonderkommando der Polizei*
Co|ca-Co|la [kokak-] das, -[s]/-[s], *in D auch:* die, -/-s (Wz.): *ein coffeinhältiges Getränk;* → Cola
Cock|pit [k-] das, -s/-s ⟨engl.⟩: *Pilotenkabine (in Flugzeugen, Rennwagen)*
Cock|tail [k-teɪl] der, -s/-s ⟨engl.⟩: *Mischung von [alkoholischen] Getränken* ‖ **Cock|tail|kleid:** *ein kurzes Abendkleid* ‖ **Cock|tail|pa|ra|dei|ser** ‖ **Cock|tail|par|ty** [-i] ‖ **Cock|tail|to|ma|te:** *bes. kleine Tomate;* → Kirschtomate
Co|da [k-] = → Koda
Code [koːt, fr.: kɔd, engl.: kəʊd] = → Kode ‖ **Co|dex** ['koːd-] ⟨lat.⟩ = → Kodex | (Jus) C. Iuris canonici *(Gesetzessammlung des katholischen Kirchenrechts)* ‖ **co|die|ren** = → kodieren ‖ **Co|die|rung** = → Kodierung
Cof|fe|in [k-] = → Koffein ‖ **cof|fe|in|frei** = → koffeinfrei ‖ **cof|fe|in|häl|tig** = → koffeinhältig
co|g|nac ['kɔnjak] = → kognak ‖ **Co|g|nac** der, -s/-s (Wz.): *ein französischer Weinbrand;* → Kognak ‖ **co|g|nac|far|ben** = → kognakfarben ‖ **Co|g|nac|glas** = → Kognakglas ‖ **Co|g|nac|schwen|ker** = → Kognakschwenker
Coif|feur [kɔa'føːə] der, -s/-e ⟨fr.⟩: *Friseur, Haarschneider* ‖ **Coif|feu|rin** die, -/-innen ‖ **Coif|feu|se** [-'føːs, -zɛ] die, -/-n; → Coiffeurin
co|i|tie|ren [k-] = → koitieren ‖ **Co|i|tus** = → Koitus
Coke [koʊk] das, -s/-s (Wz.): *Kurzwort für Coca-Cola* ‖ **Co|la** [k-] das, -[s]/-[s], *in D auch:* die, -/-s: *Kurzwort für zB Coca-Cola*
Col|la|ge [ko'laːʃ, -ʒɛ] die, -/-n ⟨fr.⟩: *mit verschiedenartigen Materialien hergestelltes Bildwerk*
Col|lege ['kɒlɪdʒ] das, -/-s [-dʒɪz] ⟨engl.⟩: *eine höhere Schule [in Großbritannien und den USA]*
Col|lie ['kɔli] der, -[s]/-s ⟨engl.⟩: *eine Hunderasse*
Col|li|er [ko'li̯eː] = → Kollier
Co|lo|nel [fr.: -'nɛl; engl.: kɜːnl] der, -s/-s ⟨fr.-engl.⟩: *Oberst*
Co|lo|nia|kü|bel = → Koloniakübel
Colt [k-] der, -s/-s (Wz.): *ein Revolver (nach dem amerikanischen Erfinder benannt)*
Co|m|bo [k-] die, -/-s ⟨engl.⟩: *kleines Jazz- oder Tanzmusikensemble*

Come-back [kʌm'bæk, auch: 'kʌm-] das, -[s]/-s = Come|back ⟨engl.⟩: *erfolgreiche Rückkehr einer prominenten Person in ihr ehemaliges Betätigungsfeld;* ein C. feiern

Nominalisierungen aus dem Englischen aus Verb + Adverb werden mit Bindestrich geschrieben. Wenn die Lesbarkeit nicht beeinträchtigt wird, ist auch Zusammenschreibung möglich, zB:
– Come-back = Comeback
– Coming-out = Comingout
– Count-down = Countdown

COMECON [k-k-] das = der, - (früher): **Co**uncil for **M**utual **Econo**mic Assistance (bzw.: Aid) *(eine Wirtschaftsorganisation der Ostblockstaaten)*
Co|me|dy ['kɒmədi] die, -/-s ⟨engl.⟩ (bes. D): *kabarettistisches Programm [im Fernsehen]*
Co|mic [k-k] der = das, -[s]/-s ⟨engl.⟩ (meist Pl.): *Kurzwort für Comicstrip, Comicheft* ‖ **Co|mic|heft** ‖ **Co|mic|strip** [-st-] der = das, -s/-s (meist Pl.): *Bildgeschichte mit eingebauten Kurztexten*
Co|ming-out [kɒmiŋ'aʊt] = **Co|ming|out** das, -s/-s ⟨engl.⟩: → *Outing*
comme il faut [kɔm il 'fo] ⟨fr.⟩ (wörtl.: wie es sich gehört) (geh.): *vorbildlich*
Com|me|dia dell'Ar|te [k- -] die, - ⟨it.⟩: *italienisches [Stegreif]lustspiel*
Com|mon Sense ['kɒmən 'sens] der, -/- = **Com|mon|sense** ⟨engl.⟩: *gesunder Menschenverstand*
Com|mon|wealth ['kɒmənwelθ] das, -: *Zusammenschluss der Staaten, die die englische Krone als Oberhaupt anerkennen*
Com|mu|nio [k-] die, - ⟨lat.⟩: *ein Teil des Propriums der heiligen Messe*
Com|pact Disc [k-kt -k, auch: -'pa-] die, - -/- -s (CD) ⟨engl.⟩: *digitale Speicherplatte für Tonsignale* (CD-Audio), *Bildsignale* (CD-Video, Foto-CD) *oder Texte* (CD-ROM, CD-i), *die mittels Laserstrahl abgetastet wird;* → DVD
Com|pa|g|nie [k-a'niː] = → Kompanie ‖ **Com|pa|g|non** [-njoːn] = → Kompagnon
Com|pu|ter [k-'pjuː-] der, -[s]/- ⟨engl.⟩: *elektronischer Rechner; Datenverarbeitungsanlage* ‖ **Com|pu|ter|ani|ma|ti|on** [-tsi̯-] ‖ **Com|pu|ter|aus|druck** ‖ **Com|pu|ter|freak** [-friːk]: *begeisterter Benützer eines Computers* ‖ **Com|pu|ter|füh|rer|schein** (Bildw.): Europäischer C. ‖ **com|pu|ter|ge|steu|ert** ‖ **com|pu|te|ri|sie|ren:** *[Arbeitsabläufe] auf Computer umstellen* ‖ **Com|pu|ter|maus:** *Steuerungsgerät beim Computer* ‖ **Com|pu|ter|mu|sik:** *Komposition bzw. Herstellung von Musik mit Hilfe eines Computers* ‖ **Com|pu|ter|spiel** ‖ **Com|pu|ter|to|mo|gra|fie** = **Com|pu|ter|to|mo|gra|phie** [-f-] die, - (CT) (Med.): *eine spezielle Röntgenuntersuchung* ‖ **com|pu|ter|un|ter|stützt:** computerunterstützter Unterricht ‖ **Com|pu|ter|vi|rus** [-v-]
con brio [k- -] ⟨it.⟩ (Mus.): *mit Schwung*
Con|cer|to gros|so [k-'tʃɛ- -] das, -/Concerti grossi ⟨it.⟩ (Mus.): *ein barockes Instrumentalkonzert*
Con|clu|sio [k-k-] die, -/-nen [-'oː-] ⟨lat.⟩: *Schlussfolgerung*
Con|di|tio si|ne qua non [k-tsi̯o - - -] die, - - - - ⟨lat.⟩ (geh.): *unerlässliche Bedingung*
Con|fé|ren|ce [kõfe'rɑ̃ːs] die, -/-n ⟨fr.⟩: *Ansage bei unterhaltenden Veranstaltungen; aber:* → Konfe-

renz ‖ **Con|fé|ren|ci|er** [-'sie:] der, -s/-s ‖ **Con|fé|ren|ci|eu|se** [-'siø:s, -zɛ] die, -/-n ‖ **con|fe|rie|ren** [kɔn-]: *als Conférencier/Conférencieuse tätig sein;* → konferieren
Con|fi|se|rie [kɔn-, auch: kõ-] = → Konfiserie
Con|foe|de|ra|tio Hel|ve|ti|ca [k- fød-tsio -v-ka] die, - (CH) ⟨lat.⟩: *Schweizerische Eidgenossenschaft*
Con|ga [k-] die, -/-s: *eine große Trommel (nach dem Strom Kongo benannt)*
con mo|to [k- -] ⟨it.⟩ (Mus.): *bewegt;* Andante con m.
Con|nais|seur [kɔnɛ'sø:ə] der, -s/-s ⟨fr.⟩ (geh.): *Kenner*
Con|ni [k-], *auch:* **Con|ny** [-i]: *weibl. und männl. Vorname (Cornelia, Konstanze, Konrad)* ‖ **Con|rad** → Konrad
con sor|di|no [k-] ⟨it.⟩ (Mus.): *mit Dämpfer*
Con|s|tan|ze [k-] → Konstanze
Con|tai|ner [k-'te:n-, engl.: -'eɪ-] der, -s/- ⟨engl.⟩: *großer [genormter] Behälter zur Güterbeförderung oder als Bauhütte* ‖ **Con|tai|ner|ver|kehr**
Con|te|nan|ce [kõtœ'nɑ̃:s] = Kontenance die, - ⟨fr.⟩ (geh., veraltend): die C. *(Haltung, Fassung)* bewahren
Con|tent ['k-] der, -s/-s ⟨lat.-engl.⟩: *alle Inhalte im Internet* ‖ **Con|tent|pro|vi|der** [-praʊ'vaɪ-] (EDV): *Provider für Internetinhalte*
Con|ter|gan|kind [k-]: *auf Grund des Medikaments Contergan behindert geborenes Kind*
Con|ti|nuo [k-] der, -s/-s ⟨it.⟩ (Mus.): → *Basso continuo*
con|t|ra [k-] = → kontra
Con|t|rol|ler [k-'rəʊ-] der, -s/- ⟨engl.⟩ (EDV): *Steuerungseinheit in Computern [zum Betrieb von Festplatten und Laufwerken]* | (Wirt.) *Fachmann für Kostenrechnung und Kostenplanung in einem Betrieb* ‖ **Con|t|rol|le|rin** die, -/-**innen** (Wirt.) ‖ **Con|t|rol|ling** das, -s (Wirt.)
Coo|kie ['kʊki] das, -s/-s ⟨engl.⟩: *ein [amerikanisches] Frühstücksgebäck* | (EDV) *Textdatei, die beim Besuch einer Website zur Identifizierung von Internetbenutzern [und ihrer Aktivitäten] angelegt wird*
cool [ku:l] ⟨engl.⟩ (sal.): *kühl, lässig, die Ruhe bewahrend;* ein cooler Blick; c. bleiben | (Jug.) *super, hervorragend;* eine coole Party ‖ **Cool Jazz** [- dʒæz] der, - - ⟨engl.⟩ (Mus.): *ein Jazzstil*
Co|pa Ka|g|ra|na [k- -] die, - -: *ein Strand an der Donauinsel in Wien-Kagran*
Co|pi|lot [k-] = → Kopilot ‖ **Co|pi|lo|tin** = → Kopilotin
Co|pro|zes|sor [k-] = → Koprozessor
Co|py|right ['kɒpiraɪt] das, -s/-s ⟨engl.⟩: *Vermerk in Büchern, dass das Nachdrucken nur mit besonderer Erlaubnis gestattet ist* | (Jus) *Urheberrecht* ‖ **Co|py|shop** [-ʃ-]: *[Selbstbedienungs]geschäft zum Fotokopieren*
co|ram pu|b|li|co [k- -k-] ⟨lat.⟩: *in aller Öffentlichkeit*
Cord = → Kord ‖ **Cord|ho|se** = → Kordhose
Cor|don bleu [kɔrdõ 'blø] das, - -/-s -s [-dõ 'blø] ⟨fr.⟩ (Küchenspr.): *ein gefülltes Schnitzel* ‖ **Cor|don sa|ni|taire** [- sani'tɛ:r] der, - -/-s -s [-dõ -'tɛ:r]: *Schutzgürtel, Sicherheitszone [gegen Epidemien]*
Cord|samt [k-] = → Kordsamt
Cor|du|la [k-], *auch:* Kordula: *weibl. Vorname*
Co|rin|na [k-] → Korinna
Co|ri|o|lis|kraft [k-] die, - (Phys., Astron.): *die auf einem rotierenden Körper, zB der Erde, auftretende Trägheitskraft (nach einem französischen Physiker)*
Cor|ned Beef ['kɔ:nd bi:f] = **Cor|ned|beef** das, -[s] ⟨engl.⟩: *gepökeltes Rindfleisch*
Cor|ne|lia [k-], *auch:* Kornelia: *weibl. Vorname;* → Conni
Cor|ner [k-] der, -s/- ⟨engl.⟩ (Sport): *Eckball, Eckstoß [im Fußball]*
Corn|flakes [k-fleɪks] die (Pl.) ⟨engl.⟩: *geröstete Maisflocken*
Cor|ni|chon [kɔrni'ʃõ:] das, -s/-s ⟨fr.⟩: *kleine eingelegte Gurke*
Cor|po|rate Iden|ti|ty ['kɔ:pərɪt aɪ'dentəti] die, - -/- -s (CI) ⟨engl.⟩ (Werb.): *Erscheinungsbild [einer Firma], das die Wiedererkennung in der Öffentlichkeit unterstützt* ‖ **Corps** [kɔ:ə] ⟨fr.⟩ = → Korps | C. de Ballet [kɔ:r dœ -'le] *(Ballettensemble)* ‖ **Corps|geist** = → Korpsgeist ‖ **Corps|kom|man|dant** = → Korpskommandant
Cor|pus [k-] = → Korpus ‖ **Cor|pus De|li|c|ti** [- -kt-] das, - -/- - [Corpora -] ⟨lat.⟩: *Beweisstück, Tatwerkzeug*
Cor|sa|ge [k-'sa:ʃ, -ʒɛ] die, -/-n ⟨fr.⟩: *ein trägerloses Damenoberteil*
Cor|so [k-] = → Korso
Cor|ti|son [k-] = → Kortison
cos: Cosinus ‖ **Co|si|nus** [k-] = → Kosinus
Cos|ta Ri|ca [k- -ka], *auch:* Kostarika: *mittelamerikanischer Staat*
cot: Kotangens
Co-Tea|ching ['ko:ti:tʃ-] das, -s ⟨engl.⟩: *gemeinsame Unterrichtsgestaltung durch zwei Lehrkräfte*
Côte d'Azur [kot da'zy:r] die, -: *eine südfranzösische Küstenlandschaft*
Côte d'Ivoire [kot di'vua:r]: *afrikanischer Staat, Elfenbeinküste*
Cot|tage[1] ['kɒtɪdʒ] das, -/-s [-dʒɪz] ⟨fr.-engl.⟩: *Landhaus, Wochenendhaus; Villenviertel* ‖ **Cottage**[2] [kɔ'te:ʃ] die, - (W, veraltend): *ein Villenviertel in Wien* ‖ **Cot|tage|woh|nung** ‖ **Cot|tage-cheese** [-tʃi:z] der, -/- (-s [-zɪz]), *auch:* **Cot|tage-Cheese:** *ein Frischkäse, Hüttenkäse*
Cot|ton [kɑtn] die, - ⟨engl.⟩: *Baumwolle*
Couch [kaʊtʃ] die, -/-en ⟨engl.⟩: *ein gepolstertes Liegemöbel* ‖ **Couchtisch:** *ein niedriger Tisch*
Cou|leur [ku'lœ:ə] die, - ⟨fr.⟩: *Farbe* | *Farben einer studentischen Verbindung* | *Parteizugehörigkeit*
Cou|loir [ku'loa:r] der = das, -s/-s ⟨fr.⟩: *Schlucht* | *Wandelgang;* in den Couloirs des Parlaments etwas besprechen
Cou|lomb [ku'lõ:] das, -s/- (Zeichen: C) (Phys.): *Maßeinheit für die Elektrizitätsmenge*
Count-down ['kaʊntdaʊn] = **Count|down** der = das, -[s]/-s ⟨engl.⟩: *Herunterzählen bis zum Zeitpunkt null [bei einem Raketenstart]*
Coun|ter|te|nor ['kaʊntə,tenə] = Kontratenor ⟨engl.⟩ (Mus.): *Sänger, der im Falsett in Alt- oder Sopranlage singt;* → Falsettist
Coun|t|ry|mu|sic ['kʌntrimju:zɪk] die, - ⟨engl.⟩: *traditionelle volkstümliche Musik der USA*
Coup [ku:] der, -[s]/-s ⟨fr.⟩: *Gewaltstreich, überraschendes Vorgehen*
Coupe [kup] der, -[s]/-s, *auch:* die, -/-s ⟨fr.⟩: *Eisbecher, Früchtebecher*
Cou|pé [ku'pe:] = Kupee das, -[s]/-s ⟨fr.⟩: *eine Autoform* | (veraltend) *Abteil im Eisenbahnwaggon*
Cou|plet [ku'ple:] das, -s/-s ⟨fr.⟩: *witziges Lied mit Kehrreim; Gesangseinlage in Possen*
Cou|pon [ku'põ:] = → Kupon
Cou|ra|ge [ku'ra:ʃ, -ʒɛ] die, - ⟨fr.⟩: *Mut* ‖ **cou|ra|giert:** *mutig*

C

Cou|ran|te [kuˈrɑ̃ːt] die, -/-n ⟨fr.⟩: *ein Tanzsatz in der barocken Suite*
Cour|ta|ge [kurˈtaːʃ, -ʒɛ] die, -/-n ⟨fr.⟩ (Wirt.): *Vermittlungsprovision des Maklers*
Cour|toi|sie [kurtoaˈziː] die, -/-n ⟨fr.⟩ (geh., veraltend): *feines Benehmen, Höflichkeit*
Cous|cous [ˈkuskus] das, -/- ⟨berberisch-arab.-fr.⟩: *Hartweizengrieß* | *nordafrikanisches Gericht [mit Lammfleisch und Gemüse]*
Cou|sin [kuˈzɛ̃ː] der, -s/-s ⟨fr.⟩: *Sohn des Onkels bzw. der Tante, Vetter* || **Cou|si|ne** = Kusine die, -/-n: *Tochter des Onkels bzw. der Tante, Base*
Cou|ture [kuˈtyːr] → Haute Couture
Cou|vert [kuˈveːɐ] das, -s/-s ⟨fr.⟩: *Gedeck* || **Cou|ver|tü|re** [kuvɛrˈtyːɐ, -rɛ] = → Kuvertüre
Co|ver [ˈkʌvɐ] das, -s/-[s] ⟨engl.⟩: *Titelseite; Buchhülle; Schallplattenhülle* || **Co|ver|girl** [-gɜːl]: *auf der Titelseite [einer Illustrierten] abgebildetes Mädchen* || **co|vern** (Mus.): *eine Coverversion aufnehmen* || **Co|ver|sto|ry** [-stɔri]: *Titelgeschichte* || **Co|ver|ver|si|on** [-vɛrz-] (Mus.): *neu interpretierte Aufnahme eines alten Musiktitels*
Cow|boy [ˈkaubɔɪ] der, -s/-s ⟨engl.⟩: *nordamerikanischer berittener Rinderhirt* || **Cow|boy|hut** || **Cowboy|stie|fel**
Co|yo|te [koj-] = → Kojote
CPU [tse pe ˈuː, engl.: siː piː ˈjuː] die, -/-s (EDV): **C**entral **P**rocessing **U**nit *(Hauptkomponente eines Computers)*
Cr: Chrom
ČR [tʃe ˈɛr] die, -: Tschechische Republik, Tschechien
Crack[1] [kræk] der, -s/-s ⟨engl.⟩ (Sport): *bes. guter Sportler, Ass* || **Crack**[2] das, -s/-s: *eine synthetische Droge* || **Cra|cker** der, -s/-[s]: *ein knuspriges Kleingebäck*
Cran|ber|ry [ˈkrænbəri] die, -/-s ⟨engl.⟩: *Moosbeere*
Crash [kræʃ] der, -[s]/-s ⟨engl.⟩ (sal.): *Zusammenstoß* | (Wirt.) *Zusammenbruch* || **Crash|kurs:** *Intensivkurs* || **Crash|test** (bes. Kfz): *Härtetest*
craw|len [ˈkrɔːl-] = → kraulen
Cre|do [k-] = → Kredo
cre|me [kreːm] ⟨fr.⟩: *gelblich weiß;* ein c. Hemd || **Cre|me**[1] das, -[s]/-: *eine Farbe* || **Cre|me**[2] die, -/-n [-s] = Krem, -/-en = Kreme, -/-n: *Salbe zur Hautpflege* | *eine Süßspeise; Füllung für Torten uÄ* | (ohne Pl.) (iron.) die C. *(oberste Schicht)* der Gesellschaft; die Crème de la Crème [- dœ - -] *(oberste Gesellschaftsschicht)* || **cre|me|far|ben** || **Crème fraîche** [- ˈfrɛʃ] die, - -/-s -s [- ˈfrɛʃ]: *ein fettreicher Sauerrahm* || **Cre|me|schnit|te:** *eine süße Mehlspeise* || **Cre|me|spi|nat** || **cre|mig** = kremig
Crêpe[1] [krɛp] = Krepp die, -/-s [krɛp] ⟨fr.⟩ (bes. D): *dünne Palatschinke* || **Crêpe**[2] [krɛp] = → Krepp[2]
cresc.: crescendo || **cre|s|cen|do** [kreˈʃe-] (cresc.) ⟨it.⟩ (Mus.): *anschwellend;* → G.: decrescendo || **Cre|s|cen|do** das, -[s]/-s (Mus.)
Cres|cen|tia [k-ˈtsɛntsia], *auch:* Kreszentia, Kreszenz: *weibl. Vorname;* → Zenzi
Creutz|feldt-Ja|kob-Krank|heit [k-] (Med.): *eine Nervenerkrankung*
Crew [kruː] die, -/-s ⟨engl.⟩: *Mannschaft, Besatzung [eines Flugzeugs]*
Crimp|zan|ge [kr-] ⟨engl.⟩: *ein Werkzeug*
Crois|sant [kroaˈsɑ̃ː] das, -s [-(s)]/-s [-(s)] ⟨fr.⟩: *ein kipferlartiges französisches Weißgebäck*
Cro-Ma|gnon-Mensch [k-maˈɲɔ̃-] (Anthropologie): *ein steinzeitlicher Menschentyp (benannt nach dem französischen Fundort)*
Cro|mar|gan [k-] das, -[s] (Wz.): *Stahl von besonderer Qualität*
cross ⟨engl.⟩ (Sport, bes. Tennis): *quer;* einen Ball c. spielen; *aber:* → kross || **Cross** [k-] der, -/-es [-ɪz] (Sport, bes. Tennis): einen C. spielen || **Cross|coun|try** [-kʌntrɪ] das (*auch:* der), -s (Sport): *Querfeldeinlauf* || **Cross-over** [-əʊvə] = **Cross|over** das (*auch:* der), -s (Mus.): *Vermischung von E- und U-Musik*
Crou|pi|er [kruˈpieː] der, -s/-s ⟨fr.⟩: *Spielleiter im Casino* || **Crou|pi|e|re** [-ˈpieːɐ, -rɛ] die, -/-n
Croû|ton [kruˈtɔ̃ː] der (*auch:* das), -s/-s (meist Pl.) ⟨fr.⟩: *eine Suppeneinlage aus getoastetem Weißbrot*
Cruise|mis|sile [ˈkruːzˌmɪsaɪl] das, -s/-s ⟨engl.⟩ (Mil.): *eine Boden-Boden-Rakete, Marschflugkörper*
Crux [k-] = → Krux
Cs: Cäsium
Csar|da [tʃ-] = **Csár|da** die, -/-s ⟨ung.⟩ (B): *Gaststätte nach Art ungarischer Pusztaschänken* || **Csar|das** [-aʃ] = **Csár|dás** der, -/-[e]: *ungarischer Nationaltanz*
C-Schlüs|sel [ˈtseː-] (Mus.): *Bezeichnung für verschiedene Notenschlüssel, zB Alt-, Tenorschlüssel*
ČSFR [tʃe ɛs ɛf ˈɛr] die, - (früher): Tschechische und Slowakische Föderative Republik (1990–1992) || **ČSR** [tʃe ɛs ˈɛr] die, - (früher): Tschechoslowakische Republik (1918–1939, 1945–1960) || **ČSSR** [tʃe ɛs ɛs ˈɛr] die, - (früher): Tschechoslowakische Sozialistische Republik (1960–1990); → Tschechien; → Slowakei
ct [tse ˈteː]: Karat
CT [tse ˈteː] die, -: **C**omputer**t**omographie
c. t. [tse ˈteː]: **c**um **t**empore
Cu: Kupfer
cu|i|us re|gio ei|us re|li|gio [kuj- - ej- -] ⟨lat.⟩ (wörtl.: wessen Herrschaft, dessen Religionsbekenntnis) (Gesch., Rel.): *Rechtssatz des Augsburger Religionsfriedens* (1555)
Cum|ber|land|sau|ce [ˈkʌmbələnd-zoːs(ɛ)] = **Cum|ber|land|soß** = **Cum|ber|land|so|ße:** *eine englische Sauce [zu Wild]*
cum gra|no sa|lis [k-] ⟨lat.⟩: *nicht wörtlich gemeint, leicht übertreibend oder scherzhaft ausgedrückt*
cum tem|po|re [k-] (c. t.) ⟨lat.⟩: *eine Viertelstunde nach der angegebenen vollen Stunde;* → G.: sine tempore
Cun|ni|lin|gus [k-] der, - ⟨lat.⟩: *Sex mit oraler Stimulation der Vagina;* → Fellatio
Cup [kʌp] der, -s/-s ⟨engl.⟩: *Pokal als Ehrenpreis für den Sieger in einem sportlichen Wettbewerb* | *sportlicher Wettbewerb;* Europacup | *Büstenhalterkörbchen*
Cu|ra [k-] die, -/Curen ⟨lat.⟩: *Obsorge in einem besonderen, zB juridischen oder religiösen Sinn*
Cu|ra|çao [kyraˈsau] der, -[s]/-s: *ein Likör (nach der Insel Curaçao)*
Cu|ra pos|te|ri|or [k- -] ⟨lat.⟩: *später zu klärende Angelegenheit*
Curd [k-], *auch:* Curt → Kurt
Cu|rie [kyˈriː] das, -/- (Zeichen: Ci) (Phys.): *frühere Maßeinheit der Radioaktivität (nach dem französischen Physikerehepaar Curie)* || **Cu|ri|um** [ˈkuː-] das, -s (Zeichen: Cm): *ein chemisches Element*
Cur|ling [ˈkɜːl-] das, -[s] ⟨engl.⟩ (Sport): *ein Mannschaftszielspiel auf Eis*
cur|ri|cu|lar [k-k-] ⟨engl.⟩ || **Cur|ri|cu|lum** das, -s/Curricula: *Lehrplan, Lehrprogramm* || **Cur|ri|cu-**

lum Vi̱|tae [- 'viːtɛ] das, - -/Curricula - ⟨lat.⟩: *schriftliche Darstellung des Lebenslaufs*

Cur|ry ['kʌri, 'kɜːri] der, -[s] ⟨tamilisch-engl.⟩: *eine pulverige Gewürzmischung* ‖ **Cur|ry|sau|ce** [-zoːs(ɛ)] = **Cur|ry|soß** = **Cur|ry|so|ße**

Cur|sor ['kɜːsə] der, -s/- ⟨lat.-engl.⟩: *Positions- bzw. Schreibmarke am Computerbildschirm*

Cu̱rt [k-] → Curd

Cut [kʌt] der, -s/-s ⟨engl.⟩: *Schnitt von Film- und Tonbandaufnahmen* | *schmale Fleischwunde [beim Boxen]* | [auch: kœt] *Gesellschaftsanzug* ‖ **cut|ten** [kʌ-] ‖ **Cut|ter** der, -s/-: *Schnittmeister (bei Film, Rundfunk, Fernsehen)* ‖ **Cut|te|rin** die, -/-**innen**

Cu|vée [ky've:] der, -s/-s, *fachspr. auch:* die, -/-s ⟨fr.⟩: *Weinverschnitt von verschiedenen Sorten oder Jahrgängen*

CV [tse 'faʊ] der, -[s]: **C**artell**v**erband ‖ **CV|er** der, -s/-

Cy|ber|sex ['saɪbə-] ⟨engl.⟩: *virtueller Sex (bes. via Internet)* ‖ **Cy|ber|space** [-speɪs] der (*auch:* das, -): *vom Computer simulierte künstliche Räume;* → Virtual Reality

cy|ri̱l|lisch [tsy-, tsi-] = → kyrillisch

C

d D

d [deː] das, -/- (Kleinbuchstabe): das d im Wort *dunkel* | (Laut) der d-Laut | (Mus.) der Ton d (D) | (Mus.) d-Moll | **D**ezi-

D [deː] das, -/- (Großbuchstabe): das D im Wort *Donner;* das Vitamin D | 500 *(römisches Zahlzeichen)* | (Mus.) der Ton D (d) | (Mus.) D-Dur | (Mus.) **D**eutsch-Verzeichnis

da (Adv.):
hier; da und dort; dieser da | *in diesem Punkt;* da bin ich ganz deiner Meinung | *daraufhin; zu diesem Zeitpunkt;* da lachte sie; → hie und da

Getrenntschreibung in Verbindung mit „sein“:
- da sein *(gegenwärtig, zugegen, vorhanden sein); aber groß:* das **D**asein *(das Leben)*
- weil ich da bin; weil sie da ist/war
- das ist noch nie da gewesen; *aber groß:* etwas noch nie da **G**ewesenes (= **D**agewesenes)

Getrenntschreibung, wenn beide Bestandteile betont sind:
- da *(hier, an dieser Stelle)* bleiben
- sie ist genau da gelegen

Zusammenschreibung, wenn die Betonung auf „da“ liegt, zB:
- den Patienten dabehalten
- du sollst dableiben *(nicht fortgehen)*
- genügend Geld dahaben
- etwas dalassen
- bewusstlos daliegen

Konjunktion mit Beistrich:
- da *(weil)* der Text nicht vollständig ist, ...
- ich kann nicht kommen, da *(weil)* ich krank bin

Bedeutungsunterschied zwischen Deutschland und Österreich:
- In Österreich bedeutet „da“ im örtlichen Sinn so viel wie *hier.*
- In Deutschland hingegen bedeutet „da“ so viel wie *dort.*

d. Ä.: **d**er/die **Ä**ltere; → älter

da|be|hal|ten: er wollte den Hund gleich d.

da|bei [auch: ˈdaː-]:
es ist doch nichts d. *(ist nicht bedenklich)*

Getrenntschreibung in Verbindung mit „sein“:
- dabei sein
- wenn ich dabei bin; weil er dabei ist/war

Getrenntschreibung, wenn beide Bestandteile betont sind:
- dabei *(zB bei seiner Meinung)* bleiben
- dabei *(zB während der Rede)* sitzen
- dabei (währenddessen) stehen

Zusammenschreibung, wenn die Betonung auf „dabei“ liegt, zB:
- bei einer Gesellschaft dabeibleiben
- ich will sie in unserem Team dabeihaben
- gerne dabeisitzen *(bei den anderen sitzen)*
- ständig dabeistehen *(bei den anderen stehen)*

da|blei|ben: *nicht fortgehen;* → da
da ca|po [- k-] (d. c.) ⟨it.⟩ (Mus.): *noch einmal von Anfang an* ‖ **Da|ca|po** das, -[s]/-s (Mus.): *Wiederholung*
d'ac|cord [daˈkɔːr] ⟨fr.⟩: d. sein *(derselben Meinung sein)*
Dach das, -[e]s/Dächer: etwas unter D. und Fach bringen *(es erfolgreich beenden);* ein D. über dem Kopf *(eine Unterkunft)* haben | (ugs.) eine aufs D. kriegen *(getadelt werden)* ‖ **Dach|aus|bau** ‖ **Dach|bo|den** ‖ **Dach|de|cker** der, -s/- ‖ **Dach|de|cke|rin** die, -/-innen ‖ **Dach|fens|ter** ‖ **Dach|first** ‖ **Dach|fonds** [-fõː] (Bankw.): *Wertpapierfonds, der in andere Fonds investiert* ‖ **Dach|gar|ten** ‖ **Dach|gau|be** = **Dach|gau|pe:** *Vorbau im Dach mit senkrechtem Fenster* ‖ **Dach|ge|schoß,** *auch:* Dachgeschoss: *[ausgebauter] Dachboden; oberstes Stockwerk* ‖ **Dach|ge|schoß|aus|bau,** *auch:* Dachgeschossausbau ‖ **Dach|ge|sell|schaft** (Wirt.): *Holdinggesellschaft, Muttergesellschaft* ‖ **Dach|gie|bel** ‖ **Dach|glei|che** die, -/-n: *Fest bei Fertigstellung des Hausbaus bis zum Aufsetzen des Dachstuhls* ‖ **Dach|glei|chen|fei|er:** *Dachgleiche* ‖ **Dach|keh|le:** *Winkel zwischen Dachflächen* ‖ **Dachl** das, -s/-n: *[kleines] Dach; das Goldene D. in Innsbruck* ‖ **Dach|la|wi|ne:** *vom Dach abrutschender Schnee* ‖ **Dach|lu|ke:** *Dachbodenfenster* ‖ **Dach|or|ga|ni|sa|ti|on** [-tsi̯-]: *übergeordnete Organisation* ‖ **Dach|pap|pe:** *wasserundurchlässige Pappe zum Abdichten* ‖ **Dach|rei|ter:** *Türmchen auf dem [Kirchen-]dachfirst* ‖ **Dach|rin|ne**
Dachs [-ks] der, -es/-e: *ein Säugetier* ‖ **Dachs|bau** der, -[e]s/-e
Dach|scha|den: mit Folien einen D. abdecken | (sal., abw.) *geistige Störung*
Dachs|hund [-ks-]: *Dackel*
Dach|spar|ren: *schräger Balken des Dachstuhls* ‖ **Dach|stein:** *eine Gebirgsgruppe in Oberösterreich, Salzburg, der Steiermark* ‖ **Dach|stuhl**
dach|te → denken
Dach|tel [-ˈɒ-] die, -/-n, *auch:* Tachtel (reg., ugs.): *leichter Schlag auf den Kopf, Ohrfeige*
Dach|ter|ras|se ‖ **Dach|trau|fe** (reg. in D): *Dachrinne* ‖ **Dach|ver|band:** der D. *(die gemeinsame Organisation) der Elternvereine an den höheren Schulen* ‖ **Dach|woh|nung** ‖ **Dach|zie|gel**
Da|cke die, -/-n, *auch:* Tacke (ostöst., ugs., veraltend): *Fußabstreifer*
Da|ckel der, -s/-: *eine Hunderasse*
Da|ckerl das, -s/-[n], *auch:* Tackerl (ostöst., ugs.): *kleiner Stoffuntersatz, Set;* → Dacke
Da|da|is|mus der, - ⟨fr.⟩: *eine Kunstrichtung um 1920* ‖ **da|da|is|tisch**
da|durch [auch: ˈdaː-]: d. bedingt
DaF [daf]: **D**eutsch **a**ls **F**remdsprache
da|für [auch: ˈdaː-]: d. sein *(zustimmen, beipflichten);* ihn d. *(zB für einen Schwindler)* halten; *aber zB* → dafürhalten ‖ **da|für|hal|ten** (geh.): *glauben, meinen;* ich halte dafür, dass ...; → dafür ‖ **Da|für|hal|ten** das, -s (geh.): nach meinem D. *(nach meiner Meinung)* ‖ **da|für|kön|nen:** nichts d. *(schuldlos sein)* ‖ **da|für|spre|chen:** alles spricht dafür *(deutet darauf hin),* dass sie kommen wird | *positiv erscheinen lassen;* das Projekt realisieren, weil viele Argumente d. ‖ **da|für|ste|hen:** *lohnen;* es steht [sich] dafür *(es zahlt sich aus),* die Ausstellung zu besuchen
dag (früher: dkg): **D**eka**g**ramm
da|ge|gen [auch: ˈdaː-]: d. sein; sie ist d. | sie kam d. *(hingegen)* erst später ‖ **da|ge|gen|ha|ben:** nichts d. ‖ **da|ge|gen|hal|ten:** *entgegnen, erwidern* ‖ **da|ge|gen|stel|len** sich: *sich widerset-*

zen ‖ **dagegenstemmen** sich
da Gewesene das, - -n = **Dagewesene** das, -n: etwas noch nie da Gewesenes
Dagmar: *weibl. Vorname*
Dagobert: *männl. Vorname;* → Bertl
dahaben: genügend Geld d. *(vorrätig haben)*
daheim: d. *(zu Hause)* wohnen; ich bin d. gewesen ‖ **Daheim** das, -s: ein gemütliches D. *(Zuhause)* ‖ **daheimbleiben** ‖ **Daheimgebliebene**[1] der, -n/-n, ein Daheimgebliebener ‖ **Daheimgebliebene**[2] die, -n/-n
daher [auch: 'daː-]: das wird d. *(deshalb)* kommen, weil ...; *aber:* → daherkommen ‖ **daherbringen:** *bringen, herbeischaffen;* alles Mögliche d.; → daher ‖ **daherein** (veraltet): *[hier] herein* ‖ **dahergelaufen** (abw.): ein dahergelaufener Kerl *(ohne Geltung, Renommee); aber:* ein Dahergelaufener; → daher ‖ **daherkommen:** abgehetzt d.; → daher ‖ **daherreden** (abw.): *gedankenlos reden;* → daher
dahier (veraltet): *hier*

dahin [auch: 'daː]:
dahin und dorthin | bis dahin *(bis zu diesem Zeitpunkt)* ist noch Zeit | der Sommer ist dahin *(vorüber)*

Getrenntschreibung, wenn beide Bestandteile betont sind, und in Verbindung mit „sein“:
- es dahin *(so weit)* kommen lassen
- dahin *(an ein bestimmtes Ziel)* fahren
- das Geld ist dahin gewesen *(verloren)*

Getrennt- und Zusammenschreibung:
- ein dahin gehender (= dahingehender) *(darauf abzielender)* Antrag

Zusammenschreibung, wenn die Betonung auf „dahin“ liegt, zB:
- der Sommer ist dahingegangen (vergangen)
- dahinkränkeln
- dahinschwinden

dahinauf ‖ **dahindämmern** ‖ **dahineilen** ‖ **dahinein** (veraltet) ‖ **dahinfretten** sich (ugs.): *mühevoll sein Leben fristen* ‖ **dahingegen** (geh.): *jedoch, hingegen* ‖ **dahingehen** (geh.): der Sommer ist dahingegangen *(vergangen); aber:* dahin gehen ‖ **dahin gehend** = **dahingehend:** ein d. gehender *(darauf abzielender)* Antrag ‖ **Dahingeschiedene**[1] der, -n/-n, ein Dahingeschiedener (geh.): *ein Verstorbener* ‖ **Dahingeschiedene**[2] die, -n/-n (geh.) ‖ **dahingestellt:** etwas d. [sein] lassen *(es unentschieden lassen)* ‖ **dahinkränkeln** ‖ **dahinplätschern:** der Bach plätschert dahin *(fließt langsam)* | die Diskussion plätscherte nur dahin *(war oberflächlich, ohne Spannung)* ‖ **dahinraffen** (geh.): die Krankheit hat ihn dahingerafft *(hat zum Tod geführt)* ‖ **dahinscheiden** (geh.): *sterben* ‖ **dahinschleppen** sich: die Verhandlungen schleppten sich dahin *(gingen kaum voran)* ‖ **dahinschwinden** (geh.): *zu Ende gehen, sich verringern;* die Jugendjahre sind dahingeschwunden *(sind vergangen)* ‖ **dahinsiechen:** *an einer lang dauernden [unheilbaren] Krankheit leiden* ‖ **dahinstehen** (veraltet): *nicht entschieden sein* ‖ **dahinsterben** (geh.)
dahinten: *dort hinten*

dahinter [auch: 'daː-]

Getrenntschreibung in Verbindung mit „sein“:
- dahinter sein/gewesen

Getrenntschreibung, wenn die Hauptbetonung auf dem Verb liegt:
- dahinter vorbeigehen
- dahinter *(zB hinter diesen Stapel)* legen

Zusammenschreibung, wenn die Betonung auf „dahinter“ liegt, zB:
- dahinterkommen *(draufkommen; ein Geheimnis entdecken)*
- etwas dahinterlegen
- dahinterstehen *(etwas unterstützen)*

dahinterkommen: *draufkommen; ein Geheimnis entdecken* ‖ **dahinterklemmen** sich: *etwas mit Ehrgeiz verfolgen* ‖ **dahinterlegen:** das Buch d. ‖ **dahinterstecken:** welche Absichten wohl d. *(ausschlaggebend sind)*? ‖ **dahinterstehen:** ich konnte das Buch nicht finden, weil es dahinterstand | *etwas, jemanden unterstützen*
dahinüber ‖ **dahinunter**
dahinvegetieren [-v-]: *elend leben* ‖ **dahinwursteln** [-st-, auch: -ʃt-] (ugs.): *ohne konkretes Ziel arbeiten* ‖ **dahinziehen:** dahinziehende *(sich vorwärtsbewegende)* Wolken | *sich erstrecken;* die Sandstrände ziehen sich kilometerlang dahin
Dahlie [-i̯ɛ] die, -/-n: *eine Zierpflanze*
dahocken (ugs.): *dasitzen*
daktylisch [-'tyː-] ⟨gr.⟩ ‖ **Daktyloskopie** die, -: *Herstellung von Fingerabdrücken* ‖ **Daktylus** der, -/Daktylen: *ein dreisilbiger Versfuß, zB* Áfrika, Dáktylus
Dalai-Lama ⟨mongolisch+tibetisch⟩: *Oberhaupt der tibetischen Buddhisten*
dalassen: das Buch kannst du d. ‖ **daliegen:** sie ist bewusstlos dagelegen; *aber:* sie ist genau da gelegen
Dalk [-ɒ-] der, -[e]s/-e (ugs.): *einfältiger, ungeschickter Mensch;* → dalkert
Dalken der, -/- (meist Pl.) (Küchenspr.) ⟨tschech.⟩: *eine Mehlspeise;* böhmische Dalken; *aber:* → Talken ‖ **Dalkenpfanne**
dalkert [-'ɒ-] (ugs.): *dumm, kindisch;* → Dalk
dalli (ugs.): d., d.! *(jetzt aber flott; los, weiter)*
Dalmatien [-tsi̯ɛn]: *eine Küstenlandschaft in Kroatien* ‖ **Dalmatiner** [-'tiː-] der, -s/-: *Bewohner Dalmatiens* | *eine Hunderasse* ‖ **Dalmatinerin** die, -/-innen ‖ **dalmatinisch**
damalig: der damalige *(damals regierende)* Minister ‖ **damals**
Damaskus: *Hauptstadt von Syrien* | sein D. erleben *(sich tiefgreifend ändern)* ‖ **Damast** der, -[e]s/-e ⟨it./fr.⟩: *ein in sich gemustertes feines Gewebe* ‖ **Damasttischtuch** ‖ **Damaszener**[1] der, -s/-: *Einwohner von Damaskus* ‖ **Damaszener**[2] (Adj.): D. Stahl *(ein edler Stahl)* ‖ **Damaszenerin** die, -/-innen
Dame[1] die, -/-n: *Frau [in der Gesellschaft];* meine Damen und Herren; eine feine D.; die D. des Hauses | *eine Spielkarte* | *eine Schachfigur* ‖ **Dame**[2] [deɪm] die, -/-s: *ein englischer Adelstitel (vor dem Vornamen);* D. Margot Fonteyn; D. Margot; → Sir ‖ **Dame**[3] das, -: *Damespiel* ‖ **Damenbart:** *Bartwuchs bei Frauen* ‖ **Damenbekanntschaft:** eine D. machen

D

|| **Damenbesuch** (oft scherzh.): ein alleinstehender Herr bekommt D. || **Damenbinde:** *Watte, die das Menstruationsblut aufsaugt;* → Tampon || **Damenfußball** || **Damengesellschaft:** er liebt D. *(das Zusammensein mit Damen, die Begleitung von Damen)* || **damenhaft:** ihr Benehmen war nicht eben d. || **Damenkarte:** *[verbilligte] Eintrittskarte für Frauen* | *Speisekarte ohne Preisangaben* || **Damenliga** (Sport) || **Damenmode** || **Damenrad** || **Damensattel:** *spezieller Reitsattel für Frauen* || **Damensitz:** *Sitzhaltung im Damensattel* || **Damenspende:** *kleines Ballgeschenk für die Damen* || **Damentoilette** [-tǫalɛt(ɛ)] || **Damentag:** heute ist beim Eislaufen D. *(freier Eintritt für Mädchen und Frauen)* || **Damenwahl** die, -: *Wahl des Tanzpartners [für den nächsten Tanz] durch die Dame* || **Damespiel:** *ein Brettspiel, Dame*[3]

Damhirsch: *eine Hirschart*

damisch (ugs.): *benommen* | *närrisch* | d. *(sehr)* kalt

damit (Konj.): d. *(dass)* du es weißt | [auch: 'daː-] (Adv.) ich weiß d. nichts anzufangen

dämlich (bes. D): *dumm*

Damm der, -[e]s/Dämme: *Wall* | wieder auf dem D. sein *(wieder gesund sein)* | (Med.) *Weichteile zwischen After und Geschlechtsteilen;* → Dammriss || **Dammbruch** || **dämmen:** *isolieren, abdichten*

dämmerig = dämmrig: *halbdunkel* || **Dämmerlicht** das, -[e]s || **dämmern:** es dämmert bereits; mir dämmert *(ich fange an zu verstehen),* dass … || **Dämmerschlaf** || **Dämmerstunde** (geh.): *Abenddämmerung* || **Dämmerung** die, - || **dämmerungsaktiv:** dämmerungsaktive Tiere || **Dämmerzustand** || **dämmrig** = → dämmerig

Dammriss (Med.): *Einriss des Dammes*

Dämmstoff: *Baumaterial zur Isolierung* || **Dämmung** die, -/-en: *Isolierung*

Damoklesschwert (geh.): ein D. schwebt über ihm *(etwas ist eine ständige Bedrohung für ihn; nach einer antiken Gestalt)*

Dämon der, -s/-en [-'oː-] ⟨gr.⟩: *ein böser Geist* || **Dämonie** die, -/-n: *unergründliche Gefahr, Bedrohung* || **Dämonin** die, -/-innen || **dämonisch:** *unheimlich; teuflisch* || **dämonisieren:** *als dämonisch, sehr schlecht hinstellen*

Dampf der, -[e]s/Dämpfe: *feuchte Wärme* | (ugs.) D. ablassen *(sich abreagieren);* jemandem D. machen *(jemanden antreiben)* || **Dampfbad** || **Dampfbügeleisen** || **dampfen:** dampfendes Wasser || **dämpfen:** seine Stimme, seine Begeisterung d. *(abschwächen)* | Gemüse d. *(in Dampf kochen)* || **Dampfer** der, -s/-: *Dampfschiff* || **Dämpfer** der, -s/-: der D. der Geige, der Trompete | (ugs.) einen D. bekommen *(zurechtgewiesen, gezügelt werden)* || **Dampfkessel** || **Dampfkochtopf** || **Dampfkraft** die, - || **Dampfl** das, -s/-n: *Vorteig für Teige [aus Germ oder Sauerteig]* || **Dampflokomotive** [-fɛ, -vɛ] || **Dampfmaschine** || **Dampfnudel:** *eine ungefüllte kleinere Buchtel* || **Dampfplauderei** (abw., ugs.) || **Dampfplauderer** der, -s/- (abw., ugs.): *jemand, der viel daherredet* || **Dampfplauderin** die, -/-innen (abw., ugs.) || **Dampfschiff** || **Dampfschifffahrt** || **Dämpfung** (Phys.): *die [durch Reibung verursachte] Abnahme der Amplitude einer Schwingung oder Welle* || **Dampfwalze:** *Straßenwalze*

Damwild (Jägerspr.): → *Damhirsch*

danach [auch: 'daː-], *auch:* darnach: was kommt d. *(dann)*? | einige Meter d. *(dahinter)* lief ihr Hund; d. *(nach etwas)* greifen | sich d. richten || **Danachachtung,** *auch:* Darnachachtung (Amtsspr.): *Befolgung*

Danaergeschenk: *Geschenk, das Unglück bringt*

Dancefloor ['daːns-, 'dæns-] der, -s ⟨engl.⟩: *eine Stilrichtung in der Popmusik*

Dandy ['dændi] der, -s/-s ⟨engl.⟩: *auf modische Eleganz bedachter, oberflächlicher Mann* || **dandyhaft**

Däne der, -n/-n: *Einwohner Dänemarks*

daneben
ihre Arbeit war ausgezeichnet, d. *(im Vergleich dazu)* fand seine kaum Beachtung | er ist Lehrling und d. *(gleichzeitig, außerdem)* Juniorenmeister im Tischtennis

Getrenntschreibung in Verbindung mit „sein“:
- daneben sein
- ich bin daneben gewesen

Zusammenschreibung, wenn die Betonung auf „daneben“ liegt, zB:
- sich danebenbenehmen
- danebengehen *(misslingen); aber getrennt:* daneben *(zB neben der Absperrung)* gehen
- danebenliegen *(sich irren)*
- ich habe mein Buch danebengestellt

danebenbenehmen sich: *sich unpassend benehmen* || **danebengehen:** der Versuch ist danebengegangen *(misslungen)* || **danebengreifen** || **danebenlegen** || **danebenliegen:** mit einer Schätzung d. *(sich irren)* || **danebenraten** || **danebenschießen** || **danebenstellen:** das Buch d.; → daneben || **danebentreffen**

Dänemark (Kfz: DK): *ein Staat;* → dänisch

daniederliegen, *auch:* darniederliegen: krank d. | die Wirtschaft lag danieder *(die Geschäfte gingen schlecht)*

Daniel: *männl. Vorname* || **Daniela:** *weibl. Vorname*

Dänin die, -/-innen || **dänisch** → Dänemark || **Dänisch** das, -[s] = **Dänische,** -n

dank (Präp. mit Dat. und Gen.): d. seinem Fleiß; d. seines guten Willens || **Dank** der, -[e]s: „Herzlichen Dank!“; jemandem D. schulden; jemandem zu D. verpflichtet sein; → Dank sagen = danksagen || **dankbar:** *von Dank erfüllt* | eine dankbare *(vorteilhafte)* Arbeit | (ugs.) eine dankbare *(pflegeleichte und langlebige)* Pflanze || **Dankbarkeit** die, - || **danke:** d. (= Danke) sagen; „Danke (schön)!“ || **danken:** etwas dankend ablehnen || **dankenswert:** eine dankenswerte Leistung || **dankenswerterweise** || **Dankesbezeugung** (geh.) || **Dankeschön** das, -[s]/-: ein herzliches D. sagen | *kleines Geschenk zum Dank* || **Dankesschuld** die, - (geh.) || **Dankesworte** die (Pl.) || **Dankgebet** || **Dankgottesdienst** || **Dank sagen** = **danksagen,** du sagst Dank [danksagst] (geh.): er hat ihm Dank gesagt/gedanksagt ||

Danksagung die, -/-en ‖ **Dankschreiben**

dann: d. und wann *(hin und wieder)*

dannen (geh., veraltet) (nur in der Wendung): von d. gehen/eilen *(weggehen)*

daran [auch: 'da:], *auch:* dran

Getrenntschreibung, wenn beide Bestandteile betont sind:
- das wird wohl daran *(zB an diesem strittigen Punkt)* liegen, dass …
- du musst dich daran *(zB an die Vereinbarung)* halten
- daran glauben müssen *(auch: etwas durchmachen müssen, sterben müssen)*

Zusammenschreibung, wenn die Betonung auf „daran“ liegt, zB:
- darangehen *(damit beginnen)*
- sich daranhalten *(sich bemühen)*

darangehen, *auch:* drangehen: sie ging daran *(begann damit),* Ordnung zu machen ‖ **daranhalten** sich, *auch:* sich dranhalten: *sich bemühen;* da musst du dich aber d.!; → daran ‖ **daranmachen**[1], *auch:* dranmachen[1]: Bänder d. *(befestigen)* ‖ **daranmachen**[2] sich, *auch:* dranmachen[2] sich: *anfangen* ‖ **daransetzen,** *auch:* dransetzen: alles d. *(sich sehr bemühen)*

darauf [auch: 'da:], *auch:* drauf

Getrenntschreibung, wenn beide Bestandteile betont sind:
- es wird genau darauf ankommen
- unmittelbar darauf *(zB nach der Werbung)* folgen die Nachrichten; *aber getrennt und zusammen:* am darauf folgenden (= darauffolgenden) Tag

Zusammenschreibung, wenn die Betonung auf „darauf“ liegt:
- das Buch darauflegen; *aber getrennt:* du sollst das Buch darauf *(auf einen bestimmten Stapel)* legen
- sich daraufsetzen

darauf folgend = **darauffolgend** → darauf ‖ **daraufhin** ‖ **darauflegen** ‖ **daraufsetzen**

daraus [auch: 'da:-], *auch:* draus: sich nichts d. machen | d. trinken

darben (geh.): *Not, Mangel leiden*

darbieten[1] (geh.): ein Theaterstück d. *(aufführen)* | Erfrischungen d. *(anbieten)* ‖ **darbieten**[2] sich: ein wunderschöner Anblick bot sich uns dar ‖ **Darbietung** die, -/-en: *Vorstellung*

darbringen (geh.): jemandem große Opfer d. *(anbieten)* ‖ **Darbringung** die, -/-en (geh.)

darein (geh., veraltet) → drein ‖ **dareinfinden** (geh., veraltet) → dreinfinden

darf → dürfen

darin [auch: 'da:-], *auch:* drin ‖ **darinnen** (geh., veraltet): *drinnen*

darlegen: *erörtern, erklären* ‖ **Darlegung** die, -/-en (meist Pl.): die Darlegungen *(Ausführungen)* des Vorsitzenden

Darlehen das, -s/-: ein D. aufnehmen *([sich] Geld ausleihen)* ‖ **Darlehenskasse** ‖ **Darlehenspromesse** (Jus); → Promesse ‖ **Darlehenssumme**

Darling der, -s/-s ⟨engl.⟩: *Liebling*

Darm der, -[e]s/Därme ‖ **Darmentgiftung** ‖ **Darmflora** (Med.): *Pilze und Bakterien im Darm* ‖ **Darminfektion** [-tsi̯-] ‖ **Darmkatarr** = **Darmkatarrh** ‖ **Darmkolik** ‖ **Darmkrebs** ‖ **Darmsaite:** *Saite [für Streich- und Zupfinstrumente] aus gedrehtem Darm*

Darmstadtium [-tsi̯-] (Zeichen: Ds): *ein chemisches Element*

Darmtätigkeit ‖ **Darmträgheit** ‖ **Darmverschluss** ‖ **Darmwind** (geh.): *Blähung*

darnach → danach ‖ **Darnachachtung** → Danachachtung

darniederliegen → daniederliegen

darob [auch: 'da:-] (geh., veraltet): sie war d. *(darüber, deswegen)* sehr verwundert

Darre die, -/-n: *Vorrichtung zum Dörren von Obst und Flachs*

darreichen

darren: *austrocknen*

darstellbar: das ist auf der Bühne nicht d. ‖ **darstellen:** er stellt seine Vorschläge dar *(erläutert sie)* | die Datei wird als Icon dargestellt *(auf dem Bildschirm angezeigt)* | sie stellt etwas dar *(wirkt beeindruckend);* darstellende Kunst *(Schauspielkunst)* | (Großschreibung) die Darstellende Geometrie *(ein Unterrichtsgegenstand)* ‖ **Darsteller** der, -s/-: *Schauspieler* ‖ **Darstellerin** die, -/-innen ‖ **darstellerisch** ‖ **Darstellung:** die eindringliche D. *(Schilderung, Erläuterung, Erklärung)* eines Problems ‖ **Darstellungsform** ‖ **Darstellungsweise**

Dart der, -[s]/-s ⟨engl.⟩: *Wurfpfeil* ‖ **Darts** das, -: *Wurfpfeilspiel*

dartun (geh.): sie hat etwas Wichtiges dargetan *(erklärt, nachgewiesen)*

D

darüber [auch: 'da:], *auch:* drüber:
d. hinaus *(außerdem);* d. reden

Zusammenschreibung, wenn die Betonung auf „darüber“ liegt, zB:
- mit den Fingern darüberfahren; *aber getrennt:* darüber *(über eine bestimmte Stelle)* fahren
- Zucker darüberstreuen
- darüberstehen (überlegen sein)

Getrennt- und Zusammenschreibung:
- darüber hinausgehende (= darüberhinausgehende) Hinweise

darüberfahren, *auch:* drüberfahren: mit dem Finger d.; → darüber ‖ **darüber hinausgehend** = **darüberhinausgehend** → darüber ‖ **darübermachen** sich, *auch:* sich drübermachen: *mit etwas beginnen* ‖ **darüberstehen,** *auch:* drüberstehen: *überlegen sein* ‖ **darüberstreuen,** *auch: drüberstreuen:* Zucker d.

darum [auch: 'da:-], *auch:* drum: darum *(aus diesem Grund)* kommen; *aber:* → darumkommen ‖ **darumkommen,** *auch:* drumkommen (ugs.): *um seinen Lohn kommen; aber:* → darum *(deshalb)* kommen

darunter [auch: 'da:-], *auch:* drunter: die Gäste, d. eine Schweizerin; d. leiden; → darüber ‖ **darunterfallen,** *auch:* drunterfallen: *von etwas, zB von einem Gesetz, mit erfasst sein* ‖ **daruntermischen,** *auch:* druntermischen: Mehl d. ‖ **darunterstellen,** *auch:* drunterstellen: ein Stockerl d. ‖ **darunterstehen,** *auch:* drunterstehen

darwider → dawider ‖ **darwiderreden** → dawiderreden

Darwinismus der, -: *Lehre von der Entwicklung der Arten von Lebewesen durch natürliche Auslese (nach dem englischen Natur-*

wissenschaftler Charles Darwin) ‖ **dar|wi|nis|tisch**
das (bestimmter Art.): das Haus | (Pron.) das (auch: das) heißt (d. h., dh.); das ist (d. i.); → 's; was ist das da?; sie weiß auch das?; ein Haus, das *(welches)* leer steht; *aber:* → dass
D
Da|sein das, -s: *das Existieren; das Leben; das Vorhandensein; aber:* da sein ‖ **Da|seins|angst** ‖ **Da|seins|be|rech|ti|gung** ‖ **Da|seins|be|wäl|ti|gung** ‖ **Da|seins|form**
da|selbst (veraltet): *am selben Ort; dort*
da|sig (mda.): *niedergeschlagen, kleinlaut* | *hiesig:* das dasige Theater ‖ **Da|si|ge**[1] der, -n/-n, ein Dasiger (mda.): *ein Hiesiger* ‖ **Da|si|ge**[2] die, -n/-n (mda.)
da|sit|zen: gelassen d.; *aber:* da *(an einem bestimmten Ort)* sitzen
das|je|ni|ge
dass: sie glaubt, dass sie ...; *aber:* → das; so dass = sodass
das|sel|be: es kommt auf d. hinaus; ein und d.; → selbe; → derselbe ‖ **das|sel|bi|ge** (veraltet): *dasselbe*
Dass|satz, *auch:* **dass-Satz**
da|ste|hen: er ist als der Blamierte dagestanden; *aber:* da *(an einem bestimmten Ort)* stehen; eine allein dastehende *(einzigartige)* Leistung
DAT das, -s (Elektrot.): **D**igital **A**udio **T**ape *(digitales Magnetaufzeichnungsverfahren)*
Dat.: Dativ
Dä|ta der, -s/-s (V, mda.): *Vater*
Date [deɪt] das, -s/-s ⟨engl.⟩ (Jug.): *Rendezvous*
Da|tei die, -/-en ⟨lat.-engl.⟩ (EDV): *Speichereinrichtung für Daten* ‖ **Da|ten** die (Pl.): *gesammelte Informationen; Angaben über Ort, Zeit und andere Tatsachen;* persönliche D.; → Daten verarbeitend = datenverarbeitend | Pl. von → Datum ‖ **Da|ten|au|to|bahn:** *Datenhighway* ‖ **Da|ten|bank** die, -/-en: *Computerprogramm zum übersichtlichen Speichern und Verarbeiten großer Datenmengen* ‖ **da|ten|bank|ge|stützt** ‖ **Da|ten|bus:** → *Bus* ‖ **Da|ten|er|fas|sung** ‖ **Da|ten|fern|über|tra|gung** (DFÜ) (EDV) ‖ **Da|ten|for|mat** (EDV): *spezifische Anordnung von Daten für die Speicherung bzw. Ausgabe* ‖ **Da|ten|high|way** [-haɪweɪ]: *leistungsfähige Informationsleitungen für umfassende multimediale Telekommunikation, Datenautobahn, Informationshighway* ‖ **Da|ten|klau** der, -[e]s (sal.): *illegaler Zugriff auf geheime Daten* ‖ **Da|ten|kom|pres|si|on:** *Verschlüsselungsverfahren, durch das digitale Daten komprimiert werden* ‖ **Da|ten|ma|te|ri|al** das, -s ‖ **Da|ten|men|ge** ‖ **Da|ten|netz:** *Vernetzung verschiedener Datensysteme* ‖ **Da|ten|schutz:** *gesetzlicher Schutz elektronisch gespeicherter Daten vor Missbrauch* ‖ **Da|ten|schutz|ge|setz** ‖ **Da|ten|trä|ger:** *ein elektronisches Speichermedium, zB CD-ROM* ‖ **Da|ten|über|mitt|lung** (EDV) ‖ **Da|ten|über|tra|gung** (EDV) ‖ **Da|ten ver|ar|bei|tend** = **da|ten|ver|ar|bei|tend** (EDV): D. verarbeitende Systeme ‖ **Da|ten|ver|ar|bei|ter:** *ein Beruf* ‖ **Da|ten|ver|ar|bei|te|rin** ‖ **Da|ten|ver|ar|bei|tung** die, -: elektronische D., → EDV
Da|ti der, -s/-s, *auch:* Tati (mda., Kinderspr.): *Vater*
da|tier|bar ⟨lat.⟩ ‖ **da|tie|ren:** der Brief ist mit 10. 1. d. J. datiert; er datiert vom 10. 1. ‖ **Da|tie|rung** die, -/-en
Da|tiv der, -s/-e [-fɛ, -vɛ] (Dat.) ⟨lat.⟩ (Gramm.): *3. Fall, Wemfall* ‖ **Da|tiv|ob|jekt**
Datl der, -s/-[n], *auch:* Tatl (mda., abw.): *[schon unbeholfener] alter Mann*
da|to ⟨lat.⟩: bis d. *(bis zum heutigen Tag, bis jetzt)*
DAT-Re|kor|der = DAT-Recorder [-k-] ⟨engl.⟩
Da|tscha die, -/-s [Datschen] ⟨russ.⟩: *[russisches] Landhaus*
Dät|schen → Tätschen
Dat|tel die, -/-n: *eine Südfrucht* ‖ **Dat|tel|pal|me**
Da|tum das, -s/Daten ⟨lat.⟩: *eine Zeitangabe mit Tag, Monat, Jahr;* → Daten ‖ **Da|tums|stem|pel** = **Da|tum|stem|pel**
Dau|be die, -/-n: *[gebogenes] Brett eines Fasses* | (Sport) *Zielscheibe beim Eisstockschießen* ‖ **Dau|bel** die, -/-n (ostöst.): *Fischnetz*
Dau|er die, -: es ist auf [die] D. nicht auszuhalten ‖ **Dau|er|auf|trag** (Bankw.): *Geldbetrag, der regelmäßig zur gleichen Zeit und in gleicher Höhe vom Konto abgebucht wird* ‖ **Dau|er|aus|stel|lung** ‖ **Dau|er|be|las|tung** ‖ **Dau|er|bren|ner** (sal.): *Sache, die lange Zeit aktuell ist* ‖ **Dau|er|ein|rich|tung** ‖ **Dau|er|ein|satz:** seit Mittwoch stehen die Feuerwehrleute im D. ‖ **Dau|er|gast** ‖ **dau|er|haft** ‖ **Dau|er|haf|tig|keit** die, - ‖ **Dau|er|kar|te** ‖ **dau|er|la|gern** (nur Inf. und Part.): die Getränke wurden kühl dauergelagert ‖ **Dau|er|lauf** ‖ **Dau|er|leih|ga|be** ‖ **Dau|er|leis|tung:** *Leistung, die lang anhält* ‖ **dau|ern**[1]: es dauert lang *(braucht viel Zeit)*
dau|ern[2] (geh., veraltend): er dauert mich *(er tut mir leid);* → bedauern
dau|ernd: *ständig;* d. zu spät kommen ‖ **Dau|er|par|ker** ‖ **Dau|er|park|platz** ‖ **Dau|er|re|gen** ‖ **Dau|er|scha|den:** *[nach einem Unfall] zurückbleibender [körperlicher] Schaden* ‖ **Dau|er|wel|le** ‖ **Dau|er|wurst:** *eine lang haltbare Wurst* ‖ **Dau|er|zu|stand:** das ist kein D.!
Dau|men der, -s/-: den D. strecken; jemandem [den] D. halten *(für jemanden hoffen, jemandem Erfolg wünschen)* | (ugs.) über den D. *(grob)* schätzen; D. drehen *(sich langweilen)* ‖ **dau|men|dick:** ein daumendicker Riss; *aber:* zwei Daumen dick ‖ **Dau|men|lut|scher:** *Kind, das oft am Daumen lutscht* ‖ **Dau|men|na|gel** ‖ **Dau|men|re|gis|ter:** *Alphabetleiste als Nachschlagehilfe [in Wörterbüchern]* ‖ **Dau|men|schrau|be** (meist Pl.): *ein altes Folterwerkzeug;* jemandem Daumenschrauben anlegen *(jemanden in die Enge treiben)* ‖ **Däum|ling** der, -s: *eine Märchengestalt* | (mit Pl. -e) *Fingerling für den Daumen*
Dau|ne die, -/-n: *Flaumfeder* ‖ **Dau|nen|de|cke** ‖ **Dau|nen|pols|ter**
Dau|phin [do'fɛ̃] der, -s/-s ⟨gr.-lat.-fr.⟩ (früher): *Titel des französischen Kronprinzen*
Da|vid [-v-]: *männl. Vorname* ‖ **Da|vid|stern:** *ein sechszackiger Stern (nach dem biblischen König David), Symbol des Judentums;* → Judenstern
Da|vis|cup ['deɪvɪskʌp] der, -s/-s (Sport): *ein Tennisländerkampf*
Da|vit ['deɪv-, 'dæv-] der, -s/-s ⟨engl.⟩ (Seemannsspr.): *eine Art Kran auf Schiffen*
da|von [auch: 'daː-]: das kommt d. *(daher),* ...; *aber zB:* → davonschwimmen ‖ **da|von|ei|len** ‖ **da|von|fah|ren** ‖ **da|von|kom|men:** gerade noch d.; → davon ‖ **da-**

von|las|sen || **da|von|lau|fen:** vor etwas d.; *aber:* es ist zum **Davon**laufen *(es ist schrecklich, nicht auszuhalten)* || **da|von|ma|chen** sich || **da|von|ren|nen** || **da|von|schlei|chen:** [sich] heimlich d. || **da|von|schwim|men** || **da|von|steh|len** sich: *sich heimlich davonmachen;* → stehlen || **da|von|tra|gen:** den verletzten Spieler d. *(forttragen, wegbringen)* | den Sieg d. *(erringen)* | (geh.) eine Erkältung d. *(sich zuziehen)*

da|vor [auch: 'da:-]: sie kommt um 9 Uhr, d. hat sie einen wichtigen Termin | davor *(vor dieser Markierung)* stehen bleiben; *aber:* → davorstehen || **da|vor|ste|hen:** sie ist fassungslos davorgestanden; *aber:* davor *(vor dieser Markierung)* stehen bleiben

da|wi|der, *auch:* darwider (geh., veraltend): *dagegen* || **da|wi|der|re|den,** *auch:* darwiderreden (geh., veraltend): *dagegenreden*

DaZ: Deutsch **a**ls **Z**weitsprache

da|zu [auch: 'da:-]: d. *(zB zu einem Problem)* Stellung nehmen || **da|zu|be|kom|men** || **da|zu|ge|ben** || **da|zu|ge|hen** (ugs.): *beitreten* || **da|zu|ge|hö|ren:** zu einem Verein d. || **da|zu|ge|hö|rig** || **da|zu|ge|sel|len** sich || **da|zu|kom|men:** gerade noch rechtzeitig d. *(hinzukommen);* ich werde nicht mehr d., das zu tun || **da|zu|ler|nen**

da|zu|mal: anno d. *(früher einmal)*

da|zu|rech|nen || **da|zu|sa|gen:** wieso hast du das nicht dazugesagt *(mit erwähnt)*? || **da|zu|schau|en** (ugs.): *sich bemühen* || **da|zu|schrei|ben** || **da|zu|set|zen:** „Darf ich mich d. *(hinzusetzen)*?"; *aber:* ich werde mich dazu *(für diese Tätigkeit)* setzen || **da|zu|tun:** nichts d.; *aber:* ohne mein **Dazu**tun || **da|zu|ver|die|nen** || **da|zu|zah|len**

> **da|zwi|schen**
>
> **Getrenntschreibung in Verbindung mit „sein":**
> - dazwischen sein
> - es ist genau dazwischen gewesen
>
> **Getrenntschreibung, wenn die Hauptbetonung auf dem Verb liegt:**
> - ich werde dazwischen *(zwischen zwei Terminen, in einer Pause)* essen
> - dazwischen *(zB zwischen zwei Markierungen)* fahren
>
> **Zusammenschreibung, wenn die Betonung auf „dazwischen" liegt, zB:**
> - dazwischenfahren *(einschreiten)*
> - dazwischenschieben *(einschieben)*
> - dazwischenreden

da|zwi|schen|fah|ren: *einschreiten* || **da|zwi|schen|fra|gen** || **da|zwi|schen|fun|ken:** *sich störend einschalten;* ein Dritter hat dazwischengefunkt || **da|zwi|schen|ge|ra|ten** || **da|zwi|schen|kom|men:** leider ist mir etwas dazwischengekommen *(etwas Unvorhersehbares passiert)* || **da|zwi|schen|re|den** || **da|zwi|schen|schie|ben:** *einschieben* || **da|zwi|schen|tre|ten:** *sich einmischen, einschreiten*

dB: Dezi**b**el

Db: Dubnium

d. c. [de 'tse:]: **d**a **c**apo

DD [di:'di:]: **d**ouble **d**ensity *(doppelte Speicherkapazität, zB auf Disketten und CD-ROMs);* → HD

DDR [de de 'ɛr] die, - (früher): **D**eutsche **D**emokratische **R**epublik

DDr.: Dr. Dr. *(doppelter Doktor)*

DDSG [de de ɛs 'ge:] die, - (früher): die **D**onau-**D**ampf**s**chifffahrts**g**esellschaft

DDT [de de 'te:] das, -[s] (Wz.): *ein Schädlingsbekämpfungsmittel*

D-Dur ['de:'du:ə] (D) (Mus.): *eine Tonart* || **D-Dur-Ton|lei|ter**

de- ⟨lat./fr.⟩ (nur in Zusammensetzungen wie dechiffrieren)

Dead|line ['dedlaɪn] die, -/-s ⟨engl.⟩: *der allerletzte Termin*

Deal [di:l] der, -s/-s ⟨engl.⟩ (sal.): *Handel, Vertrag* || **dea|len** || **Dea|ler** der, -s/-: *Rauschgifthändler* || **Dea|le|rin** der, -/-innen

De|ba|kel das, -s/- ⟨fr.⟩: *blamabler Misserfolg*

De|bat|te die, -/-n ⟨fr.⟩: *[lebhafte] Diskussion, Meinungsaustausch, Wortgefecht;* einen Vorschlag zur D. stellen; das steht nicht zur D. *(darüber wird nicht verhandelt)* || **de|bat|tie|ren**

De|bet das, -s ⟨lat.⟩ (Bankw.): *Sollkonto, Schulden*

de|bil ⟨lat.⟩ (Med.): *leicht geistesschwach* | (abw.) *blöd* || **De|bi|li|tät** die, - (Med.)

De|bi|tor der, -s/-en [-'o:-] (meist Pl.) ⟨lat.⟩ (Kaufmannsspr.): *Schuldner, der Waren von einem Lieferanten auf Kredit bezogen hat;* → G.: Kreditor || **De|bi|to|ren|buch|hal|tung** || **De|bi|to|ren|kon|to**

De|b|re|zi|ner die (Pl.): *stark gewürzte Würstel (nach der ungarischen Stadt Debrecen)*

de|bug|gen [di:'bʌg-] ⟨engl.⟩ (EDV): ein Programm d. *(darin Fehler suchen und entfernen)* || **De|bug|ging** das, -s/-s (EDV)

D

De|büt [-'by:] das, -s/-s = Debut [-'by:] ⟨fr.⟩: *erstes Auftreten [von Schauspielern, Musikern]* || **De|bü|tant** der, -en/-en = Debutant [-by-]: *jemand, der [auf der Bühne] debütiert* | *Angehöriger des Jungherrenkomitees* || **De|bü|tan|tin** die, -/-innen = Debutantin || **de|bü|tie|ren:** *erstmals auftreten* | *im Jungherren- bzw. Jungdamenkomitee einen Ball eröffnen*

De|chant [westöst. auch: -'a-] der, -en [-'a-]/-en ⟨lat.⟩: *ein höherer katholischer Geistlicher; Vorsteher eines Kirchenbezirkes (Dekanats);* → Dekan

de|chif|f|rie|ren [-ʃi-]: *eine verschlüsselte Nachricht entziffern;* → chiffrieren || **De|chif|f|rie|rung** die, -/-en

Deck das, -[e]s/-s: *Verdeck eines Schiffes, Bootes;* an D. gehen | *Stockwerk eines Schiffes* || **Deck|blatt** || **De|cke** die, -/-n: *Stoff zum Zudecken oder Bedecken;* Tischdecke; unter einer D. stecken *(gemeinsame Sache machen)*; sich nach der D. strecken *(an die Verhältnisse anpassen)* | *Plafond* || **De|ckel** der, -s/- || **de|ckeln** (Wirt.): ich deckle *(begrenze)* die Ausgaben || **De|cke|lung** die, -/-en (Wirt.): *Verhinderung bzw. Verbot einer Kostenerhöhung;* D. der Schulbuchkosten || **de|cken**[1]: das Dach d.; den Tisch d. | diese Farbe deckt *(überdeckt)* nicht | eine Tat d. *(den Täter schützen)* | der Hengst hat die Stute gedeckt *(begattet)* | (Bankw.) dieser Scheck ist nicht gedeckt *(nicht durch einen Geldbetrag abgedeckt)* | (Sport) einen Gegenspieler genau d. *(bewachen)* || **de|cken**[2] sich: unsere Ansichten d. sich *(sind gleich)* | (Math.) die Rechtecke d. sich *(stimmen genau überein)* || **De|cken|be|leuch|tung** || **De|cken|flu|ter:** *Lampe, die zur Decke strahlt* || **De|cken|fres|ko** || **De|cken|ge|mäl|de:** *Gemälde am Plafond eines Raumes* || **De|cken|ge|wöl|be** || **De|cken|kon|s|t|ruk|ti|on** [-tsi-] || **De|cken-**

tram: *Deckenbalken* ‖ **Deckfarbe** ‖ **Deckhengst:** *Zuchthengst* ‖ **Deckmantel** (nur in der Wendung): unter dem D. *(Vorwand)* ‖ **Deckname,** *auch:* **Decknamen:** *angenommener Name, Tarnname* ‖ **Deckung** die, -/-en: D. hinter einem Baum finden | die D. des Daches | (Bankw.) die D. *(finanzielle Garantie)* des Kredits | (Sport) die D. *(Verteidigung)* vernachlässigen | (ohne Pl.) in D. gehen *(Schutz zB vor dem Gesehenwerden suchen)* ‖ **Deckungsbeitrag** (Wirt.): *Erlöse minus variable Kosten* ‖ **deckungsgleich** (Math.): *kongruent* ‖ **Deckweiß** das, -[es]: *abdeckende weiße Farbe*

Decoder [-k-] = → Dekoder ‖ **decodieren** = → dekodieren ‖ **Decodierung** = → Dekodierung

decouvrieren [-kuv-] = → dekuvrieren

decrescendo [-krɛˈʃɛn-] ⟨it.⟩ (Mus.): *leiser werdend;* → G.: crescendo ‖ **Decrescendo** das, -[s]/-s (Mus.)

Dedikation [-tsi̯-] die, -/-en ⟨lat.⟩ (geh.): *Widmung* ‖ **dedizieren** (geh.): *widmen*

Deduktion [-tsi̯-] die, -/-en ⟨lat.⟩: *das Schließen vom Allgemeinen auf das Einzelne;* → G.: Induktion ‖ **deduktiv** ‖ **deduzieren**

Deeskalation [-tsi̯-]: Schritte zur D. *(Entschärfung, Abschwächung)* der Situation setzen; → G.: Eskalation ‖ **deeskalieren**

de facto [- -k-] ⟨lat.⟩: *tatsächlich;* → G.: de jure ‖ **De-facto-Anerkennung**

Defätismus der, - = Defaitismus [-fɛt-] ⟨fr.⟩: *Mutlosigkeit, Schwarzseherei* ‖ **defätistisch** = defaitistisch

defekt ⟨lat.⟩: *schadhaft* ‖ **Defekt** der, -[e]s/-e: *Mangel, Schaden, Gebrechen;* einen D. haben ‖ **defektiv** (Gramm.): defektives Verb *(Verb, von dem nicht alle Formen und Zeiten gebildet werden können)*

defensiv ⟨lat.⟩: *verteidigend, abwehrend;* → G.: offensiv ‖ **Defensive** [-fɛ, -wɛ] die, -/-n: *Verteidigung* ‖ **Defensivspieler** (Sport) ‖ **Defensivspielerin** (Sport) ‖ **Defensivtaktik:** *Taktik, die auf Verteidigung abzielt*

Defereggen [meist: -fr-] das, -[s], *auch:* Defreggen: *Tal in Osttirol* ‖ **Deferegg ental,** *auch:* Defreggental

Defibrillator der, -s/-en [-ˈoː-] ⟨lat.⟩: *ein Elektroschockgerät für medizinische Zwecke*

Defilee das, -s/-s ⟨fr.⟩: *parademäßiger Vorbeimarsch* ‖ **defilieren**

definierbar ⟨lat.⟩: etwas ist nur schwer d. ‖ **definieren:** *einen Begriff genau bestimmen* ‖ **Definition** [-tsi̯-] die, -/-en ‖ **definitiv:** *endgültig;* eine definitive *(unkündbare)* Anstellung ‖ **Definitivum** [-v-] das, -s/Definitiva; → G.: Provisorium ‖ **definitorisch**

defizient ⟨lat.⟩ (fachspr.): *unvollständig* | (Amtsspr., veraltend): *dienstunfähig* ‖ **Defizit** das, -s/-e: *Verlust, Fehlbetrag* ‖ **defizitär:** *mit Verlusten*

Deflation [-tsi̯-] die, -/-en ⟨lat.⟩: *Verminderung des Geldumlaufs;* → G.: Inflation ‖ **deflationär**

Defloration [-tsi̯-] die, -/-en ⟨lat.⟩ (Med.): *Durchstoßen des Jungfernhäutchens der Frau [beim ersten Geschlechtsverkehr], Entjungferung* ‖ **deflorieren** (geh.) (Med.): *entjungfern*

Deformation [-tsi̯-] die, -/-en: *Formveränderung, Verunstaltung* ‖ **deformieren** ‖ **Deformierung**

Defraudant der, -en/-en ⟨lat.⟩ (veraltet): *jemand, der Geld unterschlägt; Betrüger* ‖ **Defraudantin** die, -/-innen (veraltet) ‖ **defraudieren** (veraltet)

Defroster der, -s/- ⟨engl.⟩: *Enteisungsanlage [im Kühlschrank]*

deftig: ein deftiges *(üppiges)* Essen; d. *(kräftig)* gewürzt | *derb;* deftige Sprüche | eine deftige *(deutliche)* Niederlage ‖ **Deftigkeit** die, -

Degen[1] der, -s/- (bes. früher): *eine Hieb- und Stichwaffe | ein Sportgerät im Degenfechten* | (ohne Art.) (Sport) *Kurzwort für Degenfechten*

Degen[2] der, -s/- (geh., veraltet): *kriegerischer Held*

Degeneration [-tsi̯-] ‖ **Degenerationserscheinung** ‖ **degenerieren** ‖ **degeneriert:** *entartet; zurückgebildet; verkümmert*

Degenfechten: *eine Sportart*

Degout [-ˈguː] der, -s ⟨fr.⟩ (geh.): *Ekel* ‖ **degoutant** [-gu-] (geh.): *unappetitlich, abstoßend, ekelhaft*

degradieren ⟨lat.-fr.⟩: einen Offizier d. *(strafweise in einen niedrigeren Rang versetzen); erniedrigen* ‖ **Degradierung** die, -/-en

Degression die, -/-en ⟨lat.-fr.⟩ (Wirt.) ‖ **degressiv** ⟨lat.-fr.⟩ (Wirt.): *abnehmend, vermindernd;* degressive Zahlungen

Degustation [-tsi̯-] die, -/-en ⟨lat.⟩: *das prüfende Kosten von Lebensmitteln, Wein* ‖ **degustieren**

dehnbar ‖ **Dehnbarkeit** die, - ‖ **dehnen:** sich d. und strecken ‖ **Dehnfähigkeit** die, - ‖ **Dehnung** die, -/-en ‖ **Dehnungs-h** [-haː] das, -/- ‖ **Dehnungszeichen**

Dehydration [-hy-tsi̯-] = Dehydrierung die, -/-en (Chem.) ‖ **dehydrieren** (Chem.): *Wasserstoff abspalten* ‖ **Dehydrierung** = → Dehydration

Deich der, -[e]s/-e: *ein Schutzdamm an Flussufern oder Meeresküsten;* die Deiche brechen ‖ **Deichanlage**

Deichsel [-ks-] die, -/-n: *Wagenstange zum Anhängen der Zugtiere und zum Lenken* ‖ **deichseln,** ich deichsle (ugs.): *schlau zu Stande bringen*

deiktisch [auch: ˈdei̯-] ⟨gr.⟩ (fachspr.): *hinweisend*

dein

Kleinschreibung:
- Kommen deine Eltern?
- Hier liegen Stifte? Sind das deine?

In der Anrede im Brief ist auch Großschreibung möglich:
- Liebe Omi, ich danke dir (*auch:* Dir) für deinen (*auch:* Deinen) Brief. Ich werde deinetwegen (*auch:* Deinetwegen) früher anreisen.

Großschreibung bei Nominalisierung:
- das Mein und **D**ein
- Mein und **D**ein unterscheiden

Groß- und Kleinschreibung:
- die deinen = Deinen *(deine Angehörigen, die deinigen)*
- die deinigen = Deinigen *(die deinen)*

deine = **Deine** der, -n/-n: der/die/das deine (= Deine); das ist das deine (= Deine) *(dein Eigentum, deine Sache, das → deinige);* die deinen (= Deinen) *(deine Angehörigen, die deinigen)* ‖ **deinerseits;** *aber zur Anrede im Brief* → dein ‖ **deinesgleichen:** du und d.; *aber zur Anrede im Brief* → dein ‖ **deinethalben:** *aber*

zur Anrede im Brief→ dein ‖ **dei|net|we|gen:** sie kam d.; *aber zur Anrede im Brief*→ dein ‖ **dei|net|wil|len:** um d.; *aber zur Anrede im Brief*→ dein ‖ **dei|ni|ge = Dei|ni|ge** der, -n/-n: der/die/das deinige (= Deinige); das ist das deinige (= Deinige) *(das → deine);* die deinigen (= Deinigen) *(die deinen)*
De|is|mus [-e'i-] der, - ⟨lat.⟩: *Gottesglaube aus Vernunftgründen* ‖ **de|is|tisch**
Dei|xel der, -s/-n (ugs.): *Teufel;* pfui D. *(ein Ausruf)*
Deix|fi|gur: *eine der typischen Figuren des Karikaturisten Manfred Deix*
Déjà-vu-Er|leb|nis [deʒa'vy(ː)-] ⟨fr.⟩: *Eindruck, etwas schon einmal erlebt zu haben*
de ju|re ⟨lat.⟩: *dem Recht nach;* → G.: de facto
De|ka das (*ugs. auch:* der), -[s]/-[s] ⟨gr.⟩: *Kurzwort für Dekagramm* ‖ **De|ka|de** die, -/-n: *Zeitraum, der zehn Tage, Wochen, Monate oder Jahre umfasst*
de|ka|dent ⟨lat.⟩: *formal übersteigert und dadurch kulturell verfallend* ‖ **De|ka|denz** die, - ‖ **De|ka|denz|er|schei|nung**
de|ka|disch ⟨gr.⟩: dekadisches Zahlensystem *(Zehnersystem)* ‖ **De|ka|gramm** (dag; früher: dkg): 10 g; → Gramm ‖ **De|ka|log** der, -[e]s: *die Zehn Gebote Gottes*
De|kan der, -s/-e ⟨lat.⟩: *Vorstand einer Fakultät* | (V, reg. in D) *Dechant* ‖ **De|ka|nat** das, -[e]s/-e: *Büro, Amt eines Dekans* | *Amtsbereich eines Dechanten* ‖ **De|ka|nin** die, -/-innen
de|kan|tie|ren ⟨fr.⟩: *Flüssigkeit vom Bodensatz trennen;* Wein d. *(in eine Karaffe umfüllen)*
De|kla|ma|ti|on [-tsi̯-] die, -/-en ⟨lat.⟩: *ausdrucksvoller Vortrag [eines Gedichts]* ‖ **de|kla|mie|ren**
De|kla|ra|ti|on [-tsi̯-] die, -/-en ⟨lat.⟩: *grundsätzliche Erklärung;* die D. der Menschenrechte ‖ **de|kla|rie|ren:** zollpflichtige Waren d. *(angeben)* | sich als Grüner d. *(bekennen);* eine deklarierte Sozialistin
de|klas|sie|ren ⟨lat.⟩: *gesellschaftlich herabsetzen* | (bes. Sport) *überlegen besiegen;* die Mannschaft wurde deklassiert ‖ **De|klas|sie|rung** die, -/-en
De|kli|na|ti|on [-tsi̯-] die, -/-en ⟨lat.⟩: die D. *(Abweichung)* der Magnetnadel | (Gramm.) *Beugung des Nomens, Adjektivs und Pronomens* ‖ **De|kli|na|ti|ons|en|dung** (Gramm.) ‖ **de|kli|nier|bar** (Gramm.) ‖ **de|kli|nie|ren** (Gramm.): *beugen, biegen;* → flektieren
De|ko|der der, -s/- = Decoder [-k-] ⟨engl.⟩: *ein Gerät zum Entschlüsseln von zB Satellitensignalen;* → G.: Enkoder ‖ **de|ko|die|ren** = decodieren: *mit Hilfe eines Codes entschlüsseln* | *einen Code entschlüsseln* ‖ **De|ko|die|rung** = Decodierung
De|kol|le|tee [-l'teː] das, -s/-s = **De|kol|le|té** ⟨fr.⟩: *Kleidausschnitt* ‖ **de|kol|le|tiert**
De|kom|pres|si|on die, -/-en: *[allmähliche] Druckentlastung [im Tauchsport]*
De|kon|s|t|ruk|ti|vis|mus [-v-] der, -: *eine Richtung bzw. ein Verfahren in Philosophie, Architektur und Literaturwissenschaft*
De|kon|ta|mi|na|ti|on [-tsi̯-] ‖ **de|kon|ta|mi|nie|ren:** *Verstrahlung beseitigen;* → G.: kontaminieren ‖ **De|kon|ta|mi|nie|rung**
De|kon|zen|t|ra|ti|on [-tsi̯-] die, -/-en: *Auflösung einer Konzentration* ‖ **de|kon|zen|t|rie|ren** → G.: konzentrieren
De|kor der = das, -s/-s [-e] ⟨lat.-fr.⟩: *Verzierung, Musterung, Ausstattung* ‖ **De|ko|ra|teur** [-'tøːɐ] der, -s/-e: *Fachmann für Auslagengestaltung* ‖ **De|ko|ra|teu|rin** die, -/-innen ‖ **De|ko|ra|ti|on** [-tsi̯-] die, -/-en: *Verzierung; Bühnenausstattung* | *Saalschmuck* ‖ **de|ko|ra|tiv:** *schmückend, wirkungsvoll* ‖ **de|ko|rie|ren:** *[aus-]schmücken* | *mit einem Orden auszeichnen* ‖ **De|ko|rie|rung** die, -/-en: *Ordensverleihung* ‖ **De|kor|stoff:** *ein Vorhang- oder Möbelstoff*
De|kret das, -[e]s/-e ⟨lat.⟩: *Erlass, Verfügung einer Behörde; Urkunde* | (SüdT) *Staats- bzw. Landesgesetz* ‖ **de|kre|tie|ren:** *verfügen, anordnen*
De|ku|bi|tus der, - ⟨lat.⟩ (Med.): *das Wundliegen bei Bettlägrigen*
de|ku|v|rie|ren [-v-] = decouvrieren [-kuv-] (geh.): *entlarven, offenlegen*
del = del.: deleatur
De|lay [dɪ'leɪ] das, -s/-s ⟨engl.⟩ (Elektrot.): *Signalverzögerung, Verspätung*
de|le|a|tur (del, del.) ⟨lat.⟩: *„bitte streichen!" (Aufforderung für eine Korrektur)* ‖ **De|le|a|tur** das, -[s]/- = **De|le|a|tur|zei|chen** (₰): *Tilgungszeichen*
De|le|gat der, -en/-en ⟨lat.⟩: *Bevollmächtigter* ‖ **De|le|ga|ti|on** [-tsi̯-] die, -/-en: *Gruppe von entsandten Personen; Abordnung* ‖ **De|le|ga|ti|ons|lei|ter** ‖ **De|le|ga|ti|ons|lei|te|rin**
de le|ge la|ta ⟨lat.⟩ (Jus): *nach geltendem Gesetz*
de|le|gie|ren ⟨lat.⟩: *beauftragen, entsenden* | einen Auftrag d. *(weitergeben)* ‖ **De|le|gier|te**[1] der, -n/-n, ein Delegierter ‖ **De|le|gier|te**[2] die, -n/-n ‖ **De|le|gier|ten|kon|fe|renz** ‖ **De|le|gie|rung** die, -/-en: *Delegation*
de|lek|tie|ren ⟨lat.⟩: *erfreuen, ergötzen;* er delektiert sich an exquisiten Speisen
Del|fin = Delphin [-f-] der, -[e]s/-e ⟨gr.⟩: *ein Meeressäugetier* | (nur Sing., ohne Art.) (Sport) *Kurzwort für Delphinschwimmen* ‖ **Del|fin schwim|men** = delfinschwimmen = Delphin schwimmen = delphinschwimmen (meist nur Inf. und Part.) (Sport): sie schwimmt Delfin, sie ist Delfin geschwommen/delfingeschwommen ‖ **Del|fin|schwim|men** = Delphinschwimmen (Sport): *eine Schwimmdisziplin*
Del|hi [-li] → New Delhi
de|li|kat ⟨lat.⟩: eine delikate *(wohl schmeckende)* Speise | eine delikate *(heikle)* Angelegenheit ‖ **De|li|ka|tes|se** [-'tɛs(ɛ)] die, -/-n ⟨fr.⟩: *bes. feine Speise, Leckerbissen* | (geh.) *Rücksichtnahme* ‖ **De|li|ka|tes|sen|ge|schäft** ‖ **De|li|ka|tess|gur|ke**
De|likt das, -[e]s/-e ⟨lat.⟩: *strafbare Handlung* ‖ **De|likts|fä|hig|keit,** *auch:* Deliktfähigkeit (Jus): *Fähigkeit, strafrechtlich verantwortlich zu sein*
De|lin|quent der, -en/-en ⟨lat.⟩: *Angeklagter, Verbrecher, Übeltäter* ‖ **De|lin|quen|tin** die, -/-innen
de|li|rie|ren ⟨lat.⟩ (geh.) ‖ **De|li|ri|um** das, -s/Delirien [-i̯ən]: im D. *(zB im Fieberwahn)* reden ‖ **De|li|ri|um tre|mens** das, - - (Med.): *Wahnvorstellungen durch Alkoholmissbrauch*
de|li|zi|ös ⟨lat.-fr.⟩ (geh.): *köstlich*
Del|le die, -/-n: *Einbeulung, zB am Kotflügel* | (Wirt.) *wirtschaftlicher Einbruch, Rückgang*
de|lo|gie|ren [-'ʒiː-]: *[Mieter] behördlich zum Ausziehen aus der Wohnung zwingen* ‖ **De|lo|gie|rung** die, -/-en

D

Del|phin [-f-] = → Delfin ‖ **Del|phin schwim|men** = → Delfin schwimmen ‖ **Del|phin|schwim|men** = → Delfinschwimmen
Del|ta[1] das, -[s]/-[s] (δ, Δ) ⟨gr.⟩: *griechischer Buchstabe, entspricht* d ‖ **Del|ta**[2] das, -s/-s: *fächerförmige Flussmündung* ‖ **del|ta|för|mig** ‖ **Del|ta|mün|dung** ‖ **Del|to|id** das, -[e]s/-e (Math.): *ein Viereck*
de luxe [dœ 'lyks] ⟨fr.⟩: *in Luxusausführung*
dem (bestimmter Artikel): mit dem Bruder | (Pron.) „dem hab ich's aber gezeigt!"
De|ma|go|ge der, -n/-n ⟨gr.⟩ (abw.): *Volksverführer; Aufwiegler* ‖ **De|ma|go|gie** die, - (abw.): *bewusste Verdrehung der Wahrheit zu politischen Zwecken* ‖ **De|ma|go|gin** die, -/-innen (abw.) ‖ **de|ma|go|gisch** (abw.)
De|mar|che [-rʃ] die, -/-n ⟨fr.⟩: *offizieller Einspruch bei einem anderen Staat*
De|mar|ka|ti|on [-tsi̯-] die, -/-en ⟨lat.⟩: *Abgrenzung* ‖ **De|mar|ka|ti|ons|li|nie** [-i̯ɛ]: *Grenzlinie [zwischen besetzten Gebieten]* ‖ **De|mar|kie|rung:** *Demarkation*
de|mas|kie|ren: *die Maske abnehmen;* der Räuber demaskierte sich nach dem Überfall; → G.: maskieren | *entlarven, jemandes wahres Wesen enthüllen* ‖ **De|mas|kie|rung**
dem|ent|ge|gen: *dagegen*
De|men|ti das, -[s]/-s ⟨fr.⟩ ‖ **de|men|tie|ren:** *offiziell [eine Behauptung] widerrufen, bestreiten*
dem|ent|spre|chend: d. *(gemäß dem vorher Gesagten)* handeln
De|menz die, - ⟨lat.⟩ (Med.): *Geistesschwäche*
De|me|ter: *griechische Göttin des Ackerbaus | ein Markenzeichen von biologischer Landwirtschaft*
dem|ge|gen|über: *dagegen, hingegen, andererseits*
dem|ge|mäß: d. *(dementsprechend)* handeln
De|mi|nu|tiv: *Diminutiv*
De|mis|si|on die, -/-en: *Rücktritt;* die D. einer Ministerin ‖ **de|mis|si|o|nie|ren:** *sein Amt zurücklegen* ‖ **De|mis|si|ons|ge|such**
dem|nach [auch: -'naːx]: *folglich* ‖ **dem|nächst** [auch: -'nɛːçst]: *bald*
De|mo die, -/-s ⟨lat.⟩ (sal.): *Kurzwort für Demonstration; Kundgebung* ‖ **De|mo|auf|nah|me** (Mus.): *Probeaufnahme zur Vorstellung eines Produkts*
de|mo|bi|li|sie|ren → G.: mobilisieren ‖ **De|mo|bi|li|sie|rung**
De|mo|gra|fie = Demographie [-f-] die, - ⟨gr.⟩ ‖ **de|mo|gra|fisch** = demographisch: *die Veränderung der Bevölkerung beschreibend*
De|moi|sel|le [dœmo̯a'zɛl] die, -/-n ⟨fr.⟩ (veraltet): *Fräulein*
De|mo|krat der, -en/-en ⟨gr.⟩ ‖ **De|mo|kra|tie** die, -/-n: *eine Staatsform, in der die Macht vom Volk ausgeht* ‖ **De|mo|kra|tie|ver|ständ|nis** ‖ **De|mo|kra|tin** die, -/-innen ‖ **de|mo|kra|tisch** ‖ **de|mo|kra|ti|sie|ren:** *demokratische Verhältnisse herstellen* ‖ **De|mo|kra|ti|sie|rung** die, -/-en
de|mo|lie|ren ⟨fr.⟩: *zerstören, niederreißen* ‖ **De|mo|lie|rung** die, -/-en
De|mons|t|rant der, -en/-en ⟨lat.⟩: *Teilnehmer an einer Kundgebung* ‖ **De|mons|t|ran|tin** die, -/-innen ‖ **De|mons|t|ra|ti|on** [-tsi̯-] die, -/-en: *Kundgebung | Vorführung; Erläuterung* ‖ **De|mons|t|ra|ti|ons|ob|jekt** ‖ **De|mons|t|ra|ti|ons|recht** ‖ **De|mons|t|ra|ti|ons|ver|bot** ‖ **de|mons|t|ra|tiv:** *auffällig; geflissentlich; herausfordernd;* d. schweigen | *beispielhaft, nicht erschöpfend;* eine demonstrative Aufzählung; → G.: taxativ ‖ **De|mons|t|ra|tiv|pro|no|men** (Gramm.): *hinweisendes Fürwort* ‖ **De|mons|t|ra|tor** der, -s/-en [-'oː-]: *jemand, der etwas vorzeigt und erklärt* ‖ **De|mons|t|ra|to|rin** die, -/-innen ‖ **de|mons|t|rie|ren:** *vorzeigen und erklären;* sie demonstrierten Einigkeit | *[in Massen] auf die Straße gehen;* gegen etwas d.
De|mon|ta|ge [-'aːʃ, -ʒɛ]: die D. einer Legende; → G.: Montage ‖ **de|mon|tie|ren:** *zerlegen, abbrechen;* eine Maschine d. ‖ **De|mon|tie|rung** die, -/-en
de|mo|ra|li|sie|ren: *Sitte und Moral zersetzen; entmutigen* ‖ **De|mo|ra|li|sie|rung** die, -/-en
De|mo|s|ko|pie die, -/-n ⟨gr.⟩: *Meinungsforschung* ‖ **de|mo|s|ko|pisch**
De|mo|ti|va|ti|on [-tsi̯-] ‖ **de|mo|ti|vie|ren:** *entmutigen, den Ansporn nehmen;* → G.: motivieren
De|mo|ver|si|on [-v-] ⟨lat.⟩: *kostenlose Testversion [einer Software]*
De|mut die, -: *Unterwürfigkeit, Ergebenheit* ‖ **de|mü|tig** ‖ **de|mü|ti|gen:** *erniedrigen;* er lässt sich nicht d. ‖ **De|mü|ti|gung** die, -/-en ‖ **De|muts|ge|bär|de** (Verhaltensforschung): *Körperhaltung eines Tieres, die Unterwerfung signalisiert* ‖ **de|muts|voll**
dem|zu|fol|ge: *daher*
den (bestimmter Art.): mit den Eltern; (im Datum) Salzburg, den *(am)* 22. Mai | (Pron.) „nimm den dort!"
de|na|tu|rie|ren: *ungenießbar machen;* denaturierter Alkohol | *der eigenen Natur entfremden, entarten;* Landschaften d. ‖ **De|na|tu|rie|rung** die, -/-en
Den|d|rit der, -en/-en ⟨gr.⟩: *verzweigter Fortsatz einer Nervenzelle*
Den|d|ro|chro|no|lo|gie [-kr-] die, - ⟨gr.⟩: *[archäologische] Altersbestimmung anhand von Jahresringen im Holz*
de|nen: wie wird es d. ergehen?
Den|gel der, -s/-: der D. *(die Schärfe, Schneide)* einer Sense ‖ **den|geln,** ich dengle: Sense und Sichel d. *(durch Hämmern schärfen)*
Deng|lisch das, -[s] (Neuprägung, abw.): *Deutsch mit vielen Anglizismen*
Den Haag → Haag
De|nim der = das, -s ⟨fr.⟩ (Wz.): *ein Baumwollstoff [für Jeans]*
Denk|an|satz ‖ **Denk|an|stoß** ‖ **Denk|art** ‖ **denk|bar:** die d. besten Absichten ‖ **den|ken,** dachte/gedacht: sich seinen Teil d. *(seine Meinung für sich behalten)* | etwas gibt jemandem zu d. *(bewirkt, dass sich jemand darüber Gedanken macht)* | (nördl. D, ugs.) denkste! *(das hast du geglaubt!)* ‖ **Den|ken** das, -s ‖ **Den|ker** der, -s/-: ein scharfer D. ‖ **Den|ke|rin** die, -/-innen ‖ **Den|ker|stirn** (oft scherzh.): *eine hohe Stirn* ‖ **Denk|fä|hig|keit** ‖ **denk|faul** ‖ **Denk|feh|ler** ‖ **Denk|mal** das, -[e]s/-mäler (*auch:* -male): *Monument zur Erinnerung;* jemandem ein D. setzen ‖ **denk|mal|ge|schützt:** dieses Gebäude ist d. *(steht unter Denkmalschutz)* ‖ **Denk|mal|pfle|ge** ‖ **Denk|mal|schutz** ‖ **Denk|mo|dell** ‖ **Denk|pro|zess** ‖ **Denk|sche|ma** ‖ **Denk|schrift:** *[an eine Behörde gerichtete] Veröffentlichung zu einem wichtigen Thema; Memorandum* ‖ **Denk|sport:** *Lösen von Denkaufgaben* ‖ **denk|s|te** → denken ‖ **Den|kungs|art** ‖ **Denk|ver|bot** ‖ **Denk|wei|se** ‖ **denk|wür|dig:** ein denkwürdiges Ereignis ‖

D

Denk|werk|statt: *Planungs- und Innovationsabteilung zB eines Unternehmens* || **Denk|zet|tel:** jemandem einen D. geben *(jemanden so behandeln, dass er noch lange daran denken wird, jemandem eine Lektion erteilen)*
denn: wir hatten Durst, d. es war heiß | wie geht's d.? | es sei d., dass ... *(außer wenn ...)* | (geh.) sie galt mehr als Malerin d. *(als)* als Bildhauerin | (geh.) wenn es d. *(nun schon einmal)* sein muss || **den|noch:** *trotzdem*
De|no|tat das, -[e]s/-e ⟨lat.⟩: → *Denotation* || **De|no|ta|ti|on** [-tsi̯-] die, -/-en, *auch:* Denotat (Sprachwiss.): *der rein sachbezogene Wortinhalt ohne hinzutretende Stilnuancen und Begleitvorstellungen;* → G.: Konnotation
den|tal ⟨lat.⟩ (Med.): *die Zähne betreffend* || **Den|tal** der, -s/-e (Sprachwiss.): *Laut, der an den oberen Schneidezähnen gebildet wird, Zahnlaut, zB* d, t || **Den|tist** der, -en/-en: *ein Zahnbehandler* || **Den|tis|tin** die, -/-innen
De|nu|da|ti|on [-tsi̯-] die, -/-en ⟨lat.⟩ (Geol.): *Bloßlegung; Oberflächenabtragung*
De|nun|zi|ant der, -en/-en ⟨lat.⟩ (abw.): *böswilliger Anzeiger* || **De|nun|zi|an|tin** die, -/-innen (abw.) || **De|nun|zi|a|ti|on** [-tsi̯-] die, -/-en (abw.) || **de|nun|zie|ren** (abw.): *aus niedrigen Motiven anzeigen* | ihre Arbeit d. *(öffentlich schlechtmachen)*
Deo das, -s/-s ⟨lat.-fr.⟩: *Kurzwort für De[s]odorant* || **De|o|do|rant** [auch: -'rãː] das, -s/-s, *auch:* Desodorant: *Mittel zur Beseitigung von schlechtem [Körper]geruch;* → Deo || **de|o|do|rie|ren** || **Deo|spray** [-ʃpreː, engl.: -spreɪ]
De|par|te|ment [-t'mãː] das, -s/-s ⟨fr.⟩: *Abteilung, Behörde* | *Verwaltungsbezirk [in Frankreich]*
De|pen|dance [-pã'dãːs] die, -/-n ⟨fr.⟩: *Nebengebäude von Hotels, Pensionen, Spitälern uÄ; Zubau*
De|pen|denz die, -/-en ⟨lat.⟩: *Abhängigkeit;* → G.: Independenz
De|pe|sche die, -/-n ⟨fr.⟩ (veraltet): *Telegramm*
De|pi|la|ti|on [-tsi̯-] die, -/-en ⟨lat.⟩ || **de|pi|lie|ren:** *enthaaren*
de|plat|ziert: *fehl am Platz, unangebracht*
De|po|nie die, -/-n ⟨lat.-fr.⟩: *Ablagerungsstätte für Müll, Giftstoffe oÄ* || **de|po|nie|ren:** *hinterlegen, in Verwahrung geben, aufbewahren* | seine Meinung d. || **De|po|nie|rung** die, -/-en
De|por|ta|ti|on [-tsi̯-] die, -/-en ⟨lat.⟩ || **De|por|ta|ti|ons|la|ger** || **de|por|tie|ren:** *zwangsweise verschicken, verschleppen* || **De|por|tier|te**[1] der, -n/-n, ein Deportierter || **De|por|tier|te**[2] die, -n/-n
De|po|si|ten die (Pl.) ⟨lat.⟩ (Bankwesen): *Einlagen, Gelder* || **De|po|si|tum** das, -s/Depositen (Jus): *in Verwahrung gegebener Gegenstand*
De|pot [-'poː] das, -s/-s ⟨fr.⟩: *Aufbewahrungsort; Lager* | *hinterlegtes Gut, zB Geld, Schmuck, Wertpapiere* | (Med.) *Ablagerung in Geweben oder Organen*
Depp der, -en/-en, *auch:* Tepp (ugs.): *Dummkopf, Trottel* || **depp|en|si|cher,** *auch:* teppensicher (ugs., oft scherzh.): *so einfach, dass jeder Dummkopf es begreift, idiotensicher* || **Dep|perl** das, -s/-[n] (ugs.): *leicht behinderter, hilfloser Mensch* || **dep|pert,** *auch:* teppert (ugs.): *dumm, blöd; ungeschickt*
De|pra|va|ti|on [-vatsi̯-] die, -/-en ⟨lat.⟩ (geh.): *Verderbnis* | (Med.) *Verschlechterung einer Krankheit* | (Bankw.) *Wertminderung von Münzen durch geringeren Edelmetallanteil* || **de|pra|vie|ren**
De|pres|si|on die, -/-en ⟨lat.⟩: *seelische Niedergeschlagenheit;* unter Depressionen leiden | *Gebiet des niedrigsten Luftdrucks* | (Geogr.) *Land, das tiefer liegt als der Meeresspiegel* | *wirtschaftlicher Tiefstand* || **de|pres|siv:** *gedrückt, niedergeschlagen* || **de|pri|mie|ren:** eine deprimierende *(niederdrückende, entmutigende)* Nachricht; er ist deprimiert
De|pscher der, -s/-, *auch:* Tepscher (ugs.): ein D. *(eine Einbeulung, Delle)* am Auto | *seelische Erschütterung*
De|pu|tat das, -[e]s/-e ⟨lat.⟩: *Sachlohn, der nicht in Geld, sondern zB in Lebensmitteln, Brennholz entrichtet wird*
De|pu|ta|ti|on [-tsi̯-] die, -/-en ⟨lat.⟩: *Abordnung* || **Depu|tier|te**[1] der, -n/-n, ein Deputierter || **De|pu|tier|te**[2] die, -n/-n
der (bestimmter Art.): der Mitmensch | (Pron.) was weiß der schon?; einer, der sich auskennt
der- (verstärkende Vorsilbe bei Verben wie derfangen, derpacken)
de|ran|giert [-rã'ʒiːɐt] (veraltet): *in Unordnung, aufgelöst*
der|art: *so* || **der|ar|tig:** derartige *(solche)* Dinge; sie gerieten d. in Wut, dass ... | (Großschreibung) etwas **D**erartiges; **D**erartiges gibt es sonst nicht
derb: *grob* | derbe *(kräftige)* Kost || **Derb|heit** die, -/-en
Der|by ['dɑːbi, 'dɜː-] das, -[s]/-s ⟨engl.⟩ (Sport): *ein Pferdewettrennen* | *Wettkampf zweier lokaler Mannschaften [im Fußball]*
der|einst [auch: 'deːɐ-] (geh.): *später einmal* | *früher einmal*
De|re|lik|ti|on [-tsi̯-] die, -/-en ⟨lat.⟩ (Jus): das *Aufgeben von Eigentumsrechten*

de|ren

Pronomen mit Rückverweis:
– die Frau, deren Sohn verunglückt ist, ...
– die Explosion und deren Folgen

de|rent|hal|ben || **de|rent|we|gen** || **de|rent|wil|len:** um d.

de|rer

Pronomen mit Vorausverweis:
– wir wollen derer gedenken, die uns geholfen haben

der|fan|gen sich (mda.): *sich erfangen*
der|ge|stalt (geh.): *so*
der|glei|chen [auch: 'deːɐ-] (dgl.): und dergleichen (u. dgl.); nichts d. tun *(nicht reagieren)*
De|ri|vat [-v-] das, -[e]s/-e ⟨lat.⟩ (Chem.): *abgeleitete chemische Verbindung* || **de|ri|va|tiv:** *abgeleitet*
der|je|ni|ge [auch: -'jeː-]
der|lei: *dergleichen*
der|mal|einst (geh., veraltet): *dereinst* || **der|ma|len** (geh., veraltet): *jetzt* | *damals*
der|ma|ßen: *so; so sehr*
Der|ma|ti|tis die, -/Dermatitiden ⟨gr.⟩ (Med.): *Entzündung der Haut* || **Der|ma|to|lo|ge** der, -n/-n: *Facharzt für Haut- und Geschlechtskrankheiten, Hautarzt* || **Der|ma|to|lo|gie** die, - || **Der|ma|to|lo|gin** die, -/-innen
Der|nier Cri [-ni̯e 'kri] der, - - ⟨fr.⟩ (wörtl.: letzter Schrei): *Modeneuheit*
De|ro (veraltet): *Ihr, Euer;* D. Gnaden
De|ro|ga|ti|on [-tsi̯-] die, -/-en ⟨lat.⟩ (Jus) || **de|ro|ga|tiv** (Jus) || **de|ro-**

D

gie|ren (Jus): ein späteres Gesetz derogiert einem früheren *(hebt es auf)*
der|pa|cken (mda.): sie hat die Prüfung derpackt *(geschafft, bewältigt)*

D

der|sel|be
ein und d.; → selbe

Zusammenschreibung:
– derselbe Mann
– dieselbe Vase
– dasselbe Kind; *aber getrennt:* zum selben Zweck, beim selben Platz
„derselbe" versus „der gleiche"
Wenn Missverständnisse möglich sind, ist zu unterscheiden:
derselbe: Identität des einzelnen Gegenstands, der einzelnen Person
– derselbe Hut (= ein und derselbe Hut)
der gleiche: Identität der Gattung
– der gleiche Computer (= ein Computer von mehreren der gleichen Art)
– der gleiche Hut (= ein Hut derselben Marke/Machart)

der|ste|ssen sich [-ʃt-] (bes. ostöst., mda.): *durch Anstoßen oder Stürzen zu Schaden kommen* | *tödlich verunglücken*
der|weil (veraltend, ugs.) (Adv.): *einstweilen;* was tust du d.? | (Konj.) *während;* d. ich schlief, passierte es
Der|wisch der, -[e]s/-e ⟨türk.-pers.⟩: *islamischer Mönch*
der|zeit (dzt.): *jetzt, gegenwärtig* || **der|zei|tig:** der derzeitige Minister
des[1] (best. Art.): des Menschen | (Pron.) (geh.) *dessen;* wes Brot ich ess, des Lied ich sing; des ungeachtet
des[2] das, -/- (Mus.): *das um einen Halbton erniedrigte D (d);* → Des | des-Moll || **Des** das, -/- (Mus.): *das um einen Halbton erniedrigte D (d);* → des[2] | Des-Dur
des- ⟨lat./fr.⟩ (nur in Zusammensetzungen wie desorientiert)
De|sas|ter das, -s/- ⟨fr.⟩ (geh.): *schwere Niederlage; Zusammenbruch*
de|s|a|vou|ie|ren [-vu-] ⟨fr.⟩: *bloßstellen*
Des-Dur (Des) (Mus.) || **Des-Dur-Ton|lei|ter** (Mus.)
de|sen|si|bi|li|sie|ren: *unempfindlich machen* || **De|sen|si|bi|li|sie|rung:** sich einer D. unterziehen
De|ser|teur [-ˈtøːə] der, -s/-e ⟨fr.⟩: *Soldat, der sich unerlaubt von seiner Truppe entfernt; Überläufer, Fahnenflüchtiger* || **De|ser|teu|rin** die, -/-innen || **de|ser|tie|ren** || **De|ser|ti|on** [-tsi̯-] die, -/-en
desgl.: desgleichen || **des|glei|chen:** *ebenso*
des|halb [ˈdɛs-, -ˈa-]: *daher*
De|si|de|rat das, -[e]s/-e = **De|si|de|ra|tum,** -s/Desiderata ⟨lat.⟩: *etwas Fehlendes, Gewünschtes, dringend Gebrauchtes*
De|sign [dɪˈzaɪn] das, -[s]/-s ⟨engl.⟩: *Produktgestaltung;* → Dessin || **de|si|g|nen,** sie designt/ hat designt || **De|si|g|ner** der, -s/-: *Produkt-, Formgestalter [für Gebrauchsgegenstände]* || **De|si|g|ner|dro|ge:** *synthetisch hergestelltes Suchtgift* || **De|si|g|ne|rin** die, -/-innen || **De|si|g|ner|mo|de**
de|si|g|nie|ren [dezign-] ⟨lat.⟩: *[für ein Amt] vorsehen*; der designierte Minister
Des|il|lu|si|on → G.: Illusion || **des|il|lu|si|o|nie|ren:** *enttäuschen, ernüchtern*
Des|in|fek|ti|on [-tsi̯-] → G.: Infektion || **des|in|fi|zie|ren:** *keimfrei machen; Krankheitserreger abtöten*
Des|in|for|ma|ti|on [-tsi̯-]: *bewusste Falschinformation;* → G.: Information || **des|in|for|miert:** *nicht bzw. ungenügend oder falsch informiert*
Des|in|te|g|ra|ti|on [-tsi̯-] die, -/-en: *Spaltung, Auflösung;* → G.: Integration || **des|in|te|g|rie|ren** || **Des|in|te|g|rie|rung**
Des|in|te|r|es|se: *Uninteressiertheit;* → G.: Interesse || **des|in|te|r|es|siert:** *nicht interessiert; gleichgültig*
Dé|si|rée: *weibl. Vorname*
De|skrip|ti|on [-tsi̯-] die, -/-en || **de|skrip|tiv:** *beschreibend;* → präskriptiv
Desk|top der (auch: das), -s/-s ⟨engl.⟩ (EDV): *die Benutzeroberfläche eines Betriebssystems* || **Desk|top|pu|bli|shing** [-ˈpʌblɪʃ-] das, -[s] = **Desk|top-Pu|bli|shing** (DTP): *Erarbeitung und Herstellung von Texten [auch mit Grafiken uÄ] mit Hilfe eines Computers*
des-Moll (des) (Mus.) || **des-Moll-Ton|lei|ter** (Mus.)
De|so|do|rant [auch: -ˈrãː] → Deodorant
de|so|lat ⟨lat.⟩: in desolatem *(heruntergekommenem)* Zustand
Des|or|ga|ni|sa|ti|on [-tsi̯-] die, -: *schlechte Organisation* | *Auflösung der Organisation;* → G.: Organisation
des|ori|en|tiert: *falsch orientiert; im Unklaren;* → orientieren || **Des|ori|en|tie|rung**
Des|oxy|ri|bo|nu|cle|in|säu|re [-ɔksi-nukleˈiːn-, -ɔksy-] (DNA, DNS) (Biol.): *Trägermolekül der Erbinformation*
de|s|pek|tier|lich [-sp-, auch: -ʃp-] ⟨lat.⟩: eine despektierliche *(respektlose, unpassende)* Bemerkung
De|s|pe|ra|do [-sp-] der, -s/-s ⟨span.⟩: *[krimineller] Abenteurer* || **de|s|pe|rat:** *ohne Hoffnung, verzweifelt, ratlos* || **Des|pe|ra|ti|on** [-tsi̯-] die, -/-en (geh., veraltend)
Des|pot der, -en/-en ⟨gr.⟩: *Gewaltherrscher, Tyrann* || **Des|po|tie** die, -/-n || **Des|po|tin** die, -/-innen || **des|po|tisch** || **Des|po|tis|mus** der, -
des|sen: d. ungeachtet *(trotzdem);* statt d. gibt es etwas anderes; ich bin mir d. sicher; *aber:* → stattdessen || **des|sent|we|gen** (veraltet): *deswegen* || **des|sent|wil|len** (geh.) (nur in der Wendung): um d. *(dem zuliebe)*
Des|sert [-ˈseːə] das, -s/-s ⟨fr.⟩: *Nachspeise* || **Des|sert|be|steck** || **Des|sert|tel|ler** || **Des|sert|wein:** *ein süßer Wein*
Des|sin [-ˈsɛ̃ː] das, -s/-s ⟨fr.⟩: *Zeichnung, Muster;* → Design
Des|sous [-ˈsuː, fr.: dœˈsu] das, -[-ˈuː(s)]/- [-ˈuːs] (meist Pl.) ⟨fr.⟩: *[feine] Damenunterwäsche*
de|sta|bi|li|sie|ren [-st-, -ʃt-]: *instabil machen;* → G.: stabilisieren || **De|sta|bi|li|sie|rung**
De|s|til|lat das, -[e]s/-e ⟨lat.⟩: *Ergebnis einer Destillation* || **De|s|til|la|ti|on** [-tsi̯-] die, -/-en || **De|s|til|la|tor** der, -s/-en [-ˈoː-]: *Gerät zum Destillieren* || **De|s|til|lier|ap|pa|rat** || **de|s|til|lie|ren:** *eine Flüssigkeit verdampfen und wieder flüssig machen;* Alkohol d.; destilliertes Wasser | Obstsaft d. *(brennen)*
De|s|ti|na|ti|on [-tsi̯-] die, -/-en ⟨lat.⟩: *Bestimmungsort, Ziel [eines Fluges]*
des|to: je mehr, d. *(umso)* besser
De|s|truk|ti|on [-tsi̯-] die, -/-en ⟨lat.⟩: *Zerstörung* || **de|s|truk|tiv:** *zerstörerisch, zersetzend;* → G.: konstruktiv
des|we|gen [auch: ˈdɛs-]: *deshalb*

De|szen|dent der, -en/-en ⟨lat.⟩: *Nachkomme, zB Kind, Enkel;* → G.: Aszendent ‖ **De|szen|denz** die, -/-en: *Abstammung, Ableitung*

De|tail das, -s/-s ⟨fr.⟩: *Einzelheit;* bei einer Schilderung ins D. *(ins Einzelne)* gehen; im D. *(im Kleinen, stückweise)* verkaufen; → en détail ‖ **De|tail|fra|ge** ‖ **de|tail|ge|treu** ‖ **De|tail|han|del:** *Einzelhandel* ‖ **De|tail|kennt|nis** ‖ **de|tail|lie|ren:** eine detaillierte Rechnung *(eine Rechnung mit allen Einzelbeträgen)* ‖ **de|tail|reich** ‖ **De|tail|zeich|nung**

De|tek|tei die, -/-en ⟨lat.⟩: *Detektivbüro* ‖ **De|tek|tiv** der, -s/-e [-fɛ, -vɛ]: *jemand, der Verdächtigte berufsmäßig beobachtet* ‖ **De|tek|tiv|bü|ro** ‖ **De|tek|ti|vin** [-f-, -v-] die, -/-innen ‖ **de|tek|ti|visch** ‖ **De|tek|tiv|ro|man** [-f-]

De|tek|tor der, -s/-en [-'oː-] ⟨lat.⟩ (Phys.): *Nachweis- oder Anzeigegerät [für Strahlung]*

De|ter|gen|zi|en die (Pl.) ⟨lat.⟩: *Wirkstoffe [in Waschmitteln]*

De|ter|mi|nan|te die, -/-n ⟨lat.⟩ (geh.): *ausschlaggebende Größe* ‖ **De|ter|mi|na|ti|on** [-tsi̯-] die, -: *Begriffsbestimmung durch Einengung; Bestimmtheit;* → G.: Indetermination ‖ **de|ter|mi|nie|ren:** *bestimmen, begrenzen* ‖ **De|ter|mi|niert|heit** die, - ‖ **De|ter|mi|nis|mus** der, - (Phys.): *eindeutige Vorhersagbarkeit des Verhaltens bestimmter physikalischer Systeme* ‖ **de|ter|mi|nis|tisch:** *Willensfreiheit negierend*

Det|lef = **Det|lev:** *männl. Vorname*

De|to|na|ti|on [-tsi̯-] die, -/-en ⟨lat.⟩: *heftige Explosion, Knall* ‖ **de|to|nie|ren:** *explodieren;* die Bombe detonierte nicht

det|to ⟨it.⟩: *ebenso;* → dito

deuce [djuːs] ⟨engl.⟩ (Sport): *Einstand (im Tennis)*

De|us ex Ma|chi|na der, - - -/Dei ['de(ː)i] - - (Pl. selten) ⟨lat.⟩: *plötzlich erscheinender Helfer in einer Notlage*

Deut (nur in der Wendung): keinen D. *(keine Spur, kein bisschen)* besser sein

deu|teln, ich deutle (abw.): *spitzfindig auslegen;* da gibt es nichts zu d. *(es ist eindeutig)* ‖ **deu|ten:** auf jemanden d. *(auf jemanden zeigen, hinweisen)* | geheimnisvolle Zeichen d. *(zu erklären versuchen)* ‖ **Deu|ter** der, -s/- (geh.): *jemand, der eine Sache erklärt* | (ugs.) jemandem einen D. *(Hinweis, leichten Stoß)* geben ‖ **Deu|te|rin** die, -/-innen

Deu|te|ri|um das, -s ⟨gr.⟩ (Phys.): *schweres Wasser* ‖ **Deu|te|ron** das, -s/-en [-'oː-] (Phys.): *Atomkern des Deuteriums* ‖ **Deu|te|ro|no|mi|um** das, -s: *ein Buch des Alten Testaments*

-deu|tig (nur in Zusammensetzungen wie zweideutig) ‖ **deut|lich:** daraus wird d. *(klar);* jemandem etwas d. machen *(verdeutlichen)* ‖ **Deut|lich|keit** die, -/-en: etwas mit aller D. sagen ‖ **deut|lich|keits|hal|ber**

deutsch (dt.)

Kleinschreibung des Adjektivs (Frage *Wie?*):
- die deutsche Sprache
- mit jemandem deutsch reden (auch: *jemandem offen die Wahrheit sagen)*
- deutsch lehren/sprechen/unterrichten (Frage *Wie? – in deutscher Sprache); aber groß mit der Frage Was?;* → Deutsch
- das Fach Geografie deutsch oder französisch unterrichten (Frage *Wie? – in einer dieser Sprachen)*

Großschreibung in Eigennamen und Klassifizierungseinheiten der Biologie:
- **D**eutsches Eck *(Verkehrsverbindung von Salzburg nach Tirol über deutsches Gebiet;* in D: *Zusammenfluss von Rhein und Mosel in Koblenz)*
- Kleines **D**eutsches Eck *(über Bad Reichenhall)*
- Großes **D**eutsches Eck *(Autobahn über Rosenheim)*
- der **D**eutsche Orden *(ein Ritterorden)*
- der **D**eutsche Schäferhund *(eine Hunderasse)*

Deutsch das, -[s]

Großschreibung als Nomen (Frage *Was?*):
- das Deutsch Goethes
- seine Muttersprache ist Deutsch *(die deutsche Sprache)*
- auf/in/zu Deutsch
- auf gut Deutsch *(unmissverständlich)*
- die Anleitung ist in Deutsch und Englisch abgefasst
- er kann/lernt/lehrt Deutsch *(Was?)*
- Deutsch lehren/sprechen/unterrichten *(Was? – die deutsche Sprache); aber klein mit der Frage Wie?;* → deutsch
- sie hat einen Einser in Deutsch *(im Gegenstand Deutsch)*

Schreibung mit adjektivisch gebrauchtem Partizip:
- eine Deutsch sprechende (= deutschsprechende/deutsch sprechende) Französin

Deutsch-Al|ten|burg (N) → Bad Deutsch-Altenburg ‖ **Deutsch|ame|ri|ka|ner:** *gebürtiger Amerikaner mit deutscher Abstammung* ‖ **Deutsch|ame|ri|ka|ne|rin** ‖ **Deut|sche**[1] das, -n: ins D. *(in die deutsche Sprache)* übersetzen ‖ **Deut|sche**[2] der, -n/-n, ein Deutscher ‖ **Deut|sche**[3] die, -n/-n ‖ **deutsch-fran|zö|sisch:** deutsch-französische Beziehungen; *aber:* der **D**eutsch-Französische Krieg (1870/1871) ‖ **Deutsch|kennt|nis|se** die (Pl.): von ausländischen Studenten verlangt man gute D. ‖ **Deutsch|kurs** ‖ **Deutsch|land** (Kfz: D): *ein Staat;* → BRD ‖ **deutsch|län|disch** (Sprachwiss.): *auf Deutschland (im Gegensatz zum gesamten deutschen Sprachraum) bezogen;* → Teutonismus ‖ **Deutsch|lands|berg** (Kfz: DL): *Stadt in der Steiermark* ‖ **deutsch|land|weit** ‖ **Deutsch|leh|rer** ‖ **Deutsch|leh|re|rin** ‖ **Deutsch|meis|ter** (früher): *ein hoher Würdenträger des Deutschen Ordens* | die (Pl.) *ehemaliges österreichisches Infanterieregiment;* Hoch- und D. ‖ **Deutsch|meis|ter|marsch** ‖ **deutsch|na|ti|o|nal** [-tsi̯-] (Gesch., Pol.): *in nationalistischer Gesinnung ausschließlich an den Interessen der deutsch[sprachig]en Bevölkerung orientiert* ‖ **Deutsch|na|ti|o|na|le**[1] der, -n/-n, ein Deutschnationaler (Gesch., Pol.) ‖ **Deutsch|na|ti|o|na|le**[2] die, -n/-n (Gesch., Pol.) ‖ **Deutsch|ös|ter|reich** (Gesch.): *offizielle Bezeichnung Österreichs 1918–1920* ‖ **Deutsch|schweiz:** *deutschsprachige Schweiz* ‖ **deutsch|spra|chig:** *mit deutscher (Mutter-)sprache;* deutschsprachiger *(auf Deutsch gehaltener)* Unterricht; deutschsprachige Länder ‖ **deutsch|stäm|mig:** *von deutscher Abstammung* ‖ **Deutsch|stäm|mi|ge**[1] der, -n/-n, ein Deutschstämmiger; → Volks-

D

deutsche || **Deutschstämmige**[2] die, -n/-n || **Deutschstunde** || **Deutschtum** das, -s (Gesch., Pol.): *kennzeichnende Eigenschaften, Wesen der Deutschen* || **Deutschtümelei** die, - (abw.): *aufdringliche Betonung deutscher Eigenart* || **deutschtümeln** (nur Inf. und Part.) (abw.) || **Deutschunterricht**

Deutsch-Verzeichnis das, -nisses (D) (Mus.): *Verzeichnis der Werke Franz Schuberts (nach dem Musikhistoriker O. E. Deutsch);* die Sonate D 960

Deutsch-Wagram: *Stadt in Niederösterreich*

Deutung die, -/-en: *Erklärung, Erläuterung* || **Deutungsversuch**

Deuxpièces [dø'pjɛs] = **Deux-Pièces** das, -/- ⟨fr.⟩: *Kleid mit Jacke*

Devaluation [-v-tsi̯-], *auch:* Devalvation [-v-v-] die, -/-en ⟨lat.-fr.⟩: *Abwertung [einer Währung]* || **devaluieren,** *auch:* **devalvieren**

Devastation [-v-tsi̯-] die, -/-en ⟨lat.⟩ (geh.): *Verwüstung, Zerstörung* || **devastieren**

Devianz [-v-] = **Deviation** [-v-tsi̯-] die, -/-en ⟨lat.⟩ (bes. Soz.): *Abweichung*

Devise [-v-] die, -/-n ⟨fr.⟩: unter der D. *(dem Wahlspruch)* „Leben und leben lassen!" | (meist Pl.) (Bankw.) *Zahlungsmittel in ausländischer Währung* || **Devisenbörse** (Wirt.) || **Devisenbringer** der, -s/- (Wirt.): *Wirtschaftsfaktor, der einem Land Devisen bringt* || **Devisenhandel** (Wirt.) || **Devisenkommission** (Wirt.): *Gebühr bei Scheckeinlösung im Ausland* || **Devisenkurs** (Bankw.): *aktueller Wert von Wertpapieren in Fremdwährung* || **Devisenreserve** [-v-] (meist Pl.) || **Devisenschmuggel**

Devolution [-v-tsi̯-] die, -/-en ⟨lat.⟩ (Jus): *Übergang des Entscheidungsrechts auf eine übergeordnete Behörde*

devot [-v-] ⟨lat.⟩: ein devotes *(unterwürfiges)* Benehmen || **Devotion** [-v-tsi̯-] die, -/-en (geh.): *Unterwürfigkeit* || **Devotionalien** die (Pl.): *der religiösen Andacht dienende Gegenstände, zB Rosenkränze, Heiligenbilder* || **Devotionalienhandel**

Dextrose die, - ⟨gr.⟩ (Biol., Chem.): *Traubenzucker*

Dez.: Dezember || **Dezember** der, -[s]/- (Dez.): *der zwölfte Monat;* am 24. D. || **Dezemberverfassung** (Gesch.): *Verfassungsgesetze von 1867*

Dezennium das, -s/Dezennien [-i̯ɛn] ⟨lat.⟩: *Jahrzehnt*

dezent ⟨lat.⟩: *unaufdringlich; schicklich, anständig;* eine dezente Kleidung; → G.: indezent

dezentral || **dezentralisieren:** *aufgliedern; verwaltungsmäßig aufteilen;* → G.: zentralisieren || **Dezentralisierung**

Dezenz die, - ⟨lat.⟩: *Dezentheit* | *Anstand, Zurückhaltung;* → G.: Indezenz

Dezernat das, -[e]s/-e ⟨lat.⟩: *Abteilung, Sachgebiet*

Dezi- ⟨lat.⟩ (nur in Zusammensetzungen wie zB Dezimeter) || **Dezibel** das, -[s]/- (dB): *gebräuchlichste Einheit für die Angabe der Schallstärke (0,1 B);* → Bel

dezidiert ⟨lat.⟩: etwas d. *(entschieden)* behaupten

Dezigramm (dg): *Zehntelgramm* (0,1 g); → Gramm || **Deziliter** (dl): *Zehntelliter* (0,1 l); → Liter || **dezimal:** *auf der Grundzahl 10 beruhend* || **Dezimalbruch** || **Dezimale** die, -/-n: *Ziffer rechts vom Dezimalzeichen einer Dezimalzahl;* auf drei Dezimalen genau rechnen || **Dezimalpunkt:** *(bes. im englischsprachigen Raum verwendetes) Dezimalzeichen* || **Dezimalstelle** || **Dezimalsystem** [-zy-]: *Zahlensystem mit der Grundzahl 10* || **Dezimalwaage** || **Dezimalzahl** || **Dezimalzeichen:** *Komma (selten auch Punkt) vor den Dezimalen;* 3,14 (sprich: 3 Ganze 14; 3 Komma 14) || **Dezime** die, -/-n, *auch:* Dezim (Mus.): *Intervall der 10. Tonstufe* || **Dezimeter** (dm): *0,1 m;* → Meter || **dezimieren:** *stark vermindern* || **Dezimierung** die, -/-en

DFÜ: **D**aten**f**ern**ü**bertragung

dg: **D**ezi**g**ramm

d. G. [de 'ge:]: **d**es **G**eneralstabs; Oberst d. G.

dgl.: **d**er**gl**eichen

d. Gr.: **d**er/**d**ie **Gr**oße; Karl d. Gr.; → groß

d. h. = **dh.:** **d**as **h**eißt

d. i. = **di.:** **d**as **i**st

DI = Dipl.-Ing.: **D**iplom**i**ngenieur/in

dia- ⟨gr.⟩ (nur in Zusammensetzungen wie Diagnose, diagonal)

Dia das, -s/-s ⟨gr.⟩: *Kurzwort für Diapositiv*

Diabetes der, - ⟨gr.⟩ (Med.): *Zuckerkrankheit, Kurzwort für Diabetes mellitus* || **Diabetiker** der, -s/-: *Zuckerkranker* || **Diabetikerin** die, -/-innen || **Diabetikerschokolade**

Diabetrachter der, -s/-: *ein Gerät zur Betrachtung der Diapositive ohne Projektion*

diabolisch ⟨gr.⟩: *teuflisch* || **Diabolo** das, -s/-s: *ein Kinderspiel*

Diachronie [-kr-] die, - ⟨gr.⟩ (Sprachwiss.): *(Darstellung der) Geschichte einer Sprache* || **diachron:** *entwicklungsgeschichtlich;* → G.: synchron; → chronisch || **diachronisch**

Diadem das, -s/-e ⟨gr.⟩: *kostbarer Stirnreif; Krone*

Diadochen die (Pl.) ⟨gr.⟩ (Gesch.): *Nachfolger Alexanders des Großen* | (geh.) *um die Nachfolge Streitende* || **Diadochenkämpfe** die (Pl.)

Diagnose die, -/-n ⟨gr.⟩: die Ärztin stellte die D. *(sie stellte die Art der Krankheit fest)* || **Diagnostik** die, -/-en || **Diagnostiker** der, -s/- || **Diagnostikerin** die, -/-innen || **diagnostizieren**

diagonal ⟨gr.-lat.⟩: *schräg laufend;* etwas d. lesen *(überfliegen)* || **Diagonale** die, -/-n: die Diagonalen ziehen | (auch mit Pl. -) zwei, alle Diagonale[n] || **Diagonalschritt** (Sport): *eine Technik im Skilanglauf*

Diagramm das, -s/-e ⟨gr.⟩: *Zeichnung zur Veranschaulichung von Zahlen- und Größenverhältnissen, zB eine Temperaturkurve*

Diakon der, -s/-e ⟨gr.⟩: *ein Weihegrad in der katholischen Kirche, Vorstufe zum Priester* | *Assistent beim Hochamt* | *Helfer im Dienst der evangelischen Kirche* || **Diakonat** das, -[e]s/-e: *Amt[sführung] des Diakons* || **Diakonie** die, -: *Dienst und Fürsorge an Hilfsbedürftigen* || **Diakonisse** die, -/-n = Diakonissin die, -/-innen: *Schwester im Dienst der evangelischen Kirche* || **Diakonissenheim** || **Diakonissin** = → Diakonisse

diakritisch ⟨gr.⟩: *unterscheidend;* diakritische Zeichen bei einem Buchstaben *(zB Umlautpunkte, Akzent, Hatschek)*

Dialekt der, -[e]s/-e ⟨gr.⟩ (Sprachwiss.): *lokal bzw. regional gebundene Sprachform, Mundart* || **dialektal** (Sprachwiss.): *mundartlich* || **Dialektausdruck** || **Dialektdichtung** || **Dialektein-**

schlag || **Dialektforschung** || **dialektfrei** || **Dialektik** die, -: *Kunst des Disputierens* | (Phil.) *eine philosophische Denkmethode* || **dialektisch** (Phil.): ein dialektischer Prozess *(in Gegensätzen fortschreitende Entwicklung)* || **Dialektologie** die, -: *Mundartforschung*

Dialog der, -[e]s/-e ⟨gr.⟩: *Zwiegespräch, bes. im Schauspiel;* → G.: Monolog | *Gespräche zwischen zwei Gruppen* || **Dialogbereitschaft** || **dialogisch**

Dialyse [-'ly:-] die, -/-n ⟨gr.⟩ (Med.): *Blutwäsche* || **Dialysegerät** (Med.): *Gerät zur Blutwäsche* | *künstliche Niere* || **Dialysepatient** [-tsi̯-] || **Dialysepatientin**

Diamant der, -en/-en ⟨fr.⟩: *ein Edelstein* || **diamanten:** die diamantene Hochzeit *(die Feier zum 60. Jahrestag der Hochzeit)* || **diamantenbesetzt** || **Diamantenhandel** || **Diamantring**

diametral ⟨gr.-lat.⟩: diametrale *(entgegengesetzte)* Meinungen; d. *(genau, schroff)* entgegengesetzt

Diana: *römische Göttin der Jagd*

Diaphragma [-'frag-] das, -s/Diaphragmen ⟨gr.⟩ (Med.): *ein mechanisches Verhütungsmittel* | *Zwerchfell*

Diapositiv das, -s/-e: *Fotografie auf durchsichtigem Material;* → Dia || **Diaprojektor:** *Apparat zur Projektion von Diapositiven*

Diarium das, -s/Diarien [-i̯ən] ⟨lat.⟩ (veraltet): *Tagebuch*

Diarrhö [-'rø:] = **Diarrhöe** [-'rø:] die, -/-n ⟨gr.⟩ (Med.): *Durchfall, Abführen*

Diaskop das, -s/-e ⟨gr.⟩ (veraltet): *Diaprojektor*

Diaspora die, - ⟨gr.⟩: *Gebiete, in denen religiöse oder nationale Minderheiten verstreut leben; diese Minderheiten selbst*

Diastole [auch: -'o:-] die, -/-n [-'o:-] ⟨gr.⟩ (Med.): *Erschlaffung des Herzmuskels;* → G.: Systole || **diastolisch** (Med.): diastolischer Blutdruck

Diät die, -/-en ⟨gr.⟩: *ärztlich vorgeschriebene Kost, Schonkost;* eine D. einhalten; D. leben || **Diätassistent:** *Fachmann für spezielle Kost, insbesondere für Kranke* || **Diätassistentin** || **Diätetik** die, -/-en (Med.): *Lehre von der gesunden Ernährung* || **Diäten** die, - ⟨lat.-fr.⟩: *Geldentschädigung für besondere Auslagen, zB bei Dienstreisen* || **diätetisch** (Med.)

Diathermie die, - ⟨gr.⟩ (Med.): *[elektrische] Wärmebehandlung*

Diathese ⟨gr.⟩ (Med.): *[genetische] Veranlagung zu gewissen Krankheiten*

Diätist der, -en/-en (SüdT): *Diätassistent* || **Diätistin** die, -/-innen (SüdT) || **Diätkost**

Diatonik die, - ⟨gr.⟩ (Mus.): *eine siebenstufige Tonleiter (aus Ganz- und Halbtonschritten, zB Dur)* || **diatonisch** (Mus.)

Diätplan

dich: „Ich liebe dich!“; *aber zur Anrede im Brief* → du

Dichotomie die, -/-n ⟨gr.⟩: *Gliederung in paarweise Begriffe*

> **dicht**
> in dichter Aufeinanderfolge *(knapp hintereinander)*
>
> **Getrenntschreibung:**
> – der Damm wird dicht halten
>
> **Getrennt- und Zusammenschreibung mit Verben, die ein Resultat herbeiführen:**
> – etwas dicht machen/dichtmachen *(undurchlässig)*
>
> **Zusammenschreibung bei übertragener Bedeutung:**
> – dichthalten *(ugs.: etwas verschweigen)*
> – dichtmachen *(ugs.: zusperren)*
>
> **Getrennt- und Zusammenschreibung mit adjektivisch gebrauchten Partizipien:**
> – dicht belaubte *(= dichtbelaubte)* Bäume
> – dicht besiedeltes *(= dichtbesiedeltes)* Land
> – dicht gedrängt *(= dichtgedrängt)* stehen
> – dicht verbautes *(= dichtverbautes)* Gebiet

dichtauf: d. *(in knappem Abstand)* folgen || **dicht belaubt** = **dichtbelaubt** || **dicht besiedelt** = **dichtbesiedelt** || **Dichte** die, -: die D. eines Gewebes || **dichten**[1]: den Wasserleitungshahn d. *(abdichten)*

dichten[2]: *ein sprachliches Kunstwerk verfassen, zB ein Gedicht, einen Roman;* Verse d. || **Dichter** der, -s/- || **Dichterin** die, -/-innen || **dichterisch** || **Dichterkomponist:** *Dichter und Komponist zugleich, zB Richard Wagner* || **Dichterlesung:** *eine Vortragsveranstaltung* || **Dichterling** der, -s/-e (abw.): *schlechter Dichter* || **Dichterwort** das, -[e]s/-worte (geh.): *Äußerung, Spruch eines Dichters*

dicht gedrängt = **dichtgedrängt** || **dichthalten** (ugs.): *etwas verschweigen;* → dicht

Dichtkunst die, -: *Dichtung*[2], *Poesie als Kunstgattung*

dichtmachen (ugs.): eine Firma d. *(zusperren); aber:* den Damm dicht machen/dichtmachen; → dicht || **dichtmaschig:** ein dichtmaschiger Zaun || **Dichtung**[1] die, -/-en: *luft- bzw. wasserundurchlässige Schicht [aus Gummi] zur Abdichtung;* die D. auswechseln

Dichtung[2] die, -/-en: *Sprachkunstwerk;* lyrische, dramatische, epische D. | (Mus.) sinfonische D. *(Orchesterwerk darstellenden Inhalts)* || **Dichtungsgattung**

Dichtungsmaterial || **Dichtungsring** || **dicht verbaut** = **dichtverbaut** → dicht

dick: durch d. und dünn *(in allen Lebenslagen)* | (abw.) d. auftragen *(übertreiben); aber:* die **D**icken und die Dünnen || **Dickbauch** (scherzh.): *dicker Mensch* || **Dickdarm** || **Dicke** die, -/-n: die D. einer Mauer || **Dickerl** das, -s/-[n] (ugs.): *dickes Kind* || **dickflüssig** || **Dickhäuter** der, -s/-: *Säugetier mit dicker, lederartiger Haut, zB Elefant, Nashorn* || **dickhäutig** || **Dickicht** das, -s/-e: *dicht verwachsenes Gebüsch* || **Dickkopf:** *starrsinniger, eigensinniger Mensch* || **dickköpfig** || **dicklich:** *etwas dick* || **Dickmacher** (sal.): *Lebensmittel, die dick machen* || **Dickschädel** (ugs.): *Dickkopf* || **dickschädlig** (ugs.) || **dickschalig** || **Dickwanst** (ugs.): *Schimpfwort für einen dicken Menschen*

Didaktik die, - ⟨gr.⟩: *Wissenschaft vom Lehren und Lernen* || **Didaktiker** der, -s/- || **Didaktikerin** die, -/-innen || **didaktisch:** didaktische Grundsätze [in den Lehrplänen] || **Didaktisierung** die, -/-en: *Aufbereitung von Lehrstoffen*

Didgeridoo [dɪdʒəri'du:] das, -s/-s ⟨Sprache der Aborigines⟩ (Mus.): *ein [Holzrohr]blasinstrument der australischen Ureinwohner*

die (bestimmter Art.): die Frau | (Pron.) ist es die da?; du meinst die?; eine Frau, die *(welche)* eisläuft

D

Dieb der, -[e]s/-e ‖ **Diebin** die, -/-innen ‖ **diebisch:** die diebische Elster | sich d. *(mit Genugtuung)* freuen ‖ **Diebsbande** ‖ **Diebsgesindel** (abw.) ‖ **Diebsgut:** *die gestohlenen Gegenstände* ‖ **Diebstahl** der, -[e]s/-stähle ‖ **Diebstahlsicherung:** *Vorrichtung zum Schutz vor Diebstahl* ‖ **Diebstahlversicherung**

D

Dieffenbachie [-i̯ɛ, auch: ˈdiː-] die, -/-n: *eine Topfpflanze*

diejenige: ist das d., die du gemeint hast?

Diele die, -/-n: *Bretterboden* | *geräumiger, wohnlicher Vorraum* | (veraltend) *[kleine] Gaststätte;* Eisdiele

Dielektrikum das, -s/Dielektrika ⟨gr.+lat.⟩ (Phys.): *isolierender Stoff, vor allem in Kondensatoren*

dienen: einem guten Zweck d. *(nützen);* das Messer dient zum Schneiden | er hat gedient *(war Soldat)* | (veraltet) *bei jemandem arbeiten* ‖ **Diener** der, -s/-: *jemand, der Dienst leistet;* stummer D. *(kleiner Serviertisch; Kleiderständer)* | (veraltet) einen D. machen *(sich verbeugen);* Ihr gehorsamster D. *(ein unterwürfiger Gruß);* → gschamster Diener ‖ **Dienerin** die, -/-innen ‖ **dienern** (abw.): *sich devot verhalten* ‖ **Dienerschaft** die, -: *alle Diener und Dienerinnen* ‖ **dienlich:** das ist der Sache nicht d. *(nützlich)* ‖ **Dienst** [di(ː)-] der, -[e]s/-e: D. haben; → Dienst habend = diensthabend; außer D. *(im Ruhestand; außerhalb der Arbeitszeit);* → a. D.; der öffentliche D. *(Bund, Länder und Gemeinden);* Dienste leisten; D. am Kunden | (veraltend) jemandem zu Diensten stehen

Dienstag [ˈdi(ː)-]

– am Dienstag, dem 1. Mai[,] ankommen
– Dienstag, den 1. Mai[,] ankommen
– am Dienstag, den 1. Mai ankommen
– am Dienstag abends

Kleinschreibung des Adverbs „dienstags“:

– dienstags weggehen *(jeden, auch: am Dienstag)*
– dienstags abends (= dienstagabends) fernschauen

Zusammenschreibung mit Tageszeiten:

– sich Dienstagfrüh treffen; *aber getrennt:* am Dienstag früh *(zeitig)* zu arbeiten beginnen
– Dienstagnachmittag
– eines Dienstagabends

Dienstagabend: eines Dienstagabends; am D.; jeden D.; wir kommen schon [nächsten] D. ‖ **dienstagabends:** *dienstags abends* ‖ **dienstägig:** *am Dienstag stattfindend* ‖ **dienstäglich:** *jeden Dienstag* ‖ **dienstags:** *jeden* (auch: *am*) *Dienstag;* d. abends *(dienstagabends)*

Dienstälteste[1] der, -n/-n, ein Dienstältester: *an Dienstjahren der Älteste unter Gleichrangigen* ‖ **Dienstälteste**[2] die, -n/-n ‖ **Dienstantritt** ‖ **Dienstanweisung:** *Dienstvorschrift* ‖ **Dienstauffassung** ‖ **Dienstaufsicht:** *Überwachung der Arbeitnehmer* ‖ **Dienstaufsichtsbeschwerde** (Amtsspr., Jus): *Beschwerde über Missstände in der [öffentlichen] Verwaltung* ‖ **Dienstausweis** ‖ **dienstbar** (geh.): *hilfsbereit* ‖ **Dienstbarkeit** die, -/-en (Jus): *Nutzungsrecht an einem fremden Grundstück, zB Wegerecht* ‖ **dienstbeflissen:** ein dienstbeflissener *(eifriger, höflicher)* Verkäufer ‖ **Dienstbeginn** ‖ **Dienstbereich:** *Zuständigkeitsbereich* ‖ **Dienstbereitschaft:** *Einsatz bei Notfällen außerhalb der Öffnungszeiten, zB bei Ärzten* ‖ **Dienstbote** (früher): *Hilfskraft am Bauernhof oder im Haushalt* ‖ **Dienstboteneingang:** *Eingang für die Dienstboten abseits des Haupteingangs* ‖ **Dienstbotin** (früher) ‖ **Diensteid:** die Beamten haben einen D. zu leisten ‖ **Diensteifer** ‖ **dienstfertig:** → *dienstbeflissen* ‖ **dienstfrei** ‖ **Dienstfreistellung** (Amtsspr.) ‖ **Dienstgeber** der, -s/- (Amtsspr.): *Arbeitgeber* ‖ **Dienstgeberin** die, -/-innen (Amtsspr.) ‖ **Dienstgespräch:** *dienstliches Telefongespräch* ‖ **Dienstgrad:** *Rangstufe* ‖ **Dienst habend** = **diensthabend:** der D. habende Arzt ‖ **Diensthabende**[1] der, -n/-n, ein Diensthabender ‖ **Diensthabende**[2] die, -n/-n ‖ **Dienstjahr** ‖ **Dienstklasse** (Amtsspr.): *Stufe in der [bürokratischen] Hierarchie* ‖ **Dienstleister** der, -s/- (Wirt.): *Dienstleistungsunternehmen* ‖ **Dienstleistung** ‖ **Dienstleistungsbetrieb** (Wirt.) ‖ **Dienstleistungsgesellschaft** ‖ **Dienstleistungsindustrie** (Wirt.): in der D. arbeiten ‖ **Dienstleistungsunternehmen** (Wirt.) ‖ **dienstlich:** d. verhindert sein ‖ **Dienstmädchen,** *auch:* **Dienstmädel** (früher) ‖ **Dienstmann** (früher): *berufsmäßiger Bote, Träger* | (mit Pl. -leute/-mannen) (im Mittelalter) *Gefolgsmann, Ministeriale, Ritter* ‖ **Dienstmarke:** *eine Art Dienstausweis* ‖ **Dienstnehmer** der, -s/- (Amtsspr.): *Arbeitnehmer* ‖ **Dienstnehmerin** die, -/-innen (Amtsspr.) ‖ **Dienstpersonal** ‖ **Dienstpistole** ‖ **Dienstplan** ‖ **Dienstpragmatik** die, -/-en: *Sammlung der Dienstvorschriften für Beamte* ‖ **Dienstrecht:** *Regelung der Rechte und Pflichten der Bundes- und Landesbeamten* ‖ **dienstrechtlich** ‖ **Dienstreise** ‖ **Dienstschluss** der, -es ‖ **Dienststand** der, -[e]s (veraltend) (Amtsspr.): Beamte des Dienststandes *(aktive, nicht pensionierte Beamte)* ‖ **Dienststelle:** *Amt, Behörde* ‖ **Dienststellenausschuss** (Amtsspr.): *die gewählte Personalvertretung an der Dienststelle* ‖ **diensttauglich** ‖ **dienstunfähig** ‖ **dienstuntauglich** ‖ **Dienstvergehen:** *Verstoß gegen Dienstvorschriften* ‖ **Dienstverhältnis** ‖ **Dienstverhinderung** ‖ **dienstverpflichtet** ‖ **Dienstvertrag** ‖ **Dienstvorschrift** ‖ **Dienstwaffe:** die D. der Polizistin ‖ **Dienstwagen:** *vom Arbeitgeber zur Verfügung gestelltes Auto, Firmenauto* ‖ **Dienstweg:** *Behördengang* ‖ **Dienstwohnung** ‖ **Dienstzeit** ‖ **Dienstzettel** (Amtsspr.): *Vertrag/Arbeitsvereinbarung zwischen Dienstgeber und -nehmer* ‖ **Dienstzeugnis**

dies: *dieses;* d. und jenes *(Verschiedenes);* → dieser ‖ **diesbezüglich:** *dazu, darüber, zu dieser Sache*

Diesel der, -s/-: *Dieselöl* | *Fahrzeug mit Dieselmotor;* → Benziner

dieselbe: ein[e] und d.; → selbe; → derselbe ‖ **dieselbige** (veraltend): *dieselbe*

Diesellokomotive [-fɛ, -vɛ] ‖ **Dieselmotor** ‖ **Dieselöl**

dieser: diese, dieses (dies); dieses Jahres (d. J.); dieses Monats (d. M.) ‖ **dieserart** (geh.): *auf diese Weise; so geartet* ‖ **diesfalls** (ver-

altend, geh.): *in diesem Fall*
die|sig: diesiges *(dunstiges)* Wetter
dies|jäh|ri|ge: die d. *(neue, heurige)* Ernte ‖ **dies|mal:** d. meine ich es ernst; *aber:* dieses [eine] Mal ‖ **dies|ma|lig** ‖ **dies|sei|tig** ‖ **Dies|sei|tig|keit** die, - ‖ **dies|seits** (Präp. mit Gen.); d. des Sees ‖ **Dies|seits** das, -: *diese Welt, das irdische Leben;* → G.: Jenseits
Die|ter, *auch:* **Die|ther:** *männl. Vorname* ‖ **Diet|mar:** *männl. Vorname* ‖ **Diet|rich**[1]: *männl. Vorname* ‖ **Diet|rich**[2] der, -s/-e: *Nachschlüssel, Sperrhaken*
die|weil (veraltet): *während* | *weil*
dif|fa|mie|ren ⟨lat.⟩: *verleumden* ‖ **Dif|fa|mie|rung** die, -/-en
dif|fe|rent ⟨lat.⟩: differente *(unterschiedliche)* Standpunkte vertreten; → G.: indifferent ‖ **Dif|fe|ren|ti|al** [-tsi̯-] = → Differenzial ‖ **Dif|fe|ren|ti|al|ge|trie|be** = → Differenzialgetriebe ‖ **Dif|fe|ren|ti|al|rech|nung** = → Differenzialrechnung ‖ **dif|fe|ren|ti|ell** = → differenziell ‖ **Dif|fe|renz** die, -/-en: *Unterschied, Rest, Fehlbetrag* | *Zwist;* mit jemandem Differenzen *(Meinungsverschiedenheiten)* haben ‖ **Dif|fe|renz|be|trag**

> **Dif|fe|ren|zi|al** = Differential das, -s/-e:
> ein Getriebe *[beim Auto]*
>
> **Für das Wort gibt es zwei Schreibweisen:**
> – Differenzial: die eingedeutschte Schreibung (nach *Differenz*)
> – Differential: die fremdsprachige Schreibung
>
> Ebenso: differenziell/differentiell ...

Dif|fe|ren|zi|al|ge|trie|be = Differentialgetriebe: → *Differenzial* ‖ **Dif|fe|ren|zi|al|rech|nung** = Differentialrechnung (Math.) ‖ **dif|fe|ren|zi|ell** = differentiell: *unterscheidend* ‖ **dif|fe|ren|zie|ren:** *unterscheiden;* eine differenzierte *(fein abgestufte)* Sichtweise | (Math.) *eine Differenzialrechnung durchführen* ‖ **Dif|fe|ren|ziert|heit** die, - ‖ **Dif|fe|ren|zie|rung** die, -/-en ‖ **dif|fe|rie|ren:** *verschieden sein, abweichen;* im Gewicht d.
dif|fi|zil ⟨lat.-fr.⟩: *schwierig, heikel*
Dif|frak|ti|on [-tsi̯-] die, -/-en ⟨lat.⟩ (Phys.): *Beugung von Wellen*
dif|fun|die|ren ⟨lat.⟩ (Chem.): *verschmelzen* | (Phys.) *zerstreuen* ‖ **dif|fus:** eine diffuse *(zerstreute, verschwommene)* Beleuchtung ‖ **Dif|fu|si|on** die, -/-en (Phys.): *ein vor allem bei unterschiedlichen Gasen auftretender Konzentrationsausgleich*
Di|gest ['daɪdʒest] der = das, -[s]/-s ⟨engl.⟩: *Zeitschrift, die Auszüge aus Büchern oder aus Zeitschriften bringt, bes. in den angelsächsischen Ländern*
Di|ges|tif [-ʒɛs'ti(ː)f] der = das, -s/-s ⟨fr.⟩: *verdauungsförderndes alkoholisches Getränk nach dem Essen*
Di|gi|kam [engl.: 'dɪdʒɪkæm] = **Di|gi|cam** [-k-] die, -/-s ⟨lat.-engl.⟩: *Digitalkamera* ‖ **di|gi|tal** ⟨lat.⟩: *ziffernmäßig* ‖ **Di|gi|tal|an|zei|ge:** eine Uhr mit D.; → G. Analoganzeige ‖ **Di|gi|ta|lis** die, -/- (Bot.): *eine Arzneipflanze, Fingerhut* ‖ **di|gi|ta|li|sie|ren** ‖ **Di|gi|tal|ka|me|ra** ‖ **Di|gi|tal|tech|nik** ‖ **Di|gi|tal|uhr**
Di|glos|sie die, -/-n [-i̯ən] ⟨gr.⟩ (Sprachw.): *Zweisprachigkeit in einem bestimmten Gebiet*
Di|gres|si|on die, -/-en ⟨lat.⟩ (bes. Astron.): *Abweichung*
Dik|ta|fon = **Dik|ta|phon** [-f-] das, -s/-e ⟨lat.+gr.⟩: *Diktiergerät* ‖ **Dik|tat** das, -[e]s/-e: *Niederschrift nach Ansage* | *Befehl* ‖ **Dik|ta|tor** der, -s/-en [-'oː-]: *unumschränkter Machthaber* ‖ **Dik|ta|to|rin** die, -/-innen ‖ **dik|ta|to|risch** ‖ **Dik|ta|tur** die, -/-en: *Herrschaft eines Diktators* ‖ **dik|tie|ren:** *ansagen* | *befehlen* ‖ **Dik|tier|ge|rät:** *Diktaphon* ‖ **Dik|ti|on** [-tsi̯-] die, -/-en: *sprachliche Ausdrucksweise* ‖ **Dik|ti|o|när** das = der, -s/-e (veraltet): *fremdsprachliches Wörterbuch* ‖ **Dik|tum** das, -s/ Dikta (geh.): *Ausspruch*
Di|la|ta|ti|on [-tsi̯-] die, -/-en ⟨lat.⟩ (Phys.): *Ausdehnung einer Größe, zB der Zeit*
Di|la|ti|on [-tsi̯-] die, -/-en ⟨lat.⟩ (Jus): *Aufschub* ‖ **di|la|to|risch** (Jus): *aufschiebend*
Di|lem|ma das, -s/-s ⟨gr.⟩: *Zweifel, schwierige Wahl;* in einem D. sein *(nicht wissen, wofür man sich entscheiden soll)*
Di|let|tant der, -en/-en ⟨lat.⟩: *jemand, der etwas aus Liebhaberei tut, Nichtfachmann;* → Amateur | (abw.) *jemand, der unsachgemäß arbeitet* ‖ **di|let|tan|ten|haft** (abw.) ‖ **Di|let|tan|tin** die, -/-innen ‖ **di|let|tan|tisch** (abw.): *unfachmännisch; stümperhaft* ‖ **Di|let|tan|tis|mus** der, - (auch abw.) ‖ **di|let|tie|ren:** er dilettiert auf der Bühne *(versucht sich aus Liebhaberei als Schauspieler)*
Dill der, -s/-e = **Dil|le** die, -/-n: *Dillkraut* ‖ **Dill|kraut:** *eine Gewürzpflanze* ‖ **Dill|kräutl** (ugs.): *Dillkraut* ‖ **Dill|sau|ce** [-zoːs(ɛ)] = **Dill|soß** = **Dill|so|ße**
di|lu|vi|al [-v-] ⟨lat.⟩ (Geol.): *eiszeitlich* ‖ **Di|lu|vi|um** das, -s (Geol.): *das Eiszeitalter*
dim.: diminuendo
Di|men|si|on die, -/-en ⟨lat.⟩: *Ausdehnung* ‖ **di|men|si|o|nal-** (nur in Zusammensetzungen wie zweidimensional) ‖ **di|men|si|o|nie|ren:** richtig dimensionierte Platten *(im passenden Maß)*
di|mi|nu|en|do (dim.) ⟨lat.-it.⟩ (Mus.): *leiser werdend* ‖ **Di|mi|nu|tiv** das, -s/-e [-fɛ, -vɛ], *auch:* Deminutiv (Sprachwiss.): *Verkleinerungsform, zB* Bäch*lein,* Häus*chen,* Schwamm*erl*
Dim|mer der, -s/- ⟨engl.⟩: *die Helligkeit regelnder Lichtschalter*
DIN (Wz.): **D**eutsche **I**ndustrie-**N**orm; → DIN-Format; → ÖNORM
Di|nar [ugs. auch: -'aː-] der, -s/-e [-'aː-] ⟨lat.⟩: *eine Geldeinheit, zB in Serbien und in arabischen Staaten* | (in Angaben von Beträgen mit Pl. Dinar) eine Rechnung über 500 Dinar
Di|ner [-'neː] das, -s/-s ⟨fr.⟩: *ein vornehmes Festessen;* → Dinner; → dinieren
DIN-For|mat: *ein genormtes Format, zB Papierformat DIN A4 = 210 : 297 mm;* → DIN
Ding das, -[e]s/-e: *Sache;* ein wertloses D. | guter Dinge *(gut aufgelegt)* sein; unverrichteter Dinge *(vergebens);* das ist ein D. der Unmöglichkeit *(das ist unmöglich);* es geht nicht mit rechten Dingen zu *(das ist nicht geheuer; das ist nicht korrekt);* vor allen Dingen *(besonders)* | (mit Pl. -er) (ugs.) sie ist noch ein junges D. *(Mädchen)* ‖ **din|gen,** dingte/gedungen (geh.): *anwerben;* ein gedungener *(gegen Bezahlung beauftragter)* Mörder ‖ **ding|fest** (nur in den Wendungen): jemanden d. machen *(verhaften);* etwas d. machen *(festlegen, klar darlegen)* ‖ **ding|lich:** *gegenständlich, konkret* | (Jus) *das Recht auf Sachen betreffend* ‖ **Dings** der =

D

die = das, -/- = **Dingsbums** = **Dingsda** (ugs.): *eine Person/Sache, deren Namen man im Augenblick nicht weiß*

dinieren ⟨fr.⟩: *festlich speisen;* → Diner

Dinkel der, -s: *eine Weizenart* ‖ **Dinkelbrot** ‖ **Dinkellaibchen**

D

Dinner das, -s/- ⟨engl.⟩: *in Großbritannien und den USA abends eingenommene Hauptmahlzeit; festliches Abendessen;* → Diner

Dino der, -s/-s ⟨gr.⟩ (sal.): *Kurzwort für Dinosaurier* ‖ **Dinosaurier:** *Gattung ausgestorbener Riesenechsen*

Diode die, -/-n ⟨gr.⟩ (Elektrot.): *elektronischer Bauteil;* → Triode

Dion: Direktion

dionysisch [-'ny:-]: ein dionysisches *(wildes, ausschweifendes)* Fest ‖ **Dionysos:** *griechischer Gott des Weins*

Dioptrie die, -/-n ⟨gr.⟩: *Einheit der Lichtbrechungskraft optischer Linsen, zB der Brillengläser*

Diorama das, -s/Dioramen ⟨gr.⟩ (Kunstg.): *räumliches Schaubild mit plastischen Modellen vor einem Hintergrund*

Dioskuren die (Pl.) ⟨gr.⟩ (geh.): *unzertrennliches Brüder-, Freundespaar*

Dioxid = Dioxyd [-y:-] ⟨gr.⟩ (Chem.): *ein Typus chemischer Verbindungen;* → Kohlendioxid; → Monoxid ‖ **Dioxin** das, -s: *eine hochgiftige chemische Verbindung*

diözesan (gr.-lat.): das diözesane Schulamt ‖ **Diözesanbischof:** *geistliches Oberhaupt einer Diözese;* → Weihbischof ‖ **Diözese** die, -/-n: *Amtsbereich eines Bischofs oder (in der evangelischen Kirche) eines Superintendenten;* → Bistum

Dip der, -s/-s ⟨engl.⟩: *Sauce zum Eintunken;* → dippen

Diphtherie [-ft-] die, -/-n ⟨gr.⟩: *eine ansteckende Hals- und Rachenkrankheit*

Diphthong [-ft-] der, -[e]s/-e ⟨gr.⟩ (Sprachwiss.): *Zwielaut, zB* au, ei; → G.: Monophthong ‖ **Diphthongierung** die, -/-en

Dipl.-Dolm.: Diplomdolmetsch/erin ‖ **Dipl.-Ing.** = → DI ‖ **Dipl.-Kfm.: Diplom-Kaufmann**

diploid ⟨gr.⟩ (Biol.): *mit doppeltem Satz von Chromosomen*

Diplom das, -[e]s/-e ⟨gr.-lat.⟩: *Urkunde* | *Nachweis für ein Studium* | (SüdT) *[Abschluss]zeugnis an einer Schule* ‖ **Diplomand** der, -en/-en: *jemand, der ein Diplom erhalten soll; jemand, der sich für eine Diplomprüfung vorbereitet* ‖ **Diplomandin** die, -/-innen ‖ **Diplomarbeit:** *wissenschaftliche Arbeit zur Erlangung des Magistergrades* ‖ **Diplomat** der, -en/-en: *Vertreter eines Staates im Ausland, zB ein Botschafter* | *vorsichtige, kluge, gewandte Person* ‖ **Diplomatenkoffer** ‖ **Diplomatenlaufbahn** ‖ **Diplomatenpass** ‖ **Diplomatenstatus** [-st-, -ʃt-] ‖ **Diplomatenviertel** ‖ **Diplomatie** die, -: *alle Diplomaten* | *Verhandlungskunst;* mit D. einen Konflikt lösen | *berechnende Klugheit* ‖ **Diplomatik** die, -: *Urkundenforschung* ‖ **Diplomatiker** der, -s/-: *Urkundenforscher* ‖ **Diplomatikerin** die, -/-innen ‖ **Diplomatin** die, -/-innen ‖ **diplomatisch:** die diplomatischen *(zwischenstaatlichen)* Beziehungen | ein diplomatisches *(vorsichtiges, taktisch kluges)* Vorgehen | (Gesch., Lit., Mus.) eine diplomatische *(ganz genaue)* Wiedergabe eines handschriftlichen Textes; → Diplomatik ‖ **Diplomdolmetsch** (Dipl.-Dolm.) (auslaufend): *akademisch ausgebildeter Dolmetsch* ‖ **Diplomdolmetscherin** (Dipl.-Dolm.) (auslaufend) ‖ **diplomiert:** eine diplomierte Krankenschwester ‖ **Diplom-Ingenieur** [-ʒe-ni̯øːɐ], *auch:* **Diplomingenieur** (Dipl.-Ing., DI): *akademischer Grad eines Ingenieurs mit Universitätsausbildung* ‖ **Diplom-Ingenieurin,** *auch:* **Diplomingenieurin** ‖ **Diplom-Kauffrau,** *auch:* **Diplomkauffrau** (auslaufend) ‖ **Diplom-Kaufmann,** *auch:* **Diplomkaufmann** (Dipl.-Kfm., Dkfm.) (auslaufend): *Titel eines Absolventen der Hochschule für Welthandel* (jetzt: *Wirtschaftsuniversität*) ‖ **Diplomkrankenpfleger** ‖ **Diplomkrankenschwester** ‖ **Diplomprüfung** ‖ **Diplomvolkswirt** (auslaufend): *ein akademischer Grad* ‖ **Diplomvolkswirtin** (auslaufend)

Dipol der, -s/-e ⟨gr.⟩ (Phys.): *Anordnung von zwei ungleichnamigen elektrischen Ladungen oder magnetischen Polen*

Dippel der, -s/-, *auch:* Tippel (ugs.): *Beule* ‖ **Dippelbaum** (fachspr.): *Tragbalken in Zimmerdecken u. dgl.*

dippen: *[in eine Sauce] eintauchen;* → Dip

Diptychon [-ty-] das, -s/Diptycha ⟨gr.⟩: *zweiteiliger Flügelaltar;* → Triptychon

dir (Dativ von → du):
sie ging mir nichts, dir nichts fort *(ohne etwas zu sagen)*

Kleinschreibung:
– Hat sie dir das schon gesagt?
– Lies dir den Text genau durch.
In der Anrede im Brief ist auch Großschreibung möglich:
– Liebe Karin! Wie geht es dir (*auch:* Dir)?

direkt [auch: 'di(ː)-] ⟨lat.⟩: d. *(geradewegs)* auf etwas zugehen | d. *(sofort)* nach der Arbeit nach Hause kommen | ein direkter *(unmittelbarer)* Zugang | sie äußert sich sehr d. *(unmissverständlich, offen);* → G.: indirekt | (ugs.) das war d. *(geradezu)* gemein | (Gramm.) direkte Rede *(wörtliche Rede [zwischen Anführungszeichen])* ‖ **Direktflug** ‖ **Direktheit** die, -/-en ‖ **Direktinvestition** [-v-tsi̯-] (Wirt.): *Firmeninvestition im Ausland* ‖ **Direktion** [-tsi̯-] die, -/-en: *Leitung* | (veraltet) *Richtung* ‖ **Direktive** [-fɛ, -vɛ] die, -/-n: *Verhaltensmaßregel, Weisung; jemandem Direktiven geben* ‖ **Direktmandat:** *Mandat, das durch Direktwahl vergeben wird* ‖ **Direktor** der, -s/-en [-'oː-] ‖ **Direktorat** das, -[e]s/-e: *Amt; Amtszeit eines Direktors/einer Direktorin* ‖ **Direktorenposten** ‖ **Direktorin** die, -/-innen ‖ **Direktorium** das, -s/Direktorien [-i̯ən]: *Leitung [in einem Betrieb]* ‖ **Direktorstag** (früher): *Schultag, den der Direktor selbst freigeben kann* ‖ **Direktrice** [-'tri(ː)s] die, -/-n ⟨lat.-fr.⟩: *Leiterin [eines Modesalons]* ‖ **Direktträger** [auch: 'di(ː)-] ⟨lat.⟩: *unveredelte Weinrebe;* → Uhudler ‖ **Direktübertragung:** eine D. *(Livesendung im Fernsehen)* aus dem Parlament ‖ **Direktverkauf:** *Verkauf unmittelbar an den Endverbraucher* ‖ **Direktwahl:** *Möglichkeit bei einer Wahl, für einen bestimmten Kandidaten zu stimmen* ‖ **Direttissima** die, -/-s ⟨it.⟩: *direkter Aufstieg [zum Gipfel eines Berges]*

Di|ri|gat das, -[e]s/-e ⟨lat.⟩: *das Dirigieren* ‖ **Di|ri|gent** der, -en/-en: *Leiter einer musikalischen Aufführung, Kapellmeister* ‖ **Di|ri|gen|ten|pult** ‖ **Di|ri|gen|ten|stab:** *Taktstock* ‖ **Di|ri|gen|tin** die, -/-innen ‖ **di|ri|gie|ren:** ein Orchester d. | jemanden zum Ausgang d. *(leiten)* ‖ **Di|ri|gis|mus** der, -: *zentrale Lenkung [der Wirtschaft]* ‖ **di|ri|gis|tisch** (oft abw.): *lenkend, regelnd;* d. eingreifen

di|ri|mie|ren ⟨lat.⟩ (Jus): *bei Stimmengleichheit entscheiden* ‖ **Di|ri|mie|rungs|recht** (Jus): *Recht eines Vorsitzenden, bei Stimmengleichheit zu entscheiden*

Dirn die, -/-en (veraltet): *Bauernmagd* ‖ **Dirndl** das, -s/-n: *Mädchen* | *Dirndlkleid* | (nur Pl.) (ostöst.) *Früchte des Dirndlstrauchs* ‖ **Dirndl|baum** → Dirndlstrauch ‖ **Dirndl|blu|se** ‖ **Dirndl|kleid:** *trachtenähnliches Kleid* ‖ **Dirndl|schnaps** (bes. ostöst.) ‖ **Dirndl|schür|ze** ‖ **Dirndl|strauch** (bes. ostöst.): *Kornelkirschenstrauch* ‖ **Dir|ne** die, -/-n (geh.): *Prostituierte*

dis das, -/- (Mus.): *das um einen Halbton erhöhte D (d);* → Dis | dis-Moll ‖ **Dis** das, -/- (Mus.): *das um einen Halbton erhöhte D (d);* → dis | Dis-Dur

dis- ⟨lat.⟩ (nur in Zusammensetzungen wie disharmonisch)

Dis|agio [-'aːdʒo, auch: -'aːʒi̯o] ⟨it.⟩ (Bankw.): *prozentuelle Angabe über die Differenz des Nominalwertes von dem darunterliegenden Emissionskurs;* → Agio

Disc|jo|ckey [-kdʒɒki, -dʒɔkɛ] = → Diskjockey ‖ **Dis|co** = → Disko ‖ **Dis|co|mu|sik** = → Diskomusik ‖ **Dis|co|sound** [-saʊnd] = → Diskosound ‖ **Disc|man** [-æ-] der, -s/-s [Discmen] (Wz.): *ein tragbarer kleiner CD-Spieler;* → Walkman

Dis|coun|ter [-'kaʊn-] = → Diskonter ‖ **Dis|count|ge|schäft** = → Diskontgeschäft ‖ **Dis|count|tank|stel|le** = → Diskonttankstelle

Dis-Dur (Dis) (Mus.) ‖ **Dis-Dur-Ton|lei|ter** (Mus.)

Dis|har|mo|nie: *Uneinigkeit, Zwist* | (Mus.) *Missklang* ‖ **dis|har|mo|nie|ren** → G.: harmonieren ‖ **dis|har|mo|nisch**

Dis|junk|ti|on [-tsi̯-] die, -/-en ⟨lat.⟩ (Phil.): *Verknüpfung zweier Aussagen durch „entweder – oder" bzw. „und – oder"* ‖ **dis|junk|tiv**

Dis|kant der, -s/-e ⟨lat.⟩ (Mus.): *eine hohe Stimmlage;* im [schrillen] D. *(in höchster Stimmlage)* | *alte Bezeichnung für die oberste Stimme im Tonsatz*

Dis|ken die (Pl. von → Diskus)

Dis|ket|te die, -/-n ⟨gr.-fr.⟩: *Magnetscheibe als Speicher für Daten im Computer* ‖ **Dis|ket|ten|lauf|werk:** *Gerät zum Lesen von Disketten*

Disk|jo|ckey [-kdʒɒki, -dʒɔkɛ] = Discjockey ⟨engl.⟩ (DJ): *jemand, der Schallplatten auflegt [und ansagt];* → DJane; → Diskothek

Dis|ko = Disco die, -/-s ⟨gr.⟩ [-k-]: *Kurzform für Diskothek* ‖ **Dis|ko|gra|fie** = **Dis|ko|gra|phie** [-f-] die, -/-n: *Verzeichnis von Schallplatten, CD-Aufnahmen* ‖ **Dis|ko|mu|sik** = Discomusik

Dis|kont der, -[e]s/-e ⟨it.⟩: *Zinsabzug beim Ankauf eines noch nicht fälligen Wechsels* ‖ **Dis|kon|ter** = Discounter [-'kaʊn-] der, -s/-: → *Diskontgeschäft* ‖ **Dis|kont|ge|schäft** = Discountgeschäft: *Geschäft, in dem Waren verbilligt verkauft werden* | (Bankw.) *Kauf von noch nicht fälligen Schecks uÄ* ‖ **Dis|kont|tank|stel|le** = Discounttankstelle

dis|kon|ti|nu|ier|lich: *unterbrochen, ohne Zusammenhang;* → G.: kontinuierlich ‖ **Dis|kon|ti|nu|i|tät** die, -/-en ‖ **Dis|kont|satz** (Bankw.): *Zinssatz für Kredite von der Nationalbank*

Dis|ko|sound [-saʊnd] = Discosound [-k-] ‖ **Dis|ko|thek** die, -/-en: *Schallplattensammlung* | *(auch:* Disko, Disco) *ein Tanzlokal;* → Diskjockey

dis|kre|di|tie|ren ⟨lat.⟩: *jemandes Ruf schaden* ‖ **Dis|kre|di|tie|rung** die, -/-en: *Rufschädigung*

dis|kre|pant ⟨lat.⟩ ‖ **Dis|kre|panz** die, -/-en: *Abweichung, Missverhältnis*

dis|kret ⟨lat.⟩: *verschwiegen; taktvoll, rücksichtsvoll;* eine Angelegenheit d. behandeln; → G.: indiskret | (Phys.) diskrete Größe *(Größe, die nur bestimmte, voneinander getrennte Werte besitzt)* ‖ **Dis|kre|ti|on** [-tsi̯-] die, -: „Diskretion [ist] Ehrensache!"

dis|kri|mi|nie|ren ⟨lat.⟩: *jemanden schlechter behandeln als die anderen, herabsetzen* ‖ **Dis|kri|mi|nie|rung** die, -/-en ‖ **Dis|kri|mi|nie|rungs|ver|bot:** das D. ist in den Menschenrechten verankert

dis|kur|rie|ren ⟨lat.⟩ (veraltet): *ein lebhaftes Gespräch führen* ‖ **Dis|kurs** der, -es/-e: *Gespräch, Erörterung* ‖ **dis|kurs|fä|hig** ‖ **dis|kur|siv:** *schlussfolgernd*

Dis|kus der, - [-kusses]/-kusse [Disken] ⟨gr.-lat.⟩: *Wurfscheibe* | *Diskuswerfer*

Dis|kus|si|on die, -/-en ⟨lat.⟩: *Wechselrede, Aussprache [nach einem Vortrag];* etwas zur D. stellen *(ein Thema zur Erörterung vorschlagen);* zur D. stehen; → diskutieren ‖ **Dis|kus|si|ons|bei|trag** ‖ **dis|kus|si|ons|freu|dig** ‖ **Dis|kus|si|ons|fo|rum:** *Diskussionsrunde* | *Meinungsaustausch [per E-Mail] im Internet;* → Netchat ‖ **Dis|kus|si|ons|grund|la|ge** ‖ **Dis|kus|si|ons|lei|ter** ‖ **Dis|kus|si|ons|lei|te|rin** ‖ **Dis|kus|si|ons|pa|pier** ‖ **Dis|kus|si|ons|the|ma** ‖ **dis|kus|si|ons|wür|dig**

Dis|kus|wer|fen das, -s: *eine Sportart* ‖ **Dis|kus|wer|fer** ‖ **Dis|kus|wer|fe|rin**

dis|ku|ta|bel ⟨lat.⟩: *erwägenswert;* → G.: indiskutabel ‖ **Dis|ku|tant** der, -en/-en: *Teilnehmer einer Diskussion* ‖ **Dis|ku|tan|tin** die, -/-innen ‖ **dis|ku|tie|ren:** *Meinungen austauschen;* → Diskussion

Dis|lo|ka|ti|on [-tsi̯-] die, -/-en (geh.) ‖ **dis|lo|ziert:** *räumlich getrennt, verlagert* ‖ **Dis|lo|zie|rung** die, -/-en

dis-Moll (dis) (Mus.) ‖ **dis-Moll-Ton|lei|ter** (Mus.)

dis|pa|rat ⟨lat.⟩: *unvereinbar* ‖ **Dis|pa|ri|tät** die, -/-en: *Ungleichheit*

Dis|pens die, -/-en ⟨lat.⟩: *Befreiung von einer Verpflichtung, Ausnahme von einem Verbot* ‖ **dis|pen|sie|ren:** jemanden vom Unterricht d. *(befreien)* ‖ **Dis|pen|sie|rung** die, -/-en

Dis|per|si|on die, -/-en ⟨lat.⟩ (Phys.): *Abhängigkeit bestimmter physikalischer Größen von der Wellenlänge* ‖ **Dis|per|si|ons|an|strich:** *ein Wandanstrich* ‖ **Dis|per|si|ons|far|be**

Dis|play [-'pleɪ] das, -s/-s ⟨engl.⟩: *elektronische [Klein]bildschirmanzeige* | (Werb.) *werbewirksame Platzierung von Produkten* | (Werb.) *werbewirksam gestalteter Verkaufsständer*

Dis|po|nent der, -en/-en ⟨lat.⟩: *höherer kaufmännischer Angestellter* ‖ **Dis|po|nen|tin** die, -/-innen ‖ **dis|po|ni|bel:** *verfügbar* ‖ **dis|po|nie|ren:** *anordnen; glie-*

D

dern; planen ‖ **disponiert:** der Sänger ist heute gut d. *(in Form)*; → G.: indisponiert ‖ **Disposition** [-tsi̯-] die, -/-en: *Gliederung [eines Aufsatzes]* | *Anfälligkeit [für gewisse Krankheiten]* | eine D. *(Verfügung)* treffen

D

disproportional [-tsi̯-]: *unverhältnismäßig, ungleich;* → G.: proportional ‖ **Disproportionalität** [-tsi̯-] die, -/-en: *Missverhältnis*

Disput der, -[e]s/-e ⟨lat.⟩: *Wortwechsel, Streit* ‖ **Disputation** [-tsi̯-] die, -/-en (geh.): *Diskussion* ‖ **disputieren:** *diskutieren*

Disqualifikation [-tsi̯-] ‖ **disqualifizieren:** *für untauglich erklären* | (Sport) *wegen einer groben Regelwidrigkeit ausschließen;* → G.: qualifizieren

Diss.: Dissertation

Dissens der, -es/-e ⟨lat.⟩: *Meinungsverschiedenheit;* → G.: Konsens ‖ **dissentieren** (geh.): *verschiedener Meinung sein*

Dissertant der, -en/-en ⟨lat.⟩: *Student, der an seiner Dissertation arbeitet, Doktorand* ‖ **Dissertantin** die, -/-innen ‖ **Dissertation** [-tsi̯-] die, -/-en: *wissenschaftliche Arbeit zur Erlangung des Doktorgrades* ‖ **dissertieren**

Dissident der, -en/-en ⟨lat.⟩: *ein [politisch] anders Denkender, [verfolgter] Regimekritiker* ‖ **Dissidentin** die, -/-innen ‖ **dissidieren:** *anderer Meinung sein* | *aus einer Religionsgemeinschaft austreten*

Dissimulation [-tsi̯-] die, -/-en (Med., Psych.) ‖ **dissimulieren** (Med., Psych.): *eine Krankheit verheimlichen*

Dissipation [-tsi̯-] die, -/-en ⟨lat.⟩ (Phys.): *Übergang einer Energieform in Wärmeenergie, zB bei der Reibung*

dissonant ⟨lat.⟩ ‖ **Dissonanz** die, -/-en: *Missklang* | (Mus.) *unharmonischer Klang;* → G.: Konsonanz ‖ **dissonieren** (Mus.)

Distanz die, -/-en ⟨lat.⟩: *Abstand, Entfernung* ‖ **distanzieren**[1] sich: *von jemandem/etwas abrücken;* der Kanzler distanzierte sich von der Aussage der Ministerin | sie verhält sich mir gegenüber distanziert *(zurückhaltend, reserviert)* ‖ **distanzieren**[2]: die Gegner d. *(im Wettkampf hinter sich lassen)* ‖ **Distanziertheit** die, - ‖ **Distanzierung** die, -/-en

Distel die, -/-n: *verschiedene stachelige Pflanzen* ‖ **Distelfink:** *Stieglitz* ‖ **Distelöl**

Distichon das, -s/Distichen ⟨gr.⟩: *ein Verspaar, bestehend aus Hexameter und Pentameter*

distingiert = **distinguiert** [-ŋg(u̯)-] ⟨lat.-fr.⟩ (geh.): ein distinguierter *(vornehmer)* Herr ‖ **Distinguiertheit** die, - ‖ **distinkt:** *verschieden, klar abgegrenzt* ‖ **Distinktion** [-tsi̯-] die, -/-en: *Unterscheidung* | *Rangabzeichen*

Distorsion die, -/-en ⟨lat.⟩ (Med.): *Verstauchung* | (Optik) *Verzerrung*

distribuieren ⟨lat.⟩ (veraltet): *verteilen* ‖ **Distribution** [-tsi̯-] die, -/-en: *[Einkommens]verteilung*

Distrikt der, -[e]s/-e ⟨lat.⟩: *Verwaltungsbezirk*

Disziplin die, - ⟨lat.⟩: *Ordnung, Selbstbeherrschung;* eiserne D. | (mit Pl. -en) *Wissenschaftsfach* | *Sportart (im Wettkampf)* ‖ **disziplinär** = **disziplinarisch:** jemanden aus disziplinären/disziplinarischen Gründen *(wegen Ordnungswidrigkeiten)* versetzen ‖ **Disziplinarmaßnahme** ‖ **Disziplinarstrafe** (Sport) ‖ **Disziplinarverfahren** ‖ **disziplinieren:** *gegen jemanden disziplinarische Maßnahmen anwenden* ‖ **Disziplinierung** die, -/-en ‖ **diszipliniert:** *geordnet, mit Selbstbeherrschung* ‖ **Diszipliniertheit** die, - ‖ **disziplinlos** ‖ **Disziplinlosigkeit** die, - ‖ **disziplinwidrig**

dito ⟨it.⟩ (D); → detto

diuretisch ⟨gr.⟩ (Med.): *harntreibend*

Diurnum das, -s/Diurnen ⟨lat.⟩ (veraltet): *Taggeld* ‖ **Diurnist** der, -en/-en (veraltet): *Tagelöhner, zB Schreiber in einem Gemeindeamt* ‖ **Diurnistin** die, -/-innen (veraltet)

Diva [-v-] die, -/-s [Diven] ⟨it.⟩: *gefeierte Sängerin, Tänzerin oder Schauspielerin*

divergent [-v-] ⟨lat.⟩ ‖ **Divergenz** die, -/-en: *Abweichung;* → G.: Konvergenz ‖ **divergieren:** divergierende *(auseinanderlaufende) Linien* | divergierende *(gegensätzliche) Meinungen*

diverse [-v-] ⟨lat.⟩: diverse *(verschiedene)* Gegenstände; *aber:* **D**iverses *(Verschiedenartiges)* einkaufen ‖ **Diversifikation** [-tsi̯-] die, -/-en ‖ **diversifizieren:** *Vielfältigkeit herbeiführen* ‖ **Diversion** die, -/-en (Jus): *außergerichtlicher Tatausgleich, Schadensgutmachung statt gerichtlicher Bestrafung bei geringen Vergehen* ‖ **Diversität** die, -: *Vielfalt*

Divertikel [-v-] das, -s/- ⟨lat.⟩ (Med.): *Ausstülpung zB im Dickdarm*

Divertimento [-v-] das, -s/-s [Divertimenti] ⟨it.⟩ (Mus.): *unterhaltendes Musikstück* | *Tanzeinlage* | *Zwischenspiel*

Dividend [-v-] der, -en/-en ⟨lat.⟩ (Math.): *Zahl, die zu teilen ist* ‖ **Dividende** die, -/-n (Börse, Wirt.): *Anteil am Gewinn einer AG; Ertrag aus Aktien;* eine D. ausschütten *(den Reingewinn auszahlen)* ‖ **Dividendenrendite** [auch: -rãˌdit] (Börse, Wirt.): *Dividendenertrag* ‖ **dividieren:** d. *(teilen)* durch … ‖ **Divis** das, -/-e (Druckw.): *Bindestrich* ‖ **Division** die, -/-en: *Teilungsrechnung* | (Mil.) *eine große Heeresabteilung* | (Sport) *eine Spielklasse [im Fußball]* ‖ **Divisionär** der, -s/-e (Mil.): *Kommandant einer Division* ‖ **Divisor** der, -s/-en [-ˈoː-] (Math.): *Zahl, durch die geteilt wird*

Diwan der, -s/-s [-e] ⟨pers.-fr.⟩: *ein gepolstertes Sitz- und Liegemöbel* ‖ **Diwanüberwurf**

Dixieland [-læ-] der, - ⟨engl.⟩: *Kurzwort für Dixielandjazz* | (mit Pl. -s) einen D. *(eine Musiknummer im Dixieland-Stil)* spielen ‖ **Dixielandjazz** [-dʒæz]: *ein Jazzstil*

d. J.: der **J**üngere; → jünger | **d**ieses **J**ahres

DJ [diː ˈdʒeɪ] der, -[s]/-s: **D**isk**j**ockey; → DJane

Djakarta [dʒ-] → Jakarta

DJane [diːˈdʒeɪn] die, -/-s ⟨engl.⟩: *weibl. Form von DJ;* → Diskjockey

Djihad [dʒi-] = → Dschihad

Dkfm.: Diplom-**K**au**fm**ann, -frau

dkg → dag

dl: Dezi**l**iter

dm: Dezi**m**eter ‖ dm^2**:** Quadrat**d**ezi**m**eter ‖ dm^3**:** Kubik**d**ezi**m**eter

DM [ˈdeːmark] die, -/- (früher): **D**eutsche **M**ark *(Geldeinheit in Deutschland);* → D-Mark

d. M.: dieses **M**onats

D-Mark [ˈdeː-] die, - (früher): Deutsche Mark; → DM; → DEM

d-Moll [ˈdeːˈmɔl] (d) (Mus.): *eine*

Tonart ‖ **d-Moll-Tonleiter** (Mus.)

DNA [de ɛn 'aː] die, -, *veraltend auch:* DNS (Biol.): **D**esoxyribo**n**ucleic **A**cid (Desoxyribonukleinsäure) ‖ **DNA-Analyse** [-yː-]

D-Netz ['deː-]: *ein Telefonnetz für drahtlose Übertragung, zB für Mobiltelefone*

Dnjepr der, -[s]: *Strom in Russland, Weißrussland und der Ukraine*

DNS[1] [de ɛn 'ɛs] die, - (veraltend) (Biol.): **D**esoxyribo**n**uklein**s**äure; → DNA

DNS[2] [de ɛn 'ɛs] das, - (EDV): **D**omain **N**ame **S**ystem

do: dortig[e]

Dobermann der, -s/-s [-männer]: *eine Hunderasse*

Döbling: *19. Bezirk Wiens*

Dobostorte [-ʃ-]: *eine glasierte Cremetorte*

Dobratsch der, -: *ein Gebirgsstock in Kärnten (auch: Villacher Alpe)*

doch: es ist spät, d. *(aber)* nicht zu spät; krank und d. *(trotzdem)* heiter sein; „Komm doch endlich!"

Docht der, -[e]s/-e: *brennbarer Faden [in einer Kerze]* ‖ **Dochtschere**

Dock das, -s/-s: *Anlage zum Bauen oder Reparieren von Schiffen*

Docke → Tocke

Docker[1] der, -s/-[n], *auch:* Tocker (T, K, mda.): *dummer, einfältiger Mensch*

Docker[2] der, -s/-: *Dockarbeiter* ‖ **Dockerin** die, -/-innen

Doctrix [-k-] die, -/Doctrices [-'triːts-] ⟨lat.⟩: *Doktorin*

Dodekaeder der, -s/- ⟨gr.⟩ (Math.): *regelmäßiger 12-flächiger Körper* ‖ **Dodekafonie** = **Dodekaphonie** [-f-] die, - (Mus.): *[Tonsystem der] Zwölftonmusik*

Dodel der, -s/-n (ugs.): *Schimpfwort für einen dummen Menschen* ‖ **dodelsicher** (ugs., abw. bzw. scherzh.): *idiotensicher*

Doge [-ʒɛ] der, -n/-n ⟨it.⟩: *Titel der Oberhäupter der ehemaligen Stadtrepubliken Venedig und Genua*

Dogge die, -/-n: *eine Hunderasse;* → Bulldogge

Dogma das, -s/Dogmen ⟨gr.⟩: *verpflichtender Glaubenssatz* ‖ **Dogmatik** die, -: *System von Glaubenssätzen* ‖ **Dogmatiker** der, -s/-: *Verfechter einer starren Lehrmeinung* | *Lehrer der Dogmatik* ‖ **Dogmatikerin** die, -/-innen ‖ **dogmatisch** (oft abw.): *starr an einem Dogma festhaltend* ‖ **dogmatisieren** ‖ **Dogmatismus** der, -: *Abhängigkeit von starren [Glaubens]regeln*

Dohle die, -/-n: *ein Rabenvogel*

do it yourself ['duː ɪt jɔː'self] ⟨engl.⟩ (wörtl.: Mach es selbst!): *Devise zB von Heimwerkern* ‖ **Do-it-yourself-Methode**

Doktor der, -s/-en [-'toː-] (Dr.) ⟨lat.⟩: *ein akademischer Grad;* Dr. phil. | *Arzt;* Dr. med. [univ.] ‖ **Doktorand** der, -en/-en: → *Dissertant* ‖ **Doktorandin** die, -/-innen ‖ **Doktorarbeit:** *Dissertation* ‖ **Doktorat** das, -[e]s/-e: *Doktortitel;* das D. machen ‖ **Doktorgrad** ‖ **Doktorhut** (früher): *Zeichen der Doktorwürde* ‖ **Doktorin** die, -/-innen (Dr.) ‖ **Doktormutter:** *weibl. Form von Doktorvater* ‖ **Doktortitel** ‖ **Doktorvater:** *Universitätsprofessor, der einen Dissertanten betreut* ‖ **Doktorwürde** ‖ **Doktrin** die, -/-en: *Lehrmeinung; politischer Grundsatz* ‖ **doktrinär** (oft abw.): *starr an einer Doktrin festhaltend*

Doku die, -/-s ⟨lat.⟩: *Kurzwort für Dokumentation* ‖ **Dokument** das, -[e]s/-e: *Urkunde* | *Beweisstück* | (EDV) → *Datei* ‖ **Dokumentarfilm** ‖ **dokumentarisch:** *urkundlich* | etwas d. *(als Beweis, zB schriftlich)* festhalten ‖ **Dokumentation** [-tsi̯-] die, -/-en: *Sammlung von Dokumenten und Daten; Zusammenstellung von Unterlagen zu einem Thema oder Fachgebiet* ‖ **Dokumentationsstelle** ‖ **Dokumentensammlung** ‖ **dokumentieren:** *ausdrücken, zeigen;* darin dokumentiert sich die Entstehungsgeschichte | *[urkundlich] nachweisen; medial darstellen* ‖ **Dokusoap** [-soʊp] ⟨engl.⟩: *dokumentarische Unterhaltungsserie*

Dolby [-i] das, -s ⟨engl.⟩ (Technol.) (Wz.): *ein Bandrausch-Unterdrückungsverfahren* ‖ **Dolby Surround** [- sə'raʊnd] ⟨engl.⟩ (Wz.): *Tonübertragung, die eine räumliche Klangwiedergabe ermöglicht*

dolce [-tʃe] ⟨it.⟩ (Mus.): *sanft, lieblich, süß, weich* ‖ **Dolcefarniente** [-tʃe-] das, - (wörtl.: süßes Nichtstun): *erholsames Faulenzen, reiner Lebensgenuss* ‖ **Dolce Vita** [- v-] die = das, - - (wörtl.: süßes Leben): *Müßiggang und vergnügliches Leben reicher Leute*

Dolch der, -[e]s/-e: *eine Stichwaffe* ‖ **Dolchstich** ‖ **Dolchstoßlegende** (Gesch.): *deutsche Behauptung in der Zwischenkriegszeit, dass der Erste Weltkrieg nicht durch eine militärische Niederlage verloren worden sei* | *[unwahre] Behauptung, ein hinterhältiger Akt sei der Grund für das Scheitern eines Unternehmens*

D

Dolde die, -/-n (Bot.): *ein Blütenstand* ‖ **doldenförmig**

Doline die, -/-n ⟨slowen.⟩: *Karsterscheinung, trichterförmige Einsenkung im Kalkgestein*

Dollar der, -s/-s ($) ⟨engl.⟩: *eine Geldeinheit [der Vereinigten Staaten von Amerika]* | (in Angaben von Beträgen mit Pl. Dollar) zehn Dollar wert sein ‖ **Dollarkurs** ‖ **Dollarzeichen** ($)

Dolm der, -[e]s/-e (ostöst., mda.): *Schimpfwort für einen dummen Menschen*

Dolmetsch der, -[e]s/-e ⟨türk.-ung.-slaw.⟩: *Dolmetscher* ‖ **dolmetschen,** du dolmetsch[s]t: *mündlich übersetzen;* simultan *(während der Text gesprochen wird)* d. ‖ **Dolmetscher** der, -s/- ‖ **Dolmetscherin** die, -/-innen

Dolomit der, -[e]s/-e: *ein Kalkgestein* ‖ **Dolomiten** die (Pl.): *Gebirgsgruppen in Kärnten, Osttirol, Italien*

Dolores: *weibl. Vorname*

Dom der, -[e]s/-e ⟨lat.⟩: *Bischofskirche; der Salzburger Dom*

Domain [dəʊ'meɪn] die, -/-s, *auch:* Domäne ⟨engl.⟩: *Adressbereich in EDV-Netzwerken, organisatorische Verwaltungseinheit* ‖ **Domaingrabbing** [-græb-]: *[illegale] Registrierung von Domains, um sie später mit Gewinn zu verkaufen*

Domäne die, -/-n ⟨lat.-fr.⟩: *[spezielles] Arbeitsgebiet, Einflussbereich* | (veraltet) *herrschaftlicher Gutsbesitz* | (EDV) *Domain* ‖ **Domestik** der, -en/-en (Sport): *Helfer [im Radsport]* | (meist Pl.) (veraltet bzw. abw.) *Dienstbote* ‖ **Domestikation** [-tsi̯-] die, -/-en ‖ **Domestikin** die, -/-innen ‖ **domestizieren:** *aus Wildtieren bzw. -pflanzen Haustiere bzw. Kulturpflanzen züchten;* die domestizierte Wildkatze | einen rebellischen Charakter d. *(zähmen, bändigen)* ‖ **Domestizierung** ‖ **Domherr:** *Mitglied eines*

Domkapitels ‖ **Do|mi|na** die, -/-s: *Prostituierte, die zu sadistischen Handlungen bereit ist* ‖ **do|mi|nant:** *vorherrschend, beherrschend* | (Biol.) → G.: rezessiv ‖ **Do|mi|nan|te** die, -/-n (Mus.): *fünfte Stufe der Dur- oder Molltonleiter* ‖ **Do|mi|nanz** die, -/-en: *Vorherrschaft* ‖ **do|mi|nie|ren:** unser Team dominierte das Viertelfinale *(überragte die anderen Mannschaften)*

Do|mi|nik: *männl. Vorname* ‖ **Do|mi|ni|ka|ner** der, -s/-: *Angehöriger eines geistlichen Ordens* | *Einwohner der Dominikanischen Republik* ‖ **Do|mi|ni|ka|ne|rin** die, -/-innen ‖ **Do|mi|ni|ka|ner|or|den** (O. P., OP, O. Pr.): *ein geistlicher Orden* ‖ **Do|mi|ni|ka|ni|sche Re|pu|b|lik** die, -n - (Kfz: DOM): *Inselstaat in der Karibik*

Do|mi|ni|um das, -s/Dominien [-i̯ɛn] ⟨lat.⟩: *Herrschaftsgebiet* ‖ **Do|mi|no**[1] der, -s/-s: *Maskenmantel* | *Person, die eine solche Maskierung trägt* | *Stein im Dominospiel* ‖ **Do|mi|no**[2] das, -s/-s: *ein Gesellschaftsspiel* ‖ **Do|mi|no|ef|fekt:** *Umfallen einer ganzen Reihe, wenn das erste Glied fällt* ‖ **Do|mi|no|spiel** ‖ **Do|mi|zil** das, -s/-e: *Wohnstätte* ‖ **Dom|ka|pi|tel** (Kath.): *nur für einen Dom zuständige Geistliche;* → Kapitel; → Domherr ‖ **Dom|ka|pi|tu|lar** (Kath.): *Domherr* ‖ **Dom|pfaff** der, -en [-s]/-en (Zool.): → *Gimpel* ‖ **Dom|platz**

Domp|teur [-ˈtøːə] der, -s/-e ⟨fr.⟩: *Tierbändiger* ‖ **Domp|teu|rin** die, -/-innen = **Domp|teu|se** [-ˈtøːs, -ˈtøːzɛ] die, -/-n

Don[1] (ohne Art.) ⟨span./it.⟩ (wörtl.: Herr): *ehrerbietige Anrede in Verbindung mit spanischen oder italienischen Vornamen;* D. Camillo; → Doña; → Donna

Don[2] der, -[s]: *Strom in Südrussland*

Do|ña [-nʲa] ⟨span.⟩ (wörtl.: Frau): *ehrerbietige Anrede mit anschließendem spanischen Vornamen;* D. Elvira; → Don

Do|nald Duck [auch: ˈdɒnəld ˈdʌk]: *eine Figur aus Comics und Zeichentrickfilmen*

Do|nau die, -: *Fluss in Deutschland, Österreich, der Slowakei, Ungarn, Kroatien, Serbien, Bulgarien, Rumänien, Moldawien und der Ukraine;* Linz an der D.; Alte D. *(Donauarme in Wien)* ‖ **Do|nau|au** (meist Pl.): Nationalpark Donauauen *(an der Donau von Wien bis Hainburg)* ‖ **Do|nau-Dampf|schiff|fahrts|ge|sell|schaft** die, - (DDSG) (früher) ‖ **Do|nau|in|sel:** *von zwei Donauarmen eingeschlossenes Freizeitgelände in Wien* ‖ **Do|nau|ka|nal:** *Donauarm in Wien* ‖ **Do|nau|kraft|werk** ‖ **Do|nau|me|t|ro|po|le:** *Hauptstadt an der Donau, zB Wien* ‖ **Do|nau|mo|n|ar|chie** die, -: *Österreich-Ungarn vor 1918* ‖ **Do|nau-Oder-Ka|nal** ‖ **Do|nau|schu|le** (Kunstg.): *eine Gruppe süddeutscher und österreichischer Maler um 1500* ‖ **Do|nau|stadt:** *Stadt an der Donau* | *22. Bezirk Wiens* ‖ **Do|nau|strom** ‖ **Do|nau|turm:** *ein Wahrzeichen in Wien* ‖ **Do|nau|ufer|au|to|bahn** (Verk.): *eine Autobahn in Wien* ‖ **Do|nau|uni|ver|si|tät** [-v-]: *[postgraduale] Universität in Krems* ‖ **Do|nau|wal|zer** der, -s: *berühmter Walzer („An der schönen blauen Donau") von Johann Strauß (Sohn)*

Do|na|witz: *Stadtteil von Leoben (Steiermark)*

Dö|ner ⟨türk.⟩ = **Dö|ner|ke|bab** = **Dö|ner|ke|bap** der = das, -s/-: *stark gewürzter türkischer Fleischspieß;* → Gyros

Don Ju|an [- ˈxu̯an, auch: - ʒu-] der, - -s/- -s: *Mann mit starker erotischer Ausstrahlung, Frauenheld* | (ohne Pl.) *spanische Dramenfigur*

Don|na ⟨it.⟩ (wörtl.: Frau): *ehrerbietige Anrede italienischer Adeliger mit anschließendem Vornamen;* D. Anna; → Don; → Doña

Don|ner der, -s/-: *Geräusch bei Gewitter* ‖ **don|nern:** es blitzt und donnert | die Lawine donnert ins Tal ‖ **Don|ner|schlag**

Don|ners|tag

- am Donnerstag, dem 4. Mai[,] ankommen
- Donnerstag, den 4. Mai[,] ankommen
- am Donnerstag, den 4. Mai ankommen
- am Donnerstag abends

Kleinschreibung des Adverbs „donnerstags":

- donnerstags weggehen (*jeden,* auch: *am Donnerstag*)
- donnerstags abends (= donnerstagabends) fernschauen

Zusammenschreibung mit Tageszeiten:

- sich Donnerstagfrüh treffen; *aber getrennt:* am Donnerstag früh *(zeitig)* zu arbeiten beginnen
- Donnerstagnachmittag
- eines Donnerstagabends

Don|ners|tag|abend: am D.; eines Donnerstagabends; wir kommen D. ‖ **don|ners|tag|abends:** *donnerstags abends* ‖ **don|ners|tä|gig:** *am Donnerstag stattfindend* ‖ **don|ners|tags:** *jeden* (auch: *am*) *Donnerstag;* d. abends *(donnerstagabends)* ‖ **Don|ner|wet|ter** (veraltet): *Gewitter* | das wird ein D. *(einen heftigen Tadel)* geben | *Ausruf der Bewunderung und des Staunens;* D., war die heute fleißig!

Don Qui|jo|te [- kiˈxɔte] der, - -s/- -s, *auch:* Don Quichotte [- -ˈʃɔt] (früher: Don Quixote [- -ˈxɔ-]): *ein idealistischer Schwärmer* | (ohne Pl.) *spanische Romanfigur* ‖ **Don|qui|chot|te|rie** [-kiʃ-] die, -/-n: *weltfremdes Tun, aussichtsloses Unternehmen*

Do|nut [ˈdəʊnʌt] der, -s/-s ⟨engl.⟩: *eine krapfenartige Süßspeise*

doof (bes. D, sal.): *dumm*

Dope [dəʊp] das, -s/-s ⟨engl.⟩: *Droge* | (Sport) *Doping* ‖ **do|pen:** das Rennpferd war gedopt *(seine Leistung war durch verbotene Mittel gesteigert)* ‖ **Do|ping** das, -s/-s: *unerlaubte Einnahme von Medikamenten zur Leistungssteigerung* ‖ **Do|ping|kon|t|rol|le**

Dop|pel das, -s/-: *Kurzwort für Doppelspiel, zB im Tennis* ‖ **Dop|pel-a:** *Waage* schreibt man mit D. ‖ **Dop|pel|ad|ler:** *zweiköpfiger Adler als Wappentier [der österreichisch-ungarischen Monarchie]* ‖ **Dop|pel|agent** ‖ **Dop|pel|agen|tin** ‖ **Dop|pel|be|las|tung** ‖ **Dop|pel|bett** ‖ **dop|pel|bö|dig:** *nicht eindeutig* ‖ **Dop|pel|bö|dig|keit** die, -/-en ‖ **Dop|pel|bre|chung** (Phys.): *Aufspaltung von in bestimmte Kristalle einfallenden Lichtstrahlen* ‖ **Dop|pel|chor** [-k-]: *zwei [gleichzeitig musizierende] Chorgruppen* ‖ **dop|pel|chö|rig** (Mus.): *für zwei Chöre bzw. Ensembles komponiert* ‖ **Dop|pel|de|cker:** *ein Flugzeugtyp* | *Kurzwort für Doppeldeckerbus* ‖ **Dop|pel|de|cker|bus:** *zweistöckiger Autobus* ‖ **dop|pel|deu|tig** ‖ **Dop|pel|deu|tig|keit** die, -/-en ‖ **dop|pel|deutsch:** doppeldeutsche Spielkarten ‖ **Dop|pel|feh-**

ler (Sport): *zwei Servicefehler bei einem Aufschlagpunkt im Tennis* || **Dop|pel|fens|ter** || **Dop|pel|fu|ge** (Mus.): *Fuge mit zwei Themen* || **Dop|pel|gän|ger** der, -s/-: *Person, die einer anderen zum Verwechseln ähnlich schaut* || **Dop|pel|gän|ge|rin** die, -/-innen || **Dop|pel|glei|sig|keit** die, -/-en || **dop|pel|glei|sig:** eine doppelgleisige Bahnstrecke | (ugs.) d. fahren *(dieselbe Aufgabe von zwei Personen durchführen lassen)* || **Dop|pel|he|lix** (Biol.): *doppelspiralige Struktur der Desoxyribonukleinsäure* || **Dop|pel|hoch|zeit** || **Dop|pel|kinn** || **Dop|pel|klick** || **dop|pel|kli|cken:** *eine Taste der Computermaus zweimal knapp hintereinander betätigen* || **Dop|pel|kon|so|nant** || **Dop|pel|kon|zert** (Mus.): *Konzert mit zwei Soloinstrumenten* || **Dop|pel|kopf:** *ein Kartenspiel* || **Dop|pel|le|ben:** ein D. *(neben dem bekannten ein zweites, geheimes Leben)* führen || **Dop|pel|li|ter:** *zwei Liter;* → Doppler || **Dop|pel|mo|n|ar|chie:** *die österreichisch-ungarische Monarchie* || **Dop|pel|mo|ral** (meist abw.): *Moral, die mit zweierlei Maßstäben misst* || **Dop|pel|mord** || **dop|peln,** ich dopple: Schuhe d. *(besohlen)* lassen || **Dop|pel|na|me,** *auch:* **Dop|pel|na|men:** *Vor- oder Nachname, der aus zwei Namen besteht* || **Dop|pel|pack** der, -[e]s/-s (-e): *Doppelpackung;* im D. billiger || **Dop|pel|pa|ckung:** *[preisgünstigere] Kaufeinheit von zwei gleichen Produkten* || **Dop|pel|pass** (Sport): *schneller Ballwechsel zwischen zwei Spielern* || **Dop|pel|punkt** (:): *ein Satzzeichen* | *Divisionszeichen;* 6 : 3 = 2 (sprich: *6 durch 3 ist 2*) | (Sport) *zur Angabe des Trefferverhältnisses;* 1 : 0 (sprich: *eins zu null*) siegen | *Gliederungszeichen in Uhrzeitangaben;* die Strecke in 3 : 10 (sprich: *3 Minuten 10 Sekunden; drei zehn*) laufen || **Dop|pel|rohr|blatt** (Mus.): *Anblasrohr von Oboe und Fagott* || **Dop|pel|rol|le:** *zwei Rollen in einem Film oder Bühnenstück, die vom selben Schauspieler gespielt werden* || **Dop|pel|sei|te:** *zwei nebeneinanderliegende Seiten* || **dop|pel|sei|tig:** eine doppelseitige *(zwei Seiten umfassende)* Anzeige || **Dop|pel|sinn:** *Doppeldeutigkeit* || **dop|pel|sin|nig** || **Dop|pel|spiel** (abw.): mit jemandem ein D. treiben *(jemanden täuschen, hintergehen)* || **Dop|pel|staats|bür|ger|schaft** || **Dop|pel|stern** (Astron.) || **dop|pel|stö|ckig:** ein doppelstöckiger Autobus || **Dop|pel|stra|te|gie** [-ʃt-, -st-]: *Strategie, die zugleich für gegensätzliche Ziele ausgerichtet ist* || **Dop|pel|stun|de:** *zwei gleiche Unterrichtsstunden hintereinander*

dop|pelt
zweifach; doppelt so groß wie ... | (nördl. D) doppelt gemoppelt *(überflüssigerweise doppelt)* | (ugs.) etwas doppelt und dreifach *(öfter als üblich)* sagen | doppelte Buchhaltung

Getrenntschreibung bei wörtlicher Bedeutung:
- doppelt wirken
- ein doppelt breiter Stoff

Zusammenschreibung bei übertragener Bedeutung:
- doppeltsehen *(betrunken sein)*

Getrennt- und Zusammenschreibung mit adjektivisch gebrauchtem Partizip:
- doppelt wirkende (= doppeltwirkende) Mittel

Großschreibung bei Nominalisierung:
- das **D**oppelte leisten
- etwas ums **D**oppelte vergrößern
- einen **D**oppelten *(einen doppelten Schnaps)* trinken

dop|pelt|koh|len|sau|er (fachspr.): doppeltkohlensaures Natron || **dop|pelt|se|hen:** *betrunken sein* || **Dop|pel|tür** || **Dop|pe|lung** = Dopplung die, -/-en: *Verdopp[e]lung* || **Dop|pel|ver|die|ner:** *jemand, der wie sein Lebenspartner über ein Einkommen verfügt* | *jemand, der zwei Einkommen bezieht* || **Dop|pel|ver|die|ne|rin** || **Dop|pel|vie|rer** (Sport): *eine Ruderdisziplin;* → Doppelzweier || **Dop|pel|vo|kal** || **Dop|pel|zent|ner** (veraltet): *100 kg* || **Dop|pel|zim|mer** (DZ) (Tour.) → Einzelzimmer || **dop|pel|zün|gig** (abw.): seine Worte sind d. *(er redet einmal so, einmal so)* || **Dop|pel|zün|gig|keit** die, -/-en (abw.) || **Dop|pel|zwei|er** (Sport): *eine Ruderdisziplin;* → Doppelvierer || **Dopp|ler** der, -s/-: *neue Besohlung* | (ugs.) *Zweiliterflasche [Wein]* || **Dopp|ler|ef|fekt** (Phys.): *Frequenzänderung bei einem bewegten Sender (nach dem Physiker C. Doppler)* || **Dopp|lung** = → Doppelung

Do|ra|do → Eldorado

Dorf das, -[e]s/Dörfer: das olympische Dorf *(Ort, in dem die Olympiateilnehmer untergebracht sind);* potemkinsche (= Potemkin'sche) Dörfer *(eine vorgetäuschte Leistung);* das sind böhmische Dörfer *(das ist unverständlich)* für mich || **Dorf|äl|tes|te**[1] der, -n/-n, ein Dorfältester || **Dorf|äl|tes|te**[2] die, -n/-n || **Dorf|be|woh|ner** || **Dorf|be|woh|ne|rin** || **Dorf|brun|nen** || **Dorf|er|neu|e|rung** || **Dorf|fest** || **Dorf|ge|mein|de** || **Dorf|ge|mein|schaft** || **Dorf|ju|gend** || **Dörf|le|fest,** *auch:* Dörflifest (V): *Dorffest* || **Dörf|ler** der, -s/-: *Dorfbewohner (im Gegensatz zum Städter)* || **Dörf|le|rin** die, -/-innen || **dörf|lich** || **Dörf|li|fest** → Dörflefest || **Dorf|schön|heit** (iron.): *hübsches Mädchen mit typischem Verhalten der Dörflerin* || **Dorf|trot|tel** (ugs., abw.): *im ganzen Dorf bekannter Trottel*

Do|ris: *weibl. Vorname (Dorothea, Theodora)*

do|risch (Arch.): Säulen im dorischen Stil; → ionisch; → korinthisch | (Mus.) → Dorisch || **Do|risch** das, -[en] (Mus.): *eine der alten Kirchentonarten*

Do|rit, *auch:* **Do|ritt:** *weibl. Vorname (Dorothea)* || **Dor|le** (bes. D): *Dorli* || **Dor|li:** *weibl. Vorname (Dorothea)*

Dor|mi|to|ri|um das, -s/Dormitorien [-iən] ⟨lat.⟩ (früher): *Schlafsaal eines Klosters*

Dorn der, -[e]s/-en: die Dornen der Rose; jemandem ein D. im Auge sein *(jemandem verhasst sein)*

Dorn|birn (Kfz: DO): *Stadt in Vorarlberg*

Dorn|busch || **Dor|nen|ge|strüpp** || **Dor|nen|he|cke** || **Dor|nen|kro|ne:** *Dornenkranz, mit dem Jesus Christus gekrönt wurde* || **dor|nen|reich** || **Dor|nen|strauch** || **dor|nen|voll** (geh.): *mit Leid, Mühe verbunden* || **dor|nig:** eine dornige Hecke | ein dorniger *(dornenvoller)* Weg || **Dorn|rös|chen** [auch: -ˈrøːs-] das, -s: *eine Märchenfigur* || **Dorn|rös|chen|schlaf:** *lang dauerndes untätiges Dahindämmern*

Do|ro|thea = **Do|ro|thee** [auch: ˈdɔ-]: *weibl. Vorname;* → Doris; → Doritt; → Dorli

D

Do|ro|the|um das, -s: *ein Auktionshaus und Versatzamt*
dör|ren: Obst d. *(trocknen)* ‖ **Dörr|pflau|me** ‖ **Dörr|obst** ‖ **Dörr|zwetsch|ke**
Dorsch der, -[e]s/-e: *ein [junger] Kabeljau*

D

dort
d. drüben, d. oben

Getrenntschreibung in Verbindung mit „sein“:
- dort sein
- ich bin noch nie dort gewesen

Zusammenschreibung, wenn die Betonung auf „dort“ liegt:
- etwas dortbehalten
- sie wollte unbedingt dortbleiben; *aber getrennt:* du sollst dort *(an dieser Stelle)* bleiben; dort wohnen

dor|ten (veraltend): *dort* ‖ **dort|her:** *von dort* ‖ **dort|hin** ‖ **dort|hi|n|auf** ‖ **dort|hi|n|aus** ‖ **dort|hin|ein** ‖ **dort|hi|n|un|ter** ‖ **dor|ti|ge** (do.): die d. Schule ‖ **dort|selbst** (veraltet): *ebendort* ‖ **dort zu Lan|de,** *auch:* dort zu Land = **dort|zu|lan|de,** *auch:* dortzuland: → Land
DOS das, -/- (Wz.): **D**isc **O**perating **S**ystem *(ein Betriebssystem für Computer)*
Do|se die, -/-n: *Büchse;* Bier in Dosen | *Steckdose*
Do|sen die (Pl. von → Dose und → Dosis)
dö|sen, du döst: *leicht schlummern; vor sich hinträumen*
Do|sen|bier ‖ **Do|sen|fut|ter:** *Tierfutter in einer Konservendose* | (sal., abw.) *Konservennahrung* ‖ **Do|sen|ge|tränk** ‖ **Do|sen|öff|ner**
do|sier|bar ⟨gr.-lat.⟩ ‖ **do|sie|ren:** *eine bestimmte Menge [eines Medikaments] abmessen, zumessen;* ein dosierter *(kontrollierter)* Schlag beim Tennis ‖ **Do|sie|rung** die, -/-en ‖ **Do|si|me|ter** (Phys.): *Gerät zur Bestimmung der Strahlendosis* ‖ **Do|sis** die, -/Dosen: *eine vorgeschriebene Menge [eines Heilmittels]* | (Phys.) *Maß für die einem Körper zugeführte Strahlungsmenge*
Dos|si|er [-ˈsi̯eː] das, -s/-s ⟨fr.⟩: *Sammlung von Schriftstücken zu einem Thema*
Dost der, -[e]s/-e: *eine Gewürzpflanze*
dos|tig (bes. ostöst., mda.): *aufgedunsen;* dostige Finger

Do|ta|ti|on [-tsi̯-] die, -/-en ⟨lat.⟩: *Geldzuweisung, Ausstattung*
Dot|com [-k-] die, -/-s = das, -s/-s ⟨engl.⟩: *Kurzwort für Dotcomfirma* ‖ **Dot|com|fir|ma:** *Firma, die ihre Geschäfte zum Großteil über das Internet abwickelt*
do|tie|ren ⟨lat.⟩: *mit Geldmitteln versehen;* ein hoch dotierter Preis ‖ **Do|tie|rung** die, -/-en
Dot|ter der (*reg. auch:* das), -s/-: *Eigelb* ‖ **Dot|ter|blu|me** ‖ **dot|ter|gelb**
dou|beln [ˈduː-], ich double ⟨fr.⟩ ‖ **Double** [ˈduːbl] das, -s/-s: *Doppelgänger; Ersatz-Filmschauspieler [für gefährliche Szenen]* ‖ **Dou|b|lé** = → Dublee ‖ **Dou|b|lé|ket|te** = → Dubleekette ‖ **Dou|b|let|te** = → Dublette
Dou|g|las|fich|te [ˈduː-]: *Douglasie* ‖ **Dou|g|la|sie** [-si̯ɛ] die, -/-n: *ein Nadelbaum* ‖ **Dou|g|las|tan|ne:** *Douglasie*
Dow-Jones-In|dex [ˈdaʊˈdʒəʊnz-] (Wirt.): *Aufstellung der Durchschnittskurse der dreißig wichtigsten Aktien der USA*
down [daʊn] ⟨engl.⟩ (sal.): *(erschöpft, bedrückt);* ich fühle mich ganz d.; → G.: high
Dow|ning Street [ˈdaʊnɪŋ striːt]: *[Straße mit dem] Amtssitz des britischen Premierministers*
Down|load [ˈdaʊnləʊd] der, -s/-s ⟨engl.⟩ (EDV): *das Herunterladen;* → Upload ‖ **down|loa|den,** ich loade down (EDV): *herunterladen;* sie hat eine Software downgeloadet *(von einem anderen Computer oder vom Internet auf den eigenen übertragen);* → uploaden
Down|syn|drom [ˈdaʊnzy-] das, -s (Med.): *eine Erbkrankheit;* → Mongolismus
Do|yen [dɔaˈjɛ̃ː] der, -[s]/-s ⟨fr.⟩: *rangältester Diplomat, Schauspieler u. Ä.* ‖ **Do|ye|n|ne** [-ˈjɛn] die, -/-n: die D. des Burgtheaters
Doz.: Dozent/in ‖ **Do|zent** der, -en/-en ⟨lat.⟩: *Lehrer an Universitäten oder hochschulmäßigen Lehrgängen* ‖ **Do|zen|tin** die, -/-innen ‖ **Do|zen|tur** die, -/-en ‖ **do|zie|ren:** *hochschulmäßig lehren* | *in lehrhaftem Ton vortragen*
Dr.: Dokto**r**/in; Dr. phil.; Dr. med. [univ.]
d. R.: der **R**eserve; Hauptmann d. R.
Dra|che der, -n/-n, *auch:* Drachen der, -s/-: *ein Fabeltier;* → Lindwurm ‖ **Dra|chen** der, -s/-: *ein Fluggerät, Hängegleiter; ein Spielzeug;* D. steigen lassen | → *Drache* ‖ **Dra|chen|flie|gen** das, -s (Sport): *Gleiten mit einem Drachen als Fluggerät* ‖ **Dra|chen|flie|ger** ‖ **Dra|chen|flie|ge|rin** ‖ **Dra|chen|stei|gen** das, -s
Drach|me die, -/-n ⟨gr.⟩ (früher): *eine Geldeinheit [in Griechenland]*
Dra|gee [-ˈʒeː] = **Dra|gée** das, -s/-s ⟨fr.⟩: *eine Art Bonbon* | *eine Arzneipille*
Dra|go|ner der, -s/- ⟨fr.⟩: *Rückenspange [am Mantel]* | (früher) *ein Reitersoldat* | (abw.) *derbe, resolute Frau*
Drag|queen [ˈdrægkwiːn] ⟨engl.⟩: *eine Art von Transvestit*
Drah|di|wa|berl das, -s/-[n] (ostöst., ugs.): *Kreisel* | *wirre Person* | *verwickelte, schwierige Situation*
drahn (ostöst., ugs.): *sich die Nacht hindurch ausgelassen vergnügen* ‖ **Drah|rer** der, -s/- (ostöst., ugs.): *Nachtschwärmer* ‖ **Drah|re|rin** die, -/-innen (ostöst., ugs.)
Draht der, -[e]s/Drähte: den D. aufwickeln | einen guten D. *(ein gutes Verhältnis)* zu jemandem haben; heißer D. *(direkte [telefonische] Verbindung)* ‖ **Draht|bürs|te** ‖ **Dräht|chen** das, -s/- ‖ **Draht|esel** (scherzh.): *Fahrrad* ‖ **Draht|git|ter** ‖ **Draht|haar:** *steifes Haar [bei bestimmten Hunderassen]* ‖ **draht|haa|rig** ‖ **drah|tig:** ein drahtiger *(schlanker, sehniger)* Bursch ‖ **draht|los:** *schnurlos, mittels Funk;* drahtlose Telegrafie ‖ **Draht|seil** ‖ **Draht|seil|bahn** ‖ **Draht|ver|hau:** *Sperre, Abgrenzung aus [Stachel]drahtgeflecht* ‖ **Draht|zaun** ‖ **Draht|zie|her** der, -s/- (abw.): *Anstifter, Leiter im Hintergrund* ‖ **Draht|zie|he|rin** die, -/-innen (abw.)
Drai|na|ge [dreˈnaːʃ, -ʒɛ] = → Dränage ‖ **Drai|na|ge|rohr** = → Dränagerohr ‖ **drai|na|gie|ren** = → dränagieren ‖ **drai|nie|ren** = → dränieren
Drai|si|ne [draɪ-] die, -/-n: *ein kleines Schienenfahrzeug, Bahndienstwagen (nach dem Erfinder Karl von Drais)*
dra|ko|nisch: *sehr streng (nach dem giechischen Gesetzgeber Drakon);* drakonische Maßnahmen
drall: ein dralles *(rundes, kräftiges)* Gesäß ‖ **Drall** der, -[e]s/-e:

Drehung [bes. eines Geschoßes durch die Windung der Züge im Lauf]; → Linksdrall
Dralon das, -[s] (Wz.): *eine Polyacrylfaser*
Drama das, -s/Dramen ⟨gr.⟩: *eine Bühnendichtung* | *aufregendes, tragisches Geschehen* || **Dramatik** die, -: *Spannung* | *dramatische Dichtkunst* || **Dramatiker** der, -s/-: *Bühnendichter* || **Dramatikerin** die, -/-innen || **dramatisch:** *zum Drama gehörend;* dramatische Literatur | ein dramatischer *(bewegter, aufregender)* Vorfall | die Strahlung stieg d. *(gefährlich stark)* an || **dramatisieren:** *für die Bühne, TV oÄ gestalten;* einen Roman d. | *aufbauschen* || **Dramatisierung** die, -/-en || **Dramaturg** der, -en/-en: *literarischer Berater eines Theaters* || **Dramaturgie** die, -/-n || **Dramaturgin** die, -/-innen || **dramaturgisch**
dran: *daran;* d. sein *(an der Reihe sein);* d. glauben müssen *(etwas durchmachen müssen, sterben müssen);* an dieser Sache kann nichts d. sein *(sie wird gewiss nichts wert sein);* das wird wohl d. *(daran)* liegen, dass ...
Dränage [-'naːʃ, -ʒɛ] = Drainage [drɛ-] die, -/-n ⟨engl.-fr.⟩: *Entwässerung; Entwässerungsanlage* | (Med.) *Ableitung von Flüssigkeit mittels eines Röhrchens* || **Dränagerohr** = Drainagerohr || **dränagieren** = drainagieren: *dränieren*
dranbleiben (sal.): *beim Telefonieren nicht auflegen* | an dieser Sache musst du d. *(du musst sie weiterverfolgen)*
drang → dringen || **Drang** der, -[e]s: *Druck* | *Trieb*
drangehen → darangehen
Drängelei die, -/-en || **drängeln,** ich drängle || **drängen:** sie drängt *(presst, schiebt)* sich in die U-Bahn | auf eine rasche Lösung d. *(darauf hinwirken, sie verlangen);* die Zeit drängt *(wird knapp und macht ein rasches Handeln notwendig); aber:* auf Drängen der Behörden || **Drängerei** die, -/-en
Drangperiode (Sport): *Phase eines Spiels mit deutlicher Überlegenheit einer Mannschaft*
Drangsal die, -/-e (geh.): *Mühe, Bedrängnis;* die Drangsale *(Plagen)* des Krieges || **drangsalieren** (abw.): *quälen, peinigen*
dranhalten sich → daranhalten
dränieren = drainieren [drɛ-] ⟨fr.⟩: eine sumpfige Wiese d. *(entwässern)*
drankommen: *an die Reihe kommen* || **drankriegen** (ugs.): *hineinlegen, übervorteilen* || **dranmachen**¹ → daranmachen¹ || **dranmachen**² sich → daranmachen² || **drannehmen:** *aufrufen, abfertigen; prüfen* || **dransetzen** → daransetzen
Drapee = Drapé das, -s/-s ⟨fr.⟩: *ein feiner Stoff* || **Draperie** die, -/-n: *[faltiger] Stoffbehang [bei den Fenstern]* || **drapieren:** einen Festsaal mit Fahnentuch d. *(ausschmücken)*
drapp ⟨fr.⟩ (veraltend): *blassbraun, sandfarben;* ein drapp[es] Kleid || **Drapp** das, -[s]/- (veraltend) || **drappfarben** (veraltend)
Drastik die, - ⟨gr.⟩ || **drastisch:** *kräftig wirkend, grob;* ein drastisches *(schlagendes, augenfälliges)* Beispiel
Drau die, -: *Fluss in Italien, Osttirol, Kärnten, Slowenien, Kroatien, Ungarn*
dräuen (geh., veraltet): *drohen*
drauf: *darauf;* d. und dran *(im Begriff)* sein | (ugs.) gut d. sein *(in guter Verfassung sein)* || **Draufgabe:** *[Programm]zugabe* || **Draufgänger** der, -s/-: *jemand, der [ohne viel Überlegung] mutig handelt* || **Draufgängerin** die, -/-innen || **draufgängerisch** || **draufgeben:** *drauflegen* | einen Apfel d. *(zusätzlich geben)* | (ugs.) jemandem eine d. *(jemanden schlagen)* || **draufgehen** (ugs.): viel Geld geht drauf *(geht auf, wird verbraucht)* | (derb) die Katze ist draufgegangen *(verendet)* || **draufhaben** (ugs.): nichts d. *(nichts können)* || **draufhalten:** mit der Hand d. *(auf die Stelle drücken)* || **draufhauen** || **draufkommen:** *entdecken* || **draufkriegen** (ugs.): eine d. *(getadelt, geschlagen werden)* || **drauflegen** || **drauflos:** einfach so d. || **drauflosfahren** || **drauflosgehen** || **drauflosreden** || **drauflosschlagen:** blindlings d. || **draufschlagen:** kräftig d. | (ugs.) auf den Preis d. || **draufschmieren** (ugs.): Butter d. || **Draufsicht:** *Ansicht von oben* || **draufstehen** || **draufstreichen** || **draufzahlen** (ugs.): *Schaden erleiden*
draus: *daraus* || **drausmachen** sich: sich nichts d.; → daraus || **drausbringen:** *aus der Fassung bringen* || **drauskommen:** *den Faden verlieren, stecken bleiben* || **draußen:** d. bleiben
Dreadlocks ['dredlɒks] die (Pl.) ⟨engl.⟩: *verfilzte Haarsträhnen*
Dreamteam ['driːmtiːm] ⟨engl.⟩ (bes. Sport): *bes. erfolgreiche Mannschaft*
Drechselbank: *Drehbank* || **drechseln** [-ks-], *ich drechsle: auf der Drehbank herstellen* | gedrechselte *(kompliziert formulierte)* Sätze || **Drechsler** der, -s/- || **Drechslerin** die, -/-innen
Dreck der, -s: den D. *(Schmutz)* wegputzen | (ugs.) D. am Stecken haben *(eine [öffentlich nicht bekannte] Schuld auf sich geladen haben);* jemanden/etwas durch den D. ziehen *(übel verleumden);* wie der letzte D. *(schlecht, unwürdig)* behandelt werden || **Dreckarbeit** = Drecksarbeit (abw.) || **Dreckfink** (abw.): *Schmutzfink* || **dreckig:** dreckige Schuhe | (ugs.) es geht ihr d. *(schlecht)* || **Drecknest** = Drecksnest (abw.): *kleiner uninteressanter Ort* || **Drecksarbeit** = → Dreckarbeit || **Drecksau:** *ein derbes Schimpfwort* || **Dreckschleuder** (ugs., abw.): *unflätiges Mundwerk* | *Maschine mit großem Schadstoffausstoß* || **Leckskerl:** *ein derbes Schimpfwort* || **Drecksnest** = → Drecknest
Dreh der, -s/-s (ugs.): den richtigen D. *(Trick, Kunstgriff)* heraushaben || **Drehachse** [-ks-] || **Dreharbeit** (meist Pl.): *das Drehen eines Films* || **Drehbank:** *Werkbank zur Bearbeitung von Holz, Metall, Kunststoffen uÄ* || **drehbar** || **Drehbewegung** || **Drehbleistift** || **Drehbuch:** *Filmtext mit genauen Aufnahmeanweisungen* || **Drehbuchautor** || **Drehbuchautorin** || **Drehbühne** || **drehen**¹: ich drehe den Zeiger | einen Film d. || **drehen**² sich: es dreht sich alles um sie *(sie steht immer im Mittelpunkt)* | mir dreht sich alles *(ich bin schwindlig)* || **Dreher** der, -s/-: *Arbeiter an der Drehbank* || **Dreherin** die, -/-innen || **Drehimpuls** (Phys.): *physikalische Größe zur Beschreibung rotierender Körper* || **Drehkreuz:** *drehbare Vorrichtung bei Durchgängen, die das Eintreten nur jeweils einer Person zulässt* || **Drehlei-**

D

er: *ein altertümliches Saiteninstrument;* → Leierkasten ‖ **Drehmoment** das, -[e]s/-e (Phys.): *Maß für die Drehwirkung einer auf einem drehbaren Körper angreifenden Kraft* ‖ **Drehorgel:** *mechanische Kleinorgel für Straßenmusikanten, Werkel* ‖ **Drehort:** *Ort, an dem ein Film gedreht wird* ‖ **Drehpause:** in einer D. gab die Schauspielerin ein Interview ‖ **Drehpunkt:** *Punkt, um den sich ein Körper dreht* ‖ **Drehscheibe:** diese Stadt ist eine D. *(ein internationales Zentrum)* des Drogenhandels | *Töpferscheibe* ‖ **Drehsessel** ‖ **Drehstrom:** *eine Art des elektrischen Stroms* ‖ **Drehtür:** *vierteilige Tür, die zum Durchschreiten in Drehung versetzt werden muss* ‖ **Drehung** die, -/-en ‖ **Drehwurm:** *ein Bandwurm* ‖ **Drehzahl:** *Tourenzahl* ‖ **Drehzahlbereich:** im oberen D. fahren ‖ **Drehzahlmesser:** *Tourenzähler*

drei (3)

Kleinschreibung des Zahlworts:
- [um] Punkt drei
- nicht bis drei zählen können *(ugs.: dumm sein)*
- zu dreien *(zu dritt, in Dreiergruppen)*

Schreibung in Verbindung mit „viertel“:
- um drei viertel acht
- in drei viertel Stunden (*auch:* in drei Viertelstunden); *aber zusammen und groß:* in einer Dreiviertelstunde

Großschreibung bei Nominalisierung der Grundzahl zur Bezeichnung einer Ziffer:
- die Ziffer **Drei** (3, → *Dreier*)
- die Note **Drei**; → acht

Drei die, -/-en (bes. D): → *Dreier;* → drei ‖ **dreiachsig** [-ks-] (3-achsig) ‖ **Dreiachteltakt** (3/8-Takt) ‖ **Dreiakter** der, -s/-: *dreiaktiges Bühnenstück* ‖ **dreiarmig** (3-armig) ‖ **dreibeinig** (3-beinig) ‖ **Dreibettzimmer** ‖ **dreidimensional:** ein Körper ist d. ‖ **Drei-D-Verfahren** [-'de:-] (3-D-Verfahren = 3D-Verfahren): *ein Verfahren zur räumlichen Wiedergabe von Filmen* ‖ **Dreieck** das, -[e]s/-e ‖ **dreieckig** (3-eckig) ‖ **Dreiecksständer:** *[Wahl]werbeständer entlang von Straßen* ‖ **Dreiecksverhältnis:** *geschlechtliche Beziehung, an der drei Partner beteiligt sind* ‖ **dreieinhalb** ‖ **Dreieinigkeit:** *Dreifaltigkeit* ‖ **dreieinig:** der dreieinige Gott

Dreier (3er) der, -s/-: *die Ziffer Drei (3)*

Die österreichischen Formen der nominalisierten Zahlwörter werden auf -er gebildet:
- einen Dreier hinschreiben (bes. in Deutschland: eine Drei)
- als Note einen Dreier *(ein Befriedigend)* bekommen (bes. in Deutschland: eine Drei)

dreierlei ‖ **dreiern** (reg., zB T): *die Nachmittagsjause einnehmen, marenden;* → neunern ‖ **Dreierradl** (ugs.): *Turnus in drei Schichten* ‖ **Dreierreihe** ‖ **Dreiervorschlag:** *Reihung von drei für eine höhere Stellung vorgeschlagenen Bewerbern* ‖ **dreifach** (3fach/3-fach) ‖ **Dreifaltigkeit** die, -: *die Einheit der drei göttlichen Personen Vater, Sohn und Heiliger Geist,* Dreieinigkeit; die Heilige D.; → Trinität ‖ **Dreifaltigkeitssonntag:** *der Sonntag nach Pfingsten* ‖ **dreifärbig,** *auch:* dreifarbig (3-färbig, *auch:* 3-farbig) ‖ **Dreifelderwirtschaft** (Landw.): *eine Bewirtschaftungsform mit wechselnder Fruchtfolge* ‖ **Dreifuß:** *ein Gerät mit drei Füßen* ‖ **dreigestrichen** (Mus.): das dreigestrichene C (*c''', c^3*) singen ‖ **Dreihalbetakt** ($^3/_2$-Takt) (Mus.) ‖ **Dreiheit** die, -: *drei zusammengehörende Größen;* die D. Geist, Körper und Seele ‖ **dreihundert** (300) ‖ **dreijährig** (3-jährig): ein dreijähriges (3-jähriges) Mädchen; *aber:* die **Dreijährige** (3-**J**ährige) ‖ **dreijährlich** (3-jährlich): *alle drei Jahre* ‖ **Dreikampf:** *eine Disziplin in der Leichtathletik* ‖ **Dreikantfeile** ‖ **dreikantig** (3-kantig) ‖ **Dreikanthof:** *eine Bauernhofform* ‖ **Dreikantschlüssel:** *ein Steckschlüssel* ‖ **Dreikäsehoch** der, -s/-[s] (scherzh.): *kleines Kind* ‖ **Dreiklang** (Mus.): *ein Akkord* ‖ **Dreikönigsfest:** *Fest der Heiligen Drei Könige am 6. Jänner* ‖ **Dreikönigstag** → Dreikönigsfest ‖ **dreiköpfig** (3-köpfig): *drei Personen umfassend* ‖ **dreilagig** (3-lagig): dreilagige Papiertaschentücher ‖ **Dreiländereck** = **Dreiländerecke:** *Stelle, an der drei Länder aneinandergrenzen* ‖ **dreimal** (3-mal), *auch:* drei Mal ‖ **dreimalig** ‖ **Dreimaster** der, -s/-: *Segelschiff mit drei Masten* ‖ **Dreimeilenzone:** *zum Hoheitsgebiet eines Staates gehöriger Teil des Meeres* ‖ **Dreimeterbrett:** *ein Sprungbrett*

drein (ugs.): *darein* ‖ **dreinfahren** (ugs.): *energisch eingreifen* ‖ **dreinfinden** sich (ugs.): *sich mit etwas abfinden* ‖ **dreingeben** sich (ugs.): *sich fügen* ‖ **dreinhauen** (ugs.): *wild dreinschlagen* ‖ **dreinmischen** sich (ugs.) ‖ **dreinpfuschen** (ugs.) ‖ **dreinreden** (ugs.): ich lasse mir nicht d. *(lasse es nicht zu, dass sich jemand einmischt)* ‖ **dreinschauen** (ugs.): finster d. ‖ **dreinschlagen** (ugs.): *dazwischenschlagen*

Dreiphasenstrom [-f-]: *Drehstrom* ‖ **Dreirad:** *ein dreirädriges Fahrzeug* ‖ **Dreiradler** ‖ **dreiseitig** (3-seitig) ‖ **dreisilbig** (3-silbig): ein dreisilbiges Wort ‖ **Dreispitz** (früher): *ein Hut* ‖ **dreisprachig** (3-sprachig) ‖ **Dreisprachigkeit** die, - (SüdT): *Beherrschung der drei Landessprachen Deutsch, Italienisch und Ladinisch* ‖ **Dreisprachigkeitsnachweis** (SüdT) ‖ **Dreisprachigkeitszulage** (SüdT) ‖ **Dreisprung:** *eine Sportart* ‖ **dreißig** (30): Anfang d.; → achtzig ‖ **dreißiger Jahr** = **Dreißigerjahr** (= 30er Jahr, 30er-Jahr) → achtziger ‖ **dreißigjährig** (30-jährig): eine dreißigjährige Frau; *aber:* der **Dreißigjährige** Krieg (1618–1648)

dreist: ein dreistes *(keckes, anmaßendes)* Benehmen

dreistellig (3-stellig): eine dreistellige Zahl ‖ **Drei-Sterne-Hotel** (3-Sterne-Hotel), *auch:* Drei-Stern-Hotel (3-Stern-Hotel)

Dreistigkeit die, -/-en

dreistimmig (3-stimmig): ein dreistimmiges Lied ‖ **dreistöckig** (3-stöckig) ‖ **dreistündig** (3-stündig): eine dreistündige Wartezeit ‖ **dreistündlich** (3-stündlich): dreistündliche Bahn-Intervalle ‖ **dreitägig** (3-tägig) ‖ **Dreitagebart:** *ein zirka drei Tage alter Stoppelbart* ‖ **dreitausend** (3 000): d. Meter ‖ **Dreitausender** (3 000er): *Berg, der zwischen 3 000 und 3 999 m hoch ist* ‖ **dreiteilen:** *dritteln* ‖

Dreiviertelärmel (¾-Ärmel) ‖ **Dreiviertelliterflasche** (¾-Liter-Flasche) ‖ **Dreiviertelstunde:** in einer D.; → drei; → viertel; → Viertel ‖ **Dreivierteltakt** (¾-Takt) ‖ **dreiwertig** (3-wertig) ‖ **dreiwöchig** (3-wöchig) ‖ **Dreizack** der, -[e]s/-e: *ein Spieß mit drei Zacken* ‖ **dreizehn** (13): Nummer d. | (ugs.) jetzt schlägt's d.! *(das geht zu weit)* ‖ **dreizehnhundert** (1 300): d. Euro ‖ **Dreizimmerwohnung** (3-Zimmer-Wohnung) ‖ **dreizinkig** (3-zinkig): eine dreizinkige Gabel

dreschen, ich dresche, du drisch[s]t/drosch/gedroschen/drisch!, drescht!: Getreide d. | (ugs.) jemanden windelweich d. *(schlagen)* | Phrasen d. *(gefällige, aber inhaltlich leere Reden führen)* ‖ **Drescher** der, -s/- ‖ **Drescherin** die, -/-innen ‖ **Dreschflegel** ‖ **Dreschmaschine**

Dresden: *Stadt in Deutschland*

Dress der, -es/-en = die, -/-en ⟨engl.⟩: *eine Sportkleidung* ‖ **Dressenwerbung:** *Werbung auf der Sportkleidung von Fußballern uÄ*

dressieren ⟨fr.⟩: einen Hund d. *(abrichten)* | (Küchenspr.) eine Torte d. *(verzieren)* | (Küchenspr.) *zurichten [von Geflügel]* ‖ **Dressiersack** (Küchenspr.): *Beutel zum Verzieren von Torten uÄ*

Dressing das, -s/-s ⟨engl.⟩: *Salatmarinade, -sauce* ‖ **Dressman** [-mæn] der, -[s]/Dressmen: *Vorführer von Herrenbekleidung; männliches Modell*

Dressur die, -/-en ⟨fr.⟩: *Abrichtung* ‖ **Dressurakt:** ein D. mit Tigern [im Zirkus] ‖ **Dressurreiten**

Dr. h. c. ['dɔktoːɐ ha 'tseː]: **doctor honoris causa** [-k- - k-] *(Ehrendoktor/in)*

dribbeln, ich dribble, hat gedribbelt ⟨engl.⟩ (Sport) ‖ **Dribbling** das, -s/-s (Sport): *das Vorantreiben des Balls mit kurzen Fußstößen*

Drift die, -/-en, *auch:* Trift: *vom Wind hervorgerufene Wasserströmung | Holzflößung;* → Trift ‖ **driften,** *auch:* triften: *in der Drift treiben;* Holz d. *(flößen, schwemmen)*

Drill der, -s: *hartes Training durch monotone Übungen;* → drillen ‖ **Drillbohrer:** *ein konischer Bohrer* ‖ **drillen:** *Fertigkeiten mechanisch einüben, um automatische Beherrschung zu erreichen;* der Trainer drillt sein Team; auf etwas gedrillt sein

Drillich der, -[e]s/-e: *dichtes Gewebe aus dreifachem Faden;* → Zwillich ‖ **Drillichhose**

Drilling der, -s/-e: Drillinge zur Welt bringen; → Zwilling

drin: *darin;* d. sein; das ist nicht d. *(das lohnt sich nicht; das ist unmöglich)* ‖ **drinbleiben**

dringen, drang/gedrungen: an die Öffentlichkeit d. *(gelangen)* | auf Erledigung d. *(beharren);* in jemanden d. *(auf jemanden einwirken),* die Wahrheit zu sagen; ich habe darauf gedrungen *(habe verlangt),* dass die Zeit genau eingehalten wird ‖ **dringend:** *eilig, sofort zu erledigen;* ich muss d. mit ihr telefonieren; aufs/auf das dringendste (= **D**ringendste) bitten ‖ **dringlich:** die Angelegenheit ist d. *(drängt und ist wichtig);* **D**ringliche (auch: dringliche) Anfrage (einer Partei im Parlament) ‖ **Dringlichkeit** die, -: etwas ist von höchster D.

Drink der, -s/-s ⟨engl.⟩: *[alkoholisches] Getränk;* → Softdrink

drinnen, *auch:* darinnen: d. *(zB in einem Buch)* nachschauen; d. arbeiten; d. essen ‖ **drinnenbleiben,** *auch:* darinnenbleiben ‖ **drinstecken:** sie steckt auch mit drin *(sie ist auch daran beteiligt)* ‖ **drinstehen:** das Wort steht nicht drin *(ist zB nicht im Wörterbuch zu finden)*

Drischel die, -/-n: *Dreschflegel*

Driste → Triste

dritt: zu d. musizieren ‖ **Drittabschlagen** das, -s: *ein Fangspiel*

dritte

- die dritte Zeile
- die dritte der Läuferinnen wurde disqualifiziert (Bezugswort: Läuferinnen)

Großschreibung in Eigennamen:

- die **D**ritte Welt *(die Entwicklungsländer)*
- das **D**ritte Reich *(das Deutsche Reich im Nationalsozialismus)*
- Ferdinand der **D**ritte *(Ferdinand III.);* → achte

Dritte[1] **der, -n/-n (3.), ein Dritter**

Großschreibung bei Nominalisierung:

- der Dritte des Monats
- der Dritte von links
- „Wenn zwei sich streiten, freut sich der Dritte“
- der lachende Dritte *(jemand, der von einem Streit zweier anderer profitiert)*
- der Dritte im Bunde sein
- ein Dritter *(Unbeteiligter)*
- ohne Benachteiligung Dritter/von Dritten

D

Dritte[2] die, -n/-n (3.) ‖ **drittel:** ein d. Jahr (= Dritteljahr); → achtel ‖ **Drittel** das, -s/-: das letzte D. des Monats; → Achtel ‖ **drittel Jahr** = **Dritteljahr** ‖ **dritteln,** ich drittle: *in drei Teile teilen* ‖ **drittens** (3.) ‖ **Dritte-Welt-Laden:** *Geschäft, das Produkte aus der Dritten Welt zu fairen Preisen verkauft* ‖ **dritthöchste** ‖ **drittklassig:** *von minderer Qualität* ‖ **Drittklassler** der, -s/-: *Schüler der dritten Klasse* ‖ **Drittklässler** der, -s/- (V, südl. D): *Drittklassler* ‖ **Drittklasslerin** die, -/-innen ‖ **Drittklässlerin** die, -/-innen (V, südl. D) ‖ **Drittland:** *Land außerhalb eines zwischenstaatlichen Vertrags;* jemanden in ein sicheres D. *(nicht in seine Heimat)* abschieben ‖ **drittletzte:** die d. Schülerin; *aber:* er wurde **D**rittletzter ‖ **Drittmittel** die (Pl.): *Gelder von Außenstehenden* ‖ **drittrangig** ‖ **Drittteil** (veraltet): *Drittel*

Dr. iur. ['dɔktoːɐ 'juːɐ] = Dr. jur.: **doctor iuris/juris** *(Doktor/in der Rechtswissenschaften)* (auslaufend: *der Rechte)*

Drive [draɪv] der, -s/-s ⟨engl.⟩: *Schwung, Elan;* → Speed | (Sport) *eine Technik [im Tennis]* | (Mus.) *rhythmische Dynamik im Jazz* ‖ **Drive-in-Lokal:** *Lokal, bei dem Autofahrer am Fahrzeug bedient werden* ‖ **Drivingrange** ['draɪvreɪndʒ] = **Driving-Range** die, -/-s [-ɪz]: *Golfanlage*

Dr. jur. → Dr. iur. ‖ **Dr. med. univ.** ['dɔktoːɐ 'mɛt 'unif]: **doctor medicinae universae** [- -'tsiːnɛ -'vɛrsɛ] *(Doktor/in der gesamten Medizin)* ‖ **Dr. med. vet.** [- - 'vɛt]: **doctor medicinae veterinariae** [- - -'naːriɛ] *(Doktor/in der Veterinärmedizin)* (auslaufend: *der Tierheilkunde)*

droben: *dort oben* ‖ **drobenbleiben** ‖ **drobere** (ugs.): die droberen *(oberen)* Stockwerke

Droge die, -/-n ⟨fr.⟩: *[Rohstoff für] Heilmittel | Rauschgift* ‖ **drogenabhängig** ‖ **Drogenabhängi-**

ge[1] der, -n/-n, ein Drogenabhängiger ‖ **Drogenabhängige**[2] die, -n/-n ‖ **Drogenabhängigkeit** die, - ‖ **Drogenaufklärung** ‖ **Drogenberatungsstelle** ‖ **Drogendealer** [-di:l-] ‖ **Drogendealerin** ‖ **Drogendelikt** ‖ **Drogenfahnder** ‖ **Drogenfahnderin** ‖ **Drogenhandel** ‖ **Drogenhändler** ‖ **Drogenhändlerin** ‖ **Drogenkonsum** ‖ **Drogenmissbrauch** ‖ **Drogenring** ‖ **Drogenspürhund** ‖ **Drogensucht** ‖ **drogensüchtig** ‖ **Drogenszene** ‖ **Drogerie** die, -/-n: *Geschäft für Kosmetika, Chemikalien und Heilmittel* ‖ **Drogeriemarkt** ‖ **Drogist** der, -en/-en: *ein Beruf* ‖ **Drogistin** die, -/-innen

Drohbrief: einen anonymen D. erhalten ‖ **drohen:** dem Mitarbeiter mit Entlassung d. *(sie als Warnung ankündigen)* ‖ **Drohgebärde**

Drohne die, -/-n: *männliche Biene* | *fauler Schmarotzer*

dröhnen: dröhnender Maschinenlärm

Drohung die, -/-en: seine D. wahrmachen; leere Drohungen; eine D. ausstoßen

drollig: *spaßig, lustig, erheiternd;* ein drolliges Kind ‖ **Drolligkeit** die, -/-en

Dromedar das, -s/-e ⟨gr.-lat.⟩: *einhöckriges Kamel*

Drop-out [-'aʊt] = **Dropout** der, -[s]/-s ⟨engl.⟩: *jemand, der vor Erreichen des Ziels ausfällt (aufhört), zB Student vor Abschluss des Studiums* | *jemand, der aus seiner sozialen Gruppe ausgebrochen, ausgestiegen ist* ‖ **Drop-out-Quote** = **Dropout-Quote** ‖ **Drop-out-Rate** = **Dropout-Rate:** *Verhältniszahl der Drop-outs zu den normalen Abschlüssen*

Drops das, -/- ⟨engl.⟩: *säuerliches Fruchtzuckerl*

drosch → dreschen

Droschke die, -/-n ⟨russ.⟩ (bes. nördl. D): *[Miet]kutsche*

dröseln → aufdröseln

Drosendorf: *Stadt in Niederösterreich*

Drossel die, -/-n: *ein Singvogel*

drosseln, ich drossle: die Wasserzufuhr d. *(vermindern)* ‖ **Drosselung** = **Drosslung** die, -/-en

Dr. phil. ['dɔktoːɐ fil]: **doctor philosophiae** [- -fiɛ] *(Doktor/in der Philosophie)* ‖ **Dr. rer. mont.** [- 'rɛːɐ 'mɔnt]: **doctor rerum montanarum** *(Doktor/in der montanistischen Wissenschaften)* ‖ **Dr. nat. techn.: doctor rerum naturalium technicarum** [- - -'raː- -'kaː-] *(Doktor/in der Bodenkultur)* ‖ **Dr. techn.: doctor technicae** [- 'tɛ-tsɛː] *(Doktor/in der technischen Wissenschaften)*

drüben: *auf der gegenüberliegenden Seite* ‖ **drübenbleiben** ‖ **drüber:** *darüber;* es geht drunter und d. *(wild durcheinander)* ‖ **drübere** (ugs.): *jenseitig;* das drübere Ufer ‖ **drüberfahren:** → *darüberfahren* | (ugs.) *anherrschen, zurechtweisen* ‖ **drübermachen** sich (ugs.): *sich → darübermachen* ‖ **drüberstehen:** → *darüberstehen* ‖ **drüberstrahn** (ostöst., ugs., scherzh.): *drüberstreuen; aber:* ein letztes Glas zum **D**rüberstrahn *(zusätzlich als Abschluss)* ‖ **Drüberstrahrer** (ostöst., ugs., scherzh.): *Drüberstreuer* ‖ **drüberstreuen:** → *darüberstreuen* ‖ **Drüberstreuer** der, -s/- (ostöst., ugs., scherzh.): *etwas Zusätzliches, zB ein Glas Wein vor dem Weggehen*

Druck[1] der, -[e]s/-e: *das Drucken auf Papier, Stoff uÄ;* ein kleiner D. *(schwer lesbares Schriftbild);* alte Drucke *(Bücher oder Grafiken);* das Buch ist in/im D. ‖ **Druck**[2] der, -[e]s/Drücke: *Kraft, die auf eine Fläche einwirkt;* Händedruck; ein D. von 1 000 Pascal | auf jemanden [einen] D. *(Zwang)* ausüben ‖ **Druckabfall** (Phys.) ‖ **Druckanstieg** (Phys.) ‖ **Druckausgleich** (Phys.) ‖ **Druckbuchstabe** ‖ **Drückeberger** der, -s/- (abw.): *jemand, der unangenehmen Aufgaben aus dem Weg geht* ‖ **Drückebergerin** die, -/-innen (abw.) ‖ **druckempfindlich** ‖ **drucken:** Bücher d. | (mda.) *drücken* ‖ **drücken**[1]: jemandem die Hand d.; eine drückende *(belastende)* Schuld; drückend heiß | das Niveau d. *(herabsetzen);* → gedrückt ‖ **drücken**[2] sich: *unangenehmen Sachen aus dem Weg gehen* ‖ **Drucker** der, -s/-: *Druckknopf an Kleidungsstücken* | *jemand, der beruflich Bücher druckt* | (EDV) *an den Computer angeschlossenes Gerät, das Daten auf Papier ausdruckt* ‖ **Drücker** der, -s/-: *ein Türöffner* | *Schaltknopf;* am D. sein/sitzen *(das entscheidende Zeichen geben [können])* | (ugs.) auf den letzten D. *(im letzten Moment)* ‖ **Druckerei** die, -/-en ‖ **Druckerin** die, -/-innen: *Frau, die beruflich Bücher druckt* ‖ **Druckerpresse** ‖ **Druckerschwärze** ‖ **Druckerzeugnis:** *Gedrucktes, zB Buch, Zeitschrift, Druckschrift* ‖ **Druckfehler** ‖ **Druckfehlerteufel** (scherzh.): *Phantasiewesen, das für Druckfehler verantwortlich gemacht wird* ‖ **Druckformat** (EDV): *Einstellungen einer Druckseite, zB Schriftgröße, Seitenränder* ‖ **druckfrisch:** ein druckfrisches *(direkt aus der Druckerei kommendes)* Buch ‖ **Druckgrafik** = **Druckgraphik** [-f-] (Kunstg.): *Grafik, die durch ein drucktechnisches Reproduktionsverfahren hergestellt wird, zB Holzschnitt, Radierung* ‖ **Druckkabine:** *druckdichter Raum [in Flugzeugen, U-Booten] zur Erzeugung von bestimmten Druckverhältnissen* ‖ **Druckknopf** ‖ **Druckknopfampel** ‖ **Druckkochtopf** ‖ **Drucklegung** die, -/-en: *Durchführung des Drucks*[1] ‖ **Druckluft** die, - (Phys.): *verdichtete Luft, Pressluft* ‖ **Druckmittel:** etwas als D. *(um Druck auszuüben)* benutzen ‖ **druckreif:** *so gut formuliert, dass es gleich gedruckt werden könnte* ‖ **Drucksache** (früher): *[gedruckte] offene Postsendung zu einem niedrigeren Tarif* ‖ **Druckschrift:** *kleineres Druckwerk* | *Schrift für den Buchdruck, zB Antiqua* ‖ **Drucksorte:** *Formular, Vordruck* ‖ **Druckstelle:** eine D. auf einem Pfirsich ‖ **druckunempfindlich** ‖ **Druckunterschied** ‖ **Druckwerk:** *Druckerzeugnis* ‖ **Druckwelle** (Phys.): *infolge einer plötzlichen Druckänderung entstehende Welle in Flüssigkeiten oder Gasen, die sich mit hoher Geschwindigkeit ausbreitet* ‖ **Druckverfahren**

Drud → Trut ‖ **Drudenfuß** → Trutenfuß

Druide der, -n/-n ⟨kelt.-lat.⟩: *altkeltischer Priester*

drum: *darum;* d. *(aus diesem Grund)* kommen; *aber:* → drumkommen; nichts d. geben; *aber:* mit allem **D**rum und Dran

Drum [-ʌ-] die, -/-s ⟨engl.⟩: *Trommel* | (nur Pl.) *Schlagzeug, bes. im Jazz und der Popmusik* ‖ **Drumcomputer** ['drʌmk-pju-]

Drumherum das, -s (ugs.) ‖ **drumkommen** → darumkommen

Drummer [-'ʌ-] der, -s/- ⟨engl.⟩: *Schlagzeuger* ‖ **Drummerin** die, -/-innen

drunten: *da unten;* d. im Tale ‖ **drunter:** *darunter;* es geht d. und drüber ‖ **druntere** (ugs.): die drunteren *(unteren)* Stockwerke ‖ **drunterfallen** → darunterfallen ‖ **druntermischen** → daruntermischen ‖ **drunterstehen** → darunterstehen ‖ **drunterstellen** → darunterstellen

Drusch der, -[e]s: *das Dreschen* | *der Ertrag beim Dreschen*

Druse[1] der, -n/-n ⟨arab.⟩: *Angehöriger einer aus dem Islam entstandenen Religionsgemeinschaft*

Druse[2] die, -/-n: *Kristallbildung in hohlem Gestein*

Drüse die, -/-n: *Körperorgan, das bestimmte Säfte absondert* ‖ **Drüsenfunktion** [-tsi̯-]

Drusin die, -/-innen: *weibl. Form von Druse*[1]

dry [draɪ] ⟨engl.⟩: *trocken (bei alkoholischen Getränken)*

Dschihad = **Djihad** [dʒi-] der, -s ⟨arab.⟩: *der heilige Krieg im Islam*

Dschungel der, -s/- ⟨Hindi-engl.⟩: *sumpfiges Walddickicht in den Tropen* | *[romantische] Wildnis*

Dschunke die, -/-n ⟨mal.⟩: *Segelschiff in chinesischer Bauart*

dt.: deutsch

DTP [de te 'pe:] das, -s: Desktoppublishing

Dtzd.: Dutzend

> **du**
>
> **Kleinschreibung:**
> – Was hast du?
> – Wie würdest du dich verhalten?
>
> **In der Anrede im Brief ist auch Großschreibung möglich:**
> – Liebe Klara! Leider hast du (*auch:* Du) lange nichts von dir (*auch:* Dir) hören lassen. Muss ich mir deinetwegen (*auch:* Deinetwegen) Sorgen machen? Ich hoffe, es geht euch (*auch:* Euch) gut.
>
> **Groß- und Kleinschreibung:**
> – du (= **Du**) zueinander sagen
>
> **Großschreibung bei Nominalisierung:**
> – das vertrauliche **Du**
> – jemanden mit **Du** anreden
> – mit jemandem auf **Du** und **Du** stehen
> – mit jemandem per **Du** sein; → duzen; → Sie

Du das, -[s]/-[s]: das vertrauliche Du; Du (= du) zueinander sagen; → du; → duzen; → Sie

dual ⟨lat.⟩: das duale Zahlensystem *(Zahlensystem mit der Grundzahl 2)* | (Bildw.) die duale Ausbildung der Lehrlinge *(Ausbildung in Berufsschule und Lehrbetrieb)* ‖ **Dual** ['du:al, du'a:l] der, -s/-e (Sprachwiss.): *ein Numerus neben Singular und Plural, zB im Slowenischen* ‖ **Dualismus** der, -/Dualismen: *zwei zusammengehörende Größen, Zweiheit* | *Gegensätzlichkeit* | (Phys.) *Eigenschaft mikrophysikalischer Objekte, je nach Art der Beobachtung sich wie ein Teilchen oder eine Welle zu verhalten* ‖ **dualistisch** ‖ **Dualität** die, -: *Zweiheit* ‖ **Dualsystem** [-zy-] (Math.): *Zahlensystem mit der Grundzahl 2 (statt zB 10 im Dezimalsystem), Binärsystem* ‖ **Dualzahl** (Math.)

Dubbing ['dʌb-] das, -s/-s ⟨engl.⟩ (Elektrot.): *Kopieren, Überspielen von Bild- oder Audioinformationen*

Dübel der, -s/-: *eine Hülse [aus Kunststoff], in die eine Schraube eingedreht werden kann;* einen D. in die Mauer schlagen ‖ **dübeln,** ich düble

dubios ⟨lat.⟩: *zweifelhaft, fragwürdig*

Dublee = Doublé [du-] das, -s/-s ⟨fr.⟩: *minderes [unechtes] Metall, das mit einer Edelmetallschicht überzogen ist* ‖ **Dubleekette** = Doublékette: *Metallkette, die zB vergoldet ist* ‖ **Dublette** = Doublette [du-] die, -/-n: *ein doppelt vorhandenes Stück [von Büchern oder gesammelten Briefmarken]*

Dublin ['dʌ-]: *Hauptstadt der Republik Irland*

Dubnium das, -s (Zeichen: Db): *ein chemisches Element*

Dubrovnik [-v-]: *Hafenstadt in Kroatien;* → Ragusa

Duce [-tʃe] der, -s ⟨it.⟩ (wörtl.: Führer) (Gesch.): *offizielle Bezeichnung für den italienischen Faschistenführer Mussolini*

Duchesse [dy'ʃɛs] ⟨fr.⟩ die, -: *ein Seidengewebe*

Duck [dʌk] → Donald Duck

ducken: sich bei Gefahr d. *(sich klein machen, in Deckung gehen)* ‖ **Duckmäuser** der, -s/- (abw.): *verängstigter Mensch, Heuchler, Heimlichtuer* ‖ **Duckmäuserin** die, -/-innen (abw.) ‖ **duckmäuserisch** (abw.)

Dudelei die, -/-en, *auch:* Dudlerei (oft abw.): *Gedudel* ‖ **dudeln,** ich dudle (oft abw.): *eintönige Melodien blasen, singen oder jodeln* ‖ **Dudelsack:** *ein Blasinstrument, Sackpfeife* ‖ **Dudelsackpfeifer** ‖ **Dudelsackpfeiferin** ‖ **Dudler** der, -s/-: *Bezeichnung des Jodlers im Wienerlied* | (reg.) *leichter Schwips* ‖ **Dudlerei** → Dudelei

Duell das, -s/-e ⟨lat.⟩: *Zweikampf* ‖ **Duellant** der, -en/-en ‖ **Duellantin** die, -/-innen ‖ **duellieren** sich

Duett das, -[e]s/-e ⟨it.⟩: *Musikstück für zwei Gesangsstimmen oder Instrumente* | *die beiden Ausführenden eines solchen Musikstücks;* → Duo

Dufflecoat ['dʌflkəʊt] der, -s/-s ⟨engl.⟩: *ein kurzer sportlicher Mantel*

Dufreund: *Duzfreund* ‖ **Dufreundin**

Duft der, -[e]s/Düfte: *zarter [angenehmer] Geruch* ‖ **duften:** es duftet *(riecht angenehm)* nach Kaffee ‖ **Dufthauch** ‖ **duftig:** ein duftiges Kleid *(Kleid aus sehr feinem, dünnem Gewebe)* ‖ **Duftkissen** ‖ **Duftmarke** (Biol.): *von Tieren ausgeschiedener Stoff [zur Markierung des Reviers]* ‖ **Duftnote:** *Eigenart eines Duftes* ‖ **Duftstoff** ‖ **Duftwasser:** *ein Parfum* ‖ **Duftwolke**

Duisburg ['dy:s-]: *Stadt in Deutschland*

Dukaten der, -s/- ⟨lat.⟩: *eine alte Goldmünze* ‖ **Dukatenbuchtel:** *kleine Buchtel* ‖ **Dukatengold:** *ein bes. feines Gold*

Du-Komment [-mɑ̃:] der, -s (Fachjargon): *Brauch des Duzens in bestimmten Vereinigungen oder Kreisen;* → Komment

Duktus der, - ⟨lat.⟩: der D. *(Zug)* dieser Handschrift

dulden: *zulassen* | *still leiden* ‖ **Dulder** der, -s/- ‖ **Dulderin** die, -/-innen ‖ **Duldermiene** ‖ **duldsam:** *tolerant* ‖ **Duldsamkeit** die, - ‖ **Duldung** die, -/-en

dulliäh, *auch:* dulliöh (ostöst., ugs.): *gut in Stimmung, lustig, ausgelassen;* d. sein ‖ **Dulliäh** das = der, -/-s, *auch:* Dulliöh (ostöst., ugs.): *Ausgelassenheit; Alkoholrausch* ‖ **Dulliähstimmung,** *auch:* **Dulliöhstimmung** (ostöst., ugs.): *lustige, ausgelassene Stimmung*

D

Dulle = Tulle der, -n/-n (K, mda.): *Ochs, Stier* | *ungeschickter, missmutiger Mensch*
Dult die, -/-en (O, S): *Kirchtag, Volksfest*
Dulzinea die, -/Dulzineen [-'e:(ɛ)n] (scherzh. bzw. abw.): *Geliebte, Angebetete*

D

Duma die, -/-s ⟨russ.⟩: *russisches Parlament*
Dumdumgeschoß, *auch:* Dumdumgeschoss: *[verbotenes] Geschoß, das schwere Wunden verursacht*
dumm, dümmer/am dümmsten: das ist mir zu d. *(meine Geduld ist am Ende);* sich nicht für d. verkaufen *(sich nichts vormachen)* lassen; sich d. stellen ‖ **dummdreist** ‖ **Dummerl** das, -s/-[n] (ugs.): *Dummkopf* ‖ **Dummerle** das, -[s]/-[s] (V): *Dummerl* ‖ **dummerweise** ‖ **Dummheit** die, -/-en ‖ **Dummian** der, -s/-e: *Dummkopf* ‖ **Dummkopf:** *dumme Person* ‖ **dümmlich:** *geistig beschränkt*
Dummy ['dʌmi] der, -s/-s ⟨engl.⟩: *menschenähnliche große Puppe für Versuchszwecke [bei Autotests]* | (Werb.) *Attrappe, Schaupackung*
dumpf: ein dumpfer *(tief und hohl klingender)* Ton | ein dumpfer *(modriger)* Geruch | ein dumpfer *(undeutlicher)* Schmerz ‖ **dumpfig:** *muffig, modrig*
Dumping ['dʌm-] das, -s ⟨engl.⟩ (Wirt.): *das Unterbieten von Preisen im [Auslands]handel* ‖ **Dumpingpreis** (Wirt.)
Düne die, -/-n: *ein angewehter Sandhügel*
Dung der, -[e]s: *Stallmist; Jauche* ‖ **Düngemittel** ‖ **düngen:** den Acker d. ‖ **Dünger** der, -s/-: *nährstoffreiche Substanz für den Boden;* Kunstdünger ‖ **Düngung** die, -/-en

dunkel, dunkler [dünkler]/am dunkelsten:
eine dunkle Nische | dunkle *(anrüchige, zwielichtige)* Geschäfte machen

Großschreibung bei Nominalisierung:
- im **D**unkeln *(in der Finsternis, im Dunkel)* stolpern
- jemanden im **D**unkeln *(Ungewissen)* lassen
- im **D**unkeln *(Ungewissen)* tappen

Getrennt- und Zusammenschreibung mit Verben, die ein Resultat herbeiführen:
- dunkel streichen = dunkelstreichen
- dunkel färben = dunkelfärben

Dunkel das, -s: im D. *(in der Finsternis, im Dunkeln)* stolpern
Dünkel der, -s (geh.): *Überheblichkeit, Anmaßung*
Dunkelarrest ‖ **dunkelblau** ‖ **dunkelblond** ‖ **dunkel färben** = **dunkelfärben** ‖ **dunkelhaarig**
dünkelhaft (geh.): *überheblich, anmaßend*
dunkelhäutig ‖ **Dunkelheit** die, -: vor Einbruch der D. ‖ **Dunkelkammer:** in der D. Filme ausarbeiten ‖ **Dunkelmann** (abw.): *zwielichtiger Mann* ‖ **dunkeln:** es dunkelt *(wird dunkel)* ‖ **Dunkelsteiner Wald** = **Dunkelsteinerwald:** *ein Hügelland in Niederösterreich* ‖ **dunkel streichen** = **dunkelstreichen** ‖ **Dunkelziffer:** *unbekannte Zahl, zB nicht bekannt gewordener Verbrechen*
dünken, dünkte [deuchte]/gedünkt [gedeucht] (geh.): *scheinen;* es dünkt (deucht) mich/mir, wir sinken; sich besser d. *(für besser halten)*

dünn
ein dünnes Buch; sie ist dünner als er

Kleinschreibung:
- durch dick und dünn

Großschreibung bei Nominalisierung:
- Mode für Dick und **D**ünn *(für alle)*

Getrennt- und Zusammenschreibung:
- Brot dünn schneiden (= dünnschneiden)
- dünn besiedelt = dünnbesiedelt

dünn besiedelt = **dünnbesiedelt** ‖ **Dünndarm** ‖ **dünnflüssig** ‖ **dünnhäutig:** *mit dünner Haut* | *sensibel* ‖ **Dünnpfiff** (scherzh.): *Durchfall* ‖ **Dünnschiss** (ugs.): *Durchfall* ‖ **dünn schneiden** = **dünnschneiden** ‖ **dünnwandig**
Dunst der, -[e]s/Dünste: über der Gegend liegt starker D.; jemandem einen blauen D. vormachen *(etwas vorspiegeln)* | (ugs.) keinen D. *(keine Ahnung)* von einer Sache haben ‖ **Dunstabzug** ‖ **Dunstabzugshaube:** *Gerät über dem Herd, das Dunst und Gerüche absaugt* ‖ **dunsten:** dunstende Wiesen | (sal.) jemanden d. *(absichtlich lang warten)* lassen ‖ **dünsten:** Fleisch d. ‖ **Dunstfrüchte** die (Pl.): *Dunstobst* ‖ **Dunstglocke:** *Smog* ‖ **Dunstkoch:** *Brei aus gedünstetem Obst* ‖ **dunstig** ‖ **Dunstkreis:** *Umgebung* | *Einflussbereich, Gefolge* ‖ **Dunstobst** (Küchenspr.): *gedünstetes Obst* ‖ **Dunstschicht** ‖ **Dunstschleier** ‖ **Dunstwolke**
Dünung die, -/-en: *abklingende Meereswellen*
Duo das, -[s]/-s ⟨lat.⟩: *Musikstück für zwei Gesangsstimmen bzw. Instrumente* | *die beiden Ausführenden eines solchen Musikstücks;* → Duett ‖ **Duodenum** das, -s/Duodena (Med.): *Zwölffingerdarm* ‖ **duodezimal** ‖ **Duodezimalsystem** [-zy-] (Math.): *Zahlensystem mit der Grundzahl 12* ‖ **Duodezstaat:** *Zwergstaat*
düpieren ⟨fr.⟩ (geh.): *täuschen, hineinlegen* ‖ **Düpierung** die, -/-en (geh.)
duplieren ⟨lat.⟩ (veraltend): *duplizieren* ‖ **Duplikat** das, -[e]s/-e: *Ersatz, Zweitschrift einer Originalurkunde, zB eines Zeugnisses;* → Replikat ‖ **Duplikation** [-tsi̯-] die, -/-en ‖ **duplizieren:** *verdoppeln* ‖ **Duplizität** die, -: *zweimaliges Vorkommen [eines Geschehens]*
Dur das, - ⟨lat.⟩ (Mus.): *die Durtonart;* in Dur; → Moll ‖ **Durakkord** (Mus.) ‖ **Durdreiklang** (Mus.)
durch (Präp. mit Akk.): d. einen Bach waten; etwas d. die Blume sagen *(andeuten);* d. zehn Jahre *(zehn Jahre lang);* → durchs | (Adv.) d. und d. nass sein; der Bodenbelag ist d. *(durchlöchert, undicht);* das Steak muss schon halb d. *(durchgebraten)* sein; mit dem Ärgsten d. sein; bei jemandem unten d. sein *(es sich mit ihm verscherzt haben)*
durchackern: *gründlich durcharbeiten;* das Lehrbuch d.
durcharbeiten: eine Sache d. | sie hat eine Nacht durchgearbeitet
durchatmen: tief d. *(ein- und ausatmen)*

durch|aus: *völlig, unbedingt*
durch|bei|ßen[1]: eine Brotscheibe d. ‖ **durch|bei|ßen**[2] sich: *mit Zähigkeit durchhalten*
durch|beu|teln: *kräfig schütteln*
durch|bie|gen: den Rücken leicht d.; die Bücherregale biegen sich durch
durch|bil|den: ein gut durchgebildeter *(geformter)* Körper
durch|bla|sen: der Wind hat heftig durchgeblasen
durch|blät|tern: die Zeitung d.
durch|bläu|en: *durchhauen*
Durch|blick: *Überblick;* keinen D. haben ‖ **durch|bli|cken,** durchgeblickt: etwas d. *(erkennen)* lassen
durch|blu|ten[1]: er hat den Verband durchgeblutet ‖ **durch|blu|ten**[2]: eine gut durchblutete Haut ‖ **Durch|blu|tung** ‖ **Durch|blu|tungs|stö|rung**
durch|boh|ren[1]: sie hat das Brett durchgebohrt ‖ **durch|boh|ren**[2]: er hat ihn mit Blicken durchbohrt
durch|bo|xen[1] sich: sich zur Kassa d. ‖ **durch|bo|xen**[2]: ein Vorhaben trotz großer Bedenken d. *(durchsetzen)*
durch|bra|ten: das Fleisch ist gut durchgebraten
durch|bre|chen[1]: die Brücke ist durchgebrochen ‖ **durch|bre|chen**[2]: eine durchbrochene Stickerei
durch|bren|nen: eine Sicherung ist durchgebrannt | (ugs.) ein Kind ist von daheim durchgebrannt *(ausgerissen)*
durch|brin|gen: er hat sich kümmerlich durchgebracht *(notdürftig ernährt, am Leben erhalten)* | *leichtsinnig verschwenden;* sein Geld d.
Durch|bruch: der Künstlerin gelang der D. *(sie erreichte die Anerkennung)*
durch|che|cken [-tʃ-] (sal.): *abchecken;* sich beim Arzt d. *(untersuchen)* lassen; das Auto beim Mechaniker d. *(kontrollieren)* lassen
durch|den|ken[1]: ich habe die Sache durchgedacht ‖ **durch|den|ken**[2]: ein gut durchdachter (= gutdurchdachter) Plan
durch|dis|ku|tie|ren: *ausführlich diskutieren*
durch|drän|gen sich: sich zum Eingang d.
durch|dre|hen: durchdrehende Räder | (ugs.) vor Wut d. *(die Nerven verlieren)*
durch|drin|gen[1]: sie ist mit ihrer Idee durchgedrungen *(sie hat sich durchgesetzt)* ‖ **durch|drin|gen**[2]: von einer Idee durchdrungen *(erfüllt)* sein ‖ **Durch|drin|gung** die, -/-en
durch|drü|cken: das Pedal ganz d. | ein Anliegen bei jemandem d. *(durchsetzen)*
durch|dür|fen: sie hat nicht durchgedurft

durch|ein|an|der

Getrenntschreibung in Verbindung mit „sein":
– durcheinander *(verwirrt)* sein
– ich bin durcheinander gewesen
Zusammenschreibung, wenn die Betonung auf „durcheinander" liegt:
– alles durcheinanderbringen *(etwas in Unordnung bringen; alles verwechseln)*
– durcheinanderessen
– durcheinanderredende Kinder

Durch|ein|an|der das, -s ‖ **durch|ein|an|der|brin|gen:** alles d. *(etwas in Unordnung bringen; alles verwechseln)* ‖ **durch|ein|an|der|es|sen** ‖ **durch|ein|an|der|ge|hen:** heute geht alles durcheinander *(nicht wie geplant)* ‖ **durch|ein|an|der|re|den:** durcheinanderredende Kinder
durch|ex|er|zie|ren: *von Anfang bis Ende durchnehmen*
durch|fah|ren[1]: ich bin (durch Linz) nur durchgefahren ‖ **durch|fah|ren**[2]: ich habe Österreich kreuz und quer d. ‖ **Durch|fahrt**
Durch|fall: → *Diarrhö* ‖ **durch|fal|len:** bei der Prüfung durchgefallen sein; das Theaterstück ist durchgefallen *(wurde allgemein abgelehnt)*
durch|fech|ten: eine höhere Gewinnbeteiligung vor Gericht d. *(durchsetzen, erreichen)*
durch|fei|ern: sie hat die ganze Nacht durchgefeiert
durch|feuch|ten: ein durchfeuchteter Wundverband
durch|fil|zen (ugs.): *genau kontrollieren, untersuchen;* er ist an der Grenze durchfilzt worden
durch|flech|ten: mit Blumen durchflochtene Haare
durch|flie|gen[1]: die Wildgänse sind bei uns nur durchgeflogen | (ugs.) er ist bei der Prüfung durchgeflogen *(durchgefallen)* ‖ **durch|flie|gen**[2]: das Flugzeug hat die Gewitterfront durchflogen
durch|flie|ßen[1]: ein Wildbach ist hier durchgeflossen ‖ **durch|flie|ßen**[2]: das von einem Wildbach durchflossene Tal
durch|for|mu|lie|ren: ein durchformulierter *(gut formulierter, durchdachter)* Text
durch|for|schen: *genau untersuchen; durchsuchen*
durch|fors|ten: den Wald d. *(ausholzen)* | die Bestände d. *(prüfen, aussortieren)*
durch|fra|gen sich: er hat sich zur richtigen Adresse durchgefragt
durch|fres|sen[1]: der Rost hat sich durchgefressen ‖ **durch|fres|sen**[2]: ein von Rost durchfressenes Rohr
durch|fret|ten sich (ugs.): *sich mühsam durchbringen*
durch|frie|ren[1]: der durchgefrorene Erdboden ‖ **durch|frie|ren**[2]: ich bin ganz durchfroren
Durch|fuhr die, -: die D. *(der Transit)* von Waren durch Österreich ‖ **durch|führ|bar** ‖ **Durch|führ|bar|keit** die, -/-en ‖ **durch|füh|ren:** sie hat den Auftrag durchgeführt ‖ **Durch|füh|rung:** die D. eines Plans | (Mus.) *die Verarbeitung von Themen, zB in der Sinfonie* ‖ **Durch|füh|rungs|be|stim|mung** (Jus): *Durchführungsverordnung* | (SüdT) *Gesetzesbestimmung zur Durchführung des Südtirolpakets* ‖ **Durch|füh|rungs|plan** (SüdT): *Programm zur Umsetzung der im Bauleitplan festgelegten Nutzung der Grundstücke* ‖ **Durch|füh|rungs|ver|ord|nung** (DV) (Jus): *gesetzlich verankerte Erläuterung zu einer Gesetzesnorm*
durch|fur|chen: eine von Falten durchfurchte Stirn
durch|füt|tern (ugs.): *jemanden einen Zeitraum hindurch ernähren, mit dem Lebensnotwendigen versorgen*
Durch|ga|be: die telefonische D. einer Meldung
Durch|gang: „Durchgang verboten!" ‖ **durch|gän|gig:** *durchwegs, gänzlich* ‖ **Durch|gangs|sta|di|um** [-ʃt-]: *Übergangsstadium* ‖ **Durch|gangs|ver|kehr:** *Durchzugsverkehr* ‖ **Durch|gangs|zug** (früher): *D-Zug*
durch|ge|ben: eine telefonisch durchgegebene Meldung
durch|ge|hen[1]: unter der Brücke

D

d. | einen Entwurf d. *(prüfen)* | etwas d. lassen *(es großzügig übersehen)* | der Kassier ist mit dem Geld durchgegangen *(geflohen, durchgebrannt)* | die Nerven sind ihm durchgegangen || **durch|ge|hen**[2]: er hat das ganze Gebiet durchgangen || **durch|ge|hend:** *überall; immer; allgemein;* d. geöffnet || **durch|ge|hends** (veraltet): *durchgehend*

D

durch|geis|tigt (geh.): ein durchgeistigtes *(vom Denken geprägtes)* Antlitz
durch|ge|knallt (ugs.): er ist völlig d. *(hat den Verstand, den Bezug zur Realität verloren)*
durch|gie|ßen: *hindurchgießen*
durch|glü|hen[1]: ein durchgeglühter Ofenrost || **durch|glü|hen**[2] (geh.): von Begeisterung durchglüht *(erfüllt)* sein
durch|grei|fen: *Ordnung schaffen*
durch|ha|cken: *entzweihacken*
durch|hal|ten: *ausharren;* wir haben in schweren Zeiten durchgehalten || **Durch|hal|te|pa|ro|le:** *Aufforderung [trotz Aussichtslosigkeit] weiterzumachen*
durch|hän|gen: das Netz hängt durch || **Durch|hän|ger:** einen D. haben *(aus Müdigkeit vorübergehend in schlechter Verfassung sein)*
durch|hau|en[1], durchgehauen/ durchgehaut: *durchprügeln* || **durch|hau|en**[2]: er hat das Seil durchhauen/durchhaut
Durch|haus: *Haus mit einem [öffentlichen] Durchgang* | (sal.) hier ist es wie in einem D. *(hier herrscht ein ständiges Kommen und Gehen)*
durch|he|cheln, durchgehechelt (abw.): *Punkt für Punkt [gehässig] bereden*
durch|hei|zen: es wurde die ganze Nacht durchgeheizt
durch|hö|ren: eine Stimme vom Nachbarzimmer d.
durch|hun|gern sich: *sich hungernd durchbringen*
durch|käm|men[1]: sie hat ihre Haare schnell durchgekämmt || **durch|käm|men**[2]: die Polizei hat den Wald durchkämmt *(durchsucht)*
durch|kämp|fen: sein Recht d.
durch|kau|en (ugs.): den Prüfungsstoff noch einmal gründlich d. *(durcharbeiten)*
durch|klet|tern: sie ist unter der Absperrung durchgeklettert || **durch|klet|tern:** der Bergsteiger hat die Felswand durchklettert
durch|kne|ten: den Teig, den Rücken d.
durch|kom|men: er ist durch Salzburg durchgekommen | damit kommst du nicht durch *(damit wirst du keinen Erfolg haben)* | sie ist bei der Prüfung durchgekommen *(hat sie bestanden)*
durch|kön|nen: sie hat auf Grund der Schneemassen nicht durchgekonnt
durch|kos|ten: *nach der Reihe kosten*
durch|kreu|zen[1]: *mit kreuzweisen Strichen anzeichnen, ausstreichen* || **durch|kreu|zen**[2]: *vereiteln;* durchkreuzte Pläne
durch|krie|chen: unter der Absperrung d.
Durch|la|de|mög|lich|keit: das Auto hat einen Kofferraum mit D. || **durch|la|den:** die Schusswaffe d. *(die Patrone in den Lauf der Waffe bringen)*
Durch|lass der, -es/-lässe: *Durchgang zum Passieren;* ein D. *(eine Aussparung)* im Zaun für Igel || **durch|las|sen** || **durch|läs|sig:** *undicht; zB Wasser, Licht durchlassend* || **Durch|läs|sig|keit** die, -
Durch|laucht [auch: -ˈaʊ-] die, -/-en: „Eure/Euer Durchlaucht!" (früher: *Anrede für bestimmte Adelige)* || **durch|lauch|tig** (geh.): durchlauchtige *(hochadelige)* Personen
Durch|lauf: *das Durchlaufen* | (Sport) *Durchgang* || **durch|lau|fen**[1]: 45 Minuten d. *(ohne Pause laufen)* || **durch|lau|fen**[2]: die Stufen einer Ausbildung d. *(sie absolvieren)* || **Durch|lauf|er|hit|zer** der, -s/-: *ein Apparat zur Warmwasserbereitung*
durch|le|ben: das Unternehmen hat schlechte Zeiten durchlebt *(mitgemacht)*
durch|le|sen: einen Text d. *(lesen)*
durch|leuch|ten[1]: das Licht hat durchgeleuchtet || **durch|leuch|ten**[2]: ich bin durchleuchtet *(geröntgt)* worden
durch|lo|chen: eine durchlochte Fahrkarte || **durch|lö|chern:** ein durchlöcherter Strumpf
durch|lot|sen: du lotst die Besucherinnen durch *(führst sie hindurch)*
durch|lüf|ten[1]: das Zimmer wurde gut durchgelüftet || **durch|lüf|ten**[2]: ein gut durchlüftetes Zimmer
durch|ma|chen: er hat viel durchgemacht *(Schweres erlebt)*
durch|ma|nö|v|rie|ren [-v-]: *(ein Fahrzeug) durch eine schwierige Stelle lenken* | sich durch alle Widrigkeiten d. *(sie geschickt überwinden)*
Durch|marsch || **durch|mar|schie|ren:** die Truppen sind durchmarschiert
durch|men|gen: *durchmischen*
durch|mes|sen[1]: er misst die Anschlüsse durch *(führt alle möglichen Messungen durch)* || **durch|mes|sen**[2] (geh.): er hat den Ballsaal mit großen Schritten durchmessen *(durchschritten)* || **Durch|mes|ser** der, -s/-: der D. des Kreises
durch|mi|schen[1]: Mehl und Zucker gut d. || **durch|mi|schen**[2]: den Putz mit Farbe d.
durch|mo|geln sich (ugs.): *sich durchschwindeln*
durch|müs|sen: wir haben da durchgemusst
durch|näs|sen[1]: die Wunde hat durchgenässt || **durch|näs|sen**[2]: ganz durchnässt sein
durch|neh|men: der Lehrstoff wird durchgenommen *(durchgearbeitet)*
durch|num|me|rie|ren: *etwas mit fortlaufenden Nummern versehen*
durch|or|ga|ni|sie|ren: *alles bis ins Detail organisieren*
durch|pau|sen: *durch durchscheinendes Papier eine Kopie zeichnen*
durch|peit|schen: *auspeitschen* | (sal.) *[einen Antrag] in Eile, mit Druck durchbringen*
durch|pres|sen: Knoblauchzehen d. | *mit Gewalt durchsetzen;* er will seinen Entwurf d.
durch|pro|bie|ren: alle Möglichkeiten d. *(der Reihe nach ausprobieren)*
durch|prü|fen: *alle[s] prüfen*
durch|prü|geln
durch|que|ren: die Wüste durchquert haben
durch|quet|schen: sie hat sich neben der Absperrung durchgequetscht *(hindurchgezwängt)*
durch|ra|sen[1]: der Zug ist durchgerast || **durch|ra|sen**[2]: der Autorowdy hat den Ort durchrast
durch|ras|seln (bes. D, ugs.): *bei einer Prüfung durchfallen*
durch|ra|ti|o|na|li|sie|ren [-tsi-]: *gründlich rationalisieren*
durch|rech|nen || **Durch|rech|nung:** *[prüfende] Berechnung* ||

Dụrch|rech|nungs|zeit|raum: *Zeitraum, der für eine Berechnung herangezogen wird*
dụrch|reg|nen
Dụrch|rei|che die, -/-n: die D. zwischen Küche und Esszimmer ‖ **dụrch|rei|chen**
Dụrch|rei|se ‖ **dụrch|rei|sen**[1]: ich bin nur durchgereist ‖ **durch|rei|sen**[2]: sie hat viele Länder durchreist
dụrch|rei|ßen: das Papier ist durchgerissen
dụrch|rei|tern: der Sand wurde durchgereitert *(gesiebt)*
dụrch|rin|gen sich: sich zu einer Entscheidung d. *(sich nach langer Unentschlossenheit entscheiden)*
dụrch|rin|nen: Wasser d. *(durchfließen)* lassen
dụrch|ros|ten: das Auto ist durchgerostet
dụrch|rut|schen: durch den Spalt d. | (ugs.) ich bin bei der Prüfung durchgerutscht *(habe sie knapp bestanden)*
dụrch|rüt|teln: wir wurden kräftig durchgerüttelt
dụrchs: *durch das;* d. Dorf gehen
Dụrch|sa|ge: Ende der D. *(der Mitteilung)*
dụrch|sä|gen: sie hat das Brett durchgesägt
durch|schau|bar: sein Motiv ist leicht d. | ein schwer durchschaubares *(schwer verständliches)* Rechtssystem ‖ **dụrch|schau|en**[1]: die Lehrerin hat die Aufgaben durchgeschaut ‖ **durch|schau|en**[2]: er ist durchschaut worden *(seine wahren Absichten sind erkannt worden)*
dụrch|schei|nen: die Sonne hat für einen Augenblick zwischen den Wolken durchgeschienen ‖ **dụrch|schei|nend:** durchscheinendes Papier
dụrch|scheu|ern: *durchwetzen*
dụrch|schie|ßen[1]: er hat durch das Fenster durchgeschossen ‖ **durch|schie|ßen**[2]: die Fensterscheibe wurde durchschossen | ein mit Goldfäden durchschossenes Gewebe
dụrch|schim|mern
dụrch|schla|fen[1]: wir haben die Nacht durchgeschlafen ‖ **durch|schla|fen**[2]: nach gut durchschlafener Nacht
Dụrch|schlag: einen Brief mit D. *(Kopie)* schreiben | *Schneise* ‖ **dụrch|schla|gen**[1]: die Feuchtigkeit hat stellenweise durchgeschlagen ‖ **durch|schla|gen**[2]: das Geschoß hat die Mauer durchschlagen ‖ **dụrch|schla|gend:** ein durchschlagender *(voller)* Erfolg ‖ **Dụrch|schlag|pa|pier** ‖ **Dụrch|schlags|kraft** ‖ **dụrch|schlags|kräf|tig**
dụrch|schlän|geln sich: sie hat sich geschickt durchgeschlängelt
dụrch|schleu|sen: das Schiff wurde durchgeschleust
Dụrch|schlupf der, -[e]s/-e: einen D. finden ‖ **dụrch|schlüp|fen:** sie ist unterm Zaun durchgeschlüpft
dụrch|schmel|zen: die Sicherung ist durchgeschmolzen
dụrch|schmug|geln: *durchschwindeln*
dụrch|schnei|den[1]: das Holz wurde durchgeschnitten ‖ **durch|schnei|den**[2]: ein von Kanälen durchschnittenes Land
Dụrch|schnitt: *Mittelwert* | im D. *(im Allgemeinen)* kommen mehr Besucher ‖ **dụrch|schnitt|lich:** *im Durchschnitt* ‖ **Dụrch|schnitts|al|ter** ‖ **Dụrch|schnitts|bür|ger** ‖ **Dụrch|schnitts|bür|ge|rin** ‖ **Dụrch|schnitts|ein|kom|men** ‖ **Dụrch|schnitts|ge|schwin|dig|keit** ‖ **Dụrch|schnitts|tem|pe|ra|tur** ‖ **Dụrch|schnitts|wert:** *Mittelwert*
Dụrch|schrift: *Durchschlag*
dụrch|schum|meln sich (ugs.): *sich durchschwindeln*
Dụrch|schuss: *Schuss, der einen Körperteil durchdringt;* ein glatter D. | (Druckw.) *Zeilenabstand*
dụrch|schüt|teln: der Polster wurde gut durchgeschüttelt
dụrch|schwim|men[1]: sie ist unter der Brücke durchgeschwommen ‖ **durch|schwim|men**[2]: er hat den See durchschwommen
dụrch|schwin|deln: sich/etwas durch eine Kontrolle d.; sich bei allen Prüfungen d.
dụrch|schwit|zen[1] = **durch|schwit|zen**[2]: eine durch[ge-]schwitze Bluse
dụrch|se|hen: *hindurchsehen* | Hausübungen d. *(auf Vorzüge und Mängel hin anschauen)*
dụrch|sei|hen: durchgeseihte Milch
dụrch|setz|bar ‖ **dụrch|set|zen**[1]: sie hat ihren Willen durchgesetzt; ich habe mich bei den Verhandlungen nicht durchgesetzt ‖ **durch|set|zen**[2]: ein von Glimmerplättchen durchsetztes Gestein ‖ **Dụrch|set|zung** die, -: die D. von Rechten ‖ **Dụrch|set|zungs|ver|mö|gen** das, -s
Dụrch|sicht: bei D. der Papiere; → durchsehen ‖ **dụrch|sich|tig** ‖ **Dụrch|sichts|re|gis|ter:** *ein Sicherheitsmerkmal von [Euro-]banknoten*
dụrch|si|ckern: ein Gerücht ist durchgesickert
dụrch|sie|ben[1]: durchgesiebtes Mehl ‖ **durch|sie|ben**[2]: ein von Schrotkugeln durchsiebtes Hasenfell
dụrch|sit|zen: Polstermöbel d. *(abnützen)*
dụrch|spie|len: *vom Anfang bis zum Ende spielen* | verschiedene Lösungsmöglichkeiten d. *(sich durch den Kopf gehen lassen, sich vorstellen)*
dụrch|spre|chen: die Planung wurde gründlich durchgesprochen *(besprochen)*
dụrch|star|ten: das Flugzeug musste d. *(vor der Landung erneut starten)*
dụrch|ste|chen[1]: sie hat mit einer Nadel durchgestochen ‖ **durch|ste|chen**[2]: der Damm wurde durchstochen
dụrch|ste|hen: er hat Schweres durchgestanden
dụrch|stei|gen[1]: sie ist durchs Fenster durchgestiegen ‖ **durch|stei|gen**[2]: sie hat die Felswand durchstiegen ‖ **Durch|stei|gung**
dụrch|stel|len (bes. D): einen Anruf d. *(weiterverbinden)*
Dụrch|stich: der D. des Dammes/des Tunnels
durch|stö|bern: er hat die Lade durchstöbert
dụrch|sto|ßen[1]: der Stock wurde durch die Eisdecke durchgestoßen ‖ **durch|sto|ßen**[2]: die Verteidigungslinie wurde durchstoßen
dụrch|strei|chen: Nichtzutreffendes d.
durch|strei|fen: der Wald wurde durchstreift *(durchsucht)*
dụrch|strö|men[1]: das Wasser ist durchgeströmt ‖ **durch|strö|men**[2]: ein von vielen Flüssen durchströmtes Land
dụrch|struk|tu|rie|ren [-st-, -ʃt-]: *bis ins Detail eine Ordnung festlegen*
dụrch|sty|len [-staɪ-] (sal.): er war für den Auftritt durchgestylt *(abgestimmt modisch gekleidet, frisiert, geschminkt)*
durch|su|chen: die Polizei hat das Spiellokal durchsucht ‖ **Durch|su|chung** die, -/-en ‖ **Durch|su-**

chungs|be|fehl (Jus): mit richterlichem D.

durch|tan|zen[1]: ein durchgetanzter Schuh | sie haben die ganze Nacht durchgetanzt || **durch|tan|zen**[2]: eine durchtanzte Ballnacht

durch|tes|ten: *vollständig und genau testen*

durch|trai|niert [-trɛn-]: ein durchtrainierter *(durch viel Sport gut geformter)* Körper

durch|tränkt: ein mit Blut durchtränkter Verband

durch|trei|ben: das Vieh wurde hier durchgetrieben

durch|tren|nen[1] = **durch|tren|nen**[2]: die Sehne ist durch[ge-]trennt worden

durch|tre|ten: das Gaspedal d.

durch|trie|ben (abw.): *listig, gerissen* || **Durch|trie|ben|heit** die, - (abw.)

durch|wa|chen[1]: sie hat die Nacht durchgewacht || **durch|wa|chen**[2]: eine durchwachte Nacht

durch|wach|sen[1] [-ks-] (Verb): ein Ast ist zwischen den Zaunlatten durchgewachsen || **durch|wach|sen**[2] (Adj.): durchwachsener Speck *(mit Fleisch durchzogen)*

Durch|wahl die, - (DW) || **durch|wäh|len:** sie hat (beim Telefonieren) zur Nebenstelle durchgewählt

durch|wan|dern[1]: sie sind Tag und Nacht durchgewandert || **durch|wan|dern**[2]: sie hat eine Schlucht durchwandert

durch|wär|men[1]: der Tee hat ihn durchgewärmt || **durch|wär|men**[2]: ein durchwärmter Boden

durch|wa|schen: das T-Shirt d. *(schnell mit der Hand waschen)*

durch|wa|ten[1]: er ist durch den Bach durchgewatet || **durch|wa|ten**[2]: sie hat den Bach durchwatet

durch|weg (bes. D): *durchwegs* || **durch|wegs:** *gänzlich, ausnahmslos*

durch|wei|chen[1]: der Regen hat den Boden durchgeweicht || **durch|wei|chen**[2]: ein vom Regen durchweichter Boden

durch|wet|zen: durchgewetzte Ärmel

durch|wich|sen [-ks-] (ugs.): der Kasperl wurde durchgewichst *(gehaut)*

durch|wirkt: ein mit Gold durchwirkter Stoff

durch|wol|len: sie hat durch die Menschenmenge durchgewollt

durch|wüh|len[1] sich: der Maulwurf hat sich durch den Garten durchgewühlt || **durch|wüh|len**[2]: eine durchwühlte Lade

durch|wurs|teln sich [meist: -ʃt-] (ugs.): er hat sich irgendwie durchgewurstelt *(sich recht und schlecht durchgebracht)*

durch|wu|zeln sich (ugs.): *sich durchzwängen*

durch|zäh|len: *abzählen*

durch|ze|chen[1]: sie hat die Nacht durchgezecht || **durch|ze|chen**[2]: eine durchzechte Nacht

durch|zie|hen[1]: ein Wanderzirkus ist durchgezogen | *[unbeirrt] zu Ende bringen;* sie hat das Projekt durchgezogen || **durch|zie|hen**[2]: mit Fett durchzogenes Fleisch

durch|zu|cken: Blitze d. die Dunkelheit | ein neuer Gedanke durchzuckte mich *(kam mir plötzlich in den Sinn)*

Durch|zug der, -[e]s: der D. eines Gewitters | durch Aufmachen von Tür und Fenster entstand ein D. | (mit Pl. -züge) *ein zusammengefaltetes, quer gespanntes Leintuch zB im Krankenbett* || **Durch|zugs|stra|ße:** *Transitstraße* || **Durch|zugs|ver|kehr**

durch|zwän|gen: er hat sich durch die Menge durchgezwängt

Dur|drei|klang (Mus.)

dür|fen, ich darf/durfte/gedurft bzw. dürfen: „Sie d. sich wieder bewegen!"; sie dürfte vor etwa 100 Jahren gelebt haben *(hat wahrscheinlich vor 100 Jahren gelebt)*

Partizipbildung:
Ist ein weiteres Verb vorhanden, so folgt auf den Infinitiv nicht das 2. Partizip, sondern „dürfen":
- ich habe kommen dürfen
- sie hat sich den Rest behalten dürfen

dürf|tig: d. *(armselig)* gekleidet sein || **Dürf|tig|keit** die, -/-en (geh.)

Dürn|stein: *Stadt in Niederösterreich*

dürr: *trocken, ausgedorrt | sehr mager* || **Dür|re** die, -/-n: *Trockenheit* || **Dür|re|ka|tas|tro|phe** [-f-] || **Dür|re|pe|ri|o|de**

Durst der, -[e]s: er hat über den D. *(zu viel)* getrunken || **durs|ten:** jemanden d. lassen || **dürs|ten** (geh.): mich dürstet *(ich habe Durst)* || **durs|tig:** *Durst verspürend;* d. *(begierig)* nach Wissen || **durst|lö|schend** || **Durst|lö|scher** der, -s/-: Wasser ist der beste D. || **durst|stil|lend** || **Durst|stre|cke:** eine D. *(die Zeit eines vorübergehenden Mangels)* überwinden

Dur|terz (Mus.): *große Terz* || **Dur|ton|art** (Mus.) || **Dur|ton|lei|ter** (Mus.)

Dusch|bad || **Du|sche** die, -/-n: *Brause* | eine kalte D. *(eine Ernüchterung)* || **du|schen,** du dusch[s]t: er duscht sich in der Früh || **Dusch|gel** || **Dusch|ka|bi|ne** || **Dusch|tas|se:** *Duschwanne* || **Dusch|vor|hang** || **Dusch|wan|ne**

Dü|se die, -/-n: *enge Öffnung zum Zerstäuben, Durchpressen von Flüssigkeiten oder Gasen* | (reg., ugs.) *sehr aufgewecktes Kind*

Du|sel der, -s (ugs.): *leichter Rausch* | (reg., ugs.) D. *(unverdientes Glück)* haben || **du|seln,** ich dusle (ugs.): *dösen*

Dü|sen|an|trieb || **Dü|sen|flug|zeug:** *ein Flugzeug mit Düsenantrieb;* → Propellerflugzeug || **Dü|sen|jä|ger:** *Jagdflugzeug mit Düsenantrieb*

Düs|sel|dorf: *Stadt in Deutschland*

düs|ter: ein düsterer *(halbdunkler, unfreundlicher)* Kellerraum || **Düs|ter|keit** die, - (geh.) || **Düs|ter|nis** die, - (geh.)

Dut|te → Tutte || **Dut|tel,** *auch:* Duttl → Tuttel

Duty-free-Shop [dju:ti'fri:ʃ-] ⟨engl.⟩: *Geschäft mit zollfreien Waren*

dut|zend: ein d. (= Dutzend) Mal; → Dutzend

Dut|zend das, -s/-e (Dtzd.): ein halbes Dutzend; etwas im Dutzend kaufen

In Mengenangaben mit Plural „Dutzend":
- vier Dutzend
- drei Dutzend Eier

Groß- und Kleinschreibung, wenn „Dutzend" eine unbestimmte Menge angibt:
- dutzende (= Dutzende) [von] Käufer[n]
- ein paar dutzend (= Dutzend) Mal; *aber zusammen:* etwas dutzendmal sagen
- ein paar dutzend (= Dutzend) Mal[e]
- [viele] dutzend[e] (= Dutzend[e]) Mal[e]

dutzendfach || **dutzendmal:** sie hat es ihm d. gesagt; *aber:* ein paar dutzend (= Dutzend) Mal || **Dutzendware** die, - (meist abw.): *Massenware* || **dutzendweise**
Duvetine [dif'tiːn, dy-] der, -[s]/-s ⟨fr.⟩: *ein wildlederartiges Baumwollgewebe*
Duwort das, -[e]s: jemandem das D. antragen || **duzen,** du duzt: *mit jemandem per Du sein* || **Duzfreund** || **Duzfreundin**
DV [de 'faʊ]: **D**urchführungs**v**erordnung
DVD [de faʊ 'deː] die, -/-s (Elektrot.): **D**igital **V**ersatile **D**isc (früher: **D**igital **V**ideo **D**isc) *(eine CD mit sehr hoher Kapazität)* || **DVD-Brenner:** *Computerlaufwerk, das DVD-Rohlinge beschreiben kann* || **DVD-Laufwerk:** *Computerlaufwerk für DVDs* || **DVD-Player** [-pleɪə]: *[an den Fernsehapparat angeschlossenes] Gerät zum Abspielen von DVDs* || **DVD-Writer** [-raɪtə] → DVD-Brenner
DW: **D**urch**w**ahl
Dy: **Dy**sprosium
Dynamik [dy-] die, - ⟨gr.⟩: *Triebkraft, Schwung* | (Mus.) *Tonstärkegrade, zB forte, piano* || **dynamisch** || **dynamisieren:** die Pensionen d. *(dem Geldwert anpassen)* || **Dynamit** das, -[e]s: *ein Sprengstoff* || **Dynamo** [auch: 'dy(ː)-] der, -[s]/-s: *Kurzwort für Dynamomaschine* || **Dynamomaschine:** *Maschine zur Erzeugung von elektrischem Strom*
Dynastie [dy-] die, -/-n ⟨gr.⟩: *Herrschergeschlecht* || **dynastisch**

dys- [dys-] ⟨gr.⟩ (nur in Zusammensetzungen wie Dysfunktion)

Nicht verwechseln!
dys-: Vorsilbe griechischer Herkunft mit der Bedeutung *unrichtig, schlecht, gestört,* zB Dysfunktion, Dyslexie.
dis-: Vorsilbe lateinischer Herkunft, die sich in manchen Wörtern in auch ungefähr der gleichen Bedeutung wie „dys-" findet, zB Disharmonie, diskriminieren.

Dysenterie [dys-, auch: dis-] die, -/-n ⟨gr.⟩: *eine Darmkrankheit, Ruhr*
Dysfunktion ['dys-tsi̯-] ⟨gr.+lat.⟩ (Med.): *Funktionsstörung*
Dyslexie [dys-] die, -/-n ⟨gr.⟩ (Med.): *eine Lesestörung*
Dysprosium [dys-] das, -s ⟨gr.⟩ (Zeichen: Dy): *ein chemisches Element*
Dystonie [dy-] die, -/-n ⟨gr.⟩ (Med.): *eine Muskel- und Gefäßerkrankung*
DZ: **D**oppel**z**immer (zB in Unterkunftverzeichnissen); → EZ
dzt.: **d**er**z**ei**t**
D-Zug ['deː-] (früher): **D**urchgangs**zug** (bei der Eisenbahn)

D

e E

e [eː] das, -/- (Kleinbuchstabe): das e im Wort *echt* | (Laut) der e-Laut | (Mus.) der Ton e (E) | (Mus.) e-Moll

E [eː] das, -/- (Großbuchstabe): das E im Wort *Erika;* das Vitamin E | **E**ilzug | (Mus.) der Ton E (e) | (Mus.) E-Dur | **E**uropastraße | [iː] **E**lectronic, **e**lektronisch; E-Mail | (€) **E**uro

EAN-Kode [-koːt] = EAN-Code [engl.: -kəʊd] (Wirt.): **e**uropäische **A**rtikel**n**ummerierung *(ein Strichkode zur Warenauszeichnung)*

Eau de Co|lo|gne [o dœ kɔ'lɔnj] das, - - - /Eaux - - [o - -] ⟨fr.⟩: *Kölnischwasser* ‖ **Eau de Toi|let|te** [- - tu̯a'lɛt] das, - - -s/Eaux - - [o - -]: *Duftwasser*

E-Ban|king ['iːbæŋkɪŋ] das, -s ⟨engl.⟩ (Wirt.): *Abwicklung von Bankgeschäften über das Internet*

Einzelbuchstaben als Teile von nominalen Zusammensetzungen mit Bindestrich werden im Allgemeinen großgeschrieben:
- E-Banking
- E-Business
- E-Mail

E-Bass: Elektro-**Bass**gitarre

Eb|be die, -/-n: *tiefer Stand des Meeresspiegels im Wechsel der Gezeiten;* E. und Flut

ebd.: eben**d**a, **eb**en**d**ort

eben[1] (Adv.): e. *(in diesem Augenblick)* hat es geläutet | das ist e. *(halt)* so; *aber:* → ebenso

eben[2] (Adj.): ein ebener *(flacher)* Weg

Eben (Siedlungsname): *E. im Pongau (Salzburg)*

Eben|bild: er ist das E. seines Vaters *(ist ihm sehr ähnlich)* ‖ **eben|bür|tig:** jemandem e. *(gleichrangig)* sein ‖ **Eben|bür|tig|keit** die, - ‖ **eben|da** (ebd.): *da* ‖ **eben|dort** (ebd.): *dort* ‖ **Ebe|ne** die, -/-n: *flaches Land* | (Phys.) eine schiefe E. *(eine geneigte Fläche)* | etwas auf höchster E. *(an höchster Stelle)* entscheiden ‖ **eben|er|dig:** *zu ebener Erde, im Parterre* ‖ **eben|falls:** *auch, ebenso, gleichfalls*

Eben|furth: *Stadt in Niederösterreich*

Eben|holz das, -es: *ein schwarzes Edelholz*

Eben|maß das, -es: *Ausgeglichenheit der Größenverhältnisse;* das E. dieser Gestalt ‖ **eben|mä|ßig:** *gleichmäßig, regelmäßig*

Eben|see: *Marktgemeinde in Oberösterreich*

eben|so
rechne das e. *(geradeso)!;* ein e. guter Einfall; *aber getrennt:* das ist eben so und nicht anders

Getrenntschreibung vom nachfolgenden Adjektiv oder Adverb:
- sie ist ebenso *(genauso)* groß wie er
- ein ebenso langes Brett
- ebenso oft
- ebenso sehr
- ebenso viel
- ebenso wenig

eben|so viel Mal = **eben|so|viel|mal**

Eber der, -s/-: *männliches [Wild-]schwein* ‖ **Eber|esche:** *Vogelbeerbaum*

Eber|hard, *auch:* **Eber|hart:** *männl. Vorname*

Ebern|dorf: *Marktgemeinde in Kärnten*

eb|nen: *eben machen* | *Schwierigkeiten wegräumen;* ihre Spende hat den Weg für neue Forschung geebnet

Ebo|la das, -s (Med.): *Kurzwort für Ebolafieber, eine Infektionskrankheit* ‖ **Ebo|la|fie|ber** (Med.): *Ebola*

Ebo|nit das, -s ⟨ägypt.-gr.-lat.⟩: *Hartgummi*

E-Busi|ness ['iːbɪznɪs] (Wirt.): *Geschäftsabwicklung über das Internet*

EC [e 'tseː] der, -[s]/-[s]: **Euro**c**ity**

E-Card ['iːkaːd] die, -/-s ⟨engl.⟩: *Chipkarte mit Krankenversicherungsdaten uÄ* ‖ **E-Cash** ['iːkæʃ] das, - (Wz.) (Wirt.): *elektronisches Zahlungssystem*

Ec|ce ho|mo ['ɛktsɛ -] ⟨lat.⟩: *„Seht, welch ein Mensch!"* ‖ **Ec|ce-Ho|mo** das, -[s]/-[s]: *Darstellung des dornengekrönten Christus*

echauf|fie|ren sich [eʃɔf-] ⟨fr.⟩ (geh.): *sich erhitzen, sich ereifern*

Echo das, -s/-s ⟨gr.⟩: *Widerhall* ‖ **Echo|ef|fekt** ‖ **Echo|lot:** *Gerät zur Entfernungsmessung mit Schallwellen*

Ech|se [-ks-] die, -/-n: *ein Kriechtier, zB das Krokodil*

echt: echter Schmuck; sein Lachen war e. *(nicht gespielt)* | (ugs., sal.) das ist e. *(wirklich)* gut; e.? ‖ **echt|fär|big,** *auch:* echtfarbig ‖ **echt gol|den** = **echt|gol|den** ‖ **Echt|heit** die, - ‖ **Echt|heits|zer|ti|fi|kat:** *Bestätigung, dass etwas echt ist* ‖ **echt sil|bern** = **echt|sil|bern** ‖ **Echt|zeit:** *die 1:1-Wiedergabe, zB auf Video*

Eck das, -s/-en: *Ecke;* übers Eck *(diagonal);* ums Eck *(gleich daneben);* im Eck *(in Bedrängnis)* sein | (Geogr.) das [Große/Kleine] Deutsche Eck *(Straßenverbindung zwischen Salzburg und Tirol über deutsches Gebiet);* → deutsch | *steiler Fels* ‖ **Eck|ball** (Sport): *Corner* ‖ **Eck|bank** die, -/-bänke ‖ **Eck|da|ten** die (Pl.): *maßgebliche Daten* ‖ **Ecke** die, -/-n: um die E.; an allen Ecken und Enden *(überall);* → Eck ‖ **Eckerl|kä|se,** *auch:* Eckerlkäs (ugs.): *Streichkäse in Dreieckform* ‖ **Eck|haus** ‖ **eckig** ‖ **Eck|pfei|ler** ‖ **Eck|platz** ‖ **Eck|punkt:** *maßgeblicher Bestandteil;* die Steuerreform ist ein E. des Regierungsprogramms ‖ **Eck|satz** (Mus.): *erster und letzter Satz einer mehrsätzigen Komposition* ‖ **Eck|stein** ‖ **Eck|stoß** (Sport): *Eckball, Corner* ‖ **Eck|zahn** ‖ **Eck|zins** (Bankw.): *Mindestzinssatz für nicht gebundene Spareinlagen* ‖ **Eck|zins|satz** (Bankw.): *Eckzins*

Ec|lair [e'klɛːə] das, -s/-s ⟨fr.⟩: *eine Mehlspeise*

E-Com|merce ['iːkɒmɜːs] der, - ⟨engl.⟩ (Wirt.): *elektronischer Handel im Internet*

Eco|no|my|class [-k-mik-] die, - ⟨engl.⟩: *zweite Klasse im Flugzeug;* → Businessclass

E-Con|tent ['iːk-] (EDV, Internet): *alle Informationen, die in digitalisierter bzw. digitaler Form vorliegen*

écru [e'kryː] = → ekrü ‖ **Ec|ru** = → Ekrü

Ec|s|ta|sy ['ekstəsi] die, -/-s ⟨engl.⟩: *eine künstliche Droge mit aufputschender, halluzinogener Wirkung*

Ecu|a|dor [-k-] = Ekuador: *ein Staat in Südamerika*

Eda|mer der, -s/-: *eine Käsesorte*

Ed|da die, -: *altisländische Heldendichtung*

edel: eine edle *(großmütige)* Tat |

edle *(hochwertige)* Materialien ‖ **Edelbrand:** *Qualitätsbranntwein* ‖ **Edelfäule:** *durch Bakterien verursachte Geschmacksrichtung bestimmter Prädikatsweine* ‖ **Edelfrau** (früher): *eine Adelige* ‖ **Edelfräulein** (früher) ‖ **Edelgas** (Chem.): *Gas, das sich nur schwer chemisch bindet, zB Helium* ‖ **Edelholz** ‖ **Edelkastanie** [-i̯ɛ]: *Maroni* ‖ **Edelkitsch** (oft abw.): *Qualität vortäuschender Kitsch* ‖ **Edelmann** der, -[e]s/-leute (früher): *ein Adeliger* ‖ **Edelmetall** ‖ **Edelmut** (geh.) ‖ **edelmütig** (geh.): *edel, selbstlos* ‖ **Edelobst** ‖ **Edelpilzkäse:** *Blauschimmelkäse, zB Gorgonzola* ‖ **Edelrost:** *Patina* ‖ **Edelstahl** ‖ **Edelstein** ‖ **Edelweiß** das, -/-: *eine geschützte Alpenpflanze* ‖ **Edelwild:** *Rotwild*

Eden das, -[s] ⟨hebr.⟩: *Paradies;* der Garten E. *(das Paradies in der Bibel)*

Edgar: *männl. Vorname*

edieren ⟨lat.⟩: Bücher, Musik e. *(herausgeben, veröffentlichen)*

Edikt das, -[e]s/-e ⟨lat.⟩: *ein Erlass eines Herrschers* | (Jus) *gerichtlicher Beschluss [über die Eröffnung eines Konkurses]*

Edinburg (engl.: Edinburgh ['e-bərə]): *Hauptstadt Schottlands*

Edith = **Editha:** *weibl. Vorname*

editieren ⟨lat.⟩: *[ein Computerprogramm] zusammenstellen und eingeben* | → *edieren* ‖ **Edition** [-tsi̯-] die, -/-en: *Ausgabe, Herausgabe [von Büchern]* ‖ **Editor** der, -s/-en [-'oː-] ⟨lat.-engl.⟩: *Herausgeber* | (EDV) *kleines Programm zum Schreiben von Texten* ‖ **Editorial** [auch: -'tɔːriəl] das, -s/-e [-s] (Medienw.): *Mitteilung an die Leser [in Zeitschriften];* → Impressum ‖ **Editorin** die, -/-innen: *Herausgeberin*

Edle[1] der, -n/-n, ein Edler (früher): *ein Adliger;* Moritz Edler von Kuffner ‖ **Edle**[2] die, -n/-n (früher)

Edmund: *männl. Vorname;* → Mundl

EDOK die, -: *eine Spezialeinheit der Exekutive* (**E**insatzgruppe der Gruppe **D** zur Bekämpfung der **O**rganisierten **K**riminalität)

Eduard: *männl. Vorname*

E-Dur (E) (Mus.): *eine Tonart* ‖ **E-Dur-Tonleiter** (Mus.)

Edutainment [edju'teɪn-] ⟨engl.⟩: *Vermittlung von Wissen auf unterhaltsam-erzieherische Weise;* → Infotainment

Edu-Kinästhetik = **Edu-Kinestetik** die, -: *eine Methode der Bewegungserziehung, eine Lernmethode;* → Kinestetik

EDV [e de 'faʊ] die, -: **e**lektronische **D**aten**v**erarbeitung ‖ **EDV-Techniker:** *ein Lehrberuf* ‖ **EDV-Technikerin**

EEG [e e 'geː] das, -[s]/-[s] (Med.): **E**lektro**e**nzephalo**g**ramm *(Aufzeichnung der elektrischen Ströme im Gehirn)*

Eferding (Kfz: EF): *Stadt in Oberösterreich*

Efeu der, -s: *eine immergrüne Kletterpflanze* ‖ **efeubewachsen** [-ks-] ‖ **Efeuranke**

Effeff (sal.) (nur in der Wendung): etwas aus dem E. *(gründlich)* beherrschen

Effekt der, -[e]s/-e ⟨lat.⟩: *Wirkung, Folge* ‖ **Effekten** die (Pl.) (Börse): *Wertpapiere* ‖ **Effektenbörse:** *Wertpapierbörse* ‖ **Effekthascherei** die, -/-en (abw.): *übertriebenes Bemühen um Effekte* ‖ **effektiv:** effektive *(wirkungsvolle)* Maßnahmen | *tatsächlich, wirklich;* → G.: ineffektiv ‖ **Effektivität** die, - ‖ **Effektivverzinsung** (Bankw.): *Höhe der tatsächlich erhaltenen Zinsen [nach Abzug der KESt]* ‖ **effektuieren** (Kaufmannsspr.): einen Kaufauftrag e. *(ausführen)* ‖ **effektvoll:** *wirkungsvoll*

effeminiert ⟨lat.⟩ (Psych., Med.): *verweiblicht*

Effet [ɛ'feː] der, -s ⟨fr.⟩ (Sport): *starker Drall eines Balles, Schnitt*

Effilierschere ⟨lat.-fr.⟩: *Schere zum Ausdünnen der Haare*

effizient ⟨lat.⟩: *wirksam und wirtschaftlich;* → G.: ineffizient ‖ **Effizienz** die, -/-en

EFTA die, -: **E**uropean **F**ree **T**rade **A**ssociation *(Europäische Freihandelsassoziation, Freihandelszone)*

EG [e 'geː] die, -: **E**uropäische **G**emeinschaft[en] *(Sammelbezeichnung für die Europäische Wirtschaftsgemeinschaft, die Europäische Atomgemeinschaft und die Europäische Gemeinschaft für Kohle und Stahl);* → EU

EGA [auch: e ge 'aː]: *Vorrichtung zur Farbdarstellung auf einem Computermonitor;* → VGA; → SVGA ‖ **EGA-Grafikkarte** = **EGA-Graphikkarte** [-f-]

egal ⟨fr.⟩: das ist mir e. *(gleich, gleichgültig, einerlei)* ‖ **egalisieren:** *angleichen, ausgleichen* ‖ **egalitär** (Pol.): *auf Gleichheit zielend* ‖ **Egalität** die, -/-en (Pol.)

Egart die, -/-en, *auch:* Egerte, -/-n (früher) (Landw.): *Futterwiese, die wechselweise auch als Acker genützt wird* ‖ **Egartenwirtschaft** = **Egartwirtschaft:** *eine Bewirtschaftungsform, bei der ein Grundstück abwechselnd als Feld und als Wiese genutzt wird*

Eger (tschech.: Cheb [xɛp]): *Stadt in Tschechien* | → *Erlau* ‖ **Egerland** das, -[e]s: *historische Landschaft in Böhmen*

Egerte → Egart

Egge die, -/-n: *ein Ackergerät* ‖ **eggen**

Eggenburg: *Stadt in Niederösterreich*

E-Gitarre: **E**lektrogitarre

EGMR [e ge em 'er]: **E**uropäischer **G**erichtshof für **M**enschen**r**echte

Ego das, -s ⟨lat.⟩ (Psych.): *das Ich* ‖ **Egoismus** der, -: *Ichsucht, Eigenliebe, Eigennutz;* → G.: Altruismus ‖ **Egoist** der, -en/-en ‖ **Egoistin** die, -/-innen ‖ **egoistisch:** ein egoistischer Mensch *(jemand, der nur an sich denkt)* ‖ **Egomanie** die, - (Psych.): *krankhafte Ichsucht*

Egon: *männl. Vorname*

Egotrip ⟨lat.+engl.⟩: *egoistische Lebensphase* ‖ **Egozentriker** der, -s/- ‖ **Egozentrikerin** die, -/-innen ‖ **egozentrisch:** *ichbezogen;* ein egozentrischer Mensch *(einer, der sich selbst immer in den Mittelpunkt stellt)*

EGT [e ge 'teː] das, -[s]/-[s] (Wirt.): **E**rgebnis gewöhnlicher **G**eschäfts**t**ätigkeit (in Bilanzen)

eh (ugs.): ich bin eh *(ohnehin, sowieso)* schon fertig | (sal.) eh schon wissen! *(wie ja bekannt ist!);* eh klar! *(natürlich!);* → eh und je

eh. [e 'haː], *auch:* **e. h.:** **e**igen**h**ändig *(bedeutet auf Schriftstücken neben dem Namen, dass das Original eigenhändig unterschrieben wurde);* → m. p.

ehe: ehe *(bevor)* sie kam

Ehe die, -/-n

ehebaldig: *bald* ‖ **ehebaldigst:** *so bald wie möglich*

Eheberater || **Eheberaterin** || **Eheberatung** || **Eheberatungsstelle** || **Ehebett** || **ehebrechen** (nur Inf. und 1. Part.) || **Ehebrecher** der, -s/- (geh.) || **Ehebrecherin** die, -/-innen (geh.) || **ehebrecherisch** || **Ehebruch:** *Vollziehung des außerehelichen Beischlafes, ein (gerichtlich nicht strafbarer) Scheidungsgrund*

E

ehedem (geh.): *vormals, einst*

Ehefähigkeit (Jus): *Fähigkeit einer Person zur rechtswirksamen Eheschließung* || **Ehefrau** || **Ehegatte** || **Ehegattenerbrecht** (Jus): *das gesetzliche Erbrecht des Ehegatten/der Ehegattin (ohne Testament)* || **Ehegattin** || **Eheglück** || **Ehegüterrecht** (Jus): *Regelungen über das Vermögen der Ehepartner* || **Ehehindernis** (Jus) || **Ehekrach** || **Ehekrise** || **Eheleben** || **Eheleute** die (Pl.): *Ehepaar* || **ehelich:** *die eheliche Gemeinschaft;* → unehelich; → außerehelich || **ehelichen** (geh.): *heiraten* || **Ehelicherklärung** (Jus): *Erklärung vor- oder außerehelicher Kinder zu ehelichen Kindern* || **Ehelosigkeit** die, -: *das Gelübde der E.;* → Zölibat

ehemalige || **ehemals**

Ehemann || **Ehepaar** || **Ehepakt:** *vermögensrechtliche Vereinbarung zwischen Ehegatten* || **Ehepartner** || **Ehepartnerin**

eher: je e. *(früher),* desto besser | das ist schon e. wahrscheinlich *(ist wahrscheinlicher)*

Ehering

ehern (geh.): *aus Erz, Bronze, Eisen* | ein eherner *(fester)* Wille

Ehesakrament das, -[e]s (kath.) || **Ehescheidung** || **Ehescheidungsrecht** || **Eheschließung** die, -/-en: *kirchliche bzw. standesamtliche Heirat*

ehest: *baldmöglichst, baldigst*

Ehestand der, -[e]s

eheste: am ehesten *(am frühesten; am besten)* hat sie am Freitag Zeit | am ehesten *(noch am liebsten)* würde ich ans Meer fahren || **ehestens:** *baldigst, so bald wie möglich* || **ehestmöglich:** *so bald wie möglich*

Ehestreit || **Eheverfehlung** (Jus) || **Ehevermittlung** || **Eheversprechen** || **Ehevertrag**

Ehni der, -s/- (V): *Ehnl* || **Ehnl** der, -s/-n (mda., veraltet): *Großvater;* → Ahnl[1]

Ehrabschneider der, -s/-: *Verleumder* || **Ehrabschneiderin** die, -/-innen || **ehrbar** (geh., veraltend): *anständig* || **Ehrbarkeit** die, -: *Rechtschaffenheit* || **Ehrbegriff** || **Ehre** die, -/-n: *Achtung, Anerkennung;* mit Ehren *(ehrenvoll)* | (geh.) die letzte E. erweisen *(am Begräbnis teilnehmen)* | (veraltet) „Habe die Ehre!" *(ein Gruß;* ugs., sal. auch: *Ausdruck zB des Erstaunens)* || **ehren:** einen Künstler ehren; es ehrt mich, dass ... | *achten* || **Ehrenamt** || **ehrenamtlich:** sie ist e. *(ohne Bezahlung, uneigennützig)* tätig; → hauptamtlich || **Ehrenbeleidigung** || **Ehrenbezeigung** die, -/-en: *militärischer Gruß* || **Ehrenbürger** || **Ehrenbürgerin** || **Ehrenbürgerschaft** || **Ehrencodex** [-k-] → Ehrenkodex || **Ehrendoktor** → Dr. h. c. || **Ehrendoktorat** || **Ehrendoktorin** || **Ehrenerklärung:** *öffentlicher Widerruf [einer Ehrenbeleidigung]* || **Ehrenformation** [-tsi̯-] (Mil.): *Truppe, die bei Staatsbesuchen uÄ aufmarschiert* || **Ehrengast** || **Ehrengrab** || **ehrenhaft** || **ehrenhalber:** einen Titel e. *(als Ehrung)* verliehen bekommen || **Ehrenkodex** = Ehrencodex [-k-]: *die geltenden Normen ehrenhaften Verhaltens* || **Ehrenkompanie** (Mil.): *Ehrenformation* || **Ehrenmann:** *aufrichtiger, achtbarer Mann* || **Ehrenmitglied** || **Ehrenplatz** || **Ehrenrettung:** *Verteidigung der Ehre [einer Person]* || **ehrenrührig:** *die Ehre verletzend* || **Ehrenrunde** (Sport): der Sieger läuft eine E. || **Ehrensache:** *selbstverständliche Pflicht* || **Ehrenschutz:** *die Feier stand unter dem E. des Bundespräsidenten* || **Ehrentag** || **Ehrentor** (Sport): *das einzige selbst erzielte Tor bei einer deutlichen Niederlage* || **Ehrentribüne** || **ehrenvoll** || **Ehrenwache:** E. halten || **ehrenwert** || **Ehrenwort** das, -[e]s: ich gebe dir mein E. *(ich versichere dir, mein Versprechen zu halten)* || **ehrenwörtlich** || **Ehrenzeichen:** das Goldene E. für Verdienste um die Republik Österreich || **ehrerbietig:** *achtungsvoll* || **Ehrerbietigkeit** die, - (geh.) || **Ehrerbietung** die, - (geh.) || **Ehrfurcht:** *Ergebenheit, Hochachtung;* E. gebieten || **Ehrfurcht gebietend** = **ehrfurchtgebietend:** ein E. gebietendes Auftreten || **ehrfürchtig** || **ehrfurchtsvoll** || **Ehrgefühl** das, -[e]s: sein E. verletzen || **Ehrgeiz** der, -es || **ehrgeizig:** eine ehrgeizige Schülerin || **ehrlich:** e. gesagt || **Ehrlichkeit** die, -/-en || **ehrlos** || **ehrsam** (veraltet): das ehrsame *(achtbare)* Handwerk || **Ehrung** die, -/-en || **Ehrwürden:** „[Euer] Ehrwürden!" *(Anrede für Ordensmitglieder, die nicht die Priesterweihe haben);* → Hochwürden || **ehrwürdig:** ehrwürdige Mutter Priorin

eh und je: seit eh und je *(schon immer)*

Ei das, -[e]s/-er: Eier legen; Eier pecken; → Eierpecken || **Eiablage** || **Eibecher** → Eierbecher

Eibe die, -/-n: *ein Nadelbaum*

Eibisch der, -[e]s/-e: *eine Heilpflanze* || **Eibischtee** || **Eibischzuckerl**

Eichamt (kurz für): *Bundesamt für Eich- und Vermessungswesen (BEV);* → eichen

Eichblattsalat: *eine Salatsorte* || **Eiche** die, -/-n || **Eichel** die, -/-n: *Frucht der Eiche* | *eine Farbe im Kartenspiel, Kreuz* | *Teil des Penis und der Klitoris* || **Eichelhäher:** *ein Vogel*

eichen[1]: Gewichte, Maße e. *(ihre Richtigkeit eichamtlich überprüfen und durch ein Zeichen bestätigen)*

eichen[2]: *aus Eichenholz* || **Eichenholz** || **Eichenlaub** || **Eichenwald**

Eichhörnchen = **Eichkätzchen** || **Eichkatzerl** = **Eichkatzl** (ugs.): *Eichhörnchen*

Eich- und Vermessungswesen: Bundesamt für E. u. V.; → BEV || **Eichung** die, -/-en

Eid der, -[e]s/-e: *Schwur, Gelöbnis [vor Gericht];* unter Eid aussagen; einen Eid leisten/ablegen; an Eides statt *(statt eines Eides);* hippokratischer Eid *(Gelöbnis der Mediziner)*

Eidam der, -[e]s/-e (veraltet): *Schwiegersohn*

eidbrüchig

Eidechse [-ks-]: *ein Kriechtier;* → Echse

Eiderdaune: *bes. feine und leichte Daune der Eiderente* || **Eiderente:** *ein Vogel*

Eidesablegung die, -/-en: *Ablegung des Schwurs oder des Offenbarungseides vor Gericht* || **Ei-**

des|for|mel: *bei der Vereidigung zu sprechender Text* ‖ **ei|des|statt|lich:** *anstatt eines Eides*

Ei|de|tik [eɪ-, aɪ-] die, - ⟨gr.⟩ (Psych.): *Fähigkeit des Denkens in genau vorgestellten Bildern* ‖ **ei|de|tisch** (Psych.)

Eid|ge|nos|sen die (Pl.): *die Schweizer* ‖ **Eid|ge|nos|sen|schaft** die, -: Schweizerische E. *(amtlicher Name der Schweiz)* ‖ **eid|ge|nös|sisch:** *schweizerisch* | (CH) *Sache des Gesamtstaates, nicht kantonal; aber:* die **E**idgenössische Technische Hochschule (ETH)

Ei|dot|ter: *Eigelb* ‖ **Ei|er|be|cher,** *auch:* Eibecher ‖ **Ei|er|frucht** (D): *Melanzani;* → Aubergine ‖ **Ei|er|ko|cher** ‖ **Ei|er|la|berl** (ugs., veraltet): *unförmiger Fußball* ‖ **Ei|er|li|kör** ‖ **ei|ern:** *ungleichmäßig drehen* ‖ **Ei|er|no|ckerl** das -s/ -[n] (meist Pl.): *eine Speise* ‖ **Ei|er|pe|cken** das, -s (reg.): *ein Osterbrauch;* → pecken ‖ **Ei|er|scha|le,** *auch:* Eischale ‖ **ei|er|scha|len|far|ben,** *auch:* eischalenfarben ‖ **Ei|er|schwamm** (westöst.) = **Ei|er|schwam|merl** (reg., bes. ostöst.): *ein Pilz, Pfifferling* ‖ **Ei|er|speis** die, -/-en = **Ei|er|spei|se** ‖ **Ei|er|stock** (meist Pl.): *paarig angelegte weibliche Geschlechtsdrüse* ‖ **Ei|er|tanz** (sal.): *vorsichtiges Handeln in einer heiklen Lage* ‖ **Ei|er|tut|schen** das, -s, *auch:* **Ei|er|turt|schen** (reg., bes. St, K): *Eierpecken*

Ei|fer der, -s: *Strebsamkeit, Fleiß;* im E. des Gefechtes *(in der Aufregung)* ‖ **Ei|fe|rer** der, -s/-: *Fanatiker* ‖ **Ei|fe|rin** die, -/-innen ‖ **ei|fern:** *fanatisch reden* | (ugs.) *eifersüchtig sein* ‖ **Ei|fer|sucht** die, - ‖ **Ei|fer|süch|te|lei** die, -/-en ‖ **ei|fer|süch|tig** ‖ **Ei|fer|suchts|sze|ne**

Ei|form ‖ **ei|för|mig**

eif|rig: *fleißig*

Ei|gelb: *Eidotter*

ei|gen: der eigene Sohn | sich eine fremde Meinung zu e. machen; *aber:* etwas aus **E**igenem *(aus eigenen Mitteln)* bezahlen; etwas **E**igenes; → Eigen | dies ist ihm e. *(für ihn typisch)* | *absonderlich, eigenartig, eigentümlich;* ein eigener Mensch ‖ **Ei|gen** das, -s (geh.): das ist mein E. *(Besitz, Eigentum);* die Bücher sind mein E. *(gehören mir);* etwas sein E. nennen ‖ **Ei|gen|art:** *eigentümlicher [Charakter]zug* ‖ **ei|gen|ar|tig** ‖ **ei|gen|ar|ti|ger|wei|se** ‖ **Ei|gen|ar|tig|keit** die, -/-en ‖ **Ei|gen|bau** der, -[e]s: *Selbst[an]gebautes;* Salat aus E. ‖ **Ei|gen|be|darf:** nur für den E. ‖ **ei|gen|be|rech|tigt** ‖ **Ei|gen|be|rech|ti|gung** (Jus): *volle Geschäftsfähigkeit bei Volljährigkeit* ‖ **Ei|gen|brö|te|lei** die, -/ -en (meist abw.) ‖ **Ei|gen|bröt|ler** der, -s/- (meist abw.): *Sonderling* ‖ **Ei|gen|bröt|le|rin** die, -/-innen (meist abw.) ‖ **ei|gen|bröt|le|risch** (meist abw.) ‖ **Ei|gen|dün|kel:** *Überheblichkeit, Stolz* ‖ **Ei|gen|dy|na|mik** [-dy-]: *Eigengesetzlichkeit [einer bestimmten Entwicklung]* ‖ **Ei|gen|er|zeu|gung** ‖ **Ei|gen|fi|nan|zie|rung** → G.: Fremdfinanzierung ‖ **Ei|gen|fre|quenz** (Phys.): *bestimmte Frequenz, mit der ein einmalig angeregtes System noch weiter schwingt* ‖ **Ei|gen|ge|setz|lich|keit** die, - ‖ **Ei|gen|ge|wicht** ‖ **Ei|gen|goal** [-go:l]: *Eigentor* | sich ein E. schießen *(sich selbst Schaden zufügen)* ‖ **ei|gen|hän|dig** (eh.): ein eigenhändiges Testament; → G.: fremdhändig ‖ **Ei|gen|heim** ‖ **Ei|gen|heit:** Eigenart ‖ **Ei|gen|ini|ti|a|ti|ve** [-vɛ, -fɛ] ‖ **Ei|gen|in|te|r|es|se** ‖ **Ei|gen|jagd:** *Jagdgebiet in [gemeinschaftlichem] Eigentum* ‖ **Ei|gen|ka|pi|tal** ‖ **Ei|gen|le|ben** ‖ **Ei|gen|lie|be:** *Selbstliebe* ‖ **Ei|gen|lob** ‖ **ei|gen|mäch|tig:** *unbefugt, ohne Erlaubnis, ohne zu fragen* ‖ **Ei|gen|mäch|tig|keit** ‖ **Ei|gen|mit|tel** die (Pl.): *das eigene vorhandene Vermögen* ‖ **Ei|gen|na|me,** *auch:* **Ei|gen|na|men** (Sprachwiss.): *Nomen (Substantiv), das nur einmal vorkommende Lebewesen, Bauwerke, Länder usw. bezeichnet; Nomen proprium;* → G.: Gattungsname ‖ **Ei|gen|nutz** der, -es: etwas aus reinem E. betreiben *(dabei nur an den eigenen Vorteil denken)* ‖ **ei|gen|nüt|zig** ‖ **Ei|gen|re|gie** [-'ʒi:]: etwas in E. *(selbst)* tun ‖ **ei|gens:** ich bin e. *(nur zu diesem Zweck)* gekommen ‖ **Ei|gen|schaft** die, -/-en: in meiner E. als Ärztin ‖ **Ei|gen|schafts|wort** (Gramm.): → *Adjektiv* ‖ **Ei|gen|sinn** ‖ **ei|gen|sin|nig:** *dickköpfig, stur* ‖ **ei|gen|stän|dig:** *selbständig, unabhängig* ‖ **Ei|gen|stän|dig|keit** ‖ **Ei|gen|strom|er|zeu|gung** ‖ **ei|gen|süch|tig:** *egoistisch* ‖ **ei|gent|lich:** *tatsächlich, genau genommen, im Grunde;* → wirklich | was tut ihr e. *(überhaupt)* den ganzen Tag? ‖ **Ei|gen|tor:** sich ein E. schießen *(sich selbst Schaden zufügen)* ‖ **Ei|gen|tum** das, -s/-tümer: das Grundstück ist [im] E. der Gemeinde ‖ **Ei|gen|tü|mer** der, -s/-: *Besitzer* ‖ **Ei|gen|tü|me|rin** die, -/-innen ‖ **ei|gen|tüm|lich:** *eigenartig* | *charakteristisch* ‖ **Ei|gen|tums|de|likt** (Jus): *Verletzung des Eigentums einer anderen Person, zB Diebstahl* ‖ **Ei|gen|tums|vor|be|halt** (Jus): *Übereinkunft, dass eine verkaufte Sache erst bei vollständiger Bezahlung ins Eigentum des Käufers übergeht* ‖ **Ei|gen|tums|woh|nung:** *im Eigentum erworbene (nicht gemietete) Wohnung* ‖ **ei|gen|ver|ant|wort|lich:** eigenverantwortliches Lernen ‖ **Ei|gen|ver|ant|wor|tung** ‖ **Ei|gen|ver|schul|den** (Jus): aus E.; → G.: Fremdverschulden ‖ **Ei|gen|vor|sor|ge** ‖ **Ei|gen|wer|bung** ‖ **Ei|gen|wert** ‖ **ei|gen|wil|lig** ‖ **eig|nen**[1] sich: sich gut für etwas e.; → geeignet ‖ **eig|nen**[2] (geh.): ihm eignet eine gewisse Ausdrucksweise *(sie ist für ihn charakteristisch)* ‖ **Eig|ner** der, -s/-: *[Schiffs]eigentümer* ‖ **Eig|ne|rin** die, -/-innen ‖ **Eig|nung** die, - ‖ **Eig|nungs|er|klä|rung** ‖ **Eig|nungs|prü|fung** ‖ **Eig|nungs|test**

-ei|ig (nur in Zusammensetzungen wie eineiig) ‖ **Ei|klar** das, -s/-: *das flüssige Eiweiß [im Hühnerei]*

Ei|land das, -[e]s/-e (geh.): *[kleine] Insel*

Eil|bo|te ‖ **Eil|brief:** *Expressbrief* ‖ **Ei|le** die, -: in höchster E.

Ei|lei|ter der, -s/-: *(paarig ausgebildete) Verbindung zwischen Eierstock und Gebärmutter*

ei|len: es eilt nicht *(es ist nicht dringend)* ‖ **ei|lends:** *sofort, schnell* ‖ **eil|fer|tig** (geh.): *übereifrig; dienstbeflissen* ‖ **Eil|gut** ‖ **ei|lig:** sie hat es eilig; *aber:* er hat nichts **E**iligeres zu tun ‖ **Eil|marsch** (bes. Mil.) ‖ **Eil|schrift:** *Form der Kurzschrift für bes. schnelles und verkürztes Schreiben* ‖ **Eil|schritt** (nur in der Wendung): im E. *(schnell)* ‖ **Eil|sen|dung:** *Postsendung mit Eilzustellung;* → EMS ‖ **Eil|tem|po:** im E. ‖ **Eil|zug** (E)

Ei|mer der, -s/-: *Kübel* | (ugs.) etwas ist im E. *(kaputt)* | *ein altes Hohlmaß [für Wein]* ‖ **ei|mer|wei|se**

E

ein[1]

unbestimmter Artikel (unbetont):
– ein *(irgendein)* Haus
Zahlwort (betont), **Pronomen: Im Normalfall gilt Kleinschreibung:**
– ein oder zwei
– ein Stück Brot
– in einem fort
– das geht in einem
– in einem schreiben *(zusammenschreiben)*
– das eine ist wichtig
– etwas unter einem mitteilen (Amtsspr.: *zugleich mitteilen*)
– zum einen ..., zum ander[e]n
– ein für alle Mal[e]
Aber groß: mein Ein und Alles; → eins
– ein und derselbe
– der eine oder der andere
– die einen und die anderen
Wenn der nominale Gebrauch betont werden soll, ist auch Großschreibung möglich:
– die einen (*auch:* Einen) sagen dies, die anderen (*auch:* Anderen) das
– das Verhältnis des einen (*auch:* Einen) zu den anderen (*auch:* Anderen)

ein[2] (Adv.): nicht ein noch aus wissen *(völlig ratlos sein);* bei jemandem ein und aus gehen
einachsig [-ks-]: ein einachsiger Karren
Einakter der, -s/-: *Bühnenstück, das aus nur einem Akt besteht* ‖ **einaktig**

einander

„einander" drückt die Beziehung zwischen zwei Personen aus. Es gilt als gehoben und wird heute meist durch sich/uns/euch ersetzt.
– sie begrüßen einander *(sich)*
– wir treffen einander *(uns)* morgen

einantworten (Jus): *übergeben* ‖ **Einantwortung** die, -/-en (Jus): *gerichtliche Übertragung der Erbschaft an den Erben* ‖ **Einantwortungsurkunde** (Jus)
einarbeiten: sie hat sich eingearbeitet *(sie macht die Arbeit schon selbständig)* | ausgefallene Arbeitszeit e. *(einbringen, nachholen)* ‖ **Einarbeitung** die, -/-en
einarmig: e. *(einhändig)* Rad fahren | einarmiger Bandit *(Glücksspielautomat)*
einäschern: der Leichnam wurde eingeäschert *(verbrannt)* ‖ **Einäscherung** die, -/-en: *Feuerbestattung*
einatmen: tief ein- und ausatmen
einäugig: ein einäugiges Monster
Einbahn = **Einbahnstraße:** *Straße, auf der nur in einer Richtung gefahren werden darf* ‖ **Einbahnverkehr**
einbalsamieren: einen Leichnam e. *(durch Balsam und andere Stoffe vor Verwesung bewahren)*
Einband der, -[e]s/-bände: ein Buch mit ledernem E. ‖ **einbändig:** ein einbändiges *(aus nur einem Band bestehendes)* Lexikon
einbauen ‖ **Einbaukasten** ‖ **Einbauküche**
Einbaum: *Boot aus einem ausgehöhlten Baumstamm*
Einbaumöbel (meist Pl.)
Einbeere: *eine Giftpflanze*
einbegleiten (geh.): das Fest mit Musik e. *(einleiten)*
einbegriffen: die Nebenkosten mit e. *(inklusive)*; → inbegriffen
einbehalten: *zurückbehalten*
einbeinig: ein einbeiniger Invalide; e. *(mit nur einem Bein)* hüpfen
einbeizen: Fleisch e. *(in eine Beize geben)*
einbekennen: eine Schuld e. *(eingestehen)* ‖ **Einbekenntnis** ‖ **Einbekennung** die, -/-en
einberufen: eine Versammlung e. | [zum Bundesheer/Militär] e. werden ‖ **Einberufung** ‖ **Einberufungsbefehl** (Mil.)
einbetonieren
einbetten: Eisenstangen in Beton e. ‖ **Einbettzimmer**
einbeulen: eingebeultes Blech
einbezahlen: *einzahlen*
einbeziehen: *dazunehmen* ‖ **Einbeziehung**
einbiegen: in einen Seitenweg e.
einbilden sich: darauf kannst du dir etwas e. *(darauf kannst du stolz sein)* | ein eingebildeter *(überheblicher)* Mensch | eine eingebildete *(gar nicht vorhandene)* Krankheit | sie hat sich diese Farbe eingebildet *(wollte unbedingt diese haben)* ‖ **Einbildung:** das existiert nur in ihrer E. *(Fantasie)* | Überheblichkeit ‖ **Einbildungskraft** die, -: *Fantasie, Vorstellungskraft*
einbinden: Bücher e. | sich den Kopf e. *(verbinden)* | die Mitarbeiter in die Entscheidung e. *(einbeziehen, teilhaben lassen)* ‖ **Einbindung**
einbläuen: jemandem etwas e. *(mit Gewalt oder mühsam beibringen)*
einblenden: die Spendennummer in der Fernsehsendung e. *(zeigen, einschalten)* ‖ **Einblendung**
Einblick: *[kontrollierende] Einsichtnahme;* E. in das Protokoll nehmen
einbrechen: er *hat* in einer Villa eingebrochen | er *ist* im Eis eingebrochen ‖ **Einbrecher** der, -s/- ‖ **Einbrecherin** die, -/-innen
einbremsen sich (sal.): *sich zurückhalten;* brems dich ein!
Einbrenn die, -/-en, *bes. D und SüdT auch:* **Einbrenne,** -/-n (Küchenspr.): *in Fett geröstetes, aufgegossenes Mehl für Gemüse, Suppen u. dgl.* ‖ **einbrennen:** in Holz ein Zeichen e. | (Küchenspr.) Gemüse e.; eingebrannte Erdäpfel *(Erdäpfelsauce)* ‖ **Einbrennsuppe**
einbringen: versäumte Arbeitszeit e. *(nachholen)* | das bringt nichts ein *(es trägt keinen Gewinn)* | (Amtsspr.) ein Ansuchen bei einer Behörde e. *(offiziell vorlegen);* einen Gesetzesentwurf im Parlament e. | sich in eine Diskussion e. *(sich aktiv daran beteiligen);* Erfahrungen e. *(beisteuern)* | die Ernte e. ‖ **Einbringung** die, -/-en (Amtsspr.): E. einer Klage, eines Rechtsmittels
einbröckeln (ugs.): *einbrocken* ‖ **einbrocken:** Brot in die Milch e. *(in kleinen Bröckchen in die Milch geben)* | (ugs.) sich etwas [Unangenehmes] e. *(aus eigener Schuld in eine unangenehme Lage geraten)*
Einbruch: einen E. verüben | bei E. *(Beginn)* der Dunkelheit | (Wirt.) ein massiver E. *(Rückgang)* der Aktienkurse ‖ **Einbruchsdiebstahl** ‖ **einbruchsicher**
einbuchten (nördl. D, ugs.): *einsperren* ‖ **Einbuchtung:** *Delle;* → Ausbuchtung

ein|bun|kern sich (sal.): *sich in eine unangreifbare starre Position zurückziehen, weitere Verhandlungen ablehnen*
ein|bür|gern: einen Ausländer e. *(ihm die Staatsbürgerschaft verleihen)* | dieser Brauch hat sich eingebürgert *(er ist hier üblich geworden)* || **Ein|bür|ge|rung** die, -/-en
Ein|bu|ße: eine E. *(einen Verlust)* erleiden || **ein|bü|ßen:** durch einen Unfall einen Finger e. *(verlieren);* seinen Einfluss e.
Ein|cent|mün|ze [-ts-, engl.: -s-] (1-Cent-Münze)
ein|che|cken [-tʃ-]: *im Flughafen Passagiere und Gepäck abfertigen;* → auschecken
ein|cre|men [-k-] = einkremen: *[sich] mit Creme einreiben*
ein|däm|men: einen Waldbrand e. *(seine Ausbreitung verhindern)* || **Ein|däm|mung** die, -/-en
ein|de|cken[1]: ein Haus e. || **ein|decken**[2] sich: wir haben uns mit Holz eingedeckt *(mit Holzvorräten versehen)*
ein|del|len: *eine Beule machen;* den Kotflügel e.
ein|dep|schen, *auch:* eintepschen (ugs.): *eindrücken;* du depsch[s]t den Hut ein; → einditschen
ein|deu|tig: *keinen Zweifel zulassend, unmissverständlich* || **Eindeu|tig|keit** die, -/-en
ein|deut|schen: *der deutschen Sprache [und Orthografie] anpassen;* ein englisches Wort e. | (ugs.) *verständlich erklären*
ein|di|cken: eingedickter Saft
ein|di|men|si|o|nal: *von nur einer Dimension | einseitig;* → G.: mehrdimensional
ein|dit|schen (ostöst., mda.): *eindepschen, eindellen*
ein|do|sen: *[Gemüse, Obst] in Dosen haltbar machen*
ein|dö|sen: *in den Halbschlaf versinken*
ein|dre|hen: die Haare e.
ein|dril|len: jemandem Formeln e. *(sie ihm durch mechanisches Wiederholen beibringen);* → drillen
ein|drin|gen: in ein Haus e. | auf jemanden e. *(jemanden bedrängen)* || **ein|dring|lich:** jemanden e. *(nachdrücklich, deutlich)* ermahnen; aufs (auf das) **E**indringlichste (= eindringlichste; mit Frage *Wie?*) ersuchen || **Ein|dring|ling** der, -s/-e
Ein|druck der, -[e]s/-drücke: einen guten/schlechten E. hinterlassen || **ein|drü|cken:** eine Fensterscheibe e. || **ein|drück|lich:** etwas e. *(eindrucksvoll)* dem Publikum vorführen || **Ein|drück|lich|keit** die, -/-en || **ein|drucks|voll**
ein|dü|beln: *mit einem Dübel befestigen*
ein|du|seln (reg., ugs.): *einschlafen;* → eindösen
ein|eb|nen: *eben machen*
Ein|ehe: *Ehe mit nur einem Partner, Monogamie;* → G.: Vielehe
ein|ei|ig: eineiige Zwillinge *(Zwillinge, die einem einzigen befruchteten Ei entstammen);* → G.: zweieiig
ein|ein|halb, *auch:* einundeinhalb: *anderthalb* || **ein|ein|halb|mal** (*bei bes. Betonung auch:* eineinhalb Mal)
ei|nen (geh.): *vereinen, vereinigen;* das geeinte Europa
ein|en|gen: ein von Felsen eingeengter Fluss || **Ein|en|gung** die, -/-en
ei|ner (Numerale): nur e. fehlt | (Pronomen) *man, jemand;* da läuft's einem kalt über den Rücken || **Ei|ner** der, -s/-: *Einerstelle (einer mehrstelligen Zahl);* die Einer, die Zehner, die Hunderter | *Einmannboot* || **ei|ner|lei:** mir ist alles e. *(gleichgültig)* || **Ei|ner|lei** das, -s: das ist ein ewiges E. *(immer das Gleiche)*

> **ei|ner|seits**
> **e. – andererseits (anderseits, andrerseits)**
>
> **Vor „and[e]rerseits" steht immer ein Beistrich:**
> – Einerseits will sie Verbesserungen, andererseits akzeptiert sie keinen unserer Vorschläge.
> – Er möchte einerseits keine Bevormundung, kann aber andererseits keine Entscheidungen treffen.

ei|nes|teils: e. – anderenteils (anderntei ls)
Ein|eu|ro|mün|ze (1-Euro-Münze, 1-€-Münze)
ein|fach: ein einfaches Beispiel | sich aufs (auf das) **E**infachste (= einfachste; mit Frage *Wie?*) einrichten; es ist das **E**infachste, wenn ... | er kam e. nicht || **einfach|ge|setz|lich** (Jus): eine einfachgesetzliche Norm; → G.: verfassungsgesetzlich || **Ein|fachheit** die, -: der E. halber auf eine Wiederholung verzichten
ein|fä|deln: beim Slalom e. | ein Treffen geschickt e. *(in die Wege leiten)*
ein|fah|ren: der Zug fährt ein | (sal.) Gewinne e. *(machen)* | (ugs.) er ist ganz schön eingefahren *(hat sich bei einer Sache sehr getäuscht, verschätzt)* || **Einfahrt:** die E. des Zuges | E. *(Haustor, -einfahrt)* frei halten! || **Einfahrts|si|g|nal**
Ein|fall: ein guter E. *(eine gute Idee)* | der E. des Lichts | der E. feindlicher Truppen || **ein|fal|len:** das Haus fiel *(stürzte)* ein | der Chor fällt *(stimmt)* ein | sich etwas e. lassen *(sich anstrengen, eine Lösung zu finden);* ihr fällt immer etwas [Gescheites] ein | *gewaltsam eindringen;* → eingefallen || **ein|falls|los:** *ideenlos, langweilig* || **Ein|falls|lo|sig|keit** die, -/-en || **ein|falls|reich** || **Einfalls|reich|tum** der, -s || **Ein|fallstor:** die Region wurde zum E. für illegale Einwanderer || **Ein|fallstra|ße** (Verk.): *wichtige Verkehrsstraße, die in den Ortskern hineinführt;* → G.: Ausfallstraße || **Ein|falls|win|kel:** der E. des Lichtes
Ein|falt die, - (geh.): *arglose Naivität* || **ein|fäl|tig** || **Ein|falts|pin|sel:** *Schimpfwort für einen einfältigen, dummen Menschen*
Ein|fa|mi|li|en|haus
ein|fan|gen[1]: ein Tier e. | die Stimmung auf einem Foto e. *(festhalten)* || **ein|fan|gen**[2] sich (ugs.): sich einen Schnupfen e. *(damit angesteckt worden sein)*
ein|fär|ben || **ein|fär|big,** *auch:* einfarbig: ein einfärbiger Stoff || **Ein|fär|bung**
ein|fa|schen: den Knöchel e. *(bandagieren)*
ein|fas|sen: einen Rock mit einer Borte e. || **Ein|fas|sung**
ein|fat|schen (reg., ugs.): *einfaschen*
ein|fenst|rig: ein einfenstriges Zimmer *(Zimmer mit nur einem Fenster)*
ein|fet|ten: das Leder e.
ein|fin|den sich: sich am Treffpunkt e.
ein|flech|ten: ein Band ins Haar e. | eine Bemerkung e.
ein|fli|cken: ein Wort e. *(einfügen)*
ein|flie|gen: in ein fremdes Hoheitsgebiet e. *(darüberfliegen, hineinfliegen)* | einen Experten e. *(mit dem Flugzeug herholen)*

E

einfließen: Gedanken in das Gespräch e. lassen
einflößen: einem Kranken Tee e. | jemandem Mut e. *(machen)*
Einflugschneise: *der dem Flugzeug vorgeschriebene Weg zum Flughafen*
Einfluss: großen E. auf seine Freunde haben ‖ **Einflussbereich** ‖ **Einflussnahme** die, -/-en ‖ **einflussreich**
einflüstern ‖ **Einflüsterung** die, -/-en
einfordern: *etwas fordern*
einförmig: eine einförmige *(abwechslungslose)* Landschaft ‖ **Einförmigkeit** die, -/-en
einfrieden ‖ **Einfriedung** die, -/-en: *Einzäunung, Umgrenzung*
einfrieren: ich habe die Torte eingefroren | [diplomatische] Beziehungen e. *(vorläufig nicht weiterführen)*
einfrischen: Blumen e. *(einwässern)*
einfügen[1]: eine Ergänzung in einen Text e. ‖ **einfügen**[2] sich: sich in eine Gemeinschaft e. ‖ **Einfügung:** eine E. in einem Text
einfühlen sich: sich in einen anderen e. *(sich in seine Lage versetzen)* können ‖ **einfühlsam** ‖ **Einfühlungsvermögen** das, -s
Einfuhr die, -/-en: die E. von Kaffee und Tee ‖ **Einfuhrbeschränkung** ‖ **einführen:** Waren aus China e. | (reg.) Heu e. *(einbringen)* | ein neues Wahlrecht e. | einen Fremden in die Familie e. *(ihn mit der Familie bekannt machen)* ‖ **Einfuhrsperre** ‖ **Einführung** ‖ **Einführungspreis:** *reduzierter Preis nach Eröffnung eines neuen Geschäfts, bei Einführung eines neuen Produkts*
einfüllen: die Milch in eine Flasche e. ‖ **Einfüllstutzen:** *rohrförmige Öffnung zum Einfüllen von Flüssigkeiten*
Eingabe (Amtsspr.): *schriftlich an ein Amt gerichteter Wunsch* ‖ **Eingabegerät** (EDV): *Gerät zur Eingabe von [Sprach]zeichen in den Computer, zB Tastatur*
Eingang ‖ **eingängig:** *leicht verständlich, einleuchtend* ‖ **eingangs:** wie e. *(anfangs)* erwähnt ‖ **Eingangsbestätigung** ‖ **Eingangshalle** ‖ **Eingangsstempel:** *Stempel mit dem Datum des Eintreffens* ‖ **Eingangstür**
eingeben: jemandem ein Medikament e. | Daten [in den Computer] e. | (Amtsspr.) einen Beamten zur Beförderung e. *(vorschlagen, beantragen)*
eingebildet → einbilden
eingeboren[1] (geh.): Jesus, der eingeborene *(einzige)* Sohn Gottes
eingeboren[2]: die eingeborene Bevölkerung ‖ **Eingeborene**[1] der, -n/-n, ein Eingeborener: *ein Bewohner seines Geburtsortes* | *Ureinwohner* ‖ **Eingeborene**[2] die, -n/-n
Eingebung die, -/-en: *Einfall, Idee*
eingedenk (Adj.) (geh.): seines Versprechens e. sein *(es nicht vergessen)* | (Präp.) e. *(unter Berücksichtigung, wegen)* ihrer Meinung
eingefallen: er hat eingefallene Wangen *(wirkt ausgezehrt, abgemagert);* → einfallen
eingefleischt: ein eingefleischter *(hartnäckiger)* Junggeselle
eingehen: das Kleid ist beim Waschen eingegangen *(kleiner geworden)* | die Pflanze ist eingegangen *(abgestorben)* | auf meinen Vorschlag ist sie nicht eingegangen *(sie hat ihn nicht berücksichtigt)* | ich will kein Risiko e. ‖ **eingehend:** etwas aufs (auf das) Eingehendste (= eingehendste; mit Frage *Wie?*) *(sehr genau)* erklären
eingeleisig → eingleisig
Eingemachte das, -n: *haltbar gemachte Lebensmittel, zB eingekochte Früchte* | (sal.) ans E. gehen *(die Reserven angreifen müssen; zum Wesentlichen kommen)*
eingemeinden: einen Nachbarort e. *(ihn in die Gemeinde eingliedern)* ‖ **Eingemeindung** die, -/-en
eingemummt: *warm eingehüllt*
eingenommen → einnehmen
eingepfercht → einpferchen
eingeregnet: sie ist in einer Schutzhütte e.
eingeschnappt (ugs.): *beleidigt;* → einschnappen
eingeschoßig, *auch:* eingeschossig: *einstöckig*
eingeschrieben → einschreiben
eingesessen: *lange ortsansässig*
Eingesottene das, -n, Eingesottenes (Küchenspr., veraltet): *eingekochte Früchte*
eingesprengt: fremdes Mineral ist in diesem Gestein e. *(eingeschlossen)*
eingestandenermaßen ‖ **Eingeständnis** ‖ **eingestehen:** eine Schuld e. *(zugeben);* er hat seinen Fehler eingestanden; → einstehen
eingestellt: ein kritisch eingestellter *(gesinnter)* Mensch; → einstellen
eingestrichen (Mus.): das eingestrichene a (a', a^1) spielen
Eingetropfte das, -n, Eingetropftes: *in die Suppe eingetropfter Teig;* → Eintropfsuppe
Eingeweide das, -s/- (meist Pl.): *Herz, Leber, Lunge, Darm usw.*
eingewöhnen: sich in neuer Umgebung e. ‖ **Eingewöhnung**
eingießen: dem Gast eine Tasse Tee e.
eingipsen: ein gebrochenes Bein e. *(mit einem Gipsverband versehen)* | einen Haken e.
eingleisig, *auch:* eingeleisig: eine eingleisige Bahnstrecke
eingliedern: sich in die Gesellschaft e. *(einfügen)* ‖ **Eingliederung**
eingraben: *vergraben* | (ugs.) *beerdigen, begraben*
eingravieren [-v-]: in den Ring einen Namen e.
eingreifen: in eine Auseinandersetzung e. ‖ **Eingreiftruppe** (Mil.): *eine sofort verfügbare Einheit*
eingrenzen: ein Thema e. *(einschränken, begrenzen)* ‖ **Eingrenzung** die, -/-en
Eingriff: ein folgenreicher E. *(folgenreiches Eingreifen)* der Geschäftsführung in die Verhandlungen | (Med.) der Arzt musste einen E. *(eine Operation)* vornehmen
einhacken: [mit der Hacke] eine Kerbe e.
einhakeln, ich hakle ein (ugs.): *einhaken* ‖ **einhaken:** ich hake das Fenster ein *(befestige es an einem Haken)* | hier muss ich e. *(mich zu Wort melden)*
einhalbmal: *ein halbes Mal*
Einhalt der, -[e]s (geh.): der Ausbreitung einer Seuche E. gebieten ‖ **einhalten:** einen Termin e.; die Spielregeln e. *(befolgen)* | (geh.) halt ein! *(hör auf!)* ‖ **Einhaltung**
einhämmern: jemandem politische Parolen e. *(eintrichtern)*
einhandeln sich: sich Schwierigkeiten e.
einhändig: das Gerät e. bedienen; → beidhändig

ein|hän|di|gen (Amtsspr.): *übergeben, ausfolgen, aushändigen*
ein|hän|gen: die Fenster e. | sich [beim Gehen] in jemanden/bei jemandem e.
ein|hau|chen (geh.): einem alten Schloss neues Leben e. *(es aktiv nutzen, revitalisieren)*
ein|hau|en[1]: eine Kerbe e. | (ugs.) *gierig essen* || **ein|hau|en**[2] sich (ugs.): sich bei jemandem e. *(einschmeicheln)*
ein|he|ben: *einkassieren;* eine Gebühr e. || **Ein|he|bung**
ein|hef|ten: die Kontoauszüge in die Mappe e.
ein|hei|misch: einheimische *(inländische)* Obstsorten || **Ein|hei|mi|sche**[1] der, -n/-n, ein Einheimischer || **Ein|hei|mi|sche**[2] die, -n/-n
ein|heim|sen, du heimst ein: [einen] Gewinn e. *(einstreifen)*
ein|hei|ra|ten: in eine Familie, Firma e.
Ein|heit die, -/-en || **ein|heit|lich:** einen Plan e. durchführen; einheitliche Preise || **Ein|heit|lich|keit** die, - || **Ein|heits|preis** || **Ein|heits|wäh|rung** || **Ein|heits|wert:** *gesetzlich vorgeschriebener Wert [für Grundstücke]*
ein|hei|zen: *die Heizung in Betrieb nehmen* | (ugs., sal.) jemandem ordentlich e. *(jemanden energisch zurechtweisen, jemanden antreiben)*
ein|hel|lig: ein einhelliger *(einstimmiger)* Beschluss || **Ein|hel|lig|keit** die, -
ein|her|ge|hen: das Fieber ging mit Kopfschmerzen einher
ein|höck|rig, *auch:* einhöckerig: ein einhöckriges Kamel *(Dromedar)*
Ein|hof: *Bauernhof mit Wohn- und Wirtschaftshaus in einem;* → G.: Paarhof
ein|ho|len: er konnte das Spitzenfeld e. *(erreichen)* | die Segel e. *(einziehen)* | ein Gutachten e. *(anfordern)*
ein|hö|ren sich: ich muss mich in diese Musik e.
Ein|horn das, -[e]s/-e [-hörner]: *ein Fabeltier*
Ein|hu|fer der, -s/- (Zool.): Pferd und Esel sind E.; → Paarhufer || **ein|hu|fig** (Zool.)
ein|hül|len: sich in ein Badetuch e.
ein|hun|dert (zB auf Formularen): *hundert* || **Ein|hun|dert|eu|ro|bank|no|te** (100-Euro-Banknote): *Hunderteurobanknote* || **Ein|hun|dert|eu|ro|schein** (100-Euro-Schein): *Hunderteuroschein*
ei|nig: wir sind uns e. *(wir sind alle der Meinung),* dass ...; e. werden

ei|ni|ge

Das Pronomen wird immer kleingeschrieben:
- einige Stunden später
- einige Mal[e]
- es sind noch einige gekommen
- wir müssen noch einiges besprechen
- nur einige wenige *(nur wenige)*
- einige hundert (= Hundert) [Leute] waren dabei

ein|igeln sich: ich igle mich aus Protest ein *(schirme mich nach allen Seiten hin ab)*
ei|ni|gen: sich über/auf etwas e. *(darüber einig werden)* || **ei|ni|ger|ma|ßen** || **ei|ni|ges:** ich habe e. gehört || **Ei|nig|keit** die, - || **Ei|ni|gung** die, -/-en || **Ei|ni|gungs|be|stre|bung** (meist Pl.)
ein|imp|fen: jemandem eine Meinung e. *(mit Nachdruck beibringen)*
ein|ja|gen: jemandem Schrecken e.
ein|jäh|rig: ein einjähriger Lehrgang || **Ein|jäh|rig-Frei|wil|li|ge**[1] der, -n/-n, ein Einjährig-Freiwilliger (Mil.): *Grundwehrdiener mit verlängerter Dienstzeit (Offiziersausbildung)* || **Ein|jäh|rig-Frei|wil|li|ge**[2] die, -n/-n (Mil.)
ein|kal|ku|lie|ren: jedes Risiko e. *(in Betracht ziehen)*
Ein|ka|rä|ter der, -s/-: *einkarätiger Edelstein* || **ein|ka|rä|tig** → Karat
ein|kas|sie|ren: Geld e.
ein|kas|teln (ugs.): ich kastle eine Ziffer ein *(umrande sie mit einem Viereck)* | *einsperren*
Ein|kauf: Einkäufe für jemanden erledigen || **ein|kau|fen:** günstig e. || **Ein|käu|fer** || **Ein|käu|fe|rin** || **Ein|kaufs|bum|mel** || **Ein|kaufs|korb** || **Ein|kaufs|pa|ra|dies** || **Ein|kaufs|preis:** *Preis, den ein Händler für eine Ware bezahlt* || **Ein|kaufs|re|ser|ve** [-v-] (Bankw.): *Überziehungsrahmen* || **Ein|kaufs|sams|tag:** langer E. vor Weihnachten || **Ein|kaufs|stra|ße** || **Ein|kaufs|ta|sche** || **Ein|kaufs|tour** [-tu:ə] || **Ein|kaufs|wa|gen** || **Ein|kaufs|wa|gerl** || **Ein|kaufs|zen|trum**
Ein|kehr die, - (geh.): E. halten *(in sich gehen)* || **ein|keh|ren:** *in ein Gasthaus gehen* || **Ein|kehr|schwung** (scherzh.): *Rast beim Skifahren* || **Ein|kehr|tag** (Rel.)
ein|kei|len: er ist in der Menge eingekeilt
ein|kel|lern: Erdäpfel e. *(einlagern)*
ein|ker|ben: *eine Kerbe anbringen;* den Baumstamm e.
ein|ker|kern: *in einem Kerker in Haft setzen*
ein|kes|seln (Mil.): *rundum einschließen*
Ein|kind|ehe || **Ein|kind|fa|mi|lie**
ein|kla|gen: die Schadenssumme bei Gericht e.
ein|klam|mern: *in Klammer[n] setzen*
Ein|klang der, -[e]s: Worte und Taten stehen im/in E. *(sie stimmen überein);* die Ansichten des einen mit denen des anderen in E. bringen | (Mus.) *das Zusammenklingen mehrerer Stimmen auf demselben Ton;* beide Violinen beginnen im E. *(mit demselben Ton)*
ein|klas|sig: eine einklassige Volksschule
ein|kle|ben: Fotos e.
ein|klei|den: die Kinder neu e.
ein|klem|men: einen Draht e.
ein|klin|ken: *einrasten;* die Karabinerhaken e.
ein|kni|cken: beim Gehen e.
ein|ko|chen: Zwetschken e. | (ugs.) sie haben die Oma eingekocht *(durch listiges Einschmeicheln für sich gewonnen)*
Ein|kom|men das, -s/-: *Lohn, Verdienst, Einnahmen* || **Ein|kom|mens|ge|fäl|le:** *Unterschied im Einkommen, zB zwischen West- und Ostösterreich* || **Ein|kom|mens|gren|ze:** *Grenze, um zB noch eine Förderung zu erhalten* || **ein|kom|mens|schwach:** *von geringem Einkommen* || **Ein|kom|men|steu|er,** *auch:* Einkommenssteuer || **Ein|kom|men|steu|er|er|klä|rung,** *auch:* Einkommenssteuererklärung || **Ein|kom|men|steu|er|ge|setz** (EStG) || **ein|kom|men|steu|er|pflich|tig,** *auch:* einkommenssteuerpflichtig || **Ein|kom|mens|ver|hält|nis|se** die (Pl.)
ein|köp|feln: den Ball e. *(ihn im Fußball mit dem Kopf ins Tor stoßen)*
ein|kra|chen: *zusammenstürzen*
ein|krei|sen: das Wild e. *(umzingeln)*
ein|kre|men = → eincremen

E

ein|kreu|zen (Biol.): eine neue Sorte in den Weizen e.
ein|küh|len: Getränke e. *(kalt stellen)*
Ein|künf|te die (Pl.): *Einnahmen, Verdienst*
ein|kup|peln: *einen Gang einlegen*
ein|la|den[1]: er lädt/ladet unsere Koffer ein
ein|la|den[2]: sie lädt/ladet uns zu einem Geburtstagsfest ein ‖ **ein|la|dend:** der Tisch ist e. gedeckt ‖ **Ein|la|dung**
Ein|la|ge die, -/-n: *zusätzliche Sohle, die in den Schuh eingelegt wird* | *provisorische Zahnfüllung* | *Frittaten, Nockerln uÄ in der Suppe* | *Bankguthaben* | eine musikalische E. *(ein Zwischenstück)*
ein|la|gern: Erdäpfel e. ‖ **Ein|la|ge|rung**
ein|lan|gen: *ankommen, eintreffen*
Ein|lass der, -es/-lässe: „Einlass ab 19 Uhr" ‖ **ein|las|sen:** Wasser in die Wanne e. | den Fußboden [mit Wachs] e. | sich mit jemandem in ein Gespräch e.
Ein|lauf (Amtsspr.): *eingegangene Post [in einem Büro]* | (Med.) *Klistier* ‖ **ein|lau|fen** (Seemannsspr.): in den Hafen e. *(einfahren)* | (Sport) die Mannschaft läuft ins Stadion ein ‖ **Ein|lauf|kas|ten** (Amtsspr.): *Briefkasten der Einlaufstelle* ‖ **Ein|lauf|stel|le** (Amtsspr.): *Posteingangsstelle [in Ämtern]*
ein|läu|ten: das neue Jahr e.
ein|le|ben sich: sich in der neuen Schule e.
Ein|le|ge|ar|beit: *eine E. aus färbigen Hölzern in einer Tischplatte;* → Intarsia ‖ **ein|le|gen:** die Knödel ins kochende Wasser e.; eine CD e. *(in den CD-Player schieben)* | für jemanden/bei jemandem ein gutes Wort e.; Protest e. *(erheben)* | (Küchenspr.) Essiggurkerln e. *(sie in Flüssigkeit haltbar machen)* | (Bankw.) einen Geldbetrag e. *(auf ein Konto, Sparbuch einzahlen)* ‖ **Ein|le|ger** der, -s/- (Bankw.) ‖ **Ein|le|ge|rin** die, -/-innen (Bankw.)
ein|lei|ten: das elektrische Licht e. lassen | einleitend *(zu Beginn)* etwas feststellen | ein Verfahren e. *(in die Wege leiten)* ‖ **Ein|lei|tung** die, -/-en: die E. eines Aufsatzes, einer Rede
ein|len|ken: *nachgeben*
ein|ler|nen: *mechanisch lernen; einprägen*
ein|le|sen: sich in einen Autor e. | Daten e. *([mittels Scanner] in den Computer eingeben)*
ein|leuch|ten: das leuchtet mir ein *(ich verstehe es, sehe es ein)* ‖ **ein|leuch|tend:** eine einleuchtende *(verständliche)* Begründung
ein|lie|fern: ins Spital eingeliefert werden ‖ **Ein|lie|fe|rung**
ein|lo|chen (ugs.): *einsperren*
ein|log|gen (EDV): *eine Verbindung zu einem anderen Computer oder in einem Netzwerk herstellen;* sie hat sich eingeloggt; → Log-in; → ausloggen
ein|lo|gie|ren [-lo͡ʒ-] (veraltend): *unterbringen;* jemanden im Gästezimmer e.
ein|lö|sen: einen Gutschein e. | ein Versprechen e. *(erfüllen)* ‖ **Ein|lö|sung**
ein|lul|len: *einschläfern; die Aufmerksamkeit lähmen*
Ein|mach die, - (Küchenspr.): *eine [helle] Einbrenn* ‖ **ein|ma|chen** (Küchenspr.): *Gemüse oder Obst haltbar machen; einkochen, einlegen, einrexen;* → Eingemachte | eine Suppe e. *(mit einer Einmach verdicken)* ‖ **Ein|mach|sau|ce** [-zoːs(ɛ)], *auch:* **Ein|mach|soß, Ein|mach|so|ße** ‖ **Ein|mach|sup|pe**
ein|mah|nen: *einfordern* ‖ **Ein|mah|nung**

ein|mal

Zusammenschreibung ist der Normalfall:
- auf einmal
- noch einmal, *aber getrennt:* das eine Mal
- es war einmal (unbetont, *einst*)
- komm einmal her (unbetont)
- nicht einmal (auch: nicht einmal)

Bei besonderer Betonung ist auch Getrenntschreibung möglich:
- ich sage das nur ein Mal; → mal; → Mal

Ein|mal|eins das, -/-: das kleine E. *(Multiplikationsreihe mit den Zahlen 1 bis 10)* ‖ **Ein|mal|er|lag** (Bankw.): *einmalige Einzahlung* ‖ **ein|ma|lig:** das ist eine einmalige Gelegenheit *(gibt es nur einmal)* | das Essen war e. *(großartig)* ‖ **Ein|mal|zah|lung**
Ein|mann|be|trieb [auch: -'a-] ‖ **Ein|mann|boot** (Sport) → Einer
ein|mar|ge|rie|ren ⟨fr.-dt.⟩ (W, mda.): das kannst du dir e. *(für immer behalten)*
Ein|marsch ‖ **ein|mar|schie|ren:** die Festgäste marschieren in den Ballsaal ein; die feindliche Armee marschiert in das Nachbarland ein
ein|mas|sie|ren: eine Salbe e.
Ein|mas|ter (Seemannsspr.): *Segelschiff mit nur einem Mast*
ein|mau|ern: den Türrahmen e.
ein|mei|ßeln: eine Aufschrift in Stein e.
ein|men|gen sich: *sich einmischen*
Ein|me|ter|brett (Sport): *ein Sprungbrett*
ein|mie|ten: sich bei Verwandten für einige Zeit e.
ein|mi|schen sich: *eingreifen* ‖ **Ein|mi|schung**
ein|mo|na|tig: einmonatige Kurse
ein|mo|to|rig: ein einmotoriges Flugzeug
ein|mot|ten: Kleider e. *(sie durch ein Mittel gegen Mottenfraß schützen)* | die Skiausrüstung e. *(bis zur nächsten Saison wegpacken)*
ein|mün|den ‖ **Ein|mün|dung**
ein|mü|tig: *einstimmig* ‖ **Ein|mü|tig|keit** die, -
ein|nä|hen: den Ärmel e.; das Geld ins Futter e. ‖ **Ein|nä|her** der, -s/-: *Abnäher;* das Kleid mit einem E. *(durch eine eingenähte Falte)* passend machen
Ein|nah|me die, -/-n ‖ **Ein|nah|me|aus|fall,** *auch:* **Ein|nah|men|aus|fall** ‖ **Ein|nahms|quel|le,** *auch:* Einnahmequelle
ein|ne|beln: *durch [künstlichen] Nebel verhüllen*
ein|neh|men: Geld e. | viel Platz e. | eine Stadt e. *(erobern)* | eine Mahlzeit e.; Medikamente e. | von jemandem eingenommen sein *(für jemanden eine Vorliebe haben);* sie ist von sich eingenommen *(hält viel von sich)* ‖ **ein|neh|mend:** ein einnehmendes *(angenehmes, gewinnendes)* Wesen haben
ein|ni|cken: *einschlafen*
ein|nis|ten ‖ **Ein|nis|tung** die, -/-en
Ein|öd → Einöde ‖ **Ein|öd|bau|er** ‖ **Ein|öd|bäu|e|rin,** *auch:* **Ein|öd|bäu|rin** ‖ **Ein|öde** die, -, *auch:* Einöd: *verlassene, einsame Gegend* | *Einödhof* ‖ **Ein|öd|hof:** *entlegener Einzelhof*
ein|ölen: die Fahrradkette e.
ein|ord|bar = ein|or|den|bar: nicht e. *(zuzuordnen)* sein ‖ **ein|ord|nen**[1]: ein Wort alphabetisch e.

(einreihen) | er lässt sich politisch schwer e. ‖ **ein|ord|nen**[2] sich: sie will sich nicht e. *(nicht in die [gesellschaftliche] Ordnung, in das [Arbeits]team einfügen)*
ein|pa|cken: das Buch e. | (ugs.) die Kinder warm e. *(anziehen)* | (ugs.) e. können *(auf Grund von Erfolglosigkeit aufgeben müssen)*
ein|pa|pierln (ugs.): *in Papier einwickeln*
ein|par|ken: das Auto e. *(in eine Parklücke lenken)*
Ein|par|tei|en|re|gie|rung (Pol.)
ein|pas|sen: *genau passend einfügen*
ein|peit|schen ‖ **Ein|peit|scher** der, -s/-: *jemand, der andere in eine Sache hineinhetzt oder ihnen etwas eintrichtert* ‖ **Ein|peit|sche|rin** die, -/-innen
ein|pen|deln[1]: nach Linz e. *(zur Arbeit fahren);* → Pendler ‖ **ein|pen|deln**[2] sich: *einen bestimmten [Durchschnitts]wert erreichen;* die Zahl der Teilnehmer hat sich auf 20 eingependelt
Ein|per|so|nen|haus|halt (Wirt.) ‖ **Ein|per|so|nen|stück:** Theaterstück mit nur einer Person
ein|pfer|chen: *in einen engen Raum hineindrängen;* das Vieh ist in Käfigen eingepfercht
ein|pflan|zen: *eine Pflanze einsetzen* | (Med.) *implantieren;* der Patientin eine neue Niere e.
ein|pfle|gen (EDV): Daten e. *(systematisch in eine Datenbank eingeben)*
ein|pi|cken: Fotos ins Album e. *(einkleben)*
ein|pin|seln: Warzen mit einer Tinktur e.
ein|pla|nen: *in die Planung einbeziehen*
ein|pö|keln: Fleisch e. *(es durch Einsalzen haltbar machen)*
ein|prä|gen: er hat sich das eingeprägt *(gemerkt, hat das im Gedächtnis behalten)* | die Initialen in Leder e. ‖ **ein|präg|sam** ‖ **Ein|präg|sam|keit** die, -
ein|pres|sen
ein|pro|gram|mie|ren: *Daten eingeben, programmieren*
ein|prü|geln: auf jemanden e. | jemandem etwas e. *(mit Gewalt beibringen)*
ein|pu|dern: *mit Puder bedecken*
ein|quar|tie|ren: *ins Quartier nehmen; unterbringen;* sich bei jemandem e. ‖ **Ein|quar|tie|rung** die, -/-en
ein|quet|schen: sich den Finger e. *(einklemmen und dabei quetschen)*
ein|rä|drig: einrädrige Anhänger
ein|rah|men: ein Bild e.
ein|ram|men: einen Pfosten e. *(in den Boden schlagen)*
ein|ras|ten: *einschnappen;* der Verschluss rastet ein
ein|räu|men: ein Zimmer, Spielzeug e. | jemandem einen Platz e. *(zur Verfügung stellen)* | eine Möglichkeit e. *(zugestehen)*
ein|rech|nen: *mitrechnen, anrechnen*
Ein|re|de (Jus): *Widerspruch, Einwand im Prozess* ‖ **ein|re|den:** ich lasse mir das nicht e. *(weismachen)* | sie hat lang auf ihn eingeredet *(sie hat eindringlich zu ihm gesprochen)*
ein|rei|ben: das Fleisch mit Salz und Pfeffer e. ‖ **Ein|rei|bung**
ein|rei|chen: ein Gesuch e.; jemanden für einen Preis e. *(vorschlagen)* ‖ **Ein|reich|frist**
ein|rei|hen: *in die Reihe stellen;* *sich links e. (auf die linke Fahrspur wechseln)* ‖ **Ein|rei|her** der, -s/-: *Sakko mit einer Knopfreihe* ‖ **ein|rei|hig**
Ein|rei|se ‖ **Ein|rei|se|be|wil|li|gung** ‖ **ein|rei|sen:** *in ein Land reisen* ‖ **Ein|rei|se|vi|sum** [-v-]
ein|rei|ßen: eine Mauer e.; einen Stoff e. | eine Unart ist eingerissen *(zur Gewohnheit geworden)*
ein|rei|ten: in die Manege e. | ein junges Pferd e. *(an das Reiten gewöhnen)*
ein|ren|ken: eine ausgerenkte Schulter e. *(einrichten)* | eine verfahrene Sache wieder e. *(in Ordnung bringen)*
ein|ren|nen: jemandem die Tür e. *(jemanden bestürmen)*
ein|re|xen: Kirschen e. *(einmachen);* → Rexglas
ein|rich|ten: sich auf etwas e. *(einstellen)* | das Zimmer modern e. | eine Hotline e. *(schaffen, begründen)* | (Med.) ein gebrochenes Bein e. ‖ **Ein|rich|tung** die, -/-en: *das gesamte Mobiliar* | eine E. *(Institution)* der Erwachsenenbildung ‖ **Ein|rich|tungs|ge|gen|stand** ‖ **Ein|rich|tungs|haus**
ein|rin|geln: ich ringle in einem Text ein Wort ein | das Haar ringelt sich ein *(legt sich in Locken)*
Ein|riss: ein E. in der Lunge
ein|rit|zen: einen Namen e.
ein|rol|len: eine Weinflasche in Papier e.
ein|ros|ten: die Maschine ist eingerostet
ein|rü|cken: einen Textabschnitt e. | (Mil.) zum Grundwehrdienst e.
ein|rüh|ren: Mehl e.
ein|rüs|ten: eine Fassade e.

eins (1)

Kleinschreibung des Zahlworts:
- es ist/schlägt eins
- eins zu zwei (1 : 2)
- sie ist die Nummer eins
- eins a *(ausgezeichnet)*
- eins zu eins *(unverändert)* realisieren

→ ein; → erste; → acht

Kleinschreibung des Adjektivs:
- es ist mir alles eins *(gleich, gleichgültig)*
- das läuft auf eins hinaus *(es ist das Gleiche)*

Eins die, -/-en (bes. D): *Einser*

Großschreibung bei Nominalisierung der Grundzahl zur Bezeichnung einer Ziffer:
- die Ziffer Eins (1)
- die Ziffern Eins bis Neun
- die Note Eins; → Einser

ein|sa|gen: dem Mitschüler e. ‖ **Ein|sa|ger** der, -s/-: *Souffleur* ‖ **Ein|sa|ge|rin** die, -/-innen
ein|sä|gen: mehrere Kerben in das Brett e.
ein|sal|zen: das Fleisch e.; → einsuren
ein|sam: er fühlt sich e. | ein einsamer *(abgelegener)* Ort | (ugs.) einsame Klasse! *(weit überlegen)* ‖ **Ein|sam|keit** die, -
ein|sam|meln: die Hefte aller Schüler/innen e.
ein|sar|gen: *in den Sarg legen;* den Toten e.
Ein|satz der, -es/-sätze: der E. pro Wette beträgt 20 Euro; E. *(Pfand)* für eine Flasche zahlen | der E. der Polizei | die Mannschaft spielte mit großem E. | *Lattenrost* | (Mus.) der Dirigent gibt den E. ‖ **ein|satz|be|reit** ‖ **Ein|satz|be|reit|schaft** ‖ **ein|satz|fä|hig** ‖ **Ein|satz|fahr|zeug:** Einsatzfahrzeuge der Polizei, Rettung, Feuerwehr ‖ **Ein|satz|kom|man|do** ‖ **Ein|satz|kraft** (meist Pl.): *jemand, der einem Einsatzkommando angehört* ‖ **Ein|satz|lei|ter** ‖ **Ein|satz|lei|te|rin** ‖ **Ein-**

E

satz|lei|tung || **Ein|satz|wa|gen** || **Ein|satz|zei|chen**
ein|säu|men: Kleider e.
ein|scan|nen [-skæ-]: *[Bilder, Text] mit einem Scanner erfassen und im PC speichern*
ein|schal|ten: das Licht e. | sich in Verhandlungen e. *(in sie eingreifen);* eine kurze Diskussion e. *(einschieben)* || **Ein|schalt|quo|te:** *Anzahl der Radiohörer bzw. der Fernsehzuschauer einer Sendung* || **Ein|schal|tung:** *Veröffentlichung [in der Zeitung, TV]* || **Ein|schalt|zif|fer:** → *Einschaltquote*
ein|schär|fen: ich habe ihm das eingeschärft *(streng aufgetragen)*
ein|schar|ren: *verscharren*
ein|schät|zen: ich habe ihn falsch eingeschätzt || **Ein|schät|zung**
Ein|schau (Amtsspr.): *eine behördliche Überprüfung [durch den Rechnungshof]* || **Ein|schau|be|richt** (Amtsspr.) || **ein|schau|en:** beim Versteckenspiel e. *(mit verdeckten Augen zählen, bis sich die Mitspieler versteckt haben)*
ein|schau|feln: den Sand in Plastiksäcke e.
ein|schen|ken: Milch e.; jemandem reinen Wein e. *(die volle Wahrheit sagen)*
Ein|schicht die, -: in der E. *(Einsamkeit)* leben || **Ein|schicht|hof:** *Bauernhof auf abgelegenem Gelände* || **ein|schich|tig:** ein einschichtiger *(abseitsgelegener)* Hof
ein|schi|cken: das defekte Gerät e. *(an die zuständige Firma senden)*
ein|schie|ben: einen Zug e. *(zusätzlich [wegen Überlastung] auf den Fahrplan setzen)* || **Ein|schieb|sel** das, -s/- (ugs.): *[Text-]einschub* || **Ein|schie|bung:** *Einschub [von Textzeilen]*
ein|schie|ßen: eine Fensterscheibe e. | die Medien haben sich darauf eingeschossen *(machten es zum Angriffsziel)* | sich auf ein Ziel e. *(fixieren, konzentrieren)*
ein|schif|fen: sich nach Korfu e. *(sich an Bord eines Schiffes nach Korfu begeben)*
ein|schir|ren: *ein Pferd ins Geschirr nehmen*
einschl.: einschließlich
ein|schla|fen: ich bin beim Lesen eingeschlafen | der Fuß ist [mir] eingeschlafen || **ein|schlä|fern:** ein Kind e. *(zum Schlafen bringen);* ein einschläferndes *(eintöniges)* Geräusch | den kranken Hund e. *(schmerzlos töten)* || **Ein|schlä|fe|rung** die, -/-en
Ein|schlag: Einschläge von Granaten | eine Autolenkung mit großem E. | Italienisch mit deutschem E. *(Akzent)* sprechen || **ein|schla|gen:** einen Nagel e. | Butter in Papier e. *(einwickeln)* | eine andere Wegrichtung e. | der Blitz hat eingeschlagen | dieses Theaterstück wird e. *(große Wirkung haben)* || **ein|schlä|gig:** *zum Thema gehörig*
ein|schlei|chen[1] sich: sich in ein fremdes Haus e. | Fehler haben sich eingeschlichen || **ein|schlei|chen**[2] (Med.): *die Dosis langsam steigern*
ein|schlei|fen: *eingravieren* | (Amtsspr.) *nach und nach anpassen;* die Beihilfe nach dem Einkommen e. | (ugs., veraltend) *bremsen* || **Ein|schleif|re|ge|lung** (Amtsspr.): *eine [steuerliche] Übergangsregelung*
ein|schlei|men sich (ugs., abw.): *sich einschmeicheln*
ein|schlep|pen: eine Krankheit aus den Tropen e. *(mitbringen)*
ein|schleu|sen: einen Spion in einen Betrieb e.
ein|schlie|ßen: Geld im Tresor e. *(versperren)* | sie sind vom Hochwasser eingeschlossen | etwas ist im Preis eingeschlossen *(inbegriffen)*

ein|schließ|lich (einschl.)

Präposition mit Genitiv:
- einschließlich *(inklusive)* des Trinkgeldes

Allein stehendes starkes Nomen im Singular bleibt undekliniert:
- einschließlich Trinkgeld
- einschließlich Rabatt

Im Plural mit Dativ, wenn Genitiv nicht erkennbar:
- einschließlich Trinkgeldern (*statt:* Trinkgelder)

Adverb:
- bis einschließlich 31. Mai

ein|schlum|mern: *sanft einschlafen*
Ein|schluss: mit E. *(einschließlich)* | (Geol.) viele Jahrtausende alte Einschlüsse *(Fremdkörper)* im Gestein
ein|schmei|cheln sich: sich beim Lehrer e. *(ihm schöntun);* diese Musik ist einschmeichelnd
ein|schmei|ßen (ugs.): ein Fenster e. *(einwerfen, einschlagen)*
ein|schmel|zen: Alteisen e.
ein|schmie|ren: *eincremen, einölen*
ein|schmug|geln: Drogen e.
ein|schnap|pen: die Haustür e. lassen; → eingeschnappt
ein|schnei|den: dieser Riemen schneidet *(schnürt)* ein | ein Fenster e. *(Scheiben einsetzen)* | einschneidende *(durchgreifende, bes. fühlbare)* Maßnahmen | (Küchenspr.) Kraut e. *(zerkleinern und zur Haltbarmachung in einen Behälter geben)*
ein|schnei|en: der Skiort ist eingeschneit *(durch Schnee abgeschnitten, zugeschneit)*
Ein|schnitt: ein tiefer E.
ein|schnü|ren: das Korsett schnürt die Taille ein
ein|schrän|ken: ich werde mich e. müssen *(sparen müssen);* die Bewegungsfreiheit ist eingeschränkt worden
ein|schrau|ben: eine neue Glühbirne e. *(in die Fassung drehen)*
Ein|schreib|brief || **ein|schrei|ben:** das Kind in die Schule e. *(aufnehmen)* lassen | „Einschreiben", *auch:* „Eingeschrieben" *(Vermerk auf einem rekommandierten Brief)* | (Math.) einem Dreieck einen Kreis e. || **Ein|schrei|ben** das, -/-: *Einschreibsendung* || **Ein|schreib|frist** || **Ein|schreib|ge|bühr** || **Ein|schreib|sen|dung**
ein|schrei|ten: gegen Gewalttäter polizeilich e. *(vorgehen)* || **Ein|schrei|ter** der, -s/- (Amtsspr.): *jemand, der mit einem Begehren an eine Behörde herantritt* || **Ein|schrei|te|rin** die, -/-innen (Amtsspr.)
ein|schrump|fen: *durch Trockenheit schrumpfen die Weintrauben ein*
Ein|schub: *Einfügung*
ein|schüch|tern: ich lasse mich nicht e. || **Ein|schüch|te|rung** die, - || **Ein|schüch|te|rungs|ver|such**
ein|schu|len: ein Kind wird eingeschult *(in die 1. Schulstufe aufgenommen)* | einen Arbeiter an der neuen Maschine e. *(anlernen)* || **Ein|schu|lung**
Ein|schuss: *Stelle, an der ein Geschoß eingedrungen ist* || **Ein|schuss|loch** || **Ein|schuss|stel|le** || **Ein|schuss|win|kel**
ein|schwei|ßen: in Folie e. || **Ein|schweiß|fo|lie** [-i̯ɛ]
ein|schwen|ken: die Demonstranten schwenken links ein *(biegen*

ab) | auf einen liberalen Kurs e.
ein|schwin|gen: sich beim Skifahren e.
ein|schwö|ren: die Partei ist auf das Programm eingeschworen
ein|seg|nen: *(mit kirchlichem Beistand) feierlich bestatten;* der Geistliche segnet den Verstorbenen ein || **Ein|seg|nung**
ein|se|hen: seinen Irrtum e. *(erkennen)* | wir können vom Nachbarhaus den Hof e. | Akten e. *(Einblick nehmen)* || **Ein|se|hen** das, -s: ein E. haben *(Verständnis für etwas haben)*
ein|sei|fen: Wäsche e.; sich vor der Rasur e. | (sal.) du hast dich e. *(überreden, beschwindeln)* lassen
ein|sei|tig: ein e. beschriftetes/beschriebenes Blatt | ein einseitiger *(nur an bestimmten Dingen interessierter)* Mensch | den Vertrag e. kündigen || **Ein|sei|tig|keit** die, -/-en
ein|sen|den: *einschicken* || **Ein|sen|der** der, -s/- || **Ein|sen|de|rin** die, -/-innen || **Ein|sen|de|schluss**

Ein|ser (1er) der, -s/-: *die Ziffer Eins (1)*

Die österreichischen Formen der nominalisierten Zahlwörter werden auf -er gebildet:
- einen Einser hinschreiben (bes. in Deutschland: eine Eins)
- als Note einen Einser *(ein Sehr gut)* bekommen (bes. in Deutschland: eine Eins)

ein|setz|bar || **ein|set|zen**[1]: Pflanzen e. | Maschinen e. | der Chor setzt ein || **ein|set|zen**[2] sich: sich für eine gute Sache e. || **Ein|set|zung** die, -/-en
Ein|sicht die, -/-en: er kam zur E. *(Erkenntnis)*, dass ...; wenig E. *(Verständnis)* zeigen | (ohne Pl.) Akten zur E. *(Einsichtnahme)* vorlegen || **ein|sich|tig:** sich e. *(vernünftig)* zeigen | einsichtige *(einleuchtende)* Gründe || **Ein|sicht|nah|me** die, -/-n || **ein|sichts|voll**
ein|si|ckern: *langsam eindringen;* einsickerndes Grundwasser
Ein|sie|de|glas, *auch:* Einsiedglas: *Marmelade-, Kompottglas*
Ein|sie|de|lei die, -/-en: *Wohnstätte eines Einsiedlers*
ein|sie|den: Obst oder Gemüse e. *(einkochen und dadurch haltbar machen)* || **Ein|sied|glas** → Einsiedeglas
Ein|sied|ler: → *Eremit* || **Ein|sied|le|rin** || **ein|sied|le|risch**
ein|sil|big: ein einsilbiges *(aus nur einer Silbe bestehendes)* Wort | sie ist e. *(wortkarg)*
ein|si|lie|ren (Landw.): Mais e. *(als Gärfutter aufbewahren);* → Silo
ein|sin|gen: sich vor dem Konzert e. *(vor dem Auftritt Stimmübungen machen)*
ein|sin|ken: im Schnee e.
ein|sit|zen (bes. D): *in Haft sein*
Ein|sit|zer der, -s/-: *Boot, Flugzeug oder Rodel mit nur einem Sitz* || **ein|sit|zig**
ein|sor|tie|ren: *einordnen*
ein|span|nen: Pferde e. | Papier in die Schreibmaschine e. | (ugs.) den Praktikanten [dafür] e. *(ihn für sich arbeiten lassen)* || **Ein|spän|ner** der, -s/-: *Wagen mit nur einem Pferd | ein Glas Mokka mit Schlagobers | eine Hälfte von einem Paar [Frankfurter] Würstel* || **ein|spän|nig:** e. fahren
ein|spa|ren: Personal e. *(kündigen; frei gewordene Stellen nicht mehr nachbesetzen)*
ein|spei|chern: Daten e.
ein|spei|sen: Strom in das Netz e. | (EDV) Daten e. *(speichern)*
ein|sper|ren: einen Verbrecher e. | einen Brief in der/die Lade e.
ein|spie|len: der Film hat seine Herstellungskosten eingespielt *(hereingebracht)* | die Musiker spielen sich vor dem Konzert ein | alles hat sich eingespielt *(läuft nun reibungslos)* | die neue CD wurde von den Philharmonikern eingespielt *(mit ihnen aufgenommen)* || **Ein|spie|lung** die, -/-en: *Musikaufnahme | eingeschobener Beitrag während einer Fernseh-, Radiosendung, Insert*
ein|spin|nen: die Raupe spinnt sich ein | sich in seine Gedankenwelt e.
Ein|spra|che (Amtsspr., Jus): *Einspruch* || **ein|spra|chig:** das Österreichische Wörterbuch ist e.; ein einsprachiges Wörterbuch für Englisch || **Ein|spra|chig|keit** die, - || **ein|spre|chen:** auf jemanden e. *(einreden)* | (veraltet) im Gasthaus e. *(einkehren)*
Ein|spreng|sel das, -s/-: ein E. in einem Gestein
ein|sprin|gen: für jemanden e. *(jemanden unvorgesehen [kurzfristig] vertreten)*
ein|sprit|zen: Benzin e. || **Ein|sprit|zer** der, -s/-s = **Ein|spritz|mo|tor** (Kfz): *ein Verbrennungsmotor;* → G.: Vergasermotor || **Ein|spritz|pum|pe** (Kfz)
Ein|spruch: E. erheben; → Einsprache || **Ein|spruchs|recht**
ein|spu|rig: eine einspurige Bergstraße; eine einspurige *(eingleisige)* Bahnstrecke | ein einspuriges Fahrzeug *(Motorrad uÄ)*
Eins|sein das, -s (geh.): *völlige Übereinstimmung*
einst (geh.): *früher, seinerzeit;* → einstig | *später, in Zukunft, dereinst*
ein|stamp|fen: alte Akten e. *(vernichten)*
Ein|stand der, -[e]s: *Übernahme des Geschäftes, Hofes usw. | Arbeitsantritt* | (Sport) den E. *(Ausgleich)* erzielen || **Ein|stands|preis:** *Einkaufspreis zuzüglich Bezugskosten, zB Zoll*
ein|stan|zen: die Initialen in den Ring e.
ein|stau|ben: das Nudelbrett kräftig mit Mehl e. || **ein|stäu|ben:** mit Puder e.
ein|ste|chen: auf das Opfer e.
ein|ste|cken: die Schlüssel e. | sie muss viel Kritik e. *(ertragen, ohne zu widersprechen)*
ein|ste|hen: für seinen Freund e. *(bürgen; eintreten);* sie ist für ihre Überzeugung eingestanden *(hat trotz Unannehmlichkeiten an ihr festgehalten);* → eingestehen
Ein|steig|dieb|stahl || **ein|stei|gen:** in den Zug e. | auf einen Vorschlag e. *(ihn akzeptieren)* || **Ein|stei|ger** der, -s/-: *Anfänger, Beginner* || **Ein|stei|ge|rin** die, -/-innen || **Ein|steig|stel|le**
Ein|stei|ni|um das, -s (Zeichen: Es): *ein chemisches Element (nach dem Physiker A. Einstein)* || **ein|stein|sche:** die e. (= Einstein'sche) Relativitätstheorie
ein|stel|len: Arbeiter e. *(aufnehmen)* | die Arbeit e. *(sie unterbrechen bzw. beenden)* | das Fahrrad im Hof e. | einen Rekord e. *(die Rekordleistung ein weiteres Mal erbringen)* | sich auf neue Verhältnisse e. | Nebenwirkungen stellen sich ein | (Med.) den Patienten e. *(die richtige Dosis regelmäßig zu nehmender Medikamente herausfinden);* → eingestellt || **ein|stel|lig:** ein einstelliges *(aus einer Ziffer bestehendes)* Ergebnis || **Ein|stell|platz:** ein E. für Autos und Räder || **Ein|stel|lung:** die E. des Mikrofons än-

dern | *Ansicht, Verhalten* | *Bildausschnitt einer Kamera* || **Einstellungsgespräch**
einstens (geh.): *einst*
Einstich || **Einstichstelle**
Einstieg der, -[e]s/-e: den hinteren E. benutzen; → G.: Ausstieg; → Einsteiger || **Einstiegsdroge:** *Droge, mit der man mit dem Drogenkonsum beginnt*
einstig: sein einstiger *(ehemaliger)* Lehrer; → einst
einstimmen: Instrumente für ein Konzert e. *(in die gleiche Tonhöhe bringen)* | in das Jubelgeschrei e. | sich auf einen Opernabend e. || **einstimmig:** dieses Gesetz wurde e. *(mit allen Stimmen)* beschlossen | einstimmiger Gesang; → mehrstimmig || **Einstimmung** die, -/-en
einstmals (geh.): *einst*
einstöckig: ein einstöckiges Haus
einstreichen: den Blattrand mit Klebstoff e.
einstreifen (ugs., abw.): Geld e. *(es [wie selbstverständlich] einnehmen, abkassieren)*
einstreuen: *hineinstreuen* | eine Bemerkung e. *(einfügen)*
einströmen: einströmende Kälte
einstudieren: eine Rolle e. | an ihm wirkt alles einstudiert *(sein ganzes Verhalten wirkt gekünstelt, unnatürlich)*
einstufen: einen Beamten nach dem Gehaltsschema e. || **Einstufung** die, -/-en || **Einstufungsprüfung:** *Prüfung zur Feststellung des Niveaus, der geeigneten [Schul]stufe*
Einstundentakt [auch: -ˈu-]: die Züge fahren im E. || **einstündig:** ein einstündiger *(eine Stunde dauernder)* Vortrag || **einstündlich:** das Medikament e. *(stündlich, jede Stunde)* einnehmen
einstuppen (mda.): den Säugling e. *(einpudern)*
einstürmen: alle stürmten auf einmal auf uns ein *(bedrängten uns gleichzeitig)*
Einsturz || **einstürzen:** das Haus droht einzustürzen || **Einsturzgefahr** die, -
einstweilen [ˈaɪn-, -ˈvaɪ-]: *vorläufig; inzwischen* || **einstweilig:** *vorläufig* | (Jus) einstweilige Verfügung *(vorläufige Gerichtsentscheidung über strittige Rechtsverhältnisse)*
einsuren: *einpökeln*
Einswerden das, -s (geh.): *das Erreichen vollkommener Übereinstimmung*
eintägig || **Eintagsfliege:** *ein Insekt* | *nur kurz aktuelle Angelegenheit*
Eintänzer: *in einer Tanzschule beschäftigter Tanzpartner* || **Eintänzerin**
eintätowieren: sich einen Namen e. lassen
eintauchen: den Pinsel in die Farbe e.
eintauschen: eine CD gegen ein Buch e.
eintausend (zB auf Formularen): *tausend*
einteilen: sich die Arbeit e. || **Einteiler** der, -s/-: *einteiliger Badeanzug* || **Einteilung**
eintepschen → eindepschen
eintippen: etwas in die Datenbank e. *(eingeben)*
eintönig: ein eintöniger *(monotoner, fader)* Gesang
Eintopf: *in nur einem Topf zubereitetes Gericht aus mehreren Bestandteilen* || **eintopfen:** Blumen e.
Eintracht die, -: in E. leben || **einträchtig:** e. *(harmonisch)* zusammenarbeiten
Eintrag der, -[e]s/-träge: ein E. im Gästebuch || **eintragen:** etwas in ein Buch e. || **einträglich:** einträgliche *(gewinnbringende)* Geschäfte || **Eintragung** die, -/-en
eintrainieren [-trɛ-]: einen Zaubertrick e.
eintrankeln (ostöst., ugs., derb): *jemanden betrunken, willenlos machen*
einträufeln: *tropfenweise eingeben*
eintreffen: am Bahnhof e. | das Vorhergesagte ist eingetroffen *(ist wirklich passiert)*
eintreiben: Schulden e. *(einkassieren)*
eintreten: in ein Zimmer e. | es ist eine Besserung eingetreten | für sein Recht e. *(sich dafür einsetzen)*
eintrichtern: jemandem [ein] Wissen e. *(mit Mühe bzw. Zwang beibringen)*
Eintritt: der E. *(das Betreten)* ist verboten | *Eintrittspreis;* „Eintritt frei" || **Eintrittspreis**
eintrocknen: die Farbe eine Stunde e. lassen
eintropfen: die Augen e. || **Eintropfsuppe** → Eingetropfte
eintrüben: das Wetter trübt sich ein
eintrudeln (ugs.): die Gäste sind eingetrudelt *(nach und nach eingetroffen)*
eintunken: das Kipferl in den Kaffee e.; → tunken | (ugs., abw.) *jemanden schädigen* | (reg., ugs.) *einnicken*
einüben: ein Klavierstück e. | sich in eine neue Lebenshaltung e.
ein und aus: ein und aus gehen; nicht ein und aus wissen; *aber:* Waren ein- und ausführen; → ein || **ein und dasselbe:** ein[e] und dieselbe; ein[en] und denselben Gedanken haben || **einundeinhalb** → eineinhalb || **einundzwanzig**
einverleiben: [sich] ein Gebiet e. *(eingliedern)* | (Amtsspr.) ein Recht ins (auch: im) Grundbuch e. *(eintragen);* → Intabulation | (scherzh.) sich eine reichliche Mahlzeit e. || **Einverleibung** die, -/-en
Einvernahme die, -/-n: die E. *(Befragung, Vernehmung)* der Zeugen || **einvernahmsfähig:** *vernehmungsfähig* || **einvernehmen:** den Beschuldigten e. *(verhören)* || **Einvernehmen:** im E. mit ihm *(mit seiner Zustimmung);* wir stehen im besten/in bestem E. *(wir vertragen uns sehr gut);* sich mit jemandem ins E. setzen *(sich mit jemandem besprechen, verständigen)* || **einvernehmlich:** *einmütig*
einverstanden: damit bin ich e. || **Einverständnis:** im E. mit jemandem vorgehen
Einwaage die, -: *[in Dosen] eingewogene Menge* | *Verlust am Gesamtgewicht beim Auswiegen mehrerer Mengen oder Portionen*
Einwand der, -[e]s/-wände: keinen E. erheben *(nichts dagegen äußern)*
Einwanderer, *auch:* Einwandrer || **Einwanderin,** *auch:* Einwandrerin || **einwandern:** in ein anderes Land e. || **Einwanderungsstopp**
einwandfrei: *ohne Fehler, tadellos*
Einwandrerin → Einwanderin
einwärts || **einwärtsgehen:** *mit nach innen gerichteten Fußspitzen gehen*
einwässern: Blumen e. *(ins Wasser stellen)*
einwechseln [-ks-]: Geld e.
einwecken: *[nach einem bestimmten Verfahren] einmachen* || **Einweckglas**

Einwegflasche: *Flasche, die nach Gebrauch zum Wegwerfen bestimmt ist;* → G.: Pfandflasche; → G. Mehrwegflasche ‖ **Einweggebinde:** *Einwegverpackung* ‖ **Einwegpackung** → G.: Mehrwegpackung ‖ **Einwegspritze** ‖ **Einwegsystem** [-zy-] → G.: Mehrwegsystem
einweichen: Wäsche e.
einweihen: die neue Kirche e. ǀ jemanden in seine Pläne e. ‖ **Einweihung** ‖ **Einweihungsfeier**
einweimberln sich, *auch:* **einweinberln** sich (W, mda., sal.): *sich einschmeicheln;* → Weimberl
einweisen: die Ärztin musste mich ins Spital e.
einwenden: nichts e. *(dagegen sagen)* ‖ **Einwendung** (meist Pl.): keine E. machen
einwerfen: „Briefe hier einwerfen!" ǀ sie warf ein *(machte eine Zwischenbemerkung),* dass ...
einwickeln: das Jausenbrot in eine Folie e. ǀ (ugs.) die Kinder haben den Großvater eingewickelt *(überredet, für etwas gewonnen)*
einwiegen[1]: das Baby e. *(in den Schlaf wiegen);* → wiegen[1]
einwiegen[2]: Obst in Säcke e. *(abgewogen einfüllen);* → wiegen[2]
einwilligen: *zustimmen* ‖ **Einwilligung** die, -/-en
einwinken: *durch Handzeichen einweisen*
einwintern: Erdäpfel e. *(den Winter über einlagern)*
einwirken: durch gutes Vorbild auf jemanden e. ‖ **Einwirkung**
einwirtschaften (sal.): damit haben wir uns etwas eingewirtschaftet *(Unannehmlichkeiten zugezogen)*
einwöchig: ein einwöchiger Urlaub
Einwohner der, -s/- ‖ **Einwohnerin** die, -/-innen ‖ **Einwohnerschaft** die, - ‖ **Einwohnerzahl:** die E. von Österreich
Einwortsatz (Gramm.): *situationsabhängiger Kurzsatz, zB* Halt!
Einwurf: *Zwischenbemerkung* ǀ (Sport) *das Einwerfen [des Fußballs vom seitlichen Spielfeldrand]*
einwurzeln: *Wurzeln schlagen*
Einzahl die, - (Gramm.): *Singular* ‖ **einzahlen:** den Betrag aufs Konto e. ‖ **Einzahler** ‖ **Einzahlerin** ‖ **Einzahlung** ‖ **Einzahlungsbeleg**

einzäunen ‖ **Einzäunung** die, -/-en
einzeichnen: den Standort auf dem/im/in den Plan e.
einzeilig (1-zeilig): mit einzeiligem Abstand schreiben
Einzel das, -s/- (Sport): *Kurzwort für Einzelspiel, Single* ‖ **Einzelabteil** ‖ **Einzelanfertigung** ‖ **Einzelbehandlung** ‖ **Einzelerscheinung** ‖ **Einzelfahrschein** ‖ **Einzelfall:** das ist ein E. *(eine Ausnahme)* ‖ **Einzelgänger** der, -s/-: *jemand, der sich von anderen abschließt* ‖ **Einzelgängerin** die, -/-innen ‖ **Einzelgenehmigung** ‖ **Einzelhaft** ‖ **Einzelhandel** → G.: Großhandel ‖ **Einzelhandelskauffrau** ‖ **Einzelhandelskaufmann** ‖ **Einzelhändler** → G.: Grossist ‖ **Einzelhändlerin** ‖ **Einzelheit** die, -/-en: alle Einzelheiten eines Bildes beachten ‖ **Einzelinteresse** (meist Pl.) ‖ **Einzelkampf** ‖ **Einzelkämpfer** ‖ **Einzelkämpferin** ‖ **Einzelkind** ‖ **Einzelkomponente**
Einzeller der, -s/- (Biol.): *einzelliges Lebewesen* ‖ **einzellig** (Biol.)

einzeln

Kleinschreibung:
- einzelne Exemplare
- einzeln kommen
- diese Pflanze muss einzeln stehen; *aber getrennt und zusammen:* einzeln stehende (= einzelnstehende) Bäume

Großschreibung bei Nominalisierung:
- der/die/das **E**inzelne
- die Gemeinschaft und der **E**inzelne *(das Individuum)*
- **E**inzelnes *(einiges)* ist brauchbar
- im **E**inzelnen
- das geht zu sehr ins **E**inzelne
- vom **E**inzelnen *(Detail)* zum Ganzen übergehen

Einzelne[1] der, -n/-n, ein Einzelner; → einzeln ‖ **Einzelne**[2] die, -n/-n ‖ **Einzelne**[3] das, -n; → einzeln ‖ **einzeln stehend** = **einzelnstehend** ‖ **Einzelpreis** ‖ **Einzelradaufhängung** (Kfz) ‖ **Einzelspiel** (Sport) → Einzel ‖ **Einzelstehende**[1] der, -n/-n, ein Einzelstehender (D): *ein Alleinstehender* ‖ **Einzelstehende**[2] die, -n/-n (D) ‖ **Einzelstück** ‖ **Einzelstunde** ‖ **Einzeltäter** ‖ **Einzeltäterin** ‖ **Einzelteil** der = das, -[e]s/-e ‖ **Einzelunternehmen:** *Rechtsform für ein Unternehmen mit einem einzigen Betriebsinhaber* ‖ **Einzelunterricht:** E. bekommen ‖ **Einzelzimmer** (EZ) (Tour.)
einzementieren: *einbetonieren* ǀ *unverrückbar festlegen*
einziehen: in eine neue Wohnung e. ǀ ein Gummiband in den Hosenbund e. ǀ den Kopf e. ǀ sich einen Schiefer e. ǀ Banknoten e. *(aus dem Verkehr ziehen);* einen Zug e. *(in die Remise lenken)* ǀ über jemanden Erkundigungen e. *(einholen)* ǀ *zum Militär einberufen* ‖ **Einziehung** (Amtsspr.): Gerichtsbeschluss über die E. einer Sache ‖ **Einziehungsauftrag** (Bankw.): *Abbuchung eines bestimmten Betrags im Auftrag des Kontoinhabers von dessen Konto, zB Miete, Versicherung*

einzig

Kleinschreibung:
- ein einziger Fehler
- einzig und allein

Großschreibung bei Nominalisierung:
- der/die/das **E**inzige
- er ist unser **E**inziger *(der einzige Sohn)*
- keine **E**inzige ist gekommen
- das **E**inzige, das mich stört ...

einzigartig: eine einzigartige Melodie; *aber:* das **E**inzigartige daran ist ... ‖ **Einzige**[1] der, -n/-n, ein/kein Einziger; → einzig ‖ **Einzige**[2] die, -n/-n ‖ **Einzige**[3] das, -n/-n; → einzig ‖ **Einzigartigkeit** die, -/-en
Einzimmerwohnung
einzippen: in die Jacke ein Pelzfutter e.; → Zippverschluss
Einzug: der E. der Sportler in das Stadion ǀ der E. in eine neue Wohnung ‖ **Einzugsbereich:** *Einzugsgebiet* ‖ **Einzugsgebiet:** das E. der Donau; das E. einer Schule
einzwängen: *einklemmen* ǀ *einengen*
einzwicken: einen Finger e. *(einklemmen)*
eis das, -/- (Mus.): *das um einen Halbton erhöhte E (e);* → Eis[1] ǀ eis-Moll ‖ **Eis**[1] das, -/- (Mus.): *das um einen Halbton erhöhte E (e);* → eis ǀ Eis-Dur

E

Eis[2] das, -es: das Eis ist gebrochen *(die gespannte Stimmung ist vorbei);* etwas auf Eis legen *(vorläufig ruhen lassen); aber:* → eislaufen | *Speiseeis;* gemischtes Eis mit Schlag; drei Eis bestellen

Eisack der, -s (it.: Isarco [-k-]): *ein Nebenfluss der Etsch (SüdT): ein Fluss in Italien (SüdT)*

Eisbär || **Eisbecher** || **Eisbein** (D) → Stelze || **Eisberg** || **Eisbergsalat:** *ein Blattsalat* || **Eisbeutel** || **Eisblock** || **Eisblume** (meist Pl.): *Vereisung an Fensterscheiben* || **Eisbrecher** der, -s/-: *Schiff zum Durchbrechen einer Eisdecke*

Eischale → Eierschale || **eischalenfarben** → eierschalenfarben || **Eischnee:** *fester Schaum aus Eiklar*

Eiscreme [-kre:m] = Eiskrem, Eiskreme || **Eisdecke** || **Eisdiele** (D, in Ö veraltend): *Eisgeschäft, Eissalon*

Eisen das, -s: ein Gegenstand aus E.; → Eisen verarbeitend = eisenverarbeitend | (Zeichen: Fe) *ein chemisches Element* | (mit Pl. -) ein heißes E. *(eine heikle, kritische Sache);* zum alten E. gehören *(auf Grund des Alters ausgedient haben)* || **Eisenbahn:** *Bahn* | (ugs.) etwas ist höchste E. *(sehr eilig);* da fährt die E. drüber *(darauf ist Verlass)* || **Eisenbahner** der, -s/- || **Eisenbahnerin** die, -/-innen || **Eisenbahnfahrt** || **Eisenbahntunnel** || **eisenbeschlagen** || **Eisenerz**[1] das, -es || **Eisenerz**[2]: *Stadt in der Steiermark* || **Eisengehalt** der, -[e]s/-e || **eisenhältig,** *auch:* eisenhaltig || **Eisenhandlung** || **Eisenhut:** *eine Pflanze* || **Eisenindustrie** || **Eisenlegierung** || **Eisenmangel** (Med.) || **Eisensäge:** *Werkzeug zum Zersägen von Eisen* || **Eisenstadt** (Kfz: E): *Landeshauptstadt des Burgenlandes* | (Kfz: EU) *politischer Bezirk;* Eisenstadt-Umgebung (= Eisenstadt Umgebung) || **Eisenstädter** der, -s/- || **Eisenstädterin** die, -/-innen || **Eisenstange** || **Eisensteher:** *Eisenstütze* || **Eisenstraße:** steirische E. *(eine alte Handelsstraße in Oberösterreich und der Steiermark, auf der das Eisenerz vom steirischen Erzberg abtransportiert wurde)* || **Eisenträger:** *Eisensteher* || **Eisen verarbeitend** = **eisenverarbeitend:** E. verarbeitende Industrie || **Eisenverhüttung** || **Eisenwurzen** die (Pl.): *eine Landschaft in Ober- und Niederösterreich* || **Eisenzeit:** *eine frühgeschichtliche Periode* || **eisern:** eine eiserne Kassa; der eiserne Vorhang *(im Theater); aber:* der Eiserne Vorhang (früher: *abgeriegelte Grenze des sowjetischen Machtbereichs)* | eiserne *(unerbittliche)* Disziplin | (ugs.) das hält e. *(verlässlich)*

Eiseskälte (geh.) || **Eisfach:** etwas ins E. des Kühlschranks legen || **eisfrei:** die Donau ist wieder e. || **eisgekühlt:** eisgekühlte Getränke || **eisglatt** || **Eisheiligen** die (Pl.): → *Eismänner* || **Eishockey** [-ki, -kɛ] || **Eishöhle:** *Felshöhle mit [oft bizarren] Eisgebilden* || **eisig:** ein e. kalter März | eisiges *(äußerst abweisendes)* Schweigen || **Eiskaffee:** *Kaffee mit Speiseeis und Schlagobers* || **eiskalt** || **Eiskanal:** mit dem Bob durch den E. fahren || **Eiskasten** (veraltend): *Kühlschrank* || **Eiskratzer:** *Gerät zum Reinigen vereister [Auto]fenster* || **Eiskrem, Eiskreme** = → Eiscreme || **Eiskristall** || **Eiskübel:** *Kübel, in dem Getränke auf Eis gekühlt werden* || **Eiskunstlauf:** *eine Sportdisziplin;* Eiskunstlauf-Europameisterschaft || **Eiskunstläufer** || **Eiskunstläuferin** || **Eislauf** der, -[e]s || **eislaufen,** sie läuft eis, ich lief eis/bin eisgelaufen: sie hatten vor eiszulaufen || **Eislaufen** das, -s || **Eisläufer** || **Eisläuferin** || **Eislutscher:** *Eis am Stiel* || **Eismann** (veraltend): *Eisverkäufer* || **Eismänner** die (Pl.): *die Eisheiligen; Pankraz, Servaz, Bonifaz: 12., 13., 14. Mai;* → Sopherl || **Eismeer** || **Eispalatschinke** || **Eisparfait** [-fe:] || **Eisparkett** (oft scherzh.): *spiegelglatte Eisfahrbahn* || **Eispickel:** *Bergstock mit doppelseitiger Eishacke*

Eisprung: *Ausstoßen der reifen Eizelle*

Eisregen || **Eisrevue** [-vy:]

Eiß das, -es/-e (mda.): *Abszess;* → Ass

Eissalat: *Eisbergsalat* || **Eissalon** || **Eisschicht** = **Eisschichte** || **Eisschießen** das, -s: *eine volkstümliche Sportart, Eisstockschießen* || **Eisschnelllauf** || **Eisschnellläufer** || **Eisschnellläuferin** || **Eisscholle** || **Eisschrank:** *Kühlschrank* || **Eissorbet** [-be:] || **Eisstanitzel** (veraltend): *Eistüte* || **Eisstockschießen** das, -s = **Eisstocksport** der, -s: *eine Sportart* || **Eisstau** || **Eisstoß:** *aufgestautes Eis in Flüssen, Eisstau* || **eissurfen** [-sɜ:-]: ich gehe e. || **Eissurfen** das, -s: *eine Sportart* || **Eistanz:** *eine Sportdisziplin* || **Eistee** || **Eistreiben** || **Eistüte** || **Eisvogel:** *ein am Wasser lebender Vogel* || **Eiswaffel** || **Eiswasser:** den Spinat blanchieren und in E. abschrecken || **Eiswein:** *süßer Prädikatswein aus gefrorenen Trauben* || **Eiswürfel** || **Eiszapfen** || **Eiszeit** (Geol.): *erdgeschichtliche Periode starker Vergletscherung* || **eiszeitlich**

eitel: ein eitler Mensch | (geh.) e. Wonne *(ungetrübte Freude)* | (geh.) es ist alles e. *(vergänglich, nichtig)* || **Eitelkeit** die, -/-en

Eiter der (*reg. auch:* das), -s || **Eiterbeule:** *Geschwür* || **eitern:** eine eiternde Wunde || **Eiterung** die, -/-en || **eitrig**

Eiweiß das, -[es]/-e: *Eiklar* | (Chem., Biol.) *Protein, eine organisch-chemische Verbindung* || **eiweißarm** || **eiweißreich** || **Eizelle:** *die weibliche Fortpflanzungszelle*

Ejakulation [-tsi̯-] die, -/-en ⟨lat.⟩ (Med.): *Ausstoßung der Samenflüssigkeit beim Mann, Samenerguss* || **ejakulieren** (Med.)

Ekel[1] der, -s/-: [einen] E. *(Abscheu)* vor etwas empfinden; E. erregen; großen E. erregend; → Ekel erregend = ekelerregend || **Ekel**[2] das, -s/- (abw.): *Widerling, widerwärtiger Mensch* || **Ekel erregend** = **ekelerregend:** E. erregende Schilderungen; *aber nur:* etwas ist ekelerregender, sehr ekelerregend || **ekelhaft** || **ekelig** → eklig || **ekeln:** es ekelt mir/mich davor; ich ekle mich vor Spinnen

EKG [e ka 'ge:] das, -[s]/-[s] (Med.): **E**lektro**k**ardio**g**ramm *(Aufzeichnung der elektrischen Ströme im Herzen)*

EKIS das, -: **E**lektronisches **k**riminalpolizeiliches **I**nformations**s**ystem

Eklat [e'kla:] der, -s/-s ⟨fr.⟩: *Aufsehen, Skandal* || **eklatant:** *augenfällig, hervorstechend*

E-Klavier: Elektroklavier

Eklektiker der, -s/- ⟨gr.⟩ (auch abw.): *jemand, zB ein Künstler, der [ohne Originalität] fremden Vorbildern folgt* || **Eklektikerin**

die, -/-innen (auch abw.) ‖ **eklektisch** (auch abw.) ‖ **Eklektizismus** der, - (auch abw.)
eklig, *auch:* ekelig: *widerlich*
Eklipse die, -/-n ⟨gr.⟩ (Astron.): *Sonnen-, Mondfinsternis* ‖ **Ekliptik** die, -/-en: *scheinbare Sonnenbahn*
ekrü = écru [e'kry:] ⟨fr.⟩: *rohseidenfarben* ‖ **Ekrü** = Ecru das, -[s]/-
Ekstase die, -/-n ⟨gr.⟩: in E. *(höchste Begeisterung)* geraten ‖ **Ekstatiker** der, -s/-: *jemand, der in Ekstase geraten ist; verzückter, rauschhafter Schwärmer* ‖ **Ekstatikerin** die, -/-innen ‖ **ekstatisch:** *verzückt*
Ektomie die, -/-n ⟨gr.⟩ (Med.): *operative Entfernung*
Ekuador = → Ecuador
Ekzem das, -s/-e ⟨gr.-lat.⟩: *ein Hautausschlag*
Elaborat das, -[e]s/-e ⟨lat.⟩: *[längere] schriftliche Ausarbeitung* | (abw.) *Geschreibsel*
Elan der, -s ⟨fr.⟩: mit E. *(Schwung, Begeisterung)*
elastisch ⟨gr.-lat.⟩: elastisches *(biegsames, in die Ausgangsform zurückkehrendes)* Material ‖ **Elastizität** die, -
Elativ der, -s/-e ⟨lat.⟩ (Gramm.): *absoluter Superlativ, zB* in tiefster Trauer
Elba: *eine italienische Insel*
Elbe die, -: *ein Strom in Tschechien und Deutschland*
Elch der, -[e]s/-e: *eine Hirschart, Elen*
Eldorado das, -[s]/-s, *auch:* Dorado ⟨span.⟩: diese Gegend ist ein E. *(ein Paradies)* für Skiläufer
E-Learning ['i:lɜ:n-] das, -s ⟨engl.⟩: *Lernen per Internet*
Elefant der, -en/-en ⟨gr.⟩: *ein Säugetier;* sich wie ein E. im Porzellanladen *(grob, ungeschickt, unpassend)* benehmen; aus einer Mücke einen Elefanten machen *(stark übertreiben)* ‖ **Elefantengras:** *eine riesige Grasart* ‖ **Elefantenhochzeit** (sal.): *Vereinigung großer Firmen oder Institutionen* ‖ **Elefantenrunde** (sal.): *prominent besetzte Diskussionsrunde [im Fernsehen]*
Elegance [-'gɑ̃:s] die, - ⟨fr.⟩: *Eleganz* ‖ **elegant:** *fein, geschmackvoll, formvollendet* ‖ **Elegant** [-'gɑ̃:] der, -s/-s (veraltet): *Modegeck* ‖ **Eleganz** die, -
Elegie die, -/-n ⟨gr.⟩: *eine lyrische Gedichtart* ‖ **elegisch:** eine elegische *(wehmütige)* Stimmung
Elektorat das, -[e]s/-e ⟨lat.⟩: *alle Wahlberechtigten* | (Gesch.) *Kurfürstenwürde*
elektrifizieren ⟨gr.-lat.⟩: eine Bahnstrecke e. *(für den elektrischen Betrieb einrichten)* ‖ **Elektrifizierung** die, -/-en ‖ **Elektrik** die, -: *die gesamten elektrischen Einrichtungen* ‖ **Elektriker** der, -s/- ‖ **Elektrikerin** die, -/-innen ‖ **elektrisch** ‖ **Elektrische** die, -n/-n (veraltet): *Straßenbahn* ‖ **elektrisieren:** *mit Elektrizität berühren; mit Elektrizität behandeln* | wie elektrisiert *(jäh)* auffahren ‖ **Elektrizität** die, - ‖ **Elektrizitätswerk** → E-Werk ‖ **Elektrizitätswirtschaft** ‖ **Elektroakustik:** *Wissenschaft von der Umwandlung von Schall in elektrische Spannung* ‖ **Elektroauto** ‖ **Elektrode** die, -/-n: *Stelle des Übertritts des elektrischen Stroms (Gleichstroms) von einem Leiter auf ionisierte Gase oder Flüssigkeiten* ‖ **Elektrodynamik** [-dy-] (Phys.): *Theorie der elektromagnetischen Erscheinungen im nicht atomaren Bereich* ‖ **Elektroenzephalogramm** [-f-] das, -s/-e ⟨gr.-lat.+gr.⟩ (Med.) → EEG ‖ **Elektroenzephalograf** = **Elektroenzephalograph** [-f] der, -en/-en (Med.): *Gerät zur Aufzeichnung von EEGs* ‖ **Elektrogerät** ‖ **Elektrogeschäft** ‖ **Elektrogitarre,** *auch: E-Gitarre;* → G.: akustische Gitarre ‖ **Elektroherd** ‖ **Elektroinstallateur** [-st-'tø:ɐ, -ʃt-] ‖ **Elektroinstallateurin** ‖ **Elektrokardiogramm** das, -s/-e (Med.); → EKG ‖ **Elektrokardiograf** = **Elektrokardiograph** [-f] der, -en/-en (Med.): *Gerät zur Aufzeichnung von EKGs* ‖ **Elektroklavier,** *auch:* E-Klavier ‖ **Elektrolyse** [-'ly:-] die, -/-n (Chem.): *Zersetzung einer Salzlösung, Säure oder Base durch elektrischen Strom* ‖ **Elektrolyt** [-'ly(:)-] der = das, -s [-en]/-e[n]: *Lösung, die den Strom leitet* ‖ **elektrolytisch:** e. vernickeln ‖ **Elektrolytverlust:** *Schwund von Flüssigkeit und lebensnotwendigen Mineralstoffen* ‖ **Elektromagnet** (Phys.): *stromdurchflossene Spule mit starker magnetischer Wirkung* ‖ **elektromagnetisch** ‖ **Elektromagnetismus** (Phys.): *durch Elektrizität erzeugter Magnetismus* ‖ **elektromotorisch** ‖ **Elektron** ['e-, -'o:-, -'lɛ-] das, -s/-en [-'o:-] (Phys.): *negativ geladenes Elementarteilchen;* → Proton; → Neutron ‖ **Elektronenmikroskop** (Phys.): *Mikroskop, das an Stelle von Licht Elektronen zur Abbildung verwendet* ‖ **Elektronenorgel,** *auch:* E-Orgel: *elektronische Orgel* ‖ **Elektronik** die, -: *die Technik elektrischer Schaltungen* ‖ **Elektroniker** der, -s/- ‖ **Elektronikerin** die, -/-innen ‖ **elektronisch:** elektronische Datenverarbeitung (EDV); elektronische Geräte ‖ **Elektropiano** ‖ **Elektrorasierer:** *ein Rasierapparat* ‖ **Elektroschock** (Med.) ‖ **Elektroschocker:** *eine Verteidigungswaffe* ‖ **Elektroskop** das, -s/-e (Phys.): *Gerät zum Nachweis elektrischer Ladungen* ‖ **Elektrosmog:** *schädliche Auswirkungen durch elektromagnetische Felder* ‖ **elektrostatisch:** der Pullover ist e. *([durch Reibung] elektrisch)* aufgeladen ‖ **Elektrotechnik** [-'tɛç-, e'lɛk-] ‖ **Elektrotechniker** ‖ **Elektrotechnikerin** ‖ **elektrotechnisch**
Element das, -[e]s/-e ⟨lat.⟩: das Toben der Elemente *(der Naturgewalten)* | die Elemente *(das Grundwissen)* des Rechnens | die chemischen Elemente *(Grundstoffe)* | (ohne Pl.) sie ist ganz in ihrem E. *(bei einer Tätigkeit, die sie sehr freut)* | (abw.) destruktive Elemente *(Personen)* ‖ **elementar:** elementare Begriffe *(Grundbegriffe);* eine elementare *(urwüchsige, unzähmbare, wilde)* Gewalt ‖ **Elementarereignis:** *durch die Naturkräfte hervorgerufene Zerstörung, Katastrophe* ‖ **Elementargewalt:** *Naturgewalt* ‖ **Elementarkenntnis** (meist Pl.): *Grundlagenkenntnis* ‖ **Elementarladung** (Phys.): *kleinste nachweisbare elektrische Ladung* ‖ **Elementarteilchen** (Phys.): *Bestandteil der Atome, zB Elektron; Korpuskel* ‖ **Elementarunterricht:** *Anfangs-, Grundlagenunterricht*
Elen das, -s/-: *Elch*
elend: e. zu Grunde gehen | ein elendes Wetter ‖ **Elend** das, -s: *Not, Leid;* ins E. geraten ‖ **elendig:** *elend* ‖ **elendiglich:** *elend* ‖ **Elendsgestalt** ‖ **Elendsviertel:** *Armenviertel in einer Stadt*

E

Eleonore, *auch:* Eleonora: *weibl. Vorname;* → Lore; → Nora

Elevator [-v-] der, -s/-en [-'oː-] ⟨lat.⟩: *ein Förder-, Hebewerk*

Eleve [-v-] der, -n/-n ⟨fr.⟩: *Tanz-, Schauspielschüler* ‖ **Elevin** die, -/-innen

Elexier → Elixier

elf (11); elf Uhr; → acht ‖ **Elf**[1] die, -/-en (Sport): *die elf Personen einer Fußballmannschaft* | (bes. D) *die Zahl Elf (11); Elfer*

Elf[2] der, -en/-en: *anmutiger Naturgeist;* → Alb ‖ **Elfe** die, -/-n: zart wie eine E.

Elfenbein das, -[e]s: eine Figur aus E. *(Elefanten-, Walrossstoßzahn)* ‖ **elfenbeinern:** ein elfenbeinerner Stockgriff ‖ **elfenbeinfarben** ‖ **Elfenbeinküste:** → *Côte d'Ivoire* ‖ **Elfenbeinschnitzerei** ‖ **Elfenbeinturm:** *selbst gewählte Isolation, zB eines Dichters oder Wissenschaftlers*

Elfer der, -s/- (11er): *die Zahl Elf (11);* → Elf | einen E. im Toto machen | (Sport) → *Elfmeter* ‖ **Elferfrage** (sal.): *bes. schwierige Frage* ‖ **elffach** (11fach = 11-fach) ‖ **elfhundert** (1 100): *eintausendeinhundert*

Elfi = **Elfie:** *weibl. Vorname (Elfriede)*

elfmal (11-mal) (auch: elf Mal) ‖ **Elfmeter** (Sport): *Strafstoß von der Elfmetermarke im Fußballspiel; Elfer, Elfmeterstoß* ‖ **Elfmeterschießen** (Sport): *ein Modus, um ein unentschiedenes Fußballspiel zu entscheiden* ‖ **Elfmeterstoß** (Sport): *Elfmeter*

Elfriede: *weibl. Vorname;* → Elfi

Elftel das, -s/-

Elias: *männl. Vorname*

eliminieren ⟨lat.⟩: *entfernen, ausscheiden* ‖ **Eliminierung** die, -/-en

Elisabeth: *weibl. Vorname;* → Elsbeth; → Elsa; → Liesa; → Liesl; → Lisa; → Lisbeth; → Sissy ‖ **elisabethanisch:** das elisabethanische Drama *(Drama aus der Zeit Elisabeths I. von England)*

elitär ⟨fr.⟩: *der Elite angehörig* | (oft abw.) *überheblich;* elitäres Verhalten ‖ **Elite** [-t(ɛ)] die, -/-n: *Auslese;* die E. *(die Besten)* unserer Sportler ‖ **Elitenbildung** ‖ **Eliteeinheit** (Mil.) ‖ **Eliteschule** ‖ **Elitetruppe** (Mil.) ‖ **Eliteuniversität**

Elixier das, -s/-e, *auch:* Elexier ⟨arab.-gr.⟩: *[Zauber]trank*

Elke: *weibl. Vorname*

Ellbogen der, -s/- ‖ **Ellbogenschützer** ‖ **Ellbogentechnik:** mit E. *(Rücksichtslosigkeit)* Karriere machen ‖ **Elle** die, -/-n: *ein Unterarmknochen* | *ein altes Längenmaß;* drei Ellen lang ‖ **Ellenbogen** der, -s/- (bes. D): *Ellbogen* ‖ **ellenlang:** eine ellenlange *(endlos lange)* Geschichte; *aber:* ein zwei Ellen langer Stoff

Ellipse die, -/-n ⟨gr.⟩ (Math.): *eine Kurve* | (Gramm.) *Aussparung, zB* [ich komme] gleich ‖ **ellipsenförmig** ‖ **elliptisch:** eine elliptische Figur | (Gramm.) elliptischer Satz *(grammatisch unvollständiger Satz)*

Elmsfeuer (Phys.): *elektrische Gasentladung an spitzen Gegenständen bei Gewitterluft*

El Niño [- -nɪo] der, - -[s] ⟨span.⟩: *ein Klimaphänomen im ostpazifischen Raum*

Eloge [-'oːʃ, -ʒɛ] die, -/-n ⟨fr.⟩: *Lobrede*

E-Lok: *Kurzwort für Elektrolokomotive*

Elongation [-tsi̯-] die, -/-en ⟨lat.⟩ (Phys.): *Auslenkung (Abweichung) eines schwingenden Körpers von seiner Ruhelage* | (Astron.) *Winkel zwischen Sonne und Planet*

eloquent ⟨lat.⟩ (geh.): *beredt* ‖ **Eloquenz** die, - (geh.): *Beredsamkeit*

Eloxal das, -s (Wz.): *Schutzschicht auf Aluminium[legierungen]* ‖ **eloxiert:** *mit Aluminiumoxid versehen*

Elsa = Else: *weibl. Vorname (Elisabeth)*

El Salvador [-v-]: *mittelamerikanischer Staat*

Elsass das, - (fr.: Alsace [-'zas]): *Landschaft in Frankreich;* E.-Lothringen ‖ **Elsässer** der, -s/- ‖ **Elsässerin** die, -/-innen ‖ **elsässisch**

Elsbeere die, -: *eine Baumart*

Elsbeth: *weibl. Vorname (Elisabeth)* ‖ **Else** → Elsa

Elster die, -/-n: *ein Vogel;* diebisch wie eine E.

elterlich: die e. Wohnung *(die Wohnung der Eltern)* ‖ **Eltern** die (Pl.): *Vater und Mutter* | nicht von schlechten E. sein *(tüchtig, gut sein)* ‖ **Elternabend:** *Zusammenkunft der Eltern einer Klasse* ‖ **Elternhaus:** *Haus der Eltern* | *Familie* ‖ **Elternkarenzurlaub** ‖ **elternlos** ‖ **Elternpflicht** ‖ **Elternrecht** ‖ **Elternschaft** die, - ‖ **Elternsprechtag:** *Sprechtag der Lehrer/innen einer Schule* ‖ **Elternteil** der (*auch:* das), -[e]s/-e: *Vater oder Mutter* ‖ **Elternverein:** *Vereinigung der Eltern einer Schule* ‖ **Elternvertreter** ‖ **Elternvertreterin**

Elvira [-v-]: *weibl. Vorname*

Élysée [eli'ze(ː)] das, -s = **Élyséepalast** der, -[e]s ⟨gr.-fr.⟩: *Amtssitz des französischen Staatspräsidenten*

elysisch [-'lyː-], *auch:* elysäisch [-'ɛːi-] ⟨gr.⟩ (geh.): *paradiesisch* ‖ **Elysium** das, -s: *Aufenthaltsort der Seligen (in der griechischen Sage)*

em.: emeritiert; emeritieren

Email das, -s/-s ⟨fr.⟩: *ein Schmelzüberzug*

E-Mail ['iːmeɪl] das, -s/-s = die, -/-s ⟨engl.⟩: *elektronische Post, von einem Computer zum anderen übermittelte Nachricht;* → Mail; → Mailbox ‖ **E-Mail-Adresse**

Emailgeschirr ⟨fr.⟩ ‖ **emaillieren:** emailliertes Geschirr ‖ **Emailofen**

E-Mail-Verkehr ['iːmeɪl-]

Emanation [-tsi̯-] die, -/-en ⟨lat.⟩ (bes. Phil.): *Ausstrahlung*

Emanuel: *männl. Vorname* ‖ **Emanuela:** *weibl. Vorname*

Emanze die, -/-n ⟨lat.⟩ (oft abw.): *Feministin* ‖ **Emanzipation** [-tsi̯-] die, -: *Befreiung aus Abhängigkeit;* die E. der Frau ‖ **Emanzipationsbewegung** ‖ **emanzipativ:** emanzipative *(Emanzipation einschließende)* Entwicklungen ‖ **emanzipatorisch:** *auf Emanzipation zielend* ‖ **emanzipieren:** eine emanzipierte Frau; sich von etwas e. ‖ **Emanzipierung** die, -/-en

Emballage [ɑ̃ba'laːʃ, -ʒɛ] die, -/-n ⟨fr.⟩: *Verpackung*

Embargo das, -s/-s ⟨span.⟩: *staatliches Ausfuhrverbot*

Emblem das, -s/-e ⟨gr.-lat.⟩: *Sinnbild [in einem Wappen]; Abzeichen* ‖ **Emblematik** die, -: *sinnbildliche Darstellung* | *Wissenschaft von den Emblemen*

Embolie die, -/-n ⟨gr.⟩ (Med.): *Verstopfung von Blutgefäßen*

Embryo [-y̆ɔ, -i̯ɔ] der = das, -s/-s [-nen] [-'oː-] ⟨gr.⟩: *ungeborene Leibesfrucht* ‖ **embryonal** ‖ **Embryonalentwicklung** ‖ **Embryonenforschung:** *medizinische Forschung an Embryonen*

Emerita die, -/Emeriten ⟨lat.⟩: *Universitätsprofessorin im Ruhestand* ‖ **emeritieren:** *durch Ruhestand den Berufspflichten entheben (bes. bei Universitäts- bzw. Hochschulprofessoren);* → em. ‖ **Emeritierung** die, -/-en ‖ **Emeritus** der, -/Emeriti

Emigrant der, -en/-en ⟨lat.⟩: *jemand, der zB aus politischen, wirtschaftlichen oder religiösen Gründen sein Vaterland verlassen hat;* → G.: Immigrant; → Migrant ‖ **Emigrantenschicksal** ‖ **Emigrantin** die, -/-innen ‖ **Emigration** [-tsi̯-] die, -/-en: innere E. *(innerlicher Rückzug [aus Resignation])* ‖ **emigrieren**

Emil: *männl. Vorname* ‖ **Emilia** = **Emilie** [-i̯ɛ]: *weibl. Vorname;* → Milli

eminent ⟨lat.⟩: eine e. *(besonders, außerordentlich)* wichtige Entscheidung ‖ **Eminenz** die, -/-en: „Eure/Euer Eminenz!" *(Anrede für einen Kardinal);* Seine E.; graue (auch: Graue) E. *(tonangebende Persönlichkeit im Hintergrund)*

Emir der, -s/-e ⟨arab.⟩: *arabischer [Fürsten]titel* ‖ **Emirat** das, -[e]s/-e: *arabisches Fürstentum;* die Vereinigten Arabischen Emirate

Emissär der, -s/-e ⟨lat.-fr.⟩: *Abgesandter, Gesandter* ‖ **Emissärin** die, -/-innen ‖ **Emission** die, -/-en (Bankw.): *Ausgabe [von Wertpapieren]* | (Ökol.) *das Entweichen luftverunreinigender Stoffe in die Atmosphäre* | (Phys.) *Ausstrahlung [von radioaktiven Stoffen]* ‖ **Emissionsbelastung** (bes. Ökol.) ‖ **Emissionskurs** (Bankw.): *Kurs, zu dem eine Aktie ausgegeben wird* ‖ **Emissionswert** (meist Pl.) ‖ **Emittent** der, -en/-en (Bankw.): *jemand, der Wertpapiere ausgibt* ‖ **emittieren** (Bankw.): *Wertpapiere ausgeben* | (Phys.) *ausstrahlen;* → Emission

Emma: *weibl. Vorname;* → Emmi

Emmentaler der, -s/-: *ein Käse (nach einem Tal in der Schweiz)*

Emmerich: *männl. Vorname*

Emmi, *auch:* Emmy: *weibl. Vorname (Emma)*

e-Moll (e) (Mus.): *eine Tonart* ‖ **e-Moll-Tonleiter** (Mus.)

Emoticon [-k-, engl.: ɪˈməʊt-] das, -s/-s ⟨engl.⟩: *Symbol, das im Internet bestimmte Gefühlshaltungen ausdrückt;* → Smiley ‖ **Emotion** [-tsi̯-] die, -/-en: *Gefühlsbewegung* ‖ **emotional:** *Emotionen betreffend* ‖ **emotionalisieren** → G.: entemotionalisieren ‖ **Emotionalität** die, - ‖ **emotionell:** e. *(gefühlsbetont)* reagieren ‖ **emotionsgeladen** ‖ **emotionslos**

Empanada die, -/-s (meist Pl.) ⟨span.⟩ (Küchenspr.): *gefüllte [gebackene] Teigtasche*

Empathie die, - ⟨gr.⟩ (Psych.): *Einfühlungsvermögen*

empfahl → empfehlen

Empfang der, -[e]s/-fänge: ein festlicher E. | (ohne Pl.) den E. eines Briefes bestätigen; etwas in E. nehmen | etwas am/beim E. *(an der Rezeption)* hinterlegen | (ohne Pl.) einen guten E. haben *(zB Rundfunk, Fernsehen gut empfangen)* ‖ **empfangen,** du empfängst/empfing/empfangen ‖ **Empfänger** der, -s/- ‖ **Empfängerin** die, -/-innen ‖ **empfänglich:** für schöne Musik sehr e. sein *(zugänglich sein; Verständnis dafür haben)* ‖ **Empfängnis** die, -/-nisse ‖ **Empfängnisverhütung** ‖ **empfangsbereit** ‖ **Empfangsbestätigung** ‖ **Empfangschef** [-ʃ-] ‖ **Empfangschefin** ‖ **Empfangsdame** ‖ **Empfangschein** (früher): *Teil eines Erlag- bzw. Zahlscheins* ‖ **Empfangshalle** ‖ **Empfangskomitee** ‖ **Empfangsstation** [-ʃtatsi̯-]; → Sendestation

empfehlen[1], ich empfehle, du empfiehlst/empfahl/empfohlen/empfiehl!, empfehlt!: er empfahl *(riet)* mir … ‖ **empfehlen**[2] sich (geh.): sie hat sich rasch empfohlen *(hat sich rasch verabschiedet und ist weggegangen)* ‖ **empfehlenswert** ‖ **Empfehlung** die, -/-en: sie gab mir eine E. *(Befürwortung)* mit; „Meine besten Empfehlungen *(Grüße)*!" ‖ **Empfehlungsschreiben**

empfiehlt → empfehlen

Empfinden das, -s ‖ **empfinden,** empfand/empfunden: Freude e. *(fühlen)*; Schmerz e. *(verspüren)* ‖ **empfindlich:** sehr e. *(wehleidig; leicht beleidigt)* sein | ein empfindlicher *(schwerer)* Verlust | ein empfindliches *(auf kleinste Schwankungen reagierendes)* Messgerät ‖ **Empfindlichkeit** die, -/-en ‖ **empfindsam:** *feinfühlig* ‖ **Empfindsamkeit** die, -: *eine Geistesströmung im 18. Jh.* ‖ **Empfindung** die, -/-en ‖ **empfindungslos** ‖ **Empfindungswort** (Gramm.): *Interjektion*

Emphase [-f-] die, - ⟨gr.⟩: *Nachdruck, Leidenschaftlichkeit [der Rede]* ‖ **emphatisch**

Emphysem [-fy-] das, -s/-e ⟨gr.⟩ (Med.): *Luftansammlung im Gewebe*

Empire[1] [ɑ̃ˈpiːɐ, fr.: -iːr] das, -[s] ⟨fr.⟩: *Kunststil der napoleonischen Zeit* ‖ **Empire**[2] [ˈempaiə] das, -[s] ⟨engl.⟩: *das ehemalige britische Weltreich* ‖ **Empirestil** [ɑ̃piːɐst-, -ʃt-] ⟨fr.⟩

Empirie die, - ⟨gr.⟩: *Erfahrung* ‖ **empirisch:** *aus der Erfahrung gewonnen* ‖ **Empirismus** der, -: *eine philosophische Richtung;* → Rationalismus ‖ **empiristisch**

empor: *aufwärts* ‖ **emporarbeiten** sich: *sich [im Beruf] hinaufarbeiten* ‖ **emporblicken**

Empore die, -/-n: *erhöhter Raum für Sänger und Musiker in der Kirche, Chor*

empören[1]: ihr Verhalten empört *(verärgert, erbost)* mich ‖ **empören**[2] sich: *sich auflehnen;* sich gegen die Obrigkeit e. ‖ **empörend:** *Ärgernis erregend*

emporheben ‖ **emporkommen** ‖ **Emporkömmling** der, -s/-e (meist abw.): *rasch reich oder mächtig gewordener Mensch* ‖ **emporragen** ‖ **emporrichten:** die Schlange richtet sich empor ‖ **emporschweben** ‖ **emporsteigen**

Empörung die, -/-en: *Auflehnung, Zorn;* die E. war groß | (geh.) *Aufstand*

EMRK [e ɛm ɛr ˈkaː]: **E**uropäische **M**enschen**r**echts**k**onvention

EMS [e ɛm ˈɛs]: **E**xpress **M**ail **S**ervice *(ein Eilgutdienst der Post)* ‖ **EMS-Sendung**

emsig: *fleißig, rastlos* ‖ **Emsigkeit** die, -

Emu der, -s/-s ⟨port.⟩: *ein australischer Laufvogel*

Emulgator der, -s/-en [-ˈoː-] ⟨lat.⟩ (Chem.): *Stoff, der nicht mischbare Substanzen verbindet; Zusatzstoff [in Lebensmitteln]* ‖ **emulgieren** ‖ **Emulsion** die, -/-en (Chem.): *Gemenge von zwei Flüssigkeiten, die sich nicht mischen* | *lichtempfindliche Schicht*

E-Musik: *ernste Musik;* → G.: U-Musik

EN [e ˈɛn] die, -/-: **E**uropäische **N**orm[en]

en bloc [ɑ̃ ˈblɔk] ⟨fr.⟩: *im Ganzen, in Bausch und Bogen* ‖ **En-bloc-Abstimmung**

Encoder [-k-] = → Enkoder ‖ **encodieren** = → enkodieren
Endabrechnung ‖ **Endachtziger** der, -s/- → Achtziger ‖ **Endachtzigerin** die, -/-innen ‖ **Endausscheidung** (Sport) ‖ **Endbahnhof:** *Endstation* ‖ **Endbericht:** *Schlussbericht* ‖ **Endbetonung** (Sprachwiss.): *Betonung auf der letzten Silbe eines Wortes* ‖ **Endbetrag** ‖ **Enddarm** ‖ **Enddreißiger** der, -s/-: *jemand Ende dreißig* ‖ **Enddreißigerin** die, -/-innen ‖ **Ende** das, -s: wir sind am E.; etwas zu E. bringen; letzten Endes *(schließlich)* hat sie Recht; E. Mai; mit E. des Monats; eine Frau E. [der] dreißig | (ugs.) das dicke E. *(die Probleme, die große Mühe zum Schluss)* | (mit Pl. -n) die Enden der Wurst ‖ **Endeffekt:** im E. *(letztlich)* bleibt alles beim Alten ‖ **Endel** das, -s/-[n]: *fester, gewebter Rand eines Stoffes* ‖ **endeln,** ich endle: die Ränder eines Schals e. *(einfassen)*
endemisch ⟨gr.⟩ (Med.): eine endemische *(in einem bestimmten Gebiet heimische, regelmäßig auftretende)* Seuche; → epidemisch
enden: das Wort *Hut* endet auf *t*/ mit einem *t* ‖ **Endergebnis** ‖ **enderledigen** (Amtsspr.): *erledigen, abschließen* ‖ **Endesgefertigte**[1] der, -n/-n, ein Endesgefertigter (Amtsspr., veraltet): *der Unterzeichnete* ‖ **Endesgefertigte**[2] die, -n/-n (Amtsspr., veraltet)
en détail [ã de'taːj] ⟨fr.⟩: Verkauf en d. *(Verkauf im Kleinen, Einzelverkauf);* → G.: en gros
Endfassung: *letzte Fassung [eines Berichts]* ‖ **endgiltig** (veraltet): *endgültig* ‖ **endgültig:** jetzt sind wir e. *(wirklich, ganz)* fertig; das steht e. *(unumstößlich)* fest ‖ **Endgültigkeit** ‖ **endigen** (veraltet): *enden, beenden*
Endivie [-viɛ] die, -/-n ⟨gr.⟩: *eine Salatpflanze* ‖ **Endiviensalat**
Endkampf: *alles entscheidender Kampf* ‖ **Endkontrolle** ‖ **Endlager** ‖ **endlagern** ‖ **Endlagerung** die, -: die E. von radioaktivem Abfall ‖ **endlich** ‖ **Endlichkeit** die, - ‖ **endlos:** ein endloses Gerede; *aber:* das geht ins Endlose ‖ **Endlosigkeit** die, - ‖ **Endlospapier** ‖ **Endlosschleife:** *ein Rechenvorgang am Computer* ‖ **Endlösung** die, - (im Nationalsozialismus): *verhüllende Bezeichnung für die geplante völlige Vernichtung der europäischen Juden;* → Endsieg
endogen ['ɛn-, -'eːn] ⟨gr.⟩ (Med.): *von innen kommend;* → G.: exogen ‖ **endokrin** (Med.): *von innerer Sekretion verursacht* ‖ **Endonym** [-'yːm] das, -s/-e (Sprachwiss.): *geografischer Eigenname in der betreffenden Landessprache, zB* Praha *(tschech. für Prag);* → G.: Exonym ‖ **Endorphin** [-f-] das, -s/-e: *ein körpereigenes Opiat, dessen Ausschüttung, zB beim Joggen, einen euphorischen Zustand verursachen kann* ‖ **Endoskop** das, -s/-e (Med.): *Sehrohr mit einer Minivideokamera* ‖ **Endoskopie** die, -/-n (Med.): *Operation mittels Endoskop, bei der der Chirurg den Eingriff auf einem Monitor mitverfolgt* ‖ **endotherm** [auch: 'ɛ-] (Phys., Chem.): eine endotherme *(Wärme aufnehmende)* Reaktion; → G.: exotherm
Endphase [-f-] ‖ **Endprodukt** ‖ **Endpunkt** ‖ **Endresultat** ‖ **Endrunde** (Sport): *Entscheidungskampf* ‖ **Endsieg** (im Nationalsozialismus): *Bezeichnung für den erwarteten endgültigen Triumph;* → Endlösung ‖ **Endsilbe** ‖ **Endspurt** [-spɜːt, auch: -ʃpurt] *(Sport): letzte Anstrengung, Beschleunigung vor dem Ziel[einlauf]* ‖ **Endstand** (bes. Sport): *Endergebnis* ‖ **Endstation** [-ʃtatsi̯-] ‖ **Endung** die, -/-en (Gramm.): die E. der 2. Person Singular
Enduro[1] die, -/-s ⟨engl.⟩: *ein geländegängiges Motorrad* ‖ **Enduro**[2] das, -s (Sport): *Motorraddisziplin, die im Gelände ausgetragen wird*
endungslos ‖ **Endverbraucher** ‖ **Endverbraucherin** ‖ **Endvierziger** der, -s/- ‖ **Endvierzigerin** die, -/-innen ‖ **Endzeit** ‖ **Endzeitstimmung:** *Weltuntergangsstimmung* ‖ **Endziel:** *letztes Ziel* ‖ **Endzustand** ‖ **Endzweck**
energetisch ⟨gr.⟩: *die Energie betreffend* ‖ **Energie** die, -/-n: seine ganze E. *(Kraft, Tatkraft)* aufwenden; → Energie sparend = energiesparend | (Phys.) *Vermögen, Arbeit zu leisten;* mechanische, elektrische E. ‖ **Energiebedarf** ‖ **Energiebündel:** *tatkräftiger, lebhafter Mensch* ‖ **Energieeinsparung** ‖ **Energieferien** (veraltet): *Semesterferien* ‖ **energiegeladen:** *voller Energie* ‖ **Energiegewinnung** ‖ **Energiehaushalt:** der E. *(Energieerzeugung und -verbrauch)* des Körpers ‖ **Energiekrise:** *Engpass in der Energieversorgung* ‖ **energielos:** *ohne Energie* ‖ **Energiepickerl** (ugs.): *Etikett auf Energie sparenden Elektrogeräten* ‖ **Energiequelle:** die E. Sonne besser nutzen ‖ **Energie sparend** = **energiesparend:** E. sparende Maßnahmen ‖ **Energiesparmaßnahme** (meist Pl.) ‖ **Energiesteuer** ‖ **Energieverbrauch** ‖ **Energieverschwendung** ‖ **Energieversorgung** ‖ **Energiewoche** (früher): *Semesterferien* ‖ **energisch:** *tatkräftig* ‖ **Energydrink** ['enədʒi-]: *ein belebendes, aufputschendes Getränk*
enervieren [-v-] ⟨lat.⟩ (geh.): eine enervierende *(die Nerven stark beanspruchende)* Arbeit; er ist enerviert *(sehr nervös)*
en face [ã 'fas] ⟨fr.⟩: ein Frauenbildnis en f. *(von vorn);* → en profil
Enfant terrible [ãfã -bl] das, - -/ -s -s [-bl] ⟨fr.⟩ (wörtl.: schreckliches Kind): *jemand, der andere unbekümmert in Verlegenheit bringt*

eng
ein enger Spalt; die Sache wird eng *(knapp)*

Groß- und Kleinschreibung:
- aufs (auf das) **E**ngste (= engste; bei Frage *Wie?*) mit jemandem befreundet sein

Getrenntschreibung:
- eng anliegen
- eng verbinden

Getrennt- und Zusammenschreibung mit adjektivisch gebrauchten Partizipien:
- eng anliegende (= enganliegende) Kleider
- eng befreundet = engbefreundet
- eng verwandt = engverwandt

Engadin [-ŋg-] das, -s: *das Tal des Inns in der Schweiz*
Engagement [ãgaʒ'mãː] das, -s/ -s ⟨fr.⟩: *Anstellung [beim Theater]* | (ohne Pl.) *persönliche Bemühung, Anstrengung;* großes soziales E. ‖ **engagieren** [-'ʒiː-]: drei

Musiker wurden engagiert *(angestellt)* | ich engagiere mich für den Umweltschutz *(setze mich nachdrücklich für ihn ein);* engagierte Literatur

eng anliegend = **enganliegend** || **eng befreundet** = **engbefreundet** || **engbrüstig:** *körperlich schwach gebaut, schmalbrüstig* || **Enge** die, -/-n: *enge Stelle;* jemanden in die E. treiben *(jemand in Verlegenheit bringen)*

Engel der, -s/- (Rel.) || **Engelbert:** *männl. Vorname;* → Bertl || **engelhaft** || **Engelmacher** (ugs., veraltet): *jemand, der illegal Abtreibungen vornimmt* || **Engelmacherin** (ugs., veraltet): *Frau, die Ziehkinder beseitigt oder illegal Abtreibungen vornimmt* || **Engelsgeduld** || **Engelshaar** das, -[e]s: *ein Christbaumschmuck* || **Engelwurz** (Bot.): → *Angelika*²

Engerling der, -s/-e: *Maikäferlarve*

engherzig: *kleinlich* || **Engherzigkeit** die, -

England: *ein Teil von Großbritannien* | (auch) *Großbritannien, das Vereinigte Königreich* || **Engländer** der, -s/- || **Engländerin** die, -/-innen || **englisch:** englische Möbel | (Küchenspr.) ein Steak e. *(innen noch blutig)* braten; → bleu; *aber:* die Englischen Fräulein *(ein Frauenorden)* || **Englisch** das, -[s] = **Englische,** -n: *die englische Sprache;* E. lernen → Deutsch

Englische Gruß der, -n -es (veraltend) (kath.): *Engelsgruß, ein Gebet;* → Angelusläuten

Englischhorn (Mus.): *ein Blasinstrument, Oboe in Altlage* || **englischsprachig** || **Englischunterricht** || **Englishwaltz** [ˈɪŋglɪʃ wɒlts] der, -/- ⟨engl.⟩: *langsamer Walzer*

engmaschig: ein engmaschiges Netz || **Engpass:** ein E. in der Benzinversorgung

en gros [ã gro(ː)] ⟨fr.⟩: Verkauf en g. *(Verkauf im Großen);* → Gros; → G.: en détail || **Engrosgeschäft** || **Engrossist** der, -en/-en (veraltend): *Großhändler;* → Grossist || **Engrossistin** die, -/-innen (veraltend)

engstirnig (abw.): ein engstirniger Mensch *(ein Mensch ohne Weitblick)* || **Engstirnigkeit** die, - (abw.) || **eng verwandt** = **engverwandt** || **engzeilig:** *mit knappem Zeilenabstand*

enharmonisch ⟨gr.⟩ (Mus.): *gleich klingende Töne bzw. Noten chromatisch umdeutend, zB h als ces*

enigmatisch ⟨gr.⟩ (geh.): *rätselhaft*

Enjambement [ãʒãbˈmãː] das, -s/-s ⟨fr.⟩: *das Übergreifen eines Wortes (Satzes) in die nächste Verszeile*

Enkel der, -s/-: *Kindeskind* || **Enkelin** die, -/-innen || **Enkelkind:** *Enkel[in] im Kindesalter* || **Enkelsohn** || **Enkeltochter** || **Enkerl** das, -s/-[n]: *Enkel/in*

Enklave [-v-] die, -/-n ⟨lat.-fr.⟩: *in ein Staatsgebiet eingeschlossener fremder Gebietsteil;* → Exklave

Enkoder = Encoder [-k-] der, -s/- ⟨lat.-engl.⟩: *Zusatzgerät für die Verschlüsselung von [Video]signalen;* → G.: Dekoder || **enkodieren** = encodieren: *verschlüsseln*

Enkulturation [-tsi̯-] die, -/-en ⟨lat.-fr.⟩ (Soz.): *das Hineinwachsen in die Gesellschaft bzw. Kultur*

en masse [ã ˈmas] ⟨fr.⟩: *massenhaft*

en miniature [ã -ˈtyːr] ⟨fr.⟩: *im Kleinen, in kleinem Maßstab*

Enns¹: *Stadt in Oberösterreich* || **Enns**² die, -: *ein Nebenfluss der Donau;* Land ob der E. (O); Land unter der E. (N) || **Ennstal:** *Tal der Enns (S, St, O)* | (fachspr.) *Strecke vom Mandlingpass bis zum Gesäuse (St)*

ennuyieren [ãnyˈjiː-] ⟨fr.⟩ (veraltet): *langweilen, lästig werden*

enorm ⟨lat.-fr.⟩: ein enormer *(ungeheurer)* Unterschied; e. *(außergewöhnlich)* groß

en passant [ã paˈsãː] ⟨fr.⟩: *im Vorübergehen, nebenbei*

en profil [ã -] ⟨fr.⟩: ein Frauenbildnis en p. *(von der Seite);* → G.: en face

Enquete [ãˈkɛ(ː)t] die, -/-n ⟨fr.⟩: *Umfrage großen Stils* | *Arbeitstagung mit Experten*

Ensemble [ãsˈãːbl] das, -s/-s ⟨fr.⟩: *Gruppe gemeinsam wirkender Musiker/Schauspieler* | *zusammenpassende Kleidungsstücke* | *Gruppe [architektonisch] zusammengehöriger Bauwerke* || **Ensemblemitglied**

en suite [ã ˈsy̆it] ⟨fr.⟩: das Musical wurde ein Jahr lang en s. *(in ununterbrochener Folge)* gespielt

entarten (im Nationalsozialismus): entartete Kunst *(abschätzige Bezeichnung für bestimmte Formen moderner Kunst, bes. von Juden)* | (Biol., Med.) *von der Norm abweichen;* entartetes *(degeneriertes)* Gewebe || **Entartung** die, -/ -en || **Entartungserscheinung**

entäußern sich (geh.): sich einer Sache e. *(sie hergeben, auf sie verzichten)* || **Entäußerung** (geh.)

entbehren: etwas e. *(darauf verzichten)* müssen | (geh.) *vermissen* | (geh.) *fehlen;* seine Behauptung entbehrt jeder Grundlage || **entbehrlich:** *nicht unbedingt notwendig* || **Entbehrlichkeit** die, - || **Entbehrung** die, -/-en || **entbehrungsreich**

entbieten (geh.): Grüße e. *(übermitteln)*

entbinden: in der Klinik e. *(ein Kind gebären)* | jemanden von seinen Pflichten e. *(lossprechen, befreien)* || **Entbindung** die, -/ -en: *Niederkunft, das Gebären* | (Jus) E. *(Befreiung)* vom Amtsgeheimnis || **Entbindungsstation** [-ʃtatsi̯-]

entblättern¹: der Wind entblätterte die Äste || **entblättern**² sich (scherzh.): *sich ausziehen*

entblöden sich (abw.): sich nicht e. *(sich nicht schämen, sich nicht scheuen),* so etwas zu tun

entblößen: du entblößt den Oberkörper *(machst ihn frei)* | ich habe mich vor allen entblößt *(habe die intimsten Geheimnisse erzählt, nichts verschwiegen)* | (geh.) von allen Mitteln entblößt *(mittellos)* || **Entblößung** die, -/-en

entbrennen (geh.): es entbrannte ein Streit

entbürokratisieren: die Verwaltung e. || **Entbürokratisierung** die, -

entdecken || **Entdecker** der, -s/- || **Entdeckerfreude** || **Entdeckerin** die, -/-innen || **Entdeckung** die, -/-en: die E. Amerikas || **Entdeckungsreise**

entdramatisieren: *als nicht so dramatisch darstellen*

Ente die, -/-n: *ein Schwimmvogel* | → *Zeitungsente*

entehren (geh.): *die Ehre nehmen, entwürdigen;* Frauen und Mädchen e. *(verführen; sexuell misshandeln)*

enteignen: *Eigentum im öffentli-*

chen Interesse, zB für einen Straßenbau, entziehen ‖ **Ent|eig|nung** die, -/-en

ent|ei|len (geh.): *davoneilen*

ent|ei|sen: *das Eis entfernen*

ent|emo|ti|o|na|li|sie|ren [-tsi̯-]: eine Diskussion e. *(sachlich führen);* → G.: emotionalisieren

En|ten|jun|ge das, -n (Küchenspr.): *Magen, Herz, Hals der Ente [als Speise]* ‖ **En|ten|klein** (bes. D) (Küchenspr.): *Entenjunge* ‖ **En|ten|schna|bel**

E

En|ten|te [ɑ̃'tɑ̃:t] die, -/-n ⟨fr.⟩ (Gesch., Pol.): *Staatenbündnis [im Ersten Weltkrieg]*

ent|er|ben: *von der Erbschaft ausschließen* ‖ **Ent|erb|te**[1] der, -n/-n, ein Enterbter ‖ **Ent|erb|te**[2] die, -n/-n

En|ter|ha|ken: *Gerät zum Entern*

En|te|rich der, -[e]s/-e: *männliche Ente, Erpel*

en|tern: ein Schiff e. *(es [mit Enterhaken heranziehen und] stürmen)*

En|ter|tai|ner ['e-teı-] der, -s/- ⟨engl.⟩: *Unterhaltungskünstler* ‖ **En|ter|tai|ne|rin** die, -/-innen

ent|fa|chen (geh.): die Glut e. *(zum Aufflammen bringen);* eine Diskussion e.

ent|fah|ren: *ungewollt sagen, ausstoßen;* ein Stöhnen entfuhr ihr

Ent|fall der, -[e]s ‖ **ent|fal|len:** der Unterricht entfiel | das ist mir e. *(ich habe es vergessen)* | der Teller entfiel seinen Händen | auf jeden e. *(kommen)* hundert Euro

ent|fal|ten: sie konnte sich in dieser Umgebung gut e. *(sich gut entwickeln);* seine Talente e. *(zur Geltung bringen)* ‖ **Ent|fal|tung** die, -/-en ‖ **Ent|fal|tungs|mög|lich|keit**

ent|fer|nen[1]: Schutt e. *(wegräumen)* ‖ **ent|fer|nen**[2] sich: sofort entfernte er sich *(ging er weg)* ‖ **ent|fernt:** *weit;* eine entfernte *(schwache)* Ähnlichkeit; e. verwandt; *aber:* nicht im **E**ntferntesten *(überhaupt nicht)* daran denken ‖ **Ent|fer|nung** die, -/-en ‖ **Ent|fer|nungs|mes|ser** der, -s/-

ent|fes|seln: entfesselte Naturgewalten ‖ **Ent|fes|se|lung**

ent|fet|ten: Milch e.

ent|flamm|bar: schwer entflammbare Stoffe ‖ **ent|flam|men:** *anzünden* | (geh.) *begeistern*

ent|flech|ten: *entwirren, auflösen* ‖ **Ent|flech|tung** die, -/-en

ent|flie|gen (geh.): *davonfliegen*

ent|flie|hen: dem Lärm e.

ent|frem|den[1]: das Gebäude wurde seinem eigentlichen Zweck entfremdet ‖ **ent|frem|den**[2] sich: sie haben sich entfremdet *(sind einander fremd geworden)* ‖ **Ent|frem|dung** die, -/-en

ent|füh|ren: ein Flugzeug/ein Kind e. ‖ **Ent|füh|rer** ‖ **Ent|füh|re|rin** ‖ **Ent|füh|rung**

Ent|gang der, -[e]s/-gänge (bes. Amtsspr.): *Ausfall;* Verdienstentgang

ent|ge|gen (Präp. mit Dat.): e. dem Verbot/dem Verbot e. *(gegen das Verbot)* | (Adv.) den Ferien e. ‖ **ent|ge|gen|brin|gen:** jemandem großes Vertrauen e. ‖ **ent|ge|gen|fah|ren** ‖ **ent|ge|gen|fie|bern:** dem Auftritt e. *(ihn mit höchster Erregung erwarten)* ‖ **ent|ge|gen|ge|hen** ‖ **ent|ge|gen|ge|setzt:** die entgegengesetzte Richtung einschlagen ‖ **ent|ge|gen|hal|ten:** *einwenden, kontern;* dem Argument e. ‖ **ent|ge|gen|kom|men** ‖ **Ent|ge|gen|kom|men** das, -s: *Gefälligkeit, Zugeständnis* ‖ **ent|ge|gen|kom|mend:** *freundlich; hilfreich* ‖ **ent|ge|gen|kom|men|der|wei|se** ‖ **ent|ge|gen|lau|fen** ‖ **Ent|ge|gen|nah|me** die, - ‖ **ent|ge|gen|neh|men:** ein Geschenk e. *(annehmen)* ‖ **ent|ge|gen|se|hen:** *erwarten* ‖ **ent|ge|gen|set|zen:** dem Befehl Widerstand e. ‖ **ent|ge|gen|ste|hen:** *im Weg stehen* ‖ **ent|ge|gen|stel|len:** *in den Weg stellen, dagegen ankämpfen;* sich der Korruption e. ‖ **ent|ge|gen|tre|ten:** der Kritik e. *(sich dagegenstellen, sich wehren)* ‖ **ent|ge|gen|wir|ken**

ent|geg|nen: *antworten, erwidern* ‖ **Ent|geg|nung** die, -/-en: *Antwort* | (Jus) *Richtigstellung von unrichtigen Tatsachenbehauptungen in Medien; Gegendarstellung*

ent|ge|hen: bei einem Unfall dem Tod e. *(ihm entrinnen, mit dem Leben davonkommen);* dieses Vergnügen ist mir entgangen

ent|geis|tert: e. *(sehr erstaunt; entsetzt)* dreinschauen

Ent|gelt [auch: 'ɛ-] das, -[e]s/-e (Amtsspr.): ohne E. *(Bezahlung)* arbeiten ‖ **Ent|gelt|an|spruch** (Amtsspr.): E. für den Urlaub ‖ **Ent|gelt|fort|zah|lung** (Amtsspr.): *Weiterzahlung des Gehalts an Arbeitnehmer bei Krankheit* ‖ **ent|gel|ten:** ich lasse es dich/dir nicht e. *(ich lasse dich nicht dafür büßen)* | die Teilnahme wird finanziell entgolten ‖ **ent|gelt|lich:** *gegen Bezahlung* ‖ **Ent|gelt|lich|keit** die, -/-en (Amtsspr.) ‖ **ent|gelt|pflich|tig**

ent|gif|ten ‖ **Ent|gif|tung** die, -/-en

ent|glei|sen ‖ **Ent|glei|sung** die, -/-en: die E. des Zuges forderte vier Todesopfer | *ein Fehler im Benehmen*

ent|glei|ten: die Sache ist ihr entglitten *(sie hat sie nicht mehr unter Kontrolle)*

ent|glo|ri|fi|zie|ren: eine Filmlegende e.

ent|grä|ten: einen Fisch e.

ent|haa|ren: die Beine e. ‖ **Ent|haa|rung** die, -/-en ‖ **Ent|haa|rungs|cre|me** [-kre:m] = Enthaarungskrem = Enthaarungskreme

ent|haf|ten (Amtsspr.): *aus der Haft entlassen* ‖ **Ent|haf|tung** (Amtsspr.)

En|thal|pie die, - ⟨gr.⟩ (Phys.): *bestimmte thermodynamische Zustandsgröße*

ent|hal|ten: dieser Koffer enthält Wäsche | sich der Stimme e. *(keine Stimme abgeben)* ‖ **ent|halt|sam** ‖ **Ent|halt|sam|keit** die, -/-en: *Zurückhaltung, Abstinenz* ‖ **Ent|hal|tung**

ent|här|ten: Wasser e. *(entkalken)*

ent|haup|ten: *durch Köpfen hinrichten* ‖ **Ent|haup|tung** die, -/-en

ent|he|ben: jemanden seines Amtes e. *(jemanden absetzen)* ‖ **Ent|he|bung** die, -/-en

ent|hei|li|gen: *entweihen* ‖ **Ent|hei|li|gung** die, -/-en

ent|hem|men ‖ **ent|hemmt:** *ohne Hemmungen, ohne Zurückhaltung* ‖ **Ent|hem|mung**

ent|hül|len: ein Denkmal e. | einen Schwindel e. *(aufdecken, entlarven)* ‖ **Ent|hül|lungs|jour|na|lis|mus** [-ʒur-]

en|thu|si|as|miert ⟨gr.-fr.⟩ (geh.): *begeistert, entzückt* ‖ **En|thu|si|as|mus** der, - ⟨gr.⟩: *Begeisterung* ‖ **en|thu|si|as|tisch**

ent|ideo|lo|gi|sie|ren: *von Ideologie befreien* ‖ **Ent|ideo|lo|gi|sie|rung** die, -/-en

ent|jung|fern ‖ **Ent|jung|fe|rung** die, -/-en: → *Defloration*

ent|kal|ken: die Waschmaschine e. ‖ **Ent|kal|kung** die, -/-en

ent|kei|men: *steril machen*

ent|ker|nen: Kirschen/Orangen e.

ent|klei|den: sich hinter einem Paravent e. *(sich ausziehen)* ‖ **Ent|klei|dung**

ent|kno|ten: das Schuhband e.
ent|kof|fe|i|nie|ren: *Kaffee koffeinfrei machen*
ent|kom|men: den Verfolgern e.
ent|kop|peln: Forschung und Lehre e. *(voneinander trennen)*
ent|kor|ken: eine Weinflasche e.
ent|kräf|ten: eine Behauptung e. *(beweisen, dass sie nicht [ganz] richtig ist)* ‖ **ent|kräf|tet:** *kraftlos geworden*
ent|kramp|fen: sich durch Übungen e. *(lockern)* ‖ **Ent|kramp|fung** die, -/-en
ent|kri|mi|na|li|sie|ren: *nicht mehr als kriminell betrachten;* → G.: kriminalisieren ‖ **Ent|kri|mi|na|li|sie|rung** die, -/-en
ent|la|den: den Lieferbus e. | das Gewehr e. | das Gewitter entlud sich ‖ **Ent|la|dung**

ent|lang

Präposition mit Genitiv oder Dativ:
– entlang des Baches
– entlang dem Bach
Bei Nachstellung mit Akkusativ:
– den Bach entlang (*selten auch:* dem Bach entlang) wandern viele Menschen
Adverb:
– am Ufer entlang eislaufen; *aber zusammen:* entlangfahren, entlanggehen

ent|lang|fah|ren ‖ **ent|lang|füh|ren** ‖ **ent|lang|ge|hen** → langgehen → entlang
ent|lar|ven [-f-]: einen Schwindler e. *(seine Betrügereien aufdecken)* ‖ **Ent|lar|vung** die, -/-en
ent|las|sen: einen Arbeiter e. | jemanden aus der Haft e. *(freilassen)* | Schüler/innen nach dem Unterricht e. ‖ **Ent|las|sung** die, -/-en ‖ **Ent|las|sungs|wel|le:** *große Zahl von Entlassungen*
ent|las|ten: die Kollegin e. *(ihr eine Last, eine Arbeit abnehmen)* | (Jus) die Zeugen entlasteten den Angeklagten *(sie sagten für ihn günstig aus)* ‖ **Ent|las|tung** die, -/-en ‖ **Ent|las|tungs|ge|rin|ne:** *einen Fluss begleitendes Gerinne zur Aufnahme bzw. Ableitung von Hochwässern* ‖ **Ent|las|tungs|of|fen|si|ve** [-fɛ, -vɛ] ‖ **Ent|las|tungs|zeu|ge** (Jus): *Zeuge, dessen Aussage Beschuldigte entlastet;* → G.: Belastungszeuge ‖ **Ent|las|tungs|zeu|gin** (Jus)
ent|lau|ben: Bäume e.
ent|lau|fen: mein Hund ist e. *(davongelaufen)*
ent|lau|sen: *von Läusen befreien*
ent|le|di|gen sich (geh.): sich eines Zeugen e. *(ihn loswerden)* | sich eines Auftrags e. *(ihn durchführen)* | sich seines Mantels e. *(ihn ablegen)*
ent|lee|ren: den Papierkorb e. | (beschön.) sich e. *(die Notdurft verrichten)* ‖ **Ent|lee|rung**
ent|le|gen: ein entlegenes *(abseits-, einsam liegendes)* Haus ‖ **Ent|le|gen|heit** die, -
ent|leh|nen: ein Buch e. *(ausleihen)* ‖ **Ent|lehn|ord|nung** ‖ **Ent|leh|ner** der, -s/- ‖ **Ent|leh|ne|rin** die, -/-innen ‖ **Ent|leh|nung** die, -/-en
ent|lei|ben sich (geh., veraltet): *Selbstmord begehen*
ent|lei|hen: ein Buch e. *(entlehnen)*
ent|lo|cken: jemandem ein Geheimnis e. *(herauslocken)*
ent|loh|nen: er wurde gut entlohnt ‖ **Ent|loh|nung** die, -/-en
ent|lüf|ten: den Heizkörper e. ‖ **Ent|lüf|ter** ‖ **Ent|lüf|tung** ‖ **Ent|lüf|tungs|an|la|ge**
ent|mach|ten: der Diktator wurde entmachtet ‖ **Ent|mach|tung** die, -/-en
ent|man|nen: *kastrieren* ‖ **Ent|man|nung** die, -/-en
ent|menscht (geh.): *unmenschlich; bestialisch*
ent|mi|li|ta|ri|sie|ren: ein Gebiet e. *(das Militär daraus abziehen)* ‖ **Ent|mi|li|ta|ri|sie|rung** die, -/-en
ent|mi|nen: *alle Minen entfernen, entschärfen*
ent|mün|di|gen: *unter Vormundschaft stellen* ‖ **Ent|mün|di|gung** die, -/-en
ent|mu|ti|gen: das hat mich entmutigt *(mir den Mut genommen)* ‖ **Ent|mu|ti|gung** die, -/-en
Ent|nah|me die, -/-n: zur freien E.
ent|na|zi|fi|zie|ren (Gesch., Pol.): *ehemalige Nationalsozialisten in den Jahren nach 1945 überprüfen [und verurteilen]* ‖ **Ent|na|zi|fi|zie|rung** die, -/-en ‖ **Ent|na|zi|fi|zie|rungs|ver|fah|ren**
ent|neh|men: seinen Worten war nur Gutes zu e.
ent|nervt: *nervös*
En|to|mo|lo|ge der, -n/-n ⟨gr.⟩: *Insektenforscher* ‖ **En|to|mo|lo|gie** die, - ‖ **En|to|mo|lo|gin** die, -/-innen
ent|pflich|ten: *aus einer Pflicht entbinden*
ent|po|li|ti|sie|ren: *dem Einfluss der Parteipolitik entziehen* ‖ **Ent|po|li|ti|sie|rung** die, -/-en
ent|pri|va|ti|sie|ren [-v-]: *verstaatlichen* ‖ **Ent|pri|va|ti|sie|rung**
ent|pup|pen sich: er entpuppte *(erwies)* sich als Gauner
ent|rah|men: Milch e. *(abrahmen)*
ent|ra|ten (geh., veraltet): sie kann deiner Hilfe nicht e. *(sie kann nicht ohne sie sein)*
ent|rät|seln: *das Rätsel um etwas lösen, das Geheimnis um etwas lüften;* eine geheime Botschaft e.
ent|rech|tet: *rechtlos* ‖ **Ent|rech|tung** die, -/-en
En|tre|cote [ɑ̃tr(œ)'ko:t] das, -s/-s ⟨fr.⟩ (Küchenspr.): *gebratenes Rippenstück vom Rind*
En|tree [ɑ̃'tre:] das, -s/-s ⟨fr.⟩: *Eingang, Vorzimmer* | (Gast.) *Vorspeise, erster Gang* | *Einführung in einen gesellschaftlichen Kreis* | (Theater) *Auftrittslied* | (bes. W, veraltend) *Eintrittsgeld*
En|tre|pre|neur|ship [antrəprə'nɜ:ʃip] das, -[s] ⟨fr.+engl.⟩: *Unternehmergeist; ein Unterrichtsfach*
ent|rei|ßen: jemandem seinen Besitz e.
en|tre nous [ɑ̃tr(œ) 'nu] ⟨fr.⟩: *unter uns, im Vertrauen [gesagt]*
ent|rich|ten: den Mitgliedsbeitrag e. *(zahlen)* ‖ **Ent|rich|tung:** die E. von Abgaben
ent|rie|geln: das Schloss e.
en|trie|ren [ɑ̃t-] ⟨fr.⟩ (geh.): *versuchen; in die Wege leiten*
ent|rin|den: *die Rinde entfernen*
ent|rin|gen (geh.): jemandem den Schlüssel e. *(im Kampf entreißen)*
ent|rin|nen: wir sind der Gefahr entronnen *(entkommen)*
ent|rol|len: *ausrollen*
En|tro|pie die, -/-n ⟨gr.⟩ (Phys.): *thermodynamische Zustandsgröße* | *Maß für die Unordnung eines Systems*
ent|ros|ten: *von Rost befreien*
ent|rü|cken (geh.): im Traum in ein fernes Land entrückt werden ‖ **Ent|rückt|heit** die, -/-en (geh.) ‖ **Ent|rü|ckung** die, -/-en (geh.)
ent|rüm|peln: *Gerümpel entfernen;* ich entrümple den Dachboden ‖ **Ent|rüm|pe|lung** die, -/-en, *auch:* **Ent|rümp|lung**
ent|ru|ßen, *auch:* entrussen: *von Ruß befreien*
ent|rüs|ten: sich über etwas e.

(sich darüber empören); das hat sie entrüstet

entsaften: Obst e. ‖ **Entsafter** der, -s/-

entsagen (geh.): der Rache e. *(auf sie verzichten)* ‖ **Entsagung** die, -/-en (geh.): *Verzicht*

entsalzen: Meerwasser e.

Entsatz der, -es (Mil.): *Befreiung [einer belagerten Stadt];* → entsetzen

entschädigen: jemanden für einen Verlust e. *(jemandem den Schaden ersetzen)* ‖ **Entschädigung** die, -/-en ‖ **Entschädigungsanspruch**

entschärfen: eine Bombe e. *(sie funktionsuntüchtig machen)* ‖ **Entschärfung** die, -/-en

Entscheid der, -[e]s/-e (Amtsspr.): der E. des Obersten Gerichtshofes ‖ **entscheiden:** e., wer Recht hat; sich für etwas e. ‖ **entscheidend:** im entscheidenden *(maßgeblichen)* Augenblick ‖ **Entscheidung:** eine E. herbeiführen ‖ **Entscheidungsbefugnis** ‖ **Entscheidungsfrage:** eine E. stellen | (Gramm.) *Fragesatz, der mit der Personalform des Verbs eingeleitet wird* ‖ **Entscheidungsfreiheit** ‖ **Entscheidungshilfe** ‖ **Entscheidungskampf** ‖ **Entscheidungsprüfung** ‖ **Entscheidungsschlacht** ‖ **Entscheidungsträger:** *jemand, der beruflich eine maßgebliche Position innehat* ‖ **Entscheidungsträgerin** ‖ **Entscheidungszwang** ‖ **entschieden:** das ist e. *(ohne Zweifel)* richtig | ein entschiedener *(unnachgiebiger)* Gegner; aufs (= auf das) **E**ntschiedenste (= entschiedenste; mit Frage *Wie?*); → entscheiden ‖ **Entschiedenheit** die, -

entschlacken: *Schlacken entfernen;* den Körper e. ‖ **Entschlackungskur**

entschlafen (geh.): *sterben;* sanft e. | (geh., veraltet) *einschlafen*

entschlagen (geh., Amtsspr.): sich des Anspruchs e. *(darauf verzichten)* ‖ **Entschlagung** die, -/-en (geh., Amtsspr.) ‖ **Entschlagungsrecht** (Jus)

entschließen sich: *einen Entschluss fassen* ‖ **Entschließung** die, -/-en (Amtsspr.): mit E. *(Verfügung)* des Bundespräsidenten ‖ **entschlossen:** *tatkräftig, zielgerichtet* ‖ **Entschlossenheit** die, -

entschlummern (geh.): *einschlafen*

entschlüpfen: *entwischen* | das Geheimnis ist ihm versehentlich entschlüpft *(ungewollt über die Lippen gekommen)*

Entschluss: einen E. fassen

entschlüsseln: ich entschlüssle *(dechiffriere)* eine Nachricht in Geheimschrift

entschlussfähig ‖ **entschlussfreudig**

entschuldbar: das ist nicht e. ‖ **entschulden:** *[durch Gesetz] von Schulden befreien* ‖ **entschuldigen:** sich dafür e. ‖ **Entschuldigung** die, -/-en ‖ **Entschuldigungsgrund**

entschweben (geh.): *davonschweben*

entschwinden (geh.): das Flugzeug entschwand den Blicken

entseelt (geh.): *tot*

entsenden (geh.): einen Boten e. *(abschicken)*

entsetzen: deine Reaktion hat mich entsetzt *(sie hat mich in Furcht versetzt, mich aus der Fassung gebracht);* sie ist darüber entsetzt *(sehr empört; außer sich)* | (Mil.) *eine belagerte Stadt oÄ befreien* ‖ **Entsetzen** das, -s: weltweites E. nach den Anschlägen; E. erregen ‖ **Entsetzen erregend** = **entsetzenerregend:** E. erregende (= entsetzenerregende) Berichte; *aber nur:* tiefes Entsetzen erregende Schilderungen ‖ **entsetzlich**

entsichern: eine Pistole e.

entsinnen sich (geh., veraltet): sich seiner Pflicht e. *(sich an sie erinnern)*

entsorgen: *[gefährlichen] Abfall ordnungsgemäß beseitigen* ‖ **Entsorgung** die, -/-en ‖ **Entsorgungsbeitrag:** für die Rücknahme des Kühlschranks einen E. zahlen ‖ **Entsorgungsbetrieb**

entspannen: die Muskeln e.; sich mit Musik e. *(sich beruhigen, sich ausruhen, sich erholen)* | ein entspanntes *(lockeres, angenehmes)* Verhältnis ‖ **Entspannung** ‖ **Entspannungspolitik** ‖ **Entspannungsübung**

entspiegeln: Brillengläser e.

entspinnen sich: es entspann *(entwickelte)* sich ein lebhaftes Gespräch

entsprechen: den Anforderungen e. *(gerecht werden)* ‖ **entsprechend** (Adj.): entsprechende Vorkehrungen treffen | (Präp. mit Dat.) meinem Wunsch e./e. meinem Wunsch ‖ **Entsprechung** die, -/-en

entsprießen (geh.): *hervorkommen*

entspringen: das ist nur ihrer Fantasie entsprungen | die Drau entspringt in Südtirol | ein entsprungener Häftling

entstammen (geh.): einer berühmten Familie e.

entstauben: *von Staub befreien*

entstehen: dadurch ist großer Schaden entstanden ‖ **Entstehung** die, -/-en ‖ **Entstehungsgeschichte** ‖ **Entstehungszeit**

entsteigen (geh.): *aussteigen;* dem Flugzeug e.

entsteinen (Küchenspr.): Oliven, Kirschen e. *(entkernen)*

entstellen: ein entstelltes *(stark verunstaltetes)* Gesicht | die Wahrheit e. *(verfälschen)* ‖ **Entstellung**

entstören: Elektrogeräte e. *(verhindern, dass sie zB den Radioempfang stören)*

entströmen (geh.): Gas entströmt *(strömt heraus)*

enttabuisieren, *auch:* enttabuieren: *von Tabus befreien*

enttarnen: *überführen; enthüllen, aufdecken;* einen Spion e.

enttäuschen: von jemandem/von einem Film/über ein Geschenk enttäuscht sein ‖ **Enttäuschung**

entthronen: *jemanden vom Thron stürzen, absetzen*

entvölkern: ein entvölkerter *(von den Bewohnern verlassener)* Landstrich

entwachsen [-ks-]: der Schule e.

entwaffnen: den Feind e. | ein entwaffnendes *(gewinnendes, den Widerstand eines Gegners abbauendes)* Lächeln

entwarnen: *gegebenen Alarm aufheben* ‖ **Entwarnung**

entwässern: sumpfige Wiesen e. *(trockenlegen)* | den Körper e. *(eine Entwässerungskur machen)* ‖ **Entwässerung** die, -/-en

entweder [auch: -'ve:-]: e. – oder; *aber:* hier gibt es kein **E**ntweder-**o**der

Im Normalfall steht vor („entweder" –) „oder" kein Beistrich:

- Ich verlange entweder ein neues Gerät oder mein Geld zurück.
- Wir holen euch entweder heute oder aber erst morgen ab.

Nur zwischen Hauptsätzen kann man einen Beistrich setzen, um die Gliederung deutlich zu machen:
– Entweder du kommst[,] oder du schreibst mir ein E-Mail.

ent|wei|chen: *ausströmen;* Gas entweicht | (geh.) *entkommen*
ent|wei|hen: ein Gotteshaus e. *(die Würde verletzen)* ‖ **Ent|wei|hung**
ent|wen|den: *stehlen*
ent|wer|fen: einen Plan e.
ent|wer|ten: eine Briefmarke e. *(sie durch Abstempeln für den weiteren Gebrauch ungültig machen)* | die Aktien wurden entwertet *(im Wert vermindert)* ‖ **Ent|wer|ter** der, -s/-: *Automat zum Entwerten [von Fahrscheinen]* ‖ **Ent|wer|tung**
ent|wi|ckeln[1] sich: sich körperlich gut e. | Rauch entwickelt sich *(entsteht)* ‖ **ent|wi|ckeln**[2]: Konzepte e. *(erarbeiten)* | einen Film e. ‖ **Ent|wick|lung** die, -/-en ‖ **ent|wick|lungs|fä|hig** ‖ **Ent|wick|lungs|ge|schich|te:** *Ontogenese* | *Phylogenese* ‖ **ent|wick|lungs|ge|schicht|lich:** e. verschieden alte Organe ‖ **Ent|wick|lungs|hel|fer** ‖ **Ent|wick|lungs|hel|fe|rin** ‖ **Ent|wick|lungs|hil|fe:** *Unterstützungsmaßnahmen für Entwicklungsländer* ‖ **Ent|wick|lungs|land:** *wirtschaftlich unterentwickeltes Land* ‖ **Ent|wick|lungs|pha|se** [-f-]: *Entwicklungsstufe* ‖ **Ent|wick|lungs|pro|zess** ‖ **Ent|wick|lungs|stu|fe:** *Stadium innerhalb eines Entwicklungsprozesses*
ent|win|den: sie entwand ihm die Waffe
ent|wir|ren: einen Wollknäuel e.
ent|wi|schen: *entkommen*
ent|wöh|nen: den Säugling e. *(die Muttermilch allmählich durch andere Nahrung ersetzen)* | (geh.) sich des Rauchens e. ‖ **Ent|wöh|nung** die, - ‖ **Ent|wöh|nungs|kur**
ent|wür|di|gen: *die Würde verletzen;* ein entwürdigendes Ansinnen
Ent|wurf: den E. eines Gesetzes begutachten
ent|wur|men: den Hund e. *(von Würmern befreien)*
ent|wur|zeln: der Sturm kann Bäume e. | ein entwurzelter *(von der Gemeinschaft getrennter, heimatloser)* Mensch
ent|zau|bern: *den Zauber von etwas nehmen*
ent|zer|ren: eine Luftaufnahme e. *(ihre perspektivische Verzerrung beheben)*
ent|zie|hen: jemandem den Führerschein e.; sich einer Verpflichtung e. ‖ **Ent|zie|hungs|kur:** *Kur zur Überwindung einer Suchtkrankheit*
ent|zif|fern: eine schwer lesbare Schrift e. ‖ **Ent|zif|fe|rung** die, -/-en
ent|zip|pen [auch: -z-] (EDV): *eine komprimierte Datei wieder auf die ursprüngliche Größe bringen;* → zippen
ent|zü|cken: hell entzückt *(begeistert)* sein; ein entzückendes Kind ‖ **Ent|zü|cken** das, -s
Ent|zug der, -[e]s ‖ **Ent|zugs|er|schei|nung:** *körperliche Reaktion [beim Abgewöhnen des Rauchens]*
ent|zünd|bar ‖ **ent|zün|den:** Benzindämpfe e. sich leicht | entzündete Augen ‖ **ent|zünd|lich:** leicht e. (= leichtentzündlich) ‖ **Ent|zün|dung** die, -/-en ‖ **ent|zün|dungs|hem|mend** ‖ **Ent|zün|dungs|herd:** *Ausgangspunkt einer Entzündung*
ent|zwei: die Vase ist e. *(auseinandergebrochen)* ‖ **ent|zwei|bre|chen** ‖ **ent|zwei|en:** ich habe mich mit der Nachbarin entzweit *(mich mit ihr verfeindet)*
E-Num|mer: *eine Kennzeichnungsvorschrift für Lebensmittelzusätze*
en vogue [ɑ̃ 'vɔg] ⟨fr.⟩: *modern, aktuell*
En|ze|pha|li|tis [-f-] die, -/Enzephalitiden ⟨gr.⟩ (Med.): *Gehirnentzündung*
En|zi|an der, -s/-e: *eine Gebirgspflanze* | *Kurzwort für Enzianschnaps* ‖ **En|zi|an|schnaps**
En|zy|kli|ka [-'tsy(:)-] die, -/Enzykliken ⟨gr.-lat.⟩: *päpstliches Rundschreiben [programmatischen Inhalts]*
En|zy|klo|pä|die [-tsy-, -tsi-] die, -/-n ⟨gr.-lat.⟩: *ein umfassendes Lexikon* ‖ **en|zy|klo|pä|disch:** ein enzyklopädisches *(vielseitiges)* Wissen
En|zym [-'tsy:m] das, -s/-e ⟨gr.⟩: *ein Ferment*
eo ip|so ⟨lat.⟩: *eben dadurch, gerade dadurch; von selbst*
E-Or|gel: elektronische Orgel, Elektronenorgel
Epau|let|te [epo'lɛt(ɛ)] die, -/-n ⟨fr.⟩: *ein Schulterstück bestimmter Uniformen*
ephe|mer [-f-] ⟨gr.⟩ (geh.): *schnell vorübergehend*
epi- ⟨gr.⟩ (nur in Zusammensetzungen wie Epizentrum)
E-Pi|a|no: Elektropiano
Epi|de|mie die, -/-n ⟨gr.⟩ (Med.): *massenhaftes Auftreten einer [Infektions]krankheit in einem bestimmten Gebiet, Seuche* ‖ **epi|de|misch** (Med.): eine epidemische Krankheit; → endemisch
Epi|der|mis die, -/Epidermen ⟨gr.⟩ (Biol., Med.): *oberste Hautschicht*
Epi|di|a|skop das, -s/-e: *Projektor für durchsichtige und undurchsichtige Bilder;* → Episkop
epi|go|nal ⟨gr.-lat.⟩: *epigonenhaft* ‖ **Epi|go|ne** der, -n/-n ⟨gr.⟩ (oft abw.): *Nachahmer [einer künstlerischen Richtung]* ‖ **Epi|go|nin** die, -/ -innen (oft abw.)
Epi|gramm das, -s/-e: *Sinnspruch* | *geistreiches kurzes Gedicht*
Epik die, - ⟨gr.⟩: *erzählende Dichtkunst;* → episch ‖ **Epi|ker** der -s/-: *Dichter von Epik* ‖ **Epi|ke|rin** die -/-innen
Epi|ku|re|er der, -s/- ⟨gr.⟩: *Anhänger einer philosophischen Richtung* | *Genießer* ‖ **Epi|ku|re|e|rin** die, -/-innen ‖ **epi|ku|re|isch:** *genießerisch*
Epi|lep|sie die, - ⟨gr.⟩ (Med.): *eine Erkrankung des Gehirns mit krampfartigen Anfällen* ‖ **Epi|lep|ti|ker** der, -s/- ‖ **Epi|lep|ti|ke|rin** die, -/-innen ‖ **epi|lep|tisch** (Med.): epileptische Anfälle
epi|lie|ren ⟨gr.⟩: *die Körperhaare entfernen, enthaaren*
Epi|log der, -[e]s/-e ⟨gr.⟩: *Nachwort; Schlusswort, Ausklang [einer Dichtung]*
Epi|pha|ni|as [-f-] die, - ⟨gr.⟩: *Fest der Erscheinung Christi unter den Menschen, Dreikönigsfest am 6. Jänner* ‖ **Epi|pha|nie** [-f-] die, -: *Erscheinung Christi*
episch ⟨gr.⟩: eine epische *(erzählende)* Dichtung; → Epos; → Epik
Epi|skop das, -s/-e ⟨gr.⟩: *Projektor für undurchsichtige Vorlagen;* → Epidiaskop
epi|sko|pal ⟨gr.-lat.⟩: *bischöflich* ‖ **Epi|sko|pat** der = das, -[e]s/-e: *Gesamtheit der Bischöfe* | *Bischofswürde*
Epi|so|de die, -/-n ⟨gr.⟩: *ein Geschehnis von vorübergehender,*

E

E

von nebensächlicher Bedeutung ‖ **episodenhaft**

Epistel die, -/-n ⟨lat.-gr.⟩: *Lesung aus der Bibel im Gottesdienst, speziell aus den Apostelbriefen* | (scherzh.) *Brief*

Epitaph [-f] das, -[e]s/-e ⟨gr.⟩: *Grabinschrift; Gedenktafel für Verstorbene*

Epizentrum: *Gebiet senkrecht über einem Erdbebenherd;* → Hypozentrum

epochal ⟨gr.-lat.⟩: eine epochale *(sehr bedeutende)* Erfindung ‖ **Epoche** die, -/-n: *großer geschichtlicher Zeitraum, Zeitabschnitt* ‖ **Epoche machend** = **epochemachend:** E. machende Erfindungen

Epos das, -/Epen ⟨gr.⟩: *längere erzählende Versdichtung* | *Heldengedicht;* → episch

eppis (bes. westöst., CH, reg. in D, mda.): *etwas*

Eprouvette [-ruv-] die, -/-n ⟨fr.⟩: *Proberöhrchen [für chemische Versuche]*

Epsilon das, -[s]/-[s] (ε, E) ⟨gr.⟩: *griechischer Buchstabe, entspricht kurzem e;* → Eta

EQ [eˈkuː, iˈkjuː] der, -[s]/-[s] (Psych.): **e**motionaler **Q**uotient; → IQ

Equalizer [ˈiːkwəlaɪzə] der, -s/- ⟨lat.-engl.⟩ (Elektrot.): *Einrichtung bei Hi-Fi-Geräten zur Regelung der Klangfarbe uÄ*

Equipage [ek(v)iˈpaːʃ, -ʒɛ] die, -/-n ⟨fr.⟩: *vornehme Kutsche* ‖ **Equipe** [eˈkip] die, -/-n: *die ausgewählte Mannschaft für einen Wettkampf* ‖ **Equipment** [ɪˈkwɪp-] das, -s ⟨fr.-engl.⟩: *Ausrüstung*

er: war er das?; *aber:* ein **Er** oder eine Sie | (als Anrede an eine untergebene männliche Person groß) (veraltet) will **Er** mir drohen?; → sie

Er: Erbium

erachten (geh.): jemanden für würdig e. *(halten)* ‖ **Erachten** das, -s (geh.): meines Erachtens (m. E.) *(meiner Meinung nach)*

erahnen: *ahnen*

erarbeiten: sich ein Vermögen e.

Erasmus: *ein Bildungsprogramm der Europäischen Union* ‖ **Erasmusstipendium** [-ʃt-, -st-]

Erbadel: *erblicher Adel* ‖ **Erbanlage:** *vererbbares physisches oder psychisches Merkmal* ‖ **Erbänderung:** → *Mutation*

erbarmen: er erbarmt mir *(tut mir leid);* seine Not erbarmt mich; sich der Kranken e. *(sich ihrer annehmen, für sie sorgen)* ‖ **Erbarmen** das, -s: *Mitleid, Mitgefühl;* mit jemandem E. haben; es ist zum E. ‖ **erbarmenswert** ‖ **erbärmlich:** es geht ihm e.; eine erbärmliche Pfuscherei ‖ **Erbärmlichkeit** die, - ‖ **erbarmungslos** ‖ **erbarmungsvoll** ‖ **erbarmungswürdig** (geh.)

erbauen: ein Haus e. | (geh.) sich an schöner Musik e. *(seelisch aufrichten);* von etw. erbaut sein ‖ **Erbauer** der, -s/- ‖ **Erbauerin** die, -/-innen ‖ **erbaulich** (veraltend): *erhebend* ‖ **Erbauung** die, - ‖ **Erbauungsliteratur:** *eine Art religiöse Literatur*

erbberechtigt ‖ **Erbe**[1] das, -s/ Erbschaften: ein großes E. hinterlassen ‖ **Erbe**[2] der, -n/-n: jemanden zum/als Erben einsetzen

erbeben (geh.): *beben*

erben: ein Vermögen e.

erbetteln: sich den Lebensunterhalt e.

erbeuten: Bankräuber e. eine Million

Erbfaktor (Biol.): *Gen* ‖ **Erbfeind:** *Feind seit Generationen* ‖ **Erbfeindin** ‖ **Erbfolge:** *erbrechtliche Nachfolge* ‖ **Erbfolgekrieg** (Gesch.): *Krieg wegen strittiger Thronfolge* ‖ **Erbgut** (Biol.): *Gesamtheit der Erbanlagen* ‖ **Erbhof:** *ungeteilt zu vererbender Bauernhof* | *seit mehreren Generationen im Besitz derselben Familie stehender Hof* ‖ **Erbhofbauer** ‖ **Erbhofbäuerin,** *auch:* **Erbhofbäurin**

erbieten sich (geh.): sich e. *(sich bereit erklären),* Hilfe zu leisten

Erbin die, -/-innen ‖ **Erbinformation** [-tsi̯-] (Biol.)

erbitten (geh.): Hilfe, einen Rat e.

erbittert: über etwas e. *(sehr verärgert)* sein | ein erbitterter *(unnachgiebiger)* Feind ‖ **Erbitterung** die, -

Erbium das, -s (Zeichen: Er): *ein chemisches Element*

Erbkrankheit: *erbliche Krankheit*

erblassen (geh.): *[vor Schreck] blass werden*

Erblasser der, -s/- (Jus): *der Verstorbene, der ein Erbe hinterlassen hat* ‖ **Erblasserin** die, -/-innen (Jus.) ‖ **Erblast:** *von einem Vorgänger verursachtes Problem*

erbleichen, erbleichte/erbleicht (geh.): *bleich werden;* → bleichen[2]

erblich: e. belastet sein *(eine [schlechte] Veranlagung geerbt haben)* ‖ **Erblichkeit** die, -

erblicken: *sehen, wahrnehmen;* sie erblickte die Schüler; sie erblickt in dir einen Feind

erblinden: *blind werden* ‖ **Erblindung** die, -/-en

erblonden (scherzh.): *durch Färben blond werden*

erblühen (geh.): *aufblühen*

Erbmasse: *Nachlass* | (Biol.) *die Erbanlagen* ‖ **Erbonkel** (oft scherzh.): *Onkel, von dem man sich ein Erbe erwartet*

erbosen: sein Verhalten erboste sie *(machte sie wütend, zornig);* darüber erboste er sich; erboste Zwischenrufe

erbötig (geh.): sich e. machen *(sich anbieten)* zu helfen

erbrechen: *brechen, sich übergeben* | (veraltet) *aufbrechen;* eine Tür e. ‖ **Erbrechen** das, -s

erbringen: einen Beweis e.; ihr Einspruch hat nichts eingebracht *(hat keinen Erfolg gehabt)*

Erbschaft die, -/-en: *Erbe* ‖ **Erbschaftsangelegenheit** ‖ **Erbschaftsanspruch** (Jus) ‖ **Erbschaftssteuer** ‖ **Erbschein** (D): *Einantwortungsurkunde* ‖ **Erbschleicher** der, -s/- (abw.): *jemand, der sich eine Erbschaft erschwindeln will* ‖ **Erbschleicherin** die, -/-innen (abw.)

Erbse die, -/-n: *eine Gemüsepflanze; eine Hülsenfrucht* ‖ **erbsengroß** ‖ **Erbsenpüree** ‖ **Erbsensuppe**

Erbserklärung (Jus): *Erklärung, eine Erbschaft anzutreten* ‖ **Erbstück** ‖ **Erbsubstanz** (Biol.): *Gesamtheit der DNA* ‖ **Erbsünde** die, - (Rel.): *Sündhaftigkeit des Menschen auf Grund des Sündenfalls von Adam und Eva*

Erbswurst (Küchenspr.): *kochfertige Suppe aus gemahlenen Erbsen (in Wurstform gepresst und abgepackt)*

Erbtante (oft scherzh.): *Tante, von der man sich ein Erbe erwartet* ‖ **Erbteil** das, -[e]s/-e (Jus): *Aufteilung eines Nachlasses auf Erbteile* ‖ **Erbverzicht** (Jus)

Erdachse [-ks-] die, -: *Achse der Erddrehung*

erdacht → erdenken

Erdaltertum: *Paläozoikum* ‖ **Erdanziehung** ‖ **Erdanziehungskraft** ‖ **Erdapfel:** *Kartoffel;* geröstete Erdäpfel ‖ **Erdäpfel-**

blattln → Erdäpfelplattln ‖ **Erd|äp|fel|grös|tel** = **Erd|äp|fel|gröstl** ‖ **Erd|äp|fel|gu|lasch** ‖ **Erd|äp|fel|kas** (bes. O): *ein Brotaufstrich* ‖ **Erd|äp|fel|kel|ler** ‖ **Erd|äp|fel|knö|del** ‖ **Erd|äp|fel|koch:** *ein Kartoffelbrei; Erdäpfelpüree* ‖ **Erd|äp|fel|nu|del** ‖ **Erd|äp|fel|plattln** die (Pl.), *auch:* Erdäpfelblattln (reg.): *eine Speise;* → Plattl ‖ **Erd|äp|fel|pres|se:** *ein Küchengerät* ‖ **Erd|äp|fel|puf|fer** ‖ **Erd|äp|fel|pü|ree** ‖ **Erd|äp|fel|sa|lat** ‖ **Erd|äp|fel|sauce** [-zoːs(ɛ)] = Erdäpfelsoß = Erdäpfelsoße (K, St): *eingebrannte Erdäpfel* ‖ **Erd|äp|fel|schma|rren** (reg.): *eine Speise aus gerösteten Erdäpfeln* ‖ **Erd|äp|fel|soß, Erd|äp|fel|so|ße** = → Erdäpfelsauce ‖ **Erd|äp|fel|sterz:** *Erdäpfelschmarren* ‖ **Erd|äp|fel|sup|pe** ‖ **Erd|at|mo|sphä|re** [-f-] ‖ **Erd|bahn:** *Umlaufbahn der Erde um die Sonne* ‖ **Erd|ball:** *der Planet Erde* ‖ **Erd|be|ben** ‖ **Erd|bee|re** ‖ **Erd|beer|eis** ‖ **Erd|beer|frap|pee** = Erdbeerfrappé ‖ **Erd|beer|mar|me|la|de** ‖ **Erd|be|völ|ke|rung** ‖ **Erd|be|woh|ner** ‖ **Erd|be|woh|ne|rin** ‖ **Erd|bo|den** der, -s: etwas dem E. gleichmachen *(vollständig zerstören);* wie vom E. verschluckt *(nicht auffindbar)* ‖ **Er|de** [geh. auch: 'eː-] die, -: *unser Planet* | *Boden;* etwas aus der E. stampfen *(überraschend zu Wege bringen)* | (geh.) auf Erden *(im Diesseits)* | *Erdung* | (mit Pl. -n) (Chem.) seltene Erden *(eine Gruppe von Metalloxiden)* ‖ **er|den:** elektrische Geräte e. *(mit der Erde verbinden);* → Erdung ‖ **Er|den|bür|ger** (geh.): *Mensch* ‖ **Er|den|bür|ge|rin** (geh.)

er|den|ken (geh.): *sich ausdenken;* ein erdachtes Beispiel ‖ **er|denk|lich:** sich alle erdenkliche Mühe geben; *aber:* alles **E**rdenkliche getan haben

Er|den|wurm (geh.): *der unbedeutende Mensch* ‖ **Erd|far|be:** *mineralische Farbe, zB Ocker* ‖ **Erd|gas** ‖ **Erd|gas|vor|kom|men** ‖ **Erd|ge|schich|te** die, - ‖ **erd|ge|schicht|lich** ‖ **Erd|ge|schoß,** *auch:* Erdgeschoss: *Parterre*

er|dich|ten (geh.): *sich ausdenken*

er|dig: *mit Erde beschmutzt; nach Erde schmeckend* ‖ **Erd|in|ne|re** ‖ **Erd|kreis** der, -es (geh.): Naturkatastrophen erschüttern den E. *(die ganze Welt)* ‖ **Erd|kern** (Geol.) ‖ **Erd|krus|te** ‖ **Erd|ku|gel:** *der Planet Erde* ‖ **Erd|kun|de:** *Geographie* ‖ **Erd|ma|g|ne|tis|mus** ‖ **Erd|mas|sen:** E. donnerten ins Tal ‖ **Erd|mit|tel|al|ter:** → *Mesozoikum* ‖ **Erd|mit|tel|punkt** ‖ **erd|nah:** erdnahe *(bodennahe)* Schichten der Atmosphäre ‖ **Erd|neu|zeit:** → *Känozoikum* ‖ **Erd|nuss** ‖ **Erd|nuss|but|ter** ‖ **Erd|ober|flä|che** ‖ **Erd|öl:** E. fördern, exportieren; → Erdöl exportierend = erdölexportierend

er|dol|chen (geh.): *erstechen*

Erd|öl ex|por|tie|rend = **erd|öl|ex|por|tie|rend:** E. exportierende Länder ‖ **Erd|öl|pro|dukt** ‖ **Erd|öl|raf|fi|ne|rie** ‖ **Erd|öl|vor|kom|men** ‖ **Erd|öl|vor|rat** ‖ **Erd|reich** das, -[e]s: *Erdboden*

er|dreis|ten sich (geh.): er erdreistet sich *(ist so dreist, unverfroren),* das zu tun

er|dröh|nen: *widerhallen*

er|dros|seln: *[mit einem Strick] erwürgen*

er|drü|cken: von einstürzenden Mauern erdrückt werden | erdrückende *(schwerwiegende, belastende)* Schuldbeweise

Erd|rutsch ‖ **Erd|rutsch|sieg:** *Wahlsieg, der die Verhältnisse ändert* ‖ **Erd|stoß:** schwere Erdstöße erschüttern Italien ‖ **Erd|strah|len** die (Pl.): *(im Sinne der Radiästhesie) von der Erde ausgehende Strahlungen* ‖ **Erd|tra|bant:** *der Mond*

er|dul|den (geh.): *erleiden, hinnehmen*

Erd|teil: *Kontinent* ‖ **Erd|um|fang** ‖ **Erd|um|lauf|bahn:** die E. einer Raumsonde ‖ **Er|dung** die, -: die E. *(das Erden)* der Waschmaschine ‖ **Er|dungs|ka|bel** ‖ **Erd|wis|sen|schaft** (meist Pl.): *Geowissenschaft*

er|ei|fern sich: sich über etwas e. *(erregen)*

er|eig|nen sich: der Unfall ereignete sich *(geschah)* heute ‖ **Er|eig|nis** das, -nisses/-nisse: ein wichtiges E. ‖ **er|eig|nis|los** ‖ **er|eig|nis|reich**

er|ei|len (geh.): der Tod hat ihn ereilt *(er ist [überraschend] gestorben)*

Erek|ti|on [-tsi̯-] die, -/-en ⟨lat.⟩: *Aufrichtung, Anschwellung [des Penis];* → erigieren

Ere|mit der, -en/-en ⟨gr.⟩: *jemand, der [aus religiösen Gründen] abgeschieden und zurückgezogen lebt; Einsiedler* ‖ **Ere|mi|ta|ge** [-'aːʃ, -ʒɛ] die, -/-n ⟨gr.-fr.⟩: *abgelegene Grotte, Einsiedelei, abgelegenes Schloss* ‖ **Ere|mi|tin** die, -/-innen

er|erbt: ererbter *(geerbter)* Besitz

ere|thisch ⟨gr.⟩ (Med.): *krankhaft leicht erregbar*

er|fahr|bar ‖ **er|fah|ren**[1](Verb): eine Neuigkeit e. ‖ **er|fah|ren**[2] (Adj.): ein erfahrener *(tüchtiger)* Landwirt ‖ **Er|fah|ren|heit** die, - ‖ **Er|fah|rung** die, -/-en: etwas in E. bringen *(herausfinden)* ‖ **Er|fah|rungs|aus|tausch** ‖ **Er|fah|rungs|be|richt** ‖ **er|fah|rungs|ge|mäß**

er|fan|gen sich: *einen Sturz gerade noch vermeiden* | *sich erholen, sich wieder fassen*

er|fas|sen: sie hat es sofort erfasst *(verstanden)* | alles in Zahlen e. ‖ **Er|fas|sung** die, -/-en: statistische E. von Daten

er|fech|ten (geh.): sich den Sieg schwer e. *(erkämpfen)*

er|fin|den: das Rad neu e. *(eine bereits existierende Lösung nicht nutzen)* | eine frei erfundene Geschichte ‖ **Er|fin|der** der, -s/- ‖ **Er|fin|der|geist** der, -[e]s ‖ **Er|fin|de|rin** die, -/-innen ‖ **er|fin|de|risch** ‖ **er|find|lich:** was geschah, ist nicht e. *(begreiflich, verständlich);* → G.: unerfindlich ‖ **Er|fin|dung** die, -/-en ‖ **Er|fin|dungs|ga|be:** *Einfallsreichtum, Einbildungskraft* ‖ **er|fin|dungs|reich:** *einfallsreich, kreativ* ‖ **Er|fin|dungs|reich|tum** (ohne Pl.)

er|fle|hen (geh.): *erbitten*

Er|folg der, -[e]s/-e

Getrenntschreibung:
- Erfolg haben
- viel Erfolg versprechen[d]

Getrennt- und Zusammenschreibung:
- Erfolg versprechende (= erfolgversprechende) Vorschläge

Zusammenschreibung bei Steigerung oder näherer Bestimmung der ganzen Fügung:
- ein erfolgversprechenderes Angebot
- sehr erfolgversprechend
- am erfolgversprechendsten

er|fol|gen: die Explosion erfolgte um 11 Uhr ‖ **er|folg|ge|krönt** (geh.): *erfolgreich* ‖ **er|folg|los** ‖ **Er|folg|lo|sig|keit** die, - ‖ **er|folg|reich** ‖ **Er|folgs|aus|sicht** ‖ **Er|folgs|bi|lanz** ‖ **Er|folgs|er|leb|nis** ‖ **Er|folgs|ge|schich|te** ‖ **Er|folgs|haf|tung** (Jus): *vom Ver-*

schulden unabhängige Pflicht zum Schadenersatz ‖ **Erfolgshunger** ‖ **Erfolgskurs** ‖ **Erfolgsmeldung** ‖ **erfolgsorientiert** ‖ **Erfolgsprämie** [-i̯ɛ] ‖ **Erfolgsquote:** die E. liegt über 80 % ‖ **Erfolgsrezept** ‖ **Erfolgsstory** [-stɔri] ‖ **Erfolgszwang:** unter E. stehen ‖ **Erfolg versprechend** = **erfolgversprechend** → Erfolg

E

erforderlich: *nötig* ‖ **erforderlichenfalls** ‖ **erfordern:** gute Arbeit erfordert *(verlangt)* auch Mühe ‖ **Erfordernis** das, -nisses/-nisse

erforschen: *erkunden* ‖ **Erforschung**

erfragen: den genauen Preis e.

erfrechen sich (geh.): er erfrechte sich *(hatte die Frechheit),* das zu behaupten

erfreuen: die Gäste mit Geschenken e.; sich guter/einer guten Gesundheit e. ‖ **erfreulich** ‖ **erfreulicherweise**

erfrieren: *den Kältetod sterben;* die Blumen sind erfroren ‖ **Erfrierung** die, -/-en: sich Erfrierungen zuziehen

erfrischen, du erfrisch[s]t: ein erfrischendes Bad; sich mit einem kühlen Getränk e. ‖ **Erfrischung** die, -/-en: jemandem eine E. anbieten ‖ **Erfrischungsgetränk**

erfüllbar: erfüllbare Wünsche ‖ **erfüllen:** einen Wunsch e.; einen Zweck e. | das erfüllt uns mit Abscheu ‖ **Erfüllung** die, -/-en ‖ **Erfüllungsgehilfe** (Jus): *Mitarbeiter, für den der Unternehmer einzustehen hat* | (abw.) *Handlanger, bloßes Werkzeug im Interesse anderer* ‖ **Erfüllungsgehilfin** (abw.)

ergänzen: du ergänzt unser Team; die beiden e. sich hervorragend; möchten Sie noch etwas e. *(hinzufügen)*? ‖ **Ergänzung** die, -/-en: eine E. anbringen | (Gramm.) *Satzglied, das den Sachinhalt genauer fasst oder vom Verb gefordert wird; Objekt* ‖ **Ergänzungsfrage** (Gramm.): *Fragesatz, der mit einem Fragewort eingeleitet wird* ‖ **Ergänzungskommando** (ErgKdo): *militärische Einberufungsstelle*

ergattern: *etwas mit Geschicklichkeit und Beharrlichkeit erwerben*

ergaunern (ugs.): sich etwas e. *(sich durch Gaunerei beschaffen)*

ergeben[1] (Verb): zwei plus zwei ergibt vier; daraus ergibt sich *(folgt),* dass ... ‖ **ergeben**[2] sich: sich in sein Schicksal e. *(fügen);* sie hat sich im Kampf e. *(sie hat aufgegeben)* ‖ **ergeben**[3] (Adj.) (veraltet) (als Schlussformel in Briefen): „Ihr (dein/Dein, euer/Euer) sehr ergebener ..." ‖ **Ergebenheit** die, - : *Demut, Ehrfurcht, Treue* | (veraltet) „Meine Ergebenheit!" *(ein Gruß)* ‖ **Ergebnis** das, -nisses/-nisse ‖ **ergebnislos** ‖ **Ergebnislosigkeit** die, -

ergehen[1]: es ist ihm schlecht ergangen; etwas geduldig über sich e. lassen *(es hinnehmen)* ‖ **ergehen**[2] sich (geh.): sich (im Park) e. *(spazieren gehen)*

ergiebig: eine ergiebige *(wasserreiche)* Quelle; ein ergiebiges *(reiches)* Erdölvorkommen ‖ **Ergiebigkeit** die, -

ergießen sich (geh.): das Wasser ergoss sich über die ganze Küche *(überflutete sie)* | Lava ergießt sich *(fließt)* ins Meer

erglühen (geh.): *zu glühen beginnen*

ErgKdo: Ergänzungskommando

ergo ⟨lat.⟩: *daher; folglich* | (meist scherzh.) e. dessen

Ergometer das, -s/- ⟨gr.⟩ (Med.): *ein Standrad zur Leistungsmessung* ‖ **Ergometrie** die, -/-n (Med.) ‖ **Ergonomie** die, -: *Wissenschaft von der Belastungsmöglichkeit und den Arbeitsbedingungen des Menschen* ‖ **Ergotherapie** (Med.): *Aktivierungs-, Beschäftigungstherapie*

ergötzen (geh.): du ergötzt *(unterhältst)* die Anwesenden; sich am Spiel e. *(erfreuen)* ‖ **ergötzlich** (geh.): *erheiternd* ‖ **Ergötzung** die, -/-en

ergrauen: er ist ergraut *(hat graue Haare bekommen)*

ergreifen: ihren Arm e.; einen Dieb e. *(fassen);* einen Beruf e.; das Wort e. *(zu sprechen beginnen);* die Flucht e. *(weglaufen)* | Angst ergreift *(erfasst)* ihn | ein ergreifender *(zu Herzen gehender)* Anblick ‖ **ergriffen:** tief ergriffen (= tiefergriffen) *(bewegt)* sein; → ergreifen ‖ **Ergriffenheit** die, -

ergrimmen (geh., veraltet): *zornig werden*

ergründen: die Ursachen eines Unfalls e.

ergrünen (geh.): *grün werden;* die Wiesen sind ergrünt

Erguss der, -es/-güsse (Med.): *Flüssigkeitsansammlung in Körperhöhlen oder im Gewebe;* Bluterguss | *Samenerguss* | (meist Pl.) (oft abw.) *[Gefühls]äußerung;* ihre lyrischen Ergüsse

erhaben: eine erhabene *(plastisch hervortretende)* Schrift | diese Arbeit ist über alles Lob e. *(sie ist außergewöhnlich gut)* | (geh.) ein erhabener *(Ehrfurcht erweckender)* Gedanke ‖ **Erhabenheit** die, -

Erhalt der, -[e]s (Kaufmannsspr.): nach E. der Rechnung ‖ **erhalten:** einen Brief e. *(bekommen)* | eine Familie e. *(für ihren Unterhalt sorgen)* | das Palais ist sehr gut e. *(ist in einem sehr guten baulichen Zustand)* ‖ **erhaltenswert** ‖ **Erhalter** der, -s/-: der E. *(Geldgeber und Verwalter)* eines Vereins ‖ **Erhalterin** die, -/-innen ‖ **erhältlich:** das Gerät ist im Handel e. ‖ **Erhaltung** die, -: die E. der Gebäude ‖ **Erhaltungszustand**

erhängen: die Selbstmörderin hat sich erhängt *(durch Aufhängen getötet)*

Erhard, *auch:* Erhart: *männl. Vorname*

erhärten: eine Meinung durch Beweise e.

erhaschen: *erwischen*

erheben[1]: sein Glas auf jemandes Wohl e. | Ansprüche e. *(geltend machen)* | den Sieger zum König e. | (Amtsspr.) *nachforschen, feststellen;* Schäden e. ‖ **erheben**[2] sich: sich von den Plätzen e. *(aufstehen)* | sich gegen einen Diktator e. *(gegen ihn rebellieren)* | (geh.) ein Sturm hat sich erhoben ‖ **erhebend:** eine erhebende *(eindrucksvolle, ergreifende)* Feier ‖ **erheblich:** erhebliche *(bedeutende)* Schäden ‖ **Erhebung** die, -/-en: *Erhöhung* | *Aufstand* | (Amtsspr.) Erhebungen über einen Unfall durchführen

erheiraten: er hat sich sein Vermögen erheiratet *(hat alles durch Heirat erworben)*

erheischen (geh.): diese Arbeit erheischt *(erfordert, verlangt)* viel Mühe

erheitern: *belustigen* ‖ **Erheiterung** die, -/-en

erhellen: einen Raum e. *(beleuchten)* | (geh.) daraus erhellt *(wird klar),* dass ...

erhitzen, du erhitzt: ich bin vom Laufen erhitzt; sich über ein

Thema e. *(erregen)* ‖ **Erhitzung** die, -/-en
erhoffen: *erwarten, wünschen*
erhöhen: *steigern, vergrößern* ‖ **Erhöhung** die, -/-en
erholen sich: sich von einem Schrecken e. ‖ **erholsam** ‖ **Erholung** die, -: der Urlaub wird die nötige E. bringen; → Erholung Suchender = Erholungsuchender ‖ **erholungsbedürftig** ‖ **Erholungsdorf** ‖ **Erholungsheim** ‖ **Erholungssuchende**[1] = **Erholung Suchende**[1] = **Erholungsuchende**[1] der, -n/-n, ein Erholungssuchender (= ein Erholung Suchender, Erholungsuchender) ‖ **Erholungssuchende**[2] = **Erholung Suchende**[2] = **Erholungsuchende**[2] die, -n/-n ‖ **Erholungsurlaub**
erhören (geh.): seine Bitte wurde erhört *(erfüllt)* ‖ **Erhörung** die, -/-en (geh.): E. finden
Erich: *männl. Vorname;* → Erik
erigieren ⟨lat.⟩: ein erigierter *(aufgerichteter)* Penis; → Erektion
Erik: *männl. Vorname (Erich)* ‖ **Erika**[1]: *weibl. Vorname* ‖ **Erika**[2] die, -/Eriken [-s] = das -[s]/Eriken [-s]: *eine Pflanze, Heidekraut*
erinnerlich (geh.): wie e., geschah das voriges Jahr ‖ **erinnern:** sich an etwas e. ‖ **Erinnerung** die, -/-en: Erinnerungen an die Schulzeit | (ohne Pl.) *Gedenken;* in guter E. behalten ‖ **Erinnerungsvermögen** (ohne Pl.)
Eritrea: *ein Staat in Afrika* ‖ **Eritreer** der, -s/-: *Bewohner Eritreas* ‖ **Eritreerin** die, -/-innen ‖ **eritreisch**
Eriwan → Jeriwan
erkalten: *kalt werden* ‖ **erkälten** sich: *sich verkühlen* ‖ **Erkältung** die, -/-en ‖ **Erkältungsgefahr**
erkämpfen: *durch Kampf erreichen*
erkaufen: ein teuer erkaufter Sieg
erkennbar ‖ **erkennen:** die Zeugin erkannte den Täter; einen Irrtum e. | (Jus) *ein Urteil fällen;* das Gericht erkannte auf Freispruch ‖ **erkenntlich:** sich e. *(dankbar)* zeigen ‖ **Erkenntlichkeit** die, -/-en ‖ **Erkenntnis**[1] die, -/-nisse: zur E. *(Einsicht)* kommen, dass ... ‖ **Erkenntnis**[2] das, -nisses/-nisse (Jus): *Entscheid der Höchstgerichte; behördlicher Bescheid* ‖ **Erkenntnisprozess** ‖ **Erkenntnistheorie** (Phil.): *Lehre von der menschlichen Erkenntnis* ‖ **Erkennung** die, - ‖ **Erkennungsdienst:** *kriminalpolizeiliche Einrichtung zur Identifizierung von Personen* ‖ **erkennungsdienstlich** ‖ **Erkennungszeichen**
Erker der, -s/-: *Gebäudevorbau*
erkiesen, du erkiest/erkor/erkoren (meist nur noch im Präteritum und Perfekt) (geh.): *erwählen;* sie wurde zur Siegerin im Wettbewerb erkoren; der erkorene *(auserwählte)* Anführer
erklären: *begreiflich machen* | *sagen, mitteilen* | etwas für ungültig e. ‖ **erklärlich** ‖ **erklärt:** ihr erklärtes Ziel ‖ **Erklärung** die, -/-en: eine E. abgeben *(offiziell Stellung nehmen)*
erklecklich: eine erkleckliche *(große)* Anzahl
erklettern: einen Berggipfel e.
erklimmen, erklomm/erklommen (geh.): eine Felswand e. *(unter Anstrengungen erklettern)*
erklingen: beim Einzug erklingt eine Fanfare
erklomm → erklimmen
erkor → erkiesen ‖ **erkoren** → erkiesen
erkranken: *krank werden* ‖ **Erkrankung** die, -/-en
erkühnen sich (geh.): *wagen, sich erfrechen*
erkunden: einen neuen Weg e. *(ausforschen)* ‖ **erkundigen** sich: sich nach einem Freund e. *(nach ihm fragen)* ‖ **Erkundigung** die, -/-en: *Nachfrage;* Erkundigungen einziehen/einholen ‖ **Erkundung** die, -/-en: *Erforschung* ‖ **Erkundungsflug**
erküren (geh., veraltend): *erwählen*
Erlaf → Erlauf
Erlag der, -[e]s (Amtsspr.): gegen E. *(Entrichtung)* einer Gebühr; → erlegen ‖ **Erlagschein:** *ein Zahlungsbeleg;* mit E. *(Zahlschein)* einzahlen
erlahmen: in seinen Bemühungen e. *(nachlassen)*
erlangen: Zustimmung e. *(erreichen)*
Erlass der, -es/-lässe: *eine behördliche Verfügung* ‖ **erlassen:** eine Verordnung e. *(herausgeben, hinausgeben)* | eine Strafe e. *(nachsehen, aufheben)* ‖ **Erlassung** die, -/-en
Erlau (ung.: Eger [ˈɛgɛr]): *Stadt in Ungarn;* → Eger
erlauben[1]: das erlaubt mir mein Vater nicht ‖ **erlauben**[2] sich: sie erlaubt sich einen Scherz mit ihm ‖ **Erlaubnis** die, -/-nisse: um E. bitten
erlaucht (geh.): ein Kreis erlauchter *(würdiger, hoch angesehener)* Gelehrter ‖ **Erlaucht** [auch: -ˈaʊ-] die, -/-en: „Eure/Euer Erlaucht!" *(Anrede für bestimmte Adelige)*
Erlauf die, -, *auch:* Erlaf: *ein Nebenfluss der Donau (Steiermark, Niederösterreich)*
erläutern: eine schwierige Aufgabe e. *(erklären)* ‖ **Erläuterung** die, -/-en
Erle die, -/-n: *ein Laubbaum* | (ohne Pl.) *Holz der Erle*
erleben: viel Schönes e. | du kannst was e.! *(du wirst bestraft)* ‖ **Erleben** das, -s (Jus): eine Versicherung auf E. und Ableben ‖ **Erlebnis** das, -nisses/-nisse: ein schreckliches Erlebnis ‖ **erlebnisreich**
erledigen: *durchführen;* ein Gesuch günstig e. *(es bewilligen);* der Fall ist erledigt *(abgeschlossen, fertig gemacht)* | die Feinde e. *(vernichten)* ‖ **erledigt:** ich bin e. *(völlig erschöpft)*
erlegen: einen Hirsch e. *(schießen)* | einen Betrag e. *(entrichten);* → Erlag; → erliegen ‖ **Erlegung** die, -/-en
erleichtern: *leichter machen;* sich das Leben e. ‖ **Erleichterung** die, -/-en
erleiden: sie hat ein schweres Schicksal erlitten
erlernbar ‖ **erlernen:** eine Sprache e.
erlesen (geh.): erlesene *(ausgesuchte, bes. schöne)* Geschenke ‖ **Erlesenheit** die, - (geh.)
erleuchten: *hell machen;* Lampen e. den Weg | die erleuchtende Idee ‖ **Erleuchtung** die, -/-en: plötzlich kam ihm die E. *(Erkenntnis)*
erliegen: einer Versuchung e. *(ihr nachgeben)* | (Amtsspr.) eine Urkunde erliegt bei Gericht *(sie ist dort hinterlegt); aber:* zum Erliegen *(Stillstand)* kommen
erlischt → erlöschen
Erlkönig: *Elfenkönig; eine Balladengestalt bei Goethe*
erlogen: diese Geschichte ist e.
Erlös der, -es/-e: *Einnahme; Gewinn*
erlöschen, erlosch/erloschen: das Feuer erlischt; ein erlosche-

E

ner Vulkan; seine Ansprüche sind erloschen *(bestehen nicht mehr)*
er|lö|sen: *befreien* || **Er|lö|ser** der, -s/- (Rel.): *Heiland* || **Er|lö|sung**
er|mäch|ti|gen: sie ist ermächtigt *(hat das Recht, die Vollmacht)*, mich zu vertreten || **Er|mäch|ti|gung** die, -/-en
er|mah|nen: *eindringlich erinnern* || **Er|mah|nung**
er|man|geln (geh.): seine Worte ermangelten des logischen Zusammenhangs; ich werde nicht e. *(verabsäumen)* zu kommen || **Er|man|ge|lung** = **Er|mang|lung** (geh.): in E. *(mangels)*
er|man|nen sich (geh.): *sich aufraffen, sich zusammennehmen*
er|mä|ßi|gen: *reduzieren;* eine ermäßigte Fahrkarte || **Er|mä|ßi|gung** die, -/-en
er|mat|tet: *erschöpft* || **Er|mat|tung** die, -
er|mes|sen: das kannst du nicht e. *(verstehen, beurteilen)* || **Er|mes|sen** das, -s: das liegt im E. *(in der Entscheidung)* der Behörde; nach menschlichem E. *(nach aller Wahrscheinlichkeit)* || **Er|mes|sens|ent|schei|dung** (Jus): *im Rahmen des gesetzlichen Ermessens gefällte Entscheidung* || **Er|mes|sens|fra|ge** || **Er|mes|sens|frei|heit** (Jus): *vom Gesetz festgelegter Ermessensspielraum behördlicher Entscheidungen* || **Er|mes|sens|sa|che**
er|mit|teln, ich ermittle: *ausfindig machen, feststellen* || **Er|mitt|lung** die, -/-en: *behördliche Untersuchung, Nachforschung;* Ermittlungen anstellen || **Er|mitt|lungs|ver|fah|ren**
er|mög|li|chen: *möglich machen* || **Er|mög|li|chung** die, -
er|mor|den: *vorsätzlich töten* || **Er|mor|dung** die, -
er|mü|den: *müde werden* | (Technik) das Material ermüdet *(wird brüchig)* || **Er|mü|dungs|er|schei|nung**
er|mun|tern: jemanden zur Arbeit e. *(ermutigen, anspornen)* || **Er|mun|te|rung** die, -/-en
er|mu|ti|gen: ermutigende Worte || **Er|mu|ti|gung** die, -/-en
Er|na: *weibl. Vorname (Ernesta)*
er|näh|ren || **Er|näh|rer** der, -s/- || **Er|näh|re|rin** die, -/-innen || **Er|näh|rung** die, - || **Er|näh|rungs|leh|re** || **Er|näh|rungs|ver|hal|ten** || **Er|näh|rungs|wei|se**
er|nen|nen: sie wurde zur Professorin ernannt || **Er|nen|nung** die, -/-en
Er|nes|ta = **Er|nes|ti|ne:** *weibl. Vorname;* → Erna
er|neu|en → erneuern || **er|neu|er|bar:** erneuerbare Energien *(Solarenergie, Wasserkraft ua.)* || **Er|neu|e|rer** der, -s/- || **Er|neu|e|rin** die, -/-innen || **er|neu|ern,** *auch:* erneuen: den Bezug des Sofas e. | die Versicherung e. *(verlängern)* || **Er|neu|e|rung** die, -/-en || **er|neu|e|rungs|be|dürf|tig** || **er|neut:** *wieder, abermals*
er|nied|ri|gen: *demütigen, herabsetzen; reduzieren* || **Er|nied|ri|gung** die, -/-en

ernst

Kleinschreibung des Adjektivs:
- ich bin ernst geworden
- einen Rat ernst nehmen (Frage *Wie?*)
- es ist mir ernst (= **E**rnst) gewesen; *aber nur groß:* für **E**rnst nehmen; im **E**rnst; **E**rnst machen; → Ernst²

Getrenntschreibung:
- ernst dreinschauen
- um den Kranken soll es ernst stehen
- etwas ernst meinen
- das ist ernst zu nehmen

Getrennt- und Zusammenschreibung mit adjektivisch gebrauchten Partizipien:
- ein ernst gemeinter (= ernstgemeinter) Rat
- ernst genommen = ernstgenommen
- ernst zu nehmend = ernstzunehmend

Ernst¹: *männl. Vorname*
Ernst² der, -[e]s: im E.; aus dem Spiel wurde E.; endlich E. machen; es ist mein voller E.; es ist mir/mein [vollkommener] E. (Frage *was?*); er glaubt allen Ernstes an Gespenster; → ernst || **Ernst|fall:** im E. || **ernst ge|meint** = **ernst|ge|meint** || **ernst ge|nom|men** = **ernst|ge|nom|men** || **ernst|haft** || **ernst|lich:** e. *(wirklich, sehr)* gekränkt sein || **ernst zu neh|mend** = **ernst|zu|neh|mend**
Ern|te die, -/-n: eine ertragreiche E. | (geh.) die Seuche hielt reiche E. || **Ern|te|aus|fall** || **Ern|te|dank|fest:** *ein Fest im Herbst* || **Ern|te|er|trag** || **ern|te|frisch** || **ern|ten** || **Ern|te|zeit**
er|nüch|tern: *[aus Illusionen, Träumen, Rauschzuständen] in die Wirklichkeit zurückholen;* ernüchternde Ergebnisse || **Er|nüch|te|rung** die, -/-en
Er|o|be|rer der, -s/- || **Er|o|be|rin** die, -/-innen || **er|o|bern** || **Er|o|be|rung** die, -/-en || **Er|o|be|rungs|krieg** || **Er|o|be|rungs|zug**
ero|die|ren ⟨lat.⟩: erodierendes *(verwitterndes)* Gestein; → Erosion
er|öff|nen: eine Ausstellung e. | einen Ball e. | (geh.) jemandem etwas Wichtiges e. *(mitteilen)* | das Feuer e. *(zu schießen beginnen)* || **Er|öff|nung:** die E. des Geschäfts | eine E. machen *(Vertrauliches kundtun)* || **Er|öff|nungs|an|ge|bot** || **Er|öff|nungs|fei|er** || **Er|öff|nungs|re|de** || **Er|öff|nungs|ter|min**
ero|gen ⟨gr.⟩: erogene Zonen *(sexuell bes. erregbare Körperstellen)*
er|ör|tern: wichtige Angelegenheiten e. *(besprechen, beraten)* || **Er|ör|te|rung** die, -/-en
Eros¹ ⟨gr.⟩: *griechischer Liebesgott* || **Eros²** der, -: *[sinnliche] Liebe; Drang nach schöpferischer geistiger Tätigkeit* || **Eros|cen|ter** [-sɛ-] das, -s/-: *Geschäft für Sexartikel, die Vorführung von Sexfilmen uÄ*
Ero|si|on die, -/-en ⟨lat.⟩: *Abtragung und Zerstörung an der Erdoberfläche durch Wasser bzw. Wind;* → erodieren
Ero|tik die, - ⟨gr.⟩: *die sinnliche, sexuelle Anziehung* || **ero|tisch** || **ero|ti|sie|ren:** deine Stimme erotisiert mich *(hat eine erotische Wirkung)*
ERP [e ɛr ˈpeː]: **E**uropean **R**ecovery **P**rogram *(amerikanische Hilfe zum Wiederaufbau Westeuropas nach dem Zweiten Weltkrieg);* → Marshallplan || **ERP-Kre|dit**
Er|pel der, -s/- (Jägerspr.): *Enterich*
er|picht: auf etwas e. *(begierig)* sein
er|press|bar || **er|pres|sen:** *durch unrechtmäßige Drohung erzwingen* || **Er|pres|ser** der, -s/- || **Er|pres|se|rin** die, -/-innen || **er|pres|se|risch** || **Er|pres|sung** die, -/-en
er|pro|ben: ein neues Fahrzeug e. || **er|probt:** *bewährt, verlässlich* || **Er|pro|bung** die, -/-en
er|qui|cken (geh.): das Wasser erquickte *(erfrischte)* mich || **er|quick|lich:** *erfreulich*
er|ra|ten: des Rätsels Lösung e.

Er|ra|tum das, -s/Errata (meist Pl.) ⟨lat.⟩ (Druckw.): *Versehen, Irrtum, Druckfehler*

er|rech|nen: *ausrechnen*

er|reg|bar ‖ **Er|reg|bar|keit** die, - ‖ **er|re|gen:** Aufsehen e. ‖ **Er|re|ger** der, -s/-: der E. einer Krankheit ‖ **Er|re|gung:** in der E. *(Aufregung)* etwas Unbedachtes tun ‖ **Er|re|gungs|zu|stand**

er|reich|bar ‖ **Er|reich|bar|keit** die, - ‖ **er|rei|chen:** das Ziel e.

er|ret|ten (geh.): *retten* ‖ **Er|ret|tung** (geh.)

er|rich|ten: *bauen* | (Jus) einen Vertrag e. ‖ **Er|rich|tung** die, -/-en

er|rin|gen: den ersten Preis e. *(erlangen)*

er|rö|ten: *rot werden*

Er|run|gen|schaft die, -/-en: die Errungenschaften *(Leistungen)* der Technik

Er|satz der, -es/-sätze ‖ **Er|satz|an|spruch** (Jus) ‖ **Er|satz|be|frie|di|gung** (Psych.): *Ersatzhandlung zur Befriedigung eines Triebes* ‖ **Er|satz|er|klä|rung** (SüdT) (Jus): *eidesstattliche Erklärung an Stelle eines Dokuments* ‖ **Er|satz|form** (Gramm.): *Wort, das in einem Text an Stelle eines anderen eingesetzt wird;* → Proform; → Substitution ‖ **Er|satz|frau:** *Frau, die eine andere [bei einer Aufführung, einem Wettkampf] ersetzt* ‖ **Er|satz|hand|lung** (Psych.) ‖ **Er|satz|leis|tung** (Jus) ‖ **er|satz|los:** e. gestrichen ‖ **Er|satz|mann** → Ersatzfrau ‖ **er|satz|pflich|tig** ‖ **Er|satz|pro|be** (Gramm.): *Bestimmung der grammatischen Form durch Ersatz eines Wortes, Austauschprobe* ‖ **Er|satz|re|li|gi|on:** *Ideologie/Leidenschaft, die die Religion ersetzt* ‖ **Er|satz|spie|ler** (Sport) ‖ **Er|satz|spie|le|rin** (Sport) ‖ **Er|satz|teil** der = das, -[e]s/-e ‖ **Er|satz|zeit** (Versich.): *für die Pensionsversicherung anrechenbare Zeit*

er|sau|fen (derb): *ertrinken;* die Maus ist ersoffen ‖ **er|säu|fen:** *ertränken*

er|schaf|fen: etwas aus dem Nichts e. ‖ **Er|schaf|fung** die, -: die E. der Welt

er|schal|len, erschallte [erscholl]/erschallt [erschollen]: ein Ruf erschallte im Wald

er|schau|dern (geh.): vor Angst e. *(erschauern)*

er|schau|en (geh.): *erblicken*

er|schau|ern (geh.): *erschaudern*

er|schei|nen: *auftauchen, sich zeigen* ‖ **Er|schei|nung** die, -/-en: dieser Mann ist eine stattliche E. | in E. treten *(sichtbar werden)* | (Rel.) die E. des Herrn *(Dreikönigsfest am 6. Jänner)* ‖ **Er|schei|nungs|bild:** ein modernes E. ‖ **Er|schei|nungs|form:** eine neue E. der Kriminalität ‖ **Er|schei|nungs|jahr** ‖ **Er|schei|nungs|ort:** der E. einer Zeitung

er|schie|ßen: *durch einen Schuss/Schüsse töten;* → erschossen ‖ **Er|schie|ßung** die, -/-en ‖ **Er|schie|ßungs|kom|man|do:** *zur Hinrichtung eines Verurteilten abkommandierte Einheit*

er|schlaf|fen: *schlaff werden, matt werden*

er|schla|gen: eine Gelse e.

er|schlei|chen: er hat sich einen Vorteil erschlichen *(ihn durch List erlangt)*

er|schlie|ßen: ein Erdölvorkommen e. | (geh.) der Sinn des Sprichwortes hat sich ihm erschlossen ‖ **Er|schlie|ßung**

er|schöp|fen: erschöpft brach er zusammen | die Vorräte sind erschöpft *(aufgebraucht)* | eine erschöpfende *(umfassende)* Auskunft ‖ **Er|schöp|fung** ‖ **Er|schöp|fungs|zu|stand**

er|schos|sen (ugs.): e. sein *(am Ende, fix und fertig sein);* → erschießen

er|schrak → erschrecken[1] ‖ **er|schre|cken**[1], erschrak/ist erschrocken: ich erschrecke über etwas; du erschrickst leicht; erschrick nicht vor ihnen!; erschreckt nicht, wenn das Licht ausgeht! ‖ **er|schre|cken**[2], erschreckte/hat erschreckt: jemanden e.; du erschreckst mich immer; erschreck[e] niemanden!; erschreckt ihn nicht!; seine Schulden nahmen erschreckende Ausmaße an ‖ **Er|schro|cken|heit** die, -

er|schüt|tern: *ins Wanken bringen;* sein Tod erschütterte mich ‖ **er|schüt|ternd:** eine erschütternde *(überaus traurige, entsetzliche)* Nachricht ‖ **Er|schüt|te|rung** die, -/-en

er|schwe|ren: sich das Leben unnütz e. ‖ **Er|schwer|nis** die, -/-nisse: *zusätzliche Belastung* ‖ **Er|schwer|nis|ab|gel|tung** (Admin.): *staatliche Förderung [für Berggebiete]* ‖ **Er|schwer|nis|zu|la|ge** (Admin.): *Entschädigungszahlung für schwere Arbeit*

er|schwin|deln: sich Vorteile e.

er|schwin|gen (selten): sich etwas e. *(leisten)* können ‖ **er|schwing|lich:** erschwingliche *(nicht zu hohe)* Preise

er|se|hen: daraus ist klar zu e. *(zu erkennen),* dass ...

er|seh|nen (geh.): den Frieden e.

er|setz|bar ‖ **er|set|zen:** den Schaden e.

er|sicht|lich: ein Grund ist nicht e. *(erkennbar)*

er|sin|nen (geh.): neue Methoden e. *(ausdenken)*

er|sit|zen (Jus): *durch Zeitablauf zB ein Grundstück erwerben*

er|spä|hen (geh.): der Adler erspäht seine Beute

er|spa|ren: sich Geld e. | jemandem Probleme e.; es bleibt einem nichts erspart ‖ **Er|spar|nis** die, -/-nisse = das, -es/-nisse: eine E. an elektrischem Strom | erspartes Geld

er|spie|len: die Mannschaft erspielte [sich] einen deutlichen Vorsprung

er|sprieß|lich (geh.): eine ersprießliche *(sehr nützliche; erfolgreiche)* Arbeit

er|spü|ren (geh.): *intuitiv erfassen, erahnen*

erst: „Erst links, dann rechts schauen!" | sie ist e. heute angekommen | „Jetzt erst recht!"; → erste

Erst|an|mel|dung: die E. eines Mobiltelefons

er|star|ken (geh.): *stärker werden*

er|star|ren: vor Kälte erstarrte Finger; vor Schrecken e.

er|stat|ten: Bericht, Anzeige e. | jemandem die Unkosten e. *(ersetzen)*

Erst|auf|füh|rung: *erste Aufführung [eines Dramas in einem bestimmten Theater];* → Uraufführung ‖ **Erst|auf|la|ge:** *erste Auflage [eines Buches]*

er|stau|nen: das erstaunt mich nicht; erstaunte Blicke ‖ **Er|stau|nen** das, -[s] ‖ **er|staun|lich:** eine erstaunliche *(kaum glaubhafte, außergewöhnliche)* Leistung

Erst|aus|ga|be: *die erste Veröffentlichung [eines Romans]* ‖ **Erst|aus|stat|tung:** die E. für ein Baby ‖ **erst|bes|te:** die e. Lösung | (Großschreibung) der/die/das Erstbeste; den Erstbesten *(einen Beliebigen, irgendeinen)* nehmen; → beste ‖ **Erst|be|stei|gung:** die E. des Großglockners ‖ **Erst-**

druck der, -[e]s/-e: *Erstveröffentlichung*

erste [geh.: 'e:-]

Kleinschreibung:
- auf den ersten Eindruck/Blick
- bei der ersten Gelegenheit
- die ersten beiden *(der Erste und der Zweite)*
- zum ersten Mal[e]; *aber zusammen:* → erstmals

Großschreibung bei Nominalisierung:
- der/die/das **E**rste; ein **E**rster
- der **E**rste, der kam
- der **E**rste *(Beste)* der Klasse
- die beiden **E**rsten erhielten einen Preis *(die zwei Ersten, ex aequo)*
- fürs **E**rste; zum **E**rsten; als **E**rstes
- das **E**rste, was ich sah
- der **E**rste *(des Monats)*
- am **E**rsten nächsten Monats
- die **E**rsten werden die Letzten sein
- das **E**rste und [das] Letzte *(Anfang und Ende)*

Großschreibung in Eigennamen, Titeln, besonderen Kalendertagen und in bestimmten fachsprachlichen Verbindungen:
- [Kaiser] Franz der **E**rste (Franz I.)
- die **E**rste (*auch:* erste) Hilfe
- der **E**rste Staatsanwalt
- die **E**rste Republik *(Österreich nach dem Ersten Weltkrieg bis zur Errichtung des Ständestaates)*
- der **E**rste Weltkrieg

erstechen: *mit einem Messer oÄ töten*

erstehen (geh.): ein Kunstwerk e. *(kaufen)* | die Republik ist 1945 neu erstanden *(entstanden)* ‖ **Ersteher** der, -s/- (Amtsspr.): *Erwerber in einer Versteigerung* ‖ **Ersteherin** die, -/-innen (Amtsspr.)

Erste-Hilfe-Kurs ‖ **Erste-Hilfe-Leistung**

ersteigen: einen Gipfel e.

ersteigern: auf der Auktion ein Gemälde e. ‖ **Ersteigerung**

Ersteigung: die E. einer Felswand

Erste-Klasse-Abteil, *auch:* Erster-Klasse-Abteil: *Abteil der 1. Klasse in der Bahn*

erstellen: einen Plan e. *(ausarbeiten)*

Erste-Mai-Feier → Maifeier ‖ **erstens** ‖ **erstere:** wir bleiben beim ersteren Vorschlag | (Großschreibung) der/die/das **E**rstere; der **E**rstere – der Letztere *(der eine – der andere, dieser – jener)* ‖ **Erstgebärende** die, -n/-n: *Frau, die ihr erstes Kind bekommt* ‖ **erstgeboren:** *als Älteste[r] geboren* ‖ **Erstgeborene**[1] der, -n/-n, ein Erstgeborener ‖ **Erstgeborene**[2] die, -n/-n ‖ **erstgenannt**

ersticken: Flammen mit einer Decke e. ‖ **Erstickungsanfall** ‖ **Erstickungsgefahr**

Erstinskribent: *Student, der zum ersten Mal inskribiert* ‖ **Erstinskribentin** ‖ **erstinstanzlich** (Jus): *in erster Instanz* ‖ **Erstklasshotel** (V): *Erste-Klasse-Hotel* ‖ **erstklassig:** *bes. gut* ‖ **Erstklassler** der, -s/-: *Schüler der ersten Klasse* ‖ **Erstklässler** (V, südl. D): *Erstklassler* ‖ **Erstklasslerin** die, -/-innen ‖ **Erstklässlerin** (V, südl. D) ‖ **Erstkommunion** ‖ **Erstling** der, -s/-e: dieser Roman war der E. des Autors ‖ **Erstlingswerk** ‖ **erstmalig** ‖ **Erstmaligkeit** die, - ‖ **erstmals:** e. eislaufen; *aber:* das erste Mal; → erste ‖ **Erstplatzierte**[1] der, -n/-n, ein Erstplatzierter (Sport): *ein Erstgereihter* ‖ **Erstplatzierte**[2] die, -n/-n (Sport) ‖ **erstsemestrig** ‖ **Erstsemestrige**[1] der, -n/-n, ein Erstsemestriger: *Student im ersten Semester* ‖ **Erstsemestrige**[2] die, -n/-n

erstrahlen: im Lichterglanz e.

erstrangig: ihre Forderungen sind e. *(vorrangig)*

erstreben: eine bessere Position e. ‖ **erstrebenswert**

erstrecken: die Ebene erstreckt sich bis zur Donau | (Amtsspr.) eine Frist e. *(verlängern)* ‖ **Erstreckung** (Amtsspr.): die E. der Zahlungsfrist

erstreiten (geh.): *etwas durch einen [Rechts]streit erreichen*

Erstschlag (Mil.): *dem Feind zuvorkommender Vernichtungsangriff* ‖ **Ersttagsstempel:** *besonderer Poststempel am Erscheinungstag einer neuen Briefmarke*

erstunken und erlogen (ugs.): *schamlos gelogen*

erstürmen: eine Stadt e. *(im Sturmangriff einnehmen)* ‖ **Erstürmung** die, -/-en

Erstveröffentlichung: die E. eines Romans ‖ **Erstversorgung:** *Erste-Hilfe-Leistung*

ersuchen: um Auskunft e. *(höflich darum bitten)* ‖ **Ersuchen** das, -s/-: *Ansuchen; Aufforderung; Bitte*

ertappen: der Dieb wurde auf frischer Tat ertappt *(erwischt);* sich bei einer Nachlässigkeit e.

ertasten: *durch Tasten finden*

ertauben: *taub werden*

erteilen: jemandem einen Rat, eine Auskunft e. *(geben)*

ertönen: Glocken e.

Ertrag der, -[e]s/-träge: einen höheren E. *(Gewinn)* erzielen ‖ **ertragen:** er ertrug sein Leiden mit Geduld ‖ **erträglich:** eine kaum noch erträgliche Hitze ‖ **Erträgnis** das, -nisses/-nisse: *Ertrag;* die Erträgnisse der Felder ‖ **ertragreich** ‖ **ertragsarm** ‖ **Ertragsaussichten** die (Pl.) ‖ **Ertragsbesteuerung** (Admin.) ‖ **Ertragslage** ‖ **Ertragsminderung** ‖ **Ertragssteigerung**

ertränken: das Tier wurde ertränkt

erträumen sich: *sich sehnsüchtig wünschen;* das ist mehr, als ich mir erträumt habe

ertrinken: der Schiffbrüchige ist ertrunken ‖ **Ertrinkende**[1] der, -n/-n, ein Ertrinkender ‖ **Ertrinkende**[2] die, -n/-n

ertrotzen: sich einen Vorteil e.

Ertrunkene[1] der, -n/-n, ein Ertrunkener ‖ **Ertrunkene**[2] die, -n/-n

ertüchtigen (geh.): den Körper e.

erübrigen[1] sich: eine Erklärung erübrigt sich *(ist nicht nötig)* ‖ **erübrigen**[2] (geh.): etwas e. *(sparen)* können

eruieren ⟨lat.⟩: der Täter wurde eruiert *(ausgeforscht)*

Eruption [-tsi̯-] die, -/-en ⟨lat.⟩: *Ausbruch [eines Vulkans]* ‖ **eruptiv:** *hervorbrechend* ‖ **Eruptivgestein**

erwachen: früh e. *(aufwachen);* ihr Interesse ist erwacht *(wurde geweckt); aber:* das gibt ein böses **E**rwachen

erwachsen[1] [-ks-] (Verb): daraus e. *(entstehen)* Kosten ‖ **erwachsen**[2] (Adj.): ein erwachsener Mensch ‖ **Erwachsene**[1] der, -n/-n, ein Erwachsener ‖ **Erwachsene**[2] die, -n/-n ‖ **Erwachsenenbildung** ‖ **Erwachsenenwelt**

erwägen: wir haben alle Vor-

und Nachteile einer Sache erwogen *(bedacht)* ‖ **er|wä|gens|wert** (geh.): *überlegenswert* ‖ **Er|wä|gung** die, -/-en: etwas in E. ziehen
er|wäh|len (geh.): *auswählen, berufen* ‖ **Er|wähl|te**[1] der, -n/-n, ein Erwählter (geh.)‖ **Er|wähl|te**[2] die, -n/-n (geh.)
er|wäh|nen: etwas nebenbei e. ‖ **er|wäh|nens|wert** ‖ **Er|wäh|nung** die, -/-en
er|wär|men: *warm machen;* der See erwärmt sich | sich für etwas nicht e. *(begeistern)* können
er|war|ten: ich erwarte Besuch; ein Kind e. *(schwanger sein);* du wirst es e. können | ich erwarte *(erhoffe)* viel von ihr ‖ **Er|war|tung** die, -/-en ‖ **er|war|tungs|ge|mäß** ‖ **Er|war|tungs|hal|tung:** die E. vor dem Rennen war hoch ‖ **Er|war|tungs|ho|ri|zont:** *Ausmaß der Erwartungen* ‖ **er|war|tungs|voll**
er|we|cken: einen günstigen Eindruck e. *(auslösen, machen)* | (geh.) *aufwecken* | (Rel.) vom Tode e.
er|weh|ren sich: sich der Gelsen nicht e. können
er|wei|chen: Kunststoff durch Wärme e. | sich nicht e. lassen *(hart, unnachgiebig bleiben)*
Er|weis der, -es/-e (geh.): *Nachweis* ‖ **er|wei|sen:** jemandem einen Gefallen e. *(tun)* | es erweist *(zeigt)* sich, dass ...
er|wei|tern: das Angebot e. ‖ **Er|wei|te|rung** die, -/-en ‖ **Er|wei|te|rungs|steck|platz** (EDV): *im Computer vorgesehener Platz für einen Erweiterungsbaustein, zB eine Grafikkarte* ‖ **Er|wei|te|rungs|be|reich** (Bildw.): *Teil des Lehrstoffs, den die Lehrer/innen selbst bestimmen;* → G.: Kernbereich
Er|werb der, -[e]s ‖ **er|wer|ben:** Geld e.; Kenntnisse e. ‖ **Er|wer|ber** der, -s/- ‖ **Er|wer|be|rin** die, -/-innen ‖ **er|werbs|fä|hig** ‖ **Er|werbs|ge|sell|schaft** (Wirt.): *Vereinigung mehrerer Personen, um ein Unternehmen zu betreiben* ‖ **er|werbs|los:** *arbeitslos* ‖ **Er|werbs|lo|sig|keit** die, - ‖ **Er|werbs|min|de|rung:** *Minderung der Erwerbsfähigkeit* ‖ **er|werbs|tä|tig:** *berufstätig* ‖ **Er|werbs|tä|tig|keit** ‖ **er|werbs|un|fä|hig:** *arbeitsunfähig* ‖ **Er|werbs|un|fä|hig|keit** ‖ **Er|werbs|un|fä|hig|keits|ren|te:** *Invaliditätspension*
er|wi|dern: *entgegnen, antworten* ‖ **Er|wi|de|rung** die, -/-en
er|wie|sen: *bewiesen, nachgewiesen* ‖ **er|wie|se|ner|ma|ßen:** *nachweislich*
Er|win: *männl. Vorname*
er|wir|ken: eine Erlaubnis e. *(erreichen)*
er|wirt|schaf|ten: *durch erfolgreiche Arbeit erreichen*
er|wi|schen: den Dieb e. *(fangen)* | ich will den Zug um 15:00 Uhr e. *(erreichen)*
er|wünscht: etwas ist nicht e. *(es wird nicht gern gesehen)*
er|wür|gen
Ery|thro|zyt [-y-'y(:)t] der, -en/-en (meist Pl.) ⟨gr.⟩ (Med.): *rotes Blutkörperchen;* → Leukozyt
erz- ⟨gr.-lat.⟩ (nur in Zusammensetzungen wie erzkonservativ, Erzrivale)
Erz [geh. auch: 'e:-] das, -es/-e: *metallhältiges Gestein* | (geh.) *Bronze; Eisen;* → ehern; → erzen ‖ **Erz|ab|bau** der, -[e]s
Erz|ab|tei: *ein Kloster;* die E. St. Peter in Salzburg
Erz|ader (Bergbau): *Erz führender Gang im Gestein*
er|zäh|len: ein Märchen e. | (ugs.) dem werd ich was e.! *(ordentlich meine Meinung sagen)* ‖ **Er|zäh|ler** der, -s/- ‖ **Er|zäh|le|rin** die, -/-innen ‖ **Er|zäh|lung** die, -/-en
Erz|berg: der steirische E.
Erz|bi|schof ‖ **erz|bi|schöf|lich** ‖ **Erz|bis|tum** ‖ **Erz|di|ö|ze|se:** *Amtsbereich eines Erzbischofs*
er|zei|gen (geh.): sich dankbar e. *(erweisen)*
er|zen [geh.: 'e:-]: *aus Erz, ehern*
Erz|en|gel: der E. *(oberste Engel)* Michael
er|zeu|gen: Waren e. | eine positive Stimmung e. ‖ **Er|zeu|ger** der, -s/- ‖ **Er|zeu|ge|rin** die, -/-innen ‖ **Er|zeu|ger|land** ‖ **Er|zeu|ger|preis** ‖ **Er|zeug|nis** das, -nisses/-nisse ‖ **Er|zeu|gung** die, -/-en
Erz|feind: *[seit Langem] der größte Feind* ‖ **Erz|fein|din**
Erz|ge|win|nung ‖ **erz|häl|tig,** *auch:* erzhaltig: das Gestein ist e.
Erz|her|zog [auch: -'hɛr-] (Gesch.): *Titel männlicher (nicht regierender) Habsburger* ‖ **Erz|her|zo|gin** die, -/-innen (Gesch.) ‖ **Erz|her|zog|tum** (Gesch.): das E. Österreich
erz|höf|fig (Bergmannsspr.): ein erzhöffiges Gestein *(Gestein, in dem man Erz vermutet)*
er|zieh|bar: schwer erziehbare (= schwererziehbare) Kinder ‖ **er|zie|hen:** ihn zur Hilfsbereitschaft e. ‖ **Er|zie|her** der, -s/- ‖ **Er|zie|he|rin** die, -/-innen ‖ **er|zie|he|risch** = **er|zieh|lich:** *pädagogisch* ‖ **Er|zie|hung:** antiautoritäre E. | er hat keine E. *(keine guten Manieren)* ‖ **Er|zie|hungs|be|dürf|ti|ge**[1] der, -n/-n, ein Erziehungsbedürftiger (Amtsspr.): Bundesanstalt für Erziehungsbedürftige *(für jugendliche Rechtsbrecher)* ‖ **Er|zie|hungs|be|dürf|ti|ge**[2] die, -n/-n (Amtsspr.) ‖ **Er|zie|hungs|be|ra|tung** ‖ **er|zie|hungs|be|rech|tigt** ‖ **Er|zie|hungs|be|rech|tig|te**[1] der, -n/-n, ein Erziehungsberechtigter ‖ **Er|zie|hungs|be|rech|tig|te**[2] die, -n/-n ‖ **Er|zie|hungs|heim** ‖ **Er|zie|hungs|wis|sen|schaft** (ohne Pl.): *Pädagogik*
er|zie|len: Erfolge e. *(erreichen)* | (Sport) einen Treffer e.
er|zit|tern (geh.): *zittern*
erz|kon|ser|va|tiv (oft abw.): *bes. konservativ*
Erz|la|ger (Bergbau) ‖ **Erz|la|ger|stät|te** (Bergbau)
Erz|ri|va|le [-v-]: *größter Rivale* ‖ **Erz|ri|va|lin** ‖ **Erz|schelm** (veraltet): *großer Schelm* ‖ **Erz|schel|min** (veraltet)
er|zür|nen (geh.): dein Verhalten erzürnte ihn *(machte ihn zornig);* sie erzürnte sich darüber *(wurde zornig)*
er|zwin|gen: Erfolg e. wollen ‖ **er|zwun|ge|ner|ma|ßen**
es[1]: es geht mir gut; es war einmal ...; es schneit; wird es? (auch: wird's?, wirds?); → 's
es[2] das, -/- (Mus.): *das um einen Halbton erniedrigte E (e);* → Es[1] | es-Moll ‖ **Es**[1] das, -/- (Mus.): *das um einen Halbton erniedrigte E (e);* → es[2] | Es-Dur
Es[2]:Einsteinium
ESA die, -: **E**uropean **S**pace **A**gency *(Europäische Weltraumbehörde);* → ASA
Es|cha|to|lo|gie [ɛsç-] die, -/-n ⟨gr.⟩ (Rel.): *Lehre, Gesamtvorstellung vom Weltende und vom Ende des Menschen* ‖ **es|cha|to|lo|gisch** (Rel.)
Esche die, -/-n: *ein Laubbaum* | (ohne Pl.) *Holz der Esche* ‖ **Eschen|holz**
Es|cu|do [-k-] der, -[s]/-[s] ⟨port.⟩ (früher): *Geldeinheit in Portugal*
Es-Dur (Es) (Mus.): *eine Tonart* ‖ **Es-Dur-Ton|lei|ter** (Mus.)

E

Esel der, -s/-: *ein Säugetier* | *ein Schimpfwort* || **Eselei** die, -/-en: *Dummheit* || **Eselin** die, -/-innen || **Eselsbrücke:** jemandem eine E. bauen *(Denkhilfe bieten, einen bequemen Ausweg lassen)* || **Eselsohr:** *Ohr des Esels* | *umgeknickte Ecke einer Seite*

Eskalation [-tsi̯-] die, -/-en ⟨engl.⟩: *Steigerung, Ausweitung [von Kriegsmaßnahmen];* → G.: Deeskalation || **eskalieren:** die Situation ist eskaliert

Eskapade die, -/-n (meist Pl.) ⟨lat.-fr.⟩: *mutwillige Handlungsweise, Streich* || **Eskapismus** der, -/Eskapismen (Psych.): *Neigung, sich den Problemen des Lebens zu entziehen* || **eskapistisch**

Eskimo der, -s/-s ⟨indian.⟩: *Fremdbezeichnung für → Inuk*

Eskontzinsfuß ⟨lat.-it.⟩ (Bankwesen): *Zinssatz für den Ankauf von Wertpapieren*

Eskorte die, -/-n ⟨lat.-fr.⟩: *Begleit-, Bewachungsmannschaft* | *Ehrengeleit* || **eskortieren**

es-Moll (es) (Mus.): *eine Tonart* || **es-Moll-Tonleiter** (Mus.)

Esoterik die, - ⟨gr.⟩: *[pseudo]mystische Geheimlehre* || **Esoteriker** der, -s/- || **Esoterikerin** die, -/-innen || **esoterisch:** *nur für Eingeweihte, geheim*

Espadrille die, -/-n ⟨fr.⟩ = **Espadrillo** der, -s/-s ⟨span.⟩: *eine Sandalenart*

España [-nʲa] (Kfz.: E): *Spanien*

Espe die, -/-n: *ein Laubbaum, Zitterpappel* | (ohne Pl.) *Holz der Espe* || **Espenlaub:** zittern wie E.

Esperantist der, -en/-en || **Esperantistin** die, -/-innen || **Esperanto** das, -: *eine künstlich geschaffene internationale Sprache*

Esplanade die, -/-n ⟨fr.⟩: *Allee, Promenade an einem Fluss- oder Seeufer*

espressivo [-v-] ⟨it.⟩ (Mus.): *ausdrucksvoll, expressiv*

Espresso[1] der, -s/-s [Espressi] ⟨it.⟩: *in einer speziellen Maschine gekochter starker schwarzer Kaffee* || **Espresso**[2] das, -s/-s: *ein kleines Kaffeelokal* || **Espressomaschine**

Esprit [-'riː] der, -[s] ⟨fr.⟩: *Geist, Witz*

Essay [ɛ'seː, auch: 'ɛ-] der = das, -[s]/-s ⟨fr.⟩: *kürzere Abhandlung in literarischer Form* || **Essayist** der, -en/-en || **Essayistin** die, -/-innen || **essayistisch**

essbar: essbare Pilze || **Essbesteck**

Esse die, -/-n: *offene Feuerstelle und Kamin; Rauchabzug [in einer Schmiede]*

essen, ich esse, du isst/aß/gegessen/iss!, esst!: wir e. heute kalt *(kalte Speisen);* sie isst kein Fleisch *(ist Vegetarierin);* sie will sich einmal satt e.; die Kinder e. uns noch arm || **Essen** das, -s/-: zum E. einladen; ein warmes E. || **Essensgeruch** || **Essenszeit**

essentiell [-tsi̯-] ⟨lat.⟩ = → essenziell || **Essenz** die, -/-en: *konzentrierte Flüssigkeit, die bei Gebrauch verdünnt werden muss* | (ohne Pl.) die E. *(das Wesen, der Kern)* eines Problems

essenziell = essentiell [-tsi̯-]: *wesentlich;* → G.: inessenziell

Für das Wort gibt es zwei Schreibweisen:
- essenziell: die eingedeutschte Schreibung (nach *Essenz*)
- essentiell: die fremdsprachige Schreibung

Esser der, -s/- || **Esserin** die, -/-innen || **Essgewohnheit:** *Ernährungsgewohnheit*

Essig der, -s/-e: Wurst in E. und Öl | (ugs.) mit der Reise ist es E. *(vorbei)* || **Essiggemüse** || **Essiggurke** || **Essiggurkerl** || **essigsauer** (Chem.): essigsaure Tonerde || **Essigsäure**

Esskultur || **Esslöffel** || **Esslust** || **Essstäbchen:** *bes. in Asien verwendetes Essgerät* || **Esstisch** || **Esswaren** die (Pl.)

Establishment [ɪs'tæblɪʃ-, es-] das, -s/-s ⟨engl.⟩ (auch abw.): *die herrschende Gesellschaftsschicht und -ordnung*

Este der, -n/-n: *Bewohner Estlands*

Ester der, -s/-: *eine chemische Verbindung*

Esther: *weibl. Vorname*

Estin die, -/-innen || **Estland** (Kfz: EST): *ein baltischer Staat* || **Estländer** der, -s/-: → *Este* || **Estländerin** die, -/-innen: *Estin* || **estnisch** || **Estnisch** das, -[s] = **Estnische,** -n: *die estnische Sprache*

EStG [ɛs te 'geː]: **E**inkommen**st**euer**g**esetz

Estrade die, -/-n ⟨it.-fr.⟩: *erhöhter Platz in einem Saal; langes Podium*

Estragon der, -s ⟨lat.-fr.⟩: *eine Gewürzpflanze* || **Estragonsenf**

Estrich der, -s/-e: *Fußboden [aus Beton], auf dem die Bodenbeläge verlegt werden*

Eszett das, -/- (D): *scharfes s (ß)*

Eta das, -[s]/-[s] (η, H) ⟨gr.⟩: *griechischer Buchstabe, entspricht langem e;* → Epsilon

etablieren[1] ⟨fr.⟩: ein neues Fach e. *(gründen, einrichten);* die etablierte *(herrschende)* Gesellschaft || **etablieren**[2] sich: sich als Ärztin e. *(niederlassen)* | das hat sich etabliert *(durchgesetzt, bewährt)* || **Etablissement** [-s'mɑ̃ː] das, -s/-s: *ein Geschäftsunternehmen* | *eine Vergnügungsstätte*

Etage [-'aːʃ, -ʒɛ] die, -/-n ⟨fr.⟩: *Stockwerk* || **Etagenheizung:** *[Zentral]heizung innerhalb eines Stockwerks oder Stockwerkteils* || **Etagere** [-'ʒeːə] die, -/-n = das, -[s]/-n: *Stellage/Gestell mit Fächern [für Bücher oder Küchengeschirr]*

Etappe die, -/-n ⟨fr.⟩: *Abschnitt* | (Mil.) *Hinterland im Krieg* | (Sport) aus der E. *(von hinten, aus zurückgezogener Position)* || **Etappensieg** (Sport): *Sieg in einem Abschnitt eines Rennens* || **etappenweise:** *stufenweise* || **Etappenziel**

Etat [e'taː] der, -[s]/-s ⟨fr.⟩: *Haushaltsplan [des Staates]* || **etatmäßig,** *auch:* **etatsmäßig**

etc.: et cetera || **et cetera** [- ts-] (etc.) ⟨lat.⟩: *und so weiter*

etepetete: *geziert; übertrieben fein, steif*

Eternit der = das, -s ⟨lat.⟩ (Wz.): *ein Kunst-, Asbestschiefer* || **Eternitplatte** || **Eternitdach**

Ethanol (fachspr.) → Äthanol

Ether (fachspr.) → Äther

Ethik die, - ⟨gr.⟩: *Sittenlehre;* christliche E. || **Ethikunterricht** (Bildw.): *Ersatzgegenstand für den Religionsunterricht (als Schulversuch)* || **ethisch:** *sittlich, moralisch;* → Ethos

Ethnie die, -/-n ⟨gr.⟩: *Menschengruppe mit übereinstimmenden kulturellen und soziologischen Merkmalen;* → Volk; → Rasse || **ethnisch:** *ein bestimmtes Volkstum betreffend* | (beschön.) ethnische Säuberungen *(Entfernung einer ethnischen Minderheit aus einem Gebiet, zB durch Vertreibung, Mord)* || **Ethnografie** =

Eth|no|gra|phie [-f-] die, -: *beschreibende Völkerkunde* || **Eth|no|lo|ge** der, -n/-n: *Völkerkundler* || **Eth|no|lo|gie** die, - || **Eth|no|lo|gin** die, -/-innen

Etho|lo|gie die, - ⟨gr.⟩: *Verhaltensforschung* || **Ethos** das, -: *moralische Gesinnung;* → ethisch

Ethyl|al|ko|hol [-'y:l-] (fachspr.) → Äthylalkohol

Eti|kett das, -s/-e = **Eti|ket|te**[1] die, -/-n ⟨fr.⟩: *Schildchen [mit Aufschrift]* || **Eti|ket|te**[2] [-'ɛt] die, -: *strenge Vorschriften für das Verhalten bei gesellschaftlichen Anlässen* || **Eti|ket|ten|schwin|del:** *betrügerische Falschkennzeichnung* || **eti|ket|tie|ren:** Flaschen e. *(mit Etiketten versehen)* | *[eine Person] oberflächlich einordnen* || **Eti|ket|tie|rung** die, -/-en

et|li|che: schon etliches erledigt haben; etliche *(einige)* Mal[e]

Et|rus|ker der, -s/-: *Angehöriger eines antiken Volkes in Mittelitalien (Etrurien, Toskana)* || **Et|rus|ke|rin** die, -/-innen || **et|rus|kisch**

Etsch die, - (it.: Adige [-dʒe]): *ein Fluss in Italien (SüdT)*

Etü|de die, -/-n ⟨fr.⟩ (Mus.): *ein Übungs-, Vortragsstück*

Etui [e'tỹi:] das, -s/-s ⟨fr.⟩: *Behälter, Futteral; Dose*

et|wa: *ungefähr;* in e. *(annähernd)* | wie e. *(zum Beispiel)* | hat e. *(vielleicht)* doch jemand Einwände? || **et|wa|ige:** *allfällige;* jemanden für e. Schäden haftbar machen

et|was: auf e. hoffen; von allem e.; so e.!; es zu e. bringen *(beruflich erfolgreich sein);* e. and[e]res; e. Einziges; e. Neues; e. Großes; e. Ähnliches | e. *(ein bisschen)* Zucker; → irgendetwas || **Et|was** das, -/-: das gewisse E.

Ety|mo|lo|gie [-ty-, -ti-] die, -/-n ⟨gr.⟩: *[Lehre von der] Herkunft samt ursprünglicher Bedeutung der Wörter* || **ety|mo|lo|gisch**

Et-Zei|chen (&) ⟨lat.⟩ (Druckw.) (bei Firmennamen): Firma Gollinger & Co; → Undzeichen; *aber:* → At-Zeichen

Eu: Europium || **EU** [e 'u:] die, -: **E**uropäische **U**nion; Österreich ist seit 1995 Mitglied der EU; → EG | → Eisenstadt || **EU-Bei|tritt** (Pol.) || **EU-Bür|ger** || **EU-Bür|ge|rin**

euch: „Lest euch das gut durch!" | (im Brief auch Großschreibung) „Liebe Eltern, ich danke euch (*auch:* Euch) für euren (*auch:* Euren) Brief …"; → du; → ihr; → Sie | (als veraltete Höflichkeitsform groß) „Frau Mutter, kränkt Ihr **E**uch?"

Eu|cha|ris|tie die, - ⟨gr.-lat.⟩ (kath.) (wörtl.: Danksagung): *Altarsakrament; Messopfer* || **eu|cha|ris|tisch**

eu|er

Kleinschreibung:
– euer Haus; eu[e]re Eltern
– auf euren Wunsch
– nehmt euer Wörterbuch

In der Anrede im Brief ist auch Großschreibung möglich:
– Liebe Moni, liebe Babsi! Ich habe euren (*auch:* Euren) Brief erhalten. Ich werde euretwegen (*auch:* Euretwegen) schon früher anreisen.

Großschreibung in Anreden hochgestellter Persönlichkeiten und als veraltete Höflichkeitsform:
– **E**ure Magnifizenz
– „Herr Vater, **E**uer Mantel …"

Groß- und Kleinschreibung:
– das Eu[e]re = eu[e]re *(euer Eigentum, eure Sache)*
– die Eu[e]ren = eu[e]ren *(eure Angehörigen)*

eu|e|re = **Eu|e|re** → eure = Eure || **eu|er|seits** → eurerseits || **eu|ers|glei|chen** → euresgleichen || **eu|ert|hal|ben** → eurethalben || **eu|ert|we|gen** → euretwegen || **eu|ert|wil|len** → euretwillen

EU-Er|wei|te|rung [e 'u:-] (Pol.)

Eu|gen: *männl. Vorname;* Prinz E. [-'ge:n] von Savoyen

Eu|ge|nik die, - ⟨gr.⟩ (Med.): *Erbgesundheitslehre*

EuGH ['ɔy ge ha:]: **Eu**ropäischer **G**erichts**h**of || **EU-Grund|rechts|char|ta** [e u:-k-] die, - (Pol.)

Eu|ka|lyp|tus [-'ly-, auch: -'li-] der, -/- [Eukalypten] ⟨gr.⟩: *ein Laubbaum*

eu|kli|disch ⟨gr.⟩: euklidische Geometrie (nach dem altgriechischen Mathematiker Euklid)

EU-Kom|mis|sär [e 'u:-], *auch:* **EU-Kom|mis|sar** || **EU-Kom|mis|sä|rin,** *auch:* **EU-Kom|mis|sa|rin** || **EU-Kom|mis|si|on** || **EU-Kon|fe|renz**

Eu|le die, -/-n: *ein Waldvogel* | *ein Nachtfalter* || **Eu|len|spie|ge|lei** die, -/-en: *[oft mit einem Wortspiel verbundener] Schabernack*

EU-Mi|nis|ter|rat [e 'u:-] || **EU-Mit|glied|schaft** || **EU-Mit|glieds|staat**

Eu|nuch der, -en/-en ⟨gr.⟩: *entmannter Haremswächter;* → Kastrat

EU-Ost|er|wei|te|rung [e 'u:-] || **EU-Par|la|ment: Eu**ropaparlament, **Eu**ropäisches Parlament

Eu|phe|mis|mus [-f-] der, -/Euphemismen ⟨gr.⟩: *beschönigende/verhüllende Bezeichnung, zB* der Verblichene *für* der Tote || **eu|phe|mis|tisch:** *beschönigend*

Eu|pho|rie [-f-] die, - ⟨gr.⟩: *Hochstimmung* | (Med.) *nur subjektives Gefühl gesteigerten Wohlbefindens [eines Schwerkranken]* || **eu|pho|risch**

Eu|phrat [-f-] der, -[s]: *Strom in Vorderasien (Türkei, Syrien, Irak)*

EU-Prä|si|dent|schaft [e 'u:-] || **EU-Pro|jekt** || **EUR:** *Abkürzung für Euro* || **Eu|ra|si|en:** *Europa und Asien* || **EURATOM** die, -: **Eur**opäische **Atom**gemeinschaft; → EG

eu|re[1] (Possessivpron.) → euer || **eu|re**[2] = **Eu|re** der, -n/-n, *auch:* euere = Euere: die eu[e]re = Eu[e]re; das eu[e]re = Eu[e]re *(euer Eigentum, eure Sache);* die eu[e]ren = Eu[e]ren *(eure Angehörigen);* → eurige

EU-Recht [e 'u:-]

eu|rer|seits, *auch:* euerseits; *aber zur Anrede im Brief* → euer || **eu|res|glei|chen,** *auch:* euersgleichen; *aber zur Anrede im Brief* → euer || **eu|ret|hal|ben,** *auch:* euerthalben; *aber zur Anrede im Brief* → euer || **eu|ret|we|gen,** *auch:* euertwegen: um e. *(euch zuliebe); aber zur Anrede im Brief* → euer || **eu|ret|wil|len,** *auch:* euertwillen; *aber zur Anrede im Brief* → euer

Eu|rhyth|mie [-ry-] die, - ⟨gr.⟩: *eine ganzheitliche künstlerische Bewegungslehre der Anthroposophie*

EU-Richt|li|nie [e 'u:-iɛ] (Pol.)

eu|ri|ge = **Eu|ri|ge** der, -n/-n: die eurige (= Eurige), das eurige (= Eurige); die eurigen (= Eurigen) *(die euren);* → eure

Eu|ro der, -[s]/-s (EUR, €) ⟨gr.⟩: *Währungseinheit der EU;* drei Euros *(Euromünzen)* | (in Angaben von Beträgen mit Pl. Euro) eine Rechnung über 100 Euro; → Cent | (mit Abkürzung €) 20,50 € (auch: € 20,50) || **Eu|ro|bank|no|te** || **Eu|ro|ci|ty** [-'sɪti] = **Eu|ro|Ci|ty** (EC) der, -s/-s (Verk.): *eine inter-*

nationale Zugsverbindung; → Intercity ‖ **eurofit** (sal.): *den Anforderungen entsprechend, die ein gemeinsames Europa stellt* ‖ **Euroflasche:** *eine genormte Flasche [für Bier]* ‖ **Eurokommunismus** (Pol., Gesch.): *die vom sowjetischen Muster abweichende Form des Kommunismus in den westlichen Staaten Europas* ‖ **Euroland** das, -[e]s: *Gebiet jener EU-Länder, die seit 2002 den Euro als Währung haben* ‖ **Euromünze** ‖ **Euronorm** (EN): *gültige Norm in der EU* ‖ **Europa:** *ein Kontinent* ‖ **Europabrücke:** *Brücke zwischen Innsbruck und dem Brenner (Tirol)* ‖ **Europacup** [-kʌp]: *ein europäischer Sportbewerb;* → Weltcup ‖ **Europäer** der, -s/- ‖ **Europäerin** die, -/-innen ‖ **Europafahne:** *blaue Fahne mit zwölf goldenen Sternen* ‖ **Europahymne** [-hy-] ‖ **europäisch:** die europäischen Staaten; *aber zB:* die **E**uropäische Union, der **E**uropäische Gerichtshof ‖ **Europäische Gemeinschaft:** *Teilorganisation der Europäischen Union;* → EG ‖ **Europäische Gerichtshof** der, -n -[e]s (EuGH): *Recht sprechendes Organ der EU mit Sitz in Straßburg* ‖ **Europäische Gerichtshof für Menschenrechte** der, -n -[e]s - - (EGMR): *ein Organ des Europarats mit Sitz in Straßburg, oberste Instanz in Menschenrechtsfragen* ‖ **Europäische Kommission** die, -n -: *Regierungsbehörde der EU* ‖ **Europäische Menschenrechtskonvention** [-tsi̯-] die, -n - (EMRK): *vom EGMR überwachter Grundrechtskatalog im Verfassungsrang* ‖ **Europäische Parlament** das, -n -[e]s: *Europaparlament* ‖ **Europäische Union** die, -n - (EU): *seit 1992 wirtschaftliche und politische Gemeinschaft 27 europäischer Staaten einschließlich Österreichs;* → EG ‖ **Europäische Währungssystem** [- -zy-] das, -n -[e]s (EWS) ‖ **Europäische Wirtschaftsraum** der, -n -[e]s (EWR): *gemeinsames Wirtschaftsbündnis aller EG- und EFTA-Staaten* ‖ **Europäische Zentralbank** die, -n - (EZB): *Bank der EU mit Sitz in Frankfurt* ‖ **Europakarte** ‖ **europakonform** ‖ **Europameister** ‖ **Europameisterin** ‖ **Europameisterschaft** ‖ **Europaparlament** das, -[e]s: *Gremium mit Abgeordneten aller EU-Staaten; Europäisches Parlament, EU-Parlament* ‖ **Europarat** der, -[e]s: *internationale Organisation der europäischen Staaten in Straßburg* | (selten) *Abgeordneter im Europäischen Parlament* ‖ **Europarecht** ‖ **Europastraße** (E): *gekennzeichnete Fernstraße innerhalb von Europa* ‖ **Europium** das, -s (Zeichen: Eu): *ein chemisches Element* ‖ **Europol** die, -: *EU-gemeinsame Polizeibehörde;* → Interpol ‖ **Euroschein** ‖ **Euro Stoxx** der, - (Bankw.): *Aktienindex der 50 meistgehandelten europäischen Unternehmen, die der Eurowährungszone angehören* ‖ **Eurovision** [-v-] die, -: *europäische Fernsehorganisation* ‖ **Eurowährung** (Bankw.): *Währung der EU*

Eurythmie [-ry-] (fachspr.) → Eurhythmie

Euter das, -s/-: *Milchdrüse [der Kuh, der Ziege]*

Euthanasie die, - ⟨gr.⟩ (Med.): *vorzeitige Herbeiführung des [schmerzlosen] Todes bei unheilbar Kranken* | (im Nationalsozialismus) *beschönigende Bezeichnung für die systematische Tötung von [behinderten] Menschen*

euthroph [-f] ⟨gr.⟩ (Ökol.): *nährstoffreich*

EU-Vorsitz [e 'u:-]

ev.: evangelisch ‖ **Ev.: Ev**angelium

e. V. (D): **e**ingetragener **V**erein

Eva [-f-, -v-]: *weibl. Vorname;* → Evi; → Adam ‖ **Evakostüm** → Evaskostüm

evakuieren [-v-] ⟨lat.⟩: ein Haus e. *(seine Bewohner zeitweilig oder dauernd aus Sicherheitsgründen aussiedeln);* die Bewohner wurden evakuiert ‖ **Evakuierung** die, -/-en ‖ **Evakuierungsmaßnahmen** die (Pl.)

Evaluation [-v-si̯-] = Evaluierung die, -/-en ⟨lat.⟩: *Bewertung [von Testverfahren]* ‖ **evaluieren** ‖ **Evaluierung** = → Evaluation

Evangeliar [-v-, -f-] das, -s/-e ⟨gr.-lat.⟩: *Buch, das die Evangelien enthält* ‖ **Evangelisation** [-tsi̯-] die, -/-en (Rel.): *Verkündigung des Evangeliums außerhalb des Gottesdienstes* ‖ **evangelisch** (ev.): die evangelische Kirche ‖ **evangelisch-lutherisch** → A. B. ‖ **evangelisch-reformiert** → H. B. ‖ **Evangelist** der, -en/-en: *die vier Evangelisten Matthäus, Markus, Lukas, Johannes, Verfasser der vier Evangelien* ‖ **Evangelistensymbol** [-zy-]: *Mensch, Löwe, Rind, Adler* ‖ **Evangelium** das, -s/Evangelien [-i̯ən] (Ev.) (Rel.): *Heilsbotschaft Christi* | *Geschichte des Lebens Jesu* | *Lesung aus einem Evangelium während des Gottesdienstes* | das ist für uns kein E. *(nicht maßgebend)*

evaporieren [-v-] ⟨lat.⟩: *verdampfen;* evaporierte Milch *(Kondensmilch)*

Evaskostüm [-f-, -v-], *auch:* Evakostüm (scherzh.): im E. *(nackt; von Frauen);* → Adamskostüm

Evelyn [-v-in], *auch:* Evelin, Eveline: *weibl. Vorname*

Event [ɪv-] der = das, -s/-s ⟨engl.⟩: *Veranstaltung, Ereignis*

Eventualfall [-v-] ⟨fr.⟩ ‖ **Eventualität** die, -/-en: alle Eventualitäten *(Möglichkeiten)* bedenken ‖ **eventuell** (evtl.): *allenfalls, möglicherweise*

Evergreen ['evəgri:n] der, -s/-s ⟨engl.⟩: *Schlager, der lange Zeit beliebt bleibt*

Evi [-f-, -v-]: *weibl. Vorname (Eva)*

evident [-v-] ⟨lat.⟩: das ist e. *(offenkundig, sicher)* | e. *(in Evidenz)* halten ‖ **Evidenz** die, -: die E. *(offensichtliche Gewissheit)* dieser Tatsachen | etwas in E. halten *(vormerken, im Auge behalten)* | (mit Pl. -en) (Amtsspr.) *Übersicht* ‖ **Evidenzbüro** (Amtsspr.): *Evidenzstelle* ‖ **Evidenzliste** (Amtsspr.) ‖ **Evidenzstelle** (Amtsspr.): *Registratur [in Ämtern, auf Universitäten]*

Evolution [-v-tsi̯-] die, -/-en ⟨lat.⟩: *Entwicklung der Arten der Lebewesen im Laufe der Erdgeschichte* ‖ **evolutionär** ‖ **Evolutionslehre** = **Evolutionstheorie:** *Lehre von der stammesgeschichtlichen Entwicklung der Tier- und Pflanzenarten* ‖ **evolutiv:** *entwicklungsgeschichtlich bedingt*

evtl.: even**t**ue**l**l

Ewald: *männl. Vorname*

E-Werk: *Kurzwort für Elektrizitätswerk*

EWG [e ve 'ge:] die, -: **E**uropäische **W**irtschafts**g**emeinschaft; → EG

ewig: ewiger *(nie schmelzender)* Schnee; e. schade *(sehr schade);* das ewige Licht *(stets brennendes Licht in der kath. Kirche)* ‖ **Ewiggestrige**[1] der, -n/-n, ein

Ewiggestriger (abw.): *ein rückständig Bleibender* ‖ **Ewig|gest|ri|ge²** die, -n/-n (abw.) ‖ **Ewig|keit** die, -: bis in alle E. | (geh.) in die E. eingehen *(sterben)* | (mit Pl. -en) es ist eine E. *(sehr lange)* her ‖ **Ewig|keits|wert:** *beständiger Wert* ‖ **ewig|lich** (geh.): *ewig*
E-Wirt|schaft: *Kurzwort für Elektrizitätswirtschaft*
EWR [e ve 'ɛr] der, -[s]: **E**uropäischer **W**irtschafts**r**aum ‖ **EWR-Mit|glied**
EWS [e ve 'ɛs] das, - (Bankwesen, Wirt.): **E**uropäisches **W**ährungs**s**ystem
ex ⟨lat.⟩ (sal.): ex trinken *(auf einen Zug austrinken)* | (derb) ex gehen *(sterben)*
Ex[1] der, -/- (sal.): *der ehemalige Ehemann/Partner* ‖ **Ex**[2] die, -/- (sal.)
Ex[3]: **Ex**presszug
Ex.: **Ex**emplar
ex ae|quo [- 'ɛː-] ⟨lat.⟩: *in gleichem Maß;* der 1. Preis wird ex aequo *(zweifach)* vergeben
ex|akt ⟨lat.⟩: *genau, präzise;* → G.: inexakt ‖ **Ex|akt|heit** die, -
Ex|al|ta|ti|on [-tsi̯-] die, -/-en ⟨lat.⟩ ‖ **ex|al|tie|ren** sich: *sich aufregen* ‖ **ex|al|tiert:** ein exaltierter *(überspannter)* Mensch ‖ **Ex|al|tiert|heit** die, -/-en
Ex|a|men das, -s/- [auch: Examina] ⟨lat.⟩: *Prüfung* ‖ **Ex|a|mi|na|tor** der, -s/-en [-'oː-]: *Prüfer* ‖ **Ex|a|mi|na|to|rin** die, -/-innen ‖ **ex|a|mi|nie|ren:** *prüfen*
ex an|te ⟨lat.⟩ (bes. Jus): *von vornherein; vorausbetrachtet*
ex ca|the|dra [- k-] ⟨lat.⟩: ex c. *(von höchster Stelle aus, unfehlbar)* entscheiden
excl. → exkl.
Ex|e|ge|se die, -/-n ⟨gr.⟩: *Auslegung, Erklärung [der Bibel]*
ex|e|ku|tie|ren ⟨lat.⟩: *ausführen, vollstrecken | pfänden | hinrichten* ‖ **Ex|e|ku|ti|on** [-tsi̯-] die, -/-en: *Durchführung | Hinrichtung |* (Jus) *Pfändung, Zwangsvollstreckung* ‖ **Ex|e|ku|ti|ons|be|fehl** (Jus): *Befehl zur Pfändung* ‖ **Ex|e|ku|ti|ons|ge|richt** (Jus) ‖ **Ex|e|ku|ti|ons|kom|man|do:** *Hinrichtungs-, Erschießungskommando* ‖ **Ex|e|ku|ti|ons|ord|nung** (Jus): *Regelung über die gerichtliche Zwangsvollstreckung* ‖ **Ex|e|ku|ti|ons|or|gan** (Jus): *Gerichtsvollzieher* ‖ **Ex|e|ku|ti|ons|ti|tel** (Jus): *vollstreckbares Urteil für eine Exekution* ‖ **Ex|e|ku|ti|ons|ver|fah|ren** (Jus): *Zwangsvollstreckung* ‖ **Ex|e|ku|ti|ons|wer|ber** (Jus): *Person, die die Pfändung veranlasst* ‖ **Ex|e|ku|ti|ons|wer|be|rin** (Jus) ‖ **ex|e|ku|tiv:** *ausführend* ‖ **Ex|e|ku|tiv|be|am|te:** *Polizist, Gendarm ua.* ‖ **Ex|e|ku|tiv|be|am|tin** ‖ **Ex|e|ku|ti|ve** [-vɛ, -fɛ] die, -: *die vollziehende Gewalt im Staate, insbesondere die Sicherheitsexekutive, zB Polizei, Gendarmerie; auch Regierung, Verwaltung, Heer ua.;* → Judikative; → Legislative ‖ **Ex|e|ku|tiv|or|gan** (Amtsspr.): *Polizei- oder Gendarmeriebeamter* ‖ **Ex|e|ku|tor** der, -s/-en [-'oː-] (Jus): *Gerichtsvollzieher, Vollstrecker* ‖ **Ex|e|ku|to|rin** die, -/-innen (Jus)
Ex|em|pel das, -s/- ⟨lat.⟩: *[warnendes] Beispiel;* ein E. statuieren *([durch schwere Bestrafung] ein abschreckendes Beispiel geben);* die Probe aufs E. machen *(ausprobieren und überprüfen);* zum E. *(Beispiel)* ‖ **Ex|em|p|lar** das, -s/-e: es gibt noch Exemplare des Buches ‖ **ex|em|p|la|risch:** *beispielhaft;* e. *(abschreckend)* strafen ‖ **ex|em|p|li|fi|zie|ren:** *durch Beispiele erklären* ‖ **Ex|em|p|li|fi|zie|rung** die, -/-en
Ex|e|qui|en die (Pl.) ⟨lat.⟩ (kath.): *Begräbnisfeierlichkeiten*
ex|er|zie|ren ⟨lat.⟩: *militärische Übungen ausführen* ‖ **Ex|er|zier|platz** ‖ **Ex|er|zi|ti|en** [-tsi̯-] die (Pl.): *religiöse Übungen*
ex|hi|bie|ren ⟨lat.⟩ ‖ **Ex|hi|bi|ti|on** [-tsi̯-] die, -/-en: *Zurschaustellung, Entblößung* ‖ **Ex|hi|bi|ti|o|nis|mus** der, - (Psych.): *krankhafte Neigung zur öffentlichen Entblößung der Geschlechtsteile* ‖ **Ex|hi|bi|ti|o|nist** der, -en/-en ‖ **Ex|hi|bi|ti|o|nis|tin** die, -/-innen ‖ **ex|hi|bi|ti|o|nis|tisch**
ex|hu|mie|ren ⟨lat.⟩: *eine Leiche ausgraben* ‖ **Ex|hu|mie|rung** die, -/-en
Exil das, -s/-e ⟨lat.⟩: im E. leben *(außerhalb des Heimatlands leben müssen; in der Verbannung leben)* ‖ **Exi|lant** der, -en/-en ‖ **Exi|lan|tin** die, -/-innen ‖ **exi|lie|ren:** *verbannen* ‖ **Exil|li|te|ra|tur:** *Werke, die im Exil geschrieben wurden* ‖ **Exil|ös|ter|rei|cher** ‖ **Exil|ös|ter|rei|che|rin** ‖ **Exil|re|gie|rung**
exis|tent ⟨lat.⟩: *vorhanden, wirklich;* nicht existente Gefahren; → G.: inexistent ‖ **Exis|ten|ti|a|lis|mus** [-ts-] = → Existenzialismus ‖ **Exis|ten|ti|a|list** = → Existenzialist ‖ **Exis|ten|ti|a|lis|tin** = → Existenzialistin ‖ **exis|ten|ti|ell** [-tsi̯-] = → existenziell ‖ **Exis|tenz** die, -: *das Dasein; das Vorhandensein* | keine sichere E. haben *(keinen gesicherten Lebensunterhalt haben);* → G.: Inexistenz | (mit Pl. -en) eine gescheiterte E. *(ein Mensch, der es zu nichts gebracht hat)* ‖ **Exis|tenz|angst:** *Lebensangst* ‖ **exis|tenz|be|dro|hend** ‖ **Exis|tenz|be|rech|ti|gung** ‖ **Exis|tenz|grund|la|ge:** *lebenswichtiges Einkommen* ‖ **Exis|ten|zi|a|lis|mus** = Existentialismus der, - (Phil.): *eine philosophische Richtung im 20. Jh.* ‖ **Exis|ten|zi|a|list** = Existentialist der, -en/-en ‖ **Exis|ten|zi|a|lis|tin** = Existentialistin die, -/-innen

exis|ten|zi|ell = existentiell: *lebenswichtig; wesenhaft;* existenzielle Probleme

Für das Wort gibt es zwei Schreibweisen:
- existenziell: die eingedeutschte Schreibung (nach *Existenz*)
- existentiell: die fremdsprachige Schreibung

Ebenso: Existenzialismus/Existentialismus, Existenzialist/Existentialist, Existenzialistin/Existentialistin

Exis|tenz|kampf ‖ **Exis|tenz|mi|ni|mum** das, -s: *zum Leben unbedingt notwendiges (amtlich festgesetztes) Mindesteinkommen* ‖ **exis|tie|ren:** *bestehen, vorhanden sein | leben*
Ex|i|tus der, -/- ⟨lat.⟩ (Med.): *Tod, Todesfall*
exkl., *auch:* excl.: **exkl**usive
Ex|kla|ve [-v-] die, -/-n ⟨lat.⟩: *von fremdem [Staats]gebiet umschlossener Gebietsteil;* die Tiroler Gemeinde Jungholz ist praktisch eine E.; → Enklave
ex|klu|die|ren ⟨lat.⟩: *ausschließen;* → G.: inkludieren ‖ **Ex|klu|si|on** die, -/-en (veraltet): *Ausschluss;* → G.: Inklusion ‖ **ex|klu|siv:** *ausschließend, abgesondert | vornehm;* er kauft ausschließlich exklusive Ware ‖ **Ex|klu|siv|be|richt:** *Bericht zB nur für eine bestimmte Zeitung*

ex|klu|si|ve [-fɛ, -vɛ] (exkl., excl.) → G.: inklusive

E

Präposition mit Genitiv:
– exklusive *(ausschließlich)* des Portos
Allein stehendes starkes Nomen im Singular bleibt undekliniert:
– exklusive Trinkgeld
– exklusive Porto
Im Plural mit Dativ, wenn Genitiv nicht erkennbar:
– exklusive Getränken (*statt:* Getränke)

Exklusivinterview [-vju] ‖ **Exklusivität** [-v-] die, -

Exkommunikation [-tsi̯-] die, -/-en: *Ausschluss aus der Kirchengemeinschaft, Kirchenbann* ‖ **exkommunizieren** ‖ **Exkommunizierung** die, -/-en

Exkrement das, -[e]s/-e (meist Pl.) ⟨lat.⟩: *Stoffwechselausscheidung, zB Stuhl*

exkulpieren ⟨lat.⟩: *jemanden von Schuld befreien, entlasten*

Exkurs der, -es/-e ⟨lat.⟩: *beigefügte Erörterung* ‖ **Exkursion** die, -/-en: *Lehrausgang, Besichtigung*

ex libris ⟨lat.⟩: ex l. Karl Huber *(aus der Bücherei des Karl Huber)* ‖ **Exlibris** das, -/-: *in Büchern eingeklebter [künstlerisch gestalteter] Zettel mit dem Namen des Eigentümers*

Exmatrikulation [-tsi̯-] die, -/-en; → G.: Immatrikulation ‖ **exmatrikulieren** → G.: immatrikulieren

ex nunc [- -k] ⟨lat.⟩ (bes. Jus): *von nun an; mit Wirkung für die Zukunft;* → ex tunc

Exodus der, - ⟨gr.⟩: *Auszug der Juden aus Ägypten (in der Bibel)* | *zweites Buch der Bibel* | (mit Pl. -dusse) bei der Parlamentssitzung kam es zu einem E. *(Auszug)* der Opposition

ex officio [-tsi̯o] = **ex offo** ⟨lat.⟩: *von Amts wegen*

exogen [ˈɛks-, -ˈgeːn] ⟨gr.⟩ (Med.): *von außen kommend;* → G.: endogen

Exonym [-yː-] das, -s/-e ⟨gr.⟩ (Sprachwiss.): *geographischer Eigenname in einer auswärtigen Sprache, zB* Prag *für tschech.* Praha; → G.: Endonym

exorbitant ⟨lat.⟩: *außerordentlich, übertrieben* ‖ **Exorbitanz** die, -/-en

exorzieren ⟨gr.-lat.⟩ ‖ **Exorzismus** der, -/Exorzismen: *[Teufels-]beschwörung, Austreibung böser Geister* ‖ **Exorzist** der, -en/-en ‖ **Exorzistin** die, -/-innen

Exot der, -en/-en = **Exote** der, -n/-n ⟨gr.⟩: *Person, Tier, Pflanze aus weit entfernten Gebieten*

exotherm [auch: ˈɛ-] ⟨gr.⟩ (Phys., Chem.): eine exotherme *(Wärme abgebende)* Reaktion; → G.: endotherm

Exotik die, - ⟨gr.⟩: *Fremdartigkeit* ‖ **Exotin** die, -/-innen: *Frau aus einem entfernten Land* ‖ **exotisch:** *fremdartig, fremdländisch*

Expander [ɛksˈpa-] der, -s/- ⟨lat.-engl.⟩: *Sportgerät zum Muskeltraining* ‖ **expandieren** ⟨lat.⟩: *[sich] ausdehnen* ‖ **Expansion** die, -/-en: *Ausdehnung* ‖ **Expansionsbestrebungen** die (Pl.) ‖ **Expansionskurs** ‖ **expansiv:** *[sich] ausdehnend*

Expedient der, -en/-en ⟨lat.⟩: *Angestellter im Expedit, Expeditor* ‖ **Expedientin** die, -/-innen ‖ **expedieren:** Pakete e. *(abschicken)* ‖ **Expedit**[1] das, -[e]s/-e: *Versandabteilung* ‖ **Expedit**[2] der, -[e]s/-e: *Versand* ‖ **Expedition** [-tsi̯-] die, -/-en: *Forschungsreise* | *Versand[abteilung] [einer Zeitung]* ‖ **Expeditor** der, -s/-en [-ˈoː-]: → *Expedient* ‖ **Expeditorin** die, -/-innen ‖ **expeditiv:** *produktiv, zweckorientiert, flink*

Experiment das, -[e]s/-e ⟨lat.⟩: *[wissenschaftlicher] Versuch* | *Wagnis* ‖ **Experimentalphysik** [-fy-] ‖ **Experimentator** der, -s/-en [-ˈoː-]: *jemand, der ein Experiment durchführt* ‖ **Experimentatorin** die, -/-innen ‖ **experimentell** ‖ **experimentieren** ‖ **experimentierfreudig** ‖ **Experimentierfreudigkeit** die, -

Experte der, -n/-n ⟨lat.⟩: *Sachverständiger* ‖ **Expertengruppe** ‖ **Expertengutachten** ‖ **Expertenhearing** [-hɪər-] ‖ **Expertenkommission** ‖ **Expertenregierung** (Pol.): *eine Regierung, die nicht nur aus Politikern, sondern auch aus unabhängigen Experten besteht* ‖ **Expertenteam** [-tiːm] ‖ **Expertin** die, -/-innen ‖ **Expertise** die, -/-n: *Sachverständigengutachten*

Explikation [-tsi̯-] die, -/-en ⟨lat.⟩: *Erklärung, ausführliche Darlegung* ‖ **explizieren:** *erklären* ‖ **explizit:** *ausdrücklich;* → G.: implizit

explodieren ⟨lat.⟩: *mit einem Knall zerplatzen, bersten;* ein explodierender Motor | die Kosten e.; → G.: implodieren ‖ **explosibel:** explosible *(explosionsgefährliche)* Stoffe ‖ **Explosion** die, -/-en ‖ **explosionsartig** ‖ **Explosionsgefahr** ‖ **Explosionsmotor:** *Verbrennungsmotor* ‖ **explosiv:** *leicht explodierend*

Expo die, -/-s ⟨lat.⟩: *[Welt]ausstellung* ‖ **Exponat** das, -[e]s/-e ⟨lat.-russ.⟩: *Ausstellungsstück* ‖ **Exponent** der, -en/-en ⟨lat.⟩: *Vertreter einer Gruppe oder Sache* | (Math.) *hochgestellte Zahl, zB 4 in 3^4* ‖ **exponentiell** [-tsi̯-]: exponentielles Wachstum *(zB jährliche Verdoppelung)* ‖ **Exponentin** die, -/-innen ‖ **exponieren:** *herausstellen;* er exponiert sich durch seine Aussagen *(setzt sich dadurch einer Gefahr aus);* eine exponierte *(ungeschützte; hervorgehobene)* Lage

Export [auch: ˈɛ-] der, -[e]s/-e ⟨lat.-engl.⟩: *die Ausfuhr (von Waren ins Ausland);* → G.: Import ‖ **Exportartikel** ‖ **Exportbier:** *für die Ausfuhr bestimmtes Bier* ‖ **Exportboom** [-buːm] ‖ **Exporteur** [-ˈtøːə] der, -s/-e: *Kaufmann, der exportiert* ‖ **Exporteurin** die, -/-innen ‖ **Exportförderung** ‖ **Exportgeschäft** ‖ **exportieren** ‖ **Exportverbot**

Exposee = Exposé das, -s/-s ⟨fr.⟩: *[kurze] Darlegung, Zusammenfassung* | *Plan, Entwurf*

Exposition [-tsi̯-] die, -/-en: *Ausstellung* | *einführende Darstellung*

Expositur die, -/-en ⟨lat.⟩: *Außenstelle, Zweigstelle [einer Schule]*

ex post ⟨lat.⟩ (bes. Jus): *im Nachhinein*

express ⟨lat.⟩: *eilig* | (veraltend) einen Brief e. *(als Eilbrief)* aufgeben; → EMS ‖ **Express** der, - (Ex) (früher): *Expresszug* ‖ **Expressbrief** (früher) → EMS ‖ **Expression** die, -/-en: *Ausdruck* ‖ **Expressionismus** der, -: *Stilrichtung des frühen 20. Jh. in bildender Kunst, Dichtung und Musik; Ausdruckskunst;* → Impressionismus ‖ **Expressionist** der, -en/-en ‖ **Expressionistin** die, -/-innen ‖ **expressionistisch** ‖ **expressis verbis** [- v-] (geh.): *ausdrücklich* ‖ **expressiv:** *ausdrucksstark* ‖ **Expressivität** die, - ‖ **Expresszug** → Express ‖ **Expresszustellung** (veraltend) → EMS

exquisit ⟨lat.⟩: *auserlesen*

Ex|stir|pa|ti|on [-tsi̯-] die, -/-en ⟨lat.⟩ (Med.): *operative Entfernung [eines erkrankten Organs]*
Ex|su|dat das, -[e]s/-e ⟨lat.⟩ (Med.): *infolge Entzündung abgesonderte Flüssigkeit*
ex tem|po|re ⟨lat.⟩: *aus dem Stegreif* ‖ **Ex|tem|po|re** das, -[s]/-[s] ‖ **ex|tem|po|rie|ren:** *improvisieren*
Ex|ten|si|on[1] die, -/-en ⟨lat.⟩ (bes. Phil.): *Ausweitung, Ausdehnung* ‖ **Ex|ten|si|on**[2] [ɪk'stenʃn] die, -/-s ⟨engl.⟩ (EDV): *Erweiterung des Dateinamens, zB doc, txt* ‖ **ex|ten|siv** ⟨lat.⟩: *umfassend, ausgebreitet* | (Jus) das Gesetz e. *(erweiternd)* auslegen ‖ **ex|ten|so** → in extenso ‖ **ex|ten|si|vie|ren**
Ex|te|ri|eur [-'ri̯øːɐ] das, -s/-s ⟨lat.-fr.⟩ (geh.): *das Äußere; Erscheinungsbild, Aussehen*
ex|tern [auch: 'ɛ-] ⟨lat.⟩: *auswärtig, von außen kommend;* eine externe *(nicht im Internat wohnende)* Schülerin; → G.: intern ‖ **ex|ter|na|li|sie|ren** (Psych.): *nach außen verlegen;* Konflikte e.; → G.: internalisieren ‖ **Ex|ter|ne**[1] der, -n/-n, ein Externer: *Schüler, der nicht im Internat wohnt* ‖ **Ex|ter|ne**[2] die, -n/-n ‖ **Ex|ter|nist** der, -en/-en: *Schüler, der keine Schule besucht, sondern sich privat [auf die Reifeprüfung] vorbereitet* ‖ **Ex|ter|nis|ten|ma|tu|ra** ‖ **Ex|ter|nis|ten|prü|fung** ‖ **Ex|ter|nis|tin** die, -/-innen
ex|ter|ri|to|ri|al: Botschaften sind e. *(sie unterstehen nicht den Gesetzen des Landes, in dem sie sich befinden)* ‖ **Ex|ter|ri|to|ri|a|li|tät** die, -
ex|tra ⟨lat.⟩: *eigens, besonders; als Zugabe* | (ugs.) sei nicht so e. *(heikel);* → extrig ‖ **Ex|tra**[1] das, -s/-s: für die Extras beim Auto ist zusätzlich zu zahlen ‖ **Ex|tra**[2] die, - (ugs.): *Kurzwort für Extrawurst;* 20 Deka E. ‖ **Ex|tra|aus|ga|be:** die E. einer Zeitung ‖ **ex|tra dry** [- draɪ] ⟨engl.⟩: *bes. trocken (bei alkoholischen Getränken)* ‖ **ex|tra|hart**
ex|tra|hie|ren ⟨lat.⟩: *herausziehen* | (Med.) einen Zahn e. ‖ **Ex|trakt** der = das, -[e]s/-e: *durch Auslaugen oder Auskochen aus Pflanzen gewonnener Nähr- oder Heilstoff* ‖ **Ex|trak|ti|on** [-tsi̯-] die, -/-en
Ex|tra|or|di|na|ria (früher): *Außerordentliche Universitätsprofessorin;* → Ordinaria ‖ **Ex|tra|or|di|na|ri|us** (früher); → Ordinarius
ex|tra|po|lie|ren ⟨lat.⟩: *aus dem Verhalten im bekannten Bereich auf dasjenige außerhalb schließen, zB bei der Kostenentwicklung*
ex|tra|ter|res|trisch: *außerirdisch*
Ex|tra|tour [-tuːɐ] (abw.): *eigenwilliges Vorgehen ohne Abstimmung mit den anderen Beteiligten*
ex|tra|va|gant [-v-] ⟨fr.⟩: *ausgefallen, überspannt* ‖ **Ex|tra|va|ganz** die, -/-en
ex|tra|ver|tiert [-v-] = extrovertiert ⟨lat.⟩: *nach außen gewendet, weltoffen;* → G.: introvertiert
Ex|tra|wurst [-st, auch: -ʃt]: *eine Wurstsorte;* → Extra | (ugs.) eine E. haben *(bevorzugt werden)*
Ex|tra|zim|mer: im E. des Gasthauses feiern
ex|trem ⟨lat.⟩: *äußerst; übertrieben;* eine extreme *(bes. strenge)* Kälte ‖ **Ex|trem** das, -s/-e: von einem E. ins andere fallen ‖ **Ex|trem|berg|stei|ger** ‖ **Ex|trem|berg|stei|ge|rin** ‖ **Ex|trem|fall** ‖ **Ex|tre|mis|mus** der, -/Extremismen: *radikale Haltung* ‖ **Ex|tre|mist** der, -en/-en: *rücksichtsloser Verfechter einer radikalen Richtung* ‖ **Ex|tre|mis|tin** die, -/-innen ‖ **ex|tre|mis|tisch** ‖ **Ex|tre|mi|tä|ten** die (Pl.): *Gliedmaßen; Arme, Beine* ‖ **Ex|trem|si|tu|a|ti|on** [-tsi̯-] ‖ **Ex|trem|sport** ‖ **Ex|trem|sport|ler** ‖ **Ex|trem|sport|le|rin** ‖ **Ex|trem|wert:** *äußerster möglicher Wert*
ex|trig (ugs.): *heikel, extravagant;* → extra
ex|trin|sisch ⟨lat.⟩ (Päd., Psych.): *von außen gesteuert, bestimmt;* → intrinsisch
ex|tro|ver|tiert [-v-] = → extravertiert
ex tunc [- -k] ⟨lat.⟩ (bes. Jus): *rückwirkend;* → ex nunc
ex vo|to [- v-] ⟨lat.⟩: *auf Grund eines Gelübdes*
ex|ze|die|ren: *über die Stränge schlagen, sich widersetzlich benehmen;* → Exzess
ex|zel|lent ⟨lat.⟩: *hervorragend;* exzellenter Geschmack ‖ **Ex|zel|lenz** die, -/-en: „Eure/Euer Exzellenz!" *(Anrede für bestimmte hohe Würdenträger, zB Botschafter/innen);* Seine E., Ihre E.
Ex|zen|ter der, -s/- ⟨gr.-lat.⟩ (Technik): *exzentrisch angebrachte Steuerungsscheibe* ‖ **Ex|zen|tri|ker** der, -s/-: *überspannter, verschrobener Mensch* ‖ **Ex|zen|tri|ke|rin** die, -/-innen ‖ **ex|zen|trisch:** eine exzentrische Scheibe *(Scheibe, deren Achse nicht durch den Mittelpunkt geht)* | ein exzentrischer *(exaltierter, verschrobener)* Mensch ‖ **Ex|zen|tri|zi|tät** die, -/-en
ex|zep|ti|o|nell ⟨lat.-fr.⟩ [-tsi̯-]: *außergewöhnlich*
ex|zer|pie|ren ⟨lat.⟩: *einen Auszug [aus einem Buch] machen* ‖ **Ex|zerpt** das, -[e]s/-e
Ex|zess der, -es/-e ⟨lat.⟩: *Maßlosigkeit;* bis zum E. | *Ausschreitung, Rauferei* ‖ **ex|zes|siv:** *übertreibend, maßlos* | (Med.) exzessiver Gebrauch *(übermäßige Verwendung [von Drogen])*
Eye|li|ner ['aɪlaɪ-] der, -s/- ⟨engl.⟩: *[flüssiges] Kosmetikum zum Ziehen eines Lidstriches* ‖ **Eye|cat|cher** [-kætʃ-] der, -s/- (sal., bes. Werb.): *Blickfang*
EZ: **E**inzel**z**immer (zB in Unterkunftverzeichnissen); → DZ
EZB [e tsɛt 'beː] die, -: **E**uropäische **Z**entral**b**ank ‖ **EZBS** [e tsɛt be 'ɛs] das, -: **E**uropäisches **Z**entral**b**anken**s**ystem ‖ **EZU** [e tsɛt 'uː] die, -: **E**uropäische **Z**ahlungs**u**nion
Ez|zes die (Pl.) ⟨jidd.⟩ (ugs.): *Ratschläge, Hinweise;* jemandem E. geben

E

f F

f [ɛf] das, -/- (Kleinbuchstabe): das f im Wort *fallen* | (Laut) der f-Laut | (Mus.) der Ton f (F) | (Mus.) f-Moll | (Mus.) **f**orte

F [ɛf] das, -/- (Großbuchstabe): das F im Wort *Fall* | (Phys.) **F**ahrenheit | (Chem.) **F**luor | (Mus.) der Ton F (f) | (Mus.) F-Dur

f.: [die] **f**olgende [Seite]; sieh[e] Seite 17 f. *(Seiten 17 und 18);* → ff.

Fa.: **F**irm**a**

Faaker See der, - -s (K)

Fabel die, -/-n ⟨lat.-fr.⟩: *kurze, belehrende Erzählung, in der zB Tiere und Pflanzen wie Menschen sprechen und handeln;* → fabulieren ‖ **fabelhaft:** *hervorragend* ‖ **Fabeltier:** *ein Fantasietier, Sagentier, zB Drache* ‖ **Fabelwesen**

Fabian: *männl. Vorname*

Fabrik die, -/-en ⟨lat.-fr.⟩

Zusammensetzungen mit „Fabrik" werden wie die meisten Wörter auf *-k*, *-g* und *-ch* in **Österreich mit Fugen-s gebildet, zB:**
- Fabrikshalle (in Deutschland: Fabrikhalle)
- Fabrikstor (in Deutschland: Fabriktor)

Fabrikant der, -en/-en ‖ **Fabrikantin** die, -/-innen ‖ **Fabrikat** das, -[e]s/-e: *Fabrikserzeugnis, Ware* ‖ **Fabrikation** [-tsi̯-] die, -/-en: *Herstellung* ‖ **Fabrikationsprozess** ‖ **Fabriksarbeiter** ‖ **Fabriksarbeiterin** ‖ **Fabriksbesitzer** ‖ **Fabriksbesitzerin** ‖ **Fabrikserzeugnis** ‖ **Fabrikshalle** ‖ **fabriksmäßig:** fabriksmäßige Herstellung ‖ **Fabriksname,** *auch:* **Fabriksnamen:** → *Warenzeichen* ‖ **fabriksneu** ‖ **Fabrikspreis** ‖ **fabrizieren:** *anfertigen*

fabulieren ⟨lat.⟩: *Erdichtetes fantasievoll erzählen, dichten;* → Fabel ‖ **fabulös:** *nicht glaubwürdig*

Facelifting ['feɪsl-] ⟨engl.⟩: *eine kosmetische Gesichtsoperation;* → liften

Facette [-s-] = → Fassette ‖ **Facettenauge** = → Fassettenauge ‖ **facettenreich** = → fassettenreich ‖ **Facettenschliff** = → Fassettenschliff ‖ **facettieren** = → fassettieren

-fach

Die Nachsilbe steht nur in Zusammensetzungen wie:
- vielfach
- zehnfach; *aber groß:* das **Z**ehnfache des Wertes

Schreibung mit Ziffern:
- 8fach = 8-fach
- um das 8fache (= 8-**F**ache) größer

Schreibung mit Einzelbuchstaben:
- x-fach
- das x-fache (= x-**F**ache)

Fach das, -[e]s/Fächer: ein Regal mit sechs Fächern | *Unterrichtsgegenstand;* sein F. verstehen *(seinen Beruf beherrschen)* ‖ **Fachakademie:** *Ausbildung für Absolventen einer Lehre* ‖ **Facharbeiter:** *Arbeiter, der eine Lehre oder eine Fachschule abgeschlossen hat* ‖ **Facharbeiterin** ‖ **Facharzt:** *Arzt mit einer zusätzlichen Spezialausbildung;* F. für Orthopädie ‖ **Fachärztin** ‖ **fachärztlich** ‖ **Fachausbildung** ‖ **Fachausdruck:** *Wort einer bestimmten Fachsprache, Fachjargon, Terminus* ‖ **Fachbegriff:** *Fachausdruck* ‖ **Fachberater** ‖ **Fachberaterin** ‖ **Fachberatung** ‖ **Fachbereich** ‖ **Fachbereichsarbeit** (FBA) (Bildw.): *längere schriftliche Arbeit als alternative Teilprüfung für die Matura* ‖ **fachbezogen** (Bildw.): fachbezogene Lernbetreuung ‖ **Fachbuch** ‖ **Fachchinesisch** [-ki-] (oft abw.): *[unverständliche] Fachsprache* ‖ **Fachdidaktik**

fächeln: ich fächle mir kühle Luft ins Gesicht ‖ **Fächer** der, -s/- ‖ **fächerförmig**

Fächerkombination [-tsi̯-] (Bildw.): *Studienrichtung aus mehreren nach eigener Wahl kombinierten Fächern*

Fächerpalme (Bot.)

Fächer übergreifend = **fächerübergreifend** (Bildw.): F. übergreifende Unterrichtsprinzipien ‖ **Fächer verbindend** = **fächerverbindend** (Bildw.): F. verbindender Unterricht ‖ **Fachfrau** ‖ **fachgemäß** ‖ **Fachgebiet** ‖ **Fachgeschäft** ‖ **Fachhandel** ‖ **Fachhochschule** (FH): *universitätsähnliche Einrichtung mit praxisbezogener Ausbildung* ‖ **Fachidiot** (abw.): *jemand, der nur sein Fachgebiet kennt* ‖ **Fachidiotin** (abw.) ‖ **Fachinspektor** [-sp-, auch: -ʃp-] (FI): *ein Amtstitel* | (Bildw.) *Schulaufsichtsorgan [für bestimmte Unterrichtsgegenstände]* ‖ **Fachinspektorin** (FI) ‖ **Fachjargon** [-ʒ-]: *spezifische Fachsprache* ‖ **Fachkenntnis** ‖ **Fachkompetenz** ‖ **Fachkraft** ‖ **fachkundig** ‖ **Fachlehrer** ‖ **Fachlehrerin** ‖ **Fachleute** die (Pl.) ‖ **fachlich** ‖ **Fachliteratur:** *[wissenschaftliche] Literatur zu einem bestimmten Fachbereich* ‖ **Fachmann** der, -[e]s/-männer [-leute] ‖ **fachmännisch** ‖ **Fachmesse** (Wirt.): *Spezialmesse für bestimmte Branchen* ‖ **Fachmittelschule:** *einjährige berufsorientierte Ausbildung für Abgänger/innen des Schulversuchs Mittelschule* ‖ **Fachrichtung** ‖ **Fachschule** (FS): *mittlere technisch-gewerbliche Schule* ‖ **fachsimpeln,** ich fachsimple (ugs.): sie haben gefachsimpelt (auch: fachgesimpelt) *(nur von ihren gemeinsamen Interessen geredet)* ‖ **fachspezifisch** [-ʃp-, auch: -sp-] ‖ **Fachsprache:** *Fachjargon, zB Bergmannssprache;* → Fachchinesisch ‖ **fachsprachlich** ‖ **Fachwelt** die, -: *alle Fachleute* ‖ **Fachwerk:** *Hausmauer aus Balken und Mauerwerk* ‖ **Fachwerkbau** der, -[e]s/-ten ‖ **Fachwissen** ‖ **Fachwort:** *Fachausdruck* ‖ **Fachzeitschrift**

Fackel die, -/-n ⟨lat.⟩: *[Holz]stab, mit einem präparierten Ende zum Leuchten* ‖ **fackeln,** ich fackle (ugs.): er fackelte *(zögerte)* nicht lange ‖ **Fackelzug**

Façon [-s-] = → Fasson ‖ **façonieren** = → fassonieren

Fact [fækt] der = das, -s/-s (meist Pl.) ⟨engl.⟩: *Faktum* ‖ **Factor** [-tə] der, -s (Bankw.): *Geldinstitut, das Kundenforderungen ankauft* ‖ **Factoring** [-tər-] das, -s (Wirt.): *eine Finanzierungsmethode [im Exportgeschäft], Verkauf von Kundenforderungen an ein Geldinstitut* ‖ **Factoryoutlet** [-i,aut-] das, -s/-s (Wirt.): *Direktverkaufsstelle eines Produzenten, Outletcenter*

fad ⟨fr.⟩: eine fade *(langweilige)* Gesellschaft; mir ist fad; sei nicht fad *(los, trau dich)* | eine fade *(reizlose)* Kost ‖ **fa|de** (bes. D): *fad*

fä|deln, ich fädle ‖ **Fa|den** der, -s/Fäden: einen F. einfädeln; keinen trockenen F. am Leib haben *(durchnässt sein)*; beim Reden den F. *(den gedanklichen Zusammenhang)* verlieren; der rote F. *(Leitgedanke)*; alle Fäden in der Hand haben *(den Ablauf bestimmen)*; etwas hängt an einem seidenen Faden *(ist äußerst ungewiss, unsicher)* | (mit Pl. Faden) *ein Maß (1,829 m) für Meerestiefen;* zehn Faden tief ‖ **fa|den|dünn** ‖ **Fa|den|kreuz:** *Zielvorrichtung [im Fernrohr]* ‖ **fa|den|schei|nig:** ein fadenscheiniger *(zerschlissener)* Rock | ein fadenscheiniger *(nicht glaubwürdiger)* Vorwand

Fa|de|sse [-'dɛs] die, - ⟨fr.⟩: *Langeweile; langweiliges, geziertes Gehaben* ‖ **Fa|di|an** der, -s/-e (ugs.): *langweiliger Mensch*

Fa|ding ['feɪ-] das, -[s]/-s ⟨engl.⟩: *An- und Abschwellen [des Hörfunkempfangs]*

fa|di|sie|ren ⟨fr.⟩ (ugs.): *langweilen;* während des Vortrags habe ich mich fadisiert

Fa|gott das, -[e]s/-e ⟨it.⟩: *ein Holzblasinstrument* ‖ **Fa|got|tist** der, -en/-en ‖ **Fa|got|tis|tin** die, -/-innen

fä|hig: ein fähiger *(tüchtiger)* Kopf; zu allem f. sein ‖ **Fä|hig|keit** die, -/-en

fahl: das fahle *(bleiche, blasse)* Licht des Mondes ‖ **fahl|gelb**

Fähn|chen das, -s/-: *kleine Fahne*

fahn|den: nach einem Verbrecher f. *(ihn suchen)* ‖ **Fahn|der** der, -s/- ‖ **Fahn|de|rin** die, -/-innen ‖ **Fahn|dung** die, -/-en ‖ **Fahn|dungs|fo|to**

Fah|ne die, -/-n: etwas auf seine F. schreiben *(etwas zu seinem Programm machen)* ‖ **Fah|nen|eid** (Mil.): *Treueschwur der Soldaten* ‖ **Fah|nen-F** [-ɛf] das, -/- (veraltet): das Wort *fiel* schreibt man mit Fahnen-F ‖ **Fah|nen|flucht** die, -: *Desertion* ‖ **fah|nen|flüch|tig:** f. werden *(desertieren)* ‖ **fah|nen|ge|schmückt** ‖ **Fah|nen|mast** ‖ **Fah|nen|stan|ge** ‖ **Fah|nen|trä|ger** ‖ **Fah|nen|trä|ge|rin** ‖ **Fah|nen|wort:** *für die politische Richtung kennzeichnendes Wort, zB* Bildungsoffensive ‖ **Fähn|lein** das, -s/-: *kleine Fahne* | (früher) *ein Trupp Landsknechte* ‖ **Fähn|rich** der, -s/-e: *ein militärischer Dienstgrad, Offiziersanwärter*

Fahr|an|fän|ger ‖ **Fahr|an|fän|ge|rin** ‖ **Fahr|aus|weis,** *auch:* Fahrtausweis ‖ **Fahr|bahn** ‖ **Fahr|bahn|mar|kie|rung** ‖ **Fahr|bahn|scha|den** ‖ **Fahr|bahn|schwel|le** ‖ **Fahr|bahn|wech|sel** [-ks-] ‖ **fahr|bar:** das Auto ist leicht f. ‖ **fahr|be|reit** ‖ **Fähr|be|trieb** ‖ **Fähr|boot** ‖ **Fahr|dienst|lei|ter:** *ein Bahnbeamter* ‖ **Fahr|dienst|lei|te|rin** ‖ **Fäh|re** die, -/-n: *Wasserfahrzeug zum Transport [von Personen] über Gewässer; Überfuhr;* → Rollfähre

fah|ren, du fährst/fuhr/gefahren: auf Urlaub f. | sie fährt mit der Hand durch sein Haar; sie fuhr in die Höhe *(sprang auf)* | was ist in dich gefahren? | mit dieser Strategie sind wir gut gefahren *(zurechtgekommen)* | (ugs.) aus der Haut f. *(wütend sein)*

Perfektbildung:
- wir *sind* den ganzen Tag gefahren
- er *hat* einen Laster gefahren *(gelenkt)*

Getrenntschreibung:
- sie ist Auto gefahren
- er kann Rad fahren
- spazieren fahren
- den Gast nicht fahren lassen; *aber getrennt und zusammen bei übertragener Bedeutung:* alle Hoffnungen fahren lassen (= fahrenlassen)

Fah|ren|de[1] der, -n/-n, ein Fahrender (früher): *ein im Lande Herumziehender, zB Spielmann, Gaukler* ‖ **Fah|ren|de**[2] die, -n/-n (früher)

Fah|ren|heit (F): 40° F (= 4,4° C); → Celsius; → Reaumur ‖ **Fah|ren|heit|ther|mo|me|ter:** *Thermometer mit 180-teiliger Skala*

fah|ren las|sen = fah|ren|las|sen: alle Hoffnungen fahren lassen (= fahrenlassen); *aber:* den Gast nicht fahren lassen ‖ **Fah|rer** der, -s/-: er ist ein geübter F. | (ugs.) er hat mir einen F. *(eine Kratzspur, einen Strich)* am Auto gemacht ‖ **Fah|rer|air|bag** [-eəbæg] (Kfz): *Airbag im Lenkrad* ‖ **Fah|re|rei** die, - ‖ **Fah|rer|flucht:** *das Fliehen vom Unfallort nach einem verschuldeten Verkehrsunfall* ‖ **Fah|re|rin** die, -/-innen ‖ **Fah|rer|sitz** ‖ **Fahr|gast** ‖ **Fahr|ge|stell:** *Teil [von Flugzeugen], wo die Räder angebracht sind* ‖ **Fahr|ge|mein|schaft** ‖ **fah|rig:** ein fahriger *(unruhiger, nervöser, unkonzentrierter)* Mensch ‖ **Fah|rig|keit** die, -/-en ‖ **Fahr|kar|te** ‖ **Fahr|kar|ten|au|to|mat** ‖ **Fahr|kar|ten|kon|trol|le** ‖ **Fahr|kar|ten|schal|ter** ‖ **Fahr|kom|fort** [-foːə] ‖ **Fahr|kön|nen** das, -s ‖ **fahr|läs|sig:** f. *(unüberlegt; leichtsinnig; nicht vorschriftsmäßig)* handeln | (Jus) fahrlässige Tötung *(ein Strafdelikt)* ‖ **Fahr|läs|sig|keit** die, -/-en: *Außerachtlassung der gebotenen Sorgfalt* | (Jus) leichte bzw. grobe F. *(Verschuldensgrad im Schadenersatzrecht bzw. Strafrecht)* ‖ **Fahr|läs|sig|keits|de|likt** (Jus): *unabsichtliche Straftat;* → G.: Vorsatzdelikt ‖ **Fahr|leh|rer** ‖ **Fahr|leh|re|rin** ‖ **Fähr|mann** der, -[e]s/-männer [-leute] ‖ **Fahr|nis** die, -/-nisse (Amtsspr.): *bewegliches Vermögen* ‖ **Fahr|nis|exe|ku|ti|on** [-tsi̯-] (Jus)

Fähr|nis die, -/-nisse (geh.): *Gefahr*

Fahr|plan ‖ **fahr|plan|mä|ßig:** *dem Fahrplan entsprechend* ‖ **Fahr|preis:** *Preis für eine Fahrkarte* ‖ **Fahr|preis|er|hö|hung** ‖ **Fahr|preis|er|mä|ßi|gung** ‖ **Fahr|prü|fung** ‖ **Fahr|rad** ‖ **Fahr|rad|schloss** ‖ **Fahr|rad|stän|der** ‖ **Fahr|rad|ver|leih** ‖ **Fahr|rad|weg** ‖ **Fahr|rin|ne:** *Schifffahrtsweg in Flüssen* ‖ **Fahr|schein:** *Fahrkarte* ‖ **Fahr|schein|ent|wer|ter** ‖ **Fahr|schein|kon|trol|le** ‖ **Fähr|schiff:** *Transportschiff [zur Überquerung einer Meeresenge], Fähre* ‖ **Fahr|schu|le:** *private Schule, in der die Vorbereitung auf die Führerscheinprüfung erfolgt* ‖ **Fahr|schü|ler:** *Schüler einer Fahrschule* | *Schüler, der täglich in den Schulort fahren muss* ‖ **Fahr|schü|le|rin** ‖ **Fahr|si|cher|heits|kurs** ‖ **Fahr|spur:** *durch Linien gekennzeichneter Teil der Fahrbahn* ‖ **Fahr|stil** [-st-, -ʃt-] ‖ **Fahr|strei|fen:** *Fahrspur* ‖ **Fahr|stuhl** (bes. D): *Aufzug, Lift* ‖ **Fahr|stun|de** ‖ **Fahrt** die, -/-en: eine F. ins Blaue *(eine F. mit unbekanntem Ziel)* ‖ **Fahrt|an|tritt** ‖ **fahr|taug|lich** ‖ **Fahrt|aus|weis** → Fahrausweis ‖ **Fahrt|be|ginn** ‖ **Fähr|te** die, -/-n: eine F. verfolgen *(die Spur[en] [eines Wildes] verfolgen; einer Sache nachgehen)* ‖ **Fahr|tech|nik** ‖ **Fahr|ten|buch:**

Buch, in dem der Fahrzeuglenker alle zurückgelegten Fahrten aufzeichnet ‖ **Fahrtenschreiber,** *auch:* Fahrtschreiber: *automatisches Registriergerät zum Festhalten von Geschwindigkeit, Fahr- und Haltezeiten [in Lkws und Bussen]* ‖ **Fährtensucher** der, -s/- ‖ **Fährtensucherin** die, -/-innen ‖ **Fahrtkosten** die (Pl.) ‖ **Fahrtrichtung** ‖ **Fahrtrichtungsänderung** ‖ **Fahrtschreiber** → Fahrtenschreiber ‖ **fahrtüchtig** ‖ **Fahrtüchtigkeit** ‖ **Fahrtunterbrechung** ‖ **Fahrtwind** der, -[e]s: *durch die Fahrt verursachte Luftbewegung* ‖ **fahruntüchtig** ‖ **Fahrverbot** ‖ **Fahrverhalten** ‖ **Fahrwasser:** das F. für Schiffe frei halten; ich gerate ganz in sein F. *(unter seinen Einfluss)* ‖ **Fahrweise:** er ist durch seine aggressive F. aufgefallen ‖ **Fahrwerk:** *Fahrgestell* ‖ **Fahrzeit** ‖ **Fahrzeug** ‖ **Fahrzeughalter** der, -s/- (Amtsspr.): *Fahrzeugbesitzer* ‖ **Fahrzeughalterin** die, -/-innen (Amtsspr.) ‖ **Fahrzeuglenker** ‖ **Fahrzeuglenkerin** ‖ **Fahrzeugtechnik** ‖ **Fahrzeugtechniker** ‖ **Fahrzeugtechnikerin**

Faible [fɛːbl] das, -s/-s ⟨fr.⟩: ein F. *(eine Schwäche, Vorliebe)* für etwas haben

fair [fɛːə] ⟨engl.⟩: *anständig, ehrlich; edel;* ein faires Match ‖ **Fairness** die, - ‖ **Fair Play** [- ˈpleɪ] = **Fairplay** das, -[s]: *faires Spiel* ‖ **Fair Trade** [ˈ- treɪd] = **Fairtrade** der, -[s]: *fairer Handel mit Entwicklungsländern* | *Gütesiegel für solche Produkte*

Fait accompli [fɛtakɔ̃ˈpli] das, - -/-s -s [fɛzakɔ̃ˈpli] ⟨fr.⟩: *vollendete Tatsache*

Fäkalien die (Pl.) ⟨lat.⟩: *[menschliche] Stoffwechselausscheidungen* ‖ **Fäkalsprache:** *Ausdrucksweise mit derben Wörtern aus dem Verdauungsbereich*

Fake [feɪk] das = der, -s/-s ⟨engl.⟩: *Schwindel, Fälschung*

Fakir der, -s/-e ⟨arab.⟩: *indischer Asket* | *ein Zauberkünstler; ein Gaukler*

Faksimile das, -s/-s ⟨lat.⟩: *genaue Nachbildung einer Vorlage, zB einer Handschrift* ‖ **Faksimileausgabe** ‖ **faksimilieren** ‖ **Fakten** die (Pl. von → Faktum) ‖ **faktisch:** die Firma wurde f. stillgelegt *(nicht offiziell, aber so gut wie)* ‖ **Faktizität** die, -/-en: *eine Tatsache, Gegebenheit* ‖ **Faktor** der, -s/-en [-ˈoː-]: alle Faktoren *(Umstände, Ursachen)* berücksichtigen | (Math.) *Zahl oder Größe in einer Multiplikation* ‖ **Faktorei** die, -/-en (veraltet): *Handelsniederlassung in Übersee* ‖ **Faktotum** das, -s/Faktoten: *nützlicher Helfer [im Haushalt, im Betrieb]* | *etwas schrullige Person* ‖ **Faktum** das, -s/Fakten: *Tatsache, Geschehnis* ‖ **Faktura** die, -/Fakturen ⟨lat.-it.⟩ (Kaufmannsspr.): *Rechnung über gelieferte Waren* ‖ **fakturieren:** *die Faktura ausstellen* ‖ **Fakturist** der, -en/-en: *Firmenangestellter, der die Fakturen ausstellt* ‖ **Fakturistin** die, -/-innen ‖ **Fakultät** die, -/-en ⟨lat.⟩: *Universitätsabteilung;* Rechtswissenschaftliche F., Medizinische F. ‖ **Fakultätsgutachten:** *Gutachten eines Angehörigen einer [medizinischen] Fakultät im Strafprozess* ‖ **Fakultätskollegium** (Bildw.) ‖ **fakultativ:** *freigestellt, unverbindlich;* → G.: obligatorisch

Falbe der, -n/-n: *fahlgelbes Pferd*

Falke der, -n/-n: *ein Greifvogel* | *Vertreter einer harten, kompromisslosen Politik;* → G.: Taube ‖ **Falkenbeize** die, -/-n (Jägerspr.): *Jagd mit Falken* ‖ **Falkner** der, -s/-: *Sportjäger, der einen abgerichteten Greifvogel zur Jagd verwendet* ‖ **Falknerei** die, -/-en: *das Abrichten und Jagen mit Falken* ‖ **Falknerin** die, -/-innen

Fall der, -[e]s/Fälle: zu F. kommen *(stürzen)* | auf jeden F.; auf alle Fälle; auf keinen F.; das ist der F. *(ist so, trifft zu);* etwas von F. zu F. *(jeweils extra, nicht nach Schema)* entscheiden; gesetzt den F. *(angenommen);* jemand/etwas ist nicht mein F. *(sagt mir nicht zu)* | (Jus) einen F. *(einen Gerichtsprozess)* neu aufrollen | 50 Fälle von Typhus sind bekannt geworden | (Gramm.) *Kasus;* die vier Fälle des Nomens/Substantivs ‖ **Fallbeil:** *eine Hinrichtungsmaschine, Guillotine* ‖ **Fallbeispiel:** *ein für bestimmte Fälle typisches Beispiel* ‖ **Fallbrücke:** *bewegliche Brücke [an Burgtoren]* ‖ **Falle** die, -/-n: *Vorrichtung zum Fangen von Tieren;* jemandem eine F. stellen

fallen, du fällst/fiel/gefallen: im Kampf f. *(getötet werden)* | der Heilige Abend fällt heuer auf einen Montag | das fällt in meine Zuständigkeit *(gehört in meinen Bereich)* | er fiel ihr ins Wort *(unterbrach sie)* | es fielen mehrere Schüsse | (Börse) die Kurse sind gefallen | (ugs.) mit der Tür ins Haus f. *(einen Wunsch, etwas Unerwartetes ohne besondere Einleitung vorbringen)*

Getrenntschreibung bei wörtlicher Bedeutung:

- den Teller fallen lassen; *aber getrennt und zusammen bei übertragener Bedeutung:* den Plan fallen lassen (= fallenlassen) *(aufgeben)*
- die Maske fallen lassen *(sein wahres Gesicht zeigen)*
- der alte Mann ist schwer gefallen *(gestürzt); aber zusammen bei übertragener Bedeutung:* das ist dir schwergefallen *(hat dir große Probleme bereitet)*

fällen, fällte/gefällt: *zum Fallen bringen;* Bäume f. | ein Urteil f. *(sprechen)* ‖ **fallen lassen** = **fallenlassen:** den Plan fallen lassen (= fallenlassen) *(aufgeben); aber nur:* den Teller fallen lassen ‖ **Fallensteller** der, -s/- ‖ **Fallenstellerin** die, -/-innen ‖ **Fallergänzung** (Gramm.): *Objekt* ‖ **fallfrei** (Gramm.): *nicht flektierbar* ‖ **Fallhöhe** ‖ **Fallholz:** *heruntergefallene Äste*

fällig: der Zins ist am Ersten jedes Monats f. *(zu zahlen)* ‖ **Fälligkeit** die, -/-en ‖ **Fälligkeitstermin**

Fallklotz: *Ramme* ‖ **Falllinie** [-iɐ]: *die kürzeste Linie abfließenden Wassers;* die Snowboarderin fährt in der F. *(direkt, steil hangabwärts)* ‖ **Fallobst:** *Obst, das selbst vom Baum gefallen ist;* aus F. Most pressen

Fall-out [ˈfɔːlaʊt] = **Fallout** der, -s/-s ⟨engl.⟩: *radioaktiver Niederschlag*

Fallrecht (Jus): *Rechtsordnung, deren Grundlage gerichtliche Entscheidungen von Rechtsfragen sind;* → Präzedenzfall; → G.: Gesetzesrecht ‖ **Fallreep** das, -[e]s/-e (Seemannsspr.): *ein äußerer Schiffszugang* ‖ **Fallrückzieher** (Fußball): *Schuss im Rückwärtsfallen* ‖ **falls:** *im Falle, dass ...; wenn* ‖ **Fallschirm:** mit dem F. über einem Sportplatz abspringen ‖ **Fall|schirm|jä|ger:** *Soldat einer Luftlandetruppe* ‖ **Fall|schirm|sprin|gen** das, -s: *eine Sportart* ‖ **Fall|schirm|sprin|ger** ‖ **Fall|schirm|sprin|ge|rin** ‖ **Fall|strick:** *Falle, Hinterlist* ‖ **Fall|stu|die** [-i̯ɛ]: *wissenschaftliche Untersuchung eines wichtigen Einzelfalles* ‖ **Fall|sucht** (veraltet): → *Epilepsie* ‖ **Fall|tür:** *Klappe, Tür im Fußboden oder in der Decke* ‖ **Fäl|lung** die, -/-en: die F. von Bäumen ‖ **fall|wei|se:** *gelegentlich* ‖ **Fall|wind:** *abwärtswehender, starker Wind*

Fa|lott der, -en/-en ⟨fr.⟩ (ugs.): *Lump* ‖ **Fa|lot|tin** die, -/-innen

falsch

- falsche Behauptungen
- falsche Zähne
- falscher (*auch:* Falscher) Hase (Küchenspr.: *eine Speise aus Faschiertem*)

Großschreibung bei Nominalisierung:

- [zwischen] Falsch und Richtig nicht unterscheiden können

Getrenntschreibung bei wörtlicher Bedeutung:

- falsch schreiben
- auf der Geige falsch spielen

Zusammenschreibung bei übertragener Bedeutung:

- mit seiner Meinung falschliegen *(sich täuschen)*
- mit den Karten falschspielen *(schwindeln, betrügen)*

Falsch (geh.) (nur in den Wendungen): [es ist] kein F. [an ihm]; ohne F. *(ehrlich, offen)* sein ‖ **Falsch|aus|sa|ge** ‖ **fäl|schen:** du fälsch[s]t eine Unterschrift ‖ **Fäl|scher** der, -s/- ‖ **Fäl|sche|rin** die, -/-innen ‖ **Falsch|geld** ‖ **Falsch|heit** die, -/-en ‖ **fälsch|lich:** jemanden f. *(irrtümlich)* verdächtigen ‖ **fälsch|li|cher|wei|se** ‖ **falsch|lie|gen:** *sich täuschen* ‖ **Falsch|mel|dung** ‖ **Falsch|mün|zer** der, -s/-: *Geldfälscher* ‖ **Falsch|mün|ze|rin** die, -/-innen ‖ **Falsch|par|ker** der, -s/- ‖ **Falsch|par|ke|rin** die, -/-innen ‖ **falsch|spie|len:** *schwindeln; aber:* auf der Geige falsch spielen ‖ **Falsch|spie|ler** ‖ **Falsch|spie|le|rin** ‖ **Fäl|schung** die, -/-en ‖ **fäl|schungs|si|cher:** der neue Reisepass ist f.

Fal|sett das, -[e]s/-e ⟨it.⟩ (Mus.): *Fistelstimme, Kopfstimme;* im F. singen ‖ **fal|set|tie|ren** (Mus.) ‖ **Fal|set|tist** der, -en/-en (Mus.); → Countertenor ‖ **Fal|sett|stim|me** (Mus.)

Fal|si|fi|kat das, -[e]s/-e ⟨lat.⟩: *etwas Gefälschtes, Unechtes, zB eine falsche Banknote* ‖ **Fal|si|fi|ka|ti|on** [-tsi̯-] die, -: die F. der Behauptung *(der Nachweis, dass sie falsch ist);* → G.: Verifikation ‖ **fal|si|fi|zie|ren**

Falt|blatt ‖ **Falt|boot** ‖ **Fal|te** die, -/-n: ein Rock mit Falten; Falten im Gesicht ‖ **fal|ten:** einen Brief f.; die Hände zum Gebet f. ‖ **Fal|ten|ge|bir|ge** (Geol.) ‖ **fal|ten|los** ‖ **fal|ten|reich** ‖ **Fal|ten|rock** ‖ **Fal|ten|wurf** der, -[e]s: der schöne F. ihres Kleides

Fal|ter[1] der, -s/-: *Schmetterling;* Nachtfalter

Fal|ter[2] der, -s/-: *Folder, Faltprospekt*

fal|tig: ein faltiges *(zerfurchtes)* Antlitz ‖ **-fäl|tig** (nur in Zusammensetzungen wie vielfältig) ‖ **Falt|kar|ton:** *zusammenlegbare Kartonschachtel* ‖ **Falt|tür** ‖ **Fal|tung** die, -/-en

Falz der, -es/-e: *Faltstelle* | → *Klebefalz* | *Ausnehmung, Rinne* ‖ **Falz|bein:** *ein Buchbinderwerkzeug* ‖ **fal|zen,** du falzt: *einen Falz machen*

Fa|ma die, - ⟨lat.⟩: *Gerücht*

fa|mi|li|är ⟨lat.⟩: ein familiäres *(herzliches, ungezwungenes)* Verhältnis ‖ **Fa|mi|lie** [-i̯ɛ] die, -/-n: eine vierköpfige F.; die Heilige F. *(Jesus, Maria und Joseph)* | (Biol.) *Rangstufe im System der Organismen* ‖ **Fa|mi|li|en|an|ge|hö|ri|ge** ‖ **Fa|mi|li|en|an|ge|le|gen|heit** ‖ **Fa|mi|li|en|an|schluss:** F. finden *(sich einer Familie anschließen können)* ‖ **Fa|mi|li|en|ar|beit:** *unentgeltlich von Familienmitgliedern erbrachte Leistungen für Haushalt, Kindererziehung ua.* ‖ **Fa|mi|li|en|aus|flug** ‖ **Fa|mi|li|en|ban|de** die (Pl.) (geh.): *Zusammenhalt innerhalb der Familie* ‖ **Fa|mi|li|en|bei|hil|fe:** *eine staatliche Unterstützung* (früher: *Kinderbeihilfe*) ‖ **Fa|mi|li|en|be|ra|tung** ‖ **Fa|mi|li|en|be|sitz** ‖ **Fa|mi|li|en|be|trieb** ‖ **Fa|mi|li|en|bo|gen** (SüdT, Amtsspr.): *Dokument, in dem alle Familienmitglieder verzeichnet sind* ‖ **Fa|mi|li|en|chro|nik** [-k-] ‖ **Fa|mi|li|en|fei|er** ‖ **fa|mi|li|en|feind|lich** ‖ **Fa|mi|li|en|fest** ‖ **Fa|mi|li|en|fonds** [-fõ:]: *Kurzwort für Familienlastenausgleichsfonds* ‖ **Fa|mi|li|en|for|schung:** *Genealogie* ‖ **fa|mi|li|en|freund|lich** ‖ **Fa|mi|li|en|grab** ‖ **Fa|mi|li|en|hos|piz|ka|renz** (Amtsspr.): *Karenz für die Sterbebegleitung Verwandter* ‖ **Fa|mi|li|en|kreis:** den Geburtstag im engsten F. feiern ‖ **Fa|mi|li|en|las|ten|aus|gleich** (Admin.): *eine staatliche Förderungsmaßnahme* ‖ **Fa|mi|li|en|las|ten|aus|gleichs|fonds** [-fõ:] (Admin.) (FLAF, Flaf): *Fonds, aus dem Sozialleistungen für Familien gespeist werden* ‖ **Fa|mi|li|en|le|ben** ‖ **Fa|mi|li|en|mi|nis|ter** ‖ **Fa|mi|li|en|mi|nis|te|rin** ‖ **Fa|mi|li|en|mi|nis|te|ri|um** (früher): *Ministerium für Umwelt, Jugend und Familie* (jetzt: *Bundesministerium für Wirtschaft, Familie und Jugend*) ‖ **Fa|mi|li|en|mit|glied** ‖ **Fa|mi|li|en|nach|zug:** *Familienzusammenführung in einem Asylland* ‖ **Fa|mi|li|en|na|me,** *auch:* **Fa|mi|li|en|na|men:** *Zuname* ‖ **Fa|mi|li|en|ober|haupt** ‖ **Fa|mi|li|en|pla|nung:** *Anwendung der Geburtenregelung* ‖ **Fa|mi|li|en|po|li|tik** ‖ **Fa|mi|li|en|recht** (Jus): *Rechtsnormen zur Regelung des Eltern-Kind-Verhältnisses (einschließlich Eherecht)* ‖ **Fa|mi|li|en|sil|ber:** *Silberbesteck uÄ in langjährigem Familienbesitz* | F. *(die letzten Reserven)* verscherbeln ‖ **Fa|mi|li|en|sinn:** ein ausgeprägter F. ‖ **Fa|mi|li|en|stand** (Amtsspr.): *Angabe, ob ledig, verheiratet, geschieden oder verwitwet* ‖ **Fa|mi|li|en|stands|bo|gen** (SüdT, Amtsspr.): → *Familienbogen* ‖ **Fa|mi|li|en|va|ter** ‖ **Fa|mi|li|en|ver|hält|nis|se** die (Pl.): in zerrütteten Familienverhältnissen aufwachsen ‖ **Fa|mi|li|en|zu|sam|men|füh|rung:** *Familiennachzug*

fa|mos ⟨lat.⟩: ein famoser *(ausgezeichneter)* Gedanke

Fa|mu|la|tur die, -/-en ⟨lat.⟩: *Praktikum für Medizinstudenten* ‖ **fa|mu|lie|ren** (Med.): *die Famulatur machen* ‖ **Fa|mu|lus** der, -/Famuli (veraltet): *Gehilfe [eines Gelehrten]*

Fan [fæn] der, -s/-s ⟨engl.⟩: *begeisterter Anhänger*

Fa|nal das, -s/-e ⟨gr.-it.-fr.⟩ (geh.): *weithin sichtbares [Feuer]zeichen*

Fa|na|ti|ker der, -s/- ⟨lat.⟩ ‖ **Fa|na|ti|ke|rin** die, -/-innen ‖ **fa|na|tisch:** *leidenschaftlich, besessen;* ein fanatischer Anhänger einer Sekte ‖ **fa|na|ti|sie|ren:** *aufhet-*

zen, fanatisch machen ǁ **Fanatịsmus** der, -

Fanclub ['fænk-] → Fanklub

fand → finden

Fanfare die, -/-n ⟨fr.⟩: *eine Trompete* | *ein festliches Musikstück für Blechblasinstrumente [zur Einleitung einer Feier]*

Fạng der, -[e]s: *Beute;* einen guten F. machen | (mit Pl. Fänge) *Reißzahn des Raubtiergebisses* | (mit Pl. Fänge) *Greifvogelfuß, -kralle* ǁ **Fạngarm:** der F. eines Kraken ǁ **Fạngeisen:** *Falle zum Fangen von Wild* ǁ **fạngen,** du fängst/fing/gefangen: Fische f.; den Feind gefangen nehmen | Feuer f. *(zu brennen beginnen; sich begeistern)* | (ugs.) eine Ohrfeige f. *(bekommen)* | (ugs.) er hat sich wieder gefangen *(erfangen); aber:* Fangen (ostöst.: Fangerl) spielen ǁ **Fänger** der, -s/- ǁ **Fängerin** die, -/-innen ǁ **Fangerlspiel** (ostöst.): *Fangen, Abfangen* ǁ **Fạngfrage:** *eine als Falle gestellte Frage* ǁ **fạngfrisch:** fangfrische Forellen ǁ **Fạnggründe** die (Pl.): F. *(fischreiche Meeresgebiete)* einer Hochseefischerei ǁ **Fạngnetz**

Fạngo der, -s/-s ⟨it.⟩ (Med.): *ein Heilschlamm*

Fạngquote: die F. für Wale ǁ **Fạngschaltung:** *Einrichtung zur Identifizierung von Telefonanrufern* ǁ **Fạngschuss** (Jägerspr.): *Schuss, mit dem ein angeschossenes Wild getötet wird*

Fanklub ['fæn-] = Fanclub [-k-] ⟨engl.⟩: *Zusammenschluss von Anhängern [eines Sportlers]*

Fạnni = **Fạnny** [-i]: *weibl. Vorname (Franziska, Stefanie uÄ)*

Fạnt der, -[e]s/-e ⟨lat.-it.⟩ (veraltet): *unreifer, eitler Bursche*

Fantasie = Phantasie [-f-] die, -/-n ⟨gr.⟩: *Vorstellungskraft, Einfallsreichtum* | *Einbildung, Trugbild* | (Mus.) *ein Musikstück* ǁ **fantasiearm** = phantasiearm ǁ **fantasielos** = phantasielos ǁ **Fantasielosigkeit** = Phantasielosigkeit ǁ **fantasieren** = phantasieren ǁ **fantasievoll** = phantasievoll ǁ **Fantạst** = Phantast der, -en/-en: *Träumer, Schwärmer* ǁ **Fantasterei** = Phantasterei die, -/-en: *wirklichkeitsfremde Idee* ǁ **Fantạstin** = Phantastin die, -/-innen ǁ **fantạstisch** = phantastisch*: unglaublich; großartig; aber:* der [Wiener] Phantastische Realismus *(Richtung der modernen Malerei und Grafik, die Elemente der Wirklichkeit mit Fantastischem verbindet)* ǁ **Fantasy** ['fæntəsi] die, - ⟨engl.⟩: *fantastische Literatur in märchen- oder sagenähnlicher Form; fantastischer Film*

FAO [ɛf a oː] die, -: **F**ood and **A**griculture **O**rganization *(Organisation der Vereinten Nationen für Ernährung, Landwirtschaft und Forstwesen)*

FAQ [ɛf a 'kuː] die (Pl.): **f**requently **a**sked **q**uestions *(Fragen, die oft gestellt werden)*

Farad das, -[s]/- (Zeichen: F) (Phys.): *Maßeinheit für die elektrische Kapazität (nach dem Physiker Faraday)*

Fạrbabstufung ǁ **Fạrbaufnahme:** *Farbfoto* ǁ **Fạrbbildschirm** ǁ **Fạrbdruck** der, -[e]s/-e

Fạrbe die, -/-n:
F. bekennen *(mit der Wahrheit herausrücken)* | die F. *(der Anstrich)* blättert von den Wänden | *Spielkartenzeichen, zB Herz*

Großschreibung des nachfolgenden Farbadjektivs:
- die Farbe Gelb (Frage: *Welche Farbe?*)
- meine liebste Farbe ist Rot (Frage: *Welche Farbe?; auch:* rot; mit Frage *Wie?*)
- die Farbe meiner Augen ist Blau (auch: blau; mit Frage *Wie?*)

fạrbecht: *nicht abfärbend* ǁ **Färbemittel** ǁ **-farben** (nur in Zusammensetzungen wie rosafarben) ǁ **färben:** Eier f.; sich die Haare f.; die Rede war politisch einseitig gefärbt ǁ **fạrbenblind** (Med.) ǁ **Fạrbenblindheit** (Med.): *Störung der Wahrnehmung von Farben* ǁ **fạrbenfroh** ǁ **Fạrbenpracht** ǁ **fạrbenprächtig** ǁ **fạrbenreich** ǁ **Fạrbenspiel:** der herbstliche Wald bot ein prächtiges F. ǁ **Färber** der, -s/- ǁ **Färberei** die, -/-en ǁ **Färberin** die, -/-innen ǁ **Fạrbfernsehen** ǁ **Fạrbfernseher** ǁ **Fạrbfilm** ǁ **Fạrbfoto** ǁ **Fạrbgebung** die, -/-en: *Kolorit* ǁ **fạrbig:** eine farbige *(lebendige)* Darstellung; *aber:* → färbig

färbig, *auch:* **farbig:**
in Farbe, bunt; ein färbiges (auch: farbiges) Kopftuch; → farbig

In Österreich überwiegen die Formen mit -ä-:
- andersfärbig
- dreifärbig
- verschiedenfärbig

In Deutschland heißt es hingegen nur „andersfarbig", „dreifarbig" ...
In der Bedeutung „anschaulich, lebendig" heißt es nur „farbig":
- eine farbige Schilderung

Fạrbige[1] der, -n/-n, ein Farbiger: *Nichtweißer, zB Schwarzafrikaner* ǁ **Fạrbige**[2] die, -n/-n ǁ **Fạrbigkeit** die, -; → farbig ǁ **Färbigkeit** die, -, *auch:* Farbigkeit; → färbig ǁ **Fạrbkontrast** ǁ **Fạrbkopie** ǁ **Fạrblithografie** = **Fạrblithographie** [-f-] ǁ **fạrblich:** f. aufeinander abgestimmte Kleidung ǁ **fạrblos:** farbloser *(transparenter)* Lack | ein farbloser *(unscheinbarer)* Mensch ǁ **Fạrbnuance** [-nyɑ̃ːs] ǁ **Fạrbstift:** *Buntstift* ǁ **Fạrbstoff:** *färbende Substanz* ǁ **Fạrbtafel:** *ganzseitige färbige Abbildung in Büchern* ǁ **Fạrbton** ǁ **Fạrbtupfer** ǁ **Färbung** die, -/-en: der Stein hat eine rötliche F. | eine Rede mit ideologischer F.

Fạrce [fars] die, -/-n ⟨fr.⟩: eine ernste Sache zu einer F. machen *(sie ins Lächerliche verkehren)* | (Küchenspr.) *Fülle [eines Bratens]* ǁ **farcieren** [-'siː-] (Küchenspr.): *[Fleisch] mit einer Farce füllen*

Fạrfel das, -s/-n, *auch:* Pfarfel (reg., bes. K): *geriebenes Teigknöllchen als Einlage für Milchspeisen oder Suppen* ǁ **Fạrfelsuppe,** *auch:* Pfarfelsuppe (reg., bes. K)

Färinger → Färöer[2] ǁ **Färingerin** → Färöerin ǁ **färingisch** → färöisch

Fạrm die, -/-en ⟨engl.⟩: *meist [großer] landwirtschaftlicher Betrieb (bes. in angelsächsischen Ländern und in Afrika)* ǁ **Fạrmer** der, -s/-: *Besitzer einer Farm* ǁ **Fạrmerin** die, -/-innen

Fạrn der, -[e]s/-e: *eine Pflanzenklasse* ǁ **Fạrnkraut**

Färöer[1] [auch: -'øː-] die (Pl.): *eine Inselgruppe im Nordatlantik* ǁ **Färöer**[2] der, -s/-, *auch:* Färinger: *Bewohner der Färöer*[1] ǁ **Färöerin** die, -/-innen, *auch:* Färingerin ǁ **färöisch,** *auch:* färingisch

Färse die, -/-n (fachspr.): *Kalbin*

Fasan der, -[e]s/-e[n] ⟨gr.-fr.⟩: *ein*

Hühnervogel || **Fasanjagd**

Fasche die, -/-n ⟨it.⟩: *Wickelbinde* || **faschen,** du fasch[s]t

faschieren ⟨fr.⟩ (Küchenspr.): *durch den Fleischwolf drehen;* Fleisch f.; faschierte Laibchen; faschierter Braten || **Faschiermaschine:** *Fleischwolf* || **Faschierte** das, -n, Faschiertes: *Hackfleisch*

Faschina die, -: *ein Pass in Vorarlberg*

Faschine die, -/-n ⟨it.⟩: *Reisigbündel oder -geflecht [zum Festigen der Ufer von Wildbächen]*

Fasching der, -s/-e [-s]: *Zeitraum bes. von Weihnachten bis Aschermittwoch, Fasnacht, Karneval* || **Faschingdienstag** = Faschingsdienstag || **Faschingsball** || **Faschingsdienstag** = Faschingdienstag || **Faschingsgilde** || **Faschingskostüm** || **Faschingskrapfen** || **Faschingsnarr** || **Faschingsnärrin** || **Faschingsprinz** || **Faschingsprinzessin** || **Faschingsscherz** || **Faschingszeit**

Faschismus der, -/Faschismen ⟨it.⟩ (Gesch., Pol.): *das autoritäre System in Italien von 1922–1945* | *antidemokratische und nationalistische Bestrebungen oder Herrschaftsform* || **Faschist** der, -en/-en || **Faschistin** die, -/-innen || **faschistisch** || **faschistoid:** *gewisse Merkmale des Faschismus aufweisend*

Faselei die, -/-en (abw.): *Gefasel* || **faseln,** ich fasle (abw.); → Fasler

Faser die, -/-n || **faserig,** *auch:* fasrig || **fasern:** ein fasernder *(fransender)* Stoff || **Faserpflanze** || **Faserschreiber:** *feiner Filzstift* || **Faserung** die, -/-en

Fashion ['fæʃ(ə)n] die, -/-s ⟨engl.⟩: *Mode* || **fashionable** ['fæʃənəbl] (sal.): *modisch*

Fasler der, -s/- (abw.): *jemand, der oberflächlich und dumm daherredet;* → faseln || **Faslerin** die, -/-innen (abw.)

Fasnacht die, - (westöst.): *Fasching (im Zusammenhang mit Brauchtum)* || **Fasnat** = **Fasnet** die, - (V): *Fasnacht*

fasrig → faserig

Fass das, -es/Fässer: Bier aus dem F.; das F. zum Überlaufen bringen *(das Maß überschreiten, einen Streit auslösen);* etwas schlägt dem F. den Boden aus *(das ist die Höhe, ist unerhört);* etwas ist ein F. ohne Boden *(verursacht ständig Kosten)* | (in Mengenangaben auch mit Pl. Fass) zwei Fass (Fässer) Bier

Fassade die, -/-n ⟨fr.⟩: *Vorderseite [eines Hauses]* || **Fassadenreinigung** || **Fassadenrenovierung** [-v-]

fassbar: *fasslich*

Fassbier || **Fassbinder:** *ein Handwerker* || **Fassbinderei** die, -/-en || **Fassbinderin** || **Fassdaube**

fassen[1]: sich in Geduld f. | der Täter wurde gefasst | du fasst *(begreifst)* es nicht | Gedanken in Worte f. *(verständlich darlegen, formulieren)* || **fassen**[2] sich: bald hat sie sich wieder gefasst *(den Schock überwunden, sich beruhigt)*

fässerweise: *in Fässern*

Fassette = Facette [-s-] die, -/-n ⟨fr.⟩: *kleine geschliffene Fläche [an Gläsern und Schmucksteinen]* | *Teilaspekt;* eine F. des Charakters *(ein Charakterzug)* || **Fassettenauge** = Facettenauge (Zool.): *aus vielen Einzelaugen bestehendes Sehorgan der Insekten* || **fassettenreich** = facettenreich || **Fassettenschliff** = Facettenschliff: *aus Fassetten bestehender Schliff [bei Edelsteinen]* || **fassettieren** = facettieren: *mit Fassetten versehen*

Fassl das, -s/-[n]: *[kleines] Fass*

fasslich: *verständlich, begreifbar;* ein leicht fasslicher (= leichtfasslicher) Text

Fasslrutschen das, -s: *ein Volksbrauch [in Klosterneuburg]*

Fasson die, -/-en = Façon [-'sõ:], -/-s ⟨fr.⟩: die F. *(die Form, der Schnitt)* des Anzugs | (veraltet) der Preis für die F. *(Macherlohn)* || **fassonieren** [-on-] = façonieren: die Haare f. *(zurechtschneiden)*

Fassung die, -/-en: Glühbirnen in die F. schrauben; die F. der Brille zurechtbiegen | die F. *(Haltung)* bewahren/verlieren; sie trägt die Beleidigung mit F. || **fassungslos:** ich bin f. *(bestürzt, sprachlos)* || **Fassungslosigkeit** die, - || **Fassungsvermögen**

fassweise: *Fass für Fass*

fast: *beinah[e]*

fasten: *sich [aus religiösen Gründen] des Essens [bestimmter Speisen] enthalten* || **Fastenkur** || **Fastenspeise** || **Fastenzeit:** *in der kath. Kirche die Zeit vor Ostern*

Fast Food ['fa:st fu:d] = **Fastfood** das, -[s] ⟨engl.⟩: *schnell zubereitetes Gericht, Fertiggericht;* → Junkfood || **Fastfood-Restaurant** [-storɑ̃:] = **Fast-Food-Restaurant:** *Schnellimbiss*

Fastnacht die, - (bes. D): *Fasching* || **Fasttag:** einen F. einlegen | (kath.) ein strenger F.; → fasten

Faszikel der = das, -s/- ⟨lat.⟩ (Amtsspr.): *Aktenbündel*

Faszination [-tsi̯-] die, -/-en ⟨lat.⟩: *fesselnde Wirkung, die von einer Person oder Sache ausgeht* || **faszinieren:** ein faszinierender *(hinreißender)* Anblick || **Faszinosum** das, -s (geh.): *faszinierende Sache*

fatal ⟨lat.⟩: eine fatale *(verhängnisvolle)* Angelegenheit || **Fatalismus** der, -: *Glaube an ein unvermeidliches Schicksal* || **Fatalist** der, -en/-en || **Fatalistin** die, -/-innen || **fatalistisch** || **Fatalität** die, -/-en (geh.): *Verhängnis, Missgeschick*

Fata Morgana die, - -/- Morganen [- -s] ⟨it.+arab.⟩: *Luftspiegelung [in der Wüste und auf dem Meer]; Fantasiebild*

Fatsche (reg., ugs.): *Fasche* || **fatschen** (reg., ugs.): *faschen*

Fatum das, -s/Fata ⟨lat.⟩: *Schicksal, Bestimmung*

fauchen = pfauchen: der fauchende Kater

faul: ein fauler *(verdorbener)* Apfel | ein fauler *(träger)* Mensch | an der Sache ist etwas f. *(nicht in Ordnung, nicht korrekt);* ein fauler Trick | (Wirt.) faule Kredite *(uneinbringliche Kredite [von insolventen Firmen])* || **Fäule** die, -: *Fäulnis* || **faulen:** das Obst fault; *aber:* → foulen || **faulenzen,** du faulenzt: *[genießerisch] ausspannen, nichts tun* || **Faulenzer** der, -s/-: *jemand, der faulenzt* | (ugs., veraltet) *Linienblatt* || **Faulenzerin** die, -/-innen || **Faulgas:** *Gas, das bei der Fäulnis entsteht* || **Faulheit** die, - || **faulig:** fauliges Sumpfwasser || **Fäulnis** die, -: *Zersetzung organischer Stoffe;* in F. übergehen || **Faulpelz** (abw.): *fauler Mensch* || **Faulschlamm:** *faulender, übel riechender Schlamm [in Kläranlagen]* || **Faultier:** *ein Säugetier*

Faun der, -[e]s/-e: *römischer Fruchtbarkeits-, Feld- und Waldgott* | *lüsterner Mann* || **Fauna** die, -/Faunen: die F. *(Tierwelt)* der Alpen || **faunisch:** *natürlich und einfach* | *lüstern;* → Faun || **faunistisch:** ein f. bemerkens-

F

werter Fund *(die Fauna betreffend)*

Faust die, -/Fäuste: *geballte Hand;* das passt wie die F. aufs Auge *(ganz und gar nicht);* auf eigene F. *(selbständig, allein);* mit eiserner F. *(mit aller Strenge)* ‖ **Faustball** der, -[e]s/-bälle: *ein spezieller Ball fürs Faustballspiel* | (ohne Pl.) *ein Ballspiel;* F. spielen ‖ **Fäustchen** das, -s/-: sich ins F. lachen *(schadenfroh lachen)* ‖ **faustdick:** ein faustdickes Stück | (scherzh.) es f. hinter den Ohren haben *(schlau und durchtrieben sein)* ‖ **Faustfeuerwaffe:** *Pistole, Revolver uÄ;* → Handfeuerwaffe ‖ **Fäustel** der (*auch:* das), -s/-[n], *auch:* Fäustl: *eine Art schwerer Hammer; Maurerfäustel* ‖ **fausten:** den Ball f. *(mit der Faust wegschlagen)* ‖ **faustgroß** ‖ **Fausthieb**

faustisch (geh.): *nach Erkenntnis strebend (nach der literarischen Figur Dr. Faust)*

Faustkampf (veraltet): *Boxkampf* ‖ **Faustkeil:** *ein steinzeitliches Werkzeug* ‖ **Fäustling** der, -s/-e: *ein Handschuh* ‖ **Faustpfand:** *als Pfand überlassener Wertgegenstand* | eine Geisel als F. *(zum Erpressen von Forderungen)* nehmen ‖ **Faustrecht** das, -[e]s: *mit Gewalt durchgesetzter Anspruch* ‖ **Faustregel:** *einfache Regel* ‖ **Faustschlag**

Fauteuil [fo'tœı] der = das, -s/-s ⟨fr.⟩: *gepolsterter Lehnstuhl mit Armstützen*

Fauxpas [fo'pa(ː)] der, - [-'pa(ː)(s)]/- [-'pa(ː)s] ⟨fr.⟩: *Verstoß gegen gesellschaftliche Umgangsformen*

favorisieren [-v-, -f-] ⟨fr.⟩: *begünstigen* ‖ **Favorit** der, -en/-en: *Sieganwärter, zB beim Pferderennen* | (veraltet) *Günstling* ‖ **Favoriten:** *10. Bezirk Wiens* ‖ **Favoritenrolle** ‖ **Favoritin** die, -/-innen

Fax das, -/-[e]: *Telefax, Fernschreiben bzw. Fernkopieren per Telefon;* → faxen

Faxe die, -/-n (meist Pl.) (ugs.): Faxen machen *(sich zieren; Schwierigkeiten, Umstände machen; blödeln)*

faxen, du faxt: *ein Telefax durchgeben, senden;* → anfaxen ‖ **Faxgerät** ‖ **Faxnummer** ‖ **Faxweiche:** *Umstellvorrichtung von Telefon auf Fax*

Fayence [fa'jãːs] die, -/-n ⟨fr.⟩: *eine Tonware*

Fazit das, -s ⟨lat.⟩: *Ergebnis, Endsumme*

FBA: Fachbereichsarbeit

FCKW [ɛf tse ka 'veː] das, -s/-s (Chem.): **F**luor**c**hlor**k**ohlen**w**asserstoff

fdH [ɛf de 'ha] (ugs., scherzh.): **f**riss **d**ie **H**älfte *(Motto einer Diät)*

F-Dur ['ɛf'duːə] (F) (Mus.) ‖ **F-Dur-Tonleiter** (Mus.)

Fe: Ferrum; → Eisen

Feature ['fiːtʃə] das, -s/-s ⟨engl.⟩: *ein Dokumentarbericht [im Radio]* | *Ausstattungsdetail [an einem Elektrogerät, Auto]*

Feber der, -[s]/- ⟨lat.⟩: *Februar* ‖ **Februar** der, -[s]/-e: *der zweite Monat* ‖ **Februarkämpfe** die (Pl.) (Gesch.): *bürgerkriegsartige Kampfhandlungen zwischen den aufständischen Sozialdemokraten und dem ständestaatlichen Regime in Österreich im Februar 1934* ‖ **Februarpatent** das, -[e]s (Gesch.): *Entwurf eines Staatsgrundgesetzes von 1861*

fechsen [-ks-], du fechst (bes. ostöst., veraltend): *ernten* ‖ **Fechsung** die, -/-en (bes. ostöst., veraltend): *Ernte, Ernteertrag;* eigene F. *(hausgemachtes Erzeugnis, zB Marmelade)*

Fechten das, -s: *eine Sportart* ‖ **fechten,** ich fechte, du fichtst/focht/gefochten/ficht!, fechtet!: *mit Stoß- oder Hiebwaffen kämpfen* | (ugs., veraltet) *betteln* ‖ **Fechter** der, -s/- ‖ **Fechterin** die, -/-innen ‖ **Fechtkampf** ‖ **Fechtmeister:** *Lehrer im Fechtsport* ‖ **Fechtmeisterin** ‖ **Fechtsport**

Feder die, -/-n: der Papagei hat grüne Federn; Federn lassen *(Verluste hinnehmen müssen)* | *ein Schreibgerät;* zur F. greifen *(sich als Autor betätigen)* | *spiralförmiges Stück Metall, das bei Druck nachgibt oder Druck ausübt* | (ugs.) Federn *(Angst)* haben ‖ **Federball** der, -[e]s/-bälle: *ein spezieller Ball fürs Federballspiel* | (ohne Pl.) *ein Ballspiel;* F. spielen; → Badminton ‖ **Federballspiel** ‖ **Federbett:** *Tuchent* ‖ **Federboa:** *Schal aus Federn* ‖ **federführend:** *führend verantwortlich; zuständig* ‖ **Federführung** ‖ **Federgewicht** das, -[e]s (Sport): *eine Gewichtsklasse* ‖ **Federhalter** (bes. D, veraltet): *Federstiel, Füllfeder* ‖ **Federkern:** *Innenteil einer Matratze, der aus vielen Sprungfedern besteht* ‖ **Federkernmatratze** ‖ **Federkiel:** *Teil der Vogelfeder* | (früher) *ein Schreibgerät* ‖ **Federkielsticker** der, -s/- (SüdT): *jemand, der mit Federkielen Ornamente und Motive auf Leder stickt* ‖ **Federkielstickerin** die, -/-innen (SüdT) ‖ **Federkleid:** *die Federn, das Gefieder eines Vogels* ‖ **Federl** das, -s/-[n] (ugs.): *Feder* | (ugs.) (in der Wendung): sich ein F. auf/an den Hut stecken *(als Zeichen einer Leistung bzw. als Aushängeschild anführen)* | (Küchenspr.) *eine Rindfleischsorte* ‖ **federleicht** ‖ **Federlesen** das, -s (nur in der Wendung): nicht viel Federlesens *(keine Umstände)* machen ‖ **federn:** *bei Druck nachgeben;* ein gefederter Kinderwagen ‖ **Federpennal** ‖ **Federschleißen** das, -s (früher): *Ablösen des Flaums von den Federkielen (zur Füllung von Bettzeug)* ‖ **Federschmuck:** ein Indianer mit F. ‖ **Federspiel** der (*auch:* das), -s: *eine Prädikatsbezeichnung für Wachauer Weine;* → Smaragd; → Steinfeder ‖ **Federstiel** (früher): *Federkiel, Federhalter* ‖ **Federstrich:** *Strich mit einer Schreibfeder* | mit einem F. *(leichtfertig, mühelos)* alles bewilligen oder ablehnen ‖ **Federvieh:** *Geflügel* ‖ **Federung** die, -/-en: die F. des Sofas erneuern ‖ **federweich:** ein federweiches *(sehr weiches)* Bett ‖ **Federweiß** das, -: *Talkpulver* ‖ **Federweiße** der, -n/-n (D): *gärender Traubenmost, Sturm* ‖ **Federwild:** *essbares Wildgeflügel* ‖ **Federzeichnung** (Kunstg.)

Fee die, -/-n ⟨fr.⟩: *eine weibliche Märchen-, Sagengestalt*

Feed-back ['fiːdbæk] = **Feedback** das, -s/-s ⟨engl.⟩: *Rückmeldung, Rückkopplung*

Feeling ['fiːl-] das, -s ⟨engl.⟩ (sal.): *Gefühl, Gespür; Stimmung;* ein tolles F.

feenhaft ['feː(ɛ)n-] ⟨fr.⟩: eine feenhafte *(zauberhafte)* Erscheinung ‖ **Feenkönigin**

Fegefeuer das, -s (kath.): *Zustand (Ort) der Läuterung der Seelen im Jenseits* ‖ **fegen:** der Wind fegte ums Haus | (Sport) jemanden vom Platz f. *(überlegen besiegen)* ‖ **Fegfeuer** (selten) (kath.): *Fegefeuer*

Feh das, -[e]s/-e: *sibirisches Eichhörnchen (als Pelztier)*

Fehde die, -/-n (geh.): *Kampf, Streit;* eine F. austragen; jemandem F. ansagen; → befehden ‖ **Fehdehandschuh** der, -[e]s: den F. hinwerfen *(den Kampf ansagen)*

fehl: f. am Platz *(unangebracht)* ‖ **Fehl** (geh.) (nur in der Wendung): ohne F. *(tadellos)* ‖ **Fehlalarm** ‖ **fehleranfällig** ‖ **Fehlanzeige:** *negative Antwort; Mitteilung, dass nichts vorliegt* ‖ **fehlbar** (geh.): jeder Mensch ist f. *(macht Fehler);* → unfehlbar ‖ **Fehlbarkeit** die, - ‖ **Fehlbesetzung:** *nicht geeignete Besetzung einer [Film-, Theater]rolle, eines Postens* ‖ **Fehlbetrag:** *fehlender Betrag, Defizit, Verlust* ‖ **Fehlbitte** (geh.): keine F. tun *(nicht vergeblich bitten)* ‖ **Fehldiagnose:** *falsche Diagnose* ‖ **Fehleinschätzung** ‖ **fehlen:** in der Schule f. | mir fehlt nichts *(ich bin gesund)* | (geh.) weit gefehlt! *(Irrtum!)* | (geh.) *Fehler begehen, sündigen* ‖ **Fehlentwicklung** ‖ **Fehler** der, -s/-: aus Fehlern lernen ‖ **fehlerfrei** ‖ **fehlerhaft** ‖ **fehlerlos** ‖ **Fehlerstrom-Schutzschalter** → FI-Schalter ‖ **Fehlersuche** ‖ **Fehlerquelle** ‖ **Fehlerzahl** ‖ **Fehlgeburt** (Med.): *Geburt einer nicht lebensfähigen Leibesfrucht* ‖ **fehlgehen:** du gehst fehl damit *(du liegst falsch)* | der erste Versuch ist fehlgegangen *(ist missglückt)* ‖ **Fehlgriff:** *falsche Entscheidung* ‖ **Fehlinformation** [-tsi̯-]: *falsche Information* ‖ **Fehlinterpretation** [-tsi̯-] ‖ **Fehlinvestition** [-v-tsi̯-] (Wirt.) ‖ **Fehlkonstruktion** [-tsi̯-] ‖ **Fehlleistung** (Psych.): *Handlungen, die anders ablaufen als beabsichtigt, zB das Sichversprechen* ‖ **fehlleiten:** das Paket wurde fehlgeleitet ‖ **Fehlpass** (Sport) ‖ **Fehlpfiff** (Sport) ‖ **Fehlschlag:** *Misserfolg* ‖ **fehlschlagen:** das Unternehmen schlug fehl *(scheiterte)* ‖ **Fehlstart** [-ʃt-, auch: -st-] (bes. Sport) ‖ **Fehltritt:** *[sittliches] Vergehen, Verfehlung* ‖ **Fehlverhalten** ‖ **Fehlzündung:** *Zündung erst im Auspuff des Kraftfahrzeuges*

Fehring: *Stadt in der Steiermark*

Feier die, -/-n: eine F. anlässlich ihres Geburtstags ‖ **Feierabend:** *[Zeit nach] Arbeitsschluss;* F. machen ‖ **feierlich:** feierliche Stille ‖ **Feierlichkeit** die, -/-en ‖ **feiern:** den Geburtstag f. ‖ **Feierstunde** ‖ **Feiertag:** an Sonn- und Feiertagen geschlossen ‖ **feiertags:** *an Feiertagen*

feig: *furchtsam* | ein feiger *(unrühmlicher, gemeiner)* Anschlag gegen Wehrlose

Feige die, -/-n ⟨lat.-prov.⟩: *eine Südfrucht* | *Feigenbaum* ‖ **Feigenbaum** ‖ **Feigenblatt:** *Blatt des Feigenbaums* | (Kunstg.) *Darstellung eines Feigenblatts zur Verhüllung der Geschlechtsteile* ‖ **Feigenkaffee:** *ein Kaffeeersatz* ‖ **Feigenkaktus:** *Opuntie*

Feigheit die, - ‖ **Feigling** der, -s/-e (abw.)

feil: *käuflich* ‖ **feilbieten:** sie bietet eine Ware feil *(zum Kauf an)* ‖ **Feilbietung** die, -/-en (Amtsspr.): öffentliche F. *(Versteigerung)*

Feile die, -/-n: *Werkzeug zum Abschleifen von Unebenheiten;* Nagelfeile ‖ **feilen:** die Nägel f. | an einem Text f. *(ihn sprachlich verbessern)*

feilschen: *hartnäckig handeln;* du feilsch[s]t um jeden Groschen

Feim der, -s (veraltet): *Schaum;* → abgefeimt

fein
ein feiner *(dünner)* Stoff | ein feiner *(netter, sympathischer)* Kerl

Großschreibung bei Nominalisierung:
- Musik vom **F**einsten

Getrennt- und Zusammenschreibung:
- fein mahlen = feinmahlen
- fein schneiden = feinschneiden
- sich fein machen = sich feinmachen
- fein gemahlenes (= feingemahlenes) Mehl
- fein geschnittene (= feingeschnittene) Kräuter

Zusammenschreibung, wenn „fein“ die Bedeutung des folgenden Bestandteils verstärkt oder ein Bestandteil nicht selbstständig vorkommt, zB:
- feinfühlend
- feinkörnig
- feinsäuberlich

Feinabstimmung: *genaue Einstellung* ‖ **Feinarbeit**

feind (geh.): dir kann man nicht f. *(böse)* sein (Frage *Wie?*); *aber:* → Feind ‖ **Feind** der, -[e]s/-e: alte Feinde; ich bin nicht dein F. ‖ **Feindbild:** *Vorstellung vom Gegner* ‖ **Feindeshand** (geh.): in F. *(in die Gewalt des Feindes)* fallen ‖ **Feindesland** ‖ **Feindin** die, -/-innen ‖ **feindlich:** jemandem f. gegenüberstehen ‖ **Feindlichkeit** die, -/-en ‖ **Feindschaft** die, -/-en ‖ **feindselig:** f. eingestellt, gesinnt sein ‖ **Feindseligkeit** die, -/-en

feinfühlend: ein feinfühlender *(empfindsamer)* Mensch ‖ **feinfühlig:** *feinfühlend, zart* ‖ **Feinfühligkeit** die, - ‖ **Feingefühl** das, -[e]s ‖ **Feingehalt** der, -[e]s: *der Anteil an Edelmetall [in einer Münze]* ‖ **fein gemahlen** = **feingemahlen** ‖ **fein geschnitten** = **feingeschnitten** ‖ **feingliedrig:** eine feingliedrige *(zarte, zierliche)* Gestalt ‖ **Feingold** ‖ **Feinheit** die, -/-en ‖ **feinkörnig** ‖ **Feinkost** ‖ **Feinkosthandlung:** *Delikatessengeschäft* ‖ **fein machen** = **feinmachen** sich: sich fürs Theater f. m. ‖ **fein mahlen** = **feinmahlen** ‖ **feinmaschig** ‖ **Feinmechaniker** ‖ **Feinmechanikerin** ‖ **Feinmotorik:** *präzise Beweglichkeit [der Fingergelenke]* ‖ **feinnervig** [-f-]: ein feinnerviger *(sensibler)* Mensch ‖ **feinsäuberlich** ‖ **Feinschmecker** der, -s/-: *Gourmet* ‖ **Feinschmeckerin** die, -/-innen ‖ **fein schneiden** = **feinschneiden** ‖ **feinsinnig:** *empfindsam, feinfühlig* ‖ **Feinsliebchen** (veraltet): *Geliebte* ‖ **Feinspitz** (sal.): *Feinschmecker* ‖ **Feinwäsche:** *Wäsche aus empfindlichen Materialien, die schonend gewaschen werden muss* ‖ **Feinwaschmittel**

feist: ein feistes *(dickes, fettes)* Schwein

Feitel der, -s/- (ugs.): *einfaches Taschenmesser*

feixen, du feixt (bes. D, ugs.): *höhnisch lachen, schadenfroh grinsen*

Felber der, -s/- (mda.): *Weide[nbaum]* ‖ **Felberbaum** ‖ **Felberrute**

Felber Tauern der, - -: *ein Pass in Salzburg, Osttirol*

Felchen der, -[s]/-: → *Reinanke*

Feld das, -[e]s/-er: auf dem F. *(Acker)* arbeiten | das F. eines Formulars ausfüllen | ein weites F. *(großer Zusammenhang)* | (Mil.) im F. *(an der Front)* ‖ **Feldarbeit:** die F. des Bauern | *Feldforschung* ‖ **Feldbach** (Kfz: FB):

F

Stadt in der Steiermark ‖ **Feldbett:** *einfaches Klappbett, Liege* ‖ **feldein:** *in die Felder* ‖ **Feldflasche:** *Flasche, um Getränke bei sich zu tragen* ‖ **Feldforschung:** *wissenschaftliche Arbeit an Ort und Stelle;* → Feldversuch ‖ **Feldfrucht** ‖ **Feldhase** ‖ **Feldherr** (Mil.): *Heerführer* ‖ **Feldkirch** (Kfz: FK): *Stadt in Vorarlberg* ‖ **Feldkirchen** (Siedlungsname): F. in Kärnten (Kfz: FE) ‖ **Feldküche** (Mil.) ‖ **Feldkurat:** *Militärgeistlicher* ‖ **Feldlager** (früher) (Mil.): *Heerlager* ‖ **Feldlazarett** (Mil.) ‖ **Feldmarschall** (früher) (Mil.): *höchster Offizier* ‖ **Feldmesse:** *ein im Freien gefeierter Gottesdienst* ‖ **Feldpost** (früher) (Mil.): *in Kriegszeiten Postverkehr mit Soldaten an der Front* ‖ **Feldpostbrief** (Mil.) ‖ **Feldquant** (Phys.): *kleinste Energiemenge eines Feldes, zB Photon, Gluon;* → Quant ‖ **Feldsalat:** *Vogerlsalat* ‖ **Feldspat** der, -[e]s: *ein Mineral* ‖ **Feldstärke** (Phys.) ‖ **Feldstecher** der, -s/-: *ein Fernglas* ‖ **Feldversuch:** *vor Ort vorgenommene (empirische) Untersuchung;* → Feldforschung; → Feldarbeit ‖ **Feldweibel** der, -s/- (D) (Mil.): *ein Unteroffizier* ‖ **Feldweg:** einen F. einschlagen ‖ **Feldzug** (Mil.): *Kriegszug*

Felgaufschwung [auch: -ˈaʊ-] (veraltet): → *Hüftaufschwung* ‖ **Felge** die, -/-n: *Radteil, der die Bereifung trägt* | → *Hüftaufschwung* ‖ **Felgenbremse**

Felicitas [-ts-], *auch:* Felizitas: *weibl. Vorname* ‖ **Felix:** *männl. Vorname*

Fell das, -[e]s/-e: *dicht behaarte Haut von Tieren;* ein samtig weiches F.; ein dickes F. haben *(viel ertragen können, unempfindlich sein)* | (ugs.) jemandem das F. über die Ohren ziehen *(jemanden betrügen, bes. im Geschäftsbereich)*

Fellache der, -n/-n ⟨arab.⟩: *[armer] arabischer Bauer im Vorderen Orient*

Fellatio [-tsi̯-] die, - ⟨lat.⟩: *orale sexuelle Befriedigung an einem Mann;* → Cunnilingus

Felleisen das, -s/- (veraltet): *Tornister, Rucksack* ‖ **Fellgeher** (Sport): *jemand, der Skitouren mit Skifellen unternimmt* ‖ **Fellgeherin** (Sport)

Fels[1] der, -: im nackten F. *(im kargen Gebirge)* ‖ **Fels**[2] der, -en[s]/-en: *Felsen;* wie ein F. in der Brandung *(unerschütterlich)* ‖ **Felsblock** der, -s/-blöcke ‖ **Felsbrocken** ‖ **Felsen** der, -s/-: auf einen hohen F. klettern; → Fels[2] ‖ **felsenfest:** f. *(unerschütterlich)* an die Gerechtigkeit glauben ‖ **Felsenküste** ‖ **Felsenreitschule** die, -: *eine [Freiluft-]bühne in Salzburg* ‖ **Felsenriff** ‖ **Felshöhle** ‖ **Felsschlucht** ‖ **felsig** ‖ **Felsspalte** ‖ **Felsspitze** ‖ **Felssturz** ‖ **Felsvorsprung** ‖ **Felswand** ‖ **Felszeichnung**

Feme die, -/-n: *geheimes Gericht [einer Verschwörergruppe];* → verfemen ‖ **Femegericht,** *auch:* Femgericht ‖ **Fememord**

feminin [auch: ˈfe(ː)-] ⟨lat.⟩: *weiblich* | (abw.) *weibisch* ‖ **Femininum** [auch: -ˈniː-] das, -s (Grammatik): *weibliches grammatisches Geschlecht* | (mit Pl. Feminina) *Nomen (Substantiv), das diesem Geschlecht angehört;* → Genus ‖ **Feminismus** der, -: *eine Bewegung, die für Frauenrechte kämpft* ‖ **Feminist** der, -en/-en ‖ **Feministin** die, -/-innen ‖ **feministisch**

Femme fatale [fam faˈtal] die, - -/-s -s [- -ˈal] ⟨fr.⟩: *verführerische Frau*

Fenchel der, -s/-: *eine Gewürzpflanze, ein Gemüse*

Fengshui [ˌfəŋˈʃu(e)ɪ] das, -[s], *auch:* **Feng-Shui** ⟨chin.⟩: *chinesische Tradition der Harmonie zwischen Umgebung und persönlicher Lebensgestaltung*

Fenster das, -s/-: das F. offen lassen | (sal.) *Kurzwort für Fensterstunde* | (ugs.) weg vom F. sein *(nicht mehr gefragt sein)* ‖ **Fensterbalken:** *Fensterladen* ‖ **Fensterbank:** *Fensterbrett* ‖ **Fensterbrett:** auf dem F. stehen Blumen ‖ **Fensterflügel** ‖ **Fenstergitter** ‖ **Fensterglas** ‖ **Fensterheber** der, -s/-: das Auto hat elektrische F. ‖ **Fensterkitt** ‖ **Fensterkuvert** [-veːɐ̯]: *Kuvert mit Fenster für die Adresse* ‖ **Fensterladen:** *schwenkbare Abdeckung des Fensters [zum Verdunkeln]* ‖ **Fensterl** das, -s/-[n]: *[kleines] Fenster* ‖ **fensterln** (früher) (Volksk.): nachts zu einem Mädchen f. gehen *(ans/durchs Fenster zu ihr kommen)* ‖ **fensterlos** ‖ **Fensternische** ‖ **Fensterplatz:** ein F. im Flugzeug ‖ **Fensterpolster:** *Polster vor dem Fenster zum Schutz vor Zugluft* ‖ **Fensterputzer** der, -s/- ‖ **Fensterputzerin** die, -/-innen ‖ **Fensterrahmen** ‖ **Fensterscheibe** ‖ **Fensterschnalle:** *Vorrichtung zum Öffnen bzw. Schließen des Fensters* ‖ **Fensterschützer** der, -s/-: *eine Decke zum Schutz vor Zugluft* ‖ **Fensterstock:** *Fensterrahmen* ‖ **Fensterstunde** (Schule): *Freistunde innerhalb der Unterrichtszeit* ‖ **Fenstertag:** *einzelner Arbeitstag zwischen einem Feiertag und dem Wochenende, Zwickeltag* ‖ **-fenstrig** (nur in Zusammensetzungen wie zweifenstrig)

Ferdi: *männl. Vorname (Ferdinand)* ‖ **Ferdinand:** *männl. Vorname;* → Ferdi; → Ferdl; → Ferry ‖ **Ferdinandeum** das, -[s]: *Tiroler Landesmuseum in Innsbruck* ‖ **Ferdl:** *männl. Vorname (Ferdinand)*

Ferger [-kə] der, -s/- (V): *Vermittler zwischen Heimarbeiter und Fabrikant (in der Stickereiindustrie)* ‖ **Fergerin** die, -/-innen (V)

ferial ⟨lat.⟩: feriale *(die Ferien betreffende)* Bestimmungen ‖ **Ferialarbeit** ‖ **Ferialarbeiter** ‖ **Ferialarbeiterin** ‖ **Ferialjob** [-dʒɔp] ‖ **Ferialkurs** ‖ **Ferialpraktikant** ‖ **Ferialpraktikantin** ‖ **Ferialpraktikum:** *eine der Ausbildung entsprechende Arbeit während der Ferien* ‖ **Ferialpraxis** ‖ **Ferien** die (Pl.) ‖ **Ferienaufenthalt** ‖ **Ferienbeginn** ‖ **Ferienende:** das F. naht ‖ **Feriengast** ‖ **Ferienhaus** ‖ **Ferienjob** [-dʒɔp] ‖ **Ferienlager** ‖ **Ferienparadies** ‖ **Ferienstimmung** ‖ **Ferientag** ‖ **Ferienwohnung** ‖ **Ferienzeit**

Ferkel das, -s/-: *junges Schwein* ‖ **Ferkelei** die, -/-en (ugs., abw.): *Unanständigkeit* ‖ **ferkeln** (ugs., abw.): *schweinische Reden führen, unanständige Bemerkungen machen*

Ferlach: *Stadt in Kärnten*

Fermate die, -/-n ⟨it.⟩ (Mus.): *Verlängerungs-, Aushaltezeichen* (𝄐)

Ferment das, -[e]s/-e ⟨lat.⟩ (Chem.): *organische Verbindung, die den Stoffwechsel fördert* ‖ **Fermentation** [-tsi̯-] die, -/-en: *Gärung* ‖ **fermentieren:** *Ferment zusetzen*

Fermion das, -s/-en [auch: -ˈoː-] (Phys.): *Elementarteilchen mit* *halbzahligem Spin (nach dem italienischen Physiker Fermi);* → G.: Boson ‖ **Fẹr|mi|um** das, -s (Zeichen: Fm): *ein chemisches Element*

fẹrn

Adjektiv:
- von nah und fern
- von fern[e] her
- das ferne Land; *aber als Eigenname groß:* der **F**erne Osten

Zusammenschreibung bei übertragener Bedeutung:
- dem Unterricht fernbleiben *(nicht erscheinen)*
- sie hat sich von ihm ferngehalten
- solche Gedanken sind mir ferngelegen
- fernliegende Gedanken; *aber getrennt und zusammen:* fern liegende (= fernliegende) Dörfer
- fernsehen
- Menschen, die der Kirche fernstehen *(zu ihr keinerlei Bezug haben)*
- fernsteuern; fernlenken

Präposition mit Dativ:
- fern dem Dorf

fern|ạb (Adv.): *weit weg, entfernt* | (Präp. mit Gen.) f. des Weges ‖ **Fẹrn|amt** (früher): *Stelle, die telefonische Ferngespräche vermittelt* ‖ **Fẹrn|auf|nah|me** → G.: Nahaufnahme ‖ **Fẹrn|be|die|nung:** den Fernseher mit der F. einschalten ‖ **fẹrn|blei|ben:** unentschuldigt dem Unterricht f. ‖ **Fẹrn|bril|le** → G.: Nahbrille ‖ **Fẹrn|du|ell:** *nicht in unmittelbarem Kontakt ausgeführter Kampf* ‖ **fẹr|ne** → fern ‖ **Fẹr|ne** die, -/-n: aus der F.; in die F. ‖ **fẹr|ner:** *außerdem* | (ugs.) der Rest fällt unter „ferner liefen" *(nimmt eine unbedeutende Stellung ein)*

Fẹr|ner der, -s/- (westöst.): *Gletscher;* → Firn; → Kees

fẹr|ner|hin: *in Zukunft* ‖ **fẹr|ners** (veraltet): *ferner* ‖ **Fẹrn|fah|rer:** *Lkw-Fahrer, der über lange Strecken Güter transportiert* ‖ **Fẹrn|fah|re|rin** ‖ **fẹrn|ge|lenkt** → fernlenken ‖ **Fẹrn|ge|spräch:** *Telefonat mit einem Partner in einem anderen Ort* ‖ **fẹrn|ge|steu|ert** → fernsteuern ‖ **Fẹrn|glas** ‖ **fẹrn|hal|ten:** sie will mich davon f. ‖ **Fẹrn|hei|zung** → Fernwärme ‖ **Fẹrn|heiz|werk** ‖ **Fẹrn|kurs:** *Fernunterricht* ‖ **Fẹrn|las|ter:** *ein Lkw;* → Fernfahrer ‖ **Fẹrn|lei|he:** *Möglichkeit, von Bibliotheken in anderen Orten Bücher zu entlehnen* ‖ **fẹrn|len|ken** (nur Inf. und 2. Part.): ein Fahrzeug ferngelenkt bewegen ‖ **Fẹrn|licht:** *Scheinwerferlicht, das die Fahrbahn weit nach vorne ausleuchtet;* → Abblendlicht ‖ **fẹrn|lie|gen:** eine fernliegende Möglichkeit; *aber:* fern liegende (= fernliegende) Dörfer ‖ **Fẹrn|mel|de|amt:** *der für die technische Informationsübermittlung zuständige Bereich der Telekom* ‖ **Fẹrn|mel|de|ge|bühr** ‖ **Fẹrn|mel|de|ge|heim|nis** (Jus) ‖ **Fẹrn|mel|de|we|sen:** *Informationsverbreitung über Telefon, Telefax usw.* ‖ **fẹrn|münd|lich** (geh.): *telefonisch* ‖ **Fern|ọst:** ein Kampfsport aus F. *(aus dem Fernen Osten)* ‖ **fern|öst|lich**

Fẹrn|pass der, -es: *ein Pass in den Lechtaler Alpen (T)*

Fẹrn|rei|se ‖ **Fẹrn|rohr** ‖ **Fẹrn|schrei|ben:** die Nachricht als F. übermitteln ‖ **Fẹrn|schrei|ber:** *Gerät zum Senden und Empfangen von Zeichen über Datenleitungen* ‖ **fẹrn|schrift|lich:** *telegrafisch, per Telex* ‖ **Fẹrn|seh|an|ten|ne** ‖ **Fẹrn|seh|ap|pa|rat** ‖ **Fẹrn|seh|emp|fang** ‖ **fẹrn|se|hen,** ich sehe fern: wir haben am Abend ferngesehen ‖ **Fẹrn|se|hen** das, -s: das Theaterstück wird im F. übertragen ‖ **Fẹrn|se|her:** *Fernsehapparat* | *Fernsehzuschauer* ‖ **Fẹrn|se|he|rin:** *Fernsehzuschauerin* ‖ **Fẹrn|seh|film:** *für das Fernsehen produzierter Film;* → Kinofilm ‖ **Fẹrn|seh|ge|rät** ‖ **Fẹrn|seh|ge|bühr** ‖ **Fẹrn|seh|ka|me|ra** ‖ **Fẹrn|seh|pro|gramm** ‖ **Fẹrn|seh|sen|dung** ‖ **Fẹrn|seh|se|rie** [-iɛ] ‖ **Fẹrn|seh|spre|cher** ‖ **Fẹrn|seh|spre|che|rin** ‖ **Fẹrn|seh|stu|dio:** *Sende- und Aufnahmeraum beim Fernsehen* ‖ **Fẹrn|seh|über|tra|gung** ‖ **Fẹrn|seh|zu|schau|er** ‖ **Fẹrn|seh|zu|schau|e|rin** ‖ **Fẹrn|sicht:** *klare Sicht in die Ferne* ‖ **Fẹrn|spre|cher:** *Telefon* ‖ **fẹrn|ste|hen:** unserem Glauben f. *(keinerlei Bezug haben);* → fern ‖ **fẹrn|steu|ern** (nur Inf. und 2. Part.): ein ferngesteuertes *(ferngelenktes)* Auto ‖ **Fẹrn|steu|e|rung** ‖ **Fẹrn|stra|ße:** *Straße für den Fernverkehr* ‖ **Fẹrn|stu|di|um** [-ʃt-] ‖ **Fẹrn|un|ter|richt:** *Unterricht [über Internet, Fernsehen] ohne direkten Kontakt zwischen Lehrer/innen und Schüler/innen* ‖ **Fẹrn|ver|kehr** → G.: Nahverkehr ‖ **Fẹrn|wär|me:** *eine Heizungs- und Warmwasserversorgung mit einem zentralen Wärmeproduzenten* ‖ **Fẹrn|weh** → G.: Heimweh ‖ **Fẹrn|wir|kung** ‖ **Fẹrn|ziel:** *ein erst nach längerer Zeit erreichbares Ziel;* → G.: Nahziel ‖ **Fẹrn|zug**

Fẹr|rum das, -s ⟨lat.⟩ (Zeichen: Fe): *ein chemisches Element, Eisen*

Fẹr|ry [-i]: *männl. Vorname (Ferdinand, Franz)*

Fẹr|se die, -/-n: jemandem auf den Fersen sein *(knapp hinter jemandem her sein)* ‖ **fẹr|seln** (ugs.): *den Ball mit der Ferse weiterspielen* ‖ **Fẹr|sen|bein** ‖ **fẹr|sen|frei:** fersenfreie Sandalen ‖ **Fẹr|sen|geld** (veraltet, scherzh.) (nur in der Wendung): F. geben *(fliehen)* ‖ **Fẹr|s|ler** der, -s/- (ugs.): *Stoß des Balles mit der Ferse*

fẹr|tig

Getrenntschreibung in Verbindung mit „sein":
- fertig sein/gewesen

Getrennt- und Zusammenschreibung:
- die Arbeit fertig bekommen/machen (= fertigbekommen/fertigmachen)
- die Arbeit fertig bringen (= fertigbringen)
- sich fürs Theater fertig machen (= fertigmachen)
- den Bericht fertig stellen (= fertigstellen)
- mit der Arbeit nicht fertig werden (= fertigwerden)
- mit jemandem fertig werden (= fertigwerden) *(sich durchsetzen)*

Zusammenschreibung bei übertragener Bedeutung:
- es nicht fertigbringen zu widersprechen *(nicht im Stande sein, nicht so mutig sein)*
- jemanden fertigmachen *(rücksichtslos zermürben)*

Fẹr|tig|bau der, -[e]s/-ten = **Fẹr|tig|bau|haus:** *Fertigteilhaus* ‖ **fẹr|tig be|kom|men** = **fẹr|tig|be|kom|men:** die Arbeit f. b. ‖ **fẹr|tig|brin|gen:** sie wird es nicht f. zu widersprechen *(nicht im Stande sein); aber:* die Arbeit nicht fertig bringen (= fertigbringen) ‖ **fẹr|ti|gen:** *herstellen* |

F

ausstellen, ausfertigen | (Amtsspr.) *unterschreiben, unterfertigen* ‖ **Fertiggericht** ‖ **Fertigkeit** die, -/-en: große F. im Sticken haben ‖ **fertigmachen:** jemanden f. *(jemanden rücksichtslos zermürben); aber:* die Arbeit nicht fertig machen (= fertigmachen) ‖ **Fertigprodukt** ‖ **fertig stellen = fertigstellen:** den Bericht f. s. ‖ **Fertigstellung** ‖ **Fertigteilbauweise** ‖ **Fertigteilhaus** ‖ **Fertigung** die, -/-en (meist Sg.): *Erzeugung* | (Amtsspr.) *Unterschrift* ‖ **Fertigungsprozess** ‖ **Fertigware** ‖ **fertig werden = fertigwerden:** mit jemandem f. w. *(sich durchsetzen)* | mit der Arbeit nicht f. w.

fertil ⟨lat.⟩ (Biol., Med.): *fruchtbar* ‖ **Fertilität** die, - (Biol., Med.)

Ferwall → Verwall

Fes = Fez [-s] der, -/- ⟨türk.⟩: *eine orientalische Kopfbedeckung*

fesch ⟨engl.⟩: ein fesches *(schickes)* Kleid | *hübsch, smart;* ein fescher Bursch | (sal.) „geh, sei f. *(nett)*!" ‖ **Feschak** der, -[s]/-s (ostöst., sal., oft abw.): *fescher, selbstgefälliger Mann* ‖ **Feschheit** die, -

Fessel[1] die, -/-n: die Fesseln sprengen *(sich befreien)*

Fessel[2] die, -/-n: *Teil des Beines zwischen Wade und Fußgelenk*

Fesselballon: *mit Seilen fest gehaltener Ballon;* → G.: Freiballon ‖ **fessellos** (geh.): *unbeherrscht, hemmungslos* ‖ **fesseln,** ich fessle: ein fesselnder *(interessanter, spannender)* Vortrag ‖ **Fesselung** die, -/-en

fest

feste *(beständige, starke)* Mauern | ein festes *(bindendes, unumstößliches)* Versprechen

Getrenntschreibung bei adverbialem Gebrauch:

– die Schuhbänder [sehr] fest binden; *aber zusammen:* den Hund festbinden

– das Lenkrad [sehr] fest halten

Bei „fest" + Verb, das ein Resultat herbeiführt, gilt im Allgemeinen Zusammenschreibung, zB:

– den Hund festbinden *(anbinden)*

– ein Brett festnageln

– die Haare feststecken

Zusammenschreibung bei übertragener Bedeutung, zB:

– einen Termin festlegen *(fixieren)*

– einen Dieb festnehmen *(verhaften)*

Getrennt- und Zusammenschreibung mit adjektivisch gebrauchten Partizipien:

– fest angestellt = festangestellt

– die fest Angestellte = Festangestellte

– fest gefügt = festgefügt

Fest das, -[e]s/-e: ein rauschendes F. ‖ **Festakt** der, -[e]s/-e (geh.): *eine Festveranstaltung*

fest angestellt = festangestellt ‖ **fest Angestellte**[1] = **Festangestellte**[1] der, -n/-n, ein fest Angestellter (= Festangestellter) ‖ **fest Angestellte**[2] = **Festangestellte**[2] die, -n/-n

Festansprache ‖ **Festbankett**

festbeißen sich: der Hund hat sich festgebissen | *sich intensiv mit etwas beschäftigen*

Festbeleuchtung: die F. des Rathauses

festbinden: *anbinden; aber:* die Masche fest binden ‖ **festbleiben:** *nicht nachgeben* ‖ **festdrehen:** den Wasserhahn f. *(zudrehen)* ‖ **Feste** die, -/-n (geh.): *Festung;* die F. Hohensalzburg; → Veste

Festessen: *festliche Mahlzeit*

festfahren: *stecken bleiben* ‖ **fest gefügt = festgefügt**

Festgelage ‖ **Festgelände** ‖ **Festgottesdienst**

festhalten: an einem Plan f. | hier darfst du dich nicht f. *(anhalten)* | jemanden f. *(gefangen halten)* ‖ **festhängen:** ich hänge mit der Jacke am Nagel fest ‖ **festigen:** *beständig, widerstandsfähig machen, stärken;* → gefestigt ‖ **Festiger** der, -s/-: *Haarfestiger* ‖ **Festigkeit** die, -: *Bruchfestigkeit* ‖ **Festigung** die, -/-en

Festival [-val, -vəl] das, -s/-s ⟨fr.-engl.⟩: *große kulturelle Festveranstaltung* ‖ **Festivität** die, -/-en ⟨lat.⟩ (geh. bzw. scherzh.): *Festlichkeit*

festklammern: sich krampfhaft an jemandem/etwas f. ‖ **festkleben:** ein Plakat f. ‖ **festkochend** (Küchenspr.): festkochende Erdäpfel

Festkomitee

Festkörper (Phys.): *Stoff im festen Aggregatzustand* ‖ **Festkörperphysik** [-fy-]

Festl das, -s/-n (ugs.): *Fest, Party*

Festland das, -[e]s: das europäische F. *(im Gegensatz zu den Inseln)* ‖ **festlegen:** einen Termin f. *(bestimmen);* → fest ‖ **Festlegung** die, -/-en

festlich: festliche Tage ‖ **Festlichkeit** die, -/-en

festliegen: der Öltanker liegt fest *(steckt)* ‖ **festmachen:** das Boot am Ufer f. *(anbinden)*

Festmahl (geh.)

Festmeter (fm): *1 m^3 errechnete Holzmasse;* drei F. Holz; → Meter; → Raummeter ‖ **festnageln:** ein Brett f. | jemanden in der Diskussion f. *(beim Wort nehmen);* ich lasse mich nicht f. ‖ **Festnahme** die, -/-n: *Verhaftung* ‖ **festnehmen:** *verhaften; aber:* etwas fest (in die Hand) nehmen; → fest ‖ **Festnetz:** *verkabeltes Telefonnetz;* → G.: Mobilfunk ‖ **Festplatte:** *Massenspeichermedium in Computern;* → Hard Disc ‖ **Festpreis:** *Fixpreis*

Festprogramm ‖ **Festrede** ‖ **Festredner** ‖ **Festrednerin** ‖ **Festsaal** ‖ **Festschmaus**

festschnallen: *anschnallen* ‖ **festschrauben** ‖ **festschreiben:** etwas f. *(verbindlich festlegen);* → fest

Festschrift: *zu einem Jubiläum herausgegebenes Buch mit verschiedenen Beiträgen*

festsetzen: einen Termin f. *(bestimmen)* ‖ **Festsetzung** die, -/-en ‖ **festsitzen:** *sich nicht vom Platz wegbewegen können*

Festsitzung: *festliche Sitzung* ‖ **Festspiele** die (Pl.): *größere Kulturveranstaltung, die jährlich stattfindet;* die Salzburger F. ‖ **Festspielhaus:** *Theater, Konzerthaus für Festspiele, zB in Salzburg, Bregenz* ‖ **Festspielleitung** ‖ **Festspielstadt**

Feststation [-tsi̯-]: *Fixstation [bei einem schnurlosen Telefon]* ‖ **feststecken:** im Schnee f. | die Haare f. ‖ **feststehen:** es steht fest *(es ist sicher),* dass ...; eine feststehende *(sichere)* Tatsache; *aber:* fest stehen *(nicht schwanken);* → fest ‖ **feststellen:** ich musste mit Entsetzen f., dass ... ‖ **Feststellung** die, -/-en: *nachdrückliches Aussprechen eines Umstandes;* eine F. treffen

Feststiege: die F. *(Prunkstiege)* des Burgtheaters ‖ **Feststimmung** ‖ **Festtafel** (geh.): *feierliches Festessen* | *festlich geschmückter Tisch* ‖ **Festtag** ‖ **festtäglich:** festtägliche Kleidung ‖ **festtags:** *an Festtagen* ‖

Fẹst|tags|es|sen ‖ **Fẹst|tags|klei|dung** ‖ **Fẹst|tags|stim|mung**
fẹst|tre|ten: den Schnee f. *(zusammenpressen)* ‖ **Fẹs|tung** die, -/-en: eine uneinnehmbare F. ‖ **Fẹs|tungs|an|la|ge** ‖ **Fẹs|tungs|haft** (früher): *eine Art der Freiheitsstrafe* ‖ **Fẹst|ver|an|stal|tung** ‖ **Fẹst|ver|samm|lung** ‖ **fẹst|ver|zins|lich** (Bankw.): *mit gleich bleibendem Zinssatz für die gesamte Laufzeit; festverzinsliche Wertpapiere (Anleihe oÄ)* ‖ **fẹst|wach|sen** [-ks-] ‖ **Fẹst|wert|spei|cher:** *Speichermedium im Computer;* → ROM; → Hauptspeicher
Fẹst|wo|chen die (Pl.): die Wiener F. *(Festspiele)* ‖ **Fẹst|zelt:** *großes Zelt für Veranstaltungen*
fẹst|zie|hen: den Knoten f. *(zusammenziehen); aber:* am Seil [sehr] fest ziehen ‖ **Fẹst|zins|ga|ran|tie** (Bankw.)
Fẹst|zug: *festlicher Umzug*
Fe̲|tisch der, -[e]s/-e ⟨port.-fr.⟩: *Gegenstand, der abergläubisch verehrt wird* ‖ **Fe|ti|schịs|mus** der, - ‖ **Fe|ti|schịst** der, -en/-en ‖ **Fe|ti|schịs|tin** die, -/-innen
fẹtt: fettes Fleisch, fette Haare | (ugs.) *sehr dick* | (ugs.) *betrunken* | fette *(große)* Beute | (Jug.) ein fetter *(toller, beeindruckender)* Song; → geil | (Druckw.) die Überschrift f. drucken; f. gedruckt = fettgedruckt ‖ **Fẹtt** das, -[e]s/-e: in heißem F. anbraten ‖ **Fẹtt|ab|la|ge|rung** (Med.) ‖ **Fẹtt|ab|sau|gung** die, -/-en (Med.): *eine Schönheitsoperation* ‖ **fẹtt|arm:** fettarme Kost ‖ **Fẹtt|au|ge:** *Fetttropfen an der Oberfläche von flüssigen Speisen* ‖ **Fẹtt|fleck** der, -[e]s/-e[n] ‖ **fẹt|ten:** die Lederjacke f. *(mit Fett einschmieren)* | die Salbe fettet *(gibt Fett ab)* ‖ **fẹtt|frei** ‖ **fẹtt ge|druckt** = **fẹtt|ge|druckt** ‖ **Fẹtt|ge|halt** der, -[e]s/-e ‖ **Fẹtt|ge|we|be** (Med.) ‖ **fẹtt|häl|tig,** *auch:* fetthaltig ‖ **fẹt|tig:** fettige Finger ‖ **fẹtt|lei|big:** *sehr dick* ‖ **Fẹtt|lei|big|keit** die, -: *Korpulenz* ‖ **fẹtt|los** ‖ **fẹtt|lös|lich** ‖ **Fẹtt|näpf|chen** das, -s/- (nur in der Wendung): ins F. treten *(sich durch unbedachte Äußerung in eine peinliche Situation bringen)* ‖ **Fẹtt|pols|ter:** *Fettgewebe unter der Haut* ‖ **fẹtt|re|du|ziert:** *mit geringem Fettgehalt* ‖ **fẹtt|reich** ‖ **Fẹtt|sack:** *derbes Schimpfwort für einen dicken Menschen* ‖ **Fẹtt|säu|re** (Biol., Chem.): *Baustein der Nahrungsfette;* → Linolsäure ‖ **Fẹtt|schicht** ‖ **Fẹtt|sucht** (Med.) ‖ **fẹtt|trie|fend** ‖ **Fẹtt|trop|fen**
Fe̲|tus = Fötus der, -/-tus**s**e [Feten/Föten] ⟨lat.⟩ (Med.): *Leibesfrucht*
fẹt|zen: *zerfetzen;* die Tapete von der Wand f. *(reißen);* | (ugs.) *schnell fahren, rasen* | (ugs., abw.) du fetzt *(schmierst)* beim Schreiben | (Jug.) die Musik fetzt *(ist bes. gut, schnell)* ‖ **Fẹt|zen** der, -s/-: *abgerissenes, zerfetztes Stück Papier, Stoff* | *Lappen, Tuch* | (ostöst., ugs., derb) *Rausch* ‖ **Fẹt|zen|dach,** *auch:* **Fẹt|zen|dachl** (ugs.): *faltbares [abnehmbares] Autodach* ‖ **fẹt|zen|dẹp|pert,** *auch:* fetzenteppert (ugs., derb): *ausgesprochen dumm* ‖ **Fẹt|zen|la|berl** (ostöst., ugs., früher): *aus Fetzen gefertigter Fußball* ‖ **Fẹt|zen|markt** (reg.): *Markt mit Altwaren* ‖ **Fẹt|zen|schä|del** (derb): *Wirrkopf; Dummkopf* ‖ **Fẹt|zen|tand|ler** (veraltet): *Trödler* ‖ **Fẹt|zen|tand|le|rin** (veraltet) ‖ **fẹt|zig:** ein fetziger *(minderwertiger)* Stoff | (Jug.) eine fetzige *(tolle, mitreißende)* Musik
feucht: das Wetter wird kühl und f. ‖ **Feucht|bio|top** (Ökol.): *zB ein Teich mit seiner Tier- und Pflanzenwelt* ‖ **Feucht|blat|tern** die (Pl.): *eine Infektionskrankheit, Schafblattern, Windpocken* ‖ **feucht|fröh|lich:** ein feuchtfröhliches Fest *(mit viel Alkohol)* ‖ **feucht|heiß:** *feucht und heiß* ‖ **Feuch|tig|keit** die, - ‖ **Feuch|tig|keits|cre|me** [-kreːm] = Feuchtigkeitskrem = Feuchtigkeitskreme ‖ **Feuch|tig|keits|ge|halt** der, -[e]s/-e ‖ **Feuch|tig|keits|mes|ser** ‖ **feucht|warm:** *feucht und warm*
feu|dal ⟨germ.-lat.⟩: *adelig, nobel* ‖ **Feu|dal|ge|sell|schaft** ‖ **Feu|dal|herr** ‖ **Feu|da|lịs|mus** der, - (Gesch.): *Herrschaftsform, in der die adelige Oberschicht auf Grund des Lehenswesens die Macht besitzt und ausübt* ‖ **Feu|dal|staat**
Feu|er das, -s/-: es ist F. am Dach *(es herrscht große Aufregung);* für etwas F. und Flamme *(begeistert) sein; für jemanden durchs F. gehen (alles tun);* F. speien; → Feuer speiend = feuerspeiend ‖ **Feu|er|alarm** ‖ **feu|er|be|stän|dig:** *dem Feuer widerstehend* ‖ **Feu|er|be|schau** (Amtsspr.): *Überprüfung der Feuersicherheit* ‖ **Feu|er|be|stat|tung:** *Einäscherung* ‖ **Feu|er|ei|fer:** mit F. *(großem Eifer)* bei der Sache sein ‖ **feu|er|fest:** Öfen mit feuerfestem Schamott auskleiden ‖ **Feu|er|fleck** der, -[e]s/- (reg., bes. ostöst.): *gerollter Brotfladen [mit Schmalz und Knoblauch]* ‖ **feu|er|ge|fähr|lich:** *leicht entflammbar* ‖ **Feu|er|ge|fecht** (Mil.) ‖ **Feu|er|hal|le:** *Krematorium* ‖ **Feu|er|herd:** *Brandherd* ‖ **Feu|er|kopf** (geh.): *Hitzkopf* ‖ **Feu|er|lei|ter:** *Leiter an Außenwänden von Häusern zur Flucht bei Feuer* ‖ **Feu|er|lö|scher** der, -s/-: *ein chemisches Löschgerät* ‖ **Feu|er|mal** das, -[e]s/-e (Med.): *eine rötliche Hautverfärbung* ‖ **Feu|er|mau|er:** *nicht durchbrochene Trennmauer [zum Nebenhaus]* ‖ **Feu|er|mel|der:** *eine Feueralarmanlage* ‖ **feu|ern:** mit Holz f. *(heizen)* | auf das Ziel f. *(schießen)* | (ugs.) *entlassen* ‖ **Feu|er|pau|se** (Mil.) ‖ **feu|er|po|li|zei|lich** ‖ **Feu|er|pro|be:** die F. bestehen *(sich erstmals unter schwierigsten Bedingungen bewähren)* ‖ **feu|er|rot** ‖ **Feu|ers|brunst** (geh.) ‖ **Feu|er|schau** (V): *Feuerbeschau* ‖ **Feu|er|schlu|cker:** *ein Künstler [im Zirkus]* ‖ **Feu|er|schlu|cke|rin** ‖ **Feu|er|schutz** (Mil.): jemandem F. geben *(jemanden durch den Einsatz von Feuerwaffen schützen)* ‖ **feu|er|si|cher:** ein feuersicherer Tresor ‖ **Feu|er spei|end** = **feu|er|spei|end:** ein F. speiender Drache ‖ **Feu|er|stein:** *ein Mineral; Zündstein* ‖ **Feu|er|tau|fe:** *Feuerprobe* ‖ **Feu|er|teu|fel:** *Brandleger, Pyromane* ‖ **Feu|er|tod** (geh.): den F. sterben *(durch einen Brand umkommen)* ‖ **Feu|e|rung** die, -/-en: *Teil des Ofens, wo die Verbrennung stattfindet* | (ohne Pl.) *Brennstoff* ‖ **Feu|er|über|fall:** *plötzlicher Angriff mit Schusswaffen* ‖ **Feu|er|ver|si|che|rung** ‖ **Feu|er|wa|che:** *Feuerwehrhaus mit einsatzbereiten Geräten, Fahrzeugen* ‖ **Feu|er|waf|fe:** *Schusswaffe* ‖ **Feu|er|was|ser** (sal.): *Branntwein* ‖ **Feu|er|wehr:** die freiwillige F. ‖ **Feu|er|wehr|au|to** ‖ **Feu|er|wehr|frau** ‖ **Feu|er|wehr|hal|le** (SüdT): *Zeughaus* ‖ **Feu|er|wehr|haupt|mann** ‖ **Feu|er|wehr|haupt|frau** ‖ **Feu|er|wehr|haus** ‖ **Feu|er|wehr|mann** ‖ **Feu|er|wehr|übung** ‖ **Feu|er|werk:** *durch Raketen uÄ erzeugte Licht- und Knalleffekte am Nachthimmel* ‖ **Feu|er|wer-**

F

ker der, -s/-: *Fachmann für Feuerwerke* ‖ **Feu|er|wer|ke|rin** die, -/-innen ‖ **Feu|er|werks|kör|per:** *eine Rakete* ‖ **Feu|er|zan|gen|bow|le** [-boːlɛ, engl.: bəʊl]: *punschähnliches heißes Getränk aus Rotwein* ‖ **Feu|er|zeug**

Feuil|le|ton [fœˈtõː] das, -s/-s ⟨fr.⟩: *kürzerer unterhaltender oder belehrender Artikel in einer Zeitung* ‖ **Feuil|le|to|nist** [-on-] der, -en/-en ‖ **Feuil|le|to|nis|tin** die, -/-innen ‖ **feuil|le|to|nis|tisch**

F

feu|rig: ein feuriges *(sehr lebhaftes)* Pferd | feurige *(scharfe)* Speisen

Fe|verl [-f-] = **Fe|vi:** *weibl. Vorname (Genoveva)*

Fex der, -en/-en: *jemand, der von etwas sehr begeistert ist;* → Bergfex, Skifex

Fez [-s] = → Fes

ff: fortissimo

FF (früher): **f**ranzösischer **F**ranc

ff.: [die] folgende[n] [Seiten]; sieh[e] Seite 17 ff. *(Seite 17 und die folgenden Seiten);* → f.

fff: forte fortissimo *(dreifaches Forte)*

FH [ɛf ˈhaː]: **F**ach**h**ochschule ‖ **FH-Stu|di|en|gang**

FI [ɛf ˈiː]: **F**ach**i**nspektor[in] | → FI-Schalter

Fi|a|ker der, -s/- ⟨fr.⟩: *zweispännige Mietkutsche | deren Kutscher* ‖ **Fi|a|ker|kut|sche** ‖ **Fi|a|ker|zeu|gel,** *auch:* **Fi|a|ker|zeugl** (W, fachspr.): *Fiakergespann* ‖ **Fi|a|ker|gu|lasch:** *ein mit Frankfurter, Ei und Gurkerl garniertes Gulasch*

Fi|a|le die, -/-n ⟨gr.-lat.-it.⟩: *kleiner, spitzer Turm*

Fi|as|ko das, -s/-s ⟨it.⟩: *arger Misserfolg*

Fi|bel[1] die, -/-n ⟨gr.-lat.⟩: *Buch zum Lesenlernen*

Fi|bel[2] die, -/-n ⟨lat.⟩: *Gewandspange [aus frühgeschichtlicher Zeit]*

Fi|ber die, -/-n ⟨lat.⟩: *eine Faser* ‖ **Fi|ber|glas**

ficht → fechten

Fich|te die, -/-n: *ein Nadelbaum* | (ohne Pl.) *Holz der Fichte* ‖ **Fich|ten|holz** ‖ **Fich|ten|na|del** ‖ **Fich|ten|na|del|öl** ‖ **Fich|ten|wald** ‖ **Fich|ten|zap|fen**

fi|cken (derb): *geschlechtlich verkehren, koitieren*

Fi|dei|kom|miss [-de.i-] das, - ⟨lat.⟩ (Jus): *unteilbarer Familienbesitz*

fi|del ⟨lat.⟩: *lustig, vergnügt*

Fi|del die, -/-n: *ein mittelalterliches Streichinstrument;* → Fiedel

Fi|dschi: *ein pazifischer Inselstaat* ‖ **Fi|dschi|in|seln** die (Pl.)

Fie|ber das, -s: hohes F. haben | *Faszination, Begeisterung* ‖ **Fie|ber|an|fall** ‖ **Fie|ber|bla|se** → Herpes ‖ **fie|ber|frei** ‖ **fie|ber|haft:** f. *(sehr eifrig)* suchen ‖ **Fie|ber|kur|ve** [-fɛ, auch: -vɛ] ‖ **Fie|ber|mes|ser** der, -s/-: *Fieberthermometer* ‖ **fie|bern:** *Fieber haben* | nach etwas f. *(es heftig verlangen)* ‖ **fie|ber|sen|kend** ‖ **Fie|ber|ther|mo|me|ter** ‖ **fieb|rig**

Fie|del die, -/-n: *ein Streichinstrument* | (auch für) *Geige;* → Fidel ‖ **fie|deln,** ich fiedle (auch abw.)

fie|der|för|mig: *federförmig;* ein fiederförmiges Baumblatt

fiel → fallen

Fi|e|rant [fir-, auch: fiɛ-] der, -en/-en ⟨lat.-it.⟩ (ostöst., veraltet): *Wanderhändler* ‖ **Fi|e|ran|tin** die, -/-innen (ostöst., veraltet)

fies (nördl. D, ugs.): *gemein*

fie|seln, ich fiesle (mda.): *nagen | mit feinen Fingerbewegungen arbeiten*

Fies|ling der, -s/-e (nördl. D): *gemeiner Mensch*

Fi|es|ta die, -/-s ⟨span.⟩: *spanisches Volksfest; aber:* → Siesta

FIFA die, -, *auch:* Fifa: **F**édération **I**nternationale de **F**ootball **A**ssociation *(Internationaler Fußballverband)*

fif|ty-fif|ty [-ti-ti] ⟨engl.⟩: *50 zu 50 [Prozent], halb zu halb;* f. machen

Fi|ga|ro der, -s/-s (scherzh.): *Friseur (nach einer Bühnenfigur)*

fi|geln, ich figle (reg.): *firngleiten* ‖ **Figl** der, -s/-n (reg.): *Firngleiter;* → Bigfoot ‖ **Fig|ler** der, -s/- (reg.): *Skiläufer auf Firngleitern* ‖ **Fig|le|rin** die, -/-innen (reg.)

Fight [faɪt] der, -s/-s ⟨engl.⟩ (Sport): *Kampf (bes. im Boxsport)* ‖ **figh|ten** (Sport): *kämpfen, boxen* ‖ **Figh|ter** der, -s/- (Sport) ‖ **Figh|te|rin** die, -/-innen

Fi|gur die, -/-en ⟨lat.⟩: eine lebensgroße F.; eine gute F. *(einen guten Eindruck)* machen ‖ **fi|gu|ral:** figurales Zeichnen *(Menschen oder Tiere darstellend)* ‖ **Fi|gu|rant** der, -en/-en (geh.): *Nebenperson* ‖ **Fi|gu|ran|tin** die, -/-innen (geh.) ‖ **fi|gu|ra|tiv:** *figürlich dargestellt* ‖ **fi|gur|be|tont:** ein figurbetontes Kleid ‖ **fi|gu|rie|ren:** *in Erscheinung treten* | (EDV) *einen Computer einrichten* ‖ **Fi|gu|ri|ne** die, -/-n: *Entwurf eines Bühnenkostüms* ‖ **fi|gür|lich:** *bildlich, sinnbildlich*

Fik|ti|on [-tsi-] die, -/-en ⟨lat.⟩: *Annahme; Einbildung; Erdachtes;* → fingieren ‖ **fik|ti|o|nal:** fiktionale Literatur *(Belletristik)* ‖ **fiktiv:** *angenommen, nicht wirklich*

File [faɪl] das, -s/-s ⟨engl.⟩ (EDV): *Computerdatei*

Fi|let [-ˈleː] das, -s/-s ⟨fr.⟩: *Lungenbraten; feines Fleisch ohne Knochen | entgrätetes Stück Fisch | eine feine Handarbeit* ‖ **fi|le|tie|ren:** *die wertvollsten Teile herausschneiden* | (Küchenspr.) den Fisch f. *(die Filets herausschneiden)* ‖ **Fi|let|steak** [-steɪk]: *Steak vom Lungenbraten*

Fi|lia die, -/Filiae [-iɛ] ⟨lat.⟩ (scherzh.): *Tochter;* → Filius ‖ **Fi|li|a|le** die, -/-n: *Zweigstelle, Zweiggeschäft* ‖ **Fi|li|al|lei|ter** ‖ **Fi|li|al|lei|te|rin** ‖ **Fi|li|a|ti|on** [-tsi-] die, -/-en (fachspr.): *Abstammung*

fi|li|gran ⟨lat.-it.⟩: *bes. zart* ‖ **Fi|li|gran|ar|beit:** *durchbrochene Arbeit aus feinem Metalldraht*

Fi|li|pi|na die, -/-s: *Einwohnerin der Philippinen* ‖ **Fi|li|pi|no** der, -s/-s

Fi|li|us der, -/Filii [-ii] [Filiusse] ⟨lat.⟩ (scherzh.): *Sohn;* → Filia

Film der, -[e]s/-e ⟨engl.⟩: *dünne Schichte; Überzug;* Ölfilm | den F. entwickeln lassen | einen F. *(ein Kino- oder Fernsehstück)* drehen ‖ **Film|ate|li|er** [-ˌlieː] ‖ **Film|be|richt** ‖ **Film|di|va** [-v-]: *weiblicher Filmstar* ‖ **Fil|me|ma|cher:** *[Drehbuchautor und] Regisseur eines Films* ‖ **Fil|me|ma|che|rin** ‖ **filmen:** *eine Filmaufnahme machen; in einem Film mitwirken* ‖ **Film|fes|ti|val** [-val, -vəl] ‖ **Film|fest|spie|le** die (Pl.) ‖ **Film|held** ‖ **Film|hel|din** ‖ **fil|misch** ‖ **Film|in|dus|t|rie** ‖ **Film|ka|me|ra** ‖ **Film|kri|tik** ‖ **Film|ku|lis|se** ‖ **Film|mu|sik** ‖ **Film|preis** ‖ **Film|pre|mi|e|re** [-ˌmieːə, -rɛ] ‖ **Film|pro|du|zent:** *jemand, der einen Film finanziert* ‖ **Film|pro|du|zen|tin** ‖ **Film|pro|jek|tor** ‖ **Film|re|gie** [-ʒiː] ‖ **Film|re|gis|seur** [-søːə] ‖ **Film|re|gis|seu|rin** ‖ **Film|riss** ‖ **Film|schaf|fen** ‖ **Film|schnitt:** *(wirkungsvolles) Zusammenstellen der Teile des Films* ‖ **Film|star** [-st-] ‖ **Film|stern|chen:** *Nachwuchsschauspielerin* ‖ **Film|ta|blet|te:** *Tablette mit einer Schutzschicht, die sich im Magen auflöst* ‖ **Film|verleih**

Fi|lou [-ˈluː] der, -s/-s ⟨fr.⟩ (meist

scherzh.): *Gauner, Spitzbub* | *Schalk*

Fil|ter der (*auch:* das), -s/- ⟨lat.⟩: *Vorrichtung zum Aussondern [fester Teile aus Flüssigkeiten];* den verschmutzten F. wechseln | *Tonfilter [am CD-Player]* ‖ **Fil|ter|kaf|fee** ‖ **fil|tern** = filtrieren: *seihen; reinigen* ‖ **Fil|ter|zi|ga|ret|te** ‖ **fil|trie|ren** = → filtern ‖ **Fil|trier|pa|pier**

Filz der, -es/-e: *aus Fasern oder Haaren gepresster Stoff* | *roher Schweinespeck* | (Geogr.) *moosig verwachsenes Moor* ‖ **fil|zen,** du filzt (ugs.): *genau [beim Zoll] durchsuchen* ‖ **Filz|hut** ‖ **Filz|jan|ker** ‖ **Filz|laus** ‖ **Filz|moos:** *Ort in Salzburg* ‖ **Filz|pan|tof|fel** ‖ **Filz|pat|schen** [-pɒː-, -paː-] (ugs.) ‖ **Filz|schlap|fen** (ugs.) ‖ **Filz|stift**

Fim|mel der, -s/- (ugs.): *übertriebene Begeisterung;* einen F. für etwas haben

fi|nal ⟨lat.⟩: *endgültig* ‖ **Fi|na|le** das, -s/- ⟨lat.-it.⟩: *Schluss* | (Mus.) *Schlusssatz, -teil* | (Sport) *Endkampf;* ins F. kommen ‖ **fi|na|li|sie|ren:** *endgültig [einen Termin] festlegen* ‖ **Fi|na|list** der, -en/-en: *Teilnehmer an einer Endrunde [an einem Endspiel]* ‖ **Fi|na|lis|tin** die, -/-innen ‖ **Fi|nal|spiel** (Sport): *Finale*

Fi|nan|cier [-nɑ̃'si̯eː] der, -s/-s ⟨fr.⟩: *Bankmann; kapitalkräftiger Geldgeber* ‖ **Fi|nanz** [-'a-] die, - ⟨fr.-lat.⟩ (ugs.): *Finanzamt, Finanzbehörde;* → Finanzen ‖ **Fi|nanz|amt:** *Amt für die Einhebung und Verwaltung der Steuern* ‖ **Fi|nanz|aus|gleich** (Admin.): *Aufteilung der Steuereinnahmen zwischen Bund, Ländern, Gemeinden* ‖ **Fi|nanz|be|am|te** ‖ **Fi|nanz|be|am|tin** ‖ **Fi|nanz|be|hör|de:** *für die Steuereinhebung zuständige Behörde* ‖ **Fi|nanz|dienst|leis|ter** = **Fi|nanz|dienst|leis|tungs|un|ter|neh|men:** *Banken, Versicherungen uÄ* ‖ **Fi|nan|zen** die (Pl.): *Gelder; Vermögensanlage;* → Finanz ‖ **Fi|nan|zer** der, -s/- (ugs.): *Beamter der Zollwache* | *Finanzbeamter* ‖ **Fi|nan|ze|rin** die, -/-innen (ugs.) ‖ **Fi|nanz|fahn|der** ‖ **Fi|nanz|fahn|de|rin** ‖ **Fi|nanz|ge|ba|rung** ‖ **Fi|nanz|ge|ber:** *Geldgeber, Financier* ‖ **Fi|nanz|ge|be|rin** ‖ **fi|nan|zi|ell:** in finanziellen Schwierigkeiten sein *(zu wenig Geld haben)* ‖ **fi|nan|zier|bar:** der Autobahnbau ist nicht f. ‖ **fi|nan|zie|ren:** ein Unternehmen f. *(das Geld dafür beschaffen)* ‖ **Fi|nan|zie|rung** die, -/-en ‖ **Fi|nan|zie|rungs|plan** ‖ **Fi|nanz|kam|mer:** *Finanzverwaltung der [römisch-katholischen] Kirche* ‖ **Fi|nanz|ka|ser|ne** (SüdT): *Gebäude der Finanzpolizei* ‖ **Fi|nanz|kraft** ‖ **fi|nanz|kräf|tig** ‖ **Fi|nanz|lan|des|di|rek|ti|on** [-tsi̯-] (Admin.): *dem Finanzministerium direkt unterstellte Behörde [in den Bundesländern]* ‖ **Fi|nanz|markt** ‖ **fi|nanz|ma|rod** (sal.): *sich in Geldschwierigkeiten befindend* ‖ **Fi|nanz|mi|nis|ter** ‖ **Fi|nanz|mi|nis|te|rin** ‖ **Fi|nanz|mi|nis|te|ri|um:** *Bundesministerium für Finanzen* ‖ **Fi|nanz|platz:** der F. Wien bietet Vorteile für internationale Anleger ‖ **Fi|nanz|po|li|tik** ‖ **Fi|nanz|po|li|zei** (SüdT) (Admin.): *Polizei, die für das Steuer- und Zollwesen zuständig ist* ‖ **Fi|nanz|pro|ku|ra|tur** die, - (Admin.): *eine nachgeordnete Dienststelle des Finanzministeriums, Vertretungsbehörde des Bundes als Partei vor den Gerichten* ‖ **Fi|nanz|sprit|ze:** *finanzielle Unterstützung, Förderung* ‖ **Fi|nanz|straf|ver|fah|ren** ‖ **Fi|nanz|wa|che** (SüdT) (Admin.): *Polizei, die für die Kontrolle von Grenzen ua. zuständig ist*

Fin|del|kind: *ein weggelegtes und von Fremden aufgezogenes Kind* ‖ **fin|den**[1], fand/gefunden: Pilze f.; in einem Text Fehler f.; sein Glück f. | sie findet *(denkt),* dass ... | Gefallen an etwas/jemandem f. ‖ **fin|den**[2] sich: es wird sich alles f. *(sich zeigen; in Ordnung kommen)* ‖ **Fin|der** der, -s/-: der ehrliche F. ‖ **Fin|de|rin** die, -/-innen ‖ **Fin|der|lohn**

Fin de Siècle [fɛ̃ dœ 'si̯ɛkl] das, - - -[s] ⟨fr.⟩: *die Zeit des ausgehenden 19. Jh. [und ihre Kunstrichtung]*

fin|dig: ein findiger *(einfallsreicher)* Kopf ‖ **Find|ling** der, -s/-e: *Findelkind* | *von Eiszeitgletschern verschleppter Gesteinsblock* ‖ **Fin|dung** die, -/-en: die F. der eigenen Identität

Fi|ne das, -s/-s ⟨it.⟩ (Mus.): *Bezeichnung für das Ende eines Stücks*

Fi|nes|se [-s(ɛ)] die, -/-n ⟨fr.⟩: ein mit allen erdenklichen Finessen *(Feinheiten)* ausgestattetes Auto

fing → fangen

Fin|ger der, -s/-: sich in den F. schneiden; der kleine F.; die F. von etwas lassen *(sich nicht damit abgeben);* jemandem auf die F. schauen *(jemanden genau beobachten, kontrollieren);* sich etwas aus den Fingern saugen *(etwas frei erfinden)* | (ugs.) sie kann sich alle zehn F. abschlecken *(kann von Glück reden, dass nichts Schlimmeres eingetreten ist);* jemanden um den kleinen F. wickeln *(auf jemanden leicht Einfluss ausüben können);* durch die F. schauen *(leer ausgehen);* → Fingerbreit = Finger breit ‖ **Fin|ger|ab|druck** der, -[e]s/-drücke ‖ **fin|ger|breit:** eine fingerbreite Wunde; *aber:* einen Finger breit ‖ **Fin|ger|breit** der, -/- = **Finger breit:** keinen F. abweichen; *aber:* ein fingerbreiter Spalt ‖ **fin|ger|dick:** eine fingerdicke Schnitte Brot; *aber:* zwei Finger dick ‖ **fin|ger|fer|tig:** *mit geschickten Fingern* ‖ **Fin|ger|fer|tig|keit** die, - ‖ **Fin|ger|ha|keln** das, -s: *ein alpenländischer Sport* ‖ **Fin|ger|hut:** *Fingerschutz beim Nähen* | (Bot.) → *Digitalis* ‖ **Fin|ger|kup|pe:** *Fingerspitze* ‖ **fin|ger|lang** ‖ **Fin|ger|ling** der, -s/-e: *Schutzhülle für einen Finger* ‖ **fin|gern:** *mit den Fingern tasten* ‖ **Fin|ger|na|gel** ‖ **Fin|ger|print:** *Fingerabdruck als individuelles Kennzeichen* ‖ **Fin|ger|satz:** ein guter F. *(optimaler Einsatz aller Finger beim Klavierspielen oder Maschinschreiben)* ‖ **Fin|ger|scha|le** (Gast.): *bei manchen Speisen servierte Wasserschale zum Waschen der Finger* ‖ **Fin|ger|spit|ze** ‖ **Fin|ger|spit|zen|ge|fühl** das, -[e]s: *Feingefühl* ‖ **Fin|ger|übung:** eine F. auf dem Klavier | das war eine F. *(reine Routine, Übung)* für die Sportlerin ‖ **Fin|ger|zeig** der, -[e]s/-e: *Hinweis, Wink*

fin|gie|ren ⟨lat.⟩: *erfinden, annehmen, vortäuschen;* eine fingierte Adresse; → Fiktion

Fi|ni: *weibl. Vorname (Josefine);* → Finnerl

Fi|nis|sa|ge [-'saːʃ, -ʒɛ] die, -/-n ⟨fr.⟩: *Abschlussveranstaltung einer [Kunst]ausstellung*

Fi|nish [-ʃ] das, -[s]/-s ⟨engl.⟩ (Sport): *Endphase eines Wettkampfs* | *Finishing* ‖ **Fi|ni|shing** das, -[s]: *Endfertigung, Abschlussarbeiten an einem Gegenstand*

fi|nit ⟨lat.⟩ (Gramm.): finite Verbform *(jede Verbform, die Person*

F

und Numerus erkennen lässt); → Personalform; → G.: infinit

Fink der, -en/-en: *ein Singvogel* ‖ **Finkenschlag** der, -[e]s: *der Gesang des Finken*

Finne[1] der, -n/-n: *Angehöriger der Mehrheitsbevölkerung von Finnland*

Finne[2] die, -/-n (Zool.): *Rückenflosse [des Haies]*

Finne[3] die, -/-n: *eine Entwicklungsstufe des Bandwurms*

Finnerl: *weibl. Vorname (Josefine);* → Fini

finnig: finniges *(vom Bandwurm befallenes)* Fleisch

Finnin die, -/-innen ‖ **finnisch** ‖ **Finnland** (Kfz: FIN): *ein Staat* ‖ **finnougrisch** ‖ **Finnougrist** der, -en/-en ‖ **Finnougristin** die, -/-innen ‖ **Finnougristik** die, -: *Wissenschaft von den finnougrischen Sprachen, zB Finnisch, Estnisch und Ungarisch*

Finnwal: *eine Walart*

Finocchi [-ki] die (Pl.) ⟨it.⟩: *Fenchelgemüse*

finster: ein finsteres Zimmer | finstere *(zwielichtige)* Gestalten | (Großschreibung) im **F**instern *(in der Dunkelheit);* im **F**instern *(im Ungewissen)* tappen ‖ **Finsterling** der, -s/-e (abw.): *humorloser, verdrießlich wirkender Mensch* ‖ **Finsternis** die, -/-nisse

Finte die, -/-n ⟨lat.-it.⟩: *Irreführung* | (Sport) *eine Technik [beim Fechten]* ‖ **fintenreich**

Fiocco [-k-] das, -s = **Fioccoeis** ⟨it.⟩: *eine Speiseeissorte*

Firewall ['faɪəwɔːl] die, -/-s = der, -s/-s ⟨engl.⟩: *ein Programm, das ein EDV-System vor unerlaubten Zugriffen schützt*

Firlefanz der, -es/-e ⟨it.⟩ (abw.): *wertloser Aufputz; überflüssiges Getue*

firm ⟨lat.⟩: in einem Fach f. *(sicher, beschlagen)* sein ‖ **Firma** die, -/Firmen (Fa.) ⟨lat.-it.⟩: *Gewerbe- oder Industrieunternehmen; dessen eingetragener Name;* → firmieren ‖ **Firmament** das, -[e]s/-e ⟨lat.⟩ (geh.): *Himmelsgewölbe* ‖ **firmen** (kath.): *das Sakrament der Firmung spenden* ‖ **Firmenauto** ‖ **Firmenbuch:** *gerichtliches Verzeichnis von Firmeninhabern* ‖ **firmeneigen** ‖ **Firmeninhaber** ‖ **Firmeninhaberin** ‖ **firmenintern** ‖ **Firmenpleite** ‖ **Firmensitz** ‖ **Firmenwagen** ‖ **Firmenwohnung** ‖ **Firmgöd,** *auch:* Firmgöt (mda.): *Firmpate* ‖ **Firmgodl,** *auch:* Firmgoden, Firmgotl (mda.): *Firmpatin* ‖ **Firmgöt** → Firmgöd ‖ **firmieren** (Kaufmannsspr.): das Unternehmen firmiert *(zeichnet)* unter neuem Namen; → Firma ‖ **Firmling** der, -s/-e: *jemand, der gefirmt wird* ‖ **Firmpate** ‖ **Firmpatin** ‖ **Firmung** die, -/-en (kath.): *ein Sakrament*

Firn der, -[e]s/-e: *grobkörniger Altschnee;* → Ferner ‖ **firngleiten** ‖ **Firngleiter** der, -s/-: *ein Kurzski, Figl;* → Bigfoot | *Skiläufer auf Firngleitern, Figler* ‖ **Firngleiterin** die, -/-innen

Firnis der, -nisses/-nisse ⟨gr.-fr.⟩: *eine ölige Flüssigkeit [für Schutzanstriche]* ‖ **firnissen,** du firnisst

First der, -[e]s/-e: *oberste Dachkante* | (Geogr.) *Berggipfel* ‖ **Firstbalken** ‖ **Firstbaum:** *Firstbalken*

first class ['fɜːst 'klɑːs] ⟨engl.⟩: *erste Klasse* ‖ **First-Class-Hotel**

Firstfeier: *Gleichenfeier*

First Lady [fɜːst 'leɪdi] ⟨engl.⟩: *Gattin eines Staatsoberhauptes*

Firstpfette: *oberster Dachbalken*

fis das, -/- (Mus.): *das um einen Halbton erhöhte f (F);* → Fis | fis-Moll ‖ **Fis** das, -/- (Mus.): *das um einen Halbton erhöhte F (f);* → fis | Fis-Dur

FIS die, -: **F**édération **I**nternationale de **S**ki *(Internationaler Skiverband)* ‖ **FIS-Rennen**

Fisch der, -[e]s/-e: fangfrischer F. | *ein Tierkreiszeichen* | (ugs.) kleine Fische *(Kleinigkeiten)*

FI-Schalter [ɛf 'iː-]: Fehlerstrom-Schutzschalter *(automatischer Unterbrecher eines schadhaften Stromkreises)*

Fischamend: *Stadt in Niederösterreich*

fischarm: fischarme Flüsse

Fischau → Bad Fischau

Fischbestand ‖ **Fischbesteck** ‖ **Fischbeuschel:** *Rogen oder Milch essbarer Fische* ‖ **Fischbeuschelsuppe** ‖ **Fischei** ‖ **fischeln** (ugs.): *[unangenehm] nach Fisch riechen oder schmecken* ‖ **fischen,** du fisch[s]t: f. gehen | den Ball aus dem Netz f. *(herausholen)* ‖ **Fischer** der, -s/- ‖ **Fischerei** die, -/-en ‖ **Fischereiflotte** ‖ **Fischerin** die, -/-innen ‖ **Fischernetz** ‖ **Fischfang** der, -[e]s ‖ **Fischfanggebiet** ‖ **Fischfilet** [-leː] ‖ **Fischfutter** ‖ **Fischgräte** ‖ **Fischgrätenmuster:** *ein Stoffmuster* ‖ **Fischgründe** die (Pl.): *Fischfanggebiet* ‖ **Fischhandlung** ‖ **Fischkalter:** *ein Behälter für lebende Fische* ‖ **Fischkonserve** [-vɛ, -fɛ] ‖ **Fischkutter** der, -s/-: *ein Fischerboot* ‖ **Fischlaich:** *im Wasser abgelegte Fischeier* ‖ **Fischmarkt** ‖ **Fischmehl:** *Tierfutter* ‖ **Fischmesser** ‖ **Fischotter:** *ein am Wasser lebendes Säugetier* ‖ **fischreich** ‖ **Fischreuse:** *ein geflochtenes Fanggerät* ‖ **Fischrogen:** *Fischeier* ‖ **Fischstäbchen** das, -s/-: *längliches gebackenes Stückchen Fisch* ‖ **Fischsterben** das, -s ‖ **Fischsuppe** ‖ **Fischvergiftung** ‖ **Fischweiher** (südl. D): *Fischteich* ‖ **Fischzeug** das, -[e]s: *die Geräte zum Fischen* ‖ **Fischzucht**

Fis-Dur (Fis) (Mus.) ‖ **Fis-Dur-Tonleiter** (Mus.)

Fisimatenten die (Pl.) ⟨?⟩ (ugs., veraltet): *Ausflüchte*

fiskalisch ⟨lat.⟩ ‖ **Fiskus** der, -: *Staatsvermögen; Finanzbehörde*

fis-Moll (fis) (Mus.) ‖ **fis-Moll-Tonleiter** (Mus.)

Fisole die, -/-n ⟨gr.-lat.-it.⟩: *frische Bohnschote, grüne Bohne* ‖ **Fisolengemüse** ‖ **Fisolensalat**

Fissur die, -/-en ⟨lat.⟩ (Med.): *schmerzhafter Einriss bei spröder Haut*

Fistel die, -/-n ⟨lat.⟩: *tief sitzendes Geschwür* ‖ **fisteln:** *mit Fistelstimme reden* ‖ **Fistelstimme:** *unnatürlich hohe Stimmlage; Kopfstimme*

F. i. T.: **F**ett **i**n **T**rockenmasse (zB bei Käse)

fit, fitter, am fittesten ⟨engl.⟩: die Sportlerin ist wieder fit *(leistungsfähig, in guter körperlicher Verfassung)* ‖ **Fitness** die, -: *gute körperliche Gesamtverfassung* ‖ **Fitnesscenter** [-sɛ-]: *Ort für Fitnesstraining* ‖ **Fitnessstudio** [-ʃt-] ‖ **Fitnesstraining** [-treːn-, engl.: -treɪn-]

Fitschigogerln → Pfitschigogerln ‖ **Fitschipfeil** → Pfitschipfeil

Fittich der, -[e]s/-e (geh.): *Flügel* | jemanden unter seine Fittiche nehmen *(jemanden betreuen, beschützen)*

Fiume: *italienischer Name von Rijeka*

fix ⟨lat.⟩: ein fixer *(fester)* Preis; eine fixe Idee *(ein Gedanke, von dem man nicht loskommt);*

jemanden fix anstellen; f. angestellt = fixangestellt | (ugs.) fix und fertig *(ganz fertig)* | (ugs.) fix noch einmal! *(verflucht!);* → fix Laudon ‖ **fix Angestellte = Fixangestellte** ‖ **Fixativ** [-f] das, -s/-e [-fɛ, -vɛ]: *Fixiermittel [für Kohlezeichnungen]* ‖ **Fixbetrag** ‖ **Fixeinkommen** ‖ **fixen,** du fixt (ugs.): *sich Drogen injizieren* ‖ **Fixer** der, -s/- (ugs.): *jemand, der sich Drogen injiziert* ‖ **Fixerin** die, -/-innen (ugs.) ‖ **fixfertig** (bes. westöst.): *fix und fertig* ‖ **Fixgeschäft** (Wirt.): *Vertrag, bei dem die Leistung zu einem ganz bestimmten Zeitpunkt erbracht werden muss* ‖ **fixieren:** Ladegut f. *(befestigen)* | einen Termin f. *(festlegen)* | jemanden/etwas f. *(anstarren)* | (Psych.) an/auf jemanden fixiert sein *(emotional an jemanden gebunden sein)* ‖ **Fixkosten** die (Pl.) ‖ **fix Laudon:** *Ausruf [des Ärgers], Fluch (nach einem altösterreichischen Feldmarschall)* ‖ **Fixpreis** ‖ **Fixpunkt:** das jährliche Treffen ist ein F. ‖ **Fixleiberl** (sal.): *Stammleiberl,* er hat ein F. *(einen festen Platz in der Mannschaft)* ‖ **Fixmandat** (sal.): *fester Listenplatz für ein Mandat* ‖ **Fixstation** [-tsi-]: *Feststation* ‖ **Fixstarter** (sal.) (bes. Sport): *jemand, der sicher für einen Wettkampf qualifiziert ist* ‖ **Fixstarterin** (sal.) (bes. Sport) ‖ **Fixstern:** *scheinbar unbeweglicher Stern;* → G.: Planet ‖ **Fixum** das, -s/Fixa: *festes Einkommen* ‖ **Fixzeit** ‖ **Fixzins** (Bankw.): *fest vereinbarter Zinssatz* ‖ **Fixzinsdarlehen** (Bankw.) ‖ **Fixzinsgarantie** (Bankw.): *Festzinsgarantie*

Fjord der, -[e]s/-e ⟨nordgerm.⟩: *tief ins Land reichende schmale Meeresbucht mit Steilküsten*

FKK [ɛf ka 'kaː] die, -, *auch:* das, -s: **Frei**körper**k**ultur ‖ **FKK-Gelände** ‖ **FKK-Strand**

fl.: Florin *(Gulden)*

flach
flache Dächer; sich f. auf den Boden legen; f. atmen

Getrennt- und Zusammenschreibung mit Verben, die ein Resultat herbeiführen:
- die Knetmasse flach drücken (= flachdrücken)
- das Schnitzel flach klopfen (= flachklopfen)

Zusammenschreibung bei übertragener Bedeutung:
- unser Treffen ist flachgefallen (ugs.: *entfallen*)
- sie ist drei Tage flachgelegen (ugs.: *war krank, erschöpft*)

Flachbildschirm ‖ **flachbrüstig** ‖ **Flachdach** ‖ **flach drücken = flachdrücken** ‖ **Fläche** die, -/-n: eine zehn Quadratmeter große F. ‖ **Flächenbrand:** die Krise droht sich zu einem F. auszuweiten ‖ **flächendeckend** ‖ **flächengleich:** flächengleiche Dreiecke ‖ **flächenhaft** ‖ **Flächeninhalt:** den F. berechnen ‖ **Flächenmaß** ‖ **Flächenwidmung** ‖ **Flächenwidmungsplan:** dieses Grundstück darf laut F. nicht verbaut werden ‖ **flachfallen** (ugs.): *entfallen, wegfallen* ‖ **Flachgau:** *Landesteil von Salzburg* ‖ **flächig:** die Farbe f. auftragen ‖ **flach klopfen = flachklopfen** ‖ **Flachküste** ‖ **Flachland** ‖ **flachliegen** (ugs.): *erschöpft, krank sein* ‖ **Flachmann:** *flache, in der [Brust]tasche transportierbare [Schnaps-]flasche*

Flachs [-ks] der, -es: *eine Faserpflanze; ihre Fasern* ‖ **flachsblond**

Flachse [-ks-] die, -/-n, *auch:* Flaxe: *Sehne* ‖ **flachsig,** *auch:* flaxig: flachsiges Fleisch

flackern: flackerndes *(zuckendes)* Licht

Fladen der, -s/-: *flacher, runder Kuchen* | *Kuhfladen* ‖ **Fladenbrot**

Fladerer der, -s/- (reg., ugs.): *Dieb* ‖ **Fladerin** die, -/-innen (reg., ugs.) ‖ **fladern** (reg., ugs.): *stehlen, entwenden;* → flauchen

Flädle, *auch:* Flädli das, -s/- (CH, V): *Frittate* ‖ **Flädlesuppe,** *auch:* **Flädlisuppe** (CH, V)

FLAF = Flaf: Familien**l**asten**a**usgleichs**f**onds

Flagellant der, -en/-en ⟨lat.⟩ (früher): *Büßer, der sich selbst geißelt* ‖ **Flagellantin** die, -/-innen (früher) ‖ **Flagellat** der, -en/-en (Biol.): *Einzeller, Geißeltierchen*

Flageolett [-ʒo-] das, -s/-e [-s] ⟨lat.-fr.⟩ (Mus.): *eine hohe Flöte* | *flötenartiger Ton [auf der Geige]* ‖ **Flageolettton** (Mus.)

Flagge die, -/-n: *Fahne eines Landes;* F. zeigen *(die Absicht deutlich machen)* ‖ **flaggen:** *auf Grund eines besonderen Anlasses Flaggen aufziehen;* halbmast f. ‖ **Flaggschiff** (Seemannsspr.): *führendes Schiff der Flotte*

flagrant ⟨lat.⟩: eine flagrante *(offenkundige)* Grenzverletzung; → in flagranti

Flagshipstore ['flæɡʃɪpstɔː] der, -s/-s ⟨engl.⟩: *großes Vorzeigegeschäft einer Marke*

Flair [flɛːə] das, -s ⟨engl.⟩: *Wirkung, die von einer Person oder Sache ausgeht; Fluidum*

Flak die, -/-[s] (Mil.): *Kurzwort für Flugzeugabwehrkanone*

Flakon [-'kõː, auch: -'oːn] das = der, -s/-s ⟨fr.⟩: *Fläschchen*

Flakturm: *Betonbau für die Fliegerabwehr aus dem Zweiten Weltkrieg in Wien*

flambieren ⟨lat.-fr.⟩ (Küchenspr.): *eine Speise mit Alkohol übergießen und brennend servieren*

Flame der, -n/-n: *Angehöriger des in Flandern lebenden Volkes;* → flämisch

Flamenco [-kɔ] der, -[s]/-s ⟨span.⟩: *spanischer Nationaltanz* ‖ **Flamencotänzer** ‖ **Flamencotänzerin**

Flamin die, -/-innen: *weibl. Form von Flame*

Flamingo der, -[s]/-s ⟨span.⟩: *ein Sumpfvogel*

flämisch: die flämische Malerei; → Flame; → Niederländisch ‖ **Flämisch** das, -[s] = **Flämische,** -n: *das Niederländische in Belgien*

Flamme die, -/-n: das Haus steht in Flammen *(brennt lichterloh)* ‖ **flammen** (geh.): flammender *(leidenschaftlicher, energischer)* Protest ‖ **Flammenmeer:** *großflächiger Brand* ‖ **Flammentod** (geh.): *Feuertod* ‖ **Flammenwerfer** (Mil.): *eine Waffe*

Flandern: *nördlicher (niederländischsprachiger) Teil Belgiens;* → Flame; → Flamin

Flanell der, -s/-e ⟨engl.-fr.⟩: *ein einseitig aufgerautes Gewebe* ‖ **Flanellhemd**

Flaneur [-'nøːə] der, -s/-e ⟨fr.⟩ ‖ **Flaneurin** die, -/-innen ‖ **flanieren:** *müßig herumschlendern*

Flanke die, -/-n ⟨fr.⟩: *Seite* | (Sport) *eine Turnübung* | (Sport) *Schuss von der Spielfeldseite in die Mitte* ‖ **flanken** (Sport): den Ball f. *(ihn von der Seite zur Spielfeldmitte schießen)* ‖ **Flankenangriff** (Sport): *Angriff von der Seite*

Flankerl das, -s/-[n] (ugs.): *Flöck-*

chen, winziges Stück; es ist kein F. Staub mehr zu sehen
flan|kie|ren ⟨fr.⟩: die Präsidentin wurde von zwei Leibwächtern flankiert *(wurde von ihnen rechts und links begleitet);* flankierende Maßnahmen *(Begleitmaßnahmen)*
Flansch der, -[e]s/-e = **Flan|sche** die, -/-n: *ein Verbindungsstück von Rohren*
Flap|pe die, -/-n: *außen mitgeheftete Lasche bei Zeitschriften (für Werbezwecke)*
flap|sig (sal.): *ungehobelt und frech*
Fläsch|chen das, -s/- ǁ **Fla|sche** die, -/-n: Bier aus der F. trinken | (ugs.) *dummer Mensch* ǁ **Fla|schen|bier** ǁ **Fla|schen|ein|satz:** *Pfand* ǁ **Fla|schen|gä|rung:** Sekt mit F. ǁ **fla|schen|grün** ǁ **Fla|schen|hals** ǁ **Fla|schen|milch:** *Milch in [Pfand]flaschen* ǁ **Fla|schen|öff|ner** ǁ **Fla|schen|pfand** ǁ **Fla|schen|post:** *in einer Flasche verschlossene Nachricht, die über ein Gewässer jemanden erreichen soll* ǁ **Fla|schen|wein** ǁ **fla|schen|wei|se** ǁ **Fla|schen|zug:** *eine Kraft sparende Vorrichtung zum Heben und Ziehen* ǁ **Fla|scherl** das, -s/-[n]: *Fläschchen;* dem Baby das F. geben
Flat|rate ['flætreɪt] die, - ⟨engl.⟩: *gleich bleibende Gebühr ohne weitere Kosten [bei Internetprovidern]*
flat|ter|haft: *unstet, leichtlebig* ǁ **Flat|ter|haf|tig|keit** die, - ǁ **flat|tern:** die Fahnen f. im Wind
flau: ein flauer *(schwacher)* Wind | (ugs.) die Geschäfte gingen f. *(schlecht)*
flau|chen (reg., ugs.): *stehlen;* → fladern
Flaum der, -[e]s: *weiche Federn oder Haare* ǁ **Flaum|fe|der** ǁ **flau|mig:** *locker, weich;* eine flaumige Mehlspeise
Flausch der, -[e]s/-e: *ein dicker, wolliger Stoff* ǁ **flau|schig**
Flau|sen die (Pl.): den Kopf voller F. *(Unsinn)* haben
Flau|te die, -/-n: *Windstille* | *Stagnation [in der Wirtschaft]*
Fla|via Sol|va [-v- -v-]: *römische Stadt (Ruinenstätte) bei Leibnitz (St)*
Fla|xe → Flachse ǁ **fla|xig** → flachsig
Flech|se [-ks-] die, -/-n (D): *Flachse* ǁ **flech|sig** (D): *flachsig*
Flech|te die, -/-n (Bot.): *moosähnliche Pflanze, enge Lebensgemeinschaft von Pilzen und Algen* | (Med.) *ein Hautausschlag* ǁ **flech|ten,** ich flechte, du flichtst [flechtest]/flocht/geflochten/flicht!, flechtet!: Zöpfe f.; Körbe f. ǁ **Flecht|werk:** *Geflecht*
Fleck der, -[e]s/-e[n]: den F. aus dem Kleid waschen; ein weißer F. auf der Landkarte *(unerforschtes Gebiet)* | *[quadratisch] zugeschnittener Stoff* | nicht vom F. kommen *(nicht weiterkommen)* | (mit Pl. Fleck) (ugs.) *Fünfer, die Note Nicht genügend* | (mit Pl. Fleck) (Küchenspr.) *eine Mehlspeise;* Marillenfleck ǁ **Fle|cken** der, -s/-: *Fleck* | (veraltet) *eine Ortschaft;* → Marktflecken ǁ **fle|cken|los** ǁ **Fle|ckerl** das, -s/-[n]: *kleiner Fleck, Stückchen* | (Küchenspr.) *eine Teigware; Krautfleckerln;* → Fleck | *Kurzwort für Fleckerlwalzer* ǁ **Fle|ckerl|tep|pich** ǁ **Fle|ckerl|wal|zer:** *auf dem Platz getanzter [Wiener] Walzer* ǁ **Fleck|fie|ber:** *eine Infektionskrankheit, Flecktyphus* ǁ **fle|ckig** ǁ **Fleck|putz|mit|tel** ǁ **Fleck|ty|phus** [-yf-]: *Fleckfieber* ǁ **Fleck|was|ser:** *ein Fleckputzmittel*
fled|dern (ugs.): *[aus]plündern;* → zerfleddert
Fle|der|maus: *ein Säugetier mit Flughäuten*
Fle|der|wisch: *Staubwedel*
Fle|gel der, -s/-: *ein landwirtschaftliches Gerät;* Dreschflegel | (abw.) *Lümmel* ǁ **Fle|ge|lei** die, -/-en (abw.): *Ungezogenheit* ǁ **fle|gel|haft** (abw.) ǁ **Fle|gel|jah|re** die (Pl.): *die von Ungezogenheit bestimmten Jugendjahre*
fle|hen: *inständig bitten* ǁ **fle|hent|lich:** eine flehentliche Bitte
Fleisch das, -[e]s: er isst kein F. *(ist Vegetarier);* → Fleisch fressend = fleischfressend | diese Pfirsichsorte hat ein saftiges F. *(Fruchtfleisch)* | (ugs., scherzh.) vom F. fallen *(abmagern)* | (geh.) sein eigen[es] F. und Blut *(sein Blutsverwandter, sein Kind)* ǁ **Fleisch|bank** (veraltet): *Fleischhauerei* ǁ **Fleisch|be|schau** (Amtsspr.): *amtliche Untersuchung geschlachteter Tiere* | (abw.) *entwürdigende Zurschaustellung menschlicher Körper* ǁ **Fleisch|brü|he** ǁ **Fleisch|ein|waa|ge:** *Fleischanteil [in Konserven]* ǁ **Flei|scher** der, -s/-: *Fleischhauer, Metzger* ǁ **Flei|sche|rei** die, -/-en ǁ **Flei|sche|rin** die, -/-innen ǁ **Flei|scher|mes|ser** ǁ **Flei|sches|lust** (geh., oft abw.): *sexuelles Verlangen* ǁ **Fleisch|ex|trakt:** *eine Würze* ǁ **fleisch|far|ben** ǁ **Fleisch|flie|ge** ǁ **Fleisch fres|send** = **fleisch|fres|send:** F. fressende (= fleischfressende) Pflanzen ǁ **Fleisch|fül|le** ǁ **Fleisch|fres|ser** der, -s/- (Zool.): *Tier, das sich hauptsächlich von Fleisch ernährt* ǁ **Fleisch|ge|richt** das, -[e]s/-e ǁ **Fleisch|ha|cker** der, -s/- (ostöst., ugs., veraltend): *Fleischer* ǁ **Fleisch|ha|cke|rin** die, -/-innen (ostöst., ugs., veraltend) ǁ **Fleisch|hau|er** der, -s/-: *Fleischer* ǁ **Fleisch|hau|e|rei** die, -/-en ǁ **Fleisch|hau|e|rin** die, -/-innen ǁ **flei|schig:** *reich an Fleisch* ǁ **Fleisch|kä|se,** *auch:* Fleischkäs (T): *Leberkäs* ǁ **Fleisch|la|berl** (reg., bes. ostöst., ugs.): *Fleischlaibchen;* → Laberl ǁ **Fleisch|laib|chen:** *faschiertes Laibchen* ǁ **fleisch|lich** (veraltet): *die Sinnenlust betreffend* ǁ **fleisch|los:** fleischlose Kost ǁ **Fleisch|ma|schi|ne** (veraltend): *ein Küchengerät; Fleischwolf* ǁ **Fleisch|nu|del** (meist Pl.) (reg.): *eine Speise* ǁ **Fleisch|pa|la|tschin|ke** ǁ **Fleisch|schlä|gel:** *[Holz]hammer zum Fleischklopfen* ǁ **Fleisch|sel|cher** ǁ **Fleisch|sel|che|rin** ǁ **Fleisch|skan|dal:** *Aufdeckung zB verbotener Fütterungsmittel, Medikamente in der Tieraufzucht* ǁ **Fleisch|stru|del** ǁ **Fleisch|stru|del|sup|pe:** *Lungenstrudelsuppe* ǁ **Fleisch|sup|pe** ǁ **Fleisch|ti|ger** (sal.): *jemand, der gern und viel Fleisch isst* ǁ **Fleisch|ti|ge|rin** die, -/-innen (sal.) ǁ **Fleisch|wolf:** *Küchengerät, mit dem Fleisch faschiert wird* ǁ **Fleisch|wun|de:** die F. am Arm verbinden
Fleiß der, -es: mit eisernem F. *(Eifer)* arbeiten | (ugs.) jemandem etwas zu/mit F. tun *(es mit der Absicht tun, jemanden zu ärgern oder zu schädigen)* ǁ **Fleiß|auf|ga|be:** *zusätzliche Arbeit* ǁ **flei|ßig:** f. üben; fleißige Schüler; *aber:* das **Fleißige Lieschen** *(eine Pflanze)*
flek|tier|bar ⟨lat.⟩ (Gramm.) ǁ **flek|tie|ren** (Gramm.): *Oberbegriff für deklinieren und konjugieren;* → Flexion
flen|nen (reg., ugs.): *weinen*
Fles|serl das, -s/-[n] (bes. S, O): *Gebäck in Zopfform mit Salz, Kümmel oder Mohn*
flet|schen, du fletsch[s]t: der

Hund fletschte *(zeigte drohend)* die Zähne

fleuchen (veraltet): *fliegen*

flexibel ⟨lat.⟩: *biegsam, elastisch; flexibles Rohr* | *anpassungsfähig;* rasch und f. auf Kundenwünsche reagieren || **flexibilisieren:** *flexibel machen;* die Arbeitszeit f. || **Flexibilität** die, -

Flexion die, -/-en ⟨lat.⟩ (Gramm.); → flektieren; → Deklination; → Konjugation || **Flexionsendung** (Gramm.)

flicht → flechten

flicken: die Schürze f. *(ausbessern)*

Flickflack der, -s/-s (Sport): *eine Turnübung*

Flickwerk das, -[e]s (abw.): *nicht einheitliche, zusammengestückelte (stümperhafte) Arbeit* || **Flickzeug:** *Werkzeug zum Ausbessern [von Fahrradschläuchen]*

Flieder der, -s/-: *ein Zierstrauch* || **Fliederbusch** || **fliederfarben:** *blasslila*

Fliege die, -/-n: *ein Insekt;* zwei Fliegen auf einen Streich erledigen *(zwei Sachen auf einmal erreichen)* || **fliegen,** flog/geflogen: er *ist* ins Ausland geflogen; sie *hat* eine Sportmaschine geflogen | (ugs.) auf die Nase f. *(fallen)* | (ugs.) auf etwas f. *(erpicht sein)* || **Fliegengewicht** das, -[e]s (Sport): *eine Gewichtsklasse* || **Fliegengitter** || **Fliegenpilz:** *ein giftiger Pilz* || **Fliegenpracker** || **Fliegenschiss** (ugs.) || **Flieger** der, -s/-: *Flugzeug* | *Pilot* || **Fliegeralarm:** F. bei Luftangriffen || **Fliegerei** die, -: *das Flugwesen; der Fliegerberuf* | *das ständige Fliegen* || **Fliegerhorst:** *Militärflugplatz* || **Fliegerin** die, -/-innen: *Pilotin*

fliehen, floh/geflohen: aus dem Kriegsgebiet f. *(flüchten)* || **Fliehkraft:** *Zentrifugalkraft*

Fliese [-zɛ, ugs. auch: -sɛ] die, -/-n: *eine Kachel zur Wandverkleidung und zum Bodenbelegen* || **Fliesenleger** der, -s/- || **Fliesenlegerin die,** -/-innen || **Fliesenschneider:** *ein Werkzeug*

Fließband: *Laufband [in Fabriken]* || **Fließbandarbeit** || **fließen,** du fließt/floss/geflossen: der Bach fließt rasch | das Bier floss in Strömen *(es wurde viel Bier getrunken)* | die Gelder f. ins Ausland | der Rock fließt weich um die Hüften || **fließend:** fließendes Wasser (auch: *Wasseranschluss im Zimmer)* | sie spricht f. Russisch | die Übergänge sind f. *(nicht eindeutig)* || **Fließgeschwindigkeit:** die F. von Flüssen || **Fließhandel:** *Handel der meistgefragten Aktien an der Wiener Börse* || **Fließhandelsindex** (Börse) || **Fließheck:** *eine Autoform* || **Fließpapier:** *Löschpapier* || **Fließtext** (Druckw.): *fortlaufender Text ohne Randformatierung* || **Fließwasser:** eine Wohnung mit F. *(Wasseranschluss)*

flimmern: flimmernde Sterne; es flimmert mir vor den Augen

flink: *rasch;* f. wie ein Wiesel || **Flinkheit** die, -

Flinserl das, -s/-[n]: *kleines, glänzendes Metallplättchen; Flitter* | *ein [einzelner] Männerohrring*

Flinte die, -/-n ⟨engl.⟩: *ein Gewehr für Schrotpatronen;* → Büchse; die F. ins Korn werfen *(aufgeben)*

Flip der, -s/-s ⟨engl.⟩ (Sport): *ein Sprung im Eiskunstlauf* || **Flipchart** [-tʃaː(r)t] das, -s/-s = die, -/-s: *auf einem Gestell befestigter Papierblock [für Präsentationen]* || **flippen** (sal.): *sich ängstigen, zittern;* er flippt vor der Schularbeit; → ausflippen || **Flipper** der, -s/-: *ein Spielautomat* || **flippern**

Flirt [flœrt, engl.: flɜːt] der, -s/-s ⟨engl.⟩: *Liebelei* || **flirten:** *[durch Gesten, Blicke] erotische Absichten bekunden*

Flitscherl das, -s/-[n] (ugs., abw.): *leichtlebiges Mädchen* || **Flittchen** das, -s/- (nördl. D, abw.): *Flitscherl*

Flitter der, -s/-: *billiger, glänzender Schmuck* || **Flitterwochen** die (Pl.): *die ersten Wochen nach der Hochzeit, Honeymoon*

flitzen, du flitzt: das Auto flitzt *(saust)* vorüber

Floating [ˈfləʊt-] das, -[s] ⟨engl.⟩ (Bankw.): *Freigabe bzw. Schwanken des Wechselkurses einer Währung*

Flobertgewehr: *kleinkalibriges Sportgewehr*

flocht → flechten

Flocke die, -/-n: es schneit dicke Flocken *(Schneeflocken)* | *flach gedrücktes Getreidekorn;* Haferflocken || **flockig:** eine flockige *(flaumige)* Mehlspeise

flog → fliegen

floh → fliehen

Floh der, -[e]s/Flöhe: *ein Insekt;* jemandem einen F. ins Ohr setzen *(etwas mitteilen, das ihn lange beschäftigt)* || **Flohmarkt:** *Markt für [den Privatverkauf von] Altwaren; Tandelmarkt*

Flop der, -s/-s ⟨engl.⟩ (sal.): *Misserfolg;* → G.: Hit

Flor[1] der, -s/-e ⟨niederl.⟩: *ein feines Gewebe* | ein Teppich mit hohem F. *(flauschiger Oberschicht)*

Flor[2] der, -s/-e ⟨lat.⟩: *Blütenpracht* || **Flora**[1]: *weibl. Vorname* | *römische Göttin der Blumen* || **Flora**[2] die, -/Floren: *Gesamtheit der Pflanzenarten eines Gebiets;* Alpenflora

Florentiner der, -s/-: *ein breitkrempiger Strohhut* | *ein Mandelgebäck* | *ein Vorhang* || **Florentinerhut**

Florett das, -[e]s/-e ⟨it.-fr.⟩: *eine Stoßwaffe [im Fechtsport]* || **Florettfechten:** *eine Sportdisziplin*

Florian: *männl. Vorname* || **Floriani:** zu F. *(am Florianitag)* || **Florianijünger** (scherzh.): *Feuerwehrmann* || **Florianimarkt** || **Florianiprinzip** das, -s (ugs., scherzh.): nach dem F. vorgehen *(Belastungen auf andere abwälzen)* || **Florianitag:** *Festtag des heiligen Florian am 4. Mai, Floriani*

Florida: *Bundesstaat der USA*

Floridsdorf: *21. Bezirk Wiens*

florieren ⟨lat.⟩: das Geschäft floriert *(blüht, geht sehr gut)* || **Florin** der, -s/-e [-s] (fl.) (früher): *Gulden, Münze und Währung* || **Florist** der, -en/-en: *Blumenbinder, -händler* | (Bot.) *Kenner bzw. Erforscher der Flora*[2] || **Floristin** die, -/-innen

Floskel die, -/-n ⟨lat.⟩: *nichts sagende Redensart* || **floskelhaft**

floss → fließen || **Floß** das, -es/Flöße: *ein flaches Wasserfahrzeug [aus Baumstämmen];* → flößen || **Flosse** die, -/-n: *Bewegungs- und Steuerungsorgan [bei Fischen];* Rückenflosse | *Schwimmflosse* || **flößen,** du flößt: Holz f. *([zusammengebundene] Baumstämme durch die Strömung eines fließenden Gewässers transportieren lassen);* → Floß || **Flossenschwimmen:** *eine Sportdisziplin* || **Flößer** der, -s/- || **Flößerin** die, -/-innen || **Floßfahrt**

Flöte die, -/-n: *ein Holzblasinstrument;* F. spielen || **flöten:** *die Flöte blasen* | *süßlich sprechen* | (ugs.) f. gehen *(verloren gehen)* || **Flötenklang** || **Flötenmusik** ||

F

Flötenspiel das, -[e]s ‖ **Flötenspieler** ‖ **Flötenspielerin** ‖ **Flötentöne** die (Pl.): *schmeichelnde Worte* ‖ **Flötenuhr** (Mus.): *kleine, automatisch betriebene Orgel* ‖ **Flötist** der, -en/-en: *Flötenspieler* ‖ **Flötistin** die, -/-innen

flott: die Arbeit f. *(flink)* machen; *aber:* → flottmachen | ein flottes *(schickes) Kleid* | ein flottes *(leichtlebiges)* Leben führen | → flott geschrieben = flottgeschrieben | (Küchenspr.) die flotte Lotte *(ein Gerät zum Passieren)*

Flotte die, -/-n (Mil.): *ein größerer Schiffsverband* | *größere Einheit von Fahrzeugen oder Transportmitteln* ‖ **Flottenbasis** (Mil.) ‖ **Flottenstützpunkt** (Mil.)

flott geschrieben = **flottgeschrieben:** ein f. geschriebener Artikel

Flottille die, -/-n: *Verband kleinerer Schiffe* ‖ **flottmachen:** ein gestrandetes Schiff flottmachen *(fahrfähig machen); aber:* eine Arbeit flott *(flink)* machen

Flöz das, -es/-e: *eine Schichte [von Kohle oder Erzen] im Gestein*

Fluch der, -[e]s/Flüche: *im Zorn gesprochenes derbes Schimpfwort* | *Verwünschung* | (geh.) auf ihm lastet ein F. *(Unglück, Verderben)* ‖ **fluchbeladen** (geh.) ‖ **fluchen**

Flucht[1] die, -: die F. ergreifen *(fliehen);* jemanden in die F. schlagen

Flucht[2] die, -/-en: eine F. *(Reihe)* von Zimmern

Fluchtachterl (ugs., scherzh.): *abschließender Umtrunk nach einem geselligen Treffen* ‖ **fluchtartig:** f. das Haus verlassen

fluchten: *genau in einer Geraden liegen* | *in eine Gerade bringen*

flüchten: *fliehen* ‖ **Fluchtfahrzeug** ‖ **Fluchtgefahr** ‖ **Fluchtgeschwindigkeit** (Phys.): *notwendige Geschwindigkeit eines Flugkörpers, um die Schwerkraft der Erde zu überwinden* ‖ **Fluchthelfer** ‖ **Fluchthelferin** ‖ **flüchtig:** *auf der Flucht* | *oberflächlich* ‖ **Flüchtigkeitsfehler** ‖ **Flüchtling** der, -s/-e ‖ **Flüchtlingskonvention** [-v-tsi̯-]: *Genfer Konvention zum Schutz der Flüchtlinge* ‖ **Flüchtlingslager** ‖ **Flüchtlingswelle**

Fluchtpunkt: *Zentralpunkt der Perspektive*

Fluchtweg

Flug der, -[e]s/Flüge: einen F. buchen | die Zeit vergeht wie im F. *(sehr schnell)* ‖ **Flugabwehr** (Mil.) ‖ **Flugambulanz:** → *Ärzteflugambulanz* ‖ **Flugbegleiter:** *Steward* ‖ **Flugbegleiterin:** *Stewardess* ‖ **flugbereit** ‖ **Flugblatt:** *Werbeblatt, Flugschrift, Flugzettel;* Flugblätter verteilen ‖ **Flugboot:** *ein Wasserflugzeug* ‖ **Flugdach:** *seitlich offene Überdachung [von Bahnsteigen]* ‖ **Flugdrachen:** *ein Sportgerät, Hängegleiter* ‖ **Flügel** der, -s/-: der Adler breitet die F. aus | der linke F. *(der politisch links stehende Teil)* der Partei | *ein Klavier* | *Seitenteil eines Bauwerks* | *Seitenteil eines (gegliederten) Fensters;* Fensterflügel | (meist Pl.) → *Schwimmflügel* ‖ **Flügelaltar:** *[gotischer] Altar mit einem unbeweglichen Teil in der Mitte und mindestens zwei seitlichen Flügeln* ‖ **Flügelhorn:** *ein Blechblasinstrument* ‖ **-flügelig** (nur in Zusammensetzungen wie zweiflügelig) ‖ **Flügelkampf** (meist Pl.): *Auseinandersetzung innerhalb einer [politischen] Partei* ‖ **Flügelspannweite** ‖ **Flügeltür** ‖ **Flugente:** *flugfähige Ente mit geringem Fettansatz* ‖ **Fluggast:** *Passagier* ‖ **flügge:** die jungen Meisen sind f. *(flugfähig)* ‖ **Fluggesellschaft** ‖ **Flughafen** ‖ **Flughöhe** ‖ **Flugkapitän** ‖ **Fluglinie** [-i̯ɛ] ‖ **Fluglotse** ‖ **Fluglotsin** ‖ **Flugobjekt:** unbekanntes F. ‖ **Flugpassagier** [-ʒiːə] ‖ **Flugpassagierin** ‖ **Flugpersonal** ‖ **Flugplatz** ‖ **Flugpost:** *Luftpost* ‖ **Flugreise** ‖ **flugs** (veraltend): *im Nu, schnell* ‖ **Flugsand:** *feiner, durch den Wind verbreiteter Sand* ‖ **Flugschein:** *Pilotenschein* ‖ **Flugschneise:** *den Flugzeugen vorgeschriebener Weg* ‖ **Flugschreiber:** *ein automatisches Registriergerät in Flugzeugen;* → Fahrtschreiber ‖ **Flugschrift:** *Flugblatt* ‖ **Flugshow** [-ʃəʊ] ‖ **Flugsicherung** ‖ **flugtauglich** ‖ **Flugticket** ‖ **flugunfähig** ‖ **Flugverbindung** ‖ **Flugverkehr** ‖ **Flugwetter** ‖ **Flugzettel:** *Flugblatt* ‖ **Flugzeug** das, -[es]/-e: das F. ist abgestürzt ‖ **Flugzeugabsturz** ‖ **Flugzeugabwehrkanone** (Mil.) (Flak) ‖ **Flugzeugbau** der, -[e]s ‖ **Flugzeugentführung** ‖ **Flugzeugträger** (Mil.): *großes Kriegsschiff mit Start- und Landebahn*

Fluh die, -/Fluhe (V): *steiler Felsabsturz, Fels[wand]*

fluid ⟨lat.⟩ (Chem.): *flüssig* ‖ **Fluid** das, -s/Fluida (Med.): *eine Feuchtigkeit spendende Flüssigkeit* ‖ **Fluidum** das, -s/Fluida: *geistige, seelische Ausstrahlung, Flair*

Fluktuation [-tsi̯-] die, -/-en ⟨lat.⟩ ‖ **fluktuieren:** *schwanken, schnell wechseln*

Flunder die, -/-n: *ein Fisch*

Flunkerei die, -/-en ‖ **Flunkerer** der, -s/- ‖ **Flunkerin** die, -/-innen ‖ **flunkern** (ugs.): *großtun, aufschneiden*

Fluor das, -s ⟨lat.⟩ (Zeichen: F): *ein chemisches Element* ‖ **Fluorchlorkohlenwasserstoff** [-kl-] (FCKW) (Chem.): *Verbindung, die Ozonschäden verursacht* ‖ **Fluoreszenz** die, -: *das Aufleuchten mancher Stoffe unter Strahleneinwirkung* ‖ **fluoreszieren** ‖ **Fluortablette**

Flur[1] der, -[e]s/-e: *Hauseingang, Einfahrt;* Hausflur ‖ **Flur**[2] die, -/-en: *[parzelliertes] Wirtschaftsgrundstück;* auf weiter F. *(weit und breit)* ‖ **Flurbereinigung** die, -/-en: *Kommassierung* ‖ **Flurname,** *auch:* **Flurnamen:** *überlieferte Bezeichnung für Grundstücke, Wiesen, Wälder* ‖ **Flurschaden:** *Schaden an der Natur [durch Wild oder Straßenbau]*

Fluss der, -es/Flüsse: reißende Flüsse | (ohne Pl.) die Entwicklung ist noch im F. *(fließend)* ‖ **flussabwärts:** f. treiben ‖ **Flussarm** ‖ **flussaufwärts:** f. paddeln ‖ **Flussbett:** *Graben, in dem ein Fluss fließt* ‖ **Flussbiegung** ‖ **Flussdelta** ‖ **Flussdiagramm:** *ein Diagramm, das die Abhängigkeit der einzelnen dargestellten Faktoren zeigt* ‖ **flüssig:** flüssiges Waschmittel; Metall f. machen (= flüssigmachen) *(schmelzen); aber:* → flüssigmachen | einen Text f. *(ohne Stocken, zügig)* lesen ‖ **Flüssigkeit** die, -/-en: zwei Liter F. trinken; die F. ist verdunstet ‖ **Flüssigkristall** (Phys.): *eine durch ein elektrisches Feld veränderbare Flüssigkeit* ‖ **Flüssigkristallanzeige** (Phys., Elektrot.) → LCD ‖ **flüssigmachen:** einen Betrag f. *(verfügbar machen); aber:* Metall flüssig machen (= flüssigmachen) ‖ **Flusskrebs** ‖ **Flusslauf** ‖ **Flussmündung** ‖ **Flusspferd:** *in*

Gewässern lebendes Säugetier, Nilpferd ‖ **Flussregulierung** ‖ **Flusssand** ‖ **Flussschifffahrt** ‖ **Flussspat** der, -[e]s: *ein Mineral* ‖ **Flussufer**
Flüsterasphalt [-f-]: *ein geräuschdämmender Straßenbelag* ‖ **flüstern:** *leise sprechen* ‖ **Flüster-Lkw** [-ɛl ka veː] = **Flüster-LKW:** *geräuscharmer LKW* ‖ **Flüsterton:** im F. *(mit leiser Stimme)* reden
Flut die, -: bei F.; Ebbe und F. | (mit Pl. -en) *große Wassermenge;* in den Fluten umkommen *(ertrinken)* | eine F. *(Menge)* von Briefen ‖ **fluten:** *strömen;* der flutende Verkehr | *[die Tanks eines U-Bootes] unter Wasser setzen* ‖ **Fluter** der, -s/-: *[Decken]leuchte* ‖ **Flutkatastrophe** [-f-] ‖ **Flutlicht:** bei F. *(im Scheinwerferlicht)* Fußball spielen ‖ **Flutlichtanlage** ‖ **Flutwelle**
Flyer ['flaɪə] der, -s/- ⟨engl.⟩: *grafisch gestalteter Flugzettel [für Events, Partys, Konzerte]* ‖ **Flyover** [-oːv-] = **Flyover** der, -s/-s ⟨engl.⟩: *provisorische Überbrückung einer Straßenbaustelle*
Flysch [-i-, auch: -y-] der, -[e]s/-e: *aus Schichten von Sandsteinen und Mergeln bestehende Gesteinsformation* ‖ **Flyschzone** (Geol.)
fm: Festmeter
Fm: Fermium
f-Moll ['ɛf'mɔl] (f) (Mus.) ‖ **f-Moll-Tonleiter** (Mus.)
Fochaz der, -/- ⟨it.⟩ (SüdT): *ein Festgebäck*
focht → fechten
Fock die, -/-en (Seemannsspr.): *Vorsegel* ‖ **Fockmast** (Seemannsspr.)
Föderalismus der, - ⟨lat.⟩: *der Grundsatz weit gehender Selbständigkeit der Glieder eines Bundesstaates;* → G.: Zentralismus ‖ **föderalistisch** ‖ **Föderation** [-tsi̯-] die, -/-en: *Staatenbund; Bundesstaat; Verband;* → konföderieren ‖ **föderativ** ‖ **föderiert:** *verbündet* ‖ **Föderierte**[1] der, -n/-n, ein Föderierter ‖ **Föderierte**[2] die, -n/-n
Fogosch der, -[e]s/-e ⟨ung.⟩ (ostöst.): → *Zander*
fohlen: die Stute fohlt *(gebärt)* ‖ **Fohlen** das, -s/-: *junges Pferd, Füllen*
Föhn der, -s/-e: *ein warmer Wind* | *ein elektrisches Heißluftgerät; aber:* → Fön ‖ **föhnen:** es föhnt *(es weht ein warmer Wind, es wird föhnig)* | sich die Haare f. ‖ **föhnig:** föhniges Wetter ‖ **Föhnkrankheit**
Fohnsdorf: *Ort in der Steiermark*
Föhnwetterlage
Föhre die, -/-n: *ein Nadelbaum, Kiefer* | (ohne Pl.) *Holz der Föhre* ‖ **föhren:** föhrene Bretter ‖ **Föhrenholz** ‖ **Föhrenwald** ‖ **Föhrenzapfen:** *Bockerl*
fokal ⟨lat.⟩: *den Brennpunkt betreffend* ‖ **Fokus** der, - [-kusses]/-kusse: *Brennpunkt* | *Mittelpunkt* ‖ **fokussieren:** *scharf einstellen; ins Zentrum [des Interesses] rücken*
fol.: Folio; → foliiert
Folder ['fɔʊl-] der, -s/- ⟨engl.⟩: *Faltprospekt*
Folge die, -/-n: F. leisten *(gehorchen, entsprechen);* zur F. haben *(bewirken);* das hat Folgen *(Konsequenzen)* | in der F. *(künftig);* die nächste F. *(Nummer)* einer Zeitschrift; *aber:* → infolge, → zufolge ‖ **folgedessen:** *infolgedessen* ‖ **Folgeerscheinung** ‖ **Folgekosten** die (Pl.) ‖ **Folgekrankheit** ‖ **folgen:** er *ist* mir gefolgt *(nachgegangen)* | sie *hat* mir gefolgt *(gehorcht)* | daraus folgt *(ergibt sich)*

folgend

Deklination:
– folgendes klare (auch: klares) Beispiel
– folgende ausführliche (*auch:* ausführlichen) Erläuterungen

Großschreibung bei Nominalisierung:
– der **F**olgende *(der Nächste in einer Reihe)*
– der ihm **F**olgende *(hinter ihm Gehende)*
– mit **F**olgendem musst du rechnen
– alle **F**olgenden wurden nicht eingelassen
– ich muss dir **F**olgendes *(dies)* sagen
– das **F**olgende *(was danach kam)* hatte ernste Auswirkungen
– im **F**olgenden *(in den nachstehenden Punkten)* die Gründe aufzählen

folgendermaßen ‖ **folgenlos** ‖ **folgenreich** ‖ **folgenschwer** ‖ **Folgerecht** (Jus): *Recht zur Rechtsnachfolge, zB Erbrecht* ‖ **folgerichtig:** f. *(logisch)* denken ‖ **folgern:** daraus lässt sich f. *(schließen),* dass ... ‖ **Folgerung** die, -/-en: *Schlussfolgerung, Konklusion* ‖ **Folgetonhorn:** *Signalhupe von Einsatzfahrzeugen (Rettung, Polizei usw.)* ‖ **Folgewirkung:** die Folgewirkungen nicht abschätzen können ‖ **Folgezeit** ‖ **folglich:** *daher* ‖ **folgsam** ‖ **Folgsamkeit** die, -
Foliant der, -en/-en ⟨lat.⟩: *großes, dickes Buch; Wälzer* ‖ **Folie** [-i̯ɛ] die, -/-n: *sehr dünnes Metall- oder Kunststoffblatt* ‖ **Folienerdapfel** (Küchenspr.): *Erdapfel, der in einer Folie gebraten wird* ‖ **Folienkartoffel** ‖ **Folienstreifen:** *ein Sicherheitsmerkmal von Banknoten* ‖ **foliiert:** *mit nummerierten Blättern (nicht Seiten);* → paginieren ‖ **Folio** das, -s/-s (Folien [-i̯ɛn]) (fol.): *großes Papier-, Buchformat;* in F. *(Folioformat)* | ein Narr in F. *(ein großer Narr)* ‖ **Folioband** ‖ **Folioformat**
Folk [fɔʊk] der, -s ⟨engl.⟩: *sich der Volksmusik nähernde Musik*
Folklore [fɔlk-] die, - ⟨engl.⟩: *Brauchtum, Volkskunde und Volkskunst (oder deren kommerzialisierte Form)* ‖ **Folkloristik** die, - ‖ **folkloristisch**
Folksänger ['fɔʊk-] ⟨engl.⟩ ‖ **Folksängerin**
Folter die, -/-n: *Zufügen von Schmerzen, um ein Geständnis zu erzwingen; Marter* | jemanden auf die F. spannen *(jemanden sehr neugierig machen)* ‖ **Folterkammer** ‖ **Folterknecht:** *Folterer* ‖ **Foltermethode** ‖ **foltern:** die Gefangenen f. ‖ **Folterung** die, -/-en ‖ **Folterwerkzeug**

Fon = Phon [f-] das, -s/-s ⟨gr.⟩: *(in Österreich nicht mehr gesetzliche) Maßeinheit für die Lautstärke;* → Dezibel | (in Mengenangaben mit Pl. Fon) Straßenlärm von 70 Fon

Für das Wort bzw. den Wortbestandteil gibt es zwei Schreibweisen:
– Fon: die eingedeutschte Schreibung
– Phon: die fremdsprachige Schreibung
Ebenso: Fonem/Phonem, Fonetik/Phonetik, Diktafon/Diktaphon ...

Fön der, -[e]s/-e (Wz.): *ein Haar-*

trockner der Marke Fön; → Föhn
Fond [fõː] der, -s/-s ⟨lat.⟩: *Rücksitz im Wagen* | (Küchenspr.) *[Braten]saft als Grundlage für Suppen, Saucen uÄ* | *Hintergrund [eines Bildes, einer Bühne]; aber:* → Fonds; → Font
Fon|dant [fõˈdãː] das, -s/-s ⟨fr.⟩: *eine Zuckermasse*
Fonds [fõː] der, - [fõːs]/- [fõːs] ⟨fr.⟩: *Geldmittel, Vermögen für einen bestimmten Zweck; aber:* → Fond
Fon|due [fõˈdyː] das, -[s]/-s ⟨fr.⟩: *eine Speise;* Käsefondue

F

Fo|nem = Phonem [f-] das, -s/-e (Sprachwiss.): *kleinste bedeutungsunterscheidende Lauteinheit, zB* Teich – Deich || **fo|ne|ma|tisch** = phonematisch (Sprachwiss.): *das Phonem betreffend* || **Fo|ne|tik** = Phonetik die, - (Sprachwiss.): *Lehre von Art und Bildung der Sprachlaute* || **Fo|ne|ti|ker** = Phonetiker der, -s/- || **Fo|ne|ti|ke|rin** = Phonetikerin die, -/-innen || **fo|ne|tisch** = phonetisch (Sprachwiss.): phonetische *(lautgetreue)* Schreibung || **Fo|no|graf** = Phonograph [-f] der, -en/-en (früher): *Tonaufzeichnungsgerät* || **Fo|no|gramm** = Phonogramm das, -s/-e ⟨gr.⟩: *Schallaufzeichnung* || **Fo|no|lo|gie** = Phonologie die, - (Sprachwiss.): *Lehre von den Lauten in deren Funktion als wortunterscheidende Zeichen* || **fo|no|lo|gisch** = phonologisch (Sprachwiss.) || **Fo|no|me|t|rie** = Phonometrie die, - (Phys.): *Messung akustischer Phänomene* || **Fo|no|thek** = Phonotek die, -/-en: *Archiv, Sammlung für Tonträger* || **Fo|no|ty|pie** [-y-] = Phonotypie die, -: *das Schreiben [auf der Schreibmaschine] nach einem Diktiergerät* || **Fo|no|ty|pist** = Phonotypist der, -en/-en || **Fo|no|ty|pis|tin** = Phonotypistin die, -/-innen
Font [fɔnt] der, -s/-s ⟨engl.⟩ (EDV): *Schriftart eines Computerprogramms; aber:* → Fond
Fon|tä|ne die, -/-n ⟨fr.⟩: *Springbrunnen*
Fon|ta|nel|le die, -/-n ⟨lat.-fr.⟩ (Med.): *Knochenlücke am Kopf eines Neugeborenen*
Foot|ball [ˈfʊtbɔːl] der (*ugs. auch:* das), -s ⟨engl.⟩ (Sport): *ein amerikanisches Ballspiel*
fop|pen: *zum Narren halten* || **Fop|pe|rei** die, -/-en
for|cie|ren [-s-] ⟨fr.⟩: eine Arbeit f. *(beschleunigen, mit Nachdruck betreiben)* || **for|ciert:** *gezwungen;* seine Freundlichkeit ist f.
För|der|an|su|chen (Amtsspr.): *Subventionsansuchen* || **För|der|band:** *Transportanlage, zB zum Fördern von Erz, Kohle uÄ* || **För|de|rer** der, -s/- || **För|de|rin** die, -/-innen || **För|der|kurs** (Bildw.): *zusätzlicher Unterricht [für lernschwache Kinder]* || **för|der|lich** (geh.): *nützlich;* der Gesundheit nicht f. sein || **För|der|maß|nah|me** (meist Pl.) || **För|der|mil|li|o|nen** die (Pl.): F. der EU für Wissenschaftsprojekte
for|dern: mehr Lohn f. | die Katastrophe forderte Menschenleben | die Begabten f. *(sie zur Leistung anspornen);* sein Beruf fordert ihn *(nimmt ihn her)* | (Sport) einen Gegner (zum Match) f. | (früher) *jemanden zum Duell herausfordern*
för|dern: *[Kohle, Erz] bergmännisch gewinnen* | eine junge Künstlerin f. *(ihr Vorwärtskommen [finanziell] unterstützen)* || **För|der|preis:** ein F. für Nachwuchskünstler || **För|der|schacht** (Bergbau) || **För|der|topf:** *Gesamtheit der Fördergelder* || **För|der|turm** (Bergbau)
For|de|rung die, -/-en: eine gerechte F. erheben | (Kaufmannsspr.) eine offene F. *(Anspruch auf einen Geldbetrag)*
För|de|rung die, -/-en: die F. von Kohle | die F. *(Unterstützung)* junger Wissenschaftler
For|de|rungs|ab|tre|tung (Jus): *Zession;* → zedieren
För|de|rungs|maß|nah|me || **För|de|rungs|mit|tel** die (Pl.): *Subventionen* || **För|der|un|ter|richt:** *ein unterstützender zusätzlicher Unterricht*
Fore|che|cking [ˈfɔːtʃ-] das, -s/-s ⟨engl.⟩ (Sport): *ständiges [körperbetontes] Stören des Angreifers*
Fore|hand [ˈfɔːhænd] die, -/-s ⟨engl.⟩ (Sport): *Vorhand [im Tischtennis];* → G.: Backhand
Fo|rel|le die, -/-n: *ein Fisch* || **Fo|rel|len|zucht**
fo|ren|sisch ⟨lat.⟩: *öffentlich, gerichtlich*
Fo|rint [ugs. auch: -ˈi-] der, -[s]/-[e] [-s] ⟨ung.⟩: *Geldeinheit in Ungarn* | (in Angaben von Beträgen mit Pl. Forint) zehn Forint wert sein
Form die, -/-en ⟨lat.⟩: die F. eines Berges | in F. sein *(in bester körperlicher Verfassung sein)* | das Projekt nimmt F. an *(wird konkret)* | ich möchte mich in aller F. *(förmlich, besonders)* bedanken | den Gugelhupf aus der F. *(Backform)* nehmen || **for|mal:** *der Form nach;* → formell; → G.: material || **for|ma|li|sie|ren:** *eine bestimmte Form geben* | *systematisieren* || **for|ma|li|ter:** *der Form nach*
Form|al|de|hyd [-ˈyːt, auch: ˈfɔ-] das, -s/-e ⟨lat.⟩: *ein Gas*
For|mal|feh|ler ⟨lat.⟩: *Formfehler* || **For|ma|lin** das, -[s]/-e (Wz.): *ein Konservierungsmittel für Präparate* || **for|ma|li|sie|ren** || **For|ma|lis|mus** der, -/Formalismen: *[übertriebene] Beachtung der äußeren Form* || **For|ma|list** der, -en/-en || **For|ma|lis|tin** die, -/-innen || **for|ma|lis|tisch** || **For|ma|li|tät** die, -/-en: *Formsache; Äußerlichkeit* || **for|mal|recht|lich** || **For|mat** das, -[e]s/-e: das F. *(die Größe)* eines Heftes | ein Mensch von F. *(eine bedeutende Persönlichkeit)* | (EDV) *Art eines Datenträgers;* → Datenformat || **for|mat|fül|lend:** das Bild ist f. || **for|ma|tie|ren** (EDV): *einen Datenträger für die spätere Nutzung vorbereiten* || **For|ma|tie|rung** die, -/-en (EDV) || **For|ma|ti|on** [-tsi̯-] die, -/-en: *geologische Epoche;* Gesteinsformation | *[militärische] Truppe; Aufstellung* || **For|ma|ti|ons|tanz** [-tsi̯-]: *eine Sportart* || **form|bar** || **form|be|stän|dig** || **Form|blatt:** *Formular, Vordruck* || **For|mel** die, -/-n: chemische, mathematische Formeln || **For|mel 1** [- ˈains] die, - -: *eine Klasse im Autorennsport* || **For|mel-1-Ren|nen** || **for|mel|haft** || **for|mell** ⟨lat.-fr.⟩: *förmlich, äußerlich; in aller Form, nachdrücklich;* → formal; → G.: informell | (Jus) formelles Recht *(Gesetz, das das Verfahren regelt);* → G.: materielles Recht || **For|mel|samm|lung** ⟨lat.⟩ || **for|men:** aus dem Teig Knödel f. | die Jugendjahre haben sie musikalisch geformt *(geprägt)* || **For|men|leh|re** (Mus.): *Lehre vom Aufbau musikalischer Formen* | (Gramm.) *Morphologie* || **for|men|reich** || **For|men|reich|tum** || **Form|feh|ler:** *formaler Fehler [bei einem Bescheid]* || **Form|ge|bung:** *Gestaltung, Design* || **for|mi|da|bel** (geh.): *großartig* || **for|mie|ren:** die Tänzerinnen f. sich *(stellen sich in bestimmter Ordnung auf)* | die Um-

weltschützer f. sich neu *(organisieren sich neu)* ‖ **For|mie|rung** die, -/-en ‖ **Form|kri|se:** der Sportler steckt in einer F. ‖ **förm|lich:** *höflich, aber unpersönlich, formell* | f. *(geradezu)* erstarrt sein ‖ **Förm|lich|keit** die, -/-en ‖ **form|los:** *ohne Form* | *ohne Förmlichkeiten; informell* ‖ **Form|lo|sig|keit** die, -/-en ‖ **Form|sa|che:** das ist nur F. *(betrifft nur mehr die äußere Form)* ‖ **Form|tief:** der Sportler befindet sich in einem F. ‖ **For|mu|lar** das, -[e]s/-e: *Vordruck, Formblatt* ‖ **for|mu|lie|ren:** *in entsprechende Worte fassen* ‖ **For|mu|lie|rung** die, -/-en ‖ **For|mu|lie|rungs|pro|blem** ‖ **For|mung** die, -/-en: die F. der Persönlichkeit ‖ **form|voll|en|det**

forsch: *schneidig, kühn* | *vorlaut*

for|schen, du forsch[s]t: nach den Ursachen f. ‖ **For|scher** der, -s/- ‖ **For|scher|geist** ‖ **For|sche|rin** die, -/-innen ‖ **For|schung** die, -/-en: in F. und Entwicklung investieren ‖ **For|schungs|auf|trag** ‖ **For|schungs|be|richt:** einen F. veröffentlichen ‖ **For|schungs|er|geb|nis** ‖ **For|schungs|för|de|rung:** F. beantragen ‖ **For|schungs|ge|biet** ‖ **For|schungs|ge|mein|schaft** ‖ **For|schungs|la|bor:** in einem F. arbeiten ‖ **For|schungs|po|li|tik** ‖ **For|schungs|rei|sen|de** ‖ **For|schungs|stel|le** ‖ **For|schungs|zen|trum**

Forst der, -[e]s/-e: *Wald, der fachmännisch bewirtschaftet wird* ‖ **Forst|ad|junkt:** *ein Amtstitel* ‖ **Forst|ad|junk|tin** ‖ **Forst|amt** ‖ **Forst|ärar** (Amtsspr., veraltet): *Staatsforst* ‖ **Forst|ar|bei|ter** ‖ **Forst|ar|bei|te|rin** ‖ **Förs|ter** der, -s/-: *Forstbeamter* ‖ **Förs|te|rin** die, -/-innen ‖ **Forst|ge|setz** (Jus.) ‖ **Forst|haus:** *Haus eines Försters* ‖ **Forst|in|ge|ni|eur** [-ʒeni̯øːɐ] ‖ **Forst|in|ge|ni|eu|rin** ‖ **Forst|mann:** *Förster* ‖ **Forst|re|vier** [-v-] ‖ **Forst|scha|den:** *[durch Wild, Wetter, Insektenbefall entstandener] Schaden im Wald* ‖ **Forst|schutz:** *die Bekämpfung und Vermeidung von Waldschäden* ‖ **Forst|schutz|maß|nah|men** die (Pl.) ‖ **Forst|stra|ße** ‖ **Forst|ver|wal|tung** ‖ **Forst|wa|che** (SüdT) (Admin.): *Behörde, die für den Schutz der Wälder zuständig ist* | *Aufsichtsbeamter dieser Behörde* ‖ **Forst|weg:** *Fahrweg zur Nutzung des Waldes* ‖ **Forst|wirt** ‖ **Forst|wir|tin** ‖ **Forst|wirt|schaft** ‖ **forst|wirt|schaft|lich:** forstwirtschaftliche Lehranstalt

For|sy|thie [-ˈziːti̯ɛ, ugs. auch: -tsi̯ɛ] die, -/-n: *ein Zierstrauch*

fort: f. *(weg)* mit dir!; in einem f.; f. und f. *(fortwährend);* und so f. *(und so weiter)*

Fort [foːɐ] das, -s/-s: *kleine Festung;* → Fortifikation

fort|ab (geh.): *von nun an*

fort|an (geh.): *von nun an*

fort|be|ge|ben sich (geh.): *weggehen*

Fort|be|stand der, -[e]s ‖ **fort|be|ste|hen:** *weiterbestehen*

fort|be|we|gen: sich langsam f. ‖ **Fort|be|we|gung**

fort|bil|den: sich laufend beruflich f. *(weiterlernen)* ‖ **Fort|bil|dung** ‖ **Fort|bil|dungs|ver|an|stal|tung**

fort|blei|ben: *wegbleiben*

fort|brin|gen: sich kümmerlich f. *(armselig leben)*

Fort|dau|er: *Dauer, das Andauern* ‖ **fort|dau|ern:** das Schönwetter wird f.

fort|dür|fen: am Abend nicht f.

for|te (f) ⟨it.⟩ (Mus.): *stark, laut;* → G.: piano

fort|ei|len: *davoneilen*

fort|ent|wi|ckeln: die Zusammenarbeit soll sich f. *(weiterentwickeln)* ‖ **Fort|ent|wick|lung**

for|te|pi|a|no (fp) ⟨it.⟩ (Mus.): *laut und sofort wieder leise* ‖ **For|te|pi|a|no** (Mus.): *Hammerklavier;* → Pianoforte

fort|fah|ren: *wegfahren;* in der Rede f. *(weitersprechen)*

fort|flat|tern: der Schmetterling flattert fort

fort|flie|gen: *davonfliegen; wegfliegen*

fort|füh|ren: *weiterführen* ‖ **Fort|füh|rung**

Fort|gang: *Weiterentwicklung*

fort|ge|hen: *weggehen*

fort|ge|schrit|ten: ein fortgeschrittenes Stadium; → fortschreiten ‖ **Fort|ge|schrit|te|ne**[1] der, -n/-n, ein Fortgeschrittener: ein Kurs für F. ‖ **Fort|ge|schrit|te|ne**[2] die, -n/-n

fort|ge|setzt: *auch weiterhin, wiederholt;* bei fortgesetzter Einnahme des Medikaments; wegen fortgesetzter Verfehlungen; → fortsetzen

For|ti|fi|ka|ti|on [-tsi̯-] die, -/-en ⟨lat.⟩: *Befestigung;* → Fort ‖ **For|tis** die, -/Fortes (Sprachwiss.): zB *hartes p, t, k, ß;* → G.: Lenis ‖ **for|tis|si|mo** (ff) ⟨it.⟩ (Mus.): *sehr stark, sehr laut;* → G.: pianissimo ‖ **For|tis|si|mo** das, -[s]/Fortissimi (Mus.)

fort|ja|gen: die Tauben f. *(davonjagen)*

fort|kom|men: beruflich f. *(sich weiterentwickeln)* | schau, dass du fortkommst! *(verschwinde!)* ‖ **Fort|kom|men** das, -s: sein F. *(einen ausreichenden Lebensunterhalt)* finden

fort|kön|nen

fort|las|sen

fort|lau|fen ‖ **fort|lau|fend:** f. nummerieren

fort|le|ben ‖ **Fort|le|ben:** das F. *(Weiterbestehen)* der Antike in der Kunst

fort|lo|cken

fort|müs|sen: um 9 Uhr f.

fort|pflan|zen sich: *Nachkommen hervorbringen* | *sich verbreiten* ‖ **Fort|pflan|zung** die, - ‖ **Fort|pflan|zungs|trieb** ‖ **Fort|pflan|zungs|ge|schwin|dig|keit:** *Verbreitungsgeschwindigkeit;* die F. des Lichtes

fort|ren|nen

Fort|satz: die Fortsätze *(Verlängerungen)* der Nervenzellen; Wurmfortsatz

fort|schaf|fen: *wegbringen*

fort|sche|ren sich: scher dich fort!

fort|schi|cken: *zum Gehen auffordern; wegschicken*

fort|schlei|chen sich

fort|schrei|ben: *(unter geänderten Bedingungen) das bisherige Verfahren fortsetzen*

fort|schrei|ten: *weitergehen; vorankommen* ‖ **Fort|schrei|ten** das, -s: das F. der Krankheit ‖ **Fort|schritt:** große Fortschritte *(Erfolge in der Entwicklung)* erzielen ‖ **fort|schritt|lich** ‖ **Fort|schritt|lich|keit** die, - ‖ **fort|schritts|feind|lich** ‖ **Fort|schritts|glau|be** = **Fort|schritts|glau|ben**

fort|schwem|men

fort|seh|nen sich

fort|set|zen: *etwas Begonnenes weiterführen* ‖ **Fort|set|zung** die, -/-en ‖ **Fort|set|zungs|ro|man**

fort|steh|len sich: *sich heimlich entfernen*

fort|tra|gen: der Wind hat den Hut fortgetragen

fort|trei|ben: *wegjagen* | *durch eine Strömung wegtreiben*

For|tu|na: *römische Göttin des Glücks und des Schicksals* ‖ **For|tü|ne** [auch: -ˈy(ː)n] die, - ⟨fr.⟩ (geh.): *Glück, Erfolg*

fort|wäh|ren (geh.): *andauern* ‖

F

fortwährend: sich f. *(ununterbrochen)* ärgern
fortwehen: *wegwehen*
fortwerfen: *wegwerfen*
fortwirken: ihre Ideen wirken noch heute fort ‖ **Fortwirken**
fortwollen: nicht mehr f.
fortwünschen: sich von diesem schrecklichen Ort f. *(sich fortsehnen);* jemanden f. *(wegwünschen)*
fortwursteln [meist: -ʃt-]: *im alten Schlendrian, ohne Plan weiterarbeiten*
fortzahlen: *weiterzahlen* ‖ **Fortzahlung**
fortziehen: *wegziehen*
Forum das, -s/Foren ⟨lat.⟩: *Zuhörerkreis* ‖ **Forumsdiskussion:** *öffentliches [Streit]gespräch*
fossil ⟨lat.⟩: fossile *(versteinerte)* Knochenreste; fossile Energieträger *(Kohle, Erdöl uÄ)* ‖ **Fossil** das, -s/-ien [-iɛn] (meist Pl.): *versteinerte Überreste eines urzeitlichen Lebewesens*
Foto das, -s/-s (frühere Schreibung: Photo) ⟨gr.⟩: *Kurzwort für Fotografie;* ein F. machen ‖ **Fotoalbum** = Photoalbum ‖ **Fotoapparat** = Photoapparat: *Kamera* ‖ **Fotoatelier** [-lie:] = Photoatelier ‖ **Foto-CD** [-tse'de:] Photo-CD (Technol.): *eine CD zur digitalen Speicherung von Fotos und Bildern* ‖ **Fotoelektrizität** = Photoelektrizität ‖ **fotogen** = photogen: *gut zu fotografieren* ‖ **Fotograf** = Photograph der, -en/-en ‖ **Fotografie** = Photographie die, -/-n: *das Foto* | *Lehre und Praxis des Fotografierens* ‖ **Fotografin** = Photographin die, -/-innen ‖ **fotografieren** ‖ **fotografisch** = photographisch ‖ **Fotokauffrau** = Photokauffrau: *eine Berufsbezeichnung* ‖ **Fotokaufmann** = Photokaufmann ‖ **Fotokopie** = Photokopie ‖ **fotokopieren** = photokopieren ‖ **Fotokopierer** = Photokopierer ‖ **Fotolabor** = Photolabor ‖ **Fotometrie** = Photometrie die, -: *Lichtmessung* ‖ **fotometrisch** = photometrisch ‖ **Fotomodell** = Photomodell: *ein Beruf* ‖ **Fotomontage** [-a:ʃ, -ʒɛ] = Photomontage: *Zusammensetzung eines Bildes aus mehreren Fotos* ‖ **Fotorealismus** = Photorealismus (Kunstg.): *ein Malstil* ‖ **Fotosafari** = Photosafari: *[Afrika]reise zum Beobachten und Fotografieren wild lebender Tiere* ‖ **Fotosynthese** [-zy-] = Photosynthese (Biol.): *zentraler biologischer Vorgang, Aufbau organischer Substanz durch die grünen Pflanzen* ‖ **Fotovoltaik** [-v-] = Photovoltaik die, -: *Lehre von der Gewinnung elektrischer Energie aus Sonnenenergie* ‖ **Fotozelle** = Photozelle: *Vorrichtung zur Umwandlung von Lichtschwankungen in elektrische Schwankungen*
Fötus = → Fetus
Fotze die, -[n]/-n (ugs., derb): *Ohrfeige;* → Fotzen | *Vulva* ‖ **fotzen** (ugs., derb): *ohrfeigen* ‖ **Fotzen** die, -/- (ugs., derb): *Ohrfeige* | *Mund* ‖ **Fotzhobel** (reg., ugs.): *Mundharmonika*
foul [faul] ⟨engl.⟩ (Sport): *regelwidrig, unfair;* nicht f. spielen ‖ **Foul** das, -s/-s (Sport): *ein Verstoß gegen die Regeln* ‖ **foulen** (Sport): den Gegenspieler f. *(regelwidrig behindern, angehen)*
Fourage [fu'ra:ʃ, -'ʒɛ] die, -/-n ⟨fr.⟩ (veraltet) (Mil.): *Verpflegung* ‖ **Fourier** [-'ri:ə] der, -s/-e (veraltet) (Mil.): *Unteroffizier, der für Unterkunft und Verpflegung sorgt*
Foxl der, -s/-n ⟨engl.⟩ (ugs.): *Foxterrier* ‖ **Foxterrier** der, -s/-: *eine Hunderasse*
Foxtrott der, -s/-s ⟨engl.⟩: *ein Tanz*
Foyer [foa'je:] das, -s/-s ⟨fr.⟩: *Vorhalle, Wandelgang im Theater*
fp: forte**p**iano
FPÖ [ɛf pe 'ø:] die, -: **F**reiheitliche **P**artei **Ö**sterreichs ‖ **FPÖler** der, -s/- ‖ **FPÖlerin** die, -/-innen
fr: Franc
Fr: Francium
Fr.: Frau | Franken
Fracht die, -/-en: *Waren, die mit einem Transportmittel befördert werden* ‖ **Frachtbrief:** *Papier, auf dem Angaben zur Fracht vermerkt sind* ‖ **Frachtenbahnhof** ‖ **Frachtenzug** ‖ **Frachter** der, -s/-: *Frachtschiff* ‖ **Frächter** der, -s/-: *Transportunternehmer, Spediteur* ‖ **Frächterin** die, -/-innen ‖ **Frachtführer:** *Spediteur* ‖ **Frachtführerin** ‖ **Frachtgut:** *größere Fracht* ‖ **Frachtraum** ‖ **Frachtschiff** ‖ **Frachtvertrag:** *Vereinbarung zwischen Frächter und Absender*
Frack der, -[e]s/-s: *eine festliche Kleidung für Männer* ‖ **Frackhemd** ‖ **Frackschößel,** *auch:* Frackschössel ‖ **Frackzwang:** bei diesem Ball besteht F.
Frage die, -/-n: nicht in F. (= infrage) kommen *(nicht in Betracht kommen);* etwas in F. stellen *(in Zweifel ziehen, zur Diskussion stellen);* etwas steht außer F. *(ist unbestritten, sicher);* ohne F. *(auf jeden Fall)* ‖ **Fragebogen** ‖ **fragen,** du fragst, fragtest: es fragt sich *(es ist nicht sicher);* frag mich | (Gramm.) fragendes Fürwort *(Interrogativpronomen)* ‖ **Fragenkatalog:** *eine Liste von Fragen zu einem bestimmten Thema* ‖ **Fragenkomplex:** *mehrere zusammenhängende Fragen* ‖ **Fragerei** die, -/-en: *lästiges Fragen* ‖ **Fragesatz** (Gramm.) ‖ **Fragestellung** die, -/-en: eine unklare F. *(Formulierung der Frage)* ‖ **Fragestunde:** *Parlamentssitzung, in der Fragen an die Regierung beantwortet werden* ‖ **Frage-und-Antwort-Spiel** ‖ **Fragewort** (Gramm.): *Interrogativpronomen* ‖ **Fragezeichen** (?)
fragil ⟨lat.⟩: *zerbrechlich, zart;* ein fragiles Wesen ‖ **Fragilität** die, -
fraglich: es ist f. *(unsicher),* ob ... ‖ **fraglos:** *gewiss;* du hast f. Recht
Fragment das, -[e]s/-e ⟨lat.⟩: *Bruchstück;* dieses Drama ist [ein] F. *(unvollendet)* geblieben ‖ **fragmentarisch:** *bruchstückweise; unfertig*
Fragner der, -s/- (veraltet): *Gemischtwarenhändler* ‖ **Fragnerei** die, -/-en (veraltet) ‖ **Fragnerin** die, -/-innen (veraltet)
fragwürdig: sein Verhalten war f. *(nicht in Ordnung, zweifelhaft)* ‖ **Fragwürdigkeit** die, -/-en
fraise [frɛ:s, fr.: -z] ⟨fr.⟩: *erdbeerfarben;* ein fraise (*auch:* fraiser) Rock ‖ **Fraise** das, -/-: ein Rock in F. ‖ **fraisefarben**
Fraisen die (Pl.) (mda., veraltet): *Krämpfe [bei kleinen Kindern durch hohes Fieber];* in die F. fallen *(erschrecken)*
fraktal ⟨lat.⟩ ‖ **Fraktal** das, -s/-e (Math., Kunstg.): *komplexes geometrisches Gebilde, bei dem ein Ausschnitt eine verkleinerte Kopie der Gesamtfigur ist* ‖ **Fraktion** [-tsi-] die, -/-en: *die Abgeordneten einer Partei [im Parlament]* | (SüdT, V, CH) (Admin.) *Ortsteil, Teil einer Gemeinde* ‖ **fraktionell:** eine fraktionelle Besprechung ‖ **fraktioniert** [-tsi-]: *in Fraktionen/Abschnitte geteilt* ‖ **fraktionslos** [-tsi-]: eine fraktionslose *(wilde)* Abgeordnete ‖ **Fraktionslose**[1] der, -n/

-n, ein Fraktionsloser ‖ **Frak|ti|ons|lo|se**[2] die, -n/-n ‖ **Frak|ti|ons|spre|cher** ‖ **Frak|ti|ons|spre|che|rin** ‖ **Frak|tur** die, -/-en (Med.): *Knochenbruch* | (Druckw.) eine Schriftform *(deutsche Druckschrift, zB Jahreswechsel)*; mit jemandem F. *(unverblümt, schonungslos)* reden ‖ **Frak|tur|schrift**
Franc [frɑ̃ː] der, -/-s ⟨fr.⟩ (fr): *eine Geldeinheit (früher in Frankreich und Belgien)* | (in Angaben von Beträgen auch mit Pl. Franc) zehn Franc[s] wert sein
Fran|chise [ˈfræntʃaɪz] das, - = Franchising, -s ⟨engl.⟩ (Wirt.): *Herstellung und Verkauf von Produkten oder Dienstleistungen über Lizenzpartner* ‖ **Fran|chise|ge|ber** (Wirt.): *Unternehmer, der seine Produkte unter seinem Warenzeichen von anderen Händlern vertreiben lässt* ‖ **Fran|chise|neh|mer** (Wirt.) ‖ **Fran|chise|ver|trag** (Wirt.) ‖ **Fran|chi|sing** = → Franchise
Fran|ci|um [-ts-] das, -s ⟨lat.-fr.⟩ (Zeichen: Fr): *ein chemisches Element*
fran|co [-k-] = → franko
frank ⟨lat.-fr.⟩: f. und frei *(ungebunden, ungezwungen)* | (W, Gaunerspr.) *ehrlich, nicht kriminell*
Frank: *männl. Vorname*
Fran|ken der, -s/- (Fr.): *eine Geldeinheit in der Schweiz*
Fran|ken|burg am Haus|ruck: *Marktgemeinde in Oberösterreich*
Frank|furt (Siedlungsname): F. am Main, F. (Oder) *(Städte in Deutschland)* ‖ **Frank|fur|ter** die (Pl.): *Frankfurter Würstel*
fran|kie|ren ⟨it.⟩: einen Brief f. *(die erforderlichen Marken aufkleben)* ‖ **Fran|kier|ma|schi|ne** ‖ **fran|ko** = franco [-k-]: *kostenfrei, portofrei;* etwas f. *(ohne Anrechnung der Transportkosten)* zustellen; gratis und f.
fran|ko|fon = frankophon [-f-]: *französischsprachig* ‖ **Fran|ko|ka|na|di|er:** *französischsprachiger Kanadier* ‖ **Fran|ko|ka|na|di|e|rin** ‖ **fran|ko|phil** [-f-]: *frankreichfreundlich;* f. eingestellt sein ‖ **fran|ko|phon** [-f-] = → frankofon ‖ **Frank|reich** (Kfz: F): *ein Staat;* → Franzose
Fran|se die, -/-n: *Faden als Abschluss [an Teppichen, Vorhängen]* ‖ **fran|sen:** dieser Stoff franst *(fasert am Rand)* ‖ **fran|sig**
Franz: *männl. Vorname;* → Ferry ‖ **Franz|brannt|wein:** *Weingeist zum Einreiben* ‖ **Fran|zens|fes|te** (it.: Fortęzza): *Stadt in Südtirol* ‖ **Fran|zi:** *weibl. und männl. Vorname (Franziska, Franz, Franziskus)* ‖ **Fran|zis|ka:** *weibl. Vorname;* → Fanni ‖ **Fran|zis|ka|ner** der, -s/-: *Angehöriger eines geistlichen Ordens* ‖ **Fran|zis|ka|ne|rin** die, -/-innen ‖ **Fran|zis|ka|ner|or|den** (OFM, O. F. M.) ‖ **fran|zis|ka|nisch** ‖ **Fran|zis|kerl** [mda. auch: -ʃk-] das, -s/-[n] (W, veraltet): *gepresstes Räuchermittel, Räucherkerze, Weihrauch* ‖ **fran|zis|ko|jo|se|phi|nisch** [-f-]: *von Kaiser Franz Joseph (1848–1916) oder aus seiner Zeit stammend;* franziskojosephinische Bauten; *aber:* die Franziskojosephinische Ära ‖ **Fran|zis|kus:** *männl. Vorname* ‖ **Franz-Jo|seph-Land** das, -[e]s: *eine russische arktische Inselgruppe* ‖ **Franz-Jo|sephs-Bahn:** *eine Bahnlinie* ‖ **Franz-Jo|sephs-Bahn|hof:** *ein Bahnhof in Wien*
Fran|zo|se der, -en/-en: *ein Schraubenschlüssel mit verstellbaren Backen* ‖ **Fran|zo|se** der, -n/-n; → Frankreich ‖ **Fran|zo|sen|krank|heit** (veraltet): *Syphilis* ‖ **Fran|zo|sen|zeit:** *Zeit der napoleonischen Kriege* ‖ **Fran|zö|sin** die, -/-innen ‖ **fran|zö|sisch:** die französische Kunst; *aber:* die Französische Revolution (1789–1795); sich auf Französisch empfehlen *(sich wegschleichen)* ‖ **Fran|zö|sisch** das, -[s] = **Fran|zö|si|sche** das, -n: *die französische Sprache;* → Deutsch
frap|pant ⟨fr.⟩: *überraschend; befremdend;* eine frappante *(auffallende)* Ähnlichkeit ‖ **Frap|pee** = Frappé das, -[s]/-s: *ein kühles Milchmixgetränk* ‖ **frap|pie|ren:** *verblüffen, stutzig machen* | (Küchenspr.) *[Getränke] gut abkühlen*
Frä|se die, -/-n: *Maschine zur Holz- und Metall- oder Bodenbearbeitung* ‖ **frä|sen,** du fräst ‖ **Frä|ser** der, -s/-: *Arbeiter, der die Fräse bedient* | *ein Werkzeug, das zB Rillen schneidet* ‖ **Frä|se|rin** die, -/-innen ‖ **Fräs|ma|schi|ne**
fraß → fressen ‖ **Fraß** der, -es: Raubtieren Fleisch zum F. *(zum Fressen)* vorwerfen | (abw.) *schlechtes, lieblos hergestelltes Essen* ‖ **Fraß|spur:** die F. von Raupen
Fra|ter der, -s/Fratres ⟨lat.⟩: *Ordensbruder ohne Priesterweihe, Klosterbruder;* → Pater ‖ **Fra|ter|ni|sa|ti|on** [-tsi̯-] die, -/-en: *Fraternisierung* ‖ **fra|ter|ni|sie|ren** sich: *sich verbrüdern* ‖ **Fra|ter|ni|sie|rung** die, -/-en: *Verbrüderung* ‖ **Fra|ter|ni|tät** die, - (geh.): *Brüderlichkeit; Bruderschaft*
Fratz der, -en/-en: *unartiges Kind* ‖ **Frat|ze** die, -/-n: *[Schrecken erregend] verzerrtes Gesicht* ‖ **frat|zen|haft**
frau (Pron.): f. *(jede Frau)* sagt ...; → man ‖ **Frau** die, -/-en: Frau (Fr.) Müller | (kath.) Unsere Liebe F. *(hl. Maria)* ‖ **Frau|chen** das, -s/- (bes. D, CH): *Frauerl* ‖ **Frau|en|ab|teil:** ein Waggon mit einem F. ‖ **Frau|en|ar|beit** ‖ **Frau|en|arzt:** *Gynäkologe* ‖ **Frau|en|ärz|tin** ‖ **Frau|en|be|auf|trag|te** ‖ **Frau|en|be|ruf** ‖ **Frau|en|be|we|gung** ‖ **Frau|en|chor** [-k-] ‖ **frau|en|feind|lich** ‖ **Frau|en|fuß|ball** ‖ **Frau|en|eman|zi|pa|ti|on** [-tsi̯-] ‖ **Frau|en|haus:** *Haus, in dem von Gewalt bedrohte Frauen vorübergehend Zuflucht finden* ‖ **Frau|en|held:** *Mann, der viele Affären mit Frauen hat* ‖ **Frau|en|kä|fer** = **Frau|en|kä|ferl** das, -s/-[n]: *Marienkäfer* ‖ **Frau|en|kli|nik** ‖ **Frau|en|klos|ter** ‖ **Frau|en|krank|heit:** *Krankheit, die bei Frauen bes. häufig auftritt* ‖ **Frau|en|lei|den:** *Frauenkrankheit* ‖ **Frau|en|li|te|ra|tur:** *von Frauen geschriebene Literatur* ‖ **Frau|en|mi|nis|ter** ‖ **Frau|en|mi|nis|te|rin:** *Bundesministerin für Frauen und Öffentlichen Dienst (im BKA)* ‖ **Frau|en|mi|nis|te|ri|um** (früher) ‖ **Frau|en|not|ruf** ‖ **Frau|en|ober|schu|le** (früher): *eine höhere Schule* ‖ **Frau|en|or|den** (kath.) ‖ **Frau|en|po|li|tik** ‖ **Frau|en|quo|te** ‖ **Frau|en|rech|te** die (Pl.) ‖ **Frau|en|recht|ler** der, -s/- ‖ **Frau|en|recht|le|rin** die, -/-innen ‖ **Frau|en|sa|che:** Kindererziehung ist noch immer F. ‖ **Frau|en|schuh:** *eine Orchideengattung; deren geschützte heimische Art* ‖ **Frau|en|schutz** (Jus): *Schutz der Frauen vor Diskriminierung;* → Gleichbehandlung ‖ **Frau|ens|per|son** (veraltet): *Frau* ‖ **Frau|en|stim|me** ‖ **Frau|en|zeit|schrift** ‖ **Frau|en|zim|mer** (abw., veraltet): *Frau* ‖ **Frau|erl** das, -s/-[n]: *Besitzerin eines Hundes;* → Herrl ‖ **Frau Hitt** die, - -: *ein Berg bei Innsbruck* ‖ **Frau Hol|le** die, - -: *eine Märchenfigur* ‖ **Fräu|lein**

F

das, -s/- (Frl.) (veraltend): *unverheiratete Frau;* F. Müller | *Kellnerin;* F., bitte zahlen! ‖ **fraulich:** *weiblich*

Freak [fri:k] der, -s/-s ⟨engl.⟩: *sich exzentrisch gebärdender Anhänger einer Sache;* Computerfreak

frech: *unverschämt, vorlaut; aufmüpfig;* ein frecher Bursche ‖ **Frechdachs** [-ks] (scherzh.): *freches, aber sympathisches Kind* ‖ **Frechheit** die, -/-en ‖ **Frechling** der, -s/-e

F

Fred: *männl. Vorname (Alfred, Manfred)*

Free Climbing ['fri: klaımıŋ] = **Freeclimbing** das, -s ⟨engl.⟩ (Sport): *Freiklettern*

Free Jazz ['fri: dʒæz] der, - ⟨engl.⟩ (Mus.): *ein Jazzstil*

Freelancer ['fri:lɑ:nsə] der, -s/- ⟨engl.⟩: *Freiberufler* ‖ **Freelancerin** die, -/-innen

Freesie [-ɪɛ] die, -/-n: *eine Blume*

Freestyle ['fri:staıl] das, -s ⟨engl.⟩ (Sport): *eine Skidisziplin* ‖ **Freestyler** der, -s/- (Sport): *jemand, der Freestyle betreibt* ‖ **Freestylerin** die, -/-innen (Sport)

Freeware ['fri:weə] die, -/-s ⟨engl.⟩ (EDV): *Software, die kostenlos zur Verfügung gestellt wird*

Fregatte die, -/-n ⟨it.-fr.⟩: *ein schnelles Kriegsschiff*

frei

ein freier Platz; in freier Wildbahn *(Natur);* ein freier Beruf *(zB Arzt, Rechtsanwalt, Künstler);* etwas f. Haus *(ohne Verrechnung von Transportkosten)* liefern; *aber:* im Freien

Getrenntschreibung bei wörtlicher Bedeutung:

- frei sein/gewesen
- der Platz soll frei bleiben
- die Einfahrt frei halten/lassen
- eine Rede frei halten *(ohne sie abzulesen)*
- frei sprechen *(aus dem Stegreif)*
- die Statue ist frei gestanden *(ohne Stütze)*

Getrennt- und Zusammenschreibung:

- die Geiseln frei bekommen/frei geben/frei lassen (= freibekommen/freigeben/freilassen)
- am Montag frei bekommen/frei haben (= freibekommen/freihaben)
- den Angestellten frei geben (= freigeben)
- frei lebende (= freilebende) Tiere
- die Einfahrt frei geben (= freigeben)
- ihm den Rücken frei halten (= freihalten)
- sich den Montag frei halten (= freihalten)
- einen Schatz frei legen (= freilegen)
- den Platz frei machen (= freimachen)
- den Oberkörper frei machen (= freimachen)
- sich am Nachmittag frei machen/nehmen (= freimachen/freinehmen)
- das Auto frei schaufeln (= freischaufeln)
- frei stehende (= freistehende) Wohnungen

Zusammenschreibung bei übertragener Bedeutung:

- das freibleibende Angebot *(unverbindliche)*
- die Akten zur Einsicht freigeben
- freigehen *(straflos bleiben; entlassen werden)*
- freihalten *(jemandem die Zeche bezahlen)*
- den Gefangenen freikaufen/freipressen
- die Gefangenen sind freigekommen
- sich beim Ballspiel freilaufen/freispielen
- sich von Vorurteilen freimachen *(lossagen)*
- einen Brief freimachen *(frankieren)*
- eine Leitung freischalten
- Kräfte freisetzen
- Arbeitskräfte freisetzen *(entlassen)*
- den Angeklagten vor Gericht freisprechen
- einen Lehrling freisprechen *(ihn zum Gesellen erklären)*
- die Entscheidung soll dir freistehen
- jemanden vom Dienst freistellen; jemandem eine Entscheidung freistellen

Freiarbeit (Bildw.): *eine Arbeitsform im Offenen Lernen* ‖ **Freibad:** ein städtisches F.; → G.: Hallenbad ‖ **Freiballon** → G.: Fesselballon ‖ **frei bekommen** = **freibekommen:** am Montag f. b.; die Geiseln f. b. ‖ **Freiberufler** der, -s/- ‖ **Freiberuflerin** die, -/-innen ‖ **freiberuflich** ‖ **Freibetrag** (Wirt.): *Teilbetrag der Einkünfte einer Person, der bei der Besteuerung unberücksichtigt bleibt* ‖ **Freibetragsbescheid** ‖ **Freibeuter** der, -s/- (früher): *Seeräuber* ‖ **Freibeuterin** die, -/-innen (früher) ‖ **Freibier:** *Gratisbier* ‖ **freibleibend** (Kaufmannsspr.): *unverbindlich;* der Preis ist f. *(er kann noch geändert werden)* | (Jus) etwas f. *(ohne Verbindlichkeit, unverbindlich)* anbieten; → frei ‖ **Freibrief:** kein F. *(keine Erlaubnis)* für schlechtes Benehmen | (früher) *Privileg* ‖ **Freiburg** (Siedlungsname): F. im Breisgau *(Stadt in Deutschland)* | (fr.: Fribourg [-'bu:r]) *Schweizer Kanton und Stadt* (auch F. in der Schweiz bzw. F. im Üechtland ['yə-]) ‖ **Freicorps** [-ko:ə] = → Freikorps ‖ **Freidenker:** *konfessionell Ungebundener* ‖ **Freidenkerin** ‖ **Freie**[1] der, -n/-n, ein Freier (Gesch.); → G.: Sklave; *aber:* → Freier ‖ **Freie**[2] die, -n/-n ‖ **freien** (geh.): um ein Mädchen f. *(werben);* er hat ein Mädchen gefreit *(geheiratet)* ‖ **Freier** der, -s/- : *Kunde einer Prostituierten* | (geh.) *einer, der um ein Mädchen wirbt; aber:* → Freie[1] ‖ **Freiersfüße** (scherzh.) (nur in der Wendung): er wandelt auf Freiersfüßen *(er will [wird] heiraten)* ‖ **Freiexemplar:** *ein kostenloses Exemplar, zB Buch* ‖ **Freifach:** *zusätzlich zu wählende Lehrveranstaltung an Universität oder Hochschule;* → Pflichtfach | *Freigegenstand in der Schule;* → Wahlfach ‖ **Freifahrt:** *Berechtigung für die kostenlose Benützung der öffentlichen Verkehrsmittel* ‖ **Freifrau:** *Baronin* ‖ **Freifräulein:** *Baronesse* ‖ **Freigabe:** F. des Starts ‖ **Freigänger** der, -s/-: *Häftling mit Ausgang zur Arbeit* ‖ **Freigängerin** die, -/-innen ‖ **freigebig** *auch:* freigiebig: ein freigebiger Mensch *(jemand, der gern und viel gibt)* ‖ **freigeben:** die Akten zur Einsicht f. *(für die Öffentlichkeit zugänglich machen); aber:* den Angestellten am 24. Dezember frei geben (= freigeben); die Geiseln frei geben (= freigeben) *(die Freiheit geben);* → frei ‖ **Freigebigkeit** die, -, *auch:* Freigiebigkeit ‖ **Freigegenstand** (Bildw.): *ein zusätzlich gewählter Gegenstand im Schulunterricht (mit Beurteilung);* → Freifach; → Wahlpflichtgegenstand ‖ **Freigehege:** *großes Gehege im*

Freien, in dem Tiere gehalten werden ‖ **frei|ge|hen:** *straflos bleiben* | *aus der Haft entlassen werden; aber:* das Kind kann schon frei *(ohne Hilfe)* gehen; → frei ‖ **Frei|ge|las|se|ne**[1] der, -n/-n, ein Freigelassener (früher): *ein in die Freiheit entlassener Sklave* ‖ **Frei|ge|las|se|ne**[2] die, -n/-n (früher) ‖ **Frei|ge|päck:** *Fluggepäck, für das kein Aufschlag bezahlt werden muss* ‖ **frei|gie|big** → freigebig ‖ **Frei|gie|big|keit** → Freigebigkeit ‖ **Frei|gren|ze** (Wirt.): *Höhe, bis zu der bestimmte Einkünfte steuerfrei bleiben* ‖ **frei ha|ben** = **frei|ha|ben:** am Nachmittag f. h. ‖ **Frei|ha|fen:** *Hafen für den zollfreien Gütertransit* ‖ **frei|hal|ten:** die Freunde f. *(ihre Zeche bezahlen); aber:* eine Rede frei halten; „Einfahrt frei halten!"; → frei ‖ **Frei|han|del** ‖ **Frei|han|dels|zo|ne:** *ein zollfreier Wirtschaftsraum* ‖ **frei|hän|dig:** f. Rad fahren *(ohne die Hände zu gebrauchen)* | f. *(ohne Hilfsmittel)* einen Kreis zeichnen | ein f. *(ohne öffentliche Ausschreibung)* vergebener Auftrag; freihändiger Verkauf *(Verkauf außerhalb einer Versteigerung)* ‖ **Frei|hand|ver|kauf:** *Verkauf von [gepfändeten] Waren unter behördlicher Aufsicht* ‖ **Frei|heit** die, -/-en: in F. leben ‖ **frei|heit|lich:** eine freiheitliche Gesinnung; *aber:* die Freiheitliche Partei Österreichs ‖ **Frei|heits|be|rau|bung** ‖ **Frei|heits|drang** ‖ **Frei|heits|ent|zug** (Jus) ‖ **Frei|heits|kampf** ‖ **Frei|heits|kämp|fer** ‖ **Frei|heits|kämp|fe|rin** ‖ **frei|heits|lie|bend** ‖ **Frei|heits|stra|fe** (Jus): *Gefängnisstrafe, Haftstrafe;* → G.: Geldstrafe, Vermögensstrafe ‖ **frei|he|raus:** f. *(ohne nachzudenken, von sich aus)* etwas zugeben ‖ **Frei|herr:** *Baron* ‖ **Frei|in** die, -/-innen: *ledige Tochter eines Freiherrn;* → Freifrau ‖ **Frei|kar|te:** *kostenlose Eintrittskarte* ‖ **frei|kau|fen:** Gefangene f. ‖ **Frei|kir|che** (Rel.): *christliche Gemeinde, die keiner Landeskirche angehört* ‖ **Frei|klet|tern** (Sport): *Klettern ohne Seil oder andere Hilfsmittel, Freeclimbing* ‖ **frei|kom|men:** aus dem Gefängnis f. ‖ **Frei|kör|per|kul|tur** die, - (FKK): *eine Anschauung, die das Erleben der Natur ohne Kleidung propagiert, zB Nacktbaden* ‖ **Frei|korps** [-koːɐ] = Freicorps (früher) (Gesch.): *militärähnliche Einheiten aus Freiwilligen, die zur Durchsetzung politischer Ziele gegründet wurden* ‖ **Frei|land** das, -[e]s: *Nutzungsfläche im Freien (in der Landwirtschaft, im Gartenbau)* ‖ **Frei|land|ei:** *Ei aus Freilandhaltung* ‖ **Frei|land|hal|tung:** Hühner aus F.; → G.: Batteriehaltung ‖ **Frei|land|huhn** ‖ **Frei|land|stra|ße** ‖ **frei las|sen** = **frei|las|sen:** einen Vogel f.; *aber:* einen Platz frei *(unbesetzt)* lassen ‖ **Frei|las|sung** die, -/-en ‖ **Frei|lauf** der, -[e]s: *eine Vorrichtung [am Fahrrad], die ein Fahren ohne Treten erlaubt* ‖ **frei|lau|fen** sich: sich beim Ballspiel f.; *aber:* Hunde frei laufen lassen ‖ **frei le|bend** = **frei|le|bend** ‖ **frei|le|gen:** römische Mauerreste f.; *aber:* elektrische Leitungen frei legen *(nicht unter Verputz verlegen)* ‖ **Frei|lei|tung:** *Stromleitung an Masten* | *freie Telefonverbindung* ‖ **frei|lich:** *allerdings, gewiss* ‖ **Frei|licht|auf|füh|rung** ‖ **Frei|licht|büh|ne:** *Theater im Freien* ‖ **Frei|licht|mu|se|um:** *volkskundliche Museumsanlage, die historische oder ländliche Wohnkultur zeigt* ‖ **Frei|licht|the|a|ter** ‖ **Frei|los** (Sport): *wettkampfloses Aufsteigen in die nächste Runde;* ein F. erhalten ‖ **Frei|luft|mu|se|um** (selten): *Freilichtmuseum* ‖ **Frei|luft|the|a|ter** (selten): *Freilichttheater* ‖ **frei|ma|chen:** einen Brief f. *(frankieren)* | sich von Vorurteilen freimachen; *aber:* sich am Nachmittag frei machen (= freimachen); → frei ‖ **Frei|mau|rer:** *Mitglied einer internationalen Geheimgesellschaft* ‖ **Frei|mau|rer|lo|ge** [-loːʃ, -ʒɛ]: *Bund und Versammlungsort von Freimaurern* ‖ **Frei|mut** ‖ **frei|mü|tig:** *offenherzig, aufrichtig, unbekümmert* ‖ **Frei|mü|tig|keit** die, - ‖ **frei neh|men** = **frei|neh|men** sich: sie nimmt sich am Freitag frei

Frei|net|pä|da|go|gik [frɛˈnɛːp-] (Bildw.): *eine Richtung der Reformpädagogik (nach dem französischen Lehrer Freinet)*

Frei|platz: *ein kostenloser Platz [im Theater, in einem Heim]* ‖ **frei|pres|sen:** *jemandes Freilassung durch Erpressung erzwingen* ‖ **Frei|raum:** *Möglichkeit zur persönlichen Entfaltung, eigenständigen Entwicklung* ‖ **frei|schaf|fend:** ein freischaffender *(in keinem Angestelltenverhältnis stehender)* Künstler ‖ **frei|schal|ten:** eine Leitung f. ‖ **Frei|schal|tung:** die F. eines Handys ‖ **Frei|schar:** *Freikorps* ‖ **Frei|schär|ler** der, -s/- ‖ **Frei|schär|le|rin** die, -/-innen ‖ **frei schau|feln** = **frei|schau|feln:** das Auto f. s. ‖ **Frei|schütz** der, -: *eine Sagengestalt* ‖ **frei|set|zen:** ungeahnte Kräfte f. | (beschön.) Arbeitskräfte f. *(entlassen)* ‖ **Frei|set|zung** die, -/-en ‖ **frei|sin|nig:** *vorurteilsfrei* ‖ **Frei|spiel** (Sport): *ohne Wettkampf in die nächste Runde kommen* ‖ **frei|spie|len** (Sport): der Stürmer hat sich freigespielt ‖ **Frei|sprech|an|la|ge** = **Frei|sprech|ein|rich|tung:** *Einrichtung [im Auto], die ein freihändiges Telefonieren ermöglicht* ‖ **frei|spre|chen:** den Angeklagten (vor Gericht) f. *(ihn für unschuldig erklären);* einen Lehrling f. *(ihn zum Gesellen erklären); aber:* frei *(ohne Manuskript, aus dem Stegreif)* sprechen ‖ **Frei|spre|chung** die, -/-en: die F. eines Lehrlings | (Jus) *Freispruch* ‖ **Frei|spruch:** der F. vor Gericht ‖ **Frei|staat** (veraltend): *Republik;* der F. Bayern ‖ **Frei|stadt**[1]: die F. *(Statutarstadt)* Rust ‖ **Frei|stadt**[2] (Kfz: FR): *Stadt in Oberösterreich* ‖ **Frei|statt** die, -/-stätten (geh.): *Asyl, Zufluchtsort* ‖ **frei|ste|hen:** die Entscheidung soll dir f. *(bleibt dir überlassen); aber:* frei *(ohne Stütze)* stehen ‖ **frei ste|hend** = **frei|ste|hend:** ein f. stehender Turm ‖ **frei|stel|len:** jemanden vom Dienst f. *(beurlauben)* | jemandem die Entscheidung f. *(jemanden frei entscheiden lassen)* ‖ **Frei|stil** [-st-, -ʃt-] (Sport): *Kurzwort für Freistilschwimmen, Freistilringen* ‖ **Frei|stil|rin|gen** (Sport) ‖ **Frei|stil|schwim|men** (Sport) ‖ **Frei|stoß** (Sport): *eine Strafe für ein Foul* ‖ **Frei|stun|de:** *unterrichts-, arbeitsfreie Stunde;* → Fensterstunde ‖ **Frei|tag:** nächsten F.; → Dienstag ‖ **Frei|tag|abend:** am F.; wir kommen F.; eines Freitagabends ‖ **frei|tag|abends:** *freitags abends* ‖ **frei|tä|gig:** *am Freitag stattfindend* ‖ **frei|tags:** *jeden* (auch: *am*) *Freitag;* f. abends *(freitagabends)* ‖ **Frei|tod** (geh.): *Selbstmord* ‖ **frei|tra|gend:** *ohne Stütze* ‖ **Frei|trep|pe** (Arch.): *im Freien zu einem Bau-*

F

werk führende [repräsentative] Stiege || **Freiwild:** *ein Mensch, der Angriffen schutzlos preisgegeben ist* || **freiwillig:** der freiwillige Helfer; *aber:* die Freiwillige Feuerwehr || **Freiwilligkeit** die, - || **Freizeichen:** *Ton, der anzeigt, dass eine Telefonleitung frei ist;* → G.: Besetztzeichen || **Freizeichnung** (Jus): *in Verträgen vereinbarte Befreiung von einer Haftung* || **Freizeit** die, - || **Freizeitbeschäftigung** || **Freizeitgestaltung** || **Freizeitjacke** || **Freizeitparadies:** *eine touristische Einrichtung, bes. schöner Urlaubsplatz* || **Freizeitspaß,** *auch:* Freizeitspass || **Freizeitwirtschaft** || **Freizone:** *Gebiet mit gelockerten Bestimmungen* || **freizügig:** mit Spenden f. *(großzügig)* umgehen | *bestimmte Konventionen missachtend;* eine freizügige Bademode || **Freizügigkeit** die, -/-en

F

fremd: eine fremde Sprache | das ist mir f. *(nicht bekannt)* | fremdes Eigentum *(das Eigentum einer anderen Person)* || **Fremdarbeiter** (veraltet): *Gastarbeiter* || **Fremdarbeiterin** (veraltet) || **fremdartig** || **fremdbestimmt:** *von äußeren Faktoren bestimmt* || **Fremde**[1] der, -n/-n, ein Fremder: er blieb immer ein Fremder || **Fremde**[2] die, -n/-n || **Fremde**[3] die, - (geh.): in der F. *(fern der Heimat)* leben || **Fremdeinwirkung** die, -: sie kam ohne F. zu Sturz || **fremdeln:** der Hund fremdelt *(zeigt Angst vor unbekannten Personen)* || **Fremdenfeindlichkeit** || **Fremdenführer:** *jemand, der Touristen [gegen Bezahlung] Sehenswürdigkeiten zeigt* || **Fremdenführerin** || **Fremdenhass** || **Fremdenlegion** die, -: *französische Einheit mit auch ausländischen Söldnern* || **Fremdenlegionär** || **Fremdenpolizei** || **Fremdenrecht** (Jus): *Regelung der Rechte von Ausländern* || **Fremdenverkehr:** *Tourismus;* den heimischen F. ankurbeln || **Fremdenverkehrsverein** || **Fremdenzimmer** || **Fremdfinanzierung** → G.: Eigenfinanzierung || **fremdgehen:** *Ehebruch begehen* || **fremdhändig** (Jus): ein fremdhändiges Testament; → G.: eigenhändig || **Fremdherrschaft** (Pol.): *Beherrschung eines Volkes/Staates durch eine fremde Macht* || **Fremdkapital** (Wirt.) || **Fremdkörper:** das Haus wirkt wie ein störender F. *(wirkt in seiner Umgebung fremd)* | (Med.) einen F. operativ entfernen || **fremdländisch** (veraltend): *aus dem (fernen) Ausland stammend* || **Fremdling** der, -s/-e (geh.): *Fremder* || **Fremdpflege** (Amtsspr.): in F. *(als Pflegekind)* aufwachsen || **Fremdsprache:** Englisch als erste F.; → Unterrichtssprache || **Fremdsprachenkenntnis** (meist Pl.) || **Fremdsprachenkorrespondent:** *ein kaufmännischer Beruf* || **Fremdsprachenkorrespondentin** || **Fremdsprachenunterricht** || **fremdsprachig:** fremdsprachige Bücher *(Bücher in fremden Sprachen)* || **fremdsprachlich:** fremdsprachlicher Unterricht *(Unterricht einer fremden Sprache)* || **Fremdverschulden** (Jus): *Verschulden eines anderen;* → G.: Eigenverschulden || **Fremdwährung:** *ausländische Währung* || **Fremdwährungssparbuch** (Bankw.): *Sparverfahren in Fremdwährung* || **Fremdwort:** *aus einer Fremdsprache übernommenes Wort, dessen Herkunft noch mehr oder weniger deutlich erkennbar ist, zB* Adagio, Konzert; → Lehnwort || **Fremdwörterbuch**

frenetisch ⟨fr.⟩: frenetischer *(tosender)* Beifall

frequentieren ⟨lat.⟩: ein gut frequentierter *(stark besuchter)* Kurs || **Frequenz** die, -/-en: *Besucherzahl* | *Dichte [des Straßenverkehrs]* | (Phys.) *Schwingungszahl [von Wechselstrom, von Tönen]* || **Frequenzmodulation** [-tsi-] (Phys.): *bestimmtes Verfahren in der Hochfrequenztechnik*

Fresko[1] das, -[s]/Fresken ⟨it.⟩ (Kunstg.): *eine Wandmalerei auf feuchtem Verputz* || **Fresko**[2] der, -[s]: *eine Stoffart* || **Freskomalerei** (Kunstg.)

Fressalien die (Pl.) (ugs., meist scherzh.): *Verpflegung* || **Fresse** die, -/-n (derb): *Mund* || **fressen,** ich fresse, du frisst/fraß/gefressen/friss!, fresst!: das Schaf frisst Gras | (ugs.) er frisst ihr aus der Hand *(tut alles für sie);* den/das hab ich schon gefressen *(kann ihn/es nicht ausstehen)* | (derb) wir haben nichts mehr zu f. | (ugs.) Kilometer f. *(weit und viel fahren);* Benzin f. *(viel Benzin verbrauchen); aber:* jemanden zum Fressen *(sehr)* gernhaben || **Fressen** das, -s: ein gefundenes F. *(willkommene Gelegenheit, jemandem etwas vorwerfen zu können)* || **Fresser** der, -s/- || **Fresserin** die, -/-innen || **Fresssack** (ugs., abw.): *gefräßiger Mensch*

Frettchen das, -s/-: *eine Iltisart*

fretten sich (ugs.): *sich behelfen, so gut es geht* | (veraltet) *sich wund reiben* || **Fretter** der, -s/- (ugs.): *jemand, der mit großen Schwierigkeiten zu kämpfen hat* || **Fretterei** die, - (ugs.): *Gefrett* || **Fretterin** die, -/-innen (ugs.)

Freude die, -/-n: etwas mit Freude[n] *(sehr gerne)* machen | (geh.) Freud und Leid || **Freudenbotschaft** (geh.) || **Freudenhaus** (geh., veraltet): *Bordell* || **Freudenmädchen** (geh., veraltet): *Prostituierte* || **freudenreich** (geh.) || **Freudenschrei** || **Freudensprung:** einen F. machen || **Freudentag** || **Freudentaumel** (geh.) || **Freudenträne** (meist Pl.) || **freudestrahlend** || **freudetrunken** (geh.) || **freudig:** f. überrascht sein || **freudlos**

Freudianer der, -s/- (Psych.): *Anhänger der Lehre Sigmund Freuds* || **Freudianerin** die, -/-innen (Psych.) || **freudsche** = **Freud'sche** (Psych.): ein freudscher (= Freud'scher) Versprecher *(aufschlussreicher Versprecher)*

freuen: das Lob freut ihn; sich auf Weihnachten f.; sich über die Geschenke f.

freund: jemandem f. *(gutgesinnt)* sein (Frage *Wie?*); *aber:* → Freund || **Freund** der, -[e]s/-e: er ist mein bester F.; jemandes [bester] F. sein; F. und Feind *(alle)* | *Geliebter, Lebensgefährte* | kein F. von etwas sein *(es nicht bes. mögen)* || **Freunderlwirtschaft** (ugs., abw.): *Begünstigung von Freunden und Verwandten; Protektion [bei Vergabe von Posten];* → Vetternwirtschaft; → Nepotismus || **Freundeskreis:** der engste F. || **Freundin** die, -/-innen || **freundlich:** ein freundlicher Empfang; mit freundlichen Grüßen *(als Brief-, Mailschluss);* italienfreundlich = Italien-freundlich || **freundlicherweise** || **Freundlichkeit** die, -/-en || **Freundschaft** die, -/-en: sie verbindet eine langjährige F. ‖ **freund|schaft|lich:** jemandem f. verbunden sein ‖ **Freund|schafts|dienst:** jemandem einen F. erweisen ‖ **Freund|schafts|spiel** (Sport)

fre|vel [-f-] (geh., veraltet): *frevelhaft;* frevles Handeln ‖ **Fre|vel** der, -s/- (geh.): *Schandtat, Entweihung* ‖ **fre|vel|haft** (geh.): *schändlich, verwerflich* ‖ **fre|veln,** ich frevle (geh.) ‖ **Fre|vel|tat** (geh.) ‖ **fre|vent|lich** (geh.): *frevelhaft* ‖ **Frev|ler** der, -s/- (geh.) ‖ **Frev|le|rin** die, -/-innen (geh.) ‖ **frev|le|risch** (geh.)

Fri|aul -s, *auch:* das, -[s]: *eine Landschaft in Nordostitalien* ‖ **fri|au|lisch,** *auch:* friulanisch ‖ **Fri|au|lisch** das, -[s], *auch:* Friulanisch = **Fri|au|li|sche** das, -n, *auch:* Friulanische: *die rätoromanische Sprache in Friaul (Nordostitalien)*

Fri|bourg [-'bu:r]: → *Freiburg*

Fri|do|lin, *auch:* Friedolin: *männl. Vorname*

Fried|berg: *Stadt in der Steiermark*

Frie|de der, -ns = **Frie|den,** -s: seinen Frieden mit jemandem machen *(sich versöhnen);* jemanden in Frieden *(Ruhe)* lassen ‖ **Frie|dens|ab|kom|men** ‖ **Frie|dens|ap|pell** ‖ **Frie|dens|be|we|gung** ‖ **Frie|dens|bruch** ‖ **Frie|dens|di|a|log** ‖ **Frie|dens|dik|tat:** *aufgezwungener Friede* ‖ **frie|dens|er|hal|tend** (Pol.): friedenserhaltende Maßnahmen der UNO ‖ **frie|dens|ge|fähr|dend** ‖ **Frie|dens|kon|fe|renz** ‖ **Frie|dens|lie|be** ‖ **Frie|dens|mis|si|on** ‖ **Frie|dens|no|bel|preis** [-,bɛ-] ‖ **Frie|dens|pal|me:** *ein Symbol des Friedens* ‖ **Frie|dens|pfei|fe:** die F. rauchen *(Frieden schließen)* ‖ **Frie|dens|plan** ‖ **Frie|dens|po|li|tik** ‖ **Frie|dens|rich|ter** (SüdT): *Jurist, der Schlichtungsversuche durchführt bzw. in erster Instanz urteilt* ‖ **Frie|dens|rich|te|rin** (SüdT) ‖ **Frie|dens|schluss** ‖ **Frie|dens|si|che|rung** ‖ **Frie|dens|stif|ter** ‖ **Frie|dens|stif|te|rin** ‖ **Frie|dens|tau|be:** *ein Symbol des Friedens* ‖ **Frie|dens|trup|pe** (Mil.): eine F. der UNO ‖ **Frie|dens|ver|hand|lun|gen** die (Pl.) ‖ **Frie|dens|ver|trag** ‖ **Frie|dens|zei|chen** ‖ **Frie|dens|zeit:** in Friedenszeiten ‖ **Frie|dens|zins** (bes. W, bes. früher): *niedrige Miete für Wohnungen, die unter Mieterschutz stehen* ‖ **Frie|de|ri|ke:** *weibl. Vorname;* → Fritzi ‖ **fried|fer|tig:** ein friedfertiger *(gutmütiger)* Mensch ‖ **Fried|fer|tig|keit** die, - ‖ **Fried|helm:** *männl. Vorname* ‖ **Fried|hof** ‖ **Fried|hofs|ka|pel|le** ‖ **Fried|hofs|mau|er** ‖ **Fried|hofs|ru|he** ‖ **fried|lich** ‖ **fried|lie|bend** ‖ **fried|los** (geh.): f. *(keinen Frieden findend)* umherirren ‖ **Frie|do|lin** → Fridolin ‖ **Fried|rich:** *männl. Vorname;* → Fritz ‖ **fried|voll**

frie|ren, fror/gefroren: es friert *(es herrscht Frost);* das Wasser ist zu Eis gefroren | mich friert in den Zehen

Fries das = der, -es/-e: *Gesimsverzierung; ein bemalter Wandstreifen als Abschluss gegen die Decke*

Frie|sach: *Stadt in Kärnten*

frie|seln (reg.): *frösteln*

Fri|ge|le|sup|pe (bes. K) (Küchenspr.): *bäuerliche Suppe mit kleinen Mehlknöllchen*

Fri|gga die, -/-s ⟨friaulisch⟩ (K) (Küchenspr.): *Speise aus Speck, Eiern und Käse zu Polenta*

fri|gid ⟨lat.⟩ (oft abw.): eine frigide *(gefühlskalte, empfindungslose)* Frau ‖ **Fri|gi|di|tät** die, - (oft abw.): *Empfindungslosigkeit der Frau beim Geschlechtsverkehr*

Fri|ka|del|le die, -/-n ⟨rom.⟩ (reg. in D): *Fleischlaibchen* ‖ **Fri|kan|deau** [-'do:] das, -s/-s ⟨fr.⟩ (Küchenspr.): *gebratene oder gedünstete gespickte [Kalb]fleischschnitte* ‖ **Fri|kas|see** das, -s/-s (Küchenspr.): *eingemachtes geschnetzeltes Kalb-, Lamm- oder Hühnerfleisch*

Frik|ti|on [-tsi̯-] die, -/-en ⟨lat.⟩ (meist Pl.): *Reibung; Abreibung, Einreibung* | *Widerstand* | (geh.) *Unstimmigkeit*

Fris|bee [-bi] das, -s/-s ⟨engl.⟩ (Sport) (Wz.): *ein Spiel, Wurfscheibe*

> **frisch**
> frische Luft; ein frisches Hemd anziehen | sie ist f. und munter *(bei bester Gesundheit)* | es ist heute f. *(kühl)* | frische *(helle, leuchtende)* Farben
>
> **Getrenntschreibung bei wörtlicher Bedeutung:**
> – Obst frisch halten
>
> **Getrennt- und Zusammenschreibung:**
> – frisch gebackenes (= frischgebackenes) Brot
> – frisch gestrichene (= frischgestrichene) Wände
> – sich in der Pause frisch machen (= frischmachen)
>
> **Zusammenschreibung bei übertragener Bedeutung:**
> – ein frischgebackenes Ehepaar *(erst seit Kurzem verheiratetes)*

Fri|sche die, - ‖ **Frisch|fisch** ‖ **Frisch|fleisch** ‖ **frisch-fröh|lich:** *munter und gut aufgelegt* ‖ **frisch|ge|ba|cken:** ein frischgebackenes Ehepaar; *aber:* frisch gebackenes (= frischgebackenes) Brot ‖ **Frisch|ge|fang|te**[1] = Frischgfangte[1] der, -n/-n, ein Frischgefangter (ugs.): *Berufsanfänger* ‖ **Frisch|ge|fang|te**[2] = Frischgfangte[2] die, -n/-n (ugs.) ‖ **frisch ge|stri|chen = frisch|ge|stri|chen** ‖ **Frisch|hal|te|fo|lie** [-i̯ɛ] ‖ **Frisch|kä|se:** *Topfen, Hüttenkäse uÄ* ‖ **Frisch|ling** der, -s/-e: *Jungtier des Wildschweins* ‖ **Frisch|luft** ‖ **Frisch|luft|zu|fuhr** ‖ **frisch ma|chen = frisch|ma|chen** sich: sich in der Pause f. m. ‖ **Frisch|milch** → G.: Haltbarmilch ‖ **Frisch|zel|le** (Med.): *noch lebende Körperzelle* ‖ **Frisch|zel|len|kur** (Med.)

Fri|sée der, -s/-s: *Friséesalat* ‖ **Fri|sée|sa|lat** ⟨fr.⟩: *eine Salatsorte*

Fri|seur [-'zøːə] = → Frisör ‖ **Fri|seu|rin** = → Frisörin ‖ **Fri|seur|sa|lon** = → Frisörsalon ‖ **Fri|seu|se** [-'zøːs, -'zøːzɛ] die, -/-n: *Frisörin* ‖ **fri|sie|ren** ⟨fr.⟩: sich die Haare f. | (sal.) eine Statistik f. *(Änderungen vornehmen, die das Ergebnis verfälschen);* → auffrisieren ‖ **Fri|sier|sa|lon** ‖ **Fri|sör** = Friseur [-'zøːə] der, -s/-e ‖ **Fri|sö|rin** = Friseurin die, -/-innen ‖ **Fri|sör|sa|lon** = Friseursalon

frisst → fressen ‖ **Friss|ling** der, -s/-e (reg., scherzh.): *jemand, der allzu viel isst*

Frist die, -/-en: die F. einhalten *(etwas bis zu einem festgesetzten Zeitpunkt tun)* ‖ **fris|ten:** sein Leben f. *(armselig leben)* ‖ **Fris|ten|lö|sung** die, - (Jus): *gesetzliche Regelung, wonach Abtreibung innerhalb einer bestimmten Frist straflos bleibt* ‖ **Fris|ten|re|ge|lung** die, - (Jus): *Fristenlösung* ‖ **Frist|er|stre|ckung** (Amtsspr.): *Fristverlängerung* ‖ **frist|ge|recht:** *rechtzeitig innerhalb der [gesetzlichen Berufungs]frist* ‖ **frist|los:** jemanden f. *(auf der Stelle)* entlassen ‖ **Frist|über|schrei|tung**

Fri|sur die, -/-en ⟨fr.⟩: eine neue F.

F

Frittate die, -/-n ⟨it.⟩: *eine Suppeneinlage* ‖ **Frittatensuppe** ‖ **Fritteuse** [-'tøːs, -'tøːzɛ] die, -/-n ⟨fr.⟩: *Küchengerät zum Frittieren* ‖ **frittieren** (Küchenspr.): *in heißem Fett garen;* → Pommes frites ‖ **Frittieröl**

Fritz: *männl. Vorname (Friedrich)* ‖ **Fritzi:** *weibl. Vorname (Friederike)*

friulanisch → friaulisch ‖ **Friulanisch** = **Friulanische** → Friaulisch

F

frivol [-v-] ⟨fr.⟩: *leichtfertig; anstößig;* frivole Witze ‖ **Frivolität** die, -/-en

Frizzante der, -/- ⟨it.⟩: *Wein mit etwas weniger Kohlensäure als Sekt*

Frl.: Fräulein

froh: ein frohes Kind; f. gelaunt (= frohgelaunt); wir waren f. über deine Hilfe | (Rel.) die frohe Botschaft *(Frohbotschaft)* ‖ **Frohbotschaft** die, - (geh.) (Rel.): *das Evangelium* ‖ **froh gelaunt** = **frohgelaunt** ‖ **frohgemut** (geh.) ‖ **fröhlich:** fröhliche Urständ feiern *(wieder in Mode kommen)* ‖ **Fröhlichkeit** die, - ‖ **frohlocken** (geh., veraltend): sie hat frohlockt *(gejubelt)* ‖ **Frohnatur:** *fröhlicher Mensch*

Frohnleiten: *Stadt in der Steiermark*

Frohsinn der, -[e]s (geh.): *Fröhlichkeit*

fromm, frömmer [frommer], am frömmsten [frommsten]: ein frommer *(gottesfürchtiger)* Mensch | ein frommes *(gutmütiges)* Pferd | ein frommer *(gut gemeinter, aber unerfüllbarer)* Wunsch ‖ **Frömmelei** die, -/-en (abw.) ‖ **frömmeln,** ich frömmle (abw.): *fromm tun* ‖ **frommen** (geh.): *nützen; aber:* zu Nutz und Frommen *(zum Vorteil)* aller ‖ **Frömmigkeit** die, - ‖ **Frömmler** der, -s/- (abw.): *fromm tuender, scheinheiliger Mensch* ‖ **Frömmlerin** die, -/-innen (abw.)

Fron die, -/-en (geh.): *harte Arbeit unter Druck* ‖ **Frondienst** (früher): *Dienst für den Grundherrn* ‖ **fronen** (früher): *Frondienst leisten* | (geh.) *schwer arbeiten* ‖ **frönen** (geh.): einem Laster f. *(verfallen sein)* ‖ **Fronleichnam:** *ein katholischer Feiertag;* zu F. ‖ **Fronleichnamsprozession**

Front die, -/-en ⟨lat.-fr.⟩: die F. *(Vorderseite)* des Hauses | in einer F. *(Reihe)* | (Mil.) an vorderster F. *(Kampflinie)* | F. gegen jemanden machen *(gegen jemanden auftreten, Widerstand leisten)* | (Met.) *Grenze zwischen warmer und kalter Luft;* Kaltfront ‖ **frontal:** *von vorn;* jemanden f. *(direkt)* angreifen ‖ **Frontalangriff** ‖ **Frontalansicht:** *Ansicht von vorne* ‖ **Frontalaufprall** ‖ **Frontalunterricht:** *eine Unterrichtsform* ‖ **Frontalzusammenstoß** ‖ **Frontantrieb** der, -[e]s: *Vorderradantrieb* ‖ **Frontlader** der, -s/-: *eine Lade- oder Baggervorrichtung bei Traktoren* | *eine Arbeitsmaschine mit einer Schaufel* ‖ **Frontlinie** [-i̯ɛ] (Mil.) ‖ **Frontseite:** *Vorderseite* ‖ **Frontsoldat** (Mil.) ‖ **Frontstellung:** *ablehnende, unnachgiebige Position* ‖ **Fronturlaub** (Mil.)

fror → frieren

Frosch der, -[e]s/Frösche: *ein Amphibium;* Laubfrosch; einen F. im Hals haben *(kurzzeitig keine Stimme haben)* ‖ **Froschgoscherl:** *eine Borte an Trachtenkleidern* | (Bot.) *eine Pflanze, Löwenmaul* ‖ **Froschlaich** ‖ **Froschmann:** *Taucher [für militärische Sondereinsätze]* ‖ **Froschperspektive** [-fɛ, -vɛ] die, -: aus der F. *(ohne genügenden Überblick)* urteilen

Frost der, -[e]s/Fröste: *Temperatur unter 0° C* ‖ **Frostaufbruch** der, -[e]s/-brüche: durch F. verursachte Straßenschäden ‖ **frostbeständig:** frostbeständige Pflanzen ‖ **Frostbeule** ‖ **frösteln,** ich fröstle: mich fröstelt *(mir ist kalt)* ‖ **frostempfindlich** ‖ **frostfest:** *gegen Frost unempfindlich* ‖ **frostfrei:** der Oktober war f. ‖ **Frostgefahr** ‖ **frostgefährdet** ‖ **frostgeschützt** ‖ **Frostgrenze** (Met.): die F. sinkt auf 1 000 Meter ‖ **frostig:** ein frostiger *(eher unfreundlicher)* Empfang ‖ **Frostschaden** ‖ **Frostschutzmittel:** *Mittel, das das Gefrieren von Flüssigkeit verhindert*

Frottee = Frotté der *(auch:* das), -s/-s ⟨fr.⟩: *ein Stoff* ‖ **Frotteehandtuch** = Frottéhandtuch ‖ **frottieren:** *mit einem rauen Tuch abreiben* ‖ **Frottierhandtuch**

Frotzelei die, -/-en ‖ **frotzeln,** ich frotzle: *hänseln, zum Besten halten*

Frucht die, -/Früchte: die Kiwi ist eine exotische F.; F. bringend (= fruchtbringend); F. tragend (= fruchttragend) | (Biol.) *Rangstufe im System der Organismen* ‖ **fruchtbar:** fruchtbarer Boden | die Gespräche erwiesen sich als f. *(lohnend)* ‖ **Fruchtbarkeit** die, - ‖ **Fruchtblase:** *mit Fruchtwasser gefüllte Hülle des Embryos* ‖ **Frucht bringend** = **fruchtbringend** ‖ **Früchtchen** (bes. D): *Früchterl* ‖ **Früchtebrot,** *auch: Früchtenbrot: mit getrockneten Früchten gebackenes Brot* ‖ **Fruchteis** ‖ **fruchten:** bei ihm fruchtet *(nützt)* leider keine Ermahnung ‖ **Früchtenbrot** → Früchtebrot ‖ **Früchterl** das, -s/-[n] (ugs., abw.): *junger, leichtsinniger Mensch; Schlingel, Früchtchen* ‖ **Früchtetee** ‖ **Fruchtfleisch:** der Pfirsich hat ein festes F. ‖ **Fruchtgenuss** (Jus): *Recht, ein fremdes Grundstück auf bestimmte Weise, zB durch Anbau von Früchten, zu nutzen* ‖ **fruchtig:** fruchtiger Geschmack ‖ **Fruchtjoghurt** = **Fruchtjogurt** ‖ **Fruchtknoten** (Bot.) ‖ **fruchtlos:** fruchtlose *(vergebliche)* Bemühungen ‖ **Fruchtmark:** *eine Art Marmelade* ‖ **Fruchtnektar:** *Saft mit Fruchtanteil* ‖ **Fruchtnießung** die, -/-en (veraltet, Jus): *Fruchtgenuss* ‖ **Fruchtsalat:** *Obstsalat* ‖ **Fruchtsaft:** *Obstsaft (aus 100 % Fruchtsaft)* ‖ **Fruchtsaftgetränk:** *Saft mit Fruchtanteil* ‖ **Fruchtstand** (Bot.) ‖ **Frucht tragend** = **fruchttragend** ‖ **Fruchtwasser** → Fruchtblase ‖ **Fruchtwechsel** [-ks-] (Landw.): *eine Anbaumethode* ‖ **Fruchtzucker:** *Fruktose*

Fructose [-k-] = → Fruktose

Frufru = **Fru-Fru** das, -[s]/-[s] (Wz.): *Sauermilch mit Marmelade*

frugal ⟨lat.⟩: ein frugales *(einfaches, karges)* Essen; → G.: opulent

früh
ein früher *(zeitiger)* Termin

Kleinschreibung des Adverbs:
- von früh bis spät
- heute früh *(zeitig, frühzeitig)* kommen

Großschreibung des Nomens:
- heute Früh *(heute Morgen); aber zusammen:* Dienstagfrüh *(Dienstagmorgen)*
- in der Früh *(morgens)*

– in aller Früh
Getrennt- und Zusammenschreibung mit adjektivisch gebrauchtem Partizip:
– früh verstorben = frühverstorben
Zusammenschreibung, wenn „früh“ den folgenden Bestandteil näher bestimmt, zB:
– frühchristlich
– frühkindlich
– frühreif

Früh die, -: in der F. *(morgens);* → früh; → Frühe ‖ **Früh|auf|ste|her** der, -s/- ‖ **Früh|auf|ste|he|rin** die, -/-innen ‖ **Früh|chen** das, -s/- (Med.): *Frühgeburt* ‖ **früh|christ|lich** [-k-] ‖ **Früh|di|a|gno|se:** eine F. erstellen ‖ **Frü|he** die, -: in der F.; in aller F.; → Früh; → früh ‖ **frü|her:** f. kommen ‖ **Früh|erd|ap|fel** ‖ **Früh|er|ken|nung** (Med.) ‖ **frü|hes|tens:** f. morgen Früh ‖ **frü|hest|mög|lich** ‖ **Früh|form** ‖ **Früh|ge|burt:** *zu früh geborenes Kind;* eine F. mit sieben Monaten | *vorzeitig erfolgte Geburt* ‖ **Früh|ge|schich|te** die, -: Institut für Ur- und F. | in der F. *(Frühzeit)* des Films ‖ **früh|ge|schicht|lich** ‖ **Früh|jahr:** *Frühling* ‖ **Früh|jahrs|kol|lek|ti|on** [-tsi̯-] ‖ **Früh|jahrs|mü|dig|keit** ‖ **Früh|jahrs|putz** ‖ **Früh|kar|tof|fel** ‖ **früh|kind|lich** ‖ **Früh|ling** der, -s/-e: *Jahreszeit, die dem Winter folgt* ‖ **Früh|lings|an|fang:** F. ist zwischen 20. und 23. März ‖ **Früh|lings|blu|me** ‖ **Früh|lings|luft:** F. schnuppern ‖ **Früh|lings|punkt** der, -[e]s (Phys.): *Schnittpunkt der Ekliptik mit dem Himmelsäquator* ‖ **Früh|lings|rol|le:** *eine chinesische Vorspeise* ‖ **Früh|lings|tag** ‖ **Früh|lings|zeit** (geh.) ‖ **früh|mor|gens:** *zeitig in der Früh* ‖ **Früh|nach|rich|ten** die (Pl.) ‖ **Früh|ne|bel** ‖ **früh|neu|hoch|deutsch** ‖ **Früh|neu|hoch|deutsch** das, -[s] = **Früh|neu|hoch|deut|sche** das, -n: *Sprachform des Deutschen (ca. 14. bis 17. Jh.)* ‖ **Früh|obst** ‖ **Früh|pen|si|on** die, -: *vorzeitiger Ruhestand bei ausreichender Anzahl von Versicherungsjahren;* in [die] F. gehen ‖ **Früh|pen|si|o|nie|rung** ‖ **Früh|pen|si|o|nist** ‖ **Früh|pen|si|o|nis|tin** ‖ **früh|reif:** ein frühreifes Kind *(Kind, bei dem die Pubertät früher als üblich einsetzt)* ‖ **Früh|ro|te Velt|li|ner** [- f-, - v-] der, -n -s/-n -: *eine Reb- und Weinsorte* ‖ **Früh|schicht:** *die Schichtarbeit[er] am Morgen;* F. haben; → Nachtschicht; → Spätschicht ‖ **Früh|schluss** der, -: am Freitag ist F. *(kürzere Dienstzeit)* ‖ **Früh|schop|pen:** *geselliges Essen und Trinken am Vormittag;* zum F. gehen ‖ **Früh|som|mer** ‖ **Früh|som|mer-Me|nin|go|en|ze|pha|li|tis** [-f-] (FSME) (Med.): *eine durch Zecken übertragene Gehirnhautentzündung* ‖ **Früh|spit|ze:** *Stoßverkehr am Morgen;* → Abendspitze ‖ **Früh|sta|di|um** [-ʃt-]: eine Krankheit im F. behandeln; → G.: Spätstadium ‖ **Früh|stück:** ein reichliches F.; → Brunch ‖ **Früh|stücks|brot** ‖ **früh|stü|cken:** in Ruhe f. ‖ **Früh|stücks|buf|fet** [-byfeː] = Frühstücksbüfett [-feː, D: -fɛt] ‖ **Früh|stücks|ho|tel:** *Hotel, das Übernachtung und Frühstück anbietet;* → Hotel garni ‖ **Früh|stücks|pen|si|on** ‖ **Früh|stücks|speck** ‖ **Früh|tem|pe|ra|tur** ‖ **früh ver|stor|ben = früh|ver|stor|ben** ‖ **Früh|warn|sys|tem** [-zy-] (Mil.): *ein Alarmsystem* | (Bildw.) *bei drohender negativer Jahresnote Benachrichtigung der Eltern eines Schülers* ‖ **Früh|werk:** das F. einer Künstlerin ‖ **Früh|zeit:** in der F. *(in den Anfängen)* der Firma ‖ **früh|zei|tig**

Fruk|to|se = Fructose [-k-] ⟨lat.⟩: *Fruchtzucker*

Frust der, -[e]s (sal.): *Frustration* ‖ **Frus|t|ra|ti|on** [-tsi̯-] die, -/-en: *Verdrossenheit, Enttäuschung* ‖ **frus|t|rie|ren:** langweilige Arbeit frustriert mich; ich bin frustriert *(enttäuscht, entmutigt)* ‖ **Frus|t|rie|rung** die, -/-en

Frut|ti di Ma|re die (Pl.) ⟨it.⟩: *Meeresfrüchte, zB Shrimps, Tintenfisch, Muscheln*

FS 1 [ɛf ɛs ˈaɪns] (früher): *ORF 1* ‖ **FS 2** (früher): *ORF 2*

F-Schlüs|sel [ˈɛf-] (Mus.): *Bassschlüssel*

FS [ɛf ˈɛs]: **F**ach**s**chule

FSME [ɛf ɛs ɛm ˈeː] die (Med.): **F**rüh**s**ommer-**M**eningo**e**nzephalitis

FTP [ɛf te ˈpeː] (EDV): **F**ile **T**ransfer **P**rotocol *(Datenübertragungsprotokoll)*

Fuchs[1] [-ks] der, -es/Füchse: ein tollwütiger F. | ein alter Fuchs *(schlauer Mensch, Schlaufuchs)* ‖ **Fuchs**[2] der, -en/-en: *rotbraunes Pferd* ‖ **Fuchs|bau** der, -[e]s/-e ‖ **fuch|sen** (ugs.): es fuchst *(ärgert)* mich; du fuchst dich deswegen?

Fuch|sie [-ksi̯ɛ] die, -/-n: *eine Zierpflanze*

fuch|sig [-ks-] (ugs.): *verärgert, zornig* ‖ **Füch|sin** die, -/-innen ‖ **Fuchs|jagd** ‖ **Fuchs|schwanz** (auch): *eine kurze Handsäge* ‖ **fuchs|teu|fels|wild:** *sehr zornig*

Fuch|tel die, -/-n (ugs., abw.): unter ihrer F. stehen *(von ihr unterdrückt werden)* | *herrschsüchtiges Weib* ‖ **fuch|teln:** ich fuchtle mit den Händen ‖ **fuch|tig** (ugs.): *wütend*

Fu|der das, -s/-: *eine Wagenladung;* ein F. Heu ‖ **fu|der|wei|se**

Fug (geh.) (nur in der Wendung): mit Fug und Recht *(mit vollem Recht)*

Fu|ga|to das, -s/-s [Fugati] ⟨it.⟩ (Mus.): *kurze Fuge*

Fu|ge[1] die, -/-n ⟨lat.-it.⟩ (Mus.): *ein kunstvolles mehrstimmiges Musikstück*

Fu|ge[2] die, -/-n: *Ritze, Spalte;* etwas gerät aus den Fugen *(verliert den Zusammenhalt)* ‖ **fu|gen:** *verfugen* ‖ **fü|gen:** das Schicksal fügte es so; es fügt sich *(ergibt sich zufällig),* dass ... | sich ihrem Willen f. *(sich unterordnen; gehorchen)* ‖ **Fu|gen-s** [-ɛs] das, -/- (Gramm.): *ein Fugenzeichen, zB* lebensfremd, Liebesbrief; → Fugenzeichen ‖ **Fu|gen|zei|chen** (Gramm.): *Element, das zwei Bestandteile einer Wortzusammensetzung verbindet, zB* sonnenarm; → Fugen-s ‖ **füg|lich** (geh.) (Adv.): *ohne Weiteres, mit Recht;* das darf f. bezweifelt werden ‖ **füg|sam:** ein fügsames *(gehorsames)* Kind ‖ **Fu|gung** die, -/-en: *Verfugung* ‖ **Fü|gung** die, -/-en: eine F. des Schicksals

fühl|bar: die Kälte macht sich f. *(man merkt sie);* ein fühlbarer *(merkbarer)* Mangel ‖ **füh|len**[1]: jemandem den Puls f. | er ließ mich seinen Hass f. *(spüren)* ‖ **füh|len**[2] sich: ich fühle mich einsam ‖ **Füh|ler** der, -s/-: *ein Tastorgan [der Insekten]* | seine F. ausstrecken *(die Lage vorsichtig erkunden)* | *Sensor*

fuhr → fahren ‖ **Fuh|re** die, -/-n, *auch:* Fuhr, -/-en: eine F. *(Wagenladung)* Heu ‖ **füh|ren:** einen Blinden f.; dieser Weg führt in den Ort | ein Gespräch f. | einen Titel f. | die Mannschaft führt 2 : 0; eine führende Position *(Spitzenposition)* | Milch f. *(transportieren);* soll ich dich zum Bahnhof f.? *(mit dem Auto*

F

hinbringen) | das führt *(geht)* zu weit | das führt zu nichts *(bringt kein Ergebnis)* | die Donau führt Hochwasser || **Führer** der, -s/-: *Person, die eine Gruppe leitet;* Bergführer, Fremdenführer | *Lenker eines Fahrzeuges;* Lokführer | *Buch, das Informationen zu einem Reiseziel gibt;* Reiseführer | (im Nationalsozialismus) *Bezeichnung Adolf Hitlers;* → Duce || **Führerin** die, -/-innen || **führerlos** || **Führerprinzip** (Pol.): *politische Ordnung im Faschismus und Nationalsozialismus* || **Führerschaft** die, -/-en: die europaweite F. *(Führung)* anstreben || **Führerschein** || **Führerscheinentzug** || **Führerscheinneuling** || **Führerscheinprüfung** || **Führerscheinregister** || **Führerstand:** *Zugteil, in dem der Lokführer den Zug fährt* || **Fuhrlohn:** den f. kassieren || **Fuhrmann:** *jemand, der gewerbsmäßig ein Fuhrwerk lenkt* || **Fuhrpark:** *Gesamtheit der Fahrzeuge [eines Unternehmens]* || **Führung** die, -: die politische F. *(die politisch Verantwortlichen)* eines Landes | in F. *(derzeit auf Platz eins)* liegen | auf Grund guter F. *(guten Verhaltens im Gefängnis)* vorzeitig entlassen | (mit Pl. -en) eine F. im Museum || **Führungskraft:** *Person in leitender Funktion in einem Betrieb* | ein Chef mit F. || **Führungsschwäche:** dem Parteichef wurde F. vorgeworfen || **Führungswechsel** [-ks-] || **Führungszeugnis:** *Leumundszeugnis;* ein polizeiliches F. || **Fuhrunternehmen:** *Transportunternehmen* || **Fuhrwerk:** *Fahrzeug zum Lastentransport* || **fuhrwerken:** *beruflich transportieren* | (abw.) *herumfuhrwerken, unbeholfen an etwas arbeiten* || **Fuhrwerker** der, -s/-: *Fuhrmann; Transportunternehmer* || **Fuhrwerkerin** die, -/-innen

Fülle die, -: in Hülle und F. *(sehr viel);* eine F. *(Vielzahl)* von Anregungen | (mit Pl. -n) (Küchenspr.) ein Strudel mit einer F. *(Füllung)* aus Mohn || **füllen**[1]: ein Glas f. | (Küchenspr.) ein gefüllter Truthahn || **füllen**[2] sich: der Saal füllt sich *(wird langsam voll)*

Füllen das, -s/-: *junges Pferd, Fohlen*

Füller der, -s/- (bes. D): *Füllfeder* || **Füllfeder** || **Füllhorn** (geh.): *Symbol der Fülle, Fruchtbarkeit* || **füllig:** eine füllige *(dicke, rundliche)* Figur || **Füllsel** das, -s/-: *[unwichtige] Einfügung, damit keine Lücke entsteht* || **Füllstimme** (Mus.): *Stimme, die nur der harmonischen Ausfüllung dient* || **Füllstoff:** *bei der Papier- und Kunststoffherstellung verwendete Hilfsstoffe, zB Kreide, Holzmehl*

Fulltimejob [-taɪmdʒɔp, engl.: -ɒb] ⟨engl.⟩ = **Fulltime-Job:** *Tätigkeit, die jemandes gesamte Arbeitszeit beansprucht*

Füllung die, -/-en: ein Polster mit weicher F. | (Med.) *Füllmasse in Zahnlöchern* | (Küchenspr.) *Fülle*

fulminant ⟨lat.⟩: eine fulminante *(großartige, mitreißende)* Aufführung

Fummel der, -s/- (nördl. D, ugs., abw.): *Getue* | *Kleid* || **fummeln** (nördl. D, ugs.): *sich mit den Händen zu schaffen machen; herumfummeln*

Fund der, -[e]s/-e: einen wertvollen F. machen

Fundament das, -[e]s/-e ⟨lat.⟩: *Grundlage; Grundmauer[n]* || **fundamental:** *grundlegend* || **Fundamentalismus** der, -: *Ideologie, die eine religiöse Lehre wörtlich zur Grundlage des gesamten, zB auch des rechtlichen und politischen, Lebens macht* || **Fundamentalist** der, -en/-en || **Fundamentalistin** die, -/-innen || **fundamentalistisch** || **fundamentieren:** *ein Baufundament legen* || **Fundamentum** das, -s/Fundamenta (Päd.): → *Kernbereich;* → Additum

Fundamt || **Fundbüro** || **Fundgegenstand** || **Fundgrube:** das Internet ist eine F. für Informationen

Fundi[1] der, -s/-s ⟨lat.⟩ (sal.) (Pol.): *Kurzwort für einen fundamentalistischen Grünen;* → Realo || **Fundi**[2] die, -/-s (sal.) (Pol.) || **fundieren:** *untermauern* || **fundiert:** diese Behauptung ist f. *(gut begründet)* || **Fundiertheit** die, -/-en || **Fundierung** die, -/-en

fündig: bei der Erdölbohrung ist man f. geworden *(man ist auf Öl gestoßen)* || **Fundort**

Fundraising [ˈfʌndreɪzɪŋ] das, -s ⟨engl.⟩: *das Sammeln von Geldspenden*

Fundstätte || **Fundstück**

Fundus der, -/- ⟨lat.⟩: *Bestand [an Bühnendekorationen]; Grundstock;* auf einen F. an Erfahrungen zurückgreifen können

fünf (5): f. Euro; f. gerade sein lassen *(etwas nicht allzu genau nehmen);* → acht || **Fünf** die, -/-en (bes. D): *Fünfer; die Ziffer Fünf (5);* die Note F.; → Fünfer || **fünfbändig** (5-bändig) || **Fünfeck** || **fünfeckig** (5-eckig)

Fünfer (5er) der, -s/-:
die Ziffer Fünf (5)

Die österreichischen Formen der nominalisierten Zahlwörter werden auf -er gebildet:
- einen Fünfer hinschreiben (bes. in Deutschland: eine Fünf)
- als Note einen Fünfer *(ein Nicht genügend)* bekommen (bes. in Deutschland: eine Fünf)

fünferlei || **Fünfeurobanknote** (5-Euro-Banknote) || **Fünfeuroschein** (5-Euro-Schein) || **fünffach** (5fach = 5-fach) || **fünfhundert** (500): f. € || **Fünfhunderter:** *500-Euro-Schein* | (früher) *500-Schilling-Schein* || **Fünfhunderteurobanknote** (500-Euro-Banknote) || **Fünfhunderteuroschein** (500-Euro-Schein) || **fünfjährig** (5-jährig) || **Fünfkampf:** *ein Sportwettbewerb in fünf Einzeldisziplinen* || **Fünfkirchen** (ung.: Pécs [peːtʃ]): *Stadt in Ungarn* || **Fünfling** der, -s/-e: Fünflinge *(gleichzeitig fünf Kinder)* zur Welt bringen; → Zwilling || **fünfmal** (5-mal) (auch: fünf Mal) || **fünfprozentig** (5-prozentig) || **Fünfschillingstück** (5-Schilling-Stück) (früher) || **Fünfsternehotel** (5-Sterne-Hotel), *auch:* Fünfsternhotel (5-Stern-Hotel) || **fünft:** zu f. || **Fünftagewoche** (5-Tage-Woche) || **fünftägig** (5-tägig) || **fünftausend** (5000): f. Euro || **Fünftausender** (5000er): *Berg, der zwischen 5000 und 5999 m hoch ist* | (früher) *5000-Schilling-Note* || **Fünftausendmeterlauf** (5000-m-Lauf) || **fünftens** (5.) || **fünftel** || **Fünftel** das, -s/- || **Fünfuhrtee** || **fünfzehn** (15) || **fünfzehnhundert** (1500) || **fünfzehnjährig** (15-jährig) || **fünfzig** (50) || **Fünfziger** der, -s/- (50er): *der 50. Geburtstag* | *50-Euro-Schein* | (früher) *50-Schilling-Schein* || **Fünfzigeurobankno-**

te (50-Euro-Banknote) ‖ **Fünfzigeuroschein** (50-Euro-Schein) ‖ **fünfzigjährig** (50-jährig)
fungieren ⟨lat.⟩: als Ordner f. *(tätig sein)*
Fungizid das, -[e]s/-e ⟨lat.⟩: *pilztötendes chemisches Mittel*
Funk[1] [-ʌ-] der, -s ⟨lat.⟩ (Mus.): *eine Stilrichtung im Pop und im Jazz*
Funk[2] [-u-] der, -s: *drahtlose Übertragung von Botschaften und Musik;* über F. Hilfe holen ǀ *Hörfunk, Rundfunk;* in F. und Fernsehen ‖ **Funkantenne** ‖ **Fünkchen** das, -s/-: ein F. Wahrheit ‖ **Funke** → Funken ‖ **funkeln:** funkelnde *(leuchtende)* Sterne ‖ **funkelnagelneu** (ugs.): *ganz neu* ‖ **funken:** *einen Funkspruch senden* ‖ **Funken**[1] der, -s/-, *auch:* Funke, -ns/-n: F. spühen; F. sprühend (= funkensprühend) ‖ **Funken**[2] der, -s (V) (Volksk.): *ein Frühjahrsfeuer, ein Volksbrauch* ‖ **Funkenflug:** *das Wegfliegen von Funken* ‖ **Funkenhexe** (V) (Volksk.): *eine Brauchtumsgestalt;* → Funken[2] ‖ **Funkenmeister** (V) (Volksk.) ‖ **Funkenschlagen** das, -s (T) (Volksk.): *Funken*[2] ‖ **Funken sprühend** = **funkensprühend** ‖ **Funkenzunft** (V) (Volksk.): *ein Brauchtumsverein, der den Funken organisiert* ‖ **Funker** der, -s/-: *Telegrafist im drahtlosen Verkehr* ǀ *Teilnehmer am Funken* ‖ **Funkerin** die, -/-innen ‖ **Funkfeuer:** *Dauersignal für die Navigation von Flugzeugen oder Schiffen* ‖ **Funkgerät** ‖ **Funkhaus:** das F. des ORF ‖ **Funkkontakt** ‖ **Funkmessgerät:** *Radargerät* ‖ **Funkpeilung** ‖ **Funkspruch** ‖ **Funkstation** [-tsi̯-] ‖ **Funkstille:** *Abbruch des Funkverkehrs* ǀ zwischen ihnen herrscht F. *(gibt es keinen Kontakt mehr)* ‖ **Funkstreife:** *eine motorisierte Streife [der Polizei]* ‖ **Funktaxi** ‖ **funktechnisch** ‖ **Funktelefon:** *über Funk betriebenes Telefon;* → Mobiltelefon
Funktion [-tsi̯-] die, -/-en ⟨lat.⟩: die F. *(das Amt, die Aufgaben)* des Bürgermeisters ǀ (Math.) *eindeutige Zuordnung der Elemente zweier Mengen* ‖ **funktional:** *auf die Funktion bezogen* ‖ **funktionalisieren:** *der Funktion anpassen* ‖ **Funktionalismus** der, -: *eine Stilrichtung in der modernen Architektur* ‖ **funktionalistisch** ‖ **Funktionär** der, -s/-e: *bevollmächtigter Vertreter [einer Partei, eines Vereins, einer Organisation]* ‖ **Funktionärin** die, -/-innen ‖ **funktionell:** *wirksam, leistungsbezogen* ‖ **funktionieren:** dieser Motor funktioniert *(er arbeitet störungsfrei)* ‖ **funktionsfähig:** *funktionstüchtig* ‖ **funktionslos** ‖ **Funktionsschwäche** (Med.): *beeinträchtigte Funktion [eines Organs, einer Drüse]* ‖ **funktionstüchtig** ‖ **Funktionsverbgefüge** [-v-] (Gramm.): *feste Verbindung eines Nomens mit einem Verb, wobei das Verb die ursprüngliche Bedeutung meist verloren hat, zB* in Erwägung ziehen, Kontakt aufnehmen
Funkturm ‖ **Funkverbindung:** eine F. herstellen ‖ **Funkverkehr** ‖ **Funkzeichen**
Funsel → Funzel ‖ **Funsen** → Funzen ‖ **Funserl** → Funzel
Funsport ['fʌn-] ⟨engl.⟩: *Sport nur zum Vergnügen* ‖ **Funsportart** (meist Pl.)
Funzel die, -/-n, *auch:* Funsel die, Funserl das, -s/-[n] (ugs., abw.): *schlecht brennende Leuchte* ‖ **Funzen** die, -/-, *auch:* Funsen (ugs.): *Funzel* ǀ *Schimpfwort für eine unangenehme, eingebildete Frau*
für (Präp. mit Akk.): für dich; für ihn; ein für allemal *(endgültig);* für nichts und wieder nichts *(völlig umsonst); aber:* das Für und Wider bedenken; → fürs
fürbass [auch: 'fy:-] (geh., veraltet): *voran, weiter;* f. schreiten
Fürbitte: *Bitte, Gebet für andere*
Furche die, -/-n: *schmale, geradlinige Vertiefung im Erdboden;* mit dem Pflug Furchen ziehen ǀ *Hautfalte* ‖ **furchen:** die Stirne f.

> **Furcht** die, -
>
> **Getrenntschreibung:**
> – Furcht erregen
> – Furcht verbreiten
>
> **Getrennt- und Zusammenschreibung:**
> – Furcht einflößende (= furchteinflößende) Drohungen
> – ein Furcht erregender (= furchterregender) Blick
>
> **Zusammenschreibung bei Steigerung oder näherer Bestimmung der ganzen Fügung:**
> – furchterregendere Blicke
> – äußerst furchterregende Blicke
> – am furchterregendsten

furchtbar: *beängstigend; schrecklich* ǀ f. *(sehr)* langweilig ‖ **Furcht einflößend** = **furchteinflößend** → Furcht ‖ **fürchten:** die Kälte f.; sich vor jemandem/etwas f. ‖ **fürchterlich** ‖ **Furcht erregend** = **furchterregend** → Furcht ‖ **furchtlos** ‖ **furchtsam:** *ängstlich* ‖ **Furchtsamkeit** die, -/-en
fürder = **fürderhin** (veraltet): *von nun an, künftig*
füreinander: f. da sein; f. einspringen
Furie [-i̯ɛ] die, -/-n ⟨lat.⟩: *römische Rachegöttin* ǀ (abw.) *wütende, böse Frau* ‖ **furios:** *wütend, hitzig, leidenschaftlich* ‖ **furioso** ⟨it.⟩ (Mus.): *stürmisch*
fürliebnehmen ['fy:-, -'li:p] (veraltet): *vorliebnehmen*
fürnehm (scherzh., veraltet): *vornehm*
Furnier die, -/-e = das, -s/-e ⟨fr.⟩: *dünne [Edel]holzschicht als Oberfläche von Möbeln* ‖ **furnieren:** furnierte Möbel ‖ **Furnierholz** ‖ **Furnierung** die, -/-en
Furore ⟨it.⟩ (nur in der Wendung): F. machen *(sehr erfolgreich sein; Aufsehen erregen)*
fürs: *für das;* f. Erste; f. Leben; → für
Fürsorge die, -: Kinder brauchen liebevolle F. *(Betreuung, Obhut)* ǀ *Kurzwort für Fürsorgeamt* ‖ **Fürsorgeamt** (früher): *Sozialamt* ‖ **Fürsorgeinstitut** [-st-] (SüdT): *amtliche Institution für Sozialhilfe, Sozialamt* ‖ **Fürsorger** der, -s/- ‖ **Fürsorgerin** die, -/-innen ‖ **fürsorglich:** *um das Wohlergehen anderer besorgt* ‖ **Fürsorglichkeit** die, -
Fürsprache: für jemanden F. einlegen *(für jemanden bitten, sich für jemanden einsetzen)* ‖ **Fürsprecher:** *Befürworter* ‖ **Fürsprecherin**
Fürst der, -en/-en: *ein Titel des hohen Adels* ǀ er lebt wie ein F. *(sehr prunkvoll, treibt großen Aufwand)* ǀ (geh.) der F. der Finsternis *(der Teufel)* ǀ *ein Herrscher* ‖ **Fürstengeschlecht** ‖ **Fürstenfeld** (Kfz: FF): *Stadt in der Steiermark* ‖ **Fürstenstand** der, -[e]s ‖ **Fürstentum** das, -s/-tümer: das F. Liechtenstein ‖ **Fürstin** die, -/-innen ‖ **fürstlich:** jemanden f. *(großzügig)* bewirten; ein fürstliches Trinkgeld
Furt die, -/-en: *seichte, durchfahrbare Stelle in einem Fluss*

F

Für|tuch (veraltet): *Schürze* | *Brusttuch*
Fu|run|kel das = der, -s/- ⟨lat.⟩: *ein Geschwür, Eiterbeule*
für|wahr (geh.): *tatsächlich*
Für|witz (veraltet) → Vorwitz ‖ **für|wit|zig** (veraltet) → vorwitzig
Für|wort (Gramm.): *Pronomen*
Furz der, -es/Fürze (derb): *Blähung* ‖ **fur|zen** (derb)
Fu|sel der, -s/- (abw.): *schlechter Branntwein*

F

Fü|si|lier der, -s/-e ⟨fr.⟩ (veraltet): *ein Infanterist* ‖ **fü|si|lie|ren:** *standrechtlich erschießen*
Fu|si|on die, -/-en ⟨lat.⟩: *Verschmelzung, Zusammenschluss [von Unternehmen]* ‖ **fu|si|o|nie|ren:** zwei U. fusionieren ‖ **Fu|si|o|nie|rung** die, -/-en
Fuß der, -es/Füße: zu Fuß gehen; er liegt ihr zu Füßen *(ist ihr völlig ergeben);* Fuß fassen *(sich integrieren);* bei Fuß! *(Befehl bei Hunden);* auf freiem Fuß *(nicht in Haft);* auf großem F. *(verschwenderisch)* leben; auf die Füße fallen *(Schwierigkeiten ohne Schaden überstehen);* das Recht mit Füßen treten *(grob verletzen);* stehenden Fußes *(sofort);* die Strafe folgt auf dem Fuße *(sofort);* von Kopf bis Fuß *(völlig)* | (sal.) kalte Füße *(Angst)* bekommen | *Bein;* sie hat sich den Fuß gebrochen; auf eigenen Füßen stehen *(selbständig sein)* | der Fuß *(untere Teil)* des Berges | (mit Pl. Fuß) *ein altes Längenmaß;* drei Fuß hoch | (Mus.) → Achtfuß ‖ **Fuß|ab|druck** ‖ **Fuß|ab|strei|fer** der, -s/-: *Matte [vor der Tür] zum Abputzen der Schuhe* ‖ **Fuß|ab|wehr** (Sport) ‖ **Fuß|an|gel:** *eine Falle* ‖ **Fuß|bad** ‖ **Fuß|ball:** *ein [spezieller] Ball fürs Fußballspiel* | *(ugs. auch:* das) (ohne Pl.) *ein Ballspiel;* F. spielen ‖ **Fuß|ball|bun|des|li|ga** ‖ **Fuß|bal|len:** *Teil des Fußes* ‖ **Fuß|bal|ler** der, -s/- ‖ **Fuß|bal|le|rin** die, -/-innen ‖ **Fuß|ball|mann|schaft** ‖ **Fuß|ball|match** [-mɛtʃ, engl.: -æ-] ‖ **Fuß|ball|na|ti|o|nal|mann|schaft** [-tsi̯-] ‖ **Fuß|ball|spiel** ‖ **Fuß|ball|sta|di|on** [-ʃt-] ‖ **Fuß|ball|tor** ‖ **Fuß|ball|trai|ner** [-treːn-, engl.: -treɪn-] ‖ **Fuß|ball|trai|ne|rin** ‖ **Fuß|ball|ver|band** ‖ **Fuß|ball|welt|meis|ter|schaft** (Fußball-WM) ‖ **Fuß|bo|den** ‖ **Fuß|bo|den|hei|zung** ‖ **fuß|breit:** ein fußbreiter Spalt; *aber:* zwei Fuß breit offen ‖ **Fuß|breit** der, -/- = **Fuß breit** (geh.): keinen F. weichen *(nicht im Geringsten nachgeben)* ‖ **Füß|chen** das, -s/-
Fus|sel die, -/-n (bes. D): *Staubfaser;* → Fuzerl ‖ **fus|seln** (bes. D): *Fusseln machen; aber:* → fußeln
fu|ßeln = **fü|ßeln,** ich fußle/füßle (ugs.): *einander heimlich mit den Füßen berühren; aber:* → fusseln ‖ **fu|ßen:** die Nachricht fußt *(beruht)* auf Tatsachen ‖ **Fuß|en|de:** am F. des Bettes ‖ **Fus|serl** das, -s/-[n] (ugs.): *[zarter, kleiner] Fuß* ‖ **Fuß|fall:** einen F. tun *(sich demütigen)* ‖ **Fuß|fes|sel:** elektronische F. *(für Haftfreigänger)* ‖ **fuß|frei:** fußfreie Reihe *(Reihe im Kino, Theater mit genügend Platz für die Beine)* ‖ **Fuß|gän|ger** der, -s/- ‖ **Fuß|gän|ger|am|pel** ‖ **Fuß|gän|ge|rin** die, -/-innen ‖ **Fuß|gän|ger|schutz|weg:** *Zebrastreifen* ‖ **Fuß|gän|ger|über|gang** ‖ **Fuß|gän|ger|zo|ne** ‖ **Fuß|ge|her:** *Fußgänger* ‖ **Fuß|ge|he|rin** ‖ **Fuß|ge|her|über|gang** ‖ **Fuß|ge|her|zo|ne** ‖ **Fuß|he|bel** ‖ **fuß|hoch** ‖ **-fü|ßig** (nur in Zusammensetzungen wie leichtfüßig) ‖ **fuß|lang** ‖ **fuß|ma|rod** (sal.): *fußkrank* ‖ **Fuß|marsch** ‖ **Fuß|no|te:** *Anmerkung am Ende der Seite* ‖ **Fuß|pfle|ge** ‖ **Fuß|pfle|ger** ‖ **Fuß|pfle|ge|rin** ‖ **Fuß|pilz** (Med.) ‖ **Fuß|ras|ter:** *Fußstütze [am Motorrad]* ‖ **Fuß|re|flex|zo|nen|mas|sa|ge** [-ˈaːʃ, -ʒɛ] ‖ **Fuß|soh|le** ‖ **Fuß|spur** ‖ **Fuß|stap|fen** die (Pl.): *Fußspur;* in jemandes F. treten *(jemandem nachfolgen)* ‖ **fuß|tief:** f. einsinken ‖ **Fuß|tritt** ‖ **Fuß|trup|pe** (Mil.): *Infanterie* ‖ **Fuß|volk** (Mil.): *Infanterie* | (auch abw.) *nicht mitentscheidende Menge von Personen [in Parteien, Betrieben]* ‖ **Fuß|weg:** 5 Minuten F. bis zur U-Bahn
Fut die, -/-en (derb): *Vulva*
futsch → pfutsch
Fut|ter¹ das, -s: *Nahrung für Tiere;* Hundefutter
Fut|ter² das, -s/Futter: *dünner Stoff auf der Innenseite von Kleidungsstücken*
Fut|te|ral das, -s/-e ⟨germ.-lat.⟩ (veraltend): *Behälter, Etui*
Fut|ter|barn, *auch:* **Fut|ter|bar|ren:** *Futtertrog* ‖ **Fut|ter|ge|trei|de** ‖ **Fut|ter|krip|pe:** *Behälter zur Fütterung [von Wild]* ‖ **Fut|ter|mit|tel** ‖ **fut|tern** (ugs.): *viel essen* ‖ **füt|tern**¹: die Kuh f.; das Baby f.
füt|tern²: ein gefütterter Rock; → Futter²
Fut|ter|napf ‖ **Fut|ter|neid:** Erfolg erzeugt F. *(löst bei anderen Neid und Eifersucht aus)* ‖ **Fut|ter|pflan|ze** ‖ **Fut|ter|schüs|sel**
Fut|ter|sei|de: *ein Futterstoff*
Fut|ter|si|lo
Fut|ter|stoff: *Futter²*
Fut|ter|trog ‖ **Füt|te|rung** die, -/-en: die F. des Wilds
Fu|tur das, -s/-e, *auch:* Futurum, -s/Futura ⟨lat.⟩ (Gramm.): *1. Zukunft, unvollendete Zukunft, Futur I* | *2. Zukunft, vollendete Zukunft, Futur II* (auch: *Futurum exaktum, Vorzukunft*) ‖ **Fu|tu|ris|mus** der, -: *eine Kunstrichtung im frühen 20. Jh.* ‖ **fu|tu|ris|tisch** ‖ **Fu|tu|ro|lo|ge** der, -n/-n: *Zukunftsforscher* ‖ **Fu|tu|ro|lo|gie** die, - ‖ **Fu|tu|ro|lo|gin** die, -/-innen ‖ **Fu|tu|rum** → Futur ‖ **Fu|tu|rum ex|ak|tum** das, - -/Futura exakta; → Futur II
Fu|zel → Fuzerl ‖ **fu|zeln,** ich fuzle (ugs.): *sehr klein schreiben* ‖ **Fu|zerl** das, -s/-[n], *auch:* Fuzel das, -s/-[n]: *ein winziges Stück;* → Fussel
Fuz|zy Lo|gic [ˈfʌzi ˌlɒdʒɪk] = **Fuz|zy|lo|gic** die, - ⟨engl.⟩ (EDV): *Annäherung an menschliches Denken [bei Computern], unscharfe Logik* | (Elektrot.) *ein Steuersystem [bei Videokameras]*

g G

g [geː] das, -/- (Kleinbuchstabe): das g im Wort *gehen* | (Laut) der g-Laut | **G**ramm | (früher) **G**roschen | (Mus.) der Ton g (G) | (Mus.) g-Moll

G [geː] das, -/- (Großbuchstabe): das G im Wort *Gras* | (Mus.) der Ton G (g) | (Mus.) G-Dur | **G**iga-

Ga: Gallium

gab → geben || **gäbe** → geben | gang und g.; → gang

Gabe die, -/-n: *Geschenk* | *Begabung*

Gabel die, -/-n: *ein Teil des Essbestecks;* mit Messer und G. essen | *ein Werkzeug;* Heugabel | *Gabelung* || **Gabelbissen:** *in einem Plastikbecher abgepackter Imbiss mit Majonäse und Aspik* || **gabelförmig** || **Gabelfrühstück:** *kleine Vormittagsmahlzeit* || **gabelfrühstücken** || **gabeln** sich: dieser Weg gabelt *(teilt)* sich || **Gabelstapler** der, -s/-: *Fahrzeug mit Vorrichtung zum Verladen von Waren* || **Gabelung** die, -/-en, *auch:* Gablung

Gabenbereitung die, -/-en (kath.): *Opferung in der heiligen Messe* || **Gabentisch:** ein weihnachtlich geschmückter G. *(Geschenketisch)*

gaberln (ugs.) (Sport): *den Ball [wiederholt] mit dem Fuß leicht in die Höhe schlagen*

Gabi, *auch:* Gaby [-i]: *weibl. Vorname (Gabriela, Gabriele)*

Gabler der, -s/- (Jägerspr.): *Rehbock/Hirsch mit je zwei Geweihenden* || **Gablung** → Gabelung

Gabriel: *männl. Vorname* || **Gabriela** = **Gabriele:** *weibl. Vorname* || **Gaby** [-i] → Gabi

gacken → kacken || **Gacker** → Kacker || **Gackerin** → Kackerin || **gackerlgelb,** *auch:* gagerlgelb (reg., ugs.): *dottergelb; bräunlich gelb*

gackern: gackernde Hühner

Gacki das, -s (Kinderspr.): G. machen; → kacken, → Gagga

Gaden der, -s/Gäden (T, K): *Nebenraum, Vorratsraum* | (V) *Schlafkammer*

Gadolinium das, -s (Zeichen: Gd): *ein chemisches Element*

gaffen (abw.): *neugierig und untätig zuschauen* || **Gaffer** der, -s/- (abw.) || **Gafferei** die, -/-en (abw.) || **Gafferin** die, -/-innen (abw.)

Gag [gæg] der, -s/-s ⟨engl.⟩: *überraschender, witziger Einfall*

Gagat der, -[e]s/-e ⟨gr.-lat.⟩: *als Schmuckstein verwendete Braunkohle*

Gage [gaːʃ, -ʒɛ] die, -/-n ⟨fr.⟩: *Bezahlung, bes. von Künstlern*

gagerlgelb → gackerlgelb || **Gagga** das, -s (Kinderspr.): *Gacki*

gähnen: vor Müdigkeit g. | ein gähnend leerer *(fast leerer großer)* Saal

Gail die, -: *Nebenfluss der Drau (Kärnten, Osttirol)*

Gaisberg: *Berg bei der Stadt Salzburg*

Gala die, -/-s ⟨span.⟩: *Kurzwort für Galaveranstaltung* | (ohne Pl.) sich in G. werfen *(sich bes. festlich kleiden, zB für eine Galavorstellung)* || **Galaabend:** *eine Galavorstellung* || **Galadiner** [-neː] || **Galakonzert**

galaktisch ⟨gr.⟩: *zur Galaxis gehörend, sie betreffend*

Galan der, -s/-e [-s] ⟨span.⟩ (veraltet bzw. iron.): *Liebhaber, Kavalier* || **galant** ⟨fr.⟩: *ritterlich, zuvorkommend, besonders gegen Frauen* | (veraltet) galante Abenteuer *(Liebesabenteuer)* || **Galanterie** die, -/-n: *zuvorkommendes Benehmen, Komplimentieren* || **Galanteriespengler:** *Hersteller von Ziergegenständen aus Blech* || **Galanteriespenglerin** || **Galanteriewaren** die (Pl.): *Modeschmuck; Ziergegenstände*

Galauniform || **Galaveranstaltung** || **Galavorstellung:** *bes. festliche Vorstellung*

Galaxie die, -/-n ⟨gr.-lat.⟩: *ein Sternsystem* || **Galaxis** die, - ⟨gr.⟩: *die Milchstraße;* → galaktisch

Galeere die, -/-n ⟨gr.-lat.-it.⟩ (früher): *ein großes Ruderschiff* || **Galeerensträfling** (früher): *zum Ruderdienst Verurteilter*

Galerie die, -/-n ⟨it.⟩: *oberstes Stockwerk des Zuschauerraums [im Theater]* | *balkonartiger Außengang [um einen Turm]* | (im Bahnbau) *Halbtunnel* | *Kunstsammlung;* Gemäldegalerie | (W, ugs., veraltend) *Verbrecherkreise, Unterwelt* || **Galerist** der, -en/-en: *Inhaber einer Galerie* | (W, ugs., veraltend) *Angehöriger der Unterwelt* || **Galeristin** die, -/-innen

Galgen der, -s/-: *Gerüst zum Erhängen eines Todeskandidaten* || **Galgenfrist:** *letzte noch gewährte Zeit* || **Galgenhumor:** *Humor trotz misslicher Lage* || **Galgenstrick** = **Galgenvogel:** *Gauner, Schelm*

Galicien [-ts-]: *Landschaft (autonomes Gebiet) in Nordwestspanien; aber:* → Galizien, Gallizien || **galicisch** || **Galicisch** das, -[s] = **Galicische,** -n: *eine romanische Sprache*

Galiläa: *biblisches Land in Palästina, Heimat Jesu* || **Galiläer** der, -s/- || **Galiläerin** die, -/-innen

Galimathias der = das, - ⟨fr.⟩ (veraltet): *verworrenes Gerede, Geschwätz*

Galionsfigur ⟨span.-niederl.⟩: *aus Holz geschnitzte Figur am Schiffsbug* | er diente lediglich als G. *(Aushängeschild)* der Partei

gälisch || **Gälisch** das, -[s] = **Gälische,** -n: *eine keltische Sprache in Irland, Schottland*

Galizien (früher): *ein Kronland der österreichisch-ungarischen Monarchie* (heute: *Südpolen, Westukraine); aber:* → Gallizien, Galicien || **galizisch**

Gallapfel: *Auswuchs an Blättern (bes. von Eichen)*

gallbitter: *sehr bitter* || **Galle** die, -/-n: *ein Sekret für die Verdauung* || **Gallenblase** || **Gallenkolik** || **Gallenstein:** *Ablagerung in der Galle*

Gallert das, -s/-e ⟨lat.⟩: *steife Masse aus eingedickter Fleischbrühe oder aus Fruchtsaft* || **gallertartig** || **Gallerte** die, -/-n: *Gallert* || **gallertig** || **Gallertmasse**

Gallien: *Frankreich, Belgien und Teile Norditaliens in römischer Zeit* || **Gallier** der, -s/-: *keltischer Bewohner Galliens* || **Gallierin** die, -/-innen

gallig: *bitter* | ein galliger *(boshafter, bissiger)* Humor; → Galle

gallisch: gallischer *(französischer)* Witz; *aber:* der **G**allische Krieg (Julius Caesars); → Gallien

Gallium das, -s ⟨lat.⟩ (Zeichen: Ga): *ein chemisches Element*

Gallizien: *Ort in Kärnten; aber:* → Galizien, → Galicien

Gallizismus der, -/Gallizismen ⟨lat.⟩: *charakteristische Redensart des Französischen; französisch beeinflusster Ausdruck*

Gallone die, -/-n ⟨fr.-engl.⟩: *ein al-*

tes bzw. britisches [4,546 Liter] und amerikanisches [3,785 Liter] Hohlmaß; der Erdölpreis je G.

Gallwespe: *ein Insekt*

Galopp der, -s/-e [-s] ⟨fr.⟩: *schnellste Gangart des Pferdes* | (Mus.) *ein schneller Rundtanz; ein Musikstück* ‖ **Galoppade** die, -/-n: *Galoppritt* ‖ **galoppieren**

Galosche die, -/-n ⟨fr.⟩: *Überschuh aus Gummi*

galt[1] (Verb); → gelten

galt[2] (Adj.) (Landw.): *unfruchtbar; keine Milch gebend* ‖ **Galtvieh** (Landw.): *Jungrinder und Ochsen, die auf Almen aufgetrieben werden*

G

Galvanisation [-v-tsi̯-] die, -/-en (Chem.); → galvanisieren | (Med.) *ein elektrisches Heilverfahren* ‖ **Galvaniseur** [-v-ˈzøːə] der, -s/-e ‖ **Galvaniseurin** die, -/-innen ‖ **galvanisieren** (Chem.): *durch Elektrolyse mit Metall überziehen (nach dem italienischen Forscher Galvani)*

Gamasche die, -/-n ⟨arab.-fr.⟩: *ein Kleidungsstück für den Unterschenkel [aus Leder]*

Gamander der, -s/- ⟨gr.-lat.⟩: *eine Pflanze*

Gambe die, -/-n ⟨it.⟩: *ein Streichinstrument; Viola da Gamba*

gambeln [ˈgæ-], ich gamble ⟨engl.⟩: *mit großem Risiko um Geld spielen*

Gambist der, -en/-en ⟨it.⟩: *Spieler einer Gambe* ‖ **Gambistin** die, -/-innen

Gambit das, -s/-s ⟨it.⟩: *eine Eröffnung im Schachspiel mit Bauernopfer*

Gameboy [ˈgeɪm-] ⟨engl.⟩ (Wz.): *Spielkonsole mit integriertem Bildschirm* ‖ **Gameshow** [-ʃəʊ]: *Quizsendung im Fernsehen mit Unterhaltungselementen;* → G.: Talkshow

Gamet der, -en/-en ⟨gr.⟩ (Biol.): *Keimzelle*

Gaming: *Marktgemeinde in Niederösterreich*

Gamma das, -[s]/-[s] (γ, Γ) ⟨gr.⟩: *griechischer Buchstabe, entspricht g* ‖ **Gammaglobulin** (Med.): *Eiweißkörper des Blutplasmas* ‖ **Gammastrahlen** (γ-Strahlen) die (Pl.) (Phys.): *elektromagnetische Strahlung aus radioaktivem Zerfall*

gammeln, ich gammle (meist abw.); → Gammler | *faulenzen;* → vergammelt ‖ **Gammler** der, -s/- (meist abw.): *verwahrloste Person, die sich ohne Arbeit herumtreibt* ‖ **Gammlerin** die, -/-innen (meist abw.)

Gams der, -/- = die, -/-en (Jägerspr. bzw. reg.): *Gämse* ‖ **Gamsbart:** *Hutschmuck aus dem Rückenhaar des Gamsbocks* ‖ **Gamsbock** ‖ **Gämse** die, -/-n: *im Hochgebirge lebendes Tier, Gams* ‖ **gamsig** (ugs.): *lüstern, auf der Suche nach Sex* ‖ **Gamskrickel,** *auch:* **Gamskrickerl** ‖ **Gamsleder** ‖ **gamslederfarben:** *chamois* ‖ **Gamswild** (Jägerspr.): *Gämsen*

Gand die, -/-en, *auch:* das, -[e]s/Gänder (westöst.): *Schutthalde im Gebirge*

Ganeff der, -s/-s ⟨jidd.⟩ (ugs., veraltend): *Gauner, Ganove, Schlingel*

gang (nur in der Wendung): g. und gäbe *(allgemein üblich, gebräuchlich)* ‖ **Gang**[1] der, -[e]s/Gänge: *Art zu gehen;* jemanden an seinem G. erkennen | *Korridor, Flur* | Gänge *(Besorgungen)* machen | (bes. Kfz) *Stufe der Getriebeübersetzung;* den dritten G. einlegen | *Gericht in der Speisenfolge;* ein Essen mit drei Gängen *(zB Vor-, Haupt-, Nachspeise)* | eine Maschine in G. setzen *(zum Funktionieren bringen)* | die Sitzung ist im Gang[e] *(findet gerade statt)*

Gang[2] [gæŋ] die, -/-s ⟨engl.⟩: *Gangster-, Verbrecherbande;* → Gangster

Gangart: *Art des Gehens, Laufens;* → Galopp; → Trab ‖ **gangbar:** eine gangbare *(begehbare)* Brücke | einen gangbaren Lösungsweg finden

Gängelband das, -[e]s/-bänder: jemanden am G. führen *(nicht selbständig handeln lassen)* ‖ **gängeln,** ich gängle: sich nicht von anderen g. *(bevormunden)* lassen ‖ **Gängelung** die, -/-en ‖ **gängig:** eine gängige *(gut gehende, gern gekaufte, gebräuchliche)* Ware

Ganges der, -: *Strom in Indien und Bangladesch*

Ganglienzelle ⟨gr.⟩: *eine Nervenzelle [im Gehirn]* ‖ **Ganglion** das, -s/Ganglien [-i̯ən]: *Nervenknoten*

Gangschaltung: *Vorrichtung zur Umschaltung der Gänge eines Fahrzeugs*

Gangster [ˈgɛ-] der, -s/- ⟨engl.⟩: *gefährlicher Verbrecher;* → Gang[2] ‖ **Gangsterboss** ‖ **Gangsterbraut:** *Freundin eines Gangsters* ‖ **Gangsterin** die, -/-innen ‖ **Gangstermethode** ‖ **Gangstertum** das, -s

Gangway [ˈgæŋweɪ] die, -/-s ⟨engl.⟩: *bewegliche Stiege, Brücke zum Ein- und Aussteigen bei Flugzeugen und Schiffen*

Gankerl der, -s/-[n] (mda.): *Teufel* | (*auch:* das) *aufgewecktes [wildes] Kind*

Ganove [-vɛ, -fɛ] der, -n/-n ⟨jidd.⟩: *Gauner* ‖ **Ganovensprache** ‖ **Ganovin** die, -/-innen

Gans die, -/Gänse: *eine Geflügelart;* Martinigans ‖ **Gansbraten** = Gänsebraten ‖ **Gänseblümchen** das, -s/- ‖ **Gänsebraten** = Gansbraten ‖ **Gänsefüßchen** (bes. D, ugs.): *Anführungszeichen* ‖ **Gänsehaut** die, -: eine G. kriegen *(vor Angst/Kälte eine veränderte Hautoberfläche mit aufgerichteten Haaren bekommen)* ‖ **Gänsejunge** → Gansljunge ‖ **Gänsekiel** (früher): *Schreibfeder* ‖ **Gänseleber** = Gansleber ‖ **Gänseleberpastete** ‖ **Gänsemarsch** der, -es: im G. gehen *(einer hinter dem anderen gehen)* ‖ **Gänserich** der, -s/-e = **Ganser** der, -s/-: *männl. Gans* ‖ **Ganserl** das, -s/-[n]: *junge Gans* | (sal., abw.) *Mädchen, das sich kindisch benimmt*

Gänserndorf (Kfz: GF): *Stadt in Niederösterreich*

Gansfett ‖ **Gansl** das, -s/-n (ugs.): *Gans* ‖ **Gansleber** = → Gänseleber ‖ **Ganslessen** (ugs.): ich war zum G. eingeladen ‖ **Gansljunge** das, -n, *auch:* Gänsejunge (Küchenspr.): *Innereien und Hals der Gans (als Speise)*

Gant die, -/-en (veraltend): *öffentliche Versteigerung;* → verganten

ganz

ganze Arbeit leisten; g. und gar; g. *(sehr)* aufgeregt; g. *(ziemlich, recht)* gut | (Mus.) ganze Note; ganze Pause | (Math.) ganze Zahlen (zB 1, -1, 2, -2) | (ugs.) die ganzen *(alle)* Leute

Großschreibung bei Nominalisierung:

- ein Stück Wurst im **G**anzen
- im großen **G**anzen *(im Allgemeinen)*
- im Großen und **G**anzen zufrieden sein
- aufs **G**anze gehen *(alles wollen)*
- das **G**anze *(alles)* wiederholen

Gänze die, - (nur in den Fügungen): zur G. *(ganz, vollständig)* aufessen | (geh.) in seiner/ihrer G. ‖ **Ganzheit** die, -/-en ‖ **ganzheitlich:** ganzheitliche Medizin *(Medizin, die den ganzen Menschen umfasst, leiblich und seelisch)* ‖ **Ganzheitsmedizin** ‖ **ganzjährig:** g. *(das ganze Jahr über)* geöffnet ‖ **ganzleinen** ‖ **Ganzleinen** das, -s: ein Buch in G. *(ganz in Leinen gebunden)* ‖ **gänzlich:** *vollkommen, völlig, ganz* ‖ **Ganzsache** (Amtsspr.): *Kuvert oder Postkarte mit aufgedruckter Briefmarke* ‖ **Ganzsatz** (Gramm.): *gesamter Satz mit allen seinen Teilsätzen* ‖ **ganzseitig:** ein ganzseitiges Zeitungsinserat ‖ **ganztägig** ‖ **ganztags** ‖ **Ganztagsschule** (Bildw.): *ganztägige Schulform mit verschränkter Abfolge von Unterrichts- und Betreuungsteil* ‖ **Ganzton** (Mus.): *ein Intervall, Tonschritt aus zwei Halbtönen* ‖ **Ganztonleiter** (Mus.): *nur aus Ganztonschritten gebildete Tonleiter* ‖ **ganzzahlig** (Phys.); → G.: halbzahlig

gar[1] (Adv.): ganz und gar*;* es geht gar nicht *(überhaupt nicht);* gar nichts *(überhaupt nichts)* | jetzt regnet es gar *(sogar);* schrei nicht gar so! | sie ist gar *(sehr)* streng ‖ **gar**[2] (Adj.): das Fleisch ist gar *(weich gekocht);* → gar gekocht = gargekocht; → gar kochen = garkochen | (ugs.) die Vorräte sind gar *(es sind keine mehr da)*

Garage [-'a:ʃ, -ʒɛ] die, -/-n ⟨fr.⟩: *Abstellraum für Kfz* | (SüdT, CH) *Reparaturwerkstatt und Verkaufslokal für Kfz* ‖ **Garagentor** ‖ **garagieren** [-'ʒi:-] (veraltend): *ein Kraftfahrzeug in die Garage stellen* ‖ **Garagist** der, -en/-en (CH, sonst veraltet): *Besitzer einer Reparaturwerkstatt* ‖ **Garagistin** die, -/-innen (CH, sonst veraltet)

Garant der, -en/-en ⟨fr.⟩: die UNO ist ein G. für Frieden ‖ **Garantie** die, -/-n: *Haftung;* eine Uhr mit zweijähriger G. *(Mängelhaftung)* ‖ **garantieren:** *zusichern* ‖ **Garantieschein** ‖ **Garantiezeit**

Garaus (nur in der Wendung): jemandem den G. machen *(jemanden töten, vernichten)*

Garbe die, -/-n: *Bündel aus Getreidehalmen samt Ähren*

Garçonnière [-sɔ'nie:ə] die, -/-n ⟨fr.⟩: *Kleinwohnung mit einem Zimmer und Nebenräumen*

Gardasee: *ein See in Norditalien*

Garde die, -/-n ⟨fr.⟩ (Mil.): *Leibwache; Kerntruppe* ‖ **Gardebataillon** [-aljo:n, auch: -ajo:n] (Mil.) ‖ **Garderegiment** (Mil.)

Garderobe die, -/-n ⟨fr.⟩: *gesamte Kleidung, die jemand besitzt* | *Kleiderablage* | *Umkleideraum* ‖ **Garderobenfrau:** *Betreuerin einer [Opern-, Theater-]Garderobe* ‖ **Garderobeständer** ‖ **Garderobennummer** ‖ **Garderobier** [-'bie:] der, -s/-s: *jemand, der in der Garderobe arbeitet* ‖ **Garderobiere** [-'bie:ə, -rɛ] die, -/-n: *Garderobenfrau*

Gardine die, -/-n ⟨fr.-niederl.⟩: *Vorhang* | (ugs., scherzh.) hinter schwedischen Gardinen *(im Gefängnis)* ‖ **Gardinenpredigt:** *Vorwürfe gegen jemanden;* der Trainer hielt der Mannschaft eine G. ‖ **Gardinenschnur** ‖ **Gardinenstange**

Gardist der, -en/-en ⟨fr.⟩: *Mitglied der Garde*

garen: *gar kochen*

gären, gor [gärte]/gegoren [gegärt]: der Wein ist/hat gegoren; gegorener Apfelsaft *(Apfelwein)* | es gärte im Volk *(es herrschte Unruhe);* gärender *(schwelender)* Hass ‖ **Gärgas**

gar gekocht = **gargekocht:** gar gekochtes Fleisch ‖ **gar kochen** = **garkochen:** das Fleisch g. k. ‖ **Garküche** (veraltet): *einfaches Esslokal*

Garn das, -[e]s/-e: *Faden aus Wolle oÄ;* G. spinnen | jemandem ins G. gehen *(in eine Falle geraten)*

Garnele die, -/-n: *eine essbare Krebsart*

garni → Hotel garni

garnieren ⟨fr.⟩: *verzieren; schmückend hinzufügen;* kunstvoll garnierte Brötchen ‖ **Garnierung** die, -/-en ‖ **Garnison** die, -/-en: *Truppenquartier, -standort* | *Besatzung eines Truppenquartiers* ‖ **Garnitur** die, -/-en: *zusammengehörige Möbel, Kleidungsstücke, Fahrzeuge u. dgl.; Straßenbahngarnitur* | *Garnierung*

Garnknäuel

Garotte → Garrotte

Gärprozess

Garrotte die, -/-n, *auch:* Garotte ⟨span.⟩ (früher): *Eisenklammer für Hinrichtungen*

Garsten: *Marktgemeinde in Oberösterreich*

garstig: *unfreundlich, ungezogen;* ein garstiges Benehmen | *unangenehm, schlecht;* garstiges Wetter ‖ **Garstigkeit** die, -/-en

Garten der, -s/Gärten: englischer G. *(nach der natürlichen Landschaft gestalteter Park)* ‖ **Gartenarbeit** ‖ **Gartenarchitekt** ‖ **Gartenarchitektin** ‖ **Gartenbau** der, -[e]s: *Gemüse-, Obst-, Blumenanbau* ‖ **Gartenbeet** ‖ **Gartenerde** → Blumenerde ‖ **Gartengeschirr:** *Blumentopf* ‖ **Gartenhaus** ‖ **Gartenkräuter** ‖ **Gartenkresse:** *eine Kresseart* ‖ **Gartenlaube** ‖ **Gartenmöbel** ‖ **Gartenpflanze** ‖ **Gartenschere** ‖ **Gartenschlauch** ‖ **Gartenzaun** ‖ **Gartenzwerg** ‖ **Gärtner** der, -s/- ‖ **Gärtnerei** die, -/-en ‖ **Gärtnerin** die, -/-innen ‖ **Gärtnerinart** (Küchenspr.): *Garnierung mit jungem Gemüse;* nach G.

Gärung die, -: *ein chemischer Vorgang [bei dem Kohlenhydrate abgebaut werden];* alkoholische G. ‖ **Gärungsprozess**

Garzeit: *Kochzeit*

Gas das, -es/-e: *ein lufthähnlicher Stoff;* giftiges Gas | Gas geben *(zB das Gaspedal treten, beschleunigen)*

Gasa → Gaza

Gasanschluss ‖ **Gasanzünder** ‖ **gasbeheizt** ‖ **Gasbrenner** ‖ **Gasentwicklung** ‖ **Gasexplosion** ‖ **Gasfeuerzeug** ‖ **Gasflamme** ‖ **Gasflasche** ‖ **gasförmig** ‖ **Gasgebrechen:** *Schaden an Gasinstallationen* ‖ **Gasgemisch** ‖ **Gasgeruch** ‖ **Gashahn** ‖ **Gasheizung** ‖ **Gasherd** ‖ **Gaskammer:** *Raum (bes. früher in den Konzentrationslagern im Nationalsozialismus), in dem Menschen durch Giftgas ermordet werden;* → vergasen ‖ **Gaskassier** (veraltet) ‖ **Gaskassierin** (veraltet) ‖ **Gasleitung** ‖ **Gasmann:** *Angestellter eines Energieversorgungsunternehmens, der den Zählerstand abliest* ‖ **Gasmaske:** *eine Schutzmaske* ‖ **Gasmesser:** *Gaszähler* ‖ **Gasometer** der, -s/-: *Gasbehälter; Gasmesser* ‖ **Gaspedal** (Kfz) ‖ **Gaspistole:** *Pistole für Gaspatronen* ‖ **Gasrechaud** [-ʃo:] (veraltet): *Gaskocher* ‖ **Gasrechnung** ‖ **Gasrohr**

Gässchen das, -s/-: *kleine Gasse* ‖ **Gasse** die, -/-n: eine finstere G.; Wein über die G. *(zum Mitnehmen)* verkaufen; Kellergasse ‖ **gasselgehen** = **gasseln** = gasslgehen (bes. S, T) (Volksk.): *fens-*

terln ‖ **Gas|sen|hau|er** der, -s/- (veraltet): *Schlager* ‖ **Gas|sen|lo|kal** ‖ **gas|sen|sei|tig** → straßenseitig ‖ **Gas|sen|ver|kauf** ‖ **Gas|serl** das, -s/-[n] (ugs.): *kleine Gasse, Gässchen* ‖ **Gas|si ge|hen,** *auch:* **gas|si|ge|hen** (ugs.): *den Hund äußerln führen* ‖ **Gassl** das, -s/-n (ugs.): *Gasserl* ‖ **gassl|ge|hen** = → gasseln ‖ **Gassl|schlit|ten** (bes. früher): *kleiner, von nur einem Pferd gezogener Schlitten*

Gast der, -[e]s/Gäste: bei jemandem zu G. *(eingeladen)* sein ‖ **Gast|ar|bei|ter:** *ausländischer Arbeiter* ‖ **Gast|ar|bei|te|rin** ‖ **Gast|ar|bei|ter|rou|te** [-ruː-] (bes. früher): *Transitstrecke zwischen Salzburg und Spielfeld [über den Schoberpass]* ‖ **Gäs|te|bett** ‖ **Gäs|te|buch** ‖ **Gäs|te|hand|tuch**

Gas|tein die, - (S): *Gasteiner Tal;* → Bad Hofgastein; → Bad Gastein

Gäs|te-WC [-ve tseː] ‖ **Gäs|te|zim|mer** ‖ **gast|freund|lich** ‖ **Gast|freund|schaft:** *freundliche Aufnahme der Gäste* ‖ **Gast|gar|ten:** *Garten für die Gäste eines Lokals* ‖ **Gast|ge|ber** der, -s/-: *jemand, der einen Gast einlädt* ‖ **Gast|ge|be|rin** die, -/-innen ‖ **Gast|ge|schenk** ‖ **Gast|ge|wer|be** das, -s ‖ **Gast|haus:** *Wirtshaus*

Gas|ther|me

Gast|hof ‖ **gas|tie|ren:** *[in einer Theatervorstellung] mitwirken, ohne zum Ensemble zu gehören* ‖ **Gast|land** ‖ **gast|lich:** ein gastliches Haus führen *(gastfreundlich sein)* ‖ **Gast|lich|keit** die, - ‖ **Gast|mahl** (geh.) ‖ **Gast|pro|fes|sor:** *für einen bestimmten Zeitraum angestellter Professor* ‖ **Gast|pro|fes|so|rin** ‖ **Gast|rol|le:** die Schauspielerin erhielt in der TV-Serie eine G. ‖ **Gast|recht:** G. genießen, gewähren ‖ **Gast|red|ner:** *für ein bestimmtes Thema, einen bestimmten Anlass eingeladener Redner* ‖ **Gast|red|ne|rin**

Gas|tri|tis die, -/Gastritiden ⟨gr.⟩ (Med.): *Magenschleimhautentzündung* ‖ **Gas|t|ro|nom** der, -en/-en: *Gastwirt* ‖ **Gas|t|ro|no|mie** die, -: *Kochkunst* | *Gastgewerbe* ‖ **Gas|t|ro|no|min** die, -/-innen ‖ **gas|t|ro|no|misch:** gastronomische Betriebe ‖ **Gas|t|ro|s|ko|pie** (Med.): *Magenspiegelung* ‖ **gas|t|ro|s|ko|pisch** (Med.)

Gast|spiel: die Sängerin gab ein kurzes G. *(trat als Gast auf)* ‖ **Gast|stät|te:** in einer G. essen ‖ **Gast|stu|be** ‖ **Gast|vor|trag** ‖ **Gast|wirt** ‖ **Gast|wir|tin** ‖ **Gast|wirt|schaft:** *Gaststätte* ‖ **Gast|zim|mer**

Gas|ver|gif|tung ‖ **Gas|ver|sor|gung** ‖ **Gas|werk:** *Gaserzeugungs- bzw. -verteilungsbetrieb* ‖ **Gas|zäh|ler**

Gate [geɪt] das, -[s]/-s ⟨engl.⟩: *Ausgang vom Flughafen zum Flugzeug*

Ga|te|ho|se ⟨slaw.-ung.⟩ (ostöst., ugs., veraltet): *[lange] Männerunterhose*

Gate|way [ˈgeɪtweɪ] ⟨engl.⟩ (EDV): *ein Rechner, der die Verbindung zwischen Netzwerken herstellt*

GATS das, -: **G**eneral **A**greement on **T**rade in **S**ervices *(Abkommen der Mitgliedstaaten der WTO zur Liberalisierung des Dienstleistungssektors)*

Gatsch der, -[e]s (ugs.): *Brei* | *Straßendreck, zB Schneematsch* ‖ **gat|schen** (W, mda.): *tratschen; jemanden verpetzen* ‖ **gat|schig** (ugs.): ein gatschiger *(schmutziger, glitschiger)* Weg

GATT [gat] das, -[s]: **G**eneral **A**greement on **T**ariffs and **T**rade *(Allgemeines Zoll- und Handelsabkommen)*

Gat|te der, -n/-n (geh.): *Ehemann* | (nur Pl.) (veraltend) *Ehepaar* ‖ **gat|ten** sich (geh.): *sich paaren*

Gat|ter das, -s/-: *Gitter; Zaun* | *Kurzwort für Gattersäge* ‖ **Gat|ter|sä|ge:** *eine Maschine, die Stämme zu Brettern schneidet*

Gat|tin die, -/-innen (geh.): *Ehefrau* ‖ **Gat|tung** die, -/-en: *Gesamtheit von gleichartigen Dingen oder Lebewesen;* verschiedene Gattungen *(Arten)* von Musik | (Biol.) *Rangstufe im System der Organismen, Gruppe miteinander verwandter Arten* ‖ **Gat|tungs|be|zeich|nung:** *Gattungsname* ‖ **Gat|tungs|na|me,** *auch:* **Gat|tungs|na|men** (Sprachwiss.): *Appellativ; konkretes Nomen, das eine Gattung gleichartiger Dinge oder Lebewesen bezeichnet, zB* Tisch, Mädchen

GAU [gaʊ] der, -[s]/-[s]: **g**rößter **a**nzunehmender **U**nfall (zB in einem Atomkraftwerk); → Super-GAU

Gau der, -[e]s/-e (in Gebietsnamen): *Gebiet, Landesteil;* Flachgau; Pinzgau; Strudengau | (im Nationalsozialismus) *Verwaltungseinheit,* zB Gau Niederdonau; Reichsgau | *Orts- und Gebietsgruppe von Turn- und Gesangsvereinen* ‖ **Gäu** das, -[e]s/-e (veraltet): *Gau;* jemandem ins G. *(in seinen Einflussbereich)* kommen

Gau|be = Gaupe die, -/-n: *Vorbau im Dach mit Fenster*

Gau|cho [-tʃɔ] der, -[s]/-s ⟨indianisch-span.⟩: *berittener südamerikanischer Viehhirt*

Gau|dee die, -/-n ⟨lat.⟩ (ugs.): *Gaudi;* auf G. *(zu einer Unterhaltung, auf eine Party)* gehen ‖ **Gau|di** die, -: *Hetz* ‖ **Gau|di|um** das, -s: zum G. *(zur Belustigung)* aller

Gau|ke|lei die, -/-en, *auch:* Gaukelei (geh., oft abw.): *Schwindel, Täuschung* ‖ **gau|keln,** ich gaukle (geh., oft abw.): *etwas vortäuschen* | (geh.) der Schmetterling gaukelt *(flattert)* von Blume zu Blume ‖ **Gauk|ler** der, -s/- (veraltet): *Possenreißer; Taschenspieler* | (abw.) *Schwindler* ‖ **Gauk|le|rei** → Gaukelei ‖ **Gauk|le|rin** die, -/-innen (veraltet bzw. abw.)

Gaul der, -[e]s/Gäule: *[altes, minderwertiges] Pferd*

Gau|lei|ter der, -s/- (im Nationalsozialismus): *Leiter eines* → *Gaus*

Gau|men der, -s/-: einen feinen G. haben *(ein Feinschmecker sein)* ‖ **Gau|men|freu|de** (meist Pl.): *Leckerbissen; köstliche Speisen* ‖ **Gau|men|kit|zel:** *Gaumenfreude* ‖ **Gau|men|laut** (Sprachwiss.); → Palatal; → Velar

Gau|ner der, -s/- (abw.): *Betrüger* ‖ **Gau|ner|ban|de** ‖ **Gau|ne|rei** die, -/-en ‖ **gau|ner|haft** ‖ **Gau|ne|rin** die, -/-innen (abw.) ‖ **Gau|ner|ko|mö|die** [-i̯ə] ‖ **gau|nern** ‖ **Gau|ner|spra|che** ‖ **Gau|ner|streich** ‖ **Gau|ner|zin|ken:** *Geheimzeichen [unter Wanderhändlern]*

Gau|pe = → Gaube

Gauß|ver|tei|lung (Phys., Math.): *bestimmte Wahrscheinlichkeitsverteilung einer Messgröße um einen Mittelwert*

gaut|schen, du gautsch[s]t: *[Buchdruckerlehrlinge] nach altem Brauch zu Gesellen machen* ‖ **Gautsch|fest**

Ga|vot|te [-ˈvɔt] die, -/-n ⟨fr.⟩ (Mus.): *ein Tanzsatz in der barocken Suite*

Ga|za [-z-], *auch:* Gasa: *palästinensische Stadt* ‖ **Ga|za|strei|fen**

Ga|ze [gaːs, ˈgaːzə] die, -/-n ⟨pers.-arab.-fr.⟩: *lockeres, gitterartiges Gewebe; ein Verbandstoff*

Gazelle die, -/-n ⟨arab.-it.⟩: *eine Antilopenart* ‖ **gazellenhaft:** *zierlich, anmutig*
Gazette [auch: -z-] die, -/-n ⟨it./fr.⟩ (oft abw.): *Zeitung*
GB [ge ˈbeː]: **Gigabyte**
Gd: Gadolinium
G-Dur [ˈgeːˈduːɐ] (G) (Mus.): *eine Tonart* ‖ **G-Dur-Tonleiter** (Mus.)
Ge: Germanium
geachtet → achten
Geächtete[1] der, -n/-n, ein Geächteter; → Acht; → ächten ‖ **Geächtete**[2] die, -n/-n
Geächze das, -s; → ächzen
geädert: geäderter *(mit färbigen Adern durchzogener)* Marmor
geartet: sehr verschieden geartete *(geprägte, veranlagte)* Schwestern
Geäst das, -[e]s: *Astwerk, Äste*
geb.: geboren[e] | **gebunden** (bei Büchern)
Gebäck das, -[e]s/-e: *frische Semmeln, Weckerln uÄ;* frisches G. ‖ **Gebäckkörberl**
Gebälk das, -[e]s: *Balkenkonstruktion [eines Dachstuhls]*
gebar → gebären
Gebärde die, -/-n: *Ausdrucksbewegung, Geste* ‖ **gebärden** sich: *sich verhalten, sich betragen* ‖ **Gebärdensprache:** *Verständigung durch Gesten, zB die Gehörlosensprache*
Gebaren das, -s (veraltet): ein merkwürdiges G. *(Benehmen)* zeigen
gebären, du gebärst [geh.: gebierst]/gebar/geboren: Zwillinge g. *(auf die Welt bringen);* → geboren ‖ **gebärfähig** ‖ **gebärfreudig:** *bereit, Kinder zu bekommen* ‖ **Gebärklinik:** *Entbindungsstation* ‖ **Gebärmutter:** *ein Organ des weiblichen Körpers* ‖ **Gebärmuttersenkung** (Med.)
Gebarung die, -/-en: *finanzielle Geschäftsführung;* Geschäftsgebarung ‖ **Gebarungsbericht:** *Geschäftsbericht* ‖ **Gebarungsjahr** ‖ **Gebarungskontrolle**
gebauchpinselt (ugs., scherzh.): sich g. *(geschmeichelt)* fühlen
Gebäude das, -s/- ‖ **Gebäudekomplex** ‖ **Gebäudereinigung** ‖ **Gebäudeverwaltung:** *Hausverwaltung* ‖ **gebaut:** ein gut gebauter (= gutgebauter) *(wohl proportionierter)* Körper; → bauen
gebefreudig: *freigebig*
Gebein das, -[e]s/-e (meist Pl.) (geh.): *Knochen von Toten*
Gebell das, -[e]s: das G. *(ständige Bellen)* des Hundes
geben[1], ich gebe, du gibst/gab/gegeben/gib!, gebt!: jemandem zu trinken g.; jemandem Feuer g.; g. Sie mir Frau Huber, bitte (ans Telefon) | du hast es ihm gegeben *(ihm gehörig die Meinung gesagt; ihn geprügelt)* | ein Konzert g. *(veranstalten; im Konzert auftreten)* | das gibt mir nichts *(macht mir kein Vergnügen)* | Franz gibt *(teilt die Spielkarten aus)* | etwas von sich g. *(äußern)* | viel auf gutes Essen g. *(viel Wert darauf legen)* | es gibt nichts Neues ‖ **geben**[2] sich: das gibt sich wieder *(bessert sich von selbst)* | sie gibt sich siegessicher *(verhält sich so)*
gebenedeit (geh.): *gesegnet;* „Du bist gebenedeit unter den Frauen"; → benedeien
Geber der, -s/- ‖ **Geberin** die, -/-innen ‖ **Geberlaune:** er war in G. *(in großzügiger, freigebiger Stimmung)*
Gebet das, -[e]s/-e ‖ **Gebetbuch** ‖ **Gebetläuten** das, -s: *Ave-Maria-Läuten* ‖ **Gebetsmantel** (in der jüdischen Rel.) ‖ **Gebetsmühle** (im Lamaismus): *drehbares Gerät mit schriftlichen Gebeten* ‖ **Gebetsteppich** (im Islam): *Teppich, auf dem man beim Beten kniet*
Gebhardstag: *Festtag des Landespatrons von Vorarlberg am 27. August*
Gebiet das, -[e]s/-e: *Bereich;* Naturschutzgebiet | Fachgebiet ‖ **gebieten,** gebot/geboten (geh.): jemandem Gehorsam g. *(befehlen);* Einhalt g. *(verhindern, dass etwas Schlechtes weitergeführt wird)* | über ein Land g. *(herrschen)* | das gebietet *(fordert)* der Anstand ‖ **Gebieter** der, -s/- (geh.): *Herr, Herrscher* ‖ **Gebieterin** die, -/-innen (geh.) ‖ **gebieterisch** (geh.): etwas g. *(entschieden)* fordern ‖ **Gebietsanspruch** ‖ **Gebietshoheit** (Jus): *staatliche Befugnis zur Machtausübung in einem bestimmten Gebiet* ‖ **Gebietskörperschaft** (Admin.): *Körperschaft öffentlichen Rechts, zB Bund, Länder, Gemeinden* ‖ **Gebietskrankenkasse** (GKK): *Träger der gesetzlichen Krankenversicherung nach dem ASVG [in den Bundesländern];* die Burgenländische G. ‖ **Gebietsleiter:** *Verkaufsleiter in einer bestimmten Vertriebsregion* ‖ **Gebietsleiterin** ‖ **gebietsweise**
Gebildbrot (Volksk.): *Festgebäck in sinntragender Gestalt, zB Ostergebäck in der Form eines Hasen* ‖ **Gebilde** das, -s/-: *Gegenstand, Erzeugnis, etwas Geformtes*
gebildet: ein gebildeter Mensch; → Bildung ‖ **Gebildete**[1] der, -n/-n; ein Gebildeter ‖ **Gebildete**[2] die, -n/-n
Gebinde das, -s/-: ein G. *(Blumenstrauß)* aus Rosen | *leere Flaschen, Kanister uÄ;* Wein in Gebinden *(Fässern)* verkaufen
Gebirge das, -s/- ‖ **gebirgig** ‖ **Gebirgler** der, -s/- (auch abw.): *Gebirgsbewohner* ‖ **Gebirglerin** die, -/-innen ‖ **Gebirgsbach** ‖ **Gebirgsjäger** (Mil.) ‖ **Gebirgskette** ‖ **Gebirgsmassiv:** *das gesamte Gebirge* ‖ **Gebirgsrücken** ‖ **Gebirgsstock:** *Bergmassiv* ‖ **Gebirgszug:** *lang gestrecktes Gebirge*
Gebiss das, -es/-e: *Gesamtheit der Zähne;* ein künstliches G. ‖ **Gebissabdruck** der, -[e]s/-drücke (Med.) ‖ **Gebissregulierung:** *Zahnregulierung*
Gebläse das, -s/-: *Gerät, um zB Luft zuzublasen*
gebleicht → bleichen[1]
Geblödel das, -s
geblumt = geblümt: ein geblumter *(mit Blumen gemusterter)* Stoff
Geblüt das, -[e]s (veraltet): von edlem G. *(von adeliger, vornehmer Herkunft)* sein ‖ **Geblütsadel:** *Adel durch Abstammung*
gebogen → biegen
geboren, wurde geboren/ist geboren worden: er ist [ein] geborener Wiener *(er ist in Wien zur Welt gekommen);* sie ist eine geborene Künstlerin *(sie hat von Natur aus die Anlage dazu)* | (mit Abkürzung geb.) geboren (geb.) in Wien; Karoline Pichler(,) geborene (geb.) Greiner(,) starb 1843; → gebären
geborgen: sich g. *(sicher, behütet)* fühlen; → bergen ‖ **Geborgenheit** die, -
geborsten → bersten
Gebot das, -[e]s/-e: die Zehn Gebote *(Gottes);* ihm stehen viele Mittel zu Gebot[e] *(zur Verfügung)* ‖ **Gebotsschild** (Verk.) ‖ **Gebotszeichen** (Verk.): *Zeichen, das eine bestimmte Vorschrift ausdrückt*

G

Gebr.: Gebrüder
Ge|bräu das, -[e]s/-e (oft abw.): *[zusammengemischtes] Getränk von meist minderer Qualität*
Ge|brauch der, -[e]s: *Verwendung* ‖ **Ge|bräu|che** die (Pl.): alte Sitten und G. *(Bräuche)* ‖ **ge|brau|chen:** *verwenden* ‖ **ge|bräuch|lich:** *üblich* ‖ **Ge|brauchs|an|wei|sung** ‖ **Ge|brauchs|ar|ti|kel:** *alltäglicher Gebrauchsgegenstand* ‖ **ge|brauchs|fä|hig** ‖ **ge|brauchs|fer|tig** ‖ **Ge|brauchs|ge|gen|stand** ‖ **Ge|brauchs|in|for|ma|ti|on** [-tsi̯-]: *Beipacktext [von Medikamenten]* ‖ **Ge|brauchs|li|te|ra|tur** ‖ **Ge|brauchs|mu|sik:** *Musik für einen ganz bestimmten Zweck, zB Kirchenmusik, Tanzmusik* ‖ **Ge|brauchs|recht** (Jus): *das Benützungsrecht [des Mieters, Pächters]* ‖ **Ge|brauchs|wert** ‖ **Ge|braucht|wa|gen** → G.: Neuwagen ‖ **Ge|braucht|wa|gen|markt** ‖ **Ge|braucht|wa|re** (meist Pl.): *nicht fabriksneue Ware*
ge|bre|chen (geh.): es gebricht *(fehlt)* ihm am Notwendigsten ‖ **Ge|bre|chen** das, -s/-: ein körperliches G. *(eine Behinderung, zB Blindheit)* | (bes. W) *Schaden an Installationen, zB ein Rohrbruch* ‖ **Ge|bre|chen|dienst** (bes. W): *Firma, die Schäden an Installationen behebt* ‖ **ge|brech|lich:** *altersschwach* ‖ **Ge|brech|lich|keit** die, -/-en ‖ **ge|bro|chen:** *geknickt, kaputt* | er spricht nur g. *(mangelhaft)* Deutsch | sie war ein gebrochener *(seelisch schwer erschütterter)* Mensch; → brechen
Ge|brü|der die (Pl.) (Gebr.) (bes. in Firmennamen): Gebr. *(Brüder)* Selig
Ge|brüll das, -[e]s; → brüllen
Ge|bühr die, -/-en: *Betrag, der für eine [amtliche] Leistung bezahlt werden muss;* Zustellgebühr | die Geduld über G. *(mehr, als recht ist)* beanspruchen; nach G. *(angemessen)* ‖ **ge|büh|ren:** das gebührt ihm *(darauf hat er Anspruch, das geschieht ihm recht)* ‖ **Ge|büh|ren|an|zei|ge:** ein Telefon mit G. ‖ **ge|büh|rend:** eine gebührende *(angemessene, zurechtweisende)* Antwort ‖ **Ge|büh|ren|ein|he|bung** ‖ **Ge|büh|ren|er|hö|hung** ‖ **ge|büh|ren|frei** ‖ **Ge|büh|ren|pflicht** ‖ **ge|büh|ren|pflich|tig** ‖ **ge|bühr|lich** (geh.): *angemessen*
Ge|bun|den|heit die, -/-en; → binden

Ge|burt [geh. auch: -ˈuː-] die, -/-en: *Entbindung* ‖ **Ge|bur|ten|bei|hil|fe:** *staatliche Geldbeihilfe bei der Geburt eines Kindes* ‖ **Ge|bur|ten|buch:** *amtliches Verzeichnis der Geburten am Standesamt* ‖ **Ge|bur|ten|kon|trol|le:** *staatliche Maßnahmen, um den Bevölkerungsanstieg zu mindern* ‖ **Ge|bur|ten|ra|te:** *Verhältniszahl von Geburten und Einwohnern;* → G.: Sterblichkeitsrate ‖ **Ge|bur|ten|re|ge|lung:** *Schwangerschaftsbegrenzung [durch Verhütungsmittel uÄ]* ‖ **Ge|bur|ten|rück|gang** ‖ **ge|bur|ten|schwach:** geburtenschwache Jahrgänge ‖ **ge|bur|ten|stark:** geburtenstarke Jahrgänge ‖ **Ge|bur|ten|über|schuss:** *mehr Geburten als Todesfälle* ‖ **Ge|bur|ten|zahl** ‖ **ge|bür|tig:** ein gebürtiger Tiroler *(jemand, der in Tirol geboren ist bzw. von dort stammt)* ‖ **Ge|burts|adel:** *Erbadel;* → Geblütsadel ‖ **Ge|burts|an|zei|ge** ‖ **Ge|burts|da|tum** ‖ **Ge|burts|feh|ler** ‖ **Ge|burts|haus:** das G. Peter Roseggers | *Entbindungsklinik* ‖ **Ge|burts|hel|fer** ‖ **Ge|burts|hel|fe|rin:** *Ärztin, Hebamme u. dgl.* ‖ **Ge|burts|hil|fe** ‖ **Ge|burts|jahr|gang** ‖ **Ge|burts|ort** ‖ **Ge|burts|schein** (SüdT, CH): *Geburtsurkunde* ‖ **Ge|burts|stun|de:** die G. der Europäischen Union ‖ **Ge|burts|tag** ‖ **Ge|burts|tags|fei|er** ‖ **Ge|burts|tags|ge|schenk** ‖ **Ge|burts|tags|jau|se** ‖ **Ge|burts|tags|kind:** *jemand, der Geburtstag hat* ‖ **Ge|burts|tags|par|ty** [-i] ‖ **Ge|burts|tags|tor|te** ‖ **Ge|burts|ur|kun|de** ‖ **Ge|burts|vor|be|rei|tung** ‖ **Ge|burts|we|hen** die (Pl.)
Ge|büsch das, -[e]s/-e: *Ansammlung von Büschen*
Geck der, -en/-en (abw.): *eitler Mensch, der sich übertrieben modisch kleidet* ‖ **ge|cken|haft**
Ge|cko der, -s/-s ⟨mal.-engl.⟩: *eine Echsenart*
ge|dacht: das ist nur als Übergangslösung g. *(vorgesehen, geplant);* → denken; → gedenken
Ge|dächt|nis das, -nisses/-nisse: ein gutes G. *(eine hohe Merkfähigkeit)* haben | zum G. *(Gedenken)* an … ‖ **Ge|dächt|nis|fei|er** ‖ **Ge|dächt|nis|hil|fe:** *Hilfe/Trick, um sich etwas besser zu merken* ‖ **Ge|dächt|nis|lü|cke** ‖ **Ge|dächt|nis|pro|to|koll:** *aus dem Gedächtnis verfasstes Protokoll* ‖ **Ge|dächt|nis|schwä|che** (Med.) ‖ **Ge|dächt|nis|schwund** (Med.) ‖ **Ge|dächt|nis|stö|rung** (Med.) ‖ **Ge|dächt|nis|stüt|ze:** *Gedächtnishilfe* ‖ **Ge|dächt|nis|ver|lust** (Med.): *Amnesie*
ge|dackt, *auch:* gedeckt (Mus.): eine gedackte *(am oberen Ende verschlossene)* Orgelpfeife ‖ **Ge|dackt** das, -[e]s/-e, *auch:* Gedeckt (Mus.): *ein Orgelregister*
Ge|dan|ke der, -ns/-n = **Ge|dan|ken,** -s/-: sich keine Gedanken machen | einen Gedanken *(eine Kleinigkeit)* breiter ‖ **ge|dan|ken|arm:** *einfallslos* ‖ **Ge|dan|ken|aus|tausch** ‖ **Ge|dan|ken|blitz:** *plötzlicher Einfall* ‖ **Ge|dan|ken|frei|heit** ‖ **Ge|dan|ken|füh|rung:** *Entwicklung, Ordnung von Gedanken in der Darlegung* ‖ **Ge|dan|ken|gang** ‖ **Ge|dan|ken|ge|bäu|de:** *Summe aller Ideen* ‖ **ge|dan|ken|los** ‖ **Ge|dan|ken|lo|sig|keit** die, -/-en ‖ **ge|dan|ken|reich** ‖ **Ge|dan|ken|split|ter:** *Aphorismus* ‖ **Ge|dan|ken|strich** (–) (Druckw.): *langer Strich;* der G. in *teils – teils;* → Strich; → Bindestrich ‖ **Ge|dan|ken|über|tra|gung:** *Telepathie* ‖ **ge|dan|ken|ver|lo|ren:** *nachdenklich und unaufmerksam* ‖ **ge|dan|ken|voll** ‖ **Ge|dan|ken|vor|be|halt** (Jus): *Abweichen des Willens/Gedankens von der Erklärung, Mentalreservation* ‖ **ge|dank|lich**
Ge|därm das, -[e]s/-e: *Eingeweide*
Ge|deck das, -[e]s/-e: *eine Garnitur Tischwäsche, Tischtuch und Servietten* | *Teller, Gläser, Besteck u. dgl.;* → Couvert ‖ **ge|deckt** → gedackt; → decken ‖ **Ge|deckt** → Gedackt
Ge|deih: auf G. und Verderb *(bedingungslos)* ‖ **ge|dei|hen,** gedieh/gediehen: das Gemüse gedeiht *(wächst)* gut; die Verhandlungen sind weit gediehen (= weitgediehen) *(fortgeschritten)* ‖ **ge|deih|lich** (geh.): die Zusammenarbeit war g. *(erfolgreich)*
Ge|denk|die|ner (Admin.): *Zivildiener zur Pflege von Gedenkstätten [des Holocausts];* → Auslandszivildienst ‖ **Ge|denk|dienst** (Admin.) ‖ **ge|den|ken:** wir gedachten des Verstorbenen *(wir dachten, erinnerten uns an ihn)* ‖ **Ge|den|ken** das, -s ‖ **Ge|denk|fei|er** ‖ **Ge|denk|mi|nu|te:** *eine Schweigeminute* ‖ **Ge|denk|mün|ze** ‖ **Ge|denk|re|de** ‖ **Ge|denk|stät|te:** *Ort der Erinnerung*

G

an jemanden oder ein Ereignis ‖ **Ge|denk|ta|fel** ‖ **Ge|denk|tag**

Ge|dicht das, -[e]s/-e: *[lyrische] Dichtung in besonderer sprachlicher Gestaltung, zB in Versen;* ein G. interpretieren | die Torte ist ein G. *(hervorragend, bes. gut)* ‖ **Ge|dicht|in|ter|pre|ta|ti|on** [-tsi̯-] ‖ **Ge|dicht|zy|k|lus** [-tsy-]

ge|die|gen: eine gediegene *(sehr gute, sorgfältige)* Arbeit | gediegen[es] *(reines)* Gold ‖ **Ge|die|gen|heit** die, -

ge|dieh → gedeihen

Ge|drän|ge das, -s: in ein G. *(eine Menschenmenge)* geraten | ins G. *(in Bedrängnis)* kommen ‖ **Ge|drän|gel** das, -s (ugs.): bei der Eröffnung herrschte ein dichtes G.

Ge|dröhn das, -[e]s = **Ge|dröh|ne,** -s: das pausenlose G. der Flugzeuge

ge|drückt: die Stimmung war g. *(niedergeschlagen);* → drücken

ge|drun|gen: von gedrungener *(kleiner und stämmiger)* Gestalt

Ge|du|del das, -s: *eintöniges, unbeholfenes, nicht zusammenstimmendes Musizieren*

Ge|duld die, -: ihr reißt/sie verliert die G.; sich in G. fassen *(geduldig warten)* ‖ **ge|dul|den** sich ‖ **ge|dul|dig:** g. *(ruhig, beherrscht)* warten ‖ **Ge|duld|pro|be,** *auch:* Geduldsprobe ‖ **Ge|dulds|fa|den** (nur in der Wendung): jemandem reißt der G. *(die Geduld)* ‖ **Ge|duld|spiel,** *auch:* **Ge|dulds|spiel**

ge|dun|gen → dingen

ge|dun|sen: ein gedunsenes *(aufgeschwemmtes, geschwollenes)* Gesicht

Ge|düns|te|te das, -n, ein Gedünstetes: *gedünstetes Fleisch oder Gemüse*

ge|eig|net: *passend;* → eignen

ge|eist: geeister Tee *(Eistee)*

Geest die, -/-en: *unfruchtbares Küstenland hinter der Marsch*

Ge|fahr die, -/-en: G. laufen/in G. sein zu ertrinken; die Verletzte ist außer G.; es ist G. im Verzug *(bei Zögern besteht die Möglichkeit, dass Schaden entsteht);* auf die G. hin, dass ... ‖ **Ge|fahr brin|gend** = **ge|fahr|brin|gend:** G. bringende Entwicklungen ‖ **ge|fähr|den:** *in Gefahr bringen* ‖ **Ge|fähr|dung** die, -/-en ‖ **Ge|fähr|dungs|de|likt** (Jus): *strafbare Gefährdung anderer* ‖ **Ge|fähr|dungs|haf|tung** (Jus): *Haftung für Schadenszufügung ohne Rücksicht auf Verschulden* ‖ **Ge|fah|ren|be|reich** ‖ **Ge|fah|ren|be|wusst|sein** ‖ **Ge|fah|ren|gut|trans|port** ‖ **Ge|fah|ren|herd:** *Auslöser, Ausgangspunkt von Gefahren* ‖ **Ge|fah|ren|mo|ment:** *Umstand, der besondere Gefahren mit sich bringt* ‖ **Ge|fah|ren|quel|le:** *Gefahrenherd* ‖ **Ge|fah|ren|zo|ne** ‖ **Ge|fah|ren|zu|la|ge:** *Zuschuss zur Entlohnung bei gefährlicher Arbeit* ‖ **ge|fähr|lich** ‖ **Ge|fähr|lich|keit** die, - ‖ **ge|fahr|los** ‖ **Ge|fahr|lo|sig|keit** die, -

Ge|fährt das, -[e]s/-e (geh.): *Fahrzeug* ‖ **Ge|fähr|te** der, -n/-n: *Begleiter; Kamerad* ‖ **Ge|fähr|tin** die, -/-innen

Ge|fahr|tra|gung die, -/-en (Jus): *Haftung für zufälligen Schadenseintritt* ‖ **ge|fahr|voll**

Ge|fäl|le das, -s/-: *Neigung;* Gebirgsbäche mit starkem G.; → G.: Steigung ‖ **ge|fal|len:** der Film gefällt ihr | lass dir das nur ja nicht g.! *(nimm diese Ungerechtigkeit nicht einfach hin!)* ‖ **Ge|fal|len**[1] der, -s: *Gefälligkeit;* jemandem einen G. erweisen ‖ **Ge|fal|len**[2] das, -s: *Freude;* tu mir das zu G. *(zuliebe)*!; an etwas G. finden *(es schön finden)* ‖ **Ge|fal|le|ne**[1] der, -n/-n, ein Gefallener: *bei Kampfhandlungen als Militärangehöriger verstorbener Soldat;* die Gefallenen des Zweiten Weltkrieges ‖ **Ge|fal|le|ne**[2] die, -n/-n ‖ **ge|fäl|lig:** ein gefälliger *(hilfsbereiter)* Mensch | eine gefällige *(hübsche, nette)* Schrift | wenn's gefällig *(erwünscht)* ist | (veraltet) (in Briefen auch: gefl.) um gefl. Antwort wird gebeten ‖ **Ge|fäl|lig|keit** die, -/-en ‖ **ge|fäl|ligst:** „Antworten Sie gefälligst!" *(unfreundliche Aufforderung)* ‖ **Ge|fall|sucht** (abw.) ‖ **ge|fall|süch|tig** (abw.): *eitel*

ge|fan|gen: g. halten; g. nehmen; sie wurde g. genommen; jemanden g. setzen; → fangen ‖ **Ge|fan|ge|ne**[1] der, -n/-n, ein Gefangener: Gefangene frei lassen ‖ **Ge|fan|ge|ne**[2] die, -n/-n ‖ **Ge|fan|ge|nen|aus|tausch** ‖ **Ge|fan|ge|nen|haus:** *Haftanstalt* ‖ **Ge|fan|ge|nen|la|ger** ‖ **Ge|fan|gen|haus** (Amtsspr.): *Gefangenenhaus* ‖ **Ge|fan|gen|nah|me** die, - ‖ **Ge|fan|gen|schaft** die, -: einen Wolf in G. halten ‖ **Ge|fäng|nis** das, -nisses/-nisse: ins G. kommen ‖ **Ge|fäng|nis|in|sas|se** ‖ **Ge|fäng|nis|in|sas|sin** ‖ **Ge|fäng|nis|stra|fe** (Jus): *Haftstrafe, Freiheitsstrafe;* → G.: Geldstrafe, Vermögensstrafe ‖ **Ge|fäng|nis|zel|le**

Ge|fa|sel das, -s (abw.): *dummes, leeres Gerede*

Ge|fäß das, -es/-e: ein leeres G. *(einen Behälter)* mit Wasser füllen | *Blutgefäß* ‖ **Ge|fäß|chi|r|ur|gie** [-ki-] (Med.); → Blutgefäß ‖ **ge|fäß|er|wei|ternd** (Med.) ‖ **Ge|fäß|sys|tem** [-zy-]

ge|fasst: eine traurige Nachricht g. *(ruhig)* aufnehmen | auf das Schlimmste g. sein *(mit dem Schlimmsten rechnen);* sich auf etwas g. machen *(sich darauf einstellen, vorbereiten);* → fassen ‖ **Ge|fasst|heit** die, -

ge|fäß|ver|en|gend (Med.): ein gefäßverengendes Medikament ‖ **Ge|fäß|ver|en|gung** (Med.) ‖ **Ge|fäß|ver|kal|kung** (Med.) ‖ **Ge|fäß|ver|stop|fung** (Med.)

Ge|fecht das, -[e]s/-e: *Kampf;* jemanden außer G. setzen *(kampfunfähig machen)* ‖ **ge|fechts|be|reit** ‖ **ge|fechts|klar:** *zum Kampf bereit*

ge|feit: gegen Krankheiten g. *(geschützt, immun)* sein

Ge|fer|tig|te[1] der, -n/-n, ein Gefertigter (Amtsspr.): *der Unterzeichnete* ‖ **Ge|fer|tig|te**[2] die, -n/-n (Amtsspr.)

ge|fes|tigt: ein gefestigter *(fester, starker)* Charakter; → festigen

Ge|fie|del das, -s (abw.): *Geigenspiel*

Ge|fie|der das, -s/-: *die Federn, das Federkleid* ‖ **ge|fie|dert**

Ge|fil|de das, -s/- (meist Pl.) (geh.): in den heimatlichen Gefilden *(Landschaften, Fluren)*

ge|fin|kelt: *schlau, gerissen*

gefl. (veraltet): **gefällig[e]**

ge|flammt: *flammenartig gemustert*

Ge|flecht das, -[e]s/-e: *Flechtwerk, zB geflochtene Körbe*

ge|fleckt: ein bunt geflecktes (= buntgeflecktes) Fell

Ge|flim|mer das, -s; → flimmern

Ge|flis|sen|heit die, - (geh.): *Eifer* ‖ **ge|flis|sent|lich:** *absichtlich, mit Fleiß;* g. wegschauen

Ge|flü|gel das, -s: *Vögel, die als Nutztiere gehalten werden* ‖ **Ge|flü|gel|farm:** *Geflügelzuchtbetrieb* ‖ **Ge|flü|gel|pest:** *Vogelgrippe* ‖ **Ge|flü|gel|ri|sot|to** ‖ **Ge|flü|gel|sa|lat** ‖ **Ge|flü|gel|sche|re:** *ein Küchengerät* ‖ **ge|flü|gelt:** ein geflügeltes Wort *(eine oft ge-*

G

brauchte Redewendung, ein Zitat) ‖ **Geflügelzucht**
Geflunker das, -s; → flunkern
Geflüster das, -s
Gefolge das, -s/-: *Begleitung einer hohen Persönlichkeit* ‖ **Gefolgschaft** die, -: jemandem G. leisten *(jemandes Anhänger sein)* ‖ **Gefolgsleute** die (Pl.) ‖ **Gefolgsmann** der, -[e]s/-leute [-männer; veraltet: -mannen]: *Anhänger* ‖ **Gefolgsfrau**
gefräßig: ein gefräßiges Tier ‖ **Gefräßigkeit** die, -
Gefreite der, -n/-n, ein Gefreiter: *ein militärischer Dienstgrad*
Gefrett = Gfrett das, -s (ugs.): *Ärger, Mühe;* → fretten
Gefrierakku: *mit einer speziellen Flüssigkeit gefüllter kleiner Plastikbehälter, Kühlakku* ‖ **gefrieren** ‖ **Gefrierfach:** *Tiefkühlfach* ‖ **gefriergetrocknet** ‖ **Gefrierkette:** *Kühlkette* ‖ **Gefrierpunkt** ‖ **Gefriertruhe**
Gefrieß → Gfrieß
Gefrorene das, -n, *auch:* **Gefrorne,** ein Gefror[e]nes (veraltet): *Speiseeis*
Gefrotzel das, -s (ugs.): *ständiges Frotzeln*
Gefüge das, -s/-: das G. *(der Aufbau, die Struktur)* eines Staates ‖ **gefügig:** *gehorsam, willfährig* ‖ **Gefügigkeit** die, -
Gefühl das, -[e]s/-e: mit gemischten Gefühlen *(mit Freude und Unbehagen)* ‖ **gefühllos** ‖ **Gefühllosigkeit** die, -/-en ‖ **gefühlsarm** ‖ **Gefühlsausbruch** ‖ **gefühlsbetont** ‖ **Gefühlsduselei** die, -/-en (ugs., abw.): *sentimentales Verhalten* ‖ **gefühlskalt** ‖ **Gefühlsleben** ‖ **gefühlsmäßig:** g. das Richtige tun ‖ **Gefühlsmensch** ‖ **Gefühlsregung** ‖ **Gefühlssache** die, -: das ist reine G. *(entscheidet nur das Gefühl)* ‖ **Gefühlsterror** ‖ **Gefühlsüberschwang:** im G. *(in großer Begeisterung)* zustimmen ‖ **gefühlvoll**
geführig → gführig
Gegacker das, -s: das G. der Hühner
gegeben: es war ihr nicht g. *(gegönnt);* aus gegebenem Anlass; *aber:* es war das **G**egebene, rasch zu entscheiden | (veraltet) g. *(unterzeichnet)* zu Wien, am 15. März 1780; → geben ‖ **gegebenenfalls** (ggf.): *wenn der Fall eintritt, wenn es sich ergibt* ‖ **Gegebenheit** die, -/-en: sich mit den Gegebenheiten *(der Lage, den Umständen)* abfinden
Gegeifer das, -s; → geifern
gegen (Präp. mit Akk.): g. den Strom schwimmen; g. 20 Uhr nach Hause kommen; g. Barzahlung
Gegenangebot
Gegenangriff (Mil., Sport)
Gegenantrag
Gegenanzeige (Med.): → *Kontraindikation*
Gegenargument
Gegenbeispiel
Gegenbesuch
Gegenbewegung
Gegenbeweis
Gegend die, -/-en: *Gebiet;* eine einsame G.; die G. *(Umgebung)* erkunden
Gegendarstellung: *Entgegnung*
Gegendemonstration [-tsi̯-]

gegeneinander

Getrenntschreibung, wenn die Hauptbetonung auf dem Verb liegt:
- gegeneinander antreten
- gegeneinander kämpfen
- gegeneinander spielen

Zusammenschreibung, wenn die Betonung auf „gegeneinander" liegt:
- sie sind gegeneinandergeprallt
- sich gegeneinanderpressen

gegeneinanderprallen ‖ **gegeneinanderpressen**
Gegenfahrbahn
Gegenforderung (Jus): mit einer G. aufrechnen *(mit einer Forderung kompensieren)*
Gegenfrage
Gegengeschäft
Gegengeschenk
Gegengewicht
Gegengift (Med.)
gegengleich: die Schultern g. bewegen
Gegenkandidat ‖ **Gegenkandidatin**
Gegenkurs
gegenläufig: eine gegenläufige *(in die entgegengesetzte Richtung führende)* Tendenz
gegenlenken: *gegen die Fahrtrichtung lenken*
Gegenleistung: *Entgelt, Entlohnung*
Gegenlicht: *Licht, das [beim Fotografieren] gegen die Blickrichtung strahlt*
Gegenliebe: das Vorhaben stieß auf wenig G. *(fand wenig Zustimmung)*
Gegenpol
Gegenprobe: eine G. zur Überprüfung
Gegenrede: *Widerrede*
Gegenreformation [-tsi̯-] (Gesch.): *Gegenbewegung der katholischen Kirche zur Reformation im 16. und 17. Jh.*
Gegenrevolution [-v-tsi̯-]: *Konterrevolution*
Gegenrichtung
Gegensatz: im G. *(Unterschied)* zu dir ‖ **gegensätzlich:** gegensätzliche Meinungen
Gegenschlag: *Vergeltungsschlag*
Gegenseite: *entgegengesetzte, gegnerische Seite [bei Verhandlungen]* ‖ **gegenseitig:** eine gegenseitige Abneigung ‖ **Gegenseitigkeit** die, -/-en: dies beruht auf G. *(wird von der anderen Seite auch so empfunden)*
Gegenspieler: *Gegner* ‖ **Gegenspielerin**
Gegensprechanlage: die G. am Haustor
Gegenstand der, -[e]s/-stände: ein harter G. | *Thema;* etwas ist G. der Verhandlung | *Unterrichtsfach* ‖ **gegenständig** (Bot.): gegenständige *(einander gegenüberstehende)* Blätter ‖ **gegenständlich:** etwas g. *(dinghaft)* darstellen | (Amtsspr.) das gegenständliche Ansuchen *(das Ansuchen, von dem die Rede ist)* ‖ **gegenstandsbezogen** ‖ **gegenstandslos:** das ist g. *(unwichtig)* geworden
gegensteuern: einer gefährlichen Entwicklung g. *(Gegenmaßnahmen treffen)*
Gegenstimme: mit einer G. *(ablehnenden Stimme)* angenommen
Gegenstoß (Mil., Sport): *schneller Entlastungsangriff aus der Abwehr heraus, Konter*
Gegenstück: *Pendant*
Gegenteil das, -[e]s/-e: im G.! *(genau umgekehrt!)* ‖ **gegenteilig:** er ist gegenteiliger Meinung

gegenüber

Präposition mit Dativ:
- gegenüber dem Rathaus (= dem Rathaus gegenüber)

Bei Ortsnamen auch mit „von":
- gegenüber von Krems

Adverb:
- sie wohnt schräg gegenüber

Zusammenschreibung in Verbindung mit Verben, wenn die Betonung auf „gegenüber" liegt:
- gegenüberliegen
- gegenübersitzen
- sich feindlich gegenüberstehen
- gegenüberstellen; *aber getrennt:* gegenüber aufstellen

Ge|gen|über das, -s/-: mein G. ‖ **ge|gen|über|lie|gen** ‖ **ge|gen|über|sit|zen** ‖ **ge|gen|über|ste|hen:** sich/einander feindlich g.; → gegenüber ‖ **ge|gen|über|stel|len** ‖ **Ge|gen|über|stel|lung** ‖ **ge|gen|über|tre|ten**

Ge|gen|ver|kehr

Ge|gen|vor|schlag

Ge|gen|wart die, -: in G. *(Anwesenheit)* der Zeugen | (Gramm.) *Präsens* ‖ **ge|gen|wär|tig:** *jetzt, in dieser Zeit* | (geh.) etwas g. *(in Erinnerung)* haben ‖ **ge|gen|warts|fremd:** *nicht auf die Gegenwart bezogen* ‖ **Ge|gen|warts|li|te|ra|tur** ‖ **ge|gen|warts|nah** ‖ **Ge|gen|warts|spra|che**

Ge|gen|wehr die, -: *Verteidigung, Widerstand*

Ge|gen|wert: den G. *(entsprechenden Wert)* für geleistete Arbeit in Naturalien abstatten

Ge|gen|wind

ge|gen|zeich|nen: eine Rechnung g. *(zum Zeichen der Kontrolle mitunterschreiben)*

Ge|gen|zug: den G. abwarten | im G. *(als Erwiderung)*

Geg|ner der, -s/- ‖ **Geg|ne|rin** die, -/-innen ‖ **geg|ne|risch:** der gegnerische Spieler ‖ **Geg|ner|schaft** die, -

gegr.: **gegr**ündet

Ge|grö|le das, -s: *[ständiges] Grölen*

Ge|grun|ze das, -s: *[ständiges] Grunzen*

Ge|ha|be das, -s (abw.): *geziertes Benehmen* | (selten) *Gehaben* ‖ **ge|ha|ben** sich: „Gehab dich nicht so!"; sich wie ein Fünfjähriger g. *(benehmen)* | (veraltet) „Gehab dich wohl!" *(leb wohl!)* ‖ **Ge|ha|ben** das, -s: *Verhalten* | (selten) *Gehabe;* Imponiergehabe[n]

Ge|halt[1] der = das, -[e]s/-hälter: *Entlohnung, Besoldung* ‖ **Ge|halt**[2] der, -[e]s/-e: *Inhalt, Wert;* Fettgehalt ‖ **ge|halt|los:** *inhaltslos* ‖ **ge|halt|reich:** gehaltreiches *(nährstoffreiches)* Obst ‖ **Ge|halts|ab|rech|nung** ‖ **Ge|halts|an|spruch** ‖ **Ge|halts|emp|fän|ger** ‖ **Ge|halts|emp|fän|ge|rin** ‖ **Ge|halts|er|hö|hung:** eine G. bekommen ‖ **Ge|halts|exe|ku|ti|on** [-tsi̯-] (Jus): *Gehaltspfändung* ‖ **Ge|halts|for|de|rung** ‖ **Ge|halts|kon|to** ‖ **Ge|halts|pfän|dung** (Jus) ‖ **Ge|halts|run|de:** *Lohnverhandlung* ‖ **Ge|halts|ver|rech|ner:** *eine Berufsbezeichnung;* Lohn- und Gehaltsverrechner ‖ **Ge|halts|ver|rech|ne|rin** ‖ **Ge|halts|vor|rü|ckung** ‖ **Ge|halts|zu|la|ge** ‖ **ge|halt|voll:** *inhaltsreich;* ein gehaltvolles Programm | gehaltvoller *(geschmacksintensiver)* Wein

ge|han|di|kapt [-ˈhɛ-kɛpt] = gehandicapt [-k-]; → Handikap

Ge|hän|ge das, -s/-: *herabhängender Schmuck, Ohrringe* ‖ **Ge|häng|te**[1] der, -n/-n, *auch:* Gehenkte, ein Gehängter: *jemand, der durch den Strang hingerichtet wurde* ‖ **Ge|häng|te**[2] die, -n/-n, *auch:* Gehenkte

ge|har|nischt: *gepanzert;* → Harnisch | ein geharnischter *(energischer, heftiger)* Protest

ge|harzt → harzen

ge|häs|sig: *feindselig* ‖ **Ge|häs|sig|keit** die, -/-en

Ge|häu|se das, -s/-: das G. *(Kerngehäuse)* des Apfels entfernen | *Kasten, Behälter als Schutz;* das G. einer Uhr, eines Computers

ge|haut (mda.): *durchtrieben, schlau, listig;* → hauen

geh|be|hin|dert ‖ **Geh|be|hin|de|rung**

Ge|he|ge das, -s/-: *umzäuntes Gebiet zur Schonung und Pflege des Wildes* | jemandem ins G. kommen *(sich in jemandes Angelegenheiten mischen, jemandes Rechte beeinträchtigen)*

ge|heim
geheime Zusammenkünfte

Großschreibung bei Nominalisierung und in Eigennamen:
- im **G**eheimen zusammentreffen
- die **G**eheime Offenbarung *(ein Buch der Bibel, Apokalypse)*

Getrenntschreibung:
- geheim bleiben
- geheim halten
- sie hat das geheim getan *(im Geheimen)*

Zusammenschreibung bei übertragener Bedeutung:
- geheimtun *(geheimnisvoll tun)*

Ge|heim|ab|kom|men ‖ **Ge|heim|agent** ‖ **Ge|heim|agen|tin** ‖ **Ge|heim|akt** der, -es/-en ‖ **Ge|heim|bund** ‖ **Ge|heim|dienst** ‖ **Ge|heim|fach** ‖ **Ge|heim|hal|tung** ‖ **Ge|heim|nis** das, -nisses/-nisse: ein G. ausplaudern; ein offenes G. *(bereits Bekanntes, das aber vertraulich behandelt wird)* ‖ **Ge|heim|nis|krä|me|rei** die, -: *Geheimnistuerei* ‖ **Ge|heim|nis|tu|e|rei** die, -/-en ‖ **ge|heim|nis|um|wit|tert** (geh.): *geheimnisvoll* ‖ **ge|heim|nis|um|wo|ben** (geh.): *geheimnisvoll* ‖ **ge|heim|nis|voll** ‖ **Ge|heim|num|mer:** *Telefonnummer, die nicht im Telefonbuch steht* ‖ **Ge|heim|pakt** ‖ **Ge|heim|po|li|zei:** *Teil des Sicherheitsapparates eines Staates mit bes. Vollmachten;* → Staatspolizei ‖ **Ge|heim|rat** (früher in D): *ein Titel;* → Hofrat ‖ **Ge|heim|rä|tin** (früher in D) ‖ **Ge|heim|rats|ecke** (meist Pl.) (ugs., scherzh.): *Haarausfall an den Stirnseiten* ‖ **Ge|heim|schrift:** *verschlüsselte Schrift* ‖ **Ge|heim|tipp** ‖ **ge|heim|tun:** *geheimnisvoll tun* ‖ **Ge|heim|ver|trag** ‖ **Ge|heim|wis|sen|schaft** (oft scherzh.): *nur Eingeweihten vertrautes Wissen*

Ge|heiß das, -es (geh.): auf G. *(Befehl)* der Vorgesetzten

ge|hemmt: in Gesprächen g. *(schüchtern)* sein; → hemmen ‖ **Ge|hemmt|heit** die, -

ge|hen, ging/gegangen:
nach Hause g.; ins Gymnasium g.; an die Arbeit g.; in Pension g.; in die Luft g. *(wütend werden)* | der Wecker geht *(funktioniert)* nicht | das geht nicht *(ist nicht möglich)* | das Telefon geht *(läutet)* ununterbrochen | sie ist zu weit gegangen (auch: *hat gewisse Grenzen des Erlaubten oder Zumutbaren überschritten*); es geht ums Ganze; was geht hier vor sich? *(was passiert hier?)* | geh! *(Ausdruck der Ermunterung oder Ablehnung);* gehst!; gehts!; gehn S'! | geh komm!; aber geh! *(staunend oder zurückweisend)* | (ugs., oft scherzh.) er ist gegangen worden *(entlassen worden)*

Getrenntschreibung bei wörtlicher Bedeutung:
- spazieren gehen
- schwimmen gehen
- essen gehen
- das Kind allein in die Schule gehen lassen

G

Schreibung bei übertragener Bedeutung:
- sich gehen lassen (= gehenlassen) *(sich allzu ungezwungen benehmen)*
- jemanden gehen lassen (= gehenlassen) *(in Ruhe lassen; ziehen lassen)*
- die Vase wird kaputtgehen *(kaputt werden)*

G

Ge|hen das, -s: *eine Sportdisziplin* ‖ **ge|hen las|sen = ge|hen|las|sen:** sich g. l. *(sich allzu ungezwungen benehmen)* | du sollst sie g. l. *(in Ruhe lassen);* → gehen
Ge|henk|te[1] → Gehängte[1] ‖ **Ge|henk|te**[2] → Gehängte[2]
Ge|her der, -s/- (Sport): *jemand, der die Sportdisziplin Gehen ausübt* ‖ **Ge|he|rin** die, -/-innen
ge|heu|er: hier ist es nicht g. *(hier ist es unheimlich)*
Ge|heul das, -[e]s: das G. der Wölfe
Geh|fal|te: ein Rock mit einer G. ‖ **Geh|gips:** *ein Gehverband* ‖ **Geh|hil|fe:** *Stock, Krücke oÄ*
Ge|hil|fe der, -n/-n: *Helfer* | *in einem Lehrberuf Ausgebildeter ohne Abschlussprüfung; aber:* → Kaufmannsgehilfe; → Geselle ‖ **Ge|hil|fin** die, -/-innen
Ge|hirn das, -[e]s/-e: *Hirn;* eine Operation am G. ‖ **Ge|hirn|ak|ro|ba|tik** (scherzh.): *gewaltige Denkleistung* ‖ **Ge|hirn|blu|tung** = Hirnblutung (Med.) ‖ **Ge|hirn|ent|zün|dung** = Hirnentzündung (Med.): *Enzephalitis* ‖ **Ge|hirn|er|schüt|te|rung** = Hirnerschütterung (Med.) ‖ **ge|hirn|ge|schä|digt** = hirngeschädigt (Med.) ‖ **Ge|hirn|hälf|te** = Hirnhälfte ‖ **Ge|hirn|haut** = Hirnhaut ‖ **Ge|hirn|haut|ent|zün|dung** = Hirnhautentzündung (Med.): *Meningitis* ‖ **Ge|hirn|rin|de** = Hirnrinde: *Teil des Gehirns* ‖ **Ge|hirn|schlag** = Hirnschlag (Med.) ‖ **Ge|hirn|tu|mor** = Hirntumor (Med.) ‖ **Ge|hirn|vo|lu|men** [-v-] = Hirnvolumen ‖ **Ge|hirn|wä|sche:** *Zerstörung der Wertbegriffe eines Menschen durch psychischen und physischen Druck* ‖ **Ge|hirn|win|dung** = Hirnwindung
ge|ho|ben: in gehobener *(höherer)* Stellung sein; in gehobener Stimmung *(gut gelaunt)* sein; in gehobener *(feierlicher, dichterischer)* Sprache; → heben
Ge|höft das, -[e]s/-e: *Bauernhof*
Ge|hölz das, -es/-e: *Wäldchen*
Ge|hör das, -s: *Gehörsinn* | G. finden *(angehört werden)* | (geh.) jemandem G. schenken *(sich von jemandem beeinflussen lassen, jemandem nachgeben)* ‖ **ge|hör|be|hin|dert** = hörbehindert ‖ **Ge|hör|nerv** [-f] = Hörnerv (Med.)
ge|hor|chen: den Eltern g.; den Gesetzen g.
ge|hö|ren: dieses Buch gehört mir | das gehört *(schickt)* sich nicht | das Hemd gehört schon gewaschen
Ge|hör|gang = Hörgang ‖ **ge|hör|ge|schä|digt** = hörgeschädigt (Med.)
ge|hö|rig: eine gehörige *(angemessene)* Strafe; jemandem g. *(heftig)* seine Meinung sagen | *zu jemandem/etwas gehörend;* die zur Gemeinde gehörige Ortschaft
ge|hör|los: *taub;* → taubstumm ‖ **Ge|hör|lo|se**[1] der, -n/-n, ein Gehörloser ‖ **Ge|hör|lo|se**[2] die, -n/-n ‖ **Ge|hör|lo|sen|schu|le** ‖ **Ge|hör|lo|sen|spra|che:** *eine Gebärdensprache* ‖ **Ge|hör|lo|sen|un|ter|richt**
ge|hörnt: ein gehörnter Bock | (veraltend) ein gehörnter *(betrogener)* Ehemann
Ge|hör|or|gan = Hörorgan
ge|hor|sam: *folgsam* ‖ **Ge|hor|sam** der, -s ‖ **Ge|hor|sam|keit** die, - ‖ **Ge|hor|sams|pflicht** ‖ **Ge|hor|sams|ver|wei|ge|rung**
Ge|hör|scha|den = Hörschaden (Med.) ‖ **Ge|hör|sinn** = Hörsinn der, -[e]s ‖ **Ge|hör|sturz** = Hörsturz (Med.): *plötzlicher [vorübergehender] Gehörverlust*
Ge|hört|sich das (*auch:* der), -, *auch:* Ghörtsich (ugs., sal.): das ist kein G. *(das gehört sich nicht)*
Geh|rung die, -/-en: die Ecken der Leisten auf G. schneiden *(sie [zur Fertigung eines Bilderrahmens] schräg abschneiden)* ‖ **Geh|rungs|sä|ge**
Geh|schu|le: *Gestell mit Gitter oder Netz für Kleinkinder* | *ein Rehabilitationsgerät* | *Übungsprojekt;* eine G. für Jungunternehmer ‖ **Geh|steig** ‖ **Geh|steig|vor|zie|hung:** *Verbreiterung an Straßenkreuzungen* ‖ **Geht|nicht|mehr** (ugs.) (nur in der Wendung): bis zum G. *(bis zum Überdruss)*
Ge|hu|pe das, -s: *ständiges Hupen*
Geh|ver|such: das Kind macht erste Gehversuche ‖ **Geh|weg** ‖ **Geh|zeit**
Gei|er der, -s/-: *ein Greifvogel*
Gei|fer der, -s ‖ **gei|fern:** *Speichel vor dem Mund haben* | (geh., abw.) *gehässig und erregt reden*
Gei|ge die, -/-n: *Violine;* G. spielen
gei|geln, ich geigle (mda.): mit dem Fahrrad g. *(schwankend fahren)*
gei|gen: *Geige spielen* | (ugs.) es jemandem g. *(jemandem gründlich die Meinung sagen)* ‖ **Gei|gen|bau** der, -[e]s ‖ **Gei|gen|bau|er** ‖ **Gei|gen|bau|e|rin** ‖ **Gei|gen|bo|gen** ‖ **Gei|gen|kas|ten:** *Kasten zum Aufbewahren der Geige* ‖ **Gei|gen|spiel** das, -[e]s ‖ **Gei|gen|wir|bel:** *Teil zum Spannen der Geigensaiten* ‖ **Gei|ger** der, -s/- ‖ **Gei|ge|rin** die, -/-innen
Gei|ger|zäh|ler: *Instrument zur Messung radioaktiver Strahlung (nach dem Physiker Geiger)*
geil: eine geile *(widerlich fette)* Speise | *lüstern, sexuell erregt;* ein geiles Grinsen; → aufgeilen | (sal.) (Jug.) der Pulli ist g. *(bes. schön, toll)* ‖ **Geil|heit** die, -/-en
Gei|sel die, -/-n, *selten auch:* der, -s/-: jemanden als G. nehmen *(in seine Gewalt bringen, um Erpressung auszuüben)* ‖ **Gei|sel|dra|ma:** *spektakuläre Geiselnahme* ‖ **Gei|sel|er|schie|ßung** ‖ **Gei|sel|nah|me** die, -/-n ‖ **Gei|sel|neh|mer** der, -s/- ‖ **Gei|sel|neh|me|rin** die, -/-innen
Gei|ser → Geysir
Gei|sha [ˈgeːʃa] die, -/-s ⟨jap.⟩: *in Musik und Tanz ausgebildete Gesellschaftsdame in Japan*
Geiß die, -/-en: *Ziege;* Rehgeiß ‖ **Geiß|bock:** *Ziegenbock*
Gei|ßel die, -/-n (geh.): *Peitsche* | der Krieg ist eine G. *(eine Strafe, Heimsuchung)* der Menschheit ‖ **gei|ßeln,** ich geißle: *peitschen* | (geh.) Missstände g. *(anprangern, verurteilen)* ‖ **Gei|ße|lung** die, -/-en, *auch:* Geißlung
Geiß|fuß: *eine Pflanze*
Geiß|ler der, -s/-: *fanatischer Büßer im Mittelalter* ‖ **Geiß|lung** → Geißelung
Geist der, -[e]s: *Verstand* | daran erkennt man, wes Geistes Kind er ist *(seine Denkart, Geisteshaltung)* | (ugs.) die Uhr gab den G. auf *(wurde funktionsuntüchtig)* | (mit Pl. -er) *Gespenst;* ein schöpferischer G. *(zB Gelehrter, Künstler, Wissenschaftler)* | der Heilige G. ‖ **Geis|ter|bahn:** *eine Jahrmarktbelustigung mit schaurigen Erscheinungen* ‖ **Geis|ter|be|schwö|rer** ‖ **Geis|ter|be|schwö-**

rerin ‖ **Geisterbild** (Elektrot.): *schwaches, verzerrtes Bild [beim Fernseher]* ‖ **Geistererscheinung** ‖ **Geisterfahrer:** *jemand, der auf einer Autobahn gegen die vorgeschriebene Richtung fährt* ‖ **Geisterfahrerin** ‖ **geisterhaft** ‖ **geistern:** im Schloss geistert es ‖ **Geisterreich** ‖ **Geisterseher:** *jemand, der Geister zu sehen glaubt, Visionen hat* ‖ **Geisterseherin** ‖ **Geisterstadt:** *ausgestorbene Stadt* ‖ **Geisterstunde:** *die Stunde nach Mitternacht* ‖ **geistesabwesend** ‖ **Geistesabwesenheit** die, -: *Zerstreutheit* ‖ **Geistesblitz:** *plötzliche Idee, Eingebung* ‖ **Geistesgebrechen:** *geistige Behinderung, Geisteskrankheit* ‖ **Geistesgegenwart** ‖ **geistesgegenwärtig:** g. handeln *(auf Unvorhergesehenes sofort richtig reagieren)* ‖ **Geistesgeschichte** die, -: *die geistigen Strömungen* ‖ **geistesgestört** (meist abw.): *geisteskrank* ‖ **Geisteshaltung** ‖ **geisteskrank** (Med., auch abw.): *geistig behindert, psychisch krank* ‖ **Geisteskrankheit** (Med.) ‖ **Geistesschwäche** ‖ **Geistesstörung** (Med.) ‖ **Geisteswissenschaften** die (Pl.); → G.: Naturwissenschaften ‖ **geisteswissenschaftlich** ‖ **Geisteszustand** ‖ **geistig:** geistige Arbeit *(Denkarbeit)*; g. behindert | (veraltend) ein geistiges *(alkoholisches)* Getränk; → hochgeistig ‖ **geistlich:** geistliche *(religiöse, kirchliche)* Lieder ‖ **Geistliche**[1] der, -n/-n, ein Geistlicher: *Priester* ‖ **Geistliche**[2] die, -n/-n ‖ **Geistlichkeit** die, - ‖ **geistlos:** *einfallslos, lustlos* ‖ **Geistlosigkeit** die, -/-en ‖ **geistreich:** *klug* ‖ **geisttötend:** geisttötende *(eintönige)* Arbeit ‖ **geistvoll**

Geiz der, -es: *übertriebene Sparsamkeit* ‖ **geizen** ‖ **Geizhals** (abw.) ‖ **geizig** ‖ **Geizkragen** (abw.)

Gejammer das, -s: *ständiges Jammern*

Gejauchze das, -s

Gejohle das, -s

gekampelt (mda.): *gekämmt*; → schnäuzen

Gekicher das, -s

Geklatsche das, -s: *ständiges Klatschen*

Geklimper das, -s (abw.): *dilettantisches Klavier-, Gitarrenspiel uÄ*

Geklirr das, -[e]s, *auch:* **Geklirre,** -s: *ständiges Klirren*

Geklüft das, -[e]s/-e (geh.): *zerklüftete, felsige Landschaft*

Geknister das, -s

gekonnt (sal.): sie spielt g. Klavier; → können

Gekrächze das, -s

Gekränktheit die, -

Gekreuzigte der, -n: *Christus am Kreuz*

Gekritzel das, -s

Gekröse das, -s (fachspr.): *Gedärm, bes. von Kalb und Lamm*

gekünstelt (abw.): alles an ihm wirkt gekünstelt *(nicht echt, nur vorgetäuscht)*; → künsteln

gel → gelt

Gel das, -s/-e ⟨lat.-fr.⟩: *eine geleeartige Salbe oder Masse*

Gelächter das, -s/-

geladen (ugs.): sie ist g. *(wütend, aufgebracht)*; → laden

Gelage das, -s/-: *ausschweifendes Essen und Trinken in größerer Runde*

Geläger das, -s/-: *Heferückstände am Ende der Gärung des Traubenmostes*

gelähmt → lahm ‖ **Gelähmte**[1] der, -n/-n, ein Gelähmter ‖ **Gelähmte**[2] die, -n/-n

Gelände das, -s/-: im G. *(im Freien)* ‖ **Geländefahrzeug** ‖ **geländegängig:** ein geländegängiges Fahrzeug ‖ **Geländelauf:** *eine Sportart*

Geländer das, -s/-: sich über das G. beugen

geländetauglich ‖ **Geländewagen**

gelang → gelingen

gelangen: ans Ziel g. *(kommen)*

Gelass das, -es/-e (geh.): *enger Raum*

gelassen: einen Tadel g. *(ruhig, beherrscht)* hinnehmen; → lassen ‖ **Gelassenheit** die, -

Gelatine [ʒe-n(ɛ)] die, - ⟨lat.-fr.⟩: *gestockter reiner Knochenleim*

geläufig: das ist mir g. *(gut bekannt)* | g. *(fließend)* Englisch sprechen ‖ **Geläufigkeit** die, -

gelaunt: schlecht g. (= schlechtgelaunt) sein; eine gut gelaunte (= gutgelaunte) Chefin

Geläut das, -[e]s/-e = **Geläute,** -s/-: *das Läuten* | *aufeinander abgestimmte Glocken; deren Zusammenklang*

gelb: die Bluse ist gelb; eine gelbe Blüte | (Großschreibung) das **G**elbe Meer; die **G**elbe Rübe; die **G**elbe (auch: gelbe) Karte (zB im Fußball: *Zeichen für eine Verwarnung*) ‖ **Gelb** das, -[s]/-: die Ampel zeigt G.; bei G. anhalten; eine Fassade in Schönbrunner G. ‖ **gelbbraun** ‖ **Gelbfieber** (Med.): *eine Infektionskrankheit* ‖ **gelbgrün** ‖ **gelblich:** g. weiß ‖ **Gelbsucht** die, - (Med.): *eine Krankheit* ‖ **Gelbwurz:** *eine Pflanze (aus der Kurkuma gewonnen wird)*

Geld das, -[e]s/-er: viel G. verdienen; zu G. kommen *(reich werden)*; etwas zu G. machen *(verkaufen)*; leichtes *(leicht erworbenes)* G. ‖ **Geldadel:** *vermögende Gesellschaftsschicht* ‖ **Geldangelegenheit** (meist Pl.) ‖ **Geldanlage** ‖ **Geldausgabeautomat:** → Bankomat (Wz.) ‖ **Geldautomat** ‖ **Geldbehebung** ‖ **Geldbeschaffungsaktion** [-tsi̯-] ‖ **Geldbeutel** ‖ **Geldbombe:** *metallener Geldbehälter für den Banktresor* ‖ **Geldbörse** ‖ **Geldbörsl** (ugs.): *Geldbörse* ‖ **Geldbriefträger** (bes. früher) ‖ **Geldbriefträgerin** (bes. früher) ‖ **Geldbuße** (Jus): *Geldstrafe* ‖ **Golddarlehen** ‖ **Geldentwertung:** *Abnahme des Geldwertes* ‖ **Geldfrage:** *Frage, die von der finanziellen Situation abhängt* ‖ **Geldgebarung:** *finanzielle Geschäftsführung* ‖ **Geldgeber:** *Financier* ‖ **Geldgeberin** ‖ **Geldgeschäft** ‖ **Geldgier** ‖ **geldgierig** ‖ **Geldhahn** (ugs.) (nur in der Wendung): jemandem den G. zu-/abdrehen *(jemanden nicht mehr finanziell unterstützen; keine Bankkredite mehr gewähren)* ‖ **geldig** (reg., ugs.): *reich* ‖ **Geldinstitut** (Bankw.): *Bank, Sparkasse u. dgl.* ‖ **Geldkatze** (veraltet): *Geldbeutel* ‖ **Geldkurs** (Bankw.): *Kurs, zu dem jemand ein Wertpapier erwirbt; Börsenkurs, zu dem die Nachfrage, aber nicht das Angebot vorliegt* ‖ **Geldmarkt** (Bankw.): *Markt für kurzfristige Kredite* ‖ **Geldmittel** die (Pl.): *verfügbare Finanzen* ‖ **Geldnot** ‖ **Geldquelle** ‖ **Geldrolle:** *aus gleichartigen Münzen bestehende und in Papier eingewickelte Rolle* ‖ **Geldschein** der, -[e]s/-e ‖ **Geldschulden** die (Pl.) ‖ **Geldsorgen** die (Pl.) ‖ **Geldspende** ‖ **Geldspritze** (sal.): *einmalige finanzielle Unterstützung, Zuschuss* ‖ **Geldstrafe** (Jus): *Geldbuße, Vermögensstrafe*; → G.: Freiheitsstrafe,

G

Haftstrafe ‖ **Geldstück:** *Münze* ‖ **Geldtasche:** *Brieftasche, Börse* ‖ **Geldtascherl** ‖ **Geldtaschl** (ugs.): *Geldtasche* ‖ **Geldumlauf** ‖ **Geldverkehr** der, -s ‖ **Geldwäsche:** *das Reinwaschen illegaler Einnahmen durch Transferierung über verschiedene Konten* ‖ **Geldzahlung** ‖ **Geldzuwendung**

Geleck das, -[e]s/-e, *auch:* Leck: *Salz [mit Kleie] für Vieh und Wild* ‖ **geleckt** (abw.): wie g. aussehen *(übertrieben ordentlich gekleidet sein)*

G

Gelee [ʒ-] das, -s/-s ⟨fr.⟩: *eine sulzartige Masse* | *Aufstrich, eingedickter Fruchtsaft*

Gelege das, -s/-: das G. *(die Eier)* im Amselnest ‖ **gelegen:** das kommt mir g. *(wie gewünscht, ist mir angenehm);* → liegen ‖ **Gelegenheit** die, -/-en ‖ **Gelegenheitsarbeit** ‖ **Gelegenheitsarbeiter** ‖ **Gelegenheitsarbeiterin** ‖ **Gelegenheitskauf:** *ein günstiger, verbilligter Kauf* ‖ **Gelegenheitsverkehr** (Amtsspr.): *Taxi- und Mietwagengewerbe* ‖ **gelegentlich:** *bei Gelegenheit*

gelehrig: ein gelehriger *(intelligenter, talentierter)* Hund ‖ **Gelehrigkeit** die, - ‖ **gelehrsam** ‖ **Gelehrsamkeit** die, - (geh.) ‖ **gelehrt:** *wissenschaftlich gebildet* ‖ **Gelehrte**[1] der, -n/-n, ein Gelehrter (geh.): *Wissenschaftler* ‖ **Gelehrte**[2] die, -n/-n ‖ **Gelehrtenstreit**

Geleise das, -s/- (veraltend): *Gleis;* ins richtige G. *(auf den richtigen Weg)* kommen

Geleit das, -[e]s, *auch:* **Geleite,** -s (geh.): einem Verstorbenen das letzte G. geben *(an seinem Begräbnis teilnehmen)* | zum G. *(Worte zB am Beginn eines Buchs)* | (Jus) freies G. geben *(vorläufig von der Verhaftung Abstand nehmen)* ‖ **geleiten** (geh.): *begleiten* ‖ **Geleitschutz:** der Limousine des Präsidenten G. geben | (Jus) *Zusage der Haftfreiheit für einen Täter, der sich stellt* ‖ **Geleitwort:** *Vorwort [in einem Buch]* ‖ **Geleitzug:** *von Bewachungsfahrzeugen begleiteter Transport [zur See]*

Gelenk das, -[e]s/-e: *abbiegbare Verbindung;* Kniegelenk

Zusammensetzungen mit „Gelenk" werden in Österreich im Allgemeinen mit Fugen-s gebildet, zB:
- Gelenksentzündung (in Deutschland: Gelenkentzündung)
- Gelenkskapsel
- Gelenksoperation

Gelenkentzündung (bes. D) (Med.): *Gelenksentzündung* ‖ **gelenkig** ‖ **Gelenkigkeit** die, - ‖ **Gelenkschirurgie** [-k-] (Med.) ‖ **Gelenkschmerz** (bes. D): *Gelenksschmerz* ‖ **Gelenksentzündung** (Med.): *Arthritis* ‖ **Gelenkskapsel** ‖ **Gelenksoperation** [-tsi̯-] (Med.) ‖ **Gelenkspfanne:** *nach innen gewölbte Verbindungsstelle zweier Knochen* ‖ **Gelenksrheumatismus** ‖ **Gelenksschmerz** (meist Pl.)

gelernt: ein gelernter *(fachlich ausgebildeter)* Fotograf; → lernen

Gelichter das, -s (abw.): *Gesindel, Pack*

Geliebte[1] der, -n/-n, ein Geliebter: *Liebhaber* ‖ **Geliebte**[2] die, -n/-n

geliefert (sal.): jetzt sind wir g. *(erledigt, ruiniert);* → liefern

gelieren [ʒe-] ⟨fr.⟩: *Gelee bilden, eindicken;* gelierter Obstsaft ‖ **Gelierzucker:** *ein Geliermittel [zum Marmeladeeinkochen]*

gelind = **gelinde** (veraltet): *mild, sanft* | (geh.) das ist, gelinde gesagt *(verharmlosend ausgedrückt),* ein Unfug

gelingen, gelang/gelungen: heute gelingt nichts *(geht nichts glatt, kommt nichts zu Stande); eine gelungene Zeichnung;* → gelungen

Gelispel das, -s; → lispeln

gell → gelt

gellen: gellende *(schrille)* Rufe

geln (bes. ostöst., ugs.): geln S'? *(nicht wahr?);* → gelt

geloben: *feierlich versprechen* ‖ **Gelöbnis** das, -nisses/-nisse: ein G. ablegen

Gelock das, -[e]s, *auch:* **Gelocke,** -s (geh.) ‖ **gelockt:** gelocktes Haar

gelöst: ein gelöstes *(befreites, entspanntes)* Lächeln; → lösen ‖ **Gelöstheit** die, -/-en: *Entspanntheit*

Gelse die, -/-n: *ein Insekt, Stechmücke* ‖ **Gelsendippel,** *auch:* Gelsentippel: *angeschwollener Gelsenstich* ‖ **Gelsenplage** ‖ **Gelsenstich** ‖ **Gelsentippel** → Gelsendippel

gelt, *auch:* gel, gell (ugs.): *gilt es?; nicht wahr?;* g. ja!; → geln

gelten, ich gelte, du giltst/galt/gegolten: dieser Fahrschein gilt nicht mehr; du lässt diesen Einwand nicht g. | er gilt als Unruhestifter | die Anspielung galt dir *(war an dich gerichtet)* ‖ **geltend:** nach geltendem Recht; seine Ansprüche geltend machen ‖ **Geltung** die, -: sich G. verschaffen; etwas ist zur G. *(Wirkung)* gekommen ‖ **Geltungsbedürfnis** ‖ **Geltungsbereich** ‖ **Geltungsdauer** ‖ **Geltungsdrang** ‖ **Geltungssucht** ‖ **Geltungstrieb** der, -[e]s: *Sucht, sich hervorzutun*

Gelübde das, -s/-: beim Eintritt in einen geistlichen Orden ein G. *(Versprechen, die Profess)* ablegen

Gelundene der, -n/-n, *auch:* Glundne: *eine Kärntner Käsespezialität;* glund[e]ner Käse

gelungen (ugs.) ein gelungener *(origineller)* Kerl; → gelingen

gelüsten (geh.): es gelüstet mich nach Früchten

gem.: gemäß

gemach (geh.): *langsam, allmählich, gemächlich* ‖ **Gemach** das, -[e]s/-mächer (geh.): *[großes, prunkvolles] Zimmer* ‖ **gemächlich:** g. *(gemütlich, langsam)* gehen ‖ **Gemächlichkeit** die, -

Gemächt das, -[e]s/-e (veraltet, noch scherzh.): *männliche Geschlechtsteile*

Gemahl der, -[e]s/-e (geh.): *Ehemann* ‖ **Gemahlin** die, -/-innen (geh.)

gemahnen (geh.): an etwas/dessen g. *(daran erinnern)*

Gemälde das, -s/- ‖ **Gemäldegalerie:** *eine Ausstellung, ein Museum* ‖ **Gemäldesammlung**

gemasert: das Holz ist schön g.; → Maserung

gemäß (Präp. mit Dat.) (gem.): den Vorschriften g. = g. den Vorschriften *(nach den Vorschriften);* g. § 23 SchUG ‖ **gemäßigt:** ein gemäßigtes Klima

Gemäuer das, -s/-: *Mauerwerk*

gemein: ein gemeiner *(gewissenloser, roher)* Mensch | mit jemandem nichts g. *(gemeinsam)* haben | (veraltet) *allgemein, gewöhnlich* ‖ **Gemeinde** die, -/-n: *Verwaltungseinheit;* die G. Wien ‖ **Gemeindeamt** ‖ **Gemeindearbeiter** ‖ **Gemeindearbeiterin** ‖ **Gemeindeausschuss**

(SüdT) (Admin.): *Organ der Gemeindeverwaltung* ‖ **Gemeindebau** der, -[e]s/-ten: *ein gemeindeeigenes [Wohn]haus* ‖ **Gemeindebauwohnung** ‖ **Gemeindebeamte** ‖ **Gemeindebeamtin** ‖ **Gemeindebedienstete** ‖ **Gemeindebezirk:** *Stadtbezirk;* der 18. Wiener G. *(Währing)* ‖ **gemeindeeigen** ‖ **Gemeindegut** ‖ **Gemeindeimmobiliensteuer** (SüdT): *Grund- und Gebäudesteuer* ‖ **Gemeindekotter** (veraltet): *Arrest* ‖ **Gemeindemandatar** ‖ **Gemeindemandatarin** ‖ **Gemeinderat:** *die gewählte Gemeindevertretung | eines ihrer Mitglieder* ‖ **Gemeinderätin** ‖ **Gemeinderatsausschuss** ‖ **Gemeindesekretär** ‖ **Gemeindesekretärin** ‖ **Gemeindetechniker** (SüdT): *Begutachter von Bauplänen privater Bauvorhaben* ‖ **Gemeindetechnikerin** (SüdT) ‖ **gemeindeutsch:** *im ganzen deutschen Sprachgebiet verbreitet* ‖ **Gemeindevermögen** ‖ **Gemeindevertreter** ‖ **Gemeindevertreterin** ‖ **Gemeindevorstand** ‖ **Gemeindevorsteher:** *Bürgermeister* ‖ **Gemeindevorsteherin** ‖ **Gemeindewohnung:** *Mietwohnung in Gemeindeeigentum* ‖ **Gemeine**[1] der, -n/-n, ein Gemeiner (früher): *einfacher Soldat* ‖ **Gemeine**[2] die, -n/-n (veraltet): *Gemeinde* ‖ **Gemeingebrauch:** eine Sache dient dem G. *(der Allgemeinheit zur Benützung)* ‖ **gemeingefährlich:** *für die Allgemeinheit gefährlich* ‖ **Gemeingut:** *Besitz der Allgemeinheit* ‖ **Gemeinheit** die, -/-en: *Niederträchtigkeit* ‖ **gemeinhin:** das wird g. *(gewöhnlich, allgemein)* behauptet ‖ **Gemeinnutz** der, -[es]: *Nutzen für die Allgemeinheit* ‖ **gemeinnützig:** ein gemeinnütziges *(dem allgemeinen Wohl dienendes, nicht auf Gewinn gerichtetes)* Unternehmen; gemeinnützige Wohnbau- oder Siedlungsgenossenschaft ‖ **Gemeinnützigkeit** die, -/-en ‖ **Gemeinplatz** (abw.): seine Rede bestand aus Gemeinplätzen *(abgedroschenen Phrasen)* ‖ **gemeinsam:** der gemeinsame Markt (in der EU) ‖ **Gemeinsamkeit** die, -/-en ‖ **Gemeinschaft** die, -/-en ‖ **gemeinschaftlich:** gemeinschaftliche *(gemeinsame)* Ziele ‖ **Gemeinschaftsarbeit** ‖ **Gemeinschaftseigentum** (Jus) → G.: → Individualeigentum ‖ **Gemeinschaftskunde** (SüdT): *politische Bildung* ‖ **Gemeinschaftsraum:** *Aufenthaltsraum [in Heimen, Internaten]* ‖ **Gemeinschaftsunternehmen** ‖ **Gemeinschuldner** (Jus): *der Schuldner im Konkurs (Insolvenzverfahren)* ‖ **Gemeinschuldnerin** (Jus) ‖ **Gemeinsinn** der, -[e]s: *Verständnis für die Interessen der Allgemeinheit* ‖ **Gemeinsprache** (Sprachwiss.): *allgemein verwendete und verständliche Sprache* ‖ **gemeinverständlich:** *allgemein verständlich* ‖ **Gemeinwesen:** *Gemeinde; Staat; Allgemeinheit* ‖ **Gemeinwirtschaft:** *der Allgemeinheit dienende Wirtschaftsform* ‖ **Gemeinwohl:** *das Wohl aller*

Gemenge das, -s/-: *Mischung, Gemisch* | sich ins G. *(unter die Menschenmassen)* mischen

gemessen (geh.): gemessenen Schrittes *(langsam und würdevoll)* gehen; → messen ‖ **Gemessenheit** die, -

Gemetzel das, -s/- (abw.): *Blutbad, mörderischer Kampf*

Gemination [-tsi-] die, -/-en ⟨lat.⟩ (Sprachwiss.): *Verdoppelung [von Konsonantenbuchstaben]*

gemindert → mindern

Gemisch das, -[e]s/-e: ein explosives G. ‖ **gemischt** → mischen ‖ **gemischtsprachig:** ein gemischtsprachiges Gebiet ‖ **Gemischtwarenhandlung** (veraltend)

gemittelt: gemittelte *(auf einen Mittelwert gebrachte)* Werte

Gemme die, -/-n ⟨lat.⟩: *Schmuckstein, in den ein Reliefbildnis geschnitten ist*

gemocht → mögen

gemoppelt (nördl. D) (nur in der Wendung): doppelt g. *(überflüssigerweise doppelt)*

Gemunkel das, -s: *heimlicher Tratsch*

Gemurmel das, -s

Gemurre das, -s

Gemüse das, -s/- ‖ **Gemüseanbau** der, -[e]s ‖ **Gemüsebeet** ‖ **Gemüsegarten** ‖ **Gemüsehändler** ‖ **Gemüsehändlerin** ‖ **Gemüsekohl** ‖ **Gemüseplatte:** *ein vegetarisches Gericht* ‖ **Gemüsestrudel** ‖ **Gemüsesuppe**

Gemüt das, -[e]s/-er: ein frohes G. haben *(ein fröhlicher Mensch sein);* sich etwas zu Gemüte führen *(etwas erwägen, beachten, sich auf einen Gedanken einlassen)* ‖ **gemütlich** ‖ **Gemütlichkeit** die, - ‖ **gemütsarm** ‖ **Gemütsbewegung:** er reagierte mit einer heftigen G. *(Erregung)* ‖ **gemütskrank:** *depressiv* ‖ **Gemütskranke**[1] der, -n/-n, ein Gemütskranker ‖ **Gemütskranke**[2] die, -n/-n ‖ **Gemütsmensch** (oft iron.): *gemütlicher, gutmütiger Mensch* ‖ **Gemütsverfassung** ‖ **Gemütszustand** ‖ **gemütvoll**

gen (geh., veraltet): gen *(gegen den, zum)* Himmel blicken

Gen das, -[e]s/-e ⟨gr.⟩ (Biol.): *Erbfaktor, einzelne Erbanlage*

gen.: **gen**annt

Gen.: **Gen**itiv | **Gen**ossenschaft

Genanalyse [-y:-]

genant [ʒe-] ⟨fr.⟩: *peinlich;* → genieren

genas → genesen

genäschig (geh.): ein genäschiges *(naschhaftes)* Kind

> **genau**
> genaue Pläne; etwas genauestens beobachten
>
> **Großschreibung bei Nominalisierung:**
> – nichts **G**enaues wissen
> – ich bin aufs (auf das) **G**enaueste (= genaueste; mit Frage *Wie?*) unterrichtet
>
> **Getrenntschreibung:**
> – genau arbeiten
> – etwas genau nehmen
>
> **Getrennt- und Zusammenschreibung mit adjektivisch gebrauchten Partizipien:**
> – genau genommene (= genaugenommene) Anweisungen; *aber nur getrennt:* das ist genau genommen falsch
> – genau unterrichtete (= genauunterrichtete) Kreise

genau genommen = **genaugenommen** → genau ‖ **Genauigkeit** die, -

> **genauso**
> ebenso; ich mache es g.
>
> **Vom nachfolgenden Adjektiv oder Adverb getrennt:**
> – genauso gut
> – genauso lang[e]
> – genauso oft
> – genauso viel

G

– genauso wenig
– genauso weit
Aber getrennt, wenn „so" betont ist:
genau so und nicht anders

ge|nau|so|viel|mal (*bei bes. Betonung auch:* genauso viel Mal) ‖ **ge|nau un|ter|rich|tet** = **ge|nau-un|ter|rich|tet**

Gen|darm [ʒɑ̃d-, ʒan-] der, -en/-en ⟨fr.⟩ (früher): *Mitglied der Gendarmerie;* → Polizist ‖ **Gen|dar|me|rie** die, - (früher): *Kurzwort für Bundesgendarmerie;* → Polizei ‖ **Gen|dar|min** die, -/-innen (früher)

G

Gen|der [dʒ-] das, -[s] (meist ohne Art.) ⟨engl.⟩: *Geschlecht als soziale Rolle, Frau bzw. Mann zu sein* ‖ **Gen|der|for|schung** ‖ **Gen|der-main|strea|ming** [-ˌmeɪnstriːm-] = **Gen|der-Main|strea|ming** das, -s: *Methode zur Durchsetzung der Bedürfnisse und Rechte beider Geschlechter* ‖ **gen|dern:** *den Gleichbehandlungsgrundsatz beachten*

Ge|ne|a|lo|ge der, -n/-n ⟨gr.⟩ ‖ **Ge|ne|a|lo|gie** die, -/-n: *Ahnenforschung, Familienforschung; Herkunft, Abstammung* ‖ **Ge|ne|a|lo|gin** die, -/-innen ‖ **ge|ne|a|lo|gisch**

ge|nehm (geh.): „Ist Ihnen das genehm *(angenehm, recht)*?" ‖ **ge|neh|mi|gen:** ein Ansuchen g. *(bewilligen)* ‖ **Ge|neh|mi|gung** die, -/-en ‖ **Ge|neh|mi|gungs|pflicht** ‖ **ge|neh|mi|gungs|pflich|tig**

ge|neigt (geh.): einem Plan g. sein *(ihm wohlgesinnt sein, ihm zuneigen)* ‖ **Ge|neigt|heit** die, - (geh.)

Ge|ne|ral der, -s/Generäle [D: Generale] ⟨lat.-fr.⟩: *ein hoher militärischer Dienstgrad* | *gewähltes Oberhaupt mancher Mönchsorden;* Pater G. ‖ **Ge|ne|ral|an|walt:** *ein Amtstitel* ‖ **Ge|ne|ral|an|wäl|tin** ‖ **Ge|ne|ral|bass** (Mus.): *Basso continuo* ‖ **Ge|ne|ral|be|voll|mäch|tig|te**[1] der, -n/-n, ein Generalbevollmächtigter: *jemand, der die Generalvollmacht besitzt* ‖ **Ge|ne|ral|be|voll|mäch|tig|te**[2] die, -n/-n ‖ **Ge|ne|ral|de|bat|te:** *allgemeine Debatte [im Parlament]* ‖ **Ge|ne|ral|di|rek|ti|on** [-tsi̯-]: *oberste Geschäftsführung, oberste Verwaltungsebene;* G. für die öffentliche Sicherheit ‖ **Ge|ne|ral|di|rek|tor:** *oberster Direktor eines Unternehmens* ‖ **Ge|ne|ral|di|rek|to|rin** ‖ **Ge|ne|ral|im|por|teur** [-tøːɐ̯]: *alleiniger Importeur* ‖ **Ge|ne|ral|im|por|teu|rin** ‖ **Ge|ne|ra|lin** die, -/-innen ‖ **Ge|ne|ral|in|ten|dant:** *oberster verantwortlicher Leiter [des ORF]* ‖ **Ge|ne|ral|in|ten|dan|tin** ‖ **ge|ne|ra|li|sie|ren:** *verallgemeinern* ‖ **Ge|ne|ra|li|sie|rung** die, -/-en ‖ **Ge|ne|ra|lis|si|mus** der, -/Generalissimi (Mil.): *oberster Befehlshaber* ‖ **ge|ne|ra|li|ter** (geh.): *allgemein gesehen* ‖ **Ge|ne|ral|klau|sel:** *Vorschrift, die Sachverhalte nicht aufzählt und beschreibt, sondern abstrakt umschreibt* ‖ **Ge|ne|ral|kon|sul:** *oberster Konsul* ‖ **Ge|ne|ral|kon|su|lat:** *Amtsstelle eines Generalkonsuls* ‖ **Ge|ne|ral|kon|su|lin** ‖ **Ge|ne|ral|maut:** *allgemeine Maut* ‖ **Ge|ne|ral|mo|bil|ma|chung** (Mil.): *allgemeine Mobilmachung;* → Teilmobilmachung ‖ **Ge|ne|ral|mu|sik|di|rek|tor** (GMD): *ein Titel* ‖ **Ge|ne|ral|mu|sik|di|rek|to|rin** (GMD) ‖ **Ge|ne|ral|pau|se** (Mus.): *Pause zugleich in allen Stimmen des Tonsatzes* ‖ **Ge|ne|ral|prä|ven|ti|on** [-v-tsi̯-] (Jus): *Abschreckung potenzieller Täter vor der Begehung einer Straftat durch Strafandrohung* ‖ **Ge|ne|ral|pro|be:** *letzte Probe wie eine Aufführung [mit Publikum]* ‖ **Ge|ne|ral|pro|ku|ra|tur** (Admin.): *Staatsanwaltschaft beim OGH* ‖ **Ge|ne|ral|re|prä|sen|tanz:** *Generalvertretung [einer Firma]* ‖ **ge|ne|ral|sa|nie|ren:** *komplett sanieren* ‖ **Ge|ne|ral|sa|nie|rung** ‖ **Ge|ne|ral|se|kre|tär:** *oberster Geschäftsführer* ‖ **Ge|ne|ral|se|kre|tä|rin** ‖ **Ge|ne|rals|rang** ‖ **Ge|ne|ral|stab** (Mil.): *oberste militärische Planungsgruppe;* Major des Generalstabs (d. G.) ‖ **Ge|ne|ral|streik:** *allgemeiner Streik* ‖ **Ge|ne|ral|trup|pen|in|spek|tor** [-sp-, *auch:* -ʃp-] (Mil.): *höchster Offizier des Bundesheeres* ‖ **ge|ne|ral|über|ho|len** ‖ **Ge|ne|ral|über|ho|lung:** *gänzliche Überprüfung und Reparatur [einer Maschine]* ‖ **Ge|ne|ral|un|ter|neh|mer:** *Firma, die die verantwortliche Gesamtleitung eines [Bau]projekts hat* ‖ **Ge|ne|ral|ver|samm|lung:** *Versammlung aller Mitglieder eines Vereins, aller Gesellschafter einer GmbH* ‖ **Ge|ne|ral|ver|tre|tung:** *alleinige Vertretung;* die Firma hat die G. für Österreich ‖ **Ge|ne|ral|vi|kar** [-v-] (kath.): *ständiger Stellvertreter eines Diözesanbischofs* ‖ **Ge|ne|ral|voll|macht:** *unbeschränkte Vollmacht*

Ge|ne|ra|ti|on [-tsi̯-] die, -/-en ⟨lat.⟩: Vater und Sohn gehören verschiedenen Generationen an; die ältere G. ‖ **Ge|ne|ra|ti|o|nen|kon|flikt** = Generationskonflikt ‖ **Ge|ne|ra|ti|o|nen|ver|trag:** *Prinzip der Sozialversicherung, wonach die Pensionen durch die Beiträge der nachfolgenden Generationen finanziert werden* ‖ **Ge|ne|ra|ti|o|nen|wech|sel** [-ks-] = Generationswechsel ‖ **Ge|ne|ra|ti|ons|kon|flikt** = → Generationenkonflikt ‖ **Ge|ne|ra|ti|ons|wech|sel** [-ks-] = → Generationenwechsel ‖ **ge|ne|ra|tiv:** *das Erzeugen, Hervorbringen betreffend* | (Sprachwiss.) *mit exakten Regeln beschreibend, wie sprachliche Strukturen gebildet werden* ‖ **Ge|ne|ra|ti|on X** [- iks, auch: dʒenəˈreɪʃn eks] die, - -: *Generation der um 1970 Geborenen, der Orientierungslosigkeit zugeschrieben wird* ‖ **Ge|ne|ra|tor** der, -s/-en [-ˈoː-]: *Maschine zur Erzeugung von elektrischem Strom, Dynamomaschine* | *Anlage zur Erzeugung von Gas* ‖ **ge|ne|rell:** *allgemein* ‖ **ge|ne|rie|ren:** *hervorbringen*

Ge|ne|ri|kum das, -s/Generika ⟨lat.⟩ (Med.): *kostengünstiges Arzneimittel, das die gleiche Wirksamkeit wie das Originalpräparat hat*

ge|ne|risch (Sprachwiss.): generisches Maskulinum *(männliches Geschlecht für die Bezeichnung beider Geschlechter)*

ge|ne|rös [ʒ-, g-] ⟨fr.⟩: *großzügig* ‖ **Ge|ne|ro|si|tät** [g-] die, -

Ge|ne|se die, -/-n ⟨gr.⟩: *Entstehung*

ge|ne|sen, du genest/genas/genesen (geh.): *gesund werden* | (veraltet) eines Kindes g. *(ein Kind gebären)* ‖ **Ge|ne|sen|de**[1] der, -n/-n, ein Genesender ‖ **Ge|ne|sen|de**[2] die, -n/-n

Ge|ne|sis die, - ⟨gr.⟩: *Entstehungsgeschichte* | (Rel.) *erstes Buch der Bibel; 1. Buch Moses*

Ge|ne|sung die, - (geh.): *Gesundung* ‖ **Ge|ne|sungs|pro|zess**

Ge|ne|tik die, - ⟨gr.⟩: *Vererbungslehre* ‖ **ge|ne|tisch:** *entwicklungsgeschichtlich;* g. *(erblich)* bedingt

Ge|ne|tiv → Genitiv

Genf (fr.: Genève [ʒ(œ)ˈnɛːv]): *Schweizer Stadt und Kanton* ‖ **Gen|fer See:** *See in der Schweiz und Frankreich*

Gen|for|schung die, - ⟨gr.⟩: *Gentechnologie*
ge|ni|al [veraltet auch: ʒe-] ⟨lat.⟩: *überragend begabt, besonders geistvoll* ‖ **ge|ni|a|lisch** [ge-]: *wie ein Genie* ‖ **Ge|ni|a|li|tät** die, -; → Genie
Ge|nick das, -[e]s/-e: *Nacken* | jemandem das G. brechen *(jemanden zum Scheitern bringen)* ‖ **Ge|nick|fang** (Jägerspr.): *Gnadenstoß mit dem Jagdmesser* ‖ **Ge|nick|schuss:** *eine [bei Hinrichtungen angewandte] Tötungsart* ‖ **Ge|nick|star|re:** *eine Krankheit*
Ge|nie [ʒe-] das, -s/-s ⟨lat.-fr.⟩: *ein überragend begabter, genialer Mensch* | (ohne Pl.) *hohe Geisteskraft* | *Genius* ‖ **Ge|nie|korps** [-koːɐ] (veraltet) (Mil.): *Pioniertruppe*
ge|nie|ren [ʒe-] sich ⟨fr.⟩: es geniert *(stört)* mich; ich geniere *(schäme)* mich dafür; → genant ‖ **Ge|nie|rer** der, -s (ugs.): *Scheu, Scham;* keinen G. haben ‖ **ge|nier|lich:** *schüchtern* | *peinlich*
ge|nieß|bar: genießbare *(essbare, ungiftige)* Pilze ‖ **Ge|nieß|bar|keit** die, - ‖ **ge|nie|ßen,** du genießt/genoss/genossen: eine schöne Aussicht g. *(sich an ihr erfreuen);* die neue Freiheit in vollen Zügen g. | sie ist mit Vorsicht zu g. *(bei ihr ist Vorsicht angebracht)* | hohes Ansehen g. *(sehr angesehen sein)* ‖ **Ge|nie|ßer** der, -s/- ‖ **Ge|nie|ße|rin** die, -/-innen ‖ **ge|nie|ße|risch**
Ge|nie|streich [ʒe-] ⟨lat.-fr.⟩ (geh.): *geniale Leistung; großer Wurf* ‖ **Ge|nie|trup|pe** (CH): *Pioniertruppe*
ge|ni|tal ⟨lat.⟩ ‖ **Ge|ni|tal** das, -s/-ien [-i̯ɛn] = **Ge|ni|ta|le,** -s/Genitalien (meist Pl.): *Geschlechtsorgan*
Ge|ni|tiv der, -s/-e [-fɛ, -vɛ], *auch:* Genetiv (Gen.) ⟨lat.⟩ (Gramm.): *2. Fall, Wesfall*
Ge|ni|us der, - ⟨lat.⟩: *Geisteskraft, schöpferische Fähigkeit* | (mit Pl. Genien [-i̯ɛn]) (geh.) *überragender schöpferischer Mensch* | (geh.) *Schutzgeist* | (geh.) *Genie* ‖ **Ge|ni|us Lo|ci** [- -tsi] der, - -: *Schutzgeist eines Ortes*
Gen|mais ⟨gr.⟩ ‖ **Gen|ma|ni|pu|la|ti|on** [-tsi̯-] (Biol., Med.): *künstliche Veränderung der Erbanlagen* ‖ **Gen|mu|ta|ti|on** [-tsi̯-] (Biol.) ‖ **Ge|nom** das, -s/-e (Biol.): *die Erbmasse einer Zelle* ‖ **Ge|nom|ana|ly|se** [-yː-]
ge|nos → genießen
Ge|nos|se der, -n/-n: *Kamerad (bes. in sozialdemokratischen und kommunistischen Parteien);* Gesinnungsgenosse ‖ **Ge|nos|sen|schaft** die, -/-en (Gen.): *gemeinschaftlicher Geschäftsbetrieb von Einzelpersonen* ‖ **ge|nos|sen|schaft|lich** ‖ **Ge|nos|sen|schafts|woh|nung:** *Wohnung im Eigentum gemeinnütziger Genossenschaften* ‖ **Ge|nos|sin** die, -/-innen
Ge|no|typ [auch: -'ty(ː)p] ⟨gr.⟩ (Biol.): *Summe der genetischen Information;* → Phänotyp
Ge|no|ve|fa [-'feː-, -'veː-] = **Ge|no|ve|va** [-fa, -va]: *weibl. Vorname;* → Feverl
Ge|no|zid der = das, -[e]s/-e ⟨gr.+lat.⟩: *Völkermord*
Gen|re ['ʒɑ̃ːr] das, -[s]/-s ⟨fr.⟩: *Art* ‖ **Gen|re|bild:** *Bild aus dem Alltagsleben; Sittenbild* ‖ **gen|re|haft**
Gen|tech|nik ⟨gr.⟩ ‖ **Gen|tech|nik|ge|setz** ‖ **gen|tech|nisch** ‖ **Gen|tech|no|lo|gie:** *Wissenschaft von der künstlichen Veränderung von Erbanlagen* ‖ **gen|tech|no|lo|gisch**
Gen|t|le|man ['dʒentlmən] der, -[s]/Gentlemen ⟨engl.⟩: *ein wohlerzogener Mann von vornehmer Gesinnung* ‖ **gen|t|le|man|like** [-laɪk]: das ist nicht g. *(eines Gentleman nicht würdig)* ‖ **Gen|t|le|men's Ag|ree|ment** [- ə'griːm-] das, - -[s]/- -s: *Übereinkunft auf guten Glauben*
ge|nug: g. Schönes; g. zu essen haben; das ist g. zum Leben ‖ **Ge|nü|ge** (zB in der Wendung): etwas zur G. kennen | (geh.) dem Gesetz G. tun *(dessen Anforderungen erfüllen);* einer Sache geschieht G. ‖ **ge|nü|gen:** das genügt *(reicht)* nicht ‖ **ge|nü|gend:** diese Leistung ist genügend | (Großschreibung) **G**enügend *(4, eine Beurteilungsstufe in der Schule);* die Note **G**enügend; ein **G**enügend bekommen; → Nicht genügend ‖ **ge|nüg|sam** ‖ **Ge|nüg|sam|keit** die, - ‖ **ge|nug|tun**[1] (geh.): sie war bemüht, den Anforderungen genugzutun *(zu entsprechen)* ‖ **ge|nug|tun**[2] sich (geh.): sich nicht g. *(aufhören)* können ‖ **Ge|nug|tu|ung** die, -: etwas mit G. *(Befriedigung)* erfahren | (Jus) volle G. leisten *(vollen Schadenersatz einschließlich Gewinnentgang leisten)*
ge|nu|in ⟨lat.⟩: *angeboren, echt, natürlich*
Ge|nus das, -/Genera ⟨lat.⟩ (Gramm.): *grammatisches Geschlecht;* → Femininum; → Maskulinum; → Neutrum
Ge|nuss der, -es/-nüsse: der G. von Alkohol ist verboten | *Annehmlichkeit;* in den G. eines Fensterplatzes kommen ‖ **ge|nüss|lich:** *genießerisch* ‖ **Ge|nuss|mensch** ‖ **Ge|nuss|mit|tel:** *Kaffee u. dgl.* ‖ **Ge|nuss|schein** (Bankw.): *ein Wertpapier* ‖ **Ge|nuss|specht** (ugs.): *Genießer/in* ‖ **Ge|nuss|sucht** ‖ **ge|nuss|süch|tig**
geo- ⟨gr.⟩ (nur in Zusammensetzungen wie geologisch) ‖ **Geo|bo|ta|nik:** *Teilgebiet der Botanik, erforscht die geografischen Beziehungen* ‖ **Geo|che|mie** [-k-]: *Lehre von der chemischen Zusammensetzung der Erde* ‖ **Geo|dä|sie** die, - ⟨gr.⟩: *Lehre von der Erdvermessung* ‖ **Geo|dät** der, -en/-en: *Geometer* ‖ **Geo|dä|te** die, -/-n (Phys., Math.): *kürzeste Verbindung zweier Punkte, zB eine Gerade im ebenen Raum* ‖ **Geo|dä|tin** die, -/-innen ‖ **Geo|drei|eck** (Wz.): *ein Zeichengerät für Geometrie* ‖ **Geo|dy|na|mik** [-dy-] die, -: *Erdbebenkunde* ‖ **Geo|graf** = Geograph [-f] der, -en/-en: *Forscher bzw. Lehrer der Geographie* ‖ **Geo|gra|fie** = Geographie die, -: *Erdkunde* ‖ **Geo|gra|fin** = Geographin die, -/-innen ‖ **geo|gra|fisch** = **geo|gra|phisch:** *erdkundlich* ‖ **Geo|lo|ge** der, -n/-n ‖ **Geo|lo|gie** die, -: *Wissenschaft vom Bau und von der Geschichte der Erde* ‖ **Geo|lo|gin** die, -/-innen ‖ **geo|lo|gisch:** geologische Untersuchungen; *aber:* die **G**eologische Bundesanstalt (in Wien) ‖ **Geo|man|tie** die, -: *alte westliche Tradition der Lagebestimmung* ‖ **Geo|me|ter** der, -s/-: *Vermessungsfachmann, Landvermesser* ‖ **Geo|me|te|rin** die, -/-innen, *auch:* Geometrin ‖ **Geo|me|t|rie** die, - (Math.) ‖ **geo|me|t|risch:** beim geometrischen Zeichnen ein Lineal benützen; *aber:* **G**eometrisches Zeichnen *(Unterrichtsgegenstand; GZ)* ‖ **Geo|mor|pho|lo|gie** [-f-]: *Wissenschaft von den Erdoberflächenformen* ‖ **Geo|phy|sik** [-fy-]: *Lehre von den physikalischen Vorgängen auf und in der Erde* ‖ **geo|phy|si|ka|lisch** ‖ **geo|po|li|tisch:** *die Zusammenhänge von Geographie*

G

und Politik betreffend
Georg: *männl. Vorname;* → Jörg; → Jürgen; → Schorsch; → Schurl ‖ **Georgia**[1] = Georgine: *weibl. Vorname* ‖ **Georgia**[2] ['dʒɔːdʒə]: *Bundesstaat der USA* ‖ **Georgien:** *ein Staat der GUS* ‖ **Georgier** der, -s/-: *Bewohner Georgiens* ‖ **Georgierin** die, -/-innen ‖ **Georgine** die, -/-n: *eine Gartenblume* | = → Georgia
geostationär [-ʃtatsi̯-] (Phys.): *eine unveränderliche Stellung über dem Erdäquator einnehmend* ‖ **Geotop** der = das, -s/-e ⟨gr.⟩ (Ökol.): *natürliche landschaftlich-geologische Einheit* ‖ **Geowissenschaft** (meist Pl.): *Erdwissenschaft, zB Geologie, Geographie, Mineralogie* ‖ **geozentrisch** [auch: 'geː-]: das geozentrische *(auf die Erde als Mittelpunkt bezogene)* Weltsystem; → heliozentrisch
Gepäck das, -[e]s: *Koffer, Rucksack u. dgl.;* Handgepäck ‖ **Gepäcksaufbewahrung** ‖ **Gepäcksaufgabe** ‖ **Gepäckskontrolle** ‖ **Gepäcksnetz** ‖ **Gepäcksschalter** ‖ **Gepäcksstück** ‖ **Gepäcksträger,** *auch:* Gepäckträger: *eine Ablage [im Zug, auf Fahrrädern]* | *jemand, der [auf Bahnhöfen] Koffer uÄ transportiert* ‖ **Gepäcksträgerin,** *auch:* Gepäckträgerin ‖ **Gepäckswagen** ‖ **Gepäckversicherung,** *auch:* Gepäcksversicherung
Gepard der, -en/-en = **Gepard,** -s/-e ⟨fr.⟩: *eine Großkatze* ‖ **Gepardin** die, -/-innen
gepfeffert (ugs.): gepfefferte *(hohe)* Preise; → pfeffern
gepflegt: gut gepflegte (= gutgepflegte) Beziehungen; eine gepflegte *(niveauvolle)* Unterhaltung; → pflegen ‖ **Gepflegtheit** die, - ‖ **Gepflogenheit** die, -/-en: *Gewohnheit, Brauch*
Geplänkel das, -s/-: *kleinere Auseinandersetzung, harmloses [Wort]gefecht*
Geplärr das, -[e]s, *auch:* **Geplärre,** -s
Geplauder das, -s
Gepolter das, -s: *ständiges Poltern* | *lautstarkes Schimpfen*
Gepräge das, -s (geh.): *besondere Note, Eigenart*
Gepränge das, -s (geh.): *großer Aufwand, Prunk*
gepunktet: *mit Punkten versehen, punktiert;* → punkten
Gequietsche das, -s
gerad (ugs.): *gerade*
gerade[1]: eine g. Zahl; → G.: ungerade

gerade[2] **(Adj.):**
ein gerader Weg

Getrenntschreibung in der wörtlichen Bedeutung „aufrecht“:
- gerade halten
- gerade sitzen
- gerade stehen

Getrennt- und Zusammenschreibung mit Verben, die ein Resultat herbeiführen:
- ein Bild gerade richten (= geraderichten)
- die Gabel gerade biegen (= geradebiegen)

Zusammenschreibung bei übertragener Bedeutung:
- geradebiegen *(in Ordnung bringen, bereinigen)*
- für etwas geradestehen *(die Verantwortung für etwas auf sich nehmen)*

gerade[3] (Adv.): er ist g. *(soeben)* angekommen; g. *(genau)* das meine ich ‖ **Gerade** die, -n/-n: die Geraden zeichnen | (auch mit Pl. -) zwei, alle Gerade[n] ‖ **geradeaus** [auch: -'aʊs]: g. gehen | g. *(genau)* zehn Euro | *unbekümmert; direkt* ‖ **geradebiegen:** *in Ordnung bringen, bereinigen;* sie hat die Angelegenheit wieder geradegebogen; *aber:* die Gabel gerade biegen (= geradebiegen) ‖ **geradeheraus:** ich sage es g. *(offen und direkt)* ‖ **gerade richten = geraderichten** ‖ **geradeso:** *ebenso;* g. schnell; ich mache es g.; *aber:* gerade so und nicht anders ‖ **geradestehen:** für etwas g. *(dafür die Verantwortung auf sich nehmen); aber:* gerade *(aufrecht)* stehen ‖ **geradewegs** ‖ **geradezu:** *direkt* ‖ **geradlinig** ‖ **Geradlinigkeit** die, -
Gerald: *männl. Vorname*
gerammelt (nur in der Wendung): g. voll *(dicht gedrängt);* → rammeln
Gerangel das, -s (ugs.): ein G. *(eine Drängerei)* um die besten Plätze
Geranie [-i̯ɛ] die, -/-n ⟨gr.⟩: *eine Zierpflanze, Pelargonie*
Geras: *Stadt und Stift in Niederösterreich*
Geraschel das, -s
Gerät das, -[e]s/-e: das G. ist defekt ‖ **geraten** (Verb): ins Unglück g. *(kommen)* | er ist vor Zorn außer sich g. *(hat die Beherrschung verloren)* | der Gugelhupf ist dir wirklich [gut] g. *(ist gut geworden)* | es sei dir g. ... *(es ist ratsam ...)* ‖ **Geräteschuppen** ‖ **Geräteturnen,** *auch:* Gerätturnen: *eine Sportdisziplin* ‖ **Geratewohl,** *auch:* Gratewohl: aufs G. *(auf gut Glück)* ‖ **Gerätschaft** die, -/-en
Geratter das, -s
Gerätturnen → Geräteturnen
geraume (geh.): g. *(lange)* Zeit ‖ **geräumig:** ein geräumiges *(großes)* Zimmer ‖ **Geräumigkeit** die, -
Geraune das, -s
Geraunz das, -es = **Geraunze,** -s (abw.): *ständiges Raunzen*
Geräusch das, -[e]s/-e ‖ **geräuscharm** ‖ **geräuschempfindlich** ‖ **Geräuschkulisse:** die Musik war lediglich G. ‖ **geräuschlos** ‖ **Geräuschlosigkeit** die, - ‖ **Geräuschpegel** ‖ **geräuschvoll**
Geräusper das, -s: *ständiges Räuspern*
gerben: Häute und Felle g. *(zu Leder verarbeiten)* ‖ **Gerber** der, -s/-
Gerbera die, -/-[s]: *eine Pflanze*
Gerberei die, -/-en ‖ **Gerberin** die, -/-innen
Gerbstoff
Gerd, *auch:* Gert: *männl. Vorname (Gerhard)* ‖ **Gerda:** *weibl. Vorname*
Gerebelte der, -n, ein Gerebelter: *Wein von gerebelten (stängellosen) Trauben;* → rebeln
gerecht: einem Wunsch g. werden *(ihn erfüllen)* | eine gerechte Strafe ‖ **gerechterweise** ‖ **gerechtfertigt** ‖ **Gerechtigkeit** die, -: ausgleichende G. ‖ **Gerechtigkeitsfanatiker** ‖ **Gerechtigkeitsfanatikerin** ‖ **Gerechtigkeitsgefühl** ‖ **gerechtigkeitsliebend** ‖ **Gerechtigkeitssinn**
Gerede das, -s: ins G. kommen; jemanden ins G. bringen *(schuld sein, dass über jemanden [nachteilig] geredet wird)*
geregelt: *regelmäßig, geordnet;* ein geregeltes Einkommen; → regeln
gereichen (geh.): das gereicht ihm zur Ehre *(es ehrt ihn)*
gereift: eine gereifte *(charakter-*

lich gefestigte, erfahrene) Persönlichkeit; → reifen
ge|reizt: *überempfindlich, missmutig auf Grund von Angespanntheit;* er reagierte g.; → reizen ‖ **Ge|reizt|heit** die, -
ge|reu|en (geh.): es gereut *(reut)* mich
Ger|hard, *auch:* **Ger|hart:** *männl. Vorname*
Ge|ri|a|ter der, -s/- ⟨gr.⟩: *Facharzt für Alterskrankheiten* ‖ **Ge|ri|a|te|rin** die, -/-innen, *auch:* Geriatrin ‖ **Ge|ri|a|trie** die, - ‖ **Ge|ri|a|trie|zen|trum:** *Pflegeheim* ‖ **Ge|ri|a|tri|kum** das, -s/Geriatrika (Med.): *vorbeugendes Mittel gegen Alterskrankheiten* ‖ **ge|ri|a|trisch**
Ge|richt[1] das, -[e]s/-e: sich wegen schwerer Erpressung vor G. verantworten müssen | (Rel.) das Jüngste/Letzte G. *(Gericht Gottes über die Menschen)* | mit jemandem hart ins G. gehen *(jemanden heftig kritisieren, angreifen)*
Ge|richt[2] das, -[e]s/-e: *Speise, Essen*
ge|rich|tet: nach vorne g. ‖ **ge|richt|lich** ‖ **Ge|richts|as|ses|sor** (D): *Gerichtspraktikant* ‖ **Ge|richts|as|ses|so|rin** (D) ‖ **Ge|richts|bar|keit** die, -/-en: *Ausübung der Rechtssprechung* ‖ **Ge|richts|be|schluss** ‖ **Ge|richts|be|zirk** ‖ **Ge|richts|ge|büh|ren** die (Pl.) ‖ **Ge|richts|hof:** *ein mit mehreren Richtern besetztes Gericht;* der Oberste G. (→ OGH); der Internationale G. im Haag; → Europäische Gerichtshof ‖ **Ge|richts|ho|heit:** *das Recht zur Rechtsprechung* ‖ **Ge|richts|jahr:** *Praktikum für Juristen* ‖ **Ge|richts|kom|mis|sär:** *Notar im Verlassenschaftsverfahren* ‖ **Ge|richts|kom|mis|sä|rin** ‖ **Ge|richts|kos|ten** die (Pl.) ‖ **Ge|richts|me|di|zin** ‖ **Ge|richts|me|di|zi|ner** ‖ **Ge|richts|me|di|zi|ne|rin** ‖ **Ge|richts|prak|ti|kant:** *Jurist, der ein Praktikum bei Gericht absolviert; Rechtspraktikant* ‖ **Ge|richts|prak|ti|kan|tin** ‖ **Ge|richts|saal** ‖ **Ge|richts|spren|gel** (Admin.): *Zuständigkeitsbereich eines Gerichts* ‖ **Ge|richts|stand:** *Ort des zuständigen Gerichts* ‖ **Ge|richts|ter|min** ‖ **Ge|richts|ur|teil** ‖ **Ge|richts|ver|fah|ren:** *gerichtliche Untersuchung, Prozess* ‖ **Ge|richts|ver|hand|lung** ‖ **Ge|richts|voll|zie|her** der, -s/-: *Exekutor* ‖ **Ge|richts|voll|zie|he|rin** die, -/-innen ‖ **Ge|richts|weg:** etwas auf dem G. lösen ‖ **Ge|richts|we|sen** das, -s ‖ **Ge|richts|zu|stän|dig|keit**
ge|rie|ren sich ⟨lat.⟩ (veraltet): er geriert sich *(gibt sich)* als Fachmann

ge|ring
eine geringe Abweichung

Großschreibung bei Nominalisierung:
– nicht im **G**eringsten
– nicht das **G**eringste *(gar nichts)*
– auch das **G**eringste *(Unbedeutendste)* kann wichtig sein
– keine **G**eringere als Maria Theresia

Getrennt- und Zusammenschreibung:
– jemanden gering achten (= geringachten)
– jemanden gering schätzen (= geringschätzen) *(wenig achten)*

ge|ring ach|ten = **ge|ring|ach|ten** ‖ **Ge|ring|ach|tung**
ge|rin|gelt: geringelte *(rund gestreifte)* Socken
ge|ring|fü|gig: *unbedeutend, wenig* | (Wirt.) g. Beschäftigte ‖ **Ge|ring|fü|gig|keit** die, -/-en ‖ **Ge|ring|fü|gig|keits|gren|ze** (Wirt.): *Betragsgrenze, bei deren Überschreiten sich zB eine Krankenversicherungspflicht ergibt* ‖ **ge|ring schät|zen** = **ge|ring|schät|zen:** *wenig achten* ‖ **ge|ring|schät|zig:** *verächtlich* ‖ **Ge|ring|schät|zung**
ge|rin|nen: *Flocken bilden und verklumpen;* geronnene Milch ‖ **Ge|rinn|sel** das, -s/-: → *Blutgerinnsel* ‖ **Ge|rin|nung** die, -/-en ‖ **Ge|rin|nungs|fak|tor**
Ge|rip|pe das, -s/-: *Knochengerippe* ‖ **ge|rippt:** eine gerippte Backform
Ge|riss das, -es (ugs.): um die Karten ist ein G. *(sie sind sehr begehrt)* ‖ **ge|ris|sen:** ein gerissener *(durchtriebener)* Bursche; → reißen ‖ **Ge|ris|sen|heit** die, -
Ger|lin|de: *weibl. Vorname*
Ger|lit|zen die, -: *Berg in Kärnten*
Ger|los die, -: *Gerlospass (T, S)*
Germ die, - (ostöst.) = der, -s (westöst.): *Backhefe*
Ger|ma|ne der, -n/-n ⟨lat.⟩: *Angehöriger eines historischen Volkes mit germanischer Sprache* | (scherzh.) *Deutscher* ‖ **Ger|ma|nin** die, -/-innen ‖ **ger|ma|nisch:** germanische Sprachen *(zB Deutsch, Englisch, Schwedisch)* ‖ **ger|ma|ni|sie|ren:** *eindeutschen* ‖ **Ger|ma|ni|sie|rung** die, - (früher): die G. eines Gebietes ‖ **Ger|ma|nis|mus** der, -/Germanismen: *Eigentümlichkeit der deutschen Sprache, bes. ihre [fälschliche] Anwendung auf eine andere Sprache* | → *Teutonismus* ‖ **Ger|ma|nist** der, -en/-en: *Kenner (Lehrer) des Deutschen (und anderer germanischer Sprachen) und seiner (ihrer) Literatur(en)* ‖ **Ger|ma|nis|tik** die, - ‖ **Ger|ma|nis|tin** die, -/-innen ‖ **ger|ma|nis|tisch** ‖ **Ger|ma|ni|um** das, -s ⟨lat.⟩ (Zeichen: Ge): *ein chemisches Element*

G

Germ|knö|del: *[mit Powidl] gefüllte und mit Mohn garnierte Mehlspeise* ‖ **Germ|krap|fen** ‖ **Germ|ku|chen** ‖ **Germ|strie|zel,** *auch:* Germstritzel ‖ **Germ|teig**
gern = **ger|ne,** lieber/am liebsten: g. lesen; allzu g.; ich möchte diese Hose g. haben *(besitzen); aber:* → gernhaben; → gern gesehen = gerngesehen ‖ **Ger|ne|groß** der, -/-e (scherzh.): *Angeber* ‖ **gern ge|se|hen** = **gern|ge|se|hen:** g. gesehene Gäste ‖ **gern|ha|ben:** du wirst ihn g. *(mögen, lieben)* | (ugs.) du kannst mich g. *(von dir will ich nichts mehr wissen!);* → gern
Ger|not: *männl. Vorname*
Ge|röll das, -[e]s/-e: *Gesteinsbrocken [als Ablagerungen in Flüssen]* ‖ **Ge|röll|hal|de**
Ge|ron|to|lo|gie die, - ⟨gr.⟩: *Wissenschaft, die sich mit dem alternden Menschen beschäftigt; Alternsforschung*
Ge|rös|te|ten die (Pl.) (Küchenspr.): Rindfleisch und Geröstete *(geröstete Erdäpfel);* → Rösti
Gerst|brein: *eine Speise* ‖ **Gers|te** die, -: *eine Getreideart* ‖ **Gers|ten|korn** das, -[e]s/-körner: *Frucht der Gerste* | *eine eitrige Entzündung am Augenlid* ‖ **Gers|ten|malz** ‖ **Gers|ten|saft** (oft scherzh.): *Bier* ‖ **Gerstl** das, -s: *eine Suppeneinlage;* geriebenes G. *(geriebener Teig)* | *Rollgerstel, Graupe* | (mit Ausspr. [ˈgɛɔʃtl]) (mda., sal.) *Geld* ‖ **Gerstl|sup|pe** ‖ **Gerst|sup|pe** (SüdT): *Gerstlsuppe*
Gert → Gerd ‖ **Ger|ta** → Gertrud
Ger|te die, -/-n: *biegsamer Stock;* Reitgerte ‖ **ger|ten|schlank**

Gertrud = **Gertrude,** *auch:* Gertraud, Gertraut: *weibl. Vorname*
Geruch der, -[e]s/Gerüche: ein penetranter G. || **geruchlos** || **Geruchlosigkeit** die, - || **Geruchsbelästigung** || **geruchsempfindlich** || **geruchsfrei** || **geruchsintensiv** || **Geruchssinn** der, -[e]s
Gerücht das, -[e]s/-e: *unverbürgte Nachricht* || **Gerüchteküche** die, - (scherzh.): *Ort, an dem Gerüchte entstehen* || **gerüchteweise** = **gerüchtweise**
geruhen (geh.): er geruhte zu antworten *(er ließ sich dazu herbei)* || **geruhsam:** *ruhig, bedächtig, ohne Hast* || **Geruhsamkeit** die, -
gerührt: ich bin g. *(ergriffen);* → rühren
Gerumpel das, -s: das G. *(das Rumpeln)* des Wagens auf holprigem Weg
Gerümpel das, -s (abw.): *altes, wertloses Zeug*
Gerüst das, -[e]s/-e: *[Metall]konstruktion für [Bau]arbeiten* || **Gerüster** der, -s/-: *Gerüstarbeiter* || **Gerüsterin** die, -/-innen
Gerüttel das, -s || **gerüttelt** (geh.): er trägt ein g. Maß *(ziemlich viel)* an/von Verantwortung; → rütteln
Gervais [ʒɛrˈveː] der, - [-(s)]/- [-(s)]: *eine Käsesorte (nach dem Firmengründer benannt)*
ges das, -/- (Mus.): *das um einen Halbton erniedrigte G (g);* → Ges | ges-Moll || **Ges** das, -/- (Mus.): *das um einen Halbton erniedrigte G (g);* → ges | Ges-Dur
ges.: gesetzlich; → ges. gesch.
Ges.: Gesellschaft; → Gesellschaft m. b. H.
gesalzen (ugs.): gesalzene *(übertrieben hohe)* Preise; → salzen
gesammelt: gesammelte Werke *(Ausgabe der wichtigsten Werke eines Autors);* → sammeln
gesampelt [-ˈsæ-, auch: -ˈsɑː-] → sampeln
Gesamtausgabe: *vollständige Ausgabe aller Werke eines Autors* || **Gesamtbetrag** || **gesamte:** das g. Vermögen; *aber:* im Gesamten || **Gesamteindruck** || **Gesamteinkommen** || **Gesamtgewicht** || **Gesamtgewinnsumme** || **gesamthaft** (bes. westöst., CH): *insgesamt* || **Gesamthandschuld** (Jus): *Verbindlichkeit mehrerer Schuldner* || **Gesamtheit** die, -: *alle, alles [zusammen]* || **Gesamtklassement** [-smɑ̃ː] (Sport) || **Gesamtkunstwerk:** die Oper als G. aus Dichtung, Musik, Tanz und bildender Kunst || **Gesamtnote** || **Gesamtsache** (Jus): *Gesamtheit von mehreren Bestandteilen | Unternehmen* || **Gesamtschule:** *Schule für alle (meist 6- bis 14-Jährigen)* || **Gesamtsieg** || **Gesamtspielzeit:** die G. einer Kassette || **Gesamtwerk:** das G. einer Künstlerin || **Gesamtzahl**
Gesandte[1] der, -n/-n, ein Gesandter: *ein Diplomat* || **Gesandte**[2] die, -n/-n || **Gesandtschaft** die, -/-en: *diplomatische Vertretung eines Staates im Ausland;* → Botschaft

Gesang der, -[e]s:
das Singen | (mit Pl. Gesänge) *Lieder* | (ohne Pl.) (veraltet) *Dichtkunst*

Zusammensetzungen mit „Gesang" werden in Österreich im Allgemeinen mit Fugen-s gebildet, zB:
- Gesangsbuch (in Deutschland: Gesangbuch)
- Gesangsunterricht
- Gesangsverein

Gesangsbuch || **Gesangskunst** || **Gesangslehrer** || **Gesangslehrerin** || **Gesangsstunde** || **Gesangsunterricht** || **Gesangsverein,** *auch:* **Gesangverein**
Gesäß das, -es/-e: *Hintern;* → Arsch; → Popo || **Gesäßbacke** || **Gesäßmuskel** || **Gesäßtasche:** *Hosentasche auf dem Gesäß*
gesättigt (Chem.): gesättigte Fettsäuren; → G.: ungesättigt
Gesätzlein das, -s/- (veraltet): *Strophe, Abschnitt*
Gesäuse das, -s: *ein Engtal der Enns in der Steiermark*
Gesäusel das, -s; → säuseln
gesch.: geschätzt | **gesch**ieden[e] | **gesch**ützt; → ges. gesch.
Geschädigte[1] der, -n/-n, ein Geschädigter || **Geschädigte**[2] die, -n/-n
Geschäft das, -[e]s/-e: ein G. eröffnen | mit jemandem ins G. kommen *(eine Geschäftsverbindung anknüpfen);* sie versteht ihr G. *(beherrscht ihren Beruf sehr gut)* | (verhüllend) sein kleines/großes G. *(seine Notdurft)* verrichten || **Geschäftemacher** (abw.) || **Geschäftemacherei** die, -/-en (abw.) || **Geschäftemacherin** (abw.) || **Geschäftesterben** → Geschäftssterben || **geschäftig:** g. *(immer beschäftigt)* tun; g. hin und her gehen || **Geschäftigkeit** die, - || **geschäftlich:** geschäftliche *(berufliche)* Besprechungen || **Geschäftsabschluss** || **Geschäftsanteil** (Wirt.): *die Gesellschaftsbeteiligung, Anteil am Gesellschaftskapital* || **Geschäftsbedingung** (meist Pl.) (Wirt.): *vertraglich festgelegte Bedingung, unter welcher ein Geschäftsabschluss zu Stande kommt bzw. ein Geschäft abgewickelt wird;* allgemeine Geschäftsbedingungen (AGB) || **Geschäftsbereich:** *zugewiesener Aufgabenbereich [eines Amtes]* || **Geschäftsbeziehung** || **Geschäftsbrief** || **Geschäftseinteilung:** *die Verteilung der Aufgaben auf die Mitarbeiter* || **Geschäftsfähigkeit** (Jus): *geistige und körperliche Handlungsfähigkeit* || **Geschäftsfrau** || **Geschäftsfreund:** *Geschäftspartner* || **Geschäftsfreundin** || **geschäftsführend:** die geschäftsführende Vorsitzende || **Geschäftsführer** || **Geschäftsführerin** || **Geschäftsführung** || **Geschäftsgang:** ein guter G. || **Geschäftsgebaren** das, -s (bes. D) (Kaufmannsspr.): *Geschäftsgebarung* || **Geschäftsgebarung** die, -/-en (Kaufmannsspr.): *Führung der finanziellen Geschäfte* || **Geschäftsgeheimnis:** *vertraulich zu behandelnde geschäftliche Information* || **Geschäftsgrundlage** (Jus): *Motiv für einen Geschäftsabschluss* || **Geschäftsinhaber** || **Geschäftsinhaberin** || **Geschäftsinteresse** || **Geschäftsjahr:** *Wirtschaftsjahr* || **Geschäftskosten** die (Pl.) || **Geschäftskreise** die (Pl.): *Geschäftswelt* || **Geschäftslage** || **Geschäftsleitung** || **Geschäftslokal** || **Geschäftsmann** der, -[e]s/-leute || **Geschäftsordnung:** *Regelung der Vorgangsweise, zB im Nationalrat* || **Geschäftspartner** || **Geschäftspartnerin** || **geschäftsschädigend** || **Geschäftsschädigung** || **Geschäftsschluss** || **Geschäftssinn** || **Geschäftsstelle:** *Büro einer Firma, einer Organisation* || **Geschäftssterben** das, -s, *auch:* Geschäftesterben || **Geschäfts-**

stück (Amtsspr.): *vom Amt zu erledigender Antrag oÄ, Aktenstück* || **Geschäftsstunden** die (Pl.): *Öffnungszeit* || **Geschäftstarif:** *bes. günstiger [Telefon]tarif für Unternehmen, Großkunden* || **Geschäftstätigkeit** die, -: → EGT || **Geschäftsträger:** *ein Diplomat* || **Geschäftsträgerin** || **geschäftstüchtig** || **Geschäftsverkehr:** *alle geschäftlichen Kontakte* || **Geschäftsviertel** || **Geschäftswelt:** sich in der G. auskennen || **Geschäftszahl:** *Nummer zur Kennzeichnung von Geschäftsbriefen, Akten, Bescheiden uÄ* || **Geschäftszeit:** *Öffnungszeit*

geschah → geschehen

Geschäker das, -s; → schäkern

geschamig → gschamig

geschasst (ugs.): der geschasste *(entlassene, hinausgeworfene)* Direktor; → schassen

geschätzt: sie wurde von allen sehr g. | (mit Abkürzung gesch.) (Kaufmannsspr.) Ihr geschätztes (gesch.) Schreiben vom 28. Februar

Geschau = Gschau das, -s/-e (ugs., oft abw.): *Gesichtsausdruck*

gescheckt: *scheckig*

geschehen, es geschieht/es geschah/geschehen: es ist ihr dabei nichts g. *(passiert);* es war um ihn g. *(er war endgültig verloren; er hatte sich verliebt);* das geschieht dir ganz recht *(du hast diese Strafe verdient)* || **Geschehen** das, -s/-: *Ereignis* || **Geschehnis** das, -nisses/-nisse (geh.)

gescheit: *klug* | (mda. auch: gscheit) sie rennt wie nicht g. *(wie verrückt)* || **Gescheitheit** die, -

Geschenk das, -[e]s/-e: *Gabe, Präsent;* Weihnachtsgeschenk || **Geschenkartikel** = Geschenksartikel: *als Geschenk gedachte Ware* || **Geschenkkarton** = Geschenkskarton || **Geschenkkorb** = Geschenkskorb || **Geschenkpapier** = Geschenkspapier

geschert → gschert || **Gescherte** → Gscherte

Geschichte die, -/-n: dem Kind eine G. erzählen | (ohne Pl.) die G. Österreichs; G. machen *(Bedeutungsvolles leisten)* | (ugs.) *Angelegenheit;* „Mach keine Geschichten *(Umstände, Schwierigkeiten)*!" | (sal.) es war eine besoffene G. *(durch Alkohol verursachte Dummheit)* || **Geschichtenbuch:** *Buch, das Geschichten enthält; aber:* → Geschichtsbuch || **geschichtlich:** *historisch;* geschichtliche Ereignisse || **Geschichtlichkeit** die, -: *Historizität, Frage nach der Tatsächlichkeit überlieferter geschichtlicher Ereignisse* || **Geschichtsatlas** || **Geschichtsbewusstsein** || **Geschichtsbuch:** *Lehrbuch der Geschichte; aber:* → Geschichtenbuch || **Geschichtsfälschung** || **Geschichtsklitterung** die, -/-en: G. betreiben *(geschichtliche Ereignisse verfälschend darstellen)* || **geschichtslos** || **Geschichtsschreiber** (veraltet): *Historiker* || **Geschichtsschreiberin** (veraltet) || **Geschichtsschreibung** (veraltet) || **Geschichtsstunde** || **geschichtsträchtig:** *historisch von großer Bedeutung*

Geschick das, -[e]s: mit großem G. basteln | (mit Pl. Geschicke) (geh.) sich in sein G. *(Schicksal)* fügen || **Geschicklichkeit** die, - || **Geschicklichkeitsprüfung** || **geschickt:** *praktisch begabt, fingerfertig*

Geschiebe das, -s/-: *Geröll; [vom Fluss] mitgeführte Steine* | (ohne Pl.) ein G. und Gedränge

geschieden (gesch.): Annemarie Müller[,] geschiedene (gesch.) Meier[,] hat ... || **Geschiedene**[1] der, -n/-n, ein Geschiedener || **Geschiedene**[2] die, -n/-n

geschieht → geschehen

Geschimpfe das, - (abw.)

Geschirr das, -[e]s/-e: *Kochtöpfe, Teller, Schüsseln u. dgl.;* [das] G. abwaschen | das G. *(Zaumzeug, Riemenzeug)* der Zugtiere || **Geschirrreiniger** || **Geschirrspüler** = **Geschirrspülmaschine** || **Geschirrspülmittel** || **Geschirrtuch**

geschlagen → schlagen

Geschlecht das, -[e]s/-er: ein altes G. *(eine alte Familie)* | das weibliche G. | das menschliche G. *(die Menschheit)* | (ohne Pl.) (geh.) *Geschlechtsteile* | (Gramm.) *Genus;* sächliches G.; → Gender || **Geschlechterfolge:** *Generationenfolge* || **Geschlechterrolle** (Soz., Psych.): *das gesellschaftlich erwartete Verhalten von Mann und Frau* || **Geschlechtertrennung** || **-geschlechtig** (nur in Zusammensetzungen wie zweigeschlechtig) || **geschlechtlich:** die geschlechtliche *(sexuelle)* Liebe || **Geschlechtlichkeit** die, - || **Geschlechtsakt:** *Geschlechtsverkehr* || **geschlechtsbezogen:** geschlechtsbezogene Unterschiede im Verhalten || **Geschlechtsdrüse:** *Keimdrüse; Hoden, Eierstock* || **geschlechtskrank** || **Geschlechtskrankheit** || **Geschlechtsmerkmal** das, -s/-e: ein sekundäres G. *(Körperproportion, Scham-, Bart- oder Achselhaare)* || **Geschlechtsname,** *auch:* **Geschlechtsnamen** (Amtsspr.): *aus dem Geschlecht abgeleiteter Nachname, Familienname* || **geschlechtsneutral:** eine geschlechtsneutrale Stellenausschreibung || **Geschlechtsorgan:** innere Geschlechtsorgane *(Hoden, Eierstock ua.);* äußere Geschlechtsorgane *(Penis, Klitoris ua.)* || **geschlechtsreif** || **Geschlechtsreife** || **geschlechtsspezifisch** [-sp-, -ʃp-] || **Geschlechtsteile** die (Pl.): *äußere Geschlechtsorgane* || **Geschlechtstrieb** der, -[e]s: *Fortpflanzungstrieb* || **Geschlechtsumwandlung** || **Geschlechtsunterschied** || **Geschlechtsverkehr**

geschliffen: in geschliffener *(stilistisch prägnanter, formvollendeter)* Sprache; → schleifen || **Geschliffenheit** die, -

geschlossen: die Opposition hat g. *(einheitlich)* dagegengestimmt | (Sprachwiss.) ein geschlossener *(mit wenig geöffnetem Mund gesprochener)* Vokal; → schließen || **Geschlossenheit** die, -

Geschmack der, -[e]s/Geschmäcke[r]: ein leicht süßlicher G. | *Geschmackssinn* | *Sinn für Passendes;* G. an etwas finden; auf den G. kommen *(etwas schätzen lernen)* || **geschmackig** → gschmackig || **geschmäcklerisch** (abw.): *übertrieben wählerisch* || **geschmacklich** || **geschmacklos** || **Geschmacklosigkeit** die, -/-en || **Geschmackserlebnis** || **geschmacksintensiv** || **geschmacksneutral** || **Geschmacksrichtung** || **Geschmackssache:** das ist G. *(das kann man verschieden beurteilen)* || **Geschmackssinn** der, -[e]s || **Geschmacksverstärker:** *chemischer Zusatz in Lebensmitteln* || **geschmackvoll**

geschmalzen (ugs.): die Preise sind g. *(überhöht);* → schmalzen

G

Geschmeide das, -s/- (geh.): *Schmuck; Goldschmiedearbeiten* ‖ **geschmeidig:** geschmeidige *(gelenkige)* Finger ‖ **Geschmeidigkeit** die, -

Geschmeiß das, -es (geh.): *Insektengewimmel; eklige Brut;* → Schmeißfliege | (geh., abw.) *Gesindel*

Geschmiere das, -s, *auch:* Geschmier (abw.)

Geschnatter das, -s: *das Schnattern*

Geschnetzelte das, -n, ein Geschnetzeltes: *eine Speise aus dünn und klein geschnittenen Fleischstücken*

geschniegelt: ein geschniegelter *(übertrieben herausgeputzter)* Bursch; g. und gestriegelt *(bes. fein herausgeputzt)*

Geschöpf das, -[e]s/-e: *Lebewesen;* ein G. Gottes | ein zartes G. *(ein schwächliches Kind)*

Geschoß das, -es/-e, *auch:* Geschoss: das G. traf den Mann in die Brust; Wurfgeschoß | *Stockwerk;* Erdgeschoß ‖ **-geschoßig,** *auch:* -geschossig (nur in Zusammensetzungen wie zweigeschoßig)

geschraubt (ugs.): g. *(geziert, unnatürlich)* reden; → schrauben

Geschrei das, -[e]s

Geschreibsel das, -s (ugs., abw.): *Geschriebenes*

Geschriebenstein der, -s: *ein Berg (Burgenland, Ungarn)*

geschult: eine geschulte *(ausgebildete)* Stimme; geschultes Personal; → schulen

geschupft → gschupft

Geschütz das, -es/-e: *eine Kanone oÄ* ‖ **Geschützdonner** ‖ **Geschützfeuer**

geschützt → ges. gesch.; → schützen

Geschwader das, -s/- (Mil.): *eine größere [Luft]flotteneinheit*

Geschwafel das, -s, *auch:* Geschwefel (ugs., abw.): *leeres Gerede*

Geschwätz das, -es (abw.): *dummes Gerede, Tratsch* ‖ **geschwätzig** (abw.) ‖ **Geschwätzigkeit** die, - (abw.)

Geschwefel → Geschwafel

geschweift: *geschwungen;* → schweifen

geschweige: er kann kaum gehen, g. [denn] *(noch viel weniger)* laufen

geschwind: g. *(schnell)* laufen ‖ **Geschwindigkeit** die, -/-en ‖ **Geschwindigkeitsbegrenzung** ‖ **Geschwindigkeitsbeschränkung** ‖ **Geschwindigkeitsmesser** der, -s/-: *Tachometer* ‖ **Geschwindigkeitsrausch:** *hemmungslos schnelles Fahren oÄ* ‖ **Geschwindigkeitsüberschreitung**

Geschwirr das, -s; → schwirren

Geschwister die (Pl.): meine kleinen G. ‖ **Geschwisterkind:** er/sie ist mein G. *(mein Neffe/meine Nichte);* wir sind Geschwisterkinder *(Cousins/Cousinen)* ‖ **geschwisterlich:** geschwisterliche Liebe ‖ **Geschwisterliebe:** *Liebe zwischen Geschwistern* | *Inzest, Blutschande* ‖ **Geschwisterpaar:** *Bruder und Schwester*

geschwollen (abw.): eine geschwollene *(hochtrabende, unnatürliche)* Ausdrucksweise; → schwellen

geschworen: ein geschworener *(entschiedener)* Feind des Alkohols sein; → schwören ‖ **Geschworene**[1] der, -n/-n, ein Geschworener: *ein Laienrichter* ‖ **Geschworene**[2] die, -n/-n ‖ **Geschworenengericht:** *Gericht mit Laienrichtern* ‖ **Geschworne**[1] der, -n/-n (Amtsspr.): *Geschworene*[1] ‖ **Geschworne**[2] die, -n/-n (Amtsspr.)

Geschwulst die, -/Geschwülste: *Tumor;* eine bösartige G. operieren

geschwungen: eine geschwungene Linie; → schwingen

Geschwür das, -[e]s/-e: → *Ulkus* ‖ **geschwürig:** *eitrig*

Ges-Dur (Ges) (Mus.) ‖ **Ges-Dur-Tonleiter** (Mus.)

Geseier, Geseire → Geseres

geselcht: *geräuchert* ‖ **Geselchte** das, -n, ein Geselchtes: *Selchfleisch, geräuchertes Fleisch*

Geselle der, -n/-n, *auch:* Gesell, -en/-en: *jemand, der die Lehrabschlussprüfung abgelegt hat; Facharbeiter* ‖ **gesellen** sich: sich zu jemandem g. *(sich anschließen)* ‖ **Gesellenstück:** *Arbeit, die bei der Gesellenprüfung beurteilt wird* ‖ **gesellig:** ein geselliger Mensch; ein geselliges *(gemütliches)* Beisammensein ‖ **Geselligkeit** die, - ‖ **Gesellin** die, -/-innen ‖ **Gesellschaft** die, -/-en: die Schwächsten der G. *(im Zusammenleben der Menschen)* | ich befinde mich damit in bester/guter G. *(bin damit nicht allein)* | *festliches Beisammensein;* eine G. geben | (Wirt.) *eine Unternehmensform;* Aktiengesellschaft ‖ **Gesellschafter** der, -s/-: *Kompagnon, Teilhaber* ‖ **Gesellschafterin** die, -/-innen ‖ **gesellschaftlich:** ein gesellschaftliches Ereignis; gesellschaftliche Zusammenhänge ‖ **Gesellschaft m. b. H.** die, - - - -/-en - - - (im kaufmännischen Schriftverkehr auch: Ges. m. b. H., Ges. mbH, GesmbH, GmbH): Gesellschaft mit beschränkter Haftung ‖ **Gesellschaftsdame** (veraltet): *Angestellte zur Unterhaltung und Begleitung von jemandem* ‖ **Gesellschaftslehre** die, -: *Soziologie* ‖ **Gesellschaftsordnung** (Soz.) ‖ **Gesellschaftspolitik:** *Sozialpolitik* ‖ **gesellschaftspolitisch** ‖ **Gesellschaftsrecht** ‖ **Gesellschaftsreise:** *Gruppenreise* ‖ **Gesellschaftsspiel** ‖ **Gesellschaftssystem** [-zy-] ‖ **Gesellschaftstanz:** *[Mode]tanz zur geselligen Unterhaltung* ‖ **Gesellschaftsvertrag** (Jus): *Vertrag über das Zusammenwirken mehrerer Personen zu einem gemeinsamen Zweck* ‖ **Gesellschaftswissenschaft:** *Soziologie, Sozialwissenschaft*

Gesenke das, -s/-: *Vertiefung im Gelände*

Geseres das, -, *auch:* Geseier, Geseire ⟨jidd.⟩ (ostöst., ugs.): *Gejammer, unnützes Gerede*

Gesetz das, -es/-e: *Vorschrift;* mit dem G. in Konflikt geraten ‖ **Gesetzblatt:** *Publikation eines Gesetzes;* → Bundesgesetzblatt ‖ **Gesetzbuch:** das Allgemeine Bürgerliche G. (ABGB) ‖ **Gesetzentwurf** = Gesetzesentwurf: dem Parlament einen G. vorlegen ‖ **Gesetzesänderung** ‖ **Gesetzesanzeiger** (SüdT): *offizielles Publikationsorgan der staatlichen italienischen Behörden, Bundesgesetzblatt* ‖ **Gesetzesauslegung:** *Interpretation der Gesetze* ‖ **Gesetzesbestimmung** ‖ **Gesetzesbrecher** der, -s/- ‖ **Gesetzesbrecherin** die, -/-innen ‖ **Gesetzesentwurf** = → Gesetzentwurf ‖ **Gesetzeskraft** die, -: die Vorlage erlangt im Jänner G. *(Gültigkeit)* ‖ **Gesetzesmaschinerie** ‖ **Gesetzesnovelle** [-v-] = Gesetznovelle: *Änderung eines Gesetzes* ‖ **Gesetzesrecht** → G.: Fallrecht ‖ **Gesetzesstelle:** *einzelne Ge-*

setzesbestimmung ‖ **Ge|set|zes|text** ‖ **ge|set|zes|treu** ‖ **Ge|set|zes|treue** ‖ **Ge|set|zes|über|tre|tung** ‖ **Ge|set|zes|vor|la|ge:** *Gesetzentwurf* ‖ **ge|set|zes|wid|rig** = gesetzwidrig: *gegen das Gesetz* ‖ **Ge|set|zes|wid|rig|keit** = Gesetzwidrigkeit ‖ **ge|setz|ge|bend:** die gesetzgebende Gewalt *(Legislative)* ‖ **Ge|setz|ge|ber** der, -s/-: das Parlament als G. ‖ **Ge|setz|ge|bung** die, -/-en ‖ **Ge|setz|ge|bungs|kom|mis|si|on** (SüdT): *Kommission des Südtiroler Landtages für Gesetzesvorlagen* ‖ **ge|setz|lich:** der Name ist g. geschützt *(ist in seiner Verwendung durch Gesetz [gegen Missbrauch] geschützt);* → ges. gesch. ‖ **Ge|setz|lich|keit** die, -/-en: *Gesetzmäßigkeit* ‖ **ge|setz|los** ‖ **ge|setz|mä|ßig** ‖ **Ge|setz|mä|ßig|keit** die, -/-en ‖ **Ge|setz|no|vel|le** [-v-] = → Gesetzesnovelle

ge|setzt: ein gesetzter *(ruhiger)* Mensch | g. den Fall *(angenommen),* dass ...; → setzen ‖ **Ge|setzt|heit** die, -

ge|setz|wid|rig = → gesetzeswidrig ‖ **Ge|setz|wid|rig|keit** = → Gesetzeswidrigkeit

Ge|seuf|ze das, -s

ges. gesch.: gesetzlich **gesch**ützt; → gesetzlich

Ge|sicht das, -[e]s/-er: *Antlitz;* Gesichter *(Grimassen)* schneiden; den Tatsachen ins G. sehen *(eine Situation richtig einschätzen, sich keine Illusionen machen)* | *Ansehen, Haltung;* sein G. verlieren, [be]wahren | jemanden schon seit Wochen nicht zu G. bekommen *(nicht sehen)* | (mit Pl. -e) (geh.) *Erscheinung, Vision* ‖ **Ge|sichts|aus|druck** ‖ **Ge|sichts|bad:** *das Gesehenwerden;* ein G. in der Menge nehmen ‖ **Ge|sichts|cre|me** [-kreːm] = Gesichtskrem = Gesichtskreme ‖ **Ge|sichts|far|be** ‖ **Ge|sichts|feld:** *jener Bereich, den man ohne Augenbewegung sehen kann* ‖ **Ge|sichts|kreis:** *Horizont;* den G. *(geistigen Horizont)* erweitern ‖ **ge|sichts|los:** *ohne Persönlichkeit* ‖ **Ge|sichts|punkt:** *Standpunkt; Betrachtungsweise* ‖ **Ge|sichts|sinn** der, -[e]s: *Sehvermögen* ‖ **Ge|sichts|ver|lust:** *Blamage* ‖ **Ge|sichts|zü|ge** die (Pl.)

Ge|sims das, -es/-e, *auch:* **Ge|sim|se** das, -s/-: *ein waagrechter Mauervorsprung*

Ge|sin|de das, -s (früher): *alle Knechte und Mägde [auf einem Bauernhof]* ‖ **Ge|sin|del** das, -s (abw.): *Pack;* lichtscheues G.

ge|sinnt: ein mir feindlich gesinnter Chef; *aber:* → gutgesinnt ‖ **Ge|sin|nung** die, -/-en: *Grundhaltung, Einstellung* ‖ **Ge|sin|nungs|freund** ‖ **Ge|sin|nungs|freun|din** ‖ **Ge|sin|nungs|ge|mein|schaft:** eine religiöse G.; eine politische G. ‖ **Ge|sin|nungs|ge|nos|se** ‖ **Ge|sin|nungs|ge|nos|sin** ‖ **ge|sin|nungs|los** ‖ **Ge|sin|nungs|lo|sig|keit** die, - ‖ **Ge|sin|nungs|schnüf|fe|lei** die, - (abw.): *Versuch, [politisch] unerwünschte Gesinnungen aufzuspüren* ‖ **Ge|sin|nungs|tä|ter:** *Täter aus Überzeugung* ‖ **Ge|sin|nungs|tä|te|rin** ‖ **Ge|sin|nungs|wan|del**

ge|sit|tet: ein gesitteter *(kultivierter, wohlerzogener)* Mensch

Ges. m. b. H. [gɛs ɛm be 'haː] die, - - - -/- - - - [- 'haːs], *auch:* Ges. mbH, GesmbH, GmbH; → Gesellschaft m. b. H.

ges-Moll (ges) (Mus.) ‖ **ges-Moll-Ton|lei|ter** (Mus.)

Ge|söff das, -[e]s/-e (ugs., abw.): *minderwertiges Getränk*

ge|son|dert: etwas g. *(getrennt, eigens)* aufbewahren

ge|son|nen (geh.): ich bin nicht g. *(gewillt),* noch länger zu bleiben; → sinnen

ge|sot|ten → sieden

Ge|span [-ʃp-] der, -[e]s [-en]/-e[n] (veraltet bzw. Druckw.): *Mitarbeiter, Helfer, Genosse* ‖ **Ge|spa|nin** die, -/-innen (mda. bzw. Druckw.)

Ge|spann das, -[e]s/-e: *vor einen Wagen gespannte Zugtiere* | *zwei zusammengehörige Menschen;* ein erfolgreiches/seltsames G. ‖ **ge|spannt:** g. *(neugierig)* sein | ein gespanntes *(gereiztes, spannungsgeladenes)* Verhältnis; → spannen ‖ **Ge|spannt|heit** die, -

Ge|spenst [-ʃp-] das, -[e]s/-er ‖ **ge|spens|ter|haft** ‖ **ge|spens|tern:** *spuken;* im Schloss gespenstert es ‖ **ge|spens|tig** ‖ **ge|spens|tisch**

Ge|spie|le der, -n/-n (geh.): *Spielkamerad* ‖ **Ge|spie|lin** die, -/-innen (geh.): *Spielgefährtin; Freundin*

Ge|spinst das, -[e]s/-e: *Gesponnenes*

Ge|spons[1] [-ʃp-] der, -es/-e ⟨lat.⟩ (veraltet): *Bräutigam; Gatte* ‖ **Ge|spons**[2] → Gesponsin ‖ **Ge|spon|sin** die, -/-innen, *auch:* Gespons das, -es/-e (veraltet): *Braut, Gattin*

Ge|spött das, -[e]s: sie ist dem G. *(Spott, Hohn)* ausgesetzt; zum G. werden; jemanden zum G. machen

Ge|spräch das, -[e]s/-e: mit jemandem ins G. kommen ‖ **ge|sprä|chig:** sie war heute g. *(hat viel und gern gesprochen)* ‖ **Ge|sprä|chig|keit** die, - ‖ **Ge|sprächs|ba|sis:** mit jemandem eine gute G. haben ‖ **ge|sprächs|be|reit** ‖ **Ge|sprächs|ebe|ne** ‖ **Ge|sprächs|gut|ha|ben:** *Guthaben auf einer Telefonwertkarte* ‖ **Ge|sprächs|kli|ma** ‖ **Ge|sprächs|part|ner** ‖ **Ge|sprächs|part|ne|rin** ‖ **Ge|sprächs|run|de:** eine prominente G. ‖ **Ge|sprächs|stoff** ‖ **Ge|sprächs|the|ma** ‖ **Ge|sprächs|the|ra|pie:** *ein psychotherapeutisches Verfahren* ‖ **Ge|sprächs|ver|wei|ge|rung** ‖ **ge|sprächs|wei|se**

ge|spreizt (abw.): ein gespreiztes *(geziertes) Benehmen;* → spreizen ‖ **Ge|spreizt|heit** die, - (abw.)

ge|spren|kelt: ein gesprenkeltes *(mit kleinen Flecken oder Tupfen versehenes)* Fell

ge|spritzt: ein Achtel g. ‖ **Ge|spritz|te** der, -n/-n, ein Gespritzter: *Wein, der mit Sodawasser aufgespritzt worden ist*

Ge|spür das, -s: das richtige G. *(Gefühl)* für etwas haben; → spüren

gest.: gestorben

Ge|sta|de [-ʃt-] das, -s/- (geh.): *Ufer bei größeren Gewässern*

Ge|stalt [-ʃt-] die, -/-en: *Körperbau, Figur;* von zierlicher G. | *unbekanntes Wesen;* eine leblose G. | *Form;* etwas nimmt langsam G. an ‖ **ge|stal|ten**[1]: *formen;* eine Feier g. ‖ **ge|stal|ten**[2] sich: das Wetter gestaltet *(entwickelt)* sich unbeständig ‖ **Ge|stal|ter** der, -s/- ‖ **Ge|stal|te|rin** die, -/-innen ‖ **ge|stal|te|risch** ‖ **-ge|stal|tig** (nur in Zusammensetzungen wie verschiedengestaltig) ‖ **ge|stalt|los** ‖ **Ge|stal|tung** die, -/-en ‖ **Ge|stal|tungs|kraft** die, - ‖ **Ge|stal|tungs|prin|zip**

Ge|stam|mel das, -s (abw.): *unzusammenhängendes Sprechen;* → stammeln

ge|stan|den: eine gestandene *(erprobte, erfahrene)* Lehrerin; → stehen; → gestehen ‖ **ge|stän|dig:** der Verbrecher ist g. *(er ge-*

G

steht seine Schuld) ‖ **Ge|ständ|nis** das, -nisses/-nisse: ein G. ablegen *(seine Tat eingestehen)* ‖ **ge|ständ|nis|be|reit**
Ge|stän|ge das, -s/-: *die Stangen [bei einem Zelt]*
Ge|stank der, -[e]s: *schlechter Geruch*
Ge|sta|po [-st-] die, -: **Ge**heime **Sta**ats**po**lizei (zur Zeit des Nationalsozialismus)
ge|stat|ten: „Bis auf Widerruf gestatteter *(erlaubter)* Durchgang"; g. *(erlauben)* Sie?
ge|staubt (bes. St): ein gestaubtes *(zB mit Wasser verdünntes)* Achtel Wein; → stauben ‖ **Ge|staub|te** der, -n/-n, ein Gestaubter (ostöst.): *noch trüber Sturm*
Ges|te die, -/-n ⟨lat.⟩: *Gebärde, Handbewegung;* → Gestik
Ge|steck das, -[e]s/-e: *Blumenarrangement* | *Hutschmuck [aus Federn oder Gamsbart]* ‖ **ge|steckt** (ugs.) (in der Wendung): g. voll *(ganz voll, bis auf den letzten Platz voll);* → stecken
ge|ste|hen: er hat seine Schuld gestanden ‖ **Ge|ste|hungs|kos|ten** die (Pl.): *Herstellungskosten, Selbstkosten*
Ge|stein das, -[e]s/-e ‖ **Ge|steins|bro|cken** ‖ **Ge|steins|pro|be** ‖ **Ge|steins|schicht** = **Ge|steins|schich|te**
Ge|stell das, -[e]s/-e: *Konstruktion aus Stangen oÄ;* Fahrgestell
ge|stellt: ich werde morgen Früh g. *(fertig, abmarschbereit)* sein; → stellen ‖ **Ge|stel|lungs|be|fehl** (veraltet): *Stellungsbefehl*

ges|tern
seit g.; von g. bis heute; die Welt von g. *(früher)*

Großschreibung der nachfolgenden Tageszeitangabe:
- gestern Abend
- gestern Früh
- gestern Nachmittag

ge|stie|felt: *in Stiefeln;* g. und gespornt; *aber:* der **G**estiefelte Kater *(eine Märchengestalt)*
Ges|tik die, - ⟨lat.⟩: G. und Mimik unterstützten seinen Vortrag ‖ **ges|ti|ku|lie|ren:** *Gesten machen, mit den Händen reden* ‖ **ges|tisch:** *auf Gesten bezogen*
Ges|ti|on die, -/-en ⟨lat.⟩: *Verwaltung, Führung [eines Amtes]* ‖ **Ges|ti|ons|be|richt** (Amtsspr.)
Ge|stirn das, -[e]s/-e (geh.): *ein [selbst] leuchtender Himmelskörper* ‖ **ge|stirnt** (geh.): der gestirnte *(mit Sternen besäte)* Himmel
Ge|stö|ber das, -s/-: *Schneegestöber* | *das Stöbern [in einer Lade]*
ge|sto|chen: in g. scharfer *(präziser, klarer)* Handschrift; → stechen
ge|stockt → stocken
Ge|stöhn das, -[e]s = **Ge|stöh|ne,** -s: *fortwährendes Stöhnen*
ge|stopft, *auch:* gstopft (ugs., sal., oft abw.): *reich* ‖ **Ge|stopf|te**[1] der, -n/-n, *auch:* Gstopfte[1], ein Gestopfter (ugs., sal., oft abw.) ‖ **Ge|stopf|te**[2] die, -n/-n, *auch:* Gstopfte[2] (ugs., sal., oft abw.)
ge|stor|ben (gest.); → sterben
ge|stört: ein gestörtes *(schlechtes)* Verhältnis zu jemandem haben; geistig g. *(behindert);* → stören
Ge|stot|ter das, -s: *das Stottern*
Ge|sträuch das, -[e]s/-e: *Ansammlung von Sträuchern*
Ge|strau|chel|te[1] der, -n/-n, ein Gestrauchelter: *auf die schiefe Bahn Geratener;* → straucheln ‖ **Ge|strau|chel|te**[2] die, -n/-n
ge|streckt (veraltend): ein gestreckter *(verlängerter)* Kaffee; → strecken ‖ **Ge|streck|te** der, -n/-n (veraltend): *Verlängerte*
ge|streift: ein rot gestreiftes (= rotgestreiftes) Kleid
ge|streng (geh.): *streng*
ge|stri|chen → streichen
gest|ri|ge: der g. Tag | g. *(altmodische) Ansichten*
Ge|strüpp das, -[e]s/-e: *dichtes Gesträuch*
Ge|stühl das, -[e]s/-e: *Gesamtheit der Sessel oÄ in einem Saal, einer Kirche o. dgl.*
Ge|stüt das, -[e]s/-e: *Pferdezuchtanstalt*
ge|stylt [-ˈstaɪ-]; → stylen
Ge|such das, -[e]s/-e: *Ansuchen, Antrag, Bitte* ‖ **Ge|such|stel|ler** der, -s/- (Amtsspr.) ‖ **Ge|such|stel|le|rin** die, -/-innen (Amtsspr.) ‖ **ge|sucht:** *unnatürlich, gekünstelt;* eine gesuchte Aussprache; → suchen

ge|sund, **gesünder/am gesündesten:**
ein gesundes Kind; Höhenluft ist g. *(gesundheitsfördernd)*

Getrenntschreibung bei wörtlicher Bedeutung:
- gesund bleiben
- gesund sein

Getrennt- und Zusammenschreibung mit Verben, die ein Resultat herbeiführen:
- jemanden gesund machen (= gesundmachen)
- jemanden gesund pflegen (= gesundpflegen)

Zusammenschreibung bei übertragener Bedeutung:
- gesundbeten *(durch Gebete zu heilen versuchen)*
- gesundschreiben *(aus dem Krankenstand entlassen)*
- eine Firma gesundschrumpfen *(weniger profitable Bereiche schließen)*
- sich gesundstoßen (reg., sal., oft abw.: *sich bereichern*)

ge|sund|be|ten (oft abw.): *durch Worte zu heilen versuchen;* → G.: krankjammern ‖ **ge|sun|den** (geh.): *gesund werden* ‖ **Ge|sun|den|un|ter|su|chung:** *Untersuchung zur Früherkennung von Krankheiten* ‖ **Ge|sund|heit:** bei bester G. sein; G.! *(ein Ausruf, wenn jemand niest)* ‖ **ge|sund|heit|lich** ‖ **Ge|sund|heits|amt** ‖ **Ge|sund|heits|ein|rich|tung** ‖ **ge|sund|heits|för|dernd** ‖ **Ge|sund|heits|för|de|rung** ‖ **ge|sund|heits|ge|fähr|dend** ‖ **ge|sund|heits|hal|ber** ‖ **Ge|sund|heits|leh|re** ‖ **Ge|sund|heits|mi|nis|ter** ‖ **Ge|sund|heits|mi|nis|te|rin** ‖ **Ge|sund|heits|mi|nis|te|ri|um:** *Bundesministerium für Gesundheit, Familie und Jugend* ‖ **Ge|sund|heits|po|li|zei:** *Sanitätspolizei (zuständig zB für die Bekämpfung von Seuchen)* ‖ **ge|sund|heits|po|li|zei|lich** ‖ **ge|sund|heits|schäd|lich** ‖ **Ge|sund|heits|spre|cher** (Pol.) ‖ **Ge|sund|heits|spre|che|rin** (Pol.) ‖ **Ge|sund|heits|stadt|rat** ‖ **Ge|sund|heits|stadt|rä|tin** ‖ **Ge|sund|heits|sys|tem** [-zy-] ‖ **Ge|sund|heits|vor|sor|ge** ‖ **Ge|sund|heits|zu|stand** ‖ **ge|sund ma|chen** = **ge|sund|ma|chen** ‖ **ge|sund pfle|gen** = **ge|sund|pfle|gen** ‖ **ge|sund|schrei|ben:** den Patienten g. *(aus dem Krankenstand entlassen);* → G.: krankschreiben ‖ **ge|sund|schrump|fen:** eine Firma g. *(weniger profitable Bereiche schließen)* ‖ **ge|sund|sto|ßen** sich (reg., sal., oft abw.): *sich bereichern* ‖ **Ge|sun|dung** die, -: *Genesung*
Ge|tä|fel das, -s ‖ **ge|tä|felt:** *mit Holz verkleidet*
Ge|tier das, -[e]s (geh.): *die Tiere*

ge|ti|gert: eine getigerte *(gestreifte)* Katze; → tigern
Ge|tö|se das, -s; → tosen
ge|tra|gen: *ruhig vorgetragen;* getragene Musik; → tragen
Ge|tränk das, -[e]s/-e: alkoholfreie Getränke || **Ge|trän|ke|fla|sche** || **Ge|trän|ke|kar|te** (Gast.) || **Ge|trän|ke|kar|ton** || **Ge|trän|ke|kon|sum** || **Ge|trän|ke|steu|er**
Ge|trat|sche das, -s: *das Tratschen*
ge|trau|en sich: ich getraue mich/mir nicht, das zu tun
Ge|trei|de das, -s/-: G. ernten; G. mahlen || **Ge|trei|de|an|bau** || **Ge|trei|de|ern|te** || **Ge|trei|de|feld** || **Ge|trei|de|korn** || **Ge|trei|de|si|lo** || **Ge|trei|de|vor|rat**
ge|trennt: g. leben; → trennen || **ge|trennt le|bend** = **ge|trennt|le|bend:** g. lebende Eheleute || **Ge|trennt|schrei|bung** die, -: G. von Wörtern; Zusammen- und G.
ge|treu (Adj.): *entsprechend;* eine getreue Wiedergabe; seiner Überzeugung g. handeln | (geh.) *treu* | (Präp. mit Dat.) g. *(gemäß)* ihrem Motto || **Ge|treue**[1] der, -n/-n, ein Getreuer || **Ge|treue**[2] die, -n/-n || **ge|treu|lich** (geh.): *treu, grundsatztreu*
Ge|trie|be das, -s/-: das G. *(die Antriebsvorrichtung)* eines Autos | im G. *(Trubel)* des Verkehrs
Ge|trie|ben|heit die, -: *Unruhe*
Ge|trom|mel das, -s; → trommeln
ge|trost (geh.): „Sei getrost *(zuversichtlich; unbesorgt)*!"; g. *(ohne Sorge)* fortgehen
Get|schen|tsche das, -s (K, ugs.): *Geraunze, Gejammere;* → tschentschen
Get|to = → Ghetto || **Get|to|blas|ter** = → Ghettoblaster || **get|to|i|sie|ren** = → ghettoisieren || **Get|to|i|sie|rung** = → Ghettoisierung
Ge|tu das, -[e]s = **Ge|tue** [-'u:ɛ], -s (ugs.): kein großes G. *(nicht viel Aufhebens)* machen
Ge|tüm|mel das, -s/-: im G. *(Trubel)* des Verkehrs
Ge|tu|schel das, -s; → tuscheln
Ge|vat|ter der, -s/-[n] (veraltet): *Taufpate* | *Vetter* | *Nachbar, Bekannter* || **Ge|vat|te|rin** die, -/-innen (veraltet)
Ge|viert das, -[e]s/-e: → *Häusergeviert*
Ge|wächs [-ks] das, -es/-e: *Pflanze* | *Geschwulst;* ein bösartiges G. || **ge|wach|sen:** groß g.; jemandem g. *(ebenbürtig)* sein; der Situation g. sein; → wachsen || **Ge|wächs|haus:** *Glashaus*
ge|wagt: *bedenklich, gefährlich, kühn;* eine gewagte These; → wagen || **Ge|wagt|heit** die, -
ge|wählt: eine gewählte *(wohl überlegte, gepflegte)* Ausdrucksweise; → wählen || **Ge|wählt|heit** die, -
ge|wahr (geh.): des Fehlers/den Fehler g. werden *(ihn bewusst wahrnehmen)*
Ge|währ die, -: *Bürgschaft, Sicherheit, Haftung;* ohne G.; → Gewähr leisten = gewährleisten
ge|wah|ren (geh.): *wahrnehmen, sehen*
ge|wäh|ren: eine Unterstützung g. *(geben)* | jemanden g. lassen *(ohne einzugreifen tun lassen)* || **Ge|währ leis|ten** = **ge|währ|leis|ten:** *sichern, garantieren;* ihre Mitarbeit gewährleistet den Erfolg; ich leiste Gewähr (= ich gewährleiste); Gewähr zu leisten (= zu gewährleisten); Gewähr geleistet (= gewährleistet) || **Ge|währ|leis|tung** (Jus): *die gesetzliche Haftung für Mängel;* die G. des Händlers || **Ge|währ|leis|tungs|aus|schluss** (Jus) || **Ge|währ|leis|tungs|pflicht** (Jus) || **Ge|währ|leis|tungs|recht** (Jus)
Ge|wahr|sam der, -s (geh.): *Obhut, Besitz;* etwas in seinen G. bringen | (Amtsspr.) einen Dieb in G. nehmen *(ihn verhaften, ihn einsperren)* || **Ge|wahr|sa|me** die, - (Amtsspr.): jemanden in polizeiliche G. *(in Haft)* nehmen
Ge|währs|frau: *Frau, auf deren Mitteilung man sich beruft* || **Ge|währs|mann** der, -[e]s/-männer [-leute] || **Ge|währs|per|son** || **Ge|wäh|rung** die, -/-en
Ge|walt die, -/-en: die gesetzgebende G. *(Legislative);* die vollziehende G. *(Exekutive)* | sich in der G. *(unter Kontrolle)* haben | (ohne Pl.) mit aller G. *(Macht, unbedingt);* jemandem G. antun *(jemanden zB misshandeln, vergewaltigen)* | das ist höhere G. *(nicht zu ändern, zB bei Naturkatastrophen)* || **Ge|walt|akt** || **Ge|walt|aus|bruch** || **ge|walt|be|reit:** gewaltbereite Demonstranten || **Ge|wal|ten|tei|lung** (Jus, Pol.): *Gewaltentrennung* || **Ge|wal|ten|tren|nung** (Jus, Pol.): *ein demokratischer Grundsatz des Rechtsstaates; Trennung von Gesetzgebung, Rechtssprechung und Verwaltung* || **ge|walt|frei** || **Ge|walt|ge|ber** (Jus): *Vollmachtgeber* || **Ge|walt|ge|be|rin** (Jus) || **Ge|walt|ha|ber** der, -s/- (selten): *jemand, der auf Grund seiner Stellung rücksichtslos Macht ausübt;* → Machthaber | (Jus) *Bevollmächtigter* || **Ge|walt|ha|be|rin** die, -/-innen || **Ge|walt|herr|schaft** || **ge|wal|tig:** der gewaltigste *(mächtigste)* Herrscher | der Ansturm war g. *(bes. groß);* sie hat sich g. *(sehr)* verbessert || **ge|walt|los** || **Ge|walt|marsch** || **Ge|walt|mensch** || **ge|walt|sam** || **Ge|walt|tat** || **Ge|walt|tä|ter:** *jemand, der ein Gewaltverbrechen verübt* || **Ge|walt|tä|te|rin** || **ge|walt|tä|tig** || **Ge|walt|tä|tig|keit** || **Ge|walt|ver|bre|chen:** *Raub, Mord u. dgl.* || **Ge|walt|ver|zicht**
Ge|wand das, -[e]s/-wänder: *Kleidung;* Alltagsgewand || **ge|wan|det** (veraltet): festlich g. *(gekleidet)* sein || **Ge|wand|laus:** *ein Ungeziefer* | (abw.) *ein zudringlicher Mensch*
ge|wandt: *geschickt;* ein gewandtes Auftreten | *flink* || **Ge|wandt|heit** die, -
Ge|wan|dung die, -/-en (geh.): *besondere Kleidung*
ge|wann → gewinnen
ge|wär|tig (geh.): einer Strafe g. sein *(auf sie gefasst sein)* || **ge|wär|ti|gen** (geh.): es ist Sturm zu g. *(man muss mit Sturm rechnen)*
Ge|wäsch das, -es (abw.): *sinnloses Gerede*
Ge|wäs|ser das, -s/-: die G. *(Bäche, Flüsse und Seen)* eines Landes || **Ge|wäs|ser|be|las|tung** || **Ge|wäs|ser|gü|te** || **Ge|wäs|ser|na|me,** *auch:* **Ge|wäs|ser|na|men** || **ge|wäs|ser|reich** || **Ge|wäs|ser|schutz**
Ge|we|be das, -s/-: synthetisches G.; Körpergewebe || **Ge|we|be|trans|plan|ta|ti|on** [-tsi̯-] = **Ge|webs|trans|plan|ta|ti|on**
Ge|wehr das, -[e]s/-e: *eine Schusswaffe;* Jagdgewehr; wir stehen G. bei Fuß *(angriffsbereit)* || **Ge|wehr|kol|ben:** *hinterer Teil des Gewehrschafts* || **Ge|wehr|lauf** || **Ge|wehr|mün|dung** || **Ge|wehr|schaft**
Ge|weih das, -[e]s/-e: *paarweise Knochenauswüchse auf der Stirn männlicher Hirsche, Rehe ua.*
Ge|wer|be das, -s/-: ein G. *(einen Beruf)* ausüben; freies G. *(Beruf, für dessen Ausübung kein Befähigungsnachweis erforderlich ist)* || **Ge|wer|be|be|rech|ti|gung** (Wirt.): *Befugnis für die Ausübung eines Gewerbes* || **Ge|wer-**

G

bebetrieb ‖ **Gewerbefreiheit** ‖ **Gewerbegebiet:** *Gebiet, in dem viele Betriebe angesiedelt sind* ‖ **Gewerbeoberschule** (SüdT) (Bildw.) ‖ **Gewerbeordnung** (Wirt.): *Gesetz, das die Ausübung eines Gewerbes regelt* ‖ **Gewerbeschein** (früher): *Gewerbeberechtigung* ‖ **gewerbetreibend:** gewerbetreibende Wirtschaft ‖ **Gewerbetreibende**[1] der, -n/-n, ein Gewerbetreibender ‖ **Gewerbetreibende**[2] die, -n/-n ‖ **gewerblich:** g. *(nicht fabriksmäßig)* erzeugte Waren ‖ **Gewerbsmann** (Jus): *der befugte (konzessionierte) Gewerbetreibende* ‖ **gewerbsmäßig:** *beruflich, professionell*

Gewerk das, -[e]s/-e (fachspr.): *Handwerk* | *Innung, Zunft* ‖ **Gewerke** der, -n/-n: *Mitglied einer Bergbau- oder Metallverarbeitungsgenossenschaft* | (früher) *Besitzer eines Bergwerks* ‖ **Gewerkschaft** die, -/-en: *eine Interessenvertretung der Arbeitnehmer/innen;* G. öffentlicher Dienst; → Gewerkschaftsbund ‖ **Gewerkschafter** der, -s/-, *auch:* Gewerkschaftler: *Gewerkschaftsfunktionär* ‖ **Gewerkschafterin** die, -/-innen, *auch:* Gewerkschaftlerin ‖ **gewerkschaftlich** ‖ **Gewerkschaftsbund** der, -[e]s: Österreichischer Gewerkschaftsbund (ÖGB) ‖ **Gewerkschaftsfunktionär** [-tsi-] ‖ **Gewerkschaftsfunktionärin**

gewesen (veraltet): *ehemalig;* Maria Bauer, gewesene Schneiderin; → sein

Gewicht das, -[e]s/-e: er kann sein G. nicht halten *(nimmt zu bzw. ab);* ins G. fallen *(entscheidend sein)* ‖ **gewichten:** die Argumente unterschiedlich g. *(ihnen unterschiedliche Bedeutung beimessen)* ‖ **Gewichtheben:** *eine Sportdisziplin* ‖ **Gewichtheber** der, -s/- ‖ **Gewichtheberin** die, -/-innen ‖ **gewichtig:** ein gewichtiger *(wichtiger, ins Gewicht fallender)* Einwand ‖ **Gewichtigkeit** die, - ‖ **Gewichtsklasse** (Sport): *nach dem Körpergewicht bestimmte Klasse in manchen Sportarten* ‖ **Gewichtsverlagerung** ‖ **Gewichtsverlust** ‖ **Gewichtung** die, -/-en

gewieft: ein gewiefter *(schlauer, durchtriebener)* Bursche ‖ **Gewieftheit** die, -

gewiegt: ein gewiegter *(sehr erfahrener, tüchtiger)* Geschäftsmann

Gewieher das, -s

gewillkürt (Jus): *vom Willen bestimmt;* die gewillkürte *(testamentarische, nicht gesetzliche)* Erbfolge

gewillt (geh.): g. *(willens, bereit)* sein, etwas zu tun

Gewimmel das, -s: ein G. von Ameisen

Gewimmer das, -s

Gewinde das, -s/-: *rundes [Metall]stück mit schraubenförmigen Rillen;* Schraubengewinde ‖ **Gewindebohrer** ‖ **Gewindeschneider:** *ein Werkzeug*

Gewinn der, -[e]s/-e:

Getrenntschreibung:
- einen Gewinn ausschütten *(auszahlen)*
- großen Gewinn bringend

Getrennt- und Zusammenschreibung:
- Gewinn bringende (= gewinnbringende) Investitionen

Zusammenschreibung bei Steigerung oder näherer Bestimmung der ganzen Fügung:
- am gewinnbringendsten
- äußerst gewinnbringende Investitionen

Gewinnanteil (Wirt.): *Dividende* ‖ **Gewinnausschüttung** (Wirt.) ‖ **Gewinnbeteiligung** (Wirt.) ‖ **Gewinn bringend = gewinnbringend** → Gewinn ‖ **gewinnen,** gewann/gewonnen: die Wette g. | Zeit g.; sie hat mein Vertrauen gewonnen; Abstand zu jemandem/etwas g. | ein gewinnendes *(einnehmendes)* Wesen; ihre Leistung gewann an Bedeutung | Erdöl g. *(fördern)* ‖ **Gewinner** der, -s/- ‖ **Gewinnerin** die, -/-innen ‖ **Gewinnermittlung** ‖ **Gewinnmitnahme** (Börse): *Aktienverkauf, um Kursgewinne einzustreifen* ‖ **Gewinnnummer:** *[Lotto]nummer, die einen Gewinn erzielt hat* ‖ **gewinnorientiert:** *auf Gewinn ausgerichtet* ‖ **Gewinnspanne** (Wirt.): *ein Teil der Handelsspanne* ‖ **Gewinnspiel:** *Preisausschreiben* ‖ **Gewinnstreben** das, -s ‖ **Gewinnsucht:** *Habgier* ‖ **Gewinnsumme** ‖ **gewinnträchtig:** *Gewinn bringend* ‖ **Gewinnung** die, -: *Förderung [von Erz, Erdöl]* ‖ **Gewinnwarnung** (Wirt., Börse): *Information einer AG, dass die Gewinne geringer ausfallen könnten als prognostiziert* ‖ **Gewinnzone** (Wirt.): *gewinnbringender Bereich*

Gewinsel das, -s: das G. *(Winseln)* des Hundes

Gewinst der, -[e]s/-e (veraltet): *Gewinn [beim Preisschießen]*

Gewirkst, *auch:* Gewirks → Gwirkst

Gewirr das, -[e]s/-e: *Durcheinander;* ein G. von Stimmen; ein G. von engen Gassen

Gewisper das, -s; → wispern

gewiss[1], gewisser/am gewissesten (Adj.): ein gewisser Herr Nagl *(ein nicht näher bekannter Herr namens Nagl)* | (Großschreibung) etwas **G**ewisses; nichts **G**ewisses ‖ **gewiss**[2] (Adv.): sie ruft g. *(bestimmt)* noch an ‖ **Gewissen** das, -s/-: ein schlechtes G. haben; etwas auf dem G. haben *(an etwas schuld sein);* jemandem ins G. reden *(jemanden warnen, positiv beeinflussen wollen)* ‖ **gewissenhaft:** *sorgfältig, ordentlich, genau* ‖ **Gewissenhaftigkeit** die, - ‖ **gewissenlos:** *rücksichtslos, ohne moralische Grundsätze* ‖ **Gewissenlosigkeit** die, -/-en ‖ **Gewissensbisse** die (Pl.): G. *(ein schlechtes Gewissen, Schuldgefühle)* haben ‖ **Gewissensfrage** ‖ **Gewissensfreiheit** ‖ **Gewissensgründe** die (Pl.): aus Gewissensgründen den Militärdienst verweigern ‖ **Gewissenskonflikt:** in einen G. geraten ‖ **Gewissensprüfung** ‖ **gewissermaßen** [auch: -'a:-]: *sozusagen* ‖ **Gewissheit** die, -: die sichere G. *(Sicherheit)* haben, dass ...

Gewitter das, -s/- ‖ **Gewitterfront:** *vordere Grenze einer Schlechtwetterzone* ‖ **gewittern:** es gewittert *(blitzt und donnert)* ‖ **Gewitterregen** ‖ **Gewittersturm** ‖ **Gewitterwolke** ‖ **Gewitterzelle** ‖ **gewittrig:** ein gewittriger Tag

gewitzigt (veraltet): *durch Schaden klug, vorsichtig geworden* ‖ **gewitzt:** *schlau, erfahren* ‖ **Gewitztheit** die, -

gewogen: jemandem [sehr] g. *(freundlich gesinnt)* sein

gewöhnen: ich habe mich an seine Art gewöhnt; daran bin ich gewöhnt ‖ **Gewohnheit** die, -/-en: *wiederkehrende, selbstverständliche Handlung* ‖ **gewohn-**

heitsmäßig ‖ **Gewohnheitsmensch** ‖ **Gewohnheitsrecht** (Jus) ‖ **Gewohnheitstrinker** ‖ **Gewohnheitstrinkerin** ‖ **Gewohnheitsverbrecher** ‖ **Gewohnheitsverbrecherin** ‖ **gewöhnlich:** *herkömmlich* | *üblich* | *ordinär* ‖ **Gewöhnlichkeit** die, -/-en ‖ **gewohnt:** seiner gewohnten Arbeit nachgehen; ich bin [es] g., früh aufzustehen ‖ **gewöhnt** → gewöhnen ‖ **Gewöhnung** die, - ‖ **gewöhnungsbedürftig** ‖ **Gewöhnungseffekt**

Gewölbe das, -s/-: *bogenförmiger Plafond* | (veraltet) *Geschäftslokal*

Gewölk das, -[e]s (geh.): *Wolken*

gewollt: ein gewolltes *(gewünschtes, geplantes)* Kind | etwas wirkt g. *(gekünstelt);* → wollen

Gewühl das, -[e]s: im G. *(Gewimmel) der Straße*

Gewurl das, -s (ugs.): beim Ausverkauf gab es ein G. *(Gewimmel, Gedränge)*

Gewürm das, -[e]s (geh.): *Würmer, Kriechtiere uÄ*

Gewürz das, -es/-e: ein scharfes G.; den Geschmack mit Gewürzen verfeinern ‖ **Gewürzkraut** ‖ **Gewürzmischung** ‖ **Gewürznelke:** *ein Gewürz* ‖ **Gewürzpflanze** ‖ **Gewürzsträußchen** = **Gewürzsträußerl:** *Strauß aus Zimtrinden, Gewürznelken uÄ* ‖ **Gewürztraminer:** *eine Reb- und Weinsorte*

gewusst → wissen

Geysir ['gaɪ-, auch: -'ziːə] der, -s/-e, *auch:* Geiser, -s/- ⟨isländisch⟩: *heiße Springquelle*

gez.: gezeichnet

gezähnt → zähnen

Gezänk das, -[e]s, *auch:* **Gezänke,** -s: *fortwährendes Zanken*

gezeichnet (mit Abkürzung gez.): g. *(unterschrieben)* Hans Müller; → zeichnen

Gezeiten die (Pl.): *der Wechsel von Ebbe und Flut* ‖ **Gezeitenwechsel** [-ks-]

Gezeter das, -s (abw.): *Geschrei*

gezielt → zielen

geziemen sich (geh.): es geziemt *(gehört)* sich nicht ‖ **geziemend:** *gebührend*

geziert: *affektiert, gekünstelt;* → zieren ‖ **Geziertheit** die, -

Gezirpe das, -s

Gezisch das, -[e]s = **Gezische** das, -s ‖ **Gezischel** das, -s

Gezücht das, -[e]s (geh., abw.): *Brut*

gezückt → zücken

Gezwitscher das, -s: das ununterbrochene G. der Vögel im Wald

gezwungen: ein gezwungenes *(nicht freiwilliges, unnatürliches)* Lächeln; → zwingen ‖ **gezwungenermaßen** [auch: -'aː-]: *einem Zwang folgend* ‖ **Gezwungenheit** die, -

Gfrasst = **Gfrast** das, -[e]s/-er (ugs., abw.): *schlimmes Kind* | *schlechter, gemeiner Mensch*

Gfrett = → Gefrett

Gfrieß das, -[es]/-er, *auch:* Gefrieß (ugs., abw.): *Gesicht* ‖ **Gfrießerl** das, -s/-[n] (ugs.): *[herziges] Gesichtchen* | *Kind*

gführig, *auch:* geführig (ugs.): der Schnee ist g. *(gut mit Skiern zu befahren)*

ggf.: ge**g**ebenen**f**alls

Ghana: *afrikanischer Staat*

Ghetto ['gɛ-] = Getto das, -[s]/-s ⟨it.⟩: *Bereich einer [unerwünschten] Isoliertheit* | (Gesch.) *abgeschlossenes Stadtviertel, in dem Juden wohnen mussten* | (im Nationalsozialismus) *Bezirk, in den Juden verschleppt wurden* ‖ **Ghettoblaster** = Gettoblaster der, -s/- ⟨it.+engl.⟩: *leistungsstarker (auf Schultern) tragbarer Kassettenrekorder* ‖ **ghettoisieren** = gettoisieren ⟨it.⟩: *in einem Getto zusammenfassen* ‖ **Ghettoisierung** = Gettoisierung die, -/-en

Ghörtsich ['k-] → Gehörtsich

Ghostwriter ['gəʊstraɪ-] der, -s/- ⟨engl.⟩: *jemand, der für einen anderen Bücher, Reden oÄ verfasst, aber ungenannt bleibt* ‖ **Ghostwriterin** die, -/-innen

GHz: Giga**h**ert**z**

Gibbon der, -s/-s ⟨fr.⟩: *eine Affenart*

Gibraltar [auch: -'taːr, -'ra-]: *britisches Gebiet an der Südküste Spaniens*

gibt → geben

Gicht die, - (Med.): *eine Stoffwechselkrankheit* ‖ **gichtbrüchig** (veraltet): *durch Gicht verkrüppelt* ‖ **gichtig** ‖ **Gichtknoten** (Med.)

gicksen: *mit der Stimme umschnappen;* die Klarinette gickst

Giebel der, -s/-: *oberster [dreieckiger] Teil der Hauswand zwischen den schrägen Dachseiten* ‖ **Giebeldach**

Gier die, -: blinde G. ‖ **gieren** (geh.): *gierig sein;* er giert nach Aufmerksamkeit ‖ **gierig**

Gießbach: *rasch fließender [Gebirgs]bach* ‖ **gießen,** du gießt/goss/gegossen: die Blumen g. | es gießt *(regnet)* in Strömen | Silber g. *(schmelzen, in Formen gießen und erstarren lassen);* Kerzen g. ‖ **Gießer** der, -s/-: *jemand, der in einer Gießerei arbeitet* ‖ **Gießerei** die, -/-en: *Betrieb, in dem Metall gegossen wird* ‖ **Gießerin** die, -/-innen ‖ **Gießform** ‖ **Gießkanne** ‖ **Gießkannenprinzip** das, -s (abw.): Subventionen nach dem G. *(für alle gleich, ohne Schwerpunkte)* verteilen

GIF (EDV): **G**raphics **I**nterchange **F**ormat *(Dateinamenerweiterung für ein Bildformat)* ‖ **GIF-Datei** (EDV)

Gift das, -[e]s/-e: *Stoff, der schädlich oder tödlich ist;* Rattengift; auf etwas G. nehmen können *(sicher damit rechnen können)* ‖ **Giftdrüse** (Zool.) ‖ **giften** (ugs.): das wird ihn g. *(ärgern);* darüber hast du dich gegiftet ‖ **Giftgas** ‖ **giftgrün** ‖ **gifthältig,** *auch:* gifthaltig ‖ **giftig:** giftige Beeren | (ugs.) *zornig* ‖ **Giftküche** (oft abw.): *Ort, an dem mit Giften hantiert, experimentiert wird* | (abw.) *Ort, von dem Intrigen u. dgl. ausgehen* ‖ **Giftler** der, -s/- (ugs., abw.): *Drogensüchtiger* ‖ **Giftlerin** die, -/-innen (ugs., abw.) ‖ **Giftmischer** ‖ **Giftmischerin** ‖ **Giftmord** ‖ **Giftmüll** (Ökol.): *chemischer, für Organismen giftiger Müll* ‖ **Giftpflanze** ‖ **Giftpilz** ‖ **Giftschlange** ‖ **Giftschrank:** *Schrank in einer Apotheke, in dem Suchtgifte verwahrt werden* ‖ **Giftschüppel** (ugs.): *widerspenstiger Haarschopf* | (reg.) *ein zorniger Mensch* ‖ **Giftstachel** (Zool.) ‖ **Giftstoff** ‖ **Giftzahn** (Zool.) ‖ **Giftzwerg** (ugs., abw.): *boshafter Mensch*

Gig der, -s/-s ⟨engl.⟩: *Auftritt [bei Pop-, Jazzmusikern]*

Giga- ⟨gr.⟩ (nur in Zusammensetzungen wie zB Gigabyte) ‖ **Gigabyte** [-baɪt] das, -s/- (GB) (EDV): *1 024 Megabyte; Messeinheit für die Speichergröße in der EDV;* → Kilobyte; → Megabyte ‖ **Gigahertz** (GHz) (Phys.): *10^9 Hertz*

Gigant der, -en/-en ⟨gr.⟩: *(sagenhafter) Riese* | (Wirt.) *Unternehmen von Weltbedeutung;* ein neuer G. auf dem Computermarkt ‖ **gigantisch** ‖ **Gigantomanie** die, -: *Größenwahn, zB in der Architektur*

G

Gigerl der = das, -s/-[n] (W, veraltet): *Modegeck* ‖ **gigerlhaft** (W, veraltet): g. gekleidet sein
gigeln (westöst., mda.): *glucksen, kichern*
Gigolo [ʒ-] der, -s/-s ⟨fr.⟩: *Mann, der sich von Frauen aushalten lässt*
Gigue [ʒiːk, fr.: ʒig] die, -/-n ⟨fr.⟩ (Mus.): *ein Tanzsatz in der barocken Suite*
gilben (geh.): *vergilben;* Papier gilbt
Gilde die, -/-n: *eine Interessensvereinigung;* Faschingsgilde | (bes. früher) *eine Berufsvereinigung;* die G. der Maler
Gilet [ʒi'leː] das, -s/-s ⟨fr.⟩: *eine ärmellose Weste*
gilt → gelten
Gimpel der, -s/-: *eine Finkenart, Dompfaff* | (geh., abw.) *ein einfältiger Mensch*
Gin [dʒɪn] der, -[s]/-s ⟨engl.⟩: *ein Wacholderschnaps*
ging → gehen
Ginko [-ŋkɔ] = Ginkgo [-ŋkɔ] der, -s/-s ⟨jap.⟩: *ein asiatischer Baum*
Ginseng der, -s/-s ⟨chin.⟩: *eine [chinesische, koreanische] heilkräftige Wurzel*
Ginster der, -s/-: *eine strauchartige Pflanze*
Gipfel der, -s/-: der G. eines Berges; er steht auf dem G. *(auf der Höhe)* seines Ruhmes; das ist der G.! *(das ist eine Unverschämtheit!)* | (Pol.) *Kurzwort für Gipfelkonferenz* ‖ **Gipfelglück:** *das Glücksgefühl beim Erklimmen eines Berggipfels* ‖ **Gipfelkonferenz:** *Treffen leitender [politischer] Persönlichkeiten* ‖ **Gipfelkreuz:** *Kreuz auf einem Berggipfel* ‖ **gipfeln** (geh.): *seinen Höhepunkt erreichen;* das Ehedrama gipfelte in Amoklauf ‖ **Gipfelpunkt:** *höchster Punkt; Höhepunkt* ‖ **Gipfelsieg:** *Erklimmen eines [schwierigen] Berggipfels* ‖ **Gipfelstürmer:** *Bergsteiger* ‖ **Gipfelstürmerin** ‖ **Gipfeltreffen:** *Gipfelkonferenz*
Gips der, -es/-e: ein Loch in der Wand mit G. verputzen | (ugs.) *Gipsverband* ‖ **Gipsabdruck** der, -[e]s/-e ‖ **Gipsabguss:** *eine Kopie [einer klassischen Statue]* ‖ **Gipsbüste** ‖ **gipsen,** du gipst ‖ **gipsern:** *aus Gips* ‖ **Gipsfigur** ‖ **Gipsfuß** ‖ **Gipskorsett** (Med.): *ein Gipsverband* ‖ **Gipsverband**
Giraffe [ʒi-] die, -/-n ⟨arab.-it.⟩: *ein afrikanisches Huftier*
Girardihut [ʒi-], *auch:* Girardi: *ein flacher Strohhut (nach dem Schauspieler Girardi)*
girieren [ʒi-] ⟨it.⟩ (Kaufmannsspr.): *etwas, zB einen Wechsel, jemandem übertragen;* → Giro
Girl [gɜːl] das, -s/-s ⟨engl.⟩: *Mädchen* | *Tänzerin in einer Tanztruppe*
Girlande die, -/-n ⟨it./fr.⟩: *bogenförmig aufgehängtes Gewinde aus Reisig, Blumen, Papier uÄ*
Girlgroup ['gɜːlgruːp] die, -/-s ⟨engl.⟩ (Mus.): *Mädchenband [mit Tanzeinlagen];* → Boygroup
Giro ['ʒiː-] das, -[s]/-s [Giri] ⟨it.⟩: *ein bargeldloser Zahlungsverkehr;* → girieren ‖ **Girokonto** ‖ **Girozentrale** (GZ): *Zentralinstitut der Sparkassen*
girren: *gurren, (mit hoher Stimme) schmeicheln;* → kirren
gis das, -/- (Mus.): *das um einen Halbton erhöhte G (g);* → Gis | gis-Moll ‖ **Gis** das, -/- (Mus.): *das um einen Halbton erhöhte G (g);* → gis | Gis-Dur
Gischt die, -/-en, *auch:* der, -[e]s/-e: *aufschäumendes Wasser [eines Wasserfalls, hoher Wellen]* ‖ **gischten**
Gis-Dur (Gis) (Mus.) ‖ **Gis-Dur-Tonleiter** (Mus.)
Gisela [auch: -'ɛ-], *auch:* **Gisi:** *weibl. Vorname*
gis-Moll (gis) (Mus.) ‖ **gis-Moll-Tonleiter** (Mus.)
Gitarre die, -/-n ⟨gr.-span.⟩: *ein Zupfinstrument* ‖ **Gitarrenbegleitung** ‖ **Gitarrensolo** ‖ **Gitarrist** der, -en/-en ‖ **Gitarristin** die, -/-innen
Gitsche die, -/-n, *auch:* **Gitschen** die, -/- (K, T, mda.): *Mädchen*
Gitta = **Gitte:** *weibl. Vorname (Brigitta, Brigitte)*
Gitter das, -s/-: ein G. vor dem Fenster; Kanalgitter; hinter Gitter[n] *(ins/im Gefängnis)* ‖ **Gitterbett** ‖ **Gitterfenster** ‖ **Gitterrost** ‖ **Gitterstab** ‖ **Gitterstange** ‖ **Gitterzaun**
Gitti → Gitta
Gizi der, - (reg., bes. W): *Zorn*
GKK: **G**ebiets**k**ranken**k**asse
Glacee [-'seː] = Glacé das, -s/-s ⟨fr.⟩: *ein Gewebe* ‖ **Glaceehandschuh** = Glacéhandschuh: *Handschuh aus sehr weichem, glattem Leder;* jemanden mit Glaceehandschuhen angreifen *(schonend behandeln)* ‖ **glacieren** [-s-]: *Speisen [mit Gelee, Butter] glänzend machen;* → glasieren ‖
Glacis [-'siː] das, - [-'siːs]/- [-'siːs] (früher): *unverbautes Gelände vor der Stadt- oder Festungsmauer*
Gladiator der, -s/-en [-'oː-] ⟨lat.⟩: *Schaukämpfer (im alten Rom)* ‖ **Gladiole** die, -/-n: *eine Gartenblume*
Glamour ['glæmə] der = das, -s/-s ⟨engl.⟩: *glitzernde [erotische] Aufmachung* ‖ **glamourös** [glamu-]
Glanz der, -es: in vollem G. ‖ **glänzen,** du glänzt: durch Abwesenheit g. *(auffallen)* ‖ **glänzend:** mir geht es g. *(hervorragend);* g. schwarze Schuhe ‖ **Glanzleistung** ‖ **glanzlos** ‖ **Glanznummer:** *beste Nummer einer Darbietung* ‖ **Glanzpunkt:** *Höhepunkt* ‖ **Glanzstück:** dieses Bild ist das G. der Ausstellung ‖ **glanzvoll** ‖ **Glanzzeit:** die G. einer Künstlerin
glaren (V, mda.): *starren;* → gluren ‖ **Glare** die (Pl.) (V, mda.): *Augen*
Glarus: *Schweizer Kanton und Stadt*
Glas das, -es/Gläser: ein G. Wein | (in Mengenangaben auch mit Pl. Glas) zwei Glas *(Gläser)* Milch | (Pl.) *Augengläser* ‖ **glasartig** ‖ **Glasauge:** *Ersatzauge aus Glas* ‖ **Glasbläser** ‖ **Glasbläserei** die, -/-en ‖ **Glasbläserin** ‖ **Glasdach** ‖ **Glaser** der, -s/-: *eine Berufsbezeichnung* ‖ **Glaserei** die, -/-en ‖ **Glaserer** der, -s/- (ugs.): *Glaser* ‖ **Glaserin** die, -/-innen ‖ **Glaserl** das, -s/-[n]: *Gläschen;* ein G. Wein; → Glasl ‖ **Glasermeister** ‖ **Glasermeisterin** ‖ **gläsern:** *aus Glas* ‖ **Glasfaser** (Phys.): *eine Licht leitende Faser* ‖ **Glasfaserkabel** ‖ **Glasfiber** das, -s/-: *Glasfaser* ‖ **Glasglocke:** *Glassturz* ‖ **Glasharmonika:** *ein Instrument aus Glasschalen, die mit den Fingern gestrichen werden* ‖ **Glashaus:** in einem G. Pflanzen züchten | im G. sitzen *(bes. exponiert oder geschützt sein)* ‖ **Glashütte:** *ein Glaserzeugungsbetrieb* ‖ **glasieren:** ein Tongefäß g. *(mit einer Glasur überziehen);* → glacieren ‖ **glasig:** g. dünsten ‖ **Glasindustrie** ‖ **glasklar:** glasklare *(sehr klare, ungetrübte)* Sicht | glasklare *(eindeutige, genaue)* Vorstellungen ‖ **Glaskörper** (Med.): *Teil des Auges* ‖ **Glasl** das, -s/-n (ugs.): *Glaserl* ‖ **Glasmale-**

rei: *eine bildnerische Technik* | *buntes Glasfenster*
Glas|nost [-sn-] die, - ⟨russ.⟩: *Öffentlichkeit, Transparenz eines Vorgangs, Durchschaubarkeit (in der späten sowjetischen Innenpolitik)*
Glas|nu|del: *asiatische Nudelart aus Reismehl* ‖ **Glas|pa|last** (sal.): *Gebäude, dessen Fassade großteils aus Glas besteht* ‖ **Glas|perle** ‖ **Glas|rei|ni|ger:** *ein Reinigungsmittel* ‖ **Glas|schei|be** ‖ **Glas|scher|ben** ‖ **Glas|schüs|sel** ‖ **Glas|split|ter** ‖ **Glas|sturz:** *halbkugelförmige Abdeckung aus Glas;* Käse unter dem G. aufheben ‖ **Gla|sur** die, -/-en; → glasieren ‖ **Glas|vi|t|ri|ne** [-v-] ‖ **Glas|wol|le**

glatt
glattes *(fein gemahlenes)* Mehl; → G.: griffiges Mehl | ein glatter *(eindeutiger)* Sieg

Getrennt- und Zusammenschreibung:
Mit Verben, die ein Resultat herbeiführen:
- glatt bügeln = glattbügeln
- glatt hobeln = glatthobeln
- glatt machen = glattmachen *(glätten)*
- glatt rühren = glattrühren

Mit adjektivisch gebrauchtem Partizip:
- eine glatt gehobelte (= glattgehobelte) Oberfläche

Zusammenschreibung bei übertragener Bedeutung:
- das wird glattgehen (ugs.: *gelingen)*

glatt bü|geln = **glatt|bü|geln** ‖ **Glät|te** die, - ‖ **Glatt|eis:** auf dem G. stürzen | jemanden aufs G. *(in die Irre)* führen ‖ **Glatt|eis|warn|an|la|ge** ‖ **glät|ten:** *glatt machen* ‖ **glatt|ge|hen** (ugs.): *klappen;* → glatt ‖ **glatt ho|beln** = **glatt|ho|beln** ‖ **glatt ma|chen** = **glatt|ma|chen:** *glätten* ‖ **glatt rüh|ren** = **glatt|rüh|ren** ‖ **Glät|tung** die, -/-en ‖ **glatt|weg:** eine Bitte g. *(ohne Weiteres, ohne Umschweife)* abschlagen
Glat|ze die, -/-n: *haarlose Stelle auf dem Kopf* ‖ **Glatz|kopf** ‖ **glatz|köp|fig**
Glau|be der, -ns = **Glau|ben,** -s: im guten Glauben *(subjektiv von der Richtigkeit überzeugt)* handeln | der jüdische G. ‖ **glau|ben:** sie glaubt mir nicht | (ugs.) dran g. müssen *(sterben; als Nächste/r dran sein)* ‖ **Glau|bens|be|kennt|nis:** *Zusammenfassung christlicher Glaubensinhalte* ‖ **Glau|bens|bru|der:** *Angehöriger desselben Bekenntnisses* ‖ **Glau|bens|fra|ge** ‖ **Glau|bens|frei|heit** ‖ **Glau|bens|ge|mein|schaft:** *alle Mitglieder einer Konfession* ‖ **Glau|bens|rich|tung:** die Glaubensrichtungen des Islams ‖ **glau|bens|stark** ‖ **glau|bens|treu** ‖ **glaub|haft** ‖ **Glaub|haf|tig|keit** die, - ‖ **Glaub|haft|ma|chung** die, - (Jus) ‖ **gläu|big:** ein gläubiger *(religiöser)* Mensch ‖ **Gläu|bi|ge**[1] der, -n/-n, ein Gläubiger: *gläubiger Mensch* ‖ **Gläu|bi|ge**[2] die, -n/-n ‖ **Gläu|bi|ger** der, -s/-: *jemand, dem man etwas schuldig ist;* → G.: Schuldner ‖ **Gläu|bi|ge|rin** die, -/-innen ‖ **Gläu|bi|ger|mehr|heit** (Wirt.) ‖ **Gläu|bi|ger|ver|samm|lung** (Wirt.) ‖ **Gläu|big|keit** die, - ‖ **glaub|lich** (geh.): das ist kaum g. *(zu glauben)* ‖ **glaub|wür|dig:** ein glaubwürdiger Zeuge ‖ **Glaub|wür|dig|keit** die, -: an G. verlieren
Glau|kom das, -s/-e ⟨gr.⟩ (Med.): der grüne Star *(eine Augenkrankheit)*
gla|zi|al ⟨lat.⟩ (Geol.): *eiszeitlich;* glaziale *(durch Gletscher entstandene)* Ablagerungen ‖ **Gla|zi|al** das, -s/-e (Geol.): *Eiszeit*

gleich
Adverb: g. *(sogleich, sofort)* kommen
Präposition mit Dativ: (geh.) sie bewegte sich gleich dem Bruder
Adjektiv: das gleiche *(gleich ausschauende)* Kleid; gleiche *(identische)* Farben; das ist mir ganz g. *(egal)* | (ugs.) wieder auf g. kommen

Großschreibung bei Nominalisierung:
- **G**leich und **G**leich gesellt sich gern
- der/die/das **G**leiche
- es kommt aufs **G**leiche heraus
- **G**leiches mit **G**leichem vergelten

Getrenntschreibung in der Bedeutung „sofort" oder „in gleicher Weise":
- gleich bleiben *(nicht mehr weggehen)*
- gleich kommen *(sofort)*
- gleich lauten; gleich denken
- Werte, die gleich bleiben
- gleich groß; gleich schnell

Zusammenschreibung bei übertragener Bedeutung:
- gleichkommen *(entsprechen)*
- etwas dem Erdboden gleichmachen *(zerstören)*
- gleichschalten *(auf eine Linie bringen)*
- gleichschauen, gleichsehen *(jemandem ähneln)*
- Fehler mit Misserfolg gleichsetzen *(als dasselbe betrachten)*
- Arbeiter und Angestellte gleichstellen *(beruflich nicht unterscheiden)*
- es jemandem gleichtun *(ihm nacheifern)*
- mit jemandem gleichziehen *(dieselbe Leistung erbringen)*

Außerdem zusammen: gleichbedeutende Wörter; *aber getrennt:* gleich bedeutende Wissenschaftlerinnen

Getrennt- und Zusammenschreibung mit adjektivisch gebrauchten Partizipien:
- gleich bleibende (= gleichbleibende) Werte
- gleich beschaffen = gleichbeschaffen
- gleich geartet = gleichgeartet
- gleich gesinnt = gleichgesinnt
- die gleich Gesinnte = Gleichgesinnte
- gleich lautende (= gleichlautende) Wörter

Zu „derselbe" oder „der gleiche" → derselbe

gleich|al|te|rig = **gleich|alt|rig** ‖ **gleich|ar|tig** ‖ **Gleich|ar|tig|keit** die, - ‖ **Gleich|be|hand|lung:** die G. von Mann und Frau ‖ **Gleich|be|hand|lungs|be|auf|trag|te** ‖ **Gleich|be|hand|lungs|fra|ge:** Anwältin für Gleichbehandlungsfragen ‖ **Gleich|be|hand|lungs|ge|bot** (Jus): *Kernpunkt des Gleichbehandlungsgesetzes* ‖ **Gleich|be|hand|lungs|ge|setz** (Jus) ‖ **Gleich|be|hand|lungs|grund|satz** ‖ **Gleich|be|hand|lungs|kom|mis|si|on** (Jus) ‖ **gleich|be|rech|tigt** ‖ **Gleich|be|rech|ti|gung** ‖ **gleich blei|bend** = **gleich|blei|bend** ‖ **gleich|be|deu|tend:** gleichbedeutende Wörter; *aber:* gleich bedeutende *(ebenso bedeutende)* Persönlichkeiten ‖ **gleich be|schaf|fen** = **gleich|be|schaf|fen:** g. beschaffene Uhren ‖ **Glei|che** die, -/-n: *Kurzwort für [Dach]gleichenfeier* ‖ **glei|chen,** glich/geglichen: der Sohn gleicht

G

seinem Vater; die Zwillinge gleichen sich wie ein Ei dem anderen

Glei|chen|berg → Bad Gleichenberg

Glei|chen|fei|er: *Dachgleichenfeier* ‖ **glei|chen|orts** (veraltet) ‖ **glei|chen|tags** (veraltet) ‖ **glei|cher|ma|ßen** [auch: -ˈaː-]: *genauso* ‖ **gleich|falls:** *ebenfalls* ‖ **gleich|fär|big,** *auch:* gleichfarbig; → färbig ‖ **gleich|för|mig** ‖ **Gleich|för|mig|keit** die, -/-en ‖ **gleich ge|ar|tet** = **gleich|ge|ar|tet** ‖ **gleich|ge|schlech|tig:** eine gleichgeschlechtige Schulklasse *(Mädchen- oder Bubenklasse)* ‖ **gleich|ge|schlecht|lich:** gleichgeschlechtliche *(auf das gleiche Geschlecht gerichtete)* Liebe | → *gleichgeschlechtig* ‖ **gleich ge|sinnt** = **gleich|ge|sinnt** ‖ **gleich Ge|sinn|te**[1] = **Gleich|ge|sinn|te**[1] der, -n/-n, ein gleich Gesinnter (= Gleichgesinnter) ‖ **gleich Ge|sinn|te**[2] = **Gleich|ge|sinn|te**[2] die, -n/-n ‖ **Gleich|ge|wicht** das, -[e]s ‖ **Gleich|ge|wichts|or|gan** (Biol.): im Ohr befindet sich das G. ‖ **Gleich|ge|wichts|stö|rung** ‖ **gleich|gül|tig:** *egal, einerlei* | *unbedeutend* ‖ **Gleich|gül|tig|keit** ‖ **Gleich|heit** die, - ‖ **Gleich|heits|grund|satz** ‖ **Gleich|heits|prin|zip** ‖ **Gleich|heits|zei|chen** (=): *Istgleichzeichen* ‖ **Gleich|klang** ‖ **gleich|kom|men:** jemandem beim Weitsprung g. *(genauso weit springen wie er bzw. sie); aber:* gleich *(sofort)* kommen ‖ **gleich lau|tend** = **gleich|lau|tend** ‖ **gleich|ma|chen:** eine Stadt dem Erdboden g.; *aber:* etwas gleich *(sofort, rasch)* machen ‖ **Gleich|ma|che|rei** die, -/-en (abw.): *Einebnung von Unterschieden* ‖ **gleich|ma|che|risch** (abw.) ‖ **Gleich|maß** das, -es ‖ **gleich|mä|ßig** ‖ **Gleich|mä|ßig|keit** ‖ **Gleich|mut** der, -[e]s = die, -: *Gelassenheit* ‖ **gleich|mü|tig** ‖ **gleich|na|mig:** ein Film nach der gleichnamigen Novelle von H. v. Kleist ‖ **Gleich|nis** das, -nisses/-nisse: *kurze bildhafte Erzählung [mit belehrender Absicht];* das G. vom guten Hirten ‖ **gleich|nis|haft** ‖ **gleich|ran|gig** ‖ **Gleich|rich|ter** der, -s/- (Phys.): *elektrisches Gerät zur Umwandlung von Wechselstrom in Gleichstrom* ‖ **gleich|sam** (geh.): sie tat g. *(sozusagen)* instinktiv das Richtige ‖ **gleich|schal|ten** (meist abw.): alle Institutionen g. ‖ **Gleich|schal|tung** (meist abw.): *Anpassung, Uniformierung* | (im Nationalsozialismus) *die Vereinheitlichung des öffentlichen wie privaten Lebens mittels Zwangsmaßnahmen* ‖ **gleich|schau|en:** jemandem g. *(jemandem ähneln)* | nichts g. *(unansehnlich sein)* ‖ **gleich|schen|ke|lig** = **gleich|schenk|lig** (Math.): ein gleichschenk[e]liges Dreieck ‖ **Gleich|schritt** der, -[e]s: im G. gehen ‖ **gleich|se|hen:** sie sieht ihrer Schwester gleich *(gleicht ihr)* | (ugs.) das sieht ihm gleich *(ist für ihn typisch)* ‖ **gleich|sei|tig** (Math.): ein gleichseitiges Dreieck ‖ **Gleich|sei|tig|keit** die, - ‖ **gleich|set|zen:** Fehler mit Misserfolg g. *(als dasselbe betrachten)* ‖ **Gleich|set|zung** die, -/-en ‖ **Gleich|set|zungs|ak|ku|sa|tiv** (Gramm.): *Ergänzung im 4. Fall,* zB ich nenne dich *einen Freund* ‖ **Gleich|set|zungs|no|mi|na|tiv** (Gramm.): *Ergänzung im 1. Fall,* zB sie ist *eine große Künstlerin* ‖ **Gleich|stand** (bes. Sport): *gleiche Punkte-/Trefferzahl* ‖ **gleich|stel|len:** *auf eine Stufe stellen, gleich behandeln* ‖ **Gleich|strom** (Technik): *Strom von gleich bleibender Stärke und Richtung;* → Wechselstrom ‖ **gleich|tun:** es der Schwester g. *(sie nachmachen; ihr nacheifern); aber:* etwas gleich *(sofort)* tun ‖ **Glei|chung** die, -/-en (Math.): *Ausdruck, in dem zwei Terme gleichgesetzt sind* ‖ **gleich|viel** [ˈglaɪ-, -ˈfiːl] (geh.): *einerlei; wie dem auch sei;* g., ob du willst …; *aber:* gleich viel wie ein anderer haben ‖ **gleich|wer|tig** ‖ **Gleich|wer|tig|keit** ‖ **gleich|wie** [ˈglaɪ-, -ˈviː] (geh.): *nicht anders als* ‖ **gleich|wohl** [ˈglaɪ-, -ˈvoːl] (geh.): *dennoch, trotzdem* ‖ **gleich|zei|tig** ‖ **Gleich|zei|tig|keit** die, - ‖ **gleich|zie|hen:** *dasselbe Niveau wie andere erreichen*

Gleis das, -es/-e: *Fahrspur, die aus zwei parallel laufenden Schienen besteht;* Bahngleis; alles ist aus dem G. *(aus der Ordnung geraten)* ‖ **Gleis|an|la|ge** ‖ **Gleis|ar|bei|ten** ‖ **Gleis|bau** der, -[e]s

Gleis|dorf: *Stadt in der Steiermark*

-glei|sig (nur in Zusammensetzungen wie zweigleisig) ‖ **Gleis|kör|per:** → *Bahnkörper*

gleis|ne|risch (geh.): *heuchlerisch, scheinheilig*

glei|ßen, du gleißt (geh.): *glänzen, glitzern;* gleißend helles Licht

glei|ten, glitt/geglitten: *schweben; rutschen;* gleitende Arbeitszeit ‖ **Gleit|flug** ‖ **Gleit|pen|si|on** (Versich.): *flexibler Pensionsantritt* ‖ **Gleit|rei|bung** (Phys.): *eine Form der Reibung* ‖ **Gleit|schutz** (Kfz) ‖ **gleit|si|cher:** *nicht gleitend* ‖ **Gleit|sicht|glä|ser** die (Pl.): *stufenlos bifokale Brillengläser (für Ferne und Nähe);* → bifokal ‖ **Gleit|zeit:** *gleitende (verschiebbare) Arbeitszeit*

Glet|scher der, -s/-: *nicht abschmelzende Eisfläche im Hochgebirge und an den Polen* ‖ **Glet|scher|ab|bruch** ‖ **Glet|scher|bach** ‖ **Glet|scher|eis** ‖ **Glet|scher|spal|te**

glich → gleichen

Glied das, -[e]s/-er: das G. *(bewegliche Teilstück)* einer Kette | ein Schauder ging durch meine Glieder *(Gliedmaßen, meinen Körper)* | *Penis* | (geh.) bis ins vierte G. *(in die vierte Generation)* | (Math.) das G. einer Gleichung ‖ **Glie|der|fü|ßer** der, -s/- (Zool.) ‖ **glie|dern:** einen Text gut g. ‖ **Glie|der|schmerz** ‖ **Glie|de|rung** die, -/-en ‖ **Glie|der|zu|cken** das, -s ‖ **Glied|ma|ße** die, -/-n (meist Pl.): *Körperteil, der mit dem Rumpf durch ein Gelenk verbunden ist, zB Bein, Arm* ‖ **-glied|rig** (nur in Zusammensetzungen wie mehrgliedrig) ‖ **Glied|satz** (Gramm.): *Nebensatz;* → Hauptsatz ‖ **Glied|staat:** *Staat eines Staatenbundes, Bundesstaates* ‖ **Glied|teil** der, -[e]s/-e (Gramm.): *Teil eines Satzgliedes, Attribut*

glim|men, glomm [glimmte]/geglommen [geglimmt]: *schwach glühen; ein glimmendes Zündholz*

Glim|mer der, -s/-: *ein Mineral* ‖ **Glim|mer|schie|fer:** *ein Gestein*

Glimm|lam|pe: *eine kleine [Kontroll]lampe* ‖ **Glimm|stän|gel** (scherzh.): *Zigarette oder Zigarre*

glimpf|lich: das ist noch g. *(ohne größeren Schaden)* abgelaufen

glis|san|do ⟨it.⟩ (Mus.) ‖ **Glis|san|do** das, -s/-s (Mus.): *gleitende Verbindung benachbarter Töne*

Glitsch, *auch:* Klitsch der, -[e]s/-e ⟨slowen.⟩ (K, OstT, mda.): *kleiner, abgesonderter Stall, Häuschen*

glit|schen (veraltend): *rutschen* ‖ **glit|schig:** ein glitschiger *(rutschiger)* Weg

glitt → gleiten

glit|zern: in der Sonne glitzernder

(glänzender) Schnee; Sterne g.

global ⟨lat.⟩: *weltweit* | *umfassend, alles zusammen* || **Globalisierung** die, - || **Global Player** ['gləʊbəl 'pleɪə] ⟨engl.⟩: *weltweit agierendes Unternehmen* || **Global Village** ['gləʊbəl 'vɪlɪdʒ] das, -: *die Welt als globales Dorf (auf Grund der neuen Technologien wie zB Internet)* || **Globetrotter** ['glo:bɛ-, auch: 'gləʊbt-] der, -s/-: *Weltenbummler, Weitgereister* || **Globetrotterin** die, -/-innen

Globulin das, -s/-e ⟨lat.⟩ (Med.): *Eiweißkörper des Organismus*

Globus der, - [-busses]/Globen [-busse] ⟨lat.⟩: *eine Nachbildung der Erdkugel*

Glöckchen das, -s/-: *kleine Glocke;* Maiglöckchen || **Glocke** die, -/-n: die G. läutet || **Glöckeln** das, -s, *auch:* Klöckeln (Volksk.): *ein Brauch in den Raunächten, bes. im Salzkammergut* || **Glockenblume** || **Glockenform** || **glockenförmig** || **Glockengeläut** = **Glockengeläute** || **Glockengießerei:** *Werkstätte für die Herstellung von Glocken* || **glockenhell:** *glockenrein* || **Glockenhose:** *Hose mit glockig geschnittenen Hosenbeinen* || **Glockenläuten** das, -s || **glockenrein:** mit glockenreinem *(bes. klarem)* Klang || **Glockenrock:** *glockig geschnittener Damenrock* || **Glockenschlag:** auf den G. genau *(bes. pünktlich)* || **Glockenspiel:** *Musikinstrument aus abgestimmten [Turm]glocken* | *ein Schlaginstrument, Metallophon* || **Glockenstuhl:** *Gerüst, auf dem eine Glocke hängt* || **Glockenturm** || **Glockenzug:** *Vorrichtung zum Ziehen der Glocke* || **Glöckerl** das, -s/-[n] (ugs.): wie ein G. gehen *(ausgezeichnet funktionieren); Maiglöckerl;* → Glöckchen || **glockig:** ein glockiger *(glockenförmiger)* Rock || **Glöckle** das, -s/- (V): *Glöckchen* || **Glöckler** der, -s/-, *auch:* Klöckler (Volksk.): *Teilnehmer am Glöckeln, eine Gestalt des alpenländischen Brauchtums* || **Glöcklerlauf,** *auch:* Klöcklerlauf (Volksk.)

Glockner der, -s: *Kurzwort für Großglockner*

Gloggnitz: *Stadt in Niederösterreich*

glomm → glimmen

Gloria[1] ⟨lat.⟩: *weibl. Vorname* || **Gloria**[2] das, -[s]/-[s]: *Lobgesang in der christlichen Liturgie* || **Glorie** [-iɛ] die, -/-n: *Herrlichkeit, Ruhm, Glanz* || **Glorienschein:** *Heiligenschein* || **glorifizieren:** *verherrlichen* || **Glorifizierung** die, -/-en || **Gloriole** die, -/-n: *Glorienschein* || **glorios** (meist iron.): *glorreich;* eine gloriose Idee || **glorreich:** *ruhmreich; aber:* Leopold der **G**lorreiche

glosen: *glimmen, glühen*

Glossar das, -s/-e = **Glossarium,** -s/Glossarien [-iɛn] ⟨lat.⟩: *Wörterverzeichnis mit Erklärungen* || **Glossator** der, -s/-en [-'to:-]: *jemand, der einen Text mit Bemerkungen versieht* || **Glossatorin** die, -/-innen || **Glosse** die, -/-n: *[satirische] [Rand]bemerkung; kurzer Artikel* || **glossieren:** *erläutern; mit Bemerkungen versehen;* seine Rede wurde boshaft glossiert

Glottal der, -s/-e ⟨gr.⟩ (Sprachwiss.): *Stimmritzenlaut, zB* h

glotzäugig || **Glotze** die, -/-n (bes. D, ugs., abw.): *Fernsehgerät* || **glotzen,** du glotzt (meist abw.): *starr, geistlos dreinschauen*

Gloxinie [-iɛ] die, -/-n: *eine Blume*

Glück das, -[e]s: jemandem [viel] G. wünschen; „Glück auf!" *(ein Bergmannsgruß)* | auf gut G. *(aufs Geratewohl)* || **Glück bringend** = **glückbringend:** G. bringende Edelsteine

Glucke die, -/-n: *Gluckhenne*

glücken: es glückte *(gelang)* mir, *zu entkommen*

gluckern: *blubbern, glucksen;* das Wasser gluckert

glückhaft (geh.): *Glück bringend*

Gluckhenne: *brütende Henne*

glücklich: ein glücklicher Mensch || **glücklicherweise** || **glücklos:** ein glückloser *(erfolgloser)* Minister || **Glücksache** = Glückssache; das ist reine G. || **glückselig** || **Glückseligkeit** die, -

glucksen, du gluckst: *gluckern*

Glücksfall: ein reiner G. || **Glücksgefühl** || **Glücksgöttin:** *Fortuna* || **Glückshafen** (veraltend): *Tombola* || **Glückskäfer:** *Marienkäfer* || **Glückskind:** *Glückspilz* || **Glücksklee:** *vierblättriger Klee* || **Glückspilz** (scherzh.): *jemand, der [oft] Glück hat* || **Glücksritter** (auch abw.): *Abenteurer* || **Glücksritterin** (auch abw.) || **Glückssache** = → Glücksache || **Glücksschweinchen:** *ein Neujahrssymbol* || **Glücksspiel:** *Spiel, bei dem der Zufall für den Ausgang entscheidend ist* || **Glücksspielmonopol** das, -s (früher) || **Glückssträhne:** *Zeit, in der alles gelingt* || **Glückstag** || **glückstrahlend:** g. überbrachte sie mir die Nachricht; *aber:* vor Glück strahlend || **Glückstreffer** || **Glückszahl** || **Glückwunsch** || **Glückwunschadresse:** *offizielles Glückwunschschreiben* || **Glückwunschtelegramm**

Glucose [-k-] = → Glukose

Glühbirne: die G. wechseln || **Glühdraht:** *Glühfaden* || **glühen:** glühend heiße Herdplatten || **Glühfaden:** *glühender Faden [in Glühbirnen]* || **Glühlampe:** *Glühbirne* || **Glühmost:** *gewürzter heißer Most* || **Glühwein:** *gewürzter heißer Wein* || **Glühwürmchen** das, -s/-: *Johanniskäfer, Leuchtkäfer*

Glukose = Glucose [-k-] die, - ⟨gr.⟩: *Traubenzucker*

Glump = **Glumpert** das, -s, *auch:* Klump, Klumpert (reg., ugs., abw.): *Lumpen, wertloses Zeug, schäbige Sachen*

Glundne → Gelundene

gluren (ostöst., ugs., meist abw.): *starren, anblicken* || **Gluren** die (Pl.) (bes. ostöst., ugs., meist abw.): *Augen*

Glut die, -/-en: die G. verlischt; → glühen

Glutamat das, -[e]s/-e ⟨gr.-lat.⟩: *ein Lebensmittelzusatz*

glutäugig (geh.): *dunkeläugig, mit feurigem Blick*

Gluten das, -s ⟨lat.⟩: *im Weizenmehl enthaltener Eiweißbestandteil;* → Kleber

glutrot

Glykol [-y-] das, -s ⟨gr.+lat.⟩: *ein Frostschutzmittel*

Glyptothek [-y-] die, -/-en ⟨gr.⟩: *Museum für antike Bildhauerwerke*

Glyzerin [gly-, gli-] das, -s ⟨gr.⟩: *eine ölige Flüssigkeit*

Glyzinie [gly-iɛ, auch: gli-] die, -/-n ⟨gr.⟩: *eine Kletterpflanze*

GmbH [ge ɛm be 'ha:] die, -/- ['ha:s] → Gesellschaft m. b. H.

GMD: **G**eneral**m**usik**d**irektor/in

g-Moll ['ge:'mɔl] (g) (Mus.): *eine Tonart* || **g-Moll-Tonleiter** (Mus.)

Gmünd: *Stadt in Kärnten* | (Kfz: GD) *Stadt in Niederösterreich*

Gmunden (Kfz: GM): *Stadt in Oberösterreich* || **Gmundner See:** → *Traunsee*

Gnade die, -/-n: *Erbarmen, Nachsicht;* auf G. und Ungnade *(bedingungslos);* G. vor Recht ergehen lassen *(Nachsicht walten lassen);* von Gottes Gnaden König ‖ **Gna|den|akt:** der Häftling wurde auf Grund eines Gnadenaktes vorzeitig frei gelassen ‖ **Gna|den|bild** (Rel.): *Heiligenbild, dem Wunderkraft zugeschrieben wird; das Mariazeller G.* ‖ **Gna|den|brot** das, -[e]s: einem alten Pferd das G. geben *(es füttern, obwohl es nicht mehr arbeiten kann)* ‖ **Gna|den|er|lass:** *Amnestie; Begnadigung* ‖ **Gna|den|frist:** *letzte Frist* ‖ **Gna|den|ge|such:** *Schreiben um Begnadigung* ‖ **gna|den|los** ‖ **Gna|den|ort:** *Wallfahrtsort* ‖ **Gna|den|recht** (Jus): *Begnadigung, Amnestie* ‖ **gna|den|reich** (geh.) ‖ **Gna|den|schuss** ‖ **Gna|den|stoß:** *Stich, der den Leiden eines Tieres ein Ende setzt* ‖ **gna|den|voll** (geh.) ‖ **gnä|dig:** das Glück war ihm g. *(wohlgesinnt); „Gnädige (Gnä') Frau!" (eine Anrede)* | (ugs.) es g. *(eilig) haben* ‖ **Gnä|di|ge** die, -n/-n: *die Dame des Hauses [als Dienstgeberin]* ‖ **Gnä|digs|te** die, -n/-n (auch abw. bzw. iron.): *Anrede für eine Frau*

Gneis der, -es/-e: *ein Gestein*

gnei|ßen, du gneißt (reg., ugs.): etwas g. *(merken, durchschauen)*

Gnoc|chi ['njɔki] die (Pl.) ⟨it.⟩: *Erdäpfel- oder Grießnockerln nach italienischer Art*

Gnom der, -en [-s]/-en [-e]: *[hässlicher] Zwerg*

Gnu das, -s/-s ⟨aus einer afrikanischen Sprache⟩: *eine Antilope*

Goal [go:l, engl.: gəʊl] das, -s/-s ⟨engl.⟩ (Sport): *Tor;* ein G. schießen ‖ **Goal|frau:** *Torfrau* ‖ **Goal|get|ter** der, -s/-: *erfolgreicher Torschütze, Torjäger* ‖ **Goal|get|te|rin** die, -/-innen ‖ **Goa|li**[1] = Goalie[1] [-li] der, -s/-s (Sport): *Torhüter [im Eishockey]* ‖ **Goa|li**[2] = **Goa|lie**[2] die, -/-s (Sport) ‖ **Goal|kee|per** [-ki:-] der, -s/-: *Tormann* ‖ **Goal|kee|pe|rin** die, -/-innen ‖ **Goal|mann**

Gob der, -/-e (V, CH, ugs.): *Kind;* → Gof

Go|be|lin [-'blɛ̃:] der, -[s]/-s ⟨fr.⟩: *Wandteppich mit eingewebten Bildern, Bildteppich*

Go|cart ['gəʊkɑ:t] = Gokart der, -[s]/-s ⟨engl.⟩: *ein unverkleideter kleiner Rennwagen*

Go|ckel der, -s/- = **Go|ckel|hahn:** *Hahn* | (scherzh.) stolz wie ein G.

Göd der, -en/-en, *auch:* Göt (ugs.): *Pate* ‖ **Go|den** die, -/- (ugs.): *Patin;* → Godl

Go|der der, -s/- (reg., ugs.): *Doppelkinn* ‖ **Go|derl** das, -s/-[n] (reg., ugs.): *Goder* | (scherzh.) jemandem das G. kratzen *(jemandem schöntun)* ‖ **Gö|derl** das, -s/-[n] (ostöst.): *Halsteil des Schweines* | *eine Fleischspeise daraus*

Godl die, -/-n, *auch:* Gotl (ugs.): *Patin;* → Göd

Gof der, -/-e (V, ugs.): *Kind, Gob*

Go-go-Girl [-gɜ:l] ⟨engl.⟩: *Vortänzerin in einem Tanzlokal*

Goi der, -[s]/Gojim ⟨hebr.⟩ (abw.): *Nichtjude, Christ*

Go|ing|pu|blic [ˌgəʊɪŋ'pʌblɪk] = **Go|ing-pu|blic** das, -/-s ⟨engl.⟩ (Wirt.): *Börsegang*

Goi|se|rer der, -s/-: *schwerer, genagelter Bergschuh (nach dem Ort Bad Goisern)* ‖ **Goi|sern** → Bad Goisern

Go|kart ['gəʊkɑ:t] = → Gocart

Go|lat|sche → Kolatsche

Gold das, -es: nach G. graben; G. schürfen | (Zeichen: Au) *ein chemisches Element, Aurum, ein Schwer-, Edelmetall* | *Goldmünze* | (W, veraltend) eine Schale G. *(ein Milchkaffee)* ‖ **Gold|am|mer** der, -s/- = die, -/-n: *ein Singvogel* ‖ **Gold|bar|ren:** *Block aus massivem Gold* ‖ **gold|blond** ‖ **gold|braun:** die Zwiebel g. rösten ‖ **Gold|bro|kat:** *mit Goldfäden durchzogener Brokat* ‖ **Gold|bur|ger** der, -s/-: *eine Reb- und Weinsorte* ‖ **Gold|dol|lar:** *die offizielle Währungseinheit der USA* ‖ **Gold|du|ka|ten:** *eine Goldmünze*

gol|den

- die goldene Uhr
- die Sterne schimmern golden
- die goldene Hochzeit *(die Fünfzigjahrfeier der Eheschließung)*
- der goldene Mittelweg
- das goldene (*auch:* **G**oldene) Zeitalter *(als fiktive historische Epoche; eine bes. glückliche, positive Zeit)*

Großschreibung in Eigennamen:

- die **G**oldene Stadt *(Prag)*
- **G**oldene Schallplatte *(eine Auszeichnung)*

Gold|esel: *Geldquelle, die nie versiegt (nach einer Märchengestalt)* ‖ **Gold|fa|den** ‖ **gold|far|ben** ‖ **Gold|fisch:** *ein Zierfisch* ‖ **Gold|ge|halt** der, -[e]s/-e: der G. einer Münze ‖ **gold|gelb** ‖ **Gold|grä|ber** der, -s/- ‖ **Gold|grä|be|rin** die, -/-innen ‖ **Gold|gru|be:** ihr Geschäft ist eine G. *(sie verdient damit sehr viel Geld)* ‖ **gold|häl|tig,** *auch:* goldhaltig ‖ **Gold|hau|be:** *Teil einer Frauentracht* ‖ **gol|dig:** goldiger Glanz | ein goldiges *(süßes, herziges)* Kind ‖ **Gold|kro|ne:** *Zahnkrone aus Gold* | *altösterreichische Münze* ‖ **Gold|kurs** (Bankw.) ‖ **Gold|lack** (Bot.): *eine Pflanze* ‖ **Gold|ma|cher:** *Alchemist* ‖ **Gold|ma|che|rin** ‖ **Gold|me|dail|le** [-'ailjɛ] ‖ **Gold|mi|ne** ‖ **Gold|mün|ze** ‖ **Gold|preis** ‖ **Gold|re|gen:** *ein Strauch* | *[plötzlicher] Reichtum* ‖ **gold|rich|tig:** *völlig richtig* ‖ **Gold|ring** ‖ **Gold|schatz** ‖ **Gold|schmied** ‖ **Gold|schmie|de|ar|beit** ‖ **Gold|schmie|din** ‖ **Gold|schnitt:** *mit Blattgold belegter Rand eines Buches* ‖ **Gold|sti|cke|rei** ‖ **Gold|waa|ge:** er legt jedes Wort auf die G. *(ist in seiner Wortwahl übervorsichtig; prüft jede Äußerung bes. genau)* ‖ **Gold|zahn:** *Zahn mit Goldkrone*

Go|lem der, -s ⟨hebr.⟩: *durch Magie belebte menschenähnliche Tonfigur, eine jüdische Sagengestalt*

Golf[1] der, -[e]s/-e ⟨gr.-lat.-it.⟩: *Meeresbucht;* → Golfstrom

Golf[2] das, -s ⟨engl.⟩: G. spielen ‖ **Golf|ball** ‖ **Golf|klub** = Golfclub [-k-] ‖ **Golf|platz** ‖ **Golf|schlä|ger** ‖ **Golf|spie|ler** ‖ **Golf|spie|le|rin**

Golf|strom ⟨gr.⟩: *warme Meeresströmung im Atlantik;* → Golf[1]

Gol|ga|tha = **Gol|go|ta** ⟨hebr.⟩ (wörtl.: Schädelstätte): *Kreuzigungsort Jesu*

Go|li|ath der, -s/-s [-e]: *ein Riese (nach einer biblischen Gestalt)*

Go|mor|ra = **Go|mor|rha** → Sodom

Gon|del die, -/-n ⟨it.⟩: *ein venezianisches Ruderboot* | *Seilbahnkabine* ‖ **gon|deln,** ich gondle ‖ **Gon|do|lie|re** [-'ie:-] der, -s/Gondolieri: *venezianischer Gondelruderer*

Gong der, -s/-s ⟨mal.⟩: *ein Schlaginstrument;* mit dem G. zum Essen rufen; → Tamtam ‖ **Gong|schlag**

gön|nen: jemandem sein Glück g.; sich etwas g. ‖ **Gön|ner** der, -s/-: ein G. *(Förderer)* junger Künstler ‖ **gön|ner|haft:** jemandem g. *(herablassend)* zunicken ‖ **Gön|ne|rin** die, -/-innen ‖ **Gön|ner|mie|ne** (abw.): *herablassend freundlicher Gesichtsausdruck*

Go|nor|rhöe [-ɔ'rø:] die, -/-n, *auch:* **Go|nor|rhö** ⟨gr.⟩ (Med.): *eine Geschlechtskrankheit, Tripper*

Good|will [gʊd'wɪl] der, -s ⟨engl.⟩:

der gute Wille | (Wirt.) *Wohlwollen; Geschäftswert, Firmenwert, zB Kundenstock, eines Unternehmens* || **Good|will|tour** [-tu:ə]: *[diplomatische] Reise zur Erlangung von Wohlwollen*

Goo|fy ['gu:fi]: *eine Comicfigur*

goo|geln ['gu-], ich google: *mit der Suchmaschine Google eine Information im Internet suchen*

Gö|pel der, -s ⟨?⟩ (früher): *eine Antriebsvorrichtung [im Bergbau, für ein Schöpfrad]*

gor → gären

gor|disch: einen gordischen Knoten durchhauen *(eine äußerst schwierige Aufgabe auf einfache Weise lösen können); aber:* der **G**ordische Knoten *(von Alexander dem Großen durchschlagen)*

Gö|re die, -/-n (nördl. D, oft abw.): *ungezogenes Mädchen*

Go|re|tex das, - (Wz.): *ein Textilmaterial*

Gor|gon|zo|la der, -s/-s (Wz.): *eine Käsesorte (nach einem italienischen Ort)*

Go|ril|la der, -s/-s ⟨aus einer afrikanische Sprache⟩: *ein Menschenaffe* | (sal.) *Leibwächter*

Görz (it.: Gorizia, slowen. Gorica [-tsa]): *Stadt in Italien (an der Grenze zu Slowenien)*

Go|sche die, -/-n, *auch:* **Go|schen** -/- (ugs., derb): *Mund, Maul* || **Go|scherl** = **Gö|scherl** das, -s/-[n] (bes. ostöst., ugs.) || **go|schert** (ugs., abw.): *großmäulig, frech*

Gos|pel der = das, -s/-s ⟨engl.⟩: *religiöses Lied nordamerikanischer Schwarzer* || **Go|spel|song**

goss → gießen

Gos|se die, -/-n (geh.): *Rinnsal;* in der G. landen *(ganz verwahrlosen, in schlechte Verhältnisse abrutschen)*

Gös|ser|mus|kel (scherzh.): *Bierbauch (nach einer Biermarke)*

Göt → Göd || **Go|ta** die, -/- (V, mda.): *Patin;* → Goden; → Godl; → Gote

Go|te[1] der, -n/-n: *Angehöriger eines germanischen Volksstammes*

Go|te[2] = Gotte die, -/-n (T, V, K, mda.): *Patin;* → Goden; → Godl; → Gota || **Gö|te** = Götti der, -s/- (T, V, K, mda.): *Pate;* → Göd

Go|tik die, -: *ein Kunststil des Mittelalters vom 12. bis ins 16. Jh.*

Go|tin die, -/-**inn**en: *weibl. Form von Gote*[1]

go|ti|keit, *auch:* gottikeit (veraltet, mda.): *gewissermaßen;* sie gähnt, g. *(wie um zu sagen),* ich soll schon weggehen | *nicht der Rede wert*

go|tisch → Gote; → Gotik

Gotl → Godl

Gott der, -es/Götter: in Gottes Namen; um Gottes willen; behüt (= Behüt) dich G. sagen; grüß (= Grüß) G. sagen; G. sei Dank, der Krieg ist zu Ende; leider Gottes; G. behüte; G. bewahre! *(sicher nicht!);* G. und die Welt *(Verschiedenstes);* helf G.! *(Zuruf beim Niesen);* gnade dir G.! *(eine Drohung);* → weiß Gott || **gott|ähn|lich** || **gott|be|gna|det:** ein gottbegnadeter Künstler

Got|te = → Gote[2]

gott|er|bärm|lich, *auch:* gottserbärmlich: sie heulte g. *(kläglich)* || **Göt|ter|däm|me|rung:** *Weltuntergang* || **gott|er|ge|ben** || **Göt|ter|sa|ge** || **Göt|ter|spei|se:** *eine Nachspeise* || **Göt|ter|va|ter:** *Zeus* || **Got|tes|acker** (geh., veraltet): *Friedhof* || **Got|tes|dienst** || **got|tes|dienst|lich** || **Got|tes|furcht:** *Gehorsam und Ehrfurcht vor Gott* || **got|tes|fürch|tig** || **Got|tes|ga|be:** *unverhofftes Geschenk* || **Got|tes|gna|de:** diese Begabung ist eine G.; aus Gottesgnaden *(herablassend)* etwas tun; *aber:* Franz Joseph I., von Gottes Gnaden Kaiser ...; Künstler von Gottes Gnaden || **Got|tes|gna|den|tum** das, -s || **Got|tes|haus:** *Kirche* || **Got|tes|krie|ger:** *fanatischer Glaubenskämpfer* || **Got|tes|krie|ge|rin** || **Got|tes|läs|te|rung** || **Got|tes|lohn** der, -[e]s: um G. *(gratis)* arbeiten || **Got|tes|mut|ter** die, -: *Muttergottes, Maria als Mutter Jesu* || **Got|tes|staat:** *Staatsform, deren Grundlage die Religion ist, zB der Lamaismus in Tibet vor der chinesischen Besetzung* || **Got|tes|ur|teil** (früher): *Ermittlung des Schuldigen durch eine Probe, die göttliches Eingreifen zeigen soll* || **Gott|fried:** *männl. Vorname;* → Götz || **gott|ge|fäl|lig** || **gott|ge|wollt** || **Gott|hard:** *männl. Vorname* || **Gott|heit** die, -/-en

Göt|ti = → Göte

got|ti|keit → gotikeit

Göt|tin die, -/-**inn**en || **gött|lich:** die göttliche Gnade | eine göttliche *(köstliche)* Speise || **Gott|lieb:** *männl. Vorname* || **gott|lob** || **gott|los** || **Gott|lo|sig|keit** die, -

Gott|schee die, - (slow.: Kočevje [-'tʃe:v-]): *ehemalige deutsche Sprachinsel in Slowenien*

Gott|sei|bei|uns der, - (beschön.): *der Teufel* || **gotts|er|bärm|lich** → gotterbärmlich || **Gotts|öbers|te**[1] der, -n/-n (ugs., scherzh.): *der Ranghöchste* || **Gotts|öbers|te**[2] die, -n/-n (ugs., scherzh.) || **Gott|va|ter** der, -s, *auch:* Gott Vater || **gott|ver|dammt** || **gott|ver|las|sen:** eine gottverlassene Gegend || **Gott|ver|trau|en**

Götz: *männl. Vorname (Gottfried)*

Göt|ze der, -n/-n: *wie eine Gottheit verehrte Figur; falscher Gott* || **Göt|zen|bild** || **Göt|zen|die|ner** || **Göt|zen|die|ne|rin** || **Göt|zen|dienst** || **Göt|zen|kult**

Göt|zis: *Marktgemeinde in Vorarlberg*

Götz|zi|tat das, -[e]s: *der Ausspruch „leck mich am Arsch" (nach Goethes Drama „Götz von Berlichingen")*

Gou|a|che [gua(:)ʃ] die, -/-n ⟨fr.⟩: *Deckfarbenmalerei*

Gou|da ['gaʊ-] der, -s/-s: *ein holländischer Käse (nach einer niederländischen Stadt)*

Gour|mand [gur'mɑ̃:] der, -s/-s ⟨fr.⟩: *Schlemmer* || **Gour|met** [-'me:] der, -s/-s: *Feinschmecker*

gou|tie|ren [gu-] ⟨fr.⟩: den Vorschlag mit einem Nicken g. *(gutheißen)*

Gou|ver|nan|te [guv-] die, -/-n ⟨fr.⟩ (früher): *Erzieherin in einer Familie* || **gou|ver|nan|ten|haft** (meist abw.): *streng; belehrend* || **Gou|ver|ne|ment** [-n'mɑ̃:] das, -s/-s: *ein Verwaltungsbezirk* || **Gou|ver|neur** [-'nø:ə] der, -s/-e: *höchster Regierungsbeamter eines Staates der USA* (früher: *einer Kolonie*) | *ein Amtstitel;* G. der Österreichischen Postsparkasse || **Gou|ver|neu|rin** die, -/-innen

GPRS [dʒi: pi: ɑ:r 'ɛs, auch: ge pe ɛr 'ɛs] das, - (Elektrot.): **G**eneral **P**acket **R**adio **S**ystem *(eine Mobilfunktechnologie)*

GPS [dʒi: pi: 'ɛs, auch: ge pe 'ɛs]: **G**lobal **P**ositioning **S**ystem *(Navigationssystem [für Autos] mit Satellitenunterstützung)*

Grab das, -[e]s/Gräber: jemanden zu Grabe tragen; das Heilige G. *(Grab Jesu)* || **Grab|ein|fas|sung** || **gra|ben,** du gräbst/grub/gegraben: ein tiefes Loch g.; Erdäpfel g. *(ernten);* nach Gold g. || **Gra|ben** der, -s/Gräben: neue Gräben aufreißen *(Unfrieden stiften)* || **Gra|ben|kampf** (meist Pl.) (Mil.): *Nahkampf im Schützengraben* ||

G

Gräberfeld: *frühgeschichtlicher Friedhof* ‖ **Grabesstille** ‖ **Grabesstimme:** *eine tiefe, schaurige Stimme* ‖ **Grabhügel** ‖ **Grabinschrift:** eine G. auf dem Grabstein ‖ **Grabkammer** ‖ **Grablicht:** *Kerze, Lampe auf Gräbern* ‖ **Grabmal** das, -[e]s/-mäler (*auch:* -male): das G. des Unbekannten Soldaten *(Gedenkstätte für Gefallene)* ‖ **Grabrede** ‖ **Grabschändung:** *Beschädigung, Zerstörung eines Grabes* ‖ **Grabstätte** ‖ **Grabstein** ‖ **Grabung** die, -/-en: *[archäologische] Ausgrabung [von Altertümern]* ‖ **Grabungsstätte:** *Ort von Ausgrabungen*

Gracht die, -/-en ⟨niederl.⟩: *Kanal, Wasserstraße in niederländischen Städten*

grad = grade (ugs.): *gerade*²; er ist ein grader Michel *(sagt unverblümt seine Meinung)* | *gerade*³

Grad der, -[e]s/-e ⟨lat.⟩: einen akademischen G. erlangen; Verbrennungen dritten Grades erleiden; in hohem Grade *(sehr)* leistungsfähig sein | (mit Zeichen °) *eine Maßeinheit;* Minusgrade, Winkelgrade; Breitengrade | (in Maßangaben mit Pl. Grad) zehn Grad Celsius (10° C, fachspr.: 10 °C); ein Winkel von 45 Grad (45°); 15 Grad (15°) östlich von Greenwich

gradaus (ugs.): *geradeaus* ‖ **gradbiegen** (ugs.): *geradebiegen* ‖ **grade** = → grad

Gradel der = das, -s/-: *ein festes Gewebe*

gradezu (ugs.): *geradezu* ‖ **gradlinig** (ugs.): *geradlinig* ‖ **Gradlinigkeit** die, - (ugs.): *Geradlinigkeit*

Gradmesser ‖ **Gradnetz** (Geogr.)

gradso (ugs.): *geradeso; genauso* ‖ **gradstehen** (ugs.): *geradestehen*

Graduale das, -s/Gradualien [-i̯ɛn] ⟨lat.⟩: *ein Teil des Propriums der heiligen Messe* | *Liturgiebuch mit Messgesängen* ‖ **graduell:** *stufenweise* ‖ **graduieren:** *einen akademischen Grad erwerben oder verleihen* | *mit einer Skala versehen* ‖ **Graduierung** die, -/-en

gradwegs (ugs.): *geradewegs*

Graecum [-'ɛːk-] das, -s ⟨lat.⟩: *eine nachträgliche Prüfung in Grie*

Graf¹ der, -en/-en: *ein Adeliger*

Graf

Graf² = Graph [-f] der, -en/-en ⟨gr.⟩ (bes. Math.): *grafische Darstellung*

Für das Wort bzw. den Wortbestandteil gibt es zwei Schreibweisen:
- Graf: die eingedeutschte Schreibung
- Graph: die fremdsprachige Schreibung

Ebenso: grafisch/graphisch, Grafologie/Graphologie, Fotografin/Photographin ...

Graf³ = Graph [-f] das, -s/-e ⟨gr.⟩ (Sprachwiss.): *Schriftzeichen* ‖ **Grafem** = Graphem das, -s/-e (Sprachwiss.): *Buchstabe oder Buchstabenverbindung;* → Phonem

Graffel → Graffl ‖ **Graffelwerk** → Grafflwerk

Graffito das (*auch:* der), -s/Graffiti[s] ⟨it.⟩: *auf Wände gemalte (gesprühte, gekratzte) Parole, Inschrift oder Zeichnung*

Graffl das, -[s] = **Grafflwerk** das, -[e]s, *auch:* Graffel, Graffelwerk (ugs., abw.): *wertloses Zeug*

Grafik = Graphik [-f-] die, - ⟨gr.⟩: *Druck-, Schreib- und Zeichenkunst* | (mit Pl. -en) *Arbeit in einer bestimmten grafischen Technik, zB Radierung* ‖ **Grafiker** = Graphiker der, -s/-: *ein Künstler; ein Angehöriger des grafischen Gewerbes* ‖ **Grafikerin** = Graphikerin die, -/-innen ‖ **Grafikkarte** = Graphikkarte (EDV): *Vorrichtung zur Farb- und Grafikdarstellung auf einem Computermonitor*

Gräfin die, -/-innen

grafisch = graphisch [-f-]: den Fieberverlauf in einer Kurve g. darstellen | ein grafisches Gewerbe *(die Buchdruckerei, Layouter o. dgl.)* | (Mus.) grafische Notation *(Andeutung des musikalischen Ablaufs durch grafische Symbole)* ‖ **Grafit** = Graphit der, -[e]s/-e: *ein Mineral [zur Erzeugung von Bleistiftminen]*

gräflich → Graf¹

Grafologe = Graphologe [-f-] der, -n/-n ‖ **Grafologie** = Graphologie die, -: *Deutung des Charakters eines Menschen aus seiner Handschrift* ‖ **Grafologin** = Graphologin die, -/-innen

Grafschaft die, -/-en: *englischer Verwaltungsbezirk* | (Gesch.) die G. Tirol

Grahambrot: *Brot aus grobem Weizenschrot* ‖ **Grahamwecker**l

Gral der, -[e]s ⟨fr.⟩: der heilige G. *(sagenhafte wundertätige Schale)*

Gralle die, -/-n (T, K, mda.): *Perle eines Schmuckstücks oder Rosenkranzes*

Gralsburg ‖ **Gralshüter:** *Hüter des heiligen Grals* | (auch abw.) *Bewahrer altehrwürdiger Überlieferung* ‖ **Gralshüterin** (auch abw.) ‖ **Gralsritter**

gram (geh.): ich bin dir nicht g. *(bös)* ‖ **Gram** der, -s (geh.): *Kummer, Sorge* ‖ **grämen** sich (geh.): *sich kränken* ‖ **gramgebeugt** (geh.) ‖ **grämlich** (geh.): *verdrossen*

Gramm das, -s/-e ⟨gr.⟩: nur um Gramme schwerer | (in Mengenangaben mit Pl. Gramm) (g) drei Gramm (3 g) Gold; die Werte in Gramm angeben

Grammatik die, -/-en ⟨gr.⟩: *Lehre von System und Bau einer Sprache* ‖ **grammatikalisch** = grammatisch ‖ **Grammatiker** der, -s/- ‖ **Grammatikerin** die, -/-innen ‖ **grammatisch** = → grammatikalisch

Grammel die, -/-n: *der verbleibende Rest ausgelassenen Schweinefetts* ‖ **Grammelfett** ‖ **Grammelknödel** ‖ **Grammelschmalz**

Grammofon = **Grammophon** [-f-] das, -s/-e ⟨gr.⟩ (früher): *ein Plattenspieler*

gramvoll → Gram

Gran¹ (ung.: Esztergom ['ɛstɛr-]): *Stadt in Ungarn*

Gran² das, -[e]s/-e ⟨lat.⟩ (früher): *ein sehr kleines Gewicht* | (in Mengenangaben mit Pl. Gran) drei Gran Silber

Granat der, -en/-en ⟨lat.⟩: *ein Schmuckstein* ‖ **Granatapfel:** *eine Frucht*

Granate die, -/-n ⟨lat.-it.⟩: *ein Sprenggeschoß* ‖ **Granatsplitter:** durch G. verwundet ‖ **Granattrichter** ‖ **Granatwerfer** der, -s/-

Grande der, -n/-n ⟨span.⟩: *Angehöriger des spanischen Hochadels* | (iron.) *hoher Funktionär in einer Partei, einer Organisation oÄ*

Grande Dame [grɑ̃d 'dam] ⟨fr.⟩: *bedeutende [ältere] weibl. Persönlichkeit, Kapazität;* die G. D. der Politik

Grandel das, -s/-n (Jägerspr.): *ein oberer Eckzahn des Rotwildes [in Schmuckstücken]*

Gran|de|zza die, - ⟨it.⟩: *elegant-würdevolles Benehmen*

Grand|ho|tel [ˈgrɑ̃:ho-] ⟨fr.⟩: *komfortables erstklassiges Hotel*

gran|di|os ⟨it.⟩: *großartig*

Grand Prix [grɑ̃ ˈpri] der, - - [-(s)]/ Grands - [grɑ̃ -] ⟨fr.⟩ (wörtl.: Großer Preis) ‖ **Grand-Prix-Ren|nen** ‖ **Grand|sei|gneur** [-sɛˈnjœ:r] der, -s/-s [-e]: *vornehmer, großzügiger älterer Herr*

Grand Slam [grænd ˈslæm] der, - -s/- -s ⟨engl.⟩ (Sport) (Wz): *die vier bedeutendsten Tennisturniere der Welt*

Gra|nit der, -[e]s/-e ⟨lat.-it.⟩: *ein sehr hartes Gestein;* bei jemandem auf G. beißen *(nichts erreichen)* ‖ **gra|ni|ten:** *aus Granit* ‖ **Gra|nit|pflas|ter**

Gran|ne die, -/-n: *borstenartiger Fortsatz an der Ähre von Getreide* ‖ **Gran|nen|haar:** *langes Oberhaar im Fell von Tieren*

Grant der, -s (ugs.): *schlechte Laune, Missmut*

Gran|te die, -/-n (K, T, St, mda.): *Preiselbeere* ‖ **Grän|te** die, -/-n (V, mda.): *Preiselbeere*

gran|teln (ugs.): *grantig sein oder reden* ‖ **gran|tig:** *übel gelaunt* ‖ **Gran|tig|keit** die, - ‖ **Grant|ler** der, -s/- (ugs.): *schlecht gelaunter Mensch* ‖ **Grant|le|rin** die, -/ -innen (ugs.) ‖ **Grant|scher|ben** (ugs., abw.): *verdrossener Mensch*

Gra|nu|lat das, -[e]s/-e ⟨lat.⟩: *Substanz in Körnchenform* ‖ **gra|nu|lie|ren** ‖ **Gra|nu|lom** das -s/-e (Med.): *eine Geschwulst*

Grape|fruit [ˈgreɪpfru:t] die, -/-s ⟨engl.⟩: *eine Zitrusfrucht* ‖ **Grape|fruit|saft**

Graph [-f] = → Graf[2/3] ‖ **Gra|phem** = → Grafem ‖ **Gra|phik** = → Grafik ‖ **Gra|phi|ker** = → Grafiker ‖ **Gra|phi|ke|rin** = → Grafikerin ‖ **Gra|phik|kar|te** = → Grafikkarte ‖ **gra|phisch** = → grafisch ‖ **Gra|phit** = → Grafit ‖ **Gra|pho|lo|ge** = → Grafologe ‖ **Gra|pho|lo|gie** = → Grafologie ‖ **Gra|pho|lo|gin** = → Grafologin

Grap|pa der, -s/-[s], *bes. SüdT, CH auch:* die, -/-[s] [Grappe] ⟨it.⟩: *italienischer Tresternschnaps*

grap|schen, du grapsch[s]t (ugs.): *greifen; stehlen* | (ugs.) *sexuell belästigen* ‖ **Grap|scher** der, -s/- (ugs.) ‖ **Grap|sche|rin** die, -/-innen (ugs.)

Gras das, -es/Gräser: *eine Pflanzenfamilie;* G. mähen; das G. wachsen hören *(im Vorhinein wissen, wie sich etwas entwickelt; sich für bes. gescheit halten)* | (sal.) ins G. beißen *(sterben)* ‖ **Gras|bü|schel** ‖ **gra|sen,** du grast: auf der Wiese grasendes Vieh ‖ **Gras|flä|che** ‖ **gras|grün** ‖ **Gras|halm** ‖ **Gras|hüp|fer:** *Heuschrecke* ‖ **Gras|mü|cke:** *ein kleiner Singvogel* ‖ **Gras|nar|be:** *Pflanzendecke über der obersten Bodenschicht*

Grass das, - (mda.): *Reisig, Nadelholz-Buschwerk*

Gras|schi = → Grasski

gras|sie|ren ⟨lat.⟩: *sich ausdehnen, sich ausbreiten;* die Grippe grassiert

Gras|ski [-ʃi:] = Grasschi: G. fahren *(ein Sport)*

gräss|lich: *fürchterlich, schrecklich* ‖ **Gräss|lich|keit** die, -/-en

Grat der, -[e]s/-e: *Kamm, Schneide eines Berges*

Grä|te die, -/-n: ein Fisch ohne Gräten ‖ **grä|ten|los**

Gra|te|wohl → Geratewohl

Gra|ti|fi|ka|ti|on [-tsi̯-] die, -/-en ⟨lat.⟩ (Amtsspr.): *Sonderzahlung, Ehrengabe* ‖ **gra|ti|fi|zie|ren:** *vergüten*

grä|tig: ein grätiger Fisch

Gra|tin [-ˈtɛ̃:] das, -s/-s ⟨fr.⟩ (Küchenspr.): *gratinierte Speise* ‖ **gra|ti|nie|ren** [-tin-] (Küchenspr.): *eine Speise im Backrohr überkrusten*

gra|tis: *kostenlos;* g. und franko ‖ **Gra|tis|fahrt** ‖ **Gra|tis|flug** ‖ **Gra|tis|pro|be** ‖ **Gra|tis|schul|buch|ak|ti|on** [-tsi̯-] (früher) (Bildw.) ‖ **Gra|tis|vor|stel|lung**

Grat|korn: *Marktgemeinde in der Steiermark*

Grät|sche die, -/-n: *eine Turnübung* ‖ **grät|schen:** du grätsch[s]t die Beine

Grat|ten der, -s/- (T): *Wagen, Karren;* Schubgratten

Gra|tu|lant der, -en/-en ⟨lat.⟩ ‖ **Gra|tu|lan|tin** die, -/-innen ‖ **Gra|tu|la|ti|on** [-tsi̯-] die, -/-en ‖ **gra|tu|lie|ren:** jemandem zum Namenstag g.

Grat|wan|de|rung: *Wanderung an einem Grat entlang* | *riskantes Unternehmen, das nach zwei Seiten hin schiefgehen kann*

Grät|zel = Grätzl das, -s/-[n] (ostöst.): *kleiner Teil eines Wohnviertels; Umkreis* ‖ **Grät|zel|fest** = **Grätzl|fest**

grau: g. gestreift (= graugestreift) | alles g. in g. *(trostlos)* sehen | die graue (auch: **G**raue) Eminenz *(jemand, der im Hintergrund maßgeblichen [politischen] Einfluss ausübt)* | (Med.) der graue Star *(eine Augenkrankheit, Katarakt)* ‖ **Grau** das, -[s]/-: das G. des Alltags ‖ **grau|blau**

Grau|bün|den: *Schweizer Kanton*

Gräu|el der, -s/-: die G. *(Schrecken)* des Krieges; das ist mir ein G. *(ich finde es schrecklich)* ‖ **Gräu|el|mär|chen:** *unwahrer Schreckensbericht* ‖ **Gräu|el|tat** ‖ **grau|en**[1]: mir graut vor der Zukunft

grau|en[2] (geh.): der Morgen graut *(dämmert)*

Grau|en das, -s: sich mit G. *(Angst und Entsetzen)* daran erinnern; G. erregen ‖ **Grau|en er|re|gend** = **grau|en|er|re|gend:** G. erregende Vorfälle; *aber:* am grauenerregendsten ‖ **grau|en|haft** ‖ **grau|en|voll**

Grau|gans: *eine Wildgans* ‖ **grau ge|streift** = **grau|ge|streift** ‖ **grau|grün** ‖ **grau|haa|rig** ‖ **Grau|kä|se** (bes. T, K): *ein scharf-würziger Topfenkäse;* → Steirerkas ‖ **gräu|lich**[1]: *ins Graue gehend;* g. blau

gräu|lich[2] (geh.): *schrecklich*

Grau|pe die, -/-n (veraltet): *Gersten- oder Weizenkorn als Suppeneinlage* ‖ **Grau|pel** die, -/-n: *kleines Hagelkorn* ‖ **grau|peln:** es graupelt und regnet

grau|pert (reg., ugs.): *zerzaust, schäbig*

Graus der, -es: es ist ein G. *(es ist abscheulich)* ‖ **grau|sam:** *brutal, gefühllos;* ein grausames *(furchtbares, entsetzliches)* Schicksal erleiden ‖ **Grau|sam|keit** die, -/-en

Graus|bir|ne (ugs.) (nur in der Wendung): jemandem steigen die Grausbirnen auf *(jemand ahnt Schlimmes)*

Grau|schim|mel: *Pferd mit grauem Fell*

grau|sen: mir/mich graust *(ekelt)* vor dieser Speise ‖ **Grau|sen** das, -s ‖ **grau|sig** ‖ **graus|lich:** *abscheulich* | *hartherzig* | *unfreundlich* ‖ **Graus|lich|keit** die, -/-en

Grau|zo|ne: *schwer abgrenzbarer Übergangsbereich*

gra|ve [-ve] ⟨it.⟩ (Mus.): *schwer, bedächtig*

Gra|veur [-ˈvø:ə] der, -s/-e ⟨fr.⟩: *Kupfer-, Stahlstecher, Steinschneider;* → gravieren; → Gravur ‖ **Gra|veu|rin** die, -/-innen

gra|vid ⟨lat.⟩ (Med.): *schwanger* ‖ **Gra|vi|di|tät** die, - (Med.)

G

gra|vie|ren [-v-] ⟨fr.⟩: *einritzen;* → Graveur; → Gravur
gra|vie|rend [-v-] ⟨lat.⟩: *schwerwiegend, folgenschwer;* ein gravierender Fehler
Gra|vie|rung [-v-] die, -/-en ⟨fr.⟩: *eingeritzte Zeichnung;* ein Ring mit G.
Gra|vis der, -/- ⟨lat.⟩ (`): *ein Betonungs- bzw. Aussprachezeichen, Akzent, zB in italienisch* città [tʃi'ta] *(Stadt)* ‖ **Gra|vi|tät** die, - (geh.): *Würde* ‖ **Gra|vi|ta|ti|on** [-tsi̯-] die, -: *Schwerkraft* ‖ **Gra|vi|ta|ti|ons|feld** (Phys.) ‖ **Gra|vi|ta|ti|ons|ge|setz** (Phys.) ‖ **gra|vi|tä|tisch** [-v-]: *würdevoll* ‖ **Gra|vi|ton** das, -s/-en (Phys.): *Feldquant der Gravitation*
Gra|vur [-v-] die, -/-en ⟨fr.⟩: *Gravierung;* → Graveur; → gravieren
Graz (Kfz: G): *Landeshauptstadt der Steiermark* | (Kfz: GU) Graz-Umgebung (= Graz Umgebung) ‖ **Gra|zer** der, -s/- ‖ **Gra|ze|rin** die, -/-innen
Gra|zie [-i̯ɛ] die, - ⟨lat.⟩: voll G. *(Anmut, Liebreiz)* ‖ **Gra|zi|en** die (Pl.): *die drei Göttinnen der Anmut* ‖ **gra|zil:** *schlank, zart, geschmeidig* ‖ **gra|zi|ös** ⟨lat.-fr.⟩: *anmutig, lieblich*
Gre|bel|te → *Gerebelte*
Gred die, -/-en = **Gre|de** die, -/-n (mda.): *ebene gepflasterte Fläche entlang eines Bauernhauses* | (K, T) *Scheiterhaufen an der Hauswand*
Green Card ['gri:n k-] = **Greencard** die, -/-s ⟨engl.⟩ (bes. D) (Wirt., Pol.): *Aufenthalts- bzw. Arbeitsgenehmigung für Ausländer/innen* ‖ **Green|horn** das, -s/-s: *Grünschnabel, Neuling* ‖ **Green|peace** [-pi:s]: *eine internationale Umweltschutzorganisation*
Green|wich ['grɪnɪdʒ]: *Stadtteil von London;* 15 Grad östlich von G. *(vom Nullmeridian)*
Gre|gor: *männl. Vorname* ‖ **Gre|go|ri|a|nik** die, -: *traditioneller einstimmiger, unbegleiteter Choralgesang der katholischen Kirche* ‖ **gre|go|ri|a|nisch:** *nach Papst Gregor I. bzw. Papst Gregor XIII. benannt;* gregorianischer Choral; gregorianischer Kalender; → julianisch
Greif der, -[e]s, -en/-e[n]: *ein Fabeltier* | *Greifvogel*
Greif|arm (Technik) ‖ **greif|bar** ‖ **grei|fen,** griff/gegriffen: ins Leere g.; zum Messer g.; zur Feder g. *(zu schreiben beginnen);* nach der Macht g.; um sich g. *(sich schnell ausbreiten);* aus der Luft gegriffen *(frei erfunden);* das ist zu hoch gegriffen *(veranschlagt);* einen Ton auf der Gitarre g.; *aber:* etwas ist zum **G**reifen nah[e]; → Griff ‖ **Grei|fer** der, -s/- (Technik): *eine Vorrichtung [an Kränen]* ‖ **Greif|vo|gel:** *Raubvogel*
Grein: *Stadt in Oberösterreich*
grei|nen (veraltet): *weinen; weinerlich schimpfen*
greis (geh.): ein greises *(sehr altes)* Ehepaar ‖ **Greis** der, -es/-e ‖ **grei|sen|haft** ‖ **Grei|sin** die, -/-innen
Greiß|ler der, -s/- (bes. ostöst.): *Lebensmittelhändler* ‖ **Greiß|le|rei** die, -/-en (bes. ostöst.) ‖ **Greiß|le|rin** die, -/-innen (bes. ostöst.) ‖ **Greiß|ler|ster|ben** das, -s: *Rückgang kleiner Lebensmittelhandlungen [wegen Konkurrenz von Großmärkten]*
grell: grelles *(blendendes)* Licht; grelle *(schreiende)* Farben; g. beleuchten ‖ **grell be|leuch|tet** = **grell|be|leuch|tet** ‖ **grell|bunt** ‖ **grell|fär|big** ‖ **grell|rot**
Gre|mi|al|vor|ste|her ⟨lat.⟩ ‖ **Gre|mi|al|vor|ste|he|rin** ‖ **Gre|mi|um** das, -s/Gremien [-i̯ɛn]: *eine Körperschaft;* das G. der Kaufmannschaft
Gre|na|dier der, -s/-e ⟨fr.⟩ (Mil.): *ein Infanterist* ‖ **Gre|na|dier|marsch** der, -es (Küchenspr.): *eine Speise aus Erdäpfeln, Nudeln und Fleisch- oder Wurststückchen*
Grenz|bahn|hof ‖ **Grenz|baum:** *Schlagbaum* ‖ **Grenz|be|fes|ti|gung** ‖ **Grenz|be|las|tung:** *die größtmögliche Belastung* ‖ **Grenz|be|reich** ‖ **Grenz|be|rich|ti|gung** ‖ **Grenz|be|woh|ner** ‖ **Grenz|be|woh|ne|rin** ‖ **Grenz|be|zirk:** *Bezirk an der Grenze* ‖ **grenz|de|bil** (abw.): *nahezu debil* ‖ **Gren|ze** die, -/-n: die G. passieren | der Schaden hält sich in Grenzen ‖ **gren|zen,** du grenzt; Österreich grenzt an Italien ‖ **gren|zen|los** ‖ **Gren|zen|lo|sig|keit** die, - ‖ **Gren|zer** der, -s/-: *Grenzbeamter* | (früher) *als Grenzwache angesiedelter Wehrbauer* ‖ **Gren|ze|rin** die, -/-innen ‖ **Grenz|fall:** *Fall, der sich auf zweierlei Art betrachten [und lösen] lässt* | *Grenzsituation* ‖ **Grenz|gän|ger** der, -s/-: *jemand, der die Staatsgrenze ständig [aus beruflichen Gründen] überschreitet* ‖ **Grenz|gän|ge|rin** die, -/-innen ‖ **Grenz|ge|biet** ‖ **Grenz|ka|tas|ter:** *behördliche Aufzeichnung der Grundstücksgrenzen* ‖ **Grenz|kon|flikt** ‖ **Grenz|kon|trol|le** ‖ **Grenz|land** ‖ **grenz|nah** ‖ **Grenz|po|li|zei** ‖ **Grenz|re|gi|on** ‖ **Grenz|schutz** ‖ **Grenz|si|tu|a|ti|on** [-tsi̯-]: *außergewöhnliche Situation, die die Menschen bis an ihre Grenzen belastet* ‖ **Grenz|stein** ‖ **Grenz|über|gang** ‖ **grenz|über|schrei|tend** ‖ **Grenz|über|tritt:** illegaler G. ‖ **Grenz|ver|kehr** ‖ **Grenz|ver|lauf** ‖ **Grenz|ver|let|zung** ‖ **Grenz|ver|mar|kung** die, -/-en (Amtsspr.): *Festlegung der Grundstücksgrenze* ‖ **Grenz|wa|che** (früher): *ein Sicherheitsorgan, gebildet aus Zollwache und Gendarmerie* ‖ **Grenz|wert:** *äußerster tolerierter Wert* ‖ **Grenz|zwi|schen|fall:** *Zwischenfall zwischen Staaten an einer Grenze*
Gre|ta → Grete ‖ **Gret|chen|fra|ge:** *Gewissensfrage, entscheidende Frage* ‖ **Gre|te,** *auch:* Greta: *weibl. Vorname (Margarete)*
Grie|be die, -/-n (D): *Grammel*
Grie|che der, -n/-n ‖ **Grie|chen|land** (Kfz: GR): *ein Staat;* → Hellas ‖ **Grie|chin** die, -/-innen ‖ **grie|chisch** ‖ **Grie|chisch** das, -[s] = **Grie|chi|sche,** -n: *die griechische Sprache;* → Altgriechisch; → Neugriechisch ‖ **griechisch-ka|tho|lisch** (Rel.): die griechisch-katholische Kirche ‖ **grie|chisch-or|tho|dox** (Rel.): die griechisch-orthodoxe Kirche ‖ **griechisch-uniert** (Rel.): *griechisch-katholisch;* → uniert
Grie|seln das, -s: *gefrierender Regen;* Schneegrieseln
Gries|gram der, -[e]s/-e (geh.): *immer schlecht aufgelegter Mensch* ‖ **gries|grä|mig** (geh.)
Gries|kir|chen (Kfz: GR): *Stadt in Oberösterreich*
Grieß der, -es/-e: *grob gemahlenes Mehl aus Getreide;* Maisgrieß | (ugs.) *eine Bildstörung [auf dem Fernsehbildschirm], Bildrauschen, Schnee* ‖ **Grieß|auf|lauf:** *eine Mehlspeise* ‖ **Grieß|blattln** → Grießplattln ‖ **Grieß|brö|sel** der, -s/-[n] (V): *Grießschmarren* ‖ **Grieß|knö|del** ‖ **Grieß|koch:** *eine Speise* ‖ **Grieß|mus** (V): *Grießbrei* ‖ **Grieß|no|ckerl** ‖ **Grieß|no|ckerl|sup|pe** ‖ **Grieß|pap|perl** (ugs.) ‖ **Grieß|plattln** die (Pl.),

auch: Grießblattln (reg.): *eine Speise;* → Plattl || **Grieß|rie|bel** (V): *Grießschmarren* || **Grieß|schmar|ren:** *eine Mehlspeise* || **Grieß|stop|fer** (V): *Grießschmarren*
griff → greifen || **Griff** der, -[e]s/-e: ein G. in die Geldbörse; Handgriff; ein guter G. *(eine gute Wahl)* | etwas in den G. bekommen *(es bewältigen können);* → greifen || **griff|be|reit** || **Griff|brett** (Mus.): *Teil des Halses von Streich- und Zupfinstrumenten*
Grif|fel der, -s/- (früher): *ein Schreibgerät* | (Biol.) *Organ der Blüte* || **Grif|fel|schach|tel** (SüdT): *Federpennal*
griff|fest: ein grifffestes *(auch nach längerem Gebrauch nicht abgegriffenes)* Material || **grif|fig:** griffiges *(etwas körniges)* Mehl; → G.: glatt || **Griff|loch** (Mus.): *mit dem Finger zu deckendes Loch im Rohr von Holzblasinstrumenten* || **Griff|tech|nik** (Mus.)
Grill der, -s/-s ⟨engl.⟩: *Bratrost*
Gril|le die, -/-n: *ein Insekt* | (geh.) *Laune, Marotte, wunderlicher Einfall*
gril|len ⟨engl.⟩: *auf dem Rost oder am Spieß braten* || **Gril|ler** der, -s/-: *ein Gerät zum Grillen* || **Grill|ge|würz** || **Grill|hendl** || **gril|lie|ren** (bes. CH): *grillen* || **Grill|spieß**
Gri|ma|sse die, -/-n ⟨fr.⟩: Grimassen *(Gesichter)* schneiden
Grimm der, -[e]s (geh.): *[unterdrückter] Zorn* || **Grim|men** das, -s: *Bauchschmerzen* || **grim|mig:** ein grimmiges Gesicht | grimmige *(strenge)* Kälte
Grim|ming der, -s: *Berg in der Steiermark*
Grind der, -[e]s/-e: *Schorf [auf der Kopfhaut]* | (T, V) (abw.) *Kopf* | (T) (abw.) *starrköpfiger Mensch;* ein sturer G. || **grin|dig:** *sehr schmutzig*
Grin|go der, -s/-s ⟨span.⟩ (abw.): *lateinamerikanische Bezeichnung für einen US-Amerikaner*
Grin|sel das, -s/-: *Kimme am Gewehrlauf*
grin|sen, du grinst: *dumm, höhnisch lächeln*
grip|pal ⟨fr.⟩ (Med.): grippaler Infekt *(grippeähnliche Erkrankung)* || **Grip|pe** die, -/-n (Med.): *eine ansteckende Krankheit, Influenza* || **Grip|pe|imp|fung** || **Grip|pe|vi|rus** [-v-] (Med.) || **Grip|pe|wel|le** || **grip|pös** (Med.): *grippal*

Grips der, -/-n (ugs.): *Verstand, Köpfchen*
Gri|saille [gri'za:j] die, -/-n ⟨fr.⟩ *Malerei, Maltechnik in grauen Farben*
Gris|li = Grizzly [-zli] der, -s/-s ⟨engl.⟩: *nordamerikanischer Braunbär*
Griss das, -es (ugs.): *Geriss*
Grizz|ly [-zli] = → Grisli

grob, gröber/am gröbsten: grober Sand; ein grober *(unhöflicher)* Kerl | (Seemannsspr.) grobe See *(stark bewegtes Meer mit hohem Wellengang)*

Großschreibung bei Nominalisierung:
- aus dem **G**röbsten heraußen sein
- aufs (auf das) **G**röbste (= gröbste; mit Frage *Wie?*) beleidigen

Getrennt- und Zusammenschreibung mit Verben, die ein Resultat herbeiführen, und adjektivisch gebrauchten Partizipien:
- das Getreide grob mahlen (= grobmahlen)
- grob gemahlen = grobgemahlen
- grob gestrickt = grobgestrickt

Außerdem: grob fahrlässig = grobfahrlässig

grob fahr|läs|sig = **grob|fahr|läs|sig** || **grob|fa|se|rig,** *auch:* **grob|fas|rig** || **grob ge|mah|len** = **grob|ge|mah|len** || **grob ge|strickt** = **grob|ge|strickt** || **Grob|heit** die, -/-en || **Gro|bi|an** der, -s/-e: *grober Mensch* || **grob|kör|nig** || **gröb|lich:** jemanden g. *(sehr schwer)* beleidigen || **grob mah|len** = **grob|mah|len** || **grob|ma|schig**
Gröb|ming (Kfz: GB): *Marktgemeinde in der Steiermark*
grob|schläch|tig (abw.): *von grober Art;* ein grobschlächtiger Mensch
Grö|den das, -[s]: *Grödnertal (in Südtirol)*
Grog der, -s/-s ⟨engl.⟩: *ein heißes alkoholisches Getränk mit Rum*
grog|gy [-i] ⟨engl.⟩ (ugs.): *erschöpft, halb betäubt*
grö|len (abw.): *dumpf schreiend singen, brüllen*
Groll der, -[e]s: keinen G. *(Ärger)* empfinden || **grol|len** (geh.): *hadern, streiten;* er grollt [mit] seinem Sohn | den Vulkan g. *(donnern)* hören

Grön|land: *große Insel in der Arktis (zu Dänemark gehörend)*
Groove [gru:v] der, -s ⟨engl.⟩ (Mus.): *wiederkehrendes rhythmisches Muster, das den [Gefühls]eindruck eines Musikstücks verstärkt* || **groo|ven** (Mus.): der Song groovt || **groo|vig** (Mus.)
Gros[1] [gro:] das, - [-(s)] ⟨fr.⟩: das G. *(die Hauptmasse)* der Wähler/innen; → en gros || **Gros**[2] [gro(:)s] das, -/-: *12 Dutzend einer Ware [im Textilhandel]*
Gro|schen der, -s/- (g): *eine Geldeinheit, zB früher in Österreich (bis Februar 2002)* | (ugs.) der G. ist bei ihm gefallen *(endlich hat er es verstanden)* || **Gro|schen|heft** (veraltet): *billige Lektüre* || **Gro|schen|klau|ber** der, -s/- (ugs., abw., veraltet): *geldgieriger Mann, Geizhals;* → Pfennigfuchser || **Gro|schen|klau|be|rin** die, -/-innen (ugs., abw., veraltet) || **Gro|schen|ro|man** (veraltet) || **Gro|scherl|ge|schäft,** *auch:* **Grö|scherl|ge|schäft** (ostöst., ugs.): *Minimalumsatz, Kleinstverdienst*

G

groß, größer/am größten

- die großen Ferien
- im großen Ganzen
- das große G singen (Mus.)
- die große Oktav (Mus.: *die Töne C bis H*)

Großschreibung bei Nominalisierung:
- im **G**roßen *(in großen Mengen)* einkaufen
- im **G**roßen und Ganzen
- **G**roß und Klein *(alle, jedermann)*
- die **G**roßen und die Kleinen
- das **G**roße und das Kleine
- etwas/nichts **G**roßes leisten
- das **G**rößte ist, dass ...

Großschreibung in Eigennamen:
- Karl der **G**roße (d. Gr.)
- der **G**roße Bär *(ein Sternbild)*
- der **G**roße Ozean *(der Pazifik)*
- der **G**roße Teich *(Atlantik)*

Getrenntschreibung bei wörtlicher Bedeutung:
- groß schreiben *(in großen Schriftzügen); aber zusammen:* das Nomen musst du großschreiben
- groß anlegen *(großzügig)*

Zusammenschreibung bei übertragener Bedeutung:
- Nomen werden großgeschrieben *(mit großem Anfangsbuchstaben)*

– Ordnung wird bei uns großgeschrieben *(wichtig genommen)*
– großtun *(protzen, prahlen)*
– ein Kind großziehen

Getrennt- und Zusammenschreibung mit adjektivisch gebrauchten Partizipien:

– groß gemustert = großgemustert
– ein groß gewachsenes (= großgewachsenes) Kind

Groß|ab|neh|mer: *Großkunde* || **Groß|ab|neh|me|rin** || **Groß|ak|ti|o|när** [-tsi̯-] (Wirt.) || **Groß|ak|ti|o|nä|rin** (Wirt.) || **groß|ar|tig:** *ausgezeichnet, hervorragend* || **Groß|ar|tig|keit** die, -/-en || **Groß|auf|nah|me:** *das ganze Bild füllende Aufnahme [eines Gesichts, einer Blume]* || **Groß|auf|trag** (Wirt.) || **Groß|bank** || **Groß|be|trieb** || **Groß|brand** || **Groß|bri|tan|ni|en** [-i̯ɛn]: *England, Schottland und Wales;* Vereinigtes Königreich von Großbritannien und Nordirland (UK) (Kfz: GB); → Britannien; → Brite || **Groß|buch|sta|be** || **groß|bür|ger|lich:** *der einflussreichere Teil des Bürgertums (bes. im 19. Jh.)* || **Groß|bür|ger|tum** || **groß|deutsch** (Gesch.): *die Vereinigung aller deutschsprachigen Gebiete in einem Staat anstrebend* || **Grö|ße** die, -/-n: die G. eines Raumes | die G. *(Wichtigkeit)* des Augenblicks; die innere G. *(der innere Wert)* | sie ist eine G. *(eine bedeutende Persönlichkeit)* auf ihrem Gebiet || **Groß|ein|kauf** || **Groß|ein|satz:** ein G. der Rettung || **Groß|el|tern** die (Pl.) || **Grö|ßen|ord|nung** || **gro|ßen|teils:** *zum großen Teil* || **Grö|ßen|ver|hält|nis** || **Grö|ßen|wahn** || **grö|ßen|wahn|sin|nig** || **Groß-En|zers|dorf:** *Stadt in Niederösterreich* || **Groß|fahn|dung:** eine G. der Polizei || **Groß|fa|mi|lie** [-i̯ɛ] || **groß|flä|chig** || **Groß|for|mat** || **groß|for|ma|tig** || **Groß|fürst:** *ein hoher Adeliger im alten Russland* || **Groß|fürs|tin** || **groß ge|mus|tert** = **groß|ge|mus|tert** || **Groß Ge|rungs:** *Stadt in Niederösterreich* || **groß ge|wach|sen** = **groß|ge|wach|sen** [-ks-] || **Groß|glock|ner** der, -s: *höchster Berg in Österreich (Kärnten, Osttirol);* → Glockner || **Groß|grund|be|sit|zer** || **Groß|grund|be|sit|ze|rin** || **Groß|han|del** → G.: Einzelhandel || **groß|her|zig:** *edelmütig; freigebig* || **Groß|her|zog:** *ein Fürstentitel* || **Groß|her|zo|gin** || **Groß|hirn** || **Groß|hirn|rin|de** || **Groß|in|qui|si|tor** (früher): *höchster Richter der Inquisition* || **Groß|in|ves|tor** || **Groß|in|ves|to|rin**

Gros|sist der, -en/-en ⟨fr.⟩: *Großhändler;* → Engrossist; → G.: Einzelhändler || **Gros|sis|tin** die, -/-innen

groß|jäh|rig: *volljährig* || **Groß|jäh|rig|keit** die, - || **groß|ka|li|brig** → Kaliber || **Groß|kat|ze** (Zool.): *große Raubkatze, zB Tiger, Löwe* || **Groß|kauf|mann** || **Groß|kauf|frau** || **Groß|knecht** (früher): *oberster Knecht* || **Groß|kö|nig:** *Titel der altpersischen Herrscher* || **groß|kop|fert** (ugs.): *hochgestellt* || **Groß|kop|fer|te**[1] der, -n/-n, ein Großkopferter (ugs.): *hochgestellte Persönlichkeit* || **Groß|kop|fer|te**[2] die, -n/-n (ugs.) || **groß|kot|zig** (ugs., abw.): *protzig, arrogant* || **Groß|kü|che** || **Groß|kun|de** || **Groß|kund|ge|bung** || **Groß|kun|din** || **Groß|macht:** *ein sehr mächtiger Staat oÄ* || **groß|mäch|tig** [auch: -ˈɛ-]: *sehr groß;* etwas g. anpreisen || **Groß|ma|ma** [-ˌmaː]: *Großmutter* || **Groß|markt** || **Groß|maul** (abw.): *Prahler, Wichtigtuer* || **Groß|meis|ter:** *ein Titel im Schach* | *ein Rang (in den Ritterorden, in der Freimaurerei)* || **Groß|meis|te|rin** || **Groß|mo|gul** (früher): *nordindischer Herrscher;* → Mogul || **Groß|mut** die, - (geh.): *Großzügigkeit, Edelmut* || **groß|mü|tig** (geh.) || **Groß|mut|ter** || **groß|müt|ter|lich** || **Groß|nef|fe:** *Enkel der Schwester/des Bruders* || **Groß|nich|te:** *Enkelin des Bruders/der Schwester* || **Groß|of|fen|si|ve** [-fɛ, -vɛ]

gros|so mo|do ⟨it.⟩: *im Großen und Ganzen*

Groß|on|kel: *Bruder eines Großelternteils* || **Groß|pa|ckung** || **Groß|pa|pa** [-ˌpaː]: *Großvater* || **Groß|pro|jekt** || **Groß|raum:** *Stadt mit ihrer näheren Umgebung;* im G. Linz || **Groß|raum|bü|ro:** *Büro, in dem mehrere Arbeitsplätze in einem großen Raum untergebracht sind* || **groß|räu|mig** || **Groß|raum|li|mou|si|ne** [-mu-] → Makrovan || **Groß|raum|wa|gen:** *nicht abgeteilter Waggon* || **Groß|raz|zia** || **Groß|rech|ner** (EDV): *leistungsstarke Computeranlage* || **groß|schrei|ben:** *mit großem Anfangsbuchstaben schreiben; aber:* etwas groß *(in großen Schriftzügen)* schreiben; → groß || **Groß|schrei|bung** die, - || **Groß-Sieg|harts:** *Stadt in Niederösterreich* || **Groß|spre|cher** (abw.) || **Groß|spre|che|rin** (abw.) || **groß|spre|che|risch** (abw.): *prahlerisch* || **groß|spu|rig** (abw.): *auftrumpfend, hochstaplerisch;* g. reden || **Groß|stadt:** *Stadt mit mehr als 1 Million Einwohnern* || **Groß|städ|ter** || **Groß|städ|te|rin** || **groß|städ|tisch** || **Groß|tan|te:** *Schwester eines Großelternteils* || **Groß|tat:** *großartige Leistung* || **Groß|teil** der, -[e]s/-e || **groß|teils** || **größ|ten|teils** || **größt|mög|lich** || **Groß|tu|er** der, -s/- (abw.) || **Groß|tu|e|rei** die, - (abw.) || **Groß|tu|e|rin** die, -/-innen (abw.) || **groß|tu|e|risch** (abw.) || **groß|tun** (abw.): er tut groß *(er protzt, prahlt)* || **Groß|un|ter|neh|men** || **Groß|va|ter** || **groß|vä|ter|lich** || **Groß|ve|ne|di|ger** [-v-; auch: -ˈneː-] der, -s: *Berg in den Hohen Tauern (Salzburg, Osttirol)* || **Groß|ver|an|stal|tung** || **Groß|ver|brau|cher** || **Groß|ver|brau|che|rin** || **Groß|ver|die|ner** || **Groß|ver|die|ne|rin** || **Groß|vieh:** *Rinder, Pferde u. dgl.* || **Groß|we|sir** (früher): *höchster osmanischer Amtsträger;* → Wesir || **Groß|wet|ter|la|ge:** *die weiträumige Wetterlage* || **Groß|wild:** *Elefanten, Löwen u. dgl.* || **Groß|wild|jä|ger** || **Groß|wild|jä|ge|rin** || **groß|zie|hen:** ein Kind g. || **groß|zü|gig:** *freigebig* | *nachsichtig, tolerant;* über Fehler g. hinwegsehen | *weiträumig;* ein großzügiges Zimmer || **Groß|zü|gig|keit** die, -/-en

Grös|tel = **Gröstl** das, -s/-[n]: *eine [Tiroler] Speise aus geröstetem Fleisch und Erdäpfeln;* Tiroler G.

gro|tesk ⟨fr.⟩: groteske *(wunderliche, absonderliche)* Figuren, Ideen || **Gro|tes|ke** die, -/-n (bes. Kunstg., Lit.)

Grot|te die, -/-n ⟨lat.-it.⟩: *Felshöhle* || **Grot|ten|bahn**

Grou|pie [ˈɡruːpi] der, -s/-s ⟨engl.⟩: *weiblicher Fan [eines Popsängers]*

grub → graben

Grub|ber der, -s/- ⟨engl.⟩ (Landw.): *eine Maschine zum Lockern der Erde* || **grub|bern,** ich grubbere (Landw.)

Grüb|chen das, -s/-: *Grüberl* || **Gru|be** die, -/-n: in eine G. stürzen | *Bergwerk;* in die G. einfahren

Grübelei die, -/-en, *auch:* Grüblerei || **grübeln,** ich grüble: über etwas g. *(sich mit Gedanken darüber abquälen)*
Grubenhund = **Grubenhunt** (Bergmannsspr.): *ein Förderwagen* || **Grubenunglück:** *Bergwerksunglück* || **Grüberl** das, -s/-[n] (bes. ostöst., ugs.): Grüberln *(kleine Vertiefungen, Grübchen)* in den Wangen
Grübler der, -s/-: *jemand, der zum Grübeln neigt* || **Grüblerei** → Grübelei || **Grüblerin** die, -/-innen || **grüblerisch:** ein grüblerischer *(unaufhörlich nachdenklicher)* Mensch
grüezi [-'yə-] (CH): *grüß dich*
Gruft die, -/Grüfte: *ausgemauertes Grab* || **Grufti**[1] der, -s/-s (Jug.): *schwarz gekleideter Jugendlicher mit Hang zum Okkulten* | (abw.) (Jug.) *alter Mensch* || **Grufti**[2] die, -/-s (Jug.)
grummeln: *murmeln*
Grummet das, -s (Landw.): *die zweite Mahd; der zweite Grasschnitt* || **Grummetschober** (Landw.)
grün: die Ampel ist g.; die grüne (*auch:* **Grüne**) *(unbewachte, ungesicherte)* Grenze | (ugs.) sich g. und gelb *(sehr)* ärgern | der **Grüne Veltliner** *(eine Reb- und Weinsorte)* | (Med.) der grüne Star *(eine Augenkrankheit, Glaukom)* | (scherzh.) jemandem nicht g. *(nicht wohlgesinnt)* sein | (westöst.) *frisch, nicht geselcht (bei Wurst, Speck);* → Grüne; → blaugrün || **Grün** das, -[s]/-: das erste G. im Frühjahr | die Ampel zeigt G. | (ugs.) dasselbe in G. *(so gut wie dasselbe)* | (SüdT) landwirtschaftliches G. *(landwirtschaftliche Nutzfläche);* → Grüne || **Grünabgeordnete** || **Grünanlage:** *Park uÄ [vor einem Haus]*
Grund der, -[e]s/Gründe: auf G. (= aufgrund); aus Gründen der Verständlichkeit; → zu Grunde (= zugrunde) gehen | im Grund[e] genommen; von G. auf | den G. des Sees sehen können | einen G. *(Baugrund; ein Grundstück)* kaufen; etwas in G. und Boden verdammen | (ugs., veraltet) Leute vom G. *(aus der betreffenden Gegend der Stadt)* || **Grundablöse:** *Kauf eines Grundstücks im öffentlichen Interesse* || **grundanständig:** *durch und durch anständig* || **Grundausbildung** || **Grundausstattung:** die G. eines Autotyps || **Grundbedeutung:** *wesentlichste Bedeutung* || **Grundbedingung** || **Grundbedürfnis:** *Lebensnotwendigkeit* || **Grundbegriff** || **Grundbesitz** || **Grundbesitzer** || **Grundbesitzerin** || **Grundbezug:** *fixes Entgelt, Grundgehalt* || **Grundbuch:** *amtliches Verzeichnis des Grund- und Hausbesitzes* || **Grundbuchauszug** = Grundbuchsauszug (Jus) || **Grundbucheintragung** = Grundbuchseintragung (Jus): *Intabulation* || **grundbücherlich:** g. *(durch Eintragung ins Grundbuch)* gesichert || **Grundbuchsauszug** = Grundbuchauszug (Jus) || **Grundbuchseintragung** = → Grundbucheintragung || **Grundbuchseinverleibung** (Jus): *Grundbucheintragung* || **Grunddienstbarkeit** (Jus): *Servitut* || **grundehrlich:** *durch und durch, absolut ehrlich* || **Grundeigentum** || **Grundeigentümer** || **Grundeigentümerin** || **Grundeinheit** (Phys.): *Meter, Mol, Kilogramm ua.* || **Grundeinkommen:** *Grundbezug* || **Grundeinlöse** die, -/-n: → *Grundablöse* || **gründeln:** Enten g. *(suchen Nahrung unter Wasser)* || **gründen:** einen Verein g. || **Grunderwerb** || **Grunderwerbssteuer** || **Gründerzeit** (bes. Wirt., Gesch., Arch.): *Zeitabschnitt mit vielen Betriebsgründungen im letzten Drittel des 19. Jh.* || **Gründerzeithaus** || **grundfalsch:** *völlig unrichtig* || **Grundfarbe:** die drei Grundfarben Rot, Blau und Gelb | *Farbe des Untergrunds* || **Grundfertigkeit** (meist Pl.): *in der Grundausbildung erworbenes Wissen* || **Grundfesten** die (Pl.): in den G. *(bis ins Fundament) erschüttert werden* || **Grundfläche** || **Grundfreiheiten** die (Pl.) (Jus): *persönliche Freiheitsrechte* || **Grundgebühr:** *fixe Gebühr [für Telefon, Strom], unabhängig vom Verbrauch* || **Grundgedanke** || **Grundgehalt** der, -[e]s/-hälter: *Grundbezug* || **grundgescheit:** *durch und durch klug* || **Grundgesetz:** ein physikalisches G. *(eine physikalische Gesetzmäßigkeit)* | (Jus) *Gesetz zum Schutz der Grundrechte der Bürger* || **grundgütig:** *von Grund aus gütig* || **Grundhaltung** || **Grundherrschaft** (früher) || **grundieren:** *eine Grundfarbe auftragen* || **Grundierung** die, -/-en || **Grundkapital** (Wirt., Bankw.): *Nominalkapital von Aktiengesellschaften* || **Grundkenntnis** (meist Pl.) || **Grundkosten** die (Pl.): *fixe Kosten* || **Grundkurs:** *Anfängerkurs* || **Grundlage:** *Basis, Fundament* || **Grundlagenforschung** || **Grundlagenwissen** || **grundlegend:** *fundamental, grundsätzlich* || **gründlich:** eine Arbeit g. *(gewissenhaft)* machen | die Wohnung g. machen *(reinigen und aufräumen)* || **Gründlichkeit** die, - || **grundlos:** *ohne Grund* || **Grundlosigkeit** die, - || **Grundmauer:** *Fundament* || **Grundmundart** (Sprachwiss.): *Dialekt mit engem Verbreitungsgebiet;* → Verkehrsmundart || **Grundnahrungsmittel**
Gründonnerstag: *Donnerstag vor Ostern*
Grundpreis: *Grundstückspreis* || **Grundprinzip** || **Grundrechnungsart:** die vier Grundrechnungsarten Addieren, Subtrahieren, Multiplizieren, Dividieren || **Grundrecht** (Jus): *durch die Verfassung garantiertes grundlegendes Recht jedes Menschen;* → Menschenrecht || **Grundrechtskatalog** (Jus) || **Grundrechtsschutz** (Jus) || **Grundriss:** *Bauzeichnung, die eine Sicht von oben wiedergibt;* den G. des Hauses zeichnen; → Aufriss || **Grundsatz:** sie ist ein Mensch von festen Grundsätzen *(Prinzipien)* || **Grundsatzdebatte** || **Grundsatzentscheidung** || **Grundsatzgesetz** (Jus): *Rahmengesetz für die Ausführungsgesetze der Länder* || **grundsätzlich** || **Grundsauce** [-zo:s(ε)] = Grundsoß, Grundsoße (Küchenspr.): *Saucengrundlage, aus der weitere Saucen hergestellt werden* || **Grundschule** (bes. D, SüdT): *Volksschule* || **Grundschullehrer** (bes. D, SüdT) || **Grundschullehrerin** (bes. D, SüdT) || **Grundsicherung:** *Mindesteinkommen* || **grundsolid:** *äußerst solid* || **Grundstein:** den G. *(den symbolischen ersten Stein eines Bauwerks)* legen || **Grundsteinlegung** die, -/-en || **Grundsteuer:** *Steuer auf Grundbesitz* || **Grundstock** der, -[e]s: *Grundlage* || **Grundstoff:** *Ausgangsstoff* | (Chem.) *Element* || **Grundstück:**

G

ein G. zum Bauen kaufen ‖ **Grund|stu|fe** (Gramm.): *Positiv*[1] ‖ **grund|stür|zend:** *vollständig;* ein grundstürzendes *(alles umwerfendes)* Ergebnis ‖ **Grund|ton** (Mus.): *Ton, auf dem ein Klang bzw. ein Akkord aufgebaut ist* ‖ **grund|tö|nig** (Mus.): → obertönig ‖ **Grund|tö|nig|keit** die, - (Mus.): *Klangfarbe, die fast nur den Grundton (ohne Obertöne) hervortreten lässt* ‖ **Grund|übel:** *ausschlaggebendes, grundlegendes Übel* ‖ **Grund|um|satz** (Med.): *Energiemenge, die nötig ist, um den Körper in absoluter Ruhe 24 Stunden zu versorgen* ‖ **Grün|dung** die, -/-en: die G. einer Firma ‖ **Grün|dungs|mit|glied** ‖ **Grün|dungs|ver|samm|lung** (Wirt.)

Grün|dün|gung (Landw.): *Anbau und Einarbeitung von Pflanzen zur Bodenverbesserung*

grund|ver|dor|ben: *ganz und gar schlecht, böse* ‖ **grund|ver|schie|den:** *sehr verschieden* ‖ **Grund|ver|sor|gung:** die medizinische G. ist gewährleistet ‖ **Grund|vor|aus|set|zung** ‖ **Grund|was|ser:** *Wasseransammlung im Boden* ‖ **Grund|was|ser|spie|gel** ‖ **Grund|wehr|die|ner** (Mil.): *Wehrpflichtiger, der den [ersten Teil des] ordentlichen Präsenzdienst[es] ableistet* ‖ **Grund|wehr|die|ne|rin** (Mil.) ‖ **Grund|wehr|dienst** (Mil.): *Präsenzdienst* ‖ **Grund|wein:** *Wein zur Sekterzeugung* ‖ **Grund|wis|sen:** *grundlegende Kenntnisse* ‖ **Grund|wort** (Gramm.): *letzter Teil eines Kompositums, zB* Weg *in* Heimweg; → Bestimmungswort ‖ **Grund|wort|schatz** (Sprachwiss.): *die wichtigsten und häufigsten Wörter* ‖ **Grund|zahl|wort** (Gramm.): *Kardinalzahlwort, zB* zwei, elf; → Ordnungszahlwort ‖ **Grund|zug:** einen Vertrag in seinen Grundzügen entwerfen *(das Wesentliche festlegen)* ‖ **Grund|zu|stand** (Phys.): *derjenige Zustand von Teilchen[systemen] mit niedrigster Energie*

Grü|ne[1] der, -n/-n, ein Grüner (Pol.): *Anhänger einer Umweltschutzbewegung;* die Grünen *(eine Partei)* ‖ **Grü|ne**[2] die, -n/-n ‖ **Grü|ne**[3] das, -n: *das Grün, grüne Farbe;* ins G. *(in die freie Natur)* gehen; → grün; → Grün ‖ **grü|nen** (geh.): alles grünt ‖ **Grü|ne Velt|li|ner** [- f-, - v-] der, -n -s/-n -: *eine Reb- und Weinsorte* ‖ **Grün|flä|che** ‖ **Grün|fut|ter** (Landw.) → G.: Trockenfutter

Grunge [grʌndʒ] der, - ⟨engl.⟩ (Mus.): *eine Stilrichtung der Rockmusik*

Grün|gür|tel: *ein Siedlungsgebiet umgebende Grünanlagen* ‖ **Grün|kapp|ler** der, -s/- (reg., ugs., abw.): *Polizist* ‖ **Grün|kapp|le|rin** die, -/-innen (reg., ugs., abw.) ‖ **Grün|kern** der, -[e]s: *unreifer Dinkel* ‖ **Grün|kern|laib|chen** ‖ **Grün|kohl:** *eine Kohlart* ‖ **Grün|land:** *landwirtschaftlich genutzte Fläche;* → Bauland ‖ **grün|lich:** g. blau ‖ **Grün|oa|se** ‖ **Grün|pflan|ze** ‖ **Grün|po|li|ti|ker:** *Politiker einer Umweltschutzpartei* ‖ **Grün|po|li|ti|ke|rin** ‖ **Grün|schna|bel** (scherzh. bzw. abw.): *unerfahrener junger Mensch* ‖ **Grün|span** der, -[e]s: *Patina* ‖ **grün|spa|nig:** grünspaniges Kupfer ‖ **Grün|strei|fen:** *schmale Rasenfläche*

grun|zen, du grunzt: das grunzende Schwein

Grün|zeug das, -[e]s: *Suppengrün*

Grup|pe die, -/-n ⟨it.-fr.⟩: eine G. Jugendlicher ‖ **Grup|pen|ar|beit** ‖ **Grup|pen|bild** ‖ **Grup|pen|dy|na|mik** [-dy-] (Psych., Soz.): *Lehre von den Vorgängen in einer Menschengruppe* ‖ **grup|pen|dy|na|misch** ‖ **Grup|pen|lei|ter:** *eine Funktionsbezeichnung* ‖ **Grup|pen|lei|te|rin** ‖ **Grup|pen|rei|se** ‖ **Grup|pen|the|ra|pie** ‖ **Grup|pen|un|ter|richt** ‖ **grup|pen|wei|se** ‖ **grup|pie|ren:** *in Gruppen ordnen;* sich neu g. ‖ **Grup|pie|rung** die, -/-en

Grus der, -es/-e: *feiner Schutt;* Kohlengrus

Gru|sel|film ‖ **Gru|sel|ge|schich|te** ‖ **gru|se|lig,** *auch:* gruslig: *schaurig* ‖ **gru|seln:** mir/mich gruselt vor ihm; ich grusle *(fürchte)* mich im Dunkeln

Gruß der, -es/Grüße: mit freundlichen Grüßen ‖ **Gruß|ad|res|se:** *offizielle schriftliche Grußbotschaft [an eine Versammlung]* ‖ **grü|ßen,** du grüßt: sei gegrüßt; grüß (= **Grüß**) [dich] Gott sagen; grüß dich!; grüß Sie! ‖ **Gruß|for|mel** ‖ **Grüß|gott** das, -/- ‖ **gruß|los** ‖ **Gruß|wort** das, -[e]s/-e: *Begrüßung am Beginn einer Veranstaltung*

Grüt|ze die, - (D): *Brei aus Getreidekörnern* | (bes. D, ugs.) *Verstand*

Gsatzl das, -s/-n, *auch:* Gsätzl (mda.): *Absatz, [Lied]strophe*

Gschaftl das, -s/-n (ugs.): *Tätigkeit, Geschäft* ‖ **Gschaftl|hu|ber** der, -s/- (ugs., abw.): *Wichtigmacher* ‖ **Gschaftl|hu|be|rei** die, -/-en (ugs., abw.) ‖ **Gschaftl|hu|be|rin** die, -/-innen (ugs., abw.)

gscha|mig, *auch:* geschamig (ugs.): *schamhaft, verschämt;* g. tun

gschams|ter (W, ugs., veraltet) (nur in der Wendung): g. *(gehorsamster) Diener* ‖ **Gschams|te|rer** der, -s/- (W, ugs., sal., veraltet): *Liebhaber, Freund*

Gschau = → Geschau

Gscheid das, -[s]/-e (oft in Siedlungsnamen): *Wasserscheide;* Preiner G. (N, St) | *Wegscheide* | *Grenze*

gschert, *auch:* geschert (ugs., abw.): *geschoren; bäurisch, tölpelhaft, naiv* | *unkultiviert;* → scheren[1] ‖ **Gscher|te**[1] der, -n/-n, *auch:* Gescherte[1], ein Gscherter (reg., ugs., abw.): *Landbewohner* | *ungehobelter, unkultivierter Mensch* ‖ **Gscher|te**[2] die, -n/-n, *auch:* Gescherte[2] (reg., ugs., abw.)

Gschis|ti-gschas|ti das, - (ugs.): *Umstände, Getue, Aufhebens;* mach nicht so viel G.

Gschla|der [-ˈɒː-] das, -s/- (bes. ostöst., ugs., abw.): *minderwertiges Getränk, dünner Kaffee*

G-Schlüs|sel [ˈgeː-] (Mus.): *Violinschlüssel*

gschma|ckig, *auch:* geschmackig (ugs.): *geschmackvoll, schmackhaft*

Gschnas das, -es/-e (bes. ostöst.): *Kurzwort für Gschnasfest;* auf ein G. gehen ‖ **Gschnas|fest** (bes. ostöst.): *ein lustiges Kostümfest, Gschnas*

Gschrapp [-ˈɒ-] der, -en/-en (bes. ostöst., ugs.): *kleines Kind*

gschupft, *auch:* geschupft (ugs., veraltend): *verrückt, affektiert, überspannt*

gsi (V, mda.): *gewesen* ‖ **Gsi|ber|ger** der, -s/- (ugs., scherzh.): *Vorarlberger, Alemanne* ‖ **Gsi|ber|ge|rin** die, -/-innen (ugs., scherzh.)

GSM [ge ɛs ˈɛm] das, -[s]: **G**lobal **S**ystem for **M**obile Communications *(ein globales Mobiltelefonsystem);* → UMTS; → Handy

Gspaß [gʃp-] der, -[es]/-, *auch:* Gspass (ugs.): *Spaß* ‖ **Gspas|settln** → Spassettln ‖ **gspa|ßig,** *auch:* gspassig (ugs.): *spaßig*

Gspritzte der, -n/-n, ein Gspritzter (ugs.): *Gespritzte*
Gspusi [gʃp-] das, -s/-s (ugs.): *Liebschaft* | *Liebhaber/in*
Gstanzl [gʃt-] das, -s/-n (Volksk.): *ein lustiges Lied, zB Vierzeiler, Schnaderhüpfl*
Gstätten [gʃt-] die, -/- (ostöst., ugs.): *verwilderter Platz [in verbautem Gebiet];* Mistgstätten
gstopft → gestopft ‖ **Gstopfte** → Gestopfte
GSVG [ge ɛs faʊ ˈgeː]: **G**ewerbliches **S**ozial**v**ersicherungs**g**esetz
Guano der, -s ⟨indianisch-span.⟩: *Dünger aus Vogelmist*
Guatemala: *mittelamerikanischer Staat* ‖ **Guatemalteke** der, -n/-n ‖ **Guatemaltekin** die, -/-innen ‖ **guatemaltekisch**
Guardian [ˈgva-] der, -s/-e ⟨germ.-lat.⟩ (kath): *Vorsteher eines Franziskaner- oder Kapuzinerklosters*
gucken (bes. D): *schauen; herumgucken* ‖ **Gucker** der, -s/- (ugs.): *Opernglas; Feldstecher* ‖ **Guckerl** das, -s/-[n] (ugs.): *Guckloch* | (Pl.) *Äuglein*
Guckerschecken → Gugerschecken
Guckkastenbühne: *Bühne im traditionellen Theater* ‖ **Guckloch**
Gudrun: *weibl. Vorname*
Guerilla[1] [geˈrilja] der, -[s]/-s (veraltend) ⟨span.⟩: *bewaffneter Widerstandskämpfer im Partisanenkrieg* ‖ **Guerilla**[2] die, -/-s: *Kleinkrieg; Kriegsführung der Partisanen* ‖ **Guerillakrieg** ‖ **Guerillero** [-rilˈjeː-] der, -s/-s: *Guerilla*[1]
Gufel der, -s/- (Geogr.): *Felshöhle, -nische, überhängender Fels*
Gugel die, -/-n (reg., veraltet): *Kapuze; Kopftuch* ‖ **Gugelhupf** der, -[e]s/-e: *ein Kuchen in bestimmter Form*
Gugerschecken die (Pl.), *auch:* Guckerschecken (reg., ugs.): *Sommersprossen*
Guido [ˈgui̯-, guˈiː-]: *männl. Vorname*
Guillotine [gijɔˈti(ː)n] die, -/-n: *Fallbeil, eine Hinrichtungsmaschine (nach dem französischen Arzt Guillotin)* ‖ **guillotinieren**
Guinea [gi-]: *afrikanischer Staat*
Gulag: *sowjetisches Straf-, Zwangsarbeitslager*
Gulasch das, -[e]s/- ⟨ung.⟩: *eine Fleischspeise;* Rindsgulasch; Szegediner Gulasch ‖ **Gulaschkanone** (Mil. bzw. scherzh.): *Feldküche* ‖ **Gulaschsuppe**
Gulden der, -s/- (fl.): *eine alte Geldeinheit, zB früher in Österreich* ‖ **gülden** (geh.): *golden*
Gülle die, -: *Jauche*
Gully [-i] der, -s/-s ⟨engl.⟩: *Kanalabfluss; Wasserablauf im Erdboden*
Gulter der, -s/-, *auch:* Kulter (bes. K, mda.): *abgesteppte Bettdecke*
gültig: ein gültiger Personalausweis ‖ **Gültigkeit** die, - ‖ **Gültigkeitsdauer**
Gummi der, -s/-[s] ⟨ägyptisch-gr.-lat.⟩: *ein elastisches Produkt aus Kautschuk* | *Radiergummi* | (ugs.) *Kondom* ‖ **Gummiadler** (ugs., scherzh.): *zähes Hendl* ‖ **gummiartig** ‖ **Gummiband** ‖ **Gummibaum:** *eine Zimmerpflanze* | *Kautschukbaum* ‖ **gummieren:** *mit Klebstoff versehen;* gummierte Marken ‖ **Gummihandschuh** ‖ **Gummihupfen** = **Gummihüpfen** das, -s: *ein Kinderspiel* ‖ **Gummiknüppel** ‖ **Gummimatte** ‖ **Gummiparagraf** = Gummiparagraph [-f] (sal.): *dehnbare [Rechts]bestimmung; Kautschukparagraph* ‖ **Gummireifen** ‖ **Gummiringerl** das, -s/-[n] ‖ **Gummistiefel** ‖ **Gummizelle:** *Beruhigungszelle [für Tobsüchtige]* ‖ **Gummizuckerl:** *Fruchtzuckerl mit Gelatine*
Gundula: *weibl. Vorname*
Güns (ung.: Kőszeg [ˈkøːsɛg]): *Stadt in Ungarn*
Günsel der, -s/- ⟨lat.⟩: *eine Pflanze*
Gunst die, -: die G. *(das Wohlwollen)* des Publikums erlangen wollen; zu meinen Gunsten *(zu meinem Vorteil);* → zu Gunsten (= zugunsten) ‖ **Gunstbeweis** ‖ **Gunstbezeigung** die, -/-en (geh.): *Gunstbeweis* ‖ **günstig:** die Gelegenheit ist g. | *billig* ‖ **günstigenfalls** = **günstigstenfalls:** *bestenfalls* ‖ **Günstling** der, -s/-e (abw.): *bevorzugte Person* ‖ **Günstlingswirtschaft** die, - (abw.)
Gunter = Gunther: *männl. Vorname* ‖ **Günter** = **Günther:** *männl. Vorname*
Guntramsdorf: *Marktgemeinde in Niederösterreich*
Gupf der, -[e]s/-e: *Gipfel, Bergkuppe* | ein G. Schlagobers auf dem Kaffee
Gurgel die, -/-n: *Kehle* ‖ **gurgeln,** ich gurgle
Gurk die, -: *ein Nebenfluss der Drau in Kärnten* | *Marktgemeinde in Kärnten*
Gurke die, -/-n ‖ **Gurkenglas** ‖ **Gurkenhachel,** *auch:* **Gurkenhechel:** *Gurkenhobel* ‖ **Gurkenhobel** ‖ **Gurkenkraut:** *Borretsch* ‖ **Gurkensalat** ‖ **Gurkerl** das, -s/-[n]: *Essiggurkerl* | (ugs.) (Sport) *Schuss durch die Beine des Gegners;* → Steirertor
gurren: gurrende Tauben
Gurt der, -[e]s/-e: den G. anlegen; Sicherheitsgurt ‖ **Gurte** die, -/-n (bes. CH): *Gurt* ‖ **Gürtel** der, -s/-: den G. enger schnallen *(sich einschränken)* | *ein ringförmiger Straßenzug* ‖ **Gürtellinie** [-iɛ]: *Taille* | (Boxsport) Schläge unter die G. sind verboten ‖ **Gürtelrose** (Med.): *eine Viruserkrankung* ‖ **Gürtelschlaufe** ‖ **Gürtelschnalle** ‖ **Gürteltasche** ‖ **Gürteltier:** *ein gepanzertes Säugetier* ‖ **gürten** (geh.): die Riemen kreuzweise g. *(umgürten)* | sich zum Kampf g. *(sich wappnen, sich bereitmachen)* ‖ **Gurtenmuffel** (sal.): *Autofahrer, der sich nicht angurten will* ‖ **Gurtenpflicht** die, - ‖ **Gurtstopper:** *spezielle Einrichtung beim Sicherheitsgurt* ‖ **Gurtstraffer** = **Gurtstrammer:** *eine Vorrichtung für den Sicherheitsgurt*
Guru der, -s/-s ⟨Hindi⟩: *[indischer] religiöser Lehrer, Meister*
GUS [ge u ˈɛs, gus] die, -: **G**emeinschaft **U**nabhängiger **S**taaten *(Nachfolgestaaten der UdSSR)* ‖ **GUS-Staaten** die (Pl.)
Guss der, -es/Güsse: ein Werk [wie] aus einem G. *(ein in sich geschlossenes Werk)* | *Regenguss* ‖ **Gusseisen:** *nicht schmiedbares Eisen* ‖ **gusseisern:** gusseiserne Öfen ‖ **Gussform**
Güssing (Kfz: GS): *Stadt im Burgenland*
Gussnaht: *die Naht an einem gegossenen Werkstück* ‖ **Gussstahl**
Gustav, *auch:* Gustaf: *männl. Vorname;* → Gustl ‖ **Gusti:** *weibl. Vorname (Auguste, Augustine uÄ)*
gustieren ⟨it.⟩: *kosten; prüfen* ‖ **gustiös:** diese Speise schaut g. *(appetitanregend)* aus
Gustl: *weibl. und männl. Vorname (Gustav, August[in], Auguste uÄ)*
Gusto der, -s/-s ⟨it.⟩: keinen G. *(Appetit)* haben | *Geschmack;* das ist ganz nach meinem G. ‖ **Gustostückerl** das, -s/-[n]: *Leckerbissen*

G

gut, besser/am besten:
diese Leistung ist gut; die guten Sitten; zu guter Letzt *(schließlich)* | sie ist gut *(tüchtig, kompetent)* | (auch Jus) im guten Glauben *(aus Gutgläubigkeit)*

Groß- und Kleinschreibung:
- guten (= **G**uten) Tag sagen
- gute (= **G**ute) Nacht sagen

Großschreibung bei Nominalisierung:
- etwas im **G**uten sagen
- die Note **G**ut; ein **G**ut bekommen
- alles **G**ute wünschen; etwas **G**utes
- zu viel des **G**uten
- **G**utes tun
- jenseits von **G**ut und Böse

Getrenntschreibung in Verbindung mit „sein" und bei wörtlicher Bedeutung:
- zu nichts gut sein *(nutzlos sein)*
- noch für Überraschungen gut sein *(sie erwarten lassen)*
- etwas gut sein lassen *(dabei bewenden lassen)*
- etwas gut finden
- es mit jemandem gut meinen
- das Kleid wird dir gut stehen

Getrennt- und Zusammenschreibung in Zweifelsfällen:
- es ist mir im Urlaub gut gegangen (= gutgegangen) *(ich habe mich erholt); aber nur getrennt:* in den Schuhen gut gehen können
- diese Sache wird nicht gut gehen (= gutgehen) *(sie wird nicht gut enden)*
- diese Ware wird gut gehen (= gutgehen) *(sie wird guten Absatz finden)*
- die Chancen sind gut gestanden (= gutgestanden)

Getrennt- und Zusammenschreibung mit adjektivisch gebrauchten Partizipien, zB:
- gut gelaunt = gutgelaunt
- ein gut gemeinter (= gutgemeinter) Ratschlag
- gut informierte (= gutinformierte) Kreise
- gut situiert = gutsituiert *(in guten finanziellen Verhältnissen); aber nur zusammen:* gutgesinnt

Zusammenschreibung bei übertragener Bedeutung:
- einen Betrag guthaben *(ihn noch einfordern können)*
- etwas nicht gutheißen *(damit nicht einverstanden sein)*
- einen Schaden gutmachen *(in Ordnung bringen); aber getrennt und zusammen:* seine Sache gut machen (= gutmachen)
- gutschreiben *(für später anrechnen)*
- für jemanden gutstehen *(bürgen)*
- die Kur hat mir gutgetan; er hat auf dem Posten nicht gutgetan *(sich nicht bewährt)*

Gut das, -[e]s/Güter: *Besitz;* mein Hab und G.; Gesundheit ist ein wertvolles Gut | *Landbesitz;* Landgut | öffentliches Gut *(Luftraum, Flüsse u. dgl.)* | der Transport von Gütern *(Waren)* || **Gut|ach|ten** das, -s/-: ein ärztliches G. || **Gut|ach|ter** der, -s/- || **Gut|ach|te|rin** die, -/-innen || **Gut|ach|ter|kom|mis|si|on** || **gut|acht|lich** (Amtsspr.): eine gutachtliche Stellungnahme || **gut|ar|tig:** gutartige Tiere | (Med.) eine gutartige *(nicht lebensgefährliche, krebsartige)* Geschwulst || **gut aus|se|hend** = **gut|aus|se|hend** → gut || **gut|bür|ger|lich:** *solid, einem geordneten Bürgerleben entsprechend;* ein gutbürgerliches Gasthaus || **gut do|tiert** = **gut|do|tiert** → gut || **Gut|dün|ken** das, -s: nach seinem G. *(Dafürhalten, Belieben)* handeln || **Gü|te** die, -: *Großmut, Entgegenkommen;* jemandem etwas in G. sagen | ein Produkt erster G. *(Qualität)* || **Gü|te|klas|se:** Äpfel der G. I || **Gü|te|kon|trol|le** || **Gu|te|nacht|kuss** || **Gü|ter|bahn|hof** || **Gü|ter|be|för|de|rung** || **Gü|ter|fern|ver|kehr** || **Gü|ter|ge|mein|schaft:** die G. *(der gemeinschaftliche Besitz)* der Eheleute || **Gü|ter|trans|port** (Verk.) → G.: Personentransport || **Gü|ter|tren|nung:** die G. in einer Ehe || **Gü|ter|ver|kehr** || **Gü|ter|wa|gen** || **Gü|ter|weg:** *Fahrweg für landwirtschaftliche Zwecke* || **Gü|ter|zug:** *Lastzug* || **Gü|te|sie|gel:** *Gütezeichen [bei Wein]* || **Gü|te|zei|chen:** *Zeichen für eine Qualitätsgarantie* || **gut ge|hen** = **gut|ge|hen** → gut || **gut ge|launt** = **gut|ge|launt** || **gut ge|meint** = **gut|ge|meint** || **gut|ge|sinnt** || **gut|gläu|big:** etwas g. *(ohne Bedenken; ohne Prüfung)* hinnehmen; → G.: bösgläubig || **Gut|gläu|big|keit** || **gut|ha|ben** (Kaufmannsspr.): einen Betrag g. *(ihn noch einfordern können); aber:* er soll es bei uns gut haben || **Gut|ha|ben** das, -s (Kaufmannsspr.): das G. *(eine Geldsumme)* in der Sparkasse || **gut|hei|ßen:** das kann ich nicht g. *(damit bin ich nicht einverstanden)* || **gut|her|zig:** *gutmütig, gütig* || **Gut|her|zig|keit** die, - || **gü|tig:** ein gütiger *(gutherziger)* Mensch g. || **gut in|for|miert** = **gut|in|for|miert** → gut || **güt|lich:** *im Guten;* sich an etwas g. tun *(es genießen)* || **gut|ma|chen:** einen Schaden g.; *aber:* seine Sache gut machen (= gutmachen); → gut || **Gut|mensch** (oft abw.) (Pol.): *jemand, dessen politisches, moralisches oder gesellschaftliches Engagement als übertrieben empfunden wird* || **gut|mü|tig:** *gutherzig, geduldig* || **Gut|mü|tig|keit** die, - || **gut|nach|bar|lich:** gutnachbarliche Beziehungen || **Gut|punkt** || **gut|sa|gen** (veraltet): für jemanden g. *(bürgen)* || **Guts|be|sit|zer:** *Besitzer eines Gutshofes/Landgutes* || **Guts|be|sit|ze|rin** || **Gut|schein** || **gut|schrei|ben:** jemandem etwas g. *(für später anrechnen); aber:* einen Werbetext/eine Arbeit gut *(gelungen)* schreiben; → gut || **Gut|schrift:** *[auf einem Konto] bestätigter Geldeingang, Bonus* || **Guts|hof** || **gut si|tu|iert** = **gut|si|tu|iert:** *in guten finanziellen Verhältnissen;* → gut || **gut|ste|hen:** für jemanden g. *(bürgen); aber:* das Kleid wird dir gut stehen; die Chancen sind gut gestanden (= gutgestanden); → gut || **Gut|teil** das, -[e]s: die Ware ist zu einem G. *(zum großen Teil)* verkauft || **gut|tun:** er hat auf diesem Posten nicht gutgetan *(sich nicht bewährt);* das Bad hat mir gutgetan; → gut

gut|tu|ral ⟨lat.⟩ (Sprachwiss.): ein gutturaler *(kehlig klingender)* Laut; *velar*

gut un|ter|rich|tet = **gut|un|ter|rich|tet:** g. unterrichtete Kreise; → gut || **gut|wil|lig:** ein gutwilliges *(unkompliziertes, folgsames)* Kind; etwas g. *(ohne Streit)* hergeben

Gwirkst das, -, *auch:* Gewirkst, Gwirks, Gewirks (bes. ostöst., ugs.): *schwierige Lage, Durcheinander*

gym|na|si|al [gy-] ⟨gr.⟩: gymnasiale Bildung || **Gym|na|si|al|bil|dung** || **Gym|na|si|al|leh|rer** (veraltend): *AHS-Lehrer* || **Gym|na|si|al|leh|re|rin** (veraltend) || **Gym|na|si|al|pro|fes|sor** (veraltend) ||

Gym|na|si|al|pro|fes|so|rin (veraltend) ‖ **Gym|na|si|ast** der, -en/-en ‖ **Gym|na|si|as|tin** die, -/-innen ‖ **Gym|na|si|um** das, -s/Gymnasien [-iən]: *eine Form der allgemein bildenden höheren Schule;* Bundesgymnasium; Realgymnasium ‖ **Gym|nas|tik** die, -: jeden Tag eine Stunde G. betreiben ‖ **gym|nas|tisch:** gymnastische *(körperliche, den Körper schulende)* Übungen

Gy|nä|ko|lo|ge [gy-] der, -n/-n ⟨gr.⟩: *Facharzt für Gynäkologie* ‖ **Gy|nä|ko|lo|gie** die, - (Med.): *Frauenheilkunde und Geburtshilfe* | *gynäkologische Abteilung im Krankenhaus* ‖ **Gy|nä|ko|lo|gin** die, -/-innen ‖ **gy|nä|ko|lo|gisch** (Med.): gynäkologische Voruntersuchungen

Gy|ros ['gy-, auch: 'ji-] der, -/- ⟨gr.⟩: *ein griechischer Spießbraten;* → Dönerkebab

GZ [ge 'tsɛt]: **G**iro**z**entrale | **G**eometrisches **Z**eichnen *(ein Unterrichtsgegenstand)*

G

h H

h [haː] das, -/- (Kleinbuchstabe): das h im Wort *heute;* das stumme h *(Dehnungs-h)* im Wort *Bahn* | (Laut) der h-Laut | (Mus.) der Ton h (H) | (Mus.) h-Moll | Stunde (lateinisch: **h**ora); 5 h = 5 Stunden | (meist hochgestellt) Zeitbestimmung; um 5^h *(um 5 Uhr)* | **H**ekto-

H [haː] das, -/- (Großbuchstabe): das H im Wort *Himmel;* die H-Bombe *(Wasserstoffbombe)* | (Mus.) der Ton H (h) | (Mus.) H-Dur | (Chem.) Wasserstoff

H

ha[1]: *ein Ausruf*

ha[2]: **H**ek**ta**r

ha.: **h**ier**a**mts

Haag: *Siedlungsname;* Stadt H. (N); H. am Hausruck (O) | Den H. *(Stadt in den Niederlanden, Regierungssitz);* der Internationale Gerichtshof im H. *(in Den H.)* ‖ **Haager** (Adj.): H. Konventionen *(völkerrechtliche Abkommen)*

Haar[1] das, -[e]s/-e: das H. schneiden; [sich] die Haare schneiden [lassen]; *aber:* → haarschneiden; ein H. in der Suppe finden *(etwas auszusetzen haben);* sich die Haare raufen; jemandem stehen die Haare zu Berge; Haare auf den Zähnen haben *(aggressiv-unhöflich und gebieterisch sein);* jemandem kein H. krümmen können; etwas an den Haaren herbeiziehen *(für etwas weit hergeholte Gründe anführen);* sich in den Haaren liegen *(streiten);* → Haarbreit = Haar breit; → Härchen ‖ **Haar**[2] der, -s (mda.): *Flachs* ‖ **Haaransatz** ‖ **Haarausfall:** an H. leiden ‖ **Haarbreit** = **Haar breit** (nur in der Wendung): nicht um ein H. nachgeben ‖ **Haarbürste** ‖ **haaren:** die Katze haart *(verliert Haare)* ‖ **Haaresbreite:** um H. ‖ **Haarfarbe** ‖ **Haarfestiger** ‖ **haargenau:** etwas h. *(ganz genau)* erzählen ‖ **haarig:** ein haariger Loden | eine haarige *(unangenehme, heikle)* Angelegenheit ‖ **haarlos** ‖ **Haarmasche:** *Haarschleife* ‖ **Haarnadel:** *Nadel zum Hochstecken der Haare* ‖ **Haarnadelkurve** [-fɛ, auch: -vɛ]: *sehr enge Kurve* ‖ **Haarpflege** ‖ **Haarriss:** *dünner Riss in festen Materialien* ‖ **haarscharf:** h. *(ganz nahe)* daneben vorbei; h. *(sehr genau)* treffen ‖ **Haarschleife** ‖ **haarschneiden** (nur Inf. und Part.): h. gehen; *aber:* sich die Haare schneiden lassen ‖ **Haarschnitt** ‖ **Haarspalterei** die, -/-en (abw.): *Wortklauberei; Spitzfindigkeit* ‖ **haarspalterisch** (abw.) ‖ **Haarspange** ‖ **Haarspray** [-spreɪ, -ʃpreː] ‖ **Haarsträhne** ‖ **haarsträubend:** *schrecklich* ‖ **Haartracht:** *Frisur* ‖ **Haarwild:** *essbares Wild, das ein Fell hat* ‖ **Haarwuchs** [-ks] ‖ **Haarwurzel**

Habe die, -: um die ganze H. *(den ganzen Besitz)* kommen; → Hab und Gut ‖ **haben,** ich habe, du hast, sie hat/hatte/gehabt: Geld h.; Familie h.; Durst h.; es hat 20 Grad; du hast zu gehorchen; etwas ist noch zu h. *(zu kaufen);* dafür bin ich nicht zu h. *(da tue ich nicht mit);* habt (= **H**abt) Acht/acht rufen *(ein militärisches Kommando);* das hat etwas für sich *(hat positive Seiten);* ich habe etwas gegen schmutzige Gläser; sie hat etwas mit ihm *(ein Verhältnis)* | (scherzh.) sie ist noch zu h. *(noch ledig)* | (ugs.) hab dich nicht so! *(zier dich nicht!)* | (ugs.) den hat's wohl! *(der ist im Kopf nicht ganz richtig!)* ‖ **Haben** das, -s/-: *Guthaben, Habenseite;* → G.: Soll ‖ **Habenichts** der, -[es]/-e ‖ **Habenseite:** *die rechte Seite im Buchführungskonto, auf der Einnahmen vermerkt werden, Haben;* → G.: Sollseite ‖ **Habenzinsen** (Bankw.): *Zinsen für ein Guthaben*

Haberer der, -s/- (bes. W, ugs., sal.): *Freund | Liebhaber | Kumpan* ‖ **Haberei** die, - (bes. W, ugs., sal.): *Freunderlwirtschaft*

Habergeiß (Volksk.): *eine alpenländische Brauchtumsgestalt*

habern (bes. W, ugs., sal.): *essen*

Habgier (abw.) ‖ **habgierig** (abw.): ein habgieriger Mensch *(jemand, der nicht genug bekommen kann)* ‖ **habhaft:** eines Diebes h. werden *(ihn erwischen)*

Habicht der, -[e]s/-e: *ein Greifvogel*

Habilitation [-tsi̯-] die, -/-en ⟨lat.⟩: *Erlangung der Lehrbefugnis an Universitäten und Hochschulen* ‖ **habilitieren** sich: *die Lehrbefugnis erwerben*

Habit [auch: -ˈbɪt] der = das, -s/-e ⟨lat.-fr.⟩: *Ordenstracht* ‖ **Habitat** das, -[e]s/-e (Biol.): *Lebensraum, Gesamtheit aller ökologischen [Umwelt]faktoren, Standort* ‖ **habituell** [h-tu-] (Psych.): *gewohnheitsmäßig* ‖ **Habitus** der, - ⟨lat.⟩: *Erscheinungsbild, Gehaben [eines Menschen]*

Habsburg: das Haus/die Dynastie H. *(ein österreichisches Herrschergeschlecht)* ‖ **Habsburger** der, -s/-: *Angehöriger des Hauses Habsburg* ‖ **Habsburgerin** die, -/-innen ‖ **Habsburgermonarchie** ‖ **habsburgisch** ‖ **Habsburg-Lothringen:** das Haus H.

Habseligkeiten die (Pl.): *das [bescheidene] Eigentum* ‖ **Habsucht** (abw.): *Habgier* ‖ **habsüchtig** (abw.) ‖ **habt Acht** → haben ‖ **Habtachtstellung,** *auch:* **Habt-Acht-Stellung** ‖ **Hab und Gut** das, - - -[e]s: er verlor sein ganzes Hab und Gut *(seinen ganzen Besitz, seine ganze Habe)*

Háček [ˈhaːtʃ-] → Hatschek

Hachel die, -/-n = das, -s/-: *ein hobelartiges Küchengerät;* Gurkenhachel ‖ **hacheln:** ich hachle Gemüse | (ugs.) *streiten*

Hachse [-ks-] die, -/-n (nördl. D): *Haxen*

Hackbraten (V, D): *faschierter Braten* ‖ **Hackbrett:** *ein mit Hämmerchen geschlagenes Saiteninstrument, Zimbal* ‖ **Hackbrettspieler** ‖ **Hackbrettspielerin** ‖ **Hacke** die, -/-n: *Beil, Axt* | (bes. D) *ein landwirtschaftliches Gerät, Haue*[1] ‖ **hackeln,** ich hackle (W, ugs., sal.): *arbeiten;* → Hacken ‖ **hacken**[1]: Holz h.

hacken[2] [-ˈæ-]: *in fremde Computersysteme eindringen (um sich Daten zu verschaffen);* → Hacker

Hacken [ˈhɒ-] die, -/- (ostöst., ugs., sal.): *Arbeit, Job;* → hackeln ‖ **hackenstad** [-ʃtaːd] (ostöst., ugs., sal.): *arbeitslos*

Hacker [-ˈæ-] der, -s/-: *Computernutzer, der ohne Ermächtigung in fremde Computernetze eindringt und sich Daten verschafft;* → hacken[2] ‖ **Hackerin** die, -/-innen

Hackfleisch (D, V): *Faschiertes* ‖ **Hackfrucht:** *Erdäpfel, Rüben uÄ* ‖ **Hackgerät** (Landw.): *eine Maschine zur Bodenbearbeitung* ‖ **Hackl** das, -s/-n (ostöst., ugs.): *kleine Hacke;* jemandem das H. ins Kreuz hauen *(jemanden hinterrücks angreifen, gegen jemanden intrigieren)* ‖ **Hackler** der, -s/- (ostöst., ugs.): *Arbeitender;*

→ Hacken || **Hack|le|rin** die, -/-innen (ostöst., ugs.) || **Hack|ler|re|ge|lung** (Wirt.): *Sonderregelung für den Pensionsantritt bei Personen mit langer Versicherungsdauer* || **Hack|mes|ser** || **Hack|ord|nung** (Biol.): *Rangordnung bei gesellig lebenden Tieren* || **Hack|schnit|zel** die (Pl.): *kleine Holzstückchen* || **Hack|schnit|zel|hei|zung** || **Häck|sel** der = das, -s: *kurz geschnittenes Stroh als Tierfutter* || **häck|seln:** abgeschnittene Zweige h. *(zerkleinern)* || **Häcks|ler** der, -s/-: *ein landwirtschaftliches Gerät* || **Hack|stock:** *Holzklotz zum Holzhacken*

Ha|de|mar: *männl. Vorname*

Ha|der der, -s (geh.): *Streit, Zank, Zwist*

Ha|der|lump (ugs., veraltend, abw.): *Taugenichts*

ha|dern (geh.): mit seinem Schicksal h. *(über sein Schicksal klagen)*

Ha|dern der, -/- (veraltet): *Lumpen, Fetzen* || **Ha|der|wachl** der, -s/-[n] (ostöst., ugs., sal., abw., veraltet): *Schlingel, unverlässliche Person*

Ha|des[1]: *griechischer Gott der Unterwelt* || **Ha|des**[2] der, -: *Unterwelt, Totenreich*

Hadsch der, - = die, - ⟨arab.⟩: *Pilgerfahrt der Moslems nach Mekka* || **Ha|dschi** der, -s/-s: *Moslem, der bereits die Hadsch gemacht hat*

Ha|fe|le das, -s/-[s] (westöst.): *Häferl*

Ha|fe|le|kar das, -[e]s: *ein Berg bei Innsbruck*

Ha|fen der, -s/Häfen: *Landungsort [von Schiffen]* | (reg., mda.) *Topf;* → Häfen[1]; → Häferl || **Hä|fen**[1] der = das, -s/-, *auch:* Hefen: *Topf;* → Hafen; → Häferl || **Hä|fen**[2] der, -s/- (ugs.): *Gefängnis;* in den H. kommen || **Ha|fen|be|cken** || **Hä|fen|bru|der** (ugs., abw.): *jemand, der schon mehrmals in Haft war und sich dem Milieu angepasst hat* || **Ha|fen|rund|fahrt** || **Ha|fen|stadt** || **Hä|fen|ur|laub** (ugs., sal.): *Hafturlaub* || **Ha|fen|vier|tel**

Ha|fer der, -s: *eine Getreideart* | (ugs.) es sticht sie der H. *(sie wird übermütig)* || **Ha|fer|flo|cken** die (Pl.)

Hä|ferl das, -s/-[n], *auch:* Haferl, Heferl: *ein Trinkgefäß;* Kaffeehäferl; → Hafen; → Häfen[1] || **Hä|ferl|gu|cker** der, -s/-, *auch:* Heferlgucker (ugs., veraltend): *(auf das Essen) Neugieriger* || **Hä|ferl|gu|cke|rin** die, *auch:* Heferlguckerin, -/-innen (ugs., veraltend) || **Hä|ferl|kaf|fee,** *auch:* Heferlkaffee: *einfacher, nicht in der Maschine zubereiteter Kaffee* || **Ha|ferl|schuh** (veraltend): *fester Halbschuh, Wanderschuh*

Ha|fer|schleim: *breiige Schonkost* || **Ha|fer|schleim|sup|pe**

Haf|lin|ger der, -s/-: *eine Pferderasse*

Haf|ner der, -s/-: *Ofensetzer; Töpfer* || **Haf|ne|rei** die, -/-en || **Haf|ne|rin** die, -/-innen

Haf|ni|um das, -s (Zeichen: Hf): *ein chemisches Element*

Haft[1] der, -[e]s/-e: einen H. machen *(etwas mit wenigen Nadelstichen provisorisch heften)* || **Haft**[2] die, -: in H. *(eingesperrt)* sein || **Haft|an|stalt:** *Gefangenenhaus* || **Haft|aus|flug:** *Ausgang während der Strafhaft* || **Haft|aus|gang:** *Hafturlaub* || **haft|bar:** für einen Schaden h. *(ersatzpflichtig)* sein || **Haft|be|fehl:** *Gerichtsbeschluss zur Verhaftung eines Straftäters* || **Haf|tel** das, -s/-n: *Verschluss aus einer Öse und einem Häkchen* || **Haf|tel|ma|cher:** wie ein H. *(sehr genau)* aufpassen || **haf|ten:** an den Schuhen haftender Staub; daran h. bleiben; *aber:* → haften bleiben = haftenbleiben | für jemanden h. *(einstehen, bürgen)* || **haf|ten blei|ben** = **haf|ten|blei|ben:** von dem Kurs ist nicht viel haften geblieben (= haftengeblieben) *(die Merkleistung war gering); aber nur:* daran haften bleiben || **Haft|ent|las|sung** || **Haft|ent|schä|di|gung** (Jus): *finanzielle Entschädigung für ungerechtfertigt verhängte Haft* || **haft|fä|hig** (Jus) || **Haft|glas** (meist Pl.): *Kontaktlinse* || **Häft|ling** der, -s/-e: *jemand, der sich in Haft befindet* || **Haft|pflicht** (Jus): *Verpflichtung, für eine Schuld einstehen zu müssen* || **haft|pflicht|ver|si|chert** || **Haft|pflicht|ver|si|che|rung** || **Haft|prü|fung** (Jus): *Prüfung, ob ein Haftbefehl berechtigt war* || **Haft|rei|bung** (Phys.): *eine Form der Reibung* || **Haft|scha|le:** *Kontaktlinse* || **Haft|stra|fe:** *Gefängnisstrafe, Freiheitsstrafe* || **haft|un|fä|hig** (Jus) || **Haf|tung** die, -/-en: die H. *(Garantie; Ersatzpflicht)* übernehmen || **Haf|tungs|aus|schluss** (Jus): *Begrenzung bzw. Ausschluss der Verantwortlichkeit einer Person* || **Haf|tungs|frei|heit** (Jus) || **Haft|ur|laub** (Jus): *Haftausgang*

Hag der, -[e]s/-e (CH bzw. geh.): *Zaun, Einfriedung aus Gebüsch*

Ha|ge|but|te die, -/-n: *Frucht der wilden Rose;* → Hetschepetsch || **Ha|ge|but|ten|tee**

Ha|gel der, -s || **ha|gel|dicht:** *dicht wie ein Hagel;* die Bälle sausten h. auf uns nieder || **Ha|gel|korn** || **ha|geln:** vereinzelt hat es gehagelt | es hagelt Proteste *(der Protest ist groß)* || **Ha|gel|scha|den** || **Ha|gel|schlag:** *heftiges Hagelunwetter* || **Ha|gel|schlo|ße:** *großes Hagelkorn* || **Ha|gel|zu|cker:** *grober Zucker [zum Dekorieren]*

Ha|gen|ge|bir|ge: *eine Gebirgsgruppe in Salzburg und Deutschland*

ha|ger: eine hagere *(sehnige, magere)* Gestalt || **Ha|ger|keit** die, -

Ha|ge|stolz der, -es/-e (geh.): *schrulliger alter Junggeselle*

Ha|gio|gra|fie = **Ha|gio|gra|phie** [-f-] die, -/-n ⟨gr.⟩: *Beschreibung des Lebens von Heiligen*

ha|ha: *ein Ausruf*

Hä|her der, -s/-: *ein Vogel;* Eichelhäher

Hahn der, -[e]s/Hähne: ihm kräht kein H. nach *(niemand macht sich Gedanken um ihn, trauert ihm nach)* | der H. *(Wasserhahn)* tropft || **Hähn|chen** (D): *Hendl* || **Hah|nen|fuß:** *eine Pflanze* || **Hah|nen|kamm:** *Haut am Kopf eines Hahnes* | *ein Berg in Tirol* || **Hah|nen|kamm|ren|nen,** *auch:* **Hah|nen|kamm-Ren|nen:** *ein internationales Skirennen in Kitzbühel* || **Hah|nen|schrei:** beim ersten H. *(bei Sonnenaufgang)* aufstehen || **Hah|nen|kampf:** *Kampf zwischen dressierten Kampfhähnen* || **Hah|nen|tritt** der, -[e]s: *ein Textilmuster* || **Hahn|rei** der, -s/-e (geh., veraltet): *betrogener Ehemann*

Hai der, -[e]s/-e ⟨isländisch-niederl.⟩ = **Hai|fisch** || **Hai|fisch|kra|gen:** *ein klassischer Herrenhemdkragen*

Hain der, -[e]s/-e (geh.): *Wäldchen*

Hain|burg an der Do|nau [auch: ˈhaı- - -]: *Stadt in Niederösterreich*

Hain|feld [auch: -ˈaı-]: *Stadt in Niederösterreich*

Hair|sty|ling [ˈheəstaıl-] ⟨engl.⟩: *modische Frisierkunst* || **Hair|sty|list** der, -en/-en: *Modefriseur* || **Hair|sty|lis|tin** die, -/-innen

Ha|i|ti: *Inselstaat in der Karibik*

HAK die, -/-[s], *auch:* **HAk:** Handels**ak**ademie

H

Häk|chen das, -s/-: *kleiner Haken* ‖ **Hä|ke|lei** die, -/-en: *Häkelarbeit* ‖ **Hä|kel|garn** ‖ **hä|keln:** ich häkle Spitzen | (ostöst., ugs.) *frotzeln, necken* ‖ **Hä|kel|na|del** ‖ **Ha|ken** der, -s/-: die Jacke an einem H. *(Kleiderhaken)* aufhängen; Angelhaken; → abhaken | die Sache hat einen H. *(einen großen Nachteil)* ‖ **ha|ken|för|mig** ‖ **Ha|ken|kreuz:** *ein in verschiedenen Kulturen vorkommendes Symbol* | (Gesch.) *Symbol des Nationalsozialismus* ‖ **Ha|ken|na|se** ‖ **Ha|kerl** das, -s/-[n]: *Häkchen* ‖ **hä|kerln** (ostöst., ugs.): *necken;* → häkeln

HAK-Schü|ler, *auch:* **HAk-Schü|ler** ‖ **HAK-Schü|le|rin,** *auch:* **HAk-Schü|le|rin**

Ha|la|li das, -s/-[s]: *ein Jagdhornsignal;* H. blasen

halb (½):
es ist/schlägt h. [eins]; der Zeiger steht auf h.; h. und h.; alle halben Stunden; *aber:* nichts **Hal**bes; etwas **Hal**bes; → halbe-halbe | (Mus.) die halbe Note; halbe Pause

Getrenntschreibung:
- sich halb totlachen
- jemanden halb totschlagen
- halb krank
- halb rund, halb eckig *(zur Hälfte)*

Getrennt- und Zusammenschreibung, zB:
- halb blind = halbblind
- halb fertig = halbfertig
- halb leer/halb voll = halbleer/halbvoll
- halb links/halb rechts = halblinks/halbrechts
- halb reif = halbreif
- halb tot = halbtot
- halb wach = halbwach

Zusammenschreibung, zB:
- halbamtlich *(nicht offiziell amtlich, offiziös)*
- im halbdunklen Raum; *aber getrennt:* halb dunkel, halb hell *(zur Hälfte)*
- halbgebildet
- halblange Haare
- sich halblaut unterhalten; *aber getrennt:* halb laut, halb leise *(teils, teils)*
- ein halbrundes Gesicht
- halbtrockener Wein

Halb|af|fe ‖ **halb|amt|lich:** *nicht offiziell amtlich, offiziös;* → halb ‖ **Halb|au|to|bahn:** *ohne Mittelstreifen und ohne Pannenstreifen ausgebaute Autobahn* ‖ **Halb|bil|dung** (abw.): *oberflächliche, unzureichende Bildung* ‖ **halb blind** = **halb|blind** → halb ‖ **Halb|blut** das, -[e]s/-e: *ein Mischling* ‖ **Halb|bru|der:** *jemand, der mit Bruder oder Schwester nur einen Elternteil gemeinsam hat* ‖ **halb|dun|kel** → halb ‖ **Halb|dun|kel** das, -s: im H. fast nichts mehr sehen ‖ **Hal|be** die, -n/-n: *halber Liter, ein Krügel, eine halbe Maß* | (in Mengenangaben Pl. -) zwei H. | (Mus.) *halbe Note, Pause* ‖ **Halb|edel|stein:** *Schmuckstein* ‖ **hal|be-hal|be:** mit jemandem h. *(halb, halb)* machen; → halbpart ‖ **hal|ber** (Präp. mit Gen.): der Umstände h. *(wegen der Umstände);* → umständehalber | (Adv.) (ugs.) *halb;* um h. drei ‖ **hal|bert** (ugs.): *halb* ‖ **Halb|fa|b|ri|kat:** *halb fertige Ware* ‖ **halb fer|tig** = **halb|fer|tig** → halb ‖ **halb fest** = **halb|fest** ‖ **halb|fett** (Druckw.): die Überschrift h. drucken ‖ **Halb|fi|na|le:** *Semifinale* ‖ **Halb|flie|gen|ge|wicht** (Sport): *eine Gewichtsklasse* ‖ **halb|ge|bil|det** (abw.) ‖ **Halb|ge|fro|re|ne** das, -n (SüdT, D): *eine tiefgekühlte Süßspeise* ‖ **Halb|gott** ‖ **Halb|göt|tin** ‖ **Halb|heit** die, -/-en (meist Pl.) (abw.): *Unvollkommenheit;* lauter Halbheiten ‖ **halb|her|zig:** nur h. *(nicht überzeugt)* zustimmen ‖ **Halb|her|zig|keit** die, -/-en ‖ **Halb|idi|ot:** *ein Schimpfwort* ‖ **Halb|idi|o|tin** ‖ **hal|bie|ren:** einen Apfel h. ‖ **Hal|bie|rung** die, -/-en ‖ **Halb|in|sel** ‖ **Halb|in|ter|nat** (Bildw.): *Nachmittagsbetreuung an Schulen* ‖ **Halb|jahr** ‖ **halb|jäh|rig:** eine halbjährige Frist ‖ **halb|jähr|lich:** halbjährliche Zinsen *(Zinsen, die nach jedem halben Jahr fällig sind)* ‖ **Halb|kan|ton** (CH): *Teil eines Kantons mit selbstständiger Verwaltung, zB Basel-Stadt;* → Kanton ‖ **Halb|kreis** ‖ **Halb|ku|gel** ‖ **halb|lang:** halblange Haare; → halb ‖ **halb|laut:** sich h. unterhalten; → halb ‖ **Halb|leicht|ge|wicht** (Sport): *eine Gewichtsklasse* ‖ **halb leer** = **halb|leer** → halb ‖ **Halb|lei|nen:** *ein zur Hälfte aus Leinen bestehendes Gewebe* | ein Buch in H. *(mit festem Einband und einem Rücken aus Leinen)* ‖ **Halb|lei|ter** (Phys.): *kristalliner Stoff mit veränderlicher Leitfähigkeit* ‖ **Halb|lei|ter|in|dus|t|rie** [-st-]: *Industrie für Mikrochips* ‖ **halb links** = **halb|links** → halb ‖ **halb|mast:** *nur bis zur halben Höhe des Mastes;* zum Zeichen der Trauer h. flaggen ‖ **Halb|mes|ser** der, -s/-: *Radius* ‖ **Halb|mit|tag** (SüdT, ugs.): *Jause* ‖ **Halb|mit|tel|ge|wicht** (Sport): *eine Gewichtsklasse* ‖ **halb|mo|na|tig** → halbstündig ‖ **halb|mo|nat|lich** → halbstündlich ‖ **Halb|mond** ‖ **halb|mond|för|mig** ‖ **halb nackt** = **halb|nackt** → halb ‖ **halb offen** = **halb|of|fen** ‖ **halb|part:** *zu gleichen Teilen;* → halbe-halbe ‖ **Halb|pen|si|on:** *Unterkunft mit Frühstück und Mittag- oder Abendessen* ‖ **halb rechts** = **halb|rechts** → halb ‖ **halb reif** = **halb|reif** ‖ **halb|rund:** ein halbrundes *(ovales)* Gesicht; → halb ‖ **Halb|schat|ten:** *nicht völliger Schatten;* → Kernschatten ‖ **Halb|schlaf** ‖ **Halb|schuh** ‖ **Halb|schuh|tou|rist** (abw.): *Tourist, der mit unpassendem Schuhwerk einen Berg besteigt* ‖ **Halb|schuh|tou|ris|tin** (abw.) ‖ **Halb|schwer|ge|wicht** (Sport): *eine Gewichtsklasse* ‖ **Halb|schwes|ter** → Halbbruder ‖ **halb|sei|den** (abw.): *von zweifelhafter Eleganz und Moral;* eine halbseidene Gesellschaft; *aber:* eine halb seidene Bluse *(zur Hälfte aus Seide, zur Hälfte zB aus Wolle)* ‖ **halb|sei|tig:** h. gelähmt sein ‖ **Halb|star|ke**[1] der, -n/-n, ein Halbstarker (abw. veraltend): *sich von der Erwachsenenwelt durch sein [lautstarkes] Verhalten abgrenzender Jugendlicher* ‖ **Halb|star|ke**[2] die, -n/-n (abw., veraltend) ‖ **Halb|stock:** *[niedrigeres] Zwischengeschoß, Mezzanin* ‖ **halb|stün|dig:** eine halbstündige *(halbe Stunde dauernde)* Sitzung ‖ **halb|stünd|lich:** *jede halbe Stunde* ‖ **Halb|tag** ‖ **halb|tä|gig:** ein halbtägiger Wandertag ‖ **halb|täg|lich:** *jeden halben Tag* ‖ **halb|tags** ‖ **Halb|tags|ar|beit** ‖ **Halb|ton** (Mus.) → Ganzton ‖ **Halb|ton|schritt** (Mus.) ‖ **halb tot** = **halb|tot** → halb ‖ **halb|tro|cken:** ein halbtrockener Wein ‖ **halb ver|hun|gert** = **halb|ver|hun|gert** → halb ‖ **halb voll** = **halb|voll** ‖ **halb wach** = **halb|wach** → halb ‖ **Halb|wahr|heit** (meist Pl.): *Information, die einen wesentlichen Teil verschweigt*

‖ **Halb|wai|se:** *Kind, das den Vater oder die Mutter verloren hat;* → Vollwaise ‖ **halb|wegs:** *einigermaßen* ‖ **Halb|welt** (abw.): *moralisch zweifelhafte Gesellschaftsschicht* ‖ **Halb|welt|da|me** (abw.) ‖ **Halb|wel|ter|ge|wicht** (Sport): *eine Gewichtsklasse* ‖ **Halb|werts|zeit** (Phys.): *Zeit, nach der die Hälfte einer Anzahl radioaktiver Atome zerfallen ist* ‖ **Halb|wis|sen** (abw.): *oberflächliches, unzureichendes Wissen* ‖ **halb|wö|chent|lich** ‖ **halb|wö|chig** ‖ **halb|wüch|sig** [-ks-] ‖ **Halb|wüch|si|ge**[1] der, -n/-n, ein Halbwüchsiger: *ein noch nicht Erwachsener* ‖ **Halb|wüch|si|ge**[2] die, -n/-n ‖ **halb|zah|lig** (Phys.): *Vielfaches von ½;* → G.: ganzzahlig ‖ **Halb|zeit** (Sport): *Spielhälfte:* in der zweiten H.

Hal|de die, -/-n: *Abhang;* Geröllhalde; Abraumhalde | sie produzieren nur auf H. *(auf Lager; Unverkäufliches)*

half → helfen

Half|pipe [ha:f'paıp] die, -/-s ⟨engl.⟩: *oben offene (halbe) Röhre zum Snowborden, Skateborden und Inlineskaten*

Hälf|te die, -/-n: die H. aller Teilnehmerinnen

Half|ter[1] der = das, -s/-: *Zaumriemen*

Half|ter[2] das, -s/-, *auch:* die, -/-n: *Pistolentasche*

Hall[1] (Siedlungsname): [Solbad] H. in Tirol | → Bad Hall

Hall[2] der, -[e]s: *Echo, Nachhall*

Hal|le die, -/-n: *Gebäude, das meist aus nur einem großen Raum besteht;* Markthalle | *weitläufiger Raum;* Eingangshalle

Hal|lein [auch: -'aın] (Kfz: HA): *Stadt in Salzburg*

hal|le|lu|ja, *auch:* alleluja ⟨hebr.⟩: h. (= Halleluja) rufen ‖ **Hal|le|lu|ja** das, -[s]/-[s], *auch:* Alleluja: *liturgischer Jubelruf*

hal|len: *schallen, nachtönen;* hallende Schritte

Hal|len|bad → G.: Freibad ‖ **Hal|len|fuß|ball** ‖ **Hal|len|kir|che** (Arch.): *[gotische] Kirche mit gleich hohen Schiffen* ‖ **Hal|len|sport**

hal|lig: diese Kirche ist sehr h. *(hat starken Nachhall)*

hal|li, hal|lo (bes. Jug.): *ein Gruß*

Hal|li|masch der, -[e]s/-e: *ein Pilz*

hal|lo [auch: -'o:]: h. (= Hallo) rufen ‖ **Hal|lo** das, -s/-s: jemanden mit lautem H. begrüßen

Hal|lo|dri der, -[s]/-[s] (ugs.): *ausgelassene, leichtsinnige Person*

Hal|lo|ween [hælou'wi:n] das, -[s]/-[s] (Art. selten) ⟨engl.⟩: *ein [amerikanischer] Brauch am Abend vor Allerheiligen*

Hall|statt: *Marktgemeinde in Oberösterreich* ‖ **Hall|stät|ter See** der, - -s (O) ‖ **Hall|statt|zeit** die, -: *die ältere Eisenzeit (8.–5. Jh. v. Chr.)*

Hal|lu|zi|na|ti|on [-tsi̯-] die, -/-en ⟨lat.⟩: *eine Sinnestäuschung* ‖ **hal|lu|zi|na|tiv** ‖ **hal|lu|zi|nie|ren** ‖ **hal|lu|zi|no|gen** ‖ **Hal|lu|zi|no|gen** das, -s/-e (Med.): *Halluzinationen bewirkendes Mittel*

Halm der, -[e]s/-e: einen H. knicken; Grashalm

Hal|ma das, -s/-s: *ein Brettspiel*

Ha|lo der, -[s]/-s ⟨gr.-lat.⟩ (Astron.): *ringförmige Lichterscheinung [beim Mond]*

Ha|lo|gen das, -s/-e ⟨gr.⟩ (Chem.): *Stoff, der mit Metallen Salz bildet* ‖ **Ha|lo|gen|lam|pe** ‖ **Ha|lo|gen|licht:** *ein sehr starkes Licht*

Hals der, -es/Hälse: H. über Kopf *(überstürzt)* abreisen; „Hals- und Beinbruch!" *(ein Wunsch für ein gutes Gelingen [im Sport])* | (ugs.) jemanden am H. haben *(sich mit einer lästigen Person beschäftigen müssen);* das hängt mir zum H. heraus *(ich bin dessen überdrüssig)* | (Mus.) *Verlängerung des Korpus mit dem Griffbrett (bei vielen Streich- und Zupfinstrumenten)* | (Geogr.) *enger Sattel* ‖ **Hals|ab|schnei|der** (abw.): *Wucherer, Betrüger* ‖ **Hals|ab|schnei|de|rin** (abw.) ‖ **Hals|aus|schnitt** ‖ **Hals|band:** dem Hund ein H. anlegen ‖ **hals|bre|che|risch:** *tollkühn* ‖ **hal|sen** (veraltet): du halst deine Mutter *(fällst ihr zärtlich um den Hals)* | (Seemannsspr.) *ein Wendemanöver durchführen* ‖ **Hals|ket|te** ‖ **Hals|krau|se:** *gefalteter Kragen [bei Trachten]* | *Federwulst am Vogelhals* | (Med.) *eine Halsstütze* ‖ **Hals-Na|sen-Oh|ren-Arzt** (HNO-Arzt) ‖ **Hals-Na|sen-Oh|ren-Ärz|tin** (HNO-Ärztin) ‖ **Hals|schlag|ader** ‖ **Hals|schmerz** (meist Pl.) ‖ **hals|star|rig** (geh.): *eigensinnig* ‖ **Hals|star|rig|keit** die, - ‖ **Hals|tuch** ‖ **Hals|weh** ‖ **Hals|wir|bel**

halt[1]: das ist h. *(eben, nun einmal)* so

halt[2]: „halt!" *(Zuruf);* h. (= Halt) rufen; *aber:* jemandem ein gebieterisches **Halt** zurufen ‖ **Halt** der, -[e]s/-e: keinen H. finden | → Halt machen = haltmachen ‖ **halt|aus** (mda.): *halt!* ‖ **halt|bar:** Obst durch Einkochen h. machen ‖ **Halt|bar|keit** die, - ‖ **Halt|bar|milch** (H-Milch) → G.: Frischmilch ‖ **Hal|te|griff** ‖ **Hal|te|gurt** ‖ **Hal|te|li|nie** [-i̯ɐ] (Verk.): eine H. vor einer Kreuzung ‖ **hal|ten,** du hältst/hielt/gehalten: den Griff fest h.; sich den schmerzenden Arm h.; die Augen geschlossen h. | (Sport) den Ball h. *(ein Tor verhindern)* | die Festung h. *(verteidigen)* | sie hat sich tapfer gehalten *(hat gut durchgehalten)* | einen Vortrag h. | das Seil hält *(hält der Belastung stand)* | der Zug hält *(bleibt stehen)* | ein Versprechen h. | zu jemandem h. *(auf jemandes Seite stehen)* | das Essen warm h.; *aber:* sich jemanden → warmhalten | sich ein Reitpferd h.; Kühe h. *(besitzen, züchten; beim Weiden hüten)* ‖ **Hal|ter** der, -s/-: *Tierhüter* | der H. eines Kraftfahrzeugs | (bes. ostöst., bes. früher) *Viehhirt* ‖ **Hal|ter|bub** (bes. ostöst., bes. früher): *Hirtenjunge;* → Halter ‖ **Hal|te|rin** die, -/-innen ‖ **Hal|te|rung** die, -/-en: *Befestigung;* den Feuerlöscher aus seiner H. reißen ‖ **Hal|te|stel|le** (Verk.): *Station* ‖ **Hal|te|stel|len|in|sel** (Verk.) ‖ **Hal|te|ver|bot** (Verk.): im H. stehen

-häl|tig, auch: -haltig
(nur in Zusammensetzungen wie bleihältig)

In Österreich überwiegen die Formen mit ä:
- alkoholhältig
- eisenhältig
- fetthältig

In Deutschland heißt es hingegen nur „alkoholhaltig", „eisenhaltig" ...

halt|los: ein haltloser *(charakterschwacher) Mensch* | haltlose *(unbegründete, erfundene)* Beschuldigungen ‖ **Halt|lo|sig|keit** die, - ‖ **Halt ma|chen** = **halt|ma|chen,** ich machte Halt (= halt), ich habe Halt gemacht (= haltgemacht) ‖ **Hal|tung** die, -/-en: wie ist deine H. *(Einstellung)* dazu? | H. *(Fassung, Selbstbeherrschung)* bewahren | artgerechte H. von Tieren ‖ **Hal|tungs|feh|ler** (Med.): *Fehlhaltung des Körpers* ‖ **Hal-**

H

tungs|no|te (Sport) ‖ **Hal|tungs|scha|den** (Med.): *durch Fehlhaltung verursachter Körperschaden* ‖ **Hal|tungs|tur|nen**

Ha|lun|ke der, -n/-n (abw.): *Schuft, Betrüger*

Ha|lusch|ka die, -/Haluschken ⟨slowak.⟩ (ostöst.): *eine Teigwarenspeise mit Topfen oder Schafkäse und Speck*

Ha|mam = Hammam der = das, -s/-s ⟨türk./arab.⟩: *ein [orientalisches] Badehaus*

Ham and eggs ['hæm ənd 'egz] die (Pl.) ⟨engl.⟩: *eine Speise aus Schinken und Eiern*

Hä|ma|tit der, -s/-e ⟨gr.⟩: *ein Schmuckstein* ‖ **Hä|ma|to|lo|gie** die, - (Med.): *Wissenschaft vom Blut* ‖ **Hä|ma|tom** das, -s/-e (Med.): *Bluterguss*

Ham|burg: *Stadt (zugleich Bundesland) in Deutschland* ‖ **Ham|bur|ger**[1] der, -s/-: *Einwohner von Hamburg* ‖ **Ham|bur|ger**[2] ['hæm-ˌbɜːgə] der, -s/- ⟨dt.-engl.⟩: *gebratenes Fleischlaibchen in aufgeschnittenem Weißgebäck;* → Burger ‖ **Ham|bur|ge|rin** ['hambu-] die, -/-innen

Hä|me die, - (bes. D): *Missgunst, Gehässigkeit* ‖ **hä|misch:** h. *(boshaft)* grinsen

Ha|mit der, -en/-en (meist Pl.): *Angehöriger einer Völkergruppe in Afrika mit hamitischer Sprache, zB Berber, Somalier* ‖ **Ha|mi|tin** die, -/-innen ‖ **ha|mi|tisch**

Ham|mam = → Hamam

Ham|me die, -/-n (SüdT): *geräucherter Schweineschlegel* | (CH, ugs.) *Schinken [mit Knochen]*

Ham|mel der, -s/-: *kastrierter Widder, Schöps*

Ham|mer der, -s/Hämmer: *ein Werkzeug;* das Haus kommt unter den H. *(es wird zwangsweise versteigert)* | (ugs.) das ist ein H. *(ein Hit; ein starkes Stück)* | (veraltet) *Schmiedewerk* ‖ **Ham|mer|kla|vier:** *das Klavier des 18. und frühen 19. Jh., Fortepiano* ‖ **häm|mern:** gegen die Tür h. *(dagegenschlagen)* ‖ **Ham|mer|schlag** ‖ **Ham|mer|schmie|de:** *Hammerwerk* ‖ **Ham|mer|wer|fen** das, -s: *eine Sportart* ‖ **Ham|mer|werk:** *großes Schmiedewerk*

Ham|mond|or|gel ['hæmə-]: *eine elektronische Orgel (nach dem amerikanischen Erfinder Hammond)*

Hä|mo|glo|bin das, -s ⟨gr.+lat.⟩ (Med.): *roter Blutfarbstoff* ‖ **Hä|mor|ri|den** = Hämorrhoiden die (Pl.) ⟨gr.-lat.⟩ (Med.): *eine Mastdarmerkrankung* ‖ **Hä|mo|zyt** [-'yːt] der, -en/-en ⟨gr.⟩ (Med.): *Blutkörperchen*

Ham|pel|mann: *ein Spielzeug* | (abw.) *willensschwacher Mann* ‖ **ham|peln** (bes. nördl. D): h. und strampeln *(sich abmühen)*

Hams|ter der, -s/-: *ein Nagetier* ‖ **Hams|ter|ba|cke:** *pralle, große Backe* ‖ **Hams|te|rer** der, -s/-: *jemand, der hamstert* ‖ **Hams|te|rin** die, -/-innen ‖ **Hams|ter|kauf** ‖ **hams|tern:** *Vorräte überreichlich ansammeln*

Ha|mur der, -s (W): *hintergründiger, makaberer Humor; Weinlaune*

Hand die, -/Hände:
küss (= Küss) die H. sagen; jemandem an die H. gehen *(jemandem helfen);* [mit] H. anlegen *(mittun);* etwas unter der H. *(privat; heimlich)* kaufen; etwas hat H. und Fuß *(es ist gut durchdacht);* die öffentliche H. *(der Staat);* er ist ihre rechte H. *(unterstützt in untergeordneter, aber vertraulicher Position ihre Arbeit);* die H. im Spiel haben *(heimlich mitwirken);* linker H. sehen Sie das Rathaus, rechter H. das Burgtheater; eine Information aus erster H. *(aus direkter Quelle)* | (scherzh.) er ist in festen Händen *(hat eine feste Beziehung)* | (reg., bes. ostöst.) Arm | (geh.) H. an sich legen *(Selbstmord begehen)*

Getrennt- und Zusammenschreibung:
- zu Handen = zuhanden (z. H., zH; in D: zu Händen); *aber nur zusammen:* anhand, kurzerhand
- zwei Handbreit (= Hand breit) Tuch *(als Maßeinheit); aber nur getrennt:* eine/mehrere Hand breit frei lassen; *aber zusammen:* ein handbreiter Spalt
- zwei Handvoll (= Hand voll) Reis *(als Maßeinheit); aber nur getrennt:* sie hat die Hand voll Farbe

Hand|ar|beit ‖ **hand|ar|bei|ten:** er hat gehandarbeitet; *aber:* → handgearbeitet ‖ **Hand|ball** der, -[e]s/-bälle: *ein spezieller Ball fürs Handballspiel* | (auch mit Art. das, ohne Pl.) *ein Ballspiel;* H. spielen ‖ **Hand|bal|len:** *Muskelteil der inneren Hand* ‖ **hand|be|trie|ben** ‖ **Hand|be|we|gung** ‖ **Hand|bi|bli|o|thek:** *frei zugänglich aufgestellte Bücher einer Bücherei* ‖ **hand|breit:** der Streifen ist h.; → Hand ‖ **Hand|breit** die, -/- = **Hand breit:** zwei H. Tuch ‖ **Hand|brem|se** ‖ **Händ|chen** das, -s/- ‖ **Hand|cre|me** [-kreːm] = Handkrem, Handkreme ‖ **hand|dres|siert** (Küchenspr.): *mit der Hand verziert (bei Speisen)* ‖ **Hän|de|druck** der, -s/-drücke ‖ **Hän|de|klat|schen** das, -s

Han|del der, -s: *ein Wirtschaftszweig;* H. treiben; Handel treibend (= handeltreibend)

Hän|del die (Pl.) (geh.): H. *(Streit)* suchen

han|deln[1]: *tun, machen;* ich handle richtig | *Handel treiben;* sie h. mit Aktien

han|deln[2] ['hæ-], ich handle ⟨engl.⟩: *handhaben, erledigen;* wie sollen wir das h.?; → Handling

Han|dels|ab|kom|men: internationale H. ‖ **Han|dels|agent:** *jemand, der beruflich für ein Unternehmen Geschäfte vermittelt [und abschließt]* ‖ **Han|dels|agen|tin** ‖ **Han|dels|aka|de|mie** (HAK, HAk): *berufsbildende höhere Schule kaufmännischer Richtung* ‖ **Han|dels|aka|de|mi|ker** (ugs.): *Absolvent einer HAK* ‖ **Han|dels|aka|de|mi|ke|rin** (ugs.) ‖ **Han|dels|at|ta|ché** [-ʃeː] ‖ **Han|dels|be|zie|hung** (meist Pl.) ‖ **Han|dels|bi|lanz** (Wirt.): *Gegenüberstellung von Ein- und Ausfuhr in einem Staat* ‖ **Han|dels|brauch** (Jus): *im Handelsrecht geltendes Gewohnheitsrecht* ‖ **han|dels|ei|nig** ‖ **han|dels|eins:** h. *(einig)* werden ‖ **Han|dels|fir|ma:** *kaufmännisches Unternehmen; Handelsname eines Kaufmannes* ‖ **Han|dels|ge|schäft** ‖ **Han|dels|ge|sell|schaft** ‖ **Han|dels|ge|setz|buch** (HGB) (Jus): *die für Kaufleute geltenden Regelungen* ‖ **Han|dels|ge|wer|be:** *Unternehmen eines Kaufmanns* ‖ **Han|dels|kam|mer** → Kammer ‖ **Han|dels|kauf:** *Kaufvertrag zwischen Kaufleuten* ‖ **Han|dels|ket|te:** *Handelsunternehmen, das aus mehreren Filialen besteht* ‖ **Han|dels|mar|ke** (Wirt.): *geschützter Name eines Artikels;* → Marke; → Warenzeichen ‖ **Han|dels|ma|tu|ra** (ugs.): *HAK-Matura* ‖ **Han|dels|nie|der-**

H

las|sung (Wirt.): *Filiale einer Handelsfirma* ‖ **Han|dels|ober|schu|le** (SüdT) (Bildw.) ‖ **Han|dels|recht:** *gesetzliche Richtlinien für den Handel* ‖ **Han|dels|re|gis|ter** (früher): *Firmenbuch* ‖ **Han|dels|schu|le** (HAS, HaSch): *berufsbildende mittlere Schule kaufmännischer Richtung* ‖ **Han|dels|span|ne** (Wirt.): *Unterschied zwischen Einstands- und Verkaufspreis* ‖ **han|dels|üb|lich:** *wie im Geschäftsverkehr üblich;* handelsübliche Packungen ‖ **Han|dels|un|ter|neh|men** ‖ **Han|dels|ver|tre|ter:** *Handelsagent* ‖ **Han|dels|ver|tre|te|rin** ‖ **Han|dels|voll|macht** ‖ **Han|dels|weg:** *Transportweg von Waren* ‖ **Han|del trei|bend** = **han|del|trei|bend**

hän|de|rin|gend: h. *(flehentlich)* bitten ‖ **Hän|de|schüt|teln** das, -s ‖ **Hän|de|wa|schen** das, -s ‖ **Hand|fer|tig|keit:** *Geschicklichkeit* ‖ **hand|fest:** eine handfeste *(kräftige)* Tracht Prügel | handfeste *(konkrete; zwingende)* Beweise ‖ **Hand|feu|er|waf|fe:** *Gewehr, Maschinenpistole uÄ;* → Faustfeuerwaffe ‖ **Hand|flä|che** ‖ **hand|ge|ar|bei|tet:** eine handgearbeitete Tonfigur; *aber:* → handarbeiten ‖ **Hand|ge|bäck:** *mit der Hand (nicht maschinell) geformtes Gebäck* ‖ **hand|ge|fer|tigt** ‖ **hand|ge|knüpft:** ein handgeknüpfter Teppich ‖ **Hand|ge|lenk:** *Gelenk zwischen der Hand und dem Unterarm* | etwas aus dem H. schütteln/machen *(mühelos, ohne lange nachzudenken bewältigen)* ‖ **hand|ge|macht** ‖ **hand|ge|mein** (meist in der Wendung): h. werden *(sich prügeln, raufen)* ‖ **Hand|ge|men|ge:** *[kleine] Rauferei* ‖ **Hand|ge|päck:** *kleines Gepäck* ‖ **hand|ge|schrie|ben** ‖ **hand|ge|strickt:** der Pullover ist h. | (oft abw.) *selbst gemacht; nicht professionell* ‖ **hand|ge|webt** ‖ **Hand|gra|na|te:** *eine Infanteriewaffe* ‖ **hand|greif|lich** ‖ **Hand|greif|lich|keit** die, -/-en (oft Pl.): *tätlicher Angriff, Rauferei* | *sexuelle Belästigung* ‖ **Hand|griff:** etwas mit einem H. *(mit geringem Aufwand)* erledigen ‖ **Hand|ha|be** die, -/-n: keine H. zum Eingreifen bieten ‖ **hand|ha|ben:** ein Werkzeug richtig h. *(verwenden)* ‖ **Hand|ha|bung** die, -/-en ‖ **-hän|dig** (nur in Zusammensetzungen wie zweihändig)

Han|di|kap ['hɛ-kɛp] = Handicap [-k-] das, -s/-s ⟨engl.⟩: *Behinderung, Erschwernis;* → gehandikapt

hän|disch: *mit der Hand, manuell;* Waren h. *(nicht maschinell)* verpacken; etwas h. fertigen ‖ **hand|ko|lo|riert:** *von Hand bemalt* ‖ **Hand|krem, Hand|kre|me** = → Handcreme ‖ **Hand|kuss:** einen H. geben; zum H. kommen *(draufzahlen)* ‖ **Hand|lan|ger** der, -s/-: *Helfer* | (abw.) *jemand, der mindere Arbeit für andere verrichtet* | (abw.) *gewissenloser Helfer [bei einer Straftat]* ‖ **Hand|lan|ge|rin** die, -/-innen ‖ **Hand|lan|ger|dienst** (abw.) ‖ **Hand|lauf:** *Teil des Stiegengeländers, an dem man sich mit der Hand festhalten kann*

Händ|ler der, -s/-: *Handel treibender Kaufmann* ‖ **Händ|le|rin** die, -/-innen

hand|lich: *bequem zu handhaben*

Hand|ling ['hæ-] das, -s ⟨engl.⟩: *Handhabung, Behandlung [eines Problems];* → handeln[2]

Hand|lung die, -/-en: eine wahre Geschichte mit einer spannenden H. | eine strafbare H. *(Tat)* ‖ **Hand|lungs|ab|lauf** ‖ **Hand|lungs|be|darf:** *Notwendigkeit zu handeln;* H. anmelden ‖ **hand|lungs|be|voll|mäch|tigt** ‖ **Hand|lungs|be|voll|mäch|tig|te** ‖ **hand|lungs|fä|hig** (Jus): *in der Lage, verantwortungsvoll zu handeln* ‖ **Hand|lungs|fä|hig|keit** (Jus) ‖ **Hand|lungs|frei|heit** ‖ **hand|lungs|ori|en|tiert:** handlungsorientierter Unterricht ‖ **Hand|lungs|rei|sen|de**[1] der, -n/-n, ein Handlungsreisender: *Handelsvertreter* ‖ **Hand|lungs|rei|sen|de**[2] die, -n/-n ‖ **Hand|lungs|spiel|raum** ‖ **hand|lungs|un|fä|hig** (Jus) ‖ **Hand|lungs|un|fä|hig|keit** (Jus) ‖ **Hand|lungs|ver|lauf:** der H. eines Dramas ‖ **Hand|lungs|voll|macht** (Jus) ‖ **Hand|lungs|wei|se**

Hand-out ['hændaʊt] = **Hand|out** das, -s/-s ⟨engl.⟩: *schriftliche Unterlage [zu einem Vortrag] für die Zuhörer/innen, Tischvorlage*

Hand|pfand (Jus): *Pfandgegenstand* | *Pfandrecht an einer körperlichen Sache* ‖ **Hand|pfle|ge** ‖ **Hand|rei|chung** die, -/-en: *[kleine] Hilfeleistung* | eine H. *(schriftliche Erläuterungen, Hilfestellung dazu)* zum neuen Lehrplan ‖ **Hand|rü|cken:** *Oberseite der Hand*

Hands [hæ-] das, -/- ⟨engl.⟩ (Sport): *unerlaubtes Handspiel im Fußball*

hand|sam: *handlich* | *handzahm* ‖ **Hand|schel|le** (meist Pl.): *metallene Handfessel* ‖ **Hand|schlag:** *Händedruck als Zeichen einer Abmachung;* einen Vertrag per H. schließen ‖ **Hand|schlag|qua|li|tät:** *hohe Vertrauenswürdigkeit;* ein Geschäftspartner mit H. ‖ **Hand|schrift:** eine gut leserliche H. haben | eine wertvolle H. aus dem 11. Jh. ‖ **hand|schrift|lich:** ein handschriftlicher Vermerk ‖ **Hand|schuh:** ein Paar Handschuhe ‖ **Hand|schuh|fach:** *ein absperrbares kleineres Fach im Auto* ‖ **Hand|sem|mel:** *mit der Hand geformte Semmel;* → G.: Maschinsemmel ‖ **hand|si|g|niert:** *[vom Künstler] selbst signiert*

Hand|shake ['hændʃeɪk] das, -s/-s ⟨engl.⟩: *Handschlag;* mit einem H. den Vertrag besiegeln

Hand|stand der, -[e]s/-stände: *eine Turnübung* ‖ **Hand|streich:** *überraschender Gewaltakt;* eine Festung im H. nehmen ‖ **Hand|stütz|über|schlag** (Sport): *eine Turnübung;* H. seitwärts *(Rad)* ‖ **Hand|ta|sche** ‖ **Hand|tel|ler:** *das Innere der flachen Hand* ‖ **Hand|tuch:** das H. werfen *(aufgeben)* ‖ **Hand|tuch|hal|ter** ‖ **Hand|um|dre|hen** (in der Wendung): er war im H. *(sehr rasch)* weg ‖ **hand|ver|le|sen:** *von Hand ausgesucht, zB Früchte* ‖ **Hand|voll** die, -/- = **Hand voll** → Hand ‖ **hand|warm** ‖ **Hand|wasch|be|cken** ‖ **Hand|wä|sche:** *Wäschewaschen mit der Hand (nicht mit der Maschine)* ‖ **Hand|werk:** ein H. ausüben | (ohne Pl.) jemandem das H. legen *(jemandes schändliches Treiben unterbinden)* ‖ **Hand|wer|ker** der, -s/- ‖ **Hand|wer|ke|rin** die, -/-innen ‖ **Hand|wer|ker|zo|ne** (SüdT): *Gewerbegebiet* ‖ **Hand|werks|be|trieb** ‖ **Hand|werks|zeug:** *Werkzeug* | *Grundlagen, Voraussetzungen;* ihm fehlt das mathematische H.

Han|dy ['hɛndi] das, -s/-s ⟨pseudoengl.⟩: *Mobiltelefon* ‖ **Han|dy|cam** [-k-] ⟨engl.⟩ (Wz.): *ein bes. kleiner Camcorder* ‖ **han|dy|fo|nie|ren** (sal.): *mit einem Handy telefonieren* ‖ **Han|dy|netz** ‖ **Han|dy|netz|be|trei|ber** ‖ **Han|dy|num|mer** ‖ **Han|dy|ver|bot**

H

hand|zahm: ein handzahmes *(bes. zahmes)* Pferd ‖ **Hand|zei|chen:** beim Einbiegen H. geben ‖ **Hand|zet|tel:** *ein Informationsblatt [für Patienten]*
ha|ne|bü|chen: *dumm;* eine hanebüchene *(grobe, unverschämte)* Lüge
Hanf der, -[e]s: *eine Faserpflanze* ‖ **Hänf|ling** der, -s/-e: *ein Singvogel* ‖ **Hanf|schnur** ‖ **Hanf|seil**
Hang der, -[e]s/Hänge: *Berghang, Abhang* | (ohne Pl.) einen H. zur Verschwendung haben *(zur Verschwendung neigen)* ‖ **hang|ab|wärts**
Han|gar der, -s/-s ⟨germ.-fr.⟩: *Flugzeughalle*

H

Hän|ge|bauch ‖ **Hän|ge|brü|cke** ‖ **Hän|ge|bu|sen** ‖ **hän|ge|glei|ten** (nur Inf. und Part.) ‖ **Hän|ge|glei|ten** das, -s: *Drachenfliegen* ‖ **Hän|ge|glei|ter** der, -s/-: *Sportgerät zum Drachenfliegen* ‖ **han|geln:** ich hangle mich an der Leiter vorwärts *(bewege mich hängend an ihr weiter)* ‖ **Hän|ge|mat|te**

hän|gen[1], hing/gehangen [*auch:* gehängt]:
der Rock hing am Haken; der Mantel *ist* am Haken gehangen (*auch:* gehängt); an jemandem/etwas h. *(eine starke Beziehung haben)* | (ugs.) er hängt *(ist schlecht)* in Mathematik

Getrenntschreibung bei wörtlicher Bedeutung:
- an einem Nagel hängen bleiben
- den Kopf hängen lassen *(niedergeschlagen sein)*

Getrennt- und Zusammenschreibung von hängen + „bleiben"/„lassen" bei übertragener Bedeutung:
- von dem Vortrag ist bei mir nicht viel hängen geblieben (= hängengeblieben) *(habe ich nur wenig behalten)*
- alles ist an mir hängen geblieben (= hängengeblieben) *(ich muss alles allein erledigen)*
- im Wirtshaus hängen bleiben (= hängenbleiben) *(verweilen)*
- jemanden hängen lassen (= hängenlassen) *(im Stich lassen)*

hän|gen[2], hängte/gehängt: er *hat* den Rock an den Haken gehängt | *henken, durch den Strang hinrichten* ‖ **hän|gen blei|ben** = **hän|gen|blei|ben:** vom Vortrag ist wenig hängen geblieben (= hängengeblieben); *aber nur:* an einem Nagel hängen bleiben; → hängen ‖ **hän|gen las|sen** = **hän|gen|las|sen:** *im Stich lassen; aber:* den Kopf hängen lassen; → hängen ‖ **Han|gen und Ban|gen:** mit H. u. B. *(Angst und Sorgen)* auf jemanden warten ‖ **Hän|ge|oh|ren** die (Pl.) ‖ **Hän|ge|par|tie:** *vertagte [Schach]partie* ‖ **Han|gerl** das, -s/-[n] (ugs.): *Geschirrtuch* ‖ **Hang|la|ge:** *Lage an einem Hang*
Han|na, *auch:* Hanne: *weibl. Vorname (Johanna, Hannelore);* → Hannerl; → Hanni; *aber:* → Hannah ‖ **Han|nah:** *weibl. Vorname; aber:* → Hanna ‖ **Han|ne** → Hanna ‖ **Han|ne|lo|re** [auch: 'ha-]: *weibl. Vorname* ‖ **Han|nerl** → Hanna ‖ **Han|nes:** *männl. Vorname (Johannes)* ‖ **Han|ni:** *weibl. Vorname (Johanna)*
Han|no|ver [-f-]: *Stadt in Deutschland* ‖ **Han|no|ve|ra|ner** [-v-] der, -s/- ‖ **Han|no|ve|ra|ne|rin** die, -/-innen
Hanns → Hans
Ha|noi: *Hauptstadt von Vietnam*
Hans, *auch:* Hanns: *männl. Vorname (Johann, Johannes)*
Han|sa|plast das, -[e]s/-e (Wz.): *ein Heftpflaster*
Hans|dampf der, -[s]: H. in allen Gassen *(jemand, der überall dabei sein will)*
Han|se die, - (früher): *ein Bund von Handelsstädten* ‖ **Han|se|at** der, -en/-en: *Bürger einer Hansestadt* ‖ **Han|se|a|tin** die, -/-innen ‖ **han|se|a|tisch**
Hän|se|lei die, -/-en ‖ **han|seln** (T, ugs.): *hänseln* ‖ **hän|seln,** ich hänsle: *verspotten, sich über jemanden lustig machen*
Han|se|stadt: *Hamburg, Bremen, Lübeck, Rostock ua.;* → Hanse
Han|si: *weibl. und männl. Vorname (Johanna, Johann, Johannes)* ‖ **Hansl** der, -s/-n (ugs.): *abgestandener Bierrest* ‖ **Hans|wurst** [-st] der, -[e]s/-e: *Wurstel im Volksstück* | *dummer Mensch*
Han|tel die, -/-n (*auch:* das, -s/-n): *ein Sportgerät zum Krafttraining*
han|tie|ren: mit einem Werkzeug h. *(es handhaben)*
han|tig (ugs.): *bitter* | (abw.) *zänkisch, unfreundlich*
ha|pern (ugs.): *mangeln;* es hapert am/beim Geld *(es ist kein oder zu wenig Geld vorhanden);* bei ihm hapert's in Englisch
Hap|pel = Happl das, -s/-n (ostöst., mda.): *Häuptel;* Krauthappel
Hap|pen der, -s/-: *Bissen;* ein fetter H. *(ein gutes Geschäft)*
Hap|pe|ning ['hæ-] das, -s/-s ⟨engl.⟩: *Veranstaltung mit Aktionen, bei der auch die Zuschauer mitwirken;* → Performance
hap|pig (ugs.): auf etwas h. *(begierig)* sein
Happl = → Happel
Hap|py End ['hæpi-] = **Hap|py|end** das, -[s]/-s ⟨engl.⟩: *glückliches Ende [in einem Film]* ‖ **Hap|py Hour** ['hæpi 'aʊə] = **Hap|py|hour** die, -/-s: *Zeitraum [am Nachmittag], in dem in einem Lokal [alkoholische] Getränke günstiger angeboten werden*
hap|tisch ⟨gr.⟩: *den Tastsinn betreffend*
Ha|ra|ki|ri das, -[s]/-s ⟨jap.⟩: *japanische Form des rituellen Selbstmordes* | (sal.) er wird doch nicht H. machen *(sich selbst zu Grunde richten)*
Ha|rald: *männl. Vorname*
Här|chen das, -s/-: → Haar
Hard: *Marktgemeinde in Vorarlberg*
Hard|core ['hɑːdkɔː] der, -s ⟨engl.⟩: *bes. harte Variante [der Rockmusik]* | (ohne Art.) (sal., Jug.) *krass, extrem ausgeprägt;* die Prüfung war H. *(bes. schwer)* ‖ **Hard|co|ver** [-kʌvə]: *Buch mit festem Einband* ‖ **Hard Disc** [-k] = **Hard|disc** die, -/-s (HD) (EDV): *Festplatte, magnetische Platte im Computer zur Speicherung von Daten*
Har|degg: *Stadt in Niederösterreich*
Hard|li|ner ['hɑːdlaɪnə] der, -s/- ⟨engl.⟩: *Vertreter einer harten Politik* ‖ **Hard Rock** = **Hard|rock:** *ein Stil der Rockmusik* ‖ **Hard|top** das, -s/-s: *abnehmbares oder versenkbares Autodach aus festem Material* ‖ **Hard|ware** [-weə] die, -/-s: *Apparate wie Filmprojektor, Tonbandgerät, Computer;* → G.: Software
Ha|rem der, -s/-s ⟨arab.-türk.⟩: *Räume eines islamischen Hauses, die nur dem Hausherrn und seinen Frauen zugänglich sind* | *die Frauen eines Moslems*
hä|ren (geh., veraltet): *aus Haar gewebt;* ein härenes Bußergewand
Hä|re|sie die, -/-n ⟨gr.-lat.⟩ (kath.): *Ketzerei* ‖ **Hä|re|ti|ker** der, -s/-

(kath.): *Ketzer* ‖ **Hä|re|ti|ke|rin** die, -/-innen (kath.) ‖ **hä|re|tisch** (kath.)
Har|fe die, -/-n: *ein Zupfinstrument* | (reg.) (Volksk.) *Gestell zum Trocknen von Getreide, Bohnen usw.* ‖ **Har|fe|nist** der, -en/-en: *Harfenspieler* ‖ **Har|fe|nis|tin** die, -/-innen
Ha|ris|sa die, -/-s ⟨arab.⟩: *eine pikante Paste zum Würzen*
Har|ke die, -/-n (nördl. D): *Rechen* ‖ **har|ken** (nördl. D)
Har|le|kin der, -s/-e ⟨it.-fr.⟩: *Hanswurst, Clown*
Harm der, -s (geh.): *Kummer, Gram* ‖ **här|men** sich (geh.): *sich grämen, trauern* ‖ **harm|los** ‖ **Harm|lo|sig|keit** die, -/-en
Har|mo|nie die, -/-n ⟨gr.⟩: *Zusammenklang; Übereinstimmung* ‖ **Har|mo|nie|leh|re** die, - (Mus.): *Lehre von den Akkordverbindungen* ‖ **Har|mo|nie|mu|sik:** *Bezeichnung für Bläserensembles im 18. und 19. Jh.* ‖ **har|mo|nie|ren:** *zusammenstimmen; zusammenpassen* ‖ **Har|mo|nik** die, - (Mus.): *Lehre von der Harmonie, den Zusammenklängen* ‖ **Har|mo|ni|ka** die, -/-s: *Musikinstrument mit durchschlagenden Zungen, zB Akkordeon, Zieh- und Mundharmonika, Harmonium;* steirische H. *(ein Volksmusikinstrument);* → Glasharmonika ‖ **har|mo|nisch** ‖ **har|mo|ni|sie|ren:** *in Einklang bringen* ‖ **Har|mo|ni|sie|rung** die, -/-en ‖ **Har|mo|ni|um** das, -s/Harmonien [-i̯ən]: *ein Tasteninstrument*
Harn der, -[e]s/-e: *Urin* ‖ **Harn|be|fund** (Med.) ‖ **Harn|bla|se** ‖ **Harn|drang** ‖ **har|nen** (geh.): *Harn lassen, urinieren*
Har|nisch der, -[e]s/-e: *[Brust]panzer;* jemanden in H. bringen *(jemanden reizen, jemanden in Wut bringen)*
Harn|lei|ter ‖ **Harn|pro|be** ‖ **Harn|röh|re** ‖ **harn|trei|bend** ‖ **Harn|un|ter|su|chung** ‖ **Harn|we|ge** die (Pl.)
Har|pfe die, -/-n, *auch:* **Har|pfen,** -/- (mda.) (Volksk.): *Harfe* | (ugs.) *Bett*
Har|pu|ne die, -/-n ⟨fr.-niederl.⟩: *ein Wurfspeer mit Widerhaken und Fangleine [für den Fischfang]* ‖ **har|pu|nie|ren**
har|ren (geh.): seiner h. *(auf ihn warten)*
Har|ry Pot|ter ['hæri -]: *eine Jugendbuchfigur*
harsch: in harschem *(unfreundlichem)* ...
Harsch der, -[e]s: *an der Oberfläche hart gefrorener Schnee* ‖ **harschen:** Schnee harscht
Harsch|heit die, -; → harsch
hart

hart, härter/am härtesten: hartes Holz | hartes Wasser *(mit mehr als 12 Härtegraden)* | ein harter *(schwerer)* Kampf | ein hartes p, t (G.: weiches b, d)

Getrenntschreibung:
- hart sein
- hart werden

Getrennt- und Zusammenschreibung mit Verben, die ein Resultat herbeiführen, und mit adjektivisch gebrauchten Partizipien:
- Eier hart kochen (= hartkochen)
- hart gekochte (= hartgekochte) Eier
- hart gefrorenes (= hartgefrorenes) Wasser

Zusammenschreibung bei übertragener Bedeutung:
- sich harttun *(schwertun)*
- ein hartgesottener Geschäftsmann *(rücksichtsloser)*

Hart: *Wald (in Siedlungsnamen;* H. bei Graz) ‖ **Hart|berg** (Kfz: HB): *Stadt in der Steiermark*
Här|te die, -/-n ‖ **Här|te|fall:** die Kündigung macht ihn zu einem H. *(zu einem sozial Bedürftigen, sie traf ihn besonders hart)* ‖ **Här|te|grad:** der H. eines Edelsteins ‖ **här|ten:** Stahl h. *(hart machen)* ‖ **hart ge|fro|ren** = **hart|ge|fro|ren** ‖ **hart ge|kocht** = **hart|ge|kocht** ‖ **Hart|geld** das, -[e]s: *Metallgeld* ‖ **hart|ge|sot|ten:** *rücksichtslos;* → hart ‖ **Hart|gum|mi** ‖ **hart|her|zig:** *gefühllos* | *geizig* ‖ **Hart|holz** ‖ **hart|hö|rig:** *schwerhörig* ‖ **Hart|kä|se** ‖ **hart ko|chen** = **hart|ko|chen:** Eier h. k. ‖ **hart|lö|ten:** *mit hartem Metall löten*
Hart|mut: *männl. Vorname*
hart|nä|ckig: ein hartnäckiger *(langwieriger)* Schnupfen ‖ **Hart|nä|ckig|keit** die, - ‖ **hart|scha|lig** ‖ **hart|tun** sich: sie hat sich in Latein hartgetan *(schwergetan)* ‖ **Här|tung** die, -/-en: *Methode, um [Metall oder Kunststoff] zu behandeln* ‖ **Hart|wei|zen|grieß**
Hart|wig: *männl. Vorname*
Harz[1] der, -es: *ein Gebirge in Deutschland*
Harz[2] das, -es/-e: *klebrige Flüssigkeit, die aus [Nadel]bäumen austritt* ‖ **Harz|ge|win|nung** ‖ **harzen:** *Harz ausscheiden;* die Föhre harzt | geharzter *(mit Harz versetzter [griechischer])* Wein | die Beine h. *(mit Wachs die Haare entfernen)* ‖ **har|zig:** harziges Holz
HAS → HaSch, HASCH
Ha|sar|deur [-'døːə] der, -s/-e ⟨arab.-fr.⟩: *Glücksspieler* | *waghalsiger Mann* ‖ **Ha|sar|deu|rin** die, -/-innen ‖ **ha|sar|die|ren** ‖ **Ha|sard|spiel:** *ein verbotenes Glücksspiel*
Hasch das, -[s] (ugs.): *Kurzwort für Haschisch*
HaSch, HASCH die, -/-, *auch:* HAS: **Ha**ndels**sch**ule
Ha|schee das, -s/-s ⟨germ.-fr.⟩: *fein gehacktes Fleisch*
ha|schen[1] (geh.): einen Schmetterling h. *(zu fangen versuchen);* du hasch[s]t nach Beifall
ha|schen[2] (ugs.): *Haschisch rauchen*
Häs|chen das, -s/-: *kleiner Hase*
Ha|scher[1] der, -s/- (ugs., oft abw.): → *Hascherl*
Ha|scher[2] der, -s/- (ugs.): *Haschischraucher*
Hä|scher der, -s/- (früher): *Scherge, Gerichtsdiener*
Ha|sche|rin die, -/-innen (ugs.); → Hascher[2]
Ha|scherl das, -s/-[n] (ugs., oft abw.): *ängstlicher, bedauernswerter Mensch; Hascher;* ein armes H.
ha|schie|ren: *ein Haschee bereiten*
Ha|schisch das, -[s] ⟨arab.⟩: *ein Suchtgift;* → Hasch
Ha|se der, -n/-n: *wild lebendes Säugetier* | *Kaninchen;* wissen, wie der H. läuft *(über die kommenden Entwicklungen Bescheid wissen);* ein alter H. *(Person mit langjähriger Erfahrung)* | (bes. D) (Küchenspr.) falscher (auch: Falscher) H. *(faschierter Braten)*
Ha|sel|nuss ‖ **Ha|sel|nuss|fül|le** ‖ **Ha|sel|nuss|scho|ko|la|de** ‖ **Ha|sel|stau|de**
Ha|sen|bra|ten: *eine Speise* | (bes. D) falscher H. *(faschierter Braten)* ‖ **Ha|sen|fell** ‖ **Ha|sen|fuß** (abw.): *ängstlicher Mensch* ‖ **Ha|sen|jun|ge** das, -n (Küchenspr.): *Vorderläufe und Kopf des Hasen als Speise* ‖ **Ha|sen|öhrl** das, -s/-n (reg.) (Küchenspr.): *eine Mehlspeise* ‖ **Ha|sen|pa|nier** (veraltet) (nur in der Wendung): das H. er-

H

greifen *(fliehen)* ‖ **Hasenscharte:** *angeborene Oberlippenspaltung* ‖ **Haserl** das, -s/-[n]: *Häschen* ‖ **Häsin** die, -/-innen

Haspel die, -/-n: *Vorrichtung zum Aufwickeln von Garn* ‖ **haspeln** (reg.): *mit einer Haspel aufwinden;* → verhaspeln | *hastig reden; sich verhaspeln*

Hass der, -es: einen H. auf jemanden haben ‖ **hassen,** du hasst ‖ **hassenswert** (geh.) ‖ **hasserfüllt**

Hassium das, -s (Zeichen: Hs): *ein chemisches Element*

hässlich ‖ **Hässlichkeit** ‖ **Hassliebe** ‖ **Hassorgie** [-iɐ]: *Triumph des Hasses* ‖ **hassverzerrt:** mit hassverzerrtem Gesicht

Hast die, -: in großer H. *(Eile)* sein ‖ **hasten:** *sehr eilen* ‖ **hastig**

hat → haben

Hatschek der, -s/-s, *auch:* Háček ['haːtʃ-] ⟨tschech.⟩ (ˇ): *Häkchen auf manchen Buchstaben, zB tschech.* Dvořák ['dvɔrʒaːk], *kroat.* Korčula ['kɔrtʃ-], *kroat.* Šibenik ['ʃ-]

hätscheln, ich hätschle: *verwöhnen, verzärteln*

hatschen, du hatsch[s]t (ugs.): *schleifend, schleppend gehen* ‖ **Hatscher** der, -s/- (ugs.): *langer, anstrengender Marsch* ‖ **hatschert** (ugs.): h. *(schlecht, hinkend, schwerfällig)* gehen

hatschi: *Ausruf beim Niesen*

hatte → haben

Hattrick ['hæ-] der, -s/-s ⟨engl.⟩: *dreimaliger Torerfolg hintereinander durch denselben Spieler, zB im Fußball*

Hatz die, -/-en: *Hetzjagd, Verfolgung;* → Hetze

Haube die, -/-n: *eine Kopfbedeckung, [Woll]mütze* | (Gast.) *Qualitätszeichen für Restaurants;* ein Restaurant mit zwei Hauben | (scherzh.) unter die H. kommen *(heiraten)* ‖ **Haubenkoch:** *für sein Können ausgezeichneter Koch* ‖ **Haubenköchin** ‖ **Haubenrestaurant** [-torɑ̃ː]

Haubitze die, -/-n ⟨tschech.⟩ (Mil.): *ein Geschütz*

Hauch der, -[e]s: *Atem; Luftzug* | ein H. *(eine Spur)* von Luxus ‖ **hauchdünn:** *bes. dünn* ‖ **hauchen** ‖ **hauchzart**

Haudegen der, -s/-: *alter, erprobter Kämpfer*

Haue[1] die, -/-n: *ein landwirtschaftliches Gerät* ‖ **Haue**[2] die (Pl.) (ugs.): H. *(Hiebe, Schläge)* kriegen ‖ **hauen,** haute [geh.: hieb]/gehaut [gehauen]: jemanden windelweich h. *(schlagen)* | einen Pflock in die Erde h. *(stoßen, rammen)* | (ugs.) über die Schnur h. *(übermütig sein);* jemanden übers Ohr h. *(reinlegen)* ‖ **Hauer** der, -s/-: *Weinbauer, Winzer;* Weinhauer | *Bergmann* | *Eckzahn des Ebers* ‖ **Hauerin** die, -/-innen: *Winzerin* ‖ **Hauerwein:** *Wein direkt vom Weinbauern*

Häufchen das, -s/-: wie ein H. Elend aussehen ‖ **häufeln,** ich häufle: die Erdäpfel h. ‖ **Haufen** der, -s/-: ein großer H. *(viel, eine Menge)* unerledigter Arbeit | *durch Anschwemmung entstandene Flussinsel* | etwas über den H. werfen *(rückgängig machen);* jemanden über den H. rennen *(niederstoßen)* ‖ **häufen**[1]: er häuft Essen auf seinen Teller ‖ **häufen**[2] sich: die Arbeit häuft sich *(wird immer mehr)* ‖ **Haufendorf:** *unregelmäßig angelegtes Dorf* ‖ **haufenweise,** *auch:* haufenweis ‖ **Haufenwolke** (Met.): *Kumulus* ‖ **häufig:** *oft* ‖ **Häufigkeit** die, - ‖ **Häufung** die, -/-en: *zahlreiches Vorkommen*

häundeln ['haɪn(d)ln] = häuneln, *auch:* heindln, ich häundle (ugs.): *Erde mit der Haue bearbeiten* ‖ **Häundl** = Häunl das, -s/-[n], *auch:* Heindl (ugs.): *kleine Haue*

Haupt das, -[e]s/Häupter (geh.): zu Häupten *(an der Kopfseite)* des Bettes stehen | *Kopf;* das H. neigen | *Oberhaupt [einer Familie, eines Stammes]* ‖ **Hauptabendprogramm:** *Fernsehsendung zur Hauptsendezeit* ‖ **Hauptaltar:** *Hochaltar;* → G.: Seitenaltar ‖ **hauptamtlich:** *hauptberuflich;* h. Politiker sein; → ehrenamtlich ‖ **Hauptaugenmerk:** sein H. auf etwas/jemanden richten ‖ **Hauptausschuss:** der H. des Nationalrats ‖ **Hauptbahnhof** ‖ **Hauptbedeutung:** die H. eines Wortes ‖ **hauptberuflich** ‖ **Hauptbeschäftigung** ‖ **Hauptdarsteller:** *Schauspieler, der die Hauptrolle spielt* ‖ **Hauptdarstellerin** ‖ **Haupteingang** ‖ **Häuptel** = Häuptl das, -s/-[n]: *Kopf von Salat, Kraut, Kohl ua.;* ein H. Salat ‖ **Häuptelsalat** = Häuptlsalat: *Kopfsalat, zB Eissalat* ‖ **Hauptesläng**e (geh.) (nur in der Wendung): um H.; sie überragt ihn um H. ‖ **Hauptfach:** *Hauptgegenstand* | *schwerpunktmäßig betriebenes Studienfach* ‖ **Hauptfigur:** *wichtigste Person [in einem Roman]* ‖ **Hauptfilm** ‖ **Hauptgebäude** ‖ **Hauptgegenstand:** *wichtiger Unterrichtsgegenstand* ‖ **Hauptgericht:** *Hauptspeise* ‖ **Hauptgewicht:** *Schwergewicht* ‖ **Hauptgläubiger** ‖ **Hauptgläubigerin** ‖ **Häuptl** = → Häuptel ‖ **Hauptleistung** (Jus): *vertragliche Hauptpflicht;* → G.: Nebenleistung ‖ **Häuptling** der, -s/-e: *Oberhaupt, Anführer [bei Indianerstämmen]* ‖ **Häuptlsalat** = → Häuptelsalat ‖ **Hauptmahlzeit** ‖ **Hauptmann** der, -[e]s/-männer [-leute]: *ein [militärischer] Dienstgrad;* Feuerwehrhauptmann ‖ **Hauptmiete:** *direkt vom Eigentümer vermietete Wohnung;* in H. wohnen; → Untermiete ‖ **Hauptmieter** ‖ **Hauptmieterin** ‖ **Hauptmietwohnung** ‖ **Hauptmotiv:** *wichtigstes Motiv* ‖ **Hauptperson** ‖ **Hauptpflichten** die (Pl.) (Jus): die H. aus einem Vertrag; → G.: Nebenpflichten ‖ **Hauptplatine** (EDV): *Mutterplatine* ‖ **Hauptplatz** ‖ **Hauptpostamt** ‖ **Hauptquartier** (Mil.): *Kommandozentrale* ‖ **Hauptreisezeit** ‖ **Hauptrolle:** die H. in einem Film spielen ‖ **Hauptsache:** H., du bist gesund ‖ **hauptsächlich** ‖ **Hauptsaison** [-zɛz-, fr.: -sɛzɔ̃] ‖ **Hauptsatz** (Gramm.): *unabhängiger Satz, der selbständig bestehen kann;* → Gliedsatz | der H. *(ein grundlegender Erfahrungssatz)* der Wärmelehre ‖ **Hauptsatzreihe** (Gramm.): *aus Hauptsätzen bestehende Satzverbindung* ‖ **Hauptschlagader:** → *Aorta* ‖ **Hauptschulabschluss** ‖ **Hauptschuldige** ‖ **Hauptschuldirektor** ‖ **Hauptschuldirektorin** ‖ **Hauptschuldner** (Jus): *Schuldner, für dessen Verbindlichkeit ein Nebenverpflichteter, zB Bürge, haftet* ‖ **Hauptschule** ‖ **Hauptschüler** ‖ **Hauptschülerin** ‖ **Hauptschullehrer** ‖ **Hauptschullehrerin** ‖ **Hauptschuloberlehrer** (HOL): *ein Titel* ‖ **Hauptschuloberlehrerin** (HOL) ‖ **Hauptschwierigkeit** ‖ **Hauptsorge** ‖ **Hauptspeicher** (EDV): *interner Speicher der Zentraleinheit eines Computers, Arbeitsspeicher* ‖ **Hauptspeise** ‖

Haupt|stadt || **Haupt|stel|le:** *Zentrale;* → Nebenstelle; → Außenstelle || **Haupt|stra|ße** || **Haupt|stre|cke** || **Haupt|stück:** *Kapitel, Abschnitt [in Gesetzestexten]* || **Haupt|the|ma** || **Haupt|tref|fer:** den H. in einer Lotterie machen || **Haupt|ver|band:** *eine größere Organisationseinheit;* H. der österreichischen Sozialversicherungsträger || **Haupt|ver|kehrs|zeit:** *Stoßzeit im Straßenverkehr* || **Haupt|ver|samm|lung:** *Versammlung aller Aktionäre bzw. Mitglieder;* Jahreshauptversammlung || **Haupt|werk:** das H. einer Schriftstellerin || **Haupt|wohn|sitz:** *Wohnsitz, der als Mittelpunkt der Lebensbeziehungen gilt;* → Nebenwohnsitz || **Haupt|wort** (veraltet) (Gramm.): *Nomen*
hau ruck = ho ruck: *ein Ausruf*

Haus das, -es/Häuser:
von H. zu H.; H. der Begegnung; H. und Hof *(der ganze Besitz);* etwas steht mir ins H. *(bevor)* | (sal., ugs.) sich über die Häuser hauen *(flüchten)* | (Gesch.) das H. Österreich *(die Dynastie Habsburg, die Habsburger, Casa d'Austria)*

Getrenntschreibung:
– von Haus aus *(von vornherein)*
– außer Haus sein
Getrennt- und Zusammenschreibung:
– nach Haus[e] = nachhaus[e]
– zu Haus[e] = zuhaus[e]
– Haus halten = haushalten

Haus|an|zug: *bequeme Kleidung aus Jacke und Hose* || **Haus|apo|the|ke** || **Haus|ar|beit:** *Arbeit im Haus[halt]* || **Haus|ar|rest:** unter H. sein *(strafweise das Haus nicht verlassen dürfen)* || **Haus|arzt:** *der persönliche Arzt [für Allgemeinmedizin]* || **Haus|ärz|tin** || **Haus|auf|ga|be** || **haus|ba|cken:** *hausgemacht* | (abw.) *einfältig* || **Haus|bar** || **Haus|berg:** der Kahlenberg ist ein H. der Wiener || **Haus|be|schau** die, - (Amtsspr.): *Verzollung direkt an der Lieferadresse* || **Haus|be|sor|ger** der, -s/-: *Hausmeister* || **Haus|be|sor|ge|rin** die, -/-innen || **Haus|be|sor|ger|pos|ten:** *Hausmeisterstelle* || **Haus|be|such:** der H. *(die Visite)* der praktischen Ärztin || **Haus|be|woh|ner** || **Haus|be|woh|ne|rin** || **Haus|boot:** *Boot, das als Wohnung dient* || **Haus|brand** der, -[e]s: *[Ofen]heizung privater Haushalte* | *privat gebrannter Schnaps;* → Brandy || **Haus|brot:** *Brot nach Art des Hauses* || **Haus|bünt** (V): *Hausgarten* || **Häus|chen** das, -s/-: aus dem H. *(sehr aufgeregt)* sein || **Haus|dra|chen** (ugs., abw.): *streitsüchtige Ehefrau, Angestellte* || **Haus|durch|su|chung:** *richterlich angeordnete Durchsuchung eines Hauses/einer Wohnung* || **haus|ei|gen** || **Haus|ei|gen|tü|mer** || **Haus|ei|gen|tü|me|rin** || **Haus|ein|fahrt:** *befahrbarer Hauseingang* || **hau|sen** (abw.): *in armseligen Verhältnissen leben;* du haust in dieser dunklen Kammer? | der Fuchs hat im Hühnerstall fürchterlich gehaust *(gewütet)* || **Hau|ser** der, -s/- (T): *Verwalter;* → Hauserin || **Häu|ser|block** der, -[e]s/-s [-blöcke] || **Häu|ser|front** || **Häu|ser|ge|viert:** *im Viereck angeordnete Häuser* || **Hau|se|rin** = **Häu|se|rin** die, -/-innen (T): *Wirtschafterin, bes. Pfarrersköchin* || **Hau|serl** = **Häu|serl** das, -s/-[n] (ugs.): *Häuschen* || **Häu|ser|zei|le** || **Haus|flur:** *Hauseinfahrt, Hauseingang, Gang* || **Haus|frau:** *[Ehe]frau, die den eigenen Haushalt besorgt* | *Hausbesitzerin, Zimmervermieterin* || **Haus|freund:** *bes. guter Freund der Familie* | (scherzh.) *Liebhaber der Ehefrau* || **Haus|frie|de** = **Haus|frie|den** || **Haus|frie|dens|bruch** (Jus): *gewaltsames Eindringen in eine Wohnung* || **Haus|gang:** *Flur; Stiegenhaus* || **Haus|ge|burt:** *daheim, nicht im Spital durchgeführte Geburt* || **Haus|ge|hil|fe** || **Haus|ge|hil|fin** || **haus|ge|macht:** hausgemachte Marmelade || **Haus|ge|mein|schaft** || **Haus|ge|nos|se** || **Haus|ge|nos|sin** || **Haus|halt** der, -[e]s/-e: den H. führen | (Wirt.) *Budget* || **Haus hal|ten** = **haus|hal|ten:** *sparen, gut wirtschaften;* er hält Haus (= er haushaltet)/er hielt Haus (= er haushaltete)/hat Haus gehalten (= hat gehaushaltet); es ist schwer, richtig Haus zu halten (= hauszuhalten) || **Haus|häl|ter** der, -s/-: *Wirtschafter* || **Haus|häl|te|rin** die, -/-innen || **haus|häl|te|risch:** *sparsam* || **Haus|halts|de|fi|zit** || **Haus|halts|füh|rung** || **Haus|halts|pa|ckung:** *größere Verpackungseinheit* || **Haus|halts|plan** (Wirt.): *Voranschlag über die Ausgaben und Einnahmen [des Folgejahres]* || **Haus|halts|scho|ko|la|de:** *Kochschokolade* || **Haus|halts|ver|si|che|rung** || **Haus|herr:** *Hausbesitzer* || **Haus|her|rin** || **haus|hoch:** *haushohe Wellen* | h. verlieren || **Haus|hof|meis|ter** (früher): *Leiter einer fürstlichen Hofhaltung* || **Haus-, Hof- und Staats|ar|chiv** [- - - -f] das, - - - -s (in Wien) || **hau|sie|ren:** *von Haus zu Haus gehen und Waren verkaufen* | (sal., abw.) mit einer Idee h. gehen *(sie in aufdringlicher Weise jedem anpreisen)* || **Hau|sie|rer** der, -s/- || **Hau|sie|re|rin** die, -/-innen || **Haus|in|ha|bung** die, -/-en (Amtsspr.): *Hauseigentümer, Hausbesitzer* || **haus|in|tern** || **Haus|kat|ze** || **Haus|kran|ken|pfle|ge** || **Haus|kran|ken|pfle|ger** || **Haus|kran|ken|schwes|ter** || **Häusl** das, -s/-n (ugs.): *[kleines] Haus;* ganz aus dem H. *(sehr aufgeregt)* sein | (ugs., derb bzw. scherzh.) *Abort* || **Häusl|bau|er** der, -s/- (ugs.): *jemand, der ein Haus baut oder am Bau seines Eigenheimes mitarbeitet* || **Häusl|bau|e|rin** die, -/-innen (ugs.) || **Häus|le|bau|er** = Hüslebauer der, -s/- (V, ugs.): *Häuslbauer* || **Häus|le|bau|e|rin** = Hüslebauerin die, -/-innen (V, ugs.) || **Haus|leh|rer** || **Haus|leh|re|rin** || **Häus|ler** der, -s/- (veraltet): *Kleinhäusler* || **Häus|le|rin** die, -/-innen (veraltet) || **häus|lich:** sich h. *(als ob man hier zu Hause wäre)* niederlassen | ein häuslicher Mensch *(jemand, der das Familienleben und sein Zuhause liebt)* || **Häus|lich|keit** die, - || **Haus|macht:** *die auf Familienbesitz oder persönlichen Anhängern beruhende Macht* || **Haus|mäd|chen:** *Haushaltshilfe* || **Haus|mann:** *[Ehe]mann, der den eigenen Haushalt besorgt* || **Haus|manns|kost:** *einfache, gute Kost (wie zu Hause gemacht)* || **Haus|mar|ke:** *Lieblingsprodukt [von Wein]* || **Haus|meis|ter:** *Hausbesorger* || **Haus|meis|te|rin** || **Haus|mit|tel:** *traditionelles Mittel gegen eine Erkrankung* || **Haus|müll** || **Haus|mu|sik** || **Haus|müt|ter|chen** das, -s/- (auch abw.): *nur an Haushalt und Familie interessierte Frau* || **Haus|num|mer:** eine ungerade H. | (ugs.) *willkürliche Zahlenangabe;* eine H. *(irgendetwas)* angeben || **Haus|ord-**

H

nung: *in einem Haus geltende Regeln* ‖ **Hauspartei:** *Wohnungsmieter[in]* ‖ **Hauspatschen** [-pɒ(ː)-, auch: -pa(ː)-] (ugs.) ‖ **Hausrat** der, -[e]s: *Möbel und Geräte, die zum Haushalt gehören* ‖ **Hausrecht:** *Recht des Hausherrn*

Hausruck der, -s: *ein Bergrücken in Oberösterreich* ‖ **Hausruckviertel,** *auch:* Hausruckkreis: *Landesteil von Oberösterreich*

Haussammlung: *Spendenaktion, bei der die Helfer von Haus zu Haus gehen* ‖ **hausschlachten** (nur Inf. und Part.): *auf dem eigenen Hof selbst schlachten* ‖ **Hausschlachtung** ‖ **Hausschlapfen** (ugs.) ‖ **Hausschuh**

Hausse [(h)oːs] die, -/-n ⟨fr.⟩ (Wirt.): *Steigen der Börsenkurse;* → G.: Baisse

Haussegen: *Segensspruch [an der Wand eines Hauses]* | der H. hängt schief *(es herrscht eine Missstimmung)* ‖ **Hausstand** der, -[e]s (veraltend): einen H. *(Haushalt und Familie)* gründen ‖ **Hausstock** (reg.): *[gemauerter] Wohntrakt eines Bauernhauses* ‖ **Haustier** ‖ **Haustor** ‖ **Haustrunk:** *leichter Wein/Most für den Hausgebrauch* ‖ **Haustür** ‖ **Haustürgeschäft** (Jus): *zu Hause (nicht in den Geschäftsräumlichkeiten eines Unternehmers) abgeschlossenes Geschäft* ‖ **Haustyrann** [-y-] ‖ **Haustyrannin** ‖ **Hausübung** ‖ **Hausverbot:** H. haben *(ein bestimmtes Haus nicht betreten dürfen)* ‖ **Hausversammlung:** *Versammlung der Bewohner eines Wohnhauses* ‖ **Hausverstand** (in der Wendung): das sagt einem der gesunde H. *(der normale Verstand)* ‖ **Hausverwalter** ‖ **Hausverwalterin** ‖ **Hausverwaltung:** *Gebäudeverwaltung* ‖ **Hauswart:** *Hausbesorger* ‖ **Hauswartin** ‖ **Hauswesen** (veraltet): *Haushaltsführung* ‖ **Hauswirt** (veraltet): *Vermieter* ‖ **Hauswirtin** (veraltet) ‖ **Hauswirtschaft** ‖ **Hauswirtschaftsschule** (früher) ‖ **Hauswurst** ‖ **Hauswurz** die, -/-en: *eine Pflanze* ‖ **Hauszustellung**

Haut die, -/Häute: etwas geht unter die H. *(geht einem sehr nahe);* mit H. und Haar *(ganz und gar);* seine H. retten *(sich retten)* | (ugs.) aus der H. fahren *(sehr zornig werden);* auf der faulen H. liegen *(faulenzen)* ‖ **Hautabschürfung** ‖ **Hautarzt:** → *Dermatologe* ‖ **Hautärztin** ‖ **Hautausschlag** ‖ **Häutchen** das, -s/- ‖ **Hautcreme** [-kreːm] = Hautkrem, Hautkreme

Haute Couture [ot kuˈtyːr] die, - - ⟨fr.⟩ (wörtl.: hohe Schneiderkunst): *die tonangebende Mode*

häuteln sich (ugs.): ich häutle mich nach dem Sonnenbrand ‖ **häuten** sich: die Schlange häutet sich ‖ **hauteng:** *am Körper eng anliegend*

Hautevolee [otvɔ-] die, - ⟨fr.⟩: *die vornehme Gesellschaft*

Hautfarbe: dunkle H. ‖ **hautfarben** ‖ **Hautfetzen** ‖ **hautfreundlich:** eine hautfreundliche Creme ‖ **Hautkontakt:** *unmittelbare körperliche Berührung* ‖ **Hautkrankheit** ‖ **Hautkrebs** (Med.) ‖ **Hautkrem, Hautkreme** = → Hautcreme ‖ **Häutl** das, -s/-n (ugs.): *[Tier]haut; ein Stück Leder;* Rehhäutl ‖ **hautnah** ‖ **Hautpflege** ‖ **Hautpilz** (Med.) ‖ **hautschonend** ‖ **Hauttransplantation** [-tsi̯-] (Med.) ‖ **Hauttyp** [-yp]: ein dunkler H. ‖ **Häutung** die, -/-en

Havanna [-v-]: *Hauptstadt Kubas*

Havarie [-v-] die, -/-n [-ˈiː(ɛ)n] ⟨arab.-fr.-niederl.⟩: *Unfall mit einem Kfz; Unfallschaden* ‖ **Havariedienst:** *Kfz-Abschleppdienst* ‖ **havariert:** das Auto ist vorne h. *(unfallbeschädigt)*

Hawaii [-ˈvaɪ]: *eine Insel im Pazifik, Bundesstaat der USA* ‖ **hawaiianisch** ‖ **Hawaiiinseln** die (Pl.) ‖ **hawaiisch**

Haxe die, -/-n (südl. D, ugs., derb): *Haxen* ‖ **Haxen** der, -s/-, *auch:* die, -/- (ugs., derb): *Bein* | (ugs., sal.) sich die H. ausreißen *(sich für etwas bes. einsetzen)* ‖ **Haxl** das, -s/-n (ugs.): jemandem das/ein H. legen/stellen *(ein Bein stellen)*

Hazienda [-tsi̯-, auch: asi̯-] die, -/-s ⟨span.⟩: *Farm in Lateinamerika*

H. B. [ha ˈbeː]: die Evangelische Kirche H. B. (**H**elvetischen **B**ekenntnisses); → A. B.

HBLA [ha be ɛl ˈaː]: **H**öhere **B**undes-**L**ehr**a**nstalt; → BLA

H-Bombe [ˈhaː-]: *Wasserstoffbombe*

h. c. [ha ˈtseː]: **h**onoris **c**ausa

HD [ha ˈdeː] (EDV): **H**igh **D**ensity *(hohe Speicherkapazität [auf Disketten]);* → DD | **H**ard**d**isk

HDTV [ha de te ˈfaʊ] (Technol.): **H**igh **D**efinition **TV** *(hochauflösendes TV)*

H-Dur [ˈhaːˈduːə] (H): eine Tonart ‖ **H-Dur-Tonleiter** (Mus.)

he: *ein Zuruf*

He: Helium

Headhunter [ˈhedhʌn-] der, -s/- ⟨engl.⟩ (Wirt.): *jemand, der geeignete Führungskräfte sucht [und abwirbt]* ‖ **Headline** [-laɪn] die, -/-s: *Schlagzeile* ‖ **Headquarter** [-kwɔːtə] das, -s/-[s]: *Hauptsitz einer Firma oder Institution* ‖ **Headset:** *Freisprecheinrichtung für Mobiltelefone*

Heanz [ˈhɛənts] der, -en/-en = **Heanze,** -n/-n (B, mda., heute auch abw.): *Bewohner des mittleren und südlichen Burgenlands sowie der angrenzenden Steiermark* ‖ **heanzen** (ostöst., mda.): *spotten;* → ausheanzen ‖ **Heanzenland** (B, mda.): *[ein Gebiet im] Burgenland*

Hearing [ˈhɪər-] das, -s/-s ⟨engl.⟩: *eine Gelegenheit zur Meinungsäußerung [vor Regierung oder Parlament]; Anhörung*

heavy [ˈhevi] ⟨engl.⟩ (sal.) (Jug.): das war jetzt h. *(anstrengend, schwer)* ‖ **Heavy Metal** [ˈhevi ˈmetl] das, -s (Mus.): *ein Stil in der Rockmusik*

Hebamme die, -/-n: *ausgebildete geprüfte Geburtshelferin*

Hebebühne: *bewegliche Plattform* ‖ **Hebekran** ‖ **Hebel** der, -s/-: alle H. in Bewegung setzen *(alles Mögliche unternehmen);* Schalthebel | (Phys.) *ein um eine feste Achse drehbarer, starrer Körper* ‖ **Hebelarm:** *bestimmter Teil eines Hebels* ‖ **Hebelgesetz** (Phys.): *Gesetz der Hebelwirkung* ‖ **hebeln:** *mit einem Hebel bewegen* ‖ **Hebelwirkung** ‖ **heben,** hob/gehoben: den Sessel h.; die Augen h. *(aufblicken);* der Vorhang hebt sich *(geht in die Höhe, geht auf)* | das Image h. *(verbessern);* → gehoben

Hebräer der, -s/-: *Israelit; Jude* ‖ **Hebräerin** die, -/-innen ‖ **hebräisch:** die hebräische Schrift ‖ **Hebräisch** das, -[s] = **Hebräische,** -n: *die hebräische Sprache*

Hebung die, -/-en: die H. *(Erhöhung)* des Erdbodens | *betonte Silbe im Vers*

Hechel: *Flachskamm* ‖ **hecheln**[1]: Flachs h. *(kämmen)*

hecheln[2]: der Hund hechelt *(atmet rasch und stoßweise mit offenem Maul)*

Hecht der, -[e]s/-e: *ein Fisch;* der H. im Karpfenteich sein *(die tonangebende, dominierende Rolle spielen)* ‖ **hechten:** *einen Hechtsprung machen* ‖ **Hechtsprung:** *eine Turnübung, Kopfsprung ins Wasser*

Heck das, -[e]s/-e [-s]: *hinterster Teil eines Fahrzeugs;* → G.: Bug

Hecke die, -/-n: *Gebüsch [als Umzäunung]* ‖ **Heckenklescher** (ugs., abw.): *minderwertiger Wein* ‖ **Heckenrose** ‖ **Heckenschere** ‖ **Heckenschütze:** *jemand, der aus dem Hinterhalt schießt* ‖ **Heckenschützin**

hecklastig ‖ **Heckmotor** ‖ **Heckscheibe** ‖ **Heckspoiler** [-sp-]

Hederich der, -s: *ein Unkraut*

Hedonismus der, - ⟨gr.⟩: *Lehre, nach der das Glück in der Sinnenlust besteht* ‖ **Hedonist** der, -en/-en ‖ **Hedonistin** die, -/-innen ‖ **hedonistisch**

Hedschra die, - ⟨arab.⟩: *Beginn der islamischen Zeitrechnung (622 n. Chr.)*

Hedwig: *weibl. Vorname*

Heer das, -[e]s/-e: *die gesamten Streitkräfte eines Staates, Streitmacht;* Bundesheer | ein H. *(eine Unmenge)* von Ameisen ‖ **heeresgeschichtlich:** eine heeresgeschichtliche Sammlung; *aber:* das **H**eeresgeschichtliche Museum (in Wien) ‖ **Heereskommando** ‖ **Heeresreform** ‖ **Heerführer** ‖ **Heerführerin** ‖ **Heerlager** (früher) ‖ **Heerschar** (meist Pl.): *Truppe* | Heerscharen *(Unmengen)* von Touristen ‖ **Heerschau** (geh.): *Truppenparade*

Hefe die, -/-n: *Germ*

Hefen → Häfen[1] ‖ **Heferl** → Häferl ‖ **Heferlgucker** → Häferlgucker ‖ **Heferlguckerin** → Häferlguckerin ‖ **Heferlkaffee** → Häferlkaffee

Hefepilz ‖ **Hefeteig:** *Germteig* ‖ **Hefezopf:** *ein Striezel*

Heft[1] das, -[e]s/-e (geh.): das H. *(der Griff)* des Messers | (ohne Pl.) das H. in der Hand haben *(die Führung innehaben)*

Heft[2] das, -[e]s/-e: aus dem H. eine Seite herausreißen ‖ **heften:** *mit Heftwolle und großen Stichen nähen;* einen Saum h. | (geh.) sich an jemandes Fersen h. *(ihm folgen)* ‖ **Heftfaden** ‖ **Hefter** der, -s/-: *Schnellhefter*

heftig: ein heftiger *(starker)* Wind ‖ **Heftigkeit** die, -

Heftklammer ‖ **Heftl** das, -s/-[n] (ugs.): *Heft* | (oft abw.) *Comic* ‖ **Heftmaschine** ‖ **Heftnaht** ‖ **Heftpflaster:** *ein selbstklebendes Pflaster für kleine Verletzungen* ‖ **Heftwolle:** *leicht reißbares Garn*

Hege die, -: *Pflege von Pflanzen und Tieren;* → hegen

Hegemonie die, -/-n ⟨gr.⟩: *Vorherrschaft [eines Staates]* ‖ **hegemonisch**

hegen: das Wild h. *(pflegen);* h. und pflegen | (geh.) keinen Groll h. *(haben);* ein lang gehegter (= langgehegter) Wunsch ‖ **Heger** der, -s/-: *Waldaufseher* ‖ **Hegerin** die, -/-innen

Hehl (geh.) (nur in der Wendung): kein[en] H. *(kein Geheimnis)* aus etwas machen ‖ **hehlen** ‖ **Hehler** der, -s/-: *Mitwisser, Nutznießer [eines Diebstahls]* ‖ **Hehlerei** die, -/-en: *Handel mit Diebsgut* ‖ **Hehlerin** die, -/-innen

hehr (geh., veraltet): ein hehrer *(feierlicher, erhabener)* Anblick

hei: *freudiger Ausruf*

heia (Kinderspr.): h. machen *(schlafen);* h. gehen ‖ **Heiabett** (Kinderspr.): *Bett*

Heide[1] = Heidi: *weibl. Vorname;* → Adelheid

Heide[2] der, -n/-n: *Angehöriger einer nicht monotheistischen Religion* | (oft abw.) *Ungläubiger, Glaubensloser*

Heide[3] die, -/-n: *Heidelandschaft* | (Bot.) *eine Pflanze* ‖ **Heidekraut:** *ein Strauch, Erika*

Heidelbeere: *Schwarzbeere, Blaubeere, Moosbeere*

Heidemarie: *weibl. Vorname*

Heiden der, -s (ostöst., südöst.): *Buchweizen*

Heidenangst die, - (ugs.): *sehr große Angst*

Heidenbrein (ostöst., südöst.): *Brei aus Buchweizen*

Heidengeld (ugs.): das kostet ein H. *(sehr viel Geld)* ‖ **Heidenlärm** (ugs.): *sehr starker Lärm*

Heidenmehl (ostöst., südöst.): *Mehl aus Heiden*

Heidenreichstein: *Stadt in Niederösterreich*

Heidensterz (ostöst., südöst.): *Sterz aus Heiden*

Heidentum das, -s; → Heide[2]

Heidi = → Heide[1]

Heidin die, -/-innen; → Heide[2] ‖ **heidnisch:** heidnische Gebräuche

Heidrun: *weibl. Vorname*

Heiduck der, -en/-en ⟨ung.⟩ (früher): *ungarischer Söldner; Freischärler* | *Diener ungarischer Adeliger*

heikel: sie ist beim Essen h. *(wählerisch)* | eine heikle *(schwierige, unangenehme)* Situation ‖ **heiklig** (ugs.): *heikel*

heil: h. *(unverletzt)* davonkommen; die heile Welt *(Welt, in der alles in Ordnung ist)* ‖ **Heil** das, -[e]s: H. bringen; → Heil bringend = heilbringend | (veraltet) „H. *(Glück)* dir!" ‖ **Heiland** der, -[e]s: *der Erlöser Jesus Christus* ‖ **Heilanstalt** ‖ **Heilbad:** *Thermalbad* ‖ **heilbar:** eine heilbare Krankheit ‖ **Heilbehelf** ‖ **Heil bringend** = **heilbringend:** H. bringende Wirkung ‖ **Heilbringer** der, -s/- ‖ **Heilbringerin** die, -/-innen

Heilbutt der, -[e]s/-e: *ein Fisch*

heile (V): *ein Gruß* ‖ **heilen:** die Wunde heilte schnell ‖ **Heiler** der, -s/-: *Wunderheiler* ‖ **Heilerin** die, -/-innen ‖ **Heilfasten** das, -s ‖ **heilfroh:** *sehr froh* ‖ **Heilgymnastik** [-gy-]

heilig (hl.):
göttlich vollkommen | (ugs.) alle heiligen Zeiten *(sehr selten)*

Kleinschreibung:
- der heilige Petrus
- die heilige Messe
- das heilige Abendmahl
- der heilige (*auch:* Heilige) Krieg *(Dschihad)*

Großschreibung in bestimmten Eigennamen, besonderen Kalendertagen und Titeln:
- der **H**eilige Abend *(Weihnachtsabend)*
- die **H**eiligen Drei Könige
- das **H**eilige Land *(Palästina)*
- die **H**eilige Schrift *(Bibel)*
- der **H**eilige Geist
- die **H**eilige Familie *(Jesus, Maria und Josef)*
- der **H**eilige Vater *(der Papst)*

Zusammenschreibung bei übertragener Bedeutung:
- den Feiertag heilighalten *(achten)*
- heiligsprechen

Heilige[1] der, -n/-n, ein Heiliger ‖ **Heilige**[2] die, -n/-n ‖ **heiligen:** *verehrenswürdig machen; heilighalten;* den Feiertag h. ‖ **Heiligenbild** ‖ **Heiligenlegende** ‖ **Heiligenschein** ‖ **Heiligenver-**

ehrung ‖ **heilighalten:** den Feiertag h. *(achten)* ‖ **Heiligkeit** die, -: „Eure Heiligkeit!" *(Anrede für den Papst);* Seine H. ‖ **heiligsprechen** (kath.): der Märtyrer wurde heiliggesprochen ‖ **Heiligsprechung** die, -/-en ‖ **Heiligtum** das, -[e]s/-tümer

Heilkraft ‖ **heilkundig** ‖ **heillos:** ein heilloses *(schreckliches)* Durcheinander ‖ **Heilmittel** ‖ **Heilpflanze** ‖ **Heilpraktiker:** *Heilkundiger ohne wissenschaftliche Ausbildung* ‖ **Heilpraktikerin** ‖ **Heilquelle** ‖ **heilsam:** eine heilsame *(lehrreiche, nützliche)* Erfahrung ‖ **Heilsarmee:** *eine internationale christliche karitative Organisation* ‖ **Heilsbotschaft** (Rel.): *Evangelium* ‖ **Heilschlaf** (Med.) ‖ **Heilsfront** → islamisch ‖ **Heilslehre** (Rel.): *Heilsbotschaft* ‖ **Heilung** die, -/-en ‖ **Heilungsprozess** ‖ **Heilwasser:** *heilkräftiges Wasser [einer Heilquelle]*

Heim das, -[e]s/-e: ein H. für Pflegebedürftige | *das Zuhause* ‖ **Heimarbeit:** *manuelle Tätigkeit, die in der eigenen Wohnung verrichtet wird* ‖ **Heimat** die, -: die H. verlassen ‖ **Heimatdorf** ‖ **Heimatferne**[1] der, -n/-n, ein Heimatferner (SüdT): *Auslandssüdtiroler* ‖ **Heimatferne**[2] die, -n/-n (SüdT) ‖ **Heimatfilm:** *Spielfilm, in dem Landleben und Landschaft im Vordergrund stehen* ‖ **Heimatgemeinde** ‖ **Heimatkunde:** *[Vermittlung von] Wissen über Geschichte, Wirtschaft, Bevölkerung usw. der engeren Heimat* ‖ **heimatkundlich** ‖ **Heimatland** ‖ **heimatlich** ‖ **heimatlos** ‖ **Heimatlosigkeit** die, - ‖ **Heimatmuseum** ‖ **Heimatort** ‖ **Heimatstadt** ‖ **heimatvertrieben** ‖ **Heimatvertriebene**[1] der, -n/-n, ein Heimatvertriebener ‖ **Heimatvertriebene**[2] die, -n/-n ‖ **heimbegleiten** ‖ **heimbringen** ‖ **Heimchen** das, -s/-: *Hausgrille* | (abw.) *Hausmütterchen;* H. am Herd ‖ **heimdürfen** ‖ **heimelig:** *anheimelnd, gemütlich* ‖ **Heimerzieher** ‖ **Heimerzieherin** ‖ **Heimerziehung** ‖ **heimfahren** ‖ **Heimfahrt** ‖ **Heimfall** (Jus): *Zurückfall eines Erbes an den Staat* ‖ **heimfallen** (Jus) ‖ **Heimfallsrecht** (Jus): *gesetzliches Erbrecht des Staates, wenn keine Erben den Nachlass antreten* ‖ **heimfinden:** im Dunkeln nicht h. ‖ **heimfliegen** ‖ **heimführen** ‖ **Heimgang:** *Heimweg* | (geh.) *Tod* ‖ **heimgehen:** ich gehe heim ‖ **heimgeschädigt:** *durch das Leben in einem Heim seelisch geschädigt* ‖ **Heimhilfe:** *Helfer[in] für hilfsbedürftige Personen* ‖ **heimholen** ‖ **heimisch:** sich h. *(wie zu Hause)* fühlen; heimische *(inländische)* Erzeugnisse ‖ **Heimkehr** die, - ‖ **heimkehren** ‖ **Heimkehrer** der, -s/- ‖ **Heimkehrerin** die, -/-innen ‖ **Heimkind** ‖ **heimkommen** ‖ **heimkönnen** ‖ **Heimkunft** die, -: *Heimkehr* ‖ **Heimleiter** ‖ **Heimleiterin** ‖ **heimleuchten** (ugs.): dem werd ich h.! *(ich werde ihn grob abfertigen)* ‖ **heimlich:** etwas h. *(im Geheimen)* tun; *aber:* → heimlichtun ‖ **heimlichtun:** *geheimnisvoll tun; aber:* etwas heimlich *(im Geheimen)* tun ‖ **Heimlichkeit** die, -/-en ‖ **Heimlichtuerei** die, -/-en ‖ **heimmüssen** ‖ **Heimniederlage** (Sport) → G.: Auswärtsniederlage

Heimo: *männl. Vorname*

Heimpflege ‖ **Heimreise** ‖ **heimreisen** ‖ **heimschicken** ‖ **Heimschlappe** (Sport): *(hohe) Niederlage bei einem Fußballspiel vor heimischem Publikum* ‖ **Heimsieg** (Sport) ‖ **Heimspiel** (Sport): *ein vor heimischem Publikum ausgetragener Wettkampf* ‖ **Heimstatt** die, - = **Heimstätte** die, -: eine neue H. finden ‖ **heimsuchen:** vom Unglück heimgesucht *(verfolgt)* werden | (reg.) die Verwandten h. *(besuchen)* ‖ **Heimsuchung** die, -/-en: *Schicksalsschlag* ‖ **Heimtrainer** [-tre:nə]: *Fitnessgerät für die Wohnung; Hometrainer* ‖ **heimtrauen** sich ‖ **Heimtücke** die, - ‖ **heimtückisch:** ein heimtückischer *(hinterhältiger)* Raubüberfall ‖ **Heimvorteil** (Sport): *Vorteil einer Mannschaft, vor eigenem Publikum und in vertrauter Umgebung zu spielen* ‖ **heimwärts:** h. ziehen ‖ **Heimweg** ‖ **Heimweh** → G.: Fernweh ‖ **Heimwehr** die, - (Gesch.): *militärisch organisierte bewaffnete Vereinigung in der Zwischenkriegszeit in Österreich, die die Errichtung des Ständestaates mitvollzogen hat;* → Schutzbund ‖ **Heimwerker** der, -s/-: *Laie, der für den Eigenbedarf [Möbel] baut* ‖ **Heimwerkerin** die, -/-innen ‖ **heimwollen** ‖ **heimzahlen** (ugs.): *übel vergelten* ‖ **heimziehen** ‖ **heimzu:** *heimwärts, nach Hause*

heindln → häundeln ‖ **Heindl** → Häunl

Heinrich: *männl. Vorname;* → Heinz ‖ **Heinz:** *männl. Vorname (Heinrich)*

Heinze die, -/-n (westöst.): *Gestell zum Heutrocknen* ‖ **Heinzelbank** die, -/-bänke: *eine Art Werkbank mit Klemmvorrichtung zur Holzbearbeitung*

Heinzelmännchen: *eine hilfreiche Märchengestalt, Zwerg* | *heimlich helfender Mensch*

Heirat die, -/-en ‖ **heiraten:** die große Liebe h. ‖ **Heiratsabsicht** (meist Pl.) ‖ **Heiratsannonce** [-anõ:s(ɛ)] ‖ **Heiratsantrag** ‖ **Heiratsausstattung** ‖ **heiratsfähig** ‖ **Heiratsgut:** *in die Ehe mitgebrachter Besitz* ‖ **Heiratsschwindel:** *Vortäuschung der Absicht zu heiraten* ‖ **Heiratsschwindler** ‖ **Heiratsschwindlerin** ‖ **Heiratsurkunde** ‖ **Heiratsvermittlung** ‖ **heiratswillig**

Heischebrauch: *Volksbrauch, bei dem um Spenden gebeten wird* ‖ **heischen,** du heisch[s]t (geh.): Einlass h. *(fordern)*

heiser: eine heisere Stimme ‖ **Heiserkeit** die, -

> **heiß**
> eine heiße *(Erfolg versprechende)* Spur
>
> **Getrenntschreibung:**
> – jemanden heiß begehren/heiß lieben
> – der Motor hat sich heiß gelaufen
>
> **Getrennt- und Zusammenschreibung mit adjektivisch gebrauchten Partizipien:**
> – heiß begehrt = heißbegehrt
> – die heiß geliebte (= heißgeliebte) Tochter
> – heiß umstrittene (= heißumstrittene) Fragen
>
> **Zusammenschreibung bei übertragener Bedeutung:**
> – jemandem die Hölle heißmachen; *aber getrennt und zusammen:* das Essen heiß machen (= heißmachen)
> – sich die Köpfe heißreden

heißa (geh.): *ein Ausruf*

heiß begehrt = **heißbegehrt** ‖

heißblütig: *leicht erregbar, leidenschaftlich*
heißen, du heißt/hieß/geheißen: das heißt (d. h., dh.); es heißt *(man sagt),* sie sei krank; jetzt heißt es *(muss man)* still sein | (geh.) jemanden einen Narren h. *(nennen);* jemanden gehen h. *(jemandem zu gehen befehlen)* | (ugs.) nichts h. *(nicht viel wert sein)*
heiß geliebt = **heißgeliebt** || **Heißhunger** || **heißhungrig** || **Heißluft:** Kranke mit H. behandeln | die H. im Backrohr einschalten || **Heißluftballon** || **heißmachen:** jemandem die Hölle h. *(ihm zusetzen); aber:* das Essen heiß machen (= heißmachen) || **heißreden:** sich die Köpfe h. *(sich beim Reden innerlich aufregen)* || **Heißsporn** der, -[e]s/-e: *jähzorniger Mensch; Draufgänger* || **heißspornig** || **heiß umstritten** = **heißumstritten:** *heftig umstritten* || **Heißwasserbereitung** || **Heißwasserspeicher**
heiter: eine heitere *(fröhliche)* Stimmung; heiteres *(klares)* Wetter || **Heiterkeit** die, -
Heizanlage || **heizbar** || **Heizdecke** || **heizen,** du heizt || **Heizer** der, -s/- || **Heizerin** die, -/-innen || **Heizgerät** || **Heizkessel** || **Heizkörper** || **Heizkosten** die (Pl.) || **Heizlüfter** || **Heizmaterial** || **Heizöl** || **Heizsonne:** *ein Heizgerät* || **Heizstrahler:** *ein elektrischer Heizkörper* || **Heizung** die, -/-en || **Heizungsrohr** || **Heizwert:** *Energie, die bei vollständiger Verbrennung eines Brennstoffes frei wird*
Hekatombe die, -/-n (meist Pl.) ⟨gr.⟩ (geh.): *Unmenge;* Hekatomben an Toten
Hektar [auch: -'a:r] das, -s/-e ⟨gr.+lat.-fr.⟩ (ha): *ein Flächenmaß für Grund und Boden, 100 Ar bzw. 10 000 m^2* | (in Mengenangaben mit Pl. Hektar) zehn Hektar (10 ha) || **Hektarertrag:** *Ertrag [an Weizen] je Hektar*
Hektik die, - ⟨gr.⟩: *übersteigerte Betriebsamkeit, fieberhafte Eile* || **Hektiker** der, -s/- || **Hektikerin** die, -/-innen || **hektisch**
Hekto- ⟨gr.⟩ (nur in Zusammensetzungen wie zB Hektoliter) || **hektografieren** = **hektographieren** [-f-] (früher): Texte h. *(auf eine bestimmte Art vervielfältigen)* || **Hektoliter** (hl): *100 Liter* || **Hektopascal** [-k-] (hPA): *100 Pascal*
Hektor der, -s/-s: *Gerät zur Reinigung von Abflüssen, Saugpumpe*
Held der, -en/-en: spiel nicht den Helden! *(täusch nicht Furchtlosigkeit vor!; prahle nicht!)* || **Heldendenkmal:** *Denkmal für die gefallenen Soldaten [des Ortes]* || **Heldendichtung** (Lit.) || **Heldenepos** (Lit.) || **heldenhaft** || **Heldenkult** || **Heldenlied** (Lit.) || **Heldenmut** || **heldenmütig** (geh.) || **Heldensage** (Lit.) || **Heldentat** || **Heldentenor** (Mus.): *ein Rollenfach in der Oper* || **Heldentum** das, -s || **Heldin** die, -/-innen || **heldisch** (geh.): *heldenhaft*
Helene, *auch:* Helena ['he(:)-], Helen: *weibl. Vorname;* → Ilona; → Heli; → Helli; → Leni
helfen, ich helfe, du hilfst/half/geholfen/hilf!, helft!: Hungernden h.; ihm war nicht mehr zu h. *(er ist gestorben);* dir ist nicht zu h. *(du nimmst keinen Rat an);* die Salbe hilft gegen Bluterguss *(lindert ihn)* | (ugs.) zu jemandem h. *(halten)* || **Helfer** der, -s/- || **Helferin** die, -/-innen || **Helfershelfer:** *Komplize, Mitschuldiger* || **Helfershelferin** || **helfgott:** *ein Zuruf beim Niesen, Gesundheit!;* h. (= Helfgott) sagen
Helga: *weibl. Vorname*
Heli = Helli: *weibl. und männl. Vorname (Helene, Helmut)*
Helikon das, -s/-s ⟨gr.⟩: *ein tiefes Blechblasinstrument* || **Helikopter** der, -s/-: *Hubschrauber* || **Helikopterskiing** das, -s ⟨engl.⟩: *Skilaufen mit Hubschrauber als Aufstiegshilfe*
Helios: *griechischer Sonnengott* || **heliozentrisch:** das heliozentrische *(auf die Sonne als Mittelpunkt bezogene)* Weltsystem; → geozentrisch
Helium das, -s ⟨gr.⟩ (Zeichen: He): *ein chemisches Element*
Helix die, -/Helices [-ts-] ⟨gr.⟩ (Chem.): *Spiralstruktur der Moleküle*
hell: ein helles *(lichtes)* Zimmer; hell leuchten/strahlen; hell leuchtend (= hellleuchtend); hell strahlend (= hellstrahlend) | eine helle *(hohe; klare)* Stimme | ein heller *(kluger)* Kopf
Hellas: *das alte Griechenland;* → Hellene
hellauf: h. lachen; h. begeistert sein || **hellblau** || **hellblond**
Hellbrunn: *ein Schloss bei Salzburg*
Helle die, - (geh.): *Helligkeit*
Hellebarde die, -/-n: *eine mittelalterliche Hieb- und Stoßwaffe*
Hellene der, -n/-n: *Grieche, bes. des Altertums;* → Hellas || **Hellenin** die, -/-innen || **hellenisch** || **hellenisieren:** *nach (antikem) griechischem Vorbild formen* || **Hellenismus** der, -: *Kulturepoche in der Antike*
Heller der, -s/-: *eine Geldeinheit (in Österreich 1892–1924)*
hellgelb || **hellgrau** || **hellgrün** || **hellhaarig** || **hellhäutig** || **hellhörig:** h. werden
Helli = → Heli
Helligkeit die, - || **Helligkeitsregler:** *Dimmer* || **hell leuchtend** = **hellleuchtend** || **helllicht:** am helllichten Tag
Hellmuth → Helmut
hellrot || **hellsehen:** *die Zukunft vorhersehen; Verborgenes sehen* || **Hellseher** || **Hellseherin** || **hellseherisch** || **hellsichtig:** *klar denkend* || **hell strahlend** = **hellstrahlend** || **hellwach**
Helm der, -[e]s/-e: *Sturzhelm, Stahlhelm, Schutzhelm* | (Arch.) *Turmhelm*
Helmut, *auch:* **Helmuth,** Hellmuth: *männl. Vorname;* → Heli; → Helli
Helot der, -en/-en = **Helote,** -n/-n ⟨gr.⟩: *Staatssklave im antiken Sparta*
Helpdesk der (*auch:* das), -s/-s ⟨engl.⟩: *telefonischer Informationsdienst*
Helsinki: *Hauptstadt Finnlands*
Helvetia [-'ve:ts-] = **Helvetien:** *lateinischer Name für die Schweiz* || **helvetisch:** *schweizerisch* || **Helvetische Bekenntnis** das, -n -nisses: *das Glaubensbekenntnis der evangelisch-reformierten Kirche;* → H. B. || **Helvetismus** [-v-] der, -/Helvetismen: *sprachliche Besonderheit im Schweizerdeutschen;* → Austriazismus; → Teutonismus; → Germanismus
Hemd das, -[e]s/-en || **Hemdärmel,** *auch:* Hemdsärmel || **hemdärmelig,** *auch:* hemdärmlig, hemdsärmelig, hemdsärmlig: *in Hemdärmeln* | *ungezwungen, unbekümmert derb* || **Hemdbluse** || **Hemdknopf** || **Hemdkragen** || **Hemdsärmel** → Hemdärmel || **hemdsärmelig** = **hemdsärmlig** → hemdärmelig

H

He|mi|sphä|re [-f-] ⟨gr.⟩: *Halbkugel;* die westliche H. der Erde
hem|men: den Lauf h. *(verlangsamen);* → gehemmt ‖ **Hemm|nis** das, -nisses/-nisse ‖ **Hemm|schuh:** *eine Bremshilfe, Keil* | *Behinderung;* das Gesetz wurde zum H. der Konjunktur ‖ **Hemm|schwel|le** (Psych.): Alkohol senkt die H. *(psychische Hemmung)* für Gewalt ‖ **Hem|mung** die, -/-en: keine Hemmungen haben ‖ **hem|mungs|los:** *ohne Zurückhaltung*
Hen|derl das, -s/-[n]: *Hendl* ‖ **Hendl** das, -s/-n: *Huhn;* das H. panieren; Backhendl ‖ **Hendl|jun|ge** das, -n (Küchenspr.): *Magen, Herz, Hals des Huhns [als Speise]*

H

Hengst der, -[e]s/-e: *männliches Pferd;* → Stute
Hen|kel der, -s/-: ein Gefäß mit zwei Henkeln ‖ **Hen|kel|glas** ‖ **-hen|ke|lig** (nur in Zusammensetzungen wie zweihenkelig) ‖ **hen|kel|los**
hen|ken: *durch den Strang hinrichten;* → hängen ‖ **Hen|ker** der, -s/-: *Scharfrichter* ‖ **Hen|ke|rin** die, -/-innen ‖ **Hen|kers|mahl|zeit:** *letzte Mahlzeit*
Hen|na die, - = das, -s: *ein pflanzlicher Farbstoff*
Hen|ne die, -/-n: *weibl. Huhn* ‖ **Hen|ne|le** das, -s/- (V): *kleines Huhn, Brathuhn*
Hen|ri|et|te: *weibl. Vorname*
He|pa|ti|tis die, -/Hepatitiden ⟨gr.⟩ (Med.): *durch Viren hervorgerufene Leberentzündung*
her: her zu mir!; es ist schon lange her; damit ist es nicht weit her *(es ist nichts Besonderes);* → hin und her
he|r|ab: ihn von oben h. *(herablassend; hochmütig)* behandeln ‖ **he|r|ab|bli|cken** ‖ **he|r|ab|flie|ßen** ‖ **he|r|ab|hän|gen** ‖ **he|r|ab|las|sen**[1]: *herunterlassen* ‖ **he|r|ab|las|sen**[2] sich: *sich zu etwas unter dem eigenen Rang oder Niveau bereitfinden* ‖ **he|r|ab|las|send:** sich h. *(gönnerhaft)* benehmen ‖ **He|r|ab|las|sung** die, - ‖ **he|r|ab|min|dern:** *vermindern* ‖ **he|r|ab|schau|en** ‖ **he|r|ab|schwe|ben** ‖ **he|r|ab|se|hen** ‖ **he|r|ab|sen|ken** ‖ **he|r|ab|set|zen:** *jemanden geringschätzig behandeln bzw. darstellen* ‖ **He|r|ab|set|zung** die, -/-en ‖ **he|r|ab|sin|ken** ‖ **he|r|ab|stür|zen** ‖ **he|r|ab|wür|di|gen:** *kränken; verletzend behandeln* ‖ **he|r|ab|zie|hen**

He|ra|k|les → Herkules
He|ra|k|lith das, -s (Artikel selten) (Wz.): *ein Baustoff [für Platten]*
He|ral|dik die, - ⟨germ.-lat.-fr.⟩: *Wappenkunde* | *Fahnenkunde* ‖ **He|ral|di|ker** der, -s/- ‖ **He|ral|di|ke|rin** die, -/-innen ‖ **he|ral|disch**
he|r|an ‖ **he|r|an|ar|bei|ten** sich ‖ **he|r|an|bil|den:** *schulen* ‖ **He|r|an|bil|dung:** die H. *(Ausbildung)* von Wissenschaftlerinnen ‖ **he|r|an|brin|gen** ‖ **he|r|an|dür|fen** ‖ **he|r|an|fah|ren** ‖ **he|r|an|füh|ren** ‖ **he|r|an|ge|hen:** an die Sache h. *(sich ihr zuwenden)* ‖ **he|r|an|kom|men:** an ihn ist nicht heranzukommen *(er ist unzugänglich)* ‖ **he|r|an|las|sen** ‖ **he|r|an|ma|chen** sich: sich an jemanden h. *(sich jemandem in bestimmter Absicht nähern)* ‖ **he|r|an|na|hen** (geh.): *sich nähern* ‖ **he|r|an|neh|men** ‖ **he|r|an|pir|schen** sich: *sich heranschleichen* ‖ **he|r|an|rei|chen** ‖ **he|r|an|rei|fen** ‖ **he|r|an|rü|cken** ‖ **he|r|an|schaf|fen** ‖ **he|r|an|schlei|chen** ‖ **he|r|an|schlep|pen** ‖ **he|r|an|ste|hen:** *bevorstehen, anstehen* ‖ **he|r|an|tas|ten** ‖ **he|r|an|tra|gen** ‖ **he|r|an|trau|en** sich ‖ **he|r|an|tre|ten:** an jemanden mit einer Bitte h. ‖ **he|r|an|wach|sen** [-ks-]: die Kinder wachsen heran ‖ **He|r|an|wach|sen|de**[1] der, -n/-n, ein Heranwachsender ‖ **He|r|an|wach|sen|de**[2] die, -n/-n ‖ **he|r|an|wa|gen** sich ‖ **he|r|an|zie|hen:** jemanden zur Beratung h.
he|r|auf ‖ **he|r|auf|be|schwö|ren:** einen Streit h. *(ihn [absichtlich] hervorrufen)* ‖ **he|r|auf|bit|ten:** in den oberen Stock h. *(einladen)* ‖ **he|r|auf|brin|gen** ‖ **he|r|auf|däm|mern** (geh.): der Morgen dämmert herauf *(bricht an)* ‖ **he|r|auf|ge|hen** ‖ **he|r|auf|klet|tern** ‖ **he|r|auf|kom|men** ‖ **he|r|auf|las|sen** ‖ **he|r|auf|rei|chen:** den Kübel h. | die Leiter reicht bis zum Fenster herauf ‖ **he|r|auf|schaf|fen** ‖ **he|r|auf|schie|ßen:** das Öl schießt herauf *(an die Erdoberfläche)* ‖ **he|r|auf|se|hen** ‖ **he|r|auf|set|zen:** die Preise/Mieten h. *(erhöhen, anheben)* ‖ **he|r|auf|stei|gen:** vom Tal auf den Berg h. | (geh.) die Dämmerung steigt herauf ‖ **he|r|auf|wa|gen** sich ‖ **he|r|auf|zie|hen:** ein Gewitter/Unheil zieht herauf | vom Erdgeschoß in den 3. Stock h.
he|r|aus: h. aus den Betten! ‖ **he|r|aus|ar|bei|ten:** sich aus dem Schnee h. *(sich bemühen, an die Oberfläche zu kommen)* | einige Schwerpunkte h. ‖ **he|r|aus|ba|cken:** Paniertes in Fett schnell h. ‖ **he|r|aus|be|för|dern** ‖ **he|r|aus|be|glei|ten** ‖ **he|r|aus|be|kom|men:** Flecken aus der Wäsche h. | beim Zahlen 2 Euro h. *(zurückbekommen)* | *herausfinden* ‖ **he|r|aus|beu|gen** ‖ **he|r|aus|bil|den** sich: *sich [aus etwas] entwickeln* ‖ **He|r|aus|bil|dung** die, -/-en ‖ **he|r|aus|brin|gen:** es war aus ihm kein Wort herauszubringen *(er verriet nichts; er brachte [vor Aufregung] kein Wort hervor)* ‖ **he|r|aus|dre|hen** ‖ **he|r|aus|ei|len** ‖ **he|r|aus|fil|tern** ‖ **he|r|aus|fin|den:** den Zweck seines Besuchs durch Nachforschen h. | aus der Stadt wieder h. ‖ **He|r|aus|for|de|rer** der, -s/- ‖ **He|r|aus|for|de|rin** die, -/-innen ‖ **he|r|aus|for|dern:** den Gegner h. *(zum Kampf fordern)* | einen Streit h. *(provozieren);* die Konkurrentin herausfordernd anschauen ‖ **He|r|aus|for|de|rung** ‖ **he|r|aus|füh|ren** ‖ **he|r|aus|ge|ben:** Wechselgeld h. | ein Buch h. *(es erscheinen lassen);* → hg.; → hrsg. ‖ **He|r|aus|ge|ber** der, -s/- (Hg., Hrsg.): der H. eines Buches/einer Zeitung ‖ **He|r|aus|ge|be|rin** die, -/-innen (Hg., Hrsg.) ‖ **he|r|aus|ge|hen:** sie ging nicht aus sich heraus *(blieb zurückhaltend, verschlossen)* ‖ **he|r|aus|gu|cken** ‖ **he|r|aus|hal|ten:** den Kopf beim Fenster h. | sich aus einer Sache h. *(sich nicht einmischen)* ‖ **he|r|aus|hän|gen**[1]: ihm hing das Hemd aus der Hose heraus; ihr hängt die Zunge heraus *(sie ist [vom Laufen] überanstrengt);* → hängen[1] ‖ **he|r|aus|hän|gen**[2]: sie hängte die Fahne heraus; → hängen[2] ‖ **he|r|aus|hau|en** (ugs.): *aus der Gefahr befreien* ‖ **he|r|aus|he|ben** ‖ **he|r|aus|hel|fen** ‖ **he|r|aus|ho|len:** die Bergleute aus dem Stollen h. | das Maximum aus der Batterie h. *(die maximale Leistung nutzen)* ‖ **he|r|aus|keh|ren:** sie kehrt die Vorgesetzte heraus *(betont ihre Vorrangstellung)* ‖ **he|r|aus|klet|tern** ‖ **he|r|aus|kom|men:** aus dem Staunen nicht h. | das kommt aufs Gleiche heraus *(macht keinen Unterschied);* → hinauskommen ‖ **he|r|aus|kön|nen** ‖ **he|r|aus|krie|gen:** *herausbekommen* ‖ **he|r|aus|kris|tal|li|sie|ren** ‖ **he|r|aus|las|sen** ‖ **her-**

ausläuten: den Hausbesorger h. ‖ **herauslehnen** ‖ **herauslesen** ‖ **herauslocken** ‖ **herausmüssen** ‖ **herausnehmen:** er nahm sich zu viel heraus *(er benahm sich ungebührlich)* ‖ **herausplatzen:** mit dem Lachen h. ‖ **herauspressen** ‖ **herausputzen:** *schmücken, aufputzen* ‖ **herausragen** ‖ **herausreden** sich: sich aus einer unangenehmen Situation h. ‖ **herausreißen:** Unkraut h. | (ugs.) dein Ratschlag hat mich herausgerissen *(aus den Schwierigkeiten gebracht)* ‖ **herausrücken:** *ein Stück nach außen rücken [um Platz zu machen]* | mit der Wahrheit h. *(die Wahrheit sagen)* ‖ **herausschaffen** ‖ **herausschälen** ‖ **herausschauen:** aus dem Fenster h. | (ugs.) dabei schaut nichts heraus *(es lohnt sich nicht)* ‖ **herausschinden:** *herausschlagen* ‖ **herausschlagen:** einen Vorteil h. ‖ **herausschleudern** ‖ **herausschmecken** ‖ **herausschmeißen:** etwas beim Fenster h. ‖ **herausschmuggeln** ‖ **herausschneiden** ‖ **herausschrauben** ‖ **herausschreien:** etwas beim Fenster h. | *sich im Unterricht melden ohne aufzuzeigen* ‖ **heraussehen:** aus dem Fenster h. | sich nicht mehr h. *(den Mut verlieren, keinen Ausweg mehr kennen)*

heraußen: h. *(zB hier im Freien)* sitzen | (ugs.) er hat den Trick h. *(verstanden)*

herausspringen: aus dem Käfig h. | (sal.) dabei wird kaum etwas h. *(man wird dabei keinen Gewinn erzielen)* ‖ **herausstechen:** durch seine Farbe h. *(sich deutlich abheben)* ‖ **herausstellen:** das Bier aus dem Kühlschrank h. | seine Unschuld hat sich herausgestellt *(erwiesen)* ‖ **herausstreichen:** eine Leistung h. *(hervorheben)* ‖ **herausstürmen** ‖ **herausstürzen** ‖ **heraussuchen** ‖ **heraustragen** ‖ **heraustreten** ‖ **heraustrommeln** ‖ **herauswachsen** [-ks-]: aus allen Kleidern h. ‖ **herauswagen** sich ‖ **herauswaschen** ‖ **herauswerfen** ‖ **herauswinden** ‖ **herauswinken** ‖ **herauswirtschaften:** einen Gewinn h. ‖ **herauswollen** ‖ **herausziehen**

herb: von herbem *(leicht bitterem)* Geschmack | (geh.) ein herbes *(bitteres)* Schicksal | ein herber *(strenger, kühler)* Charakter | herbe *(scharfe)* Kritik äußern

Herbarium das, -s/Herbarien [-ien] ⟨lat.⟩: *Sammlung gepresster/getrockneter Pflanzen*

herbei ‖ **herbeibringen** ‖ **herbeieilen** ‖ **herbeiführen:** einen Unfall h. *(verschulden)* ‖ **herbeiholen** ‖ **herbeikommen** ‖ **herbeilassen** sich: *erst nach längerem Sträuben etwas tun;* sich h. zu grüßen ‖ **herbeilaufen** ‖ **herbeireden:** ein Unglück h. ‖ **herbeirufen** ‖ **herbeischaffen** ‖ **herbeischleppen** ‖ **herbeisehnen:** die Ferien h. ‖ **herbeiströmen** ‖ **herbeiwinken** ‖ **herbeiwünschen:** ein Ende h. ‖ **herbeizaubern** ‖ **herbeiziehen:** diese Begründung ist an den Haaren herbeigezogen *(sehr weit hergeholt)* ‖ **herbeizitieren:** *jemanden kommen lassen, jemanden zu sich befehlen*

herbekommen ‖ **herbemühen:** sie hat sich herbemüht *(ist trotz schwieriger Umstände gekommen)* ‖ **herbeordern:** *herkommen lassen*

Herberge die, -/-n: *eine Unterkunft;* Jugendherberge ‖ **Herbergseltern** die (Pl.) ‖ **Herbergsmutter** ‖ **Herbergsvater**

Herbert: *männl. Vorname;* → Bertl

herbestellen: *kommen lassen*

herbitten

Herbizid das, -[e]s/-e ⟨lat.⟩: *Pflanzen tötendes chemisches Mittel*

herborgen: *verleihen*

herbringen: bitte bring mir das Buch her

Herbst der, -[e]s/-e: *eine Jahreszeit;* → Steirischer Herbst ‖ **Herbstbeginn** ‖ **Herbstblume** ‖ **herbsteln** = **herbsten:** es herbstelt/herbstet schon *(es wird Herbst)* ‖ **Herbstfarben** die (Pl.) ‖ **Herbstkleid** ‖ **Herbstlaub** ‖ **herbstlich** ‖ **Herbstmeister** (Sport) ‖ **Herbstmode** ‖ **Herbsttag** ‖ **Herbstzeitlose** die, -/-n: *eine giftige Blume*

herbsüß: ein herbsüßer Geschmack/Duft

Herd [geh.: -e:-] der, -[e]s/-e: hinter dem H. stehen *(kochen)* | (geh.) am eigenen H. *(daheim)* | (Med.) *Krankheitsherd*

Herde [geh.: -'e:-] die, -/-n: eine H. Elefanten ‖ **Herdenmensch** (abw.); → Herdentrieb ‖ **Herdentier** ‖ **Herdentrieb:** *Instinkt mancher Tierarten, in Herden zusammenzuleben* | (abw.) *Verlangen beim Menschen, sich einer Gruppe oder einem Führer anzuschließen*

Herdfeuer ‖ **Herdplatte**

herein: nur h.! *(bitte eintreten!)* ‖ **hereinbekommen:** ein neues Produkt h. *(angeliefert bekommen)* | *hereinbringen, wettmachen* ‖ **hereinbitten** ‖ **hereinbrechen** (geh.): die Nacht, das Unheil ist hereingebrochen *(gekommen)* ‖ **hereinbringen:** die Post h. | die Kosten wieder h. *(wettmachen)* ‖ **hereinfallen:** auf schöne Worte h. *(sie glauben und betrogen werden)* ‖ **hereinführen** ‖ **Hereingabe** (Sport): *Spiel des Balls zur Mitte* | (Amtsspr.) *Annahme* ‖ **hereingeben** ‖ **hereinhängen:** die Äste des Baumes hängen zum Fenster herein ‖ **hereinholen** ‖ **hereinkommen** ‖ **hereinlassen** ‖ **hereinlegen:** *grob täuschen* ‖ **hereinnehmen** ‖ **hereinplatzen** (ugs.): sie ist plötzlich hereingeplatzt *(unerwartet gekommen)* ‖ **hereinrasseln** (ugs.): *mit großem Lärm hereinkommen* ‖ **hereinreichen** ‖ **hereinschauen:** zum Fenster h. | *einen kurzen Besuch machen, vorbeischauen* ‖ **hereinschicken:** den nächsten Kandidaten h. ‖ **hereinschleichen** ‖ **hereinschmuggeln** ‖ **hereinschneien:** ins Zimmer h. | (sal.) der Besuch kam hereingeschneit *(unerwartet)* ‖ **hereinspazieren** ‖ **hereinstürzen** ‖ **hereintragen**

herfahren ‖ **Herfahrt**

herfallen: über jemanden/etwas h. *(sich auf jemanden/darauf stürzen)* | (reg.) *zu Boden stürzen*

herfinden

herführen

Hergang der, -[e]s: der H. *(Verlauf)* eines Ereignisses

hergeben: seine Ersparnisse h. | (abw.) sich zu einem Unfug h. | das Thema gibt nicht viel her *(ist nicht ergiebig)*

hergebracht: hergebrachte *(alte, überlieferte)* Bräuche; → althergebracht; → herbringen

hergehen: hinter jemandem h. | es ist hoch hergegangen *(es wurde fröhlich gefeiert)*

hergehören

Hergelaufene[1] der, -n/-n, ein Hergelaufener (abw.): *Person ungewisser, zweifelhafter Herkunft* ‖

Her|ge|lau|fe|ne[2] die, -n/-n (abw.)
her|ha|ben: wo hast du das her?
her|hal|ten: immer wieder h. müssen *(herangezogen, zur Verantwortung gezogen werden)*
her|ho|len: das ist weit hergeholt *(an den Haaren herbeigezogen)*
her|hö|ren
he|r|in: *herinnen*
He|ring der, -s/-e: *ein Fisch* | *Zeltpflock* || **He|rings|sa|lat** || **He|rings|schmaus**
he|r|in|nen: h. *(zB hier im Zimmer)* sitzen | die verlorene Zeit haben wir bald wieder h. *(wettgemacht)*
her|kom|men: „Komm her!" || **Her|kom|men** das, -s (geh.): nach altem H. *(Brauch)* || **her|kömm|lich:** *wie gewohnt*
Her|ku|les der, -/-lesse: *Mann mit Riesenkräften* | (ohne Pl.) *griechische Sagengestalt, Herakles* || **Her|ku|les|ar|beit** || **her|ku|lisch:** ein h. gebauter Mann
Her|kunft die, -: *Abstammung;* bäuerlicher H. sein || **Her|kunfts|be|zeich|nung:** *Angabe der Herkunft [auf Lebensmitteln]* || **Her|kunfts|land** || **Her|kunfts|spra|che** (Sprachwiss.): *die Sprachform, die jemand aus seiner Umgebung (Familie, Freunde, Milieu) mitbringt* | *Sprache, aus der ein Wort fremder Herkunft übernommen wurde*
her|lau|fen: hinter jemandem h.
her|le|gen: sich die Sachen h. *(bereitlegen)*
her|lei|hen: ein Buch h.
her|lei|ten: *ableiten;* aus dem Griechischen h.
Her|ma: *weibl. Vorname (Hermine)*
her|ma|chen sich: sich über die Arbeit h. *(zu arbeiten beginnen)*
Her|ma|gor (Kfz: HE): *Stadt in Kärnten*
Her|mann: *männl. Vorname*
Her|maph|ro|dit [-f-] der, -en/-en ⟨gr.⟩: *menschlicher Zwitter*
Her|me|lin[1] das, -s/-e: *ein Wiesel* || **Her|me|lin**[2] der, -s/-e: *ein Pelz*
Her|me|neu|tik die, - ⟨gr.⟩: *Kunst der Auslegung, Deutung [von Kunstwerken]* || **her|me|neu|tisch**
Her|mes: *griechischer Götterbote, Gott des Handels;* → Merkur
her|me|tisch ⟨gr.-lat.⟩: h. *(absolut dicht)* verschlossen || **her|me|ti|sie|ren:** *undurchlässig machen*
Her|mi|ne, *auch:* Hermi: *weibl. Vorname;* → Herma
her|müs|sen (ugs.): das muss sofort her!
her|nach: *nachher*
Her|nals: *17. Bezirk Wiens*
her|neh|men: dieses Unglück hat sie sehr hergenommen *(hat ihr körperlich und seelisch zugesetzt)*
her|nie|der (geh.): *herab, herunter* || **her|nie|der|fal|len** (geh.) || **her|nie|der|schwe|ben** (geh.) || **her|nie|der|stei|gen** (geh.)
he|r|o|ben: *hier oben* || **he|r|o|be|re** (ugs.): die heroberen Stockwerke
He|ro|en|kult ⟨gr.⟩: *Heldenkult;* → Heros
He|ro|in[1] das, -s ⟨gr.⟩: *ein Suchtgift*
He|ro|in[2] die, -/-innen ⟨gr.⟩ (geh.): *Heldin* | *Halbgöttin (in der griechischen Sage);* → Heros
he|ro|in|süch|tig ⟨gr.⟩
he|ro|isch ⟨gr.⟩: *heldenmütig;* → Heros || **he|ro|i|sie|ren:** *zum Helden machen, verherrlichen* || **He|ro|is|mus** der, -: *Heldentum*
He|rold der, -[e]s/-e ⟨gr.-fr.⟩ (früher): *Bote des Herrschers; Parlamentär; Ausrufer*
He|ros der, -/Heroen ⟨gr.⟩ (geh.): *Held* | *Halbgott (in der griechischen Sage);* → Heroin[2]; → heroisch
Her|pes der, - ⟨gr.-lat.⟩ (Med.): *Hauterkrankung, ausgelöst durch Viren*
Herr der, -n [geh. auch: -en]/-en: Herr (Hr.) Müller; meine Herren! *(Anrede; ein entrüsteter Ausruf)* | *Gebieter;* der H. des Hauses | eines Problems H. werden *(es überwinden)* | (geh.) aus aller Herren Länder[n] *(von überall her)* | (Rel.) Gott der H. || **Her|ren|abend:** *Treffen, Einladung nur für eine Männerrunde* || **Her|ren|aus|stat|ter:** *nobles Männermodengeschäft* || **Her|ren|be|glei|tung:** ich habe sie in H. gesehen || **Her|ren|be|kannt|schaft:** sie macht eine H. *(lernt einen Mann kennen)* || **Her|ren|be|klei|dung** || **Her|ren|be|such** || **Her|ren|fah|rer** (veraltet): *jemand, der sein Auto selbst lenkt* || **Her|ren|fahr|rad** || **Her|ren|fri|sör** = Herrenfriseur [-zøːɐ] || **Her|ren|haus:** *Gutshaus* | (im alten Österreich) *das Oberhaus im Reichsrat* | (früher) das niederösterreichische H. *(Sitz der Landesregierung)* in Wien || **Her|ren|hemd** || **Her|ren|kon|fek|ti|on** [-tsi̯-] || **her|ren|los:** ein herrenloser Hund || **Her|ren|mensch:** *sich überlegen fühlender Mensch* || **Her|ren|mo|de** || **Her|ren|pilz:** *Steinpilz* || **Her|ren|rei|ter:** *jemand, der sein Pferd selbst reitet* || **Her|ren|sat|tel:** *ein Reitsattel* || **Her|ren|schnitt:** *Herrenfrisur* || **Her|ren|spen|de:** *Ballspende für die Herren* || **Her|ren|toi|let|te** [-tọalɛt(ɛ)] || **Herr|gott** der, -s: *Gott* | *Kruzifix* || **Herr|gott|schnit|zer,** *auch:* *Herrgottsschnitzer: Bildschnitzer* || **Herr|gott|schnit|ze|rin,** *auch:* *Herrgottsschnitzerin* || **Herr|gotts|früh** (nur in der Wendung): in aller H. *(sehr früh am Morgen)* || **Herr|gotts|win|kel:** *Zimmerecke mit Kruzifix*
her|rich|ten: *in Stand setzen; zubereiten*
Her|rin die, -/-innen || **her|risch:** *stolz; rechthaberisch; befehlend*
herr|je: *Ausdruck des Bedauerns, ein Ausruf*
Herrl das, -s/-n: *Besitzer eines Hundes, Herrchen;* → Frauerl
herr|lich || **Herr|lich|keit** die, -
Herr|schaft die, -: die H. *(die Kontrolle)* über den Wagen verlieren | (früher) *die Eigentümer, Dienstgeber* || **Herr|schaf|ten** die (Pl.): *Damen und Herren in Gesellschaft* || **herr|schaft|lich** || **Herr|schafts|an|spruch** || **Herr|schafts|struk|tur** [-st-, -ʃt-] || **Herr|schafts|sys|tem** [-zy-] || **herr|schen,** du herrsch[s]t: es herrscht Stille || **Herr|scher** der, -s/- || **Herr|scher|ge|schlecht:** *Dynastie* || **Herr|scher|haus:** *Dynastie* || **Herr|sche|rin** die, -/-innen || **Herrsch|sucht** || **herrsch|süch|tig**
her|rüh|ren: das Leiden rührt von einem Unfall her *(hat darin seine Ursache)*
her|sa|gen: *aufsagen*
her|schau|en: alle schauen her | „Da schau her!" *(ein Ausruf des Erstaunens)*
her|schi|cken
her|schie|ben: ein Problem vor sich h.
her|se|hen
her|set|zen
her|stam|men: *abstammen*
her|stel|len: die Fabrik stellt Autoreifen her || **Her|stel|ler** || **Her|stel|le|rin** || **her|stellt** (Mil.): *Befehl zurückgenommen (beim Exerzieren)* || **Her|stel|lung** die, -: *Erzeugung* || **Her|stel|lungs|kos|ten** die (Pl.)
Her|ta, *auch:* Hertha: *weibl. Vorname*
Hertz das, -/- (Hz): *Maßeinheit der Frequenz, Schwingungen [des elektrischen Stroms oder eines*

Tons] in der Sekunde (nach dem deutschen Physiker Hertz)

herüben: *hier auf dieser Seite* || **herüber** || **herüberbefördern** || **herüberbitten** || **herüberbringen** || **herübere** (ugs.): das h. Ufer ansteuern || **herüberfahren** || **herübergehen** || **herübergrüßen** || **herüberhelfen** || **herüberholen** || **herüberkommen** || **herüberkönnen** || **herüberlassen** || **herüberlaufen** || **herüberlehnen** sich || **herübermüssen** || **herüberreichen:** das Salz h. || **herüberretten:** einen alten Brauch bis in die Gegenwart h. || **herüberrufen** || **herüberschwimmen** || **herüberspringen** || **herübersteigen** || **herüberwechseln** [-ks-] || **herüberwerfen** || **herüberwinken**

herụm: um den Tisch h. sitzen || **herụmärgern** sich || **herụmbalgen** || **herụmbasteln** || **herụmblicken** || **herụmbrodeln** (ugs.): *zögern, lange brauchen, herumtrödeln* || **herụmbrüllen** || **herụmdeuteln** (abw.) || **herụmdoktern** (ugs.): *herummurksen* || **herụmdrehen** || **herụmdrücken**[1]: an einer Wunde h. || **herụmdrücken**[2] sich: sich um etwas Unangenehmes h. *(ihm aus dem Weg gehen)* || **herụmdrucksen** (ugs.): *nicht offen, zögerlich reden* || **herụmfahren:** im Land h. || **herụmfuchteln** || **herụmführen** || **herụmfuhrwerken** (ugs.): *sich planlos betätigen* || **herụmfummeln:** *in lästiger Weise herumhantieren* || **herụmgeheimnissen** (ugs.): *geheimnisvoll tun* || **herụmgehen:** um das Haus h. | im Wald h. *(kreuz und quer durch den Wald gehen)* || **herụmgeistern** || **Herụmgerede** (abw.): Schluss mit dem H.! *(mit der sinnlosen Rederei!)* || **herụmhacken:** auf jemandem dauernd h. *(jemanden dauernd ungerecht attackieren)* || **herụmhängen** (ugs., Jug.): *herumlungern* || **herụmhorchen** || **herụmirren** || **herụmkasperln** [-ʃ-, -sp-] (ugs.): *Unsinn machen, den Clown spielen* || **herụmknotzen** (ugs.): *herumlungern* || **herụmkommandieren:** ich lasse mich nicht h. *(lasse mir nicht ständig Befehle geben)* || **herụmkommen:** um eine Tatsache nicht h. *(sie nicht ignorieren können)* || **herụmkrebsen** (ugs.): in der unteren Liga h. *(erfolglos spielen)* || **herụmkriegen** (ugs.): *durch Einreden umstimmen* || **herụmkritisieren** || **herụmkugeln** (ugs.): *[verstreut] herumliegen | herumstehen, herumlungern* || **herụmkurven** [-f-] || **herụmlaufen** || **herụmliegen** || **herụmlungern:** *herumstehen und nichts arbeiten;* sie sind herumgelungert || **herụmmäkeln** || **herụmmurksen** (ugs.): *umständlich, unsachgemäß an etwas arbeiten* || **herụmplagen** sich || **herụmquälen** sich: sich mit lästigen Fragen h. || **herụmraten** || **herụmraunzen** (ugs.) || **herụmreden:** um die Sache h. *(auf das Wesentliche nicht eingehen)* || **herụmreisen** || **herụmreißen:** den Wagen h. || **herụmreiten:** in der Gegend h. | (ugs.) auf Fehlern h. *(sie immer wieder aufgreifen, nicht davon ablassen)* || **herụmscharwenzeln** (ugs.): *müßig umherstreichen;* um jemanden h. *(sich liebedienerisch um jemanden zu schaffen machen)* || **herụmschauen** || **herụmschlagen** sich: *sich mit etwas/jemandem abplagen müssen* || **herụmschleichen** || **herụmschleppen** || **herụmschnüffeln** (abw.) || **herụmschurln** (ostöst., mda.): *geschäftig hin- und herlaufen* || **herụmsitzen:** *untätig sitzen* || **herụmspionieren** [-ʃp-] || **herụmsprechen** sich: *allgemein bekannt werden* || **herụmstiefeln** || **herụmstieren** = **herụmstierln** (ugs.): *herumstochern, herumsuchen* || **herụmstöbern** || **herụmstochern** || **herụmstolzieren** || **herụmstoßen** || **herụmstrawanzen,** *auch:* herumstrabanzen (ugs., abw.): *sich [müßig] herumtreiben* || **herụmstreifen:** *müßig umherstreichen* || **herụmstreiten** sich (ugs.) || **herụmstreunen** || **herụmtoben** || **herụmtollen** || **herụmtreiben** sich (abw.): *herumstreunen* || **Herụmtreiber** der, -s/- (abw.) || **Herụmtreiberin** die, -/-innen (abw.) || **herụmtrödeln** || **herụmvagabundieren** [-v-] (abw.) || **herụmvagieren** [-v-] (ugs., veraltet): *herumziehen* || **herụmwerfen:** das Steuer h. || **herụmziehen** || **herụmzigeunern** (ugs., oft abw.)

herụnten: *hier unten* || **herụnter** || **herụnterbaumeln** || **herụnterbekommen:** den Deckel vom Gurkenglas h. | keinen Bissen h. || **herụnterbeten** (abw.): *ausdrucksloses Hersagen* || **herụnterbiegen:** einen Ast h. | (ugs.) die Arbeitszeit h. *(lustlos arbeiten)* || **herụnterbrennen:** die Sonne brennt herunter | die Kerze ist heruntergebrannt *(ist abgebrannt)* || **herụnterbringen:** *hinunterbringen | herunterwirtschaften* || **herụnterdrücken** || **herụntere** (ugs.): die herunteren Stockwerke || **herụnterfallen** || **herụnterfliegen** || **herụntergeben** || **herụntergehen:** mit den Preisen h. | das Fieber geht herunter *(sinkt)* || **herụntergekommen:** ein heruntergekommenes Haus *(Haus in einem schlechten Zustand);* er ist seit der Kündigung immer mehr heruntergekommen *(verwahrlost);* → herunterkommen || **herụnterhandeln:** den Preis h. || **herụnterhängen** || **herụnterhauen** (ugs.) || **herụnterheben** || **herụnterholen** || **herụnterklappen** || **herụnterkommen:** vom 1. Stock h.; → heruntergekommen || **herụnterkratzen** || **herụnterkrempeln** || **herụnterladen** (EDV): *downloaden;* → hochladen || **herụnterlassen** || **herụnterleiern** (abw.) || **herụnterlesen:** einen Text h. *(ausdrucks- und verständnislos vorlesen)* || **herụntermachen** (ugs.): *herabsetzen, in verletzender Weise tadeln* || **herụnterputzen** (ugs.): *jemandem in verletzender Weise Vorhaltungen machen* || **herụnterradeln** (ugs., abw.): ein Gedicht h. *(herunterleiern)* || **herụnterrasseln** || **herụnterratschen** (ugs., abw.): ein Gedicht h. *(herunterleiern)* || **herụnterreichen** || **herụnterreißen:** Kinokarten vom Block h. *(abreißen)* || **herụnterrinnen:** Tränen rannen ihm herunter || **herụnterrutschen** || **herụnterschicken** || **herụnterschlucken** || **herụnterschrauben:** das Klavierstockerl h. | seine Ansprüche h. *(weniger erwarten)* || **herụntersetzen:** die Preise h. *(reduzieren)* || **herụnterspielen:** *[ein Musikstück] ohne innere Beteiligung spielen* | eine Sache h. *(sie als nicht so wichtig darstellen, abschwächen)* || **herụnterspringen** || **herụntersteigen** || **her-**

H

unterstoßen || **herunterstürzen** || **herunterwirtschaften** || **herunterzerren** || **herunterziehen**

hervor || **hervorblicken** || **hervorbrechen** (geh.): Tränen brachen hervor || **hervorbringen:** die Kultur hat Großartiges hervorgebracht *(entstehen lassen, geleistet)* | sie brachte vor Angst keinen Laut hervor || **hervorgehen:** aus diesem Brief geht hervor *(darin steht),* dass ... || **hervorheben** || **hervorholen** || **hervorkehren:** du solltest deine liebevolle Seite mehr h. *(mehr zur Geltung bringen)* || **hervorkommen** || **hervorkramen** || **hervorlocken** || **hervorragen:** der hervorragendste Künstler || **hervorrufen:** ein Unglück h. *(verursachen)* || **hervorschauen** || **hervorschnellen** || **hervorspringen** || **hervorsprudeln** || **hervorstechen:** *auffallen* || **hervorstehen:** hervorstehende Zähne || **hervorsuchen** || **hervortreten** || **hervortun** sich: sie hat sich hervorgetan *(ist positiv aufgefallen)* || **hervorwagen** sich || **hervorzaubern**

Herweg: *der Weg hierher;* → Hinweg

Herwig: *männl. Vorname*

herwinken

herwollen

Herz[1] das, -ens/-en, *fachspr. auch:* -es/-e: von Herzen kommen; zu Herzen gehen; jemandem sein H. ausschütten *(seine Sorgen anvertrauen);* sich etwas zu Herzen nehmen; ihm blutete das H. *(er war schmerzlich berührt);* jemandem das H. zerreißen *(jemanden tief berühren);* mit halbem Herzen *(halbherzig);* es nicht übers H. bringen; von ganzem Herzen; von Herzen gern | *Mittelpunkt, Zentrum;* im Herzen Europas ||

Herz[2] die = das, -/-: *eine Farbe im Kartenspiel* || **herzallerliebst** (geh.) || **Herzanfall** (Med.) || **Herzass** || **Herzattacke** (Med.)

herzaubern: *herbeizaubern*

herzbeklemmend || **Herzbeschwerden** die (Pl.) || **herzbewegend** || **Herzbinkerl** (ugs., bes. ostöst.): *Liebling* || **Herzblatt** (veraltend): *Liebling* || **Herzblut:** sein H. in etwas investieren *(sich für etwas bes. engagieren, aufopfern)* || **herzbrechend** || **Herzchirurgie** [-k-] || **Herzdame:** *eine Spielkarte*

Herzegowina [auch: -'iː-] die, -: *eine Landschaft im Süden von Bosnien-Herzegowina*

herzeigen

Herzeleid (geh., veraltet): *tiefes Leid* || **herzen,** du herzt (geh.): *liebkosen* || **Herzensangelegenheit:** *Herzenswunsch* || **Herzensangst:** *große Angst* || **Herzensbedürfnis** || **Herzensbildung** (geh.): *feines Taktgefühl* || **Herzensbrecher:** *jemand, der Frauen erobert* || **Herzensbrecherin** || **herzensgut** || **Herzensgüte** || **Herzenslust:** nach H. essen || **Herzenswunsch:** *tiefer, inniger Wunsch* || **herzerfreuend** || **herzerfrischend** || **herzergreifend** || **Herzerl** das, -s/-[n]: *[kleines] Herz* | *Liebling* || **herzerquickend** || **Herzfehler** (Med.) || **Herzflimmern** (Med.): *unregelmäßiger Herzschlag* || **herzförmig** || **Herzfunktion** [-tsi̯-] (Med.) || **herzhaft:** ein herzhafter *(kräftiger)* Schluck

herziehen: den Schlitten hinter sich h. | (ugs.) über jemanden h. *(schlecht von jemandem reden)*

herzig: *reizend, lieb* || **Herzinfarkt** (Med.) || **herzinnig** (geh., veraltend) || **herzinniglich** (geh., veraltend) || **Herzinsuffizienz** (Med.): *geschwächte Herzleistung* || **Herzkammer** || **Herzkasperl** [-ʃ-, -sp-] der, -s/- (ugs., sal.): *Herzanfall, Herzinfarkt* || **Herzkatheter** (Med.): *ins Herz geführtes Röhrchen* || **Herzkirsche:** *eine Kirschenart* || **Herzklappe** || **Herzklopfen** das, -s || **Herzkönig:** *eine Spielkarte* || **herzkrank** || **Herzkranzgefäß** (meist Pl.): *Koronargefäß* || **Herz-Kreislauf-Erkrankung** || **Herzleiden** || **herzlich:** aufs (auf das) Herzlichste (= herzlichste; mit Frage *Wie?*) || **Herzlichkeit** die, -/-en || **herzlos:** *gefühlskalt, hart* || **Herzlosigkeit** die, -/-en || **Herz-Lungen-Maschine** (Med.) || **Herzmassage** [-'aːʃ, -ʒɛ] (Med.) || **Herzmuskel**

Herzog der, -[e]s/-zöge [-zoge]: *dem König nachgeordneter Fürst* || **Herzogenburg** ['hɛ-, -'u-, auch: -'oː-]: *Stadt und Stift in Niederösterreich* || **Herzogin** die, -/-innen || **herzoglich** || **Herzogtum** das, -s/-tümer

Herzoperation [-tsi̯-] (Med.) || **Herzrhythmus** || **Herzrhythmusstörung** (meist Pl.) (Med.) || **Herzschlag** || **Herzschmerz** (meist Pl.): *Liebeskummer* || **Herzschrittmacher** (Med.) || **Herzschwäche** (Med.): → *Herzinsuffizienz* || **Herzspender:** *Verstorbener, dessen Herz zur Transplantation entnommen wird* || **Herzspenderin** || **Herzspezialist:** → *Kardiologe* || **Herzspezialistin** || **Herzstillstand** (Med.) || **Herzstück:** *Kernstück, Hauptteil* || **Herztätigkeit** || **Herztod** (Med.): plötzlicher H. *(eine häufige Todesursache)* || **Herzton** (meist Pl.) || **Herztransplantation** [-tsi̯-] (Med.)

herzu: *herbei* || **herzueilen** (geh.)

Herzverfettung (Med.) || **Herzverpflanzung** (Med.) || **Herzversagen** (Med.) || **herzzerreißend:** h. weinen

Hesse der, -n/-n || **Hessen:** *deutsches Bundesland* || **Hessin** die, -/-innen || **hessisch**

Hetäre die, -/-n ⟨gr.⟩: *gebildete Prostituierte (im alten Griechenland)*

Hetero der, -s/-s ⟨gr.⟩ (sal.): *Heterosexueller* || **heterogen:** *ungleichartig zusammengesetzt;* → G.: homogen || **Heterogenität** die, - || **heteromorph** [-f] *von unterschiedlicher Gestalt* || **heteronom:** *abhängig* || **heterofon** = heterophon [-f-] (Mus.): *mehrstimmig ohne Rücksicht auf den Zusammenklang;* → polyphon; → homophon || **Heterofonie** = **Heterophonie** [-f-] die, - (Mus.) || **Heterosexualität** → G.: Homosexualität; → Bisexualität || **heterosexuell:** *dem andern Geschlecht zugewandt;* → G.: homosexuell

Hetschepetsch die, -/- (ugs.): *Hagebutte* || **Hetscherl** das, -s/-[n] (bes. ostöst., ugs.): *Hagebutte*

Hetz die, - (ugs.): *Spaß, fröhliches Treiben, Gaudi;* etwas aus H. tun || **Hetzcampagne** [-kam,panjɛ, fr. kɑ̃paɲ] → Hetzkampagne || **Hetze** die, -/-n (abw.): *Aufstachelung, Aufwiegelung;* → Hatz || **hetzen,** du hetzt: den Hund auf jemanden h. | sich nach Hause h. *(sich sehr beeilen)* || **Hetzerei** die, -/-en || **hetzhalber** (ugs.): *zum Spaß* || **hetzig** (ugs.): *lustig* || **Hetzjagd:** eine H. veranstalten | *ermüdendes Hasten* || **Hetzkampagne** [-ˌpanjɛ, fr. -kɑ̃paɲ] = Hetzcampagne [-k-] (abw.) || **Hetzrede** (abw.)

Heu das, -[e]s: H. machen; → Grummet || **Heublumen** die

(Pl.): *Heilmittel aus Grasblüten* ‖ **Heuboden:** *Lagerstätte für Heu*
Heuchelei die, -/-en, *auch:* Heuchlerei ‖ **heucheln,** ich heuchle: *sich verstellen, Meinungen vortäuschen;* Mitgefühl h. ‖ **Heuchler** der, -s/- ‖ **Heuchlerei** → Heuchelei ‖ **Heuchlerin** die, -/-innen ‖ **heuchlerisch**
Heudriste → Heutriste
heuen: *Heu ernten*
heuer: *in diesem Jahr*
Heuer die, -: *Lohn eines Seemannes;* → anheuern
Heuernte ‖ **Heugabel** ‖ **Heugeige** (reg.): *Heuharfe* ‖ **Heuharfe** (T, K, St): *Gestell zum Trocknen von Heu* ‖ **Heuharpfe** = **Heuharpfen** (T, K, St, mda.): *Heuharfe* ‖ **Heuhüpfer,** *auch:* Heuhupfer: *Heuschreck*
heulen: heulende Wölfe; heulende Sirenen | *weinen; aber:* etwas ist zum **H**eulen *(deprimierend, niederschmetternd)*
Heumahd die, -/-en: *Heuernte* ‖ **Heuraupe:** *eine Landmaschine* ‖ **Heureiter** (reg.): *Gestell zum Heutrocknen*
heureka ⟨gr.⟩ (wörtl.: Ich habe es [gefunden]!)
heurige: *diesjährige* ‖ **Heurige** der, -n/-n, ein Heuriger: *Wein der letzten Lese* | *Buschenschank;* zum Heurigen gehen ‖ **Heurigen** die (Pl.): *heurige Erdäpfel* ‖ **Heurigenabend** ‖ **Heurigenbesuch** ‖ **Heurigenlokal** ‖ **Heurigenmusik** ‖ **Heurigenschank** = **Heurigenschänke** = **Heurigenschenke** ‖ **Heurigenwirt** ‖ **Heurigenwirtin**
Heuristik die, - ⟨gr.⟩: *Lehre von den Methoden zur Gewinnung neuer Erkenntnisse* ‖ **heuristisch**
Heuschnupfen (Med.): *eine Pollenallergie* ‖ **Heuschober:** *Heuhaufen* ‖ **Heuschreck** der, -[e]s/-e = **Heuschrecke** die, -/-n: *ein Insekt, Heuhüpfer* ‖ **Heuschupfen:** *Heuhütte auf einer Wiese* ‖ **Heustadel:** *Scheune* ‖ **Heustock:** *im Stadel gelagertes Heu*

heute, *auch:* heut:
seit/bis h.; von h. an; die Jugend von h.

Großschreibung der nachfolgenden Tageszeitangabe:
- heute Früh *(heute am Morgen)*
- heute Nachmittag/Abend

Heute das, - ‖ **heutig:** die heutige Zeitung ‖ **heutigentags** (geh.): *heutzutag*
heutzutag = **heutzutage**
Heuwagen ‖ **Heuwender** der, -s/-: *eine landwirtschaftliche Maschine* ‖ **Heuziehen** das, -s: *Abtransport des Heus im Spätherbst mit Schlitten von den hoch gelegenen Heuhütten*
Hexagon das, -s/-e ⟨gr.⟩: *Sechseck* ‖ **hexagonal**
Hexameter der, -s/- ⟨gr.⟩: *ein sechstaktiger Vers*
Hexe die, -/-n ‖ **hexen,** du hext: *zaubern* ‖ **Hexenbesen:** *Besen, auf dem eine Hexe reitet* | (Biol.) *eine Missbildung an Bäumen* ‖ **Hexenhaus** ‖ **Hexenjagd** (früher): *Hexenverfolgung* | (abw.) *[widerrechtliche] gnadenlose Verfolgung und Verurteilung von Menschen* ‖ **Hexenkessel:** *gefahrvolles Durcheinander, lautes Chaos* ‖ **Hexenkreis:** *kreisrunde Anordnung [gewisser Pilze auf Wiesen]* ‖ **Hexenmeister:** *Zauberer* ‖ **Hexenprozess** (früher) ‖ **Hexensabbat:** *ausschweifendes Treffen der Hexen* | *wüstes Treiben* ‖ **Hexenschuss:** *plötzlich auftretende Kreuzschmerzen* ‖ **Hexenverbrennung** (früher) ‖ **Hexenverfolgung** (früher) ‖ **Hexenwahn** (früher) ‖ **Hexer** der, -s/- ‖ **Hexerei** die, -/-en: das war keine H. *(keine Schwierigkeit)*
hey [heɪ] ⟨engl.⟩ (sal.) (Jug.): *he, hallo*
Hf: **Hafnium**
HF: **Hochfrequenz**
hg.: **herausgegeben;** → herausgeben
Hg: **Hydrargyrum;** → Quecksilber
Hg.: **Herausgeber/in**
HGB [ha ge ˈbeː] das, -[s]: **Handelsgesetzbuch**
hi [haɪ] ⟨engl.⟩ (sal.) (Jug.): *hallo*
Hias [ˈhiəs] = **Hiasl**[1]: *männl. Vorname (Matthias)* ‖ **Hiasl**[2] der, -s/-n (mda., abw.): *einfältiger Kerl*
Hibiskus der, -/Hibisken ⟨gr.-lat.⟩: *Eibisch, eine Heilpflanze*
hic et nunc [-k - -k] ⟨lat.⟩: *hier und jetzt*
Hickhack [auch: -ˈi-] das, -s/-s (ugs.): *das Herumstreiten*
hie: hie und da *(manchmal)* | (veraltet) *hier*
Hieb der, -[e]s/-e: *Schlag, Stoß* | (W, sal., abw.) *gewisse Bezirke Wiens;* im 10. H. wohnen
hiebei [auch: ˈhiː-] → hierbei
hieb- und stichfest: *unangreifbar* ‖ **Hiebwaffe:** *Schwert, Axt uÄ*
hiedurch [auch: ˈhiː-] → hierdurch
Hieferl das, -s/-[n], *auch:* Hüferl (reg., bes. W) (Küchenspr.): *Hieferschwanzl* ‖ **Hieferscherzl,** *auch:* Hüferscherzl (reg., bes. W) (Küchenspr.): *eine Rindfleischsorte* ‖ **Hieferschwanzl,** *auch:* Hüferschwanzl (reg., bes. W) (Küchenspr.): *eine Rindfleischsorte*
Hiefler [meist: ˈhiəf-] der, -s/-, *auch:* Hüfler (reg.): *Gestell zum Heu- oder Garbentrocknen* | (reg., mda., abw.) *einfältiger Kerl*
hiefür [auch: ˈhiː-] → hierfür ‖ **hiegegen** (veraltend): *hiergegen* ‖ **hieher** → hierher
hielt [ˈhi-] → halten
hiemit → hiermit ‖ **hienieden** (geh.): *auf der Erde*

H

hier
h. und dort; „Hallo, h. [spricht] Elke."

Getrenntschreibung in Verbindung mit „sein" und, wenn die Hauptbetonung auf dem Verb liegt:
- hier sein; sie sind hier gewesen
- hier ansiedeln
- hier wohnen

Zusammenschreibung, wenn die Betonung auf „hier" liegt:
- hierbehalten
- hierbleiben
- hierlassen

hieramts (Amtsspr.) (ha.): h. *(von diesem Amt)* bestätigen
Hierarchie [hi(e)-] die, -/-n ⟨gr.⟩: *Rangordnung* ‖ **hierarchisch**
hierauf [auch: ˈhiː-] ‖ **hieraus** ‖ **hierbehalten** ‖ **hierbei,** *auch:* hiebei: *dabei* ‖ **hierbleiben** ‖ **hierdurch,** *auch:* hiedurch: h. *(aus dem Gesagten)* wird klar, dass ... | h. *(hiermit)* teilen wir Ihnen mit ‖ **hierfür,** *auch:* hiefür ‖ **hiergegen:** jeder Verstoß h. *(gegen das Erwähnte)* wird gerichtlich verfolgt

hierher, *auch:* hieher:
auf dem Weg h. bin ich bestohlen worden

Zusammenschreibung, wenn die Betonung auf „hierher" liegt:
- hierherblicken
- hierherbringen; *aber getrennt:*

du sollst es hierher legen und nicht dorthin
– hierhergehören; hierhergehörig
– hierherkommen

hierherblicken ‖ **hierherbringen** ‖ **hierhergehören** ‖ **hierhergehörig** ‖ **hierherkommen** ‖ **hierhin:** h. und dorthin laufen ‖ **hierin** ‖ **hierlands:** *hierzulande* ‖ **hierlassen** ‖ **hiermit,** *auch:* hiemit ‖ **hiernach:** h. handeln

Hieroglyphe [hi(e)-'yːfɛ, -'iːfɛ] die, -/-n ⟨gr.⟩: *Zeichen der altägyptischen Bilderschrift* | *unverständliches Zeichen*

hierortige (ho.) (veraltend) ‖ **hierorts** (ho.): *hier* ‖ **Hiersein** das, -s ‖ **hierüber** [auch: 'hiː-] ‖ **hiervon,** *auch:* hievon ‖ **hiervor** ‖ **hierzu,** *auch:* hiezu ‖ **hier zu Lande** = **hierzulande,** *auch:* hier zu Land, hierzuland; → Land; → dort zu Lande

hiesig: die hiesigen Zustände *(die Zustände zB in diesem Ort, in diesem Land)* ‖ **Hiesige**[1] der, -n/-n, ein Hiesiger: *Einheimischer* ‖ **Hiesige**[2] die, -n/-n

hieß → heißen

Hietzing ['hits-]: *13. Bezirk Wiens*

hieven [-f-, auch: -v-] (bes. Seemannsspr.): *heben, hochziehen*

hievon → hiervon ‖ **hiezu** → hierzu

Hi-Fi ['haɪ'fi, 'haɪ'faɪ]: **H**igh **Fi**delity ‖ **Hi-Fi-Anlage**

Hifthorn (veraltet): *ein Jagdhorn*

high [haɪ] ⟨engl.⟩ (sal.): *hochgestimmt; sie ist h.;* → G.: down | *im Drogenrausch* ‖ **Highendgerät** ['haɪ'e-], *auch:* **High-End-Gerät:** *elektronisches Gerät von bes. hoher Qualität* ‖ **High Fidelity** ['haɪ fɪ'de-ti, faɪ-] die, - - (Hi-Fi): *hohe Wiedergabequalität bei Radio, Schallplatten u. dgl.* ‖ **Highflyer** [-flaɪə] (Börse): *Wertpapier mit steilem Kursanstieg* ‖ **High Life** [- -laɪf] das, -[s] = **Highlife:** *Leben in großem Stil* ‖ **Highlight** [-aɪt] das, -[s]/-s: *Höhepunkt* ‖ **Highlighter** der, -s/-: *Leuchtstift* ‖ **High Society** ['haɪ sə'saɪəti] die, - -: *die oberen Zehntausend* ‖ **Hightech** [-tek] die, - = das, -[s]: *Hochtechnologie* ‖ **Highway** [-weɪ] der, -s/-s: *amerikanische Fernstraße*

Hi-Hat-Maschine ['haɪhæt-] ⟨engl.⟩ (Mus.): *Rhythmusinstrument für die Bedienung von zwei Becken*

hihi: *Ausruf der Schadenfreude*

Hijacker ['haɪdʒæ-] der, -s/- ⟨engl.⟩ (veraltend): *Flugzeugentführer* ‖ **Hijackerin** die, -/-innen (veraltend) ‖ **Hijacking** das, -s/-s (veraltend)

Hilde, *auch:* Hilda: *weibl. Vorname* ‖ **Hildegard:** *weibl. Vorname* ‖ **Hildegund** = **Hildegunde:** *weibl. Vorname*

Hilfe die, -/-n: zu H. eilen; Erste (auch: erste) H. leisten; H. suchen; → Hilfe suchend = hilfesuchend; → mit Hilfe = mithilfe ‖ **hilfeflehend** ‖ **Hilfeleistung:** zur H. verpflichtet ‖ **Hilfeleistungspflicht** (Jus) ‖ **Hilferuf** ‖ **Hilfeschrei** ‖ **Hilfestellung:** *Unterstützung* ‖ **Hilfe suchend** = **hilfesuchend:** H. suchende Blicke ‖ **hilflos** ‖ **Hilflosenzuschuss:** *eine Sozialhilfe, Pensionszuschlag* ‖ **hilfreich** ‖ **Hilfsaktion** [-tsi̯-] ‖ **Hilfsarbeiter** ‖ **Hilfsarbeiterin** ‖ **hilfsbedürftig** ‖ **Hilfsbedürftigkeit** ‖ **hilfsbereit** ‖ **Hilfsbereitschaft** ‖ **Hilfsdienst** ‖ **Hilfsfonds** [-fõː] ‖ **Hilfskonstruktion** [-tsi̯-] (Math.) ‖ **Hilfskraft** ‖ **Hilfslinien** die (Pl.) (Mus.): *kurze Notenlinien ober- oder unterhalb des Notensystems* ‖ **Hilfsmaßnahme** (meist Pl.) ‖ **Hilfsorganisation** [-tsi̯-] ‖ **Hilfspaket** ‖ **Hilfsschule** (früher): *Sonderschule* ‖ **Hilfsschüler** (früher): *Sonderschüler* ‖ **Hilfsschülerin** (früher) ‖ **Hilfstransport** ‖ **Hilfsverb** [-v-] (Gramm.): *die Wörter* sein, haben, werden, *wenn mit ihnen zusammengesetzte Zeitformen gebildet werden; Auxiliar[verb];* → Modalverb ‖ **Hilfswillige**[1] der, -n/-n, ein Hilfswilliger: *jemand aus einem besetzten Land, der für die deutschen Besatzungstruppen arbeitete (im Zweiten Weltkrieg)* ‖ **Hilfswillige** die, -n/-n (im Zweiten Weltkrieg) ‖ **Hilfswissenschaft:** *Wissenschaft als Dienstleistung für andere Wissenschaften* ‖ **Hilfszeitwort** (veraltet) (Gramm.): *Hilfsverb* ‖ **hilft** → helfen

Himalaya [auch: -'la(ː)ja] der, -[s], *auch:* Himalaja: *Gebirgszug in Asien*

Himbeere ‖ **Himbeereis** ‖ **Himbeergeist:** *ein Branntwein* ‖ **Himbeerkracherl** ‖ **Himbeermarmelade** ‖ **Himbeersaft** ‖ **Himbeersirup** ‖ **Himbeerstrauch** ‖ **Himbeerzuckerl**

Himmel der, -s/-: um Himmels willen; aus heiterem H. *(überraschend);* im siebenten H. *(überglücklich)* sein | *Baldachin* ‖ **Himmelbett:** *Bett mit Baldachin* ‖ **himmelblau** ‖ **Himmelfahrt** die, - (Rel.): Christi H. *(ein Feiertag)* ‖ **Himmelfahrtskommando** (ugs.): *gefahrvolle Unternehmung* ‖ **himmelhoch:** ein himmelhoher *(sehr großer)* Unterschied ‖ **Himmelmutter** die, - (Kinderspr.): *Muttergottes* ‖ **Himmelreich** ‖ **Himmelschlüssel** die, -/-n = der = das, -s/-: *eine Primel* ‖ **himmelschreiend:** himmelschreiendes *(furchtbares) Unrecht* ‖ **Himmelserscheinung:** *Sonnenfinsternis oÄ* ‖ **Himmelsgewölbe** (geh.): *Firmament* ‖ **Himmelskarte** (Astron.): *Sternkarte* ‖ **Himmelskönigin** (kath.): *Maria* ‖ **Himmelskörper** ‖ **Himmelskunde:** *Astronomie* ‖ **Himmelsrichtung** ‖ **himmelstürmend:** *maßlos* ‖ **Himmelszeichen:** *Tierkreiszeichen* ‖ **Himmelszelt** das, -[e]s (geh.): *Himmel* ‖ **Himmel-und-Hölle** das, - (reg.): *ein Kinderspiel* ‖ **Himmelvater** (bes. Kinderspr.): *Gottvater* ‖ **himmelwärts** ‖ **himmelweit:** *sehr weit, groß;* h. *(sehr)* verschieden ‖ **himmlisch:** himmlische *(wundervolle) Musik*

hin: bis zu den Bergen hin; hin und wieder *(manchmal);* → hin und her | (ugs.) *unbrauchbar* | (derb) *erschöpft, erledigt, tot;* hin sein

hinab: *hinunter* ‖ **hinabsteigen** ‖ **hinabwerfen**

hinan (geh.): *hinauf*

hinarbeiten: auf ein Ziel h.

hinauf ‖ **hinaufarbeiten** sich ‖ **hinaufbemühen** ‖ **hinaufbitten:** in den oberen Stock h. *(einladen)* ‖ **hinaufbringen** ‖ **hinauffahren** ‖ **hinaufgehen** ‖ **hinaufklettern** ‖ **hinaufkommen** ‖ **hinauflassen** ‖ **hinaufreichen** ‖ **hinaufschaffen** ‖ **hinaufschalten:** *einen höheren Gang einlegen* ‖ **hinaufschauen** ‖ **hinaufsehen** ‖ **hinaufsetzen:** die Löhne/Preise h. *(anheben)* ‖ **hinaufsteigen** ‖ **hinauftragen** ‖ **hinaufwagen** sich ‖ **hinaufziehen**

hinaus: den Weg h. finde ich allein ‖ **hinausbefördern** ‖ **hinausbegleiten** ‖ **hinausbekommen:** einen lästigen Besuch endlich h. ‖ **hinausbringen** ‖ **hinauseilen** ‖ **hinausekeln:** *durch schlechte Behandlung vertreiben* ‖ **hinausfinden:** aus der Stadt wieder h. ‖ **hinausführen** ‖ **hinausgehen** ‖ **hinaushängen**[1]: die Fahne hing zum Fenster hinaus; → hängen[1] ‖ **hinaushängen**[2]: er hängte das nasse Tischtuch hinaus; → hängen[2] ‖ **hinausklettern** ‖ **hinauskommen:** du sollst h. | das kommt aufs Gleiche h. *(macht keinen Unterschied);* → herauskommen ‖ **hinauskomplimentieren:** *höflich zum Gehen bringen, loswerden* ‖ **hinauskönnen** ‖ **hinauskriegen:** *hinausbekommen* ‖ **hinauslassen** ‖ **hinauslehnen:** sich zum Fenster h. ‖ **hinauslocken** ‖ **hinausmüssen:** *ins Freie* (auch: *auf die Toilette) müssen* ‖ **hinausposaunen:** *auffällig, triumphierend verkünden* ‖ **hinausreichen** ‖ **hinausrücken:** *nach außen rücken [um Platz zu machen]* ‖ **hinausschaffen** ‖ **hinausschauen** ‖ **hinausscheren** sich (abw.) ‖ **hinausschieben:** ein unangenehmes Treffen h. ‖ **hinausschleichen:** *leise und heimlich den Raum verlassen;* er *ist* aus dem Zimmer hinausgeschlichen; sie *hat* sich hinausgeschlichen ‖ **hinausschleudern** ‖ **hinausschmeißen:** das Geld zum Fenster h. ‖ **Hinausschmiss** der, -[es]/-e ‖ **hinausschmuggeln** ‖ **hinausschreien** ‖ **hinaussehen:** zum Fenster h. | (ugs.) siehst du dich damit hinaus? *(glaubst du, dass du es bewältigen kannst?)* ‖ **hinausspringen** ‖ **hinausstehlen** sich: *sich heimlich hinausschleichen* ‖ **hinausstellen** ‖ **hinausstürmen** ‖ **hinausstürzen** ‖ **hinaustragen** ‖ **hinaustreten:** ins Freie h. ‖ **hinauswagen** sich ‖ **hinauswerfen:** *hinausschmeißen* ‖ **hinauswollen** ‖ **Hinauswurf** ‖ **hinausziehen:** *in die Länge ziehen* ‖ **hinauszögern:** *verzögern*

hinbegeben sich → begeben

hinbestellen

hinbewegen: sich zur Mitte h.

hinbiegen (ugs.): etwas wieder h. *(in Ordnung bringen, reparieren)*

hinblättern: eine große Summe h.

Hinblick: im/in H. auf seine Krankheit

hinbringen: dem Kranken Blumen h. | (ugs.) ich werde das schon h. *(zu Stande bringen, hinkriegen)*

hinderlich ‖ **hindern:** ihn an der Weiterfahrt h. *(behindern, verhindern)* ‖ **Hindernis** das, -nisses/-nisse ‖ **Hindernisfeuer:** *rotes Leuchtfeuer [auf Sendemasten]* ‖ **Hindernislauf** ‖ **Hindernisrennen** ‖ **Hinderung** die, -/-en ‖ **Hinderungsgrund**

hindeuten: einiges schien darauf hinzudeuten, dass ...

Hindi das, -: *die Hauptsprache Indiens*

Hindin die, -/-innen (geh.): *Hirschkuh*

Hindu[1] der, -s/-s ⟨pers.-Hindi⟩: *Anhänger des Hinduismus* ‖ **Hindu**[2] die, -s/-s ‖ **Hinduismus** der, -: *eine große indische Religion* ‖ **hinduistisch**

hindümpeln (ugs.) (in der Wendung): vor sich h. *(stagnieren, ohne auffällige Entwicklung existieren)*

hindurch: mitten h. ‖ **hindurchgehen** ‖ **hindurchschauen** ‖ **hindurchzwängen:** sich unter dem Zaun h.

hinein: bis in den Tag h. schlafen ‖ **hineinbegeben** sich ‖ **hineinbeißen** ‖ **hineinbekommen:** das Buch nicht in die Tasche h. | Ordnung h. ‖ **hineinbitten** ‖ **hineinbuttern** (ugs.): in eine Firma viel Geld h. *(hineinstecken, verwenden);* → reinbuttern ‖ **hineindenken** sich: sich in die Rolle des anderen h. ‖ **hineindrängen** sich ‖ **hineinfallen:** in eine Grube h. | sie ist auf seine schönen Worte hineingefallen *(ließ sich davon täuschen)* ‖ **hineinfinden:** sich in die neue Situation h. *(damit vertraut werden)* ‖ **hineinfressen:** Ärger/Kummer in sich h. ‖ **hineinfunken** (ugs.): *sich störend einmischen* ‖ **hineingeben** ‖ **hineingießen** ‖ **hineingreifen** ‖ **hineinhängen** ‖ **hineinheiraten:** in eine Familie h. *(einheiraten)* ‖ **hineinhelfen:** jemandem in den Mantel h. ‖ **hineinhorchen:** in die Stille h. | in sich h. *(sich selbst beobachten, in sich gehen)* ‖ **hineininterpretieren:** *Falsches hineindeuten* ‖ **hineinknien** [-kniː(ə)n]: sich in eine Arbeit h. *(sich intensiv damit beschäftigen)* ‖ **hineinkommen** ‖ **hineinlassen** ‖ **hineinlaufen:** in ein Auto h. ‖ **hineinlegen:** einen Brief ins Fach h. | du hast mich hineingelegt *(betrogen)* ‖ **hineinlesen:** kurz in ein Buch h. ‖ **hineinmischen:** Gift h. | sich in fremde Angelegenheiten h. ‖ **hineinpassen:** etwas in einen Rahmen h. | in ein Team h. ‖ **hineinplatzen** ‖ **hineinpressen** ‖ **hineinprojizieren:** etwas Falsches h. *(hineindeuten)* ‖ **hineinpumpen:** Wasser h. | Geld in ein Unternehmen h. | (ugs.) Medikamente in einen Kranken h. ‖ **hineinragen** ‖ **hineinreden** ‖ **hineinreiten:** in den Wald h. | (ugs.) du hast mich hineingeritten *(mich in diese schwierige Situation gebracht)* ‖ **hineinriechen** (sal.): *nur eine Ahnung von etwas bekommen* ‖ **hineinschauen** ‖ **hineinschlingen:** Essen in sich h. ‖ **hineinschneien** (sal.): *uneingeladen, unerwartet kommen* ‖ **hineinschütten** ‖ **hineinspazieren:** ohne anzukopfen h. ‖ **hineinspielen:** das spielt mit hinein *(das beeinflusst die Sache)* ‖ **hineinspringen** ‖ **hineinstecken:** den Finger h. | seine Nase in fremde Angelegenheiten h. *(aus Neugierde überall dabei sein wollen)* | Arbeit, Geld in ein Unternehmen h. *(einbringen)* ‖ **hineinsteigern** sich: sich in eine Panik h. *(seine Gefühle bis zu Panikzuständen steigern)* | sich in die Arbeit h. *(sich überaus intensiv damit befassen)* ‖ **hineinstellen** ‖ **hineinstürzen** ‖ **hineinversetzen** sich: sich in jemanden h. *(hineindenken)* ‖ **hineinwachsen** [-ks-]: *Fuß fassen, vertraut werden; er ist in seine neue Rolle hineingewachsen* ‖ **hineinwerfen:** etwas in den Korb h. | einen Blick h. *(kurz hineinschauen)* ‖ **hineinzerren** ‖ **hineinziehen** ‖ **hineinzwängen**

hinfahren ‖ **Hinfahrt:** Hin- und Rückfahrt

hinfallen ‖ **Hinfallende** das, -n (reg., veraltet): → *Epilepsie* ‖ **hinfällig:** ein hinfälliger *(schwacher)* Greis | eine hinfällige *(überflüssig gewordene)* Mahnung ‖ **Hinfälligkeit**

hinfinden

hinfliegen: wo wirst du im Urlaub h.? | (ugs.) *stürzen* ‖ **Hinflug:** Hin- und Rückflug

hinfort (geh.): *in Zukunft*

hing → hängen

H

Hin|ga|be die, -: jemanden mit aller H. *(mit vollem Einsatz, mit Leidenschaft)* pflegen
Hin|gang (geh.): *der Tod*
hin|ge|ben (geh.): sein Leben h. *(opfern)* | sich der Musik h. *(sie genießen)* | sie hat sich ihm hingegeben *(mit ihm Geschlechtsverkehr gehabt)* || **Hin|ge|bung** die, - || **hin|ge|bungs|voll**
hin|ge|gen: *dagegen, jedoch*
hin|ge|hen
hin|ge|hö|ren: wissen, wo man hingehört
hin|ge|ra|ten: wo sind wir nur h.!
hin|ge|ris|sen: ich bin h. *(begeistert)*
hin|ge|zo|gen: sich zu jemandem h. fühlen
hin|hal|ten: jemanden mit Versprechungen h. *(jemanden [mit der Erledigung einer Angelegenheit] warten lassen)* || **Hin|hal|te|tak|tik**
hin|hau|en (ugs.): das wird h. *(gutgehen)*
hin|hö|ren
hi|nig (mda.): ein hiniges *(kaputtes)* Auto; → hin
Hin|kel|stein: *vorgeschichtlicher [großer] auffälliger Stein*
hin|ken: ein hinkendes Pferd; dieser Vergleich hinkt *(er passt nicht recht)*
hin|knal|len (abw.): *hinwerfen;* jemandem die Kündigung h.
hin|kni|en [-kniː(ɛ)n]: sich vor dem Altar h.
hin|kom|men
hin|krie|gen: *zu Stande bringen, schaffen*
Hin|kunft die, -: in H. *(von nun an)* || **hin|künf|tig** (geh.): *in Zukunft*
hin|lan|gen: *ausreichen* | (D) *hingreifen* || **hin|läng|lich:** *ausreichend, genügend*
hin|lau|fen: zum Schulhaus h.
hin|le|gen: sich ein paar Stunden h. | für etwas viel Geld h. *(bezahlen)* müssen
hin|ma|chen (ugs.): *ruinieren* | *töten* | *[an einer bestimmten Stelle] die Notdurft verrichten*
hin|met|zeln: *abschlachten*
hin|neh|men: eine Beleidigung einfach h. *(dulden, nicht darauf reagieren)*
hin|nen (geh., veraltet): von h. gehen *(weggehen)*
hin|pas|sen: das würde genau h. *(auf Grund der Maße passen; mit der Umgebung harmonieren)*
hin|rei|chen || **hin|rei|chend:** *ausreichend*

Hin|rei|se || **hin|rei|sen:** wo willst du h.?
hin|rei|ßend: ein hinreißender *(überwältigender)* Anblick
hin|rich|ten: *die Todesstrafe vollziehen; ermorden* || **Hin|rich|tung** die, -/-en || **Hin|rich|tungs|kom|man|do** || **Hin|rich|tungs|stät|te**
Hin|run|de (Sport): *sämtliche [Fußball]spiele in einer Meisterschaft, bis jeder gegen jeden gespielt hat;* → Rückrunde
hin|schau|en: schau hin, sonst versäumst du etwas; *aber:* bei genauem **H**inschauen
hin|schei|den (geh.): *sterben* || **Hin|schei|den** das, -s (geh.): nach seinem H. *(nach seinem Tod)*
hin|schie|ben
hin|schi|cken: ich schicke jemanden hin
hin|schlep|pen
hin|schmei|ßen (ugs.): vor Wut alles h.
hin|schmie|ren (ugs.): schmier die Hausübung nicht so hin *(schreibe sie nicht so schlampig)*
hin|schrei|ben
hin|se|hen: *hinschauen*
hin|set|zen: sich kurz h.
Hin|sicht die, -/-en: in jeder H. *(Beziehung)* || **hin|sicht|lich** (Präp. mit Gen.): *in Hinsicht auf;* h. neuer Erkenntnisse
hin|sol|len
Hin|spiel (Sport) → G.: Rückspiel
hin|star|ren
hin|stel|len: jemanden als Verleumder h. *(bezeichnen)*
hint|an|hal|ten: eine unerwünschte Entwicklung h. *(ihr entgegenwirken)* || **hint|an|set|zen** = **hint|an|stel|len:** sie musste ihre eigenen Wünsche h. *(zurückstellen)*
hin|ten: h. stehen || **hin|ten|he|r|aus** || **hin|ten|he|r|um:** etwas h. *(auf Umwegen)* erfahren || **hin|ten|nach:** *hinterher* || **hin|ten|über:** h. umkippen
hin|ter (Präp. mit Dat. und Akk.): h. dem Baum stehen *(wo?);* h. den Baum laufen *(wohin?)* | (ugs.) sich etwas h. den Spiegel stecken *(sich darauf nichts einbilden)* können | (reg., bes. K, mda.) (Vorsilbe in der Bedeutung „zurück") hintergeben *(zurückgeben)* || **Hin|ter|ach|se** [-ks-] || **Hin|ter|aus|gang** || **Hin|ter|ba|cke:** *Teil des Gesäßes* || **Hin|ter|bänk|ler** der, -s/- (ugs.): *Abgeordneter, dessen Platz auf den hinteren Bänken ist* || **Hin|ter|bänk|le|rin** die, -/-innen (ugs.) || **Hin|ter|bein:** das Pferd schlägt mit dem H. aus; sich auf die Hinterbeine setzen/stellen *(sich wehren)*
Hin|ter|blie|be|ne[1] der, -n/-n, ein Hinterbliebener: *Angehöriger eines/einer Verstorbenen* || **Hin|ter|blie|be|ne**[2] die, -n/-n
hin|ter|brin|gen: *heimlich mitteilen;* es wurde ihr hinterbracht
Hin|ter|deck (Seemannsspr.): *hinterer Teil des Schiffdecks, Achterdeck;* → G.: Vorderdeck
hin|ter|drein [auch: -ˈaɪn]: *hernach; später* || **hin|ter|drein|lau|fen**
hin|te|re: das h. Haus

hin|ter|ei|n|an|der
mehrere Stunden h.

Zusammenschreibung, wenn die Betonung auf „hintereinander" liegt:
– hintereinandergehen
– die Zahlen hintereinanderschreiben
– die Kisten hintereinanderstellen *(eine nach der anderen);* *aber getrennt:* sich hintereinander anstellen

hin|ter|ei|n|an|der|ge|hen || **hin|ter|ei|n|an|der|schrei|ben** || **hin|ter|ei|n|an|der|stel|len**
Hin|ter|ein|gang
hin|ter|fot|zig (ugs., derb): *hinterhältig* || **Hin|ter|fot|zig|keit** (ugs., derb)
hin|ter|fra|gen: eine Behauptung h. *(nach ihrer Begründung fragen, sie in Zweifel ziehen)*
Hin|ter|frau: *weibl. Form von Hintermann*
hin|ter|ge|ben (reg., bes. K, mda.): *zurückgeben;* → hinter
Hin|ter|ge|dan|ke = **Hin|ter|ge|dan|ken:** *heimliche Absicht*
hin|ter|ge|hen: *betrügen;* hintergangen werden || **Hin|ter|ge|hung** die, -/-en
Hin|ter|glas|bild || **Hin|ter|glas|ma|le|rei**
Hin|ter|grund: der H. eines Bildes | die Hintergründe *(Ursachen, Zusammenhänge)* des Unglücks aufdecken || **Hin|ter|grund|be|leuch|tung** || **hin|ter|grün|dig:** ein hintergründiges *(nicht ganz durchschaubares) Lächeln* || **Hin|ter|grund|in|for|ma|ti|on** [-tsi̯-] || **Hin|ter|grund|mu|sik** || **Hin|ter|grund|strah|lung** die, - (Astron.): *Reststrahlung des Weltalls nach dem Urknall*

Hịn|ter|halt: jemanden in einen H. *(in eine Falle)* locken ‖ **hin|ter|häl|tig:** *tückisch* ‖ **Hịn|ter|häl|tig|keit** die, -/-en
Hịn|ter|hand: *Hinterbein [beim Pferd]*
Hịn|ter|haupt: *Hinterkopf*
hin|ter|her [auch: -ˈeːɐ]: *nachher, später;* mit der Arbeit h. sein *(zurückliegen)* ‖ **hin|ter|her|hin|ken** ‖ **hin|ter|her|kom|men** ‖ **hin|ter|her|lau|fen** ‖ **hin|ter|her|ru|fen**
Hịn|ter|hof
Hịn|ter|in|di|en
Hịn|ter|kopf
Hịn|ter|la|der der, -s/-: *eine Art von Feuerwaffe;* → Vorderlader
Hịn|ter|land das, -[e]s: das H. *(die Umgebung)* der Großstadt
hin|ter|lạs|sen: er hat Spuren h. ‖ **Hin|ter|lạs|sen|schaft** die, -/-en: *das Erbe*
hin|ter|le̲|gen: sie hat ein Testament beim Notar hinterlegt *(hat es ihm zur Aufbewahrung übergeben)* ‖ **Hin|ter|le̲|gung** die, -/-en (Jus): die H. bei Gericht *(eine Form der Schulderfüllung)*
Hịn|ter|leib: der H. der Ameise
Hịn|ter|list die, -: *Falschheit, Tücke* ‖ **hịn|ter|lis|tig**
hịn|term: hinter dem
Hịn|ter|mann: *jemand, der hinter jemandem steht, sitzt oÄ | jemand, der vom Hintergrund aus lenkt oder unterstützt; Drahtzieher*
hịn|tern: hinter den (Akk. Sing.)
Hịn|tern der, -s/- (ugs.): *Gesäß*
Hịn|ter|rad ‖ **Hịn|ter|rad|an|trieb** (Kfz)
Hịn|ter|rei|fen
hịn|ter|rücks: jemanden h. *(von hinten)* überfallen
hịn|ters: hinter das; jemanden h. Licht führen *(täuschen)*
Hịn|ter|sas|se der, -n/-n (früher): *vom Grundherrn/Bürger Abhängiger*
Hịn|ter|sei|te: *Rückseite*
Hịn|ter|sinn der, -[e]s: *verborgene Nebenbedeutung* ‖ **hịn|ter|sin|nig:** hintersinniger Humor
Hịn|ter|stü|berl = **Hịn|ter|stübl** ‖ **Hịn|ter|stüb|le** = **Hịn|ter|stüb|li** (V)
Hịn|ter|teil das, -[e]s/-e: *Gesäß*
Hịn|ter|tref|fen: ins H. *(in eine nachteilige Lage)* kommen/geraten
hin|ter|trei|ben: du hast eine Versöhnung hintertrieben *(böswillig verhindert)*
Hịn|ter|trep|pe
Hịn|ter|tup|fing (abw.): *abgelegener Ort, Provinznest*
Hịn|ter|tür: die H. benutzen (auch: *sich davonschleichen*) | (ugs.) sich eine H. *(einen Ausweg)* offen lassen/halten ‖ **Hịn|ter|türl** (ugs.)
Hịn|ter|wäld|ler der, -s/- (abw.): *[kulturell] rückständiger Mensch* ‖ **Hịn|ter|wäld|le|rin** die, -/-innen (abw.) ‖ **hịn|ter|wäld|le|risch** (abw.)
hin|ter|zie̲|hen: Steuern h. *(sich der Steuerpflicht entziehen)* ‖ **Hin|ter|zie̲|hung**
Hịn|ter|zim|mer
hịn|trei|ten: vor jemanden h.
hịn|tun (ugs.): nicht wissen, wo man jemanden h. soll *(wer jemand ist, der einem bekannt vorkommt)*
hi|nü̲|ber: etwas bis h. hören | h. sein (geh.: *tot sein;* ugs.: *verrückt sein*) ‖ **hi|nü̲|ber|be|för|dern** ‖ **hi|nü̲|ber|bit|ten** ‖ **hi|nü̲|ber|brin|gen** ‖ **hi|nü̲|ber|fah|ren** ‖ **hi|nü̲|ber|ge|hen** ‖ **hi|nü̲|ber|grü|ßen:** nur kurz h. ‖ **hi|nü̲|ber|hel|fen** ‖ **hi|nü̲|ber|kom|men** ‖ **hi|nü̲|ber|kön|nen** ‖ **hi|nü̲|ber|las|sen** ‖ **hi|nü̲|ber|lau|fen** ‖ **hi|nü̲|ber|leh|nen** sich: du sollst dich nicht h.! ‖ **hi|nü̲|ber|müs|sen** ‖ **hi|nü̲|ber|rei|chen:** der Sitznachbarin ein Buch h. ‖ **hi|nü̲|ber|ru|fen** ‖ **hi|nü̲|ber|schwim|men** ‖ **hi|nü̲|ber|sprin|gen** ‖ **hi|nü̲|ber|stei|gen** ‖ **hi|nü̲|ber|wech|seln** [-ks-] ‖ **hi|nü̲|ber|wer|fen:** einen Blick h. ‖ **hi|nü̲|ber|win|ken**
hịn und he̲r: hin und her laufen *(dahin und dorthin, durcheinanderlaufen)*; *aber:* hin- und herlaufen *(hin- und wieder zurücklaufen)* ‖ **Hịn und He̲r** das, - - -: nach längerem Hin und Her ‖ **hịn- und he̲r|ge|ris|sen:** *schwankend, im Zweifel*
Hịn- und Rụ̈ck|fahrt
hi|nụn|ter: bis h. ins Tal fahren ‖ **hi|nụn|ter|be|glei|ten** ‖ **hi|nụn|ter|bli|cken** ‖ **hi|nụn|ter|brin|gen:** die Sachen h. | keinen Bissen h. *(nichts essen können)* ‖ **hi|nụn|ter|ei|len** ‖ **hi|nụn|ter|fal|len** ‖ **hi|nụn|ter|flie|gen** ‖ **hi|nụn|ter|füh|ren** ‖ **hi|nụn|ter|ge|hen** ‖ **hi|nụn|ter|ge|lan|gen** ‖ **hi|nụn|ter|gie|ßen** ‖ **hi|nụn|ter|kip|pen:** Müll in die Grube h. | (ugs.) Schnaps h. *(rasch trinken)* ‖ **hi|nụn|ter|kom|men:** in den Keller h. ‖ **hi|nụn|ter|las|sen:** die WC-Spülung h. ‖ **hi|nụn|ter|rin|nen** ‖ **hi|nụn|ter|rut|schen** ‖ **hi|nụn|ter|schi|cken** ‖ **hi|nụn|ter|schlin|gen** ‖ **hi|nụn|ter|schlu|cken:** eine Tablette h. | Beleidigungen/Zorn h. *(hinnehmen, unterdrücken)* ‖ **hi|nụn|ter|schmei|ßen** ‖ **hi|nụn|ter|sto|ßen** ‖ **hi|nụn|ter|stür|zen:** wir sahen eine Lawine ins Tal h. | ein Getränk h. *(schnell trinken)* ‖ **hi|nụn|ter|tau|chen** ‖ **hi|nụn|ter|wür|gen**
hin|wẹg: Entscheidungen über ihre Köpfe h. *(ohne sie zu fragen)* treffen | über Wochen h. *(wochenlang)* | (geh.) h. *(fort)* mit dir!
Hịn|weg: *der Weg von hier bis zum Zielpunkt;* → Herweg
hin|wẹg|fe|gen: die Zelte wurden vom Sturm hinweggefegt ‖ **hin|wẹg|ge|hen:** über einen Einwand h. *(ihn nicht beachten)* ‖ **hin|wẹg|hel|fen** ‖ **hin|wẹg|kom|men:** über einen Verlust h. *(ihn verkraften, überwinden)* ‖ **hin|wẹg|le|sen** ‖ **hin|wẹg|re|den** ‖ **hin|wẹg|se|hen** ‖ **hin|wẹg|set|zen** sich: sich über ein Verbot h. *(es nicht beachten)* ‖ **hin|wẹg|täu|schen:** sein Optimismus kann nicht über die Probleme h. ‖ **hin|wẹg|trös|ten**
Hịn|weis der, -es/-e ‖ **hịn|wei|sen:** auf etwas Wichtiges h. | (Gramm.) hinweisendes Fürwort *(Demonstrativpronomen)* ‖ **Hịn|weis|ta|fel**
hịn|wen|den: wo kann ich mich bei Fragen h.? ‖ **Hịn|wen|dung**
hịn|wer|fen: eine Bemerkung h. *(nebenbei aussprechen)*
hin|wie̲|der (geh.): *andererseits* ‖ **hin|wie̲|de|rum** (geh.): *hinwieder*
hịn|wir|ken: auf eine Änderung der Vorschrift h. *(sie herbeiführen wollen)*
hịn|wol|len
Hịnz (abw.) (nur in der Wendung): H. und Kunz *(jedermann)*
hịn|zie|hen: dieser Prozess zieht sich schon lange hin
hin|zu̲: *dazu* ‖ **hin|zu̲|ad|die|ren** ‖ **hin|zu̲|be|kom|men** ‖ **hin|zu̲|den|ken** ‖ **hin|zu̲|er|fin|den** ‖ **hin|zu̲|fü|gen** ‖ **hin|zu̲|ge|ben** ‖ **hin|zu̲|ge|sel|len** sich: *sich anderen anschließen* ‖ **hin|zu̲|ge|win|nen** ‖ **hin|zu̲|kom|men** ‖ **hin|zu̲|ler|nen** ‖ **hin|zu̲|neh|men** ‖ **hin|zu̲|rech|nen** ‖ **hin|zu̲|set|zen** ‖ **hin|zu̲|tre|ten** ‖ **hin|zu̲|tun** ‖ **Hin|zu̲|tun** das, -s: ohne mein H. *(Dazutun)* ‖ **hin|zu̲|ver|die|nen** ‖ **hin|zu̲|zäh|len** ‖ **hin|zu̲|zie|hen** ‖ **Hin|zu̲|zie|hung** die, -: unter H. *(Beiziehung)* einer Sachverständigen

H

Hiobsbotschaft: *eine Unglücksnachricht (nach einer biblischen Gestalt)*
hip, hipper/am hippsten ⟨engl.⟩ (sal.) (Jug.): etwas ist hip *(modern, im Trend);* ein hipper Pullover
Hip-Hop der, -s ⟨engl.⟩ (Mus.): *eine Stilrichtung im Pop*
hipp, hipp, hurra: *anfeuernder Zuruf [im Sport]*
Hippie der, -[s]/-s ⟨engl.⟩ (früher): *[junger] Mensch, der sich durch ungebundene Lebensführung auf friedliche Weise von der Gesellschaft distanziert; Blumenkind*
Hippodrom das, -s/-e ⟨gr.⟩ (früher): *Stadion für Pferderennen*
hippokratisch: der hippokratische Eid *(Eid der Mediziner) (nach dem altgriechischen Arzt Hippokrates)*
Hirn das, -[e]s/-e: *Gehirn* | etwas mit H. *(Verstand)* machen | (Küchenspr.) H. mit Ei ‖ **Hirnanhangsdrüse** (Med.): → *Hypophyse* ‖ **Hirnblutung** = → Gehirnblutung ‖ **Hirnentzündung** = → Gehirnentzündung ‖ **Hirnerschütterung** = → Gehirnerschütterung ‖ **hirngeschädigt** = → gehirngeschädigt ‖ **Hirngespinst** (abw.): *fantastischer Gedanke oder Wunsch, Einbildung* ‖ **Hirnhälfte** = → Gehirnhälfte ‖ **Hirnhaut** = → Gehirnhaut ‖ **Hirnhautentzündung** = → Gehirnhautentzündung ‖ **Hirnkastl** (ugs.): *Kopf;* sein H. *(seinen Verstand)* anstrengen ‖ **hirnlos** ‖ **Hirnrinde** = → Gehirnrinde ‖ **hirnrissig** (ugs., abw.): *hirnverbrannt* ‖ **Hirnschlag** = → Gehirnschlag ‖ **Hirntumor** = → Gehirntumor ‖ **hirnverbrannt** (ugs., abw.): eine hirnverbrannte *(unsinnige, verrückte) Idee* ‖ **Hirnwindung** = → Gehirnwindung
Hirsch der, -[e]s [-en]/-e[n]: ein röhrender H. ‖ **hirschen** (ostöst., ugs., scherzh.): *eilen;* in die Küche h. ‖ **Hirschene**[1] das, -n, Hirschenes: *Hirschfleisch* ‖ **Hirschene**[2] die, -n/-n: *Hirschlederhose* ‖ **Hirschfänger** der, -s/-: *ein Jagdmesser* ‖ **Hirschgeweih** ‖ **Hirschhorn:** *das Material des Hirschgeweihs* ‖ **Hirschhornknopf** ‖ **Hirschhornsalz:** *ein Treibmittel zum Backen* ‖ **Hirschkäfer** ‖ **Hirschkalb** ‖ **Hirschkeule** (bes. D): *Hirschschlegel* ‖ **Hirschkuh:** *weiblicher Hirsch, Hindin* ‖ **Hirschleder** ‖ **hirschledern:** eine hirschlederne Hose ‖ **Hirschlederne** die, -n/-n: *Hirschlederhose* ‖ **Hirschschlegel,** *auch:* **Hirschschlögel:** *Hirschkeule* ‖ **Hirschtalg** der, -[e]s
Hirse die, -: *Name verschiedener Getreidearten* ‖ **Hirsebrei**
Hirt der, -en/-en = **Hirte,** -n/-n: *jemand, der eine [Schaf]herde hütet* | der Gute Hirt[e] *(Christus)* ‖ **Hirtenamt:** *Amt der Priester und Bischöfe* ‖ **Hirtenbrief:** *bischöfliches Rundschreiben* ‖ **Hirtenflöte** ‖ **Hirtenhund** ‖ **Hirtenmusik:** *Pastorale* ‖ **Hirtenstab** ‖ **Hirtenvolk:** *von der Viehzucht lebendes Nomadenvolk* ‖ **Hirtin** die, -/-innen
hispanisch (geh. bzw. veraltet): *spanisch*
hissen, du hisst: *aufziehen;* die Fahne h.; die Segel h.
Histologe der, -n/-n ⟨gr.⟩ (Med.) ‖ **Histologie** die, - (Med.): *Lehre von den menschlichen Körpergeweben* ‖ **Histologin** die, -/-innen (Med.)
Historchen das, -s/- ⟨gr.⟩: *Anekdote* ‖ **Historie** [-iɛ] die, -: *[Welt-]geschichte* | (mit Pl. -n) *Bericht, Erzählung* ‖ **Historienbild** (Kunstg.): *Gemälde, auf dem ein historisches Ereignis dargestellt ist* ‖ **Historiker** der, -s/-: *Geschichtsforscher* ‖ **Historikerin** die, -/-innen ‖ **Historiografie** = **Historiographie** [-f-] die, -: *Geschichtsschreibung* ‖ **historisch:** *geschichtlich; geschichtlich bedeutsam;* → G.: ahistorisch ‖ **historisieren** ‖ **Historismus** der, -: *Überbewertung des Geschichtlichen* | *Nachahmung historischer Stile, zB im Ringstraßenstil*
Hit der, -[s]/-s ⟨engl.⟩: *großer Erfolg* | *Spitzenschlager;* → G.: Flop
Hitlergruß (Gesch.): *Gruß im Nationalsozialismus* ‖ **Hitlerjugend** (HJ) (im Nationalsozialismus): *Zwangsorganisation für Buben von 14 bis 18 Jahren;* → BDM
Hitliste ⟨engl.⟩ ‖ **Hitparade:** *Sendung mit den aktuellsten Hits;* → Top Ten
Hitze die, -: brütende H. ‖ **Hitze abweisend** = **hitzeabweisend:** eine H. abweisende Beschichtung ‖ **Hitzeausschlag** ‖ **hitzebeständig** ‖ **hitzeempfindlich** ‖ **Hitzeferien** die (Pl.) ‖ **hitzen:** die Salbe hitzt auf der Haut; → G.: kälten, kühlen ‖ **Hitzeperiode** ‖ **Hitzeschild:** *eine Schutzschichte [bei Raumfahrzeugen]* ‖ **Hitzewallung** ‖ **Hitzewelle** ‖ **hitzig:** *aufbrausend, jähzornig* ‖ **Hitzkopf:** *Heißsporn* ‖ **Hitzschlag** (Med.): *Kollaps bei hohen Temperaturen*
HIV [ha i ˈfaʊ] (Med.): *Erregervirus von AIDS* ‖ **HIV-negativ** (Med.) ‖ **HIV-positiv** (Med.): *im Test nachgewiesene AIDS-Infektion*
HJ [ha ˈjɔt] die, - (im Nationalsozialismus): **H**itler**j**ugend; → BDM
hl: **H**ekto**l**iter
hl.: **h**ei**l**ig; die hl. (heilige) Messe; dem hl. (heiligen) Petrus
hm: *ein Ausruf [des Überlegens]*
H-Milch [ˈhaː-]: **H**altbar**milch**
h-Moll [ˈhaːˈmɔl] (h) (Mus.) ‖ **h-Moll-Tonleiter** (Mus.)
HNO-Arzt [ha ɛn ˈoː]: **H**als-, **N**asen- und **O**hrenarzt ‖ **HNO-Ärztin:** **H**als-, **N**asen- und **O**hrenärztin ‖ **HNO-Klinik:** Klinik für **H**als-, **N**asen- und **O**hrenkrankheiten
Ho: **Ho**lmium
ho.: **h**ier**o**rts, **h**ier**o**rtige
Hoangart [ˈhõə(ŋ)gət] der, -en/-en (westöst.): *gemütliches Beisammensein* ‖ **hoangarten** (westöst.) ‖ **Hoangartstuben** (westöst.): *Plausch, Treffen*
Hoangho [ˈhu̯aŋ-] der, -[s]: *Strom in China*
Hoax [hɔʊks] die = der, -/- ⟨engl.⟩: *Täuschung, Schwindel* | (Internet) *E-Mail, das eine Virusbedrohung vortäuscht*
hob → heben
Hob, *auch:* **Hob.** (Mus.): **Hob**oken-Verzeichnis
Hobby [-i] das, -s/-s ⟨engl.⟩: *Steckenpferd; Liebhaberei, Freizeitbeschäftigung;* ihre Hobbys sind Fußballspielen und Lesen ‖ **Hobbygärtner** ‖ **Hobbygärtnerin** ‖ **Hobbyraum**
Hobel der, -s/- ‖ **Hobelbank** ‖ **Hobelmaschine** ‖ **hobeln,** ich hoble ‖ **Hobelscharten** = **Hobelscheiten** die (Pl.): *Hobelspäne* | (reg.) (Küchenspr.) *eine Mehlspeise* ‖ **Hobelspan**
Hoboken-Verzeichnis das, -nisses (Hob, Hob.) (Mus.): *Verzeichnis der Werke Joseph Haydns*

hoch, höher/am höchsten: etwas h. und heilig *(ganz fest)* versprechen; „sie lebe h.!" | das ist mir zu h. *(das verstehe ich nicht)* | (Math.) 5 h. 3 *(fünf zur* *dritten Potenz);* aber: **Hoch** und Niedrig/Nieder *(jedermann);* → hohe; → höchst

Schreibung mit Verben: Getrenntschreibung bei wörtlicher Bedeutung:
- hoch besteuern
- die Preise hoch halten
- sich hoch verschulden

Zusammenschreibung bei übertragener Bedeutung, zB:
- sich hocharbeiten
- sich hochdienen
- hochfahren *(erschrocken oder zornig auffahren)*
- hochgehen *(explodieren)*
- hochstapeln *(in betrügerischer Absicht eine höhere Stellung vortäuschen)*

Zusammenschreibung als Adverb in der Bedeutung „nach oben, hinauf", zB:
- hochblicken
- hochbringen
- hochklappen

Getrennt- und Zusammenschreibung in Zweifelsfällen:
- hoch achten = hochachten
- hoch schätzen = hochschätzen

Schreibung mit Adjektiven/Partizipien: Zusammenschreibung, wenn „hoch" die Bedeutung des folgenden Bestandteils verstärkt, zB:
- eine hochaktuelle Nachricht
- hochanständige Leute
- hochberühmt
- hochgebildet
- hochgestellte Persönlichkeiten
- hochinteressant
- hochrot

Getrennt- und Zusammenschreibung in Verbindung mit adjektivisch gebrauchten Partizipien, zB:
- ein hoch bezahlter (= hochbezahlter) Job
- hoch dosiert = hochdosiert
- hoch konzentriert = hochkonzentriert
- hoch qualifiziert = hochqualifiziert

Hoch das, -s/-s: *Hochruf;* ein dreifaches H. ausbringen | (Met.) *Gebiet mit hohem Luftdruck* | sich in einem [seelischen] H. befinden; → G.: Tief || **hoch ach|ten** = **hoch|ach|ten** || **Hoch|ach|tung** || **hoch|ach|tungs|voll** || **Hoch|adel:** *die höheren Rangstufen des Adels* || **hoch|ak|tu|ell** || **hoch|al|pin** || **Hoch|al|tar:** *Hauptaltar;* → G.: Seitenaltar || **Hoch|amt:** *eine feierliche Messe* || **hoch|an|stän|dig** || **hoch|ar|bei|ten** sich || **Hoch|aris|to|kra|tie** || **hoch|auf|lö|send:** ein hochauflösender Monitor || **Hoch|ba|rock:** *Blütezeit des Barocks* || **Hoch|bau** der, -[e]s: *Hausbau;* → Tiefbau || **hoch be|gabt** = **hoch|be|gabt** || **hoch|be|rühmt** || **hoch|be|tagt** (geh.): *sehr alt* || **Hoch|be|trieb:** heute herrscht H. || **hoch be|zahlt** = **hoch|be|zahlt** || **hoch|bin|den** || **hoch|bli|cken** || **Hoch|blü|te:** das Barock brachte eine H. der Kunst || **hoch|brin|gen** || **hoch|bri|sant:** *sehr brisant* || **Hoch|burg:** Wien ist eine H. *(ein Zentrum)* der klassischen Musik || **hoch|deutsch:** h. reden || **Hoch|deutsch** das, -[s] = **Hoch|deut|sche,** -n: *die von der 2. (hochdeutschen) Lautverschiebung erfasste Ausprägung der deutschen Sprache im Süden (einschließlich Österreichs und der Schweiz) und in der Mitte des deutschen Sprachraums* | *Standardsprache des Deutschen* || **hoch|die|nen** sich || **hoch do|siert** = **hoch|do|siert** || **hoch|dra|ma|tisch:** *sehr aufregend, spannend* || **Hoch|druck** der, -[e]s: mit H. arbeiten | (Druckw.) *ein Druckverfahren* | (mit Pl. -e) *im Hochdruck hergestellter Abzug* || **Hoch|druck|ge|biet** (Met.) || **Hoch|druck|rei|ni|ger** || **Hoch|druck|wet|ter** (Met.) || **Hoch|ebe|ne** → G.: Tiefebene || **Hoch|ener|gie|phy|sik** [-fy-]: *Physik der Elementarteilchen* || **hoch|er|freut** || **hoch|ex|plo|siv** || **hoch|fah|ren** || **hoch|fah|rend** (geh.): *arrogant* || **Hoch|fi|nanz** die, -: *die Spitzen des Bank- und Finanzwesens* || **hoch|flie|gen:** *nach oben fliegen* || **hoch|flie|gend** (geh.): hochfliegende Pläne || **Hoch|form:** in H. *(bes. leistungsfähig)* sein; → Höchstform || **Hoch|for|mat** → Querformat || **hoch|fre|quent** (Phys.) → G.: niederfrequent || **Hoch|fre|quenz** (HF) (Phys.): *elektrische Hochspannung* || **Hoch|fre|quenz|mo|du|la|tor** (Elektrot.): *Vorrichtung zum Modulieren von Videosignalen* || **Hoch|fre|quenz|strom** || **hoch ge|ach|tet** = **hoch|ge|ach|tet** || **hoch|ge|bil|det:** ein hochgebildeter Mensch || **Hoch|ge|bir|ge** || **hoch|ge|bo|ren:** *adelig* || **hoch ge|ehrt** = **hoch|ge|ehrt** || **Hoch|ge|fühl** || **hoch|ge|hen:** die Sprengladung geht hoch | (bes. D, ugs.) *sich erregen, sich entrüsten;* ihr Vorschlag hat die Wogen h. lassen || **hoch|geis|tig:** hochgeistige Gespräche | (meist scherzh.) ein hochgeistiges *(stark alkoholisches)* Getränk; → geistig || **hoch|ge|mut** (geh.): *froh und zuversichtlich* || **Hoch|ge|nuss** || **hoch|ge|schätzt:** eine hochgeschätzte Politikerin; *aber:* ein hoch geschätzter (= hochgeschätzter) Kunstgegenstand || **hoch|ge|schlos|sen:** eine hochgeschlossene Bluse || **Hoch|ge|schwin|dig|keits|zug** || **hoch|ge|steckt:** hochgesteckte Ziele; hochgesteckte Haare || **hoch|ge|stellt:** eine hochgestellte Ziffer; eine hochgestellte Persönlichkeit || **hoch|ge|sto|chen** (abw.): ein hochgestochener *(geschraubter)* Stil || **hoch|ge|wach|sen** [-ks-]: eine hochgewachsene Schülerin || **hoch|gif|tig** || **Hoch|glanz:** die Wohnung auf H. bringen *(sie bes. gründlich putzen)* || **Hoch|glanz|pa|pier** || **hoch|gra|dig** || **hoch|ha|ckig** (bes. nördl. D): *mit hohen Absätzen* || **hoch|hal|ten:** das Ansehen der Familie h. || **Hoch|haus** || **hoch|he|ben:** *aufheben* || **hoch|herr|schaft|lich** || **hoch|her|zig** (geh.): *großmütig* || **Hoch|her|zig|keit** die, - (geh.) || **hoch|hie|ven** [-f-, auch: -v-]: *[mit einem Kran] hochheben* || **hoch|in|tel|li|gent** || **hoch|in|te|res|sant** || **Hoch|jagd:** *Jagd auf Hochwild* || **hoch|ja|gen:** die Wildenten h. || **hoch|ju|beln:** die Medien jubelten den Sportler hoch || **hoch|käm|men** || **hoch|kant** = **hoch|kan|tig:** eine Kiste h. *(auf der Schmalseite)* aufstellen | (sal.) jemanden h. *(mit Nachdruck)* hinauswerfen || **hoch|ka|rä|tig:** ein hochkarätiger *(großer)* Edelstein | *hochrangig, prominent;* eine hochkarätige Expertengruppe; → Karat || **hoch|klap|pen** || **hoch|klet|tern** || **hoch|kom|men:** *an die Oberfläche kommen* | beruflich h. *(aufsteigen)* || **Hoch|kom|mis|sar:** *hochrangiger Beauftragter [der Vereinten Nationen] für einen bestimmten Sachbereich* || **Hoch|kom|mis|sa|rin** || **Hoch|kö|nig** der, -s [auch: -'øː-]: *ein Gebirgsstock in Salzburg* || **Hoch|kon|junk|tur** || **hoch kon|zen|t|riert** = **hoch|kon|zen|t|riert:** eine h. kon-

H

zentrierte Schülerin | eine h. konzentrierte Säure || **hochkrempeln** || **hochkultiviert** || **Hochkultur:** *hoch entwickelte Kultur* | (auch iron.) *Kultur der höheren Gesellschafts- und Bildungsschicht* || **hochkurbeln** || **hochladen** (EDV): *uploaden;* → herunterladen || **Hochland:** *hoch gelegene Landschaft* || **Hochlantsch** der, -[s]: *ein Berg in der Steiermark* || **Hochlautung** (Sprachwiss.): *die der Standardsprache zugehörige Aussprache* || **hochleben:** jemanden h. lassen || **Hochleistung** || **Hochleistungssport** || **Hochleistungsstrecke:** *ein Abschnitt der Eisenbahn, der für hohe Geschwindigkeiten geeignet ist* || **höchlich** (geh. bzw. scherzh., veraltet): sie ist h. *(sehr) amüsiert* || **hochlöblich** (geh. oder scherzh.): *sehr ehrenwert* || **Hochmeister:** *Oberhaupt des Deutschen Ritterordens;* → Deutschmeister || **hochmodern** || **hochmodisch** || **Hochmoor** || **Hochmut** || **hochmütig:** *arrogant, überheblich* || **Hochmütigkeit** die, - || **hochnäsig** (abw.): *hochmütig* || **Hochnäsigkeit** die, - (abw.) || **Hochnebel** || **hochnehmen** (ugs.): *harmlos verspotten* || **hochnotpeinlich** (geh. bzw. scherzh.): eine hochnotpeinliche *(strenge, unangenehme)* Überprüfung || **Hochofen:** *ein Schmelzofen für Erze* || **hochoffiziell** || **Hochparterre** [-tɛr]: *Halbstock zwischen Parterre und erstem Stock, Mezzanin;* → Tiefparterre || **hochpeitschen:** *zur Leistung antreiben;* die Mannschaften haben sich gegenseitig hochgepeitscht | der Sturm peitschte die Wellen hoch || **Hochplateau** [-to:]: *Hochebene* || **hochpolitisch** || **hochprozentig** || **hoch qualifiziert** = **hochqualifiziert** || **hochragen** || **hochrangig** || **hochranken** || **hochrechnen:** *aus Stichproben das zu erwartende Gesamtergebnis vorausberechnen* || **Hochrechnung** || **hochreißen** || **hochrot** || **Hochruf** (meist Pl.); → Hoch || **Hochsaison** [-zɛz-, fr.: -sɛzɔ̃] || **Hochschätzung** die, - || **hoch schätzen** = **hochschätzen** || **Hochschaubahn:** *Berg-und-Tal-Bahn, Achterbahn* || **hochschlagen:** die Ärmel h. || **hochschnellen** || **hochschrauben:** einen Hocker h. | die Erwartungen h. || **Hochschober:** *ein Berg in Tirol* || **Hochschulabschluss** || **Hochschulabsolvent** [-v-] || **Hochschulabsolventin** || **Hochschulautonomie** (Bildw.): *Entscheidungsfreiheit der Universitäten* || **Hochschulberechtigung** || **Hochschulbildung** || **Hochschule** (früher): H. für angewandte Kunst (jetzt: Universität für angewandte Kunst) in Wien; Kunst-, Musikhochschule || **Hochschüler:** *Student* || **Hochschülerin** || **Hochschülerschaft:** die Österreichische H. (ÖH) *(gesetzliche Interessenvertretung der Studierenden)* || **Hochschulfürsorge** (SüdT): *Maßnahmen zur Sicherung des Rechts auf universitäre Bildung* || **Hochschullehrer** || **Hochschullehrerin** || **Hochschulreife** || **Hochschulstudium** [-ʃt-] || **Hochschwab** der, -s: *eine Gebirgsgruppe in der Steiermark* || **hochschwanger** || **Hochsee** die, -: *offenes Meer fern der Küste* || **Hochseefischerei** || **Hochseil:** *hoch oben gespanntes Seil [im Zirkus]* || **Hochsicherheitstrakt:** der H. einer Strafanstalt || **Hochsitz:** *Hochstand* || **Hochsommer** || **hochsommerlich** || **Hochspannung** || **Hochspannungsleitung** || **Hochspannungsmast** || **hochspielen:** eine Sache h. *(aufbauschen); aber:* hoch *(mit hohem Einsatz)* spielen || **Hochsprache** die, -: *Standardsprache (zum Unterschied von Umgangssprache und Dialekt)* || **hochsprachlich** || **hochspringen** (Sport) → Hochsprung | sie ist plötzlich hochgesprungen *(in die Höhe gesprungen); aber:* ich kann [sehr] hoch springen || **Hochspringer** (Sport) || **Hochspringerin** (Sport) || **Hochsprung:** *eine Sportart*

höchst [-çst]:
äußerst; → hohe; → höchst

Getrenntschreibung:
- höchst seltsam
- höchst selten
- höchst unwahrscheinlich
- das ist höchst *(äußerst)* wahrscheinlich; *aber zusammen:* höchstwahrscheinlich *(fast gewiss)* werde ich kommen

Großschreibung bei Nominalisierung:
- nach dem **H**öchsten streben
- aufs (auf das) **H**öchste (= höchste; mit der Frage *Wie?*) erstaunt sein

Höchstalter || **hochstämmig:** hochstämmige Apfelbäume || **Hochstand:** das Wild vom H. *(Hochsitz)* aus beobachten || **Hochstapelei** || **hochstapeln,** er stapelt hoch/hat hochgestapelt: *in betrügerischer Absicht eine höhere Stellung vortäuschen;* → G.: tiefstapeln || **Hochstapler** der, -s/-: *jemand, der sich [in betrügerischer Absicht] für mehr ausgibt, als er ist* || **Hochstaplerin** die, -/-innen || **Höchstausmaß** [-çst-]: *Höchstmaß* || **Höchstbeitragsgrenze** || **Höchstbeitragsgrundlage:** die H. für die Sozialversicherung || **Höchstbelastung** || **Höchstbetrag** || **Höchstbietende**[1] der, -n/-n, ein Höchstbietender: an den Höchstbietenden verkaufen || **Höchstbietende**[2] die, -n/-n || **hochstehend:** eine hochstehende Persönlichkeit || **hochsteigen** || **höchstens:** h. *(nicht mehr als)* drei Tage wegbleiben || **Höchstfall:** im H. 1 000 € || **Höchstform** → Hochform || **Höchstgericht:** *Oberster Gerichtshof, Verfassungs-, Verwaltungsgerichtshof, Europäischer Gerichtshof* || **höchstgerichtlich** || **Höchstgeschwindigkeit** || **hochstilisieren** [-st-]: *einer Sache mehr Bedeutung beimessen als angebracht* || **Hochstimmung** || **Höchstleistung** [-çst] || **Höchstmaß** || **höchstmöglich:** die höchstmögliche Leistung || **höchstpersönlich:** er kam h. || **Hochstraße:** *auf Stelzen geführte Straße oberhalb einer anderen Straße* || **Hochstrecke:** etwas zur H. bringen *(nach oben stemmen)* || **Höchstrichter** [-çst]: *Richter eines Höchstgerichts* || **Höchstrichterin** || **höchstrichterlich:** eine höchstrichterliche Entscheidung || **höchstselbst** (veraltend bzw. scherzh.): *höchstpersönlich* || **Höchststand** || **Höchststrafe** (Jus) || **Höchststufe** (Gramm.): *Superlativ* || **Höchsttemperatur** || **Höchsturteil** (Jus): *Urteil eines Höchstgerichts* (OGH, VwGH, VfGH, EuGH) || **höchstwahrscheinlich:** sie hat h. Recht; *aber:* es ist höchst *(äußerst)* wahrscheinlich, dass ...; → höchst ‖ **Höchstwert** ‖ **höchstzulässig:** das höchstzulässige Gewicht ‖ **Hochtal:** *hoch gelegenes Tal* ‖ **Hochtechnologie:** *höchstentwickelte technische Produktionsverfahren bzw. Produkte;* → Hightech ‖ **Hochtor** das, -[e]s: *ein Pass in Kärnten, Salzburg* ‖ **hochtourig** [-tuː-]: ein hochtouriger *(mit hoher Drehzahl laufender)* Motor ‖ **Hochtouristik:** *das Bergsteigen* ‖ **hochtrabend** (abw.): *schwülstig, pathetisch, übertrieben* ‖ **Hochunserfrauentag** (SüdT): *Mariä Himmelfahrt (15. August)* ‖ **hochverdient** ‖ **hochverehrt** ‖ **Hochverrat** (Jus): *Verbrechen gegen den [eigenen] Staat von innen her;* → Landesverrat ‖ **Hochverräter** (Jus) ‖ **Hochverräterin** (Jus) ‖ **hochverräterisch** (Jus) ‖ **hochverzinslich** (Bankwesen) ‖ **Hochwald:** *Wald mit hohen, alten Bäumen* ‖ **Hochwasser:** die Donau führt H.; → G.: Niederwasser ‖ **Hochwasseropfer** ‖ **Hochwasserschutz** ‖ **hochwerfen** ‖ **hochwertig** ‖ **Hochwild** (Jägerspr.): *Hirsch, Adler, Gämse;* → G.: Niederwild ‖ **hochwillkommen** ‖ **hochwirksam** ‖ **hochwölben** ‖ **hochwüchsig** [-ks-]: hochwüchsige Pflanzen; → wachsen ‖ **hochwuchten:** *mit großem Körpereinsatz hochheben* ‖ **Hochwürden** (veraltet): *Anrede für einen katholischen Geistlichen* ‖ **hochwürdig** ‖ **Hochzahl** (Math.): → *Exponent* ‖ **Hochzeit** die, -/-en: *[Feier der] Eheschließung* ‖ **hochzeiten:** *heiraten* ‖ **Hochzeiter** der, -s/- (veraltend): *Bräutigam* | (nur Pl.) *Brautpaar* ‖ **Hochzeiterin** die, -/-innen (veraltend) ‖ **hochzeitlich** ‖ **Hochzeitsbitter** der, -s/- (reg.) (Volksk.): *jemand, der die Gäste zur Hochzeit einlädt (bittet);* → Leichenbitter ‖ **Hochzeitsbitterin** die, -/-innen (reg.) (Volksk.) ‖ **Hochzeitsfeier** ‖ **Hochzeitsfest** ‖ **Hochzeitsgast** ‖ **Hochzeitsgeschenk** ‖ **Hochzeitsgesellschaft** ‖ **Hochzeitsglocken** die (Pl.): die H. läuten *(eine Eheschließung kündigt sich an)* ‖ **Hochzeitskleid** ‖ **Hochzeitsliste:** *Wunschliste des Brautpaars* ‖ **Hochzeitsmahl** ‖ **Hochzeitsnacht** ‖ **Hochzeitspaar** ‖ **Hochzeitsreise** ‖ **Hochzeitstag** ‖ **Hochzeitstorte** ‖ **hochziehen** ‖ **Hochzinspolitik** (Wirt.): *Bestreben, mit hohen Kreditzinsen der Inflation entgegenzuwirken* ‖ **hochzüchten** (nur Inf. und Part.): *ertragreiche, leistungs-, widerstandsfähige Tiere oder Pflanzen züchten*

Hocke die, -/-n: *eine Körperstellung* | *eine Turnübung* ‖ **hocken:** ich *bin* auf dem Boden gehockt ‖ **Hocker** der, -s/-: *eine Art höheres [gepolstertes] Stockerl;* Barhocker

Höcker der, -s/-: das Dromedar hat nur einen H. ‖ **höckerig,** *auch:* höckrig: *bucklig; uneben*

hockerln, ich hockerl (ugs.): *hocken*

Hockey [-ki, -kɛ] das, -[s] ⟨engl.⟩: *eine Sportart;* H. spielen; Eishockey

höckrig → höckerig

Hoden der, -s/-: *männliche Keimdrüse* ‖ **Hodenbruch** (Med.) ‖ **Hodensack**

Hodscha der, -s/-s ⟨pers.-türk.⟩: *islamischer Geistlicher und Lehrer*

Hof der, -[e]s/Höfe: Verkauf ab Hof *(direkt beim Bauern)* | *Wohnsitz eines Herrschers;* Hof halten/er hielt Hof/hat Hof gehalten | (veraltend) einer Frau den Hof machen *(um sie werben)* ‖ **Hofadel:** *der am Herrscherhof lebende Adel* ‖ **Hofbibliothek** die, - (früher): *die jetzige Nationalbibliothek* ‖ **Hofburg** die, -: *ehemals kaiserliche Residenz in Wien; Amtssitz des Bundespräsidenten* | *ehemals erzherzogliche Residenz in Innsbruck* ‖ **Hofburgtheater** (früher): *das jetzige Burgtheater* ‖ **Hofdame:** *adeliges weibliches Mitglied eines Hofstaates* ‖ **Hoferbe:** *Erbe eines Bauernhofes* ‖ **Hoferbin** ‖ **Höferecht** (Jus): *Regelung der Hofübergabe im Erbrechtsweg*

Hoffart die, - (geh.): *Hochmut* ‖ **hoffärtig** (geh.)

hoffen: sie hoffte auf ein gutes Ende

hoffentlich ‖ **Hoffnung** die, -/-en: die H. nicht aufgeben | (geh., veraltet) guter H. *(schwanger)* sein ‖ **hoffnungsfroh** ‖ **Hoffnungskauf** (Jus): *Kauf einer erhofften Sache, zB der Ernte des nächsten Jahres* ‖ **hoffnungslos** ‖ **Hoffnungslosigkeit** die, - ‖ **Hoffnungsmarkt** (Wirt.): *zukunftsträchtiger Absatzmarkt* ‖ **Hoffnungsschimmer** ‖ **Hoffnungsträger:** *Person, auf die man große Hoffnungen setzt* ‖ **Hoffnungsträgerin** ‖ **hoffnungsvoll**

Hofgastein → Bad Hofgastein ‖ **Hofgesellschaft** (früher) ‖ **Hofhaltung** ‖ **hofieren** (geh.): *den Hof machen, schmeicheln* ‖ **höfisch** (früher): *einem [mittelalterlichen] Fürstenhof gemäß;* höfische Dichtung ‖ **Hofkanzlei** (früher): *eine Behörde* ‖ **Hofkapelle** (früher): *Musikkapelle eines Fürsten* ‖ **Hofkapellmeister** (früher): kaiserlicher H. ‖ **höflich** ‖ **Höflichkeit** die, -/-en ‖ **Höflichkeitsbesuch** ‖ **Höflichkeitsfloskel** ‖ **höflichkeitshalber** ‖ **Höfling** der, -s/-e (früher): *Mitglied des Hofstaates, Würdenträger bei Hof* ‖ **Hofmann** (früher): *Höfling* ‖ **Hofmarschall** (früher) ‖ **Hofmeister** (früher): *Hauslehrer in vornehmen Familien* ‖ **Hofmusiker** (früher) ‖ **Hofnarr** (früher): *Spaßmacher am Hof* ‖ **Hofoper** (früher): *die jetzige Staatsoper (in Wien)* ‖ **Hofrat:** *ein Titel; ein Dienstrang* ‖ **Hofrätin** ‖ **Hofreitschule:** *die Spanische Reitschule in Wien* ‖ **Hofschranze** (abw., früher): *liebedienerischer Höfling* ‖ **hofseitig** ‖ **Hofstaat** der, -[e]s: *das Gefolge eines Fürsten*

hohe
hohe Schuhe; ein hoher Berg; → hoch; → höher

Kleinschreibung:
- hohes Gericht
- die hohe Schule (geh.: *Universität, Kunsthochschule*)
- das hohe C

Großschreibung in Eigennamen und in bestimmten fachsprachlichen Verbindungen:
- die **H**ohen Tauern
- die **H**ohe Warte *(die Zentralanstalt für Meteorologie und Geodynamik in Wien)*
- das **H**ohe Lied = Hohelied *(ein Buch des Alten Testaments); aber bei Deklination von „hohe" nur getrennt:* ein **H**ohes Lied
- der **H**ohe Priester = Hohepriester *(altjüdischer Oberpriester); aber bei Deklination von „hohe" nur getrennt:* ein **H**oher Priester
- das **H**ohe Haus *(Parlament; Nationalrat)*
- die **H**ohe (*auch:* hohe) Schule *(Reitkunst)*

H

Hö|he die, -/-n: die H. eines Kirchturmes | Urlaub auf 1 200 m H. *(Meereshöhe)* | die umliegenden Höhen *(Berge)* | das ist ja die H.! *(unerhört)* | nicht auf der H. *(nicht voll leistungsfähig)* sein || **Ho|heit** die, -/-en: *Anrede für eine fürstliche Person* | (ohne Pl.) (geh.) *Würde, Vornehmheit;* die H. seiner Erscheinung | (ohne Pl.) die H. *(oberste Gewalt)* über ein Gebiet ausüben || **ho|heit|lich:** hoheitliche Rechte || **Ho|heits|ge|biet:** *Staatsgebiet* || **Ho|heits|ge|wäs|ser** (meist Pl.) || **Ho|heits|recht:** *Recht, die Staatsgewalt auszuüben* || **Ho|heits|ver|wal|tung:** *die Vollziehung der gesetzlichen Aufgaben im behördlichen Verfahren;* → G. Privatwirtschaftsverwaltung || **ho|heits|voll** || **Ho|heits|zei|chen:** *Staatssymbol, zB Wappen, Fahne* || **Hö|hen|angst** (Med., Psych.): *Angst vor großen Höhen*

Ho|he|n|ems: *Stadt in Vorarlberg*

Hö|hen|flug: *Periode großen Erfolgs* || **Hö|hen|krank|heit** (Med.): *körperliche und geistige Leistungsminderung bei Aufenthalt in Höhen* || **Hö|hen|kur|ort** || **Hö|hen|la|ge** || **Hö|hen|li|nie** [-iə]: *Linie auf Landkarten, die gleich hoch gelegene Punkte verbindet* || **Hö|hen|luft** die, - || **Hö|hen|mes|ser:** *ein Messgerät* || **Hö|hen|me|ter:** 1 000 H. zurücklegen || **Hö|hen|son|ne:** die H. im Gebirge | *ein Bestrahlungsapparat* || **Hö|hen|strah|lung** (Astron.): *die aus dem Weltraum auf die Erde treffende Strahlung* || **Hö|hen|un|ter|schied** || **Hö|hen|zug** (Geogr.): *Gebirgszug* || **Hö|he|punkt:** auf dem H. des Erfolgs; → G.: Tiefpunkt || **hö|her:** höhere Schulen | (Jus) Schadenseintritt durch höhere Gewalt; *aber:* Höhere technische Lehranstalt || **hö|her|ge|stellt:** höhergestellte Beamte || **Hö|her|qua|li|fi|zie|rung** (Amtsspr.): *bessere berufliche Qualifikation durch Weiterbildung* || **hö|her|ran|gig** || **hö|her|schrau|ben:** Erwartungen/Preise h. || **Hö|her|stu|fe** (Gramm.): → *Komparativ* || **hö|her|stu|fen** || **Hö|her|stu|fung**

hohl: ein hohler Zahn | (abw.) *inhaltsleer, geistlos;* eine hohle Phrase || **hohl|äu|gig** || **Höh|le** die, -/-n || **Höh|len|brü|ter** (Zool.) || **Höh|len|for|scher** || **Höh|len|for|sche|rin** || **Höh|len|ma|le|rei:** steinzeitliche H. || **Höh|len|mensch:** *Höhlenbewohner der Steinzeit* || **Hohl|form:** *Gussform* || **Hohl|heit** die, - (abw.): die H. *(Geistlosigkeit)* seines Pathos || **Hohl|hip|pe** die, -/-n: *eine gerollte hohle Waffel* || **Hohl|keh|le** (fachspr.): *Verzierung in Form einer Rinne an Wänden und Möbeln* || **Hohl|kopf** (abw., derb): *dummer Mensch* || **Hohl|kör|per** (Phys.): *Körper, der innen hohl ist* || **Hohl|kreuz** (Med.): *eine Fehlhaltung* || **Hohl|ku|gel** || **Hohl|maß:** *Maßeinheit zur Bestimmung des Rauminhalts bzw. Fassungsvermögens eines Hohlkörpers, zB Liter, Kubikmeter* || **Hohl|raum** || **Hohl|saum:** *ein Saum bei Kleidungstücken* || **Hohl|schliff** || **Hohl|spie|gel** (Phys.): *ein gekrümmter Spiegel* || **Höh|lung** die, -/-en: *ausgehöhlter Bereich* || **hohl|wan|gig** || **Hohl|weg:** *Weg zwischen Abhängen*

Hohn der, -[e]s: *Spott;* → Hohn lachen = hohnlachen; → Hohn sprechen = hohnsprechen || **höh|nen** (geh.): *schmähen, verspotten;* wag es nicht, mich zu h.! || **Hohn|ge|läch|ter** || **höh|nisch** || **Hohn la|chen = hohn|la|chen** (meist nur Inf. und Part.) (geh.): H. lachend (= hohnlachend) wendete er sich ab || **Hohn spre|chen = hohn|spre|chen** (geh.): sein Benehmen sprach allem Anstand Hohn/hat Hohn gesprochen (= hohngesprochen) || **hohn|voll** (geh.)

ho|ho: *ein Ausruf*

Ho|kus|po|kus der, - ⟨engl.⟩: *eine Zauberformel* | *eine Gaukelei*

HOL: **H**aupt**s**chul**o**ber**l**ehrer/in

hold (geh.): *anmutig, lieblich* | jemandem h. *(gutgesinnt)* sein

Hol|der der, -s/- (V, CH, südl. D): *Holunder;* → Holler

Hol|ding [engl.: ˈhəʊl-] die, -/-s ⟨engl.⟩ = **Hol|ding|ge|sell|schaft** (Wirt.): *Dachgesellschaft zur Beaufsichtigung von Tochterfirmen*

hold|se|lig [auch: -ˈeː-] (geh., veraltet): *hold*

ho|len: Milch h. gehen

Hol|ger: *männl. Vorname*

Ho|lis|mus der, - ⟨gr.⟩ (Phil.): *Lehre, wonach alles aus einem ganzheitlichen Prinzip abzuleiten ist*

Hol|la|brunn (Kfz: HL): *Stadt in Niederösterreich*

Hol|land: *die niederländischen Provinzen Nord- und Südholland* | (ugs.) *die Niederlande* || **Hol|län|der** der, -s/- || **Hol|län|de|rin** die, -/-innen || **hol|län|disch:** *niederländisch*

Höl|le die, -/-n: jemandem die H. heißmachen *(ihn energisch zurechtweisen, ihm zusetzen);* → höllisch || **Höl|len|angst:** *sehr große Angst* || **Höl|len|fahrt:** *Fahrt in die Unterwelt, ins Totenreich* | *gefährliche Fahrt* || **Höl|len|ge|bir|ge** (O) || **Höl|len|hund:** *Zerberus* || **Höl|len|lärm:** *sehr starker Lärm* || **Höl|len|ma|schi|ne:** *Sprengkörper mit Zeit- oder Fernzündung* || **Höl|len|qual:** Höllenqualen erleiden || **Höl|len|tem|po:** *sehr hohes Tempo*

Hol|ler der, -s/-: *Holunder* | (reg., abw.) *Unsinn; wertloses Zeug* || **Hol|ler|baum** || **Hol|ler|blü|te** || **Hol|ler|busch:** *Holunderstrauch* || **Hol|ler|koch** (Küchenspr.) || **Hol|ler|rös|ter** (Küchenspr.) || **Hol|ler|saft** || **Hol|ler|schnaps** || **Hol|ler|stau|de**

höl|lisch: *der Hölle ähnlich;* höllisches Feuer; höllische *(unerträgliche, schreckliche)* Schmerzen | (ugs.) h. *(überaus)* laut

Hol|ly|wood [-liwud]: *Filmstadt in den USA* || **Hol|ly|wood|schau|kel:** *breites schaukelbares Gartenmöbel* || **Hol|ly|wood|star**

Holm der, -[e]s/-e (Sport): *Längsstange am Barren und an der Leiter* | (Technik) *tragendes Element [im Maschinenbau]*

Hol|mi|um das, -s (Zeichen: Ho): *ein chemisches Element*

Ho|lo|caust [-k-] der, -[s] ⟨gr.-lat.-engl.⟩: *Massenmord an Juden durch das nationalsozialistische Regime;* → Shoah || **Ho|lo|gramm** das, -s/-e ⟨gr.⟩: *ein dreidimensionales Bild* || **Ho|lo|gra|fie** = Holographie [-ˈfiː] die, -/-n: *Erzeugung von Hologrammen* | *Hologramm* || **ho|lo|gra|fisch = ho|lo|gra|phisch** [-f-]

hol|pe|rig → holprig || **hol|pern:** der Wagen holperte auf der unebenen Straße || **holp|rig,** *auch:* holperig: ein holpriger *(unebener)* Weg || **Holp|rig|keit** die, -/-en

Hol|schuld die, - (Jus): *Verpflichtung, die beim Schuldner einzulösen ist;* → Bringschuld

hol|ter|di|pol|ter = hol|ter|die|pol|ter: *ohne zu überlegen, überstürzt;* h. ging es den Berg hinunter | (ugs.) die Kutsche fuhr h. *(mit einem polternden Geräusch)* davon

Ho|lun|der der, -s/-: *ein Strauch;*

→ Holler ‖ **Holunderblüte** ‖ **Holunderbusch:** *Holunderstrauch* ‖ **Holunderröster** (Küchenspr.) ‖ **Holundersaft** ‖ **Holunderschnaps** ‖ **Holunderstaude** (ugs.): *Holunderstrauch* ‖ **Holunderstrauch** (Bot.)

Holz das, -es/Hölzer: H. hacken; H. verarbeiten; → Holz verarbeitend = holzverarbeitend | (ohne Pl.) (geh. bzw. Jägerspr.) *Wald, Gehölz;* Unterholz ‖ **Holzart** ‖ **Holzbein:** *eine Prothese* ‖ **Holzbläser** die (Pl.): *die Spieler der Holzblasinstrumente* ‖ **Holzblasinstrument** [-st-]: *Flöte, Klarinette ua.* ‖ **Holzbock:** *ein Insekt* | *Schragen* ‖ **Holzbringung** die, -/-en (fachspr.): *Abtransport der gefällten Stämme* ‖ **Holzdecke** ‖ **Holzdriste** → Holztriste ‖ **hölzeln,** ich hölzle (ugs.): *an einem bestimmten Sprechfehler leiden, lispeln* ‖ **holzen,** du holzt: *Bäume schlagen* | (Sport) *derb spielen, auf die Beine zielen, bes. im Fußball* ‖ **Holzer** der, -s/- (veraltend): *Holzarbeiter* | (ugs.) (Sport) *unfairer Spieler* ‖ **hölzern:** *aus Holz* | h. *(steif, ungelenk)* sprechen ‖ **Holzfäller** der, -s/- ‖ **Holzfällerin** die, -/-innen ‖ **holzfrei:** *holzfreies Papier* ‖ **Holzfußboden** ‖ **holzgeschnitzt** ‖ **Holzgestell** ‖ **holzgetäfelt** ‖ **Holzhacker:** *Holzfäller* ‖ **Holzhackerin** ‖ **Holzhammer:** *hölzerner Hammer* ‖ **Holzhaus** ‖ **holzig:** holzige Kohlrabi ‖ **Holzindustrie** ‖ **Holzkiste** ‖ **Holzklotz** ‖ **Holzknecht** (veraltet): *Waldarbeiter* ‖ **Holzkohle** ‖ **Holzkohlengrill** ‖ **Hölzl** das, -s/-n (ugs.): *Holz, Hölzchen;* jemandem ein H. werfen *(jemandem einen unterstützenden Hinweis geben);* Zündhölzl | (Mus.) picksüßes H. *(Pikkoloklarinette)* ‖ **Holzpaneel:** *Holztäfelung* ‖ **Holzplatte** ‖ **Holzriese:** *Gleitrinne für den Transport von Baumstämmen* ‖ **Holzschaff** ‖ **Holzscheit** ‖ **Holzschnitt:** *eine druckgrafische Technik* | *eine Grafik in dieser Technik* ‖ **Holzschnitzer** ‖ **Holzschnitzerin** ‖ **Holzschutzmittel** ‖ **Holzspan** ‖ **Holzspielzeug** ‖ **Holzsprießel** ‖ **Holzsprosse** ‖ **Holzsteige:** *Lattenkiste* ‖ **Holzstoß** ‖ **Holztäfelung** ‖ **Holztram:** *Holzbalken* ‖ **Holztriste,** *auch:* Holzdriste: *Holzstoß* ‖ **Holztrumm** (ugs.) ‖ **Holztür** ‖ **Holz verarbeitend** = **holzverarbeitend:** ein H. verarbeitender Betrieb ‖ **holzverkleidet** ‖ **Holzweg:** auf dem H. *(im Irrtum)* sein ‖ **Holzwirtschaft** ‖ **Holzwolle:** *bes. feine Holzspäne* ‖ **Holzwurm:** *ein Holzschädling*

Homburg der, -s/-s: *ein klassischer Herrenhut*

Homebanking ['həʊmbæ-] ⟨engl.⟩ (Bankw.): *Telebanking* ‖ **Homepage** [-peɪdʒ] die, -/-s [-ɪz] (EDV): *erste Seite einer Website*

homerisch: ein homerisches *(anhaltendes, schallendes)* Gelächter; die homerischen (auch: homerschen, Homer'schen) Epen (nach dem altgriechischen Dichter Homer)

Hometrainer ['həʊmtreɪnə] ⟨engl.⟩: *Heimtrainer*

Homilie die, -/-n ⟨gr.⟩: *Bibelinterpretation als Predigt*

Hominide der, -n/-n ⟨gr.⟩: *der Mensch samt seinen Vorläufern sowie die Menschenaffen (als biologische Gattung)*

Hommage [ɔ'maːʃ, -ʒɛ] die, -/-n ⟨fr.⟩ (geh.): *Ausstellung oÄ als Ehrung, Huldigung [für eine Künstlerin];* eine H. an Ingeborg Bachmann

Homo der, -s/-s ⟨gr.⟩ (sal.): *Homosexueller* ‖ **Homoehe** (sal.): *Kurzwort für Homosexuellenehe* ‖ **Homoerotik** [auch: 'hoː-]; → Homosexualität

Homo faber der, - -[s] ⟨lat.⟩ (wörtl.: der Mensch als Werkmeister): *jetzige Entwicklungsstufe des Menschen, der durch Fertigkeiten seine Umwelt beherrscht*

homogen ⟨gr.⟩: *gleichartig zusammengesetzt;* → G.: inhomogen; → G.: heterogen ‖ **homogenisieren** (Chem.): *nicht mischbare Substanzen miteinander mischbar machen* ‖ **Homogenisierung** die, -/-en ‖ **Homogenität** die, - ‖ **Homograf** = **Homograph** [-f] das, -s/-e (Sprachwiss.): Service (Tischgeschirr) und Service (Kundendienst) sind Homografe *(unterschiedliche, aber gleich geschriebene Wörter);* → Homonym; → Homofon ‖ **homolog** ‖ **Homologie** die, - (fachspr.): *Übereinstimmung; Bedeutungsgleichheit; Gleichgesetzlichkeit* ‖ **homologieren** (SüdT, CH): *[ein Gerät, eine Ausrüstung] behördlich genehmigen* | *eine Urkunde gerichtlich beglaubigen* ‖ **Homonym** [-'yːm] das, -s/-e (Sprachwiss.): *Homonyme sind unterschiedliche, aber gleich lautende oder gleich geschriebene Wörter, d. h.* → *Homophone und* → *Homographe* ‖ **Homöopathie** die, - (Med.): *ein Heilverfahren* ‖ **homöopathisch:** in homöopathischen Dosen *(sehr kleinen Mengen)* ‖ **Homöostase** die, - (Med.): *Gleichgewicht der Körperfunktionen* ‖ **Homophilie** [-f-] die, -: → *Homosexualität* ‖ **homofon** = homophon [-f-] (Mus.): *mit mehreren, aber nicht gleichwertig geführten Stimmen;* → heterofon; → G.: polyfon ‖ **Homofon** = Homophon das, -s/-e (Sprachwiss.): Lerche (Vogel) und Lärche (Baum) sind Homofone *(unterschiedliche, aber gleich lautende Wörter);* → Homonym; → Homograf ‖ **Homofonie** = **Homophonie** die, - (Mus.)

Homo sapiens der, - - ⟨lat.⟩ (wörtl.: der vernunftbegabte Mensch): *biologische Bezeichnung für den Menschen*

Homosexualität [auch: 'hoː-] ⟨gr.⟩: *gleichgeschlechtliche Neigung;* → G.: Heterosexualität; → Bisexualität ‖ **homosexuell:** *dem gleichen Geschlecht zugewandt;* → G.: heterosexuell ‖ **Homosexuelle**[1] der, -n/-n, ein Homosexueller ‖ **Homosexuelle**[2] die, -n/-n ‖ **Homosexuellenehe:** *Ehe oder eheähnlicher Vertrag gleichgeschlechtlicher Partner/innen*

Homunkulus der, -/Homunkuli ⟨lat.⟩: *künstlich geschaffener Mensch*

Honduras: *mittelamerikanischer Staat*

honett ⟨fr.⟩ (veraltet): eine honette *(ehrliche, anständige)* Person

Honeymoon ['hʌnimuːn] der, -s/-s ⟨engl.⟩: *Flitterwochen*

Hongkong (chin. Xianggang ['sɪaŋ'gaŋ]): *Stadt in China*

Honig der, -s: den Tee mit H. *(Bienenhonig)* süßen; arabischer, türkischer H. *(eine Süßigkeit)* ‖ **Honigbiene:** *Imme* ‖ **honigfarben** ‖ **Honiglecken** (nur in der Wendung): das ist kein H. *(das ist schwierig, unangenehm);* → Zuckerlecken ‖ **Honigmelone** ‖ **Honigmond** (geh., scherzh.): *Flitterwochen* ‖ **honigsüß** ‖ **Honigtau:** *süßer Saft von Pflan-*

H

zen (Blüten) ‖ **Ho|nig|wa|be**
Hon|neurs [ɔ'nøːəs] die (Pl.) ⟨fr.⟩ (geh.): die H. machen *(die Gäste willkommen heißen)*
Ho|no|rar das, -s/-e ⟨lat.⟩: *Entgelt für Leistungen der Angehörigen der freien Berufe* ‖ **Ho|no|rar|an|spruch** ‖ **Ho|no|rar|pro|fes|sor:** *Titel an Universitäten für wissenschaftliche Leistungen* ‖ **Ho|no|rar|pro|fes|so|rin** ‖ **Ho|no|ra|ti|o|ren** [-tsi̯-] die (Pl.): *Personen, die eine höhere öffentliche Stellung bekleiden* ‖ **ho|no|rie|ren:** *vergüten, bezahlen* ‖ **ho|no|rig:** *ehrenwert, ehrenhaft* ‖ **ho|no|ris cau|sa** [- k-] (h. c.): *ehrenhalber;* → Dr. h. c.

H

Hon|ved [-v-] die, - ⟨ung.⟩ (früher): *ungarische Landwehr bzw. Armee*
Hoo|li|gan ['huːlɪgən] der, -s/-s ⟨engl.⟩: *Randalierer, Rowdy*
Hop|fen der, -s: *eine Nutzpflanze (zur Biererzeugung)* | bei ihm ist H. und Malz verloren *(bei ihm ist alle Mühe vergebens)* ‖ **Hop|fen|stan|ge** (ugs., scherzh.): *langer, magerer Mensch*
Hopf|gar|ten (Siedlungsname): H. im Brixental (T)
hopp: *ein Ausruf* | h. oder tropp/dropp *(entweder – oder, mit sofortiger Entscheidung, auf Biegen und Brechen)* ‖ **hop|pa|la** → hoppla ‖ **hopp|auf** ‖ **hop|peln,** ich hopple: ein hoppelnder Hase ‖ **hop|per|tat|schert** = **hop|per|tat|schig** (W, ugs.): *ungeschickt* | *überheblich abweisend* ‖ **hopp|la,** *auch:* hoppala ‖ **hopp|neh|men** (sal.): *festnehmen* ‖ **hop|sen,** du hopst: *springen* ‖ **Hop|ser** der, -s/-: einen H. *(Sprung, Hüpfer)* machen
Hör|ap|pa|rat: *Hörgerät* ‖ **hör|bar** ‖ **Hör|be|reich:** *wahrnehmbarer Frequenzbereich* ‖ **hör|be|hin|dert** = → gehörbehindert ‖ **Hör|bild:** *Hörfunksendung aus Bericht und Hörspiel* ‖ **Hör|buch:** *auf CD oder Kassette gesprochener Roman o. dgl., Audiobook*
hor|chen: vor der verschlossenen Tür h. *(lauschen)* ‖ **Hor|cher** der, -s/- ‖ **Hor|che|rin** die, -/-innen ‖ **Horch|ge|rät:** *ein akustisches Messgerät* ‖ **Horch|pos|ten** (Mil.): *Beobachtungsposten*
Hor|de die, -/-n: *wilde Schar*
hö|ren: auf gute Ratschläge h.; das lässt sich h. *(ist eine positive Nachricht); aber:* es vergeht ihr Hören und Sehen; sie hat seit Tagen nichts von sich h. lassen *(sich bei niemandem gemeldet)* ‖ **Hö|ren|sa|gen:** etwas nur vom H. *(nicht aus eigener Anschauung, nur gerüchtweise)* kennen oder wissen ‖ **hö|rens|wert** ‖ **Hö|rer** der, -s/-: *Student einer Universität* | *jemand, der eine Radiosendung hört* | den H. *(Telefonhörer)* abheben ‖ **Hö|re|rin** die, -/-innen ‖ **Hö|rer|kreis** ‖ **Hö|rer|schaft** ‖ **Hö|rer|ver|samm|lung:** *[Informations]veranstaltung der Studenten* ‖ **Hö|rer|wunsch** ‖ **Hö|rer|zahl** ‖ **Hör|feh|ler** ‖ **Hör|funk:** *Rundfunk, Radio* ‖ **Hör|gang** = → Gehörgang ‖ **Hör|ge|rät:** *Gerät für Schwerhörige* ‖ **hör|ge|schä|digt** = → gehörgeschädigt
hö|rig: jemandem h. *(willenlos ergeben)* sein ‖ **Hö|ri|ge**[1] der, -n/-n, ein Höriger (früher): *ein Unfreier, zB Bauer* ‖ **Hö|ri|ge**[2] die, -n/-n (früher) ‖ **Hö|rig|keit** die, -
Ho|ri|zont der, -[e]s/-e ⟨gr.⟩: *Grenzlinie zwischen Erde (Gewässer) und Himmel* | *bildungsmäßiger Gesichtskreis;* einen weiten H. *(vielfältige Interessen und Kenntnisse)* haben ‖ **ho|ri|zon|tal:** *waagrecht;* → G.: vertikal, senkrecht, lotrecht ‖ **Ho|ri|zon|tal|auf|lö|sung** (Elektrot.): *Anzahl der Linien, in die [in Camcordern] ein Bild aufgelöst wird* ‖ **Ho|ri|zon|ta|le** die, -n/-n: die Horizontalen zeichnen | (auch mit Pl. -) zwei, alle Horizontale[n]
Hor|mon das, -[e]s/-e ⟨gr.⟩: *von Drüsen abgesonderter lebenswichtiger Stoff* ‖ **hor|mo|nal** ‖ **hor|mo|nell** ‖ **Hor|mon|haus|halt:** *die Hormone im Körper* ‖ **Hor|mon|spie|gel**
Hör|mu|schel: *Teil des Telefonhörers*
Horn[1] (Kfz: HO): *Stadt in Niederösterreich*
Horn[2] das, -[e]s/Hörner: den Stier bei den Hörnern packen *(eine unangenehme Angelegenheit ohne Scheu in Angriff nehmen);* dem Ehemann Hörner aufsetzen *(ihn betrügen)*; sich die Hörner abstoßen *(aus negativen Erfahrungen lernen, reifen)* | (Mus.) *ein Blechblasinstrument;* Waldhorn | *Bergform;* Kitzbühler H. (T) | (mit Pl. -e, -arten) *ein hartes Material, zB aus dem Geweih von Hirschen, Rehen (für Knöpfe u. dgl.)* ‖ **Horn|blen|de** die, -: *ein Mineral* ‖ **Horn|bril|le:** *Brille mit Hornfassung* ‖ **Hörn|chen** das, -s/-: *ein kleines Horn* | (meist Pl.) *eine Teigware* | (D) *ein Gebäck, Kipferl* | *ein Nagetier* ‖ **Hörndl** das, -s/-n (ugs.): *Rinderhorn, Ziegenhorn* ‖ **Hörndl|bau|er:** *Bauer, der Hornvieh züchtet;* → G.: Körndlbauer
Hör|nerv = → Gehörnerv
Horn|haut: *durchsichtige Haut des Augapfels* | *Schwiele*
Hor|nis|se [auch: -'i-] die, -/-n: *eine Wespenart* ‖ **Hor|nis|sen|nest**
Hor|nist der, -en/-en: *Hornbläser* ‖ **Hor|nis|tin** die, -/-innen
Horn|ochs [-ks] (ugs.): *ein Schimpfwort* ‖ **Horn|si|gnal** ‖ **Horn|vieh:** *die Rinder* ‖ **Horn|vi|per** [-v-, -f-]: *eine Giftschlange*
Hör|or|gan = → Gehörorgan
Ho|ro|skop das, -s/-e ⟨gr.⟩: *(Aufzeichnung der Stellung der Gestirne zwecks) Charakter- und Schicksalsdeutung;* → Astrologie
Hör|par|ti|tur: *Aufzeichnung, die den Verlauf der Musik durch grafische Zeichen verdeutlicht*
hor|rend ⟨lat.⟩: h. *(erschreckend)* teuer ‖ **hor|ri|bi|le dic|tu** [- -k-] (wörtl.: schrecklich, es sagen zu müssen) (geh., oft scherzh.): ich hatte ihren Geburtstag, h. d., einfach vergessen ‖ **Hor|ror** der, -s: *Schrecken, Abscheu* ‖ **Hor|ror|film** ‖ **Hor|ror|mel|dung** ‖ **Hor|ror|zahl** (meist Pl.): *erschreckende Zahl, zB ungünstige statistische Daten*
Hör|saal: *Raum für Lehrveranstaltungen [an der Universität]* ‖ **Hör|scha|den** = → Gehörschaden
Hör|sching: *Marktgemeinde in Oberösterreich*
Hör|schwel|le (Phys.): *der gerade noch wahrnehmbare Schalldruck*
Hors|d'œu|vre [ɔr'døːvə, fr.: -'œːvr] das, -s/-s ⟨fr.⟩: *feine Vorspeise*
Hör|sinn = → Gehörssinn ‖ **Hör|spiel:** *eine literarische Kunstform des Hörfunks* ‖ **Hör|spiel|mu|sik**
Horst[1]: *männl. Vorname*
Horst[2] der, -[e]s/-e: *Greifvogelnest* | *Fliegerhorst* ‖ **hors|ten:** der horstende *(nistende)* Geier
Hör|sturz (Med.) = → Gehörsturz
Hort der, -[e]s/-e: *Tagesheim für Kinder* | (geh.) ein H. *(eine Heimstätte)* der Wissenschaft | (veraltet) *Schatz* ‖ **hor|ten:** Vorräte h. *(anhäufen)*
Hor|ten|sie [-i̯ɛ] die, -/-n: *eine Zierpflanze*
Hort|er|zie|her ‖ **Hort|er|zie|he|rin**
ho ruck = → hau ruck

ho|sa̱n|na → hosianna
Hö̱s|chen das, -s/-: *Unterhose* ‖ **Ho̱|se** die, -/-n: lange/kurze H.; zu Hause die Hosen anhaben *(als Frau das Sagen haben)* | (ugs.) in die Hosen gehen *(misslingen)* ‖ **Ho̱|sen|an|zug:** *eine Damenbekleidung* ‖ **Ho̱|sen|bein** ‖ **Ho̱|sen|bo|den:** *Gesäßteil einer Hose* ‖ **Ho̱|sen|bund** ‖ **Ho̱|sen|knopf** ‖ **Ho̱|sen|latz** ‖ **Ho̱|sen|rock:** *ein Kleidungsstück für Frauen* ‖ **Ho̱|sen|rol|le:** *von einer Frau in Männerkleidern gespielte Rolle; von einer Frau gesungene Männerrolle* ‖ **Ho̱|sen|sack:** *Hosentasche;* mit den Händen im H. ‖ **Ho̱|sen|schei|ßer** (ugs., derb): *ängstlicher Mensch* ‖ **Ho̱|sen|schei|ße|rin** (ugs., derb) ‖ **Ho̱|sen|schlitz** ‖ **Ho̱|sen|span|ner** ‖ **Ho̱|sen|ta|sche** ‖ **Ho̱|sen|trä|ger** (meist Pl.) ‖ **Ho̱|sen|türl** (ugs.): *Hosenschlitz* ‖ **Ho̱|serl** das, -s/-[n]: *Höschen*
ho|si|a̱n|na, *auch:* hosanna ⟨hebr.⟩ (Rel.): *ein Gebetsruf des Jubels (im Christentum)*
Hos|pi|ta̱l [-sp-] das, -s/-e [Hospitäler] ⟨lat.⟩: *Krankenhaus* ‖ **hos|pi|ta|li|si̱e|ren:** *in ein Krankenhaus oÄ einweisen* ‖ **Hos|pi|ta|li̱s|mus** der, - (Psych., Med.): *Schädigung von Kindern durch längeren Heimaufenthalt* ‖ **Hos|pi|ta̱nt** der, -en/-en ‖ **Hos|pi|ta̱n|tin** die, -/-innen ‖ **hos|pi|ti̱e|ren:** *als Gast [beim Unterricht] zuhören* ‖ **Hos|pi̱z** das, -es/-e: *(christliche) Einrichtung zur Sterbebegleitung* | *Fremdenheim* ‖ **Hos|pi̱z|be|we|gung:** *Eintreten für humane Sterbebegleitung* ‖ **Hos|pi̱z|dienst**
Host [həʊst] der, -s/-s ⟨engl.⟩ (EDV): *Computer in einem Netzwerk;* → Server
Hos|te̱ss die, -/-en ⟨lat.-fr.-engl.⟩: *Betreuerin, Begleiterin [bei Ausstellungen]* | *Angestellte des Boden- oder Flugpersonals einer Fluggesellschaft* | (verhüllend) *Prostituierte*
Ho̱s|tie [-i̯ɛ] die, -/-n ⟨lat.⟩: *konsekrierte Oblate;* die H. empfangen ‖ **Ho̱s|ti|en|bä|cke|rei**
ho̱t ⟨engl.⟩ (sal.) (bes. Jug.): *heiß, scharf* ‖ **Ho̱t Do̱g** = **Ho̱t|do̱g** das (*auch:* der), -s/-s (wörtl.: heißer Hund): *ein Würstel in einem ausgehöhlten Weckerl*
Ho|te̱l das, -s/-s ⟨fr.⟩ ‖ **Ho|te̱l|be|sit|zer** ‖ **Ho|te̱l|be|sit|ze|rin** ‖ **Ho|te̱l|bett** ‖ **Ho|te̱l|fach|schu|le** ‖ **Ho|te̱l gar|ni̱** das, -s -/-s -[s]: *Frühstückshotel* ‖ **Ho|te̱l|gast** ‖ **Ho|te̱l|hal|le:** *Foyer* ‖ **Ho|te|li|e̱r** [-ˈli̯eː] der, -s/-s: *Hotelbesitzer* ‖ **Ho|te|li|e̱|re** [-ˈli̯eːə, -rɛ] die, -/-n = **Ho|te|li|e̱|rin** die, -/-innen: *Hotelbesitzerin* ‖ **Ho|tel|le|ri̱e** die, -: *Hotelgewerbe* ‖ **Ho|te̱l|zim|mer**
Hot Jazz [ˈhɒt ˈdʒæz] der, - - ⟨engl.⟩ (Mus.): *Stil im Jazz* ‖ **Ho̱t|line** [-laɪn] die, -/-s (wörtl.: heißer Draht): *direkte Telefonverbindung [für Stör- und Notfälle]* ‖ **Ho̱t Pants** [- ˈpænts] = **Ho̱t|pants** die (Pl.): *ganz kurze Damenhose* ‖ **Ho̱t Spot** [- -sp-] = **Ho̱t|spot:** *Gebiet mit kabellosem Internetzugang*
ho̱tt: *Zuruf an Zugtiere, rechts!; vorwärts!;* → hü
Ho̱t|ter der, -s/- (B, OstSt): *Grenzzeichen, Gemeindegrenze; Gemeindegebiet*
House [haʊs] der, - (Art. selten) ⟨engl.⟩: *elektronische Tanzmusik mit schnellem Rhythmus*
Hr.: Herr ‖ **Hrn.: Herrn** (in Adressen); Hrn. Karl Spitz
hrsg.: herausgegeben; → herausgeben ‖ **Hrsg.: Herausg**eber/in
Hs: Hassium
HS: Hauptschule ‖ **HS-Leh|rer** ‖ **HS-Leh|re|rin**
HTL [ha te ˈɛl] die, -/-[s]: **H**öhere **t**echnische **L**ehranstalt; → technisch
HTML [ha te ɛm ˈɛl] (EDV): **Hyper**t**ext M**arkup **L**anguage *(eine Beschreibungssprache für Internetseiten)* ‖ **HTTP** [ha te te ˈpeː] (EDV): **H**yper**t**ext **T**ransfer **P**rotocol *(Internetprotokoll, das die Übertragung und Verknüpfung von Internetseiten garantiert)*
hu̱: *Ausruf des Gruselns*
hü̱: *Zuruf an Zugtiere, links!; halt!;* → hott ‖ **hü̱a:** *Zuruf an Zugtiere, vorwärts!;* → öha; → brr
Hu̱b der, -[e]s/Hübe: *Hin- oder Herbewegung eines Kolbens;* → Hubraum
Hu̱|be die, -/-n (ostöst.): *eine kleine Bauernwirtschaft in alpinem Gebiet; Hufe*
hü̱|ben und drü̱|ben: *herüben und drüben*
Hu̱|bert, *auch:* Hubertus: *männl. Vorname;* → Bertl ‖ **Hu|be̱r|tus:** *Schutzpatron der Jagd und der Jäger* | *männl. Vorname;* → Hubert ‖ **Hu|be̱r|tus|man|tel:** *ein Lodenmantel*
Hu̱b|raum: *Teil des Zylinders, in dem sich der Kolben bewegt;* → Hub
hü̱bsch: ein hübsches Kind | (ugs.) *ziemlich;* h. groß
Hu̱b|schrau|ber der, -s/-: *Helikopter* ‖ **Hu̱b|schrau|ber|lan|de|platz** ‖ **Hu̱b|stap|ler:** *Transportkarren mit hebbarer Ladefläche*
Hu̱|chen der, -s/-: *ein Fisch*
hu̱|cke|pack: *auf dem Rücken;* den kleinen Bruder h. tragen/nehmen ‖ **Hu̱|cke|pack|ver|kehr:** *Beförderung von Lkws mit der Bahn*
Hu|de|le̱i die, -/-en ‖ **hu̱|deln,** ich hudle: *[hastig und daher] schlampig arbeiten* | (mda.) nur net h.! *(Zeit lassen!)* ‖ **Hud|le|re̱i** die, -/-en ‖ **hud|ri|wu̱d|ri** (bes. ostöst., ugs., scherzh.): *flüchtig; wirr* ‖ **Hud|ri|wu̱d|ri** der, -[s]/-s (bes. ostöst., ugs., scherzh.): *ein schusseliger Mensch*
Hu̱f der, -[e]s/-e: dem Pferd die Hufe beschlagen ‖ **Hu̱|fe** die, -/-n: → *Hube* ‖ **Hu̱f|ei|sen** ‖ **hu̱f|ei|sen|för|mig** ‖ **Hu̱f|ei|sen|ma|g|net:** *hufeisenförmiger Magnet*
Hü̱|ferl → Hieferl ‖ **Hü̱|fer|scherzl** → Hieferscherzl ‖ **Hü̱|fer|schwanzl** → Hieferschwanzl
Hu̱f|lat|tich der, -s/-e: *eine blühende Pflanze*
Hü̱f|ler → Hiefler
Hu̱f|schmied: *Schmied, der die Pferde mit Hufeisen beschlägt* ‖ **Hu̱f|schmie|din**
Hü̱ft|auf|schwung (Sport): *eine Turnübung am Reck, Felge* ‖ **Hü̱f|te** die, -/-n ‖ **Hü̱ft|ge|lenk** ‖ **Hü̱ft|ge|lenks|lu|xa|ti|o̱n** [-tsi̯-] (Med.) ‖ **Hü̱ft|gür|tel** ‖ **hü̱ft|hoch**
Hu̱f|tier (Biol.): *Tier mit einer Hornschicht an den Zehen, zB Pferd, Rind, Antilope*
Hü̱ft|knick: *eine Technik [beim Skifahren]* ‖ **Hü̱ft|schwung:** *eine typische Tanzbewegung [im Rock 'n' Roll]* | *eine Technik beim Skifahren* | *ein Griff [im Ringen, Judo]* | *eine Übung am Reck* ‖ **Hü̱ft|um|schwung** (Sport): *eine Turnübung*
Hü̱|gel der, -s/- ‖ **hü|gel|a̱b** (geh.) ‖ **hü|gel|a̱n** (geh.) ‖ **hü|gel|a̱uf** (geh.) ‖ **hü̱|ge|lig,** *auch:* **hüglig** ‖ **Hü̱|gel|land**
Hu|ge|no̱t|te der, -n/-n ⟨dt.-fr.⟩ (früher): *französischer Protestant* ‖ **Hu|ge|no̱t|tin** die, -/-innen (früher)
hü̱g|lig → hügelig
Hu̱|go: *männl. Vorname* | (ugs.) etwas ist für den H. *(sinnlos, umsonst, vergeblich)*
Hu̱hn das, -[e]s/Hühner: *Hendl* ‖ **Hü̱hn|chen:** mit jemandem ein

H

H. zu rupfen haben *(jemanden zur Rede stellen müssen)* ‖ **Hühnerauge:** *schmerzhafte Hornhautverdickung [an den Zehen]* ‖ **Hühnerbiegel:** *Hühnerschenkel* ‖ **Hühnerei** ‖ **Hühnerfarm** ‖ **Hühnerfutter** ‖ **Hühnerhabicht** ‖ **Hühnerhaut** ‖ **Hühnerjunge** das, -n (Küchenspr.): *Hendljunges* ‖ **Hühnerklein** (bes. D) (Küchenspr.): *Hendljunges* ‖ **Hühnerleiter** ‖ **Hühnerstall** ‖ **Hühnersteige:** *Hühnerleiter* | *Hühnerstall* ‖ **Hühnersuppe**

hui: *ein Ausruf; aber:* in einem **H**ui *(sehr schnell)*

H

Huld die, - (geh.): *Gunst* ‖ **huldigen:** dem Wein h. *(ihn bes. gern trinken)* ‖ **Huldigung** die, -/-en: *Ehrung*

Hülle die, -/-n: *Schutzüberzug;* in H. und Fülle *(reichlich)* | (geh.) die sterbliche H. *(der Leichnam)* ‖ **hüllenlos** (geh.): *nackt*

Hülse die, -/-n: *[Schutz]behälter;* Patronenhülse ‖ **Hülsenfrucht:** *Erbse, Linse ua.*

human ⟨lat.⟩: *menschlich, menschenfreundlich;* → G.: inhuman ‖ **Humanbiologie:** *ein Teilgebiet der Anthropologie* ‖ **Humangenetik** ‖ **humanisieren** ‖ **Humanisierung** die, - ‖ **Humanismus** der, -: *eine durch Menschlichkeit bestimmte (an der klassischen Antike geschulte) Geisteshaltung, europäische geistige Bewegung im 14.–16. Jh.* ‖ **Humanist** der, -en/-en ‖ **Humanistin** die, -/-innen ‖ **humanistisch:** eine humanistische Weltanschauung; *aber: das* Humanistische Gymnasium (früher) *(eine Form der allgemein bildenden höheren Schule mit Latein und Griechisch)* ‖ **humanitär:** *menschenfreundlich, wohltätig* ‖ **Humanität** die, -: *Menschlichkeit* ‖ **Humanmedizin** → G.: Veterinärmedizin ‖ **Human-Resources-Manager** [ˌhjuːmən riˈzɔːsɪz ˌmænɪdʒə] ⟨lat.-engl.⟩: *für das Personal verantwortlicher Manager* ‖ **Human-Resources-Managerin** ‖ **Humanwissenschaft** (meist Pl.): *ein Teil der Geisteswissenschaften*

Humbug der, -s (ugs.): *Täuschung, Schwindel; Unsinn*

humid ⟨lat.⟩ (Geogr.): ein humides *(feuchtes)* Klima

Hummel die, -/-n: *ein Insekt*

Hummer der, -s/-: *ein Krebs*

Humor der, -s ⟨lat.-fr.⟩ ‖ **Humoreske** die, -/-n: *eine lustige Erzählung* ‖ **humorig** ‖ **Humorist** der, -en/-en ‖ **Humoristin** die, -/-innen ‖ **humoristisch** ‖ **humorlos** ‖ **Humorlosigkeit** die, - ‖ **humorvoll**

humpeln, ich humple: *hinkend gehen*

Humpen der, -s/-: *ein großes Trinkgefäß*

Humus der, - ⟨lat.⟩: *fruchtbare Ackererde* | *organische Anteile des Bodens* ‖ **Humuserde** ‖ **humusreich**

Hund[1] der, -[e]s/-e: „Vorsicht, bissiger Hund!"; auf den H. kommen *(in schlechte Verhältnisse geraten);* von allen Hunden gehetzt sein *(schlau, geschickt sein);* vor die Hunde gehen *(zu Grunde gehen)* | (sal.) da liegt der H. begraben *(das ist der Grund für die Schwierigkeiten)* ‖ **Hund**[2] = *Hunt der,* -[e]s/-e (Bergmannsspr.) *Förderwagen auf Schienen* ‖ **Hündchen** das, -s/- ‖ **hundeelend:** sich h. *(miserabel) fühlen* ‖ **Hundefänger:** *jemand, der herrenlose Hunde [als Versuchstiere] einfängt* ‖ **Hundefängerin** ‖ **Hundefutter** ‖ **Hundegebell** ‖ **Hundehaufen:** *Hundekot* ‖ **Hundehütte** ‖ **Hundekot** ‖ **Hundeleben:** *elendes Leben* ‖ **Hundeleine** ‖ **Hundemarke:** *amtliche Kennmarke* ‖ **hundemüde** ‖ **Hunderasse**

hundert (100)

Kleinschreibung als Grundzahl:
- hundert Euro (in Formularen auch: einhundert)
- an die hundert Menschen
- drei von hundert [Menschen]

Groß- und Kleinschreibung, wenn „hundert" eine unbestimmte Menge bezeichnet:
- einige hundert (= **H**undert) Bäume
- hunderte (= **H**underte) Menschen
- [einige] hunderte (= **H**underte) [von] Menschen
- hunderte und aberhunderte (= **H**underte und **A**berhunderte) frohe[r] Kinder

Großschreibung als Zahlnomen:
- 12 vom **H**undert (v. H.) *(12 %)*
- ein halbes **H**undert
- zu **H**underten

Das Ordnungszahlwort „hundertste":
- das hundertste Mal
- zum hundertsten Mal; *aber groß:* vom **H**undertsten ins Tausendste kommen; jeder **H**undertste gewinnt

Zusammenschreibung:
- hundertfach (100fach = 100-fach), *aber groß:* das **H**undertfache
- hundertjährige (100-jährige) Eichen; *aber groß:* eine **H**undertjährige war auch dabei
- hundertmal (100-mal) *(bei bes. Betonung auch:* hundert Mal)
- hundertprozentig (100-prozentig, 100%ig)
- aberhundert[e] (= **A**berhundert[e]) von Zuhörern *(viele hunderte)*

Hundert das, -s/-e: 12 vom Hundert (v. H.) *(12 %);* → hundert ‖ **Hunderter** (100er) der, -s/-: *eine Zahl mit drei Stellen* | *Hunderteuroschein* ‖ **hunderterlei** ‖ **Hunderteurobanknote** (100-Euro-Banknote) ‖ **Hunderteuroschein** (100-Euro-Schein) ‖ **hundertfach** (100fach = 100-fach) ‖ **Hundertfache** (100fache = 100-Fache) das, -n ‖ **hundertfünfzigprozentig** (150-prozentig, 150%ig) (ugs., scherzh.): ein hundertfünfzigprozentiger *(begeisterter)* Fußballfan ‖ **Hundertjahrfeier** (100-Jahr-Feier) ‖ **hundertjährige** (100-jährige): der h. Kalender ‖ **hundertmal** (100-mal) (bei bes. Betonung auch: hundert Mal): einige, viele h. (= Hundert) Mal[e]; *aber:* (Math.) hundert mal zehn ist tausend (100 x 10 = 1 000) ‖ **hundertmalig** (100-malig) ‖ **Hundertmeterlauf** (100-m-Lauf) ‖ **hundertprozentig** (100-prozentig, 100%ig) ‖ **Hundertschaft** die, -/-en: *Einheit aus 100 Personen* ‖ **hundertste** (100.): → hundert ‖ **hundertstel** (100stel): ein h. Gramm (= Hundertstelgramm); eine h. Sekunde (= Hundertstelsekunde) ‖ **Hundertstel** (100stel) das, -s/- ‖ **hundertstel Gramm** = **Hundertstelgramm** ‖ **hundertstel Sekunde** = **Hundertstelsekunde** ‖ **hunderttausend** [auch: 'hu-] (100 000)

Hundesalon: *Geschäft für Hundepflege* ‖ **Hundescheiße** (derb): *Hundekot* ‖ **Hundeschlitten** ‖ **Hundesohn** (veraltet): *ein derbes Schimpfwort* ‖ **Hunde-**

steuer || **Hundeverbot** || **Hundewetter** das, -s: *bes. schlechtes Wetter* || **Hundewiese** || **Hundezone** || **Hundezucht** || **Hundezwinger** || **Hündin** die, -/-innen || **hündisch** (abw.): ein hündisches *(kriecherisches)* Benehmen || **Hundling** der, -s/-e (ugs.): *ein Schimpfwort* || **hundselendig** (ugs., derb): *hundeelend* || **hundserbärmlich** || **Hundsfott** der, -[e]s/-e [-fötter] (nördl. D, derb): *Schuft* || **hundsgemein** (ugs.): *ganz gemein* || **hundsmiserabel** (ugs.) || **hundsmüd** (ugs.): *hundemüde* || **Hundsrose:** *eine Rosenart* || **Hundstage** die (Pl.): *die heiße Zeit im Hochsommer* || **Hundstrümmerl** (bes. ostöst., ugs.): *Hundekot* || **Hundsveigerl** das, -s/-[n] (reg.): *duftloses Veilchen*

Hüne der, -n/-n: *Riese* || **Hünengestalt** || **Hünengrab:** *eine prähistorische Grabanlage* || **hünenhaft**

Hungaristik die, -: *Wissenschaft von ungarischer Sprache und Kultur*

Hunger der, -s: keinen H. leiden; → hungers || **Hungergefühl** || **Hungerjahr** || **Hungerkur** || **Hungerleider** der, -s/- (abw.): *in ärmlichen Verhältnissen lebender Mensch* || **Hungerleiderin** die, -/-innen (abw.) || **Hungerlohn** (abw.): *sehr geringer Lohn* || **hungern:** nicht h. müssen | (geh.) mich hungert || **hungers:** h. *(an Hunger)* sterben || **Hungersnot** || **Hungerstreik** [-ʃt-]: *demonstrative Nahrungsverweigerung zur Durchsetzung von Forderungen* || **Hungertod** || **Hungertuch:** am H. nagen *(Hunger leiden)* || **Hungerturm** (früher): *ein Kerker* || **hungrig**

Hunne der, -n/-n: *Angehöriger eines Reitervolkes der Völkerwanderungszeit* || **Hunnin** die, -/-innen || **hunnisch**

Hunt = → Hund[2]

hunzen (ugs., abw.): *hart und ungerecht hernehmen;* du hunzt deine Angestellten

Hupe die, -/-n || **hupen**

hupfen: *hüpfen;* es ist gehupft wie gesprungen *(völlig gleich, einerlei)* || **hüpfen** || **Hupfer** der, -s/-: *Sprung*

Hupkonzert (scherzh.): *gleichzeitiges Hupen vieler Fahrzeuge* || **Hupsignal** || **Hupverbot**

Hürde die, -/-n: *Hindernis;* eine H. nehmen *(ein Problem bewältigen)* | *eingefriedeter Raum für Herdenvieh* || **Hürdenlauf** (Sport): *ein Hindernislauf*

Hure die, -/-n (meist abw.): *Prostituierte* || **huren** (derb): *sich mit Huren herumtreiben* || **Hurenbock:** *derbes Schimpfwort für einen Mann* || **Hurenkind** (Druckwesen): *einzelne nicht volle Zeile am Anfang einer neuen Seite* || **Hurensohn:** *ein derbes Schimpfwort* || **Hurenviertel** (abw.): *Rotlichtbezirk* || **Hurerei** die, - (derb bzw. geh., veraltet)

hurra: h. (= Hurra) schreien || **Hurra** das, -[s]/-s: jemanden mit [einem] H. empfangen; H. (= hurra) schreien || **Hurrapatriotismus** (abw.): *übertrieben geäußerter [oberflächlicher] Patriotismus*

Hurrikan ['hʌrɪkən] der, -s/-s (mit Aussprache ['hurika:n]), -s/-e ⟨indianisch-span.-engl.⟩: *ein Wirbelsturm in der Karibik*

hurtig (geh.): *flink, beweglich*

Husar der, -en/-en ⟨serb.-ung.⟩ (früher): *ein Reitersoldat* || **Husarenritt:** *eine Waghalsigkeit* || **Husarenstück:** *kühner Handstreich*

husch: *ein Ausruf;* h., h.! *(schnell weg!)*

huschen, du husch[s]t || **Huscher** der, -s/- (ugs., abw.): einen H. haben *(verrückt, nicht richtig im Kopf sein)*

husch, pfusch (ugs., abw.): etwas h. p. *(schnell und schlampig)* erledigen || **Husch-pfusch-Aktion** [-tsi̯-] (ugs., abw.)

Husky ['hʌski] der, -s/-s ⟨engl.⟩: *eine Hunderasse*

Hüsle, *auch:* Hüsli das, -s/- (V): *Häuschen* || **Hüslebauer** = → *Häuslebauer* || **Hüslebauerin** = → *Häuslebauerin*

hussen, du husst (ugs.): *[mit Worten] reizen, hetzen, aufhussen*

Hussit der, -en/-en: *Anhänger des Reformators Jan Hus* || **Hussitenkrieg** (meist Pl.) (Gesch.) || **Hussitin** die, -/-innen

hüsteln, ich hüstle || **husten:** er hat schwer gehustet || **Husten** der, -s/- (Pl. selten) || **Hustenanfall** || **Hustenreiz** || **Hustensaft** || **Hustenzuckerl**

Hut[1] der, -[e]s/Hüte: ein Hut mit Schleier; das ist ein alter Hut *(längst nichts mehr Neues);* den Hut nehmen *(zurücktreten; kündigen)* | (ugs.) den Hut draufhauen *(etwas verärgert aufgeben);* unter einen Hut bringen *(koordinieren)* || **Hut**[2] die, - (geh.): in guter Hut *(wohlbehütet)* sein; auf der Hut *(vorsichtig)* sein || **Hutablage** || **Hutband** || **Hütchen** das, -s/- || **hüten:** Schafe h. | sich vor etwas h. *(sich davor in Acht nehmen)* | (geh.) das Bett h. *(krank im Bett liegen)* || **Hüter** der, -s/- || **Hüterin** die, -/-innen || **Hutgeschäft** || **Hutkrempe** || **hutlos** || **Hutmacher** || **Hutmacherin** || **Hutmode** || **Hutnadel** || **Hutschachtel**

Hutsche die, -/-n: *Schaukel* || **hutschen,** du hutsch[s]t: *schaukeln, wiegen;* ich möchte mich am Spielplatz h. | (ugs., sal.) hutsch dich! *(verschwind!)*

Hutschnur (sal.): das geht mir über die H. *(das geht zu weit)*

Hutschpferd: *Schaukelpferd*

Hütte die, -/-n: *kleines, einfaches Haus* | *Werk zur Gewinnung von Eisen, Glas uÄ;* Glashütte; → verhütten || **Hüttenabend:** *gemütliches Zusammensein in einer Berghütte* || **Hüttenindustrie:** *Hüttenwerke zur Verhüttung* || **Hüttenkäse:** *ein Frischkäse, Cottagecheese* || **Hüttenkoks** || **Hüttenwerk:** *Hütte* || **Hüttenwirt:** *Betreiber einer Gastwirtschaft in einer [Berg]hütte* || **Hüttenwirtin** || **Hüttenzauber:** *[abendliche] Unterhaltung auf einer stimmungsvollen Skihütte* || **Hüttl** das, -s/-n (ugs.): *Hütte;* Telefonhüttl

Hutweide: *Wiese, auf der Vieh gehütet wird;* → Halt

Hyäne [hy-, hi-] die, -/-n ⟨gr.⟩: *ein Raubtier* | (abw.) *geldgieriger, gewissenloser Mensch*

Hyazinthe [hy-, hi-] die, -/-n ⟨gr.⟩: *eine Zierpflanze*

hybrid[1] [hy-] ⟨gr.⟩: *überheblich, frevelhaft;* → Hybris

hybrid[2] [hy-] ⟨lat.⟩: *aus ungleichen Teilen, von gemischter Herkunft, zwitterhaft* | (Biol.) *aus einer Kreuzung entstanden* || **Hybridauto:** *Auto, das sowohl elektrisch als auch konventionell betrieben werden kann* || **Hybride**[1] der, -n/-n, ein Hybrider (Biol.): *Pflanze oder Tier als Ergebnis von Kreuzungen* || **Hybride**[2] die, -/-n (Biol.) || **Hybridzüchtung**

Hybris ['hy:-] die, - ⟨gr.⟩ (geh.): *Überheblichkeit, Hochmut;* → hybrid[1]

H

Hy|d|ra ['hy:-] die, -/Hydren ⟨gr.⟩: *Schlange mit immer wieder nachwachsenden Köpfen, Ungeheuer der altgriechischen Sage*

Hy|d|rant [hy-, hi-] der, -en/-en ⟨gr.⟩: *eine Zapfstelle an der Wasserleitung*

Hy|d|rar|gy|rum [hy-gy-] das, -s ⟨gr.-lat.⟩ (Zeichen: Hg): *ein chemisches Element, Quecksilber*

Hy|d|rat [hy-] das, -[e]s/-e ⟨gr.⟩ (Chem.): *eine Wasserstoffverbindung* ‖ **Hy|d|rau|lik** die, -: *Lehre von der Bewegung der Flüssigkeiten* | *eine technische Einrichtung* ‖ **Hy|d|rau|li|ker** der, -s/- (SüdT): *Installateur* ‖ **Hy|d|rau|li|ke|rin** die, -/-innen (SüdT) ‖ **hy|d|rau|lisch:** *durch Flüssigkeitsdruck funktionierend* ‖ **Hy|d|ro|bio|lo|gie:** *Lehre von den im Wasser lebenden Organismen* ‖ **Hy|d|ro|dy|na|mik** ['hy:-dy-] (Phys.): *Strömungslehre* ‖ **Hy|d|ro|kul|tur:** *Pflanzenzucht in Nährlösungen ohne Erde* ‖ **Hy|d|ro|lo|gie** die, -: *Lehre vom Wasser* ‖ **Hy|d|ro|me|ter:** *Gerät zum Messen der Wassergeschwindigkeit* ‖ **Hy|d|ro|pho|bie** [-f-] (Med.): *krankhafte Wasserscheu* ‖ **Hy|d|ro|sta|tik** [-st-] (Phys.): *die Lehre von den ruhenden Flüssigkeiten* ‖ **Hyd|ro|xid** = **Hy|d|ro|xyd** [-'y:t] (Chemie): *bestimmte Verbindungen mit Wasserstoff und Sauerstoff*

Hy|gi|e|ne [hy-, auch: hi-] die, - ⟨gr.⟩: *Gesundheitslehre; Gesundheitspflege* ‖ **Hy|gi|e|ne|ar|ti|kel** ‖ **hy|gi|e|nisch**

Hy|g|ro|me|ter [hy-] ⟨gr.⟩: *Luftfeuchtigkeitsmesser* ‖ **hy|g|ro|s|ko|pisch:** *Feuchtigkeit anziehend*

Hy|men ['hy:-] das, -s/- ⟨gr.⟩ (Medizin): *den Scheideneingang verschließende Hautfalte; Jungfernhäutchen*

Hym|ne ['hy-] die, -/-n ⟨gr.⟩: *Festgesang;* Nationalhymne ‖ **Hym|nus** der, -/Hymnen (geh.): *Weihelied; Lobgesang*

hype [haɪp] ⟨engl.⟩ (sal.) (Jug.): *hip, modern, modisch* ‖ **Hype** der, -s/-s: *ausgeprägter Trend, der stark vermarktet wird*

hy|per- [hy-] ⟨gr.⟩ (nur in Zusammensetzungen wie hypergenau, Hyperthermie)

Hy|per|äs|the|sie [hy-] die, -/-n ⟨gr.⟩ (Med.): *Überempfindlichkeit [der Haut]*

Hy|per|bel [hy-] die, -/-n ⟨gr.⟩ (Math.): *eine Kurve, Kegelschnittlinie* | (Sprachwiss.) *ein stilistisch übertreibender Ausdruck* ‖ **hy|per|bo|lisch** (Math.): *hyperbelartig* | (Sprachwiss.) *im stilistischen Ausdruck übertreibend*

hy|per|ge|nau [hy-]: *übertrieben genau* ‖ **hy|per|kor|rekt** ‖ **hy|per|kri|tisch**

Hy|per|link ['haɪ-, auch: 'hy(:)-] ⟨engl.⟩ (EDV): *Verbindung zwischen Hypertexten;* → Link

hy|per|mo|dern [hy-]: *übertrieben modern* ‖ **hy|per|sen|si|bel**

Hy|per|text ['haɪ-, auch: 'hy(:)-] ⟨engl.⟩ (EDV): *elektronischer Text [im WWW] mit grafisch hervorgehobenen Ausdrücken, die Verbindungen zu weiteren Dokumenten aufweisen*

Hy|per|ther|mie [hy-] die, -/-n (Med.): *Ansteigen der Körpertemperatur;* → Hypothermie

Hy|per|to|nie [hy-] die, -/-n (Med.): *erhöhter Blutdruck* | *erhöhte Spannung in einem Organ;* → G.: Hypotonie; → Tonus ‖ **Hy|per|to|ni|ker** der, -s/- (Med.) ‖ **Hy|per|to|ni|ke|rin** die, -/-innen (Med.) ‖ **hy|per|to|nisch** (Med.)

hy|per|troph [hy-f] ⟨gr.⟩: *überentwickelt; überspannt* | (Med.) → Hypertrophie ‖ **Hy|per|tro|phie** die, - (Med.): *übermäßige Vergrößerung [von Organen];* → Hypotrophie

hy|po- [hy-] ⟨gr.⟩ (nur in Zusammensetzungen wie Hypozentrum)

Hyp|no|se [hy-] die, - ⟨gr.-lat.⟩ ‖ **hyp|no|tisch** ‖ **Hyp|no|ti|seur** [-'zøːə] der, -s/-e ⟨gr.-lat.-fr.⟩ ‖ **Hyp|no|ti|seu|rin** die, -/-innen ‖ **hyp|no|ti|sie|ren:** *in einen schlafähnlichen Zustand versetzen*

Hy|po|chon|der [hy-] der, -s/- ⟨gr.⟩: *jemand, der sich [ständig] einbildet, krank zu sein* ‖ **Hy|po|chon|d|rie** die, -/-n ‖ **hy|po|chon|d|risch**

Hy|po|krit [hy-] der, -en/-en ⟨gr.⟩ (geh.): *Heuchler*

Hy|po|phy|se [hy-'fy:-] die, -/-n ⟨gr.⟩ (Med.): *Hormone produzierende Drüse im Zwischenhirn; Hirnanhangsdrüse*

Hy|po|s|ta|se [hy-] die, -/-n ⟨gr.⟩ ‖ **hy|po|s|ta|sie|ren:** *zu einem Wesen verselbständigen; vergegenständlichen; personifizieren*

hy|po|tak|tisch [hy-] (Gramm.): *Sätze, Satzglieder unterordnend;* → G.: parataktisch ‖ **Hy|po|ta|xe** die, -/-n = **Hy|po|ta|xis** die, -/-taxen (Gramm.)

Hy|po|te|nu|se [hy-] die, -/-n ⟨gr.⟩ (Math.): *die dem rechten Winkel gegenüberliegende Seite im rechtwinkeligen Dreieck*

Hy|po|thek [hy-, auch: -i-] die, -/-en: *im Grundbuch eingetragenes Darlehen;* eine H. auf sein Haus aufnehmen ‖ **Hy|po|the|kar|kre|dit:** *durch eine Hypothek gesicherter Kredit*

Hy|po|ther|mie [hy-] die, -/-n (Med.): *Absinken der Körpertemperatur;* → Hyperthermie

Hy|po|the|se [hy-] die, -/-n: *noch nicht bewiesene Annahme* ‖ **hy|po|the|tisch:** *auf bloßer Annahme, Vermutung beruhend*

Hy|po|to|nie [hy-] die, -/-n (Med.): *niedriger Blutdruck;* → G.: Hypertonie

Hy|po|tro|phie [hy-'fi:] die, -/-n ⟨gr.⟩ (Med.): *gestörtes Größenwachstum* | *Unterernährung;* → Hypertrophie

Hy|po|zen|t|rum [hy-]: *Erdbebenherd;* → Epizentrum

Hys|te|r|ek|to|mie [hy-] die, -/-n ⟨gr.⟩ (Med.): *operative Entfernung der Gebärmutter* ‖ **Hys|te|rie** [hy-, auch: hi-] die, - ⟨gr.⟩: *eine psychische Erkrankung* | *übertriebene Erregbarkeit* ‖ **Hys|te|ri|ker** der, -s/- ‖ **Hys|te|ri|ke|rin** die, -/-innen ‖ **hys|te|risch:** ein hysterischer *(bes. leicht erregbarer, aufbrausender, launenhafter)* Mensch

Hz: **Hertz**

i I

i [iː] das, -/- (Kleinbuchstabe): das i im Wort *immer;* der Punkt auf dem i; → i-Punkt | (Laut) der i-Laut

I [iː] das, -/- (Großbuchstabe): das I im Wort *Igel* | 1 *(römisches Zahlzeichen)* | (Chem.) **I**od; → Jod

i.: **i**n; St. Johann i. *(in)* Tirol | **i**m; Ried i. *(im)* Innkreis

i. A.: **i**m **A**uftrag *(bei Unterschriften)*

IAEA [i a e ˈaː] die, -: **I**nternational **A**tomic **E**nergy **A**gency = Internationale Atomenergie-Organisation (IAEO) (mit Sitz in Wien)

iah: *Schrei des Esels* ‖ **iahen:** *der Esel iaht*

iberisch: die iberischen Länder; *aber:* die **I**berische Halbinsel *(Spanien und Portugal)* ‖ **iberoamerikanisch:** lateinamerikanisch *(die spanisch- und portugiesischsprachigen Länder Amerikas betreffend)*

IC [i ˈtseː] der, -[s]/-[s]: **I**nter**c**ity ‖ **ICE** [i tse ˈeː] der, -[s]/-[s]: **I**nter**c**ityexpress

ich: ich glaube; er und ich ‖ **Ich** das, -[s]/-[s]: nur an sein eigenes Ich *(nur an sich selbst)* denken ‖ **Ichbewusstsein** ‖ **ichbezogen** ‖ **Icherzähler:** *Erzähler [eines Romans] in Ichform* ‖ **Icherzählerin** ‖ **Icherzählung** ‖ **Ichform:** *1. Person Singular;* in der I. erzählen ‖ **Ichgefühl** ‖ **Ichlaut** (Sprachwiss.): *Aussprache des* ch *nach e und i;* → Achlaut ‖ **Ichmensch:** *Egoist*

Ichse [-ks-, meist mda.: ˈiəksn] die, -/-n, *auch:* Irxe [-ks-] (mda.): *Achselhöhle* | (fachspr.) *Dachkehle*

Ichsucht: *Egoismus, Selbstsucht* ‖ **ichsüchtig**

Ichthyologie [-ty-] die, - ⟨gr.⟩: *Lehre von den Fischen*

Icon [ˈaɪkɒn] das, -s/-s ⟨gr.-engl.⟩: *Bildsymbol bei Computerprogrammen, um Befehle bequemer ausführen zu können*

Ida: *weibl. Vorname*

ideal ⟨gr.-lat.⟩: ein ideales *(optimales)* Geschenk; → ideell ‖ **Ideal** das, -s/-e: *etwas Vollkommenes, das man erstrebt, aber kaum erreichen kann; Vorbild* ‖ **Idealbild** ‖ **Idealfall** ‖ **Idealgewicht** ‖ **idealisieren:** *zum Ideal erheben, verklären* ‖ **Idealismus** der, -: *uneigennütziges Streben nach Idealen* | *eine philosophische Richtung* ‖ **Idealist** der, -en/-en ‖ **Idealistin** die, -/-innen ‖ **idealistisch** ‖ **Ideallösung** ‖ **Idealtyp** [-yp] ‖ **Idealvorstellung** ‖ **Idealzustand** ‖ **Idee** die, -/-n: gute Ideen *(Gedanken, Einfälle)* haben; eine fixe I. *(eine festgefahrene Vorstellung);* keine I. *(Ahnung)* von etwas haben ‖ **ideell:** *gedacht, nur in der Vorstellung vorhanden;* → ideal | (Jus) ideeller Verein *(Verein zu mildtätigen bzw. gemeinnützigen Zwecken)* ‖ **ideenarm** ‖ **Ideenflucht** (Psych.): *ungeordneter, abschweifender Gedankengang* ‖ **Ideenfülle** ‖ **ideenlos** ‖ **Ideenlosigkeit** die, - ‖ **ideenreich** ‖ **Ideenreichtum** ‖ **Ideenwelt**

ident ⟨lat.⟩: *identisch* ‖ **Identifikation** [-tsi̯-] die, -/-en: *Gleichsetzung* | *Feststellung der Identität* ‖ **identifizierbar** ‖ **identifizieren:** einen Gegenstand i. *(genau erkennen)* | sich mit etwas i. *(damit voll übereinstimmen)* ‖ **Identifizierung** die, -/-en: *Identifikation* ‖ **identisch:** *gleichbedeutend, übereinstimmend, ein und dasselbe* ‖ **Identität** die, -: die I. eines Menschen feststellen *(feststellen, wer er ist)* ‖ **Identitätsausweis:** *Personalausweis* ‖ **Identitätsfeststellung** (Amtsspr.): *Feststellung, um welche Person es sich handelt* ‖ **Identitätskarte:** *Personalausweis (in der Besatzungszeit nach 1945)* ‖ **Identitätskrise** (Psych.) ‖ **Identitätsnachweis** ‖ **Identitätsverlust** (Psych.)

Ideogramm das, -[e]s/-e ⟨gr.⟩: *Begriffszeichen, zB* †, →, § ‖ **Ideologie** die, -/-n: *Weltanschauung (oft abwertend im Sinne einer Verschleierung von Gruppeninteressen)* ‖ **ideologiefrei** ‖ **Ideologiekritik** ‖ **ideologisch** ‖ **ideologisieren**

id est (i. e.) ⟨lat.⟩: *das heißt*

Idiolekt der, -[e]s/-e ⟨gr.⟩ (Sprachwiss.): *Gesamtheit der sprachlichen Eigenheiten einer einzelnen Person, persönliche Ausdrucksweise* ‖ **Idiom** das, -s/-e (Sprachwiss.): *Redensart, Redewendung, zB* grüß Gott; Hand und Fuß | *Sprechweise einer bestimmten Gruppe* | (allgemein für) *Sprache, Dialekt* ‖ **Idiomatik** die, -/-en (Sprachwiss.): *alle festen Redewendungen und Wortverbindungen einer Sprache* ‖ **idiomatisch** (Sprachwiss.): sich i. *(dem lebendigen bzw. richtigen Sprachgebrauch entsprechend)* ausdrücken ‖ **Idiomatisierung** die, -/-en (Sprachwiss.) ‖ **Idiofon** = **Idiophon** [-f-] das, -s/-e: *Musikinstrument, bei dem der schwingende Körper selbst den Ton erzeugt, zB Rassel, Glockenspiel* ‖ **Idiosynkrasie** [-zy-] die, -/-n (Med.): *Überempfindlichkeit gegen bestimmte Stoffe, Nahrungsmittel ua.* | (Psych.) *Widerwille zB gegen bestimmte Personen, Dinge ua.;* → Allergie ‖ **idiosynkratisch** (Med., Psych.) ‖ **Idiot** der, -en/-en: *Schwachsinniger* ‖ **idiotenhaft** ‖ **Idiotenhügel** (ugs., abw. bzw. scherzh.): *Übungshang für Skianfänger* ‖ **idiotensicher** (oft scherzh.): *sehr einfach* ‖ **Idiotie** die, -/-n: *Schwachsinn;* → Idiotismus ‖ **Idiotin** die, -/-innen ‖ **idiotisch** ‖ **Idiotismus** der, - (Med.): *Idiotie*

Idol das, -s/-e ⟨gr.⟩: *angehimmeltes Vorbild* | (Kunstg.) *Götzenbild*

Idyll [-ˈy-] das, -s/-e ⟨gr.⟩: *friedlich-beschauliche Szene* ‖ **Idylle** die, -/-n: *Darstellung eines Idylls in Wort oder Bild* ‖ **idyllisch:** eine idyllische *(friedliche, liebliche)* Landschaft

i. e.: **i**d **e**st

Ifflandring: *Auszeichnung für den besten deutschsprachigen Schauspieler (nach dem Schauspieler Iffland)*

IG [i ˈgeː]: **I**nteressen**g**emeinschaft; IG Autoren

Igel der, -s/-: *ein Säugetier mit Stacheln* ‖ **Igelfrisur** (scherzh.): *Bürstenhaarschnitt* ‖ **Igelstellung** (Mil.): *Aufstellung, um sich nach allen Seiten hin zu verteidigen*

IGH [i ge ˈhaː]: **I**nternationaler **G**erichts**h**of (in Den Haag)

igitt (D): *pfui; Ausruf, der Abscheu ausdrückt*

Iglu der = das, -s/-s ⟨Eskimospr.⟩: *runde Schneehütte der Inuit/Eskimos*

Ignaz, *auch:* Ignatius [-ˈaːtsi̯-]: *männl. Vorname;* → Naz

ignorant ⟨lat.⟩ (abw.) ‖ **Ignorant** der, -en/-en (abw.): *unbelehrbarer Nichtwisser* ‖ **Ignorantin** die, -/-innen (abw.) ‖ **Ignoranz** die, -: *Unwissenheit, Dummheit* ‖ **ignorieren:** *jemanden/etwas absichtlich nicht beachten* |

I

(scherzh.) nicht einmal i. *(überhaupt nicht darauf eingehen)*
ihm: ich schenke ihm ein Buch ‖ **ihn:** ich habe ihn gekränkt ‖ **ihnen:** ich schreibe i. *(zB den Schulkameraden)* | (als Anrede immer groß) „ich schreibe **I**hnen heute ...“; → Sie

ihr

Possessivpronomen:
– ihr Haus
– ihre Eltern
In der distanzierten Anrede (mit „Sie“) immer groß:
– Ist das **I**hr Mantel?
– Ich grüße Sie und **I**hre Eltern!
Personalpronomen:
– Hast du ihr schon davon erzählt?
– Kommt ihr mit?
In der vertraulichen Anrede („du“-Anrede) ist im Brief auch Großschreibung möglich:
– „Lieber Valentin, liebe Mira! Was habt ihr (*auch:* Ihr) morgen vor?“
Als veraltete Anrede einer einzelnen Person groß:
– Herr Vater, kommt **I**hr?

ih|re = **Ih|re** der, -n/-n: die ihre (= Ihre); das ihre (= Ihre) *(ihr Eigentum, ihre Sache);* die ihren = Ihren *(ihre Angehörigen, die ihrigen);* → ihrige = Ihrige ‖ **ih|rer|seits:** die Kinder i. | (bei der Anrede zB im Brief immer groß) „Sie haben **I**hrerseits ...“ ‖ **ih|res|glei|chen:** diese Leistungen suchen i. | (bei der Anrede zB im Brief immer groß) „Sie und Ihresgleichen“ ‖ **ih|ret|hal|ben** (bei der Anrede zB im Brief immer groß) ‖ **ih|ret|we|gen** (bei der Anrede zB im Brief immer groß) ‖ **ih|ret|wil|len** (bei der Anrede zB im Brief immer groß) ‖ **ih|ri|ge** = **Ih|ri|ge** der, -n/-n: die ihrige (= Ihrige); das ihrige (= Ihrige); die ihrigen (= Ihrigen) *(die ihren);* → ihre ‖ **Ih|ro** (veraltet): I. *(Ihre)* Majestät
IHS: *griechisch-lateinische Abkürzung für Jesus* (**IH**ΣΟΥΣ, IE**S**US)
i. J.: im **J**ahr[e]
Ika|rus: *griechische Sagenfigur*
Ike|ba|na das, -[s] ⟨jap.⟩: *die japanische Kunst des Blumensteckens*
Ikon das, -s/-en ⟨gr.⟩: → *Ikone* ‖ **Iko|ne** die, -/-n ⟨gr.-russ.⟩: *Heiligenbild in der Ostkirche, Ikon | Idol;* sie gilt als I. der Friedensbewegung ‖ **Iko|nen|ma|le|rei** ‖ **Iko|nen|wand:** *Ikonostase* ‖ **Iko|no|gra|fie** = **Iko|no|gra|phie** [-f-] die, -: *Bestimmung und Deutung von bildlichen Darstellungen* ‖ **Iko|no|klas|mus** der, -/Ikonoklasmen: *Bilderstürmerei; Zerstörung von heiligen Bildern* ‖ **Iko|nos|ta|se** die, -/-n: *Bilderwand in orthodoxen Kirchen*
il- ⟨lat.⟩ → in- (nur in Zusammensetzungen wie illegal)
Ill die, -: *ein Nebenfluss des Rheins in Vorarlberg*
ill.: **ill**ustriert (in bibliografischen Angaben); → illustrieren
il|le|gal: *gesetzwidrig, ungesetzlich;* → G.: legal ‖ **Il|le|ga|le**[1] der, -n/-n, ein Illegaler: *Angehöriger einer verbotenen Organisation* ‖ **Il|le|ga|le**[2] die, -n/-n ‖ **Il|le|ga|li|tät** die, - ‖ **il|le|gi|tim:** *ungesetzlich;* illegitime Methoden; → G.: legitim ‖ **Il|le|gi|ti|mi|tät**
il|li|be|ral → G.: liberal
Il|li|nois [-'nɔı(z)]: *Bundesstaat der USA*
il|li|quid: *zahlungsunfähig;* → G.: liquid ‖ **Il|li|qui|di|tät**
il|lo|y|al [-o(a)j-]: *unaufrichtig, untreu, pflichtvergessen;* → G.: loyal ‖ **Il|lo|y|a|li|tät**
Il|lu|mi|na|ti|on [-tsi̯-] die, -/-en ⟨lat.-fr.⟩: *Festbeleuchtung* ‖ **il|lu|mi|nie|ren:** *festlich beleuchten* | eine illuminierte *(kunstvoll gemalte, illustrierte)* alte Handschrift | (scherzh.) illuminiert *(leicht betrunken, angeheitert)* sein ‖ **Il|lu|mi|nie|rung** die, -/-en
Il|lu|si|on die, -/-en ⟨lat.-fr.⟩: *Einbildung, Selbsttäuschung;* sich einer I. *(einer falschen Hoffnung)* hingeben; → desillusioniert ‖ **il|lu|si|o|när** ‖ **Il|lu|si|o|nist** der, -en/-en: *Unterhaltungskünstler/Magier, der mit Sinnestäuschungen arbeitet* ‖ **Il|lu|si|o|nis|tin** die, -/-innen ‖ **il|lu|si|o|nis|tisch:** *den Anschein von Wirklichkeit hervorrufend* ‖ **il|lu|si|ons|los** ‖ **il|lu|so|risch:** *nur in der Einbildung bestehend* | etwas ist i. *(unerfüllbar, hinfällig)*
il|lus|ter ⟨lat.⟩ (geh.): illustre *(vornehme, berühmte)* Gäste ‖ **Il|lus|tra|ti|on** [-tsi̯-] die, -/-en: *Abbildung [in Büchern]* | etwas zur I. *(Erklärung, Veranschaulichung)* erzählen ‖ **il|lus|tra|tiv** ‖ **Il|lus|tra|tor** der, -s/-en [-'to:-]: *jemand, der [ein Buch] illustriert* ‖ **Il|lus|tra|to|rin** die, -/-innen ‖ **il|lus|trie|ren:** *mit Bildern versehen;* → ill. ‖ **Il|lus|trier|te** die, -n/-n: *illustrierte [Boulevard]zeitschrift*
Il|ly|rer [-'y:-] der, -s/-: *Angehöriger eines Volksstammes der Frühgeschichte* ‖ **Il|ly|re|rin** die, -/-innen ‖ **il|ly|risch**
Ilo|na: *weibl. Vorname* (ung. für: Helene*)*
Il|se: *weibl. Vorname*
Il|tis der, - [-ti**ss**es]/-ti**ss**e: *eine Marderart*
im: in dem; im Mai; im Allgemeinen; im Besonderen; im Einzelnen; im Jahr[e] (i. J.); im Nachhinein; im Übrigen; im Voraus; im Vorhinein; im Stand[e] (= → imstand[e]) | (mit Abkürzung i.) Ried i. Innkreis
im- ⟨lat.⟩ → in- (nur in Zusammensetzungen wie immobil, Immigrant)
Image ['ımıdʒ] das, -/-s [-ız] ⟨fr.-engl.⟩: das I. eines Politikers *(das Bild, das sich die Öffentlichkeit von ihm macht)* ‖ **Image|bil|dung** ‖ **Image|pfle|ge**
ima|gi|när ⟨lat.⟩: *nur in der Vorstellung existierend* ‖ **Ima|gi|na|ti|on** [-tsi̯-] die, -: *[künstlerische] Einbildungskraft* ‖ **ima|gi|na|tiv:** *auf die Einbildungskraft wirkend* ‖ **ima|gi|nie|ren:** *sich einbilden*
Imam der, -s/-e ⟨arab.⟩: *Vorbeter bzw. Gelehrter im Islam | Oberhaupt der Schiiten*
IMAX ['aımæks] das, -s: *eine besondere Bild- und Tontechnologie für Kinos* | (mit Pl. -) *IMAX-Kino* ‖ **IMAX-Ki|no**
im|be|zil = **im|be|zill** ⟨lat.⟩ (Med.): *mittelgradig schwachsinnig*
Im|biss der, -es/-e: *kleine Mahlzeit* ‖ **Im|biss|stand** ‖ **Im|biss|stu|be**
Imi|tat das, -[e]s/-e ⟨lat.⟩: *Imitation [von Materialien]* ‖ **Imi|ta|ti|on** [-tsi̯-] die, -/-en: *Nachahmung, Imitat;* die I. von Stimmen/Korallen | (Mus.) *Nachahmung des Themas durch folgende Stimme[n]* ‖ **Imi|ta|tor** der, -s/-en [-'o:-]: *jemand, der Personen, Tierstimmen oÄ nachahmt* ‖ **Imi|ta|to|rin** die, -/-innen ‖ **imi|tie|ren**
Im|ker der, -s/-: *Bienenzüchter* ‖ **Im|ke|rei** die, -/-en: *Bienenzucht* ‖ **Im|ke|rin** die, -/-innen ‖ **im|kern**
im|ma|nent ⟨lat.⟩: *innewohnend, in etwas enthalten;* → G.: transzendent ‖ **Im|ma|nenz** die, -: *das Innewohnen, Anhaften*
Im|ma|te|ri|al|gut (Jus): *körperlich nicht greifbares Gut, zB Idee, Know-how* ‖ **Im|ma|te|ri|al|gü-**

terrecht (Jus): *Recht an geistigem Eigentum, zB Urheberrecht, Patentrecht* ‖ **immateriell:** *unkörperlich; geistig;* → G.: materiell

Immatrikulation [-tsi̯-] die, -/-en ‹lat.› (früher): *Einschreibung und Aufnahme an einer Universität bzw. Hochschule;* → Zulassung ‖ **immatrikulieren** (früher) → G.: exmatrikulieren

Imme (geh.): *Honigbiene*

immens ‹lat.›: *unermesslich*

immer: i. mehr; wie i. es sich zugetragen hat ...; was auch i.; → immer während = immerwährend ‖ **immerdar** (geh.): *auf immer, für immer, für ewig* ‖ **immerfort:** *fortwährend* ‖ **immergrün:** immergrüne Pflanzen; *aber:* nur wenige Pflanzen bleiben immer grün ‖ **Immergrün** das, -s: *eine Pflanze* ‖ **immerhin** ‖ **immer während** = **immerwährend:** die i. währende Neutralität Österreichs ‖ **immerzu:** *immer*

Immigrant der, -en/-en: *Einwanderer;* → G.: Emigrant; → Migrant ‖ **Immigrantin** die, -/-innen ‖ **Immigration** [-tsi̯-] die, -/-en ‖ **immigrieren**

Immission die, -/-en: *Einwirkung von Verunreinigung, Lärm uÄ auf Menschen, Tiere, Gebäude* ‖ **Immissionsschutz:** *Schutz vor schädlichen Einwirkungen durch Immissionen*

immobil: *unbeweglich; nicht einsatzbereit;* → G.: mobil ‖ **Immobilien** die (Pl.): *unbeweglicher Besitz, Liegenschaften, Häuser und Grundstücke* ‖ **Immobiliengeschäft** ‖ **Immobilienhandel** ‖ **Immobilienmakler** ‖ **Immobilienmaklerin** ‖ **Immobiliensteuer** (SüdT): *Grund- und Gebäudesteuer* ‖ **Immobilienverwaltung** ‖ **Immobilität** die, -: *Unbeweglichkeit*

immoralisch: *unmoralisch* ‖ **Immoralität** die, -

Immortalität die, -: *Unsterblichkeit*

immun ‹lat.›: gegen ansteckende Krankheiten i. sein *(für sie unempfänglich sein)* | ausländische Diplomaten sind i. *(strafrechtlich unantastbar)* ‖ **immunisieren** (Med.) ‖ **Immunisierung** die, -/-en (Med.): *Impfung zur Unempfänglichkeit gegen Krankheiten;* aktive I. *(der Körper bildet selbständig Antikörper);* passive I. *(durch Impfung werden dem Organismus Antikörper zugeführt)* ‖ **Immunität** die, -: *Unverletzlichkeit;* die I. *(den Schutz vor Strafverfolgung)* eines Abgeordneten aufheben ‖ **Immunologe** der, -n/-n ‖ **Immunologie** die, - (Med.): *Immunitätsforschung* ‖ **Immunologin** die, -/-innen ‖ **Immunschwäche** die, - (Med.) ‖ **Immunsystem** [-zy-] (Med.): *biologisches Abwehrsystem des Körpers gegen Infektionen*

Imparität die, -: *Ungleichheit;* → G.: Parität

Impedanz die, -/-en ‹lat.› (Elektrotechnik, Phys.): *komplexer Wechselstromwiderstand*

Imperativ der, -s/-e [-fɛ, -vɛ] ‹lat.› (Gramm.): *Befehlsform, Aufforderungsform* | (Phil.) kategorischer I. *(unbedingtes sittliches Gebot)* ‖ **imperativisch** ‖ **Imperativsatz** (Gramm.)

Imperator der, -s/-en [-'oː-] ‹lat.›: *oberster Befehlshaber, Kaiser [im alten Rom]*

Imperfekt das, -s/-e (Gramm.): *Präteritum*

Imperialismus der, - ‹lat.›: *rücksichtsloses Streben einer Großmacht nach Ausdehnung ihres Herrschaftsbereiches* ‖ **imperialistisch** ‖ **Imperium** das, -s/ Imperien [-i̯ɛn]: *Reich, Weltreich;* das römische I. | *Macht-, Herrschaftsbereich;* Wirtschaftsimperium

impertinent: *frech, unverschämt* ‖ **Impertinenz** die, -: *Unerhörtheit*

Impetus der, - ‹lat.›: *Antrieb; Ungestüm*

Impfaktion [-tsi̯-] ‖ **impfen:** gegen Kinderlähmung i. ‖ **Impfpass:** *Ausweis über bereits erhaltene Impfungen* ‖ **Impfpflicht** ‖ **Impfschutz** ‖ **Impfstoff** ‖ **Impfung** die, -/-en

Implantat das, -[e]s/-e ‹lat.› (Med.): *in den Körper eingepflanztes Gewebe oder anderes Material* ‖ **Implantation** [-tsi̯-] die, -/-en (Med.) ‖ **implantieren** (Med.)

implementieren ‹lat.› (EDV): *einbauen;* Software am PC i. | (bes. Pol.) *[Bestimmungen eines Abkommens] erfüllen* ‖ **Implementierung** die, -/-en (EDV)

Implikation [-tsi̯-] die, -/-en ‹lat.›: *Einbeziehung einer Sache in eine andere* ‖ **implizieren:** dieser Plan impliziert *(schließt ein, bedingt)* hohe Kosten ‖ **implizit:** *inbegriffen; mitgemeint;* → G.: explizit

implodieren ‹lat.›; → G.: explodieren ‖ **Implosion** die, -/-en: *Bersten eines Hohlkörpers durch Druck von außen, zB beim Fernsehgerät*

imponderabel ‹lat.› (veraltet) ‖ **Imponderabilien** die (Pl.) (veraltet): *Unwägbares, schwer Abzuschätzendes* ‖ **Imponderabilität** die, - (veraltet)

imponieren ‹lat.›: *Eindruck machen* ‖ **imponierend** ‖ **Imponiergehabe** = **Imponiergehaben**

Import [auch: 'i-] der, -[e]s/-e ‹lat.-fr.-engl.›: *die Einfuhr von Waren aus dem Ausland;* → G.: Export ‖ **importabhängig** ‖ **Importartikel** ‖ **Importeur** [-'tøːɐ] der, -s/-e ‖ **Importeurin** die, -/-innen ‖ **Importfirma** ‖ **Importgeschäft** ‖ **importieren** ‖ **Importstopp** ‖ **Importware**

imposant ‹lat.-fr.›: *eindrucksvoll, Achtung gebietend*

impotent → G.: potent ‖ **Impotenz** die, - (Med.): *Unvermögen des Mannes, den Geschlechtsverkehr zu vollziehen; Zeugungsunfähigkeit* | (geh.) künstlerische, musikalische I. *(Unfähigkeit);* → G.: Potenz ‖ **Impotenzler** der, -s/- (ugs.): *impotenter Mann*

imprägnieren: ein imprägnierter *(wasserdicht gemachter)* Regenmantel ‖ **Imprägnierung** die, -/-en

impraktikabel: *nicht anwendbar;* → G.: praktikabel

Impresario der, -s/-s [Impresarii] [-ri.i] ‹lat.-it.› (veraltet): *Theater- und Konzertveranstalter*

Impression die, -/-en ‹lat.-fr.›: *Empfindung, momentaner Eindruck* ‖ **Impressionismus** der, -: *Licht- und Farbeindrücke betonende Stilrichtung in der Malerei des ausgehenden 19. Jh. (ähnlich in Musik und Dichtung);* → Expressionismus ‖ **impressionistisch** ‖ **Impressum** das, -s/ Impressen ‹lat.›: *Angabe über Verleger, Drucker usw. in Büchern, Zeitschriften und Zeitungen;* → Editorial ‖ **Imprimatur** das, -s/-en [-'uː-] = **Imprimatur** die, -/-en: *Freigabe zum Druck* ‖ **imprimieren:** ein Buch i. ‖ **Imprinter** der, -s/- ‹lat.-engl.›: *Ge-*

rät zur Kreditkartenabwicklung

Impromptu [ɛ̃prõ'ty(ː)] das, -s/-s ⟨fr.⟩ (Mus.): *Stegreif-, Fantasiekomposition*

Improvisation [-vi-tsi̯-] die, -/-en ⟨lat.-it.⟩: *nicht vorgeplantes Agieren, spontanes Tun* ‖ **Improvisationstalent** ‖ **Improvisator** der, -s/-en [-'toː-] ‖ **Improvisatorin** die, -/-innen ‖ **improvisatorisch** ‖ **improvisieren:** eine Rede i. *(ohne Vorbereitung halten)* | improvisierte *(behelfsmäßige, vorläufige)* Maßnahmen

Impuls der, -es/-e ⟨lat.⟩: *Anregung, Anstoß* ‖ **impulsiv:** ein impulsiver *(lebhafter, spontan handelnder)* Mensch

Imst (Kfz: IM): *Stadt in Tirol*

im Stand = **imstand** = **im Stande** = **imstande:** dieser Kranke ist nicht im S. *(nicht fähig)* aufzustehen; *aber:* im Stande *(im Zustand)* der Gnade Gottes sein

in[1] (Präp. mit Dat. und Akk.): der Haken steckt in der Mauer *(wo?)*; den Haken in die Mauer schlagen *(wohin?)*; in Bezug; in Stand (= → instand); in einem; → in extenso | (mit Abkürzung i.) St. Johann i. Tirol

in[2] (Adv.) ⟨engl.⟩ (sal.): etwas/jemand ist in *(ist in Mode/ist sehr gefragt)*; → G.: out

in- ⟨lat.⟩ (nur in Zusammensetzungen wie inakzeptabel, Independenz)

In: Indium

in absentia [- -tsi̯a] ⟨lat.⟩: *in Abwesenheit*

inadäquat: *unangemessen, nicht entsprechend;* → G.: adäquat ‖ **Inadäquatheit**

inakkurat: *ungenau, flüchtig;* → G.: akkurat

inaktiv: *untätig;* → G.: aktiv ‖ **inaktivieren:** *in einen nicht aktiven Zustand versetzen, zB abschalten* ‖ **Inaktivierung** die, -/-en ‖ **Inaktivität** [-v-] die, -

inakzeptabel: eine inakzeptable *(unannehmbare)* Forderung; → G.: akzeptabel

Inangriffnahme die, -: *Anfang, Beginn*

Inanspruchnahme die, -: *Beanspruchung*

Inauguration [-tsi̯-] die, -/-en ⟨lat.⟩ ‖ **inaugurieren:** *in ein Amt einführen; einweihen*

Inbegriff: *die Gesamtheit, das Höchste;* das ist der I. *(die vollkommene Ausprägung)* von Tugend und Schönheit ‖ **inbegriffen:** alle Abgaben sind i. *(schon enthalten);* → einbegriffen

Inbesitznahme die, -

Inbetriebnahme die, -: die I. eines neuen Kraftwerkes

Inbrunst die, - (geh.): mit I. *(Begeisterung)* mitmachen ‖ **inbrünstig** (geh.): ein inbrünstiges *(leidenschaftliches, bes. inniges)* Gebet

Inbusschlüssel (Wz.): *Schraubenschlüssel für Inbusschrauben* ‖ **Inbusschraube** (Wz.)

incl. = → inkl.

in corpore [- k-] ⟨lat.⟩: *gemeinsam*

Indefinitpronomen ⟨lat.⟩ (Gramm.): *unbestimmtes Fürwort, zB* man, jemand, kein

indeklinabel (Gramm.): *nicht beugbar*

indem (Konj.): er grüßte, i. er sich verneigte

Independenz die, -: *Unabhängigkeit;* → G.: Dependenz

Inder der, -s/-: *Bewohner Indiens;* → indisch ‖ **Inderin** die, -/-innen

indes = **indessen** (Adv.): *inzwischen, unterdessen* | (Konj.) *aber, jedoch*

Indetermination [-tsi̯-]: *Unbestimmtheit; Nichtvorherbestimmbarkeit;* → G.: Determination ‖ **indeterminiert** ‖ **Indeterminismus**

Index der, -/-e (Indizes, *auch:* Indices [-ts-]) ⟨lat.⟩: *ein Verzeichnis* | *statistische Wertziffer;* Preisindex | (Math.) *hoch- oder tiefgestellte Ziffer zur Kennzeichnung;* x^1 ‖ **Indexziffer**

indezent: *aufdringlich, unschicklich;* → G.: dezent ‖ **Indezenz**

Indian der, -s/-e (veraltend): *Truthahn, Puter*

Indianer der, -s/-: *Ureinwohner Amerikas* ‖ **Indianerhäuptling** ‖ **Indianerin** die, -/-innen ‖ **Indianerkrapfen:** *eine süße Mehlspeise* ‖ **Indianerreservat** [-v-] ‖ **Indianerreservation** [-tsi̯-] ‖ **Indianersprache** ‖ **Indianerstamm** ‖ **indianisch**

Indien: *ein Staat in Asien*

Indienststellung (Amtsspr.): *In-Dienst-Stellen*

indifferent: *unbestimmt; gleichgültig;* → G.: different ‖ **Indifferenz** die, -: *Zustand, der keinen Unterschied kennt*

indigen ⟨lat.⟩: *einheimisch;* indigene Wörter/Völker

Indignation [-tsi̯-] die, - ⟨lat.⟩: *Entrüstung* ‖ **indigniert:** *peinlich berührt; entrüstet* ‖ **Indignität** (veraltet) die, -: *Unwürdigkeit*

Indigo der = das, -s ⟨gr.-lat.-span.⟩: *ein Farbstoff* ‖ **indigoblau**

Indikation [-tsi̯-] die, -/-en ⟨lat.⟩ (Med.): *Veranlassung für eine bestimmte medizinische Behandlung;* → G.: Kontraindikation; → indiziert ‖ **Indikativ** der, -s/-e [-fɛ, -vɛ] (Gramm.): *Wirklichkeitsform, eine Aussageweise des Verbs;* → Konjunktiv ‖ **Indikator** der, -s/-en [-'oː-]: *[statistisches] Merkmal für einen bestimmten Zustand* | (Chem.) *Substanz, die einen Vorgang/Zustand [durch Farbänderung] anzeigt oder messbar macht*

Indio der, -s/-s ⟨span.⟩: *in Süd- und Mittelamerika lebender Indianer* ‖ **Indiofrau**

indirekt: *mittelbar, auf einem Umweg;* → G.: direkt | (Gramm.) indirekte Rede *(nicht wörtliche Rede);* → G.: direkte Rede

indisch: indischer Tee; *aber:* der Indische Ozean; → Indien

indiskret: *taktlos; nicht verschwiegen;* → G.: diskret ‖ **Indiskretion** [-tsi̯-] die, -/-en: eine I. begehen

indiskutabel: ein indiskutabler *(nicht in Frage kommender)* Vorschlag; → G.: diskutabel

indisponiert: *in schlechter Verfassung;* er ist heute i.; → G.: disponiert ‖ **Indisponiertheit** die, - ‖ **Indisposition** [-tsi̯-] die, -/-en

Indium das, -s ⟨lat.⟩ (Zeichen: In): *ein chemisches Element*

Individualantrag [-v-] (Jus): *Antrag eines Einzelnen auf höchstgerichtliche Überprüfung* ‖ **Individualbeschwerde** (Jus): *Individualantrag* ‖ **Individualcode** [-koːt, fr.: -kɔd, engl.: -kəʊd] = → Individualkode ‖ **Individualeigentum** (Jus) → G.: Gemeinschaftseigentum ‖ **individualisieren** ⟨lat.⟩ ‖ **Individualisierung** die, -/-en ‖ **Individualismus** der, - ‖ **Individualist** der, -en/-en: *jemand, der sich auf Grund seiner ausgeprägten Persönlichkeit von der Masse abhebt [und sich von ihr abgrenzt]* ‖ **Individualistin** die, -/-innen ‖ **individualistisch:** *die Interessen der Einzelperson vertretend* ‖ **Individualität** die, -/-en: *per-*

sönliche Eigenart ‖ **Individualkode** [-ko:t] = Individualcode [-ko:t, fr.: -kɔd, engl.: -kəʊd] ⟨lat.+fr.-engl.⟩ (Sprachwiss.): → *Idiolekt* ‖ **Individualverkehr** → G.: öffentlicher Verkehr ‖ **individuell:** *auf den Einzelfall/die Einzelperson abgestimmt;* individuelle Beratung; individuelle Bedürfnisse ‖ **Individuum** das, -s/Individuen [-u̯ɛn]: *das Einzelwesen; der einzelne Mensch* | (abw.) ein verdächtiges I.

Indiz das, -es/-ien [-i̯ɛn] ⟨lat.⟩: die Indizien *(Anzeichen, Verdachtsgründe)* weisen auf einen bestimmten Täter hin ‖ **Indizienbeweis** (Jus) ‖ **Indizienprozess** (Jus): *Prozess, der durch Indizien entschieden werden muss* ‖ **indizieren:** *auf etwas hinweisen* | (Med.) → indiziert ‖ **indiziert** (Med.): eine bestimmte Behandlung ist i. *(empfehlenswert, angezeigt);* → Indikation

Indoarier: *Sprecher einer indoarischen Sprache* ‖ **Indoarierin** ‖ **indoarisch:** die indoarische Sprachfamilie *(Bezeichnung einer großen Gruppe indogermanischer Sprachen im südlichen Asien)* ‖ **indoeuropäisch:** *indogermanisch* ‖ **indogermanisch:** die indogermanischen Sprachen *(zB Deutsch, Französisch, Russisch, Griechisch, Persisch)* ‖ **Indogermanist** ‖ **Indogermanistik** ‖ **Indogermanistin**

indoktrinieren (abw.): *[ideologisch] beeinflussen* ‖ **Indoktrinierung** die, -/-en (abw.)

indolent ⟨lat.⟩: ein indolenter *(gleichgültiger, fauler)* Mensch | (Med.) *nicht schmerzhaft; unempfindlich gegen Schmerzen* ‖ **Indolenz** [auch: -'ɛ-] die, -

Indologie die, -: *Wissenschaft von der indischen Kultur*

Indonesien: *ein Staat in Südasien*

Indoorklettern ['indɔ:ə-] ⟨engl.⟩: *Hallenklettern* ‖ **Indoorschuh:** *Sportschuh für die Halle*

indopazifisch: *zum geographischen Raum des Indischen und des Pazifischen Ozeans gehörend*

Indossament das, -[e]s/-e ⟨lat.-it.⟩ (Bankw.): *Übertragung von Rechten aus Wertpapieren*

in dubio pro reo ⟨lat.⟩ (wörtl.: im Zweifel zu Gunsten des Angeklagten)

Induktion [-tsi̯-] die, -/-en ⟨lat.⟩: *das Schließen vom Einzelnen auf das Allgemeine;* → G.: Deduktion | (Phys.) *Erzeugung elektrischen Stromes durch bewegte Magnetfelder* ‖ **Induktionsbeweis** (Phil.) ‖ **induktiv**

Indulgenz die, - ⟨lat.⟩: *Nachsicht*

in duplo ⟨lat.⟩: *in doppelter Anzahl, zB ein Formular*

Indus der, -: *Strom in Südasien (Tibet, Kaschmir, Pakistan)*

Industrial Design [-'dʌstriəl dɪ'zaɪn] das, - -s ⟨engl.⟩: → Industriedesign ‖ **industrialisieren** [-dust-]: ein Land i. *(seine Industrie ausbauen)* ‖ **Industrialisierung** die, - ‖ **Industrialismus** der, - ‖ **Industrie** die, -/-n: *ein Wirtschaftszweig* ‖ **Industrieanlage** ‖ **Industriearbeiter** ‖ **Industriearbeiterin** ‖ **Industriebetrieb** ‖ **Industriedesign** [-dɪzaɪn]: *Design für industriell gefertigte Produkte, Industrial Design* ‖ **Industriegebiet** ‖ **Industriekauffrau** ‖ **Industriekaufmann** ‖ **industriell:** industrielle *(fabriksmäßige)* Erzeugung ‖ **Industrielle**[1] der, -n/-n, ein Industrieller: *Industrieunternehmer* ‖ **Industrielle**[2] die, -n/-n ‖ **Industriellenverband** (SüdT): *Industriellenvereinigung* ‖ **Industriellenvereinigung** die, - (IV): *Interessensvertretung der Industrie* ‖ **Industriemagnat** (sal.): *Großindustrieller* ‖ **Industriemagnatin** ‖ **Industrienation** [-tsi̯-] die, -/-en ‖ **Industriepolitik** ‖ **Industrieroboter:** *Automat, der computergesteuert Arbeitsvorgänge ausführt* ‖ **Industriestaat** ‖ **Industriestadt** ‖ **Industriestandort** ‖ **Industrieunternehmen** ‖ **Industriezeitalter**

induzieren ⟨lat.⟩; → Induktion

ineffektiv: *unwirksam;* → G.: effektiv

ineffizient: *unwirksam;* → G.: effizient ‖ **Ineffizienz** die, -/-en

ineinander: sich i. verlieben ‖ **ineinanderfließen** ‖ **ineinandergreifen**

Inertialsystem [-tsi̯-zy-] ⟨lat.+gr.⟩ (Phys.): *Bezugssystem, in dem keine Trägheitskräfte wirken*

Ines: *weibl. Vorname*

inessenziell = inessentiell [-tsi̯-] → G.: essenziell

in eventu [- -v-] ⟨lat.⟩: *im erwarteten Fall*

inexakt → G.: exakt

inexistent → G.: existent ‖ **Inexistenz** die, -

in extenso ⟨lat.⟩: *ausführlich, vollständig*

infallibel ⟨lat.⟩ (kath.) ‖ **Infallibilität** die, - (kath.): die I. *(Unfehlbarkeit)* des Papstes in der Glaubenslehre

infam ⟨lat.⟩ (abw.): *niederträchtig* ‖ **Infamie** die, -/-n (abw.)

Infant der, -en/-en ⟨lat.-span.⟩: *Titel spanischer Prinzen*

Infanterie [-t(ə)'ri:] die, -/-n ⟨lat.-it.-fr.⟩ (Mil.): *Fußtruppe; Nahkampftruppen* ‖ **Infanterieregiment** (Mil.) ‖ **Infanteriewaffen** die (Pl.) (Mil.) ‖ **Infanterist** der, -en/-en (Mil.)

infantil ⟨lat.⟩: *kindisch, unreif* ‖ **Infantilisierung** die, - ‖ **Infantilismus** der, -/Infantilismen (Med., Psych.): *geistige bzw. körperliche Entwicklungshemmung*

Infantin die, -/-innen ⟨lat.-span.⟩: *weibl. Form von Infant*

Infarkt der, -[e]s/-e ⟨lat.⟩ (Med.): *der Zustand nach Verstopfung eines Organhohlraumes, zB der Herzkranzgefäße;* Herzinfarkt | *Zusammenbruch;* ein I. des gesamten Verkehrs droht

Infekt der, -[e]s/-e ⟨lat.⟩ (Med.): *Infektionskrankheit* | *Infektion* ‖ **Infektion** [-tsi̯-] die, -/-en (Med.): *Ansteckung [durch Bakterien, Viren];* → infizieren; → G.: Desinfektion ‖ **Infektionsgefahr** (Med.) ‖ **Infektionsherd** (Med.): *Ausgangspunkt einer Infektion* ‖ **Infektionskrankheit** (Med.) ‖ **infektiös** (Med.): *ansteckend*

inferior ⟨lat.⟩: *unterlegen* | *untergeordnet* | *minderwertig* ‖ **Inferiorität** die, -

infernalisch ⟨lat.⟩ ‖ **Infernalität** die, -/-en: *Bösartigkeit, Unerträglichkeit* ‖ **Inferno** das, -s: *Hölle*

Infiltrant der, -en/-en ⟨lat.⟩: *Agent, der in ein anderes Land eingeschleust wurde* ‖ **Infiltrantin** die, -/-innen ‖ **Infiltration** [-tsi̯-] die, -/-en (Med.): *Einspritzung* ‖ **infiltrieren:** *eindringen; durchtränken* | eine Organisation i. *(durch eingeschleuste Personen [politisch] beeinflussen, unterwandern)* ‖ **Infiltrierung** die, -/-en

infinit (Gramm.): *nicht nach Person und Zahl konjugiert;* infinite Verbformen *(Infinitiv und Partizip);* → G.: finit ‖ **Infinitesi-**

mal|rech|nung (Math.): *Differenzial- und Integralrechnung* ‖ **In|fi|ni|tiv** der, -s/-e [-fɛ, -vɛ] (Gramm.): *Nennform* ‖ **In|fi|ni|tiv|grup|pe** (Gramm.): *Nennformgruppe*
in|fi|zie|ren ⟨lat.⟩: ich habe mich mit Scharlach infiziert *(angesteckt);* → Infektion
in fla|gran|ti ⟨lat.⟩: einen Dieb in f. *(auf frischer Tat)* ertappen
In|fla|ti|on [-tsi̯-] die, -/-en ⟨lat.⟩: *Geldentwertung;* → G.: Deflation ‖ **in|fla|ti|o|när** ‖ **In|fla|ti|ons|ab|gel|tung** ‖ **In|fla|ti|ons|ra|te**
in|fle|xi|bel → G.: flexibel ‖ **In|fle|xi|bi|li|tät**
In|flu|enz die, -/-en ⟨lat.⟩ (Elektrot.): *Beeinflussung eines elektrisch ungeladenen Körpers durch einen geladenen* ‖ **In|flu|en|za** die, - ⟨lat.-it.⟩: *Grippe*
In|fo die, -s/-s ⟨lat.⟩: *Kurzwort für Information* ‖ **In|fo|desk** der (*auch:* das), -s/-s ⟨engl.⟩: *Informationsdienst, -schalter* ‖ **In|fo|high|way** [-haɪweɪ] → Informationshighway
in|fol|ge (Präp. mit Gen.): i. *(auf Grund von)* vieler Unfälle | (Adv.) i. *(auf Grund)* von vielen Unfällen ‖ **in|fol|ge|des|sen:** *deswegen, daher*

In|for|mand der, -en/-en ⟨lat.⟩

Die Nachsilbe „-and" drückt aus, dass mit jemandem etwas passiert, jemand etwas bekommt:
– Informand/Informandin: *jemand, der Informationen erhält*
Ebenso: Diplomand *(jemand, der ein Diplom erhalten soll),* Proband *(Testperson)*
Die Nachsilbe „-ant" drückt meist aus, dass jemand etwas tut:
– Informant/Informantin: *jemand, der Informationen gibt*
Ebenso: Lieferant *(jemand, der etwas liefert),* Demonstrant *(jemand, der demonstriert),* Maturant

In|for|man|din die, -/-innen ‖ **In|for|mant** der, -en/-en: *jemand, der Informationen gibt* ‖ **In|for|man|tin** die, -/-innen ‖ **In|for|ma|tik** die, -: *Wissenschaft von der elektronischen Datenverarbeitung* ‖ **In|for|ma|ti|ker** der, -s/- ‖ **In|for|ma|ti|ke|rin** die, -/-innen ‖ **In|for|ma|ti|on** [-tsi̯-] die, -/-en: *Nachricht, Auskunft;* → Info; → G.: Desinformation ‖ **In|for|ma|tion|high|way** [-fəˈmeɪʃnhaɪweɪ]: → *Datenhighway* ‖ **In|for|ma|ti|ons|aus|tausch** ‖ **In|for|ma|ti|ons|be|dürf|nis** ‖ **In|for|ma|ti|ons|de|fi|zit:** *Mangel an Informationen* ‖ **In|for|ma|ti|ons|fluss** ‖ **In|for|ma|ti|ons|flut** ‖ **In|for|ma|ti|ons|frei|heit:** *verfassungsgesetzlich gewährleistetes Grundrecht auf freie Information; Recht auf Meinungsfreiheit* ‖ **In|for|ma|ti|ons|ge|sell|schaft** (Soz.) ‖ **in|for|ma|ti|ons|hung|rig** ‖ **In|for|ma|ti|ons|ka|nal:** *Fernsehkanal mit vielen Informationssendungen* ‖ **In|for|ma|ti|ons|pflicht** (Jus.): *verpflichtender Hinweis zB bei kostenpflichtigen Telefonaten* ‖ **In|for|ma|ti|ons|stand** → Infostand ‖ **In|for|ma|ti|ons|tech|nik** (IT) ‖ **In|for|ma|ti|ons|tech|no|lo|gie** (IT) ‖ **In|for|ma|ti|ons|ver|ar|bei|tung:** *Verarbeitung von Informationen zur Gewinnung weiterer Informationen* ‖ **In|for|ma|ti|ons|vor|sprung** ‖ **In|for|ma|ti|ons|wert** ‖ **in|for|ma|tiv:** dieser Bericht ist i. *(inhaltsreich, wichtig)*
in|for|mell: *formlos, ohne Formalitäten;* → G.: formell
in|for|mie|ren ⟨lat.⟩: informiert *(im Bilde)* sein ‖ **In|for|miert|heit** die, - ‖ **In|fo|stand:** *Kurzwort für Informationsstand* ‖ **In|fo|tain|ment** [-ˈteɪn-] das, -s: *Vermittlung von Information auf anregend-unterhaltende Weise;* → Edutainment
in Fra|ge = **in|fra|ge:** in Frage (= infrage) stellen ‖ **In|fra|ge|stel|len** das, -s
in|fra|rot ⟨lat.⟩: infrarote Strahlen *(unsichtbare Wärmestrahlen);* → G.: ultraviolett ‖ **In|fra|rot|be|strah|lung** ‖ **In|fra|rot|fern|steu|e|rung** ‖ **In|fra|rot|fil|ter** ‖ **In|fra|rot|lam|pe** ‖ **In|fra|schall** (Phys.): *Schall mit einer tiefen Frequenz, die für den Menschen nicht mehr hörbar ist;* → Ultraschall ‖ **In|fra|struk|tur** [-st-, -ʃt-]: *die für die Wirtschaft eines Landes notwendigen Anlagen, zB Verkehrswege*
in|fun|die|ren (Med.): *als Infusion verabreichen* ‖ **In|fu|si|on** die, -/-en (Med.): *Einführung größerer Flüssigkeitsmengen in eine Vene*
Ing.: Ingenieur/in
In|gang|set|zung die, -/-en
In|ge: *weibl. Vorname (Ingeborg)*
In|ge|brauch|nah|me die, -/-n: die unbefugte I. von Fahrzeugen *(Autodiebstahl)*
In|ge|ni|eur [-ʒeˈni̯øːɐ] der, -s/-e ⟨lat.-fr.⟩ (Ing.) ‖ **In|ge|ni|eu|rin** die, -/-innen (Ing.) ‖ **in|ge|ni|ös** [-ge-]: *erfinderisch; sinnreich* ‖ **In|ge|ni|um** das, -s/Ingenien [-i̯ən] ⟨lat.⟩ (geh.): *hohe Begabung | Genie*
In|ge|renz die, -/-en ⟨lat.⟩ (Amtsspr.): *Zuständigkeit, Einfluss*
In|go: *männl. Vorname*
In|gre|di|ens das, -/Ingredienzien [-tsi̯ən] = **In|gre|di|enz** die, -/-en (meist Pl.) ⟨lat.⟩: verschiedene Ingredienzien *(Zutaten)* verwenden
In|grid [-ŋg-]: *weibl. Vorname*
In|grimm (geh.): mit I. *(voll Wut, voll Bitterkeit)* ‖ **in|grim|mig** (geh.): *wütend*
Ing|wer der, -s ⟨Sanskrit-gr.-lat.⟩: *ein Gewürz*
In|ha|ber der, -s/-: der I. eines Geschäfts ‖ **In|ha|ber|ak|tie** [-tsi̯ə] (Bankw.): *Aktie mit der Aufschrift Inhaber* ‖ **In|ha|be|rin** die, -/-innen ‖ **In|ha|ber|pa|pier** (Bankw.): *ein bestimmtes Wertpapier, zB Inhaberaktie*
in|haf|tie|ren: *in Haft nehmen* ‖ **In|haf|tier|te**[1] der, -n/-n, ein Inhaftierter ‖ **In|haf|tier|te**[2] die, -n/-n ‖ **In|haf|tie|rung** die, -/-en
In|ha|la|ti|on [-tsi̯-] die, -/-en ⟨lat.⟩ ‖ **In|ha|la|ti|ons|ap|pa|rat** ‖ **in|ha|lie|ren:** bei Halsweh Salzwasserdämpfe i. *(einatmen)*
In|halt der, -[e]s/-e: den I. der Flasche ausleeren | der I. *(die Handlung, Aussage)* des Buches ‖ **in|halt|lich** ‖ **In|halts|an|ga|be** ‖ **in|halts|arm** ‖ **in|halts|leer** ‖ **in|halts|los** ‖ **in|halts|schwer:** *viele wichtige Informationen enthaltend* ‖ **In|halts|stoff** (meist Pl.): *[in Lebensmitteln] enthaltene Stoffe* ‖ **In|halts|über|sicht** ‖ **In|halts|ver|zeich|nis**
in|hä|rent ⟨lat.⟩ (Phil.): *anhaftend; innewohnend* ‖ **In|hä|renz** die, -/-en (Phil.) ‖ **in|hä|rie|ren** (Phil.)
in|ho|mo|gen: *ungleichartig zusammengesetzt;* → G.: homogen ‖ **In|ho|mo|ge|ni|tät**
in|hu|man: *nicht menschenwürdig; unmenschlich;* → G.: human ‖ **In|hu|ma|ni|tät** die, -
In|i|ti|a|le [-tsi̯-] die, -/-n, *auch:* Initial das, -s/-e ⟨lat.⟩: *[künstlerisch verzierter] Anfangsbuchstabe* ‖ **In|i|ti|al|wort** (Sprachwiss.): *Abkürzungswort, das aus den Anfangsbuchstaben mehrerer Wör-*

ter gebildet wird, zB EDV ‖ **In|iti|al|zün|der** ‖ **In|iti|al|zün|dung:** *Zündung durch einen hochexplosiven Sprengstoff* ‖ **In|iti|a|ti|on** [-tsi̯-] die, -/-en (Völkerkunde, Soz.): *Aufnahme des Jugendlichen in die Gemeinschaft der Erwachsenen* ‖ **In|iti|a|ti|ons|ri|tus** ‖ **in|iti|a|tiv:** i. werden ‖ **In|iti|a|tiv|an|trag:** *Antrag der Regierung (Regierungsvorlage) oder von neun Abgeordneten, ein Gesetzgebungsverfahren einzuleiten* ‖ **In|iti|a|ti|ve** [-vɛ, -fɛ] die, -/-n: die I. ergreifen *(zu handeln beginnen, tätig werden)* ‖ **In|iti|a|tor** der, -s/-en [-ˈoː-] ‖ **In|iti|a|to|rin** die, -/-innen ‖ **in|iti|ie|ren** [-tsiˈiː-]: etwas i. *(damit beginnen, es einleiten, es anregen)*

In|jek|ti|on [-tsi̯-] die, -/-en ⟨lat.⟩ (Med.): *Einspritzung, Spritze* ‖ **In|jek|ti|ons|lö|sung** ‖ **In|jek|ti|ons|na|del** ‖ **In|jek|ti|ons|sprit|ze** ‖ **in|ji|zie|ren** (Med.): dem Patienten Insulin i. *(spritzen)*

In|ju|rie [-i̯ɛ] die, -/-n ⟨lat.⟩ (meist Pl.): *Unrecht, Beleidigung*

In|kar|nat das, -[e]s ⟨lat.⟩ (Kunstgesch.): *Fleischfarbe [auf Porträts], Teint* ‖ **In|kar|na|ti|on** [-tsi̯-] die, - (Rel.): *Menschwerdung [Christi]* | (mit Pl. -en): *idealtypische Verkörperung;* die I. des Bösen ‖ **in|kar|nie|ren:** *sich verkörpern*

In|kas|sant der, -en/-en ⟨lat.-it.⟩: *jemand, der einkassieren kommt* ‖ **In|kas|san|tin** die, -/-innen ‖ **In|kas|so** das, -[s]/-s [Inkassi]: *das Einkassieren* | *die einkassierte Summe* ‖ **In|kas|so|bü|ro** ‖ **In|kas|so|voll|macht**

inkl. = incl.: **inkl**usive

In|kli|na|ti|on [-tsi̯-] die, -/-en ⟨lat.⟩ (veraltet): *Neigung, Vorliebe* ‖ **in|kli|nie|ren** (veraltet)

in|klu|die|ren ⟨lat.⟩; → G.: exkludieren ‖ **In|klu|si|on** die, -/-en (veraltet): *Einschluss* ‖ **in|klu|siv:** alles i.

in|klu|si|ve [-fɛ, -vɛ] (inkl., incl.)

Präposition mit Genitiv:
- inklusive *(einschließlich)* des Trinkgeldes

Allein stehendes starkes Nomen im Singular bleibt undekliniert:
- inklusive Trinkgeld
- inklusive Porto

Im Plural mit Dativ, wenn Genitiv nicht erkennbar:
- inklusive Trinkgeldern *(statt:* Trinkgelder)

In|klu|siv|preis [-f-]

in|ko|gni|to ⟨lat.-it.⟩: *unerkannt, nicht unter seinem wahren Namen;* i. reisen ‖ **In|ko|gni|to** das, -[s]/-s: das I. lüften *(sich zu erkennen geben)*

in|ko|hä|rent → G.: kohärent ‖ **In|ko|hä|renz**

in|kom|men|su|ra|bel: inkommensurable *(nicht messbare; nicht vergleichbare)* Größen; → G.: kommensurabel ‖ **In|kom|men|su|ra|bi|li|tät** die, -

in|kom|mo|die|ren (geh.): *jemanden belästigen, jemandem Mühe bereiten;* → kommod

in|kom|pa|ra|bel: *nicht vergleichbar; nicht steigerungsfähig;* inkomparable Verhältnisse; → G.: komparabel

in|kom|pa|ti|bel: inkompatible *(miteinander unverträgliche)* Blutgruppen/Tätigkeiten; → G.: kompatibel ‖ **In|kom|pa|ti|bi|li|tät:** *Unvereinbarkeit*

in|kom|pe|tent: *unzuständig, nicht maßgeblich; nicht fachkundig;* → G.: kompetent ‖ **In|kom|pe|tenz**

in|kom|plett: *unvollständig;* → G.: komplett

in|kon|gru|ent: *nicht übereinstimmend; sich nicht deckend;* → G.: kongruent ‖ **In|kon|gru|enz** → G.: Kongruenz

in|kon|se|quent: *nicht folgerichtig;* → G.: konsequent ‖ **In|kon|se|quenz**

in|kon|sis|tent: *unbeständig; unhaltbar;* → G.: konsistent ‖ **In|kon|sis|tenz**

in|kon|stant → G.: konstant ‖ **In|kon|stanz**

In|kon|ti|nenz die, - (Med.): *Unfähigkeit, seinen Harn- bzw. Stuhldrang zu beherrschen;* → G.: Kontinenz

In|kon|ve|ni|enz [-v-] die, -/-en ⟨lat.⟩: *Ungehörigkeit*

in|kon|ver|ti|bel [-v-]: eine inkonvertible *(nicht austauschbare)* Währung; → G.: konvertibel ‖ **In|kon|ver|ti|bi|li|tät**

in|kon|zi|li|ant → G.: konziliant

in|ko|or|di|niert: *unkoordiniert*

In|kor|po|ra|ti|on [-tsi̯-] die, -/-en: *Einverleibung*

in|kor|rekt: *unrichtig, fehlerhaft, unzulässig;* → G.: korrekt ‖ **In|kor|rekt|heit**

In|kraft|set|zung die, - ‖ **In|kraft|tre|te|da|tum** (Amtsspr.) ‖ **In|kraft|tre|ten** das, -s: das I. des neuen Gesetzes; → Kraft

in|kri|mi|nie|ren ⟨lat.⟩: *vorwerfen, beschuldigen*

In|ku|ba|ti|on [-tsi̯-] die, -/-en ⟨lat.⟩ (Med.): *Kurzform für Inkubationszeit* ‖ **In|ku|ba|ti|ons|zeit** [-tsi̯-] (Med.): *die Zeit zwischen der Infektion und dem Ausbruch einer Infektionskrankheit* ‖ **In|ku|ba|tor** der, -s/-en [-ˈoː-] (Med.): *Brutkasten für Frühgeburten*

in|ku|lant (Kaufmannsspr.); → G.: kulant

In|ku|na|bel die, -/-n ⟨lat.⟩: *Wiegendruck, frühes Werk der Buchdruckerkunst (vor 1500)*

in|ku|ra|bel ⟨lat.⟩ (Med.): *unheilbar*

In|land das, -[e]s ‖ **In|land|eis:** *Eisdecke in den Polargebieten* ‖ **In|län|der** der, -s/- ‖ **In|län|de|rin** die, -/-innen ‖ **In|län|der|rum:** *eine Spirituose* ‖ **in|län|disch:** inländische *(einheimische)* Waren ‖ **In|lands|flug** ‖ **In|lands|ge|schäft** ‖ **In|lands|ge|spräch:** *Telefongespräch innerhalb eines Landes* ‖ **In|lands|markt**

In|lay [-leɪ] das, -s/-s ⟨engl.⟩ (Med.): *eine Zahnfüllung*

In|lett das, -[e]s/-e [-s]: *ein dicht gewebter Stoff, zB für den mit Federn gefüllten Innenteil von Tuchenten*

in|lie|gend: *beiliegend*

In|li|ner [-laɪnə] der, -s/- ⟨engl.⟩: *Rollschuh mit vier hintereinander angeordneten Rädern* ‖ **In|line|skate** [-skeɪt] der, -s/-s: *Inliner* ‖ **in|line|ska|ten** (nur Inf. und Part.): sie ist inlinegeskatet ‖ **In|line|ska|ter** ‖ **In|line|ska|te|rin** ‖ **In|line|ska|ting**

In-Lo|kal: *Lokal, das in Mode ist;* → in²

in me|di|as res ⟨lat.⟩: in m. res gehen *(zum Kern der Sache kommen)*

in me|mo|ri|am ⟨lat.⟩: *zum Gedenken [an]*

in|mit|ten (Präp. mit Gen.): i. des Waldes | (Adv.) sie lag i. von Blumen

Inn der, -s: *Nebenfluss der Donau in der Schweiz, Tirol, Oberösterreich, Deutschland*

in na|tu|ra ⟨lat.⟩: plötzlich stand sie i. n. *(leibhaftig)* vor mir | den Lohn i. n. *(in Form von Naturalien, Waren)* bekommen

in|ne (geh.)

Getrenntschreibung in Verbindung mit „sein“:

I

– du wirst der Veränderung bald inne sein *(sie wird dir bald bewusst werden)*
Zusammenschreibung:
– eine hohe Position innehaben
– beim Sprechen innehalten (geh.: *aufhören zu sprechen*)
– sich seiner Fehler innewerden (geh.: *sich deren bewusst werden*)

innehaben → inne ‖ **innehalten** (geh.) → inne
innen: von i. und außen ‖ **Innenarbeiten** die (Pl.) ‖ **Innenarchitekt:** *Gestalter von Innenräumen* ‖ **Innenarchitektin** ‖ **Innenbezirk** ‖ **Innendienst** ‖ **Inneneinrichtung** ‖ **Innenfläche** ‖ **Innenhof** ‖ **Innenkante** ‖ **Innenleben** ‖ **Innenminister** ‖ **Innenministerin** ‖ **Innenministerium:** *Bundesministerium für Inneres* ‖ **Innennaht** ‖ **Innenpolitik** ‖ **innenpolitisch,** *auch:* innerpolitisch ‖ **Innenraum** ‖ **Innenseite** ‖ **Innenstadt:** *City, Zentrum* ‖ **Innentasche** ‖ **Innentemperatur** ‖ **Innenverteidiger** (Sport) ‖ **Innenverteidigerin** (Sport) ‖ **Innenwelt** (Psych., Phil.): *das Innenleben eines Individuums*
innerbetrieblich: innerbetriebliche Maßnahmen *(Maßnahmen innerhalb des Betriebes)* ‖ **innerdienstlich** ‖ **innere,** innerste: die inneren Organe; innere *(interne) Medizin; aber: die* **Innere Stadt** *(der 1. Bezirk von Wien und von Graz)* ‖ **Innere** das, des Inner[e]n: im Inner[e]n des Hauses ‖ **Innereien** die (Pl.): *Magen, Lunge usw. von Tieren*

innerhalb

Präposition mit Genitiv:
– innerhalb Österreichs
– innerhalb zweier Jahre
Im Plural mit Dativ, wenn Genitiv nicht erkennbar:
– innerhalb vier Jahren (*statt:* Jahre)
Adverb:
– innerhalb von zwei Jahren

innerlich ‖ **Innerlichkeit** die, -: *Empfindsamkeit* ‖ **innerorts** (V, CH): *innerhalb eines Ortes* ‖ **Innerösterreich** (früher): *die habsburgischen Länder Steiermark, Kärnten, Krain;* → Vorderösterreich | (V) *Österreich östlich des Arlbergs* ‖ **Innerösterreicher** (V): *Bezeichnung für die hinter dem Arlberg (außerhalb Vorarlbergs, bes. östlich von Tirol) lebenden Österreicher* ‖ **Innerösterreicherin** ‖ **innerösterreichisch:** *innerhalb Österreichs* | (früher) *zum historischen Innerösterreich gehörend* | (V) *jenseits des Arlbergs; ostösterreichisch* ‖ **innerpolitisch** → innenpolitisch ‖ **innerstaatlich** ‖ **Innerste** das, -n: bis ins I. *(zutiefst)* erschüttert sein; [m]ein Innerstes ‖ **innert** (Präp. mit Gen. oder Dat.) (bes. westöst., CH): *innerhalb, binnen;* i. dreier Tage/drei Tagen
innervieren [-v-]: *anregen* | (Med.) *mit Nervenreizen versorgen*
innewerden (geh.) → inne ‖ **innewohnend** (geh.): der dem Gedanken innewohnende *(darin enthaltene)* Sinn
Innichen (it.: San Candido [k-]): *Marktgemeinde in Südtirol*
innig: eine innige *(leidenschaftliche)* Umarmung | innigst *(bes. eng)* miteinander verbunden ‖ **Innigkeit** die, - ‖ **inniglich** (geh.): *innig*
Innkreis: *Innviertel* ‖ **Innkreisautobahn**
Innocentia [-ts-tsi̯a] = Innozentia: *weibl. Vorname;* → Zenzi
Innovation [-vatsi̯-] die, -/-en ⟨lat.⟩: *Neuerung, Änderung;* Bundesministerium für Verkehr, Innovation und Technologie ‖ **innovativ** [-f]: *Neuerungen bringend* ‖ **innovatorisch** [-v-]: *auf Neuerungen gerichtet, sie anstrebend*
Innozentia [-tsi̯a] = → Innocentia
Innsbruck (Kfz: I): *Landeshauptstadt von Tirol* | (Kfz: IL) Innsbruck-Land (= Innsbruck Land) *(Innsbruck-Umgebung)* ‖ **Innsbrucker** der, -s/- ‖ **Innsbruckerin** die, -/-innen
Inntalautobahn
in nuce [-tsɛ] ⟨lat.⟩: *im Kern; kurz und bündig, in wenigen Worten*
Innung die, -/-en: *eine gewerbliche Berufsgenossenschaft* ‖ **Innungsmeister:** *Vorsteher einer Innung* ‖ **Innungsmeisterin** ‖ **Innungswesen**
Innviertel: *Landesteil von Oberösterreich, Innkreis*
inoffiziell: *nicht amtlich;* → G.: offiziell
inoperabel: eine inoperable *(nicht operierbare)* Geschwulst, Krankheit; → G.: operabel
inopportun: *ungelegen, unangebracht;* → G.: opportun ‖ **Inopportunität**
in persona ⟨lat.⟩: *persönlich*
in petto ⟨it.⟩: einen Wunsch/Vorschlag in p. *(im Sinn, vorbereitet)* haben
in puncto [- Ak-] ⟨lat.⟩: *hinsichtlich;* in p. öffentlicher Angelegenheiten; in p. Geld; → punkto
Input der, -s/-s ⟨engl.⟩: *das Eingegebene, bes. die Daten, die in einen Computer eingegeben werden;* → G.: Output
inquirieren ⟨lat.⟩ (veraltet): *gerichtlich untersuchen* ‖ **Inquisit** der, -en/-en (veraltet): *Angeklagter* ‖ **Inquisitenspital:** *Gefängnisspital* ‖ **Inquisitin** die, -/-innen (veraltet) ‖ **Inquisition** [-tsi̯-] die, - (früher): *das kirchliche Gericht über Ketzer* ‖ **inquisitiv** (geh.): *wissbegierig* ‖ **Inquisitor** der, -s/-en [-'oː-]: *Richter der Inquisition;* → Großinquisitor ‖ **inquisitorisch**
I. N. R. I., *auch:* INRI: **I**esus **N**azarenus **R**ex **J**udaeorum ⟨lat.⟩ *(Jesus von Nazareth, König der Juden, Kreuzaufschrift)*
ins: in das; ins Haus gehen
Insasse der, -n/-n: die Insassen eines Autos ‖ **Insassenhaftung** ‖ **Insassenversicherung** ‖ **Insassin** die, -/-innen
insbesondere, *auch:* **insbesondre:** *besonders*
Inschrift: die I. auf einem Grabstein ‖ **Inschriftenkunde**
Insekt das, -[e]s/-en ⟨lat.⟩ : *Gliederfüßer mit einer Einkerbung zwischen Kopf, Brust und Hinterleib; Kerbtier;* → Insekten fressend = insektenfressend ‖ **Insektenbekämpfung** ‖ **Insekten fressend** = **insektenfressend:** I. fressende Tiere ‖ **Insektenfresser** der, -s/- ‖ **Insektenkunde** die, -: *Entomologie* ‖ **Insektizid** das, -s/-e: *chemisches Insektenvertilgungsmittel*
Insel die, -/-n ⟨lat.⟩: die I. der Seligen *(problemlose, harmonische Sonderstellung)* ‖ **Inselbewohner** ‖ **Inselbewohnerin** ‖ **Inselgruppe** ‖ **Inselstaat** ‖ **Inselwelt** → Archipel
Insemination [-tsi̯-] die, -/-en ⟨lat.⟩ (Med., Biol.): *künstliche Befruchtung* ‖ **inseminieren**
insensibel → G.: sensibel
Inserat das, -[e]s/-e ⟨lat.⟩: *Anzeige [in einer Zeitung]* ‖ **Inserent**

der, -en/-en: *jemand, der ein Inserat aufgibt* ‖ **In|se|ren|tin** die, -/-innen ‖ **in|se|rie|ren:** in einer Zeitung i. ‖ **In|sert** [engl.: 'ınsɜːt] das, -s/-s [-e] (Werb.): *in eine Fernsehsendung eingeblendete Schrift oder Grafik* ‖ **In|ser|ti|on** [-tsi̯-] die, -/-en (Werb.): *Einschaltung eines Inserates*

ins|ge|heim [auch: -'haım]: *heimlich* ‖ **ins|ge|samt:** *[alles] zusammen; alles in allem*

In|si|der [-saıdə] der, -s/- ⟨engl.⟩: *jemand, der über bestimmte Dinge, Verhältnisse bestens informiert ist, Eingeweihter;* → G.: Outsider ‖ **In|si|de|rin** die, -/-innen ‖ **In|si|der|sto|ry** [-stɔri] ‖ **In|si|der|tipp:** *Geheimtipp*

In|si|gni|en die (Pl.) ⟨lat.⟩: *Symbole von Macht und Würde [eines Staates]* ‖ **in|si|gni|fi|kant** → G.: signifikant

in|sis|tent ⟨lat.⟩ ‖ **In|sis|tenz** die, -: *Hartnäckigkeit* ‖ **in|sis|tie|ren:** *auf etwas bestehen*

In|skri|bent der, -en/-en ⟨lat.⟩ (veraltet) ‖ **In|skri|ben|tin** die, -/-innen (veraltet) ‖ **in|skri|bie|ren** (veraltet): *sich an einer Universität als Hörer einschreiben lassen;* eine Vorlesung i. *(belegen)* ‖ **In|skrip|ti|on** [-tsi̯-] die, -/-en (veraltet): *Zulassung* ‖ **In|skrip|ti|ons|frist** (veraltet)

in|so|fern [auch: -'fɛ-]: *soweit, in diesem Belang;* er hatte i. Recht, als er ...

In|so|la|ti|on [-tsi̯-] die, -/-en ⟨lat.⟩ (Met.): *Sonneneinstrahlung*

in|so|lent [auch: 'i-] ⟨lat.⟩: *unverschämt* ‖ **In|so|lenz** die, -/-en

in|sol|vent [-v-, auch: 'i-] (Kaufmannsspr.): *zahlungsunfähig;* → G.: solvent ‖ **In|sol|venz** die, -/-en (Wirt.): *Zahlungsunfähigkeit, Ausgleich oder Konkurs* ‖ **In|sol|venz|recht:** *Konkursrecht* ‖ **In|sol|venz|ver|fah|ren:** *Konkursverfahren*

in Son|der|heit (geh.): *im Besonderen*

in|so|weit [auch: -'aı-]: *soweit, insofern*

in spe [- sp-] ⟨lat.⟩: *in Zukunft, zukünftig;* Ehemann in spe

In|spek|ti|on [-sp-, auch: -ʃp-] die, -/-en ⟨lat.⟩ ‖ **In|spek|tor** der, -s/-en [-'oː-]: „Herr Inspektor!" *(auch übliche Anrede an einen Polizeibeamten);* → inspizieren ‖ **In|spek|to|rat** das, -[e]s/-e: *inspizierende Behörde;* Arbeitsinspektorat ‖ **In|spek|to|rin** die, -/-innen

In|spi|ra|ti|on [-sp-tsi̯-] die, -/-en ⟨lat.⟩: *geistige Eingebung* ‖ **in|spi|ra|tiv** ‖ **In|spi|ra|tor** der, -s/-en [-'oː-] ‖ **In|spi|ra|to|rin** die, -/-innen ‖ **in|spi|rie|ren:** *zu etwas anregen;* eine Reise hat sie dazu inspiriert

In|spi|zi|ent [-sp-, auch: -ʃp-] der, -en/-en ⟨lat.⟩: *Verantwortlicher für den Ablauf [einer Theateraufführung]* ‖ **In|spi|zi|en|tin** die, -/-innen ‖ **in|spi|zie|ren:** *prüfend besichtigen, beaufsichtigen*

in|sta|bil [-ʃt-, -st-]: *unbeständig;* → G.: stabil ‖ **In|sta|bi|li|tät**

In|stal|la|teur [-ʃt-'tøːɐ, -st-] der, -s/-e ⟨lat.-fr.⟩: *eine Berufsbezeichnung; Fachkraft für Elektroanlagen, Gas, Heizung, Wasser* | *Wasserleitungsinstallateur* ‖ **In|stal|la|teu|rin** die, -/-innen ‖ **In|stal|la|ti|on** [-tsi̯-] die, -/-en ‖ **in|stal|lie|ren:** *technische Anlagen, Computerprogramme einrichten* | *in ein kirchliches Amt einsetzen*

in Stand = in|stand: etwas in Stand (= instand) setzen *(herrichten, reparieren);* in Stand (= instand) *(in Ordnung)* halten ‖ **In|stand|hal|tung** die, -/-en

in|stän|dig: i. *(eindringlich, flehentlich)* bitten ‖ **In|stän|dig|keit** die, -

In|stand|set|zung die, -/-en: *Wiederherstellung*

In|stant|ge|tränk [-stɛnt-] ⟨engl.⟩: *Getränk aus wasserlöslichem Granulat* ‖ **In|stant|kaf|fee**

In|stanz [-st-] die, -/-en ⟨lat.⟩: *zuständige Behörde* ‖ **In|stan|zen|weg** (Amtsspr.): *Amtsweg* ‖ **In|stan|zen|zug** (Amtsspr.): *Instanzenweg;* in einer Berufung den I. *(die Aufeinanderfolge der übergeordneten Behörden, zB Bezirksgericht – Landesgericht – Oberlandesgericht)* erschöpfen/ausschöpfen/ausnützen

in sta|tu nas|cen|di [- st- -s'tsɛ-] ⟨lat.⟩ (wörtl.: im Zustand des Entstehens)

In|stinkt [-st-] der, -[e]s/-e ⟨lat.⟩: *Naturtrieb* | *das richtige Gespür* ‖ **In|stinkt|hand|lung** ‖ **in|stink|tiv:** *unwillkürlich, ohne zu überlegen;* i. das Richtige tun ‖ **ins|tinkt|los:** i. *(ohne Gespür,* auch: *taktlos)* reagieren ‖ **In|stinkt|lo|sig|keit** die, - ‖ **in|stinkt|mä|ßig** ‖ **in|stinkt|si|cher**

in|sti|tu|ie|ren [-st-] ⟨lat.⟩: *einrichten* ‖ **In|sti|tut** das, -[e]s/-e: *eine [universitäre] Anstalt, Organisation;* das I. für Geografie | (Jus.) das I. *(die Einrichtung, Möglichkeit)* der Berufung ‖ **In|sti|tu|ti|on** [-tsi̯-] die, -/-en: *ständige Einrichtung, Körperschaft* ‖ **in|sti|tu|ti|o|na|li|sie|ren:** *als Institution einrichten* ‖ **in|sti|tu|ti|o|nell:** *eine Institution betreffend* ‖ **In|sti|tuts|kon|fe|renz** ‖ **In|sti|tuts|lei|ter** ‖ **In|sti|tuts|lei|te|rin** ‖ **In|sti|tuts|vor|stand** ‖ **In|sti|tuts|vor|stän|din**

in|stru|ie|ren [-st-] ⟨lat.⟩: *unterweisen* ‖ **In|struk|ti|on** [-tsi̯-] die, -/-en: *Weisung, Unterweisung, Vorschrift* ‖ **in|struk|tiv:** ein instruktives *(lehrreiches)* Beispiel ‖ **In|struk|tor** der, -s/-en [-'oː-]: *Vorführer, Lehrer* ‖ **In|struk|to|rin** die, -/-innen

In|stru|ment [-st-] das, -[e]s/-e ⟨lat.⟩: *feines Gerät für wissenschaftliche, technische, ärztliche Arbeiten* | *Musikinstrument* ‖ **in|stru|men|tal** → vokal ‖ **In|stru|men|tal|en|sem|ble** [-ãsãːbl] ‖ **in|stru|men|ta|li|sie|ren:** *als Mittel benützen, missbrauchen; aber:* → instrumentieren ‖ **In|stru|men|ta|list** der, -en/-en ‖ **In|stru|men|ta|lis|tin** die, -/-innen ‖ **In|stru|men|tal|mu|sik:** *nur mit Instrumenten ausgeführte Musik;* → G.: Vokalmusik ‖ **In|stru|men|ta|ri|um** das, -s/Instrumentarien [-i̯ən]: *Gesamtheit der verfügbaren Instrumente* ‖ **In|stru|men|ta|ti|on** [-tsi̯-] die, -/-en (Mus.) ‖ **In|stru|men|ten|bau** der, -[e]s ‖ **In|stru|men|ten|bau|er** ‖ **In|stru|men|ten|bau|e|rin** ‖ **In|stru|men|ten|flug:** *Blindflug* ‖ **In|stru|men|ten|kun|de** ‖ **In|stru|men|ten|samm|lung** ‖ **in|stru|men|tie|ren** (Mus.): *die Stimmen eines Tonsatzes verschiedenen Instrumenten zuweisen; aber:* → instrumentalisieren ‖ **In|stru|men|tie|rung** die, -/-en (Mus.)

In|sub|or|di|na|ti|on [-tsi̯-] die, -: *Ungehorsam im Dienst;* → G.: Subordination

in|suf|fi|zi|ent: *ungenügend, unzulänglich* ‖ **In|suf|fi|zi|enz** die, -/-en (Med.): *ungenügende biologische Funktion;* → G.: Suffizienz

In|su|la|ner der, -s/- ⟨lat.⟩: *Inselbewohner* ‖ **In|su|la|ne|rin** die, -/-innen

In|su|lin das, -s ⟨lat.⟩ (Med.): *ein Hormon* | *ein Medikament für Zuckerkranke* ‖ **In|su|lin|prä|pa|rat** (Med.)

In|sult der, -[e]s/-e ⟨lat.⟩: *Be-*

I

schimpfung, tätlicher Angriff | (Med.) *Anfall* ‖ **insultieren:** *beschimpfen, tätlich angreifen* ‖ **Insultierung** die, -/-en

in summa ⟨lat.⟩: *im Ganzen, insgesamt, in Summe*

Insurrektion [-tsi̯-] die, -/-en ⟨lat.⟩ (veraltet): *[Volks]aufstand* | (in Ungarn bis 1848) *Adelsaufgebot zur Reichsverteidigung*

inszenieren ⟨lat.⟩: ein Theaterstück i. *(seine Aufführung vorbereiten)* ‖ **Inszenierung** die, -/-en

Intabulation [-tsi̯-] die, -/-en ⟨lat.⟩ (Jus): *Grundbuchseintragung, Einverleibung im Grundbuch*

intakt ⟨lat.⟩: *unbeschädigt, unversehrt* ‖ **Intaktheit** die, -

Intarsia die, -/Intarsien [-i̯ɛn] = **Intarsie** [-i̯ɛ], -/-n ⟨arab.-it.⟩: *Einlegearbeit [in Holz]*

integer ⟨lat.⟩: ein integrer *(makelloser, einwandfreier)* Charakter ‖ **integral** [auch: 'i-]: ein integraler *(wesentlicher)* Bestandteil ‖ **Integral** das, -s/-e (Math.) ‖ **Integralrechnung** (Math.): *eine Rechnungsart* ‖ **Integration** [-tsi̯-] die, -: *Eingliederung, Vereinigung;* → G.: Desintegration ‖ **Integrationsfigur:** *Persönlichkeit, die Anhänger verschiedener Anschauungen um sich vereinigen kann* ‖ **Integrationsgesetz:** *Gesetz zur Integration von Ausländern* ‖ **Integrationsklasse:** *Klasse, in der Behinderte gemeinsam mit Nichtbehinderten unterrichtet werden* ‖ **Integrationspolitik** ‖ **Integrationsprozess** ‖ **integrierbar** ‖ **integrieren:** Behinderte in den Arbeitsmarkt i. *(eingliedern)* | ein integrierender *(integraler)* Bestandteil ‖ **Integrierung** die, -/-en ‖ **Integrität** die, -: die territoriale I. *(Unversehrtheit)* eines Staates; die moralische I. *(Untadeligkeit)* einer Politikerin

Intellekt der, -[e]s ⟨lat.⟩: *Verstand; Vernunft* ‖ **Intellektualismus** der, - ‖ **intellektuell:** *geistig; verstandesmäßig* ‖ **Intellektuelle**[1] der, -n/-n, ein Intellektueller: *ein Gebildeter, ein geistig Arbeitender* ‖ **Intellektuelle**[2] die, -n/-n ‖ **intelligent:** *verstandesmäßig begabt, gescheit* ‖ **Intelligenz** die, -: künstliche I. *(Fähigkeit bestimmter Computerprogramme, menschliche Intelligenz nachzuahmen)* | *Intellektuellenschicht in der Gesellschaft* ‖ **Intelligenzbestie** [-sti̯ɛ] (scherzh. bzw. abw.): *Person mit unverhältnismäßig betontem Intellekt* ‖ **Intelligenzia** die, - ⟨lat.-russ.⟩ (oft abw.): *die Schicht oder eine Gruppe der Intellektuellen* ‖ **Intelligenzler** der, -s/- (oft abw.): *Intellektueller* ‖ **Intelligenzlerin** die, -/-innen (oft abw.) ‖ **Intelligenzquotient** [-tsi̯-] (IQ) (Psych.): *Maßzahl der Intelligenz* ‖ **Intelligenztest**

Intendant der, -en/-en ⟨lat.⟩: *Leiter eines Theaters, einer Rundfunkanstalt; aber:* → Superintendent ‖ **Intendantin** die, -/-innen ‖ **Intendanz** die, -/-en: *Amt, Amtssitz eines Intendanten* ‖ **intendieren:** *beabsichtigen, anstreben*

Intension die, -/-en ⟨lat.⟩ (Phil.): *Bedeutungsinhalt [eines Wortes];* → Extension; → Intention ‖ **Intensität** die, -/-en: *Stärke, innere Kraft* ‖ **intensiv:** i. *(angestrengt)* nachdenken ‖ **intensivieren** [-v-] ‖ **Intensivierung** die, - ‖ **Intensivmedizin** ‖ **Intensivstation** [-ʃtatsi̯-]: *Spitalsabteilung für lebensgefährlich Erkrankte und frisch Operierte* ‖ **Intention** [-tsi̯-] die, -/-en: *Absicht, Vorhaben* ‖ **intentional:** *zielgerichtet*

inter- ⟨lat.⟩ (nur in Zusammensetzungen wie interagieren)

interagieren ‖ **Interaktion** [-tsi̯-]: *Wechselbeziehung zwischen Partnern* | (Med.) *Wechselwirkung bei Medikamenten* ‖ **interaktiv** ‖ **Interaktivität**

Intercity [-'sɪti] = **InterCity** der, -[s]/-[s] (IC) (Wz.): *eine zwischen bestimmten Städten eingesetzte Zugsverbindung;* → Eurocity ‖ **Intercityzug**

interdependent: *voneinander abhängig* ‖ **Interdependenz** die, -/-en

Interdikt das, -[e]s/-e ⟨lat.⟩ (kath., früher): *strafweises Verbot aller gottesdienstlichen Handlungen für ein bestimmtes Gebiet*

interdisziplinär: *mehrere Wissenschaften betreffend*

interessant ⟨lat.⟩: *wissenswert; bedeutsam;* das Buch ist i. *(anregend, fesselnd)* | ein interessantes *(lohnendes)* Angebot ‖ **interessanterweise** ‖ **Interesse** das, -s/-n: *Anteilnahme, Aufmerksamkeit;* in seinem I. *(zu seinem Besten, zu seinem Vorteil);* → G.: Desinteresse ‖ **interessehalber** ‖ **interesselos** ‖ **Interesselosigkeit** die, - ‖ **Interessenausgleich** ‖ **Interessengebiet** ‖ **Interessengemeinschaft** ‖ **Interessenkollision:** *Aufeinandertreffen zweier entgegengesetzter Interessen* ‖ **Interessenkonflikt** ‖ **Interessenlage** ‖ **Interessenpolitik** ‖ **Interessensphäre** [-f-]: *Einflussbereich;* das liegt außerhalb meiner I. ‖ **Interessent** der, -en/-en: *Bewerber, Kauflustiger* ‖ **Interessentin** die, -/-innen ‖ **Interessentschaft** die, -/-en (SüdT): *Agrargemeinschaft* ‖ **Interessenvertretung:** *zB Kammern, Gewerkschaften* uÄ ‖ **interessieren:** sich für etwas i. *(daran Anteil nehmen)* ‖ **interessiert** → G.: desinteressiert

Interface [-feɪs] das, -/-s [-ɪz] ⟨engl.⟩ (EDV): *Schnittstelle, wo der Computer mit anderen Systemen in Kontakt tritt*

Interferenz die, -/-en ⟨lat.⟩ (Phys.): *Überlagerung von Wellen* | (Sprachwiss.) *störende gegenseitige Beeinflussung von Sprachen, zB beim Lernen* ‖ **interferieren** ‖ **Interferometer** das, -s/- (Phys.): *ein bestimmtes optisches Gerät* ‖ **Interferon** das, -s/-e (Biol., Med.): *körpereigenes Protein, das Viren abwehrt*

Interglazial das, -s/-e (Geol.): *Zwischeneiszeit*

Interieur [ɛ̃te'ri̯øːɐ] das, -s/-s ⟨lat.-fr.⟩: *Innenausstattung eines Raumes*

Interim das, -s/-s ⟨lat.⟩: *Zwischenzeit* ‖ **interimistisch:** *vorläufig, einstweilig* ‖ **Interimsbescheid:** *vorläufiger Bescheid, Zwischenbescheid* ‖ **Interimslösung** ‖ **Interimszeit** ‖ **Interimszeugnis** (Jus): *Zwischenurkunde*

Interjektion [-tsi̯-] die, -/-en ⟨lat.⟩ (Gramm.): *Ausrufwort, Empfindungswort, zB* oh!

interkalar ⟨lat.⟩ (Amtsspr.) ‖ **Interkalarfrist** (Amtsspr.): *eingeschaltete, abzuwartende Frist*

interkonfessionell: *überkonfessionell*

interkontinental: *mehrere Erdteile betreffend* ‖ **Interkontinentalrakete** (Mil.)

interkulturell: *verschiedene Kulturen verbindend*

Interludium das, -s/-dien [-i̯ən] ⟨lat.⟩ (bes. Mus.): *Zwischenspiel*
Intermezzo das, -s/Intermezzi [-s] ⟨it.⟩: *[unbedeutender] Zwischenfall* | (Mus.) *Zwischenspiel*
interministeriell: eine interministerielle *(aus Vertretern mehrerer Ministerien zusammengesetzte)* Arbeitsgruppe
intermittierend ⟨lat.⟩: *mit Unterbrechungen*
intern [auch: 'i-] ⟨lat.⟩: ein Facharzt für interne *(innere)* Medizin *(zB für Herzkrankheiten);* → Interne²; → Internist | ein interner Schüler *(einer, der im schuleigenen Heim wohnt, Internatsschüler);* → G.: extern ‖ **internalisieren** (Psych.): *sich bestimmte Wissensinhalte, Verhaltensmuster unbewusst aneignen, verinnerlichen;* → G.: externalisieren ‖ **Internat** das, -[e]s/-e: *Schülerheim*

> **international** [-tsi̯-]
>
> **Kleinschreibung:**
> – internationale Wettkämpfe *(Bewerbe mit Teilnehmern aus verschiedenen Staaten)*
> – ein internationales Übereinkommen *(multilateraler Vertrag)*
>
> **Großschreibung in Eigennamen und besonderen Kalendertagen:**
> – Internationaler Währungsfonds (IWF) *(Teilorganisation der Vereinten Nationen)*
> – Internationaler Gerichtshof (IGH) (in Den Haag)
> – Internationaler Frauentag

Internationale¹ der, -n/-n, ein Internationaler: *Sportler, der in Länderkämpfen startet* ‖ **Internationale²** die, -n/-n ‖ **Internationale³** die, -n/-n (früher): *Vereinigung von Arbeiterorganisationen* | (ohne Pl.) *marxistische Hymne* ‖ **internationalisieren** ‖ **Internationalisierung** die, -/-en ‖ **Internationalismus** der, -: *Streben nach zwischenstaatlicher Zusammenarbeit* | (Sprachwiss.) *in vielen Sprachen vorhandenes Lehnwort mit ähnlicher Form und übereinstimmender Bedeutung, zB* Motor, Mathematik
Internatsleiter ⟨lat.⟩ ‖ **Internatsleiterin** ‖ **Internatsschule** ‖ **Internatsschüler** → Interne¹ ‖ **Internatsschülerin** ‖ **Interne¹** der, -n/-n: *Internatsschüler* ‖ **Interne²** die, -n/-n: *Internatsschülerin* | (ohne Pl.) *Krankenhaus für innere Medizin, internistische Abteilung;* sie liegt auf der Internen
Internet das, -s ⟨engl.⟩: *weltweiter Zusammenschluss von Computernetzwerken zur Informationsübertragung;* im I. surfen; → Intranet ‖ **Internetaccount** [-əkaʊnt] → Account ‖ **Internetadresse:** → *URL* ‖ **Internetbank** (Bankw.) ‖ **Internetcafé:** *Café mit Internetzugang für die Gäste* ‖ **Internetdatenbank** ‖ **Internetdienst** (meist Pl.): *www, E-Mail, Radio, Telefonie ua.* ‖ **Internetkunde** der, -n/-n: *jemand, der im Internet Produkte bestellt* ‖ **Internetkundin** ‖ **Internetportal** ‖ **Internetprotokoll** (IP): *Standard, der die Datenübertragung von Informationen im Internet regelt;* → TCP ‖ **interneten** (sal.): *im Internet arbeiten* ‖ **Internetuser** [-ju:-]: *Internetbenützer, -kunde* ‖ **Internetuserin** ‖ **Internetzugang**
internieren ⟨lat.⟩: *in ein Lager einsperren* | ansteckende Kranke i. *(isolieren, in einer geschlossenen Anstalt unterbringen)* ‖ **Internierte¹** der, -n/-n, ein Internierter ‖ **Internierte²** die, -n/-n ‖ **Internierungslager:** *Lager für zivile Gefangene im Krieg* ‖ **Internist** der, -en/-en: *Facharzt für innere Medizin* ‖ **Internistin** die, -/-innen ‖ **Internum** das, -s/Interna: *innere Angelegenheit [eines Amtes]*
interparlamentarisch: *die Parlamente mehrerer Staaten betreffend*
Interpellation [-tsi̯-] die, -/-en ⟨lat.⟩ (Pol.): *parlamentarische Anfrage* ‖ **interpellieren** (Pol.)
interplanetarisch: *zwischen den Planeten*
Interpol die, -: *Kurzwort für Internationale Kriminalpolizeiliche Organisation;* → Europol
Interpolation [-tsi̯-] die, -/-en ⟨lat.⟩: *nachträgliche Einschaltung; Änderung* ‖ **interpolieren:** *in einen Zusammenhang einfügen*
Interpret der, -en/-en ⟨lat.⟩: *Erklärer, Deuter; Ausführender, zB Sänger, Dirigent* ‖ **Interpretation** [-tsi̯-] die, -/-en ‖ **interpretatorisch** ‖ **interpretieren:** ein Gedicht i. *(auslegen, deuten; vortragen)* ‖ **Interpretin** die, -/-innen
interpunktieren, *auch:* interpungieren: *Satzzeichen setzen* ‖ **Interpunktion** [-tsi̯-] die, -/-en: *[Satz]zeichensetzung* ‖ **Interpunktionszeichen** (Gramm.): *Satzzeichen, zB Beistrich, Fragezeichen, Rufzeichen, Punkt*
Interregnum das, -s/Interregnen [-regna] ⟨lat.⟩: *Zwischenreich, Zwischenregierung, bes. in der deutschen Geschichte die Jahre von 1254 bis 1273*
Interrogativpronomen ⟨lat.⟩ (Gramm.): *fragendes Fürwort, zB* wer?, was?
interstellar [-st-] (Astron.): *zwischen den Fixsternen befindlich;* der interstellare Raum
intersubjektiv (Psych., Phil.): dieses Argument ist i. richtig *(wird von den meisten Personen als richtig angesehen)*
interuniversitär [-v-]: eine interuniversitäre *(aus Mitgliedern mehrerer Universitäten bestehende)* Arbeitsgruppe
Intervall [-v-] das, -s/-e ⟨lat.⟩: *zeitlicher Zwischenraum* | (Mus.) *Abstand zweier Töne bzw. Noten in Zusammenklang oder Aufeinanderfolge;* das I. der Oktav *(8. Tonstufe)*
Intervenient [-v-] der, -en/-en ⟨lat.⟩: *jemand, der interveniert* ‖ **Intervenientin** die, -/-innen ‖ **intervenieren:** *eingreifen, einschreiten;* für jemanden i. *(sich für jemanden einsetzen)* ‖ **Intervention** [-tsi̯-] die, -/-en
Interview [-'vju:, auch: 'i-] das, -s/-s ⟨lat.-fr.-engl.⟩: einem Reporter ein I. geben *(seine Fragen beantworten)* ‖ **interviewen:** sie wurde fürs Fernsehen interviewt ‖ **Interviewer** der, -s/- ‖ **Interviewerin** die, -/-innen
interzellulär (Biol.): *zwischen den Zellen*
Inthronisation [-tsi̯-] die, -/-en ‖ **inthronisieren:** *auf den Thron erheben* ‖ **Inthronisierung** die, -/-en
intim ⟨lat.⟩: eine intime *(innige, vertraute)* Freundschaft | eine intime *(sexuelle)* Beziehung haben ‖ **Intimbereich:** *Intimsphäre* | *Bereich der Geschlechtsorgane* ‖ **Intimhygiene** [-hy-, auch: -hi-] ‖ **Intimität** die, -: *Vertrautheit, Innigkeit* | (mit Pl. -en) *Vertraulichkeiten; erotische Beziehungen* ‖ **Intimleben** ‖ **In-**

timschmuck: *Schmuck, zB Piercing, an den Geschlechtsorganen* ‖ **Intimsphäre** [-f-]: *engster persönlicher Bereich* ‖ **Intimspray** [-ʃpreː, engl.: -spreɪ]: *Deodorant für den Intimbereich* ‖ **Intimus** der, -/Intimi: *vertrauter Freund*

intolerabel → G.: tolerabel ‖ **intolerant:** *unduldsam; rechthaberisch* ‖ **Intoleranz** → G.: Toleranz | (Med.) *Unverträglichkeit [von Medikamenten]*

Intonation [-tsi̯-] die, - (Mus.): *Anstimmen eines Gesangs | Tonbildung, Tonreinheit* ‖ **intonieren** (Mus.)

in toto ⟨lat.⟩: *im Ganzen*

Intoxikation [-tsi̯-] die, -/-en (Med.): *Vergiftung*

intra- ⟨lat.⟩ (nur in Zusammensetzungen wie intramuskulär)

Intrada die, -/Intraden ⟨lat.-it.⟩ (Mus.): *festliches Einleitungsstück*

intrakardial (Med.): *direkt ins Herz*

intramuskulär (Med.): diese Injektion wird i. *(in einen Muskel)* gegeben

Intranet das, -s/-s ⟨lat.+engl.⟩ (EDV): *internes Computernetzwerk in Unternehmen;* → Internet

intransigent ⟨lat.⟩: *unversöhnlich*

intransitiv (Gramm.): intransitive *(nicht zielende, unbezügliche)* Verben; → transitiv

Intrauterinpessar ⟨lat.+gr.⟩: *ein Verhütungsmittel*

intravenös [-v-] (Med.): diese Injektion wird i. *(in eine Vene)* gegeben

intrigant ⟨lat.-fr.⟩: *hinterlistig; ränkesüchtig* ‖ **Intrigant** der, -en/-en ‖ **Intrigantenstadel** (sal., abw.): *ständig intrigierende Personengruppe* ‖ **Intrigantin** die, -/-innen ‖ **Intrige** die, -/-n: *hinterlistig herbeigeführte Verwicklung* ‖ **Intrigenspiel** ‖ **intrigieren**

intrinsisch ⟨lat.-fr.-engl.⟩ (Päd., Psych.): *von sich selbst aus bestimmt;* → extrinsisch

Intro das, -s/-s ⟨lat.-engl.⟩ (sal.): *Kurzwort für Introduktion* ‖ **Introduktion** [-tsi̯-] die, -/-en ⟨lat.⟩: *Einleitung* | (Mus.) *Einleitungsteil*

Introitus der, -/- ⟨lat.⟩: *Eingangsgesang, ein Teil des Propriums der heiligen Messe*

introspektiv [-sp-] ⟨lat.⟩ (Psychologie): *das eigene Bewusstsein betrachtend*

introvertiert [-v-] ⟨lat.⟩: *nach innen gekehrt;* ein introvertierter *(auf sein Innenleben konzentrierter)* Mensch; → G.: extravertiert ‖ **Introvertiertheit** die, -

Intubation [-tsi̯-] die, -/-en ⟨lat.⟩ (Med.): *das Einführen eines Rohres in die Atemwege* ‖ **intubieren** (Med.)

Intuition [-tsi̯-] die, -/-en ⟨lat.⟩: *Einfühlung, Eingebung* ‖ **intuitiv:** Zusammenhänge i. *(gefühlsmäßig)* erfassen

intus ⟨lat.⟩ (sal.) (in der Wendung): etwas i. haben *(etwas beherrschen; etwas gegessen, getrunken haben)*

Inuit die (Pl. von → Inuk) ‖ **Inuk**[1] der, -s/Inuit ⟨Eskimospr.⟩: *Angehöriger eines arktischen Volkes (Selbstbezeichnung);* → Eskimo ‖ **Inuk**[2] die, -/Inuit ‖ **Inuktitut** das, -s: *Sprache der Inuit*

Inundationsgebiet [-tsi̯-] ⟨lat.⟩ (fachspr.): *Überschwemmungsgebiet, zB früher der Donau in Wien*

invalid [-v-] ⟨lat.-fr.⟩: *körperbehindert; arbeitsunfähig bzw. nur beschränkt arbeitsfähig* ‖ **Invalide**[1] der, -n/-n, ein Invalider ‖ **Invalide**[2] die, -n/-n ‖ **Invalidin** die, -/-innen ‖ **Invalidität** die, - ‖ **Invaliditätspension**

invariabel [-v-, auch: -'aːb-]: eine invariable *(unveränderliche)* Größe; → G.: variabel ‖ **invariant** (bes. Phys.) ‖ **Invarianz** die, - (bes. Phys., Math.): *die Unveränderlichkeit bestimmter physikalischer oder mathematischer Größen;* → Varianz

Invasion [-v-] die, -/-en ⟨lat.-fr.⟩: die I. *(das Eindringen)* fremder Truppen

Inventar [-v-] das, -s/-e ⟨lat.⟩: *die Einrichtungsgegenstände; der bewegliche Besitz;* das I. aufnehmen | *Verzeichnis der Gegenstände, des Besitzes* ‖ **Inventaraufnahme** ‖ **inventarisieren:** *die vorhandenen Gegenstände in einer Liste verzeichnen* ‖ **Inventarisierung** die, -/-en ‖ **Inventur** die, -/-en: *Bestandsaufnahme der vorhandenen Waren* ‖ **Inventurverkauf:** *ein Verkauf zu herabgesetzten Preisen*

In-Verkehr-Bringen das, -s (Amtsspr.): das I. von *(das Handeln mit)* Suchtgiften

invers [-v-] ⟨lat.⟩: *umgekehrt* ‖ **Inversion** die, -/-en: *Umkehrung; Umstellung* ‖ **Inversionswetter** (Met.): *Wetterlage mit wärmerer Luft über kühlerer* ‖ **invertiert:** *umgekehrt* | (selten, fachspr.) *sexuell für das eigene Geschlecht empfindend* ‖ **Invertzucker:** *Mischung von Trauben- und Fruchtzucker*

investieren [-v-] ⟨lat.⟩: Geld in ein[em] Unternehmen i. *(anlegen)* ‖ **Investition** [-tsi̯-] die, -/-en ‖ **Investitionsfreibetrag** (Wirt.): steuerliche Förderung für Investitionen ‖ **Investitionsprämie** [-i̯e] (Wirt.): *steuerliche Begünstigung von Investitionen* ‖ **Investitionsrücklage** (Wirt.) ‖ **Investitionsschutz:** *Schutz von Innovationen [durch Patente]* ‖ **Investitur** die, -/-en: *Einweisung in ein niederes Kirchenamt; Einsetzung eines kirchlichen Würdenträgers* ‖ **Investiturstreit** der, -[e]s (Gesch.): *Konflikt zwischen Kaisertum und Papsttum im Mittelalter* ‖ **Investment** das, -s/-s ⟨engl.⟩ (Bankw., Börse): *das Investieren von Kapital in bestimmte Projekte* ‖ **Investmentfonds** [-fõː] (Bankw.): *ein aus Vermögenswerten, zB Aktien, bestehendes Vermögen* ‖ **Investmentgesellschaft** (Wirt.): *Beteiligungsgesellschaft, Kapitalanlagegesellschaft* ‖ **Investmentzertifikat** (Wirt.): *Wertpapier[e] einer Investmentgesellschaft* ‖ **Investor** der, -s/-en [-'oː-] (Wirt.) ‖ **Investorin** die, -/-innen (Wirt.)

in vino veritas [- v- v-] ⟨lat.⟩ (wörtl.: im Wein [ist die] Wahrheit)

in vitro [- v-] ⟨lat.⟩: *im Reagenzglas* ‖ **In-vitro-Fertilisation** [-tsi̯-] (Med.): *künstliche Befruchtung außerhalb des Körpers der Frau*

Involution [-v-tsi̯-] ⟨lat.⟩ (bes. Med.): *Rückentwicklung* ‖ **involvieren** [-v-v-]: *in sich schließen, einschließen;* ihr Beruf involviert große Verantwortung | in eine Sache involviert *(verwickelt)* sein

inwendig: etwas in- und auswendig *(genauestens)* kennen

inwiefern [auch: 'in-]: i. hat sie sich verändert? ‖ **inwieweit:** i. kannst du ihr zustimmen?

Inzahlungsnahme die, -/-n (Amtsspr.)

Inzest der -[e]s/-e ⟨lat.⟩: *Geschlechtsverkehr zwischen*

Nächstverwandten, Blutschande | *Inzucht* || **inzestuös**

Inzision die, -/-en ⟨lat.⟩ (Med.): *operative Öffnung*

Inzucht die, -: *Fortpflanzung unter nah verwandten Individuen*

inzwischen: *indessen, unterdessen*

Iod [j-] (fachspr.): → Jod || **iodhältig,** *auch:* iodhaltig (fachspr.): → jodhältig || **iodiert** (fachspr.): → jodiert || **Iodtinktur** (fachspr.): → Jodtinktur

IOK [i o 'ka:]: **I**nternationales **O**lympisches **K**ommitee

Ion [j-] das, -s/-en ⟨gr.⟩ (Phys., Chem.): *ein elektrisch geladenes Teilchen* || **Ionenaustausch** (Phys., Chem.) || **Ionisation** [-tsi-] die, -/-en (Phys., Chem.)

ionisch [j-], *auch:* jonisch ⟨gr.-lat.⟩ (Arch.): Säulen im ionischen Stil; → dorisch; → korinthisch

ionisieren [j-] ⟨lat.⟩ (Phys., Chem.): ionisierte *(elektrisch geladene)* Luft bei einem Gewitter || **Ionisierung** die, -/-en (Phys., Chem.) || **Ionosphäre** [j-f-] die, - (Phys.): *oberste Schichte der Atmosphäre*

IP [aɪ 'pi:]: **I**nternet**p**rotokoll; → TCP || **IP-Adresse** (EDV): *weltweit eindeutige Nummer eines Rechners im Internet*

i. P.: **i**n **P**ension

ipso iure, *auch:* ipso iure [- j-] ⟨lat.⟩ (Jus): *durch das Recht selbst;* eine Rechtsfolge tritt i. j. *(ohne Hinzutreten weiterer Umstände)* ein

i-Punkt: *der Punkt auf dem i;* → i-Tüpferl

IQ [i 'ku:, engl.: aɪ 'kju:] der, -[s]/-[s] (Psych.): **I**ntelligenz**q**uotient; → EQ

Ir: Iridium

ir- ⟨lat.⟩ → in- (nur in Zusammensetzungen wie irrational)

i. R.: **i**m **R**uhestand *(in Pension)*

IRA [i ɛr 'a:]: **I**risch-**R**epublikanische **A**rmee (in Nordirland)

Irak der, -[s]: *ein Staat* || **Iraker** der, -s/-, *auch:* Iraki der, -[s]/-[s] || **Irakerin** die, -/-innen, *auch:* Iraki die, -/-[s] || **Iraki** → Iraker, Irakerin || **irakisch**

Iran der, -[s]: *ein Staat* (früher: *Persien*); im (auch: in) Iran || **Iraner** der, -s/- || **Iranerin** die, -/-innen || **iranisch** || **Iranistik** die, -: *Wissenschaft von den iranischen Kulturen und Sprachen*

irden: *aus Erde;* irdenes Geschirr *(Tongeschirr)* || **Irdenware** (veraltet): *Tonware* || **irdisch:** irdische *(nicht himmlische, nicht ewige)* Gerechtigkeit

Ire der, -n/-n: *Bewohner von Irland;* → Irin

Irene: *weibl. Vorname*

irgend: wenn i. möglich; i. so ein; i. so etwas || **irgendein,** irgendeiner, irgendeine || **irgendeinmal** || **irgendetwas** || **irgendjemand** || **irgendwann** || **irgendwas** || **irgendwelch,** irgendwelcher, irgendwelche || **irgendwer** || **irgendwie** || **irgendwo** || **irgendwoher** || **irgendwohin**

Iridium das, -s ⟨gr.⟩ (Zeichen: Ir): *ein chemisches Element*

Irin die, -/-innen; → Ire

Iriodinstreifen: *ein Sicherheitsmerkmal von [Euro]banknoten*

Iris[1]: *weibl. Vorname*

Iris[2] die, -/- ⟨gr.⟩: *färbige Haut rund um die Pupille, Regenbogenhaut* | *Schwertlilie*

irisch: *zu Irland gehörig, von dort stammend*

irisieren ⟨gr.⟩: irisierendes *(in den Regenbogenfarben schillerndes)* Glas

IRK [i ɛr 'ka:] das, -: **I**nternationales **R**otes **K**reuz

Irland (Kfz: IRL): *ein Staat;* → Ire; → irisch | *eine Insel*

Irmgard: *weibl. Vorname* || **Irmtraud = Irmtraut:** *weibl. Vorname*

Irokesenfrisur: *Glatze mit Haarstreifen in der Mitte*

Ironie die, -/-n ⟨gr.-lat.⟩: *feiner, als Ernst getarnter Spott;* die I. des Schicksals || **Ironiker** der, -s/- || **Ironikerin** die, -/-innen || **ironisch** || **ironisieren:** etwas i. *(ironisch behandeln)*

Ironman ['aɪənmæn] der, -s/Ironmen [-men] ⟨engl.⟩ (Sport): *ein bes. schwerer Triathlon*

irr → irre

irrational [-tsi-]: *mit dem Verstand nicht erfassbar, nicht berechenbar;* → G.: rational || **Irrationalismus** || **Irrationalität** || **irrationell:** *nicht rational*

irre, auch: **irr:**
ein irrer *(geisteskranker)* Blick | eine irre *(außergewöhnliche, großartige)* Leistung

Getrenntschreibung in Verbindung mit „sein“:
- vor Aufregung irr[e] sein *(durcheinander sein)*

Zusammenschreibung:
- jemanden irreführen *(täuschen)*
- sie sind mit ihrer Meinung irregegangen
- irreleiten *(irreführen, auf Abwege bringen)*
- irr[e]machen *(verwirren)*
- an einem Freund irr[e]werden *(das Vertrauen zu ihm verlieren)*

Irre[1] die, -: in die I. führen *(täuschen);* in die I. gehen || **Irre**[2] der, -n/-n, ein Irrer: *ein Geisteskranker* || **Irre**[3] die, -n/-n

irreal: *unwirklich; übersinnlich;* → G.: real || **Irrealität** die, -

Irredenta die, - ⟨lat.-it.⟩ (Gesch.): *italienische Unabhängigkeitsbewegung* || **Irredentismus** der, - (Gesch.): *Irredenta*

irreführen: irreführende Werbung; → irre || **Irreführung** die, -/-en || **irregehen** → irre

irregulär: *regelwidrig;* → G.: regulär; → Studium irregulare || **Irregularität**

irreleiten → irre

irrelevant [-v-]: *ohne Beziehung, unerheblich, belanglos;* → G.: relevant || **Irrelevanz** die, -

irreligiös: *religionslos;* → G.: religiös || **Irreligiosität**

irremachen = irrmachen: das macht uns irr[e] *(verwirrt uns);* → irre || **irren:** du irrst [dich] *(täuschst dich)* | er irrt *(läuft planlos, orientierungslos)* durch die Stadt || **Irrenanstalt** (abw. bzw. veraltet): *psychiatrische Klinik* || **Irrenarzt** (abw. bzw. veraltet): *Psychiater* || **Irrenärztin** (abw. bzw. veraltet) || **Irrenhaus** (abw. bzw. veraltet): *Irrenanstalt* | (ugs.) reif fürs I. sein || **irrenhausreif** (abw. bzw. veraltet)

irreparabel: ein irreparabler *(nicht mehr zu reparierender)* Schaden; → G.: reparabel || **Irreparabilität** die, -

Irresein das, -s: *Verrücktheit, Irrsinn; aber:* irr[e] sein

irreversibel [-v-]: ein irreversibler *(nicht umkehrbarer, zB chemischer)* Prozess/Vorgang; → G.: reversibel || **Irreversibilität**

irrewerden = irrwerden → irre || **Irrfahrt** die, -/-en || **Irrgarten:** *Labyrinth* || **Irrglaube = Irrglauben** || **irrgläubig** || **irrig:** eine irrige *(falsche, irrtümliche)* Ansicht

Irrigator der, -s/-toren [-'o:-] ⟨lat.⟩ (Med.): *Spülapparat für Einläufe*

I

irrigerweise || **Irrigkeit** die, -: die I. einer Theorie
Irritation [-tsi̯-] die, -/-en ⟨lat.⟩: *Störung* || **irritieren:** *beunruhigen, verwirren;* über sein Verhalten irritiert sein || **Irritierung** die, -/-en
Irrläufer: *falsch zugestellte Postsendung* || **Irrlehre** || **Irrlicht:** *flackernde Lichterscheinung über Sümpfen, im Wald* || **irrmachen** = → irremachen
Irrsee → Zeller See
Irrsinn der, -s (veraltet): *Geisteskrankheit* | das ist [ein] I. *(eine große Dummheit)* || **irrsinnig** || **Irrtum** der, -s/-tümer: im I. sein || **irrtümlich** || **irrtümlicherweise** || **Irrung** die, -/-en (geh.): *Irrtum* || **Irrweg:** *falsche Vorgehensweise, Strategie* || **irrwerden** = → irrewerden || **Irrwisch** der, -[e]s/-e: *Irrlicht* || **Irrwitz:** *Irrtum, Unsinn* || **irrwitzig:** *unsinnig*
Irxe → Ichse
Isabel = **Isabella** = **Isabelle** [-'ɛl]: *weibl. Vorname*
ISBN [i ɛs be 'ɛn]: **I**nternationale **S**tandard**b**uch**n**ummer
Ischias[1] [-ʃ-, -sç-] das, - ⟨gr.-lat.⟩: *eine Nervenerkrankung* || **Ischias**[2] der, -: *Ischiasnerv* || **Ischiasnerv**
Ischl → Bad Ischl
ISDN [i ɛs de 'ɛn] (EDV): **I**ntegrated **S**ervices **D**igital **N**etwork *(digitale Datenübertragung);* → ADSL
Isegrim der, -s (Art. selten): *Name des Wolfs in der Fabel;* Meister I.
Isel die, -: *ein Nebenfluss der Drau in Osttirol*
Isidor: *männl. Vorname* || **Isidora:** *weibl. Vorname*
Islam der, -s ⟨arab.⟩: *eine Religion (durch den Propheten Mohammed geoffenbart);* → Moslem; → Muslim || **Islamabad** [auch: -'baːt]: *Hauptstadt Pakistans* || **islamisch:** islamische Kunst; *aber:* Islamische Heilsfront *(eine fundamentalistische Partei in Algerien)* || **islamisieren** || **Islamisierung** die, - || **Islamismus** der, -: *fundamentalistische Ausprägung des Islams, politische Richtung* || **Islamist** der, -en/-en: *Vertreter des Islamismus* || **Islamistin** die, -/-innen
Island (Kfz: IS): *ein Staat* || **Isländer** der, -s/- || **Isländerin** die, -/-innen || **isländisch** || **Islandpony** [-i]: *eine Pferderasse*
Ismus der, -/Ismen ⟨gr.-lat.⟩ (meist Pl.) (abw.): *bloße Theorie* | *modische Richtung*
iso- ⟨gr.⟩ (nur in Zusammensetzungen wie isometrisch)
ISO die, -: **I**nternational **S**tandardizing **O**rganization *(internationale Normungsinstitution)*
Isobare die, -/-n ⟨gr.⟩: *Verbindungslinie zwischen Orten gleichen Luftdrucks (auf Wetterkarten)* || **isochrom** [-kr-] (Phys.): *gleich farbempfindlich* || **isochromatisch** (Phys.): *isochrom* || **Isoglosse** (Sprachwiss.): *Grenzlinie des Verbreitungsgebietes einer sprachlichen Erscheinung, zB zwischen* Fleischhauer *und* Metzger
Isogon das, -s/-e ⟨gr.⟩ (Math.): *regelmäßiges Vieleck* || **isogonal** (Math.): *gleichwinkelig*
Isohypse [-'y-] die, -/-n ⟨gr.⟩: *Höhenlinie*
Isolation [-tsi̯-] die, -/-en ⟨lat.-it.-fr.⟩: *Vereinzelung, Absonderung* || **Isolationismus** der, - (Pol.): *Bestrebungen, sich von anderen Staaten abzusondern* || **isolationistisch** || **Isolationshaft:** *Einzelhaft* || **Isolator** der, -s/-en [-'toː-]: *Stoff, der Elektrizität oder Wärme schlecht leitet*
Isolde: *weibl. Vorname*
Isolierband ⟨lat.-it.-fr.⟩: *isolierendes Klebeband* || **isolieren:** eine elektrische Leitung i. | die Scharlachkranken i. *(absondern);* sie isoliert sich von ihren Freundinnen || **Isoliermaterial** || **Isolierschicht** = **Isolierschichte** || **Isolierung** die, -/-en: *Absonderung* | *Abdichtung*
isomer ⟨gr.⟩ (Chem., Bot.) || **Isomer** das, -s/-e (Chem., Bot.): *Körper bzw. Verbindung von gleicher Zusammensetzung*
Isometrie die, -: *maßstabsgerechte Nachbildung (bei Landkarten)* || **isometrisch**
isomorph [-f]: *gleichförmig, von gleicher Gestalt (bes. bei Kristallen)* || **Isomorphie** die, -
Isonzo der, -[s] (slowen. Soča ['soːtʃa]): *ein Fluss in Slowenien, Italien* || **Isonzoschlachten** die (Pl.): *Schlachten am Isonzo im 1. Weltkrieg*
Isotherme die, -/-n (Met.): *Verbindungslinie zwischen Orten gleicher Temperatur (auf Wetterkarten)*
isotonisch ⟨gr.⟩ (Chem.): *eine ähnliche Konzentration an gelösten Stoffen aufweisend wie Blut;* isotonische Getränke
Isotop das, -s/-e[n] ⟨gr.⟩ (Chem.): *eine [radioaktive] Variante eines Atoms*
Israel: *ein Staat* || **Israeli**[1] der, -[s]/-[s]: *Staatsbürger von Israel* || **Israeli**[2] die, -/-[s] = **Israelin** die, -/-innen || **israelisch:** *zu Israel gehörig, von dort stammend* || **Israelit** der, -en/-en: *Angehöriger der mosaischen Religionsgemeinschaft;* → Hebräer; → Jude || **Israelitin** die, -/-innen || **israelitisch:** der israelitische *(mosaische)* Religionsunterricht; *aber:* die Israelitische Kultusgemeinde
isst → essen
ist → sein
Istanbul [türk.: -'a-]: *Stadt in der Türkei;* → Byzanz; → Konstantinopel
Istbestand: *der tatsächliche Bestand;* → G.: Sollbestand || **Istgehalt** der = das, -[e]s/-hälter: *Istlohn* || **Istgleichzeichen** (=): *Gleichheitszeichen*
Isthmus der, -/Isthmen ⟨gr.⟩: *Landenge;* der I. von Korinth
Istlohn: *der tatsächliche Bezug eines Arbeitnehmers (darf nicht unter dem kollektivvertraglichen Mindestlohn liegen)* || **Istlohnerhöhung**
Istrien: *eine Halbinsel in der nördlichen Adria*
Iststand: *der tatsächliche Stand;* → G.: Sollstand || **Istwert:** *der tatsächliche [Temperatur]wert* || **Istzustand:** *der derzeitige Zustand*
IT [iː 'teː, engl.: aɪ 'tiː]: **I**nformations**t**echnologie, **I**nformations**t**echnik
Itaker der, -s/- (abw.): *Italiener* || **Itakerin** die, -/-innen (abw.)
italianisieren: *italienisch machen* || **Italien** (Kfz: I): *ein Staat* || **Italiener** der, -s/- || **Italienerin** die, -/-innen || **italienisch** || **Italienisch** das, -[s] = **Italienische**, -n: *die italienische Sprache;* → Deutsch || **Italiker** der, -s/-: *Angehöriger einer Völkergruppe im antiken Italien* || **italisch:** *auf das antike Italien bezogen* || **Italoamerikaner:** *Amerikaner italienischer Abstammung* || **Italoamerikanerin** || **Italowestern:** *ein in Italien produzierter und durch eigenen brutalen Stil gekennzeichneter Western*

IT-Be|ruf [iː ˈteː-, engl.: aɪ ˈtiː-] → IT ‖ **IT-Bran|che** [-brɑ̃ːʃ]
item ⟨lat.⟩ (veraltet): *ebenso, ferner* ‖ **Item** [ˈaɪ-] das, -s/-s: *einzelne Angabe, Aufgabe (im Text)*
Ite|ra|ti|on [-tsi̯-] die, -/-en ⟨lat.⟩: *Wiederholung, Verdoppelung* ‖ **ite|ra|tiv:** *wiederholend*
i. Tr.: **i**n der **Tr**ockenmasse (zB Fett im Käse)
i-Tüp|fel|chen (bes. D): *i-Tüpferl* ‖ **i-Tüp|ferl:** bis aufs i-Tüpferl *(bis ins Letzte)* genau sein; → i-Punkt ‖ **i-Tüp|ferl-Rei|ter** (ugs.): *kleinlicher, übertrieben genauer Mensch* ‖ **i-Tüp|ferl-Rei|te|rin** (ugs.)
Iu|va|vum [juˈvaːv-] = → Juvavum
IV [i ˈfaʊ] die, -: **I**ndustriellen**v**ereinigung
i. V. [i ˈfaʊ]: **i**n **V**ertretung (bei Unterschriften)
Iwan[1]: *männl. Vorname (Johann)* ‖ **Iwan**[2] der, -s/-s (oft abw.): *Russe*
IWF [i ve ˈɛf] der, -[s]: **I**nternationaler **W**ährungs**f**onds (mit Sitz in Washington D. C., USA)
Iw|rit = **Iw|rith** das, -[s]: → *Neuhebräisch*

I

j J

j [jeː, D: jɔt] das, -/- (Kleinbuchstabe): das j im Wort *jagen* | (Laut) der j-Laut

J [jeː, D: jɔt] das, -/- (Großbuchstabe): das J im Wort *Jäger* | (Phys.) Joule | (Chem.) Jod

ja

– auf ja und nein *(im Handumdrehen)*
– o ja! *(doch!)*
– tu das ja nicht!
– er ist ja noch so klein

Groß- und Kleinschreibung:
– ja (= Ja) sagen
– ja und amen (= Ja und Amen) zu allem sagen *(mit allem einverstanden sein)*

Großschreibung bei Nominalisierung:
– mit [einem] Ja antworten
– das Ja und [das] Nein

J

Ja das, -[s]/-[s] → ja
Jabot [ʒaˈboː] das, -s/-s ⟨fr.⟩: *Volants oder Spitzen an Damenblusen oder Herrenhemden | in Falten gelegtes Schmucktuch im Halsausschnitt*
Jacht = Yacht [j-] die, -/-en: *[luxuriöses] Boot für Sport- und Vergnügungsfahrten* ‖ **Jachthafen** = Yachthafen
Jäckchen das, -s/- ‖ **Jacke** die, -/-n ‖ **Jackenkleid** ‖ **Jackerl** das, -s/-[n]
Jacketkrone [ˈdʒæk-] ⟨engl.⟩: *eine Zahnkrone*
Jackett [ʒaˈkɛt] das, -s/-s ⟨fr.⟩: *Jacke, Sakko*
Jackpot [ˈdʒæk-] der, -s/-s ⟨engl.⟩: *Ansammlung nicht ausgespielter Beträge im Glücksspiel*
Jacob → Jakob
Jacuzzi [-k-, engl.: dʒəˈkuːzi] der, -s/-s (Wz.): *ein Whirlpool*
Jade die, - = der, -[s] ⟨span.-fr.⟩: *ein [grüner, durchscheinender] Schmuckstein;* burgenländische J. *(Serpentin)*
Jagd die, -/-en: auf die J. gehen ‖ **jagdbar:** jagdbare Tiere ‖ **Jagdbeute** ‖ **Jagdfieber** ‖ **Jagdflieger** (Mil.) ‖ **Jagdflugzeug** (Mil.) ‖ **Jagdfrevel** [-f-]: *Übertretung der Jagdgesetze* ‖ **Jagdgesellschaft** ‖ **Jagdgewehr** ‖ **Jagdglück:** *erfolgreiche Jagd* ‖ **Jagdhorn** ‖ **Jagdhund** ‖ **Jagdkarte** ‖ **jagdlich:** sich j. kleiden ‖ **Jagdpacht** ‖ **Jagdpanzer** (Mil.): *schneller Panzer* ‖ **Jagdrecht** ‖ **Jagdrevier** [-v-] ‖ **Jagdschaden** ‖ **Jagdschein** ‖ **Jagdschießen:** *eine Sportdisziplin* ‖ **Jagdsignal** ‖ **Jagdspringen:** *Springreiten* ‖ **Jagdtrophäe** [-ˈfɛːɛ]: *kennzeichnender Teil der Jagdbeute, zB Geweih* ‖ **Jagdunfall:** *Unfall [durch Fehlschüsse] bei der Jagd* ‖ **Jagdzeit** ‖ **jagen:** Hasen j. ‖ **Jäger** der, -s/-: ein passionierter J. | (Mil.) *Angehöriger der motorisierten Infanterie* | (Mil.) *Jagdflugzeug; Abfangjäger* ‖ **Jägerin** die, -/-innen ‖ **Jägerlatein** (scherzh.): *prahlerische Darstellung meist erfundener Jagderlebnisse;* → Seemannsgarn ‖ **Jägerschaft** die, - | ‖ **Jägersmann** der, -[e]s/-leute (veraltend): *Jäger* ‖ **Jägersprache** die, -: *Fachsprache der Jäger* ‖ **Jagertee:** *ein Tee mit Schnaps ua., zB auf Skihütten* ‖ **Jägerzaun:** *Zaun aus gekreuzten Latten*
Jaguar der, -s/-e ⟨indian.-port.⟩: *eine Großkatze*
jäh (geh.): ein jäher *(plötzlicher)* Windstoß | die Küste fällt jäh *(steil)* ab; *aber:* → je ‖ **Jähe** die, - (geh., veraltet) ‖ **Jähheit** die, - (geh., veraltet) ‖ **jählings** (geh.): sie stürzte j. *(plötzlich)* bei der Tür herein
Jahr das, -[e]s/-e: im Jahr[e] (i. J.); dieses Jahres (d. J.); in die Jahre kommen *(älter werden);* im Jahre Schnee *(vor langer Zeit);* J. um J. *(jedes Jahr aufs Neue);* seit J. und Tag *(schon immer)* ‖ **jahraus, jahrein** = jahrein, jahraus: *alljährlich* ‖ **Jahrbuch:** *jährlich erscheinendes Sammelwerk* ‖ **jahrelang:** eine jahrelange Entwicklung; sich j. damit beschäftigen; *aber:* zwei Jahre lang ‖ **jähren** sich: bald jährt sich der Gedenktag ‖ **Jahresabonnement** [-abɔnmɑ̃ː] ‖ **Jahresabschluss** (Wirt.): *Rechnungsabschluss am Ende eines jeden Geschäftsjahres* ‖ **Jahresausgleich** (früher) (Wirt.): *Arbeitnehmerveranlagung* ‖ **Jahresbeginn** ‖ **Jahresbericht** ‖ **Jahresdurchschnitt** ‖ **Jahreseinkommen** ‖ **Jahresende** ‖ **Jahresfrist:** binnen J. *(innerhalb eines Jahres)* ‖ **Jahresgedächtnis:** *jährlich wiederkehrende Gedächtnisfeier für einen Toten* ‖ **Jahreshälfte** ‖ **Jahreshauptversammlung** ‖ **Jahreskarte:** *Fahrkarte für ein Jahr* ‖ **Jahresplanung** (Bildw.): *Unterrichtsplanung für ein Schuljahr* ‖ **Jahresring** (Bot.): *jährlich entstehender Ring im Baumstamm, der zur Altersbestimmung des Baumes dient* ‖ **Jahrestag:** *jährlicher Gedenktag* ‖ **Jahresumsatz** ‖ **Jahresversammlung** ‖ **Jahresvignette** [-vinjɛtɛ]: *ein Jahr gültiges Autobahnpickerl* ‖ **Jahreswechsel** [-ks-] ‖ **Jahreswende** ‖ **Jahreszahl** ‖ **Jahreszeit** ‖ **jahreszeitlich** ‖ **Jahreszeugnis** ‖ **Jahreszyklus** [-ˈtsy(ː)-] ‖ **Jahrgang:** *Personen mit demselben Geburtsjahr* | (in manchen Schultypen für) *Klasse* | (V) *organisierte Gemeinschaft der Personen desselben Geburtsjahrgangs* | ein guter J. *(Wein aus einem guten Anbaujahr)* | (mit Abkürzung Jg.) 2. Jg. [einer Zeitschrift] ‖ **Jahrgänger** der, -s/- (V): *Angehöriger einer Gemeinschaft desselben Geburtsjahrgangs* ‖ **Jahrgängergemeinschaft** (V) ‖ **Jahrgängerin** die, -/-innen (V) ‖ **Jahrhundert** das, -s/-e: zwei Jahrhunderte lang | (mit Abkürzung Jh.) 19. Jh. ‖ **jahrhundertealt:** eine jahrhundertealte Linde; *aber:* zwei Jahrhunderte alt ‖ **jahrhundertelang:** eine jahrhundertelange Tradition; *aber:* zwei Jahrhunderte lang ‖ **Jahrhundertereignis:** *Ereignis, wie es nur einmal im Jahrhundert vorkommt* ‖ **Jahrhundertfeier** ‖ **Jahrhundertmitte** ‖ **Jahrhunderttröpferl:** *Jahrhundertwein* ‖ **Jahrhundertwein:** *bes. guter Wein* ‖ **Jahrhundertwende** ‖ **jährig:** ein jähriges *(einjähriges)* Fohlen | (in Zusammensetzungen, zB mehrjährig) → achtjährig

jährlich: jedes Jahr

Nicht verwechseln!
jährlich – -jährig
jährlich: gibt an, in welchem Zeitraum sich etwas wiederholt (das gilt auch für Zusammensetzungen), zB:
– das jährliche Treffen *(findet jedes Jahr einmal statt)*
– die halbjährliche Bezahlung *(alle 6 Monate)*
– die alljährliche Weihnachtsfeier
-jährig: Zusammensetzungen mit -jährig geben an, wie lange et-

was dauert oder wie alt jemand ist, zB:
- eine zweijährige Pause *(dauert zwei Jahre)*
- ein halbjähriges Kalb *(ein halbes Jahr alt)*

Jahrmarkt ‖ **Jahrmillionen:** J. alte Fossilien ‖ **Jahrtag** = **Jahrtagsmesse** (westöst.): *jährlicher Gedenkgottesdienst* ‖ **Jahrtausend** das, -s/-e: das dritte J. ‖ **jahrtausendelang:** eine jahrtausendelange Entwicklung; *aber:* zwei Jahrtausende lang ‖ **Jahrtausendwende** ‖ **Jahrzehnt** das, -[e]s/-e: vier Jahrzehnte lang ‖ **jahrzehntelang:** eine jahrzehntelange Freundschaft; *aber:* zwei Jahrzehnte lang

Jahwe [auch: 'jaxvɐ, ja'hu̯eː] ⟨hebr.⟩: *Name Gottes im Alten Testament;* → Jehova

Jähzorn ‖ **jähzornig:** *aufbrausend, leicht erregbar*

Jak = Yak [j-] der, -s/-s ⟨tibetisch⟩: *tibetisches Hochgebirgsrind*

Jakarta [dʒ-], *auch:* Djakarta: *Hauptstadt von Indonesien*

Jakob, *auch:* Jacob [-k-]: *männl. Vorname* ‖ **Jakobi:** zu J. *(am Fest des hl. Jakob am 25. Juli)* ‖ **Jakobiner** der -s/-: *Angehöriger der radikalen Partei in der Französischen Revolution* ‖ **Jakobinerin** die, -/-innen ‖ **Jakobinermütze** ‖ **Jakobinertum** das, -s

Jalousie [ʒalu'ziː] die, -/-n ⟨fr.⟩: *Verdunkelung am Fenster;* die Jalousien herunterlassen

Jamaika: *ein karibischer Inselstaat* ‖ **Jamaikaner** der -s/- ‖ **Jamaikanerin** die, -/-innen

Jamboree [dʒæm-'riː] das, -[s]/-s ⟨engl.⟩: *ein Pfadfindertreffen*

Jambus der, -/Jamben ⟨gr.-lat.⟩: *ein zweisilbiger Verstakt (unbetont + betont, zB sofort, Gebet)*

Jammer der, -s: *Leid; [Weh]klage* ‖ **Jammergestalt** (auch abw.) ‖ **Jammerlappen** (ugs., abw.): *wehleidiger, hilfloser Mensch* ‖ **jämmerlich:** er macht einen jämmerlichen *(bedauernswerten)* Eindruck ‖ **Jämmerlichkeit** die, -/-en ‖ **jammern:** *klagen* ‖ **jammerschade** ‖ **Jammertal** das, -[e]s (geh.): die Welt ist ein J. *(ein Ort des Elends)* ‖ **jammervoll:** *jämmerlich*

Jamsession ['dʒæmseʃn] die, -/-s ⟨engl.⟩: *Improvisationskonzert im Jazz*

Jan: *männl. Vorname (Johann)*

Jangtsekiang [-kiaŋ] der, -[s]: *ein Strom in China*

Janitschar der, -en/-en ⟨türk.⟩ (Gesch.): *Soldat der Elitetruppe des osmanischen Heeres* ‖ **Janitscharenmusik:** *türkische Musik, Nachahmung türkischer Militärmusik im 18. Jh.*

Janker der, -s/-: *eine Jacke [im Trachtenstil]* ‖ **Jankerl** das, -s/-[n]: *[leichter] Janker, Jopperl*

Jänner der, -[s]/- ⟨lat.⟩: *der erste Monat;* → Januar ‖ **Jännerloch:** *Flaute im Tourismus nach den Weihnachtsferien* ‖ **Januar** der, -[s]/-e: *Jänner*

Janus ⟨lat.⟩: *römischer Gott der Türen und des Anfangs* ‖ **Januskopf:** *doppelgesichtiger Männerkopf;* diese Sache hat einen J. *(zwei ganz verschiedene Gesichter)* ‖ **januasköpfig**

Japan: *ein Staat* ‖ **Japaner** der, -s/- ‖ **Japanerin** die, -/-innen ‖ **japanisch** ‖ **Japanisch** das, -[s] = **Japanische,** -n: *die japanische Sprache* ‖ **Japanologe** der, -n/-n ‖ **Japanologie** die, -: *Wissenschaft von Sprache und Kultur Japans* ‖ **Japanologin** die, -/-innen

japsen, du japst: *nach Luft schnappen* ‖ **Japser** der, -s/-

Jardiniere [ʒ-'ni̯eːɐ] die, -/-n ⟨fr.⟩: *Behälter für Blumen*

Jargon [ʒ-] der, -s/-s ⟨fr.⟩: *Ausdrucksweise einer bestimmten sozialen Gruppe* | *Berufssprache;* im J. der Fotografen

Jasager der, -s/- (abw.): *jemand, der mit allem einverstanden ist* ‖ **Jasagerin** die, -/-innen (abw.)

Jasmin[1] der, -s/-e ⟨pers.-arab.-span.⟩: *ein Zierstrauch* ‖ **Jasmin**[2], *auch:* Jasmine: *weibl. Vorname*

Jaspis [auch: -'is] der, - [Jaspisses]/Jaspisse ⟨sem.-gr.-lat.⟩: *ein Schmuckstein*

Jass der, -es (westöst., CH): → *Jassen* | (mit Pl. -e) (reg., ugs., veraltet) *ein tüchtiger Bursch; ein Spitzenfachmann* ‖ **jassen,** du jasst (westöst., CH) ‖ **Jassen** das, -[s] (westöst., CH): *ein Kartenspiel, Jass*

Jastimme: bei der Abstimmung gab es 14 Jastimmen

jäten: Unkraut j. *(ausreißen)*

Jauche die, -/-n: *flüssiger Dünger, Gülle* ‖ **Jauchegrube** = Jauchengrube ‖ **jauchen:** *mit Jauche düngen* ‖ **Jauchengrube** = → Jauchegrube

jauchzen, *auch:* juchzen, du jauchzt: *jubeln* ‖ **Jauchzer** der, -s/-, *auch:* Juchzer

Jauk der, -s ⟨slowen.⟩ (K, St, mda., veraltend): *Föhn-, Südwind*

jauken (mda.): *vor sich herjagen* ‖ **Jaukerl** das, -s/-[n] (ugs., reg.): *Injektion*

jaulen: ein jaulender *(winselnder, heulender)* Hund

Jauntal: *Tal zwischen der Drau und den östlichen Karawanken*

Jause die, -/-n: *Zwischenmahlzeit am Vor- oder Nachmittag* ‖ **Jausenapfel** ‖ **Jausenbrett** ‖ **Jausenbrettl** (ugs.) ‖ **Jausenbrot** ‖ **Jausengegner** (ugs., scherzh.): *leicht zu besiegender Gegner, kein ernsthafter Konkurrent* ‖ **Jausengegnerin** (ugs., scherzh.) ‖ **Jausenpackerl** ‖ **Jausenspeck** ‖ **Jausenstation** [-tsi̯-]: *ein Restaurant* ‖ **Jausenwurst** ‖ **Jausenzeit** ‖ **jausnen:** *wir haben in der Pause gejausnet*

Java[1] [-v-]: *eine Insel in Indonesien* ‖ **javanisch**

Java[2] ['dʒɑːvə] das, -[s] (EDV) (Wz.): *eine Programmiersprache*

jawohl: j., ich komme

Jawort: jemandem das J. *(die Zustimmung zur Ehe)* geben

Jazz [dʒæz] der, - ⟨engl.⟩: *eine Musikrichtung* ‖ **Jazzband** [-bæ-] ‖ **jazzen:** *Jazzmusik machen* ‖ **Jazzer** der, -s/- ‖ **Jazzerin** die, -/-innen ‖ **Jazzfan** [-fæn] ‖ **Jazzkapelle** ‖ **Jazzkeller** ‖ **Jazzkonzert** ‖ **Jazzmusik** die, - ‖ **Jazztrompete**

je: seit eh und je *(seit jeher)* | je länger, je lieber; je mehr, desto besser; je nachdem | je zwei Personen; je zwei und zwei | die Kosten je Patient[en] *(für jeden einzelnen Patienten);* → oje; *aber:* → jäh

Jean[1] [ʒɑ̃]: *männl. Vorname (Johann);* → Schani

Jean[2] [dʒiːn] die, -/-s = **Jeans,** -/- ⟨engl.⟩: *Hose aus [blauem] strapazierfähigem Baumwollstoff;* → Bluejean ‖ **Jeanshemd** ‖ **Jeansjacke**

jedenfalls: *auf jeden Fall* | für mich j. *(was mich betrifft)* ist das akzeptabel

jeder, jede, jedes, ein jeder: jedes Mal; jedem ein Stück geben; jeder Einzelne ‖ **jederlei** (veraltend): *von jeder Art* ‖ **jedermann** ‖ **jederzeit:** *immer; aber:* zu jeder Zeit

jedoch: *aber, doch*

jedweder [auch: -ˈveː-], jedwede, jedwedes (geh.): der Einwand der Gegenseite entbehrt j. *(jeder)* Begründung

Jeep [dʒiːp] der, -s/-s (Wz.): *ein geländegängiges Auto*

jeglicher, jegliche, jegliches (geh.): jeglichen *(jeden)* Einfluss ausschalten

jeher: seit/von j. *(schon immer)*

Jehova [-v-] ⟨hebr.⟩: *(literarische, veränderte Wortform für) Jahwe;* → Zeugen Jehovas

jein (scherzh.): *sowohl ja als nein, unentschlossene Antwort*

jemals

jemand, Gen.: jemand[e]s; Dat.: jemand[em]; Akk.: jemand[en]: j. anderer; j. Fremder; *aber:* → irgendjemand

Jemen der, -[s]: *ein arabischer Staat*

J

Jenbach: *Marktgemeinde in Tirol*

jener: jene Frau; jenes Kind

jenisch ⟨Romanes⟩: die jenische Sprache *(Gaunersprache, Rotwelsch)* ‖ **Jenisch** das, -[s] = **Jenische,** -n ‖ **Jenische**[1] der, -n/-n: *Angehöriger einer gesellschaftlich nicht voll integrierten Bevölkerungsschicht von Landfahrern* ‖ **Jenische**[1] die, -n/-n

Jenissei [-ˈseːɪ] der, -[s]: *Strom in Russland (Sibirien)*

Jennersdorf (Kfz: JE): *Stadt im Burgenland*

Jenni [meist: dʒ-] = **Jennie** = **Jenny** [-i]: *weibl. Vorname (Johanna)*

jenseitig: das jenseitige Ufer ‖ **jenseits** (Präp. mit Gen.): j. des Sees | (Adv.) j. vom See; j. von Gut und Böse ‖ **Jenseits** das, -; → G.: Diesseits ‖ **Jenseitsglaube** = **Jenseitsglauben**

Jeremiade die, -/-n (geh.): *Klagelied (nach dem Propheten Jeremias)*

Jeriwan, *auch:* Eriwan: *Hauptstadt Armeniens*

Jersey [ˈdʒɜːzi] der, -[s]/-s ⟨engl.⟩: *ein Trikotstoff*

Jerusalem: *von Judentum, Christentum und Islam heiliggehaltene Stadt | Regierungssitz von Israel*

jessas = **Jessas** (ugs.): *Jesus; um Gottes willen, ein Ausruf [des Erschreckens];* j. (= **J**essas) sagen; j. na (= **J**essas na) sagen; → oje ‖ **jessasmarandjosef** = **Jessasmarandjosef** (ugs.): *Jesus, Maria und Josef, ein Ausruf [des Erschreckens]* ‖ **Jesuit** der, -en/-en: *Angehöriger des Jesuitenordens* ‖ **Jesuitenorden:** *ein geistlicher Orden* (offiziell: *Gesellschaft Jesu,* Abk.: SJ) ‖ **jesuitisch:** jesuitische Erziehung | (abw.) *spitzfindig, listig* ‖ **Jesus Christus** [- k-], Gen.: Jesu Christi; Dat.: Jesus Christus, *auch:* Jesu Christo; Akk.: Jesus Christus, *auch:* Jesum Christum ⟨lat.⟩; → Christus ‖ **Jesuskind** das, -[e]s: *Jesus Christus als Kind*

Jet [dʒ-] der, -[s]/-s ⟨engl.⟩: *ein Düsenflugzeug;* → jetten ‖ **Jetlag** [-læg] der, -s: *körperliche Auswirkung von großen Zeitunterschieden bei Fernflügen*

Jeton [ʒœˈtõː] der, -s/-s ⟨fr.⟩: *Spielmarke [im Glücksspiel]*

Jetset [dʒ-] der, -[s] ⟨engl.⟩ (sal.): *die reichste Gesellschaftsschicht, die oberen Zehntausend* ‖ **jetten:** *mit einem Flugzeug reisen*

jetzige: zum jetzigen Zeitpunkt ‖ **jetzo** (veraltet): *jetzt* ‖ **jetzt:** j. komm ich dran ‖ **Jetzt** das, - ‖ **Jetztzeit** die, -: *die heutige Zeit, die Gegenwart*

Jeunesse dorée [ʒœˈnɛs -ˈre] die, - - ⟨fr.⟩: *reiche, vergnügungssüchtige Jugend*

jeweilige: die jeweiligen Umstände ‖ **jeweils**

Jg.: Jahr**g**ang

Jh.: Jahr**h**undert

jiddeln, ich jiddle ⟨jidd.⟩: *jüdeln* ‖ **Jidden** die (Pl.) (bes. früher): *Jiddisch Sprechende* ‖ **jiddisch:** die jiddische Sprache ‖ **Jiddisch** das, -[s] = **Jiddische,** -n: *Sprache aus Mittel- und Osteuropa stammender Juden, basierend auf dem Mittelhochdeutschen mit hebräischen und slawischen Lehnwörtern*

Jiu-Jitsu [dʒiuˈdʒ-] das, -[s] ⟨jap.⟩: *eine japanische Kunst der waffenlosen Selbstverteidigung;* → Judo

Jive [dʒaɪv] der, -[s]/-s ⟨engl.⟩: *ein Tanz*

jö: *Ausruf des Erstaunens*

Joachim [selten: -ˈa-]: *männl. Vorname;* → Jochen

Joanneum das, -[s]: *das Steiermärkische Landesmuseum (in Graz)*

Job [dʒɔp, engl.: dʒɒb] der, -[s]/-s ⟨engl.⟩: *bezahlte Beschäftigung; Beruf* ‖ **jobben** (sal.) ‖ **Jobhopper** der, -s/- (sal.) ‖ **Jobhopperin** die, -/-innen (sal.) ‖ **Jobhopping** das, -s (sal.): *häufiger Arbeitswechsel, um nach oben zu kommen* ‖ **Jobkiller** (sal.): *etwas, zB eine Maschine, wodurch Arbeitsplätze verloren gehen* ‖ **Jobsharing** [-ʃeər-] das, -s (Wirt.): *ein Modell zur Teilung von Arbeitsplätzen auf mehrere Personen* ‖ **Job Suchende**[1] = **Jobsuchende**[1] der, -n/-n, ein Job Suchender (= Jobsuchender) ‖ **Job Suchende**[2] = **Jobsuchende**[2] die, -n/-n ‖ **Jobwechsel** [-ks-]: einen J. erwägen

Joch das, -[e]s/-e: *ein Zuggeschirr der Rinder | ein Bergübergang |* (mit Pl. Joch) *(in Österreich nicht mehr gesetzliches) Flächenmaß [für Felder]; 5 700 m²;* 14 J. Grund ‖ **Jochbein:** *ein Gesichtsknochen*

Jochen: *männl. Vorname (Joachim)*

Jockei [ˈdʒɒki, ˈdʒɔkɛ] = **Jockey** der, -[s]/-s ⟨engl.⟩: *berufsmäßiger Rennreiter*

Jod das, -s ⟨gr.-fr.⟩ (Zeichen: I): *ein chemisches Element* | (Med.) *Jodtinktur*

jodeln, ich jodle: *Lautsilben im Wechsel zwischen Brust- und Kopfstimme singen*

jodhältig, *auch:* jodhaltig ⟨gr.-fr.⟩ ‖ **jodiert:** jodiertes *(mit Jod versetztes)* Kochsalz

Jodler der, -s/-: *ein volkstümlicher Gesang;* → jodeln | *Person, die jodelt* ‖ **Jodlerin** die, -/-innen

Jodtinktur ⟨gr.-fr.⟩ (Med.): *ein Desinfektionsmittel*

Joga = Yoga [j-] der = das, -[s] ⟨Sanskrit⟩: *indische Methode körperlich-geistigen Trainings* ‖ **Jogaübung** = Yogaübung

joggen [dʒ-] ⟨engl.⟩ ‖ **Jogger** der, -s/- ‖ **Joggerin** die, -/-innen ‖ **Jogging** das, -s: *konditions- und gesundheitsförderndes Laufen* ‖ **Jogginganzug:** *Trainingsanzug zum Joggen*

Joghurt = → Jogurt ‖ **Joghurtdip** = Jogurtdip

Jogi[1] = Yogi [j-] der, -s/-s ⟨Sanskrit⟩: *Anhänger des Joga* ‖ **Jogi**[2] = Yogi die, -/-s

Joglland das, -[e]s: *eine Landschaft in der Oststeiermark*

Jogurt = Joghurt [-gu-] das (*reg. in Ö und in D auch:* der), -s/-s, *ostöst. auch:* die, -/-s ⟨türk.⟩ (frühere Schreibung: Yoghurt [j-]): *eine Art saurer Milch* ‖ **Jogurtdip** = Joghurtdip

Johann, *auch:* Johannes: *männl. Vorname;* → Hans; → Hansi; → Schani; → Hannes; → Jan | (in Siedlungsnamen: St. Johann oder St. Johann); → Sankt ‖ **Jo|han|na:** *weibl. Vorname;* → Hansi; → Hanni ‖ **Jo|han|nes** → Johann ‖ **Jo|han|nes|burg:** *Stadt in Südafrika* ‖ **Jo|han|nes|evan|ge|li|um** [-v-]: *Evangelium des Apostels Johannes*

Jo|han|nis|bee|re: *Ribisel* ‖ **Jo|han|nis|brot:** *Frucht des Johannisbrotbaums* ‖ **Jo|han|nis|brot|baum** ‖ **Jo|han|nis|kä|fer:** *ein Leuchtkäfer, Glühwürmchen*

Jo|han|ni|ter[1] der, -s/-: *Mitglied des Johanniterordens* ‖ **Jo|han|ni|ter**[2] die (Pl.): *eine Hilfsorganisation* ‖ **Jo|han|ni|ter|or|den:** *ein Ritterorden, Malteser*

joh|len (auch abw.): *schreien, brüllen*

Joint [dʒ-] der, -s/-s ⟨engl.⟩: *Haschischzigarette* ‖ **Joint Ven|ture** [- v-tʃə] das, -[s]/-[s] (Wirt.): *Zusammenschluss von Firmen für ein bestimmtes Projekt unter einheitlicher Verwaltung*

Jo-Jo = Yo-Yo [jo'jo:] das, -s/-s ⟨engl.⟩: *ein Geschicklichkeitsspiel* ‖ **Jo-Jo-Ef|fekt** = Yo-Yo-Effekt (sal.): *wechselnde Gewichtsab- und -zunahme*

Jo|jo|ba die, -/-s ⟨mexikanisch⟩: *eine in Mexiko und im Süden der USA beheimatete Pflanze* ‖ **Jo|jo|ba|öl:** *ein Öl zur Hautpflege*

Jo|ker ['jo:-, engl.: 'dʒəʊ-] der, -s/- ⟨lat.-engl.⟩: *eine Spielkarte* | *eine Spielart im Lotto* ‖ **Jo|ker|zahl**

Jol|le die, -/-n: *kleines Segelboot* | *kleines breites Ruderboot*

Jom Kip|pur der, - -/- - ⟨hebr.⟩: *höchster jüdischer Feiertag* ‖ **Jom-Kip|pur-Fest**

Jo|nas: *männl. Vorname*

Jo|na|than: *männl. Vorname*

Jon|gleur [ʒ-løːə] der, -s/-e ⟨lat.-fr.⟩ ‖ **Jon|gleu|rin** die, -/-innen ‖ **jon|glie|ren:** mit Bällen j. *(sie in die Luft werfen und geschickt wieder auffangen)*

jo|nisch → ionisch

Jop|pe die, -/-n: *eine kurze Jacke* ‖ **Jop|perl** das, -s/-[n]: *[leichte] Joppe, Jankerl*

Jor|dan der, -[s]: *Fluss in Vorderasien (Syrien, Libanon, Israel, Jordanien, Palästina)*

Jor|da|ni|en: *ein arabischer Staat*

Jörg: *männl. Vorname (Georg)*

Jö|ri der, -s/-s (V): *Faschingsnarr* ‖ **Jö|ri|wa|gen** (V)

Jo|schi (ostöst.): *männl. Vorname (Josef)*

Jo|sef, *auch:* Joseph [-f]: *männl. Vorname;* → Sepp; → Pepi ‖ **Jo|se|fa,** *auch:* Josepha: *weibl. Vorname;* → Pepi ‖ **Jo|se|fi,** *auch:* Josephi: → *Josefitag;* zu J. ‖ **Jo|se|fi|ne,** *auch:* Josephine: *weibl. Vorname;* → Fini; → Finnerl; → Pepi ‖ **Jo|se|fi|tag:** *Festtag des heiligen Josef, des Landespatrons von Kärnten, Tirol und der Steiermark (19. März)* ‖ **Jo|sef|stadt:** *8. Bezirk Wiens;* in der J. | sie spielt an der J. *(im Theater in der Josefstadt)* ‖ **Jo|seph** [-f] → Josef ‖ **Jo|se|pha** → Josefa ‖ **Jo|se|phi|ne** → Josefine ‖ **jo|se|phi|nisch:** *von Kaiser Joseph II. (1765/80–1790) oder aus seiner Zeit stammend bzw. dem Geist des Josephinismus entsprechend;* josephinische Reformen; *aber:* das Josephinische Zeitalter ‖ **Jo|se|phi|nis|mus** der, - (Gesch.): *Ordnung und Gesinnung im Geiste Kaiser Josephs II.*

Jo|ta das, -[s]/-[s] (ι, I) ⟨gr.⟩: *griechischer Buchstabe (i)* | kein J. *(nicht das Geringste)* daran ändern

Joule [dʒu:l] das, -[s]/- (J): *Maßeinheit der Energie, Arbeit, Wärmemenge (1 Joule = 1 Wattsekunde) (nach einem engl. Physiker)*

Jour [ʒu:ə] der, -s/-s ⟨fr.⟩ (veraltet): *Empfangstag* ‖ **Jour fixe** [ʒu:r 'fiks] der, - -: *regelmäßig wiederkehrendes Treffen; fester Termin* ‖ **Jour|ge|bäck** ['ʒu:ə-]: *bes. kleine Semmeln, Salzstangerln etc.* ‖ **Jour|nail|le** [ʒur'naj(ɐ)] die, - (abw.): *gewissenlose, hetzende Presse* ‖ **Jour|nal** das, -s/-e: *Zeitung, Zeitschrift* | *ein Buch mit täglichen Aufzeichnungen* ‖ **Jour|nal|be|am|te:** *Dienst habender [Polizei]beamter* ‖ **Jour|nal|be|am|tin** ‖ **Jour|nal|dienst:** *ein Bereitschaftsdienst* ‖ **Jour|na|lis|mus** der, - ‖ **Jour|na|list** der, -en/-en: *Berufsbezeichnung eines Berichterstatters für Zeitungen, Zeitschriften, Hörfunk, Fernsehen, Film* ‖ **Jour|na|lis|tik** die, -: *Zeitungskunde* ‖ **Jour|na|lis|tin** die, -/-innen ‖ **jour|na|lis|tisch:** journalistische Berufe

jo|vi|al [ʒov-, j-] ⟨lat.⟩: *wohlwollend, freundlich, zuvorkommend* ‖ **Jo|vi|a|li|tät** die, -

Joy|stick ['dʒɔɪstɪk] der, -s/-s ⟨engl.⟩: *Steuerhebel für Computerspiele*

jr.: junior; Karl Müller jr.; → jun.; → G.: sr.

Ju|bel der, -s ⟨lat.⟩: *Freudenausbruch* ‖ **Ju|bel|fei|er:** *Jubiläum* ‖ **Ju|bel|ge|schrei:** in J. ausbrechen ‖ **Ju|bel|jahr** (kath.): *heiliges (alle 25 Jahre stattfindendes) Jahr* ‖ **ju|beln,** ich juble ⟨lat.⟩ ‖ **Ju|bel|paar:** *Ehepaar am Tag der silbernen/goldenen Hochzeit* ‖ **Ju|bel|ruf** ‖ **Ju|bi|lant** der, -en/-en: *Jubilar* ‖ **Ju|bi|lan|tin** die, -/-innen ‖ **Ju|bi|lar** der, -s/-e: *jemand, der eine persönliche Gedenkfeier begeht* ‖ **Ju|bi|la|rin** die, -/-innen ‖ **Ju|bi|lä|um** das, -s/Jubiläen ‖ **Ju|bi|lä|ums|aus|ga|be** ‖ **Ju|bi|lä|ums|fei|er** ‖ **Ju|bi|lä|ums|geld** ‖ **ju|bi|lie|ren:** *jubeln* | *ein Jubiläum feiern*

ju|chee, *auch:* juchhe: *ein freudiger Ausruf;* → juchhu ‖ **Ju|chee** das, -[s], *auch:* Juchhe (ugs., oft scherzh.): *die ganz oben gelegenen Plätze [im Theater]* ‖ **ju|che|zen** (mda.): *juchzen, jauchzen (in der Volksmusik)* ‖ **Ju|che|zer** der, -s/- (mda.): einen J. ausstoßen ‖ **Juch|zer** der, -s/-: *Jauchzer* ‖ **juch|hu** = **ju|hu:** *ein freudiger Ausruf;* → juchee

Juch|ten|le|der ⟨russ.⟩: *ein feines, wasserdichtes Leder*

juch|zen, du juchzt: *jauchzen* ‖ **Juch|zer** der, -s/-: *Jauchzer*

ju|cken: es juckt mich [am Bein]; mir/mich juckt die Hand; ein juckender Hautausschlag ‖ **Juck|pul|ver** [-f-] ‖ **Juck|reiz**

Ju|da|ist der, -en/-en ⟨hebr.-gr.-lat.⟩ ‖ **Ju|da|is|tik** die, -: *Wissenschaft und Lehre von der hebräischen Sprache und vom Judentum* ‖ **Ju|da|is|tin** die, -/-innen ‖ **ju|da|is|tisch**

Ju|das der, -/Judasse (abw.): *ein gekaufter Verräter (nach dem Apostel J. Ischariot)* ‖ **Ju|das|kuss:** *Zeichen des Verräters* ‖ **Ju|das|lohn:** *Lohn für eine verräterische Handlung*

Ju|de der, -n/-n: *Angehöriger des jüdischen Volkes;* → Hebräer; → Israelit ‖ **jü|deln,** ich jüdle: *mit jiddischem Einschlag sprechen, jiddeln* ‖ **Ju|den|burg** (Kfz: JU): *Stadt in der Steiermark* ‖ **Ju|den|stern** (im Nationalsozialismus): *gelber Davidstern als Kennzeichnung der Juden* ‖ **Ju|den|tum** das, -s: *Gesamtheit der historischen, religiösen und kulturellen Werte und Besonderheiten der Juden* ‖ **Ju|den|ver|fol|gung** (Gesch.): *(im Laufe der Geschichte wiederholte) Verfolgung von Juden aus religiösen oder rassischen Gründen* ‖ **Ju|den|vier|tel** (früher): *bes.*

J

von Juden bewohnter Ortsteil; → Ghetto

Ju|di|kat das, -[e]s/-e (Jus): *Urteil* || **Ju|di|ka|ti|ve** [-vɛ] die, - ⟨lat.⟩: *Gerichtsbarkeit;* → Exekutive; → Legislative || **Ju|di|kats|schuld** (Jus): *urteilsmäßig festgelegte Schuld* || **Ju|di|ka|tur** die, -: *Rechtsprechung; für analoge Fälle verbindliche Entscheidungen der Höchstgerichte*

Jü|din die, -/-innen || **jü|disch:** das jüdische Volk; → mosaisch

Ju|dith: *weibl. Vorname*

ju|di|zie|ren ⟨lat.⟩: *rechtlich entscheiden;* → ausjudizieren

Ju|do [dʒ-, j-] das, -[s] ⟨jap.⟩: *sportliche Form des Jiu-Jitsu* || **Ju|do|ka**[1] der, -s/-s: *Judosportler* || **Ju|do|ka**[2] die, -/-s

Ju|gend die, - || **Ju|gend|al|ter** || **Ju|gend|amt** || **Ju|gend|an|walt** || **Ju|gend|an|wäl|tin** || **Ju|gend|ar|beit** || **Ju|gend|ar|beits|lo|sig|keit** || **Ju|gend|ban|de** || **Ju|gend|be|we|gung** die, -: *eine um 1900 entstandene Bewegung* || **Ju|gend|bild:** *Bild aus der Jugendzeit* || **Ju|gend|buch** || **Ju|gend|dienst** (SüdT): *Verein für Jugendarbeit* || **Ju|gend|er|in|ne|rung** || **ju|gend|frei** → Jugendverbot || **Ju|gend|freund:** *Freund aus der Jugendzeit* || **Ju|gend|freun|din** || **Ju|gend|für|sor|ge:** *staatliche Einrichtung, die junge Menschen unterstützt* || **Ju|gend|ge|richt:** *Gericht für jugendliche Straftäter* || **Ju|gend|ge|richts|hof** || **Ju|gend|her|ber|ge** || **Ju|gend|jah|re** die (Pl.) || **Ju|gend|kri|mi|na|li|tät** || **Ju|gend|kul|tur** || **ju|gend|lich** || **Ju|gend|li|che**[1] der, -n/-n, ein Jugendlicher: ein Lokal für J. *(junge Menschen)* | (Jus) *Person vom 14. bis zum 19. Lebensjahr* || **Ju|gend|li|che**[2] die, -n/-n || **Ju|gend|lich|keit** die, - || **Ju|gend|lie|be** die, -: *der/die Geliebte aus der Jugendzeit* || **Ju|gend|li|te|ra|tur** || **Ju|gend|meis|ter|schaft** (Sport) || **Ju|gend|or|ga|ni|sa|ti|on** [-tsi̯-] || **Ju|gend|par|la|ment:** *Plattform für die Anliegen von Jugendlichen* || **Ju|gend|rich|ter** || **Ju|gend|rich|te|rin** || **Ju|gend|rot|kreuz** das, -es: *eine Teilorganisation des Roten Kreuzes* || **Ju|gend|schutz** (Jus) || **Ju|gend|seel|sor|ge** || **Ju|gend|spra|che** || **Ju|gend|stil** der, -s (Kunstg.): *eine Stilrichtung von ca. 1900 bis zum Ersten Weltkrieg;* → Secession || **Ju|gend|straf|recht** || **Ju|gend|straf|tat** (Jus): *von einem Jugendlichen begangenes Delikt* || **Ju|gend|sün|de** (meist scherzh.) || **Ju|gend|traum:** *größter Wunsch in der Jugendzeit* || **Ju|gend|ver|bot:** ein Film mit J.; → jugendfrei || **Ju|gend|ver|trau|ens|rat:** *Interessenvertretung jugendlicher Arbeitnehmer/innen in einem Betrieb* || **Ju|gend|werk:** *frühes Werk [eines Künstlers]* || **Ju|gend|wohl|fahrt:** *eine öffentliche Serviceeinrichtung* || **Ju|gend|zeit** || **Ju|gend|zen|trum**

Ju|go|sla|we der, -n/-n || **Ju|go|sla|wi|en** (früher): *ein südeuropäischer Vielvölkerstaat, der Slowenien, Kroatien, Bosnien, Serbien, das Kosovo, Montenegro und Makedonien umfasste (1929–1991)* | *das Staatenbündnis Serbien und Montenegro (2003–2006)* || **Ju|go|sla|win** die, -/-innen || **ju|go|sla|wisch**

ju|hu = → juchhu

Juice [dʒuːs] der, -/- [-s] [-ɪz] ⟨engl.⟩: *Frucht-, Gemüsesaft*

Juke|box ['dʒuːk-] die, -/-es [-ɪz] ⟨engl.⟩: *ein Musikautomat*

Jul|fest ⟨schwedisch⟩: *(nordgermanisches) Fest der Wintersonnenwende*

Ju|li der, -[s]/-[s] ⟨lat.⟩: *der siebente Monat* || **Ju|lia:** *weibl. Vorname* || **Ju|li|an:** *männl. Vorname* || **Ju|li|a|na** = **Ju|li|a|ne:** *weibl. Vorname* || **ju|li|a|nisch:** *nach Julius Cäsar benannt;* julianischer Kalender; → gregorianisch || **Ju|li|putsch** (Gesch.): *nationalsozialistischer Putschversuch in Österreich im Juli 1934* || **Ju|li|us:** *männl. Vorname*

Jum|bo|jet ['dʒʌmbəʊdʒet, 'jumbɔ-] ⟨engl.⟩: *ein Großraumflugzeug mit Düsenantrieb*

jum|pen ['dʒʌm-] ⟨engl.⟩ (sal.): *springen;* → Bungeejumping

Jum|per ['dʒʌm-] der, -s/- ⟨engl.⟩: *Schalter in elektronischen Systemen*

jun.: **jun**ior; Karl Müller jun.; → jr.; → G.: sr.

jung, jünger/am jüngsten

- ein junger Mann
- das jüngere/jüngste Kind
- von jung auf
- jung bleiben/heiraten

Großschreibung bei Nominalisierung:

- die **J**ungen
- der **J**üngere *(zB der Sohn)*
- **J**unge und **A**lte
- **J**ung und **A**lt *(alle)*
- er ist nicht mehr der **J**üngste

Großschreibung in Eigennamen:

- der **J**üngste Tag *(der Weltuntergang)*
- das **J**üngste Gericht
- Hans Holbein der **J**üngere (d. J.)

Getrennt- und Zusammenschreibung mit adjektivisch gebrauchten Partizipien:

- die jung Gebliebenen = Junggebliebenen
- ein jung verheiratetes *(= jungverheiratetes)* Paar (in jungen Jahren verheiratetes); *aber nur zusammen:* ein jungverheiratetes Pärchen *(erst seit Kurzem verheiratetes)*
- die jung Verheiratete = Jungverheiratete

Jung|arzt: *promovierter Mediziner in Ausbildung zum Facharzt oder zum praktischen Arzt* || **Jung|ärz|tin** || **Jung|brun|nen:** *mythischer Brunnen, der ewige Jugend bringt* || **Jung|bür|ger:** *jemand, der das Wahlalter erreicht hat;* → Jungwähler || **Jung|bür|ger|fei|er** || **Jung|bür|ge|rin** die, -/-innen || **Jun|ge**[1] das, -n/-n, ein Junges: eine Häsin mit ihren Jungen | (ohne Pl.) (Küchenspr.) [ein] Junges *(Kopf, Vorderläufe bzw. Flügel und Innereien von Wild oder Geflügel als Speise)* || **Jun|ge**[2] der, -n/-n (bes. nördl. D): *Bub, Knabe* || **jun|gen|haft** || **jün|ger** → jung || **Jün|ger** der, -s/-: *Anhänger, Schüler* || **Jün|ge|rin** die, -/-innen || **Jün|ger|schaft** die, - || **Jung|fer** die, -/-n (veraltet): *Jungfrau* || **Jung|fern|bra|ten** (Küchenspr.): *eine Speise aus Schweins- oder Kalbsfilet* || **Jung|fern|fahrt:** *erste Ausfahrt [eines Schiffes]* || **Jung|fern|flug:** *erster Flug eines neuen Flugzeugs* || **jung|fern|haft** (abw.): *prüde, bieder, schrullig* || **Jung|fern|häut|chen** das, -s/-: → *Hymen* || **Jung|frau:** *Frau, die noch keinen Geschlechtsverkehr gehabt hat* | (kath.) die Heilige J. *(die Muttergottes)* | *ein Tierkreiszeichen* || **jung|fräu|lich:** *unberührt, nicht erschlossen;* eine jungfräuliche Landschaft || **Jung|fräu|lich|keit** die, - || **jung Ge|blie|be|ne**[1] = **Jung|ge|blie|be|ne**[1] der, -n/-n, ein jung Gebliebener (= Junggebliebener) || **jung Ge|blie|be|ne**[2] = **Jung|ge|blie|be|ne**[2] die, -n/-n || **Jung|ge|sel|le:** *nicht*

J

verheirateter Mann ‖ **Junggesellenbude:** *Junggesellenwohnung* ‖ **Junggesellenwirtschaft** die, - (meist scherzh.): *unordentlicher Haushalt* ‖ **Junggesellenzeit** ‖ **Junggesellin** ‖ **Jungherrenkomitee:** *Gruppe junger Tänzer, die einen Ball eröffnet* ‖ **Jungholz:** *Jungwald* ‖ **Jungdamenkomitee** → Jungherrenkomitee ‖ **Junglehrer** ‖ **Junglehrerin** ‖ **Jüngling** der, -s/-e (geh.) ‖ **Jünglingsalter** ‖ **Jungmaiß** (fachspr.): *Jungwald* ‖ **Jungmann** (Mil.): *allgemeine Bezeichnung für einen Soldaten ohne Dienstgrad* ‖ **Jungschar** die, -: *eine katholische Jugendorganisation* ‖ **Jungschweinebraten** (bes. nördl. D): *Jungschweinsbraten* ‖ **Jungschweinsbraten:** *eine Speise* ‖ **Jungsozialist** → Juso ‖ **Jungsozialistin** ‖ **jüngst** (geh.): *vor Kurzem* ‖ **jüngste** → jung ‖ **Jungsteinzeit:** *Neolithikum;* → Altsteinzeit ‖ **jüngstens** (geh.): *jüngst* ‖ **jüngstvergangen** (veraltet) ‖ **Jungtier** ‖ **Jungunternehmer** ‖ **Jungunternehmerin** ‖ **jung verheiratet** = **jungverheiratet** → jung ‖ **jung Verheiratete**[1] = **Jungverheiratete**[1] der, -n/-n, ein jung Verheirateter (= Jungverheirateter) ‖ **jung Verheiratete**[2] = **Jungverheiratete**[2] die, -n/-n ‖ **Jungvieh** ‖ **Jungvolk** (veraltet): *die jungen Leute* | (im Nationalsozialismus) *eine Zwangsorganisation für die 10- bis 14-jährigen Knaben* ‖ **Jungwähler:** *Person, die erstmals wahlberechtigt ist;* → Jungbürger ‖ **Jungwählerin** ‖ **Jungwein:** *Heurige* ‖ **Jungzwiebel**

Juni der, -[s]/-[s] ⟨lat.⟩: *der sechste Monat* ‖ **Junikäfer**

junior (jun., jr.) ⟨lat.⟩: Karl Müller junior *(Karl Müller der Jüngere, zB der Sohn);* → jünger; → G.: senior ‖ **Junior** der, -s/-en [-ˈoː-]: *Sohn des Firmenchefs* | (oft scherzh.) *Sohn* | *Sportler höchstens bis zum 23. Lebensjahr;* → G.: Senior ‖ **Juniorchef** [-ʃɛːf]; → G.: Seniorchef ‖ **Juniorchefin** ‖ **Juniorenmeisterschaft** ‖ **Juniorin** die, -/-innen ‖ **Juniorpartner** ‖ **Juniorpartnerin**

Junker der, -s/- (früher): *junger Adeliger* | *adeliger Grundbesitzer in Preußen* | (St) *junger Wein, Heuriger* ‖ **Junkertum** das, -s (früher)

Junkfood [ˈdʒʌŋkfuːd] das, -[s] ⟨engl.⟩: *minderwertiges Essen;* → Fastfood

Junkie [ˈdʒʌŋki] der, -s/-s ⟨engl.⟩ (sal.): *Drogenabhängiger*

Junktim das, -s/-s ⟨lat.⟩: *Verknüpfung von verschiedenen Gesetzen/Verträgen, die nur gemeinsam in Kraft treten dürfen* ‖ **junktimieren** ‖ **Junktimierung** die, -/-en

Juno: *höchste römische Göttin, Gattin des Jupiter* ‖ **junonisch:** eine junonische *(stattliche, gebieterische)* Frauengestalt

Junta [x-] die, -/Junten ⟨span.⟩: *eine Militärregierung*

Jupiter[1], -s, *auch:* Juppiter: *höchster römischer Gott* ‖ **Jupiter**[2] der, -s: *ein Planet*

Jura[1] der, -[s]: *Schweizer Kanton* | *Gebirgsketten in der Schweiz und in Süddeutschland* | (Geol.) *ein Abschnitt des Mesozoikums*

Jura[2] die (Pl.) ⟨lat.⟩ (D): *Jus*

Jürgen: *männl. Vorname (Georg)*

Juridicum [-k-] das, -s/Juridica: *Bezeichnung für juristische Einrichtungen, Stellen, Bibliotheken uÄ;* das J. *(die Rechtswissenschaftliche Fakultät)* der Universität Wien ‖ **juridisch** ⟨lat.⟩: *die Rechtswissenschaft betreffend;* juridische Fakultäten; → juristisch ‖ **Jurisdiktion** [-tsi̯-]: *Rechtsprechung* ‖ **Jurisprudenz** die, -: *Rechtswissenschaft* ‖ **Jurist** der, -en/-en: *jemand, der Jus studiert hat, zB Richter, Rechtsanwalt* ‖ **Juristendeutsch:** *[komplizierte] Rechtssprache* ‖ **Juristin** die, -/-innen ‖ **juristisch:** *rechtlich, die Rechtswissenschaft betreffend;* eine juristische *(rechtliche, gesetzliche)* Entscheidung; → juridisch; → rechtlich | (Jus) juristische Person *(Personen- oder Kapitalgesellschaft, Körperschaft);* → G.: natürliche Person ‖ **Juror** der, -s/-en [-ˈoː-]: *Preisrichter;* → Jury ‖ **Jurorenkomitee** [-teː] ‖ **Jurorin** die, -/-innen

Jurte die, -/-n ⟨türk.⟩: *Nomadenzelt [in Mittelasien]*

Jury [ʒyˈriː, V, D, CH auch: ˈʒyː-] die, -/-s ⟨lat.-fr.⟩: *Preisrichterkollegium [bei einem Wettbewerb];* → Juror

Jus das, -/Jura ⟨lat.⟩: *das Recht* | *Rechtswissenschaften;* Jus (D: Jura) studieren

Juso[1] der, -s/-s: *Kurzwort für Jungsozialist* ‖ **Juso**[2] die, -/-s

Jusstudent ⟨lat.⟩ ‖ **Jusstudentin** ‖ **Jusstudium** ‖ **just:** *soeben;* j. *(gerade)* zur rechten Zeit ‖ **justament:** *nun erst recht; ausgerechnet;* j. nicht! ‖ **Justamentstandpunkt:** *starres Beharren auf einem bestimmten Standpunkt* ‖ **justieren:** die Waage j. *(genau einstellen)* ‖ **Justierung** die, -/-en ‖ **Justifikation** [-tsi̯-] die, -/-en (veraltet): *Rechtfertigung* | *Hinrichtung* ‖ **justifizieren** (veraltet) ‖ **Justina** = **Justine:** *weibl. Vorname* ‖ **Justitia** [-tsi̯a] die, -: *Gerechtigkeit* | (ohne Art.) *Göttin der Gerechtigkeit in der römischen Antike* ‖ **justitiabel** [-tsi̯-] = → justiziabel ‖ **Justitiar** [-tsi̯-] = → Justiziar ‖ **Justitiarin** = → Justiziarin ‖ **Justiz** die, -: *Rechtspflege, Rechtswesen* ‖ **Justizanstalt:** *Justizvollzugsanstalt, Gefängnis* ‖ **Justizausschuss** (Pol.) ‖ **Justizbeamte** ‖ **Justizbeamtin** ‖ **Justizbehörde** ‖ **justiziabel** = justitiabel [-tsi̯-] (Jus): *den Gerichten zur Entscheidung zugewiesen* ‖ **Justiziar** = Justitiar der, -s/-e (früher): *bei Behörde oder Privatunternehmen angestellter Rechtsberater, Konsulent, Syndikus* ‖ **Justiziarin** = Justitiarin die, -/-innen (früher) ‖ **Justizirrtum** ‖ **Justizminister** ‖ **Justizministerin** ‖ **Justizministerium:** *Bundesministerium für Justiz* ‖ **Justizmord:** *Hinrichtung nach einem Justizirrtum* ‖ **Justizreform** ‖ **Justizskandal:** *Urteil, das Aufsehen erregt; Fehlurteil* ‖ **Justizsprecher** (Pol.): *ein* → *Bereichssprecher* ‖ **Justizsprecherin** (Pol.) ‖ **Justizverwaltung** (Admin.): *Personal- und Sachverwaltung der Gerichtsbarkeit* ‖ **Justizvollzugsanstalt:** *Gefängnis* ‖ **Justizwache** die, - (Kfz: JW): *bewaffnete Einheit [für Gefängnisbewachung]* ‖ **Justizwachebeamte:** *Beamter bei Gericht/in einem Gefängnis* ‖ **Justizwachebeamtin**

Justus: *männl. Vorname*

Jute die, - ⟨Bengali-engl.⟩: *eine tropische Gespinstpflanze; ein Gewebe* ‖ **Jutefaser** ‖ **Jutesack**

Jutta: *weibl. Vorname*

Juvavum [-ˈvaːv-] = Iuvavum [ju-]: *römische Vorgängerstadt von Salzburg*

juvenalisch [-v-]: *spöttisch, ironisch (nach dem römischen Satiriker Juvenal)*

J

ju|ve|nil [-v-] ⟨lat.⟩ (geh.): *jugendlich*
Ju|wel[1] das (*auch:* der), -s/-en ⟨lat.-fr.-niederl.⟩: *Edelstein; Schmuckstück* ‖ **Ju|wel**[2] das, -s/-e: *herausragendes Stück, Kostbarkeit;* ein J. der gotischen Baukunst ‖ **ju|we|len|ge|schmückt:** ein juwelengeschmücktes Kleid ‖ **Ju|we|lier** der, -s/-e ‖ **Ju|we|lier|ge|schäft** ‖ **Ju|we|lie|rin** die, -/-innen
Jux der, -es/-e ⟨lat.⟩: *Scherz, Spaß;* aus Jux und Tollerei *(mutwillig, willkürlich);* → verjuxen
Jux|te die, -/-n ⟨lat.⟩: *Abschnitt eines Wertpapiers*
JW (Kfz): **J**ustiz**w**ache (auf Kraftfahrzeugkennzeichen)

J

k K

k [kaː] das, -/- (Kleinbuchstabe): das k im Wort *kalt* | (Laut) der k-Laut
K [kaː] das -/- (Großbuchstabe): das K im Wort *Kasten* | **Krone** *(eine Geldeinheit, zB in Österreich 1892–1924)* | (auslaufend auch Kfz) **Kärnten** | (Mus.) **Köchel-Verzeichnis** | **Konsularkorps** (auf Kraftfahrzeugkennzeichen, zB SK)
k.: **k**aiserlich bzw. **k**öniglich (in Österreich-Ungarn); → k. k.; → k. u.; → k. u. k.
Ka|ba|le die, -/-n (meist Pl.) ⟨hebr.-fr.⟩ (veraltet): *Intrige*
Ka|ba|no|si die, -/- ⟨pol.-ukrain.⟩: *eine Wurstsorte*
Ka|ba|rett [-ˈreː, auch: ˈka-, bes. D auch: -ˈrɛt] ⟨fr.⟩ = → Cabaret || **Ka|ba|ret|tist** der, -en/-en: *ein Unterhaltungskünstler* || **Ka|ba|ret|tis|tin** die, -/-**innen**
Ka|bäus|chen [-sç-] das, -s/- (reg., bes. D): *kleiner Raum, kleines Häuschen*
Kab|ba|la die, - ⟨hebr.⟩: *eine mittelalterliche jüdische Geheimlehre* || **kab|ba|lis|tisch:** *kompliziert-geheimnisvoll*
Ka|bel das, -s/-: *gebündelte, isolierte Leitungsdrähte* || **Ka|bel|an|schluss:** *Anschluss an das Kabelfernsehen* || **Ka|bel|brand** || **Ka|bel|fern|se|hen:** *Fernsehen, das über Kabel empfangen wird*
Ka|bel|jau der, -s/-s [-e] ⟨niederl.⟩: *ein Seefisch;* → Dorsch
ka|beln, ich kable (veraltet): *nach Übersee telegrafieren* || **ka|bel|los** || **Ka|bel|netz** || **Ka|bel|rol|le** || **Ka|bel|trom|mel:** *Vorrichtung zum Aufspulen eines Kabels* || **Ka|bel-TV** [-te fau]: *Kabelfernsehen*
Ka|bi|ne die, -/-n ⟨rom.-engl.⟩: *kleiner Raum [zum Umkleiden]* | *Wohn- und Schlafraum auf Schiffen*
Ka|bi|nett das, -[e]s/-e ⟨fr.⟩: *kleines, meist schmales, einfenstriges Zimmer* | (mit Art. der) *ein Kabinettwein* | (Pol.) *die Gesamtheit der Regierungsmitglieder* || **Ka|bi|netts|be|schluss** (Pol.) || **Ka|bi|netts|bil|dung** (Pol.) || **Ka|bi|netts|kri|se** (Pol.): *Regierungskrise* || **Ka|bi|nett|stück:** *ein Meisterstück; bes. kluges taktisches Vorgehen* || **Ka|bi|netts|um|bil|dung** (Pol.) || **Ka|bi|nett|wein:** *ein Prädikatswein*
Ka|b|rio = → Cabrio || **Ka|b|ri|o|lett** = → Cabriolet
Ka|buff das, -s/-s (bes. nördl. D): *kleiner Raum*
Ka|bul [auch: -ˈu-]: *Hauptstadt Afghanistans*
Ka|chel die, -/-n: *[glasierte] Tonplatte, Fliese* || **ka|cheln:** ich kachle das Badezimmer || **Ka|chel|ofen**
Ka|cherl|auf|sprung (Sport): *eine Aufsprungtechnik im Skispringen*
ka|cken, *auch:* gacken (ugs.): *Kot ausscheiden;* → Gacki || **Ka|cker** der, -s/-, *auch:* Gacker (ugs., sal.): *ein Schimpfwort* || **Ka|cke|rin** die, -/-**innen**, *auch:* Gackerin (ugs., sal.)
Ka|da|ver [-v-] der, -s/- ⟨lat.⟩: *Tierleiche; Aas* || **Ka|da|ver|ge|hor|sam** (abw.): *blinder Gehorsam* || **Ka|da|ver|ver|wer|tung:** *Tierkörperverwertung*
Ka|denz die, -/-en ⟨lat.-it.⟩ (Mus.): *abschließende Tonfolge, Akkordfolge; (virtuos) abschließendes Solo eines Musikstücks* || **ka|den|zie|ren** (Mus.)
Ka|der der, -s/- ⟨lat.-it.-fr.⟩ (bes. Sport, Pol., Mil.): *Stammtruppe* || **Ka|der|schmie|de:** *Ausbildungsstelle für [Partei]kader*
Ka|dett der, -en/-en ⟨lat.-fr.⟩: *Polizeischüler* | (früher) *ein Offiziersanwärter* || **Ka|det|ten|schu|le** (früher)
Ka|di der, -[s]/-s ⟨arab.⟩: *islamischer Richter* | (ugs., scherzh.) gleich zum K. laufen *(beim geringsten Anlass das Gericht in Anspruch nehmen)*
Kad|mi|um = Cadmium [k-] das, -s ⟨gr.⟩ (Zeichen: Cd): *ein chemisches Element*
ka|du|zie|ren ⟨lat.⟩ (Jus): *jemanden aus einer Handelsgesellschaft ausschließen* || **Ka|du|zie|rung** die, -/-en (Jus)
Kä|fer der, -s/- || **Kä|fer|boh|ne** (reg., bes. St): *eine große Bohne* || **Kä|fer|boh|nen|sa|lat:** *eine steirische Spezialität*
Kaff das, -s/-s (ugs., abw.): *armselige, öde Ortschaft*
Kaf|fee der, -s/-s [-sorten] ⟨arab.-fr.⟩: K. mit Milch und Zucker; *aber:* → Café || **Kaf|fee|boh|ne** || **kaf|fee|braun** || **Kaf|fee|ern|te** || **Kaf|fee|er|satz:** *Ersatzkaffee [aus Gerste, Zichorie, Malz]* || **Kaf|fee|fil|ter** || **Kaf|fee|ge|schirr** || **Kaf|fee|häferl,** *auch:* Kaffeeheferl || **Kaf|fee|haus:** *Café* || **Kaf|fee|haus|li|te|rat** (bes. früher, auch abw.): *im Café arbeitender Autor* || **Kaf|fee|haus|li|te|ra|tin** (bes. früher, auch abw.) || **Kaf|fee|haus|mu|sik:** *gepflegte Unterhaltungsmusik* || **Kaf|fee|kan|ne** || **Kaf|fee|kränz|chen** || **Kaf|fee|löf|fel** || **Kaf|fee|ma|schi|ne** || **Kaf|fee|müh|le** || **Kaf|fee|obers** || **Kaf|fee|pau|se** || **Kaf|fee|plan|ta|ge** [-ˈaːʃ, -ʒɛ] || **Kaf|fee|satz:** *Bodensatz von Kaffee* || **Kaf|fee|scha|le** || **Kaf|fee|schwes|ter** (scherzh.): *leidenschaftliche Kaffeetrinkerin* || **Kaf|fee|ser|vice** [-viːs] || **Kaf|fee|sieb** || **Kaf|fee|sie|der** der, -s/- (veraltend): *Kaffeehausbesitzer, Cafetier* || **Kaf|fee|sie|de|rin** die, -/-**innen** (veraltend) || **Kaf|fee|sor|te** || **Kaf|fee|sud:** *Kaffeesatz* || **Kaf|fee|tas|se** || **Kaf|fee|t|scherl** das, -s/-[n] (bes. W, ugs., sal.): *Kaffee* || **Kaf|fee|was|ser**
Kä|fig der, -s/-e: den Vogel in den K. sperren || **Kä|fig|hal|tung:** die K. von Hühnern verbieten
kaf|ka|esk: *in der Art des Schriftstellers Franz Kafka, angsttraumhaft, skurril, undurchschaubar*
Kaf|tan der, -s/-e [-s] ⟨pers.-türk.⟩: *ein orientalisches Kleidungsstück*

kahl
ein kahler (haarloser) Schädel

Getrennt- und Zusammenschreibung:
Mit Verben, die ein Resultat herbeiführen:
- einen Baum kahl fressen (= kahlfressen)
- kahl scheren = kahlscheren
- den Hang kahl schlagen (= kahlschlagen)

Mit adjektivisch gebrauchten Partizipien:
- ein kahl geschorenes (= kahlgeschorenes) Schaf

Kah|len|berg: *ein Hausberg von Wien*
Kahl|fraß der, -[e]s: *völliger Verzehr* || **kahl fres|sen** = **kahl|fres|sen** || **kahl ge|scho|ren** = **kahl|ge|scho|ren** || **Kahl|kopf** || **kahl|köp|fig** || **kahl sche|ren** = **kahl|sche|ren** || **Kahl|schlag:** *völlig abgeholztes Waldstück* || **kahl schla|gen** = **kahl|schla|gen**
Kahn der, -[e]s/Kähne: *kleines Boot* | *Schleppkahn* || **Kahn|fahrt**

K

Kai [keː] der, -[s]/-s ⟨fr.-niederl.⟩: *gemauertes Ufer; Uferstraße*

Kai|man der, -s/-e ⟨Indianerspr.-span.⟩: *ein Krokodil*

Kains|zei|chen: *Symbol der Schuld eines Mörders (nach einer biblischen Gestalt)*

Kai|ro: *Hauptstadt von Ägypten*

Kai|ser der, -s/-: K. Franz Joseph; der K. von China; sich um des Kaisers Bart *(um Nichtigkeiten)* streiten ‖ **Kai|ser|fleisch:** *geselchtes Bauchfleisch* ‖ **Kai|ser|ge|bir|ge** (T) ‖ **Kai|ser|haus:** *Herrscherfamilie* ‖ **Kai|ser|hof:** der Wiener K. ‖ **Kai|se|rin** die, -/-innen ‖ **Kai|se|rin|mut|ter:** *Mutter eines Kaisers/einer Kaiserin* ‖ **Kai|se|rin|wit|we** ‖ **Kai|ser|jä|ger** die (Pl.) (früher): *eine österreichische Gebirgstruppe* ‖ **Kai|ser|kro|ne** ‖ **kai|ser|lich;** → k.; → k. k.; → k. u. k. ‖ **Kai|ser|reich** ‖ **Kai|ser|schmar|ren:** *eine Mehlspeise* ‖ **Kai|ser|schnitt** (Med.): *eine geburtshilfliche Operation* ‖ **Kai|ser|sem|mel:** *eine runde Semmel* ‖ **Kai|ser|stadt** (früher): *Wien* ‖ **kai|ser|treu** ‖ **Kai|ser|tum** das, -s/-tümer: das K. Österreich (1804–1867) ‖ **Kai|ser|wet|ter:** *prachtvolles Sommerwetter*

Ka|jak der = das, -s/-s ⟨Eskimospr.⟩: *ein Paddelboot* ‖ **Ka|jak|ei|ner** (Sport)

Ka|jal das, -s/-s ⟨Sanskrit⟩: *kosmetische Farbe zum Betonen der Augen* | (mit Art. der) *Kurzwort für Kajalstift* ‖ **Ka|jal|stift**

Ka|jü|te die, -/-n ⟨niederl.⟩: *Wohn- und Schlafraum auf Schiffen*

Ka|ka|du [bes. D auch: 'ka-] der, -[s]/-s ⟨mal.-niederl.⟩: *ein Papagei*

Ka|ka|ni|en (scherzh. aus → k. [u.] k.): *die österreichisch-ungarische Monarchie* ‖ **ka|ka|nisch** (scherzh.)

Ka|kao [ka'kaʊ, ugs.: kaʊ-] der, -s/-s [-sorten] ⟨Indianerspr.-span.⟩ ‖ **Ka|kao|boh|ne** ‖ **Ka|kao|but|ter:** *Fett aus Kakaobohnen* ‖ **Ka|kao|plan|ta|ge** [-'aːʃ, -ʒɛ] ‖ **Ka|kao|pul|ver** [-f-]

Ka|ker|lak der, -en [-s]/-en ⟨span.-niederl.⟩ (D): *Kakerlake* ‖ **Ka|ker|la|ke** die, -/-n: *Küchenschabe*

ka|ki = khaki ⟨pers.-Hindi-engl.⟩: *gelbbraun*

Ka|ki[1] die, -/-s ⟨jap.⟩: *eine ostasiatische Frucht*

Ka|ki[2] = Khaki das, -[s] ⟨pers.-Hindi-engl.⟩: *eine Farbe* ‖ **Ka|ki**[3] = Khaki der, -[s]: *ein gelbbrauner Stoff [für Uniformen]* ‖ **ka|ki|fär|big,** *auch:* khakifärbig, kakifarbig, khakifarbig

Ka|ko|fo|nie = Kakophonie [-f-] die, -/-n ⟨gr.⟩: *Missklang* ‖ **ka|ko|fo|nisch** = **ka|ko|pho|nisch**

Kak|tee die, -/-n = **Kak|tus** der, -[-tusses]/Kakteen [-'eː(ɛ)n] [-tusse] ⟨gr.-lat.⟩: *eine stachelige (dornige) Pflanze* ‖ **Kak|tus|fei|ge:** *Frucht des Feigenkaktus*

Ka|la|b|re|ser der, -s/-: *ein Hut mit breiter Krempe* ‖ **Ka|la|b|ri|en:** *eine Landschaft in Süditalien*

Ka|la|mi|tät die, -/-en ⟨lat.⟩: *Schwierigkeit; unangenehme Lage* | (fachspr.) *schwerer Hagel-, Sturm-, Insektenschaden*

Ka|lan|der der, -s/- (fachspr.): *Maschine aus rotierenden Walzen zum Glätten oder Prägen [von Leder, Papier]*

Ka|lasch|ni|kow [-f] die, -/-s: *eine Maschinenpistole (nach dem russischen Erfinder)*

Ka|lau|er der, -s/- ⟨fr.⟩: *geistloses Wortspiel, [längst bekannter] Witz* ‖ **ka|lau|ern**

Kalb das, -[e]s/Kälber ‖ **kal|ben:** die Kuh kalbt *(gebärt)* | der Gletscher kalbt *(Eismassen stürzen ins Meer)* ‖ **käl|bern**[1] (Verb): die Kuh kälbert *(kalbt)* ‖ **käl|bern**[2] (Adj.): *vom Kalb* ‖ **Käl|ber|ne** das, -n, ein Kälbernes: *Kalbfleisch* ‖ **Kalb|fleisch** ‖ **Kal|bin** die, -/-innen: *weibliches Jungrind, das noch nicht gekalbt hat* ‖ **Kalbs|beu|schel** ‖ **Kalbs|bra|ten** ‖ **Kalbs|bries:** *eine Speise* ‖ **Kalbs|brust** die, -: gefüllte K. *(eine Speise)* ‖ **Kalbs|gu|lasch** ‖ **Kalbs|ha|xe** (süddt.): *Kalbshaxen* ‖ **Kalbs|ha|xen:** *Kalbsstelze (als Speise)* ‖ **Kalbs|kar|ree** [-eː] ‖ **Kalbs|kopf:** *eine Speise* ‖ **Kalbs|le|ber** ‖ **Kalbs|le|der** ‖ **Kalbs|me|dail|lon** [-da(l)'joːn, auch: -'jõː] ‖ **Kalbs|nie|ren|bra|ten** ‖ **Kalbs|schle|gel,** *auch:* Kalbsschlögel ‖ **Kalbs|schnit|zel** ‖ **Kalbs|steak** [-steːk] ‖ **Kalbs|stel|ze:** *eine Speise* ‖ **Kalbs|vö|gerl:** *ein Fleischteil des Kalbes (als Speise)*

Ka|le|bas|se die, -/-n ⟨arab.-span.-fr.⟩: *Gefäß aus einem Flaschenkürbis*

Ka|lei|do|s|kop das, -s/-e ⟨gr.-lat.⟩: *ein optisches Spielzeug* ‖ **ka|lei|do|s|ko|pisch:** k. *(in bunter Folge)* wechselnde Bilder

ka|len|da|risch ⟨lat.⟩: *nach dem Kalender* ‖ **Ka|len|da|ri|um** das, -s/Kalendarien [-i̯ɛn]: *kalenderartiges Verzeichnis* ‖ **Ka|len|der** der, -s/-: julianischer, gregorianischer, hundertjähriger K. ‖ **Ka|len|der|blatt** ‖ **Ka|len|der|jahr**

Ka|le|sche die, -/-n ⟨pol.⟩ (veraltet): *eine leichte Kutsche*

Kal|fak|ter der, -s/- ⟨lat.⟩ (ugs., abw., veraltend): *Nichtstuer; liederlicher Mensch; charakterloser Mensch* | *Häftling, der Aushilfsarbeiten verrichtet* ‖ **Kal|fak|te|rin** die, -/-innen (ugs., abw., veraltend)

kal|fa|tern ⟨arab.-rom.-niederl.⟩ (Seemannsspr.): *Schiffsfugen abdichten*

Ka|li das, -[s] ⟨arab.⟩: *Kurzwort für Kalidünger*

Ka|li|ber das, -s/- ⟨gr.-fr.⟩: *innerer Durchmesser von Rohren [bei Feuerwaffen]; Durchmesser von Geschoßen* | *Größenordnung, Format; Redner seines Kalibers sind nicht leicht zu finden* | (ugs.) *große, kräftige Person* ‖ **ka|li|b|rie|ren:** *das Kaliber messen* | *eichen, den festgesetzten Sollwerten anpassen* ‖ **Ka|li|b|rie|rung** die, -/-en ‖ **-ka|li|b|rig** (nur in Zusammensetzungen wie großkalibrig)

Ka|li|dün|ger ⟨arab.⟩: *ein Kunstdünger;* → Kali

Ka|lif der, -en/-en ⟨arab.⟩: *Titel der Nachfolger Mohammeds* ‖ **Ka|li|fat** das, -[e]s/-e (früher): *Amt und Reich der Kalifen*

Ka|li|for|ni|en: *Bundesstaat der USA*

Ka|li|lau|ge ⟨arab.⟩ (Chem.) ‖ **Ka|li|um** das, -s (Zeichen: K): *ein chemisches Element;* → Kali ‖ **Ka|li|um|kar|bo|nat** = Kaliumcarbonat [-k-] (Chem.): *Pottasche* ‖ **Ka|li|um|ver|bin|dung** (Chem.) ‖ **Ka|li|um|zy|a|nid** [-tsy-] (Chem.)

Kalk der, -[e]s/-e: *Kalziumkarbonat;* → Kalzium ‖ **Kalk|ab|la|ge|rung** ‖ **Kalk|al|pen** die (Pl.): die Nördlichen, die Südlichen K. ‖ **kalk|arm** ‖ **Kalk|dün|ger** ‖ **kal|ken:** eine Wand k. *(weißen)* ‖ **Kalk|ge|halt** der, -[e]s/-e: der K. des Trinkwassers ‖ **kalk|häl|tig,** *auch:* kalkhaltig ‖ **kal|kig** ‖ **Kalk|ofen:** *Anlage zum Kalkbrennen* ‖ **Kalk|stein**

Kal|kül[1] das (*auch:* der), -s/-e ⟨fr.⟩: *Erwägung, Berechnung;* etwas ins K. ziehen ‖ **Kal|kül**[2] der, -s/-e: *eine mathematische Lösungsmethode* ‖ **Kal|ku|la|ti|on** [-tsi̯-] die, -/-en ‖ **Kal|ku|la|tor** der, -s/-en

K

[-'oː-] || **Kal|ku|la|to|rin** die, -/-**in**nen || **kal|ku|lier|bar** || **kal|ku|lie|ren:** *überlegen; einen Preis errechnen*

Kal|kut|ta: *früherer Name von* → *Kolkata*

kalk|weiß

Kal|li|graf = Kalligraph [-f-] der, -en/-en ⟨gr.⟩ || **Kal|li|gra|fie** = Kalligraphie die, -: *Schönschreibkunst* || **Kal|li|gra|fin** = Kalligraphin die, -/-**in**nen || **kal|li|gra|fie|ren** = kalligraphieren || **kal|li|gra|fisch** = **kal|li|gra|phisch:** *in Schönschrift*

Kal|lus der, -/-lusse ⟨lat.⟩ (Med.): *neu gebildetes Gewebe nach Knochenbrüchen; Schwiele*

Kal|me die, -/-n ⟨gr.-rom.⟩ (Met.): *Windstille* || **Kal|men|zo|ne** (Met.) || **kal|mie|ren** (veraltet): *beruhigen*

Kal|mus der, -/-musse ⟨gr.-lat.⟩: *eine Heil- und Gewürzpflanze*

Ka|lo|rie die, -/-n (cal) ⟨lat.⟩ (in Österreich keine gesetzliche Maßeinheit mehr): *Wärmeeinheit* | *Maß für den Energiewert von Lebensmitteln (4,2 J)* || **ka|lo|ri|en|arm** || **ka|lo|ri|en|be|wusst** || **Ka|lo|ri|en|bom|be:** *bes. kalorienreiche Speise* || **Ka|lo|ri|en|ge|halt** der, -[e]s/-e || **ka|lo|ri|en|reich** || **ka|lo|risch:** kalorisches Kraftwerk *(Wärmekraftwerk)*

kalt, kälter/am kältesten

Kleinschreibung:
- der Sensor reagiert auf warm und kalt
- ein kalter Krieg *(nicht mit Waffen, sondern mit politischen, wirtschaftlichen oder psychologischen Mitteln geführter Krieg)*

Großschreibung in Eigennamen und bei Nominalisierung:
- der **K**alte Krieg *(1945 bis 1990 die politischen Spannungen zwischen der UdSSR und den USA samt ihren Verbündeten)*
- etwas **K**altes trinken

Getrenntschreibung:
- es wird kalt bleiben
- kalt lächeln

Getrennt- und Zusammenschreibung mit Verben, die ein Resultat herbeiführen, und mit adjektivisch gebrauchten Partizipien:
- die Getränke kalt stellen (= kaltstellen)
- kalt gepresstes (= kaltgepresstes) Öl

Zusammenschreibung bei übertragener Bedeutung:
- kaltbleiben; bleib kalt! *(reg dich nicht auf!)*
- das hat mich kaltgelassen *(mich überhaupt nicht beeindruckt)*
- jemanden kaltmachen (abw.: *umbringen*)
- jemanden kaltstellen *(um seinen Einfluss bringen, [politisch] ausschalten)*

kalt|blei|ben: *nicht aufregen; aber:* es wird kalt bleiben || **Kalt|blut:** *eine Pferderasse* || **Kalt|blü|ter** der, -s/- (Zool.): *Tier, dessen Körperwärme von der Temperatur der Umgebung abhängt* || **kalt|blü|tig:** k. *(unerschrocken, ohne Nervosität)* reagieren | k. *(rücksichtslos)* morden | (Zool.) → Kaltblüter || **Kalt|blü|tig|keit** die, - || **Käl|te** die, -: eisige K. | soziale K. *(Gefühllosigkeit, Härte)* || **Käl|te|be|hand|lung** (Med.) || **käl|te|be|stän|dig** || **Käl|te|ein|bruch** || **Käl|te|grad** || **käl|ten:** *kühlen;* die Salbe kältet die Haut; → G.: hitzen || **Käl|te|pe|ri|o|de** || **Käl|te|pol:** *der [jeweils] kälteste Ort*

Kal|ter der, -s/-: *[Fisch]behälter*

Käl|te|schock || **Käl|te|schutz** || **Käl|te|star|re** (Zool.): *Temperaturabsenkung bei Kaltblütern* || **Käl|te|sturz** || **Käl|te|tech|nik** || **Käl|te|wel|le** (Met.) || **Kalt|front** (Met.): *vordere Grenze heranströmender Kaltluft* || **kalt ge|presst** = **kalt|ge|presst** → kalt || **kalt|her|zig:** *gefühllos* || **kalt|las|sen:** *nicht beeindrucken;* → kalt || **Kalt|luft** die, - (Met.) || **Kalt|luft|ein|bruch** (Met.) || **Kalt|luft|see** (Met.): *[in einem Tal] angesammelte Kaltluft* || **kalt|ma|chen** (abw.): *umbringen* || **Kalt|scha|le:** *kalte Obstsuppe* || **kalt|schnäu|zig:** *schroff, ungerührt* || **Kalt|start** (Kfz): *Start bei kaltem Motor* | (EDV) *Inbetriebnahme des Computers mittels Einschaltknopfes;* → Warmstart || **kalt|stel|len:** *jemanden um seinen Einfluss bringen; aber: den Wein kalt stellen (= kaltstellen)*

Ka|lup|pe die, -/-n ⟨tschech.⟩ (veraltet): *verwahrloste, baufällige Hütte*

Kal|va|ri|en|berg [-v-]: *Hügel mit Kreuzwegstationen*

kal|vi|nisch [-v-] = calvinisch [k-]: die kalvinische Glaubenslehre; eine kalvinische Schrift *(eine Schrift des Reformators Johannes Calvin)* || **Kal|vi|nist** = Calvinist der, -en/-en: *Anhänger der Lehre Calvins* || **Kal|vi|nis|tin** = Calvinistin die, -/-**in**nen

Kal|zi|um = Calcium ['kaltsi̯-] das, -s ⟨lat.⟩ (Zeichen: Ca): *ein chemisches Element;* → Kalk

kam → kommen

Ka|mal|du|len|ser der, -s/-: *Angehöriger eines katholischen Ordens (nach einem italienischen Kloster)*

Ka|ma|ril|la [-'il(j)a] die, -/Kamarillen ⟨span.⟩: *durch ihre Intrigen einflussreiche Gruppe*

Ka|mel das, -[e]s/-e ⟨sem.-gr.-lat.⟩ || **Ka|mel|haar:** *Gewebe aus den Haaren von Kamelen* || **ka|mel|haar|far|ben** || **Ka|mel|haar|man|tel**

Ka|me|lie [-i̯ɛ] die, -/-n: *ein Blütenstrauch (nach einem Jesuitenpater)*

Ka|mel|trei|ber der, -s/- ⟨sem.-gr.-lat.⟩: *jemand, der Kamele hält* | (abw.) *Araber* || **Ka|mel|trei|be|rin** die, -/-**in**nen (abw.)

K

Ka|me|ra die, -/-s ⟨lat.⟩: *Fotoapparat; Gerät zum Filmen*

Ka|me|rad der, -en/-en ⟨it.-fr.⟩: *jemand, mit dem man durch gemeinsam Durchlebtes verbunden ist; Gefährte* || **Ka|me|ra|de|rie** die, - (oft abw.) *Kameradschaft, die auch unlauteren Zwecken dient* || **Ka|me|ra|din** die, -/-**in**nen || **Ka|me|rad|schaft** die, -/-en || **ka|me|rad|schaft|lich:** k. miteinander umgehen || **Ka|me|rad|schafts|bund** der -[e]s: *Vereinigung ehemaliger Soldaten* || **Ka|me|rad|schafts|dieb|stahl:** *Diebstahl unter Kameraden* || **Ka|me|rad|schafts|geist**

Ka|me|ra|ein|stel|lung ⟨lat.⟩ || **Ka|me|ra|frau** || **Ka|me|ra|füh|rung**

Ka|me|ra|lis|tik die, - ⟨lat.⟩ (veraltet): *Finanzwissenschaft*

Ka|me|ra|mann ⟨lat.⟩ || **ka|me|ra|scheu** || **Ka|me|ra|team** [-tiːm]

Ka|mi|ka|ze [-zɛ, auch: -tsɛ] der, -[s]/- ⟨jap.⟩: *japanischer Flugzeugpilot, der sich im Zweiten Weltkrieg beim Angriff bewusst opferte* | *Selbstmordkommando*

Ka|mil|le die, -/-n ⟨gr.-lat.⟩: *eine Heilpflanze* || **Ka|mil|len|tee**

Ka|min der, -s/-e ⟨gr.-lat.⟩: *Rauchfang, Schornstein* | *eine offene Feuerstelle; ein Ofenverbau* | *enge, steile Felsspalte* || **Ka|min|fe|ger** der, -s/- (CH): *Rauchfangkehrer* || **Ka|min|fe|ge|rin** die, -/-**in**nen (CH) || **Ka|min|feu|er** ||

Ka|min|keh|rer der, -s/- (westöst.): *Rauchfangkehrer* ‖ **Ka|min|keh|re|rin** die, -/-innen (westöst.)
Kam|kor|der = → Camcorder
Kamm der, -[e]s/Kämme: *ein Werkzeug [zum Frisieren];* Haarkamm | *eine Gebirgsform* | (Zool.) *Hautlappen [auf dem Kopf von Hühnervögeln]* | *Stängel der Weintraube* ‖ **käm|men**
Kam|mer die, -/-n: in einer dunklen K. hausen | (Admin.) *eine gesetzliche Interessenvertretung;* Ärztekammer ‖ **Kam|mer|chor** [-k-]: *ein kleiner gemischter Chor* ‖ **Kam|mer|die|ner** (früher): *ein herrschaftlicher Bediensteter;* → Kammerjungfer ‖ **Käm|me|rer** der, -s/- (früher): *Kammerherr* | (ugs.) *Kammerfunktionär* ‖ **Kam|mer|frau** (früher): *eine herrschaftliche Bedienstete* ‖ **Kam|mer|herr** (früher): *Träger eines Hofamtes, Kämmerer* ‖ **Kam|mer|jä|ger:** *Ungeziefervertilger* ‖ **Kam|mer|jä|ge|rin** ‖ **Kam|mer|jung|fer** (früher): *Kammermädchen* ‖ **Käm|merl** das, -s/-[n]: *[kleine] Kammer* ‖ **Kam|mer|mäd|chen** (früher): *eine unverheiratete herrschaftliche Bedienstete;* → Kammerdiener ‖ **Kam|mer|mu|sik:** *E-Musik für wenige Instrumente, zB Streichtrio* ‖ **Kam|mer|or|ches|ter** [meist: -k-] ‖ **Kam|mer|rat:** *gewählter Vertreter einer Kammer* ‖ **Kam|mer|rä|tin** ‖ **Kam|mer|sän|ger:** *ein auszeichnender Berufstitel* ‖ **Kam|mer|sän|ge|rin** ‖ **Kam|mer|schau|spie|ler:** *ein auszeichnender Berufstitel* ‖ **Kam|mer|schau|spie|le|rin** ‖ **Kam|mer|see:** → *Attersee* ‖ **Kam|mer|ton** der, -[e]s (Phys., Mus.): *ein bestimmter Ton zum Stimmen von Musikinstrumenten* ‖ **Kam|mer|um|la|ge** (Wirt.): *eine Abgabe* ‖ **Kam|mer|zo|fe** (früher): *eine herrschaftliche Bedienstete*
Kamm|garn das, -[e]s = **Kamm|garn|stoff:** *glatter, fester Wollstoff* ‖ **Kamm|ma|cher:** *eine Berufsbezeichnung* ‖ **Kamm|ma|che|rin**
Ka|mor|ra = → Camorra
Kamp der, -s: *ein Nebenfluss der Donau in Niederösterreich*
Kam|pa|g|ne [-'anjɛ, fr.: kɑ̃'panʲ] = Campagne [k-] die, -/-n ⟨fr.⟩: *größere Unternehmung für einen bestimmten Zweck;* eine K. gegen Gewalt in der Familie | (Archäologie) *Grabungsabschnitt* | (Landw.) *Hochsaison der Zuckerrübenernte und -verarbeitung*
Kam|pa|ni|le = → Campanile
Käm|pe der, -n/-n (geh., veraltet): *erfahrener Kämpfer, Krieger*
Kam|pel der, -s/- (mda.): *Kamm* | ein lustiger K. *(Bursch);* → gekampelt
Kampf der, -[e]s/Kämpfe: jemandem den K. ansagen | (Sport) *Wettkampf* ‖ **Kampf|ab|stim|mung:** *Abstimmung nach heftigem Meinungsstreit* ‖ **Kampf|an|sa|ge** ‖ **Kampf|an|zug** (Mil.): *Gefechtsuniform in Tarnfarben* ‖ **kampf|be|reit** ‖ **Kampf|be|reit|schaft** ‖ **kampf|be|tont** ‖ **Kampf|ein|satz** (Mil.) ‖ **kämp|fen:** um Anerkennung k.; mit dem Tod k. *(ringen);* mit sich k. *(von sich eine Entscheidung erzwingen)*
Kamp|fer der, -s: *ein stark riechendes Mittel*
Kämp|fer[1] der, -s/- (Arch.): *von einem Kapitäl aufsteigender tragender Teil*
Kämp|fer[2] der, -s/-: ein tapferer K. ‖ **Kämp|fe|rin** die, -/-innen ‖ **kämp|fe|risch** ‖ **Kämp|fer|na|tur** ‖ **kampf|er|probt** ‖ **Kamp|fes|lärm** → Kampflärm ‖ **Kamp|fes|lust** → Kampflust ‖ **kamp|fes|lus|tig** → kampflustig ‖ **Kampf|flie|ger** (Mil.): *Jagdflugzeug[pilot]* ‖ **Kampf|flug|zeug** (Mil.) ‖ **Kampf|ge|biet** (Mil.) ‖ **Kampf|ge|fähr|te** ‖ **Kampf|ge|fähr|tin** ‖ **Kampf|geist** ‖ **Kampf|ge|tüm|mel** ‖ **Kampf|hahn** → Hahnenkampf ‖ **Kampf|hand|lung** (meist Pl.) (Mil.): *Kampf* ‖ **Kampf|hub|schrau|ber** (Mil.) ‖ **Kampf|hund** (meist abw.): *Hund einer bestimmten Rasse, die als bes. gefährlich gilt* ‖ **Kampf|kraft** ‖ **Kampf|lärm,** *auch:* Kampfeslärm ‖ **kampf|los** ‖ **Kampf|lust,** *auch:* Kampfeslust ‖ **kampf|lus|tig,** *auch:* kampfeslustig ‖ **Kampf|maß|nah|me** ‖ **Kampf|pau|se** ‖ **Kampf|platz** ‖ **Kampf|rich|ter** (Sport) ‖ **Kampf|rich|te|rin** (Sport) ‖ **Kampf|sport:** *Boxen, Judo ua.* ‖ **Kampf|stoff** (Mil.): *ein giftiges [chemisches] Mittel* ‖ **Kampf|trup|pe** (Mil.) ‖ **kampf|un|fä|hig** ‖ **Kampf|ver|band** (Mil.)
kam|pie|ren = campieren [k-] ⟨lat.⟩: *im Freien lagern, zelten;* → Camping
Ka|na|da: *ein Staat* ‖ **Ka|na|di|er** der, -s/-: *Bewohner Kanadas* | = Canadier [k-] (Sport) *eine Bootdisziplin* ‖ **Ka|na|di|e|rin** die, -/-innen ‖ **ka|na|disch**
Ka|nail|le [-ljɛ] = Canaille [k-] die, -/-n ⟨fr.⟩: *derbes Schimpfwort, niederträchtige Person*
Ka|na|ke der, -n/-n ⟨polynesisch⟩: *Eingeborener der Südseeinseln* | *derbes Schimpfwort [für Ausländer]*
Ka|nal der, -s/Kanäle ⟨lat.-it.⟩ ‖ **Ka|nal|ar|bei|ter** ‖ **Ka|nal|ar|bei|te|rin** ‖ **Ka|nal|bau** der, -[e]s/-ten ‖ **Ka|nal|bett** ‖ **Ka|nal|de|ckel** ‖ **Ka|nal|git|ter** ‖ **Ka|na|li|sa|ti|on** [-tsi̯-] die, -/-en ‖ **Ka|na|li|sa|ti|ons|netz** ‖ **ka|na|li|sie|ren:** *mit Kanälen versehen* | Meinungsverschiedenheiten k. *(in bestimmte Bahnen lenken, entschärfen)* ‖ **Ka|na|li|sie|rung** die, -/-en ‖ **Ka|nal|räu|mer** der, -s/- ‖ **Ka|nal|räu|me|rin** die, -/-innen ‖ **Ka|nal|sys|tem** [-zy-] ‖ **Ka|nal|tal:** *Talabschnitt zwischen Karnischen Alpen, Karawanken und Julischen Alpen (in Italien)*
Ka|na|pee = Canapé [k-] das, -s/-s ⟨fr.⟩: *kleine belegte Weißbrotscheibe* | (veraltet) *Diwan, Ruhebett*
Ka|na|ri der, -[s]/-[s] ⟨fr.⟩ (ugs.): *Kurzwort für Kanarienvogel* ‖ **Ka|na|ri|en|vo|gel** ‖ **Ka|na|ri|schen In|seln** die (Pl.): *eine spanische Inselgruppe im Atlantik*
Kan|da|har|ren|nen (Sport): *ein internationales Skirennen in St. Anton am Arlberg*
Kan|da|re die, -/-n ⟨ung.⟩: *Gebissstange des Pferdes* | jemanden an die K. nehmen *(streng behandeln)*
Kan|de|la|ber der, -s/- ⟨lat.-fr.⟩: *Armleuchter; Lichtmast der Straßenbeleuchtung*
Kan|del|zu|cker (mda.): *Kandiszucker*
Kan|derl das, -s/-[n] (ugs.): *kleine Kanne*
Kan|di|dat der, -en/-en ⟨lat.⟩: *Bewerber um eine Stelle, ein Mandat* | *Prüfling;* → cand. ‖ **Kan|di|da|ten|lis|te** ‖ **Kan|di|da|tin** die, -/-innen ‖ **Kan|di|da|tur** die, -/-en ‖ **kan|di|die|ren**
kan|die|ren ⟨arab.-fr.⟩: kandierte *(mit Zuckermasse überzogene)* Früchte ‖ **Kan|dis|zu|cker:** *kristallisierter Zucker;* → Kandelzucker ‖ **Kan|di|ten** die (Pl.) (Kaufmannsspr.): *Zuckerwaren*
Kän|gu|ru das, -s/-s ⟨Sprache der Aborigines⟩: *ein Beuteltier*
Ka|nin|chen das, -s/-: *ein Säugetier, Karnickel* ‖ **Ka|nin|chen|bau** der,

-[e]s/-e ‖ **Kaninchenbraten** ‖ **Kaninchenstall** ‖ **Kaninchenzucht**

Kanister der, -s/- ⟨gr.-lat.-engl.⟩: *ein tragbarer Behälter für Flüssigkeiten*

kann → können ‖ **Kannbestimmung:** *nicht zwingende [Gesetzes]bestimmung;* → G.: Mussbestimmung

Kännchen das, -s/- (bes. D): ein K. Kaffee ‖ **kännchenweise** ‖ **Kanne** die, -/-n: *Gefäß mit einem Ausguss;* → Kanderl

Kännel der, -s/-, *auch:* die, -/-n (fachspr.): *Holzrinne, Wasserrinne, Dachrinne*

Kannelierung die, -/-en ⟨gr.-lat.-fr.⟩ ‖ **kannelieren:** kannelierte *(mit Längsrillen versehene)* Säulen

kannenweise

Kannibale der, -n/-n ⟨span.⟩: *Menschenfresser* ‖ **Kannibalin** die, -/-innen ‖ **kannibalisch** ‖ **Kannibalismus** der, -: *das Essen von Menschenfleisch* | (Zool.) *Auffressen von Tieren derselben Art*

kannte → kennen

Kanon der, -s/-s ⟨gr.-lat.⟩: *Gesamtheit von Regeln* | *Musikstück, in dem zwei oder mehrere Stimmen mit der gleichen Melodie nacheinander einsetzen* | *vorgegebene Auswahl [von Lektüretexten]*

Kanonade die, -/-n ⟨gr.-lat.-it.-fr.⟩ (Mil.): *anhaltendes Geschützfeuer* ‖ **Kanone** die, -/-n ⟨gr.-lat.-it.⟩: *ein Geschütz* | *großer Könner;* Sportkanone ‖ **Kanonenboot** (Mil.): *ein Kriegsschiff* ‖ **Kanonendonner** ‖ **Kanonenfutter:** *sinnlos geopferte Soldaten* ‖ **Kanonenkugel** ‖ **Kanonenofen:** *ein kleiner Eisenofen* ‖ **Kanonenrohr** ‖ **Kanonenschlag:** *ein Feuerwerkskörper* ‖ **Kanonenschuss** ‖ **Kanonier** der, -s/-e (Mil.): *Soldat am Geschütz*

Kanonikus der, -/Kanoniker ⟨g[illegible] lat.⟩: *Titel höherer katholis[illegible] Geistlicher, Domherr* ‖ **Ka[illegible]sation** [-tsi̯-] die, -/-en (kath.[illegible]): *Heiligsprechung* ‖ **kanonisch:** kanonisches Recht *(Kirchenrecht)* | *musterhaft [in der kla[illegible]schen Kunst]* | (Mus.) *zum K[illegible] gehörig* ‖ **kanonisieren** (k[illegible]) *heiligsprechen*

Kanossagang = Canossagang [k-]: einen K. antreten *(sich vor jemandem demütigen, um Verzeihung zu erlangen)*

Känozoikum das, -s ⟨gr.⟩ (Geol.): *ein Abschnitt der Erdgeschichte, Erdneuzeit*

kantabel = cantabel [k-] ⟨it.⟩: *sangbar, gesanglich*

Kantate die, -/-n ⟨lat.-it.⟩ (Mus.): *eine Komposition für Singstimme[n] und Instrument[e]*

Kante die, -/-n: eine scharfe K. ‖ **kanten:** *kantig behauen* | *auf die Kante stellen* | *die Skikanten einsetzen* ‖ **kantenrein** (im Eiskunstlauf): *exakt*

Kantersieg (Sport): *hoher, überlegener Sieg*

Kantholz ‖ **kantig:** *scharfkantig*

Kantilene die, -/-n ⟨lat.-it.⟩ (Mus.): *gesangartige Melodie*

Kantine die, -/-n ⟨it.-fr.⟩: *eine Art Restaurant [in Betrieben]* ‖ **Kantinenessen** ‖ **Kantinenkost** ‖ **Kantinenverpflegung** ‖ **Kantineur** [-'nøːə] der, -s/-e: *Kantinenwirt* ‖ **Kantineurin** die, -/-innen

Kanton[1] (chin.: Guangzhou ['gu̯aŋ'dʒoʊ]): *Stadt in China*

Kanton[2] der, -s/-e ⟨lat.-it.-fr.⟩: *Bezeichnung für ein Bundesland in der Schweiz* ‖ **kantonal:** kantonales Gymnasium; → eidgenössisch ‖ **Kantönligeist** (meist abw.): *engstirniger Lokalpatriotismus* ‖ **Kantonsregierung** (CH)

Kantor der, -s/-en [-'oː-] ⟨lat.⟩: *Leiter eines Kirchenchors, Regens Chori* | *Vorsänger im Gottesdienst* ‖ **Kantorei** die, -/-en: *evangelischer Kirchenchor* ‖ **Kantorin** die, -/-innen

Kantwurst: *eine Wurstsorte*

Kanu [auch: 'kaː-] das, -s/-s ⟨karibisch-span.-fr.-engl.⟩: *ein Sportboot* ‖ **Kanufahrer:** *Kanute* ‖ **Kanufahrerin**

Kanüle die, -/-n ⟨gr.-lat.-fr.⟩ (Med.): *ein Röhrchen [zum Ableiten von Blut]* | *Hohlnadel an Spritzen*

Kanusport [auch: 'kaː-] ‖ **Kanute** der, -n/-n (Sport): *Kanufahrer* ‖ **Kanu[illegible]** [illegible]-innen (Sport) [illegible] *[illegible]erhöhte Plattform [illegible] von der aus der [illegible]liche predigt* | *erhöhtes Vor[illegible]* | *Cockpit* | (Jägerspr.) [illegible] ‖ **Kanzelwort** (geh.): [illegible]

[illegible]an[illegible]gen = cancerogen [kants-] ⟨lat.+gr.⟩ (Med.): *Krebs auslösend, karzinogen*

Kanzlei die, -/-en ⟨lat.⟩: *Büro von Ämtern, Rechtsanwälten, Steuerberatern ua.* ‖ **Kanzleibeamte** ‖ **Kanzleibeamtin** ‖ **Kanzleigemeinschaft:** *Zusammenschluss [von Rechtsanwälten, Steuerberatern] zu einem gemeinsamen Büro* ‖ **Kanzleikraft:** *Bürokraft* ‖ **Kanzleiordnung** (bes. früher): *Verhaltensvorschrift in Ämtern* ‖ **Kanzleisprache:** *eine Amtssprache* ‖ **Kanzleistunde** (meist Pl.): *Amtsstunde;* Kanzleistunden *(Parteienverkehr)* von 8 bis 12 ‖ **Kanzler** der, -s/-: *Regierungschef* | *Bundeskanzler* ‖ **Kanzleramt** (Admin., bes. D): *Bundeskanzleramt* ‖ **Kanzlerin** die, -/-innen ‖ **Kanzlerschaft** die, -/-en ‖ **Kanzlist** der, -en/-en (früher): *Kanzleiangestellter* ‖ **Kanzlistin** die, -/-innen (früher)

Kaolin das = der, -s/-e: *Ton für die Herstellung von Porzellan (nach einem chinesischen Berg)*

Kap das, -s/-s ⟨rom.-niederl.⟩: *Vorgebirge, Landspitze;* K. der Guten Hoffnung (in Südafrika)

Kap.: **Kapitel**

Kapaun der, -s/-e ⟨lat.-fr.⟩: *kastrierter, gemästeter Hahn*

Kapazität die, -/-en ⟨lat.⟩: *Fassungsvermögen* | *Produktionsausmaß [eines Kraftwerks]* | *Experte/Expertin* ‖ **Kapazunder** der, -s/- (ugs., oft scherzh.): *Koryphäe, Kapazität*

Kapelle die, -/-n ⟨lat.⟩: *kleine Kirche* | *[kleines] Orchester* ‖ **Kapellmeister:** *ein Dirigent* ‖ **Kapellmeisterin**

Kaper die, -/-n ⟨gr.-lat.⟩: *ein Gewürz, Blütenknospe des Kapernstrauches*

kapern ⟨niederl.⟩: ein Schiff k. *(erbeuten)* ‖ **Kaperung** die, -/-en

Kapfenberg: *Stadt in der Steiermark*

kapieren ⟨lat.-it.⟩: *verstehen, begreifen*

Kapillare die, -/-n = **Kapillargefäß** ⟨lat.⟩ (Phys.): *haarfeines Röhrchen* | (Med., Biol.) *feines Blutgefäß* ‖ **Kapillarität** die, - (Phys.)

kapital ⟨lat.⟩: ein kapitaler *(bes. schwerer)* Fehler | (Jägerspr.) ein kapitaler *(stattlicher)* Hirsch ‖ **Kapital** das, -s/-ien [-i̯ən]: *Geldsumme; Vermögen; Finanzkraft;* aus etwas K. schlagen *(einen Vorteil ziehen)* ‖ **Kapitäl** = Kapitell das, -s/-e (Arch.): *oberer Abschluss einer Säule* ‖ **Kapitalabfluss** (Wirt.): *Kapital, das ins*

K

Ausland transferiert wird || **Ka|pi|tal|an|la|ge** || **Ka|pi|tal|auf|sto|ckung** (Wirt.) || **Ka|pi|tal|be|darf** || **Ka|pi|tal|bil|dung** (Wirt.) || **Ka|pi|täl|chen** das, -s/- (meist Pl.) (Druckw.): etwas in KAPITÄLCHEN drucken; → Versal || **Ka|pi|ta|le** die, -/-n (veraltet): *Hauptstadt* || **Ka|pi|tal|er|hö|hung** (Wirt., Bankw.): *Erhöhung des Grundkapitals bei Aktiengesellschaften durch Ausgabe neuer Aktien* || **Ka|pi|tal|er|trag** (Wirt., Bankw.): *Gewinn, Zinsen aus der Geldanlage* || **Ka|pi|tal|er|trag|steu|er,** *auch:* Kapitalertragssteuer (Wirt., Bankw.) (KEST, *auch:* KESt, Kest): *Steuer auf Kapitalerträge wie zB Zinsen aus Spareinlagen;* → Quellensteuer || **Ka|pi|tal|feh|ler:** *schwerer Fehler* || **Ka|pi|tal|flucht:** *Veranlagung von Kapital im Ausland* || **Ka|pi|tal|fluss** (Bankw.): *Cashflow* || **Ka|pi|tal|ge|sell|schaft** (Wirt.): *Unternehmensform zur Kapitalaufbringung durch Gesellschafter, zB Aktiengesellschaft* || **ka|pi|tal|in|ten|siv** || **ka|pi|ta|li|sie|ren** (Wirt.): *in Kapital umwandeln* | Zinsen k. *(dem Kapital hinzurechnen)* || **Ka|pi|ta|li|sie|rung** die, -/-en (Wirt.) || **Ka|pi|ta|lis|mus** der, -: *Wirtschaftssystem, das sich durch Privateigentum an Produktionsmitteln und gezielte Produktion für den Markt auszeichnet* || **Ka|pi|ta|list** der, -en/-en (oft abw.): *jemand, der über große Mittel verfügt* || **Ka|pi|ta|lis|tin** die, -/-innen (oft abw.) || **ka|pi|ta|lis|tisch** || **ka|pi|tal|kräf|tig:** *finanzkräftig* || **Ka|pi|tal|markt:** *Geldmarkt, Wertpapiermarkt* || **Ka|pi|tal|ver|bre|chen:** *Schwerverbrechen* || **Ka|pi|tal|ver|kehr** (Wirt.): *Transfer von Geldbeträgen*

Ka|pi|tän der, -s/-e ⟨lat.-fr.⟩: *Kommandant eines Schiffes oder Flugzeugs* | *Führer einer Sportmannschaft* | (früher) (Mil.) *Hauptmann* || **Ka|pi|tä|nin** die, -/-innen || **Ka|pi|täns|pa|tent:** *Kapitänsberechtigung*

Ka|pi|tel das, -s/- (Kap.) ⟨lat.⟩: *Abschnitt [in einem Buch]* | ein unerfreuliches K. *(Thema)* | *Domkapitel* || **Ka|pi|tell** = → Kapitäl || **Ka|pi|tel|saal:** *Sitzungssaal eines Klosters* || **Ka|pi|tol** das, -s: *Zitadelle des alten Rom* | *Sitz des Senats in Washington* || **Ka|pi|tu|lar** der, -s/-e (kath.): *Angehöriger eines Domkapitels; Domherr*

Ka|pi|tu|la|ti|on [-tsi̯-] die, -/-en ⟨lat.-fr.⟩: *Unterwerfung, Übergabe* || **ka|pi|tu|lie|ren**

Ka|p|lan der, -s/Kapläne ⟨lat.⟩: *ein katholischer Geistlicher, Kooperator*

Ka|po der, -s/-s ⟨fr.⟩ (ugs.): *Wortführer einer Arbeitsgruppe* | *Häftling mit Aufsichtsbefugnissen*

Kap|pa das, -[s]/-[s] (κ, K) ⟨gr.⟩: *griechischer Buchstabe (k)*

Käpp|chen das, -s/-: *[kleine] Kappe* || **Kap|pe** die, -/-n: *[steife] Schirmmütze;* das nehme ich auf meine K. *(das verantworte ich)*

kap|pen: das Seil k. *(abschneiden, durchtrennen)*

Kap|perl das, -s/-[n] (ugs.): *Kappe* || **Kappl** das, -s/-n (ugs.): *Kappe;* Amtskappl || **Käpp|le** das, -s/- (V, ugs.)

Ka|p|ri|ce [-ˈis] = → Kaprize

Ka|p|ri|o|le die, -/-n ⟨lat.-it.⟩: *Luftsprung; närrischer Einfall*

Ka|p|ri|ze = Kaprice [-ˈis] die, -/-n ⟨lat.-fr.⟩ (meist abw.): *Laune, Eigensinnigkeit* || **ka|p|ri|zie|ren** sich: sich auf etwas k. *(eigensinnig darauf bestehen)* || **ka|p|ri|zi|ös:** *launenhaft* || **Ka|p|riz|pols|ter:** *kleiner fester Polster*

Kap|sel die, -/-n ⟨lat.⟩: *kleiner, runder Behälter* | (Bot.) *ein Fruchttyp;* Mohnkapsel || **kap|sel|för|mig** || **kap|se|lig** || **Kap|sel|riss** (Med.): *Einreißen einer Gelenkskapsel*

Kap|stadt: *Stadt in Südafrika*

ka|putt ⟨fr.⟩:
zerbrochen; unbrauchbar | *erschöpft*

Getrenntschreibung bei wörtlicher Bedeutung und in Verbindung mit „sein“:
- der Drucker ist kaputt geworden
- völlig kaputt sein *(erschöpft, todmüde)*

Getrennt- und Zusammenschreibung mit Verben, die ein Resultat herbeiführen:
- den CD-Player kaputt machen (= kaputtmachen)
- etwas kaputt schlagen (= kaputtschlagen)

Zusammenschreibung bei übertragener Bedeutung:
- die Maschine ist kaputtgegangen
- ich habe mich kaputtgelacht
- sie hat sich damit kaputtgemacht *(ihre Gesundheit ruiniert)*

ka|putt|ge|hen: die Maschine wird bald k. || **ka|putt|la|chen** sich || **ka|putt|ma|chen:** *die Gesundheit ruinieren; aber:* die Kamera kaputt machen (= kaputtmachen) || **ka|putt schla|gen** = **ka|putt|schla|gen**

Ka|pu|ze die, -/-n ⟨lat.-it.⟩ || **Ka|pu|zen|man|tel** || **Ka|pu|zi|ner** der, -s/-: *Angehöriger eines geistlichen Ordens* | (Küchenspr.) *eine Schale Kaffee mit wenig [schaumiger] Milch* || **Ka|pu|zi|ner|berg** der, -[e]s: *Berg in der Stadt Salzburg* || **Ka|pu|zi|ner|kres|se** || **Ka|pu|zi|ner|pre|digt:** *Zurechtweisung (nach einer Szene in Schillers „Wallenstein“)*

Kar das, -[e]s/-e: *eine Mulde im Hochgebirge*

Ka|ra|bi|ner der, -s/- ⟨fr.⟩: *ein Gewehr* | *Verschlusshaken [am Rucksack, an der Hundeleine]* || **Ka|ra|bi|ner|ha|ken** || **Ka|ra|bi|ner|ver|schluss:** *ein Schnappverschluss*

Ka|ra|chi [-tʃi] = → Karatschi

Ka|ra|cho das, -s ⟨span.⟩ (sal.): mit K. *(großer Geschwindigkeit, Wucht)* daherkommen

Ka|raf|fe die, -/-n ⟨arab.-rom.⟩: *eine [geschliffene] Flasche [mit Glasstöpsel]*

Ka|ram|bol das, -s ⟨fr.⟩: *eine Form des Billardspieles* || **Ka|ram|bo|la|ge** [-ˈaːʃ, -ʒɛ] die, -/-n: *Zusammenstoß* || **ka|ram|bo|lie|ren**

Ka|ra|mell der = das, -s ⟨gr.-lat.-fr.⟩: *gebrannter Zucker* || **Ka|ra|mel|le** die, -/-n: *ein Zuckerl* || **ka|ra|mell|far|ben:** *bräunlich gelb* || **ka|ra|mel|lie|ren:** *Zucker zu Karamellzucker verarbeiten* || **ka|ra|mel|li|sie|ren:** *mit Karamellzucker zubereiten* || **Ka|ra|mell|pud|ding** || **Ka|ra|mell|zu|cker**

Ka|ra|o|ke das, -s ⟨jap.⟩: *Mitsingen von Laiensängern zu einem Playback*

Ka|rat das, -[e]s/-e (ct) ⟨gr.-arab.-lat.-fr.⟩: *Gewichtseinheit für Edelsteine und Gold (0,2 g)* | *Bezeichnung des Goldgehalts (der Feinheit) von Goldlegierungen* | (in Mengenangaben mit Pl. Karat) 14 Karat; → -karätig

Ka|ra|te [auch: -ˈɛ] das, -[s] ⟨jap.⟩: *eine Technik waffenloser Selbstverteidigung*

-ka|rä|tig ⟨gr.-arab.-lat.-fr.⟩ (nur in Zusammensetzungen wie einkarätig, hochkarätig); → Karat

Ka|rat|schi = Karachi [-tʃi]: *Stadt in Pakistan*

Ka|ra|vel|le [-v-] die, -/-n ⟨lat.-port.-fr.⟩: *ein mittelalterliches Segelschiff*

Ka|ra|wa|ne die, -/-n ⟨pers.-it.⟩: *Kolonne von Tragtieren* | *Kolonne von Personen/Fahrzeugen* ‖ **Ka|ra|wa|nen|stra|ße**

Ka|ra|wan|ken die (Pl.): *eine Gebirgsgruppe in Kärnten und Slowenien*

Ka|ra|wan|se|rei die, -/-en ⟨pers.-it.⟩: *Unterkunft für Karawanen*

Kar|bid = Carbid [k-] das, -[e]s/-e ⟨lat.⟩: *eine chemische Verbindung* ‖ **Kar|bid|lam|pe** = Carbidlampe: *Azetylenlampe*

Kar|bol das, -s ⟨lat.⟩: *ein keimtötendes Mittel* ‖ **Kar|bo|li|ne|um** das, -s: *eine ölige Flüssigkeit [zum Imprägnieren von Holz]*

Kar|bon das, -s ⟨lat.⟩ (Geol.): *ein Abschnitt der Erdgeschichte*

Kar|bo|na|de die, -/-n = **Kar|bo|nadl** das, -s/-n ⟨lat.-it.-fr.⟩ (bes. ostöst., ugs., veraltet): *ein abgebratenes Fleischstück*

Kar|bo|nat = Carbonat [k-] das, -[e]s/[-e] ⟨lat.⟩ (Chem.): *Salz der Kohlensäure*

Kar|bun|kel das, -s/- ⟨lat.⟩ (Med.): *mehrere dicht beieinanderliegende Furunkel*

kär|chern: *mit einem Hochdruckreiniger [der Marke Kärcher] säubern*

Kar|da|mom [auch: -'oː-] der = das, -s ⟨gr.-lat.⟩: *eine Gewürzpflanze, [Lebkuchen]gewürz*

Kar|dan|ge|lenk (Technik): *eine bewegliche Verbindung von zwei Wellen (nach dem italienischen Erfinder)* ‖ **kar|da|nisch** (Technik): eine kardanische *(dreidimensional bewegliche)* Aufhängung ‖ **Kar|dan|wel|le** (Technik): *eine Vorrichtung zur Kraftübertragung [beim Auto]*

Kar|dät|sche die, -/-n, *auch:* Kardatsche ⟨lat.-it.⟩ (fachspr.): *Gerät zum Wollelockern* | *grobe Pferdebürste; aber:* → Kartätsche ‖ **kar|dät|schen**

kar|di|al = cardial [k-] ⟨gr.-lat.⟩ (Med.): *für das Herz, das Herz betreffend*

Kar|di|nal der, -s/Kardinäle ⟨lat.⟩: *höchster Würdenträger der katholischen Kirche nach dem Papst* ‖ **Kar|di|nal|feh|ler:** *grundlegender Fehler* ‖ **Kar|di|nal|fra|ge:** *Hauptfrage* ‖ **Kar|di|nal|pro|blem:** *ein grundlegendes Problem, Hauptproblem* ‖ **Kar|di|nals|hut** ‖ **Kar|di|nals|kol|le|gi|um** (kath.): *Gesamtheit aller Kardinäle* ‖ **Kar|di|nals|kon|gre|ga|ti|on** [-tsi̯-]: *leitende Behörde der römischen Kurie* ‖ **Kar|di|nal|staats|se|kre|tär:** *Leiter der politischen Kurienbehörde* ‖ **Kar|di|nal|tu|gend** (meist Pl.): *grundlegende Tugend, zB Standhaftigkeit* ‖ **Kar|di|nal|zahl:** *Grundzahl,* zB eins, zwei, drei ... ‖ **Kar|di|nal|zahl|wort** (Gramm.): *Grundzahlwort*

Kar|dio|lo|ge der, -n/-n ⟨gr.⟩: *Spezialist für Herz- und Kreislauferkrankungen* ‖ **Kar|dio|lo|gie** die, - (Med.) ‖ **Kar|dio|lo|gin** die, -/-innen ‖ **kar|dio|lo|gisch** (Med.) ‖ **kar|dio|vas|ku|lär** [-v-] = cardiovaskulär [k-] (Med.): *Herz und Kreislauf betreffend*

Ka|renz die, -/-en ⟨lat.⟩: *Mutterschaftsurlaub; Kurzwort für Karenzurlaub;* in K. gehen | (Amtsspr.) mit K. *(Entfall)* der Bezüge ‖ **Ka|renz|geld** (früher): *Kinderbetreuungsgeld* ‖ **ka|ren|zie|ren:** *bei Streichung der Bezüge weiterbeschäftigen* ‖ **Ka|ren|zie|rung** die, -/-en ‖ **Ka|renz|jahr** ‖ **Ka|renz|ur|laub:** *[unbezahlter] Urlaub [nach einer Geburt, zur Weiterbildung]* ‖ **Ka|renz|ur|laubs|geld** ‖ **Ka|renz|ver|tre|tung** ‖ **Ka|renz|zeit**

Ka|ret|te die, -/-n ⟨span.-fr.⟩: *Meeresschildkröte*

Kar|fi|ol der, -s ⟨it.⟩: *ein Gemüse;* → Blumenkohl ‖ **Kar|fi|ol|ro|se:** *Kopf des Karfiols*

Kar|frei|tag: *der Freitag vor Ostern* ‖ **Kar|frei|tags|li|tur|gie** ‖ **Kar|frei|tags|rat|sche:** *Lärm erzeugendes Gerät als Ersatz für die am Karfreitag nicht läutenden Kirchenglocken*

Kar|fun|kel der, -s/- ⟨lat.⟩: *ein Schmuckstein*

karg, karger [veraltend: kärger]/am kargsten [veraltend: am kärgsten]: ein karger *(nicht ertragreicher)* Boden | ein karges *(ärmliches)* Mahl ‖ **kar|gen** (geh.): *knausern* ‖ **Karg|heit** die, - ‖ **kärg|lich**

Kar|go = Cargo [k-] der, -s ⟨rom.⟩: *Schiffs-, Flugzeugfracht*

Ka|ri|bik die, -: *Karibisches Meer mit den Antillen;* → Westindien ‖ **ka|ri|bisch,** *aber:* Karibisches Meer

ka|riert ⟨lat.-fr.⟩: ein klein karierter (= kleinkarierter) Stoff; *aber:* → kleinkariert

Ka|ri|es die, - ⟨lat.⟩ (Med.): *Zahnfäule;* → kariös

Ka|ri|ka|tur die, -/-en ⟨it.⟩: *Spottbild; Zerrbild* ‖ **ka|ri|ka|tu|resk:** *karikaturenhaft* ‖ **Ka|ri|ka|tu|rist** der, -en/-en ‖ **Ka|ri|ka|tu|ris|tin** die, -/-innen ‖ **ka|ri|ka|tu|ris|tisch** ‖ **ka|ri|kie|ren**

Ka|rin: *weibl. Vorname* ‖ **Ka|ri|na,** *auch:* Carina [k-]: *weibl. Vorname*

ka|ri|ös ⟨lat.⟩: kariöse *(an Zahnfäule erkrankte)* Zähne; → Karies

Ka|ri|tas die, - ⟨lat.⟩: *Wohltätigkeit, Fürsorge; aber:* → Caritas ‖ **ka|ri|ta|tiv**

Kar|kas|se die, -/-n ⟨fr.⟩: *Unterbau [eines Autoreifens]* | (Küchenspr.) *Knochengerippe [von Fisch, Geflügel]*

Karl, *auch:* Carl [k-]: *männl. Vorname* ‖ **Kar|la,** *auch:* Carla: *weibl. Vorname* ‖ **Karls|bad** (tschech.: Karlovy Vary [-vi v-i]): *Stadt in Tschechien*

Kar|ma das, -s ⟨Sanskrit⟩: *durch frühere Leben bestimmtes Schicksal des Wiedergeborenen (im Hinduismus)*

Kar|mel der, -s/-s: *Mönchskloster der Karmeliter; Nonnenkloster der Karmeliterinnen (nach einem Berg in Israel)* ‖ **Kar|me|lit** der, -en/-en = **Kar|me|li|ter,** -s/-: *Angehöriger eines geistlichen Ordens* ‖ **Kar|me|li|te|rin** = **Kar|me|li|tin** die, -/-innen

Kar|me|sin das, -s ⟨pers.-arab.-rom.⟩: *Karmin* ‖ **Kar|min** das, -s: *eine rote Farbe, Karmesin* ‖ **kar|min|rot**

Kar|ne|ol der, -s/-e ⟨lat.-it.⟩: *ein Schmuckstein*

Kar|ner der, -s/-: *Beinhaus [auf Friedhöfen]*

Kar|ne|val [-v-] der, -s/-e ⟨it.⟩ (bes. D): der rheinische K. *(Fasching)* ‖ **Kar|ne|vals|kos|tüm** (bes. D) ‖ **Kar|ne|vals|prinz** (bes. D) ‖ **Kar|ne|vals|prin|zes|sin** (bes. D)

Kar|ni|ckel das, -s/-: *Kaninchen*

Kar|ni|en: *eine Landschaft in Nordostitalien (nördliches Friaul)*

Kar|nie|se = Karnische die, -/-n ⟨rom.⟩: *Vorrichtung zum Aufhängen von Vorhängen* ‖ **Kar|nie|sen|stan|ge** = Karnischenstange

kar|ni|feln, ich karnifle (ugs., sal.): *schikanieren*

Kar|ni|sche = → Karniese ‖ **Kar|ni|schen|stan|ge** = → Karniesenstange

Kar|ni|schen Al|pen die (Pl.): *eine Gebirgsgruppe in Kärnten, Osttirol und Italien*

Kärn|ten (Ktn., K): *ein österreichi-*

K

sches Bundesland; nach K. fahren ǁ **kärnitisch** = kärntnisch (veraltet): *kärntnerisch* ǁ **Kärntner**[1] (Adj.): die K. Landesregierung; K. Seen; *aber:* **k**ärntnerisch ǁ **Kärntiner**[2] der, -s/-: *Bewohner Kärntens* ǁ **Kärntineirin** die, -/-innen ǁ **kärntineirisch:** kärntnerische Gerichte; *aber:* → **K**ärntner[1] ǁ **kärntinisch** = → kärntisch

Kairo[1] das, -s/-s ⟨lat.-fr.⟩: *auf der Spitze stehendes Viereck [als Stoffmuster]* ǁ **Kairo**[2] die, -/-s = das, -[s]/-s: *eine Farbe im Kartenspiel* ǁ **Kairoiass** ǁ **Kairoidame** ǁ **Kairoikönig**

Kairoila, *auch:* Carola [k-]: *weibl. Vorname* ǁ **Kairoiliine,** *auch:* Caroline: *weibl. Vorname* ǁ **Kairoliniger** die (Pl.) (Gesch.): *ein fränkisches Königsgeschlecht* ǁ **kairolinigisch** [auch: -'li-] (Gesch.): *aus der Epoche Kaiser Karls des Großen und seiner Nachfolger (etwa 9. Jh.);* die karolingische Mark *(Gebiet auf österreichischem Boden)*

Kairosise die, -/-n ⟨it.-fr.⟩: *ein Prunkwagen* ǁ **Kairosiseirie** die, -/-n: *Fahrzeugaufbau [des Autos]* ǁ **Kairosiseiriebauier** der, -s/- ǁ **Kairosiseiriebaueirin** die, -/-innen ǁ **Kairosiseiriespengiler** ǁ **Kairosiseiriespengieirin** ǁ **kairosisieiren:** *mit einer Karosserie versehen*

Kairotite die, -/-n ⟨gr.-lat.-fr.-niederl.⟩: *Möhre* ǁ **Kairotitenisaft** ǁ **Kairotitentorite**

Karipaiten die (Pl.): *Gebirgszug in Teilen der Slowakei, der Ukraine, Polens und Rumäniens* ǁ **Karipaitenilänider** die (Pl.)

Karpifen der, -s/-: *ein Fisch* ǁ **Karpfeniteich** ǁ **Karpifenizucht**

Karire die, -/-n (D): *Karren*

Karree das, -s/-s ⟨fr.⟩: *Viereck* ǀ (Küchenspr.) *Fleischstück von der Rippe;* kurzes, langes K.

karİren (bes. nördl. D): *jemanden mit einem Karren fahren* ǁ **Karren** der, -s/-: *ein Wagen;* → Karre ǁ **Karirettite** die, -/-n (V, CH): *Schubkarren*

Karirileire [-'ri̯eːə, -'eːrɛ] die, -/-n ⟨lat.-fr.⟩: K. machen *(im Beruf vorwärtskommen)* ǁ **Karirileirefrau** ǁ **Karirileireimaicher** (oft abw.) ǁ **Karirileireimaicheirin** (oft abw.) ǁ **Karirileireimann** ǁ **Karirileireimensch** ǁ **Karirileirist** der, -en/-en (meist abw.): *jemand, der [zielstrebig, rücksichtslos] Karriere machen will/gemacht hat* ǁ **Karirileirisitin** die, -/-innen (abw.)

Karriner[1] der, -s/- (bes. T, auch abw., früher): *nicht sesshafter (mit Karren umherfahrender und diverse Arbeiten verrichtender) Bewohner des Vinschgaues und des Oberinntals* ǁ **Karriner**[2] = **Kärriner** der, -s/- (geh., veraltet): *Fuhrmann* ǁ **Karrineriarbeit** = **Kärrineriaribeit** (abw.): nur K. *(mühselige Hilfsdienste)* verrichten ǁ **Karrinerileut** die (Pl.); → Karrner

Karisamsitag: *der Samstag vor Ostern*

Karst der, -[e]s: *Landschaftsform in Kalkgebieten auf Grund unterirdischer Entwässerung;* → verkarsten ǀ *eine Gebirgslandschaft in Italien, Slowenien und Kroatien* ǁ **Karstierscheiinung:** *Verwitterungsformen im Kalkgebirge* ǁ **Karstilandischaft**

kart.: kartoniert

Karitätische die, -/-n ⟨ägyptisch-gr.-lat.-it.⟩ (früher): *ein Artilleriegeschoß; aber:* → Kardätsche

Karitauise die, -/-n: *Kloster der Kartäusermönche* ǁ **Karitäuiser** der, -s/-: *Angehöriger eines Mönchsordens*

Kärtichen ⟨ägypt.-gr.-lat.-it./fr.⟩ das, -s/- ǁ **Karite** die, -/-n: Karten spielen; die Karten neu mischen (auch: *eine neue Ausgangsbasis herstellen)* ǀ *Post-, Ansichtskarte* ǀ *Speisekarte* ǀ *Ticket* ǀ (EDV) *Steckkarte* ǀ (zB im Fußball) die **G**elbe (auch: gelbe) K. *(Karte als Zeichen der Verwarnung);* die **R**ote (auch: rote) K. *(Karte als Zeichen des Spielausschlusses)* ǁ **Kartei** die, -/-en: *Karten- oder Zettelkatalog; Kartothek* ǁ **Karteiikarite:** eine K. anlegen ǁ **Karteiileiiche** (scherzh.): *jemand/etwas, der/das nur noch in einer Kartei vorhanden ist*

Karitell das, -s/-e ⟨ägyptisch-gr.-lat.-fr.⟩ (Wirt.): *Zusammenschluss von Unternehmen des gleichen Wirtschaftszweiges* ǁ **Karitellibeihörde** ǁ **Karitelligesetz** ǁ **karitellilieiren** (Wirt.): *innerhalb eines Zusammenschlusses von Unternehmen den Preis verbindlich festsetzen;* kartellierter Preis ǁ **Karitellverband:** *Verband studentischer Vereinigungen;* → Cartellverband (CV)

Karitenigruß ǁ **Karitenihaus:** *aus Spielkarten gebautes Haus;* wie ein K. in sich zusammenstürzen ǁ **Karitenikunststück** ǁ **Karitenleigen** das, -s: *Wahrsagen durch Spielkarten* ǁ **Karitenispiel** ǁ **Kartenivericauf** ǁ **Karitenivorverkauf**

karteisisch, *auch:* kartesianisch (nach dem Philosophen Descartes [de'kart]) (Math.): kartesianische Koordinaten *(Zahlenangaben zur Lage eines Punktes [im Raum])*

karitieiren: *eine Landschaft vermessen und auf einer Karte darstellen* ǀ *in eine Kartei einordnen* ǁ **Karitieirung** die, -/-en

Karitofifel die (*ugs. auch:* der), -/-n: *Erdapfel* ǁ **Karitofifelibrei:** *Erdäpfelpüree* ǁ **Karitofifelichips** [-tʃ-] die (Pl.) ǁ **Karitofifeligulasch** ǁ **Karitofifelikäifer:** *ein Schädling* ǁ **Karitofifelimehl** ǁ **Karitofifelipufifer** ǁ **Karitofifelipüiree** ǁ **Karitofifelisaliat** ǁ **Karitofifelischäiler** der, -s/-: *ein Küchengerät* ǁ **Karitofifelistärike** ǁ **Karitofifeliteig**

Karitoigraf = Kartograph [-f-] der, -en/-en ⟨gr.⟩ ǁ **Karitoigraifie** = Kartographie: *Landkartenkunde, Landkartenherstellung* ǁ **kartoigraifieiren** = kartographieren ǁ **Karitoigraifin** = **Karitoigraiphin** die, -/-innen

Kariton der, -s/-s [-e] ⟨it.-fr.⟩: *ein Pappendeckel* ǀ *Schachtel aus Pappendeckel* ǀ (in Mengenangaben auch mit Pl. Karton) *fünf Karton[s] Konserven* ǁ **Karitoinage** [-'aːʃ, -ʒɛ] die, -/-n: *Verpackungsmaterial aus Karton* ǁ **karitoniert** (kart.): ein kartoniertes *(in Karton gebundenes)* Buch

Karitoithek die, -/-en ⟨gr.⟩: *Karten- oder Zettelkatalog; Kartei*

Karitusche die, -/-n ⟨it.-fr.⟩: *Pulverladung [und deren Metallhülse] für Granaten* ǀ *Wappen- oder Namensschild [an Bauwerken]*

Kairusisell das, -s/-s [-e] ⟨it.-fr.⟩: *Ringelspiel* ǀ *Kreislauf [von Ereignissen]*

Kariwenidel das, -s: *eine Gebirgsgruppe in Tirol, Deutschland*

Kariwoiche: *die Woche vor Ostern*

Kairyaitide [-ry-, -ri-] die, -/-n ⟨gr.⟩: *weibliche Säulenfigur [an altgriechischen Tempeln];* → Atlant

Karizer der, -s/- ⟨lat.⟩ (früher): *Schul-, Universitätsgefängnis* ǀ *eine Freiheitsstrafe*

karizinoigen ⟨gr.⟩ (Med.): *Krebs erregend, kanzerogen* ǁ **Karzino-**

gen das, -s/-e (Med.): *Krebs verursachende Substanz oder Strahlung* ‖ **Kar|zi|nom** das -s/-e (Med.) *eine Krebserkrankung, Krebsgeschwulst*
Kas der, -/- (ugs.): *Käse, Topfen* | (ugs., abw.) so ein Kas *(Blödsinn);* → Kaszettel ‖ **Käs** → Käse
Ka|sa|che der, -n/-n ‖ **Ka|sa|chin** die, -/-innen ‖ **ka|sa|chisch** ‖ **Ka|sach|si|tan:** *Staat der GUS*
Ka|schau (slowak. Košice [-ʃitsɛ]): *Stadt in der Slowakei*
Ka|schem|me die, -/-n ⟨Romanes⟩ (abw.): *minderes Lokal, Spelunke*
ka|schie|ren ⟨fr.⟩: ein Foto k. *(aufkleben)* | einen Fehler k. *(verschleiern)*
Kasch|mir[1]: *ein Land in Asien (Indien/Pakistan)* ‖ **Kasch|mir**[2] der, -s/-e: *ein feines Gewebe* ‖ **Kasch|mir|wolle:** *Wolle der Kaschmirziege*
Kä|se der, -s/-, *auch:* Käs, -[es]/-e: streichfähiger K. ‖ **Kä|se|auf|schnitt** ‖ **Kä|se|brot** ‖ **Kä|se|fon|due** [-fődyː] ‖ **Kä|se|ge|bäck** ‖ **Kä|se|glo|cke** ‖ **Kä|se|ho|bel** ‖ **Ka|se|in** das, -s: *ein Eiweißstoff* ‖ **Kä|se|krai|ner:** *eine Wurst*
Ka|sel die, -/-n: *Teil des katholischen Messgewandes*
Kä|se|laib, *auch:* Käslaib ‖ **Kä|se|le|ber|kä|se,** *auch:* Käsleberkäs
Ka|se|mat|te die, -/-n ⟨gr.-it.-fr.⟩: *unterirdische Befestigungsanlage, Verlies*
Kä|se|mes|ser ‖ **kä|sen:** *Käse bereiten* ‖ **Kä|se|plat|te:** *eine Auswahl an Käsesorten* ‖ **Ka|ser**[1] der, -s/-, *auch:* Kaserer (reg., ugs.): *Senner* ‖ **Ka|ser**[2] die, -/-n (reg., ugs.): *Sennhütte, Alm* ‖ **Kä|ser** der, -s/-: *Fachmann für Käseherstellung* ‖ **Kä|se|rei** die, -/-en ‖ **Ka|se|rin** die, -/-innen (reg., ugs.) ‖ **Kä|se|rin** die, -/-innen
Ka|ser|ne die, -/-n ⟨lat.-fr.⟩: *Soldatenunterkunft* ‖ **Ka|ser|nen|hof** ‖ **ka|ser|nie|ren:** *mit Ausgehverbot unterbringen* ‖ **Ka|ser|nie|rung** die, -/-en
Kä|se|sah|ne|tor|te (D): *Topfentorte* ‖ **Kä|se|spätz|le** die (Pl.): *eine Speise* ‖ **Kä|se|toast** [-toːst, engl.: -təʊst] ‖ **kä|se|weiß** ‖ **kä|sig:** k. bleich ‖ **ka|sig** (ugs.): *käsig*
Ka|si|mir, *auch:* Casimir [k-]: *männl. Vorname*
Ka|si|no = Casino [k-] das, -s/-s ⟨it.⟩: *Spielkasino* | *Aufenthalts- und Speiseraum [für Offiziere]*
Kas|ka|de die, -/-n ⟨lat.-fr.⟩: *künstlicher Wasserfall über mehrere Stufen* | (geh.) eine K. *(Unmenge)* von Reaktionen ‖ **kas|ka|den|för|mig**
Käs|knöpf|le die (Pl.) (V): *Kässpätzle*
Kas|ko das, -[s]/-s = **Kas|ko|ver|si|che|rung** ⟨lat.-span.⟩: *eine Fahrzeugversicherung* ‖ **Kas|ko|scha|den**
Käs|le das, -[s]/- (V): *kleiner [Weich]käse* ‖ **Käs|laib** → Käselaib ‖ **Käs|le|ber|käs** → Käseleberkäse ‖ **Kas|no|cken** die, -/- (meist Pl.) (bes. K, S, St): *Käsespätzle* ‖ **Kas|nu|del** (meist Pl.): *gefüllte Teigtasche, eine Kärntner Spezialität*
Käs|pap|pel: *eine Heilpflanze, wilde Malve* ‖ **Käs|pap|pel|tee**
Kas|par, *auch:* Caspar [k-]: *männl. Vorname* ‖ **Kas|per** [-ʃ-, -sp-] der, -s/- (abw.): *sonderbare Person* ‖ **Kas|perl** der, -s/-[n] (auch mit Art. das): *lustige Figur (der Volksbühne)* ‖ **Kas|perl|büh|ne** ‖ **Kas|per|le** der, -s/- (V): *Kasperl* ‖ **Kas|per|li|a|de** die, -/-n (scherzh.): *Unfug, Scherz* ‖ **kas|perln** (ugs.): *harmlos Unfug treiben, den Witzbold machen* ‖ **Kas|perl|pup|pe** ‖ **Kas|perl|the|a|ter:** *ein Puppentheater für Kinder* | (abw.) *sinnlose Aktion*
Kas|pi|sche Meer das, -n -[e]s: *größter See der Welt (zwischen Russland, Iran ua.)*

Kas|sa die, -/Kassen = Kasse, -/-n ⟨lat.-it.⟩: *Geldbehälter* | K. machen *(abrechnen);* jemanden zur K. bitten *(von jemandem Geld verlangen)* | gegen K. *(Barzahlung)* | *Geldschalter;* die Karten an der K. *(zB Kinokassa)* abholen | gut bei K. sein *(ausreichend Geld haben)* | *Bank* | *Krankenkasse*

Die ursprünglich in Österreich übliche Form wurde aus dem Italienischen übernommen und lautet „Kassa". Die in Deutschland übliche und heute auch in Österreich häufige Form lautet „Kasse".

Kas|sa|be|leg ‖ **Kas|sa|block** ‖ **Kas|sa|bon** [auch: -bõ] = Kassenbon: *Kassazettel* ‖ **Kas|sa|buch** ‖ **Kas|sa|stand** ‖ **Kas|sa|sturz** = Kassensturz: *Zählen des Bargeldstandes*
Kas|sa|ti|on [-tsi̯-] die, -/-en ⟨lat.⟩ (Jus): *Urteilsaufhebung durch eine höhere Instanz* ‖ **Kas|sa|ti|ons|ge|richts|hof** (Jus): *Gericht, das in Vorinstanz[en] gefällte Urteile aufheben kann, zB VwGH* ‖ **kas|sa|to|risch** (Jus): *aufhebend;* eine kassatorische *(das Ersturteil aufhebende)* Entscheidung
Kas|sa|zet|tel
Kas|san|d|ra|ruf (meist Pl.): *ungehört bleibende Warnung vor Unheil (nach einer altgriechischen Sagengestalt)*
Kas|se ⟨lat.-it.⟩ → Kassa ‖ **Kas|sen|arzt:** *Arzt, der einen Vertrag mit einer gesetzlichen Krankenkasse hat* ‖ **Kas|sen|ärz|tin** ‖ **Kas|sen|bon** = → Kassabon ‖ **Kas|sen|ma|gnet:** *Kassenschlager* ‖ **Kas|sen|pa|ti|ent** [-tsi̯-] → Krankenkassa ‖ **Kas|sen|pa|ti|en|tin** ‖ **Kas|sen|schal|ter** ‖ **Kas|sen|schla|ger:** der Film wird ein K. *(großer finanzieller Erfolg)* ‖ **Kas|sen|sturz** = → Kassasturz ‖ **Kas|sen|ver|trag:** *Vertrag zwischen Arzt und Krankenkasse*
Kas|se|rol|le [-l(ɛ)] die, -/-n, *auch:* Kasserol das, -s/-rollen ⟨lat.-fr.⟩: *Pfanne, Kochtopf [mit Stiel]*
Kas|set|te die, -/-n ⟨lat.-it.-fr.⟩: *Kästchen [für Schmuck, Münzen]* | (Elektrot.) *Ton- bzw. Videoband [in einer Plastikhülle]* ‖ **Kas|set|ten|deck** (Elektrot.): *Kassettenrekorder einer Stereoanlage* ‖ **Kas|set|ten|de|cke:** *in vertiefte Felder unterteilter [Holz]plafond* ‖ **Kas|set|ten|re|kor|der** = Kassettenrecorder (Elektrot.): *ein Tonbandgerät;* → Rekorder ‖ **Kas|set|ten|spie|ler:** *Kassettenrekorder*
Kas|si|ber der, -s/- ⟨hebr.-jidd.⟩: *geheime schriftliche Mitteilung eines Häftlings*
Kas|sier der, -s/-e ⟨lat.-it.⟩ ‖ **kas|sie|ren:** *einen Geldbetrag einheben, einkassieren* ‖ **Kas|sie|rer** der, -s/- (bes. D) ‖ **Kas|sie|re|rin** die, -/-innen (bes. D) ‖ **Kas|sie|rin** die, -/-innen
Kas|spat|zeln die (Pl.), *auch:* Kasspatzln (T): *Käsespätzle* ‖ **Käs|spätz|le** die (Pl.) (V): *Käsespätzle*
Kas|ta|gnet|te [-anˈjɛ-] die, -/-n ⟨gr.-lat.-span.⟩: *ein Schlaginstrument*
Kas|ta|nie [-i̯ɛ] die, -/-n ⟨gr.-lat.⟩: *ein Baum* | *dessen Frucht;* → Keste ‖ **Kas|ta|ni|en|baum** ‖ **kas|ta|ni|en|braun** ‖ **Kas|ta|ni|en|holz** ‖ **Kas|ta|ni|en|reis:** *eine Süßspeise*
Kas|te die, -/-n ⟨lat.-port.-fr.⟩: *Gesellschaftsschicht, die sich streng*

K

abschließt (bes. im Hinduismus)

kasteien sich: *sich Entbehrungen auferlegen* || **Kasteiung** die, -/-en

Kastell das, -s/-e ⟨lat.⟩: *Festung, Burg* || **Kastellan** der, -s/-e: *Aufseher, Verwalter eines Schlosses* || **Kastellanin** die, -/-innen

Kasten der, -s/Kästen [Kasten]: *Schrank* || **Kastenbrot:** *Brotwecken mit viereckigem Querschnitt* || **Kastengeist:** *Gesinnung wie innerhalb einer Kaste* || **Kastentür** || **Kastenwagen:** *kastenförmiger Lastwagen* || **Kastl** das, -s/-n (ugs.): *Kästchen;* Küchenkastl || **Kästle** das, -s/- (V, ugs.): *Kästchen*

Kastilien: *Landschaft in Zentralspanien*

Kastrat der, -en/-en ⟨lat.⟩: *Entmannter (früher zB als Sänger);* → Eunuch || **Kastratenstimme** (Mus.): *bes. hohe Stimme eines kastrierten Sängers* || **Kastration** [-tsi̯-] die, -/-en || **kastrieren:** *die Keimdrüsen entfernen* || **Kastrierung** die, -/-en

Kasuar der, -s/-e ⟨mal.-niederl.⟩: *ein australischer Laufvogel*

Kasuistik die, - ⟨lat.⟩: *genaue Darstellung von Einzelfällen* | (abw.) *Spitzfindigkeit* || **kasuistisch:** eine kasuistische *(auf alle möglichen Einzelfälle eingehende)* Regelung

Kasus der, -/- ⟨lat.⟩ (Gramm.): *Beugungsfall, Biegungsfall* || **Kasusendung** (Gramm.)

kasweiß (ugs.): *käseweiß* || **Kaszettel** (ugs., abw.): *wertloses Blatt Papier, unwichtiger Notizzettel, Schmierzettel*

Kat der, -s/-s ⟨gr.-lat.⟩: *Kurzwort für Katalysator*

Katafalk der, -s/-e ⟨griech.-lat.-it.-fr.⟩: *schwarz verhängtes Sarggestell für Trauerfeiern*

Katakombe die, -/-n ⟨gr.-lat.⟩ (meist Pl.): *ein unterirdischer [Gebets]raum mit Grabstätten*

Katalane der, -n/-n: *Angehöriger eines Volkes in Katalonien* || **Katalanin** die, -/-innen || **katalanisch** || **Katalanisch** das, -[s] = **Katalanische,** -n: *eine romanische Sprache*

Katalog der, -[e]s/-e ⟨gr.⟩: *Verzeichnis [von Büchern]* || **katalogisieren:** *in einem Katalog erfassen* || **Katalogisierung** die, -/-en || **Katalognummer** || **Katalogpreis**

Katalonien: *eine Region in Nordostspanien*

Katalysator [-ly-] der, -s/-en [-ˈoː-] ⟨gr.⟩ (Chem.): *Stoff, der chemische Reaktionen auslöst oder beeinflusst* | *Vorrichtung zur Abgasreinigung;* → Kat || **Katalysatortechnik** || **Katalyse** die, -/-n || **katalysieren** || **katalytisch**

Katamaran der, -s/-e ⟨tamilisch-engl.⟩: *[Segel]boot mit Doppelrumpf*

Katapher [-f-] die, -/-n ⟨gr.⟩ (in der Textgrammatik): *Vorausverweis;* → Anapher

Katapult das = der, -[e]s/-e ⟨gr.-lat.⟩: *ein antikes Schleudergeschütz* | *eine Vorrichtung [auf Schiffen] zum Starten von Flugzeugen* || **katapultieren:** *wegschleudern* || **Katapultstart** [-ʃt-]

Katarakt[1] der, -[e]s/-e ⟨gr.-lat.⟩: *Wasserfall; Stromschnelle* || **Katarakt**[2] die, -/-e = **Katarakta** die, -/Katarakten (Med.): *eine Augenkrankheit, grauer Star*

Katarr = **Katarrh** der, -s/-e ⟨gr.⟩ (Med.): *Schleimhautentzündung*

Kataster der, -s/- ⟨it.⟩: *Grundbuch, Flurbuch* || **Katastralgemeinde:** *Teil einer Gemeinde, Steuergemeinde* || **Katastraljoch** (früher): *ein Feldmaß;* → Joch

katastrophal [-f-] ⟨gr.⟩: *furchtbar, schrecklich* || **Katastrophe** die, -/-n: *schweres Unglück* || **Katastrophenalarm** || **katastrophenartig:** ein katastrophenartiges Unwetter || **Katastropheneinsatz** || **Katastrophenfall** || **Katastrophenfonds** [-fõː] || **Katastrophengebiet:** eine Region zum K. erklären || **Katastrophenhilfe** || **Katastrophenschutz** || **Katastrophentourismus** [-tu-] (abw.): *Tourismus in Katastrophengebiete*

Katatonie die, -/-n ⟨gr.⟩ (Med.): *eine Art der Schizophrenie*

Kate die, -/-n (D): *kleines Bauernhaus [in Norddeutschland]; Keusche*

Käte → Käthe

Katechese die, -/-n ⟨gr.⟩ (veraltet): *religiöse Unterweisung* || **Katechet** der, -en/-en: *christlicher [geistlicher] Religionslehrer* || **Katechismus** der, -/Katechismen: *ein grundlegendes [Religions-]lehrbuch, oft in Form von Fragen und Antworten*

kategorial ⟨gr.⟩: *Kategorien betreffend* || **Kategorie** die, -/-n: *Gattung, Gruppe* || **Kategorie** die, -/-n: *Gattung, Gruppe* | (SüdT) *Berufssparte* || **kategorisch:** etwas k. *(mit Bestimmtheit, streng)* verbieten || **kategorisieren** || **Kategorisierung** die, -/-en

Kater[1] der, -s/-: *männliche Katze*

Kater[2] der, -s (ugs.): *Katzenjammer;* einen K. haben || **Katerfrühstück** (ugs.): *Frühstück nach einer durchzechten Nacht* || **Katerstimmung** (ugs.)

katexochen ⟨gr.⟩: sie ist eine Sportlerin k. *(schlechthin; der Inbegriff einer Sportlerin)*

kath.: katholisch

Katharina: *weibl. Vorname;* → Käthe; → Kathi; → Katja; → Kathrin

Katharsis [auch: -ˈta-] die, - ⟨gr.⟩ (Psych.): *sittliche, innerliche Reinigung* || **kathartisch**

Käthe, *auch:* Käte: *weibl. Vorname (Katharina)*

Katheder der, -s/- ⟨gr.⟩ (veraltend): *Podium mit Vortragstisch; aber:* → Katheter || **Kathederblüte** (veraltet): *Stilblüte einer Lehrkraft*

Kathedrale die, -/-n ⟨gr.-lat.⟩: *eine bischöfliche Hauptkirche, Dom*

Kathete die, -/-n ⟨gr.⟩ (Math.): *jede der beiden Seiten, die den rechten Winkel im rechtwinkeligen Dreieck bilden* || **Katheter** der, -s/- (Med.): *Instrument zum Einführen in Körpergänge und -höhlen, bes. in die Harnblase; aber:* → Katheder || **katheterisieren** (Med.)

Kathi, *auch:* Kati: *weibl. Vorname (Katharina)*

Kathode die, -/-n ⟨gr.⟩ (Phys.): *negative Elektrode, die in Gasen oder Flüssigkeiten an die positiven Ionen die Elektronen abgibt;* → G.: Anode || **Kathodenstrahl** (Phys.)

Kathole der, -n/-n (meist Pl.) ⟨gr.-lat.⟩ (abw.): *Katholik* || **Katholik** der, -en/-en || **Katholikentag:** *Versammlung der Katholiken eines Landes* || **Katholikin** die, -/-innen || **Katholin** die, -/-innen (abw.) || **katholisch** (kath.) || **Katholizismus** der, - || **Katholizität** die, -: *katholische Gesinnung*

Kathrin [auch: -ˈiːn], *auch:* Katrin: *weibl. Vorname (Katharina)* || **Kati** → Kathi

Kation [-ti̯-] ⟨gr.⟩ (Phys.): *positiv geladenes Ion;* → G.: Anion

Katja: *weibl. Vorname (Katharina)* ‖ **Katrin** [auch: -ˈiːn] → Kathrin

Katode = → Kathode ‖ **Katodenstrahl** = → Kathodenstrahl

Katschberg der, -[e]s: *ein Pass zwischen Kärnten und Salzburg*

Kattun der, -s/-e ⟨arab.-niederl.⟩ (veraltet): *ein Baumwollstoff*

Katz die, -/-en (ugs.): *Katze;* mit jemandem K. und Maus spielen *(ihn mit unklaren Auskünften bis zum [negativen] Ausgang hinhalten);* wie Hund und K. *(verfeindet)* sein | (ugs., oft abw.) *Mädchen;* eine fesche K. | (ugs.) alles für die K. *(vergeblich)* ‖ **katzbuckeln** (ugs.): *sich demütig verhalten, buckeln* ‖ **Katze** die, -/-n: die K. im Sack kaufen *(etwas ungeprüft kaufen)*

Katzelmacher (ugs., abw., veraltet): *Italiener*

katzenartig ‖ **Katzenauge:** *Reflektor für das Fahrrad* ‖ **katzenfreundlich** (abw.): *falsch* ‖ **Katzenfutter** ‖ **Katzengold:** *ein Mineral* ‖ **katzenhaft** ‖ **Katzenjammer:** *Missbehagen [nach einem Rausch];* → Kater[2] ‖ **Katzenkisterl:** *Katzenklo* ‖ **Katzenklo** ‖ **Katzenkopfpflaster:** *Straßenpflaster aus rundlichen Steinen* ‖ **Katzenmusik** (ugs., abw.): *hässliche Musik; Lärm, mit dem jemand belästigt werden soll* ‖ **Katzensprung:** nur einen K. *(gar nicht weit)* entfernt ‖ **Katzenstreu** ‖ **Katzentisch** (ugs.): *kleiner abseitsstehender Tisch* ‖ **Katzenwäsche** (ugs.): *oberflächliches Waschen* ‖ **Katzenzunge** (meist Pl.): *eine Form von Schokolade*

Kauapparat: *alle am Kauen beteiligten Körperteile* ‖ **Kaubewegung**

Kauderwelsch das, -[s]: *unverständliches Gerede* ‖ **kauderwelschen**

kauen: einen Kaugummi k.

kauern: *zusammengekrümmt sitzen; hocken;* ich *bin* im Eck gekauert ‖ **Kauerstellung**

Kauf der, -[e]s/Käufe: das muss man in K. nehmen *(hinnehmen)* ‖ **kaufen:** Bücher k. | (ugs.) sich jemanden k. *(vornehmen; bestechen)* ‖ **Käufer** der, -s/- ‖ **Käuferin** die, -/-innen ‖ **Käuferschicht** ‖ **Kauffrau:** *Besitzerin eines Kaufhauses | eine Berufsbezeichnung;* Fotokauffrau ‖ **Kaufhaus** ‖ **Kaufkraft** die, -: die K. des Euros ‖ **kaufkräftig** ‖ **Kaufkraftverlust** ‖ **käuflich:** etwas k. erwerben | er ist k. *(bestechlich)* ‖ **Käuflichkeit** die, - ‖ **Kauflust** ‖ **Kaufmann** der, -[e]s/-leute; → Kauffrau ‖ **kaufmännisch** ‖ **Kaufmannschaft** ‖ **Kaufmannsgehilfe:** *jemand, der im Handelsgewerbe eine Lehrabschlussprüfung abgelegt hat* ‖ **Kaufmannsgehilfin** ‖ **Kaufmannssprache** ‖ **Kaufpreis** ‖ **Kaufrausch:** *maßloses, hemmungsloses Einkaufen* ‖ **Kaufsumme** ‖ **Kaufverhalten:** das K. der Jugend ‖ **Kaufvertrag** ‖ **Kaufzwang:** ein Preisausschreiben ohne K.

Kaugummi

Kaukasus der, -: *ein Gebirgszug an der Grenze zwischen Europa und Asien*

Kaulquappe die, -/-n: *eine Entwicklungsform bei Frosch und Kröte*

kaum: *fast nicht* | k. *(gerade, eben erst)* war sie angekommen, als ...

Kaumuskel

kausal ⟨lat.⟩: *ursächlich;* ein kausaler Zusammenhang ‖ **Kausalbeziehung** ‖ **Kausalgesetz** ‖ **Kausalität** die, - ‖ **Kausalkette:** *Folge von Ursache und Wirkung* ‖ **Kausalprinzip** ‖ **Kausalzusammenhang** ‖ **kausativ** (Sprachwiss.): *verursachend, bewirkend;* kausatives Verb, zB *fällen* zu *fallen*

Kaustik die, - ⟨gr.⟩ (Phys.): *Brennfläche einer Linse oder eines Hohlspiegels* ‖ **kaustisch** (Chemie): *ätzend, beißend* | (geh.) kaustischer *(spöttischer, bissiger)* Witz

Kautabak

Kautel die, -/-en ⟨lat.⟩ (Jus): *Vorbehalt [in einem Vertrag]*

Kaution [-tsi̯-] die, -/-en ⟨lat.⟩: *Geld zur Sicherstellung als Pfand;* eine K. erlegen; gegen K. frei gelassen werden

Kautschuk der, -s/-e ⟨Indianerspr.-span.⟩: *Rohstoff aus dem Milchsaft verschiedener tropischer Pflanzen für die Herstellung von Gummi* ‖ **Kautschukbaum** ‖ **Kautschukparagraf** = **Kautschukparagraph** [-f] (ugs.): *Gummiparagraph*

Kauwerkzeuge die (Pl.) (Zool.) → Kauapparat

Kauz der, -es/Käuze: *eine Eulenart* | ein sonderbarer K. *(eigenartiger Mensch)* ‖ **kauzig:** *sonderbar, eigenartig, skurril* ‖ **Kauzigkeit** die, -

Kavalier [-v-] der, -s/-e ⟨it.-fr.⟩: *taktvoller, bes. Frauen gegenüber höflicher Mann* | (veraltet) *Begleiter einer Dame* | (früher) *eleganter Höfling* ‖ **kavaliermäßig,** *auch:* kavaliersmäßig ‖ **Kavaliersdelikt:** *Verstoß, der [zu Unrecht] nicht ernst genommen wird* ‖ **kavaliersmäßig** → kavaliermäßig ‖ **Kavalierspitz** (Küchenspr.): *eine Rindfleischsorte* ‖ **Kavalierstart,** *auch:* Kavaliersstart: *lärmendes Losfahren mit dem Auto oder Motorrad* ‖ **Kavalkade** die, -/-n: *festliche Reitergruppe* ‖ **Kavallerie** die, -/-n (Mil.): *Reiterei* ‖ **Kavallerist** der, -en/-en (Mil.)

Kavatine [-v-] die, -/-n ⟨lat.-it.⟩ (Mus.): *eine kurze, liedhafte Arie*

Kaverne [-v-] die, -/-n ⟨lat.⟩ (Med.): *Höhle; Hohlraum* ‖ **kavernös** (Med.)

Kaviar [-v-] der, -s/-e ⟨gr.⟩: *gesalzener Fischrogen, Fischeier* ‖ **Kaviarbrötchen**

Kazoo [kəˈzuː] das, -[s]/-[s] ⟨engl.⟩: *ein volkstümliches (amerikanisches) Blasinstrument*

kB = **KB** (EDV): **Kilob**yte (1 024 Byte)

Kebab [auch: -ˈa-] = **Kebap** der = das, -s/-s ⟨pers.-türk.⟩: *türkischer [Lamm]fleischspieß;* → Dönerkebab

keck: *frech, unbefangen* ‖ **Keckheit** die, -/-en

Keeper [ˈkiːpə] der, -s/- ⟨engl.⟩ (Sport): *Tormann* ‖ **Keeperin** die, -/-innen (Sport)

Keepsmiling [kiːpˈsmaɪ-] das, -s ⟨engl.⟩ (wörtl.: immerzu lächeln): *optimistische Grundeinstellung*

Kees das, -es/-e (T, S, K): *Gletscher (in Namen);* → Ferner; → Firn

Kefir [auch: -ˈfiːə] der, -s ⟨kaukasisch-russ.⟩: *säuerliches Getränk aus gegorener Milch*

KEG [ka e ˈgeː] die, -/-s: **K**ommandit**e**rwerbs**g**esellschaft

Kegel der, -s/-: K. scheiben *(kegeln);* ich scheibe K./ich habe K. geschoben; *aber:* beim Kegelscheiben | (Math.) *ein geometrischer Körper, Konus* ‖ **Kegelbahn** ‖ **Kegelbudel** (ugs., veraltet): *Kegelbahn* ‖ **kegelförmig** ‖ **kegeln,** ich kegle ‖ **Kegelscheiben** das, -s: *Kegeln* ‖ **Kegelschnitt** (Math.) ‖ **Kegelspiel** ‖ **Kegelstatt** (veraltend): *Kegel-*

bahn ‖ **Kegelstumpf** (Math.)
Kehle die, -/-n: *Teil des Halses* ‖ **kehlig:** ein kehliger Schrei ‖ **Kehlkopf** ‖ **Kehlung** die, -/-en: *Hohlkehle, Rille*
Kehraus der, -: *Abschluss [einer Tanzveranstaltung]* ‖ **Kehrbesen**
Kehre die, -/-n: *enge Kurve* ‖ **kehren**[1]: jemandem den Rücken k. *(sich von jemandem abwenden)* | in sich gekehrt *(versunken)* | „Kehrt euch!" *(ein militärisches Kommando);* kehrt (= Kehrt) euch rufen
kehren[2]: die Straße k. ‖ **Kehricht** der -[e]s (geh.): *Mist, Staub* ‖ **Kehrmaschine**
Kehrreim: *Refrain* ‖ **Kehrseite:** *die andere Seite, der unangenehme Teil einer Sache* ‖ **kehrtmachen,** ich mache kehrt: *sich umdrehen und zurückgehen* ‖ **Kehrvers** [-v-, -f-]: *Refrain* ‖ **Kehrtwendung** ‖ **Kehrwert** (Math.): *reziproker Wert*

K

keifen (abw.): *laut und heftig schimpfen* ‖ **Keiferei** die, -/-en
Keil der, -[e]s/-e: *nach vorne schmäler werdendes Stück, zB aus Holz*
Keile die (Pl.) (bes. D): *Schläge* ‖ **keilen** (abw.): *in aufdringlicher Weise [zu einem Kauf] überreden* ‖ **Keiler** der, -s/- (Jägerspr.): *männliches Wildschwein* | (abw.) *Anwerber* ‖ **Keilerei** die, -/-en (ugs.): *Rauferei* ‖ **Keilerin** die, -/-innen (abw.)
keilförmig ‖ **Keilhose** ‖ **Keilpolster** ‖ **Keilriemen:** *Treibriemen [beim Kraftfahrzeug]* ‖ **Keilschrift:** *altorientalische Schriftform* ‖ **Keilsohle**
Keim der, -[e]s/-e: *Anfang, Ursprung [von Lebewesen]* | (Med.) *Krankheitserreger* ‖ **Keimdrüse** (Biol.): *Geschlechtsdrüse* ‖ **keimen:** die keimende *(aufgehende)* Saat ‖ **keimfähig** ‖ **Keimfähigkeit** ‖ **keimfrei:** *bakterienfrei* ‖ **Keimling** der, -s/-e ‖ **keimtötend** ‖ **Keimzelle** (Biol.)

kein, keiner, keine, keines: keiner von beiden; in keinem Fall; auf keinen Fall

Deklination des folgenden Adjektivs/Partizips:
Starke Deklination, wenn „kein" nicht gebeugt ist:
– kein einziger Fehler
– kein schönes Fest
– kein Beamter/Bekannter
Schwache Deklination, wenn „kein" gebeugt ist:
– Sie brachte keine schönen (veraltet: schöne) Fotos mit.
– Es gab keine roten Rosen.
– Das Haus wurde von keinem Beamten/Bekannten überwacht.
Die Wendung „in keinster Weise" wird oft umgangssprachlich gebraucht. Da „kein" nicht gesteigert werden kann, heißt die korrekte Form „in keiner Weise":
– das kann ich in keiner Weise unterstützen *(überhaupt nicht)*

keinerlei ‖ **keinesfalls** ‖ **keineswegs** ‖ **keinmal** (bei bes. Betonung auch: kein Mal): einmal ist k. *(etwas ist entschuldbar);* → mal; → Mal ‖ **keinste** (ugs.) (fälschlich oft für): → *kein*
Keks das (D: der), -[e]s/-[e] ⟨engl.⟩: *kleines, süßes Gebäck, eine Bäckerei* ‖ **Keksdose**
Kelch der, -[e]s/-e: *nach oben weiter werdendes [Trink]gefäß mit Fuß* | (Bot.) *Organ der Blüte;* Blütenkelch | (ostöst., mda.) (Küchenspr.) *Kohl* ‖ **Kelchblatt:** *Blatt eines Blütenkelchs* ‖ **kelchförmig** ‖ **Kelchglas**
Kelim der, -[s]/-[s] ⟨türk.⟩: *orientalischer Webteppich*
Kelle die, -/-n: *ein Maurerwerkzeug* | (bes. T) *Schöpflöffel*
Keller der, -s/-: Wein aus dem K. holen ‖ **Kellerabteil** ‖ **Kellerassel:** *ein kleines Krebstier* ‖ **Kellerei** die, -/-en: *Weingut* ‖ **Kellereigenossenschaft** (SüdT) ‖ **Kellerfenster** ‖ **Kellergasse** (ostöst.): *typische Gasse in Weingegenden* ‖ **Kellergeschoß,** *auch:* Kellergeschoss ‖ **Kellerkind:** *ärmliches, sozial benachteiligtes Kind* ‖ **Kellerloch:** *muffiger kleiner Raum* ‖ **Kellerlokal** ‖ **Kellermeister:** *eine Berufsbezeichnung* ‖ **Kellermeisterin** ‖ **Kellerstiege** ‖ **Kellerstüberl** = **Kellerstübel** ‖ **Kellertheater** ‖ **Kellertreppe** ‖ **Kellerwohnung** ‖ **Kellner** der, -s/- ‖ **kellnerieren** (ugs.): *kellnern* ‖ **Kellnerin** die, -/-innen ‖ **kellnern** (ugs.): *[nebenbei] als Kellner[in] arbeiten*
Kelte der, -n/-n: *Angehöriger eines Volkes mit einer keltischen Sprache*
Kelter die, -/-n (bes. D): *Fruchtpresse* ‖ **keltern:** Trauben k. *(pressen)*
Keltin die, -/-innen ‖ **keltisch:** keltische Sprachen *(zB Bretonisch, Walisisch, Gälisch/Irisch)*
Kelvin [-v-] das, -s (Phys.): *Maßeinheit für die Temperatur (nach einem englischen Physiker)*
Kemenate die, -/-n ⟨lat.⟩: *Wohnraum für Frauen in einer Burg*
Kendo das, -[s] ⟨jap.⟩: *eine japanische Kampfsportart*
Kenia: *afrikanischer Staat* ‖ **Kenianer** der, -s/- ‖ **Kenianerin** die, -/-innen ‖ **kenianisch**
Kenndaten: *charakteristische Daten*

kennen, kannte/gekannt: ich kenne sie als große Sängerin; wir k. keine Rücksicht | (ugs.) *erkennen*

Großschreibung bei Nominalisierung:
– er ist ums **K**ennen *(nur geringfügig)* kleiner
Getrennt- und Zusammenschreibung bei „kennen lernen" = „kennenlernen":
– ich möchte sie kennen lernen (= kennenlernen)
– ich habe sie beim Skifahren kennen gelernt (= kennengelernt)
– um sie kennen zu lernen (= kennenzulernen)
– du sollst mich noch kennen lernen (= kennenlernen) *(dir werd ich's zeigen!); aber groß:* ein Exemplar zum **K**ennenlernen

kennen lernen = **kennenlernen** → kennen ‖ **Kenner** der -s/-: *Sachverständiger, Experte, jemand, der sich auf einem bestimmten Gebiet gut auskennt* | *Connaisseur* ‖ **Kennerblick** ‖ **Kennerin** die, -/-innen ‖ **Kennermiene** ‖ **Kennerschaft** die, - ‖ **Kennlinie** [-iɛ] (Phys.): *grafisch dargestellter Zusammenhang wichtiger Größen (zB Strom, Spannung) eines elektrischen Systems* ‖ **Kennnummer:** *Nummer, mit der etwas gekennzeichnet ist* | (SüdT) (Kfz) *Autonummer* ‖ **Kenntafel** (SüdT) (Amtsspr., Kfz): *Nummerntafel* ‖ **kenntlich:** *erkennbar;* k. machen ‖ **Kenntnis** die, -/-nisse: jemandem etwas zur K. bringen *(mitteilen);* ihre Worte zur K. nehmen ‖ **Kenntnisnahme** die, - ‖ **kenntnisreich** (geh.) ‖ **Kenntnisstand** ‖ **Kennung** die, -/-en:

Merkmal | Signal | Landmarke ‖ **Kẹnn|wort** das, -[e]s/-wörter: Zuschriften erbeten unter dem K. „Aufsatzwettbewerb" ‖ **Kẹnn|zahl** ‖ **Kẹnn|zei|chen:** ohne besondere K. | *Kurzwort für Kfz-Kennzeichen* ‖ **Kẹnn|zei|chen|schutz** (Jus): *der gesetzliche Schutz des Marken- bzw. Firmenzeichens* ‖ **kẹnn|zeich|nen:** gekennzeichnete Lebensmittel ‖ **kẹnn|zeich|nend:** *typisch, charakteristisch* ‖ **Kẹnn|zeich|nung** die, -/-en ‖ **kẹnn|zeich|nungs|pflich|tig** ‖ **Kẹnn|zif|fer**

Ke|no|tạph [-f] der, -en/-en ⟨gr.-lat.⟩: *scheinbar leeres Grabmal, Gedächtnismal*

Ken|taur = Zentaur der, -en/-en ⟨gr.⟩: *Fabelwesen, halb Pferd, halb Mensch (in der griechischen Sage)*

kẹn|tern: ein kenterndes *(umkippendes)* Boot

Ken|tu|cky [-'tʌki]: *Bundesstaat der USA*

kẹp|peln, ich kepple (ugs., abw.): *fortwährend schimpfen; keifen, nörgeln* ‖ **Kẹp|pel|zahn** (ugs., scherzh.): *vorstehender Zahn* | (abw.) *keppelnde Person* ‖ **Kẹpp|ler** der, -s/- (ugs., abw.) ‖ **Kẹpp|le|rin** die, -/-innen (ugs., abw.)

Ke|ra|mik die, - ⟨gr.-fr.⟩: *Töpferkunst* | (mit Pl. -en) *Figur, Gefäß uÄ aus Ton* ‖ **Ke|ra|mi|ker** der, -s/- ‖ **Ke|ra|mi|ke|rin** die, -/-innen ‖ **ke|ra|misch**

Ke|ra|tin das, -s ⟨gr.-lat.⟩: *Hornsubstanz [in den Haaren]*

Kẹr|be die, -/-n: *Einschnitt, Vertiefung*

Kẹr|bel der, -s: *eine Gewürzpflanze*

kẹr|ben: *einkerben* ‖ **Kẹrb|holz** (nur in der Wendung): etwas auf dem K. *(etwas verschuldet)* haben ‖ **Kẹrb|tier** = **Kẹrf** der, -[e]s/-e (selten): → *Insekt*

Kẹr|ker der, -s/- (früher): *[unterirdisches] Gefängnis* | er wurde zu zehn Jahren K. *(Zuchthausstrafe)* verurteilt ‖ **Kẹr|ker|meis|ter** (früher): *Gefängnisaufseher* ‖ **Kẹr|ker|stra|fe** (bes. früher)

Kẹrl der, -s/-e: ein tüchtiger K. *(Mann, Bursch)*

Kẹrn der, -[e]s/-e: den K. der Kirsche ausspucken | der harte K. *(der wichtigste, entschlossenste Teil)* der Gruppe ‖ **Kẹrn|be|reich** (Bildw.): *allgemein verbindlicher Lehrstoff [im Lehrplan];* → G.: Erweiterungsbereich ‖ **Kẹrn|brenn|stoff:** *in Kernkraftwerken eingesetzter Brennstoff, zB Uran* ‖ **Kẹrn|che|mie** [-k-] (Phys.) ‖ **Kẹrn|ener|gie** die, -: *Atomkraft* ‖ **Kẹrn|ex|plo|si|on** ‖ **Kẹrn|fäu|le:** *Fäule lebender Bäume* ‖ **Kẹrn|fett** das, -[e]s: *ein Rindsfett;* → Kernseife ‖ **Kẹrn|for|schung:** *Atomforschung* ‖ **Kẹrn|fra|ge** ‖ **Kẹrn|frucht** → Kernobst ‖ **Kẹrn|fu|si|on** (Phys.): *Verschmelzung von Atomkernen* ‖ **Kẹrn|ge|biet:** *Zentral-, Hauptbereich* ‖ **Kẹrn|ge|dan|ke:** *wesentlicher Gedanke* ‖ **Kẹrn|ge|häu|se** ‖ **Kẹrn|ge|her** (meist Pl.): *Steinfrucht, deren Fleisch sich leicht vom Kern löst* ‖ **kẹrn|ge|sund** ‖ **Kẹrn|haus** (SüdT, CH, D): *Kerngehäuse* ‖ **Kẹrn|holz:** *harter, innerer Teil des Stamms bestimmter Bäume* ‖ **kẹr|nig:** die Nudeln k. *(bissfest)* kochen | kernige *(kräftige, robuste)* Männer ‖ **Kẹrn|kraft:** *Atomkraft* ‖ **Kẹrn|kraft|geg|ner** ‖ **Kẹrn|kraft|geg|ne|rin** ‖ **Kẹrn|kraft|werk:** *Atomkraftwerk* ‖ **kẹrn|los** ‖ **Kẹrn|obst:** *Äpfel, Birnen u. dgl.* ‖ **Kẹrn|öl:** *Kürbiskernöl* ‖ **Kẹrn|phy|sik** [-fy-]: *Atomphysik* ‖ **Kẹrn|punkt:** *wichtigster Punkt* ‖ **Kẹrn|re|ak|ti|on** [-tsi̯-] (Phys.) ‖ **Kẹrn|re|ak|tor:** *Atomreaktor* ‖ **Kẹrn|schat|ten** (Astron.): *zentraler Schatten einer Lichtquelle* ‖ **Kẹrn|sei|fe:** *grobe Seife aus Kernfett* ‖ **Kẹrn|spal|tung** (Phys.): *Zerlegung oder Zerfall von Atomkernen* ‖ **Kẹrn|stoff:** *allgemein verbindlicher Lehrstoff [bei Prüfungen];* → Kernbereich ‖ **Kẹrn|stück:** *wichtigster Bestandteil* ‖ **Kẹrn|um|wand|lung** (Phys.) ‖ **Kẹrn|ver|schmel|zung** (Phys.) ‖ **Kẹrn|waf|fen** die (Pl.): *Atomwaffen*

Ke|ro|sin das, -s ⟨gr.⟩: *ein Treibstoff [für Flugzeuge]*

Kẹrs|tin: *weibl. Vorname*

Kẹr|ze die, -/-n: die K. ausblasen ‖ **Kẹr|zen|be|leuch|tung** ‖ **kẹr|zen|ge|ra|de** ‖ **kẹr|zen|grad** (ugs.): *kerzengerade* ‖ **Kẹr|zen|leuch|ter** ‖ **Kẹr|zen|licht** ‖ **Kẹr|zen|schein** ‖ **Kẹr|zen|stän|der** ‖ **Kẹr|zen|stum|mel**

Ke|rub = → Cherub

Kẹ|scher der, -s/-: *Handnetz zum Fischen*

kẹss, kesser/am kessesten (urspr. D, sal.): ein kesses *(hübsches; freches)* Mädchen

Kẹs|sel der, -s/-: *ein Metallgefäß* | (Jägerspr.) *Ring von Jägern um das gejagte Wild;* → Kesseltreiben ‖ **Kẹs|sel|fleisch:** *langsam gekochtes Bauchfleisch* ‖ **Kẹs|sel|haus:** *Heizraum* ‖ **Kẹs|sel|schlacht** (Mil.): *Schlacht mit Einkesselung des Gegners* ‖ **Kẹs|sel|schmied:** *eine Berufsbezeichnung* ‖ **Kẹs|sel|schmie|din** ‖ **Kẹs|sel|stein** der, -[e]s: *Kalkablagerung in Wassergefäßen* ‖ **Kẹs|sel|trei|ben:** *schonungsloser Angriff von allen Seiten* ‖ **Kẹs|sel|wa|gen:** *Tankwagen zum Transport von Flüssigkeiten*

KẸST die, -, *auch:* **KẸSt, Kẹst** (Bankw., Wirt.): **K**apital**e**rtrag[s]**st**euer

Kẹs|te die, -/-n (mda.): *Kastanie, Edelkastanie*

Kẹt|chup [-tʃap] das (*auch:* der), -s/-s = **Kẹt|schup** ⟨mal.-engl.⟩: *kalte würzige Sauce aus Tomaten*

Kẹt|te die, -/-n: eine K. aus Edelsteinen | die K. des Fahrrades schmieren | (Wirt.) *Handelskette* ‖ **Kẹt|tel|ma|sche,** *auch: Kettenmasche: Schlussmasche (beim Stricken)* ‖ **kẹt|teln,** ich kettle: *[Teppiche, Strickwaren] mit einer Naht einfassen;* → abketteln ‖ **kẹt|ten:** ich kette das Rad an den Zaun ‖ **Kẹt|ten|an|trieb** ‖ **Kẹt|ten|brief:** *Brief, der vom Empfänger [in betrügerischer Absicht] mehrfach kopiert und weitergeschickt wird* ‖ **Kẹt|ten|brü|cke:** *an Ketten hängende Brücke* ‖ **Kẹt|ten|fahr|zeug:** *Raupenfahrzeug* ‖ **Kẹt|ten|ge|lenk** ‖ **Kẹt|ten|glied** ‖ **Kẹt|ten|hemd** (früher): *Teil der Rüstung* ‖ **Kẹt|ten|hund:** *im Freien angeketteter Wachhund* ‖ **Kẹt|ten|ma|sche** → Kettelmasche ‖ **Kẹt|ten|pan|zer** (früher) ‖ **Kẹt|ten|rau|cher:** *jemand, der eine Zigarette nach der anderen raucht* ‖ **Kẹt|ten|rau|che|rin** ‖ **Kẹt|ten|re|ak|ti|on** [-tsi̯-]: *[nicht mehr beherrschbare] Aufeinanderfolge von Vorgängen, von denen jeder den nächsten zwingend auslöst* ‖ **Kẹt|ten|sä|ge** ‖ **Kẹt|ten|schutz:** *Schutz über der Fahrradkette* ‖ **Kẹt|ten|stich:** *ein Zierstich* ‖ **Kẹt|terl** das, -s/-[n]: *dünne [Schmuck]kette*

Kẹt|zer der, -s/- (oft abw.): *Anhänger einer Irrlehre* ‖ **Kẹt|ze|rei** die, -/-en (oft abw.) ‖ **Kẹt|ze|rin** die, -/-innen (oft abw.) ‖ **kẹt|ze|risch** (oft abw.): ketzerische Bemerkungen ‖ **kẹt|zern** (oft abw.): *sich ketzerisch verhalten* ‖ **Kẹt|zer|tum** ‖ **Kẹt|zer|ver|bren|nung** (früher) ‖ **Kẹt|zer|ver|fol|gung** (früher)

K

keu|chen: *hörbar schwer atmen* ‖ **Keuch|hus|ten:** *eine Infektionskrankheit*
Keu|le die, -/-n: *eine Schlagwaffe* | *Schlegel; Lammkeule* ‖ **keu|len|för|mig** ‖ **Keu|len|schlag:** der Schreck traf sie wie ein K.
Keu|per der, -s (Geol.): *ein Abschnitt der Erdgeschichte*
keusch: *rein, unberührt, schamhaft*
Keu|sche die, -/-n: *ärmliches [verfallenes] [Bauern]haus;* → Keuschler
Keusch|heit die, - ‖ **Keusch|heits|ge|lüb|de** ‖ **Keusch|heits|gür|tel** (früher): *Gürtel für Frauen, der den Geschlechtsverkehr verhindern sollte*
Keusch|ler der, -s/-, *auch:* Keuschner: *Kleinhäusler;* → Keusche ‖ **Keusch|le|rin** die, -/-innen, *auch:* Keuschnerin ‖ **Keusch|ner** → Keuschler ‖ **Keusch|ne|rin** → Keuschlerin

K

Ke|vin [-v-]: *männl. Vorname*
Key|board ['ki:bɔ:d] das, -s/-s ⟨engl.⟩: *Tastatur* | (Mus.) *[elektronisches] Tasteninstrument*
Kfz [ka ɛf 'tsɛt] das, -/-: Kraftfahrzeug ‖ **Kfz-Kenn|zei|chen:** *Nummerntafel* ‖ **Kfz-Me|cha|ni|ker** ‖ **Kfz-Me|cha|ni|ke|rin** ‖ **Kfz-Pi|ckerl:** *eine Begutachtungsplakette* ‖ **Kfz-Speng|ler** ‖ **Kfz-Speng|le|rin** ‖ **Kfz-Steu|er** ‖ **Kfz-Werk|statt**
kg: Kilogramm; ein 25-kg-Sack
KG [ka 'ge:] die, -/-s: Kommanditgesellschaft
KGB [ka ge 'be:] der, -s (früher): *sowjetischer Geheimdienst*
kgl.: königlich
kha|ki = → kaki ‖ **Kha|ki** = → Kaki ‖ **kha|ki|far|big** = → kakifärbig ‖ **Kha|ki|uni|form** = → Kakiuniform
Khan = Chan [k-] der, -s/-e ⟨mongolisch⟩ (früher): *ein mongolischer Herrscher* ‖ **Kha|nat** = Chanat das, -[e]s/-e (früher): *Herrschaft, Reich eines Khans*
Khar|tum: *Hauptstadt des Sudans*
kHz: Kilohertz
Ki|achl [kiəxl] das, -s/-n (westöst.): *Kücherl*
Kib|buz [auch: -'u:-] der, -/-im [Kibbuze] ⟨hebr.⟩: *eine Gemeinschaftssiedlung in Israel* ‖ **Kib|buz|nik** der, -s/-s: *Angehörige/r eines Kibbuz*
Ki|be|rei die, -, *auch:* Kieberei ⟨Rotwelsch-jidd.⟩ (W, ugs., abw.): *[Kriminal]polizei* ‖ **Ki|be|rer** der, -s/-, *auch:* Kieberer (W, ugs., abw.): *Kriminalbeamter, Polizist* ‖ **Ki|be|rin** die, -/-innen, *auch:* Kieberin (W, ugs., abw.)
Ki|cher|erb|se: *ein Gemüse*
ki|chern: *zurückhaltend lachen*
Kick der, -s/-s ⟨engl.⟩ (ugs.): Kaffee gibt mir für die Arbeit den richtigen K. *(Antrieb, Energieschub)* ‖ **Kick|board** [-bɔ:d] (Wz.): *ein Tretroller mit drei Rädern* ‖ **ki|cken** (ugs.): *Fußball spielen* ‖ **Ki|cker** der, -s/-: *Fußballspieler* ‖ **Ki|cke|rin** die, -/-innen ‖ **Ki|ckerl** das, -s/-[n] (ugs.): *kurzes Fußballspiel zum Vergnügen* ‖ **Kick|star|ter:** *Fußstarthebel beim Motorrad*
kid|nap|pen [-nɛ-], gekidnappt ⟨engl.⟩: *Personen, bes. Kinder, entführen* ‖ **Kid|nap|per** der, -s/- ‖ **Kid|nap|pe|rin** die, -/-innen ‖ **Kid|nap|ping** das, -s/-s: *Entführung*
Kid das, -s/-s (meist Pl.) ⟨engl.⟩ (sal., Jug.): *[jüngerer] Jugendlicher, Kind*
Kie|be|rei → Kiberei ‖ **Kie|be|rer** → Kiberer ‖ **Kie|be|rin** → Kiberin
Kie|bitz der, -es/-e: *ein Vogel* | *interessierter Zuschauer [beim Kartenspiel]* ‖ **kie|bit|zen,** du kiebitzt
kie|feln (ugs.): *[ab]nagen;* ich kiefle hartes Brot | (ugs.) an einem Problem k. *(sich damit herumschlagen)*
Kie|fer[1] die, -/-n: *Föhre* | (ohne Pl.) *Holz der Kiefer*

Kie|fer[2] **der = das, -s/-:** ***Teil des Gebisses***

Nicht verwechseln!
- die Kiefer: Baum (Föhre) – hat weibliches Geschlecht
- der/das Kiefer: Teil des Gebisses – kann männlichen oder sächlichen Artikel haben

Kie|fer|bruch ‖ **Kie|fer|chi|r|ur|gie** [-k-] ‖ **Kie|fer|ge|lenk** ‖ **Kie|fer|höh|le** ‖ **Kie|fer|kno|chen**
kie|fern: *aus Kiefernholz* ‖ **Kie|fern|harz** ‖ **Kie|fern|holz** ‖ **Kie|fern|wald** ‖ **Kie|fern|zap|fen**
Kie|fer|ope|ra|ti|on [-tsi̯-] ‖ **Kie|fer|or|tho|pä|die**
Kiel[1]: *deutsche Hafenstadt an der Ostsee, Hauptstadt von Schleswig-Holstein*
Kiel[2] der, -[e]s/-e: *Schaft der Vogelfeder*
Kiel[3] der, -[e]s/-e: *unterster Längsteil eines Schiffes;* auf K. legen *([mit der Arbeit] beginnen)* ‖ **Kiel|li|nie** [-i̯ɛ] ‖ **kiel|oben:** *mit dem Kiel nach oben* ‖ **Kiel|was|ser:** die Fische folgten im K. des Dampfers | er machte seine Karriere im K. *(durch Gefolgschaft)* des Parteivorsitzenden
Kie|me die, -/-n: *Atmungsorgan von Fischen* ‖ **Kie|men|at|mer** der, -s/- (Zool.) ‖ **Kie|men|at|mung** ‖ **Kie|men|spal|te**
Kien|föh|re: *Kiefer* ‖ **Kien|span:** *Span/Fackel aus Föhrenholz*
Kies der, -es/-e: *Menge/Schicht von kleinen [Kiesel]steinen* ‖ **Kie|sel** der, -s/-: *Kieselstein* ‖ **Kie|sel|er|de** ‖ **Kie|sel|säu|re** (Chem.) ‖ **Kie|sel|stein:** *kleiner, durch Wassereinwirkung abgerundeter Stein*
kie|sen, du kiest/kor [kürte]/gekoren [gekürt] (geh., veraltet): *[er]wählen;* → küren
Kies|gru|be ‖ **Kies|hau|fen** ‖ **kie|sig** ‖ **Kies|sand** ‖ **Kies|weg**
Ki|ew ['ki:ɛf] (ukrainisch: Kyjiw ['kejiu̯]): *Hauptstadt der Ukraine*
kif|fen ⟨arab.-engl.⟩ (ugs.): *Marihuana rauchen* ‖ **Kif|fer** der, -s/- (ugs.) ‖ **Kif|fe|rin** die, -/-innen (ugs.)
ki|ke|ri|ki: *Ruf des Hahnes* ‖ **Ki|ke|ri|ki** der, -s/-s (Kinderspr.): *Hahn*
Kil|bi die, - (V, CH): *Kirchweihfest, Kirchtag*
Ki|li|man|dscha|ro der, -[s]: *Bergmassiv in Tansania (Afrika)*
kil|len ⟨engl.⟩ (abw.): *kaltblütig umbringen* ‖ **Kil|ler** der, -s/- (abw.): *[bezahlter] Mörder* ‖ **Kil|ler|hund** (abw.): *bes. gefährlicher Hund, Kampfhund* ‖ **Kil|le|rin** die, -/-innen (abw.) ‖ **Kil|ler|in|stinkt** [-st-] (sal.) (bes. Sport): *Fähigkeit, eine chancenreiche Situation zum Sieg auszunützen* ‖ **Kil|ler|wal**
Ki|lo das (*ugs. auch:* der), -s/-[s] ⟨gr.-fr.⟩: *Kurzwort für Kilogramm* ‖ **Ki|lo|bit** (EDV): *1 024 Bit* ‖ **Ki|lo|byte** [-baɪt] (kB, KB) (EDV): *Maßeinheit der Speicher- und Datengröße;* → Megabyte; → Gigabyte ‖ **Ki|lo|gramm** (kg): *1 000 g;* → Gramm ‖ **Ki|lo|hertz** (kHz): *1 000 Hz* ‖ **Ki|lo|joule** [-dʒul] (Phys.) (KJ): *1 000 Joule* ‖ **Ki|lo|me|ter** [auch: 'ki:-] der = das, -s/- (km): *1 000 m;* → Meter ‖ **Ki|lo|me|ter|geld:** *Entschädigungsbetrag [bei Dienstfahrten] für den im privaten Auto zurückgelegten Kilometer* ‖ **ki|lo|me|ter|lang:** eine kilometerlange Mauer; *aber:* zwei

Kilometer lang ‖ **Ki|lo|me|ter|stand:** *Anzeige auf dem Kilometerzähler* ‖ **Ki|lo|me|ter|stein** ‖ **ki|lo|me|ter|weit** ‖ **Ki|lo|me|ter|zäh|ler:** *Gerät, das in Fahrzeugen die zurückgelegten Kilometer anzeigt* ‖ **Ki|lo|pond** (früher): *Einheit der Kraft* ‖ **Ki|lo|volt** [-v-] (Phys.): *1 000 Volt* ‖ **Ki|lo|watt** (kW): *1 000 W* ‖ **Ki|lo|watt|stun|de** (kWh)

Kilt der, -s/-s ⟨engl.⟩: *karierter schottischer Männerrock*

Kim|me die, -/-n: *Teil der Zielvorrichtung bei Schusswaffen, Grinsel;* K. und Korn

Ki|mo|no der, -[s]/-s ⟨jap.⟩: *ein Kleidungsstück mit weiten Ärmeln*

Ki|n|äs|the|sie die, - ⟨gr.⟩ (Psych., Med.): *Sinn für Körperreaktionen und -bewegungen, Koordinationssinn* ‖ **ki|n|äs|the|tisch** (Psych., Med.)

Kind das, -[e]s/-er: an Kindes statt annehmen *(adoptieren);* sich bei jemandem lieb K. machen *(sich bei jemandem einschmeicheln);* Kind[er] und Kindeskinder *(die Nachkommenschaft);* das K. beim rechten Namen nennen *(offen reden);* mit K. und Kegel *(mit der ganzen Familie);* das K. mit dem Bad[e] ausschütten *(im Übereifer das Gute übersehen)* | (Jus) *Person bis zur Vollendung des 7. Lebensjahres;* → Jugendliche

Kind|berg: *Stadt in der Steiermark*

Kind|bett (veraltend): *Wochenbett* ‖ **Kind|bett|fie|ber** (veraltend) ‖ **Kin|der|an|walt** ‖ **Kin|der|an|wäl|tin** ‖ **Kin|der|ar|beit** ‖ **Kin|der|arzt:** *Pädiater* ‖ **Kin|der|ärz|tin** ‖ **Kin|der|au|ge:** mit großen, staunenden Kinderaugen ‖ **Kin|der|bei|hil|fe** (früher): *Familienbeihilfe* ‖ **Kin|der|be|klei|dung** ‖ **Kin|der|be|treu|ung** ‖ **Kin|der|be|treu|ungs|geld:** *eine Sozialbeihilfe* (früher: *Karenzgeld*) ‖ **Kin|der|bett** ‖ **Kin|der|buch** ‖ **Kin|der|dorf:** *Einrichtung zur familienähnlichen Betreuung von Waisenkindern* ‖ **Kin|de|rei** die, -/-en: *Dummheit, Unerfahrenheit* ‖ **Kin|der|er|mä|ßi|gung** ‖ **Kin|der|er|zie|hung** ‖ **Kin|der|fahr|rad** ‖ **kin|der|feind|lich** ‖ **Kin|der|fest** ‖ **Kin|der|frei|be|trag** ‖ **Kin|der|freun|de** die (Pl.): *eine sozialdemokratische Organisation* ‖ **kin|der|freund|lich** ‖ **Kin|der|gar|ten** ‖ **Kin|der|gar|ten|on|kel** ‖ **Kin|der|gar|ten|pä|d|a|go|gik** ‖ **Kin|der|gar|ten|tan|te** ‖ **Kin|der|gärt|ner** ‖ **Kin|der|gärt|ne|rin** ‖ **Kin|der|geld:** *Kurzwort für Kinderbetreuungsgeld* ‖ **kin|der|ge|recht** → kindgerecht ‖ **Kin|der|hand:** von K. geschrieben ‖ **Kin|der|heil|kun|de** ‖ **Kin|der|heim** ‖ **Kin|der|hort:** *eine Betreuungseinrichtung* ‖ **Kin|der|klei|dung** ‖ **Kin|der|kli|nik** ‖ **Kin|der|kram** (abw.): *Kinderei* ‖ **Kin|der|krank|heit** ‖ **Kin|der|krie|gen** das, -s ‖ **Kin|der|krip|pe:** *Betreuungseinrichtung für Kleinkinder* ‖ **Kin|der|läh|mung** (Med.): → *Poliomyelitis* ‖ **kin|der|leicht:** *sehr leicht* ‖ **kin|der|lieb** ‖ **Kin|der|lied** ‖ **kin|der|los** ‖ **Kin|der|mäd|chen:** *weibl. Person, die in einem Privathaushalt Kinder betreut* ‖ **Kin|der|mes|se:** *bes. für Kinder gestaltete heilige Messe* ‖ **Kin|der|mo|de** ‖ **Kin|der|par|la|ment** → Jugendparlament ‖ **Kin|der|por|no|gra|fie** = **Kin|der|por|no|gra|phie** [-f-] ‖ **Kin|der|psy|cho|lo|gie** [-psy-] ‖ **kin|der|reich** ‖ **Kin|der|schar** ‖ **Kin|der|schreck:** *Person/erfundene Gestalt, vor der sich Kinder fürchten* ‖ **Kin|der|schwes|ter:** *Krankenschwester, die Kinder betreut* ‖ **Kin|der|sen|dung** ‖ **kin|der|si|cher:** *für Kinder ungefährlich* ‖ **Kin|der|sitz:** *spezieller Sitz [im Auto] für [Klein]kinder* ‖ **Kin|der|sitz|pflicht** ‖ **Kin|der|spiel:** das ist ein K. *(kinderleicht)* ‖ **Kin|der|spiel|platz** ‖ **Kin|der|spra|che** ‖ **Kin|der|sterb|lich|keit** ‖ **Kin|der|stim|me** ‖ **Kin|der|stu|be:** eine gute K. *(Erziehung)* haben ‖ **Kin|der|tel|ler:** *für Kinder gestalteter Teller* | (Gast.) *kleines, portioniertes Gericht für Kinder in Restaurants* ‖ **kin|der|tüm|lich:** *kindgerecht; kindhaft* ‖ **Kin|der|wa|ge|le** (V) ‖ **Kin|der|wa|gen** = **Kin|der|wa|gerl** ‖ **Kin|der|zahl** ‖ **Kin|der|zeit** ‖ **Kin|der|zim|mer** ‖ **Kin|des|al|ter** ‖ **Kin|des|an|nah|me** (Amtsspr.): *Adoption* ‖ **Kin|des|bein** (nur in der Wendung): von Kindesbeinen *(von Kindheit)* an ‖ **Kin|des|kin|der** die (Pl.) (geh.): *Enkelkinder; spätere Nachkommen* ‖ **Kin|des|miss|hand|lung** (Amtsspr.) ‖ **Kin|des|mord** (Amtsspr.) ‖ **Kin|des|mut|ter** (Amtsspr.) ‖ **Kin|des|raub** (Amtsspr.): *Entführung eines Kindes* ‖ **Kin|des|tö|tung** (Amtsspr.) ‖ **Kin|des|un|ter|schie|bung** (Amtsspr.): *wissentliche Fehlbenennung des Vaters* ‖ **Kin|des|va|ter** (Amtsspr.) ‖ **Kin|des|weg|le|gung** die, -/-en (Amtsspr.): *das Aussetzen eines Neugeborenen* ‖ **kind|ge|mäß** ‖ **kind|ge|recht,** *auch:* kindergerecht ‖ **kind|haft** ‖ **Kind|heit** die, - ‖ **Kind|heits|er|in|ne|rung** ‖ **kin|disch** (abw.): kindisches *(unreifes)* Benehmen ‖ **kind|lich:** kindliche *(reine, echte)* Freude ‖ **Kinds|kopf** (ugs., abw.): *kindischer Mensch* ‖ **Kinds|pech:** *Stuhlgang des Neugeborenen* ‖ **Kinds|tau|fe** ‖ **Kinds|tod** (Med.): plötzlicher K. *(unerwarteter Tod eines scheinbar gesunden Säuglings)*

Ki|ne|ma|thek die, -/-en ⟨gr.⟩: *Filmarchiv* ‖ **Ki|ne|ma|tik** die, - (Phys.): *Bewegungslehre ohne Berücksichtigung der zu Grunde liegenden Kräfte* ‖ **Ki|ne|ma|to|gra|fie** = **Ki|ne|ma|to|gra|phie** [-f-] die, -: *Filmtechnik, Filmwissenschaft, Filmkunst* ‖ **Ki|ne|tik** die, -: *Lehre von der Bewegung* ‖ **ki|ne|tisch:** kinetische Energie *(Bewegungsenergie)*

King|size [-saɪz] die = das, - ⟨engl.⟩: *Großformat [von Zigaretten]*

Ki|nigl|has der, -en/-en, *auch:* Küniglhas (ugs.): *Kaninchen*

Kin|ker|litz|chen die (Pl.) (ugs.): *Nichtigkeiten, Dummheiten*

Kinn das, -[e]s/-e ‖ **Kinn|ha|ken:** *ein Boxschlag* ‖ **Kinn|rie|men:** *Riemen um das Kinn an Helmen*

Ki|no das, -s/-s ⟨gr.-fr.⟩ ‖ **Ki|no|be|such** ‖ **Ki|no|film:** *für das Kino produzierter Film;* → Fernsehfilm ‖ **Ki|no|gän|ger** der, -s/-: *Kinogeher* ‖ **Ki|no|gän|ge|rin** die, -/-innen ‖ **Ki|no|ge|her** der, -s/- ‖ **Ki|no|ge|he|rin** die, -/-innen ‖ **Ki|no|kar|te** ‖ **Ki|no|kas|sa** = **Ki|no|kas|se** ‖ **Ki|no|or|gel:** *mit besonderen Klangeffekten versehene Pfeifenorgel der Stummfilmzeit* ‖ **Ki|no|pro|gramm**

Ki|osk [auch: -'ɔ-] der, -[e]s/-e ⟨pers.-türk.-fr.⟩: *eine Verkaufshütte;* Zeitungskiosk

Kip|fel das, -s/-: *ein Gebäck* ‖ **Kip|fel|koch** das, -[e]s (reg., zB O): *Brei aus Weißbrot, Früchten uÄ* ‖ **Kip|ferl** das, -s/-[n]: *ein Gebäck* ‖ **Kipf|ler** die (Pl.): *eine Erdäpfelsorte*

Kip|pe[1] die, -/-n: *eine Turnübung* | auf der K. stehen *(gefährdet sein)*

Kip|pe[2] die, -/-n (D, ugs.): *Zigarettenrest*

kip|pen: das Boot kippt | (Ökol.)

K

ein See kippt *(er verliert seine Selbstreinigungskraft)* ‖ **Kippeffekt:** *ein Sicherheitsmerkmal auf Banknoten* ‖ **Kipper** der, -s/-: *Lastwagen, dessen Ladefläche gekippt werden kann* ‖ **Kippfenster** ‖ **Kippschalter** ‖ **Kippvorrichtung**

Kir der, -s/-s: *ein alkoholisches Mixgetränk;* → Kir royal

Kirchdorf (Siedlungsname): K. an der Krems (Kfz: KI) *(Stadt in Oberösterreich)*

Kirche die, -/-n: in die K. gehen; die K. im Dorf lassen *(nicht übertreiben)* ‖ **Kirchenaustritt** ‖ **Kirchenbank** die, -/-bänke: *Betbank* ‖ **Kirchenbann** (früher): *Ausschluss aus der kirchlichen Gemeinschaft;* → Exkommunikation ‖ **Kirchenbau** der, -[e]s/-ten ‖ **Kirchenbeitrag:** *Mitgliedsbeitrag für eine Glaubensgemeinschaft* ‖ **Kirchenbeitragsstelle** ‖ **Kirchenbesucher** ‖ **Kirchenbesucherin** ‖ **Kirchenchor** [-k-] ‖ **kirchenfeindlich** ‖ **Kirchenfenster** ‖ **Kirchenfürst** (geh.): *hoher Geistlicher* ‖ **Kirchengänger** → Kirchgänger ‖ **Kirchengängerin** → Kirchgängerin ‖ **Kirchengeher** → Kirchgeher ‖ **Kirchengeherin** → Kirchgeherin ‖ **Kirchengeschichte** ‖ **Kirchenglocke** ‖ **Kirchenjahr:** *die mit dem Advent beginnende Abfolge der Sonn- und kirchlichen Feiertage* ‖ **Kirchenkampf** (früher): *Auseinandersetzung zwischen Staat und Kirche* ‖ **Kirchenlatein** ‖ **Kirchenlehrer:** *heiliger gelehrter Theologe* ‖ **Kirchenleitung** ‖ **Kirchenlicht** (scherzh., veraltend): sie ist kein K. *(nicht bes. gescheit)* ‖ **Kirchenlied** ‖ **Kirchenmaus** (in der Wendung): arm wie eine K. ‖ **Kirchenmusik** ‖ **Kirchenpatron:** *Schutzheiliger einer Kirche* ‖ **Kirchenpatronin** ‖ **Kirchenprovinz** [-v-]: *mehrere Nachbardiözesen, Amtsbereich eines Erzbischofs* ‖ **Kirchenrecht:** *kanonisches Recht* ‖ **Kirchenschändung** ‖ **Kirchenschiff:** *lang gestreckter Innenraum von Kirchen* ‖ **Kirchenspaltung:** *Schisma* ‖ **Kirchenstaat:** *Vatikanstaat* ‖ **Kirchensteuer** (früher): *Kirchenbeitrag* ‖ **Kirchentonart** (Mus.): *bis ins 17. Jh. gebrauchte mittelalterliche Tonleiter, zB Dorisch* ‖ **Kirchenuhr** ‖ **Kirchenvater:** *frühchristlicher Heiliger bzw. Theologe* ‖ **Kirchenverfolgung:** *[politische] Verfolgung Geistlicher und Gläubiger* ‖ **Kirchenvolk:** *die Laien einer Glaubensgemeinschaft* ‖ **Kirchgang:** der sonntägliche K. *(Besuch der heiligen Messe)* ‖ **Kirchgänger** der, -s/-, *auch:* Kirchengänger: *Gottesdienstbesucher* ‖ **Kirchgängerin** die, -/-innen, *auch:* Kirchengängerin ‖ **Kirchgeher,** *auch:* Kirchengeher: *Kirchgänger* ‖ **Kirchgeherin,** *auch:* Kirchengeherin ‖ **Kirchhof** (veraltend): *Friedhof* ‖ **kirchlich** ‖ **Kirchschlag:** K. in der Buckligen Welt *(Stadt in Niederösterreich)* ‖ **Kirchtag** → Kirtag ‖ **Kirchturm** ‖ **Kirchturmpolitik** (abw.): *engstirnige, kurzsichtige Politik* ‖ **Kirchweih** die, -/-en = **Kirchweihfest:** *Erinnerungsfest an die Kircheneinweihung, auch Festtag des Kirchenpatrons;* → Patrozinium

Kirmes die, -/-messen (reg. in D): *Kirchtag*

kirre (nördl. D, ugs.): jemanden k. *(gefügig)* machen ‖ **kirren** (ugs.): *schrill lachen, kreischen; aber:* → girren

Kir royal [- rụa'jal] der, - -s ⟨fr.⟩: *Getränk aus Johannisbeerlikör und Sekt bzw. Champagner*

Kirsch der, -[e]s: *Kirschenschnaps* ‖ **Kirschbaum** = Kirschenbaum: *ein Obstbaum* | (ohne Pl.) *Holz des Kirschbaums* ‖ **Kirschblüte** ‖ **Kirsche** die, -/-n ‖ **Kirschenbaum** = → Kirschbaum ‖ **Kirschenknödel** = Kirschknödel ‖ **Kirschenkuchen** ‖ **Kirschenschnaps** ‖ **Kirschgeist:** *Kirschenschnaps* ‖ **kirschgroß** ‖ **Kirschholz** ‖ **Kirschkern** ‖ **Kirschknödel** = → Kirschenknödel ‖ **Kirschparadeiser** ‖ **kirschrot** ‖ **Kirschtomate:** *eine kleine Tomatenart* ‖ **Kirschwasser:** *Kirschenschnaps*

Kirtag: *Kirchtag* | *großes öffentliches Fest, Jahrmarkt* ‖ **Kirtagsstandl**

Kischinew [russisch: -'nʲɔf] (rumänisch: Chişinău [kiʃi'nəʊ]): *Hauptstadt Moldawiens*

Kismet das, -s ⟨arab.-türk.⟩: *gottgegebenes Schicksal im Islam*

Kissen das, -s/-: *weiche [mit Federn gefüllte] [Kopf]unterlage, Polster*

Kiste die, -/-n: eine K. Bier | (sal., abw.) *fahrbarer Untersatz, Auto* ‖ **kistenweise:** Bier k. kaufen

Kitchenette [-tʃə'nɛt] die, -/-s ⟨engl.⟩: *Kochnische (in einem Wohnraum)*

Kitsch der, -[e]s: *geschmackloses, künstlerisch minderwertiges Erzeugnis* ‖ **kitschig**

Kitt der, -[e]s/-e: *Dichtungsmaterial [für Fenster]*

Kittchen das, -s/- (ugs., bes. D): *Gefängnis*

Kittel der, -s/-: *Arbeitsüberkleid* | *[trachtiger] Frauenrock* ‖ **Kittelfalte** (ugs.): jemandem nicht von der K. gehen *(nicht von der Seite weichen)* ‖ **Kittelschürze**

kitten: Fenster k.; → Kitt

Kitz das, -es/-e: *junges Reh; junge Gämse; junge Ziege*

Kitzbühel (Kfz: KB): *Stadt in Tirol*

Kitzel der, -s/-: im Ohr einen K. *(einen Juckreiz)* spüren | *Erregung, Spannung erzeugendes Gefühl;* den K. von Höchstgeschwindigkeit fühlen ‖ **kitzelig** → kitzlig ‖ **kitzeln,** ich kitzle ‖ **Kitzler** der, -s/-: → *Klitoris* ‖ **kitzlig,** *auch:* kitzelig: sie ist k. *(empfindlich gegen Kitzel)* | eine kitzlige *(heikle)* Sache

Kiwi die, -/-s ⟨Maori⟩: *eine exotische Frucht*

KJ: **K**ilo**j**oule

k. k. ['ka: 'ka:]: **k**aiserlich-**k**öniglich (ab 1867 in Österreich-Ungarn nur für die österreichische Reichshälfte); → k.; → k. u. k.; → k. u.

Kl.: **Kl**appe (bei Telefonnummern) | **Kl**asse

Klabautermann (Seemannsspr.): *Schiffskobold*

Klachel der, -s/-n (mda.): *Glockenschwengel* | *großer, derber Mensch* | (St, K) (Küchenspr.) *Stück einer Schweinsstelze* ‖ **Klachelsuppe:** *eine steirische und kärntnerische Spezialität aus Schweinshaxen*

Klacks der, -es/-e (nördl. D, ugs.): *Klecks* | (bes. D, ugs.) das ist ein K. *(eine Kleinigkeit, nicht der Rede wert)*

klaffen: eine klaffende *(weit offene)* Wunde

kläffen: *laut und schrill bellen* ‖ **Kläffer** der, -s/-: *Hund, der häufig bellt*

Klafter der = das, -s/- (früher): *ein altes Längen- und Raummaß* ‖ **Klafterholz:** *gestapeltes Holz* ‖ **klaftertief**

klagbar ‖ **Klagbarkeit** die, -/-en ‖ **Klage** die, -/-n ‖ **Klagebegeh-**

ren (Jus) ‖ **Kla|ge|frist** (Jus): *Verjährungsfrist* ‖ **Kla|ge|ge|schrei** ‖ **Kla|ge|grund** (Jus) ‖ **Kla|ge|laut** ‖ **Kla|ge|lied** ‖ **Kla|ge|mau|er:** *jüdischer Gebetsort in Jerusalem* | (ugs.) *jemand, bei dem man sich ausweint, ausspricht* ‖ **kla|gen:** über Schmerzen k. | (Jus) den Schuldner k. *(gegen ihn gerichtlich vorgehen, Ansprüche geltend machen)*

Kla|gen|furt (Kfz: K): *Landeshauptstadt von Kärnten* | (Kfz: KL) Klagenfurt-Land (= Klagenfurt Land) *(Klagenfurt-Umgebung)* ‖ **Kla|gen|fur|ter**[1] [reg. auch: -'u-] (Adj.): die K. Universität ‖ **Kla|gen|fur|ter**[2] der, -s/- ‖ **Kla|gen|fur|te|rin** die, -/-innen

Klä|ger der, -s/- (Jus) ‖ **Klä|ge|rin** die, -/-innen (Jus) ‖ **kläg|lich:** k. *(jämmerlich)* scheitern ‖ **klag|los:** k. *(ohne Störung)* funktionieren ‖ **Klags|dro|hung** (Jus) ‖ **Klags|le|gi|ti|ma|ti|on** [-tsi̯-] (Jus): *Berechtigung, im Prozess Kläger oder Beklagter zu sein*

Kla|mauk der, -s: *Geschrei, Lärm* | *komisches Getue* | *lärmende Veranstaltung*

klamm: vor Kälte klamme *(steife)* Finger haben ‖ **Klamm** die, -/-en: *Schlucht* ‖ **Klam|mer** die, -/-n: runde Klammer[n] (); eckige Klammer[n] [ ] ‖ **Klam|mer|äff|chen** = **Klam|mer|af|fe** (Zeichen: @): → *At-Zeichen* | *jemand, der sich stark an einen anderen anhängt* ‖ **Klam|mer|aus|druck** ‖ **Klam|mer|griff** ‖ **klam|mern:** sich an etwas k. *(sich daran krampfhaft festhalten);* → ausklammern ‖ **klamm|heim|lich:** *ganz heimlich*

Kla|mot|te die, -/-n (meist Pl.) ⟨Rotwelsch⟩ (ugs.): *Kleidungsstück* ‖ **Kla|mot|ten|kis|te**

Klamp|fe die, -/-n: *Eisenklammer [für Baugerüste]* | (ugs., veraltend) *Gitarre*

Klan = Clan [k-] der, -s/-s [-e] ⟨kelt.-engl.⟩: *Sippe, Stammesverband* | *Anhängerschaft, Clique*

klang → klingen ‖ **Klang** der, -[e]s/Klänge: ein voller K. ‖ **Klang|bild** ‖ **Klang|ef|fekt** ‖ **Klang|far|be** ‖ **Klang|fül|le** ‖ **Klang|kör|per** (Mus.): *Orchester* ‖ **klang|lich** ‖ **klang|los** ‖ **Klang|reg|ler:** *Tonblende [an der Stereoanlage]* ‖ **Klang|rein|heit** ‖ **klang|schön** ‖ **klang|voll** ‖ **Klang|wol|ke:** *große [multimediale] musikalische Lautsprecherübertragung im Freien;* Linzer K. *(ein Musikfestival)*

Kla|po|tetz [auch: -'o(ː)-] der, -/-e ⟨slowen.⟩ (St): *Klapperwindrad als Vogelscheuche in Weingärten*

Klapp|bett ‖ **Klap|pe** die, -/-n: eine K. öffnen | (mit der Abk. Kl.) *Telefonnebenstelle [bei einem Amt, einer Firma]* | (Mus.) *Verschlussmechanik der Tonlöcher bei Blasinstrumenten* ‖ **klap|pen:** die Abdeckung nach oben k. | alles klappt *(stimmt, geht in Ordnung)* ‖ **Klap|pen|text:** *Werbetext [mit Inhaltsangabe] auf dem Buchumschlag* ‖ **Klap|per** die, -/-n: *Rassel* ‖ **klap|per|dürr:** *bes. dünn* ‖ **klap|pe|rig** → **klapprig** ‖ **klap|pern,** ich klappere ‖ **Klap|per|schlan|ge:** *eine Giftschlange* ‖ **Klap|per|storch** (Kinderspr.) ‖ **Klapp|fens|ter** ‖ **Klapp|lei|ter** ‖ **Klapp|mes|ser:** *zuklappbares Messer* | *eine Turnübung* ‖ **Klapp|rad** ‖ **klapp|rig,** *auch:* klapperig: sich k. *(gesundheitlich angegriffen)* fühlen ‖ **Klapp|ses|sel** ‖ **Klapp|sitz** ‖ **Klapp|tisch**

Klaps der, -es/-e: *leichter Schlag [mit der Hand]* ‖ **Klaps|müh|le** (D, ugs.): *Irrenhaus*

klar

- klares *(reines)* Wasser
- eine klare Sicht

Großschreibung bei Nominalisierung:

- [sich] über etwas im **K**laren sein
- ins **K**lare kommen
- einen **K**laren trinken (Schnaps)

Getrenntschreibung bei wörtlicher Bedeutung:

- klar sehen *(deutlich sehen)*
- nicht klar denken können

Zusammenschreibung bei übertragener Bedeutung:

- mit etwas nicht klarkommen (ugs.: *nicht zurechtkommen*)
- jemandem etwas klarmachen *(verdeutlichen)*
- nicht mehr klarsehen *(keinen Durchblick haben)*
- etwas klarlegen/klarstellen *(erklären, verdeutlichen)*

Getrennt- und Zusammenschreibung in Zweifelsfällen und mit adjektivisch gebrauchten Partizipien:

- sich über etwas klar werden (= klarwerden) *(es verstehen; zu einem Entschluss kommen)*
- ein klar denkender (= klardenkender) Mensch

Klar das, -s/-: *Eiklar*

Kla|ra, *auch:* Clara [k-]: *weibl. Vorname*

Klär|an|la|ge: *Anlage zur Reinigung von Abwässern* ‖ **Klär|be|cken** ‖ **Klar|blick** ‖ **klar denkend** = **klar|den|kend** → klar ‖ **Kla|re** der, -n/-n (D): *farbloser Schnaps* ‖ **klä|ren:** Wein k. *(ihn klar machen, reinigen)* | einen Streitfall k. ‖ **kla|rer|wei|se** ‖ **Klar|heit** die, -/-en: etwas in aller K. sagen

Kla|ri|net|te die, -/-n ⟨lat.-it.-fr.⟩: *ein Holzblasinstrument* ‖ **Kla|ri|net|tist** der, -en/-en ‖ **Kla|ri|net|tis|tin** die, -/-innen

Kla|ris|sa, *auch:* Clarissa [k-]: *weibl. Vorname* ‖ **Kla|ris|sen|or|den:** *ein Nonnenorden, Franziskanerinnen*

klar|kom|men (ugs.): ich komme damit nicht klar *(zurecht)* ‖ **klar|le|gen:** *verdeutlichen;* → klar ‖ **klar|ma|chen:** *verdeutlichen* ‖ **Klär|schlamm** (Ökol.): *Endprodukt von Kläranlagen* ‖ **klar|se|hen:** *den Durchblick haben; aber:* ich konnte wieder klar *(deutlich)* sehen ‖ **Klar|sicht|hül|le** ‖ **Klar|sicht|fo|lie** [-i̯ɛ] ‖ **klar|sich|tig** ‖ **Klar|sicht|pa|ckung** ‖ **Klar|spü|ler** der, -s/-: *ein Geschirrspülmittel* ‖ **Klar|spül|mit|tel:** *Klarspüler* ‖ **klar|stel|len:** *erklären, verdeutlichen* ‖ **Klar|stel|lung** ‖ **Klar|text:** *dechiffrierter Text* | (ohne Pl.) das heißt im K. *(mit anderen, deutlicheren Worten)* … ‖ **Klä|rung** die, -/-en ‖ **klar wer|den** = **klar|wer|den** sich: ich bin mir darüber k. geworden; → klar

klass (ugs.): ein klasser *(tüchtiger, kameradschaftlicher)* Bursch ‖ **klas|se** (bes. D, ugs.): etwas k. finden; das ist k.! *(super;* Frage *Wie?*); *aber:* das ist große Klasse ‖ **Klas|se** die, -/-n (Kl.): in die 3. K. gehen | (Soz.) *Gesellschaftsschicht mit gleichen sozialen und ökonomischen Merkmalen;* Arbeiterklasse | (Biol.) *Rangstufe im System der Organismen;* die K. der Wirbeltiere | *Qualitätsstufe;* Äpfel der [Güte]klasse II ‖ **Klas|se|ment** [-s'mãː] das, -s/-s: *Reihenfolge, Einreihung* ‖ **klas|sen|be|wusst** ‖ **Klas|sen|be|wusst|sein:** *klassenbewusste Gesinnung (bes. im marxistischen Sinn)* ‖ **Klas|sen|bes|te**[1] der, -n/-n, ein Klassenbester ‖ **Klas|sen|bes|te**[2] die, -n/-n ‖ **Klas|sen|buch:** den Unterrichtsstoff ins

K

K. eintragen ‖ **Klassenerhalt** (Sport): *Verbleiben in der derzeitigen Spielklasse* ‖ **Klassenfeind** (im Marxismus): *Feind der Arbeiterklasse* ‖ **Klassenforum** (Bildw.): *Eltern und Klassenlehrer/in einer Klasse im Pflichtschulbereich;* → Schulforum ‖ **Klassengesellschaft** (Soz.) ‖ **Klassenhass** ‖ **Klassenjustiz** (im Marxismus): *Rechtsprechung zu Gunsten der herrschenden Klasse* ‖ **Klassenkamerad** ‖ **Klassenkameradin** ‖ **Klassenkampf** (im Marxismus): *Kampf der gesellschaftlichen Klassen um die Macht* ‖ **Klassenkasperl:** *Scherzbold in einer Schulklasse* ‖ **Klassenkollege:** *[ehemaliger] Mitschüler* ‖ **Klassenkollegin** ‖ **Klassenkonferenz:** *Dienstbesprechung der Lehrer/innen einer Klasse* I *Gesamtheit ihrer Teilnehmer* ‖ **Klassenlehrer** ‖ **Klassenlehrerin** ‖ **klassenlos:** die klassenlose *(unterschiedslose)* Gesellschaft als Ziel des Marxismus ‖ **Klassenlos:** *Los in der Klassenlotterie* ‖ **Klassenlotterie** ‖ **Klassensprecher** ‖ **Klassensprecherin** ‖ **Klassentreffen:** *Treffen ehemaliger Klassenkameradinnen und -kameraden* ‖ **klassenübergreifend** ‖ **Klassenunterschied** ‖ **Klassenvorstand:** *Mitglied des Lehrkörpers einer Klasse, dem koordinierende, pädagogische und Verwaltungsaufgaben zukommen* ‖ **klassenweise** ‖ **Klassenziel** (bes. D): das K. *(Jahresziel)* im Lehrplan erreichen ‖ **Klassenzimmer** ‖ **Klassenzug** (früher): erster und zweiter K. der Hauptschule; → Leistungsgruppe ‖ **Klassifikation** [-tsi-] die, -/-en ‖ **klassifizierbar** ‖ **klassifizieren:** *nach Arten einteilen, ordnen; beurteilen; Noten geben* ‖ **Klassifizierung** die, -/-en ‖ **-klassig** (nur in Zusammensetzungen wie erstklassig)

Klassik die, - ⟨lat.-fr.⟩: *Blütezeit der antiken griechischen und römischen Kultur* I *Zeitabschnitt grundlegender künstlerischer, auch wissenschaftlicher Leistungen;* Wiener Klassik ‖ **Klassiker** der, -s/-: der Roman ist ein K. *(ist zeitlos gültig)* ‖ **klassisch:** klassische Philologie *(→ Altphilologie)* ‖ **Klassizismus** der, -: *am klassischen Altertum orientierter Kunststil (18. und 19. Jh.)* ‖ **klassizistisch**

Klatsch der, -[e]s (abw.): *Tratsch* ‖ **klatschen,** du klatsch[s]t: in die Hände k.; Beifall k. I *tratschen* ‖ **klatschhaft** (abw.) ‖ **Klatschkolumnist** (oft abw.) ‖ **Klatschkolumnistin** (oft abw.) ‖ **Klatschmohn:** *Mohnblume* ‖ **klatschnass** ‖ **Klatschspalte:** *Gesellschaftsteil in Zeitungen, Zeitschriften* ‖ **Klatschsucht** die, - (abw.) ‖ **klatschsüchtig** (abw.): *tratschsüchtig*

Klatter die, -/-n (V, mda.): *Kuhflade*

Klaubauf der, -s/-e (T, K): *maskierte Teufelsgestalt (ähnlich dem Krampus), die am 5. Dezember den Nikolo begleitet* I (V) *eine Faschingsfigur* ‖ **Klaubauflaufen:** *ein Osttiroler Volksbrauch*

klauben: Holz k. *([auf]sammeln)* I (bes. ostöst.) Beeren k. *(pflücken)* ‖ **Klauber** der, -s/- (SüdT): *Erntehelfer* ‖ **Klauberin** die, -/-innen (SüdT) ‖ **Klaubobst:** *Fallobst*

Klaue die, -/-n: *Hornzehe von Huftieren* I *Kralle der Greifvögel*

klauen (ugs.): *stehlen*

Klaus, *auch:* Claus [k-]: *männl. Vorname*

Klause die, -/-n ⟨lat.⟩: *Klosterzelle; Einsiedelei* I *Talenge, -sperre*

Klausel die, -/-n ⟨lat.⟩: *Vermerk; Zusatz; Vorbehalt* I *Losungswort für ein Sparbuch*

Klausen (it.: Chiusa ['kju:-]): *Stadt in Südtirol*

Klausner der, -s/- ⟨lat.⟩: *Einsiedler* ‖ **Klausnerin** die, -/-innen

Klaustrophobie [-f-] die, - ⟨gr.⟩ (Psych.): *Angst vor/in geschlossenen Räumen*

Klausur die, -/-en ⟨lat.⟩: die K. *(ein abgeschlossener Teil)* eines Klosters I eine Tagung in K. *(Zurückgezogenheit)* I *Kurzwort für Klausurarbeit* ‖ **Klausurarbeit:** *eine Prüfungsarbeit unter Aufsicht* ‖ **Klausurtagung**

Klaviatur [-v-] die, -/-en ⟨lat.⟩: *die Tasten [eines Klaviers]* ‖ **Klavichord** [-k-] = Clavichord [k-] das, -[e]s/-e: *ein Tasteninstrument, Vorläufer des Klaviers* ‖ **Klavier** das, -s/-e: *ein Tasteninstrument;* K. spielen ‖ **Klavierabend:** *ein Klavierkonzert* ‖ **Klavierauszug:** *Einrichtung [eines Orchestersatzes] nur für Klavier* ‖ **Klavierbauer** der, -s/-: *Klaviermacher* ‖ **Klavierbauerin** die, -/-innen ‖ **Klavierbegleitung** ‖ **Klavierkonzert:** *Veranstaltung mit Klaviermusik, Klavierabend* ‖ **Klavierlehrer** ‖ **Klavierlehrerin** ‖ **Klaviermacher** ‖ **Klaviermacherin** ‖ **Klaviermusik** ‖ **Klavierspiel** ‖ **Klavierstimmer** ‖ **Klavierstimmerin** ‖ **Klavierstockerl** ‖ **Klavierstunde** ‖ **Klaviertrio** (Mus.): *Trio meist mit Violine, Cello, Klavier* ‖ **Klavierunterricht**

Klebeband das, -[e]s/-bänder ‖ **Klebebindung** (Druckw.) ‖ **Klebefalz:** *Klebestreifen [zum Einpicken von Briefmarken]* ‖ **Klebemittel** ‖ **kleben:** *picken* ‖ **kleben bleiben** = **klebenbleiben** (ugs.): in einem Lokal kleben bleiben (= klebenbleiben) *(sich nicht entschließen können zu gehen); aber:* etwas ist im Hals kleben geblieben ‖ **Kleber** der, -s/-: *Klebstoff* I *Eiweißbestandteil im Mehl* ‖ **Klebestelle,** *auch:* Klebstelle ‖ **Klebestreifen,** *auch:* Klebstreifen ‖ **Klebeverband** ‖ **klebrig** ‖ **Klebstelle** → Klebestelle ‖ **Klebstoff** ‖ **Klebstreifen** → Klebestreifen

kleckern (bes. D, ugs.): *patzen* ‖ **Klecks** der, -es/-e: *[Tinten]fleck* ‖ **klecksen,** du kleckst

Klee der, -s: vierblättriger K; jemanden über den grünen K. *(übertrieben)* loben ‖ **Kleeblatt** ‖ **Kleeernte** ‖ **Kleefeld** ‖ **Kleereiter:** *Gerät zum Kleetrocknen*

Kleiber der, -s/-: *ein Vogel*

Kleid das, -[e]s/-er ‖ **Kleidchen** das, -s/- ‖ **kleiden:** das kleidet dich *(steht dir)* gut; sich einfach k. ‖ **Kleiderablage:** *Garderobe* ‖ **Kleiderbügel:** den Mantel auf den K. hängen ‖ **Kleiderbürste** ‖ **Kleiderhaken:** *Wandhaken zum Aufhängen von Kleidung* I (veraltend) *Kleiderbügel* ‖ **Kleiderkasten** ‖ **Kleidermacher** (veraltet): *Schneider* ‖ **Kleidermacherin** (veraltet) ‖ **Kleidermotte** ‖ **Kleiderordnung** (früher): *Garderobenvorschrift* ‖ **Kleiderständer** ‖ **kleidsam:** eine kleidsame *(hübsche, schicke)* Tracht ‖ **Kleidung** die, -/-en ‖ **Kleidungsstück**

Kleie die, -/-n: *Abfall beim Mahlen des Getreides*

klein

Kleinschreibung:

- die Schuhe sind zu klein
- der kleine Mann *(jemand aus dem Volke)*
- von klein auf *(von Kindheit an)*
- das kleine C (c) singen (Mus.)

Großschreibung bei Nominalisierung und in Eigennamen:
- die **K**leinen und die Großen
- im **K**leinen großzügig sein *(in kleinen Dingen)*
- Groß und **K**lein *(alle, jedermann)*
- im **K**leinen einkaufen *(stückweise)*
- bis ins **K**leinste durchdenken *(vollkommen)*
- der **K**leine Bär *(ein Sternbild)*

Getrenntschreibung:
- klein beigeben *(sich fügen)*
- [sehr] klein schreiben *(in winzigen Schriftzügen); aber zusammen:* Verben musst du kleinschreiben

Zusammenschreibung bei übertragener Bedeutung:
- sich nicht kleinkriegen lassen *(unterkriegen)*
- sich kleinmachen *(tiefstapeln)*
- ein Problem kleinreden *(herunterspielen)*
- Adjektive werden kleingeschrieben
- Ordnung wird bei ihnen kleingeschrieben *(für unwichtig gehalten)*

Getrennt- und Zusammenschreibung:
Mit Verben, die ein Resultat herbeiführen:
- sich klein machen (= kleinmachen) *(sich ducken)*
- Obst klein schneiden (= kleinschneiden)

Mit adjektivisch gebrauchten Partizipien:
- das klein Gedruckte (= Kleingedruckte) lesen *(die genauen Bedingungen)*
- klein geschnittene (= kleingeschnittene) Röcke
- ein klein karierter (= kleinkarierter) Stoff; *aber zusammen:* kleinkarierte Ansichten *(engstirnige)*

Klein das, -s (bes. D) (Küchenspr.): *[Hühner]klein* ‖ **Klein|an|zei|ge:** *kurzes Inserat in der Zeitung* ‖ **Klein|asi|en** [-i̯ɛn]: *Großteil des Gebiets der heutigen Türkei in Asien* ‖ **Klein|ar|beit:** mühsame K. *(Detailarbeit)* ‖ **Klein|bau|er** ‖ **Klein|bäu|e|rin,** *auch:* **Klein|bäu|rin** ‖ **Klein|be|trieb** (Wirt.) ‖ **Klein|buch|sta|be** ‖ **Klein|bür|ger:** *Angehöriger der unteren Schicht des Bürgertums* | (abw.) *Spießer* ‖ **Klein|bür|ge|rin** ‖ **klein|bür|ger|lich** ‖ **Klein|bür|ger|tum** ‖ **Klein|bus** ‖ **Klein|dar|stel|ler:** *Schauspieler kleiner Rollen* ‖ **Klein|dar|stel|le|rin** ‖ **Klein|fa|mi|lie** [-i̯ɛ] ‖ **Klein|for|mat** ‖ **Klein|gar|ten:** *Schrebergarten* ‖ **klein Ge|druck|te** = **Klein|ge|druck|te** das, -n → klein ‖ **Klein|geld** das, -[e]s ‖ **klein ge|schnit|ten** = **klein|ge|schnit|ten** ‖ **klein|gläu|big** (geh., abw.): *leicht verzagt, zweiflerisch* ‖ **Klein|han|del** ‖ **Klein|häus|ler:** *Kleinbauer* ‖ **Klein|häus|le|rin** ‖ **Klein|heit** die, - ‖ **klein|her|zig** (abw.): *engherzig* ‖ **Klein|hirn** ‖ **Klei|nig|keit** die, -/-en ‖ **Klein|holz** das, -es: etwas zu K. machen *(zertrümmern)* ‖ **Klein|ka|li|ber|ge|wehr:** *ein Sportgewehr* ‖ **klein|ka|li|brig** ‖ **klein|ka|riert:** *engstirnig; aber:* ein klein karierter (= kleinkarierter) Stoff ‖ **Klein|kind** ‖ **Klein|kirch|heim** → Bad Kleinkirchheim ‖ **Klein|kram** ‖ **Klein|krieg:** *Guerilla* | *ständige Streitereien* ‖ **klein|krie|gen:** sich nicht k. *(unterkriegen)* lassen ‖ **Klein|kri|mi|na|li|tät** ‖ **Klein|kunst:** *kleine literarische/musikalische Form, meist unterhaltenden/satirischen Inhalts, zB Sketch, Chanson, Cabaret* ‖ **Klein|kunst|büh|ne** ‖ **klein|laut:** k. werden *(nicht mehr großtun; verstummen)* ‖ **klein|lich** (abw.): *engstirnig, übergenau* ‖ **Klein|lich|keit** die, -/-en (abw.) ‖ **klein|ma|chen** sich: *tiefstapeln; aber:* sich klein machen (= kleinmachen) *(sich ducken)* ‖ **Klein|mut** der, -[e]s (geh.) ‖ **klein|mü|tig** (geh.): *mutlos, verzagt* ‖ **Klein|mü|tig|keit** die, - (geh.) ‖ **Klein|od** das, -[e]s/-e [-ien] [ˈoːdi̯ɛn] (geh.): *wertvoller Schmuck; Kostbarkeit* ‖ **Klein|par|tei** ‖ **klein|re|den:** *herunterspielen* ‖ **klein schnei|den** = **klein|schnei|den** ‖ **klein|schrei|ben:** *mit kleinem Anfangsbuchstaben schreiben* | *gering schätzen; für unwichtig halten; aber:* klein *(in kleinem Schriftzug)* schreiben ‖ **Klein|schrei|bung** ‖ **Klein|staat** ‖ **Klein|stadt** ‖ **klein|städ|tisch** ‖ **Kleinst|kind:** *Baby* ‖ **Kleinst|le|be|we|sen** ‖ **kleinst|mög|lich** ‖ **Klein|tier:** *kleines Haustier, zB Hund, Katze, Käfigvogel, Ratte* ‖ **Klein|tier|züch|ter** ‖ **Klein|tier|züch|te|rin** ‖ **Klein|trans|por|ter** ‖ **Klein|vieh:** *Geflügel, Kaninchen* ‖ **Klein|wa|gen** ‖ **klein|weis,** *auch:* **klein|wei|se:** etwas k. *(in kleinen Teilen)* bearbeiten ‖ **klein|win|zig** ‖ **Klein|woh|nung** ‖ **Klein|wuchs** [-ks] ‖ **klein|wüch|sig:** kleinwüchsige Pflanzen ‖ **klein|wun|zig** = **klein|wu|zig** (mda.): *kleinwinzig*

Kleis|ter der, -s/-: *ein Klebstoff* ‖ **kleis|tern**

Kle|ma|tis = Clematis [k-] die, -/- ⟨gr.-lat.⟩: *eine Pflanzengattung*

Kle|mens → Clemens

Kle|men|ti|ne die, -/-n: *eine Zitrusfrucht (nach dem französischen Züchter)*

Klem|me die, -/-n: *eine Art Klammer* | in der K. sein *(in Not, bedrängt sein)* ‖ **klem|men:** diese Tür klemmt *(sie geht schwer auf)* ‖ **Klemm|map|pe** ‖ **Klemm|schrau|be**

Klemp|ner der, -s/- (nördl. D): *Spengler, Installateur* ‖ **Klemp|ne|rin** die, -/-innen (nördl. D) ‖ **klemp|nern** (nördl. D)

Klep|per der, -s/- (veraltet): *altes, mageres Pferd*

Klep|to|ma|ne der, -n/-n ⟨gr.⟩ ‖ **Klep|to|ma|nie** die, -: *krankhafter Trieb zum Stehlen* ‖ **Klep|to|ma|nin** die, -/-innen

kle|ri|kal ⟨lat.⟩ ‖ **Kle|ri|ka|le**[1] der, -n/-n, ein Klerikaler: *Anhänger des Klerus* ‖ **Kle|ri|ka|le**[2] die, -n/-n ‖ **Kle|ri|ka|lis|mus** der, -; → G.: *Laizismus* ‖ **kle|ri|ka|lis|tisch** ‖ **Kle|ri|ker** der, -s/-: *Angehöriger des Klerus* ‖ **Kle|rus** der, - ⟨gr.-lat.⟩: *katholische Geistlichkeit* | (oft abw.) *Angehörige der Amtskirche*

kle|schen, es klescht (ugs.): *krachen* | du klesch[s]t ihm eine *(gibst ihm eine Ohrfeige)* ‖ **Kle|scher** der, -s/- (ugs.): *Kracher* | *Ohrfeige*

Klet|te die, -/-n: *eine Pflanze;* sich wie eine K. an jemanden hängen

Klet|te|rei die, -/-en ‖ **Klet|te|rer** der, -s/- ‖ **Klet|ter|gar|ten:** *Übungsbereich für Bergsteiger* ‖ **Klet|ter|ge|rüst** ‖ **Klet|te|rin** die, -/-innen ‖ **klet|tern** ‖ **Klet|ter|par|tie** ‖ **Klet|ter|pflan|ze** ‖ **Klet|ter|schuh** ‖ **Klet|ter|seil** ‖ **Klet|ter|wand**

Klett|ver|schluss: *Haftverschluss [bei Schuhen]*

Klet|ze die, -/-n: *getrocknete Birne*

klet|zeln, ich kletzle (ugs.): *mit*

K

dem Finger herunterkratzen
Klet|zen|brot: *ein Früchtebrot* ‖ **Klet|zen|fül|le**
Kle|zmer ['klesm-] die, - = der, -[s] ⟨hebr.-jidd.⟩: *jüdische volkstümliche Musik (aus Osteuropa stammend)*
klick: es machte k. ‖ **Klick** der, -s/-s: *ein Geräusch [einer Kamera]* | *Mausklick* ‖ **kli|cken**
klie|ben, klob/gekloben: Holz k. *(spalten);* geklobene Schindeln ‖ **Klieb|ha|cke:** *ein Beil*
Kli|ent der, -en/-en ⟨lat.⟩: *Kunde [eines Rechtsanwalts];* → Client ‖ **Kli|en|tel** die, -/-en: *Kundenkreis [eines Rechtsanwalts]* ‖ **Kli|en|ten|stock** ‖ **Kli|en|tin** die, -/-innen
Kliff das, -s/-s: *[felsiger] Steilabfall der Küste*
Kli|ma das, -s/-s [Klimate] ⟨gr.⟩: ein mildes K. ‖ **Kli|ma|än|de|rung** ‖ **Kli|ma|an|la|ge** ‖ **Kli|mak|te|ri|um** das, -s (Med.): *Lebensphase [der Frau], die durch eine Störung des hormonellen Gleichgewichts geprägt ist; Wechseljahre* ‖ **Kli|ma|schutz** ‖ **Kli|ma|schwan|kung** ‖ **Kli|ma|tech|nik** ‖ **kli|ma|tisch** ‖ **kli|ma|ti|sie|ren:** das Zimmer ist klimatisiert *(es hat eine Klimaanlage)* ‖ **Kli|ma|ti|sie|rung** die, -/-en ‖ **Kli|ma|to|lo|gie** die, - ‖ **kli|ma|to|lo|gisch** ‖ **Kli|ma|wan|del** ‖ **Kli|ma|wech|sel** [-ks-]
Kli|max die, - ⟨gr.⟩: *Steigerung, Höhepunkt*
Klim|bim das = der, -s (ugs.): *überflüssige Sachen*
Klimm|zug: *eine Turnübung*
Klim|pe|rei die, -/-en ‖ **Klim|per|kas|ten** (meist abw.): *Klavier* ‖ **klim|pern:** die Münzen k. *(scheppern)* in der Tasche | (meist abw.) auf dem Klavier k.
Klin|ge die, -/-n: die K. des Messers schleifen | (geh.) *Säbel, Degen;* mit jemandem die Klinge[n] kreuzen *(sich mit jemandem messen)*
Klin|gel die, -/-n: an der K. *(Glocke)* läuten ‖ **Klin|gel|an|la|ge** ‖ **Klin|gel|beu|tel:** *Gerät zum Einsammeln von Spenden in der Kirche* ‖ **Klin|gel|knopf** ‖ **klin|geln,** ich klingle: es klingelt an der Tür ‖ **Klin|gel|zei|chen** ‖ **klin|gen,** klang/geklungen: die Glocken k. | er klang verstimmt; das klingt gut *(hört sich vielversprechend an);* das klingt nach dir
Kli|nik die, -/-en ⟨gr.-lat.⟩: *ein Spital;* → Klinikum | *eine Spitalsabteilung* ‖ **Kli|ni|kum** das, -s/Kliniken: *Klinik* | (ohne Pl.) *medizinische Ausbildung im Spital* ‖ **kli|nisch**
Klin|ke die, -/-n: *Türgriff, Türschnalle*
klin|ken: den Schalter k. *(betätigen)* ‖ **Klin|ker** der, -s/-: *hart gebrannter Ziegelstein* ‖ **Klin|ker|bo|den**
Klipp = → Clip
Klip|pe die, -/-n: *schroffer Felsen [im Wasser]* | eine K. *(Schwierigkeit)* überwinden ‖ **Klip|pen|rand**
Klip|per der, -s/- (früher): *ein großes Segelschiff*
klipp und klar: *ganz klar, eindeutig*
Klips = → Clip
klir|ren: die Gläser k. | klirrend *(eisig)* kalt ‖ **Klirr|fak|tor** (Phys.): *ein Maß für die Verzerrung eines Tones*
Kli|schee das, -s/-s ⟨fr.⟩ (oft abw.): *Abklatsch, billige, gedankenlose Nachahmung* | (Kunstg.) *Druckstock für Abbildungen* ‖ **kli|schee|haft** (abw.) ‖ **Kli|schee|vor|stel|lung:** *Vorurteil* ‖ **kli|schie|ren** (Kunstg.): *ein Klischee herstellen*
Klis|tier das, -s/-e ⟨gr.-lat.⟩ (Med.): *Einlauf in den Darm* ‖ **klis|tie|ren** (Med.): *ein Klistier verabreichen*
kli|to|ral ⟨gr.⟩ ‖ **Kli|to|ris** die, -/- [Klitorides] [-'oː-]: *Teil der Vulva, Kitzler*
Klitsch → Glitsch
klitsch|nass
klit|ze|klein (ugs.): *sehr klein, winzig*
Klo das, -s/-s: *Kurzwort für Klosett*
Klo|a|ke die, -/-n ⟨lat.⟩: *Senkgrube, Abwasserkanal* | (Zool.) *gemeinsame Körperöffnung für Darm, Harn- und Geschlechtsorgane bei bestimmten Tieren*
Klo|bas|se [auch: -'a-] die, -/-n, *auch:* **Klo|bas|si,** -/- ⟨slaw.⟩: *Burenwurst*
Klo|ben der, -s/-: *grob gespaltener Holzklotz*
klo|big: eine klobige *(derbe, plumpe)* Gestalt
Klo|bril|le: *Sitzbrett des Klosetts* ‖ **Klo|bürs|te**
Klö|ckeln → Glöckeln ‖ **Klöck|ler** → Glöckler ‖ **Klöck|ler|lauf** → Glöcklerlauf
Klo|de|ckel ‖ **Klo|frau:** *Wärterin einer öffentlichen Klosettanlage* ‖ **Klo|mann** ‖ **Klo|mu|schel**
Klon der, -s/-e ⟨fr.-engl.⟩ (Biol.): *Summe genetisch identer Nachkommen* ‖ **klo|nen** (Biol.): *künstlich (zB gentechnisch) identische Nachkommen von Lebewesen erzeugen* ‖ **Klo|nung** die, -/-en (Biol.)
Klo|pa|pier
Klo|pei|ner See der, - -s (K)
klop|fen: an der/die Tür k. ‖ **Klop|fer** der, -s/-: *Teppichklopfer; Türklopfer* | (ugs., abw.) einen K. haben *(verrückt sein)* ‖ **klopf|fest** (Kfz): klopffestes Benzin ‖ **Klopf|zei|chen**
Klöp|pel der, -s/-: *Glockenschwengel* ‖ **Klöp|pel|ar|beit** ‖ **klöp|peln,** ich klöpple: *in einer bestimmten Handarbeitstechnik Spitzen fertigen* ‖ **Klöp|pel|spit|ze** ‖ **Klöpp|ler** der, -s/- ‖ **Klöpp|le|rin** die, -/-innen
Klo|sett das, -[e]s/-e [-s] ⟨lat.-fr.-engl.⟩: *Toilette; Klomuschel* ‖ **Klo|sett|be|cken** ‖ **Klo|sett|bril|le:** *Sitzbrett des Klosetts* ‖ **Klo|sett|bürs|te** ‖ **Klo|sett|frau** ‖ **Klo|sett|mann** ‖ **Klo|sett|mu|schel** ‖ **Klo|sett|pa|pier:** *Toilettepapier* ‖ **Klo|sett|sitz** ‖ **Klo|sett|spü|lung**
Kloß der, -es/Klöße (nördl. D): *Knödel* | (nördl. D, veraltend) *Klumpen* ‖ **Klöß|chen** das, -s/- (nördl. D)
Klos|ter das, -s/Klöster ⟨lat.⟩: ins K. gehen *(Mönch/Nonne werden)* ‖ **Klos|ter|bru|der:** *Laienbruder* ‖ **Klos|ter|frau:** *Nonne* ‖ **klös|ter|lich** ‖ **Klos|ter|neu|burg:** *Stadt (und Stift) in Niederösterreich* ‖ **Klos|ter|neu|bur|ger Most|waa|ge** (KMW): *Gerät zur Bestimmung des Mostgewichts bzw. Maßeinheit dafür (in Graden);* → Öchsle ‖ **Klos|ter|pfor|te** ‖ **Klos|ter|schu|le** ‖ **Klos|ter|schwes|ter** ‖ **Klos|ter|sup|pe:** *eine Armenausspeisung*
Klo|tür, *auch:* **Klo|tü|re**
Klotz der, -es/Klötze: *kurzes, dickes Stück Holz;* ein schwerer K. ‖ **klot|zig:** *plump*
Klub = Club [k-] der, -s/-s ⟨engl.⟩: *Gesellschaft, Verein* | (Pol.) *Zusammenschluss von Abgeordneten (zum Nationalrat bzw. Landtag) einer Partei;* → Clubbing ‖ **klub|ei|gen** = clubeigen ‖ **Klub|gar|ni|tur** = Clubgarnitur: *Gruppe gepolsterter Sitzmöbel* ‖ **Klub|ob|frau** = Clubobfrau (Pol.) ‖ **Klub|klau|sur** = Clubklausur ‖ **Klub|ob|mann** = Clubobmann (Pol.): *Vorsitzender eines Parlamentsklubs* ‖ **Klub|ses|sel** =

K

Clubsessel ‖ **Klub|spre|cher** = Clubsprecher (Pol.) ‖ **Klub|spre|che|rin** = Clubsprecherin (Pol.) ‖ **Klub|ur|laub** = Cluburlaub: *Urlaub in einer großen Hotelanlage mit umfangreichem Freizeitangebot* ‖ **Klub|zwang** = Clubzwang (Pol.): *faktische Verpflichtung der Abgeordneten, nach der Parteirichtlinie zu stimmen*

Kluft[1] die, -/Klüfte: *tiefe Spalte* | die K. *(die Ungleichheit)* zwischen Arm und Reich; eine K. überwinden

Kluft[2] die, -/Kluften (ugs.): *[alte] [Arbeits]kleidung*

klug, klüger/am klügsten: ein kluger Kopf; *aber:* das **Klügste** ist, dass ...; *aber:* → klugreden ‖ **klu|ger|wei|se** ‖ **Klug|heit** die, -/-en ‖ **klüg|lich** (veraltet): *vernünftigerweise* ‖ **klug|re|den** (nur Inf. und Part.) (abw.): *besserwisserisch sein; aber:* klug *(gescheit)* reden ‖ **Klug|red|ner** (abw.): *Besserwisser* ‖ **Klug|red|ne|rin** (abw.) ‖ **klug|schei|ßen** (nur Inf. und Part.) (ugs., abw.): *anmaßend gescheit reden, alles besser wissen* ‖ **Klug|schei|ßer** der, -s/- (ugs., abw.): *Obergescheiter, Neunmalkluger* ‖ **Klug|schei|ße|rin** die, -/-innen (ugs., abw.)

Klump = **Klum|pert** → Glump ‖ **klum|pen:** der Brei klumpt ‖ **Klum|pen** der, -s/-: ein K. *(ein unförmiges Stück)* Gold/Ton ‖ **Klum|pert** = → Glumpert ‖ **Klump|fuß:** *verkrüppelter Fuß* ‖ **klump|fü|ßig** ‖ **klum|pig**

Klün|gel der, -s/- (abw.): *Gruppe, die sich selbstsüchtig gegen andere abschließt*

Klun|ker der, -s/- = die, -/-n (meist Pl.) (reg., bes. D, oft abw.): *auffallendes Schmuckstück*

Klup|pe die, -/-n (reg.): *Wäscheklammer* | (fachspr.) *eine Art Schublehre für Baumstämme*

km: Kilometer ‖ **km²:** Quadratkilometer ‖ **km³:** Kubikkilometer

K + M + B → C + M + B

km/h [ka ɛm 'haː]: Kilometer je/pro Stunde *(Stundenkilometer)*

KMU (Wirt.): **k**lein- und **m**ittelständische **U**nternehmen

KMW [ka ɛm 'veː]: **K**losterneuburger **M**ost**w**aage; 19° KMW; → Öchsle

kn: Knoten (Maßeinheit der Seefahrt)

Knab|ber|ge|bäck: *Chips, Soletti u. dgl.* ‖ **knab|bern:** *an etwas Hartem beißen*

Kna|be der, -n/-n ‖ **Kna|ben|chor** [-k-] ‖ **kna|ben|haft** ‖ **Knäb|lein** das, -s/-

Knack → Knacks ‖ **Knä|cke|brot:** *eine knusprige Brotsorte* ‖ **kna|cken:** Nüsse k. | ein Problem k. *(lösen)* | Autos k. *(gewaltsam aufbrechen)* ‖ **Kna|cker**[1] die, -/-: *Knackwurst* ‖ **Kna|cker**[2] der, -s/- (ugs., abw.): *alter Mann* ‖ **knack|frisch** (sal.): *knusprig frisch* ‖ **kna|ckig:** *knusprig* ‖ **Knack|punkt:** *entscheidender Punkt, Wendepunkt* ‖ **Knacks** der, -es/-e, *auch:* Knack, -[e]s/-e (ugs.): es machte einen K. *(ein kurzes, krachendes Geräusch)* ‖ **knack|sen,** du knackst ‖ **Knack|wurst:** *eine Wurstsorte*

Knall der, -[e]s/-e: ein lauter K.; sich K. und Fall *(jäh)* verlieben ‖ **Knall|ef|fekt:** *überraschender Höhepunkt* ‖ **knal|len** ‖ **Knal|ler** der, -s/-: *Knall* | *Knallkörper* ‖ **Knall|erb|se:** *ein Knallkörper* ‖ **Knall|frosch:** *ein Knallkörper* ‖ **Knall|gas** (Chem.): *ein Gasgemisch* ‖ **knall|hart:** *beinhart* ‖ **knall|heiß:** *sehr heiß* ‖ **knal|lig:** *grellfarbig* ‖ **Knall|kör|per:** *ein Scherzartikel* ‖ **knall|rot:** *grellrot*

knapp: der Rock ist mir zu k. *(eng)* | mit knapper Not *(gerade noch)* davonkommen

Knap|pe der, -n/-n: *Bergknappe* | (früher) *Schildknappe*

knapp|hal|ten: jemanden mit Taschengeld k. *(ihm wenig geben)* ‖ **Knapp|heit** die, -: räumliche und zeitliche K.

Knapp|schaft die, -/-en: *Gesamtheit der Bergleute eines Bergwerks*

Knar|re die, -/-n (bes. D, ugs.): *Gewehr, Pistole, Revolver* ‖ **knar|ren:** das Bett knarrt

Knast der, -[e]s/- [Knäste] (bes. D, sal.): *Gefängnis;* im K. sein

knat|tern: das Moped knattert

Knäu|el der = das, -s/-: ein K. Wolle ‖ **knäu|e|lig**

Knauf der, -[e]s/Knäufe: *ein kugel- bzw. knopfförmiger Griff*

Knau|ser der, -s/- (ugs., abw.): *Geizhals* ‖ **Knau|se|rei** die, -/-en (ugs., abw.) ‖ **Knau|se|rer** der, -s/- (ugs., abw.): *Geiziger* ‖ **Knau|se|rin** die, -/-innen (ugs., abw.) ‖ **knau|se|rig,** *auch:* knausrig (ugs., abw.): *geizig* ‖ **knau|sern** (ugs., abw.)

Knaus-Ogi|no-Me|tho|de (Med.): *eine Methode der Empfängnisregelung*

knaus|rig → knauserig ‖ **Knaus|rig|keit** die, -

knaut|schen, du knautsch[s]t: *knittern, drücken* ‖ **Knautsch|lack:** *ein Plastikmaterial, Kunstleder* ‖ **Knautsch|zo|ne** (Kfz): *leicht verformbare Karosserieteile, die bei Unfällen die Wucht des Aufpralles mindern*

Kne|bel der, -s/-: *in den Mund gestopftes Stoffstück, das Schreien verhindert* | *Querholz zum Spannen, Befestigen* ‖ **kne|beln,** ich kneble ‖ **Kne|be|lung** die, -/-en, *auch:* Kneblung ‖ **Kne|be|lungs|ver|trag** (Jus): *sittenwidriger Vertrag unter Ausnützung einer faktischen Machtposition* ‖ **Kneb|lung** → Knebelung

Knecht der, -[e]s/-e ‖ **knech|ten** (geh.): *unterdrücken* ‖ **knech|tisch** (geh.) ‖ **Knecht|schaft** die, - ‖ **Knech|tung** die, -/-en (geh.)

knei|fen, kniff/gekniffen (nördl. D): *zwicken* | (bes. D) *sich vor etwas/jemandem drücken*

Knei|pe die, -/-n (D): *ein kleines Wirtshaus; Beisel* ‖ **Knei|pi|er** [-'pjeː] der, -s/-s (D, scherzh.): *Besitzer einer Kneipe*

kneip|pen: *eine Kneippkur machen* ‖ **Kneip|per** der, -s/- ‖ **Kneip|pe|rin** die, -/-innen ‖ **Kneipp|kur:** *eine Wasserkur (nach Pfarrer Kneipp)*

Knes|set die, - ⟨hebr.⟩: *das Parlament in Israel*

knet|bar ‖ **Kne|te** die, - (bes. D, ugs.): *Knet-, Modelliermasse [für Kinder]* | *Geld* ‖ **kne|ten:** einen Teig k. ‖ **Knet|ma|schi|ne** ‖ **Knet|mas|se**

Knick der, -[e]s/-e ‖ **kni|cken:** einen Ast k. *(abbiegen, dass er dabei bricht)*

Kni|cker der, -s/- (nördl. D, ugs.): *Geizhals*

Kni|cker|bo|cker [auch: 'ni-] die, -/- ⟨engl.⟩ (veraltet): *eine halblange (unter dem Knie abschließende) Hose*

kni|cke|rig, *auch:* knickrig (nördl. D): *geizig* ‖ **kni|ckern** (nördl. D): *geizen*

Knicks der, -es/-e: einen K. machen ‖ **knick|sen,** du knickst

Knie das, -s/- [Pl.: 'kniː(ɛ)]: in die K. gehen; etwas übers K. brechen *(mit Gewalt durchsetzen)* ‖ **Knie|beu|ge** die, -/-n ‖ **Knie|fall:** einen K. machen *(sich demütigen)* ‖ **knie|fäl|lig:** k. *(unterwürfig)* bitten ‖ **knie|frei** ‖ **Knie|ge|lenk** ‖ **knie|hoch** ‖ **Knie|ho|se** ‖ **Knie-**

K

kehle: *Beuge an der Rückseite des Knies* || **knielang** || **knien** [kniː(ɛ)n], ich knie [-ˈiː(ɛ)], ich *bin* gekniet [-ˈiːt] || **kniend** [-ˈiːɛ-] || **Kniescheibe** || **Knieschnackler** (reg., ugs.): *Kniezittern beim Abwärtsgehen* || **Knieschoner** || **Knieschützer** der, -s/- || **Kniestrumpf** || **Kniestutzen:** *Kniestrumpf* || **knietief:** knietiefer Schnee || **knieweich:** k. *(mit zittrigen Knien)* gehen

kniff → kneifen || **Kniff** der, -[e]s/-e: *Trick* || **knifflig:** eine knifflige *(verzwickte)* Angelegenheit

Knigge der, -s: *[Handbuch für] richtiges und gutes Benehmen (nach dem deutschen Autor)*

Knilch → Knülch

knipsen, du knipst: *fotografieren* || **Knipser** der, -s/-: *Nagelknipser*

Knirps der, -es/-e: *kleiner Kerl* | (Wz.) *ein zusammenschiebbarer Regenschirm*

K

knirschen, du knirsch[s]t: mit den Zähnen k. *(durch Reiben ein Geräusch erzeugen)*

knistern: das Holz im Ofen k. hören | zwischen den beiden knistert es *(herrscht eine erotische Spannung)*

Knittel der, -s/-: *Knüttel, Knüppel*

Knittelfeld (Kfz: KF): *Stadt in der Steiermark*

Knittelvers [-v-, -f-]: *ein viertaktiger Reimvers*

knitterarm || **Knitterfalte** || **knitterfest** || **knitterfrei:** knitterfreie Seide *(Seide, die sich nicht verdrückt)* || **knittern:** *Falten machen*

knobeln, ich knoble: *auslosen, würfeln;* → knofeln

Knoblauch: *eine Pflanze [zum Würzen]* || **Knoblauchbutter** || **Knoblauchkapsel** || **Knoblauchpresse** || **Knoblauchsuppe** || **Knoblauchzehe**

Knöchel der, -s/-: *Knochen im Fuß bzw. in der Hand* | (früher) *Spielwürfel* || **knöchellang** || **Knochen** der, -s/-: *Bein;* bis auf die K. *(vollständig)* nass werden || **Knochenarbeit:** *harte, alltägliche Arbeit* || **Knochenbau** der, -[e]s || **knochenbrecherisch:** knochenbrecherische *(bes. gefährliche)* Bergtouren || **Knochenbruch** || **Knochengerippe:** *Skelett* || **Knochengerüst** || **knochenhart** || **Knochenkrebs** (Med.) || **Knochenmann:** *der Tod in der Gestalt eines Skeletts* || **Knochenmark** || **Knochenmarkspender** (Med.) || **Knochenmarkspenderin** (Med.) || **Knochenmehl:** *ein Futter* | *ein Düngemittel* || **Knochensplitter** || **knochentrocken** (ugs.): *ganz trocken* || **knöchern:** *aus Knochen* || **knochig:** ein knochiger Körper

Knock-down [ˈnɒkdaʊn] = **Knockdown** der, -s/-s (Sport): *Niederschlag im Boxen* || **knock-out** [-aʊt] = **knockout** (k. o.) (Sport): *kampfunfähig;* jemanden beim Boxen knock-out. (k. o.) schlagen || **Knock-out** = **Knockout** das, -[s]/-s (K. o.) (Sport)

Knödel der, -s/-: Schweinsbraten mit K.; er hat einen K. im Hals *(kann zB vor Aufregung nicht mehr sprechen)* || **Knödelbrot:** *Würfel aus Weißbrot oder Semmeln [als Zutat für Semmelknödel], Semmelbröckerln* || **knödeln** (ugs.): *undeutlich mit gepresster Kehle sprechen/singen*

Knofel der, -s (mda.): *Knoblauch*

knofeln, ich knofle (reg., ugs.): *etwas auslosen;* → knobeln; → verknofeln

Knolle die, -/-n = **Knollen** der, -s/-: *Verdickung, Auswuchs* | (Bot.) *Speicherorgan der Pflanze* || **Knollenblätterpilz:** *ein gefährlicher Giftpilz* || **knollenförmig** || **Knollenfrucht** (ugs.) || **knollig**

Knopf der, -[e]s/Knöpfe: einen K. annähen | *Knoten* || **Knopfdruck:** auf K. funktionieren

Knöpfel das, -s/-n (Küchenspr.): *eine Rindfleischsorte*

knöpfeln, ich knöpfle: *knöpfen* || **knöpfen** || **Knöpfle** die (Pl.) (V): *kleine Nockerln* || **Knopfloch** || **Knopfzelle:** *eine Batterie*

Knorpel der, -s/-: *biegsames Stützgewebe, zB in der Ohrmuschel;* → Kruspel || **knorpelig,** *auch:* knorplig: knorp[e]liges Fleisch

Knorren der, -s/-: *Auswuchs an einem Baum* || **knorrig:** eine knorrige Eiche

Knospe die, -/-n: *noch nicht vollständig entwickelte[s] Blüte, Blatt* || **knospen:** knospende *(Knospen treibende)* Bäume || **Knospung** die, -/-en

knoten: das Schuhband k. || **Knoten** der, -s/-: den K. *(Knopf)* in der Schnur lösen | *hochgestecktes Haar* | *Autobahnkreuzung* | (mit Abkürzung kn) *Maßeinheit der Fahrgeschwindigkeit von Schiffen (Seemeilen pro Stunde)* | → gordisch || **Knotenpunkt:** *Schnittpunkt, Kreuzungspunkt*

Knöterich der, -s: *eine Pflanze*

knotzen, du knotzt/du *bist* geknotzt (ugs.): *[untätig] herumhocken*

Know-how [ˈnəʊhaʊ, auch: -ˈhaʊ] = **Knowhow** das, -[s] ⟨engl.⟩: *das Wissen, wie eine Aufgabe angepackt und gelöst werden kann*

knuddeln, ich knuddle (D): *umschlingen, drücken, liebkosen;* den Teddy k.

Knülch der, -[e]s/-e, *auch:* Knilch (ugs., abw.): *unangenehmer, ungebildeter Mensch*

Knüller der, -s/- (sal.): *Sensationsmeldung* | *Kassenschlager*

Knüpfarbeit || **knüpfen:** *einen Knoten/Knopf machen;* einen Teppich k. || **Knüpfer** der, -s/-: *ein Teppich* || **Knüpftechnik** || **Knüpfteppich**

Knüppel der, -s/-: *derber Stock, Prügel* || **knüppeln,** ich knüpple || **Knüppelschaltung** (Kfz) || **Knüppelweg:** *mit Prügelholz belegter Weg*

knurren: ein knurrender Hund | mir knurrt *(kracht)* der Magen || **knurrig** || **Knurrlaut**

Knusperhäuschen [-sç-] das, -s/-: *Lebkuchenhäuschen* || **knuspern:** *Knuspriges zerbeißen, knabbern* || **knusprig:** eine knusprige *(resche)* Semmel

Knute die, -/-n (bes. D): *eine Peitsche* | unter der K. stehen *(gewaltsam unterdrückt werden)*

knutschen, du knutsch[s]t (ugs.): *küssend drücken, liebkosen* || **Knutscherei** die, -/-en (bes. D, ugs.): *Schmusen* || **Knutschfleck** der, -[e]s/-e[n] (ugs.)

Knüttel der, -s/- (veraltet): *Knüppel, Prügel*

ko- ⟨lat.⟩ (nur in Zusammensetzungen wie koexistieren, Kooperation)

k. o. [ka ˈoː]: **knock-out** || **K. o.** das (*auch:* der), - -[s]/- -[s]: **Knockout;** → K.-o.-Niederlage

Koadjutor der, -s/-en [-ˈoː-] ⟨lat.⟩: *ein dem katholischen Bischof beigegebener Vertreter*

koagulieren ⟨lat.⟩ (Chem.): *gerinnen (von Eiweiß)*

Koala der, -s/-s ⟨Spr. der Aborigines⟩: *ein bärenähnliches Beuteltier*

koalieren ⟨lat.-fr.⟩: *sich vereinigen, sich verbünden* || **Koalition** [-tsi̯-] die, -/-en: *Bündnis (meist zwischen politischen Parteien oder Staaten)* || **koalitionär** ||

Koalitionspartei ‖ **Koalitionspartner** ‖ **Koalitionsregierung:** *Regierung aus zumindest zwei (aber nicht aus allen im Parlament vertretenen) Parteien* ‖ **Koalitionsverhandlungen**

Koautor = Coautor [k-]: *Mitverfasser* ‖ **Koautorin** = Coautorin

Koaxialkabel (fachspr.): *ein Kabel [für Antennen]*

Kobalt = Cobalt [k-] das, -[e]s (Zeichen: Co): *ein chemisches Element* ‖ **kobaltblau** ‖ **Kobaltbombe:** *eine Wasserstoffbombe*

Kobel der, -s/-: *Verschlag;* Taubenkobel

Kobernaußer Wald [auch: -'au- -] der, - -[e]s: *ein Gebirge in Oberösterreich*

Kobold der, -[e]s/-e: *spitzbübischer Zwerg (im Märchen)* ‖ **koboldhaft**

Kobra die, -/-s ⟨lat.-port.⟩: *eine Giftschlange, Brillenschlange*

Koch[1] das, -[e]s: *eine breiige Speise, Mus;* Grießkoch ‖ **Koch**[2] der, -[e]s/Köche: *eine Berufsbezeichnung* ‖ **Kochbuch** ‖ **Kochdunst** ‖ **kochecht:** kochechte *(mit 90° Wassertemperatur waschbare)* Wäsche ‖ **köcheln:** *schwach kochen;* die Suppe auf kleiner Flamme k. lassen

Köchel-Verzeichnis das, -nisses (KV, *auch:* K) (Mus.): *Verzeichnis der Werke W. A. Mozarts;* die Messe KV 275

kochen: eine kochend heiße Suppe | vor Wut k. *(sehr aufgebracht, erregt sein)* ‖ **Kocher** der, -s/-: *[Elektro]gerät, auf dem gekocht werden kann*

Köcher der, -s/-: *ein Behälter [für Pfeile]*

Kocherei die, -/-en ‖ **kochfertig:** kochfertiges *(für das Kochen vorbereitetes, zB geschältes)* Gemüse ‖ **Kochgelegenheit:** *Platz zum Kochen* ‖ **Kochgeschirr** ‖ **Köchin** die, -/-innen ‖ **Kochkunst** ‖ **Kochkurs** ‖ **Kochlöffel** ‖ **Kochnische:** *bes. kleine Küche* ‖ **Kochplatte** ‖ **Kochrezept** ‖ **Kochsalat:** *eine Salatsorte* ‖ **Kochsalz:** *Speisesalz, Natriumchlorid* ‖ **kochsalzarm** ‖ **Kochsalzlösung** ‖ **Kochschokolade** ‖ **Kochtemperatur** ‖ **Kochtopf** ‖ **Kochwäsche:** *Wäsche, die gekocht werden muss* ‖ **Kochzeit**

Koda = Coda [k-] die, -/-s ⟨lat.-it.⟩ (Mus.): *Schlussteil eines musikalischen Satzes*

Kode [ko:t] = Code [ko:t, fr.: kɔd, engl.: kəʊd] der, -s/-s ⟨fr.-engl.⟩: *Schlüssel zum Entziffern [einer Geheimschrift]* | (Sprachwiss.) *Gesamtheit der Zeichen und Regeln eines Sprachsystems;* → kodieren

Für das Wort gibt es zwei Schreibweisen:
- Kode: die eingedeutschte Schreibung
- Code: die fremdsprachige Schreibung

Ebenso: Kodex/Codex, kodieren/codieren

Kodein das, -s ⟨gr.-lat.⟩ (Med.): *ein hustenstillendes Mittel*

Köder der, -s/-: *Lockspeise [für Fische]* ‖ **ködern:** *anlocken*

Kodex der, -[es]/-e [Kodizes] = Codex [k-] der, -[es]/-e (Codices [-ts-]) ⟨lat.⟩: *Gesetzbuch* | *Buch mit Sammlung alter Handschriften* ‖ **kodieren** = codieren: *in einen Code übertragen;* → Code ‖ **Kodierung** = Codierung die, -/-en ‖ **Kodifikation** [-tsi̯-] die, -/-en (Jus): *abschließende schriftliche Abfassung von Rechtsnormen* ‖ **kodifizieren** (Jus) ‖ **Kodifizierung** die, -/-en (Jus)

Kodizill das, -s/-e ⟨lat.⟩ (Jus): *letztwillige Verfügung ohne Erbseinsetzung*

Koedukation [-tsi̯-] die, - (Bildw.): *gemeinsamer Unterricht für Knaben und Mädchen* ‖ **koedukativ** (Bildw.)

Koeffizient der, -en/-en (Math.): *Zahl, die mit einer oder mehreren Variablen multipliziert wird*

Koexistenz die, -: *friedliches Nebeneinanderbestehen [von Staaten mit verschiedenen Gesellschaftssystemen]* ‖ **koexistieren**

Kofel der, -s/- (K, T): *[felsiger] Berg; eine Bergform*

Koffein = Coffein [k-] das, -s ⟨lat.-engl.⟩: *ein anregender Wirkstoff [im Kaffee]* ‖ **koffeinfrei** = coffeinfrei ‖ **koffeinhältig** = coffeinhältig, *auch:* koffeinhaltig, coffeinhaltig

Koffer[1] der, -s/-: die K. packen

Koffer[2] der, -s/- (ugs., abw.): *Dummkopf;* → Vollkoffer

Kofferanhänger: *Namensschild an Koffern* ‖ **Kofferkuli** der, -s/-s: *Gepäckwagen [auf Bahnhöfen];* → Kuli[1] ‖ **Kofferradio:** *kleines, tragbares Radio* ‖ **Kofferraum** ‖ **Kofferschlüssel**

Köflach: *Stadt in der Steiermark*

Kogel der, -s/-: *Bergkuppe; Berg*

Kogge die, -/-n (früher): *ein Segelschiff*

kognak ['kɔnjak] = cognac [k-k]: *kognakfarben* ‖ **Kognak** der, -s/-s: *Weinbrand (nach der französischen Stadt Cognac)* | → Cognac ‖ **kognakfarben** = cognacfarben: *goldbraun* ‖ **Kognakglas** = Cognacglas ‖ **Kognakschwenker** = Cognacschwenker

kognitiv ⟨lat.⟩: *das Denken, die Erkenntnis betreffend*

kohärent ⟨lat.⟩: *zusammenhängend;* → G.: inkohärent ‖ **Kohärenz** die, -/-en: *das Übereinstimmen* | (Gramm.) *Textzusammenhang in inhaltlicher und grammatikalischer Hinsicht* ‖ **kohärieren** ‖ **Kohäsion** die, - (Phys.): *die gegenseitige Anziehungskraft der Moleküle* ‖ **Kohäsionskraft** (Phys.)

Kohl der, -[e]s: *ein Gemüse;* Gemüsekohl | (Bot.) *eine Pflanzengattung* | (D) *Kraut*

Kohle die, -/-n: *ein Brennstoff* ‖ **Kohlebergwerk** ‖ **kohlehältig,** *auch:* kohlehaltig ‖ **Kohlehydrat** [-yd-, -id-] → Kohlenhydrat ‖ **Kohlekraftwerk** ‖ **kohlen:** *schwelend brennen* ‖ **Kohlenbergwerk** ‖ **Kohlendioxid** = **Kohlendioxyd** [-y:t, -i:t] (Chem.): *ein Gas, Kohlensäure in Getränken* ‖ **Kohlenfeuerung** ‖ **Kohlenflöz** (Bergmannsspr.) ‖ **Kohlengrube:** *Kohlebergwerk* ‖ **Kohlengrus** → Grus ‖ **Kohlenheizung** ‖ **Kohlenhydrat** [-yd-, -id-], *auch:* Kohlehydrat: *eine chemische Verbindung* ‖ **Kohlenkeller** ‖ **Kohlenmeiler:** *Holzstoß zur Holzkohlengewinnung* ‖ **Kohlenmonoxid** = **Kohlenmonoxyd** [-y:t, -i:t]: *ein giftiges Gas* ‖ **Kohlenofen** = Kohleofen ‖ **Kohlensäure** die, -: Mineralwasser mit/ohne K. ‖ **kohlensäurehältig,** *auch:* kohlensäurehaltig ‖ **Kohlenschaufel** ‖ **Kohlenstoff** der, -[e]s (Zeichen: C): *ein chemisches Element* ‖ **Kohlenwasserstoff** (Chem.) ‖ **Kohleofen** = Kohlenofen ‖ **Kohlepapier:** *Durchschreibpapier* ‖ **Köhler** der, -s/-: *Holzkohlenbrenner* ‖ **Köhlerei** die, -/-en ‖ **Kohlestift** ‖ **Kohlezeichnung:** *Zeichnung mittels Kohlestift*

Kohlmeise: *ein Vogel*

kohlrabenschwarz

Kohlrabi der, -[s]/-[s]: *ein Gemüse* ‖ **Kohlroulade** [-ru-]: *eine Speise* ‖ **Kohlrübe:** *eine gelbe Rübenart* | *Kohlrabi*

kohlschwarz

Kohlsprosse die (meist Pl.): *Sprossenkohl* ‖ **Kohlweißling** der, -s/-e: *ein Schmetterling, dessen Raupen Pflanzenschädlinge sind*

Koi der, -s/-s ⟨jap.⟩: *ein Zierkarpfen*

Koinzidenz die, -/-en ⟨lat.⟩: *Zusammentreffen von Ereignissen;* → G.: Antikoinzidenz ‖ **koinzidieren**

koitieren = coitieren [k-] ⟨lat.⟩ ‖ **Koitus** = Coitus der, -/- [-tusse]: *Geschlechtsakt*

Koje die, -/-n ⟨lat.-niederl.⟩: *kleines Abteil* | *Schlafstelle [auf Schiffen]*

Kojote = Coyote [k-] der, -n/-n ⟨aztekisch-span.⟩: *Präriewolf (in Nordamerika)*

Kokain das, -[s] ⟨Indianerspr.-span.⟩: *ein Betäubungsmittel; ein Rauschgift* ‖ **kokainsüchtig**

Kokarde die, -/-n ⟨fr.⟩: *knopfförmiges Abzeichen [an Uniformkappen]*

Kokerei die, -/-en ⟨engl.⟩: *Anlage zur Kokserzeugung*

kokett ⟨fr.⟩: *auf charmante Weise eitel;* ein koketter *(reizender)* Hut ‖ **Koketterie** die, -/-n ‖ **kokettieren:** *liebäugeln*

Kokke die, -/-n ⟨gr.-lat.⟩: *kugelförmige Bakterie*

Kokon der, -s/-s ⟨fr.⟩: *Gespinst/Puppe verschiedener Insektenlarven, bes. der Seidenraupe*

Kokosbusserl ⟨span.-fr.⟩: *eine Bäckerei* ‖ **Kokosbutter** ‖ **Kokosette** [-ˈzɛt] das, -s: *Kokosflocken* ‖ **Kokosfett** ‖ **Kokosflocken** die (Pl.) ‖ **Kokoskuppel:** *eine Bäckerei* ‖ **Kokosläufer:** *Teppich aus Kokosfasern* ‖ **Kokosmilch** ‖ **Kokosnuss:** *Frucht der Kokospalme* ‖ **Kokospalme**

Kokotte die, -/-n ⟨fr.⟩ (abw., veraltet): *elegante Prostituierte*

Koks der, -[es]/-e ⟨engl.⟩: *ein Brennstoff* | (ugs.) *Kokain* ‖ **koksen** (ugs.): *Kokain schnupfen* ‖ **Koksofen**

Kolanuss ⟨afrikanisch⟩: *eine coffeinhältige Frucht*

Kolatsche die, -/-n, *auch:* Golatsche ⟨tschech.⟩ (W, N): *eine Mehlspeise;* Topfenkolatsche; → Tascherl

Kolben der, -s/-: *Gewehrkolben* | (Technik) *ein Maschinenteil* | (Bot.) *ein verdickter Blütenstand* ‖ **Kolbenhub** (Technik) ‖ **Kolbenmaschine** (Technik) ‖ **Kolbenmotor** (Technik) ‖ **Kolbenstange** (Technik)

Kolchose die, -/-n ⟨russ.⟩ (früher): *eine landwirtschaftliche Betriebsform in der Sowjetunion, Kollektivwirtschaft;* → Sowchose

Kolibakterie [-i̯ɛ] ⟨gr.⟩ (Med.): *ein Krankheitserreger*

Kolibri der, -[s]/-s ⟨karibisch-fr.⟩: *ein tropischer Vogel*

Kolik die, -/-en ⟨gr.-lat.⟩ (Med.): *ein krampfartiger Schmerzanfall*

Kolitis die, - ⟨gr.⟩ (Med.): *eine Darmentzündung*

Kolkata: *Stadt in Indien* (früher: *Kalkutta*)

Kolkrabe: *ein Rabe*

kollabieren ⟨lat.⟩ (Med.): *einen Kollaps erleiden*

Kollaborateur [-ˈtøːɐ] der, -s/-e ⟨lat.-fr.⟩: *jemand, der mit einer feindlichen Besatzungsmacht zusammenarbeitet* ‖ **Kollaborateurin** die, -/-innen ‖ **Kollaboration** [-tsi̯-] die, -/-en ‖ **kollaborieren**

Kollagen das, -s ⟨gr.-lat.⟩: *ein Eiweißstoff [in Knorpeln, Knochen]*

Kollaps der, -es/-e ⟨lat.⟩ (Med.): *Schwächeanfall;* → kollabieren

Kollar das, -s/-e, *auch:* **Kollare,** -/- ⟨lat.⟩: *weißer Stehkragen des Priestergewandes*

Kollateralschaden ⟨lat.⟩ (Mil., Jus): *ungewollter Schaden beim Angriff eines militärischen Ziels, zB Tod von Zivilpersonen*

kollationieren [-tsi̯-] ⟨lat.⟩: *eine Abschrift mit dem Original vergleichen*

kollaudieren ⟨lat.⟩ (Amtsspr.) ‖ **Kollaudierung** die, -/-en (Amtsspr.): *letzte Prüfung und Bewilligung zur Benützung [eines Neubaus, einer Orgel]* | (SüdT) *behördliche Fahrzeugprüfung*

Kolleg[1] das, -s/-ien [-i̯ən] ⟨lat.⟩: *eine [Ordens]schule;* → Kollegium | (Pl. auch: -s) (veraltet) *(akademische) Lehrveranstaltung* ‖ **Kolleg**[2] das, -s/-s: *eine meist zweijährige Ausbildung für Maturanten/Maturantinnen* ‖ **Kollega**[1] der, -s/-s (veraltet, meist scherzh.): der Herr K. *(Kollege)* ‖ **Kollega**[2] die, -/-s (veraltet, meist scherzh.): die Frau K. *(Kollegin)* ‖ **Kollege** der, -n/-n: *jemand, der in der gleichen Arbeit tätig ist* ‖ **Kollegenkreis** ‖ **kollegial:** *kameradschaftlich* ‖ **Kollegenschaft** die, - ‖ **Kollegialbehörde** (Jus): *Kollegialorgan* ‖ **Kollegialität** die, - ‖ **Kollegialorgan** (Jus): *aus mehreren Mitgliedern bestehendes Entscheidungsgremium* ‖ **Kollegin** die, -/-innen ‖ **Kollegium** das, -s/Kollegien [-i̯ən]: *Lehrkörper, Gesamtheit der Lehrenden*

Kollekte die, -/-n ⟨lat.⟩: *Spendensammlung in der Kirche*

Kollektion [-tsi̯-] die, -/-en ⟨lat.⟩: *[Muster]sammlung [zur Auswahl];* die Modeschöpferinnen präsentieren ihre neue K. *(neuen Modelle)*

kollektiv ⟨lat.⟩: *gemeinschaftlich* ‖ **Kollektiv** das, -s/-e [-fɛ, -vɛ]: *Arbeitsgruppe* ‖ **kollektivieren** [-v-]: *in Kollektive umwandeln* ‖ **Kollektivschuld:** *moralische Schuld einer Gemeinschaft* ‖ **Kollektivum** das, -s/Kollektiva [Kollektiven] (Gramm.): *Sammelname, zB* das Obst ‖ **Kollektivvertrag:** *ein Arbeits-, Lohnabkommen für eine ganze Berufsgruppe* ‖ **Kollektivvertragslohn:** *Lohn gemäß dem Kollektivvertrag* ‖ **Kollektivwirtschaft** (bes. früher): *eine Wirtschaftsform sozialistischer Staaten* ‖ **Kollektor** der, -s/-en [-ˈoː-]: *Vorrichtung zur Stromerzeugung*

Koller der, -s/- (ugs.): *Wutanfall*

kollern: *rollen;* alle Sachen kollerten auf den Boden

Kolli das, -[s]/-s ⟨it.⟩ (veraltet): *Gepäcksstück, Frachtstück*

kollidieren ⟨lat.⟩: *zusammenstoßen;* kollidierende *(zeitlich zusammenfallende)* Termine; → Kollision

Kollier [-ˈli̯eː] = Collier [k-] das, -s/-s ⟨lat.-fr.⟩: *Halsschmuck, Halskette*

Kollision die, -/-en ⟨lat.⟩: *Zusammenstoß;* die K. von Pflichten; → kollidieren

Kollokation [-tsi̯-] die, -/-en ⟨lat.⟩ (Sprachwiss.): *inhaltliche Kombinierbarkeit von Wörtern, zB* es schmeckt + gut, der Hund + bellt

kolloquieren ⟨lat.⟩: *ein Kolloquium als Prüfung ablegen* ‖ **Kolloquium** das, -s/Kolloquien [-i̯ən]: *eine Prüfung an Universitäten* | *Diskussionsrunde*

Köln: *Stadt in Deutschland* ‖ **Kölnischwasser** das, -s: *Eau de Cologne*

Kolofonium = Kolophonium [-f-] das, -s: *ein Harz, das für die Haa-*

re des [Geigen]bogens verwendet wird

Kolon das, -s/-s [Kola] ⟨gr.-lat.⟩ (veraltet): *Doppelpunkt* (:); → Semikolon | (Med.) *Dickdarm*

Koloniakübel = Coloniakübel [k-] ⟨lat.⟩ (reg., bes. W): *behördlich beigestellter Behälter für Abfälle und Müll*

Kolonialgebiet ⟨lat.-fr.⟩ || **Kolonialherren** die (Pl.): *jene, die in einer Kolonie die Fremdherrschaft ausüben* || **Kolonialherrschaft** die, - || **kolonialisieren** || **Kolonialisierung** die, -/-en || **Kolonialismus** der, -: *Erwerb und Ausbeutung von Ländern [in Übersee] zur wirtschaftlichen und politischen Stärkung des Mutterlandes* || **Kolonialkrieg** || **Kolonialmacht** || **Kolonialreich** || **Kolonialwaren** die (Pl.) (veraltet) (Kaufmannsspr.): *Früchte, Gewürze uÄ aus südlichen Ländern* || **Kolonialzeit** || **Kolonie** die, -/-n ⟨lat.⟩: *Ansiedlung in einem fremden Land oder Erdteil;* die österreichische K. *(die Gemeinschaft der Österreicher)* in Rom | *unter Fremdherrschaft stehendes Land [in Übersee]* | *Siedlergemeinschaft* | (Biol.) *Gruppe von gleichartigen Tieren oder Pflanzen;* Möwen brüten in Kolonien || **Kolonisation** [-tsi̯-] die, -/-en: *Gründung einer Kolonie* || **kolonisieren** || **Kolonisierung** die, -/-en || **Kolonist** der, -en/-en: *jemand, der eine [neue] Kolonie besiedelt* || **Kolonistin** die, -/-innen

Kolonnade die, -/-n ⟨lat.-it.-fr.⟩: *Säulengang* || **Kolonne** die, -/-n: *untereinanderstehende [Zahlen, Wörter]* | *eine Gruppe hintereinanderfahrender Fahrzeuge;* in K. fahren | (Pol.) die fünfte K. *([vermeintliche] Gruppe von Kollaborateuren, Saboteuren)*

Kolophonium [-f-] = → Kolofonium

Koloration [-tsi̯-] die, -/-en ⟨lat.⟩: *Haartönung*

Koloratur die, -/-en ⟨lat.-it.⟩ (Mus.): *eine kunstvolle Gesangsverzierung* || **Koloraturarie** [-i̯ɛ] || **Koloratursopran**

kolorieren ⟨lat.⟩: *[eine Zeichnung] [an]färben* || **Kolorierung** die, -/-en || **Kolorit** das, -[e]s/-e: *Farbgebung, Farbwirkung* | *eigentümliche Atmosphäre;* Lokalkolorit

Koloss der, -es/-e ⟨gr.⟩: *Riese; Ungetüm* || **kolossal:** *riesengroß, ungeheuer*

Kolostrum das, -s ⟨lat.⟩ (Med.): *Brustdrüsensekret vor dem Einschießen der Muttermilch*

Kolpinghaus: *Kolpingheim* || **Kolpingheim:** *Wohnheim des Kolpingwerks* || **Kolpingwerk:** *ein katholischer Gesellenverein*

Kolportage [-ˈaːʃ, -ʒɛ] die, -/-n ⟨lat.-fr.⟩: *reißerischer Bericht* | *Straßenverkauf von Zeitungen uÄ* | *Verbreitung von unsicheren Nachrichten* || **Kolportageroman** || **Kolporteur** [-ˈtøːɐ] der, -s/-e: *Zeitungsverkäufer, -austräger* || **Kolporteurin** die, -/-innen || **kolportieren:** *als Gerücht verbreiten;* ihr Name wird von den Medien kolportiert

Kolumbien [-i̯ɛn]: *ein Staat in Südamerika*

Kolumne die, -/-n ⟨lat.⟩: *Druckspalte* | *Zeitungsartikel, der von einem Kolumnisten verfasst wurde* || **Kolumnentitel** || **Kolumnist** der, -en/-en: *Journalist, dem eine bestimmte Zeitungsspalte für einen Meinungsartikel regelmäßig zur Verfügung steht* || **Kolumnistin** die, -/-innen

Koma das, -s/-s [-ta] ⟨gr.⟩ (Med.): *tiefe Bewusstlosigkeit;* im K. liegen

Kombi[1] der, -[s]/-s ⟨lat.⟩: *Kurzwort für Kombi[nationskraft]wagen* || **Kombi**[2] die, -/-s (bes. Sport): *Kurzwort für Kombination*

Kombinat das, -[e]s/-e ⟨lat.-russ.⟩: *ein Zusammenschluss verschiedener Industriezweige (bes. früher in sozialistischen Staaten)*

Kombination [-tsi̯-] die, -/-en ⟨lat.⟩: *Zusammenstellung [von Farben, Kleidungsstücken]* | *Zusammenspiel* | *Gedankenverbindung* | (Sport) *eine Disziplin im alpinen Skilauf;* nordische, alpine K.; → Kombi | (ugs. mit Aussprache [-ˈneːʃ]) (veraltet) *Unterkleid* || **Kombinationsgabe** || **Kombinationsschloss:** *ein Zahlenschloss* || **Kombinatorik** die, - (Math.): *Lehre von den Kombinationen* || **kombinatorisch** || **kombinierbar** || **kombinieren:** *zusammenfügen, zusammensetzen* | *Zusammenhänge suchen; überlegen* || **Kombiwagen:** *kombiniertes Personen- und Lieferauto;* → Kombi || **Kombizange:** *ein Werkzeug*

Kombüse die, -/-n: *Schiffsküche*

Komet der, -en/-en ⟨gr.-lat.⟩: *ein nebliger Schweifstern*

Deklination:
- der Schweif des Komenten
- mit dem Kometen (*nicht:* Komet)
- ohne den Kometen (*nicht:* Komet)

Kometenbahn || **kometenhaft:** ihre Karriere war k. *(überraschend, steil)* || **Kometenschweif**

Komfort [-ˈfoːɐ] der, -s ⟨lat.-fr.-engl.⟩: mit allem K. *(mit allen Bequemlichkeiten)* || **komfortabel:** *bequem* || **Komfortzimmer:** *mit Dusche, Fernseher, Telefon uÄ ausgestattetes Hotelzimmer*

Komik die, - ⟨gr.-lat.-fr.⟩: die K. *(das Erheiternde)* dieser Situation || **Komiker** der, -s/-: *Schauspieler komischer Rollen* | *Vortragskünstler im Varietee uÄ* || **Komikerin** die, -/-innen || **komisch:** *belustigend* | ein komischer *(sonderbarer, wunderlicher)* Mensch || **komischerweise**

Komitat das, -[e]s/-e ⟨lat.⟩: *ungarischer Verwaltungsbezirk*

Komitee das, -s/-s ⟨lat.-fr.⟩: *Arbeitsausschuss; Festausschuss*

Komma das, -s/-s [-ta] ⟨gr.⟩ (,): *Beistrich; Dezimalzeichen;* 1,5 (eins Komma fünf)

Kommandant der, -en/-en ⟨lat.-fr.⟩ (Mil.): *Befehlshaber* || **Kommandantin** die, -/-innen (Mil.) || **Kommandantur** die, -/-en (Mil.): *Sitz des Kommandanten* || **Kommandeur** [-ˈdøːɐ] der, -s/-e (D) (Mil.): *Kommandant* || **Kommandeurin** die, -/-innen (D) (Mil.) || **kommandieren**

Kommanditerwerbsgesellschaft (KEG) ⟨lat.-it.-fr.⟩ (Wirt.): *eine Personengesellschaft* **Kommanditgesellschaft** (KG) (Wirt.): *eine Handelsgesellschaft* || **Kommanditist** der, -en/-en: *beschränkt haftender Gesellschafter einer Kommanditgesellschaft;* → G.: Komplementär || **Kommanditistin** die, -/-innen

Kommando das, -s/-s ⟨lat.-it.⟩: *[militärischer] Befehl* | (mit Pl. Kommanden) *Befehlsgewalt; Truppenführung; Truppe für besondere Aufgaben* || **Kommandobrücke:** *Deckaufbau auf Schiffen für Kapitän, Steuermann ua.* || **Kommandoruf** || **Kommandostand** (Mil.): *Befehls-*

K

stelle einer Einheit ‖ **Kom|man|do|stim|me** ‖ **Kom|man|do|ton** ‖ **Kom|man|do|un|ter|neh|men**
kom|mas|sie|ren ⟨lat.⟩ (Amtsspr.) ‖ **Kom|mas|sie|rung** die, -/-en (Amtsspr.): *amtliche Zusammenlegung von Grundstücken; Flurbereinigung*

kom|men, kam/gekommen: sie kam zu spät; die Getränke k. gleich *(werden gleich gebracht);* der Frühling kommt; es kam zum Streit; ich kam noch nicht dazu *(hatte keine Zeit);* zu sich k. *(das Bewusstsein wiedererlangen);* ums Leben k. *(sterben);* hinter einen Betrug k. *(ihn durchschauen);* jetzt komme ich *(bin ich an der Reihe);* die kommenden Generationen; er kam um sein Geld *(er holte es ab; er wurde um sein Geld gebracht);* komm mir nur nicht *(verschone mich)* damit

Großschreibung bei Nominalisierung:
– eine Partei ist im **K**ommen *(im Trend, aufstrebend)*
Getrennt- und Zusammenschreibung in Verbindung mit „lassen" bei übertragener Bedeutung:
– auf jemanden nichts kommen lassen (= kommenlassen) *(nichts Schlechtes über ihn sagen, in Schutz nehmen)*
– den Gegner kommen lassen (= kommenlassen) (bes. Sport: *angreifen lassen)*
– die Kupplung kommen lassen (= kommenlassen) *(einkuppeln); aber nur getrennt:* er hat mich kommen lassen *(herbestellt)*

kom|men las|sen = **kom|men|las|sen** → kommen
kom|men|su|ra|bel ⟨lat.⟩: kommensurable *(mit demselben Maßsystem messbare)* Größen; → G.: inkommensurabel
Kom|ment [-'mã:] der, -s/-s ⟨lat.-fr.⟩: *Brauch im studentischen Leben;* → Du-Komment
Kom|men|tar der, -s/-e ⟨lat.⟩: *Erklärung, Erläuterung, Stellungnahme* ‖ **kom|men|tar|los** ‖ **Kom|men|ta|tor** der, -s/-en [-'to:-] ‖ **Kom|men|ta|to|rin** die, -/-innen ‖ **kom|men|tie|ren** ‖ **Kom|men|tie|rung** die, -/-en
Kom|mers der, -es/-e ⟨lat.⟩: *festliche Veranstaltung einer studentischen Verbindung [mit Umtrunk]*
Kom|merz der, -es ⟨lat.⟩ (oft abw.): *die Wirtschaft; das rein wirtschaftliche Interesse* ‖ **Kom|merz|den|ken** das, -s (abw.) ‖ **kom|mer|zi|a|li|sie|ren** (oft abw.): den Sport k. *(ihn wirtschaftlichen Interessen unterordnen)* ‖ **Kom|mer|zi|a|li|sie|rung** die, -/-en (oft abw.) ‖ **Kom|mer|zi|al|rat** (KR, Komm.-Rat): *ein Titel für Kaufleute und Industrielle* ‖ **Kom|mer|zi|al|rä|tin** (KR, Komm.-Rätin) ‖ **kom|mer|zi|ell:** *kaufmännisch* | (oft abw.) rein kommerzielle *(auf Gewinn bedachte)* Interessen ‖ **Kom|merz|mu|sik** (oft abw.): *Unterhaltungsmusik, volkstümliche Musik [aus kommerziellen Interessen]*
Kom|mi|li|to|ne der, -n/-n ⟨lat.⟩ (geh., veraltend): *Studienkollege* ‖ **Kom|mi|li|to|nin** die, -/-innen (geh., veraltend)
Kom|mis [-'mi:] der, - [-'mi:(s)]/ - [-'mi:s] ⟨lat.-fr.⟩ (veraltet): *Handelsangestellter*
Kom|miss der, -es ⟨lat.⟩ (sal., veraltet): beim K. *(Militär)* sein
Kom|mis|sar der, -s/-e ⟨lat.⟩ (bes. D): *Kriminalinspektor* | *politischer Funktionär, Beauftragter* ‖ **Kom|mis|sär** der, -s/-e: *Regierungsbeauftragter* | (veraltet) *Polizeiinspektor* ‖ **Kom|mis|sa|ri|at** das, -[e]s/-e: *Polizeidienststelle* ‖ **Kom|mis|sa|rin** die, -/-innen ‖ **Kom|mis|sä|rin** die, -/-innen ‖ **kom|mis|sa|risch:** die kommissarische *(vertretungsweise)* Leitung des Amtes ‖ **Kom|miss|brot** (früher): *eine grobe Brotsorte* ‖ **Kom|mis|si|on** die, -/-en: *Gruppe von Sachverständigen* | *Kurzwort für EU-Kommission* | *Auftrag;* Kommissionen übernehmen und ausführen | (Wirt.) Waren in K. nehmen *(sie nicht auf eigene Rechnung verkaufen)* ‖ **Kom|mis|si|o|när** der, -s/-e (Wirt.): *Kaufmann, der Waren in eigenem Namen auf fremde Rechnung kauft oder verkauft* ‖ **Kom|mis|si|o|nä|rin** die, -/-innen (Wirt.) ‖ **kom|mis|si|o|nell:** k. *(durch eine Kommission)* prüfen ‖ **kom|mis|si|o|nie|ren:** *amtlich prüfen* ‖ **Kom|mis|si|o|nie|rung** die, -/-en ‖ **Kom|mis|si|ons|ge|schäft** (Wirt.): *auf Fremdrechnung getätigtes Geschäft* ‖ **Kom|mis|si|ons|wa|re** (Wirt.)
kom|mod ⟨lat.-fr.⟩ (veraltend): *bequem;* → inkommodieren ‖ **Kom|mo|de** die, -/-n: *Schubladkasten*
Komm.-Rat: Kommerzial**rat** ‖ **Komm.-Rätin: Kom**merzial**rätin**
kom|mu|nal ⟨lat.⟩: kommunale Abgaben *(Gemeindeabgaben)* ‖ **Kom|mu|nal|ab|ga|be** ‖ **kom|mu|na|li|sie|ren:** *Privatbesitz zu Gemeindebesitz machen* ‖ **Kom|mu|nal|po|li|tik** ‖ **Kom|mu|nal|wahl:** *Gemeinderatswahl ua.* ‖ **Kom|mu|ne** die, -/-n (veraltend): *Gemeinde* | *Großfamilie, Wohngemeinschaft* ‖ **Kom|mu|ni|ka|ti|on** [-tsi̯-] die, -/-en; → kommunizieren ‖ **Kom|mu|ni|ka|ti|ons|fä|hig|keit** ‖ **Kom|mu|ni|ka|ti|ons|mit|tel:** *Mittel zur gegenseitigen Verständigung und Information, zB die Sprache, der Rundfunk* ‖ **Kom|mu|ni|ka|ti|ons|zen|trum** ‖ **kom|mu|ni|ka|tiv** ‖ **Kom|mu|ni|kee** = Kommuniqué [-myni'ke:, -mu-] das, -s/-s ⟨lat.-fr.⟩: *eine (amtliche) Verlautbarung* ‖ **Kom|mu|ni|on** die, - (kath.): *Empfang des heiligen Abendmahls;* → kommunizieren ‖ **Kom|mu|ni|qué** [-myni'ke:, -mu-] → Kommunikee ‖ **Kom|mu|nis|mus** der, - ⟨lat.⟩ (Pol.): *eine Wirtschafts- und Gesellschaftsordnung, in der die Produktionsmittel gemeinsames Eigentum sein sollen; die politische Lehre dazu* ‖ **Kom|mu|nist** der, -en/-en ‖ **Kom|mu|nis|tin** die, -/-innen ‖ **kom|mu|nis|tisch:** kommunistische Funktionäre; *aber:* die **K**ommunistische Partei Österreichs (KPÖ) ‖ **kom|mu|ni|zie|ren:** *miteinander reden;* → Kommunikation | *untereinander verbunden sein;* kommunizierende Gefäße | (kath.) *das heilige Abendmahl empfangen;* → Kommunion
kom|mu|ta|bel ⟨lat.⟩: *vertauschbar* ‖ **Kom|mu|ta|ti|on** [-tsi̯-] die, -/-en (Math., Sprachwiss.): *Umstellbarkeit*
Ko|mö|di|ant der, -en/-en ⟨gr.-lat.-it.⟩: *ein Schauspieler* | (abw.) *jemand, der mit schauspielerischem Talent etwas vortäuscht* ‖ **ko|mö|di|an|ten|haft** ‖ **Ko|mö|di|an|ten|tum** das, -s ‖ **Ko|mö|di|an|tin** die, -/-innen ‖ **ko|mö|di|an|tisch** ‖ **Ko|mö|die** [-i̯ɛ] die, -/-n: *Lustspiel* | eine K. vorspielen *(sich verstellen)*
Komp.: Kompanie (in Firmennamen) ‖ **Kom|pa|gnon** [-njo:n] = Compagnon [kõpa'njõ:] der, -s/-s ⟨lat.-fr.⟩: *Mitbesitzer [eines Ge-*

schäfts, einer Firma], Teilhaber
kom|pakt ⟨lat.⟩: *dicht, fest* ‖ **Kom|pakt|an|la|ge** (Elektrot.): *eine Stereoanlage mit zB Verstärker, Tuner, Kassettendeck und CD-Player in einem Gerät* ‖ **Kom|pakt|bau|wei|se** ‖ **Kom|pakt|heit** die, - ‖ **Kom|pakt|ka|me|ra**
Kom|pa|nie die, -/-n ⟨lat.-fr.⟩ (Mil.): *eine militärische Abteilung* | (mit Abkürzung Komp.) = Compagnie [k-aniː] (Co.; veraltet: Cie.) (Kaufmannsspr.) *eine Handelsgesellschaft* ‖ **Kom|pa|nie|füh|rer** (Mil.) ‖ **Kom|pa|nie|stär|ke** (Mil.)
kom|pa|ra|bel ⟨lat.⟩: komparable *(vergleichbare)* Größen; → G.: inkomparabel ‖ **Kom|pa|ra|ti|on** [-tsi̯-] die, -/-en (Gramm.): *Steigerung;* → Vergleichsformen, zB *älter* ‖ **Kom|pa|ra|tis|tik** die, -: *vergleichende Literatur-, Sprachwissenschaft* ‖ **Kom|pa|ra|tiv** der, -s/-e [-fɛ, -vɛ] (Gramm.): *die 2. Vergleichsform, Höherstufe, Mehrstufe*
Kom|par|se der, -n/-n ⟨lat.-it.⟩: *Darsteller kleiner Rollen [ohne Text]* ‖ **Kom|par|se|rie** die, -/-en: *alle beteiligten Komparsen* ‖ **Kom|par|sin** die, -/-innen
Kom|pass der, -es/-e ⟨lat.-it.⟩: *ein Gerät zum Bestimmen der Himmelsrichtungen* ‖ **Kom|pass|na|del:** die K. zeigt nach Norden
kom|pa|ti|bel ⟨lat.-fr.⟩: kompatible *(aufeinander abgestimmte)* Computersysteme; → G.: inkompatibel ‖ **Kom|pa|ti|bi|li|tät** die, -
kom|pen|di|ös ⟨lat.⟩: *umfassend, umfangreich* ‖ **Kom|pen|di|um** das, -s/Kompendien [-i̯ɛn]: *ein zusammenfassendes Lehrbuch*
Kom|pen|sa|ti|on [-tsi̯-] die, -/-en ⟨lat.⟩: *Ausgleich, Entschädigung* ‖ **Kom|pen|sa|ti|ons|ge|schäft:** *Geschäft als Gegenleistung für ein anderes* ‖ **kom|pen|sa|to|risch** ‖ **kom|pen|sie|ren** ‖ **Kom|pen|sie|rung** die, -/-en
kom|pe|tent ⟨lat.⟩: *zuständig, maßgebend;* → G.: inkompetent | *befähigt* | (Sprachwiss.) *Fähigkeit, eine bestimmte Sprache richtig zu gebrauchen;* → Performanz ‖ **Kom|pe|tenz** die, -/-en ‖ **Kom|pe|tenz|kon|flikt:** *Streit um die Zuständigkeit*
Kom|pi|la|ti|on [-tsi̯-] die, -/-en ⟨lat.⟩: *Zusammenstellung bereits vorhandener Werke* ‖ **Kom|pi|la|tor** der, -s/-en [-'toː-] ‖ **Kom|pi|la|to|rin** die, -/-innen ‖ **kom|pi|lie|ren**

Kom|ple|ment das, -[e]s/-e ⟨lat.⟩: *Ergänzung, zB zusätzlicher Band eines Lexikons* ‖ **kom|ple|men|tär:** *gegenseitig ergänzend;* komplementäre Therapien ‖ **Kom|ple|men|tär** der, -s/-e (Wirt.): *unbeschränkt haftender Gesellschafter einer Kommanditgesellschaft;* → G.: Kommanditist ‖ **Kom|ple|men|tär|far|be:** Rot ist die K. zu Grün ‖ **Kom|ple|men|tä|rin** die, -/-innen (Wirt.) ‖ **Kom|ple|men|tär|me|di|zin:** *alternative Medizin in Ergänzung zur Schulmedizin* ‖ **kom|ple|men|tie|ren:** *ergänzen;* sich gegenseitig k. ‖ **Kom|ple|men|tie|rung** die, -/-en (geh.)
Kom|plet[1] [-'leː] das, -[s]/-s ⟨lat.-fr.⟩: *Kleid und Mantel/Jacke aus gleichem Stoff* ‖ **Kom|plet**[2] [-'leːt] die, -/-en ⟨lat.⟩: *kirchliches Abendgebet*
kom|plett ⟨lat.-fr.⟩: *vollständig* | *voll besetzt;* → G.: inkomplett ‖ **kom|plet|tie|ren:** eine Sammlung k. *(vervollständigen)* ‖ **Kom|plet|tie|rung** die, -/-en
kom|plex ⟨lat.⟩: ein komplexes *(vielfältig verflochtenes)* Problem ‖ **Kom|plex** der, -es/-e: *[Wohn]anlage, die aus mehreren Gebäuden besteht* | (Psych.) *verdrängte Gedächtnisinhalte, die zu bestimmtem Verhalten führen* ‖ **Kom|ple|xi|tät** die, -/-en: *Vielfältigkeit, Verflochtenheit* ‖ **Kom|plex|ler** der, -s/- (ugs., abw.): *Mensch mit Minderwertigkeitskomplexen* ‖ **Kom|plex|le|rin** die, -/-innen (ugs., abw.) ‖ **Kom|pli|ce** [-(t)sɛ] der, -n/-n (D): *Komplize* ‖ **Kom|pli|cen|schaft** die, - (D) ‖ **Kom|pli|cin** die, -/-innen (D) ‖ **Kom|pli|ka|ti|on** [-tsi̯-] die, -/-en: *Verwicklung, Schwierigkeit;* → komplizieren ‖ **kom|pli|ka|ti|ons|los**
Kom|pli|ment das, -[e]s/-e ⟨lat.-span.-fr.⟩: jemandem ein K. machen *(seine Bewunderung ausdrücken)* | (veraltet) *ein Gruß;* „[Mein] Kompliment!“ ‖ **kom|pli|men|tie|ren** (geh.): den Gast aus dem Zimmer k. *(ihn höflich abweisen)*
Kom|pli|ze der, -n/-n ⟨lat.-fr.⟩: *Mittäter* ‖ **Kom|pli|zen|schaft** die, -
kom|pli|zie|ren ⟨lat.⟩: → Komplikation ‖ **kom|pli|ziert:** *verwickelt, schwierig* | (Med.) ein komplizierter Bruch ‖ **Kom|pli|ziert|heit** die, -/-en ‖ **Kom|pli|zie|rung** die, -/-en
Kom|pli|zin die, -/-innen ⟨lat.-fr.⟩: *weibl. Form von Komplize*
Kom|plott das, -[e]s/-e ⟨fr.⟩: *eine Verschwörung;* ein K. schmieden
Kom|po|nen|te die, -/-n ⟨lat.⟩: *Teil, Faktor* ‖ **kom|po|nie|ren:** *ein Musikwerk schaffen; einen Text vertonen*

Kom|po|nist der, -en/-en

Deklination:
- die Mutter des Komponisten
- mit dem Komponisten (*nicht:* Komponist)
- ohne den Komponisten (*nicht:* Komponist)

Kom|po|nis|tin die, -/-innen ‖ **Kom|po|si|teur** [-'tøːə], der, -s/-e (veraltet): *Komponist* ‖ **Kom|po|si|ti|on** [-tsi̯-] die, -/-en: *Musikstück* | *Zusammensetzung, -stellung* | *Entwurf, Aufbau [eines Bildes]* ‖ **Kom|po|si|ti|ons|fu|ge** (Sprachwiss.): *Stelle der Zusammensetzung eines Wortes, zB* Wörter|buch ‖ **Kom|po|si|tum** das, -s/Komposita (Sprachwiss.): *Wortzusammensetzung;* → G.: Simplex
Kom|post der, -[e]s/-e ⟨lat.-fr.⟩: *Dünger aus Abfällen* ‖ **Kom|post|hau|fen** ‖ **kom|pos|tier|bar** ‖ **kom|pos|tie|ren:** Gartenabfälle k. ‖ **Kom|pos|tie|rung** die, -/-en
Kom|pott das, -[e]s/-e ⟨lat.-fr.⟩: *gedünstetes oder eingemachtes Obst* ‖ **Kom|pott|schüs|sel**
Kom|pres|se die, -/-n ⟨lat.-fr.⟩: *ein zusammengelegtes feuchtes Tuch; Umschlag; ein feuchter Bauschen* ‖ **Kom|pres|si|on** die, -: *Verdichtung [der Luft]* | (Skisport) *Übergang vom Steilhang in das flache Stück einer Abfahrtsstrecke* ‖ **Kom|pres|si|ons|ver|band** (Med.) ‖ **Kom|pres|sor** der, -s/-en [-'soː-]: *[Luft]verdichter* ‖ **kom|pri|mier|bar** ‖ **kom|pri|mie|ren:** *zusammenpressen, verdichten;* komprimierte Luft ‖ **Kom|pri|mie|rung** die, -/-en
Kom|pro|miss der, -es/-e ⟨lat.⟩: einen K. schließen *(eine Vereinbarung treffen, bei der beide Teile nachgeben)* ‖ **kom|pro|miss|be|reit** ‖ **Kom|pro|miss|be|reit|schaft** ‖ **Kom|pro|miss|fä|hig|keit** ‖ **kom|pro|miss|los** ‖ **Kom|pro|miss|lö|sung** ‖ **kom|pro|mit|tie|ren:** *bloßstellen;* damit hat er sich kompromittiert
Kom|tess die, -/-en = **Kom|tes|se**, -/-n ⟨fr.⟩: *unverheiratete Gräfin*

K

Komtur der, -s/-e ⟨lat.-fr.⟩: *Kommandant der Ordensritter*

kon- ⟨lat.⟩ (nur in Zusammensetzungen wie konfirmieren, Konföderation)

Kondensat das, -[e]s/-e ⟨lat.⟩: *Kondensflüssigkeit* ‖ **Kondensation** [-tsi̯-] die, -/-en ‖ **Kondensator** der, -s/-en [-ˈtoː-]: ein elektrischer K. *(eine Vorrichtung zum Sammeln von Elektrizität)* ‖ **kondensieren:** *verdichten, verflüssigen;* an der kalten Fensterscheibe kondensierender Wasserdampf ‖ **Kondensierung** die, -/-en ‖ **Kondensmilch:** *eingedickte konservierte Milch* ‖ **Kondensstreifen:** *weiße Wolkenspur hinter Flugzeugen* ‖ **Kondenswasser**

Kondiktion [-tsi̯-] die, -/-en (Jus): *die Rückforderung einer Leistung*

Kondition [-tsi̯-] die, -/-en ⟨lat.⟩: *Bedingung;* gute Konditionen aushandeln | in guter K. *(körperlicher Verfassung)* sein ‖ **konditional:** *bedingend* ‖ **Konditionalsatz** (Gramm.): *Bedingungssatz* ‖ **konditionell:** *die körperliche Kondition betreffend* ‖ **konditionieren** (Psych.): ein konditionierter *(durch einen ursprünglich neutralen Stimulus antrainierter)* Reflex ‖ **Konditionierung** die, -/-en ‖ **konditionsschwach** ‖ **Konditionsschwäche** ‖ **konditionsstark** ‖ **Konditionstraining** [-treːn-]

Konditor der, -s/-en [-ˈtoː-] ⟨lat.⟩: *Zuckerbäcker* ‖ **Konditorei** die, -/-en ‖ **Konditorin** die, -/-innen ‖ **Konditorwaren** die (Pl.), *auch:* Konditoreiwaren

Kondolenz die, -/-en ⟨lat.⟩: *Beileid[sbezeugung]* ‖ **Kondolenzbesuch** ‖ **Kondolenzschreiben** ‖ **kondolieren:** den Hinterbliebenen k. *(das Beileid aussprechen)*

Kondom das, -s/-e ⟨engl.⟩: *empfängnis- und infektionsverhütende Gummihülle für den Penis [beim Geschlechtsverkehr], Präservativ*

Kondominium das, -s/Kondominien [-i̯ən] ⟨lat.-it.⟩ (SüdT): *Wohnblock*

Kondor der, -s/-e ⟨Indianerspr.-span.⟩: *ein Geier*

Kondukt der, -[e]s/-e ⟨lat.⟩: *Geleit, zB der Zug der Trauergäste bei einem Begräbnis* ‖ **Kondukteur** [-ˈtøːɐ] der, -s/-e (veraltet): *[Zug-, Straßenbahn]schaffner* ‖ **Kondukteurin** die, -/-innen (veraltet)

Konfekt das, -[e]s/-e ⟨lat.⟩: *feine Bonbons*

Konfektion [-tsi̯-] die, -/-en ⟨lat.-fr.⟩: *fabriksmäßige Herstellung von Kleidern; Fertigkleidung;* → G.: Maßarbeit ‖ **konfektionieren** ‖ **Konfektionsanzug** ‖ **Konfektionsgröße** ‖ **Konfektionsware**

Konferenz die, -/-en ⟨lat.⟩: *Sitzung, Beratung* | *Gesamtheit ihrer Teilnehmer; aber:* → Conférence ‖ **Konferenzschaltung:** *[Fernseh]schaltung, die Gesprächsteilnehmer an unterschiedlichen Orten miteinander verbindet* ‖ **Konferenzzimmer:** *gemeinsamer Raum für alle Lehrer/innen einer Schule* ‖ **konferieren:** *(in einer Konferenz) besprechen* | → conferieren

Konfession die, -/-en ⟨lat.⟩: *religiöses Bekenntnis* ‖ **konfessionell** ‖ **konfessionslos**

Konfetti die (Pl.) ⟨it.⟩: *färbige Papierscheibchen, mit denen man [bei Faschingspartys] um sich wirft*

Konfident der, -en/-en ⟨lat.⟩ (veraltet): *Polizeispitzel* ‖ **Konfidentin** die, -/-innen (veraltet)

Konfiguration [-tsi̯-] die, -/-en: *Stellung zueinander, Gestaltung* | (EDV) *Ausstattung eines Computers; Abstimmung von Hard- und Software* | (Astron.) *Stellung der Gestirne* | (Med.) *Aussehen eines Organs*

Konfirmand der, -en/-en: *jemand, der konfirmiert wird* ‖ **Konfirmandin** die, -/-innen ‖ **Konfirmation** [-tsi̯-] die, -/-en: *Bekräftigung der Aufnahme in die Abendmahlsgemeinschaft der evangelischen Kirche* ‖ **konfirmieren**

Konfiserie = Confiserie [kɔn-, auch: kõ-] die, -/-n ⟨fr.⟩ (bes. CH): *Süßwaren[geschäft], Zuckerlgeschäft*

Konfiskation [-tsi̯-] die, -/-en ⟨lat.⟩: *(staatliche) Beschlagnahme* ‖ **konfiszieren**

Konfitüre [-ˈyːə, -rɛ] die, -/-n ⟨lat.-fr.⟩: *Marmelade* | (Wirt., Jus) *jede Marmelade ohne Zitrusfrüchte*

Konflikt der, -[e]s/-e ⟨lat.⟩: *Streit[fall];* mit jemandem in K. geraten/kommen ‖ **Konfliktbeilegung** ‖ **konfliktbeladen** ‖ **Konfliktbewältigung** ‖ **Konfliktherd** ‖ **Konfliktlösung** ‖ **Konfliktlösungsstrategie** ‖ **Konfliktsituation** [-tsi̯-] ‖ **Konfliktstoff:** *Anlass zum Streit*

Konföderation [-tsi̯-] die, -/-en: *Bündnis, Staatenbund* ‖ **konföderieren:** *sich zusammenschließen;* konföderierte Staaten; → Föderation

konform ⟨lat.⟩: konforme *(übereinstimmende)* Ansichten ‖ **konform gehen = konformgehen:** mit jemandem k. g. *(übereinstimmen)* ‖ **Konformismus** der, - ‖ **Konformist** der, -en/-en ‖ **Konformistin** die, -/-innen ‖ **konformistisch:** *[übertrieben] um Anpassung bemüht* ‖ **Konformität** die, -: *Einheitlichkeit*

Konfrontation [-tsi̯-] die, -/-en ⟨lat.⟩: *Gegenüberstellung* ‖ **Konfrontationskurs:** auf K. gehen *(eine Auseinandersetzung riskieren)* ‖ **konfrontieren** ‖ **Konfrontierung** die, -/-en

konfus ⟨lat.⟩: *wirr, kopflos* ‖ **Konfusion** die, -/-en: *Verwirrung, Verwicklung*

Konfuzianismus der, -: *Lehre des altchinesischen Philosophen Konfuzius*

kongenial: eine kongeniale *(geistig ebenbürtige)* Illustration ‖ **Kongenialität** die, -: *Geistesverwandtschaft*

Konglomerat das, -[e]s/-e ⟨lat.-fr.⟩: *aus Geröllen, Sanden und Lehm gebildetes Gestein* | *ungeordnete Masse*

Kongo der, -[s]: *afrikanischer Strom* | *Name zweier afrikanischer Staaten;* Demokratische Republik K.; Republik K. ‖ **Kongolese** der, -n/-n ‖ **Kongolesin** die, -/-innen ‖ **kongolesisch**

Kongregation [-tsi̯-] die, -/-en ⟨lat.⟩: *eine religiöse Vereinigung*

Kongress der, -es/-e ⟨lat.⟩: *[große] Tagung, Zusammenkunft* | (ohne Pl.) *Parlament in den USA* ‖ **Kongresshalle** ‖ **Kongresssaal** ‖ **Kongressstadt** ‖ **Kongressteilnehmer** ‖ **Kongressteilnehmerin** ‖ **Kongresszentrum**

kongruent (Math.) ⟨lat.⟩: kongruente *(deckungsgleiche)* Dreiecke | (Jus) *entsprechend, zustehend;* → G.: inkongruent ‖ **Kongruenz** die, -/-en: *Übereinstimmung* | (Gramm.) *Übereinstimmung (zusammengehöriger Satzteile) in Genus, Numerus und Kasus* ‖ **Kongruenzsatz** (Math.): *ein Lehrsatz* ‖ **kongruieren**

K.-o.-Niederlage [ka ˈoː-]; → K. o.

Ko|ni|fe|re die, -/-n ⟨lat.⟩: *Nadelbaum*
Kö|nig der, -s/-e: der K. von Spanien | *eine Spielkarte* | *eine Schachfigur* ‖ **Kö|ni|gin** die, -/-innen ‖ **Kö|ni|gin|mut|ter:** *Mutter einer Königin/eines Königs* ‖ **Kö|ni|gin|wit|we** ‖ **kö|nig|lich** (kgl.): königlicher Schmuck; *aber:* die Königliche Hoheit; → k. ‖ **Kö|nig|reich** ‖ **kö|nigs|blau:** *leuchtend hellblau* ‖ **Kö|nigs|fe|der:** *Biegehantel* ‖ **Kö|nigs|haus:** *königliches Herrschergeschlecht, Dynastie* ‖ **Kö|nigs|hof** ‖ **Kö|nigs|ker|ze:** *eine Pflanze* ‖ **Kö|nigs|ko|b|ra** ‖ **Kö|nigs|kro|ne** ‖ **Kö|nigs|ma|cher** (sal.): *sehr einflussreiche Persönlichkeit* ‖ **Kö|nigs|ma|che|rin** (sal.) ‖ **Kö|nigs|paar** ‖ **Kö|nigs|pa|last** ‖ **Kö|nigs|schloss** ‖ **Kö|nigs|sohn** ‖ **Kö|nigs|ti|ger:** *indischer Tiger* ‖ **Kö|nigs|toch|ter** ‖ **kö|nigs|treu** ‖ **Kö|nigs|weg:** *optimale Lösung* ‖ **Kö|nig|tum** das, -s/-tümer
ko|nisch ⟨gr.-lat.⟩: *kegelförmig;* → Konus
Kon|jek|tur die, -/-en ⟨lat.⟩ (Lit.): *Textberichtigung, Textergänzung durch einen Herausgeber*
Kon|ju|ga|ti|on [-tsi̯-] die, -/-en ⟨lat.⟩ (Gramm.): *Formveränderung des Verbs;* → Flexion ‖ **kon|ju|gier|bar** ‖ **kon|ju|gie|ren** (Gramm.): *ein Verb abwandeln;* → flektieren ‖ **Kon|junk|ti|on** [-tsi̯-] die, -/-en (Astron.): *Stellung der Gestirne* | (Gramm.) *Bindewort, Einleitewort* ‖ **Kon|junk|tiv** der, -s/-e [-fɛ, -vɛ] (Gramm.): *Möglichkeitsform, eine Aussageweise des Verbs;* → Indikativ ‖ **kon|junk|ti|visch** [-v-] (Gramm.) ‖ **Kon|junk|ti|vi|tis** die, -/-vitiden (Med.): *Bindehautentzündung* ‖ **Kon|junk|tur** die, -/-en: *[eine bes. günstige] Wirtschaftslage; Wirtschaftsaufschwung* ‖ **kon|junk|tur|ab|hän|gig** ‖ **Kon|junk|tur|ab|schwä|chung** ‖ **Kon|junk|tur|ba|ro|me|ter:** *kennzeichnende Wirtschaftsdaten* ‖ **kon|junk|tur|be|dingt** ‖ **kon|junk|tu|rell:** *der Wirtschaftslage entsprechend, auf sie bezogen* ‖ **Kon|junk|tur|flau|te** ‖ **Kon|junk|tur|la|ge** ‖ **Kon|junk|tur|ver|lauf**
kon|kav ⟨lat.⟩: *nach innen gewölbt;* → G.: konvex ‖ **Kon|kav|lin|se:** *Hohllinse* ‖ **Kon|kav|spie|gel**
Kon|kla|ve [-vɛ] das, -s/-n ⟨lat.⟩: *Versammlung der Kardinäle zur Papstwahl*

kon|klu|dent ⟨lat.⟩ (Jus): *schlüssig;* konkludente Zustimmung *(stillschweigende, durch schlüssige Handlung erfolgte Zustimmung)* ‖ **kon|klu|die|ren:** *folgern* ‖ **Kon|klu|si|on** die, -/-en: *Schlussfolgerung* ‖ **kon|klu|siv:** *folgernd*
kon|kor|dant ⟨lat.⟩ ‖ **Kon|kor|danz** die, -/-en: *Übereinstimmung* | *vergleichende Übersicht* ‖ **Kon|kor|danz|ta|bel|le:** *vergleichende parallele Übersicht*
Kon|kor|dat das, -[e]s/-e ⟨lat.⟩: *Vertrag zwischen einem Staat und dem Vatikan* | (Jus) *Vertrag zwischen Bund und Ländern oder zwischen Bundesländern untereinander*
Kon|kre|ment das, -[e]s/-e ⟨lat.⟩ (Med.): *festes Objekt im Körpergewebe, in einem -hohlraum, zB Nierenstein*
kon|kret ⟨lat.⟩: *mit den Sinnen wahrnehmbar; anschaulich; bestimmt;* → G.: abstrakt ‖ **Kon|kret|heit** die, -/-en ‖ **Kon|kre|ti|on** [-tsi̯-] die, -/-en ‖ **kon|kre|ti|sie|ren:** *verdeutlichen, anschaulich darlegen;* → G.: abstrahieren ‖ **Kon|kre|ti|sie|rung** die, -/-en ‖ **Kon|kre|ti|sie|rungs|grad:** *Ausmaß der Konkretheit [einer Gesetzesbestimmung]* ‖ **Kon|kre|tum** das, -s/Konkreta (Gramm.): *ein Nomen, das Gegenständliches bezeichnet;* → Abstraktum
Kon|ku|bi|nat das, -[e]s/-e ⟨lat.⟩ (Jus): *außereheliche Lebensgemeinschaft* ‖ **Kon|ku|bi|ne** die, -/-n (veraltet, abw.): *Geliebte, Lebensgefährtin*

Kon|kur|rent der, -en/-en ⟨lat.⟩: *Mitbewerber; Gegenspieler*

Deklination:
- die Meinung des Konkurrenten
- mit dem Konkurrenten (*nicht:* Konkurrent)
- ohne den Konkurrenten (*nicht:* Konkurrent)

Kon|kur|ren|tin die, -/-innen ‖ **Kon|kur|renz** die, -/-en: *Wettbewerb;* außer K. *(ohne Bewertung)* ‖ **kon|kur|renz|fä|hig** ‖ **kon|kur|ren|zie|ren:** unsere Tätigkeit wird nicht konkurrenziert *(ihr wird nicht Konkurrenz gemacht)* ‖ **Kon|kur|ren|zie|rung** die, -/-en ‖ **Kon|kur|renz|kampf** ‖ **Kon|kur|renz|klau|sel** (Jus): *vertraglich vereinbartes Wettbewerbsverbot* ‖ **kon|kur|renz|los:** dieses Produkt ist k. *(allein dastehend, allen vergleichbaren überlegen)* ‖ **Kon|kur|renz|neid** ‖ **Kon|kur|renz|un|ter|neh|men** ‖ **Kon|kur|renz|ver|bot** ‖ **kon|kur|rie|ren:** mit jemandem k. *(wetteifern)* ‖ **Kon|kurs** der, -es/-e (Wirt.): *Zahlungsunfähigkeit eines Unternehmens, Insolvenz;* in K. gehen ‖ **Kon|kurs|er|öff|nung** ‖ **Kon|kurs|ge|richt** ‖ **Kon|kurs|mas|se:** *Vermögen des zahlungsunfähigen Unternehmens* ‖ **Kon|kurs|ord|nung** ‖ **Kon|kurs|recht** ‖ **Kon|kurs|ver|fah|ren:** *Insolvenzverfahren* ‖ **Kon|kurs|ver|wal|ter:** *jemand, der bevollmächtigt ist, ein Konkursverfahren durchzuführen* ‖ **Kon|kurs|ver|wal|te|rin**

kön|nen, ich kann/konnte/gekonnt bzw. können:
Deutsch k.; ein gekonnter Sprung | ich kann nicht mehr *(bin satt; ich bin am Ende)* | (ugs.) mit jemandem gut k. *(auskommen)* | *dürfen;* kann ich kommen?

Partizipbildung:
Steht „können" ohne ein weiteres Verb, lautet das 2. Partizip „gekonnt":
- sie hat das Beispiel gekonnt (ugs.: können)

Ist ein weiteres Verb vorhanden, so folgt auf den Infinitiv nicht das 2. Partizip, sondern „können":
- sie hat spielen können/lesen können

Kön|ner der, -s/- ‖ **Kön|ne|rin** die, -/-innen ‖ **Kön|ner|schaft** die, -
Kon|nex der, -es/-e ⟨lat.⟩: *Zusammenhang, Verbindung*
Kon|no|ta|ti|on [-tsi̯-] die, -/-en, *auch:* Konnotat das, -[e]s/-e (Sprachwiss.): *die zum rein sachbezogenen Wortinhalt hinzutretenden Stilnuancen und Begleitvorstellungen;* → G.: Denotation ‖ **kon|no|ta|tiv**
Kon|quis|ta|dor [-ki-] der, -en [-s]/-en ⟨span.⟩: *spanischer Eroberer Mittel- bzw. Südamerikas im 16. Jh.*
Kon|rad, *auch:* Conrad [k-]: *männl. Vorname;* → Conni; → Kurt
Kon|se|k|ra|ti|on [-tsi̯-] die, -/-en ⟨lat.⟩ (kath.): *bes. Form der Weihe* ‖ **kon|se|k|rie|ren** (kath.): *weihen;* einen Bischof k.; eine konsekrierte *(in Leib und Blut*

K

Christi verwandelte) Hostie
konsekutiv ⟨lat.⟩: *nachfolgend* || **Konsekutivsatz** (Gramm.): *Folgesatz*
Konsens der, -es/-e ⟨lat.⟩: *Zustimmung, Übereinstimmung;* → G.: Dissens || **konsensfähig:** dieser Vorschlag wäre k.
konsequent ⟨lat.⟩: *folgerichtig; beharrlich;* → G.: inkonsequent || **konsequenterweise** || **Konsequenz** die, -/-en: mit aller K. *(mit Entschlossenheit)* etwas vertreten | die Konsequenzen ziehen *(die Folgen einer Handlungsweise tragen)*
Konservatismus: *Konservativismus* || **konservativ** ⟨lat.⟩: *Hergebrachtes bewahrend* || **Konservative**[1] der, -n/-n, ein Konservativer || **Konservative**[2] die, -n/-n || **Konservativismus** [-v-] der, - || **Konservativität** die, - || **Konservator** der, -s/-en [-'to:-]: *Betreuer und Pfleger von Kunstdenkmälern oder wissenschaftlichen Sammlungen* || **Konservatorin** die, -/-innen || **konservatorisch** || **Konservatorium** das, -s/Konservatorien [-i̯ɛn]: *eine Musikschule* || **Konserve** [-vɛ, -fɛ] die, -/-n: *haltbar gemachtes Nahrungsmittel [in Dosen, Gläsern]* || **Konservendose** || **Konservenfabrik** || **konservierbar** || **konservieren:** Früchte k. | ein altes Fresko k. *(die originale Substanz erhalten)* || **Konservierung** die, -/-en || **Konservierungsmittel**
Konsignation [-tsi̯-] die, -/-en ⟨lat.⟩ (Wirt.): *zweckgebundene [Geld]anweisung*
Konsiliararzt ⟨lat.⟩: *beratender zweiter Arzt* || **Konsiliarärztin** || **Konsilium** das, -s/Konsilien [-i̯ɛn]: *eine Beratung;* ein ärztliches K.
konsistent ⟨lat.⟩: *zusammenhängend* | *dicht; beständig, zähflüssig;* → G.: inkonsistent || **Konsistenz** die, -
Konsistorialrat (KR) ⟨lat.⟩: *ein Titel für Geistliche* || **Konsistorium** das, -s/Konsistorien [-i̯ɛn]: *Kardinalsversammlung* | *Verwaltungsbehörde einer Diözese*
konskribieren ⟨lat.⟩ (Mil.) (früher): *einberufen* || **Konskription** [-tsi̯-] die, -/-en (früher) || **Konskriptionsnummer** (bes. früher) (Amtsspr.): *Hausnummer in der Katastralgemeinde*
Konsole die, -/-n ⟨fr.⟩: *ein [Wand-]vorsprung, Gesims* | *Spielkonsole*
Konsolidation [-tsi̯-] die, -/-en ⟨lat.⟩ || **konsolidieren:** *sichern, festigen;* die Regierung hat sich konsolidiert || **Konsolidierung** die, -/-en
Konsonant der, -en/-en ⟨lat.⟩ (Sprachwiss.): *Mitlaut;* → Vokal || **Konsonantenbuchstabe:** *b, m, s, x, z ua.* || **Konsonanz** die, -/-en (Mus.): *Wohlklang;* → G.: Dissonanz || **konsonieren** (Mus.); → G.: dissonieren
Konsorte der, -n/-n ⟨lat.⟩ (Wirt.): *Konsortiumsmitglied* | (nur Pl.) (abw.) *die Mittäter* || **Konsortin** die, -/-innen (Wirt.) || **Konsortium** [-tsi̯-] das, -s/Konsortien [-tsi̯ɛn] (Wirt.): *eine Arbeitsgemeinschaft [von Verlagen]*
Konspiration [-tsi̯-] die, -/-en ⟨lat.⟩: *Verschwörung* || **konspirativ:** eine konspirative Wohnung || **konspirieren:** *sich verschwören;* mit dem Ausland gegen die Regierung k.
konstant ⟨lat.⟩: *gleich bleibend, beständig;* → G.: variabel || **Konstante** die, -n/-n (Math., Phys.): *unveränderliche Größe;* die Konstanten | (auch mit Pl. -) zwei, mehrere Konstante[n]; → G.: Variable || **Konstantin:** *männl. Vorname* || **Konstantinopel:** *früherer (griechischer) Name von Istanbul;* → Byzanz || **Konstanz**[1] die, -/-en: *das Konstantbleiben;* → G.: Inkonstanz
Konstanz[2]: *deutsche Stadt am Bodensee*
Konstanze, *auch:* Constanze [k-]: *weibl. Vorname;* → Conni
konstatieren ⟨lat.⟩: *feststellen* || **Konstatierung** die, -/-en
Konstellation [-tsi̯-] die, -/-en ⟨lat.⟩: *Zusammentreffen von Umständen, gegebene Lage* | (Astron.) die K. *(Stellung)* der Gestirne
Konsternation [-tsi̯-] die, -/-en ⟨lat.⟩ || **konsternieren** || **konsterniert:** *verstört, betroffen* || **Konsterniertheit** die, -/-en
konstituieren ⟨lat.-fr.⟩: *festsetzen; gründen* || **Konstituierung** die, -/-en: die K. des Vereins || **Konstitution** [-tsi̯-] die, -/-en: *Körperbeschaffenheit von Lebewesen* | (Pol.) *Verfassung eines Staates* || **Konstitutionalismus** der, - (Pol.) || **konstitutionell** [-tsi̯-] (Pol.): konstitutionelle Monarchie || **konstitutiv:** *wesentlich, grundlegend*
Konstriktion [-st-tsi̯-] die, -/-en ⟨lat.⟩ (Biol., Med.): *[krankhaftes] Zusammenschnüren [eines Hohlorgans]* | (Med.) *Muskelzusammenziehung*
konstruieren ⟨lat.⟩: *bauen; entwerfen;* ein Dreieck k. || **Konstrukt** das, -[e]s/-e (auch abw.): *Arbeitshypothese, [bloße] Konstruktion, Konstruktum* || **Konstrukteur** [-'tø:ə] der, -s/-e || **Konstrukteurin** die, -/-innen || **Konstruktion** [-tsi̯-] die, -/-en: die K. *(der zeichnerische Entwurf; die Bauart; der Bau)* einer Brücke || **Konstruktionszeichnung** || **konstruktiv:** *aufbauend;* → G.: destruktiv || **Konstruktivismus** [-v-] der, -: *eine Richtung der bildenden Kunst im 20. Jh.* | *eine philosophische Richtung* || **Konstruktum** das, -s/-strukta: *Konstrukt*
Konsul der, -s/-n ⟨lat.⟩: *Vertreter eines Staates im Ausland [für nichtpolitische Angelegenheiten]* | (Gesch.) *höchster gewählter Beamter im alten Rom* || **Konsulat** das, -[e]s/-e: *Amtsstelle des Konsuls* || **Konsulent** der, -en/-en: *[Fach]berater* || **Konsulentenvertrag** || **Konsulentin** die, -/-innen || **Konsulin** die, -/-innen || **Konsultation** [-tsi̯-] die, -/-en || **konsultativ** || **konsultieren:** einen Arzt k. *(zu Rate ziehen)* || **Konsultierung** die, -/-en
Konsum der, -s ⟨lat.⟩: *Verbrauch [von Lebensmitteln]* | (früher) *Konsumgenossenschaft* || **Konsumartikel** || **Konsumation** [-tsi̯-] die, -/-en: *das, was man in einem Lokal isst und trinkt* || **Konsument** der, -en/-en: *Verbraucher, Käufer* || **Konsumentenberatung** || **konsumentenfreundlich** || **Konsumenteninformation** [-tsi̯-] || **Konsumentenschutz** || **Konsumentin** die, -/-innen || **Konsumgesellschaft** || **Konsumgüterindustrie** || **konsumieren:** *zu sich nehmen, verbrauchen* || **konsumtiv** || **Konsumverhalten:** *Art, wie die Menschen auf das Warenangebot reagieren* || **Konsumzwang**
kontagiös ⟨lat.⟩ (Med.): *ansteckend* || **Kontakt** der, -[e]s/-e: keinen persönlichen K. *(keine persönliche Verbindung)* haben | elektrischer K. *(Berührung der leitenden Metallstücke)* || **Kontaktadresse:** *Adresse, an die*

K

man sich in einer bestimmten Situation wenden kann ‖ **kon|takt|arm** ‖ **Kon|takt|auf|nah|me** ‖ **Kon|takt|frau** ‖ **kon|takt|freu|dig** ‖ **Kon|takt|ge|spräch** ‖ **Kon|takt|gift:** *Gift, das bei Kontakt [Pflanzen] tötet* ‖ **kon|tak|tie|ren:** eine Geschäftspartnerin k. *(Verbindung mit ihr aufnehmen)* ‖ **Kon|takt|in|fek|ti|on** [-tsi̯-] (Med.) ‖ **Kon|takt|lin|se:** *Haftschale auf dem Augapfel (statt Brillen)* ‖ **Kon|takt|lin|sen|trä|ger** ‖ **Kon|takt|lin|sen|trä|ge|rin** ‖ **Kon|takt|mann** ‖ **Kon|takt|nah|me** die, -/-n ‖ **Kon|takt|per|son** ‖ **Kon|takt|pfle|ge** ‖ **kon|takt|scheu** ‖ **kon|takt|un|fä|hig**

Kon|ta|mi|na|ti|on [-tsi̯-] die, -/-en ⟨lat.⟩ ‖ **kon|ta|mi|nie|ren:** *verunreinigen; verstrahlen;* → G.: dekontaminieren ‖ **Kon|ta|mi|nie|rung** die, -/-en

Kon|tem|pla|ti|on [-tsi̯-] die, -/-en ⟨lat.⟩: *geistige Versenkung, Betrachtung* ‖ **kon|tem|pla|tiv**

kon|tem|po|rär: *zeitgenössisch*

Kon|ten die (Pl. von → Konto)

Kon|te|nance [kõtœ'nɑ̃:s] = → Contenance

Kon|ten|plan ⟨it.⟩ (Wirt.) ‖ **Kon|ten|rah|men** (Wirt.)

Kon|ter der, -s/- ⟨lat.-fr.-engl.⟩ (bes. Fußball): *Angriff aus dem Angriff des Gegners heraus* ‖ **Kon|ter|at|ta|cke** (veraltet) (bes. Sport) ‖ **Kon|ter|ban|de** die, - (veraltet): *Schmuggelgut* ‖ **Kon|ter|fei** [auch: -'faɪ] das, -s/-s [-e] (veraltet): *Bildnis, Porträt* ‖ **kon|ter|fei|en** [auch: -'faɪ-] (veraltet) ‖ **kon|ter|ka|rie|ren:** *hintertreiben* ‖ **kon|tern** (Sport): *aus der Verteidigung heraus angreifen* | *entgegnen* ‖ **Kon|ter|re|vo|lu|ti|on** [-v-tsi̯-]: *Gegenrevolution* ‖ **kon|ter|re|vo|lu|ti|o|när** ‖ **Kon|ter|tanz:** *beliebte Tanzform um 1800*

Kon|text [auch: -'ɛ-]: *der ein Wort umgebende Text, der seine Bedeutung klärt; Zusammenhang* ‖ **kon|tex|tu|ell:** *den Kontext betreffend*

Kon|ti die (Pl. von → Konto) ‖ **kon|tie|ren** (Kaufmannsspr.): *verbuchen*

Kon|ti|nent [auch: 'kɔ-] der, -[e]s/-e ⟨lat.⟩: *Festland; Erdteil* ‖ **kon|ti|nen|tal:** das kontinentale Klima ‖ **Kon|ti|nen|tal|eu|ro|pa** ‖ **Kon|ti|nen|tal|kli|ma** ‖ **Kon|ti|nen|tal|ver|schie|bung** (Geol.) ‖ **Kon|ti|nenz** die, - (Med.): *Fähigkeit, seinen Harn- bzw. Stuhldrang zu beherrschen;* → G.: Inkontinenz

Kon|tin|gent das, -[e]s/-e ⟨lat.⟩: *begrenzte Menge, die zur Verfügung steht* ‖ **kon|tin|gen|tie|ren** ‖ **Kon|tin|gen|tie|rung** die, -/-en

kon|ti|nu|ier|lich ⟨lat.⟩: *fortlaufend, zusammenhängend;* → G.: diskontinuierlich ‖ **Kon|ti|nu|i|tät** die, - ‖ **Kon|ti|nu|um** das, -s/Kontinua: *zusammenhängendes Ganzes*

Kon|to das, -s/Konten [Kontos/Konti] ⟨it.⟩: bei einer Bank ein K. haben; das geht auf sein K. *(das muss er zahlen; er haftet dafür; er ist schuld daran)* ‖ **Kon|to|ab|schöp|fung** (Bankw.): *Überweisung eines Geldbetrages von einem Konto auf ein anderes* ‖ **Kon|to|aus|zug** ‖ **Kon|to|be|we|gung** ‖ **Kon|to|füh|rung** ‖ **Kon|to|in|ha|ber** ‖ **Kon|to|in|ha|be|rin** ‖ **Kon|to|kor|rent** das, -s/-e (Kaufmannsspr.): *laufende Rechnung; Verrechnung gegenseitiger Forderungen innerhalb bestimmter Zeiträume* ‖ **Kon|to|kor|rent|kre|dit** (Bankw.): *Bankkredit in einer bestimmten Höhe* ‖ **Kon|to|num|mer**

Kon|tor das, -s/-e ⟨lat.-fr.-niederl.⟩ (veraltet): *Büro eines Kaufmanns*

Kon|tor|si|on die, -/-en (Med.): *Gelenksverdrehung*

Kon|to|stand ⟨it.⟩

kon|tra = contra [k-] ⟨lat.⟩: *gegen;* Helga k. Klaus; schon aus Prinzip k. *(dagegen)* sein | (Großschreibung) das Pro und [das] Kontra; jemandem Kontra geben *(energisch widersprechen)* ‖ **Kon|tra|bass:** *Bassgeige;* → Bass ‖ **Kon|tra|dik|ti|on** [-tsi̯-] die, -/-en (Phil.): *Widerspruch* ‖ **kon|tra|dik|to|risch** ‖ **Kon|tra|fa|gott:** *ein um eine Oktav tieferes Fagott* ‖ **Kon|tra|gi|tar|re:** *Gitarre mit zusätzlichen langen Basssaiten [in der Schrammelmusik]*

Kon|tra|hent der, -en/-en ⟨lat.⟩: *Gegner* | *Vertragspartner* ‖ **Kon|tra|hen|tin** die, -/-innen ‖ **kon|tra|hie|ren** (Med., Biol.): *zusammenziehen;* die Muskeln k.; → Kontraktion | (Jus) *einen Vertrag abschließen* ‖ **Kon|tra|hie|rungs|zwang** (Jus): *Vertragszwang, Zwang zum Vertragsabschluss*

Kon|tra|in|di|ka|ti|on [-tsi̯-] die, -/-en ⟨lat.⟩ (Med.): *Veranlassung, eine bestimmte medizinische Behandlung zu unterlassen, Gegenanzeige;* → G.: Indikation ‖ **kon|tra|in|di|ziert** (Med.)

Kon|trakt der, -[e]s/-e ⟨lat.⟩: *Vertrag* ‖ **Kon|trakt|bruch** ‖ **kon|trakt|brü|chig** ‖ **Kon|trak|ti|on** [-tsi̯-] die, -/-en (Med., Biol.): *Zusammenziehung [eines Muskels];* → kontrahieren ‖ **kon|trakt|lich:** *vertraglich*

Kon|tra|ok|tav = **Kon|tra|ok|ta|ve** [-vɛ, -fɛ] ⟨lat.⟩ (Mus.): *die Töne C' bis H'* ‖ **kon|tra|pro|duk|tiv:** *das Gegenteil des Erwünschten bewirkend;* → G.: produktiv ‖ **Kon|tra|punkt** (Mus.): *kunstvolle Stimmführung; Gegenstimme* ‖ **kon|tra|punk|tie|ren** (Mus.) ‖ **Kon|tra|punk|tik** die, - (Mus.) ‖ **kon|tra|punk|tisch** (Mus.) ‖ **kon|trär:** konträrer *(entgegengesetzter)* Meinung sein ‖ **Kon|trast** der, -[e]s/-e: *auffallender Unterschied; Gegensatz* ‖ **kon|trast|arm** ‖ **Kon|trast|far|be** ‖ **kon|tras|tie|ren:** mit etwas k. *(einen Gegensatz dazu bilden)* ‖ **Kon|trast|mit|tel:** *Mittel, das vor Röntgenaufnahmen der inneren Organe einzunehmen ist* ‖ **kon|trast|reich** ‖ **Kon|tra|te|nor** = → Countertenor ‖ **Kon|tra|zep|ti|on** [-tsi̯-] die, -/-en (Med.): *Empfängnisverhütung* ‖ **kon|tra|zep|tiv** (Med.) ‖ **Kon|tra|zep|ti|vum** [-v-] das, -s/Kontrazeptiva (Med.): *empfängnisverhütendes Mittel, zB die Pille*

Kon|tri|bu|ti|on [-tsi̯-] die, -/-en ⟨lat.⟩: *Zahlungen der Bevölkerung an eine Besatzungsmacht*

Kon|troll|ab|schnitt ⟨lat.-fr.⟩ ‖ **Kon|troll|aus|schuss** ‖ **Kon|troll|bank** (Wirt., Bankw.): *eine Bank mit Aufsichtsfunktion* ‖ **Kon|trol|le** die, -/-n: *Überprüfung; Aufsicht* | die K. *(Herrschaft)* über das Auto verlieren; außer K. geraten; etwas unter K. halten ‖ **Kon|trol|leur** [-'løːɐ] (D): *Kontrollor* ‖ **Kon|trol|leu|rin** die, -/-innen (D) ‖ **Kon|troll|fra|ge** ‖ **Kon|troll|funk|ti|on** [-tsi̯-] ‖ **Kon|troll|gang** ‖ **kon|trol|lier|bar** ‖ **kon|trol|lie|ren:** *überprüfen* | *beherrschen;* den Markt k. ‖ **Kon|troll|in|stanz** [-st-] ‖ **Kon|troll|lam|pe** ‖ **Kon|troll|lis|te** ‖ **Kon|trol|lor** der, -s/-e: dem K. den Fahrschein vorweisen ‖ **Kon|troll|or|gan:** *[eine Behörde] mit besonderen Aufgaben* ‖ **Kon|trol|lo|rin** die, -/-innen

kon|tro|vers [-v-] ⟨lat.⟩: *umstritten, entgegengesetzt;* kontroverse *(gegensätzliche)* Stellungnahmen

|| **Kontroverse** die, -/-n: *Auseinandersetzung; Meinungsverschiedenheit* || **kontroversiell:** dieser Punkt ist noch k. *(umstritten)*

Kontumation [-tsi̯-] die, -/-en ⟨lat.⟩ (Jus): *Ausschluss einer bei Gericht säumigen Partei vom weiteren Verfahren, Kontumaz* || **Kontumaz** die, - (Amtsspr.): *Verkehrssperre für Menschen und Haustiere als Seuchenschutzmaßnahme, Quarantäne* | (Jus) *Kontumation* || **Kontumazanstalt** (Amtsspr.) || **kontumazieren** (Amtsspr.)

Kontur die, -/-en ⟨lat.-it.-fr.⟩: *Umriss, Randlinie* || **konturieren:** *skizzieren* || **Konturierung** die, -/-en

Kontusion die, -/-en ⟨lat.⟩ (Med.): *Quetschung*

Konus der, -/-nusse ⟨gr.-lat.⟩: *Kegel, kegelförmiger Teil;* → konisch

Konvaleszenz [-v-] die, -/-en ⟨lat.⟩ (Jus): *nachträgliches Wirksamwerden eines anfangs ungültigen Geschäftes*

Konvektion [-vɛktsi̯-] die, -/-en ⟨lat.⟩ (Phys.): *eine besondere Form der Wärmeübertragung* || **Konvektor** der, -s/-en [-'to:-]: *ein Heizkörper*

konvenieren [-v-] ⟨lat.⟩ (geh.): *genehm sein, passen* || **Konvent** der, -[e]s/-e: *Versammlung [in Klöstern] | Kloster* || **Konvention** [-tsi̯-] die, -/-en: *Übereinkunft; gesellschaftlicher Brauch | Abkommen;* die K. zum Schutz der Menschenrechte und Grundfreiheiten || **Konventionalität** die, -/-en || **Konventionalstrafe** (Jus): *Vertragsstrafe; vertraglich festgelegte Schadenersatzleistung bei Nichterfüllung eines Vertrages* || **konventionell:** *üblich, althergebracht | förmlich* | (Mil.) konventionelle *(herkömmliche)* Waffen *(im Gegensatz zu den ABC-Waffen)* || **konventioniert** (SüdT): *in einem Vetragsverhältnis stehend, zB von Ärzten mit Institutionen* || **Konventionsflüchtling:** *nach der Genfer Flüchtlingskonvention anerkannter Flüchtling*

konvergent [-v-] ⟨lat.⟩ || **Konvergenz** die, -/-en: *Annäherung; Übereinstimmung;* → G.: Divergenz || **konvergieren**

Konversation [-v-tsi̯-] die, -/-en ⟨lat.-fr.⟩: *Gespräch, Geplauder* || **Konversationslexikon:** *ein umfassendes Lexikon* || **konversieren** (geh.): *Konversation machen; plaudern*

Konversion [-v-] die, -/-en ⟨lat.⟩: *Bekehrung, Übertritt in eine andere Glaubensgemeinschaft* | (Jus) *die Umdeutung einer Vertragsbestimmung durch die Vertragsparteien* || **Konverter** der, -s/- ⟨lat.-engl.-fr.⟩ (Phys., Technik): *Vorrichtung zur Umwandlung [von Signalen] | ein optisches Gerät | ein Kernreaktor* || **konvertibel** ⟨lat.-fr.⟩: *konvertierbar;* → G.: inkonvertibel || **Konvertibilität** die, -/-en (Bankw.): *Umwandlung einer Währung in eine andere* || **konvertierbar:** konvertierbare *(eintauschbare, umwechselbare)* Währungen || **Konvertierbarkeit** die, - (bes. Bankw.) || **konvertieren** (Rel.): zum Katholizismus k. *(übertreten)* | (Bankw.) *Geld wechseln* | (EDV) *in ein anderes Programm übertragen* || **Konvertierung** die, -/-en || **Konvertit** der, -en/-en: *jemand, der zu einem anderen Religionsbekenntnis übergetreten ist* || **Konvertitin** die, -/-innen

konvex [-v-] ⟨lat.⟩: *nach außen gewölbt;* → G.: konkav || **Konvexlinse**

Konvikt [-v-] das, -[e]s/-e ⟨lat.⟩: *Schülerheim*

Konvoi [-v-, auch: 'kɔ-] der, -s/-s ⟨lat.-fr.-engl.⟩: *Geleitzug [aus mehreren Autos, Schiffen] als Schutz | Kolonne*

Konvokation [-v-] die, -/-en ⟨lat.⟩ (Jus): *Verständigung der Gläubiger im Nachlassverfahren*

Konvolut [-v-] das, -[e]s/-e ⟨lat.⟩: *Sammelband; Bündel von Schriftstücken*

Konvulsion [-v-] die, -/-en ⟨lat.⟩ (Med.): *Schüttelkrampf* || **konvulsiv** (Med.): *konvulsivisch* || **konvulsivisch** (Med.): konvulsivische Zuckungen

konzedieren: *zugestehen;* → Konzession

Konzelebration [-tsi̯-] (kath.): *gemeinsame Messfeier mit mehreren Geistlichen* || **konzelebrieren** (kath.)

Konzentrat das, -[e]s/-e ⟨gr.-lat.⟩ (bes. Chem.): *hoch konzentrierte Lösung* || **Konzentration** [-tsi̯-] die, -/-en: *Zusammenfassung, Bündelung der Kräfte | Anspannung der Kräfte, Gedanken; angespannte Aufmerksamkeit* | (Chem.) *Gehalt eines gelösten Stoffes in einer Lösung* || **Konzentrationslager** (KZ) (bes. im Nationalsozialismus): *Lager, in dem deportierte Menschen misshandelt oder ermordet werden; Vernichtungslager* | (Gesch.) *Internierungs-, Straf-, Zwangsarbeitslager* || **Konzentrationsmangel** || **Konzentrationsregierung:** *Regierung aus allen im Parlament vertretenen Parteien* || **Konzentrationsschwäche** || **konzentrieren:** sich auf eine Arbeit k. *(sich mit ihr gründlich beschäftigen);* konzentriert arbeiten | (bes. Chem.) eine hoch konzentrierte Salzlösung || **Konzentriertheit** die, - || **Konzentrierung** die, -/-en || **konzentrisch:** *auf einen gemeinsamen Mittelpunkt gerichtet*

Konzept das, -[e]s/-e ⟨lat.⟩: das K. *(der Entwurf)* eines Vertrages; sich nicht aus dem K. bringen *(sich nicht beirren)* lassen; → konzipieren || **Konzeption** [-tsi̯-] die, -/-en: *gedanklicher Entwurf* | (Med.) *Empfängnis* || **konzeptionell** || **konzeptionslos** || **konzeptiv:** eine konzeptive *(entwerfende)* Tätigkeit || **konzeptlos** || **Konzeptlosigkeit** die, - || **Konzeptpapier** (früher): *eine mindere Schreibpapiersorte* || **Konzeptsbeamte:** *Beamter, der Schriftstücke, zB Erlässe, entwirft* || **Konzeptsbeamtin** || **konzeptuell**

Konzern der, -s/-e ⟨lat.-fr.-engl.⟩: *eine Gruppe, Vereinigung von [gleichartigen] wirtschaftlichen Unternehmungen* || **konzernieren** (Wirt.): *einen Konzern aufbauen* || **Konzernierung** die, -/-en (Wirt.) || **Konzernleitung**

Konzert das, -[e]s/-e ⟨lat.-it.⟩: ein K. für Oboe und Geige || **Konzertagentur** || **konzertant** (Mus.): *konzertmäßig* || **Konzertflügel:** *ein großes Klavier* || **Konzerthaus:** das K. in Wien || **konzertieren** (geh.): *ein Konzert geben* || **konzertiert** (geh.): eine konzertierte *(verabredete, abgestimmte)* Aktion || **Konzertmeister:** *Stimmführer der Violinen im Orchester* || **Konzertmeisterin** || **Konzertprogramm** || **Konzertpublikum** || **konzertreif** || **Konzertsaal** || **Konzertsänger** || **Konzertsängerin** || **Konzertstück:** *meist einsätziges*

K

Konzert für Soloinstrument(e)
Konzession die, -/-en ⟨lat.⟩: *Zugeständnis* | (Wirt.) *behördliche Bewilligung [zur Führung eines Geschäfts];* → konzedieren ‖ **konzessioniert:** *mit einer Konzession, bewilligt* ‖ **konzessionsbereit:** *zu Zugeständnissen bereit* ‖ **Konzessionsbereitschaft** ‖ **Konzessionsgewerbe** ‖ **Konzessionsinhaber** ‖ **Konzessionsinhaberin** ‖ **Konzessionsprüfung**
Konzil das, -s/-e [-ien] [-i̯ɛn] ⟨lat.⟩: *eine katholische Kirchenversammlung;* das Zweite Vatikanische K. (1962–1965) ‖ **konziliant:** *verträglich; entgegenkommend; umgänglich;* → G.: inkonziliant ‖ **Konzilianz** die, - (geh.) ‖ **Konzilsvater** (meist Pl.): *Teilnehmer eines Konzils*
Konzipient der, -en/-en ⟨lat.⟩: *juristische Hilfskraft eines Anwalts* ‖ **Konzipientin** die, -/-innen ‖ **konzipieren:** *entwerfen;* → Konzept
konzis ⟨lat.⟩: eine konzise *(kurze, gedrängte)* Darstellung
Kooperation [-tsi̯-] die, -/-en: *Zusammenarbeit* ‖ **kooperationsbereit** ‖ **Kooperationsvertrag** (Wirt.): *Zusammenschluss von Unternehmen zur gemeinsamen Geschäftsabwicklung* ‖ **kooperativ** ‖ **Kooperator** der, -s/-en [-'to:-]: *ein katholischer Geistlicher, Kaplan* ‖ **kooperieren:** *zusammenarbeiten*
kooptieren: jemanden in den Vereinsvorstand k. *(aufnehmen, hinzuwählen)* ‖ **Kooptierung** die, -/-en ‖ **Kooption** [-tsi̯-]
Koordinaten die (Pl.) (Math.): *Zahlenangaben zur Lage eines Punktes* ‖ **Koordinatenachse** [-ks-] ‖ **Koordinatensystem** [-zy-] ‖ **Koordination** [-tsi̯-] die, -/-en: *Koordinierung* ‖ **Koordinationsstörung** ‖ **Koordinator** der, -s/-en [-'to:-] ‖ **Koordinatorin** die, -/-innen ‖ **koordinieren:** Maßnahmen, Termine k. *(aufeinander abstimmen)* ‖ **Koordinierung** die, -/-en
Kopenhagen [auch: 'ko(:)-] (dänisch: København [kø-'haʊn]): *Hauptstadt Dänemarks*
Köper der, -s/- ⟨niederl.⟩: *ein Gewebe, zB Denim* ‖ **Köperbindung:** *eine Webtechnik*
kopernikanisch: *nach dem Astronomen Kopernikus benannt;* das kopernikanische Weltbild *(mit der Sonne im Zentrum);* → ptolemäisch | eine kopernikanische Wende *(epochemachende Veränderung)*
Kopf der, -[e]s/Köpfe: K. und Kragen riskieren; von K. bis Fuß *(völlig);* den K. *(die Übersicht)* verlieren; sich den K. zerbrechen *(angespannt nachdenken);* jemandem etwas an den K. werfen *(direkt sagen);* einen kühlen/klaren K. bewahren; *aber:* → kopfstehen ‖ **Kopf-an-Kopf-Rennen:** beim Sprint gab es ein K. ‖ **Kopfbahnhof:** *Bahnhof mit gleicher Ein- und Ausfahrt* ‖ **Kopfball:** mit einem K. ein Tor erzielen ‖ **Kopfbedeckung** ‖ **Kopfbewegung** ‖ **Köpfchen** das, -s/-: *[kleiner] Kopf* | *Verstand* ‖ **köpfeln,** ich köpfle: *einen Kopfsprung machen* | (Sport) *den [Fuß]ball mit dem Kopf spielen* ‖ **köpfen:** *enthaupten* ‖ **Köpferollen:** nach der Sitzung gab es bei den Funktionären ein K. *(Absetzungen)* ‖ **Kopfform** ‖ **Kopffüßer** (Zool.): *im Meer lebendes Weichtier, zB Tintenfisch* ‖ **Kopfgeld:** *Prämie für das Ergreifen eines Gesuchten* ‖ **Kopfhaar** ‖ **Kopfhaut** ‖ **Kopfhörer:** *Lautsprecher, der direkt am/im Ohr getragen wird* ‖ **Kopfhöreranschluss:** ein Fernseher mit K. ‖ **-köpfig** (nur in Zusammensetzungen wie zweiköpfig) ‖ **Kopfkissen** ‖ **Kopflage** (Med.): *eine Lage des Kindes bei der Geburt* ‖ **kopflastig:** *[bei Fahrzeugen] vorne zu stark belastet* | *zu sehr verstandesmäßig* ‖ **Köpfler** der, -s/-: *Kopfsprung* | (im Fußball) *Kopfstoß* ‖ **kopflos:** *ohne Kopf* | *ohne klaren Verstand* ‖ **Kopfnicken** das, -s ‖ **Kopfpolster** ‖ **Kopfputz** (veraltend): *[festlicher] Haarschmuck* ‖ **Kopfquote:** *Quote pro Person* ‖ **kopfrechnen:** gut k. können; *aber:* ich rechne im Kopf ‖ **Kopfsalat:** *Häuptelsalat* ‖ **kopfscheu:** *verwirrt* ‖ **Kopfschmerz** (meist Pl.) ‖ **Kopfschmuck** ‖ **Kopfschuss** ‖ **Kopfschüssler** der, -s/- (sal., abw.): ich bin ja kein K. *(ich bin ja nicht blöd)* ‖ **Kopfschüsslerin** die -/-innen (sal., abw.) ‖ **Kopfschütteln** das, -s: *ein Ausdruck von Verwunderung oder Ablehnung* ‖ **kopfschüttelnd** ‖ **Kopfschutz** ‖ **Kopfsprung** ‖ **Kopfstand:** *eine Turnübung* ‖ **kopfstehen,** ich stehe kopf/ich bin kopfgestanden: *auf dem Kopf stehen; einen Kopfstand machen* | *bestürzt sein* ‖ **Kopfsteinpflaster:** *ein Steinpflaster* ‖ **Kopfsteuer:** *Steuer pro Kopf* ‖ **Kopfstimme:** *höhere Lage der menschlichen Stimme mit Kopfresonanz;* → G.: Bruststimme ‖ **Kopfstückl** (ugs., veraltend): jemandem ein K. *(einen leichten Schlag auf den Kopf)* geben ‖ **Kopfstütze** ‖ **Kopftuch** ‖ **kopfüber:** *mit dem Kopf voraus* ‖ **kopfunter:** *mit dem Kopf nach unten* ‖ **Kopfverletzung** ‖ **Kopfweh** ‖ **Kopfwehpulver** [-f-] ‖ **Kopfzahl:** die K. *(Anzahl)* der Teilnehmer hat sich vervielfacht ‖ **Kopfzeile:** *Zeile am Anfang jeder Seite eines Dokumentes bzw. Druckwerkes* ‖ **Kopfzerbrechen** das, -s: das macht mir viel K. *(Sorgen)*
Kopie [auch: 'ko:pi̯ɛ] die, -/-n ⟨lat.⟩: *Abschrift [einer Urkunde]; Vervielfältigung; Fotokopie* | *Nachbildung [eines Kunstwerks]* | (oft abw.) eine schwache K. *(Nachahmung)* des Konkurrenzmodells ‖ **kopieren:** *nachmachen; nachahmen* | *eine Kopie herstellen;* eine Datei in ein Verzeichnis k.; → Kopist ‖ **Kopierer** der, -s/-: *Kopiergerät* ‖ **Kopiergerät** ‖ **Kopierschutz:** eine CD mit K. ‖ **Kopiervorlage**
Kopilot = Copilot [k-]: *der zweite Pilot* ‖ **Kopilotin** = Copilotin
Kopist der, -en/-en ⟨lat.⟩: *jemand, der [Handschriften] kopiert* ‖ **Kopistin** die, -/-innen
Koppel[1] die, -/-n: *eingezäunte Weidefläche für Pferde* ‖ **Koppel**[2] die, -/-n (D: das, -s/-): *ein Riemen [zum Zusammenhängen von Tieren]; Uniformgürtel* | *Gruppe [von Jagdhunden]* ‖ **koppeln,** ich kopple: *verbinden* ‖ **Koppelung** die, -/-en, *auch:* **Kopplung**
Kopra die, - ⟨tamilisch-port.⟩: *getrocknete und zerkleinerte Kokosnusskerne*
Koproduktion [-tsi̯-]: *gemeinsame Herstellung [eines Films]* ‖ **koproduzieren**
Koprozessor = Coprozessor [k-] (EDV) → Prozessor
Kopte der, -n/-n ⟨gr.-arab.⟩: *christlicher Ägypter* ‖ **Koptin** die, -/-innen ‖ **koptisch**
Kopulation [-tsi̯-] die, -/-en ⟨lat.⟩ (Biol.): *Begattung* ‖ **kopulieren** (Biol.)
Koralle die, -/-n ⟨gr.-lat.-fr.⟩: *ein*

K

tropischer Meeresbewohner ‖ **Ko|ral|len|bank:** *Anhäufung von Korallen auf dem Meeresboden* ‖ **Ko|ral|len|in|sel** ‖ **Ko|ral|len|ket|te** ‖ **Ko|ral|len|riff** ‖ **ko|ral|len|rot**

Kor|al|pe die, -: *ein Gebirgsrücken in der Steiermark, Kärnten, Slowenien*

Ko|ran der, -s ⟨arab.⟩ (Rel.): *die heilige Schrift des Islams* ‖ **Ko|ran|schu|le** (Rel.)

Korb der, -[e]s/Körbe: ein K. voll Äpfel; Körbe flechten | einen K. *(eine Abweisung)* bekommen ‖ **Korb|ball** der (*ugs. auch:* das), -[e]s: *eine Sportart;* → Basketball ‖ **Korb|blüt|ler** der, -s/- (Bot.): *eine Pflanzenfamilie* ‖ **Körb|chen** das, -s/- ‖ **Kör|berl** das, -s/-[n]: *Körbchen* ‖ **Kör|berl|geld** das, -[e]s (ugs.): *kleines, nebenbei abfallendes Zusatzeinkommen;* sich ein K. verdienen wollen ‖ **kör|be|wei|se** = korbweise ‖ **Korb|fla|sche** ‖ **Korb|flech|ter** der, -s/- ‖ **Korb|flech|te|rei** die, -/-en ‖ **Korb|flech|te|rin** die, -/-innen ‖ **Korb|mö|bel** ‖ **Korb|ses|sel** ‖ **korb|wei|se** = → körbeweise

Kord = Cord [k-] der, -[e]s/-e [-s] ⟨engl.⟩: *geripptes Gewebe;* → Kordsamt ‖ **Kord|ho|se** = Cordhose

Kor|del die, -/-n ⟨fr.⟩: *eine gedrehte Schnur [auf Uniformkappen]*

kor|di|al ⟨lat.⟩ (geh.): *herzlich, umgänglich, vertraut*

Kor|dil|le|ren [-lˈjeː-] die (Pl.): *Gebirgsketten in Nord- und Südamerika*

Kor|don der, -s/-e [-s] ⟨fr.⟩: *Absperrung; Grenze;* die Ordner bildeten einen K. *(eine geschlossene Reihe)* um den Festplatz

Kord|samt = Cordsamt [k-]: *ein gerippter Stoff, Schnürlsamt*

Kor|du|la → Cordula

Ko|rea: *ostasiatische Halbinsel (mit den Staaten Nordkorea und Südkorea)* ‖ **Ko|re|a|ner** der, -s/- ‖ **Ko|re|a|ne|rin** die, -/-innen ‖ **ko|re|a|nisch**

Ko|re|fe|rat: *Zusatzreferat* ‖ **Ko|re|fe|rent:** *zweiter, weiterer Referent* ‖ **Ko|re|fe|ren|tin**

kö|ren (Landw.): *männliche Haustiere zur Zucht auswählen;* → Körung

Ko|ri|an|der der, -s ⟨gr.-lat.⟩: *ein Gewürz*

Ko|rin|na, *auch:* Corinna [k-]: *weibl. Vorname*

Ko|rin|the die, -/-n: *eine Rosine* ‖ **Ko|rin|ther|brief** (Rel.): *Brief des Apostels Paulus an die Korinther (nach der griechischen Stadt Korinth)* ‖ **ko|rin|thisch** (Arch.): Säulen im korinthischen Stil; → dorisch; → ionisch

Kork der, -[e]s/-e ⟨lat.-span.-niederl.⟩: *Rinde der Korkeiche* | *Korken* ‖ **Kork|brand:** *Stempel auf dem Flaschenkork* ‖ **Kork|ei|che** (Bot.) ‖ **Kor|ken** der, -s/-: *Stöpsel [aus Kork]* ‖ **Kor|ken|zie|her** ‖ **Kork|stop|pel** der, -s/-

Kor|mo|ran der, -s/-e ⟨lat.-fr.⟩: *ein Vogel*

Korn[1] das, -[e]s/Körner: *Samen [der Getreidepflanzen]* | (ohne Pl.) *Brotgetreide, bes. Roggen* | *Teil der Zieleinrichtung bei Schusswaffen;* jemanden aufs K. nehmen *(zur Zielscheibe [des Spottes] machen)* | die Flinte ins K. werfen *(aufgeben)* ‖ **Korn**[2] der, -[e]s/-e: *Kurzwort für Kornbranntwein* ‖ **Korn|äh|re** ‖ **Korn|blu|me** ‖ **korn|blu|men|blau** ‖ **Korn|brannt|wein** ‖ **Korn|brot:** *Vollkornbrot* ‖ **Körndl** das, -s/-n (ugs.): *Körnchen* ‖ **Körndl|bau|er:** *Bauer, der hauptsächlich Getreide anbaut;* → G.: Hörndlbauer ‖ **Körndl|brot** (ugs.): *Vollkornbrot mit ganzen Körnern* ‖ **Körndl|fres|ser** der, -s/- (ugs., meist scherzh.): *Anhänger von Vollwertkost* ‖ **Körndl|fres|se|rin** die, -/-innen (ugs., meist scherzh.) ‖ **Körndl|fut|ter**

Kor|ne|lia → Cornelia

Kor|nel|kir|sche [auch: -ˈnɛl-] ⟨lat.⟩: *Dirndlstrauch*

Kör|ner[1] die (Pl. von → Korn[1]) ‖ **Kör|ner**[2] der, -s/-: *Stahlstift für Markierungen* ‖ **Kör|ner|fres|ser** der, -s/- (Zool.) ‖ **Kör|ner|fut|ter**

Kor|nett[1] das, -[e]s/-e [-s] ⟨lat.-fr.⟩: *ein Blechblasinstrument, eine Art Flügelhorn* ‖ **Kor|nett**[2] der, -[e]s/-e (veraltet): *Fähnrich*

Kor|neu|burg (Kfz: KO): *Stadt in Niederösterreich*

kör|nig ‖ **Korn|spitz** (Wz.): *ein Gebäck*

Ko|ro|na die, - ⟨lat.⟩ (Kunstg.): *Heiligenschein* | (Astron.) *Flammenkranz der Sonne* ‖ **ko|ro|nar** (Med.) ‖ **Ko|ro|nar|ge|fäß** (meist Pl.) (Med.): *Herzkranzgefäß*

Kör|per der, -s/- ‖ **Kör|per|bau** der, -[e]s ‖ **Kör|per|be|herr|schung** ‖ **kör|per|be|hin|dert** ‖ **Kör|per|be|hin|der|te** ‖ **kör|per|ei|gen** (Biol.): körpereigene [Abwehr]stoffe ‖ **kör|per|fremd** ‖ **Kör|per|fül|le:** *großer Leibesumfang* ‖ **Kör|per|funk|ti|on** [-tsi̯-] ‖ **Kör|per|ge|we|be** (Biol.) ‖ **Kör|per|ge|wicht** ‖ **Kör|per|grö|ße** ‖ **Kör|per|haar** ‖ **Kör|per|hälf|te** ‖ **Kör|per|hal|tung** ‖ **Kör|per|kon|takt** ‖ **Kör|per|kraft** ‖ **kör|per|lich** ‖ **Kör|per|pfle|ge** ‖ **Kör|per|schaft** die, -/-en (Admin.): *Vereinigung öffentlichen Rechts, zB Gemeinde, Ärztekammer* | (SüdT) *Einrichtung, Institution, Anstalt* ‖ **Kör|per|schafts|steu|er** = **Kör|per|schaft|steu|er:** *Steuer auf das Einkommen von Unternehmen* ‖ **Kör|per|spra|che:** *Ausdruck durch Mienenspiel, Körperhaltung uÄ* ‖ **Kör|per|spray** [-spreɪ, -ʃpreː] ‖ **Kör|per|teil** der, -[e]s/-e ‖ **Kör|per|tem|pe|ra|tur** ‖ **Kör|per|ver|let|zung** ‖ **Kör|per|wär|me**

Kor|po|ral der, -s/Korporäle [Korporale] ⟨lat.-it.-fr.⟩: *ein militärischer Dienstgrad, Unteroffizier*

Kor|po|ra|ti|on [-tsi̯-] die, -/-en ⟨lat.⟩: *Körperschaft* | *Studentenverbindung* ‖ **kor|po|ra|tiv:** k. *(gemeinsam, geschlossen)* vorgehen

Korps [koːɐ] = Corps [k-] das, -[koːɐs]/- [koːɐs] ⟨fr.⟩: diplomatisches K. *(Gesamtheit der zB in Österreich tätigen ausländischen Diplomaten)* | (Mil.) *ein größerer Heeresverband* ‖ **Korps|geist** = Corpsgeist: *traditioneller Zusammengehörigkeitssinn eines [Berufs]standes, einer Vereinigung* ‖ **Korps|kom|man|dant** = Corpskommandant (Mil.)

kor|pu|lent ⟨lat.⟩: *dick, beleibt* ‖ **Kor|pu|lenz** die, -

Kor|pus[1] = Corpus [k-] der, -/-pusse ⟨lat.⟩: der K. *(feste Teil)* eines Kastens | (Mus.) *Resonanzkörper von Saiteninstrumenten* | (Kunstg.) *Christusfigur am Kreuz* ‖ **Kor|pus**[2] = Corpus das, -/Korpora (Sprachwiss.): *umfassende Text-, Wortsammlung* ‖ **Kor|pus|kel** das, -s/-n, *auch:* die, -/-n (Phys.): *Elementarteilchen*

Kor|re|fe|rat ⟨lat.⟩ (D): *Koreferat* ‖ **Kor|re|fe|rent** (D): *Koreferent* ‖ **Kor|re|fe|ren|tin** (D)

kor|rekt ⟨lat.⟩: *tadellos, einwandfrei; unbestechlich;* → G.: inkorrekt; → G.: unkorrekt ‖ **Kor|rekt|heit** die, - ‖ **Kor|rek|tiv** das, -s/-e: *Gegengewicht als Ausgleich* ‖ **Kor|rek|tor** der, -s/-en [-ˈtoː-]: *jemand, der Manuskripte uÄ korrigiert* ‖ **Kor|rek|to|rin** die, -/-innen ‖ **Kor|rek|tur** die, -/-en: *Aus-, Verbesserung;* ein Buch K. lesen; → korrigieren ‖ **Kor|rek|tur|fah|ne**

(meist Pl.) ‖ **Kor|rek|tur|zei|chen**

Kor|re|lat das, -[e]s/-e ⟨lat.⟩: *zugeordnete Entsprechung* ‖ **Kor|re|la|ti|on** [-tsi̯-] die, -/-en: in K. *(Wechselbeziehung)* stehen ‖ **kor|re|la|tiv** ‖ **kor|re|lie|ren**

kor|re|pe|tie|ren ⟨lat.⟩: *am Klavier [Opern]gesang zum Einstudieren begleiten* ‖ **Kor|re|pe|ti|tor** der, -s/-en [-ˈtoː-] ‖ **Kor|re|pe|ti|to|rin** die, -/-innen

Kor|res|pon|dent der, -en/-en ⟨lat.⟩: *auswärtiger Berichterstatter [einer Zeitung]* | *ein Angestellter, der den geschäftlichen Briefverkehr durchführt* ‖ **Kor|res|pon|den|ten|be|richt** ‖ **Kor|res|pon|den|tin** die, -/-innen ‖ **Kor|res|pon|denz** die, -/-en: *Briefwechsel* ‖ **Kor|res|pon|denz|kar|te** (veraltet): *Postkarte* ‖ **kor|res|pon|die|ren:** mit jemandem k. *(im Briefwechsel stehen)* | *einander entsprechen*

Kor|ri|dor der, -s/-e ⟨lat.-it.⟩: *schmaler Gebietsstreifen* | (nördl. D) *Vorzimmer* ‖ **Kor|ri|dor|zug:** *Zug, der auf einer Teilstrecke fremdes Staatsgebiet durchquert*

Kor|ri|gen|da die (Pl.) ⟨lat.⟩ (Druckw.): *aufgelistete Druckfehler* ‖ **kor|ri|gier|bar** ‖ **kor|ri|gie|ren:** *verbessern, richtig stellen;* → Korrektur

kor|ro|die|ren ⟨lat.⟩ ‖ **Kor|ro|si|on** die, -: *Zerstörung [durch Rost]* ‖ **kor|ro|si|ons|be|stän|dig** = **kor|ro|si|ons|fest** ‖ **Kor|ro|si|ons|schutz**

kor|rum|pier|bar ⟨lat.⟩ ‖ **kor|rum|pie|ren:** *bestechen, moralisch verderben* ‖ **Kor|rum|pie|rung** die, -/-en ‖ **kor|rupt:** *bestechlich, moralisch verdorben; betrügerisch* ‖ **Kor|rup|ti|on** [-tsi̯-] die, - ‖ **Kor|rup|ti|ons|ver|dacht**

Kor|sa|ge [-ˈaːʃ, -ʒɛ] die, -/-n ⟨lat.-fr.⟩: *trägerloses, miederartiges Kleideroberteil*

Kor|sar der, -en/-en ⟨lat.-it.⟩ (früher): *Seeräuber*

Kor|se der, -n/-n: *Bewohner von Korsika* | (geh.) *Napoleon Bonaparte*

Kor|se|lett das, -[e]s/-s [-e] ⟨lat.-fr.⟩: *ein leichtes Mieder* ‖ **Kor|sett** das, -[e]s/-s [-e]: *ein Mieder*

Kor|sin die, -/-innen: *weibl. Form von Korse* ‖ **Kor|si|ka:** *eine französische Mittelmeerinsel;* → Korse ‖ **kor|sisch**

Kor|so = Corso [k-] der, -[s]/-s ⟨it.⟩: *Festzug mit geschmückten Wagen*

Kor|ti|son = Cortison [k-] das, -s (Med.): *Medikament, das aus einem Hormon gewonnen wird*

Ko|rund der, -[e]s/-e ⟨tamilisch-lat.⟩: *ein Mineral, zB Saphir, Rubin* ‖ **Ko|rund|schleif|pa|pier**

Kö|rung die, -/-en; → kören

Kor|vet|te [-v-] die, -/-n ⟨lat.-fr.⟩: *ein mittelgroßes Kriegsschiff*

Ko|ry|phäe [-ryˈfɛː(ɛ), -ri-] die, -/-n ⟨gr.-lat.-fr.⟩: sie ist eine K. *(eine hervorragende Könnerin)* auf ihrem Gebiet

Ko|sak der, -en/-en ⟨ukrainisch⟩ (Gesch.): *militärisch organisierter Grenzbewohner im alten Russland* ‖ **Ko|sa|ken|chor** [-k-] ‖ **Ko|sa|ken|het|man** der, -s/-e [-s] (Gesch.): *Anführer der Kosaken*

ko|scher ⟨hebr.-jidd.⟩: *rein, nach den mosaischen Speisegesetzen erlaubt* | (ugs.) etwas ist nicht k. *(es ist bedenklich)*

Ko|se|form: *liebevolle Veränderung eines Namens* ‖ **ko|sen,** du kost (geh.): *liebkosen* ‖ **Ko|se|na|me,** *auch:* **Ko|se|na|men** ‖ **Ko|se|wort**

K.-o.-Sieg [kaˈoː-]; → K. o.

Ko|si|nus = Cosinus [k-] der, -/-[nusse] (cos) ⟨lat.⟩ (Math.): *eine Winkelfunktion*

Kos|me|tik die, - ⟨gr.-fr.⟩: *Schönheitspflege* ‖ **Kos|me|ti|ker** der, -s/- ‖ **Kos|me|ti|ke|rin** die, -/-innen ‖ **Kos|me|tik|kof|fer** ‖ **Kos|me|tik|sa|lon** ‖ **Kos|me|ti|kum** das, -s/Kosmetika: *Schönheitspflegemittel* ‖ **kos|me|tisch**

kos|misch ⟨gr.-lat.⟩: *das Weltall betreffend* ‖ **Kos|mo|go|nie** die, -/-n: *Mythos, Dichtung von der Weltentstehung* ‖ **Kos|mo|lo|gie** die, -: *Lehre von [der Entstehung] der Welt* ‖ **Kos|mo|naut** der, -en/-en: *[sowjetischer/russischer] Weltraumfahrer;* → Astronaut ‖ **Kos|mo|nau|tik** die, - ‖ **Kos|mo|nau|tin** die, -/-innen ‖ **Kos|mo|po|lit** der, -en/-en ‖ **Kos|mo|po|li|tin** die, -/-innen ‖ **kos|mo|po|li|tisch:** *weltbürgerlich* ‖ **Kos|mos** der, -: *das Weltall, der Weltraum*

Ko|so|var [-sɔv-] der, -en/-en, *auch:* Kosovare, -n/-n: *[albanischer] Bewohner des Kosovo* ‖ **Ko|so|va|rin** die, -/-innen ‖ **Ko|so|vo** das *(auch:* der), -[s]: *ein Staat in Südosteuropa* ‖ **Ko|so|vo|al|ba|ner:** *albanischer Bewohner des Kosovo* ‖ **Ko|so|vo|al|ba|ne|rin**

Kost die, -: jemanden in K. nehmen *(verköstigen)*

kost|bar ‖ **Kost|bar|keit** die, -/-en

Kos|ta|ri|ka → Costa Rica

kos|ten[1]: eine Speise k.

kos|ten[2]: das kostet 500 €; das kostet mich (ugs.: mir) große Überwindung ‖ **Kos|ten** die (Pl.): *Ausgaben, Preis;* K. sparen; K. sparend (= kostensparend); K. deckend (= kostendeckend) ‖ **Kos|ten|auf|wand** ‖ **Kos|ten|bei|trag** ‖ **kos|ten|be|wusst** ‖ ‖ **Kos|ten de|ckend** = **kos|ten|de|ckend** ‖ **Kos|ten|druck** ‖ **Kos|ten|ex|plo|si|on:** *schlagartige Zunahme der Kosten* ‖ **Kos|ten|fak|tor** ‖ **Kos|ten|fra|ge** ‖ **kos|ten|güns|tig** ‖ **kos|ten|in|ten|siv:** *mit hohen [zusätzlichen] Kosten verbunden* ‖ **kos|ten|los** ‖ **kos|ten|neu|tral:** k. *(nicht teurer als bisher)* planen ‖ **Kos|ten-Nut|zen-Ana|ly|se** [-yː-] (Wirt.) ‖ **kos|ten|pflich|tig:** k. abschleppen ‖ **Kos|ten|rech|nung** (Wirt.) ‖ **Kos|ten|sen|kung** ‖ **Kos|ten spa|rend** = **kos|ten|spa|rend** ‖ **Kos|ten|vor|an|schlag** (Wirt.): *Vorausberechnung der Kosten*

Kost|gän|ger der, -s/- (veraltet): *Person, die bei jemandem [in Untermiete wohnt und] regelmäßig [gegen Bezahlung] isst* ‖ **Kost|gän|ge|rin** die, -/-innen (veraltet) ‖ **Kost|geld:** *Geld für den täglichen Bedarf* ‖ **köst|lich:** es riecht k. ‖ **Köst|lich|keit** die, -/-en: *Leckerbissen* ‖ **Kost|pro|be** ‖ **kost|spie|lig:** *teuer* ‖ **Kost|spie|lig|keit** die, -/-en

Kos|tüm das, -s/-e ⟨lat.-it.-fr.⟩: *Damenkleidung aus Rock und Jacke* | *eine Verkleidung* | *Kleidung für Schauspieler* ‖ **Kos|tüm|ball** ‖ **Kos|tüm|bild|ner** der, -s/-: *jemand, der für Theater/Film Kostüme entwirft* ‖ **Kos|tüm|bild|ne|rin** die, -/-innen ‖ **Kos|tüm|fest** ‖ **Kos|tüm|film:** *aufwändiger Spielfilm in historischen Kostümen* ‖ **Kos|tüm|fun|dus:** *Vorrat an Kostümen [beim Theater]* ‖ **kos|tü|mie|ren:** sie kostümiert sich für den Faschingsball ‖ **Kos|tü|mie|rung** die, -/-en ‖ **Kos|tüm|ver|leih**

Kost|ver|äch|ter der, -s/- (scherzhaft): kein K. sein *(Genüsse zu schätzen wissen)* ‖ **Kost|ver|äch|te|rin** die, -/-innen

Kot der, -[e]s: *Ausscheidungsprodukt des Darms* | *[schlammige] Erde*

Ko|tan|gens [-ŋg-] der, -/- (cot) ⟨lat.⟩ (Math.): *eine Winkelfunktion;* → Tangens

Ko|tau [auch: ˈkoː-] der, -s/-s ⟨chin.⟩ (scherzh.): *Fußfall;* einen

K

K. *(eine Ergebenheitsbezeigung)* machen
Kot|bürs|te: *eine Schuhbürste*
Ko|te die, -/-n ⟨lat.-fr.⟩: *genau vermessene Höhe eines Punktes im Gelände; Höhenzahl*
Ko|te|lett [-tl-] das, -[e]s/-s ⟨fr.⟩: *ein Fleischstück von der Rippe* ‖ **Ko|te|let|te** die, -/-n (meist Pl.): *kurzer Bart entlang der Backen*
Kö|ter der, -s/- (abw.): *Hund*
Kot|flü|gel ‖ **ko|tig:** kotige *(schmutzige)* Schuhe
Kot|ter der, -s/- (veraltet): *Arrestlokal*
Kotz|bro|cken (D, derb): *ekelhafter Mensch* ‖ **Kot|ze**[1] die, - (D, derb): *Erbrochenes;* → kotzen
Kot|ze[2] die, -/-n (westöst., D): *Kotzen*
kot|zen, du kotzt (ugs., derb): *erbrechen;* es ist zum **K**otzen *(es ist widerlich);* → Kotze[1]
Kot|zen der, -s/- = die, -/- (reg.): *grobe, dicke Wolldecke;* → Kotze[2] ‖ **kot|zen|grob** (ugs., veraltend): *sehr grob*
KPÖ [ka pe 'øː] die, -: die **K**ommunistische **P**artei **Ö**sterreichs ‖ **KPÖ|ler** der, -s/- ‖ **KPÖ|le|rin** die, -/-innen
kr: **Kr**one *(eine Währung)*
Kr: **Kr**ypton
KR: **K**ommerzial**r**at/-rätin | **K**onsistorial**r**at/-rätin
Krab|be die, -/-n: *ein Krebstier*
Krab|bel|kind ‖ **krab|beln,** ich krabble: ein krabbelnder Käfer ‖ **Krab|bel|stu|be:** *Kindergarten für Kleinkinder*
Krach der, -[e]s/-s [-e]: K. *(Lärm)* machen | *Streit* | etwas mit Ach und K. *(mit knapper Not)* erreichen ‖ **kra|chen** ‖ **Kra|chen** die, -/- (reg., ugs.): *Feuerwaffe, Schusswaffe* ‖ **Kra|cher** der, -s/- (ugs.): *krachendes Geräusch* | (ugs.) *Knallkörper* | (ugs., abw.) ein alter K. *(ein alter, schwerfälliger Mann)* ‖ **Kra|cherl** das, -s/-[n] (ugs.): *eine Fruchtlimonade*
Krach|le|der|ne die, -n/-n: *traditionelle Männerlederhose*
kräch|zen, du krächzt: ein krächzender Rabe ‖ **Kräch|zer** der, -s/-
kra|cken [auch: -'ɛ-] (Chem.): *Schweröle umwandeln* ‖ **Krack|ver|fah|ren** (Chem.)
kraft (Präp. mit Gen.): k. *(auf Grund)* seines Amtes ‖ **Kraft** die, -/Kräfte: etwas aus eigener K. *(allein, ohne Hilfe)* schaffen; Kräfte/Kraft raubend (= kräfteraubend/kraftraubend); Kräfte/Kraft sparend (= kräftesparend/kraftsparend) | dieses Gesetz tritt heute in K. *(es gilt von heute an);* → Inkrafttreten | (Phys.) *Größe, die den Bewegungszustand eines Körpers ändert* ‖ **Kraft|akt** der, -[e]s/-e ‖ **Kraft|an|stren|gung** ‖ **Kraft|auf|wand** ‖ **Kraft|aus|druck** der, -[e]s/-drücke: *derber Ausdruck, arges Schimpfwort* ‖ **Kraft|brü|he** (nördl. D): *eine Fleischsuppe* ‖ **Kräf|te rau|bend = kräf|te|rau|bend** ‖ **Kräf|te spa|rend = kräf|te|spa|rend** ‖ **Kräf|te|ver|fall** ‖ **kräf|te|zeh|rend** ‖ **Kraft|fah|rer** (Amtsspr.) ‖ **Kraft|fah|re|rin** (Amtsspr.) ‖ **Kraft|fahr|ge|setz** ‖ **Kraft|fahr|li|nie** [-i̯ɛ] ‖ **Kraft|fahr|zeug** (Kfz) ‖ **Kraft|fahr|zeug|haft|pflicht|ver|si|che|rung** ‖ **Kraft|fahr|zeug|hal|ter** (Amtsspr.); → Halter ‖ **Kraft|fahr|zeug|hal|te|rin** (Amtsspr.) ‖ **Kraft|fahr|zeug|kenn|zei|chen:** *Nummerntafel* ‖ **Kraft|fahr|zeug|me|cha|ni|ker** ‖ **Kraft|fahr|zeug|me|cha|ni|ke|rin** ‖ **Kraft|fahr|zeug|ver|si|che|rung** ‖ **Kraft|feld** (Phys.) ‖ **Kraft|fut|ter** ‖ **kräf|tig** ‖ **kräf|ti|gen:** *zu Kräften bringen;* dadurch kräftigt *(stärkt)* sich die Muskulatur ‖ **Kräf|ti|gung** die, -/-en ‖ **Kraft|la|ckel** (ugs., oft abw.): *Muskelprotz, Kraftprotz* ‖ **kraft|los** ‖ **Kraft|los|er|klä|rung** (Jus): *Nichtigerklärung eines in Verlust geratenen Wertpapiers durch das Gericht* ‖ **Kraft|lo|sig|keit** die, - ‖ **Kraft|mei|er** der, -s/- (oft abw.): *Kraftlackel* ‖ **Kraft|pro|be:** *Kräftemessen zwischen Konkurrenten* ‖ **Kraft|protz** (oft abw.) ‖ **Kraft|quel|le** ‖ **Kraft|rad** (Amtsspr.): *jede Art Motorrad* ‖ **Kraft rau|bend = kraft|rau|bend** ‖ **Kraft spa|rend = kraft|spa|rend** ‖ **Kraft|sport** [-ʃp-] ‖ **Kraft|stoff:** *Treibstoff* ‖ **Kraft|stoff|pum|pe** ‖ **Kraft|stoff|ver|brauch** ‖ **kraft|strot|zend** ‖ **Kraft|über|tra|gung** ‖ **kraft|voll** ‖ **Kraft|wa|gen** (Amtsspr.): *Auto* ‖ **Kraft|werk:** *Elektrizitätswerk* ‖ **Kraft|werks|bau** der, -[e]s/-ten
Kra|gen der, -s/- [Krägen]: den K. des Mantels aufstellen | *Hals;* es geht ihm an den K. *(bedroht seine Existenz);* Hals und K. *(das Leben)* riskieren ‖ **Kra|gen|wei|te**
Krä|he die, -/-n: *ein großer Vogel mit schwarzem Gefieder* ‖ **krä|hen** ‖ **Krä|hen|fü|ße** die (Pl.): *kleine Hautfalten um die Augen[winkel]*
Krain: *Kernland Sloweniens* ‖ **Krai|ner**[1] der, -s/-: *Bewohner Krains* ‖ **Krai|ner**[2] die, -/-: *eine Wurstsorte* ‖ **Krai|ne|rin** die, -/-innen
Kra|ji|na die, -: *ein Teil Kroatiens*
Kra|kau (polnisch: Kraków [-uf]): *Stadt in Polen* ‖ **Kra|kau|er** die, -/-: *eine Wurstsorte*
Kra|ke der, -n/-n ⟨norwegisch⟩: *Riesentintenfisch*
kra|kee|len (D, ugs., abw.): *[andauernd] laut schimpfen, streiten* ‖ **Kra|kee|ler** der, -s/- (D, ugs., abw.) ‖ **Kra|kee|le|rin** die, -/-innen (D, ugs., abw.)
kra|keln (reg. in D): *undeutlich schreiben*
Kral der, -s/-e [-s] ⟨port.-Afrikaans⟩: *afrikanisches Runddorf*
Kral|le die, -/-n: *Füße von Vögeln* | (geh.) aus den Krallen des Todes retten ‖ **kral|len**
Kram der, -[e]s: *Gerümpel* | das passt mir nicht in den K. *(ist mir nicht recht, nicht gelegen)* ‖ **kra|men:** in der Tasche k. *(wühlen und dabei etwas suchen)* ‖ **Kra|mer** der, -s/- (mda.): *Krämer* ‖ **Krä|mer** der, -s/- (veraltet): *Gemischtwarenhändler, Greißler; Wanderhändler* ‖ **Kra|me|rin** die, -/-innen (mda., veraltet) ‖ **Krä|me|rin** die, -/-innen (veraltet)
Kram|pen der, -s/-: *Spitzhacke*
Kram|perl[1] der, -s/-[n] (ugs.): *Krampus*
Kram|perl[2] das, -s/-[n] (mda.): *kleine Kralle [eines Vogels]*
Kram|perl|tee der, -s: *ein Kräutertee, Isländisches Moos*
Krampf der, -[e]s/Krämpfe (Med.): → *Spasmus* ‖ **Krampf|ader** (Med.): *krankhaft erweiterte Vene* ‖ **krampf|ar|tig** ‖ **krampf|haft** ‖ **Krampf|hus|ten** (Med.) ‖ **krampf|lö|send** (Med.) ‖ **krampf|stil|lend** (Med.)
Kram|pus der, - [-pusses]/-pusse: Nikolaus und K. ‖ **Kram|pus|lar|ve** [-f-] ‖ **Kram|pus|um|zug**
Kra|mu|ri die (*auch:* der), - (reg., ugs., abw.): *Kram, Gerümpel*
Kran der, -[e]s/Kräne [Krane]: *eine Maschine zum Heben von Lasten*
Kra|ne|wit der, -s (reg.): *Wacholder* ‖ **Kra|ne|wit|ter** der, -s (reg.): *Wacholderschnaps*
Kran|füh|rer ‖ **Kran|füh|re|rin**
krän|gen (Seemannsspr.): das Schiff krängt ‖ **Krän|gung** die, -/-en (Seemannsspr.): *seitliche Neigung eines Schiffes*
Kra|nich der, -s/-e: *ein Vogel*

K

krank, kränker/am kränksten

Getrenntschreibung in Verbindung mit „sein" und bei wörtlicher Bedeutung:
- krank sein
- krank werden/bleiben
- sich krank stellen/fühlen

Getrennt- und Zusammenschreibung mit Verben, die ein Resultat herbeiführen:
- Dinge, die uns krank machen (= krankmachen)
- jemanden krank machen (= krankmachen)

Außerdem: ein schwer krankes (= schwerkrankes) Kind

Zusammenschreibung bei übertragener Bedeutung:
- ich habe mich darüber krankgeärgert
- krankfeiern (sal., abw.: *eine Krankheit nur vortäuschen, um nicht arbeiten zu müssen*)
- krankjammern *(etwas so lange als gefährdet darstellen, bis dies eintritt)*
- ich habe mich krankgelacht
- sich krankmelden
- er wurde von der Ärztin krankgeschrieben

krankärgern → krank ‖ **Kranke**[1] der, -n/-n, ein Kranker ‖ **Kranke**[2] die, -n/-n ‖ **kränkeln,** ich kränkle: *nicht ganz gesund sein* ‖ **kranken** (geh.): die Aufführung krankt an *(leidet unter)* mangelnder Vorbereitung ‖ **kränken**[1]: *verletzen, demütigen;* dein Verhalten kränkt deine Mutter ‖ **kränken**[2] sich: kränk dich nicht *(sei deswegen nicht traurig)* ‖ **Krankenanstalt:** *Spital* ‖ **Krankenbesuch** ‖ **Krankenbett** ‖ **Krankengeld:** *von der Krankenkasse bezahltes Geld* ‖ **Krankengeschichte:** *ärztlicher Bericht* ‖ **Krankenhaus:** *Spital* ‖ **Krankenhausaufenthalt** ‖ **krankenhausreif:** jemanden k. schlagen ‖ **Krankenkasse,** *auch:* Krankenkassa ‖ **Krankenkost** ‖ **Krankenlager** (geh.): *Krankenbett* ‖ **Krankenpflege** ‖ **Krankenpfleger** ‖ **Krankenpflegerin** ‖ **Krankensalbung** die, -/-en: der Kranke empfing das Sakrament der K. ‖ **Krankenschein:** *Bestätigung einer Krankenkasse für eine Kostenübernahme* ‖ **Krankenschwester** ‖ **Krankenstand:** *krankheitsbedingte Arbeitsunfähigkeit;* im K. sein; in den K. gehen ‖ **Krankenstandstag** ‖ **Krankentransport** ‖ **krankenversichert** ‖ **Krankenversicherung** ‖ **Krankenwagen:** *Rettungswagen, die Rettung* ‖ **Krankenzimmer** ‖ **krankfeiern** (sal., abw.): *blaumachen;* → krank ‖ **krankhaft:** krankhafter Ehrgeiz ‖ **Krankheit** die, -/-en ‖ **Krankheitsbild:** *Syndrom* ‖ **krankheitserregend** ‖ **Krankheitserreger** ‖ **krankheitshalber** ‖ **Krankheitsherd:** *Ausgangspunkt einer Krankheit* ‖ **krankjammern** → krank; → G.: gesundbeten ‖ **kranklachen** sich; → krank ‖ **kränklich** ‖ **krank machen = krankmachen** ‖ **krankmelden** → krank ‖ **Krankmeldung** ‖ **krankschreiben** → krank; → G.: gesundschreiben ‖ **Kränkung** die, -/-en

Kranwagen: *fahrbarer Kran*

Kranz der, -es/Kränze ‖ **Kränzchen** das, -s/-: *kleiner Kranz* | (veraltend) *kleine Tanzveranstaltung* ‖ **Kranzextra:** *Extrawurst in Kranzform* ‖ **Kranzfeigen** die (Pl.): *aufgefädelte getrocknete Feigen* ‖ **Kranzkuchen** ‖ **Kranzl** das, -s/-n (ugs.): *[Blumen]kränzchen* | *ein Gebäck* | ein K. Extrawurst | *verbleibender Haarkranz bei einer Tonsur* ‖ **Kränzle** das, -s/- (V, ugs.): *Kranzl* ‖ **Kranzljungfer:** *Brautjungfer* ‖ **Kranzlreiten** (K): *ein Pfingstbrauch* ‖ **Kranzniederlegung** ‖ **Kranzschleife:** *breites Band am Kranz mit Abschiedsworten an den Verstorbenen* ‖ **Kranzwurst,** *auch:* Kranzlwurst: *Wurst in Form eines Kranzes*

Krapfen der, -s/-: *eine Mehlspeise* ‖ **Krapferl** das, -s/-[n]: *eine [süße] Mehlspeise*

krass, krasser/am krassesten: ein krasser *(sehr arger)* Fehler | (sal., Jug.) *super, großartig;* der Song ist voll k. ‖ **Krassheit** die, -/-en

Krater der, -s/- ⟨gr.⟩: *trichterförmige Öffnung eines Vulkans* ‖ **Kraterbildung** ‖ **kraterförmig** ‖ **Kraterlandschaft** ‖ **Kratersee:** *See in einem ehemaligen Vulkankrater*

kratzbürstig: *unfreundlich* ‖ **Krätze** die, -/-n (Med.): *durch Milben hervorgerufener Hautausschlag* | *Räude* ‖ **kratzen,** du kratzt ‖ **Kratzer** der, -s/-: *Ritzer, Schramme* ‖ **Krätzer** der, -s/- (D): *saurer Wein* ‖ **Kratzfuß** (veraltet): *überhöfliche Verbeugung* ‖ **kratzig** ‖ **krätzig:** *voll Krätzen* ‖ **Kratzputz:** *aufgerauter Mauerverputz*

kraulen[1]: *sanft kratzen*

kraulen[2] = crawlen ['krɔːl-] ⟨engl.⟩ (Sport): *in einer speziellen Technik schwimmen* ‖ **Kraulschwimmen** das, -s

kraus: krauses *(lockiges, widerspenstiges)* Haar | (geh.) krause *(wirre)* Gedanken ‖ **Krause** die, -/-n: *in viele Falten gelegter Kragen, Halskrause* | *gekräuseltes Haar* ‖ **kräuseln:** ihr Haar kräuselt sich ‖ **kraushaarig** ‖ **krausköpfig**

Kraut das, -[e]s/Kräuter: *Heilpflanze* | (ohne Pl.) *Weißkraut, Blaukraut* | (D) *Kohl* | (ugs.) dagegen ist kein K. gewachsen *(gibt es kein Mittel);* das macht das K. nicht fett *(die Sache nicht besser);* ins K. schießen *(zunehmen, wuchern)* ‖ **Kräuterbutter** ‖ **Kräuteressig** ‖ **Kräutergarten** ‖ **Kräuterkäse** ‖ **Kräuterlikör** ‖ **Kräutertee** ‖ **Krautfleckerl = Krautfleckerln** die (Pl.): *eine Speise* ‖ **Krauthappel = Krauthappl** (ostöst., mda.): *Krauthäuptel* ‖ **krautig** ‖ **Krautinger** der, -s/- (T): *Rübenschnaps* ‖ **Krauthäuptel = Krauthäuptl** ‖ **Krautkopf** ‖ **Kräutl** das, -s/-n (ugs.): *Kraut* ‖ **Kräutler** der, -s/- (veraltet): *Gemüsehändler* ‖ **Kräutlerin** die, -/-innen (veraltet) ‖ **Krautsalat** ‖ **Krautstrudel:** *ostösterreichische Spezialität* ‖ **Krautsuppe** ‖ **Krautwickel** der, -s/-: *Krautroulade*

Krawall der, -s: *arger Lärm* | (mit Pl. -e) *Schlägerei, Aufruhr* ‖ **Krawallmacher** ‖ **Krawallmacherin**

Krawatte die, -/-n ⟨kroat.-dt.-fr.⟩ ‖ **Krawattennadel** ‖ **Krawattenzwang** ‖ **Krawattl** das, -s/-n (ugs.): *Krawatte;* jemanden beim K. *(am Kragen)* nehmen

Krawot [-'vɒːt] → Krowot ‖ **Krawotin** → Krowotin ‖ **krawutisch** ⟨kroat.⟩ (mda.): *zornig, wild, rabiat*

Kraxe die, -/-n (ugs.): *ein Traggestell für den Rücken* | *unleserliche Schrift* ‖ **kraxeln:** ich kraxle *(klettere)* auf einen Baum ‖ **Kraxler** der, -s/- ‖ **Kraxlerin** die, -/-innen

Kreation [-tsi̯-] die, -/-en ⟨lat.⟩: *etwas Neugeschaffenes [in der Mode]* ‖ **kreativ:** *einfallsreich,*

K

schöpferisch ‖ **Kreativdirektor:** *Artdirektor* ‖ **Kreativdirektorin** ‖ **Kreativität** [-v-] die, -: *das Schöpferische* ‖ **Kreatur** die, -/-en: *Geschöpf, Lebewesen* ‖ **kreatürlich** (geh.)

Krebs [auch: -eː-] der, -es/-e: *Krebstier* | *Flusskrebs* | *ein Sternbild* | *ein Tierkreiszeichen* | (ohne Pl.) (Med.) *eine Krankheit;* → K. erregend (= krebserregend) ‖ **Krebs erregend** = **krebserregend** (Med.) ‖ **Krebsforschung** ‖ **Krebsgang:** *Rückwärtsbewegung* ‖ **Krebsgeschwulst** (Med.) ‖ **Krebsgeschwür** (Med.) ‖ **krebsig** (Med.) ‖ **krebskrank** ‖ **Krebsleiden** ‖ **krebsrot:** *hochrot* ‖ **Krebsschaden** (geh.): *Grundübel* ‖ **Krebstier** (Zool.): *jede Tierart aus der Klasse der Krustazeen* ‖ **Krebszelle** (Med.)

Kredenz die, -/-en ⟨lat.-it.⟩: *ein Küchenmöbel, Küchenkastl [mit Anrichte]* ‖ **kredenzen,** du kredenzt (geh.): jemandem eine Erfrischung k. *(anbieten)*

Kredit der, -[e]s/-e ⟨lat.-it.-fr.⟩: einen K. *(ein Darlehen)* aufnehmen; K. haben *(als vertrauenswürdig gelten);* fauler K. *(uneinbringliches Darlehen, wenn der Schuldner nicht zahlen kann)* ‖ **Kreditanstalt:** *Kreditinstitut* ‖ **Kreditantrag** ‖ **Kreditbetrug** ‖ **Kreditgeber:** *Kreditor* ‖ **Kreditgeberin** ‖ **Kredithai** (sal.): *privater Geldgeber, der überhöhte Kreditzinsen verlangt* ‖ **kreditieren:** *Kredit gewähren* ‖ **Kreditinstitut** [-st-] (Bankw.): *Sparkasse, Bank uÄ* ‖ **Kreditkarte:** *Karte zur bargeldlosen Zahlung* ‖ **Kreditnehmer** der, -s/- ‖ **Kreditnehmerin** die, -/-innen ‖ **Kreditor** [auch: -ˈdi-] der, -s/-en [-ˈoː-] (meist Pl.): *Gläubiger, Kreditgeber;* → G.: Debitor ‖ **Kreditorin** die, -/-innen ‖ **Kreditrahmen** (Bankw.): *Überziehungsrahmen* ‖ **Kreditschädigung** (Jus): *Rufmord oÄ* ‖ **Kreditschutzverband:** *Verband zur Wahrung von Gläubigerrechten bei Insolvenzen* ‖ **Kreditvermittler** ‖ **Kreditvermittlerin** ‖ **Kreditversicherung** ‖ **Kreditvertrag** ‖ **Kreditwesen** ‖ **kreditwürdig** ‖ **Kreditwürdigkeit** die, -

Kredo = Credo [k-] das, -s/-s ⟨lat.⟩: *das [katholische] Glaubensbekenntnis* | *Überzeugung;* ihr politisches K.

Kreide die, -/-n: mit K. an die Tafel schreiben | (ugs.) in der K. sein/stehen *(Schulden haben)* ‖ **kreidebleich** ‖ **Kreidefelsen** ‖ **kreideweiß** ‖ **Kreidezeichnung** ‖ **Kreidezeit** (Geol.): *eine erdgeschichtliche Periode*

kreieren [-e.ˈiː-] ⟨lat.⟩: *schaffen, gestalten; in Mode bringen*

Kreis der, -es/-e: sich im K. bewegen (auch: *mit einer Sache nicht vorwärtskommen*) ‖ **Kreisbahn** ‖ **Kreisbewegung** ‖ **Kreisbogen**

kreischen, du kreisch[s]t: eine kreischende *(schrill und laut schreiende)* Stimme

Kreisdurchmesser ‖ **Kreisel** der, -s/-: *ein [kegelförmiger] Körper, der um seine Achse drehbar ist* | *ein Spielzeug* ‖ **Kreiselheuer** der, -s/- (Landw.): *ein Gerät zum Heuwenden* ‖ **Kreiselkompass** ‖ **kreisen,** du kreist: *sich in Kreisen bewegen;* k. lassen ‖ **Kreisfläche** ‖ **kreisförmig** ‖ **Kreisgericht** (früher): *Gericht höherer Instanz* ‖ **Kreislauf:** *Zyklus;* der K. *(die wiederkehrenden Jahreszeiten)* der Natur | (Med.) *Blutzirkulation im Körper* ‖ **Kreislaufbeschwerden** die (Pl.) (Med.) ‖ **kreislauffördernd** ‖ **Kreislaufkollaps** (Med.) ‖ **Kreislaufversagen** (Med.) ‖ **Kreislinie** [-i̯ɛ] ‖ **kreisrund** ‖ **Kreissäge** ‖ **Kreissegment:** *abgeschnittenes Kreisstück* ‖ **Kreissektor:** *herausgeschnittenes Kreisstück*

kreißen, du kreißt (veraltend): *in Geburtswehen liegen* ‖ **Kreißende** die, -n/-n (veraltend): *gebärende Frau* ‖ **Kreißsaal** ‖ **Kreißzimmer**

Kreisumfang ‖ **Kreisverkehr**

Krem = → Creme

Krematorium das, -s/Krematorien [-i̯ən] ⟨lat.⟩: *Anlage zur Leichenverbrennung/Einäscherung*

Kreme = → Creme ‖ **kremig** = → cremig

Kreml der, -s ⟨russ.⟩: *russische Burganlage, zB in Moskau* | *[Sitz der] Regierung Russlands*

Krempe die, -/-n: *Hutrand*

Krempel der, -s (ugs., abw.): *alter, wertloser Kram; Gerümpel*

krempeln: ich kremple die Ärmel nach oben; *aufkrempeln; umkrempeln*

Krems (Kfz: KS, KR): K. an der Donau *(Statutarstadt und Bezirk in Niederösterreich)* ‖ **Kremser Senf** = **Kremsersenf:** *ein süßwürziger Senf*

Kremsmünster: *Marktgemeinde (und Stift) in Oberösterreich*

Kren der, -s: *eine Pflanze mit würzig-scharf schmeckender Wurzel;* K. reiben/reißen *(schaben);* etwas ist zum Krenreiben *(für nichts, ergebnislos, erfolglos)* | (ugs.) seinen K. dazugeben *(seine Meinung einfließen lassen)*

krendeln: *[bei Kärntner Nudeln] den Teigrand wellenförmig einschlagen*

Krenfleisch: *eine Speise* ‖ **Krenreißer:** *ein Küchengerät*

Kreole der, -n/-n ⟨span.-port.-fr.⟩: *Nachkomme von spanischen Einwanderern nach Amerika* | *Nachkomme von schwarzen Sklaven in Brasilien* ‖ **Kreolin** die, -/-innen

krepieren ⟨lat.-it.⟩: ein krepierendes *(explodierendes)* Geschoß | (derb) *verenden*

Krepp[1] = → Crêpe[1] ‖ **Krepp**[2] = Crêpe [krɛp] der, -s/-s ⟨lat.⟩: *ein Gewebe* ‖ **Krepppapier** ‖ **Kreppsohle:** *eine Schuhsohle*

Kresse die, -/-n: *eine Pflanze*

Kreszentia [-tsi̯a] = **Kreszenz** → Crescentia

Kreta: *eine griechische Insel;* → kretisch ‖ **Kreter** der, -s/- ‖ **Kreterin** die, -/-innen

Krethi und Plethi ⟨gr.⟩ (abw.): dort trifft/treffen sich K. u. P. *(eine gemischte Gesellschaft)*

Kretin [-ˈtɛ̃ː] der, -s/-s ⟨fr.⟩ (abw.): *dumme Person* | (Med.) *Mensch, der an Kretinismus leidet* ‖ **Kretinismus** [-tin-] der, - (Med.): *eine Entwicklungsstörung*

kretisch → Kreta

Kreton der, -s/-e ⟨fr.⟩: *ein Baumwollgewebe*

Kreuz[1] das, -es/-e: Holzscheiter über K. legen | *Symbol des Christentums; Kreuzzeichen;* das Rote K. | (Mus.) *ein Erhöhungszeichen* (#) | *unterer Teil des Rückgrats* | (ugs.) es ist ein rechtes K. *(Elend, Problem)* mit ihm; zu Kreuze kriechen *(sich demütigen)* | (ugs.) mit jemandem übers K. *(verfeindet)* sein; *aber:* → kreuz und quer ‖ **Kreuz**[2] die = das, -/-: *eine Farbe im Kartenspiel, Treff* ‖ **Kreuzass** ‖ **Kreuzband:** *stabilisierender Bindegewebsstrang im Kniegelenk* ‖ **Kreuzbein:** *ein Knochen an der Wirbelsäule* ‖ **Kreuzbergl** das, -s: *Hausberg von Klagenfurt* ‖ **kreuzbrav** (ugs.): *anständig und ehrlich* ‖ **Kreuzdame:** *eine Spielkarte* ‖ **Kreuzeck** (Sport): genau ins K. *(obere*

Eck des Tors) treffen ‖ **kreu|zen:** die Beine k. *(übereinanderschlagen)* | du kreuzt *(überquerst)* eine Straße; die Straße kreuzt *(quert)* die Bahn | (Seemannsspr.) *im Zickzack gegen den Wind steuern* | (Biol.) zwei Rosensorten k. *(zu einer neuen Sorte verbinden)* ‖ **Kreu|zer** der, -s/-: *eine alte Geldeinheit, zB früher in Österreich* | *ein Kriegsschiff* ‖ **Kreu|zes|tod:** der K. Christi ‖ **Kreuz|fahrt:** *eine Schiffsreise* | (geh.) *Kreuzzug* ‖ **Kreuz|feu|er:** sie stehen im K. *(Hagel)* der Kritik ‖ **kreuz|fi|del:** *gut aufgelegt, vergnügt* ‖ **kreuz|för|mig** ‖ **Kreuz|gang** (Arch.): *Bogengang im Innenhof eines Klosters* ‖ **Kreuz|ge|lenk** ‖ **Kreuz|ge|wöl|be** (Arch.) ‖ **kreu|zi|gen** (früher): *am Kreuz hinrichten* ‖ **Kreu|zi|gung** die, -/-en ‖ **Kreuz|kö|nig:** *eine Spielkarte* ‖ **Kreuz|kopf|schrau|be** ‖ **Kreuz|kopf|schrau|ben|zie|her** ‖ **Kreuzl** das, -s/-[n] (ugs.): *Kreuz* ‖ **Kreuzl|schrei|ber** (veraltet): *jemand, der nicht schreiben kann (und deshalb mit Kreuzl unterschreibt)* ‖ **Kreuzl|schrei|be|rin** (veraltet) ‖ **Kreuz|ot|ter:** *eine Giftschlange* ‖ **Kreuz|rip|pen|ge|wöl|be** (Arch.): *eine gotische Gewölbeform* ‖ **Kreuz|rit|ter:** *Ritter, der an einem Kreuzzug teilnahm* ‖ **Kreuz|schlüs|sel:** *ein Werkzeug* ‖ **Kreuz|schmerz** (meist Pl.) ‖ **Kreuz|spin|ne** ‖ **Kreuz|stich:** *eine Stickerei* | (Med.) *eine Narkose* ‖ **kreuz und quer:** *durcheinander;* k. u. q. gehen; *aber:* → Kreuz ‖ **Kreu|zung** die, -/-en: *Schnittstelle von Verkehrswegen* | (Biol.) → kreuzen ‖ **Kreu|zungs|be|reich** (Verk.) ‖ **kreu|zungs|frei** (Verk.) ‖ **Kreuz|ver|hör:** jemanden ins K. nehmen *(mit Fragen in die Enge treiben)* ‖ **Kreuz|weg:** *[künstlerische] Darstellung des Leidensweges Christi* ‖ **Kreuz|weg|sta|ti|on** [-ʃtatsi̯-] ‖ **Kreuz|weh** ‖ **kreuz|wei|se:** *über Kreuz* ‖ **Kreuz|wort|rät|sel:** K. lösen ‖ **Kreuz|zaun** (T, K, S): *Jägerzaun* ‖ **Kreuz|zei|chen** ‖ **Kreuz|zug:** *Kriegszug zur Befreiung des Heiligen Landes (im Mittelalter)* | ein K. *(eine Kampagne)* gegen die Not

krib|be|lig, *auch:* kribblig: *unruhig* ‖ **krib|beln:** es kribbelt *(juckt, kitzelt)* mich in den Fingern

Kri|ckel das, -s/-, *auch:* Krickerl, -s/-[n]: *Gehörn* | *Geweih [eines Rehbocks]* ‖ **Kri|ckerl** → Krickel

Kri|cket das, -s ⟨engl.⟩: *ein Schlagballspiel;* K. spielen

Kri|da die, - ⟨lat.⟩ (Jus): *betrügerisch oder fahrlässig herbeigeführte Zahlungsunfähigkeit* ‖ **Kri|da|tar** der, -s/-e: *Betrüger, fahrlässig Zahlungsunfähiger* ‖ **Kri|da|ta|rin** die, -/-innen

krie|chen, kroch/gekrochen: auf allen Vieren k. | (abw.) er kriecht vor Vorgesetzten *(verhält sich sehr unterwürfig)* ‖ **Krie|cher** der, -s/- (ugs., abw.): *unterwürfiger Mensch* ‖ **Krie|che|rin** die, -/-innen (ugs., abw.) ‖ **krie|che|risch** (abw.)

Krie|cherl das, -s/-[n] (reg., ugs.): *Name verschiedener Pflaumensorten* ‖ **Krie|cherl|baum**

Kriech|spur: *äußerste Fahrspur für langsame Fahrzeuge (auf Autobahnen)* ‖ **Kriech|strom:** *[bei Feuchtigkeit] austretender Strom* ‖ **Kriech|tier:** *Reptil, zB Eidechse*

Krieg der, -[e]s/-e: einem Land den K. erklären; Länder, die K. führen; → Krieg führend = kriegführend; sie leben im ständigen K. *(Streit, Kampf)* miteinander

krie|gen: *bekommen, erreichen*

Krie|ger der, -s/- (geh., veraltet): *Kämpfer, Soldat* ‖ **Krie|ger|denk|mal** das, -[e]s/-mäler *(auch:* -male): *Denkmal für die Gefallenen* ‖ **Krie|ger|grab** ‖ **Krie|ge|rin** die, -/-innen ‖ **krie|ge|risch** ‖ **Krie|ger|wit|we** ‖ **Krieg füh|rend** = **krieg|füh|rend:** K. führende Staaten ‖ **Krieg|füh|rung,** *auch:* Kriegsführung

Krieg|lach: *Marktgemeinde in der Steiermark*

Kriegs|aus|bruch ‖ **kriegs|be|dingt** ‖ **Kriegs|be|ginn** ‖ **Kriegs|beil:** das K. begraben *(Frieden schließen)* ‖ **Kriegs|be|ma|lung:** *Bemalung bes. im Gesicht bei [indianischen] Kriegern* ‖ **Kriegs|be|richt** ‖ **Kriegs|be|richt|er|stat|tung** ‖ **Kriegs|dienst** ‖ **Kriegs|dienst|ver|wei|ge|rer** ‖ **Kriegs|dienst|ver|wei|ge|rung** ‖ **Kriegs|en|de** ‖ **Kriegs|er|klä|rung** ‖ **Kriegs|fall:** im K. ‖ **Kriegs|flot|te** ‖ **Kriegs|fol|ge** (meist Pl.) ‖ **Kriegs|frei|wil|li|ge** ‖ **Kriegs|füh|rung** → Kriegführung ‖ **Kriegs|fuß:** mit jemandem auf K. stehen *(mit jemandem verfeindet sein)* ‖ **Kriegs|ge|biet** ‖ **Kriegs|ge|fan|ge|ne** ‖ **Kriegs|ge|fan|gen|schaft** ‖ **Kriegs|ge|ne|ra|ti|on** [-tsi̯-] ‖ **Kriegs|ge|richt** ‖ **Kriegs|ge|schä|dig|te:** *jemand, dessen Eigentum im Krieg zerstört oder beschädigt wurde* ‖ **Kriegs|ge|sche|hen** ‖ **Kriegs|ge|winn|ler** der, -s/- (abw.): *Nutznießer aus einem Krieg* ‖ **Kriegs|het|ze** die, - ‖ **Kriegs|in|va|li|de** [-v-]: *Kriegsversehrte* ‖ **Kriegs|ka|me|rad** ‖ **Kriegs|kas|sa** = **Kriegs|kas|se** (Wirt.): *Gewinne, die zum Kauf oder zur Übernahme von Unternehmen eingesetzt werden* ‖ **Kriegs|list** ‖ **Kriegs|ma|ri|ne** ‖ **Kriegs|mi|nis|te|ri|um** (früher): *Verteidigungsministerium* ‖ **Kriegs|op|fer** ‖ **Kriegs|op|fer|für|sor|ge** ‖ **Kriegs|op|fer|ver|band** ‖ **Kriegs|pfad** der, -[e]s: auf dem K. sein *(Krieg führen)* ‖ **Kriegs|recht** das, -[e]s: *eine völkerrechtliche Vereinbarung* ‖ **Kriegs|schau|platz** ‖ **Kriegs|schiff** ‖ **Kriegs|spiel|zeug** ‖ **Kriegs|teil|neh|mer** ‖ **Kriegs|trei|ber:** *jemand, der Krieg provoziert* ‖ **Kriegs|ver|bre|chen** ‖ **Kriegs|ver|bre|cher|tri|bu|nal:** *Internationaler Strafgerichtshof in Den Haag* ‖ **kriegs|ver|letzt** ‖ **Kriegs|ver|let|zung** ‖ **kriegs|ver|sehrt** ‖ **Kriegs|ver|sehr|te** ‖ **Kriegs|ziel** ‖ **Kriegs|zu|stand**

Kriem|hild = **Kriem|hil|de,** *auch:* Krimhild, Krimhilde: *weibl. Vorname*

Krim die, -: *russ. Halbinsel im Schwarzen Meer*

Kri|mi der, -[s]/-s ⟨lat.⟩: *Kurzwort für Kriminalfilm oder Kriminalroman* ‖ **Kri|mi|nal** das, -s/-e (veraltend): *Gericht, Gefängnis;* er steht mit einem Fuß im K. *(er ist einer Gesetzesübertretung nahe)* ‖ **Kri|mi|nal|be|am|te** ‖ **Kri|mi|nal|be|am|tin** ‖ **Kri|mi|nal|film** ‖ **Kri|mi|nal|in|spek|tor** [-sp-, auch: -ʃp-] ‖ **Kri|mi|nal|in|spek|to|rin** ‖ **kri|mi|na|li|sie|ren:** *als kriminell betrachten; als Verbrechen behandeln;* → G.: entkriminalisieren ‖ **Kri|mi|na|lis|tik** die, -: *Aufklärung von Verbrechen* ‖ **kri|mi|na|lis|tisch** ‖ **Kri|mi|na|li|tät** die, -: *Straffälligkeit* ‖ **Kri|mi|nal|kom|mis|sa|ri|at** ‖ **Kri|mi|nal|po|li|zei** ‖ **kri|mi|nal|po|li|zei|lich** ‖ **Kri|mi|nal|pro|zess:** *Strafprozess;* → Zivilprozess ‖ **Kri|mi|nal|ro|man** ‖ **Kri|mi|nal|sta|tis|tik** [-ʃt-, -st-]: *Verbrechensstatistik* ‖ **kri|mi|nell:** *verbrecherisch* ‖ **Kri|mi|nel|le**[1] der, -n/-n, ein Krimineller: *Verbrecher* ‖ **Kri|mi|nel|le**[2] die, -n/-n ‖ **Kri|mi|ne|ser** der, -s/- (ugs., scherzh., veraltet): *Krimi-*

K

nalbeamter | *Kriminalroman* || **Kri|mi|no|lo|ge** der, -n/-n || **Kri|mi|no|lo|gie** die, -: *Wissenschaft vom Verbrechen* || **Kri|mi|no|lo|gin** die, -/-innen || **kri|mi|no|lo|gisch**

Krim|sekt: *Sekt von der Halbinsel Krim*

Krims|krams der, - (ugs.): *Kram*

krin|geln (bes. D, ugs.): *ringeln*

Kri|no|li|ne die, -/-n ⟨lat.-fr.⟩ (früher): *Reifrock*

Kri|po die, -: *Kurzwort für Kriminalpolizei*

Krip|pe die, -/-n: *ein Futtertrog* | *Tagesheim für Säuglinge und Kleinkinder* | *figürliche Darstellung der Geburt Jesu* || **Krip|pen|fi|gur** || **Krip|pen|spiel:** *ein Weihnachtsspiel* || **Krip|perl** das, -s/-[n]: *Krippe* || **Krip|perl|roas** [-rɔəs] die, - (O) (Volksk.): *Besuch mehrerer Weihnachtskrippen*

Kri|se die, -/-n ⟨gr.-lat.⟩: *schwierige, entscheidende Lage* | (Med.) *Krisis* || **kri|seln:** es kriselt *(eine Krise kündigt sich an)* || **kri|sen|an|fäl|lig** || **Kri|sen|er|schei|nung** || **kri|sen|fest** || **Kri|sen|ge|biet** || **kri|sen|ge|schüt|telt:** eine krisengeschüttelte *(von Krisen heimgesuchte)* Region || **kri|sen|haft** || **Kri|sen|herd:** *Ausgangspunkt, Gebiet einer Krise* || **Kri|sen|in|ter|ven|ti|on** [-v-tsi̯-]: *psychologische Betreuung in Notsituationen und bei Katastrophen* || **Kri|sen|ma|na|ge|ment** [-mænɪdʒm-] || **Kri|sen|re|gi|on** || **kri|sen|si|cher** || **Kri|sen|si|tu|a|ti|on** [-tsi̯-] || **Kri|sen|sit|zung** || **Kri|sen|stab:** *Regierungs-, Expertengruppe in Krisenzeiten*

Kri|sis die, -/Krisen ⟨gr.⟩ (Med.): *Höhepunkt, Wendepunkt bei einer schweren Krankheit, Krise*

Kris|pindl [-ʃp-] das, -s/-n (ostöst., ugs., abw.): *schwächliche, magere Person*

Kris|ta → Christa

Kris|tall[1] der, -s/-e ⟨gr.-lat.⟩: *eine gesetzmäßige, regelmäßige Form der Minerale* || **Kris|tall**[2] das, -s: *Kristallglas* || **kris|tal|len** || **Kris|tall|glas:** *Bleikristall* | *Glas aus Kristall* || **kris|tal|lin:** kristallines *(aus vielen kleinen Kristallen gebildetes)* Gestein || **kris|tal|li|nisch** || **Kris|tal|li|sa|ti|on** [-tsi̯-] die, -/-en: *Kristallbildung* || **Kris|tal|li|sa|ti|ons|punkt** || **kris|tal|li|sie|ren:** *zu Kristallen werden;* kristallisierter Honig || **kris|tall|klar** || **Kris|tall|lus|ter** || **Kris|tall|lüs|ter** (D): *Kristallluster* || **Kris|tall|nacht,** *auch:* Reichskristallnacht (Gesch.): *Bezeichnung (der Nationalsozialisten) für das Novemberpogrom vom 9. auf den 10. November 1938* || **Kris|tall|va|se** [-v-] || **Kris|tall|zu|cker**

Kri|te|ri|um das, -s/Kriterien [-i̯ɛn] ⟨gr.-lat.⟩: *unterscheidendes Merkmal; Kennzeichen* | (bes. im Radsport) *Prüfungsfahrt; Wettfahrt* || **Kri|tik** die, -/-en [auch: ˈkri(ː)-]: *Besprechung, Beurteilung [eines Buches]* | *Tadel;* an etwas K. üben; unter aller K. *(ganz schlecht)* sein || **Kri|ti|kas|ter** der, -s/- (abw.): *kleinlicher Kritiker, Nörgler* || **Kri|ti|kas|te|rin** die, -/-innen (abw.) || **Kri|ti|ker** der, -s/- || **Kri|ti|ke|rin** die, -/-innen || **kri|tik|fä|hig** || **Kri|tik|fä|hig|keit** die, - || **kri|tik|los** || **Kri|tik|punkt** || **Kri|ti|kus** der, -/-kusse (scherzh. bzw. abw.): *Kritiker* || **kri|tisch:** etwas k. *(streng, sorgfältig)* beurteilen | im kritischen *(entscheidenden)* Augenblick; jetzt wird es k. *(gefährlich, ernst)* || **kri|ti|sie|ren:** *Kritik üben*

Krit|ze|lei die, -/-en: *Gekritzel* || **krit|zeln,** ich kritzle

Kro|a|te der, -n/-n: *Angehöriger eines südslawischen Volkes* || **Kro|a|ti|en** [-tsi̯ɛn] (Kfz: HR): *ein Staat* || **Kro|a|tin** die, -/-innen || **kro|a|tisch** || **Kro|a|tisch** das, -[s] = **Kro|a|ti|sche,** -n: *die kroatische Sprache*

kroch → kriechen

Kro|cket das, -s ⟨engl.⟩: *ein Ballspiel;* K. spielen

Kro|kant der, -s ⟨fr.⟩: *knusprige Masse aus Nüssen und Zucker*

Kro|ket|te die, -/-n ⟨fr.⟩: *eine Beilage [aus Erdäpfelteig]*

Kro|ko das, -[s] ⟨gr.-lat.⟩: *Kurzwort für Krokodil[leder];* eine Tasche aus K. || **Kro|ko|dil** das, -s/-e || **Kro|ko|dil|le|der** || **Kro|ko|dils|trä|ne:** Krokodilstränen *(geheuchelte Tränen)* weinen

Kro|kus der, -/- [-kusse] ⟨gr.-lat.⟩: *eine Frühlingsblume*

Kro|ne die, -/-n ⟨gr.-lat.⟩: die K. niederlegen *(abdanken);* → Krönung | *Zahnkrone* | (Bot.) *Teil der Blüte;* Blumenkrone | (mit Abkürzung K) *eine Geldeinheit [im alten Österreich]* | (mit Abkürzung kr) *Geldeinheit in Skandinavien* || **krö|nen:** seine Bemühungen waren von Erfolg gekrönt *(erfolgreich)* || **Kro|nen|kork** = **Kro|nen|kor|ken:** *ein Flaschenverschluss* || **Kron|ju|wel:** *Edelstein in einer Krone* | *kostbares Stück* || **Kron|land** (Gesch.): *Bezeichnung für die einzelnen Teile der österreichischen Reichshälfte der österreichisch-ungarischen Monarchie* || **Kron|leuch|ter:** *ein prunkvoller Luster* || **Kron|prä|ten|dent** der, -en/-en: *jemand, der Anspruch auf den Thron erhebt* || **Kron|prä|ten|den|tin** die, -/-innen || **Kron|prinz:** *Thronfolger* || **Kron|prin|zes|sin** || **Krö|nung** die, -/-en: *feierliche Einsetzung eines Herrschers* | *Höhepunkt* || **Krö|nungs|fei|er|lich|keit** (meist Pl.) || **Kron|zeu|ge** (Jus): *Hauptzeuge* || **Kron|zeu|gin** (Jus)

Kropf der, -es/Kröpfe (Med.): *[am Hals sichtbare] Vergrößerung der Schilddrüse* || **kröp|fen** (Landw.): *mästen* | (Jägerspr.) *fressen (von Vögeln)* | (Arch.) *Gesims um einen Pfeiler verlaufen lassen* | (Technik) *[Rohre] parallel biegen* || **krop|fert** (mda.): *mit einem Kropf*

kross (nördl. D): *knusprig;* kross backen (= krossbacken); *aber:* → cross || **kross ba|cken** = **kross|ba|cken**

Krö|sus der, - [-susses]/-susse: *ein sehr reicher Mann (nach einem antiken König)*

Krot die, -/-en (ugs.): *Kröte;* die K. schlucken/ fressen müssen *(etwas Unangenehmes tun müssen)* || **Krö|te** die, -/-n: *ein froschähnlicher Lurch*

Kro|wot [-ˈvɒːt] der, -en/-en, *auch:* Krawot ⟨kroat.⟩ (ugs., meist abw.): *Kroate* || **Kro|wo|tin** die, -/-innen, *auch: Krawotin* (ugs., meist abw.)

Krü|cke die, -/-n: auf Krücken gehen | die K. *(der gebogene Griff)* des Schirms || **Kru|cken|kreuz:** *eine Kreuzform* | (Gesch.) *Parteisymbol des österreichischen Ständestaates (1933/34 bis 1938)* || **Krü|ckerl** das, -s/-[n] (ostöst., ugs., veraltet): ein K. *(eine weinerliche Miene)* machen || **Krück|stock**

krud = **kru|de** ⟨lat.⟩ (geh., veraltet): *roh, grob, brutal* || **Kru|di|tät** die, -/-en (geh., veraltet)

Krug der, -[e]s/Krüge || **Krü|gel** das, -s/- (ostöst.): *Biermaß von 0,5 l;* zwei Krügel [Bier] | *Halbliterglas* || **Krü|gel|glas** (ostöst.) || **Krü|gerl** das, -s/-[n] (ostöst.): *Krügel*

K

Kru|mau [auch: -'uː-] (tschech.: Český Krumlov ['tʃɛskiː -f]): *Stadt in Tschechien*

Kru|me die, -/-n: *das weiche Innere [im Brot]* | *Ackerkrume* || **Krü|mel** der = das, -s/- (bes. D): *Brotbrösel* || **krü|me|lig** (bes. D): *bröselig* || **krü|meln** (bes. D): *bröseln*

krumm
ein krummer *(schief gewachsener)* Baum

Getrenntschreibung bei wörtlicher Bedeutung:
- krumm sitzen
- die Wirbelsäule ist krummer geworden

Getrennt- und Zusammenschreibung mit Verben, die ein Resultat herbeiführen:
- keinen Finger krumm machen (= krummmachen) *(sich nicht anstrengen)*

Zusammenschreibung bei übertragener Bedeutung:
- sich krummlachen *(ausgelassen lachen)*
- krummnehmen; er hat den Spaß krummgenommen *(übel genommen)*

krumm|bei|nig || **krüm|men:** jemandem kein Haar k. *(nichts zu Leid tun);* sich vor Schmerzen k. || **Krumm|holz** das, -es: *Legföhren, Latschen* || **Krumm|horn:** *ein Holzblasinstrument der Renaissance* || **krumm|la|chen** sich → krumm || **krumm|li|nig** || **krumm ma|chen** = **krumm|ma|chen** → krumm || **krumm|na|sig** || **krumm|neh|men:** *übelnehmen* || **Krumm|sä|bel** || **Krumm|stab** (geh., veraltet): *Bischofsstab* || **Krüm|mung** die, -/-en || **Krüm|mungs|ra|di|us**

Krupp der, -s/-s ⟨engl.-fr.⟩ (Med.): *Entzündung im Kehlkopfbereich mit Atemnot und Husten*

Krup|pe die, -/-n: *das Kreuz [des Pferdes]*

Krüp|pel der, -s/- (oft abw.): *Körperbehinderter* | *ein Schimpfwort* || **krüp|pel|haft** || **Krüp|pel|kie|fer:** *Legföhre, Latsche*

Krus|pel [-sp-, -ʃp-] der, -s/- = die, -/-n: *ein Knorpel* || **Krus|pel|spitz** (W): *eine Rindfleischsorte*

Krus|ta|zee [-'eːɛ] die, -/-n (meist Pl.) ⟨lat.⟩ (Zool.): *Krustentier, Krebstier* || **Krus|te** die, -/-n: *harte Oberschicht;* das Blut bildet eine K. || **Krus|ten|tier:** *Krebstier* | (Küchenspr.) *Krebs, Hummer, Languste ua.*

Krut|knöpf|le die (Pl.) (V): *Spätzle mit Sauerkraut* || **Krut|spätz|le** (V)

Krux = Crux [k-] die, - ⟨lat.⟩ (wörtl.: Kreuz): *Schwierigkeit;* die K. bei der Sache ist, dass ...

Kru|zi|fix das, -es/-e ⟨lat.⟩: *Kreuz* | *Darstellung des gekreuzigten Christus*

kru|zi|tür|ken, *auch:* kruzitürken (ugs.): *Ausruf [des Ärgers];* → Kuruzzen

Kryp|ta [-'y-] die, -/Krypten ⟨gr.-lat.⟩: *unterirdischer Kirchenraum; Gruft* || **kryp|tisch** (geh.): *geheimnisvoll, rätselhaft* || **Kryp|ton** [auch: -'oːn] das, -s (Zeichen: Kr): *ein chemisches Element* || **Kryp|to|gra|fie** = Kryptographie [-f-] die, -/-n ⟨gr.⟩: *Geheimschrift* || **Kryp|to|gramm:** *verschlüsselter Text, verschlüsselte Information in einem Text* || **Kryp|to|gra|phie** [-f-] = → *Kryptografie*

KSZE [ka ɛs tsɛt 'eː] die, - (früher) (Pol.): **K**onferenz über **S**icherheit und **Z**usammenarbeit in **E**uropa (jetzt: OSZE)

Ktn.: Kärnten

k. u. [ka 'uː]: **k**öniglich **u**ngarisch *(in Österreich-Ungarn für die ungarische Reichshälfte);* → k.; → k. k.; → k. u. k.

Küach|le ['kyəx-] das, -s/-, *auch:* **Küach|li** (V): *Kücherl*

Ku|ba: *Insel und Staat in der Karibik* || **Ku|ba|ner** der, -s/- || **Ku|ba|ne|rin** die, -/-innen || **ku|ba|nisch**

Ku|ba|tur die, -/-en ⟨gr.-lat.⟩: *Rauminhalt; umbauter Raum eines Hauses*

Kü|bel der, -s/-: *ein Gefäß;* zwei K. Wasser || **Kü|bel|milch** (SüdT, ugs.): *Buttermilch* || **kü|bel|wei|se**

ku|bie|ren ⟨gr.-lat.⟩: eine Zahl k. *(zur dritten Potenz nehmen)* || **Ku|bik|de|zi|me|ter** (dm^3): *1 l;* → Meter || **Ku|bik|in|halt** der, -[e]s: *Rauminhalt* || **Ku|bik|me|ter** (m^3): *Rauminhalt eines Würfels von 1 m Seitenlänge* || **Ku|bik|wur|zel** (Math.): die K. *(dritte Wurzel)* aus 3 || **Ku|bik|zahl** (Math.): *dritte Potenz einer Zahl* || **Ku|bik|zen|ti|me|ter** (cm^3) || **ku|bisch:** *würfelförmig* || **Ku|bis|mus** der, - (Kunstg.): *expressionistische Richtung in der modernen Plastik und Malerei mit Betonung einfacher geometrischer Formen* || **ku|bis|tisch** (Kunstg.) || **Ku|bus** der, -/Kuben: *Würfel* | (Math.) *Kubikzahl, dritte Potenz einer Zahl*

Kü|che die, -/-n: die Tiroler K.; warme K.

Ku|chen der, -s/- || **Ku|chen|blech:** *Backblech*

Kü|chen|chef [-ʃeːf] || **Kü|chen|che|fin**

Ku|chen|form

Kü|chen|ge|rät || **Kü|chen|herd** || **Kü|chen|kastl** (ugs.) || **Kü|chen|mes|ser** || **Kü|chen|per|so|nal** || **Kü|chen|rol|le:** *eine Papierrolle zur Verwendung in der Küche* || **Kü|chen|schür|ze**

Ku|chen|teig

Kü|chen|tisch || **Kü|chen|waa|ge** || **Kü|chen|zet|tel** (bes. D): *Speiseplan*

Kü|cherl das, -s/-[n] = Küchl, -s/-n: *ein Schmalzgebäck;* → Kiachl; → Küachli

Kuchl die, -/-n (ugs.): *Küche*

Küchl = → Kücherl

Kü|cken das, -s/-: Hennen mit ihren K.; → Küken

Ku|ckuck der, -s/-e: der K. ruft; weiß der K., zum K. *(verärgerte Ausrufe)* | (ugs.) *Pfändungsmarke* || **Ku|ckucks|ei:** *etwas, das einem unterschoben wurde* || **Ku|ckucks|uhr**

Kud|del|mud|del der = das, -s (urspr. nördl. D): *Durcheinander*

ku|dern (bes. ostöst., ugs.): *auffällig, kindisch lachen*

Ku|fe die, -/-n: *das Gleitholz des Schlittens* | *ein Holzgefäß* || **Ku|fen|ste|chen:** *ein Kärntner Volksbrauch*

Kuf|stein (Kfz: KU): *Stadt in Tirol*

Ku|gel die, -/-n: K. stoßen; K. scheiben *(mit Murmeln spielen);* ich scheibe K.; ich habe K. geschoben | *Geschoß* | (ugs.) eine ruhige K. scheiben *(ein bequemes Leben haben)* || **Ku|gel|blitz:** *eine Blitzform* || **Ku|gel|fang:** *eine Auffangvorrichtung bei Schießständen* || **ku|gel|fest:** eine kugelfeste *(kugelsichere)* Weste || **ku|gel|för|mig** || **Ku|gel|ge|lenk** || **Ku|gel|ha|gel** (Mil.): *direkter heftiger Beschuss* || **ku|ge|lig,** *auch:* kuglig || **Ku|gel|la|ger** || **ku|geln,** ich kugle: der Ball kugelt *(rollt)* über die Straße | (ugs.) sich vor Lachen k. || **ku|gel|rund** || **Ku|gel|schei|ben** das, -s (veraltend): *ein Kinderspiel mit [Glas]kugeln* || **Ku|gel|schrei|ber** || **ku|gel|si|cher:** ein kugelsicheres Auto || **Ku|gel|sto|ßen** das, -s: *eine leichtathletische Disziplin* || **Ku|gel|wel|le** (Phys.): *sich gleichmä-*

K

ßig in alle Raumrichtungen ausbreitende, kugelförmige [Schall-]welle ‖ **Kugerl** das, -s/-[n]: *[kleine] Kugel; Murmel* ‖ **kuglig** → kugelig

Kuh die, -/Kühe: *weibl. Tier [von Rind, Hirsch];* die Kühe melken | (abw.) heilige Kühe *(unangreifbare, tabuisierte Gegenstände oder Themen)* ‖ **Kuhdorf** (abw.): *abgeschiedenes Dorf* ‖ **Kuheuter** ‖ **Kuhflade** die, -/-n = **Kuhfladen** der, -s/- ‖ **Kuhglocke** ‖ **Kuhhandel** (abw.): *ein übles Tauschgeschäft* ‖ **Kuhhaut:** *Fell der Kuh* | (ugs.) das geht auf keine K. *(das ist ärger als beschreibbar, das glaubt keiner)* ‖ **Kuhklatter** (V): *Kuhflade*

kühl: eine kühle Brise ‖ **Kühlaggregat** ‖ **Kühlakku:** *Gefrierakku* ‖ **Kühlanlage** ‖ **Kühle** die, -: die K. des Morgens ‖ **kühlen:** *kälten;* → G.: hitzen ‖ **Kühler** der, -s/- (Kfz) ‖ **Kühlerhaube** (Kfz) ‖ **Kühlhaus** ‖ **Kühlkette:** *Gefrierkette vom Hersteller bis zum Verbraucher;* die K. darf nicht unterbrochen werden ‖ **Kühlmittel** ‖ **Kühlraum** ‖ **Kühlschrank** ‖ **Kühltasche** ‖ **Kühltruhe** ‖ **Kühlung** die, - ‖ **Kühlwagen** ‖ **Kühlwasser**

Kuhmilch

kühn: *tapfer* | *gewagt* ‖ **Kühnheit** die, -/-en

Kuhstall ‖ **kuhwarm:** kuhwarme Milch

kujonieren ⟨lat.-fr.⟩ (veraltet): *unnötig quälen, sekkieren*

k. u. k. ['ka: unt 'ka:]: **k**aiserlich **u**nd **k**öniglich *(in Österreich-Ungarn; für beide Reichshälften gemeinsam);* das k. u. k. Ministerium des Äußeren; die k. u. k. Zeit; → k.; → k. k.; → k. u.

Küken das, -s/- (bes. D): *Kücken*

Ku-Klux-Klan der, -s ⟨engl.⟩: *ein amerikanischer rechtsradikaler Geheimbund*

Kukuruz der, -[es]/-e ⟨slaw.⟩: *Mais[kolben];* → Türken ‖ **Kukuruzfeld** ‖ **Kukuruzkolben** ‖ **Kukuruzmehl:** *Maismehl;* → Polenta

kulant ⟨lat.-fr.⟩ (Kaufmannsspr.): *entgegenkommend, großzügig;* → G.: inkulant ‖ **Kulanz** die, - ‖ **Kulanzweg** der, -[e]s: eine Angelegenheit auf dem K. *(entgegenkommend, ohne Rechtsanspruch)* erledigen

Kuli[1] der, -[s]/-s ⟨Hindi-engl.⟩: *asiatischer Lastträger, Taglöhner;* wie ein K. *(sehr schwer)* arbeiten

Kuli[2] der, -[s]/-s (ugs.): *Kugelschreiber*

kulinarisch ⟨lat.⟩: *auf feine Kochkunst bezogen*

Kulisse die, -/-n ⟨fr.⟩: *Dekorationsteile der Theaterbühne* ‖ **Kulissenwechsel** [-ks-]

Kulleraugen die (Pl.): *große, runde Augen* ‖ **kullern:** Tränen k. *(rollen)* über seine Wangen

Kulm der, -[e]s/-e: *runder Bergrücken*

Kulmination [-tsi̯-] die, -/-en ⟨lat.-fr.⟩ ‖ **Kulminationspunkt** [-tsi̯-]: auf dem K. *(Höhepunkt)* einer Karriere ‖ **kulminieren:** *den Höhepunkt erreichen*

Kult der, -[e]s/-e ⟨lat.⟩: *religiöse Verehrung; Gottesdienst* | (sal.) der Film ist K. *(wird in Insiderkreisen bes. geschätzt)* ‖ **Kultbild** ‖ **Kultbuch:** *in bestimmten Kreisen bes. geschätztes Buch*

Kulter → Gulter

Kultfilm ⟨lat.⟩ ‖ **Kulthandlung** ‖ **kultisch** ‖ **kultivieren** [-v-]: ein Stück Land k. *(fruchtbar machen, bebauen)* | das gute Gesprächsklima k. *(pflegen, fördern)* | ein kultivierter *(gepflegter, gebildeter)* Mensch ‖ **Kultivierung** die, -/-en ‖ **Kultstätte:** *Ort religiöser Verehrung* ‖ **Kultstatus** [-st-, -ʃt-]: der Film genießt K. ‖ **Kultur** die, -/-en: die K. eines Volkes *(seine geistigen Errungenschaften, seine Sitten)* | *Pflanzung* ‖ **Kulturabkommen** ‖ **Kulturattaché** [-ʃe:] ‖ **Kulturaustausch** ‖ **Kulturbanause** (abw.): *an Kultur nicht interessierter Mensch* ‖ **Kulturbanausin** (abw.) ‖ **Kulturbeilage:** *[Zeitungs]beilage mit Kulturberichten* ‖ **Kulturbetrieb** ‖ **Kulturboden:** *angebauter Boden* | *kulturell bedeutsames Gebiet* ‖ **Kulturdenkmal** ‖ **kulturell** ‖ **Kulturerbe** ‖ **Kulturepoche** ‖ **Kulturfilm** ‖ **Kulturflüchter** der, -s/- (Biol.): *Kulturpflanze, die aus bewohnten Gebieten verschwindet und verwildert* ‖ **Kulturfolger** der, -s/- (Biol.): *Pflanze, die in bewohnten Gebieten heimisch wird* ‖ **Kulturgeschichte** ‖ **kulturgeschichtlich** ‖ **Kulturgut** ‖ **kulturhistorisch** ‖ **Kulturhoheit** ‖ **Kulturinstitut** [-st-] ‖ **Kulturkritik** ‖ **Kulturlandschaft:** *vom Menschen veränderte Natur;* → G.: Naturlandschaft ‖ **Kulturleben** ‖ **Kulturnation** [-tsi̯-]: *gebildete Nation* | *Nation, deren Zusammenhalt auf gemeinsamer Kultur (und nicht Abstammung) beruht* ‖ **Kulturpflanze** ‖ **Kulturpolitik** ‖ **kulturpolitisch** ‖ **Kulturraum:** *ein geografischer Raum mit gleichartiger Kultur* ‖ **Kulturressort** [-so:ɐ] ‖ **Kulturstadtrat** ‖ **Kulturstadträtin** ‖ **Kultursteppe** (Ökol.): *durch den Menschen biologisch geschädigter Raum* ‖ **Kulturtechnik:** *erworbene Fähigkeit, die das Teilhaben an einer Kultur ermöglicht, zB Schreiben, Lesen, Rechnen* | *Betreuung landwirtschaftlicher Nutzflächen* ‖ **Kulturträger:** *Personen, Institutionen, Gegenstände, die kulturelle Tradition vermitteln* ‖ **Kulturträgerin** ‖ **Kulturvolk** ‖ **Kultus** der, -: *Kult* | *Angelegenheiten der Religionsgemeinschaften* ‖ **Kultusamt:** *oberste Verwaltung der Rechtsangelegenheiten der Kirchen und Religionsgemeinschaften (im Bundesministerium für Unterricht, Kunst und Kultur)* ‖ **Kultusgemeinde** → israelitisch ‖ **Kultusministerium** (D): *Ministerium für Bildung, Erziehung, Wissenschaft, Kunst, Kultur uÄ*

Kümmel der, -s/-: *ein Gewürz* | *ein Schnaps* ‖ **Kümmelbraten** ‖ **Kümmelweckerl:** *ein Gebäck*

Kummer der, -s: vor K. krank werden ‖ **kümmerlich:** kümmerlicher *(spärlicher)* Pflanzenwuchs; sich nur k. *(schlecht und recht)* fortbringen ‖ **kümmern:** das kümmert ihn nicht *(es berührt ihn nicht)* | sich um den Kranken k. *(für ihn sorgen)* ‖ **Kümmernis** die, -/-nisse (veraltend): *Kummer* ‖ **Kummernummer:** *telefonischer Beratungs-, Beschwerdedienst* ‖ **Kummerspeck:** *durch kompensierendes Essen hervorgerufenes Übergewicht* ‖ **kummervoll**

Kummet das, -s/-e (Landw.): *um den Hals gelegter Geschirrteil bei Zugtieren*

Kumpan der, -s/-e ⟨lat.-fr.⟩ (meist abw.): *Helfershelfer; Kamerad* ‖ **Kumpanin** die, -/-innen (meist abw.)

Kumpel der, -s/-[s] [-n]: *Bergmann* | *Kamerad* ‖ **kumpelhaft**

Kumpf der, -[e]s/-e: *Behälter für den Wetzstein des Mähers*

Kumquat die, -/-s ⟨chin.⟩ (Bot.):

[ostasiatische] Zwergorange
Kumulation [-tsi̯-] die, -/-en ⟨lat.⟩: *Anhäufung* ǁ **kumulativ:** *sich steigernd* ǁ **kumulieren** ǁ **Kumulonimbus** (Met.): *Gewitterwolke* ǁ **Kumulus** der, -/Kumuli = **Kumuluswolke** (Met.): *eine Wolkenform, Haufenwolke*
Kumys ['ku:mis, auch: -'is] der, - = **Kumyss** ⟨tatarisch-russ.⟩: *ein Sauermilchgetränk*
kündbar: der Vertrag ist jederzeit k. ǁ **Kunde**[1] der, -n/-n, *reg. auch:* die, -/-n: die Kunden *(Käufer, Kundschaft)* eines Kaufmanns ǁ **Kunde**[2] die, -/-n (geh.): *Nachricht; Kenntnis* ǁ **künden** (geh.): *verkündigen, berichten* ǁ **Kundenberatung** ǁ **Kundendienst:** *Betreuung technischer Geräte durch die Herstellerfirma* ǁ **kundenfreundlich** ǁ **Kundenkreis** ǁ **Kundenparkplatz** ǁ **Kundenstock:** *die ständigen Kunden* ǁ **Kundentrennstab:** *Leiste [in Supermärkten] auf dem Förderband zum Trennen der Waren von verschiedenen Kunden* ǁ **Künder** der, -s/- (geh.): *Verkünder* ǁ **Künderin** die, -/-innen (geh.) ǁ **kundgeben** (geh.): seine Absicht k. *(mitteilen)* ǁ **Kundgebung** die, -/-en: *Massenversammlung; Aufmarsch* ǁ **kundig** (geh.): *wissend, erfahren;* des Deutschen k. sein *(es beherrschen)* ǁ **kündigen:** einem Mieter die Wohnung k. *(das Mietverhältnis lösen);* jemandem die Freundschaft k. ǁ **Kündigung** die, -/-en ǁ **Kündigungsfrist** ǁ **Kündigungsgrund** ǁ **Kündigungsschutz** ǁ **Kundin** die, -/-innen → Kunde[1] ǁ **kundmachen** (Amtsspr.): ein Gesetz k. *(ordnungsgemäß im Bundes- bzw. Landesgesetzblatt veröffentlichen)* ǁ **Kundmachung** die, -/-en: *Verlautbarung* ǁ **Kundschaft** die, -/-en: die K. eines Kaufmanns | (veraltet) *Kunde, Nachricht* ǁ **kundschaften** ǁ **Kundschafter** der, -s/- (veraltend): *jemand, der etwas erkundet, ausforscht* ǁ **Kundschafterin** die, -/-innen (veraltend) ǁ **kundtun** (geh.): *kundmachen, bekannt geben*
Künette die, -/-n ⟨lat.-fr.⟩: *Graben zum Verlegen von [Abfluss]rohren und Leitungen*
künftig: *in Zukunft, später;* künftige Generationen ǁ **künftighin** (geh.)
Kung-Fu das, -s ⟨chin.⟩: *eine asiatische Kampfsportart*
Küniglberg der, -s: *eine Anhöhe in Wien | Hauptsitz des Österreichischen Rundfunks* ǁ **Küniglhas** → Kiniglhas
Kunigunde: *weibl. Vorname*
Kunst die, -/Künste: abstrakte K.; bildende K.; die schwarze (auch: Schwarze) K. *(Magie)* ǁ **Kunstakademie** (in Österreich keine gesetzliche Bezeichnung mehr): *Universität für Kunst* ǁ **Kunstausstellung** ǁ **Kunstbetrachtung** ǁ **Kunstblume:** *eine Blume [aus Plastik, Stoff]* ǁ **Kunstdenkmal** ǁ **Kunstdruck** der, -[e]s: *ein hochwertiges Druckverfahren* | (mit Pl. -drucke) *Druckwiedergabe eines Kunstwerks;* einen K. rahmen lassen ǁ **Kunstdünger** ǁ **Kunsteisbahn** ǁ **künsteln,** ich künstle (meist abw.): *etwas nur mit Kunstgriffen zu Wege bringen; vortäuschen;* → gekünstelt ǁ **Kunsterziehung** ǁ **Kunstfälschung** ǁ **Kunstfaser:** *Nylon, Perlon u. dgl.* ǁ **Kunstfehler:** ein ärztlicher K. *(ärztlicher Fehlgriff, Irrtum)* ǁ **kunstfertig:** *kunstvoll; geschickt* ǁ **Kunstfertigkeit** ǁ **Kunstflug** ǁ **Kunstförderung** ǁ **Kunstführer:** *illustrierter Text als Einführung in Kunstwerke* ǁ **Kunstgegenstand** ǁ **kunstgerecht:** etwas k. *(sachverständig)* reparieren ǁ **Kunstgeschichte** ǁ **kunstgeschichtlich** ǁ **Kunstgewerbe:** *künstlerische Gestaltung und Herstellung von Gebrauchsgegenständen ua.* ǁ **Kunstgriff:** *Trick, Kunststück* ǁ **Kunsthandel** ǁ **Kunsthandwerk** ǁ **Kunsthistoriker:** *Fachmann der Kunstgeschichte* ǁ **Kunsthistorikerin** ǁ **kunsthistorisch:** *kunstgeschichtlich;* ein kunsthistorisches Juwel; *aber:* das Kunsthistorische Museum in Wien ǁ **Kunsthochschule** (in Österreich keine gesetzliche Bezeichnung mehr): *eine Universität für Kunst* ǁ **Kunstkarte:** *Reproduktion eines Kunstwerks als Ansichtskarte* ǁ **Kunstkritik** ǁ **Kunstkritiker** ǁ **Kunstkritikerin** ǁ **Künstler** der, -s/- ǁ **Künstlerhand** (geh.): von K. gestaltet ǁ **Künstlerin** die, -/-innen ǁ **künstlerisch:** k. begabt sein ǁ **Künstlername,** *auch:* **Künstlernamen:** *ein Pseudonym* ǁ **Künstlerpech** (oft scherzh.): *Missgeschick, das allen passieren kann* ǁ **Künstlertum** das, -s ǁ **Künstlerzimmer:** *reservierter Raum für Künstler [hinter der Bühne]* ǁ **künstlich:** künstliche Beleuchtung ǁ **Künstlichkeit** die, - ǁ **Kunstliebhaber** ǁ **Kunstliebhaberin** ǁ **Kunstlied** (Mus.) ǁ **kunstlos:** *einfach, primitiv* ǁ **Kunstmaler:** *Schöpfer von Zeichnungen und Gemälden* ǁ **Kunstmärchen** → Volksmärchen ǁ **Kunstmarkt** ǁ **Kunstpause** (scherzh.): *Verlegenheitspause* ǁ **kunstreich** (geh.): *kunstvoll, kunstfertig* ǁ **Kunstrichtung** ǁ **Kunstsammler** ǁ **Kunstsammlerin** ǁ **Kunstschatz** ǁ **Kunstschlosser** ǁ **Kunstschlosserin** ǁ **Kunstschnee:** *künstlich erzeugter Schnee* ǁ **Kunstseide** ǁ **Kunstsinn** ǁ **kunstsinnig** ǁ **Kunststein** → G.: Naturstein ǁ **Kunststoff:** *Plastik uÄ* ǁ **Kunststoffflasche** ǁ **Kunststofffolie** [-i̯ɛ] ǁ **Kunstströmung** ǁ **Kunststück** ǁ **Kunststudent** [-ʃt-] ǁ **Kunststudentin** ǁ **Kunststudium** ǁ **Kunsttischler** ǁ **Kunsttischlerin** ǁ **Kunstturnen** (Sport) ǁ **Kunstuniversität** [-v-] ǁ **Kunstverstand** der, -[e]s ǁ **kunstverständig** ǁ **Kunstverständnis** ǁ **kunstvoll** ǁ **Kunstwerk**
kunterbunt: alles liegt hier k. *(wahllos)* durcheinander ǁ **Kunterbunt** das, -s: ein K. *(ein buntes, ungeordnetes Vielerlei)* von Farben
Kunz (abw.) (in der Wendung): Hinz und K. *(jedermann)*
Kupee = → Coupé
Kupfer das, -s (Zeichen: Cu): *ein chemisches Element* ǁ **Kupferdach** ǁ **Kupferdraht** ǁ **Kupfererz** ǁ **Kupfererzbergbau** ǁ **Kupferlegierung** ǁ **Kupfermünze** ǁ **kupfern:** kupferne Münzen ǁ **kupferrot** ǁ **Kupferschmied** ǁ **Kupferschmiedin** ǁ **Kupferstecher** ǁ **Kupferstecherin** ǁ **Kupferstich:** *Abdruck einer auf einer Kupferplatte eingeritzten Zeichnung*
kupieren ⟨fr.⟩: *Hunden die Ohren kürzen* | (Med.) eine Grippe k. *(den Ausbruch verhindern)*
Kupon = Coupon [ku'põ:] der, -s/-s ⟨fr.⟩: *abtrennbarer Abschnitt [an Eintrittskarten, Aktien]*
Kuppe die, -/-n: *abgerundeter Berggipfel | Fingerkuppe* ǁ **Kuppel** die, -/-n: *halbkugelig gewölbtes Dach [auf Kirchen]*
Kuppelei die, -, *auch:* Kupplerei

(abw.): *Heiratsvermittlung* | (Jus) *[gewerbsmäßige] Vermittlung geschlechtlicher Beziehungen*

Kuppelfresko: *ein Deckengemälde*

kuppeln, ich kupple: *die Kupplung bei Kraftfahrzeugen bedienen* | Eisenbahnwagen k. *(zusammenhängen)* | *Kuppelei betreiben* || **Kuppelpelz** (scherzh., veraltend): sich einen K. verdienen *(eine Heirat erfolgreich vermitteln)* || **Kuppler** der, -s/-: *jemand, der Kuppelei betreibt* || **Kupplerei** → Kuppelei || **Kupplerin** die, -/-innen || **Kupplung** die, -/-en (Technik, Kfz): *trennbare Verbindung zwischen Motor und Getriebe;* die K. durchdrücken || **Kupplungspedal**

Kur die, -/-en ⟨lat.⟩: eine Kur machen *(Heilbäder nehmen u. dgl.);* → kuren

Kür die, -: *Darbietung selbst gewählter Übungen* | (im Eiskunstlauf) [eine] Kür laufen; → G.: Pflicht | *das Küren*

Kuranstalt

Kurare das, - ⟨Indianerspr.-span.⟩: *ein indianisches Pfeilgift*

Kurarzt || **Kurärztin**

Kürassier der, -s/-e ⟨lat.-fr.⟩ (früher): *Reiter mit Brustharnisch*

Kurat der, -en/-en ⟨lat.⟩ (kath.): *ein Seelsorger, Priester* || **Kuratel** die, -/-en (Jus): *Vormundschaft;* jemanden unter K. stellen || **Kurator** der, -s/-en [-'o:-]: *Treuhänder* | *Mitglied eines Kuratoriums* || **Kuratorin** die, -/-innen || **Kuratorium** das, -s/Kuratorien [-iən]: *eine Aufsichtsbehörde; Beirat;* K. für Verkehrssicherheit

Kurbel die, -/-n: eine K. *(Winde)* drehen || **Kurbellager** || **kurbeln,** ich kurble || **Kurbelwelle** (Technik)

Kürbis der, - [-bisses]/-bisse: *ein Gemüse* || **Kürbisgemüse:** *eine Speise* || **Kürbiskern** || **Kürbiskernöl:** *eine steirische Spezialität, Kernöl* || **Kürbiskraut:** *pikantes Kürbisgemüse*

Kurde der, -n/-n: *Angehöriger eines iranischen Volkes in Vorderasien* || **Kurdin** die, -/-innen || **kurdisch**

kuren: *eine Kur machen*

küren (geh.): *[er]wählen;* → kiesen; → Kür

Kürettage [-'a:ʃ, -ʒε] die, -/-n ⟨fr.⟩ (Med.): *eine Unterleibsoperation bei Frauen*

Kurfürst (früher): *zur Wahl des deutschen Königs berechtigter Fürst* || **Kurfürstentum**

Kurgast: *in einem Kurort Heilung Suchende[r]* || **Kurhaus** || **Kurhotel**

Kurie [-iε] die, -/-n ⟨lat.⟩: *Teil einer Vertretungskörperschaft, zB die Studentenkurie an Universitäten* | (ohne Pl.) *die päpstlichen Behörden; deren Sitz* || **Kurienbischof:** *im Vatikan tätiger Bischof* || **Kurienkardinal:** *an der römischen Kurie tätiger Kardinal* || **Kuriensprecher:** *Vertreter einer Kurie an der Universität* || **Kuriensprecherin**

Kurier der, -s/-e ⟨lat.-it.-fr.⟩: *Überbringer amtlicher [geheimer] Schriftstücke oder Aufträge* || **Kurierdienst**

kurieren ⟨lat.⟩: *heilen*

Kurierin die, -/-innen ⟨lat.-it.-fr.⟩ || **Kurierpost**

kurios ⟨lat.⟩: *merkwürdig, sonderbar* || **Kuriosität** die, -/-en || **Kuriositätenkabinett:** *Ansammlung von kuriosen Gegenständen* || **Kuriosum** das, -s/Kuriosa: *etwas Merkwürdiges, Wunderliches*

Kurkonzert: *Konzert für Kurgäste*

Kurkuma die, -/Kurkumen ⟨arab.⟩: *Gelbwurz* | (ohne Pl.) *ein Gewürz*

Kürlauf (Sport) → Kür

Kurmittel || **Kurmittelhaus** || **Kurorchester** [meist: -k-] || **Kurort:** *Luftkurort, Heilbad* || **Kurpark** || **kurpfuschen** (nur Inf. und Part.) (abw.) || **Kurpfuscher** (abw.): *jemand, der sich unberechtigt ärztlich betätigt* || **Kurpfuscherei** die, - (abw.) || **Kurpfuscherin** (abw.)

kurrent ⟨lat.⟩: ein k. *(in Kurrentschrift)* geschriebener Brief || **Kurrentschrift:** *früher übliche deutsche Schreibschrift*

Kurs der, -es/-e ⟨lat.⟩: ein K. *(Lehrgang)* für Spanisch | der K. *(Weg)* eines Schiffes | der K. *(Handelspreis)* einer Währung; hoch im K. stehen *(viel gelten);* etwas außer K. setzen *(stornieren)* || **Kursabweichung** || **Kursänderung** || **Kursbuch:** *Fahrplanbuch*

Kurschatten (scherzh.): *Begleiter[in], Freund[in] eines Kurgastes*

Kürschner der, -s/-: *Hersteller von Pelzwaren* || **Kürschnerin** die, -/-innen

Kursfeuerwerk (Börse): *signifikanter Anstieg der Aktienkurse* || **Kursgewinn** (Börse): *Spanne zwischen Ankauf und Verkauf von Wertpapieren* || **kursieren:** wilde Gerüchte k. *(gehen um)* || **kursiv:** eine kursive *(nach rechts gerichtete)* Schrift || **Kursivdruck** der, -[e]s: *Kursivschrift* || **Kursive** [-vε, -fε] die, -/-n (Druckw.): *Kursivschrift* || **Kursivschrift:** *schräge Druckschrift* || **Kurskorrektur** || **kursorisch:** etwas k. *(nur übersichtsweise)* behandeln || **Kursschwankung** (Bankw.) || **Kurssteigerung** (Börse) || **Kurssturz** (Börse): *plötzliches Fallen der Börsenkurse* || **Kursteilnehmer** || **Kursteilnehmerin** || **Kursverfall** (Börse) || **Kurswagen:** *Eisenbahnwaggon, der für eine Teilstrecke an einen anderen Zug angehängt wird* || **Kurswechsel** [-ks-] (Wirt.): *Kursänderung* || **Kurswert** (Bankw.): *die Notierung eines Wertpapiers*

Kurt, *auch:* Curt [k-], Curd: *männl. Vorname (Konrad)*

Kurtaxe: *von Kurgästen zu zahlende Gebühr*

Kurtisane die, -/-n ⟨fr.⟩ (früher): *[vornehme] Dirne*

Kuruzzen die (Pl.): *ungarische Aufständische (im 16. bis 18. Jh.);* → kruzzitürken

Kurvatur [-va-] die, -/-en ⟨lat.⟩ (Med.): *Krümmung [des Magens]* || **Kurve** [-f-, auch: -v-] die, -/-n: *krumme Linie, Bogen, Biegung* | (sal.) eine Frau mit tollen Kurven *(mit erotischer Figur)* || **kurven:** *herumfahren* || **Kurvendiskussion** (Math.) || **kurvenförmig** || **Kurvenlage:** ein Auto mit guter K. || **kurvenreich:** eine kurvenreiche Küstenstraße

Kurverwaltung

kurvig [-f-, auch: -v-]

kurz, kürzer/am kürzesten

- kurz und gut
- kurz und bündig
- über kurz oder lang *(auf jeden Fall)*

Großschreibung bei Nominalisierung:

- den **K**ürzer[e]n ziehen

Groß- und Kleinschreibung:

- vor/seit/binnen kurzem (= **K**urzem)

Getrenntschreibung bei wörtlicher Bedeutung und bei Erweiterung:

- kannst du kurz kommen?

- er ist dabei zu kurz gekommen *(wurde benachteiligt)*

Zusammenschreibung bei übertragener Bedeutung, zB:
- kurzarbeiten (Wirt.: *in Kurzarbeit stehen*); *aber getrennt:* kurz *(kurze Zeit)* arbeiten
- du sollst dich kurzfassen *(nur kurze Zeit sprechen, auf das Wichtigste konzentrieren)*
- jemanden kurzhalten *(ihn zB beim Taschengeld beschränken)*
- sich kurzschließen *(absprechen)*
- den Stromkreis kurzschließen
- kurztreten/kürzertreten *(sich beschränken, schonen)*

Getrennt- und Zusammenschreibung, zB:
- einen Text kurz fassen (= kurzfassen)
- ein kurz gefasster (= kurzgefasster) Bericht
- ich werde es kurz machen (= kurzmachen) *(nicht viel Aufsehen machen)*
- die Haare kurz schneiden (= kurzschneiden)

Kurz|ar|beit die, -: *aus wirtschaftlichen Gründen verkürzte Arbeitszeit* ‖ **kurz|ar|bei|ten** (Wirt.) → kurz ‖ **kurz|är|me|lig** = **kurz|ärm|lig** ‖ **kurz|at|mig** ‖ **Kurz|at|mig|keit** die, - ‖ **kurz|bei|nig** ‖ **Kurz|be|richt** ‖ **Kurz|dar|stel|lung** ‖ **Kur|ze** der, -n/-n (ugs.): *Kurzschluss* ‖ **Kür|ze** die, -: in K. beginnen ‖ **Kür|zel** das, -s/-: *Abkürzung [in der Kurzschrift]* ‖ **kür|zen:** du kürzt den Rock ‖ **kur|zer|hand:** *schnell, ohne viel zu überlegen* ‖ **kür|zer|tre|ten** → kurz ‖ **kurz|fas|sen** sich: du sollst dich k.; *aber:* einen Text kurz fassen (= kurzfassen) ‖ **Kurz|fas|sung** ‖ **Kurz|form** (Sprachwiss.): → *Kurzwort* ‖ **kurz|fris|tig:** k. *(knapp vorher)* absagen ‖ **kurz ge|fasst** = **kurz|ge|fasst** → kurz ‖ **Kurz|ge|schich|te:** *eine Form literarischer Erzählung* ‖ **kurz|haa|rig** ‖ **kurz|hal|ten:** die Kinder k. *(ihnen zB wenig Taschengeld geben)* ‖ **kurz|le|big** ‖ **Kurz|le|big|keit** die, - ‖ **kürz|lich:** *unlängst, neulich* ‖ **kurz ma|chen** = **kurz|ma|chen:** *nicht viel Aufsehen machen;* → kurz ‖ **Kurz|man|tel** ‖ **Kurz|mel|dung** ‖ **Kurz|nach|richt** ‖ **Kurz|park|zo|ne** ‖ **Kurz|pro|sa** ‖ **kurz|schlie|ßen** → kurz ‖ **Kurz|schluss** ‖ **Kurz|schluss|hand|lung:** *unüberlegte Fehlhandlung* ‖ **kurz schnei|den** = **kurz|schnei|den:** die Haare k. s. ‖ **Kurz|schrift** die, -: *Stenografie;* → Verkehrsschrift; → Eilschrift ‖ **kurz|sich|tig** → G.: weitsichtig ‖ **Kurz|sich|tig|keit** die, - ‖ **Kurz|stre|cke** ‖ **Kurz|stre|cken|lauf** ‖ **kurz|tre|ten** → kurz ‖ **kurz|um:** *kurz gesagt* ‖ **Kür|zung** die, -/-en ‖ **Kurz|ur|laub** ‖ **Kurz|wa|ren** die (Pl.): *Nähzubehör, zB Zwirn, Knöpfe* ‖ **Kurz|weil** die, - (geh.): *unterhaltende Abwechslung* ‖ **kurz|wei|lig** (geh.): *unterhaltsam* ‖ **Kurz|wel|le** (KW): *eine elektromagnetische Welle* ‖ **Kurz|wel|len|sen|der** ‖ **Kurz|wort** (Sprachwiss.): *verkürzte Form eines Wortes, zB* Alu *für* Aluminium ‖ **Kurz|zeit|ge|dächt|nis** → G.: Langzeitgedächtnis ‖ **kurz|zei|tig:** *für kurze Zeit*

kusch (derb) ⟨fr.⟩: *Ruhe!;* → kuschen

ku|sche|lig: *weich, warm, bequem* ‖ **ku|scheln:** *einander liebkosen;* miteinander k.; ich kuschle mich *(schmiege mich)* an dich ‖ **Ku|schel|tier:** *weiches Stofftier* ‖ **ku|schel|weich**

ku|schen, du kusch[s]t/gekuscht ⟨fr.⟩ (ugs., abw.): *sich ducken; den Mund halten;* → kusch

Ku|si|ne = → Cousine

Kuss der, -es/Küsse ‖ **Küss|chen** das, -s/- ‖ **kuss|echt:** kussechter Lippenstift ‖ **küs|sen,** du küsst: „Küss die Hand!"; küss die Hand (= Küss die Hand) sagen ‖ **Kuss|hand:** Kusshände werfen *(Küsse durch Handbewegungen andeuten)*

Küs|te die, -/-n: *Meeresufer* ‖ **Küs|ten|be|woh|ner** ‖ **Küs|ten|be|woh|ne|rin** ‖ **Küs|ten|ge|biet** ‖ **Küs|ten|ge|wäs|ser** ‖ **Küs|ten|schiff|fahrt**

Küs|ter der, -s/- (D): *Mesner* ‖ **Küs|te|rin** die, -/-innen (D)

Kus|to|de ⟨lat.⟩ → Kustos ‖ **Kus|to|di|at** das, -[e]s/-e: *Betreuung einer [Lehrmittel]sammlung* ‖ **Kus|to|din** die, -/-innen: *wissenschaftliche Beamtin [in einem Museum]* | *Betreuerin einer [Lehrmittel]sammlung* | *ein Amtstitel* ‖ **Kus|tos** der, -/Kustoden, *auch:* Kustode, -n/-n

Kutsch|bock: *erhöhter Sitz des Kutschers* ‖ **Kut|sche** die, -/-n ‖ **Kut|scher** der, -s/- ‖ **Kut|sche|rin** die, -/-innen ‖ **kut|schie|ren**

Kut|te die, -/-n: *Mönchsgewand*

Kut|tel die, -/-n (meist Pl.): *Kuttelfleck* ‖ **Kut|tel|fleck** die (Pl.): *als Speise verwendeter Magen von Rind oder Schaf*

Kut|tel|kraut das, -[e]s (ugs.): *Thymian*

Kut|ter der, -s/-: *ein kleines Schiff*

Ku|vert [-'veːə, D: -'vɛrt] das, -s/-s ⟨fr.⟩: *Briefumschlag* ‖ **ku|ver|tie|ren** ‖ **Ku|ver|tü|re** = Couverture [kuvɛr'tyːə, -rɛ] die, -/-n: *[Torten-]glasur*

KV: Köchel-Verzeichnis

kW: Kilowatt; → kWh

KW [ka 'veː]: **Kurzwelle**

kWh: Kilowattstunde; → kW

Ky|ber|ne|tik [ky-] die, - ⟨gr.⟩: *Wissenschaft von den Steuerungssystemen in verschiedensten Bereichen, zB Technik, Biologie* ‖ **Ky|ber|ne|ti|ker** der, -s/- ‖ **Ky|ber|ne|ti|ke|rin** die, -/-innen ‖ **ky|ber|ne|tisch**

Ky|kla|den [ky-] die (Pl.): *eine griechische Inselgruppe in der Ägäis*

Ky|rie ['kyːrįɛ] das, -[s]/-[s] ⟨gr.⟩ (kath.): *ein Teil der heiligen Messe* ‖ **Ky|rie elei|son** [- -e.i-] (wörtl.: Herr, erbarme dich!)

ky|ril|lisch [ky-, ki-] = zyrillisch, cyrillisch [ts-]: die kyrillische Schrift *(Schrift der Russen, Bulgaren, Serben ua., nach dem Slawenapostel Kyrill)*

KZ [ka 'tsɛt] das, -s/-s: **Konzentrationslager** ‖ **KZ|ler** der, -s/- (ugs.): *Häftling in einem KZ* ‖ **KZ|le|rin** die, -/-innen (ugs.)

K

l L

l [ɛl] das, -/- (Kleinbuchstabe): das l im Wort *lachen* | (Laut) der l-Laut | **L**iter

L [ɛl] das, -/- (Großbuchstabe): das L im Wort *Land* | *römisches Zahlzeichen für 50* | **l**arge *(groß, bei Kleidungsgrößen)* | (£) *Pfund* | (zB auf Autokennzeichen) → **L**and

l.: **l**inks

La: **La**nthan

Laa an der Thaya: *Stadt in Niederösterreich*

Laakirchen: *Marktgemeinde in Oberösterreich*

Lab das, -[e]s/-e: *Ferment, das Milch gerinnen lässt;* → Labmagen

Label ['leɪ-] das, -[s]/-[s] ⟨engl.⟩: *Marke; Etikett auf Produkten* | (Mus.) *Aufkleber [auf Schallplatten]* | (Mus.) *Produktionsfirma*

laben (geh.): eine Erschöpfte l. *(ihr eine Erfrischung reichen);* sich an frischem Obst l.; → Labsal

Laberl das, -s/-[n] (reg.): *ein kleiner Laib;* faschiertes L.; Wachauer L.; → Laibchen | (mda., veraltend) *Ball* ‖ **laberln** (mda., veraltend) (Sport): *einen Ball ohne Druck und Dynamik spielen*

labern (nördl. D, ugs.): *dumm daherreden*

Labial der, -s/-e ⟨lat.⟩ (Sprachwiss.): *Lippenlaut, zB* [b], [m], [f]

labil ⟨lat.⟩: labile *(unsichere, unbeständige)* politische Verhältnisse | (Psych.) ein labiler *(seelisch nicht gefestigter)* Mensch | (Med.) der Zustand der Patientin ist l. *(ihre körperliche Verfassung ist schwankend)* ‖ **Labilität** die, -

Labiodental ⟨lat.⟩ (Sprachwiss.): *Laut (Labial), der mit der Unterlippe und den oberen Schneidezähnen gebildet wird, zB* f

Labmagen: *Teil des Magens [bei Rindern];* → Lab

Labor [ostöst. auch: 'laː-] das, -s/-e [-s] ⟨lat.⟩: *Kurzwort für Laboratorium* ‖ **Laborant** der, -en/-en: *Angestellter in einem Laboratorium, in einer Apotheke* ‖ **Laborantin** die, -/-innen ‖ **Laboratorium** das, -s/Laboratorien [-iən]: *Arbeitsraum für [chemische, medizinische] Untersuchungen;* → Labor ‖ **laborieren:** an einer Krankheit l. *(leiden)* ‖ **Laborversuch**

Labrador[1] [auch: 'la(ː)-] der, -s/-e: *eine Hunderasse* ‖ **Labrador**[2]: *eine nordamerikanische Halbinsel*

Labsal das, -[e]s/-e = die, -/-e (geh.): dieser kühle Trunk war ein/eine L. *(eine Erquickung);* → laben ‖ **Labung** die, -/-en (geh.)

Labyrinth [-by-, auch: -bi-] das, -[e]s/-e ⟨gr.⟩: *Bau mit Irrgängen; Irrgarten* | *unübersichtlich angelegtes Gebäude; Wirrsal* | *inneres Ohr*

Lache[1] die, -/-n (D): *Lacke*

lächeln, ich lächle ‖ **lachen:** herzhaft l.; *aber:* das ist zum **L**achen ‖ **Lachen** das, -s: ein lautes L. ‖ **Lacher** der, -s/-: die L. auf seiner Seite haben *(sie durch Witz für sich gewinnen);* das kostet mich einen L. *(darüber kann ich nur lachen)* ‖ **Lacherfolg:** der Film war ein L. ‖ **lächerlich:** sich l. machen; *aber:* etwas ins **L**ächerliche ziehen ‖ **lächerlicherweise** ‖ **Lächerlichkeit** die, -/-en ‖ **Lachgas** das, -es (Med.): *ein Betäubungsmittel* ‖ **lachhaft** ‖ **Lachkrampf**

Lachs[1] [-ks] der, -es/-e: *ein Fisch* ‖ **Lachs**[2] das, -: *gelbliches Rosa;* ein Kleid in L.; → lachsfarben; → lachsrosa

Lachsalve [-v-]: *allgemeines plötzliches [gemeinsames] Gelächter*

lachsfarben [-ks-] ‖ **lachsrosa** ‖ **Lachsschinken:** *lachsfarbener, magerer Schinken*

Lachsturm (meist Pl.): die Aufführung sorgte für Lachstürme des Publikums ‖ **Lachtaube:** *ein Vogel*

Lack der, -[e]s/-e: *[Schutz]anstrich;* der L. ist ab *(der erste, gute Eindruck ist verblasst)* ‖ **Lackaffe** (abw., veraltend): *Geck*

Lacke die, -/-n: *Pfütze* | (reg.) *[größerer] Teich;* die Lange L. (B)

Lackel der, -s/-n (ugs., abw.): *großer, ungeschlachter Kerl*

Lackerl das, -s/-[n] (ugs.): *kleine Lacke;* ein L. *(eine kleine Menge)* Milch

Lackfarbe ‖ **lackieren:** lackierte Türen ‖ **Lackierer** der, -s/- ‖ **Lackiererin** die, -/-innen ‖ **Lackierung** die, -/-en: *Lackanstrich* ‖ **Lackleder**

Lackmus der, - ⟨niederl.⟩ (Chem.): *Farbstoff, der als Indikator verwendet wird* ‖ **Lackmuspapier** (Chem.)

Lackschaden: ein L. am Auto ‖ **Lackschuh:** *Schuh aus Lackleder*

Lade die, -/-n: *Schublade* ‖ **Ladefläche:** ein Lkw mit breiter L. ‖ **Ladegerät:** *Gerät zum Aufladen von Akkumulatoren* ‖ **Ladegewicht** ‖ **Ladegut:** *Fracht* ‖ **Ladehemmung:** *Defekt beim Laden einer Schusswaffe* ‖ **Ladekante:** die L. des Kofferraums ist niedrig

Lädele das, -s/-, *auch:* Lädeli das, -s/- (V): *Greißlerei* ‖ **Lädelesterben** das, -s (V): *Greißlersterben* ‖ **Lädeli** → Lädele

laden[1], du lädst [ladest]/lud/geladen: den Wagen l. | Schuld auf sich l. | das Gewehr l. *(Munition einschieben)* | die Batterie ist geladen *(aufgeladen)* | (EDV) *[ein Programm, eine Datei] aufrufen;* → geladen

laden[2], du lädst [ladest]/lud/geladen: viele Gäste sind geladen *(eingeladen)* | (Jus) jemanden vor Gericht l.

Laden der, -s/Läden: *Fensterladen* | *Geschäft* ‖ **Ladendieb** ‖ **Ladendiebin** ‖ **Ladendiebstahl** ‖ **Ladenhüter** der, -s/-: *schwer verkäufliche Ware* ‖ **Ladenöffnungszeiten** die (Pl.) ‖ **Ladenpreis** (Wirt.): fester L. ‖ **Ladenschluss** ‖ **Ladenschlusszeiten** die (Pl.) ‖ **Ladentisch**

Laderampe ‖ **Ladestation** [-tsi̯-]: *Ladegerät* ‖ **Ladetätigkeit** (Verk.): Halteverbot, ausgenommen L. ‖ **Ladezeit:** *Zeitraum der Ladetätigkeit* | *Zeitraum des [Auf]ladens [eines Akkus]* ‖ **Ladezone** (Verk.)

lädieren ⟨lat.⟩: lädierte *(beschädigte)* Tischplatten; lädierte *(leicht verletzte)* Zehen ‖ **Lädierung** die, -/-en

Ladiner der, -s/- ⟨rom.⟩ ‖ **Ladinerin** die, -/-innen ‖ **ladinisch** ‖ **Ladinisch** das, -[s] = **Ladinische,** -n: *die rätoromanische Sprache der Ladiner (in Südtirol und den Dolomiten)*

Ladl das, -s/-n (ugs.): *kleine Lade* | ihr fällt das L. runter *(sie kriegt vor Staunen den Mund nicht zu)* ‖ **Ladung**[1] die, -/-en: *Fracht-, Ladegut* | (Phys.) elektrische L.

Ladung[2] die, -/-en (Jus): gerichtliche L. *(Vorladung)*

Lady ['leɪdi] die, -/-s ⟨engl.⟩: *englischer Adelstitel;* → Lord | *Dame* ‖ **ladylike** [-laɪk]: das war nicht l. *(einer Dame nicht würdig)*

Lafette die, -/-n ⟨fr.⟩ (Mil.): *[fahr-*

L

bares] Untergestell für Geschütze
Laffe der, -n/-n (geh., abw.): *Tölpel, Dummkopf*
lag → liegen
Lage die, -/-n: *Standort;* Wein aus besten Lagen *(Anbaugebieten)* | *Situation, Umstände;* nicht in der L. sein, etwas zu tun *(es nicht tun können)* | eine L. *(zehn Bogen)* Papier | (Mus.) die L. des Tones, der Stimme, der Finger auf dem Griffbrett ‖ **Lagebericht** ‖ **Lagebesprechung** ‖ **Lagen** (ohne Art.): *Kurzwort für Lagenschwimmen* ‖ **Lagenschwimmen** das, -s: *eine Sportdisziplin;* → Lagen ‖ **Lageplan**
Lager das, -s/-: *[vorübergehende] Unterkunft* | *Aufbewahrungsort für eine größere Menge von Waren* | (Geol.) *[erz]hältige Gesteinsschicht* | (Technik) *ein tragender Maschinenteil* | *Kurzwort für Lagerbier* | *Arbeits-, Konzentrationslager* | (bes. Pol.) *Gruppe von Gleichgesinnten, Partei;* er ist dem rechten L. zuzurechnen ‖ **Lagerarbeiter** ‖ **Lagerarbeiterin** ‖ **Lagerbestand** ‖ **Lagerbier:** *eine Biersorte;* → Lager ‖ **lagerfähig** ‖ **Lagerfeuer** ‖ **Lagerhalle** ‖ **Lagerhaltung** ‖ **Lagerhaus** (Wirt.): *genossenschaftliche Handelsniederlassung zur Versorgung im ländlichen Raum;* → Raiffeisen ‖ **Lagerist** der, -en/-en: *Lagerarbeiter* ‖ **Lageristin** die, -/-innen ‖ **Lagerleben** das, -s: *Leben in einem [Jugend]lager* ‖ **lagern:** im Wald l. *(Rast halten)* | Waren l. *(aufbewahren, stapeln)* | die Termine sind zeitlich günstig gelagert *(festgesetzt)* | die Fälle sind ähnlich gelagert *(sind einander ähnlich)* ‖ **Lagerplatz** ‖ **Lagerraum** ‖ **Lagerstätte:** *Fundort für Bodenschätze* ‖ **Lagerung** die, -/-en: *Aufbewahrung, das Lagern* | (Technik) die L. *(Positionierung)* einer Wagenachse ‖ **Lagezuschlag:** *Zuschlag auf den Zinsrichtwert für Mietwohnungen*
Lago Maggiore [- ma'dʒo:-] der, - -: *See in Italien und der Schweiz*
Lagos: *Stadt in Nigeria*
Lagune die, -/-n ⟨it.⟩: *durch einen Landstreifen vom offenen Meer getrennte flache Bucht* ‖ **Lagunenstadt:** die L. Venedig
lahm: *bewegungsunfähig, gelähmt* | *schwerfällig;* lahme Verhandlungen ‖ **lahmarschig** (ugs., derb): *langsam, ohne Temperament* ‖ **lahmen:** das Pferd lahmt *(hinkt)* ‖ **lähmen:** lähmendes Entsetzen ‖ **Lahmheit** die, - ‖ **lahmlegen:** den Verkehr l. *(zum Erliegen bringen)* ‖ **Lähmung** die, -/-en ‖ **Lähmungserscheinung**
Lahn die, -/-en (reg., mda.): *Lawine* ‖ **lahnen** (mda., veraltet): es lahnt *(es gehen Lawinen ab; das Eis, der Schnee schmilzt)* ‖ **Lahnwind** (mda., veraltet): *Tauwind*
Laib der, -[e]s/-e: ein L. Brot; ein L. Käse
Laibach: *deutscher Name von* → *Ljubljana*
Laibchen das, -s/-: *kleiner Laib;* faschierte L. ‖ **Laiberl** das, -s/-[n]: *Laibchen* ‖ **Laibung** die, -/-en, *auch:* Leibung (Arch.): *innere Mauerfläche bei Wandöffnungen; innere Wölbfläche bei Wölbungen*
Laich der, -[e]s/-e: *Eier [von Fischen und Fröschen]* ‖ **laichen:** laichende *(Eier ablegende)* Fische ‖ **Laichplatz** ‖ **Laichwanderung** ‖ **Laichzeit**
Laie der, -n/-n ⟨gr.-lat.⟩: *Nichtfachmann* | *Nichtgeistlicher* ‖ **Laienapostolat** (kath.): *Sendungs- und Zeugnisamt der Laien* ‖ **Laienbruder** (kath.): *Ordensangehöriger, der nicht Priester ist, Frater* ‖ **Laienbühne** ‖ **Laiengericht** (Jus) ‖ **Laiengerichtsbarkeit** (Jus): *Beteiligung von Laien an der Gerichtsbarkeit* ‖ **laienhaft** ‖ **Laienrichter** (Jus): *Nichtjurist in richterlicher Funktion, Schöffe, Geschworener* ‖ **Laienrichterin** (Jus) ‖ **Laienspiel:** *Theaterstück, das von nicht berufsmäßigen Schauspielern gespielt wird* ‖ **Laienstand** ‖ **Laiin** die, -/-innen ‖ **Laisierung** die, -/-en (kath.): *Zurückversetzung des Klerikers in den Laienstand und Entzug des Rechtes auf Ausübung geistlicher Dienste*
Laisser-faire [lɛse'fɛ:r] das, - ⟨fr.⟩: *das Gewährenlassen, die Ungezwungenheit*
Laizismus der, -/-men ⟨gr.-lat.⟩: *Anschauung, dass Kirche und Staat getrennt sein sollen;* → G.: Klerikalismus ‖ **laizistisch**
Lakai der, -en/-en ⟨fr.⟩ (früher): *livrierter herrschaftlicher Diener* | (abw.) *kritikloser Anhänger* ‖ **lakaienhaft** (abw.): *unterwürfig, kriecherisch*
Lake die, -/-n: *Salzlösung zum Einlegen von Fisch oder Fleisch*
Laken das, -s/- (bes. nördl. D): *Leintuch*
lakonisch ⟨gr.⟩: eine lakonische *(kurze und treffende)* Antwort; sich l. *(kurz, wortkarg)* äußern
Lakritze die, -/-n ⟨gr.-lat.⟩: *Süßholzwurzel* ‖ **Lakritzenstange** ‖ **Laktase** die, -/-n ⟨lat.⟩ (Chem.): *ein Enzym* ‖ **Laktat** das, -[e]s/-e (Chem.): *Salz der Milchsäure* ‖ **Laktation** [-tsi̯-] die, -/-en (Med.): *Stillperiode*
lala (ugs.): mir geht es so l. *(nicht gut und nicht schlecht)*
lallen: *undeutlich, nicht artikuliert sprechen* ‖ **Lallphase** [-f-]: *ein Abschnitt in der frühkindlichen Entwicklung* ‖ **Lallwort:** *Mama, Papa ua.*
Lama[1] das, -s/-s ⟨Indianerspr.-span.⟩: *ein in Südamerika heimisches Kamel* ‖ **Lama**[2] der, -[s]/-s: *[ein Mantel] aus Lamahaar*
Lama[3] der, -[s]/-s ⟨tibetisch⟩: *ein buddhistischer Priester oder Mönch (in Tibet)* ‖ **Lamaismus** der, - (Rel.): *der tibetische Buddhismus*
Lambach: *Marktgemeinde und Stift in Oberösterreich*
Lambada der, -s/-s, *auch:* die, -/-s ⟨port.⟩: *ein Tanz*
Lambda das, -[s]/-[s] (λ, Λ) ⟨gr.⟩: *griechischer Buchstabe, entspricht dem l*
Lambert: *männl. Vorname* ‖ **Lamberti:** *Festtag des heiligen Lambert am 17. September;* zu L. *(am Lambertitag, bes. in St. Lambrecht in der Steiermark)* ‖ **Lambertitag:** *Lamberti*
Lambris [-'bri:] die, -/- (Lambrien [-'bri:(ɛ)n]) ⟨rom.-fr.⟩: *Wandverkleidung*
Lambswool ['læmzwʊl] die, - ⟨engl.⟩: *sehr weiche Schafwolle, Lammwolle*
Lamelle die, -/-n ⟨lat.-fr.⟩: *dünnes Blättchen [an Pilzen]* | *Metallblättchen* ‖ **lamellenförmig** ‖ **Lamellenreifen** (Kfz): *ein Winterreifen*
lamentabel ⟨lat.⟩ (geh.): *beklagenswert* ‖ **lamentieren** (abw.): *jammern* ‖ **Lamento** das, -[s]/-s ⟨lat.-it.⟩ (abw.): *Wehklage, Gejammer* | (Mus.) *Klagemusik, -gesang*
Lametta das, -[s] = die, - ⟨lat.-it.⟩: *schmale, glänzende Metallfolienstreifen [als Christbaumschmuck]* | (scherzh.) *reicher Ordensschmuck*

L

Laminat das, -[e]s/-e ⟨lat.⟩: *in Schichten gepresstes Material* ‖ **Laminatboden** ‖ **laminieren:** *mit einer Folie überziehen*

Lamm das, -[e]s/Lämmer ‖ **Lammbraten** ‖ **lammen** → lämmern ‖ **Lämmergeier** (veraltet): *Bartgeier* ‖ **lämmern,** *auch:* lammen: *ein Lamm gebären* ‖ **Lämmerne** das, -n, Lämmernes: *Lammfleisch* ‖ **Lammfell** ‖ **lammfromm:** *sehr sanft* ‖ **Lammkotelett** [-tl-] ‖ **Lammschlegel,** *auch:* **Lammschlögel** ‖ **Lammstelze**

Lampass der, -[es]/-[en] ⟨fr.⟩: *färbiger Stoffstreifen, Borte [an Uniformhosen]*

Lampe[1]: *Name des Hasen in der Fabel;* Meister L.

Lampe[2] die, -/-n ‖ **Lampenfieber** das, -s: *Angst, Aufgeregtheit;* vor der Premiere L. haben ‖ **Lampenschirm** ‖ **Lamperl**[1] das, -s/-[n] (ugs.): *kleine Lampe, Glühbirne*

Lamperl[2] das, -s/-[n] (ugs.): *kleines Lamm* | (ugs., scherzh.) *harmloser, unschuldiger Mensch* ‖ **Lamperlschwanz** (ugs.) (in der Wendung): zittern wie ein L.

Lampion der, -s/-s ⟨gr.-lat.-it.-fr.⟩: *[bunte] Papierlaterne* ‖ **Lampionblume:** *Pflanze mit lampionähnlichen Früchten*

LAN [engl.: læːn] das, -[s] (EDV): **L**ocal **A**rea **N**etwork *(lokales Netzwerk von Computern)*

lancieren [lɑ̃s-] ⟨fr.⟩: Informationen, Gerüchte l. *(gezielt in Umlauf setzen)* | jemanden in den Aufsichtsrat l. *(durch Ausnutzen von Beziehungen in diese Position bringen)* ‖ **Lancierung** die, -/-en

Land das, -[e]s/Länder (geh.: Lande):
aufs L. fahren | *Staat;* das Land der unbegrenzten Möglichkeiten *(die USA);* Offiziere aus aller Herren Länder[n] | *Bundesland;* das L. Kärnten | (mit Abkürzung L [auf Autokennzeichen]) *Umgebung, Bezirk;* Innsbruck-Land = Innsbruck Land (Kfz: IL)

am – auf:
– auf dem (= am) Land wohnen; → am

Getrenntschreibung:
– bei uns zu Lande *(in unserem Land, daheim)*
– zu Wasser und zu Lande

Getrennt- und Zusammenschreibung:
– hier zu Lande = hierzulande
– dort zu Lande = dortzulande

Eigenname:
– das Gelobte/Heilige Land *(Palästina)*

Landadel (früher) ‖ **Landarbeit** ‖ **Landarbeiter** ‖ **Landarbeiterin** ‖ **Landarzt** ‖ **Landärztin** ‖ **landauf, landab:** *überall im Lande* ‖ **Landaufenthalt** ‖ **landaus, landein:** *weit und breit* ‖ **Landbau** ‖ **Landbesitz** ‖ **Landbevölkerung** die, - ‖ **Lände** die, -/-n: *Landungsplatz* | *Uferweg* ‖ **Landeanflug:** ein Flugzeug im L. ‖ **Landebahn:** *Spur zum Landen auf Flughäfen* ‖ **Landeck** [auch: -ˈɛ-] (Kfz: LA): *Stadt in Tirol* ‖ **Landeerlaubnis** ‖ **landeinwärts** ‖ **Landeklappe:** *Klappe an den Tragflächen eines Flugzeuges* ‖ **Landemanöver** [-v-]: *die Durchführung der Schiffs-, Flugzeuglandung* ‖ **landen:** die Pilotin landet das Flugzeug sicher ‖ **Landenge** ‖ **Landeplatz** ‖ **Ländereien** die (Pl.): *großer Landbesitz* ‖ **Länderkampf** (Sport) ‖ **Länderkunde** ‖ **Ländermatch** [-mɛtʃ, -æ-] (Sport): *Länderkampf [im Fußball]* ‖ **Länderspiel** (Sport) ‖ **Landesamtsdirektion** [-tsi̯-]: *oberste Verwaltungsebene einer Landesregierung* ‖ **Landesamtsdirektor** ‖ **Landesamtsdirektorin** ‖ **Landesausschuss** (SüdT) (Admin.): *Landesregierung* ‖ **Landesausstellung:** *repräsentative Ausstellung eines Bundeslandes* ‖ **Landesbeamte** ‖ **Landesbeamtin** ‖ **Landesbehörde** ‖ **Landesbeirat** (SüdT): *eine Expertenkommission der Südtiroler Landesregierung* ‖ **Landeschef** [-ʃeːf] (sal.): *Landeshauptmann* ‖ **Landeschefin** (sal.) ‖ **Landesebene:** auf L. *(in der Zuständigkeit des Bundeslandes);* → Bundesebene ‖ **Landesfarben** die (Pl.): *Farben der Fahne/des Wappens eines Bundeslandes* ‖ **Landesfeiertag:** *Festtag eines Landespatrons/einer Landespatronin* ‖ **Landesfürst** (Gesch.) ‖ **Landesfürstin** (Gesch.) ‖ **Landesgendarmeriekommando** [-ʒɑ̃d-, -ʒand-] (früher): *Leitung der Gendarmerie eines Bundeslandes* ‖ **Landesgericht:** *das dem Bezirksgericht übergeordnete Gericht* ‖ **Landesgesetzblatt** (LGBl.) ‖ **Landesgesetzgebung** ‖ **Landesgrenze** ‖ **Landeshauptfrau** (LH) ‖ **Landeshauptleutekonferenz:** *Versammlung aller Landeshauptleute* ‖ **Landeshauptmann** der, -[e]s/-männer [-leute] (LH): *Chef einer Landesregierung* ‖ **Landeshauptstadt:** *Hauptstadt eines Bundeslandes* ‖ **Landesherr** (früher): *Landesfürst* ‖ **Landesherrin** ‖ **Landeshymne** [-hy-]: *Hymne eines Bundeslandes* ‖ **Landesinnere** das, -n ‖ **Landesintendant:** *ORF-Chef eines Bundeslandes* ‖ **Landesintendantin** ‖ **Landeskaiser** (sal.): *Landeshauptmann* ‖ **Landeskaiserin** (sal.) ‖ **Landeskirche** (Rel.): *Teilkirche der evangelischen Kirche;* die österreichische L. ‖ **Landeskonservatorium** [-v-]: *Konservatorium eines Bundeslandes* ‖ **Landeskunde** die, - ‖ **Landeslehrer:** *Pflichtschullehrer* ‖ **Landeslehrerin** ‖ **Landesliga** (Sport) ‖ **Landesmeister** (Sport) ‖ **Landesmeisterin** (Sport) ‖ **Landesmeisterschaft** (Sport) ‖ **Landesmutter** (sal.): *Landeshauptfrau* | (früher) *Landesfürstin* ‖ **Landesparteitag** (Pol.) ‖ **Landespatron:** *Schutzheiliger eines Landes* ‖ **Landespatronin** ‖ **Landespolitik** ‖ **Landespolizeidirektion** [-tsi̯-] (Admin.): *Landeszentrale der Polizei* ‖ **Landesrat:** *Mitglied einer Landesregierung;* → Assessor ‖ **Landesrätin** ‖ **Landesregierung:** *Regierung eines Bundeslandes* ‖ **Landessäure** (O, scherzh.): *Most* ‖ **Landesschulinspektor** [-sp-, *auch:* -ʃp-] (LSI): *ein Schulaufsichtsorgan* ‖ **Landesschulinspektorin** (LSI) ‖ **Landesschulrat** (Bildw.) (LSR): *oberste Schulbehörde eines Bundeslandes* | (SüdT) *in Schulfragen beratendes Gremium des Landes Südtirol* ‖ **Landesschulratspräsident** (Bildw.) ‖ **Landesschulratspräsidentin** (Bildw.) ‖ **Landesschulsprecher** (Bildw.) ‖ **Landesschulsprecherin** (Bildw.) ‖ **Landessitte** ‖ **Landessprache** ‖ **Landesstraße** (Verk.) ‖ **Landestheater:** Linzer L. ‖ **Landestracht:** *typische Tracht eines Bundeslandes, zB Steireranzug* ‖ **landesüblich** ‖ **Landesvater** (sal.): *Landeshauptmann* | (früher) *Landesfürst* ‖ **Lan|des|ver|fas|sung** ‖ **Lan|des|ver|rat:** *Verbrechen gegen den eigenen Staat zu Gunsten eines anderen Staates;* → Hochverrat ‖ **Lan|des|ver|rä|ter** ‖ **Lan|des|ver|rä|te|rin** ‖ **Lan|des|ver|tei|di|gung:** Bundesministerium für L. und Sport ‖ **Lan|des|ver|tei|di|gungs|rat** (Pol.): *politisches Gremium, das Grundentscheidungen über die Landesverteidigung trifft* ‖ **Lan|des|ver|wei|sung,** *auch:* Landesverweis ‖ **lan|des|ver|wie|sen:** ein landesverwiesener Straftäter ‖ **Lan|des|wäh|rung** ‖ **Lan|des|wap|pen:** *Wappen eines Bundeslandes* ‖ **lan|des|weit** ‖ **Lan|de|ver|bot** ‖ **Land|flucht** die, -: *Übersiedlung von Landbewohnern in Städte* ‖ **land|flüch|tig** ‖ **Land|frie|de** = **Land|frie|den** (früher): *vom Landesherrn verkündeter Friede* ‖ **Land|frie|dens|bruch** (Jus): *grobe Störung der öffentlichen Ordnung* ‖ **Land|ge|mein|de** ‖ **Land|graf** (früher) ‖ **Land|grä|fin** (früher) ‖ **Land|gut** ‖ **Land|haus:** in einem L. wohnen | (Pol.) *Sitz von Landtag und Landesregierung* ‖ **Land|kar|te** ‖ **Land|kreis:** *deutscher Verwaltungsbezirk* ‖ **Land|krieg:** *Krieg zu Lande* ‖ **Land|kriegs|ord|nung** (Pol.): Haager L. ‖ **Landl**[1] das, -s (O): *Hausruckviertel bzw. ein Teil davon* ‖ **Landl**[2] das, -s/-[n] (ugs.): *Gefangenenhaus, Justizanstalt eines Landesgerichts* ‖ **land|läu|fig:** *üblich* ‖ **Länd|le** das, -s: *Bezeichnung für Vorarlberg* ‖ **Land|le|ben** ‖ **Land|ler** der, -s/-: *Bewohner des Landls*[1] | (früher) *altösterreichischer Siedler aus Oberösterreich und der Steiermark in Siebenbürgen und in der Ukraine* | (Volksk.) *Ländler* ‖ **Länd|ler** der, -s/-: *ein Tanz; ein Musikstück* ‖ **länd|lich** ‖ **Land|luft** ‖ **Land|mann** der, -[e]s/-leute (geh.): *Bauer; aber:* → Landsmann ‖ **Land|ma|schi|ne** ‖ **Land|mensch** → G.: Stadtmensch ‖ **Land|nah|me** die, -/-n: *Inbesitznahme und Besiedlung eines Gebietes* ‖ **Land|pacht** ‖ **Land|par|tie:** *Ausflug aufs Land* ‖ **Land|pfar|rer:** *Dorfpfarrer* ‖ **Land|pla|ge:** die vielen Autos wurden zu einer L. ‖ **Land|po|me|rant|sche** = **Land|po|me|ran|ze** (ugs., veraltend, abw.): *auffallend bäuerliche weibliche Person [in der Stadt]* ‖ **Land|rat|te** (Seemannsspr.): *jemand, der kein Seemann ist* ‖ **Land|re|gen:** *tagelang anhaltender Regen* ‖ **Land|ro|ver** ['lændrəʊvə] der, -[s]/- (Wz.): *ein geländegängiges Auto* ‖ **Land|schaft** die, -/-en ‖ **land|schaft|lich** ‖ **Land|schafts|gärt|ner** ‖ **Land|schafts|gärt|ne|rin** ‖ **Land|schafts|ma|ler** ‖ **Land|schafts|ma|le|rin** ‖ **Land|schafts|schutz** (Ökol.) ‖ **Land|schafts|schutz|ge|biet** (Ökol.): *die unterste Naturschutzkategorie* ‖ **Lands|frau:** *weibl. Form von Landsmann* ‖ **Land|sitz:** *Besitztum, Haus auf dem Lande* ‖ **Lands|knecht** (im 16. Jh.): *Söldner, Berufssoldat* ‖ **Lands|kron:** *Stadtteil von Villach (K)* ‖ **Lands|mann** der, -[e]s/-leute [-männer]: in der Fremde einen L. *(einen Menschen aus dem Heimatort oder Heimatland)* treffen; *aber:* → Landmann ‖ **Lands|män|nin** die, -/-innen ‖ **Lands|mann|schaft:** *Vereinigung von Landsleuten* ‖ **Land|stra|ße:** eine staubige L. | (ohne Pl.) *3. Bezirk Wiens;* auf der L. ‖ **Land|strei|cher** (veraltend) ‖ **Land|strei|che|rin** die, -/-innen (veraltend) ‖ **Land|streit|kräf|te** die (Pl.) (Mil.): *Heer* ‖ **Land|strich:** *Gegend* ‖ **Land|tag:** *Parlament eines Bundeslandes* ‖ **Land|tags|ab|ge|ord|ne|te** ‖ **Land|tags|wahl** ‖ **Lan|dung** die, -/-en ‖ **Lan|dungs|boot** ‖ **Lan|dungs|steg** ‖ **Land|vogt** (früher): *vom König eingesetzter Verwalter* ‖ **Land|volk** (veraltet): *die Landbevölkerung* ‖ **Land|weg:** *Transport auf dem Festland* ‖ **Land|wehr** die, - (Mil.): *Reserveeinheit des Bundesheeres* ‖ **Land|wein:** *leichter, landestypischer Wein* ‖ **Land|wirt:** *Bauer* ‖ **Land|wir|tin** ‖ **Land|wirt|schaft:** *Land- und Forstwirtschaftsbetriebe;* eine L. führen ‖ **land|wirt|schaft|lich** ‖ **Land|wirt|schafts|kam|mer** (Admin.) ‖ **Land|wirt|schafts|mi|nis|ter** ‖ **Land|wirt|schafts|mi|nis|te|rin** ‖ **Land|wirt|schafts|mi|nis|te|ri|um:** *Bundesministerium für Land- und Forstwirtschaft, Umwelt und Wasserwirtschaft* ‖ **Land|wirt|schafts|schu|le:** *Schultyp mit Schwerpunkt Landwirtschaft* ‖ **Land|zun|ge:** *in ein Gewässer vorspringender schmaler Festlandstreifen*

lang, länger/am längsten

- ein langer Tag
- über kurz oder lang *(bald)*
- mein Leben lang; → lange

Großschreibung bei Nominalisierung:

- etwas des **L**angen und **B**reiten *(sehr ausführlich)* beschreiben
- ein **L**anges und **B**reites *(sehr viel)* erzählen

Groß- und Kleinschreibung

- seit/vor langem (= **L**angem)
- seit/vor längerem (= **L**ängerem)

Getrenntschreibung:

- zwei Jahre lang trainieren; *aber zusammen:* jahrelang trainieren
- drei Meter lange Seile; *aber zusammen:* meterlange Seile

Getrennt- und Zusammenschreibung mit adjektivisch gebrauchten Partizipien und mit Verben, die ein Resultat herbeiführen:

- ein lang gehegter (= langgehegter) Wunsch
- ein lang gestreckter (= langgestreckter) Gebirgszug
- eine lang gezogene (= langgezogene) Kurve
- ein längs gestreiftes (= längsgestreiftes) Kleid
- jemandem die Ohren lang ziehen (= langziehen) *(ihn bestrafen)*

lang|är|me|lig = **lang|ärm|lig** ‖ **lang|at|mig:** ein langatmiger *(zu breit ausgeführter)* Vortrag ‖ **lang|bei|nig** ‖ **lan|ge,** *auch:* lang (Adv.): es ist lang[e] her ‖ **Län|ge** die, -/-n: L. mal Breite | (ugs.) auf die L. *(Dauer)* | (Geogr.) *Längengrad;* 16° östliche[r] L. ‖ **lan|gen:** der Vorhang langt *(reicht)* bis zum Boden | *ausreichen;* das langt für alle | nach etwas l. *(greifen)* ‖ **Län|gen|grad** (Geogr.): *Abstand zwischen zwei benachbarten Meridianen*

Lan|gen|lois [auch: -'ɔɪs]: *Stadt in Niederösterreich*

Län|gen|maß ‖ **Län|gen|wachs|tum** [-ks-]

Lang|en|zers|dorf: *Marktgemeinde in Niederösterreich*

län|ger|fris|tig: *langfristig* ‖ **Lan|ge|wei|le** → Langweile ‖ **Lan|ge|zeit** die, - (CH): *Sehnsucht, Heimweh* ‖ **Lang|fin|ger** (ugs.): *[Taschen]dieb* ‖ **lang|fris|tig:** langfristige Planung *(Planung auf lange Sicht)* ‖ **lang ge|hegt** = **lang|ge|hegt** → lang ‖ **lang|ge-**

L

hen (D): *entlanggehen;* jemandem zeigen, wo es langgeht *(ihn zurechtweisen);* ich weiß, wo es langgeht *(ich kenne mich aus)* ‖ **lang ge|streckt** = **lang|gestreckt** ‖ **lang ge|zo|gen** = **lang|ge|zo|gen** ‖ **Lang|haar|da|ckel:** *eine Hunderasse* ‖ **lang|haa|rig** ‖ **Lang|haus** (Arch.): *Hauptschiff einer Kirche* ‖ **lang|hin:** l. *(auf längere Zeit)* betrachtet ‖ **lang|jäh|rig:** ein langjähriger Kunde ‖ **Lang|korn|reis** → G.: Rundkornreis ‖ **Lang|lauf:** *eine Skidisziplin* ‖ **lang|lau|fen:** sie geht l., sie ist langgelaufen; *aber:* sie ist lang *(lange Zeit)* gelaufen ‖ **Lang|lauf|ski** [-ʃi:] = Langlaufschi ‖ **lang|le|big:** ein langlebiges Vorurteil ‖ **läng|lich** ‖ **lang|mäch|tig** (ugs.): *sehr lang* ‖ **lang|mäh|nig** ‖ **Lang|mut** die, - (geh.): *bes. große Geduld* ‖ **lang|mü|tig** (geh.)

Lan|go|bar|de der, -n/-n: *Angehöriger eines germanischen Stammes der Völkerwanderungszeit* ‖ **Lan|go|bar|din** die, -/-innen ‖ **lan|go|bar|disch**

Lang|ohr (scherzh.): *Esel* | *Hase* ‖ **längs** (Präp. mit Gen. und Dat.): *entlang;* l. des Ufers/dem Ufer | (Adv.) längs gestreift (= längsgestreift) ‖ **Längs|ach|se** [-ks-] ‖ **lang|sam:** langsamer Walzer *(Englishwaltz)* ‖ **Lang|sam|keit** die, - ‖ **Lang|schlä|fer** ‖ **Lang|schlä|fe|rin** ‖ **Lang|sei|te:** *Längsseite* ‖ **längs ge|streift** = **längs|ge|streift** ‖ **Lang|spiel|plat|te** (LP): *eine Schallplatte* ‖ **Längs|rich|tung** ‖ **Längs|schnitt** ‖ **Längs|sei|te** → G.: Breitseite ‖ **längs|seits** ‖ **Längs|strei|fen:** ein Hemd mit L. ‖ **längst:** das ist l. *(schon lange)* fertig ‖ **lang|stän|ge|lig** ‖ **längs|tens:** in l. *(spätestens)* zwei Tagen ‖ **lang|stie|lig** ‖ **Lang|stre|cke** ‖ **Lang|stre|cken|flug** ‖ **Lang|stre|cken|läu|fer** ‖ **Lang|stre|cken|läu|fe|rin**

Lang|strumpf → Pippi Langstrumpf

Längs|wand

Lan|gus|te die, -/-n ⟨fr.⟩: *ein Krebs*

Lang|wei|le, *auch:* Langeweile: aus L. *(auch:* aus Langerweile*)* ‖ **lang|wei|len:** wir l. uns dabei; gelangweilt dreinschauen ‖ **Lang|wei|ler** der, -s/- ‖ **Lang|wei|le|rin** die, -/-innen ‖ **lang|wei|lig:** ein langweiliger Film ‖ **Lang|wei|lig|keit** die, -/-en ‖ **Lang|wel|le** (LW): *eine elektromagnetische Welle* ‖ **Lang|wel|len|sen|der** ‖ **lang|wie|rig:** eine langwierige *(hartnäckige)* Krankheit ‖ **Lang|wie|rig|keit** die, -/-en ‖ **Lang|zeit|ar|beits|lo|sig|keit** ‖ **Lang|zeit|ge|dächt|nis** → G.: Kurzzeitgedächtnis ‖ **Lang|zeit|pro|gramm** ‖ **Lang|zeit|stu|die** [-ʃtu:diɛ] ‖ **Lang|zeit|wir|kung** ‖ **lang zie|hen** = **lang|zie|hen:** ein Gummiband l. z.; → lang

La|no|lin das, -s ⟨lat.⟩: *ein Fett*

Lan|than das, -s ⟨gr.-lat.⟩ (Zeichen: La): *ein chemisches Element*

Lan|ze die, -/-n: *[im Turnier eingesetzte] Stichwaffe;* für etwas eine L. brechen *(sich dafür einsetzen)* ‖ **lan|zen|för|mig** ‖ **Lan|zen|spit|ze** ‖ **Lan|zen|stich** ‖ **Lan|zen|stoß** ‖ **Lan|zet|te** die, -/-n: *ein zweischneidiges chirurgisches Messer* ‖ **lan|zett|för|mig**

La|pa|ro|s|kop das, -s/-e ⟨gr.⟩ (Med.): *ein Untersuchungs- und Operationsinstrument*

la|pi|dar ⟨lat.⟩: eine lapidare *(kurze, überraschend knappe)* Antwort

La|pis|la|zu|li der, -[s]/-[s] ⟨lat.+pers.-arab.⟩: *ein Schmuckstein*

Lapp [lɒp] der, -en/-en (ugs., abw.): *einfältiger, willensschwacher Mensch*

Lap|pa|lie [-iɛ] die, -/-n: *Nichtigkeit, Kleinigkeit*

Lap|pe der, -n/-n: *Same*[1]; → Lappland

Lap|pen der, -s/-: *[Putz]fetzen, -tuch;* er ist mir durch die L. gegangen *(entkommen)*

läp|pern sich: es läppert sich [zusammen] *(es summiert sich)*

lap|pig (ugs.): ein lappiger *(schlaffer, ausgedehnter)* Stoff

Lap|pin die, -/-innen: *Samin* ‖ **lap|pisch:** *samisch*

läp|pisch (abw.): *dumm, kindisch* | *lächerlich gering;* ein läppischer Betrag

Lapp|land: *Samland*[2] ‖ **lapp|län|disch:** *samländisch*

Lap|sus der, -/- ⟨lat.⟩: ein schwerer L. *(Fehler)* ‖ **Lap|sus Lin|gu|ae** [-guɛ] der, - -/- -: *ein Versprecher*

Lap|top [-'æ-] der *(auch:* das), -s/-s ⟨engl.⟩: *kleiner, tragbarer PC*

Lär|che die, -/-n: *ein Nadelbaum* | (ohne Pl.) *Holz der Lärche*

large[1] [lɑ:dʒ] (L) ⟨engl.⟩: *groß (bei Kleidungsgrößen);* → small; → medium; → X-large

large[2] [-rʃ] ⟨fr.⟩ (veraltet): *großzügig, weitherzig;* eine large [-rʒɛ] Handhabung der Vorschrift; → largieren; *aber:* → lasch ‖ **lar|ghet|to** [-'ge-] ⟨it.⟩ (Mus.): *etwas langsam, gedehnt* ‖ **lar|gie|ren** [-ʒi:-] ⟨fr.⟩ (veraltet) (Amtsspr.): *aufschiebend, großzügig vorgehen; aber:* → laschieren ‖ **lar|go** ⟨it.⟩ (Mus.): *langsam* ‖ **Lar|go** das, -[s]/-s [Larghi]: *ein langsames Musikstück*

La|ri|fa|ri das, -s (ugs., abw.): *Geschwätz, Unsinn*

Lärm der, -[e]s: L. schlagen *(alarmieren)* ‖ **Lärm|be|kämp|fung** ‖ **Lärm|be|läs|ti|gung** ‖ **Lärm|be|las|tung** ‖ **lärm|emp|find|lich** ‖ **lär|men:** lärmende Autos

lar|mo|yant [-moa'ja-] ⟨fr.⟩ (geh.): *weinerlich, wehleidig* ‖ **Lar|mo|yanz** die, - (geh.): *Rührseligkeit, Weinerlichkeit*

Lärm|pe|gel: *Lautstärke des Lärms* ‖ **Lärm|schutz** ‖ **Lärm|schutz|maß|nah|me** (meist Pl.) ‖ **Lärm|schutz|wand**

l'art pour l'art ['la:r pur 'la:r] ⟨fr.⟩: *die Kunst als Selbstzweck*

Lar|ve [-f-] die, -/-n ⟨lat.⟩: *eine Entwicklungsform mancher Insekten, Raupe* | *Gesichtsmaske*

La|ryn|go|lo|ge [-y-] der, -n/-n ⟨gr.⟩: *Facharzt für Kehlkopferkrankungen, Hals-, Nasen- und Ohrenheilkunde;* → HNO ‖ **La|ryn|go|lo|gie** die, - (Med.): *Kehlkopfheilkunde* ‖ **La|ryn|go|lo|gin** die, -/-innen

las → lesen

La|sa|g|ne [-'anjɛ] die, -/-n ⟨it.⟩: *ein italienisches Teigwarengericht*

lasch (ugs.): *schwerfällig, nachlässig;* → laschieren

La|sche die, -/-n: *eine Schlinge [am Schuh] zum Anfassen* | *ein Verbindungsstück [von Schienen]*

la|schie|ren (ugs.): *ohne Elan arbeiten, Tätigkeit vortäuschen;* → lasch; *aber:* → largieren

La|ser ['leɪ-, 'la:-] der, -s/- ⟨engl.⟩: *Gerät zur Erzeugung scharf gebündelter, intensiver Strahlen polarisierten Lichtes* ‖ **La|ser|be|hand|lung** (Med.) ‖ **La|ser|disc** [-k] die, -/-s (LD) (Technol.): *Bildplatte* ‖ **La|ser|dru|cker:** *Drucker für Computer* ‖ **La|ser|pis|to|le** ‖ **La|ser|strahl** ‖ **La|ser|tech|nik**

la|sie|ren ⟨pers.-arab.-lat.⟩: Holz l. *(stark verdünnte Farbe so auftragen, dass der Grund bzw. die Maserung durchscheint);* → Lasur

Lä|si|on die, -/-en ⟨lat.⟩ (Med.): *Verletzung* | (Jus) *Anfechtbarkeit eines Kaufs, wenn der Preis einer*

Ware das Doppelte ihres Wertes übersteigt

las|sen, du lässt/ließ/gelassen bzw. lassen/ lass!, lasst!: du solltest das Rauchen l. *(aufgeben);* lass mich [in Ruhe]! | das muss man ihm l. *(bleibt unbestritten)* | lass mich spielen *(es zulassen)* | ich lasse das Gerät liefern *(veranlasse die Lieferung)* | lass[e]t uns beten!

Partizipbildung:
Steht „lassen" ohne ein weiteres Verb, lautet das Partizip „gelassen":
- er hat das Trinken gelassen (ugs.: lassen)

Ist ein weiteres Verb vorhanden, so folgt auf den Infinitiv meist „lassen":
- er hat die Wäsche bügeln lassen *(das Bügeln veranlasst);* ich habe den Schirm liegen [ge]lassen

Getrenntschreibung bei wörtlicher Bedeutung:
- das werde ich mir nicht gefallen lassen *(nicht dulden)*
- sie hat mich ihre Abneigung fühlen lassen
- jemanden allein lassen

Getrennt- und Zusammenschreibung der Verbindung von Infinitiv + „lassen" bei übertragener Bedeutung:
- sie soll es bleiben lassen (= bleibenlassen) *(unterlassen)*
- ich werde es dich wissen lassen (= wissenlassen) *(dich benachrichtigen)*
- ich habe den Schirm liegen lassen (= liegenlassen) *(vergessen)*
- einen fahren lassen (= fahrenlassen) *(furzen)*

läs|sig: eine lässige *(ungezwungene)* Haltung | (Jug.) eine lässige *(tolle)* Party || **Läs|sig|keit** die, - || **läss|lich:** eine lässliche *(geringfügige)* Sünde || **Läss|lich|keit** die, -

Las|so das, -s/-s ⟨span.⟩: *Wurfschlinge* || **Las|so|wer|fen** das, -s || **Las|so|wurf**

Last die, -/-en: eine schwere L. tragen; zur L. fallen; etwas wird zur L.; jemandem etwas zur L. legen *(jemanden dafür verantwortlich machen)* | → zu Lasten (= zulasten) des Verbrauchers; auf Liegenschaften haften Lasten *(Belastungen, zB Pfandrechte)* || **Last|au|to**

last but not least ['lɑ:st bʌt 'nɒt 'li:st] → last, not least

las|ten: etwas *ist* schwer auf mir gelastet *(hat mich bedrückt)* || **Las|ten|auf|zug** || **Las|ten|aus|gleich** || **las|ten|frei:** ein lastenfreies *(schuldenfreies)* Haus || **Las|ten|stand** (Jus): *Höhe der Belastungen [eines Grundstücks, eines Unternehmens], zB durch Hypotheken* || **Las|ter**[1] der, -s/-: *Last[kraft]wagen*

Las|ter[2] das, -s/-: *Untugend; Sünde* || **las|ter|haft** || **Las|ter|haf|tig|keit** die, - || **Las|ter|le|ben** || **läs|ter|lich** || **Läs|ter|maul** (abw.): *jemand, der über alles abfällig spricht, Lästerzunge* || **läs|tern** (geh.): Gott l. *(ihn schmähen)* | (ugs., abw.) über jemanden l. *(über jemanden abfällig sprechen)* || **Läs|te|rung** die, -/-en || **Läs|ter|zun|ge:** *Lästermaul*

Las|tex das = der, - (Wz.): *Gewebe, in das Gummifäden eingearbeitet sind*

Last|fah|rer: *Lkw-Fahrer* || **Last|fah|re|rin** || **-las|tig** (nur in Zusammensetzungen wie vorderlastig)

läs|tig: l. werden || **läs|tig fal|len** = **läs|tig|fal|len:** jemandem l. f. *(ihn unangenehm stören)* || **Läs|tig|keit** die, -/-en

Last|kahn || **Last|kraft|wa|gen** (Lkw, LKW): *Lastwagen, Laster*

Last-Mi|nute-Flug [lɑ:st'mɪnɪt-] ⟨engl.⟩: *kurzfristig angebotener günstiger Flug* || **Last-Mi|nute-Rei|se** || **last, not least** ['lɑ:st nɒt 'li:st], *auch:* last but [bʌt] not least: *zuletzt [genannt], aber nicht minder wichtig*

Last|schiff || **Last|schrift** (Bankw.): *Abbuchung vom Konto* || **Last|schrift|an|zei|ge** (Bankw.): *Kontoauszug* || **Last|schrift|ver|fah|ren** (Wirt.): *Form des bargeldlosen Zahlungsverkehrs* || **Last|tier:** *Tragtier, zB Maultier* || **Last|wa|gen:** *Lastkraftwagen* || **Last|zug:** *Güterzug* | *Lastkraftwagen mit Anhänger*

La|sur die, -/-en ⟨pers.-arab.-lat.⟩: *durchsichtiger Farbüberzug;* → lasieren

las|ziv ⟨lat.⟩: *zweideutig, schlüpfrig;* ein lasziver *(verrucht-sinnlicher)* Blick || **Las|zi|vi|tät** [-v-] die, -/-en

La|tein das, -s: *die lateinische Sprache;* mit seinem L. am Ende sein *(nicht mehr weiterwissen)* || **La|tein|ame|ri|ka:** *Mittel- und Südamerika* || **La|tein|ame|ri|ka|ner** || **La|tein|ame|ri|ka|ne|rin** || **la|tein|ame|ri|ka|nisch:** lateinamerikanische Tänze; → iberoamerikanisch || **La|tei|ner** der, -s/-: *jemand, der Latein kann* || **La|tei|ne|rin** die, -/-innen || **la|tei|nisch:** lateinische Ziffern *(römische Zahlzeichen)* || **La|tei|nisch** das, -[s] = **La|tei|ni|sche,** -n: *die lateinische Sprache, Latein* || **La|tein|schrift** die, -: *Antiqua*

Late-Night-Show [ˌleɪt'naitˌʃəʊ] ⟨engl.⟩: *Unterhaltungssendung im Spätabendprogramm*

la|tent ⟨lat.⟩: *vorhanden, aber verborgen;* eine latente *(noch nicht ausgebrochene)* Krankheit || **La|tenz** die, -/-en: *Zeit scheinbarer Ruhe* | (Med.) *zeitweiliges Ausbleiben von Beschwerden bei Krankheiten; Inkubationszeit* || **La|tenz|zeit** (Med.): *Zeitraum zwischen [Nerven]reiz und [Muskel]reaktion*

la|te|ral ⟨lat.⟩: *seitlich*

La|te|ran [auch: 'la-] der, -s: *ein Stadtteil von Rom* | *Lateranpalast* || **La|te|ran|pa|last:** *Palast in Rom, früherer Amtssitz des Papstes*

La|ter|ne die, -/-n ⟨gr.-lat.⟩: *eine [Straßen]beleuchtung; Lampion* || **La|ter|nen|pfahl**

La|tex der, - ⟨gr.-lat.⟩: *Naturgummi*

La|ti|fun|die [-i̯ɛ] die, -/-en ⟨lat.⟩: *[altrömisches] Landgut*

la|ti|ni|sie|ren ⟨lat.⟩: ein latinisierter *(dem Latein angeglichener)* Name *(zB Curtius)* || **La|ti|nis|mus** der, -/-en: *eine typisch lateinische sprachliche Eigenheit* || **La|ti|ni|tät** die, -: *lateinische Kultur* || **La|ti|no** der, -s/-s ⟨lat.-span.⟩: *lateinamerikanischer Einwanderer in den USA* || **La|ti|num** das, -s ⟨lat.⟩: *eine Lateinprüfung an der Universität*

La|tri|ne die, -/-n ⟨lat.⟩: *behelfsmäßiger Abort im Gelände [beim Militär]*

Latsch [lɒ:tʃ] der, -[en]/-[en] (ugs.): *gutmütiger [einfältiger] Mensch*

Lat|sche die, -/-n: *Legföhre, Krummholz*

lat|schen, du latsch[s]t (ugs.): *nachlässig gehen* || **Lat|schen** der, -s/- (ugs.): *ausgetretener Schuh*

Lat|schen|holz || **Lat|schen|kie|fer:** *Latsche*

Lat|te die, -/-n: *ein schmales Brett* || **Lat|ten|ge|stell** || **Lat|ten|kreuz** (Sport): *obere Torecke [beim Fußball]* || **Lat|ten|rost:** *Gitter aus*

L

Latten [als Matratzenunterlage] ‖ **Lattenschuss** (Sport): *Schuss an die Querlatte des Tores [beim Fußball]* ‖ **Lattenzaun**

Latz der, -es/-e [Lätze]: *Brustteil mit Trägern [an Hosen]* ‖ **Lätzchen:** *Tuch mit Bändern, das Kleinkindern beim Essen um den Hals gebunden wird* ‖ **Latzhose** ‖ **Latzrock** ‖ **Latzschürze**

lau: *lauwarm;* ein lauer *(milder)* Abend | (abw.) ein lauer *(gleichgültiger)* Christ

Laub das, -[e]s: L. rechen; → Laub tragend = laubtragend ‖ **Laubbaum** ‖ **Laube** die, -/-n: *Gestell für Kletterpflanzen* | ein Haus mit Lauben *(Bogengängen, Arkaden)* | (T, K) *Vorhaus* ‖ **Laubengang:** *überdachter, offener Gang* ‖ **Laubfall** ‖ **Laubfrosch** ‖ **Laubhüttenfest:** *jüdisches Erntedankfest* ‖ **Laubsäge:** *ein Werkzeug* ‖ **Laub tragend** = **laubtragend:** L. tragende Bäume ‖ **Laubwald** ‖ **Laubwerk** das, -[e]s

Lauch der, -[e]s: *Porree*

Laudatio [-tsi̯o] die, -/-nes [-'o:-] ⟨lat.⟩: *Lobrede*

Lauer die, -: auf der L. *(im Hinterhalt)* liegen ‖ **lauern:** auf eine günstige Gelegenheit l. *(warten)*

Lauf der, -[e]s/Läufe: *Entwicklung;* im Lauf[e] der Zeit | (Sport) der L. geht über 6 Runden | den L. *(Verlauf)* des Flusses entlanggehen | der L. *(das Rohr)* des Gewehrs | (Jägerspr.) *Bein [des Hasen, Hundes]* | (Mus.) *schnelle, stufenweise Tonfolge* ‖ **Laufarbeit** (Sport): *erforderliches Laufpensum [beim Fußball]* ‖ **Laufbahn:** *Rennbahn | berufliche Entwicklung; Karriere* ‖ **Laufband** das, -[e]s/-bänder: *ein Förderband | ein Sportgerät* ‖ **Laufbursche** (veraltet bzw. abw.): *männliche Person, die [nur] Botengänge erledigt;* er ist sein L. *(macht nur mindere Arbeiten für ihn)* ‖ **laufen,** du läufst/lief/gelaufen: schnell gehen, aber nicht l.; den Hund l. lassen; → laufen lassen = laufenlassen; in ein Auto l. *(im Laufen dagegenstoßen);* sie ist mir über den Weg gelaufen *(unerwartet begegnet)* | der Motor läuft *(arbeitet)* ruhig | es lief ihm kalt über den Rücken | der Kredit läuft noch zwei Jahre *(hat noch zwei Jahre Gültigkeit)* | der Film läuft in ORF 2 | die Sache läuft wie geschmiert *(geht gut);* wie läuft's *(geht's)*? | dieser Kleiderstoff läuft 1,5 m breit ‖ **laufend:** am laufenden Band *(in ununterbrochener Reihe);* vor laufender Kamera; *aber:* auf dem Laufenden sein *(informiert sein);* mit der Arbeit auf dem Laufenden sein *(alles bisher Notwendige getan haben)* | (mit Abkürzung lfd.) am 2. laufenden *(dieses)* Monats (am 2. lfd. M.) ‖ **laufen lassen** = **laufenlassen:** einen Dieb laufen lassen (= laufenlassen) *(freilassen);* eine Sache laufen lassen (= laufenlassen) *(sich nicht darum kümmern); aber nur:* den Hund laufen lassen ‖ **Läufer** der, -s/-: *jemand, der aus sportlichen Gründen läuft | eine Schachfigur | ein schmaler Teppich* ‖ **Lauferei** die, -/-en (oft Pl.): viele Laufereien *(Wege)* haben ‖ **Läuferin** die, -/-innen ‖ **läuferisch:** dieser Fußballspieler ist l. stark ‖ **Lauffeuer:** die Schreckensnachricht verbreitete sich wie ein L. *(in Windeseile)* ‖ **läufig:** eine läufige *(brünstige)* Hündin ‖ **Läufigkeit** die, - ‖ **Laufkundschaft:** *Kundschaft, die in einem Geschäft nur gelegentlich oder zufällig einkauft* ‖ **Laufmasche:** ihre Strumpfhose hat eine L. ‖ **Laufmeter** (Lfm.): 3 L. Stoff *(eine Stoffbahn mit 3 m Länge)* ‖ **Laufpass:** jemandem den L. geben *(mit jemandem brechen)* ‖ **Laufrad** (Technik): *Schaufelrad der Turbine | nicht angetriebenes Rad* ‖ **Laufruhe:** die L. *(der ruhige Betrieb)* [eines Motors] ‖ **Laufschrift:** *bewegte Schrift [als Reklame]* ‖ **Laufschritt:** im L. ‖ **Laufschuh:** *ein Sportschuh* ‖ **Laufsport** ‖ **Laufsteg:** *bühnenartiger Steg [bei Modeschauen]* ‖ **Laufwerk:** *Mechanismus [einer Maschine] | Vorrichtung zum Beschreiben und Lesen von [Disketten, Festplatten, CDs]* ‖ **Laufzeit:** die L. eines Wechsels *(Zeitspanne, innerhalb der er zurückzuzahlen ist)* ‖ **Laufzettel:** *Schreiben an alle Mitarbeiter zur Kenntnisnahme*

Lauge die, -/-n (Chem.): *alkalisch reagierende Lösung* ‖ **Laugenbrezel:** *ein Salzgebäck*

Lauheit die, -: die L. *(Unentschlossenheit)* seines Wesens

Laune die, -/-n: *bizarrer Einfall; momentane Stimmung;* guter L. sein ‖ **launenhaft** ‖ **Launenhaftigkeit** ‖ **launig:** ein launiger *(witziger, unterhaltsamer)* Vortrag ‖ **launisch:** *launenhaft, voller Launen*

Laura: *weibl. Vorname*

Laureat der, -en/-en ⟨lat.⟩: *mit Preisen ausgezeichneter Künstler oder Wissenschaftler* ‖ **Laureatin** die, -/-innen

Laurentius [-tsi̯-] = **Laurenz:** *männl. Vorname;* → Lenz

Laus die, -/Läuse: *ein Insekt* ‖ **Lausbub:** *lebhafter, zu Streichen aufgelegter Bub, Spitzbub* ‖ **Lausbubenstreich:** *ein Bosheitsakt* ‖ **Lausbüberei** die, -/-en: *ein Bosheitsakt* ‖ **lausbübisch**

Lauschangriff (Amtsspr.): *polizeilicher Einsatz von Abhörgeräten* ‖ **lauschen,** du lausch[s]t: *aufmerksam zuhören* ‖ **Lauscher** der, -s/-: *Horcher* | (Jägerspr.) *Ohr [des Rehs]* ‖ **Lauscherin** die, -/-innen ‖ **lauschig:** ein lauschiges *(trauliches, gemütliches)* Plätzchen

Läusebefall ‖ **lausen,** du laust: *Läuse suchen* ‖ **Lauser** der, -s/- (ugs.): *Lausbub*

lausig (abw.): eine lausige *(miserable)* Arbeit

laut[1] (Adj.): eine laute Stimme; l. reden

laut[2] **(mit Abkürzung lt.)**

Präposition mit Genitiv oder Dativ:
- laut ihres Bericht[e]s
- laut ihrem Bericht *(gemäß)*

Allein stehendes starkes Nomen im Singular bleibt undekliniert:
- laut Bericht/Gesetz

Im Plural nur mit Dativ, wenn Genitiv nicht erkennbar:
- laut Verträgen *(statt:* Verträge)

Laut der, -[e]s/-e: keinen L. von sich geben | (Jägerspr.) L. geben *(kurz bellen)* ‖ **Lautbildung:** *Artikulation*

Laute die, -/-n: *ein Zupfinstrument*

lauten: das Urteil lautet auf Freispruch ‖ **läuten:** an der Tür l. | die Glocken l.

Lautenist der, -en/-en: *Lautenspieler* ‖ **Lautenistin** die, -/-innen ‖ **Lautenspiel** ‖ **Lautenspieler** ‖ **Lautenspielerin**

lauter[1] (Adv.): l. *(nur, nichts als)* Steine ‖ **lauter**[2] (Adj.) (geh.): eine lautere *(klare)* Suppe | die lautere *(reine)* Wahrheit sagen ‖ **Lauterkeit** die, - (geh.) ‖ **läutern** (geh.) ‖ **Läuterung** die, -

(geh.): *Sühne, innere Reinigung* ‖ **Laut|ge|setz** (Sprachwiss.): *geschichtliche Regelhaftigkeit der Veränderung eines Lautes in einer bestimmten Sprache oder Dialektgruppe* ‖ **laut|ge|schicht|lich** ‖ **laut|ge|treu** ‖ **laut|hals:** l. *(aus voller Kehle)* singen; etwas l. *(großsprecherisch)* behaupten ‖ **Laut|leh|re** (Sprachwiss.): *Phonetik* ‖ **laut|lich** ‖ **laut|los:** l. den Raum verlassen ‖ **Laut|lo|sig|keit** die, - ‖ **laut|ma|lend** ‖ **Laut|ma|le|rei:** *Nachahmung von Naturlauten durch Sprachlaute, zB in* rasseln, miauen, zirpen ‖ **Laut|schrift:** *Schreibweise, die die Aussprache eines Wortes wiedergeben soll* ‖ **Laut|spre|cher** ‖ **Laut|spre|cher|an|la|ge** ‖ **Laut|spre|cher|box** ‖ **laut|stark** ‖ **Laut|stär|ke** ‖ **Laut|stär|ken|reg|ler** ‖ **Lau|tung** die, -/-en ‖ **Laut|ver|schie|bung** (Sprachwiss.): *lautgesetzliche Veränderung von Konsonanten in der Entwicklung germanischer Sprachen* ‖ **Läut|werk:** das L. eines Weckers

lau|warm: lauwarmes Wasser

La|va [-v-] die, -/Laven ⟨it.⟩: *glühende Gesteinsmasse, die aus Vulkanen fließt*

La|vant [-f-, auch: -v-] die, -: *ein Nebenfluss der Drau* ‖ **La|vant|tal** das, -[e]s (K)

La|va|strom [-v-] ⟨it.⟩

La|ven|del [-v-] der, -s/- ⟨lat.-it.⟩: *eine Pflanze* ‖ **La|ven|del|duft** ‖ **La|ven|del|schmäh** (W, veraltet): *billiger Trick* ‖ **La|ven|del|weib:** *eine Alt-Wiener Type, Lavendelverkäuferin*

la|vie|ren[1] [-v-] ⟨lat.-it.⟩: *Farben auf einem Bild so auftragen, dass sie ineinander übergehen*

la|vie|ren[2] [-v-] ⟨niederl.⟩: *mit Geschick Schwierigkeiten entgehen, sich durch sie/zwischen ihnen durchwinden*

La|voir [-voaːr, auch: -'voːə] das, -s/-s ⟨fr.⟩ (veraltend): *Waschschüssel*

Law and Or|der ['lɔː ənd 'ɔːdə] ⟨engl.⟩ (wörtl.: Gesetz und Ordnung)

La|wi|ne die, -/-n ⟨rätorom.⟩: eine L. lostreten ‖ **La|wi|nen|ab|gang** ‖ **La|wi|nen|ge|fahr** ‖ **la|wi|nen|ge|fähr|det** ‖ **La|wi|nen|hang** ‖ **La|wi|nen|hund:** *ein Suchhund* ‖ **La|wi|nen|ka|ta|s|t|ro|phe** [-f-] ‖ **La|wi|nen|op|fer** ‖ **La|wi|nen|piep|ser** ‖ **La|wi|nen|piep|serl** (ugs.) ‖ **La|wi|nen|schutz** ‖ **la|wi|nen|si|cher:** ein lawinensicherer Hang ‖ **La|wi|nen|un|glück** ‖ **La|wi|nen|ver|bau|ung** ‖ **La|wi|nen|warn|dienst**

Law|ren|ci|um [lɔ'rentsi̯-] das, -s (Zeichen: Lr): *ein chemisches Element*

lax ⟨lat.⟩ (meist abw.): *nachlässig; faul* ‖ **Lax|heit** die, -/-en

Lay-out ['leɪaʊt, -'aʊt] = **Lay|out** das, -s/-s ⟨engl.⟩: *Gestaltung einer Druckseite mit Bild und Text* ‖ **Lay|ou|ter** ['leɪ-, -'aʊ-] der, -s/-: *Fachmann für das Layout* ‖ **Lay|ou|te|rin** die, -/-innen

La|za|rett das, -[e]s/-e ⟨it.-fr.⟩: *Militärspital (in Not-, Kriegszeiten)* ‖ **La|za|rist** der, -en/-en: *Angehöriger eines Ordens*

l. c.: **l**oco **c**itato

LCD [ɛl tse 'deː] das, -s/-s: **L**iquid **C**rystal **D**isplay *(Flüssigkristallanzeige bei einem [Laptop]bildschirm)*

LD [ɛl 'deː] die, -/-s: **L**aser**d**isc

LD-Ver|fah|ren [ɛl 'deː-] das, -s: **L**inz-**D**onawitz-Verfahren (zur Stahlerzeugung)

Lea|der ['liːdə] der, -s/- ⟨engl.⟩ (Sport): *Tabellenführer [in einer Meisterschaft]* | *Bandleader* ‖ **Lea|de|rin** die, -/-innen

lea|sen ['liːsn], du least ⟨engl.⟩ (Kaufmannsspr.) ‖ **Lea|sing** [-s-] das, -s/-s (Kaufmannsspr.): *Mietkauf; Vermietung [von Geräten, Autos] als Finanzierung eines späteren Erwerbs* ‖ **Lea|sing|ge|ber:** *das Leasingunternehmen* ‖ **Lea|sing|ge|sell|schaft** ‖ **Lea|sing|neh|mer** der, -s/- ‖ **Lea|sing|neh|me|rin** die, -/-innen ‖ **Lea|sing|ra|te** ‖ **Lea|sing|ver|trag**

Le|be|da|me: *Frau, die für Luxus und Genuss lebt* ‖ **Le|be|hoch** das, -s/-: ein L. der Jubilarin ‖ **Le|be|mann** → Lebedame ‖ **le|ben:** leb[e] wohl!; leben Sie wohl!; jemandem leb[e] wohl (= **Leb**[e] wohl) sagen; ein lebender Zaun *(Zaun aus Sträuchern oder Bäumen)*; → lebend gebärend = lebendgebärend; → Lebewohl ‖ **Le|ben** das, -s/-: es geht auf L. und Tod; sie hat ihr L. lang schwer gearbeitet; → lebenslang; → Leben spendend = lebenspendend ‖ **le|bend ge|bä|rend** = **le|bend|ge|bä|rend:** l. gebärende Tiere ‖ **Le|bend|ge|burt** ‖ **Le|bend|ge|wicht** das, -[e]s: *Gewicht des Viehs vor dem Schlachten* ‖ **le|ben|dig:** *lebend;* bei lebendigem Leib | *lebhaft* ‖ **Le|ben|dig|keit** die, - ‖ **Le|bend|vieh** ‖ **Le|bens|abend** der, -s (geh.): *die Zeit des Alters* ‖ **Le|bens|ab|schnitt** ‖ **Le|bens|ader** (geh.): der Nil ist die L. *(Existenzgrundlage)* Ägyptens ‖ **Le|bens|al|ter** ‖ **Le|bens|angst** ‖ **Le|bens|ar|beits|zeit:** *Summe der gesamten Arbeitszeit eines Menschen* ‖ **Le|bens|art:** keine L. haben *(sich nicht gut benehmen)*; österreichische L. ‖ **Le|bens|auf|ga|be** ‖ **Le|bens|baum:** *Thuje* | (Volksk.) *den Baum des Lebens darstellendes Symbol* ‖ **Le|bens|be|din|gun|gen** die (Pl.) ‖ **le|bens|be|dro|hend** ‖ **le|bens|be|ja|hend** ‖ **Le|bens|be|ra|tung** ‖ **Le|bens|be|reich** ‖ **Le|bens|be|schrei|bung:** *Biografie* ‖ **Le|bens|da|ten** die (Pl.) ‖ **Le|bens|dau|er** ‖ **le|bens|echt** ‖ **Le|bens|ele|ment:** Sport ist sein L. *(in seinem Leben von zentraler Bedeutung)* ‖ **Le|bens|eli|xier,** *auch:* Lebenselexier: *ein Zaubertrank zur Verlängerung des Lebens* ‖ **Le|bens|en|de** ‖ **Le|bens|er|fah|rung** ‖ **le|bens|er|hal|tend** ‖ **Le|bens|er|war|tung** die, -: *das durchschnittlich erreichbare Lebensalter* ‖ **le|bens|fä|hig** ‖ **le|bens|feind|lich** ‖ **le|bens|fern:** *lebensfremd* ‖ **Le|bens|form** ‖ **Le|bens|fra|ge** ‖ **le|bens|fremd:** *der Realität des Lebens fern* ‖ **Le|bens|freu|de** ‖ **le|bens|froh** ‖ **Le|bens|füh|rung** ‖ **Le|bens|funk|ti|on** [-tsi̯-] (Med.) ‖ **Le|bens|ge|fahr** ‖ **le|bens|ge|fähr|lich** ‖ **Le|bens|ge|fähr|te** ‖ **Le|bens|ge|fähr|tin** ‖ **Le|bens|ge|fühl** ‖ **Le|bens|ge|mein|schaft:** *Zusammenleben von Lebenspartnern, zB Ehe* ‖ **Le|bens|ge|schich|te** ‖ **Le|bens|ge|wohn|heit** (meist Pl.) ‖ **le|bens|groß** ‖ **Le|bens|grö|ße** die, -: *natürliche Größe* ‖ **Le|bens|grund|la|ge:** *materielle Lebensvoraussetzung* ‖ **Le|bens|hal|tung** die, - ‖ **Le|bens|hal|tungs|kos|ten** die (Pl.) ‖ **Le|bens|hil|fe** ‖ **Le|bens|hun|ger** ‖ **Le|bens|in|halt** ‖ **Le|bens|jahr** ‖ **le|bens|klug** ‖ **Le|bens|kraft** ‖ **Le|bens|kri|se** ‖ **Le|bens|künst|ler:** *jemand, der das Angenehmste aus seinem Leben zu machen versteht* ‖ **Le|bens|künst|le|rin** ‖ **Le|bens|la|ge** ‖ **le|bens|lang:** *ein Leben lang* ‖ **le|bens|läng|lich:** eine lebenslängliche Haftstrafe ‖ **Le|bens|läng|li|che**[1] der, -n/-n, ein Lebenslänglicher (sal.): *zu lebenslanger Freiheitsstrafe Verur-*

L

teilter ‖ **Lebenslängliche**[2] die, -n/-n (sal.) ‖ **Lebenslauf** ‖ **Lebenslicht** das, -[e]s (geh.): jemandem das L. ausblasen *(jemanden töten)* ‖ **Lebenslüge:** *Selbsttäuschung, worauf jemand sein Leben gründet* ‖ **Lebenslust** ‖ **lebenslustig** ‖ **Lebensminimum** (SüdT): *Existenzminimum* ‖ **Lebensmittel** (meist Pl.) ‖ **Lebensmittelchemie** [-k-] ‖ **Lebensmittelforschung** ‖ **Lebensmittelgeschäft** ‖ **Lebensmittelgesetz** ‖ **Lebensmittelhandel:** im L. arbeiten ‖ **Lebensmittelhygiene** [-hy-, auch: -hi-] ‖ **Lebensmittelindustrie** ‖ **Lebensmittelkennzeichnung** ‖ **Lebensmittelpolizei:** *amtliche Untersuchungsanstalt für Hygiene und Qualität von Lebensmitteln* ‖ **Lebensmittelvergiftung** ‖ **Lebensmittelversuchsanstalt:** *Beratungs- und Begutachtungsstelle für Lebensmittel* ‖ **Lebensmittelvorrat** ‖ **lebensmüde** ‖ **Lebensmut** ‖ **lebensnah** ‖ **Lebensnähe** ‖ **Lebensnerv:** den L. treffen *(das Lebenswichtige angreifen)* ‖ **lebensnotwendig** ‖ **Leben spendend** = **lebenspendend:** L. spendendes Wasser ‖ **Lebensphilosophie** [-f-f-] ‖ **Lebensplanung** ‖ **lebensprühend:** *voller Energie; aber:* vor Leben sprühend ‖ **Lebensqualität** ‖ **Lebensraum** ‖ **Lebensrecht:** *Grundrecht auf Leben* ‖ **lebensrettend:** lebensrettende Maßnahme ‖ **Lebensretter** ‖ **Lebensretterin** ‖ **Lebensrettung** ‖ **Lebensrhythmus** [-ry-] ‖ **Lebenssinn** ‖ **Lebensstandard** [-ʃt-, -st-]: einen hohen L. haben *(in guten Verhältnissen leben)* ‖ **Lebensstellung:** eine L. *(gesicherte berufliche Stellung)* haben ‖ **Lebensstil** ‖ **Lebenstraum** ‖ **lebenstüchtig** ‖ **Lebensüberdruss** ‖ **lebensüberdrüssig** ‖ **Lebensumstände** die (Pl.) ‖ **lebensunfähig** ‖ **Lebensunterhalt:** den L. verdienen ‖ **lebensuntüchtig** ‖ **Lebensverdienstsumme** (Wirt.): *Einkommen der gesamten Lebensarbeitszeit* ‖ **Lebensverhältnisse** die (Pl.) ‖ **Lebensversicherung:** *eine Personenversicherung* ‖ **lebenswahr:** eine lebenswahre *(dem Leben entsprechende)* Schilderung ‖ **Lebenswandel:** *[moralische] Lebensführung* ‖ **Lebensweg** ‖ **Lebensweise** ‖ **Lebensweisheit:** *im Leben erworbene Erfahrung, Erkenntnis;* → Schulweisheit ‖ **Lebenswerk:** das L. des Künstlers ‖ **lebenswert** ‖ **lebenswichtig** ‖ **Lebenswille** ‖ **Lebenszeichen:** kein L. geben ‖ **Lebenszeit** die, -: zum Präsidenten auf L. gewählt werden ‖ **Lebensziel** ‖ **Lebenszweck**

Leber die, -/-n: *ein Organ;* frisch/frei von der L. weg reden *(reden, ohne sich einen Zwang aufzuerlegen)* ‖ **Leberblümchen** das, -s/- ‖ **Leberfleck** der, -[e]s/-e[n]: *Pigmentfleck auf der Haut* ‖ **Leberkäse,** *auch:* Leberkäs: *eine Art Fleischpastete* ‖ **Leberkäsesemmel** = **Leberkässemmel** ‖ **Leberknödel** ‖ **Leberknödelsuppe** ‖ **leberkrank** ‖ **Leberleiden** (Med.) ‖ **Leberpastete** ‖ **Leberreissuppe** ‖ **Leberschaden** ‖ **Lebertran:** *ein Öl zur Kräftigung* ‖ **Leberwert** (Med.) ‖ **Leberwurst:** *eine streichfähige Wurstsorte* | (ugs., scherzh.) sei keine beleidigte L.! *(nicht überempfindlich!)* ‖ **Leberzirrhose** (Med.): *eine Lebererkrankung*

Lebewesen: *Organismus; Mensch, Tier, Pflanze, Pilz, Mikroorganismus* ‖ **Lebewohl** das, -[e]s/-e [-s], *auch:* Lebwohl: jemandem ein herzliches L. sagen; → leben ‖ **lebhaft:** ein lebhaftes *(reges)* Interesse ‖ **Lebhaftigkeit** die, -

Lebkuchen: *Honigkuchen, Lebzelten* ‖ **Lebkuchenhaus** ‖ **Lebkuchenherz**

leblos: *tot* ‖ **Leblosigkeit** die, - ‖ **Lebtag:** ich denke mein L. *(zeitlebens)* daran ‖ **Lebwohl** → Lebewohl ‖ **Lebzeiten** (nur in der Wendung): zu meinen L.; bei L. meines Vaters

Lebzelten der, -s/-: *Lebkuchen* ‖ **Lebzelter** der, -s/-: *Lebkuchenbäcker; Lebkuchenhändler* ‖ **Lebzelterei** die, -/-en ‖ **Lebzelterin** die, -/-innen

Leca [-ka] das, -s (Art. selten) (Wz.): *ein Baumaterial aus Ton*

Lech der, -s: *ein Nebenfluss der Donau in Vorarlberg, Tirol, Deutschland* | L. am Arlberg (*Ort in Vorarlberg)*

lechzen, du lechzt (geh.): nach einem frischen Trunk l. *(begierig verlangen)*

Lecithin [-tsi-] = → Lezithin

leck: ein leckes *(undichtes)* Schiff ‖ **Leck** das, -[e]s/-e: *undichte Stelle* | → Geleck ‖ **Leckage** [-ˈaːʃ, -ʒɛ] die, -/-n: *Gewichtsverlust bei flüssigen Gütern* ‖ **Lecke** die, -/-n: *Stelle, an der dem Wild Salz oder zusätzliches Futter gereicht wird* ‖ **lecken:** die Katze leckt sich ‖ **lecker:** *wohlschmeckend* ‖ **Leckerbissen** ‖ **Leckerei** die, -/-en ‖ **Leckermaul:** *jemand, der gern Süßes isst* ‖ **leck schlagen** = **leckschlagen:** *leck werden*

Leckwar → Lekvar

led.: **led**ig

Leder das, -s/-: L. zu Taschen verarbeiten; → Leder verarbeitend = lederverarbeitend | (bes. früher) vom L. ziehen *(die Waffe aus der Scheide ziehen; [verbal] angreifen)* ‖ **Lederball** ‖ **Lederer** der, -s/- (veraltend): *Gerber* ‖ **Lederfauteuil** [-fotœi] ‖ **Ledergürtel** ‖ **Lederhandschuh** ‖ **Lederhose** ‖ **Lederin** die, -/-innen (veraltend) ‖ **Lederjacke** ‖ **ledern** (Adj.): *aus Leder* | (Verb) *mit einem Ledertuch abtrocknen;* das Auto l. ‖ **Lederoptik** (Mode): *im Aussehen wie Leder* ‖ **Lederriemen** ‖ **Lederschuh** ‖ **Ledersohle** ‖ **Ledertasche** ‖ **Leder verarbeitend** = **lederverarbeitend:** L. verarbeitende Industrie ‖ **Lederwaren** die (Pl.)

ledig (led.): *unverheiratet* | (veraltend) ein lediges *(uneheliches)* Kind | (geh.) aller Sorgen l. sein *(sie los sein)* ‖ **Ledigkeit** die, - ‖ **lediglich:** *nur, bloß*

ledrig: *lederartig*

Lee (Seemannsspr.): in L. *(an der dem Wind abgekehrten Seite eines Schiffes);* → G.: Luv

leer

ein leerer Magen | leere Versprechungen *(Versprechungen, die nicht halten werden)*

Großschreibung bei Nominalisierung:
- ins **L**eere starren

Getrenntschreibung:
- leer ausgehen
- das Haus ist leer gestanden

Getrennt- und Zusammenschreibung mit Verben, die ein Resultat herbeiführen, und mit adjektivisch gebrauchten Partizipien:
- den Teller leer essen (= leeressen)
- leer stehende (= leerstehende)

(unbewohnte) Häuser
- das Glas leer trinken (= leertrinken)

Zusammenschreibung bei übertragener Bedeutung:
- die Maschine ist leergelaufen *(sie ist in Betrieb gewesen, hat aber keine Arbeit verrichtet)*
- leerlaufende Motoren
- das Becken leerlaufen lassen *(auslaufen)*

Leere die, -: gähnende L. ‖ **leeren**[1]: *gießen, schütten;* Mist in den Kübel l. ‖ **leeren**[2] sich: *leer werden;* der Saal leerte sich allmählich ‖ **leer essen** = **leeressen** ‖ **Leerformel** (abw.): *inhaltsleere, realitätsferne Aussage* ‖ **Leergebinde:** *leere Fässer, Flaschen uÄ* ‖ **Leergewicht** ‖ **Leergut:** *[vorübergehend] leere Behälter* ‖ **Leerheit** die, -: *Leere* ‖ **Leerlauf:** der Motor läuft im L. *(er ist in Betrieb, verrichtet aber keine Arbeit)* | *unproduktive Arbeitszeit in Unternehmen* ‖ **leerlaufen:** die Maschine läuft leer; das Becken l. lassen; → leer ‖ **Leermeldung** (Amtsspr.): *Fehlanzeige* ‖ **leer stehend** = **leerstehend** ‖ **Leertaste:** *Zwischenraumtaste auf Tastaturen* ‖ **leer trinken** = **leertrinken** ‖ **Leerung** die, -/-en: die L. des Postkastens ‖ **Leerzeichen** (Druckwesen, EDV): *Blank*

Leeseite (Seemannsspr.); → Lee; → G.: Luvseite ‖ **leewärts** (Seemannsspr.)

Lefze die, -/-n: *Lippe [des Hundes]*

legal ⟨lat.⟩: *gesetzlich;* → G.: illegal ‖ **Legaldefinition** [-tsi̯-] (Jus): *Erläuterung eines Begriffes durch das Gesetz selbst* ‖ **legalisieren:** *rechtsgültig machen* ‖ **Legalisierung** die, -/-en: *Beglaubigung* ‖ **Legalität** die, - ‖ **Legalitätsprinzip** (Jus): *verfassungsmäßiges Grundprinzip, wonach die gesamte staatliche Verwaltung und Gerichtsbarkeit nur auf der Grundlage der Gesetze ausgeübt werden darf*

Legasthenie die, -/-n ⟨gr.⟩ (Med., Psych.): *eine Lese- bzw. Rechtschreibschwäche* ‖ **Legastheniker** der, -s/- (Med., Psych.) ‖ **Legasthenikerin** die, -/-innen (Med., Psych.) ‖ **legasthenisch** (Med., Psych.)

Legat[1] das, -[e]s/-e ⟨lat.⟩ (Jus): *Vermächtnis;* jemandem ein L. aussetzen *(aus dem Nachlass ein Vermögensstück vermachen)* ‖ **Legat**[2] der, -en/-en: *päpstlicher Gesandter* ‖ **Legatar** der, -s/-e (Jus): *Vermächtnisnehmer* ‖ **Legatarin** die, -/-innen (Jus) ‖ **Legationsrat** [-tsi̯-]: *ein Titel im diplomatischen Dienst* ‖ **Legationsrätin**

legato ⟨it.⟩ (Mus.): *die aufeinanderfolgenden Töne aneinanderbindend;* → G.: staccato

Legebatterie: *Käfig für Legehennen* ‖ **Legehenne:** *zum Zweck des Eierlegens gehaltene Henne*

legen: eine elektrische Leitung l. | er hat sich zur Ruhe gelegt | Eier l. | (Kaufmannsspr.) Rechnung l. *(vorlegen)* | (ugs.) sie hat mich gelegt *(hineingelegt, grob getäuscht)*

legendär ⟨lat.⟩: *legendenhaft* | *unwahrscheinlich, unverbürgt* | eine legendäre *(unübertroffene)* Aufführung ‖ **Legende** die, -/-n: *Erzählung aus dem Leben eines/einer Heiligen* | *Sage; Bericht über eine bemerkenswerte Person* | *Erklärung zu Bildern oder Landkarten* ‖ **Legendenbildung:** *Entstehen von Legenden* ‖ **legendenhaft**

leger [-ˈʒɛːɐ] ⟨fr.⟩: ein legeres *(ungezwungenes)* Benehmen | legere *(saloppe)* Kleidung

Legespiel: *Spiel, bei dem bestimmte Teile zu legen sind*

Legföhre: *Latsche*

Leggings = **Leggins** die (Pl.) ⟨engl.⟩: *eine eng anliegende lange [Damen]hose*

legieren ⟨lat.-it.⟩: Metalle l. *(miteinander verschmelzen)* | (Küchenspr.) eine legierte *([mit einem Ei] gebundene)* Suppe ‖ **Legierung** die, -/-en: *durch Verschmelzung entstandenes Metall, zB Messing aus Kupfer und Zink*

Legion die, -/-en ⟨lat.⟩: *Heeresabteilung im alten Rom* | *Freiwilligentruppe* | *große Zahl, Schar;* Legionen von Skifahrern | (geh.) ihre Zahl ist L. *(sehr groß)* ‖ **Legionär** der, -s/-e: *römischer Soldat* | *jemand, der sich im Ausland [als Berufsfußballer] verdingt* ‖ **Legionärskrankheit** (Med.): *eine Infektionskrankheit*

legislativ ⟨lat.⟩ ‖ **Legislative** [-fɛ, -vɛ] die, -/-n: *gesetzgebende Versammlung; gesetzgebende Gewalt;* → Exekutive; → Judikative ‖ **Legislatur** die, -/-en: *Gesetzgebung* ‖ **Legislaturperiode:** *Zeitraum, für den die gesetzgebende Versammlung, zB der Nationalrat, gewählt ist* ‖ **Legist** der, -en/-en: *jemand, der Gesetze, Erlässe verfasst* ‖ **Legistik** die, -: *Ausarbeitung von Gesetzen* ‖ **Legistin** die, -/-innen ‖ **legistisch:** *auf die Ausarbeitung von Gesetzen bezogen* ‖ **legitim** ⟨lat.⟩: *gesetzlich; rechtmäßig;* → G.: illegitim ‖ **Legitimation** [-tsi̯-] die, -/-en: *ein Personalausweis* | *Befugnis, Berechtigung* | (Jus) *Ehelicherklärung außerehelicher Kinder* ‖ **legitimieren**[1]: *für gesetzlich erklären* ‖ **legitimieren**[2] sich: *sich ausweisen* ‖ **Legitimität** die, -

Leguan der, -s/-e ⟨Indianerspr.-span.-niederl.⟩: *eine tropische Eidechsenart*

Lehen das, -s/- (im Mittelalter): *Leihgut an Grund und Boden, das zur Gefolgschaft verpflichtete;* → belehnen; → G.: Eigen ‖ **Lehenseid** (früher) ‖ **Lehensherr** (früher) ‖ **Lehensmann** der, -[e]s/-männer [-leute] (früher): *Empfänger eines Lehens* ‖ **Lehenspflicht** (früher) ‖ **Lehenswesen** (früher): *System des Lehensstaates*

Lehm der, -[e]s/-e ‖ **Lehmboden** ‖ **Lehmhütte** ‖ **lehmig**

Lehne die, -/-n: ein Sessel mit verstellbarer L. | *Abhang;* Berglehne ‖ **lehnen:** sie *hat* sich an die Wand gelehnt; *aber:* der Besen *ist* an der Wand gelehnt ‖ **Lehnstuhl:** *Fauteuil* ‖ **Lehnwort** (Sprachwiss.): *schon früh eingedeutschtes Wort fremder Herkunft, zB* Fenster, Kirche, Ziegel; → Fremdwort

Lehrabschlussprüfung (Bildw.): *letzte Prüfung eines Lehrlings* ‖ **Lehramt** (Bildw.): *Berufsberechtigung der Lehrer/innen* | *Studium für den Lehrberuf* ‖ **Lehramtsprüfung** (Bildw.) ‖ **Lehranalyse** [-lyː-]: *Psychoanalyse zu Ausbildungszwecken* ‖ **Lehranstalt** (Bildw.): eine höhere technische L. ‖ **Lehrauftrag** (Bildw.): an einer Universität einen L. haben ‖ **Lehrausgang** (Bildw.): *Museumsbesuch oÄ einer Schulklasse* ‖ **Lehrbefähigung** (Bildw.) ‖ **Lehrbefugnis** (Bildw.): *Erlaubnis, an einer Universität zu lehren* ‖ **Lehrbehelf:** *Hilfsmittel für Unterrichtende* ‖ **Lehrberuf** der, -[e]s: *Tätigkeit als Lehrer/in* | (mit Pl. -e) *Beruf,* *der eine Lehre voraussetzt* || **Lehr|be|rech|tig|te**[1] der, -n/-n, ein Lehrberechtigter: *Person, Firma oÄ mit der Berechtigung Lehrlinge auszubilden;* → Ausbild[n]er; → Lehrherr || **Lehr|be|rech|tig|te**[2] die, -n/-n || **Lehr|be|trieb** || **Lehr|brief:** *Urkunde über die Lehrabschlussprüfung* || **Lehr|bub:** *Lehrling* || **Lehr|buch** || **Lehr|buch|mei|nung:** *theoretische Ansicht, deren Richtigkeit bezweifelt wird* || **Leh|re** die, -/-n: *Lehrlingsausbildung;* in die L. gehen | jemandem eine L. erteilen *(ihn belehren);* aus etwas eine L. ziehen | die christliche L. *(Aussagen und Gebote des Christentums)*

leh|ren
unterrichten, beibringen; → gelehrt

Verb mit doppeltem Akkusativobjekt:
– er lehrt seinen Sohn das Schwimmen
– Wer hat dich das Lesen gelehrt?
Daneben ist auch der Dativ der Person üblich:
– er lehrt seinem Sohn das Schwimmen
– Wer hat dir das Radfahren gelehrt?
Beistrich:
– Sie lehrt mich schwimmen.
– Wir lehrten sie[,] den Computer [zu] benutzen.
– Du lehrst mich[,] das Internet richtig und zielführend zu benutzen.
Die Verwendung von → „lernen" an Stelle von „lehren" gilt nicht als korrekt.

Leh|rer der, -s/- || **Leh|rer|aus|bil|dung** || **Leh|rer|aus|ga|be:** *Schulbuchausgabe für Lehrer/innen* || **Leh|rer|bil|dungs|an|stalt** || **Leh|rer|fort|bil|dung** || **Leh|re|rin** die, -/-innen || **Leh|rer|kon|fe|renz** (Bildw.): *Dienstbesprechung der Lehrer/innen einer Schule | Gesamtheit ihrer Teilnehmer/innen* || **Leh|rer|schaft** die, -: *Gesamtheit der Lehrer/innen* || **leh|rer- und er|zie|her|bil|dend** (Amtsspr.): lehrer- und erzieherbildende (= Lehrer und Erzieher bildende) Schulen *(Bildungsanstalt für Kindergartenpädagogik ua.)* || **Lehr|fach** || **Lehr|gang:** *Kurs, Ausbildung* || **Lehr|ge|gen|stand:** *Lehrfach* || **Lehr|geld** das, -[e]s (früher): *Kosten für die Ausbildung eines Lehrlings bei einem Meister;* sie muss L. zahlen *(böse Erfahrungen machen);* er kann sich sein L. zurückgeben lassen *(er hat nichts gelernt)* || **lehr|haft** || **Lehr|herr** (bes. früher); → Ausbilder; → Lehrberechtigte || **Lehr|jahr** || **Lehr|kan|zel** (früher): *Planstelle und Abteilung eines Universitätsprofessors; Lehrstuhl;* → Ordinariat || **Lehr|kör|per:** *alle Lehrer/innen einer Schule* || **Lehr|kraft:** *Person, die unterrichtet* || **Lehr|ling** der, -s/-e || **Lehr|lings|aus|bil|der** (urspr. D); → Ausbild[n]er || **Lehr|lings|aus|bil|de|rin** (urspr. D) || **Lehr|lings|aus|bil|dung** || **Lehr|lings|ent|schä|di|gung:** *Entlohnung des Lehrlings* || **Lehr|lings|frei|fahrt** || **Lehr|lings|stel|le:** *Behörde, die Lehrverträge in einem Bundesland administriert* || **Lehr|mäd|chen:** *Lehrling* || **Lehr|ma|te|ri|al** || **Lehr|mei|nung:** *innerhalb eines Faches anerkannte Meinung* || **Lehr|meis|ter** || **Lehr|meis|te|rin** || **Lehr|me|tho|de** || **Lehr|mit|tel** || **Lehr|pfad:** *in der freien Natur angelegter Weg mit Anschauungsobjekten, Informationstafeln ua.* || **Lehr|plan** (Bildw.) || **lehr|reich** || **Lehr|satz:** der pythagoräische L. || **Lehr|stel|le:** *Ausbildungsstelle für Lehrlinge* || **Lehr|stuhl:** *Ordinariat; Lehrkanzel* || **Lehr|tä|tig|keit** || **Lehr|ver|an|stal|tung** (Bildw.): eine L. *(Seminar, Vorlesung an der Universität)* besuchen || **Lehr|ver|hält|nis:** *ein Arbeitsverhältnis mit besonderem Ausbildungscharakter* || **Lehr|ver|pflich|tung** (Bildw.): *verpflichtende Unterrichtszeit in Wochenstunden* || **Lehr|ver|trag:** *Vertrag, der ein Lehrverhältnis begründet und regelt* || **Lehr|wart:** *für die Betreuung des Nachwuchses in einem Verein ausgebildeter Sportler* || **Lehr|war|tin** || **Lehr|werk|stät|te** || **Lehr|zeit** || **Lehr|zeug|nis:** *Zeugnis für einen Lehrling*

lei (K, T, mda.): *nur* || **lei, lei:** *Ausruf im [Villacher] Fasching*

Leib der, -[e]s/-er: mit L. und Seele *(mit aller Kraft, aus voller Überzeugung);* einem Missstand zu Leibe rücken *(dagegen ankämpfen)* || **Leib|arzt:** *persönlicher Arzt [eines Herrschers]* || **Leib|ärz|tin** || **Leib|chen** das, -s/-: *Unterhemd; T-Shirt; Sporttrikot* || **leib|ei|gen** || **Leib|ei|ge|ne**[1] der, -n/-n, ein Leibeigener (früher): *erblicher Knecht von Grundherren bzw. Adeligen* || **Leib|ei|ge|ne**[2] die, -n/-n (früher) || **Leib|ei|gen|schaft** die, - (früher) || **Lei|berl** das, -s/-[n]: *Leibchen* | (sal.) kein Leiberl *(keinen Platz in der Mannschaft, keine Chance)* [mehr] haben/reißen || **Lei|bes|er|zie|hung** die, - (früher) || **Lei|bes|frucht** (geh.): *ungeborenes Kind, Embryo* || **Lei|bes|fül|le** (geh.) || **Lei|bes|kraft** (meist Pl.): aus Leibeskräften schreien || **Lei|bes|übun|gen** die (Pl.) (früher): *der Unterrichtsgegenstand Bewegung und Sport* || **Lei|bes|um|fang** || **Lei|bes|vi|si|ta|ti|on** [-v-tsi̯-]: *eine [amtliche] Durchsuchung am ganzen Körper* || **Leib|gar|de:** *Leibwache | Ehrengarde* || **Leib|gar|dist** || **Leib|ge|richt** (geh.): *Leibspeise* || **leib|haf|tig:** *wirklich, in Fleisch und Blut* || **Leib|haf|ti|ge** der, -n: *der Teufel* || **Leib|kit|tel:** *Teil des Dirndls bzw. Trachtenkleides* || **leib|lich:** ein leiblicher *(blutsverwandter, nicht angeheirateter)* Cousin | für das leibliche Wohl der Kinder sorgen

Leib|nitz (Kfz: LB): *Stadt in der Steiermark*

Leib|ren|te: *eine Rente auf Lebenszeit [als Kaufpreis für ein Haus]* || **Leib|rie|men** (geh.): *Gürtel, Koppel* || **Leib|schüs|sel:** *Schüssel für die Notdurft von Bettlägerigen* || **Leib|spei|se:** *Lieblingsspeise* || **Leib|stuhl:** *Sessel mit eingebauter Leibschüssel* || **leibt** (veraltet) (nur in der Wendung): wie er l. und lebt *(wie er in Wirklichkeit ist)*

Lei|bung → Laibung

Leib|wa|che: *persönliche[r] Wächter* || **Leib|wäch|ter** || **Leib|wäch|te|rin** || **Leib|wä|sche** die, - (veraltend): *Unterwäsche*

Leich die, -/-en (ugs.): *Leichenbegängnis;* eine schöne L. *(ein ehrenvolles Begräbnis)* || **Lei|che** die, -/-n: *Leichnam* || **Lei|chen|be|gäng|nis** das, -nisses/-nisse: *Begräbnis* || **Lei|chen|be|schau|er** der, -s/-: *Arzt, der die Todesursache feststellt* || **Lei|chen|be|schau|e|rin** die, -/-innen || **Lei|chen|be|stat|ter** der, -s/-: *Angestellter eines Bestattungsunternehmens* || **Lei|chen|be|stat|te|rin** die, -/-innen || **Lei|chen|be|stat|tung:** *Beerdigung | Beerdigungs-*

firma ‖ **Lei|chen|bit|ter** der, -s/- (veraltet): *jemand, der die Gäste zum Begräbnis einlädt;* → Hochzeitsbitter ‖ **Lei|chen|bit|te|rin** (veraltet) ‖ **Lei|chen|bit|ter|mie|ne** (scherzh.): mit L. *(mit sehr traurigem Gesicht)* ‖ **lei|chen|blass** ‖ **Lei|chen|bläs|se** ‖ **Lei|chen|fled|de|rer** der, -s/-: *jemand, der Leichen [be]raubt* ‖ **Lei|chen|gift:** *ein Verwesungsprodukt* ‖ **Lei|chen|hal|le:** *Raum zur Aufbahrung der Toten* ‖ **Lei|chen|öff|nung:** *gerichtsmedizinische Sezierung, Obduktion* ‖ **Lei|chen|re|de** ‖ **Lei|chen|schän|dung** ‖ **Lei|chen|schmaus:** *Bewirtung der Trauergäste nach einem Begräbnis* ‖ **Lei|chen|star|re:** *Erstarrung der Muskeln im Tod; Totenstarre* ‖ **Lei|chen|tuch:** *Tuch, in das eine Leiche gehüllt wird* ‖ **Lei|chen|ver|bren|nung:** *Einäscherung* ‖ **Lei|chen|wa|gen** ‖ **Lei|chen|wä|scher** ‖ **Lei|chen|wä|sche|rin** ‖ **Lei|chen|zug:** *Trauerzug* ‖ **Leich|nam** der, -[e]s/-e: *Leiche*

leicht
eine leichte Arbeit | (veraltend) leichtes *(leichtfertiges, leichtlebiges)* Mädchen | (ugs.) leicht *(mindestens)* 10 m hoch | (mda.) „Hast l. *(vielleicht, etwa)* Angst?“

Großschreibung bei Nominalisierung:
- es wäre mir ein **L**eichtes *(eine Leichtigkeit, es fiele mir leicht)*, darauf zu verzichten

Getrenntschreibung:
- leicht lernen
- du hast leicht lachen *(dich betrifft es nicht)*
- etwas leicht machen können *(ohne Mühe)*

Zusammenschreibung bei übertragener Bedeutung:
- die Arbeit wird ihm leichtfallen *(sie wird ihn keine Mühe kosten)*
- eine Gefahr leichtnehmen *(unterschätzen)*
- du wirst dir/dich dabei leichttun

Getrennt- und Zusammenschreibung mit adjektivisch gebrauchten Partizipien und in Zweifelsfällen:
- leicht bewaffnet = leichtbewaffnet
- sich das Leben leicht machen (= leichtmachen)
- eine leicht verletzte (= leichtverletzte) Radfahrerin
- der leicht Verletzte = Leichtverletzte
- die leicht Verwundete = Leichtverwundete

Getrennt- und Zusammenschreibung, wenn „leicht“ die Bedeutung des folgenden Adjektivs abstuft:
- leicht verdauliche (= leichtverdauliche) Speisen
- leicht verderblich = leichtverderblich
- leicht verständlich = leichtverständlich

Leicht|ath|let ‖ **Leicht|ath|le|tik** die, -: *Lauf, Sprung und Wurf* ‖ **Leicht|ath|le|tin** ‖ **leicht|ath|le|tisch** ‖ **Leicht|bau|wei|se:** das Haus in L. errichten ‖ **leicht be|waff|net** = **leicht|be|waff|net** ‖ **Leicht|bier** ‖ **leicht|blü|tig:** *sorglos, heiter, optimistisch* ‖ **leicht|fal|len:** *keine Mühe kosten;* → leicht ‖ **leicht|fer|tig:** er ist leichtfertig *(leichtsinnig)* geworden; *aber:* sie ist mit der Arbeit leicht *(mühelos)* fertig geworden ‖ **leicht|flüs|sig:** *schon bei geringer Temperatur schmelzend* ‖ **leicht|fü|ßig:** l. *(ohne Anstrengung)* laufen ‖ **Leicht|ge|wicht** das, -[e]s (Sport): *eine Gewichtsklasse* ‖ **leicht|gläu|big** ‖ **leicht|her|zig** ‖ **leicht|hin:** etwas l. *(ohne sich viele Gedanken zu machen)* sagen ‖ **Leich|tig|keit** die, -: mit L. *(mühelos)* ‖ **Leicht|in|dus|t|rie** die, -: *Konsumgüterindustrie* ‖ **leicht|le|big** ‖ **Leicht|le|big|keit** die, -: *Leichtsinn, Lebenslust* ‖ **leicht ma|chen** = **leicht|ma|chen:** sich das Leben leicht machen (= leichtmachen); *aber nur:* etwas leicht machen können *(ohne Mühe)* ‖ **Leicht|ma|t|ro|se** (Seemannsspr.): *noch nicht voll ausgebildeter Matrose;* → Vollmatrose ‖ **Leicht|me|tall:** *Aluminium ua.;* → G.: Schwermetall ‖ **Leicht|milch** ‖ **leicht|neh|men:** *unterschätzen;* → leicht ‖ **Leicht|öl:** *durch Destillation von Steinkohlenteer gewonnenes Öl* ‖ **Leicht|sinn** der, -[e]s: *Sorglosigkeit* ‖ **leicht|sin|nig** ‖ **Leicht|sin|nig|keit** die, -/-en ‖ **leicht|tun** sich → leicht ‖ **leicht ver|dau|lich** = **leicht|ver|dau|lich** ‖ **leicht ver|derb|lich** = **leicht|ver|derb|lich** ‖ **leicht ver|letzt** = **leicht|ver|letzt** ‖ **leicht Ver|letz|te** = **Leicht|ver|letz|te** ‖ **leicht ver|ständ|lich** = **leicht|ver|ständ|lich** ‖ **leicht Ver|wun|de|te** = **Leicht|ver|wun|de|te**

leid: l. sein; es ist mir l. um dich; ich bin es l., länger zu warten; → Leid

Leid das, -[e]s

Großschreibung des Nomens:
- Freud und Leid
- sich ein Leid antun; *aber zusammen:* → leidtun
- jemandem etwas zu Leid[e] (= zuleid, zuleide) tun

Aber Zusammenschreibung:
- die leidtragende Bevölkerung
- die Leidtragenden sind die Kinder
- das wird dir leidtun; *klein in getrennter Stellung:* es tut mir leid
- es hat mir leidgetan

Kleinschreibung in Verbindung mit „sein“:
- leid sein; es ist mir leid um dich
- ich bin es leid, länger zu warten

L

Lei|de|form (veraltet) (Gramm.): *Passiv* ‖ **lei|den,** litt/gelitten: an Krebs l.; sie leidet unter diesem Klima | Durst l.; Not l. | etwas nicht l. können *(es nicht mögen)* ‖ **Lei|den** das, -s/- (geh.): ein schweres L. *(eine schwere Krankheit)* ‖ **lei|dend:** *kränklich | bedrückt, sorgenvoll;* mit leidender Miene ‖ **Lei|den|schaft** die, -/-en ‖ **lei|den|schaft|lich** ‖ **lei|den|schafts|los:** eine Sache l. betrachten ‖ **lei|dens|fä|hig** ‖ **Lei|dens|fä|hig|keit** ‖ **Lei|dens|ge|fähr|te** ‖ **Lei|dens|ge|fähr|tin** ‖ **Lei|dens|ge|nos|se** ‖ **Lei|dens|ge|nos|sin** ‖ **Lei|dens|ge|schich|te:** die L. *(Passion)* Christi ‖ **Lei|dens|mie|ne:** eine L. aufsetzen ‖ **Lei|dens|weg** (geh.) ‖ **lei|der:** l. Gottes *(zu meinem Bedauern, Leidwesen)* ‖ **leid|er|füllt** (geh.) ‖ **leid|ge|beugt** (geh.) ‖ **leid|ge|prüft** (geh.) ‖ **lei|dig:** eine leidige *(unangenehme, lästige)* Sache ‖ **leid|lich:** es geht mir l. *(halbwegs gut)* ‖ **leid|tra|gend** ‖ **Leid|tra|gen|de**[1] der, -n/-n, ein Leidtragender; → Leid ‖ **Leid|tra|gen|de**[2] die, -n/-n ‖ **leid|tun:** es tut mir leid; → Leid ‖ **leid|voll:** leidvolle Erfahrungen ‖ **Leid|we|sen:** zu meinem L. *(zu meinem Bedauern, leider)* kann ich nicht kommen

Lei|er die, -/-n: *ein Saiteninstru-*

ment | (abw.) jeden Tag dieselbe L. *(die gleichen Äußerungen, Klagen, Beschwerden)* hören || **Lei|er|kas|ten:** *Drehleier, Drehorgel* || **lei|ern:** *eintönig sprechen*

Leih|ar|beit (Wirt.) || **Leih|ar|bei|ter** (Wirt.): *Arbeiter, der von seinem Arbeitgeber befristet an andere Unternehmen verliehen wird* || **Leih|ar|bei|te|rin** (Wirt.) || **Leih|bi|bli|o|thek** || **lei|hen,** lieh/geliehen: jemandem ein Buch l.; sie hat sich mein Auto geliehen || **Leih|bü|che|rei** || **Leih|ga|be:** eine L. des Museums || **Leih|ge|bühr** || **Leih|mut|ter** (Med.): *Frau, die mit künstlicher Befruchtung das Kind einer anderen austrägt* || **Leih|oma** (oft scherzh.): *ältere Frau, die Kinder betreut* || **Leih|opa** (oft scherzh.) || **Leih|ver|trag** || **Leih|wa|gen** || **leih|wei|se**

Leim der, -[e]s/-e: *ein Klebemittel;* aus dem L. gehen *(kaputtgehen)* | (sal.) jemandem auf den L. gehen *(sich von jemandem täuschen lassen)* || **lei|men**

Lein der, -[e]s (veraltet): *Flachs*

Lei|ne die, -/-n: den Hund an der L. führen | *Seil, Tau*

lei|nen: *aus Leinen;* leinene Bettwäsche || **Lei|nen** das, -s/- || **Lei|nen|ein|band** || **Lei|nen|ge|we|be** || **Lei|nen|jan|ker** || **Lein|sa|men:** *Samen von Flachs* || **Lein|sa|men|brot** || **Lein|tuch:** *Tuch, das über die Matratze gespannt wird* || **lein|wand** ['læːvɒnt] (W, ugs., sal.): etwas ist l. *(sehr gut, super; in Ordnung); aber:* → Leinwand || **Lein|wand** die, -: *ein Gewebe* || **Lein|wand|grö|ße** die, -: *populäre/r Filmschauspieler/in*

Leip|zig: *Stadt in Deutschland*

lei|se: l. Zweifel haben; *aber:* → nicht im **L**eisesten *(überhaupt nicht)* zweifeln || **lei|se|tre|ten** (abw.): *ängstlich, übervorsichtig sein* || **Lei|se|tre|ter** der, -s/- (abw.): *immer unauffälliger, gefügiger Mensch* || **Lei|se|tre|te|rin** die, -/-innen (abw.)

Leis|te die, -/-n: *schmale [Holz-]latte als [Rand]abdeckung* | *Teil des Körpers;* → Leistenbruch

leis|ten[1]: viel l.; jemandem Erste Hilfe l. || **leis|ten**[2] sich: sich etwas l. *(sich viel gönnen, sich viel erlauben)*

Leis|ten der, -s/-: *Modell (für Schuhe) in Fußform;* alles über einen L. schlagen *(unangemessen gleich behandeln)*

Leis|ten|bruch (Med.): *Vortreten eines Eingeweidesackes an der unteren seitlichen Bauchwand;* → Leiste || **Leis|ten|ge|gend** || **Leis|ten|zer|rung** (Med.)

Leis|tung die, -/-en || **Leis|tungs|ab|fall** || **Leis|tungs|an|for|de|rung** || **Leis|tungs|an|stieg** || **Leis|tungs|be|ur|tei|lung** || **Leis|tungs|bi|lanz** || **Leis|tungs|dif|fe|ren|zie|rung** || **Leis|tungs|druck:** *durch den Zwang zu hoher Leistung verursachter psychischer Druck* || **leis|tungs|fä|hig** || **Leis|tungs|fä|hig|keit** die, - || **leis|tungs|för|dernd** || **leis|tungs|ge|recht:** leistungsgerechte Bezahlung || **Leis|tungs|ge|sell|schaft** (Soz.): *gesellschaftliche Ebene, in der die Leistung des Individuums maßgeblich ist* || **Leis|tungs|gren|ze** || **Leis|tungs|grup|pe** die, -/-n: *Leistungsstufe in der Hauptschule* || **Leis|tungs|kon|trol|le** || **Leis|tungs|kraft** || **Leis|tungs|ni|veau** [-voː] || **leis|tungs|ori|en|tiert** [-i̯ɛ-]: eine leistungsorientierte Gesellschaft || **Leis|tungs|prä|mie** [-i̯ɛ]: *eine Belohnung* || **Leis|tungs|prin|zip** || **Leis|tungs|schau** || **leis|tungs|schwach** || **Leis|tungs|sport;** → G.: Breitensport || **Leis|tungs|sport|ler** || **Leis|tungs|sport|le|rin** || **leis|tungs|stark** || **Leis|tungs|stei|ge|rung** || **Leis|tungs|stö|rung** (Jus): *Verletzung einer Vertragspflicht [durch Erbringung einer mangelhaften Leistung]* || **Leis|tungs|trä|ger** (bes. Sport): ein L. der Mannschaft *(ein wichtiger Spieler)* || **Leis|tungs|trä|ge|rin** || **Leis|tungs|ver|mö|gen** das, -s || **Leis|tungs|ver|wei|ge|rung** || **Leis|tungs|wett|be|werb** || **Leis|tungs|zen|trum:** *Sportanlage für Spitzensportler/innen*

Leit|ar|ti|kel: *[politischer] Aufsatz [auf der ersten Seite] in einer Zeitung* || **Leit|bild:** *Vorbild*

Lei|te die, -/-n: *Berghang, Berglehne [in Flurnamen];* → Leiten

lei|ten: sie leitete eine große Firma | Abwasser durch Rohre l. | (Phys.) Metalle l. Wärme

Lei|ten die, -/- (reg.): *Leite*

Lei|ter[1] die, -/-n: die L. des Erfolgs hinaufklettern

Lei|ter[2] der, -s/-: *eine Führungskraft* | (Phys.) *Stoff, der Energie leitet* || **Lei|te|rin** die, -/-innen

Lei|ter|spros|se || **Lei|ter|wa|gen**

Leit|fa|den: *ein kurz gefasstes Lehrbuch* || **leit|fä|hig** (Phys.): *Energie leitend* || **Leit|fä|hig|keit** die, - || **Leit|fi|gur:** *Vorbild* || **Leit|fos|sil:** *für einen Abschnitt der Erdgeschichte typische Versteinerung* || **Leit|ge|dan|ke**

Lei|tha die, -: *ein Nebenfluss der Donau in Niederösterreich, Burgenland* || **Lei|tha|ge|bir|ge** (N, B)

Leit|ham|mel: *Leittier einer Schafherde* | (abw.) *jemand, dem viele, ohne zu denken, folgen* || **Leit|kul|tur:** *Kultur der Mehrheitsbevölkerung eines Landes (oft als Anspruch missverstanden)* || **Leit|li|nie** [-i̯ɛ] || **Leit|mo|tiv:** *vorherrschender Beweggrund; immer wieder auftretendes charakterisierendes Motiv, zB in einem Musikwerk* || **Leit|plan|ke** (Verk.): *Leitschiene* || **Leit|satz:** *Grundsatz* || **Leit|schie|ne** (Verk.): *Schutzplanke am Fahrbahnrand aus Metall oder Beton* || **Leit|spruch:** *Motto* || **Leit|stel|le:** *Leitzentrale* || **Leit|sys|tem** [-zy-] (bes. Verk.): *Gesamtheit aller Markierungen, Schilder zur Orientierung* || **Leit|tier:** *ranghöchstes Tier, das eine Herde anführt* || **Lei|tung** die, -/-en: die L. des Unternehmens | eine L. *(Rohre für [Wasser, Gas])* legen | (ugs.) eine lange L. haben *(sehr langsam verstehen);* auf der L. stehen *(nicht gleich verstehen)* || **Lei|tungs|draht** || **Lei|tungs|mast** || **Lei|tungs|netz** || **Lei|tungs|rohr** || **Lei|tungs|was|ser** || **Leit|wäh|rung** (Bankw., Wirt.): *international bedeutende Währung wie der Dollar oder der Euro* || **Leit|werk:** *Vorrichtung zur Steuerung von Flugzeugen* || **Leit|wert** (Phys.): *Kehrwert des elektrischen Widerstands* || **Leit|wort** (Gramm.): *in einem Text wiederkehrendes Wort, das das Thema bestimmt* || **Leit|zin|sen** (Bankw.): *Zinssatz der Zentral- und Nationalbanken für Kredite an Geldinstitute* || **Leit|zin|sen|sen|kung**

lei|wand → leinwand

Lek|ti|on [-tsi̯-] die, -/-en ⟨lat.⟩: *Lernaufgabe, Lehrstunde* | jemandem eine L. erteilen *(einen Denkzettel geben, ihn zurechtweisen)* || **Lek|tor** der, -s/-en [-'oː-]: *ein Universitätslehrer* | *Prüfer und Bearbeiter von Manuskripten in einem Verlag* | *Vorleser [in der Kirche]* || **Lek|to|rat** das, -[e]s/-e || **lek|to|rie|ren:** *als Lektor/in ein Manuskript prüfen und bearbeiten* || **Lek|to|rin** die, -/-innen || **Lek|tü|re** die, -/-n: *Lesestoff* |

L

(ohne Pl.) bei der L. *(beim Lesen)*

Lekvar [-v-] der = das, -/-, *auch:* Leckwar ⟨ung.⟩ (B, mda.): *Marmelade*

Lemma das, -s/-ta ⟨gr.⟩: *Stichwort in einem Wörterbuch, Lexikon*

Lemming der, -s/-e ⟨dänisch⟩: *eine Wühlmausart* ‖ **Lemmingszug:** *große Gruppe von Lemmingen, die sich bei Überpopulation ins Meer stürzt* | wie bei einem L. *(gedankenlos nachlaufen)*

Lemur der, -en/-en, *auch:* **Lemure,** -n/-n ⟨lat.⟩ (meist Pl.): *Totengeist, Gespenst* | *ein Halbaffe*

Lena die, -: *Strom in Russland (Sibirien)*

Lende die, -/-n: *Körpergegend um die Hüfte* ‖ **Lendengegend** ‖ **lendenlahm:** ein lendenlahmes *(kreuzlahmes)* Pferd | (abw.) eine lendenlahme *(schwache)* Ausrede | (ugs.) *potenzschwach* ‖ **Lendenschurz** ‖ **Lendensteak** [-steɪk] ‖ **Lendenwirbel**

Leni: *weibl. Vorname (Helene, Magdalena)*

Leningrad: *Sankt Petersburg zur Zeit der Sowjetunion* ‖ **Leninismus** der, -: *Lehre des sowjetischen politischen Führers Lenin* ‖ **leninistisch**

Lenis die, -/Lenes ⟨lat.⟩ (Sprachwiss.): *weicher Verschluss- oder Reibelaut, zB* b, d, g, s; → G.: Fortis

Lenkachse [-ks-] ‖ **lenkbar:** ein lenkbares *(leicht erziehbares)* Kind ‖ **lenken:** ein Fahrzeug l. | (geh.) die Geschicke vieler l. ‖ **Lenker** der, -s/-: *Fahrer* | *Lenkrad; Lenkstange* | (geh.) *Leiter* ‖ **Lenkerberechtigung** (Amtsspr.): *Führerschein* ‖ **Lenkererhebung** (Amtsspr.): *Feststellung, wer [bei einem Unfall] der Lenker eines Kfz war* ‖ **Lenkerin** die, -/-innen ‖ **Lenkerprüfung** (Amtsspr.): *Führerscheinprüfung* ‖ **Lenkertest** (Amtsspr.): *Überprüfung der Fahrtüchtigkeit* ‖ **Lenkrad** ‖ **Lenkradschaltung** (Kfz) ‖ **Lenkstange:** *Lenker;* ein Moped mit verchromter L. ‖ **Lenkung** die, -/-en

lento ⟨it.⟩ (Mus.): *langsam*

Lenz[1]: *männl. Vorname (Laurenz, Lorenz)*

Lenz[2] der, -es/-e (geh.): *Frühling*

lenzen (Seemannsspr.): *leer pumpen*

Lenzing: *Marktgemeinde in Oberösterreich*

Leo: *männl. Vorname* (auch Kurzform von: *Leonhard, Leopold*)

Leoben (Kfz: LE, LN): *Stadt in der Steiermark*

Leonding [auch: 'le:-]: *Stadt in Oberösterreich*

Leonfelden → Bad Leonfelden

Leonhard: *männl. Vorname;* → Leo ‖ **Leonie** [auch: -'ni:]: *weibl. Vorname*

Leopard der, -en/-en ⟨lat.⟩: *eine Großkatze* ‖ **Leopardin** die, -/-innen

Leopold: *männl. Vorname;* → Poldi; → Leo ‖ **Leopoldi:** *Festtag (15. November) des hl. Leopold, des Landespatrons von Niederösterreich, Oberösterreich und Wien;* zu L. *(am Leopolditag)* ‖ **Leopoldine:** *weibl. Vorname;* → Poldi ‖ **Leopolditag:** am L. *(zu Leopoldi)* ‖ **Leopoldsberg:** *ein Hausberg von Wien* ‖ **Leopoldstadt** [auch: -'pɔ-] die, -: *2. Bezirk Wiens;* in der L.

Leporello das *(auch:* der), -s/-s: *Leporelloalbum* ‖ **Leporelloalbum:** *ein zickzackgefalteter Prospekt (nach einer Operngestalt)*

Lepra die, - ⟨gr.-lat.⟩: *eine ansteckende Krankheit, Aussatz* ‖ **Leprakranke** ‖ **lepros** = **leprös:** *aussätzig*

Leps der, - ⟨?⟩ (SüdT, ugs., abw.): *leichter [minderwertiger] Tischwein*

Lepschi ⟨tschech.⟩ (bes. W, ugs.) (nur in der Wendung): auf L. gehen *(sich vergnügen, sich herumtreiben)*

Lepton das, -s/-en [auch: -'o:-] ⟨gr.⟩ (Phys.): *leichtes Elementarteilchen, zB ein Elektron*

leptosom ⟨gr.⟩ (Med., Psych.): *schmalwüchsig, schlankwüchsig* ‖ **Leptosome**[1] der, -n/-n, ein Leptosomer (Med., Psych.) ‖ **Leptosome**[2] die, -n/-n (Med., Psych.)

Lerche die, -/-n: *ein Singvogel*

lernbar ‖ **Lernbegierde** ‖ **lernbegierig:** eine lernbegierige Klasse ‖ **lernbehindert** ‖ **Lernbehinderte** ‖ **Lernbehinderung** ‖ **Lerneifer** ‖ **lerneifrig**

lernen
sie lernt fleißig; ein gelernter Koch

Groß- und Kleinschreibung mit [nominalisiertem] Infinitiv:
- lesen (= Lesen) lernen
- ich habe schwimmen (= Schwimmen) gelernt
- Klavier spielen (= Klavierspielen) lernen

Getrenntschreibung in Verbindung mit einem zweiten Infinitiv:
- lieben lernen
- schätzen lernen
- laufen lernen
- kennen lernen (= kennenlernen); du wirst mich noch kennen lernen (= kennenlernen)

„lernen“ an Stelle von → „lehren“ gilt nicht als korrekt.

Lernerfolg ‖ **lernfähig** ‖ **Lernfähigkeit** ‖ **Lernhilfe** ‖ **Lernmittel:** *Hilfsmittel für Lernende* ‖ **Lernprogramm** ‖ **Lernprozess** ‖ **Lernstoff** ‖ **Lernziel** ‖ **lernzielorientiert**

Lesart: *eine von mehreren vorhandenen Fassungen einer Textstelle* | *Deutung in eine bestimmte Richtung* ‖ **lesbar:** ihre Schrift ist kaum l. ‖ **Lesbarkeit** die, -

Lesbe die, -/-n: *Kurzwort für Lesbierin* ‖ **Lesbierin** die, -/-innen: *Frau mit gleichgeschlechtlichen Neigungen (nach der griechischen Insel Lesbos)* ‖ **lesbisch** → schwul

Lese die, -/-n: *[Wein]ernte* ‖ **Lesebrille** ‖ **Lesebuch** ‖ **Lesegerät:** ein L. für Mikrofilme ‖ **Lesehunger** ‖ **Leselampe** ‖ **lesen,** ich lese, du liest/las/gelesen/lies!, lest!: l. lernen; die Messe l. *(halten);* an der Universität Innsbruck l. *(Vorlesungen halten)* | Gedanken l. *(erraten);* zwischen den Zeilen l. *(Mitgemeintes herauslesen);* ich lese aus deinen Zügen Angst *(vermute auf Grund der Mimik, dass du Angst hast)* | Trauben l. *(abnehmen, ernten)* ‖ **lesenswert** ‖ **Leseprobe** ‖ **Leser** der, -s/- ‖ **Leseratte** (scherzh.): *[junge] Person, die leidenschaftlich gerne liest* ‖ **Leserbrief:** *Brief eines Lesers [an eine Zeitung]* ‖ **Lese-Rechtschreib-Schwäche** (Med., Psych.): *Legasthenie* ‖ **Leserin** die, -/-innen ‖ **Leserkreis:** der L. einer Zeitschrift ‖ **leserlich:** l. schreiben ‖ **Leserschaft** die, -/-en ‖ **Lesesaal:** *Saal in einer Bibliothek* ‖ **Lesestift:** *Gerät zum maschinellen Einlesen [des EAN-Codes]* ‖ **Lesestoff** ‖ **Lesezeichen:** *Merkzeichen zum Einlegen ins Buch* ‖ **Lesung** die, -/-en: *Dichterlesung* | (Pol.) *Beratung einer Gesetzesvorlage im Parlament* |

(Rel.) *Teil des Wortgottesdienstes, Epistel*
le|tal ⟨lat.⟩ (Med.): *tödlich*
Le|thar|gie die, - ⟨gr.⟩: *Teilnahmslosigkeit, Interesselosigkeit* ‖ **le|thar|gisch**
let|schert (reg., ugs., abw.): *weich, kraftlos*
Let|scho das, -s/-s ⟨ung.⟩: *Speise aus Paprika und Paradeisern*
Let|te der, -n/-n: *Bewohner Lettlands*
Let|ter die, -/-n ⟨lat.⟩: *Metallbuchstabe, mit dem gedruckt wird; Druckbuchstabe*
Let|tin die, -/-innen ‖ **let|tisch** ‖ **Let|tisch** das, -[s] = **Let|ti|sche,** -n ‖ **Lett|land** (Kfz: LV): *ein Staat;* → Lette
let|ze|bur|gisch ‖ **Let|ze|bur|gisch** das, -[s] = **Let|ze|bur|gi|sche,** -n: *zur Schriftsprache erhobener deutscher Dialekt in Luxemburg*
Letzt: zu guter L. *(schließlich)*

letz|te

– die letzte Chance
– zum letzten Mal
Großschreibung bei Nominalisierung:
– der/die/das **L**etzte *(in der Reihe bzw. dem Rang nach)*
– das **L**etzte, was ich sah
– den **L**etzten beißen die Hunde
– die **L**etzten werden die Ersten sein
– das Erste und [das] **L**etzte *(Anfang und Ende)*
– fürs **L**etzte
– bis ins **L**etzte *(genau)*
– bis zum **L**etzten *(sehr)*
– zum **L**etzten *(zuletzt)*
– als **L**etztes
– am **L**etzten nächsten Monats
Schreibung in Eigennamen und festen Verbindungen:
– das **L**etzte Gericht *(in der Bibel)*
– die **L**etzte Ölung (früher für: Krankensalbung)
– der letzte (*auch:* **L**etzte) Wille *(Testament)*

letzt|end|lich: *zuletzt* ‖ **letz|tens** ‖ **letz|te|re:** die l. Rechnung war falsch | (Großschreibung) der/die/das **L**etztere; **L**etzteres; der **E**rstere – der **L**etztere *(der eine – der andere, dieser – jener)* ‖ **Letzt|ge|bo|re|ne**[1] der, -n/-n, ein Letztgeborener ‖ **Letzt|ge|bo|re|ne**[2] die, -n/-n ‖ **letzt|ge|nann|te:** l. Person; *aber:* der/die/das Letztgenannte ‖ **letzt|hin:** *unlängst* ‖ **letzt|jäh|rig** ‖ **letzt|klas|sig** (abw.): die Aufführung war l. *(jämmerlich schlecht)* ‖ **letzt|lich:** *letzten Endes, schließlich* ‖ **letzt|ma|lig** ‖ **letzt|mög|lich** ‖ **Letzt|plat|zier|te**[1] der, -n/-n, ein Letztplatzierter ‖ **Letzt|plat|zier|te**[2] die, -n/-n ‖ **Letzt|ver|brau|cher:** *Endverbraucher* ‖ **Letzt|ver|brau|che|rin** ‖ **letzt|wil|lig:** eine letztwillige Verfügung *(ein Testament)*
Leu[1] der, -en/-en ⟨gr.-lat.⟩ (geh., veraltet): *Löwe*
Leu[2] ['leʊ] der, -/Lei ['leɪ] ⟨lat.-rum.⟩: *Geldeinheit in Rumänien*
Leuch|te die, -/-n: *Lampe* | (geh.) eine L. der Wissenschaft *(ein hervorragender Gelehrter)* ‖ **leuch|ten:** ein leuchtendes Vorbild; ein leuchtend roter Skianzug ‖ **Leuch|ter** der, -s/-: *Gestell für Kerzen, kleine Lampen* ‖ **Leucht|far|be** ‖ **Leucht|gas** ‖ **Leucht|kä|fer:** *Glühwürmchen, Johanniskäfer* ‖ **Leucht|kraft** ‖ **Leucht|ku|gel:** *eine Signalrakete* ‖ **Leucht|mu|ni|ti|on** [-tsi̯-] ‖ **Leucht|pis|to|le:** *Pistole für Leuchtkugeln* ‖ **Leucht|ra|ke|te** ‖ **Leucht|re|kla|me** ‖ **Leucht|röh|re** ‖ **Leucht|schrift:** eine Reklame in L. ‖ **Leucht|si|gnal** ‖ **Leucht|stift** ‖ **Leucht|stoff|röh|re** ‖ **Leucht|turm** ‖ **Leucht|turm|wär|ter** ‖ **Leucht|turm|wär|te|rin**
leug|nen: der Angeklagte leugnet *(bestreitet)* die Tat ‖ **Leug|ner** der, -s/- ‖ **Leug|ne|rin** die, -/-innen ‖ **Leug|nung** die, -/-en
Leu|kä|mie die, -/-n ⟨gr.⟩ (Med.): *krankhafte Vermehrung der weißen Blutkörperchen, Blutkrebs* ‖ **leu|kä|misch** (Med.): *an Leukämie leidend* ‖ **Leu|ko|plast** das, -[e]s/-e ⟨gr.⟩ (Wz.): *ein Heftpflaster* ‖ **Leu|ko|zyt** [-'y(ː)t] der, -en/-en ⟨gr.⟩ (meist Pl.) (Med.): *weißes Blutkörperchen;* → Erythrozyt
Leu|mund der, -[e]s: einen guten L. *(Ruf)* haben; → beleumundet ‖ **Leu|munds|zeug|nis,** *auch:* **Leu|mund|zeug|nis:** *eine offizielle Bestätigung der Unbescholtenheit, behördliches Führungszeugnis; Strafregisterbescheinigung*
Leu|te die (Pl.): meine L. *(die zu mir Gehörenden, zB Verwandte; Mitarbeiter)* ‖ **leu|te|scheu** → leutscheu ‖ **Leu|te|schin|der** (abw.): *jemand, der ihm unterstellte Leute quält, schwer arbeiten lässt* ‖ **Leu|te|schin|de|rin** (abw.)
Leut|nant der, -s/-s [-e] ⟨fr.⟩: *ein militärischer Dienstgrad* ‖ **Leut|nants|rang**
leut|scheu, *auch:* leutescheu (ugs.): *menschenscheu, schüchtern* ‖ **leut|se|lig** [-zeː-] (geh.): ein leutseliges *(umgängliches,* auch: *freundlich herablassendes)* Wesen
Le|va|de [-v-] die, -/-n ⟨fr.⟩: *eine kunstvolle Figur in der Pferdedressur*
Le|van|te [-v-] die, - ⟨it.⟩: *die östlichen Mittelmeerländer* ‖ **Le|van|ti|ner** der, -s/- ‖ **Le|van|ti|ne|rin** die, -/-innen ‖ **le|van|ti|nisch:** levantinische Küche
Le|vel [-vl] der, -s/-s ⟨lat.-engl.⟩: *Niveau*
Le|vi|a|tan [-v-, auch: -'aːn, -'iː-] = **Le|vi|a|than** der, -s ⟨hebr.⟩: *ein biblisches Ungeheuer*
Le|vit [-v-] der, -en/-en ⟨hebr.-lat.⟩: *Angehöriger eines alttestamentlichen Stammes* | *Tempeldiener* | jemandem die Leviten lesen *(jemanden zurechtweisen)*
Lev|ko|je [-f-] die, -/-n ⟨gr.⟩: *eine Blume*
Le|xem das, -s/-e ⟨gr.⟩ (Sprachwiss.): *jedes einzelne Wort im Sprachwortschatz* ‖ **le|xi|kal** = **le|xi|ka|lisch:** *den Wortschatz betreffend; in der Art eines Lexikons* ‖ **le|xi|ka|li|sie|ren:** *als Lexem festlegen* ‖ **Le|xi|ko|graf** = Lexikograph [-f] der, -en/-en: *Verfasser eines Wörterbuches oder Lexikons* ‖ **Le|xi|ko|gra|fin** = Lexikographin die, -/-innen ‖ **le|xi|ko|gra|fisch** = lexikographisch ‖ **Le|xi|kon** das, -s/Lexika: *alphabetisch geordnetes Nachschlagwerk*
Le|zi|thin = Lecithin [-tsi-] das, -s ⟨gr.⟩: *ein wichtiger Stoff der Körperzelle*
lfd.: laufend: am 3. lfd. M. (laufenden Monats = dieses Monats)
Lfm: Laufmeter
LGBl. [ɛl ge be 'ɛl] das, -[s]/-: **Lan**des**gesetzblatt**
LH: Landes**h**auptfrau, **L**andes**h**auptmann
Li: Lithium
Li|ai|son [liɛ'zõː] die, -/-s [-en] [-'oːn-] ⟨fr.⟩ (geh.): *ein Liebesverhältnis*
Li|a|ne die, -/-n ⟨fr.⟩: *eine Schlingpflanze*
Li|ba|non (meist: der, -[s]): *vorderasiatischer Staat* ‖ **Li|ba|ne|se** der, -n/-n ‖ **Li|ba|ne|sin** die, -/-innen ‖ **li|ba|ne|sisch**

Li|bel|le die, -/-n ⟨lat.⟩: *ein Insekt* | *Zimmerantenne* | *Teil der Wasserwaage*
li|be|ral ⟨lat.⟩: liberale *(freisinnige)* Ansichten; *aber:* das Liberale Forum *(eine Partei in Österreich)* (LIF); → illiberal ‖ **Li|be|ra|le**[1] der, -n/-n, ein Liberaler: *liberal Gesinnter; Mitglied einer liberalen Partei* ‖ **Li|be|ra|le**[2] die, -n/-n ‖ **li|be|ra|li|sie|ren:** *Beschränkungen aufheben* ‖ **Li|be|ra|li|sie|rung** die, -/-en ‖ **Li|be|ra|lis|mus** der, -: *eine politische Strömung* ‖ **li|be|ra|lis|tisch** ‖ **Li|be|ra|li|tät** die, -: *Vorurteilslosigkeit, Großzügigkeit* ‖ **Li|be|ro** der, -s/-s ⟨lat.-it.⟩ (Sport): *ein Verteidiger im Fußball;* → Stopper ‖ **li|ber|tär** ⟨lat.-fr.⟩: *freizügig, anarchistisch* ‖ **Li|ber|ti|na|ge** [-'a:ʃ, -ʒɛ] die, -/-n (geh.): *Leichtfertigkeit; Zügellosigkeit*
Li|bi|do [auch: 'li(:)-] die, - ⟨lat.⟩ (Med., Psych.): *Geschlechtstrieb*
Li|bret|tist der, -en/-en ⟨lat.-it.⟩: *Textdichter von Librettos* ‖ **Li|bret|tis|tin** die, -/-innen ‖ **Li|bret|to** das, -s/-s [Libretti]: *Text[buch] von Opern, Operetten uÄ*

Li|by|en ['li:by-, -bi-]
Staat in Nordafrika

Richtige Aussprache!
Der Buchstabe y kann als [y] oder [i] gesprochen werden: 'li:byɛn oder 'li:biɛn. Falsch ist hingegen, wenn das *i* der ersten Silbe Li- als [y] gesprochen oder gar geschrieben wird.

Li|by|er der, -s/- ‖ **Li|by|e|rin** die, -/-innen ‖ **li|bysch**
licht: es wird l. *(hell)* | die lichte Weite eines Rohres *(sein innerer Durchmesser)* ‖ **Licht** das, -[e]s/-er: das L. der Welt erblicken *(geboren werden);* jemanden hinters L. führen *(täuschen);* etwas ans L. bringen *(publik machen);* grünes L. *(die Erlaubnis)* geben ‖ **licht|be|stän|dig** ‖ **Licht|bild:** *Foto* ‖ **Licht|bild|aus|weis:** *Ausweis mit Foto* ‖ **Licht|bil|der|vor|trag:** *Diavortrag* ‖ **licht|blau:** *hellblau* ‖ **Licht|blick:** *Trost, Hoffnung* ‖ **Licht|bo|gen** (Phys.): *eine bestimmte Lichterscheinung* ‖ **Licht|bre|chung** ‖ **licht|durch|flu|tet** ‖ **licht|durch|läs|sig** ‖ **Licht|ein|fall** ‖ **licht|emp|find|lich** ‖ **Licht|emp|find|lich|keit:** die L. eines Films ‖ **lich|ten**[1]: einen Wald l. *(ausholzen)* | der Himmel lichtet sich *(es wird hell)*
lich|ten[2]: den Anker l. *(ihn hochziehen; abfahren)*
Lich|ter|baum (geh.): *[beleuchteter] Weihnachtsbaum* ‖ **Lich|ter|fest:** *jüdisches Fest im Dezember* ‖ **lich|ter|füllt** ‖ **Lich|ter|glanz** ‖ **Lich|ter|ket|te:** *eine Form friedlicher Demonstration* ‖ **lich|ter|loh:** l. *(mit heller, hoher Flamme)* brennen ‖ **Lich|ter|meer:** das nächtliche L. einer Großstadt ‖ **Licht|ge|schwin|dig|keit** die, -: *die höchstmögliche Geschwindigkeit, knapp 30 000 km/s* ‖ **Licht|ge|stalt** (geh.): *leuchtende Gestalt* ‖ **Licht|hof:** *kleiner, von hohen Gebäuden eingeschlossener Hof* ‖ **Licht|hu|pe:** *ein Lichtsignal* ‖ **Licht|jahr:** *astronomische Längeneinheit* ‖ **Licht|kas|sier** (bes. W, früher): *Stromkassier* ‖ **Licht|kas|sie|rin** (bes. W, früher) ‖ **Licht|ke|gel:** im L. eines Scheinwerfers ‖ **Licht|lei|ter** (Phys.): *optische Vorrichtung aus Glasfaser[n]* ‖ **licht|los** ‖ **Licht|man|gel** ‖ **Licht|ma|schi|ne** (Kfz) ‖ **Licht|mast** ‖ **Licht|mess** die, -: Maria, Mariä L.; zu [Mariä] L. *(am 2. Februar)* ‖ **Licht|or|gel:** *eine Lichtinstallation [in Diskotheken]* ‖ **Licht|pflicht** (Verk.): L. am Tag ‖ **Licht|quel|le** ‖ **Licht|re|kla|me:** *Leuchtreklame* ‖ **Licht|schacht** ‖ **Licht|schal|ter** ‖ **licht|scheu:** *lichtempfindlich* | (abw.) lichtscheues *(zwielichtiges, verbrecherisches)* Gesindel ‖ **Licht|schim|mer** ‖ **Licht|schran|ke** = **Licht|schran|ken:** *Vorrichtung, die einen Vorgang durch Unterbrechung eines Lichtstrahls auslöst, zB Öffnen einer Tür* ‖ **Licht|schutz|fak|tor:** *Wirkungsgrad eines Sonnenschutzmittels für die Haut* ‖ **licht|schwach** ‖ **Licht|sei|te:** Licht- und Schattenseiten ‖ **Licht|si|gnal** ‖ **Licht|spiel|the|a|ter** (Amtsspr.): *Kino* ‖ **Licht|stär|ke** ‖ **Licht|strahl** ‖ **licht|un|durch|läs|sig** ‖ **Lich|tung** die, -/-en: *baumloser Platz im Wald* ‖ **Licht|ver|hält|nis|se** die (Pl.)
Lid das, -[e]s/-er: *Augendeckel*
Li|do der, -s/-s ⟨it.⟩: *Strand;* der L. *(eine Insel)* von Venedig
Lid|sack: *Gesichtsteil unter dem Auge* ‖ **Lid|schat|ten:** *ein Teil des Make-ups* ‖ **Lid|schlag:** *unbewusstes kurzzeitiges Schließen der Lider*
lieb: ein liebes Kind; jemandem l. sein; l. werden; sich bei jemandem l. Kind machen *(einschmeicheln);* → Liebkind; → lieb behalten = liebbehalten; → lieb gewinnen = liebgewinnen; → lieb haben = liebhaben ‖ **lieb|äu|geln** [auch: -'ɔʏ-], ich liebäugle: mit dem Gedanken l. *(spielen),* ein Auto zu kaufen ‖ **Lieb|chen** das, -s/- (veraltet): *Geliebte* ‖ **lieb be|hal|ten** = **lieb|be|hal|ten:** ich werde ihn immer l. b. ‖ **Lie|be** die, -: mit L. kochen; *aber:* → zuliebe ‖ **lie|be|be|dürf|tig** ‖ **Lie|be|die|ne|rei** die, - (abw.): *unterwürfige Schmeichelei* ‖ **lie|be|die|ne|risch** (abw.) ‖ **Lie|be|lei** die, -/-en: *Flirt* ‖ **lie|ben:** *Zuneigung empfinden;* einen Menschen l. lernen | *Geschlechtsverkehr haben* | eine Autorin l. *(ihre Werke schätzen)* ‖ **Lie|ben|de**[1] der, -n/-n, ein Liebender (geh.) ‖ **Lie|ben|de**[2] die, -n/-n (geh.) ‖ **lie|bens|wert** ‖ **lie|bens|wür|dig:** *freundlich, entgegenkommend* ‖ **lie|bens|wür|di|ger|wei|se** ‖ **Lie|bens|wür|dig|keit** die, -/-en ‖ **lie|ber:** je länger, je l.; hört l. *(besser)* auf!; → gern ‖ **Lie|bes|aben|teu|er** ‖ **Lie|bes|af|fä|re** [-fɛ:ə, -ɛ:rɛ] ‖ **Lie|bes|be|dürf|nis** ‖ **Lie|bes|be|weis** ‖ **Lie|bes|be|zie|hung** ‖ **Lie|bes|brief** ‖ **Lie|bes|dienst:** jemandem einen L. *(ein großes Entgegenkommen)* erweisen ‖ **Lie|bes|ent|zug** (Psych.) ‖ **Lie|bes|er|klä|rung** ‖ **Lie|bes|er|leb|nis** ‖ **lie|bes|fä|hig** ‖ **Lie|bes|film** ‖ **Lie|bes|ge|dicht** ‖ **Lie|bes|ge|schich|te** ‖ **Lie|bes|gott:** *Amor ua.* ‖ **Lie|bes|göt|tin:** *Venus ua.* ‖ **Lie|bes|hei|rat** ‖ **Lie|bes|kum|mer** ‖ **Lie|bes|le|ben** ‖ **Lie|bes|lied** ‖ **Lie|bes|müh** = **Lie|bes|mü|he** die, - (nur in der Wendung): das ist verlorene/vergebliche L. *(es ist vergeblich, ohne Aussicht auf Erfolg)* ‖ **Lie|bes|nacht** ‖ **Lie|bes|nest:** *[heimlicher] Treffpunkt zweier Verliebter* ‖ **Lie|bes|paar** ‖ **Lie|bes|pär|chen** ‖ **Lie|bes|ro|man** ‖ **lie|bes|toll** ‖ **Lie|bes|trank:** *ein Zaubertrank* ‖ **lie|bes|trun|ken** ‖ **lie|bes|un|fä|hig** ‖ **Lie|bes|ver|hält|nis** ‖ **Lie|bes|wer|ben** das, -s ‖ **lie|be|voll** ‖ **lieb ge|win|nen** = **lieb|ge|win|nen:** er hat sie l. gewonnen ‖ **lieb ha|ben** = **lieb|ha|ben:** ich habe ihn l. gehabt ‖ **Lieb|ha|ber** der, -s/-: *Geliebter* | *Sammler, Amateur;* ein L. von Oldtimern | (Theater) *ein Rollenfach;* jugendlicher L. ‖ **Lieb|ha|ber|büh|ne:** *Laien-*

L

theater, Amateurtheater || **Lieb|ha|be|rei** die, -/-en: *Hobby* || **Lieb|ha|be|rin** die, -/-innen || **Lieb|ha|ber|or|ches|ter** [meist: -k-]: *Amateurorchester* || **Lieb|ha|ber|preis:** *hoher Preis* || **Lieb|kind:** die neue Ministerin ist das L. *(der Liebling)* der Presse; → lieb || **lieb|ko|sen** (geh.): die Mutter hat ihr Kind liebkost *(gestreichelt, zärtlich umarmt)* || **Lieb|ko|sung** die, -/-en (geh.) || **lieb|lich** || **Lieb|lich|keit** die, - || **Lieb|ling** der, -s/-e: sie ist der L. des Publikums || **Lieb|lings|be|schäf|ti|gung** || **Lieb|lings|fach** || **Lieb|lings|far|be:** *bevorzugte Farbe;* ihre L. ist Rot (= rot) || **Lieb|lings|ge|gen|stand:** *Lieblingsfach* || **Lieb|lings|spei|se** || **Lieb|lings|the|ma** || **lieb|los:** jemanden l. *(roh)* behandeln || **Lieb|lo|sig|keit** die, -/-en || **Lieb|reiz** der, -[e]s (geh.): sie war von großem L. *(von großer Anmut)* || **lieb|rei|zend** (geh.) || **Lieb|schaft** die, -/-en: *Liebesverhältnis, Flirt* | (veraltend) *Geliebte[r]* || **Liebs|te**[1] der, -n/-n, ein Liebster || **Liebs|te**[2] die, -n/-n

Lieb|stö|ckel das, -s, *auch:* **Lieb|stöckl,** -s: *eine Gewürzpflanze, Maggikraut*

Liech|ten|stein ['liç-] (Kfz: FL): *kleiner Staat zwischen Österreich und der Schweiz* | *ein Fürstengeschlecht*

Lied das, -[e]s/-er (Mus.): *lyrisches Gedicht* || **Lied|be|glei|ter:** *Pianist, der den Sänger begleitet* || **Lied|be|glei|te|rin** || **Lie|der|abend:** *Konzertabend mit einem Liederprogramm* || **Lie|der|buch**

lie|der|lich (geh., abw.): *schlampig; leichtfertig; unanständig* || **Lie|der|lich|keit** die, - (geh., abw.)

Lie|der|ma|cher: *Texter und Komponist zeitgemäßer [kritischer] Lieder* || **Lie|der|ma|che|rin** die, -/-innen || **Lie|der|ta|fel:** *Gesangsverein* | *Veranstaltungen eines Gesangsvereins* || **Lie|der|zy|klus** [-tsy-] || **Lied|form** (Mus.): dreiteilige L. || **Lied|gut:** *die überlieferten Volkslieder* || **Lied|sän|ger** || **Lied|sän|ge|rin**

lief → laufen

Lie|fe|rant der, -en/-en || **Lie|fe|ran|ten|ein|gang** || **Lie|fe|ran|tin** die, -/-innen || **lie|fer|bar** || **Lie|fer|be|din|gung** || **Lie|fer|fir|ma** || **Lie|fer|frist** || **lie|fern:** die bestellte Ware l. *(zustellen)* | sich einen Kampf l. *(einen Kampf austragen)* || **Lie|fer|schein** der, -[e]s/-e || **Lie|fer|stopp** || **Lie|fe|rung** die, -/-en: *Zustellung* || **Lie|fer|wa|gen** || **Lie|fer|zeit**

Lie|ge die, -/-n: *Möbel zum Liegen, zB Klappbett*

lie|gen, lag/gelegen:
er liegt in diesem Spital | dein Auto liegt gut in den Kurven | es liegt viel Schnee | ihr liegt viel an dir *(sie mag dich)* | die Gans liegt mir schwer im Magen *(ist schwer verdaulich)* | Wien liegt an der Donau | sie liegt in Führung *(ist im Wettkampf an erster Stelle)* | es liegt am Vergaser, dass das Auto nicht fährt | es liegt an dir, ihm zu helfen; das liegt mir nicht *(dafür bin ich nicht zu begeistern)*

Perfektbildung mit „sein":
- sie *ist* auf dem Boden gelegen (in Deutschland überwiegend: *hat* gelegen)
- an ihrer Meinung *ist* ihm viel gelegen

Getrenntschreibung bei wörtlicher Bedeutung:
- wach liegen
- oben liegen
- die Scherben liegen lassen *(nicht aufheben)*
- sie ist liegen geblieben *(nicht aufgestanden)*

Getrennt- und Zusammenschreibung der Verbindung von Infinitiv + „bleiben"/„lassen" bei übertragener Bedeutung:
- er hat den Schirm liegen [ge]lassen (= liegen[ge]lassen) *(er hat ihn vergessen)*
- die Arbeit ist liegen geblieben (= liegengeblieben) *(nicht erledigt worden)*
- sie hat ihn links liegen [ge]lassen (= liegen[ge]lassen) *(nicht beachtet, übergangen)*

lie|gen blei|ben = **lie|gen|blei|ben:** ein Schirm ist l. geblieben *(vergessen worden);* → liegen || **lie|gen las|sen** = **lie|gen|las|sen:** die Arbeit l. l. *(nicht erledigen);* → liegen || **Lie|gen|schaft** die, -/-en: *Grundbesitz; Grundstück* || **Lie|gen|schafts|steu|er** (SüdT): *Grundsteuer* || **Lie|gen|schafts|er|werb** || **Lie|gen|schafts|ver|kehr:** *An- und Verkauf von Immobilien* || **Lie|ge|statt** = **Lie|ge|stät|te:** *Bett* || **Lie|ge|stuhl** || **Lie|ge|stütz** der, -es/-e: *eine Turnübung* || **Lie|ge|wa|gen:** *Zugwagon mit herunterklappbaren Liegen* || **Lie|ge|wie|se**

lieh → leihen

Li|enz (Kfz: LZ): *Stadt in Osttirol*

Lie|sa, *auch:* Lisa: *weibl. Vorname (Elisabeth)* || **Lies|beth,** *auch:* Lisbeth: *weibl. Vorname (Elisabeth)* || **Lie|sel** = Liesl: *weibl. Vorname (Elisabeth)* | (Küchenspr.) besoffene (auch: Besoffene) L. *(eine Mehlspeise)* || **Lie|se|lot|te,** *auch:* Liselotte: *weibl. Vorname*

Lie|sing: *23. Bezirk Wiens* | *Fluss in Wien und Niederösterreich*

Liesl = → Liesel

ließ → lassen

liest → lesen

Lie|zen (Kfz: LI): *Stadt in der Steiermark*

LIF: **L**iberales **F**orum

Life|style ['laɪfstaɪl] der, -s/-s ⟨engl.⟩: *kultivierte modische Lebensart*

Lift der, -[e]s/-e [-s] ⟨engl.⟩: *Aufzug, Fahrstuhl* || **lif|ten:** das Gesicht l. *(kosmetisch operieren)* lassen || **Lif|ting** das, -s/-s: *kosmetische Operation zur Hautstraffung* | (Sport) *eine Turnübung*

Li|ga die, -/Ligen ⟨span.⟩: *Bund, Vereinigung;* die L. für Menschenrechte | *eine Spielklasse [im Fußball]*

Li|ga|tur die, -/-en ⟨lat.⟩: *Buchstabenverbindung im Druck, zB das* Œ *im Wort* Œuvre

light [laɪt] ⟨engl.⟩: *leicht, kalorienarm* || **Light|ge|tränk:** *Getränk mit weniger Nährwert* || **Light|ver|si|on** [-v-]: *reduzierte Version [einer Software]*

Li|gus|ter der, -s/- ⟨lat.⟩: *ein Zierstrauch*

li|ie|ren ⟨fr.⟩: *eng verbinden;* sich mit einer Partei l. | sie ist liiert *(hat ein Liebesverhältnis);* sich mit jemandem l.

Li|kör der, -s/-e ⟨fr.⟩: *ein süßes alkoholisches Getränk* || **Li|kör|glas**

li|la ⟨Sanskrit-pers.-arab.-fr.⟩: *fliederfarben, blassviolett*

Das Farbadjektiv wird nicht dekliniert:
- ein lila Kostüm (*oder:* ein lilafarbenes Kostüm)
- lila Handschuhe

li|la|far|ben: *fliederfarben;* ein lilafarbenes Kleid

Li|lie [-iɛ] die, -/-n ⟨lat.⟩: *eine Blume* || **Li|li|en|feld** (Kfz: LF): *Stadt* *(und Stift) in Niederösterreich* ‖ **Li|li|en|ge|wächs** [-ks]

Li|li|put: *ein erdachtes Land* ‖ **Li|li|pu|ta|ner** der, -s/- (auch abw.): *kleinwüchsiger Mensch* ‖ **Li|li|pu|ta|ne|rin** die, -/-innen (auch abw.) ‖ **Li|li|put|bahn:** *kleine Eisenbahn [in Vergnügungsparks]*

Li|ma: *Hauptstadt von Peru*

Li|me|rick der, -[s]/-s: *ein Scherzgedicht (nach der irischen Stadt Limerick)*

Li|mes der, -/- ⟨lat.⟩: *Grenzwall des Römischen Reiches, zB am Südufer der Donau* | (Math.) *Grenzwert*

Li|met|te die, -/-n ⟨pers.-arab.-fr.⟩: *eine Zitrusfrucht*

Li|mit das, -s/-s ⟨lat.-fr.-engl.⟩: *Begrenzung, äußerste Grenze* ‖ **Li|mi|ta|ti|on** [-tsi̯-] die, -/-en: *Limitierung* ‖ **li|mi|tie|ren** ‖ **Li|mi|tie|rung** die, -/-en

Lim|no|lo|gie die, - ⟨gr.⟩ (Biol.): *Süßwasserkunde*

Li|mo die, -/-s ⟨pers.-arab.-it.⟩: *Kurzwort für Limonade* ‖ **Li|mo|na|de** die, -/-n: *ein Erfrischungsgetränk (mit mindestens 3 % Fruchtanteil)* ‖ **Li|mo|ne** die, -/-n: *eine Zitrusfrucht* | *Zitrone*

Li|mou|si|ne [-mu-] die, -/-n: *komfortables viertüriges Auto (nach einer französischen Landschaft)*

lind (geh.): *mild* | (ugs.) *wenig gewürzt*

Lin|da = **Lin|de**[1]: *weibl. Vorname*

Lin|de[2] die, -/-n: *ein Laubbaum* | (ohne Pl.) *Holz der Linde*

lin|den (bes. K, mda.): *Mehl oder Käse über dem Feuer leicht anrösten;* → Gelundene

Lin|den|baum ‖ **Lin|den|blü|ten|tee**

lin|dern: Schmerzen l. *(mildern)* ‖ **Lin|de|rung** die, -

Lind|wurm: *ein Drache (in der Sage);* der Klagenfurter L.

Li|ne|al das, -s/-e ⟨lat.⟩: *ein Zeichengerät* ‖ **li|ne|ar:** *linienförmig, geradlinig* ‖ **Li|ne|ar|be|schleu|ni|ger** der, -s/- (Phys.): *Gerät zur Beschleunigung atomarer Teilchen* ‖ **Li|ne|a|tur** die, -/-en: *Linienanordnung*

Li|ner ['laınə] der, -s/- ⟨engl.⟩: *Linienflugzeug, -schiff*

Lin|gua fran|ca [- -k-] die, - - ⟨lat.-it.⟩: *[eine] von Angehörigen verschiedener Sprachgemeinschaften benützte Verkehrssprache* ‖ **Lin|gu|ist** [-'gvist, -gu̯-] der, -en/-en ⟨lat.⟩: *Sprachwissenschaftler* ‖ **Lin|gu|is|tik** die, - ‖ **Lin|gu|is|tin** die, -/-innen ‖ **lin|gu|is|tisch:** *sprachwissenschaftlich*

Li|nie [-i̯ɛ] die, -/-n ⟨lat.⟩: *gerader Strich* | (Sport) *Markierung auf dem Spielfeld* | die politische L. *(Richtung)* | die schlanke L. *(Figur)* | die L. 49 *(öffentliches Verkehrsmittel)* | in erster L. *(zuerst, hauptsächlich)* | (SüdT) *Telefonleitung;* „Bleiben Sie in der L.!" ‖ **Li|ni|en|blatt:** *eine Schreibhilfe* ‖ **Li|ni|en|blitz:** *Blitz mit einer zickzackförmigen Verlaufsform* ‖ **Li|ni|en|bus:** *Bus im Linienverkehr* ‖ **Li|ni|en|flug** → Charterflug ‖ **Li|ni|en|flug|zeug** ‖ **Li|ni|en|füh|rung** ‖ **Li|ni|en|ma|schi|ne:** *Linienflugzeug* ‖ **Li|ni|en|rich|ter** (Sport): *Helfer des Schiedsrichters;* der L. hob die Fahne ‖ **Li|ni|en|rich|te|rin** (Sport) ‖ **Li|ni|en|schiff|fahrt** ‖ **Li|ni|en|spek|t|rum** [-sp-, auch: -ʃp-] (Phys.): *ein aus Spektrallinien bestehendes Spektrum* ‖ **Li|ni|en|spie|gel:** *Linienblatt* ‖ **Li|ni|en|sys|tem** [-zy-] (Mus.): *das Fünfliniensystem der Notenschrift* ‖ **li|ni|en|treu:** *der offiziellen Parteilinie folgend* ‖ **Li|ni|en|ver|kehr:** *fahrplanmäßiger Verkehr* ‖ **li|nie|ren,** *auch:* liniieren: *Linien ziehen* ‖ **Li|nie|rung** die, -/-en, *auch:* Liniierung ‖ **li|ni|ie|ren** → linieren ‖ **Li|ni|ie|rung** → Linierung

Link der (*auch:* das), -s/-s ⟨engl.⟩ (Internet): *Verbindungselement zu verwandten Themen;* → Hyperlink

lin|ke: die l. Seite; linker Hand *(links)* | (sal.) eine l. Tour *(ein übler Trick)* ‖ **Lin|ke**[1] der, -n/-n, ein Linker (Pol.): *Angehöriger einer politisch links stehenden Gruppe oder Partei* ‖ **Lin|ke**[2] die, -n/-n (Pol.): *Angehörige einer politisch links stehenden Gruppe oder Partei* | *die linke Hand* | (Pol.) die L. *(die [im Parlament] links stehende[n] Partei[en])* | (im Boxsport) *Faustschlag mit der linken Hand;* eine gefährliche L. | jemandem zur Linken sitzen; zu seiner Linken *(links von jemandem)* sitzen | (ostöst., ugs., abw.) eine L. machen/drehen *(etwas Unrechtmäßiges tun)* ‖ **lin|ken** (ugs.): *täuschen* ‖ **lin|kisch:** linkisches *(ungeschicktes, gehemmtes)* Benehmen ‖ **links** (l.) (Adv.): l. gehen; l. *(auf der Rückseite)* bügeln; jemanden l. liegen lassen (= liegenlassen) *(jemandem keine Beachtung schenken)* | (Pol.) l. stehen *(politisch zB den Sozialismus oder Kommunismus vertreten);* → links stehend = linksstehend | (Präp. mit Gen.) l. des Weges *(l. vom Weg)* ‖ **Links|ab|bie|ger** der, -s/- (Verk.) ‖ **Links|ab|bie|ge|rin** die, -/-innen (Verk.) ‖ **Links|au|ßen** der, -/- (Sport): er spielt L. (*auch:* links außen) *(als linker Flügelstürmer)* ‖ **links|bün|dig** (Druckw.): l. *(am linken Rand in einer Linie)* geschrieben, gedruckt ‖ **Links|drall:** *Linksdrehung des Geschoßes* | *Tendenz nach links* ‖ **links|dre|hend** (Phys.): *gegen den Uhrzeigersinn* ‖ **Links|dre|hung** ‖ **links|ex|t|rem:** *politisch radikal links stehend* ‖ **Links|ex|t|re|mis|mus** der, - (Pol.) ‖ **Links|ex|t|re|mist** (Pol.) ‖ **Links|ex|t|re|mis|tin** (Pol.) ‖ **links|ex|t|re|mis|tisch** (Pol.) ‖ **links|ge|rich|tet** ‖ **Links|hän|der** der, -s/- ‖ **Links|hän|de|rin** die, -/-innen ‖ **links|hän|dig** ‖ **links|he|rum** ‖ **Links|ka|tho|lik:** *bestimmte progressive Meinungen vertretender Katholik* ‖ **Links|ka|tho|li|kin** ‖ **Links|kur|ve** [-f-, auch: -v-] ‖ **links|las|tig:** l. beladen | politisch l. ‖ **links|läu|fig:** *von rechts nach links zu lesen;* eine linksläufige Schrift *(zB die hebräische Schrift)* ‖ **links|ori|en|tiert** [-i̯ɛn-] (Pol.) ‖ **Links|ori|en|tie|rung** (Pol.) ‖ **Links|par|tei** (Pol.) ‖ **links|ra|di|kal** (Pol.) ‖ **Links|ruck** (Pol.) ‖ **links|sei|tig:** das linksseitige Ufer ‖ **links ste|hend** = **links|ste|hend** (Pol.): eine l. stehende Politikerin ‖ **links|um:** *ein militärisches Kommando;* l. machen ‖ **Links|ver|kehr:** *Linksfahren* ‖ **Links|wal|zer** ‖ **Links|wen|dung**

lin|nen (geh.): *leinen;* ein linnenes Tuch ‖ **Lin|nen** das, -s/- (geh.): *Leinen*

Li|no|le|um [ugs. auch: -'eː-] das, -s ⟨lat.-engl.⟩: *ein Fußbodenbelag* ‖ **Li|nol|säu|re** (Biol., Chem.): *eine lebensnotwendige mehrfach ungesättigte Fettsäure* ‖ **Li|nol|schnitt** der, -[e]s: *ein grafisches Verfahren* | (mit Pl. -e) einen L. erwerben

Lin|se die, -/-n: *eine Hülsenfrucht* | (Optik) *gekrümmter, durchsichtiger Körper mit lichtbrechender Wirkung; Kontaktlinse* ‖ **lin|sen|för|mig** ‖ **Lin|sen|ge|richt:** *Speise aus Linsen* | (geh.) einen Vorteil um ein L. *(eine Kleinigkeit)* verkaufen ‖ **Lin|sen|sa|lat** ‖ **Lin|sen-**

suppe ‖ **Linsentrübung** (Med.)

Linux (Wz.): *ein Betriebssystem für Computer*

Linz (Kfz: L): *Landeshauptstadt von Oberösterreich, Europäische Kulturhauptstadt 2009* | (Kfz: LL) Linz-Land (= Linz Land) *(Linz-Umgebung)* ‖ **Linzer** der, -s/- ‖ **Linzer Augen** = **Linzeraugen** die (Pl.): *eine Art von Keksen* ‖ **Linzerin** die, -/-innen ‖ **Linzer Torte** = **Linzertorte**

Lipid das, -/-e ⟨gr.⟩ (Biol.): *Fett, fettähnliche Substanz*

Lipizzaner der, -s/-: *eine Pferderasse (nach einem Ort in Slowenien)* ‖ **Lipizzanerhengst** ‖ **Lipizzanerstute**

Lipoid das, -s/-e ⟨gr.⟩ (Biol.): *fettähnliche [Körper]substanz*

Lippe die, -/-n: jemandem etwas von den Lippen ablesen ‖ **Lippenbekenntnis** (abw.): ein L. ablegen *(etwas sagen, ohne wirklich daran zu glauben)* ‖ **Lippenblütler** der, -s/- (Bot.): *eine Pflanzenfamilie* ‖ **Lippenlaut** (Sprachwiss.): *Labial* ‖ **Lippenlesen** das, -s: *das Ablesen der Laute von den Lippenbewegungen* ‖ **Lippenpfeife:** *Orgelpfeife mit Tonerzeugung ähnlich der Blockflöte* ‖ **Lippenstift** ‖ **lippensynchron** [-zynk-]: der Ton ist nicht l. *(stimmt in Filmsynchronisationen nicht mit den Lippenbewegungen überein)*

Liptauer der, -s: *ein Brotaufstrich (nach einer slowakischen Stadt)* ‖ **Liptauerbrot**

liquid ⟨lat.-it.⟩: *zahlungsfähig;* → G.: illiquid ‖ **Liquidation** [-tsi̯-] die, -/-en ‖ **Liquidationserlös** ‖ **Liquidator** der, -s/-en [-'oː-] ‖ **Liquidatorin** die, -/-innen ‖ **liquidieren:** eine Firma l. *(auflösen)* | den Häftling l. *(beseitigen, umbringen)* ‖ **Liquidierung** die, -/-en ‖ **Liquidität** die, - (Wirt.): *Zahlungsfähigkeit* ‖ **Liquiditätsreserve** die, - (Wirt.)

Liquor der, -s ⟨lat.⟩ (bes. Med.): *Flüssigkeit*

Lira¹ die, -/Lire ⟨it.⟩ (früher): *Geldeinheit in Italien* ‖ **Lira**² die, -/-: *Geldeinheit in der Türkei, Türklira*

Lisa → Liesa ‖ **Lisbeth** → Liesbeth

lischt → löschen

Liselotte → Lieselotte

Lisene die, -/-n ⟨fr.⟩: *senkrechter Mauervorsprung*

lispeln, ich lisple: *beim Sprechen mit der Zunge an den Vorderzähnen anstoßen* | *flüstern*

Lissabon (portugiesisch: Lisboa [-ʒb-]): *Hauptstadt Portugals*

List die, -/-en: etwas mit L. *(durch geschickte Täuschung)* erreichen; mit L. und Tücke

Liste die, -/-n: *ein Verzeichnis;* schwarze L. *(Verzeichnis verdächtiger Personen);* die Rote (*auch:* rote) L. *(Verzeichnis der vom Aussterben bedrohten Arten)* ‖ **Listenführer:** *Spitzenkandidat* ‖ **Listenführerin** ‖ **Listenplatz:** *Platz auf einer Wahlliste;* ein hinterer L. ‖ **Listenpreis:** *Preis laut Preisliste*

listenreich (geh.): *listig*

Listenwahl → G.: Persönlichkeitswahl

listig: l. *(schlau, verschlagen)* wie ein Fuchs ‖ **Listigkeit** die, -/-en (Pl. selten)

lit.: Litera

Litanei die, -/-en ⟨gr.-lat.⟩: *Wechselgebet zwischen dem Vorbeter und der Gemeinde* | (abw.) *eintönige Aufzählung*

Litauen (Kfz: LT): *ein Staat* ‖ **Litauer** der, -s/- ‖ **Litauerin** die, -/-innen ‖ **litauisch** ‖ **Litauisch** das, -[s] = **Litauische,** -n: *die litauische Sprache*

Liter der = das, -s/- (l) ⟨gr.-lat.-fr.⟩ (als grundlegende Maßeinheit fachspr. nur mit Art. das): 1 dm³; ein halber (halbes) L. (½ l)

Litera die, -/-s (Literae [-rɛ]) (lit.) ⟨lat.⟩: *Gliederungsbuchstabe, zB* a), b), c) *in Gesetzestexten* ‖ **literarhistorisch** ‖ **literarisch:** l. *(schriftstellerisch)* tätig sein ‖ **Literat** der, -en/-en: *Schriftsteller* ‖ **Literatin** die, -/-innen ‖ **Literatur** die, -/-en: *Schrifttum; Schriftwerke* ‖ **Literaturangabe:** *das Anführen der verwendeten Literatur* ‖ **Literaturgeschichte:** L. studieren | Handbuch der L. ‖ **literaturgeschichtlich** ‖ **Literaturhistoriker** ‖ **Literaturhistorikerin** ‖ **Literaturkritik** ‖ **Literaturkritiker** ‖ **Literaturkritikerin** ‖ **Literaturkunde:** *Literaturgeschichte im Schulunterricht* ‖ **Literaturlexikon** ‖ **Literaturpreis** ‖ **Literaturverzeichnis:** *Liste der verwendeten Werke* ‖ **Literaturwissenschaft** die, - ‖ **literaturwissenschaftlich**

Literflasche ‖ **literweise**

Litfaßsäule: *Plakatsäule (benannt nach Ernst Litfaß)*

Lithium das, -s ⟨gr.⟩ (Zeichen: Li): *ein chemisches Element*

Lithografie = Lithographie [-f-] die, - ⟨gr.⟩: *eine grafische Technik, Steindruck* | (mit Pl. -n) eine L. erwerben ‖ **lithografisch** = **lithographisch**

Litschau: *Stadt in Niederösterreich*

Litschi = Lychee ['li(ː)tʃi] die, -/-s ⟨chin.⟩: *eine exotische Obstart*

litt → leiden

Liturgie die, -/-n ⟨gr.-lat.⟩: *Gottesdienst der christlichen Kirchen* ‖ **liturgisch**

Litze die, -/-n: *eine Schnur; eine Borte* ‖ **Litzendraht**

live [laɪv] ⟨engl.⟩: eine Sportveranstaltung l. senden *(sie im Hörfunk bzw. Fernsehen direkt übertragen)* ‖ **Liveauftritt** ‖ **Livekonzert** ‖ **Livemitschnitt**: *Originalmitschnitt [eines Konzerts]* ‖ **Livesendung**: *Direktübertragung;* → G.: Aufzeichnung ‖ **Liveshow** [-ʃəʊ]

Livree [-v-] die, -/-n ⟨fr.⟩: *eine uniformartige Kleidung [für Portiere]* ‖ **livriert:** ein livrierter Diener

Liwanze die, -/-n ⟨tschech.⟩ (ostöst.): *eine Mehlspeise*

Lizenz die, -/-en ⟨lat.⟩: *[behördliche] Erlaubnis* ‖ **Lizenzausgabe:** ein Buch in L. *(von einem anderen Verlag mit Genehmigung übernommen)* ‖ **Lizenzgeber** ‖ **Lizenzgeberin** ‖ **Lizenzgebühr** ‖ **Lizenziat**¹ = Lizentiat [-tsi̯-] das, -[e]s/-e (CH, sonst veraltet): *ein akademischer Grad* ‖ **Lizenziat**² = Lizentiat [-tsi̯-] der, -[e]s/-e: *Inhaber eines Lizenziates* ‖ **Lizenziatin** = Lizentiatin die, -/-innen ‖ **lizenzieren:** *eine Lizenz erteilen* ‖ **Lizenznehmer** der, -s/- ‖ **Lizenznehmerin** die, -/-innen ‖ **Lizenzrecht** ‖ **Lizenzvertrag:** *Vertrag, wodurch jemandem eine Lizenz eingeräumt wird*

Lizitation [-tsi̯-] die, -/-en ⟨lat.⟩: *Versteigerung* ‖ **Lizitator** der, -s/-en [-'oː-]: *Leiter einer Versteigerung* ‖ **Lizitatorin** die, -/-innen ‖ **lizitieren:** sie lizitierte mit *(bot bei der Versteigerung mit)*

l. J.: **l**aufenden **J**ahres (dieses Jahres)

Ljubljana (slow.: [l(j)u'bl(j)aː-]): *Hauptstadt Sloweniens, Laibach*

LKH [ɛl ka 'haː] das, -[s]/-[s]: **L**andes**k**ranken**h**aus

Lkw [ɛl ka ˈveː] = **LKW** der, -[s]/-[s]: Lastkraftwagen ‖ **Lkw-Überholverbot = LKW-Überholverbot**
lm: Lumen
l. M.: laufenden Monats (dieses Monats)
Lob[1] das, -[e]s: *Anerkennung*
Lob[2] der, -[s]/-s: *hoch über den Gegner gespielter Ball [im Tennis]*
Lobau: *eine Aulandschaft an der Donau (in Wien und Niederösterreich)*
lobben → Lob[2]
Lobby [-i] die, -/-s ⟨engl.⟩: *Interessengruppe, die [Politiker/innen] zu beeinflussen versucht* ‖ **Lobbying** das, -s (Wirt.): *[wirtschaftspolitische] Beratung für große Firmen* ‖ **Lobbyist** der, -en/-en ‖ **Lobbyistin** die, -/-innen
loben ‖ **lobenswert** ‖ **Lobeshymne** [-y-] ‖ **Lobgesang** ‖ **Lobhudelei** die, -/-en (abw.): *übertriebene Schmeichelei* ‖ **lobhudeln,** ich lobhudle, gelobhudelt (abw.) ‖ **Lobhudler** der, -s/- (abw.) ‖ **Lobhudlerin** die, -/-innen (abw.) ‖ **löblich:** eine löbliche *(gute)* Absicht ‖ **Loblied** ‖ **Lobpreis** der, -[e]s (geh.): zum L. Gottes ‖ **lobpreisen,** er lobpreiste, lobpries/gelobpreist [lobgepriesen] (geh.) ‖ **Lobrede** ‖ **lobsingen,** sie lobsang/lobgesungen (geh.) ‖ **Lobspruch**
Location [ləʊˈkeɪʃən] die, -/-s ⟨engl.⟩: *Ort; Lokalität*
Loch das, -[e]s/Löcher: ein L. graben | (ugs.) jemandem ein L. in den Bauch reden *(lange auf jemanden einreden);* aus/auf dem letzten L. pfeifen *(finanziell, gesundheitlich am Ende sein)* | (ugs., abw.) er haust in einem L. *(einer kleinen, finsteren, unfreundlichen Wohnung)* | (ugs.) *Gefängnis* | (Astron.) schwarzes L. *(Endstadium eines Sterns, das keine Signale, zB Licht, nach außen dringen lässt)* ‖ **Locheisen:** *ein Werkzeug* ‖ **lochen** (bes. früher): eine Fahrkarte l. *(entwerten)* ‖ **Locher** der, -s/-: *Lochmaschine* ‖ **löcherig** → löchrig ‖ **löchern** (ugs.): *durch ständiges Fragen bedrängen* ‖ **Lochkarte:** *Karte, auf der Angaben für die elektronische Datenverarbeitung durch Lochung eingetragen werden* ‖ **Lochmaschine:** *Maschine zum Lochen von Papierblättern* ‖ **löchrig,** *auch:* löcherig ‖ **Lochstickerei** ‖ **Lochung** die, -/-en ‖ **Lochzange**
Lockangebot: *günstiges Kaufangebot*
Locke die, -/-n ‖ **locken**[1]: gelockte *(geringelte)* Haare
locken[2]: einen Vogel l. *(herbeirufen)* | es lockt *(reizt)* mich
löcken (geh., veraltet) (in der Wendung): wider den Stachel l. *(sich widersetzen, aufbegehren)*
Lockenkopf ‖ **Lockenwickler**

locker
eine lockere *(lose)* Schraube; lockeres Erdreich | *freizügig, leichtlebig:* lockere Sitten

Getrenntschreibung:
– etwas locker sagen (ugs.: *leichthin)*
– etwas locker nehmen *(ohne Ernst)*
– das Seil locker lassen
Zusammenschreibung bei übertragener Bedeutung:
– in einer Sache nicht lockerlassen *(nicht nachgeben)*
– Geld lockermachen *(hergeben)*

lockerlassen: in einer Sache nicht l. *(nicht nachgeben); aber:* das Seil locker lassen ‖ **lockermachen:** Geld l. *(zur Verfügung stellen); aber:* eine Schraube locker machen (= lockermachen) ‖ **lockern:** die Zügel l. ‖ **Lockerungsübung**
lockig: lockiges *(gelocktes)* Haar
Lockruf: der L. des Goldammers ‖ **Lockspitzel:** *Agent, der mit Provokation arbeitet, Agent Provocateur* ‖ **Lockung** die, -/-en (geh., meist Pl.): *Verlockung[en]* ‖ **Lockvogel:** *Person, die jemanden in eine Falle locken soll*
loco [-k-] ⟨lat.⟩: *am Ort* ‖ **loco citato** [-k- ts-] (l. c.): *an der angegebenen Stelle [eines Buches]*
Loden der, -s/-: *ein Wollstoff* ‖ **Lodenjanker** ‖ **Lodenkostüm** ‖ **Lodenmantel**
lodern: *hellauf brennen*
Löffel der, -s/-: *ein Essgerät* | (Jägerspr.) *Ohr des Hasen* ‖ **Löffelbiskuit** [-kvit, auch: -kviː] (D): *Biskotte* ‖ **löffeln:** ich löffle die Suppe ‖ **Löffelstiel** ‖ **löffelweise**
Loft das, -s/-s ⟨engl.⟩: *eine große Einraumwohnung*
log[1] → lügen
log[2] ⟨gr.⟩: **Log**arithmus ‖ **logarithmisch** (Math.) ‖ **Logarithmus** der, -/Logarithmen (log) (Math.): *Exponent einer Basis, um eine bestimmte Zahl zu erreichen, zB $2^x = 8$*
Logbuch ⟨engl.⟩: *Schiffstagebuch*
Loge [loːʃ, -ʒɛ] die, -/-n ⟨fr.⟩: *abgesonderte Gruppe von Sitzen [im Theater]* | *Dienstraum für den Portier* | *Freimaurervereinigung* ‖ **Logenbruder:** *Angehöriger einer Freimaurerloge* ‖ **Logenplatz**
Loggia [ˈlɔdʒa] die, -/Loggien [-dʒ(iɛ)n] ⟨it.⟩: *einem Gebäude eingegliederter, nach außen offener Raum*
logieren [-ʒ-] ⟨fr.⟩: *vorübergehend wohnen;* → Logis ‖ **Logiergast**
Logik die, - ⟨gr.⟩: *Lehre von den Gesetzen des richtigen Denkens* ‖ **Logiker** der, -s/-: *Lehrer der Logik* ‖ **Logikerin** die, -/-innen
Log-in = **Login** das, -s/-s ⟨engl.⟩ (EDV): *das Einloggen, Netzwerkanmeldung;* → Log-off
Logis [-ˈʒiː] das, -/- ⟨fr.⟩: *Unterkunft;* gegen Kost und L. arbeiten *(Unterbringung und Verpflegung beim Dienstgeber);* → logieren
logisch ⟨gr.⟩: l. *(folgerichtig)* denken; → G.: alogisch | (sal.) *klar!* ‖ **logischerweise** ‖ **Logistik**[1] die, -: *mathematische Logik*
Logistik[2] die, - ⟨gr.-fr.⟩ (Mil., Wirt.): *Nachschubwesen, Versorgung, Planung* ‖ **logistisch**[1]: *das Versorgungswesen betreffend*
logistisch[2] ⟨gr.⟩: *die mathematische Logik betreffend;* → Logistik[1]
logo ⟨gr.⟩ (sal.): *klar!* ‖ **Logo** das, -s/-s ⟨engl.⟩: *Signet, Emblem, grafisches Kennzeichen [einer Institution], Firmenzeichen*
Log-off = **Logoff** das, -s/-s ⟨engl.⟩ (EDV): *das Ausloggen, Netzwerkabmeldung;* → Log-in
Logopäde der, -n/-n ⟨gr.⟩ ‖ **Logopädie** die, -: *Sprachheilkunde* ‖ **Logopädin** die, -/-innen ‖ **logopädisch** ‖ **Logotherapie:** *ein psychotherapeutisches Verfahren*
Log-out [-ˈaʊt] = **Logout** das, -s/-s ⟨engl.⟩ (EDV): *Log-off*
Lohe[1] die, -/-n: *zum Gerben verwendete Rinde*
Lohe[2] die, -/-n (geh.): *Feuer, Flamme* ‖ **lohen** (geh.): lohende *(lodernde)* Flammen
Lohn der, -[e]s/Löhne ‖ **lohnabhängig** ‖ **Lohnabrechnung** ‖ **Lohnabzug** ‖ **Lohnarbeit:** *befristeter Produktionsauftrag ei-*

L

ner Firma an eine andere Firma | *Erwerbstätigkeit* || **Lohn|aus|fall** || **Lohn|aus|gleich** der, -[e]s: Arbeitszeitkürzung bei vollem L. *(ohne Lohnkürzung)* || **Lohn|bü|ro** || **Lohn|emp|fän|ger:** *Arbeitnehmer* || **Lohn|emp|fän|ge|rin** || **loh|nen:** es lohnt die (geh. auch: der) Mühe nicht; es lohnt sich nicht *(es ist nicht der Mühe wert);* lohnende Geschäfte || **löh|nen:** *zahlen, bezahlen* || **loh|nens|wert:** eine lohnenswerte Aufgabe || **Lohn|er|hö|hung** || **Lohn|exe|ku|ti|on** [-tsi̯-] (Jus): *Lohnpfändung* || **Lohn|for|de|rung** || **Lohn|fort|zah|lung:** *Weiterzahlung des Arbeitslohnes während einer Krankheit* || **Lohn|kon|to** || **Lohn|kos|ten** die (Pl.) || **Lohn|kür|zung** || **Lohn|ne|ben|kos|ten** die (Pl.) (Wirt.): *Kosten, die für Arbeitgeber/innen außer den Löhnen für jede/n Beschäftigte/n anfallen* || **Lohn|ni|veau** [-vo:] || **Lohn|pfän|dung** (Jus): *Lohnexekution* || **Lohn|po|li|tik** || **Lohn-Preis-Spi|ra|le** die, - (Wirt.): *gegenseitiges Höherschaukeln von Lohn und Preis* || **Lohn|run|de** (Wirt.): *jährliche Verhandlung über die Anpassung der Kollektivlöhne* || **Lohn|sa|ckerl:** sie hat viel im L. *(verdient viel)* || **Lohn|steu|er** || **lohn|steu|er|pflich|tig** || **Lohn|strei|fen:** *schriftliche Abrechnung des Lohns oder Gehalts* || **Löh|nung** die, -/-en (veraltend) || **Lohn|ver|hand|lung** || **Lohn|ver|rech|nung** || **Lohn|ver|zicht** || **Lohn|zah|lung** || **Lohn|zet|tel**

Loibl der, -[s]: *ein Pass zwischen Österreich (K) und Slowenien* || **Loibl|pass**

Loi|pe die, -/-n ⟨norw.⟩: *Langlaufstrecke im Skisport*

Loire [lo̯a:r] die, -: *ein Strom in Frankreich*

Lois: *männl. Vorname (Alois)*

Lok die, -/-s ⟨lat.-engl.⟩: *Kurzwort für Lokomotive*

lo|kal ⟨lat.⟩: lokale *(örtliche)* Regenfälle || **Lo|kal** das, -[e]s/-e: *Gaststätte* | *Geschäftsraum* || **Lo|kal|an|äs|the|sie** (Med.): *örtliche Schmerzbetäubung* || **Lo|kal|au|gen|schein** der, -[e]s/-e (Amtsspr.): *amtliche Untersuchung am Tatort* || **Lo|kal|bahn:** *regionale Bahn* || **Lo|kal|blatt:** *kleine Zeitung, die nur regional beschränkt erhältlich ist* || **Lo|kal|der|by** [-da:bi, -dɜ:-] (Sport): *Spiel zweier Mannschaften aus dem gleichen Ort* || **Lo|kal|fern|se|hen** || **Lo|ka|li|sa|ti|on** [-tsi̯-] die, -/-en || **lo|ka|li|sier|bar** || **lo|ka|li|sie|ren:** einen Defekt l. *(feststellen, wo er sich befindet)* | einen Brand l. *(verhindern, dass er sich ausbreitet)* || **Lo|ka|li|sie|rung** die, -/-en || **Lo|ka|li|tät** die, -/-en: *Örtlichkeit; Raum* || **Lo|kal|ko|lo|rit** das, -[e]s: *Milieu eines bestimmten Ortes; Schilderung dieses Milieus [in literarischen Werken]* || **Lo|kal|ma|ta|dor:** *erfolgreicher Sportler einer Region* || **Lo|kal|ma|ta|do|rin** || **Lo|kal|nach|rich|ten** die (Pl.): *Ortsnachrichten, Regionalnachrichten* || **Lo|kal|pa|tri|o|tis|mus:** *starke Verbundenheit mit der engeren Heimat* || **Lo|kal|pres|se:** *die Zeitungen einer bestimmten Region, Stadt* || **Lo|kal|pro|gramm** || **Lo|kal|ra|dio** || **Lo|kal|re|dak|ti|on** [-tsi̯-] || **Lo|kal|re|por|ter** || **Lo|kal|re|por|te|rin** || **Lo|kal|sen|der** || **Lo|kal|teil:** der L. einer Zeitung || **Lo|kal|ter|min** (D) (Amtsspr.): *Lokalaugenschein* || **Lo|kal|ver|bot:** *behördlich oder vom Gastwirt ausgesprochenes Verbot des Lokalbesuches* || **Lo|kal|ver|kehr:** *Ortsverkehr, Nahverkehr* || **Lo|kal|zeit:** *Ortszeit*

Lok|füh|rer ⟨lat.-engl.⟩: *Lokomotivführer* || **Lok|füh|re|rin** || **Lo|ko|mo|ti|ve** [-fɛ, -vɛ] die, -/-n || **Lo|ko|mo|tiv|füh|rer** || **Lo|ko|mo|tiv|füh|re|rin**

Lo|kus der, - [-kus|ses]/- [-kus|se] ⟨lat.⟩ (veraltet bzw. scherzh.): *Abort*

Lol|li der, -s/-s ⟨engl.⟩: *Lutschzuckerl am Stiel*

Lol|lo ros|so der, - -s ⟨it.⟩: *eine Salatsorte*

Lom|bar|de der, -n/-n || **Lom|bar|dei** die, -: *eine Landschaft in Norditalien* || **Lom|bar|din** die, -/-innen || **lom|bar|disch** || **Lom|bard|kre|dit** (Bankw.): *Kredit gegen Verpfändung von Wertpapieren* || **Lom|bard|satz** (Bankw.): *Zinssatz für Geld, das Banken bei der Nationalbank ausleihen;* → Diskontsatz; → Leitzinsen

Lon|don [ugs.: -dn, engl.: 'lʌndən]: *Hauptstadt von England und dem Vereinigten Königreich von Großbritannien und Nordirland*

Long Drink = **Long|drink** der, -s/-s ⟨engl.⟩: *alkoholisches Getränk mit Mineralwasser, Fruchtsäften uÄ*

Lon|ge [lõ:ʃ, fr.: -ʒ] die, -/-n ⟨fr.⟩: *Dressurleine für Pferde* || **lon|gie|ren** [-ʒ-]: *ein Pferd am Seil im Kreis herumführen*

Lon|gi|tu|di|nal|schwin|gung = **Lon|gi|tu|di|nal|wel|le** ⟨lat.⟩ (Phys.): *Längsschwingung;* → G.: Transversalschwingung

long|line [-laın] ⟨engl.⟩ (Sport): im Tennis einen Ball l. *(entlang der Seitenlinie)* spielen || **Long|line** der, -s/-s (Sport): einen L. spielen || **Long|play** [-pleı] das, -s (LP) (Elektrot.): *[Video]aufnahme mit langsamerer Geschwindigkeit* || **Long|sel|ler** der, -s/-: *Buch oÄ, das sich lange Zeit gut verkauft;* → Bestseller

Look [luk] der, -s/-s ⟨engl.⟩: *Aussehen, Mode*

Loo|ping ['lu:p-] der = das, -s/-s ⟨engl.⟩: *eine Kunstflugfigur, senkrechte Schleife mit Überschlag*

Lor|beer der, -s/-en ⟨lat.⟩: *Lorbeerbaum, -blatt* | Lorbeeren ernten *(gelobt werden, Erfolg haben)* || **Lor|beer|baum:** *ein immergrüner Baum* || **Lor|beer|blatt:** *ein Gewürz* || **Lor|beer|kranz:** *Sinnbild des Ruhmes*

Lord der, -s/-s ⟨engl.⟩: *ein englischer Adelstitel;* → Lady || **Lord|schaft** die, -/-en: Eure L. *(Anrede für einen Lord);* Seine L.

Lo|re[1]: *weibl. Vorname (Eleonore, Hannelore)*

Lo|re[2] die, -/-n: *ein offener Güterwagen [mit Kippvorrichtung]*

Lo|renz: *männl. Vorname;* → Lenz

Lor|gnet|te [-r'njɛt(ɛ)] die, -/-n = **Lor|gnon** [-r'njõ:] das, -s/-s ⟨fr.⟩: *Brille mit Stiel*

los
los! *(schnell!)*

Getrenntschreibung in Verbindung mit „sein“:
- die Sorgen los sein
- was ist denn los gewesen?

Zusammenschreibung mit allen anderen Verben, zB:
- losbekommen
- wann ist sie losgegangen?
- du sollst loslassen
- loslösen
- loswerden

Los das, -es/-e: das L. soll entscheiden | (geh.) ein trauriges Los *(Schicksal)*

Los An|ge|les [- 'ændʒ-]: *Stadt in den Vereinigten Staaten*

los|bal|lern (ugs.): *zu schießen beginnen*

lös|bar: eine lösbare Aufgabe

los|be|kom|men ‖ **los|bin|den** ‖ **los|bre|chen**
Lösch|an|griff (Amtsspr.): *Löschaktion, Löschversuch der Feuerwehr* ‖ **Lösch|blatt:** Löschpapier ‖ **lö|schen**[1]: du lösch[s]t das Feuer | den Durst l. | alle Daten l. *(tilgen)*
lö|schen[2] (Seemannsspr.): Frachtgüter im Hafen l. *(ausladen)*
Lösch|fahr|zeug ‖ **Lösch|ge|rät** ‖ **Lösch|hi|lfe:** erste L. *(alle Maßnahmen, die vor dem Eintreffen der Feuerwehr getroffen werden können)* ‖ **Lösch|mann|schaft** ‖ **Lösch|pa|pier** ‖ **Lösch|sand** ‖ **Lösch|tas|te** ‖ **Lösch|teich** ‖ **Lösch|was|ser** ‖ **Lösch|zug:** der L. der Feuerwehr
los|don|nern ‖ **los|dre|hen:** *lösen* ‖ **los|drü|cken:** *abdrücken*
lo|se, *auch:* los: eine lose *(lockere)* Schraube | ein loses *(leichtfertiges, freches)* Mundwerk ‖ **Lo|se|blatt|samm|lung:** *schriftliche Sammlung mit austauschbaren Blättern*
Lö|se|geld: *Geld, das für die Freilassung einer Geisel erpresst wird*
los|ei|sen: sie eist sich von der Familie los *(macht sich von ihr frei)*
Lö|se|mit|tel: *Lösungsmittel*
lo|sen[1], du lost: *durch das Los entscheiden lassen*
lo|sen[2] (mda.): *horchen*
lö|sen: ein Rätsel l. | du löst *(lockerst, beseitigst)* die Fesseln; die Tapete von der Wand l. | eine Fahrkarte l. *(kaufen)* | Kochsalz löst sich in/im Wasser | der Vertrag wurde gelöst *(aufgelöst)*
Los|ent|scheid
Lo|ser[1] der, -s/- (Jägerspr.): *Ohr [des Rehs]*
Lo|ser[2] ['lu:-] der, -s/- ⟨engl.⟩: *Versager, Verlierer* ‖ **Lo|se|rin** die, -/-innen
los|fah|ren ‖ **los|flie|gen** ‖ **los|ge|hen:** wann gehen wir los? | die Vorstellung geht um 20.00 Uhr los *(beginnt um 20.00 Uhr)* | ein Schuss ging los ‖ **los|heu|len**
Lös|kaf|fee
los|kau|fen: *freikaufen* ‖ **los|kom|men:** ich bin nicht eher losgekommen *(weggekommen)* | von einem Gedanken nicht l. *(immer wieder daran denken müssen)* ‖ **los|krie|gen** ‖ **los|la|chen:** *zu lachen beginnen* ‖ **los|las|sen** ‖ **los|lau|fen** ‖ **los|le|gen** (ugs.): *sich ins Zeug legen, beginnen*
lös|lich: Salz ist in/im Wasser l. ‖ **Lös|lich|keit** die, -
los|lö|sen: *lösen* ‖ **Los|lö|sung** ‖ **los|ma|chen**
Los|num|mer
los|rei|ßen: sich vom Buch nicht l. können ‖ **los|ren|nen**

Löss = Löß der, -es/-e: *feiner, sandig-kalkiger Lehm*

Für das Wort gibt es zwei Schreibweisen:
– Löss: Das *ö* wird kurz ausgesprochen – *ss.*
– Löß: Das *ö* wird lang ausgesprochen – *ß.*
Ebenso: Lössboden/Lößboden, Lössschicht/Lößschicht

los|sa|gen sich (geh.): sich von jemandem l. *(mit jemandem nichts mehr zu tun haben wollen)*
Löss|bo|den = **Löß|bo|den** ‖ **Löss|schicht** = **Löß|schicht**
los|schi|cken ‖ **los|schimp|fen** ‖ **los|schrau|ben** ‖ **los|spre|chen:** jemanden von einer Schuld l. *(freisprechen);* von Sünden l. ‖ **Los|spre|chung** die, -/-en ‖ **los|steu|ern** ‖ **los|stür|men**
Los|tag: *nach der Volksüberlieferung für einen längeren Zeitraum wetterbestimmender Tag im Kalender*
los|tre|ten: eine Lawine l.
Lo|sung[1] die, -/-en: *ein Wort als Erkennungszeichen, Losungswort*
Lo|sung[2] die, -/-en (Jägerspr.): *Kot des Wildes*
Lo|sung[3] die, -/-en: *Erlös, zB Tageseinnahme* ‖ **Lö|sung** die, -/-en: die richtige L. der Aufgabe | (Chem.) eine hoch konzentrierte L. | die L. *(Loslösung)* von der Gemeinschaft ‖ **Lö|sungs|an|satz** ‖ **Lö|sungs|mit|tel** ‖ **Lö|sungs|mög|lich|keit** ‖ **Lö|sungs|ver|such** ‖ **Lö|sungs|weg:** *Methode zum Lösen einer Aufgabe* ‖ **Lö|sungs|wort**
los|wer|den: lästigen Geruch l.; ich werde ihn los ‖ **los|wer|fen** (Seemannsspr.): *ablegen* ‖ **los|zie|hen:** *sich auf den Weg machen*
Lot das, -[e]s/-e: *Senkblei [zum Messen der Wassertiefe];* die Mauer ist im Lot *(sie steht genau senkrecht)* ‖ **lo|ten:** die Wassertiefe l.
lö|ten: *Metallstücke mit Hilfe eines leicht schmelzbaren Metalls verbinden*
Lo|thar: *männl. Vorname*
Loth|rin|gen (fr.: Lorraine [lɔ'rɛn]): *eine Landschaft in Frankreich;* Elsass-Lothringen
Lo|ti|on[1] [-tsi̯-] die, -/-en ⟨lat.⟩ = **Lotion**[2] [lo:ʃn, engl.: ləʊʃn] die, -/-s ⟨lat.-engl.⟩: *ein flüssiges Kosmetikmittel*
Löt|kol|ben: *Gerät zum Löten* ‖ **Löt|lam|pe** ‖ **Löt|me|tall** ‖ **Löt|pis|to|le**
Lo|tos der, -/- ⟨gr.⟩: *eine seerosenähnliche Wasserpflanze* ‖ **Lo|tos|blu|me** ‖ **Lo|tos|blü|te**
lot|recht: *senkrecht, vertikal;* → G.: waagrecht, horizontal ‖ **Lot|rech|te** die, -n/-n: eine L. *(Senkrechte, Vertikale)* errichten | (auch mit Pl. -) zwei, alle Lotrechte[n]
Lot|se der, -n/-n ⟨engl.⟩: *jemand, der den Flugverkehr kontrolliert oder Schiffe in schwierigen Gewässern leitet* ‖ **lot|sen:** du lotst *(führst)* ein Schiff in den Hafen ‖ **Lot|sin** die, -/-innen
Löt|stel|le
Lot|te: *weibl. Vorname (Charlotte, Lieselotte);* → flott
Lot|ter|bett (veraltet): *ein Sitz- und Liegemöbel*
Lot|te|rie die, -/-n ⟨niederl.⟩: *ein Glücksspiel* ‖ **Lot|te|rie|los** ‖ **Lot|te|rie|spiel**
Lot|ter|le|ben das, -s: ein L. *(liederliches Leben)* führen
Lot|to das, -s/-s ⟨it.⟩: *ein Glücksspiel* ‖ **Lot|to|an|nah|me|stel|le** ‖ **Lot|to|fie|ber:** *erhöhte Spielfreudigkeit im Lotto* ‖ **Lot|to|ge|winn** ‖ **Lot|to|kol|lek|tur** die, -/-en: *Lottoannahmestelle* ‖ **Lot|to|run|de** ‖ **Lot|to|schein** ‖ **Lot|to|sech|ser:** *Höchstgewinn im Lotto* ‖ **Lot|to|wett|schein** ‖ **Lot|to|zahl** (meist Pl.): *Gewinnzahl*
Löt|zinn
Lounge [laʊndʒ] die, -/-s [-ɪz] ⟨engl.⟩: *Hotelhalle*
Lou|i|si|a|na [lui:-]: *Bundesstaat der USA*
Love|sto|ry ['lʌvstɔri] ⟨engl.⟩: *[filmische] Liebesgeschichte*
Lö|we der, -n/-n ⟨gr.-lat.⟩: wie ein L. kämpfen | *ein Sternbild* | *ein Tierkreiszeichen* ‖ **Lö|wen|an|teil:** den L. *(den größten Anteil)* an einem Gewinn haben ‖ **Lö|wen|bän|di|ger:** *ein Dompteur* ‖ **Lö|wen|bän|di|ge|rin** ‖ **Lö|wen|gru|be:** *Ort höchster Gefahr (nach dem biblischen Propheten Daniel)* ‖ **Lö|wen|kä|fig** ‖ **Lö|wen|mäh|ne** ‖ **Lö|wen|maul:** *eine Pflanze* ‖ **Lö|wen|mut:** *großer Mut;* mit L. um etwas kämpfen ‖

L

Lö|wen|zahn der, -[e]s/-e: *eine Pflanze* ‖ **Lö|win** die, -/-innen
lo|yal [lo'ja:l, lo̩a-] ⟨fr.⟩: *ergeben;* sich l. *(pflichtgetreu, ehrenhaft)* verhalten; → G.: illoyal ‖ **Lo|ya|li|tät** die, -/-en
LP [ɛl 'pi:, ɛl 'pe:] die, -/-[s]: **L**ang**p**spiel**p**latte | [ɛl 'pe:] **L**ong**p**lay
Lr: Law**r**encium
LSD [ɛl ɛs 'de:] das, -: *eine bewusstseinsverändernde Droge*
LSI[1] [ɛl ɛs 'i:] der, -[s]/-[s]: **L**andes**s**chul**i**nspektor ‖ **LSI**[2] die, -/-[s]: **L**andes**s**chul**i**nspektorin
LSR [ɛl ɛs 'ɛr]: **L**andes**s**chul**r**at
lt.: laut
Lu: Lutetium
Lu|cas → Lukas
Luchs [-ks] der, -es/-e: *eine Wildkatze; aber:* → Lux ‖ **luch|sen:** *spähen*
Lu|cia [-ts-, it.: -'tʃi:a], *auch:* Luzia: *weibl. Vorname;* → Luzi
Lu|cke die, -/-n: *Durchgang, Lücke | Höhle | schmaler Gebirgspass;* → Luke ‖ **Lü|cke** die, -/-n: eine L. *(ein Loch)* schließen ‖ **Lü|cken|bü|ßer:** *jemand, der als Ersatz für einen anderen herhalten muss* ‖ **Lü|cken|bü|ße|rin** ‖ **lü|cken|haft** ‖ **lü|cken|los** ‖ **Lü|cken|test:** *Ergänzungsaufgabe* ‖ **lu|ckert** (ostöst., ugs.): *durchlöchert;* keinen luckerten Heller *(überhaupt nichts)* wert sein
lud → laden
Lu|der das, -s/-: *ein Schimpfwort* | (Jägerspr.) *Köder, Aas* ‖ **lu|dern** (veraltet): *ein Lotterleben führen*
Lud|ler der, -s/- (reg., zB St): *Jodler*
Lud|mi|la: *weibl. Vorname*
Lu|do|thek die, -/-en ⟨lat.+gr.⟩: *Spieleverleihstelle; Spielezentrum;* → Spielothek
Lud|wig: *männl. Vorname;* → Luis; → Vickerl
Lueg ['luək, auch: 'lu:ɛk] → Pass Lueg
Lu|es die, - ⟨lat.⟩ (Med.): *Syphilis* ‖ **lu|e|tisch** (Med.)
Luft die, -/Lüfte: gute L. atmen; die L. ist rein *(man ist unbeobachtet);* es herrscht dicke L. *(eine gespannte Atmosphäre, schlechte Stimmung);* tief L. holen *(atmen)* ‖ **Luft|ab|wehr** (Mil.) ‖ **Luft|angriff** (Mil.) ‖ **Luft|auf|klä|rung** (Mil.) ‖ **Luft|auf|nah|me** ‖ **Luft|bal|lon** ‖ **Luft|be|feuch|ter** ‖ **Luft|bild:** *Aufnahme, die vom Flugzeug aus gemacht wird* ‖ **Luft|bla|se** ‖ **Luft-Bo|den-Ra|ke|te** (Mil.): *eine Flugzeugwaffe* ‖ **Luft|brü|cke:** *dichte Flugverbindung [zur Versorgung eines abgeschnittenen Gebietes];* eine L. errichten ‖ **luft|dicht** ‖ **Luft|dich|te** (Phys., Met.) ‖ **Luft|druck** der, -[e]s ‖ **Luft|druck|ge|wehr** ‖ **Luft|druck|mes|ser:** *Barometer* ‖ **Luft|druck|pis|to|le** ‖ **luft|durch|läs|sig** ‖ **lüf|ten:** ein Zimmer l. | den Hut l. *(ihn zum Gruß ziehen)* | ein Geheimnis l. *(preisgeben)* ‖ **Lüf|ter** der, -s/-: *Ventilator* ‖ **Lüf|terl** das, -s/-[n]: *leichter Wind* ‖ **Luft|fahrt** die, - ‖ **Luft|fahr|zeug** ‖ **Luft|feuch|tig|keit** ‖ **Luft|fil|ter** ‖ **Luft|flot|te** (Mil.) ‖ **Luft|fracht** ‖ **luft|ge|kühlt** ‖ **luft|ge|schützt** ‖ **luft|ge|trock|net** ‖ **Luft|ge|wehr** (Sport): *eine Disziplin im Schießen* ‖ **Luft|hauch** ‖ **Luft|herr|schaft** (Mil.) ‖ **Luft|ho|heit** (Pol., Mil.) ‖ **Luft|ho|len** das, -s ‖ **luf|tig:** in luftiger Höhe *(hoch oben)* ‖ **Luf|ti|kus** der, - [-kusses]/-kusse (abw.): *oberflächlicher, leichtsinniger Mensch* ‖ **Luft|kampf** (Mil.) ‖ **Luft|kis|sen|fahr|zeug** ‖ **Luft|kor|ri|dor:** *Luftstraße beim Überfliegen eines fremden Landes* ‖ **Luft|krieg** (Mil.) ‖ **Luft|kur|ort** ‖ **luft|leer** ‖ **Luft|li|nie** [-i̯ɛ]: *kürzeste Verbindung zweier Orte* ‖ **Luft|loch:** *zur Lüftung dienendes Loch | Luftströmung, in der ein Flugzeug momentan absackt* ‖ **Luft-Luft-Ra|ke|te** (Mil.): *eine Flugzeugwaffe* ‖ **Luft|man|gel** ‖ **Luft|ma|sche:** *eine Masche beim Häkeln* ‖ **Luft|mas|se** (meist Pl.) ‖ **Luft|ma|trat|ze** ‖ **Luft|pin|sel:** *Airbrush* ‖ **Luft|pi|rat:** *Flugzeugentführer* ‖ **Luft|pi|ra|tin** ‖ **Luft|pis|to|le** (Sport): *eine Disziplin im Schießen* ‖ **Luft|post:** *Flugpost* ‖ **Luft|pum|pe** ‖ **Luft|raum:** den L. überwachen ‖ **Luft|raum|über|wa|chung** (Mil.) ‖ **Luft|rein|hal|te|ge|setz** ‖ **Luft|röh|re** ‖ **Luft|schacht** ‖ **Luft|schicht** = **Luft|schich|te** ‖ **Luft|schiff:** *ein Luftfahrzeug, zB Zeppelin* ‖ **Luft|schiff|fahrt** ‖ **Luft|schleu|se** ‖ **Luft|schloss:** *Wunschvorstellung;* Luftschlösser bauen *(sich etwas Angenehmes, Ersehntes in Gedanken ausmalen)* ‖ **Luft|schutz:** *Schutzmaßnahmen gegen Luftangriffe* ‖ **Luft|schutz|bun|ker** ‖ **Luft|schutz|kel|ler** ‖ **Luft|sper|re** (Mil.) ‖ **Luft|sprung:** vor Freude einen L. machen ‖ **Luft|streit|kräf|te** die (Pl.) (Mil.) ‖ **Luft|strom** ‖ **Luft|stütz|punkt** (Mil.) ‖ **Luft|tem|pe|ra|tur** ‖ **Lüf|tung** die, -/-en ‖ **Lüf|tungs|klap|pe** ‖ **Luft|ver|kehr** ‖ **Luft|ver|schmut|zung** die, - ‖ **Luft|ver|tei|di|gung** (Mil.) ‖ **Luft|ver|un|rei|ni|gung** ‖ **Luft|waf|fe** (Mil.): *Luftstreitkräfte* ‖ **Luft|weg:** nur auf dem L. *(mit dem Flugzeug)* erreichbar ‖ **Luft|wur|zel** (Bot.) ‖ **Luft|zu|fuhr** ‖ **Luft|zug**
Lü|ge die, -/-n: das ist eine glatte L.! | jemanden Lügen strafen *(behaupten, dass jemand gelogen hat)*
lu|gen (V, CH): *schauen | Ausschau halten*
lü|gen, log/gelogen: *die Unwahrheit sagen;* das Blaue vom Himmel l.; l. wie gedruckt; nach Strich und Faden l. ‖ **Lü|gen|bold** der, -[e]s/-e (abw.): *gewohnheitsmäßiger Lügner* ‖ **Lü|gen|de|tek|tor** der, -s/-en: *Gerät zur Messung des Wahrheitsgehalts von Aussagen* ‖ **Lü|gen|ge|spinst** ‖ **lü|gen|haft** ‖ **Lü|gen|kam|pa|gne** [-kampanjɛ, -kɑ̃panʲ] ‖ **Lü|gen|maul:** *ein Schimpfwort* ‖ **Lüg|ner** der, -s/- ‖ **Lüg|ne|rin** die, -/-innen ‖ **lüg|ne|risch** ‖ **Lug und Trug:** das ist lauter L. u. T. *(alles Schwindel)*
Luis [lui̯s]: *männl. Vorname (Alois, Ludwig)* ‖ **Lu|i|se** [auch: -u'i:-]: *weibl. Vorname*
Lu|kas, *auch:* Lucas [-k-]: *männl. Vorname* ‖ **Lu|kas|evan|ge|li|um** [-v-, -f-] das, -s: *Evangelium nach dem Evangelisten Lukas*
Lu|ke die, -/-n: *eine Öffnung;* → Lucke
lu|kra|tiv ⟨lat.⟩: *Gewinn bringend, einträglich* ‖ **lu|kri|e|ren:** *gewinnen, einen Gewinn bei etwas machen*
lu|kul|lisch: ein lukullisches *(üppiges, schwelgerisches)* Mahl *(nach dem römischen Feinschmecker Lukullus)*
Lu|latsch der, -[e]s/-e (ugs., scherzh.): langer L. *(großer, magerer Bursch)*
Lul|ler der, -s/- (ugs., veraltend): *Lutscher aus Gummi für Säuglinge*
Lu|lu das, -s (Kinderspr.): *Urin;* → Pipi
Lum|ber|jack ['lʌmbədʒæk] der, -s/-s ⟨engl.⟩: *eine sportliche Jacke*
Lu|men das, -s/- [Lumina] (lm) ⟨lat.⟩ (Phys.): *Einheit des Lichtstroms*
Lüm|mel der, -s/- (abw.): *ungezogener Mensch* ‖ **lüm|mel|haft** (abw.) ‖ **Lüm|mel|haf|tig|keit** die, -/-en (abw.) ‖ **lüm|meln,** ich lümmle:

bei Tisch l. *(nachlässig, mit aufgestützten Armen sitzen)*
Lump der, -en/-en: *liederlicher, schlechter Mensch* ‖ **lum|pen** (ugs.): *sich ausgelassen vergnügen* | sich nicht l. lassen *(nicht geizig oder ärmlich erscheinen wollen)* ‖ **Lum|pen** der, -s/-: in L. *(Fetzen)* gehüllt ‖ **Lum|pen|pack** (abw.): *Gesindel* ‖ **Lum|pen|pro|le|ta|ri|at** (im Marxismus): *unterste Gesellschaftsschicht ohne proletarisches Klassenbewusstsein* ‖ **lum|pig** (abw.): *wenig;* ein paar lumpige Münzen
Lu|na|park ⟨lat.-engl.⟩ (reg. zB SüdT, sonst veraltet): *Vergnügungspark*
Lunch [lʌntʃ] der, -[es] [-s]/-e[s] [-ɪz] [-s] ⟨engl.⟩: *kleines Mittagessen (bes. in England);* → Brunch ‖ **lun|chen:** *mittagessen* ‖ **Lunch|pa|ket**
Lun|gau[-ŋg-] der, -s: *Landesteil von Salzburg*
Lun|ge die, -/-n ‖ **Lun|gen|at|mung** ‖ **Lun|gen|bra|ten** (Küchenspr.): *eine Fleischsorte, Filet, Lendenbraten* ‖ **Lun|gen|em|bo|lie** (Med.) ‖ **Lun|gen|ent|zün|dung** (Med.): *Pneumonie* ‖ **Lun|gen|flü|gel** ‖ **Lun|gen|in|farkt** (Med.) ‖ **lun|gen|krank** (bes. früher): *Tbc-krank* ‖ **Lun|gen|krebs** (Med.) ‖ **Lun|gen|lei|den** ‖ **Lun|gen|ödem** (Med.) ‖ **Lun|gen|stru|del** (Küchenspr.): *Strudel mit faschierter Lunge ua.* ‖ **Lun|gen|stru|del|sup|pe** (Küchenspr.) ‖ **Lun|gen|tu|ber|ku|lo|se** (Med.) ‖ **Lun|gen|zug:** *tiefes Inhalieren des Rauchs* ‖ **Lün|gerl** das, -s/-[n] (bes. S, O) (Küchenspr.): *Beuschel*
lun|gern (selten): *herumlungern*
Lun|te die, -/-n: *Zündschnur;* L. riechen *(eine Gefahr wittern, ahnen)* | (Jägerspr.) *Schwanz des Fuchses*
Lu|pe die, -/-n ⟨fr.⟩: *ein Vergrößerungsglas* ‖ **lu|pen|rein:** *makellos, einwandfrei* ‖ **Lu|pen|rein|heit**
lüp|fen, *auch:* lupfen (mda.): einen Korbdeckel l. *(ihn ein wenig aufheben)*
Lu|pi|ne die, -/-n ⟨lat.⟩: *eine Futterpflanze*
Lu|pus in fa|bu|la der, - - - ⟨lat.⟩ (wörtl.: der Wolf in der Fabel): *jemand, der kommt, wenn gerade über ihn gesprochen wird*
Lurch[1] der, -[e]s/-e: *Amphibium*
Lurch[2] der, -[e]s: *Staubflocken [unter Möbeln]*
Lu|rex das, - (Wz.): *Gewebe mit Metallfäden* ‖ **Lu|rex|blu|se**
Lust die, -: ich habe keine L. dazu; nach L. und Laune *(wie es gerade gefällt)* | (mit Pl. Lüste) (geh.) *Laster* ‖ **Lust|bar|keit** die, -/-en (geh.): *Unterhaltung[sveranstaltung]* ‖ **Lust|bar|keits|ab|ga|be** (Amtsspr.): *eine Steuer* ‖ **lust|betont** ‖ **Lust|emp|fin|den**
Lus|te|nau: *Marktgemeinde in Vorarlberg*
Lus|ter der, -s/-: *ein Beleuchtungskörper;* → Lüster ‖ **Lüs|ter** der, -s/-: *ein glänzendes Gewebe* | (D) *Luster*
lüs|tern: *sexuell erregt, triebhaft* | (geh.) *begierig* ‖ **Lüs|tern|heit** die, - ‖ **lust|feind|lich** ‖ **Lust|gar|ten** (früher): *parkähnlich angelegter Garten* ‖ **Lust|ge|winn** ‖ **Lust|greis** (ugs., abw.): *alter Lüstling* ‖ **Lust|haus** (veraltet): *Gartenpavillon* ‖ **lus|tig:** sich über jemanden l. machen ‖ **Lus|tig|keit** die, - ‖ **Lüst|ling** der, -s/-e (abw.): *lüsterner Mann* ‖ **lust|los** ‖ **Lust|lo|sig|keit** die, - ‖ **Lust|molch** (ugs., abw.): *Lüstling* ‖ **Lust|mord:** *Mord zur Befriedigung des Geschlechtstriebes* ‖ **Lust|mör|der:** *ein Triebverbrecher* ‖ **Lust|mör|de|rin** ‖ **Lust|ob|jekt:** *Ziel der ausschließlich geschlechtlichen Lust*
Lu|stock [-ʃt-] der, -[e]s/- (mda., K, St) (Küchenspr.): *Liebstöckel*
Lust|schloss: *in schöner Gegend errichtetes kleineres Schloss* ‖ **Lust|spiel:** *ein heiteres Theaterstück; Komödie* ‖ **lust|voll** ‖ **lust|wan|deln** [auch: -'a-], ich lustwandle/bin gelustwandelt (geh., veraltet): *spazieren gehen*
Lu|te|ti|um [-tsi̯-] das, -s ⟨lat.⟩ (Zeichen: Lu): *ein chemisches Element*
Lu|the|ra|ner der, -s/-: *Anhänger der Lehre des Reformators Martin Luther* ‖ **Lu|the|ra|ne|rin** die, -/-innen ‖ **Lu|ther|bi|bel** die, -: *die Bibelübersetzung Luthers* ‖ **lu|the|risch:** die lutherische (= luthersche, Luther'sche) Glaubenslehre; die lutherische Bibelübersetzung *(Luthers Bibelübersetzung); aber:* die **L**utherische Kirche *(die evangelische Kirche Augsburgischen Bekenntnisses)* ‖ **Lu|ther|tum** das, -s
lut|schen, du lutsch[s]t ‖ **Lut|scher** der, -s/-: *Schlecker*
Lutz[1]: *männl. Vorname (Ludwig)*
Lutz[2] der, -/-: *ein Sprung im Eiskunstlauf (nach dem österreichischen Eiskunstläufer A. Lutz)*
Luv (Seemannsspr.): *die dem Wind zugekehrte Seite eines Schiffes;* → G.: Lee ‖ **Luv|sei|te** (Seemannsspr.): *Luv* ‖ **luv|wärts** (Seemannsspr.) → G.: leewärts
Lux das, -/- (lx): *Einheit der Beleuchtungsstärke; aber:* → Luchs
Lu|xa|ti|on [-tsi̯-] die, -/-en ⟨lat.⟩ (Med.): *Verrenkung;* beim Sturz erlitt er eine L. der Schulter; → luxieren
Lu|xem|burg (Kfz: L): *europäischer Staat mit den Sprachen Französisch, Letzeburgisch und Deutsch* | *Hauptstadt von Luxemburg* ‖ **Lu|xem|bur|ger** der, -s/- ‖ **Lu|xem|bur|ge|rin** die, -/-innen ‖ **lu|xem|bur|gisch**
lu|xie|ren ⟨lat.⟩ (Med.): *sich ein Gelenk verrenken;* → Luxation
lu|xu|ri|ös ⟨lat.⟩: *prunkvoll; verschwenderisch* ‖ **Lu|xus** der, -: L. *(übermäßigen Aufwand)* treiben ‖ **Lu|xus|ar|ti|kel** ‖ **Lu|xus|aus|füh|rung:** ein Auto in L. ‖ **Lu|xus|damp|fer** ‖ **Lu|xus|ho|tel** ‖ **Lu|xus|jacht** = Luxusyacht [-j-] ‖ **Lu|xus|klas|se** ‖ **Lu|xus|steu|er:** *höchste Stufe der Mehrwertsteuer* ‖ **Lu|xus|vil|la** [-v-] ‖ **Lu|xus|wa|gen** ‖ **Lu|xus|yacht** [-j-] = → Luxusjacht
Lu|zern: *Schweizer Stadt und Kanton*
Lu|zer|ne die, -/-n ⟨fr.-lat.⟩: *eine Kleeart*
Lu|zi = **Lu|zia:** *weibl. Vorname;* → Lucia
lu|zid ⟨lat.⟩ (geh.): *klar, verständlich, geistvoll* | *hell; durchsichtig* ‖ **Lu|zi|di|tät** die, - (geh.) ‖ **Lu|zi|fer:** *Name des obersten Teufels* ‖ **lu|zi|fe|risch:** *teuflisch*
LW [ɛl 've:]: *Langwelle*
lx: Lux
Ly|cée [li'se:] das, -s/Lycéen [-'e:(ɛ)n]: *französisches Gymnasium*
Ly|chee ['li(:)tʃi] = → Litschi
Ly|cra ['ly:k-, 'laɪ-] das, -s (Wz.): *eine elastische Kunstfaser*
Ly|dia ['ly:-, auch: 'li-]: *weibl. Vorname*
Lymph|bahn ['lymf-] ⟨gr.⟩ ‖ **Lymph|drai|na|ge** [-na:ʃ, -ʒɛ] (Med.): *eine spezielle Massage* ‖ **Lymph|drü|se:** *Lymphknoten* ‖ **Lym|phe** die, -/-n: *eine Gewebsflüssigkeit* ‖ **Lymph|flüs|sig|keit** ‖ **Lymph|ge|fäß** ‖ **Lymph|kno|ten** ‖ **Lym|pho|zyt** [-'y:t] der, -en/-en (meist Pl.) (Med.): *besondere Form des weißen Blutkörper-*

L

chens ‖ **Lymph|sys|tem** [-zy-] (Med.): *Abwehrsystem gegen Krankheitserreger*

lyn|chen ['lynç-, auch: 'lintʃ-], du lynchst: die Menge drohte ihn zu l. *(ohne Richterspruch hinzurichten; nach einem Familiennamen)* ‖ **Lynch|jus|tiz:** *Bestrafung ohne gesetzliches Verfahren;* L. üben ‖ **Lynch|mord:** einen L. begehen *(durch Lynchjustiz)*

Ly|oner [ly:-] die, -/- (V, CH): *Extrawurst*

Ly|ra ['ly:-] die, -/Lyren ⟨gr.⟩: *ein antikes Zupfinstrument, Leier* ‖ **Ly|rik** die, -: *eine Form der Dichtung* ‖ **Ly|ri|ker** der, -s/-: *lyrischer Dichter* ‖ **Ly|ri|ke|rin** die, -/-innen ‖ **ly|risch:** ein lyrisches Gedicht | *gefühlvoll*

Ly|ze|um [ly'tse:um, li-] das, -s/Lyzeen [-'e:(ɛ)n] ⟨gr.-lat.⟩ (früher): *eine höhere Mädchenschule;* → Lycée

L

m M

m [ɛm] das, -/- (Kleinbuchstabe): das m im Wort *machen* | (Laut) der m-Laut | **M**eter | **Milli-**
M [ɛm] das, -/- (Großbuchstabe): das M im Wort *Mühle* | 1 000 *(römisches Zahlzeichen)* | **m**edium *(mittelgroß, bei Konfektionskleidung)*
M.: Monsieur; M. Maigret
m²: Quadratmeter ‖ **m³:** Kubikmeter
MA¹ [ɛm ˈaː] die, -/-[s]: **M**agistrats**a**bteilung; MA 56
MA²: Mittel**a**lter ‖ **ma.: m**ittel**a**lterlich
Mä|an|der der, -s/- ⟨gr.⟩: *mehrfache enge Flusswindung* | *Verzierung in rechtwinkelig gebrochenen oder geschlängelten Linien*
Maat der, -[e]s/-e[n]: *Unteroffizier auf Schiffen*
Mac|chi|a|to [-kj-] der, -[s]/-[s] [Macchiati] ⟨it.⟩: *Espresso mit geschäumter Milch*
Mac|chie [-kie̯] die, -/-n ⟨it.⟩: *immergrüner Buschwald des Mittelmeerraumes*
Mach das, -[s]/-: *Maßeinheit für die Schallgeschwindigkeit (330 m/s);* mit M. 2 *(doppelter Schallgeschwindigkeit)* fliegen *(nach dem Physiker Ernst Mach)*
Mach|art: *Art der Fertigung* ‖ **mach|bar** ‖ **Mach|bar|keit** die, - ‖ **Mach|bar|keits|stu|die** [-ie̯]
Ma|che die, - (D, sal., abw.): *gekonnte Routine, vorgetäuschtes Gehabe;* nur M.
Ma|ché [-ˈʃeː] = → Maschee
ma|chen: Kleider m. *(herstellen);* eine Verbeugung m.; eine Pause m. | macht nichts! *(schon in Ordnung!);* mach dir nichts daraus! *(ärgere dich nicht!)* ‖ **Ma|chen|schaft** die, -/-en (meist Pl.) (abw.): *Quertreiberei, Ränkespiel* ‖ **Ma|cher** der, -s/- (ugs., auch abw.): *jemand, der Angelegenheiten unbeirrt durchzieht* ‖ **Ma|che|rin** die, -/-innen (ugs., auch abw.) ‖ **Ma|cher|lohn:** *Preis für das Anfertigen von Kleidern uÄ*
Ma|che|te [span.: -ˈtʃɛ(ː)tɛ] die, -/-n ⟨span.⟩: *Buschmesser*
Ma|chi|a|vel|lis|mus [-kjav-] der, -: *gewissenlose Machtpolitik (nach dem italienischen Staatsmann Machiavelli)* ‖ **ma|chi|a|vel|lis|tisch**
Ma|chi|na|ti|on [-tsi̯-] die, -/-en (abw.): *Machenschaft*
Ma|chis|mus [-ˈtʃi-] der, - ⟨span.⟩: *übertriebene Betonung der Männlichkeit;* → Macho ‖ **ma|chis|tisch**
Mach|land das, -[e]s: *eine Landschaft an der Donau in Oberösterreich*
Ma|cho [-tʃɔ] der, -[s]/-s ⟨span.⟩: *Vertreter betonter [brutaler] Männlichkeit;* → Chauvi; → Machismus ‖ **Ma|cho|ge|ha|be,** *auch:* **Macho|ge|ha|ben**
Macht die, -/Mächte: geheimnisvolle Mächte *(Kräfte)* | (ohne Pl.) sie tut, was in ihrer M. steht *(nutzt alle ihre Möglichkeiten)* ‖ **Macht|an|spruch** ‖ **Macht|be|fug|nis** ‖ **Macht|be|reich** ‖ **macht|be|ses|sen** ‖ **Macht|ent|fal|tung** ‖ **Macht|er|grei|fung** ‖ **Macht|er|halt:** auf M. *(das Behalten der Macht)* bedacht ‖ **Macht|fak|tor** ‖ **Macht|fül|le:** *große, geballte Macht* ‖ **macht|geil** (sal., meist abw.): *begierig nach Macht* ‖ **Macht|gier** ‖ **Macht|ha|ber** der, -s/-: *jemand, der Macht über andere ausübt* | (Jus) *Bevollmächtigter, Stellvertreter* ‖ **Macht|ha|be|rin** die, -/-innen ‖ **macht|hung|rig** ‖ **mäch|tig** ‖ **Mäch|tig|keit** die, -/-en: *Macht, Einfluss* | (Bergmannsspr.) *Dicke einer Gesteinsschicht* | (Math.) *Beschaffenheit einer Menge* ‖ **Macht|in|s|tru|ment** ‖ **Macht|kampf** ‖ **macht|los** ‖ **Macht|lo|sig|keit** die, - ‖ **Macht|mensch** ‖ **Macht|miss|brauch** ‖ **Macht|mit|tel** ‖ **Macht|po|li|tik** ‖ **Macht|po|si|ti|on** [-tsi̯-] ‖ **Macht|rausch:** *übersteigertes Machtempfinden* ‖ **Macht|über|nah|me** ‖ **Macht|ver|hält|nis** (meist Pl.) ‖ **Macht|ver|lust** ‖ **macht|voll** ‖ **Macht|wech|sel** [-ks-] ‖ **Macht|wort:** sie hat ein M. gesprochen *(eine unwiderrufliche Entscheidung gefällt)*
Mach|werk (abw.): *wertlose, schlechte Arbeit*
Ma|cke die, -/-n ⟨hebr.-jidd.⟩ (nördl. D, sal.): *Tick, Verrücktheit; Fehler*
Ma|da|gas|kar: *Insel und Staat im Indischen Ozean* ‖ **Ma|da|gas|se** der, -n/-n ‖ **Ma|da|gas|sin** die, -/-innen ‖ **ma|da|gas|sisch**
Ma|dame [-ˈam] (Mme.), Pl.: Mesdames [meˈdam] (Mmes.) ⟨fr.⟩: *französische Anrede für eine Frau*
Mäd|chen das, -s/- ‖ **Mäd|chen|chor** ‖ **mäd|chen|haft** ‖ **Mäd|chen|han|del:** *Handel mit jungen Frauen [zwecks Prostitution]* ‖ **Mäd|chen|na|me,** *auch:* **Mäd|chen|na|men:** *Name der Frau vor ihrer Verehelichung* ‖ **Mäd|chen|schu|le** ‖ **Mäd|chen|tur|nen**
Ma|de die, -/-n: *Insektenlarve, Wurm*
made in Aus|t|ria [meɪd ɪn ˈɔːstriə] ⟨engl.⟩ (wörtl.: erzeugt in Österreich): *Beschriftung auf österreichischen Waren*
Mä|del das, -s/-[n]: *Mädchen*
Ma|de|moi|selle [-dmu̯aˈzɛl] (Mlle.), Pl.: Mesdemoiselles [medmu̯aˈzɛl] (Mlles.) ⟨fr.⟩: *französische Anrede für eine junge unverheiratete Frau*
Mä|derl das, -s/-[n]: *Mädchen*
ma|dig: *voll mit Maden;* madiges Fleisch
Ma|d|jar = Magyar [maˈdjaːr] der, -en/-en ⟨ung.⟩: *Ungar* ‖ **Ma|d|ja|rin** = Magyarin die, -/-innen ‖ **ma|d|ja|risch** = magyarisch
Madl das, -s/-n (ugs.): *Mädel*
Ma|don|na die, - ⟨it.⟩: *die Muttergottes* | (mit Pl. Madonnen) *Marienbild, Marienstatue* ‖ **Ma|don|nen|bild** ‖ **Ma|don|nen|ma|ler**
Ma|d|rid: *Hauptstadt Spaniens*
Ma|d|ri|gal das, -s/-e ⟨it.⟩ (Mus.): *ein mehrstimmiges Gesangsstück*
ma|es|to|so ⟨it.⟩ (Mus.): *majestätisch;* allegro m. ‖ **Ma|es|t|ro** der, -s/-s [Maestri] (wörtl.: Meister) (geh.): *Bezeichnung, Anrede für Dirigenten und Komponisten*
Mä|eu|tik die, -, *auch:* Maieutik ⟨gr.⟩: *Methode, durch Fragen dem Antwortenden zu neuen Einsichten zu verhelfen* ‖ **mä|eu|tisch,** *auch:* maieutisch
Maf|fia = Mafia die, - ⟨it.⟩: *Verbrecherorganisation* ‖ **maf|fi|os** = mafios ‖ **Maf|fi|o|so** = **Ma|fi|o|so** der, -[s]/-si: *Angehöriger der Mafia*
mag → mögen
Mag.: Magister, **Mag**istra; Mag. phil.; Mag. jur.
Ma|ga|zin das, -s/-e ⟨arab.-it.⟩: *Lagerraum; Lagerhaus* | *bebilderte Unterhaltungszeitschrift* | *Patronenkammer für Handfeuerwaffen* | *Radio-, Fernsehsendung zu aktuellen Themen* ‖ **Ma|ga|zi|neur** [-ˈnøːɐ] der, -s/-e: *Lagerverwalter* ‖ **Ma|ga|zi|neu|rin** die, -/-innen
Magd die, -/Mägde (früher): *eine Arbeitskraft;* Knechte und Mägde | (veraltet) *Jungfrau Maria*

M

Ma|gda: *weibl. Vorname* || **Mag|da|le|na = Mag|da|le|ne:** *weibl. Vorname;* → Leni

Ma|gen der, -s/Mägen [Magen]: mir dreht sich der M. um *(ich finde etwas so abstoßend, dass mir beinahe schlecht wird)* || **Ma|gen|be|schwer|den** die (Pl.) (Med.) || **Ma|gen|bit|ter** der, -s/-: *ein Likör* || **Ma|gen-Darm-Ka|tarr = Ma|gen-Darm-Ka|tarrh** (Med.) || **Ma|gen|durch|bruch** (Med.) || **Ma|gen|drü|cken** das, -s || **ma|gen|freund|lich:** *magenschonend* || **Ma|gen|ge|gend** || **Ma|gen|ge|schwür** (Med.) || **Ma|gen|gru|be** || **Ma|gen|knur|ren** das, -s || **Ma|gen|krampf** (Med.) || **ma|gen|krank** || **Ma|gen|krebs** (Med.) || **Ma|gen|li|kör** || **Ma|gen|ope|ra|ti|on** [-tsi̯-] (Med.) || **Ma|gen|säu|re** || **ma|gen|scho|nend** || **Ma|gen|über|säu|e|rung** (Med.) || **Ma|gen|ver|stim|mung** (Med.) || **Ma|gen|zu|cker** (SüdT): *rote Zuckerwürfel aus Zucker, Glukose und Gewürzen*

ma|ger, magerer/am magersten: eine magere Ausbeute || **Ma|ger|jo|gurt** = Magerjoghurt [-gu-] || **Ma|ger|kä|se** || **Ma|ger|keit** die, - || **Ma|ger|milch:** *entrahmte Milch* || **Ma|ger|sucht** (Med.): *eine Krankheit* || **Ma|ger|top|fen**

Mag|gi das, -s (Wz.): *ein Würzmittel* || **Mag|gi|kraut:** *Liebstöckl*

Magh|reb der, -: *Tunesien, Algerien und Marokko*

Ma|gie die, - ⟨pers.-gr.-lat.⟩: *Beschwörung geheimnisvoller Kräfte, Zauberei* | *Zaubertricks [im Varieté]* || **Ma|gi|er** der, -s/-: *Zauberer* || **Ma|gi|e|rin** die, -/-innen || **ma|gisch:** eine magische *(zauberhafte)* Beleuchtung

Ma|gis|ter der, -s/- (Mag.) ⟨lat.⟩: *ein akademischer Grad;* Mag. phil. | *Anrede für einen Pharmazeuten [in einer Apotheke]* || **Ma|gis|tra** die, -/Magistrae [-rɛ] (Mag.) || **Ma|gis|trat** der, -[e]s/-e: *eine städtische Verwaltungsbehörde;* M. der Stadt Wien || **ma|gis|tra|tisch:** eine magistratische Verfügung; *aber:* das Magistratische Bezirksamt || **Ma|gis|trats|ab|tei|lung** (MA) || **Ma|gis|trats|di|rek|ti|on** [-tsi̯-]: *Leitung eines Magistrats* || **Ma|gis|trats|di|rek|tor** || **Ma|gis|trats|di|rek|to|rin**

Mag|ma das, -s/Magmen ⟨gr.⟩: *glutflüssiges Gestein im Erdinneren* || **mag|ma|tisch**

Ma|g|na Char|ta [- k-] ⟨lat.⟩: *grundlegendes, Epoche machendes Dokument*

Ma|g|nat der, -en/-en ⟨lat.⟩ (früher): *hoher ungarischer bzw. polnischer Adeliger, Großgrundbesitzer* | (heute) *Großindustrieller, Unternehmer in einer Machtposition* || **Ma|g|na|tin** die, -/-innen

Ma|g|ne|sit der, -s/-e ⟨gr.-lat.⟩: *ein Mineral* || **Ma|g|ne|si|um** das, -s (Zeichen: Mg): *ein chemisches Element* || **Ma|g|ne|si|um|sul|fat:** *Bittersalz*

Ma|g|net der, -[e]s [-en]/-e[n] ⟨gr.-lat.⟩: *[Eisen] anziehendes Eisen- oder Stahlstück* || **Ma|g|ne|tar** der, -s/-e (Astron.): *Magnetstern* || **Ma|g|net|band** (Elektrot., EDV): *ein Bild- und Tonträger* || **Ma|g|net|feld** || **Ma|g|net|feld|the|ra|pie** (Med.): *eine Behandlungsmethode* || **ma|g|ne|tisch** || **ma|g|ne|ti|sie|ren** || **Ma|g|ne|tis|mus** der, - (Phys.): *Lehre vom Verhalten der Materie im magnetischen Feld* || **Ma|g|net|na|del** || **Ma|g|ne|to|fon = Ma|g|ne|to|phon** [-f-] das, -s/-e (Wz.): *ein Tonbandgerät* || **Ma|g|net|re|so|nanz** (MR) (Med.): *eine Untersuchungsmethode* || **Ma|g|net|re|so|nanz|to|mo|gra|fie = Ma|g|net|re|so|nanz|to|mo|gra|phie** [-f-] (MRT) (Med.) || **Ma|g|net|stern:** *sternförmige Magnetnadel*

Ma|g|ni|fi|kat = Magnificat [-k-] das, -s ⟨lat.⟩: *Lobgesang Marias in der Bibel* || **Ma|g|ni|fi|zenz** die, -/-en: „Eure/Euer (auch: Seine) Magnifizenz!" *(Anrede für den Rektor einer Universität)*

Ma|g|no|lie [-i̯ɛ, auch: man'joː-] die, -/-n: *ein Zierstrauch, -baum*

Mag. pharm. ['mak 'farm]: **mag**ister **pharm**aciae [- -'tsiːɛ] *(Magister/Magistra der Pharmazie)* (auslaufend)

Mag. phil. ['mak 'fil]: **mag**ister **philo**sophiae [- -fiɛ] *(Magister/Magistra der Philosophie)*

Ma|g|yar [ma'djaːr] = → Madjar || **Ma|g|ya|rin** = → Madjarin || **ma|g|ya|risch** = → madjarisch

Ma|ha|go|ni das, -[s] ⟨indian.-engl.⟩: *ein tropisches Edelholz* || **Ma|ha|go|ni|mö|bel**

Ma|ha|ra|d|scha der, -s/-s ⟨Sanskrit⟩: *ein indischer Fürst* || **Ma|ha|ra|ni** die, -/-s: *Frau eines Maharadschas*

Mahd[1] die, -/-en: *das Mähen;* die erste M. ist im Mai | *gemähtes Gras als Futter* || **Mahd**[2] das, -[e]s/Mähder (reg.): *mähbare Bergwiese* || **Mah|der = Mäh|der** der, -s/- (reg.): *Mäher* || **Mah|de|rin = Mäh|de|rin** die, -/-innen (reg.) || **Mäh|dre|scher:** *eine landwirtschaftliche Maschine* || **mä|hen:** Gras m. || **Mä|her** der, -s/- || **Mä|he|rin** die, -/-innen

Mahl das, -[e]s/Mähler [-e] (geh.): ein reichliches M. *(Essen)*

mah|len, mahlte/gemahlen: Korn m. *(durch Reiben zerkleinern);* gemahlener Kaffee; wer zuerst kommt, mahlt zuerst || **Mahl|werk** || **Mahl|zahn**

Mahl|zeit: M. sagen; „Mahlzeit!"

Mäh|ma|schi|ne

Mahn|brief

Mäh|ne die, -/-n: *lange Haare an Kopf und Hals [des Pferdes]* | *langes, dichtes, meist ungeordnetes Haar beim Menschen*

mah|nen: einen Schuldner m. *(ihn an die Zahlungspflicht erinnern)* || **Mahn|ge|bühr:** *eine Strafgebühr für ein Mahnschreiben* || **Mahn|mal** das, -[e]s/-mäler [-e]: *Denkmal, Erinnerungszeichen* || **Mahn|schrei|ben** || **Mah|nung** die, -/-en: *Mahnschreiben* || **Mahn|wa|che:** *eine Form gewaltlosen öffentlichen Protests oder Gedenkens*

Mahr der, -[e]s/-e (veraltet): *Nachtgespenst, Alb;* Nachtmahr

Mäh|re die, -/-n (veraltend): *altes, ausgemergeltes Pferd; aber:* → Märe

Mäh|ren: *östlicher historischer Teil der Tschechischen Republik;* Böhmen und M. || **Mäh|rer** der, -s/- || **Mäh|re|rin** die, -/-innen || **mäh|risch**

Mai der, -[s] [-es] [geh., veraltet: des Maien]/-e: *der fünfte Monat;* der Erste Mai *(Staatsfeiertag)* || **Mai|an|dacht** (kath.) || **Mai|auf|marsch:** *Aufmarsch zum Tag der Arbeit am 1. Mai* || **Mai|baum** || **Mai|baum|auf|stel|len:** *ein Volksbrauch* || **Mai|baum|klet|tern = Mai|baum|kra|xeln** das, -s: *ein Volksbrauch* || **Mai|baum|steh|len** das, -s: *ein Volksbrauch*

Maid die, -/-en (geh., veraltet): *Mädchen*

Mai|dult (O, S): *Jahrmarkt und Messe im Mai* || **Mai|en|säß** → Maisäß

Mai|eu|tik → Mäeutik || **mai|eu|tisch** → mäeutisch

Mai|fei|er: *Brauchtumsfeier; Feier zum Tag der Arbeit am 1. Mai;* →

M

Erste-Mai-Feier ‖ **Maiglöckchen** = **Maiglöckerl** ‖ **Maikäfer**
Mail [meɪl] das, -s/-s = die, -/-s ⟨engl.⟩ (EDV): *Kurzwort für E-Mail*
Mailand (it.: Milano): *Stadt in Norditalien*
Mailbox [meɪl-] ⟨engl.⟩ (EDV): *elektronischer Briefkasten, in dem an eine Person gerichtete E-Mails gesammelt werden* ‖ **mailen** (EDV): *ein E-Mail versenden* ‖ **Mailing** das, -s: *Versenden von Werbematerial durch die Post* ‖ **Mailinglist** die, -/-s = **Mailingliste** (EDV): *Verteilerliste für E-Mails von Diskussionsgruppen im Internet*
Mailüfterl (ugs.): *Mailuft, Frühlingsluft*
Main der, -[e]s: *ein Nebenfluss des Rheins (D)*
Mainstream [ˈmeɪnstriːm] ⟨engl.⟩ der, -s (auch abw.): *dominierende [kulturelle] Richtung für ein Massenpublikum;* anspruchsvolle Filme abseits des Mainstreams
Mais der, -es: *ein Getreide, Kukuruz*
Maisäß der, -[es]/-e[r], *auch:* Maiensäß (V): *im Frühling und Herbst bewirtschaftete Voralpenweide;* → Vorsäß
Maische die, -/-n: *[für die Mostbereitung] zerquetschte Früchte* ‖ **maischen,** du maisch[s]t
Maischerl das, -s/-[n] (K) (Küchenspr.): *Maise* ‖ **Maise** die, -/-n: *in ein Schweinsnetz eingeschlagenes fein gehacktes Fleisch; aber:* → Meise
Maisgrieß: *Polenta* ‖ **Maiskeimöl** ‖ **Maiskolben** ‖ **Maiskorn**
Maisonette [mɛzoˈnɛt] die, -/-s [-n] = **Maisonnette,** -/-n ⟨fr.⟩: *zweigeschoßige Wohnung*
Maiß der, -es/-e: *Holzschlag; Jungwald*
Maissau: *Stadt in Niederösterreich*
Maisstriezel, *auch:* **Maisstritzel** (bes. St): *Maiskolben*
Majestät die, -/-en ⟨lat.⟩: *Titel von Kaisern und Königen;* „Eure (Euer) M.!"; Seine/Ihre M. | (ohne Pl.) (geh.) *Würde, Erhabenheit* ‖ **majestätisch:** ein majestätischer *(erhabener, großartiger)* Anblick ‖ **Majestätsbeleidigung** (meist iron.): *Äußerung, Verhaltensweise, die eine höherrangige Person als Angriff und Beleidigung auffasst*
Majo = Mayo [-j-] die, -/-s ⟨fr.⟩ (sal.): *Kurzwort für Mayonnaise*
Majolika die, -/Majoliken ⟨span.⟩: *bunte, glasierte Tonware*
Majonäse = Mayonnaise [-jɔˈnɛːs, -zə] die, -/-n: *pikantes Gemisch aus Öl, Eiern, Gewürzen ua.*
Major der, -s/-e ⟨lat.-span.⟩: *ein militärischer Offiziersdienstgrad*
Majoran der, -s/-e ⟨lat.⟩: *eine Gewürzpflanze*
majorenn ⟨lat.⟩ (veraltet): *großjährig, mündig* ‖ **majorisieren:** *die Stimmenmehrheit bedenkenlos ausnützen;* Andersdenkende m. ‖ **Majorität** die, -/-en: *[Stimmen]mehrheit;* → G.: Minorität ‖ **Majuskel** die, -/-n: *Großbuchstabe;* → G.: Minuskel ‖ **Majuskelschrift**
makaber ⟨fr.⟩: *schaurig, gespenstisch;* makabre Scherze
Makedonien (fachspr.): *Mazedonien* ‖ **Makedonier** der, -s/- (fachspr.): *Mazedonier* ‖ **Makedonierin** die, -/-innen (fachspr.) ‖ **makedonisch** (fachspr.)
Makel der, -s/- (geh.): ohne M. *(fehlerlos)* sein ‖ **makellos**
makeln: *zwischen verschiedenen Telefonanrufen hin- und herschalten*
Make-up [ˈmeɪkʌp] das, -s ⟨engl.⟩: *das Schminken des Gesichtes* | *kosmetisches Mittel*
Maki das, -s/-s ⟨jap.⟩: *eine japanische Speise*
Makkaroni die (Pl.) ⟨it.⟩: *lange, röhrenförmige Nudeln*
Makler der, -s/-: *Geschäftsvermittler* ‖ **Maklerin** die, -/-innen ‖ **Maklerprovision** [-v-]
Makrele die, -/-n ⟨niederl.⟩: *ein Fisch*
Makro das = der, -s/-s ⟨gr.⟩: *Kurzwort für Makroaufnahme ua.;* → Mikro | (EDV) *Befehl, der mehrere Schritte zusammenfasst* ‖ **Makroaufnahme:** *Nahaufnahme im Makrobereich* ‖ **Makrobiotik** die, -: *auf natürlichen Produkten, bes. Gemüse und Getreide, basierende Ernährungsweise* ‖ **makrobiotisch** ‖ **Makrokosmos:** *das Weltall;* → G.: Mikrokosmos ‖ **Makromolekül** (Chem.)
Makrone die, -/-n ⟨it.-fr.⟩: *Gebäck aus Mandeln, Nüssen oder Kokos ua.*
makroskopisch ⟨gr.⟩: *mit bloßem Auge erkennbar;* → G.: mikroskopisch ‖ **Makrostruktur** [-st-, -ʃt-]
Makulatur die, -/-en ⟨lat.⟩: *Abfallpapier; Altpapier* ‖ **Makulaturpapier** ‖ **makulieren:** Papier, Bücher m. *(einstampfen)*
mal (Math.): fünf mal drei ist fünfzehn; → einmal | (bes. D, ugs.) *einmal;* schau bitte sofort mal her!

Mal das, -[e]s/-e:
von Mal zu Mal | (geh.) *Zeichen, Fleck;* Muttermal | (mit Pl. Mäler [*auch:* Male]) (geh., veraltet) *Denkmal*

Groß- und Getrenntschreibung:
- [ein] jedes Mal
- das einzige/erste/letzte Mal
- beim ersten/letzten Mal[e]
- die folgenden Male
- nächstes/voriges Mal
- mit einem Mal[e] *(plötzlich)*
- beide/einige/unzählige/etliche Mal[e]
- mehrere/ein oder mehrere Mal[e]
- ein für alle Mal
- das eine Mal, das andere Mal
- ein und das and[e]re Mal
- ein ums and[e]re Mal *(immer wieder)*
- ein and[e]res Mal; *aber zusammen:* ein andermal darüber reden
- beim soundsovielten Mal[e]
- wie viele Mal[e]
- viele dutzend (= Dutzend) Mal[e]; *aber zusammen:* etwas dutzendmal sagen müssen
- dieses Mal; *aber zusammen:* diesmal komme ich nicht
- manches Mal; *aber zusammen:* manchmal

Zusammenschreibung oder – bei besonderer Betonung – Getrennt- und Großschreibung von „Mal":
- ein[und]einhalbmal (*bei bes. Betonung auch:* ein[und]einhalb Mal)
- genausovielmal (*bei bes. Betonung auch:* genauso viel Mal)
- hundertmal (*bei bes. Betonung auch:* hundert Mal)
- keinmal (*bei bes. Betonung auch:* kein Mal)
- ein paarmal (*bei bes. Betonung auch:* ein paar Mal)
- soundsovielmal (*bei bes. Betonung auch:* soundso viel Mal)
- wievielmal ist 5 in 30 enthalten (*bei bes. Betonung auch:* wie viel Mal)

Schreibung mit Zahlen, Ziffern und Einzelbuchstaben:
- 3-mal läuten

M

– alles 10-mal sagen
– x-mal; *aber getrennt:* beim x-ten Mal[e]

Ma|la|chit der, -s/-e ⟨gr.-lat.⟩: *ein Schmuckstein* ‖ **ma|la|chit|grün**
Ma|lai|se = → Maläse
Ma|la|koff|tor|te: *eine Torte mit Biskotten*
Ma|la|ria die, - ⟨it.⟩ (Med.): *Wechsel-, Sumpffieber* ‖ **Ma|la|ria-mü|cke**
Ma|lä|se = Malaise [-ˈlɛːs, -z(ɛ)] die, -/-n ⟨fr.⟩ (geh.): *moralisches oder politisches Unbehagen* | *üble Lage*
Mal|buch: *Buch zum Anmalen für Kinder*
Ma|le|fiz|kerl ⟨lat.⟩ (ugs.): *Draufgänger, Teufelskerl*
ma|len, malte/gemalt: ein Bild m. ‖ **Ma|ler** der, -s/-: M. und Anstreicher ‖ **Ma|le|rei** die, -/-en ‖ **Ma|ler|far|be** ‖ **Ma|le|rin** die, -/-innen ‖ **ma|le|risch:** eine malerische *(hübsche, reizende, pittoreske)* Gegend ‖ **Ma|ler|meis|ter:** *ein Handwerker* ‖ **Ma|ler|meis|te|rin** ‖ **Mal|far|be**
Mal|heur [-ˈløːɐ] das, -s/-e [-s] ⟨fr.⟩: *Unglücksfall; Missgeschick*
Ma|li[1]: *weibl. Vorname (Amalia)*
Ma|li[2]: *ein Staat in Afrika*
-ma|lig (nur in Zusammensetzungen wie achtmalig)
ma|li|gne ⟨lat.⟩ (Med.): ein maligner *(bösartiger)* Tumor ‖ **Ma|lig|ni|tät** die, - (Med.) ‖ **ma|li|zi|ös** ⟨lat.-fr.⟩ (geh.): eine maliziöse *(boshafte, hämische)* Bemerkung
Mal|kas|ten: *Farbkasten* ‖ **Mal|krei|de**
mal|neh|men: *multiplizieren, vervielfachen*
Ma|lo|che die, - ⟨hebr.-jidd.⟩ (D, ugs.): *harte Arbeit* ‖ **ma|lo|chen** (D, ugs.): *hart arbeiten* | (bes. V) *buckeln*
Mal|ta (Kfz: M): *ein Inselstaat;* → Maltese
Mal|ter der = das = die, -s/- (mda.): *Mörtel*
Mal|te|se der, -n/-n: *Einwohner von Malta;* → Malta ‖ **Mal|te|ser** der, -s/-: *Angehöriger des Malteserordens* | *Angehöriger eines Sanitätsdienstes* | *eine Hunderasse* ‖ **Mal|te|ser|kreuz:** *ein achtzackiges Kreuz, Abzeichen der Malteser und der Johanniter* ‖ **Mal|te|ser|or|den** ‖ **Mal|te|ser-rit|ter:** *Angehöriger des Malteserordens* ‖ **Mal|te|sin** die, -/-innen: *Bewohnerin Maltas* ‖ **mal|te-sisch** ‖ **Mal|te|sisch** das, -[s] = **Mal|te|si|sche,** -n = **Mal|ti,** -[s]: *die Sprache der Einwohner von Malta*
Mal|to|se die, - ⟨lat.-fr.⟩: *Malzzucker*
mal|trä|tie|ren ⟨lat.-fr.⟩: *misshandeln, quälen*
Ma|lus der, - [-lusses]/- [-lusse] ⟨lat.⟩: *Prämienzuschlag nach Schadensfällen in der Kfz-Haftpflichtversicherung;* → G.: Bonus
Mal|va|sier [-v-] der, -s: *eine Reb- und Weinsorte (nach einer griechischen Stadt)*
Mal|ve [-v-] die, -/-n ⟨lat.-it.⟩: *eine Heilpflanze, Käspappel* ‖ **mal-ven|far|big:** *rotlila*
Mal|ver|sa|ti|on [-v-tsi̯-] die, -/-en (veraltet): *Veruntreuung, Unterschlagung*
Malz das, -es: *gekeimtes, gedörrtes Getreide* ‖ **Malz|bier**
Mal|zei|chen (·, *auch:* ×): *Multiplikationszeichen;* 2 · 2 = 4 (2 mal 2 ist 4)
mal|zig ‖ **Malz|kaf|fee** ‖ **Malz|zu-cker** ‖ **Malz|zu|ckerl**
Ma|ma [geh. auch: -ˈmaː] die, -/-s: *Mutter*
Mam|ba die, -/-s ⟨afrik.⟩: *eine Giftschlange*
Mam|bo der, -s/-s ⟨span.⟩: *ein Tanz*
Ma|mi die, -/-s (Kinderspr.): *Mama*
Mam|mo|gra|fie = **Mam|mo|gra-phie** [-f-] die, -/-n ⟨gr.⟩ (Med.): *Durchleuchtung der weiblichen Brust*
Mam|mon der, -s ⟨aramäisch-gr.⟩: dem M. *(Reichtum, Geld)* verfallen sein
Mam|mut das, -[e]s/-e [-s] ⟨uralisch-russ.-fr.⟩: *eine ausgestorbene Elefantenart* ‖ **Mam|mut-baum** ‖ **Mam|mut|un|ter|neh-men:** *Riesenunternehmen*
mamp|fen (ugs.): *mit vollem Mund essen*
Mam|sell die, -/-en [-s] ⟨fr.⟩ (veraltet): *Fräulein* | (Gast.) die kalte M. *(Köchin für die kalte Küche)*
man: man sagt *(die Leute sagen);* → frau
Ma|nage|ment [ˈmænɪdʒm-] das, -s/-s ⟨it.-engl.⟩: *Unternehmensführung, -organisation* ‖ **Ma-nage|ment-Buy-in** [-baɪ-] = **Ma-nage|ment-Buy|in** (Wirt.): *Übernahme eines Unternehmens durch ein externes Management* ‖ **Ma|nage|ment-Buy-out** [-baɪ-aʊt] = **Ma|nage|ment-Buy|out** (Wirt.): *Übernahme eines Unternehmens durch das eigene Management* ‖ **ma|na|gen,** du managst: *organisieren, arrangieren, durchführen* ‖ **Ma|na|ger** der, -s/- ‖ **Ma|na|ge|rin** die, -/-innen ‖ **Ma-na|ger|krank|heit:** *auf Überarbeitung zurückzuführende Kreislauferkrankung*
manch (geh.): m. einer; m. schöne Stunde; wir haben m. Schönes erlebt ‖ **man|chen|orts** → mancherorts

man|cher, manche, manches:

– so mancher hatte sich verschätzt
– die Aufgabe fiel manchen schwer

Großschreibung des nachfolgenden Adjektivs:
– manches **S**chöne
– manches **G**ute

Deklination:
– manch schöner Tag; manch lautes Geräusch; manch schöne Erlebnisse
– für manch[en] interessierten Schüler; für manch[e] fleißige Helferin
– für manche interessierte[n] Schüler; für manche fleißige[n] Helferinnen

man|cher|lei ‖ **man|cher|or|ten** (geh.) ‖ **man|cher|orts,** *auch:* manchenorts (geh.) ‖ **manch-mal:** m. kommt sie zu spät; *aber:* manches Mal
Man|da|la das, -s/-s ⟨Sanskrit⟩: *indisch-tibetisches Meditationsbild*
Man|dant der, -en/-en ⟨lat.⟩: *Auftraggeber, Klient eines Rechtsanwalts* ‖ **Man|dan|tin** die, -/-innen
Man|da|rin[1] der, -s/-e ⟨Sanskrit-mal.-port.⟩ (früher): *hoher chinesischer Beamter* ‖ **Man|da|rin**[2] das, -[s]: *chinesische Beamtensprache, Grundlage des modernen Chinesisch* ‖ **Man|da|ri|ne** die, -/-n: *eine Südfrucht*
Man|dat das, -[e]s/-e ⟨lat.⟩: *Auftrag;* ein M. als Gemeinderat haben *(als Abgeordneter in den Gemeinderat gewählt sein)* ‖ **Man|da|tar** der, -s/-e: *gewählter [Volks]vertreter, Abgeordneter* ‖ **Man|da|ta|rin** die, -/-innen ‖ **Man|dats|ver|tei|lung:** die M. im Gemeinderat *(seine parteipolitische Zusammensetzung)*
Man|del die, -/-n: *Frucht des Mandelbaumes* | *eine Halsdrüse* ‖

M

man|del|äu|gig (geh.) ‖ **Man|del|baum** ‖ **Man|del|ent|zün|dung** (Med.): *Angina* ‖ **man|del|för|mig** ‖ **Man|del|kern**
Man|der die (Pl.) (T, mda.): *Leute, Männer;* „M., 's ist Zeit!"; die schwarzen M. *(Statuen in der Innsbrucker Hofkirche)* ‖ **Man|derl** das, -s/-[n] (ugs.): *kleiner, schmächtiger [alter] Mann, Männchen* | Manderln *(Umstände)* machen ‖ **Mandl** das, -s/-n (ugs.): *Manderl* | *zum Trocknen aufgestellte Getreidegarben; Gestell zum Heutrocknen* ‖ **Mandl|ka|len|der** (reg.): *alter [steirischer] Bauernkalender*
Man|do|li|ne die, -/-n ⟨gr.-lat.-it.⟩: *ein Zupfinstrument*
Ma|ne|ge [-'eːʃ, -ʒɛ] die, -/-n ⟨fr.⟩: *Reitbahn* | *Spielfläche im Zirkus*
Ma|nen die (Pl.) ⟨lat.⟩: *gute Geister von Verstorbenen (im alten Rom)*
Man|fred: *männl. Vorname;* → Fred
Man|ga das, -s/-s ⟨jap.⟩: *ein japanisches Comic*
Man|gan das, -s ⟨gr.-lat.-fr.⟩ (Zeichen: Mn): *ein chemisches Element*
Man|ge die, -/-n (T): *Mangel*[1] ‖ **Man|gel**[1] die, -/-n (D): *Wäscherolle, Bügelpresse;* jemanden in die M. nehmen *(in Bedrängnis bringen)*
Man|gel[2] der, -s: M. *(Bedarf, Not)* an Facharbeitern | (mit Pl. Mängel) *Fehler* ‖ **Man|gel|er|schei|nung** ‖ **man|gel|haft:** nur m. über etwas Bescheid wissen ‖ **Man|gel|haf|tig|keit** die, - ‖ **Män|gel|haf|tung** (Jus): *Gewährleistung bzw. Garantie* ‖ **Man|gel|krank|heit** (Med.): *durch Mangel [an Vitaminzufuhr] auftretende Krankheit* ‖ **man|geln:** es mangelt *(fehlt)* ihm an Einsicht ‖ **Män|gel|rü|ge** (Jus)

man|gels

Präposition mit Genitiv:
– mangels eines Beweises
Allein stehendes starkes Nomen im Singular bleibt undekliniert:
– mangels Beweis
Im Plural mit Dativ, wenn Genitiv nicht erkennbar:
– mangels Beweisen (*statt:* Beweise)

Man|gel|wa|re: *schwer zu bekommende Ware*
Man|go die, -/-s ⟨Tamil-port.⟩: *eine tropische Frucht*
Man|gold der, -[e]s/-e: *eine Art Spinat*
Man|harts|berg: *ein Berg in Niederösterreich;* Viertel oberm M. *(Waldviertel);* Viertel unterm M. *(Weinviertel)*
Ma|nie die, -/-n ⟨gr.-lat.⟩: *suchtartiger Hang zu bestimmten Tätigkeiten* | (Med., Psych.) *eine Geisteskrankheit;* → manisch
Ma|nier die, -/-en (meist Pl.) ⟨lat.-fr.⟩: *Umgangsform;* gute Manieren haben | (ohne Pl.) *Eigenart, Stil eines Künstlers* ‖ **ma|nie|riert:** ein manieriertes *(gekünsteltes)* Benehmen ‖ **Ma|nie|ris|mus** der, -/Manierismen: *eine künstlerische Richtung* ‖ **ma|nie|ris|tisch** ‖ **ma|nier|lich:** *artig, wohlerzogen*
ma|ni|fest ⟨lat.⟩: *offenkundig* ‖ **Ma|ni|fest** das, -[e]s/-e: *öffentliche Erklärung* | *Programmschrift* ‖ **Ma|ni|fes|tant** der, -en/-en (veraltend): *Demonstrant* ‖ **Ma|ni|fes|tan|tin** die, -/-innen (veraltend) ‖ **Ma|ni|fes|ta|ti|on** [-tsi̯-] die, -/-en ‖ **ma|ni|fes|tie|ren:** etwas manifestiert sich *(wird sichtbar, offenkundig)*
Ma|ni|kü|re [-'yːə, -'yːrɛ] die, - ⟨lat.-fr.⟩: *Hand- und Nagelpflege* | (mit Pl. -n) *Handpflegerin* ‖ **ma|ni|kü|ren** ‖ **Ma|ni|kür|zeug**
Ma|ni|la: *Hauptstadt der Philippinen*
Ma|ni|pu|lant der, -en/-en ⟨lat.⟩ (veraltend): *Hilfskraft* ‖ **Ma|ni|pu|lan|tin** die, -/-innen (veraltend) ‖ **Ma|ni|pu|la|ti|on** [-tsi̯-] die, -/-en (abw.): *Machenschaft* | *Beeinflussung* | *Kunstgriff* ‖ **Ma|ni|pu|la|ti|ons|ge|bühr** (Kaufmannsspr.): *Bearbeitungsgebühr [bei Reisebüros]* ‖ **ma|ni|pu|lier|bar** ‖ **Ma|ni|pu|lier|bar|keit** die, - ‖ **ma|ni|pu|lie|ren** (abw.): die öffentliche Meinung m. *(lenken, steuern)*
ma|nisch ⟨gr.-lat.⟩ (Med., Psych.): *tobsüchtig;* → Manie ‖ **ma|nisch-de|pres|siv** (Med., Psych.): *abwechselnd übertrieben hochgestimmt und schwermütig-bedrückt*
Ma|ni|tu der, -s ⟨indian.⟩: *der große Geist im indianischen Glauben*
Man|ko das, -s/-s ⟨it.⟩: *fehlende Menge [bei einer Geldabrechnung]* | *Mangel;* er hat nur ein M. *(einen Nachteil)*
Mann der, -[e]s/Männer: seinen M. stehen/stellen *(die Sache gut machen);* etwas an den M. bringen *(verkaufen)* | (in Mengenangaben mit Pl. Mann) vier Mann hoch *(zu viert);* vier Mann Besatzung | (früher mit Pl. Mannen) *Gefolgsmann;* → Leute
Man|na das, -[s] ⟨hebr.⟩: *Himmelsbrot der Israeliten (in der Bibel)*
mann|bar (geh., veraltet): *heiratsfähig (von Mädchen)* | *zeugungsfähig (von Burschen)* ‖ **Mann|bar|keit** die, - (geh., veraltet) ‖ **Männ|chen** das, -s/-: *Männlein, Manderl* | *männliches Tier* | der Hund macht M. *(richtet sich auf den Hinterpfoten auf)* ‖ **Mann|de|cker** der, -s/- (Sport) ‖ **Mann|de|cke|rin** die, -/-innen (Sport) ‖ **Mann|de|ckung** (Sport): *konsequentes Deckungsspiel Mann gegen Mann*
Man|ne|quin [-'kɛ̃ː, auch: 'ma-] das (*auch:* der), -s/-s ⟨niederl.-fr.⟩: *Frau, die Modekollektionen vorführt*
Män|ner|be|kannt|schaft ‖ **Män|ner|be|ruf:** sie ergreift einen typischen M. ‖ **Män|ner|bund** ‖ **Män|ner|chor** [-k-] ‖ **män|ner|feind|lich** ‖ **Män|ner|ma|ga|zin** ‖ **Män|ner|sa|che:** reine M. *(Angelegenheit von Männern)*
Män|ner|schnit|ten die (Pl.) (Wz.): *gefüllte Waffeln*
Män|ner|stim|me ‖ **Män|ner|treu** das, -s = die, -: *volkstümliche Bezeichnung für verschiedene Pflanzen* ‖ **Män|ner|welt** die, - ‖ **Man|nes|al|ter:** ins M. kommen; im besten M. ‖ **Man|nes|kraft** die, -: in voller M. *(Schaffenskraft)* | (geh.) *geschlechtliche Potenz* ‖ **mann|haft** (geh.): *aufrecht, tapfer*
man|nig|fach (geh.): *vielfach* ‖ **man|nig|fal|tig** (geh.): *vielfältig, verschiedenartig* ‖ **Man|nig|fal|tig|keit** die, - (geh.)
Männ|lein das, -s/-: *Männchen* | (scherzh.) M. und Weiblein *(die beiden Geschlechter);* ein altes M. ‖ **männ|lich** ‖ **Männ|lich|keit** die, - ‖ **Männ|lich|keits|wahn** (oft abw.) ‖ **Manns|bild** (ugs., oft abw.): *Mann;* ein gestandenes M. *(ein echter Mann)* ‖ **Mann|schaft** die, -/-en: *Besatzung [eines Schiffes]* | (Sport) die auswärtige M. verlor 3 : 2 ‖ **mann|schaft|lich** ‖ **mann|schafts|dien|lich** (Sport): m. spielen ‖ **Mann|schafts|ren|nen** (Sport) ‖ **Mann|schafts|spiel** (Sport) ‖ **Mann|schafts|sport** ‖

M

mannshoch: mannshohes Gebüsch ‖ **mannstoll:** *verrückt nach Männern* ‖ **Mannweib** (abw.): *betont männlich auftretende oder aussehende Frau*
Manometer der = das, -s/- ⟨gr.-fr.⟩: *Gerät zum Messen des Gas- oder Flüssigkeitsdrucks*
ma non troppo ⟨it.⟩ (wörtl.: aber nicht zu sehr) (Mus.): allegro ma non t.
Manöver [-v-, -f-] das, -s/- ⟨fr.⟩: *Übung militärischer Verbände* | *geschickte Wendung [mit einem Fahrzeug]* | *Kunstgriff* ‖ **Manöverschaden:** *[durch eine militärische Übung] verursachter Schaden* ‖ **manövrieren** [-v-]: geschickt m. *(lenken)* ‖ **manövrierunfähig**
Mansarde die, -/-n: *ausgebautes Dachgeschoß (nach einem französischen Baumeister)* ‖ **Mansardendach** ‖ **Mansardenwohnung**
Manschette die, -/-n ⟨lat.-fr.⟩: *Ärmelaufschlag, Ärmelabschluss [von Hemden]* | *Verbindungsstück zweier zusammenstoßender Rohrteile* ‖ **Manschettenknopf**
Mantel der, -s/Mäntel ‖ **Mäntelchen** das, -s/- ‖ **Mantelfutter** ‖ **Mantelkleid** ‖ **Manteltasche** ‖ **Mantel-und-Degen-Stück:** *Film oder Theaterstück mit Fechtszenen in historischen Kostümen*
Mantra das, -[s]/-s ⟨Sanskrit⟩: *[indischer] magischer Spruch; buddhistische Formel*
Mantua (it.: Mantova [-v-]): *Stadt in Norditalien*
Manual das, -s/-e ⟨lat.⟩: *Tastenreihe [der Orgel]*
Manuel: *männl. Vorname* ‖ **Manuela:** *weibl. Vorname*
manuell ⟨lat.-fr.⟩: *händisch;* manuelle Arbeit
Manufaktur die, -/-en ⟨lat.-fr.⟩: *Betrieb mit Serienproduktion in Handarbeit*
manu propria (m. p.) ⟨lat.⟩: *eigenhändig*
Manus das, -/- ⟨lat.⟩: *Kurzwort für Manuskript* ‖ **Manuskript** das, -[e]s/-e (Ms.): *hand- oder maschingeschriebene Vorlage [zum Druck oder für einen Vortrag];* → Manus
Maoismus der, -: *politische Lehre des chinesischen politischen Führers Mao Tse-tung (Mao Zedong)* ‖ **Maoist** der, -en/-en ‖ **Maoistin** die, -/-innen
Maori[1] der, -[s]/-[s]: *Ureinwohner Neuseelands* ‖ **Maori**[2] die, -/-[s] ‖ **Maori**[3] das, -[s]: *die Sprache der Maoris*
Mappe die, -/-n: Dokumente in einer M. aufbewahren
Mär die, -/-en, *auch:* Märe, -/-n (geh.): *Sage, Nachricht;* es geht die Mär *(man erzählt); aber:* → Mähre
Maracuja [-k-] die, -/-s ⟨indian.-port.⟩: *eine tropische Obstart, Passionsfrucht*
Marandjosef (ugs.): *Maria und Josef, ein Ausruf [des Erschreckens]* ‖ **Marantana** (mda.): *Maria und Anna, ein Ausruf [des Erschreckens]*
Marasmus der, - ⟨gr.-lat.⟩ (Med.): *fortschreitender Verfall*
Marathon der, -s/-s: *Kurzwort für Marathonlauf (nach einem griechischen Ort)* | *etwas sehr lange Dauerndes* ‖ **Marathonlauf:** *ein Langstreckenlauf* ‖ **Marathon laufen** = **marathonlaufen,** sie läuft Marathon, sie ist Marathon gelaufen/marathongelaufen ‖ **Marathonsitzung:** *endlose Sitzung* ‖ **Marathonveranstaltung**
Marburg (Siedlungsname): M. an der Drau *(Stadt in Slowenien)* (slowen.: Maribor)
marcato [-k-] ⟨it.⟩ (Mus.): *betont*
March die, -: *ein Nebenfluss der Donau in Tschechien, Niederösterreich, in der Slowakei* ‖ **Marchegg:** *Stadt in Niederösterreich*
Märchen das, -s/-: M. erzählen ‖ **Märchenbuch** ‖ **Märchenerzähler** ‖ **Märchenerzählerin** ‖ **Märchengestalt** ‖ **märchenhaft:** m. *(außergewöhnlich)* schön ‖ **Märchenland** ‖ **Märchenonkel:** *Märchenerzähler* | *jemand, der erfundene Geschichten erzählt* ‖ **Märchenoper** ‖ **Märchenprinz** ‖ **Märchenprinzessin** ‖ **Märchentante:** *weibl. Form von Märchenonkel*
Marchfeld [auch: -ˈɛ-]: *eine Ebene in Niederösterreich* ‖ **Marchfeldkanal** ‖ **Marchtrenk:** *Marktgemeinde in Oberösterreich*
Marder der, -s/-: *ein Raubtier* ‖ **Marderfell**
Märe → Mär
Marende die, -/-n ⟨rom.⟩ (bes. SüdT): *Zwischenmahlzeit am Nachmittag* ‖ **marenden** (bes. SüdT): *jausnen*
Margarete, *auch:* Margareta: *weibl. Vorname;* → Grete; → Margit; → Margot ‖ **Margareten:** *5. Bezirk Wiens*
Margarine die, -/-n ⟨gr.-fr.⟩: *Speisefett aus [überwiegend] pflanzlichen Bestandteilen*
Marge [-ʃ, -ʒɛ] die, -/-n (bes. D): *Gewinnspanne*
Margerite die, -/-n: *eine Blume*
marginal ⟨lat.⟩: *am Rand befindlich; nebensächlich* ‖ **Marginalie** [-iɛ] die, -/-n: *Randbemerkung*
Margit: *weibl. Vorname (Margarete)* ‖ **Margot:** *weibl. Vorname (Margarete)*
Maria = Marie: *weibl. Vorname;* → Mirl; → Mizzi ‖ **Maria Empfängnis** = **Mariä Empfängnis:** *Feiertag am 8. Dezember;* → unbefleckt ‖ **Mariahilf:** *6. Bezirk Wiens* ‖ **Maria Himmelfahrt** = **Mariä Himmelfahrt:** *Feiertag am 15. August* ‖ **marianisch:** *auf die hl. Maria bezogen* ‖ **Marianne:** *weibl. Vorname* ‖ **maria-theresianisch:** *von Maria-Theresia (1740–1780) oder aus ihrer Zeit stammend;* maria-theresianische Briefe; *aber:* die Maria-Theresianische Zeit; → theresianisch ‖ **Maria-Theresien-Orden:** *bis 1919 höchster österreichischer und ungarischer Militärorden* ‖ **Maria-Theresien-Ritter:** *Träger des Maria-Theresien-Ordens* ‖ **Mariatheresientaler:** *eine Silbermünze* ‖ **Mariazell:** *Stadt und Wallfahrtsort in der Steiermark* ‖ **Mariazeller Bahn:** *Regionallinie zwischen St. Pölten und Mariazell* ‖ **Marie** = → Maria ‖ **Marienbild** [-ˈiː(ɛ)n-] ‖ **Marienkäfer** = **Marienkäferl** das, -s/-[n] ‖ **Marienkirche** ‖ **Marienverehrung**
Marihuana [-ˈhu̯a(ː)-, auch: ˈ-xu̯a(ː)-] das, -s ⟨mexikanisch-span.⟩: *ein Suchtgift*
Marille die, -/-n ⟨rom.⟩: *ein Steinobst;* → Aprikose ‖ **Marillenbaum** ‖ **Marillenbrand** ‖ **Marillenfleck** der, -[e]s/-: *eine Mehlspeise* ‖ **Marillengeist:** *Marillenschnaps* ‖ **Marillenknödel** ‖ **Marillenkompott** ‖ **Marillenkuchen** ‖ **Marillenlikör** ‖ **Marillenmarmelade** ‖ **Marillenschnaps** ‖ **Marillenstrudel**
marin ⟨lat.⟩: *zum Meer gehörig;* marine Pflanzen ‖ **Marinade** die, -/-n: *Gewürzsauce, Dressing* ‖ **Marine** die, -/-n: *Seewesen, Seefahrt, Handelsflotte eines Staates; Kriegsmarine* ‖ **marine:** *marineblau* ‖ **marineblau:** *dunkel-*

blau ‖ **Marineoffizier** ‖ **Marinesoldat** ‖ **Marineuniform** ‖ **Marineur** [-ˈnøːə] der, -s/-e (veraltet): *Seemann* ‖ **marinieren:** marinierte *(in Marinade eingelegte)* Heringe
Mario: *männl. Vorname* ‖ **Marion:** *weibl. Vorname*
Marionette die, -/-n ⟨fr.⟩: *eine Puppe mit beweglichen Gliedern* | (abw.) *willenloser Mensch* ‖ **marionettenhaft** ‖ **Marionettentheater**
maritim ⟨lat.⟩: *das Meer, die Seefahrt betreffend*
Mark[1]: *männl. Vorname (Markus)*
Mark[2] das, -[e]s: *[weiches] Gewebe eines Organs oder in Knochen;* der Schrei ging mir durch M. und Bein *(berührte mich bes. unangenehm)*
Mark[3] die, -/- (früher): *eine Geldeinheit, zB in der Bundesrepublik Deutschland*
Mark[4] die, -/-en: die grüne M. *(Steiermark)* | (früher) *Grenzland;* karolingische Marken; die M. Brandenburg
markant ⟨germ.-fr.⟩: markante *(scharf ausgeprägte)* Gesichtszüge
Marke die, -/-n: Marken *(Briefmarken)* sammeln | *Hundemarke* | (Wirt.) *Warenzeichen* ‖ **Märke** die, -/-n (veraltet): *Markierungszeichen [auf der Wäsche]* ‖ **märken:** die Wäsche m. *(sie kennzeichnen); aber:* → merken ‖ **Markenartikel:** *Qualitätsware* ‖ **Markenname,** *auch:* **Markennamen:** *Warenzeichen* ‖ **Markenprodukt** ‖ **Markenrecht:** *ausschließliches Recht zum Gebrauch einer registrierten Marke* ‖ **Markensammler:** *Briefmarkensammler* ‖ **Markensammlerin** ‖ **Markenschutz** → Handelsmarke ‖ **Markenware** ‖ **Markenzeichen:** *Warenzeichen*
Marker der, -s/- ⟨engl.⟩: *Markierstift, Leuchtstift*
markerschütternd: ein markerschütternder *(bes. unangenehmer, entsetzlicher)* Schrei
Marketender der, -s/- ⟨lat.-it.⟩ (früher): *Truppen begleitender Händler, Gastwirt* ‖ **Marketenderin** die, -/-innen: *Schnaps anbietende Begleiterin einer Trachtenmusikkapelle* | (früher) *Händlerin, die Truppen begleitet*
Marketing das, -s ⟨engl.⟩ (Wirt.): *Orientierung eines Unternehmens nach den Absatzmöglichkeiten*
Markgraf (Gesch.): *Fürst einer Grenzmark* ‖ **Markgrafschaft**
markieren ⟨germ.-fr.⟩: einen Weg m. *(ihn [durch Farben] kennzeichnen);* eine Fahrkarte m. *(entwerten)* | (ugs.) eine Krankheit m. *(vortäuschen)* | (Sport) einen Gegenspieler m. *(genau decken)* ‖ **Markierung** die, -/-en ‖ **Markierungslinie** [-iɛ] ‖ **markig:** *kernig, kräftig;* markige Sprüche
märkisch: *brandenburgisch*
Markise die, -/-n ⟨germ.-fr.⟩: *ein aufrollbares Sonnenschutzdach; aber:* → Marquise
Markknochen ‖ **Markknödel:** *eine Suppeneinlage*
Markomanne der, -n/-n (Gesch.): *Angehöriger eines germanischen Volksstammes* ‖ **Markomannin** die, -/-innen (Gesch.)
Markör = Marqueur [-ˈkøːə] der, -s/-e ⟨germ.-fr.⟩ (veraltet): *Zahlkellner in Cafés*
Markstein: *Grenzstein; Wendepunkt*
Markt der, -[e]s/Märkte: auf dem M. einkaufen | ein neues Produkt auf den M. bringen/*sal. auch:* werfen; den M. erobern | *größere Ortschaft, Marktgemeinde* ‖ **Marktamt:** *Behörde für Lebensmittelkontrolle* ‖ **Marktanalyse** [-lyː-]: *Analyse der Marktlage* ‖ **Marktanteil:** der M. einer Firma, eines Produkts ‖ **marktbeherrschend:** das Unternehmen ist m. *(es dominiert auf dem Markt)* ‖ **Markteinschätzung** ‖ **Markterhebung:** *Ernennung eines Ortes zum Markt* ‖ **Marktfahrer:** *Wanderhändler* ‖ **Marktfahrerin** ‖ **Marktflecken:** *größere Ortschaft* ‖ **Marktforschung:** *wissenschaftliche Untersuchung des Warenmarktes* ‖ **Marktforschungsinstitut** [-st-] ‖ **Marktführer:** *den Markt beherrschende Firma, beherrschendes Produkt* ‖ **Marktführerin** ‖ **Marktführerschaft** die, - ‖ **Marktgemeinde:** *größere Ortschaft mit Marktrecht* ‖ **marktgerecht** ‖ **Markthalle** ‖ **Marktkapitalisierung** (Wirt.): *Wert eines Unternehmens gemäß dem Kurs der Aktien* ‖ **Marktlage** (Wirt.): *Wirtschaftslage* ‖ **Marktleader** [-liːdə] (Wirt.): *Marktführer* ‖ **Marktlücke:** *das Fehlen [eines Produkts] im Angebot* ‖ **Marktnische** ‖ **Marktordnung** (Wirt.): *Bestimmung über die Wettbewerbsbedingungen, zB Preis, Angebot* ‖ **Marktplatz** ‖ **Marktpreis:** *am freien Markt erzielbarer Preis* ‖ **Marktrecht** ‖ **Marktschreier** der, -s/- (abw.): *Markthändler, der laut und aufdringlich seine Waren anpreist* ‖ **Marktschreierin** die, -/-innen (abw.) ‖ **marktschreierisch:** etwas m. *(wie ein Jahrmarktsausrufer)* anpreisen ‖ **Marktstand:** *Verkaufsstand* ‖ **Markttag:** Donnerstag ist M. ‖ **marktüblich** ‖ **Marktwert:** *derzeitiger Wert einer Ware* ‖ **Marktwirtschaft:** *nur von Angebot und Nachfrage bestimmte Wirtschaft;* freie M.; soziale M.; → Planwirtschaft ‖ **marktwirtschaftlich**
Markus: *männl. Vorname;* → Mark ‖ **Markusevangelium** [-v-, -f-] das, -s: *Evangelium nach dem Evangelisten Markus*
Märlein das, -s/- (veraltet): *Märchen*
Marlene: *weibl. Vorname* ‖ **Marlies,** *auch:* Marlis: *weibl. Vorname*
Marmelade die, -/-n ⟨gr.-lat.-port.⟩: *süßes Mus aus eingekochtem Obst;* → Konfitüre ‖ **Marmeladebrot** ‖ **Marmeladeglas** ‖ **Marmeladepalatschinke**
Marmor der, -s/-e ⟨gr.-lat.⟩: *ein Kalkgestein* ‖ **Marmorbüste** ‖ **Marmorgugelhupf** ‖ **marmoriert:** *marmorartig gemustert* ‖ **Marmorkuchen:** *marmorierter Kuchen* ‖ **marmorn:** eine marmorne Wandverkleidung
marod ⟨fr.⟩ (veraltend): *leicht erkrankt* | ein marodes *(abgewirtschaftetes)* Unternehmen ‖ **Marodeur** [-ˈdøːə] der, -s/-e (veraltet): *plündernder Nachzügler einer Truppe* ‖ **marodieren**
Marokkaner der, -s/- ‖ **Marokkanerin** die, -/-innen ‖ **Marokko:** *ein Staat in Afrika*
Maroni die, -/- ⟨it.⟩: *essbare Kastanie* ‖ **Maronibrater** der, -s/- ‖ **Maronibraterin** die, -/-innen
Marotte die, -/-n ⟨fr.⟩: *wunderliche Eigenheit*
Marqueur = → Markör
Marquis [-ˈkiː] der, - [auch: -ˈkiːs]/- [-ˈkiːs] ⟨germ.-fr.⟩: *Markgraf* ‖ **Marquise** [-s, -zɛ] die, -/-n: *ein Adelstitel; aber:* → Markise
Mars[1]: *römischer Gott des Krieges* ‖ **Mars**[2] der, -: *ein Planet*

M

marsch: „Hinaus, marsch!" ‖ **Marsch**[1] der, -[e]s/Märsche: ein weiter M. *(eine lange Fußwanderung)* | *ein Musikstück*

Marsch[2] die, -/-en: *[durch Deiche geschütztes] fruchtbares Schwemmland an der Nordsee;* → Geest

Marschall der, -s/-schälle: *höchster militärischer Dienstgrad* | (früher) *ein Hofwürdenträger* ‖ **Marschallin** die, -/-innen: *Frau eines Marschalls*

Marschbefehl (Mil.) ‖ **marschbereit** (Mil.) ‖ **Marschflugkörper** (Mil.): *niedrig fliegende Boden-Boden-Rakete, Cruisemissile* ‖ **Marschgepäck** ‖ **marschieren** ‖ **Marschierer** der, -s/- (ugs.): *Wanderer* | *Demonstrant* ‖ **Marschiererin** die, -/-innen (ugs.) ‖ **Marschkolonne** ‖ **Marschmusik** ‖ **Marschroute** [-ruːtɛ]: *Marschrichtung, Weg*

Marseillaise [-sɛˈjɛːz(ɛ)] die, -: *die französische Nationalhymne*

Marshallplan [-ʃ-] der, -[e]s: *amerikanisches Hilfsprogramm zum Wiederaufbau Westeuropas nach dem Zweiten Weltkrieg;* → ERP

M

Marsmensch: *Außerirdischer* ‖ **Marsmond** ‖ **Marssonde**

Marstall (früher): *fürstliche Pferdestallungen*

Marter die, -/-n: *Qual, Folter* ‖ **Marterl** das, -s/-[n]: *Kreuz, Bildstock [zum Gedenken]* ‖ **martern:** Sorgen m. *(quälen)* mich ‖ **Marterpfahl** ‖ **Martertod**

Martha, *auch:* Marthe: *weibl. Vorname*

martialisch [-tsi̯-] ⟨lat.⟩ (geh.): *kriegerisch, Furcht einflößend*

Martin: *männl. Vorname* ‖ **Martina:** *weibl. Vorname* ‖ **Martini:** *Festtag (11. November) des hl. Martin, des Landespatrons des Burgenlandes;* zu M. *(am Martinitag)* ‖ **Martinigans** = **Martinigansl:** *Gans, die zu Martini gegessen wird* ‖ **Martiniloben** das, -s: *ein burgenländischer Brauch*

Märtyrer [-ty-, -ti-] der, -s/- ⟨gr.-lat.⟩: *jemand, der für seine religiöse oder politische Überzeugung leidet; Blutzeuge* ‖ **Märtyrerin** die, -/-innen ‖ **Märtyrertod** ‖ **Martyrium** das, -s/Martyrien: *Opfertod; langes, qualvolles Leiden*

Marxismus der, -: *eine sozialistische Gesellschaftstheorie (nach dem Philosophen Karl Marx)* ‖ **Marxismus-Leninismus:** *eine politische Richtung* ‖ **Marxist** der, -en/-en ‖ **Marxistin** die, -/-innen ‖ **marxistisch**

März der, -[es] [geh.: des Märzen]/-e ⟨lat.⟩: *der dritte Monat* ‖ **Märzenbecher:** *eine Frühlingsblume* ‖ **Märzenbier:** *Bier einer besonderen Geschmacksrichtung* ‖ **Märzgefallene** der, -n/-n, ein Märzgefallener (Gesch.): *Opfer der Revolution in Wien vom März 1848*

Marzipan der = das, -[e]s/-e ⟨it.⟩: *eine Mandelmasse* ‖ **Marzipanfigur**

Märzrevolution [-v-tsi̯-] (Gesch.): *Revolutionen im März 1848* | *erste Revolution in Russland 1917* ‖ **Märzveilchen** die (Pl.) (sal.) (Gesch.): *österreichische Opportunisten nach dem deutschen Einmarsch im März 1938*

MAS [ɛm a ˈɛs]: **M**aster of **A**dvanced **S**tudies *(ein akademischer Grad)*

Maschansker der, -s/- ⟨tschech.⟩: *eine Apfelsorte*

Masche die, -/-n: *Schleife, Schlinge* | (ugs.) *[Geschäfts]trick*

Maschee = Maché [-ˈʃeː] das, -s/-s ⟨fr.⟩: *Papiermaschee*

Maschekseite = Maschikseite die, - ⟨ung.⟩ (W, ugs.): von der M. *(von der falschen, von der Rückseite, von hinten herum)* kommen

Maschendraht: *Drahtgeflecht* ‖ **Maschendrahtzaun**

Mascherl das, -s/-[n]: *kleine Masche* | *um den Hemdkragen gebundene Schleife*

Maschikseite = → Maschekseite

Maschine die, -/-n ⟨gr.-fr.⟩: von einer M. betrieben | *Flugzeug* | *Motorrad* | schreib den Brief auf/mit der M. *(Schreibmaschine)*; M. schreiben = → maschinschreiben ‖ **maschinell:** m. *(mit einer Maschine)* erzeugte Waren ‖ **Maschinenbau** ‖ **Maschinenfabrik** ‖ **maschinengeschrieben:** *maschingeschrieben* ‖ **Maschinengewehr** (MG) ‖ **Maschinenhalle** ‖ **Maschinenöl** ‖ **Maschinenpark:** *die Maschinen eines Betriebes* ‖ **Maschinenpistole** (MP) ‖ **Maschinenraum** ‖ **Maschinenschaden** ‖ **Maschinenschlosser** ‖ **Maschinenschlosserin** ‖ **Maschinensteuer** ‖ **Maschinenstürmer** die (Pl.): *eine Bewegung im frühen 19. Jh.* ‖ **Maschinenzeitalter** ‖ **Maschinerie** die, -/-n: *zusammenarbeitende Maschinen; Räderwerk* ‖ **Maschinist** der, -en/-en: *Arbeiter, der Maschinen bedient und überwacht* ‖ **Maschinistin** die, -/-innen ‖ **maschinnähen,** maschingenäht: *auf/mit der Maschine nähen* ‖ **maschinschreiben** = Maschine schreiben/ich habe maschingeschrieben (= Maschine geschrieben): ein maschingeschriebener Brief; → Maschine ‖ **Maschinschreibkurs** ‖ **Maschinschreibseite** ‖ **Maschinschrift** die, - ‖ **maschinschriftlich** ‖ **Maschinsemmel:** *mit der Maschine geformte Semmel;* → G.: Handsemmel ‖ **maschinstricken,** maschingestrickt

Masel das, -s = **Masen** die, - ⟨jidd.⟩ (ugs.): ein M. *(Glück)* haben

Maser [ˈmeɪ-, ˈmaː-] der, -s/- (Phys.): *Gerät zur Erzeugung und Verstärkung von Mikrowellen*

Masern die (Pl.): *eine ansteckende Krankheit*

Maserung die, -/-en: die M. *(Zeichnung)* des Holzes; → gemasert

Maske die, -/-n ⟨it.-fr.⟩: sie trägt eine M. *(Gesichtslarve)*; die M. fallen lassen *(sich nicht mehr verstellen)* | *das geschminkte Gesicht eines Schauspielers* ‖ **Maskenball** ‖ **Maskenbildner** der, -s/-: *Schminkmeister bei Theater, Film usw.* ‖ **Maskenbildnerin** die, -/-innen ‖ **maskenhaft** ‖ **Maskerade** die, -/-n: *scherzhafte Verkleidung, Maskenfest* ‖ **maskieren:** *das Gesicht [mit einer Maske] verändern; kostümieren;* → G.: demaskieren ‖ **Maskierung** die, -/-en

Maskottchen das, -s/- ⟨fr.⟩: *ein Glücksbringer*

maskulin [auch: -ˈiːn] ⟨lat.⟩: *männlich* ‖ **Maskulinum** das, -s (Gramm.): *männliches grammatisches Geschlecht* | (mit Pl. Maskulina) *Nomen, das diesem Geschlecht angehört*

Masochismus der, -: *Lust am Erdulden von Misshandlungen (nach dem österreichischen Schriftsteller Leopold von Sacher-Masoch);* → Sadismus ‖ **Masochist** der, -en/-en ‖ **Masochistin** die, -/-innen ‖ **masochistisch**

maß → messen

Maß[1] das, -es/-e: sie hat das rechte Maß gehalten; → Maß halten = maßhalten; ohne Maß und Ziel *(ohne zu überlegen)* | jemandem Maß nehmen *(die Körpermaße abmessen)* | über alle Maßen *(übermäßig)* enttäuscht sein || **Maß**[2] die, -/- (reg.): *ein altes Hohlmaß;* drei Maß *(Liter)* Bier | *Maßkrug*

Mas|sa|chu|setts [mæ-ˈtʃuː-]: *Bundesstaat der USA*

Mas|sa|ge [-ˈaːʃ, -ʒɛ] die, -/-n ⟨arab.-fr.⟩: *das Massieren, eine Heilbehandlung;* → Masseur || **Mas|sa|ge|sa|lon**

Mas|sa|ker das, -s/- ⟨fr.⟩: ein M. *(Gemetzel, Blutbad)* veranstalten || **mas|sa|k|rie|ren:** *brutal umbringen* || **Mas|sa|k|rie|rung** die, -/-en

Maß|an|ga|be || **Maß|an|zug** || **Maß|ar|beit:** der Anzug ist M. *(nach Maß gemacht);* G.: → Konfektion

Mas|se die, -/-n: eine klebrige M. | etwas in Massen *(in großer Menge)* erzeugen | (Phys.) *Eigenschaft, im Schwerefeld Gewicht anzunehmen*

Maß|ein|heit: *Meter, Liter, Sekunde ua.*

Mas|sel das, -s (D): → *Masel*

Mas|sen|ab|fer|ti|gung || **Mas|sen|an|drang** || **Mas|sen|ar|ti|kel:** *industriell hergestellte Ware* || **Mas|sen|fa|bri|ka|ti|on** [-tsi̯-] || **Mas|sen|flucht** || **Mas|sen|ge|sell|schaft** (Soz.): *Gesellschaft, für die Anonymität und Nivellierung charakteristisch ist* || **Mas|sen|grab** || **mas|sen|haft** || **Mas|sen|hin|rich|tung** || **Mas|sen|hys|te|rie** [-hy-riː] || **Mas|sen|ka|ram|bo|la|ge** [-aːʃ, -ʒɛ]: *Massenzusammenstoß* || **Mas|sen|me|di|um:** *Fernsehen, Hörfunk, Presse uÄ* || **Mas|sen|mord** || **Mas|sen|mör|der** || **Mas|sen|mör|de|rin** || **Mas|sen|pro|test** (meist Pl.) || **Mas|sen|punkt** (Phys.): *hypothetischer Körper ohne Ausdehnung* || **Mas|sen|quar|tier** || **Mas|sen|sport** || **Mas|sen|ster|ben** || **Mas|sen|tou|ris|mus** [-tu-] || **Mas|sen|tier|hal|tung** || **Mas|sen|ver|an|stal|tung** || **Mas|sen|ver|kehrs|mit|tel** || **mas|sen|wei|se** || **Mas|sen|zahl** (Phys.): *Anzahl der Protonen und Neutronen in einem Atomkern*

Mas|seur [-ˈsøːɐ̯] der, -s/-e ⟨arab.-fr.⟩: *jemand, der massiert;* → Massage || **Mas|seu|rin** die, -/-in|nen = **Mas|seu|se** [-søːs, -zɛ], -/-n

Mas|se|ver|mö|gen (Wirt.): *Vermögen der Konkursmasse oder des Nachlasses* || **Mas|se|ver|wal|ter** (Jus): *vom Gericht im Konkursverfahren bestellter Verwalter der Konkursmasse* || **Mas|se|ver|wal|te|rin**

Maß|ga|be die, -: nach M. der vorhandenen Mittel; mit der M., dass ... || **maß|ge|bend:** der maßgebende Sachverständige || **maß|geb|lich:** sein Urteil ist m. *(ausschlaggebend)* || **maß|ge|fer|tigt** || **maß|ge|recht** || **maß|ge|schnei|dert:** ein maßgeschneiderter Anzug || **Maß hal|ten** = **maß|hal|ten,** ich hielt Maß/maß, sie hat Maß gehalten/maßgehalten: *sich mäßigen*

mas|sie|ren[1] ⟨arab.-fr.⟩: sich m. *(die Muskeln fachgemäß kneten)* lassen; → Massage

mas|sie|ren[2] ⟨lat.-fr.⟩ (Mil.): Truppen m. *(zusammenziehen)* || **Mas|sie|rung** die, -/-en (Mil.)

mas|sig: eine massige *(wuchtige)* Gestalt

mä|ßig: m. *(nicht zu viel)* essen; mäßige *(nicht zu hohe)* Preise || **mä|ßi|gen:** seinen Zorn m.; sich beim Essen m. *(zurückhalten, beherrschen)* || **Mä|ßig|keit** die, - || **Mä|ßi|gung** die, -/-en

mas|siv ⟨lat.-fr.⟩: ein massiver *(sehr wuchtiger)* Tisch; eine massive *(nicht hohle, sondern volle)* Eisenstange | ein massiver *(konzentrierter, heftiger)* Angriff || **Mas|siv** das, -s/-e [-fɛ, -vɛ]: *Gebirgsmassiv* || **Mas|siv|bau** der, -[e]s/-ten || **Mas|siv|bau|wei|se** die, -: ein Haus in M. *(zB aus Beton oder Ziegelsteinen)*

Maß|krug: *1-l-Bierkrug;* → Maß[2] || **maß|los** || **Maß|lo|sig|keit** die, - || **Maß|nah|me** die, -/-n: geeignete Maßnahmen ergreifen/treffen *(Entsprechendes veranlassen)* || **Maß|nah|men|ka|ta|log** || **Maß|nah|men|pa|ket** || **Maß|re|gel:** *Maßnahme, Vorschrift* || **maß|re|geln,** gemaßregelt: *tadeln, rügen* || **Maß|schnei|de|rei** || **Maß|stab** || **maß|stab|ge|treu** || **maß|stäb|lich:** eine maßstäbliche Darstellung || **Maß|sys|tem** [-zy-] || **maß|voll** || **Maß|werk** das, -[e]s: *Verzierungen an gotischer Architektur*

Mast[1] der, -[e]s/-en [-e]: *senkrechte Befestigungsstange [aus Holz, Metall];* Schiffsmast

Mast[2] die, -/-en: *Mästung*

Mast|baum: *Schiffsmast*

Mast|darm: *letzter Teil des Darms*

mäs|ten: ein Schwein m.

Mas|ter der, -s/- ⟨lat.-engl.⟩: *ein akademischer Grad* || **Mas|te|rin** die, -/-in|nen || **Mas|ter|mind** [-maɪnd] der, -s/-s: *führender Kopf, treibende Kraft [in einer Firma, Partei]*

Mast|fut|ter

Mast|korb: *am Schiffsmast angebrachter Aussichtsstand*

Mast|ochs [-ks] = **Mast|och|se** || **Mast|schwein:** *gemästetes Schwein* || **Mäs|tung** die, -/-en

Mas|tur|ba|ti|on [-tsi̯-] die, -/-en ⟨lat.⟩ (Med.): → *Onanie* || **mas|tur|bie|ren**

Mast|vieh

Ma|sur|ka → Mazurka

Ma|ta|dor[1] das, -s (Wz.): *ein Holzbauspielzeug*

Ma|ta|dor[2] der, -s/-e ⟨span.⟩: *Stierkämpfer* || **Ma|ta|do|rin** die, -/-in|nen

Match [mɛtʃ, engl.: -æ-] das, -[s] [Matches]/-s [-e] ⟨engl.⟩: *ein sportliches Wettspiel* || **Match|ball** (Sport): *entscheidender Ball [im Tennis]*

ma|te|ri|al ⟨lat.⟩ (Phil.): *inhaltlich;* → formal || **Ma|te|ri|al** das, -s/-ien [-i̯ɛn]: *[Roh]stoff* | *Unterlagen, Daten;* wissenschaftliches M. || **Ma|te|ri|al|er|mü|dung:** *Materialalterung* || **Ma|te|ri|al|feh|ler** || **ma|te|ri|al|ge|recht** || **ma|te|ri|a|li|sie|ren** || **Ma|te|ri|a|lis|mus** der, -: *das Streben nach Besitz* | *eine philosophische Richtung* || **Ma|te|ri|a|list** der, -en/-en || **Ma|te|ri|a|lis|tin** die, -/-in|nen || **ma|te|ri|a|lis|tisch** || **Ma|te|ri|al|kos|ten** die (Pl.) || **Ma|te|ri|al|schlacht:** *Schlacht oder sportlicher Wettkampf mit großem Materialeinsatz* || **Ma|te|rie** [-i̯ɛ] die, -/-n: *[Ur]stoff; Sachbereich* || **ma|te|ri|ell:** *stofflich;* → G.: immateriell | *auf Gewinn bedacht* | (Jus) materielles Recht *(auf den Inhalt der Rechtsordnung bezogenes, sachbezogenes Recht, zB Zivilrecht);* → G.: formelles Recht || **ma|te|ri|ell|recht|lich** (Jus)

Ma|ter|ni|tät die, - ⟨lat.⟩ (Med.): *Mutterschaft*

Ma|the ⟨gr.⟩ (ugs., Jug.): *Kurzwort für Mathematik* || **Ma|the|ma|tik** die, -: *Wissenschaft von den Zahlen und Raumgrößen* || **Ma|the|ma|ti|ker** der, -s/- || **Ma|the|ma-**

M

tikerin die, -/-innen ‖ **Mathematiklehrer** ‖ **Mathematiklehrerin** ‖ **Mathematikunterricht** ‖ **mathematisch** ‖ **mathematisieren:** ein Problem m. *(in mathematische Form bringen)*

Mathilde: *weibl. Vorname*

Matinee die, -/-n ⟨lat.-fr.⟩: *eine [künstlerische] Vormittagsveranstaltung*

Matjeshering ⟨niederl.⟩: *gesalzener junger Hering*

Matratze die, -/-n ⟨arab.-rom.⟩ ‖ **Matratzenlager:** *behelfsmäßige Schlafgelegenheit auf Matratzen*

Mätresse [-s(ɛ)] die, -/-n ⟨fr.⟩: *Geliebte [eines hochgestellten Mannes]*

matriarchalisch ⟨gr.-lat.⟩ ‖ **Matriarchat** das, -[e]s/-e: *Mutterherrschaft, Mutterrecht;* → Patriarchat

Matrik die, -/-en = **Matrikel,** -/-n ⟨lat.⟩ (Amtsspr.): *Personenstandsverzeichnis* ‖ **Matrikenbuch** (Amtsspr.): *vom Standesamt geführtes Verzeichnis der Geburten, Heiraten und Sterbefälle*

matrimonial ⟨lat.⟩: *zur Ehe gehörig*

Matrix die, -/Matrizen ⟨lat.⟩ (Math.): *eine rechteckige Anordnung von Zahlen* ‖ **Matrixdrucker** (EDV): *Nadeldrucker* ‖ **Matrize** die, -/-n: *eine Hohlform zum Guss von Buchstaben* | (früher) *Wachsvorlage, von der Abzüge gemacht werden können*

Matrone die, -/-n ⟨lat.⟩ (geh., veraltet): *ehrwürdige, ältere Frau*

Matrose der, -n/-n ⟨niederl.-fr.⟩: *Seemann* ‖ **Matrosenanzug** ‖ **Matrosenmütze**

matsch (ugs.): *erschöpft* ‖ **Matsch** der, -[e]s: *breiiger [Straßen-]schmutz* | *wässriger Schnee* ‖ **matschig**

matschkern [ˈmɔtʃ-] (ostöst., mda.): *Tabak kauen* | *nörgeln, raunzen*

Matsch-und-Schnee-Reifen (M-und-S-Reifen) ‖ **Matschwetter**

matt: *müde, kraftlos* | *glanzlos* | *schachmatt;* den Gegner beim Schachspiel m. setzen (= mattsetzen) *(ihn besiegen); aber:* → mattsetzen ‖ **Matt** das, -[s]/-s: *Schachmatt*

Matte[1] die, -/-n: *Fußabstreifer, Unterlage*

Matte[2] die, -/-n (bes. CH, geh.): *Wiese, Weide im Gebirge*

Mattersburg (Kfz: MA): *Stadt im Burgenland*

Mattglas ‖ **Mattgold** ‖ **mattgolden:** eine mattgoldene Halskette

Matthäi (nur in der Wendung): bei jemandem ist M. am Letzten *(jemand ist [finanziell] am Ende)* ‖ **Matthäus** [-ˈɛːu-]: *männl. Vorname* ‖ **Matthäusevangelium** [-v-, -f-] das, -s: *Evangelium nach dem Evangelisten Matthäus* ‖ **Matthias:** *männl. Vorname;* → Hias

mattieren: *matt, glanzlos machen;* mattiertes Gold ‖ **Mattierung** die, -/-en ‖ **Mattigkeit** die, -: *das Erschöpftsein* ‖ **Mattscheibe:** *Glasscheibe zum Scharfeinstellen in der Kamera* | *Bildschirm des Fernsehapparates* | (ugs.) [eine] M. haben *(nicht begreifen; benommen sein)* ‖ **mattsetzen:** den Konkurrenten m. *(handlungsunfähig machen); aber:* jemanden im Schachspiel matt setzen (= mattsetzen)

Matur die, -/Maturen ⟨lat.⟩ (CH): *Kurzwort für Maturitätsprüfung; Matura* ‖ **Matura** die, -/Maturen: *Reifeprüfung an höheren Schulen* ‖ **Maturaball** ‖ **Maturadiplom** (SüdT, ugs.): *Reifeprüfungszeugnis* ‖ **Maturafeier** ‖ **Maturajahrgang** ‖ **Maturaklasse** ‖ **Maturant** der, -en/-en: *jemand, der die Matura ablegt oder abgelegt hat* ‖ **Maturantin** die, -/-innen ‖ **Maturareise** ‖ **Maturaschule:** *private Kurse, die auf eine Reifeprüfung für Externisten vorbereiten* ‖ **Maturatreffen** ‖ **Maturavorbereitung** ‖ **Maturavorsitz** ‖ **Maturavorsitzende** ‖ **Maturazeugnis:** *Reifeprüfungszeugnis* ‖ **maturieren** ‖ **Maturitätsprüfung** (CH): *Reifeprüfung;* → Matur

Mätzchen das, -s/- (meist Pl.): M. machen *(Ausflüchte suchen, Geschichten machen)*

Matze die, -/-n = **Matzen** der, -s/- ⟨hebr.-jidd.⟩: *Mazzes*

Mauer die, -/-n: eine M. aus Beton | (sal.) jemandem die M. machen *(jemanden gegen Anschuldigungen decken)* | (Sport) *Abwehrkette bei Freistößen* | (Geogr.) *Steilabfall* ‖ **Mauerblümchen** das, -s/- (scherzh.): *Mädchen, das selten zum Tanz aufgefordert oder zu wenig beachtet wird* ‖ **Mauerhaken** ‖ **Mauerkatze:** *Veitschi* ‖ **Mauerkralle:** *ein Werkzeug* ‖ **Mauerkrone:** *Oberrand der Mauer [mit Zinnen]* | (im Wappen) *Symbol der Städte, Bürger* ‖ **mauern:** *eine Mauer aufbauen* | (ugs.) *abwehren; jemanden gegen Anschuldigungen decken* ‖ **Mauerpratze:** *ein Werkzeug, Mauerkralle* ‖ **Mauersegler:** *ein Vogel* ‖ **Mauervorsprung** ‖ **Mauerwerk**

Maul das, -[e]s/Mäuler: *Mund bei Tieren* | (derb) *Mund* ‖ **Maulaffen** die (Pl.) (scherzh., veraltet) (nur in der Wendung): M. feilhalten *(mit offenem Mund herumstehen und gaffen)*

Maulbeerbaum ‖ **Maulbeere:** *eine Frucht*

maulen (ugs.): *nörgeln, raunzen, widersprechen*

Maulesel: *Kreuzung zwischen einem Pferd und einer Eselin;* → Maultier

maulfaul (ugs.): ein maulfauler *(redefauler)* Mensch ‖ **Maulheld** (abw.): *Großsprecher* ‖ **Maulheldin** (abw.) ‖ **Maulkorb:** *Beißkorb;* ohne M. *(unbehindert, ohne Zensur)* ‖ **Maulsperre** (ugs.): *Kiefersperre* ‖ **Maultasche:** *eine Speise*

Maultier: *Kreuzung zwischen einem Esel und einer Pferdestute, Muli;* → Maulesel

Maultrommel: *ein Zupfinstrument* ‖ **Maul- und Klauenseuche:** *eine Krankheit [der Rinder und Schweine]* ‖ **Maulwurf** ‖ **Maulwurfshaufen** = **Maulwurfshügel**

Mau-Mau das, -s: *ein Kartenspiel*

maunzen, du maunzt (reg.): *raunzen* | *miauen*

Maure der, -n/-n ⟨gr.-lat.⟩ (veraltet): *nordafrikanischer bzw. spanischer Araber;* → maurisch

Maurer der, -s/- ‖ **Maurerfäustel,** *auch:* **Maurerfäustl:** *ein Werkzeug* ‖ **Maurerhandwerk** ‖ **Maurerin** die, -/-innen

maurerisch: *freimaurerisch*

Maurerkelle: *ein Werkzeug* ‖ **Maurerklampfe:** *Bauklammer* ‖ **Maurermeister** ‖ **Maurermeisterin** ‖ **Maurerpartie** ‖ **Maurerpolier** ‖ **Maurerpolierin**

maurisch: maurische Architektur; → Maure

Maus die, -/Mäuse: Mäuse fangen | (EDV) *ein Steuerungsgerät beim Computer* | (ugs., abw.) eine

M

graue M. *(unscheinbare, unauffällige Person)*
Mauschelei die, -/-en (ugs., abw.) ‖ **mauscheln,** ich mauschle (ugs.): *mit jiddischem Tonfall reden* | (ugs., abw.) *etwas heimlich vereinbaren, packeln*
mäuschenstill ‖ **Mäusebussard:** *ein Greifvogel* ‖ **Mausefalle,** *auch:* Mausfalle ‖ **Mauseloch,** *auch:* Mausloch ‖ **Mäusenest,** *auch:* Mausnest
Mauser die, -: *Federwechsel der Vögel*
Mäuserich der, -s/-e: *männliche Maus*
mausern: *das Federkleid wechseln;* mausernde Vögel | er hat sich gemausert *(sich zu seinem Vorteil entwickelt)*
mausetot, *auch:* maustot: *ganz und gar tot* ‖ **Mausfalle** → Mausefalle ‖ **mausgrau:** *grau wie eine Maus* | *unscheinbar* ‖ **Mausklick** (EDV): *Drücken der Maustaste* ‖ **Mausloch** → Mauseloch ‖ **Mausnest** → Mäusenest
Mausoleum das, -s/Mausoleen [-ˈleː(e)n]: *prunkvolles Grabmal, Grabkapelle (nach dem kleinasiatischen König Mausolos)*
Mauspad [-pæd] (EDV): *Unterlage für die Computermaus* ‖ **Maustaste** (EDV): *Taste auf der Computermaus*
maustot → mausetot
Maut die, -/-en: *Gebühr für die Benützung einer Straße oder einer Brücke* | (bes. ostöst., ugs.) *Trinkgeld* ‖ **Mautautobahn** ‖ **Mauteinhebung:** *Kassieren, Abrechnen der Maut* ‖ **Mauteinnahme** (meist Pl.)
Mautern an der Donau: *Stadt in Niederösterreich*
Mautgebühr ‖ **Mauthausen:** *Stadt in Oberösterreich; im Zweiten Weltkrieg Ort eines der nationalsozialistischen Konzentrationslager* ‖ **Mautinkasso** ‖ **Mautner** der, -s/-: *Mautkassier* | (früher) *Zöllner* ‖ **Mautnerin** die, -/-innen ‖ **mautpflichtig** ‖ **Mautpickerl:** *Mautvignette* ‖ **Mautstelle** ‖ **Mautstraße** ‖ **Mauttarif** ‖ **Mautvignette** [-vinjɛtə]: *Pickerl für die Autobahnbenützung*
mauve [moːf] ⟨fr.⟩: *malvenfarbig;* ein mauve (*auch:* mauves [ˈmoːvəs]) Kleid ‖ **Mauve** das, -[s]/-: *eine Farbe*
Max: *männl. Vorname (Maximilian)*
maxi ⟨lat.⟩ (sal.): *knöchellang (bei Kleidung);* m. gehen; → G.: mini
Maxi: *weibl. Vorname (Maximiliane)* | *männl. Vorname (Max, Maximilian)*
maximal ⟨lat.⟩: die maximale *(höchste, größtmögliche)* Geschwindigkeit; → G.: minimal ‖ **Maximalbetrag:** *Höchstbetrag* ‖ **Maximalkosten** die (Pl.) ‖ **Maximalleistung** ‖ **Maxime** die, -/-n: nach bestimmten Maximen *(Grundsätzen)* leben ‖ **maximieren:** *aufs Höchste steigern;* → G.: minimieren ‖ **Maximierung** die, -/-en ‖ **Maximilian:** *männl. Vorname;* → Max; → Maxi ‖ **Maximiliane:** *weibl. Vorname;* → Maxi ‖ **Maximum** das, -s/Maxima ⟨lat.⟩: *das Größte, Größtmögliche, die obere Grenze;* → G.: Minimum
Maxl der, -s/-[n] (ugs.): *irgendjemand, x-beliebige Person* | *Strichmännchen, Figur;* einen M. *(eine Figur)* zeichnen
Maya[1] [-ja] der, -[s]/-[s]: *Angehöriger eines mittelamerikanischen Indianervolkes* ‖ **Maya**[2] die, -/-[s]
Mayday [ˈmeɪdeɪ] ⟨fr.-engl.⟩: *internationaler Funknotruf*
Mayo [-j-] = → Majo ‖ **Mayonnaise** [-jɔˈnɛːs, -zə] = → Majonäse
MAZ die, - (Technol.): **Ma**gnet-[band]**a**uf**z**eichnung (fürs Fernsehen)
Mazedonien: *eine griechische Landschaft* | (Kfz: MK) *ein Staat;* → Makedonien ‖ **Mazedonier** der, -s/- ‖ **Mazedonierin** die, -/-innen ‖ **mazedonisch**
Mäzen der, -s/-e ⟨lat.⟩: *Gönner, Förderer [von Dichtern, Künstlern und Forschern]* ‖ **Mäzenatentum** das, -s ‖ **Mäzenin** die, -/-innen
Mazurka [-z-] die, -/-s [Mazurken], *auch:* Masurka ⟨poln.⟩: *polnischer Nationaltanz*
Mazzes die (Pl.) ⟨hebr.-jidd.⟩: *ungesäuertes Brot im jüdischen Ritus*
MB [ɛm ˈbeː]: **M**ega**b**yte
MBA [ɛm bɪː ˈeɪ]: **M**aster of **B**usiness **A**dministration *(ein akademischer Grad)*
mbar: **M**illi**bar**
m. b. H. [ɛm be ˈhaː] = **mbH:** **m**it **b**eschränkter **H**aftung; → Gesellschaft m. b. H.
MC [ɛm ˈtseː]: **M**usik**c**assette
McJob [mækˈdʒɔp, engl.: -ˈdʒɒb] der, -s/-s ⟨engl.⟩ (sal.) (Wirt.): *kurzzeitiger [schlecht bezahlter] Arbeitsplatz*
Md: **M**en**d**elevium
Md.: **M**illiar**d**e
MD [ɛm ˈdeː] die, -/-[s]: **M**ini**D**isc
mda.: **m**un**d**artlich
m. E.: **m**eines **E**rachtens
mea culpa [- k-] ⟨lat.⟩: *durch meine Schuld*
Mechanik die, - ⟨gr.-lat.⟩: *Lehre von der Bewegung der Körper* | (mit Pl. -en) (Mus.) *die tonerzeugende Apparatur [beim Klavier]* ‖ **Mechaniker** der, -s/- ‖ **Mechanikerin** die, -/-innen ‖ **mechanisch:** eine Arbeit m. *(gewohnheitsmäßig, gedankenlos)* verrichten ‖ **mechanisieren:** einen Handwerksbetrieb m. *(auf Maschinen umstellen)* ‖ **Mechanisierung** die, -/-en ‖ **Mechanismus** der, -/Mechanismen: *Triebwerk einer Maschine; mechanischer Ablauf* ‖ **mechanistisch:** *nur auf mechanische Abläufe ausgerichtet* ‖ **Mechatronik** die, -: *Wissenschaft vom Zusammenspiel mechanischer, elektrischer, elektronischer und informationstechnischer Komponenten*
Meche [ˈmɛʃ(ə)] = → Mesch ‖ **mechen** = → meschen
Meckerei die, -/-en (abw.): *Gemecker* ‖ **Meckerer** der, -s/- (abw.) ‖ **Meckerin** die, -/-innen (abw.) ‖ **meckern:** eine meckernde Ziege | (abw.) *nörgeln, ständig etwas aussetzen*
mecklenburg-vorpommerisch ‖ **Mecklenburg-Vorpommern:** *ein deutsches Bundesland*
Medaille [-ˈaljə] die, -/-n ⟨gr.-lat.-fr.⟩: *Gedenkmünze* | *eine Auszeichnung* ‖ **Medaillengewinner** ‖ **Medaillengewinnerin** ‖ **Medaillon** [-da(l)ˈjoːn, auch: -daˈjõː] das, -s/-s: *ein kleines rundes Bild; Bildkapsel* | (Küchenspr.) *bes. schönes Fleischfiletstück*
Mediaanalyse [-lyː-] ⟨lat.+gr.⟩: *eine jährliche Reichweitenuntersuchung [von Printmedien]* ‖ **medial** ⟨lat.⟩: mediale *(einem Medium entsprechende)* Fähigkeiten | mediale Verbreitung *(Bekanntmachung in den Medien)* ‖ **Mediathek** → Mediothek ‖ **Mediation** [-tsi̯-] die, -/-en: *Vermittlung* | (Psych., Wirt.) *ein Konfliktlösungs- und Vermittlungsverfahren* ‖ **Mediator** der, -s/-en [-ˈoː-] (Psych.): *Vermittler,*

Konfliktberater ‖ **Mediatorin** die, -/-innen (Psych.)

mediäval [-v-] ⟨lat.⟩: *mittelalterlich* ‖ **Mediävist** der, -en/-en ‖ **Mediävistik** die, -: *Wissenschaft vom Mittelalter* ‖ **Mediävistin** die, -/-innen

Medien die (Pl. von → Medium) ⟨lat.⟩ ‖ **Mediendesigner** [-dɪˈzaɪn-]: *ein Beruf* ‖ **Mediendesignerin** ‖ **Medienereignis** ‖ **mediengerecht** ‖ **Mediengesetz:** *Vorschrift zur Regelung des Medienwesens* ‖ **Medieninhaber:** *Verleger [einer Zeitschrift]* ‖ **Medienjustiz** (abw.): *voreilige Verurteilung [in der Presse]* ‖ **Medienlandschaft:** *Gesamtheit der [Massen]medien* ‖ **Medienpädagogik** ‖ **Medienpräsenz:** *Ausmaß des Vorkommens in den Medien;* eine Politikerin mit hoher M. ‖ **Medienspektakel** [-ʃp-, auch: -sp-]: *Großereignis, das von den Medien mitinszeniert wird* ‖ **Medienwesen**

Medikament das, -[e]s/-e ⟨lat.⟩: *Heilmittel, Arznei* ‖ **Medikamentenallergie** ‖ **Medikamentenkonsum** ‖ **Medikamentenvergiftung** ‖ **medikamentös:** eine medikamentöse Behandlung ‖ **Medikation** [-tsi̯-] die, -/-en (Med.): *Verordnung eines Medikaments*

mediokr ⟨lat.⟩ (geh.): *mittelmäßig;* eine mediokre Leistung ‖ **Mediokrität** die, - (geh.): *Mittelmäßigkeit*

Mediothek die, -/-en, *auch:* Mediathek ⟨lat.+gr.⟩: *Leihstelle für Bücher, Filme, Tonbänder uÄ*

Meditation [-tsi̯-] die, -/-en ⟨lat.⟩: *tiefes Nachdenken, inneres Betrachten;* → meditieren ‖ **meditativ**

mediterran ⟨lat.⟩: *auf das Mittelmeer bezüglich, zum Mittelmeer gehörend;* mediterranes Klima

meditieren ⟨lat.⟩: *Meditation betreiben*

medium [auch: ˈmiːdiəm] (M) ⟨lat.-engl.⟩: *mittelgroß (bei Konfektionskleidung);* → small; → large | (Küchenspr.) *innen nicht ganz durchgebraten (bei Fleisch)*

Medium das, -s/Medien [-i̯ən] ⟨lat.⟩: *Kommunikationsmittel* | *Mittelsperson [im Spiritismus]* | (Phys., Chem.) *Stoff;* ein flüssiges, gasförmiges M.

Medizin die, - ⟨lat.⟩: M. *(Heilkunde)* studieren | (mit Pl. -en) *Heilmittel, Arzneimittel* ‖ **medizinal:** *als Medikament verwendet* ‖ **Medizinalrat:** *ein auszeichnender Berufstitel für Ärzte* ‖ **Medizinalrätin** ‖ **Medizinball:** *ein großer, schwerer Ball* ‖ **Mediziner** der, -s/-: *Arzt; Student der Medizin* ‖ **Medizinerin** die, -/-innen ‖ **medizinisch** ‖ **medizinisch-technisch:** medizinisch-technische Assistentin (MTA) ‖ **Medizinmann:** *Zauberer, Heilkundiger, Priester (bei Naturvölkern)* ‖ **Medizinstudium**

Medley [ˈmedli] das, -s/-s ⟨engl.⟩ (Mus.): *Potpourri*

Medusa = **Meduse**[1] die, -: *Ungeheuer der griechischen Sage* ‖ **Meduse**[2] die, -/-n: *Qualle* ‖ **Medusenhaupt:** *Kopf der Medusa*

Meer das, -[e]s/-e ‖ **Meerbusen:** *große Meeresbucht* ‖ **Meerenge:** *enge Meeresstelle* ‖ **Meeresbiologie** ‖ **Meeresbucht** ‖ **Meeresfrucht** (meist Pl.) (Küchenspr.): *Fische, Schalentiere ua.* ‖ **Meeresgrund** ‖ **Meereshöhe:** *Seehöhe* ‖ **Meereskunde:** *Ozeanologie* ‖ **Meeresluft** ‖ **Meeressäuger** (Biol.): *im Meer lebendes Säugetier* ‖ **Meeresspiegel** der, -s: 100 m über dem M. *(in 100 m Seehöhe)* ‖ **Meeresstrand** ‖ **Meeresströmung** ‖ **Meeresverschmutzung** (Ökol.) ‖ **Meerjungfrau:** *Nixe* ‖ **Meerrettich** (D): *Kren* ‖ **Meersalz** das, -es: *aus dem Meerwasser gewonnenes Salz;* → Steinsalz ‖ **Meerschaum** der, -[e]s: *ein poröses Mineral* ‖ **Meerschaumpfeife:** *Pfeife aus Meerschaum* ‖ **Meerschweinchen:** *ein Nagetier* ‖ **Meerwasser:** *Salzwasser;* → G.: Süßwasser

Meeting [ˈmiːt-] das, -s/-s ⟨engl.⟩: *Treffen, Zusammenkunft* | (Sport) *Wettkampf*

mega ⟨gr.⟩ (ugs., Jug.): *super, großartig* ‖ **mega-** (nur in Zusammensetzungen wie zB Megabyte) ‖ **Megabit** (EDV): *eine Million Bit* ‖ **Megabyte** [-baɪt] (MB) (EDV): *1 024 Kilobyte; Messeinheit der Speichergröße in der EDV* ‖ **Megafon** = Megaphon [-f-] das, -s/-e: *ein Schallverstärker; Sprachrohr* ‖ **megageil** (ugs., Jug.): der Song ist m. *(großartig)* ‖ **Megahertz** (MHz) (Phys.): *eine Million Hertz* ‖ **Megalithbau** der, -[e]s/-ten: *prähistorischer Grab-, Kultbau aus riesigen Steinblöcken* ‖ **megalithisch:** megalithische Kultstätte ‖ **Megalithkultur** ‖ **Megalomanie** die, -/-n (Psych.): *Größenwahn* ‖ **Megaphon** [-f-] = → Megafon

Megäre die, -/-n ⟨gr.-lat.⟩ (geh.): *böse Frau*

Megastore [-stɔːə] der, -s/-s ⟨gr.+engl.⟩: *bes. großes Geschäft* ‖ **Megatonne** (Mt): *1 000 000 Tonnen* ‖ **Megatrend:** *Großtrend, globale Entwicklung* ‖ **Megawatt:** *1 000 000 Watt*

Mehl das, -[e]s/-e: glattes *(feines),* griffiges *(körniges)* M. ‖ **mehlig:** mehlige Erdäpfel ‖ **Mehlpapp** (ugs., abw.): *allzu mehlhältige Speise, zB eingebrannte Fisolen* ‖ **Mehlsack** ‖ **Mehlschwitze** (bes. D): *Einbrenn* ‖ **Mehlspeise,** *auch:* Mehlspeis: *Süßspeise; Kuchen* ‖ **Mehlspeisgabel** ‖ **Mehlspeiskoch:** *Koch, der nur für Mehlspeisen zuständig ist* ‖ **Mehlspeisköchin** ‖ **Mehlspeistiger** (sal.): *jemand, der Mehlspeisen bes. liebt* ‖ **Mehlspeistigerin** (sal.) ‖ **Mehltau:** *eine durch Pilze hervorgerufene Pflanzenkrankheit; aber:* → Meltau

mehr: je m., desto besser; umso m.; m. oder minder/weniger; → meiste; → viel ‖ **Mehr** das, -: ein M. an Arbeit ‖ **Mehrarbeit** (Wirt.): *über die Normalarbeitszeit hinausgehendes, aber noch zuschlagsfreies Überstundenausmaß* ‖ **Mehraufwand** ‖ **mehrbändig:** ein mehrbändiger Roman ‖ **Mehrbedarf** ‖ **Mehrbelastung** ‖ **mehrchörig** [-k-]: *für zwei oder mehr Vokal- oder Instrumentalchöre* ‖ **mehrdeutig:** ein mehrdeutiger *(nicht eindeutiger)* Ausspruch ‖ **Mehrdienstleistung** (Amtsspr.): *Überstunden* ‖ **mehrdimensional** → G.: eindimensional ‖ **Mehreinnahme** ‖ **mehren** (geh.): den Besitz m.; die Unfälle mehrten sich *(sie wurden häufiger)*

mehrere

- von mehreren weiß ich, dass ...
- ich habe mehrere befragt; → viel; → meist

Deklination:

- für mehrere schöne Bilder
- für mehrere Abgeordnete
- die Reden mehrerer Abgeordneter (*auch:* Abgeordneten)

M

mehrerlei: in m. *(verschiedener)* Hinsicht ‖ **Mehrerlös** ‖ **Mehrertrag** ‖ **mehrfach:** *öfters* ‖ **mehrfachbehindert:** *an mehreren Behinderungen leidend, zB gelähmt und sehbehindert* ‖ **Mehrfache** das, -n, ein Mehrfaches: um ein Mehrfaches größer ‖ **Mehrfachpension:** *Bezug von zwei oder mehreren Pensionen* ‖ **Mehrfachverdiener** ‖ **Mehrfachverdienerin** ‖ **mehrfärbig,** *auch:* mehrfarbig: *bunt* ‖ **Mehrfamilienhaus** ‖ **Mehrheit** die, -/-en ‖ **mehrheitlich:** ein m. *(von der Mehrheit)* gefasster Beschluss ‖ **Mehrheitsbeschluss** ‖ **mehrheitsfähig:** *mit Aussicht auf mehrheitliche Zustimmung* ‖ **Mehrheitswahlrecht:** *Regelung, wonach die Mehrheit der abgegebenen Stimmen für die Mandatsverteilung maßgeblich ist;* → G.: Verhältniswahlrecht ‖ **mehrjährig:** ein mehrjähriger Vertrag ‖ **Mehrkampf** (Sport): *eine Sportdisziplin, zB Zehnkampf, Siebenkampf* ‖ **Mehrkosten** die (Pl.) ‖ **Mehrleistung** ‖ **mehrmalig** ‖ **mehrmals** ‖ **mehrseitig** ‖ **mehrsilbig** ‖ **mehrsprachig:** der Bericht ist m. *(in mehreren Sprachen)* abgefasst ‖ **Mehrsprachigkeit** die, - ‖ **mehrstimmig:** mehrstimmiger Gesang; → einstimmig ‖ **mehrstöckig:** ein mehrstöckiges Haus ‖ **Mehrstufe** (Gramm.): *Komparativ* ‖ **mehrstufig** ‖ **mehrstündig** ‖ **mehrtägig:** ein mehrtägiger Ausflug ‖ **Mehrteiler** der, -s/-: *Kleidungsstück* | *Film aus mehreren Teilen* ‖ **mehrteilig** ‖ **Mehrung** die, -/-en (Pl. selten) (geh.): *Vermehrung* ‖ **Mehrvölkerstaat** ‖ **Mehrwegflasche:** *Pfandflasche;* → G.: Einwegflasche ‖ **Mehrwegpackung** → G.: Einwegpackung ‖ **Mehrwegsystem** [-zy-] → G.: Einwegsystem ‖ **Mehrwert** der, -[e]s (Wirt.): *Wertschöpfung* ‖ **Mehrwertsteuer** (MWSt.): *Umsatzsteuer* ‖ **mehrwöchig** ‖ **Mehrzahl** die, -: die M. der Menschen *(die meisten Menschen)* | (Gramm.) *Plural* ‖ **mehrzeilig** ‖ **Mehrzweckhalle**

meiden, mied/gemieden: schlechte Gesellschaft m. *(sich von ihr fernhalten);* Alkohol m.

Meidling: *12. Bezirk Wiens*

Meier der, -s/- (veraltet): *Gutsverwalter, Pächter* ‖ **Meierei** die, -/-en ‖ **Meierhof:** *Gutshof*

Meile die, -/-n: *ein Längenmaß* ‖ **meilenlang** ‖ **Meilenstein:** dieses Ereignis war ein M. *(ein entscheidender Punkt)* in der Entwicklung des Landes ‖ **meilenweit:** *sehr weit*

Meiler der, -s/-: *mit Erde bedeckter Holzstoß zur Erzeugung von Holzkohle*

mein
m. Buch; meine Schwester

Großschreibung bei Nominalisierung:
- das **M**ein und Dein
- **M**ein und Dein verwechseln

Groß- und Kleinschreibung:
- das meine (= **M**eine) *(mein Eigentum, meine Sache)*
- die meinen (= **M**einen) *(meine Angehörigen)*
- das meinige (= **M**einige) *(mein Eigentum, meine Sache)*
- die meinigen (= **M**einigen) *(meine Angehörigen)*

meine = Meine der, -n/-n: die meine (= Meine); → mein

Meineid: *falscher Eid* ‖ **meineidig**

meinen: *der Ansicht sein;* etwas m. *(es ausdrücken wollen)* | es gut mit jemandem m. *(jemandem Gutes wollen)*

meinerseits ‖ **meinesgleichen** ‖ **meinesteils:** *meinerseits* ‖ **meinethalben** ‖ **meinetwegen** ‖ **meinetwillen:** um m. ‖ **meinige = Meinige** der, -n/-n: die meinige (= Meinige) *(die meine);* → mein

Meinung die, -/-en: von jemandem eine gute M. haben; jemandem die M. sagen ‖ **Meinungsäußerung:** das Recht der freien M. ‖ **Meinungsaustausch** ‖ **Meinungsbildner** der, -s/-: *jemand, dessen Meinung in der Öffentlichkeit viel gilt, sodass sich ihr andere anschließen* ‖ **Meinungsbildnerin** die, -/-innen ‖ **Meinungsbildung** ‖ **Meinungsbildungsprozess** ‖ **Meinungsforscher** ‖ **Meinungsforscherin** ‖ **Meinungsforschung** ‖ **Meinungsforschungsinstitut** ‖ **Meinungsfreiheit:** *das Recht auf freie Meinungsäußerung* ‖ **Meinungsumfrage** ‖ **Meinungsumschwung** ‖ **Meinungsverschiedenheit:** eine M. *(verschiedene Ansichten; eine Auseinandersetzung)* haben

Meise die, -/-n: *ein Singvogel; aber:* → Maise

Meisel das, -s: *eine Rindfleischsorte*

Meißel der, -s/-: *ein Werkzeug* ‖ **meißeln,** ich meißle

meist

- seine Antworten sind meist *(sehr oft)* richtig
- am meisten wissen
- das am meisten gelesene *(meistgelesene)* Buch

Wenn der nominale Gebrauch betont werden soll, ist auch Großschreibung möglich. Im Normalfall gilt Kleinschreibung:
- die meisten (*auch:* Meisten) kamen
- das meiste (*auch:* Meiste) ist fertig; → mehr; → viel

Meistbegünstigung (Wirt.) ‖ **Meistbegünstigungsklausel** (Wirt.): *Zugestehen von allen – auch anderen Ländern gewährten – wirtschaftlichen Außenhandelsvorteilen* ‖ **meistbietend** ‖ **Meistbietende**[1] der, -n/-n, ein Meistbietender: der M. bei einer Versteigerung ‖ **Meistbietende**[2] die, -n/-n ‖ **Meistbot** das, -[e]s/-e (Amtsspr.): *das höchste Anbot (der höchste Angebotspreis) bei einer Versteigerung* ‖ **meistens:** *meist* ‖ **meistenteils**

Meister der, -s/-: *Handwerker, der die Meisterprüfung abgelegt hat* | ein M. seines Fachs ‖ **Meisterbrief:** *Meisterdiplom* ‖ **Meistergesang** der, -[e]s, *auch:* Meistersang (Lit.): *eine bürgerliche Kunstdichtung, bes. 15. Jh.;* → Meistersinger ‖ **meisterhaft:** eine meisterhafte *(vollkommen gelungene)* Arbeit ‖ **Meisterhand:** ein Bild von M. ‖ **Meisterin** die, -/-innen ‖ **Meisterklasse** (an Kunst-, Musikuniversitäten): *Unterricht durch anerkannte Künstler/innen* ‖ **Meisterleistung** ‖ **meisterlich** (geh.) ‖ **meistern:** *bewältigen* ‖ **Meisterprüfung:** *eine Prüfung für Handwerker* ‖ **Meistersang** → Meistergesang ‖ **Meisterschaft** die, -/-en ‖ **Meisterschaftsspiel** (Sport) ‖ **Meistersinger** der, -s/-: *Vertreter des Meistergesangs* ‖ **Meisterstück**

M

‖ **Meis|ter|ti|tel** (Sport) ‖ **Meis|ter|werk**
meist|ge|bräuch|lich ‖ **meist|ge|kauft** ‖ **meist|ge|le|sen** ‖ **meist|ge|nannt** ‖ **Meist|stu|fe** (Gramm.): *Superlativ*
Meit|ne|ri|um das, -s (Zeichen: Mt): *ein chemisches Element (nach der Physikerin Lise Meitner)*
Mek|ka[1]: *Stadt in Saudi-Arabien, heilige Stadt des Islams* ‖ **Mek|ka**[2] das, -[s]: ein M. *(Anziehungspunkt)* für Skiläufer/innen
Me|lan|cho|lie [-ç-, -k-] die, -/-n ⟨gr.⟩: *[krankhaftes] Traurigsein* ‖ **Me|lan|cho|li|ker** der, -s/- ‖ **Me|lan|cho|li|ke|rin** die, -/-innen ‖ **me|lan|cho|lisch**
Me|lan|ge [-'ɑ̃:ʃ] die, -/-n ⟨lat.-fr.⟩: *Mischung* | *ein Milchkaffee*
Me|la|nie [auch: 'me(:)-]: *weibl. Vorname*
Me|la|nin das, -s ⟨gr.-lat.⟩: *ein dunkler Farbstoff des Körpers* ‖ **Me|la|nis|mus** der, -/Melanismen: *Dunkelfärbung der Haut* ‖ **Me|la|nom** das, -s/-e (Med.): *bösartiger Tumor, bes. der Haut*
Me|lan|za|ni die, -/- [Melanzane] ⟨it.⟩: *ein Gemüse;* → Aubergine
Me|las|se die, -/-n ⟨lat.-fr.⟩: *ein Nebenprodukt der Zuckergewinnung*
Mel|bourne [-bən, auch: -ɔ:n]: *Stadt in Australien*
Mel|de|amt ‖ **Mel|de|be|hör|de** ‖ **Mel|de|frist** ‖ **Mel|de|ge|setz** ‖ **mel|den**[1]: einen Fund m. | dieser Hund meldet jeden Fremden *(bellt, wenn ein Fremder kommt)* ‖ **mel|den**[2] sich: sich bei der Direktorin m. ‖ **Mel|de|pflicht** ‖ **Mel|de|re|gis|ter:** zentrales M. *(Verwaltungsregister, das Meldedaten erfasst)* ‖ **Mel|de|schein** ‖ **Mel|de|we|sen** ‖ **Mel|de|zet|tel:** *Anmeldeformular der zuständigen Meldebehörde* ‖ **Mel|dung** die, -/-en: [eine] M. erstatten | *Wortmeldung, Äußerung*
me|liert ⟨lat.-fr.⟩: ein melierter *(gesprenkelter)* Stoff; meliertes *(zum Teil graues)* Haar; grau meliert (= graumeliert)
Me|li|o|ra|ti|on [-tsi-] die, -/-en ⟨lat.⟩: *Verbesserung [des Ackerbodens]* ‖ **me|li|o|rie|ren**
Me|lis|se die, -/-n ⟨gr.-lat.⟩: *eine Heilpflanze* ‖ **Me|lis|sen|geist**
Melk (Kfz: ME): *Stadt und Stift in Niederösterreich*
Melk|ei|mer ‖ **mel|ken,** molk [melkte]/gemolken: Kühe m. ‖ **Mel|ker** der, -s/- ‖ **Mel|ke|rin** die, -/-innen ‖ **Mel|ker|mus** (S, T): *fetter Mehlschmarren* ‖ **Melk|kuh:** *Person oder Sache, die finanziell ausgebeutet wird* ‖ **Melk|ma|schi|ne** ‖ **Melk|sech|ter** (reg.): *ein Gefäß zum Melken* ‖ **Melk|sto|ckerl** ‖ **Melk|stuhl**
Me|lo|die die, -/-n ⟨gr.-lat.⟩: *harmonisch klingende Tonfolge;* eine M. summen ‖ **me|lo|die|füh|rend:** die melodieführende Stimme ‖ **Me|lo|dik** die, -: *[Lehre von der] Melodie, Melos* ‖ **me|lo|di|ös:** *melodisch* ‖ **me|lo|disch:** *harmonisch klingend* ‖ **Me|lo|dram** das, -s/Melodramen (Mus.): *gesprochener Text mit begleitender Musik* | (auch abw.) *gefühlvolles, rührendes Musikwerk* ‖ **Me|lo|dra|ma** das, -s/Melodramen: *Film, Theaterstück mit rührseligem Inhalt* | (Mus.) *Melodram* ‖ **me|lo|dra|ma|tisch** (meist abw.): *gefühlvoll, pathetisch*
Me|lo|ne die, -/-n ⟨gr.-lat.-it.⟩: *eine Kürbisart* | *ein steifer Herrenhut*
Me|los das, - ⟨gr.⟩: *Melodik*
Mel|tau: *zuckerhältige Ausscheidung von Blattläusen, Honigtau; aber:* → Mehltau
Mem|bran die, -/-en = **Mem|bra|ne,** -/-n ⟨lat.⟩: *dünnes [durchlässiges] Häutchen oder Plättchen, zB im Telefonhörer* ‖ **Mem|bra|no|fon** = **Mem|bra|no|phon** [-f-] das, -s/-e: *Musikinstrument mit Tonerzeugung durch eine Membran, zB Trommel*
Me|men|to das, -s/-s ⟨lat.⟩ (geh.): *das Gedenken* ‖ **me|men|to mo|ri:** *„Denke daran, dass du sterben musst!"*
Mem|me die, -/-n (geh., abw., veraltet): *Feigling*
mem|meln, ich memmle (ugs.): hartes Brot m. *(mit zahnlosen Kiefern kauen)* | *murmeln, undeutlich sprechen*
mem|men|haft (geh., abw., veraltet): *feige*
Me|mo das, -s/-s ⟨lat.⟩: *kurze Mitteilung* ‖ **Me|moi|ren** [-'moa:r-] die (Pl.) ⟨lat.-fr.⟩: *schriftlich niedergelegte Erinnerungen, Selbstbiografie* ‖ **Me|mo|ra|bi|li|en** die (Pl.) (geh.) ⟨lat.⟩: *Denkwürdigkeiten, Erinnerungen* ‖ **Me|mo|ran|dum** das, -s/Memoranden [Memoranda]: *Denkschrift* ‖ **Me|mo|ri|al** [mɪ'mɔ:riəl] das, -s/-s ⟨lat.-engl.⟩: *Gedenkveranstaltung* ‖ **me|mo|rie|ren** ⟨lat.⟩: ein Gedicht m. *(auswendig lernen; auswendig hersagen)*
Me|na|ge [-'a:ʃ, -ʒɛ] die, -/-n ⟨lat.-fr.⟩ (veraltet, Mil.): *Truppenverpflegung* ‖ **Me|na|ge|rie** [-ʒə'ri:] die, -/-n: *Tierschau, Tiergarten* ‖ **me|na|gie|ren** (veraltet) (Mil.): *Essen fassen*
Men|de|le|vi|um [-v-] das, -s (Zeichen: Md): *ein chemisches Element (nach dem russischen Chemiker Mendelejew)*
Me|ne|te|kel das, -s/- ⟨aramäisch⟩: *geheimnisvolles Warnzeichen vor drohender Gefahr*
Men|ge die, -/-n: eine M. schöne/r Sachen ‖ **men|gen:** Zucker unter die Teigmasse m. ‖ **Men|gen|an|ga|be** ‖ **Men|gen|leh|re** die, - (Math.) ‖ **men|gen|mä|ßig:** ein m. günstiges Angebot ‖ **Men|gen|ra|batt:** *Preisnachlass beim Kauf einer größeren Menge der Ware*
Men|hir [-'ɛ-, -'i:-] der, -s/-e ⟨bretonisch-fr.⟩: *vorgeschichtlicher [keltischer] Kultstein*
Me|nin|gi|tis die, - ⟨gr.⟩ (Med.): *Gehirnhautentzündung;* → FSME
Me|nis|kus der, -/Menisken ⟨gr.⟩: *halbmondförmige Knorpelscheibe, zB im Kniegelenk* ‖ **Me|nis|kus|ope|ra|ti|on** [-tsi-] (Med.) ‖ **Me|nis|kus|riss** (Med.)
Me|no|pau|se [auch: -'aʊ-] ⟨gr.⟩ (Med.): *Aufhören der Regelblutung in den Wechseljahren* ‖ **Me|no|sta|se** die, -/-n (Med.): *Ausbleiben der Regelblutung*
Men|sa die, -/-s [Mensen] ⟨lat.⟩: *Kantine für Studierende*
Mensch[1] der, -en/-en: sie ist ein ehrlicher M.; Menschen verachtend (= menschenverachtend) ‖ **Mensch**[2] das, -[s]/-er (reg., mda., sonst abw.): *Mädchen* ‖ **men|scheln** (ugs.): es menschelt *(man spürt menschliche Schwächen)* ‖ **Men|schen|af|fe** ‖ **men|schen|ähn|lich** ‖ **Men|schen|al|ter:** *eine Generation;* ein M. lang *(etwa 30 Jahre)* ‖ **Men|schen|auf|lauf** ‖ **Men|schen|bild:** *Eindrücke bzw. Auffassung von Menschen* ‖ **Men|schen|feind:** *Misanthrop* ‖ **Men|schen|fres|ser** der, -s/- (abw.): *Kannibale* ‖ **Men|schen|fres|se|rin** die, -/-innen (abw.) ‖ **Men|schen|freund:** *Philanthrop* ‖ **Men|schen|freun|din** ‖ **men|schen|freund|lich** ‖ **Men|schen|ge|den|ken:** seit M. *(soweit sich Zeitgenossen zurückerinnern;*

M

seit eh und je) ‖ **Men|schen|ge|schlecht** das, -[e]s: *die Menschheit* ‖ **Men|schen|ge|stalt** ‖ **Men|schen|hand:** von M. geschaffen ‖ **Men|schen|han|del** ‖ **Men|schen|hass** ‖ **Men|schen|has|ser** der, -s/-: *Misanthrop* ‖ **Men|schen|has|se|rin** die, -/-innen ‖ **Men|schen|hatz** ‖ **Men|schen|ken|ner** ‖ **Men|schen|ken|ne|rin** ‖ **Men|schen|kennt|nis** ‖ **Men|schen|ket|te:** *eine Form gewaltlosen öffentlichen Protests oder Gedenkens* ‖ **Men|schen|kind** (geh.): *Kind; Mensch;* → Menschenskind ‖ **Men|schen|le|ben** ‖ **men|schen|leer:** alle Straßen waren m. ‖ **Men|schen|lie|be** ‖ **Men|schen|mas|se** ‖ **Men|schen|men|ge** ‖ **men|schen|mög|lich:** alles tun, was m. ist; *aber:* das Menschenmögliche *(alles, was nur überhaupt möglich ist)* tun ‖ **Men|schen|op|fer:** *Opferung von Menschen* | *Todesfall [durch Unfall, Krankheit]* ‖ **Men|schen|raub** ‖ **Men|schen|recht** (meist Pl.): *Grundrecht aller Menschen unabhängig von ihren Lebensumständen* ‖ **Men|schen|rechts|kom|mis|si|on** ‖ **Men|schen|rechts|kon|ven|ti|on** [-v-tsi̯-]: die Europäische M. ‖ **Men|schen|rechts|ver|let|zung** ‖ **men|schen|scheu:** *die Menschen und ihre Gesellschaft meidend* ‖ **Men|schen|schmug|gel** ‖ **Men|schen|see|le:** keine M. *(niemand)* war da ‖ **Men|schens|kind** (ugs.): *eine [vorwurfsvolle] Anrede;* → Menschenkind ‖ **Men|schen|sohn** der, -[e]s: *Selbstbezeichnung Jesu* ‖ **men|schen|un|wür|dig** ‖ **Men|schen ver|ach|tend** = **men|schen|ver|ach|tend** ‖ **Men|schen|ver|ach|tung** ‖ **Men|schen|ver|stand:** der gesunde M. ‖ **Men|schen|wür|de:** die M. wahren ‖ **men|schen|wür|dig** ‖ **Men|scherl** das, -s/-[n] (reg., ugs.): *kleines Mädchen* ‖ **Mensch|heit** die, - ‖ **mensch|lich:** irren/Irren ist m. ‖ **Mensch|lich|keit** die, - ‖ **Mensch|wer|dung** die, -/-en

Men|ses die (Pl.) ⟨lat.⟩ (Med.): *Menstruation* ‖ **Mens|tru|a|ti|on** [-tsi̯-] die, -/-en: *monatliche Blutung der Frau, Regel, Menses* ‖ **mens|tru|ie|ren**

Men|sur die, -/-en ⟨lat.⟩: *Fechtkampf* | (Mus.) *Maßverhältnis an Instrumenten* ‖ **men|su|ra|bel**

men|tal ⟨lat.⟩: *geistig* ‖ **Men|ta|li|tät** die, -: *Denkweise, Geisteshaltung* ‖ **Men|tal|re|ser|va|ti|on** [-v-tsi̯-] (Jus): *Gedankenvorbehalt* ‖ **Men|tal|trai|ner** [-treː-, engl. -treɪ-]: *ein Beruf* ‖ **Men|tal|trai|ne|rin**

Men|thol das, -s ⟨lat.⟩: *stark riechender Bestandteil des Pfefferminzöls*

Men|tor der, -s/-en [-'toː-] (geh.): *Erzieher; Ratgeber (nach einer griechischen Sagengestalt)* ‖ **Men|to|rin** die, -/-innen (geh.)

Me|nü das, -s/-s (frühere Schreibung: Menu [-'yː]) ⟨fr.⟩: *festgelegte Speisenfolge [im Gasthaus];* → G.: à la carte | (EDV) *Anzeige der zur Auswahl stehenden Programmfunktionen am Monitor*

Me|nu|ett das, -[e]s/-e ⟨fr.⟩: *ein Tanz* | *ein Musikstück*

Me|nü|plan ⟨fr.⟩

Me|phis|to [-f-] der, -[s]/-s: *ein Teufel; boshafter, teuflischer Mensch* ‖ **Me|phis|to|phe|les** [-fel-]: *der Teufel in Goethes „Faust"* ‖ **me|phis|to|phe|lisch**

Me|ran (it.: Merano): *Stadt in Südtirol*

Mer|cal|li|ska|la [-k-] die, -: *eine Skala zum Messen der Erdbebenstärke;* → Richterskala

Mer|chan|di|sing ['mɜːtʃəndaɪz-] das, -s ⟨fr.-engl.⟩ (Wirt.): *Vermarktung eines Produkts*

mer|ci [-'si] ⟨fr.⟩: *danke*

Mer|gel der, -s/-: *Ton-Kalk-Mischboden* ‖ **mer|ge|lig** = merglig

Mer|ger ['mɜːdʒə] der, -s/-[s] ⟨engl.⟩ (Wirt.): *Fusion*

merg|lig = → mergelig

Me|ri|di|an der, -s/-e ⟨lat.⟩: *Längenkreis der Erde; Mittagslinie*

Me|ri|no das, -s/-s ⟨span.⟩: *eine Schafrasse* ‖ **Me|ri|no|schaf** ‖ **Me|ri|no|wol|le**

Me|ri|ten die (Pl.) ⟨lat.⟩ (geh.): M. *(Verdienste)* um etwas haben

me|ri|to|risch ⟨lat.⟩ (Amtsspr.): *sachlich, konkret* | (Jus) *inhaltlich;* eine meritorische Entscheidung *(in der Sache selbst)*

mer|kan|til ⟨lat.⟩: *kaufmännisch* ‖ **Mer|kan|ti|lis|mus** der, -: *eine volkswirtschaftliche Theorie*

merk|bar: ein merkbarer Unterschied ‖ **Merk|blatt** ‖ **mer|ken**[1]: nichts m. *(bemerken); aber:* → märken ‖ **mer|ken**[2] sich: ich merke mir Namen gut ‖ **Merk|fä|hig|keit** ‖ **Merk|hil|fe** ‖ **merk|lich:** es geht ihm m. *(deutlich)* besser ‖ **Merk|mal** das, -[e]s/-e ‖ **Merk|satz** ‖ **Merk|zet|tel**

Mer|kur[1] [auch: 'mɛ-]: *römischer Götterbote, Gott des Handels* ‖ **Mer|kur**[2] der, -[s]: *ein Planet*

merk|wür|dig ‖ **merk|wür|di|ger|wei|se** ‖ **Merk|wür|dig|keit** die, -/-en

Mer|lot [-'loː, auch: 'mɛrlɔt] der, -s/-s ⟨fr.⟩: *eine Reb- und Weinsorte*

Me|sal|li|ance [-'ɑ̃ːs] die, -/-n ⟨fr.⟩ (veraltet): *nicht standesgemäße Ehe*

Mesch die, -/-en = **Me|sche,** -/-n = **Me|schen,** -/- = Meche ['mɛʃ, 'meːʃɛ], -/-n ⟨fr.⟩: *kontrastierend eingefärbte Haarsträhne* ‖ **me|schen** = mechen ['mɛʃn]: *andersfärbige Strähnen in eine Frisur machen*

me|schug|ge ⟨hebr.-jidd.⟩ (sal.): *leicht verrückt*

Mes|ka|lin das, -s ⟨indian.-span.⟩: *ein Rauschgift*

Mes|mer der, -s/- (V, CH, ugs.): *Mesner* ‖ **Mes|me|rin** die, -/-innen (V, CH, ugs.) ‖ **Mes|ner** der, -s/-: *Kirchendiener* ‖ **Mes|ne|rin** die, -/-innen

Me|so|li|thi|kum das, -s ⟨gr.⟩: *mittlere Steinzeit;* → Paläolithikum; → Neolithikum

Me|son das, -s/-en [auch: -'oː-] ⟨gr.⟩ (Phys.): *mittelschweres Elementarteilchen*

Me|so|zo|i|kum das, -s ⟨gr.⟩ (Geol.): *mittlerer Abschnitt der Erdgeschichte, umfasst Trias, Jura, Kreide*

Mes|sage [-sɪdʒ] die, -/-s [-ɪz] ⟨fr.-engl.⟩: *Nachricht* | (sal.) *Botschaft; Anliegen;* die M. des Films ist nicht rübergekommen

Mess|band ‖ **mess|bar** ‖ **Mess|bar|keit** die, - ‖ **Mess|be|cher** ‖ **Mess|bild** (Geogr.): *Luftaufnahme zur Erstellung von Raummodellen*

Mess|buch (kath.): *Buch mit Gebeten und Messtexten* ‖ **Mess|die|ner:** *Ministrant* ‖ **Mess|die|ne|rin** ‖ **Mes|se** die, -/-n: *katholischer Gottesdienst;* die heilige M.; eine M. lesen lassen | (Mus.) eine M. komponieren | (Wirt.) *große Ausstellung von Waren und Warenmustern* ‖ **Mes|se|be|su|cher** ‖ **Mes|se|be|su|che|rin** ‖ **Mes|se|ge|län|de** ‖ **Mes|se|hal|le**

mes|sen[1], ich messe, du misst/maß/gemessen: mit dem Messband m.; Fieber m. ‖ **mes|sen**[2] sich: sich mit jemandem m. *(vergleichen, mit jemandem wetteifern)*

M

Mes|se|neu|heit: *auf einer Messe erstmals vorgestellter Artikel*
Mes|ser das, -s/-: *ein Schneidegerät; Teil des Bestecks;* etwas steht auf des Messers Schneide *(eine Entscheidung in die eine oder andere Richtung steht knapp bevor)* ‖ **Mes|ser|heft** (fachspr.): *Messergriff* ‖ **Mes|ser|rü|cken** ‖ **mes|ser|rü|cken|dick:** den Teig m. auswalken ‖ **mes|ser|scharf:** ein messerscharfer *(scharfsinniger)* Verstand ‖ **Mes|ser|schmied** ‖ **Mes|ser|schmie|din** ‖ **Mes|ser|ste|cher** ‖ **Mes|ser|ste|che|rei** die, -/-en ‖ **Mes|ser|ste|che|rin** ‖ **Mes|ser|stich** ‖ **Mes|ser|wer|fer** der, -s/-: *ein Artist* ‖ **Mes|ser|wer|fe|rin** die, -/-innen
Mes|se|stand: *[Verkaufs]stand auf einer Warenmesse*
Mess|feh|ler ‖ **Mess|füh|ler:** der M. eines Thermostats ‖ **Mess|ge|rät:** *Gerät zum Messen*
Mess|ge|wand: *zur heiligen Messe getragene priesterliche Kleidung*
Mess|glas: *Glas zum Abmessen*
mes|si|a|nisch ⟨hebr.-gr.-lat.⟩ ‖ **Mes|si|as** der, -: *der Erlöser; Christus*
Mes|sing das, -s: *Legierung aus Kupfer und Zink* ‖ **Mes|sing|draht** ‖ **Mes|sing|schild**
Mess|in|s|t|ru|ment: *Messgerät*
Mess|kelch: *Kelch für den Gottesdienst*
Mess|lat|te: *Messstab für die Landvermessung*
Mess|ner der, -s/- (bes. westöst.): *Mesner* ‖ **Mess|ne|rin** die, -/-innen (bes. westöst.): *Mesnerin* ‖ **Mess|op|fer** (kath.): *die heilige Messe*
Mess|tech|nik: Mess- und Regeltechnik ‖ **Mes|sung** die, -/-en ‖ **Mess|ver|fah|ren**
Mess|wein: *bei der hl. Messe verwendeter unverfälschter Wein*
Mess|wert
Mes|ti|ze der, -n/-n ⟨lat.-span.⟩: *Mischling zwischen Weißen und Indianern* ‖ **Mes|ti|zin** die, -/-innen
MESZ: mittel**e**uropäische **S**ommer**z**eit
Met[1] der, -[e]s/-e: *aus vergorenem Honig hergestelltes Getränk*
Met[2] die, -: *Kurzwort für Metropolitan Opera (in New York)*
Me|ta|bo|lis|mus der, - ⟨gr.⟩ (Biol., Med.): *Stoffwechsel*
Me|tall das, -s/-e ⟨gr.-lat.⟩: M. [zu Draht] verarbeiten; → Metall verarbeitend = metallverarbeitend ‖ **Me|tall|ar|bei|ter** ‖ **Me|tall|ar|bei|te|rin** ‖ **me|tal|len:** ein metallener Griff ‖ **Me|tal|ler** der, -s/- (sal.): *Metallarbeiter* ‖ **Me|tal|le|rin** die, -/-innen (sal.) ‖ **Me|tall|gie|ße|rei** ‖ **Me|tall|guss** ‖ **me|tall|häl|tig,** *auch:* metallhaltig ‖ **me|tal|lic** [-k] ⟨engl.⟩: *wie Metall schimmernd* ‖ **Me|tal|lic|la|ckie|rung** ‖ **Me|tall|in|dus|t|rie** ⟨gr.-lat.⟩ ‖ **me|tal|lisch:** m. *(wie Metall)* glänzend ‖ **mé|tal|li|sé:** *mit einer widerstandsfähigen Schicht aus Metall überzogen* ‖ **me|tal|li|sie|ren** ‖ **Me|tall|le|gie|rung** ‖ **Me|tal|lo|fon** = **Me|tal|lo|phon** [-f-] das, -s/-e: *ein aus Metallplatten bestehendes Stabspiel, Glockenspiel* ‖ **Me|tal|l|urg** der, -en/-en ‖ **Me|tal|l|ur|gie** die, -: *Wissenschaft von der Metallgewinnung und -verarbeitung* ‖ **Me|tal|l|ur|gin** die, -/-innen ‖ **me|tal|l|ur|gisch** ‖ **Me|tall ver|ar|bei|tend** = **me|tall|ver|ar|bei|tend:** M. verarbeitende Industrie
Me|ta|mor|pho|se [-f-] die, -/-n ⟨gr.⟩: *Gestaltwandel [in der Entwicklung des Frosches, der Insekten]*
Me|ta|pher [-f-] die, -/-n ⟨gr.⟩: *bildhafte Umschreibung, zB* Haupt der Verschwörung ‖ **Me|ta|pho|rik** die, - ‖ **me|ta|pho|risch**
Me|ta|phy|sik [-fy-] ⟨gr.⟩: *ein Teilgebiet der Philosophie* ‖ **me|ta|phy|sisch**
Me|ta|s|ta|se die, -/-n ⟨gr.⟩ (Med.): *Tochtergeschwulst bei Krebserkrankungen* ‖ **Me|ta|s|ta|sen|bil|dung** (Med.)
Me|ta|xa der, -s/-s (Wz.): *ein griechischer Weinbrand*
Me|te|or der (*fachspr.:* das), -s/-e ⟨gr.⟩: *Leuchterscheinung, die beim Eindringen eines kosmischen Körpers in die Erdatmosphäre entsteht, Sternschnuppe* ‖ **me|te|or|haft** ‖ **Me|te|o|rit** der, -s [-en]/-e[n]: *kosmischer Körper aus Stein oder Metall, der beim Eindringen in die Erdatmosphäre verglüht; Reststück eines solchen Körpers* ‖ **Me|te|o|ri|ten|ein|schlag** ‖ **Me|te|o|ro|lo|ge** der, -n/-n ‖ **Me|te|o|ro|lo|gie** die, -: *Wetterkunde* ‖ **Me|te|o|ro|lo|gin** die, -/-innen ‖ **me|te|o|ro|lo|gisch**
Me|ter der = das, -s/- (m) (als grundlegende Maßeinheit fachsprachlich nur mit Art. das) ⟨gr.-lat.-fr.⟩: sechs M. hoch; *aber:* meterhoch; in einer Breite von drei Meter[n] ‖ **me|ter|breit** ‖ **Me|ter|brot:** *nach der Länge verkaufte lange Brotwecken* ‖ **me|ter|dick** ‖ **me|ter|hoch:** der Schnee liegt m. ‖ **Me|ter-Ki|lo|gramm-Se|kun|den-Sys|tem** [-zy-] das, -s (MKS-System) → metrisch ‖ **me|ter|lang:** ein meterlanger Streifen; *aber:* ein drei Meter langer Streifen ‖ **Me|ter|maß** ‖ **Me|ter|stab:** *Zollstab* ‖ **me|ter|stark** ‖ **me|ter|tief** ‖ **Me|ter|wa|re:** *nach Metern gehandelte Ware, zB Stoffe* ‖ **me|ter|wei|se** ‖ **me|ter|weit** ‖ **Me|ter|zent|ner** (früher): *Zentner (100 kg)*
Me|tha|don das, -s ⟨gr.-engl.⟩ (Med.): *Suchtgiftersatz für Drogenabhängige*
Me|than das, -s ⟨gr.⟩: *Sumpfgas; ein Heizgas* ‖ **Me|tha|nol** das, -s (Chem.): *ein Alkohol, der als Brennstoff eingesetzt wird; Methylalkohol*
Me|tho|de die, -/-n ⟨gr.⟩: *Verfahrensweise, Art des Vorgehens;* eine neue M. des Skilaufens ‖ **Me|tho|dik** die, - ‖ **me|tho|disch:** m. *(planmäßig)* vorgehen ‖ **Me|tho|dist** der, -en/-en ⟨gr.-engl.⟩: *Angehöriger einer bestimmten christlichen Glaubensgemeinschaft* ‖ **Me|tho|dis|ten|kir|che** ‖ **Me|tho|dis|tin** die, -/-innen ‖ **Me|tho|do|lo|gie** die, -/-en ⟨gr.⟩: *Lehre von den wissenschaftlichen Methoden* ‖ **me|tho|do|lo|gisch**
Me|thu|sa|lem der, -[s]/-s [-e]: *sehr alter Mann (nach einer biblischen Gestalt)*
Me|thyl|al|ko|hol [-'ty:-] ⟨gr.+arab.-fr.⟩ (Chem.): → *Methanol*
Me|ti|er [-'tie:] das, -s/-s ⟨fr.⟩: sein M. *(seinen Beruf, sein Handwerk)* verstehen
Me|to|ny|mie [-ny-] die, -/-n ⟨gr.⟩: *Ersetzen eines Wortes durch einen verwandten Ausdruck, zB* Glas *statt* Wein
Me|t|rik die, - ⟨gr.-lat.⟩: *Lehre vom Versmaß* | (Mus.) *Lehre vom Takt* ‖ **me|t|risch:** *das Versmaß betreffend; den Takt betreffend;* → Metrum | metrische Maße und Gewichte *(m^2, ha, l, kg ua.)*
Me|t|ro die, -/-s ⟨fr.⟩: *U-Bahn (in manchen Ländern)*
Me|t|ro|nom das, -s/-e ⟨gr.⟩ (Mus.): *Gerät zum Angeben von Tempo und Takt*
Me|t|ro|po|le die, -/-n ⟨gr.⟩: *Hauptstadt, Weltstadt;* eine M. *(ein Zentrum, eine Hochburg)* der

M

Musik ‖ **Me|tro|po|lit** der, -en/-en: *Titel von Bischöfen der Ostkirchen* | (kath.) *Erzbischof* ‖ **Me|tro|po|li|tan|kir|che:** *Sitz eines Metropoliten*
me|tro|se|xu|ell ⟨gr.+lat.⟩: *körperbewusst, modisch, gepflegt (beim Mann)*
Me|trum das, -s/Metren ⟨gr.-lat.⟩: *Versmaß* | (Mus.) *Takt;* → Metrik
Met|te die, -/-n ⟨lat.⟩: *ein nächtlicher Gottesdienst*
Mett|wurst: *eine Wurstsorte*
Met|ze die, -/-n (geh., abw., veraltet): *Dirne*
Met|ze|lei die, -/-en: *Gemetzel* ‖ **met|zeln,** ich metzle
Met|zen der, -s/-: *altes Getreidemaß*
Metz|ger der, -s/- (westöst., D): *Fleischhauer* ‖ **Metz|ge|rei** die, -/-en (westöst., D) ‖ **Metz|ge|rin** die, -/-innen (westöst., D) ‖ **Metz|ger|meis|ter** (westöst., D) ‖ **Metz|ger|meis|te|rin** (westöst., D)
Meu|chel|mord (abw.) ‖ **Meu|chel|mör|der** (abw.) ‖ **Meu|chel|mör|de|rin** (abw.) ‖ **meu|cheln** (geh., abw.): *hinterhältig ermorden* ‖ **meuch|lings** (geh., abw.): jemanden m. *(hinterrücks)* überfallen
Meu|te die, -/-n (Jägerspr.): *Gruppe von Jagdhunden* | (abw.) *aggressive Menschengruppe* ‖ **Meu|te|rei** die, -/-en ‖ **Meu|te|rer** der, -s/- ‖ **Meu|te|rin** die, -/-innen ‖ **meu|tern:** *den Gehorsam verweigern, rebellieren, bes. auf Schiffen, beim Militär*
Me|xi|ka|ner der, -s/- ‖ **Me|xi|ka|ne|rin** die, -/-innen ‖ **me|xi|ka|nisch** ‖ **Me|xi|ko:** *ein Staat* | *auch:* Mexiko-Stadt, Mexiko Stadt, Mexico-City [-ko'sıti], Mexico City *(Hauptstadt von Mexiko)*
MEZ [ɛm e 'tsɛt]: mitteleuropäische Zeit
Mez|za|nin der = das, -s/-e ⟨it.⟩: *Halbstock zwischen Parterre und erstem Stock* ‖ **Mez|za|nin|woh|nung**
Mez|zie [-'iː(ɛ)] die, -/-n ⟨hebr.-jidd.⟩ (W): *vorteilhaftes Geschäft, Schnäppchen*
mez|zo|for|te (mf) ⟨it.⟩ (Mus.): *mäßig stark;* → forte ‖ **mez|zo|pi|a|no** (mp) (Mus.): *halbleise;* → piano ‖ **Mez|zo|so|p|ran:** *Stimmlage zwischen Sopran und Alt; Sängerin mit dieser Stimmlage*
mf: **m**ezzo**f**orte
mg: **M**illi**g**ramm
Mg: **M**a**g**nesium
MG [ɛm 'geː] das, -[s]/-[s]: **M**aschinen**g**ewehr
mhd.: **m**ittel**h**och**d**eutsch
MHz: **M**ega**h**ert**z**
mi|au|en: die Katze hat miaut
mich: sie ruft m.
Mi|cha|el: *männl. Vorname;* → Michel ‖ **Mi|cha|e|la:** *weibl. Vorname* ‖ **Mi|cha|e|li:** *Festtag des hl. Michael;* zu M. *(am Michaelitag)* ‖ **Mi|chel**[1]: *männl. Vorname (Michael)* ‖ **Mi|chel**[2] der, -s/- (ugs.): ein g[e]rader M. *(jemand, der unverblümt seine Meinung sagt)*
Mi|chi|gan ['mɪʃɪgən]: *Bundesstaat der USA*
mick|rig, *auch:* mickerig (bes. nördl. D, ugs., abw.): *kümmerlich* ‖ **Mick|rig|keit** die, -/-en (bes. nördl. D, ugs., abw.)
Mi|cky|maus [-ki-]: *eine Figur aus Zeichentrickfilmen und Comics*
Mi|c|ro|scoo|ter ['maıkrəʊskuːtə] ⟨engl.⟩ (Wz.): *ein Tretroller mit zwei Rädern, Miniscooter* ‖ **Mi|c|ro|van** [-væn]: *bes. kompakter Van*
mi|di ⟨engl.⟩ (sal.): *dreiviertellang [von einem Kleid];* m. gehen ‖ **Mi|di,** *auch:* **MIDI** (Elektrot.): *ein System digitaler Übertragung zwischen Tonträgern*
Mid|life|cri|sis ['mɪdlaıf'kraısıs] = **Mid|life-Cri|sis** die, - ⟨engl.⟩: *Krise [von Männern] in der Lebensmitte*
mied → meiden
Mie|der das, -s/-: *eng anliegendes, formgebendes, stützendes Oberteil* ‖ **Mie|der|wa|ren**
Mief der, -s (ugs., abw.): *verbrauchte, übel riechende Luft*
Mie|ne die, -/-n: eine heitere M. zeigen *(ein vergnügtes Gesicht machen); aber:* → Mine ‖ **Mie|nen|spiel** das, -[e]s
mies (ugs.): mir ist m. *(übel)* | (ugs., abw.) mieses *(schlechtes)* Wetter; → miesmachen
mie|sel|süch|tig (ugs.): *schlecht gelaunt*
mies|ma|chen: er wird das Projekt m. *(schlechtmachen)*
Mies|mu|schel: *eine essbare Muschel*
Miet|au|to ‖ **Mie|te**[1] die, -/-n: *Geldbetrag, der für die Benützung [einer Wohnung] zu bezahlen ist, Zins*
Mie|te[2] die, -/-n (nördl. D): *Erdgrube zum Überwintern von Erdäpfeln uÄ*
mie|ten: eine Wohnung m. ‖ **Mie|ter** der, -s/- ‖ **Mie|ter|hö|hung** ‖ **Mie|te|rin** die, -/-innen ‖ **Mie|ter|schutz** ‖ **Mie|ter|schutz|ver|ei|ni|gung** ‖ **Miet|kauf:** *Leasing; Anmietung einer Sache mit Kaufoption* ‖ **Miet|kau|ti|on** [-tsi̯-] ‖ **Miet|par|tei** ‖ **Miet|recht** ‖ **Miet|rechts|ge|setz** ‖ **Miets|haus** ‖ **Miet|ver|hält|nis** ‖ **Miet|ver|trag** ‖ **Miet|wa|gen** ‖ **Miet|woh|nung** ‖ **Miet|wu|cher:** *Wucher an Mietzinsen* ‖ **Miet|zins:** *Miete* ‖ **Miet|zins|be|gren|zung** ‖ **Miet|zins|bei|hil|fe:** M. erhalten ‖ **Miet|zins|ober|gren|ze** ‖ **Miet|zins|re|ser|ve** [-v-]: *zur Renovierung des Hauses angesparte Mietzinseinnahmen*
Miez die, -/-en = **Mie|ze,** -/-n (sal.): *Katze* ‖ **Mie|ze|kat|ze** (sal.)
Mi|fe|gy|ne [-gyː-] die, - (Wz.): *Pille, die einen Schwangerschaftsabbruch bewirkt; Abtreibungspille*
Mi|g|non|schnit|ten [mi'ɲɔ̃-, 'miɲoːn-] die (Pl.) ⟨fr.⟩: *mit Schokolade überzogene Neapolitanerschnitten*
Mi|g|rä|ne die, - ⟨gr.-lat.-fr.⟩: *meist einseitiger heftiger Kopfschmerz [mit Übelkeit]*
Mi|g|rant der, -en/-en ⟨lat.⟩: *Zu- oder Auswanderer;* → Emigrant; → Immigrant ‖ **Mi|g|ran|tin** die, -/-innen ‖ **Mi|g|ra|ti|on** [-tsi̯-] die, -/-en: *umständebedingter Wohnortwechsel; Auswanderung; Wanderung bei Mensch und Tier* ‖ **Mi|g|ra|ti|ons|po|li|tik**
Mi|ka|do[1] das, -s/-s ⟨jap.⟩: *ein Geschicklichkeitsspiel mit Stäbchen* ‖ **Mi|ka|do**[2] der, -s/-s (veraltet): *japanischer Kaiser*
Mi|kro das, -s/-s ⟨gr.⟩: *Kurzwort für Mikrofon ua.* | (auch in Zusammensetzungen, zB Mikrokosmos) ‖ **Mi|kro|ana|ly|se** [-lyː-] ‖ **Mi|kro|be** die, -/-n: *mikroskopisch kleines Lebewesen, zB Bakterie* ‖ **Mi|kro|bio|lo|gie** ‖ **Mi|kro|che|mie** [-ke-] ‖ **Mi|kro|chip** [-tʃɪp] ‖ **Mi|kro|elek|tro|nik:** *Anwendung von Mikroprozessoren* ‖ **Mi|kro|fa|ser:** *eine Textilfaser* ‖ **Mi|kro|fiche** [-fiʃ] der = das, -s [-fiʃ]/-s [-fiʃ]: *Mikrofilm bestehend aus Mikrokopien* ‖ **Mi|kro|film:** *Film mit Mikrokopien* ‖ **Mi|kro|fon** = Mikrophon [-f-] das, -s/-e: *Gerät, das akustische Signale in elektrische umwandelt* ‖ **Mi|kro|gramm:** *ein millionstel Gramm* ‖ **Mi|kro|kli|ma:** *kleinräumiges, bodennahes Klima* ‖

M

Mikrokopie: *stark verkleinerte Aufnahme [von Druckschriften]* ‖ **Mikrokosmos:** *die Welt der Kleinlebewesen; der Mensch und seine Umwelt;* → G.: Makrokosmos ‖ **Mikrometer:** *ein Feinmessgerät* | (mit Abkürzung µm) *ein millionstel Meter* (0,001 mm) ‖ **Mikroorganismus** ‖ **Mikrophon** → Mikrofon ‖ **Mikrophysik** [-fy-] ‖ **Mikroprozessor:** *Computerbestandteil für Rechen- und Steuerfunktion* ‖ **Mikroskop** das, -s/-e: *optisches Instrument zur Vergrößerung sehr kleiner Gegenstände* ‖ **Mikroskopierbesteck:** *Skalpell, Pinzette ua. zum Mikroskopieren* ‖ **mikroskopieren** ‖ **mikroskopisch** → makroskopisch ‖ **Mikrotechnologie** ‖ **Mikrowelle:** *eine elektromagnetische Welle* | *Mikrowellenherd* ‖ **Mikrowellenherd** ‖ **Mikrozensus:** *statistische Untersuchung eines kleinen, aber repräsentativen Personenkreises*

Milak = **MILAK** die, -: *Kurzwort für Militärakademie*

Milbe die, -/-n: *eine kleine Spinnenart*

Milch die, -: M. trinken; saure M. ‖ **Milchbar** ‖ **Milchbrei** ‖ **Milchbrot** ‖ **Milchdrüse** ‖ **Milcheiweiß** ‖ **Milchfrau** (veraltet): zur M. *(ins Milchgeschäft)* gehen ‖ **Milchgebiss:** *das erste Gebiss* ‖ **Milchgesicht** (abw.): *junger, unerfahrener Mensch* ‖ **Milchglas:** *ein undurchsichtiges Glas* ‖ **milchig:** eine milchige Flüssigkeit ‖ **Milchkaffee** ‖ **Milchkanne** ‖ **Milchkuh** ‖ **Milchmädchenrechnung** (oft abw.): *[allzu] einfache [und unter Umständen irrige] Schlussfolgerung* ‖ **Milchmixgetränk** ‖ **Milchner** der, -s/-: *männlicher Fisch, der Milch (Samen) enthält;* → Rogner ‖ **Milchpackerl:** *Milch im Tetra-Pack* ‖ **Milchprodukt** ‖ **Milchpulver** [-f-] ‖ **Milchrahmstrudel:** *eine Mehlspeise;* → Millirahmstrudel ‖ **Milchreis** ‖ **Milchschokolade** ‖ **Milchspeise** ‖ **Milchstraße:** *breites Band von Fixsternen, unsere Galaxie* ‖ **milchweiß** ‖ **Milchwirtschaft** ‖ **Milchzahn:** *Zahn des ersten Gebisses* ‖ **Milchzucker**

mild: *sanft, gütig;* eine milde *(nicht strenge)* Strafe; ein milder Richter | milde *(laue)* Luft | eine milde *(schwach gewürzte)* Speise; milder *(schwach gerösteter)* Kaffee ‖ **Milde** die, - ‖ **mildern:** ein strenges Urteil m. *(das Strafausmaß herabsetzen)* ‖ **Milderung** die, -/-en ‖ **Milderungsgrund** ‖ **mildherzig** (geh.): *gutmütig, barmherzig* ‖ **mildtätig** (geh.): *wohltätig*

Milieu [-'li̯ø:] das, -s/-s ⟨fr.⟩: *Umwelt; Lebensverhältnisse* | *Verbrechermilieu* ‖ **milieubedingt** ‖ **milieugeschädigt:** *durch das Milieu geschädigt* ‖ **Milieustudie** [-ʃtu:di̯e]

Milirahmstrudel → Millirahmstrudel

militant ⟨lat.⟩: militante *(kämpferisch ausgerichtete)* Gruppen ‖ **Militär**[1] der, -s/-s ⟨lat.-fr.⟩: *hoher Offizier* ‖ **Militär**[2] das, -s: beim M. sein *(Soldat sein);* M. *(Truppen)* einsetzen ‖ **Militärakademie** (Milak, MILAK): *Offiziersausbildungsstätte des österreichischen Bundesheeres in Wiener Neustadt;* Theresianische M. ‖ **Militärattaché** [-ʃe:] ‖ **Militärdienst** ‖ **Militärdiktatur** ‖ **Militärflugzeug** ‖ **Militärgericht** ‖ **Militärgrenze** (Gesch.): *Ansiedlung von Wehrbauern entlang einer gefährdeten Grenze, zB im 16. bis 18. Jh. gegen die Türken* ‖ **Militaria** die (Pl.): *Bücher, Gegenstände zum Militärwesen* ‖ **militärisch** ‖ **militarisieren** ‖ **Militarismus** der, -: *Überbetonung des Militärischen in Politik und Gesellschaft* ‖ **Militarist** der, -en/-en ‖ **militaristisch** ‖ **Militärjunta** [-xu-]: *von Militärs gebildete [diktatorische] Regierung [nach einem Putsch]* ‖ **Militärmusik:** *Marsch- bzw. Blasmusik[kapelle]* ‖ **Militärputsch** ‖ **Militärregierung** → Militärjunta ‖ **Militärregime** [-ʒi:m] ‖ **Militärschlag** (beschön.): *Kriegshandlung* ‖ **Military** [-təri] die, -/-s ⟨engl.⟩ (Sport): *eine Disziplin im Reiten, Vielseitigkeitsprüfung* ‖ **Militarylook** [-lʊk] der, -s: *eine Moderichtung;* → Camouflagelook ‖ **Miliz** die, -/-en ⟨lat.⟩: *nicht ständige Streitkräfte als Ergänzung der Kampftruppe, Milizheer; Polizei mit militärähnlichem Charakter; Bürgerwehr* ‖ **Milizheer** ‖ **Milizverband**

Mill.: **Million**[en] ‖ **Millennium** das, -s/Millennien [-i̯ən] ⟨lat.⟩: *Jahrtausend*

Milli: *weibl. Vorname (Emilie)*

Milli- ⟨lat.⟩ (nur in Zusammensetzungen wie zB Millimeter) ‖ **Milliardär** der, -s/-e ‖ **Milliardärin** die, -/-innen ‖ **Milliarde** die, -/-n (Md., Mrd.): *1 000 Millionen, 10^9* ‖ **Milliardenbetrag** ‖ **Milliardendefizit** ‖ **Milliardenhöhe** ‖ **Milliardenverlust** ‖ **milliardstel:** ein m. Gramm (= Milliardstelgramm) ‖ **Milliardstel** das, -s/- ‖ **Milliardstelgramm** (= milliardstel Gramm) ‖ **Millibar** (mbar): *0,001 bar* ‖ **Milligramm** (mg): *0,001 g* ‖ **Milliliter** (ml): *0,001 l* ‖ **Millimeter** [auch: -'me:-] (mm): *0,001 m* ‖ **millimetergenau** ‖ **Millimeterpapier:** *Papier mit gedrucktem Millimeternetz* ‖ **Million** die, -/-en (Mill., Mio.): *1 000 000, 10^6;* 4 Millionen Mal ‖ **Millionär** der, -s/-e ‖ **Millionärin** die, -/-innen ‖ **Millionenbetrag** ‖ **Millionending** (ugs.): *Sache, bei der es um Millionen geht* ‖ **millionenfach** ‖ **Millionengewinn** ‖ **Millionenhöhe:** ein Schaden in M. ‖ **Millionenschaden** ‖ **millionenschwer:** *sehr reich* ‖ **Millionenstadt** ‖ **Millionenvermögen** ‖ **millionstel:** ein m. Gramm (= Millionstelgramm) ‖ **Millionstel** das, -s/- ‖ **millionstel Gramm** = **Millionstelgramm**

Millirahmstrudel, *auch:* Milirahmstrudel (Küchenspr.): *Milchrahmstrudel*

Millirem: *0,001 Rem*

Millstatt: *Marktgemeinde und Kloster in Kärnten* ‖ **Millstätter See** der, - -s (K)

Milz die, -/-en: *ein Körperorgan* ‖ **Milzbrand** (Med.): → *Anthrax* ‖ **Milzquetschung** ‖ **Milzschnitten** die (Pl.) (Küchenspr.): *eine Suppeneinlage* ‖ **Milzschnittensuppe** (Küchenspr.)

Mime der, -n/-n ⟨gr.-lat.⟩ (geh., veraltend): *Schauspieler* ‖ **mimen:** *darstellen, spielen* ‖ **Mimese** die, -/-n: *Nachahmung, Tarnung* ‖ **Mimik** die, -: *Mienenspiel* ‖ **Mimikry** [-i] die, - ⟨engl.⟩: *Nachahmung einer anderen Tierart als Selbstschutz* ‖ **Mimin** die, -/-innen ⟨gr.-lat.⟩ (geh., veraltend) ‖ **mimisch:** *schauspielerisch; mit Gebärden;* ein Gefühl, eine Empfindung m. darstellen

Mimose die, -/-n ⟨gr.-lat.⟩: *eine tropische Pflanze; blühende Akazienzweige* | (auch abw.) er ist eine M. *(ein überempfindlicher,* *übersensibler Mensch)* ‖ **mi|mo|sen|haft:** er reagiert m. *(überempfindlich)*

min: **Min**ute ‖ **Min.** (veraltet): **Min**ute

Mi|na|rett das, -[e]s/-e ⟨arab.-fr.⟩: *Turm einer Moschee*

min|der: zu m. *(zu schlecht)* sein; mehr oder m. *(mehr oder weniger)* ‖ **min|der|be|gabt** ‖ **min|der|be|mit|telt** ‖ **Min|der|be|mit|tel|te**[1] der, -n/-n, ein Minderbemittelter ‖ **Min|der|be|mit|tel|te**[2] die, -n/-n ‖ **Min|der|bru|der:** *Franziskaner* ‖ **Min|der|ein|nah|me:** *verringerte Einnahme* ‖ **Min|der|heit** die, -: in der M. *(geringer an Zahl)* sein | (mit Pl. -en) *sich von der Gesamtbevölkerung in irgendeiner Hinsicht abhebende, zahlenmäßig kleinere Gruppe;* religiöse M., ethnische M. *(Volksgruppe);* → Minorität ‖ **Min|der|hei|ten|pro|gramm:** *[Radio]programm für eine kleine Zielgruppe* ‖ **Min|der|hei|ten|recht** ‖ **Min|der|hei|ten|schutz** ‖ **Min|der|hei|ten|sta|tus** [-staː-, -ʃtaː-] ‖ **Min|der|heits|re|gie|rung:** *Regierung, die über keine parlamentarische Mehrheit verfügt* ‖ **Min|der|heits|spra|che** ‖ **Min|der|heits|vo|tum** [-v-]: *bei Abstimmungen Meinung einer Minderheit* ‖ **min|der|jäh|rig:** *bis zum 18. Lebensjahr; noch nicht volljährig* ‖ **Min|der|jäh|ri|ge**[1] der, -n/-n, ein Minderjähriger ‖ **Min|der|jäh|ri|ge**[2] die, -n/-n ‖ **Min|der|jäh|rig|keit** die, -: *das Alter unter 18 Jahren;* → G.: Volljährigkeit ‖ **min|dern** (geh.): *verringern;* geminderte *(reduzierte)* Arbeitsfähigkeit ‖ **Min|de|rung** die, -: *Verminderung* ‖ **min|der|wer|tig:** ein minderwertiger *(qualitativ schlechter)* Baustoff ‖ **Min|der|wer|tig|keit** die, - ‖ **Min|der|wer|tig|keits|kom|plex** (Psych.): einen M. haben *(sich ständig unterlegen fühlen)* ‖ **Min|der|zahl** die, -: sie blieben in der M. *(zahlenmäßig darunter)* ‖ **Min|dest|ab|stand** ‖ **Min|dest|al|ter** ‖ **Min|dest|an|for|de|rung** ‖ **Min|dest|an|teil** ‖ **Min|dest|aus|maß** ‖ **Min|dest|aus|stat|tung** ‖ **Min|dest|bei|trag** ‖ **Min|dest|be|trag**

min|des|te

– der mindeste *(geringste)* Abstand

Groß- und Kleinschreibung bei Nominalisierung:

– nicht im mindesten (= **M**indesten)
– das ist das mindeste (= **M**indeste) *(wenigste)*, was man tun kann
– zum mindesten (= **M**indesten); *aber zusammen:* → zumindest

min|des|tens: *wenigstens* ‖ **Min|dest|for|de|rung** ‖ **Min|dest|ge|bot:** *niedrigstes Gebot bei Versteigerungen* ‖ **Min|dest|grö|ße** ‖ **Min|dest|halt|bar|keits|da|tum:** *Ablaufdatum auf Lebensmitteln* ‖ **Min|dest|kos|ten** ‖ **Min|dest|lohn:** *gesetzlich festgelegte unterste Lohngrenze einer Berufsgruppe* ‖ **Min|dest|maß** das, -es: ein M. an Höflichkeit ‖ **Min|dest|pen|si|on** ‖ **Min|dest|ren|te** ‖ **Min|dest|rent|ner** ‖ **Min|dest|rent|ne|rin** ‖ **Min|dest|re|ser|ve** [-v-] (Bankw.): *bestimmter Geldbetrag, den Banken bei der Zentralbank anlegen müssen* ‖ **Min|dest|stra|fe** ‖ **Min|dest|stu|di|en|zeit** ‖ **Min|dest|ur|laub** ‖ **Min|dest|zeit**

Mind|map|ping ['maɪndmæp-] das, -s ⟨engl.⟩ (Psych.) (Wz.): *eine Merk- und Planungstechnik*

Mi|ne die, -/-n ⟨kelt.-lat.-fr.⟩: *unterirdische Erzlagerstätte, Bergwerk* | *ein Sprengkörper; aber:* → Miene | *Farbmasse im Bleistift* | ein Kugelschreiber mit blauer M. ‖ **Mi|nen|ar|bei|ter:** *Bergmann* ‖ **Mi|nen|ar|bei|te|rin** ‖ **Mi|nen|feld** (Mil.): *verminte Gegend* ‖ **Mi|nen|such|ge|rät**

Mi|ne|ral das, -s/-e [-i̯en] [-i̯ɛn] ⟨kelt.-lat.⟩: *Erze, Kohle, Edelsteine ua.* ‖ **Mi|ne|ra|li|en|samm|lung** [-i̯ɛn]: *Gesteinssammlung* ‖ **mi|ne|ra|lisch** ‖ **mi|ne|ra|li|sie|ren:** *zum Mineral werden* ‖ **Mi|ne|ra|lo|ge** der, -n/-n ‖ **Mi|ne|ra|lo|gie** die, -: *die Wissenschaft von den Mineralen* ‖ **Mi|ne|ra|lo|gin** die, -/-innen ‖ **mi|ne|ra|lo|gisch** ‖ **Mi|ne|ral|öl:** *Erdöl [und aus ihm gewonnene Produkte]* ‖ **Mi|ne|ral|öl|in|dus|trie** ‖ **Mi|ne|ral|öl|steu|er** ‖ **Mi|ne|ral|quel|le** ‖ **Mi|ne|ral|stoff** (meist Pl.) (Biol., Chem.): *lebensnotwendiger Bestandteil der Nahrung, zB Kalium, Magnesium, Phosphor* ‖ **Mi|ne|ral|was|ser**

Mi|ner|va [-v-]: *römische Göttin des Handwerks, der Künste und der Weisheit;* → *Athene*

Mi|nes|t|ra [-st-] die, -/Minestren ⟨it.⟩: *eine Gemüsesuppe* ‖ **Mi|nes|t|ro|ne** die, -/-n: *Gemüsesuppe nach italienischer Art*

mi|ni ⟨lat.-fr.-engl.⟩ (sal.): *sehr kurz, oberhalb der Knie endend [von einem Rock];* m. gehen; → G.: maxi ‖ **Mi|ni|a|tur** die, -/-en ⟨lat.-it.⟩: *[Bildnis]malerei in Kleinformat;* in M. *(im Kleinformat)* ‖ **Mi|ni|a|tu|rist** der, -en/-en ‖ **Mi|ni|a|tu|ris|tin** die, -/-innen ‖ **Mi|ni|a|tur|ma|le|rei** ‖ **Mi|ni|Disc** [-sk] die, -/-s, *auch:* Minidisc (MD) (Technol.) (Wz.): *ein Tonträger*

Mi|nier|mot|te ⟨fr.⟩ (Biol.): *Motte, deren Larve in Pflanzenteilen Fraßgänge erzeugt*

Mi|ni|golf ⟨lat.-engl.+engl.⟩: *ein Spiel* ‖ **mi|ni|mal:** ein minimaler *(unbedeutender)* Unterschied; → G.: maximal ‖ **Mi|ni|mal Art** ['mɪnɪməl -] die, - ⟨engl.⟩: *eine Kunstrichtung* ‖ **Mi|ni|mal|auf|wand** ‖ **Mi|ni|mal|be|trag** ‖ **Mi|ni|mal|for|de|rung:** *Mindestforderung* ‖ **mi|ni|ma|li|sie|ren:** *so klein wie möglich machen* ‖ **Mi|ni|ma|lis|mus** der, -: *Bevorzugung des Geringstmöglichen* ‖ **Mi|ni|mal|kon|sens** (bes. Pol.) ‖ **Mi|ni|mal Mu|sic** ['mɪnɪməl 'mjuːzɪk] die, - ⟨engl.⟩: *ein zeitgenössischer Kompositionsstil* ‖ **Mi|ni|mal|pro|gramm** ‖ **Mi|ni|mal|wert** ‖ **mi|ni|mie|ren:** die Risiken wurden minimiert *(auf das geringste Maß gesenkt);* → G.: maximieren ‖ **Mi|ni|mie|rung** die, -/-en ‖ **Mi|ni|mum** das, -s/Minima: *das Geringste, Kleinstmögliche* | *die untere Grenze;* → G.: Maximum ‖ **Mi|ni|rock:** *sehr kurzer Damenrock* ‖ **Mi|ni|scoo|ter** [-skuːtə] ⟨engl.⟩ (Wz.): *Microscooter*

Mi|nis|ter der, -s/- ⟨lat.⟩: *Regierungsmitglied, Leiter eines Ministeriums* ‖ **Mi|nis|ter|amt** ‖ **Mi|nis|ter|bü|ro:** *Amtsräume eines Ministers* ‖ **Mi|nis|ter|ebe|ne:** auf M. *(mit den Ministern)* verhandeln ‖ **mi|nis|te|ri|al** ‖ **Mi|nis|te|ri|al|be|am|te** ‖ **Mi|nis|te|ri|al|rat:** *ein höherer Beamter* ‖ **Mi|nis|te|ri|al|rä|tin** ‖ **mi|nis|te|ri|ell** ‖ **Mi|nis|te|rin** die, -/-innen ‖ **Mi|nis|te|ri|um** das, -s/Ministerien [-i̯ɛn]: *höchste staatliche Verwaltungsstelle, Zentralstelle* ‖ **Mi|nis|ter|prä|si|dent:** *Regierungschef eines Staates (in Österreich: Bundeskanzler); Regierungschef eines deutschen*

M

Bundeslandes (in Österreich: Landeshauptmann/Landeshauptfrau) ‖ **Ministerpräsidentin** ‖ **Ministerrat** der, -[e]s: *Gesamtheit der Regierungsmitglieder* ‖ **Ministerratssitzung** ‖ **ministrabel:** *für ein Ministeramt in Betracht kommend* ‖ **Ministrant** der, -en/-en: *Messdiener beim katholischen Gottesdienst* ‖ **Ministrantin** die, -/-innen ‖ **ministrieren**

Minium das, -s ⟨lat.⟩: *Rostschutzfarbe, Rostschutzanstrich*

Minivan [-væn] ⟨engl.⟩: *kompakter Van;* → Microvan

Minne die, -: *Verehrung, platonische Liebeswerbung, die Ritter und Minnesänger (im Mittelalter) adeligen Frauen entgegenbrachten* ‖ **Minnelied** ‖ **Minnesang** der, -[e]s: *höfische Liebeslyrik, bes. 12. bis 14. Jh.* ‖ **Minnesänger**

Minorit der, -en/-en ⟨lat.⟩: *Angehöriger eines Zweiges des Franziskanerordens* ‖ **Minorität** die, -/-en: *[Stimmen]minderheit, Minderzahl;* → G.: Majorität ‖ **Minoritätenschutz**

Minotaurus der, -: *eine griechische Sagengestalt, Mensch mit Stierkopf*

Minsk: *Hauptstadt Weißrusslands*

mint ⟨gr.-lat.-engl.⟩: *pfefferminzfarben, hellgrün*

Minuend der, -en/-en ⟨lat.⟩: *Zahl, von der etwas subtrahiert (weggezählt) wird* ‖ **minus:** vier m. *(weniger)* zwei ist zwei; m. vier Grad = 4 Grad m. *(unter null);* → G.: plus ‖ **Minus** das, -/-: die Abrechnung ergab ein M. *(einen Fehlbetrag)* ‖ **Minusgrad** ‖ **Minuskel** die, -/-n: *Kleinbuchstabe;* → G.: Majuskel ‖ **Minuspol** (--Pol) ‖ **Minuspunkt:** *Schlechtpunkt* ‖ **Minusrekord** ‖ **Minuszeichen** (–): *Subtraktionszeichen*

Minute die, -/-n (min; *veraltet:* Min.) ⟨lat.⟩: *60 Sekunden* | (′) $^1/_{60}$ *(Winkel)grad* ‖ **minutenlang:** minutenlanger Beifall; *aber:* zehn Minuten lang ‖ **Minutenzeiger:** *Uhrzeiger, der die Minuten anzeigt* ‖ **-minütig,** *selten auch:* -minutig (nur in Zusammensetzungen wie achtminütig): eine achtminütige *(acht Minuten lange)* Pause; → minütlich ‖ **minutiös** [-tsi̯-] = → minuziös ‖ **minütlich:** *jede Minute;* → -minütig ‖ **minuziös** = minutiös [-tsi̯-] (geh.): etwas m. *(genauest)* planen

Minze die, -/-n ⟨gr.-lat.⟩: *eine Pflanze*

Mio.: **Million**[en]

Miozän das, -s ⟨gr.⟩ (Geol.): *ein Abschnitt der Erdgeschichte, zweitjüngste Periode des Tertiärs*

mir[1]: es tut mir leid; mir nichts, dir nichts *(ohne etwas zu sagen)* fortgehen

mir[2] (ugs.): *wir;* „mir san mir!" *(Ausdruck überheblicher Selbstüberschätzung und Abkapselung)*

Mirabell: *ein Schloss in Salzburg*

Mirabelle die, -/-n ⟨fr.⟩: *eine Pflaumensorte*

Mirakel das, -s/- ⟨lat.⟩: *Wunder, Geheimnis* ‖ **mirakelhaft** ‖ **mirakulös:** *unerklärlich*

Miriam = **Mirjam:** *weibl. Vorname (Maria)*

Mirl: *weibl. Vorname (Maria);* → Mizzi

Misandrie die, - ⟨gr.⟩ (Psych.): *Männerhass (von Frauen)*

Misanthrop der, -en/-en ⟨gr.⟩: *Menschenfeind;* → G.: Philanthrop ‖ **Misanthropie** die, -: *Menschenhass* ‖ **Misanthropin** die, -/-innen ‖ **misanthropisch**

mischbar ‖ **Mischbatterie:** *Armatur für Kalt- und Warmwasser* ‖ **Mischbrot:** *Brot aus Roggen- und Weizenmehl* ‖ **Mischehe:** *Ehe zwischen Menschen verschiedener Religion oder Ethnie* ‖ **mischen,** du misch[s]t: die Karten m. | gemischter Satz *(Sorten- bzw. Jahrgangsmischung von Weinen)* | (Mus.) gemischter Chor *(Chor mit Frauen- und Männerstimmen)* | (Sport) gemischtes Doppel *(Doppel mit je einem weiblichen und einem männlichen Spieler)* ‖ **mischerbig** (Biol.) ‖ **Mischform** ‖ **Mischfutter** ‖ **Mischgetränk** ‖ **Mischgewebe** ‖ **Mischkonzern** (Wirt.): *Konzern mit verschiedenen Sparten* ‖ **Mischkost** ‖ **Mischkulanz** die, -/-en (ugs.): *Gemisch, Mischung, Durcheinander* ‖ **Mischling** der, -s/-e: *Tier, dessen Eltern von verschiedener Rasse sind* | (oft abw.) *Mensch, dessen Eltern von verschiedener Hautfarbe sind* ‖ **Mischmasch** der, -[e]s/-e (ugs.): *Durcheinander* ‖ **Mischmaschine:** *Betonmischmaschine*

Mischpoche die, -/-n ⟨hebr.-jidd.⟩ (ugs., veraltet, abw.): *Verwandtschaft, Anhang*

Mischpult: *Gerät, mit dem [für den Hörfunk] Gesprochenes, Musik und Geräusche auf einem Tonband vereinigt werden* ‖ **Mischung** die, -/-en: eine gute M. | (bes. St) *Gespritzter;* → Spritzer ‖ **Mischungsverhältnis** ‖ **Mischwald**

miserabel ⟨lat.-fr.⟩: eine miserable *(erbärmliche)* Leistung; sich m. *(elend)* fühlen ‖ **Misere** die, -/-n: *Notlage, Elend* ‖ **Miserere** das, -s/- (wörtl.: Erbarme dich!) (kath.): *ein Gebet; Formel in Gebeten*

Misogynie [-y-] die, - ⟨gr.⟩ (Psych.): *Frauenhass (von Männern)* | (geh.) *Frauenfeindlichkeit*

Mispel die, -/-n: *ein Obstbaum* | *Frucht dieses Baumes;* → Asperl

Miss[1] ⟨engl.⟩: *[mit einem Personennamen verbundene] englische Anrede für eine [jüngere] unverheiratete Frau;* → Mrs; → Ms ‖ **Miss**[2] die, -/-es [-sɪz] [-en]: M. Austria *(Schönheitskönigin von Österreich)*

Missa brevis [- -v-] die, - -/Missae breves [-sɛ -] ⟨lat.⟩ (Mus.): *kurze (kleine) Messe*

missachten: eine Vorschrift m. *(nicht einhalten)* ‖ **Missachtung**

Missale das, -s/-n (Missalien [-i̯ɛn]) ⟨lat.⟩: *Messbuch* ‖ **Missa solemnis** die, - -/Missae solemnes [-sɛ -] (Mus.): *feierliche Messe;* → solenn

missbehagen (geh.): *missfallen* ‖ **Missbehagen:** *Unbehagen* ‖ **Missbildung:** *krankhafte Verunstaltung* ‖ **missbilligen:** er hat die Tat missbilligt *(abgelehnt)* ‖ **Missbilligung** [auch: -'bi-] ‖ **Missbrauch** ‖ **missbrauchen:** sie hat die Erlaubnis missbraucht *(sie hat sie zu einem anderen Zweck ausgenützt)* | ein Mädchen [sexuell] m. *(vergewaltigen)* ‖ **missbräuchlich:** *unerlaubt, sittenwidrig;* eine missbräuchliche Rechtsausübung ‖ **missdeuten:** er hat die Bemerkung missdeutet *(falsch aufgefasst)* ‖ **Missdeutung** ‖ **missen** (geh.): *vermissen, entbehren;* du misst ungern deine Bequemlichkeit ‖ **Misserfolg** ‖ **Missernte:** *schlechte Ernte* ‖ **Missetat** (geh.): *böse Tat* ‖ **Missetäter** (geh.) ‖ **Missetäterin** (geh.) ‖ **missfallen:** sein Benehmen hat mir m. *(nicht gefallen)* ‖ **Missfallen** das, -s ‖ **Missfallensäußerung** ‖ **missgebildet:** *verun-*

M

staltet || **Miss|ge|burt:** *mit schweren Missbildungen geborenes Lebewesen* || **miss|ge|launt** || **Miss|ge|schick:** *Unglück, Pech* || **Miss|ge|stalt** || **miss|ge|stal|tet:** *missgebildet* || **miss|ge|stimmt:** *schlecht gelaunt* || **miss|glü|cken:** ein missglücktes *(nicht gelungenes)* Unternehmen || **miss|gön|nen:** du hast ihm sein Glück missgönnt || **Miss|griff:** *Fehler* || **Miss|gunst** || **miss|güns|tig:** *neidisch* || **miss|han|deln:** er wurde misshandelt *(geschlagen und gequält)* || **Miss|hand|lung** || **Miss|hel|lig|keit** die, -/-en (meist Pl.) (geh.): *Unstimmigkeit*

Mis|sing Link das, - -s ⟨engl.⟩ (Biol.): *fehlende Übergangsform in der Stammesgeschichte*

Mis|sio ca|no|ni|ca [- k-k-] die, - - ⟨lat.⟩: *Befugnis, das katholische Glaubensgut zu lehren*

Mis|si|on die, - ⟨lat.⟩: *Verbreitung des [christlichen] Glaubens* | (mit Pl. -en) *Missionsstation* | *Auftrag, Sendung;* eine wichtige M. erfüllen *(einen wichtigen Auftrag ausführen)* | *Vertretungsbehörde;* diplomatische M. || **Mis|si|o|nar** = **Mis|si|o|när** der, -s/-e: *Glaubensprediger* || **Mis|si|o|na|rin** = **Mis|si|o|nä|rin** die, -/-innen || **mis|si|o|na|risch** || **mis|si|o|nie|ren** || **Mis|si|ons|chef** [-ʃe:f]: *Botschafter ua.* || **Mis|si|ons|che|fin** || **Mis|si|ons|schwes|ter** || **Mis|si|ons|sta|ti|on** [-tsi̯-]

Mis|sis|sip|pi der, -[s]: *ein Strom in den USA*

Miss|klang || **Miss|kre|dit** der, -[e]s: in M. *(in nachteiligen Ruf)* geraten || **miss|lang** → misslingen || **miss|lau|nig:** *übel gelaunt* || **miss|lich** (geh.): eine missliche *(unangenehme)* Sache || **miss|lie|big** (geh.): *unbeliebt* || **Miss|lie|big|keit** die, - (geh.) || **miss|lin|gen,** misslang/misslungen: der Rekordversuch misslang *(glückte nicht);* eine misslungene Zeichnung || **Miss|mut** || **miss|mu|tig:** *schlechter Laune, verärgert*

Mis|sou|ri [-'su:-] der, -[s]: *Strom in den USA*

miss|ra|ten: die Torte ist m. *(nicht gelungen)* | (geh.) ein missratener *(auf Abwege geratener)* Sohn || **Miss|stand:** Missstände *(üble Zustände)* beseitigen || **Miss|stim|mung**

misst → messen

Miss|ton: einen M. *(schlechte Stimmung)* in die Unterhaltung bringen || **miss|tö|nend** || **miss|trau|en:** *nicht [ver]trauen* || **Miss|trau|en** das, -s || **Miss|trau|ens|an|trag:** *Antrag, durch den zB im Parlament die Regierung oder einzelne Regierungsmitglieder zum Rücktritt aufgefordert werden* || **Miss|trau|ens|vo|tum** [-v-] (Pol.): *Beschluss, einem Misstrauensantrag stattzugeben* || **miss|trau|isch** || **miss|ver|gnügt:** *verdrossen* || **Miss|ver|hält|nis** || **miss|ver|ständ|lich** || **Miss|ver|ständ|nis** das, -nisses/-nisse: ein M. aufklären || **miss|ver|ste|hen:** das habe ich missverstanden *(falsch aufgefasst)* || **Miss|wachs** [-ks] der, -es (Landw.): *zu geringes Gedeihen der Feldfrüchte;* → Misswuchs

Miss|wahl: *Wahl der Schönheitskönigin*

Miss|wirt|schaft || **Miss|wuchs** [-ks] (Landw.): *Missbildung;* → Misswachs

Mist der, -[e]s: M. führen; das ist nicht auf meinem M. gewachsen *(stammt nicht von mir)* | *Abfall, Müll* | *wertloses Zeug* || **Mist|beet** || **Mist|bub:** *ein Schimpfwort* || **Mist|ei|mer** (reg.): *Abfallkübel*

Mis|tel die, -/-n: *immergrüner, auf Bäumen schmarotzender Strauch*

Mis|tel|bach (Kfz: MI): *Stadt in Niederösterreich*

Mis|tel|zweig

mis|ten: ein Gemüsebeet m. *(mit Stallmist düngen)*

Mis|ter (Mr): *[mit einem Personennamen verbundene] englische Anrede für einen Mann*

Mist|ga|bel || **Mist|gstät|ten** (ostöst., ugs.) || **Mist|hau|fen** || **Mist|kerl** (ugs.): *ein Schimpfwort* || **Mist|kü|bel:** *Abfalleimer* || **Mist|platz:** *Müllablagerungsplatz*

Mis|tral der, -s/-e ⟨lat.-fr.⟩: *ein Sturmwind in Südfrankreich*

Mist|schau|fel || **Mist|stück:** *ein derbes Schimpfwort* || **Mist|viech** (ugs.) = **Mist|vieh** (ugs.): *ein derbes Schimpfwort*

mit (Präp. mit Dat.): mit dem Freund; mit Hilfe (= mithilfe) der Lehrerin | (Adv.) Täuschung war mit dabei; die anderen mit eingeschlossen; mit herüberkommen

Mit|an|ge|klag|te

mit an|se|hen [auch: 'mit-] = **mit|an|se|hen:** ich kann sein Faulenzen nicht m.

Mit|ar|beit || **mit|ar|bei|ten:** immer fleißig m. || **Mit|ar|bei|ter** || **Mit|ar|bei|te|rin**

Mit|au|tor || **Mit|au|to|rin**

Mit|be|grün|der || **Mit|be|grün|de|rin**

mit|be|kom|men: *mitgegeben bekommen* | *aufschnappen, verstehen*

mit|be|nut|zen = **mit|be|nüt|zen**

mit be|rück|sich|ti|gen = **mit|be|rück|sich|ti|gen**

Mit|be|sit|zer || **Mit|be|sit|ze|rin**

mit|be|stim|men || **Mit|be|stim|mung** || **Mit|be|stim|mungs|recht**

Mit|be|wer|ber: für die Stelle gab es acht M. || **Mit|be|wer|be|rin**

Mit|be|woh|ner || **Mit|be|woh|ne|rin**

mit|brin|gen: etwas von einer Reise m. || **Mit|bring|sel** das, -s/-

Mit|bür|ge: *jemand, der gemeinsam mit anderen die Bürgschaft für einen Schuldner übernimmt*

Mit|bür|ger || **Mit|bür|ge|rin**

Mit|bür|gin

mit|den|ken

mit|dür|fen: *mitgehen, mitkommen dürfen*

Mit|ei|gen|tum || **Mit|ei|gen|tü|mer** || **Mit|ei|gen|tü|me|rin**

mit|ei|n|an|der: m. verkehren *(Kontakt haben);* m. spielen; m. reden

mit|emp|fin|den

mit|ent|schei|den

Mit|er|be || **Mit|er|bin**

mit|er|le|ben

mit|es|sen || **Mit|es|ser** der, -s/-: *eine Hautunreinheit*

mit|fah|ren || **Mit|fah|rer** || **Mit|fah|re|rin** || **Mit|fahr|ge|le|gen|heit**

mit|fi|nan|zie|ren

mit|flie|gen

mit|füh|len: mit jemandem m. || **mit|füh|lend**

mit|füh|ren: den Reisepass immer m. *(bei sich haben)*

mit|ge|ben

Mit|ge|fühl

mit|ge|hen: *begleiten* | (ugs.) etwas m. lassen *(es stehlen)*

mit|ge|nom|men → mitnehmen

Mit|gift die, -/-en: *Heiratsgut, Ausstattung (der Braut)* || **Mit|gift|jä|ger:** *Mann, der nur auf das Geld seiner Frau aus ist*

Mit|glied: er ist M. des Sportvereins || **Mit|glie|der|schwund:** ein Verein mit großem M. || **Mit|glie|der|ver|samm|lung** || **Mit|glie|der|wer|bung** || **Mit|glie|der|zahl** || **Mit|glieds|aus|weis** || **Mit|glieds|bei|trag** || **Mit|glieds|kar-**

M

te ‖ **Mit|glieds|num|mer** ‖ **Mit|glied|staat:** die Mitgliedstaaten der Vereinten Nationen
mit|ha|ben: *bei sich haben*
Mit|haf|tung: *gemeinsame Haftung*
mit|hal|ten: mit jemandem m. können *(jemandem ebenbürtig sein)*
mit|hel|fen: im Haushalt m. ‖ **mit Hil|fe = mit|hil|fe:** es gelang mit H. (= mithilfe) der Kameraden ‖ **Mit|hil|fe** die, -
mit|hin: *daher, darum, somit*
mit|hö|ren
Mit|in|ha|ber ‖ **Mit|in|ha|be|rin**
mit|kämp|fen
mit|klin|gen
mit|kom|men
mit|kön|nen: beim Ausflug leider nicht m.
mit|krie|gen
mit|las|sen
mit|lau|fen ‖ **Mit|läu|fer** (abw.): *jemand, der ohne persönliches Engagement an einer Sache teilnimmt* ‖ **Mit|läu|fe|rin** (abw.)
Mit|laut (Sprachwiss.): *Konsonant*
Mit|leid: er will nur M. erregen; großes M. erregend; → Mitleid erregend = mitleiderregend ‖ **mit|lei|den** ‖ **Mit|lei|den|schaft:** in M. ziehen *(beeinträchtigen)* ‖ **Mit|leid er|re|gend** = **mit|leid|er|re|gend:** M. erregende Schilderungen; *aber nur:* etwas ist mitleiderregender, sehr mitleiderregend ‖ **mit|lei|dig:** *mitfühlend, teilnahmsvoll* ‖ **mit|leids|los** ‖ **mit|leids|voll** (geh.)
mit|le|sen
mit|ma|chen: eine Mode m. *(sich nach ihr richten)* | viel m. *(erdulden, erleiden)*
Mit|mensch ‖ **mit|mensch|lich:** mitmenschliche Beziehungen
Mit|nah|me die, -: unter M. eines Ausweises ‖ **mit|neh|men:** den Schirm m. | der Umzug nimmt sie mit *(zehrt an ihren Kräften);* von den Strapazen mitgenommen *(erschöpft)* sein
mit|nich|ten (geh.): *ganz und gar nicht*
Mi|to|se die, -/-n ⟨gr.-lat.⟩ (Biol.): *Zellkernteilung*
Mi|tra die, -/Mitren ⟨gr.-lat.⟩: *Bischofsmütze*
mit|rau|chen
mit|rech|nen
mit|re|den: nicht m. können
Mit|re|gent ‖ **Mit|re|gen|tin**
mit|rei|sen: im Auto m.
mit|rei|ßen: die Lawine hat drei Urlauber mitgerissen | eine mitreißende *(schwungvolle, begeisternde)* Rede
mit|sam|men: *mitsamt;* m. *(miteinander)* gehen ‖ **mit|samt** (Präp. mit Dat.): m. seinem Sohn
mit|schlei|fen
mit|schlep|pen
mit|schnei|den: ein Konzert m. *(auf Tonband aufzeichnen)* ‖ **Mit|schnitt:** *Aufnahme, Aufzeichnung;* der M. eines Livekonzerts
mit|schrei|ben
Mit|schuld: M. haben ‖ **mit|schul|dig** ‖ **Mit|schul|di|ge**
Mit|schü|ler: *Schulkamerad* ‖ **Mit|schü|le|rin**
mit|sin|gen
mit|spie|len: *sich an einem Spiel beteiligen* | (geh.) jemandem übel m. *(sehr schaden)*
Mit|spra|che die, - ‖ **Mit|spra|che|recht:** *Recht, bei einer Entscheidung mitzureden* ‖ **mit|spre|chen**
Mit|strei|ter der, -s/- (geh.): *Kampfgefährte* ‖ **Mit|strei|te|rin** die, -/-innen (geh.)
Mitt|acht|zi|ger der, -s/-: *Mann von etwa 85 Jahren* ‖ **Mitt|acht|zi|ge|rin** die, -/-innen

Mit|tag

Großschreibung:
- [um] acht Uhr Mittag
- zu Mittag essen; *aber zusammen:* → mittagessen
- Mittag machen *(Mittagspause machen)*
- heute Mittag, morgen Mittag, gestern Mittag; *aber zusammen:* → Dienstagmittag
- von Mittag her (geh.: *von Süden*)

Kleinschreibung von „mittags“:
- mittags lesen *(jeden Mittag, auch: zu Mittag)*
- [um] zwölf Uhr mittags
- sie kommen [am] Mittwoch mittags

mit|tag|es|sen (nur Infinitiv und Partizip): früh m. gehen ‖ **Mit|tag|es|sen:** um 12:00 Uhr gibt es M. ‖ **mit|tä|gig** (geh.): zu mittägiger Stunde ‖ **mit|täg|lich:** der Bote kommt m. *(jeden Mittag)* ‖ **Mit|tag|mahl** = Mittagsmahl ‖ **mit|tags:** m. *(zu Mittag, jeden Mittag)* zu Hause sein; [um] zwölf Uhr m.; sie kommen Mittwoch m. (*auch:* mittwochmittags, mittwochs mittags); → Mittag; → Dienstag ‖ **Mit|tags|buf|fet** [-byfe:] = Mittagsbüfett [-fe:, D: -fɛt] ‖ **Mit|tags|glo|cken** die (Pl.) ‖ **Mit|tags|hit|ze** ‖ **Mit|tags|mahl** = → Mittagmahl ‖ **Mit|tags|nach|rich|ten** ‖ **Mit|tags|pau|se:** in der M. auf die Bank gehen ‖ **Mit|tags|ru|he** ‖ **Mit|tags|schläf|chen** das, -s/- ‖ **Mit|tags|son|ne** ‖ **Mit|tags|sper|re:** *Mittagspause* ‖ **Mit|tags|stun|de** ‖ **Mit|tags|zeit** die, -
Mit|tä|ter ‖ **Mit|tä|te|rin** ‖ **Mit|tä|ter|schaft** die, -: der M. beschuldigt werden
Mitt|drei|ßi|ger der, -s/-: *Mann von etwa 35 Jahren* ‖ **Mitt|drei|ßi|ge|rin** die, -/-innen ‖ **Mit|te** die, -/-n: M. Februar; M. [der] fünfzig; M. der Fünfziger sein *(etwa 55 Jahre alt sein)*
mit|tei|len: jemandem etwas m. ‖ **mit|tei|lens|wert** ‖ **mit|teil|sam** ‖ **Mit|tei|lung** die, -/-en ‖ **Mit|tei|lungs|be|dürf|nis**
Mit|tel das, -s/-: ein M. gegen Kopfweh; geringe M. *(wenig Geld)* besitzen | sich bei einem Streit ins M. legen *(ihn zu schlichten versuchen)* | im M. *(im Durchschnitt)* ‖ **Mit|tel|ach|se** [-ks-]: *Symmetrieachse* ‖ **Mit|tel|al|ter** das, -s: *Zeitraum etwa zwischen 5. und 15. Jh. (in der europäischen Geschichte)* ‖ **Mit|tel|al|ter|ar|chäo|lo|gie** ‖ **mit|tel|al|ter|lich:** ein mittelalterliches Stadtbild ‖ **Mit|tel|ame|ri|ka** ‖ **mit|tel|bar:** *indirekt;* → G.: unmittelbar ‖ **Mit|tel|bau** der, -[e]s/-e: *Gruppe von Universitätslehrern, zB Assistenten* ‖ **Mit|tel|be|trieb** (Wirt.) ‖ **Mit|tel|ding:** dieses Auto ist ein M. zwischen Pkw und Lkw ‖ **Mit|tel|eu|ro|pa:** *Länder im Zentrum Europas* | *die ehemalige österreichisch-ungarische Monarchie und ihr Umkreis* ‖ **Mit|tel|eu|ro|pä|er** ‖ **Mit|tel|eu|ro|pä|e|rin** ‖ **mit|tel|eu|ro|pä|isch:** ein mitteleuropäischer Staat; die mitteleuropäische Zeit (MEZ) ‖ **Mit|tel|feld** (bes. Sport) ‖ **Mit|tel|fin|ger** ‖ **mit|tel|fris|tig:** ein mittelfristiger *(auf eine mittlere Zeitdauer begrenzter)* Finanzplan ‖ **Mit|tel|fuß:** *mittlerer Teil des Fußes* ‖ **Mit|tel|fuß|kno|chen** ‖ **Mit|tel|ge|bir|ge:** *Gebirge unter 1 000 m Höhe* ‖ **Mit|tel|ge|wicht** das, -[e]s (Sport): *eine Gewichtsklasse* ‖ **mit|tel|groß** ‖ **Mit|tel|grund:** *Bereich zwischen Vorder- und Hintergrund* ‖ **Mit|tel|hand:** *mittlerer Teil der Hand* ‖ **Mit|tel|hand|kno|chen** ‖ **mit|tel|hoch-**

M

deutsch (mhd.) ‖ **Mit|tel|hoch|deutsch** das, -[s] = **Mit|tel|hoch|deut|sche,** -n: *Deutsch vom 11. bis 15. Jh.* ‖ **Mit|tel|klas|se:** *Mittelschicht* | *mittlere Preisklasse* ‖ **Mit|tel|klas|se|wa|gen** ‖ **Mit|tel|la|ge** ‖ **mit|tel|län|disch** (veraltet): eine mittelländische Pflanze; *aber:* das **M**ittelländische Meer *(Mittelmeer)* ‖ **Mit|tel|la|tein:** *Latein des Mittelalters* ‖ **mit|tel|los:** *ohne Einkommen bzw. mit einem Einkommen unter dem gesetzlichen Mindestmaß* ‖ **Mit|tel|lo|sig|keit** die, - ‖ **Mit|tel|mäch|te** die (Pl.) (Gesch.): *Österreich-Ungarn, Deutschland und deren Verbündete im Ersten Weltkrieg* ‖ **Mit|tel|maß** ‖ **mit|tel|mä|ßig:** *nur durchschnittlich* ‖ **Mit|tel|mä|ßig|keit** die, -/-en ‖ **Mit|tel|meer** ‖ **Mit|tel|meer|län|der** die (Pl.) ‖ **Mit|tel|meer|raum** ‖ **Mit|tel|ohr|ent|zün|dung** (Med.) ‖ **mit|tel|präch|tig** (ugs., scherzh.): *mittelmäßig* ‖ **Mit|tel|punkt**

mit|tels

Präposition mit Genitiv:
- mittels eines Drahtes *(mit einem Draht)*

Allein stehendes starkes Nomen im Singular bleibt undekliniert:
- mittels Draht

Im Plural mit Dativ, wenn Genitiv nicht erkennbar:
- mittels Drähten (*statt:* Drähte)

Mit|tel|schei|tel ‖ **Mit|tel|schicht** (Soz.): *Bevölkerungsschicht mit mittlerem Einkommen und durchschnittlicher Bildung* ‖ **Mit|tel|schu|le** (Bildw.): Schulversuch M. *(Kooperation von Hauptschule und Unterstufe der allgemein bildenden höheren Schule)* | (SüdT) *Hauptschule* | (bes. früher in Österreich) *allgemein bildende höhere Schule* ‖ **Mit|tel|schü|ler** (in Österreich veraltet): *Schüler einer allgemein bildenden höheren Schule* | (SüdT) *Schüler einer Hauptschule* ‖ **Mit|tel|schü|le|rin** ‖ **Mit|tel|schul|leh|rer** (in Österreich veraltet): *Lehrer einer allgemein bildenden höheren Schule* | (SüdT) *Lehrer einer Hauptschule* ‖ **Mit|tel|schul|leh|re|rin** ‖ **Mit|tel|schul|pro|fes|sor** (veraltet): *AHS-Lehrer* ‖ **Mit|tel|schul|pro|fes|so|rin** (veraltet) ‖ **Mit|tels|mann:** *Unterhändler, Vermittler* ‖ **Mit|tels|per|son** ‖ **Mit|tel|stand** der, -[e]s: *breite Gesellschaftsschicht zwischen Arm und Reich* ‖ **mit|tel|stän|disch:** ein mittelständisches Unternehmen ‖ **Mit|tel|stei|er|mark:** *Landesteil der Steiermark* ‖ **Mit|tel|stim|me** (Mus.): *Alt und Tenor im gemischten Chor* ‖ **Mit|tel|stre|cke:** *Mittelstreckenflug* ‖ **Mit|tel|stre|cken|ra|ke|te** (Mil.) ‖ **Mit|tel|strei|fen** (Verk.): *Streifen zwischen den Gegenfahrbahnen [auf Autobahnen]* ‖ **Mit|tel|stück** ‖ **Mit|tel|stu|fe** (Bildw.): *die Hauptschule bzw. die ersten vier Jahre einer allgemein bildenden höheren Schule* ‖ **Mit|tel|stür|mer** (Sport) ‖ **Mit|tel|stür|me|rin** (Sport) ‖ **Mit|tel|teil** der, -[e]s/-e ‖ **Mit|tel|weg:** *Kompromiss* ‖ **Mit|tel|wel|le** (MW): *eine elektromagnetische Welle* ‖ **Mit|tel|wel|len|emp|fang** ‖ **Mit|tel|wel|len|sen|der** ‖ **Mit|tel|wert:** den M. berechnen ‖ **Mit|tel|wort** (Gramm.): *Partizip;* M. der Gegenwart *(Partizip I, 1. Partizip);* M. der Vergangenheit *(Partizip II, 2. Partizip)* ‖ **Mit|tel|wort|grup|pe** (Gramm.): *Partizipialgruppe* ‖ **mit|ten:** sich m. durch eine Menschenmenge drängen; m. im Winter ‖ **mit|ten|drein:** zornig m. fahren ‖ **mit|ten|drin** ‖ **mit|ten|drun|ter** ‖ **mit|ten|durch** ‖ **Mit|ter|nacht** die, -: um M.; → Abend | (geh.) *der Norden;* von M. her ‖ **mit|ter|nächt|lich:** zu mitternächtlicher Stunde ‖ **mit|ter|nachts** ‖ **Mit|ter|nachts|ein|la|ge:** *Darbietung in der Mitternachtspause auf Ballveranstaltungen* ‖ **Mit|ter|nachts|son|ne** die, -: *auch nachts nicht untergehende Sonne im hohen Norden* ‖ **Mitt|fas|ten** die (Pl.) (kath.): *4. Fastensonntag und die Woche vorher, bes. der Mittwoch* ‖ **Mitt|fünf|zi|ger** der, -s/-: *Mann von etwa 55 Jahren* ‖ **Mitt|fünf|zi|ge|rin** die, -/-innen ‖ **Mitt|ler** der, -s/- (geh.): *Vermittler, Mittelsmann* ‖ **mitt|le|re:** der m. von drei Brüdern; die m. Schule *(zB Fachschule, Handelsschule)* ‖ **Mitt|le|rin** die, -/-innen ‖ **Mitt|ler|rol|le:** *Vermittlerrolle* ‖ **mitt|ler|wei|le:** *inzwischen* ‖ **mitt|schiffs** (Seemannsspr.): *in der Mitte des Schiffes* ‖ **Mitt|sech|zi|ger** der, -s/-: *Mann von etwa 65 Jahren* ‖ **Mitt|sech|zi|ge|rin** die, -/-innen ‖ **Mitt|sieb|zi|ger** der, -s/-: *Mann von etwa 75 Jahren* ‖ **Mitt|sieb|zi|ge|rin** die, -/-innen ‖ **Mitt|som|mer:** *Sommersonnenwende*

mit|tun

Mitt|vier|zi|ger der, -s/-: *Mann von etwa 45 Jahren* ‖ **Mitt|vier|zi|ge|rin** die, -/-innen ‖ **Mitt|win|ter:** *Wintersonnenwende* ‖ **Mitt|woch** der, -[e]s/-e: wir kommen am M.; → Dienstag ‖ **Mitt|woch|abend:** am M.; eines Mittwochabends; wir kommen M. ‖ **mitt|woch|abends:** mittwochs abends ‖ **mitt|wö|chig:** *am Mittwoch stattfindend* ‖ **mitt|wochs:** *jeden* (auch: *am*) *Mittwoch;* m. abends *(mittwochabends)* ‖ **Mitt|zwan|zi|ger** der, -s/-: *Mann von etwa 25 Jahren* ‖ **Mitt|zwan|zi|ge|rin** die, -/-innen

mit|un|ter: *manchmal*

mit|ver|ant|wort|lich ‖ **Mit|ver|ant|wor|tung**

mit|ver|die|nen: ihr Mann muss m.

Mit|ver|gan|gen|heit (veraltet) (Gramm.): *Präteritum*

Mit|ver|schul|den: *Teilschuld;* es trifft sie ein M.

mit|ver|si|chern: den Partner m. ‖ **Mit|ver|si|che|rung**

Mit|welt die, -: *die Zeitgenossen; die Umgebung*

mit|wir|ken: bei einer Feier m. ‖ **Mit|wir|ken|de**[1] der, -n/-n, ein Mitwirkender ‖ **Mit|wir|ken|de**[2] die, -n/-n ‖ **Mit|wir|kung** ‖ **Mit|wir|kungs|recht**

Mit|wis|ser der, -s/-: M. eines Verbrechens ‖ **Mit|wis|se|rin** die, -/-innen ‖ **Mit|wis|ser|schaft** die, -

mit|zäh|len

Mit|zi, *auch:* Mitzl, Mizzi: *weibl. Vorname (Maria);* → Mirl

mit|zie|hen

Mix der, -/-e ⟨lat.-engl.⟩: *Mischung;* ein Mix aus Information und Unterhaltung ‖ **Mix|be|cher:** *Shaker;* einen Cocktail im M. machen ‖ **Mixed Pi|ck|les** ['mɪkst 'pɪklz]= **Mixed|pi|ck|les** = Mixpickles die (Pl.): *in Essig eingelegte Gemüsestückchen* ‖ **mi|xen:** du mixt *(mischt)* Erfrischungsgetränke ‖ **Mi|xer** der, -s/-: *ein elektrisches Küchengerät* | *jemand, der Getränke mixt* ‖ **Mi|xe|rin** die, -/-innen ‖ **Mix|ge|tränk** ‖ **Mix|pi|ck|les** = → Mixed Pickles ‖ **Mix|tur** die, -/-en ⟨lat.⟩: *Gemisch aus Flüssigkeiten, bes. aus Arzneimitteln*

Miz|zi → Mitzi

M

MKS-System [ɛm ka ˈɛszy-] das, -s: **M**eter-**K**ilogramm-**S**ekunden-**System**
ml: Milli**l**iter
Mlle.: Mademoise**lle** ‖ **Mlles.: M**esdemoise**lles**; → Mademoiselle
mm: Milli**m**eter
MM.: Messieurs; → Monsieur
mm²: Quadratmillimeter ‖ **mm³**: Kubikmillimeter
Mme.: Mada**me** ‖ **Mmes.: M**esda**mes**: → Madame
MMS[1] [ɛm ɛm ˈɛs] das, -: **M**ultimedia **M**essage **S**ervices *(ein Text- und Bildnachrichtensystem für Handys)* ‖ **MMS**[2] die, -/-: *eine Nachricht per MMS*[1]
Mn: Manga**n**
Mnemotechnik ⟨gr.⟩: *eine Methode zur Steigerung der Gedächtnisleistung* ‖ **mnemotechnisch:** mnemotechnische Hilfe *(Merkhilfe)*
Mo: Molybdän
Mob der, -s ⟨lat.-engl.⟩ (abw.): *Gesindel, Pöbel [in Aufruhr]* ‖ **mobben** ⟨engl.⟩: die Kollegin wurde gemobbt ‖ **Mobbing** das, -s: *Psychoterror am Arbeitsplatz mit dem Ziel, den Betroffenen aus dem Betrieb hinauszuekeln*
Möbel das, -s/- ⟨fr.⟩ ‖ **Möbelablöse** ‖ **Möbelerzeugung** ‖ **Möbelfirma** ‖ **Möbelhändler** ‖ **Möbelhändlerin** ‖ **Möbellager** ‖ **Möbelpacker** der, -s/-: *Möbelträger, Möbeltransporteur* ‖ **Möbelpackerin** die, -/-innen ‖ **Möbelpolitur** ‖ **Möbelstück** ‖ **Möbeltischler** ‖ **Möbeltischlerin** ‖ **Möbelwagen**
mobil ⟨lat.-fr.⟩: eine mobile *(fahrbare)* Bücherei; → G.: immobil; → mobilmachen ‖ **Mobilbox:** *Anrufbeantwortereinrichtung für Handys* ‖ **Mobile** das, -[s]/-: *Gehänge aus beweglichen, sich ständig bewegenden Teilen, zB als Zimmerschmuck* ‖ **Mobilfunk:** *Funk bzw. Telefonie zwischen mobilen oder zwischen mobilen und festen Stationen; schnurlose Kommunikation;* → G.: Festnetz ‖ **Mobiliar** das, -s: *die Möbel; Einrichtungsgegenstände* ‖ **Mobilien** [-i̯ɛn] die (Pl.): *bewegliche Güter;* → G.: Immobilien ‖ **mobilisieren:** alle verfügbaren Kräfte m. *(heranziehen)* | (Mil.) Truppen m. *(einsatzbereit machen);* → G.: demobilisieren ‖ **Mobilität** die, -: *Beweglichkeit;* berufliche M. ‖ **mobilmachen** (Mil.): *für einen Krieg mobilisieren* ‖ **Mobilmachung** die, -/-en (Mil.): *Kriegsbereitschaft der gesamten Streitkräfte* ‖ **Mobilnetz** ‖ **Mobilnetzbetreiber** ‖ **Mobiltelefon:** *schnurloses Telefon*
möblieren ⟨lat.⟩: ein möbliertes *(mit Möbeln eingerichtetes)* Zimmer ‖ **möbliert** ‖ **Möblierung** die, -/-en
Mocca [-k-] = → Mokka ‖ **Moccatasse** = → Mokkatasse
mochte → mögen ‖ **Möchtegern** der, -s/-s (ugs., abw.) ‖ **Möchtegernkünstler** (abw.) ‖ **Möchtegernkünstlerin** (abw.)
Mod [mɔd] der, -s/-s: *Angehöriger einer Jugendbewegung, bes. Mitte der 60er Jahre*
mod.: moderato
modal ⟨lat.⟩: *die Art und Weise bezeichnend* | (Mus.) *die Kirchentonarten oder ähnliche Skalen verwendend* ‖ **Modalität** die, -/-en: *Verfahrensweise;* die Modalitäten *(Umstände)* eines Kaufvertrages ‖ **Modalverb** [-v-] (Gramm.): *Verb, das die Aussage eines Vollverbs abstuft, zB* können, dürfen
Mode die, -/-n ⟨lat.-fr.⟩: mit der M. gehen ‖ **modebewusst** ‖ **Modedesigner** [-dɪzaɪnə]: *Entwerfer, Gestalter von Mode* ‖ **Modedesignerin** ‖ **Modefarbe** ‖ **Modefotograf** = Modephotograph [-f-f] ‖ **Modefotografin** = Modephotographin ‖ **Modegeschäft** ‖ **Modehaus,** *auch:* Modenhaus ‖ **Modejournal** [-ʒur-]: *Modezeitschrift*
Model[1] der, -s/- = die, -/-n ⟨lat.⟩: *eine Form, zB eine Backform* | *Stoffdruckmuster*
Model[2] das, -s/-s ⟨lat.-engl⟩: *Fotomodell, Mannequin*
Modell das, -s/-e ⟨lat.-it.⟩: *Muster, Nachbildung; Entwurf* | *Vorbild;* einer Malerin M. stehen ‖ **Modellbau** der, -[e]s: *Bau von [Eisenbahn-, Flugzeug]modellen* ‖ **Modellcharakter** [-k-] ‖ **Modelleisenbahn:** *dem Original nachgebaute Spielzeugeisenbahn* ‖ **Modellflugzeug** ‖ **modellhaft:** *als Modell, Musterfall* ‖ **modellieren:** eine Vase aus Ton m. *(formen)* ‖ **Modelliermasse** ‖ **Modellierung** die, -/-en ‖ **Modellversuch:** *Versuch mit einem Modell; Versuch, der ein Modell, Muster ergeben soll* ‖ **Modellzeichnung**
modeln[1]: *formen, modellieren, [um]gestalten;* → ummodeln
modeln[2]: *als Model arbeiten*
Modem das, -s/-s ⟨engl.⟩ (EDV): *Anschlussgerät zur Übertragung von Daten zwischen Computern über Telefon, Funk oder Kabel*
Modenhaus → Modehaus ‖ **Modenschau** → Modeschau ‖ **Modephotograph** [-f-f] → Modefotograf ‖ **Modephotographin** → Modefotografin
Moder der, -s: *Vermorschtes, Verfaultes*
moderat ⟨lat.⟩: *maßvoll* ‖ **Moderation** [-tsi̯-] die, -/-en: *Mäßigung* | *Tätigkeit eines Moderators* ‖ **moderato** (Mus.): *mäßig bewegt* ‖ **Moderator** der, -s/-en [-ˈtoː-]: *jemand, der eine Hörfunk- oder Fernsehsendung mit verbindenden Worten leitet; Diskussionsleiter* | (Phys.) *Bremsvorrichtung in Kernreaktoren* ‖ **Moderatorin** die, -/-innen
Modergeruch
moderieren[1]: eine Fernsehsendung m. ‖ **moderieren**[2] sich (veraltet): *sich mäßigen, sich zurückhalten*
moderig → modrig ‖ **modern**[1]: das Holz modert *(verfault)*
modern[2] ⟨lat.-fr.⟩: *der Mode entsprechend; zeitgemäß* ‖ **Moderne** die, -: *eine Kunstströmung des 20. Jh.* ‖ **modernisieren:** einen Betrieb m. *(zeitgemäß umgestalten)* ‖ **Modernisierung** die, -/-en ‖ **Modernismus** der, -/Modernismen: *Vorliebe für Modernes* | *Kennzeichen des Modernen* ‖ **modernistisch**
Modern Jazz [- ˈdʒæz] ⟨engl.⟩: *eine Stilrichtung im Jazz*
Modeschau, *auch:* Modenschau ⟨lat.-fr.⟩ ‖ **Modeschmuck:** *modischer Schmuck aus weniger wertvollen Materialien* ‖ **Modeschöpfer** ‖ **Modeschöpferin** ‖ **Modetorheit** ‖ **Modewort**
Modifikation [-tsi̯-] die, -/-en ⟨lat.⟩ ‖ **modifizierbar** ‖ **modifizieren:** *[ab]ändern;* einen Vertrag m. | (Gramm.) modifizierende Verben *(brauchen, hoffen ua.)*
modisch ⟨lat.-fr.⟩: *der Mode entsprechend* ‖ **Modist** der, -en/-en: *Damenhutmacher* ‖ **Modistin** die, -/-innen
Mödling (Kfz: MD): *Stadt in Niederösterreich*
modrig, *auch:* moderig: ein modriger Geruch
Modul[1] das, -s/-e ⟨lat.-engl.⟩: *aus-*

tauschbarer Teil [in der Elektronik] ‖ **Mo|dul**[2] der, -s/-n ⟨lat.⟩: *Verhältniszahl, -größe [in der Architektur]* ‖ **mo|du|lar:** ein modularer Aufbau; → Modul[1] ‖ **Mo|du|la|ti|on** [-tsi̯-] die, -/-en (Mus.): *Wechsel der Tonart* | (Phys.) *Veränderung einer Schwingung* ‖ **mo|du|lie|ren** ‖ **Mo|dus** der, -/Modi: *Maß, Regel* | (Gramm.) *Aussageweise des Verbs, zB Indikativ, Konjunktiv* ‖ **Mo|dus Pro|ce|den|di** [- -ts-] der, - -/Modi -: *Verfahrensweise* ‖ **Mo|dus Vi|ven|di** [- viv-] der, - -/Modi -: einen M. V. *(eine annehmbare Form des Zusammenlebens)* finden

Mo|fa das, -s/-s: *Kurzwort für Motorfahrrad* ‖ **Mo|fa|fah|rer** ‖ **Mo|fa|fah|re|rin**

Mo|ge|lei die, -/-en ‖ **mo|geln,** ich mogle: *harmlos schwindeln, bes. im Spiel* ‖ **Mo|gel|pa|ckung** (sal.): *Verpackung, die mehr Inhalt vortäuscht*

mö|gen, ich mag/mochte/gemocht bzw. mögen:
magst du Fisch?; ich mag/möchte nicht ins Bett | du magst nicht abwaschen; das mag *(kann)* wohl so sein; ich möchte segeln lernen

Partizipbildung:
Steht „mögen" ohne ein weiteres Verb, lautet das 2. Partizip „gemocht":
- sie hat ihn nicht gemocht (ugs.: mögen)

Ist ein weiteres Verb vorhanden, so folgt auf den Infinitiv nicht das 2. Partizip, sondern „mögen":
- diesen Wettkampf hätte ich sehen mögen

Mög|ler der, -s/- → mogeln ‖ **Mög|le|rin** die, -/-innen

mög|lich
so schnell wie (= als) m.; etwas m. machen

Großschreibung bei Nominalisierung:
- alles **M**ögliche tun *(allerlei; alles, was möglich ist)*
- sie hat alles [ihr] **M**ögliche *(Menschenmögliche)* getan
- das **M**öglichste tun
- an alles **M**ögliche und Unmögliche denken
- im Rahmen des **M**öglichen

mög|li|chen|falls ‖ **mög|li|cher|wei|se:** *vielleicht* ‖ **Mög|lich|keit** die, -/-en ‖ **Mög|lich|keits|form** (Gramm.): *Konjunktiv* ‖ **mög|lichst:** m. schnell laufen; *aber:* sie hat ihr **M**öglichstes getan

Mo|gul [auch: 'mo:-] der, -s/-n ⟨pers.⟩ (früher): *ein orientalischer Herrscher* | (sal.) *Großunternehmer mit internationalem Einfluss, Tycoon*

Mo|hair [-'heɔ] = → Mohär

Mo|ham|me|da|ner der, -s/- (veraltend) (von Moslems abgelehnte Bezeichnung): *Moslem* ‖ **Mo|ham|me|da|ne|rin** die, -/-innen (veraltend) ‖ **mo|ham|me|da|nisch** (veraltend): *moslemisch*

Mo|här = Mohair [-'heɔ] der, -s ⟨arab.-it.-engl.⟩: *ein Stoff aus Angorawolle*

Mo|hi|ka|ner der, -s/-: *Angehöriger eines ausgestorbenen Indianerstammes* | (scherzh.) der letzte M. *(der einzig Übriggebliebene)* ‖ **Mo|hi|ka|ne|rin** die, -/-innen

Mohn der, -[e]s ‖ **Mohn|beu|gel:** *Mohnkipferl* ‖ **Mohn|blu|me** ‖ **Mohn|buch|tel,** *auch:* Mohnwuchtel ‖ **Mohn|fles|serl** (bes. S, O): *Mohnstriezerl* ‖ **Mohn|fül|le** ‖ **Mohn|ki|pfel** (westöst.) ‖ **Mohn|ki|pferl** ‖ **Mohn|müh|le** ‖ **Mohn|nu|del** (meist Pl.): *eine Mehlspeise* ‖ **Mohn|reind|ling** = **Mohn|rein|ling** (bes. K, St) ‖ **Mohn|strie|zerl,** *auch:* **Mohn|strit|zerl:** *ein Gebäck mit Mohn* ‖ **Mohn|stru|del** ‖ **Mohn|tor|te** ‖ **Mohn|we|ckerl** ‖ **Mohn|wuch|tel** → Mohnbuchtel

Mohr der, -en/-en (veraltet): *moslemischer Nordafrikaner, Maure; Schwarzer* | (Küchenspr.) M. im Hemd *(eine Mehlspeise)*

Möh|re die, -/-n: *Gelbe Rübe* | (reg.) *Karotte*

Moh|ren|kopf (bes. D, CH): *Schwedenbombe* ‖ **Moh|rin** die, -/-innen (veraltet) → Mohr

mo|kant ⟨fr.⟩ (geh.): *spöttisch*

Mo|kas|sin [auch: -'si:n] der, -s/-s ⟨indian.-engl.⟩: *ein weicher Lederschuh*

mo|kie|ren sich ⟨fr.⟩: sich über jemanden m. *(sich abfällig-spöttisch über jemanden äußern)*

Mo|ka der, -s/-[s] = Mocca [-k-]: *starker schwarzer Bohnenkaffee (nach einem Hafen am Roten Meer)* ‖ **Mo|ka|tas|se** = Moccatasse: *kleine Kaffeetasse*

Mo|lar der, -s/-e ⟨lat.⟩ (Med.): *Backenzahn*

Mo|las|se die, - ⟨lat.-fr.⟩ (Geol.): *tertiäre Kalk- und Sandschichten im Alpenvorland*

Molch der, -[e]s/-e: *ein Lurch, zB Salamander*

Mol|dau[1] die, - (tschech. Vltava ['v-va]): *ein Nebenfluss der Elbe in Tschechien* ‖ **Mol|dau**[2] die, -: *eine Landschaft in Rumänien* ‖ **Mol|dau**[3] (rum.: Moldova [-v-]) (Kfz: MOL): *ein Staat in Osteuropa, [Republik] Moldawien* ‖ **Mol|da|wi|en** [-i̯ɛn] → Moldau[3]

Mo|le die, -/-n: *Hafendamm*

Mo|le|kül das, -s/-e ⟨lat.-fr.⟩: *kleinstes Teilchen einer chemischen Verbindung, das aus zumindest zwei Atomen besteht* ‖ **mo|le|ku|lar** ‖ **Mo|le|ku|lar|bio|lo|gie** ‖ **Mo|le|ku|lar|che|mie** [-ke-] ‖ **Mo|le|ku|lar|phy|sik** [-fy-]

mo|les|tie|ren ⟨lat.⟩ (veraltet): *jemanden belästigen, verärgern, belasten; jemandem Mühe verursachen*

molk → melken ‖ **Mol|ke** die, -/-n: *milchige Flüssigkeit, die bei der Erzeugung von Käse zurückbleibt* ‖ **Mol|ke|ge|tränk** ‖ **Mol|ker** der, -s/-: *jemand, der in einer Molkerei arbeitet* ‖ **Mol|ke|rin** die, -/-innen ‖ **Mol|ke|rei** die, -/-en: *Milch verarbeitender Betrieb*

Moll das, - ⟨lat.⟩ (Mus.): *Molltonart;* in M.; in a-Moll; → Dur ‖ **Moll|ak|kord** (Mus.) ‖ **Moll|drei|klang** (Mus.)

mol|lert (ostöst., ugs.): *mollig, rundlich* ‖ **mol|lig:** eine mollige *(rundliche)* Gestalt | ein molliger *(weicher, warmer)* Stoff

Moll|ton|art ⟨lat.⟩ ‖ **Moll|ton|lei|ter**

Mol|lus|ke die, -/-n ⟨lat.⟩: *Weichtier*

Mo|lo der, -s/Moli ⟨it.⟩ (veraltet): *Mole*

Mo|loch [auch: -'ɔx] der, -s/-e ⟨hebr.-gr.⟩ (geh.): *Sinnbild für eine alles verschlingende Macht*

Mo|lo|tow|cock|tail [-ɔfkɔkteːl]: *ein selbst gebastelter Spreng- und Brandkörper (nach dem sowjetischen Politiker)*

mol|to ⟨it.⟩ (Mus.): *sehr;* m. allegro

Mo|lyb|dän [-y-] das, -s ⟨gr.⟩ (Zeichen: Mo): *ein chemisches Element*

Mo|ment[1] das, -[e]s/-e ⟨lat.⟩: ein ausschlaggebendes M. *(ein entscheidender Umstand)* | (Phys.) *Produkt [zweier Kräfte]* ‖ **Mo|ment**[2] der, -[e]s/-e ⟨lat.-fr.⟩: *Augenblick* ‖ **mo|men|tan:** sich m. *(sofort)* entscheiden müssen ‖

M

Mo|ment|auf|nah|me ǁ **Mo|men|terl** das, -s/-[n] (ugs.): *kurzer Moment, Augenblick;* ein M., bitte!

Mo|na|co [-k-] = **Mo|na|ko** (Kfz: MC): *ein europäisches Fürstentum;* → Monegasse

Mo|n|arch der, -en/-en ⟨gr.⟩: *Herrscher, zB ein König* ǁ **Mo|n|ar|chie** die, -/-n: *Staat bzw. Staatsform mit einem Monarchen als Oberhaupt* ǁ **Mo|n|ar|chin** die, -/-innen ǁ **mo|n|ar|chisch** ǁ **Mo|n|ar|chist** der, -en/-en: *Anhänger der Monarchie* ǁ **Mo|n|ar|chis|tin** die, -/-innen ǁ **mo|n|ar|chis|tisch**

Mo|nat der (*ugs. auch:* das), -[e]s/-e: alle fünf Monate ǁ **mo|na|te|lang:** es hat m. nicht geregnet; *aber:* drei Monate lang ǁ **-mo|na|tig** (nur in Zusammensetzungen wie mehrmonatig): ein viermonatiger (4-monatiger) *(vier Monate dauernder)* Krankenurlaub ǁ **mo|nat|lich:** die monatlichen *(jeden Monat fälligen)* Beiträge zahlen; *aber:* → viermonatig ǁ **Mo|nats|an|fang** ǁ **Mo|nats|be|zug:** der M. *(Monatsgehalt)* eines Beamten; der 14. M. *(Urlaubszuschuss)* ǁ **Mo|nats|bin|de** (veraltend): *Damenbinde* ǁ **Mo|nats|blu|tung** ǁ **Mo|nats|en|de** ǁ **Mo|nats|ers|te** der, -n/-n ǁ **Mo|nats|frist:** binnen M. ǁ **Mo|nats|ge|halt** der = das, -[e]s/-hälter ǁ **Mo|nats|kar|te:** *ein Fahrausweis* ǁ **Mo|nats|mie|te** ǁ **Mo|nats|pi|ckerl** ǁ **Mo|nats|ra|te** ǁ **Mo|nats|schrift:** *monatlich erscheinende Zeitschrift*

Mönch der, -[e]s/-e: *Angehöriger eines geistlichen Ordens, Klosterbruder, Pater* ǁ **mön|chisch:** ein mönchisches Leben ǁ **Mönchs|berg** der, -[e]s: *Berg in der Stadt Salzburg* ǁ **Mönchs|klos|ter** ǁ **Mönchs|kut|te** ǁ **Mönchs|or|den**

Mond der, -[e]s/-e: auf/hinter dem M. leben *(wirklichkeitsfremd sein)* | (geh., veraltet) *Monat*

mon|dän ⟨fr.⟩: *betont elegant, weltgewandt*

Mond|auf|gang ǁ **mond|be|schie|nen** (geh.) ǁ **Mon|den|schein** (geh.) ǁ **Mon|des|fins|ter|nis** (geh.) ǁ **Mond|fins|ter|nis:** totale M. ǁ **Mond|flug** ǁ **Mond|ge|sicht** (scherzh.): *rundes Gesicht* ǁ **Mond|ge|stein** ǁ **mond|hell** ǁ **Mond|ka|len|der** ǁ **Mond|kra|ter** ǁ **Mond|land|schaft:** *trostlose, öde Gegend* ǁ **Mond|lan|dung** ǁ **Mond|licht** ǁ **mond|los** ǁ **Mond|nacht** ǁ **Mond|ober|flä|che** ǁ **Mond|or|bit:** *Umlaufbahn um den Mond* ǁ **Mond|pha|se** [-f-]: *sichtbare wechselnde Form des Mondes* ǁ **Mond|schein** ǁ **Mond|see** der, -s: *ein See im Salzkammergut* | (ohne Art.) *Marktgemeinde in Oberösterreich* ǁ **Mond|si|chel** ǁ **mond|süch|tig:** sie ist m. *(schlafwandelt)* ǁ **Mond|um|lauf**

Mo|ne|gas|se der, -n/-n: *Einwohner von Monaco* ǁ **Mo|ne|gas|sin** die, -/-innen ǁ **mo|ne|gas|sisch**

mo|ne|tär ⟨lat.⟩: *das Geld[wesen] betreffend* ǁ **Mo|ne|ta|ris|mus** der, -: *eine Volkswirtschaftslehre* ǁ **Mo|ne|ten** die (Pl.) (sal.): *Geld*

Mon|go|le der, -n/-n ǁ **Mon|go|lei** die, - ǁ **mon|go|lid** (früher) (Anthropologie): die mongolide Menschenrasse; → mongoloid ǁ **Mon|go|li|de**[1] der, -n/-n, ein Mongolider (früher) (Anthropologie) ǁ **Mon|go|li|de**[2] die, -n/-n (früher) (Anthropologie) ǁ **Mon|go|lin** die, -/-innen ǁ **mon|go|lisch:** die mongolische Sprache ǁ **Mon|go|lis|mus** der, - (Med., veraltet): → *Downsyndrom* ǁ **mon|go|lo|id** (Med., veraltet): *am Downsyndrom erkrankt* | (früher) (Anthropologie) mongoloide *(der mongolischen Rasse ähnliche)* Gesichtszüge; → mongolid

mo|nie|ren ⟨lat.⟩: *beanstanden, mahnen, rügen*

Mo|ni|ka: *weibl. Vorname*

Mo|ni|tor der, -s/-e[n] [-'to:-] ⟨lat.-engl.⟩: *[Kontroll]bildschirm*

mo|no ⟨gr.⟩: *Kurzwort für Monophonie uÄ;* → G.: stereo ǁ **mo|no|chrom** [-k-]: *einfärbig* ǁ **mo|no|co|lor** [-k-] = monokolor: *einfärbig;* eine monocolore *(aus nur einer Partei bestehende)* Regierung ǁ **Mo|no|fo|nie** = Monophonie [-f-] die, -: *akustische Wiedergabe ohne räumliche Klangwirkung;* → mono ǁ **mo|no|gam** ǁ **Mo|no|ga|mie** die, -: *Einehe;* → G.: Polygamie ǁ **Mo|no|gra|fie** = Monographie [-f-] die, -/-n: *Abhandlung über einen einzelnen Gegenstand oder über eine Persönlichkeit* ǁ **Mo|no|gramm** das, -s/-e: *[miteinander verschlungene] Anfangsbuchstaben eines Namens* ǁ **Mo|no|gra|phie** [-f-] = → Monografie ǁ **Mo|n|o|kel** das, -s/- ⟨gr.+lat.⟩: *Augenglas für nur ein Auge* ǁ **mo|no|ko|lor** = → monocolor ǁ **Mo|no|kra|tie** die, -/-n: *Alleinherrschaft einer Einzelperson, zB erbliche absolute Monarchie* ǁ **mon|oku|lar** ⟨gr.+lat.⟩: ein monokulares Mikroskop *(Mikroskop für ein Auge);* → binokular ǁ **Mo|no|kul|tur** (Landw.): *Anbau stets nur einer Art von Kulturpflanzen* ǁ **Mo|no|lith** der, -s [-en]/-e[n]: *aus einem einzigen Steinblock geschaffene Architektur oder Plastik* ǁ **mo|no|li|thisch** ǁ **Mo|no|log** der, -[e]s/-e: *Selbstgespräch, bes. im Schauspiel;* → G.: Dialog ǁ **mo|no|lo|gi|sie|ren:** *mit sich selbst sprechen* ǁ **mo|no|man** (Psych., Med.): *auf eine einzige Vorstellung/Idee fixiert* ǁ **Mo|no|ma|ne** der, -n/-n, ein Monomaner (Psych., Med.): *von Monomanie Besessener* ǁ **Mo|no|ma|nie** die, -/-n (Psych., Med.) ǁ **Mo|no|ma|nin** die, -/-innen ǁ **mo|no|ma|nisch** ǁ **Mo|no|pho|nie** [-f-] = → Monofonie ǁ **Mo|no|ph|thong** [-f-] der, -[e]s/-e (Sprachwiss.): *einfacher Vokal, zB* a, e, ü; → G.: Diphthong ǁ **Mo|no|pol** das, -s/-e: *alleiniges Recht, etwas zu erzeugen bzw. zu verkaufen* ǁ **mo|no|po|li|sie|ren:** *zu einem Monopol machen* ǁ **Mo|no|pol|stel|lung** ǁ **Mo|no|po|ly** [-i] das, -[s] ⟨engl.⟩ (Wz.): *ein Gesellschaftsspiel* ǁ **Mo|no|ski** [-ʃi:] = Monoschi ⟨gr.+norweg.⟩ (Sport): *ein Sportgerät zum Alpinskifahren bzw. als Wasserski* ǁ **Mo|no|the|is|mus** ⟨gr.⟩: *Glaube an einen einzigen Gott;* → G.: Polytheismus ǁ **mo|no|the|is|tisch** ǁ **mo|no|ton:** *eintönig, abwechslungslos* ǁ **Mo|no|to|nie** die, -/-n ǁ **Mo|no|ty|pie** [-ty-] die, -/-n: *ein grafisches Druckverfahren* ǁ **Mon|oxid** = **Mon|oxyd** [-y:t, -i:t] das, -s/-e: *Typus chemischer Verbindungen;* → Dioxid

Mon|sieur [mœ'si̯ø] (M.), Pl.: Messieurs [me'si̯ø] (MM.) ⟨fr.⟩: *französische Anrede für einen Mann*

Mon|si|gno|re [-i'njo:-] der, -/Monsignori (Msgr.) ⟨it.⟩: *Titel höherer katholischer Geistlicher*

Mons|ter das, -s/- ⟨lat.-engl.⟩: *Ungeheuer, Monstrum* ǁ **Mons|ter|film:** *mit sehr großem Aufwand an Menschen und Material hergestellter [überlanger] Film* ǁ **Mons|ter|ver|an|stal|tung**

Mons|tranz die, -/-en ⟨lat.⟩ (kath.): *Schaugefäß für das Allerheiligste oder für Reliquien*

mons|trös ⟨lat.-fr.⟩ (geh.) ǁ **Mons|tro|si|tät** die, -/-en ǁ **Mons|trum**

M

das, -s/Monstren [Monstra] ⟨lat.⟩: *Missgeburt; Ungeheuer; Monster*

Monsun der, -s/-e ⟨arab.-port.-engl.⟩: *jahreszeitlich bedingter tropischer Wind [in Ostasien]* ‖ **Monsunregen**

Montafon das, -s: *ein Tal in Vorarlberg*

Montag: M. abends; → Dienstag ‖ **Montagabend:** am M.; eines Montagabends; wir kommen M. ‖ **montagabends**: *montags abends*

Montage [-'a:ʃ, -ʒɛ] die, -/-n ⟨fr.⟩: *Zusammenbau, Aufstellung, zB einer Maschine;* → G.: Demontage ‖ **Montageband** ‖ **Montagebau** der, -[e]s: *Bauweise mit Fertigteilen* | (mit Pl. -ten) *in Fertigteilbauweise errichtetes Gebäude* ‖ **Montagehalle** ‖ **Montagetechnik:** *ein Bauverfahren* | (Kunstg.) *ein künstlerisches Verfahren*

montägig: *am Montag stattfindend* ‖ **montags:** *jeden* (auch: *am*) *Montag;* m. abends *(montagabends)*

montan ⟨lat.⟩: *das Bergwerkswesen betreffend* ‖ **Montanist** der, -en/-en ‖ **Montanistin** die, -/-innen ‖ **montanistisch** ‖ **Montanunion** die, -: *Europäische Gemeinschaft für Kohle und Stahl (EGKS)* ‖ **Montanuniversität** [-v-] die, -: *Universität für Bergbau, Hütten- und Erdölwesen in Leoben* (früher: Montanistische Hochschule)

Montblanc [mɔ̃'blɑ̃] der, -[s]: *Bergmassiv in den Westalpen (Frankreich, Italien)*

Montenegriner der, -s/- ‖ **Montenegrinerin** die, -/-innen ‖ **montenegrinisch** ‖ **Montenegro:** *ein Staat in Südosteuropa*

Montessoripädagogik: *eine Richtung der Reformpädagogik (nach einer Ärztin)* ‖ **Montessorischule**

Monteur [-'tø:ə] der, -s/-e ⟨lat.-fr.⟩: *ein Facharbeiter* ‖ **Monteurin** die, -/-innen ‖ **montieren:** eine Maschine m. *(sie zusammenbauen, aufstellen);* → G.: demontieren

Montreal [auch: 'mɔ-, mɔ̃re'al]: *Stadt in Kanada*

Montur die, -/-en ⟨lat.-fr.⟩: *Dienstkleidung; Uniform; Arbeitsanzug; Ausrüstung* | (Küchenspr.) Erdäpfel in der M. *(ungeschält, noch in der Schale gekochte Erdäpfel)*

Monument das, -[e]s/-e ⟨lat.⟩: *Denkmal* ‖ **monumental:** ein monumentales *(wuchtiges; großartiges)* Gebäude ‖ **Monumentalbau** der, -[e]s/-ten ‖ **Monumentalität** die, -/-en ‖ **Monumentalwerk:** *riesiges Werk von entsprechender Bedeutung*

Moonboot ['mu:nbu:t] der, -s/-s (meist Pl.) ⟨engl.⟩: *warmer Kunststoffstiefel*

Moor das, -[e]s/-e: *Sumpf;* → Moos ‖ **Moorbad** ‖ **moorig:** *sumpfig* ‖ **Moorleiche:** *im Moor erhalten gebliebener Leichnam* ‖ **Moorpackung:** *ein Heilmittel*

Moos das, -es/e-: *eine Sporenpflanze* | (auch mit Pl. Möser) (bes. in Namen) *Moor; Sumpf* ‖ **moosbedeckt** ‖ **Moosbeere** (bes. westöst.): *Heidelbeere* ‖ **moosgrün** ‖ **Moospolster**

Moped das, -s/-s: *Motorfahrrad (gebildet aus Motor und Pedal)* ‖ **Mopedfahrer** ‖ **Mopedfahrerin**

Mopp der, -s/-s ⟨engl.⟩: *Fransenbesen; Staubwischer*

Mops der, -es/Möpse: *eine Hunderasse* ‖ **mopsen** (bes. D, ugs., beschön.): *(eine Kleinigkeit) stehlen*

Moral die, - ⟨lat.-fr.⟩: *Sittlichkeit* | *Anständigkeit;* die M. *(Lehre)* einer Geschichte ‖ **Moralin** das, -s (abw. bzw. scherzh.): *aufdringlich vorgetragene Moral* ‖ **moralinsauer** (abw. bzw. scherzh.): *aufdringlich moralisierend* ‖ **moralisch** ‖ **moralisieren:** *sich mit der Moral beschäftigen* ‖ **Moralismus** der, - ‖ **Moralist** der, -en/-en: *Verfechter der Moral, zB als Autor* ‖ **Moralistin** die, -/-innen ‖ **Moralität** die, - ‖ **Moralphilosophie** [-f-f-] ‖ **Moralpredigt:** jemandem eine M. halten *(in belehrender Weise Vorhaltungen machen)* ‖ **Moraltheologie** ‖ **Moralvorstellung**

Moräne die, -/-n ⟨fr.⟩: *Gletscherablagerung aus Steinen und Sand*

Morast der, -[e]s/-e [Moräste] ⟨germ.-fr.⟩: *schlammiger, sumpfiger Boden* ‖ **morastig**

Moratorium das, -s/Moratorien [-iɛn] ⟨lat.⟩: *[befristeter Zahlungs]aufschub*

morbid ⟨lat.⟩ (geh.): *kränklich* | *dekadent* | *brüchig* ‖ **Morbidität** die, - ‖ **Morbus** der, -/Morbi (Med.): *Krankheit;* M. Parkinson

Morchel die, -/-n: *ein Pilz*

Mord der, -[e]s/-e ‖ **Mordalarm** ‖ **Mordanschlag** ‖ **Morddrohung** ‖ **morden** ‖ **Mörder** der, -s/- ‖ **Mörderfoto** (sal.): *entstellendes Bild, zB in der Presse* ‖ **Mördergrube** die, - (geh.) (nur in der Wendung): aus seinem Herzen keine M. machen *(alles frei heraussagen)* ‖ **Mörderin** die, -/-innen ‖ **mörderisch:** eine mörderische *(unerträgliche)* Hitze ‖ **Mordfall** ‖ **mordgierig** ‖ **Mordkommission:** *eine Abteilung der Kriminalpolizei* ‖ **Mordlust** ‖ **Mordprozess** ‖ **Mordsdurst** (sal.): *Riesendurst* ‖ **Mordsgaudi** (sal.): *Riesengaudi* ‖ **Mordskerl** (sal.): *großer, starker bzw. tüchtiger Mensch, Bursch* ‖ **mordsmäßig** (sal.): einen mordsmäßigen *(gewaltigen)* Hunger haben ‖ **Mordswut** (sal.): *große Wut* ‖ **Mordtat** ‖ **Mordverdacht** ‖ **Mordversuch** ‖ **Mordwaffe**

Mores (Pl., ohne Art.) ⟨lat.⟩ (scherzh.): „Ich will dich M. *(Sitten, Anstand)* lehren"

morgen: sie kommt m. zu mir; die Welt von m.

Morgen der, -s/-: *eine Tageszeit* | (ohne Pl.) (geh., veraltet) *der Osten;* von M. her

Großschreibung der Tageszeitangabe:
- des/eines Morgens
- am Morgen
- [um] acht Uhr Morgen *([in der] Früh)*
- guten (= Guten) Morgen sagen
- heute/gestern Morgen *(Früh); aber zusammen:* Dienstagmorgen

Kleinschreibung des Adverbs „morgen":
- wir sehen uns morgen *(am nächsten Tag); aber groß:* an das Morgen denken
- etwas bis morgen erledigen
- die Welt von morgen
- morgen Abend/Früh/Mittag

Kleinschreibung des Adverbs „morgens":
- morgens lesen *(jeden Morgen,* auch: *am Morgen)*
- [um] acht Uhr morgens
- sie kommen [am] Mittwoch morgens

Morgendämmerung ‖ **morgendlich:** ein morgendlicher Spaziergang ‖ **Morgenfrost** ‖

M

Morgengrauen ‖ **Morgengymnastik** [-gy-] ‖ **Morgenland** das, -[e]s: *der Orient* ‖ **Morgenluft** ‖ **Morgenmuffel:** *jemand, der morgens ungern aufsteht* ‖ **Morgenrot** das, -s = **Morgenröte** ‖ **morgens:** [um] acht Uhr m. *(früh);* → Morgen ‖ **Morgensonne** ‖ **Morgenstern** der, -[e]s: → *Abendstern* | (mit Pl. -e) *eine alte Hiebwaffe* ‖ **Morgenstunde** ‖ **morgige:** der m. Ausflug; → morgen

moribund ⟨lat.⟩ (Med.): ein moribunder *(sterbender)* Patient

Morillon [auch: -'lo:n, -i'jõ] der, -s/-s ⟨fr.⟩ (bes. St): *Chardonnay*

Moritat [auch: -'a:t] die, -/-en: *Bänkelsängerlied* ‖ **Moritatensänger:** *Bänkelsänger* ‖ **Moritatensängerin**

Moritz, *auch:* **Moriz:** *männl. Vorname*

Mormone der, -n/-n: *Angehöriger einer christlichen Glaubensgemeinschaft* ‖ **Mormonin** die, -/-innen ‖ **mormonisch**

Morphem [-f-] das, -s/-e ⟨gr.⟩ (Sprachwiss.): *kleinste bedeutungstragende Gestalteinheit in der Sprache* ‖ **Morphin** das, -s/-e (Med.): *Morphium, Schmerzlinderungsmittel* ‖ **Morphium** das, -s: *ein Mittel zur Schmerzlinderung; ein Rauschgift* ‖ **Morphologie** die, -: *Gestaltlehre* | (Sprachwiss.) *Formenlehre* ‖ **morphologisch**

morsch: morsches *(faulendes)* Holz ‖ **morschen:** *morsch werden* ‖ **Morschheit** die, -

Morsealphabet [-f-] das, -[e]s (früher): *in der Telegrafie verwendetes, aus Punkten und Strichen bestehendes Alphabet (nach dem Erfinder)* ‖ **morsen,** du morst: *Morsezeichen geben*

Mörser der, -s/-: *ein Küchengerät;* Zucker im M. zerstoßen | (Mil.) *eine Geschützart*

Morsezeichen

Mortadella die, - ⟨it.⟩: *eine Wurstsorte*

Mortalität die, - ⟨lat.⟩: *Sterblichkeit, Sterblichkeitsziffer*

Mörtel der, -s/-: *Gemisch aus Wasser, Sand, Zement ua.* ‖ **mörteln:** eine Mauer m. *(verputzen)*

Mosaik das, -s/-e[n] ⟨gr.-lat.-it.-fr.⟩: *[aus bunten Steinchen] zusammengesetztes Bildwerk* ‖ **mosaikartig** ‖ **Mosaikfußboden**

mosaisch: die mosaische *(jüdische, israelitische)* Religion; → Moses

Moschee die, -/-n ⟨arab.-fr.⟩: *islamisches Gotteshaus*

Moschus der, - ⟨Sanskrit-pers.-gr.-lat.⟩: *Sekret des Moschustieres; ein Duftstoff* ‖ **Moschustier:** *ein asiatischer Hirsch*

Moses, *auch:* Mose: *eine Hauptgestalt des Alten Testaments;* → mosaisch

Moskau (russisch: Moskwa [mas'kva:]): *Hauptstadt Russlands*

Moskito der, -s/-s ⟨span.⟩: *eine Stechmücke* ‖ **Moskitonetz:** *ein Netz [über dem Bett] zum Schutz vor Moskitos*

Moslem der, -[s]/-s ⟨arab.⟩: *Anhänger des Islams, Muslim* ‖ **Moslemin** die, -/-innen = Moslima, -/-s [Moslimen] = Moslime, -/-n: *Anhängerin des Islams, Muslimin* ‖ **moslemisch** ‖ **Moslima, Moslime** → Moslemin

Most der, -[e]s/-e: *[vergorener] Obstsaft* | *unvergorener Traubensaft* ‖ **Mostgewicht:** *Maß des natürlichen Zuckergehalts im frisch gepressten Most;* → Klosterneuburger Mostwaage ‖ **Mostheuriger:** *Heuriger, wo Obstmost ausgeschenkt wird* ‖ **Mostobst:** *minderwertige Äpfel und Birnen* ‖ **Mostpresse** ‖ **Mostschädel:** *ein Schimpfwort [für Oberösterreicher]* ‖ **Mostviertel:** *Landesteil von Niederösterreich* ‖ **Mostwaage** → Klosterneuburger Mostwaage

Motel [auch: -'ɛl] das, -s/-s ⟨engl.⟩: *Rasthaus zum Übernachten für Autoreisende*

Motette die, -/-n ⟨lat.-it.⟩ (Mus.): *mehrstimmiges geistliches Gesangsstück*

Motiv das, -s/-e [-fɛ, -vɛ] ⟨lat.⟩: *Beweggrund;* das M. einer Tat | *Gegenstand einer Darstellung;* Fotomotiv | (Mus.) *kürzeste melodische und rhythmische Einheit* ‖ **Motivation** [-v-tsi̯-] die, -/-en: *Beweggrund* ‖ **motivieren:** eine Handlung m. *(begründen, rechtfertigen)* | einen Schüler zur Mitarbeit m. *(ihn dafür gewinnen);* → G.: demotivieren ‖ **Motivierung** die, -/-en ‖ **motivisch**

Motocross [-k-] = **Moto-Cross** das, - ⟨engl.⟩: *Motorradrennen im Gelände* ‖ **Motodrom** das, -s/-e ⟨lat.+gr.⟩: *Rennstrecke für Motorradrennen* ‖ **Motor** der, -s/-en [-'o:r-], *auch:* **Motor,** -s/-e ⟨lat.⟩ ‖ **Motorboot** ‖ **Motorbremse** ‖ **Motorengeräusch** ‖ **Motorenlärm** ‖ **Motorfahrrad:** *Mofa; Moped* ‖ **Motorhaube** ‖ **-motorig** (nur in Zusammensetzungen wie zweimotorig) ‖ **Motorik** die, -: *die Bewegungen des Körpers* | (Mus.) *gleichmäßiger Rhythmus* ‖ **motorisch:** *durch einen Motor betrieben* | motorische *(bewegungsmäßige)* Begabung ‖ **motorisieren:** *mit Maschinen oder Kraftfahrzeugen ausrüsten* ‖ **Motorisierung** die, -/-en ‖ **Motorleistung** ‖ **Motoröl:** *ein Öl zur Schmierung* ‖ **Motorrad** ‖ **Motorradfahrer** ‖ **Motorradfahrerin** ‖ **Motorraum** (Kfz) ‖ **Motorroller** ‖ **Motorsäge** ‖ **Motorschaden** ‖ **Motorschlitten** ‖ **Motorzille**

Motte die, -/-n: *ein Insekt* ‖ **mottenfest:** *mottensicher* ‖ **Mottenkiste:** etwas aus der M. holen *(etwas Überaltetes, Unmodernes aus der Versenkung holen)* ‖ **Mottenkugel** ‖ **Mottenpulver** [-f-] ‖ **mottensicher** ‖ **mottenzerfressen**

Motto das, -s/-s ⟨it.⟩: *Leitspruch, Wahlspruch*

motzen (bes. D, ugs.): *nörgeln, schmollen*

Mountainbike ['mauntɪnbaɪk] ⟨engl.⟩: *Fahrrad mit dicken Reifen [für Bergtouren]* ‖ **Mountainbiker** ‖ **Mountainbikerin**

Mount Everest ['maunt 'ɛvə-] der, - -: *höchster Berg der Welt im Himalaya*

Mousaka ['mu-] = → Mussaka

Mousse [mus] die = das, -/-s [mus] ⟨fr.⟩ (Küchenspr.): *eine schaumige Creme* ‖ **Mousse au Chocolat** [- o ʃɔkɔ'la] die = das, - - -/-s - -: *eine Süßspeise* ‖ **moussieren:** *schäumen, prickeln (bei Getränken)*

Möwe die, -/-n: *ein Vogel* ‖ **Möwengeschrei**

Mozarteum das, -s: *Universität für Musik und darstellende Kunst in Salzburg* | *eine internationale Stiftung* ‖ **Mozartkugel** (Wz.): *eine Süßigkeit*

Mozzarella der, -s/-s, *auch:* die, -/-s ⟨it.⟩: *eine italienische Käsesorte*

mp: **m**ezzo**p**iano

MP [ɛm 'pi:] die, -/-[s]: **M**aschinen**p**istole

m. p.: **m**anu **p**ropria; → eh.

MP3 [ɛm pe 'draɪ] (EDV): *ein Komprimierverfahren für Audioda-*

teien ‖ **MP3-Player** [-pleɪə] (Mus., Elektrot.): *Abspielgerät für MP3-Dateien*
Mr: Mister; Mr Brown
MR [ɛm 'ɛr]: **M**agnet**r**esonanz
Mrd.: Milliarde
Mrs ['mɪsɪz]: *[mit einem Personennamen verbundene] englische Anrede für eine verheiratete Frau;* Mrs Brown; → Miss; → Ms
MRT [ɛm ɛr 'teː]: **M**agnet**r**esonanz**t**omografie
Ms [mɪz]: *[mit einem Personennamen verbundene] englische Anrede für eine verheiratete oder ledige Frau;* Ms Brown; → Mrs; → Miss; → Mr
MS [ɛm 'ɛs]: **m**ultiple **S**klerose
m/s: Meter pro Sekunde
Ms.: Manuskript
Msgr.: Monsignore
Mt: Megatonne | (Chem.) **Meitnerium**
Mt.: Mount [maʊnt] (in Bergnamen); Mt. Everest
MTA [ɛm te 'a]: **m**edizinisch-**t**echnische[r] **A**ssistent[in]
Mu|cke die, -/-n (meist Pl.) (ugs.): Mucken haben *(launenhaft sein)*
Mü|cke die, -/-n: *ein Insekt* ‖ **Mü|cken|schiss** der, -[es]/-e (ugs.): *Kleinigkeit* ‖ **Mü|cken|stich**
Mu|cker der, -s/- (veraltet): *Frömmler* ‖ **Mucks** der, -es/-e: *Muckser* ‖ **muck|sen** sich: du muckst dich nicht *(rührst dich nicht; bist ganz still)* ‖ **Muck|ser** der, -s/-: keinen M. machen *(still sein; nicht aufbegehren)* ‖ **mucks|mäus|chen|still** (ugs., scherzh.): *ganz leise*
müd = mü|de: ich bin es m. *(habe es statt),* ständig auf dich zu warten ‖ **Mü|dig|keit** die, -
Mu|d|scha|hed der, -[s]/-heddin ⟨arab.⟩: *islamischer Widerstandskämpfer*
Mü|es|li [-'yə-] das, -[s]/- (CH): *Müsli*
Mu|ez|zin der, -s/-s ⟨arab.⟩: *islamischer Gebetsrufer*
Muff der, -[e]s/-e: *längliche [Pelz-]rolle zum Wärmen der Hände*
Muf|fe die, -/-n: *ein Verbindungsstück [zweier Rohre]*
Muf|fel der, -s/-: *verdrießlicher, abweisender Mensch*
muf|feln (ugs.): *schimmlig riechen* ‖ **muf|fig**[1]: muffige *(dumpfe)* Kellerluft
muf|fig[2] (ugs.): ein muffiger *(unfreundlicher)* Kerl; → Muffel ‖ **Muf|fig|keit** die, - (ugs.)
Muf|fin ['mʌ-] das, -s/-s ⟨engl.⟩: *eine angloamerikanische Mehlspeise*
Muf|f|lon [auch: -'oːn] das, -s/-s ⟨it.-fr.⟩: *ein Wildschaf*
Muf|ti der, -s/-s ⟨arab.⟩: *islamischer Gesetzeskundiger*
Mu|gel der, -s/-[n]: *Hügel* | (auch mit Art. die, das) (reg.) *großes Stück;* ein M. Brot ‖ **mu|ge|lig:** *hügelig* ‖ **Mu|gel|pis|te:** *Buckelpiste* ‖ **Mu|gerl** das, -s/-[n]: *kleiner Hügel*
Mü|he die, -/-n: sich M. geben; mit Müh[e] und Not *(gerade noch)* davonkommen ‖ **mü|he|los** ‖ **Mü|he|lo|sig|keit** die, -
mu|hen: die muhende Kuh
mü|hen sich (geh.) ‖ **mü|he|voll**
Mühl|bach ‖ **Müh|le** die, -/-n: *durch Wind, Wasser oder Motoren betriebene Anlage zum Mahlen [von Getreide];* → Müller | (ohne Art. und Pl.) *Mühlespiel;* M. spielen ‖ **Müh|le|spiel** das, -[e]s: *ein Brettspiel* ‖ **Mühl|fah|ren** das, -s (veraltet): *Mühlespiel* ‖ **Mühl|rad** ‖ **Mühl|stein** ‖ **Mühl|vier|tel:** *Landesteil von Oberösterreich* ‖ **Mühl|werk**
Muh|me die, -/-n (veraltet): *Tante* | *ältere Verwandte* | *Cousine*
Müh|sal die, -/-e (geh.): jede M. *(Beschwerlichkeit)* ertragen ‖ **müh|sam:** *anstrengend, beschwerlich* ‖ **müh|se|lig:** eine mühselige *(sehr viel Sorgfalt erfordernde; langwierige)* Arbeit
mu|la|tie|ren ⟨ung.⟩ (ostöst., veraltet): *ausgiebig feiern* ‖ **Mu|lat|schag** der, -s/-s (ostöst.): *ein ausgelassenes Fest*
Mu|lat|te der, -n/-n ⟨span.⟩: *Mischling zwischen Weißen und Schwarzen* ‖ **Mu|lat|tin** die, -/-innen
Mulch der, -[e]s/-e: *Bodenbedeckung [aus Rinde, Stroh]*
Mul|de die, -/-n: *flache Vertiefung im Boden* | *großer Transportbehälter* ‖ **mul|den|för|mig**
Mu|li das, -s/-[s]: *Maultier*
Mull der, -s: *ein Verbandstoff*
Müll der, -s: *Abfälle verschiedener Art* ‖ **Müll|ab|fuhr**
Mul|lah der, -s/-s ⟨arab.⟩: *ein islamischer Geistlicher*
Müll|berg ‖ **Müll|be|sei|ti|gung**
Müll|bin|de
Müll|con|tai|ner [-k-teː-] ‖ **Müll|de|po|nie** ‖ **Müll|ei|mer** ‖ **Müll|frau:** *eine Bedienstete der Müllabfuhr* ‖ **Müll|hal|de** ‖ **Müll|hüttl** (ugs.)
Mül|ler der, -s/-: *ein Handwerker;* → Mühle ‖ **Mül|le|rin** die, -/-innen
Mül|ler-Thur|gau der, -[e]s/-: *eine Reb- und Weinsorte*
Müll|kü|bel: *Abfallkübel, Mülleimer* ‖ **Müll|mann:** *ein Bediensteter der Müllabfuhr* ‖ **Müll|sam|mel|stel|le** ‖ **Müll|schlu|cker** ‖ **Müll|sor|tier|an|la|ge** ‖ **Müll|ton|ne** ‖ **Müll|tren|nung:** *Sortieren des Mülls zum Recyceln* ‖ **Müll|ver|bren|nung** ‖ **Müll|ver|bren|nungs|an|la|ge:** *Öfen, in denen Müll bei hohen Temperaturen verbrannt wird* ‖ **Müll|ver|mei|dung**
mul|mig: *bedenklich;* mir war m. *(unbehaglich)* zu Mute
Mul|ti der, -s/-s ⟨lat.⟩: *multinationales Unternehmen;* Ölmulti ‖ **mul|ti|funk|ti|o|nal** [-tsi̯-]: *für viele Funktionen* ‖ **mul|ti|kul|ti** (sal.): *Kurzwort für multikulturell* ‖ **mul|ti|kul|tu|rell:** *mehrere Kulturen betreffend* ‖ **mul|ti|la|te|ral:** ein multilaterales *(mehrere Staaten betreffendes)* Abkommen; → G.: bilateral, unilateral ‖ **Mul|ti|me|dia** das, -s: *Integration verschiedener medialer Formen, zB Ton, Grafik, Animation* ‖ **mul|ti|me|di|al:** *viele Medien umfassend, betreffend; aus vielen Medien bestehend* ‖ **Mul|ti|me|dia|show** [-ʃəʊ]: *multimediale Veranstaltung* ‖ **Mul|ti|mil|li|o|när:** *mehrfacher Millionär* ‖ **Mul|ti|mil|li|o|nä|rin** ‖ **mul|ti|na|ti|o|nal** [-tsi̯-]: multinationale *(weltweite, miteinander verbundene)* Unternehmen ‖ **Mul|ti|pack** der, -[e]s/-e: *mehrere Packungen in einer Einheit;* Tee im M. kaufen
Mul|ti|p|le-Choice-Test ['mʌltɪpl-ˌtʃɔɪs-] ⟨engl.⟩: *Test, bei dem von mehreren angegebenen Lösungen eine auszuwählen ist*
mul|ti|p|le Skle|ro|se die, -n - (MS) ⟨lat.+gr.⟩ (Med.): *eine Nervenkrankheit* ‖ **Mul|ti|plex** das, -[es]/-e ⟨lat.-engl.⟩: *großes Kinocenter* ‖ **Mul|ti|pli|kand** der, -en/-en ⟨lat.⟩ (Math.): *Zahl, die vervielfacht wird* ‖ **Mul|ti|pli|ka|ti|on** [-tsi̯-] die, -/-en (Math.): *das Vervielfachen* ‖ **Mul|ti|pli|ka|tor** der, -s/-en [-'oː-] (Math.): *Zahl, mit der vervielfacht wird* ‖ **mul|ti|pli|zie|ren** (Math.): *vervielfachen* ‖ **Mul|ti|ta|lent** ‖ **Mul|ti|vit|a|min|prä|pa|rat** [-v-] ‖ **Mul|ti|vi|ta|min|saft**
Mum|bai: *Stadt in Indien (früher: Bombay)*
Mu|mie [-i̯ɛ] die, -/-n ⟨pers.-arab.-it.⟩: *vor Verwesung geschützter*

M

[vertrockneter] Leichnam ‖ **Mu|mi|fi|ka|ti|on** [-tsi̯-] die, -/-en: *Mumifizierung* ‖ **mu|mi|fi|ziert** ‖ **Mu|mi|fi|zie|rung** die, -/-en

Mumm der, -s (ugs.): *Mut*

Mum|mel|greis (ugs., abw.): *alter Mann*

Mum|men|schanz der, -es (veraltet): *Maskerade, Maskenfest*

Mum|pitz der, -es (ugs.): *Unsinn*

Mumps der, -: *eine ansteckende Krankheit*

Mün|chen: *Hauptstadt Bayerns*

Münch|hau|sen[1]: *Autor und Held aufschneiderischer Geschichten (nach einer literarisch-historischen Gestalt)* ‖ **Münch|hau|sen**[2] der, -/-: *Aufschneider* ‖ **Münch|hau|se|ni|a|de** die, -/-n: *fantasievolle Lügengeschichte*

Mund der, -[e]s/Münder: er kann seinen M. nicht halten *(nichts für sich behalten);* sich etwas vom M. absparen *(unter großen Entbehrungen ersparen)* | (ugs.) sie ist nicht auf den M. gefallen *(ist redegewandt);* jemandem über den M. fahren *(jemanden scharf zurechtweisen);* → Mundvoll = Mund voll ‖ **Mund|art:** *Dialekt* ‖ **Mund|art|dich|tung** ‖ **Mund|art|for|schung** ‖ **Mund|art|kun|de** ‖ **mund|art|lich** (mda.) ‖ **Mund|art|wör|ter|buch** ‖ **Mund|du|sche:** *ein Mundpflegegerät*

Mün|del das, -s/-: *Minderjährige[r] unter dem Schutz eines Vormundes* ‖ **mün|del|si|cher** (Bankw.): Vermögen m. *(so sicher wie für eine Vormundschaft vorgeschrieben)* anlegen ‖ **Mün|del|si|cher|heit** (Bankw.): *besonderes Sicherheitskriterium für die Veranlagung der Vermögenswerte von unmündigen Personen*

mun|den (geh.): sich das Essen gut m. *(schmecken)* lassen ‖ **mün|den:** ins Meer m. *(fließen)* ‖ **mund|faul** (abw.): *aus Bequemlichkeit wortkarg* ‖ **Mund|fäu|le** (Med.): *Entzündung der Mundschleimhaut* ‖ **Mund|flo|ra** (Med.): *die im Mund lebenden Bakterien und Pilze* ‖ **mund|ge|bla|sen:** mundgeblasene Gläser ‖ **mund|ge|recht:** ein mundgerechter Happen ‖ **Mund|ge|ruch** ‖ **Mund|har|mo|ni|ka**

mün|dig: m. *(großjährig)* werden; der mündige *(selbstverantwortliche)* Staatsbürger ‖ **Mün|dig|keit** die, - ‖ **mün|dig spre|chen** = **mün|dig|spre|chen:** jemanden m. s. *(für großjährig erklären)*

Mundl: *männl. Vorname;* → Raimund, Edmund

münd|lich: eine mündliche Prüfung ‖ **Münd|lich|keit** die, - ‖ **Mund|par|tie:** *Mundgegend* ‖ **Mund|pro|pa|gan|da:** *Werbung durch mündliche Weitergabe* ‖ **Mund|raub** (früher, Jus): *Diebstahl oder Unterschlagung von Nahrungsmitteln in geringer Menge* ‖ **Mund|schenk** der, -en/-en (früher): *für Getränke verantwortlicher Hofbeamter* ‖ **Mund|schleim|haut** ‖ **Mund|schutz:** bei Operationen einen M. tragen

M-und-S-Rei|fen [ɛm - 'ɛs-]: *Kurzwort für Matsch-und-Schnee-Reifen*

Mund|stück: *ein Ansatzstück [von Blasinstrumenten]* ‖ **mund|tot:** jemanden m. machen *(jemandem die Möglichkeit nehmen, sich zu äußern)* ‖ **Mün|dung** die, -/-en: die M. eines Flusses; die M. des Gewehrlaufes ‖ **Mün|dungs|feu|er:** *Feuerstrahl, der beim Schießen an der Mündung einer Feuerwaffe entsteht* ‖ **Mün|dungs|ge|biet:** das M. eines Flusses ‖ **Mund|voll** der, -/- = **Mund voll:** zwei M. Fleisch; ein paar M. zu sich nehmen ‖ **Mund|vor|rat:** *Proviant* ‖ **Mund|werk** das, -[e]s: ein gutes/großes M. haben *(schlagfertig sein)* ‖ **Mund|win|kel** ‖ **Mund-zu-Mund-Be|at|mung:** *eine lebensrettende Maßnahme*

Mung|gen [-ŋk-] die (Pl.), *auch:* Munken (K): *bäuerliche Fertignahrung aus gedörrtem Getreide und Bohnen*

Mu|ni|ti|on [-tsi̯-] die, - ⟨lat.-fr.⟩: *Geschosse, Patronen uÄ* ‖ **mu|ni|ti|o|nie|ren** [-tsi̯-] ‖ **Mu|ni|ti|ons|de|pot** [-poː]

Mun|ke|lei die, -/-en: *Gemunkel* ‖ **mun|keln:** man munkelt *(die Leute reden im Geheimen)*

Mun|ken → Munggen

Müns|ter das, -s/-: *Bezeichnung bestimmter Stiftskirchen, Dome;* das Straßburger M.

mun|ter: *lebhaft; lustig; wach* ‖ **Mun|ter|keit** die, - ‖ **Mun|ter|ma|cher** der, -s/- (ugs.): *etwas, das munter machen soll*

Münz|amt: *Münzstätte, in der Münzen geprägt werden* ‖ **Münz|au|to|mat** ‖ **Mün|ze** die, -/-n: *Geldstück aus Metall* | *Münzstätte;* die M. Österreich ‖ **Mün|zen|samm|lung** ‖ **Münz|kun|de:** *Numismatik* ‖ **Münz|prä|gung** ‖ **Münz|recht** ‖ **Münz|samm|lung** ‖ **Münz|stät|te:** *Münzamt* ‖ **Münz|te|le|fon** ‖ **Münz|turm:** *Name historischer Bauwerke* ‖ **Münz|we|sen**

Mur die, -: *ein Nebenfluss der Drau (in Salzburg, der Steiermark, Slowenien, Ungarn)*

Mu|rä|ne die, -/-n ⟨gr.-lat.⟩: *ein giftiger Meeresfisch*

Mu|r|au [auch: -'aʊ] (Kfz: MU): *Stadt in der Steiermark*

mürb = **mür|be:** mürbes *(weiches)* Fleisch ‖ **mür|be klop|fen** = **mür|be|klop|fen** = **mürb klop|fen** = **mürb|klop|fen:** das Fleisch m. k. ‖ **mür|be|ma|chen** = **mürb|ma|chen:** die Entführer m. *(durch wiederholtes Entgegentreten schwächen, zur Aufgabe zwingen)* ‖ **Mürb|teig**

Mu|re die, -/-n: *Schutt- und Schlammstrom nach einem Unwetter [im Gebirge]*

Murks der, - (bes. D, ugs., abw.): *misslungene, schlechte, schlampige Arbeit* ‖ **murk|sen,** du murkst (bes. D, ugs., abw.): → *herummurksen*

Mur|mel die, -/-n: *Spielkugel*

mur|meln, ich murmle: *undeutlich und leise sprechen;* er murmelt etwas vor sich hin

Mur|mel|tier: *ein Nagetier*

Mur-Mürz-Fur|che: *Flusstal, Industriegebiet in der Steiermark*

mur|ren: *aus Unzufriedenheit leise, heimlich schimpfen* ‖ **mür|risch:** ein mürrischer *(verdrießlicher)* Mensch

Mürz die, -: *ein Nebenfluss der Mur in der Steiermark* ‖ **Mürz|zu|schlag** (Kfz: MZ): *Stadt in der Steiermark*

Mus das, -es/-e: *Brei aus Obst ua.*

Mu|schel die, -/-n: *ein im Wasser lebendes Weichtier* | *Ohrmuschel* | *Waschbecken; WC-Becken;* Klomuschel ‖ **mu|schel|för|mig:** *wie eine Muschel geformt* ‖ **Mu|schel|scha|le**

Mu|schi die, -/-s (ugs.): *Vulva*

Mu|se die, -/-n ⟨gr.⟩: *eine der neun griechischen Göttinnen der Künste und Wissenschaften*

mu|se|al ⟨gr.-lat.⟩: *zum/ins Museum gehörend; altertümlich*

Mu|sel|man der, -en [-'aː-]/-en [-'aː-], *auch:* **Mu|sel|ma|ne** der, -n/-n ⟨arab.-pers.-türk.-it.⟩ (veraltet): *Moslem* ‖ **Mu|sel|ma|nin** die, -/-innen (veraltet) ‖ **mu|sel|ma|nisch** [auch: -'aː-] (veraltet)

Mu|sen|tem|pel ⟨gr.⟩ (veraltet bzw.

scherzhaft): *Ort der schönen Künste*

Museum das, -s/Museen [-'e:(ɛ)n] ⟨gr.-lat.⟩: *Raum/Gebäude, in dem Sammlungen öffentlich zugänglich sind* ‖ **Museumsbesucher** ‖ **Museumsbesucherin** ‖ **Museumsführer** ‖ **Museumsführerin** ‖ **Museumspädagogik** ‖ **Museumsquartier:** *ein Museumskomplex in Wien* ‖ **museumsreif** (auch scherzh. bzw. abw.): *sehr alt, veraltet* ‖ **Museumsreplikat,** *auch:* Museumsreplik: *offiziell als Kopie eines Museumsstückes angefertigter Kunstgegenstand* ‖ **Museumsshop** [-ʃ-]: *Verkaufsgeschäft eines Museums* ‖ **Museumsstück** ‖ **Museumswärter** ‖ **Museumswärterin**

Musi die, -/-ken [-'i-] (mda. und in Namen von Volksmusik-Gruppen): *Musik; Musikkapelle* | (ugs.) ohne Geld ka *(keine)* M. *(ohne Bezahlung ist nichts zu bekommen)*

Musical ['mju:zɪk(ə)l] das, -s/-s ⟨engl.⟩: *moderne Form der Operette* ‖ **Musicbox** ['mju:zɪk-] = → Musikbox

Musik [geh.: -'i:-] die, -/-en ⟨gr.-lat.⟩: klassische M.; M. lieben; → Musik liebend = musikliebend ‖ **Musikalien** die (Pl.): *Notenwerke* ‖ **Musikalienhandlung** ‖ **musikalisch** ‖ **Musikalität** die, - ‖ **Musikant** der, -en/-en ‖ **Musikantin** die, -/-innen ‖ **musikantisch:** *musizierfreudig* ‖ **Musikautomat:** *mechanisches Musikinstrument; Musicbox* ‖ **Musikbox** = Musicbox ['mju:zɪk-] die, -/-es [-ɪz]: *automatisches Plattenspielgerät mit Münzeinwurf* ‖ **Musikchef** [-ʃe:f]: *musikalischer Leiter, Programmverantwortlicher* ‖ **Musikchefin** ‖ **Musikdirektor:** *musikalischer Leiter* ‖ **Musikdirektorin** ‖ **Musiker** der, -s/- ‖ **Musikerin** die, -/-innen ‖ **Musikerzieher:** *Musiklehrer* ‖ **Musikerzieherin** ‖ **Musikerziehung** ‖ **Musikethnologie:** *musikalische Völkerkunde* ‖ **Musikfest** ‖ **Musikfilm** ‖ **Musikfreund** ‖ **Musikfreundin** ‖ **Musikgeschichte** ‖ **Musikgymnasium** [-gy-]: *eine Sonderform der AHS* ‖ **Musikhauptschule** ‖ **Musikhochschule** (veraltet): *eine Universität für Musik* ‖ **Musikinstrument** [-st-] ‖ **Musikkapelle** ‖ **Musikkassette** (MC) ‖ **Musikkritik** ‖ **Musikkritiker** ‖ **Musikkritikerin** ‖ **Musiklexikon** ‖ **Musik liebend** = **musikliebend:** M. liebende Touristen ‖ **Musikpädagogik** ‖ **Musikpsychologie** [-psy-] ‖ **Musikschule** ‖ **Musiksoziologie** ‖ **Musikstück** ‖ **Musiktheater:** *musikalisches Drama im weiteren Sinn, zB Oper, Ballett;* → Sprechtheater ‖ **Musiktheorie** ‖ **Musiktherapie** ‖ **Musikunterricht** ‖ **Musikus** der, -/Musizi (scherzh. bzw. veraltet): *Musikant* ‖ **Musikverein:** der M. Lustenau lädt zum Herbstkonzert | *Konzertgebäude in Wien; Kurzbezeichnung für die Gesellschaft der Musikfreunde in Wien* ‖ **Musikverlag** ‖ **Musikvideo** [-v-] ‖ **Musikwissenschaft** ‖ **Musikzeitschrift**

musisch ⟨gr.-lat.⟩: ein musischer *(künstlerisch begabter bzw. interessierter)* Mensch; musische Unterrichtsgegenstände *(zB Musikerziehung, Bildnerische Erziehung)*

musizieren ⟨gr.-lat.⟩ ‖ **musizierfreudig**

Muskat [auch: -'a(:)t] der, -[e]s/-e ⟨Sanskrit-pers.-gr.-lat.-fr.⟩: *Muskatnuss* | *Muskateller* ‖ **Muskateller** der, -s/-, *auch:* Muskat: *eine Reb- und Weinsorte* ‖ **Muskatnuss** [auch: -a(:)t-]: *ein Gewürz* ‖ **Muskat-Ottonel** der, -s/-: *eine Reb- und Weinsorte*

Muskel der, -s/-n ⟨lat.⟩ ‖ **Muskelkater:** *ein Muskelschmerz nach körperlicher Anstrengung* ‖ **Muskelkraft:** mit bloßer M. ‖ **Muskelkrampf** ‖ **Muskelmann** ‖ **Muskelprotz** (abw.): *Kraftlackel* ‖ **Muskelriss** (Med.) ‖ **Muskelschwäche** ‖ **Muskelschwund:** *eine Erkrankung* ‖ **Muskeltraining** [-tre:n-, engl.: -treɪn-] ‖ **Muskelverspannung** ‖ **Muskelzerrung**

Muskete die, -/-n ⟨fr.⟩ (früher): *ein Gewehr* ‖ **Musketier** der, -s/-e (früher): *ein Infanterist*

muskulär ⟨lat.⟩ (Med.): *die Muskeln betreffend* ‖ **Muskulatur** die, -: *Gesamtheit der Muskeln* ‖ **muskulös:** muskulöse Arme *(Arme mit starken Muskeln)*

Müsli das, -[s]/-s: *Speise aus Haferflocken, Rosinen, Obst, Milch ua.* → Müesli ‖ **Müsliriegel**

Muslim [auch: -'i:-] der, -[s]/-e ⟨arab.⟩: *Moslem* ‖ **Muslima** die, -/-s [Muslimen] = **Muslime** die, -/-n = **Muslimin** die, -/-innen: *Moslemin* ‖ **muslimisch**

Muss das, -: das eiserne M. *(der unbedingte Zwang);* dieses Buch ist ein M.; → müssen

Musaka = Moussaka ['mu-] das, -s/-s = die, -/-s ⟨gr.⟩: *eine griechische Speise*

Mussbestimmung: *zwingende Gesetzesbestimmung;* → G.: Kannbestimmung

Muße die, - (geh.): mit M. *(ohne Hast, bedächtig)* arbeiten

Mussehe: *Heirat wegen einer Schwangerschaft*

Musselin [-s'li:n] der, -s/-e: *ein Gewebe (nach der Stadt Mossul im Irak)*

müssen, ich muss, du musst/musste/gemusst bzw. müssen: ich muss auf die Toilette | du musst nicht laufen; sie muss jeden Monat kommen; muss das sein?; → Muss

Partizipbildung:
Steht „müssen“ ohne ein weiteres Verb, lautet das 2. Partizip „gemusst“:
– er hat nach Hause gemusst (ugs.: müssen)
Ist ein weiteres Verb vorhanden, so folgt auf den Infinitiv nicht das 2. Partizip, sondern „müssen“:
– er hat weggehen müssen
– sie hat arbeiten müssen

Mußestunde (geh.): in den Mußestunden *(in der Freizeit)* gern lesen

müßig (geh.): *untätig, überflüssig;* es ist m. *(sinnlos),* darüber zu reden; *aber:* → müßiggehen ‖ **Müßiggang** der, -[e]s (geh.): *Untätigkeit, Nichtstun* ‖ **Müßiggänger** der, -s/- (geh.) ‖ **Müßiggängerin** die, -/-innen (geh.) ‖ **müßiggehen:** *untätig sein*

Must [mʌst] das, -s/-s ⟨engl.⟩ (sal.): ein M. *(Muss)* für alle Modebewussten

Mustang der, -s/-s ⟨span.-engl.⟩: *ein Präriepferd*

Muster das, -s/-: das M. *(die Zeichnung, die Motive)* des Stoffes | etwas als M. *(Vorlage)* verwenden | ein M. *(Vorbild)* an Arbeitseifer | *Probe zur Ansicht;* ein M. anfordern ‖ **Musterbeispiel** ‖ **Musterbetrieb:** *vorbildlich geführter Betrieb* ‖ **mustergültig:** *vorbildlich, nachahmenswert*

M

|| **mus|ter|haft** || **Mus|ter|kna|be** (scherzh. bzw. abw.): *übertrieben vorbildlicher Mensch* || **Mus|ter|kol|lek|ti|on** [-tsi̯-]: *Zusammenstellung von Warenmustern* || **mus|tern:** *jemanden scharf, prüfend anschauen* | ein gemusterter Stoff | (Mil.) *auf die Wehrtauglichkeit hin untersuchen* || **Mus|ter|pro|zess:** *Gerichtsprozess, der Beispielwirkung für ähnliche Prozesse haben soll* || **Mus|ter|schü|ler:** *[übertrieben] vorbildlicher Schüler* || **Mus|ter|schü|le|rin** || **Mus|ter|stück** || **Mus|te|rung** die, -/-en (Mil.): *Tauglichkeitsprüfung für den Militärdienst* || **Mus|ter|zeich|nung:** *Entwurf*

Mut der, -[e]s: jemandem Mut machen; frohen Mut[e]s sein; → zu Mute (= zumute)

mu|ta|bel ⟨lat.⟩: *veränderlich* || **Mu|ta|bi|li|tät** die, -: *Wandlungsfähigkeit* || **Mu|tant** der, -en/-en: *Bub, der im Stimmbruch ist* | (Biol.) *durch Mutation verändertes Lebewesen* || **Mu|tan|te** die, -/-n (Biol.) || **Mu|ta|ti|on** [-tsi̯-] die, -/-en (Biol.): *sprunghafte Erbänderung* | (ohne Pl.) (Med.) *Stimmbruch, Stimmwechsel* || **mu|ta|tis mu|tan|dis:** *nach Änderung der zu ändernden Details*

Müt|chen (nur in der Wendung) (geh.): an jemandem sein M. kühlen *(seine Launen an jemandem auslassen);* → Mut || **mut|er|füllt** (geh.)

mu|tie|ren ⟨lat.⟩ (Biol.): *sich sprunghaft erblich verändern* | (Med.) *im Stimmbruch sein;* → Mutant

mu|tig: eine mutige Tat || **mut|los** || **Mut|lo|sig|keit** die, - || **mut|ma|ßen,** du mutmaßt (geh.): sie hat etwas gemutmaßt *(vermutet)* || **mut|maß|lich:** mutmaßliche *(voraussichtliche, vermutliche)* Kosten || **Mut|ma|ßung** die, -/-en (geh.): *Annahme, Vermutung* || **Mut|pro|be**

Mut|ter[1] die, -/Mütter: eine werdende M. *(eine Schwangere)* || **Mut|ter**[2] die, -/-n: *Teil einer Schraube* || **Mut|ter|bin|dung** || **Müt|ter|chen** das, -s/-: *Verkleinerungsform von Mutter* | *alte, gebrechliche Frau* || **Mut|ter|freu|den** die (Pl.): M. entgegensehen *(schwanger sein)* || **Mut|ter|ge|sell|schaft** (Wirt.): *Dachgesellschaft, Holdinggesellschaft;* → Tochtergesellschaft || **Mut|ter|got|tes** die, - (Rel.): *Maria, die Mutter Jesu* || **Mut|ter-Kind-Ab|teil:** *für Mütter und Kleinkinder reserviertes Bahnabteil* || **Mut|ter-Kind-Pass** (Med.): *ein Dokument für ärztliche Untersuchungen* || **Mut|ter|korn** das, -[e]s: *giftiger Pilzrückstand an Getreideähren* || **Mut|ter|ku|chen:** *Plazenta* || **Mut|ter|land:** *Ursprungsland* || **Mut|ter|leib** || **müt|ter|lich:** mütterliche Fürsorge || **müt|ter|li|cher|seits:** *von der Mutter her* || **Müt|ter|lich|keit** die, - || **Mut|ter|mal** das, -[e]s/-e: *angeborener [brauner] Hautfleck* || **Mut|ter|milch** || **Mut|ter|mund** (Med.): *Geburtsöffnung* || **Mut|ter|pla|ti|ne** die, -/-n (EDV): *Platte im Computer, auf der die wichtigsten Elemente untergebracht sind, Hauptplatine, Mainboard* || **Mut|ter|schaft** die, - || **Mut|ter|schafts|ur|laub** → Karenz || **Mut|ter|schutz** → Schutzfrist || **Mut|ter|schutz|ge|setz** (Jus) || **mut|ter|see|len|al|lein:** *ganz allein* || **Mut|ter|söhn|chen** das, -s/- (abw.): *verwöhnter Bub* || **Mut|ter|spra|che** die, -: seine M. ist Deutsch || **Mut|ter|sprach|ler** der, -s/- || **Mut|ter|sprach|le|rin** die, -/-innen || **mut|ter|sprach|lich** || **Mut|ter|tag:** *Ehrentag der Mütter am 2. Sonntag im Mai* || **Mut|ter|tier:** *weibl. Tier, das Junge wirft oder säugt* | (Landw.) *weibl. Zuchttier* || **Mut|ter|witz** der, -es: *urwüchsiger, schlagfertiger Humor*

Mut|wil|le || **mut|wil|lig:** etwas m. *(absichtlich)* beschädigen || **Mut|wil|lig|keit** die, -

Müt|ze die, -/-n: *Kappe, Haube*

MW [ɛm 've:]: **M**ittel**w**elle

m. W.: **m**eines **W**issens

MWSt.: **M**ehr**w**ert**st**euer

My [my:] das, -[s]/-[s] ⟨gr.⟩ (μ, M): *griechischer Buchstabe, entspricht m*

My|al|gie [my-] die, -/-n ⟨gr.⟩ (Med.): *Muskelschmerz, Muskelverspannung*

My|ko|lo|ge [my-] der, -n/-n ⟨gr.⟩ || **My|ko|lo|gie** die, -: *Pilzkunde* || **My|ko|lo|gin** die, -/-innen || **My|ko|se** die, -/-n (Med.): *Pilzerkrankung* || **my|ko|tisch**

My|la|dy [mɪ'leɪdi] ⟨engl.⟩: *englische Anrede an eine weibliche Adelige* || **My|lord** [mɪ'lɔ:d]: *englische Anrede an einen männlichen Adeligen*

My|o|kard|in|farkt [my-] ⟨gr.+lat.⟩ (Med.): *Herzinfarkt* || **My|o|kard|scha|den** (Med.): *Herzmuskelschaden* || **My|om** das, -s/-e (Med.): *gutartiger Tumor, der großteils aus Muskelfasern besteht*

My|ri|a|de [my-] die, -/-n ⟨gr.⟩ (geh.): *eine unvorstellbar große Zahl; unzählbare Menge*

Myr|re ['my-] = **Myr|rhe** [-rɛ] die, -/-n ⟨sem.-gr.-lat.⟩: *ein kostbares, duftendes Harz*

Myr|te [my-] die, -/-n ⟨sem.-gr.-lat.⟩: *ein Strauch* || **Myr|ten|kranz:** *ein Brautschmuck*

Mys|te|ri|en [my-] die (Pl.) ⟨gr.-lat.⟩: *Geheimnisse; Geheimkult* || **Mys|te|ri|en|spiel** [my-, mi-]: *geistliches Schauspiel im Mittelalter* || **mys|te|ri|ös:** ein mysteriöser *(geheimnisvoller, rätselhafter)* Vorfall || **Mys|te|ri|um** [my-] das, -s/Mysterien [-i̯ən]: *[Glaubens]geheimnis* || **Mys|ti|fi|ka|ti|on** [-tsi̯-] die, -/-en: *Irreführung, Täuschung* || **mys|ti|fi|zie|ren:** *täuschen* || **Mys|tik** die, -: *eine Form der meditativen Religiosität* || **Mys|ti|ker** der, -s/- || **Mys|ti|ke|rin** die, -/-innen || **mys|tisch:** *geheimnisvoll, rätselhaft; aber:* → mythisch

My|the ['my:-] die, -/-n ⟨gr.⟩: *Götter-, Heldensage* || **My|then|bil|dung** || **my|then|haft** || **my|thisch:** *sagenhaft; aber:* → mystisch || **my|thi|sie|ren:** *mythologisieren* || **My|tho|lo|gie** die, -/-n: *Wissenschaft von den Mythen; Gesamtheit der Mythen eines Volkes* || **my|tho|lo|gisch** || **my|tho|lo|gi|sie|ren:** *in mythische Form bringen, mythisieren* || **My|thos** der, -/Mythen, *auch:* **My|thus:** *legendäre Vorstellung, zB eine historische Person betreffend;* → Mythe | *Person oder Sache, die verherrlicht, idealisiert wird;* die Schauspielerin wurde zum M.

My|zel [my-] das, -s/-ien [-i̯ən], *auch:* **My|ze|li|um** ⟨gr.⟩ (Bot.): *Pilzgeflecht*

n N

n [ɛn] das, -/- (Kleinbuchstabe): das n im Wort *nagen* | (Laut) der n-Laut | (Math.) *Variable für eine unbekannte Zahl;* die n-te Potenz; n-fach

N [ɛn] das, -/- (Großbuchstabe): das N im Wort *Nacht* | **N**ord[en] | (auslaufend auch Kfz) **N**iederösterreich | (Phys.) **N**ewton | (Chem.) **N**itrogenium | **N**ano-

na[1]: „Na, wie geht's?"; na ja

na[2] (ugs.): *nein*

Na: Natrium

Na|be die, -/-n: *Mittelteil des Rades, mit dem es auf der Achse steckt*

Na|bel der, -s/Näbel [Nabel]: *Vertiefung im Bauch, Ansatz der Nabelschnur* | am N. *(Mittelpunkt)* der Welt || **Na|bel|schau** die, - (scherzh.): *Selbstbetrachtung* || **Na|bel|schnur:** *Gefäßstrang, der der Ernährung des Kindes im Mutterleib dient*

nach

Präposition mit Dativ:
- nach dem Essen
- nach langem, schwerem Leiden
- nach Christi Geburt
- nach Linz fahren
- nach Hause = nachhause

In Zeitangaben (bes. westöst.):
- [ein] Viertel nach drei *(15:15 Uhr);* → viertel

Adverb:
- nach wie vor *(auch weiterhin)*
- nach und nach *(allmählich)*

nach|äf|fen: *übertreibend nachahmen*

nach|ah|men: das Zwitschern eines Vogels n. *(möglichst ähnlich wiedergeben)* || **nach|ah|menswert** || **Nach|ah|mer** der, -s/- || **Nach|ah|me|rin** die, -/-innen || **Nach|ah|mung** die, -/-en || **Nachah|mungs|tä|ter** || **Nach|ahmungs|tä|te|rin** || **Nach|ahmungs|trieb** (Psych.)

Nach|bar der, -n [-s]/-n: *jemand, der in unmittelbarer Nähe ist;* Sitznachbar || **Nach|bar|haus** || **Nach|ba|rin** die, -/-innen || **Nachbar|land** || **nach|bar|lich** || **Nachbar|ort** || **Nach|bar|recht** (Jus): *Rechtsnormen zur Regelung des Zusammenlebens von Nachbarn* || **Nach|bar|schaft** die, - || **Nachbar|schafts|hil|fe** || **Nach|barsleu|te** die (Pl.) || **Nach|bar|staat**

Nach|be|ben: *kleineres Erdbeben nach einem großen Beben*

nach|be|han|deln || **Nach|behand|lung:** *ergänzende Behandlung nach der Hauptbehandlung*

nach|be|kom|men: *nachträglich, zusätzlich bekommen*

nach|be|rech|nen

nach|be|rei|ten: ein Seminar n.; → vorbereiten

nach|be|set|zen: eine Stelle n. *(nach dem Ausscheiden des Stelleninhabers wieder besetzen)*

nach|bes|sern || **Nach|bes|se|rung** die, -/-en

nach|be|stel|len: Ware n. *(nachträglich, zusätzlich bestellen)* || **Nach|be|stel|lung**

nach|be|ten (oft abw.): jemandem etwas n. *(es geradezu sklavisch nachsagen)*

Nach|bild: *Weiterwirken eines optischen Eindrucks auf das Auge* || **nach|bil|den** || **Nach|bil|dung:** eine originalgetreue N.

nach|bli|cken: *nachschauen*

nach|blu|ten (Med.): *[nach einem Eingriff] neuerlich bluten* || **Nachblu|tung**

nach|boh|ren: ständig n. *(weiterfragen)*

nach|brin|gen: der Hoteldiener brachte das Gepäck nach

Nach|bür|ge (Jus): *Ausfallsbürge*

nach Chris|ti Ge|burt [- kr- -] (n. Chr. G.) → vor Christi Geburt || **nach|christ|lich:** im 5. nachchristlichen Jahrhundert *(im 5. Jh. n. Chr.)* || **nach Chris|tus** (n. Chr.)

nach|da|tie|ren: → *zurückdatieren* || **Nach|da|tie|rung**

nach|dem (Adv.): je n. | (Konj. zur Angabe der Vorzeitigkeit) n. sie weggegangen war

nach|den|ken: ich habe über ein Problem nachgedacht || **nachdenk|lich:** n. werden *(zu überlegen, zu zweifeln beginnen)* || **Nach|denk|pau|se**

Nach|dich|tung: *freie Übertragung eines [fremdsprachigen] literarischen Werkes*

nach|drän|gen: nachdrängende Besucher

nach|dre|hen: eine Szene für einen Film n. *(später, nochmals drehen)*

Nach|druck der, -[e]s/-e: der N. eines Buches | (ohne Pl.) etwas mit N. *(eindringlich)* fordern || **nachdru|cken:** dieses Buch wurde mehrere Male nachgedruckt *(unverändert abgedruckt)* || **nachdrück|lich:** n. *(eindringlich)* darauf hinweisen

nach|dun|keln: das Haar ist nachgedunkelt *(es ist im Lauf der Zeit dunkler geworden)*

nach|ei|fern: *nachstreben*

nach|ei|len: den Vorausgehenden rasch n.

nach|ei|n|an|der: n. sprechen; n. kommen

nach|eis|zeit|lich: *nach der Eiszeit geschehen, aus der Zeit nach der Eiszeit stammend*

nach|emp|fin|den: sie konnte seinen Schmerz n. || **Nach|emp|findung**

Na|chen der, -s/- (geh.): *Boot*

Nach|er|be (Jus): *Erbe, der erst bei Fortfall des ersteingesetzten Erben zum Zug kommt*

nach|er|le|ben: *ein früheres Geschehen noch einmal erleben, nachempfinden*

nach|er|zäh|len: sie hat eine Geschichte nacherzählt || **Nach|erzäh|lung**

Nach|fahr der, -en/-en = **Nachfah|re,** -n/-n (meist Pl.) (geh.): *Nachkomme* || **nach|fah|ren:** einem Auto n.

nach|fär|ben: das Haar n. *(ganz oder zum Teil nochmals färben)* || **Nach|fär|bung**

nach|fas|sen: Essen n. *(ein weiteres Mal davon nehmen)*

Nach|fei|er: *nachträgliche* (auch: *zusätzliche*) *Feier;* eine kleine N. veranstalten

nach|fi|nan|zie|ren: *die Finanzierung nachträglich genehmigen*

Nach|fol|ge: die N. antreten || **nach|fol|gen**

nach|fol|gend
der nachfolgende Redner; → folgend

Großschreibung bei Nominalisierung:
- **N**achfolgendes beachten
- im **N**achfolgenden
- die **N**achfolgenden; ein **N**achfolgender

Nach|fol|ger der, -s/- (bei Firmennamen auch mit Abk. Nchf.) || **Nach|fol|ge|rin** die, -/-innen || **Nach|fol|ge|staat:** die Nachfolgestaaten nach dem Zerfall Österreich-Ungarns (1918) *(bes. die*

N

neu entstandenen Einzelstaaten Österreich, Ungarn, Tschechoslowakei)

nach|for|dern: *nachträglich anfordern* ‖ **Nach|for|de|rung**

nach|for|schen: *nachfragen; nachprüfen; ermitteln* ‖ **Nach|for|schung:** Nachforschungen anstellen

Nach|fra|ge: *Erkundigung;* danke der N. *(Antwort auf die Frage „Wie geht's?")* | (ohne Pl.) (Kaufmannsspr.) nach dieser Ware herrscht große N. *(sie wird viel verlangt)* ‖ **nach|fra|gen:** *sich erkundigen*

Nach|frist (Amtsspr.): eine N. setzen *(eine letzte [Zahlungs]frist gewähren);* unter Setzung einer [angemessenen] N.

nach|füh|len: ich kann ihm seinen Ärger n.

Nach|füll|an|zei|ge: ein Luftbefeuchter mit N. *(Anzeige, dass Wasser nachgefüllt werden muss)* ‖ **nach|fül|len:** Wasser n. ‖ **Nach|füll|pa|ckung** ‖ **Nach|fül|lung**

nach|ge|ben: ein Pfeiler hat [dem Druck] nachgegeben *(ist eingestürzt);* den Forderungen n. *(sie erfüllen)* | (Wirt.) die Kurse/Preise geben nach *(sinken)*

nach|ge|bo|ren: er hinterließ eine nachgeborene *(nach seinem Tod geborene)* Tochter ‖ **Nach|ge|bo|re|ne**[1] der, -n/-n, ein Nachgeborener ‖ **Nach|ge|bo|re|ne**[2] die, -n/-n

Nach|ge|bühr: *nachträgliche zusätzliche Gebühr, zB für einen zu gering frankierten Brief*

Nach|ge|burt (Med.): *Mutterkuchen, der nach der Geburt ausgestoßen wird*

nach|ge|hen: den Eltern n. | einer Sache n. *(sie untersuchen)* | einer geregelten Arbeit n. *(berufstätig sein)*

nach|ge|nannt (Amtsspr.): *später im Text genannt*

nach|ge|ord|net (Amtsspr.): eine nachgeordnete *(untergeordnete)* Dienststelle

nach|ge|ra|de: es wurde mir n. *(allmählich; geradezu)* lästig

nach|ge|ra|ten: dieses Mädchen ist seiner Mutter n. *(im Wesen ähnlich)*

Nach|ge|schmack: ein bitterer N.

nach|ge|wie|se|ner|ma|ßen: *verlässlich bewiesen*

nach|gie|big: *bereit nachzugeben* ‖ **Nach|gie|big|keit** die, -

nach|grü|beln

nach|ha|ken: *[bei einer Prüfung] genau nachfragen*

Nach|hall: *Hall, Nachklang, Echo* | seine Rede fand großen N. *(sie hatte große Nachwirkung)* ‖ **nach|hal|len**

nach|hal|tig: eine nachhaltige *(lange Zeit nachwirkende)* Heilkur | (Ökol., Wirt.) eine nachhaltige Veränderung *(ohne Beeinträchtigung künftiger Generationen)* ‖ **Nach|hal|tig|keit** die, - (Ökol., Wirt.)

Nach|hang (Amtsspr.): *Anhang, Nachtrag, Ergänzung;* im N. ‖ **nach|hän|gen:** seinen Gedanken n. *(in Gedanken versunken sein)*

nach Hau|se = **nach|hau|se,** *auch:* nach Haus, nachhaus: n. H. gehen

nach|hel|fen: sie hat ein bisschen nachgeholfen, damit es schneller geht

nach|her [auch: -'aː-] ‖ **nach|he|rig** (geh. bzw. veraltend): eine nachherige *(spätere)* Erkenntnis

Nach|hil|fe: *zusätzlicher privater Unterricht* ‖ **Nach|hil|fe|leh|rer** ‖ **Nach|hil|fe|leh|re|rin** ‖ **Nach|hil|fe|stun|de** ‖ **Nach|hil|fe|un|ter|richt**

Nach|hi|n|ein (nur in der Wendung): im N. *(hinterher)*

nach|hin|ken: der allgemeinen Entwicklung n.

Nach|hol|be|darf: in der Forschung gibt es bei uns großen N. ‖ **nach|ho|len:** den versäumten Lehrstoff n. *(nachträglich erarbeiten)* | Familienangehörige (in ein Asylland) n.

Nach|hut die, -/-en: *die Nachzügler* | (Mil.) *der Sicherungsverband im Rücken zurückgehender* (auch: *vorrückender*) *Truppen*

nach|ja|gen: einem Ball n. | dem Geld n. *(Geld als das Wichtigste anstreben)*

nach|jus|tie|ren: eine Antenne n. *(nachträglich anpassen);* eine Klausel in einem Vertrag n. *(nachträglich abändern)*

Nach|kauf: der N. von Versicherungszeiten *(Zahlung, die Versicherungszeiten ersetzt)* ‖ **nach|kau|fen**

Nach|klang ‖ **nach|klin|gen**

nach|ko|chen: *nach Anleitung, Rezept kochen*

Nach|kom|me der, -n/-n: viele Nachkommen *(Kinder, Enkelkinder usw.)* haben ‖ **nach|kom|men:** zur Party später n. | einem Wunsch n. *(ihn erfüllen)* ‖ **Nach|kom|men|schaft** die, -/-en: eine reiche N. ‖ **Nach|kömm|ling** der, -s/-e: *Nachfahre*

nach|kon|t|rol|lie|ren: eine Rechnung n.

Nach|kriegs|er|schei|nung: *etwas für die Nachkriegszeit Typisches* ‖ **Nach|kriegs|ge|ne|ra|ti|on** [-tsi̯-] ‖ **Nach|kriegs|zeit**

nach|la|den: die Waffe n.

Nach|lass der, -es/-lässe: bei einer Ware einen N. *(eine Preisermäßigung)* gewähren | der N. *(die Hinterlassenschaft)* eines Verstorbenen | (kath.) N. *(Vergebung)* der Sünden ‖ **nach|las|sen:** der Regen hat nachgelassen | etwas vom Preis n. *(ihn reduzieren)* | ein nachgelassenes Werk *(aus dem Nachlass der Autorin)* ‖ **Nach|lass|gläu|bi|ger** (Jus) ‖ **Nach|lass|gläu|bi|ge|rin** (Jus) ‖ **nach|läs|sig:** *wenig sorgfältig, gewissenhaft, unachtsam* ‖ **Nach|läs|sig|keit** die, -/-en ‖ **Nach|lass|in|ven|tar** [-v-] ‖ **Nach|lass|schuld|ner** (Jus) ‖ **Nach|lass|schuld|ne|rin** (Jus) ‖ **Nach|lass|ver|bind|lich|keit** (Jus): *aus dem Nachlass zu bezahlende Schuld* ‖ **Nach|lass|ver|wal|ter** (Jus): *[gerichtlich bestellter] Verwalter einer Erbschaft* ‖ **Nach|lass|ver|wal|te|rin** (Jus)

nach|lau|fen: dem Ball n.; *aber:* Nachlaufen *(Fangen)* spielen

nach|le|ben: einem Vorbild n.

nach|le|gen: im Ofen Holz n.

Nach|le|se ‖ **nach|le|sen:** sie las die genauen Worte der Ministerin im Protokoll noch einmal nach | *nachernten*

nach|lie|fern ‖ **Nach|lie|fe|rung**

nach|lö|sen: eine Fahrkarte im Zug [mit Aufzahlung] n.

nachm.: nachmittags ‖ **Nachm.: Nachmittag**

nach|ma|chen: eine Tierstimme n. *(nachahmen);* jemandem etwas n.

nach|ma|lig (veraltet): der nachmalige *(spätere)* Direktor ‖ **nach|mals** (veraltet): *später*

nach|mes|sen: die Fahrtstrecke n.

Nach|mie|ter ‖ **Nach|mie|te|rin**

Nach|mit|tag (Nachm., Nm.)

Großschreibung:
- am/diesen Nachmittag
- des/eines Nachmittags
- [um] vier Uhr Nachmittag
- heute/morgen/gestern Nachmittag; *aber zusammen:* sie kommen [am] Dienstagnachmittag

Kleinschreibung von „nachmittags“:
- nachmittags jausnen *(jeden Nachmittag,* auch: *am Nachmittag)*
- [um] vier Uhr nachmittags
- sie kommen [am] Mittwoch nachmittags

nach|mit|tä|gig ‖ **nach|mit|täg|lich** → täglich ‖ **nach|mit|tags** (nachm., nm.): *am Nachmittag; jeden Nachmittag;* [um] vier Uhr n.; sie kommen Mittwoch n. (*auch:* mittwochnachmittags, mittwochs nachmittags); → Nachmittag; → Dienstag ‖ **Nach|mit|tags|be|treu|ung:** N. an Schulen; → Halbinternat ‖ **Nach|mit|tags|schläf|chen** ‖ **Nach|mit|tags|un|ter|richt**

Nach|nah|me die, -/-n: *Bezahlung einer Ware (und des Portos) bei der Übernahme der Postsendung;* ein Paket per N. schicken/erhalten ‖ **Nach|nah|me|ge|bühr** ‖ **Nach|nah|me|sen|dung**

Nach|na|me, *auch:* **Nach|na|men:** *Familienname*

nach|neh|men: sich vom Pudding etwas n. *(noch einmal nehmen)*

nach|plap|pern (sal., abw.): *gedankenlos nachsprechen*

Nach|por|to: *Strafgebühr bei nicht ausreichend frankierten Postsendungen*

nach|prä|gen ‖ **Nach|prä|gung:** die N. einer antiken Münze

nach|prüf|bar ‖ **nach|prü|fen:** die Rechnung n. ‖ **Nach|prü|fung:** die N. der Daten | (missverständlich auch für) *Wiederholungsprüfung (am Beginn des nächsten Schuljahres);* → Nachtragsprüfung

Nach|rang (Verk.): *Verpflichtung, anderen den Vorrang zu geben;* → G.: Vorrang ‖ **Nach|rang|stra|ße** (Verk.) ‖ **Nach|rang|ta|fel** (Verk.)

nach|re|cher|chie|ren [-ʃɛrʃ-]: *nochmals genau überprüfen*

nach|rech|nen: rechne die Aufgabe nach

Nach|re|de die, -/-n: *Nachwort | schlechter Ruf; Tratsch;* eine üble N. ‖ **nach|re|den**

nach|rei|chen: die fehlenden Unterlagen n. *(nachbringen)* ‖ **Nach|rei|chung** die, -/-en

nach|rei|fen: *nach der Ernte ausreifen* ‖ **Nach|rei|fung** die, -/-en

nach|rei|sen: am Wochenende der Familie n.

nach|ren|nen: *nachlaufen*

Nach|richt die, -/-en: eine wichtige N. erhalten | (nur Pl.) *die aktuellen Kurzberichte [des Rundfunks]* ‖ **Nach|rich|ten|agen|tur:** *Stelle, die an [die Presse] usw. Informationen übermittelt* ‖ **Nach|rich|ten|dienst:** *Nachrichtenagentur | Geheimdienst* ‖ **nach|rich|ten|dienst|lich** ‖ **Nach|rich|ten|ma|ga|zin** ‖ **Nach|rich|ten|sa|tel|lit:** *ein Raumflugkörper zur Übermittlung zB von Fernsehsendungen* ‖ **Nach|rich|ten|sen|dung** ‖ **Nach|rich|ten|sper|re:** aus Sicherheitsgründen eine N. verhängen ‖ **Nach|rich|ten|spre|cher** ‖ **Nach|rich|ten|spre|che|rin** ‖ **Nach|rich|ten|tech|nik** ‖ **nach|richt|lich** (Amtsspr.): *zur Kenntnisnahme, zur Information*

nach|rü|cken: *nachfolgen;* auf einen höheren Posten n. ‖ **Nach|rü|ckung** die, -/-en

Nach|ruf: einem Verstorbenen einen N. *(eine Gedenkrede)* halten ‖ **nach|ru|fen:** jemandem ein Schimpfwort n.

Nach|ruhm (geh.): *Ruhm über den Tod hinaus* ‖ **nach|rüh|men:** *nachsagen;* jemandem umfassende Kenntnisse n.

nach|rüs|ten: *nachträglich, zusätzlich ausstatten;* → aufrüsten ‖ **Nach|rüs|tung** die, -/-en

nach|sa|gen: jemandem nichts n. können *(nichts Nachteiliges über jemanden sagen können)*

Nach|sai|son [-zɛzoːn, fr.: -sɛ,zɔ̃]

nach|sal|zen

Nach|satz: *Nachtrag; Postskriptum* | (Gramm.) *nachgestellter Satz*

Nach|schau die, -: N. halten ‖ **nach|schau|en:** sie konnten dem Ball nur mehr n. *(nachblicken)* | im Wörterbuch n. *(nachschlagen)*

nach|schen|ken: *[ein Getränk] nachgießen*

nach|schi|cken: ich lasse mir die Post an den Urlaubsort n.

nach|schie|ben

Nach|schlag: *zusätzliche Essensportion* ‖ **nach|schla|gen:** im Wörterbuch n. *(darin ein Wort suchen, nachschauen)* ‖ **Nach|schla|ge|werk** = **Nach|schlag|werk:** *Lexikon, Wörterbuch*

nach|schlei|chen

Nach|schlüs|sel: *ein nachgearbeiteter, zusätzlicher Schlüssel*

nach|schmei|ßen

nach|schrei|ben: *Versäumtes später schreiben*

nach|schrei|en

Nach|schrift (NS): *Nachtrag in einem Brief, Postskriptum | spätere schriftliche Aufzeichnung [eines Gesprächs]*

Nach|schub: *[ergänzende] Versorgung [kämpfender Truppen]* ‖ **Nach|schub|weg**

Nach|schu|lung: *nachträgliche bzw. zusätzliche Schulung*

Nach|schuss (Sport): *Torschuss nach einem bereits abgewehrten Schuss*

nach|schwin|gen

nach|se|hen: den Gästen noch lange n. *(nachschauen)* | im Wörterbuch n. *(nachschauen)* | jemandem eine Strafe n. *(erlassen)* ‖ **Nach|se|hen** das, -s: das N. haben *(etwas nicht bekommen, zu kurz kommen)*

Nach|sen|de|auf|trag: *Auftrag an die Post, Sendungen an eine andere Adresse weiterzuleiten;* einen N. einrichten ‖ **nach|sen|den** ‖ **Nach|sen|dung**

nach|set|zen (geh.): dem Feind n. *(ihn verfolgen)*

Nach|sicht: in einer Sache N. üben *(sie mild beurteilen)* ‖ **nach|sich|tig:** mit kleinen Kindern n. sein ‖ **Nach|sich|tig|keit** die, -/-en

Nach|sil|be (Gramm.): → *Suffix*

nach|sin|gen: ein Lied n. *(singen, wie man es gehört hat)*

nach|sin|nen (geh.): lange über etwas n. *(grübeln, nachdenken)*

nach|sit|zen (früher): n. *(zur Strafe länger in der Schule sitzen bleiben)* müssen

Nach|som|mer: *Schönwetterperiode nach Sommerende*

Nach|sor|ge (Med.): *[ärztliche] Nachbetreuung*

Nach|spann der, -[e]s/-e: *Abschluss eines Films, Abspann;* → G.: Vorspann

Nach|spei|se: *Dessert*

Nach|spiel: das wird ein gerichtliches N. haben *(wird ein Gerichtsverfahren zur Folge haben)* | (Mus.) *Postludium* ‖ **nach|spie|len:** *nachmachen | ebenfalls spielen;* die Oper wird an großen Bühnen nachgespielt ‖ **Nach|spiel|zeit:** *nach Ende der regulären Spielzeit*

nach|spi|o|nie|ren [-ʃp-]: sie spionierten ihm überall nach

nach|spre|chen: *Vorgesprochenes oder Vorgelesenes wiederholen;* die Eidesformel n.

nach|sprin|gen: dem Kind ins Wasser n.

N

nach|spü|len: die Haare nach dem Shampoonieren n. | (ugs.) schnell noch ein Bier n. *(trinken)* || **Nach|spü|lung**
nach|spü|ren: dem Wild n. *(seine Spur verfolgen)*
nächst [-çst] (Präp. mit Dat.) (geh.): n. *(nach)* dem Vater bist du mir der Liebste || **nächst|bes|te:** der n. Bewerber; *aber:* der **N**ächstbeste *(irgendjemand)* || **nächst|dem** (geh., veraltet): *kurze Zeit später*

näch|ste
bei nächster Gelegenheit; das nächste Mal; nächsten Jahres (n. J.); nächsten Monats (n. M.); den nächsten Besten *(irgendeinen);* → nächstbeste

Großschreibung bei Nominalisierung:
- der **N**ächste *(der Reihe nach)*
- „Der **N**ächste, bitte!"
- was tun wir als **N**ächstes *(jetzt)?*
- als **N**ächstes *(zB als nächste Nummer im Programm)*
- fürs **N**ächste *(vorerst)*

Näch|s|te der, -n/-n: *der Mitmensch;* dein Nächster; → nächste
nach|ste|hen: ich stand an Fleiß niemandem nach *(war ebenso fleißig)* || **nach|ste|hend:** *wie folgt;* nachstehende Anmerkungen | (Großschreibung) **N**achstehendes; das **N**achstehende *(das Folgende)* ist wichtig; im **N**achstehenden *(im Folgenden)* wird erläutert
nach|stei|gen (ugs.): einem Mädchen n. *(mit ihm anbandeln wollen)*
nach|stel|len: die Uhr n. | die Szene im Gerichtsaal n. | (geh.) der Verdächtigen n. *(sie beobachten, verfolgen)* || **Nach|stel|lung** (meist Pl.): *Verfolgung*
Näch|s|ten|lie|be: *Achtung und Mildtätigkeit für die Mitmenschen* || **näch|s|tens:** in nächster Zeit || **nächst|fol|gend:** nächstfolgende Termine | (Großschreibung) der **N**ächstfolgende; die **N**ächstfolgende; das **N**ächstfolgende || **nächst|ge|le|gen:** das nächstgelegene Gehöft || **nächst|hö|he|re:** der nächsthöhere Gipfel | (Großschreibung) die **N**ächsthöheren; ein **N**ächsthöherer || **nächst|jäh|rig** || **Nächst|lie|gen|de** das, -n: zuerst einmal das N. tun || **nächst|mög|lich**
nach|sto|ßen
nach|stre|ben: einem Vorbild n.
nach|stür|zen: jemandem hastig n. *(nacheilen)*

Nacht die, -/Nächte

Großschreibung:
- kalte Nächte
- in der/bei/diese Nacht
- bei Nacht und Nebel *(heimlich)*
- über Nacht *(plötzlich)*
- die Heilige Nacht *(24. auf 25. Dezember)*
- des Nachts *(bei Nacht)*
- eines Nachts; *aber klein:* **n**achts immer aufwachen
- jemandem gute (= Gute) Nacht sagen
- heute/morgen/gestern Nacht; *aber zusammen:* Dienstagnacht
- [um] elf Uhr Nacht *(nachts)*

Kleinschreibung von „nachts":
- nachts arbeiten *(jede Nacht,* auch: *in der Nacht, zur Nachtzeit)*
- [um] elf Uhr nachts
- sie kommen [am] Mittwoch nachts

nacht|ak|tiv: nachtaktive Tiere; → G.: tagaktiv || **Nacht|ar|beit** || **Nacht|ar|beits|ver|bot** || **nacht|blind** || **Nacht|blind|heit** || **Nacht|club** [-k-] → Nachtklub || **Nacht|cre|me** [-kre:m] = Nachtkrem = Nachtkreme; → G.: Tagescreme || **Nacht|dienst**
Nach|teil der, -[e]s/-e: im N. sein; etwas ist von N. || **nach|tei|lig:** nachteilige Folgen; *aber:* über ihn nichts **N**achteiliges *(Schlechtes)* sagen können
näch|te|lang: n. fortbleiben; *aber:* viele Nächte lang || **nach|ten** (geh.): es nachtet gleich *(wird gleich Nacht)* || **näch|tens** (veraltet): *zur Nachtzeit* || **Nacht|es|sen** (V, CH, reg. in D): *Abendessen* || **Nacht|fahr|ver|bot** || **Nacht|fal|ter:** *Nachtschmetterling;* → G.: Tagfalter || **Nacht|frost** || **Nacht|ge|spenst** || **Nacht|hemd:** im N. öffnen || **Nacht|him|mel** || **näch|tig** (geh.): *nächtlich* || **Nach|ti|gall** die, -/-en: *ein Singvogel* || **näch|ti|gen:** *übernachten* || **Näch|ti|gung** die, -/-en || **Näch|ti|gungs|geld** (Amtsspr.): *Entgelt für das Übernachten in einem Hotel* || **Näch|ti|gungs|zif|fer:** *statistische Zahl der Übernächtigungen*
Nach|tisch: *Nachspeise*
Nacht|käst|chen das, -s/- || **Nacht|kastl** (ugs.) || **Nacht|klub,** *auch:* Nachtclub [-k-]: *Nachtlokal;* → Nightclub || **Nacht|krem** = **Nacht|kre|me** = → Nachtcreme || **Nacht|la|ger:** unter der Brücke schlugen wir unser N. auf || **Nacht|le|ben:** *die nächtlichen Unterhaltungsmöglichkeiten [einer Stadt], Nachtlokale uÄ* || **nächt|lich:** nächtliche Ruhestörung || **nächt|li|cher|wei|le** (geh.): *nachts* || **Nacht|lo|kal:** *ein Unterhaltungslokal; eine Bar* || **Nacht|mahl:** *Abendessen* || **nacht|mah|len,** ich nachtmahle: wir haben ausgiebig genachtmahlt || **Nacht|mahr** (veraltet): *Alb, Nachtgespenst* || **Nacht|mensch:** *jemand, der nachts am aktivsten ist* || **Nacht|por|tier**[1] [-ti:ə] = **Nacht|por|ti|er**[2] [-tịe:] || **Nacht|por|tie|rin,** *auch:* Nachtportiere [-'tịe:ə, -rɛ] || **Nacht|pro|gramm** || **Nacht|quar|tier**
Nach|trag der, -[e]s/-träge: *spätere Ergänzung* || **nach|tra|gen:** sie trug mir diese Bemerkung lange nach *(sie verzieh sie mir nicht)* || **nach|trä|ge|risch:** nicht n. sein *(bereit sein, etwas zu verzeihen)* || **nach|träg|lich:** *hinterher; später;* n. reklamieren || **Nach|trags|prü|fung:** *eine [wegen längerer Abwesenheit] am Beginn des nächsten Schuljahrs nachzuholende Prüfung;* → Nachprüfung
nach|trau|ern
Nacht|ru|he || **nachts:** n. *(zur Nachtzeit; jede Nacht)* zu Hause sein; sie kommen Mittwoch n. (*auch:* mittwochnachts, mittwochs nachts); (um) elf Uhr n.; *aber:* des/eines **N**achts; → Nacht || **Nacht|schat|ten|ge|wäch|se** [-ks] die (Pl.): *eine Pflanzenfamilie* || **Nacht|schicht:** *die Schichtarbeit[er] zur Nachtzeit;* wir haben heute N.; → Spätschicht; → Frühschicht || **nacht|schla|fend:** zu nachtschlafender Zeit *(tief in der Nacht)* || **Nacht|schwär|mer:** *jemand, der nächtliche Vergnügungen liebt* | (Zool.) *nachtaktiver Schmetterling* || **Nacht|schwär|me|rin** die, -/-innen || **Nacht|schwes|ter:** *Krankenschwester im Nachtdienst* || **Nacht|sei|te:** *die nicht von der Sonne beschienene Seite;* die N. der Erde | *die zwielichtige, negative Seite einer Sache oder Person* || **Nacht|sicht|ge|rät** || **Nacht|spei|cher|ofen** || **Nacht|strom:**

N

während der Nacht verbrauchte [billigere] elektrische Energie; mit N. heizen ‖ **Nacht|stück** (Kunstg.): *Gemälde, das eine nächtliche Szene oder Landschaft zeigt* | (Lit.) *unheimliche Erzählung* | (Mus.) → *Nocturne* ‖ **nachts|über** ‖ **Nacht|ta|rif:** *Tarif zB für Nachtstrom* ‖ **Nacht|tier:** *nachtaktives Tier* ‖ **Nacht|tisch:** *Nachtkästchen* ‖ **Nacht|tisch|lam|pe** ‖ **Nacht|topf** ‖ **Nacht|tre|sor:** eine Bank mit N.

nach|tun: *nachmachen*

Nacht-und-Ne|bel-Ak|ti|on [-tsi̯-]: *Unternehmung, die unauffällig, heimlich, schlagartig erfolgt* ‖ **Nacht|vo|gel** (scherzh.): *Nachtmensch* ‖ **Nacht|wa|che** ‖ **Nacht|wäch|ter** ‖ **Nacht|wäch|te|rin** ‖ **nacht|wan|deln:** *schlafwandeln;* sie ist/hat diese Nacht geschlafwandelt ‖ **Nacht|wand|ler** der, -s/- ‖ **Nacht|wand|le|rin** die, -/-innen ‖ **nacht|wand|le|risch:** mit nachtwandlerischer *(instinktiver)* Sicherheit ‖ **Nacht|zeit** ‖ **Nacht|zug**

nach|un|ter|su|chen ‖ **Nach|un|ter|su|chung**

nach|ver|han|deln: *nachträglich [neu] verhandeln*

nach|voll|zieh|bar ‖ **nach|voll|zie|hen:** sie vollzieht die Überlegungen eines anderen nach ‖ **Nach|voll|zug**

nach|wach|sen [-ks-]

nach|wä|gen → nachwiegen

Nach|wahl: *ergänzende Wahl* ‖ **nach|wäh|len**

nach|was|sern (bes. ostöst., ugs.): *nochmals kontrollieren*

Nach|we|hen die (Pl.): *die Wehen nach der Geburt* | *[unangenehme] Folgeerscheinungen*

nach|wei|nen: jemandem keine Träne n. *(nicht nachtrauern)*

Nach|weis der, -es/-e: den N. der Staatsbürgerschaft erbringen ‖ **nach|weis|bar** ‖ **nach|wei|sen:** die Schuld wurde ihm nachgewiesen ‖ **nach|weis|lich:** *erwiesenermaßen*

Nach|welt die, -: *die kommenden Geschlechter; die Menschen, die nach uns leben [werden]*

nach|wer|fen

nach|wie|gen, *auch:* nachwägen, ich wog nach/habe nachgewogen: eine Lieferung n. *(ihr Gewicht überprüfen)*

nach|win|ken: dem Zug n.

Nach|win|ter: *Wintereinbruch im Frühjahr* ‖ **nach|win|ter|lich**

nach|wir|ken ‖ **Nach|wir|kung:** die Nachwirkungen *(Folgen)* einer Krankheit

Nach|wort das, -[e]s/-e: das N. *(Schlusswort)* eines Buches

Nach|wuchs [-ks] der, -es: N. *(ein Kind, Junge)* bekommen | *Kurzwort für Nachwuchskräfte, zB Nachwuchssportler* ‖ **Nach|wuchs|kraft:** *jüngere Arbeitskraft* ‖ **Nach|wuchs|man|gel** ‖ **Nach|wuchs|sport|ler** ‖ **Nach|wuchs|sport|le|rin**

nach|wür|zen: *nochmals, stärker würzen*

nach|zah|len ‖ **nach|zäh|len** ‖ **Nach|zah|lung:** *ergänzende, nachträgliche Zahlung* ‖ **Nach|zäh|lung**

nach|zeich|nen

Nach|zei|tig|keit die, - (Gramm.): *eine Form der Zeitenfolge in Gliedsätzen*

nach|zie|hen ‖ **Nach|zieh|ver|fah|ren**

Nach|zipf (ugs.): *Wiederholungsprüfung am Beginn des nächsten Schuljahres*

nach|zot|teln (ugs.): *schwerfällig hinterdreinlaufen*

Nach|zucht: *Nachkommen eines Zuchttieres* | *weitere Aufzucht*

Nach|züg|ler der, -s/-: *jemand, der verspätet kommt* ‖ **Nach|züg|le|rin** die, -/-innen

Na|cke|dei der (*auch:* das), -s/-s (ugs., oft scherzh.): *[junger] nackter Mensch*

Na|cken der, -s/-: *Genick*

na|ckend (veraltet): *nackt*

Na|cken|star|re ‖ **Na|cken|stüt|ze** ‖ **Na|cken|wir|bel**

Na|cker|pat|zerl das, -s/-[n] (ugs., scherzh.): *nacktes Kind* ‖ **na|ckert** (ugs.): *nackt* ‖ **na|ckig** (bes. D, ugs.): *nackt* ‖ **nackt:** n. baden | die nackte *(reine)* Angst; → nackert ‖ **Nackt|ba|den** das, -s ‖ **Nackt|ba|de|strand** ‖ **Nackt|heit** die, - ‖ **Nackt|sa|mer** der, -s/- (Biol.): *Pflanze, deren Samen frei liegt;* → Bedecktsamer ‖ **Nackt|schne|cke**

Na|del die, -/-n: mit einer langen N. nähen; eine Spritze mit dünner N. ‖ **Na|del|baum:** die Tanne ist ein N. ‖ **Na|del|dru|cker** (EDV) ‖ **na|del|fer|tig:** *zur Verarbeitung bereiter Stoff* ‖ **na|del|för|mig** ‖ **Na|del|höl|zer** die (Pl.): *Nadelbäume* ‖ **na|deln:** der Christbaum nadelt *(verliert Nadeln)* ‖ **Na|del|öhr** ‖ **Na|del|pols|ter** ‖ **Na|del|stich** ‖ **Na|del|streif:** *Stoff mit schmalen Längsstreifen* | *[eleganter] Anzug aus solchem Stoff* ‖ **Na|del|streif|an|zug** ‖ **Na|del|wald**

Na|de|rer der, -s/- (abw., veraltend): *Denunziant, Spitzel;* → vernadern

Na|dir der, -s ⟨arab.⟩ (Astron.): *der dem Zenit gegenüberliegende (nicht sichtbare) Punkt der Himmelskugel*

Na|dja: *weibl. Vorname*

NAFTA die, -: **N**orth **A**merican **F**ree **T**rade **A**greement *(Nordamerikanische Freihandelszone, ein wirtschaftlicher Zusammenschluss der USA, Kanadas und Mexikos)*

Na|gel der, -s/Nägel: ein rostiger N.; den N. auf den Kopf treffen *(genau das Richtige treffen/behaupten);* etwas an den N. hängen *(etwas beenden; mit etwas aufhören);* unter/auf den Nägeln brennen *(von großer Dringlichkeit sein)* | (sal.) sich etwas unter den N. reißen *(auf nicht ganz gerechte Weise aneignen)* ‖ **Nä|gel|bei|ßen** das, -s ‖ **Na|gel|bett**

Na|ge|le das, -s/- (bes. westöst., K, ugs.): → *Näglein*

Na|gel|fei|le ‖ **Na|gel|haut** ‖ **Nä|gel|kau|en** das, -s ‖ **Na|gel|knip|ser** ‖ **Na|gel|lack** ‖ **Na|gel|lack|ent|fer|ner** der, -s/- ‖ **na|geln,** ich nagle: genagelte Schuhe ‖ **na|gel|neu:** *ganz neu* ‖ **Na|gel|pfle|ge** ‖ **Na|gel|pro|be** (veraltet): *überzeugende Probe* ‖ **Na|gel|sche|re** ‖ **Na|ge|lung** die, -/-en: das Nageln ‖ **Na|gel|wur|zel:** *Teil des Fingernagels* ‖ **Na|gel|zan|ge** ‖ **Na|gel|zwi|cker:** *Nagelknipser*

na|gen: an einem Knochen n. ‖ **Na|ger** der, -s/-: *Nagetier*

Na|gerl das, -s/-[n] (ugs., veraltet): → *Näglein*

Na|ge|tier; die Maus ist ein N.

Näg|lein das, -s/- (reg., veraltet): *Nelke, Gewürznelke*

nah → nahe ‖ **Nah|auf|nah|me:** mit der Kamera auf N. gehen; → G.: Fernaufnahme ‖ **nah|bei:** → *nahebei* ‖ **Nah|be|reich** ‖ **Nah|bril|le:** *Lesebrille;* → G.: Fernbrille

na|he, *auch:* nah, näher/am nächsten
→ näher; → nächst

Adjektiv:
Kleinschreibung:
– ein naher Verwandter; *aber als*

Eigenname groß: der **N**ahe Osten
– von nah und fern
Groß- und Kleinschreibung:
– von nahem (= **N**ahem)
Zusammenschreibung bei übertragener Bedeutung:
– jemandem etwas nahebringen *(jemanden damit vertraut machen)*
– es ist ihm nahegegangen *(zu Herzen gegangen)*
– im Gespräch einander nahekommen *(vertraut werden)*
– jemandem etwas nahelegen *(es jemandem anraten, es jemandem zu verstehen geben)*
– ein naheliegender *(zu erwartender)* Entschluss; *aber getrennt und zusammen:* nahe liegende (= naheliegende) Häuser
– einer politischen Partei nahestehen *(mit ihr sympathisieren)*
– jemandem nahetreten *(jemanden beleidigen, jemanden belästigen)*
Getrennt- und Zusammenschreibung mit adjektivisch gebrauchten Partizipien:
– nah verwandte (= nahverwandte) Personen
Präposition mit Dativ:
– nahe dem Dorf

N

Nä|he die, -: aus der N. ǁ **na|he|bei,** *auch:* nahbei: *in nächster Nähe* ǁ **na|he|brin|gen:** jemandem etwas n. *(vertraut machen);* → nahe ǁ **na|he|ge|hen** → nahe ǁ **Nah|ein|stel|lung:** ein Foto in N.; → Makroaufnahme ǁ **na|he|kom|men:** sich/einander n.; → nahe ǁ **na|he|le|gen:** jemandem etwas n.; → nahe ǁ **na|he|lie|gen:** eine naheliegende *(erwartungsgemäße)* Entscheidung; *aber:* nahe liegende (= naheliegende) Häuser; → nahe ǁ **na|hen** (geh.): die Entscheidung naht *(nähert sich)*
nä|hen: eine Hose n. | die Wunde musste genäht werden

nä|her
nähere *(genauere)* Angaben machen; → nah

Großschreibung bei Nominalisierung:
– das/alles **N**ähere später erfahren *(die Einzelheiten)*
– sich des **N**äher[e]n erkundigen *(näher, genauer)*
Getrenntschreibung bei wörtlicher Bedeutung:
– nicht näher kommen dürfen
– wenn der Termin näher kommt *(heranrückt)*
– mit dem Sessel näher rücken
Zusammenschreibung bei übertragener Bedeutung:
– jemandem eine Meinung näherbringen *(sie jemand verständlich machen)*
– sich näherkommen *(vertraut werden); aber getrennt:* du darfst nicht näher kommen
– der Lösung eines Rätsels näherkommen *(bald draufkommen)*
– ich glaube, dass es näherliegt, zu bleiben, als zu gehen
– jemandem näherstehen *(mit jemandem vertraut sein)*
– einer Sache nähertreten *(darangehen, sich mit ihr auseinandersetzen)*

Nä|her der, -s/-
nä|her|brin|gen: *verständlich machen;* → näher
Nä|he|rei die, -/-en
Nah|er|ho|lungs|ge|biet: das N. einer Großstadt
Nä|he|rin die, -/-innen
nä|her|kom|men: sich n. *(vertraut werden)* | einer Lösung n.; *aber:* nicht näher kommen dürfen ǁ **nä|her|lie|gen:** ich meine, dass es näherliegt *(mir erscheint es besser),* zu bleiben; → näher ǁ **nä|hern** sich: das Gewitter nähert sich ǁ **nä|her|ste|hen:** die näherstehenden *(engeren)* Verwandten; → näher ǁ **nä|her|tre|ten:** *sich mit etwas näher auseinandersetzen;* → näher ǁ **Nä|he|rung** die, -/-en: *Annäherung* | (Math.) *Näherungswert* ǁ **Nä|he|rungs|wert** (Math.) ǁ **na|he|ste|hen:** sie steht mir nahe *(ist mir verbunden);* → nahe ǁ **na|he|tre|ten** → nahe ǁ **na|he ver|wandt** = **na|he|ver|wandt** → nahe ǁ **na|he|zu:** *beinahe, fast*
Nah|kampf (Mil.): *Kampf Mann gegen Mann*
nahm → nehmen
Näh|ma|schi|ne ǁ **Näh|na|del**
Nah|ost: in N. *(im Nahen Osten)* ǁ **Nah|ost|kon|flikt** ǁ **nah|öst|lich**
Nähr|bo|den ǁ **näh|ren** (geh.): ein Kind n.; er nährte *(ernährte)* sich nur von Gemüse ǁ **nahr|haft** ǁ **Nähr|lö|sung** ǁ **Nähr|mit|tel:** *Nahrungsmittel [für Kleinkinder]* ǁ **Nähr|stoff:** an Nährstoffen reiche Kost ǁ **nähr|stoff|arm** ǁ **nähr|stoff|reich** ǁ **Nah|rung** die, -: den Spekulationen neue N. geben *(sie fördern)* ǁ **Nah|rungs|auf|nah|me** ǁ **Nah|rungs|ket|te** (Biol.): *verschiedene Arten von Organismen, die in bestimmter Reihenfolge aufeinander als Nahrung angewiesen sind* ǁ **Nah|rungs|man|gel** ǁ **Nah|rungs|mit|tel** ǁ **Nah|rungs|mit|tel|in|dus|trie** ǁ **Nah|rungs|mit|tel|un|ver|träg|lich|keit** ǁ **Nah|rungs|sor|gen** die (Pl.): *Sorge um den täglichen Lebensunterhalt* ǁ **Nah|rungs|su|che:** das Weibchen geht auf N. ǁ **Nah|rungs|ver|wei|ge|rung:** *Weigerung zu essen* ǁ **Nähr|wert** der, -[e]s
Näh|sei|de ǁ **Naht** die, -/Nähte: Nähte auftrennen; die Schule platzte aus allen Nähten *(wurde zu klein)* ǁ **naht|los:** nahtlose Strümpfe; ein nahtloser *(glatter, unmerklicher)* Übergang ǁ **Naht|stel|le**
Nah|ver|kehr → G.: Fernverkehr ǁ **Nah|ver|kehrs|ab|ga|be** (Wirt.): *eine Steuer* ǁ **Nah|ver|kehrs|zug** (bes. D) (Verk.): *Regionalzug* ǁ **Nah|ver|sor|ger:** *Lebensmittelhändler, Bäcker usw. in der näheren Wohnumgebung* ǁ **Nah|ver|sor|gung:** ein Dorf mit funktionierender N. ǁ **nah ver|wandt** = **nah|ver|wandt** → nahe
Näh|zeug
Nah|ziel: *ein demnächst zu erreichendes Ziel;* → G.: Fernziel
Näh|zu|be|hör, *auch:* **Näh|zu|ge|hör:** *Knöpfe, Zwirn usw.*
na|iv [-f] ⟨fr.⟩: *kindlich; unbefangen* | *einfältig* ǁ **Na|i|ve** [-f-, -v-] die, -n/-n: *ein Rollenfach beim Theater* ǁ **Na|i|vi|tät** [-v-] die, - ǁ **Na|iv|ling** [-f-] der, -s/-e (ugs.)
Na|me der, -ns/-n, *auch:* **Na|men,** -s/-: ein Mädchen mit Namen Barbara; im Namen aller Mitarbeiter/innen sprechen ǁ **Na|men|for|schung:** *Namenkunde* ǁ **Na|men|ge|dächt|nis** ǁ **Na|men|kun|de** die, -: *Wissenschaft von den [Eigen]namen* ǁ **na|men|los:** namenlose Gräber | (geh.) namenloses *(überaus großes)* Leid ǁ **Na|men|lo|sig|keit** die, - ǁ **Na|men|re|gis|ter,** *auch:* Namensregister: *ein alphabetisches Verzeichnis* ǁ **na|mens** (Präp. mit Gen.): n. *(im Namen)* der Vorsitzenden | (Adv.) ein Mann n. *(mit Namen)* Berger ǁ **Na|mens|ak|tie** [-tsiɛ]: *Aktie mit Namensvermerk des Eigentümers* ǁ **Na|mens|än|de|rung** ǁ **Na|mens|füh|rung** (Jus): Untersagung der N. bei Ehescheidung ǁ **Na|mens|ge-**

bung die, -/-en ‖ **Namensnennung** ‖ **Namenspatron:** *Heiliger, nach dem eine Person benannt ist* ‖ **Namenspatronin** ‖ **Namensregister** → Namenregister ‖ **Namensschild** das, -[e]s/-er: eine Tür mit N. ‖ **Namenstag:** *Festtag des Namenspatrons, nach dem man benannt ist* ‖ **Namensvetter:** *jemand, der denselben [Vor- und] Familiennamen hat, aber nicht verwandt ist* ‖ **Namenszug:** *persönliche Unterschrift* ‖ **namentlich:** die Kinder n. *(mit Namen)* aufrufen | manche Hunde, n. *(besonders)* Pudel, sind sehr gelehrig ‖ **Namenverzeichnis** ‖ **Namenwort** (Gramm.): *Nomen* ‖ **namhaft:** eine namhafte *(bedeutende)* Geldsumme | jemanden als Vertreter n. machen *(nominieren)* ‖ **Namhaftmachung** die, -/-en (Amtsspr.): *die Nennung, das Ausfindigmachen (von Personen)*

nämlich: wir hatten Durst, es war n. heiß ‖ **nämliche:** der nämliche *(der genannte)* Grund; *aber:* er ist immer noch der **N**ämliche *(Gleiche)*, der er war ‖ **Nämlichkeit** die, - (Amtsspr.): *Identität*

Nandl = **Nani** (mda.): *weibl. Vorname (Anna);* → Nannerl

Nanking der, -s/-e [-s]: *ein widerstandsfähiges Gewebe (nach einer Stadt in China)*

Nannerl = **Nanni:** *weibl. Vorname (Anna);* → Nandl

nannte → nennen

Nano- (n) ⟨gr.-lat.⟩ (nur in Zusammensetzungen wie zB Nanoampere): *Maßangabe für ein Milliardstel (10^{-9})* ‖ **Nanoampere** [-pɛːə] (nA) (Phys.): *10^{-9} Ampere* ‖ **Nanotechnik** (Phys.): *Wissenschaft vom Umgang mit dem Allerkleinsten*

nanu: *Ausruf der Überraschung*

Napalm das, -s ⟨engl.⟩ (Wz.) ‖ **Napalmbombe:** *eine Benzinbrandbombe*

Napf der, -[e]s/Näpfe: *kleiner Topf; Schüssel*

Naphtha [-f-] das, -s ⟨gr.-russ.⟩: *Grundstoff für die petrochemische Industrie* ‖ **Naphthalin** das, -s: *stark riechende Substanz [als Mottenschutz]*

napoleonisch: *der Art Napoleons ähnlich oder aus seiner Zeit stammend;* napoleonischer Eroberungsdrang; die napoleonischen Kriege *(die Kriege Napoleons); aber:* das **N**apoleonische Zeitalter

Nappaleder ⟨engl.⟩: *ein feines Leder*

nappieren ⟨fr.⟩ (Küchenspr.): *[eine Speise] mit einer dicken Sauce übergießen*

Narbe die, -/-n: nach der Operation blieb eine N. zurück | (Bot.) *Organ in der Blüte* ‖ **narbig:** ein narbiges *(mit Narben bedecktes)* Gesicht ‖ **Narbenbildung** ‖ **Narbung** die, -/-en: *für jede Lederart typische Zeichnung*

Narkose die, -/-n ⟨gr.⟩: *eine künstliche Betäubung [vor einer Operation]* ‖ **Narkosearzt:** *Anästhesist* ‖ **Narkoseärztin** ‖ **Narkosegewehr** ‖ **Narkosemaske** ‖ **Narkosemittel** ‖ **Narkotikum** das, -s/Narkotika: *ein [schmerz-] betäubendes Mittel* ‖ **narkotisch:** *berauschend; betäubend* ‖ **Narkotiseur** [-ˈzøːə] der, -s/-e: *jemand, bes. ein Arzt, der eine Narkose durchführt;* → Anästhesist ‖ **Narkotiseurin** die, -/-innen ‖ **narkotisieren**

Narr der, -en/-en: jemanden zum Narren halten; sich zum Narren machen | (ugs.) einen Narren an jemandem gefressen haben *(jemanden auf übertriebene Weise gernhaben)*

narrativ ⟨lat.⟩ (Sprachwiss., Lit.): *erzählend*

narren (geh.): genarrt *(gefoppt)* werden ‖ **Narrenfreiheit** die, -: N. genießen *(sich Freiheiten erlauben dürfen, weil man nicht ganz ernst genommen wird)* ‖ **Narrenhaus** (veraltet bzw. abw.): *psychiatrisches Krankenhaus* ‖ **Narrenkastl** (ugs.) (nur in der Wendung): ins N. schauen *(gedankenlos vor sich hinstarren)* ‖ **narrensicher** (ugs.): *so einfach, dass es jeder begreift;* → deppensicher ‖ **Narretei** die, -/-en: eine N. *(Dummheit)* begehen ‖ **Narrheit** die, -/-en: Narrheiten treiben ‖ **Närrin** die, -/-innen ‖ **narrisch** (ugs.): *närrisch, verrückt* | n. *(sehr, außergewöhnlich)* gut ‖ **närrisch:** die närrische Zeit *(der Fasching)* | närrisches *(verrücktes)* Wetter

Narziss der, - [-es]/-e ⟨gr.-lat.⟩ (Psych.): *jemand, der sich selbst bewundert* ‖ **Narzisse** die, -/-n: *eine Blume* ‖ **Narzissmus** der, - (Psych.): *[krankhafte] Verliebtheit in sich selbst* ‖ **narzisstisch** (Psych.): *wie ein Narziss*

NASA die, -: **N**ational **A**eronautics and **S**pace **A**dministration *(Nationale Luft- und Raumfahrtbehörde [der USA])*

nasal ⟨lat.⟩: n. *(durch die Nase)* sprechen ‖ **Nasal** der, -s/-e (Sprachwiss.): *Nasallaut* ‖ **nasalieren:** ein nasaliertes *(nasal gesprochenes) o,* zB in „Fond" [fõː] ‖ **Nasalierung** die, -/-en ‖ **Nasallaut** (Sprachwiss.): *Nasenlaut (zB m, n)*

naschen, du nasch[s]t ‖ **Nascher** der, -s/- ‖ **Nascherei** die, -/-en, *auch:* **Näscherei** ‖ **Nascherin** die, -/-innen ‖ **naschhaft:** ein naschhaftes Kind *(Kind, das gern Süßigkeiten oÄ isst)* ‖ **Naschkatze** (scherzh.): *jemand, der gern nascht* ‖ **Naschmarkt** der, -[e]s: *ein Lebensmittelmarkt in Wien* ‖ **Naschsucht** die, -

Nasdaq [ˈnæsdæk] der, -s ⟨engl.⟩: *Index der New Yorker Technologiebörse*

Nase die, -/-n: *Teil des Gesichts;* über etwas die N. rümpfen *(es nicht gut genug finden);* jemanden an der N. herumführen *(zum Besten halten)* | (ugs.) immer der N. nach *(immer geradeaus);* die U-Bahn ist ihm vor der N. *(kurz vor dem Einsteigen)* weggefahren; für etwas eine feine N. haben *(es ahnen);* die N. vorn haben *(der Konkurrenz voraus sein);* die N. vollhaben *(nichts mehr davon wissen wollen);* seine N. in alles stecken *(sich aus reiner Neugierde um alles kümmern)* | (Geogr.) *Bergvorsprung* ‖ **näseln,** ich näsle: *durch die Nase sprechen* ‖ **Nasenbein** ‖ **Nasenbluten** das, -s: N. haben ‖ **nasenbohren** (nur Inf. und Part.): du sollst nicht n. ‖ **Nasenflügel** ‖ **Nasenhöhle** ‖ **Nasenlänge:** um eine N. *(ganz knapp)* voraus sein ‖ **Nasenlaut:** → *Nasallaut* ‖ **Nasenloch** ‖ **Nasennebenhöhle:** → *Nebenhöhle* ‖ **Nasenrachenraum** ‖ **Nasenrücken** ‖ **Nasenscheidewand** ‖ **Nasenschleimhaut** ‖ **Nasenspitze** ‖ **Nasenspray** [-spreɪ, -ʃpreː] ‖ **Nasenstüber** der, -s/-: *leichter Stoß auf die Nase* | *Mahnung* ‖ **naserümpfend:** *die Nase in Falten ziehend* | *missbilligend* ‖ **naseweis:** ein naseweiser *(vorlauter)* Bub ‖ **Naseweis** der, -es/-e ‖ **Nashorn** das, -[e]s/-hörner: *ein Säugetier*

Nasigoreng das, -[s]/-[s] ⟨mal./

N

indonesisch⟩: *indonesisches Reisgericht*

nass, nasser [nässer]/am nassesten [nässesten]:
vom Regen nasse Kleider; nasse Füße

Getrenntschreibung bei wörtlicher Bedeutung:
– den Boden nass wischen
Getrennt- und Zusammenschreibung mit Verben, die ein Resultat herbeiführen, und mit adjektivisch gebrauchten Partizipien:
– du wirst dein T-Shirt nass schwitzen (= nassschwitzen)
– nass geschwitzte (= nassgeschwitzte) T-Shirts

Nass das, -es (geh.): das kühle N. ‖ **Nässe** die, - ‖ **nässen,** du nässt: eine nässende Wunde; in die Windeln n. ‖ **nass geschwitzt** = **nassgeschwitzt** → nass ‖ **nasskalt:** nasskaltes Wetter ‖ **Nassrasierer:** *Rasierer mit Rasierklinge* ‖ **Nassschnee** ‖ **Nassschneelawine** ‖ **nass schwitzen** = **nassschwitzen** → nass ‖ **Nasszelle** (fachspr.): *Raum mit Wasseranschluss, zB Bad, WC*

Natalie [auch: -ˈaːli̯ɛ], *auch:* Natalia: *weibl. Vorname*

Natascha: *weibl. Vorname*

Nation [-tsi̯-] die, -/-en ⟨lat.⟩: *eine [Groß]gemeinschaft von Menschen mit übereinstimmenden Merkmalen wie Kultur, Sprache, Abstammung und Geschichte;* die österreichische N. | die Vereinten Nationen | *alle Angehörigen eines Staates* ‖ **national:** *die Nation betreffend;* nationale Eigenheiten | *[einseitig] die Belange der eigenen Nation hervorhebend;* ein n. denkender Politiker; → patriotisch ‖ **Nationalbank:** die Oesterreichische N.; → OeNB ‖ **Nationalbewusstsein** ‖ **Nationalbibliothek:** die Österreichische N. in Wien; → ÖNB ‖ **Nationaldress:** *Trikot einer Nationalmannschaft* ‖ **Nationale** das, -s (Amtsspr.): das N. *(Namen, Geburtsdaten, Wohnsitz ua.)* einer Person aufnehmen ‖ **Nationalfeiertag:** N. in Österreich ist der 26. Oktober; → Staatsfeiertag ‖ **Nationalgericht:** *landestypische Speise* ‖ **Nationalhymne** [-hy-] ‖ **nationalisieren:** ein ausländisches Unternehmen n. *(ins Staatseigentum übernehmen)* ‖ **Nationalismus** der, -/Nationalismen (Pol., oft abw.): *übersteigertes Nationalgefühl oder Nationalbewusstsein* ‖ **Nationalist** der, -en/-en (Pol., oft abw.): *Anhänger des Nationalismus* ‖ **Nationalistin** die, -/-innen (Pol., oft abw.) ‖ **nationalistisch** (Pol., oft abw.): nationalistische *(den Nationalismus betreffende)* Ideen vertreten ‖ **Nationalität** die, -: *Volkszugehörigkeit; Staatsangehörigkeit* | (nur Pl. -en) *Volksgruppen* ‖ **Nationalitätenkonflikt** ‖ **Nationalitätenstaat:** *Staat, der in sich verschiedene Volksgruppen vereinigt, zB das frühere Jugoslawien;* → Nationalstaat ‖ **Nationalmannschaft** (Sport) ‖ **Nationalökonomie:** *Wissenschaft vom Wirtschaftsleben; Volkswirtschaftslehre* ‖ **Nationalpark:** *vom Staat unter Naturschutz gestelltes Gebiet;* N. Neusiedler See-Seewinkel ‖ **Nationalrat** der, -[e]s (in Österreich und der Schweiz): *die gewählte Volksvertretung;* Frau X. ist Abgeordnete zum N. | (mit Pl. -räte) er ist N. *(Abgeordneter)* ‖ **Nationalrätin:** *Abgeordnete zum Nationalrat* ‖ **Nationalratsabgeordnete** ‖ **Nationalratspräsident** ‖ **Nationalratspräsidentin** ‖ **Nationalratswahl** ‖ **Nationalsozialismus** (Gesch., Pol.): *die deutsche Form des Faschismus; Diktatur Adolf Hitlers;* → Nazismus ‖ **Nationalsozialist** (Gesch., Pol.): *Anhänger des Nationalsozialismus* | *ehemaliges Mitglied der NSDAP;* → Nazi ‖ **Nationalsozialistin** (Gesch., Pol.) ‖ **nationalsozialistisch** ‖ **Nationalstaat:** *Staat, der hauptsächlich von nur einer Nation (von nur einem Volk) gebildet wird, zB Portugal;* → Nationalitätenstaat ‖ **Nationalteam** [-tiːm] (Sport): *Nationalmannschaft*

Native Speaker [ˈneɪtɪv ˈspiːkə] = **Nativespeaker** der, -s/- ⟨engl.⟩: *Muttersprachler* ‖ **Native Speakerin** = **Nativespeakerin** die, -/-innen

NATO die, -: **N**orth **A**tlantic **T**reaty **O**rganization *(Nordatlantikpakt, das Verteidigungsbündnis europäischer und nordamerikanischer Staaten)* ‖ **Natojacke:** *eine sehr warme Jacke*

Natrium das, -s ⟨arab.-lat.⟩ (Zeichen: Na): *ein chemisches Element* ‖ **Natriumchlorid** [-k-] das, -s: *Kochsalz* ‖ **Natron** das, -s ⟨arab.⟩ ‖ **Natronlauge:** *eine ätzende Lauge*

Natter die, -/-n: *eine (meist nicht giftige) Schlange;* Ringelnatter

Natur die, - ⟨lat.⟩: in der freien N. | (mit Pl. -en) die menschliche N. *(Wesensart);* in ihr existieren zwei Naturen *(Charaktere)* ‖ **Naturalherstellung** (Jus): *Herstellung des Zustandes einer Sache wie vorher* ‖ **Naturalien** die (Pl.): *Lebensmittel* | *Rohstoffe* | *Gegenstände einer naturgeschichtlichen Sammlung* ‖ **Naturalisation** [-tsi̯-] die, -/-en ‖ **naturalisieren:** ein naturalisierter Österreicher *(ein Ausländer, dem die österreichische Staatsbürgerschaft verliehen wurde)* ‖ **Naturalisierung** die, -/-en ‖ **Naturalismus** der, - (Lit., Kunstg.): *strenge Wirklichkeitsnähe anstrebende Stilrichtung um 1900* ‖ **naturalistisch** ‖ **Naturallohn:** *Entlohnung in Form von Nahrungsmitteln, Heizmaterial uÄ* ‖ **Naturalobligation** [-tsi̯-] (Jus): *gültige, aber nicht einklagbare Schuld* ‖ **Naturalteilung** (Jus): die N. einer Liegenschaft *(Teilung in Einzelgrundstücke);* → G.: Zivilteilung ‖ **Naturbahnrodeln** das, -s: *eine Sportdisziplin* ‖ **Naturbegabung:** *angeborenes Talent* ‖ **naturbelassen:** ein naturbelassener Wein ‖ **Naturbraten** (Küchenspr.): *im eigenen Saft gebratenes Fleisch* ‖ **Naturbursch:** *kräftiger, urwüchsiger [junger] Mann* ‖ **Naturdenkmal:** *geschütztes Naturgebilde, zB ein uralter Baum* ‖ **Naturdünger** ‖ **Naturell** das, -s/-e ⟨lat.-fr.⟩: ein lebhaftes N. *(Wesen)* haben ‖ **Naturfaser** ‖ **Naturforscher** ‖ **Naturforscherin** ‖ **naturgegeben** ‖ **naturgemäß** ‖ **Naturgeschichte** (früher): *das Unterrichtsfach Biologie und Umweltkunde bzw. Biologie und Erdwissenschaften* ‖ **Naturgesetz** ‖ **naturgetreu:** ein naturgetreues Bild ‖ **Naturgewalt** ‖ **Naturheilkunde** ‖ **Naturheilmittel** ‖ **Naturheilverfahren** ‖ **naturhistorisch:** naturhistorische Sammlungen; *aber:* das Naturhistorische Museum (in Wien) ‖ **Naturhorn** (Mus.): *Horn ohne*

Ventile, auf dem nur die Naturtöne hervorgebracht werden ‖ **Naturkatastrophe** [-f-]: von einer N. *(zB Hochwasser)* heimgesucht werden ‖ **Naturkost** ‖ **Naturkraft** ‖ **Naturkunde** (früher): *das Unterrichtsfach Physik und Chemie* ‖ **Naturlandschaft:** *(vom Menschen) noch unberührte Landschaft;* → G.: Kulturlandschaft ‖ **Naturlehrpfad** ‖ **natürlich** (Adj.): ein natürliches *(ungezwungenes)* Wesen haben; natürliche Heilmittel | (Jus) natürliche Person; → G.: juristische Person | (Math.) natürliche Zahlen *(die Ziffer 0 und alle positiven Zahlen);* → ganze Zahlen; → rationale Zahlen | (veraltet) seine natürliche *(uneheliche)* Tochter | (Adv.) n. *(selbstverständlich)* hat sie Recht ‖ **natürlicherweise** ‖ **Natürlichkeit** die, - ‖ **Naturliebhaber** ‖ **Naturliebhaberin** ‖ **Naturlocke** (meist Pl.) ‖ **Naturmedizin** ‖ **naturnah** ‖ **Naturschönheit** (meist Pl.) ‖ **Naturpark** ‖ **Naturphänomen** [-f-] ‖ **Naturprodukt:** ein reines N. ‖ **Naturrecht:** *in Vernunft und Ethik begründetes Recht* ‖ **naturrein:** *ohne Konservierungsmittel oÄ, naturbelassen (bei Nahrungsmitteln)* ‖ **Naturreligion:** *Religion, in deren Mittelpunkt die Verehrung der Natur steht* ‖ **Naturreservat** [-v-] ‖ **Natursaft** (Küchenspr.): *naturbelassener [Braten]saft* ‖ **Naturschauspiel:** *beeindruckende Naturerscheinung, zB ein Wasserfall* ‖ **Naturschnee** → G.: Kunstschnee ‖ **Naturschnitzel** (Küchenspr.): *nicht paniertes Schnitzel* ‖ **Naturschutz** ‖ **Naturschützer** ‖ **Naturschützerin** ‖ **Naturschutzgebiet** ‖ **Naturstein** → G.: Kunststein ‖ **Naturtalent:** *natürliche Begabung* ‖ **Naturton** (meist Pl.) (Mus.): → *Oberton* ‖ **Naturtreue:** *naturgetreue Wiedergabe* ‖ **naturtrüb:** dieser Apfelsaft ist n. *(nicht gefiltert)* ‖ **naturverbunden** ‖ **Naturvolk:** *auf niedriger Zivilisationsstufe lebendes Volk* ‖ **Naturwissenschaft** (meist Pl.) → G.: Geisteswissenschaft ‖ **Naturwissenschaftler,** *auch:* Naturwissenschafter ‖ **Naturwissenschaftlerin,** *auch:* Naturwissenschafterin ‖ **naturwissenschaftlich:** n. orientiert; naturwissenschaftliche Fächer; *aber:* das **N**aturwissenschaftliche Realgymnasium (früher: *eine Oberstufenform der AHS*) ‖ **Naturwunder** ‖ **Naturzustand** der, -(e)s

'nauf, *auch:* nauf (bes. südl. D, ugs.): *hinauf*

'naus, *auch:* naus (bes. südl. D, ugs.): *hinaus*

Nautik die, - ⟨gr.⟩: *Schifffahrtskunde* ‖ **nautisch:** nautische Instrumente

Navigation [-v-tsi̯-] die, - ⟨lat.⟩: *Führung von Schiffen, Flugzeugen uÄ* ‖ **Navigationsfehler** ‖ **Navigationssystem** [-zy-] ‖ **Navigator** der, -s/-en [-'o:-]: *Mitglied der Schiffs- oder Flugzeugbesatzung, das für die Navigation verantwortlich ist* ‖ **Navigatorin** die, -/-innen ‖ **navigatorisch** ‖ **navigieren:** ein Flugzeug n. | im Internet n. *(sich gezielt weiterbewegen)*

Naz = **Nazl:** *männl. Vorname (Ignaz)*

Nazarener der, -s: *Jesus Christus (aus Nazareth)* | (mit Pl. -) *Angehöriger einer Gruppe von Malern zu Beginn des 19. Jh.*

Nazi der, -s/-s ⟨lat.⟩: *Kurzwort für Nationalsozialist;* → Neonazi ‖ **Nazismus** der, -: *Nationalsozialismus* ‖ **nazistisch:** *nationalsozialistisch* ‖ **Nazizeit** (ugs.)

Nb: Niob

NB: notabene

n. Br.: nördlicher Breite

Nchf.: Nachfolger

n. Chr.: nach Christus (**nach Christo**) ‖ **n. Chr. G.: nach Christi Geburt**

Nd: Neodym

Ne: Neon

Neandertaler der, -s/- (Anthropologie): *ein altsteinzeitlicher Mensch*

Neapolitanerschnitten die (Pl.): *gefüllte Waffeln (nach der Stadt Neapel in Italien), Mannerschnitten*

nebbich ⟨jidd.⟩ (ugs., abw.): *was hat das schon zu bedeuten!;* „n. der Müller"; → Nebochant

Nebel der, -s/-: sich im dichten N. verirren ‖ **Nebeldecke** ‖ **Nebelfetzen** ‖ **nebelfeucht** ‖ **nebelfrei** ‖ **nebelhaft:** eine nebelhafte *(verschwommene)* Vorstellung ‖ **Nebelhaufen** (Phys.): *eine Ansammlung von Galaxien* ‖ **Nebelhorn:** *eine Schiffssirene* ‖ **nebelig** → neblig ‖ **Nebelkammer** (Phys.): *ein Gerät zur Sichtbarmachung von Teilchen* ‖ **Nebelleuchte:** *zusätzlicher Scheinwerfer am Auto* ‖ **Nebelmeer** (geh.): *dichter Nebel* ‖ **Nebelreißen,** *auch:* Nebelreisen: *feiner Nebelregen* ‖ **Nebelscheinwerfer** (Kfz) ‖ **Nebelschlussleuchte** = **Nebelschlusslicht** (Kfz): *ein Rücklicht* ‖ **Nebelschwaden** (meist Pl.) ‖ **Nebelsuppe:** *dichter Nebel* ‖ **nebelverhangen:** die Berge sind n. ‖ **Nebelwand**

neben (Präp. mit Dat.): sie steht n. dem Baum *(wo?)* | (Präp. mit Akk.) einen Korb n. den Baum stellen *(wohin?)* ‖ **Nebenabrede** (Jus): *[meist mündliche] Zusatzvereinbarungen zu einem [schriftlichen] Vertrag* ‖ **Nebenabsicht** ‖ **nebenamtlich:** eine Funktion n. *(neben einem Hauptamt)* ausführen ‖ **nebenan** [auch: 'ne:-]: n. wohnen ‖ **Nebenarm:** der N. eines Flusses ‖ **Nebenausgang:** den N. benutzen ‖ **Nebenbahn** (Verk.): *weniger wichtige Bahnstrecke* ‖ **Nebenbedeutung:** eine Sache von N. *(geringerer Bedeutung)* ‖ **nebenbei** [auch: 'ne:-]: etwas n. bemerken ‖ **Nebenberuf:** sie arbeitet im N. als Lektorin ‖ **nebenberuflich:** n. als Kellner jobben ‖ **Nebenbeschäftigung:** *Nebenjob* ‖ **Nebenbuhler** der, -s/-: *Rivale, Mitbewerber, zB um die Gunst einer Frau* ‖ **Nebenbuhlerin** die, -/-innen ‖ **Nebeneffekt:** *Nebenwirkung*

nebeneinander

Getrenntschreibung, wenn die Hauptbetonung auf dem Verb liegt:
- nebeneinander spazieren gehen
- nebeneinander einparken

Zusammenschreibung, wenn die Betonung auf „nebeneinander" liegt:
- zu zweit nebeneinanderlaufen
- eng nebeneinanderliegen
- nebeneinandersitzen
- die Bikes nebeneinanderstellen

nebeneinanderlaufen → nebeneinander ‖ **nebeneinanderliegen** ‖ **nebeneinandersitzen** ‖ **nebeneinanderstellen**

Nebeneinkünfte die (Pl.) ‖ **Nebenerscheinung** ‖ **Nebenerwerbsbauer** ‖ **Nebener-**

N

werbsbäuerin, *auch:* **Nebenerwerbsbäurin** ‖ **Nebenfahrbahn** ‖ **Nebenfluss:** der Inn ist ein N. der Donau ‖ **Nebenfrau:** *Konkubine* | *Nachbarin* ‖ **Nebengebäude** ‖ **Nebengebühren** die (Pl.) (Amtsspr.): *zusätzliche Gehaltszahlung* ‖ **Nebengeräusch** ‖ **Nebengleis,** *veraltet auch:* Nebengeleise: der Zug steht auf einem N. | auf ein N. abgeschoben *(seines Einflusses beraubt)* werden; diese Tätigkeit vollzieht sich auf einem N. ‖ **Nebenhaus** ‖ **nebenher** [auch: 'neː-]: sich n. *(nebenbei, daneben)* unterhalten; *aber zB:* → nebenherfahren ‖ **nebenherfahren:** auf dem Rad n. ‖ **nebenherlaufen** ‖ **nebenhin:** etwas n. *(beiläufig)* sagen ‖ **Nebenhöhle** (meist Pl.) (Med.): *Hohlraum bei der Nasenhöhle* ‖ **Nebenjob** [-dʒɔp] ‖ **Nebenkosten** die (Pl.) ‖ **Nebenkriegsschauplatz** ‖ **Nebenleistung** (Jus): die vertragliche N.; → G.: Hauptleistung ‖ **Nebenmann:** sich mit dem N. *(Nachbarn)* unterhalten ‖ **Nebenniere** (Med.) ‖ **nebenordnen:** *gleichrangig beiordnen* ‖ **Nebenpflichten** die (Pl.) (Jus): die N. aus einem Vertrag; → G.: Hauptpflichten ‖ **Nebenprodukt** ‖ **Nebenrolle:** *eine kleinere Rolle im [Theater]stück* | *eine unbedeutende Funktion, zB in der Politik* ‖ **Nebensache** ‖ **nebensächlich:** *nicht wichtig; bedeutungslos* ‖ **Nebensatz** (Gramm.): *Gliedsatz* ‖ **nebenstehend:** die nebenstehende Anmerkung | (Großschreibung) im Nebenstehenden; Nebenstehendes beachten ‖ **Nebenstelle:** *Zweigstelle;* → Hauptstelle; → Außenstelle | *Durchwahlnummer, Klappe (beim Telefonanschluss)* ‖ **Nebenstrecke** ‖ **Nebenverdienst** ‖ **Nebenwirkung:** die Nebenwirkungen eines Medikaments ‖ **Nebenwohnsitz:** *Wohnsitz neben dem Hauptwohnsitz, Zweitwohnsitz* ‖ **Nebenzimmer** ‖ **Nebenzweck**

neblig, *auch:* nebelig: neblige Tage

Nebochant der, -en/-en ⟨jidd.-lat.⟩ (abw.): *unbedeutender, unfähiger Mensch, Ignorant;* → nebbich

nebst (veraltend) (Präp. mit Dat.): *mit, neben;* n. allem Zubehör ‖ **nebstbei** (veraltend): *nebenbei*

nebulos ⟨lat.⟩: nebulose *(unklare)* Vorstellungen haben

Necessaire [-sɛ'sɛːə] → Nessessär

n-Eck [ɛn-] (Math.): *Vieleck mit n (unbestimmt vielen) Ecken*

necken: *foppen, aufziehen* ‖ **Neckerei** die, -/-en ‖ **neckisch:** *schelmisch* | *aufreizend, attraktiv*

Neffe der, -n/-n: *Sohn der Schwester/des Bruders;* → Nichte

Negation [-tsi̯-] die, -/-en ⟨lat.⟩ (Gramm.): *Verneinung[swort]* ‖ **negativ** [auch: -'iːf]: eine negative *(verneinende)* Antwort; eine negative *(ungenügende)* Leistung | (Med.) negativer *(keine Krankheit feststellender)* Befund; → G.: positiv ‖ **Negativ** das, -s/-e [-fɛ, -vɛ]: *fotografisches Bild, bei dem gegenüber dem Original Hell und Dunkel vertauscht sind;* → G.: Positiv ‖ **Negativbilanz** ‖ **Negativfilm** → G.: Umkehrfilm

neger ⟨fr.⟩ (ostöst., ugs., veraltend): er ist n. *(hat kein Geld);* → Negerant ‖ **Neger** der, -s/- (oft diskriminierend): *Schwarzer; Schwarzafrikaner; Afroamerikaner* ‖ **Negerant** der, -en/-en (ostöst., ugs., veraltend): *jemand, der kein Geld hat;* → neger ‖ **Negerin** die, -/-innen (oft diskriminierend)

negieren ⟨lat.⟩: *verneinen, ablehnen* ‖ **Negierung** die, -/-en

Negligee [-'ʒeː] = Negligé [-'ʒeː] das, -s/-s ⟨fr.⟩: *Morgenkleid*

negrid ⟨fr./span.⟩ (Anthropologie): negride Rasse *(Bezeichnung für die schwarze Rasse)* ‖ **negroid** (Anthropologie): negroide *(der negriden Rasse ähnliche)* Gesichtszüge ‖ **Negrospiritual** ['niːgrəʊ'spɪrɪtjʊəl] ⟨engl.⟩: *Spiritual*

nehmen, ich nehme, du nimmst/nahm/genommen/nimm!, nehmt!: Platz n.; Rücksicht n.; Urlaub n.; den Zug n. *(mit der Bahn fahren);* jemandem die Zuversicht n.; n. Sie Zucker?; jemanden an/bei der Hand n.; jemanden in den Arm n.; den Hut n. *(weggehen, kündigen);* etwas auf sich n. *(übernehmen);* das lasse ich mir nicht n. *(tue ich selbst)* | (ugs.) jemanden auf den Arm n. *(sich über jemanden lustig machen)* ‖ **Nehmerqualität** (meist Pl.): *Fähigkeit, viel auszuhalten, ohne nachzugeben oder entscheidend beeinträchtigt zu werden*

Neid der, -[e]s: N. erregen; vor N. erblassen ‖ **neiden:** jemandem etwas n. *(nicht gönnen)* ‖ **Neider** der, -s/- ‖ **Neiderin** die, -/-innen ‖ **neiderfüllt** ‖ **Neidgefühl** ‖ **Neidhammel** (ugs.): *Schimpfwort für einen neidischen Menschen* ‖ **neidig:** *neidisch* | (ugs.) *geizig* ‖ **neidisch:** *missgünstig;* → neidig ‖ **neidlos** ‖ **neidvoll**

Neige die, -: der Tag geht zur N. *(zu Ende)* ‖ **neigen**[1]: den Kopf n. *(senken)* | zur Gewalttätigkeit n. ‖ **neigen**[2] sich: sich dem Ende zu n.; → geneigt ‖ **Neigung** die, -: eine Böschung von 25 Grad N. | (mit Pl. -en) eine N. zu etwas haben *(eine Vorliebe dafür, einen Hang dazu haben)* ‖ **Neigungsgruppe:** *ein Freigegenstand ohne Benotung:* N. Fußball ‖ **Neigungswinkel**

nein[1]: n. (= Nein) sagen; *aber:* [mit] Nein stimmen; → na; → jein; → ja

'nein, *auch:* nein[2] (bes. südl. D, ugs.): *hinein*

Nein das, -[s]/-: ein entschiedenes N.; das Ja und [das] N. ‖ **Neinsager** der, -s/- (meist abw.): *einer, der an allem etwas auszusetzen hat* ‖ **Neinsagerin** die, -/-innen (meist abw.) ‖ **Neinstimme:** bei der Abstimmung gab es 14 Neinstimmen

Nekrolog der, -[e]s/-e ⟨gr.⟩: *Nachruf, Würdigung eines Verstorbenen* ‖ **Nekropole** die, -/-n (wörtl.: Totenstadt): *vorzeitliche bzw. antike Begräbnisstätte* ‖ **Nekrose** die, -/-n (Med.): *das Absterben von Organen*

Nektar der, -s ⟨gr.⟩: *Göttertrank* | (Bot.) *der süße Blütensaft* | *verdünnter Fruchtsaft* ‖ **Nektarine** die, -/-n: *eine Pfirsichart*

Nelke die, -/-n: *eine Blume* | *Kurzwort für Gewürznelke*

Nemesis die, - ⟨gr.⟩ (geh.): von der N. *(der strafenden Gerechtigkeit)* ereilt werden

nennen, nannte/genannt: ich nenne ihn einen Feigling; das nenne ich Mut!; n. Sie meinen Namen nicht ‖ **nennenswert:** keine nennenswerten *(nur geringfügige)* Verletzungen haben ‖ **Nenner** der, -s/-: verschiedene Wünsche auf einen [gemeinsamen] N. bringen | (Math.): *in einem Bruch die Zahl unter dem Bruchstrich;* → G.: Zähler ‖ **Nennform** (Gramm.): *Infinitiv* ‖ **Nennformgruppe** (Gramm.):

N

Infinitivgruppe ‖ **Nenn|leis|tung** (Technik): die N. *(maximale Leistungsstärke)* einer Heiztherme ‖ **Nenn|lis|te:** *Liste der Teilnehmer/innen an einem Wettbewerb* ‖ **Nenn|on|kel:** *Wahlonkel* ‖ **Nenn|tan|te** ‖ **Nen|nung** die, -/-en ‖ **Nen|nungs|lis|te:** *Nennliste* ‖ **Nenn|wert** (Wirt.): eine Aktie zum N. *(Nominalwert)* von tausend Euro

Ne|o|dym [-'yːm] das, -s ⟨gr.⟩ (Zeichen: Nd): *ein chemisches Element*

neo- ⟨gr.⟩ (nur in Zusammensetzungen wie neolithisch) ‖ **Neo|fa|schis|mus:** *faschistische Bestrebungen nach dem Zweiten Weltkrieg* ‖ **Neo|fa|schist** ‖ **Neo|fa|schis|tin** ‖ **neo|fa|schis|tisch** ‖ **Neo|klas|si|zis|mus:** *eine Kunstrichtung* ‖ **neo|klas|si|zis|tisch** ‖ **Neo|ko|lo|ni|a|lis|mus:** *kolonialistische Bestrebungen nach dem Ende der Kolonialzeit* ‖ **Neo|li|be|ra|lis|mus:** *eine Gesellschafts- und Wirtschaftsform* ‖ **neo|li|thisch** ‖ **Neo|li|thi|kum** das, -s: *jüngere Steinzeit;* → Paläolithikum; → Mesolithikum ‖ **Neo|lo|gis|mus** der, -/Neologismen (Sprachwiss.): *neu gebildetes Wort, das sich allgemein durchsetzt*

Ne|on das, -s ⟨gr.⟩ (Zeichen: Ne): *ein chemisches Element, ein Edelgas, zB für Leuchtröhren*

Neo|na|to|lo|ge der, -n/-n: *Facharzt für Frühgeburten* ‖ **Neo|na|to|lo|gie** die, -: *Zweig der Medizin, der sich bes. mit der Physiologie und Pathologie Neugeborener befasst* | *eine Krankenhausabteilung* ‖ **Neo|na|to|lo|gin** die, -/-innen ‖ **Neo|na|zi** der: *Angehöriger einer Gruppe, die nationalsozialistisches Gedankengut vertritt (nach 1945);* → Nazi ‖ **Neo|na|zis|mus** der (Pol.): *Bestrebungen, nationalsozialistisches Gedankengut wieder zu beleben;* → Wiederbetätigung ‖ **neo|na|zis|tisch**

Ne|on|licht ⟨gr.⟩ ‖ **Ne|on|re|kla|me** ‖ **Ne|on|röh|re:** *eine Leuchtröhre*

Neo|po|si|ti|vis|mus [-v-]: *eine philosophische Richtung*

Ne|po|te der, -n/-n ⟨lat.⟩ (veraltet): *Cousin* | *Enkel* | *Neffe* | *Verwandter* ‖ **Ne|po|tis|mus** der, - (geh.): *Begünstigung von Verwandten; Protektion [bei der Vergabe von Posten], Vetternwirtschaft;* → Freunderlwirtschaft

Nepp der, -s ⟨hebr.-Rotwelsch⟩ (abw.): das war reinster N. *(glatte Übervorteilung)* ‖ **nep|pen** (abw.): *übervorteilen, von jemandem überhöhte Preise verlangen* ‖ **Nep|pe|rei** die, -/-en (abw.)

Nep|tun[1] ⟨lat.⟩: *römischer Gott des Meeres* ‖ **Nep|tun**[2] der, -[s]: *ein Planet* ‖ **Nep|tu|ni|um** das, -s (Zeichen: Np): *ein chemisches Element*

Nerd [nɜːd] der, -s/-s ⟨engl.⟩ (sal.): *[Computer]fanatiker mit umfangreichem Spezialwissen*

Nerv der, -s/-en ⟨lat.⟩: sich einen N. einklemmen; die Nerven *(die Ruhe)* verlieren; jemandem auf die Nerven gehen *(lästig fallen)* ‖ **ner|ven** [-f-]: das nervt mich *(macht mich nervös)* ‖ **Ner|ven|an|span|nung** ‖ **Ner|ven|arzt:** *Neurologe, Psychiater* ‖ **Ner|ven|ärz|tin** ‖ **ner|ven|auf|rei|bend** ‖ **Ner|ven|bahn** ‖ **Ner|ven|be|las|tung** ‖ **ner|ven|be|ru|hi|gend** ‖ **Ner|ven|bün|del:** *ein überaus nervöser Mensch* ‖ **Ner|ven|ent|zün|dung** (Med.) ‖ **Ner|ven|gas:** *ein Giftgas* ‖ **Ner|ven|gift** ‖ **Ner|ven|heil|an|stalt:** *Nervenklinik* ‖ **Ner|ven|kit|zel:** *[lustvolle] Erregung durch etwas sehr Spannendes, Gefährliches* ‖ **Ner|ven|kli|nik:** *Klinik für Erkrankungen der Nerven* | *psychiatrisches Krankenhaus* ‖ **Ner|ven|krieg:** die Schachpartie war ein N. ‖ **Ner|ven|kri|se** (Med.) ‖ **Ner|ven|lei|den** (Med.) ‖ **Ner|ven|sa|che** ‖ **Ner|ven|sä|ge** (ugs., abw.): *Person, die einem auf die Nerven geht* ‖ **Ner|ven|schmerz** (Med.): *Neuralgie* ‖ **ner|ven|schwach** ‖ **Ner|ven|schwä|che** (Med.): → *Neurasthenie* ‖ **ner|ven|stark** ‖ **Ner|ven|sys|tem** [-zy-] ‖ **Ner|ven|zu|sam|men|bruch:** einen N. erleiden ‖ **Ner|verl** das, -s/-[n] (ugs.): *Nervenbündel, nervöser Mensch* ‖ **ner|vig** (veraltet): *sehnig, kraftvoll* | (ugs.) das ist n. *(lästig, unangenehm)* ‖ **nerv|lich:** n. überlastet sein ‖ **ner|vös** [-v-]: *leicht reizbar; nervenschwach;* ich lasse mich nicht n. machen ‖ **Ner|vo|si|tät** die, - ‖ **Ner|vus Re|rum** der, - - ⟨lat.⟩: *das Geld als Hauptsache*

Nerz der, -es/-e ⟨slaw.⟩: *eine Marderart* | *ein Pelz* ‖ **Nerz|man|tel**

Nes|ca|fé [-kafeː] der, -s/-s ⟨fr.⟩ (Wz.): *ein löslicher Kaffee*

Nes|sel die, -/-n: *eine Pflanze;* Brennnessel; sich in die Nesseln setzen *(sich selbst in eine unangenehme Lage bringen)* ‖ **nes|seln:** *auf der Haut brennen* ‖ **Nes|sel|qual|le** ‖ **Nes|sel|tier** (Zool.): *Meerestier, das eine lähmend wirkende Flüssigkeit absondert*

Nes|ses|sär = Necessaire [-sɛ'sɛːə] das, -s/-s ⟨fr.⟩: *Behälter für kleine Gebrauchsgegenstände*

Nest das, -[e]s/-er: sich ein N. bauen; Vogelnest | (abw.) *kleiner [unbedeutender] Ort* ‖ **Nest|bau** der, -[e]s/-ten: die Nestbauten von Insekten ‖ **Nest|be|schmut|zer** der, -s/- (abw.): *jemand, der über die eigenen Leute, das eigene Land schlecht spricht* ‖ **Nest|be|schmut|ze|rin** die, -/-innen (abw.) ‖ **nes|teln:** ich nestle an der Krawatte *(fingere nervös an ihr herum)* ‖ **Nest|flüch|ter** der, -s/- (Zool.): *Vogel, der noch sehr jung selbständig wird* ‖ **Nest|häk|chen** (geh. bzw. scherzh.): *das [verwöhnte] jüngste Kind* ‖ **Nest|ho|cker** der, -s/- (Zool.): *Vogel, der längerer Pflege bedarf* | *jemand, der sich lange nicht vom Elternhaus lösen kann* ‖ **Nest|ho|cke|rin** die, -/-innen ‖ **Nest|ling** der, -s/-e (Zool.): *noch nicht flugfähiger junger Vogel*

Nes|tor der, -s/-en [-'oː-] (geh.): *ältester, angesehener Vertreter eines Faches (nach einem sagenhaften griechischen König)*

nest|warm: ein nestwarmes Ei ‖ **Nest|wär|me:** *Geborgenheit, zB in der Familie*

Net das, -s ⟨engl.⟩: *Kurzform für Internet* ‖ **Net|chat** [-tʃæt]: *digitale Kommunikation via Internet;* → Chat; → Diskussionsforum ‖ **Ne|ti|ket|te** [-'ɛtɛ] = **Ne|ti|quet|te** [-'kɛt] die, - ⟨engl.+fr.⟩ (sal.): *das richtige Benehmen bei der Internetkommunikation*

nett: ein netter *(angenehmer)* Mensch; eine nette *(sauber ausgeführte)* Zeichnung ‖ **net|ter|wei|se** ‖ **Net|tig|keit** die, -/-en

net|to ⟨it.⟩ ‖ **Net|to|de|fi|zit** ‖ **Net|to|ein|kom|men** ‖ **Net|to|emp|fän|ger** (Wirt., Pol.): *Staat der EU, der mehr von der EU erhält, als er eingezahlt hat* ‖ **Net|to|er|trag:** *Reinertrag* ‖ **Net|to|ge|halt** der = das, -[e]s/-hälter ‖ **Net|to|ge|wicht:** *Gewicht der Ware ohne Verpackung;* → Bruttogewicht; → Tara ‖ **Net|to|lohn** ‖ **Net|to|preis** ‖ **Net|to|zah|ler** der, -s/-

N

(Wirt., Pol.): *Staat der EU, der mehr in die EU einzahlt, als er zurückbekommt*

Netz das, -es/-e: *ein Behältnis aus Schnüren;* Einkaufsnetz; jemandem ins N. gehen *(gefangen, gefasst werden)* | *verzweigtes System;* Eisenbahnnetz | Stromnetz | (EDV) *Zusammenschluss verschiedener Rechner und Peripherie, Netzwerk* | *Kurzwort für Internet* || **Netzanbieter:** *Provider von Internetanschlüssen* || **Netzanschluss:** Anschluss an das Stromnetz || **netzartig** || **Netzauge:** *Facettenauge (der Insekten)* || **Netzball** (Sport) || **Netzbetreiber:** *Anbieter eines Handynetzes* || **Netzbraten** (Küchenspr.): *faschierter Braten im Netz* || **netzen,** du netzt (geh.): *nass machen;* → benetzen || **Netzen** das, -s: *eine textile Technik* || **Netzgebühr:** *Entgelt für die Benutzung eines Netzes, zB Stromnetz, EDV-Netz* || **Netzgerät:** *Gerät, das den Strom aus der Steckdose bestimmten elektrischen Geräten angleicht* || **Netzgewölbe** (Kunstg.) || **Netzhaut:** *lichtempfindliche Haut des Auges* || **Netzkarte:** *Fahrausweis für das gesamte Verkehrsnetz* || **Netzroller** (Sport) || **Netzstecker** || **Netzstrumpf** || **Netzwerk** (EDV) → Netz || **netzwerkfähig** (EDV) || **Netzwerkfähigkeit** (EDV)

neu

Kleinschreibung:
- neue CDs
- das neue Jahr
- ein gutes neues Jahr wünschen
- auf neu herrichten

Großschreibung bei Nominalisierung:
- etwas/nichts **N**eues
- **N**eues und Altes
- aufs **N**eue *(noch einmal)*
- auf das (= aufs) **N**eue *(auf Neuigkeiten)* gespannt sein (Frage *Worauf?)*
- „Auf ein **N**eues!“ *(nochmals gutes Gelingen)*
- aus Alt **N**eu machen

Großschreibung in Eigennamen:
- das **N**eue Testament *(in der Bibel)*
- die **N**eue Welt *(Amerika)*

Groß- und Kleinschreibung:
- seit neuestem (= **N**euestem)
- von neuem (= **N**euem) *(wieder)* beginnen; *aber nur groß:* von **N**euem *(von Neuigkeiten)* berichten

Getrenntschreibung:
- neu aussehen
- neu ordnen
- neu streichen

Getrennt- und Zusammenschreibung mit adjektivisch gebrauchten Partizipien:
- eine neu bearbeitete (= neubearbeitete) Auflage
- ein neu eröffnetes (= neueröffnetes) Geschäft
- neu geschaffene (= neugeschaffene) Zugänge
- ein neu vermähltes (= neuvermähltes) Paar *(wieder, erneut); aber zusammen:* ein neuvermähltes Pärchen *(erst seit Kurzem verheiratetes)*

Neuanfertigung || **Neuankömmling** || **Neuanschaffung** || **neuartig** || **Neuartigkeit** die, -/-en || **Neuauflage** || **Neubarock:** *ein Kunststil im Historismus* || **Neubau**[1] der, -[e]s/-ten: in einem N. wohnen || **Neubau**[2]: *7. Bezirk Wiens;* am N. wohnen || **Neubauwohnung** || **neu bearbeitet** = **neubearbeitet** → neu || **Neubeginn** || **Neubesiedlung** || **Neubewertung** || **Neubildung:** die N. der Regierung || **Neu-Delhi** → New Delhi || **neudeutsch** (oft abw.): eine neudeutsche *(an Modetrends angepasste, fremdwortlastige)* Werbesprache || **Neudeutsch** (oft abw.): auf N. || **Neudruck** der, -[e]s/-e || **Neueinstudierung:** die N. eines Theaterstücks

Neuenburg (fr.: Neuchâtel [nø-ʃa'tɛl]): *Schweizer Stadt und Kanton*

Neuentdeckung || **neuerdings:** *in letzter Zeit; seit Kurzem* | *erneut* || **Neuentwicklung** || **Neuerer** der, -s/-: *jemand, der für Neuerungen eintritt* || **Neuerin** die, -/-innen || **neuerlich:** er ist n. *(wieder)* auf Urlaub || **neu eröffnet** = **neueröffnet** → neu || **Neueröffnung** || **Neuerscheinung:** *ein soeben erschienenes Buch oÄ* || **Neuerung** die, -/-en || **Neuerungsvertrag** (Jus): *Novation; Veränderung eines Vertrages wegen Ersetzung durch einen anderen Vertrag* || **Neuerwerb** = **Neuerwerbung** || **neuestens:** *seit Kurzem* || **Neufassung:** die N. eines Gesetzestextes || **neugeboren:** neugeborene Kinder; ich fühle mich wie n. || **Neugeborene** das, -n/-n || **Neugeburt** (geh.): *Erneuerung* || **neu geschaffen** = **neugeschaffen** → neu || **Neugestaltung** || **Neugewürz** das, -es: *ein Gewürz, Piment, Nelkenpfeffer* || **Neugier** die, - = **Neugierde,** - || **neugierig:** n. fragen || **Neugotik:** *ein Kunststil im Historismus* || **neugotisch** || **neugriechisch** → altgriechisch || **Neugriechisch** das, -[s] = **Neugriechische,** -n: *die neugriechische Sprache* || **Neugründung:** die N. einer Firma || **Neuhebräisch** das, -[s] = **Neuhebräische,** -n: *Iwrit, Staatssprache Israels* || **Neuheit** die, -/-en: *etwas Neues, Neuartiges* || **neuhochdeutsch** (nhd.) || **Neuhochdeutsch** das, -[s] = **Neuhochdeutsche,** -n: *das Deutsche ab dem 15. Jh.* || **Neuigkeit** die, -/-en: eine wichtige N. *(aktuelle Nachricht)* || **Neuinszenierung:** die N. *(neue Einstudierung)* eines Theaterstücks || **Neujahr** ['nɔy-, -'aː-]: zu N.; *aber:* das neue Jahr || **Neujahrsansprache:** die N. des Bundespräsidenten || **Neujahrskonzert:** *traditionelles Konzert der Wiener Philharmoniker am Neujahrstag* || **Neujahrstag** || **Neukonstruktion** [-tsi̯-] || **Neuland** das, -[e]s: sie hat N. betreten *(bisher unbekannte Bereiche erforscht)* || **Neulatein:** *das Latein in der Neuzeit* || **neulich:** *vor Kurzem* || **Neuling** der, -s/-e: *neu Eingetretene[r], [unerfahrener] Anfänger* || **neumodisch** || **Neumond**

neun (9): n. Euro; um n. [Uhr]; die neunte Stunde; → acht || **Neun** die, -/-en (bes. D): *Neuner; die Ziffer/Zahl Neun (9)* | (mit Pl. -[e]) [beim Kegeln] alle neun[e] scheiben; → Neuner

Neuner (9er) der, -s/-: *die Ziffer 9 (Neun);* → Neun

Die österreichischen Formen der nominalisierten Zahlwörter werden auf -er gebildet:
- einen Neuner hinschreiben (in Deutschland: eine Neun)

neunerlei || **neunern** (T, mda.): *die Vormittagsjause einnehmen;* → dreiern || **neunfach** (9fach) || **Neunkirchen** (Kfz: NK): *Stadt in N* || **neunmal** (9-mal) (auch:

N

neun Mal) ‖ **neun|mal|klug:** *besserwisserisch* ‖ **neun|tel** → achtel ‖ **Neun|tel** das, -s/- → Achtel ‖ **neun|tens** (9.) ‖ **neun|zig** (90) → achtzig ‖ **neun|zi|ger** (90er) → achtziger ‖ **Neun|zi|ger** (90er) → Achtziger ‖ **neun|zi|ger Jahr** = **Neun|zi|ger|jahr** (= 90er Jahr, 90er-Jahr) → achtziger Jahr

Neu|ord|nung ‖ **Neu|ori|en|tie|rung** ‖ **Neu|phi|lo|lo|ge** [-f-] ‖ **Neu|phi|lo|lo|gie:** *die Wissenschaften von den lebenden Sprachen (zB Englisch, Französisch)* ‖ **Neu|phi|lo|lo|gin** ‖ **Neu|prä|gung** (Sprachwiss.): → *Neologismus*

Neu|r|al|gie die, -/-n ⟨gr.⟩ (Med.): *Nervenschmerz* ‖ **neu|r|al|gisch:** ein neuralgischer *(problematischer, kritischer)* Punkt ‖ **Neu|ral|the|ra|pie** (Med.) ‖ **Neu|r|as|the|nie** die, -/-n (Med.): *Nervenschwäche, Nervosität* ‖ **neu|r|as|the|nisch** (Med.)

Neu|re|ge|lung ‖ **neu|reich** ‖ **Neu|rei|che**[1] der, -n/-n, ein Neureicher: *erst vor Kurzem zu Reichtum Gelangter* ‖ **Neu|rei|che**[2] die, -n/-n

Neu|ri|tis die, -/Neuritiden ⟨gr.⟩ (Med.): *Nervenentzündung* ‖ **Neu|ro|chi|r|urg** [-ki-] ‖ **Neu|ro|chi|r|ur|gie** (Med.): *Spezialgebiet der Chirurgie, das alle operativen Eingriffe am Zentralnervensystem umfasst* ‖ **Neu|ro|chi|r|ur|gin** ‖ **Neu|ro|der|mi|tis** die, - (Med.): *eine Hautkrankheit* ‖ **Neu|ro|lo|ge** der, -n/-n: *Facharzt für Nervenkrankheiten* ‖ **Neu|ro|lo|gie** die, - (Med.): *Nervenheilkunde* ‖ **Neu|ro|lo|gin** die, -/-innen ‖ **neu|ro|lo|gisch** (Med.)

Neu|ro|ma|nik: *ein Kunststil im Historismus* ‖ **neu|ro|ma|nisch** ‖ **Neu|ro|man|tik:** *eine Kunstrichtung um 1900*

Neu|ron das, -s/-en [-'oː-] ⟨gr.⟩: *Nervenzelle* ‖ **neu|ro|nal:** *auf die Neuronen bezogen* ‖ **Neu|ro|se** die, -/-n (Med.): *eine seelische Störung* ‖ **Neu|ro|ti|ker** der, -s/- ‖ **Neu|ro|ti|ke|rin** die, -/-innen ‖ **neu|ro|tisch**

Neu|schnee: 10 cm N. ‖ **Neu|schöp|fung** ‖ **Neu|see|land:** *Doppelinsel und Staat im Pazifik* ‖ **Neu|siedl am See** (Kfz: ND): *Stadt im Burgenland* ‖ **Neu|sied|ler See** der, - -s: *See im Burgenland, Ungarn* ‖ **Neu|sil|ber:** *eine Metalllegierung* ‖ **neu|sprach|lich:** *lebende Fremdsprachen betreffend* ‖ **Neu|struk|tu|rie|rung** [-st-, -ʃt-]: die N. eines Betriebes ‖ **neu|tes|ta|ment|lich:** *zum Neuen Testament (der Bibel) gehörend*

Ne|u|tra ['ne(ː)u-] die (Pl. von → Neutrum) ⟨lat.⟩ ‖ **ne|u|tral** [nɔy-, auch: ne.u-]: in einem Streit n. *(unparteiisch)* bleiben ‖ **Ne|u|t|ra|li|sa|ti|on** [nɔy-tsi̯-] = Neutralisierung die, -/-en ‖ **neu|t|ra|li|sie|ren:** *die Wirkung von etwas aufheben, es unwirksam machen* ‖ **Neu|t|ra|li|sie|rung** = → Neutralisation ‖ **Neu|t|ra|li|tät** die, -: die immer währende N. Österreichs ‖ **Neu|t|ra|li|täts|bruch** ‖ **Neu|t|ra|li|täts|er|klä|rung** ‖ **Neu|t|ra|li|täts|ver|let|zung** ‖ **Neu|t|ri|no** das, -s/-s (Phys.): *ein besonderes, masseloses Elementarteilchen* ‖ **Neu|t|ron** ['nɔy-, -'oːn] das, -s/-en [-'oː-] (Phys.): *elektrisch ungeladenes Teilchen des Atomkerns;* → Elektron; → Proton ‖ **Neu|t|ro|nen|bom|be** (Mil.): *eine Atombombe* ‖ **Neu|t|ro|nen|stern** (Astron.): *ein kleiner, nur aus Neutronen bestehender Stern* ‖ **Ne|u|t|rum** ['ne(ː)u-] das, -s (Gramm.): *sächliches (neutrales) grammatisches Geschlecht* | (mit Pl. Neutra) *sächliches Nomen (weder männlich noch weiblich);* → Genus | (sal.) *geschlechtsneutrales Wesen (ohne Ausstrahlung)*

neu|ver|mählt: ein neuvermähltes *(seit Kurzem, eben erst verheiratetes)* Paar; *aber:* ein neu *(wieder, erneut)* vermähltes (= neuvermähltes) Paar ‖ **Neu|ver|schul|dung** ‖ **Neu|wa|gen** → G.: Gebrauchtwagen ‖ **Neu|wahl:** vorgezogene Neuwahlen fordern ‖ **neu|wer|tig:** *so gut wie neu* ‖ **Neu|zeit** die, -: *Zeitraum etwa ab 1500* ‖ **neu|zeit|lich** ‖ **Neu|zu|gang:** Neuzugänge an Büchern ‖ **Neu|zu|las|sung:** die N. eines Kfz

New Age [njuː 'eɪdʒ] das, - ⟨engl.⟩ (wörtl.: neues Zeitalter): *Schlagwort einer alternativen Ideologie in den 1980er Jahren* ‖ **New|co|mer** ['njuːkʌmə] der, -[s]/-[s]: *ein Neuhinzugekommener* ‖ **New|co|me|rin** die, -/-innen ‖ **New De|lhi** [- -li], *auch:* Neu-Delhi: *Hauptstadt von Indien* ‖ **New Eco|no|my** [- ɪ'kɒnəmi] die, - -: *junge Unternehmen der Internet-, Medien-, Telekombranche;* → G.: Old Economy ‖ **New Jer|sey** [-'dʒɜːzi]: *Bundesstaat der USA* ‖ **New Look** [- 'lʊk] der, -[s]: *neuer Stil, neue Linie, zB in der Mode* ‖ **New-Or|leans-Jazz** [-'liːnzdʒæz]: *ein Jazzstil nordamerikanischer Schwarzer* ‖ **News** [njuːz] die (Pl.) (sal.): *Neuigkeiten* ‖ **News|group** ['njuːzgruːp] die, -/-s, *auch:* **News|grup|pe** (EDV): *Diskussionsgruppe, Sammlung von Beiträgen zu einem bestimmten Thema im Internet* ‖ **News|let|ter** der, -s/-: *regelmäßiger elektronischer Rundbrief mit aktuellen Informationen*

New|ton ['njuːtn] das, -[s]/- (Zeichen: N) (Phys.): *Maßeinheit für die Kraft (nach dem englischen Physiker Newton)*

New York [ˌnjuː 'jɔːk, ugs.: nu 'jɔrk]: *Stadt in den Vereinigten Staaten* | *Bundesstaat der USA* | *Sitz der Vereinten Nationen* ‖ **New Yor|ker** der, - -s/- -, *auch:* **New-Yor|ker** ‖ **New Yor|ke|rin** die, - -/- -innen, *auch:* **New-Yor|ke|rin**

n-fach ['ɛn-] (Math.): *unbestimmt viele;* → n

NGO [en dʒi 'əʊ, auch: ɛn gɛ 'oː] die, -/-s: **N**on-**G**overnmental-**O**rganization *(nicht staatliche Organisation, zB das Rote Kreuz);* → NPO

nhd.: neu**h**och**d**eutsch

Ni: **Ni**ckel

Ni|be|lun|gen die (Pl.): *Gestalten der deutschen Heldensage* ‖ **Ni|be|lun|gen|gau:** *Teil des Donautals in Niederösterreich* ‖ **Ni|be|lun|gen|lied** das, -[e]s: *ein mittelhochdeutsches Heldenepos* ‖ **Ni|be|lun|gen|treue:** *unerschütterliche [Bündnis]treue (bis zum gemeinsamen Untergang)*

nicht
n. immer; das ist n. einmal alles; das ist n. entsprechend; n. genügend; *aber:* → **Nicht genügend;** → **Nicht zufrieden stellend**

Getrennt- und Zusammenschreibung bei Verbindungen mit „nicht" + Adjektiv/Partizip, zB:
- eine nicht amtliche (= nichtamtliche) Mitteilung
- nicht öffentlich = nichtöffentlich
- das nicht Zutreffende (= Nichtzutreffende)

Nicht|ach|tung ‖ **nicht amt|lich** = **nicht|amt|lich:** eine nicht amtliche (= nichtamtliche) *(inoffizi-*

N

elle) Mitteilung; *aber nur:* nicht amtlich, sondern privat mit jemandem sprechen ‖ **Nicht|an|er|ken|nung** ‖ **Nicht|an|griffs|pakt** (Pol.): *ein Verzichtsvertrag zwischen Staaten* ‖ **Nicht|aus|übung:** die N. eines Rechtes ‖ **Nicht|be|fol|gung** die, - (Amtsspr.): die N. dieser Vorschrift ist strafbar ‖ **nicht be|rufs|tä|tig** = **nicht|be|rufs|tä|tig:** n. berufstätige) Mütter ‖ **Nicht|be|rufs|tä|ti|ge** ‖ **Nicht|christ** [-kr-] ‖ **Nicht|chris|tin** ‖ **nicht christ|lich** = **nicht|christ|lich:** n. christliche Religionen

Nich|te die, -/-n: *Tochter der Schwester/des Bruders;* → Neffe

nicht ehe|lich = **nicht|ehe|lich:** *unehelich* ‖ **Nicht|ein|brin|gungs|fall** (Amtsspr.): im N. *(im Fall der Nichtbezahlung)* ‖ **Nicht|ein|hal|tung** die, - (Amtsspr.): die N. der Vorschriften ‖ **Nicht|ein|mi|schung** ‖ **Nicht|er|fül|lung** (Jus): die N. einer Vertragspflicht ‖ **Nicht|er|schei|nen** das, -s (Amtsspr.) ‖ **Nicht|fach|frau:** *Laiin* ‖ **Nicht|fach|mann** ‖ **Nicht|ge|fal|len** das, -s: bei N. gibt es ein Rückgaberecht ‖ **Nicht ge|nü|gend** das, - -[s]/- - (5) (Amtsspr.): *eine Beurteilungsstufe in der Schule;* die Note N. g.; ein N. g. bekommen; *aber:* eine **n**icht genügende (= nichtgenügende) Leistung ‖ **nich|tig:** aus einem nichtigen *(ganz unbedeutenden)* Anlass streiten | (Jus) einen Vertrag für n. *(ungültig)* erklären; null und n. ‖ **Nich|tig|keit** die, -/-en: *unbedeutender Anlass* | (Jus) *Unwirksamkeit von Beginn an;* Aufhebung eines Urteils wegen N. ‖ **Nich|tig|keits|be|schwer|de** (Jus): *ein Rechtsmittel;* eine N. einreichen ‖ **Nich|tig|keits|grund** (Jus) ‖ **Nich|tig|keits|kla|ge** (Jus) ‖ **Nicht|in|an|spruch|nah|me** (Amtsspr.) ‖ **nicht lei|tend** = **nicht|lei|tend** (Phys.) ‖ **Nicht|me|tall** (meist Pl.) (Chem.): *Schwefel, Kohlenstoff ua.* ‖ **Nicht|mit|glied** ‖ **nicht öf|fent|lich** = **nicht|öf|fent|lich:** eine n. öffentliche *(der Öffentlichkeit nicht zugängliche, interne)* Sitzung ‖ **Nicht|rau|cher:** nur für N. | *Eisenbahnwaggon[abteil], in dem nicht geraucht werden darf* ‖ **Nicht|rau|cher|ab|teil** ‖ **Nicht|rau|che|rin** ‖ **nicht ros|tend** = **nicht|ros|tend:** n. rostender Stahl

nichts: um n.; zu n.; für n.; für n. und wieder n. *(umsonst, vergeblich);* n. für ungut *(bitte nicht übel nehmen!);* aus n. wird n.; sich durch n. abhalten lassen; n. sagen

Großschreibung des nachfolgenden Adjektivs:
- nichts **B**esseres wissen
- nichts **B**esonderes leisten
- nichts **E**iligeres zu tun haben
- nichts **N**äheres erfahren *(Genaueres)*
- nichts **N**eues sehen; *aber klein:* nichts and[e]res *(nur bei Betonung des nominalen Gebrauchs auch: Anderes)*

Getrennt- und Zusammenschreibung mit adjektivisch gebrauchten Partizipien:
- nichts ahnend = nichtsahnend
- nichts sagend = nichtssagend

Nichts das, -: vor dem N. stehen *(alles verloren haben);* sie kam aus dem N. *(man hat sie vorher nicht wahrgenommen)* ‖ **nichts ah|nend** = **nichts|ah|nend:** *ahnungslos* ‖ **Nicht|schuld** (Jus): Zahlung einer N. *(einer nicht gültig begründeten Schuld)* ‖ **Nicht|schwim|mer** ‖ **Nicht|schwim|mer|be|cken** → G.: Schwimmerbecken ‖ **Nicht|schwim|me|rin** ‖ **nichts|des|to|trotz:** *nichtsdestoweniger* ‖ **nichts|des|to|we|ni|ger:** *trotzdem* ‖ **Nicht|sess|haf|te**[1] der, -n/-n, ein Nichtsesshafter ‖ **Nicht|sess|haf|te**[2] die, -n/-n ‖ **nicht selb|stän|dig** = **nicht|selb|stän|dig** = **nicht selbst|stän|dig** = **nicht|selbst|stän|dig** ‖ **Nichts|kön|ner** ‖ **Nichts|kön|ne|rin** ‖ **Nichts|nutz** der, -es/-e (abw.) ‖ **nichts|nut|zig** (abw.): ein nichtsnutziger Kerl ‖ **nichts sa|gend** = **nichts|sa|gend:** n. sagende *(ausdruckslose)* Gesichtszüge ‖ **Nichts|tu|er** der, -s/- (abw.) ‖ **Nichts|tu|e|rin** die, -/-innen (abw.) ‖ **Nichts|tun** ‖ **nichts|wür|dig** (abw.): ein nichtswürdiger *(gemeiner)* Kerl ‖ **Nichts|wür|dig|keit** die, - (abw.) ‖ **Nicht|zu|las|sung** ‖ **Nicht zu|frie|den|stel|lend** das, - -[s]/- - (Amtsspr.): *eine Verhaltensnote in der Schule; aber:* etwas ist **n**icht zufriedenstellend; → Zufriedenstellend ‖ **Nicht|zu|stan|de|kom|men** das, -s: das N. eines Gesetzes ‖ **nicht Zu|tref|fen|de** das, - -n = **Nicht|zu|tref|fen|de** (Amtsspr.): „Das nicht Zutreffende *(das, was nicht in Betracht kommt)* ist zu streichen!"

Ni|ckel[1] = Nigel der, -s/- (ugs.): *widerspenstiger Kerl;* → Bosnigl; → saunigeln; → schweinigeln

Ni|ckel[2] das, -s (Zeichen: Ni): *ein chemisches Element* ‖ **Ni|ckel|al|ler|gie**

ni|cken: *als Zeichen der Zustimmung den Kopf heben und senken* ‖ **Ni|cker|chen** das, -s/-: ein N. machen *(ein bisschen schlafen)*

Ni|cki der, -[s]/-[s] (Wz.): *Stoff aus samtähnlichem Material* | *Kurzwort für Nickipullover* ‖ **Ni|cki|pul|lo|ver** [-v-]: → *Nicki*

Ni|cole [-'kɔl]: *weibl. Vorname*

Nid|wal|den: *Schweizer Halbkanton;* → Unterwalden

nie: nie mehr; nie und nimmer

nie|der: auf und n.; n. mit ihnen!; *aber:* **H**och und **N**ieder *(alle Gesellschaftsschichten);* → niedere; → niedrig ‖ **nie|der|beu|gen:** sich zu jemandem n. ‖ **nie|der|bre|chen** ‖ **nie|der|bren|nen** ‖ **nie|der|deutsch:** *plattdeutsch* ‖ **Nie|der|deutsch** das, -[s] = **Nie|der|deut|sche,** -n: *die von der 2. (hochdeutschen) Lautverschiebung nicht erfasste Ausprägung der deutschen Sprache in Norddeutschland* ‖ **Nie|der|do|nau** (Gesch., Pol.): *Bezeichnung für Niederösterreich (mit dem nördlichen Burgenland und südmährischen Gebieten) während der NS-Herrschaft;* → Oberdonau ‖ **Nie|der|druck** der, -[e]s ‖ **nie|der|drü|cken:** einen Hebel n. | niederdrückende *(deprimierende)* Verhältnisse ‖ **Nie|der|druck|wet|ter:** *Wetter bei niedrigem Luftdruck*

nie|de|re
n. *(niedrige)* Absätze *(aber nur:* die Absätze sind niedrig); → nieder; → niedrig

Kleinschreibung:
- das niedere Volk
- niederer Adel

Großschreibung in Eigennamen und bei Nominalisierung:
- die **N**iederen Tauern
- Hohe und **N**iedere *(Personen verschiedener Gesellschaftsschichten)*

nie|der|fah|ren (ugs.): *überfahren, niederführen* ‖ **nie|der|fal|len:** *hinfallen, stürzen* ‖ **Nie|der|flur-**

N

wa|gen: *U-Bahn-Waggon, Bus ua. zum stufenlosen Einsteigen* ‖ **nie|der|fre|quent** (Phys.) → G.: hochfrequent ‖ **Nie|der|fre|quenz** (Phys.) ‖ **nie|der|füh|ren** (ugs.): *überfahren* ‖ **Nie|der|gang** der, -[e]s: *Verfall; Rückschritt* ‖ **nie|der|ge|hen:** ein Gewitter, Regenguss geht nieder | das Flugzeug geht nieder *(es setzt zur Landung an)* ‖ **nie|der|ge|las|sen** → niederlassen ‖ **nie|der|ge|schla|gen:** sie schaut ziemlich n. *(traurig; matt);* → niederschlagen ‖ **Nie|der|ge|schla|gen|heit** die, - ‖ **nie|der|hal|ten:** die Empörung n. *(unterdrücken)* ‖ **nie|der|ho|len:** die Flagge n. *(einholen)* ‖ **Nie|der|holz** das, -[e]s: *Unterholz* ‖ **nie|der|kni|en** [-iːn, auch: -iːɛn]: er ist vor ihr niedergekniet ‖ **nie|der|knüp|peln,** ich knüpple nieder ‖ **nie|der|kom|men** (geh., veraltet): mit einer Tochter n. *(sie zur Welt bringen)* ‖ **Nie|der|kunft** die, -/-künfte (geh.): *Geburt* ‖ **Nie|der|la|ge:** eine N. erleiden: *verlieren, Misserfolg haben* | (Kaufmannsspr.) eine N. *(Niederlassung, ein Zweiggeschäft)* einer Firma gründen ‖ **Nie|der|lan|de** die (Pl.) (Kfz: NL): *ein Staat;* → Holland ‖ **Nie|der|län|der** der, -s/- ‖ **Nie|der|län|de|rin** die, -/-innen ‖ **nie|der|län|disch** → holländisch ‖ **Nie|der|län|disch** das, -[s] = **Nie|der|län|di|sche,** -n: *germanische (dem Niederdeutschen nahe stehende) Sprache in den Niederlanden (→ Holländisch) und in Nordbelgien (→ Flämisch)* ‖ **nie|der|las|sen** sich: ein Arzt hat sich hier niedergelassen *(betreibt hier eine eigene Praxis)* ‖ **Nie|der|las|sung** die, -/-en: *Filiale* | *Ansiedlung* ‖ **Nie|der|las|sungs|frei|heit** (Jus): *Recht der freien Niederlassung und der freien Berufsausbildung* ‖ **nie|der|le|gen:** das Heft n. | das Kind n. *(zu Bett bringen);* sich n. *(schlafen gehen)* | sein Amt n. *(zurücktreten)* ‖ **Nie|der|le|gung** die, -/-en: die feierliche N. eines Kranzes ‖ **nie|der|ma|chen:** *rücksichtslos, gefühlskalt töten* | er wurde von seiner Chefin niedergemacht *(erniedrigt, herabgesetzt)* ‖ **nie|der|met|zeln,** ich metzle nieder: *brutal töten, abschlachten* ‖ **Nie|der|ös|ter|reich** (NÖ, N): *ein österreichisches Bundesland* ‖ **Nie|der|ös|ter|rei|cher** ‖ **Nie|der|ös|ter|rei|che|rin** ‖ **nie|der|ös|ter|rei|chisch** (nö.): die niederösterreichischen Städte; *aber:* die **N**iederösterreichische Landesregierung ‖ **nie|der|pras|seln** ‖ **nie|der|rei|ßen:** die alten Häuser wurden niedergerissen ‖ **nie|der|rin|gen:** der Gegner wurde niedergerungen ‖ **Nie|der|sach|sen** [-ks-]: *deutsches Bundesland* ‖ **nie|der|säch|sisch** ‖ **nie|der|schie|ßen** ‖ **Nie|der|schlag** *Bodensatz oÄ in Flüssigkeiten* | (Met.): *Regen, Schnee uÄ* | (im Boxsport) *Faustschlag, der den Gegner niederstreckt* ‖ **nie|der|schla|gen:** den Angreifer n.; einen Aufstand n. | (Jus) ein Verfahren n. *(einstellen)* | das schlägt sich auf deine Gesundheit nieder *(wirkt sich auf sie aus)* ‖ **nie|der|schlags|arm:** ein niederschlagsarmes Gebiet ‖ **nie|der|schlags|frei** ‖ **Nie|der|schlags|men|ge** ‖ **nie|der|schlags|reich** ‖ **Nie|der|schla|gung** die, -/-en: die N. eines Aufstandes ‖ **nie|der|schmet|tern:** jemanden n. *(zu Boden schlagen)* | ein niederschmetterndes *(erschütterndes, deprimierendes)* Ergebnis ‖ **nie|der|schrei|ben:** Beobachtungen n. *(aufschreiben)* ‖ **nie|der|schrei|en** ‖ **Nie|der|schrift** (Amtsspr.): *Protokoll*; eine N. der Ereignisse machen ‖ **nie|der|set|zen** sich: setz dich nieder! ‖ **nie|der|sin|ken:** ohnmächtig n. ‖ **Nie|der|span|nung** (Elektrot.) ‖ **nie|der|ste|chen** ‖ **nie|der|stim|men:** einen Antrag n. *(ihn durch eine Abstimmung zurückweisen)* ‖ **nie|der|sto|ßen:** *zu Boden stoßen;* einen Fußgänger n. | (geh.) den Gegner [mit dem Degen] n. *(niederstechen)* ‖ **nie|der|stre|cken:** den Gegner durch einen Faustschlag n. ‖ **nie|der|stür|zen** ‖ **nie|der|tou|rig** [-tuː-]: *mit niedriger Umdrehungszahl* ‖ **Nie|der|tracht** die, - (geh.): *Gemeinheit* ‖ **nie|der|träch|tig** (geh.) ‖ **nie|der|tram|peln** ‖ **nie|der|tre|ten** ‖ **Nie|de|rung** die, -/-en: *tiefer gelegene Teile der Landschaft* ‖ **nie|der|wal|zen** ‖ **Nie|der|was|ser:** der Fluss führt N. *(wenig Wasser);* → G.: Hochwasser ‖ **nie|der|wer|fen** ‖ **Nie|der|wer|fung** die, -/-en: *Niederschlagung* ‖ **Nie|der|wild** (Jägerspr.): *Fuchs, Hase, Rebhuhn ua.;* → G.: Hochwild ‖ **nie|der|zwin|gen:** den Konkurrenten n. *(besiegen)*

nied|lich: eine niedliche *(herzige, zierliche)* Puppe

nied|rig
niedrige *(niedere)* Absätze; niedriges Gras | niedrige *(üble)* Absichten; → nieder; → niedere

Großschreibung bei Nominalisierung:
- Hoch und **N**iedrig/Hohe und **N**iedrige *(jedermann)*

Getrenntschreibung bei wörtlicher Bedeutung:
- niedrig bauen
- niedrig denken *(niedrig gesinnt sein)*
- die Kosten niedrig halten

Zusammenschreibung bei übertragener Bedeutung:
- ein Thema niedrighängen *(nicht wichtig nehmen)*

Getrennt- und Zusammenschreibung mit Verben, die ein Resultat herbeiführen, und in Verbindung mit adjektivisch gebrauchten Partizipien:
- die Vorhänge niedrig hängen (= niedrighängen)
- niedrig gesinnt = niedriggesinnt
- niedrig stehend = niedrigstehend

N

nied|rig ge|sinnt = **nied|rig|ge|sinnt** ‖ **nied|rig|hän|gen** (ugs.): ein Thema n. *(nicht wichtig nehmen); aber:* die Vorhänge niedrig hängen (= niedrighängen) ‖ **Nied|rig|keit** die, -/-en ‖ **Nied|rig|lohn|land** (Wirt.): *ein Land, wo wegen niedriger Löhne billig produziert wird* ‖ **nied|rig ste|hend** = **nied|rig|ste|hend** ‖ **Nied|rig|was|ser:** *Niederwasser*

nie|mals: sag n. nie ‖ **nie|mand:** Gen.: niemand[e]s Feind sein; Dat.: niemand[em]; Akk.: niemand[en]; n. anderer (bei Betonung des nominalen Gebrauchs auch: Anderer); es ist n. Fremder im Haus; *aber:* er ist ein **N**iemand *(unbedeutend)* ‖ **Nie|mands|land** das, -[e]s: *nicht besiedelter Grenzstreifen* | (Mil.) *Gelände zwischen den Fronten*

Nie|re die, -/-n: *ein Körperorgan* ‖ **Nie|ren|be|cken|ent|zün|dung** (Med.) ‖ **Nie|ren|bra|ten** (Küchenspr.) ‖ **Nie|ren|ent|zün|dung** (Med.) ‖ **nie|ren|för|mig** ‖ **Nie|ren|ko|lik** (Med.): *durch Nierenstein verursachter Anfall* ‖ **Nie|ren|schutz:** der Motorradfahrer trägt einen N. ‖ **Nierenstein** (Med.) ‖ **Nierentransplantation** [-tsi̯-] (Med.) ‖ **Nierndl** [-i-] das, -s/-n (ugs.): *essbare Tierniere;* geröstete Nierndln

nieseln, es nieselt ‖ **Nieselregen:** *feiner Regen*

niesen [-z-, ugs. auch: -s-], du hast geniest ‖ **Niesreiz**

Nießbrauch der, -[e]s (Jus): *Nutzungsrecht ohne Eigentumsrecht*

Niete[1] die, -/-n: *Los, das nicht gezogen wurde* | (abw.) *jemand, der nichts kann*

Niete[2] die, -/-n: *ein Verbindungsbolzen aus Metall* ‖ **nieten** ‖ **niet- und nagelfest:** *gut befestigt*

Nigel = → Nickel[1]

Nigele das, -s/-n (K, T, SüdT, mda.) (Küchenspr.): *in Fett herausgebackenes Germteigstück*

nigelnagelneu (ugs.): *funkelnagelneu*

Niger der, -s: *afrikanischer Staat* | *afrikanischer Strom* ‖ **Nigeria:** *afrikanischer Staat* ‖ **Nigerianer** der, -s/- ‖ **Nigerianerin** die, -/-innen ‖ **nigerianisch**

Nigger der, -s/- ⟨engl.⟩ (abw.): *Schwarzer (bes. in den USA);* → Neger

Nightclub ['naɪtklʌb] der, -s/-s ⟨engl.⟩: *Nachtklub*

Nihilismus der, - ⟨lat.⟩ (Phil.): *eine alle Ziele und Werte verneinende philosophische Richtung* ‖ **Nihilist** der, -en/-en ‖ **Nihilistin** der, -/-innen ‖ **nihilistisch**

Nikkeiindex [-kei̯-] (Börse): *Index der Börse von Tokio*

Nikolaus[1]: *männl. Vorname* ‖ **Nikolaus**[2] der, -/-e = Nikolo ['ni-, auch: -'oː], -s/-s: *Tag des hl. Nikolaus (6. Dezember)* ‖ **Nikolausabend** = Nikoloabend: *der Abend am 5. Dezember* ‖ **Nikolausauffahrt** = Nikoloauffahrt: *festlicher Zug des Nikolaus* ‖ **Nikolausfeier** = Nikolofeier ‖ **Nikolo** ['ni-, auch: -'oː] = → Nikolaus ‖ **Nikoloabend** = → Nikolausabend ‖ **Nikoloauffahrt** = → Nikolausauffahrt ‖ **Nikolofeier** = → Nikolausfeier

Nikosia: *Hauptstadt Zyperns*

Nikotin das, -s: *ein Suchtgift im Tabak* ‖ **nikotinarm:** eine nikotinarme Zigarette ‖ **Nikotingehalt** ‖ **Nikotinvergiftung** (Med.)

Nil der, -s: *ein Strom in Afrika* ‖ **Nildelta** ‖ **nilgrün** ‖ **Nilpferd:** *Flusspferd*

Nimbus der, -/Nimben ⟨lat.⟩: *Heiligenschein, zB auf Bildern* | (ohne Pl.) der N. *(Anschein, Glanz)* der Unbesiegbarkeit

nimmer (geh.): *niemals mehr;* der Ritter ward n. gesehen | (ugs.) *nie mehr, nie wieder;* der Nachbar kommt n. zu uns ‖ **Nimmerlein** → Sankt-Nimmerleins-Tag ‖ **nimmermehr:** *nie wieder, nimmer* ‖ **nimmermüde** (geh.) ‖ **Nimmersatt** der, -[e]s/-e: *jemand, der nie genug kriegt* ‖ **Nimmerwiedersehen:** „Auf Nimmerwiedersehen!"

nimmt → nehmen

Nimrod der, -s/-e (geh. bzw. veraltet): *[leidenschaftlicher] Jäger (nach einem biblischen König)*

Nina: *weibl. Vorname*

Niob das, -s ⟨gr.⟩ (Zeichen: Nb): *ein chemisches Element*

Nipf der, -[e]s (reg., ugs.): jemandem den N. *(Mut)* nehmen

Nippel der, -s/-: *ein kurzes Verbindungsstück mit Gewinde an Rohren*

nippen: vom heißen Tee n. *(ganz wenig kosten, trinken)*

Nippes [-ps] = Nippsachen die (Pl.) ⟨fr.⟩: *kleine [kitschige] Ziergegenstände* ‖ **Nippfigur** ‖ **Nippsachen** = → Nippes

nirgendher, *auch:* nirgendsher ‖ **nirgendhin,** *auch:* nirgendshin ‖ **nirgends** ‖ **nirgendwo,** *auch:* nirgendswo ‖ **nirgendwoher,** *auch:* nirgendswoher ‖ **nirgendwohin,** *auch:* nirgendswohin

Nirosta der, -s (Wz.): *Kurzwort für nichtrostender Stahl*

Nirwana das, -[s] ⟨Sanskrit⟩: *die völlige innere Ruhe als Ziel des gläubigen Buddhisten* | *das Jenseits*

Nische die, -/-n ⟨fr.⟩: *Einbuchtung;* Kochnische ‖ **Nischenprodukt:** *Produkt für einen sehr begrenzten Käuferkreis*

Nisse die, -/-n: *Ei der Laus*

nisten: *ein Nest bauen und bewohnen* ‖ **Nisthöhle** ‖ **Nistkasten** ‖ **Nistzeit**

Nitrat das, -[e]s/-e ⟨gr.⟩ (Chem.): *Salz der Salpetersäure* ‖ **Nitrid** das, -[e]s/-e (Chem.): *Verbindung von Stickstoff mit Metall* ‖ **Nitrogenium** das, -s (Zeichen: N): *ein chemisches Element, Stickstoff* ‖ **Nitroglyzerin** [-ly-, -li-]: *ein Sprengstoff* ‖ **Nitrosamin** das, -s/-e (meist Pl.) (Chem.): *eine Stickstoffverbindung*

Niveau [-'voː] das, -s/-s ⟨fr.⟩: auf gleichem N. *(auf gleicher Höhe)* | ein Film mit hohem N. *(von hohem künstlerischem Wert)* ‖ **niveaugleich** ‖ **niveaulos:** *ohne höheren Wert* ‖ **Niveauunterschied** ‖ **niveauvoll** ‖ **nivellieren:** *einebnen; gleichmachen* ‖ **Nivellierung** die, -/-en

nix (ugs.): *nichts*

Nixe die, -/-n: *ein weiblicher Wassergeist, halb Mensch, halb Fisch (in der Sage)* ‖ **nixenhaft**

n. J.: **n**ächsten **J**ahres

nm.: **n**ach**m**ittags ‖ **Nm.:** **N**ach**m**ittag

n. M.: **n**ächsten **M**onats

N. N. [ɛn 'ɛn]: *Bezeichnung für jemanden, dessen Namen man nicht nennen kann oder will*

NNO: **N**ord**n**ord**o**st[en]

NNW: **N**ord**n**ord**w**est[en]

no → **no na**

No: **No**belium

NO: **N**ord**o**st[en]

No. (veraltet): **N**umer**o** *(Nummer)*

NÖ: **N**ieder**ö**sterreich ‖ **nö.:** **n**ieder**ö**sterreichisch

nobel ⟨lat.-fr.⟩: ein nobler *(vornehmer; freigebiger)* Mensch ‖ **Nobelball** (sal., auch iron.): *vornehmer Ball* ‖ **Nobelheuriger:** *restaurantartiger Heuriger* ‖ **Nobelhotel**

Nobelium das, -s (Zeichen: No): *ein chemisches Element (nach A. Nobel);* → Nobelpreis

Nobelmarke ⟨lat.-fr.⟩: *vornehme Marke*

Nobelpreis: *nach dem schwedischen Chemiker Alfred Nobel benannter Preis;* Friedensnobelpreis; → Nobelium ‖ **Nobelpreisträger** ‖ **Nobelpreisträgerin**

Nobilität die, - ⟨lat.-fr.⟩: *der Adel* ‖ **nobilitieren:** *in den Adelsstand erheben* ‖ **Nobilitierung** die, -: *Verleihung des Adels* ‖ **Noblesse** [-'ɛs] die, - ⟨fr.⟩ (geh.): *Vornehmheit, Edelmut* ‖ **noblesse oblige** [- -'iːʒ] (wörtl.: Adel verpflichtet)

Nobody ['nəʊbədi] der, -s/-s ⟨engl.⟩ (ugs.): *ein Niemand, ein völlig Unbekannter*

noch: n. einmal ‖ **noch mal** = **nochmal** (D, ugs.): *noch einmal, nochmals* ‖ **nochmalig** ‖ **nochmals**

Nock der, -s/-e (K): *abgeflachte, hohe Bergkuppe* | (T) *felsige, grasbewachsene Erhebung*

Nöck der, -en/-en: *Wassermann, Wassergeist (in der nordischen Mythologie)*

N

Nocke die, -/-n = Nocken, -/- (reg.): *Nockerl* ‖ **Nocken**[1] = → Nocke

Nocken[2] der, -s/- (Technik): *rundlicher Vorsprung* ‖ **Nockenwelle:** *Welle zum Steuern von Motorventilen*

Nockerl das, -s/-[n]: *eine Speise;* Eiernockerln; Salzburger Nockerln *(eine Süßspeise)* | (ugs., abw.) *kindisches, eingebildetes Mädchen* ‖ **Nockerlsuppe**

Nockgebiet (K)

Nocturne [nɔk'tʏrn] das, -s/-s = die, -/-s ⟨fr.⟩ (Mus.): *träumerisches Stimmungsstück [für Klavier], Nachtstück, Notturno*

No-Future-Generation [nəʊ-'fju:tʃə-tsi-, auch: -dʒenəˌreɪʃn] die, - ⟨engl.⟩: *junge Generation ohne Aussichten für die Zukunft*

nolens volens [- v-] ⟨lat.⟩: n. v. *(wohl oder übel)* zustimmen müssen

Nom.: Nominativ

Nomade der, -n/-n ⟨gr.⟩: *Angehöriger eines Wandervolkes* ‖ **nomadenhaft:** *umherziehend* ‖ **Nomadenstamm** ‖ **Nomadenvolk** ‖ **Nomadenzelt** ‖ **Nomadin** die, -/-innen ‖ **nomadisch** ‖ **nomadisieren:** *wie Nomaden umherziehen*

Nomen das, -s/- [Nomina] ⟨lat.⟩ (Gramm.): *Hauptwort, Namenwort, Substantiv;* N. proprium *(Eigenname)* ‖ **nomen est omen:** *im Namen liegt eine [Vor-]bedeutung* ‖ **Nomenklatur** die, -/-en: *Gesamtheit der Fachausdrücke einer Wissenschaft* ‖ **Nomenklatura** die, - ⟨lat.-russ.⟩: *[Partei]bürokratie in kommunistischen Staaten* ‖ **nominal** (Gramm.): *substantivisch;* nominales Attribut *(Apposition)* | (Wirt.) *nach dem Nennwert* ‖ **Nominalbetrag:** *Nennbetrag* ‖ **Nominale** das, -[s]/Nominalia (Wirt.): *Nominalwert, Nennwert [von Wertpapieren]* ‖ **Nominalisierung** die, -/-en (Gramm.): *Substantivierung* ‖ **Nominalismus** der, - (Phil.): *Ansicht, dass Allgemeinbegriffen keine Realität entspricht* ‖ **Nominalstil** (Sprachwiss.): *ein sprachlicher Stil;* → G.: Verbalstil ‖ **Nominalwert** (Wirt.): *der auf einer Münze, Banknote ua. angegebene Wert* ‖ **Nominalzins** (Bankw.): *Zins, der in bestimmten Abständen zu leisten ist* ‖ **Nominalzinssatz** (Bankw.) ‖ **Nominativ** der, -s/-e [-fɛ, -vɛ] (Nom.) (Gramm.): *1. Fall, Werfall* ‖ **nominell:** *nur dem Namen nach; nicht wirklich* ‖ **nominieren:** einen Stellvertreter n. *(nennen, bekannt geben)* ‖ **Nominierung** die, -/-en: *Nennung*

Non → None

no na, *auch:* no na nęt (ugs., sal., bes. W): *was sonst?, selbstverständlich!*

No-Name-Produkt [nəʊ'neɪm-] ⟨engl.⟩: *Ware ohne Angabe des Namens der Erzeugerfirma*

no na nęt → no na

Nonchalance [nõʃa'lɑ̃:s] die, - ⟨fr.⟩ (geh.): die Gäste mit N. *(Ungezwungenheit; Nachlässigkeit)* begrüßen ‖ **nonchalant** [-'lɑ̃:, -'lant] (geh.)

None die, -/-n, *auch:* Non, -/-en ⟨lat.⟩ (Mus.): *Intervall der 9. Tonstufe* ‖ **Nonenakkord** (Mus.): *Dreiklang plus None*

Nonius der, -/Nonien [-iən] [Noniusse] ⟨lat.⟩ (Phys., Math.): *ein beweglicher Stab zum Ablesen von Zwischenwerten auf einer Skala;* → Schublehre

Nonkonformismus der, - ⟨lat.⟩ ‖ **Nonkonformist:** *jemand, der mit den herrschenden Ansichten nicht übereinstimmt* ‖ **Nonkonformistin** ‖ **nonkonformistisch**

Nonne die, -/-n ⟨lat.⟩: *Klosterfrau* | *ein Nachtfalter* ‖ **Nonnenkloster**

Nonplusultra das, -[s] ⟨lat.⟩: *etwas Unübertreffbares*

Nonsens der, - ⟨lat.⟩: *Unsinn*

nonstop [-st-] ⟨lat.-engl.⟩: *ohne Unterbrechung;* n. fliegen ‖ **Nonstopflug = Nonstop-Flug:** *Langstreckenflug ohne Zwischenlandung*

nonverbal [-v-] ⟨lat.⟩: *nicht in Worten, sondern zB in Körpersprache ausgedrückt*

Noppe die, -/-n: *Knoten in der Wolle* ‖ **Noppenstoff**

Nora: *weibl. Vorname (Eleonore)*

Norbert: *männl. Vorname;* → Bertl

Nord[1] (Zeichen: N): *Himmelsrichtung;* in N. und Süd *(überall);* Graz-N. (= Graz N.) ‖ **Nord**[2] der, -[e]s (geh.): *Nordwind;* ein kalter N. ‖ **Nordamerika** ‖ **nordamerikanisch:** nordamerikanische Indianer; *aber:* **N**ordamerikanische Freihandelszone (NAFTA) ‖ **Nordatlantikpakt** (NATO) ‖ **norddeutsch** ‖ **Norddeutschland** ‖ **Norden** der, -s (Zeichen: N); → Nord; → Mitternacht ‖ **nordeuropäisch** ‖ **Nordhalbkugel** ‖ **Nordhang:** der N. des Berges ‖ **Nordic Walking** [-k 'wɔ:-]: *flottes Gehen mit Stöcken* ‖ **Nordirland:** *ein Teil von Großbritannien;* Vereinigtes Königreich von Großbritannien und N. ‖ **nordisch:** *nordeuropäisch* | (Sport) der nordische Skilauf; nordische Kombination; → alpin ‖ **Nordkap** ‖ **Nordkorea:** *ostasiatischer Staat* (amtlich: Demokratische Volksrepublik Korea) ‖ **Nordländer** der, -s/-: *Einwohner eines Landes im Norden* ‖ **Nordländerin** die, -/-innen ‖ **nördlich:** n. des Flusses (= n. vom Fluss); n. [von] der Stadt | (Großschreibung) die **N**ördlichen Kalkalpen; das **N**ördliche Eismeer ‖ **Nordlicht:** *nördliches Polarlicht* ‖ **Nordnordost = Nordnordosten** (NNO) ‖ **Nordnordwest = Nordnordwesten** (NNW) ‖ **Nordost = Nordosten** (NO) ‖ **nordöstlich** ‖ **Nordpol** der, -s ‖ **Nordpolarmeer** ‖ **Nordrhein-Westfalen:** *ein deutsches Bundesland* ‖ **nordrhein-westfälisch** ‖ **Nordsee** ‖ **Nordseite** ‖ **nordseitig** ‖ **Nordstaaten** die (Pl.): *die nördlichen Bundesstaaten der USA* ‖ **Nordsüdgefälle** das, -s ‖ **nordsüdlich:** in nordsüdlicher Richtung ‖ **Nordtirol:** *der größere der zwei zu Österreich gehörenden Landesteile Tirols;* → Osttirol; → Südtirol ‖ **nordwärts** ‖ **Nordwest = Nordwesten** (NW) ‖ **nordwestlich** ‖ **Nordwind**

Nörgelei die, -/-en, *auch:* Nörglerei ‖ **nörgelig** ‖ **nörgeln:** ich nörgle ständig *(bekrittle dauernd alles)*

Nörgler der, -s/- ‖ **Nörglerei** → Nörgelei ‖ **Nörglerin** die, -/-innen

Noricum [-k-], *auch:* Norikum ⟨kelt.-lat.⟩: *keltisches Königreich bzw. römische Provinz südlich der Donau vom Unterlauf des Inns bis zum Wiener Wald* ‖ **Noriker** der, -s/-: *Angehöriger eines keltischen Volksstammes* | *eine Pferderasse* ‖ **Norikerin** die, -/-innen: *Bewohnerin Noricums* ‖ **Norikum** → Noricum ‖ **norisch:** norisches Eisen | *ostalpin;* ein norisches Pferd; *aber:* die **N**orischen Alpen

Norm die, -/-en ⟨lat.⟩: *Regel, Gesetz, Richtschnur;* → ÖNORM ‖

N

nor|mal: *regelrecht; gewohnt, üblich* | (Math.) *senkrecht* ‖ **Nor|mal|ar|beits|zeit** (Wirt.): *im Kollektivvertrag bzw. in Betriebsvereinbarungen festgelegte Arbeitszeit;* → Mehrarbeit ‖ **Nor|mal|ben|zin** → Superbenzin ‖ **Nor|mal|bür|ger** ‖ **Nor|mal|bür|ge|rin** ‖ **Nor|ma|le** die, -n/-n (Math.): *Senkrechte;* die Normalen; *aber:* zwei, alle Normalen *(auch:* Normale) ‖ **nor|ma|ler|wei|se** ‖ **Nor|mal|fall** ‖ **nor|ma|li|sie|ren:** die Lage normalisiert sich *(sie wird wieder normal)* ‖ **Nor|ma|li|sie|rung** die, -/-en ‖ **Nor|ma|li|tät** die, - ‖ **Nor|mal|kraft** (Phys.): *die senkrecht zu einer Fläche wirkende Kraft* ‖ **Nor|mal|spur** die, -: *einheitliche Spurweite bei Eisenbahnschienen* ‖ **Nor|mal|sta|tut** [-ʃ-] (SüdT): *Verfassung einer Region ohne primäre Gesetzgebungsbefugnis* ‖ **Nor|mal|stimm|ton** der, -[e]s (Mus.): *a = 440 Hz* ‖ **Nor|mal|ver|brau|cher** ‖ **Nor|mal|ver|brau|che|rin** ‖ **Nor|mal|zeit:** *die ortsübliche Zeit (zB die mitteleuropäische Zeit)* ‖ **Nor|mal|zu|stand** ‖ **nor|ma|tiv:** *Normen aufstellend* ‖ **nor|men:** *einheitlich regeln;* genormtes Gewicht ‖ **nor|mie|ren:** *[gesetzlich] regeln, normen* ‖ **Nor|mie|rung** die, -/-en: *Normung* ‖ **Norm|ver|brauchs|ab|ga|be** (NoVA): *Steuer, die beim Neuwagenkauf zu entrichten ist* ‖ **Nor|mung** die, -/-en: *Normierung* ‖ **Nor|mungs|ins|ti|tut:** Österreichisches N. (→ ON)

Nor|ne die, -/-n: *germanische Schicksalsgöttin*

North Ca|ro|li|na ['nɔːθ kærə'laınə]: *Bundesstaat der USA*

Nor|we|gen [auch: -'veː-] (Kfz: N): *ein Staat* ‖ **Nor|we|ger** der, -s/- ‖ **Nor|we|ge|rin** die, -/-innen ‖ **nor|we|gisch** ‖ **Nor|we|gisch** das, -[s] = **Nor|we|gi|sche,** -n

Nos|tal|gie die, -/-n ⟨gr.⟩: *Sehnsucht* | *Schwärmerei für Vergangenes* | (veraltet) *Heimweh* ‖ **Nos|tal|gi|ker** der, -s/- ‖ **Nos|tal|gi|ke|rin** die, -/-innen ‖ **nos|tal|gisch**

Nos|tri|fi|ka|ti|on [-tsi̯-] die, -/-en ⟨lat.⟩ ‖ **nos|tri|fi|zie|ren:** ein ausländisches Zeugnis n. *(staatlich anerkennen, gleichstellen)*

not (geh.): *nötig, notwendig;* not sein (Frage *Wie?*); *aber:* → Not

Not die, -/Nöte:
zur Not *(knapp)* mit dem Lohn auskommen; den Zug mit knapper Not *(gerade noch)* erreicht haben | (ugs.) der hat's Not *(nötig; der sollte das bleiben lassen);* → vonnöten

Getrenntschreibung:
– in Not/Nöten sein
– Hilfe dringend Not haben *(nötig)*
– Not leiden

Zusammenschreibung:
– das wird allen nottun
– es hat uns notgetan; *daher in getrennter Stellung klein:* es tut **not** *(es ist nötig)*

Getrennt- und Zusammenschreibung mit adjektivisch gebrauchten Partizipien:
– die Not leidende (= notleidende) Bevölkerung; *aber nur zusammen:* äußerst notleidend
– Not lindernde (= notlindernde) Maßnahmen

Kleinschreibung in Verbindung mit „sein":
– not sein
– eines ist not *(vonnöten); aber groß:* es ist Not am Mann *(jemand ist vonnöten)*

No|ta|beln die (Pl.) ⟨lat.⟩ (veraltet): die N. *(die führenden Persönlichkeiten, die Oberschicht)* einer Stadt

no|ta|be|ne (NB) ⟨lat.⟩: *wohlgemerkt!; übrigens*

Not|an|ker: *Reserveanker, Behelfsanker*

No|tar der, -s/-e ⟨lat.⟩: *ein vom Staat bestellter Jurist, der zB beglaubigt* ‖ **No|ta|ri|at** das, -[e]s/-e: *Amt eines Notars* ‖ **No|ta|ri|ats|akt** der, -[e]s/-en (Jus): *Vertrag, bei dessen Abschluss ein Notar mitwirkt, zB ein vom Notar aufgenommener Ehepakt* ‖ **No|ta|ri|ats|kam|mer** ‖ **No|ta|ri|ats|kanz|lei** ‖ **No|ta|ri|ats|zwang:** *Verpflichtung, ein Geschäft durch den Notar errichten zu lassen (durch einen Notariatsakt)* ‖ **no|ta|ri|ell:** n. *(durch den Notar)* beglaubigt ‖ **No|ta|rin** die, -/-innen

Not|arzt ‖ **Not|arzt|hub|schrau|ber** ‖ **Not|ärz|tin** ‖ **Not|arzt|wa|gen:** *ein Rettungswagen*

No|ta|ti|on [-tsi̯-] die, -/-en ⟨lat.⟩ (Mus.): *Notenschrift*

Not|auf|nah|me: *die Versorgung eines Notfalls im Spital* | *Spitalsambulanz für Notfälle* ‖ **Not|aus|gang** ‖ **Not|be|helf** ‖ **Not|be|leuch|tung:** die N. im Kino, Spital ‖ **Not|brem|se:** die N. im Zug ziehen ‖ **Not|brem|sung** ‖ **Not|brü|cke** ‖ **Not|dienst** ‖ **Not|durft** die, - (geh.): *das Nötigste zum Leben* | die N. verrichten *(Blase und/oder Darm entleeren)* ‖ **not|dürf|tig:** *behelfsmäßig* ‖ **Not|dürf|tigs|te** das, -n: nur das N. zum Leben haben

No|te die, -/-n: eine gute N. *(Beurteilung, Zensur)* im Zeugnis erhalten | *eine Anmerkung;* Fußnote | *Papiergeld;* Banknote | eine diplomatische N. *(ein offizielles Schreiben)* | (Mus.) *Zeichen für einen Ton;* nach Noten singen

Note|book ['nəʊtbʊk] das, -s/-s ⟨engl.⟩ (EDV): *ein kleiner Laptop*

No|ten|aus|tausch: diplomatischer N.; → Note ‖ **No|ten|bank:** *Bank, die berechtigt ist, Banknoten neu in Umlauf zu bringen (zB die Oesterreichische Nationalbank)* ‖ **No|ten|bank|prä|si|dent** ‖ **No|ten|bank|prä|si|den|tin** ‖ **No|ten|blatt:** *Blatt mit Notenlinien* ‖ **No|ten|durch|schnitt** ‖ **No|ten|ge|bung** ‖ **No|ten|heft** ‖ **No|ten|li|nie** [-i̯ɛ] ‖ **No|ten|pa|pier** ‖ **No|ten|pult** ‖ **No|ten|schlüs|sel:** *Symbol für die Kennzeichnung der Tonhöhe der Noten* ‖ **No|ten|schrift:** *Notation* ‖ **No|ten|stän|der** ‖ **No|ten|wech|sel** [-ks-]: *Austausch diplomatischer Schreiben zwischen Staaten*

Note|pad ['nəʊtpæd] das = der, -s/-s ⟨engl.⟩ (EDV): *sehr kleiner PC mit Bildschirmeingabe*

Not|er|be[1] das, -s (Jus): *Pflichtteil* ‖ **Not|er|be**[2] der, -n/-n (Jus): *Pflichtteilsberechtigter; naher Verwandter in der testamentarischen Erbfolge* ‖ **Not|er|bin** ‖ **Not|fall:** im N. *(wenn nötig)* ‖ **not|falls:** *nötigenfalls* ‖ **Not|fre|quenz** ‖ **not|ge|drun|gen:** *gezwungenermaßen* ‖ **Not|gra|bung:** eine archäologische N. ‖ **Not|gro|schen:** *[gespartes] Geld für Notzeiten* ‖ **Not|hel|fer:** die vierzehn Nothelfer *(eine Gruppe von katholischen Heiligen)* ‖ **Not|hil|fe**

no|tie|ren ⟨lat.⟩: sich etwas n. *(vormerken)* | (Börsenspr.) der Dollar notiert heute mit ... *(er hat den Wert von ...)* Euro ‖ **No|tie|rung** die, -/-en ‖ **no|ti|fi|zie|ren:** *in einer diplomatischen Note mitteilen* ‖ **No|ti|fi|zie|rung** die, -/-en

no|tig (ugs., veraltet): *arm* | *geizig, schäbig*

nö|tig: etwas n. haben; diese Dinge sind am nötigsten *(bes. notwendig); aber:* es fehlt am **Nötigsten** ‖ **nö|ti|gen:** jemanden zum Essen n. *(drängen)* ‖ **nötigenfalls** ‖ **Nötigung** die, -/-en: *Zwang* | (Jus) *Zwang zu einer Handlung oder zur Unterlassung einer Tat (meist unter Androhung von Gewalt)*

notionieren [-tsi̯-] ⟨lat.⟩ (Amtsspr., veraltet): *einer Behörde mitteilen* ‖ **Notiz** die, -/-en: *Vermerk;* von etwas N. nehmen *(etwas beachten)* ‖ **Notizblock** ‖ **Notizbuch** ‖ **Notizzettel**

Notlage ‖ **Notlager:** *provisorische Schlafstätte* ‖ **notlanden:** das Flugzeug ist notgelandet ‖ **Notlandung** ‖ **Not leidend** = **notleidend** ‖ **Not lindernd** = **notlindernd** ‖ **Notlösung:** *behelfsmäßiger Ausweg* ‖ **Notlüge:** *durch eine Situation oder Rücksichtnahme erzwungene Lüge* ‖ **Notmaßnahme** ‖ **Notnagel** der, -s (ugs.): *Lückenbüßer; Behelf* ‖ **Notoperation** [-tsi̯-] (Med.) ‖ **Notopfer:** aus Solidarität ein N. bringen

notorisch ⟨lat.⟩: ein notorischer *(allgemein bekannter)* Nörgler

Notruf: *Telefonnummer für schnelle Hilfe* ‖ **Notrufnummer** ‖ **Notschalter** ‖ **notschlachten:** die verletzte Kuh wurde notgeschlachtet ‖ **Notschlachtung** ‖ **Notsignal** ‖ **Notsituation** [-tsi̯-] ‖ **Notsitz:** *ein Reservesitz* ‖ **Notstand** der, -[e]s: in einem Gebiet den N. ausrufen *(es zum Katastrophengebiet erklären)* | (Jus) *Begehung einer Tat unter dem Rechtfertigungsgrund des Notstandes* ‖ **Notstandsgebiet** ‖ **Notstandshilfe** (Amtsspr.): *Sozialleistung des Staates für Arbeitslose, die kein Arbeitslosengeld [mehr] beziehen* ‖ **Notstromaggregat** ‖ **Nottaufe** (Rel.) ‖ **nottaufen** (Rel.): ein Neugeborenes n. *(bei Lebensgefahr als Laie taufen)* ‖ **nottun:** alles, was nottut *(nötig ist)*; es tut not; → Not

Notturno das, -s/-s [Notturni] ⟨it.⟩ (Mus.): → *Nocturne*

Notunterkunft ‖ **Notversorgung** ‖ **notwassern:** das Flugzeug hat [auf dem See] notgewassert *(ist notgelandet)* ‖ **Notwegerecht** (Jus): *Durchfahrtsrecht ua.* ‖ **Notwehr** die, -: jemanden in N. töten ‖ **Notwehrüberschreitung** (Jus) ‖ **notwendig** [auch: -ˈɛ-]: etwas ist n. | (Großschreibung) sich auf das **N**otwendigste beschränken; es fehlt am **N**otwendigsten ‖ **notwendigenfalls** ‖ **notwendigerweise** ‖ **Notwendigkeit** [auch: -ˈɛ-] die, -/-en ‖ **Notzucht** die, - (veraltet): *ein Sexualverbrechen, Vergewaltigung* ‖ **notzüchtigen** (veraltet): *vergewaltigen;* sie wurde genotzüchtigt

Nougat [ˈnuːg-] = → Nugat

Nouvelle Cuisine [nuˈvɛl kÿiˈzin] die, - - ⟨fr.⟩ (wörtl.: neue Küche) (Gast.): *auf Unverfälschtheit und Naturprodukte Wert legende Küche*

Nova [-v-] die, -/Novä (Novae [-vɛ]) ⟨lat.⟩ (Astron.): *ein plötzlich hell aufleuchtender Stern*

NoVA [-f-, -v-] die, -: **No**rm**v**erbrauchs**a**bgabe

Novation [-vatsi̯-] die, -/-en ⟨lat.⟩ (Jus): *Neuerungsvertrag*

Novecento [-vetʃ-] das, -[s] ⟨it⟩: *das 20. Jh. und seine Kunst (in Italien)*

Novelle [-v-] die, -/-n ⟨lat.-it.⟩: *eine kurze Erzählung* | (bes. Jus) *Abänderung eines Gesetzes;* 14. Schulorganisationsgesetz-N. ‖ **novellieren** (bes. Jus): *abändern (von Gesetzen)* ‖ **Novellierung** die, -/-en (bes. Jus) ‖ **Novellist** der, -en/-en: *Verfasser von Novellen* ‖ **Novellistin** die, -/-innen ‖ **novellistisch:** *novellenartig*

November [-v-, auch: -f-] der, -[s]/- ⟨lat.⟩: *der elfte Monat im Jahr* ‖ **Novemberrevolution** [-tsi̯-] (Gesch.): *Revolution in Österreich bzw. in Deutschland im November 1918* ‖ **Novemberpogrom** (Gesch.): *die Nacht vom 9. auf den 10. November 1938 mit nationalsozialistischen Pogromen gegen Juden in ganz Deutschland und Österreich und Zerstörung aller Synagogen;* → Kristallnacht

Novene [-v-] die, -/-n ⟨lat.⟩ (kath.): *neuntägige Andacht*

Novität [-v-] die, -/-en ⟨lat.⟩: *Neuheit;* Novitäten auf der Rieder Messe ‖ **Novize** der, -n/-n: *Ordensangehöriger während der Probezeit* ‖ **Noviziat** das, -[e]s/-e: *Probezeit eines Novizen/einer Novizin* | *Institut für diese Zeit* ‖ **Novizin** die, -/-innen ‖ **Novum** das, -s/Nova (geh.): *neuer Gesichtspunkt, Neuerung*

Np: **Neptunium**

NPO [en pi ˈəʊ] die, -/-s: **N**on-**P**rofit-**O**rganisation *(private, gemeinnützige, nicht auf Gewinn orientierte Organisation, zB Caritas);* → NGO

Nr.: **N**umme**r**

NS[1] [ɛn ˈɛs] die, -/-: **N**ach**s**chrift (in einem Brief); → PS

NS[2] [ɛn ˈɛs]: **N**ational**s**ozialismus ‖ **NSDAP** [ɛn ɛs de a ˈpeː] die, -: **N**ational**s**ozialistische **D**eutsche **A**rbeiter**p**artei; → Nationalsozialismus ‖ **NS-Herrschaft** [ɛn ˈɛs-] die, -: *Herrschaft der Nationalsozialisten* ‖ **NS-Verbrechen** ‖ **NS-Zeit** die, -: *die Zeit der Herrschaft des Nationalsozialismus*

N. T.: **N**eues **T**estament *(in der Bibel)*

Nu: im Nu, in einem Nu *(blitzschnell)*

Nuance [nyˈɑ̃ːs] die, -/-n ⟨fr.⟩: *Abstufung; Tönung; feiner Unterschied;* Farbnuancen ‖ **nuancenreich** ‖ **nuancieren:** *fein abstufen*

'nüber, *auch:* nüber (bes. südl. D, ugs.): *hinüber*

nüchtern: noch n. sein *(seit dem Erwachen noch nichts gegessen und getrunken haben)* | nicht mehr ganz n. sein *(schon leicht betrunken sein)* | ein nüchterner *(sachlicher,* auch: *fantasieloser)* Mensch ‖ **Nüchternheit** die, -

nuckeln: *lutschen, saugen* | *vorsichtig in kleinen Schlucken trinken*

Nudel die, -/-n: *eine Teigware (als Suppeneinlage)* | *eine Speise;* Dampfnudel; Kasnudel ‖ **Nudelbrett:** *Holzplatte zum Ausrollen des Teigs* ‖ **Nudelgericht** ‖ **nudeln** (ugs.): *herzen, kosen* ‖ **Nudelsalat** ‖ **Nudelsuppe:** *Suppe mit Nudeleinlage* | (ugs.) jemand kommt nicht auf der N. dahergeschwommen *(weiß Bescheid, worum es geht)* ‖ **Nudelteig** ‖ **Nudelwalker:** *ein Küchengerät*

Nudismus der, - ⟨lat.⟩: → *Freikörperkultur* ‖ **Nudist** der, -en/-en: *Anhänger der Freikörperkultur* ‖ **Nudistin** die, -/-innen ‖ **Nudität** die, -/-en (geh.): *Nacktheit*

Nugat = Nougat [ˈnuːg-] das (*auch:* der), -s/-s ⟨fr.⟩: *feine Mischung aus Nüssen und Schokolade*

Nugget [ˈnʌgɪt] das, -s/-s ⟨engl.⟩: *natürliches Klümpchen Gold*

Nuggi der, -s/-s (V): *Schnuller*

nuklear ⟨lat.⟩: *den Atomkern betreffend* ‖ **Nuklearmedizin:** *Teilgebiet der Medizin, das sich sich mit der Anwendung von radioaktiven Strahlen befasst* ‖ **Nuklearwaffen** die (Pl.) ‖ **Nuk-**

N

le|us der, -/Nuklei [-e.i]: *Kern, Zellkern* ‖ **Nu|kl̲i̲d** das, -[e]s/-e (Phys.): *Atomkern*

nu̲ll ⟨lat.⟩

Kleinschreibung des Zahlworts:
- null Grad
- das Thermometer steht auf null
- [um] null Uhr *(24 Uhr)*
- die Stunde null *(Zeitpunkt eines Neubeginns)*
- das Ergebnis war gleich null
- eins zu null (1 : 0)
- einen Vertrag für null und nichtig *(ungültig)* erklären
- null Komma Josef (ugs.: *gar nichts*)
- in null Komma nichts fertig sein (ugs.: *ganz schnell*)

Großschreibung bei Nominalisierung der Grundzahl zur Bezeichnung einer Ziffer:
- die Ziffer **Null** (0; *Nuller*)
- zwei **Null**en schreiben

Nu̲ll die, -/-en (0): → *Nuller;* → null | (abw.) *bedeutungsloser Mensch* ‖ **null|acht|fü̲nf|zehn** (08/15) (ugs., oft abw.): *ideenlos, gewöhnlich, normal;* das Angebot ist n. ‖ **Null|acht|fü̲nf|zehn|lö|sung** (08/15-Lösung) (ugs., oft abw.): *naheliegendste Lösung ohne Individualität, Raffinesse* ‖ **Nu̲ll|de|fi|zit:** *Budget ohne Defizit* ‖ **Nu̲ll|di|ät:** *[fast] kalorienlose Diätkur* ‖ **Nu̲l|ler** (0er) der, -s/-: *die Ziffer Null (0);* einen N. hinschreiben; → Null ‖ **Nu̲l|lerl** das, -s/-[n] (ugs.): *jemand, der nicht beachtet wird* ‖ **nul|li|fi|zi̲e̲|ren:** *ungültig erklären, annullieren* ‖ **Nul|li|tä̲t** die, -/-en (veraltet) (Jus): *Nichtigkeit* ‖ **Nu̲ll|lei|ter:** *geerdete Leitung im elektrischen Stromnetz* ‖ **Nu̲ll|li|nie** [-i̯ɛ]: die N. auf einer Skala ‖ **Nu̲ll|lohn|runde** (Wirt.): *Lohnrunde ohne Anhebung der Kollektivlöhne* ‖ **Nu̲ll|lö|sung:** die N. eines Konflikts *(Beibehaltung des Bisherigen, des Gleichgewichts)* ‖ **Nu̲ll|menge** (Math.): *Menge, die kein Element enthält* ‖ **Nu̲ll|me|ri|di|an:** *geographische Länge von Greenwich* ‖ **Nu̲ll|num|mer:** *Probenummer einer Zeitung oder Zeitschrift vor der ersten Ausgabe* ‖ **Nu̲ll|punkt** ‖ **Nu̲ll|ta|rif:** *kostenlose Benützung öffentlicher Einrichtungen* ‖ **Nu̲ll|wachs|tum** [-ks-] (beschön.) (Wirt.): *Stillstand des Wachstums*

Nu|me|ra̲|le das, -s/Numeralien [-i̯ɛn] [Numeralia] ⟨lat.⟩ (Gramm.): *Zahlwort* ‖ **nu|me̲|risch:** *zahlenmäßig* ‖ **Nu̲|me|ro** das, -s/-s = die, -/-s (No.) (veraltet): *Nummer, bes. Hausnummer;* auf N. Sicher (= sicher) gehen *(kein Risiko eingehen)* ‖ **Nu̲|me|rus** der, -/Numeri (wörtl.: Zahl) (Gramm.): *Bezeichnung für Singular und Plural* ‖ **Nu̲|me|rus clau̲|sus** [- k-] der, - -: *zahlenmäßig beschränkte Zulassung [zu einem Studium]*

nu|mi|no̲s (Rel.) ⟨lat.⟩: *göttlich; unbegreiflich*

Nu|mis|ma̲|tik die, - ⟨gr.-lat.⟩: *Münzkunde* ‖ **Nu|mis|ma̲|ti|ker** der, -s/- ‖ **Nu|mis|ma̲|ti|ke|rin** die, -/-innen

Nu̲m|mer die, -/-n ⟨lat.-it.⟩ (Nr., *veraltet auch:* No.): *Ziffer, Zahl;* Gewinnnummer; → Numero | auf N. Sicher (= sicher) gehen *(kein Risiko eingehen)* | eine N. zu groß sein | (SüdT) grüne N. *(gebührenfreie Telefonauskunft)*

Nicht verwechseln!
Nummer – Numerus/Numerale
Die Schreibung mit einem *m* gilt für Wörter, die sich direkt vom lateinischen „numerus“ (= Zahl, Anzahl) ableiten:
- Numerale
- Numerus [clausus]
- numerisch
- Numero

Die eingedeutschte Schreibung hingegen hat zwei *m*:
- Nummer
- nummerieren
- Nummerierung

num|me|ri̲e̲|ren ⟨lat.-it.⟩: *fortlaufend beziffern;* die Kapitel n. ‖ **Num|me|ri̲e̲|rung** die, -/-en ‖ **nu̲m|me|risch** (selten für): *numerisch* ‖ **Nu̲m|mern|schild** ‖ **Nu̲m|mern|schloss:** das Fahrrad mit einem N. versperren ‖ **Nu̲m|mern|ta|fel:** *Kfz-Kennzeichen*

nu̲n: von nun an; nun und nimmer *(niemals)* ‖ **nu̲n|me̲hr** (geh.): *jetzt* ‖ **nu̲n|me̲h|rig:** *jetzig*

'nu̲n|ter, *auch:* nunter (bes. südl. D, ugs.): *hinunter*

Nun|ti|a|tu̲r [-tsi̯-] die, -/-en ⟨lat.⟩: *Sitz und Amt eines Nuntius* ‖ **Nu̲n|ti|us** der, -/Nuntien [-i̯ɛn]: *päpstlicher Botschafter*

nu̲r: nur Gutes tun; es sind nur mehr *(nur noch)* einige Leute da ‖ **Nu̲r|haus|frau** (oft abw.) ‖ **Nu̲r|haus|mann** (oft abw.)

Nü̲rn|berg: *Stadt in Deutschland*

Nurse [nɜːs] die, -/-s [-sɪz] [-n] ⟨engl.⟩ (veraltet): *Kinderfrau*

nu̲|scheln, ich nuschle: *undeutlich reden*

Nu̲ss die, -/Nüsse: *Kurzwort für Walnuss, Haselnuss* | eine harte N. *(eine knifflige Aufgabe)* | (Küchenspr.) *ein bestimmtes Fleischstück* | (ohne Pl.) *Holz des Nussbaums* ‖ **Nu̲ss|beu|gel:** *eine Mehlspeise* ‖ **nu̲ss|braun** ‖ **Nu̲ss|fül|le** ‖ **Nu̲ss|kip|fel** = **Nu̲ss|kipferl** ‖ **Nu̲ss|kna|cker** der, -s/- ‖ **Nü̲ss|le|sa|lat** (V): *Vogerlsalat* ‖ **Nu̲ss|po|ti|tze** (K, St): *eine Mehlspeise* ‖ **Nu̲ss|scha|le** ‖ **Nu̲ss|schnit|te** ‖ **Nu̲ss|scho|ko|la|de** ‖ **Nu̲ss|stru|del** ‖ **Nu̲ss|tor|te**

Nü̲s|ter die, -/-n (meist Pl.): *Nasenflügel [bes. des Pferdes]*

Nu̲t die, -/-en = **Nu̲|te,** -/-n: eine *längliche Vertiefung [in einem Werkstück]*

Nu̲|t|ria[1] die, -/-s ⟨span.⟩: *ein Nagetier* ‖ **Nu̲|t|ria**[2] der, -[s]/-s: *ein Pelz*

nu|t|ri|ti̲v ⟨lat.⟩: *ernährend; auf die Ernährung bezogen*

Nu̲t|te die, -/-n (bes. D, derb): *Prostituierte*

nu̲tz: [zu] nichts n. sein ‖ **Nu̲tz** (geh.): zu N. und Frommen *(zum Vorteil)* aller; → zu Nutze (= zunutze) machen ‖ **Nu̲tz|an|wendung** ‖ **nu̲tz|bar:** Ödland durch Bewässerung n. machen ‖ **Nu̲tz|bar|keit** die, - ‖ **Nu̲tz|bar|machung** die, -/-en ‖ **nu̲tz|brin|gend** ‖ **Nu̲tz|ef|fekt** ‖ **nu̲t|zen** = **nü̲t|zen,** du nutzt: dieser Wald wurde genutzt *(wirtschaftlich ausgewertet)* | es nutzt *(hilft)* keine Ermahnung ‖ **Nu̲t|zen** der, -s: von N. *(vorteilhaft)* sein ‖ **Nu̲tz|fahr|zeug** ‖ **Nu̲tz|flä|che:** die N. eines Hauses, einer Wohnung ‖ **Nu̲tz|last:** der Laster kann zehn Tonnen N. befördern ‖ **Nu̲tz|leis|tung** (Technik) ‖ **nü̲tz|lich:** sich n. machen ‖ **Nü̲tz|lich|keit** die, -/-en ‖ **Nü̲tz|lich|keits|den|ken** ‖ **Nü̲tz|ling** der, -s/-e: *Tier, das Schädlinge frisst* ‖ **nu̲tz|los** ‖ **Nu̲tz|lo|sig|keit** die, - ‖ **Nu̲tz|nie|ßer** der, -s/-: *jemand, der von der betreffenden Sache den Nutzen hat* ‖ **Nu̲tz|nie|ße|rin** die, -/-innen ‖ **Nu̲tz|pflan|ze** ‖ **Nu̲tz|tier** ‖ **Nu̲t|zung** = **Nü̲t|zung** die, -: die N. eines Grundstückes

N

|| **Nụt|zungs|ent|gelt** (Amtsspr.): *Miete, Pacht uÄ* || **Nụt|zungs|recht** (Jus): sie hat das N. an dem Weingarten || **Nụt|zungs|ver|trag** (Jus) || **Nụtz|was|ser:** *für Gewerbe und Haushalt verwendetes, aber nicht als Trinkwasser geeignetes Wasser* || **Nụtz|was|ser|lei|tung** || **Nụtz|wert** (Jus): *Wert einer Eigentumswohnung, bezogen auf das gesamte Wohnhaus*

NW: Nord**w**est[en]

Ny [nyː] das, -[s]/-[s] (ν, N) ⟨gr.⟩: *griechischer Buchstabe, entspricht* n

Ny|lon [ˈnaɪl-] das, -s ⟨engl.⟩ (Wz.): *eine Kunstfaser* || **Ny|lons** die (Pl.): *Nylonstrümpfe* || **Ny|lon|sack = Ny|lon|sa|ckerl** (veraltend): *Plastiksack* || **Ny|lon|strumpf**

Nym|phe [ˈnymfɛ] die, -/-n ⟨gr.-lat.⟩: *eine Naturgottheit in der griechischen Mythologie* || **nym|phen|haft** || **Nym|phen|sit|tich:** *ein Vogel* || **Nym|pho|ma|nie** die, - (Med., Psych.): *krankhaft gesteigerter Geschlechtstrieb der Frau;* → G.: Satyriasis || **Nym|pho|ma|nin** die, -/-innen (Med., Psych.)

o O

o [oː] das, -/- (Kleinbuchstabe): das o im Wort *offen* | (Laut) der o-Laut | o ja! (= oh ja!); o nein! (= oh nein!); o komm (= oh komm); o weh (= oh weh = **O** weh = **Oh** weh) schreien; → oh
O [oː] das, -/- (Großbuchstabe): das O im Wort *Ohr* | **O**st[en] | (auslaufend auch Kfz) **O**berösterreich | (Chem.) **O**xygenium
ö das, -/- (Kleinbuchstabe): das ö im Wort *öfter* ‖ **Ö** das, -/- (Großbuchstabe): das Ö im Wort *Öhr*
ö.: **ö**sterreichisch; → öst.; → österr. ‖ **Ö.:** **Ö**sterreich
Ö1 [ø ˈaɪns]: **Ö**sterreich **1** *(das erste Hörfunkprogramm des ORF)* ‖ **Ö3** [ø ˈdraɪ]: *ein Rundfunksender* ‖ **Ö-3-Ver|kehrs|funk**
o. a.: **o**ben **a**ngeführt
o. Ä. = **oÄ**: **o**der **Ä**hnliche[s]
ÖAAB [ø a a ˈbeː] der, -: **Ö**sterreichischer **A**rbeitnehmerinnen- und **A**rbeitnehmer**b**und (der ÖVP)
ÖAMTC [ø a ɛm te ˈtseː] der, -: **Ö**sterreichischer **A**utomobil-, **M**otorrad- und **T**ouring-**C**lub
Oa|se die, -/-n: *Wasserstelle, fruchtbarer Landstrich in der Wüste*
ob (Konj.): ich weiß nicht, ob sie kommen wird | (Präp. mit Gen. und Dat.) (geh., veraltet) ob *(wegen)* dieses Zufalls | (Präp. mit Dat.) St. Georgen ob *(ober, oberhalb)* Murau; Österreich ob der Enns (früher für: *Oberösterreich*)
Ob der, -[s]: *Strom in Russland (Westsibirien)*
o. B. [o ˈbeː] (Med.): **o**hne **B**efund; die ärztliche Untersuchung ergab o. B. *(es konnte keine Erkrankung festgestellt werden)*
Ob|acht die, - (veraltend): O. geben *(aufpassen)*
ÖBB [ø be ˈbeː] die (Pl.): **Ö**sterreichische **B**undes**b**ahnen ‖ **ÖBB|ler** der, -s/-: *Bediensteter der Österreichischen Bundesbahnen* ‖ **ÖBB|le|rin** die, -/-**inn**en
Ob|dach das, -[e]s ‖ **ob|dach|los:** *ohne Unterkunft* ‖ **Ob|dach|lo|se**[1] der, -n/-n, ein Obdachloser ‖ **Ob|dach|lo|se**[2] die, -n/-n ‖ **Ob|dach|lo|sen|asyl** [-yːl]: *Wohnheim für Obdachlose* ‖ **Ob|dach|lo|sen|heim** ‖ **Ob|dach|lo|sig|keit** die, -
Ob|duk|ti|on [-tsi̯-] die, -/-en ⟨lat.⟩: *Leichenöffnung zur Feststellung der Todesursache* ‖ **Ob|duk|ti|ons|be|fund** ‖ **ob|du|zie|ren**
O-Bei|ne die (Pl.) ‖ **o-bei|nig** = **O-bei|nig**
Obe|lisk der, -en/-en ⟨gr.-lat.⟩: *vierkantige Spitzsäule*
Obe|lix: *eine Figur aus Comics und Zeichentrickfilmen;* → Asterix

> **oben**
> – oben stehen/liegen
> – von oben her
> – oben ohne *(ohne Bikinioberteil)*

> **Getrennt- und Zusammenschreibung mit adjektivisch gebrauchten Partizipien:**
> – die oben erwähnte (= obenerwähnte) Sache; *aber nur getrennt:* wie oben erwähnt wurde
> – das oben Erwähnte (= Obenerwähnte)
> – das oben Genannte (= Obengenannte)
> – das oben genannte (= obengenannte) Problem
> – das oben Stehende (= Obenstehende)

oben|an: o. sitzen ‖ **oben|auf** ‖ **oben|drauf** ‖ **oben|drein:** *außerdem* ‖ **oben er|wähnt** = **oben|er|wähnt** ‖ **oben Er|wähn|te** das, -n = **Oben|er|wähn|te,** -n ‖ **oben ge|nannt** = **oben|ge|nannt** ‖ **oben Ge|nann|te** das, - -n = **Oben|ge|nann|te,** -n ‖ **oben|hin:** etwas o. *(flüchtig, nebenbei)* erwähnen; *aber:* etwas nach oben hin erweitern ‖ **oben Ste|hen|de** das, - -n = **Oben|ste|hen|de,** -n
ober (Präp. mit Dat.): sie wohnt o. *(über)* uns; → obere ‖ **Ober** der, -s/-: *Kellner; Oberkellner* ‖ **Ober|arm** ‖ **Ober|arzt:** *Leiter einer Abteilung, Vertreter des Primarius im Krankenhaus* ‖ **Ober|ärz|tin** ‖ **Ober|auf|sicht** ‖ **Ober|bau** der, -[e]s/-ten ‖ **Ober|be|fehl** der, -[e]s (Mil.): den O. haben ‖ **Ober|be|fehls|ha|ber** (Mil.) ‖ **Ober|be|griff:** *umfassender, übergeordneter Begriff, zB* Rundfunk *für Radio und Fernsehen* ‖ **Ober|be|klei|dung** die, - ‖ **Ober|be|rei|ter:** *ein Amtstitel;* O. der Spanischen Reitschule ‖ **Ober|deck** ‖ **Ober|do|nau** (Gesch., Pol.): *Bezeichnung für Oberösterreich (mit dem steirischen Salzkammergut und südböhmischen Gebieten) während der NS-Herrschaft;* → Niederdonau ‖ **obe|re:** die oberen Stockwerke ‖ **Obe|re**[1] der, -n/-n, ein Oberer: *Vorgesetzter; Ordensoberer* ‖ **Obe|re**[2] die, -n/-n ‖ **ober|faul** (ugs.): die Sache ist o. *(äußerst verdächtig)* ‖ **Ober|flä|che:** an der O. ‖ **Ober|flä|chen|schutz** ‖ **ober|fläch|lich:** ich kenne sie nur o. *(flüchtig);* ein oberflächlicher Mensch *(Mensch ohne geistigen Tiefgang)* ‖ **Ober|fläch|lich|keit** die, -/-en ‖ **ober|gä|rig:** *sich nach dem Gärprozess an der Flüssigkeitsoberfläche ablagernd (von Hefe);* obergäriges Bier; → G.: untergärig ‖ **ober|ge|scheit,** *auch:* obergscheit (ugs.): *besserwisserisch* ‖ **Ober|ge|schoß,** *auch:* **Ober|ge|schoss** ‖ **Ober|gren|ze** ‖ **ober|gscheit** → obergescheit ‖ **ober|halb** (Präp. mit Gen.): o. des Knies; die Donau o. Wiens/von Wien ‖ **Ober|hand** die, -: die O. *(Überlegenheit)* behalten/gewinnen ‖ **Ober|haupt:** *jemand, der an der Spitze [einer Familie, Organisation] steht* ‖ **Ober|haus** das, -es: *eine der beiden Kammern des britischen Parlaments;* → Unterhaus ‖ **Ober|herr|schaft** ‖ **Ober|hir|te** (geh.): *katholischer Bischof* ‖ **Ober|hit|ze:** *von oben ausgehende Hitze im Backrohr;* → G.: Unterhitze ‖ **Ober|ho|heit:** unter der O. der Vereinten Nationen ‖ **Obe|rin** die, -/-**inn**en: *Vorsteherin (eines Klosters)* | *Pflegedienstleiterin in einem Spital* ‖ **ober|ir|disch:** *auf/über der Erdoberfläche* ‖ **Ober|ita|li|en:** *Norditalien* ‖ **Ober|kan|te** ‖ **Ober|kärn|ten:** *Landesteil von Kärnten;* → Unterkärnten ‖ **Ober|kell|ner:** *Zahlkellner* ‖ **Ober|kell|ne|rin** ‖ **Ober|kie|fer** der = das, -s/- ‖ **Ober|kir|chen|rat:** *eine evangelische Kirchenbehörde* ‖ **Ober|klas|se:** *Oberschicht* ‖ **Ober|kom|man|die|ren|de**[1] der, -n/-n, ein Oberkommandierender (Mil.) ‖ **Ober|kom|man|die|ren|de**[2] die, -n/-n (Mil.) ‖ **Ober|kom|man|do** (Mil.) ‖ **Ober|kom|mis|sär:** *ein Amtstitel* ‖ **Ober|kom|mis|sä|rin** ‖ **Ober|kör|per** ‖ **Ober|land:** *das höher gelegene Gebiet;* → Unterland ‖ **Ober|län|der** der, -s/- ‖ **Ober|län|de|rin** die, -/-**inn**en ‖ **Ober|lan|des|ge|richt** (OLG): *zweitinstanzliches Gericht (in Wien, Linz, Graz und Innsbruck)* ‖ **Ober|lauf:** der O. *(der dem Quellgebiet nahe Teil)* eines Flusses ‖ **Ober|le|der:** *oberer Teil eines Lederschuhs* ‖ **Ober|lei|tung:**

über der Fahrbahn geführte elektrische Leitung [für Straßenbahnen] ‖ **Ober|lei|tungs|om|ni|bus:** *Obus* ‖ **Ober|leut|nant:** *ein militärischer Dienstgrad* ‖ **Ober|lich|te** die, -/-n: *oberster Flügel des Fensters; Fenster über der Tür* ‖ **Ober|li|ga** (Sport) ‖ **Ober|lip|pe** ‖ **oberm:** *ober dem;* Viertel o. Manhartsberg ‖ **Ober|ma|cher** (ugs., oft abw.): *jemand, der die eigentlichen Entscheidungen trifft* ‖ **Ober|ma|che|rin** (ugs., oft abw.) ‖ **Ober|me|di|zi|nal|rat** ‖ **Ober|me|di|zi|nal|rä|tin** ‖ **Ober|ös|ter|reich** (OÖ, O): *ein österreichisches Bundesland* ‖ **Ober|ös|ter|rei|cher** ‖ **Ober|ös|ter|rei|che|rin** ‖ **ober|ös|ter|rei|chisch** (oö.): die oberösterreichische Landesregierung ‖ **Ober|pul|len|dorf** (Kfz: OP): *Stadt im Burgenland* ‖ **Ober|rat:** *ein Beamtentitel* ‖ **Ober|rä|tin** ‖ **Obers** das, - (bes. ostöst.): *süßer Rahm, Schlagobers, Kaffeeobers;* → Sahne ‖ **Ober|schen|kel:** *oberer Teil des Beines* ‖ **Ober|schen|kel|hals:** *oberer Teil des Oberschenkelknochens* ‖ **Ober|schen|kel|hals|bruch** (Med.) ‖ **Ober|schicht** (Soz.): *Bevölkerungsschicht mit überdurchschnittlich hohem Einkommen, großem Ansehen und Einfluss* ‖ **ober|schläch|tig:** ein oberschlächtiges *(von oben angetriebenes)* Wasserrad; → G.: unterschlächtig ‖ **Ober|schu|le** (SüdT) (Bildw.): *Oberstufenschule in Südtirol* ‖ **Ober|schul|rat** (OSR): *ein auszeichnender Berufstitel* ‖ **Ober|schul|rä|tin** (OSR) ‖ **Ober|schwes|ter:** *Krankenschwester in leitender Position* ‖ **Oberseite** ‖ **Obers|kren** (bes. ostöst.): *Gemisch aus Schlagobers und Kren* ‖ **Oberst** der, -en [-s]/-en [-e]: *ein militärischer Dienstgrad* ‖ **Ober|staats|an|walt** ‖ **Ober|staats|an|wäl|tin** ‖ **ober|s|te:** das oberste Stockwerk; *aber:* der **O**berste Gerichtshof *(Höchstgericht)* ‖ **Ober|stei|er** (geh.): *Obersteiermark* ‖ **Ober|stei|er|mark:** *Landesteil der Steiermark* ‖ **Ober|stim|me** (Mus.): *oberste Stimme im Tonsatz* ‖ **Oberst|leut|nant** [auch: -ˈlɔʏ-]: *ein militärischer Dienstgrad* ‖ **Ober|stu|di|en|rat** (OStR): *ein auszeichnender Berufstitel für Lehrer an höheren Schulen* ‖ **Ober|stu|di|en|rä|tin** (OStR) ‖ **Ober|stu|fe** (Bildw.): *9. bis 12./13. Schulstufe* ‖ **Ober|stu|fen|re|al|gym|na|si|um** [-gy-] (Bildw.): *eine Form der allgemein bildenden höheren Schule* ‖ **Ober|teil** das = der, -[e]s/-e: *oberes [Bekleidungs-]teil* ‖ **Ober|ton** (meist Pl.) (Mus.): Obertöne *(mitschwingende höhere Frequenzen)* verstärken; *Aliquotton, Naturton* ‖ **ober|tö|nig** (Mus.): *die Obertöne hervortreten lassend;* → grundtönig ‖ **Ober|wart** (Kfz: OW): *Stadt im Burgenland* ‖ **Ober|was|ser:** O. *(die Oberhand)* bekommen ‖ **Ober|wei|te:** *Brustumfang* ‖ **Ober|wölz:** *Stadt in der Steiermark*

Ob|frau: *Vorsitzende [eines Vereins]*

ob|ge|nannt (Amtsspr.): *oben genannt*

ob|gleich: *obwohl*

Ob|hut: ein Kind in [die] O. nehmen *(für es sorgen)*

Obi das, -s/-s (Wz.): *ein Apfelsaft;* Obi gespritzt

obi|ge: die o. *(oben erwähnte)* Adresse

Ob|jekt das, -[e]s/-e ⟨lat.⟩: *Gegenstand* | *Gebäude* | (Gramm.) *Fallergänzung* ‖ **ob|jek|tiv:** eine objektive *(rein sachliche)* Beurteilung; → G.: subjektiv ‖ **Ob|jek|tiv** das, -s/-e [-fɛ, -vɛ]: *die dem Objekt, Gegenstand zugewendete[n] Linse[n] [beim Fotoapparat];* → Okular ‖ **ob|jek|ti|vie|ren** [-v-]: ein Problem o. *(versachlichen)* ‖ **Ob|jek|ti|vie|rung** die, -/-en ‖ **Ob|jek|ti|vi|tät** die, -: *Sachlichkeit, Vorurteilslosigkeit* ‖ **Ob|jekt|kunst:** *eine moderne Kunstrichtung* ‖ **Ob|jekt|schutz:** *[Polizei-]schutz für Gebäude uÄ*

Ob|la|te[1] die, -/-n ⟨lat.⟩: *ein dünnes, flaches Backwerk* | *ungeweihte Hostie* ‖ **Ob|la|te**[2] der, -n/-n: *Angehöriger einer katholischen Kongregation;* die Oblaten des hl. Franz von Sales

Ob|leu|te die (Pl. von → Obmann)

ob|lie|gen (geh.): es obliegt mir *(ich habe die Aufgabe, Pflicht)* ‖ **Ob|lie|gen|heit** die, -/-en (geh.): *Pflicht, Verpflichtung*

ob|li|gat ⟨lat.⟩: obligate *(verpflichtende, verbindliche)* Unterrichtsgegenstände | (Mus.) Arie mit obligater *(unentbehrlicher)* Violine ‖ **Ob|li|ga|ti|on** [-tsi̯-] die, -/-en (Bankw.): *eine Schuldverschreibung; festverzinsliches Wertpapier* | (veraltet) *Verpflichtung, Verbindlichkeit* ‖ **ob|li|ga|to|risch:** *verpflichtend;* → G.: fakultativ ‖ **Ob|li|go** das, -s/-s ⟨lat.-it.⟩ (Amtsspr.) (nur in der Wendung): [in einer Sache] außer O. *(nicht verantwortlich)* sein

ob|long (veraltet): *länglich; rechteckig*

Ob|mann: *Vorsitzender [eines Vereins]*

Oboe [ˈoː-, -ˈoːɛ] die, -/-n ⟨fr.-it.⟩: *ein Holzblasinstrument* ‖ **Obo|ist** der, -en/-en ‖ **Obo|is|tin** die, -/-innen

Obo|lus der, -/- [-lusse] ⟨gr.⟩: *eine kleine Münze im alten Griechenland* | seinen O. entrichten *(seinen Beitrag [an Geld] leisten)*

Ob|rig|keit die, -/-en: *die Behörde[n]; die politische/kirchliche Leitung* ‖ **ob|rig|keit|lich** ‖ **ob|rig|keits|hö|rig** ‖ **Ob|rig|keits|hö|rig|keit** ‖ **Ob|rig|keits|staat:** *autoritärer Staat*

Ob|rist der, -en/-en (früher) (Mil.): *Bezeichnung für Oberst* | (Pl.) *Militärregierung*

ob|schon: *obwohl*

Ob|ser|vanz [-v-] die, -/-en ⟨lat.⟩: *Einhaltung von Regeln [eines Ordens];* strenge O. ‖ **Ob|ser|va|to|ri|um** das, -s/Observatorien [-i̯ən]: *Sternwarte; Wetterwarte* ‖ **ob|ser|vie|ren:** einen Verdächtigen o. *(überwachen)*

Ob|ses|si|on die, -/-en ⟨lat.⟩: *Besessenheit [von einer Idee]* ‖ **ob|ses|siv**

ob|sie|gen (geh.): sie hat im Prozess ihrem (über ihren) Gegner obsiegt

ob|s|kur ⟨lat.⟩: eine obskure *(undurchsichtige, verdächtige)* Angelegenheit | (sal.) ein obskurer *(ganz unbekannter und daher fragwürdiger)* Autor

ob|so|let ⟨lat.⟩ (geh.): *veraltet, überholt*

Ob|sor|ge die, - (Amtsspr.): *die elterlichen Rechte und Pflichten gegenüber Minderjährigen;* Kinder in O. haben ‖ **Ob|sor|ge|pflicht** (Jus): *Fürsorgepflicht [der Eltern, eines Elternteils]*

Obst das, -[e]s: O. ernten ‖ **Obst|bau** der, -[e]s ‖ **Obst|baum** ‖ **Obst|blü|te** ‖ **Obst|brand:** *Obstler* ‖ **Obst|ern|te** ‖ **Obst|es|sig:** *Apfelessig ua.* ‖ **Obst|gar|ten** ‖ **Obst|ge|nos|sen|schaft** ‖ **Obst|händ|ler** ‖ **Obst|händ|le|rin**

ob|s|ti|nat ⟨lat.⟩: *widerspenstig*

Ob|s|ti|pa|ti|on [-tsi̯-] die, -/-en ⟨lat.⟩ (Med.): *Stuhlverstopfung*

Obst|ler der, -s/-: *aus Obst gebrannter Schnaps* ‖ **Obst|ma|ga-**

O

zin (SüdT): *Obstlager* ‖ **Obst|mai|sche**
ob|s|t|ru|ie|ren ⟨lat.⟩: *[eine Beschlussfassung] verzögern* ‖ **Ob|s|t|ruk|ti|on** [-tsi̯-] die, -/-en ‖ **ob|s|t|ruk|tiv**
Obst|saft ‖ **Obst|sa|lat** ‖ **Obst|sor|te** ‖ **Obst|stei|ge:** *Obstkiste* ‖ **Obst|tag:** *Diättag nur mit Obst* ‖ **Obst|wein:** *gegorener Obstsaft*
ob|s|zön ⟨lat.⟩: *unanständig, schamlos, ordinär* ‖ **Ob|s|zö|ni|tät** die, -/-en
Obus: *Kurzwort für Oberleitungsomnibus*
Ob|wal|den: *Schweizer Halbkanton;* → Unterwalden
ob|wal|ten (geh.): *gegeben, vorhanden;* unter den obwaltenden *(gegebenen)* Umständen
ob|wohl: sie behauptet es, o. sie nicht dabei war
ob|zi|tiert (Amtsspr.): *vorher im Text angeführt*
ob|zwar: *obwohl*
Ochs [-ks] der, -en/-en ‖ **Och|se** der, -n/-n (bes. D): *Ochs* ‖ **Och|sen|ge|spann** ‖ **Och|sen|maul|sa|lat:** *in Essig und Gewürzen eingelegtes geselchtes Fleisch vom Rindermaul* ‖ **Och|sen|schlepp** der, -[e]s/-e: *der Schwanz des Rindes als Speise* ‖ **Och|sen|schlepp|sup|pe** ‖ **Och|sen|schwanz** → Ochsenschlepp ‖ **Och|sen|tour** [-tu:ɐ]: *schwere Arbeit, mühevoller Aufstieg* ‖ **Och|sen|zie|mer** (früher): *ein Schlagstock*
Öchs|le [-ks-] das, -s/-: *Maßeinheit zur Bestimmung des Mostgewichts;* → Klosterneuburger Mostwaage ‖ **Öchs|le|grad**
ocker: ein ocker *(gelbbraunes)* Kleid ‖ **Ocker** der = das, -s/-: *ein gelbbrauner Farbstoff;* ein Kleid in O. ‖ **ocker|gelb**
OCR [o tse 'ɛr] die, - (EDV): *Computerprogramm, das in Verbindung mit einem Scanner Schriften lesen und speichern kann*
öd → öde
od.: oder
Ode die, -/-n ⟨gr.-lat.⟩: *eine Gedichtform*
öde, *auch:* öd: *unwirtlich, eintönig* | *langweilig* ‖ **Öde** die, -/-n (geh.): *Einöde*
Odem der, -s (geh., veraltet): *Atem*
Ödem das, -s/-e ⟨gr.⟩ (Med.): *durch krankhafte Flüssigkeitsvermehrung im Körpergewebe verursachte Anschwellung*
Öden|burg (ung.: Sopron [ʃ-]): *Stadt in Ungarn*

Ode|on das, -s/-s ⟨gr.-lat.-fr.⟩: *großer Saal, Bau [für kulturelle Veranstaltungen]*

oder (od.):
ich o. du; entweder – o.; hier gibt es kein Entweder-oder

Im Normalfall steht vor „oder" kein Beistrich:
- Ich komme entweder heute oder erst übermorgen.
- Wir fahren morgen zur Oma oder besuchen meine Schwester im Krankenhaus.

Zwischen Hauptsätzen kann man einen Beistrich setzen, um die Gliederung deutlich zu machen:
- Ich reise allein im Zug nach Venedig[,] oder ich fahre gemeinsam mit Eva im Auto.

Oder die, - (tschech., poln.: Odra): *ein Strom in Tschechien, Polen, D*
Odeur [o'dø:ɐ] das, -s/-s ⟨fr.⟩ (geh., oft abw.): *Duft; Gestank*
odi|os ⟨lat.⟩ (geh.): *hassenswert, abstoßend*
ödi|pal (Psych.): ödipale Bindungen haben ‖ **Ödi|pus|kom|plex** der, -es (Psych.): *übersteigerte Bindung des Kindes an den Elternteil des anderen Geschlechts (nach der griechischen Sagengestalt König Ödipus)*
Odi|um das, -s ⟨lat.⟩ (geh.): *Makel; Vorwurf*
Öd|land das, -[e]s ‖ **Öd|nis** die, -/-nisse (geh., veraltet): *Einöde*
Odys|see [-y'se:] die, -: *ein griechisches Heldenepos* | (mit Pl. -n) *[abenteuerliche] Irrfahrt*
OECD [o e tse 'de:] die, -: **O**rganization for **E**conomic **C**ooperation and **D**evelopment *(Organisation für wirtschaftliche Zusammenarbeit und Entwicklung)*
OEG [o e 'ge:] die, -/-s: **O**ffene **E**rwerbs**g**esellschaft
OeNB [ø ɛn 'be:] die, -: **Oe**sterreichische **N**ational**b**ank ‖ **Oes|ter|rei|chi|sche Na|ti|o|nal|bank** ['ø:- -tsi̯-] (OeNB)
Œu|vre ['œ:vr, 'ø:vɐ] das, -/-s ['œ:vr, 'ø:vɐ], *auch:* **Oeu|vre** ⟨fr.⟩: *Gesamtwerk eines Künstlers*
OEZ [o e 'tsɛt]: **o**st**e**uropäische **Z**eit
Ofen der, -s/Öfen: im O. ein Feuer machen | (Geogr.) *zerklüfteter Fels, Höhle, in Eigennamen zB* Salzachöfen ‖ **Ofen|bank:** *um einen [Kachel]ofen gebaute Bank* ‖ **ofen|frisch:** ofenfrische Semmeln ‖ **Ofen|plattln** die (Pl.), *auch:* Ofenblattln: *eine Speise;* → Plattl ‖ **Ofen|rohr** ‖ **Ofen|röh|re** ‖ **Ofen|set|zer:** *ein Handwerker* ‖ **Ofen|set|ze|rin** ‖ **Ofen|tür** ‖ **ofen|warm**
off ⟨engl.⟩: *aus, ausgeschaltet [auf Schaltern]* ‖ **Off** das, -[s]: den Fernsehbericht aus dem Off *(von außerhalb des Bildes)* kommentieren

of|fen

Kleinschreibung:
- Tag der offenen Tür
- eine offene Stadt (Mil.: *nicht verteidigte*)
- ein offenes e (Sprachwiss.: Aussprache wie zB in eckig [ɛ-])

Groß- und Kleinschreibung:
- **O**ffenes (*auch:* offenes) Lernen (Bildw.: *eine Unterrichtsform*)

Getrenntschreibung bei wörtlicher Bedeutung und adverbialer Verwendung:
- die Geschäfte bis 19 Uhr offen halten
- eine Tür offen lassen
- diese Tür ist offen gestanden
- zu einer Tat offen stehen *(sich zu ihr bekennen)*
- das ist offen gesagt/offen gestanden eine Dummheit

Zusammenschreibung bei übertragener Bedeutung:
- diese Frage muss offenbleiben *(sie bleibt unentschieden, unerledigt);* eine offengebliebene Frage
- sich alle Optionen offenhalten
- der genaue Termin wurde offengelassen
- seine Einkommensverhältnisse offenlegen *(nicht verheimlichen)*

of|fen|bar (Adv.): ihm ist o. *(sichtlich)* schlecht | (Adj.) *deutlich, offensichtlich;* ihre Kraft wurde o.; ein offenbarer Unsinn ‖ **of|fen|ba|ren:** Gott hat sich geoffenbart *(mitgeteilt)* | (geh.) ein Geheimnis o. *(enthüllen)* ‖ **Of|fen|ba|rung** [auch: 'ɔ-] die, -/-en: *enthüllende, klärende Darlegung* | (ohne Pl.) *ein Buch des Neuen Testaments;* die Geheime O. des Johannes *(die Apokalypse)* ‖ **Of|fen|ba|rungs|eid** (Jus): der Schuldner leistete den O. *(legte seine Vermögensverhältnisse unter Eid dar)* ‖ **of|fen|blei|ben:** *unentschieden, unerledigt bleiben;* → offen ‖ **of|fen|hal|ten** sich: sich alle Möglichkeiten o.; → offen ‖ **Of|fen|heit** die, -: *Ehrlichkeit, Aufrichtigkeit* ‖ **of|fen|her|zig:** ein offenherziges *(freimütiges)* Bekenntnis | (scherzh.) *tief dekolletiert* ‖ **Of|fen|her|zig|keit** die, -/-en ‖ **of|fen|kun|dig:** *offensichtlich* ‖ **of|fen|las|sen:** *unentschieden, unerledigt lassen; aber:* das Fenster offen lassen; → offen ‖ **of|fen|le|gen:** *nicht verheimlichen;* → offen ‖ **Of|fen|le|gung** die, -/-en: die O. *(Veröffentlichung)* der Bilanzen ‖ **of|fen|sicht|lich** [auch: -'zi-]: *klar erkennbar, deutlich;* ein offensichtlicher Unsinn ‖ **Of|fen|sicht|lich|keit** die, -

of|fen|siv: *angreifend; angriffslustig;* → G.: defensiv ‖ **Of|fen|si|ve** [-fɛ, -vɛ] die, -/-n: *Angriff*

öf|fent|lich: der ö. Bedienstete *(Beamter des Bundes, eines Bundeslandes oder einer Gemeinde);* die öffentliche Meinung *(Volksmeinung);* die öffentliche Hand *(Staat, Bundesland, Gemeinde als Geld- bzw. Auftraggeber);* öffentlicher Verkehr (→ G.: Individualverkehr); öffentliche Schule (→ G.: Privatschule); → nicht öffentlich = nichtöffentlich ‖ **Öf|fent|lich|keit** die, - ‖ **Öf|fent|lich|keits|ar|beit** die, -: → *Public Relations* ‖ **Öf|fent|lich|keits|recht** das, -[e]s: eine Privatschule mit Ö. *(Schule, die rechtlich einer öffentlichen gleichgestellt ist);* → Privatrecht ‖ **öf|fent|lich-recht|lich:** öffentlich-rechtliche Rundfunkanstalt

of|fe|rie|ren ⟨lat.-fr.⟩: jemandem etwas o. *(anbieten)* ‖ **Of|fert** das, -[e]s/-e: *schriftliches Anbot* ‖ **Of|fer|te** die, -/-n (D): *Offert* ‖ **Of|fert|er|stel|lung** ‖ **Of|fert|le|gung** ‖ **Of|fer|to|ri|um** das, -s/Offertorien [-i̯ɛn] (kath.): *ein Teil des Propriums der heiligen Messe*

Öf|fi das, -s/-s (meist Pl.) (sal.): *öffentliches Verkehrsmittel*

Of|fi|zi|al der, -s/-e ⟨lat.⟩: *ein Beamtentitel* ‖ **Of|fi|zi|al|de|likt** (Jus): *vom Staatsanwalt zu verfolgendes Delikt;* → G.: Privatanklagedelikt ‖ **Of|fi|zi|a|lin** die, -/-innen ‖ **Of|fi|zi|al|ver|fah|ren** (Jus): *ein von Amts wegen eingeleitetes Verfahren* ‖ **of|fi|zi|ell:** eine offizielle *(amtliche)* Mitteilung; G.: inoffiziell; → offiziös ‖ **Of|fi|zier** [auch: -s-] der, -s/-e ⟨lat.-fr.⟩ ‖ **Of|fi|zie|rin** die, -/-innen ‖ **Of|fi|ziers|korps** [-koːɐ] = Offizierscorps [-koːɐ]: *Gesamtheit der Offiziere* ‖ **Of|fi|ziers|rang** ‖ **Of|fi|zin** die, -/-en (veraltet): *Buchdruckerei | Werkstatt | Apotheke* ‖ **of|fi|zi|nal** = **of|fi|zi|nell:** *als Heilmittel verwendet* ‖ **of|fi|zi|ös:** eine offiziöse *(halbamtliche)* Mitteilung; → offiziell; → G.: inoffiziös

off|line [-laɪn, engl. -'laɪn] ⟨engl.⟩: *ausgeschaltet;* der Drucker ist o. | *nicht mit dem Internet verbunden;* → G.: online

öff|nen: geöffnete Fenster | sich der Kollegin ö. *(sich ihr anvertrauen)* ‖ **Öff|ner** der, -s/-: *Gerät zum Öffnen [von Konservendosen]* ‖ **Öff|nung** die, -/-en ‖ **Öff|nungs|zeit** (meist Pl.)

Off|set|druck der, -[e]s: *ein Druckverfahren*

OFM = **O. F. M.:** **O**rdinis **F**ratrum **M**inorum (wörtl.: vom Orden der Minderen Brüder); → Franziskanerorden

o-för|mig = **O-för|mig**

oft, öfter, am öftesten: öfter als; *aber:* des **Öf**ter[e]n ‖ **öf|ters,** *auch:* öfter: *oftmals, ziemlich oft* ‖ **oft|ma|lig** ‖ **oft|mals**

ÖGB [ø ge 'beː] der, -: **Ö**sterreichischer **G**ewerkschafts**b**und

OGH [o ge 'haː]: **O**berster **G**erichts**h**of *(ein Höchstgericht)*

oh: oh, das ist herrlich!; oh weh (= o weh); → o

ÖH [ø 'haː] die, -: **Ö**sterreichische **H**ochschülerInnenschaft

oha = **öha** (ugs.): *ein Ausruf; Zuruf an Zugtiere, halt!*

Oheim der, -[e]s/-e (geh., veraltet): *Onkel*

OHG [o ha 'geː] die, -/-s (Wirt.): **O**ffene **H**andels**g**esellschaft

oh, là, là = o, là, là ⟨fr.⟩: *Ausruf der Verwunderung*

Ohm[1] das, -[s]/- (Zeichen: Ω): *Maßeinheit des elektrischen Widerstandes;* drei Ohm; der Ohm'sche (= **o**hmsche) Widerstand

Ohm[2] der, -[e]s/-e (D, veraltet): *Onkel, Oheim*

oh|ne (Präp. mit Akk.): o. mich; o. die Kinder; o. Weiteres (= weiteres) *(ohneweiters);* oben o. *(ohne Bikinioberteil)* | (sal.) das war nicht o.! *(war kritisch, gefährlich)* | (Konj.) o. mit der Wimper zu zucken ‖ **oh|ne|dem** [auch: 'oː-] (veraltet): *ohnedies* ‖ **oh|ne|dies:** *ohnehin* ‖ **oh|ne|ei|n|an|der:** o. auskommen ‖ **oh|ne|glei|chen** [auch: 'oː-]: eine Frechheit o. *(eine unbeschreibliche Frechheit)* ‖ **oh|ne|hin** ‖ **oh|ne|wei|ters:** *ohne Weiteres/weiteres*

Ohn|macht die, -/-en ‖ **ohn|mäch|tig:** *bewusstlos* | einer Sache o. *(machtlos)* gegenüberstehen

oho: *ein Ausruf [des Erstaunens]*

Ohr das, -[e]s/-en: diese Nachricht ist mir zu Ohren gekommen *(ich habe davon gehört);* jemandem in den Ohren liegen *(jemanden ständig mit einer Angelegenheit belästigen);* jemanden übers Ohr hauen *(betrügen);* er ist bis über die Ohren *(schwer)* verliebt ‖ **Öhr** das, -[e]s/-e: *ein kleines Loch;* Nadelöhr ‖ **Ohr|clip** [-kl-] = **Ohr|clips** = Ohrklipp = Ohrklips: *ein Ohrschmuck* ‖ **oh|ren|be|täu|bend:** ohrenbetäubender Lärm ‖ **Oh|ren|fau|teuil** [-fotœj] ‖ **Oh|ren|sau|sen** das, -s ‖ **Oh|ren|schlie|fer** (ugs.): *Ohrenschlüpfer* ‖ **Oh|ren|schlüp|fer** der, -s/-: *ein Insekt, Ohrwurm* ‖ **Oh|ren|schmaus** der, -es: diese Musik ist ein O. *(ist bes. schön anzuhören)* ‖ **Oh|ren|schüt|zer** der, -s/-: *ein Schutz gegen Kälte* ‖ **oh|ren|zer|rei|ßend:** ohrenzerreißender Lärm ‖ **Oh|ren|zeu|ge:** ich war O. des Gesprächs *(habe es selbst gehört)* ‖ **Ohr|fei|ge** ‖ **ohr|fei|gen,** du ohrfeigst, geohrfeigt werden ‖ **Ohr|hö|rer:** *ins Ohr zu steckender kleiner Kopfhörer* ‖ **Ohr|klipp, Ohr|klips** = → Ohrclip ‖ **Ohr|läp|pchen** das, -s/- ‖ **Ohr|lap|perl** das, -s/-[n] (ugs.): *Ohrläppchen* ‖ **Ohr|mar|ke:** *Kennzeichnungsmarke [bei Rindern]* ‖ **Ohr|mu|schel** ‖ **Oh|ro|pax** das, -/- (Wz.): *ein Gehörschutz* ‖ **Ohr|ring** ‖ **Ohr|ste|cker:** *Schmuck, der im Ohr getragen wird* ‖ **Ohr|wa|schel** (ugs.): *Ohrmuschel* | (ugs.) (Verk.) *Gehsteigvorbau* ‖ **Ohr|wurm** (ugs.): *Melodie, die nicht aus dem Kopf geht* | *ein Insekt*

Ohio [-'haɪ-, engl. oʊ'haɪoʊ]: *Bundesstaat der USA*

ÖIAG [ø i a 'geː] die, -: **Ö**sterreichische **I**ndustrieholding **A**ktien**g**esellschaft; → Verstaatlichte

oje: *ein Ausruf* ‖ **oje|mi|ne:** *ein Ausruf des Schreckens*

o. k. [o'keː, engl.: əʊ'keɪ] = **O. K.:** **ok**ay

Oka|ri|na die, -/-s [Okarinen] ⟨lat.-it.⟩: *ein Blasinstrument*

okay [o'keː, engl.: əʊ'keɪ] (o. k., O. K.) ⟨engl.⟩ (sal.): es ist alles o. *(in Ordnung)*

Ok|ka|si|on die, -/-en ⟨lat.⟩: *Gele-*

O

genheitskauf ‖ **okkasionell:** *gelegentlich*
Okklusion die, -/-en ⟨lat.⟩ (Med.): *Gebissstellung* | (Met.) *Aufeinandertreffen einer Warm- und Kaltfront* ‖ **Okklusionsverband** (Med.)
okkult ⟨lat.⟩: *verborgen, geheim; übersinnlich* ‖ **Okkultismus** der, -: *Lehre von den okkulten Vorgängen*
Okkupant der, -en/-en ⟨lat.⟩: *Besatzungsmacht* ‖ **Okkupation** [-tsi̯-] die, -/-en: *gewaltsame Besetzung eines fremden Landes;* → Annexion ‖ **Okkupator** der, -s/-en [-'oː-] ‖ **okkupieren** ‖ **Okkupierung** die, -/-en
Ökologie die, - ⟨gr.⟩: *Lehre von den Beziehungen der Lebewesen zu ihrer Umwelt* ‖ **ökologisch:** das ökologische Gleichgewicht ‖ **Ökonom** der, -en/-en: *Landwirt* ‖ **Ökonomat** das, -[e]s/-e (SüdT): *Materialverwaltungsstelle* ‖ **Ökonomatsamt** (SüdT) ‖ **Ökonomie** die, -/-n: *Landwirtschaft* | (ohne Pl.) *Sparsamkeit* ‖ **Ökonomierat:** *ein [auszeichnender Berufs]titel für Landwirte* ‖ **Ökonomierätin** ‖ **Ökonomin** die, -/-innen ‖ **ökonomisch:** *wirtschaftlich, sparsam* ‖ **ökonomisieren:** *wirtschaftlich machen* ‖ **Ökonomismus** der, -: *Überbetonung der Wirtschaft* ‖ **Ökopickerl:** *Auszeichnung für umweltfreundliche Betriebe* ‖ **Ökopunkt** (meist Pl.): *Einheit für die Umweltverträglichkeit* ‖ **Ökoschmäh** (sal.): *vorgetäuschte ökologische Begründung zwecks Verkaufsförderung* ‖ **ökosozial:** ökosoziale *(ökologische und soziale)* Marktwirtschaft ‖ **Ökosteuer** ‖ **Ökosystem** [-zy-]: *ökologisches System*
Oktaeder der (*auch:* das), -s/- ⟨gr.⟩ (Math.): *regelmäßiger achtflächiger Körper* ‖ **Oktant** der, -en/-en (Seemannsspr.): *ein Winkelmessgerät* ‖ **Oktanzahl** (OZ): Benzin mit hoher O. *(Klopffestigkeit)* ‖ **Oktav** die, -/-en = **Oktave**, -/-n [-vɛ, -fɛ] (Mus.): *8. Tonstufe; Zusammenklang oder Aufeinanderfolge zweier Töne, deren Schwingungszahlen sich wie 1 : 2 (2 : 1) verhalten;* die Männer singen eine O. tiefer mit | (kath.) *achttägige Nachfeier eines hohen katholischen Kirchenfestes* ‖ **oktavieren** (Mus.): *in der höheren bzw. tieferen Oktav singen bzw. spielen* ‖ **Oktett** das, -[e]s/-e (Mus.): *Musikstück für acht Gesangsstimmen oder Instrumente* | *die acht Ausführenden eines solchen Musikstücks* ‖ **Oktober** der, -[s]/-: *der zehnte Monat* ‖ **Oktoberdiplom** (Gesch., Pol.): *föderalistischer Verfassungsentwurf für das Habsburgerreich (1860)* ‖ **Oktoberfest:** das Münchner O. ‖ **Oktoberrevolution** [-v- -tsi̯-] (Gesch., Pol.): *russische bolschewistische Revolution von 1917* | *letzte Aufstände der Revolution in Österreich im Oktober 1848* ‖ **Oktogon** das, -s/-e: *Achteck* | (Arch.) *Bau mit achteckigem Grundriss* ‖ **oktogonal** ‖ **Oktopus** der, -/Oktopoden: *achtarmiger Krake*
oktroyieren [-o'iː-, -o̯a'jiː-] ⟨fr.⟩: eine oktroyierte *(von der Staatsführung verordnete)* Verfassung; → aufoktroyieren
Okular das, -s/-e ⟨lat.⟩: *die dem Auge zugewendete Linse [im Mikroskop, Fernglas];* → Objektiv ‖ **okulieren:** *eine Methode, Kulturpflanzen zu veredeln*
Ökumene die, - ⟨gr.⟩ (Rel.): *die gesamte Christenheit* ‖ **ökumenisch** (Rel.): die ökumenische Bewegung *(Einigungsbewegung der christlichen Kirchen);* das ökumenische Konzil *(allgemeine katholische Kirchenversammlung); aber:* → der **Ö**kumenische Rat der Kirchen *(eine Versammlung von Vertretern der christlichen Kirchen)*
Okzident [auch: -'ɛ-] der, -s ⟨lat.⟩: *das Abendland; der Westen;* → G.: Orient ‖ **okzidentalisch:** *abendländisch*
okzitanisch ⟨lat.-provenzalisch-fr.⟩ ‖ **Okzitanisch** das, -[s] = **Okzitanische,** -n: *die (durch das Französische weithin verdrängte) romanische Sprache Südfrankreichs;* → Provenzalisch
ö. L.: **ö**stlicher **L**änge
Öl das, -[e]s/-e: in Öl frittieren; mit Öl heizen
Olaf: *männl. Vorname*
o, là, là = → oh, là, là
Ölalarm: *Noteinsatz [der Feuerwehr] wegen ausfließenden Erdöls uÄ* ‖ **Ölbaum:** *Olivenbaum* ‖ **Ölberg:** *Berg bei Jerusalem* ‖ **Ölbild:** *mit Ölfarben gemaltes Gemälde*
Old Economy [əʊld ɪ'kɒnəmi] die, - - ⟨engl.⟩ (Wirt.): *alle Unternehmen ausgenommen Internet-, Medien-, Telekombranche;* → G.: New Economy ‖ **Oldie** [engl.: 'əʊ-] der, -s/-s: *alter Schlager* | (scherzh.) *älterer, aber noch flotter Mensch*
Oldtimer ['əʊldtaɪmə] der, -s/- ⟨engl.⟩: *altes Automodell*
Oleander der, -s/- ⟨lat.-it.⟩: *ein Zierstrauch, Zierbaum*
ölen: die Nähmaschine ö.
olfaktorisch ⟨lat.⟩ (Med.): *den Geruchssinn betreffend*
Ölfarbe: *mit Öl gebundene Malfarbe* ‖ **Ölfilm:** *Ölschicht [auf der Wasseroberfläche]* ‖ **Ölfrucht:** *Olive, Raps, Sonnenblume ua.*
OLG [o ɛl 'geː] das, -[s]/-[s]: **O**ber**l**andes**g**ericht
Olga: *weibl. Vorname*
Ölgemälde: *Ölbild* ‖ **Ölheizung** ‖ **ölig:** ölige Flüssigkeiten
Oligarchie die, -/-n ⟨gr.⟩: *Staatsform, bei der eine kleine Gruppe alle Macht hat*
oliv ⟨gr.-lat.⟩: ein oliv (*auch:* olives) Kleid ‖ **Oliv** das, -s/-: eine Hose in O. ‖ **Olive** [-f-, -v-] die, -/-n : *Frucht des Ölbaums* ‖ **Olivenbaum** ‖ **Olivenöl**
Oliver [-v-]: *männl. Vorname*
olivgrün ⟨gr.-lat.⟩
Ölkrise ‖ **Ölkürbis** ‖ **Öllampe**
Olm der, -s/-e: *ein Amphibium*
Ölmagnat: *reicher Erdölindustrieller* ‖ **Ölmagnatin**
Olmütz (tschech.: Olomouc ['ɔlɔmɔʊts]): *Stadt in Tschechien*
Ölpest: *Verschmutzung von Gewässern durch Öl* ‖ **Ölpreis** ‖ **Ölsardine:** *ein konservierter Fisch;* wie die Ölsardinen *(ganz eng zusammengedrängt)* ‖ **Ölscheich:** *arabischer Herrscher eines Erdöllandes* ‖ **Öltank** ‖ **Ölteppich:** *Ölschicht, die sich auf der Wasseroberfläche ausbreitet* ‖ **Ölung** die, -/-en (kath.): die Letzte Ö. (veraltet für: *Sakrament der Krankensalbung)* ‖ **Ölwechsel** [-ks-]
Olymp [-'y-] der, -s ⟨gr.⟩ *Gebirgsstock in Griechenland* | *[bei den alten Griechen] Göttersitz, -himmel* ‖ **Olympiade** die, -/-n: *der Zeitraum von vier Jahren zwischen den Olympischen Spielen [im alten Griechenland]* | *die Olympischen Spiele* ‖ **Olympiamannschaft** ‖ **Olympiasieger** ‖ **Olympiasiegerin** ‖ **Olympiastadion** [-ʃt-] ‖ **Olympionike** der, -n/-n: *Olympiateilnehmer, -sieger* ‖ **Olympionikin** die, -/-innen ‖ **olympisch:** die olym-

pischen Götter | das olympische Feuer; olympisches Dorf *(die Unterkünfte der Olympiakämpfer); aber:* die **O**lympischen Spiele; das Internationale **O**lympische Komitee

Öl|zeug (Seemannsspr.): *wasserdichte Überbekleidung* || **Öl|zweig:** *Olivenzweig (als Friedenssymbol)*

Oma die, -/-s: *Großmutter* || **Oma|ma** die, -/-s: *Großmutter*

Om|buds|frau ⟨schwed.⟩: *Vertrauensperson, die für die Rechte von Einzelnen eintritt* || **Om|buds|mann**

Ome|ga das, -[s]/-[s] (ω, Ω) ⟨gr.⟩: *letzter Buchstabe des griechischen Alphabets, entspricht einem langen o;* → Alpha; → Omikron

Ome|lett das, -[e]s/-s = **Ome|lette** [om'lɛt(ɛ)] die, -/-n ⟨fr.⟩: *eine Mehlspeise; eine Eierspeise*

Omen das, -s/- [Omina] ⟨lat.⟩ (geh.): *Vorbedeutung, Vorzeichen;* ein gutes/schlechtes O.

Omi die, -/-s (Kinderspr.): *Oma*

Omi|kron das, -[s]/-[s] (o, O) ⟨gr.⟩: *griechischer Buchstabe, entspricht kurzem o;* → Omega

omi|nös ⟨lat.⟩: eine ominöse *(bedenkliche, zweifelhafte)* Angelegenheit

Om|ni|bus ⟨lat.⟩: *ein Autobus* || **om|ni|po|tent** (geh.): *allmächtig* || **Om|ni|po|tenz** die, - (geh.): *Allmacht* || **om|ni|prä|sent** (geh.): *allgegenwärtig* || **Om|ni|prä|senz**

OMV [o ɛm 'faʊ] die, -: **Ö**sterreichische **M**ineralöl**v**erwaltung AG

on ⟨engl.⟩: *ein, eingeschaltet [auf Schaltern]*

ON [o 'ɛn] das, -: **Ö**sterreichisches **N**ormungsinstitut *(Verein für die Ausarbeitung allgemeiner Richtlinien);* → ÖNORM

Ona|nie die, -: *geschlechtliche Selbstbefriedigung, Masturbation (nach der biblischen Gestalt Onan)* || **ona|nie|ren**

ÖNB [ø ɛn 'beː] die, -: **Ö**sterreichische **N**ational**b**ibliothek

On|dit [õ'di(ː)] das, -[s]/-s ⟨fr.⟩ (geh.): *Gerücht*

on|du|lie|ren ⟨lat.-fr.⟩ (früher): *die Haare mit einer Brennschere in Wellen legen* || **On|du|lie|rung** die, -/-en (früher)

One-Man-Show [ˌwʌn'mænʃəʊ] ⟨engl.⟩: *Show mit einem Alleinunterhalter* || **One-Wo|man-Show** [-'wʊmən-] || **One-Night-Stand** [-'naɪtstænd] der, -s/-s: *sexuelle Affäre für nur eine Nacht*

On|kel der, -s/-: *Bruder oder Schwager des Vaters oder der Mutter* | *befreundeter älterer Bekannter, Wahlonkel* | (ugs.) *vertrauliche Bezeichnung für einen [älteren] Mann, zB Pepi-Onkel;* → Bacsi || **on|kel|haft** (oft abw.): *vertraulich; gönnerhaft*

On|ko|lo|ge der, -n/-n ⟨gr.⟩ (Med.) || **On|ko|lo|gie** die, - (Med.): *Lehre von den Geschwülsten, vom Krebs* || **On|ko|lo|gin** die, -/-innen (Med.)

on|line [-laɪn, engl. -'laɪn] ⟨engl.⟩: *eingeschaltet; an ein Netz angebunden;* der Drucker ist o. | *mit dem Internet verbunden;* → G.: offline || **On|line|ban|king** [-bæ-] das, -s (Bankw.): *Abwicklung von Bankgeschäften über Internet* || **On|line|dienst** (EDV): *Dienst eines Internetserviceproviders uÄ, zB Nachrichten, Wetter* || **On|line-kon|to** (EDV) || **On|line|re|dak|teur** [-tøːɐ]: *Redakteur für Internetmedien* || **On|line|re|dak|teu|rin** || **On|line|shop|ping** [-ʃ-] || **On|line|über|tra|gung**

ONO: Ost**n**ord**o**st[en]

Öno|lo|gie die, - ⟨gr.⟩: *Wein[bau-]kunde*

ono|ma|to|po|e|tisch ⟨gr.⟩: *lautmalend, Naturlaute durch Sprachlaute nachahmend, zB in* rasseln, zirpen, brummen

ÖNORM die, -/-en: *Kurzwort für Österreichische Norm;* → ON

on the rocks [- ðə -] ⟨engl.⟩: Whiskey on the r. *(mit Eiswürfeln)*

On|to|ge|ne|se die, - ⟨gr.⟩ (Biol.): *Entwicklung des Einzelwesens;* → Phylogenese || **on|to|ge|ne|tisch** (Biol.) || **On|to|lo|gie** die, - (Phil.): *Lehre vom Sein, ein Teilbereich der Philosophie*

Onyx [-y-] der, -[es]/-e ⟨gr.⟩: *ein Schmuckstein*

OÖ: Ober**ö**sterreich || **oö.: o**ber**ö**sterreichisch

OP [o 'peː] der, -[s]/-[s]: **Op**erationssaal | → O. P.

op.: Opus

O. P., *auch:* OP, O. Pr.: **O**rdinis **P**raedicatorum *(vom Predigerorden);* → Dominikanerorden

Opa der, -s/-s: *Großvater*

opak ⟨lat.⟩: *undurchsichtig*

Opal der, -[e]s/-e ⟨Sanskrit-gr.-lat.⟩: *ein Schmuckstein* || **opa|li|sie|ren:** *wie ein Opal schimmern*

Opa|pa der, -s/-s: *Opa*

Op-Art die, - ⟨engl.⟩: *eine Kunstrichtung*

OPEC [-k] die, -: *Organisation Erdöl exportierender Länder*

open air [ˌəʊ- 'eə] ⟨engl.⟩: *unter freiem Himmel, im Freien* || **Open Air** das, -s/-s: *Kurzwort für Openairkonzert uÄ* || **Open-Air-Konzert** || **open end:** *ohne zeitlich festgesetztes Ende* || **Open-End-Dis|kus|si|on**

Oper die, -/-n ⟨lat.-it.⟩: *ein musikalisches Bühnenwerk* | (mit Pl. Opernhäuser) *Opernhaus;* in die O. gehen || **ope|ra|bel:** eine operable *(operierbare, durch eine Operation zu beseitigende)* Geschwulst; → G.: inoperabel || **Ope|ra buf|fa** die, - -/Opere buffe ⟨it.⟩: *komische Oper (im 18. Jh.)* || **Ope|ra se|ria** die, - -/Opere serie: *ernste Oper (im 18. Jh.)* || **Ope|ra|teur** [-'tøːɐ] der, -s/-e ⟨lat.-fr.⟩: *Chirurg* | (veraltend) *Filmvorführer* || **Ope|ra|teu|rin** die, -/-innen || **Ope|ra|ti|on** [-tsi̯-] die, -/-en ⟨lat.⟩: *chirurgischer Eingriff* | *[militärische] Unternehmung* | (Math.) *Rechenoperation* || **ope|ra|ti|o|nal:** *auf wissenschaftlichen Verfahren beruhend* | (Gramm.) operationales Verfahren *(eine Methode zur grammatikalischen Analyse eines Satzes)* || **ope|ra|ti|o|na|li|sie|ren** || **Ope|ra|ti|ons|saal:** → OP; → OP-Saal || **ope|ra|tiv:** eine Geschwulst o. *(durch Operation)* entfernen || **Ope|ra|tor** der, -s/-en [-'oː-] (Math., Phys.): *ein Mittel zur Durchführung einer Rechenoperation, zB eine Matrix* || **Ope|ret|te** die, -/-n ⟨lat.-it.⟩: *ein heiteres musikalisches Bühnenwerk* || **Ope|ret|ten|kom|po|nist** || **Ope|ret|ten|kom|po|nis|tin** || **Ope|ret|ten|sän|ger** || **Ope|ret|ten|sän|ge|rin** || **Ope|ret|ten|staat** (abw.): *unbedeutender, lächerlicher Staat* || **ope|rie|ren** ⟨lat.⟩: der Patient musste operiert werden | (Mil.) die Truppen operierten in Feindesland *(führten eine militärische Operation durch)* || **Opern|arie** [-i̯ɐ] || **Opern|auf|füh|rung** || **Opern|ball:** der O. in der Wiener Staatsoper || **Opern|büh|ne** || **Opern|fest|spie|le** die (Pl.) || **Opern|füh|rer:** *ein Nachschlagewerk mit Inhaltsangaben von Opern* || **Opern|ga|la** || **Opern|glas:** *kleines Fernglas für Oper und Theater* || **Opern|gu|cker** (ugs.): *Opernglas* || **Opern|haus:** *Oper* || **Opern|sän|ger** || **Opern|sän|ge|rin**

O

Op|fer das, -s/-: ein O. bringen | die Explosion forderte drei O. *(Menschenleben)* | der Baum ist einer breiteren Straße zum O. gefallen || **op|fer|be|reit** || **Op|fer|ga|be** (Rel.) || **Op|fer|lamm:** *jemand, der schuldlos [geduldig] leidet* || **Op|fer|mut** (geh.) || **op|fer|mü|tig** (geh.) || **op|fern:** ein Lamm o. *(als Opfergabe darbringen)* | seine Zeit o. | sich für etwas o. || **Op|fer|rol|le:** er schlüpft stets in die O. *(verhält sich wie ein Opfer)* || **Op|fer|sinn** der, -[e]s (geh.): *Opferbereitschaft* || **Op|fer|stock:** *Einwurfkasten für Geldspenden in Kirchen* || **Op|fe|rung** die, -/-en

Oph|thal|mo|lo|ge [ɔf-] der, -n/-n ⟨gr.⟩ (Med.): *Facharzt der Augenheilkunde* || **Oph|thal|mo|lo|gie** die, - (Med.): *Augenheilkunde* || **Oph|thal|mo|lo|gin** die, -/-innen (Med.)

Opi der, -s/-s (Kinderspr.): *Opa*

Opi|at das, -[e]s/-e ⟨gr.-lat.⟩: *Opium enthaltendes Medikament*

Opi|nio com|mu|nis [- k-] die, - - ⟨lat.⟩: *allgemeine Meinung* || **Opi|ni|on|lea|der** [ə'pɪnjən-liːdə] der, -s/- ⟨engl.⟩ (Soz.): *Meinungsbildner* || **Opi|ni|on|lea|de|rin** die, -/-innen (Soz.)

Opi|um das, -s ⟨gr.-lat.⟩: *ein Suchtgift; ein Arzneimittel* || **Opi|um|höh|le** (abw., veraltet): *Ort, wo man Opium raucht*

Opos|sum[1] [auch: 'ɔ-] das, -s/-s ⟨indian.-engl.⟩: *ein Beuteltier* || **Opos|sum**[2] der, -s: *ein Pelz*

Op|po|nent der, -en/-en ⟨lat.⟩: *Gegenspieler, Widersacher* || **Op|po|nen|tin** die, -/-innen || **op|po|nie|ren:** *sich widersetzen*

op|por|tun ⟨lat.⟩: *zweckmäßig, vorteilhaft;* → G. inopportun || **Op|por|tu|nis|mus** der, -: *gesinnungslose Anpassung an die jeweilige Situation* || **op|por|tu|nis|tisch** || **Op|por|tu|ni|tät** die, -/-en || **Op|por|tu|ni|täts|prin|zip** (Jus): *Zweckmäßigkeitsgrundsatz*

Op|po|si|ti|on [-tsi̯-] die, - ⟨lat.⟩: *Widerstand | Gegensatz | Gegenpartei [zur Regierung]* || **op|po|si|ti|o|nell** || **Op|po|si|ti|ons|par|tei**

O. Pr. → O. P.

OP-Saal: *Operationssaal;* → OP

Op|tant der, -en/-en ⟨lat.⟩: *jemand, der für etwas optiert;* → Option | (SüdT) *Südtiroler, der sich im Jahr 1939 für die deutsche Staatsbürgerschaft entschied* || **Op|tan|tin** die, -/-innen || **op|tie|ren** ⟨lat.⟩: für einen Staat o. *(sich für die betreffende Staatsbürgerschaft entscheiden)*

Op|tik die, - ⟨gr.-lat.⟩: *Lehre vom Licht* | (mit Pl. -en) *Gesamtheit der Linsen [eines Mikroskops, Fernrohrs] | der äußere (gute oder schlechte) Eindruck in der Öffentlichkeit;* eine schiefe O. || **Op|ti|ker** der, -s/-: *Fachmann für optische Geräte, Brillen uÄ* || **Op|ti|ke|rin** die, -/-innen

op|ti|mal ⟨lat.⟩: die optimale *(bestmögliche)* Leistung || **op|ti|mie|ren:** *optimal gestalten* || **Op|ti|mis|mus** der, - || **Op|ti|mist** der, -en/-en: *jemand, der meist Gutes erwartet;* → G.: Pessimist || **Op|ti|mis|tin** die, -/-innen || **op|ti|mis|tisch** || **Op|ti|mum** das, -s/Optima: *das Günstigste, das Beste*

Op|ti|on [-tsi̯-] die, -/-en ⟨lat.⟩: *[Wahl]möglichkeit;* sich alle Optionen offenlassen | *Wahl einer bestimmten Staatsbürgerschaft* | (Jus) *das Recht, eine vertragliche Vereinbarung in Wirksamkeit zu setzen;* → optieren || **Op|ti|ons|schein** (Bankw., Börse): *ein risikoreiches Wertpapier*

op|tisch ⟨gr.-lat.⟩: eine optische Täuschung *(Sehtäuschung);* optische Sonnenbrillen

opu|lent ⟨lat.⟩: eine opulente *(üppige)* Mahlzeit; → G.: frugal || **Opu|lenz** die, -

Opun|tie [-tsi̯ə] die, -/-n ⟨gr.-lat.⟩: *Feigenkaktus | dessen essbare Früchte*

Opus das, -/Opera ⟨lat.⟩: *musikalisches, dichterisches, wissenschaftliches Werk;* das gesamte O. eines Dichters | (mit Abkürzung op.) (Mus.) *Einzelwerk aus dem Gesamtwerk eines Komponisten;* Beethovens Klaviersonate op. 13 || **Opus|zahl**

Ora|kel das, -s/- ⟨lat.⟩: *[mehrdeutige] Weissagung* || **ora|kel|haft:** *rätselhaft* || **ora|keln:** *sich mit orakelhafter Unbestimmtheit äußern;* sie orakelt über den Wahlausgang || **Ora|kel|spruch**

oral ⟨lat.⟩ (Med.): ein Medikament o. *(durch den Mund)* einnehmen

oran|ge [o'rãːʃ] ⟨pers.-arab.-fr.⟩:

Das Farbadjektiv wird im Allgemeinen nicht dekliniert:
- ein orange Kleid (*oder:* orangefarbenes Kleid)
- ein orange Schal

Daneben ist folgende Deklination gebräuchlich:
- ein oranges [-ʒɛs] Kleid *(nicht korrekt ist jedoch:* ein orangenes Kleid)
- ein oranger Schal

Oran|ge[1] das, -/-: *eine Farbe* || **Oran|ge**[2] [-ʒɛ, o'ranʒɛ] die, -/-n: *eine Zitrusfrucht* || **Oran|gea|de** [-'ʒaːt, -dɛ] die, -/-n: *ein Erfrischungsgetränk* || **Oran|geat** [-'ʒaːt] das, -s: *kandierte Orangenschalen, Aranzini* || **oran|ge|far|ben** || **Oran|gen|haut** (Med.): → *Cellulitis* || **Oran|gen|juice** [-dʒuːs] || **Oran|gen|scha|le** || **Oran|gen|saft** || **Oran|gen|spal|te** || **Oran|ge|rie** die, -/-n: *Gewächshaus barocker Schlösser* || **oran|ge|rot**

Orang-Utan der, -s/-s ⟨mal.⟩: *ein Menschenaffe*

Ora|to|ri|en|auf|füh|rung ⟨lat.⟩ || **Ora|to|ri|um** das, -s/Oratorien [-i̯ən]: *ein [geistliches] Musikwerk | [in der Kirche] ein Betraum*

Or|bit der, -s/-s ⟨lat.-engl.⟩: *Umlaufbahn [eines Erdsatelliten]*

Or|ches|ter [meist: -'kɛ-] das, -s/- ⟨gr.-lat.⟩: *eine Musikkapelle | Raum für die Musiker [im Theater]* || **Or|ches|ter|be|glei|tung** || **Or|ches|ter|gra|ben:** *Raum im Opernhaus für das Orchester zwischen Bühne und Zuschauerraum* || **Or|ches|ter|klang** || **Or|ches|ter|kon|zert** || **Or|ches|ter|mit|glied** || **Or|ches|ter|mu|si|ker** || **Or|ches|ter|mu|si|ke|rin** || **Or|ches|ter|par|ti|tur** || **Or|ches|ter|sitz:** *ein Sitz in den ersten Reihen [des Theaters]* || **Or|ches|ter|werk** || **or|ches|tral:** *für das Orchester typisch* || **or|ches|trie|ren** (Mus.): eine Komposition o. *(für Orchester instrumentieren)* || **Or|ches|trie|rung** die, -/-en (Mus.) || **Or|ches|tri|on** das, -s/Orchestrien [-i̯ən]: *ein großes mechanisches Musikinstrument*

Or|chi|dee die, -/-n ⟨gr.-fr.⟩: *eine Blume*

Or|den der, -s/- ⟨lat.⟩: *eine sichtbare Auszeichnung | eine geistliche Vereinigung;* einen O. gründen || **Or|dens|bru|der** || **Or|dens|geist|li|che** der, -n/-n, ein Ordensgeistlicher: *Mönch;* → G.: der Weltgeistliche || **Or|dens|ge|lüb|de** || **Or|dens|ka|pi|tel:** *feierliche Versammlung eines geistlichen Ordens* || **Or|dens|pries|ter** → G.: Weltpriester || **Or|dens|re-**

O

gel ‖ **Ordensschwester** ‖ **Ordenstracht** ‖ **Ordensverleihung** ‖ **ordentlich:** o. arbeiten; → G.: unordentlich | (veraltet) ordentlicher Wohnsitz *(→ Hauptwohnsitz); aber:* **O**rdentlicher Universitätsprofessor; → G.: außerordentlich | (Jus) ordentliche Gerichtsbarkeit *(Gericht für Zivilprozesse ua.);* → G.: außerordentliche Gerichtsbarkeit ‖ **Order** die, -/-s [-n] ⟨lat.-fr.⟩: *Auftrag, Weisung* | (geh.) gemessene O. *(den bestimmten Auftrag)* haben ‖ **ordern** (Kaufmannsspr.): *bestellen, kommen lassen* ‖ **Ordinalzahl** ⟨lat.⟩: *Zahl, die die Position in einer Reihenfolge angibt, Ordnungszahl* ‖ **Ordinalzahlwort** (Gramm.): *Ordnungszahlwort,* zB *zweite[r]* ‖ **ordinär** ⟨lat.-fr.⟩: *gewöhnlich; gemein* ‖ **Ordinaria** die, -/Ordinariae [-ie] ⟨lat.⟩ (früher): *Ordentliche Professorin an einer Hochschule oder Universität* ‖ **Ordinariat** das, -[e]s/-e: *eine kirchliche Behörde;* das bischöfliche O. | *Planstelle eines Ordentlichen Universitätsprofessors, Lehrstuhl; Lehrkanzel* ‖ **Ordinarium** das, -s/ Ordinarien [-ien] (kath.): *die gleich bleibenden Teile der Messe; Gottesdienstordnung;* → Proprium ‖ **Ordinarius** der, -/ Ordinarien [-ien] (früher): *Ordentlicher Professor an einer Hochschule oder Universität* | (veraltet) *Klassenvorstand* ‖ **Ordinate** die, -/-n (Math.): *die parallel zur Ordinatenachse gemessene Koordinate* ‖ **Ordinatenachse** [-ks-]: *die senkrecht zur Abszissenachse (x-Achse) stehende Achse (y-Achse)* ‖ **Ordination** [-tsi-] die, -/-en: *ärztliche Sprechstunde | ein ärztlicher Untersuchungs- und Behandlungsraum | Einsetzung in ein geistliches Amt* ‖ **Ordinationshilfe:** *Sprechstundenhilfe des Arztes* ‖ **Ordinationszimmer** ‖ **ordinieren** ‖ **ordnen** ‖ **Ordner** der, -s/-: *jemand, der für Ordnung sorgt,* zB *bei öffentlichen Veranstaltungen | Sammelmappe [für Dokumente]* ‖ **Ordnerin** die, -/ -innen ‖ **Ordnung** die, -/-en: jemanden zur O. rufen | (Biol.) *Rangstufe im System der Organismen* ‖ **ordnungsgemäß** ‖ **ordnungshalber** ‖ **ordnungsliebend** ‖ **Ordnungsruf:** *im Parlament Ermahnung zur Einhaltung der Ordnung; Zurechtweisung* ‖ **Ordnungsstrafe** (Jus) ‖ **ordnungswidrig** ‖ **Ordnungswidrigkeit** (Jus): *Verwaltungsstraftat* ‖ **Ordnungszahl:** *Ordinalzahl* | (Phys.) *die Zahl der Protonen im Atomkern* ‖ **Ordnungszahlwort** (Gramm.): *Ordinalzahlwort* ‖ **Ordonnanz** die, -/-en, *auch:* Ordonanz ⟨lat.-fr.⟩ (Mil.): *für bestimmte Aufgaben, zB zum Überbringen von Befehlen, abkommandierter Soldat*

Oregano = Origano der, -s ⟨gr.-lat.-it.⟩: *eine Gewürzpflanze, Wilder Majoran*

ORF [o ɛr 'ɛf] der, -: **Ö**sterreichischer **R**und**f**unk ‖ **ORF 1:** *das erste Fernsehprogramm des ORF;* → FS 1 ‖ **ORF 2**

Orffinstrument (meist Pl.) (Mus.): *(von dem Komponisten Carl Orff entwickeltes) Schlag- und Rhythmusinstrument*

ORG [o ɛr 'geː] das, -/-: das **O**berstufen**r**eal**g**ymnasium

Organ das, -s/-e ⟨gr.-lat.⟩: *ein Körperteil;* ein lebenswichtiges O. *(Herz, Leber ua.)* | ein O. *(Beamter)* einer Behörde | ein lautes O. *(eine laute Stimme)* haben | das O. *(die Zeitung, Zeitschrift)* einer politischen Partei ‖ **Organbank** (Med.): *Depot von Organen für Transplantationen* ‖ **Organempfänger** (Med.) ‖ **Organempfängerin** (Med.) ‖ **Organhaftpflicht** ‖ **Organhaftpflichtgesetz** (Jus) ‖ **Organhaftung** (Jus): *Haftung eines Beamten gegenüber seiner Behörde* ‖ **Organigramm** das, -s/-e: *schematische Darstellung des Funktionierens einer Organisation* ‖ **Organisation** [-tsi-] die, -/-en: *Vereinigung* | (ohne Pl.) *planmäßige Einrichtung und Gestaltung;* → G.: Desorganisation ‖ **Organisationsform** ‖ **Organisationstalent:** *Organisationsfähigkeit | bes. gute/r Organisator/in* ‖ **Organisator** der, -s/-en [-'oː-] ‖ **Organisatorin** die, -/-innen ‖ **organisatorisch** ‖ **organisch:** eine organische *(natürliche, gesetzmäßige)* Entwicklung | organisches *(körperlich bedingtes)* Leiden | organische Chemie; → G.: anorganisch ‖ **organisieren:** ein Unternehmen o. *(aufbauen)* | sie ist gewerkschaftlich organisiert *(Mitglied einer Gewerkschaft)* ‖ **Organisierung** die, -/-en ‖ **Organismus** der, -/ Organismen: *Lebewesen* | (ohne Pl.) *sinnvoll gegliedertes Ganzes | [menschlicher] Körper;* einen widerstandsfähigen O. haben ‖ **Organist** der, -en/-en: *Orgelspieler* ‖ **Organistin** die, -/-innen ‖ **Organizer** ['ɔːgənaɪzə] der, -s/- ⟨engl.⟩: *Terminkalender | kleiner Computer zur Verwaltung von Terminen und Adressen;* → Palmtop ‖ **Organmandat:** *Organstrafmandat* ‖ **Organmandatsstrafe** ‖ **Organologie** die, - (Med.): *Wissenschaft von den Organen* ‖ **Organspende** (Med.) ‖ **Organspender** (Med.): *jemand, der [seine Niere] für eine Organverpflanzung zur Verfügung stellt* ‖ **Organspenderin** (Med.) ‖ **Organstrafmandat:** *Organstrafverfügung; Geldstrafe, die vom Polizisten verhängt und sofort eingehoben wird, Strafzettel* ‖ **Organstrafverfügung:** *Organstrafmandat* ‖ **Organtransplantation** [-tsi-] (Med.) ‖ **Organverpflanzung** (Med.)

Orgasmus der, -/Orgasmen ⟨gr.-lat.⟩: *Höhepunkt der geschlechtlichen Erregung* ‖ **orgastisch:** *aber:* → orgiastisch

Orgel die, -/-n ⟨gr.-lat.⟩: *großes Tasteninstrument mit Pfeifen [in Kirchen];* elektronische O. ‖ **Orgelbauer** der, -s/- ‖ **Orgelbauerin** die, -/-innen ‖ **Orgelkomposition** [-tsi-] ‖ **Orgelmusik** ‖ **orgeln,** ich orgle: *Orgel spielen* ‖ **Orgelpedal** ‖ **Orgelpfeife** ‖ **Orgelspieler:** *Organist* ‖ **Orgelspielerin** ‖ **Orgelwerk:** *Orgel | Komposition für Orgel*

orgiastisch ⟨gr.-lat.⟩: *ausschweifend, zügellos; aber:* → orgastisch ‖ **Orgie** [-ie] die, -/-n: *wüstes, [sexuell] ausschweifendes Gelage*

Orient [auch: -'ɛ-] der, -s ⟨lat.⟩: *das Morgenland, der Osten;* → G.: Okzident ‖ **Orientale** der, -n/-n ‖ **Orientalin** die, -/-innen ‖ **orientalisch** ‖ **Orientalist** der, -en/-en ‖ **Orientalistik** die, -: *Wissenschaft vom Orient* ‖ **Orientalistin** die, -/-innen ‖ **orientieren:** ich kann mich nicht o. *(zurechtfinden);* bestens orientiert *(unterrichtet)* sein; → desorientiert ‖ **Orientierung** die, -: die O. verlieren ‖ **Orientierungshilfe** ‖ **Orientierungslauf** (Sport) ‖ **orientierungslos** ‖ **Orientteppich** [auch: -'ɛnt-]

O

Origano = → Oregano
original ⟨lat.⟩: *ursprünglich; echt; aber:* → originell ‖ **Original** das, -s/-e: *ursprüngliches Erzeugnis; Originalbild* | *Markenware* | *Urschrift [eines Zeugnisses, Werks]* | *Mensch von besonderer Eigenart* ‖ **Originaldokument** ‖ **originalgetreu:** *originalgetreue Wiedergabe* ‖ **Originalinstrument** [-st-] (Mus.): *der Zeit des Komponisten entstammendes bzw. entsprechendes Instrument* ‖ **Originalität** die, -: *Echtheit* | die O. *(Eigenständigkeit, Neuartigkeit)* ihrer Einfälle ‖ **Originalsprache** ‖ **Originaltext** ‖ **Originalton:** *nicht veränderte Tonaufzeichnung;* → O-Ton ‖ **originär:** *ursprünglich* | *eigenständig;* originäre Ideen

originell ⟨lat.-fr.⟩

Nicht verwechseln!
original – originell – originär
original bedeutet „ursprünglich, echt":
– eine original[e] Wiener Mehlspeise
originell bedeutet „eigenartig, heiter-launig":
– ein origineller Mensch
Weiters „neuartig, besonders":
– ein origineller Einfall
originär bedeutet „grundlegend neu, eigenständig":
– eine originäre Leistung

Orion der, -s: *ein Sternbild*
Orkan der, -s/-e ⟨karibisch-span.-niederl.⟩: *außerordentlich heftiger Sturm* ‖ **orkanartig**
Orkus der, - ⟨lat.⟩: *Unterwelt, Totenreich (in der römischen Sage); Hölle*
Ornament das, -[e]s/-e ⟨lat.⟩: *[künstlerische] Verzierung* ‖ **ornamental:** *reich geschmückt, geometrisch stilisiert* ‖ **ornamentartig** ‖ **ornamentieren** ‖ **Ornamentik** die, - ‖ **Ornat** der, -[e]s/-e: *Festgewand [des Priesters]*
Ornithologe der, -n/-n ⟨gr.-lat.⟩: *Fachmann für Vogelkunde* ‖ **Ornithologie** die, -: *Vogelkunde* ‖ **Ornithologin** die, -/-innen
Orografie = Orographie [-f-] die, -/-n ⟨gr.-lat.⟩ (Geogr.): *Beschreibung der Reliefformen eines Gebietes* ‖ **orografisch** = orographisch (Geogr.)
Ort[1] der, -[e]s/-e: *Ortschaft; Stelle* | höheren Ort[e]s *(bei einer höheren Dienststelle)* | (mit Pl. Örter) (Math.) die geometrischen Örter ‖ **Ort**[2] das, -[e]s/Örter (Bergmannsspr.): *vorderes Ende des Stollens* | etwas vor Ort *(an Ort und Stelle)* klären ‖ **Örtchen** das, -s/- (sal.): *Toilette;* das stille Ö. ‖ **orten:** das Fahrzeug des flüchtigen Verbrechers o. *(den Standort bestimmen)*
orthodox ⟨gr.⟩: *rechtgläubig; strenggläubig* | die orthodoxe Kirche *(mit Rom nicht vereinte Ostkirchen);* → griechisch-orthodox ‖ **Orthodoxie** die, -: *Rechtgläubigkeit* | *die Strenggläubigen (jeder Religion und Weltanschauung)* ‖ **Orthoepie** die, -: *Lehre von der genormten Aussprache*

Orthografie = Orthographie [-f-] die, -/-n ⟨gr.⟩: *der Norm entsprechende Schreibung, Rechtschreibung*

Für das Wort gibt es zwei Schreibweisen:
– Orthografie: die eingedeutschte Schreibung
– Orthographie: die fremdsprachige Schreibung
Der Wortbestandteil „-graf" kann immer auch „-graph" geschrieben werden: orthografisch/orthographisch, Geografie/Geographie, Paragraf/Paragraph ...

orthografisch = orthographisch ‖ **Orthopäde** der, -n/-n: *Facharzt für Knochengerüst bzw. Bewegungsorgane* ‖ **Orthopädie** die, - ‖ **Orthopädin** die, -/-innen ‖ **orthopädisch:** orthopädische Schuhe ‖ **Orthoptik** die, - (Med.): *eine Behandlung des Schielens*
Ortler der, -s: *ein Berg in Südtirol* ‖ **Ortlergruppe** die, -: *eine Gebirgsgruppe in Südtirol*
örtlich ‖ **Örtlichkeit** die, -/-en: eine geeignete Ö. ‖ **ortsansässig** ‖ **Ortsbild** ‖ **Ortsbildpflege** ‖ **Ortschaft** die, -/-en: *Dorf, größere Ansiedlung* ‖ **Ortschef** [-ʃɛːf] (sal.): *Bürgermeister* ‖ **Ortschefin** (sal.) ‖ **Ortseinfahrt** ‖ **Ortsende** ‖ **ortsfest:** *fest eingebaut, immobil* ‖ **ortsfremd** ‖ **Ortsgebiet** ‖ **Ortskenntnis** ‖ **Ortskennzahl:** *Vorwahl beim Telefon* ‖ **Ortskern** ‖ **ortskundig** ‖ **Ortsname,** *auch:* **Ortsnamen** ‖ **Ortstafel** ‖ **Ortstafelstreit** (Pol.): *Auseinandersetzung um deutsche und slowenische Namen auf Kärntner Ortstafeln* ‖ **Ortstarif:** *günstiger [Telefon]tarif* ‖ **Ortsteil** ‖ **ortsüblich** ‖ **Ortsumfahrung:** *eine Autostraße* ‖ **Ortswechsel** [-ks-] ‖ **Ortszeit:** *die dem Sonnenstand entsprechende (wahre) Zeit eines Ortes (zum Unterschied von der Normalzeit), Lokalzeit* | Landung in London um 20 Uhr O. *(gemäß der dort geltenden westeuropäischen Zeit)* ‖ **Ortung** die, -/-en: *Standortbestimmung*
Os: **Os**mium
öS (früher): **ö**sterreichische **S**chilling; → ATS
OSB: **O**rdinis **S**ancti **B**enedicti *(vom Benediktinerorden)*
Oscar[1] [-k-] → Oskar ‖ **Oscar**[2] der, -[s]/-s: *ein amerikanischer Filmpreis*
Öse die, -/-n: *Metallring zum Einfädeln oder Einhaken*
Ösi[1] der, -s/-s (bes. D, sal.): *Bezeichnung für einen Österreicher* ‖ **Ösi**[2] die, -/-s (bes. D, sal.)
Oskar, *auch:* Oscar [-k-]: *männl. Vorname;* → Ossi
Oslo: *Hauptstadt Norwegens*
Osmane der, -n/-n: *Angehöriger der Oberschicht im Osmanischen Reich* | *Türke* ‖ **Osmanin** die, -/-innen ‖ **osmanisch:** osmanische Gesandte; *aber:* das **O**smanische Reich *(14. Jh. bis 1923)*
Osmium das, -s ⟨gr.⟩ (Zeichen: Os): *ein chemisches Element*
Osmose die, - ⟨gr.⟩ (Chem., Biol.): *Durchdringen einer Membran durch eine Lösung* ‖ **osmotisch**
OSO: **O**st**s**üd**o**st[en]
OSR: **O**ber**s**chul**r**at, **O**ber**s**chul**r**ätin
Ossi[1]: *männl. Vorname (Oskar, Oswald)* ‖ **Ossi**[2] der, -s/-s (bes. D, sal.): *Deutscher aus dem Gebiet der ehemaligen DDR;* → Wessi ‖ **Ossi**[3] die, -/-s (bes. D, sal.)
Ossiacher See der, - -s (K)
Ost[1] (Zeichen: O): *Himmelsrichtung;* in Ost und West; Graz-Ost (= Graz Ost) ‖ **Ost**[2] der, -[e]s (geh.): *Ostwind;* ein kalter Ost
öst.: **öst**erreichisch; → ö.; → österr. ‖ **Ostarrichi** (Gesch.): *der Name Österreich in der ersten urkundlichen Erwähnung (996)*
Ostasien [auch: -'aː-] ‖ **Ostautobahn** ‖ **Ostblock** der, -[e]s (früher): *die Sowjetunion und die von ihr abhängigen Staaten* ‖ **Osten**

der, -s (O): der Ferne O. *(China, Japan ua.);* der Nahe O. *(Israel, Syrien ua.);* der Mittlere O. *(Indien ua.);* → Ost; → Morgen; → Orient
os|ten|ta|tiv (lat.): sich o. *(herausfordernd, absichtlich)* abwenden
Os|teo|pa|thie die, - (gr.) (Med.): *eine ganzheitliche Diagnose- und Therapietechnik* ‖ **Os|teo|po|ro|se** die, -/-n (Med.): *Knochenschwund*
Os|ter|brauch ‖ **Os|ter|diens|tag** ‖ **Os|ter|ei** ‖ **Os|ter|fei|er** ‖ **Os|ter|fe|ri|en** ‖ **Os|ter|fest** ‖ **Os|ter|ha|se** ‖ **Os|ter|ker|ze** (kath.): *Kerze, die in der Osternacht geweiht wird* ‖ **ös|ter|lich** ‖ **Os|ter|mes|se** ‖ **Os|ter|mon|tag:** *ein Feiertag*

Os|tern die (Pl.), *D auch:* das, -/- (Art. selten)

In Österreich ist „Ostern" mit Artikel oder vorangehendem Adjektiv ein Pluralwort:
- das waren schöne Ostern
- weiße Ostern hatten wir vor zwei Jahren

Steht „Ostern" alleine, ist es ein Singularwort:
- zu Ostern hat es geschneit (*reg. in D, CH:* an Ostern)
- Ostern ist ein bewegliches Fest
- Ostern ist (*auch:* die Ostern sind) vorbei

Os|ter|nacht: *Nacht von Karsamstag auf Ostersonntag* ‖ **Os|ter|pin|ze:** *ein Germgebäck*
österr.: österreichisch; → ö.; → öst. ‖ **Ös|ter|reich** (Ö.; → A; → AT; → AUT) (Kfz: A): die Republik Ö.; → Austria ‖ **Ös|ter|reich 1** → Ö 1 ‖ **Ös|ter|rei|cher** der, -s/-: Herr und Frau Ö. *(der/die durchschnittliche Österreicher/in)* ‖ **Ös|ter|rei|che|rin** die, -/-innen ‖ **Ös|ter|reich|fens|ter:** *[Werbe-]sendungen von deutschen Fernsehanstalten, die nur in Österreich ausgestrahlt werden* ‖ **ös|ter|rei|chisch** (ö., öst., österr.): die österreichische Nation | (Großschreibung) **Ö**sterreichischer Arbeiterkammertag; die **Ö**sterreichischen Bundesbahnen (ÖBB); **Ö**sterreichische Akademie der Wissenschaften; **Ö**sterreichische HochschülerInnenschaft (ÖH); die **Ö**sterreichische Nationalbibliothek (ÖNB); das **Ö**sterreichische **N**ormungsinstitut (ON); **Ö**sterreichische Postsparkasse (PSK); das **Ö**sterreichische Staatsarchiv; die **Ö**sterreichische Volkspartei (ÖVP); → Oesterreichische Nationalbank (OeNB) ‖ **ös|ter|rei|chisch-un|ga|risch:** die österreichisch-ungarische Monarchie *(die Doppelmonarchie Österreich-Ungarn, 1867 bis 1918)* ‖ **Ös|ter|reich-Kon|vent** [-v-]: *hohes beratendes Gremium zur Erarbeitung eines neuen Verfassungsentwurfs* ‖ **Ös|ter|reich-Un|garn** (früher) ‖ **ös|ter|reich-weit**
Os|ter|schin|ken ‖ **Os|ter|son|ntag** ‖ **Os|ter|strie|zel,** *auch:* **Os|ter|strit|zel**
Ost|er|wei|te|rung: die O. der EU; → EU-Osterweiterung
Os|ter|wo|che: *Woche nach Ostern* | (irrig auch) *Woche vor Ostern, Karwoche*
Ost|eu|ro|pa ‖ **ost|eu|ro|pä|isch:** die osteuropäische Zeit (OEZ) ‖ **Ost|ex|port** ‖ **Ost|front:** *Frontlinie im Ersten und im Zweiten Weltkrieg*
Os|ti|na|to der = das, -s/-s [Ostinati] (it.) (Mus.): *Basso ostinato*
Ost|kir|chen die (Pl.): *die im Nahen Osten, in Südost- und Osteuropa entstandenen Kirchen (mit byzantinischem Ritus), zB die russisch-orthodoxe, die griechisch-unierte Kirche* ‖ **Ost|küs|te** ‖ **öst|lich:** ö. des Flusses/vom Fluss; ö. [von] der Stadt ‖ **Ost|mark** die, - (Gesch.): *aus dem 19. Jh. stammende Bezeichnung für die österreichischen Kerngebiete bis zur frühen Babenbergerzeit* | (im Nationalsozialismus) *Bezeichnung für Österreich;* → Alpen- und Donaugaue ‖ **Ost|mär|ker** der, -s/- (im Nationalsozialismus): *Bezeichnung für Österreicher* ‖ **Ost|mär|ke|rin** die, -/-innen (im Nationalsozialismus) ‖ **ost|mär|kisch** (im Nationalsozialismus) ‖ **Ost|nord|ost** = **Ost|nord|os|ten** (ONO) ‖ **Ost|ös|ter|reich** ‖ **ost|ös|ter|rei|chisch**
OStR: Ober**st**udien**r**at, **O**ber**st**udienrätin
Ost|rand: der O. der Alpen
Ost|rau [-s-] (tschech.: Ostrava ['ɔst-va]): *Stadt in Tschechien*
Ös|tro|gen das, -s/-e (gr.) (Med.): *weibliches Geschlechtshormon;* → Testosteron
ost|rö|misch: → *byzantinisch; aber:* das **O**strömische Reich ‖ **Ost|see** ‖ **Ost|sei|te** ‖ **ost|sei|tig** ‖ **Ost|staa|ten** die (Pl.): *die (früher kommunistischen) Staaten Ost[mittel]europas* ‖ **Ost|stei|er|mark:** *Landesteil der Steiermark* ‖ **Ost|süd|ost** = **Ost|süd|os|ten** (OSO) ‖ **Ost|ti|rol:** *Landesteil von Tirol* ‖ **Os|tung** die, -/-en: *Ausrichtung nach Osten [bei Kirchenbauten]* ‖ **ost|wärts** ‖ **Ost-West-Kon|flikt**
ÖSV [ø ɛs 'faʊ] der, -: **Ö**sterreichischer **S**ki**v**erband
Os|wald: *männl. Vorname;* → Ossi
OSZE [o ɛs tsɛt 'eː] die, -: **O**rganisation für **S**icherheit und **Z**usammenarbeit in **E**uropa (früher: KSZE)
Os|zil|la|ti|on [-tsi̯-] die, -/-en (lat.) (Phys.): *Schwingung* ‖ **os|zil|lie|ren:** *schwingen* ‖ **Os|zil|lo|graf** = **Os|zil|lo|graph** [-f] der, -en/-en (Phys.): *Gerät zur Darstellung veränderlicher Vorgänge, zB von Schwingungen*
Ot|hmar = **Ot|mar:** *männl. Vorname*
Oto|lo|ge der, -n/-n (gr.-lat.) (Med.) ‖ **Oto|lo|gie** die, - (Med.): *Ohrenheilkunde* ‖ **Oto|lo|gin** die, -/-innen (Med.)
O-Ton: *Kurzwort für Originalton;* einen Film im O-Ton wiedergeben
Ot|ta|k|ring: *16. Bezirk Wiens*
Ot|ta|wa: *Hauptstadt Kanadas*
Ot|ter[1] der, -s/-: *eine Marderart;* Fischotter
Ot|ter[2] die, -/-n: *eine Giftschlange;* Kreuzotter
Ot|to: *männl. Vorname* | O. Normalverbraucher *(Durchschnittsmensch in statistischen Auswertungen)* ‖ **Ot|to|kar:** *männl. Vorname*
Ot|to|man der, -s/-e, *auch:* **Ot|to|ma|ne** die, -/-n (türk.-fr.) (veraltet): *ein Liegesofa*
Ot|to|mo|tor: *ein Verbrennungsmotor*
ot|to|nisch (Gesch.): *der Epoche Kaiser Ottos des Großen und seiner unmittelbaren Nachfolger angehörend (etwa 10. Jh.)*
Öt|zi der, -s (Wz.): *Bezeichnung für den im Ötztaler Gletscher gefundenen Mann aus der Steinzeit* ‖ **Ötz|tal:** *ein Tal in Tirol*
O. Univ.-Prof.: Ordentliche[r] **Uni**versitäts**pro**fessor[in]
out [aʊt] (engl.) (Sport): *draußen* | (sal.) etwas ist out *(nicht [mehr] in Mode);* → G.: in[2] ‖ **Out** das, -[s]/-[s] (Sport): der Ball ist im Out *(außerhalb des Spielfeldes)* ‖ **Out|ball** (Sport): *Ball, der im Out*

O

landet ‖ **Out|door|schuh** [-dɔː-]: *Schuh für draußen* ‖ **Out|ein|wurf** (Sport) ‖ **ou|ten:** der Fernsehstar hat sich geoutet *(sich öffentlich zu etwas nicht allgemein Anerkanntem bzw. etwas Herabsetzendem bekannt);* jemanden o.; → Outing ‖ **Out|fit** das, -s/-s: *Kleidung und sonstige Aufmachung* ‖ **Ou|ting** das, -s/-s (Soz.): *öffentliches Eingeständnis, Bekenntnis;* → outen ‖ **Out|law** [-lɔː] der, -[s]/-s: *geächtete Person* ‖ **Out|let|cen|ter** ['aut-se-]: *Factoryoutlet* ‖ **Out|li|nie** [-i̯ɛ] (Sport) ‖ **Out|put** der, -s/-s (Wirt.): *gesamte Produktionsmenge* | (EDV) *alle Daten, die ein Computer liefert;* → G.: Input

ou|trie|ren [ut-] ⟨fr.⟩: *übertreiben [als Schauspieler/in]*

Out|si|der ['autsaɪ-] ⟨engl.⟩ der, -s/-: *Außenseiter, Nichteingeweihter;* → G.: Insider ‖ **Out|si|de|rin** die, -/-innen ‖ **out|sour|cen** [-sɔːəsn] (Wirt.): *ausgliedern;* Teile der Produktion sind outgesourct ‖ **Out|sour|cing** das, -s (Wirt.): *Vergabe [von Unternehmensdienstleistungen] nach außen; Ausgliederung diverser Unternehmensbereiche* ‖ **Out|wach|ler** der, -s/- (ugs., oft scherzh.): *Linienrichter (im Fußball)* ‖ **Out|wach|le|rin** die, -/-innen

Ou|ver|tü|re [uvɛr'tyːə, -rɛ] ⟨fr.⟩ die, -/-n (Mus.): *Einleitungsmusik; musikalisches Vorspiel [zu einer Oper bzw. Operette]*

Ou|zo ['uːzɔ] der, -s/-s ⟨gr.⟩: *griechischer Anisschnaps*

oval [-v-] ⟨lat.⟩: *eiförmig, länglich rund* ‖ **Oval** das, -s/-e: *ovale Fläche oÄ* ‖ **Ova|ri|um** das, -s/Ovarien (Med.): *Eierstock*

Ova|ti|on [ovatsi̯-] die, -/-en ⟨lat.⟩ (meist Pl.): *Beifallskundgebung; Huldigung;* stehende Ovationen *(Standing Ovations)*

ÖVE-Prüf|zei|chen [ø fau 'eː-]: Prüfzeichen des **Ö**sterreichischen **V**erbandes für **E**lektrotechnik

Ove|r|all ['oːv-] der, -s/-s ⟨engl.⟩: *Schutz- bzw. Arbeitsanzug in einem Stück* ‖ **over|dressed** ['əuvədrest]: *zu festlich gekleidet (für eine Veranstaltung);* → G.: underdressed ‖ **Over|head|pro|jek|tor** [-hed-]: *Tageslichtprojektor für durchsichtige Folien* ‖ **Over|kill** der = das, -[s] (Mil., Pol.): *Besitz so vieler [Atom]waffen, dass der Gegner mehrmals vernichtet werden könnte*

ÖVP [ø fau 'peː] die, -: **Ö**sterreichische **V**olks**p**artei ‖ **ÖVP|ler** der, -s/- ‖ **ÖVP|le|rin** die, -/-innen

Ovu|la|ti|on [-v-tsi̯-] die, -/-en ⟨lat.⟩ (Med.): *Eisprung* ‖ **Ovu|la|ti|ons|hem|mer** der, -s/-: *ein Medikament*

Oxer der, -s/- ⟨engl.⟩: *Hindernis im Pferdesport*

Oxid = Oxyd [-'yːt] das, -[e]s/-e ⟨gr.⟩ (Chem.): *eine Sauerstoffverbindung* ‖ **Oxi|da|ti|on** [-tsi̯-] = Oxydation die, - (Chem.) ‖ **oxi|die|ren** = oxydieren (Chem.): oxidiertes Eisen ‖ **Oxi|die|rung** = Oxydierung die, -/-en ‖ **Oxyd** [-yːt] = → Oxid ‖ **Oxy|da|ti|on** [-tsi̯-] = → Oxidation ‖ **oxy|die|ren** = → oxidieren ‖ **Oxy|ge|ni|um** das, -s (Zeichen: O): *ein chemisches Element;* → Sauerstoff

OZ [o 'tsɛt]: **O**ktan**z**ahl

Oze|an der, -s/-e ⟨gr.-lat.⟩: der Atlantische O. ‖ **Oze|an|damp|fer** ‖ **Oze|a|ni|en:** *die pazifische Inselwelt* ‖ **oze|a|nisch:** ozeanisches Klima ‖ **Oze|a|no|lo|gie** die, -: *Meereskunde*

Oze|lot [auch: -'ɔt] der, -s/-e ⟨indian.⟩: *eine Raubkatze* | *deren Fell*

Ozon das, -s ⟨gr.⟩: *eine besondere Form des Sauerstoffs* ‖ **Ozon|alarm** ‖ **Ozon|be|las|tung** ‖ **ozon|häl|tig,** *auch:* ozonhaltig ‖ **Ozon|loch:** *Bereich der Atmosphäre, dessen Ozonschicht zerstört ist* ‖ **ozon|reich** ‖ **Ozon|schicht** = **Ozon|schich|te:** *Schutzschicht gegen ultraviolette Strahlung;* die O. in der Atmosphäre ‖ **Ozon|vor|warn|stu|fe** ‖ **Ozon|warn|stu|fe:** *Warnung bei Zunahme des erdnahen Ozons* ‖ **Ozon|war|nung** ‖ **Ozon|wert** (meist Pl.)

O

p P

p [peː] das, -/- (Kleinbuchstabe): das p im Wort *planen* | (Laut) der p-Laut | (Mus.) **p**iano | (Phys.) **P**ond
P [peː] das, -/- (Großbuchstabe): das P im Wort *Pause* | (Chem.) **P**hosphor
p.: **P**agina
P.: **P**ater | **P**astor
pa = p. a.: **p**er **a**nno, pro Jahr
Pa: **Pa**scal | **Pa**rotactinium
PA [pe 'aː] die, -/-[s] (früher): **P**ädagogische **A**kademie (jetzt: PH)
p. a. [pe 'aː] → pa
p. A. [pe 'aː]: **p**er **A**dresse; p. A. Familie Klein *(bei Familie Klein);* → c/o

paar

Bedeutung: *einige wenige*
Es gilt ausnahmslos Kleinschreibung:
- ich habe viele benachrichtigt, gekommen sind aber nur ein paar *(einige wenige)*
- das kostet ein paar Euro *(einige)*
- ein paar dutzend (= Dutzend) Mal[e]
- diese paar Mal[e]; *aber zusammen:* etwas ein paarmal überprüfen

Paar das, -[e]s/-e

Bedeutung: *zwei zusammengehörige Menschen, Dinge*
Es gilt ausnahmslos Großschreibung:
- das glückliche Paar *(Braut und Bräutigam)*
- ein Paar Schuhe *(zwei zusammengehörige Schuhe); aber klein:* ein paar Äpfel (einige)
- die Gegner zu Paaren treiben (geh.: *ihnen hart zusetzen*); → Pärchen

Deklination:
- drei Paar [Würstel] (*statt:* Paare)
- ein Paar neue (*auch:* neuer) Schuhe

Paar|bil|dung (Phys.): *Erzeugung von Teilchen und Antiteilchen aus Energie* || **paa|ren:** Wölfe p. sich einmal jährlich || **Paar|hof:** *Bauernhof mit getrenntem Wohn- und Wirtschaftsgebäude;* → G.: Einhof || **Paar|hu|fer** der, -s/-: *Huftier mit paarig ausgebildeten Zehen;* → Einhufer || **paar|hu|fig** || **paa|rig:** die Erbinformationen liegen p. vor || **Paar|kurs:** *[Tanz-]kurs für Partner* || **Paarl** das, -s/-[n] (SüdT): *zwei aneinandergebackene kleine rundliche Brote aus Roggenmehl* || **Paar|lauf:** *eine Form des Eiskunstlaufs* || **paar|lau|fen** (meist nur Inf. und Part.): er ging p. || **Paar|lau|fen** das, -s || **paar|mal** (bei bes. Betonung auch: paar Mal): ein p. nachschauen; *aber:* diese paar Mal[e] || **Paa|rung** die, -/-en: *Begattung* | (Sport) *zwei einander zugeordnete Personen* || **paa|rungs|be|reit** (Zool.) || **Paa|rungs|ver|hal|ten** (Zool.) || **Paa|rungs|zeit** (Zool.) || **Paar|ver|nich|tung** (Phys.): *Umwandlung von Teilchen und Antiteilchen in Energie* || **paar|wei|se:** p. gehen
Pacht die, -/-en: P. *(Pachtzins)* zahlen || **pach|ten:** ein Grundstück p. *(für seine Nutzung zahlen)* || **Päch|ter** der, -s/- || **Päch|te|rin** die, -/-innen || **Pacht|grund** || **Pacht|ver|trag** || **Pacht|zins**
Pack[1] der, -[e]s/-e: *großes Bündel; Stoß, Haufen;* mit Sack und P. *(mit allem, was man hat);* → Packen || **Pack**[2] das, -[e]s (abw.): *Gesindel*
Pack[3] die, -: *Packalpe;* auf der P. | *Kurzwort für Packsattel* || **Pack|al|pe** die, - (K, St)
Päck|chen das, -s/- || **Pack|eis:** *übereinandergeschobene Eisschollen*
Pa|cke|lei die, -/-en (ugs., abw.): *heimliche Abmachung* || **pa|ckeln,** ich packle (ugs., abw.): *paktieren;* mit jemandem p. *(mit jemandem etwas heimlich vereinbaren)*
Pa|ckeln die (Pl.) (ugs., veraltend): *Fußballschuhe*
pa|cken: jemanden beim Arm p. | einen Koffer p. | (abw.) pack dich! *(verschwinde!); aber:* → backen; → Paket || **Pa|cken** der, -s/-: ein P. *(Pack, Stoß, Haufen)* Wäsche || **pa|ckend:** *spannend, mitreißend* || **Pa|cker** der, -s/-: *jemand, der Waren verpackt* | *Möbelpacker* || **Pa|cke|rin** die, -/-innen || **Pa|ckerl** das, -s/-[n]: *Päckchen* || **Pa|ckerl|sup|pe:** *ein Fertiggericht* || **Pack|esel:** *Lastesel* || **Packl** das, -s/-[n] (ugs.): *kleines Paket, Bündel* || **Päck|le** das, -s/- (V, ugs.): *Päckchen*
Pack|ler der, -s/- (ugs., abw.): *jemand, der paktiert* || **Pack|le|rin** die, -/-innen (ugs., abw.)
Pack|pa|pier: *festes Papier zum Verpacken* || **Pa|ckung** die, -/-en
Pad[1] [pæd] der = das, -s/-s ⟨engl.⟩: *Wattepad, Wattebausch* || **Pad**[2] das, -s/-s: *Mauspad*
Pä|d|a|go|ge der, -n/-n ⟨gr.⟩: *Erzieher; Lehrer* || **Pä|d|a|go|gik** die, -: *Erziehungs- und Bildungswissenschaft* || **Pä|d|a|go|gin** die, -/-innen || **pä|d|a|go|gisch:** pädagogische *(erzieherische)* Maßnahmen | (Großschreibung) (früher) die Pädagogische Akademie (PA) der Diözese Linz *(Ausbildungsstätte für Pflichtschullehrer/innen);* das Pädagogische Institut (PI) der Stadt Wien *(Einrichtung für die Lehrer/innen-Fortbildung)* (beides jetzt: Pädagogische Hochschule, PA) || **Pä|d|ak** die, -/-[s] (PA) (früher): *Kurzwort für Pädagogische Akademie*
Pad|del das, -s/-: *zweiblättriges Ruder* || **Pad|del|boot** || **pad|deln,** ich paddle || **Padd|ler** der, -s/- || **Padd|le|rin** die, -/-innen
Pä|de|rast der, -en/-en ⟨gr.⟩: *Homosexueller, dessen sexuelle Neigung auf männliche Kinder und Jugendliche gerichtet ist* || **Pä|de|ras|tie** die, -
Pä|d|i|a|ter der, -s/- ⟨gr.⟩ (Med.): *Facharzt für Kinderheilkunde* || **Pä|d|i|a|te|rin** die, -/-innen, *auch:* Pädiatrin (Med.) || **Pä|d|i|a|t|rie** die, - (Med.) || **pä|d|i|a|t|risch** (Med.)
pä|do|phil [-f-] ⟨gr.⟩ (Med., Psych.) || **Pä|do|phi|le** der, -n/-n: *pädophiler Mensch* || **Pä|do|phi|lie** die, - (Med., Psych.): *sexuelle Neigung Erwachsener zu Kindern und Jugendlichen*
Pa|el|la [pa'e(l)ja] die, -/-s ⟨span.⟩: *eine spanische Speise*
Pa|fe|se die, -/-n, *auch:* Pofese ⟨it.⟩: *gefüllte Weißbrotschnitte (nach der italienischen Stadt Pavia)*
paff, *auch:* baff (ugs.): ich war p. *(verblüfft)*
paf|fen (ugs.): *qualmend [Zigaretten] rauchen*
pag.: **Pag**ina
Pa|gat der, -[e]s/-e ⟨it.⟩: *eine Karte im Tarockspiel*
Pa|ge [-ʒɛ] der, -n/-n ⟨fr.⟩ (früher): *adeliger Knabe im Dienst eines Hofes* | *junger Hoteldiener* || **Pa|gen|fri|sur** || **Pa|gen|kopf**
Pa|ger ['peɪdʒə] der, -s/-: *Gerät, das einen Telefonanruf meldet*

P

Pagin [-ʒ-] die, -/-innen ⟨fr.⟩: *weibl. Form von Page*

Pagina die, -/-s (p., pag.) ⟨lat.⟩: *Buchseite;* p. 21 *(S. 21)* ‖ **paginieren:** Manuskripte p. *(mit Seitenzahlen versehen)*

Pagode die, -/-n ⟨Sanskrit-port.⟩: *ein ostasiatischer Tempel* | *eine Götterfigur*

pah: *ein Ausruf*

Paillette [pa'jɛ-] die, -/-n ⟨fr.⟩ (meist Pl.): *glitzerndes Schmuckplättchen, Flitter* ‖ **paillettenbesetzt** ‖ **Paillettenkleid**

Pair [pɛːə] der, -s/-s ⟨fr.⟩ (früher): *Angehöriger des französischen oder englischen Hochadels*

Paket das, -[e]s/-e ⟨fr.⟩: ein P. verschicken; *aber:* → packen ‖ **paketieren:** *zu einem Paket verpacken* ‖ **Paketpost** ‖ **Paketzusteller** ‖ **Paketzustellerin** ‖ **Paketzustellung**

Pakistan: *ein Staat* ‖ **Pakistani**[1] der, -[s]/-[s]: *Einwohner Pakistans* ‖ **Pakistani**[2] die, -/-[s] ‖ **pakistanisch**

Pakt der, -[e]s/-e ⟨lat.⟩: *Abmachung; Vertrag* ‖ **paktfähig** ‖ **paktieren** (meist abw.): *gemeinsame Sache machen* ‖ **Paktierer** der, -s/- (abw.) ‖ **Paktiererin** die, -/-innen (abw.) ‖ **pakttreu**

Paladin [auch: 'pa(ː)-] der, -s/-e ⟨it.-fr.⟩ (geh.): *vertrauter, mächtiger Gefolgsmann*

Palais [-'lɛː] das, - [-'lɛːs]/- [-'lɛːs] ⟨fr.⟩: *Palast, Stadtschloss*

Paläograf = Paläograph [-f] der, -en/-en ⟨gr.⟩ ‖ **Paläografie** = Paläographie die, -: *Wissenschaft von alten Schriften* ‖ **Paläografin** = **Paläographin** die, -/-innen ‖ **Paläolithikum** das, -s: *Altsteinzeit, die älteste Epoche der Menschheitsgeschichte;* → Neolithikum; → Mesolithikum ‖ **Paläontologe** der, -n/-n ‖ **Paläontologie** die, -: *Wissenschaft vom Leben früherer Erdzeitalter* ‖ **Paläontologin** die, -/-innen ‖ **paläontologisch** ‖ **Paläozän** das, -s (Geol.): *ein Abschnitt der Erdgeschichte* ‖ **Paläozoikum** das, -s (Geol.): *Erdaltertum*

Palas der, -/-lasse ⟨fr.⟩: *Hauptgebäude einer Ritterburg* ‖ **Palast** der, -[e]s/Paläste: *schlossartiges Gebäude*

Palästina: *Landschaft im Vorderen Orient* | (Gesch., Rel.) *das Heilige Land* ‖ **Palästinenser** der, -s/-: *Araber aus Palästina* ‖ **Palästinenserin** die, -/-innen

Palastrevolution [-tsi̯-]: *Umsturz, der von der nächsten Umgebung des Machthabers aus betrieben wird* ‖ **Palastwache**

palatal ⟨lat.⟩: *den vorderen Gaumen betreffend* ‖ **Palatal** der, -s/-e (Sprachwiss.): *Vordergaumenlaut;* → Velar ‖ **palatalisieren** (Sprachwiss.): *einen Konsonanten erweichen* ‖ **Palatallaut:** *Vordergaumenlaut, zB* g, k *vor* i

Palatschinke die, -/-n ⟨rum.-ung.-tschech.⟩: *eine Mehlspeise* ‖ **Palatschinkenpfanne** ‖ **Palatschinkenteig**

Palaver [-v-] das = der, -s/- ⟨port.-engl.⟩ (ugs., abw.): *endloses, überflüssiges Gerede; umständliches Verhandeln* ‖ **palavern** (ugs., abw.)

Palazzo der, -s/Palazzi ⟨it.⟩: *italienischer Palast*

Paletot [-'toː, auch: 'pa-] der, -s/-s ⟨fr.⟩: *ein kurzer Mantel*

Palette die, -/-n ⟨fr.⟩: *Platte zum Mischen der Malfarben* | *Vielfalt, Auswahl* | *Transportuntersatz für Gabelstapler*

paletti ⟨Pseudoit.⟩ (sal.): alles p. *(in Ordnung)*

palettieren ⟨fr.⟩: *auf Paletten stapeln*

Palindrom das, -s/-e ⟨gr.⟩: *Wort oder Wortfolge, das bzw. die vorwärts- und rückwärtsgelesen einen Sinn ergibt, zB* GRAS – SARG

Palisade die, -/-n ⟨prov.-fr.⟩: *Befestigung aus oben zugespitzten Pfählen*

Palisander der = das, -s/- ⟨indian.-fr.⟩: *ein Edelholz* ‖ **Palisanderholz**

Palladium das, -s ⟨lat.⟩ (Zeichen: Pd): *ein chemisches Element*

Pallas Athene → Athene

Pallawatsch der, -, *auch:* Ballawatsch ⟨it.⟩ (ostöst., ugs.): *Durcheinander*

Palliativ [-f] das, -s/-e = **Palliativum** [-v-] das, -s/Palliativa ⟨lat.⟩ (Med.): *ein Schmerzlinderungsmittel* ‖ **Palliativmedizin:** *Schmerztherapie Schwerstkranker und Sterbender*

Palmblatt ⟨lat.⟩ ‖ **Palmbuschen:** *Buschen aus blühenden Weidenzweigen für die Palmweihe* ‖ **Palme** die, -/-n: *ein tropischer Baum* ‖ **Palmkätzchen** das, -s/- = **Palmkatzerl** das, -s/-[n]: *Blütenstand der Salweide* ‖ **Palmkätzle** das, -s/- (V): *Palmkätzchen* ‖ **Palmsonntag:** *der Sonntag vor Ostern*

Palmtop ['pɑːm-] der, -s/-s ⟨engl.⟩ (EDV): *kleiner Laptop, der gerade auf eine Handfläche passt*

Palmwedel ⟨lat.⟩: *großes, gefiedertes Palmblatt* ‖ **Palmweihe:** *Segnung der Palmbuschen am Palmsonntag* ‖ **Palmwein** ‖ **Palmzweig**

Pampa die, -/-s ⟨indian.-span.⟩: *Grassteppe in Südamerika*

Pampelmuse die, -/-n ⟨niederl.⟩: *eine Zitrusfrucht, Grapefruit*

Pamperletsch → Bamperletsch

pampfen, *auch:* bampfen (ugs.): *mit vollem Mund essen; das Essen in sich hineinstopfen*

Pamphlet [-f-] das, -[e]s/-e ⟨gr.-lat.-fr.⟩: *Schmähschrift*

Panade die, -/-n ⟨provenzalisch-fr.⟩ (Küchenspr.): *Panier; Suppeneinlage aus Weißbrot; ein Bindemittel* ‖ **Panadelsuppe** (Küchenspr.): *eine Brotsuppe*

Panama: *mittelamerikanischer Staat* ‖ **Panamakanal:** *Kanal durch die Landenge von Panama, der Pazifik und Atlantik verbindet*

Pandämonium das, -s/-dämonien [-i̯ən] ⟨gr.⟩: *Gesamtheit aller bösen Geister und Dämonen*

Paneel das, -s/-e ⟨fr.-niederl.⟩: *Täfelung; Füllung [in einer Tür]* ‖ **Panel** ['pænl] das, -s/-s ⟨fr.-engl.⟩ (Marketing): *ausgesuchte Personengruppe zur Meinungsbefragung und Informationsgewinnung*

Paneuropa-Bewegung die, - ⟨gr.⟩: *eine Bewegung zur Einigung Europas*

Panflöte: *[antike] Hirtenflöte aus mehreren nebeneinanderliegenden Röhren*

Panier[1] das, -s/-e ⟨germ.-fr.⟩ (geh., veraltet): *Banner, Fahne* | *Motto;* → Hasenpanier

Panier[2] die, - ⟨fr.⟩: *Backhülle aus Mehl, Ei und Semmelbröseln* ‖ **panieren:** ein paniertes Schnitzel | (sal.) (Sport) *hoch besiegen, deklassieren*

Panik die, -/-en ⟨gr.⟩: *Angstzustand; heillose Verwirrung; Schrecken, der unüberlegte Handlungen zur Folge hat* ‖ **panikartig** ‖ **Panikmache** die, - (abw.): *gezieltes Auslösen von Panik* ‖ **panisch:** panischer *(lähmender)* Schrecken

Pankreas das, - ⟨gr.⟩ (Med.): *Bauchspeicheldrüse*

Panne die, -/-n ⟨fr.⟩: *Störung; Missgeschick* ‖ **Pannendreieck:** *ein*

P

Warnzeichen ‖ **Pannenhilfe** ‖ **Pannenstreifen**

Pannonien: *römische Provinz zwischen Wienerwald, Donau und Save* ‖ **pannonisch:** pannonisches Klima

Panoptikum das, -s/Panoptiken ⟨gr.⟩: *Schaustellung von Sehenswürdigkeiten; Kuriositätensammlung, Wachsfigurensammlung* ‖ **Panorama** das, -s/Panoramen: *Rundblick in die Landschaft* ‖ **Panoramaschwenk:** *Rundumschwenk der Kamera*

Pansch der, -[e]s = Pantsch (ugs., abw.): *Gemisch, Gebräu, verfälschtes Getränk* ‖ **panschen** = pantschen, du pansch[s]t (ugs.): *mischen, verfälschen;* Wein p. ‖ **Panscherl** = Pantscherl das, -s/-[n] (bes. ostöst., ugs., sal.): *Liebelei, Verhältnis*

Pansen der, -s/-: *Magen der Wiederkäuer*

Panslawismus der, -, *auch:* Panslavismus [-v-] ⟨gr.+slaw.⟩: *das Streben nach Zusammenschluss aller slawischen Völker (vorwiegend im 19. Jh.)*

Panter = Panther der, -s/- ⟨gr.-lat.⟩: *eine Großkatze*

Pantheismus der, - ⟨gr.⟩: *philosophische Lehre von der Einheit Gottes und der Natur bzw. des Kosmos* ‖ **Pantheist** der, -en/-en ‖ **Pantheistin** die, -/-innen ‖ **pantheistisch** ‖ **Pantheon** das, -s: *ein Tempel [in Rom]* | *Gesamtheit der [griechischen] Götter*

Panther = → Panter

Pantine die, -/-n (meist Pl.) ⟨fr.-niederl.⟩ (bes. D): *Holzschuh*

Pantofel der, -s/-[n] ⟨fr.⟩: *ein Hausschuh;* unter dem P. stehen *(als Ehemann der Frau gehorchen müssen)* ‖ **Pantofelheld** (scherzh.): *Ehemann, der von seiner Frau beherrscht wird* ‖ **Pantofeltierchen** das, -s/-

Pantomime[1] der, -n/-n ⟨gr.-lat.⟩: *Darsteller einer Pantomime* ‖ **Pantomime**[2] die, -/-n: *Gebärdenspiel; schauspielerische Darstellung einer Handlung nur durch Gebärden- und Mienenspiel* ‖ **Pantomimik** die, -/-en: *Kunst der Pantomime*[2] ‖ **Pantomimin** die, -/-innen ‖ **pantomimisch**

Pantsch = → Pansch ‖ **pantschen** = → panschen ‖ **Pantscherl** = → Panscherl

Panzer der, -s/-: *Rüstung, Harnisch* | (Mil.) *ein gepanzertes Kampffahrzeug [mit Raupenketten]* | *feste, schützende Hülle bei verschiedenen Tierarten* | *Schutzhülle [aus Stahl]* ‖ **Panzerabwehrrakete** (Mil.) ‖ **Panzerfaust** (Mil.): *eine Panzerabwehrrakete* ‖ **Panzerglas:** *schussfestes Sicherheitsglas* ‖ **Panzergrenadier** (Mil.): *Soldat der Infanterie, die die Panzer begleitet* | (nur Pl.) *eine Truppengattung* ‖ **Panzerkommunismus** (abw.) (Gesch.): *Praxis des Kommunismus, Volksaufstände militärisch niederzuschlagen* ‖ **panzern:** gepanzerte Fahrzeuge ‖ **Panzerplatte:** *dicke schwere Platte aus Stahl* ‖ **Panzerschrank:** *Tresor, eiserne Kassa* ‖ **Panzersperre** (Mil.): *Sperre gegen feindliche Panzer* ‖ **Panzerung** die, -/-en

Päonie [-iɛ] die, -/-n ⟨gr.⟩: *Pfingstrose*

papa → baba

Papa [geh. auch: -ˈpaː] der, -s/-s: *Vater*

Papagallo der, -[s]/Papagalli [auch: -s] ⟨it.⟩: *Mann, bes. junger Italiener, der auf Liebesabenteuer mit Touristinnen aus ist*

Papagei [auch: ˈpa-] der, -en -[s]/-e[n] ⟨fr.⟩: *ein tropischer Vogel*

Paparazzo der, -[s]/Paparazzi [auch: -s] ⟨it.⟩: *sensationslüsterner Pressefotograf*

Papaya [-ja] die, -/-s ⟨karibisch-span.⟩: *eine tropische Frucht*

Paperback [ˈpeɪpəbæk] das, -s/-s ⟨engl.⟩: *Taschenbuch*

Papeterie die, -/-n ⟨gr.-lat.-fr.⟩ (CH): *Papierhandlung* | *Papierwaren* ‖ **Papier** das, -s/-e ⟨ägyptisch-gr.-lat.⟩: das Gehörte zu P. bringen *(es niederschreiben);* P. verarbeiten; → Papier verarbeitend = papierverarbeitend | *Schriftstück, Dokument;* er hat alle seine Papiere verloren ‖ **Papierdeutsch** (meist abw.): *stilistisch schwerfällige Ausdrucksweise (ähnlich der Amtssprache)* ‖ **Papiereinzug:** *Vorrichtung zum automatischen Einlegen von Papier [im Drucker]* ‖ **papieren:** ein papier[e]ner Lampenschirm ‖ **Papierfabrik** ‖ **Papierform** (Sport): *auf Grund zurückliegender Ergebnisse voraussehbare Leistungsstärke* ‖ **Papierfuzerl,** *auch:* Papierfutzerl ‖ **Papiergeld** das, -[e]s: *Banknoten* ‖ **Papierindustrie** ‖ **Papierkorb** ‖ **Papierkram** (abw.) ‖ **Papierkrieg** (abw.): *Zeit raubende Schreibarbeit [im Verkehr mit Behörden]* ‖ **Papierl** das, -s/-n (ugs.): *[wertloses] Stück Papier* ‖ **papierln** (ugs., ostöst.): sich nicht p. *(sich nicht nach Willkür behandeln, sich nicht zum Narren halten)* lassen ‖ **Papiermaschee** = Papiermaché [-ʃeː]: *eine formbare Papiermasse* ‖ **Papiersack** ‖ **Papiersackerl** ‖ **Papierschere:** *eine Schere für Papier* ‖ **Papierschnitzel** ‖ **Papierserviette** ‖ **Papiertaschentuch** ‖ **Papiertiger** (abw.): *nur scheinbar mächtige Person* ‖ **Papier verarbeitend** = **papierverarbeitend:** P. verarbeitende Industrie

Papismus der, - ⟨gr.-lat.⟩ (abw., veraltet): *strenge Papsttreue* ‖ **Papist** der, -en/-en (abw., veraltet): *Anhänger des Papsttums* ‖ **Papistin** die, -/-innen (abw., veraltet)

Papp der, -[e]s/-e (ugs.): *Kleister* | *Brei;* → päppeln ‖ **Pappbecher** ‖ **Pappe** die, -/-n: *Pappendeckel*

Pappel die, -/-n: *ein Laubbaum* ‖ **Pappelallee**

päppeln: *füttern;* → aufpäppeln; → Papp

pappen: der Reis pappt *(ist pappig, klebrig)*

Pappen die, -/- (ugs., derb): *Mund;* halt die P.!

Pappendeckel: *eine Art Karton*

Pappenheimer der, -s/- (nur in der Wendung): ich kenne meine P. *(ich weiß, was ich von diesen Personen zu halten habe)*

Pappenstiel: nur einen P. *(sehr wenig)* kosten ‖ **Papperl** das, -[s]/-[n] (reg., ugs.): *Brei für Kleinkinder* | ein gutes P. *(Essen)* ‖ **papperlapapp** (ugs., veraltend): *[rede keinen] Unsinn!* ‖ **pappig:** pappiger *(klebriger)* Schnee ‖ **Pappmaschee** = Pappmaché [-ʃeː] (D): *Papiermaschee* ‖ **Pappteller**

Paprika der, -s/-[s] ⟨lat.-serb.-ung.⟩: *ein Gemüse* | (ohne Pl.) *ein Gewürz* ‖ **Paprikahendl:** *eine ungarische Spezialität* ‖ **Paprikapulver:** *ein Gewürzpulver* ‖ **Paprikaschote** ‖ **paprizieren** (Küchenspr.): *mit Paprika würzen*

Papst der, -[e]s/Päpste ⟨gr.-lat.⟩: *Oberhaupt der römisch-katholischen Kirche* ‖ **Papstbesuch** ‖ **päpstlich** ‖ **Papstmesse** ‖ **Papsttum** das, -s ‖ **Papstwahl**

P

Pa|py|rus [-ˈpyː-, auch: ˈpa-] der, -/Papyri ⟨ägyptisch-gr.-lat.⟩: *Schreibblatt, -rolle in der Antike (aus der Papyrusstaude hergestellt)* ǁ **Pa|py|rus|rol|le**

pa|ra- ⟨gr.⟩ (nur in Zusammensetzungen wie zB parapsychologisch)

Pa|ra|bel die, -/-n ⟨gr.-lat.⟩: *ein Gleichnis;* die P. vom verlorenen Sohn | (Math.) *eine Kurve* ǁ **Pa|ra|bol|an|ten|ne** (Technik): *eine Antenne [zum Empfang von Satellitenprogrammen]* ǁ **pa|ra|bo|lisch** (Math.): *parabelförmig* ǁ **Pa|ra|bol|spie|gel:** *ein Hohlspiegel*

Pa|ra|de die, -/-n ⟨lat.-fr.⟩ (Mil.): *Truppenschau, Vorbeimarsch;* → paradieren | (Sport) *spektakuläre Tormannabwehr;* → parieren ǁ **Pa|ra|de|bei|spiel:** *bes. schlagendes Beispiel*

Pa|ra|dei|ser der, -s/- ⟨pers.-gr.-lat.⟩ (bes. ostöst.): *Tomate* ǁ **Pa|ra|dei|ser|sa|lat** = Paradeissalat (bes. ostöst.) ǁ **Pa|ra|deis|mark** (bes. ostöst.) ǁ **Pa|ra|deis|sa|lat** = → Paradeisersalat (bes. ostöst.) ǁ **Pa|ra|deis|sau|ce** [-zoːs(ɛ)] = **Pa|ra|deis|soß** = **Pa|ra|deis|so|ße** (bes. ostöst.) ǁ **Pa|ra|deis|sup|pe** (bes. ostöst.)

Pa|ra|den|to|se = → Parodontose

Pa|ra|de|un|ter|neh|men: *Vorzeigeunternehmen* ǁ **pa|ra|die|ren** (Mil.): *an einer Truppenparade teilnehmen; vorbeimarschieren*

Pa|ra|dies das, -es/-e ⟨pers.-gr.-lat.⟩ ǁ **pa|ra|die|sisch:** eine paradiesische *(herrlich schöne, friedliche)* Gegend

Pa|ra|dig|ma das, -s/Paradigmen [Paradigmata] ⟨gr.⟩: *Musterbeispiel* | (Sprachwiss.) *Deklinations-, Konjugationsmuster* ǁ **pa|ra|dig|ma|tisch:** *ein Paradigma betreffend*

pa|ra|dox ⟨gr.⟩: *[scheinbar] widersinnig* | (Med.) eine paradoxe *(unerwartete)* Reaktion ǁ **pa|ra|do|xer|wei|se** ǁ **Pa|ra|do|xie** die, -/-n: *Paradoxon* ǁ **Pa|ra|do|xon** das, -s/Paradoxa: *Widersprüchlichkeit, [scheinbare] Widersinnigkeit*

Par|af|fin das, -s/-e ⟨lat.⟩ (Chem.): *eine wachsähnliche Masse [zur Herstellung von Kerzen]* | (nur Pl.) (Chem.) *die gesättigten Kohlenwasserstoffe, zB Propan* ǁ **par|af|fi|nie|ren**

Pa|ra|glei|ten das, -s ⟨fr.-engl.⟩: *eine Sportart* ǁ **Pa|ra|glei|ter** der, -s/-: *ein fallschirmähnliches Sportgerät, Gleitsegler* ǁ **Pa|ra|gli|ding** [-glaɪd-] das, -s ⟨fr.+engl.⟩: → *Paragleiten*

Pa|ra|graf = Paragraph [-f] der, -[en] [-s]/-en ⟨gr.-lat.⟩ (Zeichen: §; Pl.: §§): *Gliederungsabsatz [in Gesetzen];* § 37; §§ 37 bis 39

Für das Wort gibt es zwei Schreibweisen:
- Paragraf: die eingedeutschte Schreibung
- Paragraph: die fremdsprachige Schreibung

Der Wortbestandteil „-graf" kann immer auch „-graph" geschrieben werden: orthografisch/orthographisch, Geografie/Geographie ...

Pa|ra|gra|fen|dschun|gel = Paragraphendschungel [-f-]: *komplizierte Gesetzeslage* ǁ **Pa|ra|gra|fen|rei|ter** = Paragraphenreiter (ugs., abw.): *jemand, der sich übertrieben an Vorschriften hält* ǁ **Pa|ra|gra|fen|rei|te|rin** = Paragraphenreiterin (ugs., abw.) ǁ **Pa|ra|gra|fie|rung** = Paragraphierung die, -/-en: *Gliederung in Paragraphen*

Pa|ra|gu|ay [auch: ˈpa-]: *südamerikanischer Staat*

Pa|ra|le|xie die, - ⟨gr.⟩ (Psych.): *eine Lesestörung*

Pa|r|al|la|xe die , -/-n ⟨gr.⟩ (Optik): *scheinbare Verschiebung eines Objekts von verschiedenen Beobachtungspunkten aus*

pa|r|al|lel ⟨gr.⟩: *gleichlaufend;* Linien, die p. laufen; → parallel laufend = parallellaufend | (EDV) parallele Schnittstelle ǁ **Pa|r|al|le|le** die, -n/-n: die Parallelen zeichnen | (auch mit Pl. -) zwei, alle Parallele[n] ǁ **Pa|r|al|lel|fall:** *gleich gelagerter Fall* ǁ **pa|r|al|le|li|sie|ren** ǁ **Pa|r|al|le|li|tät** die, -/-en ǁ **Pa|r|al|lel|klas|se:** *Klasse desselben Jahrgangs an einer Schule* ǁ **pa|r|al|lel lau|fend** = **pa|r|al|lel|lau|fend:** p. laufende Linien ǁ **Pa|r|al|le|lo|gramm** das, -s/-e (Math.): *Viereck mit je zwei parallelen Seiten* ǁ **Pa|r|al|lel|schal|tung** (Techn.): *Schaltungen mit gleicher Spannung;* → G.: Serienschaltung ǁ **Pa|r|al|lel|schwung:** *eine Technik beim Skifahren* ǁ **Pa|r|al|lel|sla|lom:** *Slalom für zwei Läufer nebeneinander* ǁ **Pa|r|al|lel|stra|ße**

Pa|ra|lo|gie die, -/-n ⟨gr.⟩ (Phil.): *Vernunftwidrigkeit* | (Psych.) *krankhaftes Vertauschen von Wörtern* ǁ **Pa|ra|lo|gis|mus** der, -/Paralogismen (Phil.): *durch Denkfehler verursachter Fehlschluss*

Pa|ra|lym|pics [-ˈlimpiks, auch: pærə-] die (Pl.) ⟨engl.⟩: *Olympische Spiele für Versehrten-, Behindertensportler/innen*

Pa|ra|ly|se [-ˈlyː-] die, -/-n ⟨gr.-lat.⟩ (Med.): *Lähmung* ǁ **pa|ra|ly|sie|ren:** *lähmen; schwächen* ǁ **Pa|ra|ly|ti|ker** der, -s/- (Med.): *an Paralyse Erkrankter* ǁ **Pa|ra|ly|ti|ke|rin** die, -/-innen (Med.) ǁ **pa|ra|ly|tisch** (Med.)

Pa|ra|ment das, -[e]s/-e ⟨lat.⟩: *liturgischer Gegenstand aus Stoff, zB Priestergewand*

Pa|ra|me|ter der, -s/-: *kennzeichnende Größe [in wirtschaftlichen Vorgängen]*

pa|ra|mi|li|tä|risch: paramilitärische *(halbmilitärische)* Verbände

Pa|ra|noia die, - ⟨gr.⟩ (Med.): *eine Geisteskrankheit* ǁ **pa|ra|no|id** (Med.): *der Paranoia ähnlich* ǁ **Pa|ra|no|i|ker** der, -s/- (Med.) ǁ **Pa|ra|no|i|ke|rin** die, -/-innen (Med.) ǁ **pa|ra|no|isch** (Med.): *an Paranoia erkrankt*

Pa|ra|nuss: *eine exotische Nuss*

Pa|ra|phe [-f-] die, -/-n ⟨gr.-lat.-fr.⟩: *Namenszug, -zeichen* ǁ **pa|ra|phie|ren:** das Abkommen wurde vom Minister paraphiert *(vorunterzeichnet)* ǁ **Pa|ra|phie|rung** die, -/-en

Pa|ra|phra|se [-f-] die, -/-n ⟨gr.⟩: *[verdeutlichende] Umschreibung; Variation* ǁ **pa|ra|phra|sie|ren**

Pa|ra|plu|ie [-ˈlyː] der = das, -s/-s ⟨fr.⟩ (veraltet): *Regenschirm*

pa|ra|psy|chisch [-psy-] ǁ **Pa|ra|psy|cho|lo|gie:** *Teilgebiet der Psychologie, das sich mit dem Übersinnlichen beschäftigt;* → PSI ǁ **pa|ra|psy|cho|lo|gisch**

Pa|ra|sit der, -en/-en ⟨gr.-lat.⟩: *Schmarotzer, Lebewesen, das sich von anderen ernährt* ǁ **pa|ra|si|tär** ǁ **pa|ra|si|tie|ren:** *als Parasit leben*

Pa|ra|sol der, -s/-e ⟨it.-fr.⟩: *ein essbarer Pilz*

Pa|ra|sym|pa|thi|kus [-zy-] der, - (Med.): *Teil des vegetativen Nervensystems;* → Sympathikus

pa|rat ⟨lat.⟩: wir sind p. *(bereit, vorbereitet)* ǁ **pa|rat ha|ben** = **pa|rat|ha|ben** ǁ **pa|rat ste|hen** = **pa|rat|ste|hen:** *bereitstehen, gehorchen*

pa|ra|tak|tisch ⟨gr.⟩ (Gramm.):

P

Sätze/Satzglieder nebeneinanderstellend; → G.: hypotaktisch ‖ **Parataxe** die, -/-n (Gramm.)

Paratyphus [-yf-] der, - (Med.): *eine typhusähnliche Infektionskrankheit*

Paravent [-'vɑ̃ː, auch: 'pa-] der, -s/-s ⟨fr.⟩: *Wand-, Ofenschirm*

par avion [- a'vjɔ̃] ⟨fr.⟩: *per Luftpost*

Pärchen das, -s/-: *Paar;* Liebespärchen

Parcours [-'kuːə] der, -/- ⟨fr.⟩: *Hindernisbahn [im Reitsport]*

pardauz (veraltet): *Ausruf, wenn zB jemand hinfällt*

par distance [- -'tɑ̃ːs] ⟨fr.⟩ (geh.): *aus der Entfernung;* mit jemandem nur par d. *(unpersönlich)* verkehren

Pardon [auch: -'dɔ̃ː] der, -s ⟨fr.⟩: *Verzeihung;* P.! *(Entschuldigen Sie bitte!);* P. sagen | *Gnade;* keinen P. kennen ‖ **pardonieren** (veraltet): *begnadigen*

Parentel die, -/-en ⟨lat.⟩ (Jus): *Verwandtschaftsgrad in der gesetzlichen Erbfolge*

Parenthese die, -/-n ⟨gr.-lat.⟩: *Zwischenbemerkung* | (Gramm.) *Redeteil, der außerhalb des Satzverbandes steht* ‖ **parenthetisch:** *nebenbei bemerkt*

Parere das, -[s]/-[s] ⟨lat.⟩: *[amts-]ärztliches Gutachten*

par excellence [- ɛksɛ'lɑ̃ːs] ⟨fr.⟩ (geh.): er ist der Mozartsänger par e. *(wie kein anderer)*

Parfait [-'fɛː] das, -s/-s ⟨fr.⟩ (Küchenspr.): *Fleisch-, Fischpastete* | *halbgefrorene Süßspeise*

Parforcejagd [-rsj-] ⟨fr.⟩: *Hetzjagd mit Pferden und Hunden* ‖ **Parforceritt:** *Gewaltritt* | *Gewaltakt*

Parfum [-'fœ̃ː] das, -s/-s ⟨it.-fr.⟩ ‖ **Parfüm** [-yː-] das, -s/-s [-e] (D): *Parfum* ‖ **Parfümerie** die, -/-n ‖ **Parfümeur** [-'mːøə] der, -s/-e ‖ **Parfümeurin** die, -/-innen ‖ **Parfumflasche** [-'fœ̃ː-] ‖ **parfümieren** [-y-]

pari ⟨it.⟩: die Chancen stehen p. *(sind gleich)*

Paria der, -s/-s ⟨Tamil-engl.⟩: *Angehöriger der niedrigsten Kaste in Indien* | *Rechtloser, Ausgestoßener*

parieren[1] ⟨lat.⟩: einen Angriff p. *(abwehren);* → Parade

parieren[2] ⟨lat.⟩ (ugs.): der Hund pariert *(gehorcht)*

parifizieren ⟨lat.⟩ (Jus): *das Verhältnis der Wohnungsanteile am Gesamtnutzwert berechnen;* ein Wohnhaus p. ‖ **Parifizierung** die, -/-en (Jus)

Paris (fr.: [-'ri]): *Hauptstadt Frankreichs*

Parisurteil: *schwierige [verhängnisvolle] Entscheidung (nach der griechischen Sagengestalt Paris)*

Parität die, -/-en ⟨lat.⟩: *Gleichstellung, Gleichwertigkeit;* → G.: Imparität ‖ **paritätisch** ‖ **Paritätische Kommission** die, -n -, *auch:* Paritätische die, -n: *Einrichtung der Sozialpartner zur Behandlung von Preis- und Lohnfragen*

Park der, -[e]s/-s [-e] ⟨lat.-fr.-engl.⟩: *Grünfläche mit Bäumen, Sträuchern ua.* | *Wagenpark*

Parka der, -[s]/-s ⟨Eskimospr.-russ.-engl.⟩: *eine Sportjacke mit Kapuze*

Park-and-ride-System [-ənd'raɪd zy-] das, -s ⟨engl.⟩ (Verk.): *Anbindung der öffentlichen Verkehrsmittel an Parkplätze am Stadtrand* ‖ **Parkbank** ‖ **Parkdeck:** *Stockwerk eines Parkhauses* ‖ **parken:** das Auto im Hof p. *(abstellen)*

Parkett das, -[e]s/-e ⟨fr.⟩: *Parkettboden;* auf glattem P. *(unter riskanten Verhältnissen)* | *ein Teil des Zuschauerraumes [im Theater]* ‖ **Parkettboden** ‖ **Parkette** die, -/-n: *Brettchen des Parkettbodens;* Parketten legen ‖ **parkettieren:** *einen Parkettboden verlegen* ‖ **Parkettsitz:** *eine Sitzkategorie [im Theater]*

Parkhaus: *[mehrstöckige] Anlage zum Parken*

Parkinsonkrankheit = **parkinsonsche Krankheit** = **Parkinson'sche Krankheit** (Med.): *Schüttellähmung*

Parkleitsystem [-zy-] (Verk.) ‖ **Parkleuchte** ‖ **Parklücke** ‖ **Parkpickerl:** *behördliche Parkgenehmigung [für Dauerparken]* ‖ **Parkplatz** ‖ **Parkraumbewirtschaftung** (Admin.) ‖ **Parkscheibe:** *Parkuhr* ‖ **Parkschein** ‖ **Parksheriff** [-ʃ-] (ugs.): *Parkwächter* ‖ **Parksünder:** *Falschparker* ‖ **Parksünderin** ‖ **Parkuhr** ‖ **Parkverbot** ‖ **Parkwächter:** *Aufseher eines Parks oder eines Parkplatzes* ‖ **Parkwächterin**

Parlament das, -[e]s/-e ⟨fr.-engl.⟩: *die gewählte Volksvertretung; der Nationalrat* | *das Gebäude, in dem er tagt* ‖ **Parlamentär** der, -s/-e: *Unterhändler* ‖ **Parlamentarier** der, -s/-: *Mitglied der Volksvertretung* ‖ **Parlamentarierin** die, -/-innen ‖ **Parlamentärin** die, -/-innen ‖ **parlamentarisch** ‖ **Parlamentarismus** der, - (Pol.): *Demokratie, die auf ein starkes Parlament begründet ist* ‖ **parlamentieren:** *verhandeln* ‖ **Parlamentsausschuss** ‖ **Parlamentsbeschluss** ‖ **Parlamentsclub** [-k-] → Parlamentsklub ‖ **Parlamentsdirektor:** *ein Amtstitel* ‖ **Parlamentsdirektorin** ‖ **Parlamentsklub** = Parlamentsclub [-k-] (Pol.): *Zusammenschluss der Abgeordneten einer Parlamentspartei* ‖ **Parlamentspräsident:** *Nationalratspräsident* ‖ **Parlamentspräsidentin** ‖ **Parlamentspräsidium** ‖ **Parlamentsvorlage** (Pol.): *für die Diskussion im Parlament bestimmter Gesetzesentwurf*

parlando ⟨it.⟩ (Mus.): *im Sprechton, [schnelles] Sprechen nachahmend [in Opern]* ‖ **parlieren** (sal.): *viel und angeregt Konversation machen* | (veraltend) *in einer Fremdsprache sprechen*

Parmesan der, -s/-e (Wz.): *[Reib-]käse (nach der italienischen Stadt Parma)*

Parnass der, -es: *Musenberg (nach einem Berg in Griechenland)* | *Reich der Dichtkunst*

Parodie die, -/-n ⟨gr.⟩: *komische, spöttische Nachahmung [einer ernsten Dichtung]* | (Mus.) *Verwendung einer Komposition für einen erheblich anderen Text, zB Liebeslied für Messgesang* ‖ **parodieren** ‖ **Parodist** der, -en/-en ‖ **Parodistin** die, -/-innen ‖ **parodistisch**

Parodontose = Paradentose die, -/-n ⟨gr.⟩ (Med.): *Zahnfleischschwund*

Parole die, -/-n ⟨fr.⟩: *Leit-, Wahlspruch [einer Partei]* | (Mil.) *Losungswort*

Paroli ⟨it.⟩ (nur in der Wendung): jemandem P. bieten *(jemandem gleichwertigen Widerstand entgegensetzen)*

Paroxysmus [-'ys-, -'is-] der, -/Paroxysmen ⟨gr.⟩ (Med.): *Krankheitsanfall*

Pars pro Toto das, - - - ⟨lat.⟩ (wörtl.: ein Teil [stellvertretend] fürs Ganze): *eine Redefigur, zB* sich sein Brot *(seinen Lebensunterhalt)* verdienen

Part der, -s/-e [-s] ⟨lat.-fr.⟩: *Anteil,*

P

Teil | (Mus.) *Stimme, Rolle;* seinen P. gut spielen
Parte die, -/-n ⟨fr.⟩: *Todesanzeige;* → Partezettel
Partei die, -/-en ⟨fr.⟩: eine politische P. | *Wohnpartei* | (Amtsspr.) *jemand, der bei einer Behörde vorspricht; Beteiligte/r in Gerichts- oder Behördenverfahren* | für jemanden P. ergreifen *(sich auf jemandes Seite stellen)* ‖ **Parteiapparat** ‖ **Parteiausschluss** ‖ **Parteibeschluss** ‖ **Parteibuch** ‖ **Parteibuchwirtschaft** (abw.): *die Vergabe [von Arbeitsstellen oder Funktionen] ausschließlich an Mitglieder der eigenen politischen Partei* ‖ **Parteichef** [-ʃeːf] ‖ **Parteichefin** ‖ **Parteidisziplin:** *Befolgung der Parteibeschlüsse durch Parteimitglieder* ‖ **Parteienfinanzierung** ‖ **Parteienstellung**, *auch:* Parteistellung (Jus): *Status der zur Teilnahme am Gerichts- oder Verwaltungsverfahren berechtigten Personen (Parteien)* ‖ **Parteienverkehr** (Amtsspr.): *Amtsstunden für persönliche Vorsprachen* ‖ **Parteifreund:** *Angehöriger derselben Partei* ‖ **Parteifreundin** ‖ **Parteifunktionär** [-tsi̯-] ‖ **Parteifunktionärin** ‖ **Parteigänger** der, -s/-: *Anhänger einer Person oder einer Gruppe* ‖ **Parteigängerin** die, -/-innen ‖ **parteiintern** ‖ **parteiisch:** p. *(einseitig, voreingenommen)* handeln ‖ **parteilich:** p. handeln *(bewusst im Sinne einer [politischen] Partei handeln)* ‖ **Parteilichkeit** die, - ‖ **Parteilinie** [-i̯ɛ]: *der von der politischen Partei vertretene Kurs* ‖ **parteilos** ‖ **Parteilose**[1] der, -n/-n, ein Parteiloser ‖ **Parteilose**[2] die, -n/-n ‖ **Parteilosigkeit** die, - ‖ **Parteimitglied** ‖ **Parteinahme:** ohne P. *(ohne für jemanden/etwas Partei zu ergreifen, einzutreten)* ‖ **Parteiobfrau:** *Chefin einer politischen Partei* ‖ **Parteiobmann** ‖ **Parteipolitik** ‖ **parteipolitisch** ‖ **Parteiprogramm** ‖ **Parteisekretär** ‖ **Parteisekretärin** ‖ **Parteispende** ‖ **Parteistellung** → Parteienstellung ‖ **Parteitag:** *regelmäßige Versammlung der von den Mitgliedern gewählten Delegierten einer politischen Partei* | *höchstes Beschlussorgan dieser Partei* ‖ **Parteizentrale**
parterre [-'tɛr] ⟨fr.⟩: *ebenerdig;* p. wohnen | (ugs.) p. *(völlig erledigt, erschöpft)* sein ‖ **Parterre** das, -s/- [-s]: *Erdgeschoß* | (im Theater) *eine Gruppe von Sitzreihen* ‖ **Parterrewohnung**
Partezettel: *Todesanzeige, [Trauer]parte*
Partie die, -/-n ⟨fr.⟩: *Teil, Anteil;* Gesichtspartie | *Opernrolle* | *Anzahl gleichartiger Waren;* eine P. Strümpfe | *Ausflug;* Landpartie | *einzelnes Spiel;* eine P. Schach spielen | *Trupp von Arbeitern* | (sal.) eine gute P. machen *(finanziell vorteilhaft heiraten)* ‖ **Partieführer:** *Vorarbeiter* ‖ **Partieführerin**
partiell [-tsi̯-] ⟨lat.-fr.⟩: *teilweise;* eine partielle Mondesfinsternis; → G.: total
Partikel[1] die, -/-n ⟨lat.⟩ (Gramm.): *nicht flektierbares Wort, zB* jetzt, nach, doch, ja ‖ **Partikel**[2] das, -s/- = die, -/-n: *kleinstes Teilchen* ‖ **partikular:** *einen Teil betreffend* ‖ **Partikularismus** der, -: *Bestrebung, Gruppeninteressen gegenüber dem Ganzen durchzusetzen* ‖ **partikularistisch** ‖ **Partikularsekretär** (SüdT): *persönlicher Referent eines politischen Amtsinhabers* ‖ **Partikularsekretärin** (SüdT)
Partisan der, -s [-en]/-en ⟨it.-fr.⟩: *bewaffneter Widerstandskämpfer in einem besetzten Land* ‖ **Partisanenkrieg** ‖ **Partisanin** die, -/-innen
Partitur die, -/-en ⟨it.⟩ (Mus.): *Aufzeichnung aller Stimmen eines mehrstimmigen Musikstücks*
Partizip das, -s/-ien [-i̯ɛn] ⟨lat.⟩ (Gramm.): *Mittelwort;* 1. P./P. Präsens *(Mittelwort der Gegenwart);* 2. P./P. Perfekt *(Mittelwort der Vergangenheit)* ‖ **Partizipation** [-tsi̯-] die, -/-en: *Teilnahme, das Beteiligtsein* ‖ **Partizipialgruppe** (Gramm.): *Mittelwortgruppe* ‖ **partizipieren:** an einem Geschäft p. *(an seinem Erfolg beteiligt sein)*
Partner der, -s/- ⟨fr.-engl.⟩: ein verlässlicher P. | (in Sport, Film, Theater) *Mitspieler; Gegenspieler* | (Wirt.) *Geschäftspartner; Teilhaber* ‖ **Partnerin** die, -/-innen ‖ **Partnerlook** [-lʊk]: *Gleichheit der Kleidung von weiblichem und männlichem Partner* ‖ **Partnerschaft** die, -/-en: in einer P. leben ‖ **partnerschaftlich:** *gemeinsam, gleichberechtigt* ‖ **Partnerschaftspflege** ‖ **Partnerstadt:** → Städtepartnerschaft ‖ **Partnerwahl:** freie P.
partout [-'tuː] ⟨fr.⟩: *unbedingt, um jeden Preis*
Party [-i] die, -/-s ⟨fr.-engl.⟩: *gesellige Veranstaltung* ‖ **Partyservice** [-sɜːvɪs]: *Firma, die Speisen und Getränke [mit Bedienung] ins Haus liefert*
Parvenu [-ve'nyː, -vœ-] der, -s/-s ⟨fr.⟩ (meist abw.): *Emporkömmling*
Parze die, -/-n: *altrömische Schicksalsgöttin*
Parzelle die, -/-n ⟨lat.-fr.⟩: *im Grundbuch eingetragenes, vermessenes Grundstück* ‖ **parzellieren:** ein Grundstück p. *(es in Parzellen aufteilen)*
Pascal [-k-] das, -[s]/- (Pa) (Phys.): *Maßeinheit für Druck und Spannung (nach dem französischen Physiker Pascal);* → Hektopascal
PASCAL [-k-] das, -s (EDV): *eine internationale Programmiersprache*
Pascha[1] [-sxa] ⟨gr.⟩ → Passah
Pascha[2] der, -s/-s ⟨pers.-türk.⟩ (früher): *Titel hoher türkischer Beamter und Offiziere* | (abw.) *verwöhnter Mann, der sich gern bedienen lässt* ‖ **Paschaallüren** die (Pl.) (abw.)
paschen, du pasch[s]t: *in die Hände klatschen* | *bossen* ‖ **Pascher** der, -s/-: *Mitglied einer bestimmten Volksmusikgruppe* ‖ **Pascherin** die, -/-innen
Pasching: *Ort in Oberösterreich*
Pas de deux [pad(œ)'dø] der, - - -/- - - ⟨fr.⟩: *Ballettnummer für zwei Solotänzer/innen*
Paso doble [-s- -] der, - -/- - ⟨span.⟩: *ein Tanz*
Pasquill das, -s/-e ⟨it.⟩ (veraltend): *Schmähschrift*
Pass[1] der, -es/Pässe ⟨fr.⟩: *Übergang im Gebirge* | *amtlicher Ausweis [für Auslandsreisen]; Reisepass* | (auch mit Pl. Passes ['pɑːsɪz]) ⟨fr.-engl.⟩ (Sport) *Zuspiel [im Fußball]* ‖ **Pass**[2] die, -/-en (reg., bes. O) (Volksk.): *Burschenschaft eines Ortes*
passabel ⟨lat.-fr.⟩: es geht mir ganz p. *(leidlich, erträglich);* eine passable Unterkunft ‖ **Passage** [-'aːʃ, -ʒɛ] die, -/-n: *ein überdachter Durchgang* | *Durchfahrt; Überfahrt* | *Abschnitt [eines Textes]* | (Mus.) *schnelle Tonfolge* ‖ **passager** [-'ʒeːə] (Med.): *vorübergehend* ‖ **Passagier** der, -s/-e: *Fahrgast, Schiffsreisender,*

Fluggast || **Passagierflugzeug** || **Passagierin** die, -/-innen

Passah das, -s ⟨hebr.⟩, *auch:* Pascha [-sxa] ⟨gr.⟩ (Rel.): *ein jüdisches Fest* || **Passahfest,** *auch:* Paschafest

Passant der, -en/-en ⟨lat.-fr.⟩: *Fußgänger; Vorbeigehender* || **Passantin** die, -/-innen

Passat der, -[e]s/-e ⟨niederl.⟩: *ein Tropenwind*

Passbild: *Foto [für den Reisepass]* || **Passe** die, -/-n: *angesetzter Stoffteil, Besatz an einem Kleidungsstück*

passee = passé ⟨fr.⟩: das ist p. *(vorüber, nicht mehr zeitgemäß)*

Passeier das, -[s] = **Passeiertal** (SüdT)

passen, du passt: dieser Anzug passt *(er hat die richtigen Maße)* | das passt mir nicht *(es ist mir nicht recht)* | beim Kartenspiel p. *(eine Runde nicht mitspielen)* | (ugs.) auf jemanden p. *(auf jemanden warten, lauern)* | (sal.) passt! *(in Ordnung!)* | (Sport) *den Ball genau zuspielen*

Passepartout [paspar'tu:] das, -s/-s ⟨fr.⟩: *Kartonumrahmung [eines Bildes]* || **Passepoil** [pas'poal] das (*auch:* der), -s/-s: *schmaler Stoffstreifen, der in die Nähte [von Trachtenkleidern] eingefasst wird* || **passepoilieren**

Passform: eine gute P. *(von Kleidung: passender Schnitt)* || **Passfoto:** *Passbild* || **Passgang** der, -[e]s: *eine Gangart [des Kamels]* || **Passhöhe**

passierbar ⟨fr.⟩ || **passieren:** die Grenze p. *(überschreiten)* | ein Unglück ist passiert *(geschehen)* | Paradeiser p. *(durch ein Sieb pressen)* || **Passierschein** || **Passiersieb**

passim ⟨lat.⟩: *an verschiedenen Stellen (in einem Buch)*

Passion die, - ⟨lat.⟩: *Vorliebe; Leidenschaft* | (Rel.) *Leidensgeschichte Christi* | (mit Pl. -en) *künstlerische Darstellung der Passion Christi* || **passioniert:** ein passionierter *(leidenschaftlicher)* Schachspieler || **Passionsfrucht:** *eine exotische Frucht* || **Passionsspiel:** *volkstümliches Spiel vom Leiden Christi*

passiv ['pa-, -'i:-] ⟨lat.⟩: sich p. *(untätig)* verhalten; passives Wahlrecht *(das Recht, gewählt zu werden);* passive Resistenz *(gewaltloser Widerstand);* → G.: aktiv || **Passiv** das, -s (Gramm.): *Form des Verbs, bei der das Geschehen betont wird und die handelnde Person nicht genannt wird oder in den Hintergrund tritt, zB* die Straße wird gebaut; → G.: Aktiv || **Passiva** [-v-, auch: 'pa-] = **Passiven** [-f-, -v-] die (Pl.): *Schulden;* → G.: die Aktiva || **passivisch** [-v-] (Gramm.): *das Passiv betreffend* || **Passivität** die, -: *Untätigkeit, Teilnahmslosigkeit* || **Passivrauchen** [auch: -'i:-] das, -s || **Passivraucher** || **Passivraucherin** || **Passivrolle** || **Passivseite** (Wirt.): *rechte Seite einer Bilanz, die den Unternehmenswert in eigenes und fremdes Kapital gliedert*

Passkontrolle || **Pass Lueg** [-'luək, auch: -'lu:ɛk] der, - - (S) || **Passstraße** || **Pass Strub** der, - - (S, T) || **Pass Thurn** der, - -[s] (T, S) || **Passus** der, -/-: *Abschnitt, Absatz [in einem Vertrag]* || **Passwort:** *Losungswort* | (EDV) *Codewort, um bestimmte Computerprogramme benützen oder in eine Datenbank gelangen zu können* || **Passwortschutz** (EDV)

Pasta[1] die, - ⟨gr.-it.⟩: *[italienische] Teigwaren* || **Pasta**[2] die, -/Pasten = Paste, -/-n: *breiige, streichbare Masse* || **Pasta asciutta** [- a'ʃu-] die, - -/Paste asciutte ⟨it.⟩: *Spaghetti mit Fleischsoße* || **Paste** = → Pasta

Pastell das, -[e]s/-e ⟨gr.-it.-fr.⟩: *mit Pastellstiften gemaltes Bild* || **Pastellfarbe** || **pastellfarben:** *zart-, hellfärbig* || **Pastellmalerei**

Pastete die, -/-n ⟨gr.-rom.⟩: *eine Speise;* Leberpastete

pasteurisieren [-stør-] ⟨fr.⟩: pasteurisierte *(durch Erhitzen keimfrei gemachte)* Milch || **Pasteurisierung** die, -/-en

Pasticcio [-'itʃɔ] das, -s/-s [Pasticci] [-tʃi] ⟨it.⟩ (Mus.): *bunte Zusammenstellung*

Pastille die, -/-n ⟨lat.⟩: *kugelförmiges Lutschbonbon*

Pastinak der, -s/-e[n] = **Pastinake** die, -/-n ⟨lat.⟩: *ein Wurzelgemüse*

Pastor der, -s/-en [-'o:-] (P.) ⟨lat.⟩: *evangelischer Pfarrer, Seelsorger* || **pastoral:** *seelsorgerisch* | *feierlich, salbungsvoll* | (veraltet) *ländlich-idyllisch* || **Pastoralassistent:** *Pfarrhelfer* || **Pastoralassistentin** || **Pastorale** die, -/-n: *eine Hirtenmusik* || **Pastoraltheologie:** *Lehre von der Seelsorge* || **Pastorella** die, -/Pastorellen (Mus.): *weihnachtliche Pastorale* || **Pastorin** die, -/-innen

pastos ⟨it.⟩: p. malen *(die Farbe dick auftragen)*

Patchwork ['pætʃwɜ:k] das, -s/-s ⟨engl.⟩: *aus kleinen Stoff- oder Lederresten verfertigtes Kleidungsstück, Tasche uÄ* || **Patchworkfamilie:** *Familie mit Kindern aus anderen Verbindungen eines Elternteiles*

Pate der, -n/-n ⟨lat.⟩: *Taufpate; Firmpate* | *Chef einer Mafiaorganisation*

Patene die, -/-n ⟨lat.⟩ (Rel.): *Teller für die Hostien bzw. das Brot beim Abendmahl*

Patenkind ⟨lat.⟩ || **Patenonkel** || **Patenschaft** die, -/-en

patent (ugs.): ein patenter *(tüchtiger)* Kerl || **Patent** das, -[e]s/-e: *Schutzrecht für eine Erfindung* | *Befähigungsnachweis* || **Patentamt**

Patentante ⟨lat.⟩

Patentanwalt ⟨lat.⟩: *Anwalt, der zur Vertretung in Patentsachen vor Gericht zugelassen ist* || **Patentanwältin** || **patentieren:** eine patentierte *(gesetzlich geschützte)* Erfindung || **Patentierung** die, -/-en || **Patentlösung:** *großartige Lösung aller Probleme* || **Patentrecht** || **patentrechtlich** || **Patentregister:** *Verzeichnis des Patentamtes über die registrierten Patente* || **Patentrezept:** *Patentlösung*

Pater der, -s/Patres [Pater] (P.; Pl.: PP.) ⟨lat.⟩: *Ordensgeistlicher;* → Frater || **Paternität** die, - (Jus): *Vaterschaft* || **Paternoster**[1] das, -s/-: *das Vaterunser* || **Paternoster**[2] der, -s/-: *ständig umlaufender Aufzug mit mehreren Kabinen*

pathetisch ⟨gr.⟩: *[übertrieben] feierlich, überschwänglich;* → Pathos || **pathogen** (Med.): *Krankheiten auslösend* || **Pathologe** der, -n/-n (Med.): *Spezialist für die Lehre von den Krankheiten* || **Pathologie** die, - (Med.): *Lehre von den Krankheiten* | *pathologische Abteilung [einer Klinik]* || **Pathologin** die, -/-innen (Med.) || **pathologisch** (Med.): *die Pathologie betreffend* | *krankhaft* || **Pathos** das, -: *Ausdruck feierlicher Ergriffenheit;* → pathetisch

Patience [pa'siã:s] die, -/-n ⟨fr.⟩:

P

ein Kartenspiel; eine P. legen ‖ **Patiencebäckerei:** *Kekse in Form von Figuren*

Patient [-tsi̯-] der, -en/-en ⟨lat.⟩: *Kranker in ärztlicher Behandlung*

Deklination:
- die E-Card des Patienten
- mit dem Patienten (*nicht:* Patient)
- ohne den Patienten (*nicht:* Patient)

Patientenanwalt ‖ **Patientenanwältin** ‖ **Patientin** die, -/-innen

Patin die, -/-innen ⟨lat.⟩: *Taufpatin; Firmpatin*

Patina die, - ⟨it.⟩: *durch Witterungseinfluss, Alter veränderte Oberfläche, zB von Kupfer; Edelrost*

Patisserie die, -/-n ⟨fr.⟩: *eine Konditorei; Konditorwaren*

Patriarch der, -en/-en ⟨gr.-lat.⟩: *ein hoher kirchlicher Würdenträger [der Ostkirche]* | (meist abw.) *autoritäres männliches Familienoberhaupt* ‖ **patriarchal:** *patriachalisch* ‖ **patriarchalisch:** ein patriarchalisches *(Ehrfurcht und Gehorsam forderndes)* Verhalten ‖ **Patriarchat** das, -[e]s/-e: *Herrschaft des Familienvaters;* → Matriarchat | *Amt und Amtsbereich eines kirchlichen Patriarchen*

P

Patricia [-ts-] → Patrizia ‖ **Patrick** [auch: ˈpæ-]: *männl. Vorname*

Patriot der, -en/-en ⟨gr.-lat.-fr.⟩: *jemand, der sein Vaterland bes. liebt* ‖ **Patriotin** die, -/-innen ‖ **patriotisch:** eine patriotische *(den Patriotismus betreffende)* Gesinnung; → national; → vaterländisch ‖ **Patriotismus** der, -: *starke Vaterlandsliebe*

Patrizia, *auch:* Patricia [-ts-]: *weibl. Vorname*

Patriziat das, -[e]s/-e ⟨lat.⟩ (früher): *die angesehenen, reichen Bürgergeschlechter* ‖ **Patrizier** der, -s/- (früher): *Angehöriger des Patriziats* ‖ **Patrizierin** die, -/-innen (früher) ‖ **patrizisch:** patrizische Familien

Patron der, -[e]s/-e ⟨lat.⟩: *Schutzheiliger* | *Schutzherr* | *Chef; Gutsherr* | (abw.) ein unangenehmer P. *(Mensch)* ‖ **Patronanz** die, -/-en: *Ehrenschutz [bei einer Veranstaltung]* ‖ **Patronat** das, -[e]s/-e: *Schirmherrschaft, Patronanz* | *Patronatsherr einer Kirche* | (SüdT) *Sozialdienst bei Gewerkschaften und Verbänden* ‖ **Patronatsherr** ‖ **Patronatsherrin** ‖ **Patrone** die, -/-n ⟨lat.-fr.⟩: *Geschoß samt Hülse mit Treibladung* | *Behälter für Tinte, Tusche oder Toner* ‖ **Patronengurt** ‖ **Patronenhülse** ‖ **Patronin** die, -/-innen ⟨lat.⟩

Patrouille [-ˈru(l)jɛ] die, -/-n ⟨fr.⟩: *Polizeistreife; Spähtrupp* ‖ **Patrouillengang** ‖ **patrouillieren**

Patrozinium das, -s/Patrozinien [-i̯ɛn] ⟨lat.⟩: *Schutzherrschaft eines Heiligen über ein Gebiet oder eine Kirche; Fest eines Kirchenpatrons;* → Kirchweih

Patsch [-ɒː-] der, -/-en (ugs.): *gutmütiger, unbeholfener Mensch;* → patschert

Patsche die, -/-n: in der P. *(in großer Bedrängnis)* sein ‖ **patschen** (ugs.): du patsch[s]t *(plumpst)* ins Wasser; auf das Wasser p. *(schlagen)*

Patschen [ˈpɒ(ː)-, ˈpa(ː)-] der, -s/- (ugs.): *Hausschuh* | (ugs.) *Reifendefekt* ‖ **Patschenkino** (ugs., veraltet): *Fernsehen*

Patscher Kofel der, - -s = **Patscherkofel,** -s: *ein Berg bei Innsbruck*

Patscherl[1] das, -s/-[n] (ugs.): *Babyschuh;* → Patschen

Patscherl[2] [ˈpɒ(ː)-] das, -s/-[n] (ugs.): *unbeholfener, hilfloser Mensch, meist Kind* ‖ **patschert** (ugs.): *ungeschickt, unbeholfen;* → Patsch ‖ **Patschhand** [ˈpa-]: *Hand eines kleinen Kindes* ‖ **patschnass** (ugs.): *durch und durch nass*

Patschuli [auch: ˈpa-] das, -s ⟨Tamil-engl.⟩: *ein Duftstoff*

patt ⟨fr.⟩: p. sein *(im Schachspiel keinen Zug mehr machen können); aber:* → pattsetzen ‖ **Patt** das, -s/-s: *Stellung im Schach, bei der ein Spieler nicht mehr ziehen kann* | *Lage, in der keiner von zwei Gegnern etwas unternehmen kann*

Patte die, -/-n: *Taschenklappe, Taschenbesatz* ‖ **Pattentasche:** ein Sakko mit Pattentaschen

Pattern [ˈpæ-] das, -[s]/-s ⟨fr.-engl.⟩ (Soz.): *Verhaltensmuster* | (Sprachwiss.) *Satzbaumuster [im Fremdsprachenunterricht]*

pattsetzen: den Konkurrenten p. *(ausschalten); aber im Schachspiel:* patt setzen (= pattsetzen) ‖ **Pattsituation** [-tsi̯-] ⟨fr.+lat.⟩ ‖ **Pattstellung**

patzen, du patzt: *[beim Schreiben, Essen] Kleckse machen* | *fehlerhaft arbeiten* ‖ **Patzen** der, -s/-: *Klecks* | *Klumpen* ‖ **Patzer** der, -s/-: *Fehler* | (abw.) *Stümper* ‖ **Patzerei** die, -/-en (ugs.) ‖ **Patzerl** das, -s/-[n]: *kleiner Patzen* ‖ **patzig:** *klebrig* | (sal.) *frech, überheblich;* eine patzige Antwort geben ‖ **patzweich** (ugs.): *sehr weich*

Pauke die, -/-n: *ein Schlaginstrument;* mit Pauken und Trompeten *(mit großem Aufwand)* empfangen werden; mit Pauken und Trompeten durchfallen ‖ **pauken** (veraltend): *angestrengt lernen* ‖ **Paukenschlag:** *überraschendes, Aufsehen erregendes Ereignis* ‖ **Paukenwirbel**

Paul: *männl. Vorname* ‖ **Paula:** *weibl. Vorname* ‖ **Pauline:** *weibl. Vorname* ‖ **Paulusbrief:** *Brief des Apostels Paulus im Neuen Testament*

Paunzen der = die, -/- (T): *ein Schmalzgebäck;* → Baunzerl

pausbackig: ein pausbackiges Kind *(Kind mit vollen, roten Wangen)*

pauschal: etwas p. *(in seiner Gesamtheit)* verurteilen ‖ **Pauschalbetrag** ‖ **Pauschale** das, -[s]/- (Pauschalien [-i̯ɛn]), *auch:* die, -/-n: *vereinbarter Gesamtbetrag für verschiedene Leistungen* ‖ **pauschalieren** ‖ **Pauschalpreis** ‖ **Pauschalreise:** *pauschal berechnetes Reisearrangement* ‖ **Pauschalurteil:** *verallgemeinerte [negative] Beurteilung*

Pause[1] die, -/-n ⟨gr.-rom.⟩: eine kurze P. machen

Pause[2] die, -/-n ⟨fr.⟩: *Durchzeichnung* ‖ **pausen:** *durchzeichnen*

Pausenbrot ⟨gr.-rom.⟩ ‖ **Pausenfüller:** *kurzer [Fernseh]beitrag, der den Zeitraum [zwischen zwei Sendungen] überbrücken soll* ‖ **Pausenhof:** *Schulhof* ‖ **pausenlos:** *ohne Unterbrechung, Ruhepause* ‖ **Pausenstand** (Sport): *Spielstand eines Matches zur Pause* ‖ **Pausenzeichen** (Mus.) ‖ **pausieren:** *unterbrechen, eine Pause einschalten*

Pauspapier ⟨fr.⟩

Pauxerl → Bauxerl

Pavian [-v-] der, -s/-e ⟨fr.-niederl.⟩: *ein Affe*

Pavillon [ˈpaviljoːn, -iˈjõː] der,

-s/-s ⟨fr.⟩: *Gartenhaus | Einzelgebäude [eines Krankenhauses] | Präsentationsbau auf einem Ausstellungsgelände*

Pawlatsche die, -/-n = **Pawlatschen,** -/- ⟨tschech.⟩ (ostöst.): *Bretterbühne | gangartiger Hofbalkon* || **Pawlatschenbühne** (ostöst.): *Theater auf einer einfachen Bretterbühne* || **Pawlatschentheater** (ostöst.): *Pawlatschenbühne*

Pay-TV ['peɪ tiː'viː] das, -[s] ⟨engl.⟩: *TV-Programm, das nur über direkte Gebührenabgabe zu empfangen ist*

Pazifik der, -[s] ⟨lat.⟩: der Pazifische *(der Große, der Stille)* Ozean || **pazifisch:** pazifische Inseln; *aber:* der **P**azifische Ozean || **Pazifismus** der, -: *Streben nach dem dauernden Weltfrieden* || **Pazifist** der, -en/-en: *überzeugter Kriegsgegner* || **Pazifistin** die, -/-innen || **pazifistisch**

Paznaun das, -[s]: *ein Tal in Tirol*

Pb: Blei

P. b. b. (früher): **P**ostgebühr **b**ar **b**ezahlt

PC[1] [piː 'siː] die, -: **P**olitical **C**orrectness

PC[2] [pe 'tseː] der, -[s]/-[s]: **P**ersonal **C**omputer || **PC-unterstützt:** PC-unterstützter Unterricht

Pd: **P**alla**d**ium

PDA [pe de 'a] der, -[s]/-[s] (EDV): **P**ersonal **D**igital **A**ssistant *(Taschencomputer, elektronischer Organizer)*

PDF [pe de 'ɛf]: **P**ortable **D**ocument **F**ormat *(Datenformat, das fest formatierte Dokumente liefert und unabhängig von einem Textprogramm ist)*

Peanuts ['piːnʌts] die (Pl.) (wörtl.: Erdnüsse) ⟨engl.⟩ (sal.): *Kleinigkeit; kleiner Geldbetrag | eine Comicserie bzw. Zeichentrickserie*

Pech das, -s/-e: *rohes Baumharz | aus Teer gewonnene Masse |* (ohne Pl.) *Missgeschick, Unglück* || **Pechblende:** *ein uranhältiges Mineral* || **Pechnase** (früher): *Mauervorsprung an Burgen, durch den zu Verteidigungszwecken heißes Pech geschüttet wurde* || **pechschwarz** || **Pechsträhne:** *eine Zeit, in der alles misslingt* || **Pechvogel** (scherzhaft): *ein vom Missgeschick verfolgter Mensch*

pecken: Körner p. *(picken);* der Vogel peckt *(hackt)* mit dem Schnabel; → Eierpecken | (ugs.) er peckt ständig auf sie *(stichelt)*

Pedal das, -s/-e ⟨lat.⟩: *Fußhebel, zB beim Auto, beim Klavier;* in die Pedale treten *(Rad fahren;* auch: *sich bemühen) | Fußtastatur der Orgel* || **Pedale** die, -/-n (reg. in D): *Pedal*

pedant ⟨gr.-lat.-fr.⟩: *pedantisch* || **Pedant** der, -en/-en: *peinlich genauer, kleinlicher Mensch* || **Pedanterie** die, -/-n || **Pedantin** die, -/-innen || **pedantisch**

Peddigrohr: *Holz, aus dem Korbmöbel geflochten werden, Rattan*

Pedell der, -s [-en]/-e[n] (früher): *ein Universitätsbediensteter*

Pedikeur [-'køːə] der, -s/-e ⟨fr.⟩: *Fußpfleger* || **Pedikeurin** die, -/-innen || **Pediküre** [-'kyːə, -rɛ] die, -: *Fußpflege |* (mit Pl. -n) *Fußpflegerin* || **pediküren:** sich p. [lassen]

Peeling ['piː-] das, -s/-s ⟨engl.⟩: *Hautschälkur*

Peepshow ['piːpʃəʊ] ⟨engl.⟩: *Betrachtung von Striptease uÄ durch ein Guckloch gegen Münzeinwurf*

Peer [pɪə] der, -s/-s ⟨engl.⟩: *Angehöriger des englischen Hochadels* || **Peergroup** [-gruːp] die, -/-s (Soz.): *Gruppe einander unterstützender Menschen; Gruppe gleichaltriger Jugendlicher, die einander bei der Loslösung vom Elternhaus unterstützen*

Pegasus der, -: *geflügeltes Pferd der griechischen Sage |* (scherzh., veraltet) den P. besteigen *(dichten)*

Pegel der, -s/-: *ein Wasserstandsmesser [an Flüssen]* || **Pegelstand**

peilen: *eine Richtung bzw. den Standort zu etwas bestimmen |* über den Daumen gepeilt *(geschätzt) | anpeilen* || **Peiler** der, -s/-: *Peilfunkgerät* || **Peilgerät** || **Peilung** die, -/-en

Pein die, - (geh.): *Schmerz, Qual* || **peinigen** || **Peiniger** der, -s/- || **Peinigerin** die, -/-innen || **Peinigung** die, -/-en || **peinlich:** das war ihm p. *(sehr unangenehm) |* peinliche *(genaueste)* Ordnung halten || **Peinlichkeit** die, -/-en || **peinvoll** (geh.): *schmerzend*

Peitsche die, -/-n || **peitschen,** du peitsch[s]t || **Peitschenhieb** || **Peitschenknall** || **Peitschenschlagsyndrom** [-zy-] (Med.)

pejorativ ⟨lat.⟩ (Sprachwiss.): *mit einer negativen, abwertenden Bedeutung besetzt*

Pekinese der, -n/-n: *eine Hunderasse*

Peking, *auch:* Beijing ['beɪdʒɪŋ]: *Hauptstadt der Volksrepublik China*

Pektin das, -s/-e ⟨gr.-lat.⟩: *Pflanzenstoff, der zum Gelieren verwendet wird*

pektoral ⟨lat.⟩ (Med.): *die Brust betreffend*

pekuniär ⟨lat.-fr.⟩: die pekuniären *(die finanziellen)* Verhältnisse

Pelargonie [-iɛ] die, -/-n ⟨gr.-lat.⟩: *eine Zierpflanze, Geranie*

Pelerine die, -/-n ⟨lat.-fr.⟩: *ärmelloser [Regen]umhang*

Pelikan der, -s/-e ⟨gr.-lat.⟩: *ein Schwimmvogel*

Pellet das, -s/-s (meist Pl.) ⟨engl.⟩: *aus Sägemehl gepresstes zylindrisches Röllchen als Heizmaterial* || **Pelletsheizung,** *auch:* Pelletheizung

Pellkartoffel (nördl. D): *gekochter, ungeschälter Kartoffel*

Pelz der, -es/-e: *Fell von Pelztieren | Kurzwort für Pelz[mantel] |* jemandem auf den P. rücken *(ihm zusetzen; ihn mit etwas bedrängen)* || **pelzbesetzt** || **pelzgefüttert** || **Pelzhändler** || **Pelzhändlerin** || **Pelzhaube**

pelzen, du pelzt: *[einen Obstbaum] veredeln, pfropfen*

pelzig || **Pelzkappe** || **Pelzkragen** || **Pelzmantel** || **Pelzmütze** || **Pelztier:** *Fuchs, Marder ua.* || **Pelztierzucht** || **pelzverbrämt**

pempern (ugs.): *eine klopfende Arbeit verrichten*

Penalty [-i, auch: 'penəl-] der, -s/-s ⟨engl.⟩ (Sport): *ein Strafstoß [im Eishockey]*

P.E.N.-Club ['pɛnklʊp] der, -s, *auch:* PEN-Club ⟨engl.⟩: *eine internationale Vereinigung von Schriftstellern* (**p**oets, **e**ssayists, **n**ovelists) *mit nationalen Zentren*

Pendant [pɑ̃'dɑ̃ː] das, -s/-s ⟨fr.⟩: *Gegenstand, der einem anderen [in Größe und Form] entspricht, Gegenstück*

Pendel das, -s/-: *regelmäßig hin- und herschwingender Gegenstand* || **pendeln,** ich pendle || **Pendelschlag** || **Pendeluhr** || **Pendelverkehr** || **pendent** (CH): *unerledigt* || **Pendenz** die, -/-en (CH): *unerledigte Sache* || **Pendler** der, -s/-: *Berufstätiger, der regelmäßig zwischen Wohn- und Betriebsort über eine größere*

Entfernung hin- und zurückfährt | *Verkehrsmittel im Pendelverkehr* || **Pendlerbus** || **Pendlerin** die, -/-innen || **Pendlerzug**

penetrant ⟨lat.⟩: ein penetranter *(durchdringender)* Geruch; ein penetrantes *(aufdringliches)* Benehmen || **Penetranz** die, -/-en || **Penetration** [-tsi̯-] die, -/-en: *Eindringen [des Penis in die Scheide], Durchdringen* | (Wirt.) *Marktdurchdringung* || **penetrieren**

peng: *lautmalendes Wort für einen Schuss aus einem Gewehr oder einer Pistole*

penibel ⟨lat.-fr.⟩: ein penibler *(sehr genauer, sehr gewissenhafter)* Mensch || **Penibilität** die, -

Penicillin = → Penizillin

Penis der, -/-nisse [Penes] ⟨lat.⟩: *männliches Glied*

Penizillin = Penicillin [-ts-] das, -s ⟨lat.⟩: *ein Heilmittel*

Pennal das, -[e]s/-e ⟨lat.⟩: *Etui für Bleistifte uÄ* || **Pennäler** der, -s/- (D): *Schüler [einer höheren Schule]* || **Pennälerin** die, -/-innen (D)

pennen (nördl. D, ugs.): *schlafen* || **Penner** der, -s/- (nördl. D, abw.): *Sandler, untüchtiger Mensch* || **Pennerin** die, -/-innen (nördl. D, abw.)

Pennsylvania [-sɪl'veɪniə] = **Pennsylvanien** [-zil'va:-]: *Bundesstaat der USA*

Penny [-i] der, -s/Pence [pens] ⟨engl.⟩: *eine englische Geldeinheit* | (mit Pl. Pennys) *einzelnes Pennystück*

Pensenbuch ⟨lat.⟩ (Bildw.): *eine alternative Form der Leistungsbeurteilung*

Pension [pɛn-, veraltet und D: pã̃s-] die, -/-en ⟨lat.-fr.⟩: *Ruhegehalt* | *Fremdenheim* | (ohne Pl.) *Ruhestand;* in P. gehen/sein || **Pensionär** der, -s/-e: *Gast einer Fremdenpension* | (D) *Pensionist, Rentner* || **Pensionärin** die, -/-innen || **Pensionat** das, -[e]s/-e: *eine Schule mit Internat* || **pensionieren** || **Pensionierung** die, -/-en || **Pensionist** der, -en/-en: *Bezieher eines Ruhegehaltes* || **Pensionistenheim** || **Pensionistin** die, -/-innen || **Pensionopolis** die, - (scherzh., veraltend): *Bezeichnung für einen Ort, wo man gern die Pension verbringt* || **Pensionsalter** || **Pensionsanpassung** || **Pensionsanspruch** || **Pensionsantrag** || **Pensionsantrittsalter** || **Pensionsbeitrag** || **Pensionsberechnung** || **pensionsberechtigt** || **Pensionsberechtigte** || **Pensionsdynamik** [-dy-]: *gesetzlich gesicherte Anpassung der Pensionen an die Entwicklung der Preise und Löhne* || **Pensionsempfänger** || **Pensionsempfängerin** || **Pensionsharmonisierung** (Pol.): *die Vereinheitlichung unterschiedlicher Pensionssysteme* || **Pensionsinvestmentfonds** [-v-fõ:]: *staatlich geförderter Wertpapierfonds für die Pensionsvorsorge* || **Pensionskassa** = **Pensionskasse** || **Pensionskonto** || **Pensionskorridor:** *Zeitspanne, in der man in Pension gehen kann* || **Pensionsreform** || **pensionsreif** || **Pensionsversicherung** || **Pensionsvorsorge:** *finanzielle Vorsorge für die Jahre im Ruhestand*

Pensum das, -s/Pensen [Pensa] ⟨lat.⟩: sein P. *(die für einen bestimmten Zeitraum zugeteilte Arbeit)* erledigen

Pentagon [auch: -'o:n] das, -s/-e ⟨gr.⟩: *Fünfeck* | ['pɛn-] (ohne Pl.) *das Verteidigungsministerium der USA* || **pentagonal:** *fünfeckig* || **Pentagramm** das, -s/-e: *fünfzackiger Stern, der auch als magisches Zeichen gilt, Trutenfuß* || **Pentameter** der, -s/- (Lit.): *ein fünffüßiger Vers* || **Pentateuch** der, -[s] (Rel.): *die fünf Bücher des Moses in der Bibel* || **Pentatonik** die, - (Mus.): *fünfstufige Tonleiter, meist ohne Halbtöne, zB* d, e, g, a, h || **pentatonisch** (Mus.)

Penthouse ['penthaʊs] das, -/-s [-zɪz], *auch:* Penthaus ⟨engl.⟩: *Terrassenwohnung auf dem Dach eines Wohnhauses*

Pentium [-tsi̯-] der, -s/-s (EDV) (Wz.): *ein Mikroprozessor*

Penzing: *14. Bezirk Wiens*

Pep der, -s ⟨engl.⟩ (sal.): *Schwung, Pfiff*

Peperl = Pepperl: *weibl. und männl. Vorname (Josef, Josefine uÄ);* → Pepi

Peperoncino [-tʃ-] der, -s/Peperoncini ⟨it.⟩ (SüdT, CH): *kleine, scharfe Paprikaschote, Pfefferoni* || **Peperone** der, -[s]/Peperoni ⟨lat.-it.⟩ (D): *Pfefferoni* || **Peperoni** die, -/- (SüdT, CH): *Paprika, Paprikaschote* | (D) *Pfefferoni*

Pepi[1]: *weibl. und männl. Vorname (Josef, Josefine uÄ);* → Peperl

Pepi[2] der, -s/-s (ugs.): *künstlicher Haarteil, Perücke*

Pepita das (*auch:* der), -s/-s ⟨span.⟩: *klein kariertes, zweifärbiges Stoffmuster*

Pepperl = → Peperl

peppig ⟨engl.⟩ (sal.): *schwungvoll*

Pepsin das, -s/-e ⟨gr.-lat.⟩: *Bestandteil des Magensaftes*

> **per** ⟨lat.⟩
>
> **Präposition mit Akkusativ:**
> - per *(durch)* Eilboten
> - per ersten Dezember *(zum 1. Dezember)*
> - per Bahn *(mit der Bahn)*
> - per Adresse (p. A.) Familie Klein *(bei Familie Klein)*
> - per *(pro, je)* Stück
> - mit jemandem per Du sein *(sich mit jemandem duzen)*
>
> Vgl. auch → per pedes; → per procura; → per saldo; → pro

per acclamationem [- akl-tsi̯-]: p. a. *(durch Zuruf, Beifall)* gewählt werden || **per anno** → pro anno

Percht die, - (Volksk.): *eine weibliche dämonische Sagengestalt* | (mit Pl. -en) *bestimmte traditionell maskierte [Faschings]gestalten* || **Perchtenlauf** (Volksk.): *ein Volksbrauch* || **Perchtenmaske**

Perchtoldsdorf: *Marktgemeinde in Niederösterreich*

Percussion [-'kʌʃn] die, -/-s ⟨engl.⟩: *Schlagzeug[gruppe] [im Jazz]; aber:* → Perkussion

per definitionem [- -tsi̯-] ⟨lat.⟩: *erklärtermaßen*

perdu [-'dy:] ⟨fr.⟩ (sal., veraltet): *verloren*

perennierend ⟨lat.⟩: perennierende *(mehrjährige, mehrmals überwinternde)* Pflanzen

Perestroika die, - ⟨russ.⟩ (Pol., Gesch.): *Umgestaltung in der sowjetischen Politik*

perfekt ⟨lat.⟩: ein perfekter *(sehr guter)* Ski; eine Fremdsprache p. *(vollkommen)* beherrschen | einen Vertrag p. machen *(ihn abschließen)* || **Perfekt** ['pɛ-, -'fɛ-] das, -s/-e (Gramm.): *eine Zeitform des Verbs; 2. Vergangenheit, vollendete Gegenwart* || **Perfektion** [-tsi̯-] die, -: bis zur P. *(Vollendung; vollkommenen Beherrschung)* | *Übungsveranstaltung [in der Tanzschule]* || **perfektionieren:** *vervollkommnen* || **Per-**

fektionismus der, -: *[übertriebenes] Streben nach Vervollkommnung* ‖ **Perfektionist** der, -en/-en ‖ **Perfektionistin** die, -/-innen
perfid ⟨lat.⟩ (geh.): *hinterhältig* ‖ **Perfidie** die, -/-n (geh.): *perfide Tat; Hinterlist, Heimtücke*
Perforation [-tsi̯-] die, -/-en ⟨lat.-fr.⟩ ‖ **perforieren:** *[in gleichmäßigen Abständen] durchlöchern*
Performance [-mɘns] die, -/-s [-ɪz] ⟨engl.⟩: *künstlerische Aktion, Happening* | (Wirt.) *Wertzuwachs [bei Wertpapieren]* ‖ **Performanz** die, - (Sprachwiss.): *Verwendung einer Sprache in einer gegebenen Situation*
Perg (Kfz: PE): *Stadt in Oberösterreich*
Pergament das, -[e]s/-e (früher): *sehr haltbares Schreibblatt aus Tierhaut (nach der kleinasiatischen Stadt Pergamon)* ‖ **Pergamentpapier:** *fettundurchlässiges, festes Papier*
Pergel die, -/-n ⟨it.⟩ (SüdT): *mit Weinreben überspannter Laubengang* ‖ **Pergola** die, -/Pergolen: *Laubengang mit Kletterpflanzen*
perhorreszieren ⟨lat.⟩ (geh.): *verabscheuen*
Perihel das, -s/-ien [-i̯ɛn] ⟨gr.⟩ (Phys.): *der der Sonne am nächsten liegende Punkt auf der Bahn eines Himmelskörpers;* → G.: Aphel
perikleisch: ein perikleisches Zeitalter *(Epoche kultureller Blüte; nach dem altgriechischen Staatsmann Perikles)*
Perikope die, -/-n ⟨gr.-lat.⟩ (Rel.): *vorgesehener Bibelabschnitt im Gottesdienst*
Periode die, -/-n ⟨gr.⟩: *Zeitabschnitt* | *Menstruation* ‖ **Periodensystem** [-zy-]: *Anordnung der chemischen Elemente nach Eigenschaften, die sich periodisch wiederholen* ‖ **Periodikum** das, -s/Periodika (meist Pl.): *periodisch erscheinende Veröffentlichung* ‖ **periodisch:** *regelmäßig wiederkehrend* ‖ **periodisieren:** *in Perioden einteilen* ‖ **Periodizität** die, -: *regelmäßige Wiederkehr*
Peripetie die, -/-n ⟨gr.⟩: *ausschlaggebende Wendung*
peripher [-f-] ⟨gr.-lat⟩: periphere *(am Rande liegende, nicht so wichtige)* Probleme ‖ **Peripherie** die, -/-n: an der P. der Stadt *(am Stadtrand)* | (Math.) die P. *(Umfangslinie)* des Kreises | (EDV) *Rand-, Umgebungsgeräte zu einem Computer, zB Drucker, Maus, Monitor, Scanner, Peripheriegeräte* ‖ **Peripheriegerät** (meist Pl.) (EDV)
Periskop das, -s/-e ⟨gr.⟩: *Sehrohr [des U-Bootes]*
Peristaltik die, - ⟨gr.⟩ (Med.): *Arbeitsbewegung der Verdauungsorgane* ‖ **peristaltisch** (Med.)
Perkussion die, -/-en ⟨lat.⟩ (Med.): *Abklopfen [der Lunge]* | (Mus.) *die Schlaginstrumente; aber:* → Percussion
perkutan ⟨lat.⟩ (Med.): *auf der Haut, über die Haut;* → subkutan
Perle die, -/-n ‖ **perlen:** perlendes Sodawasser ‖ **perlenbesetzt** ‖ **Perlencollier** [-k-] = → Perlenkollier ‖ **Perlenkette** ‖ **Perlenkollier** [-li̯e:] = Perlencollier [-k-]: *eine Perlenkette* ‖ **Perlenschnur** ‖ **Perlentaucher** ‖ **Perlentaucherin** ‖ **Perlhuhn:** *eine Hühnerart* ‖ **Perlmutt** das, -s = **Perlmutter** die, - = das, -s: *schillernde Innenschichte bestimmter Muschelschalen* ‖ **perlmuttern:** perlmutterne Knöpfe
Perlon das, -s (Wz.): *eine Kunstfaser*
Perlustration [-tsi̯-] die, -/-en ⟨lat.⟩ (Amtsspr.) ‖ **perlustrieren** (Amtsspr.): einen Verdächtigen p. *(ihn zur Ausweisleistung anhalten und nötigenfalls auch durchsuchen)* ‖ **Perlustrierung** die, -/-en (Amtsspr.)
Perlwein: *Wein mit Kohlensäure* ‖ **Perlzwiebel:** *eine kleine Zwiebelart*
Perm das, -s (Geol.): *eine erdgeschichtliche Formation*
permanent ⟨lat.⟩: *ununterbrochen, dauernd* ‖ **Permanenz** die, -: in P. tagen
permeabel ⟨lat.⟩: ein permeables *(durchdringbares, durchlässiges)* Gewebe ‖ **Permeabilität** die, -: *Durchlässigkeit*
permissiv ⟨lat.⟩ (Psych., Soz.): *[fast] alles zulassend*
permutabel ⟨lat.⟩: permutable *(austauschbare)* Elemente ‖ **Permutation** [-tsi̯-] die, -/-en: *verschiedene Anordnung gegebener Elemente* | (Sprachwiss.) *Umstellungsprobe* ‖ **permutieren**
perniziös ⟨lat.-fr.⟩ (Med.): *bösartig, schlimm*
peroral ⟨lat.⟩ (Med.): *durch den Mund*
Peroxid = **Peroxyd** [-y:t, -i:t] ⟨lat.+gr.⟩ (Chem.): *eine sauerstoffreiche Verbindung*
per pedes ⟨lat.⟩ (scherzh.): *zu Fuß*
Perpendikel der = das, -s/- ⟨lat.⟩: *Uhrpendel*
perpetuieren ⟨lat.⟩: *fortdauernd machen* ‖ **Perpetuum mobile** das, - -/- -[s]: *utopische Maschine, die ohne Energiezufuhr ständig arbeitet*
perplex ⟨lat.-fr.⟩ (ugs.): *verblüfft, verwirrt, ratlos* ‖ **Perplexität** die, -: *Verwirrung*
per procura [- -k-] (pp., p. p., ppa.) ⟨lat.-it.⟩ (Kaufmannsspr.): *in Vollmacht, mit Prokura*
Perron der, -s/-s ⟨fr.⟩ (veraltet): *Bahnsteig*
per saldo ⟨it.⟩: *im Gesamtergebnis;* → Saldo
per se ⟨lat.⟩: das ergibt sich per se *(von selbst);* die Sache per se *(an sich)* ist schwierig
Perser der, -s/-: *Einwohner des Irans* | *Perserteppich* ‖ **Perserin** die, -/-innen ‖ **Perserkatze** ‖ **Perserteppich**
perseverierend [-v-] ⟨lat.⟩: *beharrlich wiederholend*
Persianer der, -s/-: *ein Pelz aus Lammfellen* ‖ **Persien:** *alter Name des Irans*
Persiflage [-'a:ʃ, -ʒɛ] die, -/-n ⟨fr.⟩: *nachahmende Verspottung* ‖ **persiflieren**
Persilschein der, -[e]s/-e (sal.): jemandem einen P. ausstellen *(Untadeligkeit, korrektes Verhalten bestätigen; nach einer Waschmittelmarke)*
persisch: ein persischer Teppich; *aber:* der **Persische** Golf
persistent ⟨lat.⟩: *anhaltend, beharrlich* ‖ **Persistenz** die, -
Person die, -/-en ⟨etruskisch-lat.⟩: in eigener P. *(selbst)* | (Gramm.) *Form des Verbs oder Pronomens* ‖ **Persona grata** die, - - ⟨lat.⟩: *Person in bevorzugter Stellung;* → Persona non grata ‖ **Personal** das, -s: *Gesamtheit der Arbeitnehmer eines Betriebes* | *Serviceteam, Hilfskräfte* ‖ **Personalabbau** ‖ **Personalakt** → Akt^{2} ‖ **Personalausweis** ‖ **Personalchef** [-ʃe:f] ‖ **Personalchefin** ‖ **Personal Computer** ['pɜ:sənəl 'k-pju:-] der, - -[s]/- - ⟨engl.⟩ (PC): *Arbeitsplatzrechner* ‖ **Personaldaten** die (Pl.) ‖ **Personale** die, -/-n: *Ausstellung des Gesamtwerks eines Künstlers* ‖ **Personaleinsparung** ‖ **Perso-**

nalform (Gramm.): *finite Verbform* ‖ **Personalien** die (Pl.): von jemandem die P. *(Namen, Geburtsdaten, Adresse uÄ)* aufnehmen ‖ **personalintensiv:** *viel Personal benötigend* ‖ **personalisieren:** *auf Personen beziehen* ‖ **Personalityshow** [-'nælɪtiʃəʊ] ⟨engl.⟩: *Fernsehshow mit Prominenten und über Prominente* ‖ **Personalkosten** die (Pl.) ‖ **Personalpronomen** (Gramm.): *persönliches Fürwort* ‖ **Personalrochade** [-ʃaː-, auch: -xaː-]: *[überraschende, größere] personelle Umbesetzung* ‖ **Personalstand** ‖ **Personalunion** (Pol.): *Vereinigung von selbständigen Staaten unter einem gemeinsamen Oberhaupt* | zwei Ämter in P. innehaben *(eine Doppelfunktion ausüben)* ‖ **Personalvertretung** ‖ **Personalwesen** ‖ **Persona non grata** die, - - - ⟨lat.⟩: *unerwünschte Person;* → Persona grata ‖ **Persönchen** das, -s/-: *kleine, zierliche Frau; Kind* ‖ **personell:** *das Personal, die Person betreffend* ‖ **Personenaufzug** ‖ **Personenbeförderung** ‖ **Personenbeschreibung** = Personsbeschreibung (Amtsspr.) ‖ **personenbezogen** ‖ **personengebunden** ‖ **Personengesellschaft:** *Unternehmensform, bei der die Mitarbeit der Gesellschafter im Vordergrund steht* ‖ **Personenkomitee** ‖ **Personenkraftwagen** (Pkw, PKW) ‖ **Personenkreis** ‖ **Personenkult:** *Verehrung einzelner Personen* ‖ **Personenname,** *auch:* **Personennamen** ‖ **Personenrecht** (Jus): *Normen, die den rechtlichen Status von Personen regeln* ‖ **Personenschaden** ‖ **Personenschutz** ‖ **Personenstand** ‖ **Personensuche** ‖ **Personentransport** (Verk.) → G.: Gütertransport ‖ **Personenwaage** ‖ **Personenzug** (veraltet) (Verk.): *Regionalzug, Nahverkehrszug* ‖ **Personifikation** [-tsi̯-] die, -/-en: die P. *(Verkörperung)* von Begriffen ‖ **personifizieren** ‖ **Personifizierung** die, -/-en ‖ **persönlich:** p. *(selbst)* danken | (Gramm.) persönliches Fürwort *(Personalpronomen)* ‖ **Persönlichkeit** die, -/-en ‖ **Persönlichkeitsbild** ‖ **Persönlichkeitskult** ‖ **Persönlichkeitsrecht** (Jus): *Recht auf Ehre, auf körperliche Unversehrtheit, auf Namensführung uÄ* ‖ **Persönlichkeitswahl** → G.: Listenwahl ‖ **Personsbeschreibung** = Personenbeschreibung

Perspektive [-sp-fɛ, -vɛ] die, -/-n ⟨lat.⟩: *bildnerische Darstellungsweise, die den Eindruck des Räumlichen hervorruft* | es eröffnen sich neue Perspektiven *(Ausblicke, Zukunftsaussichten, Möglichkeiten)* ‖ **Perspektivismus** [-v-] der, - (Phil.) ‖ **perspektivisch** [-f-, -v-]

Persuasion [-zu̯a-] die, -/-en ⟨lat.⟩: *Überredung; Überzeugung* ‖ **persuasorisch**

Pertinenz die, -/-en ⟨lat.⟩: *zugehörige Sache* | (Jus) *Zugehör, Bestandteil einer Sache*

Peru: *Staat in Südamerika* ‖ **Peruaner** der, -s/- ‖ **Peruanerin** die, -/-innen ‖ **peruanisch**

Perücke die, -/-n ⟨fr.⟩: *[künstlicher] Kopfhaarersatz*

pervers [-v-] ⟨lat.-fr.⟩: *[sexuell] widernatürlich, abartig* ‖ **Perversion** die, -/-en ‖ **Perversität** die, -/-en ‖ **pervertiert:** *pervers, vom Normalen abweichend, entartet* ‖ **Pervertierung** die, -/-en

Perzent das, -[e]s/-e ⟨lat.⟩ (veraltet): *Prozent* ‖ **perzentuell** (veraltet): *prozentuell*

Perzeption [-tsi̯-] die, -/-en ⟨lat.⟩ (Med., Psych.): *das Empfangen von Sinneseindrücken* ‖ **perzipieren** (Med., Psych.)

Peseta die, -/Peseten [Pesetas] ⟨span.⟩ (früher): *Geldeinheit in Spanien*

Pessar das, -s/-e ⟨gr.-lat.⟩ (Med.): *ringförmiges Verhütungsmittel;* → Intrauterinpessar

Pessimismus der, - ⟨lat.⟩ ‖ **Pessimist** der, -en/-en: *jemand, der [nur] Schlechtes erwartet; ein Schwarzseher;* → G.: Optimist ‖ **Pessimistin** die, -/-innen ‖ **pessimistisch**

Pest die, - ⟨lat.⟩: *eine epidemische Infektionskrankheit* ‖ **Pestbeule** (Med.): *Symptom der Beulenpest* | *Herd des Übels* ‖ **Pestepidemie** ‖ **Pestgeruch** ‖ **Pestilenz** die, -/-en (veraltet): *Pest* ‖ **Pestizid** das, -s/-e: *chemisches Schädlingsbekämpfungsmittel* ‖ **pestkrank**

Pesto das, -s/-s ⟨it.⟩: *italienische Sauce aus Basilikum, Olivenöl und Gewürzen*

Pestsäule ⟨lat.⟩: *eine Gedenksäule*

Petent der, -en/-en ⟨lat.⟩ (Amtsspr.): *jemand, der ein Gesuch, eine Petition einreicht* ‖ **Petentin** die, -/-innen (Amtsspr.)

Peter: *männl. Vorname*

Petergstamm [-ʃt-] das, -[e]s (reg.): *volkstümlicher Name für die Aurikel*

Petersil der, -s = **Petersilie** [-i̯ɛ] die, - ⟨gr.-lat.⟩: *eine Gewürzpflanze* ‖ **Petersilwurzel**

Petit Four [p(œ)ti 'fuːr] das, - -[s]/-s -s [p(œ)ti 'fuːr] ⟨fr.⟩: *kleine Mehlspeise, Konfekt*

Petition [-tsi̯-] die, -/-en ⟨lat.⟩: *Bittschrift; Gesuch;* → Petent ‖ **Petitionsrecht** [-tsi̯-] (Jus): *Recht, Bitten oder Forderungen an den Nationalrat vorzubringen*

Petrefakt das, -[e]s/-e[n] ⟨gr.+lat.⟩: *Versteinerung* ‖ **Petri Heil:** *Anglergruß* ‖ **Petrijünger** (scherzh.): *Angler, Fischer (nach dem Apostel Petrus)* ‖ **Petrijüngerin** (scherzh.) ‖ **Petrochemie** [-k-] ⟨gr.⟩: *ein Zweig der chemischen Technik bzw. Industrie* ‖ **petrochemisch:** die petrochemische *(Erdöl verarbeitende)* Industrie ‖ **Petrodollar** (sal.): *durch Erdölexport verdientes Geld* ‖ **Petroleum** das, -s ⟨gr.+lat.⟩: *Erdöl* | *aus Erdöl gewonnener Brennstoff* ‖ **Petroleumlampe**

Petschaft das, -s/-e ⟨tschech.⟩: *[Metall]stempel zum Siegeln* ‖ **petschiert** (W, ugs., veraltend): p. *(in einer misslichen Lage)* sein

Pettau (slowen.: Ptuj): *Stadt in Slowenien*

Petticoat ['petɪkəʊt] der, -s/-s ⟨engl.⟩: *steifer, weiter Unterrock*

Petting das, -s/-s ⟨engl.⟩: *Liebesspiel ohne Koitus*

Petunie [-i̯ɛ] die, -/-n ⟨indian.-port.-fr.⟩: *eine Zierpflanze*

Petz: *Name des Bären in der Fabel;* Meister P.

Petze die, -/-n (nördl. D, ugs.): *jemand, der andere denunziert, verpetzt* ‖ **petzen** (nördl. D) ‖ **Petzer** der, -s/- (nördl. D) ‖ **Petzerin** die, -/-innen (nördl. D)

peu à peu [pø a 'pø] ⟨fr.⟩ (veraltet): *nach und nach, allmählich*

Pfad der, -[e]s/-e: *schmaler [schwer erkennbarer] Weg* ‖ **Pfadfinder:** *Angehöriger einer internationalen Jugendbewegung* ‖ **Pfadfinderin** die, -/-innen ‖ **Pfadfinderlager**

Pfaffe der, -n/-n (abw.): *Geistlicher*

Pfahl der, -[e]s/Pfähle: *zugespitz-*

P

ter Pfosten ‖ **Pfahl|bau** der, -[e]s/-ten ‖ **pfäh|len:** *grausam mit einem Pfahl durchbohren und töten*
Pfalz die, -/-en: *kaiserliche (königliche) Hof-, Wohn- und Gerichtsstätte (im Mittelalter)* | *Gebiet, auch Burg des Pfalzgrafen (im Mittelalter)* | (ohne Pl.) *Teil des deutschen Bundeslandes Rheinland-Pfalz* ‖ **Pfalz|graf** (früher) ‖ **pfäl|zisch**
Pfand das, -[e]s/Pfänder: die goldene Uhr als P. hergeben ‖ **pfänd|bar** ‖ **Pfand|brief:** *ein Wertpapier* ‖ **pfän|den:** jemanden bis auf das Existenzminimum p.; jemandem die Möbel p. *(sie zur Abdeckung einer Schuld beschlagnahmen)*
Pfän|der der, -s: *Hausberg von Bregenz (V)*
Pfän|der|spiel: *ein Gesellschaftsspiel* ‖ **Pfand|fla|sche:** *Mehrwegflasche;* → G.: Einwegflasche ‖ **Pfand|gläu|bi|ger** (Jus) ‖ **Pfand|gläu|bi|ge|rin** (Jus) ‖ **Pfandl** das, -s/-n (ugs.): *kleine Pfanne* | (W, ugs., veraltend) *Pfandleihanstalt* ‖ **Pfand|leih|an|stalt** ‖ **Pfand|lei|he** (D): *Pfandleihanstalt* ‖ **Pfand|lei|her** der, -s/- ‖ **Pfand|lei|he|rin** die, -/-innen ‖ **Pfand|recht** (Jus) ‖ **Pfand|schein** ‖ **Pfän|dung** die, -/-en (Jus): *Exekution durch einen Gerichtsvollzieher* ‖ **Pfän|dungs|mar|ke:** *Siegel oder Aufkleber des Gerichtsvollziehers auf gepfändeten Gegenständen, Kuckuck* ‖ **Pfand|ver|wer|tung**
Pfan|ne die, -/-n: *ein Kochgeschirr* | *Kurzwort für Gelenkspfanne* ‖ **Pfan|nen|stiel** ‖ **Pfann|ku|chen** (D): *Palatschinke*
Pfar|fel → Farfel ‖ **Pfar|fel|sup|pe** → Farfelsuppe
Pfarr|amt ‖ **Pfar|re** die, -/-n: *Pfarrbezirk* | *Pfarrhaus* ‖ **Pfar|rei** die, -/-en (westöst.): *Pfarre* ‖ **Pfar|rer** der, -s/-: *Geistlicher, der eine Pfarre leitet* | (ugs.) *Priester;* → Pastor ‖ **Pfar|re|rin** die, -/-innen ‖ **Pfar|rers|kö|chin** ‖ **Pfarr|ge|mein|de|rat:** *gewählte Vertretung der Pfarrgemeinde* ‖ **Pfarr|haus:** *Pfarrhof* ‖ **Pfarr|hel|fer** ‖ **Pfarr|hel|fe|rin** ‖ **Pfarr|hof:** *Pfarrhaus* ‖ **Pfarr|kir|che** ‖ **Pfarr|ver|we|ser:** *Geistlicher, der eine Pfarre vorübergehend führt* ‖ **Pfarr|wi|dum** (westöst., veraltet): *Pfarrhof, Pfarrgut*
Pfau der, -[e]s [-en]/-e[n]: *ein Vogel*
pfau|chen = → fauchen
Pfau|en|au|ge: *ein Schmetterling* ‖ **Pfau|en|fe|der** ‖ **Pfau|en|rad:** *Rad, das der männliche Pfau mit seinen Schwanzfedern bildet*
Pfef|fer der, -s/- ⟨lat.⟩: *ein Gewürz* ‖ **Pfef|fer|korn** das, -[e]s/-körner ‖ **Pfef|fer|min|ze:** *eine Heilpflanze* ‖ **Pfef|fer|müh|le:** *Gerät, mit dem Pfefferkörner frisch gemahlen werden* ‖ **pfef|fern** ‖ **Pfef|fe|ro|ni** der, -[s]/- ⟨lat.-it.⟩: *eine scharfe Paprikasorte* ‖ **Pfef|fer|spray** [-spreɪ, -ʃpreː]: *ein Spray zur Selbstverteidigung* ‖ **Pfef|fer|steak** [-steɪk] ‖ **pfeff|rig**
Pfeid die, -/-en (veraltet): *Hemd*
Pfei|fe die, -/-n: P. rauchen | *kleine Flöte* ‖ **pfei|fen,** pfiff/gepfiffen: sie pfiff leise vor sich hin | der Schiedsrichter hat falsch gepfiffen | der Wind pfeift durch die Allee | (sal.) jemandem etwas p. *(nicht tun, was jemand möchte)* | (ugs.) er pfeift aus/auf dem letzten Loch *(ist am Ende)* ‖ **Pfei|fen|kopf:** *Teil der Pfeife, in den der Tabak gestopft wird* ‖ **Pfei|fen|rau|cher** ‖ **Pfei|fen|rau|che|rin** ‖ **Pfei|fen|ta|bak** ‖ **Pfei|fer** der, -s/-: *Musiker, der eine Pfeife spielt* | *jemand, der pfeift* ‖ **Pfei|fe|rei** die, -/-en ‖ **Pfei|fe|rin** die, -/-innen ‖ **Pfei|ferl** das, -s/-[n] (ugs.): *kleine Pfeife* ‖ **Pfeif|kon|zert:** *eine Missfallenskundgebung* ‖ **Pfeif|ton**
Pfeil der, -[e]s/-e: mit P. und Bogen
Pfei|ler der, -s/-: *eine Stütze*
pfeil|ge|ra|de, *auch:* pfeilgrad ‖ **pfeil|schnell**
pfel|zen, du pfelzt (O, S): *pelzen*
Pfen|nig der, -s/-e (früher): *eine deutsche Geldeinheit;* etwas auf Heller und P. *(restlos, zur Gänze)* zurückzahlen | (in Mengenangaben mit Pl. Pfennig) fünf Pfennig; *aber:* 5 Pfennige *(fünf Einzelstücke)* ‖ **Pfen|nig|fuch|ser** [-ks-] der, -s/- (ugs., abw.): *geldgieriger Mensch, Geizhals;* → Groschenklauber ‖ **Pfen|nig|fuch|se|rin** die, -/-innen (ugs., abw.)
Pferch der, -[e]s/-e: *enges, umzäuntes Grundstück für das Weidevieh* ‖ **pfer|chen:** etwas in die Tasche p. *(zwängen)*
Pferd [geh. auch: -'eː-] das, -[e]s/-e: das P. satteln | *ein Turngerät* ‖ **Pferd|chen** das, -s/- ‖ **Pfer|de|ap|fel:** *Pferdekot* ‖ **Pfer|de|dieb** ‖ **Pfer|de|die|bin** ‖ **Pfer|de|fleisch** ‖ **Pfer|de|fuhr|werk** ‖ **Pfer|de|fuß:** diese Sache hat einen P. *(sie hat einen Haken, etwas Bedenkliches an sich)* ‖ **Pfer|de|ge|biss** ‖ **Pfer|de|ge|sicht** ‖ **Pfer|de|le|ber|käs** = **Pfer|de|le|ber|kä|se** ‖ **Pfer|de|ren|nen** ‖ **Pfer|de|schlit|ten** ‖ **Pfer|de|schwanz:** *Schweif eines Pferdes* | *eine Frisur* ‖ **Pfer|de|sport** ‖ **Pfer|de|stall** ‖ **Pfer|de|stär|ke** (PS) (früher): *Maßeinheit der Leistung* ‖ **Pfer|de|wet|te:** *Wette bei einem Pferderennen*
Pfet|te die, -/-n: *waagrechter Balken am Dachstuhl*
pfiat di [-iət -] = **pfiat di Gott** = **pfiat Gott** (mda.): *ein Abschiedsgruß;* pfiat di (= Pfiat di) sagen; → behüten
pfiff → pfeifen ‖ **Pfiff** der, -[e]s/-e: ein schriller P. | ein P. *(kleines Glas)* Bier | etwas mit P. *(Elan, Schwung)* erledigen
Pfif|fer|ling der, -s/-e (westöst., CH, D): *Eierschwamm[erl]* | (ugs.) keinen P. *(nichts)* wert sein
pfif|fig: *schlau, aufgeweckt* ‖ **Pfif|fig|keit** die, - ‖ **Pfif|fi|kus** der, -[-kusses]/-kusse (scherzh., ugs.): *ein schlauer Mensch*
Pfingst|diens|tag [-'diː(ː)-]

> **Pfings|ten** die (Pl.), *bes. D auch:* das, -/- (Art. selten)
>
> **In Österreich ist „Pfingsten" mit Artikel oder vorangehendem Adjektiv ein Pluralwort:**
> - das waren schöne Pfingsten
> - warme Pfingsten hatten wir vor vier Jahren
>
> **Steht „Pfingsten" alleine, ist es ein Singularwort:**
> - zu Pfingsten hat es geregnet (*reg. in D, CH:* an Pfingsten)
> - Pfingsten ist ein bewegliches Fest
> - Pfingsten ist (*auch:* die Pfingsten sind) vorbei

Pfingst|fei|er ‖ **Pfingst|fe|ri|en** ‖ **Pfingst|fest:** *Pfingsten* ‖ **Pfingst|mon|tag:** *ein Feiertag* ‖ **Pfingst|ro|se:** *Päonie* ‖ **Pfingst|sonn|tag:** *ein Feiertag* ‖ **Pfingst|ver|kehr**
Pfir|sich der, -[e]s/-e ‖ **Pfir|sich|blü|te** ‖ **Pfir|sich|haut:** *zartflaumige Haut [eines Kleinkindes]* ‖ **Pfir|sich|kern** ‖ **Pfir|sich|kom|pott**
Pfi|tschi|go|gerln das, -s, *auch:* Fitschigogerln (ugs., veraltet): *ein Kinderspiel* ‖ **Pfi|tschi|pfeil,** *auch:* Fitschipfeil (ugs., veraltet): *ein Kinderspielzeug*
Pflanz der, - (ugs.): *Fopperei, Schwindel* | *unangemessener, unechter Aufwand;* einen P. treiben ‖ **Pflan|ze** die, -/-n ‖ **pflan|zen:** du pflanzt *(setzt)* Salat | (ugs.) je-

P

manden p. *(zum Narren halten)* ‖ **Pflan|zen|be|wuchs** [-ks] der, -es ‖ **Pflan|zen|de|cke:** *Pflanzenbewuchs* ‖ **Pflan|zen|fett** ‖ **Pflan|zen|fres|ser** (Zool.) ‖ **Pflan|zen|gift** ‖ **Pflan|zen|kun|de:** *Botanik* ‖ **Pflan|zen|öl** ‖ **Pflan|zen|reich:** *Gesamtheit der Pflanzen* ‖ **Pflan|zen|schutz:** Bundesanstalt für P. ‖ **Pflan|zen|welt:** *Flora, Vegetation* ‖ **Pflan|ze|rei** die, -/-en (ugs.): *Fopperei* ‖ **pflanz|lich:** pflanzliche Fette ‖ **Pflanz|tüchl** das, -s/-n (reg., scherzh.): *Stecktuch am Herrenrock* ‖ **Pflan|zung** die, -/-en: *Plantage*

Plas|ter das, -s/-: *ein Straßenbelag* | *Heftpflaster* ‖ **Pflas|te|rer** der, -s/-: *eine Berufsbezeichnung* ‖ **Pflas|te|rin** die, -/-innen ‖ **pflas|tern:** eine Straße p. ‖ **Pflas|ter|stein**

Pflau|me die, -/-n: *ein Steinobst, zB Zwetschke* ‖ **Pflau|men|kom|pott** ‖ **Pflau|men|mus**

Pfle|ge die, -: ein Kind in P. nehmen; der Kranke befindet sich in häuslicher P. ‖ **Pfle|ge|an|stalt** ‖ **pfle|ge|be|dürf|tig** ‖ **Pfle|ge|be|foh|le|ne**[1] der, -n/-n, ein Pflegebefohlener: *jemand, der Pflege genießt, Pflegling* ‖ **Pfle|ge|be|foh|le|ne**[2] die, -n/-n ‖ **Pfle|ge|dienst** ‖ **Pfle|ge|el|tern** die (Pl.) ‖ **Pfle|ge|fall:** durch einen Unfall zum P. werden ‖ **Pfle|ge|fa|mi|lie** [-iɛ] ‖ **Pfle|ge|frei|stel|lung** (Admin.): *Pflegeurlaub* ‖ **Pfle|ge|geld:** *ein staatlicher Zuschuss* ‖ **Pfle|ge|heim** ‖ **Pfle|ge|kind** ‖ **pfle|ge|leicht:** dieser Stoff ist p. *(leicht zu pflegen)* ‖ **Pfle|ge|mut|ter:** *Ziehmutter* ‖ **pfle|gen,** pflegte/gepflegt: er hat die Kranke gepflegt | ich pflege mich regelmäßig *(halte meinen Körper gesund und sauber)* | (geh., veraltend) er pflegt nach dem Essen zu schlafen *(er hat die Gewohnheit, das zu tun)* | (auch mit Präteritum pflog und Part. II gepflogen) (geh.) der Ruhe p. *(sich ausruhen);* → gepflegt ‖ **Pfle|ge|pa|ti|ent** [-tsi̯-] ‖ **Pfle|ge|pa|ti|en|tin** ‖ **Pfle|ge|per|so|nal** ‖ **Pfle|ger** der, -s/-: *Krankenpfleger;* → Schwester ‖ **Pfle|ge|rin** die, -/-innen ‖ **pfle|ge|risch:** *die Pflege betreffend* ‖ **Pfle|ge|ur|laub:** *Pflegefreistellung für Familienangehörige* ‖ **Pfle|ge|va|ter:** *Ziehvater* ‖ **Pfle|ge|ver|si|che|rung** ‖ **pfleg|lich:** etwas p. *(sorgsam, schonend)* behandeln ‖ **Pfleg|ling** der, -s/-e: *jemand, der sich in Heimpflege befindet* ‖ **Pfleg|schaft** die, -/-en (Jus): *Kuratel, Vormundschaft*

Pflicht die, -/-en: seine P. erfüllen | (ohne Pl.) *[im Eislaufsport] Wettbewerb, bei dem vorgeschriebene Figuren gelaufen werden;* → G.: Kür ‖ **Pflicht|be|such** ‖ **pflicht|be|wusst** ‖ **Pflicht|be|wusst|sein** ‖ **pflicht|eif|rig** ‖ **Pflich|ten|kol|li|si|on:** *Zusammentreffen gegensätzlicher Pflichten* ‖ **Pflicht|er|fül|lung** ‖ **Pflicht|ex|em|p|lar:** *Druckwerk, das vom Verlag bestimmten Bibliotheken abzuliefern ist* ‖ **Pflicht|fach:** *obligate Lehrveranstaltung an Universitäten und Hochschulen;* → Freifach ‖ **Pflicht|ge|fühl** ‖ **Pflicht|ge|gen|stand:** *Pflichtfach im Schulunterricht* ‖ **pflicht|ge|mäß:** den Dienst, die Arbeit p. versehen ‖ **pflicht|ge|treu** ‖ **Pflicht|leis|tung** ‖ **Pflicht|lek|tü|re** ‖ **pflicht|mä|ßig** ‖ **Pflicht|mit|glied|schaft:** die P. bei der AK ‖ **pflicht|schul|dig** ‖ **Pflicht|schu|le** (Bildw.): *Bezeichnung für Volksschule, Hauptschule uÄ* ‖ **Pflicht|schul|leh|rer:** *Lehrer an einer Pflichtschule, zB Volksschullehrer* ‖ **Pflicht|schul|leh|re|rin** ‖ **Pflicht|teil** der, -[e]s/-e (Jus): *gesetzlich vorgeschriebenes Mindesterbteil* ‖ **Pflicht|übung** ‖ **Pflicht|um|tausch:** *zwangsweiser Eintausch von Geld in fremder Währung in bestimmten Staaten* ‖ **pflicht|ver|ges|sen** ‖ **Pflicht|ver|let|zung** ‖ **Pflicht|ver|si|che|rung** ‖ **Pflicht|ver|tei|di|ger:** *Verteidiger, der jedem Beschuldigten zusteht, wenn er sich keinen Verteidiger leisten kann;* → G.: Wahlverteidiger ‖ **Pflicht|ver|tei|di|ge|rin** ‖ **pflicht|wid|rig**

Pflock der, -[e]s/Pflöcke: *kleiner Pfahl oÄ*

pflog → pflegen

pflü|cken: Blumen p. ‖ **Pflü|cker** der, -s/- ‖ **Pflü|cke|rin** die, -/-innen

Pflug der, -[e]s/Pflüge ‖ **pflü|gen** ‖ **Pflug|schar:** *unterer, vorne spitzer Teil des Metallblattes am Pflug*

Pfor|te die, -/-n: *Eingangstür [eines Klosters]; [kleines] Tor* | (früher) die Hohe P. *(Hof des türkischen Sultans)* ‖ **Pfört|ner** der, -s/-: *jemand, der einen Eingang beaufsichtigt* ‖ **Pfört|ne|rin** die, -/-innen

Pfos|ten der, -s/-: *Holzbalken; ein bes. dickes Brett*

Pfo|te die, -/-n: der Hund gibt P.

Pfriem der, -[e]s/-e: *ein Werkzeug, Ahle*

pfrop|fen[1]: *pelzen*

pfrop|fen[2]: *hineinstopfen; pressen* ‖ **Pfrop|fen** der, -s/-: *zylindrischer Gegenstand zum Verschließen, Stoppel*

Pfrop|fung die, -/-en: *Veredelung;* → pfropfen[1]

Pfrün|de die, -/-n: *Besitz einer Pfarre, der Erträgnisse abwirft* | fette P. *(gutes [Neben]einkommen)* | (veraltet) *eine Fürsorgerente*

Pfuhl der, -[e]s/-e (geh., abw.): *Tümpel, Sumpf* | *Abgrund;* Sündenpfuhl

Pfühl der = das, -[e]s/-e (geh., veraltet): *Polster*

pfui: p. (= Pfui) rufen; p. Teufel! *(Ausruf des Ekels)* ‖ **Pfui|ruf**

Pfund das, -[e]s/-e (mit Pl. Pfund in Mengenangaben) | (D, CH) *eine Gewichtseinheit (½ kg);* 5 Pfund | (£) *eine Geldeinheit [in Großbritannien]* ‖ **pfun|dig** (veraltend): *großartig;* ein pfundiger Kerl ‖ **Pfund|no|te** ‖ **pfund|schwer** ‖ **Pfunds|kerl** (veraltet): *Mordskerl* ‖ **Pfund Ster|ling** [- st-] das, - -/- - (£): *eine Geldeinheit in Großbritannien;* → Pfund

Pfusch der, -[e]s (ugs.): *Schwarzarbeit, unbefugtes Arbeiten;* im P. ausmalen lassen | (ugs., abw.) *unsachgemäße Arbeit* ‖ **Pfusch|ar|beit** (ugs.) ‖ **pfu|schen,** du pfusch[s]t (ugs.) ‖ **Pfu|scher** der, -s/- (ugs.) ‖ **Pfu|sche|rei** die, -/-en (ugs.) ‖ **Pfu|sche|rin** die, -/-innen (ugs.)

pfutsch, *auch:* futsch (ugs.): das Geld ist p. *(weg)*

Pfüt|ze die, -/-n: *Lacke*

pH [pe ˈhaː] → pH-Wert

PH [pe ˈhaː] die, -/-[s]: **P**ädagogische **H**ochschule

Phä|a|ke [f-] der, -n/-n ⟨gr.⟩ (geh.): *sorgloser Genießer* ‖ **phä|a|ken|haft** (geh.)

Pha|lanx [f-] die, -/Phalangen ⟨gr.⟩: *geschlossene Kampfreihe*

phal|lisch [f-] ⟨gr.⟩ ‖ **Phal|lus** der, -/Phalli [Phallen]: *das [aufgerichtete] männliche Glied (als Sinnbild der Zeugungskraft)*

Phä|no|lo|gie [f-] die, - ⟨gr.⟩: *Lehre und Erforschung der jahreszeitlichen Erscheinungen bei den Lebewesen* ‖ **Phä|no|men** das, -s/-e: *[bemerkenswerte, unerklärliche] Erscheinung* ‖ **phä|no|me|nal:**

P

einzigartig, außergewöhnlich ‖ **Phänotyp** [auch: -'ty(ː)p] (Biol.): *durch Erbanlagen und Umwelt geprägtes Erscheinungsbild eines Organismus;* → Genotyp

Phantasie [f-] = → Fantasie ‖ **phantasiearm** = → fantasiearm ‖ **phantasielos** = → fantasielos ‖ **Phantasielosigkeit** = → Fantasielosigkeit ‖ **phantasieren** = → fantasieren ‖ **phantasievoll** = → fantasievoll ‖ **Phantast** = → Fantast ‖ **Phantasterei** = → Fantasterei ‖ **Phantastin** = → Fantastin ‖ **phantastisch** = → fantastisch; *aber:* der [Wiener] **P**hantastische Realismus *(Richtung der modernen Malerei und Grafik, die Elemente der Wirklichkeit mit Fantastischem verbindet)*

Phantom [f-] das, -s/-e ⟨gr.-lat.-fr.⟩: *Trugbild* ‖ **Phantombild:** *nach Zeugenaussagen angefertigtes Bild einer gesuchten Person* ‖ **Phantomschmerz** (meist Pl.) (Med.): *Schmerzempfindung in amputierten Gliedmaßen*

Pharao [f-] der, -s/-nen [-'oː-] ⟨ägypt.-gr.⟩: *altägyptischer König* ‖ **Pharaonengrab**

Pharisäer [f-] der, -s/- ⟨hebr.-gr.-lat.⟩: *Angehöriger einer altjüdischen religiös-politischen Partei* | (abw.) *Heuchler; Scheinheiliger* ‖ **Pharisäertum** das, -s ‖ **pharisäisch**

Pharmafirma [f-] ⟨gr.⟩ ‖ **Pharmaindustrie** ‖ **Pharmakologie** die, -: *Wissenschaft von den Arzneimitteln* ‖ **Pharmakonzern** ‖ **Pharmazeut** der, -en/-en: *Student der Pharmazie; Apotheker* ‖ **Pharmazeutin** die, -/-innen ‖ **pharmazeutisch**‖ **Pharmazie** die, -: *Arzneimittelkunde*

Phase [f-] die, -/-n ⟨gr.⟩: *Entwicklungsstufe, -abschnitt* | (Astron.) *sichtbare Form eines Himmelskörpers;* Mondphase | (Phys.) *Schwingungszustand* ‖ **Phasenraum** (Phys.): *abstrakter Raum zur Darstellung des Zustands eines Systems* ‖ **-phasig** (nur in Zusammensetzungen wie mehrphasig)

Phi [fiː] das, -[s]/-[s] (φ, Φ) ⟨gr.⟩: *griechischer Buchstabe, entspricht f (meist als ph wiedergegeben, zB* Philosophie*)*

Philanthrop [f-] der, -en/-en ⟨gr.⟩: *Menschenfreund;* → G.: Misanthrop ‖ **Philanthropin** die, -/-innen ‖ **philanthropisch:** *menschenfreundlich, wohltätig*

Philatelie [f-] die, - ⟨gr.-fr.⟩: *Briefmarkenkunde* ‖ **Philatelist** der, -en/-en: *Briefmarkensammler* ‖ **Philatelistin** die, -/-innen ‖ **philatelistisch**

Philharmonie [f-] die, -/-n (Mus.): *ein philharmonisches Orchester* ‖ **Philharmoniker** [auch: 'fi-] der, -s/-: *Mitglied eines philharmonischen Orchesters* | (nur Pl.) *Name berühmter Orchester;* die Wiener P. ‖ **Philharmonikerin** die, -/-innen ‖ **philharmonisch**

Philipp [f-], *auch:* Philip: *männl. Vorname* ‖ **Philippika** [f-] die, -/Philippiken (geh.): *temperamentvolle Strafrede* ‖ **Philippine:** *weibl. Vorname*

Philippinen [f-] die (Pl.): *Inselgruppe und Staat im westlichen Pazifik;* → Filipina

Philister [f-] der, -s/-: *Angehöriger eines Volkes in Palästina (im Altertum)* | (abw.) *engstirniger Mensch; Spießbürger* ‖ **philisterhaft**

Philodendron [f-] der, -s/Philodendren ⟨gr.-lat.⟩: *eine Zimmerpflanze*

Philologe [f-] der, -n/-n ⟨gr.⟩: *Sprach- und Literaturwissenschaftler* ‖ **Philologie** die, - ‖ **Philologin** die, -/-innen ‖ **philologisch**

Philosoph [f-f] der, -en/-en ⟨gr.⟩ ‖ **Philosophie** die, -/-n: *Wissenschaft, die das Wesen und den Sinn der Welt zu ergründen sucht* | *Lebensweisheit* | *Leitsätze, Zielvorstellung [eines Unternehmens]* ‖ **philosophieren** ‖ **Philosophin** die, -/-innen ‖ **philosophisch**

Phiole [f-] die, -/-n ⟨gr.⟩: *bauchiges Glasgefäß mit langem Hals*

Phishing ['fiʃiŋ] das, -s ⟨engl.⟩ (Internet): *Erschleichen von privaten Daten, zB Passwörtern*

Phlebitis [f-] die, -/Phlebitiden ⟨gr.⟩ (Med.): *Venenentzündung*

Phlegma [f-] das, -s ⟨gr.⟩: *Gleichgültigkeit, Geistesträgheit* ‖ **Phlegmatiker** der, -s/-: *jemand, der sich nicht aus der Ruhe bringen lässt* ‖ **Phlegmatikerin** die, -/-innen ‖ **phlegmatisch**

Phlegmone [f-] die, -/-n ⟨gr.⟩ (Med.): *eitrige Zellgewebsentzündung*

Phlox [f-] der, -[es]/-e ⟨gr.⟩: *eine Blütenpflanze*

pH-neutral [pe'haːnɔy-, auch: -ne.u-]; → ph-Wert

Phobie [f-] die, -/-n ⟨gr.⟩ (Psych.): *krankhafte Angst*

Phon [f-] = → Fon

Für das Wort bzw. den Wortbestandteil gibt es zwei Schreibweisen:
- Fon: die eingedeutschte Schreibung
- Phon: die fremdsprachige Schreibung

Ebenso: Fonem/Phonem, Fonetik/Phonetik, Diktafon/Diktaphon ... *Aber nur:* Telefon

Phonem [f-] = → Fonem ‖ **phonematisch** = → fonematisch ‖ **Phonetik** = → Fonetik ‖ **Phonetiker** = → Fonetiker ‖ **Phonetikerin** = → Fonetikerin ‖ **phonetisch** = → fonetisch

Phöniker [f-] = Phönikier → Phönizier ‖ **Phönikerin** = Phönikierin → Phönizierin ‖ **Phönikien** → Phönizien

Phönix [f-] der, -/-e ⟨gr.-lat.⟩: *Vogel der [altägyptischen] Sage; ein Sinnbild der Unsterblichkeit* | sich wie der P. aus der Asche erheben *(nach einer Niederlage wieder mit neuen Kräften zurückkehren)*

Phönizien [f-], *auch:* Phönikien: *historisches Land an der syrischen Küste* ‖ **Phönizier** der, -s/-, *auch:* Phöniker, Phönikier ‖ **Phönizierin** die, -/-innen, *auch:* Phönikerin, Phönikierin

Phonogramm [f-] = → Fonogramm ‖ **Phonograph** [-f] = → Fonograf ‖ **Phonologie** = → Fonologie ‖ **phonologisch** = → fonologisch ‖ **Phonometrie** = → Fonometrie ‖ **Phonothek** = → Fonothek ‖ **Phonotypie** [-y-] = → Fonotypie ‖ **Phonotypist** = → Fonotypist ‖ **Phonotypistin** = → Fonotypistin

Phosphat [f-f-] das, -[e]s/-e ⟨gr.⟩: *Salz der Phosphorsäure* ‖ **Phosphatdünger** ‖ **phosphatfrei** ‖ **phosphathältig,** *auch:* phosphathaltig ‖ **Phosphor** der, -s (Zeichen: P): *ein chemisches Element* ‖ **Phosphoreszenz** die, -: *das Nachleuchten nach vorangegangener Bestrahlung* ‖ **phosphoreszieren**

Photoalbum [f-] = → Fotoalbum ‖ **Photoapparat** = → Fotoapparat ‖ **Photoarchiv** = → Fotoarchiv ‖ **Photoatelier** [-lieː] = → Fotoatelier ‖ **Photo-CD**

P

[-tsedeː] = → Foto-CD ‖ **Photoelektrizität** = → Fotoelektrizität ‖ **photogen** = → fotogen ‖ **Photograph** [-f] = → Fotograf ‖ **Photographie** = → Fotografie ‖ **Photographin** = → Fotografin ‖ **photographisch** = → fotografisch ‖ **Photokauffrau** = → Fotokauffrau ‖ **Photokaufmann** = → Fotokaufmann ‖ **Photokopie** = → Fotokopie ‖ **photokopieren** = → fotokopieren ‖ **Photokopierer** = → Fotokopierer ‖ **Photolabor** = → Fotolabor ‖ **Photometrie** = → Fotometrie ‖ **photometrisch** = → fotometrisch ‖ **Photomodell** = → Fotomodell ‖ **Photomontage** [-aːʃ, -ʒɛ] = → Fotomontage ‖ **Photon** [auch: -ˈoːn] das, -s/-en [-ˈtoː-] (Phys.): *Feldquant der elektromagnetischen Strahlung; Lichtteilchen* ‖ **Photorealismus** = → Fotorealismus ‖ **Photosafari** = → Fotosafari ‖ **Photosynthese** [-zy-] = → Fotosynthese ‖ **Photovoltaik** [-v-] = → Fotovoltaik ‖ **Photozelle** = → Fotozelle

Phrase [f-] die, -/-n ⟨gr.-lat.⟩: *Redewendung* | (Mus.) *Sinneinheit der Melodie* | (abw.) *nichts sagende Redensart;* Phrasen dreschen *(beim Reden viele Phrasen verwenden)* ‖ **Phrasendrescher** (abw.) ‖ **Phrasendrescherin** (abw.) ‖ **phrasenhaft** (meist abw.) ‖ **Phraseologie** die, -/-n (Sprachw.): *Darstellung der charakteristischen Wortverbindungen; Idiomatik* ‖ **phrasieren** (Mus.): *die Stimmführung sinngemäß gliedern* ‖ **Phrasierung** die, -/-en (Mus.)

Phrygisch [ˈfryː-] das, -[en] (Mus.): *eine der alten Kirchentonarten (nach einer kleinasiatischen Landschaft in der Antike)*

pH-Wert [pe ˈhaː-] (Chem.): *Maß des sauren oder basischen Charakters*

Phylogenese [fy-] die, - ⟨gr.⟩ (Biol.): *stammesgeschichtliche Entwicklung von Lebewesen;* → Ontogenese ‖ **phylogenetisch** (Biol.)

Physik [fy-] die, - ⟨gr.-lat.⟩: *eine Naturwissenschaft* ‖ **physikalisch** ‖ **Physiker** der, -s/- ‖ **Physikerin** die, -/-innen ‖ **Physiklehrer** ‖ **Physiklehrerin** ‖ **Physiognomie** die, -/-n: *äußere Erscheinung, zB Gesichtsausdruck* ‖ **Physiologie** die, -: *Wissenschaft von den Lebensvorgängen* ‖ **physiologisch** ‖ **Physiotherapeut** (Med.) ‖ **Physiotherapeutin** (Med.) ‖ **Physiotherapie** (Med.): *Heilbehandlung mit physischen oder physikalischen Mitteln* ‖ **Physis** die, -: *die Natur des Menschen;* → G.: Psyche ‖ **physisch:** *körperlich*

Phytoplankton [fy-] das, -s ⟨gr.⟩: *pflanzliches Plankton;* → Zooplankton ‖ **Phytotherapie** (Med.): *Behandlung mit pflanzlichen Heilmitteln*

Pi das, -[s]/-[s] (π, Π) ⟨gr.⟩: *griechischer Buchstabe, entspricht* p | (ohne Pl.) (Math.) *Zahl, die das Verhältnis eines Kreisumfangs zum Kreisdurchmesser ausdrückt (3,14...)*

PI [pe ˈiː] das, -[s]/-[s] (früher): **P**ädagogisches **I**nstitut (jetzt: PH)

Pianino das, -s/-s ⟨it.⟩: *kleines Klavier mit vertikalen Saiten (im Gegensatz zum Flügel)* ‖ **pianissimo** (pp) (Mus.): *sehr leise;* → G.: fortissimo ‖ **pianissimo piano** (ppp) (Mus.): *möglichst leise* ‖ **Pianist** der, -en/-en: *Klavierspieler* ‖ **Pianistin** die, -/-innen ‖ **piano** (p) (Mus.): *leise;* → G.: forte ‖ **Piano** das, -s/-s = **Pianoforte** das, -[s]/-[s]: *Klavier*

Piarist der, -en/-en ⟨lat.⟩: *Angehöriger eines geistlichen Ordens*

Piccolo[1] [-k-] = → Pikkolo[1] ‖ **Piccolo**[2] [-k-] = → Pikkolo[2]

Pichl → Bichl

Pick der, -s/-s: *Klebstoff; aber:* → Pik

Picke die, -/-n (D): mit P. *(Krampen)* und Schaufel; *aber:* → Pike

Pickel[1] der = das, -s/-: *eine Spitzhacke*

Pickel[2] der, -s/-: *Wimmerl*

picken[1]: *mit dem Schnabel hacken*

picken[2]: *kleben* ‖ **Pickerl** das, -s/-[n]: *Aufkleber* | *Klebeetikett, das die Fahrtüchtigkeit [eines Autos] bescheinigt, Begutachtungsplakette* | *Autobahnvignette* ‖ **pickerlpflichtig** ‖ **Pickerlsünder** (sal.) ‖ **Pickerlsünderin** (sal.) ‖ **Pickerlüberprüfung**

pickig: pickige *(klebrige)* Finger haben

Picknick das, -s/-s ⟨fr.-engl.⟩: *ein Essen im Freien* ‖ **Picknickkorb**

picksüß (ugs.): *besonders süß* | (Mus.) das picksüße Hölzl *(Pikkoloklarinette in der Schrammelmusik)* ‖ **Pickzeug:** *Klebzeug [zum Reparieren eines Reifendefekts]*

picobello [-k-] ⟨Pseudoit.⟩: *besonders gut, besonders fein*

Piedestal [pie-] das, -s/-e ⟨it.-fr.⟩: *Ständer, Gestell*

Piefke der, -s/-[s] (abw.): *Norddeutscher, Preuße* ‖ **piefkinesisch** (abw.)

piekfein (D): *pikfein*

piepsen, du piepst: piepsende junge Vögel ‖ **Piepser** der, -s/-: keinen P. *(Laut)* machen | *elektrisches Signalgerät* ‖ **Piepserl** das, -s/-[n]: *Piepser*

Pier der, -s/-e ⟨fr.-engl.⟩ (Seemannsspr.): *Landungsbrücke*

piercen [pɪəsn], du pierct, sie pierct, gepierct [-st] ⟨engl.⟩ ‖ **Piercing** das, -s/-s: *Durchbohren von Nase, Lippe ua. für das Anbringen von Schmuck* | *der durch Piercen angebrachte Schmuck;* ein P. haben

piesacken (ugs.): *sekkieren*

Pieta [pieˈta(ː)] = **Pietà** die, -/-s ⟨it.⟩: *Darstellung Marias mit dem toten Jesus auf dem Schoß* ‖ **Pietät** die, -: *ehrfurchtsvolles Verhalten, Gedenken* ‖ **pietätlos** ‖ **Pietätlosigkeit** die, -/-en ‖ **Pietismus** der, -: *schwärmerische Frömmigkeit* | *eine Glaubensbewegung in der evangelischen Kirche des 18. Jh.* ‖ **Pietist** der, -en/-en ‖ **Pietistin** die, -/-innen ‖ **pietistisch**

Pigment das, -[e]s/-e ⟨lat.⟩: *Farbstoff in der Haut* ‖ **Pigmentation** [-tsi-] die, -/-en ‖ **pigmentieren** ‖ **Pigmentierung** die, -/-en

Pignolie [pɪˈnjoːliɛ] die, -/-n, *auch:* Pignoli, -/-s ⟨it.⟩: *essbarer Samen der Pinie*

Pik[1] der, -[s] ⟨fr.⟩ (ugs.): *Groll;* einen Pik auf jemanden haben; → pikiert; *aber:* → Pick

Pik[2] die, -/- = das, -[s]/- ⟨fr.⟩: *eine Farbe im Kartenspiel* ‖ **Pikass** ‖ **Pikdame** ‖ **Pikkönig**

pikant ⟨fr.⟩: *würzig* | *reizvoll* | *anzüglich* ‖ **Pikanterie** die, -/-n

Pike die, -/-n ⟨fr.⟩: *eine Lanze;* von der P. auf *(von unten auf)* dienen; *aber:* → Picke

Pikee der = das, -s/-s ⟨fr.⟩: *ein Baumwollgewebe*

pikfein (ugs.): *besonders fein*

pikieren ⟨fr.⟩: junge Pflanzen p. *(sie wiederholt umsetzen)*

pikiert ⟨fr.⟩: *beleidigt, verstimmt;* → Pik[1]

Pikkolo[1] = Piccolo [-k-] das, -s/-s ⟨it.⟩: *eine kleine Querflöte, Pikkoloflöte* ‖ **Pikkolo**[2] = Piccolo der, -s/-s: *Kellnerlehrling* ‖ **Pikkolo-**

flö|te → Pikkolo[1] ‖ **Pik|ko|lo|kla|ri|net|te** → picksüß

Pik|to|gramm das, -s/-e ⟨lat.+gr.⟩: *bildliches Zeichen, zB für „WC", „Fluchtweg"*

Pi|las|ter der, -s/- ⟨lat.-it.-fr.⟩ (Arch.): *ein Wandpfeiler*

Pi|la|tus → Pontius

Pil|ger der, -s/-: *Wallfahrer* ‖ **Pil|ger|fahrt** ‖ **Pil|ge|rin** die, -/-innen ‖ **pil|gern:** *wallfahren* ‖ **Pil|grim** der, -s/-e (veraltet): *Pilger*

Pil|le die, -/-n: *kugelförmiges Medikament;* eine bittere P. schlucken *(mit etwas Unangenehmen fertigwerden)* müssen | *Antibabypille* ‖ **Pil|len|knick:** *Einbruch der Geburtenrate nach dem Aufkommen der Antibabypille*

Pi|lot[1] der, -en/-en ⟨fr.⟩: *Rammpfahl*

Pi|lot[2] der, -en/-en ⟨it.-fr.-niederl.⟩: *Flugzeugführer* | *Rennfahrer* | (veraltet) *Lotse*

Pi|lo|te die, -/-n ⟨fr.⟩ (bes. D): *Pilot*[1]

Pi|lo|ten|schein ⟨it.-fr.-niederl.⟩: *Flugschein* ‖ **Pi|lot|film:** *Einführungsfilm [einer Fernsehserie]* ‖ **pi|lo|tie|ren**[1]: *[einen Rennwagen] steuern*

pi|lo|tie|ren[2] ⟨fr.⟩: *Pfähle einrammen*

Pi|lo|tin die, -/-innen ⟨it.-fr.-niederl.⟩: *weibliche Form von Pilot*[2] ‖ **Pi|lot|pro|jekt:** *Versuchsprojekt* ‖ **Pi|lot|stu|die** [-ʃt-i̯ɛ] ‖ **Pi|lot|ver|such**

Pils das, -/- = Pilsener, -s/- = Pilsner: *eine Biersorte* ‖ **Pil|sen** (tschech.: Plzeň ['plzenʲ]): *Stadt in Tschechien*

Pilz der, -es/-e: ein giftiger P. | (Med.) *Hautpilz* ‖ **Pilz|er|kran|kung** (Med.) ‖ **Pilz|ge|richt** ‖ **Pilz|kopf:** *eine Frisur* ‖ **Pilz|krank|heit** ‖ **Pilz|ling** der, -s/-e (reg.): *Pilz, bes. Herrenpilz/Steinpilz* ‖ **Pilz|ver|gif|tung**

Pi|ment das (*auch:* der), -[e]s/-e ⟨lat.-rom.⟩: *Neugewürz*

Pim|mel der, -s/- (D, ugs.): *Penis*

Pim|perl das, -s/-[n] (ugs.): *Penis* ‖ **Pim|perl|bahn** (ugs., abw.): *kleine, unbedeutende Bahn[linie]* ‖ **Pim|perl|zug**

PIN die, -/-s: **p**ersönliche **I**dentifikations**n**ummer [bei Finanztransaktionen im Internet]; → TAN; → PIN-Kode

pin.: pinxit

Pi|na|ko|thek die, -/-en ⟨gr.-lat.⟩: *Gemälde-, Bildersammlung*

PIN-Kode [-ko:t] = PIN-Code [-ko:t, fr.: kɔd, engl.: kəʊd]; → PIN

pin|ge|lig (bes. D, ugs.): *pedantisch* ‖ **Pin|ge|lig|keit** die, - (bes. D, ugs.)

Ping|pong [auch: 'pi-] das, -s ⟨engl.⟩: *Tischtennis;* P. spielen

Pin|gu|in der, -s/-e ⟨engl.⟩: *ein Schwimmvogel*

Pi|nie [-i̯ɛ] die, -/-n ⟨lat.⟩: *ein Nadelbaum;* → Pignolie ‖ **Pi|ni|en|kern** ‖ **Pi|ni|en|wald** ‖ **Pi|ni|en|zap|fen**

pink ⟨engl.⟩: rosa ‖ **Pink** das, -s: *ein rosa Farbton*

Pin|ka|feld: *Stadt im Burgenland*

pin|keln, ich pinkle (ugs.): *urinieren*

pin|nen (nördl. D): *mit Stecknadeln befestigen* ‖ **Pinn|wand:** *Stecktafel, zB Korkwand, für Notizzettel uÄ*

Pinsch der, -[e]s/-e (ugs.): *Fünfer, schlechteste Note* ‖ **Pin|scher** der, -s/-: *eine Hunderasse*

Pin|sel der, -s/-: *Werkzeug zum Auftragen von Farbe uÄ* | (abw.) *Einfaltspinsel* ‖ **pin|seln,** ich pinsle ‖ **Pin|sel|strich**

Pin-up-Girl [-'ʌpgɜ:l] das, -s/-s ⟨engl.⟩: *Bild eines leicht bekleideten Mädchens zum Aufhängen [an der Wand]*

pin|xit (pin.) ⟨lat.⟩: *gemalt von ... (auf Gemälden)*

Pin|ze die, -/-n ⟨it.⟩ (bes. ostöst.): *eine Mehlspeise*

Pin|zet|te die, -/-n ⟨fr.⟩: *kleine federnde Zange*

Pinz|gau der, -s: *Landesteil von Salzburg* ‖ **Pinz|gau|er** der, -s/-: *Bewohner des Pinzgaus* | *eine Pferde- bzw. Rinderrasse* ‖ **Pinz|gau|e|rin** die, -/-innen

Pi|o|nier der, -s/-e ⟨lat.-fr.⟩: *Vorkämpfer, Bahnbrecher* | (Mil.) *Soldat der technischen Truppe* ‖ **Pi|o|nier|geist** ‖ **Pi|o|nie|rin** die, -/-innen

Pi|pe die, -/-n ⟨rom.⟩: *Fasshahn; Wasserhahn* | *auch:* Pipen die, -/-: *ein derbes Schimpfwort*

Pipe|line ['paɪplaɪn] die, -/-s ⟨engl.⟩: *Rohrleitung [für Erdöl]*

Pi|pen → Pipe

Pi|perl das, -s/-[n] (mda.): *Kücken*

pi|perln, *auch:* biberln (ugs.): *gern alkoholische Getränke trinken*

Pi|pet|te die, -/-n ⟨lat.-fr.⟩: *Glasröhrchen zur Flüssigkeitsentnahme*

Pi|pi das, -s (urspr. D) (Kinderspr.): *Urin;* P. machen

pi|pi|fein (ugs.): *ausgezeichnet, sehr gut*

Pip|pi Lang|strumpf: *eine Figur eines Jugendbuches bzw. einer Fernsehserie*

Pi|ran|ha [-nja] ⟨indian.-port.⟩ der, -s/-s: *ein tropischer Raubfisch*

Pi|rat der, -en/-en ⟨gr.-lat.-it.⟩: *Seeräuber* ‖ **Pi|ra|ten|sen|der:** *illegaler Hörfunk- oder Fernsehsender* ‖ **Pi|ra|te|rie** die, -/-n ‖ **Pi|ra|tin** die, -/-innen

Pi|rog|ge die, -/-n (meist Pl.) ⟨russ.⟩: *mit Fleisch, Fisch oder Kraut gefüllte strudelähnliche Speise*

Pi|rol der, -s/-e: *ein Singvogel*

Pi|rou|et|te [-'ru̯ɛt(ɛ)] die, -/-n ⟨fr.⟩: *schnelle Drehung am Platz beim Tanz, Eiskunstlauf* | *eine Figur im Dressurreiten*

Pirsch die, -: *vorsichtiges Begehen des Jagdreviers, um nah an das Wild heranzukommen* ‖ **pir|schen,** du pirsch[s]t ‖ **Pirsch|gang**

PISA: **P**rogramme for **I**nternational **S**tudent **A**ssessment *(standardisierte Leistungsmessung der Schüler/innenleistungen von der OECD)* ‖ **PISA-Stu|die** [-i̯ɛ]

pi|schen, du pisch[s]t ⟨it.⟩ (reg., ugs.): *urinieren, pinkeln* ‖ **Pis|se** die, - (nördl. D): *Urin* ‖ **pis|sen,** du pisst (bes. D, ugs.): *urinieren, pischen* ‖ **Piss|mu|schel** ‖ **Pis|soir** [-'so̯a:r] das, -s/-s [-e]: *Urinbecken für Männer* ‖ **Piss|stand**

Pis|ta|zie [-i̯ɛ] die, -/-n ⟨pers.-gr.-lat.⟩: *ein Obstbaum* | *dessen Frucht* ‖ **Pis|ta|zi|en|eis**

Pis|te die, -/-n ⟨lat.-fr.⟩: *Skilaufstrecke; Abfahrtshang* | *Rollbahn* ‖ **Pis|ten|ge|rät** ‖ **Pis|ten|prä|pa|rie|rung** ‖ **Pis|ten|rau|pe:** *motorisiertes Gerät zum Präparieren von Skipisten, Schneeraupe* ‖ **Pis|ten|row|dy** [-raʊdi] (abw.): *rücksichtsloser Skifahrer*

Pis|to|le die, -/-n ⟨tschech.⟩: *eine Faustfeuerwaffe* ‖ **Pis|to|len|half|ter** ‖ **Pis|to|len|ta|sche**

Pi|ta|val [-v-] der, -s/-s: *Sammlung merkwürdiger Gerichtsfälle (nach einem französischen Rechtsgelehrten)*

pit|schen, du pitsch[s]t (T, K): *Teigblätter zu kleinen Tascherln zusammenzwicken*

pit|to|resk ⟨lat.-it.-fr.⟩ (geh.): *malerisch; gefällig*

pit|zeln, ich pitzle (reg., zB T, ugs.): *auf der Haut prickeln, stechen* | (ugs., abw.) *sich übergenau mit Kleinigkeiten befassen; aber:* → bitzeln ‖ **Pitz|ler** der, -s/- (ugs., abw.): *Pedant* ‖ **Pitz|le|rin**

P

die, -/-innen (ugs., abw.) ‖ **pitzlig** (ugs.): eine pitzlige *(heikle, kritische)* Sache
più ⟨it.⟩ (Mus.): *mehr;* più allegro
Pixel das, -s/- ⟨engl.⟩ (meist Pl.) (Technik): *grafischer Bildpunkt auf dem Monitor* | *Einheit für die Angabe der Auflösung von Bildern [in digitalen Kameras]*
Pizza die, -/-s [Pizzen] ⟨it.⟩: *eine italienische Speise* ‖ **Pizzaschnitte** ‖ **Pizzeria** die, -/-s (Pizzerien [-ˈiː(ɛ)n]): *Pizzalokal*
pizzikato = pizzicato [-k-] ⟨it.⟩ (Mus.): p. spielen *(die Saiten eines Streichinstruments zupfen)* ‖ **Pizzikato** = Pizzicato das, -s/-s
Pjöngjang: *Hauptstadt Nordkoreas*
Pkw [pe ka ˈveː] der, -[s]/-[s], *auch:* PKW: **P**ersonen**k**raft**w**agen ‖ **Pkw-Lenker,** *auch:* PKW-Lenker: *Autofahrer* ‖ **Pkw-Lenkerin,** *auch:* PKW-Lenkerin ‖ **Pkw-Pickerl,** *auch:* PKW-Pickerl: *Prüfplakette*
Pl.: **Pl**ural
Placebo [-ts-] das, -s/-s ⟨lat.⟩ (Med.): *Scheinmedikament (ohne Wirkstoff)*
Placement [-sˈmɑ̃ː] das, -s/-s ⟨fr.⟩: *Rangordnung* | (Wirt.) *Anlage, Unterbringung von Kapital;* → Platzierung
Placet [-ts-] = → Plazet
Plache die, -/-n: *Schutzdecke, Plane* ‖ **Plachenwagen**
placken sich (D, ugs.): *sich plagen* ‖ **Plackerei** die, -/-en (D, ugs.): *Plagerei*
plädieren ⟨fr.⟩: für etwas p. *(sprechen, eintreten)* ‖ **Plädoyer** [-dọaˈjeː] das, -s/-s: ein P. auf etwas halten *(stark dafür eintreten)* | (Jus) *Schlussrede des Staatsanwaltes bzw. des Verteidigers vor dem Gerichtsurteil*
Plafond [-ˈfoːn, -ˈfõː] der, -s/-s ⟨fr.⟩: *Decke eines Raumes* | *obere Grenze [für Kosten]* ‖ **plafonieren** [-on-]: *die Kostengrenze festlegen*
Plage die, -/-n: viele Mühen und Plagen erleiden ‖ **Plagegeist:** *Quälgeist* ‖ **plagen**¹: ihn plagt *(quält)* der Hunger ‖ **plagen**² sich: sich den ganzen Tag p. *(abmühen)* ‖ **Plagerei** die, -/-en
Plagiat das, -[e]s/-e ⟨lat.⟩: *Diebstahl geistigen Eigentums* ‖ **Plagiator** der, -s/-en [-ˈoː-] ‖ **Plagiatorin** die, -/-innen ‖ **plagiieren**
Plaid [pleːt, engl.: plæd] das = der, -s/-s ⟨schottisch-engl.⟩: *[Reise-]decke; Umhängetuch*
Plakat das, -[e]s/-e ⟨niederl.-fr.⟩ ‖ **plakatieren** ‖ **Plakatierer** der, -s/- ‖ **Plakatiererin** = **Plakatierin** die, -/-innen ‖ **plakativ:** *in der Art eines Plakates* | *auffallend, einprägsam;* plakative Schlagworte ‖ **Plakatständer** ‖ **Plakatwand** ‖ **Plakatwerbung** ‖ **Plakette** die, -/-n: *Anstecker; Täfelchen*
plan ⟨lat.⟩: *eben, flach;* → plan schleifen = planschleifen; → planieren ‖ **Plan**¹ der, -[e]s/Pläne ⟨lat.-fr.⟩ (geh.): auf den P. *(in Aktion)* treten; das Urteil hat die Kritiker auf den P. gerufen *(zum Handeln veranlasst)*
Plan² der, -[e]s/Pläne ⟨lat.-fr.⟩: Pläne für eine Reise schmieden | den P. *(Grundriss)* eines Hauses zeichnen | die Straße auf dem P. *(auf der [Land]karte)* nicht finden können ‖ **Planabfahrt:** *[Zug]abfahrt laut Fahrplan*
Planai die, -: *ein Berggebiet bei Schladming*
Planankunft: *[Zug]ankunft laut Fahrplan* ‖ **planbar**
Plane die, -/-n: *Plache*
planen: *vorhaben; beabsichtigen; genau vorbereiten* ‖ **planerisch** ‖ **Pläneschmied:** *jemand, der gerne und viel plant* ‖ **Pläneschmiedin**
Planet der, -en/-en ⟨gr.-lat.⟩: *Wandelstern;* → G.: Fixstern ‖ **planetarisch:** *die Planeten betreffend* ‖ **Planetarium** das, -s/Planetarien [-i̯ɛn]: *Einrichtung zum Veranschaulichen der Bewegung der Gestirne* ‖ **Planetenbahn** ‖ **Planetensystem** [-zy-] (Astron.) ‖ **Planetoid** der, -en/-en (Astron.): *kleiner Planet, Asteroid*
plangemäß
planieren ⟨lat.⟩: ein Grundstück p. *(einebnen);* → plan | einen Streit p. *(schlichten)* ‖ **Planierraupe:** *Raupenschlepper mit Planierschild* ‖ **Planierung** die, -/-en
Planke die, -/-n: *ein Brett* | *eine Bretterwand*
Plänkelei die, -/-en: *kleines Wortgefecht, Geplänkel* ‖ **plänkeln,** ich plänkle
Plankton das, -s ⟨gr.⟩: *im Wasser schwebende Kleinlebewesen*
planlos ‖ **Planlosigkeit** die, - ‖ **planmäßig:** *der Absicht entsprechend;* p. vorgehen ‖ **Planposten** (Wirt.): *Planstelle* ‖ **Planquadrat:** *Quadrat eines Gitternetzes auf Plänen oder Karten* | *Gebiet, in dem eine bestimmte Aktion planmäßig durchgeführt wird, zB gezielte Verkehrskontrolle*
Planschbecken = Plantschbecken: *Badebecken für Kinder* ‖ **planschen** = plantschen, du plansch[s]t: im Wasser p. *(herumspritzen)*
plan schleifen = **planschleifen:** den Estrich p. *(glatt)* schleifen
Plansoll: *vorgeschriebene Arbeitsleistung* ‖ **Planspiel:** *übungsmäßiges Erproben* ‖ **Planstelle:** *im Budget vorgesehener Posten für einen Beamten, zB Lehrer/innen, Richter/innen*
Plantage [-ˈaːʃ, -ʒɛ] die, -/-n ⟨fr.⟩: *große Pflanzung [von Baumwolle, Kaffee, Tee]* ‖ **Plantagenwirtschaft**
Plantschbecken = → Planschbecken ‖ **plantschen** = → planschen
Planung die, -/-en: die P. eines Hauses ‖ **Planungsabteilung** ‖ **Planungsstadium** [-ʃt-] ‖ **planvoll:** *wohl durchdacht* ‖ **Planwirtschaft:** *Wirtschaftsform mit gelenkter Produktion und Verteilung;* → Marktwirtschaft
Plappermaul (ugs., abw.): *jemand, der viel redet* ‖ **plappern:** plappernde Kinder
Plaque [plak] die, -/-s ⟨fr.⟩ (Med.): *Zahnbelag*
plärren: *laut jammernd schreien* | (ugs.) *weinen*
Pläsier das, -s/-e ⟨fr.⟩ (geh., veraltet): *Vergnügen, Unterhaltung*
Plasma das, -s/Plasmen ⟨gr.⟩: *Bestandteil des Blutes* | *leuchtendes Gasgemisch* | *Protoplasma*
Plastik¹ das, -s ⟨gr.-lat.⟩: *Kunststoff* ‖ **Plastik**² die, -: *Bildhauerkunst* | (mit Pl. -en) *Werk eines Bildhauers* | (Med.) *operative Formung bzw. Ersatz von Gewebs- oder Organteilen* ‖ **Plastikbecher** ‖ **Plastikgebinde** ‖ **Plastikgeld** (ugs.): *Scheckkartenzahlung uÄ* ‖ **Plastikkarte:** *Bankomatkarte, Kundenkarte ua.* ‖ **Plastiksack** ‖ **Plastiksackerl** ‖ **Plastiksprengstoff:** *formbarer Sprengstoff* ‖ **Plastilin** das, -s/-e: *eine Modelliermasse* ‖ **Plastinat** das, -s/-e: *anatomisches Schaupräparat* ‖ **plastisch:** plastisches *(formbares)* Material | ein plastisches *(körperhaft wirkendes)* Bild ‖ **Plasti-**

P

zi|tät die, -: *Formbarkeit; Anschaulichkeit*
Plas|ti|ron das, -s/-s ⟨gr.-lat.-fr.⟩: *auswechselbarer Ziereinsatz [an Blusen]*
Pla|ta|ne die, -/-n ⟨gr.⟩: *ein Laubbaum*
Pla|teau [-'to:] das, -s/-s ⟨gr.-lat.-fr.⟩: *Hochebene, Hochfläche* ‖ **Plateau|schuh:** *Schuh mit Plateausohle* ‖ **Pla|teau|soh|le:** *dicke Schuhsohle*
Pla|tin [bes. D auch: 'pla:-] das, -s ⟨span.⟩ (Zeichen: Pt): *ein chemisches Element* ‖ **pla|tin|blond** ‖ **Pla|ti|ne** die, -/-n (Elektrot.): *Plättchen zur Befestigung elektr[on]ischer Bauteile*
Pla|ti|tu|de [-'ty:-] = → Plattitüde
pla|to|nisch: *von dem altgriechischen Philosophen Plato[n] herrührend;* platonische Schriften; platonische *(nur seelisch-geistige)* Liebe ‖ **Pla|to|nis|mus** der, -
platsch: *lautmalendes Wort für das Aufklatschen auf einer Wasseroberfläche* ‖ **plat|schen:** du platsch[s]t ins Wasser ‖ **plätschern:** plätschernde Brunnen
Plat|schern die, -/-en (reg., zB St, K, mda.): *Tippel, Beule; verkrustete Wunde* | (scherzh.) *auffälliges Abzeichen;* → Bletschen
platt (abw.): *flach;* → platt drücken = plattdrücken; → plattmachen | *geistlos, banal* ‖ **Plättchen** das, -s/- ‖ **platt|deutsch** ‖ **Platt|deutsch** das, -[s] = **Plattdeut|sche** das, -n: *Niederdeutsch* ‖ **platt drü|cken** = **platt|drücken:** den Teig p. d. ‖ **Plat|te** die, -/-n: *Schallplatte* | eine kalte P. *(Aufschnitt oÄ)* servieren | (Geogr.) *ebene Steinfläche* | (ugs., veraltet) eine berüchtigte P. *(Bande)* ‖ **Plät|te** die, -/-n: *flaches [Last]schiff* ‖ **plät|teln** (Volksk.): *Schuhplattler tanzen* ‖ **plät|ten** (nördl. D): *bügeln* ‖ **Plat|ten|bruder** (ugs., veraltet): *Bandenmitglied; lautstarker, aggressiver Kerl* ‖ **Plat|ten|hül|le:** *Schutzhülle für Schallplatten*
Plat|ten|see der, -s (ung.: Balaton ['bɒlɒ-]): *See in Ungarn*
Plat|ten|spie|ler: *Gerät zum Abspielen von Schallplatten* ‖ **Plattform:** *ebene [Aussichts]fläche auf hohen Gebäuden* | (früher) *Aus- bzw. Einstiegsfläche am vorderen und hinteren Ende von [Eisenbahn]waggons* | *breit angelegte planerische Initiative;* eine überparteiliche P. gegen Rassismus ‖ **Platt|fuß** (Med.) ‖ **Platt|heit** die, -/-en: *abgedroschene Redensart* ‖ **plat|tie|ren:** *mit Metall überziehen* ‖ **Plat|tie|rung** die, -/-en

Plat|ti|tü|de = Pla|ti|tu|de [-'ty:-] die, -/-n ⟨fr.⟩ (geh.): *abgedroschene Redensart*

Für das Wort gibt es zwei Schreibweisen:
- Plattitüde: die eingedeutschte Schreibung (zu *Plattheit*)
- Platitude: die französische Schreibung

Nicht mehr korrekt ist die Schreibung „Platitüde" (nach der alten Rechtschreibung).

Plattl das, -s/-n, *auch:* Blattl (reg.): *flaches, herausgebackenes Laibchen* ‖ **platt|ma|chen:** *zerstören*
Platz der, -es/Plätze: P. nehmen; behalten Sie doch bitte P.! *(bleiben Sie doch bitte sitzen!)* | fehl am Platz[e] sein | P. greifen *(in merklichem Ausmaß auftreten);* P. machen | jemanden auf die Plätze verweisen *(besiegen);* sie belegte P. acht | P.! *(Kommando an den Hund)* | (veraltend) Enttäuschung griff P. *(kam auf)*

Platz|angst (ugs.) (Psych.)

Dieses Wort steht im Deutschen für zwei verschiedene Fachbegriffe der Psychologie:
- Agoraphobie: *Angst auf/vor weiten Plätzen bzw. Flächen*
- Klaustrophobie: *Angst in geschlossenen, beengten Räumen*

Platz|an|wei|ser der, -s/- ‖ **Platzan|wei|se|rin** die, -/-innen
Plätz|chen das, -s/- (D): *Keks*
plat|zen[1], du platzt: eine geplatzte Naht; → platzen lassen = platzenlassen
plat|zen[2], du platzt (ostöst., ugs.): *laut weinen*
plat|zen las|sen = **plat|zen|lassen:** die Verhandlungen p. l. *(scheitern lassen)*
Plat|zerl das, -s/-[n]: *kleiner Platz; Stelle, Ort* ‖ **Platz|hal|ter:** *jemand, der eine Stelle für jemand anderen frei hält* ‖ **Platz|hal|terin** ‖ **Platz|hirsch** (Jägerspr.): *der im Revier dominierende Hirsch* | (ugs.) *Person, die einen angestammten Herrschaftsbereich besetzt hält* ‖ **plat|zie|ren** (frühere Schreibung: placieren [-s-]) ⟨fr.⟩: *an einen bestimmten Platz bringen* | (Sport) ich habe mich platziert *(bei einem Wettkampf einen der vorderen Plätze belegt);* → unplatziert ‖ **Plat|zier|te**[1] der, -n/-n, ein Platzierter: der am besten P. kommt in die nächste Runde ‖ **Plat|zier|te**[2] die, -n/-n ‖ **Plat|zie|rung** (frühere Schreibung: Placierung [-s-]) die, -/-en: *Rang;* die beste P. bisher; → Placement ‖ **Platz|kar|te** ‖ **Platzkon|zert:** *Konzert im Freien* ‖ **Platz|man|gel**
Platz|pa|tro|ne: *nicht scharfe Munition [für Filmszenen, Übungen]*
Platz|re|gen ‖ **Platz|rei|fe** (Sport): *nachgewiesene Beherrschung der Grundtechniken des Golfspiels* ‖ **Platz|re|ser|vie|rung** [-v-] ‖ **Platzsper|re** (Sport): *Verbot, ein Heimspiel auf dem eigenen Sportplatz auszutragen* ‖ **Platz|tel|ler:** *großer dekorativer Teller unter dem Fleischteller eines Gedecks* ‖ **Platz|wart:** *Betreuer eines [Sport]platzes* ‖ **Platz|war|tin**
Platz|wun|de
Plau|de|rei die, -/-en ‖ **plau|dern** ‖ **Plau|der|ta|sche** (ugs.): *schwatzhafte Person* ‖ **Plau|der|ton:** im P. sprechen *(sich ungezwungen unterhalten)*
Plausch der, -[e]s/-e: *Gespräch, Plauderei;* ein gemütlicher P. ‖ **plau|schen,** du plausch[s]t: *plaudern* | *ausplaudern* | (ugs.) *übertreiben* ‖ **Plau|scherl** das, -s/-[n] (ugs.): *Plausch*
plau|si|bel ⟨lat.-fr.⟩: ein plausibler *(überzeugender, einleuchtender)* Grund ‖ **Plau|si|bi|li|tät** die, -/-en
play ['pleɪ] ⟨engl.⟩ (wörtl.: spielen): *Bezeichnung der Wiedergabetaste [am Rekorder]* ‖ **Play-back** ['p-bæk, auch: -'æ-] = **Play|back** das, -[s]/-s: *nachträgliche Abstimmung zB der Bildaufnahme mit der Tonaufnahme* | *getrennte Tonaufnahme von Gesang und Begleitung* | *stummes Agieren zur Tonaufnahme* ‖ **Play|boy:** *dem Vergnügen nachgehender reicher Mann* ‖ **Play|er** der, -s/-: *ein Abspielgerät;* DVD-Player ‖ **Playgirl** [-gɜl]: *dem Vergnügen nachgehende, junge, leichtlebige Frau* ‖ **Play-off** = **Play|off** das, -s/-s: *System von Ausscheidungsspielen in bestimmten Sportarten* ‖ **Play-off-Run|de** = **Play|off|runde** = **Play|off-Run|de:** *Endrunde eines sportlichen Wettbewerbes, in der jede/r gegen jede/n spielt* ‖

P

Play|sta|tion ['p-steɪʃn] die, -/-s = **Play|Sta|tion** (Wz.): *eine Spielkonsole*
Pla|zen|ta die, -/-s [Plazenten] ⟨lat.⟩ (Med.): *Mutterkuchen; Nachgeburt*
Pla|zet = Placet [-ts-] das, -s/-s ⟨lat.⟩ (geh.): sein P. *(seine Zustimmung)* geben
Ple|be|jer der, -s/- ⟨lat.⟩ (abw.): *gewöhnlicher, ungebildeter Mensch* ‖ **Ple|be|je|rin** die, -/-innen (abw.) ‖ **ple|be|jisch** (abw.): *ungehobelt, gewöhnlich* ‖ **Ple|bis|zit** das, -[e]s/-e: *Volksabstimmung* ‖ **Plebs** die, - (abw.): *gewöhnliches Volk*
ple|dern → bledern
Plein Pou|voir ['plɛ̃ pu'vu̯aːr] das, - -[s] ⟨fr.⟩ (geh.): *uneingeschränkte Vollmacht*

plei|te (ugs.): *zahlungsunfähig, bankrott*

Kleinschreibung in Verbindung mit „sein" und „werden":
– pleite sein; der Betrieb ist pleite
– pleite werden
Großschreibung:
– **P**leite machen
– eine **P**leite erleben *(einen Misserfolg)*
Zusammenschreibung bei übertragener Bedeutung:
– die Firma wird pleitegehen; *daher klein in getrennter Stellung:* wenn du so weitermachst, gehst du pleite

P

Plei|te die, -/-n (ugs.): eine P. erleben; → pleite ‖ **plei|te|ge|hen:** die Firma geht pleite; → pleite ‖ **Plei|te|gei|er** (ugs.): *Symbol für eine Pleite;* der P. kreist über dem Betrieb ‖ **Plei|ti|er** [-'ti̯eː] der, -s/-s: *jemand, der pleitegegangen ist*
Plek|t|ron das, -s/Plektra [Plekt-ren] = **Plek|t|rum,** -s/Plektra ⟨gr.-lat.⟩: *Blättchen zum Zupfen der Saiten [der Mandoline]*
plem|plem (ugs.): *blöd, verrückt*
Ple|nar|saal ⟨lat.⟩: *Sitzungssaal fürs Plenum* ‖ **Ple|nar|sit|zung:** *Plenum* ‖ **ple|no or|ga|no** ⟨lat.⟩ (Mus.): *mit vollem Orgelwerk* ‖ **ple|no ti|tu|lo** ⟨lat.⟩ → p. t.
Plen|ten der, -s, *auch:* die, - (K, T, mda.): *Polenta*
Ple|num das, -s ⟨lat.⟩: *Vollversammlung [des Nationalrats] (im Gegensatz zu den Ausschüssen)*
Pleo|nas|mus der, -/Pleonasmen ⟨gr.-lat.⟩ (Lit.): *Anhäufung sinnverwandter Ausdrücke, zB* runder Kreis
Pleu|el|stan|ge (Technik): *Schubstange, die eine hin- und hergehende Bewegung in eine drehende überführt*
Pleu|ri|tis die, -/Pleuritiden ⟨gr.⟩ (Med.): *Rippenfellentzündung*
Ple|xi|glas (Wz.): *glasartiger Kunststoff*
Plis|see das, -s/-s ⟨fr.⟩: ein Rock mit engem P. *(mit schmalen, gepressten Falten)* ‖ **plis|sie|ren**
Plö|cken der = die, -: *Plöckenpass* ‖ **Plö|cken|pass:** *ein Pass zwischen Österreich (K) und Italien*
plo|dern (ostöst., ugs.): *pludern*
Plom|be die, -/-n ⟨lat.-fr.⟩: *Bleisiegel, Bleiverschluss* | *Zahnfüllung* ‖ **plom|bie|ren** ‖ **Plom|bie|rung** die, -/-en
Plot der = das, -s/-s ⟨engl.⟩: *Handlung [eines Films]*
Plot|ter der, -s/- ⟨engl.⟩: *Drucker für großformatige Grafiken oder technische Zeichnungen*
plötz|lich ‖ **Plötz|lich|keit** die, -
Plu|der|ho|se: *weite, bauschige Hose* ‖ **plu|dern:** ein pludernder *(sich bauschender)* Ärmel
Plug-in ['plʌg-, -'ɪn] = **Plug|in** das, -s/-s ⟨engl.⟩ (EDV): *Erweiterung zu einem Computerprogramm; kleines Zusatzprogramm*
Plu|meau [ply'moː] das, -s/-s ⟨fr.⟩ (veraltet): *kurze Daunendecke, kleine Tuchent*
plump: *unförmig;* plumpe Bewegungen ‖ **Plump|heit** die, -/-en ‖ **plumps:** *Ausruf, wenn etwas hinunterfällt* ‖ **plump|sen,** du plumpst ‖ **Plumps|klo** (ugs., veraltend): *Abort ohne Muschel und Spülung; Latrine*
Plum|pud|ding ['plʌm-] ⟨engl.⟩: *eine englische Süßspeise*
plump|ver|trau|lich, *auch:* **plump-ver|trau|lich:** er hat mich p. angesprochen
Plun|der der, -s: *wertloses Zeug* ‖ **Plün|de|rer** der, -s/-: *jemand, der plündert* ‖ **Plun|der|ge|bäck:** *ein Gebäck aus Plunderteig* ‖ **Plün|de|rin** die, -/-innen ‖ **Plun|der|kip|ferl** ‖ **plün|dern:** ein Geschäft p. *(es völlig ausrauben)* ‖ **Plun|der|teig** ‖ **Plün|de|rung** die, -/-en
Plu|ral der, -s/-e (Pl.) ⟨lat.⟩ (Gramm.): *Mehrzahl;* → G.: Singular ‖ **Plu|ra|le|tan|tum** das, -s/-[s] [Pluraliatantum]: *Mehrzahlwort, zB* Leute, Eltern; → G.: Singularetantum ‖ **plu|ra|lisch** ‖ **plu|ra|li|sie|ren** ‖ **Plu|ra|lis|mus** der, -: *Vielfalt von gleichberechtigten [Meinungen, Gruppen]* ‖ **plu|ra|lis|tisch:** pluralistische Gesellschaft ‖ **Plu|ra|li|tät** die, -/-en: *Mehrzahl, Vielzahl*
plus ⟨lat.⟩: drei p. *(und)* vier *ist* sieben; p. 3 Grad = 3 Grad p. *(über null);* → G.: minus ‖ **Plus** das, -/-: die Abrechnung ergab ein P. *(einen Überschuss)*
Plüsch der, -[e]s/-e: *ein samtartiges Gewebe* ‖ **Plüsch|bär** ‖ **plü|schig** ‖ **Plüsch|tier**
Plus|grad ⟨lat.⟩ ‖ **Plus|pol** (+-Pol) ‖ **Plus|quam|per|fekt** (Gramm.): *eine Zeitform des Verbs; 3. Vergangenheit, vollendete Vergangenheit, Vorvergangenheit* ‖ **Plus|zei|chen** (+): *Additionszeichen, Undzeichen*
Plu|to[1] = Pluton: *griechischer Gott des Reichtums und der Unterwelt* ‖ **Plu|to**[2] der, -[s]: *ein Planet* ‖ **Plu|to|kra|tie** die, -/-n: *Herrschaft der Reichsten* ‖ **Plu|ton** = → Pluto[1] ‖ **Plu|to|ni|um** das, -s (Zeichen: Pu): *ein chemisches Element*
Plut|zer der, -s/-, *auch:* Blutzer (mda.): *Kürbis* | *ein Steingutgefäß* | (abw.) *Kopf*
PLZ: Postleitzahl
Pm: Promethium
p. m.: pro memoria
Pneu der, -s/-s ⟨gr.⟩ (veraltet): *luftgefüllter Reifen* ‖ **Pneu|ma|tik** die, -/-en (Phys.): *Kraftübertragung durch Druckluft* ‖ **pneu|ma|tisch:** pneumatische *(durch Druckluft betätigte)* Türen | (Phil., Rel.) *geistig* ‖ **Pneu|mo|nie** die, -/-n (Med.): *Lungenentzündung*
Po[1] der, -s: *ein Fluss in Italien*
Po[2] der, -s/-s: *Kurzwort für Popo*
Po[3]: Polonium
Pö|bel der, -s ⟨fr.⟩ (abw.): *Gesindel* ‖ **Pö|be|lei** die, -/-en ‖ **pö|bel|haft:** pöbelhaftes *(flegelhaftes)* Benehmen
po|chen: das pochende *(klopfende)* Herz | auf sein Recht p. *(darauf bestehen)*
po|chie|ren [-ʃ-] ⟨fr.⟩ (Küchenspr.): *in kochendem Wasser garen;* pochierter Fisch
Pöch|larn: *Stadt in Niederösterreich*
Po|cke die, -/-n: *Blattermal; Impfnarbe* | (nur Pl.) *eine ansteckende Krankheit, Blattern* ‖ **po|cken|nar|big** ‖ **Po|cken|schutz|imp|fung**
Po|cket|ka|me|ra ⟨engl.+lat.⟩: *Taschenkamera*

pockig: *pockennarbig*
poco ['pɔːko] ⟨it.⟩ (Mus.): *ein wenig;* p. allegro
Podagra das, -[s] ⟨gr.-lat.⟩ (veraltet): *Gicht, bes. in den Füßen*
Podest das, -[e]s/-e ⟨gr.-lat.⟩: *podiumartiger Sockel*
Podex der, -/-e ⟨lat.⟩ (scherzh.): *Gesäß*
Podgorica [-tsa]: *Hauptstadt von Montenegro*
Podium das, -s/Podien [-i̯ɛn] ⟨gr.-lat.⟩: *Erhöhung des Fußbodens [für den Redner]* ‖ **Podiumsdiskussion:** *Diskussion zwischen vorher bestimmten Partnern vor einem Publikum*
Poem das, -s/-e ⟨gr.-lat.⟩ (geh.): *Dichtung* ‖ **Poesie** die, -/-n (geh.): *Dichtkunst* | *Schönheit, die das Gefühl anspricht;* die P. dieser Landschaft ‖ **Poet** der, -en/-en (geh.): *Dichter* ‖ **Poetik** die, -: *Lehre von der Dichtung* ‖ **Poetin** die, -/-innen (geh.) ‖ **poetisch:** *dichterisch*
Pofel[1] der, -s/-s (reg., bes. T, V, mda.): *dritter Grasschnitt*
Pofel[2] der, -s (ugs., abw.): *minderwertige Ware, Schund* ‖ **pofeln,** ich pofle (ugs., abw.): *stark rauchen*
Pofese → Pafese
Pogatsche die, -/-n ⟨rom.-slaw.⟩ (ostöst.): *eine [Grammel]bäckerei*
Pogrom das = der, -s/-e ⟨russ.⟩: *Ausschreitungen gegen eine unterdrückte Bevölkerungsgruppe* ‖ **Pogromnacht** (Gesch.): *Novemberpogrom*
Pointe [po̯ɛ̃ːt, auch: 'pɔɪntɛ] die, -/-n ⟨fr.⟩: *Höhepunkt, Schlusseffekt [eines Witzes]* ‖ **pointieren** ‖ **pointiert:** *treffend, betont geistreich formuliert* ‖ **Pointillismus** der, -: *eine impressionistische Stilrichtung der Malerei* ‖ **pointillistisch**
Pokal der, -s/-e ⟨gr.-lat.-it.⟩: *ein kelchartiges Gefäß [als Siegespreis]*
Pökelfleisch: *Surfleisch* ‖ **pökeln:** *einpökeln, suren* ‖ **Pökelsalz**
Poker das, -s ⟨engl.⟩: *ein Glücksspiel mit Karten* ‖ **Pokerface** [-feɪs] das, - (sal.): *unbewegtes Gesicht* ‖ **pokern:** *Poker spielen* | hoch p. *(risikoreich verhandeln; viel riskieren)*
pokulieren ⟨lat.⟩ (veraltet): *bechern, zechen*
Pol der, -s/-e ⟨gr.-lat.⟩: *Endpunkt der Erdachse, Nordpol, Südpol* | (Phys.) *Ein- bzw. Austrittspunkt eines elektrischen oder magnetischen Feldes;* Pluspol; → polar
Polack der, -en/-en ⟨poln.⟩ (abw., veraltend): *Pole* ‖ **Polackin** die, -/-innen (abw., veraltend)
polar ⟨gr.-lat.⟩: polare *(vom Nordpol her eindringende)* Kaltluft | p. *(genau)* entgegengesetzt ‖ **Polarexpedition** [-tsi̯-] ‖ **Polarforscher** ‖ **Polarforscherin** ‖ **Polargebiet** ‖ **Polarisation** [-tsi̯-] die, -/-en ‖ **polarisieren:** polarisiertes *(nur in einer Ebene schwingendes)* Licht | Meinungen p. sich *(konzentrieren sich in zwei entgegengesetzten Positionen)* ‖ **Polarisierung** die, -/-en ‖ **Polarität** die, -/-en: *Gegensätzlichkeit* ‖ **Polarkreis:** *Breitenkreis ca. 66,5° nördlicher bzw. südlicher Breite* ‖ **Polarlicht:** *nächtliches Leuchten in polaren Gebieten, zB Nordlicht*
Polaroid das, -s (Wz.): *ein Sofortbildsystem* | (mit Pl. -s) *Kurzwort für Polaroidfoto* ‖ **Polaroidfilm** (Wz.) ‖ **Polaroidfoto** (Wz.) ‖ **Polaroidkamera** (Wz.): *Sofortbildkamera*
Polarstern der, -[e]s
Polder der, -s/-: *durch Deiche der Nordsee abgewonnenes Land*
Poldi = Poldl: *weibl. und männl. Vorname (Leopold, Leopoldine uÄ)*
Pole der, -n/-n → polnisch
Polemik die, -/-en ⟨gr.-fr.⟩: *vor anderen, meist unsachlich ausgetragener Meinungsstreit* ‖ **polemisch:** *kämpferisch, streitsüchtig* ‖ **polemisieren**
Polen (Kfz: PL): *ein Staat;* → polnisch
Polenta die, -/-[s] [Polenten] = der, -s/-[s] [Polenten] ⟨lat.-it.⟩ (reg.): *Maisgrieß, Maismehl* | *Speise aus Maisgrieß*
Polente die, - ⟨Rotwelsch-jidd.⟩ (ugs.): *Polizei*
Poleposition ['pəʊlpəzɪʃn] die, -/-s ⟨engl.⟩ (Sport): *vorderster Startplatz im Autorennen*
Police [-sɛ] die, -/-n ⟨fr.⟩ (D): *Polizze*
Polier der, -s/-e ⟨lat.-fr.⟩: *Leiter einer [Fach]arbeitergruppe*
polieren ⟨lat.-fr.⟩: *glatt machen, zB Marmor; zum Glänzen bringen, zB Gläser;* → politieren
Polierin die, -/-innen ⟨lat.-fr.⟩: *weibl. Form von Polier*
-polig ⟨gr.-lat.⟩ (nur in Zusammensetzungen wie zweipolig)
Poliklinik ⟨gr.+gr.-lat.⟩: *ein städtisches Krankenhaus*
Polin die, -/-innen
Polio die, - ⟨gr.⟩ (Med.): *Kurzwort für Poliomyelitis* ‖ **Poliomyelitis** [-my-] die, -/Poliomyelitiden (Med.): *eine ansteckende Infektionskrankheit, Kinderlähmung*
Politbüro ⟨gr.-lat.-fr.-russ.⟩: *politisches Führungsgremium [in der ehemaligen UdSSR]*
Politesse [-'ɛs] die, -/-n ⟨gr.-lat.-fr.⟩: *Polizistin für bestimmte Aufgabenbereiche*
Political Correctness [-kl k-kt-] die, - - (PC) ⟨engl.⟩: *Vermeidung von Ausdrücken und Themen, die bestimmte Personengruppen verletzen könnten*
politieren ⟨lat.-fr.⟩ (bes. ostöst.): *polieren;* Möbel p. *(sie mit einer Politur glänzend machen)*
Politik die, - ⟨gr.-lat.-fr.⟩: *Staatskunst; Beschäftigung mit öffentlichen Angelegenheiten [des Staates]* ‖ **Politiker** der, -s/- ‖ **Politikerin** die, -/-innen ‖ **Politikum** das, -s/Politika (geh.): *Angelegenheit von öffentlichem oder parteipolitischem Interesse* ‖ **Politikverdrossenheit:** *Enttäuschung über die Politik, Desinteresse an Politik* ‖ **Politikwissenschaft** die, -: *Politologie* ‖ **politisch:** ein politischer Auftrag; *aber:* Politische Bildung *(ein Unterrichtsgegenstand);* → G.: apolitisch ‖ **Politische**[1] der, -n/-n, ein Politischer (ugs.): *politischer Häftling* ‖ **Politische**[2] die, -n/-n (ugs.) ‖ **politisieren** (meist abw.): *öffentliche Angelegenheiten erörtern* ‖ **Politisierung** die, -/-en ‖ **Politologe** der, -n/-n ‖ **Politologie** die, -: *Politikwissenschaft* ‖ **Politologin** die, -/-innen ‖ **Politprominenz** ‖ **Politskandal**
Politur die, -/-en ⟨lat.-fr.⟩: *Flüssigkeit, die in Holz eingerieben wird; der glänzende Überzug, der dabei entsteht*
Polizei die, - ⟨gr.-lat.⟩: *Teil der Exekutive für die innere Sicherheit;* → Gendarmerie ‖ **Polizeibeamte** ‖ **Polizeibeamtin** ‖ **Polizeibefugnisgesetz** ‖ **Polizeidirektion** [-tsi̯-] ‖ **Polizeieinsatz** ‖ **Polizeieskorte:** *Schutz-, Ehrengeleit durch Polizeifahrzeuge* ‖ ‖ **Polizeigefangenenhaus,** *amtsspr. auch:* **Polizeigefangenhaus** (Amtsspr.) ‖ **Polizeigewalt** ‖ **Polizeigriff:** *ra-*

P

sches Drehen der Arme [eines Festzunehmenden] auf den Rücken ‖ **Polizeihund** ‖ **Polizeiinspektion** [-sp-, auch: -ʃp-] ‖ **Polizeiinspektor** ‖ **Polizeiinspektorin** ‖ **Polizeikommissar** ‖ **Polizeikommissär** (veraltet): *Polizeikommissar* ‖ **Polizeikommissariat:** *Polizeidienststelle, Polizeiposten* ‖ **Polizeikommissarin** ‖ **Polizeikommissärin** (veraltet) ‖ **Polizeikontrolle** ‖ **Polizeikotter** (veraltet): *Gefängnis* ‖ **polizeilich:** sich p. melden ‖ **Polizeiposten:** *Einsatzstelle der Polizei* ‖ **Polizeipräsident** ‖ **Polizeipräsidentin** ‖ **Polizeirevier** [-v-]: *städtische Polizeidienststelle* ‖ **Polizeischutz** ‖ **Polizeistaat:** *Staat, in dem öffentliches und privates Leben unter dem Druck der Polizei steht* ‖ **Polizeistunde:** *Sperrstunde [für Lokale]* ‖ **Polizist** der, -en/-en: *Wachebeamter* ‖ **Polizistin** die, -/-innen

Polizze die, -/-n ⟨gr.-lat.-it.⟩: *Versicherungsurkunde*

Polka die, -/-s ⟨poln.-tschech.⟩: *ein Musikstück* | *ein Tanz*

Pollen der, -s/-: *Blütenstaub* ‖ **Pollenallergie** (Med.): *Heuschnupfen uÄ* ‖ **Pollenkorn**

Poller der, -s/-: *ein fester Pfosten [zum Festmachen von Booten]* | *eine Abgrenzung auf Straßen, Gehsteigen uÄ*

Pollution [-tsi̯-] die, -/-en ⟨lat.⟩ (Med.): *unwillkürlicher Samenerguss*

polnisch → Polen ‖ **Polnisch** das, -[s] = **Polnische**[1], -n: *die polnische Sprache* ‖ **Polnische**[2] die, -n: *eine Wurstsorte*

Polo das, -s ⟨engl.⟩: *ein Ballspiel [vom Pferd aus];* P. spielen

Polonäse = Polonaise [-'nɛːs, -zɛ] die, -/-n ⟨poln.-fr.⟩: *ein polnischer Tanz; ein Musikstück*

Polonium das, -s ⟨lat.⟩ (Zeichen: Po): *ein chemisches Element*

Poloshirt [-ʃɜːt] ⟨engl.⟩: *ein T-Shirt mit Kragen*

Polster der = das, -s/Pölster [Polster]: *weiche [mit Federn] gefüllte [Kopf]unterlage* | *Spielraum, Reserve;* ein finanzieller P. ‖ **Polsterer** der, -s/-: *Tapezierer für Polstermöbel* ‖ **Polstergarnitur:** *mehrere zusammengehörige Polstermöbel* ‖ **Polsterin** die, -/-innen ‖ **Polsterl** das, -s/-[n]: *[kleiner] Polster* ‖ **Polstermöbel** ‖ **polstern:** einen Sessel p. ‖ **Polsterschlacht** ‖ **Polstersessel** ‖ **Polsterüberzug** ‖ **Polsterung** die, -/-en ‖ **Polsterzieche** (ugs., veraltend): *Polsterüberzug* ‖ **Polsterzipf:** *Polsterzipfel* | (Küchenspr., reg.) *eine Mehlspeise*

Pölten → Sankt Pölten

Polterabend: *Vorabend der Hochzeit* ‖ **Polterei** die, -/-en ‖ **Poltergeist:** *Klopfgeist* | *harmloser Unruhestifter* ‖ **poltern:** *dröhnend lärmen* | *schimpfen*

poly- [-li-, -ly-] ⟨gr.⟩ (nur in Zusammensetzung wie zB polytechnisch) ‖ **Polyacryl** [-'kryːl]: *eine Synthetikfaser* ‖ **Polyamid** das, -[e]s/-e (Chem.): *ein Kunststoff* ‖ **Polyarthritis** die, -/Polyarthritiden (Med.): *Entzündung mehrerer Gelenke* ‖ **Polyäthylen** [-ty-] das, -s/-e (Chem.): *ein Kunststoff* ‖ **polychrom** [-k-]: *mehrfärbig* ‖ **Polychromie** die, -: *Vielfarbigkeit* ‖ **Polyeder** der (*auch:* das), -s/- (Math.): *regelmäßiger vielflächiger Körper* ‖ **Polyester** der, -s/-: *ein Kunststoff* ‖ **Polyethylen** [-ty-] (fachspr.) → Polyäthylen ‖ **polyfon** → polyphon ‖ **Polyfonie** → Polyphonie ‖ **polygam:** *in mehrfacher Ehe- bzw. Geschlechtsgemeinschaft lebend* ‖ **Polygamie** die, -: *Vielehe;* → G.: Monogamie ‖ **Polygamist** der, -en/-en ‖ **Polygamistin** die, -/-innen ‖ **polyglott:** *mehr-, vielsprachig* ‖ **Polygon** das, -s/-e: *Vieleck* ‖ **Polyhistor** der, -s/-en [-'toː-]: *Gelehrter in vielen Wissenschaften* ‖ **Polyhistorin** die, -/-innen ‖ **Polymerisation** [-tsi̯-] die, -/-en (Chem.): *ein Verfahren zur Herstellung von Kunststoffen* ‖ **polymerisieren** ‖ **Polynesien:** *Inselgruppen im Pazifik* ‖ **Polyp** [-'yp, -'ip] der, -en/-en: *ein Nesseltier* | (ugs. auch für) *Tintenfisch, Krake* | (Med.) *eine Wucherung [im Nasen-Rachen-Raum, im Darm]* ‖ **polyfon** [-i-, -y-] = polyphon [-f-] (Mus.): *mit mehreren gleichwertig geführten Stimmen;* → homofon; → heterofon ‖ **Polyfonie** = **Polyphonie** die, - (Mus.) ‖ **Polyrhythmik** [-'ry-]: *Gleichzeitigkeit mehrerer Rhythmen* ‖ **Polysemie** die, - (Sprachwiss.): *Existenz verschiedener Bedeutungen eines Wortes* ‖ **Polystyrol** [-sty-] das, -s/-e (Chem.): *ein Kunststoff* ‖ **polytechnisch:** p. orientierte Schulen; *aber:* die Polytechnische Schule (PTS) *(eine Schulart, die 9. Schulstufe der allgemein bildenden Pflichtschule)* ‖ **Polytheismus** der, -: *Glaube an mehrere Götter; Vielgötterei;* → G.: Monotheismus

pölzen: einen Stollen p. *(durch Pfosten stützen)* ‖ **Pölzung** die, -/-en

Pomade die, -/-n ⟨it.-fr.⟩ (veraltet): *ein Haarfett [für Männer]* ‖ **pomadig** (veraltet): pomadige Haare | (bes. D, ugs.) *träge, eingebildet* ‖ **pomadisieren** (veraltet)

pomali ⟨slaw.⟩ (ostöst., ugs., sal.): *langsam, gemächlich*

Pomerantsche die, -/-n ⟨pers.-lat.-it.⟩ (reg., veraltet): *Orange* | = Pomeranze (ugs., veraltend, reg.) *einfältige Frau* ‖ **Pomeranze** die, -/-n: *eine Zitrusfrucht (ähnlich der Orange)* | = → Pomerantsche

Pommes die (Pl.) ⟨fr.⟩ (sal.): *Pommes frites* ‖ **Pommes frites** [pɔm 'frit] die (Pl.) ⟨fr.⟩: *in Fett gebackene Erdäpfelstäbchen*

Pomp der, -[e]s ⟨gr.-lat.-fr.⟩ (geh.): *[übertriebener] Prunk* ‖ **Pompfüneberer** der, -s/- (W, ugs., veraltet, oft scherzh.): *feierlich gekleideter bzw. uniformierter Leichenbegleiter bei Begräbnissen*

Pompon [põ'põː] der, -s/-s ⟨fr.⟩: *kugelähnliche Quaste an Kleidungstücken*

pompös ⟨gr.-lat.-fr.⟩: *[übertrieben] prunkvoll*

Pönale das, -s/- (-lien [-i̯ən]) ⟨lat.⟩: *Geldbuße*

Poncho [-tʃɔ] der, -s/-s ⟨indian.-span.⟩: *ein ärmelloser Umhang*

Pond das, -s/- (p) ⟨lat.⟩: *(in Österreich nicht mehr gesetzliche) Maßeinheit für die Kraft, 0,0098 N*

Pongau [-ŋg-] der, -s: *Landesteil von Salzburg*

pontifikal ⟨lat.⟩: *bischöflich* ‖ **Pontifikalamt:** *von einem Geistlichen im Bischofsrang gehaltenes Hochamt* ‖ **Pontifikat** das = der, -[e]s/-e: *Amtszeit bzw. Würde des Papstes oder des Bischofs*

Pontius [-tsi̯-] (ugs.) (nur in der Wendung): von P. zu Pilatus *(von einer Stelle zur anderen)* geschickt werden *(nach dem römischen Statthalter Pontius Pilatus)*

Ponton der, -s/-s ⟨lat.-fr.⟩: *boot-*

artiger Teil einer schwimmenden Brücke ‖ **Pontonbrücke**

Pony[1] [-i] das, -s/-s ⟨schottisch-engl.⟩: *eine kleinwüchsige Pferderasse* ‖ **Pony**[2] der, -s/-s: *ein Haarschnitt* ‖ **Ponyfrisur**

Pool [pu:l] der, -s/-s ⟨engl.⟩: *Swimmingpool* | *eine Interessengemeinschaft [von Firmen]; Zusammenschluss;* ein P. von Expertinnen ‖ **Poolbillard** ['pu:lbi(l)ja:r]

Pop der, -s ⟨engl.⟩: *Kurzwort für Popmusik, Popkunst uÄ*

Popanz der, -es/-e ⟨slaw.⟩: *[ausgestopftes] Schreckgespenst* | *lächerliche Figur*

Pop-Art die, - ⟨engl.⟩: *eine Kunst- und Geschmacksrichtung des 20. Jh.;* → Pop

Popcorn [-k-] das, -s ⟨engl.⟩: *geröstete Maiskörner*

Pope der, -n/-n ⟨gr.-russ.⟩: *ein Geistlicher der Ostkirchen*

Popelin [-'pli:n] der, -s/-e ⟨fr.⟩: *ein Baumwollgewebe*

Popgruppe ⟨engl.+it.-fr.⟩ → Pop ‖ **Popkonzert** ‖ **Popmusik:** *ein Musikstil, Popularmusik* ‖ **Popmusiker** ‖ **Popmusikerin**

Popo der, -s/-s (sal.): *Gesäß, Po*

Popper der, -s/- ⟨engl.⟩: *modisch gekleideter Jugendlicher (bes. in den 80er Jahren)* ‖ **Popperin** die, -/-innen ‖ **poppig** (sal.): ein poppiges *(im Stil der Pop-Art gestaltetes)* Plakat; → Pop ‖ **Popstar** [-st-] ‖ **populär** ⟨lat.-fr.⟩: *volkstümlich; allgemein beliebt* | *gemeinverständlich;* ein Thema p. aufbereiten ‖ **popularisieren:** *volkstümlich darstellen* ‖ **Popularität** die, - ‖ **Popularklage** (Jus): *Klage eines Einzelnen ungeachtet seines persönlichen Bezugs zum Sachverhalt* ‖ **Popularmusik:** *volkstümliche Musik* ‖ **populärwissenschaftlich** ‖ **Population** [-tsi̯-] die, -/-en ⟨lat.⟩: *Bevölkerung* | (Biol.) *Gesamtheit der Individuen einer Art bzw. Rasse* ‖ **Populismus** der, -/Populismen (Pol., oft abw.): *Politik, die nur bei der öffentlichen Meinung Zustimmung finden oder sie beeinflussen will* ‖ **populistisch** (oft abw.): *nur auf die öffentliche Meinung bedacht*

Pore die, -/-n: *feine [Haut]öffnung* ‖ **porentief** ‖ **porig**

Porno der, -s/-s ⟨gr.⟩: *Kurzwort für Porno[film]* ‖ **Pornofilm** ‖ **Pornografie** = Pornographie [-f-] die, -/-n: *unzüchtige Darstellung von Sexualität in Wort und Bild* ‖ **pornografisch** = **pornographisch**

porös ⟨gr.-lat.-fr.⟩: *[wasser]durchlässig* | *undicht, löchrig* ‖ **Porosität** die, -

Porphyr [-'fy:ɐ] der, -s/-e ⟨gr.⟩: *ein Gestein*

Porree [auch: 'pɔ-; mda.: 'buɔre] der, -s/-s ⟨lat.-fr.⟩: *ein Gemüse, Lauch*

Porridge [-dʒ] der, -s ⟨engl.⟩: *englischer Haferbrei als Frühstück*

Port der, -s/-s ⟨fr.-engl.⟩ (EDV): *Schnittstelle* | (veraltend) *Hafen*

Portable ['pɔ:təbl] der = das, -s/-s ⟨engl.⟩: *tragbares Radio-, Fernsehgerät uÄ*

Portal das, -s/-e ⟨lat.-fr.⟩: *großes, wirkungsvoll ausgeführtes Tor* | *Eingangsfront* | *Einstiegsseite ins Internet*

Portefeuille [-t'fœı] das, -s/-s ⟨fr.⟩ (geh.): *Brieftasche* | (Pol.) *Amt eines Ministers;* eine Ministerin ohne P. *(ohne eigenes Ministerium)* ‖ **Portemonnaie** [-tmɔ'ne:] = → Portmonee ‖ **Portepee** das, -s/-s (früher): *Quaste am Säbel oder Degen von Offizieren;* jemanden beim P. *(bei der Ehre)* packen

Portfolio das, -s/-s ⟨it.⟩: *Mappe mit Kunstblättern* | *Bildband* | *Portefeuille; Geschäftsbereich* | (Bildw.) *Sammlung von Schülerarbeiten als eine Form der Leistungsfeststellung*

Portier[1] [-ti:ɐ] der, -s/-e = **Portier**[2] [-'ti̯e:], -s/-s ⟨fr.⟩: *Hotelportier* | *Auskunfts- und Kontrollorgan beim Eingang von großen [Firmen]gebäuden* | (veraltet) *Hausbesorger* ‖ **Portiere** [-'ti̯e:ɐ, 'ti̯e:rɛ] die, -/-n: *ein Türvorhang* | *Portierin* ‖ **Portierin** die, -/-innen, *auch:* Portiere [-'ti̯e:ɐ, 'ti̯e:rɛ] die, -/-n: *weibl. Form von Portier* ‖ **Portierloge** [-lo:ʃ, -ʒɛ]: *Dienstraum des Portiers*

Portion [-tsi̯-] die, -/-en ⟨lat.⟩: eine P. Fleisch ‖ **portionenweise,** *auch:* portionsweise ‖ **portionieren** ‖ **Portionierung** die, -/-en ‖ **portionsweise** → portionenweise

Portmonee = Portemonnaie [-tmɔ'ne:] das, -s/-s ⟨fr.⟩ (veraltet): *Geldbörse*

Porto das, -s/-s [Porti] ⟨it.⟩: *Gebühr für die Beförderung von Postsendungen* ‖ **portofrei** ‖ **portopflichtig**

Porträt [-'rɛ:] das, -s/-s ⟨fr.⟩ (frühere Schreibung: Portrait [-'rɛ:]): *bildliche Darstellung einer Person; Bildnis* ‖ **porträtieren** ‖ **Porträtmaler** ‖ **Porträtmalerin**

Portugal (Kfz: P): *ein europäischer Staat* ‖ **Portugiese** der, -n/-n ‖ **Portugieser** der, -s/-: *Kurzwort für Blauer Portugieser* ‖ **Portugiesin** die, -/-innen ‖ **portugiesisch** ‖ **Portugiesisch** das, -[s] = **Portugiesische,** -n: *die portugiesische Sprache*

Portulak der, -s ⟨lat.⟩: *eine Blume; ein Gemüse*

Portwein: *ein portugiesischer Dessertwein*

Porzellan das, -s/-e ⟨lat.-it.⟩: *ein Werkstoff* | *Porzellangeschirr* ‖ **porzellanen:** eine porzellanene Vase ‖ **Porzellanmanufaktur:** *Porzellanfabrik*

Posament das, -[e]s/-e ⟨lat.-fr.⟩: *Borten, Quasten uÄ als verzierender Besatz* ‖ **Posamenterie** [-t(ə)'ri:] die, -: *Posamenteriewaren*

Posaune die, -/-n ⟨lat.-fr.⟩: *ein Blechblasinstrument* ‖ **posaunen** ‖ **Posaunist** der, -en/-en: *Posaunenbläser* ‖ **Posaunistin** die, -/-innen

Pose die, -/-n ⟨lat.-fr.⟩: *[gekünstelte] Körperhaltung;* → posieren

Poseidon [-'ɛı-, D: -'aı-]: *griechischer Gott des Meeres*

Poseur [-'zø:ɐ] der, -s/-e ⟨lat.-fr.⟩ (abw., veraltet): *selbstgefälliger Wichtigtuer* ‖ **posieren:** für ein Foto p.; → Pose

Position [-tsi̯-] die, -/-en ⟨lat.⟩: *Standort, Lage* | eine feste P. *(eine sichere Anstellung)* haben | *Standpunkt* ‖ **positionieren:** *in die gewünschte Stellung bringen*

positiv [auch: -'i:f] ⟨lat.⟩: eine positive *(zustimmende)* Antwort | (Math.) positive Zahlen *(alle Zahlen über null)* | (Med.) positiver *(eine Krankheit feststellender)* Befund; → G.: negativ ‖ **Positiv**[1] der, -s/-e [-fɛ, -vɛ] (Gramm.): *Grundstufe, 1. Vergleichsform des Adjektivs* ‖ **Positiv**[2] das, -s/-e [-fɛ, -vɛ]: *Foto;* → G.: Negativ | *eine kleine [tragbare] Orgel* ‖ **Positivismus** [-v-] der, -: *philosophische Richtung, die nur das durch äußere Erfahrung Bewiesene gelten lässt* ‖ **positivistisch**

Positur die, -/-en ⟨lat.⟩: sich in P. werfen *(eine wirkungsvolle, beein-*

P

druckende Haltung einnehmen)
Posse die, -/-n: *Theaterstück von derber Komik* ‖ **Possen** der, -s/- (veraltend): jemandem einen P. *(Streich)* spielen ‖ **Possenreißer** der, -s/- (veraltend, abw.): *Spaßmacher* ‖ **Possenreißerin** die, -/-innen (veraltend, abw.)
Possessivpronomen ⟨lat.⟩ (Gramm.): *besitzanzeigendes, zuordnendes Fürwort, zB* dein
possierlich ⟨fr.⟩ (geh.): *drollig*
post- ⟨lat.⟩ (nur in Zusammensetzungen wie zB postoperativ)
Post die, - ⟨lat.-it.⟩: mit der P. schicken; keine P. bekommen; mit gleicher P. | *Postamt;* auf die P. gehen | elektronische P. *(E-Mail)* | jemandem P. *(Nachricht)* hinterlassen | *die österreichische Post AG, ein Dienstleister in der Postbeförderung* ‖ **postalisch:** p. *(auf dem Postweg)* versenden
Postament das, -[e]s/-e ⟨lat.⟩: *Sockel [für Statuen]*
Postamt ⟨lat.-it.⟩: aufs/zum P. gehen ‖ **Postanweisung:** *Geldüberweisung per Post* ‖ **Postarbeit** (ugs., veraltend): *dringende Arbeit, Terminarbeit* ‖ **Postautobus,** *auch:* Postbus: *ein Bundesbus* ‖ **Postbeamte** ‖ **Postbeamtin** ‖ **Postbus** → Postautobus ‖ **postdienstlich:** ein postdienstlicher Vermerk *(postlagernd ua.)* ‖ **Postdirektion** [-tsi̯-] ‖ **Posteingangsstelle** (Amtsspr.): *Einlaufstelle in Ämtern*
posten [ˈpəʊ-] ⟨engl.⟩: *im Internet eine Nachricht veröffentlichen*
Posten der, -s/- ⟨lat.-it.⟩: sich um einen P. *(eine Anstellung)* bewerben | der größte P. *(Teilbetrag)* einer Rechnung | *Stelle in Aufzählungen, Rechnungen; eine bestimmte Menge einer Ware* | *Polizeiposten* | *für einen bestimmten Zeitraum zugewiesene [Wach-]stelle;* vor der Botschaft P. beziehen ‖ **Postenkommandant** ‖ **Postenkommandantin** ‖ **Postenkommando** ‖ **Postenschacher** (abw.): *unkorrekte [parteipolitische] Vergabe von Stellen*
Poster [engl.: ˈpəʊ-] der = das, -s/-[s] ⟨engl.⟩: *plakatartiges Bild*
poste restante [ˈpɔst -ˈtɑ̃ːt] ⟨fr.⟩ (veraltet): *postlagernd (Vermerk zB auf Briefen)* ‖ **Postfach:** *gemietetes Schließfach im Postamt*
post festum ⟨lat.⟩: *im Nachhinein, zu spät*
Postgebühr: P. bar bezahlt (früher): *Aufdruck auf Postsendungen ohne Frankierung;* → P. b. b. ‖ **Postgeheimnis** ‖ **postgenehmigt:** ein postgenehmigter Anrufbeantworter
postglazial: *nacheiszeitlich;* → G.: präglazial ‖ **postgradual:** ein postgraduales *(nach Abschluss eines Universitätsstudiums folgendes)* Studium
Posthorn ⟨lat.-it.⟩: *ein altes Signalinstrument*
posthum = postum ⟨lat.⟩: das Buch ist p. *(nach dem Tod des Verfassers)* erschienen
postieren ⟨lat.⟩: *jemanden/etwas an einem bestimmten Ort aufstellen;* die Polizei postierte sich vor dem Parlament
Postille die, -/-n ⟨lat.⟩ (veraltet): *Erbauungs-, Predigtbuch* ‖ **Postillion** = **Postillon** [-li̯oːn] der, -s/-e ⟨lat.-it.-fr.⟩ (früher): *Postkutscher* ‖ **Postkarte** ‖ **Postkasten** ‖ **Postkastl** (ugs.) ‖ **Postkutsche** (früher) ‖ **postlagernd:** eine postlagernde *(auf dem Postamt abzuholende)* Sendung ‖ **Postleitzahl** (PLZ): *Kennzahl eines zustellenden Postamtes, zB 5020 Salzburg* ‖ **Postler** der, -s/- (ugs.): *Postbediensteter; Briefträger* ‖ **Postlerin** die, -/-innen (ugs.)
Pöstlingberg: *Hausberg von Linz*
Postludium das, -s/Postludien [-i̯ən] ⟨lat.⟩ (Mus.): *Nachspiel;* → Präludium ‖ **Postmoderne:** *eine Kunstströmung des 20. Jh.* ‖ **postmortal** (Med.): *nach dem Tod auftretend* ‖ **postnatal** (Med.): *kurz nach der Geburt auftretend* ‖ **postoperativ** (Med.): postoperative Therapie *(Therapie unmittelbar nach einer Operation)*
Postscript [-k-] das, -s (EDV) (Wz.): *spezielle Befehlssprache für Computerdrucker* ‖ **postscriptfähig**
Postsendung
Postskriptum das, -s/Postskripte [-skripta] (PS): *Nachschrift, Nachtrag in einem Brief*
Postsparbuch ‖ **Postsparkasse** (PSK) ‖ **Poststempel:** ein Brief mit P. von Montag ‖ **Posttarif**
Postulant der, -en/-en ⟨lat.⟩ (kath.): *Aufnahmebewerber eines Ordens* ‖ **Postulantin** die, -/-innen (kath.) ‖ **Postulat** das, -[e]s/-e: *grundsätzliche Forderung* | *Annahme;* ein P. aufstellen ‖ **postulieren:** *ein Postulat aufstellen*
postum = → posthum
Postweg ‖ **postwendend:** p. *(umgehend)* antworten ‖ **Postwertzeichen** (Amtsspr.): *Briefmarke bzw. aufgedruckter Wertstempel* ‖ **Postwurfsendung:** *[Werbe]zuschrift, die an jeden Haushalt geschickt wird*
potemkinsche Dorf [paˈtjɔm- -, auch: ˈpɔtem- -] = **Potemkin'sche Dorf** das, -n -[e]s (meist Pl.): *vorgetäuschte Leistung (nach einem russischen Fürsten)*
potent ⟨lat.⟩: *mächtig; leistungsfähig; vermögend, zahlungskräftig* | *erektions-, zeugungsfähig;* → G.: impotent ‖ **Potentat** der, -en/-en: *Herrscher, Machthaber* ‖ **Potentatin** die, -/-innen
Potential [-tsi̯-] = → Potenzial ‖ **potentiell** = → potenziell ‖ **Potenz** die, -/-en: *Macht, Bedeutung* | *Fähigkeit [zum Geschlechtsverkehr];* → G.: Impotenz | (Math.) *Produkt aus gleichen Faktoren*

Potenzial = Potential [-tsi̯-] das, -s/-e ⟨lat.⟩:
Gesamtheit aller Möglichkeiten; Leistungsfähigkeit | *Maß für die Stärke eines Kraftfeldes*

Für das Wort gibt es zwei Schreibweisen:
– Potenzial: die eingedeutschte Schreibung (nach *Potenz*)
– Potential: die fremdsprachige Schreibung
Ebenso: potenziell/potentiell

potenziell = potentiell [-i̯ɛl]: eine potenzielle *(mögliche)* Gefahr ‖ **potenzieren:** *steigern* ‖ **Potenzpille** (sal.): *potenzsteigernde Pille* ‖ **Potenzschwäche** ‖ **potenzsteigernd**
Potitze die, -/-n ⟨slowen.⟩ (K, St): *eine Mehlspeise*
Potpourri [-pu-] das, -s/-s ⟨fr.⟩: *Musikstück mit Melodien aus verschiedenen Werken* | *buntes Allerlei*
Pottasche: *aus Holzasche gewonnenes Kaliumkarbonat*
Potter → Harry Potter
Pottwal: *ein Zahnwal*
potz (nur in der Wendung): potz Blitz! *(ein Ausruf des Erstaunens)*
Poulard [puˈlaːr] das, -s/-s ⟨fr.⟩: *junges Masthuhn*
poussieren [pu-] ⟨fr.⟩ (veraltet): *flirten*
Pouvoir [puˈvo̯aːr] das, -s/-s ⟨fr.⟩ (geh.): *Handlungs-, Verhand-*

lungsvollmacht; → Plein Pouvoir
Po|wer ['paʊɐ] die, - (Art. selten) ⟨engl.⟩: *Kraft; Macht; Einfluss; Durchsetzungsvermögen* ‖ **Pow|er|frau** (sal.): *durchsetzungskräftige, energievolle Frau* ‖ **po|wern** (nördl. D, sal.): *sich voll einsetzen; Druck machen* ‖ **Po|wer|play** [-pleɪ] das, -[s]: *eine Angriffsvariante beim Eishockey*
po|widl (bes. ostöst., ugs.): das ist mir p. *(egal, wurst;* Frage *Wie?); aber:* → Powidl ‖ **Po|widl** der, -s/- ⟨tschech.⟩: *Zwetschkenmus, eine Zwetschkenmarmelade* ‖ **Po|widl|fül|le** ‖ **Po|widl|ko|lat|sche,** *auch:* Powidlgolatsche (W, N) ‖ **Po|widl|ta|scherl** (reg.) = **Po|widl|tatsch|kerl** (W, N): *eine Mehlspeise*
Poys|dorf: *Stadt in Niederösterreich*
pp: pianissimo
pp. = p. p. = ppa.: **per procura**
PP.: Patres; → Pater
p. p., ppa. → pp.
ppp: piano pianissimo *(dreifaches Piano)*
Pr: **Praseodym**
PR [pe 'ɛr, engl.: piː 'ɑː]: **Public Relations**
prä- ⟨lat.⟩ (nur in Zusammensetzungen wie zB prähistorisch)
Prä|am|bel die, -/-n ⟨lat.⟩: *formelle Einleitung [zu einem zwischenstaatlichen Vertrag]*
Prä|bichl der, -[s]: *ein Pass in der Steiermark*
Pracht die, -; in voller P. ‖ **Pracht|bau** ‖ **Pracht|ex|em|plar:** *Prachtstück;* ein P. von Kürbis ‖ **präch|tig** ‖ **Pracht|kerl** ‖ **Pracht|mä|del** ‖ **Pracht|stück** ‖ **pracht|voll**
pra|cken (reg., ugs.): *schlagen* ‖ **Pra|cker** der, -s/- (reg.): *[Teppich-]klopfer* | (reg., ugs.) *Schlag*
Prä|des|ti|na|ti|on [-tsi̯-] die, -: *göttliche Vorherbestimmung* | *besondere Eignung [für einen Beruf]* ‖ **Prä|des|ti|na|ti|ons|glau|be** = **Prä|des|ti|na|ti|ons|glau|ben** ‖ **prä|des|ti|nie|ren:** für etwas prädestiniert *(bes. geeignet, geschaffen)* sein ‖ **Prä|des|ti|nie|rung** die, -/-en
Prä|di|kat das, -[e]s/-e ⟨lat.⟩: *Auszeichnung;* ein Film mit dem P. wertvoll | (Gramm.) *Satzaussage* ‖ **prä|di|ka|ti|sie|ren:** *mit einer guten Bewertung auszeichnen* ‖ **prä|di|ka|tiv** (Gramm.): *zum Prädikat gehörend* ‖ **Prä|di|kats|teil** der, -[e]s/-e (Gramm.): *Prädikat samt den zu ihm gehörigen Satzgliedern* ‖ **Prä|di|kats|wein:** *Bezeichnung für einen Wein besonderer Qualität, zB Auslese, Eiswein*
prä|dis|po|nie|ren ‖ **Prä|dis|po|si|ti|on** [-tsi̯-] (Med.): *Anlage, Empfänglichkeit für eine bestimmte Krankheit*
Prä|fa|ti|on [-tsi̯-] die, -/-en ⟨lat.⟩ (kath.): *Dankgebet in der heiligen Messe*
Prä|fekt der, -en/-en ⟨lat.⟩: *ein hoher Beamter* | *Erzieher [in einem Internat]* ‖ **Prä|fek|tin** die, -/-innen
prä|fe|ren|ti|ell [-tsi̯-] = präferenziell ‖ **Prä|fe|renz** die, -/-en ⟨lat.⟩: *Vorzug, Vorrang, Bevorzugung* ‖ **prä|fe|ren|zi|ell** = präferentiell ‖ **prä|fe|rie|ren**
Prä|fix das, -es/-e ⟨lat.⟩ (Gramm.): *Vorsilbe;* → Suffix
prä|for|mie|ren: *im Vorhinein festlegen*
Prag (tschech.: Praha): *Hauptstadt der Tschechischen Republik*
präg|bar ‖ **Prä|ge|druck** der, -s ‖ **Prä|ge|ei|sen** ‖ **Prä|ge|form** ‖ **prä|gen:** Münzen p. | neue Wörter p. *(schöpfen)* | Erziehung prägt den Menschen *(hat Einfluss auf seine charakterliche Eigenart)* ‖ **Prä|ge|sie|gel:** *ins Papier eingeprägtes Siegel [einer Urkunde]* ‖ **Prä|ge|stem|pel**
prä|gla|zi|al: *voreiszeitlich;* → postglazial
Prag|ma|tik die, - ⟨gr.-lat.⟩: *Sachbezogenheit* | (Amtsspr.) *Dienstpragmatik* | (Sprachwiss.) *Lehre, die sich mit dem Verhältnis von sprachlichem Zeichen und dem Benutzer beschäftigt* ‖ **Prag|ma|ti|ker** der, -s/- ‖ **Prag|ma|ti|ke|rin** die, -/-innen ‖ **prag|ma|tisch:** *sachlich, der Praxis entsprechend; aber:* die **P**ragmatische Sanktion *(Haus- und Grundgesetz der Habsburger von 1713)* ‖ **prag|ma|ti|sie|ren** (Amtsspr.): *auf Dauer und unkündbar als Beamten anstellen* ‖ **Prag|ma|ti|sie|rung** die, -/-en (Amtsspr.) ‖ **Prag|ma|tis|mus** der, -: *eine praxisorientierte Grundhaltung* | *eine philosophische Schule*
prä|gnant ⟨lat.-fr.⟩: ein prägnanter *(knapper und treffender)* Ausdruck ‖ **Prä|gnanz** die, -
Prä|gung die, -/-en
prä|his|to|risch: *urgeschichtlich*
prah|len: *großtun* ‖ **Prah|ler** der, -s/- ‖ **Prah|le|rei** die, -/-en ‖ **Prah|le|rin** die, -/-innen ‖ **Prahl|hans** der, -es/-hänse: *Prahler*
Prä|ju|diz das, -es/-e (Präjudizien [-i̯ɛn]) ⟨lat.⟩: *Vorwegnahme einer Entscheidung; eine für spätere Fälle maßgebende [richterliche] Entscheidung* ‖ **prä|ju|di|zie|ren:** eine Entscheidung p.
prä|ko|lum|bisch: *amerikanische Kulturen vor dem 16. Jh. betreffend*
Prak|tik die, -/-en ⟨gr.-lat.⟩: *Art der Handhabung* | (abw.) üble Praktiken *(Machenschaften)* ‖ **prak|ti|ka|bel:** praktikable *(gut brauchbare)* Vorschläge; → G.: impraktikabel ‖ **Prak|ti|ka|bi|li|tät** die, - ‖ **Prak|ti|kant** der, -en/-en: *in praktischer Ausbildung Stehender* ‖ **Prak|ti|kan|tin** die, -/-innen ‖ **Prak|ti|ker** der, -s/-: *jemand, der in der Berufspraxis tätig ist* | *praktischer Arzt* ‖ **Prak|ti|ke|rin** die, -/-innen ‖ **Prak|ti|kum** das, -s/Praktika: *[Universitäts]lehrgang zur praktischen Anwendung des Erlernten* ‖ **prak|tisch:** ein praktisches *(nützliches)* Gerät | eine praktische *(nicht spezialisierte)* Ärztin *(für Allgemeinmedizin)* | sie kann p. *(so gut wie)* alles ‖ **prak|ti|zie|ren:** *in einer [Arzt]praxis tätig sein; in der Praxis tätig sein* | eine Vorschrift p. *(in der Praxis anwenden)*
Prä|lat der, -en/-en ⟨lat.⟩: *ein höherer katholischer Geistlicher*
Prä|li|mi|na|ri|en die (Pl.) ⟨lat.⟩: *[diplomatische] Vorbereitungen, Vorverhandlungen* ‖ **prä|li|mi|nie|ren** (Amtsspr.): *vorsehen, vorläufig festlegen*
Pra|li|ne die, -/-n ⟨fr.⟩ (D): *Praliné* ‖ **Pra|li|né** = **Pra|li|nee** das, -s/-s: *ein Bonbon, ein Konfekt*
prall: ein praller *(voller, dicker)* Bauch; → prall füllen = prallfüllen | in der prallen Sonne liegen ‖ **pral|len:** der Ball prallte gegen die Wand ‖ **prall fül|len** = **prall|fül|len:** den Rucksack p. *(bis zum Bersten)* füllen ‖ **prall|voll**
prä|lu|die|ren ⟨lat.⟩ (Mus.): *frei gestaltend, improvisierend spielen* ‖ **Prä|lu|di|um** das, -s/Präludien [-i̯ɛn] (Mus.): *Vorspiel;* → Postludium
Prä|mie [-i̯ɛ] die, -/-n ⟨lat.⟩: *Belohnung, Preis* | *Versicherungsgebühr* ‖ **prä|mi|en|be|güns|tigt** ‖ **prä|mi|en|spa|ren** (nur Inf. und Part.): *nach einem Prämiensparsystem sparen;* sie hat prämiengespart ‖ **prä|mie|ren** = prämiieren: ein prämierter *(preisgekrön-*

P

ter) Film ‖ **Prä|mie|rung** = Prämiierung die, -/-en: *Preiszuerkennung* ‖ **prä|mi|ie|ren** = → prämieren ‖ **Prä|mi|ie|rung** = → Prämierung

Prä|mis|se die, -/-n ⟨lat.⟩: *Voraussetzung [einer logischen Schlussfolgerung]*

Prä|mons|tra|ten|ser der, -s/- ⟨lat.⟩: *Angehöriger eines geistlichen Ordens (nach einem französischen Kloster)*

prä|mor|tal ⟨lat.⟩: *vor dem Tod;* → postmortal

prä|na|tal ⟨lat.⟩: *vor der Geburt;* → postnatal

pran|gen (geh.): die Sternlein p. *(leuchten in voller Schönheit)* am Himmel

Pran|gen|tag → Prangtag

Pran|ger der, -s/- (früher): *Schandpfahl* | jemanden an den P. stellen *(jemanden der Schande preisgeben)*

Pran|ger|schüt|zen die (Pl.) (reg., bes. S): *Schützen [zu Fronleichnam];* → Schütze[1] ‖ **Pran|ger|stan|ge** = **Prang|stan|ge** (S): *mit Blumengirlanden umwickelte lange Prozessionsstange* ‖ **Prang|tag,** *auch:* Prangentag (reg., bes. S, St): *Fronleichnamstag*

Pran|ke die, -/-n: *Tatze großer Raubtiere*

prä|ope|ra|tiv (Med.): *vor der Operation;* → postoperativ

Prä|pa|rat das, -[e]s/-e ⟨lat.⟩: ein naturgeschichtliches P. *(ein präpariertes Tier oÄ)* | ein pharmazeutisches P. *(ein Medikament)* ‖ **Prä|pa|ra|ti|on** [-tsi̯-] die, -/-en: *das Herstellen von Präparaten* | *Vorbereitung* ‖ **Prä|pa|ra|tor** der, -s/-en [-ˈoː-] ‖ **Prä|pa|ra|to|rin** die, -/-innen ‖ **prä|pa|rie|ren:** *vorbereiten* | *Körper- oder Pflanzenteile haltbar machen;* einen Igel p. *(ausstopfen)*

Prä|po|si|ti|on [-tsi̯-] die, -/-en ⟨lat.⟩ (Gramm.): *Vorwort* ‖ **Prä|po|si|ti|o|nal|ob|jekt** [-tsi̯-] (Gramm.): *Präpositionalergänzung, Vorwortergänzung*

prä|po|tent ⟨lat.⟩: ein präpotentes *(überhebliches, unverschämtes)* Auftreten ‖ **Prä|po|tenz** die, -

Prä|rie die, -/-n: *Grassteppe in Nordamerika*

Prä|ro|ga|ti|ve [-fɛ, -vɛ] die, -/-n ⟨lat.⟩: *Vorrecht, zB das Begnadigungsrecht des Bundespräsidenten*

Prä|sens das, -/Präsentia [-tsi̯a] [Präsentien] [-i̯ən] ⟨lat.⟩ (Gramm.): *eine Zeitform des Verbs, Gegenwart*

prä|sent ⟨lat.⟩ (geh.): *anwesend, gegenwärtig* ‖ **Prä|sent** das, -[e]s/-e (geh.): *Geschenk* ‖ **prä|sen|ta|bel** (geh.): ein präsentabler *(zum Vorbringen geeigneter)* Vorschlag ‖ **Prä|sen|ta|ti|on** [-tsi̯-] die, -/-en: die P. *(Vorstellung)* eines neuen Buches ‖ **Prä|sen|ta|tor** der, -s/-en [-ˈoː-] ‖ **Prä|sen|ta|to|rin** die, -/-innen ‖ **prä|sen|tie|ren:** *vorzeigen* | das Gewehr p. *(eine militärische Ehrenbezeigung erweisen)* ‖ **Prä|sen|tier|tel|ler:** etwas auf dem P. bringen *(bereitwillig und auffällig darbringen)* ‖ **Prä|sen|tie|rung** die, -/-en ‖ **Prä|senz** die, -: *Anwesenheit; Geistesgegenwart;* → G.: Absenz ‖ **Prä|senz|bi|bli|o|thek** ‖ **Prä|senz|die|ner** (Mil.): *Grundwehrdiener* ‖ **Prä|senz|dienst:** *Wehrdienstleistung in Erfüllung der allgemeinen Wehrpflicht, Grundwehrdienst;* ordentlicher P.; außerordentlicher Präsenzdienst *(Einberufung im Einsatzfall)* ‖ **Prä|senz|lis|te:** *Anwesenheitsliste* ‖ **Prä|senz|stär|ke:** *gegenwärtige Stärke [eines Bataillons]*

Pra|seo|dym [-ˈyːm] das, -s ⟨gr.⟩ (Zeichen: Pr): *ein chemisches Element*

Prä|ser|va|tiv [-v-] das, -s/-e [-fɛ, -vɛ] ⟨lat.⟩: *Kondom*

Prä|ses[1] der, -/Präsides [*auch:* Präsiden] ⟨lat.⟩: *Vorstand* ‖ **Prä|ses**[2] die, -/Präsides [*auch:* Präsiden]: *Vorsteherin*

> **Prä|si|dent** der, -en/-en ⟨lat.-fr.⟩: *Staatsoberhaupt;* der P. der USA | *Vorsitzender;* der P. des Fußballvereins
>
> **Deklination:**
> – die Stimme des Präsidenten
> – mit dem Präsidenten (*nicht:* Präsident)
> – ohne den Präsidenten (*nicht:* Präsident)
> – Herrn Präsident[en] Heinz Weber

Prä|si|den|tin die, -/-innen ‖ **Prä|si|dent|schaft** die, -/-en ‖ **Prä|si|dent|schafts|kan|di|dat** ‖ **Prä|si|dent|schafts|kan|di|da|tin** ‖ **Prä|si|dent|schafts|kanz|lei** die, -: *Amtssitz des Bundespräsidenten (in der Wiener Hofburg)* ‖ **Prä|si|di|a|le** die, -[n]/-n (Pol.): die P. *(die drei Präsidenten)* des Nationalrats | *Beratung der drei Präsidenten* ‖ **Prä|si|di|al|kon|fe|renz:** *Beratung der Präsidiale* ‖ **prä|si|di|e|ren:** *den Vorsitz führen* ‖ **Prä|si|di|um** das, -s/Präsidien [-i̯ən]: *Vorsitz, Leitung*

prä|skrip|tiv ⟨lat.⟩: *Vorschriften machend, vorschreibend;* → deskriptiv

pras|seln: der Regen prasselt ans Fenster | prasselndes Feuer

pras|sen, du prasst: *schwelgen, verschwenderisch leben* ‖ **Pras|ser** der, -s/- ‖ **Pras|se|rei** die, -/-en ‖ **Pras|se|rin** die, -/-innen

prä|sump|tiv ⟨lat.⟩ (geh.): *präsumtiv* ‖ **prä|sum|tiv** (geh.) (Phil., Jus): *vorauszusetzend; als wahrscheinlich angenommen*

Prä|ten|dent der, -en/-en ⟨lat.-fr.⟩: *jemand, der Ansprüche auf ein hohes Amt erhebt* ‖ **Prä|ten|den|tin** die, -/-innen ‖ **prä|ten|ti|ös** [-tsi̯-] (geh.): *von sich eingenommen, anspruchsvoll*

Pra|ter der, -s: *große Parklandschaft in Wien mit Vergnügungsgelände*

Prä|te|ri|tum das, -s/Präterita ⟨lat.⟩ (Gramm.): *eine Zeitform des Verbs, 1. Vergangenheit*

Prat|ze die, -/-n: *Tatze, Pfote* | *große Hand* ‖ **Pratzl** das, -s/-n (mda.): *Pratze* | (Küchenspr.) *eine Rindfleischsorte*

Prä|ven|ti|on [-v-tsi̯-] die, -/-en ⟨lat.⟩ ‖ **prä|ven|tiv:** *vorbeugend, verhütend* ‖ **Prä|ven|tiv|be|hand|lung** (Med.) ‖ **Prä|ven|tiv|krieg** (Mil.): *einem [vermuteten] feindlichen Angriff zuvorkommender Krieg* ‖ **Prä|ven|tiv|maß|nah|me** ‖ **Prä|ven|tiv|me|di|zin** (Med.)

Pra|xis die, - ⟨gr.-lat.⟩: das ergibt sich aus der P. *(aus der Erfahrung);* → G.: Theorie | (mit Pl. Praxen) *ärztliche Ordination* ‖ **pra|xis|be|zo|gen** ‖ **Pra|xis|nä|he** ‖ **Pra|xis|taug|lich|keit**

Prä|ze|denz|fall ⟨lat.⟩: *beispielgebender Musterfall*

prä|zis = **prä|zi|se** ⟨lat.-fr.⟩: eine präzise Auskunft; p. *(genau)* arbeiten ‖ **prä|zi|sie|ren:** *genau[er] angeben, bestimmen* ‖ **Prä|zi|si|on** die, -: *Genauigkeit* ‖ **Prä|zi|si|ons|ar|beit**

pre|di|gen: der Pfarrer predigt jeden Sonntag | (ugs.) *ermahnen; auffordern; ins Gewissen reden* ‖ **Pre|di|ger** der, -s/- ‖ **Pre|di|ge|rin** die, -/-innen ‖ **Pre|digt** die, -/-en

pre|fe|ran|zen, du preferanzt ⟨lat.-fr.⟩ (ugs.): *Preference spielen* ‖

P

Pre|fe|ren|ce [-ˈrɑ̃ːs] die, -/-n: *ein Kartenspiel*
Pre|ler der, -s/- (OstT): *Obstschnaps*
Preis der, -es/-e: etwas um jeden P. *(unbedingt)* haben wollen | einen P. gewinnen ‖ **Preis|ab|spra|che:** *Vereinbarung über den Preis zwischen Händlern oder Produzenten* ‖ **Preis|an|ga|be** ‖ **Preis|auf|ga|be:** *Aufgabe, deren Lösung einen Preis einbringt* ‖ **Preis|aus|schrei|ben** ‖ **Preis|aus|zeich|nung:** die P. *(Preisangabe)* auf Lebensmitteln ‖ **preis|be|wusst:** p. *(auf die Preise achtend)* einkaufen ‖ **Preis|bin|dung:** *Vorschreibung von Verkaufspreisen*
Prei|sel|bee|re ‖ **Prei|sel|beer|kom|pott**
Preis|emp|feh|lung
prei|sen, du preist/pries/gepriesen (geh.): sich glücklich p.; er preist *(lobt)* ihre Großzügigkeit
Preis|ent|wick|lung ‖ **Preis|fra|ge**
Preis|ga|be die, - (geh.) ‖ **preis|ge|ben** (geh.): ich habe das Geheimnis nicht preisgegeben *(habe es nicht verraten)*
preis|ge|bun|den ‖ **preis|ge|krönt** ‖ **Preis|geld:** *als Preis ausgesetzter Geldbetrag* ‖ **preis|ge|re|gelt** ‖ **preis|güns|tig** ‖ **Preis|jas|sen** (V): *ein Kartenspiel-Wettbewerb* ‖ **Preis|kal|ku|la|ti|on** [-tsi̯-] ‖ **preis|ke|geln** (nur Inf. und Part.) ‖ **Preis|ke|geln:** *ein Wettbewerb* ‖ **Preis|klas|se:** *Preislage* ‖ **Preis|la|ge:** ein Hotel in mittlerer P. ‖ **Preis-Leis|tungs-Ver|hält|nis** ‖ **preis|lich:** *die Preise betreffend;* p. attraktiv ‖ **Preis|lis|te** ‖ **Preis-Lohn-Spi|ra|le** → Lohn-Preis-Spirale ‖ **Preis|min|de|rung** ‖ **Preis|nach|lass** ‖ **Preis|ni|veau** [-voː] ‖ **Preis|rät|sel** ‖ **Preis|re|ge|lung:** amtliche P. ‖ **Preis|rich|ter:** *Juror* ‖ **Preis|rich|te|rin** ‖ **Preis|rutsch** ‖ **preis|schie|ßen** (nur Inf. und Part.) ‖ **Preis|schie|ßen:** *ein Wettbewerb* ‖ **preis|schnap|sen** (nur Inf. und Part.) ‖ **Preis|schnap|sen:** *ein Wettbewerb* ‖ **Preis|sen|kung** ‖ **preis|sta|bil** [-ʃt-, auch: -st-] ‖ **Preis|sta|bi|li|tät** ‖ **Preis|stei|ge|rung** ‖ **Preis|stopp:** *Verbot einer Preiserhöhung* ‖ **Preis|sturz:** *plötzliche Preissenkung* ‖ **Preis|trä|ger:** *Sieger in einem Wettbewerb oder Preisausschreiben* ‖ **Preis|trä|ge|rin** ‖ **preis|trei|bend** ‖ **Preis|trei|be|rei** die, -/-en (abw.): *ungerechtfertigtes Erhöhen bzw. künstliches Hinaufsetzen von Preisen*
Prei|sung die, -/-en (geh., veraltet): *Lobpreis, -rede*
preis|ver|däch|tig ‖ **Preis|ver|fall** ‖ **Preis|ver|gleich** ‖ **Preis|ver|lei|hung** ‖ **preis|wert** ‖ **preis|wür|dig:** ihre Arbeit wurde als p. *(ausgezeichnet, anerkennenswert)* empfunden | *preiswert* ‖ **Preis|zu|ckerl:** *günstiges Angebot*
pre|kär ⟨lat.-fr.⟩: in einer prekären *(schwierigen, heiklen)* Lage ‖ **Pre|ka|ri|um** das, -s/Prekaria ⟨lat.⟩ (Jus): *Bittleihe; Nutzungsüberlassung gegen jederzeitigen Widerruf*
Prell|bock: *Vorrichtung zum Aufhalten der Waggons am Ende eines Gleises* ‖ **prel|len:** bei einem Geschäft geprellt *(getäuscht, betrogen)* werden | sich die Hand p. *(durch Erschütterung verletzen)* ‖ **Prell|stein:** *Stein, der [bei Hauseinfahrten] die Mauerkante vor Rädern schützt* ‖ **Prel|lung** die, -/-en
Pre|mi|er [-ˈmi̯eː] der, -s/-s ⟨fr.⟩: *Kurzwort für Premierminister* ‖ **Pre|mi|e|re** [-ˈmi̯eːə, -rɛ] die, -/-n: *erste Aufführung eines Films, eines neu inszenierten Theaterstückes, einer Oper u. dgl.* ‖ **Pre|mi|e|ren|pu|bli|kum** ‖ **Pre|mi|er|mi|nis|ter** [-ˈmi̯eːm-]: *Ministerpräsident* ‖ **Pre|mi|er|mi|nis|te|rin**
Pres|by|ter [-by-] der, -s/- ⟨gr.-lat.⟩: *Mitglied des Presbyteriums* ‖ **pres|by|te|ri|al:** *das Presbyterium betreffend* ‖ **Pres|by|te|rin** die, -/-innen ‖ **Pres|by|te|ri|um** das, -s/Presbyerien [-i̯ɛn]: *Altarraum in Kirchen | gewählter Vorstand der Kirchengemeinde in der evangelischen Kirche | Priesterkollegium in der katholischen Kirche*
pre|schen, du presch[s]t: *wild rennen, jagen*
pres|sant ⟨lat.-fr.⟩: *eilig, dringend;* → pressieren
Press|burg: *deutscher Name von Bratislava*
Pres|se die, -/-n: *Maschine zum Pressen [von Obst] | Druckerpresse* | (ohne Pl.) in der P. *(in den Zeitungen, Zeitschriften)* veröffentlichen ‖ **Pres|se|agen|tur:** *Nachrichtenagentur* ‖ **Pres|se|aus|sen|dung:** *Mitteilung an die Presse* ‖ **Pres|se|be|richt** ‖ **Pres|se|fo|to|graf** = Pressephotograph [-f-f] ‖ **Pres|se|fo|to|gra|fin** = Pressephotographin ‖ **Pres|se|frei|heit** die, -: *Freiheit der Meinungsäußerung in allen Medien* ‖ **Pres|se|kam|pa|gne** [-kam,panjɛ, -kɑ̃,panʲ]: *größere [Werbe]aktion in der Presse* ‖ **Pres|se|kon|fe|renz:** *Stellungnahme [von Politikern] vor Journalisten* ‖ **Pres|se|mel|dung** ‖ **pres|sen,** du presst: Weintrauben p. | sich in kein Schema p. lassen *(keinem gängigen Muster entsprechen wollen)* ‖ **Pres|se|pho|to|graph** [-f-f] → Pressefotograf ‖ **Pres|se|pho|to|gra|phin** → Pressefotografin ‖ **Pres|se|re|fe|rent:** *für Öffentlichkeitsarbeit zuständige Person* ‖ **Pres|se|re|fe|ren|tin** ‖ **Pres|se|spre|cher:** *jemand, der [für eine Firma, eine/n Politiker/in] Informationen an die Presse weitergibt* ‖ **Pres|se|spre|che|rin** ‖ **Pres|se|stim|me** (meist Pl.): *Stellungnahme in der Presse* ‖ **Press|glas** ‖ **pres|sie|ren:** *dringend sein;* es pressiert [mir]; → pressant ‖ **Pres|si|on** die, -/-en: *Druck, Zwang* ‖ **Press|knö|del** (S): *Speise aus Erdäpfeln und Käse* ‖ **Press|kopf** der, -[e]s: *eine Wurstart* ‖ **Press|luft** die, - (veraltend): *Druckluft* ‖ **Press|luft|boh|rer** ‖ **Press|schin|ken:** *aus Fleischstücken gepresster Schinken* ‖ **Press|span** der, -[e]s: *harte, glänzende Pappe*
Pres|sure|group [ˈprɛʃəgruːp] die, -/-s ⟨engl.⟩: *Interessengruppe, die [politischen] Druck ausübt*
Press|wurst: *Presskopf*
Pres|ti|ge [-ˈiːʃ] das, -s ⟨fr.⟩: *Ansehen, Geltung* ‖ **Pres|ti|ge|den|ken** ‖ **Pres|ti|ge|fra|ge:** *eine Sache des Ansehens* ‖ **Pres|ti|ge|ver|lust**
pres|tis|si|mo ⟨it.⟩ (Mus.): *sehr schnell* ‖ **pres|to** (Mus.): *schnell*
Prêt-à-por|ter [prɛtapɔrˈteː] das, -s/-s ⟨fr.⟩: *Designerkleid für die Konfektion*
pre|ti|ös [-tsi̯-] = → preziös ‖ **Pre|ti|o|sen** = → Preziosen
Preu|ße der, -n/-n (früher): *Bewohner Preußens | auch:* Preuß (abw.) *Norddeutscher* ‖ **Preu|ßen** (früher): *ein Staat in Deutschland* ‖ **Preu|ßin** die, -/-innen ‖ **preu|ßisch**
Pre|view [ˈpriːvjuː] die, -/-s ⟨engl.⟩: *Vorschau; Vorpremiere*
pre|zi|ös = pretiös [-tsi̯-] ⟨lat.-fr.⟩ (geh.): sich p. *(geziert)* ausdrücken ‖ **Pre|zi|o|sen** = Pretiosen die (Pl.): *Juwelen, kostbarer Schmuck*
pri|cke|lig → pricklig ‖ **pri|ckeln:** prickelndes Sodawasser | es pri-

P

ckelt *(reizt)* mich; es prickelt mir/mich in den Fingern ‖ **prick|lig,** *auch:* prickelig

Priem der, -[e]s/-e: *Kautabak* ‖ **prie|men:** *Tabak kauen*

pries → preisen

Pries|ter der, -s/-: *geistlich-religiöser Würdenträger* | *katholischer Geistlicher, der die Priesterweihe empfangen hat* ‖ **Pries|ter|amt** ‖ **Pries|te|rin** die, -/-innen ‖ **Pries|ter|nach|wuchs** [-ks] ‖ **Pries|ter|schaft** die, - ‖ **Pries|ter|se|mi|nar** (kath.): *Ausbildungsstätte für Priester* ‖ **Pries|ter|tum** das, -s ‖ **Pries|ter|wei|he**

Prim die, -/-en = Prime, -/-n ⟨lat./it.⟩ (Mus.): *1. Tonstufe, Einklang; Zusammenklang oder Aufeinanderfolge zweier gleich hoher Töne* ‖ **Prim.: Primar**[ius], Primaria ‖ **pri|ma:** *erstklassig, vorzüglich;* eine p. Ware ‖ **Pri|ma|bal|le|ri|na** ⟨it.⟩: *erste Tänzerin eines Balletts* ‖ **Pri|ma|don|na** die, -/Primadonnen: *erste Sängerin an einer Oper; berühmte Sängerin* ‖ **Pri|mar** der, -s/-e: *Primarius* ‖ **pri|mär** ⟨lat.-fr.⟩: *ursprünglich, an erster Stelle* ‖ **Pri|mar|arzt:** *Primarius* ‖ **Pri|mar|ärz|tin:** *Primaria* ‖ **Pri|mär|ener|gie:** *Energie von natürlichen Energieträgern, zB Erdgas* ‖ **Pri|ma|ria** die, -/Primariae [-iɛ] (Prim.): *Ärztin, die ein Krankenhaus bzw. eine Krankenhausabteilung leitet* ‖ **Pri|ma|ri|us** der, -/Primarien [-iɛn] [Primarii] [-i.i] (Prim.): *männl. Form zu Primaria* | (Mus.) *Primgeiger* ‖ **Pri|mär|li|te|ra|tur** die, -: *Werke [eines Schriftstellers, Philosophen] als Gegenstand wissenschaftlicher Untersuchung;* → G.: Sekundärliteratur ‖ **Pri|mar|stu|fe** (D) (Bildw.): *1. bis 4. Schulstufe, Grundschule;* → Sekundarstufe ‖ **Pri|mas** der, -/Primasse: *Ehrentitel bestimmter Erzbischöfe* | (mit Aussprache [-maʃ]) *leitender Geiger einer Zigeunerkapelle* ‖ **Pri|mas Ger|ma|ni|ae** [-s -iɛ] ⟨lat.⟩: *Titel des Salzburger Erzbischofs* ‖ **Pri|mat**[1] der = das, -[e]s/-e: *Vorrang, Vormacht* | (kath.) *oberstes Kirchenamt des Papstes* ‖ **Pri|mat**[2] der, -en/-en = **Pri|ma|te,** -n/-n (meist Pl.): *Angehöriger der höchstentwickelten Ordnung der Säuger, Halbaffe, Affe und Mensch* ‖ **pri|ma vis|ta** [- v-] ⟨it.⟩ (wörtl.: auf den ersten Blick) ‖ **Pri|me** = → Prim ‖ **Pri|mel** die, -/-n ⟨lat.⟩: *eine Frühlingsblume* ‖ **Prime Time** ['praım taım] = **Prime|time** die, -/-s ⟨engl.⟩: *die beste Sendezeit beim Fernsehen, Hauptabendsendezeit* ‖ **Prim|gei|ger** (Mus.): *erster Geiger [eines Streichquartetts]* ‖ **pri|mi|tiv** ⟨lat.⟩: *auf niedriger Entwicklungsstufe stehend* | *sehr einfach* ‖ **Pri|mi|ti|vi|tät** [-v-] die, -/-en ‖ **Pri|miz** die, -/-en: *erste heilige Messe, die ein neu geweihter katholischer Priester feiert* ‖ **Pri|mi|zi|ant** der, -en/-en: *neu geweihter katholischer Priester* ‖ **Pri|mus** der, -/Primusse (veraltet): *der Klassenbeste* ‖ **Pri|mus in|ter Pa|res** der, - - -: *der Erste unter gleichrangigen Personen* ‖ **Prim|zahl** (Math.): *nur durch 1 und durch sich selbst teilbare natürliche Zahl größer als 1*

Prin|ter der, -s/- ⟨engl.⟩ (EDV): *Drucker* ‖ **Print|me|di|um** (meist Pl.): *[Massen]medium in gedruckter Form, zB Zeitung, Buch*

Prinz der, -en/-en: *Mitglied eines Herrscherhauses;* P. von Wales [- - weılz] *(Titel des britischen Thronfolgers)* ‖ **Prin|zen|paar:** *[Faschings]prinz und -prinzessin* ‖ **Prin|zes|sin** die, -/-innen ‖ **Prinz|ge|mahl:** *Ehemann einer regierenden Monarchin*

Prin|zip das, -s/-ien [-iɛn] [-e] ⟨lat.⟩: nicht von seinen/ihren Prinzipien *(Grundsätzen)* abgehen; im P. *(grundsätzlich)* einverstanden sein ‖ **Prin|zi|pal**[1] das *(auch:* der), -s/-e (Mus.): *Hauptregister der Orgel* ‖ **Prin|zi|pal**[2] der, -s/-e (veraltet): *Leiter eines Theaters* | *Lehrherr* ‖ **Prin|zi|pa|lin** die, -/-innen (veraltet) ‖ **Prin|zi|pat** das *(auch:* der), -[e]s/-e: *erste Phase des römischen Kaisertums unter Augustus und Nachfolgern* ‖ **prin|zi|pi|ell:** eine prinzipielle *(grundsätzliche)* Frage ‖ **prin|zi|pi|en|fest** ‖ **Prin|zi|pi|en|fra|ge** ‖ **prin|zi|pi|en|los** ‖ **prin|zi|pi|en|treu** ‖ **Prin|zi|pi|en|treue**

Prinz|re|gent: *Mitglied der Herrscherfamilie als Stellvertreter des regierenden Fürsten*

Pri|or der, -s/-en [-'oː-] ⟨lat.⟩: *Vorsteher eines Mönchsklosters* ‖ **Pri|o|rat** das, -[e]s/-e ‖ **Pri|o|rin** die, -/-innen: *Vorsteherin eines Nonnenklosters* ‖ **pri|o|ri|taire** [-i'tɛːr] ⟨lat.-fr.⟩ → Priority ‖ **pri|o|ri|tär:** *vorrangig* ‖ **Pri|o|ri|tät** die, -/-en: *Vorrang, Vorzug* ‖ **Pri|o|ri|ty** [praı'ɒrıti] ⟨lat.-engl.⟩, *auch:* prioritaire [priɔri'tɛːr] ⟨lat.-fr.⟩ (Post): *Eilbeförderung;* → express

Pri|se die, -/-n ⟨fr.⟩: *kleine Menge;* eine P. Salz | (früher) *gekapertes Schiff und seine Ladung*

Prish|ti|na [-ʃt-] ⟨albanisch⟩ = **Priš|ti|na** [-ʃt-] ⟨serb.⟩: *Hauptstadt des Kosovo*

Pris|ma das, -s/Prismen ⟨gr.⟩: *ein geometrischer Körper* | (Optik) *Strahlenbrecher* ‖ **pris|ma|tisch** ‖ **pris|men|för|mig** ‖ **Pris|men|glas:** *ein Feldstecher*

Prit|sche die, -/-n: *Liegestatt aus Brettern* | *Ladefläche eines Lkws* | *ein Schlag- und Klappergerät*

prit|scheln, ich pritschle: *planschen, plätschern*

prit|schen (Sport): *den Ball [im Volleyball] mit den Fingern weiterbefördern*

Prit|schen|wa|gen

pri|vat [-v-] ⟨lat.⟩: *persönlich* | *außerdienstlich; nicht amtlich, nicht offiziell* | *nicht staatlich;* sich p. versichern; → privat versichert = privatversichert; → der privat Versicherte = Privatversicherte; an p. *(an einen privaten Kunden)* ‖ **Pri|vat|adres|se** ‖ **Pri|vat|an|kla|ge|de|likt** (Jus): *Delikt, das auf Grund einer Privatklage verfolgt wird;* → G.: Offizialdelikt ‖ **Pri|vat|au|di|enz** ‖ **Pri|vat|au|to|no|mie** (Jus): *Grundsatz, wonach der Einzelne seine Lebensverhältnisse im Rahmen der Gesetze selbst regeln kann* ‖ **Pri|vat|bahn** (meist Pl.) (Verk.): *nicht von den ÖBB betriebene Strecke des Eisenbahnnetzes* ‖ **Pri|vat|bank:** *Bank in Privatbesitz* ‖ **Pri|vat|be|sitz** ‖ **Pri|vat|be|tei|lig|te**[1] der, -n/-n, ein Privatbeteiligter: sich als [ein] Privatbeteiligter der Anklage anschließen ‖ **Pri|vat|be|tei|lig|te**[2] die, -n/-n ‖ **Pri|vat|de|tek|tiv** ‖ **Pri|vat|de|tek|ti|vin** [-iːf-, -iːv-] ‖ **Pri|vat|do|zent** (bes. CH, D): *habilitierter Universitätslehrer ohne eigenen Lehrstuhl* ‖ **Pri|vat|do|zen|tin** (bes. CH, D) ‖ **Pri|va|te**[1] der, -n/-n, ein Privater: *jemand, der ohne einen Beruf auszuüben nur von seinem Vermögen lebt* ‖ **Pri|va|te**[2] die, -n/-n ‖ **Pri|vat|ei|gen|tum** ‖ **Pri|vat|fern|se|hen** → G.: öffentlich-rechtliches Fernsehen ‖ **Pri|vat|ge|brauch** ‖ **Pri|vat|ge|lehr|te**[1] der, -n/-n (veraltend): *Forscher ohne wissenschaftliche Anstellung [an einer Universität]; freiberuflicher Forscher* ‖ **Pri|vat|ge-**

P

lehrte^2 die, -n/-n ‖ **Privatgespräch** ‖ **Privathaushalt** ‖ **privatim** (geh.): *vertraulich; unter vier Augen* ‖ **Privatinitiative** [-tsi̯-vɛ, -fɛ]: *das Tätigwerden aus eigenem Antrieb* ‖ **Privation** [-tsi̯-] die, -/-en (veraltet): *Beraubung* ‖ **privatisieren:** *als Private[r] leben* | (Wirt.) *[Staatsbesitz] in Privateigentum überführen* ‖ **Privatisierung** die, -/-en ‖ **Privatissimum** das, -s/Privatissima: *Vorlesung für einen ausgewählten Hörerkreis* ‖ **Privatist** der, -en/-en (veraltet): *Schüler, der privat unterrichtet wird und an der Schule nur die Prüfungen ablegt* ‖ **Privatistin** die, -/-innen (veraltet) ‖ **Privatklinik:** *ein Spital* ‖ **Privatkonkurs** (Jus): *Konkurs einer Privatperson* ‖ **Privatkonto** (Bankw.): *Konto für Privatkunden* ‖ **Privatkunde** der, -n/-n (reg. auch: die, -/-n) ‖ **Privatkundin** ‖ **Privatleben** ‖ **Privatpatient** [-tsi̯-] ‖ **Privatpatientin** ‖ **Privatpension:** *private Altersvorsorge* ‖ **Privatperson:** als P. *(nicht im Auftrag [einer Firma])* an der Feier teilnehmen ‖ **Privatquartier** ‖ **Privatradio** (Medienw.): *private Radioanstalt* ‖ **Privatrecht** (Jus): *Rechtsnormen zur Regelung der Rechtsbeziehungen der Bürger untereinander;* → Öffentlichkeitsrecht ‖ **Privatsache:** das ist meine P. *(meine persönliche Angelegenheit)* ‖ **Privatschule:** *Schule, deren Erhalter nicht Bund, Land oder Gemeinde, sondern zB eine Kirche oder ein Verein ist;* P. mit Öffentlichkeitsrecht ‖ **Privatsekretär** ‖ **Privatsekretärin** ‖ **Privatsphäre** [-sf-] ‖ **Privatuniversität** [-v-]: Katholisch-Theologische P. Linz ‖ **privat versichert** = **privatversichert:** p. versicherte Patientinnen ‖ **privat Versicherte** = **Privatversicherte** ‖ **Privatvorsorge:** *private [Pensions]vorsorge* ‖ **Privatwirtschaft** die, -: *in Privatbesitz befindliche Unternehmen* ‖ **Privatwirtschaftsverwaltung** (Jus): *nicht hoheitliche Tätigkeit des Staates, zB Kauf eines Hauses, Betreiben einer Bank;* → G.: Hoheitsverwaltung ‖ **Privatzimmer:** *private Unterkunft*

Privileg [-v-] das, -[e]s/-ien [-i̯ən] [-e] ⟨lat.⟩: *Sonder-, Vorrecht* ‖ **Privilegienabbau:** *Beseitigung unberechtigter Vorteile bestimmter Personen[gruppen]* ‖ **Privilegienritter** (abw.): *jemand, der Privilegien fördert und sie selbst beansprucht* ‖ **Privilegienritterin** (abw.) ‖ **privilegiert:** *bevorrechtet;* → unterprivilegiert

pro ⟨lat.⟩

Präposition mit Akkusativ:
- pro *(per)* Stück *(für jedes Stück)*
- pro anwesende Frau
- pro anwesenden Mitarbeiter
- pro Patienten/Studenten
- pro Automaten

Großschreibung bei Nominalisierung:
- das **Pro** und [das] Kontra *(das Für und [das] Wider)*

Vgl. auch → pro domo; → pro forma; → pro memoria; → per

pro anno ⟨lat.⟩, *auch:* per anno ⟨it.⟩ (p. a.): *jährlich*

Proband der, -en/-en ⟨lat.⟩: *jemand, der sich zu bewähren hat; Prüfling; Testperson* ‖ **Probandin** die, -/-innen ‖ **probat:** ein probates *(bewährtes)* Mittel ‖ **Probe** die, -/-n: jemanden auf die P. stellen *(jemanden prüfen);* P. fahren/singen; sie fuhr Probe/ist Probe gefahren | Proben ziehen *(Stichproben für Untersuchungen entnehmen)* | *Einüben, Vorbereiten einer [Theater]aufführung* ‖ **Probealarm** ‖ **Probebetrieb** ‖ **Probebohrung** ‖ **Probebühne** ‖ **Probeexemplar** ‖ **Probefahrt** ‖ **Probeführerschein** ‖ **Probegalopp** (ugs.): *Versuchsstadium, Probelauf* ‖ **probehalber** ‖ **Probejahr** (veraltet): *Unterrichtspraktikum* ‖ **Probelauf:** *erster Versuch* ‖ **Probelehrer** (veraltet): *Unterrichtspraktikant* ‖ **Probelehrerin** (veraltet) ‖ **proben:** ein Schauspiel p. ‖ **Probenentnahme:** eine P. zur Kontrolle ‖ **Probepackung:** *Muster* ‖ **Proberöhrchen:** *Glasröhre für die Arbeit im Labor, Reagenzglas* ‖ **probeweise** ‖ **Probezeit:** *begrenzte Zeitspanne am Beginn eines Arbeitsverhältnisses* ‖ **probieren:** ein Kleid p.; p. (= Probieren) geht über studieren (= Studieren) ‖ **Probierglas**

Problem das, -s/-e ⟨gr.-lat.⟩: *eine schwierige Frage/Aufgabe;* das ist für mich kein P. *(es fällt mir nicht schwer)* ‖ **Problematik** die, -/-en ‖ **problematisch:** *fragwürdig; zweifelhaft* | *schwierig* ‖ **problematisieren:** *zum Problem machen; als Problem erkennen* ‖ **Problembereich** ‖ **Problembewusstsein** ‖ **Problemfeld** ‖ **Problemkind** ‖ **Problemkreis** ‖ **problemlos** ‖ **Problemlösung** ‖ **Problemlösungsstrategie** [-st-, -ʃt-] ‖ **problemorientiert** ‖ **Problemregion** ‖ **Problemstellung** ‖ **Problemstoff** (meist Pl.) (Ökol.): *Sondermüll* ‖ **Problemstoffsammelstelle** ‖ **Problemzone** (sal.): *unattraktive Körperstelle, Fettpolster*

Pröbstling der, -s/-e (reg., zB St): *[Ananas]erdbeere*

Procedere [-ts-] = → Prozedere

Prodekan: *Vertreter des Dekans* ‖ **Prodekanin**

pro domo ⟨lat.⟩: *in eigener Sache, zum eigenen Nutzen* | *nur für den internen Kreis*

Producer [-ˈdjuːsə] der, -s/- ⟨engl.⟩: *Produzent* ‖ **Productplacement** [-dʌkt,pleɪs-] das, -s/-s (Werb.): *gezielte Produktwerbung; scheinbar zufälliges Auftreten einer Markenware [in einem Spielfilm]*

Produkt das, -[e]s/-e ⟨lat.⟩: *Erzeugnis;* landwirtschaftliche Produkte | (Math.) *Ergebnis einer Multiplikation* ‖ **Produktbeschreibung** ‖ **Produktbezeichnung** ‖ **Produktdeklaration** [-tsi̯-]: *Pflicht zur genauen Kennzeichnung [des Inhalts von Lebensmitteln]* ‖ **Produktgestaltung:** *Design* ‖ **Produkthaftung:** *Produkthaftpflicht* ‖ **Produktion** [-tsi̯-] die, -/-en: *Erzeugung, Herstellung* ‖ **Produktionskapazität** ‖ **Produktionskosten** die (Pl.) ‖ **Produktionsleistung** ‖ **Produktmanager** [-mænɪdʒə]: *jemand, der von der Entwicklung bis zum Verkauf ein Produkt betreut* ‖ **Produktmanagerin** ‖ **Produktionsmittel** (meist Pl.): *Grund und Boden, Fabriksanlagen, Kapital u. dgl.* ‖ **Produktionssteigerung** ‖ **produktiv:** *ergiebig, ertragreich; fruchtbar;* → G.: kontraproduktiv ‖ **Produktivität** [-v-] die, - ‖ **Produktpalette:** *Auswahl an Produkten* ‖ **Produzent** der, -en/-en: *Erzeuger* ‖ **Produzentin** die, -/-innen ‖ **produzieren:** *erzeugen* | (oft abw.) er produziert sich vor den Gästen *(gebärdet sich auffällig, tut sich hervor)*

P

Prof.: **Prof**essor[in]

pro|fan ⟨lat.⟩: *weltlich, nicht kirchlich | alltäglich, gewöhnlich* ‖ **Pro|fan|bau:** *nicht kirchliches Bauwerk;* → G.: Sakralbau ‖ **pro|fa|nie|ren:** *entweihen* ‖ **Pro|fa|ni|tät** die, -

Pro|fess die, -/-e[n] ⟨lat.⟩: *Ablegung der Ordensgelübde* ‖ **Pro|fes|si|on** die, -/-en ⟨lat.-fr.⟩: *Beruf; Gewerbe* ‖ **Pro|fes|si|o|nal** [-ʃənəl] der, -s/-s ⟨lat.-engl.⟩: *Berufssportler; Profi;* → G.: Amateur ‖ **Pro|fes|si|o|na|li|sie|rung** die, -/-en ‖ **Pro|fes|si|o|na|li|tät** die, - ‖ **pro|fes|si|o|nell** ⟨lat.-fr.⟩: *berufsmäßig* ‖ **Pro|fes|si|o|nist** der, -en/-en: *gelernter, befugter Handwerker; Facharbeiter* ‖ **Pro|fes|si|o|nis|tin** die, -/-innen ‖ **Pro|fes|sor** der, -s/-en [-'soː-] (Prof.) ⟨lat.⟩: *höchster akademischer Titel;* Universitätsprofessor | „Herr/Frau P.!“ *(übliche Anrede an Lehrer/innen höherer Schulen) | vom Bundespräsidenten verliehener Titel* ‖ **pro|fes|so|ral** (meist abw.): *würdevoll belehrend* ‖ **Pro|fes|so|ren|ku|rie** [-iɛ]: *Vertretung der Professoren an einer Universität* ‖ **Pro|fes|so|ren|ti|tel** → Professortitel ‖ **Pro|fes|so|rin** die, -/-innen (Prof.) ‖ **Pro|fes|sor|ti|tel,** *auch:* Professorentitel ‖ **Pro|fes|sur** die, -/-en: *Lehramt an einer Universität*

Pro|fi der, -s/-s ⟨lat.-engl.⟩: *Kurzwort für Professional* | (sal.) *Fachmann* ‖ **Pro|fi|bo|xer** ‖ **Pro|fi|bo|xe|rin**

Pro|fil das, -s/-e ⟨it.-fr.⟩: ein Gesicht im P. *(von der Seite)* fotografieren | eine Politikerin mit P. *(mit ausgeprägter Persönlichkeit)* | *Einkerbungen eines [Auto]reifens, einer Schuhsohle* ‖ **pro|fi|lie|ren** sich: *sich in einem bestimmten Bereich durch gute Leistungen einen Namen machen* ‖ **pro|fi|liert:** eine profilierte *(ausgeprägte)* Persönlichkeit ‖ **Pro|fi|lie|rung** die, -/-en ‖ **pro|fil|los** ‖ **Pro|fil|neu|ro|se** (Psych.): *Angst, zu wenig zu gelten* ‖ **Pro|fil|soh|le:** *eine Schuhsohle mit Profil* ‖ **Pro|fil|tie|fe**

Pro|fi|sport ⟨lat.-engl.⟩: *berufsmäßig ausgeübter Sport* ‖ **Pro|fi|sport|ler** → G.: Amateursportler ‖ **Pro|fi|sport|le|rin**

Pro|fit der, -[e]s/-e ⟨lat.-fr.-niederl.⟩: *Nutzen; Gewinn; Vorteil;* etwas wird P. bringen; → Profit bringend = profitbringend ‖ **pro|fi|ta|bel:** ein profitables *(Gewinn bringendes)* Geschäft ‖ **Pro|fit brin|gend = pro|fit|brin|gend:** P. bringende Handelsbeziehungen ‖ **Pro|fit|cen|ter** [-se-] ⟨engl.⟩ (Wirt.): *Unternehmensbereich, der sich auf wirtschaftlichen Erfolg konzentriert*

Pro|fi|te|role [-'ɔl] das (*auch:* der), -/-n [-s] [-'ɔl(s)] (meist Pl.) ⟨fr.⟩: *kleines [gefülltes] Brandteigkrapferl, Suppeneinlage*

Pro|fi|teur [-'tøːə] der, -s/-e ⟨lat.-fr.⟩ (abw.): *Nutznießer* ‖ **Pro|fi|teu|rin** die, -/-innen (abw.) ‖ **Pro|fit|gier** ‖ **pro|fi|tie|ren:** *Nutzen haben, Gewinn ziehen* ‖ **Pro|fit|stre|ben** das, -s (abw.)

Pro|form ⟨lat.⟩ (Gramm.): *Wort (meist Pronomen), das an Stelle eines anderen Wortes eingesetzt wird;* → Ersatzform ‖ **pro for|ma:** etwas p. f. *(zum Schein, der Form halber)* tun

Pro|fos = Pro|foss der, -es/-en ⟨lat.-fr.⟩ (früher): *[Scharf]richter beim Militär; Verwalter der Militärgerichtsbarkeit*

pro|fund ⟨lat.-fr.⟩ (geh.): profunde *(gründliche)* Kenntnisse ‖ **Pro|fun|di|tät** die, -

Pro|gno|se die, -/-n ⟨gr.-lat.⟩: *[fundierte] Vorhersage [des Wetters, eines Krankheitsverlaufs]* ‖ **Pro|gnos|tik** die, -/-en ‖ **pro|gnos|tisch** ‖ **pro|gnos|ti|zie|ren**

Pro|gramm das, -s/-e ⟨gr.-lat.⟩: *Gesamtheit der Sendungen, Aufführungen [einer Fernsehanstalt, eines Theaters];* ein Theaterstück aus dem P. nehmen; *vorgesehener Ablauf einer Veranstaltung | Kurzwort für Programmheft | Grundsätze [einer Partei, eines Verlages]* | (EDV) *Summe der Anweisungen an einen Computer, die eine bestimmte Anwendung ermöglicht* ‖ **Pro|gramm|än|de|rung** ‖ **Pro|gramm|an|ge|bot** ‖ **Pro|gram|ma|tik** die, -/-en: *Zielvorstellung* ‖ **pro|gram|ma|tisch:** *richtungsweisend, grundsätzlich, zielgerichtet* ‖ **Pro|gramm|di|rek|tor** ‖ **Pro|gramm|di|rek|to|rin** ‖ **pro|gramm|ge|mäß** ‖ **pro|gramm|ge|steu|ert:** *mit programmierter, automatischer Steuerung* ‖ **Pro|gramm|heft:** *Heft mit Informationen zu einer Veranstaltung* ‖ **Pro|gramm|hin|weis** ‖ **pro|gram|mier|bar** ‖ **pro|gram|mie|ren:** *das Programm eines Theaters, Senders usw. für einen Zeitraum festsetzen; [eine Sendung] aufs Programm setzen* | (EDV) *ein Programm für einen Computer erstellen* ‖ **Pro|gram|mie|rer** der, -s/-: *jemand, der Programme für Computer schreibt* ‖ **Pro|gram|mie|re|rin** die, -/-innen ‖ **Pro|gram|mier|spra|che:** *Form der Befehle, die der Computer ausführt* ‖ **Pro|gram|mie|rung** die, -/-en ‖ **Pro|gramm|ki|no:** *Kino mit künstlerisch wertvollen Filmen* ‖ **pro|gramm|mä|ßig** ‖ **Pro|gramm|mu|sik:** *Komposition, die Außermusikalisches darstellt* ‖ **Pro|gramm|punkt** ‖ **Pro|gramm|vor|schau**

Pro|gres|si|on die, -/-en ⟨lat.⟩: *Steigerung;* Steuerprogression ‖ **pro|gres|sis|tisch** (abw.): *übertrieben fortschrittlich* ‖ **pro|gres|siv:** *fortschrittlich; sich entwickelnd, fortschreitend [bei Krankheiten]*

pro|hi|bie|ren ⟨lat.⟩ (veraltet): *verbieten* ‖ **Pro|hi|bi|ti|on** [-tsi̯-] die, -: *Verbot von Alkoholherstellung und -abgabe* ‖ **Pro|hi|bi|ti|o|nist** der, -en/-en: *jemand, der für die Prohibition eintritt* ‖ **Pro|hi|bi|ti|o|nis|tin** die, -/-innen ‖ **pro|hi|bi|tiv**

Pro|jekt das, -[e]s/-e ⟨lat.⟩: *Plan, Vorhaben, Entwurf* | (Bildw.) *[fächerübergreifende] Aufgabenstellung im Unterricht für eine Klasse oder eine Gruppe* ‖ **Pro|jek|tant** der, -en/-en: *Planer* ‖ **Pro|jek|tan|tin** die, -/-innen ‖ **Pro|jekt|ar|beit:** *eine moderne Unterrichtsform* ‖ **Pro|jekt|grup|pe:** *Arbeitsgruppe* ‖ **pro|jek|tie|ren:** einen Bau p. *(planen)* ‖ **Pro|jek|tie|rung** die, -/-en: *Planung* ‖ **Pro|jek|til** das, -s/-e ⟨lat.-fr.⟩: *Geschoß [eines Gewehres]* ‖ **Pro|jek|ti|on** [-tsi̯-] die, -/-en ⟨lat.⟩: *Darstellung [eines geometrischen Körpers] auf einer Fläche | Vorführung mit einem Projektor* ‖ **Pro|jek|ti|ons|ap|pa|rat** ‖ **Pro|jek|ti|ons|ebe|ne** (Math.) ‖ **Pro|jek|ti|ons|flä|che** ‖ **Pro|jek|ti|ons|wand** ‖ **Pro|jekt|lei|ter** ‖ **Pro|jekt|lei|te|rin** ‖ **Pro|jekt|ma|nage|ment** [-mænɪdʒm-] (Wirt.): *Projektorganisation* ‖ **Pro|jek|tor** der, -s/-en [-'oː-]: *Projektionsapparat* ‖ **Pro|jekt|un|ter|richt** (Bildw.) ‖ **Pro|jekt|wo|che** (Bildw.) ‖ **pro|ji|zie|ren:** Dias an die Wand p. *(mit einem Projektor vergrößert wiedergeben)* ‖ **Pro|ji|zie|rung** die, -/-en

Pro|kla|ma|ti|on [-tsi̯-] die, -/-en ⟨lat.⟩: *Aufruf, öffentliche Bekanntmachung* ‖ **pro|kla|mie-**

ren: jemanden zum Präsidenten p. *(ausrufen)* ‖ **Proklamierung** die, -/-en

Pro-Kopf-Verbrauch: der P. an Nahrungsmitteln *(Verbrauch pro Person)* stieg an

Prokrustesbett das, -[e]s: in ein P. *(ein zu enges Schema)* zwängen *(nach einer griechischen Sagengestalt)*

Prokura die, -/Prokuren ⟨lat.-it.⟩ (Kaufmannsspr.): *Handlungsvollmacht* ‖ **Prokurator** der, -s/-en [-'toː-] ⟨lat.⟩: *Vermögensverwalter eines Klosters* | *Vertreter des Staates bei Gerichten und Verwaltungsbehörden* | (Gesch.) *Statthalter bestimmter römischer Provinzen* ‖ **Prokuratur** die, -/-en: *eine staatliche Behörde* ‖ **Prokuratorin** die, -/-innen ‖ **Prokurist** der, -en/-en: *leitender Angestellter mit Prokura* ‖ **Prokuristin** die, -/-innen

Prolet der, -en/-en ⟨lat.⟩ (abw.): *roher, ungebildeter Mensch* | (ugs.) *Proletarier* ‖ **Proletariat** das, -[e]s/-e: *Gesamtheit der Proletarier* ‖ **Proletarier** der, -s/-: *Angehöriger der besitzlosen Klasse (nach Karl Marx)* ‖ **Proletarierin** die, -/-innen ‖ **proletarisch** ‖ **proletarisieren:** *zu Proletariern werden lassen* ‖ **Proletarisierung** die, -/-en ‖ **proletenhaft** (abw.) ‖ **Proletin** die, -/-innen (abw.) ‖ **Prolo** der, -s/-s (abw.): *Kurzwort für Prolet*

Prolog der, -[e]s/-e ⟨gr.-lat.⟩: *Vorrede; Vorspiel*

Prolongation [-tsi̯-] die, -/-en ⟨lat.⟩: *Verlängerung* ‖ **prolongieren:** einen Film p. *(seine Spielzeit in diesem Kino verlängern);* einen Wechsel p. *(seine Laufzeit verlängern)* ‖ **Prolongierung** die, -/-en

pro memoria (p. m.) ⟨lat.⟩ (wörtl.: zur Erinnerung) ‖ **Promemoria** das, -s/Promemorien [-i̯ən]: *Denkschrift, Memorandum*

Promenade die, -/-n ⟨fr.⟩: *Spaziergang* | *ein gepflegter Spazierweg* ‖ **Promenadenmischung** (scherzh.): *Hundemischling* ‖ **promenieren:** *spazieren gehen*

Promesse die, -/-n ⟨lat.-fr.⟩ (Jus): *Schuldverschreibung, Schuldschein*

prometheisch: *titanenhaft (nach einer griechischen Sagengestalt)* ‖ **Promethium** das, -s (Zeichen: Pm): *ein chemisches Element*

Promille [auch: -'il] das, -[s]/- (‰) ⟨lat.⟩: *Tausendstel;* 0,5 P. Alkohol im Blut ‖ **Promillegrenze**

prominent ⟨lat.⟩: ein prominenter *(sehr bekannter)* Künstler ‖ **Prominentenanwalt** ‖ **Prominentenanwältin** ‖ **Prominenz** die, -: *Gesamtheit prominenter Personen*

Promiskuität die, - ⟨lat.⟩: *freizügiger Wechsel der Sexualpartner* ‖ **promiskuitiv**

promoten [auch: -'məʊt-] ⟨lat.-engl.⟩: *Werbung machen* ‖ **Promoter** der, -s/-: *Organisator von künstlerischen Veranstaltungen* | (Sport) *Veranstalter von Wettkämpfen* | (Wirt.) *Manager für Salespromotion;* → Promotor ‖ **Promoterin** die, -/-innen ‖ **Promotion**[1] [-tsi̯-] die, -/-en ⟨lat.⟩: *feierliche Verleihung des Doktorgrades;* eine P. sub auspiciis [praesidentis] *(eine P. unter dem Ehrenschutz des Bundespräsidenten als besondere Auszeichnung für hervorragende Leistungen)* ‖ **Promotion**[2] [-'məʊʃn] die, - ⟨lat.-engl.⟩: *Förderung durch Werbung* ‖ **Promotor** [-'moː-] der, -s/-en [-'toː-] ⟨lat.⟩: *Professor, der bei einer Promotion assistiert* | *Manager, Förderer;* → Promoter ‖ **Promotorin** der, -/-innen ‖ **promovieren** [-v-]: *den Doktorgrad erlangen bzw. verleihen*

prompt ⟨lat.-fr.⟩: *sofort, rasch*

Pronomen (Gramm.): *Fürwort* ‖ **Pronominaladverb** [-v-] (Gramm.): *Umstandsfürwort*

prononciert [-nõs-, -nɔns-] ⟨fr.⟩ (geh.): *betont, ausgeprägt*

Propädeutik die, -/-en ⟨gr.⟩: *Einführung in eine Wissenschaft;* philosophische P. ‖ **propädeutisch**

Propaganda die, - ⟨lat.⟩ (oft abw.): *organisierte Verbreitung von politischen Ideen und Programmen* | (veraltend) *Werbung für eine Ware oÄ* ‖ **Propagandafeldzug** ‖ **Propagandafilm** ‖ **Propagandamaterial** ‖ **propagandawirksam** ‖ **Propagandist** der, -en/-en: *jemand, der Propaganda macht* ‖ **Propagandistin** die, -/-innen ‖ **Propagator** der, -s/-en [-'toː-]: *jemand, der etwas propagiert* ‖ **Propagatorin** die, -/-innen ‖ **propagieren:** *für etwas werben* ‖ **Propagierung** die, -/-en

Propangas das, -es ⟨gr.-lat.⟩: *ein Brennstoff, Treibstoff*

Propeller der, -s/- ⟨lat.-engl.⟩: *Antriebsvorrichtung für Flugzeuge* | *Schiffsschraube* ‖ **Propellerflugzeug** ‖ **Propellermaschine**

proper ⟨lat.-fr.⟩ (veraltet): sich p. *(sauber, ordentlich)* kleiden; ein prop[e]res Äußeres

Prophet [-f-] der, -en/-en ⟨gr.-lat.⟩: *religiöser Mahner; Weissager; Zukunftsdeuter* | (Islam) *Mohammed* ‖ **Prophetie** die, -/-n: *Weissagung* ‖ **Prophetin** die, -/-innen ‖ **prophetisch** ‖ **prophezeien:** *weissagen, voraussagen* ‖ **Prophezeiung** die, -/-en

prophylaktisch [-fy-] ⟨gr.⟩: ein prophylaktisches *(vorbeugendes)* Mittel gegen eine Krankheit ‖ **Prophylaxe** die, -/-n: *Vorbeugung; Krankheitsverhütung*

Proponent der, -en/-en ⟨lat.⟩: *Antragsteller;* die Proponenten eines zu gründenden Vereins ‖ **Proponentin** die, -/-innen ‖ **proponieren**

Proportion [-tsi̯-] die, -/-en ⟨lat.⟩: *Größenverhältnis; Gleichmaß* | (Math.) *Verhältnisgleichung* ‖ **proportional:** *im gleichen Verhältnis;* → G.: disproportional ‖ **Proportionalität** die, -/-en: *Verhältnismäßigkeit, Ausgewogenheit* ‖ ‖ **Proportionalwahl:** *Proporzwahl* ‖ **proportionell:** *proportional* ‖ **proportioniert:** gut p. *(wohlgebaut)* sein ‖ **Proportioniertheit** die, - ‖ **Proporz** der, -es/-e: *mengenmäßiges Verhältnis [zwischen Parteien];* Posten nach dem P. vergeben | (SüdT) *Besetzung von öffentlichen Stellen uÄ entsprechend dem ethnischen Zahlenverhältnis* ‖ **Proporzwahl:** *Verhältniswahl*

Proposition [-tsi̯-] die, -/-en (Sprachwiss.): *Inhalt einer Aussage*

Proprium das, -s/Proprien [-i̯ən] ⟨lat.⟩ (kath.): *die wechselnden Teile der Messe;* → Ordinarium | (Psych.) *die persönlichen Eigenschaften eines Menschen*

Propst der, -[e]s/Pröpste: *ein kirchlicher Würdenträger* ‖ **Propstei** die, -/-en

Propyläen [-py-] die (Pl.) ⟨gr.⟩: *Vorhalle, Säulenhalle*

Prorektor: *Vertreter des Rektors* ‖ **Prorektorin**

prorogativ ⟨lat.⟩ (veraltet) (Amtsspr.): *aufschiebend, eine Frist verlängernd*

Prosa die, - ⟨lat.⟩: *Sprachform, die ungebunden (nicht versgebun-*

den) ist ‖ **Prosaiker** der, -s/-: *Prosaschriftsteller* ‖ **Prosaikerin** die, -/-innen ‖ **prosaisch:** *in Prosa* | (oft abw.) *nüchtern, ohne Sinn für Höheres* ‖ **Prosatext**

Prosciutto [-'ʃuto] der, -s/-s [Prosciutti] ⟨it.⟩: *ein italienischer Schinken*

Prosecco [-ko] der, -s/-s [Prosecchi] [-'eki] ⟨it.⟩: *ein italienischer Perlwein*

Prosektur die, -/-en ⟨lat.⟩: *Spitalsabteilung für das Untersuchen, Sezieren von Leichen*

Proselyt [-y(ː)t, -i(ː)t] der, -en/-en ⟨gr.-lat.⟩: *Neubekehrter* ‖ **Proselytin** die, -/-innen ‖ **Proselytenmacherei** die, - (geh., abw.): *Anwerben von Anhängern*

Proseminar: *Lehrveranstaltung mit Übungscharakter an der Universität*

prosit [auch: -'it] ⟨lat.⟩: p. Neujahr wünschen; → prost ‖ **Prosit** das, -s/-s: ein herzliches P. dem Gastgeber!

proskribieren ⟨lat.⟩ ‖ **Proskription** [-tsi̯-] die, -/-en: *Ächtung*

Prosodik die, - ⟨gr.-lat.⟩: *Metrik* | (Sprachwiss.) *Lehre von Tonstärke, -länge, -höhe uÄ* ‖ **prosodisch**

Prospekt [-sp-] der = das, -[e]s/-e ⟨lat.⟩: *[illustrierte] Informations-, Werbeschrift* | *Bühnenhintergrund* | *Schauseite der Orgel* ‖ **prospektieren** (Bergmannsspr.): *nach Lagerstätten suchen* ‖ **Prospektierung** die, -/-en ‖ **prospektiv:** *auf die Zukunft gerichtet, vorausschauend*

prosperieren [-sp-] ⟨lat.-fr.⟩ ‖ **Prosperität** die, -: *wirtschaftlicher Aufschwung, Wohlstand*

prost: *Zum Wohl! (beim Zutrinken);* → prosit

Prostata die, -/Prostatae [-tɛ] ⟨gr.⟩ (Med.): *Vorsteherdrüse*

prostituieren sich ⟨lat.-fr.⟩: *sich gegen Bezahlung [gewerbsmäßig] zum Geschlechtsverkehr anbieten* | (geh.) *seine Grundsätze preisgeben, sich verkaufen* ‖ **Prostituierte**[1] der, -n/-n, ein Prostituierter ‖ **Prostituierte**[2] die, -n/-n ‖ **Prostitution** [-tsi̯-] die, -

Proszenium [-sts-] das, -s/Proszenien [-i̯ɛn] ⟨gr.-lat.⟩: *vorderster Teil der Bühne* ‖ **Proszeniumsloge** [-loːʃ, -ʒɛ]

Protactinium [-k-] das, -s ⟨gr.⟩ (Zeichen: Pa): *ein chemisches Element*

Protagonist der, -en/-en ⟨gr.⟩ (geh.): *Hauptdarsteller* | *Wortführer; Vorkämpfer* ‖ **Protagonistin** die, -/-innen (geh.)

Protegé [-'ʒeː] der, -s/-s ⟨fr.⟩: *Schützling, Günstling* ‖ **protegieren** [-'ʒiː-]: *begünstigen, fördern;* → Protektion

Protein das, -s/-e ⟨gr.⟩ (Chem.): *Eiweiß*

Protektion [-tsi̯-] die, -/-en ⟨lat.⟩: *Bevorzugung, Begünstigung;* → protegieren ‖ **Protektionismus** der, - (Wirt.): *Schutz der einheimischen Wirtschaft gegen ausländische Konkurrenz durch gesetzliche Bestimmungen* ‖ **Protektionist** der, -en/-en (Wirt.) ‖ **Protektionistin** die, -/-innen (Wirt.) ‖ **Protektor** der, -s/-en [-'toː-]: *Förderer* | *Beschützer; Schirmherr* ‖ **Protektorat** das, -[e]s/-e: *Schutzherrschaft* | *unter fremder Schutzherrschaft stehendes Gebiet* ‖ **Protektorin** die, -/-innen

Protest der, -[e]s/-e ⟨lat.-it.⟩: P. *(Einspruch)* erheben ‖ **Protestaktion** [-tsi̯-]

Protestant der, -en/-en ⟨lat.⟩: *Angehöriger einer evangelischen Kirchengemeinschaft* ‖ **Protestantin** die, -/-innen ‖ **protestantisch** ‖ **Protestantismus** der, -

Protestbewegung ⟨lat.-it.⟩ ‖ **Protestdemonstration** [-tsi̯-] ‖ **Protesthaltung** ‖ **protestieren:** *sich gegen etwas verwahren; Einspruch erheben* ‖ **Protestkundgebung** ‖ **Protestmarsch** ‖ **Protestnote:** *offizielles Protestschreiben* ‖ **Protestschreiben** ‖ **Protestsong** ‖ **Protestversammlung**

Prothese die, -/-n ⟨gr.⟩: *künstlicher Ersatz für einen Körperteil*

Protokoll das, -s/-e ⟨gr.-lat.⟩: über einen Unfall ein P. aufnehmen *(alles Wichtige darüber aufschreiben)* | *die Normen des diplomatischen Umgangs* | (EDV) *geregelter Standard bei der Datenkommunikation* ‖ **protokollarisch:** etwas p. festhalten ‖ **Protokollchef** [-ʃɛːf] ‖ **Protokollchefin** ‖ **protokollieren** ‖ **Protokollierung** die, -/-en

Proton ['proː-, -'oːn] das, -s/-en [-'toː-] ⟨gr.⟩ (Phys.): *positiv geladenes Elementarteilchen;* → Elektron; → Neutron ‖ **Protoplasma** (Biol.): *die lebende Zellsubstanz* ‖ **Prototyp** [-'y(ː)p, auch: 'pro(ː)-]: der P. *(Inbegriff)* eines gewissenhaften Beamten sein | der P. *(die Musterausführung)* einer neuen Autoserie ‖ **prototypisch**

protrahieren ⟨lat.⟩ (Med.): *verzögern*

Protuberanz die, -/-en ⟨lat.⟩ (Astron.): *aus der Sonne aufschießende glühende Gasmasse*

Protz der, -en [-es]/-e[n] (sal.): *Protzer*

protzen: du protzt *(prahlst)* mit deinem Geld ‖ **Protzer** der, -s/- (ugs.) ‖ **Protzerei** die, -/-en (ugs.) ‖ **Protzerin** die, -/-innen (ugs.) ‖ **protzig** (ugs.): ein protziger *(angeberischer)* Sportwagen ‖ **Protzigkeit** die, - (ugs.)

Provence [-'vɑ̃ːs] die, -: *eine südfranzösische Landschaft;* Kräuter der P. *(eine Gewürzmischung)*

Provenienz [-v-] die, -/-en ⟨lat.⟩: *Ursprung, Herkunft [einer Ware]*

Provenzale [-v-] der, -n/-n: *Einwohner der Provence* ‖ **Provenzalin** die, -/-innen ‖ **provenzalisch** ‖ **Provenzalisch** das, -[s] = **Provenzalische,** -n: *ältere Bezeichnung für Okzitanisch*

Proviant [-v-] der, -[e]s ⟨lat.-fr.⟩: P. *(Verpflegung)* für einen Ausflug mitnehmen ‖ **proviantieren** ‖ **Proviantkorb**

Provider [prəʊ'vaɪdə] der, -s/- ⟨engl.⟩: *Anbieter von Internet, spezieller Software uÄ*

Provinz [-v-] die, -/-en ⟨lat.⟩: *großer Verwaltungsbezirk* | *Landgebiet (im Gegensatz zur Hauptstadt)* | (SüdT) (Admin.) *Verwaltungseinheit, Teilgebiet einer Region;* autonome P. Bozen-Südtirol ‖ **provinzfremd** (SüdT): *nicht aus Bozen-Südtirol (von Betrieben)* ‖ **Provinzhauptstadt** ‖ **Provinzial** der, -s/-e: *Vorsteher einer Ordensprovinz* ‖ **Provinzialität** die, - (abw.) ‖ **provinziell:** *aus der Provinz, landschaftlich* | (abw.) *[kulturell] minder; nicht städtisch;* provinzielle Engstirnigkeit ‖ **Provinzkennzeichen** (SüdT) (Kfz) ‖ **Provinzler** der, -s/- (abw.): *Provinzbewohner* ‖ **Provinzlerin** die, -/-innen (abw.) ‖ **provinzlerisch** (abw.) ‖ **Provinzstadt**

Provision [-v-] die, -/-en ⟨lat.-it.⟩: *Bezahlung für die Vermittlung eines Kaufes; Vermittlungsgebühr* ‖ **Provisionsbasis:** auf P. arbeiten ‖ **Provisor** der, -s/-en [-'zoː-]: *stellvertretender Leiter einer Pfarre* ‖ **provisorisch:** *vor-*

P

läufig; widerruflich; probeweise; eine provisorische Brücke *(eine Notbrücke);* p. angestellt sein ‖ **Pro|vi|so|ri|um** das, -s/Provisorien [-iən]; → G.: Definitivum
pro|vo|kant [-v-] ⟨lat.⟩: *herausfordernd, aufreizend* ‖ **Pro|vo|ka|teur** [-'tøːə] der, -s/-e: *Unruhestifter, Aufwiegler* ‖ **Pro|vo|ka|teu|rin** die, -/-innen ‖ **Pro|vo|ka|ti|on** [-tsi̯-] die, -/-en ‖ **pro|vo|ka|tiv:** *provokant* ‖ **pro|vo|ka|to|risch** ‖ **pro|vo|zie|ren:** sich leicht p. *(herausfordern)* lassen; eine Auseinandersetzung p. ‖ **Pro|vo|zie|rung** die, -/-en
Pro|ze|de|re = Procedere [-ts-] das, -s/- ⟨lat.⟩: *das weitere Vorgehen in einer Angelegenheit; Verfahrensordnung, Prozedur* ‖ **Pro|ze|dur** die, -/-en ⟨lat.⟩: eine lange P. *(ein umständliches Verfahren)*
Pro|zent das, -[e]s/-e (%) ⟨lat.⟩: *Hundertstel;* 10 %; *aber:* ein zehnprozentiger (10-prozentiger, 10%iger) Preisnachlass | (in Mengenangaben mit Pl. Prozent) fünf Prozent ‖ **Pro|zent|punkt:** der Stimmenanteil stieg um 3 Prozentpunkte *(zB von 12 auf 15 Prozent aller Stimmen)* ‖ **Pro|zent|rech|nung** ‖ **Pro|zent|satz** ‖ **pro|zen|tu|al** (veraltend): *prozentuell* ‖ **pro|zen|tu|ell:** an einem Unternehmen p. beteiligt sein *(einen in Prozenten festgelegten Anteil vom Reinertrag erhalten)*
Pro|zess der, -es/-e ⟨lat.⟩: *gerichtliches Verfahren;* jemandem den P. machen *(jemanden verklagen);* mit jemandem kurzen P. *(nicht viel Umstände)* machen | *Ablauf, Vorgang;* ein chemischer P. ‖ **pro|zess|fä|hig** ‖ **Pro|zess|fä|hig|keit** ‖ **Pro|zess|füh|rung** ‖ **Pro|zess|geg|ner** ‖ **Pro|zess|geg|ne|rin** ‖ **Pro|zess|hansl** (ugs., abw.): *gewohnheitsmäßiger Prozessierer* ‖ **pro|zes|sie|ren:** *einen Gerichtsprozess führen*
Pro|zes|si|on die, -/-en ⟨lat.⟩: *ein feierlicher [kirchlicher] Umzug*
Pro|zess|kos|ten die (Pl.) ⟨lat.⟩ ‖ **Pro|zess|kos|ten|hil|fe** (Admin., Jus): *Verfahrenshilfe* ‖ **Pro|zes|sor** der, -s/-en [-'soː-] (EDV): *zentraler Baustein eines Computers;* → CPU ‖ **Pro|zess|rech|ner** (EDV): *Computer für industrielle Fertigungsabläufe* ‖ **pro|zes|su|al:** *auf einen Prozess bezogen* ‖ **Pro|zess|voll|macht**
prüd = **prü|de** ⟨fr.⟩: *zurückhaltend, was Sexuelles betrifft; übertrieben schamhaft* ‖ **Prü|de|rie** die, -
prüf|bar ‖ **Prüf|be|richt** ‖ **prü|fen** ‖ **Prü|fer** der, -s/- ‖ **Prü|fe|rin** die, -/-innen ‖ **Prüf|ex|em|plar:** *Ansichtsexemplar* ‖ **Prüf|ling** der, -s/-e ‖ **Prüf|pi|ckerl:** *Begutachtungsplakette* ‖ **Prüf|stand:** *Anlage zur Überprüfung [von Autos]* ‖ **Prüf|stein:** diese Aufgabe war ein P. *(eine Bewährungsprobe)* für seine Leistungsfähigkeit ‖ **Prüf|stel|le** ‖ **Prü|fung** die, -/-en: eine wichtige P. bestehen ‖ **Prü|fungs|an|for|de|rung** (meist Pl.) ‖ **Prü|fungs|angst** ‖ **Prü|fungs|er|geb|nis** ‖ **Prü|fungs|fach** ‖ **Prü|fungs|fra|ge** ‖ **Prü|fungs|kan|di|dat:** ein nervöser P. ‖ **Prü|fungs|kan|di|da|tin** ‖ **Prü|fungs|kom|mis|si|on** ‖ **Prü|fungs|ter|min** ‖ **Prü|fungs|wer|ber** (Amtsspr.): *Kandidat, Bewerber für eine Prüfung* ‖ **Prü|fungs|wer|be|rin** (Amtsspr.) ‖ **Prü|fungs|zeug|nis** ‖ **Prüf|ver|fah|ren:** ein chemisches, technisches P. ‖ **Prüf|zweck** (meist Pl.) (Amtsspr.): ein Paket zu Prüfzwecken durch die Post öffnen
Prü|gel der, -s/-: *großer Stock* | (nur Pl.) *Schläge* ‖ **Prü|ge|lei** die, -/-en, *auch:* Prüglerei ‖ **Prü|gel|kna|be:** *Sündenbock* ‖ **Prü|gel|tor|te** (T): *Baumkuchen* ‖ **prü|geln,** ich prügle ‖ **Prü|gel|stra|fe** ‖ **Prü|gel|sup|pe** (reg.): *eine süße Spezialität* ‖ **Prüg|le|rei** → Prügelei
Prunk der, -[e]s: *Pracht* ‖ **Prunk|bau** der, -[e]s/-ten ‖ **prun|ken:** mit seinem Besitz p. *(prahlen)* ‖ **Prunk|ge|mach** ‖ **prunk|los** ‖ **Prunk|lo|sig|keit** die, - ‖ **Prunk|stück** ‖ **Prunk|sucht** ‖ **prunk|voll**
prus|ten: *Luft schnaubend ausstoßen, schnaufen;* vor lachen p.
PS[1] [pe 'ɛs] das (*auch:* die), -/- (in Österreich keine gesetzliche Maßeinheit mehr): **P**ferde**s**tärke *(rund 735,5 W);* die Motorleistung in PS
PS[2] [pe 'ɛs] das, -/-: **P**ost**s**kriptum
Psalm der, -[e]s/-en ⟨gr.-lat.⟩: *ein geistliches Lied des Alten Testaments* ‖ **Psal|mist** der, -en/-en: *Dichter von Psalmen* ‖ **Psal|mo|die** die, -/-n (Rel., Mus.): *liturgischer Sprechgesang* ‖ **psal|mo|die|ren:** *Psalmen singen, rezitieren* ‖ **psal|mo|disch** ‖ **Psal|ter** der, -s (Rel.): *das biblische Buch der Psalmen;* → Psalterium ‖ **Psal|te|ri|um** das, -s/Psalterien [-iən] (Mus.): *ein altes Saiteninstrument* | *auch:* Psalter (Rel.) *Sammlung von Psalmen und Wechselgesängen*
pseu|do ⟨gr.⟩ (bes. in Zusammensetzungen wie zB pseudowissenschaftlich): *scheinbar, nicht echt* ‖ **Pseu|do|krupp** ⟨gr.+engl.-fr.⟩ (Med.): *eine Krankheit* ‖ **Pseu|do|lo|gie** die, - ⟨gr.⟩ (Psych.): *krankhaftes Lügen* ‖ **pseu|do|lo|gisch** ‖ **pseu|do|nym** [-'yːm]: ein p. erschienenes Buch ‖ **Pseu|do|nym** das, -s/-e: *Deckname; Künstlername (ein angenommener Name)* ‖ **pseu|do|wis|sen|schaft|lich:** *schein-, unwissenschaftlich*
Psi das, -[s]/-[s] (ψ, Ψ) ⟨gr.⟩: *griechischer Buchstabe, entspricht* ps
PSI das, -[s]: *Kurzwort für Parapsychologie* | *Erscheinung, Vorgang in der Parapsychologie*
PSK [pe ɛs 'kaː] die, -: **P**ost**s**par**k**asse
Pso|ri|a|sis die, - ⟨gr.⟩ (Med.): *eine Hautkrankheit, Schuppenflechte*
pst: *ein Ausruf;* pst *(leise)*!
Psy|che [-'yː-] die, -/-n ⟨gr.⟩: *Seele;* → G.: Physis | [auch: -'iː-] (veraltend) *Frisiertisch mit Spiegel* ‖ **psy|che|de|lisch** [-y-] ⟨gr.-engl.⟩: *auf einem, meist durch Drogen hervorgerufenen, rauschartigen Gemütszustand beruhend* ‖ **Psy|chi|a|ter** der, -s/-: *Facharzt für Psychiatrie* ‖ **Psy|chi|a|te|rin** die, -/-innen ‖ **Psy|chi|a|trie** die, -: *Wissenschaft von den Geisteskrankheiten und seelischen Störungen* | (mit Pl. -n) *psychiatrische Klinik/Abteilung* ‖ **psy|chi|a|trie|ren** (Med.): *jemanden auf seinen Geisteszustand bzw. auf seine Zurechnungsfähigkeit hin untersuchen* ‖ **Psy|chi|a|trie|rung** die, -/-en (Med.) ‖ **psy|chi|a|trisch** (Med.)

psy|chisch
seelisch; → G.: organisch

Nicht verwechseln!
psychisch – psychologisch – physisch
psychisch bedeutet „die Seele, den Geist betreffend“:
– Stress ist eine enorme psychische Belastung.
psychologisch bezieht sich auf „die Wissenschaft von den seelischen Vorgängen und Fähigkeiten des Menschen“ und das Verständnis dafür:

P

- psychologische Tests
- ein Verbrechen psychologisch analysieren
- psychologisch vorgehen *(einfühlsam)*

physisch bedeutet „den Körper betreffend“:
- Das Heben schwerer Lasten ist eine große physische Belastung.

Psy|cho|ana|ly|se [-ˈlyː-] die, -: *eine Methode zur Erkennung und Behandlung seelischer Störungen (nach Sigmund Freud)* ‖ **Psy|cho|ana|ly|ti|ker** ‖ **Psy|cho|ana|ly|ti|ke|rin** ‖ **Psy|cho|dra|ma** (Psych.): *eine therapeutische Methode* ‖ **psy|cho|gen** (Med., Psych.): *psychisch (seelisch) verursacht* ‖ **Psy|cho|gramm** das, -s/-e (veraltend) (Psych.): *eine Persönlichkeitsstudie, -darstellung* ‖ **Psy|cho|hy|gi|e|ne** [-y-]: *Vorsorge für [psychische] Gesundheit* ‖ **Psy|cho|krieg:** *Auseinandersetzung mit psychischen Mitteln*

Psy|cho|lo|ge der, -n/-n: *Fachmann für Psychologie*

Nicht verwechseln!
Psychologe – Psychiater – Psychotherapeut
Psychologe: Jemand, der eine akademische Fachausbildung in Psychologie hat. Die Psychologie ist die Wissenschaft von den seelischen Kräften und Fähigkeiten.
Psychiater: Arzt mit einer Fachausbildung in Psychiatrie (Wissenschaft von den Geisteskrankheiten und seelischen Störungen)
Psychotherapeut: Jemand, der eine Fachausbildung in einer der in Österreich anerkannten psychotherapeutischen Schulen hat. Die Psychotherapie beschäftigt sich mit der Behandlung psychischer Probleme mit Hilfe psychologischer Verfahren.

Psy|cho|lo|gie die, -: *Wissenschaft von den seelischen Kräften und Fähigkeiten* ‖ **Psy|cho|lo|gin** die, -/-innen ‖ **psy|cho|lo|gisch:** *die Psychologie betreffend* | *einfühlsam* ‖ **psy|cho|lo|gi|sie|ren** (meist abw.): *in übertriebener Weise psychologisch vorgehen* ‖ **Psy|cho|path** der, -en/-en (Med.) (veraltet): *Mensch mit abnormer Charakteranlage* ‖ **Psy|cho|pa|thin** die, -/-innen (Med.) (veraltet) ‖ **psy|cho|pa|thisch** (Med.) (veraltet) ‖ **Psy|cho|pa|tho|lo|gie** die, -/-n (Med.) ‖ **Psy|cho|phar|ma|kon** [-f-] das, -s/Psychopharmaka: *Arzneimittel, das auf die Psyche einwirkt* ‖ **psy|cho|phy|sisch** [-ˈfyː-]: *sowohl körperlich als auch seelisch* ‖ **Psy|cho|se** die, -/-n (Med.): *Geisteskrankheit* ‖ **Psy|cho|so|ma|tik** (Med.) ‖ **psy|cho|so|ma|tisch** (Med.): p. bedingt *(die seelisch-körperlichen Wechselwirkungen betreffend)* ‖ **psy|cho|so|zi|al:** psychosoziale *(seelische und soziale)* Probleme ‖ **Psy|cho|ter|ror** (Psych., Soz.): *Einschüchterung, Bedrohung mit psychologischen Mitteln* ‖ **Psy|cho|the|ra|peut** ‖ **Psy|cho|the|ra|peu|tin** ‖ **psy|cho|the|ra|peu|tisch** ‖ **Psy|cho|the|ra|pie** die, -: *Heilbehandlung mit psychisch wirksamen Verfahren* ‖ **Psy|cho|thril|ler** [-θ-]: *auf psychologischen Mitteln beruhender, reißerischer Film* ‖ **psy|cho|tisch** (Med.); → Psychose

Pt: **Pl**atin

p. t. [ˈpeː ˈteː], *auch:* **P. T.:** **p**leno **t**itulo ⟨lat.⟩ (wörtl.: mit vollem Titel) (in schriftlicher Anrede an nicht einzeln mit Namen und Titel genannte Personen): „Die p. t. Gäste werden gebeten ...“

pto|le|mä|isch: das ptolemäische Weltbild *(mit der Erde im Zentrum, nach dem altgriechischen Astronomen Ptolemaios);* → kopernikanisch

PTS [pe te ˈɛs] die, -/-: **P**oly**t**echnische **S**chule

Pu: **Plu**tonium

Pub [pʌb] das, -s/-s ⟨engl.⟩: *[kleines] englisches Wirtshaus*

pu|ber|tär ⟨lat.⟩ ‖ **Pu|ber|tät** die, -: *Zeit der Geschlechtsreifung* ‖ **pu|ber|tie|ren**

Pu|bli|ci|ty [pʌbˈlɪsəti] die, - ⟨engl.⟩: *hoher Bekanntheitsgrad in der Öffentlichkeit; Werbung, um einen großen Bekanntheitsgrad zu erreichen* ‖ **Pu|blic Re|la|tions** [-k riˈleɪʃnz] die (Pl.) (PR): *Öffentlichkeitsarbeit; Bemühungen [einer Firma] um das Vertrauen der Öffentlichkeit; Kontaktpflege*

pu|bli|k ⟨lat.-fr.⟩: ein Ereignis ist p. *(allgemein bekannt)* geworden; → publik machen = publikmachen ‖ **Pu|bli|ka|ti|on** [-tsi̯-] die, -/-en: *Veröffentlichung [eines wissenschaftlichen Werkes]* | *im Druck erschienene Schrift* ‖ **pu|blik ma|chen = pu|blik|ma|chen:** geheime Vereinbarungen p. m. ‖ **Pu|bli|kum** das, -s ⟨lat.⟩: *Gesamtheit der Zuhörer/innen, Zuschauer/innen, Besucher/innen [einer Veranstaltung];* das breite P. *(die Öffentlichkeit)* ‖ **Pu|bli|kums|er|folg:** *Erfolg [eines Buchs, Films] beim breiteren Publikum* ‖ **Pu|bli|kums|ge|schmack** ‖ **Pu|bli|kums|in|ter|es|se** ‖ **Pu|bli|kums|lieb|ling** ‖ **pu|bli|kums|wirk|sam** ‖ **pu|bli|zie|ren:** ein wissenschaftliches Werk p. *(veröffentlichen)* ‖ **pu|bli|zier|freu|dig** ‖ **Pu|bli|zist** der, -en/-en: *[politischer] Schriftsteller, Journalist* ‖ **Pu|bli|zis|tik** die, -: *berufsmäßige Information der Öffentlichkeit durch die Massenmedien* | *Wissenschaft von den Massenmedien* ‖ **Pu|bli|zis|tin** die, -/-innen ‖ **pu|bli|zis|tisch** ‖ **Pu|bli|zi|tät** die, -: *allgemeines Bekanntsein in der Öffentlichkeit*

Puck der, -s/-s ⟨engl.⟩ (Sport): *Hartgummischeibe beim Eishockey*

Pud|ding der, -s/-e [-s] ⟨fr.-engl.⟩: *eine Nachspeise* ‖ **Pud|ding|pul|ver** [-f-]

Pu|del der, -s/-: *eine Hunderasse*

Pu|del|hau|be: *eine dicke Wollhaube* ‖ **Pu|del|müt|ze** (nördl. D): *Pudelhaube* ‖ **pu|del|nackt:** *völlig nackt* ‖ **pu|del|nass** ‖ **pu|del|wohl:** sich p. fühlen

Pu|der der = das, -s/- ⟨fr.⟩: *feines Pulver [zur Hautpflege]* ‖ **Pu|der|do|se** ‖ **pu|dern:** sich das Gesicht p. | *auch:* budern (derb) *koitieren* ‖ **Pu|der|zu|cker** (D): *feiner Zucker, Staubzucker*

Pu|e|blo der, -s/-s ⟨span.⟩: *Siedlung bzw. spezielles Wohnhaus einiger indianischer Völker* ‖ **Pu|e|blo|in|di|a|ner** ‖ **Pu|e|blo|in|di|a|ne|rin**

Puff[1] das, *auch:* der, -s/-s (ugs., derb): *Bordell*

Puff[2] der, -[e]s/Püffe: jemandem einen P. *(Stoß)* geben ‖ **Puff|är|mel:** *gebauschter Ärmel* ‖ **puf|fen:** *stoßen* ‖ **Puf|fen** die, -/- (ugs.): *Schießwaffe* ‖ **Puf|fer** der, -s/-: *federnder Stoßfänger [eines Eisenbahnwaggons]* | *Stoß* ‖ **Puf|fer|bat|te|rie:** *eine Überbrückungshilfe von Stromausfällen in Elektrogeräten* ‖ **puf|fern:** *abfedern* ‖ **Puf|fer|staat:** *zwischen rivalisierenden Staaten liegender kleiner Staat, der konfliktmin-*

P

dernd wirkt ‖ **Puf|fer|zo|ne:** *neutrale Zone*
Puff|mut|ter (ugs., derb): *Bordellchefin*
Puff|reis: *gerösteter Reis; Popcorn*
puh: puh, das war anstrengend!
Pü|lcher [meist: 'pyːçə] der, -s/- (ugs.): *Strolch, Gewalttäter*
Pulk der, -s/-s ⟨slaw.⟩: im P. *(im Hauptfeld des Rennens)* fahren
Pul|kau: *Stadt in Niederösterreich*
Pul|li der, -s/-s ⟨engl.⟩: *Kurzwort für Pullover*
Pull|man|kap|pe = **Pull|man|müt|ze:** *eine Kopfbedeckung, Baskenmütze* ‖ **Pull|man|wa|gen** (früher): *Komfortwaggon der Bahn*
Pul|lo|ver [-v-] der, -s/- ⟨engl.⟩: *ein Kleidungsstück* ‖ **Pul|lun|der** der, -s/-: *ein Pullover ohne Ärmel*
Puls der, -es/-e ⟨lat.⟩: den P. fühlen ‖ **Puls|ader** ‖ **Pul|sar** der, -s/-e (Phys., Astron.): *Radiostrahlung aussendender Neutronenstern* ‖ **Pul|sa|ti|on** [-tsi̯-] die, -/-en ‖ **Puls|fre|quenz** ‖ **pul|sie|ren:** pulsierender *(lebhafter)* Verkehr ‖ **Puls|schlag** ‖ **Puls|wär|mer** der, -s/-
Pult das, -[e]s/-e: der Vortragende trat ans P.; *Notenpult; Dirigentenpult*
Pul|ver [-f-] das, -s/- ⟨lat.⟩: *fein gemahlener Stoff;* weißes P. rieselte heraus | *fein gemahlener Stoff in Form einer Tablette;* das P. in Wasser auflösen | *Schießpulver* ‖ **Pul|ver|fass:** auf einem P. sitzen *(in einer gefährlichen Lage sein)* ‖ **Pul|ver|form:** Milch in P. ‖ **pul|ve|rig** → pulvrig ‖ **pul|ve|ri|sie|ren** [auch: -v-]: *zu Pulver zerreiben oder zerstoßen* | (sal.) der Rekord wurde pulverisiert *(eingestellt, aufgelöst)* ‖ **Pul|ve|ri|sie|rung** die, -/-en ‖ **Pul|verl** [-f-] das, -s/-[n] (ugs.): *Medikament* ‖ **pul|vern:** *schießen* | (abw.) Millionen in die Rüstungsindustrie p. *(viel Geld dafür verschwenden)* ‖ **Pul|ver|schnee:** *feinkörniger Schnee* ‖ **Pul|ver|turm** (früher): *Pulvermagazin* ‖ **pul|vrig,** *auch:* pulverig: ein pulvriger Schnee
Pu|ma der, -s/-s ⟨indian.-engl.⟩: *eine Großkatze*
Pum|mel der, -s = **Pum|mel|chen** das, -s/- (D, ugs.): *rundliches Kind, Mädchen* ‖ **pum|me|lig,** *auch:* bummelig: *dicklich*
Pum|me|rin die, -: *größte Glocke des Wiener Stephansdoms*
Pump der, -[e]s (ugs.): auf P. *(von geborgtem Geld)* leben ‖ **Pum|pe** die, -/-n ‖ **pum|pen:** Wasser p. | (ugs.) sich Geld p. *(borgen)* ‖ **Pum|pen|haus** ‖ **Pum|pen|schwen|gel**
Pum|pe|rer der, -s/- (ugs.): *dumpfes Geräusch durch Schlag oder Fall*
pum|perl|ge|sund = **pum|perl|gsund** (scherzh., ugs.): *völlig gesund*
pum|pern (ugs.): *stark klopfen* ‖ **Pum|per|ni|ckel** der, -s/-: *ein dunkles Roggenbrot*
Pump|gun ['pʌmpgʌn] die, -/-s ⟨engl.⟩: *eine Schrotflinte*
Pump|ho|se: *weite, unter dem Knie gebundene Hose in Bühnenkostümen, Trachten*
Pumps [-œ-, -ʌ-] der, -/- (meist Pl.) ⟨engl.⟩: *ein Damenschuh mit Absatz*
Pump|sta|ti|on [-tsi̯-] ‖ **Pump|werk**
Pu|muckl der, -s: *eine Kinderbuchfigur*
Punch [pʌntʃ] der, -s/-s ⟨engl.⟩: *Boxhieb, Schlag[kraft]* | (ohne Pl.) *Durchschlagskraft* ‖ **Pun|ching|ball:** *ein Übungsgerät für Boxer*
punc|to [-k-] → in puncto
Punk [pʌ-] = **Pun|ker** der, -s/-s ⟨engl.⟩: *Angehöriger einer Protestbewegung von Jugendlichen* | *Punkrock* ‖ **Pun|ke|rin** die, -/-innen ‖ **Punk|rock:** *eine Art der Rockmusik*
Punkt der, -[e]s/-e (.) ⟨lat.⟩: *ein [Satz]zeichen* | der springende P. *(das, worauf es ankommt, Kernpunkt)* | P. 5 der Tagesordnung | das ist ein dunkler P. *(etwas nicht Einwandfreies, Negatives)* in seiner Vergangenheit | (Sport) nach Punkten siegen *(Punktesieg)* | (ohne Pl.) P. *(Schlag, genau)* 8 Uhr ‖ **Punk|ta|ti|on** [-tsi̯-] die, -/-en: *in Punkte, Abschnitte gegliederte, übersichtliche Zusammenstellung* ‖ **Punk|te|füh|rer|schein:** *Vormerksystem mit Maluspunkten* ‖ **Punk|te|kampf** (Sport): *Meisterschaftsspiel [im Fußball]* ‖ **punk|ten** (bes. Sport) ‖ **Punk|te|rich|ter** (Sport) ‖ **Punk|te|rich|te|rin** (Sport) ‖ **Punk|te|sieg** ‖ **Punk|te|sys|tem** [-zy-]: *ein Bewertungssystem* ‖ **Punk|te|wer|tung** ‖ **punk|tie|ren:** *mit Punkten versehen;* eine punktierte Linie | (Med.) *mittels einer Hohlnadel Flüssigkeit aus einer Körperhöhle entnehmen* | (Mus.) eine punktierte *(durch einen nachgestellten Punkt um die Hälfte verlängerte)* Note ‖ **Punk|tie|rung** die, -/-en ‖ **Punk|ti|on** [-tsi̯-] die, -/-en (Med.): *[Gewebs-]entnahme mittels Einstich* ‖ **pünkt|lich** ‖ **Pünkt|lich|keit** die, - ‖ **punk|to:** *hinsichtlich;* p. Geld; → in puncto ‖ **punkt|schwei|ßen,** punktgeschweißt (nur Inf. und Part.) ‖ **punk|tu|ell:** *Punkt für Punkt; einen bestimmten [Zeit]punkt betreffend* ‖ **Punk|tum:** und damit P. *(Schluss)*!
Punsch der, -[e]s/-e ⟨Hindi-engl.⟩: *alkoholhältiges Mischgetränk mit Rum* ‖ **Punsch|gla|sur:** *[Torten]glasur aus Punschmasse* ‖ **Punsch|hüt|te:** *Verkaufsstand, der [während der Weihnachtszeit] Punsch u Ä ausschenkt* ‖ **Punsch|krap|ferl** das, -s/-[n]: *eine Mehlspeise* ‖ **Punsch|mas|se:** *Masse aus Rum, Eiern, Biskuit ua.*
Pun|ze die, -/-n ⟨it.⟩: *eingestanztes offizielles Zeichen zur Angabe des Edelmetallgehalts* | *Stahlstab für Treib- und Ziselierarbeit* ‖ **pun|zie|ren** ‖ **Pun|zie|rung** die, -/-en
pu|pil|lar ⟨lat.⟩ (Med.): *die Pupille betreffend* ‖ **Pu|pil|le** die, -/-n: *Sehloch im Auge* ‖ **Pu|pil|len|er|wei|te|rung** (Med.)
Pup|pe die, -/-n: *ein Spielzeug; Schaufensterpuppe* | (Zool.) *ein Entwicklungsstadium von Insekten;* die P. eines Schmetterlings ‖ **Pup|pen|film:** *Trickfilm mit Puppen* ‖ **Pup|pen|ge|sicht** ‖ **pup|pen|haft** ‖ **Pup|pen|haus** ‖ **Pup|pen|spiel:** *Theaterspiel mit Puppen, zB Marionetten* ‖ **Pup|pen|spie|ler** ‖ **Pup|pen|spie|le|rin** ‖ **Pup|pen|the|a|ter:** *Handpuppen-, Marionettentheater* ‖ **Pup|pen|wa|gen** ‖ **Pup|perl** das, -s/-[n]: *kleine Puppe* | (ugs.) *herziges kleines Mädchen* | (sal., veraltet) *Freundin*
pur ⟨lat.⟩: *rein, unvermischt;* pures Gold; aus purem Übermut
Pü|ree das, -s/-s ⟨fr.⟩: *ein Brei;* → pürieren
Pur|ga|to|ri|um das, -s ⟨lat.⟩: *Fegefeuer; Ort der Läuterung*
Pur|gier|mit|tel ⟨lat.⟩ (Med.): *Abführmittel*
pü|rie|ren ⟨fr.⟩: *zu Püree machen*
Pu|rim [auch: -'iːm] das, -s ⟨hebr.⟩: *ein jüdisches Fest*
Pu|ris|mus der, - ⟨lat.⟩: *übertrieben strenge Anschauung, zB über die Reinhaltung der Sprache von Fremdwörtern* ‖ **pu|ris|tisch** ‖ **Pu|ri|ta|ner** der, -s/-: *Anhänger einer kirchlich-politischen Bewegung*

P

der Reformation (in England und Nordamerika) | *übertrieben sittenstrenger Mensch* ‖ **Pu|ri|ta|ne|rin** die, -/-innen ‖ **pu|ri|ta|nisch** ‖ **Pu|ri|ta|nis|mus** der, - ⟨lat.-engl.⟩

Pur|kers|dorf: *Stadt in Niederösterreich*

Pur|pur der, -s ⟨gr.-lat.⟩: *eine rote Farbe* | *das purpurfarbene Gewand [der Kardinäle]* ‖ **Pur|pur|man|tel** ‖ **pur|purn:** eine purpurne Robe ‖ **pur|pur|rot**

Pur|zel|baum: einen P. *(einen Überschlag, eine Rolle)* machen ‖ **pur|zeln:** ich purzle über die Stiege

pu|schen = **pu|shen** [-ʃ-], du pusch[s]t (= push[s]t) ⟨engl.⟩ (sal.): *antreiben;* jemanden zum Erfolg p. ‖ **Push-up-BH** [-ʌp beha:]: *BH, der den Busen ausformt;* → Wonderbra

Pus|te die, - (bes. D, sal.): ihm geht die P. *(der Atem; die Kraft)* aus

Pus|tel die, -/-n ⟨lat.⟩: *Wimmerl, Eiterbläschen*

pus|ten (bes. D): *blasen*

Pus|ter|tal das, -[e]s (OstT, SüdT)

Pusz|ta [-st-] die, -/Puszten ⟨ung.⟩: *Grassteppe in Ungarn, im Burgenland*

pu|ta|tiv ⟨lat.⟩ (Jus): *vermutet, vermeintlich* ‖ **Pu|ta|tiv|not|wehr** (Jus): *Abwehr einer vermeintlichen, aber nicht bestehenden Gefahr*

Pu|te die, -/-n: *Truthenne* ‖ **Pu|ten|fleisch** ‖ **Pu|ten|rol|ler:** *Rollbraten aus Putenfleisch* ‖ **Pu|ten|schnit|zel** ‖ **Pu|ter** der, -s/- (selten): *Truthahn* ‖ **pu|ter|rot:** vor Zorn, Scham p. werden

Putsch der, -[e]s/-e: *politischer Handstreich, Umsturz* ‖ **put|schen,** du putsch[s]t ‖ **Put|schist** der, -en/-en: *ein Aufständischer* ‖ **Put|schis|tin** die, -/-innen ‖ **Putsch|ver|such**

Put|te die, -/-n = **Put|to** der, -s/ Putti [Putten] ⟨lat.-it.⟩: *kleine Engelsfigur; nackte Kinderfigur in der bildenden Kunst*

Putz der, -es/-e: *Maueranwurf aus Mörtel, Verputz;* auf den P. hauen *(ausgelassener Stimmung sein und dabei viel Geld ausgeben; prahlen)* | (ohne Pl.) *Schmuck, Aufmachung* ‖ **Put|ze** die, -/-n (D, ugs.): *Putzfrau* ‖ **put|zen,** du putzt: ein geputzter *(chemisch gereinigter)* Anzug ‖ **Put|zer** der, -s/-: *jemand, der putzt* | (ugs.) *Verweis, Tadel* ‖ **Put|ze|rei** die, -/-en: *Reinigungsanstalt [für Kleidung]* ‖ **Put|ze|rin** die, -/-innen

Put|zerl das, -s/-[n], *auch:* Butzerl (ugs.): *kleines Kind*

Putz|fet|zen: *Putztuch* ‖ **Putz|fim|mel** der, -s (ugs., abw.): *Neigung zu übertrieben häufigem oder gründlichem Reinigen* ‖ **Putz|frau**

put|zig: ein putziges *(herziges)* Kind

Putz|lap|pen ‖ **Putz|mann** ‖ **Putz|mit|tel**

putz|mun|ter: *hellwach*

putz|süch|tig ‖ **Putz|tuch**

puz|zeln [pʌzln, auch: 'puts-] ⟨engl.⟩ ‖ **Puzz|le** [pʌzl] das, -s/-s: *ein Legespiel* ‖ **Puzz|ler** der, -s/- ‖ **Puzz|le|rin** die, -/-innen

PVC [pe faʊ 'tse:] das, -[s]: **Polyvi**nylchlorid *(ein Kunststoff)* ‖ **PVC-Be|lag**

Pyg|mäe [py-ɛ:ɛ] der, -n/-n ⟨gr.⟩: *Angehöriger eines kleinwüchsigen Volkes in Afrika* ‖ **Pyg|mä|in** die, -/-innen ‖ **pyg|mä|isch:** *kleinwüchsig*

Pyhrn [py-, auch: pi-] der, -[s]: *Pyhrnpass in Oberösterreich, der Steiermark* ‖ **Pyhrn|au|to|bahn:** *Autobahn über den Pyhrnpass* ‖ **Pyhrn|pass**

Py|ja|ma [pidʒ-, auch: py-] der, -s/-s ⟨Hindi-engl.⟩: *Schlafanzug*

Py|k|ni|ker ['py-] der, -s/- ⟨gr.⟩ ‖ **Py|k|ni|ke|rin** die, -/-innen ‖ **py|k|nisch:** *untersetzt, dickleibig*

Py|ra|mi|de [py-, auch: pi-] die, -/-n ⟨ägypt.-gr.-lat.⟩: *ein geometrischer Körper* | *altägyptisches Königsgrabmal* ‖ **py|ra|mi|den|för|mig**

Py|re|nä|en [py-ɛ:(ɛ)n] die (Pl.): *ein Gebirgszug in Spanien und Frankreich*

Py|ro|ma|ne [py-] der, -n/-n ⟨gr.⟩ ‖ **Py|ro|ma|nie** die, - (Med., Psych.): *krankhafter Trieb zur Brandstiftung* ‖ **Py|ro|ma|nin** die, -/-innen ‖ **Py|ro|tech|nik** die, -: *Feuerwerkskunst*

Pyr|rhus|sieg [py-]: *unter zu großen Opfern errungener Erfolg; Scheinerfolg (nach einem antiken König)*

py|tha|go|rä|isch (Math.): der pythagoräische Lehrsatz *(nach dem Griechen Pythagoras)* ‖ **py|tha|go|re|isch** (bes. D): *pythagoräisch*

Py|thon ['py:-] der, -s/-s (-en [-'o:-]): *eine Riesenschlange (nach einem Ungeheuer der griechischen Sage)* ‖ **Py|thon|schlan|ge**

P

q Q

q [kveː, Math. und D: kuː] das, -/- (Kleinbuchstabe): das q im Wort *quer* | Zentner
Q [kveː] das, -/- (Großbuchstabe): das Q im Wort *Quelle*
Qi [tʃi, tçi] = → Chi ‖ **Qigong** [-'gʊŋ] das, -[s] ⟨chin.⟩: *eine chinesische Heilmethode, Übungen für Geist und Körper*
qm (veraltet): **Quadratmeter** (m^2)
Quacksalber der, -s/- (abw., veraltend): *jemand, der Kranke mit fragwürdigen Mitteln und Methoden behandelt; Kurpfuscher* ‖ **Quacksalberei** die, -/-en (abw., veraltend) ‖ **Quacksalberin** die, -/-innen (abw., veraltend) ‖ **quacksalbern** (abw., veraltend)
Quaddel die, -/-n: *juckende Anschwellung der Haut [beim Berühren von Brennnesseln]* ‖ **quaddeln** (Med.): *eine Serie von Injektionen unter die Haut setzen*
Quade der, -n/-n: *Angehöriger eines germanischen Volksstammes der Antike*
Quader der, -s/-[n] ⟨lat.⟩: *ein aus Rechtecken bestehender geometrischer Körper* | *rechtwinkelig behauener Steinblock*
Quadrant der, -en/-en ⟨lat.⟩: *Viertel eines Kreises* | (früher) *ein Messinstrument*
Quadrat das, -[e]s/-e ⟨lat.⟩: *gleichseitiges rechtwinkeliges Viereck* | *zweite Potenz einer Zahl* ($3^2 = 3 \cdot 3 = 9$) ‖ **quadratisch** ‖ **Quadratkilometer** der = das, -s/- (km^2) ‖ **Quadratmeter** (m^2) ‖ **Quadratmeterpreis:** ein hoher Q. ‖ **Quadratur** die, -/-en (Math.): *Umwandlung in ein flächengleiches Quadrat* | die Q. des Kreises *(eine grundsätzlich unlösbare Aufgabe)* ‖ **Quadratwurzel** ($\sqrt{\ }$): *zweite Wurzel aus einer Zahl;* $\sqrt{9} = 3$ ‖ **quadrieren:** *eine Zahl mit sich selbst multiplizieren*
Quadriga die, -/Quadrigen ⟨lat.⟩: *antiker zweirädriger Wagen mit vier Pferden, Viergespann*
Quadrille [k-'il, fr.: -'ij] die, -/-n ⟨span.-fr.⟩: *ein Tanz*
Quadrillion die, -/-en ⟨lat.-fr.⟩: *eine Million Trillionen*
Quadrofonie = **Quadrophonie** [-f-] die, - ⟨lat.+gr.⟩: *Stereophonie mit vier Tonkanälen;* → Monofonie
quaken: Frösche q. | (abw.) *ohne Sinn reden, [nasal] plappern* ‖ **quäken** (abw.): *schrill tönen, jammern;* ein quäkendes Baby
Quäker der, -s/- ⟨engl.⟩: *Angehöriger einer bestimmten christlichen Glaubensgemeinschaft* ‖ **Quäkerin** die, -/-innen ‖ **Quäkertum** das, -s
Quakfrosch (Kinderspr.): *Frosch*
Qual die, -/-en: *Empfindung körperlichen oder seelischen Schmerzes, Leidens* ‖ **quälen:** Tiere soll man nicht q. | sich im Fitnessstudio q. *(abplagen, sehr anstrengen)* ‖ **Quälerei** die, -/-en ‖ **Quälgeist:** *jemand, der jemanden stark beansprucht*
Quali die, -/-s ⟨lat.-fr.⟩ (sal.) (bes. Sport): *Kurzwort für Qualifikation* ‖ **Qualifikation** [-tsi̯-] die, -/-en: ihm fehlt die nötige Q. *(Befähigung)* | (Sport) *Vorausscheidung, Wettkampf, der über die Teilnahme an einem weiteren Wettbewerb entscheidet* ‖ **Qualifikationsspiel** (Sport) ‖ **qualifizieren:** sein Talent qualifiziert *(befähigt)* ihn zu Höherem; eine qualifizierte *(geeignete, fachkundige)* Mitarbeiterin; → qualifiziert | sein Handeln als Angriff q. *(einstufen)* | (Sport) sich für einen sportlichen Wettbewerb q.; → G.: disqualifizieren ‖ **qualifiziert:** qualifizierter Arbeiter *(Facharbeiter)* | etwas mit qualifizierter *(mit der dafür notwendigen)* Mehrheit *(zB Zweidrittelmehrheit)* beschließen; → qualifizieren ‖ **Qualifying** ['kwɒlıfaı-] das, -s/-s ⟨engl.⟩ (Sport): *Qualifikation [in der Formel 1]*
Qualität die, -/-en ⟨lat.⟩: ein Stoff von besonderer Q. *(Güte);* sie hat bemerkenswerte Qualitäten *(Vorzüge, Stärken)* ‖ **qualitativ** [auch: 'kva-]: *dem Wert, der Beschaffenheit nach* ‖ **Qualitätsarbeit:** *gediegene Arbeit* ‖ **qualitätsbewusst** ‖ **Qualitätsklasse:** Q. I *([römisch] eins)* ‖ **Qualitätskontrolle** ‖ **Qualitätsmanagement** [-mænıdʒm-] ‖ **Qualitätsminderung** ‖ **Qualitätsunterschied:** keinen Q. feststellen können ‖ **Qualitätswein:** *Bezeichnung für einen Wein von besonderer Qualität*
Qualle die, -/-n: *ein gallertartiges Meerestier, Meduse*
Qualm der, -[e]s: *dichter Rauch* ‖ **qualmen:** der Ofen qualmt | (abw.) *rauchen*
qualvoll
Quant das, -s/-en ⟨lat.⟩ (Phys.): *kleinste unteilbare Menge [der Strahlenenergie]*
Quäntchen das, -s/- ⟨lat.⟩ (geh., veraltet): *eine kleine Menge, ein bisschen;* ein Q. Zucker, ein Q. Glück ‖ **quäntchenweise**
Quantenelektronik ⟨lat.+gr.⟩: *ein Teilgebiet der Physik* ‖ **Quantenmechanik** (Phys.) ‖ **Quantensprung** (Phys.); → Quant | *bedeutsamer Fortschritt* ‖ **Quantentheorie** die, -: *eine atomphysikalische Theorie* ‖ **quantifizieren:** *zahlenmäßig erfassen, in Zahlen oder Verhältnissen ausdrücken* ‖ **Quantität** die, -/-en: *Menge, Anzahl, Ausmaß* ‖ **quantitativ** [auch: 'kva-]: *nach Menge, Anzahl, Ausmaß* ‖ **Quantité négligeable** [kɑ̃ti'te negli'ʒabl] die, - -/-s -s [-'te -'ʒabl] ⟨fr.⟩: *geringfügige, daher belanglose Menge oder Größe* ‖ **Quantum** das, -s/Quanten: *bestimmte Menge*
Quarantäne [k-n(ɛ), auch: kv-] die, -/-n ⟨lat.-fr.⟩: *Isolierung von vermutlich kranken Personen oder Tieren, um die Ansteckung anderer zu verhindern* ‖ **Quarantänestation** [-ʃtatsi̯-]
Quargel[1] der (auch: das), -s/-, *auch:* die, -/-n: *ein stark riechender Käse* ‖ **Quargel**[2] der, -s (ugs., abw.): *etwas Wertloses, Unsinniges*
Quark[1] der, -s/-e ⟨slaw.⟩ (D): *Topfen* | (reg., ugs.) *etwas Wertloses, Unsinniges*
Quark[2] [kwɔːk, -ɑːk] das, -s/-s ⟨engl.⟩ (Phys.): *ein nur indirekt nachweisbares Elementarteilchen, Bestandteil von zB Protonen und Neutronen*
Quart die, -/-en = Quarte, -/-n ⟨lat.⟩ (Mus.): *Intervall der 4. Tonstufe;* die Gitarre in Quarten stimmen ‖ **Quartal** das, -s/-e: *Vierteljahr* ‖ **Quartalsäufer** (abw. bzw. scherzh.): *periodisch Trunksüchtiger* ‖ **Quartalsäuferin** (abw. bzw. scherzh.) ‖ **quartalsweise** ‖ **Quartär** das, -s (Geol.): *letzter Abschnitt der Erdgeschichte (bis in die Gegenwart)* ‖ **Quarte** = → Quart ‖ **Quartett** das, -[e]s/-e ⟨lat.-it.⟩: *Musikstück für vier Gesangsstimmen oder Instrumente* | *die vier Ausführenden eines solchen Musikstücks* | *ein Karten-*

Q

spiel || **Quartformat:** *ein Papierformat* || **Quartier** das, -s/-e ⟨lat.-fr.⟩: *Unterkunft, Wohnung* | (veraltet) *Wohnviertel* || **quartieren:** *einquartieren, unterbringen* || **Quartsextakkord** (Mus.): *Umkehrung des Dreiklangs mit der Quint zuunterst*

Quarz der, -es/-e: *ein Mineral* || **Quarzglas** || **quarzhältig,** *auch:* quarzhaltig || **Quarzit** der, -s/-e: *ein Gestein* || **Quarzkristall** || **Quarzlampe** || **Quarzuhr**

Quasar der, -s/-e ⟨engl.⟩: *Stern [-system] mit starker elektromagnetischer Strahlung*

quasi ⟨lat.⟩: *gewissermaßen, gleichsam;* sich q. überflüssig fühlen

Quaste die, -/-n: eine Vorhangschnur mit Q. *(Büschel aus Fäden, Fransen)* || **Quastenflosser** der, -s/-: *ein urtümlicher Fisch*

Quästur die, -/-en ⟨lat.⟩: *Kassa an einer Universität* | (SüdT) *Polizeidirektion*

Quatember der, -s/- ⟨lat.⟩ (kath.): *ein Bußtag*

Quatsch der, -[e]s (ugs.): *wässriger Straßenkot; Schlamm* | (sal., abw.) *Unsinn, dummes Gerede* || **quatschen,** du quatsch[s]t: *sich unterhalten;* ein paar Worte mit jemandem q. | (abw.) *dumm daherreden* | (abw.) *tratschen* || **Quatscherei** die, -/-en (abw.)

Quattrocento [kua-'tʃɛ-] das, -[s] ⟨it.⟩: *das 15. Jh. und seine Kunst in Italien*

Québec [ke'bɛk, engl.: 'kvi:-]: *französischsprachige Provinz Kanadas*

Quechua ['kɛtʃu̯a] das, -[s] ⟨indian.⟩: *eine Indianersprache, zweite Amtssprache in Peru*

Quecke die, -/-n: *ein Unkraut*

Quecksilber das, -s (Zeichen: Hg): *ein chemisches Element, ein flüssiges, giftiges Schwermetall;* → Hydrargyrum || **quecksilberhältig,** *auch:* quecksilberhaltig || **quecksilberig** → quecksilbrig || **quecksilbern** || **Quecksilbersäule:** die Q. *(die Temperatur [im Thermometer])* sinkt || **Quecksilbervergiftung** (Med.) || **quecksilbrig,** *auch:* quecksilberig: *lebhaft*

Queen [kwi:n] die, -/-s ⟨engl.⟩: *Bezeichnung der englischen Königin*

Quell der, -[e]s/-e (geh.): *Quelle* || **Quellbewölkung** || **Quellcode** [engl.: -kəʊd] = → Quellkode || **Quelle** die, -/-n: eine sprudelnde Q. | Informationen aus verlässlicher Q. | die Quellen *(die für die Arbeit herangezogenen Texte)* zitieren || **quellen**[1], quoll/gequollen: *herausfließen, hervordringen;* Blut quillt aus seiner Wunde; vor Neugier quollen ihm fast die Augen aus dem Kopf || **quellen**[2], quellte/gequellt: *zum Aufgehen bringen;* man quellt Bohnen im Wasser || **Quellenangabe:** *Herkunftsangabe einer Information, zB für eine Zeitungsmeldung* || **Quellenmaterial:** *Gesamtheit der Quellen einer [wissenschaftlichen] Arbeit* || **Quellensteuer** (Bankw., Wirt.): *Einkommensteuer, die an der Quelle eingehoben wird, zB Kapitalertragsteuer* || **quellfrisch** || **Quellgebiet** || **Quellkode** [-ko:t] = Quellcode [engl.: -kəʊd] (EDV): **Quellschutzgebiet** || **Quellwasser** || **Quellwolke:** *Kumulus*

Quendel der, -s/- (reg.): *Thymian*

quengeln, ich quengle: *raunzen* || **quengelig** = **quenglig**

quer

> **quer**
>
> **Getrenntschreibung, wenn die Hauptbetonung auf dem Verb liegt:**
> - kreuz und quer gehen
> - sich im Bett quer legen; *aber zusammen:* sich bei einem Projekt querlegen
> - den Kasten quer stellen
>
> **Zusammenschreibung, wenn die Betonung auf „quer" liegt:**
> - das Projekt wird quergehen *(missglücken)*
> - sich bei einer Sache querlegen *(Widerstand leisten)*
> - querschießen *(Schwierigkeiten bereiten)*
> - sich querstellen *(Widerstand leisten)*
>
> **Getrennt- und Zusammenschreibung mit adjektivisch gebrauchten Partizipien:**
> - die Bluse ist quer gestreift (= quergestreift)

Querachse [-ks-] || **Querbalken** || **Querdenker:** *jemand, der unkonventionelle Ansichten vertritt* || **Querdenkerin** || **querdurch** || **Quere** die, -: jemandem in die Q. kommen *(jemanden stören, behindern)* || **Quereinsteiger** der, -s/-: der neue Minister ist ein Q. *(war vorher nicht Politiker)* || **Quereinsteigerin** die, -/-innen

Querele die, -/-n ⟨lat.⟩ (meist Pl.) (geh.): *Streit; Beschwerde, Klage*

queren: einen Hang q.; → quer || **querfeldein:** q. *(mitten durch die Felder und Wiesen)* gehen || **Querfeldeinlauf** (Sport): *Crosscountry* || **Querflöte:** *eine Flöte* || **Querformat** → Hochformat || **quergehen:** *missglücken;* → quer || **quer gestreift** = **quergestreift** || **Querholz:** *Balken in Querlage* || **Querkopf** (abw.): *Dickschädel* || **querköpfig** || **Querlage** (Med.): *eine Geburtslage* || **Querlatte** || **querlegen** sich: *Widerstand leisten; aber:* sich im Bett quer legen; → quer || **Querlinie** [-i̯ɛ] || **Querpass** (Sport) || **Querpfeife:** *eine Flöte, Schwegel* || **querschießen:** *Schwierigkeiten bereiten;* → quer || **Querschiff** (Arch.): *Raumteil [eines Doms] quer zum Mittelschiff/zur Längsachse* || **Querschläger:** *Geschoß, das abprallend abgelenkt wird* || **Querschnitt:** *charakteristische Auswahl;* ein repräsentativer Q. | ein Bauwerk im Q. darstellen; → Längsschnitt || **querschnittgelähmt** = querschnittsgelähmt: *durch Verletzung des Rückenmarks gelähmt* || **Querschnittlähmung** || **querschnittsgelähmt** = → querschnittgelähmt || **Querschuss:** *unerwarteter Störungsversuch* || **Querseite** || **querstellen** sich: *Widerstand leisten; aber:* den Kasten quer stellen; → quer || **Querstraße** || **Querstrich** || **Quersumme** (Math.): *Ziffernsumme einer mehrstelligen Zahl* (zB 315 = 9) || **Quertreiber** der, -s/- (abw.) || **Quertreiberei** die, -/-en (abw.): *Versuch, die Absichten anderer zu durchkreuzen* || **Quertreiberin** die, -/-innen (abw.)

Querulant der, -en/-en ⟨lat.⟩ (abw.): *jemand, der sich wegen jeder Kleinigkeit beschwert* || **Querulantentum** das, -s (abw.) || **Querulantin** die, -/-innen (abw.) || **querulieren** (abw.)

Querverbindung: eine Q. *(eine Verbindung zwischen verschiedenen Wissensgebieten)* herstellen || **Querverkehr**

Quetsche die, -/-n (ugs., abw.): *kleiner Betrieb* | (ugs., meist scherzh.) *Ziehharmonika, Akkordeon* || **quetschen,** du quetsch[s]t: sich einen Finger q. || **Quetsch-**

Q

fal|te: *eine Falte [in der Rockmitte]* ‖ **Quet|schung** die, -/-en ‖ **Quetsch|wun|de**

Queue [kø:] der = das, -s/-s ⟨fr.⟩: *Billardstock*

Quiche [kiʃ] die, -/-s [kiʃ] ⟨fr.⟩: *ein runder mit Speck, Käse, Gemüse oÄ belegter Kuchen;* Q. Lorraine [- -ˈrɛn] *(Lothringer Speckkuchen)*

Qui|ckie [ˈkwiki] der, -s/-s ⟨engl.⟩ (ugs., sal.): *Schnellschuss* | *schneller Liebesakt*

quick|le|ben|dig: *sehr lebhaft*

Quick|stepp [kw-st-] der, -s/-s, *engl. auch:* Quickstep ⟨engl.⟩: *ein Tanz*

quie|ken: quiekende Schweine

qui|es|zie|ren ⟨lat.⟩ (Amtsspr., veraltet): *in den vorzeitigen Ruhestand versetzen* ‖ **Qui|es|zie|rung** die, -/-en (Amtsspr., veraltet) ‖ **Qui|e|tis|mus** der, - (Rel.): *mystische Strömung im 17. Jh.*

quiet|schen, du quietsch[s]t: eine quietschende Haustür ‖ **quietsch|fi|del** ‖ **quietsch|vergnügt:** *sehr vergnügt, unbeschwert heiter*

quil|len (geh., veraltet): *quellen*[1]

Quint die, -/-en = **Quin|te,** -/-n ⟨lat.⟩ (Mus.): *Intervall der 5. Tonstufe;* die Violine in Quinten stimmen ‖ **Quint|es|senz:** *Hauptinhalt; Kern einer Sache* ‖ **Quintett** das, -[e]s/-e ⟨lat.-it.⟩: *Musikstück für fünf Gesangsstimmen oder Instrumente* | *die fünf Ausführenden eines solchen Musikstücks*

Qui|ri|nal der, -s = **Qui|ri|nals|palast** der, -[e]s: *Amtssitz des italienischen Staatspräsidenten in Rom*

Quirl der, -[e]s/-e: *Sprudler* ‖ **quirlen** ‖ **quir|lig:** *lebhaft, unruhig*

quitt: wird sind q. *(sind einander nichts mehr schuldig);* → quittieren

Quit|te [k-, auch: kv-] die, -/-n: *ein Obstbaum* | *dessen Frucht* ‖ **Quitten|baum** ‖ **Quit|ten|kä|se,** *auch:* Quittenkäs: *schnittfestes Quittengelee*

quit|tie|ren ⟨lat.-fr.⟩: eine Rechnung q. *(bestätigen);* → quitt | den Dienst q. *(aufgeben)* ‖ **Quittung** die, -/-en: *Empfangsbestätigung*

Quiz [-s, engl.: kwɪz] der = das, -/- ⟨engl.⟩: *ein Frage-und-Antwort-Spiel* ‖ **Quiz|fra|ge** ‖ **Quiz|mas|ter** [-ɑ:s-]: *Leiter einer Quizveranstaltung* ‖ **Quiz|mas|te|rin**

quod erat de|mons|tran|dum ⟨lat.⟩ (wörtl.: was zu beweisen war)

Quod|li|bet das, -s/-s ⟨lat.⟩ (wörtl.: was beliebt) (Mus.): *Scherzkomposition mit mehreren bekannten Melodien gleichzeitig*

quoll → quellen[1]

Quo|rum das, -s/Quoren ⟨lat.⟩ (bes. Jus): *für die Beschlussfähigkeit erforderliche Mindestzahl an Stimmberechtigten bzw. Stimmen insgesamt*

Quo|te die, -/-n ⟨lat.⟩: *Anteil [an einer gemeinsamen Zahlung, an Fernsehpublikum]* ‖ **Quo|ten|frau** (sal., meist abw.): sie ist eine Q. *(nur ausgewählt, damit ein Frauenanteil erreicht wird);* → Alibifrau ‖ **Quo|ten|re|ge|lung:** *[Ämter]zuteilung nach bestimmten Quoten*

Quo|ti|ent [-tsi̯-] der, -en/-en: *das Ergebnis einer Division*

Deklination:
- die exakte Berechnung des Quotienten
- mit dem Quotienten (*nicht:* Quotient)
- ohne den Quotienten (*nicht:* Quotient)

quo va|dis [- v-] ⟨lat.⟩ (wörtl.: Wohin gehst du?)

Q

r R

r [ɛr] das, -/- (Kleinbuchstabe): das r im Wort *richtig* | (Laut) der r-Laut; Zungen-r (= Zungen-R)
R [ɛr] das, -/- (Großbuchstabe): das R im Wort *Reise* | **R**eaumur
r.: **r**echts
Ra: **Ra**dium
RA: **R**echts**a**nwalt, **R**echts**a**nwältin
Raab[1] die, - (ung.: Rába ['raːbɒ]): *ein Nebenfluss der Donau (St, B und Ungarn)* || **Raab**[2] (ung.: Győr [dʲøːr]): *Stadt in Ungarn*
Raabs an der Thaya [auch: 'raps - - -]: *Stadt in Niederösterreich*
Rabat: *Hauptstadt Marokkos*
Rabatt der, -[e]s/-e ⟨lat.-it.⟩: *Preisnachlass* || **Rabatte** die, -/-n: *schmales Gartenbeet* || **rabattieren** (Wirt.): *Rabatt gewähren*
Rabauke der, -n/-n ⟨niederl.⟩ (ugs.): *gewalttätige/r Jugendliche/r*
Rabbi der, -[s]/-s [Rabbinen] ⟨hebr.-lat.⟩: *Ehrentitel jüdischer Gesetzeslehrer;* → Rebbe || **Rabbiner** der, -s/-: *mosaischer Religionslehrer, Prediger und Seelsorger*
Rabe der, -n/-n: *ein mit den Krähen verwandter schwarzer Vogel* | (ugs.) *Krähe* | ein weißer R. *(eine große Ausnahme)* || **Rabeneltern** die (Pl.) (abw.): *lieblose, schlechte Eltern* || **Rabenmutter** (abw.) || **rabenschwarz** || **Rabenvater** (abw.) || **Rabenviech** = **Rabenvieh:** *ein Schimpfwort*
rabiat ⟨lat.⟩: *wütend, gewalttätig;* ein rabiater Kerl || **Rabiatperle** (reg., abw.): *minderwertiger Wein, Heckenklescher*
Rache die, -: *Genugtuung; persönliche Vergeltung für ein Unrecht;* an jemandem R. nehmen || **Racheakt** der, -[e]s/-e: *Rachehandlung* || **rachedurstig** || **Rachegelüste** die (Pl.)
Rachen der, -s/-: der R. *(Hals)* ist gerötet; jemandem etwas in den R. werfen *(es jemandem kampflos überlassen)* | (ugs.) jemandem den R. stopfen *(jemanden zum Schweigen bringen, indem man ihm etwas überlässt)*
rächen [geh.: -'ɛ-]: sich an jemandem r.
Rachenkatarr = **Rachenkatarrh** (Med.)
Rächer [geh.: -'ɛ-] der, -s/- || **Rächerin** die, -/-innen || **Racheschwur** || **rachgierig**
Rachitis die, - ⟨gr.⟩: *Vitamin-D-Mangelkrankheit, die zu Knochenerweichung führt* || **rachitisch**
Rachsucht die, - || **rachsüchtig**
Rack ['ræk] das, -s/-s ⟨engl.⟩: *Gestell [für Stereoanlagen]*
Racker der, -s/- (ugs., veraltend): *temperamentvolles Kind* || **Rackerei** die, -/-en || **rackern:** *schwer arbeiten, sich plagen*
Racket ['ræk-] das, -s/-s ⟨engl.⟩: *Tennis-, Badminton-, Squashschläger*
Raclette [-'klɛt] das, -s/-s ⟨fr.⟩: *ein Käse[gericht]* | *Kurzwort für Raclettepfanne* || **Raclettepfanne**
Rad das, -[e]s/Räder: Rad fahren; ich fuhr Rad; sie ist Rad gefahren; *aber:* beim Radfahren | unter die Räder kommen *(scheitern; moralisch verkommen)* | ein Rad schlagen *(Handstützüberschlag seitwärts);* ich schlug Rad
Radar [auch: -'aːr] das, -s/-s *(auch:* -e) ⟨engl.⟩: *in der Funkmesstechnik verwendetes Verfahren bzw. Gerät zur Ortung von Objekten, zB Flugzeugen* || **Radarfalle:** *unangekündigte Geschwindigkeitskontrolle mit Radar* || **Radargerät** || **Radarkontrolle** || **Radarpeilung** || **Radarpistole:** *Handgerät zur Geschwindigkeitsmessung [von Autos]* || **Radarschirm** || **Radarüberwachung**
Radau der, -s: *Lärm, Unfug* || **Radaubruder** (abw.)
Radball der, -[e]s/-bälle: *spezieller Ball fürs Radballspiel* | (ugs. auch mit Art. das, ohne Pl.) *eine Sportdisziplin* || **Rädchen** das, -s/-: nur ein R. im Ganzen/im Getriebe sein *(als Teil eines Systems keine Entscheidungskompetenz haben)* || **Raddampfer:** *Dampfschiff mit Schaufelradantrieb*
radebrechen, du radebrechst/er radebrechte/hat geradebrecht: *eine Fremdsprache sehr mangelhaft sprechen*
radeln, sie *ist* geradelt, ich radle (ugs.): *Rad fahren* | (Küchenspr.) sie *hat* den Teig geradelt *(mit einem Rädchen ausgeschnitten)*
Rädelsführer (abw.): *Anstifter, Anführer* || **Rädelsführerin** (abw.)
Radenthein [auch: -'taɪn]: *Marktgemeinde in Kärnten*
rädern: sich [wie] gerädert fühlen *(völlig erschöpft sein)* | (früher) *mit einer bes. grausamen Methode hinrichten* || **Räderwerk:** *die [Zahn]räder in einer Maschine* | (abw.) *bürokratische Organisation*
Radetzkymarsch [-ki-] der, -[e]s: *berühmter Marsch von Johann Strauß Vater (nach dem österreichischen Feldherrn Radetzky)*
Radfahrer || **Radfahrerin** || **Radfahrermentalität** (abw., veraltend): *die Haltung „nach oben bücken, nach unten treten"* || **Radfahrstreifen:** *Radweg* || **Radfahrweg:** *Radweg*
Radi der, -[s]/-[s] (ugs.): *Rettich* | (ugs., sal.) einen R. kriegen *(gerügt werden)*
radial ⟨lat.⟩: *strahlenförmig* || **Radiallinie** [-iɛ] (Verk.): *von der Stadtmitte zum Stadtrand führende Straßenbahn- oder Autobuslinie* || **Radialstraße** (Verk.) || **Radiästhesie** die, -: *[Lehre von der] Erdstrahlenmessung mittels Wünschelrute oder Pendel* || **Radiation** [-tsi-] die, -/-en (Phys.): *Strahlung* || **Radiator** der, -s/-en [-'oː-]: *ein Heizkörper*
Radicchio [-'ikjo] der, -s/Radicchi [-ki] ⟨it.⟩: *ein Salat*
radieren ⟨lat.⟩ || **Radierer** der, -s/- (ugs.): *Radiergummi* || **Radiergummi** || **Radierung** die, -/-en: *Abdruck eines Bildes von einer Metallplatte, in die eine Zeichnung geätzt wurde* || **Radierwuzel** = **Radierwuzerl** (ugs.)
Radieschen das, -s/-: *eine Rettichsorte*
radikal ⟨lat.-fr.⟩: *gründlich, vollständig* | (bes. Pol.) *rücksichtslos; extremistisch* || **radikalisieren:** eine Bestrebung r. *(sie rücksichtslos betreiben)* || **Radikalisierung** die, -/-en || **Radikalismus** der, -/Radikalismen: *bis zum Äußersten gehende [politische] Richtung; unduldsame Verhaltensweise* || **Radikalist** der, -en/-en || **Radikalistin** die, -/-innen || **Radikalität** die, - || **Radikalkur** || **Radikand** der, -en/-en (Math.): *Zahl, von der die Wurzel berechnet wird*
Radio das, -s ⟨lat.-engl.⟩: *Rundfunk, Hörfunk* | (mit Pl. -s, auch mit Art. der) *Radioapparat, Rundfunkgerät* || **radioaktiv:** radioaktive Strahlung *(Zerfall von Atomkernen unter Aussendung*

von Strahlen) ǁ **Ra|dio|ak|ti|vi|tät** [-v-] die, - ǁ **Ra|dio|ap|pa|rat** ǁ **Ra|dio|ge|rät** ǁ **Ra|dio|lo|ge** der, -n/-n (Med.): *Facharzt für Röntgenstrahlen, die Strahlung radioaktiver Stoffe und Durchleuchtungen* ǁ **Ra|dio|lo|gie** die, - (Med.) ǁ **Ra|dio|lo|gin** die, -/-innen (Med.) ǁ **ra|dio|lo|gisch** (Med.) ǁ **Ra|dio|pro|gramm** ǁ **Ra|dio|re|kor|der** = Radiorecorder [-k-]: *Kombination von Radio und Tonbandgerät* ǁ **Ra|dio|sen|der** ǁ **Ra|dio|son|de:** *Ballon mit Messgeräten zur Wetterforschung* ǁ **Ra|dio|we|cker**

Ra|di|sa|lat (ugs.)

Ra|ditsch der, -[es]/- ⟨friaulisch/slow.⟩ (K, ugs.): *Radicchio*

Ra|di|um das, -s ⟨lat.⟩ (Zeichen: Ra): *ein radioaktives chemisches Element* ǁ **ra|di|um|häl|tig,** *auch:* radiumhaltig ǁ **Ra|di|us** der, -/Radien [-iɛn]: *kürzeste Entfernung vom Mittelpunkt zum Rand eines Kreises oder einer Kugel*

Ra|dix die, -/Radizes (*auch:* Radices [-ts-]) ⟨lat.⟩ (Med.): *Wurzel [von Nerven, Haaren]*

Rad|kap|pe: *Abdeckung auf der Nabe von Rädern*

Rad|kers|burg → Bad Radkersburg

Rad|klam|mer: *Gerät, mit dem Falschparker von der Polizei am Wegfahren gehindert werden* ǁ **Radl** das, -s/-n (ugs.): *[kleines] Rad* | *Fahrrad* | ein R. zu viel haben *(leicht verrückt sein)* | *eine Art von abwechselnder Dienstleistung;* im R. arbeiten | ein R. *(eine Scheibe)* Wurst ǁ **Radl|bock:** *alte Form des Schubkarrens* ǁ **Rad|ler** der, -s/-: *Radfahrer* | *Erfrischungsgetränk aus Bier und Limonade* ǁ **Rad|le|rin** die, -/-innen

Ra|don [auch: -'oːn] das, -s ⟨lat.⟩ (Zeichen: Rn): *ein radioaktives chemisches Element*

Rad|ren|nen ǁ **-räd|rig** (nur in Zusammensetzungen wie zweirädrig) ǁ **Rad|sport**

Rad|stadt: *Stadt in Salzburg*

Rad|stand: *Abstand der Radachsen [bei einem Auto]* ǁ **Rad|tour** [-tuːə] ǁ **Rad|wan|der|weg** ǁ **Rad|weg:** *Radfahrweg*

raf|feln: *raspeln* ǁ **raf|fen:** *an sich reißen; Geld anhäufen* | einen Text r. *(kürzen)* | einen Stoff r. *(ihn in Falten zusammenziehen)* ǁ **Raff|gier** ǁ **raff|gie|rig**

Raf|fi|na|de die, -/-n ⟨fr.⟩: *gereinigter, gemahlener Zucker* ǁ **Raf|fi|ne|ment** [-n'mɑ̃ː] das, -s/-s: *Verfeinerung, Überfeinerung; Durchtriebenheit; Raffinesse* ǁ **Raf|fi|ne|rie** die, -/-n: *industrielle Reinigungsanlage* ǁ **Raf|fi|nes|se** [-'nɛs(ɛ)] die, -/-n: *Raffinement* ǁ **raf|fi|nie|ren:** *reinigen;* Zucker r. ǁ **raf|fi|niert:** eine raffinierte *(gekonnte, ausgeklügelte)* Problemlösung | (oft abw.) eine raffinierte *(schlaue, durchtriebene)* Person; → raffinieren

Raf|ting das, -[s] ⟨engl.⟩ (Sport): *Schlauchbootfahren in einer Gruppe auf einem Wildwasser oder auf Schnee und Eis*

Rag. (SüdT): **Ragioniere**

Rage [raːʃ, -ʒɛ] die, - ⟨fr.⟩: in R. *(Wut)* kommen

ra|gen: zum Himmel ragende Berge

Ra|g|lan [auch: 'ra-] der, -s/-s: *ein Ärmelschnitt* | *ein Mantel* ǁ **Rag|lan|schnitt**

Ra|gio|nie|re [-dʒo'njɛː-] der, -[s]/Ragionieri ⟨it.⟩ (Rag.) (SüdT): *Buchhalter, Rechnungsprüfer*

Ra|gout [-'guː] das, -s/-s ⟨fr.⟩: *eine Speise*

Rag|time ['rægtaɪm] der, -[s] ⟨engl.⟩: *ein Jazzstil* | (mit Pl. -s) *Stück im Ragtimestil*

Ra|gu|sa: *italienischer Name von Dubrovnik*

Rah die, -/-en = **Ra|he,** -/-n (Seemannsspr.): *Querstange am Mast zum Befestigen des Rahsegels*

Rahm der, -[e]s: *Obers;* saurer, süßer R.; den R. abschöpfen (auch: *sich das Beste sichern*); → rahmig

rah|men: ein Bild r. lassen ǁ **Rah|men** der, -s/-: *Einfassung [für Bilder, Fenster]* | etwas sprengt den R. *(geht über das Geplante hinaus);* aus dem R. fallen *(sich auffallend vom Üblichen unterscheiden)* ǁ **Rah|men|be|din|gung** (meist Pl.): *Voraussetzung, Eingrenzung* ǁ **Rah|men|be|stim|mung** (meist Pl.): *Rahmenbedingung* ǁ **Rah|men|er|zäh|lung** (Lit.): *eine Erzählung mit einer Rahmenhandlung* ǁ **Rah|men|ge|setz:** *Gesetz mit nur allgemeinen Richtlinien* ǁ **Rah|men|hand|lung** (Lit.): *das Hauptgeschehen umrahmende Vorgänge* ǁ **Rah|men|pro|gramm:** *Unterhaltungsprogramm neben dem Hauptprogramm*

rah|mig: rahmiges Joghurt; → Rahm ǁ **Rahm|mus** (K, S, T): *eine typische Almkost, Schmarren aus Mehl, Eiern und Rahm* ǁ **Rahm|schnit|zel** ǁ **Rahm|sup|pe**

Rah|mung die, -/-en

Rah|ne die, -/-n (reg.): *Rote Rübe* ǁ **Rah|nen|sa|lat** (reg.)

Raif|fei|sen (Wz.): *eine genossenschaftliche Vereinigung;* → Lagerhaus

Rai|mund: *männl. Vorname;* → Mundl

Rain der, -[e]s/-e: *unbebauter Grenzstreifen zwischen Feldern; Wiesenhang*

Rai|ner: *männl. Vorname*

rä|keln sich = rekeln sich, ich räkle mich: *sich behaglich strecken*

Ra|ke|te die, -/-n ⟨germ.-it.⟩: *Feuerwerkskörper* | *ein Flugkörper* ǁ **Ra|ke|ten|ab|schuss|ram|pe** ǁ **Ra|ke|ten|an|griff** (Mil.) ǁ **Ra|ke|ten|an|trieb** ǁ **ra|ke|ten|be|stückt** (Mil.) ǁ **Ra|ke|ten|wer|fer** (Mil.)

Ra|ki der, -[s]/-s ⟨türk.⟩: *ein Schnaps*

Ralf → Ralph

Ral|le die, -/-n: *ein Vogel*

Ral|lye [-li, 'ræ-] die, -/-s ⟨fr.-engl.⟩: *ein Wettbewerb im Autosport* ǁ **Ral|lye|fah|rer** ǁ **Ral|lye|fah|re|rin**

Ralph [-f], *auch:* Ralf: *männl. Vorname*

RAM [auch: ræm] das, -[s]/-[s] (EDV): **R**andom **A**ccess **M**emory *(Schreib- und Lesespeicher des Computers)*

Ra|ma|dan der, -s ⟨arab.⟩: *islamischer Fastenmonat*

Ram|ba|zam|ba das, -s/-s: *lustiges, ausgelassenes Treiben; Durcheinander, Wirbel*

Ra|mas|su|ri die, -, *auch:* Remassuri ⟨rumän.⟩ (ostöst., ugs.): *großes Durcheinander, Wirbel*

Ramm|bock (früher): *Belagerungsgerät, mit dem man Breschen in die Mauern stieß* ǁ **Ram|me** die, -/-n: *ein Stampfgerät, Fallklotz* ǁ **ram|meln** (Jägerspr.): *brünstig sein [von Hasen]; begatten;* → gerammelt ǁ **ram|men:** einen Pfahl in die Erde r. *(treiben)* | ein Boot r. *(ihm in die Seite fahren)* ǁ **Ramm|ler** der, -s/-: *Hasen-, Kaninchenmännchen* ǁ **Ramm|sporn** der, -[e]s/-e (früher): *Vorrichtung zum Rammen am Bug von Kriegsschiffen*

Ram|pe die, -/-n: *schräge Auffahrt* | (Theater) *vorderer erhöhter Bühnenrand* ǁ **Ram|pen|licht** das, -[e]s: *Beleuchtung von der Rampe aus* | im R. *(im Mittelpunkt, in der Öffentlichkeit)* stehen

ram|po|nie|ren ⟨germ.-it.⟩: ein

R

ramponiertes *(stark beschädigtes)* Auto
Ramsch der, -[e]s (ugs.): *billige, minderwertige Ware;* → verramschen
ran, *auch:* 'ran (bes. D, ugs.): *heran*
Ranch [ræntʃ] die, -/-es [-tʃɪz] ⟨span.-engl.⟩: *nordamerikanische Viehwirtschaft, Farm* ‖ **Rancher** der, -s/-[s]: *Viehzüchter, Farmer* ‖ **Rancherin** die, -/-innen
Rand der, -[e]s/Ränder: außer R. und Band *(ausgelassen, übermütig);* → zu Rande (= zurande) kommen
randalieren: randalierende *(lärmende)* Betrunkene ‖ **Randalierer** der, -s/- ‖ **Randaliererin** die, -/-innen
Randbemerkung: *Bemerkung am Rand eines Textes* | *nebenbei geäußerte Anmerkung*
Randerl das, -s/-[n] (ugs.): *ein bisschen; ein Weilchen;* noch ein R. schlafen
rändern: *mit einem Rand versehen* ‖ **Randerscheinung:** *Nebensächliches* ‖ **Randfigur** ‖ **Randgruppe** (Soz.): *gesellschaftlich isolierte, benachteiligte Gruppe von Menschen*
Randig der, -s/- (V): *Rahne* ‖ **Randigsalat** (V): *Rahnensalat*
Randlage ‖ **Randphänomen** [-f-] ‖ **Randstein** ‖ **Randstreifen** ‖ **randvoll** ‖ **Randzone**
Ranft der, -[e]s/Ränfte (reg.): *Rand, Stück von etwas* ‖ **Ranftl** das, -s/-n (bes. ostöst., mda.): ein R. *(Stück)* Brot
rang → ringen
Rang der, -[e]s/Ränge: ein Gelehrter von R. *(von Bedeutung)* | ein Theater mit drei Rängen *(Stockwerken mit Zuschauersitzen)* | jemandem den R. ablaufen *(zuvorkommen, jemanden überflügeln)* ‖ **Rangabzeichen** ‖ **Rangältester**[1] der, -n/-n, ein Rangältester: *Dienstältester* ‖ **Rangälteste**[2] die, -n/-n
Range der, -n/-n (veraltet): *wildes, schlimmes Kind; Fratz* ‖ **Rangelei** die, -/-en ‖ **rangeln,** ich rangle (ugs.): *sich balgen, ringen;* → ranggeln
Ranger ['reɪndʒə] der, -s/-s ⟨fr.-engl.⟩: *bes. für Nah- und Einzelkampf ausgebildeter Soldat*
Rangfolge
ranggeln, ich ranggle (reg.): *nach alpenländischer Art ringen;* → rangeln
ranggleich
Ranggler der, -s/- (reg.) → ranggeln
Ranghöchster[1] der, -n/-n, ein Ranghöchster ‖ **Ranghöchste**[2] die, -n/-n ‖ **Ranghöherer**[1] der, -n/-n, ein Ranghöherer ‖ **Ranghöhere**[2] die, -n/-n
Rangierbahnhof [ran'ʒiːə-, rɑ̃-] ⟨germ.-fr.⟩ ‖ **rangieren:** an erster Stelle r. *(den ersten Platz einnehmen)* | Eisenbahnwaggons r. *(verschieben)* ‖ **Rangiergleis** ‖ **Rangiergeleise** (veraltet)
Rangliste ‖ **Rangordnung:** R. *(hierarchische Ordnung)* in einer Herde | (Jus) *Rang grundbücherlicher Eintragungen* ‖ **Rangstreitigkeit** (meist Pl.) ‖ **Rangstufe** ‖ **Rangunterschied**
rank (geh.): *schlank und geschmeidig; groß gewachsen;* r. und schlank
Ranke die, -/-n: *biegsamer Pflanzenteil zum Stützen und Klettern*
Ränke die (Pl.) (geh.): R. schmieden *(etwas hinterlistig planen)*
ranken sich: der Efeu rankt *(windet, schlingt)* sich um den Baumstamm
Ränkeschmied: *durchtriebener, hinterlistiger Mann;* → Ränke ‖ **Ränkeschmiedin** ‖ **Ränkespiel** (geh.): *Intrigen*
Ranking [-'æ-] das, -s/-s ⟨engl.⟩: *Bewertung mit Rangliste* | *Bonitätseinstufung*
Ranküne die, -/-n ⟨fr.⟩ (geh., veraltet): *Intrige*
Rankweil: *Marktgemeinde in Vorarlberg*
rann → rinnen
rannn → rennen
Ränzel das, -s/- (veraltet): *Ranzen;* sein R. schnüren *(zusammenpacken, um aufzubrechen)*
ranzeln (ugs.): *ranzig riechen;* die Butter ranzelt
Ranzen der, -s/- (veraltet): *auf dem Rücken getragene [Schul]tasche; Tornister*
ranzig: ranzige *(verdorbene)* Butter
Rap [ræp] der, -s/-s ⟨engl.⟩: *rhythmischer Sprechgesang in der Popmusik;* → rappen
Raphael [-f-]: *männl. Vorname* ‖ **Raphaela** [-f-]: *weibl. Vorname*
rapid, *auch:* rapide ⟨lat.-fr.⟩: r. *(sehr rasch)* steigendes Hochwasser ‖ **Rapidität** die, -
Rapier das, -s/-e ⟨germ.-fr.⟩ (früher): *eine degenähnliche Stichwaffe*
Rappe der, -n/-n: *schwarzes Pferd* | (scherzh., veraltend) auf Schusters Rappen *(zu Fuß)*
Rappel der, -s/- (ugs.): *Anfall von Zorn, von Verrücktheit* ‖ **Rappelkopf** (veraltend): *Wirrkopf* ‖ **rappeln,** ich rapple (ugs.): *sich verrückt gebärden, spinnen*
rappen ['ræpn] → Rap
Rappen der, -s/-: *schweizerische Münze (100 R. = 1 Franken);* → berappen
Rapper ['ræpə] der, -s/- → Rap ‖ **Rapperin** die, -/-innen
Rapport der, -[e]s/-e ⟨fr.⟩: *Bericht* | *[militärische] Meldung*
Raps der, -es/-e: *eine Ölpflanze* ‖ **Rapsdiesel:** *ein Biotreibstoff* ‖ **Rapsfeld** ‖ **Rapshonig** ‖ **Rapsöl**
Raptus der, -/- [-tusse] ⟨lat.⟩ (Med.): *überraschender Wutanfall*
Rapunzel[1] der, -s/- ⟨rom.⟩ (meist Pl.): *Feldsalat, Vogerlsalat* ‖ **Rapunzel**[2]: *eine weibl. Märchenfigur* ‖ **Rapunzelsalat**
rar ⟨lat.-fr.⟩: *selten; aber:* → rarmachen ‖ **Rarität** die, -/-en: *Seltenheit; etwas Besonderes, Wertvolles* ‖ **Raritätenkabinett:** *Sammlung von merkwürdigen Gegenständen, Kuriositäten* ‖ **rarmachen** sich: *selten kommen*
rasant ⟨lat.-fr.⟩: *sehr schnell, rasend* ‖ **Rasanz** die, -
rasch: Versäumtes r. *(schnell, sofort)* nachholen
rascheln, ich raschle: raschelndes Laub
raschest = **raschestens** ‖ **Raschheit** die, -
rasen: mit dem Auto r. *(mit hoher Geschwindigkeit fahren)* | du rast vor Wut *(bist außer dir);* rasend *(wild, verrückt)* werden; etwas hat mich rasend *(wütend)* gemacht | rasende *(überaus heftige)* Zahnschmerzen
Rasen der, -s/-: *angelegte Grasfläche* ‖ **rasenbewachsen**
rasend → rasen
Rasenfläche ‖ **Rasenmäher** ‖ **Rasensprenger** der, -s/-: *automatischer Rasenspritzer*
Raser der, -s/- ‖ **Raserei** die, -/-en ‖ **Raserin** die, -/-innen
Rasierapparat ⟨fr.+lat.⟩: *Gerät zum Abscheren von Bart-, Körperhaaren; Rasierer* ‖ **Rasiercreme** [-kreːm] = Rasierkrem = Rasierkreme ‖ **rasieren** ⟨fr.⟩: sich jeden Morgen r. | (Sport) einen Ball r. *(nicht voll treffen)* ‖ **Rasierer** der, -s/- (ugs): *Rasier-*

R

apparat || **Rasierklinge** || **Rasierkrem, Rasierkreme** = → Rasiercreme || **Rasiermesser** || **rasiermesserscharf** || **Rasierwasser** || **Rasierzeug**

Räson [auch: -'zõ:] die, - ⟨fr.⟩: jemanden zur R. *(zur Einsicht; zum Nachgeben)* bringen || **räsonieren** [-zon-]: *nörgeln, besserwisserisch dagegenreden*

Raspel die, -/-n: *Feile zur Holzbearbeitung* || **raspeln:** ich rasple *(zerkleinere)* Nüsse

rass (reg.): *scharf, beißend;* rasser Kren | *würzig, pikant;* rasser Speck | *ranzig* || **räß** (V): *rass*

Rasse die, -/-n ⟨fr.⟩ (Biol., bes. Zool.): *Gruppe von Organismen, die sich von anderen derselben Art in bestimmten vererbbaren Merkmalen unterscheiden, mit diesen aber Nachwuchs haben können;* → reinrassig | (Anthropologie) *frühere Bezeichnung für [durch vererbbare Merkmale gekennzeichnete] Menschengruppen;* die weiße R.; → Rassismus; → Ethnie | (oft abw.) *ausgeprägter Menschentypus, ungewöhnlicher Menschenschlag;* sie sind eine eigene R. | R. haben *(anziehend, temperamentvoll sein);* → rassig || **Rassehund**

Rassel die, -/-n: *ein Rhythmusinstrument* | *ein Spielzeug* || **Rasselbande** (ugs., veraltend): *ausgelassene Kinderschar* || **rasseln:** ich rassle mit einer Kette; Panzer r. *(bewegen sich lärmend fort)* | (ugs.) durch die Prüfung r. *(sie nicht bestehen, durchfallen)*

Rassendiskriminierung die, - (Pol.): *Benachteiligung aus rassischen Gründen* || **Rassenhass** || **Rassentrennung** (Pol.): *Gesellschaftsordnung, in der Menschen auf Grund vererblicher äußerer Merkmale, zB Hautfarbe, nicht gleichgestellt werden;* → Apartheit || **rasserein,** *auch:* **rassenrein** (Biol.): *reinrassig* || **rassig:** ein rassiges *(feuriges, temperamentvolles)* Pferd || **rassisch:** *die Rasse betreffend* | (Jus) rassische Diskriminierung *(Benachteiligung anderer bes. auf Grund der Hautfarbe, der ethnischen oder kulturellen Zugehörigkeit);* → rassistisch || **Rassismus** der, -: *Auffassung der Überlegenheit der eigenen Art und der Minderwertigkeit anderer und deren Diskriminierung* || **Rassist** der, -en/-en: *Anhänger des Rassismus* || **Rassistin** die, -/-innen || **rassistisch:** rassistische *(rassisch diskriminierende)* Bestrebungen

Räßkäse, *auch:* Räßkäs (V): *ein scharf-würziger Käse*

Rast die, -/-en: R. halten; ohne R. und Ruh

Raste die, -/-n: *Einkerbung, in die ein [Maschinen]teil einrastet*

Rastel das, -s/- (veraltend): *ein Drahtgeflecht, -gestell, Untersatz* || **Rastelbinder** (früher): *umherziehender Kesselflicker; Siebmacher* || **Rastelbinderin** (früher)

rasten: *Rast halten, ausruhen*

Raster der = das, -s/- ⟨lat.⟩: *Liniennetz* | *Ordnungsschema* | *in viele Punkte zerlegtes Bild [in Zeitungen, auf dem Fernsehbildschirm]* || **Rasterfahndung:** *elektronischer Vergleich persönlicher Daten für kriminalpolizeiliche Ermittlung* || **Rastermikroskop:** *eine Art Elektronenmikroskop* || **Rasterung** die, -/-en: *Zerlegung eines Bildes in einzelne Punkte*

Rasthaus: *Gaststätte, bes. an Autobahnen* || **rastlos** || **Rastlosigkeit** die, - || **Rastplatz**

Raststation [-tsi̯-] || **Raststätte:** *Gasthaus für Reisende [an Autobahnen]*

Rasur die, -/-en ⟨lat.⟩: *das Rasieren* | *Ergebnis des Rasierens*

Rat¹ der, -[e]s: *Ratschlag;* jemanden um Rat fragen; jemandem mit Rat und Tat zur Seite stehen; ich weiß mir keinen Rat mehr; bei jemandem Rat suchen

Getrennt- und Zusammenschreibung:
- einen Arzt zu Rate (= zurate) ziehen
- sie hat sich Rat suchend (= ratsuchend) an mich gewandt
- die Rat Suchende = Ratsuchende

Rat² der, -[e]s/Räte: *ein Amtstitel;* Herr Rat *(Anrede für einen Richter);* → Rätin | *ein Titel;* Geistlicher R. | *Ratsversammlung* | (oft Pl.) *direkt gewähltes Gremium, das die Macht ausüben soll;* → Räterepublik

Ratatouille [-'tu:i̯] die, -/-s = das, -s/-s ⟨fr.⟩: *ein französisches Gemüsegericht*

Rate die, -/-n: *Teil eines Geldbetrags, der regelmäßig zu zahlen ist, Teilzahlung* | *Verhältnisanteil;* die R. von Frauen liegt unter 20 %

raten, du rätst/riet/geraten: *einen Rat geben;* jemandem zur Vorsicht r. | Rätsel r.; du hast gut geraten

Ratenbrief: *Urkunde über ratenweise Kaufpreiszahlung* || **Ratenkauf** || **Ratenvereinbarung** || **ratenweise:** etwas r. zahlen || **Ratenzahlung**

Räter der, -s/-, *auch:* Rätier [-tsi̯ə]: *Bewohner von Rätien;* → Rätoromane || **Räterin** die, -/-innen, *auch:* Rätierin

Räteregierung (früher) || **Räterepublik** (früher): *Staatsform, in der alle Macht von direkt gewählten Räten (Sowjets) ausgeübt wird;* → Rat²

Ratgeber || **Ratgeberin**

Rathaus || **Rathauskeller:** *Name von Lokalen im oder beim Rathaus* || **Rathausmann:** *Ritterfigur auf dem Wiener Rathausturm*

Rätien [-tsi̯-]: *römische Provinz (umfasste Vorarlberg, Teile Tirols, Süddeutschlands und der Schweiz)* || **Rätier** → Räter || **Rätierin** → Räterin

Ratifikation [-tsi̯-] die, -/-en ⟨lat.⟩: *Genehmigung [eines völkerrechtlichen Vertrages durch das Parlament]* || **ratifizieren** || **Ratifizierung** die, -/-en

Rätikon der, -s: *eine Gebirgsgruppe in Vorarlberg, Liechtenstein und der Schweiz*

Rätin die, -/-innen: *ein Titel;* → Rat²

Rating ['reɪ-] das, -s/-s ⟨engl.⟩ (Wirt.): *Bewertung von Kreditwürdigkeit und Bonität eines Unternehmens bzw. Bonität eines Wertpapiers* | (Psych.) *subjektives Verfahren zur Feststellung von Meinungen und Wertungen*

Ratio [-tsi̯o] die, - ⟨lat.⟩: *Vernunft, Grund, Absicht* | *logisches Denkvermögen* || **Ration** die, -/-en ⟨lat.-fr.⟩: *zugeteilte Menge [an Verpflegung];* eiserne R. *(Proviant für den Notfall)* || **rational** ⟨lat.⟩: *vernunftgemäß;* → G.: irrational | (Math.) rationale Zahlen *(Bruchzahlen);* → rationell || **rationalisieren** ⟨lat.-fr.⟩: die Arbeit r. *(zweckmäßiger, ökonomischer gestalten)* || **Rationalisierung** die, -/-en || **Rationalisierungsmaßnahme** || **Rationalismus** [-tsi̯-] der, - (Phil.): *Rich-*

R

tung, die nur das vernünftige Denken als Erkenntnisquelle zulässt; → Empirismus; → G.: Irrationalismus ‖ **Rationalist** der, -en/-en ‖ **Rationalistin** die, -/-innen ‖ **rationalistisch** ‖ **Rationalität** die, -

rationell
→ G.: irrationell

Nicht verwechseln!
rationell – rational
rationell bedeutet „zweckmäßig; wirtschaftlich“:
– rationell arbeiten; rationell planen und bauen
rational bedeutet „vernunftgemäß, logisch, verstandesmäßig“:
– rational denken

rationieren: *einteilen; sparsam zuteilen* ‖ **Rationierung** die, -/-en

rätisch: *Rätien betreffend*

ratlos: ich bin r. *(weiß mir keinen Rat, bin hilflos)* ‖ **Ratlosigkeit** die, -

Rätoromane [auch: -'a:-]: *Angehöriger der rätoromanischen Sprachengruppe (Friaulisch, Ladinisch, Rätoromanisch);* → Räter ‖ **Rätoromanin** ‖ **rätoromanisch** ‖ **Rätoromanisch** das, -[s] = **Rätoromanische,** -n: *die rätoromanische Sprachengruppe*

ratsam: *empfehlenswert, vorteilhaft*

Ratsche die, -/-n: *[hölzernes] Instrument, das knarrende Geräusche erzeugt* ‖ **Ratschen** die, -/- (ugs., abw.): *tratschsüchtige Person* ‖ **ratschen,** du ratsch[s]t: *die Ratsche betätigen* | (ugs., abw.) *[gedankenlos] viel, schnell und ausdruckslos reden* ‖ **Ratschenbub** ‖ **Ratscherbub** (reg.)

Ratschlag: jemandem einen R. geben *(raten)* ‖ **ratschlagen** (geh.): sie ratschlagten *(berieten)* sich ‖ **Ratschluss** (geh.): nach Gottes R. *(Willen)*

Rätsel das, -s/-: R. raten ‖ **rätselhaft:** *unerklärlich* ‖ **Rätselhaftigkeit** die, - ‖ **rätseln,** ich rätsle ‖ **Rätselraten** das, -s

Ratsfrau (früher bzw. D) ‖ **Ratsherr** (früher bzw. D): *Mitglied eines Stadtrats* ‖ **Ratskeller:** *Rathauskeller*

Rat suchend = **ratsuchend:** Rat suchende Mütter ‖ **Rat Suchende**[1] der, - -n/- -n = **Ratsuchende**[1], -n/-n, ein Rat Suchender ‖ **Rat Suchende**[2] die, - -n/- -n = **Ratsuchende**[2], -n/-n

Rattan das, -s/-e: *Peddigrohr als Material für Korbwaren, Rohrmöbel uÄ*

Ratte die, -/-n: *ein Nagetier* | (ugs., abw.) *ein Schimpfwort*

Ratten: *Ort und Gemeinde in der Steiermark*

Rattenbekämpfung

Rattenberg: *Stadt in Tirol*

Rattenfänger der, -s/-: *eine Sagengestalt* | (abw.) *demagogischer Volksverführer* ‖ **Rattengift** ‖ **Rattenschwanz:** ein R. *(eine endlose Folge)* von Schwierigkeiten

rattern: der Wagen ratterte über das Pflaster

Rattler der, -s/-: *eine Hunderasse*

Ratz der, -en/-en (mda.): *Ratte* | (Jägerspr.) *Iltis* ‖ **ratzekahl** (ugs.): etwas r. *(ganz und gar)* auffressen; r. *(völlig kahl)* scheren ‖ **ratzeputz** (ugs.): etwas r. *(ganz und gar)* aufessen

rau: eine raue *(Unebenheiten aufweisende)* Oberfläche | ein raues *(überwiegend kaltes)* Klima | eine raue Stimme | raue *(rohe)* Sitten

Raub der, -[e]s: *gewaltsamer Diebstahl* | *Beute* | (geh.) die Villa wurde ein R. der Flammen *(wurde durch Feuer völlig zerstört)* ‖ **Raubbau** der, -[e]s: *übermäßige, bedenkenlose Nutzung [von Bodenschätzen]* | mit seiner Gesundheit R. treiben ‖ **Raubdruck** der, -[e]s/-e: *unerlaubter Nachdruck [eines Buches]*

Raubein (abw.): *Grobian* ‖ **raubeinig**

rauben: *mit Gewalt entwenden* | jemandem den Verstand r. *(ihn so beeindrucken, dass er nicht mehr ordentlich denken kann)* ‖ **Räuber** der, -s/-: der R. konnte gefasst werden; er ist unter die R. gefallen *(wird schamlos ausgenützt)* ‖ **Räuberbande** ‖ **Räuberhauptmann** (früher): *Anführer einer Räuberbande* ‖ **Räuberhöhle** ‖ **Räuberin** die, -/-innen ‖ **räuberisch** ‖ **räubern** ‖ **Räuberzivil** [-v-] (sal., scherzh.): *unangemessen saloppe Kleidung* ‖ **Raubfisch** ‖ **Raubgier** ‖ **Raubkatze:** *ein Raubtier* ‖ **Raubkopie:** *unerlaubte Kopie [eines Programms, eines Videos]* ‖ **raubkopieren:** eine raubkopierte CD ‖ **Raubmord:** *Raub und Mord in Tateinheit* ‖ **Raubmörder** ‖ **Raubmörderin** ‖ **Raubritter** (früher) ‖ **Raubtier:** *Beutegreifer* ‖ **Raubtierkäfig** ‖ **Raubvogel:** *Greifvogel* ‖ **Raubzug**

Rauch der, -[e]s ‖ **Rauchabzug** ‖ **Rauchbombe:** *Bombe, die ein Rauchsignal entwickelt* ‖ **rauchen:** ich rauche nicht mehr ‖ **Rauchen** das, -s: mit dem R. aufhören ‖ **Rauchentwicklung** ‖ **Raucher** der, -s/-: R. und Nichtraucher | *Eisenbahnwaggon[abteil], in dem geraucht werden darf* ‖ **Raucherabteil** ‖ **Raucherbein** (Med.): *eine Gefäßverengung* ‖ **Räuchergefäß:** *Gefäß, in dem Räuchermittel abgebrannt werden* ‖ **Raucherhusten** ‖ **Raucherin** die, -/-innen ‖ **Räucherlachs** [-ks] ‖ **räuchern:** Fleisch r. *(selchen)* | Haus und Hof r. *(mit Weihrauch segnen)* ‖ **Räucherschinken** ‖ **Räucherstäbchen:** *ein Räuchermittel* ‖ **Rauchfahne** ‖ **Rauchfang** der, -[e]s/-fänge (ostöst.): *Kamin, Rauchabzug* ‖ **Rauchfangkehrer** der, -s/- (ostöst.): *Kaminfeger* ‖ **Rauchfangkehrerin** die, -/-innen (ostöst.) ‖ **Rauchfass:** *Metallgefäß zum Weihrauchverbrennen, Räuchergefäß* ‖ **Rauchgas** ‖ **Rauchgasvergiftung** ‖ **rauchgeschwärzt** ‖ **Rauchglas:** *rauchfarbenes Glas* ‖ **rauchgrau** ‖ **rauchig:** eine rauchige Stimme ‖ **Rauchinhaltsstoff** (meist Pl.) ‖ **Rauchküche:** *Küche mit offener Feuerstelle* ‖ **Rauchkuchl** (ugs.): *Rauchküche* ‖ **Rauchmelder** der, -s/-: *eine Alarmanlage* ‖ **Rauchpause** ‖ **Rauchsäule** ‖ **Rauchschwaden:** *Rauchwolke* ‖ **Rauchschwalbe:** *ein Vogel* ‖ **Rauchtabak** ‖ **Rauchverbot** ‖ **Rauchvergiftung** ‖ **Rauchware** (meist Pl.) (fachspr.): *Rauware* | (nur Pl.) *Tabakwaren* ‖ **Rauchwolke** ‖ **Rauchzeichen:** *mit einer Rauchwolke erzeugtes Signal*

Räude die, -/-n: *eine Hautkrankheit [bei Tieren]* ‖ **räudig:** ein räudiger *(krätziger; von Räude befallener)* Hund

rauen: *aufrauen*

rauf (ugs.): *herauf* | *hinauf* ‖ **raufarbeiten** (ugs.): *heraufarbeiten* | *hinaufarbeiten*

Raufasertapete

Raufbold der, -[e]s/-e (abw.): *Raufer*

Raufe die, -/-n: *Futtergestell mit Sprossen*

R

raufen: raufende Buben | sich aus Verzweiflung die Haare r. || **Raufer** der, -s/- || **Rauferei** die, -/-en || **Rauferin** die, -/-innen || **Raufhandel** der, -s/-händel || **Raufhansl** der, -s/-n (ugs., abw.)

raufkommen (ugs.): *heraufkommen | hinaufkommen*

Rauflust die, - || **rauflustig**

raufschalten (ugs.): *hinaufschalten* || **raufsetzen** (ugs.): *heraufsetzen | hinaufsetzen* || **raufziehen** (ugs.): *heraufziehen | hinaufziehen*

Raugraf (früher): *ein Titel*

Rauhaardackel || **rauhaarig:** ein rauhaariges Fell || **Rauheit** die, -/-en

Rauke die, -/-n: *eine Pflanze*

Raum der, -[e]s/Räume: viel R. *(Platz)* einnehmen | im nächsten R. *(Zimmer)* | etwas steht im R. *(ist als Problem aufgeworfen, aber noch nicht gelöst)* | *Weltraum* || **Raumanzug:** *Overall eines Weltraumfahrers* || **Raumausstatter:** *Geschäft für Inneneinrichtung* || **räumen:** den Saal r. || **Raumfähre:** *ein Raumfahrzeug* || **Raumfahrt** || **Raumfahrzeug** || **Raumforschung:** *Weltraumforschung* || **Raumgefühl** || **raumgreifend:** *weit ausgreifend* || **Rauminhalt:** *Volumen* || **Raumkapsel:** *Raumschiffkapsel* || **Raumklima** || **Raumkommando** || **räumlich:** räumliches *(3-dimensionales)* Denken || **Räumlichkeit** die, -/-en: *Raum* | (ohne Pl.) *räumliche Wirkung* || **Raummaß:** *Hohlmaß* || **Raummeter** der = das, -s/- (rm): *1 m^3 geschichtetes Holz* || **Raummiete** || **Raumnot** || **Raumordnung:** *Planung und Regelung der Nutzung von Grund und Boden* || **Raumpfleger** || **Raumpflegerin** || **Raumplanung** || **Raumschiff:** *ein Raumfahrzeug* || **Raumsonde:** *unbemanntes Raumfahrzeug zur Erkundung* || **Raumstation** [-tsi̯-]: *Weltraumstation* || **Raumteiler:** *Möbelstück, das den Raum in mehrere Bereiche gliedert* || **Raumtemperatur** || **Räumung** die, -/-en: *Räumungsverkauf, Abverkauf* | (Jus) *Delogierung* || **Räumungsexekution** [-tsi̯-] (Jus): *Delogierung* || **Räumungsklage** (Jus) || **Räumungstermin** || **Räumungsverkauf:** *Ausverkauf* || **Raum-Zeit-Kontinuum** (Phys.): *mehrdimensionaler Raum der Relativitätstheorie* || **raumzeitlich** (Phys.)

Raunacht: *eine der Nächte zwischen Weihnachten und dem Dreikönigstag mit besonderer Bedeutung im Brauchtum*

raunen: *flüstern*

raunzen, du raunzt (abw.): *weinerlich klagen; nörgeln* || **Raunzen** die, -/- (ugs., abw.): *Bezeichnung für eine nörgelnde, jammernde Frau* || **Raunzer** der, -s/- (abw.) || **Raunzerei** die, -/-en (abw.) || **raunzig** (ugs., abw.)

Raupe die, -/-n: *eine Entwicklungsstufe (Larve) des Schmetterlings* || **Raupenfahrzeug:** *Fahrzeug auf Raupenketten, zB Panzer, Pistenraupe* || **Raupenfraß** || **Raupenkette:** *Metallband um die Räder von Raupenfahrzeugen* || **Raupenschlepper**

Rauputz: *rauer Verputz* || **Raureif:** *Reif mit feinen Eiskristallen*

raus (ugs.): → *heraus* | → *hinaus* || **rausbacken** (ugs.): → *herausbacken*

Rausch der, -[e]s/Räusche || **rauschen,** du rausch[s]t: der Bach rauscht; der rauschende Wald | rauschender *(starker)* Beifall; rauschende *(prächtige)* Feste || **Rauschgift** || **Rauschgifthandel** || **Rauschgifthändler** || **Rauschgifthändlerin** || **rauschgiftsüchtig** || **Rauschgiftsüchtige**[1] der, -n/-n, ein Rauschgiftsüchtiger || **Rauschgiftsüchtige**[2] die, -n/-n || **rauschig** (reg., ugs.): *betrunken* || **Rauschtat** (Jus): *im Rauschzustand begangenes Delikt* || **Rauschunterdrückung** (Elektrot.): *Reduzierung der störenden Geräusche [bei CD-Playern]* || **Rauschzustand**

rausfinden (ugs.): *herausfinden | hinausfinden* || **rausfordern** (ugs.): *herausfordern* || **rausgeben** (ugs.): *herausgeben* || **rausgehen** (ugs.): *herausgehen | hinausgehen* || **raushalten** (ugs.): *heraushalten* || **rausholen** (ugs.): *herausholen* || **rauskommen** (ugs.): *herauskommen | hinauskommen* || **rauskriegen** (ugs.): *herauskriegen | hinauskriegen | herausfinden*

räuspern sich

rausreden sich (ugs.): *herausreden* || **rausrücken** (ugs.): *herausrücken | hinausrücken* || **rausscheren** sich (derb): *sich hinausscheren* || **rausschmeißen** (ugs.): *aus dem Betrieb entlassen; hinausschmeißen | herausschmeißen* || **Rausschmeißer** der, -s/- (ugs.): *Person, die unerwünschte Gäste aus dem Lokal weist* || **Rausschmiss** (ugs.): *Hinauswurf, zB Entlassung* || **rausschmuggeln** (ugs.): *herausschmuggeln | hinausschmuggeln* || **rausspringen** (ugs.): *herausspringen | hinausspringen* || **rausstellen** (ugs.): *herausstellen | hinausstellen* || **rauswerfen** (ugs.): *herauswerfen | hinauswerfen* || **Rauswurf** || **rauszögern** (ugs.): *hinauszögern*

Raut der, -[e]s/Räuter (T, K): *gerodeter Platz (häufig auch als Flurname)*

Raute[1] die, -/-n: *eine Pflanze*

Raute[2] die, -/-n: *Rhombus* || **rautenförmig**

Rauware (meist Pl.): *Pelze, Felle;* → Rauchware

Rave [reɪv] das (*auch:* der), -s/-s ⟨engl.⟩: *Veranstaltung mit [Techno]musik und Tanz* || **Raver** der, -s/- || **Raverin** der, -/-innen

Ravioli [-v-] die (Pl.) ⟨it.⟩: *eine gefüllte italienische Teigware*

Rax die, -: *ein Berg in Niederösterreich*

Rayon [-ˈjoːn, rɛˈjõː] der, -s/-s (-e [-nɛ]) ⟨fr.⟩: *Warenhausabteilung | Dienstbereich [eines Polizisten]* || **rayonieren:** *einem bestimmten Sprengel zuteilen* || **Rayonsgrenze:** *Grenze eines Arbeitsbereichs*

Razzia die, -/Razzien [-i̯ɛn] ⟨arab.-fr.⟩: *überraschender Streifzug [der Polizei]; Fahndungsstreife*

Rb: Rubidium

rd.: rund

Re: Rhenium

re- ⟨lat.⟩ (nur in Zusammensetzungen wie Regeneration, rediskontieren)

Reader [ˈriːdə] der, -s/- ⟨engl.⟩: *Buch mit Texten verschiedener Autor/innen zu einem Thema*

Reagenz das, -es/Reagenzien [-i̯ɛn], *auch:* Reagens das, -/Reagenzien [-i̯ɛn] ⟨lat.⟩ (Chem.): *Stoff, der chemisch reagiert* || **Reagenzglas,** *auch:* Reagensglas: *Probierglas [für chemische Versuche]* || **reagieren:** auf etwas r. *(darauf ansprechen)* | *eine chemische Reaktion auslösen;* die Lösung reagiert neutral || **Reaktion** [-tsi̯-] die, -/-en ⟨lat.-fr.⟩: *Wirkung; Gegenwirkung* | eine chemische R. *(Vorgang, bei dem Stoffe ihre Eigenschaften ändern)* | (ohne Pl.) (abw.) *Rückschritt; fortschrittsfeindliche politische*

Kräfte ‖ **reaktionär** (abw.): *nicht fortschrittlich* ‖ **Reaktionär** der, -s/-e (abw.) ‖ **Reaktionärin** die, -/-innen (abw.) ‖ **reaktionsfähig** ‖ **Reaktionsfähigkeit** ‖ **reaktionsschnell** ‖ **Reaktionsvermögen** ‖ **Reaktionszeit** ‖ **reaktivieren** [-v-]: *wieder in Tätigkeit setzen, in Gebrauch nehmen* ‖ **Reaktivierung** die, -/-en ‖ **Reaktor** der, -s/-en [-'o:-] ⟨lat.⟩: *Anlage zur Umwandlung [von Atomkraft in Wärme]* ‖ **Reaktorunfall**

real ⟨lat.⟩: *wirklich; realitätsbezogen* | *sachlich;* das reale *(der Kaufkraft entsprechende)* Einkommen; → reell; → G.: irreal ‖ **Realakt** der, -[e]s/-e (Jus): *faktische Handlung mit Rechtsfolgen* ‖ **Realbüro** = Realitätenbüro: *Immobilienvermittlungsbüro* ‖ **Realeinkommen:** *tatsächliche Kaufkraft des Einkommens* ‖ **Realenzyklopädie** [-tsy-, -tsi-]: *Sachlexikon, Sachwörterbuch* ‖ **Realgymnasium** [-gy-]: *eine Form der AHS* ‖ **Realien** die (Pl.): *Geschichte, Geographie und die naturwissenschaftlichen Unterrichtsfächer (in der Pflichtschule)* | *Geschichtskenntnisse, die dem Verständnis literarischer Werke dienen, zB in Latein* ‖ **Realisation** [-tsi̯-] die, -/-en: *Realisierung, Herstellung* ‖ **Realisator** der, -s/-en [-'o:-]: der R. eines Projekts ‖ **Realisatorin** die, -/-innen ‖ **realisierbar** ‖ **Realisierbarkeit** die, - ‖ **realisieren:** *verwirklichen* ‖ **Realismus** der, -: *Wirklichkeitssinn* | *Kunst- und philosophische Richtung in der Mitte des 19. Jh.* ‖ **Realist** der, -en/-en ‖ **Realistin** die, -/-innen ‖ **realistisch:** die Lage r. einschätzen ‖ **Realität** die, -/-en: *Wirklichkeit* | (meist Pl.) *Liegenschaft, Haus, Grundstück* ‖ **Realitätenbüro** = → Realbüro ‖ **Realitätenhändler** ‖ **Realitätenhändlerin** ‖ **Realitätenvermittler** ‖ **Realitätenvermittlerin** ‖ **realitätsbezogen** ‖ **realitätsfern** ‖ **Realitätssinn** ‖ **Realitätsverweigerung** ‖ **Reality-TV** [ri'æliti te'fau, -ti'vi] das, -[s] ⟨engl.⟩: *bes. wirklichkeitsnahe Fernsehsendung* ‖ **Realityshow** [-ʃəʊ] ‖ **Realkanzlei** ⟨lat.⟩: *Vermittlungsbüro für Realitäten* ‖ **Realkatalog:** *Sachkatalog in Bibliotheken* ‖ **Realkontrakt** (Jus): *Vertrag, der durch die Erfüllung des Vertragsinhalts gültig wird* ‖ **Reallast** (Jus): *Belastung eines Grundstückes durch Rentenverpflichtungen* ‖ **Reallexikon:** *Sachlexikon* ‖ **Realo**[1] der, -s/-s (Pol.): *Anhänger der Realpolitik;* → G.: Fundi ‖ **Realo**[2] die, -/-s (Pol.) ‖ **Realpolitik:** *Politik, die sich an den Möglichkeiten des Machbaren orientiert* ‖ **Realschule** (früher): *in Österreich eine Form der allgemein bildenden höheren Schule* ‖ **Real Time** ['rɪəl taım] = **Realtime** die, - (Technik): *Echtzeit;* eine Animation läuft in R. *(in derselben Zeit)* ab

Reanimation [-tsi̯-] (Med.) ‖ **reanimieren** (Med.): *wiederbeleben* ‖ **Reanimierung** die, -/-en (Med.)

Reaumur ['re:omy:ə] (R): *Gradeinteilung zur Temperaturmessung (nach einem französischen Physiker);* 18° R ; → Celsius; → Fahrenheit ‖ **Reaumurthermometer:** *Thermometer mit 80-teiliger Skala*

Rebbach = Reibach der, -s ⟨jidd.⟩ (sal.): *Gewinn, Nutzen*

Rebbe der, -[s]/-s ⟨jidd.⟩: *Rabbi*

Rebe die, -/-n: *Weinrebe*

Rebekka, *auch:* Rebecca [-k-]: *weibl. Vorname*

Rebell der, -en/-en ⟨lat.-fr.⟩: *Aufständischer* ‖ **rebellieren:** *sich auflehnen* ‖ **Rebellin** die, -/-innen ‖ **Rebellion** die, -/-en ‖ **rebellisch**

rebeln, ich reble: Trauben r. *(die Beeren vom Stängel entfernen)* | Kukuruz r. *(die Körner abreiben, abkörnen)*

Rebensaft (geh.): *Wein*

Rebhendl = **Rebhuhn**

Reblaus: *ein Schädling des Weinstocks*

Rebound ['ri:baʊnd] der, -s/-s ⟨engl.⟩ (Sport): *vom Korb oder Brett abspringender Ball (im Basketball)*

Rebschnur = Reepschnur: *eine feste Schnur*

Rebsorte ‖ **Rebsortenkunde** die, -: *Ampelographie*

Rebus der = das, -/-busse: *ein Bilderrätsel*

Receiver [rɪ'si:və] der, -s/- ⟨engl.⟩ (Elektrot.): *Rundfunkempfänger mit Verstärker*

Rechaud [-'ʃo:] der = das, -s/-s ⟨fr.⟩: *Gaskocher; Warmhaltevorrichtung für Speisen; Stövchen*

rechen: Heu r. ‖ **Rechen** der, -s/-: *ein Wiesen- und Gartengerät* | *Gitter eines Wasserwehrs* | (veraltend) *Reihe von Kleiderhaken*

Rechenanlage: *elektronische Datenverarbeitungsanlage* ‖ **Rechenaufgabe** ‖ **Rechenexempel:** *Rechenbeispiel* ‖ **Rechenfehler** ‖ **Rechengerät** ‖ **Rechenoperation** [-tsi̯-] ‖ **Rechenschaft** die, -: R. ablegen *(sich rechtfertigen);* jemanden zur R. *(Verantwortung)* ziehen ‖ **Rechenschaftsbericht** ‖ **Rechenschaftspflicht** ‖ **rechenschaftspflichtig** ‖ **Rechenschieber** (bes. früher): *eine mechanische Rechenhilfe* ‖ **Rechenstab** (früher): *Rechenschieber* ‖ **Rechenstift:** den R. ansetzen *(berechnen)* ‖ **Rechenzentrum:** *Einrichtung mit elektronischen Rechenanlagen*

Recherche [-'ʃɛrʃ] die, -/-n ⟨fr.⟩ (meist Pl.): *Nachforschung, Ermittlung* ‖ **recherchieren**

rechnen[1]: im Kopf r. | mit jemandem r. *(sich auf jemanden verlassen)* ‖ **rechnen**[2] sich (Kaufmannsspr.): etwas rechnet sich *(lohnt sich)* ‖ **Rechner** der, -s/-: *jemand, der rechnet* | *Computer* | *Taschenrechner* ‖ **Rechnerin** die, -/-innen: du bist eine gute R. ‖ **rechnerisch:** etwas r. überprüfen ‖ **Rechnung** die, -/-en: eine R. ausstellen; jemandem die R. für etwas präsentieren; mit jemandem eine [alte] R. begleichen | den Umständen R. tragen *(sie berücksichtigen);* etwas in R. stellen | R. [ab]legen (geh.: *Rechenschaft geben)* ‖ **Rechnungshof** der, -[e]s (Admin.): *Behörde zur Überprüfung der Finanzgebarung von Bund, Ländern und Gemeinden* ‖ **Rechnungslegung** die, -/-en (Kaufmannsspr.) ‖ **Rechnungsprüfer** ‖ **Rechnungsprüferin** ‖ **Rechnungsprüfung** (Wirt.): *Kontrolle der Geschäftsgebarung [eines Vereins]* ‖ **Rechnungswesen**

recht

Adverb: recht froh sein; das kann ich nicht recht glauben; jetzt erst recht

Kleinschreibung des Adjektivs:

- so ist es recht (*richtig;* Frage *Wie?*)
- das ist recht und billig *(gerecht)*
- es ist schon recht
- das ist mir [alles] recht

R

– man kann es ihm nicht recht machen *(er ist nie zufrieden)*
– Alles, was recht ist! *(Ausruf [der Entrüstung])*

Groß- und Kleinschreibung:
– ich habe recht (= **R**echt); recht (= **R**echt) haben
– recht (= **R**echt) behalten
– recht (= **R**echt) bekommen
– jemandem recht (= **R**echt) geben
– ihm ist recht (= **R**echt) geschehen

Recht das, -[e]s

Großschreibung des Nomens:
– im Recht sein
– mit [vollem] Recht
– dein Anspruch besteht zu Recht *(ist rechtmäßig)*
– Recht sprechen *(als Richter urteilen)*
– von Rechts wegen *(dem Recht entsprechend)*
– sein Recht *(die Anerkennung seiner gerechten Ansprüche)* suchen/finden
– mit Fug und Recht (geh.: *berechtigterweise*)

Mit Plural Rechte:
– die Rechte und Pflichten der Staatsbürger
– jemandem ein Recht verleihen
– ein Recht auf Urlaub haben
– Doktor der Rechte *(Rechtswissenschaften)* = Doctor iuris
– Vereinigung öffentlichen Rechts *(Körperschaft)*

rech|te: rechter Hand *(rechts);* die r. Hand des Chefs sein | (Math.) ein rechter Winkel *(90°)* | sie ist noch ein rechtes *(richtiges)* Kind | (Großschreibung) nichts **R**echtes *(Besonderes);* das **R**echte *(Richtige)* treffen; nach dem **R**echten sehen *(für Ordnung sorgen);* an den **R**echten/die **R**echte kommen *(auf die richtige Person stoßen)* | (scherzh.) du bist [mir] der **R**echte *(ein Schlingel)* ‖ **Rech|te**[1] der, -n/-n, ein Rechter (Pol.): *Angehöriger einer politisch rechts stehenden Gruppe oder Partei* ‖ **Rech|te**[2] die, -n/-n (Pol.): *weibliche Form von Rechte*[1] | die R. *(die [im Parlament] rechts stehende[n] Partei[en])* | *rechte Hand* | (im Boxsport) eine gefährliche R. *(einen Schlag mit der rechten Faust)* schlagen | (geh.) jemandem zur Rechten, zu seiner/ihrer Rechten *(rechts von jemandem)* sitzen ‖ **Recht|eck** das, -[e]s/-e ‖ **recht|eckig**

rech|ten (geh.): mit jemandem r. *(mit jemandem streiten, sich mit ihm auseinandersetzen)* ‖ **rech|tens:** *zu Recht; mit Recht; von Rechts wegen;* das ist r.; → recht; → Recht ‖ **recht|fer|ti|gen:** sein Verhalten r. *(dartun, dass man im Recht ist);* sich wegen der Anschuldigungen r. *(sich verantworten, verteidigen)* ‖ **Recht|fer|ti|gung** die, -/-en ‖ **recht|gläu|big:** *des richtigen religiösen Glaubens (aus Sicht einer bestimmten Religionsgemeinschaft); orthodox* ‖ **Recht|gläu|big|keit** die, - ‖ **Recht|ha|ber** der, -s/- (abw.) ‖ **Recht|ha|be|rin** die, -/-innen (abw.) ‖ **recht|ha|be|risch** (abw.): *immer seine Meinung durchsetzen wollend* ‖ **recht|lich:** eine rechtliche *(juristische, gesetzliche)* Entscheidung ‖ **recht|los** ‖ **Recht|lo|sig|keit** die, - ‖ **recht|mä|ßig:** der rechtmäßige Besitzer ‖ **Recht|mä|ßig|keit** die, -

rechts (r.)

Adverb:
Getrenntschreibung:
– rechts gehen/abbiegen
– rechts außen
– rechts stehen (Pol.: *wirtschaftliche und soziale Verhältnisse bewahrend sowie Werte wie Volkstum und Heimat betonend*)

Zusammen- und Getrenntschreibung mit adjektivisch gebrauchten Partizipien:
– politisch rechts stehend (= rechtsstehend)

Präposition mit Genitiv:
– rechts des Weges (= rechts vom Weg)

Rechts|ab|bie|ger der, -s/- (Verk.) ‖ **Rechts|ab|bie|ge|rin** die, -/-innen (Verk.)

Rechts|an|ge|le|gen|heit ‖ **Rechts|an|schau|ung** ‖ **Rechts|an|spruch:** ein R. *(ein gesetzliches Recht)* auf Entschädigung ‖ **Rechts|an|walt** (RA) ‖ **Rechts|an|wäl|tin** (RA) ‖ **Rechts|an|walts|kam|mer** ‖ **Rechts|an|walts|kanz|lei** ‖ **Rechts|auf|fas|sung** ‖ **Rechts|aus|kunft:** *Auskunft in Rechtsangelegenheiten*

Rechts|au|ßen der, -/- (Sport): er spielt R. (= rechts außen) *(als rechter Flügelstürmer)*

Rechts|be|griff ‖ **Rechts|bei|stand:** *rechtskundiger Helfer, Rechtsanwalt* | (ohne Pl.) *Rechtshilfe* ‖ **Rechts|be|leh|rung** ‖ **Rechts|be|ra|ter** ‖ **Rechts|be|ra|te|rin** ‖ **Rechts|be|ra|tung** ‖ **Rechts|beu|gung** die, -/-en (Jus): *unrichtige Gesetzesanwendung durch Richter, Behörden ua.* ‖ **Rechts|be|wusst|sein** ‖ **Rechts|bre|cher** der, -s/-: *jemand, der gegen das Gesetz verstößt* ‖ **Rechts|bre|che|rin** die, -/-innen ‖ **Rechts|bruch** ‖ **recht|schaf|fen:** ein rechtschaffener *(anständiger)* Mensch | r. *(sehr)* müde sein ‖ **Recht|schaf|fen|heit** die, - ‖ **recht|schrei|ben:** nicht r. können *(viele Rechtschreibfehler machen); aber:* nicht recht schreiben können *(ungeschickt schreiben)* ‖ **Recht|schrei|ben** das, -s: wir üben R. (= rechtschreiben) ‖ **Recht|schreib|feh|ler** ‖ **Recht|schreib|re|form** ‖ **Recht|schrei|bung** die, -: *Orthografie*

Rechts|drall der, -[e]s: *Rechtsdrehung [des Geschoßes im Lauf]* | (Pol.) *Tendenz nach rechts* ‖ **rechts|dre|hend** (Phys.): *im Uhrzeigersinn* ‖ **Rechts|dre|hung**

Rechts|emp|fin|den

rechts|ex|trem (Pol.): *politisch radikal rechts stehend* ‖ **Rechts|ex|tre|me**[1] der, -n/-n, ein Rechtsextremer (Pol.): *Rechtsextremist* ‖ **Rechts|ex|tre|me**[2] die, -n/-n (Pol.) ‖ **Rechts|ex|tre|mis|mus** der, - (Pol.) ‖ **Rechts|ex|tre|mist** (Pol.) ‖ **Rechts|ex|tre|mis|tin** (Pol.) ‖ **rechts|ex|tre|mis|tisch** (Pol.)

rechts|fä|hig: jemand ist r. *(ihm kommen bestimmte gesetzliche Rechte zu)* ‖ **Rechts|fä|hig|keit** (Jus): *Fähigkeit, Rechte und Pflichten wahrzunehmen* ‖ **Rechts|fin|dung** die, - (Jus) ‖ **Rechts|fol|ge** (Jus) ‖ **Rechts|fra|ge** ‖ **rechts|frei:** *nicht durch Gesetze geregelt;* im rechtsfreien Raum agieren ‖ **Rechts|freund** (Jus): *Vertreter in Rechtsfällen* ‖ **rechts|freund|lich** (Jus): jemanden r. vertreten ‖ **Rechts|frie|de** = **Rechts|frie|den** (Jus): *Vereinbarung zur endgültigen gerichtlichen Streitbeilegung* ‖ **rechts|gelehrt** ‖ **Rechts|ge|lehr|te**

rechts|ge|rich|tet

Rechts|ge|schäft: *Vereinbarung (meist Vertrag), um Rechtsverhältnisse zu regeln* ‖ **rechts|ge|schäft|lich** ‖ **Rechts|grund:** *gesetzlicher Grund* ‖ **rechts|gül-**

R

tig ǁ **Rechts|gül|tig|keit** die, - ǁ **Rechts|gut:** *vom Recht zu schützender Wert (Leben, Gesundheit, Freiheit, Eigentum, Ehre);* das höhere R. ǁ **Rechts|gut|ach|ten**

Rechts|hän|der der, -s/- ǁ **Rechts|hän|de|rin** die, -/-innen ǁ **rechts|he|r|um**

Rechts|hil|fe ǁ **Rechts|hil|fe|ab|kom|men**

Rechts|ko|a|li|ti|on [-tsi̯-] (Pol.): *Regierung aus rechtsgerichteten Parteien*

Rechts|kraft: *Unanfechtbarkeit einer Entscheidung der Behörde* ǁ **rechts|kräf|tig:** ein rechtskräftiges Urteil ǁ **rechts|kun|dig**

Rechts|kur|ve [-fɛ, auch: -vɛ] ǁ **rechts|las|tig:** r. beladen | politisch r.

Rechts|mei|nung: *Ansicht über die Anwendung und Auslegung gesetzlicher Vorschriften* ǁ **Rechts|miss|brauch** ǁ **Rechts|mit|tel:** *rechtliches Mittel, zB Berufung gegen eine gerichtliche Entscheidung* ǁ **Rechts|mit|tel|be|leh|rung** (Amtsspr., Jus): *Information über die Möglichkeit der Inanspruchnahme von Rechtsmitteln* ǁ **Rechts|nach|fol|ge** die, - (Jus): *Übergang von Rechten und Pflichten auf eine andere Person* ǁ **Rechts|nach|fol|ger** ǁ **Rechts|nach|fol|ge|rin** ǁ **Rechts|norm:** *Rechtsvorschrift* ǁ **Rechts|ord|nung:** die R. des Staates

rechts|ori|en|tiert (Pol.): politisch r. ǁ **Rechts|ori|en|tie|rung** (Pol.) ǁ **Rechts|par|tei** (Pol.)

Rechts|per|sön|lich|keit, *auch:* Rechtsperson (Jus): *Person oder Institution, insofern sie Rechte und Pflichten hat, Rechtsträger* ǁ **Rechts|pfle|ge:** *Gerichtsbarkeit, Justiz* ǁ **Rechts|pfle|ger:** *richterlicher Hilfsbeamter mit bestimmten Aufgaben* ǁ **Rechts|pfle|ge|rin** ǁ **Rechts|po|pu|lis|mus** (abw.): *politische Richtung, die negative Emotionen im Volk, zB Fremdenfeindlichkeit, begünstigt* ǁ **Rechts|prak|ti|kant:** *Gerichtspraktikant* ǁ **Rechts|prak|ti|kan|tin** ǁ **Recht|spre|chung** die, - ǁ **Rechts|quel|le:** *Gesetz, Verordnung, Norm*

rechts|ra|di|kal (Pol.) ǁ **Rechts|ra|di|ka|lis|mus** (Pol.) ǁ **Rechts|ruck** (Pol.)

Rechts|sa|che ǁ **Rechts|satz:** *Rechtsnorm* ǁ **Rechts|schutz:** R. *(Rechtshilfe)* gewähren ǁ **Rechts|schutz|ver|si|che|rung**

rechts|sei|tig: das rechtsseitige Ufer; er blieb r. gelähmt

Rechts|si|cher|heit ǁ **Rechts|spruch** ǁ **Rechts|staat:** *Staat, in dem Verwaltung und Rechtsprechung verfassungsgemäß nur auf Grundlage der Gesetze agieren* | *Staat, in dem die Einhaltung der Grundrechte (Menschenrechte) durch Verwaltung und Gerichtsbarkeit garantiert ist* ǁ **rechts|staat|lich** ǁ **Rechts|staat|lich|keit** die, -

rechts ste|hend = **rechts|ste|hend** (Pol.) → rechts

Rechts|streit ǁ **Rechts|sub|jekt** (Jus): *Rechtspersönlichkeit* ǁ **Rechts|ti|tel** (Jus): *Urteil, Anspruchsgrundlage* ǁ **Rechts|trä|ger** (Jus): *Rechtspersönlichkeit*

rechts|um: *ein militärisches Kommando;* r. machen

Rechts|un|si|cher|heit die, - ǁ **Rechts|ver|dre|her** der, -s/- (abw.) ǁ **Rechts|ver|dre|he|rin** die, -/-innen (abw.) ǁ **Rechts|ver|hält|nis:** *ein Vertrag oÄ*

Rechts|ver|kehr: *Verkehrsordnung, laut der auf der rechten Straßenseite gefahren wird*

Rechts|ver|let|zung ǁ **Rechts|ver|lust** ǁ **Rechts|ver|tre|ter** ǁ **Rechts|ver|tre|te|rin** ǁ **Rechts|vor|schrift** ǁ **Rechts|weg:** den R. beschreiten *(eine Klage bei Gericht einbringen)*

Rechts|wen|dung

rechts|wid|rig ǁ **Rechts|wid|rig|keit** die, - ǁ **rechts|wirk|sam** (Jus): *rechtsgültig* ǁ **Rechts|wir|kung** (Jus) ǁ **Rechts|wis|sen|schaft:** Rechtswissenschaften *(Jus)* studieren ǁ **rechts|wis|sen|schaft|lich:** *juridisch* ǁ **recht|win|ke|lig** = **recht|wink|lig** ǁ **recht|zei|tig:** *früh genug; zur rechten Zeit*

re|ci|pe [-ts-] (Rp.) ⟨lat.⟩: *„Nimm!" (auf ärztlichen Rezepten als Anweisung für den Apotheker)*

Re|ci|tal = → Rezital

Reck das, -[e]s/-e: *ein Turngerät*

Re|cke der, -n/-n (veraltet) *Held, Krieger (in der Sage)*

re|cken: die Arme r. *(strecken);* sich in die Höhe r. | (ugs.) es reckt sie *(sie hat Brechreiz)*

Reck|tur|nen

Re|cor|der [-k-] = → Rekorder

re|cte [-k-] ⟨lat.⟩ (veraltet): *richtig [um in zitierten Texten ein Versehen richtigzustellen]*

re|cy|cel|bar [riˈsaɪkl-] = recyclbar = recyclebar ⟨lat.+gr.-engl.⟩ (Ökol.): *wiederverwertbar*

re|cy|celn [riˈsaɪkln] = **re|cy|c|len** = rezyklieren [retsy-] (Ökol.): *durch Recycling erneuern*

> **Bei aus dem Englischen übernommenen Wörtern ist die Wortbildung oft im Schwanken:**
> recyceln: wird wie einige deutsche Verben auf *-eln* gebildet (zB *wechseln*); recycelte Rohstoffe
> recyclen: Endung *-en* wie die meisten deutschen Verben, nah an der englischen Form *to recycle*
> *ich recycel/recycle:* Schwankungen auch bei der Konjugation

Re|cy|c|ling das, -s (Ökol.): *Wiederverwendung bereits einmal verarbeiteter Rohstoffe* ǁ **Re|cy|c|ling|glas** ǁ **Re|cy|c|ling|pa|pier**

Re|dak|teur [-ˈtøːə] der, -s/-e ⟨lat.-fr.⟩: *jemand, der Beiträge [für Zeitungen] verfasst oder zusammenstellt und bearbeitet;* → redigieren ǁ **Re|dak|teu|rin** die, -/-innen ǁ **Re|dak|ti|on** [-tsi̯-] die, -/-en: *Tätigkeit des Redakteurs* | *Gesamtheit der Redakteure* | *Arbeitsräume der Redakteure* ǁ **re|dak|ti|o|nell:** *redaktionelle Änderungen* ǁ **Re|dak|ti|ons|schluss:** *Schlusstermin für die betreffende Ausgabe [der Zeitung]* ǁ **Re|dak|tor** der, -s/-en [-ˈoː-] (CH): *Redakteur, Bearbeiter* ǁ **Re|dak|to|rin** die, -/-innen (CH)

Re|de die, -/-n: eine R. halten | R. und Antwort stehen *(sich rechtfertigen);* jemanden zur R. stellen *(von jemandem Rechenschaft fordern);* davon kann keine R. sein; mir hat es die R. verschlagen; das ist nicht der R. wert ǁ **Re|de|du|ell:** *Diskussion über eine Meinungsverschiedenheit* ǁ **Re|de|fluss** ǁ **Re|de|frei|heit** die, - ǁ **re|de|ge|wandt** ǁ **Re|de|ge|wandt|heit**

Re|demp|to|rist der, -en/-en ⟨lat.⟩: *Angehöriger eines geistlichen Ordens*

re|den: von sich r. machen *(Aufsehen erregen);* gut r. haben *(etwas verharmlosen, weil es einen selbst nicht direkt betrifft);* mit sich r. lassen *(in gewissen Punkten nachgeben)* ǁ **Re|dens|art** ǁ **Re|de|rei** die, -/-en: *Tratsch, Gerede* ǁ **Re|de|schwall** (abw.) ǁ **Re|de|ver|bot** ǁ **Re|de|wen|dung** ǁ **Re|de|zeit:** die zulässige R. im Parlament überschreiten

re|di|gie|ren ⟨lat.-fr.⟩: einen Text r.

R

(für die Veröffentlichung bearbeiten); → Redakteur
Re|dis|fe|der: *eine Schreibfeder für Zierschriften*
Re|dis|kont (Bankw.) → Diskont ‖ **re|dis|kon|tie|ren** (Bankw.): *einen noch nicht fälligen Wechsel weiterverkaufen*
red|lich: ein redlicher *(ehrlicher)* Finder | sich r. *(sehr)* bemühen ‖ **Red|lich|keit** die, -
Red|ner der, -s/- ‖ **Red|ne|rin** die, -/-innen ‖ **red|ne|risch** ‖ **Red|ner|lis|te:** *Liste der Personen, die sich für einen Diskussionsbeitrag gemeldet haben* ‖ **Red|ner|pult**
Re|dou|te [-'du(ː)t] die, -/-n ⟨fr.⟩: *ein festlicher [Masken]ball* ‖ **Re|dou|ten|saal:** *ein Festsaal in der Wiener Hofburg*
Re|dox|sys|tem [-zy-] (Chem.): *Gleichgewicht zwischen Oxidation und Reduktion*
red|se|lig: ein redseliger *(sehr gesprächiger)* Mensch ‖ **Red|se|lig|keit** die, -
Re|duk|ti|on [-tsi̯-] die, -/-en ⟨lat.⟩: *Verminderung, Einschränkung;* → reduzieren | (Chem.) *Entziehen von Sauerstoff* ‖ **Re|duk|ti|ons|di|ät:** *Abmagerungskur* ‖ **Re|duk|ti|ons|kost:** *eine Diätmaßnahme*
re|dun|dant ⟨lat.⟩: *mehr an Information enthaltend, als für das Verständnis nötig wäre | überflüssig* ‖ **Re|dun|danz** die, -/-en
re|du|zie|ren ⟨lat.⟩: reduzierte Preise; → Reduktion | (Küchenspr.) *eine Flüssigkeit durch Kochen bis zur gewünschten Konsistenz bringen* ‖ **Re|du|zie|rung** die, -/-en
Ree|de die, -/-n: *Ankerplatz von Schiffen* ‖ **Ree|der** der, -s/- ‖ **Ree|de|rei** die, -/-en: *ein Schifffahrtsunternehmen* ‖ **Ree|de|rin** die, -/-innen

re|ell ⟨lat.-fr.⟩

Nicht verwechseln!
reell – real
reell bedeutet sowohl „ehrlich, anständig" als auch „wirklich, echt, tatsächlich":
– ein reeller Preis
– reelle Chancen haben
real bedeutet „wirklichkeitsbezogen, der Realität entsprechend":
– der Film zeigt das reale Leben

Reep|schnur = → Rebschnur
Re|fek|to|ri|um das, -s/Refektorien [-i̯ən] ⟨lat.⟩: *Speisesaal in einem Kloster*
Re|fe|rat das, -[e]s/-e ⟨lat.⟩: *Bericht;* ein R. *(einen Vortrag)* halten | *Sachbereich, Abteilung;* → referieren ‖ **Re|fe|rats|lei|ter** ‖ **Re|fe|rats|lei|te|rin**
Re|fe|ree [auch: 'rɛ-riː] der, -s/-s ⟨engl.⟩ (Sport): *Schiedsrichter*
Re|fe|ren|dum das, -s/Referenda [Referenden] ⟨lat.⟩: *Volksabstimmung, Volksentscheid*
Re|fe|rent der, -en/-en ⟨lat.⟩: *Sachbearbeiter; Berichterstatter; Vortragender* ‖ **Re|fe|ren|tin** die, -/-innen ‖ **Re|fe|renz** die, -/-en: gute Referenzen *(Empfehlungen)* haben; *aber:* → Reverenz ‖ **re|fe|rie|ren:** *berichten, vortragen;* → Referat
ref|fen (Seemannsspr.): die Segel r. *(einziehen; zusammenbinden)*
re|flek|tie|ren ⟨lat.⟩: vom Spiegel reflektiertes *(zurückgeworfenes)* Licht | über ein Problem r. *(prüfend nachdenken)* | (ugs.) auf etwas r. *(es haben wollen)* ‖ **Re|flek|tor** der, -s/-en [-'oː-]: *Vorrichtung zum Reflektieren von Lichtstrahlen; Rückstrahler | Spiegelfernrohr* ‖ **Re|flex** der, -es/-e: *Widerschein | unwillkürliche Reaktion auf einen Nervenreiz* ‖ **Re|flex|be|we|gung:** *unwillkürliche, ungewollte Bewegung* ‖ **Re|fle|xi|on** die, -/-en: *Rückstrahlung [von Licht] | prüfendes Nachdenken* ‖ **re|fle|xiv** (Gramm.): *rückbezüglich* ‖ **Re|fle|xiv|pro|no|men** (Gramm.): *rückbezügliches Fürwort* ‖ **Re|flex|zo|ne** (Med.): *Ort auf der Körperoberfläche, an dem sich durch Reflexe die Störung eines inneren Organs zeigt* ‖ **Re|flex|zo|nen|mas|sa|ge** [-'aːʃ, -ʒɛ] (Med.)
Re|form die, -/-en ⟨lat.-fr.⟩: *Um-, Neugestaltung, Verbesserung* ‖ **Re|for|ma|ti|on** [-tsi̯-] die, -: *christliche Glaubensbewegung des 16. Jh., die zur Bildung der evangelischen Kirchen führte* ‖ **Re|for|ma|ti|ons|fest:** *evangelischer Feiertag am 31. Oktober* ‖ **Re|for|ma|tor** der, -s/-en [-'toː-]: *Reformer | Begründer der Reformation* ‖ **Re|for|ma|to|rin** die, -/-innen ‖ **re|for|ma|to|risch** ‖ **re|form|be|dürf|tig** ‖ **Re|form|be|we|gung** ‖ **Re|for|mer** der, -s/-: *Erneuerer, Vertreter einer Reform* ‖ **Re|for|me|rin** die, -/-innen ‖ **Re|form|haus:** *Fachgeschäft für Reformkost* ‖ **re|for|mie|ren:** *erneuern;* reformierte Kirche *(im Besonderen die evangelische Kirche Helvetischen Bekenntnisses)* ‖ **Re|for|mie|rung** die, -/-en ‖ **Re|form|kost:** *bes. gesunde und natürliche Kost* ‖ **Re|form|pä|d|a|go|gik:** *die Spontaneität und Kreativität der Kinder betonende pädagogische Richtung*
Re|frain [-'rɛ̃ː] der, -s/-s ⟨fr.⟩: *wiederkehrende[r] gleiche[r] Vers[e] im Gedicht, Lied; Kehrvers, Kehrreim*
Re|frak|tor der, -s/-en [-'oː-] ⟨lat.⟩: *großes Linsenfernrohr [in Sternwarten]* ‖ **Re|frak|to|me|ter** der = das, -s/-: *Gerät zum Messen des Zuckergehalts von Weintrauben*
Re|fu|gi|um das, -s/Refugien [-i̯ən] ⟨lat.⟩: *Zufluchtsort*
re|fun|die|ren ⟨lat.⟩: *rückvergüten, ersetzen;* Spesen refundiert bekommen
re|fü|sie|ren ⟨lat.-fr.⟩ (veraltet): *ablehnen, zurückweisen*
Re|gal[1] das, -s/-e ⟨?⟩: *Gestell für Bücher oder Waren; Stellage*
Re|gal[2] das, -s/-e ⟨fr.⟩: *ein Zungenregister der Orgel*
Re|gal[3] das, -s/-ien [-i̯ən] ⟨lat.⟩ (früher): *[wirtschaftlich nutzbares] Hoheitsrecht, zB Zoll-, Münzrecht*
Re|gat|ta die, -/Regatten ⟨it.-venezianisch⟩: *Bootswettkampf*
re|ge: *lebhaft, flink*
Re|gel die, -/-n: *Richtlinie, das Übliche;* in der R. *(normalerweise)* | *Regelblutung* ‖ **re|gel|bar** ‖ **Re|gel|blu|tung:** *Menstruation, Monatsblutung der Frau, Regel* ‖ **Re|gel|fall:** im R. *(normalerweise)* ‖ **Re|gel|kreis:** *sich selbst regulierendes System, zB Kühlschrankautomatik* ‖ **re|gel|los:** *willkürlich* ‖ **Re|gel|lo|sig|keit** die, -/-en ‖ **re|gel|mä|ßig:** regelmäßiger Puls; r. ins Konzert gehen; regelmäßige Gesichtszüge | (Gramm.) regelmäßige *(schwach konjugierte)* Verben ‖ **Re|gel|mä|ßig|keit** die, -/-en ‖ **re|geln:** der Polizist regelt den Verkehr; manches regelt *(erledigt)* sich von selbst; in geregelten *(ordentlichen)* Verhältnissen leben; einer geregelten Tätigkeit nachgehen ‖ **re|gel|recht:** *gemäß den Regeln;* ein regelrechtes Spiel | es herrschte ein regelrechtes *(richtiges)* Chaos ‖ **Re|gel|schu|le:** *regulärer Schultyp* ‖ **Re|ge|lung** die, -/-en ‖ **re|gel|wid|rig:** *gegen die Regel*
re|gen (geh.): *rühren, bewegen, tä-*

tig sein; kein Lebewesen regte sich; Zweifel regten sich in mir
Regen der, -s/-: *Niederschlag in Form von Wassertropfen;* jemanden im R. stehen *(im Stich)* lassen; vom R. in die Traufe *(von einem Unglück in ein schlimmeres)* kommen | ein R. *(eine große Menge)* von Blumen/Vorwürfen prasselte auf ihn nieder ‖ **regenarm** ‖ **Regenbogen** ‖ **Regenbogenhaut:** *Iris*[2] ‖ **Regenbogenpresse** (oft abw.): *Zeitschriften, die sich überwiegend mit dem Privatleben von Prominenten und mit Sensationsmeldungen beschäftigen* ‖ **regendicht**
Regeneration [-tsi̯-] die, -/-en: *Erneuerung* | (Biol.) *natürliche Neubildung verloren gegangener organischer Teile, zB bei der Wundheilung* ‖ **regenerationsfähig** ‖ **regenerativ:** *die Regeneration betreffend* ‖ **regenerieren:** *wiedergewinnen; erneuern;* sich am Wochenende r. *(erholen)*
Regenfall ‖ **Regenguss** ‖ **Regenhaut** (Wz.): *ein dünner Regenmantel* ‖ **Regenmantel** ‖ **regennass** ‖ **Regenplache** ‖ **Regenplane** ‖ **regenreich**
Regensburg: *Stadt in Deutschland*
Regenschatten: *die regenarme Seite [eines Gebirges]* ‖ **Regenschauer** ‖ **Regenschirm**
Regens Chori [- k-] der, - -/Regentes Chori ⟨lat.⟩: *Leiter eines Kirchenchors, Chordirektor, Chorregent*
Regenschutz
Regent der, -en/-en ⟨lat.⟩: *Herrscher, Statthalter* ‖ **Regentin** die, -/-innen ⟨lat.⟩ ‖ **Regentschaft** die, -/-en
Regentonne ‖ **Regentropfen** ‖ **Regenwald:** tropischer R. ‖ **Regenwurm** ‖ **Regenzeit:** *niederschlagsreiche Jahreszeit in den Tropen und Subtropen*
Regest das, -[e]s/-en ⟨lat.⟩: *Zusammenfassung des Inhalts einer oder mehrerer Urkunde[n]*
Reggae ['regeı] der, -[s]/-[s] ⟨engl.⟩ (Mus.): *eine Musikrichtung im Rock* | (mit Pl. -s) *ein Musikstück in diesem Stil*
Regie [-'ʒiː] die, - ⟨fr.⟩: R. führen *(die künstlerische Leitung bei einem Schauspiel, einem Film uÄ haben);* → Regisseur | etwas in eigener R. *(selbständig, auf eigene Kosten)* machen | R. fahren *(bei der Eisenbahn als Betriebsangehöriger gratis bzw. ermäßigt fahren)* ‖ **Regieanweisung:** *Hinweis zur Aufführung in einem Bühnenwerk* ‖ **Regieassistent** ‖ **Regieassistentin** ‖ **Regiefahrkarte** (veraltend): *ermäßigte Fahrkarte für Eisenbahner/innen* ‖ **Regiekarte:** *ermäßigte Eintrittskarte für Angehörige* ‖ **Regiekosten** die (Pl.) = **Regien** [-ʒiː(ɛ)n] die (Pl.): *Unkosten, Verwaltungskosten, Spesen, Auslagen*
regierbar ⟨lat.⟩ ‖ **regieren:** *herrschen;* einen Staat r. *(lenken, verwalten)* | (Sprachwiss.) die Präposition *ohne* regiert den Akkusativ; → Rektion ‖ **Regierung** die, -/-en ‖ **Regierungsantritt** ‖ **Regierungsauftrag** ‖ **Regierungsbank:** *Sitze der Regierung im Parlament* ‖ **Regierungsbeteiligung** ‖ **Regierungsbildung** ‖ **Regierungschef** [-ʃeːf] ‖ **Regierungschefin** ‖ **Regierungsebene:** auf R. entscheiden; → Beamtenebene ‖ **Regierungserklärung:** *offizielle Erklärung der Regierung zum politischen Programm* ‖ **regierungsfähig:** eine regierungsfähige Mehrheit ‖ **Regierungsform** ‖ **Regierungsgeschäfte** die (Pl.) ‖ **Regierungsklausur** ‖ **Regierungskommissär:** *zeitweilig eingesetzter Regierungsbeauftragter* | (SüdT) (Admin.) *oberster Vertreter der italienischen Regierung in Südtirol* ‖ **Regierungskommissärin** ‖ **Regierungskrise** ‖ **Regierungsmannschaft:** *die Mitglieder der Regierung* ‖ **Regierungsmehrheit:** im Parlament die R. haben ‖ **Regierungsmitglied** ‖ **Regierungspartei** ‖ **Regierungsrat:** *ein auszeichnender Berufstitel* ‖ **Regierungsrätin** ‖ **Regierungsumbildung** ‖ **Regierungsvorlage:** *Entwurf eines Gesetzes, den die Regierung dem Nationalrat vorlegt* ‖ **Regierungswechsel** [-ks-]
Regietheater [-ʒiː-]: *Theaterform, in der die Auffassung des Regisseurs über Schauspieler und Werk dominiert*
Regime [-ʒiːm] das, -[s]/- [-mɛ] (-s [-ms]) ⟨fr.⟩ (meist abw.): *Herrschaftssystem; politische Führung* ‖ **Regimekritiker:** *Dissident* ‖ **Regimekritikerin** ‖ **Regiment** [-gi-] das, -[e]s/-er: ein strenges R. führen *(ein strenger Vorgesetzter sein)* | (Mil.) *eine Truppeneinheit* ‖ **Regimewechsel** [-ks-]
Regina = **Regine:** *weibl. Vorname*
Regiolekt der, -[e]s/-e ⟨lat.+gr.⟩ (Sprachwiss.): *Sprachvarietät einer bestimmten Region* ‖ **Region** die, -/-en ⟨lat.⟩: *Gebiet, Gegend* | (SüdT) (Admin.) *Teilgebiet des italienischen Staates mit beschränkter politischer Autonomie* ‖ **regional:** *ein bestimmtes Gebiet betreffend* ‖ **Regionalausschuss** (SüdT) (Admin.): *Regionalregierung* ‖ **Regionalautonomie** (SüdT) ‖ **Regionalbahn** (Verk.): *Nebenbahn* ‖ **Regionalförderung** (Pol., Wirt.) ‖ **Regionalhaushalt** (SüdT) ‖ **Regionalismus** der, -/Regionalismen: *Besonderheit einer Region* | *Förderung der Regionen* ‖ **Regionalliga** (Sport): *eine Spielklasse [im Fußball]* ‖ **Regionalpolitik** ‖ **Regionalprogramm:** *Fernseh- oder Hörfunkprogramm für ein bestimmtes Gebiet, zB Bundesland* ‖ **Regionalrat** (SüdT) (Admin.): *Landtag* ‖ **Regionalzone** (Verk.) ‖ **Regionalzug** (Verk.): *Nahverkehrszug* ‖ **Regionenministerium** (SüdT) (Admin.)
Regisseur [-ʒi'søːɐ̯] der, -s/-e ⟨fr.⟩: *Spielleiter bei Theater, Film, Fernsehen, Hörfunk ua.;* → Regie ‖ **Regisseurin** die, -/-innen
Register das, -s/- ⟨lat.⟩: *alphabetisches Verzeichnis, zB Inhalts-, Sachverzeichnis* | *ein amtliches Verzeichnis* | (Mus.) *gleichartig klingende Pfeifenreihe der Orgel; die Schaltvorrichtung dazu* | alle R. ziehen *(alle Mittel einsetzen, um etwas zu erreichen)* ‖ **Registeramt** (SüdT): *Amt für die Registrierung von Erbschaften, Kaufverträgen ua.* ‖ **Registrant** der, -en/-en (Mus.): *ein Helfer des Organisten* ‖ **Registrantin** die, -/-innen (Mus.) ‖ **Registratur** die, -/-en: *Aufbewahrungsstelle für Akten uÄ* ‖ **registrieren:** *in ein Verzeichnis eintragen* | *selbsttätig aufzeichnen;* die Geräte r. Temperaturschwankungen | *bemerken, zur Kenntnis nehmen;* ihre Anwesenheit nicht r. | (Mus.) *die für ein Orgelstück geeigneten Register wählen* ‖ **Registrierkassa** = **Registrierkasse:** *Geschäftskassa, die die*

R

Zahlungsbeträge anzeigt und addiert
Reglement [-l(œ)'mɑ̃:] das, -s/-s ⟨fr.⟩: *[Dienst]vorschrift* ‖ **reglementieren** [-glɛmɛn-] (meist abw.): *durch Vorschriften regeln* ‖ **Regler** der, -s/-: *Vorrichtung an Geräten zum Einstellen von Temperatur, Lautstärke ua.*
reglos: *bewegungslos* ‖ **Reglosigkeit** die, -
regnen: es regnet in Strömen | es regnete *(es gab zahlreiche)* Proteste ‖ **regnerisch**
regredieren ⟨lat.⟩: *zurückbilden auf eine frühere Entwicklungsstufe* ‖ **Regress** der, -es/-e: *Ersatzanspruch* | (Jus) *Rückgriff auf einen ersatzweise haftenden Schuldner* ‖ **Regressanspruch** ‖ **Regression** die, -/-en: *Rückgang, Rückbildung* ‖ **regressiv:** *zurückgreifend, zurückschreitend* ‖ **Regresspflicht**
regsam: *rege, lebhaft*
regulär ⟨lat.⟩: *der Regel entsprechend, üblich;* → G.: irregulär ‖ **Regularität** die, -/-en: *Gesetzmäßigkeit, übliche Erscheinung;* → G.: Irregularität ‖ **Regulation** [-tsi̯-] die, -/-en ‖ **regulativ:** *regelnd, vorschreibend* ‖ **Regulativ** das, -s/-e [-fɛ, -vɛ]: *Vorschrift; Leitgedanke* | *regulierendes Element* ‖ **Regulator** der, -s/-en [-'o:-]: *Regler [bei Maschinen]* ‖ **regulierbar** ‖ **regulieren:** *ordnen, regeln; richtig einstellen;* der Druck reguliert sich von selbst | einen Fluss r. *(seinen Verlauf begradigen, seine Ufer befestigen)* ‖ **Regulierung** die, -/-en
Regung die, -/-en (geh.): eine R. des Mitleids ‖ **regungslos:** *bewegungslos*
Reh das, -[e]s/-e: *ein Wildtier*
Reha die, -/-s (Med.): *Kurzwort für Rehabilitation* ‖ **Rehabilitation** [-tsi̯-] die, -/-en ⟨lat.⟩: *Wiederherstellung der körperlichen Leistungsfähigkeit von gesundheitlich Geschädigten* | *Wiedereinsetzung in frühere Rechte; Ehrenrettung* ‖ **Rehabilitationszentrum:** *Genesungsanstalt* ‖ **rehabilitieren:** *jemandes Gesundheit bzw. Arbeitsfähigkeit wiederherstellen* | sich durch Offenlegung der Konten r. *(sein Ansehen wiederherstellen)* ‖ **Rehabilitierung** die, -/-en: *Wiedereinsetzung in frühere Rechte; Ehrenrettung*

Rehbock ‖ **Rehgeiß** ‖ **Rehhäutl:** *Rehleder [zum Fensterputzen]* ‖ **Rehjunge** das, -n, ein Rehjunges: *Innereien des Rehs als Speise* ‖ **Rehkitz** ‖ **rehledern:** rehlederne Handschuhe ‖ **Rehrücken** (Küchenspr.): *eine Fleischspeise* | *eine Mehlspeise* ‖ **Rehschlegel,** *auch:* **Rehschlögel**
Reibach = → Rebbach
Reibbrett: *ein Werkzeug [für Maurer]* ‖ **Reibbürste** ‖ **Reibeisen** → Riebeisen ‖ **reiben**[1], rieb/gerieben: sich die Nase r.; sich hämisch die Hände r.; den Boden r. *(aufwischen);* sich den Schlaf aus den Augen r. | geriebener Käse; Kren r. *(reißen)* | sich die Knie wund r. (= wundreiben) | jemandem etwas unter die Nase r. *(deutlich, grob sagen)* | (ugs.) jemandem eine r. *(eine Ohrfeige geben)* ‖ **reiben**[2] sich, rieb/gerieben: sich an einem Problem r. *(Schwierigkeiten damit haben)* ‖ **Reiberei** die, -/-en (meist Pl.): *Meinungsverschiedenheit, kleinerer Streit* ‖ **Reibfetzen:** *Reibtuch* ‖ **Reibfläche** ‖ **Reibgerstl:** *eine Suppeneinlage* ‖ **Reibkäse** ‖ **Reibtuch:** *Tuch zum Aufwischen* ‖ **Reibung** die, -/-en ‖ **Reibungsfläche** ‖ **reibungslos** ‖ **Reibungswiderstand**

reich
reiche Länder; r. an Ideen

Getrenntschreibung bei wörtlicher Bedeutung:
- reich sein/werden
- reich schmücken

Getrennt- und Zusammenschreibung bei Verben, die ein Resultat herbeiführen, und mit adjektivisch gebrauchten Partizipien:
- ihre Erfindung hat sie reich gemacht (= reichgemacht)
- ein reich geschmückter (= reichgeschmückter) Christbaum
- reich verziert = reichverziert

Großschreibung bei Nominalisierung:
- [für] Arm und **R**eich
- Arme und **R**eiche
- die **R**eichen müssen mehr Steuern zahlen
- ein **R**eicher; eine **R**eiche

Reich das, -[e]s/-e: das R. Alexanders des Großen; das [Heilige] Römische R. | *Kurzwort für das Deutsche Reich 1871–1945* | (geh.) das R. der Töne *(die Musik)*
reichen: sich die Hände r. | das muss r. *(genügen)* | der Vorhang reicht bis zum Boden
reich geschmückt = **reichgeschmückt** ‖ **reichhaltig:** das Angebot ist r. *(groß und vielfältig)* ‖ **Reichhaltigkeit** die, - ‖ **reichlich:** du hast noch r. *(genug)* Zeit | seine Rede war r. *(ziemlich)* langweilig ‖ **reich machen** = **reichmachen** → reich
Reichsacht (früher): *Ächtung [eines Fürsten];* → ächten ‖ **Reichsapfel:** *Teil der Reichsinsignien* ‖ **Reichsdeutsche**[1] der, -n/-n, ein Reichsdeutscher (früher): *deutscher Staatsbürger von der Kaiserzeit bis zum Ende des Nationalsozialismus;* → Volksdeutsche ‖ **Reichsdeutsche**[2] die, -n/-n (früher) ‖ **reichsdeutsch** (früher) ‖ **Reichsfürst** (früher): *nur dem König bzw. Kaiser unterstellter Fürst; Reichsgraf* ‖ **Reichsgau** (im Nationalsozialismus): R. Niederdonau ‖ **Reichsgraf** (früher) ‖ **Reichshälfte** (früher): *eine Hälfte der österreichisch-ungarischen Monarchie* | (scherzh.) (bes. früher) die linke bzw. rechte R. *(SPÖ bzw. ÖVP)* ‖ **Reichsinsignien** die (Pl.) (Gesch.): *die symbolischen Zeichen der Herrschaft der Kaiser des Heiligen Römischen Reiches: Krone, Szepter usw.* ‖ **Reichskristallnacht** → Kristallnacht ‖ **Reichsmark:** *deutsche Währungseinheit 1924–1948* ‖ **Reichsrat:** *Parlament der österreichischen Reichshälfte in der österreichisch-ungarischen Monarchie, bestehend aus Herrenhaus und Abgeordnetenhaus* ‖ **Reichsritter** (früher) ‖ **Reichsstadt** (früher): *reichsunmittelbare Stadt* ‖ **Reichsstände** die (Pl.) (früher): *die im Reichstag vertretenen weltlichen und geistlichen Stände, zB Kurfürsten und Erzbischöfe* ‖ **Reichstag:** *bis 1806 Versammlung der deutschen Reichsstände* | *bis 1933 deutsches Parlament* | *heute Name des Gebäudes in Berlin* ‖ **reichsunmittelbar** (früher): *dem Kaiser direkt unterstellt* ‖ **Reichsverweser** (Geschichte): *Vertreter des Herrschers*
Reichtum der, -s/-tümer ‖ **reich verziert** = **reichverziert**
Reichweite: in R. sein
reif: reifes Obst
Reif[1] der, -[e]s: *gefrorener Tau*

R

Reif[2] der, -[e]s/-e (geh.): *Schmuckstück in Form eines Ringes; Armreif;* → Reifen

Reife die, -: *das Reifwerden, das Reifsein* ‖ **Reifegrad** ‖ **reifen**[1]: das Obst *ist* gereift; → gereift

reifen[2]: es *hat* gereift *(es hat sich Reif*[1] gebildet)

Reifen der, -s/-: die R. wechseln ‖ **Reifendienst** ‖ **Reifenkralle:** *Gerät, das die Autoreifen [beim falschen Auffahren auf Autobahnen] zersticht* ‖ **Reifenpanne** ‖ **Reifenplatzer** der, -s/- ‖ **Reifenwechsel** [-ks-]

Reifeprüfung: *Abschluss einer höheren Schule mit Universitätsberechtigung, Matura* (D: *Abitur,* CH: *Maturitätsprüfung)* ‖ **Reifeprüfungszeugnis** ‖ **Reifezeugnis:** *Reifeprüfungszeugnis* ‖ **reiflich** (geh.): etwas r. *(gründlich)* überlegen

Reifrock (früher): *ein Kleidungsstück für Frauen*

Reifungsprozess

Reigen der, -s/-: einen R. tanzen

Reihe die, -/-n: der R. nach; an der R. sein | in der 3. R. sitzen; in Reih und Glied *(in exakter Reihenfolge, Ordnung)* | eine R. von Problemen | (Mus.) *Zwölftonreihe;* → seriell ‖ **reihen:** Wörter alphabetisch r. ‖ **Reihenfolge** ‖ **Reihenhaus** ‖ **reihenweise**

Reiher der, -s/-: *ein storchenähnlicher Vogel*

-reihig (nur in Zusammensetzungen wie zweireihig) ‖ **reihum:** *der Reihe nach herum* ‖ **Reihung** die, -/-en: *Einordnung;* die R. der Bewerber

Reim der, -[e]s/-e: *Gleichklang;* ein Gedicht in Reimen; sich einen R. auf etwas machen können *(die Schlussfolgerungen aus etwas ziehen können)* ‖ **reimen:** *Reime bilden* | das reimt sich nicht *(da stimmt etwas nicht)* ‖ **reimlos** ‖ **Reimschema:** das R. eines Gedichtes ‖ **Reimschmied** (scherzh. bzw. abw.): *Versemacher* ‖ **Reimschmiedin** (scherzh. bzw. abw.) ‖ **Reimstellung** ‖ **Reimwort**

rein[1]

– reine Hände *(saubere)*
– es war das reine Vergnügen
– rein erhalten

Großschreibung bei Nominalisierung:
– etwas ins **R**eine bringen *(in Ordnung)*
– ins **R**eine kommen *(sich klar werden)*
– einen Text ins **R**eine schreiben *(die Reinschrift anfertigen)*

Getrennt- und Zusammenschreibung bei Verben, die ein Resultat herbeiführen:
– die Wäsche rein waschen (= reinwaschen)

Zusammenschreibung bei übertragener Bedeutung:
– er hat den Brief reingeschrieben *(ins Reine geschrieben)*
– sie konnte sich von dem Vorwurf reinwaschen *(ihre Unschuld beweisen)*

Zusammenschreibung, wenn „rein" die Bedeutung des folgenden Bestandteils verstärkt, zB:
– ein reingoldener Ohrring
– die Bluse ist reinseiden
– ein reinwollener Pullover *(ganz aus Wolle)*

Adverb:
– aus rein privaten Gründen *(ausschließlich)*
– rein gar nichts (ugs.: *überhaupt nichts)*

rein[2] (ugs.): → *herein* | → *hinein*

Rein die, -/-en: *flacher Kochtopf*

Reinanke die, -/-n, *auch:* Renke, Renken der, -s/-: *ein lachsartiger Fisch, Felchen*

reinbeißen (ugs.): → *hineinbeißen* ‖ **reinbuttern** (ugs.): → *hineinbuttern*

Reindl das, -s/-n (ugs.): *kleine Rein* ‖ **Reindling** = Reinling der, -s/-e (reg., zB K, St) (Küchenspr.): *Germkuchen mit Fülle aus Rosinen, Zimt, Honig und Nüssen*

Reineclaude [rɛn'klo:t] = → Reneklode

Reineke: *Name des Fuchses in der Fabel;* R. Fuchs; Meister R.

Reinerlös: *Ertrag nach Abzug der Spesen, Nettoertrag* ‖ **Reinertrag**

Reinfall (ugs.): *Enttäuschung, Misserfolg; Täuschung* ‖ **reinfallen** (ugs.): ich fall nicht drauf rein *(lasse mich nicht davon täuschen)*

Reingewicht: *Nettogewicht* ‖ **Reingewinn** ‖ **reingolden:** eine reingoldene Kette ‖ **Reinhaltung** die, -

reinhängen (ugs.): → *hereinhängen* | → *hineinhängen*

Reinhard: *männl. Vorname*

Reinheit die, - ‖ **Reinheitsgebot:** das R. für die Biererzeugung

Reinhold: *männl. Vorname*

reinhören (ugs.): → *hineinhorchen*

reinigen: sich die Hände r. ‖ **Reiniger** der, -s/-: *Reinigungsmittel* ‖ **Reinigung** die, -/-en ‖ **Reinigungsanstalt:** *Putzerei* ‖ **Reinigungsmittel**

Reinkarnation [-tsi̯-] die, -/-en: *Wiederverkörperung der Seele nach dem Tod, Wiedergeburt*

Reinkultur: *Zucht eines bestimmten Bakterienstammes* | Kitsch in R. *(ausgeprägter Kitsch)*

reinlegen (ugs.): → *hineinlegen* | → *hereinlegen*

Reinleinen ‖ **reinlich** ‖ **Reinlichkeit** die, - ‖ **Reinlichkeitssinn**

Reinling = → Reindling

reinrassig: ein reinrassiger Hund ‖ **reinschreiben:** sie hat den Brief reingeschrieben *(ins Reine geschrieben)* ‖ **Reinschrift:** *Abschrift ohne Fehler* ‖ **Reinseide** die, - ‖ **reinseiden** ‖ **reinsilbern**

Reintegration [-tsi̯-]: *Wiedereingliederung*

reinvestieren [-inv-] (Wirt.): *erneut investieren* ‖ **Reinvestition** [-tsi̯-] (Wirt.)

reinwaschen: *die Unschuld beweisen; aber:* die Wäsche rein waschen (= reinwaschen)

reinwollen: ein reinwollener Pullover

reinziehen sich (ugs., Jug.): *etwas konsumieren, anschauen;* ich habe mir Videos reingezogen; → hineinziehen

Reis[1] das, -es/-er: *dünner Zweig; junger Pflanzentrieb*

Reis[2] der, -es: *eine Getreideart; ihre Frucht* ‖ **Reisauflauf**

Reisbesen: *Besen aus Reisig* ‖ **Reisbürste**

Reise die, -/-n: eine R. nach Italien antreten ‖ **Reiseachterl** (ugs., scherzh.): *Fluchtachterl* ‖ **Reiseandenken** ‖ **Reiseapotheke** ‖ **Reisebegleiter** ‖ **Reisebegleiterin** ‖ **Reisebekanntschaft** ‖ **Reisebüro** ‖ **Reisebus** ‖ **Reisedokument** ‖ **reisefertig** ‖ **Reisefieber:** *Aufgeregtheit vor einer Reise* ‖ **Reiseführer** ‖ **Reiseführerin** ‖ **Reisegepäck** ‖ **Reisegruppe** ‖ **Reiseleiter** ‖ **Reiseleiterin** ‖ **reiselustig** ‖ **reisen,** du reist: ins Ausland r. ‖ **Reisende**[1] der, -n/-n, ein Reisender ‖ **Reisende**[2] die, -n/-n ‖ **Reisepass** ‖ **Reiseproviant** [-v-] ‖ **Reiseroute** [-ru:-] ‖ **Reisespesen** die (Pl.) ‖ **Reiseta-**

R

sche ‖ **Reiseveranstalter:** *Reisebüro* ‖ **Reiseverkehr** ‖ **Reisezeit** ‖ **Reiseziel**
Reisfleisch: *eine Speise*
Reisig das, -s: *dünnes Zweigholz* ‖ **Reisigbündel**
Reisige der, -n/-n, ein Reisiger (früher): *bewaffneter Gefolgsmann, Söldner*
Reiskorn
Reißaus [auch: 'raɪs-] (nur in der Wendung): R. nehmen *(davonlaufen)* ‖ **Reißbrett:** *ein Zeichenbrett*
Reisschnaps
reißen[1], du reißt/riss/gerissen: sich die Kleider vom Leib r. *(sie rasch ausziehen);* einen Zahn r. *(ziehen)* | die Herrschaft an sich r. *(sich gewaltsam aneignen);* das Gespräch an sich r. | sich am Riemen r. *(sich Mühe geben)* | jemanden aus dem Schlaf r. *(aufwecken)* | gleich reißt mir die Geduld | der Fuchs hat das Huhn gerissen *(totgebissen)* | (Sport) das Gewicht r. *(stemmen)* | den Kren r. *(schaben, zerkleinern)* | (ugs.) sich etwas unter den Nagel r. *(ohne Berechtigung an sich nehmen)* | (ugs.) einen Stern r. *(beim Skilaufen, Radfahren stürzen)* | (ugs.) er hat beim Wettlauf nichts gerissen *(hatte keinen Erfolg)* | → hin- und hergerissen; → gerissen ‖ **reißen**[2] sich, du reißt/riss/gerissen: sich um etwas r. *(sich heftig darum bemühen)* ‖ **Reißen** das, -s (ugs.): *Rheumatismus uÄ* | (Sport) *eine Disziplin im Gewichtheben* ‖ **reißend:** ein reißender Fluss; | reißender Absatz *(rascher Verkauf)* einer Ware ‖ **Reißer** der, -s/- (ugs.): *reißerischer Roman oÄ* ‖ **reißerisch** (abw.): ein reißerischer Film ‖ **Reißfeder:** *verstellbare Ausziehfeder* ‖ **reißfest** ‖ **Reißnagel** ‖ **Reißschiene:** *Lineal mit einer Querleiste* ‖ **Reißteufel** (ugs.): *jemand, der seine Kleidung nicht schont* ‖ **Reißverschluss:** *Zippverschluss* ‖ **Reißwolf:** *Maschine zur Zerfaserung von Papier, Textilien* ‖ **Reißzahn:** *ein Backenzahn der Raubtiere* ‖ **Reißzeug:** *Zeichenbesteck; Zirkel, Reißfeder usw.*
Reiswein
Reitbahn ‖ **Reitdress** ‖ **reiten,** ritt/geritten: sie *ist* täglich geritten; er *hat* ein Pony geritten ‖ **Reiter**[1] der, -s/-: ein guter R. | *auf eine Karteikarte aufgesetztes Kennzeichen als Suchhilfe* | *ein Kreuzgestell zum Trocknen [von Heu]*
Reiter[2] die, -/-n: *grobes Sieb [für Getreide]*
Reiterei die, -/-en: *berittene Truppe, Kavallerie* ‖ **Reiterin** die, -/-innen ‖ **reiterlos**
reitern: *Sand, Getreide sieben*
Reiterregiment (Mil.) ‖ **Reitersmann** der, -[e]s/-leute (geh.): *Reiter* ‖ **Reiterstandbild** ‖ **Reitgerte** ‖ **Reithose** ‖ **Reitlehrer** ‖ **Reitlehrerin** ‖ **Reitpeitsche** ‖ **Reitpferd** ‖ **Reitschule:** die Spanische R. *(Hofreitschule)* ‖ **Reitsitz** der, -es: *Sitzhaltung beim Reiten* ‖ **Reitsport:** *eine Sportdisziplin, bestehend aus Vielseitigkeit (Military), Dressur, Springreiten* ‖ **Reitstall** ‖ **Reitstiefel** ‖ **Reitturnier**
Reiz der, -es/-e: eine Landschaft von besonderem R.; der R. des Neuen | der R. löste einen Reflex aus ‖ **reizbar:** *leicht erregbar* ‖ **Reizbarkeit** die, - ‖ **reizen,** du reizt: zum Husten reizender Qualm | diese Aufgabe reizt mich *(klingt verlockend, interessiert mich)* ‖ **reizend:** ein reizendes *(nettes, hübsches)* Kind; der Abend war r. | (iron.) eine reizende *(unangenehme)* Überraschung ‖ **Reizhusten** (Med.)
Reizker der, -s/-: *ein Pilz*
reizlos ‖ **Reizschwelle:** *Grad, ab dem ein [akustischer] Reiz wahrgenommen wird* ‖ **Reizüberflutung** die, -: *Übermaß an Reizen, zB Lärm* ‖ **Reizung** die, -/-en ‖ **reizvoll** ‖ **Reizwäsche:** *Unterwäsche, die sexy wirken soll* ‖ **Reizwort:** *bestimmte Assoziationen, Emotionen hervorrufendes Wort*
Rekapitulation [-tsi̯-]: *zusammenfassende Wiederholung* ‖ **rekapitulieren**
rekeln sich = → räkeln
Reklamation [-tsi̯-] die, -/-en ⟨lat.⟩: *Beanstandung [einer verdorbenen oder mangelhaften Ware]* ‖ **Reklamationsfrist** ‖ **Reklame** [-m(ɛ)] die, -/-n: *Werbung; Anpreisung;* für etwas R. machen ‖ **Reklamefläche:** *Plakatfläche* ‖ **Reklametrommel:** die R. rühren *(heftig werben)* ‖ **reklamieren:** *beanstanden;* etwas für sich r. *(beanspruchen)*
rekognoszieren ⟨lat.⟩ (veraltet): *auskundschaften*
rekombinant (Biol.): *durch neue Genkombination [gentechnisch] entstanden* ‖ **Rekombination** (Phys.): *die Wiedervereinigung von elektrisch entgegengesetzt geladenen Teilchen*
Rekommandation [-tsi̯-] die, -/-en (veraltet): *Empfehlung* ‖ **Rekommandationsschreiben** (veraltet) ‖ **rekommandieren** (veraltet): *empfehlen* | ein rekommandierter *(eingeschriebener)* Brief
Rekompensation [-tsi̯-] ‖ **rekompensieren:** *entschädigen*
rekonstruierbar ‖ **rekonstruieren:** *den ursprünglichen Zustand [eines zerstörten Bauwerks] wiederherstellen* | *den Ablauf eines Vorgangs wiedergeben* ‖ **Rekonstruierung** die, -/-en ‖ **Rekonstruktion** [-tsi̯-]
rekonvaleszent ⟨lat.⟩ ‖ **Rekonvaleszent** [-v-] der, -en/-en, ein Rekonvaleszenter: *Genesender* ‖ **Rekonvaleszentin** die, -/-innen ‖ **Rekonvaleszenz** die, -: *Genesung[szeit]* ‖ **rekonvaleszieren** (Med.): *genesen*
Rekord der, -[e]s/-e ⟨lat.-fr.-engl.⟩: *Höchstleistung, Bestleistung;* einen [neuen] R. aufstellen; einen R. verfehlen, einstellen *(ihn wiederholen),* brechen *(verbessern)* ‖ **Rekordbesuch** ‖ **Rekorder** = Recorder [-k-] der, -s/-: *ein Abspiel- und Aufnahmegerät* ‖ **Rekordergebnis** ‖ **Rekordernte** ‖ **Rekordhoch** ‖ **Rekordhöhe** ‖ **Rekordmarke** ‖ **Rekordtief** ‖ **Rekordversuch** ‖ **Rekordzeit**
Rekreation [-tsi̯-] die, -/-en: *Erholung[spause], Ruhestunde* ‖ **rekreieren:** *sich erfrischen*
Rekrut der, -en/-en ⟨lat.-fr.⟩ (Mil.): *Soldat in der ersten Ausbildungszeit; Grundwehrdiener* ‖ **rekrutieren** (Mil.): *Soldaten ausheben, mustern* | *sich zusammensetzen;* die Kommission rekrutiert sich aus Vertreterinnen verschiedener Fachgebiete
rektal ⟨lat.⟩ (Med.): ein Zäpfchen r. *(in den Mastdarm)* einführen
Rektion [-tsi̯-] die, -/-en ⟨lat.⟩ (Gramm.): *Eigenschaft eines Wortes (Verb, Adjektiv, Präposition), den Kasus abhängiger Elemente zu bestimmen, zB* rufen *verlangt den Akkusativ;* → regieren ‖ **Rektor** der, -s/-en [-'oː-] ⟨lat.⟩: *Leiter einer Universität oder Hochschule* ‖ **Rektorat** das, -[e]s/-e: *Amt, Amtsräume, Amtsperiode eines Rektors* ‖ **Rekto-**

R

renkonferenz: Österreichische R. ‖ **Rektorin** die, -/-innen

rekurrieren ⟨lat.⟩ (Amtsspr.): *auf etwas Bezug nehmen* | (veraltet) gegen eine amtliche Verfügung r. *(Einspruch erheben)* ‖ **Rekurs** (Amtsspr.): einen R. *(eine Berufung)* einbringen ‖ **rekursiv** (Amtsspr.)

Relais [-'lɛː] das, - [auch: -'lɛːs]/- [-'lɛːs] ⟨fr.⟩: *elektrische Schaltereinrichtung* ‖ **Relaisstation** [-ʃtatsi̯-]

Relation [-tsi̯-] die, -/-en ⟨lat.⟩: *Verhältnis, Beziehung, Zuordnung* ‖ **relativ** [auch: 're(ː)-]: r. *(verhältnismäßig)* groß; die relative *(einfache)* Mehrheit; → G.: absolut ‖ **relativieren** [-v-]: eine Entscheidung r. *(es in seiner Gültigkeit einschränken)* ‖ **Relativierung** die, -/-en ‖ **Relativismus** der, -/Relativismen: *Anschauung von der Bedingtheit menschlicher Erkenntnis* | *Verneinung der Möglichkeit allgemein gültiger Erkenntnisse und Sittlichkeitsnormen* ‖ **Relativität** die, -/-en: *Bezogenheit, relative Gültigkeit* ‖ **Relativitätstheorie** die, -: *eine physikalische Lehre (nach A. Einstein)* ‖ **Relativpronomen** (Gramm.): *bezügliches Fürwort*

Relaunch [ri'lɔːntʃ] der = das, -[es]/-s (-es [-ɪz]) ⟨engl.⟩: *Neugestaltung eines existierenden Produkts;* der R. einer Zeitschrift ‖ **relaunchen** (sal.): die Website wurde relauncht

relaxen [ri'lɛ-] ⟨engl.⟩ (sal.): *sich entspannen*

relevant [-v-] ⟨lat.-fr.⟩: *wesentlich, erheblich;* → G.: irrelevant ‖ **Relevanz** die, -/-en ‖ **relevieren** (Amtsspr.): *geltend machen, argumentierend vorbringen*

reliabel ⟨lat.-fr.-engl.⟩: ein reliabler *(zuverlässiger)* Test ‖ **Reliabilität** die, -

Relief das, -s/-s ⟨fr.⟩: *aus einer Fläche herausgearbeitetes Bildwerk* | *plastische Nachbildung eines Geländes* ‖ **reliefartig** ‖ **Reliefdruck** ‖ **Reliefkarte**

Religion die, -/-en ⟨lat.⟩: sich zu einer R. bekennen ‖ **Religionsbekenntnis** ‖ **Religionsgemeinschaft** ‖ **Religionskrieg:** *Glaubenskrieg* ‖ **Religionslehrer** ‖ **Religionslehrerin** ‖ **religionslos** ‖ **Religionsunterricht** ‖ **Religionswissenschaft** ‖ **Religionszugehörigkeit** ‖ **religiös** → G.: irreligiös, areligiös ‖ **Religiosität** die, -

Relikt das, -[e]s/-e ⟨lat.⟩: *Restbestand; Überbleibsel*

Reling die, -/-s [-e] (Seemannsspr.): *Schiffsgeländer, -brüstung*

Reliquiar das, -s/-e ⟨lat.⟩: *Behälter für eine Reliquie* ‖ **Reliquie** [-i̯ɛ] die, -/-n: *religiös verehrtes Andenken, zB Gebeine von Heiligen* ‖ **Reliquienschrein**

Rem das, -[s]/-[s]: *Maß[einheit] für die Schädlichkeit einer Strahlung (in Österreich nicht mehr gesetzlich)*

Remake [riː'meɪk] das, -s/-s ⟨engl.⟩: *Wiederverfilmung*

Remassuri → Ramassuri

Remedur die, -/-en ⟨lat.⟩ (veraltet): R. *(Abhilfe)* schaffen

Remigrant: *Rückwanderer* ‖ **Remigrantin**

remilitarisieren: *wieder militarisieren*

Reminiszenz die, -/-en ⟨lat.⟩: *bedeutsame Erinnerung* | *Anspielung*

remis [-'miː] ⟨fr.⟩: das Schachspiel endete r. *(unentschieden)* ‖ **Remis** das, - [auch: -'iːs]/- [auch: -'iːs]

Remise die, -/-n ⟨lat.-fr.⟩: *Wagenhalle [der Straßenbahn]*

Remission die, -/-en ⟨lat.⟩ ‖ **remittieren:** *zurückschicken*

Remix ['riː-] das, -[es]/-es [-ɪz] [-e] ⟨engl.⟩: *neu abgemischter Song*

Remoulade [remu-] die, -/-n ⟨fr.⟩: *eine gewürzte Majonäse* ‖ **Remouladensauce** [-zoːs(ɛ)] = **Remouladensoß** = **Remouladensoße**

Rempelei die, -/-en ‖ **rempeln,** ich remple: *mit dem Körper [absichtlich] stoßen*

REM-Phase [-f-] (Psych.): *Traumphase im Schlaf*

Rempler der, -s/- (ugs.): jemandem einen R. *(Stoß)* geben

Remuneration [-tsi̯-] die, -/-en ⟨lat.⟩ (Amtsspr.): *Sonderzahlung; Vergütung für eine besondere Leistung* ‖ **remunerieren** (Amtsspr.): *vergüten*

Ren das, -s/-s [-e] ⟨schwed.⟩: *eine Hirschart; Rentier*

Renaissance [rœnɛ'sɑ̃ːs] die, -/-en ⟨fr.⟩: *Wiedergeburt [der Antike]* | (ohne Pl.) *eine historische Epoche und eine Kunstrichtung (14. bis 16. Jh.)* ‖ **Renaissancemusik**

Renate: *weibl. Vorname*

renaturieren: *wieder in einen natürlichen Zustand zurückführen;* → denaturieren

Rencontre [rɑ̃'kõːtr] = Renkontre das, -s/-s ⟨fr.⟩ (veraltet): *Zusammenstoß, feindliche Begegnung*

Rendezvous [rɑ̃de'vuː] das, - [auch: -'uːs]/- [-'uːs] ⟨fr.⟩: *Verabredung, Stelldichein; Zusammentreffen*

Rendite [auch: rɑ̃'dit] die, -/-n ⟨lat.-it.⟩ (Börse, Bankw.): *Verzinsung, Ertrag aus Wertpapieren, zB Anleihen*

René: *männl. Vorname*

Renegat der, -en/-en ⟨lat.⟩: *[Glaubens]abtrünniger; Überläufer*

Reneklode = Reineclaude [rɛn-'kloːt] die, -/-n ⟨fr.⟩ (D): *Ringlotte*

renitent ⟨lat.⟩: *widerspenstig; widersetzlich* ‖ **Renitenz** die, -

Renke, Renken[1] → Reinanke

Renken[2] [meist: 'rɛə-] der, -/- (mda.): *ein großes Stück Fleisch, Brot*

Renkontre [rɑ̃'kõːtr] → Rencontre

Rennauto ‖ **Rennbahn** ‖ **Rennboot** ‖ **rennen,** rannte/gerannt: um die Wette r.; er rennt ständig zum Arzt; ins Unglück r. | (ugs.) für jemanden/etwas r. *(sich für jemanden/etwas einsetzen);* jemanden über den Haufen r. *(jemanden umwerfen)* ‖ **Rennen** das, -s/-: das R. machen *(siegen);* ein totes R. *(mit unentschiedenem Ausgang)* ‖ **Renner** der, -s/- (sal.) *Verkaufsschlager* ‖ **Rennerei** die, -/-en: Rennereien *(lästige Wege und Besorgungen)* haben ‖ **Rennfahrer** ‖ **Rennfahrerin** ‖ **Rennläufer** ‖ **Rennläuferin** ‖ **Rennpferd** ‖ **Rennrad** ‖ **Rennschlitten** ‖ **Rennsport** ‖ **Rennstall:** *die Rennpferde eines Besitzers* | der Formel-1-Fahrer wechselt den R. *(fährt künftig in der Mannschaft einer anderen Marke)* ‖ **Rennstrecke**

Renommee das, -s/-s ⟨fr.⟩: *guter Ruf, Ansehen* ‖ **renommieren:** *prahlen, aufschneiden* ‖ **renommiert:** ein renommierter *(angesehener)* Gasthof

renovieren [-v-] ⟨lat.⟩: ein Haus r. *(es neu herrichten)* ‖ **Renovierung** die, -/-en

rentabel ⟨lat.-fr.⟩: ein rentables *(Gewinn bringendes)* Geschäft ‖ **Rentabilität** die, - ‖ **Rente** die, -/-n: *regelmäßiges Einkommen auf Grund eines gesetzlichen Anspruchs, zB Versehrtenrente, oder aus einem Vermögen;* → Pension ‖ **Rentenempfänger** ‖ **Renten-**

R

emp|fän|ge|rin || **Ren|ten|fonds** [-fõ:] (Wirt.): *Fonds, der in festverzinsliche Wertpapiere investiert*

Ren|tier[1] ⟨schwed.⟩: *Ren*

Ren|ti|er[2] [rã'ti̯e:] der, -s/-s ⟨fr.⟩ (veraltet): *jemand, der von den Erträgnissen seines Vermögens lebt* || **ren|tie|ren** [rɛn-] sich: das rentiert *(lohnt)* sich nicht || **Rent|ner** der, -s/-: *Bezieher einer Rente* || **Rent|ne|rin** die, -/-innen

Re|or|ga|ni|sa|ti|on [-tsi̯-]: *Neuordnung, Umgestaltung* || **re|or|ga|ni|sie|ren**

re|pa|ra|bel ⟨lat.⟩: *wiederherstellbar;* reparable Schäden; → G.: irreparabel || **Re|pa|ra|ti|o|nen** [-tsi̯-] die (Pl.): *Kriegsentschädigungszahlungen an einen Siegerstaat* || **Re|pa|ra|ti|ons|zah|lung** || **Re|pa|ra|tur** die, -/-en: *Ausbesserung* || **re|pa|ra|tur|an|fäl|lig** || **re|pa|ra|tur|be|dürf|tig** || **Re|pa|ra|tur|kos|ten** die (Pl.) || **Re|pa|ra|tur|werk|statt** || **re|pa|rie|ren**

re|pas|sie|ren ⟨lat.-fr.⟩ (veraltet): *Laufmaschen aufnehmen (reparieren) (bei einer Strumpfhose)*

re|pa|t|ri|ie|ren ⟨lat.⟩: *[Vertriebene] in die Heimat zurückbringen* || **Re|pa|t|ri|ie|rung** die, -/-en

Re|per|toire [-'to̯a:r] das, -s/-s ⟨lat.-fr.⟩: *Gesamtheit der einstudierten Stücke, Werke ua. eines Theaters, einer Künstlerin, eines Künstlers;* im R. des Hauses stehen Werke vieler Komponisten || **Re|per|toire|stück** || **Re|per|to|ri|um** [-'to:ri-] das, -s/Repertorien [-i̯ɛn]: *Nachschlagewerk*

Re|pe|tent der, -en/-en ⟨lat.⟩: *Schüler, der eine Klasse wiederholt* || **Re|pe|ten|tin** die, -/-innen || **re|pe|tie|ren:** *wiederholen* | *beim Gewehr durchladen* || **Re|pe|tier|ge|wehr** || **Re|pe|ti|ti|on** [-tsi̯-] die, -/-en: *Wiederholung* || **Re|pe|ti|tor** der, -s/-en [-'o:-]: *Akademiker, der Studierende bei der Wiederholung des Lehrstoffs betreut* || **Re|pe|ti|to|rin** die, -/-innen || **Re|pe|ti|to|ri|um** das, -s/Repetitorien [-i̯ɛn]: *Wiederholung eines bestimmten Lehrstoffes*

Re|plik die, -/-en ⟨lat.-fr.⟩: *Erwiderung, Entgegnung* | *Replikat* || **Re|pli|kat** das, -[e]s/-e, *auch:* Replik (Kunstg.): *Nachbildung eines [Kunst]gegenstands;* → Duplikat || **re|pli|zie|ren:** *erwidern*

Re|port der, -[e]s/-e ⟨lat.-fr.-engl.⟩: *Bericht* || **Re|por|ta|ge** [-'a:ʃ, -ʒɛ] die, -/-n ⟨lat.-fr.⟩: *Bericht[erstattung], zB über ein sportliches Ereignis* || **Re|por|ter** der, -s/-: *Berichterstatter bei Zeitung, Radio, Fernsehen uÄ* || **Re|por|te|rin** die, -/-innen

re|prä|sen|ta|bel: in repräsentablem Zustand || **Re|prä|sen|tant** der, -en/-en: *Vertreter [einer Organisation, einer Gruppe]* || **Re|prä|sen|tan|tin** die, -/-innen || **Re|prä|sen|tanz** die, -/-en: *[geschäftliche] Vertretung* || **Re|prä|sen|ta|ti|on** [-tsi̯-] die, -/-en: *standesgemäßes Auftreten; Repräsentationsaufwand* || **re|prä|sen|ta|tiv:** *ansehnlich* | *stellvertretend, typisch;* die Stichprobe der Befragung ist nicht r. | repräsentative Demokratie *(Staatsform mit gewählten Volksvertretern)* || **Re|prä|sen|ta|tiv|um|fra|ge:** *Umfrage, durchgeführt an einem repräsentativen Querschnitt der Bevölkerung* || **re|prä|sen|tie|ren:** eine Institution r. *(vertreten)* | *(der Position gemäß) wirkungsvoll in der Öffentlichkeit auftreten* | *typisch sein, darstellen*

Re|pres|sa|lie [-i̯ɛ] die, -/-n (meist Pl.) ⟨lat.⟩: *Vergeltung, Gegenmaßnahme* | *Druckmittel*

Re|pres|si|on die, -/-en ⟨lat.⟩ (Pol.): *Unterdrückung* || **re|pres|siv**

Re|print der (*auch:* das), -s/-s ⟨engl.⟩: *unveränderter Nachdruck [eines Buches]*

Re|pri|se die, -/-n ⟨lat.-fr.⟩: *Wiederholung, Wiederaufführung [eines Films]*

re|pri|va|ti|sie|ren [-v-]: *wieder in Privatbesitz übergeben* || **Re|pri|va|ti|sie|rung**

Re|pro das, -[s]/-s: *Kurzwort für grafische Reproduktion*

re|pro|bie|ren: bei einer Prüfung reprobiert werden *(durchfallen, aber wiederholen dürfen)*

Re|pro|duk|ti|on [-tsi̯-]: *Nachbildung, Wiedergabe, Vervielfältigung [eines Gemäldes]* || **re|pro|du|zier|bar** || **re|pro|du|zie|ren**

Rep|til das, -s/-ien [-i̯ɛn] [-e] ⟨lat.-fr.⟩: *Kriechtier, zB Eidechse, Schlange, Krokodil*

Re|pu|b|lik die, -/-en ⟨lat.-fr.⟩: *eine Staatsform* || **Re|pu|b|li|ka|ner** der, -s/- || **Re|pu|b|li|ka|ne|rin** die, -/-innen || **re|pu|b|li|ka|nisch:** *aber:* der **R**epublikanische Schutzbund; → Schutzbund

Re|pu|ta|ti|on [-tsi̯-] die, - ⟨lat.⟩: *Ansehen, guter Ruf* || **re|pu|tier|lich** (veraltet): *ordentlich, anständig*

Re|qui|em das, -s/Requien [-i̯ɛn] ⟨lat.⟩: *feierliche Totenmesse* || **re|qui|es|cat in pa|ce** [-kvi'ɛsk- -tsɛ] (R. I. P.): *Er/Sie ruhe in Frieden! (auf Grabsteinen)*

re|qui|rie|ren ⟨lat.⟩: *[für das Militär] beschlagnahmen* || **Re|qui|sit** das, -[e]s/-e[n]: *Gerät, Behelf* | (meist Pl.) *Zubehör für eine Theateraufführung uÄ* || **Re|qui|si|te** die, -/-n: *für Requisiten verantwortliche Stelle* || **Re|qui|si|teur** [-'tø:ɐ] der, -s/-e || **Re|qui|si|teu|rin** die, -/-innen

resch: eine resche *(knusprige)* Semmel | ein rescher *(herber)* Wein | (ugs.) eine resche *(resolute)* Wirtin

Re|schen|pass der, -es: *ein Pass zwischen Nord- und Südtirol*

Re|se|da die, -/Reseden ⟨lat.⟩: *eine Blume* || **re|se|da|grün**

Re|sek|ti|on [-tsi̯-] die, -/-en ⟨lat.⟩ (Med.): *Entfernung eines Organs oder Organteils*

Re|ser|vat das, -[e]s/-e, *auch:* **Re|ser|va|ti|on** [-tsi̯-] die, -/-en ⟨lat.⟩: *Rechtsvorbehalt* | *einer Urbevölkerung, bes. den Indianern, zugewiesenes Siedlungsgebiet* | *Schutzgebiet für gefährdete Tierarten* || **Re|ser|ve** die, -/-n ⟨lat.-fr.⟩: *Vorrat; Ersatz; Rücklage* | *Gesamtheit der ausgebildeten, aber nicht aktiven Soldaten;* Leutnant der R. (d. R.) | (ohne Pl.) *Zurückhaltung;* seine R. aufgeben || **Re|ser|ve|bank** (Sport): *Bank für Reservespieler* || **Re|ser|ve|ka|nis|ter** || **Re|ser|ve|of|fi|zier** || **Re|ser|ve|of|fi|zie|rin** || **Re|ser|ve|rad** || **Re|ser|ve|rei|fen** || **Re|ser|ve|spie|ler** (Sport) || **Re|ser|ve|spie|le|rin** (Sport) || **re|ser|vie|ren:** jemandem einen Platz r. *(sichern)* || **re|ser|viert:** *zurückhaltend, verschlossen* || **Re|ser|viert|heit** die, -: *Zurückhaltung* || **Re|ser|vie|rung** die, -/-en: die R. eines Tisches || **Re|ser|vist** der, -en/-en: *Soldat der Reserve* || **Re|ser|vis|tin** die, -/-innen || **Re|ser|voir** [-vo̯a:r] das, -s/-e ⟨lat.-fr.⟩: *Sammelbecken, Behälter, [Wasser]speicher* | *Reservebestand*

Re|set ['ri:-] das, -s/-s ⟨engl.⟩ (EDV): *Neustart eines Computers, ohne die Stromzufuhr zu unterbrechen* || **re|set|ten** (EDV): sie hat den Computer resettet

Re|si: *weibl. Vorname (Theresia);* → Resl

Re|si|denz die, -/-en ⟨lat.⟩: *Herrschersitz, Amtssitz* | *Residenz-*

R

stadt ‖ **Residenzstadt** ‖ **residieren**

Resignation [-tsi̯-] die, -/-en ⟨lat.⟩: *Entsagung; Verzicht* ‖ **resignativ** ‖ **resignieren:** *auf Grund von Misserfolgen aufgeben*

Résistance [-'tã:s] die, - ⟨lat.-fr.⟩ (Gesch.): *französische Widerstandsbewegung im Zweiten Weltkrieg* ‖ **resistent** ⟨lat.⟩: *widerstandsfähig [gegen Infektionen, Medikamente]* ‖ **Resistenz** die, -/-en: *Widerstandsfähigkeit;* passive R. *(gewaltloser Widerstand)*

Resl: *weibl. Vorname (Theresia);* → Resi

resolut ⟨lat.⟩: ein resolutes *(sicheres, entschlossenes)* Auftreten ‖ **Resolutheit** die, -/-en ‖ **Resolution** [-tsi̯-] die, -/-en: *schriftliche Forderung, die von einer Versammlung oÄ aufgestellt wird*

Resonanz die, -/-en ⟨lat.⟩: *klangverstärkendes Mitschwingen [des Geigenkörpers]* | R. *(Anklang, Beachtung)* finden ‖ **Resonanzboden** (Mus.) ‖ **Resonanzkörper** (Mus.): der R. eines Streichinstruments

resorbieren ⟨lat.⟩ (Med., Biol.) ‖ **Resorption** [-tsi̯-] die, -/-en (Med., Biol.): *Aufsaugung [bestimmter Stoffe in die Blutbahn]*

resozialisierbar ‖ **resozialisieren:** *wieder in die Gesellschaft eingliedern, zB einen entlassenen Häftling* ‖ **Resozialisierung**

resp.: respektive ‖ **Respekt** [-sp-, auch: -ʃp-] der, -[e]s ⟨lat.-fr.⟩: vor jemandem R. haben *(jemanden achten);* → Respekt einflößend = respekteinflößend ‖ **respektabel:** *ansehnlich, beachtlich;* eine respektable Leistung ‖ **Respekt einflößend = respekteinflößend:** eine R. einflößende Stimme ‖ **respektieren:** die Meinung des anderen r. *(gelten lassen)* | Verkehrsvorschriften r. *(beachten)* ‖ **respektive** [-fɛ, -vɛ] (resp.): *beziehungsweise, oder* ‖ **respektlos** ‖ **Respektlosigkeit** die, -/-en ‖ **Respektsperson:** *Person, der besondere Achtung entgegengebracht wird* ‖ **respektvoll**

Respiration [-sp-tsi̯-] die, - ⟨lat.⟩ (Med.) ‖ **respirieren** (Med.): *atmen*

Responsorium [-sp-] das, -s/Responsorien [-i̯ɛn] ⟨lat.⟩: *liturgischer Wechselgesang*

Ressentiment [-sãti'mã:] das, -s/-s ⟨fr.⟩: *Abneigung, gefühlsmäßige Ablehnung*

Ressort [-'so:ɐ] das, -s/-s ⟨fr.⟩: *Wirkungsbereich, Amtsbereich* ‖ **Ressortchef** [-ʃɛ:f] ‖ **Ressortchefin** ‖ **ressortieren** (Amtsspr.): *zu einem bestimmten Ressort gehören;* die Museen r. zum Bildungsministerium ‖ **ressortzuständig:** die ressortzuständige Ministerin

Ressource [-'surs] die, -/-n (meist Pl.) ⟨fr.⟩: *[finanzielle] Hilfsmittel, Hilfsquellen*

Rest der, -[e]s/-e: den R. des Tages arbeiten | (ugs.) jemandem den R. geben *(jemanden völlig zu Grunde richten)* ‖ **Restalkohol:** *restlicher Blutalkohol im Körper*

Restaurant [-to'rã:] das, -s/-s ⟨fr.⟩: *[gehobene] Gaststätte* ‖ **Restaurateur** [-a'tø:ɐ] der, -s/-e: *Inhaber eines Restaurants* ‖ **Restaurateurin** die, -/-innen ‖ **Restauration** [-taʊ-tsi̯-] die, -/-en ⟨lat.-fr.⟩: *Wiederherstellung eines Kunstwerkes* | *Wiederherstellung einer Gesellschaftsordnung* | (veraltet) [auch: -sto-] *Gastwirtschaft* ‖ **restaurativ** [-taʊ-] ‖ **Restaurator** der, -s/-en [-'to:-]: *Fachmann für die Wiederherstellung von Kunstwerken uÄ* ‖ **Restauratorin** die, -/-innen ‖ **restaurieren** ‖ **Restaurierung** die, -/-en

Restbestand ‖ **Restbetrag**

restituieren ⟨lat.⟩: *wiederherstellen, ersetzen* ‖ **Restitution** [-tsi̯-] die, -/-en: *Wiedergutmachung, Wiederherstellung* | (Jus) *Nachsicht der Rechtsfolgen einer Verurteilung, eine Befugnis des Bundespräsidenten*

Restl das, -s/-n (ugs.): *[Speise]rest;* die Restln am nächsten Tag essen ‖ **restlich:** das r. Geld ‖ **restlos:** r. *(ganz und gar)* zufrieden sein ‖ **Restlverwertung** (ugs.) ‖ **Restmüll** (Ökol.): *eine Müllkategorie* ‖ **Restplatz:** *einer von wenigen freien Sitzplätzen [im Theater, im Flugzeug]* ‖ **Restposten:** *Restmenge;* ein R. Skischuhe

Restriktion [-tsi̯-] die, -/-en ⟨lat.⟩: *Beschränkung, Einengung* ‖ **restriktiv** ‖ **restringieren:** *beschränken, einengen*

Restrisiko: *unvermeidliches Risiko* ‖ **Restsüße:** *unvergorener Zuckeranteil beim Wein, Restzucker* ‖ **Resturlaub:** *am Jahresende noch nicht in Anspruch genommener Urlaub* ‖ **Restwert** (Kaufmannsspr.): *Wert eines geleasten Produkts am Ende der Laufzeit* ‖ **Restzucker:** *Restsüße*

Resultante die, -/-n ⟨lat.-fr.⟩: *Summe verschieden gerichteter Kräfte* ‖ **Resultat** das, -[e]s/-e: *Ergebnis [einer Rechnung]* ‖ **resultativ:** *ein Ergebnis bewirkend* ‖ **resultieren:** *sich herleiten, daraus folgen*

Resümee = Resumé [-zy'me:] das, -s/-s ⟨fr.⟩: *zusammenfassende Übersicht* ‖ **resümieren**

retardieren ⟨lat.⟩: *verzögern*

Retina die, -/Retinae [-nɛ] ⟨lat.⟩ (Med.): *Netzhaut des Auges*

Retorsion die, -/-en ⟨lat.⟩: *nicht militärische Vergeltungsmaßnahme*

Retorte die, -/-n ⟨lat.⟩: *Gefäß zum Destillieren* | aus der R. *(nicht natürlich, sondern künstlich hervorgebracht)* ‖ **Retortenbaby** [-'be:bi, engl.: -'beɪ-] (Med.): *durch künstliche Befruchtung erzeugtes Baby*

retour [-'tu:ɐ] ⟨fr.⟩: *zurück* ‖ **Retourfahrkarte** ‖ **Retourgang** (Kfz): *Rückwärtsgang* ‖ **Retourgeld:** *Wechselgeld* ‖ **Retourkampf** (Sport): *Rückspiel* ‖ **Retourkarte:** *Rückfahrkarte* ‖ **Retourkutsche:** *Antwort [auf eine verletzende Bemerkung] in gleicher Art* ‖ **Retourmatch** [-mɛtʃ, engl.: -æ-] (Sport): *Rückspiel* ‖ **retournieren:** *zurückgeben, -senden* | (Sport) *zurückspielen;* den Aufschlag r. ‖ **Retournierung** die, -/-en ‖ **Retourporto** ‖ **Retoursendung** ‖ **Retourspiel** (Sport): *Rückspiel*

retrograd ⟨lat.⟩: *rückläufig*

retrospektiv ⟨lat.⟩: *rückschauend* ‖ **Retrospektive** [-fɛ, -vɛ] die, -/-n: *Rückschau [auf das Lebenswerk eines Künstlers]*

Retsina der, -s/-s ⟨lat.-gr.⟩: *geharzter griechischer Weißwein*

retten: sie konnte sich r. ‖ **Retter** der, -s/- ‖ **Retterin** die, -/-innen

Rettich der, -s/-e: *eine Pflanze mit essbarer Wurzel*

Rettung die, -/-en: R. aus höchster Not | *Rettungsdienst; Rettungswagen, Ambulanz* ‖ **Rettungsanker** ‖ **Rettungsboot** ‖ **Rettungsdienst** ‖ **Rettungshubschrauber** ‖ **rettungslos** ‖ **Rettungsmannschaft** ‖ **Rettungsring:** *eine Schwimmhilfe* ‖ **Rettungsschlitten** ‖ **Rettungsschwimmen** das, -s: eine Ausbildung in R. haben ‖ **Rettungs-**

schwim|mer: ausgebildete R. || **Ret|tungs|schwim|me|rin** || **Ret|tungs|wa|gen**
Re|tu|sche [-ʃ(ɛ)] die, -/-n ⟨fr.⟩: *nachträgliche Ausbesserung, Überarbeitung [von Fotos]* || **Re|tu|scheur** [-'ʃøːɐ] der, -s/-e || **Re|tu|scheu|rin** die, -/-innen || **re|tu|schie|ren**
Retz: *Stadt in Niederösterreich*
Reue die, -: voll R. *(Bedauern über die eigene Tat, Schuldbewusstsein)* | (Jus) tätige R. *(ein Milderungsgrund bei der Strafbemessung)* || **reue|los** || **reu|en:** es reut mich *(es tut mir leid)* || **reue|voll** || **Reu|geld** (Jus, Kaufmannsspr.): *Geld, das beim Rücktritt von einem Vertrag zu bezahlen ist, Stornogebühr* || **reu|ig:** r. zurückkehren || **reu|mü|tig**
Reu|se die, -/-n: *korbartiges Gerät für den Fischfang*
re|üs|sie|ren ⟨lat.-fr.⟩ (geh.): *Erfolg haben*
Reut das, -[e]s/-er (veraltet): *gerodetes Land* || **reu|ten** (veraltet): *roden*
Reut|te (Kfz: RE): *Marktgemeinde in Tirol*
Re|val [-v-]: *deutscher Name von Tallinn*
Re|van|che [-'vɑ̃ːʃ] die, -/-n ⟨fr.⟩: *Vergeltung [für eine Untat]* | (bes. Sport) jemandem R. geben *(jemandem Gelegenheit geben, eine Niederlage wettzumachen)* | als R. *(Gegenleistung)* dafür lade ich dich zum Essen ein || **Re|van|che|spiel:** *Rückspiel* || **re|van|chie|ren** sich: *sich erkenntlich zeigen* | *sich rächen* || **Re|van|chis|mus** der, - (Pol.): *Politik, die die Folgen einer militärischen Niederlage, zB Gebietsverluste, rächen will* || **re|van|chis|tisch** (Pol.)
Re|veille [-'vɛːj] die, -/-n ⟨fr.⟩ (Mil.): *Weckruf*
Re|ve|rend [-v-] der, -s/-s ⟨lat.-engl.⟩: *in englischsprachigen Ländern Titel und Anrede von Geistlichen;* → Hochwürden
Re|ve|renz [-v-] die, -/-en ⟨lat.⟩ (geh.): jemandem seine R. *(seine Ehrerbietung)* erweisen; *aber:* → Referenz
Re|vers[1] [-'veːɐ] der (*auch:* das), -/- ⟨lat.-fr.⟩: *Aufschlag [an Sakkos]* || **Re|vers**[2] [-'vɛrs] der, -es/-e ⟨lat.⟩: *eine schriftliche Verpflichtung;* gegen R. aus dem Spital entlassen werden || **Re|vers**[3] [-'vɛrs, -'veːɐ] der, -[es]/-[e] ⟨lat.-fr.⟩: *Rückseite einer Münze;* → G.: Avers || **re|ver|si|bel** [-v-]: ein reversibler *(umkehrbarer, rückgängig zu machender)* Vorgang; → G.: irreversibel || **Re|ver|si|bi|li|tät** die, - || **re|ver|sie|ren** [-v-] ⟨lat.⟩: *[das Auto] rückwärtsfahrend wenden* || **Re|ver|si|on** die, -/-en: *Umkehrung*
Re|vi|dent [-v-] der, -en/-en ⟨lat.⟩ (früher): *ein Beamtentitel* || **Re|vi|den|tin** die, -/-innen (früher) || **re|vi|die|ren:** *überprüfen; ändern;* → Revision
Re|vier [-v-] das, -s/-e ⟨lat.-fr.-niederl.⟩: *Gebiet, Bezirk* || **Re|vier|förs|ter** || **Re|vier|förs|te|rin**
Re|view [rɪ'vjuː] das, -[s] ⟨engl.⟩ (Elektrot.): *schneller Rücklauf [bei Videorekordern]*
Re|vire|ment [-vir'mɑ̃ː] das, -s/-s ⟨fr.⟩: *Umbesetzung hoher Posten;* → Virement
Re|vi|si|on [-v-] die, -/-en ⟨lat.⟩: *Überprüfung; Änderung* | (Jus) *Rechtsmittel an den OGH;* → revidieren || **Re|vi|si|o|nis|mus** der, - (Pol.): *Bestreben, bestehende Verhältnisse oder ideologische Anschauungen zu verändern* | (bes. D) (Pol.) *Bestreben, das Gesamtbild vom Nationalsozialismus zu verharmlosen oder zu bestreiten* || **Re|vi|si|o|nist** der, -en/-en || **Re|vi|si|o|nis|tin** die, -/-innen || **Re|vi|sor** der, -s/-en [-'oː-]: *Prüfer, Kontrollor* | *Korrektor* || **Re|vi|so|rin** die, -/-innen
re|vi|ta|li|sie|ren [-v-] ⟨lat.⟩: *erneuern, renovieren* || **Re|vi|ta|li|sie|rung** die, -: *Wiedererlangung der früheren Lebenskraft* | die R. *(Renovierung)* alter Wohnviertel || **Re|vi|val** [rɪ'vaɪvl] das, -s/-s ⟨lat.-engl.⟩: *Wiederaufleben;* die Musik der 80er-Jahre erlebt ein R.
Re|vol|te [-v-] die, -/-n ⟨lat.-it.-fr.⟩: *Aufruhr, Empörung* || **re|vol|tie|ren** || **Re|vo|lu|ti|on** [-tsi̯-] die, -/-en ⟨lat.-fr.⟩: *gewaltsamer Umsturz* | *Umwälzung* || **re|vo|lu|ti|o|när:** eine revolutionäre *(bahnbrechende)* Erfindung || **Re|vo|lu|ti|o|när** der, -s/-e || **Re|vo|lu|ti|o|nä|rin** die, -/-innen || **re|vo|lu|ti|o|nie|ren:** *grundlegend und rasch umgestalten;* eine neue Technologie revolutioniert die Medizin || **Re|vo|lu|ti|ons|ge|richt** || **Re|vo|luz|zer** der, -s/- ⟨lat.-it.⟩ (ugs., oft abw.): *Revolutionär; Umstürzler* || **Re|vo|luz|ze|rin** die, -/-innen (ugs., oft abw.)
Re|vol|ver [-'vɔlf-, -'vɔlv-] der, -s/- ⟨lat.-engl.⟩: *eine Faustfeuerwaffe* || **Re|vol|ver|blatt** (abw.): *reißerische Zeitung* || **Re|vol|ver|held** (abw.) || **Re|vol|ver|hel|din** (abw.)
re|vo|zie|ren [-v-] ⟨lat.⟩: ein Wort r. *(zurücknehmen)*
Re|vue [re'vyː, rœ-] die, -/-n ⟨fr.⟩: *Bühnenschau mit großer Ausstattung* | *eine Art von [bebilderten] Zeitschriften* | Erlebnisse R. passieren *(in der Erinnerung an sich vorbeiziehen)* lassen
Rex|glas (Wz.): *eine Art Einsiedeglas;* → einrexen || **Rex|gum|mi** (Wz.): *Dichtungsring für Rexgläser*
Reyk|ja|vik ['rɛi̯-v-]: *Hauptstadt Islands*
Re|zen|sent der, -en/-en ⟨lat.⟩ || **Re|zen|sen|tin** die, -/-innen || **re|zen|sie|ren:** ein Buch r. *(es [in einer Zeitung] kritisch besprechen)* || **Re|zen|si|on** die, -/-en || **Re|zen|si|ons|ex|em|plar:** *Besprechungsexemplar*
re|zent ⟨lat.⟩: *neu; gegenwärtig existierend;* rezente Tier- und Pflanzenarten
Re|zept das, -[e]s/-e ⟨lat.⟩: *ärztliche Verordnung eines Medikaments* | *Kochrezept* || **re|zept|frei:** *in Apotheken ohne ärztliches Rezept erhältlich;* G.: → rezeptpflichtig || **Re|zept|ge|bühr** || **Re|zep|ti|on** [-tsi̯-] die, -/-en: *Empfangsbüro [im Hotel]* | (ohne Pl.) *Aufnahme [eines Kunstwerkes] durch das Publikum* || **Re|zep|ti|o|nist** der, -en/-en: *jemand, der in einer Rezeption arbeitet* || **Re|zep|ti|o|nis|tin** die, -/-innen || **Re|zep|tor** der, -s/-en [-'oː-] (Med.): *[Nerven]zelle, die Reize aufnimmt* || **re|zept|pflich|tig:** rezeptpflichtige Medikamente *(nur auf Grund einer ärztlichen Verschreibung erhältlich);* → rezeptfrei || **Re|zep|tur** die, -/-en: *Herstellung eines Arzneimittels nach Rezept*
Re|zes|si|on die, -/-en ⟨lat.⟩: *Abschwächung des Wirtschaftswachstums* || **re|zes|siv:** *die Rezession betreffend* | (Biol.) *zurücktretendes, nicht immer erscheinendes Erbmerkmal;* → G.: dominant
re|zi|div ⟨lat.⟩ (Med.): ein r. *(rückfällig)* gewordener Kranker || **Re|zi|div** das, -s/-e [-fɛ, -vɛ] (Med.): *Rückfall*
Re|zi|pi|ent der, -en/-en ⟨lat.⟩ || **Re|zi|pi|en|tin** die, -/-innen || **re|zi|pie|ren:** *aufnehmen, übernehmen;* die Werke des Bildhauers

R

r. *(betrachten, analysieren)*

re|zi|p|rok ⟨lat.⟩: *wechselseitig, gegenseitig;* 3/2 ist der reziproke Wert *(der Kehrwert)* von 2/3 ‖ **Re|zi|p|ro|zi|tät** die, -

Re|zi|tal das, -s/-e = Recital [rɪˈsaɪtl] das, -s/-s ⟨engl.⟩: *Soloabend eines Musikers* ‖ **Re|zi|ta|ti|on** [-tsi̯-] die, -/-en ⟨lat.⟩: *künstlerischer Vortrag [eines Gedichtes]* ‖ **Re|zi|ta|tiv** das, -s/-e [-fɛ, -vɛ] (Mus.): *dramatischer Sprechgesang* ‖ **Re|zi|ta|tor** der, -s/-en [-ˈoː-]: *Vortragskünstler, Sprecher* ‖ **Re|zi|ta|to|rin** die, -/-innen ‖ **re|zi|tie|ren**

re|zy|k|lie|ren [-yk-] ⟨lat.+gr.⟩ = → recyclen

Rf: Rutherfordium

R-Ge|spräch [ˈɛr-]: *Rückfrage-Telefongespräch, das der/die Angerufene bezahlt*

Rh: Rhodium

Rha|bar|ber der, -s ⟨gr.-lat.-it.⟩: *Pflanze mit großen Blättern und langen, dicken Blattstielen* ‖ **Rha|bar|ber|kom|pott**

Rhap|so|die die, -/-n ⟨gr.⟩: *ein Musikstück* ‖ **rhap|so|disch**

Rhein der, -[e]s: der R. fließt durch den Bodensee ‖ **Rhein|land-Pfalz:** *deutsches Bundesland* ‖ **rhein|land-pfäl|zisch** ‖ **Rhein-Main-Do|nau-Ka|nal** ‖ **Rhein|ries|ling:** *eine Reb- und Weinsorte* ‖ **Rhein|tal** → Bodensee-Rheintal ‖ **Rhein|tal|au|to|bahn** ‖ **Rhein|wein**

Rhe|ni|um das, -s ⟨lat.⟩ (Zeichen: Re): *ein chemisches Element*

Rhe|sus|fak|tor der, -s: *eine erbliche Eigenschaft der roten Blutkörperchen (nach einer Affenart);* R. negativ (rh), R. positiv (Rh)

Rhe|to|rik die, - ⟨gr.-lat.⟩: *Redekunst* ‖ **Rhe|to|ri|ker** der, -s/- ‖ **Rhe|to|ri|ke|rin** die, -/-innen ‖ **rhe|to|risch:** eine rhetorische *(nur der rednerischen Wirkung wegen gestellte)* Frage

Rheu|ma das, -s ⟨gr.⟩: *Kurzwort für Rheumatismus* ‖ **Rheu|ma|ti|ker** der, -s/- ‖ **Rheu|ma|ti|ke|rin** die, -/-innen ‖ **rheu|ma|tisch** ‖ **Rheu|ma|tis|mus** der, -/Rheumatismen: *eine Krankheit;* → Rheuma

Rhi|no|ze|ros das, - [-rosses]/-rosse ⟨gr.-lat.⟩: *Nashorn*

Rho das, -[s]/-[s] (ρ, P) ⟨gr.⟩: *griechischer Buchstabe, entspricht r*

Rho|di|um das, -s ⟨gr.⟩ (Zeichen: Rh): *ein chemisches Element*

Rho|do|den|d|ron der, -s/Rhododendren ⟨gr.⟩: *ein Zierstrauch*

rhom|bisch ⟨gr.-lat.⟩: *rautenförmig* ‖ **Rhom|bo|id** das, -[e]s/-e: *schiefwinkeliges, ungleichseitiges Parallelogramm* ‖ **Rhom|bus** der, -/Rhomben: *schiefwinkeliges, gleichseitiges Parallelogramm, Raute*

Rhone [roːn] die, - (fr. Rhône): *Strom in Frankreich und der Schweiz*

Rhön|rad: *ein Sportgerät*

Rhyth|mik [ˈry-] die, - ⟨gr.-lat.⟩: *[Anwendung des] Rhythmus* ‖ **rhyth|misch:** *aber:* **R**hythmische Sportgymnastik *(eine Sportart)* ‖ **rhyth|mi|sie|ren:** *rhythmisch gestalten* ‖ **Rhyth|mus** der, -/Rhythmen: *regelmäßiger Wechsel, taktmäßige Gliederung;* → Arrhythmie

rib|beln, ich ribble (ugs.): *[trocken] reiben*

Ri|bi|sel die, -/-n ⟨arab.-it.⟩: *Johannisbeere* ‖ **Ri|bi|sel|he|cke** ‖ **Ri|bi|sel|ku|chen** ‖ **Ri|bi|sel|mar|me|la|de** ‖ **Ri|bi|sel|saft** ‖ **Ri|bi|sel|stau|de** ‖ **Ri|bi|sel|strauch** ‖ **Ri|bi|sel|wein**

Ri|bo|nu|k|le|in|säu|re (RNS) (Biol.)

Ri|car|da [-k-]: *weibl. Vorname*

Ri|cer|car [-tʃɛrk-] das, -s/-e ⟨it.⟩ (Mus.): *eine Art Präludium oder Fuge*

Ri|chard: *männl. Vorname*

Richt|an|ten|ne ‖ **Richt|beil** (früher): *eine Waffe des Scharfrichters* ‖ **Richt|blei:** *Lot* ‖ **rich|ten:** das Essen r. *(zubereiten)* | den Wecker r. *(reparieren)* | die Aufmerksamkeit richtet sich auf sie | sich nach etwas r. *(sich anpassen)* | (ugs.) es sich r. *(etwas zB durch Protektion erreichen)* | (geh.) über jemanden r. *(über jemanden urteilen)* ‖ **Rich|ter** der, -s/-: R. am Bezirksgericht sein | (ugs., sal.) wir werden keinen R. brauchen *(wir klären die Angelegenheit ohne äußere Einmischung)* ‖ **Rich|ter|amt** ‖ **Rich|te|rin** die, -/-innen ‖ **rich|ter|lich:** eine richterliche *(durch einen Richter vorgenommene)* Vernehmung ‖ **Rich|ter|se|nat:** *Kollegium aus mehreren Richtern, Kollegialorgan*

Rich|ter|ska|la die, -: *eine Skala zum Messen der Erdbebenstärke (nach dem amerikanischen Seismologen Richter);* → Mercalliskala

Rich|ter|spruch ‖ **Richt|fest** (bes. D): → *Dachgleiche*

rich|tig
eine richtige Rechnung; r. *(richtiggehend)* müde sein

Großschreibung bei Nominalisierung:
- das **R**ichtige getroffen haben
- es ist das **R**ichtige zu schweigen
- [zwischen] **R**ichtig und Falsch nicht unterscheiden können
- du bist [mir] der **R**ichtige (scherzh. bzw. abw.: *du bist ein Schlingel;* auch iron.: *völlig ungeeignet)*

Getrenntschreibung bei wörtlicher Bedeutung:
- eine Uhr, die richtig geht
- eine Sache richtig machen
- ein Wort richtig schreiben
- wenn ich das richtig sehe, holt sie uns ab

Getrennt- und Zusammenschreibung bei Verben, die ein Resultat herbeiführen:
- die Uhrzeiger richtig stellen (= richtigstellen)

Zusammenschreibung bei übertragener Bedeutung und adverbialem Gebrauch:
- in der Annahme richtiggehen *(den Tatsachen entsprechen)*
- eine richtiggehende Verschwörung *(tatsächliche)*
- er war richtiggehend entspannt *(wirklich)*
- mit einer Vermutung richtigliegen
- einen Fehler richtigstellen *(berichtigen)*

rich|tig|ge|hen: in der Annahme r.; *aber:* eine Uhr, die richtig geht ‖ **rich|tig|ge|hend** (Adv.): r. *(ausgesprochen)* müde sein | (Adj.) eine richtiggehende Verschwörung; *aber:* eine richtig gehende (= richtiggehende) Uhr ‖ **Rich|tig|keit** die, - ‖ **rich|tig|lie|gen:** mit seiner Meinung r.; → richtig ‖ **rich|tig|stel|len:** einen Fehler r.; *aber:* die Uhrzeiger richtig stellen (= richtigstellen) ‖ **Rich|tig|stel|lung** die, -/-en ‖ **Richt|li|nie** [-i̯ɛ]: Richtlinien *(Anweisungen)* geben ‖ **Richt|mi|k|ro|fon** = **Richt|mi|k|ro|phon** [-f-]: *ein Mikrofon* ‖ **Richt|platz** (früher): *Stätte für Hinrichtungen* ‖ **Richt|schnur:** *Regel, Leitsatz* ‖ **Richt|stät|te** (früher): *Richtplatz* ‖ **Richt|tag** (früher): *Tag, an dem Recht gesprochen wird;* R. halten ‖ **Rich|tung** die, -/-en ‖ **rich|tung|ge|bend** = richtungsgebend ‖

Rich|tungs|än|de|rung ‖ **Rich|tungs|fahr|bahn** ‖ **rich|tungs|los** ‖ **Rich|tungs|streit** ‖ **Rich|tungs|wech|sel** [-ks-] ‖ **rich|tungs|wei|send** = **rich|tung|wei|send:** *maßgeblich* ‖ **Richt|wert:** *vorgegebener Vergleichswert;* R. für Miete von Kategorie-A-Wohnungen

Ri|cke die, -/-n (Jägerspr.): *Rehgeiß*

rieb → reiben ‖ **Rieb|ei|sen** (ugs.): *Reibeisen*

Rie|bel der, -s/- (V): *eine Speise aus Weizen- oder Maisgrieß;* → Brösel[2] ‖ **Rie|bel|pfan|ne** (V)

rie|chen, roch/gerochen: er riecht nach Schweiß | (ugs.) jemanden nicht r. können *(nicht leiden können);* das konnte ich nicht r. *(wissen)* ‖ **Rie|cher** der, -s (ugs.): einen guten R. *(das richtige Gespür)* haben

Ried[1] (bes. in Siedlungsnamen): R. im Innkreis *(Stadt in Oberösterreich, Kfz: RI)*

Ried[2] das, -[e]s/-e: *sumpfiges, meist schilfbewachsenes Gebiet*

Ried[3] die, -/-e[n], *auch:* Riede, -/-n (ostöst.): *Flur, bes. Weingartenflur* | *Weine aus den besten Rieden*

Ried|de|ckel (reg.) (Küchenspr.): *eine Rindfleischsorte*

Rie|de → Ried[3]

Rie|del der, -s/- (veraltet): *Büschel, Bündel; Falte* | (reg.) *Bodenerhebung zwischen zwei Tälern* ‖ **Rie|del|land|schaft:** *hügelige Gegend*

Ried|gras: *[auf Rieden[2] wachsende] Pflanze*

Ried|hüfl das, -s/-n (bes. W): *eine Rindfleischsorte*

Ried|na|me, *auch:* **Ried|na|men:** *Flurname*

rief → rufen

Rie|ge die, -/-n: *Abteilung* | *[Turner]reihe*

Rie|gel der, -s/-: der Sache einen R. vorschieben *(sie verhindern)* | einen R. *(eine Rippe)* Schokolade essen | (Geogr.) *Anhöhe, Bergabsatz* | (ugs.) *großer, kräftiger Mensch*

Rie|men[1] der, -s/-: der R. der Tasche ist gerissen | den R. enger schnallen *(sich einschränken);* sich am R. reißen *(sich beherrschen)*

Rie|men[2] der, -s/- (Seemannsspr.): *Ruder;* sich in die R. legen *(kräftig rudern)*

Ri|enz die, -: *ein Nebenfluss des Eisacks in Südtirol*

Ries das, -es/-: *ein altes Papiermaß, 1 000 Blatt*

Rie|se[1] der, -n/-n: *übergroßes Wesen; bes. großer Mensch*

Rie|se[2] die, -/-n: *Gleitrinne zur Holzbeförderung im Gebirge*

rie|seln: rieselnder Schnee

rie|sen|groß ‖ **Rie|sen|er|folg** ‖ **rie|sen|haft** ‖ **Rie|sen|rad:** das Wiener R. im Prater ‖ **Rie|sen|sau|e|rei** (sal.) ‖ **Rie|sen|schlan|ge** ‖ **Rie|sen|schmar|ren** (ugs., sal.): so ein R.! *(Blödsinn)* ‖ **Rie|sen|schritt** ‖ **Rie|sen|skan|dal** ‖ **Rie|sen|sla|lom** (Sport): *eine Disziplin im alpinen Skisport, Riesentorlauf* ‖ **Rie|sen|tor|lauf** (Sport): *Riesenslalom* ‖ **Rie|sen|wuchs** [-ks] ‖ **rie|sig** ‖ **Rie|sin** die, -/-innen

Ries|ling der, -s/-e: *Kurzwort für Rheinriesling und Welschriesling* ‖ **Ries|ling-Sil|va|ner** = **Ries|ling-Syl|va|ner** [-zilv-] der, -s/- (früher bzw. CH): *eine Reb- und Weinsorte, Müller-Thurgau*

riet → raten

Riff[1] das, -[e]s/-e: *[Felsen]klippe*

Riff[2] der = das, -[e]s/-s ⟨engl.⟩: *sich wiederholende rhythmische Tonfolge;* einen R. spielen

Rif|fel die, -/-n = der, -s/-: *ein rechenartiges Gerät [zum Heidelbeerpflücken]; Flachskamm* | *zackenförmiger Berggrat* ‖ **rif|feln,** ich riffle

Ri|ga: *Hauptstadt Lettlands*

ri|gid = **ri|gi|de** ⟨lat.⟩ (geh.): *starr, streng* ‖ **Ri|gi|di|tät** die, -

ri|go|len, er hat rigolt ⟨niederl.-fr.⟩ (Landw.): *den Boden tief aufgraben [für den Weinbau]*

Ri|go|ris|mus der, -/Rigorismen ⟨lat.⟩: *starres Festhalten an strengen Grundsätzen* ‖ **ri|go|ris|tisch:** *im Sinn des Rigorismus* ‖ **ri|go|ros:** *sehr streng, hart* ‖ **Ri|go|ro|si|tät** die, - ‖ **Ri|go|ro|sum** das, -s/Rigorosen (Bildw.): *mündliche Prüfung zur Erlangung des Doktorgrades*

Ri|je|ka: *eine Hafenstadt in Kroatien;* → Fiume

Rik|scha die, -/-s ⟨jap.-engl.⟩: *zweirädriger Wagen zur Personenbeförderung*

Ril|le die, -/-n: *kleine Rinne, Furche* ‖ **ril|len:** gerilltes Glas

Ri|mes|se die, -/-n ⟨lat.-it.⟩ (Kaufmannsspr.): *in Zahlung gegebener Wechsel*

Rind das, -[e]s/-er: *ein Paarhufer*

Rin|de die, -/-n: *Schicht, die den [Baum]stamm umgibt* | *[harte] Außenschicht [von Brot]* | (Med.) *Schicht eines Organs;* die R. des Großhirns ‖ **Rin|den|mulch:** *Streu aus zerkleinerter Baumrinde*

Rin|der|bra|ten (bes. D): *Rindsbraten* ‖ **Rin|der|her|de** ‖ **Rin|der|pest** ‖ **Rin|der|ras|se** ‖ **Rin|der|wahn|sinn** (BSE): *eine Krankheit bei Rindern* ‖ **Rin|der|zucht** ‖ **Rind|fleisch**

> **Rinds|bra|ten**
>
> **Zusammensetzungen mit „Rind" werden in der österreichischen Küchensprache im Allgemeinen mit Fugen-s gebildet, zB:**
> - Rindsbraten (in Deutschland: Rinderbraten)
> - Rindsschnitzel
> - Rindsgulasch
>
> Ohne Fugen-s heißt es in Österreich nur „Rindfleisch", „Rindvieh", mit „-suppe" gibt es beide Formen.

Rinds|fi|let [-le:] ‖ **Rinds|gu|lasch** ‖ **Rinds|kno|chen** ‖ **Rinds|ko|te|lett** [-tl-] ‖ **Rinds|le|ber** ‖ **Rinds|le|der** ‖ **Rinds|lun|gen|bra|ten** ‖ **Rinds|rou|la|de** [-ru-] ‖ **Rinds|schnit|zel** ‖ **Rind|sup|pe,** *auch:* Rindssuppe ‖ **Rinds|zun|ge** ‖ **Rind|viech** (ugs.): *Rindvieh* | *ein Schimpfwort* ‖ **Rind|vieh**

Ring der, -[e]s/-e: ein R. aus Gold | (nur Pl.) (Sport) *ein Sportgerät;* an den Ringen turnen | *Boxring* | (ohne Pl.) *[Wiener] Ringstraße* | *Vereinigung;* der R. der Wirtschaftstreibenden ‖ **Rin|ga|reia** das, -s/- (Kinderspr.): *ein Sing- und Tanzspiel;* R. spielen ‖ **ring|ar|tig** ‖ **Ring|buch** ‖ **rin|geln** sich: der Wurm ringelt sich ‖ **Rin|gel|nat|ter:** *eine Schlange* ‖ **Rin|gel|rei|hen** der, -s/-: R. tanzen ‖ **Rin|gel|spiel:** *Karussell;* R. fahren ‖ **Rin|gel|ste|chen** das, -s: *ein Volksbrauch* ‖ **Rin|gel|tau|be:** *ein Vogel* ‖ **rin|gen,** rang/gerungen: vor Verzweiflung die Hände r. | nach Atem r.; nach Worten r.; mit den Tränen r. *(sie mühsam zurückhalten)* | mit dem Tod r.; sie rang ihm die Fernbedienung aus der Hand ‖ **Rin|ger** der, -s/- (Sport): *Ringkämpfer* ‖ **Rin|ge|rin** die, -/-innen (Sport) ‖ **Rin|gerl** das, -s/-[n]: *[kleiner] Ring* ‖ **Ring|fin|ger** ‖ **ring|för|mig** ‖ **Ring|kampf** (Sport)

Rin|glot|te die, -/-n ⟨fr.⟩: *eine Pflaumensorte*

Ring|ne|bel (Astron.): *ein planeta-*

R

rischer Nebel ‖ **Ringrichter** (Sport) ‖ **Ringrichterin** ‖ **rings:** r. um den Platz ‖ **ringsherum** ‖ **Ringstraße:** die R. *(eine Prunkstraße, der Ring)* in Wien ‖ **Ringstraßenstil** [-st-, auch: -ʃt-]: *ein repräsentativer Baustil nach historischen Vorbildern (2. Hälfte des 19. Jh.)* ‖ **ringsum** ‖ **ringsumher** ‖ **Ringvorlesung:** *Vorlesung mit wechselnden Referenten* ‖ **Ringwall:** *vorgeschichtlicher Befestigungsbau*

Rinne die, -/-n: *schmale Vertiefung im Boden [als Abfluss]* | *oben offenes Rohr als [Wasser]abfluss* ‖ **rinnen,** rann/geronnen: sie lässt das Wasser r.; das Geld rann ihm nur so durch die Finger *(er gab immer viel aus)* | die Vase rinnt *(ist undicht)* ‖ **Rinnsal** das, -[e]s/-e: *schmaler Wasserlauf; dessen natürliches oder künstliches Bett* ‖ **Rinnstein**

Rio de Janeiro [- - ʒaˈnɛɪ-]: *Stadt in Brasilien*

R. I. P.: **r**equiescat **i**n **p**ace

Rippe die, -/-n: sich eine R. brechen | eine R. *(eine Würfelreihe)* Schokolade abbrechen ‖ **Rippenbruch** (Med.) ‖ **Rippenfellentzündung** (Med.): *Pleuritis* ‖ **Rippenstoß** ‖ **Ripperl** das, -s/-[n]: *gegrilltes oder geselchtes Rippenfleisch vom Schwein* ‖ **Ripperlfleisch**

Rips der, -es/-e: *ein geripptes Gewebe* ‖ **Ripsband**

Risalit der, -s/-e ⟨lat.-it.⟩: *ein vorspringender Teil an Bauwerken*

Risiko das, -s/Risken [Risiken] [-s] ⟨it.⟩: *Wagnis;* auf eigenes R. *(auf eigene Gefahr);* kalkuliertes R. ‖ **Risikobereitschaft** ‖ **Risikofaktor:** *riskanter Anteil* ‖ **risikofrei** ‖ **risikofreudig** ‖ **Risikogruppe:** *gefährdete Gruppe* ‖ **Risikokapital** (Wirt.): *Kapital für riskante Geschäfte oder Unternehmensgründungen, Venture Capital* ‖ **risikolos** ‖ **risikoreich** ‖ **Risikostreuung:** *Aufteilung des Risikos [beim Aktienkauf]* ‖ **Risikozuschlag**

Risipisi das, -[s]/-, *auch:* **Risi-Pisi** ⟨it.⟩: *eine Speise aus Reis und Erbsen*

riskant ⟨it.-fr.⟩: *gefährlich* ‖ **Risken** die (eine Pluralform von → Risiko) ‖ **riskieren:** *wagen, aufs Spiel setzen*

Risotto der = das, -[s]/-s ⟨it.⟩: *eine Speise aus Reis*

Rispe die, -/-n: *ein Blütenstandstyp*

riss → reiben ‖ **Riss** der, -es/-e: ein R. im Kleid | (ugs.) es gab ihr einen R. *(sie erschrak)* ‖ **rissfest** ‖ **rissig:** rissige *(aufgesprungene)* Haut ‖ **Rissquetschwunde**

Rist der, -[e]s/-e: *Fuß- bzw. Handrücken*

rit.: **rit**ardando

Rita: *weibl. Vorname*

ritardando = **ritenuto** (rit.) ⟨it.⟩ (Mus.): *langsamer werdend*

Ritornell das, -s/-e ⟨it.⟩ (Mus.): *wiederkehrender Abschnitt (in verschiedenen Formen)*

Ritscher der, -s = **Ritschert** das, -s (St, K): *Speise aus Rollgerste, Hülsenfrüchten und Fleisch*

ritsch, ratsch: *lautmalerisch für eine schnelle Hin- und Herbewegung*

ritt → reiten ‖ **Ritt** der, -[e]s/-e: ein R. *(das Reiten)* durch die Wälder

Rittberger der, -s/-: *ein Sprung im Eiskunstlauf*

Ritter der, -s/- (früher): zum R. schlagen ‖ **Ritterburg** (früher) ‖ **Rittleressen:** *Festessen in historischem Stil* ‖ **Rittergut** (früher): *Gutsbesitz eines Landadeligen* ‖ **Ritterkreuz:** *ein Orden, eine Auszeichnung* ‖ **ritterlich:** sich r. *(edel, anständig)* benehmen ‖ **Ritterlichkeit** die, - ‖ **rittern:** *sich mit jemandem messen, in einem Bewerb konkurrieren;* drei Kandidaten r. um die Nachfolge ‖ **Ritterorden** → Malteser ‖ **Ritterrüstung** ‖ **Ritterschaft** die, - ‖ **Ritterschlag** (früher): *feierliche Aufnahme in den Ritterstand* ‖ **Rittersmann** der, -[e]s/-leute (veraltet): *Ritter* ‖ **Rittersporn** der, -[e]s/-e: *eine Blume* ‖ **Rittertum** das, -s (früher) ‖ **rittlings:** *im Reitersitz* ‖ **Rittmeister** (früher): *Offizier im Hauptmannsrang (bei der Kavallerie)*

Ritual das, -s/-e ⟨lat.⟩: *Kulthandlung, feierliches Zeremoniell* ‖ **ritualisieren** ‖ **Ritualisierung** die, -/-en ‖ **rituell:** *dem Ritual entsprechend* ‖ **Ritus** der, -/Riten: *vorgeschriebene Zeremonien [im Gottesdienst]*

Ritz der, -es/-e: *Vertiefung in der Oberfläche; Ritze* ‖ **Ritze** die, -/-n: *schmale Spalte*

Ritzel das, -s/-: *ein kleines Zahnrad [am Anlasser eines Motors]*

ritzen, du ritzt ‖ **Ritzer** der, -s/-: *feiner Kratzer*

Rivale [-v-] der, -n/-n ⟨lat.-fr.⟩: *Mitbewerber, Nebenbuhler, Gegenspieler* ‖ **Rivalin** die, -/-innen ‖ **rivalisieren:** *miteinander wetteifern* ‖ **Rivalität** die, -/-en: *Wettstreit, Gegnerschaft*

Riviera [-vi̯e:-] die, -/Rivieren: *Küstenlandschaft(en) am Mittelmeer*

Rizinus [D auch: ˈri-] der, -/-[-nusse] ⟨lat.⟩: *eine Pflanze* ‖ **Rizinusöl:** *ein Heilmittel*

r.-k., *auch:* r. k., rk: **r**ömisch-**ka**tholisch

rm: **R**aum**m**eter

Rn: **R**ado**n**

RNS [ɛr ɛn ˈɛs]: **R**ibo**n**uklein**s**äure

Roadmovie [ˈrəʊdmu:vi] das, -s ⟨engl.⟩: *Spielfilm, dessen Handlung sich auf einer Autofahrt entwickelt* ‖ **Roadpricing** [-praɪs-] das, -s: *Mautsystem, bei dem nach gefahrenen Kilometern bezahlt wird* ‖ **Roadshow** [-ʃəʊ] (Werb.): *Veranstaltung, die hintereinander an verschiedenen Orten stattfindet*

Roaring Twenties [ˈrɔ:rɪŋ ˈtwentiz] die (Pl.) ⟨engl.⟩: *die durch wirtschaftlichen Aufschwung und wilde Lebensfreude gekennzeichneten Zwanzigerjahre [in den USA]*

Roastbeef [ˈrəʊstbi:f, auch: ˈro:-] das, -s/-s ⟨engl.⟩: *ein zarter Rindsbraten*

Robbe die, -/-n: *ein Meeressäugetier, zB der Seehund* ‖ **robben:** *sich kriechend fortbewegen*

Robe die, -/-n ⟨fr.⟩: *kostbares langes Damenkleid* | *Amtstracht [des Richters]*

Robert: *männl. Vorname;* → Bertl

Robinie [-i̯ɛ] die, -/-n: *ein Laubbaum, Akazie (nach einem französischen Botaniker)*

Robinsonade die, -/-n: *abenteuerliches Leben auf einer einsamen Insel (nach dem Romanhelden Robinson Crusoe)*

Robot die, -/-en = der, -[e]s/-e ⟨tschech.⟩ (früher): *Fronarbeit, die der Bauer für den Grundherrn leisten musste* ‖ **roboten** (früher): *Fronarbeit leisten* | (reg.) *für die [Dorf]gemeinschaft unentgeltlich arbeiten* | (ugs.) *schwer arbeiten* ‖ **Roboter** der, -s/- ⟨tschech.-engl.⟩: *Automat, der bestimmte Tätigkeiten (an Stelle eines Menschen) ausführt* ‖ **roboterhaft**

robust ⟨lat.⟩: *kräftig, widerstandsfähig* ‖ **Robustheit** die, -

roch → riechen

Rochade [-ˈʃa:-, auch: -ˈxa:-], die, -/-n ⟨pers.-arab.-span.-fr.⟩: *Stel-*

lungswechsel im Schach mit König und Turm in nur einem Zug | *Umstellung;* Personalrochade; → rochieren

röcheln, ich röchle: *rasselnd atmen*

Rochen der, -s/-: *ein Meeresfisch*

Rochett das, -s/-e ⟨germ.-fr.⟩: *Chorhemd der katholischen Geistlichen und Ministranten*

rochieren [-ʃ-, auch: -x-] ⟨pers.-arab.-span.-fr.⟩: *eine Rochade ausführen*

Rock[1] der, -[e]s/Röcke: *Kleidungsstück [für Frauen]* | *Sakko*

Rock[2] der, -[s] ⟨engl.⟩: *Rockmusik* | (mit Pl. -[s]) *Rock and Roll* ‖ **Rock and Roll** [- ənd rəʊl] der, - - -[s]/ - - -[s], *auch:* Rock 'n' Roll ['rɒkn 'rəʊl]: *ein Tanz* | *eine Musikrichtung*

Rocken der, -s/-: *Spinnrocken*

Rocker der, -s/- ⟨engl.⟩: *Angehöriger einer Gruppe von Jugendlichen* | *Rockmusiker* ‖ **Rockerin** die, -/-innen ‖ **Rockfestival** [-val, -vəl] ‖ **Rockgruppe** ‖ **Rockkonzert** ‖ **Rockmusik** ‖ **Rock 'n' Roll** ['rɒkn'rəʊl]: *Rock and Roll*

Rocksaum ‖ **Rockspanner:** *ein Kleiderbügel*

Rockstar ⟨engl.⟩: *bes. populäre/r Rockmusiker/in*

Rocktasche ‖ **Rockzipfel**

Rocky Mountains [-ki 'maʊntɪnz] die (Pl.): *Gebirgskette in Nordamerika*

Rodel die, -/-n, *reg. auch:* der, -s/-: *ein Schlitten* | *ein Babyspielzeug, Rassel* | *Gerät zum Befördern von Lasten* ‖ **Rodelbahn** ‖ **Rodelhang** ‖ **rodeln,** ich rodle ‖ **Rodelstraße:** *zum Rodeln [für Kinder] freigegebene Straße*

roden: einen Wald r. *(die Bäume fällen [und aus ihm Ackerland machen])*

Rodeo der = das, -s/-s ⟨span.-engl.⟩: *ein Reiterwettkampf der Cowboys*

Rodung die, -/-en; → roden

Rogen der, -s/-: *Fischeier*

Roggen der, -s: *eine Getreideart, Korn* ‖ **Roggenbrot** ‖ **Roggenfeld**

Rogner der, -s/-: *weiblicher Fisch, der Rogen enthält;* → Milchner

roh: ein rohes *(ungekochtes)* Ei | ein roher *(nicht bearbeiteter)* Stein | (abw.) ein roher *(grober, grausamer)* Mensch | (Großschreibung) der Entwurf ist im **R**ohen fertig; aus dem **R**ohen arbeiten ‖ **Rohbau** der, -[e]s/-ten ‖ **Rohbericht:** *noch nicht offizieller Vorausbericht* ‖ **Rohbilanz** ‖ **Rohdiamant:** *Industriediamant* ‖ **Roheisen** ‖ **Rohentwurf:** *Vorentwurf* ‖ **Roherz** ‖ **Rohfassung:** *noch nicht endgültige Fassung [eines Berichts]* ‖ **Rohgewicht:** *Gewicht der Ware samt der Verpackung, Bruttogewicht* ‖ **Rohheit** die, -/-en (abw.) ‖ **Rohkost:** *Speise aus rohem Gemüse, Obst uÄ* ‖ **Rohköstler** der, -s/- ‖ **Rohköstlerin** die, -/-innen ‖ **rohleinen:** ein rohleinenes Kleid ‖ **Rohleinen:** *ungebleichtes, grobes Leinen* ‖ **Rohling** der, -s/-e: *derber, grausamer Mensch* | *unbearbeitetes Werkstück* | (Technik) *unbespielte CD, DVD* ‖ **Rohmaterial**

Rohne die, -/-n (reg., ugs.): *Rahne* ‖ **Rohnensalat** (reg., ugs.): *Rahnensalat*

Rohöl: *Erdöl* | *ungereinigtes Pflanzenöl* ‖ **Rohprodukt**

Rohr das, -[e]s/-e: *zylindrischer Hohlkörper [zur Weiterleitung von Flüssigkeit]* | *Backrohr, Bratrohr* | *eine Pflanze, zB Schilf, Bambus; Sumpf, wo viel Schilf uÄ wächst, Röhricht*

Rohrbach (Siedlungsname): R. in Oberösterreich *(Stadt, Kfz: RO)*

Rohrblatt (Mus.) ‖ **Rohrblattinstrument:** *Oboe, Klarinette ua.* ‖ **Rohrbombe:** *Sprengkörper aus einem Metallrohr* ‖ **Rohrbruch** ‖ **Rohrdommel** die, -/-n: *ein reiherartiger Vogel* ‖ **Röhre** die, -/-n: *ein zylindrischer Hohlkörper*

röhren: der röhrende *(brüllende)* Hirsch

Röhrenknochen ‖ **Röhrenpilz** ‖ **Rohrgeflecht** ‖ **Röhricht** das, -s/-e: *Schilfdickicht* ‖ **Rohrkolben:** *eine Pflanze* ‖ **Rohrkrepierer** der, -s/-: *Granate, die im Geschützrohr explodiert* ‖ **Röhrl** das, -s/-[n]: *[kleines] Rohr* | *Strohhalm;* Strohröhrl ‖ **Rohrleitung** ‖ **Röhrling** der, -s/-e: *ein Pilz* ‖ **Röhrlsalat** (K, St): *Löwenzahnblättersalat* ‖ **Rohrpost:** *Beförderung von Poststücken in Rohren* ‖ **Rohrspatz:** *ein Vogel* | (ugs.) wie ein R. *(laut und heftig)* schimpfen ‖ **Rohrstab** ‖ **Rohrstaberl** ‖ **Rohrstock** ‖ **Rohrzucker:** *Zucker aus Zuckerrohr*

Rohschinken: *ein luftgetrockneter Schinken* ‖ **Rohseide:** *naturfarbene Seide* ‖ **rohseiden:** eine rohseidene Bluse ‖ **Rohstahl** ‖ **Rohstoff:** *Material, das weiterverarbeitet wird* ‖ **rohstoffarm** ‖ **rohstoffreich** ‖ **Rohwurst** ‖ **Rohzucker:** *nicht raffinierter Zucker* ‖ **Rohzustand**

Rokoko [auch: 'rɔ-] das, -[s] ⟨fr.⟩: *Kunst- und Lebensstil im späten 18. Jh.*

Roland: *männl. Vorname*

Rolf: *männl. Vorname*

Rollbahn: *Rollfeld* ‖ **Rollbalken:** *Rollladen;* den R. des Geschäftes herunterlassen ‖ **Rollbraten** ‖ **Rolle** die, -/-n: eine R. Papier | die R. des Schauspielers; keine R. spielen *(unwichtig sein);* aus der R. fallen *(sich unpassend benehmen)* ‖ **rollen:** eine rollende Kugel; rollende Landstraße *(Schwerverkehr auf Schienen); aber:* etwas ins **R**ollen *(in Gang)* bringen | der Donner rollt | (veraltet) Wäsche rollen *(glätten)* | (ostöst., ugs.) *necken, ärgern, hänseln* ‖ **Rollenbild** (Psych.): *Vorstellung von der [sozialen, familiären] Rolle* ‖ **Rollenfach:** *ein Fach in Film und Theater* ‖ **Rollenkonflikt** (Psych.): *aus den Widersprüchen der verschiedenen Rollen des Individuums entstehender innerer Konflikt* ‖ **Rollenspiel** (bes. Psych., Didaktik): *spielerisches Nachahmen aus einer bestimmten Rolle heraus* ‖ **Rollentausch** ‖ **Rollenverhalten** ‖ **Rollenverteilung** ‖ **Roller** der, -s/-: *Motorroller, Tretroller* | *Rollbraten* ‖ **Rollerblade** [-bleɪd] der, -s/-s (meist Pl.) (Wz.): *ein spezieller Rollschuh, Inliner* ‖ **Rollerskate** [-skeɪt] der, -s/-s (meist Pl.): *Inliner* ‖ **Rollfähre:** *eine Überfuhr* ‖ **Rollfeld:** *Start- und Landefläche für Flugzeuge* ‖ **Rollfuhr** die, -/-en: *Beförderung von Frachtgut zum und vom Bahnhof; das Frachtgut selbst* ‖ **Rollgerste** = **Rollgerstl:** *Gerstengraupen* ‖ **Rolli** der, -s/-s (sal.): *Rollkragenpullover*

rollig: eine rollige *(brünstige)* Katze

Rollkommando: *motorisierter Einsatztrupp* ‖ **Rollkragenpullover** [-v-] ‖ **Rollladen:** *Rollbalken* ‖ **Rollmops:** *gerollter marinierter Hering* ‖ **Rollo** das, -s/-s = die, -/-s (frühere Schreibung: Rouleau): *aufrollbarer Vorhang; Rollbalken* ‖ **Rollschinken** ‖ **Rollschrank** ‖ **Rollschuh:** R. fahren ‖ **Rollsplitt** ‖ **Rollstuhl** ‖

Rollstuhlfahrer ‖ **Rollstuhlfahrerin** ‖ **rollstuhlgerecht:** *für Rollstuhlfahrer/innen zugänglich* ‖ **Rollstuhlsportler** ‖ **Rollstuhlsportlerin** ‖ **Rolltreppe**

Rom[1] (it.: Roma): *Hauptstadt von Italien* | *Sitz des Papstes im Vatikanstaat*

Rom[2] der, -[s]/Roma [auch: -'aː] [Rom] ⟨indoarisch-Romanes⟩: *Angehöriger eines weltweit zerstreuten Volkes bzw. einer österreichischen Volksgruppe;* → Zigeuner; → Romni; → Roma und Sinti; → Romanes

ROM das, -[s]/-[s] (EDV): **R**ead **O**nly **M**emory *(Speicher, aus dem Daten nur gelesen werden können);* CD-ROM

Roma die (Pl. von → Rom[2])

Romadur der, -[s]/-[s] [-e] ⟨fr.⟩: *ein Käse*

Roman[1]: *männl. Vorname*

Roman[2] der, -[e]s/-e ⟨lat.-fr.⟩ (Lit.): *eine umfangreiche Prosaerzählung*

Roman[3] das, -[s] ⟨indoarisch-Romanes⟩: *das Romanes der Burgenland-Roma*

Romana: *weibl. Vorname*

Romanautor ‖ **Romanautorin** ‖ **Romancier** [-mɑ̃'sjeː] der, -s/-s (geh.): *Romanschriftsteller*

Romane der, -n/-n ⟨lat.⟩: *Angehöriger eines Volkes mit romanischer Sprache* | (CH) *Rätoromane*

Romanes [auch: -'ɛs] das, - = Romani, -[s] ⟨indoarisch-Romanes⟩: *die Sprache der Roma und Sinti, Zigeunerisch;* → Roman[3]; → Rom[2]

Romanfigur ‖ **Romangestalt** ‖ **Romanheld**

Romani = → Romanes

Romanik die, - ⟨lat.⟩: *ein Kunststil des Mittelalters (10. bis 13. Jh.)* ‖ **Romanin** die, -/-innen ‖ **romanisch:** der romanische Stil | die romanischen Sprachen *(Italienisch, Französisch ua.)* | (CH) *rätoromanisch* ‖ **Romanisch** das, -[s] = **Romanische,** -n (CH): *das Schweizer Rätoromanische* ‖ **romanisieren:** *romanisch machen* | (Gesch.) *römisch machen* ‖ **Romanist** der, -en/-en: *Kenner (Lehrer) romanischer Sprachen und Literaturen* | *Kenner des römischen Rechts* ‖ **Romanistik** die, - ‖ **Romanistin** die, -/-innen ‖ **romanistisch**

Romanliteratur ‖ **Romanschriftsteller** ‖ **Romanschriftstellerin:** eine bekannte R.

Romantik die, - ⟨lat.-fr.⟩: *eine europäische geistesgeschichtliche und literarische Bewegung (19. Jh.)* ‖ **Romantiker** der, -s/- ‖ **Romantikerin** die, -/-innen ‖ **romantisch:** *der Romantik angehörend* | ein romantischer *(schwärmerischer)* Mensch; eine romantische *(malerische)* Gegend

Romanverfilmung

Romanze die, -/-n ⟨lat.-prov.-fr.⟩: *ein erzählendes Gedicht; ein Musikstück* | *ein romantisches Liebeserlebnis*

Roma und Sinti die (Pl.) ⟨indoarisch-Romanes⟩: *ein weltweit zerstreutes Volk bzw. eine österreichische Volksgruppe;* → Rom[2]; → Roman[3]

Römer der, -s/-: die alten *(antiken)* R. | *ein Weinglas* ‖ **Römertopf** (Wz.): *ein Kochtopf aus Ton* ‖ **Römerstraße** ‖ **römisch:** römische Ziffern | (ugs.) einen römischen Einser bekommen *(bestens beurteilt werden); aber:* das Römische Reich ‖ **römisch-katholisch** (r.-k., röm.-kath., *auch:* r. k., rk): die römisch-katholische Kirche ‖ **röm.-kath.: römisch-katholisch**

Rommee = Rommé das, -s/-s ⟨fr.⟩ (bes. D): *Rummy*

Romni die, -/-a ⟨indoarisch-Romanes⟩: *weibl. Form von Rom*[2]

Rondeau [-'doː] das, -s/-s ⟨fr.⟩: *rundes Beet* | *runder Platz* ‖ **Rondell** das, -s/-e: *kreisförmige [Garten]anlage* ‖ **Rondo** das, -s/-s: *ein Musikstück* ‖ **Rondoform** (Mus.)

röntgen: *mit Röntgenstrahlen durchleuchten, röntgenisieren (nach dem deutschen Physiker Röntgen);* die Hand musste geröntgt [-ŋkt, -nçt] werden ‖ **Röntgen** das, -s/-: *Kurzwort für Röntgenbild, Röntgenuntersuchung* ‖ **Röntgenarzt:** *Röntgenologe* ‖ **Röntgenärztin** ‖ **Röntgenaufnahme** ‖ **Röntgenbestrahlung** ‖ **Röntgenbild** ‖ **Röntgengerät** ‖ **röntgenisieren:** *röntgen* ‖ **Roentgenium** [-œ-] (Zeichen: Rg): *ein chemisches Element* ‖ **Röntgenologe** der, -n/-n: *Facharzt für die Anwendung von Röntgenstrahlen;* → Radiologe ‖ **Röntgenologin** die, -/-innen ‖ **Röntgenstrahlen** die (Pl.) ‖ **Röntgentherapie**

Rooming-in = **Roomingin** ['ruː-] das, -s/-s ⟨engl.⟩: *Unterbringung von Kind und Mutter in einem Krankenhauszimmer*

Roquefort [rɔk'foːɐ, 'rɔ-] der, -s/-s: *ein Käse (nach einem französischen Ort)*

Rorate die, -/-n ⟨lat.⟩ (kath.): *eine Messe im Advent* ‖ **Roratemesse** (kath.)

rosa ⟨lat.⟩: *blassrot*

Das Farbadjektiv wird nicht dekliniert:

- ein rosa Kostüm (oder: ein rosafarbenes Kostüm)
- die rosa Bluse
- rosa Servietten

Rosa[1], *auch:* Rosi: *weibl. Vorname* ‖ **Rosa**[2] das, -[s]/- ‖ **rosafarben** ‖ **Rosalia** = **Rosalie** [-iɛ]: *weibl. Vorname;* → Sali ‖ **Rosaliengebirge** (B, N) ‖ **Rosarium** das, -s/Rosarien [-iɛn]: *Rosengarten* ‖ **rosarot** ‖ **Rose** die, -/-n: *eine Blume* | *essbarer Teil des Karfiols* | (Küchenspr.) *eine Fleischsorte* ‖ **rosé** ⟨lat.-fr.⟩: *zartrosa, altrosa; rosig* ‖ **Rosé**[1] das, -[s]/-: *eine Farbe;* eine Bluse in R. ‖ **Rosé**[2] der, -s/-s: *blassroter Wein* ‖ **Rosenbusch** ‖ **Rosengarten:** *Teil der Dolomiten in Südtirol* | *Rosarium* ‖ **Rosenhecke** ‖ **Rosenkohl** (D): *Sprossenkohl* ‖ **Rosenkranz** (kath.): *eine bestimmte Reihenfolge von Gebeten;* den R. beten | *eine Perlenkette mit Kreuz* ‖ **Rosenkrieg** (ugs.): *schwerer Ehekonflikt* | (nur Pl.) (Gesch.) *eine Periode in der englischen Geschichte* ‖ **Rosenöl** ‖ **Rosenquarz:** *ein Schmuckstein* ‖ **rosenrot** ‖ **Rosenstock** ‖ **Rosenstrauch** ‖ **Rosental:** *Landschaft am Flusslauf der Drau in Unterkärnten* ‖ **Rosette** die, -/-n: *rosenförmige Verzierung* ‖ **Roséwein:** *Rosé* ‖ **Rosi** → Rosa ‖ **rosig:** ein rosiges Gesicht; r. weiß | die Zukunft r. *(günstig)* sehen

Rosine die, -/-n ⟨lat.-fr.⟩: *eine getrocknete Weinbeere*

Rosmarin ['ro(ː)-, -'iːn] der, -s ⟨lat.⟩: *eine immergrüne Gewürzpflanze*

Ross das, -es/Rösser (geh.: Rosse): *Pferd;* hoch zu R.; auf dem hohen R. sitzen *(eingebildet, hochmütig sein)* ‖ **Rossapfel:** *Pferdekot* ‖ **Rossbreiten** die (Pl.): *windarme Zonen der subtropischen Meere* ‖ **Rossebändiger** (geh.) ‖ **Rössel**

R

das, -s/-n: *[kleines] Ross | eine Schachfigur, Springer* || **Rösselsprung:** *ein Zug im Schachspiel | eine Rätselart* || **Rosshaar** || **Rosshaarmatratze** || **Rosskastanie** [-iɛ]: *ein Laubbaum | dessen Frucht* || **Rosskotzen** (reg.): *Pferdedecke* || **Rosskur** (ugs.): *Kur mit starken, außergewöhnlichen Mitteln* || **Rossnatur** (ugs.): eine R. haben *(sehr robust sein)* || **Rosstäuscher** der, -s/- (abw.): *betrügerischer Händler; unredlicher Partner* || **Rosstäuscherei** die, -/-en (abw.) || **Rosstäuscherin** die, -/-innen (abw.)

Rost[1] der, -[e]s/-e: *ein Gitter [im Ofen]* || **Rost**[2] der, -[e]s: *rotbraune Zersetzungsschichte auf Eisen | eine Pflanzenkrankheit* || **rostbeständig**

Rostbraten: *eine Rindfleischsorte | eine Speise*

rostbraun: *rostfärbig* || **Rostbraun** das, -[s]/-: ein Schal in R. || **rosten:** rostendes Eisen; → nicht rostend = nichtrostend

rösten: geröstete Leber || **Röster** der, -s/-: *Marmelade aus grob zerkleinertem Steinobst;* Zwetschkenröster || **Röstерdapfel**

Rostfleck || **rostfrei:** rostfreier Stahl

Rösti [-st-, auch: 'rø:ʃti] die (Pl.) (bes. CH): *geröstete Erdäpfel, Geröstete*

rostig: ein rostiger Nagel

Röstkartoffeln die (Pl.): *geröstete Erdäpfel, Rösti*

Rostschutzmittel

Roswitha: *weibl. Vorname*

rot, röter [roter]/am rötesten [rotesten]

- roter Wein
- der rote Faden *(der Leitgedanke)*
- rote Blutkörperchen
- das Unternehmen ist in die roten Zahlen gekommen *(es arbeitet mit Verlusten, bilanziert negativ)*

Großschreibung bei Nominalisierung:

- ein Glas vom **R**oten trinken *(Rotwein)*
- ein **R**oter *(zB Anhänger der SPÖ)*
- mir steht **R**ot am besten (Frage *Welche Farbe?*)
- die Ampel steht auf/zeigt **R**ot
- bei **R**ot stehen bleiben

Klein- und Großschreibung:

- rot (= **R**ot) wählen (Frage *Wie?* oder *Was?*) (Pol.: *zB die SPÖ*)

Großschreibung in Eigennamen und in bestimmten fachsprachlichen Verbindungen:

- das **R**ote Meer
- das **R**ote Kreuz
- die **R**ote Rübe
- die **R**ote Armee (in der Sowjetunion)
- die **R**ote *(auch:* rote) Karte (zB im Fußball: *Zeichen für Ausschluss eines Spielers)*
- die **R**ote Liste *(Verzeichnis der vom Aussterben bedrohten Arten)*

Getrenntschreibung bei wörtlicher Bedeutung:

- rot werden *(vor Scham erröten)*
- rot leuchten

Zusammenschreibung bei übertragener Bedeutung:

- rotsehen (sal.: *wütend werden*)

Getrennt- und Zusammenschreibung mit adjektivisch gebrauchten Partizipien:

- rot geweinte (= rotgeweinte) Augen
- ein rot glühender (= rotglühender) Sonnenuntergang

Rot das, -[s]/-: er ist in Rot gekleidet; → rot

Rotang der, -s/-e ⟨mal.⟩: *Peddigrohr*

Rotarier der, -s/- ⟨lat.-engl.⟩: *Mitglied des Rotary Clubs* || **Rotarierin** die, -/-innen

Rotarmist der, -en/-en (früher): *Soldat der Roten Armee (Sowjetunion)*

Rotary Club [-i k-, 'rəʊtəri 'klʌb] der, - -s ⟨engl.⟩: *internationale Organisation, die sich für humanitäre Hilfe und Wohltätigkeit einsetzt*

Rotation [-tsi-] die, -/-en ⟨lat.⟩: *Umdrehung, Umlauf;* → rotieren || **Rotationsbewegung** || **Rotationsfläche** (Math.) || **Rotationsmaschine:** *eine Druckmaschine [zum Zeitungsdruck]* || **Rotationsprinzip:** *regelmäßiger Wechsel in der Amtsausübung oder in einem Ausbildungsgang*

rotbackig: *rotwangig* || **rotblond** || **rotbraun** || **Rotbuche** || **Rote**[1] der, -n/-n, ein Roter (ugs.) (Pol.): *Anhänger einer sozialistisch geprägten politischen Richtung, zB der SPÖ | Kommunist;* → rot || **Rote**[2] die, -n/-n || **Rote**[3] das, -n || **Röte** die, -: die Farbe verliert an R. || **Rote Kreuz** das, -n -es: *eine internationale Hilfsorganisation* || **Rote-Kreuz-Schwester** die, Rote[n]-Kreuz-Schwester/Rote[n]-Kreuz-Schwestern = Rotkreuzschwester || **Rötel** der, -s/-: *eine rote Kreide; Rötelzeichnung* || **Röteln** die (Pl.) (Med.): *eine Infektionskrankheit* || **Rote Meer** das, -n -[e]s || **röten:** gerötete Augen; die Haut rötet sich || **Rote Rübe** die, -n -/-n -n || **Rote-Rüben-Salat** der, Rote[n]-Rüben-Salat[e]s/Rote[n]-Rüben-Salate || **Rotfilter:** mit einem R. fotografieren || **rot gestreift** = **rotgestreift** || **rot geweint** = **rotgeweint** → rot || **Rotgipfler** der, -s/-: *eine Reb- und Weinsorte* || **rot glühend** = **rotglühend:** ein rot glühender (= rotglühender) Sonnenuntergang; *aber fachspr. nur:* rotglühendes Eisen || **Rotglut** || **Rotgrünblindheit** || **rothaarig** || **Rothaut** (veraltet bzw. abw.): *Indianer* || **Rothirsch:** *Hirsch, Rotwild*

rotieren ⟨lat.⟩: *sich um eine Achse drehen;* → Rotation

Rotisserie die, -/-n ⟨fr.⟩: *Grillrestaurant*

Rotkäppchen das, -s: *eine Märchenfigur* || **Rotkehlchen** das, -s/-: *ein Singvogel* || **Rotkohl** (nördl. D): *Rotkraut* || **Rotkraut:** *Blaukraut* || **Rotkreuzschwester** = → Rote-Kreuz-Schwester || **Rotlauf** der, -[e]s: *eine Infektionskrankheit [der Schweine]* || **rötlich:** r. blau || **Rotlicht:** bei R. über die Kreuzung fahren || **Rotlichtbezirk:** *Gegend, in der Prostitution ausgeübt wird* || **Rotlichtmilieu** [-liø:] || **Rotlichtszene:** *der Bereich von Prostitution und Zuhälterei* || **Rotlichtviertel**

Rotor der, -s/-en [-'to:-] ⟨lat.-engl.⟩: *sich drehender Teil einer elektrischen Maschine | Drehflügel des Hubschraubers*

Rotschwänzchen das, -s/-: *ein Singvogel* || **rotsehen,** sah rot/hat rotgesehen (sal.): *wütend werden* || **Rotstift:** *ein Farbstift;* den R. ansetzen *(einsparen, streichen, korrigieren)*

Rotte die, -/-n (abw.): *Schar; Bande |* (reg.) *abgelegener Teil einer Dorfgemeinde | Abteilung; Trupp*

Rottenmann: *Stadt in der Steiermark*

Rottweiler der, -s/-: *eine Hunderasse*

Rotunde die, -/-n ⟨lat.⟩: *ein Rundbau*

Rötung die, -/-en || **Rotverschie-**

R

bung (Phys.): *die Verschiebung von Spektrallinien nach längeren Wellenlängen;* → G.: Blauverschiebung ‖ **rot|wan|gig** ‖ **Rot|wein** ‖ **rot|weiß|rot:** die rotweißrote Fahne; *aber:* die Fahne **R**otweißrot

Rot|welsch das, -[s] = **Rot|wel|sche,** -n: *Gaunersprache*

Rot|wild (Jägerspr.): *Rothirsch*

Rotz der, -es: *eine Tierkrankheit* | *Nasenschleim* | (ugs.) R. und Wasser heulen ‖ **Rotz|bub:** *ein derbes Schimpfwort* ‖ **rot|zen** (derb): *sich lautstark schnäuzen;* das Kind rotzt ‖ **Rotz|gob** (V, mda.): *Rotzbub* ‖ **rot|zig** (derb) ‖ **Rotz|löf|fel:** *ein derbes Schimpfwort* ‖ **Rotz|mensch** das, -[s]/-er (reg., mda.): *ein derbes Schimpfwort* ‖ **Rotz|na|se** (ugs., derb) ‖ **Rotz|ni|ckel** = **Rotz|ni|gel** (reg.): *ein derbes Schimpfwort* ‖ **Rotz|pi|pe,** *auch:* **Rotz|pi|pen:** *ein derbes Schimpfwort*

Rouge [ruːʃ] das, -s/-s ⟨fr.⟩: *rote Schminke;* R. auflegen

Rou|la|de [ru-] die, -/-n ⟨fr.⟩: *eine eingerollte Fleisch- oder Mehlspeise*

Rou|lett [ru-] das, -[e]s/-e [-s] = **Rou|let|te** [-ˈlɛt], -s/-s ⟨fr.⟩: *ein Glücksspiel*

Round-Ta|b|le-Kon|fe|renz [raʊnd-ˈteɪbl-] ⟨engl.+lat.⟩: *Beratung zwischen Gleichberechtigten [am runden Tisch]*

Rou|te [ˈruː-] die, -/-n ⟨fr.⟩: *Marsch-, Reiseweg* ‖ **Rou|ter** der, -s/- ⟨fr.-engl.⟩ (EDV): *Gerät, das Daten von einem Netzwerk zu einem anderen leitet* ‖ **Rou|ti|ne** [-n(ɛ)] die, - ⟨fr.⟩: *besondere Geläufigkeit, Geschicklichkeit;* zur R. *(Gewohnheit)* werden ‖ **Rou|ti|ne|an|ge|le|gen|heit** ‖ **Rou|ti|ne|kon|t|rol|le** ‖ **rou|ti|ne|mä|ßig** ‖ **Rou|ti|ne|sa|che** ‖ **Rou|ti|ne|un|ter|su|chung:** *normale Untersuchung* ‖ **Rou|ti|ni|er** [-ˈnjeː] der, -s/-s: *erfahrener, geübter Mensch* ‖ **rou|ti|niert:** *gewandt, erfahren*

Row|dy [ˈraʊdi] der, -s/-s ⟨engl.⟩: *rücksichtsloser, gewalttätiger Mensch* ‖ **row|dy|haft** ‖ **Row|dy|tum** das, -s

Ro|ya|lis|mus [roja-, roaja-] der, - ⟨fr.⟩: *Königstreue* ‖ **Ro|ya|list** der, -en/-en ‖ **Ro|ya|lis|tin** die, -/-innen

Rp.: **r**eci**p**e

RSa-Brief [ɛr ɛs ˈaː-]: *Brief, der einem Adressaten nur persönlich ausgehändigt wird, blauer Brief* ‖ **RSb-Brief** [ɛr ɛs ˈbeː-]: *Brief, der an jede erwachsene Person, die beim Empfänger wohnt, zugestellt werden kann, weißer Brief* ‖ **RS-Brief** [ɛr ˈɛs-]: **R**ück**s**cheinbrief

RTF [ɛr te ˈɛf] (EDV): **R**ich **T**ext **F**ormat *(ein Datenformat für den Austausch elektronischer Textdokumente)*

Ru: **Ru**thenium

ru|ba|to ⟨it.⟩ (Mus.): *in Tempo und Ausdruck frei*

Rub|bel|los: *ein Lotterielos* ‖ **rub|beln,** ich rubble: *rippeln* ‖ **Rub|bel|spiel**

Rü|be die, -/-n: Rote, Gelbe, Weiße R.

Ru|bel der, -s/- ⟨russ.⟩: *eine Geldeinheit in Russland*

Rü|ben|voll|ern|ter der, -s/- (Landw.): *eine Maschine* ‖ **Rü|ben|zu|cker:** *Zucker aus Zuckerrüben*

rü|ber (ugs.): *herüber* | *hinüber* ‖ **rü|ber|brin|gen** (ugs.): etwas gut r. *(vermitteln); herüberbringen* | *hinüberbringen* ‖ **rü|ber|fah|ren** (ugs.): *herüberfahren* | *hinüberfahren* ‖ **rü|ber|ge|ben** (ugs.): *herübergeben* | *hinübergeben* ‖ **rü|ber|ho|len** (ugs.): *herüberholen* | *hinüberholen* ‖ **rü|ber|klet|tern** (ugs.): *herüberklettern* | *hinüberklettern* ‖ **rü|ber|kom|men** (ugs.): *herüberkommen* | *hinüberkommen* ‖ **rü|ber|sprin|gen** (ugs.): *herüberspringen* | *hinüberspringen* ‖ **rü|ber|wer|fen** (ugs.): *herüberwerfen* | *hinüberwerfen*

Ru|bi|di|um das, -s ⟨lat.⟩ (Zeichen: Rb): *ein chemisches Element*

Ru|bi|kon (in der Wendung): den R. überschreiten *(einen wichtigen, entscheidenden Schritt tun; nach einem römischen Grenzfluss)*

Ru|bin der, -s/-e ⟨lat.⟩: *ein Edelstein* ‖ **Ru|bin|hoch|zeit:** *40-jähriges Hochzeitsjubiläum* ‖ **ru|bin|rot**

Ru|b|rik die, -/-en ⟨lat.⟩: *Spalte, Reihe [in einer Tabelle]* ‖ **ru|b|ri|zie|ren:** *einordnen*

ruch|bar (geh.): ein Verbrechen wird r. *(bekannt);* r. machen ‖ **ruch|los** (geh.): eine ruchlose *(niederträchtige)* Tat ‖ **Ruch|lo|sig|keit** die, -/-en (geh.)

Ruck der, -[e]s/-e: mit einem R. *(plötzlich);* sich einen R. geben *(sich überwinden)*

Rück|an|sicht: *Ansicht der Rückseite;* → Vorderansicht

Rück|ant|wort: *[schriftliche] Antwort*

ruck|ar|tig: ruckartige *(kurze, plötzliche)* Bewegungen

rück|bau|en (nur Inf. und Part.) (fachspr.): eine Straße r. *(sie verschmälern);* eine Flussregulierung r. *(teilweise beseitigen)* ‖ **Rück|be|sin|nung** ‖ **rück|be|züg|lich** (Gramm.): *reflexiv;* rückbezügliches Fürwort *(Reflexivpronomen)* ‖ **Rück|bil|dung:** die R. des Tumors ‖ **Rück|blen|de:** *ein Rückblick [im Film]* ‖ **Rück|blick:** ein R. auf das vergangene Jahr ‖ **rück|da|tie|ren**

rü|cken: den Sessel in die Ecke r.

Rü|cken der, -s/-: jemandem den R. kehren *(sich von ihm abwenden);* jemandem den R. decken/freihalten *(jemanden vor Anschuldigungen schützen);* in den R. fallen *(jemanden überraschend angreifen);* sie macht alles hinter meinem R. *(ohne mein Wissen)* | (Sport) *Kurzwort für Rückenschwimmen* | (Geogr.) *Bergrücken* ‖ **Rü|cken|de|ckung:** jemandem R. geben *(jemanden absichern)* ‖ **Rü|cken|de|kol|le|tee** [-lˈteː] = Rückendekolleté ‖ **Rü|cken|flos|se:** die R. des Haifisches ‖ **rü|cken|frei:** ein rückenfreies Abendkleid ‖ **Rü|cken|krau|len** das, -s (Sport): *ein Schwimmstil* ‖ **Rü|cken|la|ge** die, -: in R. schlafen ‖ **Rü|cken|leh|ne** ‖ **Rü|cken|mark** ‖ **Rü|cken|schmerz** ‖ **Rü|cken schwim|men** = **rü|cken|schwim|men** (meist nur Inf. und Part.): ich schwimme Rücken; sie ist R. geschwommen (= rückengeschwommen) ‖ **Rü|cken|schwim|men** das, -s (Sport)

Rück|ent|wick|lung

Rü|cken|wind: *Wind von hinten*

Rück|er|in|ne|rung: *Erinnerung* ‖ **Rück|er|o|be|rung** ‖ **rück|er|stat|ten:** *zurückgeben* ‖ **Rück|er|stat|tung** die, -/-en ‖ **Rück|fahr|kar|te** ‖ **Rück|fahr|sum|mer:** *Warnsignal rückwärtsfahrender Lkws* ‖ **Rück|fahrt** ‖ **Rück|fall** ‖ **rück|fäl|lig:** nach dem Drogenentzug r. werden *(wieder in das gleiche Fehlverhalten verfallen)* ‖ **Rück|fall|quo|te** ‖ **Rück|fall|tä|ter** ‖ **Rück|fall|tä|te|rin** ‖ **Rück|flug** ‖ **Rück|for|de|rung** ‖ **Rück|fra|ge** ‖ **rück|fra|gen,** sie hat rückgefragt (nur Inf. und Part.) ‖ **Rück|front:** *Hinterseite eines Gebäudes, Hinterfront* ‖ **Rück|ga|be** ‖ **Rück-**

R

ga|be|recht ‖ **Rück|gang:** ein R. *(Sinken)* der Temperatur ‖ **rück|gän|gig:** eine Vereinbarung r. machen *(sie widerrufen)* ‖ **Rück|ge|win|nung**
Rück|grat: *Wirbelsäule;* kein R. haben *(keinen festen Standpunkt haben);* R. zeigen *(zu seiner Meinung stehen)* ‖ **Rück|grat|ver|krüm|mung** (Med.)
Rück|griff: ein R. auf frühere Ereignisse ‖ **Rück|hand** (Sport): *Backhand* ‖ **Rück|halt** der, -[e]s: R. *(Hilfe, Unterstützung)* suchen ‖ **rück|halt|los** = **rück|halts|los:** r. *(offen, ohne Einschränkung)* für etwas eintreten ‖ **Rück|hol|dienst:** das Auto mit dem R. zurückbringen ‖ **Rück|kaufs|recht** ‖ **Rück|kehr** die, - ‖ **rück|kop|peln** ‖ **Rück|kop|pe|lung,** *auch:* **Rück|kopp|lung:** *Steuerung eines Vorgangs durch Rückmeldung der Ergebnisse, zB Selbstverstärkung in der Funktechnik* ‖ **Rück|kunft:** *Rückkehr*
Rück|la|ge: beim Skifahren in R. geraten | eine R. *(Geldreserve)* schaffen | (Wirt.) steuerfreie Rücklagen *(nicht ausgeschüttete Gewinne)*
rück|läu|fig: die Einnahmen sind r. *(gehen zurück)* ‖ **Rück|licht**
rück|lings: *nach hinten; von hinten*
Rück|mel|dung: *Antwort* ‖ **Rück|pass** (Sport) ‖ **Rück|por|to:** R. *(Postwertzeichen für die Antwort)* liegt bei ‖ **Rück|rei|se** ‖ **Rück|ruf** ‖ **Rück|run|de** (Sport) → Hinrunde
Ruck|sack ‖ **Ruck|sack|tou|rist** [-tu:-] ‖ **Ruck|sack|tou|ris|tin**
Rück|schau die, -: *Rückblick;* R. halten | *Retrospektive* ‖ **Rück|schein|brief** (RS-Brief): *Brief mit Übernahmsbestätigung für den Absender;* → RSa-Brief; → RSb-Brief ‖ **Rück|schlag:** einen R. erleiden *(im Fortkommen zurückfallen)* ‖ **Rück|schluss:** *logische Folgerung* ‖ **Rück|schritt:** *Rückkehr zu einem schlechteren Zustand* ‖ **rück|schritt|lich:** *den Fortschritt ablehnend* ‖ **Rück|sei|te** ‖ **rück|sei|tig** ‖ **Rück|sen|dung** ‖ **Rück|sicht:** mit/ohne R.; auf etwas R. nehmen ‖ **Rück|sicht|nah|me** die, - ‖ **rück|sichts|los** ‖ **Rück|sichts|lo|sig|keit** die, -/-en ‖ **rück|sichts|voll** ‖ **Rück|sitz** ‖ **Rück|spie|gel:** in den R. des Autos schauen ‖ **Rück|spiel** (Sport): *Retourspiel;* → Hinspiel ‖ **Rück|spra|che:** etwas durch eine R. *(durch ein Gespräch)* klären ‖ **Rück|stand:** mit Zahlungen im R. *(im Verzug)* sein, in R. kommen | Fleisch auf Rückstände *(Reste)* von Medikamenten untersuchen | (Sport) den R. nicht mehr aufholen können ‖ **rück|stän|dig:** ein rückständiges *(in der Entwicklung zurückliegendes)* Land | *rückschrittlich* ‖ **Rück|stau:** ein R. an der Stadteinfahrt ‖ **Rück|stel|lung** (Wirt.): *ungewisse wirtschaftliche Verbindlichkeiten, die aber in der Buchhaltung berücksichtigt werden* ‖ **Rück|stoß** (Phys.): *durch den Ausstoß von Masse ausgeübte Kraft; Antriebskraft einer Rakete* ‖ **Rück|strah|ler:** *Licht reflektierendes Warnzeichen [an Fahrzeugen]* ‖ **Rück|stu|fung** die, -/-en: *Zurückstufung* ‖ **Rück|tas|te** ‖ **Rück|trans|port** ‖ **Rück|tritt:** der R. einer Regierung | beim Radfahren mit dem R. bremsen ‖ **Rück|tritt|brem|se** ‖ **Rück|tritts|dro|hung** ‖ **Rück|tritts|er|klä|rung:** die R. des Ministers ‖ **Rück|tritts|ge|such** ‖ **Rück|tritts|recht:** das R. von einem Vertrag ‖ **Rück|über|set|zung:** *Übersetzung in die Originalsprache* ‖ **Rück|um|schlag:** *Briefumschlag für die Antwort* ‖ **rück|ver|gü|ten:** ich rückvergüte den Betrag; die Summe wurde nicht rückvergütet ‖ **Rück|ver|gü|tung** ‖ **rück|ver|si|chern:** du musst dich r. *(dich nach allen Seiten absichern)* ‖ **Rück|ver|si|che|rung** ‖ **Rück|ver|wei|sung** ‖ **Rück|wand:** *Hinterwand* ‖ **rück|wär|ti|ge:** die r. *(die hintere)* Plattform | (Mil.) r. Verbindungen *(Nachschublinien)*

rück|wärts
nach hinten; mit der Rückseite voran

Getrenntschreibung, wenn die Hauptbetonung auf dem Verb liegt:
- rückwärts einparken
- rückwärts einsteigen (veraltend für: *hinten*)

Zusammenschreibung, wenn die Betonung auf „rückwärts" liegt:
- rückwärtsfahren
- wir sind drei Schritte rückwärtsgegangen
- rückwärtsgewandte Anschauungen *(die sich an der Vergangenheit orientieren)*

Rück|wärts|be|we|gung ‖ **rück|wärts|fah|ren** ‖ **Rück|wärts|gang:** der R. beim Auto ‖ **rück|wärts|ge|hen** ‖ **rück|wärts|ge|wandt** → rückwärts ‖ **Rück|weg**
ruck|wei|se: sich r. *(in Rucken)* fortbewegen
Rück|wen|dung ‖ **rück|wid|men:** Bauland wurde in Grünland rückgewidmet ‖ **Rück|wid|mung** ‖ **rück|wir|kend** ‖ **Rück|wir|kung** ‖ **rück|zahl|bar** ‖ **Rück|zah|lung** ‖ **Rück|zie|her** der, -s/-: einen R. machen *(einlenken, nachgeben, eine Zusage zurückziehen)*
ruck, zuck (ugs.): das geht r., z. *(sehr schnell)*
Rück|zug: den Truppen den R. abschneiden ‖ **Rück|zugs|ge|biet:** *abgelegene Gegend, wo sich Altertümliches erhalten hat;* R. für gefährdete Tierarten ‖ **Rück|zugs|ge|fecht**
Ru|co|la [-k-] = Rukola der, -[s] = die, - ⟨it.⟩: *eine Salatpflanze* ‖ **Ru|co|la|sa|lat** = Rukolasalat
Rud die, -/-en (O) (Volksk.): *eine Burschengemeinschaft*
rüd = **rü|de:** ein rüdes *(rohes, grobes)* Benehmen
Rü|de der, -n/-n: *männlicher Hund*
Ru|del das, -s/-: ein R. *(eine Gruppe)* Hirsche ‖ **ru|del|wei|se**
Ru|der das, -s/-: *Stange zum Fortbewegen in einem Boot* | *Steuerruder;* das R. herumreißen *(den eingeschlagenen Kurs wechseln);* ans R. *(an die Macht)* kommen
Ru|de|ral|flä|che ⟨lat.⟩ (fachspr.): *von menschlicher Tätigkeit stark beeinflusste, aber nicht kultivierte Fläche, zB Industrie- und Verkehrsanlagen*
Ru|der|boot ‖ **Ru|de|rer** der, -s/- ‖ **Ru|de|rin** die, -/-innen ‖ **Ru|der|leib|chen** = **Ru|der|lei|berl:** *ein ärmelloses T-Shirt* ‖ **ru|dern:** er *ist* über den See gerudert; sie *hat* das Boot gerudert ‖ **Ru|der|re|gat|ta** ‖ **Ru|der|sport**
Ru|di: *männl. Vorname (Rudolf)*
Rü|di|ger: *männl. Vorname*
Ru|di|ment das, -[e]s/-e ⟨lat.⟩: *Rest, Überbleibsel* | (Biol.) *rückgebildetes, verkümmertes Organ* ‖ **ru|di|men|tär**
Ru|dolf: *männl. Vorname;* → Rudi ‖ **Ru|dol|fi|ne:** *weibl. Vorname*
Ru|dolfs|heim-Fünf|haus: *15. Bezirk Wiens*
Ruf der, -[e]s/-e: der R. des Kuckucks | einen guten R. haben *(allgemein geachtet sein)* | *Berufung [an eine Universität]*

R

Rü|fe die, -/-n (V, CH): *Erdrutsch, Mure*
ru|fen, rief/gerufen: bravo (= Bravo) r. | sie ruft nach dir | um Hilfe r.; du kommst [mir] wie gerufen | einen Verein ins Leben r. *(gründen)*
Rüf|fel der, -s/-: einen R. *(einen groben Verweis)* bekommen
Ruf|mord: *schwere Verleumdung* ‖ **Ruf|na|me,** *auch:* **Ruf|na|men:** *Vorname* ‖ **Ruf|num|mer:** *Telefonnummer* ‖ **Ruf|num|mern|an|zei|ge:** *Anzeige der anrufenden Telefonnummer auf einem Display* ‖ **Ruf|num|mern|spei|cher** ‖ **Ruf|preis:** *Ausrufpreis* ‖ **Ruf|satz** (veraltet): *Aufforderungssatz* ‖ **Ruf|schä|di|gung** ‖ **Ruf|wei|te** ‖ **Ruf|zei|chen** (!): *Ausruf[ungs]zeichen*
Rug|by ['rʌgbi] das, -[s] ⟨engl.⟩: *ein Ballspiel;* R. spielen
Rü|ge die, -/-n (geh.): *Tadel* ‖ **rü|gen** (geh.)
Ru|he die, -: jemanden aus der R. bringen *(nervös machen)* | sich zur R. setzen *(aus dem Berufsleben ausscheiden)* | (geh.) der R. pflegen *(ausruhen);* die ewige R. *(der Tod)* ‖ **Ru|he|be|zug:** *Pension* ‖ **Ru|he|ge|nuss** (Amtsspr.): *Beamtenpension* ‖ **ru|he|ge|nuss|fä|hig** (Amtsspr.): *für die Beamtenpension anrechenbar* ‖ **Ru|he|la|ge:** den Körper in R. bringen | ein Haus in R. *(ruhiger Wohnlage)* ‖ **ru|he|los:** r. auf und ab gehen ‖ **ru|hen:** die Toten r. lassen; → ruht ‖ **ru|hen las|sen** = **ru|hen|las|sen:** ein Verfahren ruhen lassen *(nicht bearbeiten)* ‖ **Ru|hens|be|stim|mun|gen** die (Pl.): *gesetzliche Bestimmungen [über eine Pensionskürzung]* ‖ **Ru|he|pau|se** ‖ **Ru|he|stand** der, -[e]s: ein Beamter im Ruhestand (i. R.) ‖ **Ru|he|ständ|ler** der, -s/- ‖ **Ru|he|ständ|le|rin** die, -/-innen ‖ **Ru|he|stät|te** (geh.): die letzte R. *(das Grab)* ‖ **Ru|he|stel|lung** ‖ **ru|he|stö|rend** ‖ **Ru|he|stö|rung** ‖ **Ru|he|tag:** das Gasthaus hat am Montag R. ‖ **ru|hig:** r. bleiben ‖ **ru|hig|stel|len:** den Tobenden r. *(durch Medikamente beruhigen);* den Konkurrenten r. *(seine Angriffe unterbinden); aber:* die verletzte Hand ruhig stellen (= ruhigstellen)
Ruhm der, -[e]s: unsterblichen R. erwerben ‖ **ruhm|be|deckt** (geh.) ‖ **ruhm|be|gie|rig** (geh.) ‖ **rüh|men:** sich eines Erfolges r. ‖ **rüh|mens|wert** (geh.) ‖ **Ruh|mes|blatt** (geh.): das war kein R. *(es gab nichts Rühmenswertes)* ‖ **Ruh|mes|tat** (geh.) ‖ **rühm|lich:** eine rühmliche *(lobenswerte)* Ausnahme ‖ **ruhm|los** ‖ **ruhm|reich** ‖ **ruhm|voll**
Ruhr die, -: *eine Infektionskrankheit des Darmtraktes*
rüh|ren: die Butter r.; glatt r. (= glattrühren) | sich nicht vom Platz r.; keinen Finger r. *(sich nicht für etwas einsetzen)* | (geh.) an alte Wunden r. *(an vergangenes Leid erinnern)* | das rührt ihn nicht *(es geht ihm nicht zu Herzen);* → gerührt | (geh.) die Unzufriedenheit rührt daher *(hat die Ursache darin),* dass ... ‖ **rüh|rend:** eine rührende *(ergreifende)* Geschichte ‖ **rüh|rig:** ein rühriger *(eifriger)* Helfer ‖ **rühr|se|lig** [-ze:-]: *übertrieben gefühlvoll* ‖ **Rühr|teig** ‖ **Rüh|rung** die, -: *Ergriffenheit* ‖ **Rühr|werk**
ruht (Mil.): *ein Kommando;* → ruhen
Ru|in der, -s ⟨lat.-fr.⟩: *[wirtschaftlicher] Zusammenbruch, Verderben* ‖ **Ru|i|ne** die, -/-n: *verfallen[d]es Bauwerk* ‖ **ru|i|nie|ren:** *etwas unbrauchbar machen* | *jemanden zu Grunde richten;* sich gesundheitlich r. ‖ **ru|i|nös:** *zum Ruin führend*
Ru|ko|la = → Rucola ‖ **Ru|ko|la|sa|lat** = → Rucolasalat
rülp|sen, du rülpst: *hörbar aufstoßen* ‖ **Rülp|ser** der, -s/-
rum (ugs.): *herum*
Rum der, -s/-e ⟨engl.⟩: *ein Branntwein;* Tee mit R.
Ru|mä|ne der, -n/-n ‖ **Ru|mä|ni|en** (Kfz: RO): *ein Staat* ‖ **Ru|mä|nin** die, -/-innen ‖ **ru|mä|nisch** ‖ **Ru|mä|nisch** das, -[s] = **Ru|mä|ni|sche,** -n: *die rumänische Sprache*
rum|är|gern sich (ugs.): *herumärgern*
Rum|ba der, -s/-s, *fachspr. auch:* die, -/-s ⟨span.⟩: *ein Tanz*
Rum|fla|sche
rum|kom|man|die|ren (ugs.): *herumkommandieren* ‖ **rum|krie|gen** (ugs., sal.): *herumkriegen*
Rum|ku|gel: *Bonbon mit Rumfüllung*
rum|lie|gen (ugs.): *herumliegen*
Rum|mel der, -s: *Trubel, Wirbel, Durcheinander*
Rum|my ['rœmi, 'rʌ-] das, -s ⟨engl.⟩: *ein Kartenspiel;* R. spielen
ru|mo|ren ⟨lat.⟩: *lärmen; rumpeln;* in meinem Bauch hat es rumort
Rum|pel die, -/-n: *ein altes Gerät zum Wäschewaschen*
Rum|pel|kam|mer: *Abstellraum für Gerümpel* ‖ **rum|peln**[1], ich rumple: der Wagen rumpelt über die Brücke
rum|peln[2], ich rumple (veraltet): Wäsche r. *(reiben)*
Rum|pel|stilz|chen das, -s: *eine Märchenfigur*
Rumpf der, -[e]s/Rümpfe: *Körper ohne Kopf und Gliedmaßen* | *Teil des Schiffes oder Flugzeuges ohne Aufbauten bzw. Tragflächen und Fahrgestell;* ein Leck im R. des Schiffes
rümp|fen: die Nase r. *(sein Missfallen zeigen)*
Rum|pler der, -s/- (ugs.): *polterndes Geräusch*
Rump|steak ['rʌm(p)ste(ɪ)k] ⟨engl.⟩: *[gebratenes] Lendenstück vom Rind*
rum|re|den (ugs.): → *herumreden* ‖ **rum|tol|len** (ugs.): → *herumtollen*
Rum|topf: *eine Spezialität mit in Alkohol eingelegten Früchten*
rum|trö|deln (ugs.): → *herumtrödeln*
Run [rʌn] der, -s/-s ⟨engl.⟩: *Ansturm;* der R. auf die Ausstellung hat eingesetzt
rund (rd.): runde Formen | r. um die Uhr *(24 Stunden hindurch, durchlaufend);* r. um die Welt | eine runde Summe von 100 Euro | *ungefähr;* r. acht Monate ‖ **Rund** das, -[e]s (geh.): im weiten R. *(Umkreis)* ‖ **Rund|bau** der, -[e]s/-ten ‖ **Rund|blick** ‖ **Rund|bo|gen** (Arch.) ‖ **Rund|brief:** *Rundschreiben* ‖ **Run|de** die, -/-n: die R. machen *(von einem zum anderen gehen)* | eine fröhliche R. *(Gesellschaft)* | (Sport) in die 3. R. aufsteigen | etwas über die Runden bringen *(gut hinter sich bringen)* ‖ **run|den:** einen Betrag r. *(auf- oder abrunden)* ‖ **rund|er|neu|ern:** runderneuerte *(mit einem neuen Profil versehene)* Reifen ‖ **Rund|fahrt** ‖ **Rund|flug** ‖ **Rund|fra|ge:** *Umfrage* ‖ **Rund|funk:** eine Übertragung im R. *(Radio)* ‖ **Rund|funk|be|wil|li|gung** ‖ **Rund|funk|ge|bühr** ‖ **Rund|funk|mo|no|pol** (früher) ‖ **Rund|funk|pro|gramm** ‖ **Rund|funk|sen|der** ‖ **Rund|funk|spre|cher** ‖ **Rund|funk|spre|che|rin** ‖ **Rund|funk|teil|neh|mer:** *jemand, der ein Rundfunkgerät besitzt* ‖ **Rund|funk|teil|neh|me|rin** ‖

R

Rund|gang ‖ **rund|ge|hen** (ugs.): hier geht's rund *(ist was los)* ‖ **rund|he|raus:** etwas r. *(offen, ohne Scheu)* sagen ‖ **rund|he|rum** ‖ **Rund|holz:** *zylindrisches Holzstück* ‖ **Rund|korn|reis** → G.: Langkornreis ‖ **rund|lich** ‖ **Rund|rei|se** ‖ **Rund|ruf:** *telefonischer Ruf [an alle Polizeidienststellen]* ‖ **Rund|schau:** *Rundblick* | *Titel von Zeitschriften* ‖ **Rund|schrei|ben:** *gleiches Schreiben an mehrere Stellen* ‖ **Rund|stre|cke** ‖ **rund|um** ‖ **rund|um|her** ‖ **Rund|um|schlag:** *Schlag nach allen Seiten* ‖ **Rund|um|sicht** ‖ **Run|dung** die, -/-en: *Wölbung* | (meist Pl.) *weibliche Formen* ‖ **Rund|wan|der|weg** ‖ **rund|weg:** jemandem eine Bitte r. *(kurzerhand)* abschlagen

Ru|ne die, -/-n: *altgermanisches Schriftzeichen* ‖ **Ru|nen|in|schrift**

Run|kel die, -/-n = **Run|kel|rü|be:** *eine Futterpflanze*

Run|se die, -/-n: *Rinne, Bachbett an Berghängen*

run|ter (ugs.): *herunter* | *hinunter* ‖ **run|ter fal|len** (ugs.): *herunterfallen* | *hinunterfallen* ‖ **run|ter|flie|gen** (ugs.): *hinunterfallen* ‖ **run|ter|hau|en** (ugs.): *herunterhauen;* jemandem eine r. ‖ **run|ter|ho|len** (ugs.): *herunterholen* ‖ **run|ter|kip|pen** (ugs.): *hinunterkippen* ‖ **run|ter|kom|men** (ugs.): *herunterkommen* ‖ **run|ter|las|sen** (ugs.): *herunterlassen* | die Hosen r.; *hinunterlassen* ‖ **run|ter|rut|schen** (ugs.): jemandem den Buckel r.; *herunterrutschen; hinunterrutschen* ‖ **run|ter|schlu|cken** (ugs.): *herunterschlucken* | *hinunterschlucken*

Run|zel die, -/-n: ein Gesicht voll Runzeln *(Falten)* ‖ **run|ze|lig** → runzlig ‖ **run|zeln:** ich runzle die Stirn ‖ **runz|lig,** *auch:* runzelig

Rü|pel der, -s/- (abw.): *grober Mensch, Lümmel* ‖ **rü|pel|haft** (abw.): ein rüpelhaftes Benehmen ‖ **Rü|pel|haf|tig|keit** die, -/-en (abw.)

Ru|pert, *auch:* Ruprecht: *männl. Vorname;* → Bertl ‖ **Ru|per|ti:** *Festtag (24. September) des hl. Rupert, des Landespatrons von Salzburg;* zu R. *(am Rupertitag)* ‖ **Ru|per|ti|kir|tag** (S) ‖ **Ru|per|ti|win|kel:** *ehemals zu Salzburg gehöriger Teil Bayerns*

rup|fen: eine Gans r. | (ugs.) *übervorteilen, jemandem [viel] Geld abnehmen* | (ugs.) mit jemandem ein Hühnchen zu r. haben *(sich mit jemandem auseinandersetzen müssen)* ‖ **Rup|fen** der, -s/- = die, -/-: *ein grobes [Leinen]gewebe*

rup|pig (abw.): *grob, unfreundlich* ‖ **Rup|pig|keit** die, -/-en (abw.)

Ru|precht (in der Wendung): Knecht R. *(Begleiter des Nikolaus oder Christkinds)* | → Rupert

Rü|sche die, -/-n: *ein Besatz [an Hemden]* ‖ **Rü|scherl** das, -s/-[n]: *Rüsche* | (reg., ugs.) *Cola mit Branntwein*

Rush|hour ['rʌʃaʊə] die, -/-s ⟨engl.⟩: *Stoßverkehr[szeit]*

Ruß der, -es, *auch:* Russ ‖ **ruß|be|deckt,** *auch:* russbedeckt

Rus|se der, -n/-n: *Angehöriger eines osteuropäischen Volkes* | (Küchenspr.) *marinierter Hering*

Rüs|sel der, -s/-: *ein Organ bei bestimmten Säugetieren und Insekten;* der R. des Elefanten

ru|ßen, *auch:* russen: ein rußender Ofen

ruß|ge|schwärzt, *auch:* russgeschwärzt ‖ **ru|ßig,** *auch:* russig

Rus|sin die, -/-innen ‖ **rus|sisch:** russischer Tee *(vom Teestrauch, schwarzer Tee); aber:* Russische Föderation *(Russland)* ‖ **Rus|sisch** das, -[s] = **Rus|si|sche,** -n: *die russische Sprache;* → Deutsch ‖ **rus|sisch-or|tho|dox:** die russisch-orthodoxe Kirche ‖ **Russ|land** (Kfz: RUS): *ein Staat, Russische Föderation* | (sal.) *die frühere UdSSR*

Rust: *Statutarstadt im Burgenland;* Freistadt R.

rüs|ten: sich zur Abreise r. *(vorbereiten)*

Rüs|ter die, -/-n (bes. D): *Ulme*

rüs|tig: *frisch, gesund, tatkräftig*

rus|ti|kal ⟨lat.⟩: *ländlich, bäuerlich* ‖ **Rus|ti|ka|li|tät** die, -

Rüs|tung die, -/-en: *die Ausstattung mit Waffen;* atomare R. | ein Ritter in voller R. *(Panzer, Helm usw.)* ‖ **Rüs|tungs|be|trieb** ‖ **Rüs|tungs|in|dus|trie** ‖ **Rüs|tungs|kon|trol|le** ‖ **Rüst|wa|gen:** *Rüstfahrzeug, Gerätewagen [der Feuerwehr]* ‖ **Rüst|zeug** das, -[e]s: das nötige R. *(die nötigen Kenntnisse)* für etwas haben

Ru|te die, -/-n: *biegsamer Zweig* | *Rutenbündel zum Züchtigen;* jemandem die R. ins Fenster stellen *(drohen)* | (Jägerspr.) *Schwanz [des Fuchses]* ‖ **Ru|ten|be|sen:** *Besen aus Ruten* ‖ **Ru|ten|bün|del** ‖ **Ru|ten|gän|ger** der, -s/-: *Wünschelrutengänger* ‖ **Ru|ten|gän|ge|rin** die, -/-innen ‖ **Ru|ten|ge|hen** das, -s

Ruth: *weibl. Vorname*

Ru|the|ne der, -n/-n ⟨slaw.-lat.⟩: *(bes. in der österreichisch-ungarischen Monarchie für) Westukrainer, bes. im östlichen Galizien* ‖ **Ru|the|nin** die, -/-innen ‖ **Ru|the|nisch** das, -[s] = **Ru|the|ni|sche,** -n: *die ukrainische Sprache der Ruthenen*

Ru|the|ni|um das, -s ⟨slaw.-lat.⟩ (Zeichen: Ru): *ein chemisches Element*

Ru|ther|for|di|um [rʌðə-] das, -s (Zeichen: Rf): *ein chemisches Element (nach einem englischen Physiker)*

Rutsch der, -[e]s/-e: *Rutscher;* einen guten R. ins neue Jahr ‖ **Rutsch|bahn** ‖ **Rut|sche** die, -/-n ‖ **rut|schen,** du rutsch[s]t: *gleiten* ‖ **Rut|scher** der, -s/- (ugs.): *[kurzes] Ausrutschen* | einen R. *(einen kurzen Ausflug)* aufs Land machen ‖ **rutsch|fest:** *nicht rutschend* ‖ **Rutsch|ge|fahr** ‖ **rut|schig** ‖ **Rutsch|par|tie:** eine R. machen *([auf einer Rutschbahn] bergab rutschen)*

rüt|teln, ich rüttle: der Sturm rüttelte an den Fenstern; daran ist nicht zu r. *(das muss so bleiben)* | (geh.) ein gerüttelt Maß [an/von] Schuld *(sehr viel Schuld)* ‖ **Rütt|ler** der, -s/-: *Maschine zum Verdichten von Beton, Dispersion ua.*

R

s S

s [ɛs] das, -/- (Kleinbuchstabe): das s im Wort *sauer;* das Doppel-s (ss); das scharfe s (ß) | (Laut) der s-Laut; das stimmhafte s | **S**ekunde *(Zeitmaß)* (früher auch: sec, sek, Sek.)

S [ɛs] das, -/- (Großbuchstabe): das S im Wort *Sand* | (früher) **S**chilling | **S**üd[en] | (auch Kfz) **S**alzburg | (Mus.) **S**opran | (Chem.) **S**chwefel | (Verk.) **S**chnellstraße; die S 33 *(Kremser Schnellstraße)* | **S**-Bahn, **S**chnellbahn | **s**mall *(klein bei Konfektionskleidung)* | ($) Dollar

s.: **s**iehe (bei Hinweisen in Texten), s. S. 10 *(siehe Seite 10)*

S.: **S**eite

's: *es;* wie geht's (auch: gehts)? – 's geht mir gut! | *das;* wenn 's (auch: wenns) Mailüfterl weht

S': *Sie;* „Kommen S' mit!"

SA [ɛs 'aː] die, - (im Nationalsozialismus): **S**turm**a**bteilung *(eine Formation der NSDAP);* → SS

Saal der, -[e]s/Säle: *großer Raum;* → Sälchen

Saalfelden am Steinernen Meer: *Stadt in Salzburg*

Saalschlacht: *Schlägerei zwischen Versammlungsteilnehmern*

Saarland: *ein deutsches Bundesland* ‖ **saarländisch**

Saat die, -/-en: die S. ist aufgegangen ‖ **Saatfeld** ‖ **Saatgetreide** ‖ **Saatgut** das, -[e]s: *die zur Aussaat bestimmten Samen, Knollen usw.* ‖ **Saatkorn** ‖ **Saatkrähe**

Sabbat der, -s/-e, *auch:* Schabbat, Schabbes, -/- ⟨hebr.-gr.⟩: *der Ruhetag der Juden (von Freitag- bis Samstagabend)*

Sabbatical [sə'bætɪkl] das, -s/-s ⟨engl.⟩: *Karenzjahr [bei Lehrpersonen]*

Sabbatruhe

sabbern (nördl. D, ugs.): *speicheln*

Säbel der, -s/-: *eine gekrümmte Hiebwaffe;* mit dem S. rasseln *(mit Krieg drohen)* | (Sport) *eine Disziplin im Fechtsport* ‖ **Säbelbeine** die (Pl.) (veraltet): *O-Beine* ‖ **Säbelfechten** das, -s (Sport): *eine Disziplin* ‖ **säbelförmig** ‖ **Säbelrasseln** das, -s: *Kriegsdrohung*

Sabine: *weibl. Vorname*

Sabotage [-'aːʃ, -ʒɛ] die, -/-n ⟨fr.⟩: *vorsätzliche Beschädigung, [Betriebs]störung* ‖ **Sabotageakt** ‖ **Saboteur** [-'tøːə] der, -s/-e ‖ **Saboteurin** die, -/-innen ‖ **sabotieren**

Sacharin = Saccharin [zaxa-] das, -s ⟨Sanskrit-gr.-lat.⟩: *ein Süßstoff*

Sachbearbeiter: *jemand, der ein bestimmtes Aufgabengebiet bearbeitet; Referent* ‖ **Sachbearbeiterin** ‖ **Sachbegegnung** (Bildw.): *eine verbindliche Übung in der Vorschulstufe* ‖ **Sachbereich** ‖ **Sachbeschädigung** (Jus): *vorsätzliche Beschädigung fremden Eigentums* ‖ **Sachbezug:** *Bezug zu einer Sache* | (Jus) *Gehaltsbestandteil, der nicht in Geldform ausbezahlt wird, zB Dienstwohnung* ‖ **Sachbuch** → Sachliteratur ‖ **sachdienlich:** sachdienliche Angaben machen ‖ **Sache** die, -/-n: zur S. *(zum eigentlichen Thema)* kommen | (Pl.) *Gegenstände;* seine Sachen mitnehmen; warme Sachen *(Kleidungsstücke)* anziehen | *Angelegenheit;* das ist beschlossene S. *(fix);* eine Mitteilung in eigener S. *(die einen selbst betrifft);* sie ist sich ihrer S. sicher *(von ihrem richtigen Tun überzeugt)* ‖ **Sachenrecht** (Jus): *Normen, die Eigentum und Besitz von Sachgütern regeln* ‖ **Sacherklärung**

Sachertorte (Wz.): *eine Schokoladetorte*

Sachfrage (meist Pl.): *Frage, die auf die Sache selbst abzielt* ‖ **sachfremd:** *dem Gegenstand nicht angemessen* ‖ **Sachgebiet:** *spezieller Aufgabenkreis* ‖ **sachgemäß** ‖ **Sachkatalog:** *Schlagwortkatalog in der Bibliothek* ‖ **Sachkenntnis** ‖ **sachkundig** ‖ **Sachlage** die, -: *[augenblicklicher] Stand der Dinge* ‖ **Sachlexikon** ‖ **sachlich:** s. *(sachbezogen, nicht gefühlsbetont)* urteilen | *schlicht, nüchtern* ‖ **sächlich** (Gramm.): der sächliche Artikel *(das);* → Neutrum ‖ **Sachlichkeit** die, - ‖ **Sachliteratur** die, -: *allgemein verständliche, der Wissensvermittlung dienende Literatur* ‖ **Sachregister:** *alphabetisches Verzeichnis von Sachbegriffen* ‖ **Sachschaden:** durch den Brand entstand großer S.

Sachse [-ks-] der, -n/-n ‖ **sächseln,** ich sächsle: *mit sächsischem Einschlag reden* ‖ **Sachsen:** *deutsches Bundesland* ‖ **Sachsen-Anhalt:** *deutsches Bundesland* ‖ **sachsen-anhaltinisch** = **sachsen-anhaltisch** ‖ **Sächsin** die, -/-innen ‖ **sächsisch**

Sachspende: *Medikamente, Kleidung uÄ*

sacht = **sachte:** *sanft, behutsam*

Sachthema ‖ **Sachtitel:** *Buchtitel ohne Verfasser* ‖ **Sachunterricht:** *der Realienunterricht in der Volksschule* ‖ **Sachverhalt** der, -[e]s/-e: *Lage, tatsächlicher Stand der Dinge* ‖ **Sachverhaltsdarstellung:** *[persönliche] Beschreibung eines Vorfalls* ‖ **Sachvermögen** ‖ **Sachverstand:** *gründliche Kenntnisse auf einem bestimmten Gebiet* ‖ **sachverständig** ‖ **Sachverständige**[1] der, -n/-n, ein Sachverständiger: *[beauftragter, amtlich bestellter] Fachmann* ‖ **Sachverständige**[2] die, -n/-n ‖ **Sachverständigengutachten** ‖ **Sachwalter** der, -s/- (Jus): *vom Gericht bestellter Vertreter für geistig behinderte und psychisch kranke Erwachsene, Kurator* ‖ **Sachwalterin** die, -/-innen (Jus) ‖ **Sachwalterschaft** die, - (Jus) ‖ **Sachwörterbuch:** *Reallexikon* ‖ **Sachzwang** (meist Pl.): den wirtschaftlichen Sachzwängen *(Notwendigkeiten)* nachgeben

Sack der, -[e]s/Säcke: nicht die Katze im S. kaufen *(vorher alles genau prüfen);* mit S. und Pack *(mit allem);* jemanden in den S. stecken *(jemandem überlegen sein)* | die Hände in den S. *(in die [Hosen]tasche)* stecken | (geh.) in S. und Asche gehen *(Buße tun)* | (in Mengenangaben auch mit Pl. Sack) zwei Sack/Säcke Mehl | (abw.) *ein Schimpfwort;* ihr faulen Säcke! ‖ **Säckel** der, -s/- (veraltet): *Geldbeutel, Barschaft* ‖ **Säckelmeister** (veraltet): *Kassenwart* ‖ **Säckelmeisterin** (veraltet) ‖ **sackeln** sich (ugs.): *sich schön anziehen* ‖ **Säckelwart** (veraltend): *Kassenwart* ‖ **Säckelwartin** (veraltend) ‖ **Sackerl** das, -s/-[n]: *kleiner Sack* ‖ **säckeweise:** *sackweise* ‖ **sackförmig** ‖ **Sackgasse:** *Straße, die nicht weiterführt* | in eine S. *(ausweglose Lage)* geraten ‖ **Sackgeld** (V, CH): *Taschengeld* ‖ **sackhüpfen** (nur Inf. und Part.) ‖ **Sackhüpfen** das, -s: *ein Spiel* ‖ **Sackkleid:** *sackförmiges Kleid* ‖ **Sackl** das, -s/-n: *Sackerl* | (ugs.) *Sakko* ‖ **Säckle** das, -s/-, *auch:*

Säckli (V): *Sackerl* ‖ **Sackleinen** das, -s = **Sackleinwand** ‖ **Sackpfeife:** *Dudelsack* ‖ **Sackrodel:** *ein Transportgerät* ‖ **Sacktuch** (veraltend): *Taschentuch* ‖ **sackweise**

Sacré-Cœur [-kreˈkœːr] das, -s ⟨fr.⟩: *ein Frauenorden* | *von diesem Orden geführtes Kloster bzw. gegründete Schule*

Sadismus der, -: *sexuelle Befriedigung durch Quälen des Sexualpartners* | (Med.) *Lust am Zufügen von Misshandlungen (nach dem französischen Schriftsteller de Sade)* ‖ **Sadist** der, -en/-en ‖ **Sadistin** die, -/-innen ‖ **sadistisch** ‖ **Sadomasochismus** (SM): *Verbindung von Sadismus und Masochismus, Lust am Quälen und Gequältwerden* ‖ **Sadomasochist** ‖ **Sadomasochistin** ‖ **sadomasochistisch**

säen, sie säte/hat gesät: du säst Zwietracht; etwas ist dünn gesät *(wenig/selten vorhanden)*

Safaladi die, -/-[s] ⟨it.⟩ (reg., veraltet): *eine Wurstart, Zervelatwurst*

Safari die, -/-s ⟨arab.⟩: *Jagdreise, Abenteuerreise [in Afrika]*

Safe [seɪf] der = das, -s/-s ⟨fr.-engl.⟩: *Stahlbehälter zur sicheren Aufbewahrung von Wertsachen und von Geld; [Bank]schließfach*

Safer Sex [seɪ-] ⟨engl.⟩ (wörtl.: sicherer Sex): *Geschlechtsverkehr mit Vorsichtsmaßnahmen gegen Ansteckung*

Saffianleder das, -s ⟨pers.-türk.-slaw.⟩: *feines Ziegenleder*

Safran der, -s ⟨arab.-fr.⟩: *eine Gewürzpflanze* ‖ **safrangelb**

Saft der, -[e]s/Säfte: S. aus Orangen pressen | Würstel mit S. ‖ **Saftbraten** ‖ **Saftfleisch:** *eine Speise* ‖ **saftig:** eine saftige Birne; ein saftiges *(frisches, leuchtendes)* Grün | (ugs.) eine saftige *(hohe)* Geldstrafe ‖ **Saftladen** (ugs., abw.): *schlecht geführtes, mieses Geschäft* ‖ **saftlos** ‖ **Saftpackerl** ‖ **Saftpresse**

Saga die, -/-s ⟨altnord.⟩: *[altisländischer] geschichtlicher Bericht* | *Roman, Film in Form einer Familienchronik* ‖ **Sage** die, -/-n: Sagen aus Österreich

Säge die, -/-n: *ein Schneidewerkzeug* | *Sägewerk* ‖ **Sägearbeiter** ‖ **Sägearbeiterin** ‖ **Sägeblatt** ‖ **Sägebock** ‖ **Sägemehl:** *feiner Abfall beim Holzsägen* ‖ **Sägemühle**

sagen: nein (= Nein) s.; ja (= Ja) s.; das kannst du laut s. *(da bin ich deiner Meinung);* das sagt sich leicht; sie lässt sich nichts s. *(nichts dreinreden);* will s. *(genauer gesagt);* lass dir das gesagt sein *(beherzige den Hinweis);* das hat nichts zu s. *(bedeutet nichts);* unter uns *(vertraulich)* gesagt; wie gesagt, ich komme! | (oft als Ausdruck der Überraschung) die Rechnung machte sage und schreibe 1 000 Euro aus; *aber:* das **Sagen** haben *(die Entscheidungsgewalt innehaben)*

sägen: Holz s.

Sagengestalt ‖ **sagenhaft:** sie verdient s. *(unglaublich)* viel ‖ **sagenumwoben**

Sager der, -s/- (sal.): *pointierter Ausspruch; Wortmeldung*

Säger der, -s/- (ugs.): *Sägewerksunternehmer* ‖ **Sägerin** die, -/-innen (ugs.) ‖ **Sägeschliff:** eine Klinge mit S.; → Wellenschliff ‖ **Sägespan** (meist Pl.): *grober Abfall beim Holzsägen* ‖ **Sägewerk** ‖ **Sägezahn:** ein Sägeblatt mit schräg gestellten Sägezähnen

Sago das, -s ⟨indonesisch-niederl.⟩: *ein feinkörniges Stärkeprodukt [als Suppeneinlage]*

sah → sehen

Sahara [auch: -ˈhaː-] die, - ⟨arab.⟩: *große nordafrikanische Wüste* ‖ **Sahelzone** [auch: ˈzaː-]: *Gebiet südlich der Sahara*

Sahib der, -s/-s ⟨arab.-Hindi⟩: *Bezeichnung, Anrede für einen Europäer in Indien und Pakistan* ‖ **Sahiba** die, -/-s

Sahne die, - (bes. D): *Schlagobers, süßer oder saurer Rahm* ‖ **Sahnetorte** (bes. D): *Oberstorte; Topfentorte*

Saibling der, -s/-e: *ein Fisch*

Saint Laurent [sɛ̃ lɔˈrɑ̃ː] der, - -[s]/- -[s]: → *Sankt Laurenz*

Saison [zɛˈzoːn, fr.: sɛˈzɔ̃] die, -/-en ⟨fr.⟩: *[jahreszeitlich bedingte] Hauptbetriebszeit;* etwas hat S. *(ist sehr gefragt)* | *Spielzeit;* Theatersaison ‖ **saisonabhängig** ‖ **saisonal** ‖ **Saisonarbeit** ‖ **Saisonarbeiter:** *Saisonnier* ‖ **Saisonarbeiterin** ‖ **saisonbedingt** ‖ **Saisonbeginn** ‖ **Saisonbetrieb** ‖ **Saisonende** ‖ **Saisongemüse** ‖ **Saisonier** [-ˈnieː] = Saisonnier der, -s/-s: *nur für eine Saison beschäftigte Arbeitskraft, Saisonarbeiter* ‖ **Saisoniere** [-ˈnieːə, -rɛ] = Saisonniere die, -/-n ‖ **Saisonkarte** ‖ **Saisonnier** = → Saisonier ‖ **Saisonniere** [-ˈnieːə, -rɛ] = → Saisoniere

Saite die, -/-n: eine S. der Gitarre ist gerissen; andere Saiten aufziehen *(strenger vorgehen); aber:* → Seite ‖ **Saiteninstrument** [-st-]: *Chordophon* ‖ **Saitenspiel** (geh., veraltet): *Saiteninstrument, zB Harfe, Leier*

Sakko das, -s/-s ⟨it.⟩: *Herrenrock*

sakra ⟨lat.⟩ (ugs.): *Ausruf [des Erstaunens]* ‖ **sakral:** *kirchlich, den Gottesdienst betreffend* ‖ **Sakralbau:** *kirchliches Bauwerk;* → G.: Profanbau ‖ **Sakrament** das, -[e]s/-e: *ein Gnadenmittel christlicher Kirchen;* das S. der Taufe ‖ **sakramental** ‖ **Sakrileg** das, -s/-e, *auch:* **Sakrilegium** das, -s/Sakrilegien [-iɛn] (geh.): *Frevel gegen Heiliges, Verehrenswürdiges* ‖ **sakrisch** (ugs.): ein sakrischer *(verflixter)* Kerl ‖ **Sakristei** die, -/-en: *Nebenraum der Kirche für den Geistlichen und die gottesdienstlichen Geräte und Gewänder* ‖ **sakrosankt:** *hochheilig, unantastbar*

säkular, *auch:* **säkulär** ⟨lat.⟩: *weltlich (nicht geistlich)* | (geh.) ein säkulares *(bedeutsames)* Ereignis *(wie es nur einmal im Jahrhundert vorkommt)* ‖ **Säkularisation** [-tsi̯-] die, -/-en ‖ **säkularisieren:** *kirchliche Güter zu weltlichem Besitz machen; verweltlichen* ‖ **Säkularisierung** die, -/-en ‖ **Säkulum** das, -s/Säkula: *Jahrhundert*

Salamander der, -s/- ⟨gr.-lat.⟩: *ein Molch*

Salami die, -/-[s] ⟨it.⟩: *eine Dauerwurst* ‖ **Salamitaktik** die, -: *Taktik, durch wiederholte kleine Zugeständnisse ein Ziel zu erreichen*

Salär das, -s/-e ⟨lat.-fr.⟩: *Entlohnung*

Salat der, -[e]s/-e ⟨it.⟩: gemischter S. ‖ **Salatbesteck** ‖ **Salatblatt** ‖ **Salatbuffet** [-byfeː] = Salatbüfett [-feː, D: -fɛt] ‖ **Salater** der, -s/- (Gast.): *Koch für die Salatzubereitung* ‖ **Salaterin** die, -/-innen (Gast.) ‖ **Salathäuptel** = **Salathäuptl:** *Salatkopf* ‖ **Salatplatte** ‖ **Salatsauce** [-zoːs(ɛ)] = Salatsoß = Salatsoße: *Salatdressing* ‖ **Salatschüssel** ‖ **Salatsoß, Salatsoße** = → Salatsauce

Salbaderei die, -/-en (abw., veraltet) ‖ **salbadern,** er hat salba-

S

dert (abw., veraltet): *salbungsvoll daherreden*
Sal|be die, -/-n: die S. auf der Haut verreiben
Sal|bei der, -s: *eine Heilpflanze* || **Sal|bei|tee**
sal|ben: er wurde zum König gesalbt || **Salb|öl** || **sal|bungs|voll** (abw.): s. *(übertrieben feierlich)* reden
Säl|chen das, -s/-: *kleiner Saal*
sal|die|ren ⟨it.⟩: *die Bezahlung einer Rechnung bestätigen* || **Sal|die|rung** die, -/-en (Kaufmannsspr.) || **Sal|do** der, -s/Salden [-s, Saldi] (Kaufmannsspr.): *Unterschied zwischen Einnahmen und Ausgaben [in einer geschäftlichen Abrechnung];* → per saldo
Sa|le|si|a|ner der, -s/-: *Angehöriger eines geistlichen Ordens (nach dem hl. Franz v. Sales)* || **Sa|le|si|a|ne|rin** die, -/-innen
Sales|ma|na|ger ['seɪlz'mænɪdʒə] ⟨engl.⟩ (Wirt.): *Verkaufsleiter* || **Sales|ma|na|ge|rin** || **Sales|pro|mo|tion** [-'məʊʃn] (Wirt.): *Verkaufsförderung*
Sa|letti das, -s/-n ⟨it.⟩ (ostöst., veraltend): *ein Gartenhäuschen*
Sali: *weibl. Vorname (Rosalia)*
Sa|li|cyl|säu|re [-'tsy:-, -'tsi:-] = → Salizylsäure
Sa|li|ge die, -n/-n, die Saligen: Salige Fräulein/Frauen *(sagenhafte, in der Wildnis lebende Frauengestalten)*
Sa|li|ne die, -/-n ⟨lat.⟩: *Werk zur Salzgewinnung durch Verdunstung* || **Sa|li|nen|salz**
Sa|lis|bur|gen|se die, -/Salisburgensia: *spezifische salzburgische Eigenart | spezifische Publikation zum Thema Salzburg*
Sa|li|ter der, -s ⟨lat.⟩: *Salz der Salpetersäure, Salpeter*
Sa|li|zyl|säu|re [-'tsi:-, -'tsy:-] = Salicylsäure [-ts-] ⟨lat.+gr.⟩: *Säure, mit schmerzstillender und entzündungshemmender Wirkung*
Salm der, -[e]s/-e ⟨gall.-lat.⟩: *ein Fisch, Lachs*
Sal|mi|ak der, -s ⟨lat.⟩: *ein Salz* || **Sal|mi|ak|geist:** *Ammoniaklösung; ein Reinigungsmittel*
Sal|mo|nel|len die (Pl.): *Darmkrankheiten hervorrufende Bakterien (nach einem amerikanischen Wissenschaftler)*
sa|lo|mo|nisch: ein salomonisches *(weises, unerwartetes)* Urteil *(nach dem biblischen König Salomon)*
Sa|lon der, -s/-s ⟨germ.-fr.⟩: *eleganter Empfangsraum, Geschäftsraum | Zusammenkunft kunstinteressierter Menschen | Ausstellungsraum* || **Sa|lon|beu|schel** (Küchenspr.): *bes. feines Beuschel* || **Sa|lon|da|me:** *ein Rollenfach beim Theater* || **sa|lon|fä|hig:** ein nicht salonfähiger *(ein zu derber)* Scherz || **Sa|lon|lö|we** (meist abw.): *Mann, der bei gesellschaftlichen Veranstaltungen im Mittelpunkt steht* || **Sa|lon|lö|win** (meist abw.) || **Sa|lon|mu|sik** || **Sa|lon|or|ches|ter** [meist: -kɛ-]: *eine Ensemblebesetzung der Unterhaltungsmusik* || **Sa|lon|stei|rer** (oft scherzh.): *eleganter Steireranzug* || **Sa|lon|wa|gen** (früher)
Sa|loon [sə'lu:n] der, -s/-s ⟨engl.⟩: *Lokal im Wildweststil*
sa|lopp ⟨fr.⟩: *ungezwungen, nachlässig;* saloppe Kleidung | sich s. *(nicht förmlich, frei heraus)* ausdrücken
Sal|pe|ter der, -s/- ⟨lat.⟩: *ein mineralisches Salz* || **Sal|pe|ter|säu|re**
Sal|sa der, -s/-s ⟨span.⟩: *ein südamerikanischer Tanz*
Sal|se die, -/-n ⟨lat.-it.⟩ (veraltet): *eine säuerliche hausgemachte Marmelade*
Sal|tim|boc|ca [-k-] das, -s/-s ⟨it.⟩: *Kalbsschnitzel mit Prosciutto, Salbei ua.*
Salt|ner der, -s/- (SüdT, früher): *Weingartenaufseher* || **Salt|ne|rin** die, -/-innen (SüdT, früher)
Sal|to der, -s/-s [Salti] ⟨it.⟩: *Sprung mit Überschlag* || **Sal|to mor|ta|le** der, - -/- - [Salti mortali] ⟨it.⟩ (wörtl.: Todessprung): *gefährlicher Salto [in der Zirkusakrobatik]*
Sa|lurn (it.: Salorno): *Stadt in Südtirol*
Sa|lut der, -[e]s/-e ⟨lat.⟩: *Ehrengruß [mit Kanonenschüssen]* || **sa|lu|tie|ren:** *militärische Ehrenbezeigung leisten* || **Sa|lut|schuss**
sal|va|to|risch [-v-] ⟨lat.⟩ (Jus): salvatorische Klausel *(Vertragsbestimmung, wonach eine einzelne ungültige Vereinbarung nicht zur Ungültigkeit des Gesamtvertrags führt)*
sal|ve [-v-] ⟨lat.⟩: *sei gegrüßt!, heil dir!* || **Sal|ve** [-v-] die, -/-n: *gleichzeitige Schüsse aus mehreren Gewehren oder Geschützen*
Sal|wei|de: *eine Weidenart;* → Palmkatzerl
Salz das, -es/-e: eine Prise S. nehmen || **Sal|zach** die, -: *ein Nebenfluss des Inns (S, O, D)* || **Salz|amt** (scherzh.) (nur in der Wendung): sich beim S. beschweren *(eine aussichtslose Beschwerde einreichen)* || **salz|arm:** salzarme Diät || **Salz|berg|bau** || **Salz|berg|werk** || **Salz|bre|zel** || **Salz|burg** (Sbg., S): *ein österreichisches Bundesland* | (Kfz: S) *Landeshauptstadt des gleichnamigen Bundeslandes;* nach S. fahren | (Kfz: SL) Salzburg-Land = Salzburg Land *(Umgebung der Stadt Salzburg)* || **Salz|bur|ger**[1] (Adj.): die Salzburger Landesregierung; die S. Erzbischöfe || **Salz|bur|ger**[2] der, -s/-: *Einwohner von Salzburg* || **Salz|bur|ger Fest|spie|le** die (Pl.) || **Salz|bur|ge|rin** die, -/-innen || **salz|bur|ge|risch** → salzburgisch || **Salz|bur|ger No|ckerl** = **Salz|bur|ger No|ckerln** die (Pl.) (Küchenspr.): *eine Süßspeise* || **Salz|bur|ger Schnürl|re|gen** der, - -s: *starker, lang anhaltender Regen* || **salz|bur|gisch,** *auch:* salzburgerisch || **sal|zen,** du salzt/gesalzen: die Suppe s. | (ugs.) gesalzene *(sehr hohe)* Preise || **salz|frei** || **Salz|ge|bäck** || **Salz|ge|halt** der, -[e]s/-e || **Salz|ge|win|nung** || **Salz|gur|ke** || **salz|häl|tig,** *auch:* salzhaltig || **sal|zig** || **Salz|kam|mer|gut:** *eine Landschaft in Oberösterreich, Salzburg und der Steiermark;* ins S. fahren || **Salz|kar|tof|fel:** *geschälte Kartoffel, die in Salzwasser gekocht wird* || **Salz|la|ke:** *Salzlösung zum Einlegen von Fisch oder Fleisch* || **Salz|le|cke:** *Stelle, an der für Wild und Weidetiere Salz ausgelegt ist* || **salz|los** || **Salz|lö|sung** || **Salz|man|del:** geröstete Salzmandeln || **Salz|mo|no|pol** (früher) || **Salz|säu|le:** *eine Gesteinsbildung* | vor Schreck zur S. erstarren || **Salz|säu|re** || **Salz|see:** *See mit stark salzhältigem Wasser* || **Salz|so|le** || **Salz|stän|gel** (V, CH): *Salzstangerl* || **Salz|stan|gerl** = **Salz|stangl:** *ein Gebäck* || **Salz|streu|er** || **Salz|streu|ung:** S. bei Glatteisgefahr || **Salz|streu|ver|bot** || **Salz|teig:** *Teig für plastische Knetarbeiten* || **Salz|was|ser** das, -s: etwas in S. kochen | *Meerwasser;* → G.: Süßwasser || **Salz|we|ckerl** || **Salz|wüs|te** || **Salz|zil|le:** *Boot für den Salztransport*
SA-Mann [ɛs 'a:-] → SA
Sä|mann der, -[e]s/-männer (veraltet bzw. geh.); → säen

S

Sa|ma|ri|ter der, -s/-: *Angehöriger eines antiken Volkes in Palästina* | *uneigennütziger Helfer, [Kranken]betreuer* || **Sa|ma|ri|ter|dienst:** *selbstlose Hilfe;* jemandem einen S. erweisen || **Sa|ma|ri|te|rin** die, -/-innen

Sa|ma|ri|um das, -s (Zeichen: Sm): *ein chemisches Element (nach einem russischen Mineralogen)*

Sä|ma|schi|ne (Landw.)

Sam|ba der, -s/-s, *fachspr. auch:* die, -/-s ⟨port.⟩: *ein Tanz*

Sa|me[1] der, -n/-n: *Angehöriger einer nordeuropäischen Volksgruppe;* → Lappe; → samisch

Sa|me[2] der, -ns/-n = **Sa|men,** -s/-: Samen aussäen | (Med., Zool.) *männliche Geschlechtszelle, Sperma* || **Sa|men|bank:** *Depot für konserviertes Sperma* || **Sa|men|er|guss:** → *Ejakulation* || **Sa|men|fa|den** || **Sa|men|flüs|sig|keit** || **Sa|men|hand|lung** || **Sa|men|kap|sel** || **Sa|men|korn** || **Sa|men|pflan|ze:** *Blütenpflanze* || **Sa|men|über|tra|gung** || **Sa|men|zel|le:** *Spermium* || **Sä|me|rei** die, -/-en (veraltet): *Samenhandlung* | (meist Pl.) *Pflanzensamen*

sä|mig: eine sämige *(dickflüssige)* Suppe || **Sä|mig|keit** die, -

Sa|min die, -/-innen; → Same[1]; → Lappin || **sa|misch** → samländisch

Sä|misch|le|der das, -s: *ein Rauleder*

Sam|land[1] das, -[e]s: *Landschaft in Russland*

Sam|land[2]: *neuere deutsche Bezeichnung für Lappland;* → Same[1] || **sam|län|disch**

Säm|ling der, -s/-e: *aus Samen gezogene junge Pflanze*

Sam|mel|al|bum || **Sam|mel|band:** *Band mit verschiedenen Texten/Autoren* || **Sam|mel|be|cken:** ein S. verschiedenster Anschauungen || **Sam|mel|be|griff:** *Überbegriff* || **Sam|mel|be|stel|lung** || **Sam|mel|büch|se** [-ks-] || **Sam|mel|con|tai|ner** [-k-teːn-, engl.: -eɪ-] || **Sam|mel|ge|biet** || **Sam|mel|ka|nal** || **Sam|mel|kla|ge** (Jus): *von mehreren Klägern gemeinsam eingebrachte Klage* || **Sam|mel|la|ger:** ein S. für Flüchtlinge errichten || **Sam|mel|lei|den|schaft** || **Sam|mel|lin|se:** *Vergrößerungsglas* || **sam|meln**[1]: ich sammle Briefmarken; Kräuter s.; Spenden, Unterschriften s.; Erfahrungen s. || **sam|meln**[2] sich: *sich konzentrieren;* → gesammelt || **Sam|mel|na|me,** *auch:* **Sam|mel|na|men** (Gramm.): *Kollektivum, zB* Wald, Herde || **Sam|mel|platz** || **Sam|mel|schie|ne:** *Hochspannungsleitung mit mehreren Zuleitungen* || **Sam|mel|stel|le** || **Sam|mel|su|ri|um** das, -s/Sammelsurien [-iən] (abw.): *buntes Durcheinander, Mischmasch* || **Sam|mel|ta|xi:** *Taxi, das mehrere Fahrgäste [mit verschiedenem Ziel] zugleich befördert* || **Sam|mel|ver|wah|rung** die, -/-en (Jus): *bestimmte Verwahrung von Wertpapieren im Depot einer Bank* || **Samm|ler** der, -s/-: er ist ein S. alter Radios || **Samm|le|rin** die, -/-innen || **Samm|ler|wert:** *Wert eines Gegenstandes für Sammler/innen, Liebhaber/innen* || **Samm|lung** die, -/-en: *das [Ein-]sammeln;* eine S. für Obdachlose; die getrennte S. von Biomüll | *thematisch zusammengehörige Gegenstände, Kunstwerke;* eine S. alter Radios | *Museum* | geistige S. *(Konzentration)*

Sam|naun das, -s: *Grenzgemeinde der Schweiz gegen Österreich, Zollfreizone*

Sa|mos der, -/- ⟨gr.⟩: *griechischer Dessertwein (von der Insel Samos)*

Sa|mo|war der, -s/-e ⟨russ.⟩: *russische Teemaschine; Wasserkessel zur Teezubereitung*

sam|peln ['sæ-, auch: 'sɑː-] ⟨engl.⟩ (Mus.): *analoge Klänge oder Daten aufarbeiten, um sie digital weiterzuverarbeiten* || **Sam|ple** [-pl] das, -s/-s: *repräsentative Stichprobe* || **Samp|ler** der, -s/-: *elektronisches Gerät, das Teile von Musikstücken speichert und wiedergibt* | (Mus.) *eine CD mit einer Sammlung verschiedener Lieder*

Sams|tag: am nächsten S.; → Dienstag || **Sams|tag|abend:** am S.; eines Samstagabends; am S.; wir kommen [nächsten] S. || **sams|tag|abends:** samstags abends || **sams|tä|gig:** *am Samstag stattfindend* || **sams|tags:** *jeden* (auch: *am*) *Samstag;* s. abends *(samstagabends)*

samt (Präp. mit Dat.): das Kapital s. *(mit)* [den] Zinsen | (Adv.) s. und sonders *(alle[s] ohne Ausnahme)*

Samt der, -[e]s/-e: *ein Gewebe;* sie sind in S. und Seide *(sehr festlich)* gekleidet || **samt|ar|tig** || **sam|ten:** ein samtenes Band || **Samt|hand|schuh:** jemanden mit Samthandschuhen anfassen *(sehr vorsichtig behandeln);* → Glacéhandschuh || **sam|tig:** eine samtige Haut

sämt|lich
sämtliche *(alle)* Schülerinnen

Deklination:
Das Wort „sämtlich" endet jeweils auf den Buchstaben, den der Artikel der/die/das hätte. Vor „sämtlich" steht kein Artikel:
- sämtlicher gefallene Schnee (vgl. der Schnee)
- mit sämtlicher persönlichen Erfahrung (vgl. mit der Erfahrung)
- für sämtliches lagerndes Material
- sämtliche Anwesenden
- sämtliche anwesenden Schülerinnen

Samt|pföt|chen = **Samt|pfo|te:** *samtweiche Pfote [einer Katze]* || **samt|weich**

Sa|mum der, -s/-s [-e] ⟨arab.⟩: *ein heißer Wüstenwind*

Sa|mu|rai ['za(ː)-, -'raɪ] der, -[s]/-[s] ⟨jap.⟩ (früher): *japanischer Ritter*

Sa|na|to|ri|um das, -s/Sanatorien [-iən] ⟨lat.⟩: *eine Heilanstalt*

Sanc|tus [-k-] das, -/- ⟨lat.⟩: *ein Teil der heiligen Messe; aber:* → der Sanktus

Sand der, -[e]s/-e: jemandem S. in die Augen streuen *(jemanden täuschen);* etwas verläuft im S. *(es bleibt erfolglos);* wie S. am Meer *(im Überfluss);* es kommt S. ins Getriebe *(ein Hindernis tritt auf);* auf S. *(ohne feste Grundlagen)* bauen

San|da|le die, -/-n ⟨gr.-lat.⟩: *ein leichter Schuh mit Riemen* || **San|da|let|te** die, -/-n

Sand|bahn: *eine Rennstrecke* || **Sand|bahn|ren|nen:** *ein Motorradrennen* || **Sand|bank:** *Sandaufschwemmung [in einem Fluss]* || **Sand|bo|den** || **Sand|burg** || **Sand|dorn:** *eine Pflanze*

San|del|holz: *ein wohl riechendes Holz*

san|deln (ugs., abw.): *untätig sein* | *als Sandler leben*

sand|far|ben: *beige* || **Sand|gru|be:** *Abbaustelle für Sand* || **Sand|ho|se:** *Sand mitführender Wirbelwind* || **san|dig:** ein sandiger Boden || **Sand|kas|ten:** *Sandkiste*

S

| (Mil.) *Übungsanlage [für taktische Manöver]* ‖ **Sandkastenspiel** (meist Pl.): Sandkastenspiele betreiben *(in der Theorie stecken bleiben)* ‖ **Sandkiste:** *eine Spielgelegenheit für Kinder* ‖ **Sandkorn** ‖ **Sandkuchen:** *eine Mehlspeise*

Sandler der, -s/-: *obdachloser, verwahrloster Mensch, Stadtstreicher* | (abw.) *arbeitsunwilliger Mensch* ‖ **Sandlerin** die, -/-innen

Sandmann = **Sandmännchen:** *eine Märchenfigur* ‖ **Sandpapier:** *ein Schleifpapier*

Sandra: *weibl. Vorname*

Sandsack ‖ **Sandstein:** *ein Gestein* ‖ **sandstrahlen** (nur Inf. und Part.) ‖ **Sandstrahlgebläse:** *eine Maschine zur Reinigung* ‖ **Sandstrand** ‖ **Sandsturm**

sandte → senden

Sanduhr: *ein Zeitmesser*

Sandwich ['zɛndvɪtʃ, engl.: 'sændwɪtʃ] das (auch: der), -[s] [-es]/-[s] [-e] (-es [-ɪz]) ⟨engl.⟩: *[mit Wurst und Käse] belegte Scheibe Weißbrot; zwei zusammengelegte Scheiben* | (nur mit Art. der) *Kurzwort für Sandwichwecken (nach einem englischen Adeligen)* ‖ **Sandwichkind** (Psych.): *mittleres Kind in der Geschwisterfolge* ‖ **Sandwichwecken:** *langes, schmales Weißbrot*

Sandwüste

sanforisieren ⟨engl.⟩: *ein Gewebe schrumpffest machen*

San Francisco [- -'(t)sisko, engl.: ˌsæn fræn'sɪskəʊ]: *Stadt in den Vereinigten Staaten*

sanft: das Tier s. *(zart, behutsam)* streicheln | ein sanfter *(kaum spürbarer)* Luftzug | sanfter *(umweltschonender)* Tourismus; sanfte Geburt | ruhe s. *(friedlich) (als Grabinschrift)* ‖ **Sänfte** die, -/-n: *ein Tragsessel* ‖ **Sänftenträger** ‖ **Sänftenträgerin** ‖ **Sanftheit** die, - ‖ **Sanftmut** die, - (geh.) ‖ **sanftmütig** (geh.): *gutmütig; verträglich*

sang → singen ‖ **Sang** der, -[e]s (geh.): mit S. und Klang *(mit Gesang und Musik)* ‖ **sangbar:** *leicht und gut zu singen* ‖ **Sänger** der, -s/-: die S. eines Chores | (geh.) *Dichter, Komponist* ‖ **Sängerbund** ‖ **Sängerfest** ‖ **Sängerin** die, -/-innen ‖ **Sängerknabe:** *Angehöriger bestimmter Knabenchöre, zB der Wiener Sängerknaben* ‖ **Sängerschaft** die, -/-en ‖ **Sangesbruder** (geh., veraltet) ‖ **Sangesfreude** (geh.) ‖ **sangesfreudig** (geh.) ‖ **sangesfroh** (geh.) ‖ **Sangesschwester** (geh., veraltet)

Sangria der, -s = die, - ⟨span.⟩: *ein spanischer Wein mit Früchten*

Sanguiniker [-g'viː-, -'guiː-] der, -s/- ⟨lat.⟩: *heiterer, lebhafter Mensch* ‖ **Sanguinikerin** die, -/-innen ‖ **sanguinisch**

sang- und klanglos: *unbemerkt, ohne viel Aufhebens; ruhmlos*

Sani der, -s/-s ⟨lat.⟩ (bes. Mil.): *Kurzwort für Sanitäter* ‖ **sanieren:** ein altes Haus s. *(in Stand setzen bzw. modernisieren)* | einen Betrieb s. *(seine Finanzen in Ordnung bringen)* | (Med.) ein saniertes Gebiss ‖ **Sanierung** die, -/-en: die S. des Badezimmers | (SüdT) *nachträgliche Genehmigung von Dienststellen, Bauten uÄ* ‖ **sanierungsbedürftig** ‖ **Sanierungsmaßnahme** ‖ **Sanierungsprogramm** ‖ **sanitär:** sanitäre Anlagen *(Bad, WC, Kanalisation uÄ)* | (SüdT) *das Gesundheitswesen betreffend* ‖ **Sanitäranlage** (meist Pl.) ‖ **Sanitäreinrichtungen** die (Pl.) ‖ **Sanitärraum** ‖ **Sanitärzelle** ‖ **Sanität** die, -: *militärisches Gesundheitswesen* | (selten) *Krankenwagen* | (SüdT) (Admin.) *Gesundheitswesen* ‖ **Sanitäter** der, -s/-: *Angehöriger eines medizinischen Hilfsdienstes* ‖ **Sanitäterin** die, -/-innen ‖ **Sanitätsbehörde** (SüdT) ‖ **Sanitätsbetrieb** (SüdT) ‖ **Sanitätsdienst** ‖ **Sanitätspolizei:** *Gesundheitspolizei* ‖ **sanitätspolizeilich:** *gesundheitspolizeilich* ‖ **Sanitätsrat:** *ein Titel für [Amts]ärzte* | Oberster S. *(ein ministerielles Gremium)* ‖ **Sanitätsrätin** ‖ **Sanitätssprengel** (SüdT) (Admin.) ‖ **Sanitätswesen:** *Gesundheitswesen*

sank → sinken

Sankt (St.) ⟨lat.⟩: *„heilige", „heiliger" in Personen-, Kirchen- und Ortsnamen;* Sankt Anna (St. Anna); Sankt Stephan (St. Stephan); Sankt Pölten (St. Pölten) ‖ **Sankt Andrä:** *Stadt in Kärnten* ‖ **Sankt Florian:** *Marktgemeinde und Stift in Oberösterreich* ‖ **Sankt Gallen:** *Markt in der Steiermark* | *Schweizer Stadt und Kanton*

Sanktion [-tsi̯-] die, -/-en ⟨lat.⟩: *Bestätigung, Billigung* | (meist Pl.) *Strafandrohung; Zwangsmaßnahme* ‖ **sanktionieren:** *bestätigen, billigen* | *bestrafen;* Verspätungen sollen sanktioniert werden ‖ **Sanktionierung** die, -/-en ‖ **Sanktissimum** das, -s (kath.): *das Allerheiligste als Altarsakrament*

Sankt Johann [auch: - -'oː-] (Siedlungsname): Sankt Johann im Pongau (Kfz: JO) (S); Sankt Johann in Tirol; Sankt Johann bei Herberstein (St) ‖ **Sankt Laurenz** der, - -/- -, *auch:* Sankt Laurent, - -s/- -s, Saint Laurent [sɛ̃ lɔ'rɑ̃], - -[s]/- -[s]: *eine Reb- und Weinsorte* ‖ **Sankt Leonhard** → Bad Sankt Leonhard im Lavanttal ‖ **Sankt-Nimmerleins-Tag** (scherzh.): am S. *(nie)* ‖ **Sankt Petersburg:** *Stadt in Russland;* → Leningrad ‖ **Sankt Pölten** (Kfz: P, PL): *Landeshauptstadt von Niederösterreich* ‖ **Sankt-Pöltner** der, -s/-, *auch:* Sankt-Pöltener, Sankt Pöltner, Sankt Pöltener ‖ **Sankt-Pöltnerin** die, -/-innen, *auch:* Sankt-Pöltenerin, Sankt Pöltnerin, Sankt Pöltenerin ‖ **Sanktus** der, - (ugs.): seinen S. *(seine Genehmigung)* dazu geben; *aber:* → das Sanctus ‖ **Sankt Valentin** [- v-]: *Stadt in Niederösterreich* ‖ **Sankt Veit an der Glan** [- f- - - -] (Kfz: SV): *Stadt in Kärnten*

san-marinesisch ‖ **San Marino** (Kfz: RSM): *ein Kleinstaat*

sann → sinnen

Sansculotte [sɑ̃ky'lɔt(ɛ)] der, -n/-n ⟨fr.⟩ (wörtl.: ohne Kniebundhose [der Adeligen]): *Jakobiner (in der Französischen Revolution)* | *Radikaler*

Sanskrit [auch: -'a-] das, -s ⟨Sanskrit⟩: *altindische Literatursprache*

Santa Claus [auch: ˌsæntə 'klɔːz] der, - -/- - ⟨engl.⟩: *amerikanische Bezeichnung für den Weihnachtsmann*

Santiago de Chile [- - 'tʃ-]: *Hauptstadt von Chile* ‖ **Santiago de Compostela** [- - k-]: *berühmter Wallfahrtsort in Spanien (Galicien)*

São Paulo ['sɐ̃ʊ 'paʊlo]: *Stadt in Brasilien*

Saphir [-f-] der, -s/-e ⟨sem.-gr.-lat.⟩: *ein Edelstein* | *Kurzwort für Saphirnadel* ‖ **saphirblau** ‖ **Saphirnadel:** *Nadel aus Saphir am*

Tonabnehmer des Plattenspielers, Saphir

Sappel → Zappin

sapperlot = **sapperment** ⟨lat.⟩: *ein Ausruf, sakra!*

Sappin → Zappin

Sara = Sarah: *weibl. Vorname*

Sarabande [auch: -ˈbɑ̃ːd] die, -/-n ⟨pers.-arab.-span.-fr.⟩ (Mus.): *ein Tanz* | *Satz in der Suite*

Sarah → Sara

Sarajevo [-v-, auch: -ˈeː-] (dt. auch: Sarajewo): *Hauptstadt von Bosnien-Herzegowina*

Sarazene der, -n/-n ⟨arab.-lat.⟩ (veraltet): *Araber* || **Sarazenin** die, -/-innen (veraltet)

Sarde der, -n/-n, *auch:* Sardinier, -s/-: *Bewohner von Sardinien*

Sardelle die, -/-n ⟨it.⟩: *ein Fisch* || **Sardellenpaste** || **Sardellenringerl** das, -s/-[n]: *eingerolltes Sardellenfilet [mit Kapern]*

Sardin die, -/-innen, *auch:* Sardinierin: *Bewohnerin von Sardinien*

Sardine die, -/-n ⟨it.⟩: *ein Fisch* || **Sardinenbüchse** (bes. D): *Sardinendose* || **Sardinendose**

Sardinien: *eine italienische Mittelmeerinsel;* → Sarde || **Sardinier** → Sarde || **Sardinierin** → Sardin || **sardinisch** = **sardisch**

sardonisch ⟨gr.-lat.⟩ (geh.): s. *(krampfhaft, boshaft)* grinsen

Sarg der, -[e]s/Särge || **Sargdeckel** || **Sargnagel** (ugs., meist scherzh.): er ist mein S. *(er bereitet mir viel Kummer)* | (ugs., sal.) *Zigarette* || **Sargträger** || **Sargträgerin** || **Sargtuch**

Sari der, -[s]/-s ⟨Hindi⟩: *ein indisches Frauengewand*

Sarkasmus der, -/Sarkasmen ⟨gr.-lat.⟩: *beißender Spott; bissige Bemerkung* || **sarkastisch** || **Sarkom** das, -s/-e (Med.): *bösartige Geschwulst* || **Sarkophag** [-f-] der, -[e]s/-e: *Stein-, Prunksarg*

SARS = **Sars** [auch: ɛs a ɛr ˈɛs] (aus: **s**chweres **a**kutes **r**espiratorisches **S**yndrom) (Med.): *eine Viruserkrankung*

Sasaka das, -s/- ⟨slow.⟩ (K, ugs.): *Verhackert*

Sascha: *männl. Vorname (Alexander)*

Sashimi [-ˈʃi-] das, -s/-s ⟨jap.⟩: *japanische Speise aus rohem Fisch*

Saskia: *weibl. Vorname*

saß → sitzen

SAT: *Kurzwort für Satellit[en]*

Satan der, -s/-e ⟨hebr.-gr.⟩: *(oberster) Teufel* || **satanisch** (geh.): *teuflisch* || **Satanismus** der, -: *Verehrung des Satans, Teufelsanbetung* || **Satanist** der, -en/-en || **Satanistin** die, -/-innen || **Satansbraten:** *ein Schimpfwort* || **Satanspilz:** *ein giftiger Pilz*

Satellit der, -en/-en ⟨lat.⟩: *einen Planeten umkreisender Himmelskörper* | *Flugkörper zur Übermittlung von Daten;* Nachrichtensatellit; → SAT | *Anhänger, Gefolgsmann* || **Satellitenantenne** || **Satellitenbahn:** *Umlaufbahn* || **Satellitenbild** || **Satellitenfernsehen** (SAT-Fernsehen) || **Satellitenfoto** || **Satellitenfunk** || **Satellitenschüssel** (SAT-Schüssel): *Parabolantenne zum Empfang von SAT-TV* || **Satellitenstaat:** *von den Weisungen eines anderen Staates abhängiger Staat* || **Satellitenstadt:** *planmäßig angelegte geschlossene Großsiedlung am Rand einer Stadt* || **Satellitentelefon** (SAT-Telefon) || **Satelliten-TV** [- te faʊ] (SAT-TV) || **Satellitenübertragung:** *über einen Satelliten vermittelter Funkverkehr* || **SAT-Fernsehen:** Satellitenfernsehen

Satin [-ˈtɛ̃ː] der, -s/-s ⟨arab.-fr.⟩: *ein glattes, glänzendes Gewebe* || **satinieren** [-tin-]: *glätten;* satiniertes Papier

Satire die, -/-n ⟨lat.⟩: *literarische Gattung, die mittels Spott und Ironie bestimmte Zustände kritisiert* | *Kunstwerk dieser Gattung* || **Satiriker** der, -s/- || **Satirikerin** die, -/-innen || **satirisch:** satirische *(spöttische, ironische)* Bemerkungen

Satisfaktion [-tsi̯-] die, -/-en ⟨lat.⟩ (früher): *Genugtuung für eine Beleidigung [in Form eines Duells];* S. geben/fordern || **satisfaktionsfähig** (früher)

Satrap der, -en/-en ⟨pers.-gr.⟩: *altpersischer Statthalter* | *verweichlichter Despot*

SAT-Schüssel: Satellitenschüssel

Satsuma [auch: ˈsat-] die, -/-s ⟨jap.⟩: *eine Mandarine*

satt
ein sattes *(kräftiges)* Grün

Getrenntschreibung in Verbindung mit „sein" und bei wörtlicher Bedeutung:
- satt sein
- sich satt essen
- ich bin satt geworden

Zusammenschreibung bei übertragener Bedeutung:
- etwas satthaben *(es nicht mehr mögen)*
- sich daran satthören
- sich an der Farbe sattsehen

Sattel der, -s/Sättel: die Reiterin wurde aus dem S. geworfen; in allen Sätteln gerecht sein *(sich auf allen Gebieten zu helfen wissen);* fest im S. sitzen *(unangefochten sein)* | der S. *(Sitz)* des Fahrrads | ein S. *(Einschnitt, Übergang)* im Gebirge || **Satteldach** (Arch.) || **Satteldecke**

SAT-Telefon: Satellitentelefon

sattelfest: in Geografie bin ich s. *(kenne ich mich gut aus)* || **satteln:** ich sattle das Pferd || **Sattelschlepper:** *eine Zugmaschine* || **Satteltasche:** die S. des Fahrrades || **Sattelzeug:** *Pferdesattel mit Zubehör, zB Steigbügel* || **Sattelzug:** *Sattelschlepper mit Anhänger*

sattgrün || **satthaben:** sein Jammern habe ich satt; → satt || **Sattheit** die, -: das Sattsein | die S. *(Intensität)* der Farben || **satthören** sich → satt || **sättigen:** jemandes Neugierde s. *(befriedigen);* sich s. *(den Hunger stillen)* | (Chem.) eine gesättigte Salzlösung *(Lösung, die den maximalen Wert an aufgelöstem Salz enthält)* || **Sättigung** die, -/-en (Pl. selten) || **Sättigungsgefühl** || **Sättigungsgrad** || **Sättigungspunkt:** den S. erreichen

Sattler der, -s/-: *ein Handwerker der Lederverarbeitung* || **Sattlerei** die, -/-en || **Sattlerhandwerk** || **Sattlerin** die, -/-innen

sattsam (geh.): das ist s. *(hinlänglich, zur Genüge)* bekannt || **sattsehen** sich → satt

SAT-TV [- te faʊ]: Satellitenfernsehen

saturiert ⟨lat.⟩ (geh.): *gesättigt* | (abw.) *selbstzufrieden* || **Saturiertheit** die, - (abw.)

Saturn[1]: *römischer Gott der Fruchtbarkeit* || **Saturn**[2] der, -[s]: *ein Planet*

Satyr [-y-] der, -s [-n]/-e [-n]: *altgriechischer derb-lüsterner Waldgeist* || **satyrhaft** || **Satyriasis** die, - (Med., Psych.): *krankhaft übersteigerter Geschlechtstrieb beim Mann;* → G.: Nymphomanie || **Satyrspiel:** *derb-komisches Nachspiel zu einer Tragödie*

Satz der, -es/Sätze: kurze Sätze

schreiben | der S. *(Lehrsatz)* des Pythagoras | mit einem S. über den Graben springen | (Druckw.) ein Manuskript ist im S. *(wird für den Druck gesetzt)* | (Gramm.) *grammatische Einheit* | (Mus.) eine Symphonie in vier Sätzen | (Mus.) ein dreistimmiger S. *(Tonsatz)* | *festgesetzter Betrag;* Zinssatz | *Bodensatz* | *zusammengehörige Gegenstände [unterschiedlicher Größe];* ein S. Briefmarken | (in Mengenangaben auch mit Pl. Satz) drei Sätze (auch: Satz) Spiralbohrer | (Sport) *Spielabschnitt;* den ersten S. verlieren ‖ **Satzaussage** (Gramm.): *Prädikat* ‖ **Satzball** (Sport): *Ballwechsel, der zum Satzgewinn verhelfen kann* ‖ **Satzbau** (Gramm.) ‖ **Satzbauplan** (Gramm.): *grundlegende Muster von elementaren Sätzen* ‖ **satzen** (ugs.): *rennen* ‖ **Satzfehler** (Druckw.): *Fehler des Setzers beim Setzen eines Textes* ‖ **Satzfetzen:** *unvollständiger Satz [durch akkustische Störung]* ‖ **Satzgefüge** (Gramm.): *aus Haupt- und Gliedsatz zusammengesetzter Satz* ‖ **Satzgegenstand** (Gramm.): *Subjekt* ‖ **Satzglied** (Gramm.): *kleinste grammatische Einheit eines Satzes* ‖ **Satzgrammatik:** *Grammatik, die den Bau von Sätzen und ihre Beziehungen beschreibt* ‖ **Satzkonstruktion** [-tsi̯-] (Gramm.) ‖ **Satzlehre** (Gramm.): *Syntax* | (Mus.) *Harmonielehre und Kontrapunkt* ‖ **Satzmelodie:** *Intonation, Sprechmelodie eines Satzes* ‖ **Satzmuster** ‖ **Satzreihe** (Gramm.): *Hauptsatzreihe* ‖ **Satzspiegel** (Druckw.): *bedruckte Fläche einer Seite* ‖ **Satzteil** (Gramm.) ‖ **Satzung** die, -/-en: die S. *(die schriftlich niedergelegten Regeln, das Statut)* eines Vereins ‖ **Satzungsänderung:** *Statutenänderung* ‖ **satzungsgemäß** ‖ **Satzvorlage:** *Manuskript* ‖ **Satzzeichen:** *Interpunktionszeichen* ‖ **Satzzusammenhang**

Sau die, -/Säue: *weibl. Hausschwein* | (mit Pl. Sauen) *weibl. Wildschwein* | (abw.) *ein derbes Schimpfwort* | (derb) jemanden zur S. machen *(heftig tadeln);* die S. herauslassen *(alle Hemmungen ablegen)* | (ohne Pl.) (sal.) S. *(Glück)* haben ‖ **Saualpe:** *ein Gebirge in Kärnten* ‖ **Saubär:** *männliches Zuchtschwein, Eber* ‖ **Saubartl** der, -s/-n (ugs., derb): *unreinlicher Mensch*

sauber: saubere Hände; die Wohnung s. halten *(rein, in Ordnung halten);* → sauber machen = saubermachen | die 2-Jährige ist schon s. *(macht nicht mehr in die Windel)* | eine saubere *(anständige, einwandfreie)* Lösung | (iron.) *nicht anständig;* ein sauberes Pärchen *(zB Gaunerpärchen)* | (ugs.) ein sauberes *(hübsches)* Dirndl | (ugs.) *nicht mehr kriminell bzw. süchtig;* → clean | (ugs.) es hat ihn s. *(stark)* erwischt ‖ **Sauberkeit** die, - ‖ **Sauberkeitsfimmel** (ugs.): *übertriebener Hang zum Saubermachen* ‖ **säuberlich:** sie hat s. *(sorgfältig)* gearbeitet ‖ **sauber machen = saubermachen:** *säubern* ‖ **Saubermann** (oft iron.): *anständiger Mann* ‖ **säubern:** *reinigen* ‖ **Säuberung** die, -/-en: *Reinigung* | (beschön.) (Pol.) *Ausmerzung der politischen Gegner [in totalitären Staaten];* ethnische S. ‖ **Säuberungswelle** (beschön.) (Pol.)

saublöd (ugs., abw.) ‖ **Saubohne:** *eine Gemüsepflanzenart*

Sauce [zoːs(ɛ)] die, -/-n = Soß, -/-en, Soße, -/-n ⟨fr.⟩: *dicker Saft* ‖ **Sauciere** [soˈsi̯eːrə] die, -/-n: *Saucenschüssel*

Saudi-Arabien [auch: saˈuː- -]: *ein Staat*

saudumm (ugs., abw.): *sehr dumm*

sauer: eine saure *(feuchte, an säurehaltigen Stoffen reiche)* Wiese; saurer Regen; saure Wurst *(Wurst in Essig und Öl);* saure Milch; eine saure *(mit Sauerrahm zubereitete)* Suppe; saurer Käse *(Sauerkäse);* die Milch ist s. geworden | sich etwas s. *(mühsam)* verdienen | ein saures *(verdrießliches)* Gesicht machen | (sal.) *verdrossen, verärgert;* sie ist s. geworden *(war verärgert);* → sauer machen = sauermachen ‖ **Sauerampfer** der, -s/-: *eine Wiesenpflanze* | (scherzh. bzw. abw.) *saurer Wein oder Most* ‖ **Sauerbraten** (reg. in D): *eine Fleischspeise* ‖ **Sauerdorn** der, -[e]s/-e: *Berberitze*

Sauerei die, -/-en (ugs., abw.): *arge Verschmutzung* | *grobe Unkorrektheit* | *Unanständigkeit*

Sauerkäse, *auch:* Sauerkäs: *eine Vorarlberger Spezialität* ‖ **Sauerkirsche:** *Weichsel* ‖ **Sauerklee:** *eine Pflanze* ‖ **Sauerkraut:** *vergorenes Weißkraut* ‖ **säuerlich:** s. schmecken ‖ **Säuerling** der, -s/-e: *Sauerbrunn[en]* ‖ **sauer machen = sauermachen** (sal.): *jemanden verärgern* ‖ **Sauermilch:** *durch Gärung dickflüssige, sauer schmeckende Milch* ‖ **Sauermilchkäse:** *Käse aus saurer Milch, zB Quargel, Kochkäse* ‖ **säuern** ‖ **Sauerrahm:** *saurer Rahm* ‖ **Sauerstoff** der, -[e]s (Zeichen: O): *ein chemisches Element;* → Oxygenium ‖ **sauerstoffarm** ‖ **Sauerstoffarmut** ‖ **Sauerstoffflasche** ‖ **sauerstoffhältig,** *auch:* sauerstoffhaltig ‖ **Sauerstoffmangel** ‖ **Sauerstoffmaske** ‖ **sauerstoffreich** ‖ **Sauerstofftank** ‖ **Sauerstoffzelt** (Med.): *Vorrichtung zur Beatmung eines Patienten mit Sauerstoff* ‖ **Sauerstoffzufuhr** ‖ **Sauerteig:** *Brotteigrest als Gärmittel* ‖ **sauertöpfisch** (nördl. D., geh.): *griesgrämig, grantig*

Saufbruder (ugs., derb): *Säufer* ‖ **saufen,** du säufst/soff/gesoffen: die Rinder s. *(trinken)* Wasser | (abw.) er säuft *(trinkt gewohnheitsmäßig Alkohol)* ‖ **Säufer** der, -s/- (abw.): *Alkoholiker* ‖ **Sauferei** die, -/-en (abw.) ‖ **Säuferin** die, -/-innen (abw.) ‖ **Säuferleber** ‖ **Säuferwahn** (Med.) ‖ **Saufgelage** (abw.) ‖ **Saufkumpan** (abw.) ‖ **Saufkumpanin** (abw.)

Sauftour [-tuːə] (ugs., abw.): eine S. unternehmen *([gemeinsam] mehrere Lokale besuchen)*

Saufutter: *Schweinefutter* ‖ **Saufüttern** (ugs., sal.) (in der Wendung): das haben wir zum S. *(im Überfluss)*

saugen, sog [saugte]/gesogen [gesaugt]: das Kind sog/saugte an der Flasche; Blut saugende (= blutsaugende) Insekten | Staub saugen = staubsaugen; er saugte den Teppich ‖ **säugen:** das Junge s. ‖ **Sauger** der, -s/-: *Lutscher, Schnuller am Babyflascherl* | (Jug.): *Streber* ‖ **Säuger** der, -s/-: *Säugetier* ‖ **Saugerin** die, -/-innen (Jug.): *Streberin* ‖ **Säugetier** (Zool.): *Tier jener Klasse, bei dem die Mutter die Jungen säugt, Säuger* ‖ **saugfähig** ‖ **Saugflasche** ‖ **Saugkraft** ‖ **Säugling** der, -s/-e ‖ **Säuglingsalter** ‖ **Säuglingsheim** ‖ **Säuglingsnahrung** ‖ **Säuglingspflege** ‖

Säug|lings|schwes|ter ‖ **Säug|lings|sterb|lich|keit** ‖ **Saug|napf** (Zool.): *Organ bestimmter Tiere zum Festsaugen* ‖ **Saug|pum|pe** ‖ **Saug|re|flex** (Psych.): der S. von Neugeborenen
sau|grob (ugs., abw.): *sehr grob*
Saug|rohr ‖ **Saug|wir|kung**
Sau|hau|fen (ugs., abw.): *arge Unordnung* ‖ **Sau|hund** (ugs., derb, abw.): *Saukerl* ‖ **säu|isch** (derb, abw.): *schweinisch* ‖ **sau|kalt** (ugs.): *sehr kalt* ‖ **Sau|kerl:** *ein derbes Schimpfwort*
Säu|le die, -/-n ‖ **Säu|len|dia|gramm:** *eine grafische Vergleichsdarstellung* ‖ **säu|len|för|mig** ‖ **Säu|len|gang** (Arch.) ‖ **Säu|len|hal|le** (Arch.) ‖ **Säu|len|ka|pi|täl** = **Säu|len|ka|pi|tell** (Arch.) ‖ **Säu|len|por|tal** (Arch.)
Sau|lus: von einem S. *(Gegner)* zum Paulus *(Anhänger)* werden *(nach dem ursprünglichen Namen des Apostels Paulus)*
Saum der, -[e]s/Säume: der S. eines Kleides | (geh.) am S. *(am Rand)* eines Waldes
Sau|ma|gen: *eine Speise* | (ugs., scherzh.) einen S. haben *(alles vertragen)* ‖ **Sau|mai|se:** *Maise mit Fleisch und Innereien* ‖ **sau|mä|ßig** (ugs.): *sehr*
säu|men[1]: *einen Saum nähen*
säu|men[2] (geh.): *zaudern, zögern* ‖ **säu|mig:** ein säumiger *(nicht zahlender)* Schuldner ‖ **Säu|mig|keit** die, - ‖ **Säum|nis** die, -/-nisse, *auch:* das, -nisses/-nisse (Amtsspr. oder geh.): *Verzögerung, Aufschub* ‖ **Säum|nis|zu|schlag** (Amtsspr.): *Strafgebühr bei Fristüberschreitung*
Saum|pfad: *schmaler Gebirgsweg für Saumtiere*
saum|se|lig [-ze:-] (geh.): *langsam, nachlässig* ‖ **Saum|se|lig|keit** die, - (geh.)
Saum|tier: *Tragtier, zB Maultier, im Gebirge*
Sau|na die, -/-s [Saunen] ⟨finn.⟩: *ein Schwitzraum* ‖ **Sau|na|bad** ‖ **Sau|na|schin|ken:** *ein schonend gegarter Schinken* ‖ **sau|nen:** *saunieren* ‖ **sau|nie|ren:** *in der Sauna schwitzen*
sau|ni|geln, ich saunigle (reg., derb): *schweinigeln;* → Nigel
Säu|re die, -/-n: eine ätzende S. ‖ **säu|re|arm** ‖ **säu|re|be|stän|dig:** *säurefest* ‖ **säu|re|fest** ‖ **Säu|re|ge|halt** der, -[e]s/-e
Sau|re|gur|ken|zeit = **Sau|re-Gur|ken-Zeit** (scherzh.): *fade, ereignislose Zeit im [Hoch]sommer*
säu|re|häl|tig, *auch:* säurehaltig ‖ **Säu|re|ver|gif|tung**
Sau|ri|er der, -s/- ⟨gr.⟩: *ausgestorbene Echse; Dinosaurier*
sau|schwer (ugs.): *sehr schwer*
säu|seln, ich säusle: ein säuselnder Wind ‖ **sau|sen:** der Sturm s. durch das Fenster | ich sause *(laufe)* schnell zum Bäcker ‖ **sau|sen las|sen** = **sau|sen|las|sen** (ugs.): die Party s. l. *(darauf verzichten)* ‖ **Saus und Braus:** in S. u. B. *(verschwenderisch)* leben
Sau|stall: *Schweinestall* | (ugs., abw.) *Schweinerei, Chaos* ‖ **Sau|tanz:** *Festessen nach dem Schweineschlachten* ‖ **sau|teu|er** (ugs.): *sehr teuer*
sau|tie|ren [zot-] ⟨fr.⟩ (Küchenspr.): *kurz in Fett anbraten*
Sau|trank (Landw.): *Schweinefutter* ‖ **Sau|trog** (Landw.): *Fresstrog für Schweine* | *Trog zum Schweineschlachten*
Sau|vi|gnon blanc [sovinjɔ̃ 'blɑ̃] der, - -/-s -s [-njɔ̃ 'blɑ̃] ⟨fr.⟩: *eine Reb- und Weinsorte*
Sau|wet|ter das, -s (sal., abw.): *bes. schlechtes Wetter* ‖ **Sau|wirt|schaft** (ugs., derb, abw.) ‖ **sau|wohl** (ugs.): sich s. *(sehr wohl)* fühlen
Sa|va|n|ne [-v-] die, -/-n ⟨indian.-span.⟩: *eine tropische Steppenlandschaft*
Sa|ve [-v-] die, - (slaw.: Sava [-v-]): *ein Nebenfluss der Donau (Slowenien, Kroatien, Bosnien, Serbien)*
Sa|voir-vi|vre [savoa:r'vi:vr] das, -[s] ⟨fr.⟩: *Lebenskunst, -genuss*
Sa|vo|yen [-v'ɔɪ(ɛ)n]: *historische Provinz im Südosten von Frankreich*
Sa|xo|fon = Saxophon [-f-] das, -s/-e: *ein Blasinstrument (nach einem belgischen Instrumentenbauer)* ‖ **Sa|xo|fo|nist** = Saxophonist der, -en/-en ‖ **Sa|xo|fo|nis|tin** = Saxophonistin die, -/-innen
Sb: Stibium; → Antimon
SB: Selbstbedienung
S-Bahn ['ɛs-]: *Kurzwort für Schnellbahn, Stadtbahn* ‖ **S-Bahn-Sta|ti|on** [-ʃtatsi̯-]
Sbg.: Salzburg
Sc: Scandium
Sca|la [sk-] die, -: *Kurzwort für Teatro alla Scala, das Opernhaus in Mailand*
Scam|pi [sk-] die (Pl.) ⟨it.⟩: *eine Hummerart*
Scan|di|um [sk-] das, -s (Zeichen: Sc) ⟨lat.⟩: *ein chemisches Element*
scan|nen ['skæ-] ⟨engl.⟩ ‖ **Scan|ner** der, -s/-: *Gerät zum Erfassen einer Vorlage (Bilder und Schrift) im Computer*
Scart|ste|cker [sk-] ⟨fr.-engl.⟩ (Elektrot.): *Stecker mit 21-poligem Anschluss*
sch: *ein Ausruf;* sch, ich möchte kein Wort mehr hören!
Schab|bes → Sabbat
Scha|be die, -/-n: *ein Insekt, Motte* ‖ **scha|ben:** die Karotten s. *(putzen, abkratzen)* ‖ **Scha|ber** der, -s/-: *ein Werkzeug*
Scha|ber|nack der, -[e]s/-e: jemandem einen S. *(einen Streich)* spielen
schä|big (abw.): schäbige *(abgetragene)* Schuhe | (ugs., abw.) ein schäbiger *(knauseriger; gemeiner)* Kerl ‖ **Schä|big|keit** die, -/-en
Scha|b|lo|ne die, -/-n ⟨fr.-niederdt.⟩: *[ausgeschnittene] Vorlage, Muster* | (meist abw.) nach einer S. *(einem starren Schema)* arbeiten ‖ **Scha|b|lo|nen|druck** der, -[e]s/-e: *ein Druckverfahren* ‖ **scha|b|lo|nen|haft** ‖ **scha|b|lo|nie|ren**
Scha|b|ra|cke die, -/-n ⟨türk.-ung.⟩: *prächtige Pferdesatteldecke* | *quer verlaufender Vorhangteil*
Schach das, -s ⟨pers.-arab.⟩: S. spielen | [ein] S. [an]sagen; S. [dem König]!; → schachmatt; jemanden in S. halten *(jemanden nicht gefährlich werden lassen)* ‖ **Schach|brett** ‖ **schach|brett|ar|tig** ‖ **Schach|brett|mus|ter** ‖ **Schach|com|pu|ter** [-k-pju:-]
Scha|chen der, -s/- (reg.): *kleiner Wald (oft als Flur-, Eigennamen)*
Scha|cher der, -s (abw.): *Geschäftemacherei, Feilscherei*
Schä|cher der, -s/- (veraltet): *Räuber; Übeltäter*
Scha|che|rei die, -/-en (abw.): *Schacher* ‖ **scha|chern** (abw.): *feilschen, handeln*
Schach|fi|gur ‖ **Schach|groß|meis|ter** (Sport) ‖ **Schach|groß|meis|te|rin** (Sport) ‖ **schach|matt:** s. sein *(das Spiel verloren haben);* den Gegner [beim Schachspiel] s. setzen; → matt | (ugs.) *völlig erschöpft* ‖ **Schach|matt** das, -[s]/-[s] ‖ **Schach|meis|ter** ‖ **Schach|meis|te|rin** ‖ **Schach|meis|ter|schaft** ‖ **Schach|olym|pi|a|de** [-ly-] ‖ **Schach|par|tie** ‖ **Schach|spiel** ‖ **Schach|spie|ler** ‖ **Schach|spie|le|rin**
Schacht der, -[e]s/Schächte: einen

S

5 Meter tiefen S. *(schmalen Hohlraum)* ausheben
Schach|tel die, -/-n: etwas in einer S. verpacken | (ugs., abw.) eine alte S. *(Frau)* || **Schach|tel|halm:** *eine Sporenpflanze* || **schachteln,** ich schachtle: *ineinanderfügen, -schieben* || **Schach|telsatz** (Gramm.): *Satzgefüge mit eingeschobenen Gliedsätzen* || **Schach|te|lung** die, -/-en
schäch|ten: *Tiere auf rituelle Weise schlachten (im Judentum, im Islam)* || **Schäch|ter** der, -s/-
Schach|terl das, -s/-[n]: *kleine Schachtel*
Schäch|tung die, -/-en; → schächten
Schach|tur|nier || **Schach|uhr:** *Spezialuhr für Schachwettkämpfe* || **Schach|zug:** *Zug im Schachspiel* | ein geschickter S. *(kluges Vorgehen)*
scha|de: es ist s., dass ...; es ist s. um ihn; sich zu s. *(zu gut)* sein
Schä|del der, -s/-: *Skelett des Kopfes* | *Kopf;* einen dicken/harten S. haben *(dickköpfig sein)* | (ugs.) sich den S. einrennen *(unbelehrbar sein)* || **Schä|del|ba|sis** || **Schä|del|ba|sis|bruch** (Med.) || **Schä|del|de|cke** || **Schä|del|fraktur** (Med.): *Schädelbruch* || **Schädel|kno|chen** || **Schä|del|stät|te:** → *Golgatha* || **Schä|del|trau|ma** (Med.)
scha|den: niemandem s.; es kann nichts s. *(hilft vielleicht),* dieses Medikament zu nehmen || **Schaden** der, -s/Schäden: an etwas ernstlich S. nehmen *(geschädigt werden);* zu S. kommen *(sich verletzen, geschädigt werden)* | (ugs.) fort mit S.! *(weg damit!)* || **Schaden|er|satz:** S. fordern || **Schaden|er|satz|an|spruch** (Jus) || **Scha|den|er|satz|for|de|rung** (Jus) || **Scha|den|er|satz|kla|ge** (Jus): eine S. einreichen || **Scha|den|ersatz|pflicht** (Jus) || **Scha|denfreu|de** die, - || **scha|den|froh** || **Scha|dens|ab|wick|lung:** ein Unfall mit komplizierter S. || **Schadens|be|gren|zung** die, - || **Schadens|fall** (Jus) || **Scha|dens|hö|he** || **Scha|den|ver|hü|tung** || **schadhaft** || **Schad|haf|tig|keit** die, - || **schä|di|gen:** *Schaden bewirken* || **Schä|di|gung** die, -/-en || **Schä|digungs|ab|sicht** (bes. Jus) || **Schadin|sekt** (fachspr.): *schädliches Insekt* || **schäd|lich** || **Schäd|lichkeit** die, - || **Schäd|ling** der, -s/-e || **Schäd|lings|be|fall** der, -[e]s || **Schäd|lings|be|kämp|fung** || **Schäd|lings|be|kämp|fungs|mittel** || **schad|los:** jemanden s. halten *(jemandem den Schaden ersetzen);* sich an jemandem s. halten *(jemanden ausbeuten, um einen erlittenen Schaden wettzumachen)* || **Schad|stoff:** *schädlicher [chemischer] Stoff* || **schadstoff|arm** || **Schad|stoff|be|lastung** (Ökol.) || **schad|stoff|frei:** schadstofffreie Lebensmittel
Schaf das, -[e]s/-e: Schafe hüten; ein schwarzes S. *(jemand, der negativ auffällt)* || **Schaf|blat|tern** die (Pl.): *Feuchtblattern* || **Schäfchen** das, -s/-: sein S. im Trockenen haben *(seinen Besitz, seinen Vorteil gesichert wissen)* || **Schäfchen|wol|ken** die (Pl.) || **Schä|fer** der, -s/-: *Schafhirt* | *Schäferhund* || **Schä|fer|dich|tung** (Lit.): *idyllisierende Hirtendichtung bes. im Barock* || **Schä|fer|hund:** *Wolfshund* || **Schä|fe|rin** die, -/-innen || **Schä|fer|stünd|chen** das, -s/-: *zärtliches Beisammensein*
Schaff das, -[e]s/-e: *ein Behälter* | (in Mengenangaben mit Pl. Schaff) zwei Schaff Wasser || **Schaf|fel** das, -s/-n (ugs.): *[kleines] Schaff;* es schüttet/regnet wie aus Schaffeln *(sehr stark)*
Schaf|fell: *Fell des Schafes*
schaf|fel|wei|se, *auch:* schaffelweis (ugs.): s. *(in großen Mengen)* Wasser trinken
schaf|fen[1], schuf/geschaffen: *aus eigener Kraft, schöpferisch hervorbringen;* von Schubert geschaffene *(komponierte)* Lieder; sie ist zur Rednerin wie geschaffen *(dafür bes. geeignet)* | sie schuf *(auch:* schaffte) Ordnung; Abhilfe s. || **schaf|fen**[2], schaffte/geschafft: *arbeiten; vollbringen; zu Stande bringen;* sich am Motor zu s. machen; das schaffst du nie *(damit kommst du nie zurecht);* etwas aus dem Weg s. *(es beseitigen);* sich etwas vom Hals s. *(sich davon befreien);* die Prüfung s. *(bestehen)* | (ugs.) er schafft mich *(treibt mich zur Verzweiflung)* | (veraltend) sich nichts s. *(befehlen, anordnen)* lassen || **Schaf|fen** das, -s: das S. *(das Werk)* einer Künstlerin || **Schaf|fens|drang** || **Schaf|fens|freu|de** || **schaf|fens|freu|dig** || **Schaf|fens|kraft**
Schaf|fer der, -s/- (veraltet): *Aufseher, Vorarbeiter [auf einem Gutshof]*
Schaff|hau|sen: *Schweizer Stadt und Kanton*
Schaff|ner der, -s/-: *jemand, der [im Zug] Fahrkarten kontrolliert und verkauft* || **Schaff|ne|rin** die, -/-innen || **schaff|ner|los**
Schaf|fung die, -: die S. von Arbeitsplätzen
Schaf|gar|be: *eine Heilpflanze* || **Schaf|her|de** || **Schaf|kä|se** || **Schaf|milch,** *auch:* Schafsmilch || **Schaf|pelz** → Schafspelz
Scha|fott das, -[e]s/-e ⟨fr.-niederl.⟩ (früher): *Podium für Enthauptungen;* auf dem S. enden
Schaf|schur: *das Scheren der Schafe* || **Schafs|käl|te:** *Kälteeinbruch im Juni* || **Schafs|kopf** (abw.): *Dummkopf* || **Schafsmilch** → Schafmilch || **Schafspelz,** *auch:* Schafpelz: ein Wolf im S. *(ein Heuchler)*
Schaft der, -[e]s/Schäfte: *Teil an Handfeuerwaffen und Werkzeugen;* Gewehrschaft | *oberer Teil des Stiefels* || **schäf|ten** (fachspr.): *mit einem Schaft versehen* || **Schaft|stie|fel**
Schaf|wei|de || **Schaf|wol|le** || **Schaf|zucht**
Schah der, -[s]/-s ⟨pers.⟩ (früher): *Titel des iranischen Kaisers*
Scha|kal der, -s/-e ⟨Sanskrit-pers.-türk.⟩: *ein Raubtier*
Schä|ker der, -s/- || **Schä|ke|rin** die, -/-innen || **schä|kern:** *neckend plaudern, flirten*
schal: ein schales *(abgestandenes, fades)* Getränk
Schal der, -[e]s/-e [-s]: *ein längliches Halstuch*
Schäl|chen das, -s/-: *kleine Schale* || **Scha|le** die, -/-n: das Fruchtfleisch/das Ei/die Muschel aus der S. lösen | *halbkugelförmiges, ovales Gefäß* | eine S. *(Tasse)* Kaffee trinken | (ugs.) sich in S. werfen *(festlich kleiden)*
Schäl|ei|sen: *ein Werkzeug [zum Entrinden von Baumstämmen]* || **schä|len:** Erdäpfel s.; die Haut schält sich nach dem Sonnenbrand | (Jägerspr.) von Rehen geschälte Baumrinde
Scha|len|bau|wei|se (Arch.): in S. *(unter Verwendung tragender Betonteile)* gefertigt || **scha|len|förmig** || **Scha|len|sitz:** *schalenförmiger Sitz [in Sportwagen]* || **Scha|len|stein** (früher): *Stein mit wannenförmiger Vertiefung für kultische Zwecke*
Scha|len|tier, *auch:* Schaltier: *Schnecke, Muschel* || **Scha|len-**

S

wild: *Reh, Hirsch, Gämse, Wildschwein*
Scha|lerl das, -s/-[n]: *Schälchen;* ein S. Kaffee
Schäl|hengst: *Zuchthengst*
Schalk der, -[e]s/-e: *Schelm, spitzbübischer Mensch;* den S. im Nacken haben *(zu Späßen aufgelegt sein)* || **schalk|haft**
Schal|kra|gen || **Schal|kra|wat|te:** *Halstuch im offenen Hemdkragen*
Schäl|kur (Med., Kosmetik)
Schall der, -[e]s/-e: *Geräusch, Ton, Klang;* etwas ist leerer S. *(ohne Bedeutung)* || **Schall|be|cher:** *Endteil [der Klarinette]* || **schall|däm|mend** || **Schall|däm|mung** || **Schall|dämp|fer** || **Schall|dämp|fung** || **schall|dicht** || **schal|len,** schallte [scholl]/geschallt: schallendes *(sehr lautes)* Gelächter
Schal|ler|bach → Bad Schallerbach
schall|ge|dämpft || **Schall|ge|schwin|dig|keit** || **Schall|gren|ze** || **schall|iso|liert** || **Schall|leh|re:** *Akustik* || **Schall|loch:** das S. der Gitarre || **Schall|mau|er** die, -: das Flugzeug durchbricht die S. *(es überwindet den stark zunehmenden Luftwiderstand beim Erreichen der Schallgeschwindigkeit)* || **Schall|plat|te** || **Schall|plat|ten|al|bum** || **Schall|quel|le** || **Schall|röh|re:** ein Blasinstrument mit S. || **Schall|schutz** || **Schall|schutz|wand** || **Schall|trä|ger:** *Tonband, Schallplatte, Tonfilm, CD usw.* || **Schall|wel|le** (Phys.)
Schal|mei die, -/-en: *ein Holzblasinstrument* || **Schal|mei|en|klang** || **Schal|mei|en|tö|ne** die (Pl.) (scherzh.): *Schmeicheleien*
Scha|lom ⟨hebr.⟩: *hebräischer Friedensgruß*
Scha|lot|te die, -/-n ⟨fr.⟩: *eine kleine Speisezwiebel*
schalt → schelten
Schalt|an|la|ge || **Schalt|brett:** *Schalttafel* || **Schalt|ele|ment** (Elektrot.): *Bauteil einer Schaltung* || **schal|ten:** nach Gutdünken s. und walten können | (ugs.) er hat rechtzeitig geschaltet/geschalten *(begriffen, reagiert)* | die Ampel schaltet auf Gelb | in den vierten Gang s. | eine Anzeige s. *(veröffentlichen)* || **Schal|ter** der, -s/-: ein elektrischer S. | am S. die Fahrkarten kaufen || **Schal|ter|be|am|te** || **Schal|ter|be|am|tin** || **Schal|ter|dienst** || **Schal|ter|hal|le** || **Schal|ter|stun|den** die (Pl.) || **Schalt|he|bel:** sie sitzt an den Schalthebeln *(an der Macht, ist einflussreich)*
Schal|tier → Schalentier
Schalt|jahr: *Jahr mit 366 Tagen* || **Schalt|kas|ten** || **Schalt|knüp|pel:** *Schalthebel* || **Schalt|plan** (Elektrot.) || **Schalt|pult:** *Schalttafel* || **Schalt|stel|le** || **Schalt|ta|fel** (Elektrot.): *Schaltanlage [im E-Werk]* || **Schalt|tag:** *im Schaltjahr der 29. Februar* || **Schalt|uhr:** *Uhr zum automatischen Aus- bzw. Einschalten* || **Schal|tung** die, -/-en: *Gangschaltung* | (Elektrot.) *[Funk]verbindung*
Scha|lung die, -/-en: *Form aus Brettern, in die Beton eingegossen wird*
Scha|lup|pe die, -/-n ⟨fr.⟩: *ein Küstenschiff; ein Beiboot*
Scham die, -: *Beschämung;* vor S. rot werden | *Schamgefühl* | (geh.) *äußere weibliche Geschlechtsteile*
Scha|ma|ne der, -n/-n ⟨Sprache eines sibirischen Volkes⟩: *Magier, Medizinmann, Priester (bei Naturvölkern)* || **Scha|ma|nin** die, -/-innen || **Scha|ma|nis|mus** der, -
schä|men sich: *Scham empfinden* | *sich aus Scham scheuen, etwas zu tun*
Scha|merl das, -s/-[n] (mda.): *Schemel*
Scham|ge|fühl || **Scham|haar** || **scham|haft** || **Scham|lip|pe** (meist Pl.): *ein Teil der äußeren weiblichen Geschlechtsorgane* || **scham|los:** *unanständig; unverschämt; kein Schamgefühl empfindend* || **Scham|lo|sig|keit** die, -/-en
Scha|mott der, -s ⟨it.⟩: *feuerfester Ton [zum Auskleiden von Öfen]* || **scha|mot|tie|ren**
scham|po|nie|ren = → shampoonieren
Scham|pus der, - (ugs.): *Champagner, Sekt*
scham|rot || **Scham|rö|te** || **scham|voll:** *schamhaft*
Schan|de die, -: seinem Namen keine S. machen; es ist eine S. *(ungeheuerlich, haarsträubend),* dass ...; → zu Schanden (= zuschanden) || **schän|den:** *entehren, entweihen* | *vergewaltigen* || **schan|den|hal|ber** (veraltet): etwas s. *(anstandshalber)* tun müssen || **Schand|fleck** der, -[e]s/-e[n]: *Schandmal* || **schänd|lich:** eine schändliche *(ehrlose; gemeine)* Tat || **Schand|mal** das, -[e]s/-e: *Zeichen der Schande; Schandfleck* || **Schand|maul** (abw.): *jemand, der ständig lästert, ein loses Mundwerk hat* || **Schand|tat:** eine S. begehen | (auch scherzh.) zu jeder S. *(zu allem)* bereit sein
Schang|hai = → Shanghai
Scha|ni[1] (ostöst., veraltend): *männl. Vorname (Johann);* → Jean || **Scha|ni**[2] der, -s/- (ugs.): nicht der S. *(Diener, Handlanger)* sein wollen | (ostöst., ugs.) *Schankbursch* || **Scha|ni|gar|ten** (ostöst.): *vor einer Gaststätte aufgestellter kleiner Gastgarten*
Schank der, -s/-en = die, -/-en: *im Gasthaus der Raum, in dem die Getränke ausgeschenkt werden* || **Schank|be|trieb** || **Schank|bursch** || **Schän|ke** = Schenke die, -/-n: *kleines Gasthaus, Beisel*
Schan|ker der, -s/- (Med.): *eine Geschlechtskrankheit*
Schank|stu|be: *[Aus]schank* || **Schank|tisch** || **Schank|wein** || **Schank|wirt** || **Schank|wir|tin**
Schan|tung|sei|de: *chinesische Seide bestimmter Webart (nach einer chinesischen Provinz)*
Schan|ze die, -/-n (früher) (Mil.): *zur Verteidigung aufgeworfener Erdwall* | (Sport) *Sprungschanze* || **schan|zen,** du schanzt (früher) (Mil.): *eine Schanze herstellen* || **Schan|zen|re|kord** (Sport) || **Schan|zen|tisch** (Sport): *Absprungfläche der Sprungschanze*
Schar[1] die, -/-en: eine S. Kinder/von Kindern
Schar[2] die, -/-en: *Pflugschar*
Scha|ra|de die, -/-n ⟨fr.⟩: *ein Worträtsel*
Schär|ding (Kfz: SD): *Stadt in Oberösterreich*
Schä|re die, -/-n (meist Pl.) ⟨schwed.⟩: *flache Felsinsel vor der Küste Skandinaviens*
scha|ren (geh.): die Freunde s. *(sammeln)* sich um ihn
Schä|ren|küs|te
scha|ren|wei|se: *in Scharen;* → Schar[1]

scharf, schärfer/am schärfsten: scharfes Gulasch; scharfe *(stark alkoholhältige)* Getränke | eine scharfe Kurve | scharfer Frost | ein scharfes Foto | scharfer Verstand | das scharfe s (ß) in *Straße* (in D: Eszett) | scharfe Munition *(Munition für den Ernstfall);* etwas aufs/auf das Schärfste (= schärfste; bei Frage *Wie?*) zurückweisen

S

Getrenntschreibung mit „sein" und bei wörtlicher Bedeutung:
- auf etwas scharf sein (ugs.: *es unbedingt haben wollen*)
- scharf sehen
- scharf schießen

Zusammenschreibung bei übertragener Bedeutung:
- den Hund scharfmachen *(bissig machen)*
- jemanden scharfmachen *(gegen jemanden aufhetzen)*

Getrennt- und Zusammenschreibung mit Verben, die ein Resultat herbeiführen:
- das Messer scharf machen (= scharfmachen) *(schärfen)*
- eine Bombe scharf machen (= scharfmachen) *(zum Einsatz bereit machen)*

scharf|äu|gig ‖ **Scharf|blick** der, -[e]s ‖ **Schär|fe** die, -/-n ‖ **schär|fen:** *scharf machen* ‖ **Schär|fen|tie|fe:** *scharfer Bereich des Fotos;* → Tiefenschärfe ‖ **scharf|kan|tig** ‖ **scharf|ma|chen:** den Hund s.; jemanden s.; *aber:* die Sauce scharf machen (= scharfmachen); → scharf ‖ **Scharf|ma|cher** (abw.): *jemand, der für scharfes Vorgehen eintritt, andere aufhetzt* ‖ **Scharf|ma|che|rin** (abw.) ‖ **Scharf|rich|ter:** *Henker* ‖ **Scharf|schie|ßen** das, -s ‖ **Scharf|schüt|ze** ‖ **scharf|sich|tig** ‖ **Scharf|sinn** der, -[e]s ‖ **scharf|sin|nig** ‖ **Scharf|stel|len** das, -s: automatisches S. ‖ **scharf|zün|gig** (geh.): *mit scharfer Zunge;* eine scharfzüngige Rede *(Rede mit scharfen, spitzen Äußerungen)*

Scha|ria die, - ⟨arab.⟩: *Gesetz des Islams*

S

Schar|lach[1] das, -s ⟨hebr.-pers.-lat.⟩: *eine Farbe* | *ein leuchtend roter Stoff* ‖ **Schar|lach**[2] der, -s: *eine Infektionskrankheit* ‖ **Schar|lach|fie|ber** ‖ **schar|lach|rot**

Schar|la|tan der, -s/-e ⟨it.-fr.⟩: *jemand, der sich hochstaplerisch [als Gelehrter oder Künstler] ausgibt* ‖ **Schar|la|ta|ne|rie** die, -/-n ‖ **Schar|la|ta|nin** die, -/-innen

Scharm = → Charme ‖ **schar|mant** = → charmant

Schar|müt|zel das, -s/- ⟨it.⟩: *kleines Gefecht*

Schar|nier das, -s/-e = die, -/-e ⟨fr.⟩: *Drehgelenk [an Türen]* ‖ **Schar|nier|ge|lenk**

Schär|pe die, -/-n: *ein breites Band um Schulter oder Taille*

schar|ren: *kratzen;* im Erdreich scharrende Hühner

Schar|te die, -/-n: *Beschädigung, Einkerbung [an einem Messer];* eine S. auswetzen *(einen Fehler gutmachen)* | *Einschnitt im Gebirge* | (nur Pl.) (mda.) *Späne*

Schar|te|ke die, -/-n (veraltet, abw.): *altes Buch* | *alte Frau*

schar|tig: ein schartiges Messer; → Scharte

schar|wen|zeln, ich scharwenzle ⟨tschech.⟩ (ugs.): *herumscharwenzeln*

Schas der, -es/-e, *auch:* Schaß (derb): *Furz*

Schasch|lik der = das, -s/-s ⟨tatarisch-russ.⟩: *eine Fleischspeise*

schas|sen → geschasst

Schaß → Schas

Schat|ten der, -s/-: 30° C im S.; → Schatten spendend = schattenspendend; S. *(Negatives)* der Vergangenheit; über den eigenen S. springen *(eine Handlung setzen, die große Überwindung kostet);* in jemandes S. stehen *(seinetwegen nicht zur Geltung kommen)* ‖ **Schat|ten|bild** ‖ **Schat|ten|bo|xen:** → *Tai-Chi* ‖ **Schat|ten|da|sein:** ein S. führen *(keine Beachtung finden)* ‖ **schat|ten|haft** ‖ **Schat|ten|ka|bi|nett:** *potenzielle Regierungsmannschaft der Opposition* ‖ **Schat|ten|pflan|ze:** *schattenbedürftige Pflanze* ‖ **schat|ten|reich** ‖ **Schat|ten|reich** (geh.): *Totenreich* ‖ **Schat|ten|riss:** *Silhouette* ‖ **Schat|ten|sei|te** → Schattseite | die S. *(die Nachteile)* einer Sache ‖ **schat|ten|sei|tig** → schattseitig ‖ **Schat|ten spen|dend** = **schat|ten|spen|dend:** S. spendende Bäume ‖ **Schat|ten|spen|der** ‖ **Schat|ten|spiel:** *Theaterform, in der nur die Schatten von Figuren oder Darstellern sichtbar sind* ‖ **Schat|ten|wirt|schaft:** *die offiziell nicht erfassten wirtschaftlichen Tätigkeiten, zB Schwarzarbeit* ‖ **schat|tie|ren:** eine Zeichnung s. *(mit Schatten versehen, helldunkel abtönen)* ‖ **Schat|tie|rung** die, -/-en: *Farbabstufung [eines Stoffes]* | alle politischen Schattierungen *(Richtungen)* ‖ **schat|tig:** einen schattigen Parkplatz suchen ‖ **Schatt|sei|te,** *auch:* Schattenseite ‖ **schatt|sei|tig,** *auch:* schattenseitig

Scha|tul|le die, -/-n ⟨lat.-it.⟩: *ein Kästchen [für Geld oder Schmuck]*

Schatz der, -es/Schätze: einen S. heben *(entdecken)* | *Liebste[r], Schätzchen* ‖ **Schatz|amt** (SüdT) (Admin.): *für die finanziellen Angelegenheiten einer Gemeinde oder Institution zuständiges Amt* ‖ **Schätz|chen** das, -s/-: mein S. *(mein[e] Liebste[r])* ‖ **schat|zen** (veraltet): *mit Abgaben belegen;* s. und plündern ‖ **schät|zen,** du schätzt: ein Haus s. *(seinen Wert bestimmen)* | jemanden s. *(von jemandem eine hohe Meinung haben);* jemanden s. lernen *(eine hohe Meinung von jemandem gewinnen)* ‖ **schät|zens|wert** ‖ **Schatz|grä|ber** der, -s/- ‖ **Schatz|grä|be|rin** die, -/-innen ‖ **Schatz|kam|mer** ‖ **Schatz|käst|chen** ‖ **Schatz|meis|ter** ‖ **Schatz|meis|te|rin** ‖ **schät|zo|ma|tiv** (ugs., scherzh.): *schätzungsweise* ‖ **Schätz|preis** ‖ **Schatz|su|che** ‖ **Schatz|tru|he** ‖ **Schät|zung** die, -/-en ‖ **schät|zungs|wei|se** ‖ **Schätz|wert**

Schau die, -/-en: Kunstwerke zur S. stellen | eine böse Miene zur S. tragen | jemandem die S. stehlen *(jemanden um die erwartete Beachtung bringen, jemanden ausstechen);* → Show

Schau|bild: *Diagramm* ‖ **Schau|bu|de** (bes. früher): *Jahrmarktbude, in der Veranstaltungen durchgeführt werden* ‖ **Schau|büh|ne** (geh.): *Theater*

Schau|der der, -s/-: von S. *(Grauen; Ehrfurcht)* ergriffen werden; S. erregen; → Schauder erregend = schaudererregend ‖ **Schau|der er|re|gend** = **schau|der|er|re|gend:** S. erregende Geschichten; *aber nur:* etwas ist schaudererregender, sehr schaudererregend ‖ **schau|der|haft:** *scheußlich* ‖ **schau|dern:** mir/mich schaudert ‖ **schau|der|voll**

Schau|ef|fekt: *Effekt, der Beachtung hervorruft* ‖ **schau|en:** *blicken; sehen;* schau auf die Uhr!; schau her! | die Fenster s. zur Straße | auf Ordnung s. *(achten)* | sie soll der Mutter ähnlich s.; *aber:* → ähnlichschauen | aus der Tasche schaut *(ragt)* eine Zeitung | (ugs.) auf jemanden s. *(sich um jemanden kümmern)* | wir werden s., was wir tun können | schau, schau! *(ein Ausruf [der Genugtuung, der Verwunderung])*

Schau|er der, -s/-: *Erzittern; Gruseln; ehrfürchtige Scheu, Schauder* | (Met.) *kurzer, heftiger*

Niederschlag; Regenschauer ‖ **Schau|er|ge|schich|te** ‖ **schau|er|lich:** *entsetzlich, gespenstig* ‖ **Schau|er|mär|chen:** S. erzählen *(erfundene Schreckensnachrichten verbreiten)* ‖ **schau|ern:** mir/mich schauert *(ich fühle einen Schauer)* | (reg.) es schauert *(es hagelt)* ‖ **Schau|er|ro|man**

Schau|fel die, -/-n: eine S. voll Schotter | (ugs.) jemanden auf die S. nehmen *(hänseln)* | die Schaufeln *(der obere Teil)* des Geweihs [eines Damhirsches] ‖ **Schau|fel|bag|ger** ‖ **schau|fel|för|mig** ‖ **Schau|fel|la|der** der, -s/- ‖ **schau|feln:** ich schaufle Schnee ‖ **Schau|fel|rad** ‖ **Schau|fel|rad|damp|fer**

Schau|fens|ter: *Auslage* ‖ **Schau|fens|ter|bum|mel** ‖ **Schau|fens|ter|de|ko|ra|ti|on** [-tsi̯-] ‖ **Schau|fens|ter|pup|pe:** *Kleiderpuppe*

Schau|ferl das, -s/-[n] (ugs.): *kleine Schaufel* ‖ **Schäu|ferl** (ugs.) (nur in der Wendung): ein S. nachlegen *(einen Konflikt oÄ verschärfen)* ‖ **Schauf|ler** der, -s/-: *jemand, der [Schnee] schaufelt* ‖ **Schauf|le|rin** die, -/-innen

Schau|ge|prän|ge (geh.): *prunkvolle Schaustellung* ‖ **Schau|ge|rüst** (geh.): *Bühne, Podium* ‖ **Schau|kampf** ‖ **Schau|kas|ten**

Schau|kel die, -/-n: *Hutsche;* Hollywoodschaukel ‖ **schau|keln,** ich schaukle: *hutschen* ‖ **Schau|kel|pferd:** *ein Kinderspielzeug, Hutschpferd* ‖ **Schau|kel|po|li|tik** (abw.): *schwankende Politik* ‖ **Schau|kel|stuhl**

Schau|lauf (Sport): *Schaulaufen* ‖ **Schau|lau|fen** das, -s/- (Sport): *ein Bewerb im Eiskunstlaufen* ‖ **Schau|lust** (oft abw.): *Gier, Sensationelles zu sehen* ‖ **schau|lus|tig** (oft abw.): die schaulustige *(neugierige)* Menge ‖ **Schau|lus|ti|ge**[1] der, -n/-n, ein Schaulustiger (oft abw.) ‖ **Schau|lus|ti|ge**[2] die, -n/-n (oft abw.)

Schaum der, -[e]s/Schäume: der S. der Seife | (abw.) S. schlagen *(angeben, prahlen)* ‖ **Schaum|bad** ‖ **schaum|be|deckt** ‖ **schäu|men:** *Schaum bilden;* vor Wut s. ‖ **Schaum|ge|bäck:** *Windbäckerei* ‖ **Schaum|gum|mi:** *Schaumstoff* ‖ **schau|mig** ‖ **Schaum|kro|ne:** *Schaum auf dem Kamm einer [Meeres]welle* ‖ **Schaum|rei|ni|ger** der, -s/-: *ein Reinigungsmittel [für Textilien]* ‖ **Schaum|rol|le:** *eine Mehlspeise* ‖ **Schaum|schlä|ger** (abw.): *Prahler, Angeber* ‖ **Schaum|schlä|ge|rei** (abw.): *übertriebenes Getue, Prahlerei* ‖ **Schaum|schlä|ge|rin** (abw.) ‖ **Schaum|stoff:** *ein Kunststoff* ‖ **Schaum|tep|pich:** *aufgesprühte Schichte [für die Notlandung eines Flugzeugs]* ‖ **Schaum|wein:** *Wein mit erhöhtem Kohlensäuregehalt*

Schau|platz: der S. der Handlung | (geh.) vom S. abtreten *(sich zur Ruhe setzen; sterben)* ‖ **Schau|platz|wech|sel** [-ks-] ‖ **Schau|pro|zess:** *ein öffentlicher Prozess zur Aburteilung politischer Gegner/innen* ‖ **Schau|raum**

schau|rig: eine schaurige *(unheimliche, gruselige)* Geschichte ‖ **schau|rig-schön**

Schau|sei|te: *Fassade* ‖ **Schau|spiel:** *Theaterstück* | (geh.) das S. des Sonnenuntergangs ‖ **Schau|spie|ler** ‖ **Schau|spie|le|rei** die, - ‖ **Schau|spie|le|rin** ‖ **Schau|spiel|füh|rer:** *Nachschlagewerk mit Inhaltsangaben von Theaterstücken* ‖ **Schau|spiel|haus:** *ein Theater* ‖ **Schau|spiel|kunst** ‖ **Schau|spiel|schu|le** ‖ **Schau|spiel|schü|ler** ‖ **Schau|spiel|schü|le|rin** ‖ **Schau|spiel|un|ter|richt** ‖ **Schau|stel|ler** der, -s/-: *jemand, der [auf Jahrmärkten] etwas zur Schau stellt* ‖ **Schau|stel|le|rin** die, -/-innen ‖ **Schau|tanz** = **Schau|tan|zen:** *Tanzvorführung*

Schẹck[1] der, -en/-en: *Schecke*

Schẹck[2] = Check [ʃ-] der, -s/-s ⟨engl.⟩: *eine Zahlungsanweisung (an ein Geldinstitut);* einen S. ausstellen ‖ **Schẹck|be|trug** = Checkbetrug ‖ **Schẹck|buch** = Checkbuch

Schẹ|cke[1] der, -n/-n: *männliches Tier, meist Pferd oder Rind, mit geflecktem Fell, Scheck* ‖ **Schẹ|cke**[2] die, -/-n ‖ **Schẹ|ckerl** das, -s/-[n] (ugs.): *Schecke* ‖ **schẹ|ckig:** s. braun; → gescheckt

Schẹck|kar|te = Checkkarte [ʃ-]: *eine Berechtigungskarte für Zahlungen* ‖ **Schẹck|kar|ten|be|trug** = Checkkartenbetrug

Schẹck|vieh: *scheckige Rinderrasse*

scheel (geh.): jemanden s. *(schief; misstrauisch; feindselig)* anschauen; s. blicken ‖ **scheel bli|ckend** = **scheel|bli|ckend**

Schẹf|fel der, -s/-: *ein altes Hohlmaß;* sein Licht nicht unter den S. stellen *(seine Fähigkeiten nicht aus Bescheidenheit verbergen)* ‖ **schẹf|feln,** ich scheffle (ugs., oft abw.): Geld s. *(in großer Menge einnehmen)* ‖ **schẹf|fel|wei|se** (oft abw.)

Scheib|band (ostöst., veraltet): *Traggurt, Zuggurt*

Scheibbs (Kfz: SB): *Stadt in Niederösterreich*

Scheib|chen das, -s/- ‖ **scheib|chen|wei|se:** *in kleinen Portionen, kleinen Schritten* ‖ **Schei|be** die, -/-n: Wurst in Scheiben schneiden | *Fensterscheibe* | *Töpferscheibe* | *Zielscheibe*

schei|ben, schob/geschoben (ugs.): *rollen, schieben;* Kegel s.

Schei|ben|brem|se (meist Pl.) (Kfz) ‖ **schei|ben|för|mig** ‖ **Schei|ben|hei|zung** (Kfz): *Heckscheibenheizung beim Auto* ‖ **Schei|ben|schie|ßen** das, -s: *das Schießen auf eine Zielscheibe* ‖ **Schei|ben|wasch|an|la|ge** (Kfz) ‖ **schei|ben|wei|se** ‖ **Schei|ben|wi|scher** (Kfz) ‖ **Schei|berl** das, -s/-[n] (ugs., sal.): *verunglückter Schuss mit dem Fußball* ‖ **Scheib|tru|he:** *Schubkarren*

Scheich der, -[e]s/-e [-s] ⟨arab.⟩: *Beduinenhäuptling* | *arabischer Fürst* ‖ **Scheich|tum** das, -s/-tümer: *arabisches Fürstentum;* → Emirat

Schei|de die, -/-n: *feste Hülle von Hieb- und Stichwaffen* | *Teil des weiblichen Geschlechtsorgans, Vagina* | *Grenze;* Wetterscheide ‖ **Schei|de|li|nie** [-i̯ɛ]: *Grenze* ‖ **Schei|de|mün|ze:** *kleine Münze von geringem Wert;* → Feinmünze ‖ **schei|den,** schied/geschieden: sich s. lassen *(die Ehe gesetzlich auflösen)* | (geh.) sie *hat* die Spreu vom Weizen geschieden *(das Wertlose vom Wertvollen getrennt);* in diesem Punkt s. *(unterscheiden)* sich unsere Ansichten | (geh.) er *ist* schwer von daheim geschieden *(weggegangen);* aus dem Amt s. *(in Pension gehen);* aus dem Leben s. *(sterben)* ‖ **Schei|de|wand:** *Trennwand* ‖ **Schei|de|weg:** *Weggabelung;* am S. *(vor einer Entscheidung)* stehen ‖ **Schei|dung** die, -/-en: *gesetzliche Auflösung der Ehe, Ehescheidung* ‖ **Schei|dungs|an|walt:** *auf Scheidungen spezialisierter Rechtsanwalt* ‖ **Schei|dungs|an|wäl|tin** ‖ **Schei|dungs|grund** ‖ **Schei|dungs|pro|zess** ‖ **Schei|dungs|ra|te** ‖ **Schei|dungs|rich|ter** ‖ **Schei|dungs-**

S

rich|te|rin ‖ **Schei|dungs|ur|teil** (Jus) ‖ **Schei|dungs|wai|se:** *Kind eines geschiedenen Paares*

Schein der, -[e]s: beim S. der Lampe | etwas nur zum S. machen *(nur um zu täuschen);* den Schein wahren *(so tun als ob);* der S. trügt | (mit Pl. -e) *Banknote; Geldschein* | *Bescheinigung* ‖ **Schein|an|griff:** *vorgetäuschter Angriff* ‖ **Schein|ar|chi|tek|tur:** *nur täuschend ähnlich gemalte Architektur* ‖ **Schein|ar|gu|ment**

> **schein|bar**
>
> **scheinbar – anscheinend**
> scheinbar bedeutet „dem Schein nach, doch nicht wirklich“:
> – Die Sonne bewegt sich scheinbar um die Erde.
> anscheinend bedeutet hingegen „wie es scheint“:
> – Anscheinend hat sie Recht *(alle Anzeichen sprechen für sie).*
> Häufig wird zwischen „anscheinend“ und „scheinbar“ nicht differenziert.

Schein|da|sein: *vorgetäuschte Existenz* ‖ **Schein|ehe:** *vorgetäuschte Ehe* ‖ **schei|nen,** schien/geschienen: der Mond scheint ins Zimmer | das scheint gut zu sein; mir scheint *(kommt vor),* du hast den Anruf vergessen ‖ **Schein|fir|ma** (Wirt.): *nur auf dem Papier existierende Firma; Briefkastenfirma* ‖ **Schein|ge|schäft** (Jus): *Geschäft, welches das eigentliche Geschäft verschleiern soll* ‖ **schein|hei|lig** (abw.): *heuchlerisch* ‖ **Schein|hei|lig|keit** (abw.) ‖ **Schein|lö|sung** ‖ **Schein|pro|b|lem:** *nur scheinbares, kein echtes Problem* ‖ **Schein|tod** der, -[e]s (Med.) ‖ **schein|tot:** *nur scheinbar tot* ‖ **Schein|to|te**[1] der, -n/-n, ein Scheintoter ‖ **Schein|to|te**[2] die, -n/-n ‖ **Schein|ver|trag** (Jus) ‖ **Schein|wer|fer** der, -s/- ‖ **Schein|wer|fer|licht:** im S. *(in der Öffentlichkeit)* stehen

Scheiß der, - (derb, abw.): so ein S. *(Blödsinn, Unfug)* ‖ **Scheiß|dreck** (derb, abw.) ‖ **Schei|ße** die, - (derb): *Exkrement, menschlicher, tierischer Kot* | (derb, abw.) *missliche Lage;* in der S. sitzen | (derb, abw.) *wertloses Zeug;* die Fernsehsendung war S. ‖ **scheiß|egal** (derb, abw.) (Jug.) ‖ **schei|ßen,** du scheißt; schiss/geschissen (derb): in die Hose s. *(Angst haben)* | auf etwas s. *(verzichten)* | sich um etwas/jemanden nicht[s] s. *(sich nicht darum/um ihn kümmern)* ‖ **Schei|ßer** der, -s/- (ugs.): *ein derbes Schimpfwort* ‖ **Schei|ße|rei** die, - (ugs., derb): *Durchfall* ‖ **Schei|ße|rin** die, -/-innen (ugs.) ‖ **scheiß|freund|lich** (abw., iron.): *übertrieben freundlich* ‖ **Scheiß|haus** (ugs., derb): *Toilette* ‖ **Scheiß|häusl** (ugs., derb): *Scheißhaus* | *frei stehender Abort* ‖ **Scheiß|kerl** (ugs.): *ein derbes Schimpfwort*

Scheit das, -[e]s/-er [D: -e]: *Holzscheit* ‖ **Schei|tl** das, -s/-[n]: *Scheit;* zwei Scheitl Holz

Schei|tel der, -s/-: einen S. kämmen; ein Ehrenmann vom S. bis zur Sohle *(durch und durch; von Kopf bis Fuß)* ‖ **Schei|tel|hö|he:** *höchste erreichte Höhe [einer Straße]* ‖ **schei|teln,** ich scheitle: das Haar gescheitelt tragen ‖ **Schei|tel|punkt:** *höchster Punkt [einer Kurve]*

Schei|ter|hau|fen: *Stapel von Scheitern;* auf dem S. verbrennen | (Küchenspr.) *eine Mehlspeise* ‖ **schei|tern:** *misslingen;* die Expedition scheiterte am/an Geldmangel; er ist eine gescheiterte Existenz | (veraltet) ein gescheitertes *(verunglücktes, zerschelltes)* Schiff ‖ **Scheit|holz:** *gespaltene Holzstücke*

Schelf der = das, -s/-e ⟨engl.⟩ (Geogr.): *Festlandsockel* ‖ **Schelf|meer:** *das (flache) Meer über dem Schelf*

Schel|lack[1] der, -[e]s/-e ⟨niederl.⟩: *ein Harz* ‖ **Schel|lack**[2] die, -/-s (meist Pl.): *Kurzwort für Schellackplatte* ‖ **Schel|lack|plat|te** (früher): *eine Schallplatte aus Schellack*[1]

Schel|le[1] die, -/-n: *Befestigungs-, Haltering*

Schel|le[2] die, -/-n: *Glöckchen; Rassel* ‖ **schel|len** (westöst., reg. in D): *klingeln, läuten* ‖ **Schel|len|trom|mel**

Schell|fisch: *ein Seefisch*

Schelm der, -[e]s/-e: *Spaßvogel; Spitzbub* ‖ **Schel|men|ro|man** (Lit.): *Roman, der aus der Sicht eines armen, machtlosen, aber schlauen Menschen erzählt wird* ‖ **Schel|men|streich:** *listiger Streich* ‖ **Schel|min** die, -/-innen ‖ **schel|misch:** s. *(verschmitzt)* lächeln

Schel|te die, -/-n (geh.): *Tadel* ‖ **schel|ten,** ich schelte, du schiltst/schalt/gescholten/schilt! (geh.): *jemanden ausschimpfen, tadeln* ‖ **Schelt|wort** (geh.)

Sche|ma [auch: sç-] das, -s/-s [Schemata, auch: Schemen] ⟨gr.⟩: *Muster, Vorlage;* nach einem bestimmten S. *(Ordnungsprinzip)* vorgehen | (ugs., abw.) nach S. F *(nur nach der üblichen Schablone)* arbeiten ‖ **sche|ma|tisch:** etwas s. *(nur in den Grundzügen)* darstellen ‖ **sche|ma|ti|sie|ren** ‖ **Sche|ma|tis|mus** der, -/Schematismen: *Vorgehen nach einem starren Schema* | *Verzeichnis von Geistlichen oder Amtspersonen*

Schem|bart (Volksk.): *eine Maske mit Bart* ‖ **Schem|bart|lau|fen** das, -s (T) (Volksk.): *Schemenlaufen*

Sche|mel der, -s/-: *niedriger Hocker*

Sche|men[1] die (eine Pluralform von → Schema und Pl. von → Schemen[2])

Sche|men[2] das (auch: der), -s/- ⟨gr.⟩: *Schattenbild* | *Larve, Maske* ‖ **sche|men|haft** (geh.): *undeutlich, nur in Umrissen* ‖ **Sche|men|lau|fen** das, -s (T): *ein Faschingsbrauch, Schembartlaufen*

Schen|ge|ner Ab|kom|men das, --s (Pol.): *Vereinbarung über Grenzkontrollen und Strafverfolgung innerhalb der EU* ‖ **Schen|gen|gren|ze** (Pol.): *Außengrenze der Staaten des Schengener Abkommens* ‖ **Schen|gen|land** (sal.) (Pol.): *Bezeichnung für ein Land, das das Schengener Abkommen unterzeichnet hat* ‖ **Schen|gen|raum** (Pol.): *zusammenfassende Bezeichnung für alle Schengenländer*

Schen|ke = → Schänke

Schen|kel der, -s/-: *Oberschenkel* ‖ **Schen|kel|hals:** *Oberschenkelhalsknochen* ‖ **Schen|kel|hals|bruch** (Med.) ‖ **Schen|kel|kno|chen**

schen|ken: *zum Geschenk machen;* das ist ja fast geschenkt *(äußerst billig)* | (geh.) jemandem das Leben s. *(ihn begnadigen);* sie schenkte *(gebar)* ihm zwei Kinder | (ugs.) das kannst du dir s. *(ersparen);* sich nichts s. *(viel abverlangen, leisten)* ‖ **Schen|kung** die, -/-en (Jus) ‖ **Schen|kungs|steu|er** ‖ **Schen|kungs|ur|kun|de** (Jus)

Schep|perl das, -s/-[n] (ugs.): *Kin-*

derrassel || **schep|pern:** *klappern; klirren*
Scher der, -[e]s/-e (mda.): *Maulwurf;* → Scherhaufen
Scher|be die, -/-n (nördl. D): *Scherben* || **Scher|ben** der, -s/-: *Bruchstück eines Gegenstandes aus Glas, Ton oÄ* | (ugs., abw., veraltet) *Topf: Nachttopf* | (ugs., sal.) den S. aufhaben *(in einer peinlichen, schlechten Lage sein)* | (fachspr.) *keramischer Werkstoff* || **Scher|ben|ge|richt:** *formlose und rasche Verurteilung (nach einer altgriechischen Gerichtsform)* || **Scher|ben|hau|fen:** einen S. *(Chaos, Zerstörung)* hinterlassen
Sche|re die, -/-n: *ein Schneidewerkzeug* | die S. *(das Auseinanderklaffen)* zwischen Löhnen und Preisen | (Zool.) die Scheren des Krebses || **sche|ren**[1], schor [scherte]/geschoren [geschert]: ein geschorenes Schaf; alles über einen Kamm s. *(nach demselben Schema behandeln)* || **sche|ren**[2] = scherren (ugs.): den Schmutz von der Platte s. *(kratzen);* Schnee s. *(räumen)*
sche|ren[3] sich, scherte/geschert (ugs.): er hat sich um nichts geschert *(gekümmert);* das schert mich wenig | „Scher dich weg!"
Sche|ren|git|ter: *zusammenschiebbares Schutzgitter* || **Sche|ren|schlei|fer** || **Sche|ren|schlei|fe|rin** || **Sche|ren|schnitt:** *aus [schwarzem] Papier geschnittene Silhouette* || **Sche|ren|sprung** (Sport) || **Sche|re|rei** die, -/-en (abw.): *Unannehmlichkeit; jemandem Scherereien machen*
Scherf|lein das, -s/- (geh.): *ein kleiner [finanzieller] Beitrag;* sein S. dazu beitragen
Scher|ge der, -n/-n (früher): *[bewaffneter] Gerichtsdiener; Häscher* | (abw.) *Handlanger*
Scher|haufen (mda.): *Maulwurfshaufen*
Scher|kopf: der S. des Rasierapparates
Scher|maus: *Wühlmaus* | (mda.) *Maulwurf*
Scher|mes|ser: *Messer [zur Schafschur]* | (veraltet) *Rasiermesser*
scher|ren → scheren[2] || **Sche|rung** die, -/-en (Phys.): *durch bestimmte Kräfte bewirkte Verformung eines Körpers*
Scherz[1] der, -es/-e: *Spaß;* ein dummer S.; S. oder Ernst?; S. beiseite *(im Ernst)*
Scherz[2] der, -es/-e: *Brotanschnitt, Scherzl*
scher|zan|do [ske-] ⟨it.⟩ (Mus.): *scherzhaft*
Scherz|ar|ti|kel: *spaßiger Gegenstand* || **Scherz|bold** der, -[e]s/-e: *Spaßmacher*
scher|zen, du scherzt: damit ist nicht zu s. *(das ist ernst zu nehmen)* || **Scherz|fra|ge** || **scherzhaft** || **Scherz|keks** (bes. D, ugs.): du bist ein S. *(ein Spaßvogel, Witzbold)*
Scherzl das, -s/-[n]: *[Brot]anschnitt, [Brot]rest;* → Scherz[2] | (reg.) (Küchenspr.) *eine Rindfleischsorte* | (ugs., scherzh.) sein S. *(seinen Anteil an etwas, zB an einer Strafe)* bekommen | (ugs., scherzh.) *Hinterteil*
Scher|zo ['ske-] das, -s/-s [Scherzi] ⟨it.⟩: *ein heiteres Musikstück, ein Satz einer Sonate oder einer Sinfonie*
scheu: ein scheues Reh; scheue Blicke werfen; → scheu machen = scheumachen || **Scheu** die, -: ohne jede S. *(Angst; Zurückhaltung)* || **scheu|chen:** die Vögel von den Feldern s. *(verjagen)* || **scheu|en:** keine Arbeit s.; ich scheue mich davor *(ich wage es nicht)* | ein scheuendes *(durchgehendes)* Pferd
Scheu|er die, -/-n (reg., bes. D, CH): *Scheune, Stadel*
Scheu|er|mit|tel (reg. in D): *Putzmittel* || **scheu|ern:** dieses Rad scheuert *(wetzt)* am Wagen | (reg. in D) *gründlich reinigen, reibend putzen, ausreiben* || **Scheu|ertuch** (reg. in D): *Putztuch*
Scheu|klap|pe (meist Pl.): *ein Teil des Pferdegeschirrs* | Scheuklappen haben *(sich den Tatsachen verschließen)* || **scheu ma|chen** = **scheu|ma|chen:** die Pferde s. m. *(in Aufregung versetzen)*
Scheu|ne die, -/-n: das Stroh in die S. bringen || **Scheu|nen|tor**
Scheu|sal das, -s/-e (abw.): *verabscheuenswerter Mensch; Ungeheuer* || **scheuß|lich:** scheußliches *(abscheuliches)* Wetter || **Scheuß|lich|keit** die, -/-en
Schi = → Ski
schiach [ʃiəx] → schiech || **Schiach|percht** → Schiechpercht
Schi|akro|ba|tik = → Skiakrobatik || **Schi|an|zug** = → Skianzug
Schib|bo|leth [auch: -'o:-] das, -s/-s [-e] ⟨hebr.⟩: *Kennwort, Erkennungswort, Kennzeichen*
Schi|bin|dung = → Skibindung || **Schi|bob** = → Skibob || **Schi|brille** → Skibrille
Schicht[1] die, -/-en: *Zeitabschnitt in durchgehend arbeitenden Betrieben;* sie arbeitet in der S. am Abend | *Gesellschaftsschicht* || **Schicht**[2] die, -/-en = Schichte, -/-n: eine dünne S. *(Lage)* Sand || **Schicht|ar|beit** || **Schicht|dienst** || **Schich|te** = → Schicht[2] || **schich|ten:** *in Schichten aufeinanderlegen* || **schich|ten|spe|zi|fisch** [-sp-, -ʃp-] || **schich|ten|wei|se** || **-schich|tig** (nur in Zusammensetzungen wie vielschichtig) || **Schicht|li|nie** [-iɐ]: *Höhenlinie auf Landkarten* || **Schich|tung** die, -/-en || **Schicht|wech|sel** [-ks-] || **schicht|wei|se:** s. *(in Schichtarbeit)* arbeiten
schick ⟨fr.⟩: ein schicker *(fescher)* Hut; → chic || **Schick** = Chic [ʃik] der, -[e]s: S. haben *(sich geschmackvoll zu kleiden wissen)*
schi|cken: ein Paket s. *(senden)* | sie schickte ihn um die Zeitung | das schickt *(gehört)* sich nicht | (geh.) sich in seine Lage s. *(fügen)*
Schi|cke|ria die, - ⟨it.⟩ (sal., oft abw.): *Gesellschaftsschicht, die sich mit extravagant-modischem Gehaben in Szene setzt* || **Schi|cki|mi|cki**[1] der, -s/-s (sal., oft abw.): *Angehöriger der Schickeria* || **Schi|cki|mi|cki**[2] die, -/-s (sal., oft abw.) || **schick|lich:** *richtig, artig*
Schick|sal das, -s/-e: sein S. geduldig ertragen; das menschliche S.; jemanden seinem S. überlassen *(sich nicht mehr um jemanden kümmern);* das S. *(Verhängnis)* nahm seinen Lauf || **schick|salhaft** || **Schick|sals|fra|ge** (geh.): *entscheidendes Problem* || **Schick|sals|ge|fähr|te** || **Schicksals|ge|fähr|tin** || **Schick|sals|jahr** || **Schick|sals|schlag:** *Unglück* || **schick|sals|schwan|ger** (geh.) || **Schick|sals|tag** || **schick|sals|träch|tig** (geh.): *schicksalhaft* || **Schi|ckung** die, -/-en (geh.): *Fügung; Schicksal*
Schi|cross [-kr-] = → Skicross
Schie|be|dach: ein Auto mit S. || **Schie|be|fens|ter** || **schie|ben,** schob/geschoben: den Sessel bitte heben, nicht s.!; das Motorrad s. | er schiebt die Schuld auf mich; jemandem etwas in die Schuhe s. *(die Schuld zuschreiben)* | (ugs.) eine ruhige Kugel s. *(sich wenig anstrengen)* | *gesetzwidrigen Handel treiben* || **Schie-**

S

ber der, -s/-: *eine Absperrvorrichtung [an Toren, Kanälen]* | (abw.) *jemand, der unsaubere Geschäfte macht* || **Schie|be|rin** die, -/-innen (abw.) || **Schie|be|tür** || **Schie|bung** die, -/-en: *ungerechtfertigte Begünstigung, Protektionismus*

schiech [meist: ʃiɘx], *auch:* schiach (ugs.): *hässlich; wütend, zornig* || **Schiech|percht,** *auch:* Schiachpercht (Volksk.)

schied → scheiden || **Schieds|gericht** (Jus) || **Schieds|ge|richts|bar|keit** (Jus) || **Schieds|rich|ter** (bes. Sport) || **Schieds|rich|ter|be|lei|di|gung** (bes. Sport) || **Schieds|rich|ter|ent|schei|dung** (bes. Sport) || **Schieds|rich|te|rin** (bes. Sport) || **Schieds|rich|ter|stuhl** (Sport) || **Schieds|spruch** (Jus): *Entscheidung eines Schiedsgerichts*

schief
die Wand ist s. | schiefe *(nicht zutreffende)* Vergleiche; in ein schiefes Licht geraten *([zu Unrecht] schlecht beurteilt werden)* | (Phys.) die schiefe Ebene

Großschreibung in Eigennamen:
– der **S**chiefe Turm von Pisa

Getrenntschreibung:
– schief stehen/sitzen/liegen *(nicht gerade)*
– jemanden schief anschauen *(scheel, ablehnend)*

Zusammenschreibung bei übertragener Bedeutung:
– schiefgehen *(misslingen)*
– schiefgewickelt (ugs.: *sie ist übel gelaunt; liegt völlig falsch*); *aber getrennt und zusammen:* der Verband ist schief gewickelt (= schiefgewickelt)
– sich schieflachen *(bes. viel lachen)*
– die Sache wird schieflaufen
– mit etwas schiefliegen *(sich irren)*

Schie|fer der, -s/-: *ein geschichtetes Gestein* | *Holzsplitter, -span [in der Haut];* sich einen S. einziehen || **Schie|fer|dach:** *mit Schieferplatten gedecktes Dach* || **Schie|fer|ge|bir|ge** || **schie|fer|grau** || **Schie|fer|öl** || **Schie|fer|ta|fel** (früher): *eine Schreibtafel*

schief|ge|hen: *misslingen* || **schief|ge|wi|ckelt** (ugs.): sie ist heute s. *(sie ist übel gelaunt, liegt völlig falsch); aber:* der Verband ist schief gewickelt (= schiefgewickelt) || **schief|la|chen** sich: *viel lachen* || **schief|lau|fen:** *missglücken* || **schief|lie|gen:** *sich irren* || **schief|win|ke|lig** = **schief|wink|lig**

schie|len || **Schie|len** das, -s: *ein Augenfehler*

schien → scheinen

Schien|bein: *vorderer Knochen des Unterschenkels* || **Schien|bein|schüt|zer** || **Schie|ne** die, -/-n: *Teil einer Gleisanlage;* S. und Straße | *schmale Leiste* || **schie|nen:** einen gebrochenen Arm s. || **Schie|nen|er|satz|ver|kehr:** *Busverkehr bei Ausfall des Bahnbetriebs* || **Schie|nen|fahr|zeug** || **Schie|nen|netz** || **Schie|nen|strang:** *Gleis* || **Schie|nen|ver|kehr** || **Schie|nen|weg**

schier[1] (geh.): aus schierer *(reiner)* Bosheit

schier[2] (geh.): es ist s. *(fast)* unmöglich

Schi|er die (Pl. von → Schi)

Schier|ling [ʃ'iː-] der, -s/-e: *eine Giftpflanze* || **Schier|lings|be|cher** (geh.): *Gifttrank*

Schieß|aus|bil|dung || **Schieß|be|fehl** || **Schieß|bu|de:** *eine Unterhaltung auf Jahrmärkten uÄ* || **Schieß|bu|den|fi|gur:** *Ziel in einer Schießbude* | (sal., abw.) *lächerliche Person* || **Schieß|ei|sen** (abw.): *Hand- und Faustfeuerwaffe* || **schie|ßen,** du schießt/schoss/geschossen: in die Luft s.; einen Hirsch s. | (sal.) er hat einen Bock geschossen *(einen Fehler/eine Dummheit begangen)* | (Sport) ein Tor s. | der Wagen schoss *(bog schnell)* um die Ecke; das Wasser schießt ins Tal | ein Gedanke schoss ihr durch den Kopf | ein Foto s. *(aufnehmen); aber:* das ist zum **S**chießen *(komisch, lachhaft)* | (veraltend) die Vorhänge sind geschossen *(verblichen)* || **Schie|ßen** das, -s: *eine Sportart* || **Schie|ße|rei** die, -/-en || **Schieß|ge|wehr** (veraltet): *Gewehr* || **Schieß|platz** || **Schieß|prü|gel** (abw.): *Gewehr* || **Schieß|pul|ver** [-f-]: *explosives Pulver, Schwarzpulver* || **Schieß|schar|te:** *eine Aussparung in Festungsmauern* || **Schieß|schei|be:** *Zielscheibe* || **Schieß|sport** || **Schieß|stand** || **Schieß|übung** || **Schieß|waf|fe:** *Schusswaffe* || **Schieß|wut** || **schieß|wü|tig**

Schi|fah|rer = → Skifahrer || **Schi|fah|re|rin** = → Skifahrerin || **Schi|fell** = → Skifell

Schiff das, -[e]s/-e: das S. verließ den Hafen | (Arch.) *Kirchenschiff* || **schiff|bar:** einen Fluss s. *(befahrbar)* machen || **Schiff|bau** → Schiffsbau || **Schiff|bruch:** S. erleiden *(bei stürmischer See untergehen);* sie hat bei all ihren Plänen S. erlitten *(ist gescheitert)* || **schiff|brü|chig** || **Schiff|brü|cke** → Schiffsbrücke || **Schiff|bug** → Schiffsbug || **schif|fen** (veraltend): über den Pazifik s. | (derb) *urinieren* || **Schif|fer** der, -s/-: *Schiffsführer* || **Schif|fe|rin** die, -/-innen || **Schif|fer|kla|vier** (ugs.): *Akkordeon* || **Schif|fer|kno|ten:** *Seemannsknoten* || **Schif|ferl** das, -s/-[n]: *Schiffchen* || **Schif|ferl|ver|sen|ken** das, -s (ugs.): *ein Spiel* || **Schiff|fahrt** die, -: *Schiffsverkehr; aber:* Schiffsfahrt || **Schiff|fahrts|ge|sell|schaft** || **Schiff|fahrts|li|nie** [-iɛ] || **Schiff|fahrts|stra|ße** || **Schiff|fahrts|weg** || **Schiffs|arzt** || **Schiffs|ärz|tin** || **Schiffs|bau** der, -[e]s, *auch:* Schiffbau || **Schiffs|brü|cke,** *auch:* Schiffbrücke: *Brücke auf Kähnen; beweglicher Landungssteg* || **Schiffs|bug,** *auch:* Schiffbug: *Schiffsvorderteil* || **Schiff|schrau|be** → Schiffsschraube || **Schiffs|fahrt:** *Fahrt mit einem Schiff; aber:* Schifffahrt || **Schiffs|fracht** || **Schiffs|jun|ge:** *Schiffslehrling* || **Schiffs|koch** || **Schiffs|kö|chin** || **Schiffs|mo|dell** || **Schiffs|rei|se** || **Schiffs|rumpf** || **Schiffs|schrau|be,** *auch:* Schiffschraube || **Schiffs|tau|fe:** *Feier der Namengebung eines Schiffes vor dem Stapellauf* || **Schiffs|werft**

Schi|flie|gen = → Skifliegen || **Schi|gym|na|si|um** [-gy-] = → Skigymnasium || **Schi|ha|serl** = → Skihaserl || **Schi|hüt|te** = → Skihütte || **Schi|hüt|ten|ro|man|tik** = → Skihüttenromantik

Schi|is|mus der, - ⟨arab.⟩: *islamische Glaubenslehre der Schiiten* || **Schi|it** der, -en/-en: *Angehöriger einer islamischen Glaubensrichtung;* → Sunnit || **Schi|i|tin** die, -/-innen || **schi|i|tisch**

Schi|jö|ring = → Skijöring

Schi|ka|ne die, -/-n ⟨fr.⟩: *kleinliche Bosheit* | (Sport) *eingebaute Schwierigkeit in einer [Auto-]rennstrecke* | ein Auto mit allen Schikanen *(Feinheiten)* ausstatten || **schi|ka|nie|ren:** *jemandem böswillig Schwierigkeiten bereiten, jemanden quälen* || **schi|ka-**

S

nös: eine schikanöse Vorschrift
Schi|ka|rus|sell = → Skikarussell
Schi|ko|ree = Chicorée [ʃiko'reː] der, -s/-s = die, -/-s ⟨fr.⟩: *ein Gemüse;* → Zichorie
Schi|kurs = → Skikurs ‖ **Schi|lang|lauf** = → Skilanglauf ‖ **Schi|läu|fer** = → Skiläufer ‖ **Schi|läu|fe|rin** = → Skiläuferin
Schil|cher der, -s/-: *roséfarbener bis dunkelroter steirischer Rotwein* ‖ **Schil|cher|land** das, -[e]s: *eine steirische Weinregion*
Schild[1] das, -[e]s/-er: ein S. mit der Aufschrift HALT! ‖ **Schild**[2] der, -[e]s/-e: *Schutzwaffe des Ritters;* etwas im Schilde führen *(heimlich eine Aktion gegen jemanden planen)* | *Wappenschild* ‖ **Schild|bür|ger:** *törichter, närrischer Mann* ‖ **Schild|bür|ger|streich** ‖ **Schild|drü|se:** *eine Halsdrüse* ‖ **Schild|drü|sen|über|funk|ti|on** [-tsi̯-] (Med.) ‖ **Schil|der|haus** (bes. früher): *Unterstand für den Wachtposten* ‖ **Schil|der|ma|ler** ‖ **Schil|der|ma|le|rin** ‖ **schil|dern:** ein Erlebnis s. *(anschaulich beschreiben)* ‖ **Schil|de|rung** die, -/-en ‖ **Schil|der|wald** (scherzh.): *Anhäufung von [Verkehrs]schildern* ‖ **Schild|kap|pe:** *Schirmkappe* ‖ **Schild|knap|pe** (früher): *Waffenträger eines Ritters, Knappe* ‖ **Schild|krot** das, -[e]s: *Schildpatt* ‖ **Schild|krö|te** ‖ **Schild|laus:** *ein Pflanzenschädling* ‖ **Schild|patt** das, -[e]s: Kämme aus S. *(aus den Hornplatten einer Seeschildkröte)* ‖ **Schild|wa|che** (früher): *Wachtposten [vor einer Kaserne]*
Schi|leh|rer = → Skilehrer ‖ **Schi|leh|re|rin** = → Skilehrerin
Schilf das, -[e]s/-e: *eine Sumpfpflanze; Schilfrohr*
SCHILF (Bildw.): **sch**ul**i**nterne **L**ehrer**f**ortbildung
Schilf|dach: *mit Schilfrohr gedecktes Dach* ‖ **Schilf|gür|tel:** der S. des Neusiedler Sees ‖ **Schilf|mat|te** ‖ **Schilf|rohr**
Schi|lift = → Skilift
Schill der, -[e]s/-e: *Zander*
Schil|ler|lo|cke: *ein geräuchertes Fischstück* | *eine Mehlspeise*
schil|lern: in vielen Farben s. *(glänzen)*
Schil|ling der, -s/-e (Zeichen: S, öS, ATS) (früher): *eine österreichische Geldeinheit (bis Februar 2002); Einschillingmünze;* sechs Schillinge *(Einschillingstücke)* | (in Angaben von Beträgen mit Pl. Schilling) eine Rechnung über 500 Schilling
schilt → schelten
Schi|mä|re = Chimäre [ʃ-] die, -/-n ⟨gr.-fr.⟩: *Trugbild, Wahnidee (nach einem Ungeheuer der griechischen Sage)*
Schim|mel der, -s/-: *weißes Pferd* | (ugs., veraltend) *Schablone, Schema* | (ohne Pl.) *Schimmelpilz* ‖ **Schim|mel|bil|dung** ‖ **schim|me|lig** = schimmlig ‖ **Schim|mel|kä|se:** *Käse mit einem essbaren Schimmelpilz* ‖ **schim|meln:** schimmelndes Brot ‖ **Schim|mel|pilz**
Schim|mer der, -s/-: der S. *(das schwache Leuchten)* der Sterne | ein S. von *(ein bisschen)* Hoffnung; keinen blassen S. *(keine Ahnung)* haben ‖ **schim|mern**
schimm|lig = → schimmelig
Schim|pan|se der, -n/-n ⟨afrik.⟩: *ein Menschenaffe*
Schimpf der, -[e]s/-e (Pl. selten): mit S. und Schande davongejagt werden | (veraltet) jemandem einen S. antun *(jemanden beleidigen)* ‖ **schimp|fen:** laut s.; jemanden einen Feigling s. ‖ **Schimp|fer** der, -s/- (reg., ugs.): S. kriegen *(ausgescholten werden)* ‖ **schimpf|lich** (geh.): s. *(schmachvoll)* behandelt werden ‖ **Schimpf|na|me,** *auch:* **Schimpf|na|men** ‖ **Schimpf|wort**
Schi|müt|ze = → Skimütze
Schi|na|kel das, -s/-[n] ⟨ung.⟩ (ostöst., ugs.): *ein [kleines] Boot;* S. fahren
Schin|del die, -/-n: *kleine dünne Holzplatte* | (ugs.) es sind Schindeln auf dem Dach *(nicht weitersprechen, da anwesende Kinder es nicht hören sollen)* ‖ **Schin|del|dach**
schin|den[1], schindete [veraltet: schund]/geschunden: das Pferd s. *(quälen);* die geschundene Kreatur; jemanden s. *(schwer arbeiten lassen)* | (ugs.) er versucht bei ihr Eindruck zu s. *(machen);* Zeit s. *(gewinnen)* ‖ **schin|den**[2] sich: *[ab]plagen* ‖ **Schin|der** der, -s/- (abw.): *Peiniger, Antreiber* | (veraltet) *Tierkörperverwerter* ‖ **Schin|de|rei** die, -/-en (abw.): *Plage; Strapaze* ‖ **Schin|de|rin** die, -/-innen (abw.) ‖ **Schind|lu|der** (nur in der Wendung): mit jemandem/etwas S. treiben *(jemanden/etwas verächtlich, übel, schlecht behandeln)* ‖ **Schind|mäh|re** (geh., abw.): *abgezehrtes, verbrauchtes Pferd*
Schin|ken der, -s/-: geräucherter S. | (ugs., abw.) *umfangreicher, kitschiger Film, auch Buch, Gemälde uÄ* ‖ **Schin|ken|brot** ‖ **Schin|ken|fle|ckerl** = **Schin|ken|fle|ckerln** die (Pl.): *eine Speise* ‖ **Schin|ken|kä|se|toast** [-toːst, engl.: -təʊst] ‖ **Schin|ken|rol|le** ‖ **Schin|ken|speck** ‖ **Schin|ken|wurst**
Schin|to|is|mus der, - ⟨jap.⟩: *einheimische Religion Japans* ‖ **Schin|to|ist** der, -en/-en ‖ **Schin|to|is|tin** die, -/-innen ‖ **schin|to|is|tisch**
Schi|ort = → Skiort ‖ **Schi|pis|te** = → Skipiste ‖ **Schi|ren|nen** = → Skirennen
Schi|ri der, -s/-s (ugs.): *Schiedsrichter*
Schirm der, -[e]s/-e: den S. aufspannen | *Lampenschirm* | *Fallschirm* | *Schild einer Kopfbedeckung* ‖ **schir|men** (geh.): *schützen, beschirmen* ‖ **schirm|för|mig** ‖ **Schirm|frau** ‖ **Schirm|herr** ‖ **Schirm|her|rin** ‖ **Schirm|herr|schaft:** *Ehrenschutz; Schutzherrschaft* ‖ **Schirm|hül|le:** *Hülle für den Regenschirm* ‖ **Schirm|kap|pe** ‖ **Schirm|müt|ze** ‖ **Schirm|stän|der**
Schi|ro|k|ko der, -s/-s ⟨arab.-it.⟩: *ein warmer Südwind im Mittelmeergebiet;* → Scirocco
Schi|schau|kel = → Skischaukel ‖ **Schi|schuh** = → Skischuh
Schis|ma [sç-, ʃ-] das, -s/-ta [Schismen] ⟨gr.⟩: *Kirchenspaltung* ‖ **Schis|ma|ti|ker** der, -s/- ‖ **Schis|ma|ti|ke|rin** die, -/-innen ‖ **schis|ma|tisch**
Schi|sprin|gen = → Skispringen ‖ **Schi|sprin|ger** = → Skispringer ‖ **Schi|sprin|ge|rin** = → Skispringerin
schiss → scheißen ‖ **Schiss** der, -es/- (ugs., derb): S. *(Angst)* haben
Schi|stock = → Skistock ‖ **Schi|un|fall** = → Skiunfall ‖ **Schi|un|glück** = → Skiunglück ‖ **Schi|wachs** [-ks] = → Skiwachs ‖ **Schi|wan|dern** = → Skiwandern ‖ **Schi|zir|kus** = → Skizirkus
schi|zo|id [sç-, ʃ-] ⟨gr.⟩ (Med.): *schizophrenieähnlich;* schizoides Verhalten ‖ **schi|zo|phren** [-f-] (Med.): *an Schizophrenie erkrankt* | das ist s. *(verrückt)* ‖ **Schi|zo|phre|nie** die, -/-n (Med.): *eine Geisteskrankheit, Bewusstseinsspaltung;* → Katatonie ‖

S

schizothym [-'y:m] (Med.): ein schizothymer *(zu seelischer Spaltung neigender)* Mensch

Schlacht die, -/-en: die S. bei Aspern 1809 ‖ **Schlachtbank** die, -/-bänke: einen Ochsen zur S. führen ‖ **schlachten** ‖ **Schlachtenbummler** (ugs.): *Anhänger einer [Fußball]mannschaft, der auswärtige Spiele besucht* ‖ **Schlachtenbummlerin** (ugs.) ‖ **Schlachter** der, -s/- (nördl. D): *ein Beruf, Fleischhauer* ‖ **Schlächter** der, -s/-: *ein Beruf, Facharbeiter im Schlachthof* | (geh., abw.) *Massenmörder, Tyrann* | (nördl. D) *Fleischhauer* ‖ **Schlachterin** die, -/-innen (nördl. D) ‖ **Schlächterin** die, -/-innen ‖ **Schlachtfeld:** *Schauplatz einer Schlacht* ‖ **Schlachthaus:** *Schlachthof* ‖ **Schlachthof** ‖ **Schlachtordnung** (Mil.): *Aufstellung eines Heeres* ‖ **Schlachtplatte** (bes. D) (Küchenspr.): *eine Speise* ‖ **schlachtreif** ‖ **Schlachtruf:** *Kampfruf, Kriegsgeschrei* ‖ **Schlachtschiff** (Mil.) ‖ **Schlachttag** ‖ **Schlachttier** ‖ **Schlachtung** die, -/-en ‖ **Schlachtvieh**

Schlacke die, -/-n: *ein Verbrennungsrückstand* ‖ **Schlackenbahn** (Sport): *Aschenbahn*

schlackern (ugs.): *schlenkern;* mit den Ohren s. *(erstaunt sein)*

Schladming: *Stadt in der Steiermark*

Schlaf der, -[e]s: keinen S. finden können; etwas im S. können *(außerordentlich gut beherrschen)* ‖ **Schlafanzug:** *Pyjama* ‖ **Schläfchen** das, -s/-: ein S. machen ‖ **Schläfe** die, -/-n: graue Schläfen haben ‖ **schlafen,** du schläfst/schlief/geschlafen: s. gehen; sich/ein Kind s. legen | die Klasse schläft *(passt nicht auf)* | mit jemandem s. *(Geschlechtsverkehr haben)* ‖ **Schläfenbein** ‖ **Schlafenszeit** ‖ **Schläfer** der, -s/-: *jemand, der schläft | Langschläfer* | (sal.) (Pol.) *politischer Aktivist, der [in einem fremden Land] unauffällig lebt und auf seinen [Terror]einsatz wartet* ‖ **Schläferin** die, -/-innen ‖ **Schlaferl** das, -s/-[n] (ugs.): *Schläfchen*

schlaff: *nicht gespannt, locker; abgespannt, kraftlos;* sich s. fühlen ‖ **Schlaffheit** die, -

Schlafgelegenheit: *Unterkunft* ‖ **Schlafgemach** (geh.): *Schlafzimmer* ‖ **Schlafgewohnheit** (meist Pl.) ‖ **Schlafhaube:** eine S. aufsetzen | (ugs.) *jemand, der viel und lange schläft* | (ugs., oft abw.) eine S. *(verschlafen; träg)* sein

Schlafittchen (scherzh.): jemanden am/beim S. *(Kragen, Rockzipfel)* packen, erwischen

Schlafkrankheit (Med.) ‖ **Schlaflied:** dem Kind ein S. singen ‖ **schlaflos** ‖ **Schlaflosigkeit** die, - ‖ **Schlafmittel** ‖ **Schlafmohn:** *eine Mohnart* ‖ **Schlafmütze:** *Schlafhaube* ‖ **Schlafraum** ‖ **schläfrig** ‖ **Schläfrigkeit** die, - ‖ **Schlafrock:** *Morgenrock* ‖ **Schlafsaal** ‖ **Schlafsack:** *sackartige, warme Hülle zum Übernachten* ‖ **Schlafstätte** ‖ **Schlafstelle** ‖ **Schlafstörung** (Med.) ‖ **Schlaftablette** ‖ **Schlaftrunk** ‖ **schlaftrunken:** *noch nicht ganz wach* ‖ **Schlaf-wach-Rhythmus** [-ry-] ‖ **Schlafwagen:** sie sind mit dem S. nach Venedig gefahren ‖ **schlafwandeln,** ich schlafwandle: *nachtwandeln* ‖ **Schlafwandler** der, -s/- ‖ **Schlafwandlerin** die, -/-innen ‖ **schlafwandlerisch:** mit schlafwandlerischer *(großer, unbeirrbarer)* Sicherheit ‖ **Schlafzimmer** ‖ **Schlafzimmerblick** (scherzh.): *erotischer Blick einer Frau* ‖ **Schlafzimmereinrichtung**

Schlag der, -[e]s/Schläge: S. auf S.; mit einem S. *(plötzlich);* ein S. ins Wasser *(ein Misserfolg);* ein schwerer S. *(ein großes Unglück);* ein S. unter die Gürtellinie *(verbotener, unehrenhafter Angriff);* ein S. ins Gesicht *(ein beleidigender Angriff)* | *Stromstoß* | *Waldstück, in dem Bäume gefällt werden;* der Holzfäller arbeitet im S. | (ohne Pl.) der S. *(Gesang)* der Nachtigall; diese Uhr hat einen schönen S. *(Glockenklang);* S. *(Punkt, genau)* 8 Uhr | (ohne Pl.) *Menschenschlag* | (ohne Pl.) vom S. gerührt werden *(einen Schlaganfall erleiden);* wie vom S. getroffen *(fassungslos)* | (ohne Pl.) *Schlagobers, Schlagrahm;* Kaffee mit S. ‖ **Schlagabtausch** der, -es: sich [beim Boxen] einen S. liefern | es kam zu einem S. *(einer heftigen Auseinandersetzung)* zwischen Regierung und Opposition ‖ **Schlagader:** *Arterie* ‖ **Schlaganfall** (Med.): *Gehirnschlag* ‖ **schlagartig:** *plötzlich, jäh* ‖ **Schlagball** der, -[e]s/-bälle: *spezieller Ball fürs Schlagballspiel* | (ugs. auch mit Art. das, ohne Pl.) *ein Ballspiel;* S. spielen ‖ **Schlagballspiel** ‖ **schlagbar** ‖ **Schlagbaum:** *Grenzschranken* ‖ **Schlagbohrer** ‖ **Schlagbohrmaschine** ‖ **Schlagbolzen:** *eine Vorrichtung bei einer Schusswaffe* ‖ **Schlägel** der, -s/-: *ein Werkzeug zum Schlagen; aber:* → Schlegel ‖ **schlagen,** du schlägst/schlug/geschlagen: ihm/ihn auf die Schulter s.; Eiweiß zu Schnee s.; die Trommel s.; Regen schlägt gegen die Scheiben; dein Herz schlägt wild | eine Brücke s. *(errichten)* | Alarm s. | den Gegner s. *(besiegen);* sie hat sich gut geschlagen *(hatte Erfolg);* er gibt sich geschlagen *(erklärt sich besiegt)* | eine geschlagene *(ganze)* Stunde | aus der Art s. *(anders sein [als die Eltern, Geschwister])* | schlag dir das aus dem Kopf! *(vergiss es!)* | der Streit hat sich ihm auf den Magen geschlagen *(quält ihn)* | sich die Nacht um die Ohren s. *(nicht schlafen gehen)* | über die Stränge s. *(übermütig sein)* | (geh.) ein geschlagener *(gebrochener)* Mann | (früher) sich mit jemandem s. *(duellieren)* ‖ **schlagend:** ein schlagender *(überzeugender)* Beweis | (Bergmannsspr.) schlagende Wetter *(explosives Gas; Gasexplosion)* im Kohlenbergwerk ‖ **Schlager** der, -s/-: *populäres Lied* | (veraltet) *erfolgreiches, modisches Lied* | (sal.) *Ware, die reißenden Absatz findet, Hit; Einfall mit durchschlagendem Erfolg* ‖ **Schläger** der, -s/-: *ein Sportgerät;* den S. neu bespannen | (abw.) ein gefährlicher S. *(Raufbruder)* ‖ **Schlägerbande** ‖ **Schlägerei** die, -/-en (abw.) ‖ **Schlagerfestival** [-val, -vəl] ‖ **Schlägerin** die, -/-innen (abw.) ‖ **Schlagerl** das, -s/-[n] (ugs.): *[leichter] Schlaganfall* ‖ **Schlagermusik** ‖ **schlägern:** *Bäume fällen* ‖ **Schlagersänger** ‖ **Schlagersängerin** ‖ **Schlagerspiel** (Sport): *Match zwischen zwei führenden Mannschaften* ‖ **Schlagerstar** [-st-] ‖ **Schlagertext** ‖ **Schlägertrupp** ‖ **Schlägertyp** [-y(:)p] (abw.) ‖ **Schlägerung** die, -/-en: *das Schlägern* ‖ **schlagfertig:** *geistesgegenwärtig einer treffenden Antwort fähig* ‖ **Schlagfertigkeit** die, - ‖ **schlagfest:** *widerstandsfähig* ‖ **Schlaginstrument** [-st-]

S

(Mus.): *Trommel, Pauke, Becken ua.* ‖ **Schlagkraft:** die S. beim Werfen | die S. *(Überzeugswirkung)* des Arguments ‖ **schlagkräftig** ‖ **Schlaglicht:** *intensives Licht;* ein S. auf die Situation werfen *(sie scharf kennzeichnen)* ‖ **Schlagloch:** *Loch im Straßenbelag* ‖ **Schlagobers:** *süßer Rahm* ‖ **Schlagrahm** (reg.): *süßer Rahm, Schlag[obers]* ‖ **Schlagring:** *eine verbotene Waffe für die Faust* ‖ **Schlagsahne** (bes. D): *Schlagobers, Schlagrahm* ‖ **Schlagschatten:** *Schatten, den ein Gegenstand/jemand wirft* ‖ **Schlagseite:** dieses Schiff hat S. *(es liegt seitlich geneigt im Wasser)* ‖ **Schlagstock:** *eine Polizeiwaffe* ‖ **Schlagwerk:** *Uhrmechanismus* | (Mus.) *Schlagzeug* ‖ **Schlagwetter** die (Pl.) (Bergbau): *explosives Gas, schlagende Wetter* ‖ **Schlagwort** das, -[e]s/-e [-wörter]: *Ausdruck, der den Hauptinhalt bzw. das Thema [eines Buches] wiedergibt* | (abw.) *inhaltsleere Redensart* ‖ **Schlagwortkatalog:** *nach Schlagwörtern geordnetes [Bücher]verzeichnis;* → G.: Autorenkatalog ‖ **Schlagzeile:** *in großen Lettern gedruckte Überschrift [in Zeitungen], Headline;* Schlagzeilen machen *(öffentliches Aufsehen erregen)* ‖ **Schlagzeug:** *ein Schlaginstrument* | *Schlagwerk* ‖ **Schlagzeuger** der, -s/- ‖ **Schlagzeugerin** die, -/-innen

schlaksig: *hoch aufgeschossen und ungelenk*

Schlamassel das, -s/- (jidd.): *missliche, verworrene Lage* ‖ **Schlamastik** die, -/-en (ostöst., veraltend): *Schlamassel*

Schlamm der, -[e]s/-e: *feuchte, breiähnliche Ablagerung;* im S. versinken ‖ **Schlammbad** ‖ **schlämmen:** *von Schlamm reinigen* ‖ **schlammig** ‖ **Schlämmkreide:** *gereinigte Kreide* ‖ **Schlammlawine** ‖ **Schlammmasse** (meist Pl.) ‖ **Schlammpackung** (Med.): *eine Heilbehandlung* ‖ **Schlammschlacht** (abw.): *unwürdige gegenseitige öffentliche Verunglimpfung [politischer Gegner]*

Schlampen der, -s/-, *auch:* Schlampe die, -/-n (ugs., derb, abw.): *liederliche Frau* ‖ **Schlamperei** die, -/-en: *Nachlässigkeit; Unordnung* ‖ **schlampert** (ugs.): *schlampig;* ein schlampertes *(ungeklärtes, unmoralisches)* Verhältnis ‖ **Schlampertatsch** der, -[e]s/-e (reg., ugs.): *schlampiger Mensch* ‖ **schlampig:** *unordentlich, nachlässig; schlampert* ‖ **Schlampigkeit** die, -/-en

schlang → schlingen

Schlange die, -/-n: *ein Kriechtier* | (abw.) *hinterhältige, böse Person* | S. stehen *(in einer [langen] Reihe angestellt sein)*

Schlangel = Schlankel das, -s/-[n] (reg., bes. St, K, O): *eine Mehlspeise*

schlängeln sich, ich schlängle mich: der Bach schlängelt sich durch die Wiese ‖ **schlangenartig** ‖ **Schlangenbeschwörer** der, -s/- ‖ **Schlangenbeschwörerin** die, -/-innen ‖ **Schlangenbiss** ‖ **Schlangenfraß** (abw.): *schlechtes Essen* ‖ **Schlangengift** ‖ **Schlangengrube:** *gefährlicher Ort* ‖ **Schlangenleder** ‖ **Schlangenlinie** [-iɛ] ‖ **Schlangenmensch:** *überaus gelenkige/r Akrobat/in, der/die geschmeidigst Verrenkungen beherrscht*

schlank: schlanker werden; eine schlanke Figur; → schlank machen = schlankmachen

Schlankel[1] der, -s/-[n] (mda.): *Schlingel, Schelm*

Schlankel[2] = → Schlangel

Schlankheit die, - ‖ **Schlankheitskur** ‖ **schlank machen** = **schlankmachen:** eine Diät, die s. macht ‖ **Schlankmacher** (sal.): *Mittel zum Abnehmen* ‖ **schlankweg:** etwas s. *(kurzerhand, rundweg)* ablehnen

Schlapfen der, -[s]/- (ugs.): *ein Hausschuh*

schlapp: *schlaff;* schlappe Muskeln | *müd;* sich s. fühlen ‖ **Schlappe** die, -/-n: eine S. *(eine Niederlage, einen Misserfolg)* erleiden ‖ **Schlappheit** die, - ‖ **Schlapphut:** *ein weicher Hut mit breiter Krempe* ‖ **schlappmachen** (bes. D, ugs.): *nicht durchhalten, vor Erschöpfung aufgeben* ‖ **Schlappohr:** *Hängeohr [bei Hunden]* ‖ **Schlappschwanz** (bes. D, abw.): *willensschwacher, energieloser Mann*

Schlaraffenland das, -[e]s: *ein Märchenland für Schlemmer und Müßiggänger*

Schlatz der, -es/-e (ugs.): *Schleim; Eiter* ‖ **schlatzig** (ugs.): *schlüpfrig, schleimig, schlitzig; eitrig*

schlau: *klug, listig;* er ist ein schlauer Fuchs *(durchtriebener Mensch);* → schlaumachen ‖ **Schlauberger** der, -s/- (scherzhaft): *Schlaumeier*

Schlauch der, -[e]s/Schläuche: den S. aufpumpen ‖ **Schlauchboot:** *aufblasbares Boot* ‖ **schlauchen** (ugs.): ich bin völlig geschlaucht; der Trainer hat die Spieler geschlaucht *(bis zur Erschöpfung angestrengt)*

Schlaucherl das, -s/-[n] (ugs., scherzh.): *listiger Mensch, Schlaumeier*

schlauchlos ‖ **Schlauchreifen**

Schläue die, -: *Schlauheit* ‖ **schlauerweise**

Schlaufe die, -/-n: *Schlinge, Schleife*

Schlaufuchs [-ks]: *Schlaumeier* ‖ **Schlauheit** die, - ‖ **Schlaukopf:** *Schlaumeier* ‖ **schlaumachen** sich: *sich informieren* ‖ **Schlaumeier** der, -s/-: *Schlaukopf;* so ein S. *(pfiffiger Mensch)*! ‖ **Schlaumeierin** die, -/-innen

Schlawiner der, -s/- (bes. ostöst., ugs., abw.): *gerissener Kerl, Nichtsnutz, Schlingel* ‖ **Schlawinerin** die, -/-innen (bes. ostöst., ugs., abw.)

schlecht

mir wird s. *(übel)* | eine schlechte Presse haben *(nicht gut beurteilt werden)* | in schlechte Gesellschaft geraten | sich s. und recht *(mit Müh und Not)* durchs Leben schlagen | (ugs.) nicht s. staunen *(sehr staunen)*

Großschreibung bei Nominalisierung:
- im Guten wie im **S**chlechten
- nichts **S**chlechtes

Getrenntschreibung bei wörtlicher Bedeutung:
- er ist schlecht beraten *(macht einen Fehler)*
- mit diesen Schuhen kann ich schlecht gehen
- die Hausübungen schlecht machen *(mangelhaft)*
- mir ist schlecht geworden

Zusammenschreibung bei übertragener Bedeutung:
- jemanden schlechtmachen *(herabsetzen, verleumden)*
- eine Sache schlechtreden

Getrennt- und Zusammenschreibung in Zweifelsfällen und mit adjektivisch gebrauchten Partizipien:
- nach dem Unfall ist es ihr schlecht gegangen (= schlecht-

S

gegangen) *(ihr Zustand war Besorgnis erregend)*
– schlecht gelaunt = schlechtgelaunt
– die Chancen sind schlecht gestanden (= schlechtgestanden)

schlechterdings: *geradezu; ganz und gar* || **schlecht gehen** = **schlechtgehen:** nach dem Unfall ist es ihr s. gegangen (= schlechtgegangen) *(ihr Zustand war Besorgnis erregend); aber nur:* mit diesen Schuhen kann ich schlecht gehen || **schlecht gelaunt** = **schlechtgelaunt** || **schlechthin** ['ʃlɛ-, -'hi(ː)n]: *geradezu; ganz und gar* || **Schlechtigkeit** die, -/-en || **schlechtmachen:** *herabsetzen, verleumden; aber:* etwas schlecht *(mangelhaft)* machen || **schlechtreden:** *schlechtmachen* || **schlecht stehen** = **schlechtstehen:** um den Verletzten ist es s. gestanden; → schlecht || **schlechtweg** ['ʃlɛ-, -'vɛk]: *geradezu; ganz und gar* || **Schlechtwetter** das, -s: S. ist angesagt || **Schlechtwetterfront** || **Schlechtwetterperiode**

schlecken: *lecken;* Eis s. || **Schlecker** der, -s/-: *Lutscher* || **Schleckerei** die, -/-en: *Süßigkeit* || **Schleckermaul:** *Leckermaul*

Schlegel der, -s/-, *auch:* Schlögel: *Hinterschenkel [des Kalbs, Rehs, Lamms], Keule; aber:* → Schlägel

Schlehdorn: *ein Strauch, Schlehe, Schwarzdorn* || **Schlehe** die, -/-n: *Schlehdorn* | *Frucht des Schlehdorns*

Schleich der, -[e]s (ugs., veraltend): *Kurzwort für Schleichhandel;* im S. || **schleichen**[1], schlich/geschlichen: [sich] zur Tür s.; das Auto vor mir schleicht wie eine Schnecke | eine schleichende *(verborgene, sich langsam ausbreitende)* Krankheit || **schleichen**[2] sich (ugs.): *sich davonmachen* | (derb) schleich dich! *(verschwinde!);* schleichts euch! || **Schleichhandel** || **Schleichhändler:** *Mann, der in Notzeiten mit knapp gewordenen Waren unerlaubte Geschäfte macht* || **Schleichhändlerin** || **Schleichweg:** *heimlicher Weg* || **Schleichwerbung:** *scheinbar unbeabsichtigte, versteckte Werbung*

Schleie die, -/-n: *ein Fisch*

Schleier der, -s/-: die Braut trug einen S.; den S. des Geheimnisses lüften | *Nebelschleier* | (geh.) den S. nehmen *(Nonne werden)* || **Schleiereule:** *ein Vogel* || **schleierhaft:** das ist mir s. *(unverständlich, rätselhaft)* || **Schleierkraut:** *eine Pflanze*

Schleifapparat || **Schleifband** || **Schleife** die, -/-n: *Schlinge, Masche* | *[Umkehr]kurve;* eine S. fahren

schleifen

Stammformen nicht verwechseln!
schleifen/schliff/geschliffen steht in folgenden Bedeutungen:
– Marmor wurde geschliffen *(geglättet)*
– dieses Messer wurde geschliffen *(geschärft)*
– eine geschliffene *(brillante)* Rede
– er schliff die Soldaten (Mil.: *quälte sie*)
schleifen/schleifte/geschleift steht in folgenden Bedeutungen:
– der Mantel schleifte am Boden
– sie hat ihren Ehemann ins Theater geschleift
– die Kupplung schleifen lassen *(nicht ganz einkuppeln)*
– das Bauwerk wurde geschleift *(niedergerissen)*

Schleifer der, -s/-: *jemand, der Scheren, Messer schleift* | (Mil.) *schikanierender Vorgesetzter, Ausbildner* || **Schleiferin** die, -/-innen || **Schleiflack:** *ein Möbellack* || **Schleifmaschine** || **Schleifpapier** || **Schleifscheibe** || **Schleifspur** || **Schleifstein**

Schleim der, -[e]s/-e: *Brei* | S. absondern/bilden | (ugs., abw.) *Wut, Zorn;* einen S. auf jemanden bekommen || **Schleimbeutel** (Med.) || **Schleimbeutelentzündung** (Med.) || **schleimen** (abw.): *auf widerwärtige Art schmeicheln* || **Schleimer** der, -s/- (abw.): *Kriecher* || **Schleimerin** die, -/-innen (abw.) || **Schleimhaut:** *feuchte Haut im Inneren von Hohlorganen* || **schleimig:** schleimiger Auswurf | (abw.) *kriecherisch, widerlich freundlich* || **Schleimscheißer** der, -s/- (derb): *schleimiger Kerl* || **Schleimscheißerin** die, -/-innen (derb)

schleißen[1], du schleißt/schliss/geschlissen: *fadenscheinig werden; sich abnützen;* → verschleißen || **schleißen**[2], du schleißt/schleißte/geschleißt: die [Gänse-]federn s. *(den Flaum von den Kielen abziehen)* || **schleißig** (ugs.): ein schleißiger *(verschlissener, fadenscheiniger)* Rock | (reg.) *schlampig*

schlemmen: *üppig essen und trinken, prassen* || **Schlemmer** der, -s/- || **Schlemmerei** die, -/-en || **Schlemmerin** die, -/-innen || **schlemmerisch** || **Schlemmerlokal:** *Restaurant für Feinschmecker*

schlendern: *gemächlich gehen* || **Schlendrian** der, -s (abw.): *Nachlässigkeit, die zur Gewohnheit geworden ist* | *säumiges Arbeiten*

schlenkern: mit den Armen s. *(sie hin und her schwingen)*

schlenzen, du schlenzt (ugs.) (Sport): den Ball s. *(aus dem Fußgelenk locker wegschlagen)*

Schleppbügel: *Teil des Schlepplifts* || **Schleppe** die, -/-n: die S. am Brautkleid || **schleppen**[1]: Koffer s. | jemanden zur Ärztin s. *(gegen seinen Willen dorthin bringen)* || **schleppen**[2] sich: ich schleppe mich ins Büro *(bewege mich kraftlos, zB trotz Fieber, dorthin)* || **schleppend:** *langsam* || **Schlepper** der, -s/-: *Schleppschiff* | *jemand, der zB einem Vergnügungslokal Gäste zuführt* | *jemand, der Flüchtlinge gegen Geld illegal über die Grenze bringt* || **Schlepperin** die, -/-innen || **Schlepperunwesen** || **Schleppkahn:** *Frachtkahn ohne eigenen Antrieb* || **Schlepplift:** *Skilift, bei dem man auf den Skiern steht* || **Schleppnetz** || **Schleppseil** || **Schlepptau:** jemanden ins S. nehmen *(jemanden mitschleppen, jemandem behilflich sein)* || **Schleppzug:** *Schlepper in der Flussschifffahrt*

Schlern der, -s: *ein Gebirgsstock in den Dolomiten (SüdT)*

Schlesien: *Land am Oberlauf der Oder, ehemals mit Österreich verbunden* || **Schlesier** der, -s/- || **Schlesierin** die, -/-innen

Schleswig-Holstein: *deutsches Bundesland* || **schleswig-holsteinisch**

Schleuder die, -/-n: *Steinschleuder* | *Zentrifuge* || **Schleuderball** der, -[e]s/-bälle: *spezieller Ball fürs Schleuderballspiel* | (ugs. auch mit Art. das, ohne Pl.) *ein Ballspiel;* S. spielen || **Schleuder-**

S

gang: *ein Waschvorgang bei der Waschmaschine* ‖ **Schleu|der|ge|fahr:** S. bei Straßenglätte ‖ **schleu|dern:** einen Stein s. | Honig s. *(aus den Waben gewinnen);* Wäsche s. | jemandem die Antwort ins Gesicht s. | das Auto schleuderte; *aber:* ins **S**chleudern kommen *(etwas nicht mehr unter Kontrolle haben)* ‖ **Schleu|der|preis:** Waren zu Schleuderpreisen *(billig)* verkaufen ‖ **Schleu|der|sitz:** *eine Rettungsvorrichtung [in Militärflugzeugen] | riskante [berufliche] Position*

schleu|nig: eine schleunige *(eilige)* Abreise ‖ **schleu|nigst:** s. *(schnellstens, sofort)* abreisen

Schleu|se die, -/-n: *Vorrichtung zum Überwinden von Niveauunterschieden bei Flüssen und Kanälen | abgeriegelter Raum [um Druckausgleich zu unterbinden]* | (geh.) der Himmel hat seine Schleusen geöffnet *(es regnet heftig)* ‖ **schleu|sen,** du schleust: Schmuggelware durch die Kontrollen s.

schlich → schleichen ‖ **Schlich** der, -[e]s/-e (meist Pl.): *Kniff, List;* sie kennt alle Schliche; jemandem auf die Schliche kommen *(jemanden durchschauen)*

schlicht: ein schlichter *(einfacher)* Mensch; sich s. kleiden | ein schlichtes *(einfaches)* Gemüt | schlichte *(reine)* Tatsachen | s. und einfach ‖ **schlich|ten:** Holz s. *(stapeln)* | einen Streit s. *(beilegen, durch Vermittlung beenden)* ‖ **Schlich|ter** der, -s/-: *Vermittler in Streitfällen* ‖ **Schlich|te|rin** die, -/-innen ‖ **Schlicht|heit** die, - ‖ **Schlich|tung** die, -/-en: die S. eines Streits ‖ **Schlich|tungs|kom|mis|si|on** ‖ **Schlich|tungs|stel|le:** *Vermittlungsstelle [für Mietstreitigkeiten]* ‖ **Schlich|tungs|ver|such** ‖ **schlicht|weg** ['ʃli-, -'vɛk]: *schlechtweg*

Schlick der, -[e]s/-e: *zäher Schlamm* ‖ **Schlick|ab|la|ge|rung** ‖ **Schlick|krap|ferl** (T, K): *mit Fleisch gefüllte Teigtäschchen als Suppeneinlage;* → Schlipfkrapfen

schlief → schlafen

schlie|fen [mda. auch: -'iə-], schloff/geschloffen: *[durch-] schlüpfen, sich durchzwängen;* → Schluf ‖ **Schlie|ferl** das, -s/-[n] (reg., ugs., abw.): *kriecherischer Schmeichler*

schlie|fit|zen (bes. O, ugs.): *rutschen*

Schlier der, -s/-e: *eine Art Mergel* ‖ **Schlier|ba|cher** der, -s/-: *ein Käse (nach dem Stift Schlierbach in Oberösterreich)* ‖ **Schlie|re** die, -/-n: *streifenförmige Verunreinigung [im Glas]* ‖ **Schlier|sand:** *Schwemmsand*

schließ|bar ‖ **Schlie|ße** die, -/-n: *Vorrichtung zum Einhaken* ‖ **schlie|ßen,** du schließt/schloss/geschlossen: die Fenster s. *(zumachen)* | die Erzählung s. *(beenden)* | die Firma schließt *(wird aufgelöst)* | Freundschaft s. | das Schloss schließt *(sperrt)* nicht | der kalte Sommer lässt auf einen strengen Winter s. *(veranlasst zu der Annahme);* von sich auf andere s.; → geschlossen ‖ **Schließ|fach:** *verschließbares Fach, Depot [auf Bahnhöfen] | Postfach* ‖ **Schließ|ket|te:** *Sicherheitskette an der Tür* ‖ **schließ|lich:** *endlich; zuletzt;* s. und endlich ‖ **Schließ|mus|kel** ‖ **Schlie|ßung** die, -/-en

schliff → schleifen ‖ **Schliff** der, -[e]s/-e: ein Messer mit gutem S.; einer Sache den letzten S. *(die endgültige Form)* geben | es fehlt ihm jeder S. *(ihm fehlen Umgangsformen)*

Schli|go|witz → Sliwowitz

schlimm: schlimme Kinder | im schlimmsten *(schlechtesten)* Fall; halb so s. | (Großschreibung) es ist das **S**chlimmste, dass ...; aufs/auf das **S**chlimmste (= schlimmste; mit Frage *Wie?*) zugerichtet werden; *aber nur:* aufs/auf das **S**chlimmste gefasst sein; es wendet sich zum **S**chlimmen ‖ **schlimm ste|hen** = **schlimm|ste|hen:** um sie soll es s. stehen (= schlimmstehen) *(ihre Lage ist äußerst schlecht)* ‖ **schlimms|ten|falls**

Schlin|ge die, -/-n: den gebrochenen Arm in der S. tragen; sich/den Kopf aus der S. ziehen *(sich aus einer unangenehmen, gefährlichen Lage befreien)* ‖ **Schlin|gel** der, -s/-: *Spitzbub* ‖ **schlin|gen**[1], schlang/geschlungen: er schlang die Arme um sie; sich um etwas s. *(winden)* | ein Knopfloch s. *(ausnähen)*

schlin|gen[2], schlang/geschlungen: *hastig essen*

Schlin|gerl das, -s/-[n] (reg., ugs.): *Schlinge, Aufhänger;* den Mantel am S. aufhängen

schlin|gern: ein schlingerndes *(um die Längsachse schwankendes)* Schiff; *aber:* ins **S**chlingern geraten

Schling|pflan|ze

Schlipf|krap|fen (T): *Schlutzkrapfen*

Schlips der, -es/-e: *Krawatte;* sich auf den S. getreten fühlen *(beleidigt sein)*

schliss → schleißen

Schlit|ten der, -s/-: S. fahren; ich bin S. gefahren | (sal.) *großer, teurer Pkw* | (sal., abw.) mit jemandem S. fahren *(jemanden rücksichtslos behandeln)* ‖ **Schlit|ten|fah|ren** das, -s ‖ **Schlit|ten|fahrt** ‖ **Schlit|ten|hund** ‖ **Schlit|ten|par|tie** ‖ **schlit|tern:** *rutschen;* ins Unglück s. ‖ **Schlitt|schuh:** S. laufen; ich bin S. gelaufen ‖ **Schlitt|schuh|lau|fen** das, -s: *Eislaufen* ‖ **Schlitt|schuh|läu|fer** ‖ **Schlitt|schuh|läu|fe|rin** ‖ **Schlitt|schuh|schritt** (Sport)

Schlitz der, -es/-e: *Spalt, schmale Öffnung, Ritze;* der S. des Briefkastens | *Hosenschlitz* ‖ **Schlitz|au|ge** (abw.): *Ostasiate, Ostasiatin* ‖ **schlitz|äu|gig** ‖ **schlit|zen,** du schlitzt ‖ **schlit|zig:** der schlitzige *(glitschige)* Fisch ‖ **Schlitz|ohr** (sal.): *gerissener Kerl*

Schlö|gel → Schlegel

schloh|weiß: er hat schlohweißes *(schneeweißes)* Haar

schloss → schließen ‖ **Schloss** das, -es/Schlösser: die Tür fiel ins S.; jemanden hinter S. und Riegel *(ins Gefängnis)* bringen | S. Schönbrunn ‖ **Schloss|berg** der, -[e]s: *ein Hausberg von Graz* ‖ **Schlöss|chen** das, -s/-

Schlo|ße die, -/-n: *Hagelkorn*

Schlos|ser der, -s/-: *ein Handwerker* ‖ **Schlos|ser|bu|ben** die (Pl.) (reg., zB W): *eine Mehlspeise* ‖ **Schlos|se|rei** die, -/-en ‖ **Schlos|ser|hand|werk** ‖ **Schloss|gar|ten** ‖ **Schloss|herr** ‖ **Schloss|her|rin** ‖ **Schloss|hund** (sal.) (in der Wendung): wie ein S. heulen *(laut weinen)* ‖ **Schloss|ru|i|ne**

Schlot der, -[e]s/-e: *großer Rauchfang* | (ugs.) er raucht wie ein S. *(sehr viel)*

schlot|te|rig → schlottrig ‖ **schlot|tern:** vor Kälte s. *(zittern)* | ein schlotternder *(zu weiter)* Anzug ‖ **schlott|rig,** *auch:* schlotterig

Schlucht die, -/-en: in eine S. stürzen

schluch|zen, du schluchzt: *stoßweise weinen* ‖ **Schluch|zer** der, -s/-

S

Schluck der, -[e]s/-e: in kleinen Schlucken trinken | (in Mengenangaben mit Pl. Schluck) zwei Schluck Wasser ‖ **Schluckauf** der, -s: *mehrmaliges, krampfhaftes, lautes Schlucken, Schnackerl;* S. haben ‖ **Schluckbeschwerden** die (Pl.) ‖ **schlucken:** eine Tablette s. | Kritik s. *(widerstrebend hinnehmen)* müssen ‖ **Schlucker** der, -s/-: ein armer S. *(ein armer Kerl)* ‖ **Schluckimpfung** ‖ **Schluckerl** das, -s/-[n]: *Schlückchen* ‖ **schluckweise:** s. trinken

schluderig → schludrig ‖ **schludern** (ugs., abw.): *schlampig arbeiten* ‖ **Schludrian** der -s/-e (ugs., abw.): *schlampiger Mensch* | (ohne Pl.) schlampige Arbeitsweise ‖ **schludrig,** *auch:* schluderig (ugs., abw.): *schlampig* ‖ **Schludrigkeit** die, -/-en (ugs., abw.)

Schluf der, -[e]s/-e [Schlüfe] = **Schluff** der, -[e]s/-e [Schlüffe]: *enger Durchlass, Gang;* → schliefen

schlug → schlagen

Schlummer der, -s (geh.): *sanfter Schlaf* ‖ **Schlummerlied** (geh.): *Schlaflied* ‖ **schlummern** (geh.)

Schlumpf der, -[e]s/Schlümpfe: *eine Comicgestalt* | (abw.) du bist ein S. *(Witzbold)* ‖ **Schlumpfinchen** das, -s/- = **Schlumpfine** die, -/-n

Schlund der, -[e]s/Schlünde: *Rachen* | (geh.) *tiefe Öffnung;* der S. des Kraters

Schlupf der, -[e]s/-e [Schlüpfe] (veraltend bzw. fachspr.): *Unterschlupf, Schlupfloch* ‖ **schlupfen** = **schlüpfen:** aus den Schuhen s. | aus dem Ei s. ‖ **Schlüpfer** der, -s/-: *ein Halbschuh* | *Unterhose* | *miederähnliche Unterwäsche zum Befestigen von Strümpfen* ‖ **Schlupfloch** ‖ **schlüpfrig:** ein schlüpfriger *(rutschiger)* Weg | (abw.) ein schlüpfriger *(anstößiger)* Witz ‖ **Schlüpfrigkeit** die, - ‖ **Schlupfstiefel** ‖ **Schlupfwespe:** *ein Insekt* ‖ **Schlupfwinkel:** *ein Versteck*

Schlurf der, -[e]s/-e (ugs.) (früher): *ein außerhalb der gesellschaftlichen Konvention stehender, langhaariger, auffällig gekleideter Bursche* ‖ **schlurfen:** schlurfende *(schleppende, schleifende)* Schritte ‖ **schlürfen:** die Suppe laut s.

Schluss der, -es/Schlüsse: S. jetzt!; mit jemandem S. machen *(sich von jemandem trennen)* | aus etwas den S. ziehen *(folgern),* dass ... ‖ **Schlussakkord** ‖ **Schlussakt** ‖ **Schlussbemerkung** ‖ **Schlussbesprechung** ‖ **Schlussbraten:** *ein bestimmtes Fleischstück* ‖ **Schlussdrittel** (Sport): *letztes Drittel*

Schlüssel der, -s/-: der S. steckt [im Schloss] | der S. *(das Mittel)* zum Erfolg | den S. *(die Entschlüsselung)* zum Knacken des Codes | die Gehälter nach einem bestimmten S. *(Schema, Muster)* berechnen | (Mus.) *Notenschlüssel* ‖ **Schlüsselbart:** *Teil des Schlüssels, der in das Schloss gesteckt wird* ‖ **Schlüsselbein** ‖ **Schlüsselblume** ‖ **Schlüsselbund** der, -[e]s/-e ‖ **Schlüsselerlebnis** (Psych.): *prägendes, maßgebendes Erlebnis* ‖ **schlüsselfertig:** das Haus s. *(bezugsfertig)* übergeben ‖ **Schlüsselfigur:** *jemand, der hinter dem ganzen Zusammenhang steht* ‖ **Schlüsselfrage:** *entscheidende Frage* ‖ **Schlüsselgewalt** (Jus): *beschränkte Vollmacht des haushaltsführenden Ehepartners, für den anderen Verbindlichkeiten einzugehen; Vertretungsbefugnis* ‖ **Schlüsselindustrie:** *wichtiger Industriezweig, von dem andere abhängen* ‖ **Schlüsselkind** (veraltend): *Kind berufstätiger Eltern mit eigenem Wohnungsschlüssel* ‖ **Schlüsselloch** ‖ **Schlüsselposition** [-tsi̯-]: *Schlüsselstellung, einflussreiche Stellung* ‖ **Schlüsselressort** [-ˈsoːɐ̯]: *einflussreiches Ressort* ‖ **Schlüsselrolle:** *wichtige, bedeutende Position;* die EU übernimmt dabei eine S. ‖ **Schlüsselroman:** *Roman, der unter veränderten Namen reale Personen darstellt* ‖ **Schlüsselstelle:** *bes. schwierige, wichtige Stelle [beim Bergsteigen]* ‖ **Schlüsselstellung:** *bedeutende Stellung* ‖ **Schlüsselszene:** *entscheidende Szene [eines Romans, Films]* ‖ **Schlüsselübergabe:** *Überreichung der [Wohnungs]schlüssel an die Mieter oder Eigentümer* ‖ **Schlüsselwort:** *Wort von entscheidender Bedeutung* ‖ **schlussendlich:** *schließlich* ‖ **schlussfolgern** ‖ **Schlussfolgerung:** *logische Konsequenz* ‖ **Schlussformel:** die S. in Briefen ‖ **schlüssig:** ein schlüssiger *(folgerichtiger)* Beweis | sich nicht s. werden *(sich nicht entscheiden können)* ‖ **Schlusslicht:** das S. am Fahrrad | (Sport) *Letzte/r im Klassement* ‖ **Schlusspfiff** (Sport) ‖ **Schlussphase** [-f-] ‖ **Schlusspunkt:** einen S. setzen ‖ **Schlussrechnung** (Math.) ‖ **Schlussrunde** ‖ **Schlusssatz:** der S. eines Romans | (Mus.) *Finale* ‖ **Schlussstein:** *Abschluss* | (Arch.) *[bes. gestalteter] Stein im Mittelpunkt eines Gewölbes* ‖ **Schlussstrich:** einen S. unter eine Angelegenheit ziehen *(sie endgültig abschließen)* ‖ **Schlussszene** ‖ **Schlussverkauf:** *Ausverkauf* ‖ **Schlusswort:** sie macht das S. *(eine abschließende Zusammenfassung, Bemerkung)*

Schlutzer der, -s/- (SüdT): *Schlutzkrapfen* ‖ **schlutzig** (T, V, mda.): *schlitzig, schlüpfrig* ‖ **Schlutzkrapfen** (westöst., bes. T, K): *gefüllte Teigtasche, Schlipfkrapfen;* → Schlickkrapferl; → Kasnudel

Schmach die, - (geh.): *Schande, Demütigung;* mit S. und Schande ‖ **schmachbedeckt** (geh.)

schmachten (geh.): in der Hitze s.; im Kerker s. ‖ **Schmachtfetzen** (ugs., abw., veraltend): *kitschiges, rührseliges Lied* ‖ **schmächtig:** ein schmächtiges *(zartes, schwaches)* Kind

schmachvoll (geh.): *demütigend*

schmackhaft: eine schmackhafte Speise; jemandem etwas s. machen *(es jemandem als erstrebenswert darstellen)*

schmafu ⟨fr.⟩ (ugs., veraltend): sich s. *(schäbig, schuftig)* benehmen ‖ **Schmafu** der, -s (ugs.): so ein S.! *(Blödsinn)*

Schmäh der, -s/-s: *billiger Trick, Schwindelei, Ausflucht, Unwahrheit;* [einen] S. führen; jemanden am S. halten *(jemanden zum Besten halten);* der S. rennt ‖ **Schmähbruder** (ugs.): *Schmähführer*

schmähen (geh.): *beschimpfen, herabsetzen, beleidigen*

Schmähführer (ugs.): *jemand, der gerne Schmähs erzählt* ‖ **Schmähführerin** (ugs.) ‖ **schmähhalber** (ugs.): *nur zum Spaß*

schmählich (geh.): jemanden s. *(schändlich)* im Stich lassen ‖ **Schmährede** (geh.) ‖ **Schmähschrift** (geh.)

schmähstad (ostöst., ugs.,

S

scherzh.): *mit seiner Weisheit am Ende; verblüfft* ‖ **Schmäh|tand|ler** (ugs.): *jemand, der Lügengeschichten auftischt* ‖ **Schmäh|tand|le|rin** (ugs.)
Schmä|hung die, -/-en (geh.) ‖ **Schmäh|wort** (geh.): *Beschimpfung*
schmal, schmäler [schmaler]/am schmälsten [schmalsten]: ein schmaler *(enger)* Weg | schmale *(karge)* Kost ‖ **schmal|brüs|tig:** *körperlich schwach gebaut* ‖ **schmä|lern:** die Verdienste des Gegners nicht s. *(verkleinern)* ‖ **Schmä|le|rung** die, -/-en (geh.) ‖ **Schmal|film** ‖ **Schmal|hans** (veraltet) (nur in der Wendung): bei ihm ist S. Küchenmeister *(er muss sehr sparen, hat wenig zu essen)* ‖ **schmal|hüf|tig** ‖ **Schmal|sei|te** ‖ **Schmal|spur** die, -: *geringere Spurweite bei Eisenbahnen;* → Normalspur ‖ **Schmal|spur|aka|de|mi|ker** (ugs., abw.): *Absolvent eines nicht für vollwertig gehaltenen Studiums* ‖ **Schmal|spur|aka|de|mi|ke|rin** (ugs., abw.) ‖ **Schmal|spur|bahn** ‖ **schmal|spu|rig** ‖ **Schmal|spur|in|ge|ni|eur** [-ʒeniø:ɐ] (ugs., abw.): *Ingenieur ohne akademische Ausbildung* ‖ **Schmal|spur|in|ge|ni|eu|rin** (ugs., abw.) ‖ **Schmal|tier** (Jägerspr.): *Reh ua. vor dem ersten Wurf* ‖ **schmal|wüch|sig** [-ks-]
Schmalz das, -es: S. in der Pfanne erhitzen | (ugs.) *Sentimentalität* | (W, ugs., sal.) *Gefängnisstrafe;* sein S. kriegen ‖ **Schmalz|brot** ‖ **schmal|zen,** du schmalzt/geschmalzen [geschmalzt] (Küchenspr.): geschmalzene Nudeln | (ugs.) geschmalzene *(sehr hohe)* Preise ‖ **schmal|zig** (ugs.): *rührselig, kitschig, sentimental* ‖ **Schmalz|lo|cke** (sal.): *eine Haarmode*
Schman|kerl das, -s/-[n]: *Leckerbissen* | (reg.) *eine Mehlspeise* ‖ **Schman|kerl|tor|te:** *eine oberösterreichische Spezialität*
schma|rot|zen, du schmarotzt (abw.): *auf Kosten anderer leben* ‖ **Schma|rot|zer** der, -s/- (abw.): *jemand, der auf Kosten anderer lebt* | (Biol.) *Parasit* ‖ **Schma|rot|ze|rin** die, -/-innen (abw.) ‖ **Schma|rot|zer|pflan|ze** ‖ **Schma|rot|zer|tum** das, -s
Schma|ren der, -s/-: *eine einfache Speise;* das geht dich einen S. *(nichts)* an! | (ugs., abw.) *wertloses Zeug* ‖ **Schma|ren|schau|fel:** *ein Küchengerät*
Schma|tes der, -/- ⟨jidd.⟩ (bes. W, ugs.): *Trinkgeld*
Schmatz der, -es/-e: *[geräuschvoller] Kuss* ‖ **schmat|zen,** du schmatzt: *geräuschvoll essen*
schmau|chen: *behaglich rauchen* ‖ **Schmauch|spur:** *Pulverreste eines Schusses*
Schmaus der, -es/Schmäuse (geh.): *ein gutes, reichliches Essen;* ein feiner S. ‖ **schmau|sen,** du schmaust
schme|cken: ein ausgezeichnet schmeckendes Essen | (ugs.) jemanden nicht s. *(nicht leiden)* können | (mda.) *riechen* ‖ **schmecks** (ugs., derb): *eine abweisende, geringschätzige Antwort*
Schmei|che|lei die, -/-en ‖ **schmei|chel|haft** ‖ **Schmei|chel|kätz|chen** das, -s/- ‖ **schmei|cheln,** ich schmeichle: jemandem s. *(jemandem schöntun);* dieses Kleid schmeichelt ihr *(lässt sie vorteilhaft erscheinen);* sich geschmeichelt fühlen ‖ **Schmeich|ler** der, -s/- ‖ **Schmeich|le|rin** die, -/-innen ‖ **schmeich|le|risch**
schmei|ßen, du schmeißt/schmiss/geschmissen (ugs.): die Tasche in die Ecke s. *(werfen);* schmeiß dich in den Anzug! *(zieh ihn an!);* ich schmeiß mich ins Auto | jemanden aus der Schule s.; sie schmeißt mit Geschenken um sich | eine Runde s. *(zahlen, ausgeben)* | das Studium s. *(aufgeben)* | den Laden s. *(erfolgreich führen)* | (Theater) die Vorstellung s. *(verderben)* ‖ **Schmeiß|flie|ge:** *eine Fleischfliege;* → Geschmeiß
Schmelz der, -es/-e: *glasartiger Überzug, Glasur, Email* | *die äußere Zahnschichte* | *weicher Glanz [einer Stimme, der Wangen]* ‖ **schmelz|bar** ‖ **Schmelz|bar|keit** die, - ‖ **Schmel|ze** die, -/-n: *geschmolzenes Metall* | *Schneeschmelze*

schmel|zen

Stammformen nicht verwechseln!
In der Bedeutung „flüssig werden" wird „schmelzen" stark konjugiert: du schmilzt/schmolz/geschmolzen/schmilz!, schmelzt!
– das Eis schmilzt
– das Blei ist geschmolzen
– meine Zweifel schmolzen *(wurden weniger, verschwanden)*
In der Bedeutung „flüssig machen" ist neben der starken Konjugation selten auch die schwache üblich: du schmilzt oder schmelzt/schmolz oder schmelzte/geschmolzen oder geschmelzt/schmilz! oder schmelze!, schmelzt!
– du schmilzt (selten auch: schmelzt) Wachs
– sie schmolzen (*selten auch:* schmelzten) den Eisbrocken
– er hat [das] Blei geschmolzen (*selten auch:* geschmelzt)

Schmelz|hüt|te ‖ **Schmelz|kä|se** ‖ **Schmelz|ofen** ‖ **Schmelz|punkt** ‖ **Schmelz|tie|gel** ‖ **Schmelz|was|ser**
Schmer das = der, -s: *rohes tierisches Fett; Schmalz* | *Bauchfilz vom Schwein* ‖ **Schmer|bauch** (abw.): *großer Bauch*
Schmerz der, -es/-en: körperlicher, seelischer S. ‖ **Schmerz|am|bu|lanz** ‖ **schmerz|emp|find|lich** ‖ **Schmerz|emp|fin|dung** ‖ **schmer|zen:** eine schmerzende Wunde; der Kopf schmerzte mich/mir | dein Verhalten schmerzt *(kränkt)* mich ‖ **Schmer|zen|geld** → Schmerzensgeld ‖ **schmer|zen|reich** → schmerzensreich ‖ **Schmer|zens|geld,** *auch:* Schmerzengeld (Jus): *Entschädigung für erlittene Schmerzen* ‖ **schmer|zens|reich,** *auch:* schmerzenreich (geh.) ‖ **Schmer|zens|schrei** ‖ **schmerz|er|füllt** (geh.) ‖ **Schmerz|for|schung** (Med.) ‖ **schmerz|frei** ‖ **Schmerz|gren|ze:** *Grad, ab dem ein Reiz als Schmerz empfunden wird* ‖ **schmerz|haft** ‖ **Schmerz|haf|tig|keit** die, - ‖ **schmerz|lich:** ein schmerzlicher Verlust ‖ **schmerz|lin|dernd** ‖ **schmerz|los** ‖ **Schmerz|lo|sig|keit** die, - ‖ **Schmerz|mit|tel** ‖ **schmerz|stil|lend:** schmerzstillende Tabletten einnehmen ‖ **Schmerz|ta|b|let|te** ‖ **Schmerz|the|ra|pie** (Med.) ‖ **schmerz|ver|zerrt**
Schmet|ten der, -[s] (reg.): *Obers* ‖ **Schmet|ten|kä|se** (reg.)
Schmet|ter|ball (Sport): *Smash*
Schmet|ter|ling der, -s/-e: *Falter* | (nur Sing., ohne Art.) (Sport) *Kurzwort für Schmetterlingsschwimmen* ‖ **Schmet|ter|lings|blüt|ler** der, -s/- (Bot.): *eine Pflanzenfamilie* ‖ **Schmet|ter-**

S

lingseffekt (Phys.): *durch eine kleine Störung bewirkte großräumige Veränderung eines Systems* || **Schmetterlingsnetz:** *Gerät zum Fangen von Schmetterlingen* || **Schmetterlingsschwimmen** das, -s (Sport): *eine Schwimmart, Butterfly*

schmettern: die Trompeten s. | den Ball an die Wand s. | (ugs., meist scherzh.) sie schmettert *(schwindelt, lügt)* gern | (Sport) *smashen*

Schmied der, -[e]s/-e: *jemand, der Metall bearbeitet, eine Berufsbezeichnung* || **schmiedbar** || **Schmiede** die, -/-n || **Schmiedearbeit** || **Schmiedeeisen:** *schmiedbares Eisen* || **schmiedeeisern** || **Schmiedehammer** || **Schmiedehandwerk** || **Schmiedekunst** || **schmieden:** Eisen s. | Pläne s. *(ausdenken, ersinnen)* || **Schmiedin** die, -/-innen

schmiegen: den Kopf an die Lehne s.; das Kind schmiegte sich an die Mutter || **schmiegsam:** ein schmiegsames *(weiches)* Leder || **Schmiegsamkeit** die, -/-en

Schmierage [-'a:ʃ, -ʒɛ] die, -/-n (ugs., abw.): *Schmiererei, Geschmier* || **Schmiere**[1] die, -/-n: *Schmiermittel* | (abw.) *schlechte Wanderbühne*

Schmiere[2] die, - ⟨hebr.-jidd.⟩ (ugs.): bei einem Einbruch S. stehen *(Aufpasserdienste leisten)*

schmieren: die Türangel s. | (ugs.) Butter aufs Brot s. | (ugs., derb) jemandem eine s. *(jemanden ohrfeigen)* | (ugs., abw.) *schlampig schreiben oder zeichnen* | (ugs.) *jemanden bestechen* | (ugs.) alles klappte wie geschmiert *(ohne Probleme, wie geplant)* || **Schmierenkomödiant** (abw.) || **Schmierenkomödiantin** (abw.) || **Schmierenkomödie** [-iɛ] (abw.) || **Schmierentheater** (abw.): *niveauloses Theater* | *unechtes, übertriebenes Getue* || **Schmierer** der, -s/- (ugs., abw.): *jemand, der schlampig schreibt* | (ugs.) *unerlaubte Übersetzungshilfe in der Schule* || **Schmiererei** die, - (ugs., abw.) || **Schmiererin** die, -/-innen (ugs., abw.): sie ist eine S. *(schreibt schlampig)* || **schmierfähig:** eine schmierfähige Pasta || **Schmierfähigkeit** || **Schmierfink** (ugs., abw.): *Schmutzfink* || **Schmiergeld** (ugs.): *Bestechungsgeld* || **Schmierheft** (ugs.) || **schmierig:** *klebrig, schmutzig* | (abw.) ein schmieriger *(kriecherisch freundlicher)* Kerl || **Schmiermittel:** *Mittel, das Reibung verhindert;* ein S. für den Motor || **Schmieröl** || **Schmierpapier** (ugs.) || **Schmierseife** || **Schmierzettel** (ugs.): *Notizpapier*

schmilzt → schmelzen

Schminke die, -/-n: *kosmetisches Mittel zum Färben der Haut; Make-up* || **schminken:** sich täglich s. || **Schminktisch**

Schmirgel der, -s: *ein Schleifmittel* || **schmirgeln,** ich schmirgle: *schleifen, putzen* || **Schmirgelpapier**

schmiss → schmeißen || **Schmiss** der, -es/Schmisse: *Säbelwunde, Narbe im Gesicht* | (ohne Pl.) diese Musik hat viel S. *(Schwung)* || **schmissig:** *schwungvoll, flott;* eine schmissige *(kecke)* Antwort

Schmock der, -[e]s/-e [-s] (abw., veraltet): *unseriöser Journalist (nach einer Romanfigur)*

Schmöker der, -s/-: *dickes Buch* || **schmökern:** *mit Behagen lesen*

Schmolle die, -/-n: *das Weiche, die Krume im Brot*

schmollen: *sich gekränkt zeigen* || **Schmollmund** || **Schmollwinkel** (scherzh.): im S. sein *(schmollen)*

schmolz → schmelzen

Schmonzes der, -/- (meist. Pl.) ⟨jidd.⟩ (bes. W, ugs., sal., abw.): *leeres Gerede; wertloses Zeug;* → G.: Tachles

schmoren (bes. D): Fleisch s. *(im eigenen Saft braten)* lassen; → schmoren lassen = schmorenlassen || **schmoren lassen** = **schmorenlassen** (ugs.): *jemanden im Ungewissen lassen* || **Schmorfleisch** (D)

schmuck: eine schmucke *(hübsche)* Tracht || **Schmuck** der, -[e]s: sie trug auf dem Ball teuren S. || **schmücken:** den Christbaum s. || **Schmuckkästchen** das, -s/-: diese Wohnung ist ein S. *(musterhaft rein und nett gehalten)* || **schmucklos** || **Schmucksachen** die (Pl.) || **Schmuckstein:** *Halbedelstein* || **Schmuckstück** || **schmuckvoll**

schmuddelig, *auch:* schmuddlig (D): *schmierig, schmutzig, unsauber*

Schmuggel der, -s || **schmuggeln,** ich schmuggle: Waren s. *(unverzollt, heimlich über die Grenze bringen)* || **Schmuggelware** || **Schmuggler** der, -s/- || **Schmugglerin** die, -/-innen

schmunzeln, ich schmunzle: *wohlgefällig, verschmitzt lächeln*

Schmus der, -es (ugs.): *Geschwätz, Schönrederei* || **Schmusekatze** || **schmusen,** du schmust (ugs.): *Zärtlichkeiten austauschen, küssen* || **Schmuser** der, -s/- (ugs.) || **Schmuserei** die, -/-en (ugs.) || **Schmuserin** die, -/-innen (ugs.)

Schmutz der, -es: etwas in den S. ziehen *(es schlechtmachen);* S. abweisend (= schmutzabweisend); S. und Schund *(schlechte Literatur)* || **Schmutz abweisend** = **schmutzabweisend** || **schmutzen:** helle Stoffe s. leicht || **Schmutzfink:** *Schimpfwort für einen unsauberen* (auch: *unanständigen) Menschen* || **Schmutzfleck** der, -[e]s/-e[n] || **Schmutzian** der, -[e]s/-e (veraltend): *Geizhals* || **schmutzig:** ein schmutziges Handtuch; s. grau; sich s. machen | schmutzige *(schlechte)* Gedanken | (reg., veraltet) *geizig* | (Mil.) schmutzige Bombe *(Bombe, die radioaktive Substanzen verbreitet)* || **Schmutzkübelkampagne** [-anjɛ, fr.: -kɑ̃panj] || **Schmutzschicht** = **Schmutzschichte** || **Schmutztitel:** *Blatt in einem Buch vor dem eigentlichen Titelblatt* || **Schmutzwäsche:** *schmutzige Wäsche;* die Hose zur S. geben | im Wahlkampf S. waschen *(unappetitliche Enthüllungen, Beschimpfungen des Gegners machen)* || **Schmutzwasser** || **Schmutzzulage:** *eine Lohn-, Gehaltszulage*

Schnabel der, -s/Schnäbel: reden, wie einem der S. gewachsen ist *(natürlich, ungeziert reden)* | (ugs.) *Mund;* halt den S.! | *spitzer Bug* || **Schnabelhäferl,** *auch:* Schnabelhaferl, Schnabelheferl || **Schnabelkanne** || **schnäbeln,** ich schnäble: schnäbelnde *(einander mit den Schnäbeln liebkosende)* Tauben || **Schnabelschuh** || **Schnabeltasse** || **schnabulieren** (ugs., scherzh.): *mit Behagen essen*

schnackeln (ugs.): bei ihm hat's geschnackelt *(er hat es endlich begriffen)* || **Schnackerl** der = das, -s (reg., ugs.): *Schluckauf* || **Schnackerlfirma** (ugs., abw.): *kleine Firma, unbedeutendes Unternehmen* || **Schnackerlsto-**

S

ßen das, -s (ugs.): *Schluckauf* ‖ **Schnack|ler** der, -s/- (ugs.): *knackendes, schnalzendes Geräusch; Einschnappen* | (reg.) *Schluckauf*
schnack|seln (ugs.): *koitieren*
Schna|der|hüp|fel = **Schna|der|hüpfl** das, -s/-[n] (Volksk.): *[neckender] Vierzeiler, der gesungen wird, Gstanzl*
Schna|ke die, -/-n (D): *Gelse, Stechmücke*
Schnall der, -[e]s/-e (V, ugs.): *Pumperer*
Schnal|le die, -/-n: ein Gürtel mit silberner S. | *Klinke* | (reg., bes. D) *verkommenes Mädchen, Dirne* ‖ **schnal|len:** den Gürtel enger s. *(sich zB beim Essen einschränken)* ‖ **Schnal|len|schuh**
schnal|zen: du schnalzt mit der Peitsche ‖ **Schnal|zer** der, -s/-: *schnalzender Laut;* ein S. mit der Zunge ‖ **Schnalz|laut**
Schnäpp|chen das, -s/- (urspr. D): *günstige Einkaufsgelegenheit* ‖ **schnap|pen:** nach Luft s. | die Tür schnappte ins Schloss *(sie schloss sich)* | der Täter wurde geschnappt *(gefasst)* ‖ **Schnap|per** der, -s/-: *ein federnder Verschluss [an Türen]* | der Hund macht einen S. *(Biss)* ‖ **Schnapp|mes|ser:** *Klapp-, Springmesser* ‖ **Schnapp|schuss:** *fotografische, besonders typische Momentaufnahme*
Schnaps der, -es/Schnäpse: *ein alkoholisches Getränk, Branntwein;* S. brennen ‖ **Schnaps|bren|ner** der, -s/- ‖ **Schnaps|bren|ne|rin** die, -/-innen ‖ **Schnaps|bru|der** (ugs., abw.): *gewohnheitsmäßiger Schnapstrinker* ‖ **Schnaps|bu|de** (abw.): *Lokal, in dem vor allem Schnaps getrunken wird* ‖ **Schnäps|chen** das, -s/- ‖ **schnap|seln,** ich schnapsle (ugs.): *Schnaps trinken*
schnap|sen, du schnapst; → ausschnapsen ‖ **Schnap|sen** das, -s: *ein Kartenspiel* ‖ **Schnap|ser** der, -s/-: *eine Partie Schnapsen;* Bauernschnapser | *eine Ansage im Schnapsen*
Schnap|serl das, -s/-[n]: ein S. *(ein Stamperl Schnaps)* trinken ‖ **Schnaps|fah|ne:** *nach Schnaps riechender Atem* ‖ **Schnaps|fla|sche** ‖ **Schnaps|idee** (abw.): *verrückter Einfall* ‖ **Schnaps|stam|perl**
schnar|chen: beim Schlafen s. ‖ **Schnar|cher** der, -s/- ‖ **Schnar|che|rin** die, -/-innen
schnar|ren: sie hat eine schnarrende Stimme
schnat|tern: schnatternde Gänse | (ugs., abw.) *über bedeutungslose Dinge plaudern*
schnau|ben, schnaubte [schnob]/geschnaubt [geschnoben]: *laut durch die Nase atmen;* schnaubende Pferde | vor Wut s.
schnau|fen: *schwer atmen; keuchen* ‖ **Schnau|fer** der, -s/- (ugs.): *Atemzug;* den letzten S. tun *(sterben)* ‖ **Schnau|ferl** das, -s/-[n] (ugs., veraltend): *langsames, altes Auto* ‖ **Schnauf|pau|se** (veraltend): *Verschnaufpause*
Schnauz|bart: *langer, buschiger Schnurrbart* ‖ **schnauz|bär|tig** ‖ **Schnau|ze** die, -/-n: ein Hund mit langer S. | (ugs.) die S. voll haben *(mit einer Sache nichts mehr zu tun haben wollen)* ‖ **schnäu|zen:** *die Nase putzen;* [sich] die Nase s. | (ugs., scherzh.) geschnäuzt und gekampelt *(fein hergerichtet)* ‖ **Schnau|zer** der, -s/-: *eine Hunderasse* ‖ **Schnäuz|tuch:** *Taschentuch, Sacktuch*
Schneck der, -s/-en (ugs.): *Schnecke* | (ugs., veraltend) ein lieber S. *(ein herziges Kind)* ‖ **Schne|cke** die, -/-n: *ein Weichtier* | (ugs.) jemanden zur S. machen *(heftig zurechtweisen)* | *innerer Teil des Ohres* | *oberster Teil des Halses von Saiteninstrumenten* | *sich drehender Teil einer Förderanlage* | *ein Gebäck* ‖ **Schne|cken|haus** ‖ **Schne|cken|tem|po** das, -s (scherzh.): im S. *(bes. langsam)* fahren ‖ **Schne|ckerl** das, -s/-[n] (ugs.): *Ringellocke* | *Mensch mit lockigem Haar*
Schnee der, -s: S. schaufeln/räumen/schieben; weiß wie S. | (sal.) das war schon im Jahre S. *(vor sehr langer Zeit);* ein Gerät aus dem Jahre S. *(ein sehr altes Gerät)* | S. schlagen *(Eiweiß zu Schaum schlagen)* | (sal.) (Elektrot.) *Bildrauschen, Grieß* | (sal.) *Kokain* ‖ **Schnee|ball:** S. werfen | (auch mit Pl. -ballen) *ein Zierstrauch; seine Blüte* ‖ **Schnee|ball|schlacht** ‖ **Schnee|ball|sys|tem** [-zy-]: *Verbreitung [einer Nachricht] durch Weitergabe aller, die davon erfahren haben* ‖ **schnee|be|deckt** ‖ **Schnee|berg:** *ein Berg in Niederösterreich* ‖ **Schnee|be|sen:** *ein Küchengerät* ‖ **schnee|blind** ‖ **Schnee|blind|heit:** *Sehstörung durch die Lichtreflexion* ‖ **Schnee|brett:** ein losgetretenes S. löste eine Lawine aus ‖ **Schnee|bril|le** ‖ **Schnee|bruch:** *durch Schneemassen verursachte Baumschäden* ‖ **Schnee|de|cke** ‖ **Schnee|er|zeu|gung:** *Produktion von Kunstschnee* ‖ **Schnee|eu|le:** *ein Vogel* ‖ **Schnee|fall** ‖ **Schnee|fall|gren|ze** ‖ **Schnee|flo|cke** ‖ **Schnee|frä|se:** *ein Gerät zur Schneeräumung* ‖ **schnee|frei** ‖ **Schnee|ge|stö|ber** ‖ **schnee|glatt:** eine schneeglatte Fahrbahn ‖ **Schnee|glät|te** ‖ **Schnee|glöck|chen** = **Schnee|glö|ckerl:** *eine Frühlingsblume* ‖ **Schnee|gren|ze** die, -: *Beginn des schneebedeckten Gebietes im Gebirge* ‖ **Schnee|grie|seln** das, -s ‖ **Schnee|ha|se** ‖ **Schnee|huhn:** *ein Vogel* ‖ **schnee|ig:** *beschneit; weiß wie Schnee* ‖ **Schnee|ka|no|ne:** *Gerät zur Schneeerzeugung* ‖ **Schnee|kes|sel:** *ein Küchengerät* ‖ **Schnee|ket|te** (meist Pl.): auf allen Rädern Schneeketten anlegen ‖ **Schnee|mann:** Kinder bauen einen S. ‖ **Schnee|matsch** ‖ **Schnee|mo|bil** das, -s/-e: *Geländefahrzeug mit Raupenantrieb* ‖ **Schnee|pflug:** *ein Schneeräumgerät* ‖ **Schnee|rau|pe:** *Pistenraupe* ‖ **Schnee|re|gen:** *Mischung aus Schnee und Regen* ‖ **Schnee|ro|se:** *eine Blume* ‖ **Schnee|ru|te:** *ein Küchengerät, Schneebesen* ‖ **Schnee|schau|er:** *heftiger, kurzer Schneefall* ‖ **Schnee|schau|fel** ‖ **Schnee|schauf|ler** ‖ **Schnee|schauf|le|rin** ‖ **Schnee|schmel|ze:** Tauwetter brachte eine S. ‖ **Schnee|schuh:** *Sportgerät zum Schneewandern* ‖ **schnee|si|cher** ‖ **Schnee|stan|ge:** *eine Fahrbahnrandmarkierung* ‖ **Schnee|sturm** ‖ **Schnee|trei|ben** ‖ **Schnee|ver|hält|nis|se** die (Pl.) ‖ **Schnee|ver|we|hung** ‖ **Schnee|wech|te:** *angewehte überhängende Schneemassen* ‖ **schnee|weiß** ‖ **Schnee|witt|chen** das, -s: *eine Märchenfigur* ‖ **Schnee|zaun**
Schneid die, - (D: der, -s): *[Wage-]mut* | jemandem die S. abkaufen *(jemand Übermütigen unsicher machen)* | *Gebirgskamm* ‖ **Schneid|bren|ner:** *Schweißbrenner zum Zerschneiden von Metall* ‖ **Schneid|brett:** *ein Küchenbehelf* ‖ **Schnei|de** die, -/-n: die S. der Sichel; etwas steht auf des Messers S. *(vor ungewissem Ausgang)* ‖ **Schnei|de|di|a|mant** (Technik) ‖ **Schnei|de|ge|rät** ‖

S

schneiden[1], schnitt/geschnitten: ich habe mich in die Hand geschnitten | die Hecken s.; sie hat sich die Haare s. lassen | eine Grimasse s. *(ziehen)* | eine klassisch geschnittene Jacke | das schneidet mir in die Seele *(betrübt mich);* schneidende Kälte | eine schneidende *(scharfe)* Stimme | einen Film s. *(Filmsequenzen montieren)* | eine Strecke s. *(durch-, überqueren)* | das Fahrzeug s. *(beim Überholen bedrängen)* | er schneidet sich ins eigene Fleisch *(schadet sich selbst)* | (ugs.) *absichtlich übersehen* | (Sport) den Ball s. *(dem Ball einen Drall geben); aber:* die Luft ist zum **S**chneiden *(sehr schlecht)* || **schneiden**[2] sich (ugs.): *sich täuschen* || **Schneider** der, -s/-: *ein Handwerker* | (ugs.) frieren wie ein S. *(stark frieren);* aus dem S. sein *(die Schwierigkeiten überstanden haben)* | *Schneidegerät;* Fliesenschneider || **Schneiderei** die, -/-en: *Schneiderbetrieb* || **Schneiderin** die, -/-innen || **Schneiderkreide** || **Schneidermeister** || **Schneidermeisterin** || **schneidern:** für die Kinder selbst s. || **Schneiderpuppe:** *ein Hilfsmittel für Maßschneider* || **Schneidersitz:** *eine Art Grätschsitz* || **Schneidetisch:** *Tisch zum Schneiden von Filmen* || **Schneidezahn** || **schneidig:** *mutig, draufgängerisch* | (in Zusammensetzungen) *zweischneidig*

schneien: es schneit ergiebig | jemandem ins Haus geschneit kommen *(überraschend besuchen, eintreffen)*

Schneise die, -/-n: *lang gestreckter Durchschlag im Wald*

S

schnell: zu s. fahren; ein schneller Entschluss; so s. wie möglich || **Schnellbahn** || **Schnellboot:** *ein kleines Kriegsschiff* || **Schnelle** die, -/-n: *Stromschnelle* | auf die S. *(rasch)* || **schnellen:** in die Höhe s. *(jäh aufspringen)* || **Schnellfeuer** (Mil.) || **Schnellfeuergewehr** (Mil.) || **Schnellfeuerpistole** (Sport): *eine Disziplin im Schießen* || **Schnellfeuerwaffe** (Mil.) || **schnellfüßig** (geh.) || **Schnellhefter:** *eine Heftmappe* || **Schnelligkeit** die, -/-en (Pl. selten) || **Schnellimbiss** || **Schnellkochtopf:** *Dampfüberdrucktopf* || **Schnellkurs** || **schnelllebig** || **Schnellschuss** (ugs.): *bes. dringende Arbeit, Postarbeit;* etwas im S. *(ganz schnell)* machen || **Schnellsiederkurs** (sal.): *Kurzlehrgang* || **schnellstens** || **schnellstmöglich** || **Schnellstraße** (S): Kremser S. *(S 33)* || **Schnellverband** (Med.) || **Schnellverfahren:** etwas im S. abhandeln || **Schnellverkehr** || **schnellwüchsig** [-ks-] || **Schnellzug** → EC; → IC

Schnepfe die, -/-n: *ein Vogel*

schnetzeln: *Fleisch in feine Stücke schneiden;* → das Geschnetzelte

Schnickschnack der, -[e]s (ugs., abw.): *wertloses Zeug, Gerede*

schniefen (bes. D): *durch die Nase hörbar aufziehen [bei Schnupfen oder Weinen]*

Schnippchen das, -s/- (scherzh.): jemandem ein S. schlagen *(jemandes Absichten durchkreuzen, jemandem einen Streich spielen)* || **schnippen** = schnipsen: mit den Fingern s. *(schnalzen)* || **schnippisch** (abw.): eine schnippische *(kecke)* Antwort || **Schnipsel** das = der, -s/- || **schnipseln,** ich schnipsle: *[Papier] in kleine Stücke schneiden* || **schnipsen** = → schnippen

schnitt → schneiden || **Schnitt** der, -[e]s/-e: ein S. in den Finger; ein glatter S. | der S. *(das Schneiden)* des Getreides | *Längsschnitt, Querschnitt* | ein Anzug nach dem neuesten S. *(nach der neuesten Mode)* | im S. *(Durchschnitt)* sehe ich sie wöchentlich | der S. [des Films, Tonbandes] *(das Zusammenstellen der Teile [von Film-, Tonbandaufnahmen])* | (sal.) einen guten S. *(Gewinn)* machen || **Schnittblume** (meist Pl.) || **Schnittbohne:** *Fisole* || **Schnittbrot:** *in Scheiben abgepacktes Brot* || **Schnitte** die, -/-n: eine S. Brot | *eine Mehlspeise;* Topfenschnitte | *Waffel;* Mannerschnitten || **Schnitter** der, -s/- (veraltend): *Mäher* || **Schnitterin** die, -/-innen (veraltend) || **schnittfest** || **Schnittfläche** || **Schnittholz:** *Balken und Bretter* || **schnittig:** sie fährt ein schnittiges *(sportlich-elegantes)* Auto || **Schnittkäse** || **Schnittlauch** || **Schnittling** der, -[e]s (reg., veraltet): *Schnittlauch* || **Schnittmuster:** *Plan zum Zuschneiden von Kleidungsstücken* || **Schnittpunkt** || **schnittreif:** *schnittreifes Getreide* || **Schnittstelle** (EDV): *Anschlussstelle von Peripheriegeräten am Computer, Port;* parallele, serielle S. || **Schnittware:** *Bänder, Stoffe u. dgl., die im Kleinverkauf vom Stück abgeschnitten werden* || **Schnittwunde:** eine tiefe S. an der Hand

Schnitz (westöst.): *Obstscheibe, -spalte* || **Schnitzaltar:** *Altar mit geschnitzten Figuren* || **Schnitzbank:** *Heinzelbank* || **Schnitzel** das, -s/-: *kleines Stück Papier, Holz oÄ* | *eine Fleischspeise;* Wiener S. || **Schnitzeljagd:** *ein Rätselspiel im Gelände* || **Schnitzelklopfer:** *Fleischschlägel* || **schnitzeln,** ich schnitzle: *in kleine Stücke schneiden, reißen* || **Schnitzelwirt:** *Gasthaus, das auf Schnitzel spezialisiert ist* || **schnitzen:** du schnitzt eine Figur aus/in Holz || **Schnitzer** der, -s/-: *Holzschnitzer* | ein grober S. *(Fehler)* || **Schnitzerei** die, -/-en || **Schnitzerin** die, -/-innen || **Schnitzfigur** || **Schnitzwerk**

schnöd = schnöde (abw.): jemanden s. *(kaltherzig)* verlassen; der schnöde Mammon *(das Geld)*

schnoddrig (nördl. D, ugs., abw.): *schroff, kurz angebunden; anmaßend* || **Schnoddrigkeit** die, -

schnöde = → schnöd || **Schnödigkeit** die, -/-en (geh., abw.)

Schnofel der, -s/- (ugs.): *beleidigtes Gesicht* || **schnofeln,** ich schnofle (ugs.): *schnüffeln; durch die Nase reden* || **Schnoferl** das, -s/-[n] (ostöst., ugs.): ein S. *(ein beleidigtes Gesicht)* machen/ziehen

Schnorchel der, -s/-: *ein Gerät zum Luftholen unter Wasser* || **schnorcheln,** ich schnorchle

Schnörkel der, -s/-: *eine gewundene Linie* | (oft abw.) *[überflüssige] Verzierung* || **schnörkelig** = **schnörklig** || **Schnörksel** der, -s/- (reg.): *Schnörkel*

Schnorre die, -/-n (V, ugs.): *Maul*

schnorren (abw.): *[er]betteln; schmarotzen; geizig sein* || **Schnorrer** der, -s/- (abw.) || **Schnorrerei** die, -/-en (abw.) || **Schnorrerin** die, -/-innen (abw.)

Schnösel der, -s/- (bes. D, ugs., abw.): *eingebildeter junger Mann* || **schnöselig** (bes. D, ugs., abw.)

schnuckelig (bes. D, ugs.): ein schnuckeliges *(bes. nettes)* Kätzchen

Schnüffelei die, -/-en || **schnüffeln,** ich schnüffle: der Hund schnüffelte *(roch)* an der Tür | (abw.) *neugierig etwas auskundschaften* || **Schnüffler** der, -s/-

(abw.): *neugieriger Mann, der fremde Angelegenheiten auskundschaftet* || **Schnüff|le|rin** die, -/-innen (abw.)
Schnul|ler der, -s/-: *Luller, Lutscher*
Schnul|ze die, -/-n (abw.): *rührseliges Lied; kitschiger, sentimentaler Film* || **Schnul|zen|sän|ger** (abw.) || **Schnul|zen|sän|ge|rin** (abw.) || **schnul|zig** (abw.)
schnup|fen: Tabak s. || **Schnup|fen** der, -s: *eine Entzündung der Nasenschleimhäute;* [einen] S. haben || **Schnupf|ta|bak** || **Schnupf|ta|bak|do|se** || **Schnupf|tuch** (veraltet): *Taschentuch*
schnup|pe (bes. D, ugs.) (nur in der Wendung): das ist mir s. *(wurst, gleichgültig)*
Schnup|per|kurs || **Schnup|per|leh|re:** *kurzfristige Mitarbeit in einem Betrieb zur Erleichterung der Berufswahl* || **schnup|pern:** der Hund schnupperte *(schnüffelte)* am Baum || **Schnup|per|stun|de:** eine S. *(erste Stunde zum Kennenlernen)* im Italienischkurs
Schnur die, -/Schnüre: das Paket mit einer festen S. zusammenbinden | S. springen; ich bin S. gesprungen | *Stromkabel* | (ugs.) über die S. hauen *(über die Stränge schlagen, übermütig werden)* || **Schnür|bo|den:** *der Raum über der Theaterbühne* || **Schnür|chen** das, -s/-: *kleine Schnur* | (ugs.) das geht wie am S. *(sehr flott)* || **schnü|ren:** die Schuhe s. *(binden);* sein Bündel s. *(seine Habe zusammenpacken und weggehen)* || **schnur|ge|ra|de** || **Schnür|krap|fen:** *eine Art von Krapfen* || **Schnürl** das, -s/-n: *Schnürchen* || **schnur|los** || **Schnur|los|te|le|fon:** *ein Mobiltelefon* || **Schnürl|re|gen:** *feiner Dauerregen;* Salzburger S. || **Schnürl|samt:** *gerippter Samt, Cordsamt* || **Schnürl|samt|ho|se**
Schnurr|bart: *Oberlippenbart* || **schnurr|bär|tig** || **Schnur|re** die, -/-n: *eine kurze, lustige Geschichte* || **schnur|ren:** die schnurrende Katze
Schnür|rie|men: *Schuhband*
schnur|rig: ein schnurriger Kauz *(ein wunderlicher, drolliger Mensch)*
Schnür|schuh || **schnur|sprin|gen** (meist Inf. und Part.): *seilspringen;* sie ist früher täglich schnurgesprungen || **Schnur|sprin|gen** das, -s: *ein Spiel* || **Schnür|stie|fel** || **schnur|stracks:** *geradewegs; sofort;* s. *(ohne Umschweife)* nach Hause gehen || **Schnü|rung** die, -/-en
schnurz|egal, *auch:* schnurz (D, ugs.): *völlig egal*
Schoa = Shoah [ʃoˈa(ː)] die, - ⟨hebr.⟩: *Holocaust*
schob → schieben
Scho|ber der, -s/-: *Heuhaufen* | (bes. in Bergnamen) (Geogr.) *eine Bergform, runde Kuppe;* Hochschober || **Schö|berl** das, -s/-[n]: *eine Suppeneinlage* || **Scho|ber|pass** (St) || **scho|bern,** *auch:* **schö|bern:** Stroh s. *(es zu Schobern aufschichten)*
Schock[1] das, -[e]s/-e (veraltend): *60 Stück* | (in Mengenangaben mit Pl. Schock) fünf Schock Eier; → schockweise
Schock[2] der, -[e]s/-s ⟨fr.-engl.⟩: *plötzliche, heftige seelische Erschütterung* | (Med.) *akutes Kreislaufversagen* || **Schock|be|hand|lung** (Med.): *Schocktherapie* || **scho|cken:** das hat mich geschockt *(erschüttert);* geschockt sein *(einen Schock erlitten haben)* || **Scho|cker** der, -s/-: dieser Film ist ein S. || **Schock|far|be:** *grelle Farbe* || **schock|ge|fro|ren:** schockgefrorene *(schnell tiefgefrorene)* Lebensmittel || **scho|ckie|ren** ⟨fr.⟩: *jemanden in Entrüstung versetzen, jemanden empören;* über etwas schockiert *(betroffen, entrüstet)* sein
Schöckl der, -s: *ein Hausberg von Graz*
Schock|the|ra|pie (Med.): *eine Heilbehandlung durch Elektroschock*
schock|wei|se: *in größeren Mengen;* → Schock[1]
Schock|wir|kung → Schock[2]
scho|fel = **scho|fe|lig,** *auch:* schoflig ⟨jidd.?⟩ (ostöst., ugs., veraltet): *geizig* | *schäbig* | *schändlich*
Schöf|fe der, -n/-n: *durch das Los bestimmter Laienrichter bei Verfahren erster Instanz* || **Schöf|fen|bank** || **Schöf|fen|ge|richt** || **Schöf|fin** die, -/-innen
schof|lig → schofel
SchOG [ʃɔk, auch: ʃe o ˈgeː] das, -: **Schulo**rganisations**g**esetz
Scho|ko die, -/-s ⟨indian.-span.-niederl.⟩: *Kurzwort für Schokolade* || **Scho|ko|ba|na|ne** || **Scho|ko|la|de** die, -/-n: eine Tafel S. | heiße S. *(Kakao)* trinken || **scho|ko|la|de|braun** || **Scho|ko|la|de|eis** || **Scho|ko|la|de|gla|sur** || **Scho|ko|la|de|guss** || **Scho|ko|la|de|ni|ko|laus** = **Scho|ko|la|de|ni|ko|lo** || **Scho|ko|la|den|sei|te:** *die schöne Seite eines Menschen/einer Sache* || **Scho|ko|la|de|os|ter|ha|se** || **Scho|ko|la|de|pa|la|t|schin|ke** || **Scho|ko|la|de|tor|te**
Scho|lar [sk-, ʃ-] der, -en/-en ⟨gr.-lat.⟩: *Schüler, Student im Mittelalter* || **Scho|las|tik** [sk-, ʃ-] die, -: *eine mittelalterliche philosophische und theologische Richtung* || **scho|las|tisch**
Schol|le die, -/-n: *ein Seefisch* | *Eisscholle* | *durch Pflügen entstandener Erdbrocken* | (ohne Pl.) (geh.) *die Heimat[erde]*
Schöll|kraut: *eine Pflanze*
schon: s. lange; komm s.!; wir waren s. elf Jahre alt; s. die kleinste Anstrengung; und s. war sie weg; wenn s., denn s. | es wird s. gehen; s. gut!

schön
die schöne Literatur; das war nicht s. von dir | nichts als schöne *(leere)* Worte | eine schöne *(große)* Summe Geldes | das wäre ja noch schöner! *(das kommt sicher nicht in Frage!)* | komm s. *(brav)* her!; s. aufpassen!

Großschreibung bei Nominalisierung:
- etwas **S**chönes
- sich aufs/auf das **S**chönste (= schönste; mit der Frage *Wie?*) herausputzen

Getrenntschreibung bei wörtlicher Bedeutung und in Verbindung mit „sein“:
- schön reden *(deutlich, gepflegt)*
- schön schreiben *(leserlich; kunstvoll)*
- schön sein; es ist schön gewesen
- schön werden

Zusammenschreibung bei übertragener Bedeutung:
- schönfärben *(beschönigen)*
- das schlechte Ergebnis schönreden (beschönigen)
- schönschreiben *([in der Schule] in Schönschrift schreiben)*
- jemandem schöntun *(schmeicheln)*

Getrennt- und Zusammenschreibung in Zweifelsfällen:
- sich zum Ausgehen schön machen (= schönmachen)

Schon|be|zug: *Schutzüberzug [für Polstermöbel]*

Schön|brunn: *ein Schloss in Wien* ‖ **Schön|brun|ner Gelb** das, --[s]: *beliebte Hausfarbe (angelehnt an das Schloss Schönbrunn)* ‖ **Schön|brun|ner Deutsch** das, --[s]: *altösterreichisches, genäseltes Deutsch, Ausspracheweise der ehemaligen ostösterreichischen Oberschicht (heute leicht komisch wirkend)* ‖ **Schö|ne** die, -n/-n (geh.): *eine schöne Frau, ein schönes Mädchen*

scho|nen: die Kleider s. *(sie sorgsam behandeln);* jemandem eine schlechte Nachricht schonend *(rücksichtsvoll)* beibringen; ich muss mich noch s. *(darf mich nicht anstrengen)*

schö|nen: den Wein s. *(durch Zusatz von bestimmten Stoffen klären)*

Scho|ner[1] der, -s/-: *eine Schutzhülle*

Scho|ner[2] der, -s/- (engl.-niederl.): *ein Segelschiff*

schön|fär|ben (abw.): *beschönigen* ‖ **Schön|fär|ber** (abw.) ‖ **Schön|fär|be|rei** (abw.): *beschönigende Darstellung* ‖ **Schön|fär|be|rin** (abw.)

Schon|frist: jemandem eine S. gewähren *(jemanden vorderhand noch schonen)* ‖ **Schon|gang:** *ein Programm der Waschmaschine*

Schön|geist (auch abw.) ‖ **schön|geis|tig:** *die schönen Künste liebend* ‖ **Schön|heit** die, -: in voller S. | (mit Pl. -en) *schöne Frau, schönes Mädchen* ‖ **Schön|heits|farm:** *Hotel oÄ mit dem Schwerpunkt Schönheitsspflege* ‖ **Schön|heits|feh|ler** (meist scherzh.): *unerheblicher, aber störender Mangel* ‖ **Schön|heits|ide|al** ‖ **Schön|heits|kö|ni|gin:** *Siegerin eines Schönheitswettbewerbs* ‖ **Schön|heits|ope|ra|ti|on** [-tsi̯-] (Med.) ‖ **Schön|heits|pfle|ge:** *Kosmetik* ‖ **Schön|heits|sinn** der, -[e]s: *Sinn für Schönes* ‖ **Schön|heits|wett|be|werb**

Schon|kaf|fee: *eine milde, koffeinarme Kaffeesorte* ‖ **Schon|kost:** *eine Krankenkost* (Diät)

Schön|ling der, -s/-e (abw.): *Mann, der allzu großen Wert auf sein Äußeres legt* ‖ **schön ma|chen** = **schön|ma|chen:** sie hat sich zum Ausgehen schön gemacht ‖ **Schön|percht** (Volksk.) ‖ **schön|re|den:** *beschönigen; schmeicheln; aber:* schön *(gepflegt, deutlich)* reden ‖ **Schön|red|ner** ‖ **Schön|red|ne|rin** ‖ **schön|schrei|ben:** *in Schönschrift schreiben (in der Schule); aber:* wir werden jetzt schön *(leserlich)* schreiben ‖ **Schön|schrift:** *Kalligrafie, Zierschrift* ‖ **schöns|tens:** *aufs Schönste;* sie lässt dich s. grüßen ‖ **Schön|tu|e|rei** die, - ‖ **schön|tun:** *jemandem schmeicheln*

Scho|nung die, -: der Kranke braucht S. | (mit Pl. -en) *Neupflanzung des Waldes* ‖ **scho|nungs|be|dürf|tig** ‖ **scho|nungs|los** ‖ **Scho|nungs|lo|sig|keit** die, - ‖ **scho|nungs|voll** ‖ **Schon|wasch|gang:** *Schongang*

Schön|wet|ter|la|ge ‖ **Schön|wet|ter|pe|ri|o|de** ‖ **Schön|wet|ter|wol|ke**

Schon|zeit: *Zeit, in der ein bestimmtes Wild nicht gejagt werden darf*

Schopf der, -[e]s/Schöpfe: *Haarschopf;* eine Gelegenheit beim S. packen *(sie ausnützen)* | (V) *Anbau am Haus, kleines Häuschen* ‖ **Schopf|bra|ten:** *eine Schweinefleischsorte*

schöp|fen[1]: Wasser s.; Atem s.; Hoffnung s.

schöp|fen[2] (geh.): *[er]schaffen* | (reg.) *schwer arbeiten*

Schöp|fer[1] der, -s/-: *Schöpflöffel*

Schöp|fer[2] der, -s/-: *Erzeuger, Urheber; Gott* | (reg.) *manuell schwer Arbeitender* ‖ **Schöp|fer|geist** der, -[e]s (geh.) ‖ **Schöp|fe|rin** die, -/-innen ‖ **schöp|fe|risch:** ein schöpferischer Mensch *(jemand, der bedeutendes Neues schafft, zB eine Erfinderin, ein Dichter)* ‖ **Schöp|fer|kraft** (geh.)

Schöpf|ge|fäß ‖ **Schöpf|kel|le** (bes. D): *großer Schöpfer* ‖ **Schöpf|löf|fel**

Schöp|fung die, -/-en: *Erschaffung der Welt durch Gott; das Geschaffene* ‖ **Schöp|fungs|akt** der, -[e]s/-e ‖ **Schöp|fungs|be|richt:** *eine Stelle im Alten Testament* ‖ **Schöp|fungs|ge|schich|te**

Schöpf|werk: *Anlage zur Wassergewinnung*

schop|pen: *überfüttern, mästen* | (ugs.) der Ärmel schoppte *(bauschte)* sich

Schop|pen der, -s/-: *ein altes Flüssigkeitsmaß;* drei S. Bier | → Frühschoppen

Schöps der, -es [-en]/-e[n] (reg., veraltend): *kastrierter Schafbock, Hammel* ‖ **Schöp|sen|schle|gel,** *auch:* **Schöp|sen|schlö|gel** (reg., veraltend) ‖ **Schöp|ser|ne** das, -n, Schöpsernes (reg., veraltend): *Schöpsenfleisch, Hammelfleisch*

schor → scheren

Schorf der, -[e]s/-e: *eine Kruste [auf der Haut]* | (Bot.) *eine Pflanzenkrankheit* ‖ **schor|fig**

Schorn|stein (bes. nördl. D): *Rauchfang, Fabriksschlot;* etwas in den S. schreiben müssen *(als verloren ansehen)* ‖ **Schorn|stein|fe|ger** der, -s/- (nördl. D): *Rauchfangkehrer, Kaminfeger*

Schorsch = **Schor|schi:** *männl. Vorname, Georg*

schoss → schießen

Schoß[1] die, -/-en: *ein Damenrock;* Jacke und S. ‖ **Schoß**[2] der, -es/Schöße: das Kind saß auf dem S. der Mutter; die Hände in den S. legen *(nichts tun);* der Auftrag ist ihr in den S. gefallen *(ohne großes Bemühen zuteilgeworden)* | (geh.) *Mutterleib* | (geh.) *weibliche Geschlechtsteile;* → Schößel

Schoss der, -es/-e: *ein junger Trieb, Zweig; Schössling*

Schö|ßel der = das, -s/-, *auch:* Schössel: *an der Taille eines Kleides angesetzter, gezogener Stoffstreifen* | *zugespitzte Verlängerung am Rückenteil eines Fracks;* → Schoß

Schoß|hünd|chen das, -s/-

Schöss|ling der, -s/-e: *Schoss*

Scho|te die, -/-n: *eine Art Frucht;* Erbsen in der S.; Vanilleschote

Schott das, -[e]s/-en (Seemannsspr.): *wasserdichte, verschließbare Querwand in einem Schiff;* „Schotten dicht!"

Schot|te[1] der, -n/-n: *Bewohner Schottlands*

Schot|te[2] die, - (V): *Käsewasser, Molke* ‖ **Schot|ten** der, - (T, K, St, veraltet): *bröseliger Topfen*

Schot|ten|rock ‖ **Schot|ten|stoff:** *ein Stoff mit groß kariertem Muster*

Schot|ter der, -s/-: auf dem Weg liegt S. | (ugs.) *Kleingeld* ‖ **Schot|ter|gru|be:** *Geländestelle, wo Schotter gewonnen wird* ‖ **schot|tern:** eine Straße s. ‖ **Schot|ter|stra|ße** ‖ **Schot|ter|teich:** *aus einer Schottergrube entstandener Teich* ‖ **Schot|ter|werk**

Schot|tin die, -/-innen ‖ **schot|tisch** ‖ **Schott|land:** *ein Teil von Großbritannien*

Schraf|fe die, -/-n (meist Pl.): *Strich einer Schraffur* ‖ **schraf|fie|ren:** *parallel strichlieren* ‖ **Schraf|fie|rung** die, -/-en: *Schraf-*

S

fur ‖ **Schraf|fur** die, -/-en

schräg: *geneigt, schief;* s. liegen/stehen; → schräg laufend = schräglaufend; → schräg stellen = schrägstellen | (ugs.) *eigenwillig, bizarr;* schräge Musik ‖ **Schrä|ge** die, -/-n: *Neigung* ‖ **Schra|gen** der, -s/-: *ein hölzernes Gestell [zum Holzsägen], Holzbock* | *Bahre* | (ugs., abw.) *große, magere Frauengestalt* ‖ **Schräg|la|ge** ‖ **schräg lau|fend = schräg|lau|fend:** s. laufende Streifen ‖ **Schräg|schrift:** *Kursivschrift* ‖ **schräg stel|len = schräg|stel|len:** den Tisch s. s. ‖ **Schräg|strich** (/)

schrak → schrecken[1]

Schram|me die, -/-n: *Kratzer; Riss in der Haut; Narbe*

Schram|mel|mu|sik ‖ **Schram|meln** die (Pl.): *Wiener Volksmusikerquartett, bestehend aus zwei Geigen, Pikkoloklarinette oder Ziehharmonika und [Kontra]gitarre* ‖ **Schram|mel|quar|tett** (Mus.)

Schrank[1] der, -[e]s/Schränke: *Kasten* ‖ **Schrank**[2] der, -[e]s: *die Schrägstellung der Zähne einer Säge (abwechselnd nach links und nach rechts gebogen)* ‖ **Schrank|bett:** *ein Klappbett* ‖ **Schran|ke** die, -/-n: *Barriere; Grenze;* sich keine Schranken *(Hemmungen)* auferlegen; sich in Schranken *(in Grenzen)* halten | (geh.) jemanden in die Schranken [ver]weisen *(jemanden mäßigen);* jemanden in die Schranken fordern *(eine Auseinandersetzung herausfordern)* ‖ **Schran|ken** der, -s/-: *Bahnschranken* ‖ **schrän|ken:** *die Sägezähne abwechselnd nach rechts und nach links wegbiegen* ‖ **schran|ken|los** ‖ **Schran|ken|lo|sig|keit** die, - ‖ **schrank|fer|tig:** schrankfertige *(gewaschene und gebügelte)* Wäsche ‖ **Schrank|tür:** *Kastentür* ‖ **Schrank|wand:** *[eingebaute] Kästen, die eine ganze Wand ausfüllen*

Schran|ne die, -/-n (S): *Markt, Markthalle* ‖ **Schran|nen|markt** (S)

Schran|ze die, -/-n = der, -n/-n (früher, abw.): *Hofschranze*

Schrap|nell das, -s/-s [-e] (früher): *Sprenggeschoß mit Kugelfüllung (nach einem englischen Offizier)*

Schrat = **Schratt** der, -[e]s/-e: *Kobold, Waldgeist*

Schrat|ten|thal: *Stadt in Niederösterreich*

Schraub|de|ckel ‖ **Schrau|be** die, -/-n: *eine Leiste mit Schrauben befestigen* | *Schiffsschraube* | (Sport) *ein Sprung* ‖ **schrau|ben**[1]: den Haken in die Decke s. *(anschrauben)* ‖ **schrau|ben**[2] sich (ugs.): *sich drücken* ‖ **Schrau|ben|dre|her:** *Schraubenzieher* ‖ **Schrau|ben|ge|win|de** ‖ **Schrau|ben|mut|ter:** *Metallstück mit Innengewinde, das auf die Schraube gedreht wird* ‖ **Schrau|ben|schlüs|sel:** *ein Werkzeug* ‖ **Schrau|ben|zie|her** der, -s/- ‖ **Schraub|stock:** ein Werkstück in den S. einspannen ‖ **Schraub|ver|schluss** ‖ **Schraub|zwin|ge** die, -/-n: *kleiner Schraubstock* ‖ **Schrau|fen** der, -s/- (auch: die, -/-) (ugs.): *Schraube* | (Sport) *hohe Niederlage*

Schre|ber|gar|ten: *ein Kleingarten* ‖ **Schre|ber|gärt|ner** ‖ **Schre|ber|gärt|ne|rin**

Schreck der, -[e]s/-e: starr vor S. sein; ein freudiger S.; → Schrecken ‖ **Schreck|bild** ‖ **schre|cken**[1], schreckt/schreckte/geschreckt: er *ist* aus dem Schlaf geschreckt *(aufgeschreckt)* | sie *hat* mich geschreckt *(mir Angst gemacht)* ‖ **schre|cken**[2] sich: *erschrecken;* sie schreckte *(fürchtete)* sich vor Schlangen ‖ **Schre|cken** der, -s/-: *Bestürzung, Angstgefühl, Schreck;* panischer S.; die S. des Krieges; mit dem bloßen S. davonkommen; S. erregen; heftigen S. erregend; → Schrecken erregend = schreckenerregend ‖ **Schre|cken er|re|gend = schre|cken|er|re|gend:** ein S. erregender Anblick; *aber nur:* etwas ist noch schreckenerregender als etwas anderes, sehr schreckenerregend ‖ **Schre|ckens|bild** ‖ **schre|ckens|bleich:** sie wurde plötzlich s. ‖ **Schre|ckens|mel|dung** ‖ **Schre|ckens|nach|richt** ‖ **Schre|ckens|herr|schaft** ‖ **Schre|ckens|tat:** eine S. vollbringen ‖ **Schreck|ge|spenst:** das S. Krieg ‖ **schreck|haft:** ein schreckhaftes *(ängstliches)* Kind ‖ **schreck|lich:** eine schreckliche Nachricht | ein schrecklicher Lärm; s. nervös; aufs/auf das Schrecklichste (= schrecklichste; mit Frage *Wie?*) zugerichtet werden ‖ **Schreck|schrau|be** (ugs., abw.): *schreckliche, lästige Frau* ‖ **Schreck|schuss:** die Polizei gab einen S. ab ‖ **Schreck|se|kun|de**

Schred|der = Shredder der, -s/- (engl.): *Anlage zum Verschrotten von Autowracks* | (bes. D) *Maschine zum Zerkleinern von Holz*

Schrei der, -[e]s/-e: einen S. ausstoßen; der letzte S. *(die letzte Modeneuheit)*

Schreib|ar|beit ‖ **Schreib|be|darf** ‖ **Schreib|block** ‖ **schrei|ben,** schrieb/geschrieben: groß *(in großer Schrift)* s.; *aber:* → großschreiben; das kannst du in den Rauchfang s. *(vergessen, aufgeben);* schreib dir das hinter die Ohren! *(merk dir das!);* auf/mit der Maschine s.; Noten s.; sie schreibt sich mit „y" *(ihr Name wird korrekt mit „y" geschrieben)* | sie schreibt ein Buch; englisch *(in englischer Sprache)* s. | (geh.) wir s. das Jahr 2009 ‖ **Schrei|ben** das, -s/-: *Brief, Schriftstück* ‖ **Schrei|ber** der, -s/-: der S. dieser Zeilen ‖ **Schrei|be|rei** die, -/-en ‖ **Schrei|be|rin** die, -/-innen ‖ **schreib|faul** ‖ **Schreib|fe|der** ‖ **Schreib|feh|ler** ‖ **Schreib|ge|rät** ‖ **schreib|ge|wandt** ‖ **Schreib|heft** ‖ **Schreib|kraft:** als S. arbeiten ‖ **Schreib|mar|ke** (EDV): *Cursor* ‖ **Schreib|ma|schi|ne** ‖ **Schreib|pult** ‖ **Schreib|schrift** ‖ **Schreib|schutz** (EDV): *Sicherung von Speichermedien und Dateien vor unbeabsichtigtem Beschreiben* ‖ **Schreib|stu|be** (veraltet): *Büro* ‖ **Schreib|te|le|fon:** *ein Gerät für Gehörlose* ‖ **Schreib|tisch** ‖ **Schreib|tisch|la|de** ‖ **Schreib|tisch|lam|pe** ‖ **Schreib|tisch|tä|ter:** *jemand, der vom Schreibtisch aus zu einem Verbrechen anstiftet* ‖ **Schreib|tisch|tä|te|rin** ‖ **Schrei|bung** die, -/-en: in früherer S. *(Schreibweise)* ‖ **schreib|un|kun|dig** ‖ **Schreib|un|ter|la|ge** ‖ **Schreib|uten|si|li|en:** *Bleistifte uÄ* ‖ **Schreib|wa|ren** die (Pl.) ‖ **Schreib|wa|ren|ge|schäft:** *Papierhandlung* ‖ **Schreib|wei|se:** *Schreibung eines Wortes* | *Stil* ‖ **Schreib|zeug:** *Schreibgeräte*

schrei|en, schrie/geschrien: sie schreit vor Schmerz; sie schrien mit uns; s. wie am Spieß *(sehr laut); aber:* seine Frisur ist zum Schreien *(komisch, lachhaft)* ‖ **schrei|end:** schreiende *(grelle)* Farben | ein schreiendes *(sehr schweres)* Unrecht ‖ **Schrei|er** der, -s/- ‖ **Schrei|e|rei** die, -/-en ‖ **Schrei|e|rin** die, -/-innen ‖ **Schrei|hals** (abw.): *jemand, der viel schreit* ‖ **Schrei|krampf** (Med.)

S

Schrein der, -[e]s/-e (geh.): *Kasten, Kästchen*
Schreiner der, -s/- (reg., bes. V, D): *Tischler* ‖ **Schreinerei** die, -/-en (reg., bes. V, D) ‖ **Schreinerin** die, -/-innen (reg., bes. V, D) ‖ **schreinern** (reg., bes. V, D): *tischlern*
schreiten, schritt/geschritten (geh.): *ruhig, feierlich gehen;* sie schritt über den roten Teppich | zur Tat s. *(mit etwas beginnen);* zur Preisverleihung s.
Schrems: *Stadt in Niederösterreich*
schrie → schreien
schrieb → schreiben ‖ **Schrieb** der, -s/-e (ugs., abw.): *Geschriebenes, Brief; Wisch* ‖ **Schrift** die, -/-en: eine schöne S.; mit verstellter S. *(Handschrift)* | die lateinische S. | in alten Schriften *(Briefen, Urkunden usw.)* lesen; die Schriften *(Werke)* Luthers; die Heilige S. *(Bibel)* | nach der S. sprechen *(die Standardsprache gebrauchen)* ‖ **Schriftart** ‖ **Schriftbild:** *optischer Eindruck des Geschriebenen* ‖ **schriftdeutsch** ‖ **Schriftdeutsch** das, -[s] = **Schriftdeutsche,** -n: *die deutsche Schriftsprache;* → Schriftsprache ‖ **Schriftenreihe:** eine neue medizinische S. ‖ **Schriftform:** *Ausfertigung in schriftlicher Form [mit Unterschrift];* eine Kündigung bedarf der S. ‖ **Schriftführer:** der S. *(für Protokolle, Korrespondenzen uÄ zuständiges Vorstandsmitglied)* eines Vereins ‖ **Schriftführerin** ‖ **Schriftgelehrte,** ein Schriftgelehrter (Rel.): *Kenner und Ausleger der heiligen Schriften* ‖ **Schriftgrad** (Druckw.): *Schriftgröße* ‖ **Schriftleiter** (veraltend): *Redakteur* ‖ **Schriftleiterin** (veraltend) ‖ **Schriftleitung** (veraltend): *Redaktion* ‖ **schriftlich:** eine schriftliche Prüfung; ein schriftlicher Antrag; sich etwas s. geben lassen ‖ **Schriftlichkeit** die, - ‖ **Schriftsachverständige**[1] der, -n/-n, ein Schriftsachverständiger (Amtsspr.): *Gerichtsexperte für Handschriften* ‖ **Schriftsachverständige**[2] die, -n/-n (Amtsspr.) ‖ **Schriftsatz** (Amtsspr.): *schriftliche Eingabe an Behörden* ‖ **Schriftsprache** (Sprachwiss.): *die im schriftlichen Gebrauch hauptsächlich verwendete Sprachform einer Sprachgemeinschaft in ihrem gesamten Sprachraum;* → Standardsprache; → Schriftdeutsch ‖ **schriftsprachlich:** sich s. ausdrücken ‖ **Schriftsteller** der, -s/-: *Autor* ‖ **Schriftstellerin** die, -/-innen ‖ **schriftstellerisch** ‖ **schriftstellern** (sal.) ‖ **Schriftstück:** *Schreiben mit amtlichem Charakter* ‖ **Schrifttum** das, -s: *Literatur* ‖ **Schriftverkehr:** *Korrespondenz;* kaufmännischer S. ‖ **Schriftwechsel** [-ks-]: *Korrespondenz, Briefwechsel* ‖ **Schriftzeichen** ‖ **Schriftzug:** *charakteristischer Zug einer Handschrift*
schrill: ein schrilles *(durchdringendes)* Lachen, Pfeifen | *grell, auffällig;* ein schrilles Outfit ‖ **schrillen:** die Klingel schrillt
Schrimp = **Shrimp** [ʃ-] der, -s/-s (meist Pl.) ⟨engl.⟩: *Krabbe (zum Verzehr, als Speise)*
schritt → schreiten ‖ **Schritt** der, -[e]s/-e: ein paar Schritte gehen; S. für S.; [im] S. *(sehr langsam)* fahren; mit jemandem/etwas S. halten *(nicht zurückbleiben);* auf S. und Tritt *(überall);* den ersten S. tun *(den Anfang machen);* einen S. zu weit gehen *(das Zulässige überschreiten)* | *Maßnahme;* die nötigen Schritte *(das Nötige)* unternehmen | *Teil der Hose;* im S. ziemlich eng | (in Mengenangaben auch mit Pl. Schritt) fünf Schritt[e]; jemanden auf hundert Schritt erkennen ‖ **Schrittfolge:** ein Tanz mit komplizierter S. ‖ **Schrittlänge** ‖ **Schrittmacher:** *jemand, der das Tempo bestimmt; Vorkämpfer* | (Med.) *elektrisches Gerät zur Unterstützung der Herztätigkeit, Herzschrittmacher* | (Sport) *motorisierter Tempomacher für Radsteher* ‖ **Schrittmacherin** ‖ **Schrittmesser** ‖ **Schritttempo** das, -s: im S. fahren ‖ **schrittweise**
Schrofen der, -s/-, *auch:* Schroffen (westöst., geh.): *zerklüfteter Fels; Klippe* ‖ **schroff:** ein schroffer *(steiler)* Felsen | eine schroffe *(unfreundliche, barsche)* Antwort | ein schroffer *(krasser)* Gegensatz ‖ **Schroffen** → Schrofen ‖ **Schroffheit** die, -/-en ‖ **schrofig,** *auch:* schroffig (westöst.): *felsig*
schröpfen: *Blut entziehen* | Bäume s. *(ihnen Saft entziehen)* | (ugs.) *jemandem ungehörig viel Geld abnehmen* | (Küchenspr.) *Fleisch oder Fisch vor dem Braten mit Einschnitten versehen*
Schrot der = das, -[e]s/-e: *grob gemahlenes, ungesiebtes Getreide* | auf Hasen mit S. *(Bleikörnern)* schießen | sie ist von echtem S. und Korn *(rechtschaffen)* | *(mit Kerben verzierter) vorstehender Balken an Holzbauten, zB am Stadel; aber:* → Schrott ‖ **Schrotbrot** ‖ **schroten:** *Getreide oder Knochen grob zerkleinern; ausschroten* ‖ **Schrotflinte** ‖ **Schrotkugel** ‖ **Schrotladung** ‖ **Schrotmehl** ‖ **Schrotmühle** ‖ **Schrotpatrone**
Schrott der, -[e]s/-e: *Alteisen und anderes Altmaterial;* ein Auto zu S. *(schrottreif)* fahren; *aber:* → Schrot ‖ **Schrotthändler** ‖ **Schrotthändlerin** ‖ **Schrotthaufen** ‖ **Schrottpresse:** ein Autowrack in die S. geben ‖ **schrottreif:** ein Auto s. fahren ‖ **Schrotttransport** ‖ **Schrottwert**
Schrotwaage (veraltend): *Wasserwaage*
schrubben: *reiben;* den Boden s. *(ausreiben)* ‖ **Schrubber** der, -s/-: *Reibbürste mit Stiel*
Schrulle die, -/-n: Schrullen *(wunderliche Eigenheiten)* haben ‖ **schrullenhaft** ‖ **schrullig:** ein schrulliger Alter ‖ **Schrulligkeit** die, -/-en: *Laune, Tick, Wunderlichkeit*
schrumpelig → schrumplig ‖ **schrumpeln,** ich schrumple: *faltig werden, schrumpfen* ‖ **schrumpfen:** unser Vorrat schrumpft *(wird immer kleiner)* ‖ **Schrumpfleber** (Med.) ‖ **Schrumpfung** die, -/-en: die S. des Gewebes ‖ **schrumplig,** *auch:* schrumpelig: *runzlig*
Schrund der, -[e]s/Schründe: *klaffender Spalt, Kluft in Felsen und Gletschern* ‖ **Schrunde** die, -/-n: *Spalte, Riss [in der Haut]* ‖ **schrundig**
Schub der, -[e]s/Schübe: im Kegelspiel einen S. machen | ein neuerlicher S. *(eine weitere Phase)* der Krankheit | (veraltet) (Amtsspr.) *Abschiebung;* er wurde per S. *(zwangsweise)* an die Grenze gebracht; → Schubhaft | (Phys.) *Vortrieb [eines Raketentriebwerkes, eines Düsenflugzeugs]* ‖ **Schuber** der, -s/-: *ein Schutzkarton [für Bücher]* | *eine Absperrvorrichtung, Schieber*
Schubertiade die, -/-en: *musikalische Veranstaltung mit Werken Schuberts*

S

Schubfach: eine Kommode mit Schubfächern ‖ **Schubgratten** (mda., T): *Schubkarren* ‖ **Schubhaft** (Jus): *Haftverwahrung einer Person bis zu ihrer Abschiebung ins Ausland;* in S. sitzen; → Schub ‖ **Schubhaftanstalt** (Admin.) ‖ **Schubhäftling:** *Person in Schubhaft;* → Schübling[1] ‖ **Schubkarren:** *Karren mit einem Rad* ‖ **Schubkraft:** *Kraft, die einen durch Rückstoß bewegten Gegenstand, zB eine Rakete, antreibt* ‖ **Schublade** ‖ **schubladieren** = **schubladisieren** (scherzh.): einen Akt s. *(seine Erledigung auf unbestimmte Zeit aufschieben)* ‖ **Schubladkasten** (veraltet): *Kommode* ‖ **Schublehre:** *ein Längenmessinstrument;* → Nonius ‖ **Schubleistung:** *Schubkraft* ‖ **Schübling**[1] der, -s/-e (sal.): *Schubhäftling*

Schübling[2] der, -s/-e (V): *eine geräucherte Wurst*

Schubs = Schups der, -es/-e (ugs.): *leichter Stoß, Schubser;* jemandem einen S. geben ‖ **schubsen** = schupsen, du schubst (ugs.) ‖ **Schubser** = Schupser der, -s/- (ugs.): Schups ‖ **Schubstange:** *Pleuelstange* ‖ **Schubumkehr:** *ein Bremssystem bei Flugzeugtriebwerken* ‖ **schubweise:** *in Schüben*

schüchtern: *ängstlich, scheu* ‖ **Schüchternheit** die, -

schuf → schaffen

Schuft der, -[e]s/-e (abw.): *charakterlose, niederträchtige Person*

schuften: *hart, schwer arbeiten* ‖ **Schufterei** die, -/-en: *schwere Arbeit*

schuftig (abw.): *schäbig, gemein* ‖ **Schuftigkeit** die, -/-en (abw.)

SchUG [ʃuk, auch: ʃe u ˈgeː] das, -: **Schul**unterrichts**g**esetz

Schuh der, -[e]s/-e: ein Paar Schuhe; jemandem etwas in die Schuhe schieben *(jemandem die Schuld geben);* „Wo drückt dich der Schuh?" *(„Was bedrückt dich?")* | (mit Pl. Schuh) *ein altes Längenmaß;* drei Schuh lang ‖ **Schuhband** ‖ **Schuhbandl** (ugs.) ‖ **Schuhbürste** ‖ **Schuhcreme** [-kreːm] = Schuhkrem = Schuhkreme: *Schuhpasta* ‖ **Schuhgeschäft** ‖ **Schuhgröße** ‖ **Schuhkrem, Schuhkreme** = → Schuhcreme ‖ **Schuhleisten:** *Modell in Fußform* ‖ **Schuhlöffel** ‖ **Schuhmacher:** *Schuster* ‖ **Schuhmacherin** ‖ **Schuhnummer:** S. *(Schuhgröße)* 39 ‖ **Schuhpasta** = **Schuhpaste** ‖ **schuhplatteln,** ich schuhplattle, wir schuhplatteln/haben geschuhplattelt: *Schuhplattler tanzen* ‖ **Schuhplattler** der, -s/-: *ein Volkstanz* ‖ **Schuhputzer** ‖ **Schuhputzerin** ‖ **Schuhriemen:** *Schuhband* ‖ **Schuhschachtel** ‖ **Schuhsohle** ‖ **Schuhspanner** ‖ **Schuhstrecker** ‖ **Schuhwerk:** *Schuhe*

Schukosteckdose (Wz.) ‖ **Schukostecker** (Wz.): *Kurzwort für Schutzkontaktstecker*

Schulabbrecher der, -s/- ‖ **Schulabbrecherin** die, -/-innen ‖ **Schulabgänger** der, -s/- ‖ **Schulabgängerin** die, -/-innen ‖ **Schulabschluss** ‖ **Schulamt** (SüdT) (Admin.): *oberste Behörde für die Schulverwaltung in Südtirol;* Deutsches S. ‖ **Schulamtsleiter** (SüdT) ‖ **Schulamtsleiterin** (SüdT) ‖ **Schulanfang** ‖ **Schulanfänger** ‖ **Schulanfängerin** ‖ **Schularbeit:** *schriftliche Prüfungsarbeit in der Schule;* S. haben | (D) *Arbeit für die Schule, zB Hausübung* ‖ **Schulart:** *Volksschule, Hauptschule, allgemein bildende höhere Schule ua.* ‖ **Schularzt** ‖ **Schulärztin** ‖ **schulärztlich:** schulärztlicher Dienst ‖ **Schulaufsicht** (Bildw.): *Bezirks-, Landesschulinspektoren; Fachinspektoren für besondere Unterrichtsgegenstände, zB Religion, Musikerziehung* ‖ **schulautonom** (Bildw.): schulautonome Ferientage ‖ **Schulautonomie** (Bildw.): *Entscheidungsfreiheit der Schulen in finanziellen, pädagogischen und administrativen Belangen* ‖ **Schulbahn** (Amtsspr.): *Weg eines Schülers durch verschiedene Schularten* ‖ **Schulbahnberatung** (Bildw.) ‖ **Schulbank:** eine hölzerne S. | (oft scherzh.) die S. drücken *(in die Schule gehen)* ‖ **Schulbeginn** ‖ **Schulbehörde:** *Landesschulrat ua.* ‖ **Schulbeispiel:** *Musterbeispiel* ‖ **Schulbesuch** ‖ **schulbezogen:** eine schulbezogene Veranstaltung ‖ **Schulbibliothek** ‖ **Schulbildung** ‖ **Schulbub:** *Schüler* | (abw.) wie ein S. behandelt werden ‖ **Schulbuch** ‖ **Schulbuchaktion** [-tsi̯-] (Bildw.): *kostengünstige Bereitstellung von Schulbüchern* ‖ **Schulbuffet** [-byfeː], *auch:* **Schulbüfett** [-feː, D: -fɛt] ‖ **Schulbus:** *Schülerautobus* ‖ **Schulchor** [-k-]

schuld: an etwas s. sein ‖ **Schuld** die, -: jemandem S. geben; S. haben; die S. an etwas haben; dem anderen die S. geben; die S. auf sich nehmen; ich stehe in deiner S. *(ich schulde dir Dank);* sich keiner S. bewusst sein; sich nichts → zu Schulden (= zuschulden) kommen lassen | (mit Pl. -en) eine S. von hundert Euro; Schulden zahlen; bis über die Ohren in Schulden stecken ‖ **Schuldanerkenntnis** (Jus) ‖ **Schuldbekenntnis:** *Eingeständnis* ‖ **schuldbeladen** (geh.) ‖ **Schuldbeweis** ‖ **schuldbewusst:** s. den Blick senken ‖ **Schuldbewusstsein** ‖ **Schuldeinbekenntnis** ‖ **schulden:** jemandem Geld, Dank s. ‖ **Schuldenberg** ‖ **Schuldenerlass:** *Nachlass, Nachsicht von Schulden* ‖ **schuldenfrei** ‖ **Schuldenlast** ‖ **Schuldfrage** ‖ **Schuldgefängnis** (früher): *Gefängnis zur Verbüßung der Schuldhaft, Schuldturm* ‖ **Schuldgefühl** ‖ **schuldhaft** ‖ **Schuldhaft** (früher): *Haft für nicht termingerecht zahlende Schuldner*

Schuldiener (veraltet): *Schulwart* ‖ **Schuldienst** der, -[e]s: er ist im S. *(arbeitet als Lehrer)*

schuldig
die schuldige *(gebührende)* Achtung | (Jus) auf s. erkennen *(das Urteil „s." fällen)*

Getrenntschreibung bei wörtlicher Bedeutung:
- jemandem Geld schuldig sein
- sich schuldig bekennen
- jemanden für schuldig erklären

Getrennt- und Zusammenschreibung in Zweifelsfällen:
- schuldig sprechen = schuldigsprechen (Jus: *jemanden verurteilen*)

Zusammenschreibung bei übertragener Bedeutung:
- jemandem nichts schuldigbleiben (sal.: *scharf reagieren*)

schuldigbleiben (sal.): jemandem nichts s. *(scharf reagieren); aber:* jemandem eine Antwort schuldig bleiben ‖ **Schuldige**[1] der, -n/-n, ein Schuldiger ‖ **Schuldige**[2] die, -n/-n ‖ **Schuldiger** der, -s/- (veraltet): *jemand, der schuldig geworden ist (im Vaterunser)* ‖ **Schuldigkeit** die, -:

S

er hat seine S. *(Pflicht)* getan ‖ **schuldig sprechen = schuldigsprechen:** *verurteilen* ‖ **Schuldigsprechung** die, -/-en
Schuldirektor ‖ **Schuldirektorin**
Schuldkomplex (Psych.) ‖ **schuldlos** ‖ **Schuldlosigkeit** die, - ‖ **Schuldner** der, -s/-: *jemand, der jemandem [Geld] schuldig ist;* → G.: Gläubiger ‖ **Schuldnerin** die, -/-innen ‖ **Schuldnerwechsel** [-ks-] (Jus) ‖ **Schuldrecht** (Jus): *sämtliche Normen über Verpflichtungen zwischen Privatpersonen untereinander* ‖ **Schuldschein** ‖ **Schuldspruch** (Jus) ‖ **Schuldturm** (früher): → *Schuldgefängnis* ‖ **Schuldverhältnis** (Jus): *Rechtsverhältnis zwischen Gläubiger und Schuldner* ‖ **Schuldverschreibung** (Bankw.): *ein Wertpapier* ‖ **Schuldzuweisung**
Schule die, -/-n: in die S. gehen *(Schüler/in sein)* | die harte S. des Lebens; aus der S. plaudern *(Vertrauliches ausplaudern)* | *Unterricht;* keine S. *(schulfrei)* haben; [die] S. schwänzen *(dem Unterricht unerlaubt fernbleiben)* | die Hohe (auch: hohe) S. des Reitens *(höhere Stufe des Dressurreitens)* | die Wiener Medizinische Schule *(eine wissenschaftliche Richtung);* dieser Unfug macht S. *(er wird nachgeahmt, verbreitet sich)* | ein Kavalier der alten S. *(ein Mann von vollendeter Höflichkeit)* | *Lehrbuch, Übungsbuch;* Klavierschule | (Bildw.) offene S. *(ganztägig geführte Schule mit getrenntem Unterrichts- und Betreuungsteil);* → Ganztagsschule ‖ **Schuleingangsphase** [-f-]: *die ersten zwei Jahre der Volksschule* ‖ **Schuleintritt** ‖ **Schuleintrittsalter** ‖ **schulen:** die Beamten durch Kurse s.; → geschult ‖ **Schulenglisch:** *Schulkenntnisse in Englisch* ‖ **Schulentwicklung:** *organisatorische und pädagogische Weiterentwicklung der Schule* ‖ **Schüler** der, -s/-: *Jugendlicher, der in die Schule geht* | (früher) ein fahrender S. *(Scholar)* | ein S. *(wissenschaftlicher Nachfolger)* Sigmund Freuds ‖ **Schülerarbeit** ‖ **Schüleraustausch:** im S. nach Frankreich kommen ‖ **Schülerausweis** ‖ **Schülerbeihilfe** ‖ **Schülerbeirat:** *Vertretung der Schüler/innen auf Landes- bzw. Bundesebene* ‖ **Schülerberater:** *Schüler- und Bildungsberater;* → Bildungsberater ‖ **Schülerberaterin** ‖ **Schülerbibliothek** ‖ **Schülerbus** ‖ **Schülercharta** [-k-] (SüdT): *Festschreibung der Rechte und Pflichten der Schüler/innen* ‖ **Schülerfreifahrt** ‖ **schülerhaft** (abw.): *unreif, unfertig* ‖ **Schulerhalter:** *Betreiber einer Schule (Bund, Land oder Private)* ‖ **Schülerin** die, -/-innen ‖ **Schülerlade:** *an der Schule entlehnbare Schulbücher* ‖ **Schülerliga** (Sport) ‖ **Schülerlotse:** *Schüler, der Schüler/innen das gefahrlose Überschreiten der Straße ermöglicht* ‖ **Schülerlotsin** ‖ **Schülermitverwaltung** ‖ **Schülerschaft** die, -/-en ‖ **Schülerschwund** ‖ **Schülersprache** ‖ **Schülervertreter** ‖ **Schülervertreterin** ‖ **Schülervertretung** ‖ **Schülerzeitung:** *Zeitung von Schülern für Schüler* ‖ **Schulfach:** *Unterrichtsgegenstand* ‖ **Schulferien** ‖ **Schulfernsehen** → Schulfunk ‖ **schulfest** (Amtsspr.): die Lehrerin hat eine schulfeste Stelle *(ist an einer Schule unkündbar angestellt)* ‖ **Schulfest** ‖ **Schulform:** *besondere Form einer Schulart;* das Realgymnasium ist eine S. der AHS ‖ **Schulforum** (Amtsspr.): *Klassenlehrer/in, Direktor/in und gewählte Elternvertreter/innen einer Schule im Pflichtschulbereich* ‖ **schulfrei** ‖ **Schulfreund:** *[ehemaliger] Mitschüler* ‖ **Schulfreundin** ‖ **Schulfunk:** *Hörfunkprogramme mit schulbezogenen Inhalten* ‖ **Schulfürsorge** (SüdT): *Gesamtheit der behördlichen Maßnahmen zur Sicherung des Rechtes auf schulische Bildung* ‖ **Schulgebäude** ‖ **Schulgegenstand:** *Unterrichtsgegenstand* ‖ **Schulgeld:** *Gebühr für den Besuch bestimmter Schulen* ‖ **Schulgemeinschaft:** *Lehrer/innen, Eltern und Schüler/innen einer Schule* ‖ **Schulgemeinschaftsausschuss** (SGA): *Schulleiter/in und je drei gewählte Eltern-, Lehrer- und Schülervertreter/innen zB an den höheren Schulen* ‖ **Schulgesetz** (meist Pl.) ‖ **Schulgottesdienst** ‖ **Schulgrammatik** ‖ **Schulhaus** ‖ **Schulheft** ‖ **Schulhof** ‖ **Schulinspektor** [-sp-, auch: -ʃp-]: *Kurzwort für Landes- oder Bezirksschulinspektor* ‖ **Schulinspektorin** ‖ **schulisch:** schulische Erfolge ‖ **Schuljahr:** *das Unterrichtsjahr samt den folgenden Sommerferien* ‖ **Schuljunge** (nördl. D): *Schulbub, Schüler* ‖ **Schulkamerad** ‖ **Schulkameradin** ‖ **Schulkenntnisse** ‖ **Schulkind** ‖ **Schulkollege:** *[ehemaliger] Mitschüler* ‖ **Schulkollegin** ‖ **Schulklasse** ‖ **Schullandwoche:** *Projektwoche in ländlicher Umgebung* ‖ **Schullaufbahn** ‖ **Schullehrer** (veraltet): *Schulleiter, Schulmeister* ‖ **Schulleiter** ‖ **Schulleiterin** ‖ **Schulleitung** ‖ **Schulmädchen** ‖ **Schulmädel:** Schülerin ‖ **Schulmedizin:** die traditionell akademisch gelehrte Medizin ‖ **Schulmeister** (veraltet): *Volksschullehrer* ‖ **schulmeisterlich** (abw.) ‖ **schulmeistern** (abw.): *jemanden kleinlich belehren* ‖ **Schulmilch** ‖ **Schulmilchaktion** [-tsi̯-] ‖ **Schulmusik** die, -: *von Schülern ausgeführte Musik* ‖ **Schulnachricht** (Bildw.): *Semesterzeugnis* ‖ **Schulnote** ‖ **Schulorchester** [meist -kɛ-] ‖ **Schulorganisationsgesetz** [-tsi̯-] (SchOG)
Schulp der, -[e]s/-e (Zool.): *rudimentäre Schale [des Tintenfisches]*
Schulpartnerschaft: *Zusammenarbeit im Schulgemeinschaftsausschuss* | *Kooperation zwischen zwei oder mehreren Schulen verschiedener Länder* ‖ **Schulpflicht:** die S. beginnt in Österreich mit der Vollendung des sechsten Lebensjahres ‖ **schulpflichtig** ‖ **Schulpolitik** ‖ **Schulpraktikant** ‖ **Schulpraktikantin** ‖ **Schulpraktikum:** *Teil des pädagogischen Begleitstudiums für Lehramtsstudenten, -studentinnen* ‖ **Schulprofil:** *Konzept einer Schule zur Nutzung der schulautonomen Freiräume* ‖ **Schulprogramm:** *konkrete Schritte zur Verwirklichung des Schulprofils* ‖ **Schulpsychologe** [-psy-] ‖ **Schulpsychologin** ‖ **schulpsychologisch:** schulpsychologischer Dienst ‖ **Schulranking** [-ræ-]: *Bewertungsliste von Schulen* ‖ **Schulranzen** (veraltet): *Schultasche* ‖ **Schulrechenzentrum** → Österreichisches S. ‖ **Schulrecht** das, -[e]s ‖ **Schulreform** ‖ **schulreif** ‖ **Schulreife** ‖ **Schulsachen** die (Pl.): *Bücher, Hefte, Schreib-*

zeug uÄ ‖ **Schul|schiff** (Seemannsspr.): *Ausbildungsschiff* | *eine in einem Donauschiff untergebrachte Schule in Wien* ‖ **Schul|schi|kurs** → Schulskikurs ‖ **Schul|schluss** ‖ **Schul|schrift:** *in der Schule gelehrte Normschrift* ‖ **Schul|schwän|zer** ‖ **Schul|schwän|ze|rin** ‖ **Schul|service** [-sɜːvɪs] (Admin., Bildw.): *eine Service-Einrichtung der Schulbehörden* ‖ **Schul|ski|kurs** [-ʃiː-] = Schulschikurs ‖ **Schul|spre|cher:** *Bereichssprecher für die Schulpolitik einer Parlamentspartei* | *gewählter Schülervertreter einer Schule* ‖ **Schul|spre|che|rin** ‖ **Schul|spren|gel:** *Bereich einer Pflichtschule* ‖ **Schul|stress** [-ʃt-, -st-] ‖ **Schul|stu|fe:** *ein Jahrgang der Schullaufbahn;* die 1. Klasse AHS entspricht der 5. S. ‖ **Schul|stun|de** ‖ **schul|stür|zen** (reg., veraltet): *die Schule schwänzen* ‖ **Schul|system** [-zy-] ‖ **Schul|tag** ‖ **Schul|tasche**

Schul|ter die, -/-n: S. an S. *(dicht gedrängt, treu verbunden);* etwas auf die leichte S. *(nicht ernst genug)* nehmen; jemandem die kalte S. zeigen *(jemanden abweisend behandeln);* jemanden über die S. anschauen | *eine Fleischsorte* ‖ **Schul|ter|blatt:** *ein Knochen* ‖ **schul|ter|frei:** ein schulterfreies Kleid ‖ **Schul|ter|gelenk** ‖ **Schul|ter|half|ter:** *ein Pistolenhalfter* ‖ **schul|ter|hoch** ‖ **Schul|ter|hö|he** ‖ **schul|ter|lang:** ihr Haar ist s. ‖ **schul|tern:** einen Koffer s. *(ihn auf die Schulter nehmen)* ‖ **Schul|ter|pols|ter:** *Einsatz in Kleidungsstücken zur Verbreiterung der Schultern* ‖ **Schul|ter|scherzl:** *eine Rindfleischsorte* ‖ **Schul|ter|schluss:** *enges Nebeneinanderstehen* | *enges [Treue]verhältnis;* S. zwischen zwei Parteien ‖ **Schul|terwurf** (Sport): *ein Ringergriff*

Schul|the|a|ter ‖ **Schul|tü|te:** *mit Süßigkeiten gefülltes Geschenk zum ersten Schultag* ‖ **Schul|typ** [-yp]: *inoffizieller Begriff für Schulform* ‖ **Schul|über|tritt** ‖ **Schul|übung** ‖ **Schu|lung** die, -/-en: *Vermittlung von Wissen [durch Kurse]* ‖ **Schu|lungs|lei|ter** ‖ **Schu|lungs|lei|te|rin** ‖ **Schul|un|ter|richt** ‖ **Schul|un|ter|richts|ge|setz** (SchUG) ‖ **Schul|ver|an|stal|tung** ‖ **Schul|ver|sa|gen** ‖ **Schul|ver|such** (Bildw.): *Erprobung neuer Formen und Inhalte von Schule und Unterricht* ‖ **Schul|ver|wal|tung** ‖ **Schul|wart:** *Hausbesorger und/oder Verwalter einer Schule* ‖ **Schul|war|tin** ‖ **Schul|wech|sel** [-ks-] ‖ **Schul|weg** ‖ **Schul|weg|si|che|rung** ‖ **Schul|weis|heit** (oft abw.): *in der Schule erworbenes, aber praxisfernes Wissen* ‖ **Schul|we|sen:** *Gesamtheit der schulischen Einrichtungen eines Staates* ‖ **Schul|wett|be|werb** ‖ **Schul|wis|sen** ‖ **Schul|zeit** ‖ **Schul|zeug|nis** ‖ **Schul|zu|gang**

Schum|me|lei die, -/-en (ugs.) ‖ **schum|meln** (ugs.): ich schummle *(schwindle)* beim Kartenspielen ‖ **Schum|mel|zet|tel** (ugs.): *Spickzettel zum Schummeln [bei Schularbeiten]*

schum|me|rig, *auch:* schummrig: *dämmerig, verschwommen* ‖ **schum|mern** (fachspr.): eine Zeichnung s. *(schattieren)* ‖ **Schum|me|rung** die, -/-en (fachspr.): *bestimmte Art, auf Landkarten die Geländeform darzustellen*

Schumm|ler der, -s/- (ugs.): *jemand, der schummelt* | *Schummelzettel* ‖ **Schumm|le|rin** die, -/-innen (ugs.)

schumm|rig → schummerig

Schund der, -[e]s (abw.): *Wertloses* ‖ **Schund|heft** (abw.) ‖ **Schund|li|te|ra|tur** die, - (abw.) ‖ **Schund|ro|man** (abw.)

Schun|kel|lied: *Lied, zu dem die Anwesenden schunkeln* ‖ **schun|keln,** ich schunkle: *sich sitzend eingehängt zur Musik hin- und herwiegen*

schup|fen: *einen Stoß geben;* den Ball s. *(spielerisch werfen);* Ziegel s. *(werfend weiterreichen)*

Schup|fen der, -s/- = die, -/-n: *Schuppen*

Schup|fer der, -s/- (ugs.): *Stoß*

Schup|pe die, -/-n: die Schuppen des Fisches | ein Haarwasser gegen Schuppen *(Kopfschuppen);* mir fällt es wie Schuppen von den Augen *(wird plötzlich alles klar)*

Schüp|pel der, -s/- (ugs.): jemandem einen S. *(ein Büschel)* Haare ausreißen; ein S. *(Haufen)* Kinder

schup|pen[1]: einen Karpfen s. *(seine Schuppen entfernen)* ‖ **schup|pen**[2] sich: die Haut schuppt sich

Schup|pen der, -s/-: *Gebäude [aus Holz] zur Lagerung von Geräten, Holz, Maschinen ua., Schupfen*

Schup|pen|flech|te die, - (Med.): → *Psoriasis* ‖ **Schup|pen|pan|zer** ‖ **schup|pig:** mit Schuppen bedeckt

Schups = → Schubs ‖ **schup|sen** = → schubsen ‖ **Schup|ser** = → Schubser

Schur die, -/-en: *das Scheren;* Schafschur

schü|ren: das Feuer s. | die Eifersucht s. *(anfachen)*

schür|fen: nach Erzen, Kohle s. *(graben)* ‖ **Schürf|recht:** *Recht, nach Bodenschätzen zu graben* ‖ **Schürf|wun|de:** *Hautabschürfung*

Schür|ha|ken

schu|ri|geln (ugs.): *schikanieren*

Schur|ke der, -n/-n (geh., abw.): *Schuft* ‖ **Schur|ken|streich** (geh., abw.) ‖ **Schur|ke|rei** die, -/-en (geh., abw.) ‖ **Schur|kin** die, -/-innen (geh., abw.) ‖ **schur|kisch** (geh., abw.)

Schurl (reg.): *männl. Vorname (Georg)*

schurln, ich schurl[e] (mda., ostöst.): *geschäftig laufen, rennen*

Schur|wol|le: *Schafwolle, die von lebenden Tieren gewonnen wird*

Schurz der, -es/-e: *grobe Schürze für die Arbeit* ‖ **Schür|ze** die, -/-n: zum Kochen eine S. umbinden ‖ **schür|zen** (veraltet): das Kleid s. *(hochheben)* ‖ **Schür|zen|band** ‖ **Schür|zen|jä|ger** (abw. bzw. scherzh.): *jemand, der hinter den Frauen her ist* ‖ **Schür|zen|kleid**

Schuss der, -es/Schüsse: ein gezielter S. ins Tor | einen S. abfeuern; weit vom S. *(fern der Gefahr)* sein; der S. geht nach hinten los *(trifft den Urheber);* ein S. vor den Bug *(eine deutliche Warnung)* | in S. *(Schwung)* kommen; im S. *(in Schussfahrt, sehr schnell)* den Hang hinunterfahren; S. fahren | (Küchenspr.) *kleine Menge Flüssigkeit;* ein S. Rotwein | etwas in S. *(in Ordnung, in Schwung)* bringen | (sal.) der goldene S. *(Injektion mit einer tödlichen Dosis einer Droge)* | (in Mengenangaben mit Pl. Schuss) hundert Schuss Munition; zwei Schuss Essig ‖ **Schuss|ab|ga|be** (Sport) ‖ **schuss|be|reit**

Schus|sel der, -s/-n: *schusseliger Mensch*

Schüs|sel die, -/-n: *ein Behälter* | *Kurzwort für Satellitenschüssel*

schus|se|lig, *auch:* schusslig: *un-*

S

ruhig, hastig, fahrig ‖ **schụs|seln,** ich schussle

Schụss|fahrt: *schnelle Fahrt; Fahrt im Schuss* ‖ **Schụss|feld:** ins S. der Kritik geraten *(Angriffsfläche für Kritik sein)*

Schụss|ler der, -s/- (ugs.): *unruhige, hektische männliche Person* ‖ **Schụss|le|rin** die, -/-innen (ugs.) ‖ **schụss|lig** → schusselig

Schụss|li|nie [-i̯ɛ]: *Richtung von der Mündung zum Ziel;* in die S. geraten *(der öffentlichen Kritik ausgesetzt sein)* ‖ **schụss|si|cher:** eine schusssichere Weste ‖ **Schụss|ver|let|zung** ‖ **Schụss|waf|fe** ‖ **Schụss|wech|sel** [-ks-]: in einen S. geraten ‖ **Schụss|wun|de**

Schus|ter der, -s/-: *Schuhmacher;* S., bleib bei deinem Leisten *(mach das, wovon du etwas verstehst);* auf Schusters Rappen *(zu Fuß)* ‖ **Schus|ter|ah|le:** *ein Werkzeug* ‖ **Schus|ter|bub** (veraltet): *Schusterlehrling* | (scherzh., veraltet) es regnet Schusterbuben *(in Strömen)* ‖ **Schus|ter|hand|werk** ‖ **Schus|ter|kneip** der, -[e]s/-e: *ein Werkzeug zum Lederschneiden* ‖ **Schus|ter|laib|chen:** *ein Gebäck* ‖ **Schus|ter|werk|statt**

Schụtt der, -[e]s: S. abladen; etwas in S. und Asche legen *(zerstören und niederbrennen)* ‖ **Schụtt|ab|la|de|platz** ‖ **Schụtt|be|ton:** *Beton, der durch Abkippen in die Schalung eingebracht wird* ‖ **Schụtt|bo|den** (Landw.): *Lagerraum für Getreide* ‖ **Schüt|te** die, -/-n (Landw.): eine S. *(Lage, Schichte)* Stroh ‖ **Schüt|tel|frost** (Med.): *heftiges Zittern am ganzen Körper bei hohem Fieber [und Kältegefühl]* ‖ **Schüt|tel|läh|mung** (Med.): *parkinsonsche Krankheit* ‖ **schüt|teln,** ich schüttle: vor Gebrauch s.; den Kopf s.; dem Gast die Hand s. ‖ **Schüt|tel|reim:** *Wortpaar mit vertauschten Vokalen oder Konsonanten, zB* Meisterklasse – *Kleister*masse ‖ **schüt|ten:** Wasser in ein Gefäß s.; es schüttet *(es regnet in Strömen)*

schüt|ter: schütteres *(wenig dichtes)* Haar

Schụtt|hal|de ‖ **Schụtt|hau|fen** ‖ **Schüt|tung** die, -/-en: die Straße erhält eine neue S. *(Schichte aus Kies oder Sand)*

Schụtz der, -es: S. bieten; S. suchen; im S. der Dunkelheit; jemanden in S. nehmen *(verteidigen)*

Schütz das, -es/-e: *Sperrvorrichtung an Wehren uÄ* | (Technik) *ein elektromagnetischer Fernschalter*

Schụtz|al|ter (Jus): *Alter, in dem geschlechtliche Beziehungen strafbar sind* | *Zeitraum, in dem Minderjährige den besonderen Schutz der Gesetze genießen* ‖ **Schụtz|an|strich** ‖ **Schụtz|an|zug** ‖ **Schụtz|be|dürf|nis** ‖ **Schụtz|be|dürf|tig|keit** ‖ **Schụtz|be|foh|le|ne**[1] der, -n/-n, ein Schutzbefohlener: *Schützling* ‖ **Schụtz|be|foh|le|ne**[2] die, -n/-n ‖ **Schụtz|be|haup|tung** (Jus): eine Aussage als S. erklären *(mit der sich die betroffene Person nur decken will)* ‖ **Schụtz|blech** ‖ **Schụtz|brief** (Versich.) ‖ **Schụtz|bril|le** ‖ **Schụtz|bund** (Gesch.): Republikanischer S. *(militärisch organisierte, bewaffnete Vereinigung der Sozialdemokratie in der Zwischenkriegszeit in Österreich);* → Heimwehr ‖ **Schụtz|dach**

Schüt|ze[1] der, -n/-n: *jemand, der mit einer Schusswaffe schießt;* ein treffsicherer S. | *Mitglied eines Schützenvereins* | *ein Tierkreiszeichen*

Schüt|ze[2] die, -/-n (reg.): *Schuber an Schleusen, Schütz* | *Weberschiffchen*

schüt|zen, du schützt: jemanden vor etwas s.; sich gegen Kälte s. | geschützte *(unter gesetzlichem Naturschutz stehende)* Pflanzen und Tiere | ein [gesetzlich] geschützter Markenname

Schüt|zen|bund: *Schützenverein* ‖ **Schüt|zen|fest:** *ein Volksfest*

Schụtz|en|gel: sie hat einen S. gehabt *(ist einer Gefahr auf unglaubliche Weise entkommen)*

Schüt|zen|gra|ben (Mil.): *eine Deckung im Infanteriekampf* ‖ **Schüt|zen|hil|fe:** jemandem S. *(Beistand)* leisten ‖ **Schüt|zen|kom|pa|nie** ‖ **Schüt|zen|pan|zer** (Mil.): *ein Panzerfahrzeug* ‖ **Schüt|zen|ver|ein:** *ein Traditionsverein*

Schụtz|far|be ‖ **Schụtz|film:** *dünne Schutzschicht* ‖ **Schụtz|frist** (Jus): *Zeit, in der jemand/etwas gesetzlich geschützt ist;* die S. für Schwangere; → Mutterschutz ‖ **Schụtz|ge|bühr:** *geringe Gebühr statt eines Kaufpreises, zB für eine Broschüre* ‖ **Schụtz|geld:** *[bei Geschäftsleuten] erpresste Geldsumme* ‖ **Schụtz|geld|er|pres|sung** ‖ **Schụtz|git|ter** ‖ **Schụtz|glas** ‖ **Schụtz|haft:** *Haft zur Sicherung gefährdeter Personen* | *(in Polizeistaaten) Vorwand für die Verhaftung missliebiger Personen* ‖ **Schụtz|hei|li|ge:** *Schutzpatron/in* ‖ **Schụtz|helm** ‖ **Schụtz|herr|schaft** ‖ **Schụtz|hül|le** ‖ **Schụtz|hund:** *Hund mit einer bestimmten Ausbildung* ‖ **Schụtz|hüt|te:** *Berghütte* ‖ **schụtz|imp|fen** (nur Inf. und Part.) ‖ **Schụtz|imp|fung**

Schüt|zin die, -/-innen → Schütze[1]

Schụtz|klei|dung ‖ **Schụtz|kon|takt|ste|cker** → Schukostecker ‖ **Schütz|ling** der, -s/-e: *zum Schutz Anvertraute/r* ‖ **schụtz|los** ‖ **Schụtz|lo|sig|keit** die, - ‖ **Schụtz|macht** (Pol.): *Staat, der einen anderen in einem dritten Land vertritt* | *Staat, der einem anderen Schutz garantiert;* Österreich als S. Südtirols ‖ **Schụtz|man|tel|ma|don|na** (Kunstg.) ‖ **Schụtz|mar|ke:** *Warenzeichen;* → WZ ‖ **Schụtz|mas|ke** ‖ **Schụtz|maß|nah|me** ‖ **Schụtz|pa|tron:** *Schutzheiliger* ‖ **Schụtz|pa|tro|nin** ‖ **Schụtz|raum:** *Luftschutzraum* ‖ **Schụtz|schal|ter** → FI-Schalter ‖ **Schụtz|schicht** = **Schụtz|schich|te** ‖ **Schụtz|schild** der, -[e]s/-e ‖ **Schụtz|trup|pe** ‖ **Schụtz|um|schlag:** *Buchumschlag* ‖ **Schụtz|ver|band:** *Verband zum Schutz einer Wunde* | *Interessenvereinigung* ‖ **Schụtz|vor|rich|tung** ‖ **Schụtz|waf|fe** (früher): *Helm, Panzer* ‖ **Schụtz|wald:** *Wald zum Schutz vor Lawinenabgängen u. dgl.* ‖ **Schụtz|wall** ‖ **Schụtz|weg:** *ein gekennzeichneter Fußgängerübergang, Zebrastreifen* ‖ **Schụtz|zoll** (Wirt.): *Einfuhrzoll, der die eigene Wirtschaft gegen Konkurrenz schützt* ‖ **Schụtz|zo|ne:** eine S. *(Sicherheitszone)* der UNO

Schw.: Schwester

schwab|be|lig, *auch:* **schwạbb|lig:** ein schwabbeliger Pudding

Schwa̲|be der, -n/-n: *Bewohner Schwabens (in Teilen von Baden-Württemberg und von Bayern)* ‖ **schwä|beln,** ich schwäble: *mit schwäbischem Einschlag sprechen* ‖ **Schwa̲|ben** ‖ **Schwä̲|bin** die, -/-innen ‖ **schwä̲|bisch:** schwäbische Trachten; *aber:* das Schwäbische Meer *(Bodensee)*

schwạch, schwächer/am schwächsten:

kraftlos | ein schwaches *(dünnes)* Brett | ein schwaches *(schlechtes)* Gedächtnis haben | ein schwaches Argument | eine schwache *(nicht volle)* Stunde brauchen | in einer schwachen Stunde *(in einem Augenblick der Nachgiebigkeit)* zustimmen | (Gramm.) schwache *(schwach konjugierte)* Verben; schwache *(schwach deklinierte)* Nomen

Getrennt- und Zusammenschreibung:
- bei diesem Angebot bin ich schwachgeworden (= schwach geworden) *(habe ich nicht widerstehen können); aber nur getrennt:* die Patientin ist schwach geworden *(in Ohnmacht gefallen)*
- ein schwach begabter (= schwachbegabter) Schüler
- schwach betont = schwachbetont
- ein schwach bevölkertes (= schwachbevölkertes) Gebiet

schwach be|gabt = schwach|be|gabt ‖ **schwach be|tont = schwach|be|tont** ‖ **schwach be|völ|kert = schwach|be|völ|kert** ‖ **Schwä|che** die, -/-n: Deutsch ist seine S. *(auf diesem Gebiet ist er schwach begabt)* | sie hat eine S. *(eine Vorliebe)* für schöne Bücher ‖ **Schwä|che|an|fall** ‖ **Schwä|che|ge|fühl** ‖ **schwä|chen:** *entkräften;* die Machtposition s. *(verringern)* ‖ **Schwä|che|zu|stand** ‖ **Schwach|heit** die, - ‖ **Schwach|kopf** (abw.): *Dummkopf* ‖ **schwäch|lich:** *kraftlos, krank* ‖ **Schwäch|ling** der, -s/-e (abw.): *Mensch, der wenig Körperkraft besitzt* | *Mensch mit wenig Durchsetzungskraft* ‖ **Schwach|ma|ti|ker** der, -s/- = **Schwach|ma|ti|kus,** -/-kusse (ugs., oft scherzh.): *schlechter Schüler* | *Schwächling* ‖ **Schwach|punkt:** *schwacher Punkt, Schwachstelle* ‖ **schwach|sich|tig:** *von schwacher Sehkraft* ‖ **Schwach|sinn** (Med.): *geistige Unterentwicklung* | (ugs.) *Dummheit* ‖ **schwach|sin|nig** ‖ **Schwach|sin|ni|ge**[1] der, -n/-n, ein Schwachsinniger ‖ **Schwach|sin|ni|ge**[2] die, -n/-n ‖ **Schwach|stel|le:** *Schwachpunkt* ‖ **Schwach|strom** der, -[e]s (Elektrot.) ‖ **Schwä|chung** die, -/-en ‖ **schwach wer|den = schwach|wer|den:** *trotz Vorsatz nicht widerstehen können;* → schwach

Schwa|den[1] der, -s/-: *dahinstreichender Dampf, Dunst oder Rauch*

Schwa|den[2] der, -s/-: *Reihe gemähten Grases oder Getreides* ‖ **schwa|den|wei|se**

Schwa|dron die, -/-en ⟨it.⟩ (früher) (Mil.): *eine Einheit der Kavallerie* ‖ **Schwa|dro|neur** [-'nøːə] der, -s/-e (abw.): *Schwätzer, Aufschneider* ‖ **Schwa|dro|neu|rin** die, -/-innen (abw.) ‖ **schwa|dro|nie|ren** (abw.)

Schwa|fe|lei die, -/-en (ugs., abw.) ‖ **schwa|feln,** *auch:* schwefeln, ich schwafle (ugs., abw.): *viel und gedankenlos reden* ‖ **Schwaf|ler** der, -s/-, *auch:* Schwefler (ugs., abw.): *jemand, der gedankenlos und viel redet* ‖ **Schwaf|le|rin,** die, -/-innen, *auch:* Schweflerin (ugs., abw.)

Schwa|ger der, -s/Schwäger: *Ehemann der Schwester; Bruder der Gattin/des Gatten* | (früher) *Postillon* ‖ **Schwä|ge|rin** die, -/-innen: *Ehefrau des Bruders; Schwester der Gattin/des Gatten;* → verschwägert

Schwai|ge die, -/-n, *auch:* Schwaig, -/-en (reg.): *Sennhütte mit der dazugehörenden Alm; Viehhof* ‖ **schwai|gen:** *eine Alm bewirtschaften* ‖ **Schwai|ger** der, -s/- (reg.): *Senner* ‖ **Schwai|ge|rin** die, -/-innen (reg.): *Sennerin* ‖ **Schwaig|hof** (früher): *ganzjährig bewirtschafteter Viehhof*

Schwal|be die, -/-n: *ein Zugvogel;* eine S. macht noch keinen Sommer *(von einem Einzelfall darf nicht auf die Gesamtsituation geschlossen werden)* | (sal.) (Sport) *simuliertes Foul im Fußball, um einen Strafstoß zu provozieren* ‖ **Schwal|ben|nest** ‖ **Schwal|ben|schwanz** (Zool.): *ein Schmetterling* ‖ **schwal|ben|schwanz|för|mig:** *gabelig*

Schwall der, -[e]s/-e: ein S. *(Guss)* Wasser

schwamm → schwimmen

Schwamm der, -[e]s/Schwämme: *Pilz* | *ein wirbelloses Wassertier;* S. drüber! *(vergessen wir den Vorfall!)* ‖ **Schwam|merl** das, -s/-[n]: *Pilz;* die Lokale schießen wie die Schwammerln *(zahlreich)* aus dem Boden ‖ **Schwam|merl|gu|lasch** ‖ **Schwam|merl|sau|ce** [-zoːs(ɛ)] = **Schwam|merl|soß** = **Schwam|merl|so|ße** ‖ **Schwam|merl|su|cher** der, -s/- ‖ **Schwam|merl|su|che|rin** die, -/-innen ‖ **Schwam|merl|sup|pe** ‖ **schwam|mig:** *aufgedunsen* | (abw.) eine schwammige *(unklare, nicht eindeutige)* Definition ‖ **Schwamm|tuch:** *ein Reinigungstuch*

Schwan der, -[e]s/Schwäne: *ein Schwimmvogel*

schwand → schwinden

schwa|nen (geh.): mir schwant *(ich ahne)* nichts Gutes

Schwa|nen|ge|sang der, -[e]s (geh.): dieses Buch war sein S. *(sein letztes Werk)* ‖ **Schwa|nen|hals:** *langer, schmaler Hals*

Schwa|nen|stadt: *Stadt in Oberösterreich*

schwang → schwingen ‖ **Schwang** (nur in der Wendung): etwas ist im S. *(es ist allgemein üblich)*

schwan|ger: *ein Kind erwartend;* eine schwangere Frau; sie ist im vierten Monat s.; → schwangergehen ‖ **Schwan|ge|re** die, -n/-n ‖ **schwan|ger|ge|hen** (geh.): mit etwas s. *(etwas planen)* ‖ **schwän|gern:** *schwanger machen* | von Rauch geschwängerte Luft ‖ **Schwan|ger|schaft** die, -/-en ‖ **Schwan|ger|schafts|ab|bruch** ‖ **Schwan|ger|schafts|gym|nas|tik** [-gym-] ‖ **Schwan|ger|schafts|test** ‖ **Schwan|ger|schafts|ver|hü|tung:** *Empfängnisverhütung* ‖ **Schwän|ge|rung** die, -/-en

schwank (geh.): auf schwankem *(unsicherem)* Grund ‖ **Schwank** der, -[e]s/Schwänke: *scherzhafte Erzählung; derb-lustiges Theaterstück* ‖ **schwan|ken:** eine schwankende *(wackelnde)* Leiter; nach Hause s. | schwankende *(steigende und fallende)* Preise | noch s. *(sich noch nicht entschieden haben)* ‖ **Schwan|kung** die, -/-en: leise Schwankungen spüren

Schwanz der, -es/Schwänze: der Hund wedelt mit dem S. | der S. eines Kometen | (sal.) den S. einziehen *(einen Rückzieher machen)* | (derb) *Penis* ‖ **schwän|zeln,** ich schwänzle: der Hund schwänzelt *(wedelt mit dem Schwanz)* | ein schwänzelnder Gang ‖ **schwan|zen** (reg., ugs.): es schwanzt *(ärgert)* ihn; du schwanzt dich ‖ **schwän|zen,** du schwänzt: die Schule/den Unterricht s. *(unentschuldigt fernbleiben)* ‖ **Schwän|zer** der, -s/- (ugs.): *Schulschwänzer* ‖ **Schwän|ze|rin** die, -/-innen (ugs.) ‖ **Schwanz|fe|der** ‖ **Schwanz|flos-**

S

se ‖ **Schwanzl** das, -s/-[n] (ugs.): *[kleiner] Schwanz* ‖ **schwanzwedelnd**
schwappen: ein schwappendes Geräusch; → überschwappen
Schwäre die, -/-n (geh.): *ein Geschwür* ‖ **schwären** (geh.): *eitern;* der Finger schwärt ‖ **schwärig** (geh.)
Schwarm der, -[e]s/Schwärme: *große Zahl fliegender Vögel, Bienen oÄ;* ein S. Stare | (ugs.) Hans ist ihr neuer S. *(Angebeteter)* ‖ **schwärmen:** schwärmende Bienen | für die Natur s. *(sich für sie begeistern)* ‖ **Schwärmer** der, -s/- ‖ **Schwärmerei** die, -/-en ‖ **Schwärmerin** die, -/-innen ‖ **schwärmerisch**
Schwarte die, -/-n: *[dicke] Haut* | (ugs.) arbeiten, dass die S. kracht | *[altes] dickes Buch* ‖ **schwartig** ‖ **Schwartl** das, -s/-[n] (ugs.): *Schwarte* ‖ **Schwartling** der, -s/-e: *seitlich nicht beschnittenes Brett*

schwarz, schwärzer/am schwärzesten

Kleinschreibung:
- er ist das schwarze Schaf in der Familie
- etwas schwarz auf weiß bekommen *(schriftlich)*
- schwarze Zahlen schreiben *(positiv bilanzieren);* → G.: rote Zahlen
- auf dem schwarzen Markt kaufen *(ungesetzlich kaufen)*
- ein schwarzer Tag *(unglücksreicher)*

Klein- und Großschreibung:
- schwarz (= **S**chwarz) wählen (Frage *Wie?* oder *Was?*) (Pol.: *eine konservativ geprägte politische Partei*)

Großschreibung bei Nominalisierung:
- aus **S**chwarz **W**eiß machen *(die Tatsachen verdrehen)*
- ins **S**chwarze treffen *(mitten ins Ziel)*
- eine Bluse in **S**chwarz *(der Farbe Schwarz)*

Großschreibung in Eigennamen und in bestimmten fachsprachlichen Verbindungen:
- das **S**chwarze Meer
- der **S**chwarze Freitag
- **S**chwarzes (*auch:* schwarzes) Loch (Astron.: *ein nur indirekt nachweisbarer kollabierter Stern*)

Groß- und Kleinschreibung in festen Verbindungen mit einer neuen übertragenen Gesamtbedeutung:
- das schwarze (*auch:* **S**chwarze) Brett *(Anschlagtafel)*
- schwarzer (*auch:* **S**chwarzer) Peter *(ein Kartenspiel);* den schwarzen (*auch:* **S**chwarzen) Peter *(einen Nachteil)* haben
- die schwarze (*auch:* **S**chwarze) Kunst *(Zauberei; Buchdruckerkunst)*
- der schwarze (*auch:* **S**chwarze) Tod *(die Pest)*

Zusammenschreibung bei übertragener Bedeutung, zB:
- schwarzarbeiten *(im Pfusch arbeiten)*
- schwarzkopieren *(unerlaubt vervielfältigen)*
- schwarzmalen *(pessimistisch sein)*
- schwarzsehen *(ohne Anmeldung fernsehen; pessimistisch sein)*

Getrennt- und Zusammenschreibung mit adjektivisch gebrauchten Partizipien:
- schwarz gefärbte (= schwarzgefärbte) Haare
- schwarz gestreift = schwarzgestreift
- schwarzweiß gestreift = schwarzweißgestreift

Schwarz das, -[es]: eine Dame in S. (auch: *in Trauer*); → Schwarze ‖ **Schwarzafrika:** *die von Schwarzen bewohnten Teile Afrikas* ‖ **Schwarzarbeit:** *illegale Arbeit; Pfusch* ‖ **schwarzarbeiten:** er hat schwarzgearbeitet *(im Pfusch gearbeitet)* ‖ **Schwarzarbeiter** ‖ **Schwarzarbeiterin** ‖ **schwarzärgern** sich ‖ **schwarzäugig:** das Baby ist s. ‖ **Schwarzbeere** (reg., zB K, St, OstT): *Heidelbeere* ‖ **schwarzbraun** ‖ **schwarzbrennen:** *ohne eine Genehmigung Schnaps herstellen;* → schwarz ‖ **Schwarzbrenner** ‖ **Schwarzbrennerei:** *ungesetzliches Schnapsbrennen* ‖ **Schwarzbrennerin** ‖ **Schwarzbrot:** *dunkles Brot aus Roggenmehl* ‖ **Schwarzbuch:** *thematische Sammlung von Fakten und Dokumenten über Verbrechen, Korruption o. dgl.;* das S. des Kommunismus ‖ **Schwarzdorn:** *Schlehdorn* ‖ **Schwarze**[1] das, -n: ins S. *(mitten ins Ziel)* treffen; → schwarz ‖ **Schwarze**[2] der, -n/-n, ein Schwarzer: *dunkelhäutiger Mensch, bes. Schwarzafrikaner* | (ugs.) (Pol.) *Anhänger einer konservativ geprägten politischen Richtung, zB der ÖVP* | *schwarzer Kaffee;* ein kleiner Schwarzer ‖ **Schwarze**[3] die, -n/-n ‖ **Schwärze** die, -/-n: die S. der Nacht | *schwarzer Farbstoff* ‖ **schwärzen,** du schwärzt: vom Rauch geschwärzte Mauern ‖ **Schwärzer** der, -s/- (ugs., veraltet): *Schmuggler* ‖ **Schwärzerin** die, -/-innen (ugs., veraltet) ‖ **schwarzfahren:** *ohne gültigen Fahrausweis fahren* ‖ **Schwarzfahrer:** als S. erwischt werden ‖ **Schwarzfahrerin** ‖ **Schwarzfahrt:** *Fahrt ohne gültige Fahrkarte* ‖ **Schwarzfärbung** ‖ **schwarz gefärbt** = **schwarzgefärbt** ‖ **Schwarzgeld:** *ungesetzlich/unerlaubt erworbenes, unversteuertes Geld* ‖ **schwarz gestreift** = **schwarzgestreift** ‖ **schwarzhaarig** ‖ **Schwarzhandel:** *illegaler Handel* ‖ **Schwarzhändler** ‖ **Schwarzhändlerin** ‖ **schwarzhören:** *ohne Anmeldung Radio hören* ‖ **Schwarzhörer** ‖ **Schwarzhörerin** ‖ **Schwarzkappler** der, -s/- (reg., bes. W, ugs.): *Kontrollor in der Straßenbahn oder U-Bahn* ‖ **Schwarzkapplerin** die, -/-innen (reg., bes. W, ugs.) ‖ **Schwarzkiefer:** *eine Föhrenart* ‖ **schwarzkopieren:** *unerlaubt vervielfältigen* ‖ **Schwarzkümmel:** *ein Gewürz* ‖ **Schwarzkünstler:** *ein Zauberkünstler, Magier* ‖ **Schwarzkünstlerin** ‖ **schwärzlich:** s. blau ‖ **schwarzmalen:** *pessimistisch sein* ‖ **Schwarzmaler:** *Pessimist* ‖ **Schwarzmalerin** ‖ **Schwarzmarkt** ‖ **Schwarzplenten** (K, T): *Polenta aus Buchweizen* ‖ **Schwarzpulver** [-f-]: *Schießpulver* ‖ **schwarzsehen:** *ohne Anmeldung fernsehen* | *pessimistisch sein* ‖ **Schwarzseher:** *jemand, der überall Schlechtes voraussieht; Pessimist* | *jemand, der ohne Anmeldung fernsieht* ‖ **Schwarzseherei** die, -/-en ‖ **Schwarzseherin** ‖ **Schwarztee:** *schwarzer (russischer) Tee* ‖ **Schwärzung** die, -/-en ‖ **Schwarzwald** der, -[e]s: *ein deutsches Mittelgebirge* ‖ **schwarzweiß:** s. malen *(etwas einseitig, undifferenziert darstellen);* schwarzweiß gestreift (= schwarzweißgestreift) ‖ **Schwarzweißaufnahme** ‖

S

Schwarz|weiß|film ‖ **Schwarz|weiß|fo|to** ‖ **schwarz|weiß ge|streift** = **schwarz|weiß|ge|streift** ‖ **Schwarz|weiß|ma|le|rei:** *vereinfachende Darstellung in krassen Gegensätzen* ‖ **schwarz werden** = **schwarz|wer|den** (ugs.): warten, bis man s. wird *(umsonst warten)* ‖ **Schwarz|wild** (Jägerspr.): *die Wildschweine* ‖ **Schwarz|wur|zel:** *eine Gemüsepflanze*

Schwatz der, -es/-e: *Plausch* ‖ **schwat|zen,** du schwatzt: *plaudern, tratschen* ‖ **schwät|zen:** du schwätzt *(tratschst)* mit dem Sitznachbarn; aus der Schule s. *(Geheimnisse ausplaudern)* | (V) *sich unterhalten* ‖ **Schwät|zer** der, -s/- (abw.): *jemand, der viel und oberflächliches Zeug redet* ‖ **Schwät|ze|rin** die, -/-innen (abw.) ‖ **schwatz|haft** (abw.) ‖ **Schwatz|haf|tig|keit** die, - (abw.)

Schwaz (Kfz: SZ): *Stadt in Tirol*

Schwe|be die, -: etwas in S. *(unentschieden)* lassen ‖ **Schwe|be|bahn:** *eine Seilbahn* ‖ **Schwe|be|bal|ken:** *ein Turngerät* | (Sport) *eine Disziplin im Gerätekunstturnen* ‖ **Schwe|be|baum:** *ein Turngerät* ‖ **schwe|ben:** der Ballon *ist* über dem Boden geschwebt *(hat sich frei in der Luft gehalten)* | in goßer Gefahr s. *(in Gefahr sein)* | ein schwebendes *(noch nicht entschiedenes)* Verfahren ‖ **Schwe|be|zu|stand:** *unentschiedene Lage* ‖ **Schwe|bung** die, -/-en: *der schwankende Zusammenklang zweier fast gleich hoher Töne*

Schwe|chat (Kfz: SW): *Stadt in Niederösterreich;* Flughafen Wien-Schwechat

Schwe|de der, -n/-n ‖ **Schwe|den** (Kfz: S): *ein Staat* ‖ **Schwe|den|bom|be** (Wz.): *eine Süßigkeit* ‖ **Schwe|den|rei|ter** (Landw.): *Vorrichtung zum Heutrocknen* ‖ **Schwe|din** die, -/-innen ‖ **schwe|disch** ‖ **Schwe|disch** das, -[s] = **Schwe|di|sche,** -n: *die schwedische Sprache*

Schwe|fel der, -s (Zeichen: S): *ein chemisches Element* ‖ **Schwe|fel|bad** (Med.) ‖ **Schwe|fel|di|oxid** = **Schwe|fel|di|oxyd** [-yd] (Chem.) ‖ **schwe|fel|gelb** ‖ **schwe|fel|häl|tig,** *auch:* schwefelhaltig ‖ **schwe|fe|lig** = schweflig: schwefeliger Geruch ‖ **schwe|feln,** ich schwefle: Fässer s. *(mit Schwefel ausräuchern);* Rosinen s. | → schwafeln ‖ **Schwe|fel|quel|le:** *schwefelhältige Heilquelle* ‖ **Schwe|fel|säu|re** die, - (Chem.) ‖ **Schwe|fel|was|ser|stoff** (Chem.): *ein giftiges Gas* ‖ **Schwef|ler** → Schwafler ‖ **Schwef|le|rin** die, -/-innen → Schwaflerin ‖ **schwef|lig** = → schwefelig

Schwe|gel die, -/-n = der, -s/- = **Schwe|gel|pfei|fe:** *ein volkstümliches Blasinstrument, Querpfeife* ‖ **Schweg|ler** der, -s/- ‖ **Schweg|le|rin** die, -/-innen

Schweif der, -[e]s/-e: *buschiger Schwanz* ‖ **schwei|fen** (geh.): *wandern, spazieren;* durch Wald und Wiesen s.; in die Ferne s.; ‖ **schweif|we|delnd**

Schwei|ge|geld: als Mitwisser S. *(Bestechungsgeld)* erpressen ‖ **Schwei|ge|marsch:** *eine friedliche Form der Demonstration [zum Gedenken]* ‖ **Schwei|ge|mi|nu|te:** *Gedenkminute* ‖ **schwei|gen,** schwieg/geschwiegen: die Frau schwieg vor sich hin; die Waffen s. *(der Krieg ist unterbrochen oder zu Ende);* ich schweige wie ein Grab *(verrate nichts);* das Stück ist schlecht, ganz zu s. von der Inszenierung *(bes. die Inszenierung)* ‖ **Schwei|gen** das, -s: danach herrschte betroffenes S.; sie brach das S. *(beendete die Stille);* jemanden gewaltsam zum S. bringen (auch: *töten*); sich in S. hüllen *(nichts verraten)* ‖ **Schwei|ge|pflicht** die, -: die S. des Arztes ‖ **Schwei|ger** der, -s/-: *nicht mitteilsamer Mensch* ‖ **Schwei|ge|rin** die, -/-innen ‖ **schweig|sam:** *wortkarg, ruhig* ‖ **Schweig|sam|keit** die, -

Schwein das, -[e]s/-e: Schweine mästen | (sal.) kein S. *(niemand)* war da | (derb) wie ein S. *(sehr stark)* bluten | (derb, abw.) *verachtenswerter, unsauberer Mensch;* dieses S. hat mich hintergangen | (ohne Pl.) (ugs.) S. *(Glück)* haben ‖ **Schwein|chen** das, -s/- ‖ **Schwein|derl** das, -s/-[n] = **Schweindl** das, -s/-n (ugs.): *Schweinchen* ‖ **Schwei|ne|bra|ten** (bes. nördl. D): *Schweinsbraten* ‖ **Schwei|ne|fett** (bes. nördl. D): *Schweinsfett* ‖ **Schwei|ne|fi|let** [-le:] (bes. nördl. D) → Schweinsfilet ‖ **Schwei|ne|fleisch** ‖ **Schwei|ne|geld** (ugs.): *[unangemessen] hohe Kosten* ‖ **Schwei|ne|hund** (derb): *Lump* | (scherzh.) der innere S. *(die eigene Bequemlichkeit)* ‖ **Schwei|ne|mast** ‖ **Schwei|ne|pest:** *eine Krankheit bei Schweinen* ‖ **Schwei|ne|rei** die, -/-en (derb): *arge Verschmutzung; grobe Unkorrektheit; Unanständigkeit* ‖ **Schwei|ner|ne** das, -n: *Schweinefleisch;* mageres Schweinernes ‖ **Schwei|ne|schmalz** → Schweinsschmalz ‖ **Schwei|ne|schnit|zel** (bes. nördl. D): *Schweinsschnitzel* ‖ **Schwei|ne|stall** ‖ **Schwei|ne|zucht** ‖ **schwei|ni|geln,** ich schweinigle (ugs., sal.): *unanständige Reden führen;* → Nigel ‖ **schwei|nisch** (derb): *unanständig* ‖ **Schweins|bors|te** ‖ **Schweins|bra|ten:** *eine Speise* ‖ **Schweins|fett,** *auch:* Schweinefett ‖ **Schweins|fi|let** [-le:]: *Schweinslungenbraten* ‖ **Schweins|ga|lopp** (ugs.): im S. *(hastig, ungenau)* ‖ **Schweins|gu|lasch** ‖ **Schweins|ha|xe** (südl. D): *Schweinshaxen* ‖ **Schweins|ha|xen:** *Schweinsstelze* ‖ **Schweins|kar|ree** ‖ **Schweins|ko|te|lett** [-kɔtlɛt]: paniertes S. ‖ **Schweins|le|der** ‖ **schweins|le|dern** ‖ **Schweins|lun|gen|bra|ten** ‖ **Schweins|me|dail|lon** [-da(l)jo:n, *auch:* -jõ:] ‖ **Schweins|schle|gel,** *auch:* **Schweins|schlö|gel** ‖ **Schweins|schmalz,** *auch:* Schweineschmalz ‖ **Schweins|schnit|zel:** *eine Speise;* S. mit Salat ‖ **Schweins|stel|ze** ‖ **Schweins|sulz**

Schweiß der, -es: der kalte S.; in S. gebadet *(völlig verschwitzt);* das kostet S. *(viel Mühe)* | (geh.) im Schweiße seines Angesichts *(unter großer Anstrengung)* | (Jägerspr.) der S. *(das Blut)* des angeschossenen Wildes ‖ **Schweiß|aus|bruch** ‖ **Schweiß|band:** *Stoffband, das den Schweiß aufsaugen soll* ‖ **schweiß|be|deckt** ‖ **Schweiß|blatt:** *Stoffeinsatz gegen Achselschweiß* ‖ **Schweiß|bren|ner:** *Teil des Schweißapparates* ‖ **Schweiß|drü|se** ‖ **schwei|ßen,** du schweißt: Schienen s. *(aneinanderschmelzen)* ‖ **Schwei|ßer** der, -s/-: *ein Facharbeiter* ‖ **Schwei|ße|rin** die, -/-innen ‖ **Schweiß|fleck** ‖ **Schweiß|fuß** ‖ **schweiß|ge|ba|det:** s. aufwachen ‖ **Schweiß|ge|ruch** ‖ **schwei|ßig:** schweißige Hände ‖ **Schweiß|le|der:** *Band im Hut* ‖ **Schweiß|naht:** *Linie, an der zwei Teile zusammengeschweißt wurden* ‖ **schweiß|nass** ‖ **Schweiß|per|le:** *Schweißtropfen* ‖ **schweiß|trei-**

S

bend: ein schweißtreibender Tee || **schweiß|trie|fend:** *sehr stark schwitzend* || **Schweiß|trop|fen** || **schweiß|über|strömt** || **schweiß|ver|klebt**

Schweiz die, - (Kfz: CH): *ein Staat* || **Schwei|zer**[1] der, -s/-: *Einwohner der Schweiz* | (reg.) *Melker* || **Schwei|zer**[2] (Adj.): Schweizer Käse || **Schwei|zer|deutsch** das, -[s] = **Schwei|zer|deut|sche,** -n, *auch:* Schwyzerdütsch [-'iː-yːtʃ] das, -[s], Schwyzertütsch: *Dialekte der deutschsprachigen Schweiz* || **Schwei|zer|gar|de** die, -: *päpstliche Leibwache (in Vatikan)* || **Schwei|ze|rin** die, -/-innen || **schwei|ze|risch:** s. reden; *aber:* die Schweizerische Eidgenossenschaft *(volle Form des Namens der Schweiz)*

Schwel|brand || **schwe|len:** *glosen;* das Feuer schwelte noch lange unter der Asche

schwel|gen: *üppig leben* | in Erinnerungen s.; im Glück s. *(es voll und ganz genießen)* || **Schwel|ge|rei** die, -/-en || **schwel|ge|risch**

Schwel|le die, -/-n: *Türstaffel;* den Fuß über diese S. setzen *(dieses Haus/diese Wohnung betreten);* | *Teil der Gleisanlage, Eisenbahnschwelle* | (geh.) an der S. *(am Anfang)* eines neuen Jahres

schwel|len[1], schwillt/schwoll/geschwollen: *sich ausdehnen;* ein geschwollener Hals; die Knospe schwillt; ihm schwillt der Kamm *(er wird übermütig und frech);* → geschwollen || **schwel|len**[2], er schwellt/schwellte/geschwellt (geh.): *zum Schwellen bringen;* vom Wind geschwellte Segel

Schwel|len|angst: *Angst, eine neue Situation nicht bewältigen zu können* || **Schwel|len|land:** *Entwicklungsland am Übergang zum Industrieland* || **Schwel|len|wert:** *Ausmaß, von dem an Auswirkungen feststellbar sind*

Schwell|kör|per (Med.): der S. des Penis || **Schwel|lung** die, -/-en

Schwem|me die, -/-n: Pferde zum Waschen in die S. *(zu einer flachen Stelle an einem Fluss oÄ)* führen | (veraltend) *billige Abteilung eines Warenhauses* || **schwem|men:** *[Wäsche] spülen* | Holz s. *(flößen)* | die Strömung schwemmte viele Muscheln an Land || **Schwemm|land** das, -[e]s: *fest angeschwemmter Boden* || **Schwemm|sand**

schwen|den: *roden durch Anbohren der Bäume* || **Schwend|ta|ge** die (Pl.): *im Volksglauben Tage, die sich bes. zum Schwenden bzw. für bestimmte Tischlerarbeiten eignen*

Schwen|gel der, -s/-: *bewegliche Stange zum Pumpen, Brunnenschwengel* | *Klöppel, Glockenschwengel*

Schwenk der, -[e]s/-s [-e]: *Drehung, Wendung;* einen S. mit der Kamera machen || **schwenk|bar** || **schwen|ken:** Fahnen s. *(hin und her schwingen)* | die Kamera s. | die Fisolen in Butter s. || **Schwen|ker** der, -s/-: *Schwenkglas [für Kognak]* || **Schwenk|kran**

schwer
drei Kilo s.; schweres *(massives)* Gold; schweres Geschütz *(mit großem Kaliber)* | ein schweres *(heftiges)* Gewitter | eine schwere *(schwierige, schwer erlernbare)* Sprache | (ugs.) ein schwerer Bursche *([Schwer]verbrecher)* | schwere *(ernste)* Musik; *aber:* Schweres durchgemacht haben

Getrenntschreibung bei wörtlicher Bedeutung:
- schwer arbeiten *(hart)*
- sich schwer verletzen

Zusammenschreibung bei übertragener Bedeutung:
- es wird ihm schwerfallen, das Gegenteil zu beweisen
- das Leben schwernehmen *(sehr ernst)*
- ich habe mir/mich schwergetan

Außerdem: schwerreich

Getrennt- und Zusammenschreibung in Zweifelsfällen, mit adjektivisch gebrauchten Partizipien, und wenn „schwer" die Bedeutung des folgenden Adjektivs abstuft, zB:
- der Autofahrer hat mich schwer behindert (= schwerbehindert); *aber fachspr. nur zusammen:* schwerbehinderte Kinder
- schwer erziehbar = schwererziehbar
- schwer krank = schwerkrank
- jemandem das Leben schwer machen (= schwermachen)
- schwer verletzt = schwerverletzt
- der schwer Verletzte = Schwerverletzte
- schwer verständlich = schwerverständlich
- schwer wiegende (= schwerwiegende) Gründe *(sehr wichtige, gewichtige); aber nur getrennt bzw. zusammen:* schwerer wiegende, schwerwiegendere Argumente

Schwer|ar|beit || **Schwer|ar|bei|ter** || **Schwer|ar|bei|te|rin** || **Schwer|ath|le|tik** (Sport): *Gewichtheben, Boxen, Ringen, Judo* || **schwer|be|hin|dert** (fachspr.): *durch gesundheitliche Beeinträchtigung nur bedingt erwerbsfähig; aber:* der Radfahrer hat mich schwer behindert (= schwerbehindert) || **Schwer|be|hin|der|te** || **schwer be|schä|digt** = **schwer|be|schä|digt:** ein s. beschädigtes Auto || **schwer|blü|tig:** *schwermütig, bedächtig* || **Schwe|re** die, - || **schwe|re|los** || **Schwe|re|lo|sig|keit** die, -: die S. im Weltraum || **Schwe|re|nö|ter** der, -s/- (scherzhaft): *lebenslustiger Mann, der gern im Ruf eines Frauenhelden steht* || **schwer er|zieh|bar** = **schwer|er|zieh|bar** || **schwer Er|zieh|ba|re**[1] = **Schwer|er|zieh|ba|re**[1] der, -n/-n, ein schwer Erziehbarer = Schwererziehbarer || **schwer Er|zieh|ba|re**[2] = **Schwer|er|zieh|ba|re**[2] die, -n/-n || **Schwer|fahr|zeug:** *Sattelschlepper uÄ* || **schwer|fal|len:** die Aufgabe wird ihm s.; → schwer || **schwer|fäl|lig:** *plump, ungeschickt, langsam* || **Schwer|fäl|lig|keit** die, - || **schwer|flüs|sig:** *zähflüssig* || **Schwer|ge|wicht** das, -[e]s (Sport): *eine Gewichtsklasse* || **schwer|ge|wich|tig** || **schwer|hö|rig** || **Schwer|hö|rig|keit** die, - || **Schwer|in|dus|t|rie** die, -: *Bergbau sowie Eisen- und Stahlindustrie* || **Schwer|kraft** die, - (Phys.): *Anziehungskraft [der Erde]* || **schwer krank** = **schwer|krank:** eine s. kranke Patientin || **schwer Kran|ke** = **Schwer|kran|ke** || **schwer|lich:** *kaum* || **schwer ma|chen** = **schwer|ma|chen:** jemandem das Leben s. m. || **Schwer|me|tall:** *Eisen ua.;* → G.: Leichtmetall || **Schwer|mut** die, - || **schwer|mü|tig:** ein schwermütiger Mensch *(jemand, der alles viel zu schwer nimmt)* || **schwer|neh|men:** das Leben s.; → schwer || **Schwer|öl:** *Öl, das bei der Verarbeitung von Rohöl entsteht, zB flüssiger Brennstoff* || **Schwer|punkt:** der S. *(das Hauptgewicht)* einer Aussage | (Phys.) *Zentrum der Masse eines Körpers* || **schwer|punkt-**

S

mä|ßig ‖ **schwer|reich:** *sehr reich* ‖ **schwerst** (ugs.): *sehr schwer;* das Mädchen war s. beeinträchtigt/behindert ‖ **Schwerst|ar|beit** ‖ **schwerst|be|hin|dert** ‖ **Schwerst|be|hin|der|te**[1] der, -n/-n, ein Schwerstbehinderter ‖ **Schwerst|be|hin|der|te**[2] die, -n/-n

Schwert [geh.: -eː-] das, -[e]s/-er: *eine Hieb- und Stichwaffe;* das S. ziehen; ein zweischneidiges S. *(eine riskante Sache)* | (geh.) die Schwerter kreuzen *(kämpfen)* ‖ **Schwert|griff** ‖ **Schwert|knauf** ‖ **Schwert|li|lie** [-i̯ɛ] ‖ **Schwert|schlu|cker** der, -s/-: *ein Artist* ‖ **Schwert|schlu|cke|rin** die, -/-in|nen ‖ **Schwert|streich** (geh.): eine Stadt ohne S. *(kampflos)* einnehmen ‖ **Schwert|tanz**

schwer|tun sich → schwer ‖ **Schwer|ver|bre|cher** ‖ **Schwer|ver|bre|che|rin** ‖ **schwer ver|dau|lich** = **schwer|ver|dau|lich** ‖ **Schwer|ver|kehr:** *Lkw-Verkehr* ‖ **Schwer|ver|kehrs|ab|ga|be** ‖ **schwer ver|letzt** = **schwer|ver|letzt:** eine s. verletzte Frau ‖ **schwer Ver|letz|te** = **Schwer|ver|letz|te** ‖ **schwer ver|ständ|lich** = **schwer|ver|ständ|lich** ‖ **schwer Ver|wun|de|te** = **Schwer|ver|wun|de|te** ‖ **schwer wie|gend** = **schwer|wie|gend:** das ist s. wiegend (= schwerwiegend); *aber nur:* am schwerwiegendsten; → schwer

Schwes|ter die, -/-n: Bruder und S. | *Kurzwort für Krankenschwester;* → Pfleger | (mit Abkürzung Schw.) *Kurzwort für geistliche Schwester, Klosterschwester* (Anrede: Schwester Maria); die Barmherzigen Schwestern *(ein Krankenpflegeorden)* ‖ **Schwes|ter|be|trieb:** *Zweigbetrieb* ‖ **Schwes|ter|fir|ma** ‖ **Schwes|ter|herz** (scherzh.): *Schwester, Freundin* ‖ **schwes|ter|lich** ‖ **Schwes|tern|heim** ‖ **Schwes|tern|schu|le:** *Schule für Krankenschwestern* ‖ **Schwes|tern|tracht** ‖ **Schwes|ter|par|tei:** *Partei gleicher Richtung*

Schwib|bo|gen (Arch.): *ein Mauerbogen [zwischen zwei Häusern]*

schwieg → schweigen

Schwie|ger|el|tern die (Pl.): *Eltern des Ehemanns bzw. der Ehefrau* ‖ **Schwie|ger|mut|ter** ‖ **Schwie|ger|sohn** ‖ **Schwie|ger|toch|ter** ‖ **Schwie|ger|va|ter**

Schwie|le die, -/-n: *harte Hautstelle:* Schwielen bekommen ‖ **schwie|lig:** eine schwielige Hand

schwie|rig: *mühsam, schwer, kompliziert* ‖ **Schwie|rig|keit** die, -/-en: jemanden in Schwierigkeiten bringen ‖ **Schwie|rig|keits|grad**

schwillt → schwellen

Schwimm|an|zug ‖ **Schwimm|bad** ‖ **Schwimm|bas|sin** [-sɛ̃ː]: *Schwimmbecken* ‖ **Schwimm|be|cken** ‖ **Schwimm|be|we|gung** ‖ **Schwimm|bla|se:** die S. der Fische ‖ **Schwimm|dis|zi|p|lin:** *Delphin, Brust ua.* ‖ **schwim|men,** schwamm/ ich *bin* geschwommen: gegen den Strom s. *(einen Trend nicht mitmachen)* | seine Augen s. *(sind mit Tränen gefüllt)* | Schnitzel in schwimmendem *(reichlich)* Fett herausbacken | sie schwimmt in *(hat viel)* Glück | mir schwimmt der Kopf *(meine Wahrnehmung ist getrübt)* | (ugs.) in Latein s. *(unsicher, schwach sein)* ‖ **Schwim|mer** der, -s/-: er ist kein guter S. | *Teil einer Absperrvorrichtung [im Spülkasten des Klosetts]* ‖ **Schwim|mer|be|cken** → G.: Nichtschwimmerbecken ‖ **Schwim|me|rin** die, -/-in|nen ‖ **Schwimm|flos|se:** *einer Flosse ähnlicher Schuh zum Schwimmen und Tauchen* ‖ **Schwimm|flü|gel** (meist Pl.): *eine Schwimmhilfe am Oberarm [für Kinder]* ‖ **Schwimm|gür|tel** ‖ **Schwimm|haut:** die S. der Schwimmvögel ‖ **Schwimm|hil|fe:** *Hilfsmittel zum Fortbewegen im Wasser* ‖ **Schwimm|leh|rer** ‖ **Schwimm|leh|re|rin** ‖ **Schwimm|meis|ter:** *Bademeister* ‖ **Schwimm|meis|te|rin** ‖ **Schwimm|rei|fen** ‖ **Schwimm|sport** ‖ **Schwimm|stil** [-st-, -ʃt-] ‖ **Schwimm|vo|gel** ‖ **Schwimm|wes|te:** *ein Rettungsgerät [auf Schiffen]*

Schwin|del der, -s/-: *Gleichgewichtsstörung;* → Schwindel erregend = schwindelerregend | (abw.) *Täuschung, Betrug* ‖ **Schwin|del|an|fall** ‖ **Schwin|de|lei** die, -/-en (abw.): *Täuschung, Betrug* ‖ **Schwin|del er|re|gend** = **schwin|del|er|re|gend:** ein S. erregender Abgrund ‖ **schwin|del|frei** ‖ **Schwin|del|ge|fühl** ‖ **schwin|deln,** ich schwindle: mir/mich schwindelt | beim Kartenspielen s. *(schummeln);* sich durch alle Kontrollen s.

schwin|den, schwand/geschwunden (geh.): die Hoffnung schwindet; der Schnee schwindet schon; das Holz ist geschwunden *(geschrumpft)* | (geh.) ihm schwanden die Sinne *(er verlor das Bewusstsein)*

Schwind|ler der, -s/- (abw.): *jemand, der schwindelt* ‖ **Schwind|le|rin** die, -/-in|nen (abw.) ‖ **schwind|lig:** s. werden

Schwind|sucht die, - (veraltet): *Lungentuberkulose* ‖ **schwind|süch|tig** (veraltet)

Schwin|ge die, -/-n (geh.): *Flügel [eines Vogels]* | (mda.) *ein Tragkorb, Schwingerl* ‖ **schwin|gen**[1], schwang/geschwungen: Fahnen s. | in ihrer Stimme schwingt *(klingt)* Freude [mit] | (sal.) große Reden s. *(prahlen)* | (scherzh.) das Tanzbein s. *(tanzen)* ‖ **schwin|gen**[2] sich: sich in die Höhe s.; sich auf das Fahrrad s. ‖ **Schwin|ger** der, -s/-: *ein Boxhieb* ‖ **Schwin|gerl** das, -s/-[n] (mda.): *ein Tragkorb, Schwinge* ‖ **Schwing|kreis** (Phys.): *ein bestimmter elektrischer Stromkreis* ‖ **Schwing|tor:** *ein [Garagen]tor* ‖ **Schwing|tür:** *Tür, die nach außen und nach innen zu öffnen ist* ‖ **Schwin|gung** die, -/-en: elektromagnetische Schwingungen

Schwips der, -es/-e (ugs.): *ein leichter Alkoholrausch;* → beschwipst

schwir|ren: schwirrende Maikäfer | Gerüchte s. durch die Stadt *(sie gehen von Mund zu Mund)*

Schwitz|bad: *Sauna, Dampfbad ua.* ‖ **schwit|zen,** du schwitzt: *Schweiß absondern* | die Fenster s. *(sind mit Kondenswasser beschlagen)* ‖ **Schwitz|kas|ten:** *ein Ringergriff* | (ugs.) jemanden in den S. nehmen *(jemanden auf besondere Art fest halten)* ‖ **Schwitz|kur**

schwoll → schwellen

schwö|ren, schwor [veraltet: schwur]/geschworen: *einen Eid ablegen;* bei Gott s.; auf die Bibel s. | auf etwas s. *(fest daran glauben, davon felsenfest überzeugt sein)* | ich könnte s. *(ich bin mir ganz sicher);* → geschworen

schwul: *homosexuell bei Männern;* → lesbisch

schwül: ein schwüler Tag; eine schwüle *(sinnliche)* Atmosphäre; → Schwüle

Schwu|le der, -n/-n: *Homosexueller;* → Lesbierin

Schwü|le die, -: *feuchte, drückende Wärme;* → schwül

S

Schwu|li|tät die, -/-en (meist Pl.) (ugs., sal.): *Bedrängnis, heikle Lage;* in eine S. geraten
Schwulst der, -[e]s (abw.): barocker S. ‖ **schwuls|tig,** *auch:* **schwüls|tig** (abw.): ein schwulstiger *(üppiger, überladener, unsinnig gehobener)* Stil; s. reden
schwum|me|rig → schwummerlich ‖ **schwum|mer|lich,** *auch:* schwummerig, schwummrig (ugs.): mir wird s. *(mir wird ängstlich zu Mute, mir ist nicht ganz geheuer)*
Schwund der, -[e]s: *Verlust [an Menge, Ware]*
Schwung der, -[e]s/Schwünge: in S. *(Bewegung)* kommen; etwas in S. bringen *(funktionstüchtig machen)* | mit S. *(Begeisterung)* mittun | (ugs.) einen ganzen S. *(eine ganze Menge)* Arbeit erledigen ‖ **Schwung|fe|der:** *eine Feder am Vogelflügel* ‖ **schwung|haft:** ein schwunghafter Handel ‖ **Schwung|rad** (Technik) ‖ **schwung|voll:** eine schwungvolle *(mitreißende)* Rede
schwupp = schwupps (ugs.): *Ausruf für ein schnelles Geschehen* ‖ **schwupp|di|wupp** (ugs.): *ein Ausruf, schwupp* ‖ **schwupps** = → schwupp
Schwur der, -[e]s/Schwüre: *Eid;* die Hand zum S. heben; einen S. leisten ‖ **Schwur|ge|richt** = **Schwur|ge|richts|hof:** *die Berufsrichter/innen im Geschworenengericht*
Schwyz [-iː-]: *Schweizer Stadt und Kanton* ‖ **Schwy|zer|dütsch** = **Schwy|zer|tütsch** → Schweizerdeutsch
Sci|ence|fic|tion [ˌsaɪəns'fɪkʃn] = **Sci|ence-Fic|tion** die, - (SF) ⟨engl.⟩: *Literatur- bzw. Filmgattung mit utopischem Inhalt* ‖ **Sci|ence|fic|tion|film** = **Sci|ence-Fic|tion-Film** = **Sci|ence|fic|tion-Film** ‖ **Sci|ence|fic|tion|ro|man** = **Sci|ence-Fic|tion-Ro|man** = **Sci|ence|fic|tion-Ro|man** ‖ **Sci|en|to|lo|gy** [-'tɒlədʒi] die, - (Wz.): *eine als Religionsgemeinschaft auftretende Bewegung*
Sci|roc|co [ʃi-ko] der, -s/-s ⟨arab.-it.⟩ (fachspr.): *Schirokko*
Scoo|ter ['skuːtə] der, -s/- ⟨engl.⟩: *Tretroller, Microscooter, Miniscooter*
Score ['skɔː(ə)] = Skore das, -s/-s ⟨engl.⟩ (Sport): *Spielstand* ‖ **sco|ren** = skoren: *ein Tor [im Fußball] erzielen*
Scotch [skɒtʃ] der, -s/-s: *schottischer Whisky* ‖ **Scotch|ter|ri|er:** *eine Hunderasse* ‖ **Scot|land Yard** ['skɒtlənd 'jaːd] der, - -: *die Londoner Kriminalpolizei*
Scout [skaʊt] der, -s/-s ⟨engl.⟩: *jemand, der Trends, Jobs oÄ aufspürt* | *Pfadfinder*
scree|nen ['skriː-] ⟨engl.⟩: *mit technischen Geräten untersuchen, um Krankheitssymptome zu finden;* → scannen | *Geschriebenes schnellstmöglich nach bestimmten Elementen durchsuchen* ‖ **Scree|ning** das, -s/-s ‖ **Screenshot** [-ʃɔt] der, -s/-s (EDV): *Abbildung der Darstellung auf dem Bildschirm*
scrol|len ['skrəʊ-] ⟨engl.⟩: *[mittels Computermaus] den Bildschirmausschnitt waagrecht oder senkrecht bewegen*
s. d.: sieh[e] **d**ort
Se: Selen
Se.: Seine; Se. Exzellenz, der Botschafter
Sea|bor|gi|um [siːb-] das, -s (Zeichen: Sg): *ein chemisches Element (nach einem amerikanischen Chemiker)*
Seal [siːl] der, -s/-s ⟨engl.⟩: *das Fell der Bärenrobbe* ‖ **Seal|man|tel**
Se|an|ce [se'ɑ̃ːs] die, -/-n ⟨fr.⟩: *spiritistische Sitzung*
Se|bas|ti|an: *männl. Vorname;* → Wastl
sec[1]: Sekunde *(Zeitmaß)* (gesetzliche Abkürzung: s)
sec[2] [sɛk]: *trocken [bei Champagner]*
Se|ces|si|on [-ts-], *auch:* Sezession die, - ⟨lat.⟩: *eine österreichische Kunstrichtung um 1900* | *deren Ausstellungsgebäude in Wien;* → Jugendstil; → Sezession
sechs [-ks] (6): s. Euro; → acht ‖ **Sechs** die, -/-en (bes. D): *Sechser;* die Ziffer S. ‖ **Sechs|ach|tel|takt** ($^6/_8$-Takt) (Mus.) ‖ **Sechs|eck** ‖ **sechs|eckig** (6-eckig) ‖ **sechs|ein|halb** ‖ **Sech|ser** (6er) der, -s/-: *die Ziffer Sechs (6);* einen S. hinschreiben ‖ **sech|ser|lei** ‖ **Sech|ser|pack** der, -[e]s/-s [-e]: *Sechserpackung;* Waren im S. kaufen ‖ **Sech|ser|pa|ckung** ‖ **Sech|ser|tra|gerl** (ugs.): *Traggestell für sechs Flaschen* ‖ **sechs|fach** (6fach = 6-fach) ‖ **sechs|hun|dert** (600) ‖ **sechs|jäh|rig** (6-jährig); → achtjährig ‖ **sechs|kan|tig** (6-kantig) ‖ **sechs|mal** (6-mal) (auch: sechs Mal) ‖ **sechs|sai|tig** (6-saitig) ‖ **sechs|sei|tig** (6-seitig) ‖ **sechs|spän|nig** (6-spännig): s. *(mit sechs vorgespannten Pferden)* fahren ‖ **sechs|stel|lig** (6-stellig) ‖ **sechs|stö|ckig** (6-stöckig) ‖ **sechst:** zu s. ‖ **Sechs|ta|ge|ren|nen** (6-Tage-Rennen): *ein Hallenrennen im Radsport* ‖ **Sechs|ta|ge|wo|che** (6-Tage-Woche) ‖ **sechs|tä|gig** (6-tägig) ‖ **sechs|tau|send** (6 000) ‖ **Sechs|tau|sen|der** (6 000er): *Berg, der zwischen 6 000 und 6 999 m hoch ist* ‖ **Sechs|te**[1] der, -n/-n, ein Sechster: jeder S.; der S. von rechts; → achte ‖ **Sechs|te**[2] die, -n/-n ‖ **Sechs|tel** das, -s/- ‖ **sechs|tens** (6.) ‖ **Sechs|zy|lin|der|mo|tor** [-tsy-, -tsi-] (6-Zylinder-Motor)
Sech|ter der, -s/- (mda.): *ein [hölzernes] Gefäß*
sech|zehn (16) ‖ **sech|zehn|jäh|rig** (16-jährig) → achtjährig ‖ **Sech|zehn|tel|no|te** (Mus.) ‖ **Sech|zehn|tel|pau|se** (Mus.) ‖ **sech|zig** (60): Mitte der s.; → achtzig ‖ **sech|zi|ger** → achtziger ‖ **sech|zi|ger Jahr** = **Sech|zi|ger|jahr** (= 60er Jahr, 60er-Jahr) → achtziger ‖ **sech|zig|jäh|rig** (60-jährig) → achtjährig
Se|cond|hand|shop [sekənd-'hændʃ-] ⟨engl.⟩: *Geschäft für Gebrauchtwaren*
Sec|tion|con|trol ['sekʃənk-] die, - ⟨engl.⟩ (Verk.): *Überwachungssystem, das die Durchschnittsgeschwindigkeit in einem bestimmten Abschnitt misst*
se|da|tiv ⟨lat.⟩ (Med.): *beruhigend [wirkend]* ‖ **Se|da|tiv** das, -s/-e [-fɛ, -vɛ] = **Se|da|ti|vum** [-v-], -s/ Sedativa (Med.): *Beruhigungsmittel* ‖ **se|die|ren** (Med.): einen Patienten s.
Se|di|ment das, -[e]s/-e ⟨lat.⟩: *Ablagerung, Schichte [am Meeresboden]* ‖ **Se|di|ment|ge|stein:** *durch Ablagerung entstandenes Gestein*
See[1] der, -s/-n: *ein Binnengewässer;* der Attersee ‖ **See**[2] die, -: *das Meer;* die Nordsee; auf hoher S.; in S. gehen/stechen *(auslaufen);* zur S. *(auf dem Meer)* fahren; zur S. gehen *(Seemann werden)* | (mit Pl. -n) (Seemannsspr.) *Sturzsee;* schwere Seen *(hohe Wellen)* schlugen über Bord ‖ **See|ad|ler:** *ein Greifvogel* ‖ **See|bad:** *Badeort am Meer* ‖ **See|bär:** *eine Robbenart* | (scherzh.) *Seemann mit viel Erfahrung* ‖ **See|be|ben:** *Erdbeben im Meeresboden* ‖ **See|blick:**

S

Zimmer mit S. ‖ **Seeblockade** (Mil.): *Sperre aller Seeverbindungen* ‖ **Seebühne:** *Freilichtbühne im See* ‖ **Seeelefant:** *eine Robbenart* ‖ **Seeende** ‖ **seeerfahren** ‖ **Seeerfahrung** ‖ **seefahrend** (früher): ein seefahrendes Volk ‖ **Seefahrer** ‖ **Seefahrerin** ‖ **Seefahrt** die, -: *Meeresschifffahrt* ‖ **seefest:** seetüchtig ‖ **Seefestspiele** die (Pl.): *Festspiele in Bregenz, Mörbisch, Klagenfurt* ‖ **Seefisch:** *Meeresfisch [als Speise], zB Kabeljau* ‖ **Seegang** der, -[e]s: hoher S. *(Wellengang)* ‖ **Seegefecht** (Mil.) ‖ **Seegras:** *eine Grasart* | *Füllmaterial [für Matratzen]* ‖ **Seehafen** ‖ **Seehandel** ‖ **Seeherrschaft** die, -: *Herrschaft über das Meer auf Grund einer überlegenen Kriegsflotte* ‖ **Seehöhe:** *Höhe eines Geländepunktes im Verhältnis zum Meeresspiegel* ‖ **Seehund:** *eine Robbenart* ‖ **Seeigel:** *ein Stachelhäuter im Meer* ‖ **Seejungfrau:** *Nixe* ‖ **Seekarte:** *geographische Karte für die Meeresschifffahrt* ‖ **seeklar:** *bereit zur Ausfahrt* ‖ **seekrank** ‖ **Seekrankheit** die, -: *Übelkeit durch Wellengang* ‖ **Seekrieg** ‖ **Seelachs** [-ks]: *ein Speisefisch*

Seele die, -/-n: keine S. *(niemand)* war da; eine treue S.; eine S. von einem Menschen *(ein guter Mensch)* | *Psyche;* ein Herz und eine S. sein; aus tiefster S.; du sprichst mir aus der S.; mit Leib und S. *(mit großer Begeisterung);* sich etwas von der S. schreiben *(über eine große Belastung schreiben);* sich die S. aus dem Leib reden | (ugs.) „Meiner Seel!" *(Ausruf der Beteuerung, des Erstaunens, des Erschreckens)* ‖ **Seelenamt** (kath.): *Totenmesse, Requiem* ‖ **Seelenfriede** = **Seelenfrieden:** *innere Ruhe* ‖ **Seelengröße:** *hohe Gesinnung* ‖ **seelengut** = seelensgut: *herzensgut* ‖ **Seelenheil** (Rel.): *Erlösung von den Sünden* ‖ **Seelenkunde** die, - (veraltet): *Psychologie* ‖ **Seelenleben** das, -s: *Psyche* ‖ **Seelenmesse** (kath.): *Totenmesse* ‖ **Seelenqual** (geh.) ‖ **Seelenruhe:** *Gemütsruhe* ‖ **seelenruhig** ‖ **seelensgut** = → seelengut ‖ **seelenvergnügt** (veraltet): *ganz vergnügt* ‖ **seelenverwandt** ‖ **Seelenverwandtschaft** ‖ **seelenvoll:** *gefühlvoll* ‖ **Seelenwanderung:** *[Glaube an] Wiedergeburt* ‖ **Seelenzustand:** *psychische Verfassung* ‖ **seelisch:** ein seelisches *(psychisches)* Leiden; s. krank sein ‖ **Seelsorge** die, - (Rel.): *religiöse Betreuung* ‖ **Seelsorger** der, -s/- (Rel.): *ein Geistlicher* ‖ **Seelsorgerin** die, -/-innen (Rel.) ‖ **seelsorgerisch** = **seelsorgerlich** = seelsorglich (Rel.): s. betreuen

Seeluft die, -: *Meeresluft* ‖ **Seemacht:** *[Staat mit starken] Seestreitkräfte[n]* ‖ **Seemann** der, -[e]s/-leute [-männer] ‖ **seemännisch:** s. gekleidet ‖ **Seemannsgarn** das, -[e]s: *erstaunliche, übertriebene See[manns]geschichten* ‖ **Seemannsgrab** (geh.) (in der Wendung): ein S. finden *(auf See sterben)* ‖ **Seemannsknoten:** *Seilknoten, wie sie Seeleute machen* ‖ **Seemannslied** ‖ **Seemannssprache:** *Fachsprache der Seeleute* ‖ **Seemannstod:** *Ertrinken auf See* ‖ **Seemeile** (sm): *Maßeinheit für Entfernungen auf dem Meer;* internationale S. *(1,852 km)* ‖ **Seemine:** *schwimmender Sprengkörper* ‖ **Seenkunde** die, - (Biol.): *Lehre von den Binnenseen und ihren Lebewesen, Limnologie* ‖ **Seenot:** in S. geraten *(vom Untergehen bedroht sein)* ‖ **Seepferdchen:** *ein kleines Meerestier* ‖ **Seeraub:** *Piraterie* ‖ **Seeräuber** ‖ **Seeräuberei** die, - ‖ **Seeräuberin** ‖ **Seerecht:** *Bestimmungen über Seefahrt und Fischerei* ‖ **Seerose:** *eine Süßwasserblume* ‖ **Seesack:** *sackartige Tasche aus Segeltuch zum Umhängen* ‖ **Seeschifffahrt** ‖ **Seeschlacht** ‖ **Seeschlange:** *eine Giftschlange* | *sagenhaftes Ungeheuer* ‖ **Seestern:** *ein Meerestier* ‖ **Seestraße:** *Schifffahrtsroute* ‖ **Seestreitkräfte** die (Pl.) (Mil.): *Marine* ‖ **Seestück** (Kunstg.): *Bild mit Meer, Küste, Schiffen* ‖ **Seesturm**

Seetaler Alpen die (Pl.) (St)

Seetang: *eine Meerespflanze* ‖ **seetüchtig:** das Schiff ist s. *(tauglich für Meeresfahrten)* ‖ **Seeufer:** *Ufer eines Sees* ‖ **Seevogel:** *Meeresvogel* ‖ **seewärts** ‖ **Seewasser:** *Meerwasser* | *Wasser eines Sees* ‖ **Seeweg:** Güter auf dem S. *(über das Meer)* transportieren ‖ **Seewinkel:** *eine Landschaft im Burgenland* ‖ **Seezunge:** *ein Fisch*

Segel das, -s/-: die S. hissen/niederholen; mit vollen Segeln *(mit aller Kraft)* | (geh.) die S. streichen *(aufgeben, sich geschlagen geben)* ‖ **Segelboot** ‖ **segelfliegen** (meist Inf. und Part.) ‖ **Segelflieger** ‖ **Segelfliegerei** ‖ **Segelfliegerin** ‖ **Segelflug** ‖ **Segelflugzeug** ‖ **Segeljacht** = Segelyacht ‖ **segeln,** ich segle: *mit Windkraft fahren;* sie *ist* ans Ufer gesegelt; er *hat* ein Boot gesegelt ‖ **Segelregatta** ‖ **Segelschiff** ‖ **Segelsport** ‖ **Segelsportler** ‖ **Segelsportlerin** ‖ **Segeltörn** ‖ **Segeltuch:** *fester [Leinen]stoff für Segel, Schuhe ua.* ‖ **Segelyacht** [-j-] = → Segeljacht

Segen der, -s: der Priester gibt den S.; den S. sprechen; wir gehen zum S. *(zur Segensandacht)* | (geh.) ohne den S. der Kirche *(ohne verheiratet zu sein)* | zum S. *(zum Wohl)* der Menschheit; das ist ein S. *(etwas Gutes, eine Wohltat)* ‖ **Segen bringend** = **segenbringend:** eine S. bringende Tat ‖ **Segensformel** ‖ **segensreich**

Segler der, -s/-: *Segelboot, -schiff* | *Segelsportler* ‖ **Seglerin** die, -/-innen

Segment das, -[e]s/-e: *Kreis-, Kugelabschnitt, Teil* ‖ **segmentieren**

segnen: das Brot s. *(darüber das Kreuzzeichen machen);* der Priester segnet das Brautpaar; „Gesegnete Weihnachten!" | ein gesegneter *(gesunder)* Schlaf | (geh.) das Zeitliche s. *(sterben)* ‖ **Segnung** die, -/-en: die Segnungen *(Wohltaten)* des Fortschritts

sehbehindert ‖ **sehen,** ich sehe, du siehst/sah/gesehen/sieh[e]!, seht!: scharf s. | ich habe das Unglück kommen s. (auch: gesehen); sich bei jemandem s. lassen *(zu Besuch kommen);* → sehen lassen = sehenlassen; du bist hier gern gesehen *(willkommen);* ich kann ihn nicht mehr s. *(ich habe genug von ihm);* er sieht sich schon als Chef *(glaubt es bald zu sein)* | sie sieht *(findet)* ihre Hoffnungen erfüllt; *aber:* → sattsehen | etwas/jemand hat schon bessere Zeiten gesehen *(war früher in besserer Verfassung)* | ich sehe in ihr *(betrachte sie als)* eine Konkurrentin | nach dem Rechten s. | siehst du! *(merkst du jetzt, dass ich Recht hatte!)* | (Großschreibung) es

S

vergeht ihm Hören und **S**ehen; ich kenne sie vom **Sehen** ‖ **sehen lassen** = **sehenlassen:** das Ergebnis kann sich sehen lassen (= sehenlassen) *(ist sehr gut); aber nur:* sich bei jemandem sehen lassen *(zu Besuch kommen)* ‖ **sehenswert** = **sehenswürdig** ‖ **Sehenswürdigkeit** die, -/-en: die Sehenswürdigkeiten von Rom ‖ **Seher** der, -s/-: *Kurzwort für Fernsehzuseher* | (geh.) *Prophet, Wahrsager, Zukunftsdeuter* ‖ **Seherblick** ‖ **Seherin** die, -/-innen ‖ **seherisch** ‖ **Sehfehler** ‖ **Sehkraft**

Sehne die, -/-n: *Stützgewebe, das Muskel und Knochen verbindet* | die S. des Bogens spannen | (Math.) in einen Kreis eine S. einzeichnen

sehnen sich: sich nach Ruhe s. ‖ **Sehnen** das, -s (geh.): *Sehnsucht*

Sehnenriss (Med.) ‖ **Sehnenscheidenentzündung** (Med.): *Entzündung des Sehnengleitgewebes* ‖ **Sehnenzerrung** (Med.)

Sehnerv

sehnig: ein sehniger Körper *(ein kräftiger Körper ohne Fettansatz)*

sehnlich: mein sehnlichster Wunsch ‖ **Sehnsucht** ‖ **sehnsüchtig:** etwas s. erwarten ‖ **sehnsuchtsvoll**

sehr: s. viel; so s.; zu s.; allzu s.; diese Leistung ist s. gut | (Großschreibung) **S**ehr gut *(1, eine Beurteilungsstufe in der Schule);* **S**ehr zufriedenstellend *(eine Verhaltensnote in der Schule);* → Zufriedenstellend ‖ **Sehr gut** das, - -[s]/- - (1) (Amtsspr.): *eine Leistungsnote in der Schule;* die Note **S**ehr gut; ein **S**ehr gut bekommen; *aber:* eine sehr gute Leistung

Sehrohr: *Periskop [eines U-Bootes]* ‖ **Sehschärfe** ‖ **sehschwach** ‖ **Sehschwäche** (Med.) ‖ **Sehstörung** (Med.) ‖ **Sehtest** ‖ **Sehvermögen** ‖ **Sehweise** ‖ **Sehwinkel:** *Blickwinkel*

Seicento [sɛɪtʃ-] das, -s ⟨it.⟩: *das 17. Jahrhundert und seine Kunst in Italien*

Seiche die, -/-n (westöst., mda.): *kleines Sieb, Seiher* ‖ **Seicherl** das, -s/-[n] (ostöst., mda.): *kleines Sieb, Seiher* | (ostöst., mda., abw.) *Schwächling, Feigling*

seicht: seichtes *(wenig tiefes)* Wasser | (abw.) seichte *(oberflächliche, inhaltslose)* Reden ‖ **Seichtheit** = **Seichtigkeit** die, -

seid: s. höflich!; → sein (Verb); *aber:* → seit

Seide die, -/-n: reine S. *(Gewebe aus dem Faden des Kokons des Seidenspinners)*

Seidel das, -s/-, *auch:* Seitel: *0,3 bis 0,35 l;* drei S. Bier

Seidelbast der, -[e]s: *eine Pflanzengattung*

Seidelglas, *auch:* Seitelglas

seiden: eine seidene Krawatte ‖ **Seidenglanz** ‖ **Seidenkleid** ‖ **Seidenmalerei** ‖ **seidenmatt** ‖ **Seidenpapier** ‖ **Seidenraupe** ‖ **Seidenspinner:** *ein Schmetterling* ‖ **Seidenstraße:** *eine historische Handelsroute in Asien* ‖ **Seidentuch** ‖ **seidenweich** ‖ **seidig:** s. weich ‖ **seidig glänzend** = **seidigglänzend**

Seife die, -/-n: S. in die Augen bekommen | (ugs.) auf der S. stehen *(etwas nicht gleich kapieren)* ‖ **Seifenblase** ‖ **Seifenlauge** ‖ **Seifenoper** (sal.): *anspruchslose Unterhaltungsserie im Fernsehen* ‖ **Seifenschaum** ‖ **Seifenwasser** ‖ **seifig**

Seihe die, -/-n (westöst., mda.): *kleines Sieb, Seiher* ‖ **seihen:** die Milch s. *(sie durch ein Sieb/einen Filter laufen lassen)* ‖ **Seiher** der, -s/-: *Sieb* ‖ **Seiherl** das, -s/-[n]: *Seiher* ‖ **Seihtuch**

Seil das, -[e]s/-e: über das S. springen; auf dem S. tanzen ‖ **Seilbahn:** *auf einem Seil geführte Gondel* ‖ **Seiler** der, -s/-: *Seilemacher* ‖ **Seilerei** die, -/-en ‖ **Seilerin** die, -/-innen ‖ **seilhüpfen** (nur Inf. und Part.) ‖ **Seilhüpfen** das, -s: *ein Spiel* ‖ **Seilschaft** die, -/-en: *Gruppe aneinander angeseilter Bergsteiger/innen* | *gegenseitige Unterstützung; Lobby* ‖ **seilspringen** (nur Inf. und Part.) ‖ **Seilspringen** das, -s: *ein Spiel* ‖ **Seiltanz** ‖ **seiltanzen,** seilgetanzt (nur Inf. und Part.) ‖ **Seiltänzer** ‖ **Seiltänzerin** ‖ **Seilwinde** ‖ **Seilzug:** *eine Vorrichtung*

Seim der, -[e]s/-e (veraltet): *ein dicker, süßer Saft* ‖ **seimig** (veraltet): *sämig*

sein[1] (Possessivpronomen): s. Eigentum; seine Mutter | (geh.) das ist s. *(gehört ihm);* → seine = Seine | (Großschreibung) **S**eine Majestät *(der Kaiser/König);* jedem das **S**eine

sein[2] (Verb):
es ist besser so; dem ist nicht so; wie dem auch sei *(egal, wie es sich verhält);* es sei denn, es passiert etwas *(nur dann, wenn etwas passiert);* das wär's *(das war alles);* es ist spät; ich bin es; das darf nicht wahr s.! *(Ausdruck des Erstaunens)* | die Fenster sind sofort zu öffnen *(müssen sofort geöffnet werden)* | (geh.) sei es morgen oder übermorgen *(entweder – oder);* sie ist nicht mehr *(ist tot)*

Konjugation und Stammformen:
- ich bin, du bist, sie ist, wir sind, ihr seid, sie sind
- sie war daheim/sie ist daheim gewesen
- sei ruhig!, seid ruhig!

Getrenntschreibung von Adjektiv/Adverb/Verb + „sein":
- sie wird da sein; *aber groß und zusammen:* das Dasein
- das Fenster muss zu sein
- vorbei gewesen
- zufrieden sein

Getrennt- und Zusammenschreibung der Verbindung von „sein" + „lassen" bei übertragener Bedeutung:
- du sollst das sein lassen (= seinlassen) *(bleiben lassen)*

Sein das, -s: es geht um S. oder Nichtsein *(um Leben oder Tod)*

seine = **Seine**[1] der, -n/-n: die seine (= Seine); das seine (= Seine) *(sein Eigentum, seine Sache);* „Jedem das seine (= Seine)!"; die seinen (= Seinen) *(seine Angehörigen);* → sein[1]; → seinige = Seinige

Seine[2] [sɛːn] die, -: *Fluss, an dem Paris liegt*

seiner (Gen. von *er* und *es*) (geh.): ich gedachte s. ‖ **seinerseits:** er ist s. *(für seine Person)* zufrieden ‖ **seinerzeit** (szt.): *früher, einst* | (veraltet) *künftig, dereinst* ‖ **seinerzeitig** ‖ **seinesgleichen:** dieser Anblick hat nicht s. *(es kommt ihm nichts gleich)* ‖ **seinethalben** ‖ **seinetwegen** ‖ **seinetwillen:** um s. ‖ **seinige** = **Seinige** der, -n/-n: die seinige (= Seinige); das seinige (= Seinige) *(sein Eigentum, das → seine);* die seinigen (= Seinigen) *(seine Angehörigen, die seinen);* → seine = Seine

sein lassen = **seinlassen:** *bleiben lassen;* → sein

Seismik die, - ⟨gr.⟩: *Wissenschaft von den Erdbeben* ‖ **seismisch:**

S

durch Erdbeben verursacht ‖ **Seis|mo|graf** = **Seis|mo|graph** [-f] der, -en/-en: *Instrument, das Erdbeben aufzeichnet* ‖ **Seis|mo|lo|ge** der, -n/-n ‖ **Seis|mo|lo|gie** die, -: *Erdbebenkunde* ‖ **Seis|mo|lo|gin** die, -/-innen ‖ **seis|mo|lo|gisch** ‖ **Seis|mo|me|ter** das, -s/-

seit (Präp. mit Dat.): s. einem Jahr; s. kurzem (= **K**urzem); s. langem (= **L**angem); s. alters *(von alters her)* | (Konj.) es regnet, s. *(seitdem)* ich hier bin; *aber:* → seid

seit|ab: *abseits*

seit|dem [auch: 'zaɪ-] (Konj.): es regnet, s. *(seit)* ich hier bin | (Adv.) sie hat s. *(seither)* nichts mehr erfahren

Sei|te die, -/-n: die rechte, linke S.; zur S. treten; geh zur/auf die S. *(aus dem Weg)*; etwas auf die S. schaffen *(für persönliche Zwecke wegnehmen)*; S. an S. *(miteinander)*; jemandem zur S. stehen *(beistehen)*; weich mir nicht von der S.! *(entferne dich nicht!)* | (mit Abkürzung S.) die Seiten des Buches; die gelben Seiten *(das Branchenverzeichnis zum Telefonbuch)* | die andere S. der Medaille; alles hat zwei Seiten *(Vor- und Nachteile)* | Rechnen ist seine schwache S. | von mütterlicher S.; auf Seiten (= aufseiten) der Schwächeren; von Seiten (= vonseiten) der Regierung; zu Seiten (= zuseiten) des Festzuges; *aber:* → Saite

Sei|tel → Seidel

Sei|ten|al|tar → G.: Haupt-, Hochaltar ‖ **Sei|ten|an|sicht** ‖ **Sei|ten|auf|prall** ‖ **Sei|ten|auf|prall|schutz:** *eine Sicherheitseinrichtung [bei Kfz]* ‖ **Sei|ten|aus|gang** ‖ **Sei|ten|blick:** *rascher Blick zur Seite* ‖ **Sei|ten|bli|cke|ge|sell|schaft:** *Personen, die oft und gerne im TV-Magazin Seitenblicke vorkommen* ‖ **Sei|ten|ein|gang** ‖ **Sei|ten|fach:** das S. einer Tasche ‖ **Sei|ten|flä|che** ‖ **Sei|ten|flü|gel:** *seitlicher Teil eines Gebäudes* ‖ **Sei|ten|gas|se** ‖ **Sei|ten|ge|wehr:** *Bajonett* ‖ **Sei|ten|hieb:** *bissige, spöttische Anspielung* ‖ **Sei|ten|la|ge** ‖ **sei|ten|lang:** eine seitenlange Beschreibung; *aber:* dieser Bericht ist vier Seiten lang ‖ **Sei|ten|ru|der:** *Seitensteuer des Flugzeuges* ‖ **sei|tens** (Präp. mit Gen.): s. *(von Seiten)* des Direktors *(vom/durch den Direktor)* ‖ **Sei|ten|schei|tel:** *eine Frisur* ‖ **Sei|ten|schiff** (Arch.): *seitliches Kirchenschiff* ‖ **Sei|ten|sprung:** *Ehebruch* ‖ **Sei|ten|ste|chen** das, -s: *Stechen in der Bauchgegend [beim Laufen]*; S. haben ‖ **Sei|ten|stra|ße** ‖ **Sei|ten|strei|fen:** *Streifen neben der Fahrbahn* ‖ **Sei|ten|tal** ‖ **Sei|ten|ta|sche** ‖ **Sei|ten|teil** der = das, -[e]s/-e ‖ **Sei|ten|trakt** ‖ **sei|ten|ver|kehrt:** *spiegelverkehrt, spiegelbildlich;* das Bild ist s. *(links und rechts sind vertauscht)* ‖ **sei|ten|ver|wandt** (Jus): *verschwägert* ‖ **Sei|ten|wahl** (Sport): *Wahl der Spielrichtung* ‖ **Sei|ten|wech|sel** [-ks-] (Sport) ‖ **Sei|ten|weg** ‖ **sei|ten|wei|se** ‖ **Sei|ten|wind** ‖ **Sei|ten|zahl:** die S. eines Buches

seit|her [auch: 'zaɪ-]: *seitdem*

-sei|tig (nur in Zusammensetzungen wie mehrseitig) ‖ **seit|lich** (Präp. mit Gen.): s. des Weges | (Adj.) eine seitliche Öffnung ‖ **Seit|pferd** (Sport): *ein Gerät und eine Disziplin im Turnen* ‖ **seit|wärts:** ein Überschlag s. ‖ **Seit|wärts|be|we|gung:** eine S. vollziehen | (Börse) die S. der Aktienkurse *(die Kurse verändern sich nicht)* ‖ **seit|wärts|tre|ten:** *zur Seite treten*

sek = **Sek.:** **Sek**unde *(Zeitmaß)* (gesetzliche Abkürzung: s)

Se|kan|te die, -/-n ⟨lat.⟩ (Math.): *Gerade, die eine Kurve schneidet*

sek|kant ⟨it.⟩ (abw.): ein sekkanter *(ständig nörgelnder)* Nachbar ‖ **Sek|ka|tur** die, -/-en (abw., veraltet) ‖ **sek|kie|ren** (abw.): *belästigen, quälen* | *hänseln* ‖ **Sek|kie|re|rei** die, -/-en (abw.)

Se|kret das, -[e]s/-e ⟨lat.⟩ (Biol., Med.): *Absonderung [aus Drüsen oder Wunden]*

Se|kre|tär der, -s/-e ⟨lat.⟩: *ein [leitender] Angestellter; Schriftführer* | *ein Möbelstück* ‖ **Se|kre|ta|ri|at** das, -[e]s/-e: *eine Geschäftsstelle, Kanzlei* ‖ **Se|kre|tä|rin** die, -/-innen

se|kre|tie|ren ⟨lat.⟩ (Biol., Med.) ‖ **Se|kre|ti|on** [-tsi̯-] die, -/-en (Biol., Med.): *das Absondern;* Drüsen mit innerer S.

Sekt der, -[e]s/-e ⟨fr.⟩: *Schaumwein*

Sek|te die, -/-n ⟨lat.⟩: *kleine, abgespaltene religiöse Gruppe* | (abw.) *[religiöse] Gemeinschaft, deren Lehre und Praxis als problematisch empfunden wird* ‖ **Sek|ten|we|sen**

Sekt|fla|sche: eine S. öffnen ‖ **Sekt|flö|te:** *ein Sektglas* ‖ **Sekt|früh|stück** ‖ **Sekt|glas**

Sek|tie|rer der, -s/- (oft abw.): *Anhänger einer Sekte* ‖ **Sek|tie|re|rei** die, -/-en (oft abw.) ‖ **Sek|tie|re|rin** die, -/-innen (oft abw.) ‖ **sek|tie|re|risch** (oft abw.) ‖ **Sek|tie|rer|tum** das, -s (oft abw.)

Sek|ti|on [-tsi̯-] die, -/-en ⟨lat.⟩: *Hauptabteilung eines Ministeriums; Zweig eines Vereins; Gruppe einer Partei* | (Med.) *das Sezieren einer Leiche* ‖ **Sek|ti|ons|chef** [-ʃeːf]: *Titel der höchsten Ministerialbeamten* ‖ **Sek|ti|ons|che|fin**

Sekt|kelch: *ein Sektglas* ‖ **Sekt|kel|le|rei** ‖ **Sekt|kor|ken** ‖ **Sekt|kü|bel** ‖ **Sekt|lau|ne**

Sek|tor der, -s/-en [-'oː-] ⟨lat.⟩: *Kreisausschnitt* | *Sachgebiet* | *Bezirk* | *1945–1955 eines der vier Besatzungsgebiete in Wien*

Se|kund die, -/-en = Sekunde, -/-n ⟨lat.⟩ (Mus.): *Intervall der 2. (nächsten) Tonstufe* ‖ **Se|kun|dant** der, -en/-en: *Beistand in Zweikampf, Duell, Wettkampf;* → sekundieren ‖ **Se|kun|dan|tin** die, -/-innen ‖ **se|kun|där:** *die zweite Stelle einnehmend, zweitrangig; nachträglich* ‖ **Se|kun|där|li|te|ra|tur:** *Schriften über Werke [eines Schriftstellers];* → G.: Primärliteratur ‖ **Se|kun|dar|stu|fe** (Bildw.): S. I *(5.–8. Schulstufe)*; S. II *(9.–12. [13.] Schulstufe);* → Primarstufe ‖ **Se|kun|de** die, -/-n (s; früher auch: sec, sek, Sek.): *Maßeinheit der Zeit;* eine Minute hat 60 Sekunden | (″) $^1/_{3600}$ *Grad* | (Mus.) = → Sekund ‖ **Se|kun|den|kle|ber:** *ein Klebstoff* ‖ **se|kun|den|lang:** s. schweigen; *aber:* sechs Sekunden lang ‖ **Se|kun|den|schlaf** ‖ **se|kun|den|schnell** ‖ **Se|kun|den|schnel|le:** in S. ‖ **Se|kun|den|zei|ger** ‖ **Se|kund|gei|ger:** *Spieler der zweiten Violine* ‖ **Se|kund|gei|ge|rin** ‖ **se|kun|die|ren:** jemandem in der Diskussion s. *(beistehen);* → Sekundant

sel.: selig[e]

selb|an|der (veraltet): *zu zweit* ‖ **selb|dritt** (veraltet): *mit zwei anderen, zu dritt* ‖ **sel|be:** im selben Moment; *aber:* derselbe ‖ **sel|ber:** sie sagt es s. *(selbst)* ‖ **Sel|ber|ma|chen** das, -s ‖ **sel|big** (veraltend): zur selbigen *(selben)* Stunde

selbst
die Ministerin s. *(persönlich, selber)* hat sich darum geküm-

S

mert; das musst du s. wissen *(ist deine persönliche Entscheidung);* sie blieb die Ruhe s. | s. *(auch)* wenn ich wollte, würde es sich nicht ausgehen

Getrenntschreibung:
- etwas selbst machen
- das Brot selbst backen

Getrennt- und Zusammenschreibung mit adjektivisch gebrauchten Partizipien, zB:
- selbst ernannte (= selbsternannte) Experten
- selbst gebackene (= selbstgebackene) Kekse
- selbst gemacht = selbstgemacht

Zusammenschreibung, zB:
- selbstbewusst
- selbstklebende Etiketten

Selbst das, - (geh.): *das Ich* ‖ **Selbst|ab|ho|lung** die, -/-en: Möbel bei S. günstiger ‖ **Selbst|ach|tung:** *Achtung der eigenen Würde* ‖ **selb|stän|dig** = selbstständig: s. erwerbstätig (G.: unselbständig erwerbstätig, Arbeitnehmer/in) sein ‖ **Selb|stän|di|ge**[1] = Selbstständige[1] der, -n/-n, ein Selbständiger ‖ **Selb|stän|di|ge**[2] = Selbstständige[2] die, -n/-n ‖ **Selb|stän|dig|keit** = Selbstständigkeit die, - ‖ **Selbst|an|kla|ge** (geh.): *Vorwürfe gegen sich selbst* ‖ **Selbst|an|zei|ge** (Jus) ‖ **Selbst|auf|op|fe|rung:** die S. der Hilfsmannschaften ‖ **Selbst|aus|lö|ser:** eine Kamera mit S. ‖ **Selbst|bau|mö|bel** ‖ **Selbst|be|die|nung** ‖ **Selbst|be|die|nungs|la|den** ‖ **Selbst|be|die|nungs|re|stau|rant** [-torɑ̃:] ‖ **Selbst|be|frei|ung** ‖ **Selbst|be|frie|di|gung:** *selbst herbeigeführte sexuelle Befriedigung, zB Onanie* ‖ **Selbst|be|halt** der, -[e]s/-e: *Kostenbeteiligung [bei Medikamenten, Schulbüchern]* ‖ **Selbst|be|haup|tung** die, -: die S. von Einzelnen in ihrer Umwelt ‖ **Selbst|be|herr|schung:** die S. verlieren ‖ **Selbst|be|mit|lei|dung** ‖ **Selbst|be|ob|ach|tung** ‖ **Selbst|be|schrän|kung** ‖ **Selbst|be|spie|ge|lung** ‖ **Selbst|be|stä|ti|gung** (Psych.) ‖ **selbst|be|stimmt:** *eigenverantwortlich;* selbstbestimmtes Lernen ‖ **Selbst|be|stim|mung** die, -: das Recht auf S. *(Unabhängigkeit)* ‖ **Selbst|be|stim|mungs|recht:** *Recht eines Volkes, über seine eigenen Angelegenheiten, wie Staatszugehörigkeit, zu entscheiden* ‖ **Selbst|be|tei|li|gung:** finanzielle S. ‖ **Selbst|be|trug** ‖ **Selbst|be|weih|räu|che|rung** die, -/-en ‖ **selbst|be|wusst:** *selbstsicher* ‖ **Selbst|be|wusst|sein** ‖ **Selbst|bild|nis:** *Selbstporträt* ‖ **Selbst|bio|gra|fie** = **Selbst|bio|gra|phie** [-f-]: *Autobiografie* ‖ **Selbst|dar|stel|lung** ‖ **Selbst|dis|zi|plin** ‖ **Selbst|ein|schät|zung** ‖ **Selbst|ent|zün|dung:** Brandursache war S. von Heu ‖ **Selbst|er|fah|rung** die, - (Psych.) ‖ **Selbst|er|fah|rungs|grup|pe** (Psych.) ‖ **Selbst|er|hal|tung** ‖ **Selbst|er|hal|tungs|trieb** (Psych.) ‖ **Selbst|er|kennt|nis** die, - ‖ **selbst er|nannt** = **selbst|er|nannt** ‖ **Selbst|er|nied|ri|gung** (geh.) ‖ **Selbst|fah|rer:** *selbstfahrendes Gerät oder Fahrzeug, zB Rollstuhl mit Elektromotor* ‖ **Selbst|fah|re|rin** ‖ **Selbst|fi|nan|zie|rung:** *Eigenfinanzierung* ‖ **Selbst|fin|dung** die, - (geh.): *das Zu-sich-selbst-Finden* ‖ **selbst ge|ba|cken** = **selbst|ge|ba|cken** ‖ **selbst|ge|fäl|lig** (abw.): *eitel* ‖ **Selbst|ge|fäl|lig|keit** die, - (abw.) ‖ **selbst ge|macht** = **selbst|ge|macht** ‖ **selbst|ge|recht** (abw.): *überheblich* ‖ **Selbst|ge|rech|tig|keit** (abw.) ‖ **Selbst|ge|spräch:** *Monolog* ‖ **selbst|haf|tend** ‖ **selbst|herr|lich** (abw.): *eigenmächtig* ‖ **Selbst|herr|lich|keit** (abw.) ‖ **Selbst|hil|fe:** zur S. greifen ‖ **Selbst|hil|fe|grup|pe:** *Personengruppe mit dem Ziel der Bewältigung der gleichen [gesundheitlichen] Probleme* ‖ **Selbst|in|sze|nie|rung** ‖ **Selbst|iro|nie:** *Ironie sich selbst gegenüber* ‖ **selbs|tisch** (geh.): *egoistisch* ‖ **Selbst|jus|tiz** (Jus): S. üben *(sich eigenmächtig [gewaltsam] sein Recht verschaffen)* ‖ **selbst|kle|bend** ‖ **Selbst|kon|t|rol|le** ‖ **Selbst|kos|ten** die (Pl.) ‖ **Selbst|kos|ten|preis:** zum S. *(ohne Gewinn)* verkaufen ‖ **Selbst|kri|tik** ‖ **selbst|kri|tisch:** *kritisch gegen sich selber* ‖ **Selbst|kün|di|gung:** die S. einer Arbeitnehmerin ‖ **Selbst|la|de|pis|to|le:** *automatische Pistole* ‖ **Selbst|laut** (Sprachwiss.): *Vokal* ‖ **Selbst|lob:** *Eigenlob* ‖ **selbst|los:** s. *(uneigennützig)* handeln ‖ **Selbst|lo|sig|keit** die, - ‖ **Selbst|mit|leid** (abw.) ‖ **Selbst|mord:** *Suizid;* jemanden in den S. treiben | (ugs.) das ist glatter S. *(ist äußerst riskant, waghalsig)* ‖ **Selbst|mord|dro|hung** ‖ **Selbst|mör|der** ‖ **Selbst|mör|de|rin** ‖ **selbst|mör|de|risch** ‖ **selbst|mord|ge|fähr|det** ‖ **Selbst|mord|kom|man|do:** *kriegerischer oder terroristischer Einsatz, bei dem auch der eigene Tod in Kauf genommen wird;* → Kamikaze ‖ **Selbst|mord|ra|te** ‖ **Selbst|mord|ver|such** ‖ **Selbst|or|ga|ni|sa|ti|on** [-tsi̯-] (Phys.): *grundlegendes Prinzip zur Bildung komplexer Strukturen* ‖ **Selbst|por|trät** [-reː]: *Selbstbildnis* ‖ **selbst|quä|le|risch** ‖ **selbst|re|dend:** *selbstverständlich* ‖ **Selbst|schuss:** *Schussapparat mit automatischer Auslösung* ‖ **Selbst|schuss|an|la|ge** ‖ **Selbst|schutz** ‖ **selbst|si|cher** ‖ **Selbst|si|cher|heit** ‖ **selbst|stän|dig** = → selbständig ‖ **Selbst|stän|di|ge** = → Selbständige ‖ **Selbst|stän|dig|keit** = → Selbständigkeit ‖ **Selbst|stu|di|um** [-ʃt-] das, -s: sich Wissen im S. *(autodidaktisch, ohne Lehrer/in, Unterricht)* aneignen ‖ **Selbst|sucht** die, -: *Eigennutz* ‖ **selbst|süch|tig** ‖ **selbst|tä|tig:** *automatisch, von selbst* ‖ **Selbst|tä|tig|keit** ‖ **Selbst|täu|schung** ‖ **Selbst|über|schät|zung** ‖ **Selbst|über|win|dung** ‖ **Selbst|ver|ach|tung** ‖ **selbst|ver|ant|wort|lich** ‖ **Selbst|ver|ant|wor|tung** die, -: S. für das eigene Handeln tragen ‖ **selbst ver|dient** = **selbst|ver|dient:** s. verdientes Geld ‖ **selbst|ver|ges|sen:** *in Gedanken versunken* ‖ **Selbst|ver|herr|li|chung** ‖ **Selbst|ver|lag:** *Publikation durch den Autor selbst (ohne Verlag)* ‖ **Selbst|ver|leug|nung:** *Aufopferung* ‖ **Selbst|ver|nich|tung** ‖ **Selbst|ver|pfle|gung** ‖ **Selbst|ver|schul|den** (Amtsspr.) ‖ **selbst|ver|schul|det** ‖ **Selbst|ver|sor|ger** ‖ **Selbst|ver|sor|ge|rin** ‖ **selbst|ver|ständ|lich:** *ohne Frage* ‖ **Selbst|ver|ständ|lich|keit** die, -/-en ‖ **Selbst|ver|ständ|nis:** *Charakterisierung von sich selbst, Leitbild;* das S. einer Partei ‖ **Selbst|ver|stüm|me|lung** ‖ **Selbst|ver|such:** *Experiment an sich selbst* ‖ **Selbst|ver|tei|di|gung** ‖ **Selbst|ver|trau|en** ‖ **Selbst|ver|wal|tung** die, - ‖ **Selbst|ver|wirk|li|chung** (Psych.) ‖ **Selbst|vor|wurf** ‖ **Selbst|wert|ge|fühl** ‖ **Selbst|zer|flei|schung:** *Selbstzerstörung durch Selbstkritik* ‖ **selbst|zer|stö|re|risch** ‖ **Selbst|zer|stö|rung** ‖ **Selbst|zeug|nis:** *autobiografische Aus-*

S

sage ‖ **Selbstzucht:** *Selbstdisziplin* ‖ **selbstzufrieden** (oft abw.): ein selbstzufriedener Mensch *(jemand, der sein Tun für gut befindet und nicht kritisch hinterleuchtet)* ‖ **Selbstzufriedenheit** (oft abw.) ‖ **Selbstzünder:** *sich selbst entzündender Brennstoff* | (Kfz) *ein Dieselmotor* ‖ **Selbstzweck:** etwas ist S. *(geschieht nur um seiner selbst willen)* ‖ **Selbstzweifel:** *Zweifel an sich selbst* ‖ **selbviert** (veraltet): *mit drei anderen, zu viert*

Selche die, -/-n, *auch:* Selch die, -/-en: *Selchküche, Räucherkammer* ‖ **selchen:** *räuchern, zB Speck* ‖ **Selcher** der, -s/- ‖ **Selcherei** die, -/-en ‖ **Selcherin** die, -/-innen ‖ **Selchfleisch:** *Geselchtes* ‖ **Selchfleischknödel** ‖ **Selchkammer** ‖ **Selchkarree:** *ein Geselchtes* ‖ **Selchroller:** *geschnürtes Geselchtes* ‖ **Selchspeck** ‖ **Selchsuppe:** *Suppe, in der geselchtes Fleisch gekocht wurde* ‖ **Selchwurst**

selektieren ⟨lat.⟩ ‖ **Selektion** [-tsi̯-] die, -/-en: *das Auswählen, Auslesen* | (Biol.) *natürliche Auslese und Fortentwicklung der überlebenden Stärksten* ‖ **selektiv:** *auswählend*

Selen das, -[s] ⟨gr.⟩ (Zeichen: Se): *ein chemisches Element* ‖ **Selenologie** die, -: *Wissenschaft vom Mond* ‖ **Selenzelle:** *eine Fotozelle*

Selfmademan ['selfmeɪdmæn] der, -[s]/Selfmademen [-men] ⟨engl.⟩: *jemand, der aus eigener Kraft ein einflussreicher [Geschäfts]mann geworden ist* ‖ **Selfmadewoman** [-wʊmən] die, -/-women [-wɪmɪn] ‖ **Selfservice** [-sɜːvɪs]: *Selbstbedienung*

selig
glücklich | sein seliger *(verstorbener)* Vater | (kath. mit Abkürzung: sel. [in Verbindung mit Namen]) selige Schwester Maria Restituta

Getrenntschreibung bei wörtlicher Bedeutung:
– selig sein/werden
Zusammenschreibung bei übertragener Bedeutung:
– seligpreisen
– den Verstorbenen seligsprechen (kath.: *durch päpstliche Zeremonie zu lokaler Verehrungswürdigkeit erklären)*

Getrennt- und Zusammenschreibung mit Verben, die ein Resultat herbeiführen:
– das wird sie selig machen (= seligmachen) *(beglücken)*
Nicht verwechseln!
seelisch – selig
Das Wort „selig" ist nicht mit „Seele" verwandt. Es wird mit einem *e* geschrieben und geht auf das althochdeutsche Wort „salig" zurück, das „gut; glücklich; gesegnet" bedeutet.

Seligkeit die, -/-en ‖ **selig machen** = **seligmachen** ‖ **seligpreisen** ‖ **Seligpreisung** ‖ **seligsprechen** ‖ **Seligsprechung** die, -/-en (kath.); → selig, → Heiligsprechung

Sella die, -: *eine Gebirgsgruppe in Südtirol*

Sellerie [auch: -'riː] der, -s = die, - ⟨it.⟩: *eine Gemüsepflanze* ‖ **Selleriesalat**

selten: ein seltener Gast; eine seltene *(außergewöhnliche)* Begabung; eine s. *(besonders)* gute Stimme ‖ **Seltenheit** die, -/-en ‖ **Seltenheitswert**

Selters das, -/- (D): *Selterswasser (nach einer Quelle)* ‖ **Selterswasser** (D): *ein Mineralwasser*

seltsam: *sonderbar, wunderlich* ‖ **seltsamerweise** ‖ **Seltsamkeit** die, -/-en

Semantik die, - ⟨gr.⟩ (Sprachwiss.): *[Lehre von der] Bedeutung der Wörter* ‖ **semantisch** (Sprachwiss.) ‖ **Semaphor** [-f-] der, -s/-e: *Mast mit Signal [bei der Eisenbahn]*

Semester das, -s/- ⟨lat.⟩: *Schul-, Studienhalbjahr* | er ist ein älteres S. *(ein älterer Mensch)* ‖ **Semesterferien** die (Pl.) ‖ **Semesternachricht:** *Notenbenachrichtigung zum Schulhalbjahr;* → Schulnachricht ‖ **Semesterzeugnis** (inoffiziell): *Schulnachricht*

Semifinale ⟨lat.+lat.-it.⟩: *Halbfinale, Vorschlussrunde [im Fußball]* ‖ **Semikolon** (;) ⟨lat.+gr.⟩ (bes. D): *Strichpunkt*

Seminar das, -s/-e [-ien] [-i̯ən] ⟨lat.⟩: *eine Bildungsanstalt* | (nur mit Pl. -e) *eine Lehrveranstaltung [an einer Universität]* ‖ **Seminararbeit** ‖ **Seminarist** der, -en/-en ‖ **Seminaristin** die, -/-innen

Semiologe der, -n/-n ⟨gr.⟩ ‖ **Semiologie** die, - ‖ **Semiologin** die, -/-innen ‖ **Semiotik** die, - (Sprachwiss.): *Lehre von den Zeichensystemen* | (Med.) *Lehre von den Symptomen* ‖ **semiotisch**

Semit der, -en/-en: *Angehöriger einer vorderasiatischen und nordafrikanischen Völker- bzw. Sprachengruppe, zB Araber, Israeli* ‖ **Semitin** die, -/-innen ‖ **semitisch**

Semmel die, -/-n: *ein Gebäck;* weggehen wie warme Semmeln *(sich sehr gut verkaufen)* ‖ **semmelblond** (veraltet) ‖ **Semmelbröckerl** das, -s/-[n] (meist Pl.): *kleiner Brocken, Stückerl einer Semmel als Zutat [für Semmelknödel], Knödelbrot* ‖ **Semmelbrösel** (meist Pl.) ‖ **Semmelknödel** ‖ **Semmelkoch:** *eine Speise* ‖ **Semmelkren:** *eine Beilage zu Fleischspeisen* ‖ **Semmelschmarren:** *eine Mehlspeise* ‖ **Semmelteig** ‖ **Semmelwecken:** *ein Weißbrot* ‖ **Semmelwürfel:** *Semmelbröckerl*

Semmering der, -s: *ein Pass in Niederösterreich und der Steiermark* ‖ **Semmeringbahn:** *die Zugstrecke der Südbahn über den Semmering* ‖ **Semmeringbasistunnel** der, -s: *geplanter Bahntunnel durch den Semmering* ‖ **Semmeringtunnel**

Semperer der, -s/- (ugs., abw.): *Nörgler* ‖ **Semperin** die, -/-innen (ugs., abw.) ‖ **sempern** (ugs., abw.): *etwas unaufhörlich verlangen*

sen.: senior; Karl Müller sen.

Senat der, -[e]s/-e ⟨lat.⟩: *Bezeichnung hoher Behörden* | *Gremium der Universität* | *Richterkollegium* | *eine der beiden Kammern des Parlaments, zB in den USA* | *Staatsrat im alten Rom* | (SüdT) (Admin.) *zweite Kammer des italienischen Parlaments;* → Abgeordnetenkammer ‖ **Senator** der, -s/-en [-'oː-] ‖ **Senatorin** die, -/-innen ‖ **Senatsbeschluss** ‖ **Senatsrat:** *Beamter eines Magistrats o. Ä.*

Sendeanlage ‖ **Sendebereich** ‖ **Sendefolge:** *Reihenfolge der (Rundfunk)sendungen* | *Fortsetzungssendung* ‖ **Sendemast:** *Antennenmast*

senden

Stammformen nicht verwechseln!
In der Bedeutung „schicken" wird das Verb stark oder schwach

S

konjugiert: sandte oder sendete/ gesandt oder gesendet
- sie sandte/sendete ein Paket mit der Post
- er hat mir ein E-Mail gesandt/ gesendet

In der Bedeutung „im Fernsehen/ Hörfunk ausstrahlen“ wird das Verb nur schwach konjugiert: sendete/gesendet
- der ORF sendete eine Dokumentation
- im Radio wurde ein Hörspiel gesendet

Sẹn|de|pau|se ‖ **Sẹn|de|platz:** *Sendetermin von Rundfunksendungen* ‖ **Sẹn|der** der, -s/-: *Sendeanlage [des Rundfunks]* ‖ **Sen|de|rei|he** ‖ **Sẹn|der|such|lauf:** *automatische Sendersuche [bei einem Autoradio]* ‖ **Sẹn|de|schluss** ‖ **Sẹn|de|ter|min** ‖ **Sẹn|de|zeit** ‖ **Sẹnd|schrei|ben** (früher): *an die Öffentlichkeit gerichteter offizieller Brief* ‖ **Sẹn|dung** die, -/-en: *Postsendung* | eine S. im Fernsehen verfolgen | (geh.) *höherer Auftrag; innere Berufung* ‖ **Sẹn|dungs|be|wusst|sein**

Sẹ|ne|gal der, -[s]: *afrikanischer Staat* | *Strom in Westafrika* ‖ **Se|ne|ga|le|se** der, -n/-n ‖ **Se|ne|ga|le|sin** die, -/-innen ‖ **se|ne|ga|le|sisch**

Se|nes|zẹnz die, - ⟨lat.⟩ (Med.): *das Altern*

Sẹnf der, -[e]s/-e: *eine Speisewürze* | (ugs.) seinen S. dazugeben *(seine Meinung ungefragt äußern)* ‖ **Sẹnf|gur|ke** ‖ **Sẹnf|korn** ‖ **Sẹnf|pflas|ter** ‖ **Sẹnf|sau|ce** [-zo:s(ɛ)] = **Sẹnf|soß** = **Sẹnf|so|ße**

sẹn|gen: sengende *(glühende)* Hitze | *versengen* | (veraltet) s. und brennen *(das Land verwüsten)*

se|nil ⟨lat.⟩ (abw.): *greisenhaft* ‖ **Se|ni|li|tät** die, - (oft abw.) ‖ **se|ni|or** (sen.): Karl Müller s. *(Karl Müller der Ältere, zB der Vater);* → G.: junior ‖ **Se|ni|or** der, -s/-en [-'o:-]: *älterer Mann;* → G.: Junior | *Sportler höherer Altersklasse* | (ev. Kirche) *Stellvertreter eines Superintendenten* ‖ **Se|ni|or|chef** [-ʃɛ:f]; → G.: Juniorchef ‖ **Se|ni|or|che|fin** ‖ **Se|ni|o|ren|er|mä|ßi|gung** ‖ **Se|ni|o|ren|heim:** *Altersheim, Pensionistenheim* ‖ **Se|ni|o|ren|tel|ler:** *kleinere Portion* ‖ **Se|ni|o|ren|wohn|heim** ‖ **Se|ni|o|rin** die, -/-innen ‖ **Se|ni|or|stu|dent** ‖ **Se|ni|or|stu|den|tin**

Sẹnk|blei das, -[e]s/-e: *Vorrichtung zur Bestimmung der Lotrechten* ‖ **Sẹn|ke** die, -/-n: *eine Bodenvertiefung* ‖ **sẹn|ken:** die Schultern s.; mit gesenkter *(gedämpfter)* Stimme | die Preise s. *(heruntersetzen)* ‖ **Sẹnk|fuß** (Med.) ‖ **Sẹnk|gru|be:** *Jauchengrube, gemauerte Abwassergrube* ‖ **sẹnk|recht:** *lotrecht, vertikal;* → G.: waagrecht ‖ **Sẹnk|rech|te** die, -n/-n: eine S. errichten; die Senkrechten | (auch mit Pl. -) zwei, alle Senkrechte[n] ‖ **Sẹnk|recht|start** [-ʃt-, auch: -st-]: *Blitzstart* ‖ **Sẹnk|recht|star|ter:** *eine Flugzeugart* | *jemand, der eine steile Karriere macht* ‖ **Sẹnk|recht|star|te|rin** die, -/-innen ‖ **Sẹn|kung** die, -/-en: die S. der Preise | (Med.) *Blutsenkung* ‖ **Sẹnk|waa|ge:** → *Aräometer*

Sẹnn der, -en/-en = **Sẹn|ne,** -n/-n = Senner, -s/-: *Betreiber einer Almwirtschaft* ‖ **sẹn|nen:** *eine Alm bewirtschaften* ‖ **Sẹn|ner** = → Senn ‖ **Sen|ne|rei** die, -/-en: *Almwirtschaft* ‖ **Sẹn|ne|rin** = Sennin die, -/-innen ‖ **Sẹnn|hüt|te:** *Almhütte* ‖ **Sẹn|nin** = → Sennerin ‖ **Sẹnn|wirt|schaft**

Se|ñor [se'njɔr] der, -s/-es ⟨span.⟩: *spanische Anrede und Bezeichnung eines Herrn* ‖ **Se|ño|ra** die, -/-s: *spanische Anrede und Bezeichnung einer Frau* ‖ **Se|ño|ri|ta** die, -/-s: *spanische Anrede und Bezeichnung eines Mädchens*

Sen|sal der, -s/-e ⟨lat.-it.⟩: *Vermittler von Warenkäufen, zB bei Versteigerungen, Makler* ‖ **Sen|sa|lie** [-iɛ] = Sensarie die, -/-n: *Maklergebühr* ‖ **Sen|sa|lin** die, -/-innen ‖ **Sen|sa|rie** [-iɛ] = → Sensalie

Sen|sa|ti|on [-tsi-] die, -/-en ⟨lat.⟩ ‖ **sen|sa|ti|o|nell:** ein sensationelles *(Aufsehen erregendes)* Ereignis ‖ **Sen|sa|ti|ons|mel|dung** ‖ **Sen|sa|ti|ons|pres|se** (abw.) ‖ **Sen|sa|ti|ons|pro|zess**

Sẹn|se die, -/-n: mit der S. mähen; die S. dengeln ‖ **Sẹn|sen|blatt** ‖ **Sẹn|sen|mann** der, -[e]s (geh.): *der Tod*

sen|si|bel ⟨lat.-fr.⟩: *feinfühlig, empfindsam;* ein sensibler Mensch | ein sensibles *(heikles)* Thema; → G.: insensibel ‖ **sen|si|bi|li|sie|ren:** *jemanden für etwas feinfühlig machen* ‖ **Sen|si|bi|li|sie|rung** die, -/-en ‖ **Sen|si|bi|li|tät** die, - ‖ **sen|si|tiv:** *überempfindlich, reizbar* ‖ **Sen|si|ti|vi|tät** die, - ‖ **Sẹn|so|mo|to|rik** die, - (Psych., Biol.): *Zusammenwirken von Sinnesorganen und Muskeln* ‖ **Sen|sor** der, -s/-en [-'o:-] (Technik): *Messfühler* ‖ **sen|so|risch:** *die Sinnesorgane betreffend* ‖ **Sẹn|sor|tas|te:** *nur leicht zu berührende Taste bei elektronischen Geräten* ‖ **sen|su|ell:** *sinnlich wahrnehmbar* ‖ **Sẹn|sus com|mu|nis** [- k-] der, - - ⟨lat.⟩: *gesunder Menschenverstand*

Sẹn|ta: *weibl. Vorname*

Sen|tẹnz die, -/-en ⟨lat.⟩: *treffender, allgemein gültiger Ausspruch; Merkspruch* | *Urteilsspruch* ‖ **sen|tẹnz|haft:** *kurz, treffend* ‖ **sen|ten|zi|ös** (geh.)

Sen|ti|ment [sɑ̃-'mɑ̃:] das, -s/-s ⟨lat.-fr.⟩ (geh.): *Gefühl* ‖ **sen|ti|men|tal** [zɛn-mɛn-] ⟨lat.-fr.-engl.⟩: *empfindsam* | *rührselig, überschwänglich* ‖ **Sen|ti|men|ta|li|tät** die, -/-en

Seoul [sɘʊl]: *Hauptstadt der Republik Korea*

se|pa|rat ⟨lat.⟩: *gesondert, getrennt* ‖ **Se|pa|rat|frie|de** = **Se|pa|rat|frie|den:** *Frieden mit nur einem von mehreren verbündeten Gegnern* ‖ **Se|pa|ra|ti|on** [-tsi-] die, -/-en: *Trennung* ‖ **Se|pa|ra|tis|mus** der, -/Separatismen: *Streben nach Absonderung (nach Gebietsabtrennung)* ‖ **Se|pa|ra|tịst** der, -en/-en ‖ **Se|pa|ra|tịs|tin** die, -/-innen ‖ **se|pa|ra|tịs|tisch** ‖ **Se|pa|ra|tum** das, -s/Separata: *Exemplar eines Sonderdruckes* ‖ **Se|pa|ree** = **Sé|pa|rée** das, -s/-s: *abgesonderter Raum [in Nachtlokalen]* ‖ **se|pa|rie|ren:** ein Zimmer mit separiertem *(eigenem)* Eingang

se|pia ⟨gr.-lat.⟩: *dunkelbraun* ‖ **Se|pia** die, -: *ein Farbstoff* ‖ **se|pia|braun**

Sẹpp = **Sẹppl:** *männl. Vorname (Josef)*

Sẹp|sis die, -/Sepsen ⟨gr.⟩ (Med.): *Blutvergiftung*

Sept ⟨lat.⟩ (Mus.) → Septim ‖ **Sept|ak|kord** (Mus.): *Akkord aus Dreiklang plus Septim des Grundtons* ‖ **Sep|tẹm|ber** der, -[s]/-: *der neunte Monat* ‖ **Sep|tett** das, -[e]s/-e ⟨lat.-it.⟩ (Mus.): *Musikstück für sieben Gesangsstimmen oder Instrumente* | *die Ausführenden eines solchen* ‖ **Sep|tim** die, -/-en = **Sep|ti|me,** -/-n, *auch:* Sept, -/-en ⟨lat.⟩ (Mus.): *Intervall der 7. Tonstufe*

sẹp|tisch ⟨gr.⟩ (Med.) → Sepsis

se|quen|ti|ell → sequenziell ‖ **Se-**

S

quenz die, -/-en ⟨lat.⟩: *Aufeinanderfolge* | *ein Kirchengesang* | (Mus.) *Wiederholung auf höherer oder niederer Tonstufe* | (Medienw.) *Gestaltungseinheit* ‖ **se|quen|zi|ell** = sequentiell [-tsi̯-] ‖ **Se|ques|ter** der, -s/- (Jus): *gerichtlich bestellter Verwahrer* ‖ **Se|ques|to|rin** die, -/-innen (Jus) ‖ **Se|ques|t|ra|ti|on** [-tsi̯-] die, -/-en (Jus): *Verwaltung durch einen amtlichen Treuhänder* ‖ **se|ques|t|rie|ren** (Jus): *beschlagnahmen* ‖ **se|ques|t|risch** (Jus)

Se|rail [-'aɪ(l)] das, -s/-s ⟨pers.-türk.-it.-fr.⟩: *Palast [des Sultans]; orientalisches Schloss*

Se|raph [-f] der, -s/-e [Seraphim] ⟨hebr.-lat.⟩ (Rel.): *biblischer Engel* ‖ **se|ra|phisch**

Ser|be der, -n/-n: *Angehöriger eines südslawischen Volks* ‖ **Ser|bi|en:** *ein Staat in Südosteuropa* (früher: *Teilstaat des Staatenbundes Serbien und Montenegro*) ‖ **Ser|bin** die, -/-innen ‖ **ser|bisch:** serbische Bohnensuppe ‖ **Ser|bisch** das, -[s] = **Ser|bi|sche,** -n: *die serbische Sprache;* → Deutsch ‖ **Ser|bo|kro|a|tisch** das, -[s] = **Ser|bo|kro|a|ti|sche,** -n (früher bzw. Sprachwiss.): *Bosnisch, Kroatisch und Serbisch*

Se|re|na|de die, -/-n ⟨lat.-it.-fr.⟩: *ein Musikstück* | *Konzertveranstaltung* | *Ständchen*

Ser|ge ['sɛrʃ] der, -/- [-ʒɛ] ⟨fr.⟩: *ein Gewebe, Futterstoff*

Ser|geant[1] [-'ʒant] der, -en/-en ⟨fr.⟩: *ein Unteroffizier [in Frankreich]* ‖ **Ser|geant**[2] ['sɑːdʒənt] der, -s/-s ⟨engl.⟩: *ein Unteroffizier [in den USA]*

Se|rie [-i̯ɛ] die, -/-n ⟨lat.⟩: *Reihe, Folge;* eine S. Briefmarken; etwas in S. *(in großer Anzahl und gleicher Ausführung)* erzeugen; in S. gehen | eine 3-teilige S. *(Fernsehsendung, Veröffentlichung)* zum Thema Bildung | er musste eine S. von Niederlagen hinnehmen | (SüdT) *höchste Spielklasse in Fußball, Eishockey ua.* ‖ **se|ri|ell:** *in Serie [gefertigt]* | (Mus.) serielle *(auf Grundlage von Tonreihen komponierte)* Musik *(eine Kompositionstechnik seit etwa 1950)* | (EDV) serielle Schnittstelle *(eine Anschlussstelle)* ‖ **Se|ri|en|an|fer|ti|gung** ‖ **Se|ri|en|fa|bri|ka|ti|on** [-tsi̯-] ‖ **Se|ri|en|held:** *Held einer Fernseh-, Romanserie* ‖ **Se|ri|en|hel|din** ‖ **se|ri|en|mä|ßig:** Autos s. erzeugen ‖ **Se|ri|en|pro|duk|ti|on** [-tsi̯-] ‖ **Se|ri|en|rei|fe:** das neue Produkt hat S. erreicht *(kann nun in Serie produziert werden)* ‖ **Se|ri|en|schal|tung** (Technik): *Schaltungen mit ungleicher Spannung;* → G.: Parallelschaltung ‖ **Se|ri|en|tä|ter:** *jemand, der mehrere gleichartige Straftaten verübt* ‖ **Se|ri|en|tä|te|rin** ‖ **se|ri|en|wei|se**

se|ri|ös ⟨lat.-fr.⟩: *anständig, vertrauenswürdig, ernst gemeint;* → G.: unseriös ‖ **Se|ri|o|si|tät** die, -

Ser|mon der, -s/-e ⟨lat.⟩ (geh.): *langweilige, feierliche Rede*

se|ro|lo|gisch (Med.): die Blutbestandteile betreffend; serologische Gutachten

Ser|pen|tin der, -s/-e ⟨lat.⟩: *ein grünes Gestein, burgenländische Jade* ‖ **Ser|pen|ti|ne** die, -/-n: *Straßenwindung, schlangenförmig ansteigender Weg, Kehrschleife* ‖ **Ser|pen|ti|nen|stra|ße** ‖ **Ser|pen|ti|nen|weg**

Se|rum das, -s/Seren [Sera] ⟨lat.⟩: *Blutwasser* | *Impfstoff*

Ser|ver ['sɜːvə] der, -s/- ⟨engl.⟩ (EDV): *Hauptgerät in einem Netzwerk, das die anderen Computer bedient;* → Client ‖ **Ser|vice**[1] [zɛr'viːs] das, - (-s [-sɛs])/- [-'viːsɛ] ⟨lat.-fr.⟩: *Tafelgeschirr* ‖ **Ser|vice**[2] ['sɜːvɪs] der = das, - (-s [-sɛs])/- [-vɪsɛ] (-s [-sɪz]) ⟨lat.-fr.-engl.⟩: *Kundendienst* | *Bedienung* | *[Schnell]reparatur* | (Sport) *Aufschlag* ‖ **Ser|vice|leis|tung** ‖ **Ser|vice|stel|le** ‖ **ser|vi|cie|ren** (fachspr.): *ein Kundenservice anbieten* ‖ **ser|vie|ren** [zɛrv-] ⟨lat.-fr.⟩: das Essen/Getränke s. *(auftragen)* | (Sport) einen Ball s. *(ins Spiel bringen; zuspielen)* ‖ **Ser|vie|rer** der, -s/- ‖ **Ser|vie|re|rin** die, -/-innen ‖ **Ser|vier|tas|se** (veraltet): *Tablett* ‖ **Ser|vier|tisch** ‖ **Ser|vier|wa|gen** ‖ **Ser|vi|et|te** die, -/-n: sich mit der S. den Mund abwischen ‖ **Ser|vi|et|ten|knö|del:** *in einem Tuch gekochter Knödel* ‖ **Ser|vi|et|ten|ring:** *Ring für eine zusammengerollte Serviette* ‖ **ser|vil** ⟨lat.⟩ (geh.): *kriecherisch, unterwürfig* ‖ **Ser|vi|li|tät** die, -/-en (geh.) ‖ **Ser|vi|tut** das, -[e]s/-e, *CH und fachspr.:* die, -/-en (Jus): *Grunddienstbarkeit; Gebrauchsrecht an einem fremden Besitz, zB Holznutzung, Wegbenützung* ‖ **Ser|vo|brem|se** (Kfz): *Mechanismus, der das Bremsen erleichtert* ‖ **Ser|vo|len|kung** (Kfz) ‖ **Ser|vo|mo|tor** (Kfz): *Hilfsmotor* ‖ **ser|vus:** *ein vertraulicher Gruß;* s. (= Servus) sagen ‖ **Ser|vus**[1] das, -/-: ohne [ein] S. fortgehen; S. (= servus) sagen ‖ **Ser|vus**[2] der, -/- (ugs., scherzh., veraltet): einen S. reißen *(betont [militärisch] grüßen)*

Se|sam der, -s/-s ⟨semit.-gr.-lat.⟩: *eine Pflanze; ihre Samenkörner* | (scherzh.) S., öffne dich! *(Spruch beim Versuch, etwas zu öffnen, nach einem orientalischen Zauberspruch)* ‖ **Se|sam|brot** ‖ **Se|sam|öl** ‖ **Se|sam|we|ckerl**

Ses|sel der, -s/-:
sich auf den S. setzen; vom S. fallen; jemandem den S. vor die Tür stellen *(jemanden aus dem Haus weisen; kündigen);* zwischen zwei Sesseln sitzen *(zwischen zwei Dingen hin und her schwanken)* | (ugs.) das reißt mich nicht vom S. *(beeindruckt mich nicht)*

In Deutschland wird für unser Wort „Sessel" meist „Stuhl" gesagt. „Sessel" bedeutet dort „[gepolstertes] Sitzmöbel mit Armlehnen, Polstersessel".

Ses|sel|bein ‖ **Ses|sel|leh|ne** ‖ **Ses|sel|leis|te:** *Abschlussleiste zwischen Fußboden und Wand* ‖ **Ses|sel|lift** ‖ **sess|haft:** diese Nomaden sind s. *(an einem Ort dauernd ansässig)* geworden ‖ **Sess|haf|tig|keit** die, -

Ses|si|on die, -/-en ⟨lat.⟩: *Sitzung* | *Sitzungsperiode, Zeitabschnitt, in dem zB der Nationalrat seine Sitzungen abhält*

Set das (auch: der), -s/-s ⟨engl.⟩: *Satz, Serie, Reihe zusammengehöriger Gegenstände;* ein Set Kochtöpfe | (meist Pl.) *Unterlage für ein Gedeck* | *Filmdekoration; Drehort*

Set|te|cen|to [-tʃ-] das, -s ⟨it.⟩: *das 18. Jahrhundert und seine Kunst in Italien*

Set|ter der, -s/- ⟨engl.⟩: *eine Hunderasse*

Set-up [-ʌp] = **Set|up** das, -s/-s ⟨engl.⟩ (EDV): *Installation von Software*

set|zen[1]: das Kind auf den Sessel s. | Salat s. *(pflanzen)* | über den Fluss s. *(ihn überqueren)* | ein Thema auf die Tagesordnung s.; Zahlen im Lotto s.; Maßnahmen s.; eine Frist s.; jemanden auf Diät s.; etwas außer Betrieb s.;

S

Falschgeld in Umlauf s.; eine Oper in Szene s. *(inszenieren)* | (sal.) jemanden an die Luft s. *(jemanden hinauswerfen);* → gesetzt || **setzen**[2] sich: sich zu Tisch s.; Setzen Sie sich! | der Kaffee setzt sich *(der Sud sinkt zu Boden)* | sich zur Wehr s.; sich etwas in den Kopf s. *(es unbedingt erreichen wollen);* sich in Szene s. *(sich aufspielen)* || **setzen lassen** = **setzenlassen:** den Schaum der Flüssigkeit s. l. *(absinken, verflüssigen lassen)* || **Setzer** der, -s/-: *Schriftsetzer* || **Setzerei** die, -/-en || **Setzerin** die, -/-innen || **Setzfehler** || **Setzkasten** || **Setzling** der, -s/-e: *junge Pflanze* | *junger Fisch, der zur Aufzucht in einem Teich ausgesetzt wird* || **Setzmaschine** (Druckw.): *Maschine zur Herstellung eines Schriftsatzes* || **Setzung** die, -/-en: die S. von Prioritäten | (Amtsspr.) die S. von Maßnahmen

Seuche die, -/-n: → *Epidemie;* die S. breitete sich rasant aus || **Seuchenbekämpfung** die, -/-en || **Seuchengefahr** || **Seuchenherd:** *Ausgangsgebiet einer Seuche*

seufzen: du seufzt vor Kummer; unter Repressalien s. *(leiden)* || **Seufzer** der, -s/-: seinen letzten Seufzer tun *(sterben)*

Severin ['ze:v-, -'i:n]: *männl. Vorname*

Sex der, -[es] ⟨lat.-engl.⟩: *das Geschlechtliche; Sexualität;* Sex and Crime [- ənd 'kraım] *(Sex und Verbrechen als Charakteristik [von Filmen]);* S. *(Geschlechtsverkehr)* haben || **Sexaffäre** [-a'fɛ:ə, -'ɛ:rɛ] || **Sexappeal** [-ə'pi:l] der, -s: *starke erotische Ausstrahlung* || **Sexbombe:** *Frau mit starker sexueller Ausstrahlung* || **Sexfilm** || **Sexhotline** [-laın]: *Rufnummer für Telefonsex* || **Sexidol** || **Sexismus** der, - || **Sexist** der, -en/-en || **Sexistin** die, -/-innen || **sexistisch** (abw.): *Personen, bes. Frauen, auf Grund ihres Geschlechts benachteiligend, zB im öffentlichen Leben, oder herabsetzend, zB in der Werbung, im Gespräch* || **Sexshop** [-ʃ-]: *Geschäft für Sexartikel* || **Sexstrolch** (abw.): *Sexualverbrecher*

Sext die, -/-en = Sexte, -/-n ⟨lat.⟩ (Mus.): *Intervall der 6. Tonstufe* || **Sextakkord** (Mus.): *eine Umkehrung des Dreiklangs mit der Terz zuunterst* || **Sextant** der, -en/-en: *Instrument zur Ortsbestimmung [auf See]* || **Sexte** = → Sext || **Sextett** das, -[e]s/-e ⟨lat.-it.⟩: *Musikstück für sechs Gesangsstimmen oder Instrumente* | *die sechs Ausführenden eines solchen Musikstücks*

Sextourismus [-tu-]: *[Fern]reisen mit der Absicht auf Sexabenteuer* || **Sexualdelikt** || **Sexualerziehung** || **Sexualforscher** || **Sexualforscherin** || **Sexualhormon** || **Sexualität** die, -: *Geschlechtlichkeit* || **Sexualkunde** || **Sexualleben** || **Sexualmoral** || **Sexualmord:** *Lustmord* || **Sexualorgan:** *Geschlechtsorgan* || **Sexualpädagogik** || **Sexualpartner** || **Sexualpartnerin** || **Sexualsprache:** *Redeweise, die Wörter aus dem Sexualbereich verwendet* || **Sexualtäter** || **Sexualtäterin** || **Sexualtrieb** || **Sexualverbrechen** || **Sexualverbrecher** || **Sexualverbrecherin** || **Sexualwissenschaftler,** *auch:* Sexualwissenschafter || **Sexualwissenschaftlerin,** *auch:* Sexualwissenschafterin || **sexuell:** *geschlechtlich* || **Sexus** der, -/-: *Geschlecht; Sexualität* || **sexy** [-i] (sal.): *sexuell anziehend*

Seychellen [se'ʃɛl-] die (Pl.): *Inselgruppe und Staat im Indischen Ozean*

Sezession die, -/-en ⟨lat.⟩: *Trennung, Abspaltung* | (Kunstg.) → Secession || **sezessionistisch** || **Sezessionskrieg** der, -[e]s: *nordamerikanischer Bürgerkrieg (1861–1865)*

sezieren ⟨lat.⟩ (Med.): einen Leichnam s. *(ihn öffnen und zerlegen, um ihn zu untersuchen)* || **Seziermesser**

sf: **s**for**z**ando

SF: **S**cience**f**iction

s-förmig ['ɛs-] = **S-förmig:** *wie ein S geformt*

sforzando = **sforzato** (sf, sfz) ⟨it.⟩ (Mus.): *verstärkt, akzentuiert*

Sg: **S**eabor**g**ium

S. g., *auch:* **Sg.** (veraltend): **S**ehr **g**eehrte[r] *(als Briefanrede)*

SGA [ɛs ge 'a:] der, -[s]/-[s]: **S**chul**g**emeinschafts**a**usschuss

Sgraffito das, -s/-s [Sgraffiti] ⟨it.⟩ (Kunstg.): *Wandbild, das in den noch weichen Verputz bis auf die andersfärbige Grundschichte gekratzt wird*

Shake [ʃeık] der, -s/-s ⟨engl.⟩: *Mixgetränk; Milchshake* || **Shakehands** [-'hændz] das, -s/-s (meist Pl.): *Händeschütteln;* S. machen || **Shaker** der, -s/-: *Mixbecher [für Cocktails]*

Shampoo [ʃ-] = **Shampoon** das, -s/-s ⟨Hindi-engl.⟩: *ein Haarwaschmittel* || **shampoonieren** = schamponieren

Shanghai [ʃ-] = Schanghai: *Stadt in China*

Shareholdervalue ['ʃeəhəʊldə-ˌvælju:] der, -s ⟨engl.⟩ (Wirt.): *Kapitalanteil von Aktionären; Unternehmenswert* || **Shareware** [-weə] die, -/-s (EDV): *kostengünstige [zeitlich begrenzte] Testversion einer Software*

Sheriff [ʃ-] der, -s/-s ⟨engl.⟩: *in England oberster Grafschaftsbeamter; in den USA gewählter höchster Exekutivbeamter eines Verwaltungs-, Polizeibezirks* || **Sheriffstern:** *Abzeichen eines amerikanischen Sheriffs*

Sherpa [ʃ-] der, -s/-s ⟨tibetisch-engl.⟩: *Angehöriger eines Volksstammes im Himalaja, bes. als Bergführer und Träger bekannt*

Sherry ['ʃeri] der, -s/-s ⟨span.-engl.⟩: *ein spanischer Süßwein; aber:* → Cherrybrandy

Shetland ['ʃetlənd] der, -s/-s: *eine Stoffart* || **Shetlandpony** [-i]: *eine Ponyrasse* || **Shetlandwolle:** *Wolle von Schafen der Shetlandinseln*

Shirt [ʃɜ:t] das, -s/-s ⟨engl.⟩: *Leibchen, T-Shirt*

Shoah [ʃo'a(:)] → Schoa

Shootingstar [ʃu:t-st-] ⟨engl.⟩: *Jungstar [im Showgeschäft]; Senkrechtstarter/in*

Shop [ʃ-] der, -s/-s ⟨engl.⟩: *Geschäft* || **Shopping** das, -s/-s: *Einkauf[sbummel]* || **Shoppingcenter** [-s-] = **Shopping-Center:** *Einkaufszentrum*

Shorts [ʃ-] die (Pl.) ⟨engl.⟩: *kurze Hose* || **Short Story** ['ʃɔ:t 'stɔ:ri] = **Shortstory:** *Kurzgeschichte*

Show [ʃəʊ] die, -/-s ⟨engl.⟩: *große Unterhaltungsdarbietung [mit Musik und Tanz];* eine S. abziehen; jemandem die S. stehlen; → Schau || **Showblock:** *Einlage [in einer TV-Sendung]* || **Showbusiness** [-bıznıs]: *Showgeschäft* || **Show-down** [-daʊn] = **Showdown** der = das, -[s]/-s: *Entscheidungskampf* || **Showgeschäft:** *Showbranche* || **Showgirl** [-gɜ:l] das, -s/-s || **Showman** [-mæn]

S

der, -s/-men || **Show|mas|ter** [-ɑːst-]: *Präsentator einer Show [im Fernsehen]* || **Show|mas|te|rin** || **Show|view** [-vjuː] das, -s (Wz.): *ein Videorekorder-Programmierungssystem*

Shred|der [ʃ-] → Schredder

Shrimp [ʃ-] = → Schrimp

Shuttle [ʃʌtl] der, -s/-s ⟨engl.⟩: *Kurzwort für Shuttledienst, -bus* | (auch mit Art. das) → *Spaceshuttle* || **Shuttle|bus** || **Shuttle|dienst:** *Zubringerdienst*

Si: **Si**licium

Si|am: *früherer Name von Thailand* || **si|a|me|sisch:** siamesische *(zusammengewachsene)* Zwillinge || **Si|am|kat|ze:** *eine Katzenrasse*

Si|bi|ri|en: *eine Landschaft in Asien (Russland)* || **si|bi|risch:** eine sibirische Kälte

Si|byl|le[1] [-'bi-, -'by-]: *weibl. Vorname* || **Si|byl|le**[2] [-'bi-, -'by-] die, -/-n: *weissagende Frau* | (ohne Pl.) *altrömische Sagengestalt* || **si|byl|li|nisch:** *geheimnisvoll, schwer zu deuten*

sic [-k] ⟨lat.⟩: *genau so im Original (Zusatz bei ungewöhnlichen Stellen in Zitaten)*

sich: sie hat s. gefreut; s. (auch: *einander*) anlächeln/küssen; ihr Vorschlag hat etwas für s.; an [und für] s. nichts dagegen haben; etwas bei s. tragen; sie hat s. von s. aus *(aus eigener Motivation)* bei mir gemeldet; er ist wieder zu s. *(zu Bewusstsein)* gekommen; die Schuld auf s. nehmen

Si|chel die, -/-n: *ein Gerät zum Schneiden [von Getreide]* | die S. des Mondes || **si|chel|för|mig** || **si|cheln:** Roggen s. *(mit der Sichel abschneiden)*

si|cher

ein sicherer Schulweg; seines Lebens nicht s. sein; s. ist s. *(besser mehr als weniger Vorsicht)*; diese Lösung wäre am sichersten | ein sicherer *(zuverlässiger)* Hinweis | ein sicheres *(selbstbewusstes)* Auftreten haben

Großschreibung bei Nominalisierung:
- die Ernte im **S**icher[e]n *(geborgen)* haben
- es ist das **S**icherste, wenn du weggehst
- das **S**icherste, was man tun kann

Groß- und Kleinschreibung:
- auf Nummer sicher (= **S**icher) gehen (ugs.: *kein Risiko eingehen*)

Getrenntschreibung bei wörtlicher Bedeutung und in Verbindung mit „sein":
- sicher kommen *(bestimmt)*
- sicher wirken
- du kannst dir sicher sein, dass etwas fehlt

Zusammenschreibung bei übertragener Bedeutung:
- ich will sichergehen, dass du kommst *(kein Risiko eingehen)*
- die finanziellen Mittel sicherstellen *(sichern, garantieren)*
- Diebsgut sicherstellen *(behördlich beschlagnahmen)*

Getrennt- und Zusammenschreibung mit adjektivisch gebrauchten Partizipien:
- ein sicher wirkendes (= sicherwirkendes) Medikament

si|cher|ge|hen: *ganz sicher sein, kein Risiko eingehen; aber:* er kann über den Balken sicher *(ohne abzurutschen)* gehen || **Si|cher|heit** die, -: die öffentliche S.; schau zur S. noch einmal nach; sich in S. wiegen *(sich scheinbar sicher fühlen)* | mit an S. grenzender Wahrscheinlichkeit | *Selbstbewusstsein* | (mit Pl. -en) für ein Darlehen Sicherheiten *(eine Sicherstellung, eine Bürgschaft)* fordern || **Si|cher|heits|ab|stand** (Verk.): S. halten || **Si|cher|heits|be|auf|trag|te** || **Si|cher|heits|be|hör|de:** *Polizei uÄ* || **Si|cher|heits|be|stim|mung** || **Si|cher|heits|bin|dung:** die S. beim Ski einstellen || **Si|cher|heits|bü|ro:** *Büro [der Polizei]* || **Si|cher|heits|den|ken** das, -s || **Si|cher|heits|di|rek|ti|on** [-tsi̯-]: *oberste Polizeibehörde eines Bundeslandes* || **Si|cher|heits|di|rek|tor:** *ein Amtstitel* || **Si|cher|heits|di|rek|to|rin** || **Si|cher|heits|ex|per|te** || **Si|cher|heits|ex|per|tin** || **Si|cher|heits|fa|den:** *ein Sicherheitsmerkmal von [Euro]banknoten* || **Si|cher|heits|glas:** *Glas, das nicht splittert* || **Si|cher|heits|grün|de** die (Pl.): aus Sicherheitsgründen || **Si|cher|heits|gurt** || **si|cher|heits|hal|ber** || **Si|cher|heits|ket|te:** eine S. an der Wohnungstür montieren || **Si|cher|heits|leis|tung** (Jus): *Kaution zur Abdeckung eines möglichen Schadens* || **Si|cher|heits|lü|cke:** eine S. in einem Computerprogramm schließen || **Si|cher|heits|man|gel** (meist Pl.) || **Si|cher|heits|maß|nah|me** || **Si|cher|heits|merk|mal:** die Sicherheitsmerkmale von Banknoten || **Si|cher|heits|na|del** || **Si|cher|heits|or|ga|ne** die (Pl.): *Sicherheitsbehörde* || **Si|cher|heits|po|li|tik** || **Si|cher|heits|po|li|zei:** *Kriminalpolizei, Verkehrspolizei ua.* || **Si|cher|heits|po|li|zei|ge|setz** || **si|cher|heits|po|li|zei|lich** || **Si|cher|heits|rat** der, -[e]s: *Weltsicherheitsrat der UNO* || **Si|cher|heits|ri|si|ko** || **Si|cher|heits|schloss:** *gesichertes Türschloss* || **Si|cher|heits|spre|cher** (Pol.) || **Si|cher|heits|spre|che|rin** (Pol.) || **Si|cher|heits|stu|fe:** S. 1 || **Si|cher|heits|tech|nik** || **Si|cher|heits|tür,** *auch:* **Si|cher|heits|tü|re** || **Si|cher|heits|ven|til** [-v-]: *Überdruckventil* || **Si|cher|heits|vor|keh|rung** (meist Pl.) || **Si|cher|heits|vor|schrift** || **Si|cher|heits|wa|che:** *Bezeichnung für Sicherheitsorgane wie zB Polizei* || **Si|cher|heits|wa|che|be|am|te** || **Si|cher|heits|wa|che|be|am|tin** || **Si|cher|heits|zo|ne:** eine S. *(Schutzzone)* der UNO || **si|cher|lich:** *gewiss, aller Wahrscheinlichkeit nach, selbstverständlich* || **si|chern:** das Fahrrad gegen Diebstahl s. *(es absperren)*; jemanden beim Bergsteigen durch ein Seil s.; Daten s. *(dauerhaft speichern)* | sich einen Platz s.; die Zukunft s. | (Jägerspr.) der sichernde *(nach Gefahren ausschauende)* Rehbock || **si|cher|stel|len:** *sichern, garantieren* | *behördlich beschlagnahmen;* → sicher || **Si|cher|stel|lung:** *Beschlagnahme [von Schmuggelware]* | (bes. Jus) *Pfand, Bürgschaft; Sicherung von Gegenständen für bestimmte Zwecke* || **Si|che|rung** die, -/-en: die S. der Arbeitsplätze | (Elektrot.) eine S. auswechseln; jemandem brennen die Sicherungen durch *(jemand verliert die Beherrschung)* || **Si|che|rungs|ei|gen|tum** (Jus): *Eigentum, das dem Gläubiger als Sicherheit für eine Schuld übergeben wird* || **Si|che|rungs|kas|ten** (Elektrot.) || **Si|che|rungs|ko|pie** (EDV) || **Si|che|rungs|pflicht** || **si|cher wir|kend** = **si|cher|wir|kend** → sicher

Sicht die, -/-en (Pl. selten): schlechte S.; in S. kommen *(sichtbar werden)*; Land in S.; auf

S

S. fahren *(so fahren, dass man rechtzeitig anhalten kann);* auf lange S. *(weit voraus)* planen ‖ **sichtbar:** sichtbare Fortschritte ‖ **Sichtbarkeit** die, - ‖ **Sichtblende:** *Sichtschutz* ‖ **sichten:** ein Flugzeug s. *(wahrnehmen)* | seine Dokumente s. *(sie durchsehen [und Unnötiges ausscheiden])* ‖ **Sichtgrenze** ‖ **sichtig** (Seemannsspr.): sichtiges *(klares)* Wetter ‖ **sichtlich:** sie ist s. *(merklich)* erfreut ‖ **Sichtschutz** ‖ **Sichtung** die, -/-en: *das Sichten* ‖ **Sichtverhältnisse** die (Pl.) ‖ **Sichtvermerk:** *für Reisen in bestimmte Staaten notwendige Passeintragung, Visum* ‖ **Sichtweise:** *Betrachtungsweise* ‖ **Sichtweite:** außer S. sein

Sickergrube: *Grube für [Haus-]abwässer* ‖ **sickern:** Blut sickerte *(drang langsam)* durch den Verband ‖ **Sickerwasser** das, -s: *durchsickerndes Wasser*

sie

Kleinschreibung als Pronomen in der 3. Person Singular und Plural:
- er und sie kamen zum Fest
- sie alle sind gekommen

Großschreibung bei Nominalisierung:
- ein Er oder eine **S**ie

Als distanzierte Anrede an eine oder mehrere Personen immer groß:
- „Bitte setzen **S**ie sich!“
- „Ich möchte **S**ie auf Folgendes hinweisen …“
- **S**ie zueinander sagen *(siezen)*
- mit jemandem per **S**ie sein

Als veraltete Anrede an eine untergebene weibliche Person groß:
- will **S**ie mir drohen?; → er

S

Sieb das, -[e]s/-e: ein engmaschiges S. ‖ **Siebdruck** der, -[e]s: *ein Druckverfahren* | (mit Pl. -drucke) *im Siebdruck hergestellter Abzug* ‖ **sieben**[1]: Mehl s. | die Bewerber/innen s. *(selektieren)*

sieben[2] (7): wir waren s.; die sieben Sakramente; ein Buch mit sieben Siegeln *(etwas, das man nicht versteht);* sieben auf einen Streich; die sieben Weltwunder; → acht ‖ **Sieben** die, -/-en (bes. D): *Siebener, die Ziffer Sieben (7)* ‖ **Siebenbürgen:** *Landschaft in Rumänien, Transsilvanien* ‖ **siebeneinhalb** ‖ **Siebener** der, -s/- (7er): *die Zahl Sieben (7);* einen S. *(die Ziffer 7)* hinschreiben; → Sieben ‖ **siebenerlei:** auf s. Weise ‖ **siebenfach** (7fach = 7-fach) ‖ **siebengescheit** (ugs., abw.): *neunmalklug* ‖ **siebenhundert** (700) ‖ **siebenjährig** (7-jährig): ein siebenjähriges Kind; *aber:* der **S**iebenjährige Krieg (1756–1763) ‖ **Siebenkampf** (Sport): *ein Sportwettbewerb in sieben Einzeldisziplinen* ‖ **siebenmal** (7-mal) (auch: sieben Mal) ‖ **Siebenmeilenstiefel** die (Pl.) (in der Wendung): mit Siebenmeilenstiefeln *(mit großen Schritten, sehr schnell)* ‖ **Siebenmeter** (Sport) ‖ **Siebenmonatkind** = **Siebenmonatskind:** *ein schon nach sieben Monaten geborenes Kind* ‖ **Siebensachen** die (Pl.) (scherzh.): seine S. *(die Gegenstände für den täglichen Gebrauch, sein geringes Eigentum)* zusammenpacken ‖ **Siebenschläfer:** *ein Nagetier* | (scherzh.) *jemand, der gern lange schläft* ‖ **siebent:** zu s. ‖ **siebentägig** (7-tägig) ‖ **siebentausend** (7 000) ‖ **Siebentausender** (7 000er): *Berg, der zwischen 7 000 und 7 999 m hoch ist* ‖ **siebente:** im siebenten Himmel sein *(sehr glücklich sein);* → siebte ‖ **Siebentel** das, -s/- ‖ **siebentens** (7.) ‖ **siebte** (reg.) → siebente ‖ **siebzehn** (17) ‖ **siebzig** (70) → achtzig

siech (geh., veraltet) ‖ **Siechtum** das, -s (geh.): *lange, schwere Krankheit*

siedeln, ich siedle: *Wohnstätten bauen; sich ansässig machen*

sieden, sott [siedete]/gesotten [gesiedet]: *kochen;* gesottenes Gemüse; gesottener Käse *(Mühlviertler Kochkäse);* siedende Hitze | ihm fiel siedend heiß ein, dass er mittags einen Termin gehabt hätte ‖ **Siedepunkt:** *Temperatur, bei der eine Flüssigkeit zu sieden beginnt*

Siedler der, -s/-: *Kolonist* ‖ **Siedlerin** die, -/-innen ‖ **Siedlung** die, -/-en: *mehrere [gleichartige] Wohnhäuser;* Stadtrandsiedlung | Bewohner einer S. | eine prähistorische S. *(Niederlassung)* ‖ **Siedlungsbau** der, -[e]s/-ten ‖ **Siedlungsgebiet** ‖ **Siedlungsgenossenschaft** ‖ **Siedlungsname,** *auch:* **Siedlungsnamen:** *Ortsname* ‖ **Siedlungspolitik**

Sieg der, -[e]s/-e: *Erfolg;* einen S. erringen; der Vernunft zum S. verhelfen ‖ **Sieganwärter:** *Favorit* ‖ **Sieganwärterin**

Siegel das, -s/-: *Abdruck eines Zeichens/Motivs in einer wachsähnlichen Masse;* das S. auf einer Urkunde; etwas unter dem S. der Verschwiegenheit *(streng vertraulich)* mitteilen | *Stempel zum Siegeln von Dokumenten; aber:* → Sigel ‖ **Siegellack** ‖ **siegeln:** ich siegle eine Urkunde ‖ **Siegelring:** *Ring mit einem Siegelmotiv*

siegen: *einen Sieg erringen* ‖ **Sieger** der, -s/- ‖ **Siegerehrung** ‖ **Siegerin** die, -/-innen ‖ **Siegermacht** (Pol., Mil., Gesch.): *die Siegermächte des Zweiten Weltkriegs* ‖ **Siegermannschaft** ‖ **Siegerpodest** = Siegespodest ‖ **Siegerpokal** ‖ **siegesbewusst** ‖ **Siegesbotschaft** ‖ **Siegesfeier** ‖ **Siegesfreude** ‖ **siegesgewiss** ‖ **Siegesgöttin** ‖ **Siegespalme** (geh.): *Siegeszeichen* ‖ **Siegespodest** = → Siegerpodest ‖ **Siegespreis** ‖ **Siegesserie** [-i̯ɛ]: *Folge von Siegen* ‖ **siegessicher** ‖ **Siegestor** (Sport) ‖ **siegestrunken** (geh.) ‖ **Siegeszug** ‖ **Siegfried:** *männl. Vorname* ‖ **sieggewohnt** ‖ **sieghaft** (geh., veraltet) ‖ **sieglos** ‖ **Siegmund,** *auch:* Sigmund, Sigismund: *männl. Vorname;* → Sigi; → Mundl ‖ **siegreich**

sieh = **siehe:** s. da! | (bei Hinweisen in Texten ohne Rufzeichen, auch mit Abkürzung s.) s. Seite 25 (s. S. 25); s. oben (s. o.); s. unten (s. u.); s. dort (s. d.) ‖ **sieht** → sehen

Siemandl → Simandl

siena: *rotbraun* ‖ **Siena** das, -s: *eine Farbe (nach der italienischen Stadt Siena)*

Siering ['zir-]: *Marktgemeinde in Oberösterreich*

Siesta die, -/-s [Siesten] ⟨span.⟩: *Ruhepause zur Mittagszeit [in südlichen Ländern]; → aber:* Fiesta

Sievert [-v-] das, -s (Zeichen: Sv) (Phys.): *Maßeinheit für die Schädlichkeit einer Strahlung* (früher: Rem)

siezen, du siezt: *jemanden mit Sie anreden*

Sigel das, -s/-, *auch:* Sigle [-gl] die, -/-n ⟨lat.-fr.⟩: *Abkürzungszeichen, Kürzel [in der Kurzschrift]*

Sightseeing ['saɪtsiːɪŋ] das, -[s] ⟨engl.⟩: *Besichtigen von Sehens-*

würdigkeiten || **Sight|see|ing-tour** [-tuːə]
Si|gi: *männl. Vorname (Siegfried uÄ)* || **Si|gis|mund** → Siegmund
Si|gle → Sigel
Sig|ma das, -[s]/-[s] (σ, ς, Σ) ⟨gr.⟩: *griechischer Buchstabe; entspricht s*
Sig|mund → Siegmund
Si|gnal das, -s/-e ⟨lat.-fr.⟩: dieses S. steht auf „Halt!"; sich durch Signale *(Zeichen oÄ)* verständigen; Signale *(Hinweise, Maßstäbe)* setzen || **Si|gnal|an|la|ge:** *Ampelanlage u. dgl.* || **Si|gna|le|ment** [sinjal'mɑ̃ː] das, -s/-s (veraltet): *kurze Personsbeschreibung* || **Si|gnal|far|be** [zign-]: *leuchtende Farbe* || **si|gna|li|sie|ren:** *anzeigen, ankündigen* || **Si|gnal|licht** || **Si|gnal|mast** || **Si|gnal|wir|kung** || **Si|gna|tar|macht** (Pol.) || **Si|gna|tar|staat** (Pol.): *der einen Vertrag unterzeichnende Staat* || **Si|gna|tion** [-'neːʃn] die, -/-s ⟨engl.⟩: *Kennmelodie [im Rundfunk]* || **Si|gna|tur** die, -/-en ⟨lat.⟩: *Namenszug, Unterschrift* | *Kennzeichen, zB Buchstaben, Nummern [auf Bibliotheksbüchern]* | (EDV) digitale S. *(elektronische Unterschrift zur Erhöhung der Sicherheit [im E-Business])* || **Si|gnet** [zin'jeː] das, -s/-s ⟨lat.-fr.⟩: das S. *(Kennbild, Logo)* des ORF || **si|gnie|ren** [-gn-]: *mit einer Signatur versehen;* ein vom Künstler signiertes *(mit seinem Namenszug versehenes)* Gemälde | Bücher s. || **Si|gnie|rung** die, -/-en || **si|gni|fi|kant** ⟨lat.⟩: ein signifikanter *(kennzeichnender)* Unterschied; → G.: insignifikant || **Si|gni|fi|kanz** die, -
Si|gnor [si'njoːr] der, -s/-i ⟨it.⟩: *italienische Anrede eines Herrn* || **Si|gno|ra** die, -/-s [Signore]: *italienische Anrede und Bezeichnung einer Frau* || **Si|gno|re** der, -s/Signori: *italienische Anrede und Bezeichnung eines Herrn* || **Si|gno|ri|na** die, -/-s [Signorine]: *italienische Anrede und Bezeichnung eines Mädchens, einer jungen unverheirateten Frau*
Si|gnum das, -s/Signa ⟨lat.⟩: *Zeichen, Signatur* | *Symbol*
Sig|rid: *weibl. Vorname*
Si|la|ge [-'aːʃ, -ʒɛ] die, - ⟨span.-fr.⟩: *Gärfutter aus dem Silo;* → silieren
Sil|be die, -/-n: keine S. *(nichts)* davon erwähnen | (Sprachwiss.) *Laut- bzw. Buchstabenfolge;* → syllabisch || **Sil|ben|maß:** *Versmaß* || **Sil|ben|rät|sel** || **Sil|ben|schrift:** *Schrift mit Silbenzeichen (im Gegensatz zB zur Buchstabenschrift)* || **Sil|ben|tren|nung:** *Worttrennung*
Sil|ber das, -s (Zeichen: Ag): *ein chemisches Element;* → Argentum | *silbernes Tafelgeschirr, Besteck* | *Silbermünze* | *Silberglanz* || **Sil|ber|bar|ren** || **Sil|ber|berg|werk** || **Sil|ber|be|steck** || **sil|ber|be|stickt** || **Sil|ber|blech** || **Sil|ber|blick:** *leichtes Schielen* || **Sil|ber|draht** || **Sil|ber|fa|den** || **Sil|ber|glanz** || **sil|ber|glän|zend** || **sil|ber|grau** || **sil|ber|hell:** *hell tönend* || **Sil|ber|hoch|zeit** || **sil|be|rig** → silbrig || **Sil|ber|ket|te** || **Sil|ber|le|gie|rung** || **Sil|ber|ling** der, -s/-e (früher): *eine Silbermünze* || **Sil|ber|me|dail|le** [-'ailjɛ]: *Medaille für den zweiten Platz* || **Sil|ber|mi|ne** || **Sil|ber|mün|ze** || **sil|bern:** eine silberne Uhr; die silberne Hochzeit *(die Fünfundzwanzigjahrfeier der Eheschließung)* || **Sil|ber|pap|pel:** *ein Baum* || **Sil|ber|schmied** || **Sil|ber|streif** = **Sil|ber|strei|fen:** ein S. am Horizont *(ein Hoffnungszeichen)* || **Sil|ber|ta|b|lett** || **Sil|ber|tan|ne** || **sil|ber|weiß:** silberweißes Haar
-sil|big (nur in Zusammensetzungen wie einsilbig) || **sil|bisch** (Sprachw.): ein silbisches *(eine Silbe bildendes)* l oder r
silb|rig, *auch:* silberig: s. glänzen | (geh.) ein silbriger *(heller, reiner)* Klang
Si|len|ti|um [-tsi̯-] das, -s ⟨lat.⟩: *Stillschweigen, Ruhegebot*
Sil|hou|et|te [-'lu̯ɛtɛ] die, -/-n ⟨fr.⟩: *Schattenriss;* im Dunkeln die S. *(den Umriss)* eines Menschen erkennen
Si|li|cat [-k-] (fachspr.): *Silikat* || **Si|li|ci|um** [-tsi̯-] = → Silizium || **Si|li|con** [-k-] das, -s/-e (fachspr.): *Silikon*
si|lie|ren ⟨span.⟩: *in einem Silo aufbewahren;* → Silage
Si|li|kat das, -[e]s/-e ⟨lat.⟩ (Chem.): *Kieselsäuresalz* || **Si|li|kon** das, -s/-e: *Dichtungs- und Kabelmaterial; ein Kunststoff [zur Brustvergrößerung]* || **Si|li|kon|bu|sen** || **Si|li|zi|um** = Silicium [-tsi̯-] das, -s ⟨lat.⟩ (Zeichen: Si): *ein chemisches Element*
Si|lo der, -s/-s ⟨span.⟩: *ein Getreidespeicher; ein Gärfutterbehälter;* → silieren; → einsilieren
Sil|va|ner [-v-] = Sylvaner [zi-] der, -s/- ⟨lat.⟩: *eine Reb- und Weinsorte;* → Müller-Thurgau
Sil|ves|ter [-v-] der, -s/-: *der 31. Dezember, Altjahrstag (nach dem hl. Papst Silvester I.);* S. feiern; zu S. || **Sil|ves|ter|abend** || **Sil|ves|ter|nacht** || **Sil|ves|ter|pfad:** *Folge von Silvesterveranstaltungen im Freien entlang einer vorgesehenen Route, zB in Wien*
Sil|via [-v-], *auch:* Sylvia ['zi-]: *weibl. Vorname*
Sil|vret|ta [-f-, auch: -v-] die, -: *eine Gebirgsgruppe in Vorarlberg, Tirol und der Schweiz;* Silvretta-Hochalpenstraße
SIM: Subscriber **I**dentity **M**odule *(Speicher für Benutzerdaten, zB Rufnummer, Code, Adressbuch)* || **SIM-Card** [-k-] = SIM-Karte
Si|mandl das, -s/-n, *auch:* Siemandl (ostöst., mda., abw., veraltend): *Mann, der sich nichts zu sagen getraut; Pantoffelheld*
Si|mi|laun der, -[s]: *Berg in Nord- und Südtirol*
Sim|me|ring: *11. Bezirk Wiens*
Si|mon: *männl. Vorname* || **Si|mo|ne:** *weibl. Vorname*
sim|pel ⟨lat.-fr.⟩: *(sehr) einfach;* eine simple Aufgabe | (oft abw.) *primitiv* || **Sim|pel** der, -s/- (mda.): *einfältiger Mensch*
Sim|perl das, -s/-[n] (mda.): *flaches Körbchen*
Sim|plex das, -/-e (Simplizia, Simplicia [-'iːtsi̯a]) ⟨lat.⟩ (Gramm.): *einfaches, nicht zusammengesetztes Wort;* → Kompositum || **Sim|pli|fi|ka|ti|on** [-tsi̯-] die, -/-en || **sim|pli|fi|zie|ren:** *[zu sehr] vereinfachen;* → versimplifizieren || **Sim|pli|fi|zie|rung** die, -/-en || **Sim|pli|zi|tät** die, -: *Schlichtheit*
Simp|sons [-sənz] die (Pl.): *Familie einer Zeichentrickserie*
Sims das (*auch:* der), -es/-e: *Gesims*
Si|mu|lant der, -en/-en ⟨lat.⟩: *jemand, der etwas vortäuscht, zB eine Krankheit* || **Si|mu|lan|tin** die, -/-innen || **Si|mu|la|ti|on** [-tsi̯-] die, -/-en: *Nachbildung* || **Si|mu|la|tor** der, -s/-en [-'oː-]: *Vorrichtung, die bestimmte Bedingungen, zB des Weltraums, wirklichkeitsnah nachbildet* || **si|mu|lie|ren:** *vortäuschen; sich verstellen* | eine Flugzeuglandung am Computer s. *(nachbilden)*
si|mul|tan ⟨lat.⟩: *gleichzeitig;* s. *(während der Text gesprochen wird)* dolmetschen || **Si|mul|tan-**

S

dolmetscher || **Simultandolmetscherin** || **Simultanpartie:** *Schachspiel eines Spielers gleichzeitig gegen mehrere Gegner* || **Simultanschach**
sin: Sinus
sind → sein
sine ira et studio ⟨lat.⟩ (wörtl.: ohne Hass und [ohne] Vorliebe): *sachlich, objektiv* || **sine tempore** (s. t.) (lat.): *pünktlich, ohne Hinausschieben der Beginnzeit;* → G.: cum tempore
Sinfonie = Symphonie [zymf-] die, -/-n ⟨gr.-it.⟩: *ein großes Musikwerk für Orchester* || **Sinfonieorchester** [meist: -kɛ-] = Symphonieorchester || **Sinfoniker** = Symphoniker der, -s/-: *Mitglied eines Symphonieorchesters* | *Komponist von Symphonien* | (nur Pl.) *Name bestimmter Orchester;* die Wiener Symphoniker || **Sinfonikerin** = Symphonikerin die, -/-innen || **sinfonisch** = symphonisch: die sinfonische Dichtung
Sing.: Singular
Singapur: *Stadt und Staat in Südostasien*
singbar: die Melodie ist leicht s. || **singen,** sang/gesungen: einen Kanon s. | (sal.) der verhaftete Bankräuber hat gesungen *(ausgesagt, seine Komplizen verraten)* | (geh., veraltet) von den Taten des Odysseus s. *(sie dichterisch darstellen)*
Singhalese der, -n/-n: *Angehöriger des Mehrheitsvolkes von Sri Lanka* || **Singhalesin** die, -/-innen || **singhalesisch**
Singkreis: *kleiner [Laien]chor*
Single[1] ['sɪŋgl] das, -[s]/-[s] ⟨engl.⟩ (Sport): *Einzelspiel [im Tennis]* | *Einzelabteil im Schlafwagen* || **Single**[2] der, -[s]/-s: *alleinstehende Person* || **Single**[3] die, -/-[s]: *Schallplatte/CD mit kurzer Spieldauer;* → LP
Singsang der, -[e]s (abw.): *eintöniges Singen* || **Singspiel:** *[heitere] Oper mit gesprochenen Dialogen* || **Singstimme:** ein Lied für S. *(Gesang)* und Klavier; eine gute S. haben
singulär ⟨lat.⟩ (geh.): *einzigartig, vereinzelt* || **Singular** der, -s/-e (Sing.) (Gramm.): *Einzahl;* → G.: Plural || **Singularetantum** das, -s/-[s] [Singulariatantum] (Gramm.): *Einzahlwort, zB* Hunger; → G.: Pluraletantum || **Singularität** die, -: *Einzigartigkeit*

Singvogel
sinister ⟨lat.⟩ (geh.): *unheilvoll*
sinken, sank/gesunken: ein sinkendes Schiff; ins Bett s.; in die Knie s.; in Ohnmacht s.; sie lässt den Telefonhörer s.; das Fieber sank endlich; sinkende Preise; er ist in meiner Gunst gesunken; wie tief seid ihr [moralisch] gesunken! || **Sinkflug** → G.: Steigflug
Sinn der, -[e]s/-e: sie hat ihre fünf Sinne beisammen *(sie ist bei klarem Verstand);* einen sechsten S. *(eine scheinbar übernatürliche Fähigkeit, besonderen Instinkt)* für etwas haben | (geh.) von Sinnen *(außer sich)* sein; bei Sinnen *(bei vollem Verstand)* sein | (ohne Pl.) S. *(Verständnis)* für etwas haben | der S. *(Ziel und Zweck)* des Lebens; ohne S. und Verstand *(ohne nachzudenken);* das ergibt keinen S.; im engeren/weiteren S. | der S. *(die Bedeutung)* eines Wortes | in ihrem S. *(wie sie es möchte)* handeln; etwas im S. haben *(planen);* jemanden im S. haben *(an jemanden denken);* in den S. kommen *(einfallen)* | (nur Pl.) (geh.) *Sinnenfreude;* etwas erregt die Sinne || **Sinnbild:** die Taube als S. *(Symbol)* des Friedens || **sinnbildhaft** || **sinnbildlich** || **sinnen,** sann/gesonnen (geh.): auf neue Mittel und Wege s. *(über sie nachdenken);* er blickt ihr sinnend nach; gesonnen *(gewillt)* sein, etwas zu tun; *aber:* jemandem gutgesinnt/feindlich gesinnt sein || **Sinnenfreude** (geh.): *Lebensfreude; Freude an sinnlichen, bes. erotischen, Erlebnissen* || **Sinnenrausch** der, -es (geh.): *leidenschaftliche Erregtheit der Sinne* || **sinnentstellend:** eine sinnentstellende Formulierung || **sinnerfassend:** sinnerfassendes Lesen || **Sinnesänderung:** *Änderung der Gesinnung* || **Sinnesart** || **sinnesbehindert** (Päd.) || **Sinneseindruck** || **Sinneserfahrung** || **Sinnesorgan:** *Auge, Ohr ua.* || **Sinnestäuschung** || **Sinnesverwirrung** || **Sinneswahrnehmung** || **Sinneswandel:** *Gesinnungsänderung* || **sinnfällig:** *augenfällig* || **Sinnfälligkeit** die, - || **Sinnfrage:** *Frage nach dem Sinn [des Lebens]* || **Sinngebung** die, -/-en || **Sinngehalt** der, -[e]s/-e || **sinngemäß:** *dem Sinn entsprechend* || **sinnhaft:** *sinnvoll* || **sinnieren:** *grübeln, nachdenken* || **Sinnierer** der, -s/- || **Sinniererin** die, -/-innen || **sinnig:** ein sinniges *(sinnvolles, passendes)* Geschenk || **Sinnkrise:** *Zweifel an der Sinnhaftigkeit von etwas* || **sinnlich:** etwas s. *(durch die Sinnesorgane)* wahrnehmen | ein sinnliches *(sexuelles)* Verlangen || **Sinnlichkeit** die, - || **sinnlos:** ein sinnloser Satz; ein sinnloser *(nutzloser)* Versuch | er ist s. *(völlig, bis zur Unsinnigkeit)* betrunken || **Sinnlosigkeit** die, -/-en || **sinnreich:** ein sinnreicher *(kluger)* Einfall || **Sinnspruch:** *Spruch, der zum Nachdenken anregt* || **sinnstörend:** ein sinnstörender Druckfehler || **sinnverwandt:** sinnverwandte Wörter, zB *sagen, reden, sprechen* || **sinnvoll:** *zweckmäßig, wohl durchdacht* || **sinnwidrig:** *dem Sinn einer Sache widersprechend* || **Sinnzusammenhang:** *Kontext*
Sinologe der, -n/-n ⟨gr.⟩ || **Sinologie** die, -: *Chinakunde* || **Sinologin** die, -/-innen
Sinter der, -s/-: *mineralische Ablagerung des Wassers* || **sintern:** *Sinter ablagern; durch Schmelzen verfestigen* || **Sinterung** die, -
Sintflut = Sündflut die, -: *(nach der Bibel) die große Überschwemmung der Erde;* nach/hinter mir die S. *(was nachher ist, kümmert mich nicht)* || **sintflutartig** = sündflutartig: sintflutartige *(sehr starke)* Regenfälle
Sinti die (Pl. von → Sinto) ⟨Romanes⟩ || **Sintiza** die, -/Sintize: *Angehörige eines weltweit zerstreuten Volkes;* → Zigeunerin; → Romni || **Sinto** der, -[s]/Sinti: *männliche Form von Sintiza;* → Zigeuner; → Rom[2]; → Roma und Sinti
Sinus der, -/- [-nusse] (sin) ⟨lat.⟩ (Math.): *eine Winkelfunktion* || **Sinuskurve** || **Sinusschwingung** || **Sinuston:** *physikalisch reiner Ton*
Siphon [-f-] der, -s/-s ⟨gr.-lat.-fr.⟩: *Abflussrohr mit Geruchsverschluss [unter dem Waschbecken]* || **Siphonflasche:** *Flasche mit Steigrohr und Spritzverschluss*
Sippe die, -/-n: *die näheren und entfernteren Verwandten; Großfamilie* || **Sippenforschung:** *Genealogie* || **Sippenhaftung** die, -: *Verantwortlichmachen und Be-*

S

strafen von unbeteiligten Verwandten ‖ **Sip|pen|ver|band:** *Sippe* ‖ **Sipp|schaft** die, - (abw.): die ganze S. *(alle Verwandten)* | *Gesindel*

Sir [sɜː] der, -s/-s ⟨engl.⟩: *englische Anrede für Herr (ohne Namen)* | *ein englischer Adelstitel (vor dem Vornamen);* Sir Alec [Guiness]

Sire [siːr] ⟨fr.⟩: *Anrede ohne Namensnennung an Herrscher im französischen Kulturkreis*

Si|re|ne die, -/-n ⟨gr.⟩: *verführerische weibliche Person; Fabelwesen* | *eine Signal- bzw. Alarmvorrichtung* ‖ **Si|re|nen|ge|heul** ‖ **Si|re|nen|ge|sang** (geh.): *verlockende, schöne Worte*

sir|ren: *sirrende Insekten*

Si|rup der, -s/-e ⟨arab.-lat.⟩: *ein dicker, zuckerhältiger Saft*

Si|sal der, -s = **Si|sal|hanf:** *Faser zur Herstellung von Säcken, Seilen uÄ (nach einer mexikanischen Hafenstadt)* ‖ **Si|sal|tep|pich**

Si|si = **Sis|si** = **Sis|sy** [-i]: *weibl. Vorname (Elisabeth)*

sis|tie|ren ⟨lat.⟩: ein Gerichtsverfahren s. *(vorläufig einstellen)* ‖ **Sis|tie|rung** die, -/-en

Si|sy|phus|ar|beit [-yf-, -if-]: *mühevolle [vergebliche] Arbeit (nach einer griechischen Sagengestalt)*

Sit|com [-k-] die, -/-s ⟨engl.⟩ (Medienw.): *als Fernsehserie gezeigte Situationskomödie*

Site [saɪt] die, -/-s ⟨engl.⟩ (Internet): *Kurzwort für Website*

Sit-in = **Sit|in** das, -s/-s ⟨engl.⟩: *eine Demonstration durch Sitzstreik*

Sit|te die, -/-n: strenge Sitten *(Gebräuche);* gegen die guten Sitten verstoßen ‖ **Sit|ten|bild** (geh.): *Schilderung der Alltagskultur, Genrebild* ‖ **Sit|ten|ko|dex** = Sittencodex [-k-]: *sittliche und moralische Vorschriften einer Gemeinschaft* ‖ **Sit|ten|leh|re:** *Lehre vom sittlichen Verhalten, Ethik* ‖ **sit|ten|los** ‖ **Sit|ten|lo|sig|keit** die, - ‖ **sit|ten|streng:** *moralisch* ‖ **Sit|ten|stren|ge** ‖ **Sit|ten|strolch** (abw.): *Mann, der Frauen oder Kinder in unsittlicher Weise belästigt* ‖ **sit|ten|wid|rig** ‖ **Sit|ten|wid|rig|keit** die, -

Sit|tich der, -s/-e: *ein Papagei*

sitt|lich: *die gute Sitte betreffend;* das sittliche Verhalten; die sittliche Reife ‖ **Sitt|lich|keit** die, -: *Moral* ‖ **Sitt|lich|keits|de|likt:** *Sexualstraftat* ‖ **Sitt|lich|keits|ver|bre|cher** ‖ **Sitt|lich|keits|ver|bre|che|rin** ‖ **sitt|sam:** *wohlerzogen, artig* ‖ **Sitt|sam|keit** die, -

Si|tu|a|ti|on [-tsi̯-] die, -/-en ⟨lat.⟩: in einer angenehmen S. *(Lage)* sein; eine verfahrene S. meistern; eine ausweglose S.; die politische S. ‖ **si|tu|a|ti|ons|be|dingt** ‖ **Si|tu|a|ti|ons|ko|mik** ‖ **Si|tu|a|ti|ons|ko|mö|die** [-i̯ɛ] (Lit.): *Bühnenstück, in dem mehr die Komik der Situationen als die Charaktere wichtig sind* ‖ **si|tu|a|tiv:** *situationsbedingt* ‖ **Si|tu|a|tiv** das, -s/-e [-fɛ, -vɛ] (Gramm.): *Adverb, mit dem eine Stellungnahme zum Inhalt der eigenen Äußerung ausgedrückt wird,* zB sie ist *natürlich* wieder die Schnellste ‖ **si|tu|iert:** gut s. *(wohlhabend)*

Sitz der, -es/-e: einen guten S. *(Sitzplatz)* im Theater haben | das Kleid hat einen schlechten S. *(eine schlechte Passform)* | der S. *(die Amtsstelle)* einer Behörde | S. und Stimme im Vorstand haben | (ugs.) die Schokolade auf einen S. *(auf einmal, ohne Unterbrechung)* essen ‖ **Sitz|bank** ‖ **Sitz|ecke:** *Eckbank*

sit|zen, du sitzt/saß/gesessen, ich *bin* gesessen:
sie sitzt am Steuer; du willst immer zu Hause s. *(sein);* er sitzt auf seinem Geld *(ist geizig)* | im Aufsichtsrat s. *(Mitglied sein)* | der Rock sitzt *(passt)* nicht richtig | der Schreck sitzt ihm noch in den Gliedern; die Antwort ist gesessen *(war treffend)* | (ugs.) *in Haft, im Gefängnis sein;* er ist drei Jahre gesessen

Getrenntschreibung Verb + Verb:
- sitzen bleiben *(nicht aufstehen)*
- einen sitzen haben (ugs.: *alkoholisiert sein)*

Getrennt- und Zusammenschreibung der Verbindung von „sitzen" + „bleiben"/„lassen" bei übertragener Bedeutung:
- der Schüler ist sitzen geblieben (= sitzengeblieben) *(er muss die Klasse wiederholen)*
- jemanden sitzen lassen (= sitzenlassen) *(im Stich lassen)*

sit|zen blei|ben = **sit|zen|blei|ben:** *nicht aufsteigen* | der Teig bleibt sitzen *(geht nicht auf)* | er bleibt auf seiner Ware sitzen *(kann sie nicht verkaufen); aber nur:* du sollst sitzen bleiben *(nicht aufstehen)* ‖ **Sit|zen|blei|ber** der, -s/- (ugs., abw.): *jemand, der die Klasse wiederholen muss, Repetent* ‖ **Sit|zen|blei|be|rin** die, -/-innen (ugs., abw.) ‖ **sit|zen las|sen** = **sit|zen|las|sen:** einen Vorwurf auf sich s. l. *(sich nicht dagegen wehren)* | *im Stich lassen;* → sitzen ‖ **Sitz|flä|che** ‖ **Sitz|fleisch** (ugs.): kein S. haben *(unruhig sein, wenig Ausdauer haben)* ‖ **Sitz|gar|ni|tur:** *Sitzgruppe* ‖ **Sitz|ge|le|gen|heit** ‖ **Sitz|grup|pe:** *Garnitur von Sitzmöbeln* ‖ **Sitz|hal|tung** ‖ **-sit|zig** (nur in Zusammensetzungen wie zweisitzig) ‖ **Sitz|mö|bel** ‖ **Sitz|ord|nung** ‖ **Sitz|platz:** jemandem seinen S. anbieten; → G.: Stehplatz ‖ **Sitz|pols|ter** ‖ **Sitz|streik:** *eine Form öffentlicher Demonstration* ‖ **Sit|zung** die, -/-en: sie hat die S. mit einer Rede eröffnet ‖ **Sit|zungs|ma|ra|thon:** *endlos lange [Folge von] Sitzungen* ‖ **Sit|zungs|pro|to|koll** ‖ **Sit|zungs|saal**

Si|zi|li|a|ner der, -s/- ‖ **Si|zi|li|a|ne|rin** die, -/-innen ‖ **si|zi|li|a|nisch** ‖ **Si|zi|li|en:** *eine italienische Insel*

SJ [ɛs ˈjeː]: **S**ocietatis **J**esu (vom Jesuitenorden) | **S**ozialistische **J**ugend

Ska|bi|es die, - ⟨lat.⟩ (Med.): *eine ansteckende Hautkrankheit, Krätze*

Skai das, -[s] (Wz.): *ein Kunstleder*

Ska|la die, -/Skalen ⟨lat.-it.⟩: die S. *(Gradeinteilung)* des Thermometers | (Mus.) Skalen *(Tonleitern)* am Klavier üben ‖ **ska|lar** (Phys., Math.): eine skalare *(durch eine reelle Zahl bestimmte)* Größe ‖ **Ska|lar** der, -s/-e (Phys., Math.)

Skalp der, -s/-e ⟨engl.⟩: *ein Stück abgezogene [behaarte] Kopfhaut*

Skal|pell das, -s/-e ⟨lat.⟩: *chirurgisches Messer*

skal|pie|ren ⟨engl.⟩: *den Skalp abziehen*

Skan|dal der, -s/-e ⟨gr.-lat.⟩: *Aufsehen erregendes, empörendes Geschehen; das Aufsehen, die Empörung darüber* | *Ärgernis* ‖ **Skan|dal|ge|schich|te** ‖ **skan|da|li|sie|ren:** *zum Skandal hochspielen* ‖ **skan|da|lös:** ein skandalöses *(empörendes)* Benehmen ‖ **Skan|dal|pres|se:** *Zeitschriften uÄ, in denen [private] Skandalmeldungen bevorzugt werden* ‖ **skan|dal|um|wit|tert**

skan|die|ren ⟨lat.⟩: *metrisch übertrieben betont sprechen*

Skan|di|na|vi|en [-vi̯ən]: *große Halbinsel im Norden Europas* ‖

S

skandinavisch: die skandinavischen Staaten; *aber:* die Skandinavische Halbinsel
skartieren ⟨lat.-it.⟩ (Amtsspr.): *alte, nicht mehr benötigte Akten, Bücher u. dgl. ausscheiden und vernichten* ‖ **Skartierung** die, -/-en (Amtsspr.) ‖ **Skartierungspflicht** (Amtsspr.)
Skateboard ['skeɪtbɔːd] ⟨engl.⟩: *Sportgerät aus einem Brett und vier Rädern* ‖ **skateboarden** ‖ **Skateboarder** ‖ **Skateboarderin** ‖ **Skater** der, -s/-: *Skateboarder; Inlineskater* ‖ **Skaterin** die, -/-innen ‖ **Skating** das, -s (Sport): *eine Technik beim Skilanglauf*
Skeleton der, -s/-s ⟨gr.-lat.⟩: *ein Sportschlitten*
Skelett das, -[e]s/-e: *Knochengerüst, Gerippe* | *tragende Konstruktion* ‖ **skelettieren:** ein skelettierter Leichnam
Skepsis die, - ⟨gr.⟩: *Zweifel* ‖ **skeptisch:** *misstrauisch;* eine Nachricht s. *(ungläubig)* aufnehmen ‖ **Skeptizismus** der, -: *Zweifel* | (Phil.) *Zweifel an der Möglichkeit der Erkenntnis*
Sketsch = Sketch [skɛtʃ] der, -[es]/-e[s] ⟨engl.⟩: *kurze, wirkungsvolle Szene [im Kabarett]*
Ski [ʃiː] = Schi der, -[s]/- [Skier] ⟨norweg.⟩: Ski fahren, laufen; Ski alpin/nordisch; auf Skiern wandern ‖ **Skiakrobatik** = Schiakrobatik: *Trickskilauf* ‖ **Skianzug** = Schianzug ‖ **Skibindung** = Schibindung ‖ **Skibob** = Schibob: *ein Sportgerät* | *eine Sportdisziplin* ‖ **Skibrille** = Schibrille ‖ **Skicross** [-kr-] = Schicross: *Skibewerb, bei dem mehrere Teilnehmer gleichzeitig starten* ‖ **Skifahrer** = Schifahrer ‖ **Skifahrerin** = Schifahrerin ‖ **Skifell** = Schifell: *eine Aufstiegshilfe* ‖ **Skifliegen** = Schifliegen das, -s ‖ **Skigebiet** = Schigebiet ‖ **Skigymnasium** [-gy-] = Schigymnasium: *eine Sonderform der AHS* ‖ **Skihaserl** = Schihaserl das, -s/-[n] (sal.): *Skianfänger/in* | (sal., auch abw.) *hübsche Skifahrerin* ‖ **Skihütte** = Schihütte ‖ **Skihüttenromantik** = Schihüttenromantik ‖ **Skijöring** = Schijöring das, -s/-s: *Skilauf mit Vorspann (Pferd oder Motorrad)* ‖ **Skikarussell** = Schikarussell (SüdT): *Skischaukel* ‖ **Skikurs** = Schikurs ‖ **Skilanglauf** = Schilanglauf ‖ **Skiläufer** = Schiläufer ‖ **Skiläuferin** = Schiläuferin ‖ **Skilehrer** = Schilehrer ‖ **Skilehrerin** = Schilehrerin ‖ **Skilift** = Schilift ‖ **Skimütze** = Schimütze
Skinhead [-hed] der, -[s]/-s ⟨engl.⟩: *kahl geschorener, gewaltbereiter Angehöriger einer Gruppe von Jugendlichen*
Skiort ['ʃiː-] = Schiort ‖ **Skipiste** = Schipiste ‖ **Skirennen** = Schirennen ‖ **Skischuh** = Schischuh ‖ **Skispringen** das, -s = Schispringen ‖ **Skispringer** = Schispringer ‖ **Skispringerin** = Schispringerin ‖ **Skischaukel** = Schischaukel: *durch Liftanlagen verbundene größere Skigebiete* ‖ **Skistock** = Schistock ‖ **Skiunfall** = Schiunfall ‖ **Skiunglück** = Schiunglück ‖ **Skiwachs** [-ks] = Schiwachs ‖ **Skiwandern** = Schiwandern das, -s ‖ **Skizirkus** = Schizirkus: *die mit großen Skirennen verbundenen Veranstaltungen* | *touristisch erschlossene Wintersportregion*
Skizze die, -/-n ⟨it.⟩: *flüchtige Zeichnung; Entwurf* | *kurze, oft nur das Wesentliche andeutende Geschichte* ‖ **Skizzenblock** ‖ **Skizzenbuch** ‖ **skizzenhaft** ‖ **skizzieren:** *entwerfen*
Sklave [-vɛ, -fɛ] der, -n/-n ⟨gr.-lat.⟩: *unfreier, entrechteter Mensch;* Sklaven halten | der S. seiner Sucht; → G.: der Freie ‖ **Sklavenarbeit** ‖ **Sklavenhalter** ‖ **Sklavenhalterin** ‖ **Sklavenhandel** ‖ **Sklavenhändler** ‖ **Sklavenhändlerin** ‖ **Sklavenmarkt** ‖ **Sklaverei** die, - ‖ **Sklavin** die, -/-innen ‖ **sklavisch** (abw.): *willenlos;* sich s. unterordnen; sich s. *(starr, blind)* an ein Vorbild oder an einen Auftrag halten
Sklerose die, -/-n ⟨gr.⟩ (Med.): *Verhärtung von Organen oder Geweben;* multiple S. ‖ **sklerotisch** (Med.)
Skonto der = das, -s/Skonti [Skontos] ⟨it.⟩: *Preisnachlass bei Barzahlung*
Skooter ['skuːtə] der, -s/- ⟨engl.⟩: *kleines Elektroauto, zB im Autodrom*
Skopje: *Hauptstadt Mazedoniens*
Skorbut der, -[e]s ⟨lat.⟩: *eine durch Mangel an Vitamin C hervorgerufene Krankheit*
Skore ['skoːə] = → Score ‖ **skoren** = → scoren
Skorpion [auch: 'skɔ-] der, -s/-e ⟨gr.-lat.⟩: *ein krebsähnliches Spinnentier* | *ein Tierkreiszeichen* | *ein Sternbild*
Skribent ⟨lat.⟩ (geh., abw.): *Schreiberling* ‖ **Skript** das, -[e]s/-s [-en]: *Drehbuch* ‖ **Skriptgirl** [-gɜːl] das, -s/-s (Film): *Sekretärin des Regisseurs während der Dreharbeiten* ‖ **Skriptum** das, -s/Skripten: *Mitschrift, Niederschrift; schriftliche Ausarbeitung, Manuskript*
Skrofel die, -/-n ⟨lat.⟩ (Med.) (meist Pl.): *Skrofulose* ‖ **skrofulös** (Med.) ‖ **Skrofulose** die, -/-n (Med.): *eine Kinderkrankheit mit Drüsenschwellungen am Hals;* → Skrofel
Skrupel der, -s/- (meist Pl.) ⟨lat.⟩: *Bedenken, Gewissensbisse;* keine S. kennen *(keine moralischen Bedenken haben)* ‖ **skrupelhaft:** *Skrupel habend* ‖ **skrupellos:** s. *(gewissenlos)* handeln ‖ **Skrupellosigkeit** die, - ‖ **skrupulös:** *überängstlich* | *peinlich genau* ‖ **Skrupulosität** die, -/-en
Skubanki [ʃk-] die (Pl.), *auch:* Stubanki [ʃt-] ⟨tschech.⟩ (W): *Erdäpfelnockerln*
Skulptur die, -/-en ⟨lat.⟩: *Werk eines Bildhauers, Plastik* | (ohne Pl.) *Bildhauerei*
Skunk der, -s/-s ⟨indian.-engl.⟩: *Stinktier* | (meist Pl.) *Pelz des Stinktiers*
skurril ⟨etruskisch-lat.⟩: *verschroben, sonderbar, ausgefallen, eigenwillig;* skurrile Einfälle ‖ **Skurrilität** die, -/-en
S-Kurve ['ɛskurfɛ, auch: -vɛ] ‖ **S-Kurven-reich**
Sküs [sk-, ʃk-] der, -/- ⟨fr.⟩: *die höchste Karte im Tarockspiel*
Skyline ['skaɪlaɪn] die, -/-s ⟨engl.⟩: *Stadtsilhouette*
Skylla und Charybdis [-'y- - ka'ry-] = Szylla und Charybdis ⟨gr.⟩: zwischen S. und C. *(zwischen zwei gleich großen Übeln, in einer ausweglosen Lage)*
Skype [skaɪp] das, -s (Wz.): *eine Software zum [kostenlosen] Telefonieren über [Breitband]internet;* → VoIP ‖ **skypen:** mit der Freundin in Italien s.
Slalom der, -s/-s ⟨norweg.⟩: *Torlauf* ‖ **Slalomkurs:** *ausgeflaggte Slalomstrecke* ‖ **Slalomläufer** ‖ **Slalomläuferin**
Slang [-æ-] der, -s/-s ⟨engl.⟩: *nachlässige Umgangssprache von niedrigem Niveau; Jargon*
Slapstick ['slæpst-] der, -s/-s ⟨engl.⟩: *burlesker Gag, bes. im*

S

Stummfilm || **Slap|stick|ko|mö|die** [-iɛ]
Slash [slæʃ] der, -[s]/-s (/) ⟨engl.⟩ (Druckw.): *Schrägstrich*
Sla|ve [-v-] der, -n/-n (fachspr.): *Slawe* || **Sla|vin** die, -/-innen (fachspr.): *Slawin* || **sla|visch** (fachspr.): *slawisch* || **Sla|vist** der, -en/-en (fachspr.): *Slawist* || **Sla|vis|tik** die, - (fachspr.): *Slawistik* || **Sla|vis|tin** die, -/-innen (fachspr.): *Slawistin* || **Sla|we** der, -n/-n: *Angehöriger eines Volkes mit slawischer Sprache* || **Sla|win** die, -/-innen || **sla|wisch** || **Sla|wist** der, -en/-en: *Kenner [und Lehrer] slawischer Sprachen und Literaturen* || **Sla|wis|tik** die, - || **Sla|wis|tin** die, -/-innen || **Sla|wo|ni|en:** *eine Landschaft in Kroatien*
Sli|bo|witz → Sliwowitz
Slice [slaɪs] der, -/-s [-ɪz] ⟨engl.⟩ (Sport): *eine Technik [im Tennis]* || **sli|cen** (Sport)
Slip der, -s/-s ⟨engl.⟩: *Höschen* || **Slip|per** der, -s/-: *eine Schuhart, Schlüpfer*
Sli|wo|witz, *auch:* Slibowitz, Schligowitz der, -[es]/-[e] ⟨tschech./serb.-kroat.⟩: *Zwetschkenschnaps*
Slo|gan ['sləʊgən] der, -s/-s ⟨gälisch-engl.⟩: *einprägsames Schlagwort [in der Werbung und Politik]*
Slo|wa|ke der, -n/-n: *Angehöriger eines westslawischen Volkes* || **Slo|wa|kei** die, - (Kfz: SK): *ein Staat;* → ČSSR || **Slo|wa|kin** die, -/-innen || **slo|wa|kisch:** *aber:* die Slowakische Republik || **Slo|wa|kisch** das, -[s] = **Slo|wa|ki|sche,** -n: *die slowakische Sprache;* → Deutsch || **Slo|we|ne** der, -n/-n: *Angehöriger eines südslawischen Volkes* || **Slo|we|ni|en** (Kfz: SLO): *ein Staat* || **Slo|we|nin** die, -/-innen || **slo|we|nisch** || **Slo|we|nisch** das, -[s] = **Slo|we|ni|sche,** -n: *die slowenische Sprache;* → Deutsch
Slow|fox ['sləʊ-] der, -[es]/-e ⟨engl.⟩: *ein Tanz*
Slum [slʌm] das, -s/-s (meist Pl.) ⟨engl.⟩: *Elendsviertel [in Großstädten]*
sm: Seemeile
Sm: Samarium
SM: Sadomaso[chismus]
small [-ɔː-] ⟨engl.⟩ (Zeichen: S): *klein (als Größenangabe bei Kleidungsstücken)* || **Small Talk** ['smɔːl tɔːk] = **Small|talk** der = das, -s/-s: *leichte Konversation, gepflegtes Geplauder*

Sma|ragd der, -[e]s/-e ⟨gr.⟩: *ein Edelstein | eine Weinkategorie* || **sma|ragd|grün**
smart ⟨engl.⟩: *elegant, gewandt, gerieben, geschäftstüchtig* | ein smartes *(hübsches, gefälliges)* Aussehen
Smash [smæʃ] der, -s/-s ⟨engl.⟩ (Sport): *Schmetterball, eine Schlagtechnik, zB im Badminton* || **sma|shen,** du smash[s]t (Sport): *einen Smash anbringen*
Smi|ley ['smaɪli] das, -s/-s ⟨engl.⟩: *Symbol im Internet, zB lachendes Gesicht;* → Emoticon
Smog der, -s/-s ⟨engl.⟩: *dichte Dunst- und Abgasglocke über Industriestädten* || **Smog|alarm**
Smo|king der, -s/-s [-e] ⟨engl.⟩: *ein Anzug für festliche Gelegenheiten* || **Smo|king|ja|ckett** [-ʒaˌkɛt]
SMS[1] [ɛs ɛm 'ɛs] das, -: **S**hort **M**essage **S**ervice *(Textnachrichtensystem für Handys)* || **SMS**[2] die = das, -/-: *Textnachricht auf Handys, SMS-Nachricht;* ein[e] SMS verschicken || **smsen** = **SMSen** (sal.): *eine SMS versenden;* ich hab dir gerade gesmst || **SMS-Nach|richt**
Sn: Stannum; → Zinn
Snack [snæk] der, -s/-s ⟨engl.⟩: *Imbiss* || **Snack|bar:** *eine Imbissstube*
Snake|board ['sneɪkbɔːd] ⟨engl.⟩: *ein Sportgerät;* → Skateboard
Snob der, -s/-s ⟨engl.⟩ (abw.): *blasierter, vornehm tuender, eingebildeter Mensch mit extravagantem Verhalten; Geck* || **Sno|bis|mus** der, -/Snobismen (abw.) || **sno|bis|tisch** (abw.)
Snoo|py ['snuːpi]: *eine Figur aus Zeichentrickfilmen und Comics*
Snow|board ['snəʊbɔːd] ⟨engl.⟩: *ein Wintersportgerät* || **snow|boar|den** || **Snow|boar|der** || **Snow|boar|de|rin**

so

Adverb:
so einer; so etwas; sie ist so groß wie ich; so gesehen/betrachtet; wenn ich so sagen darf; so ist es; so oder so *(in jedem Fall);* so ein Pech; so gegen Abend; so? *(wirklich?);* so kommt doch!

Getrennt- und Zusammenschreibung:
- eine so genannte (= sogenannte) Reform
- so dass = sodass

Getrenntschreibung, wenn „so" „derartig" bedeutet:
- melde dich so bald wie/als möglich; *aber als Konjunktion zusammen:* melde dich, sobald du Zeit hast
- nah und doch so fern; *aber zusammen:* sofern ich Zeit habe, helfe ich dir
- so lange wie möglich
- das wurde schon so oft gesagt
- so viel Stück wie vorgesehen
- sie ist so sehr beschäftigt, dass ...
- ich bin so weit fertig
- so wenig Fett wie möglich

Zusammenschreibung als Bestandteil von Konjunktionen:
- sobald sie kommt, hole ich dich
- sofern erwünscht, komme ich
- er ist unzufrieden, solange ich ihn kenne
- sooft ich sie sehe, trägt sie einen Hut

Ebenso: → sosehr; → soviel; → soweit; → sowenig; → sowie

Konjunktion:
- so Gott will (geh.: *wenn*)

SO: Südo**st**[en]
s. o.: siehe **o**ben (bei Hinweisen in Texten)
Soap die, -/-s [səʊp] ⟨engl.⟩ (sal.): *Kurzwort für Soapopera* || **Soap|ope|ra** [-ˌɒpərə] die, -/-s (sal.): *Seifenoper*
so|bald (Konj.): komm, s. *(gleich wenn)* du kannst; *aber:* so bald *(so früh)* wie/als möglich; → so
Soc|cer ['sɒkə] das (*auch:* der), -s ⟨engl.⟩: *amerikanische Bezeichnung für Fußball*
So|ckel der, -s/-: *Unterbau [eines Denkmals]; unterer [vorspringender] Teil einer Mauer* || **So|ckel|be|trag:** *fixer Grundbetrag*
So|cken der, -s/-: dicke S.; sich auf die S. machen *(aufbrechen)* || **So|cken|hal|ter** der, -s/- (früher): *Gummiband für Männersocken* || **So|cket|te** die, -/-n (veraltet): *längerer Socken*
So|da[1] die, - = das, -s ⟨arab.-span.⟩: *ein Salz [als Waschmittel verwendet]* || **So|da**[2] das, -s: *Sodawasser;* Himbeersaft mit S.
so|dann: *hierauf, nachher*
so dass = **so|dass:** die Straße war überschwemmt, s. man sie nicht befahren konnte
So|da|was|ser: *mit Kohlensäure versetztes Trinkwasser*
Sod|bren|nen das, -s: *ein brennendes Gefühl in der Speiseröhre;* S. haben

S

So|dom das, -: *biblische Stadt* | *Ort des Lasters;* S. und Gomorrha *(Lasterhaftigkeit, Unsittlichkeit)* || **So|do|mie** die, -: *Unzucht, bes. Geschlechtsverkehr mit Tieren*

so|eben: *gerade jetzt, eben erst*

So|fa das, -s/-s ⟨arab.-türk.⟩: *ein gepolstertes Sitz- und Liegemöbel, Polsterbank*

so|fern (Konj.): s. *(wenn)* es wahr ist; *aber:* das Erlebnis liegt schon so fern *(so weit zurück)*, dass ...

soff → saufen

Sof|fit|te die, -/-n ⟨it.⟩: *Beleuchtungskörper in Form eines Wandarms* | *Dekoration an der Bühnendecke*

So|fia: *Hauptstadt Bulgariens*

So|fie [auch: -'ɔ-] → Sophia

so|fort: s. *(augenblicklich, sogleich)* kommen; *aber:* das geht nicht immer so fort *(so weiter)* || **So|fort|bild|ka|me|ra:** *Polaroidkamera* || **So|fort|hil|fe** || **so|for|tig:** mit sofortiger Wirkung || **So|fort|maß|nah|me**

soft ⟨engl.⟩: *weich, sanft* || **Soft Drink** = **Soft|drink:** *alkoholfreies Getränk* || **Sof|tie** der, -s/-s (sal., meist abw.): *sanfter, empfindsamer Mann* || **Soft Rock** = **Soft|rock:** *sanfte Rockmusik* || **Soft|ware** [-weə] die, -/-s: *Filme, Tonbänder, EDV-Programme uÄ;* → G.: Hardware

sog → saugte || **Sog** der, -[e]s/-e: *Saugströmung [hinter einem fahrenden Schiff oder Auto]*

sog.: **so ge**nannt[e] (= **sog**enannt[e])

so|gar: s. *(selbst)* er lachte; *aber:* sie war so gar nicht *(überhaupt nicht)* zufrieden

so gen.: **so gen**annt[e] || **so genannt** = **so|ge|nannt** (sog., so gen.): die so genannte Umgangssprache

so|gleich: *sofort*

so|hin (veraltet): *somit, also; aber:* sie sprach das Wort nur so hin

Soh|le die, -/-n: *Fußsohle;* ein Kavalier vom Scheitel bis zur S.; auf leisen S. *(heimlich)* | *Schuhsohle* | *Talsohle; aber:* → Sole || **soh|len** (bes. D): *Schuhe besohlen, doppeln* || **Soh|len|le|der**

Sohn der, -[e]s/Söhne: der jüngste S.; der verlorene S. *(einer, der seine Eltern enttäuscht hat; einer, von dem es lange kein Lebenszeichen gab)* || **Soh|nes|pflicht** (geh.)

soi|gniert [zoan'ji:ət] ⟨fr.⟩ (geh.): *gut aussehend, gepflegt, elegant*

Soi|ree [zoa're:] die, -/-n ⟨fr.⟩: *vornehme Abendveranstaltung, -gesellschaft*

So|ja die, -/Sojen ⟨jap.-niederl.⟩: *Kurzwort für Sojabohne* || **So|ja|boh|ne:** *eine Nutzpflanze; ihr Same* || **So|ja|laib|chen** || **So|ja|mehl** || **So|ja|milch** || **So|ja|öl** || **So|ja|sau|ce** [-zo:s(ɛ)] = **So|ja|soß** = **So|ja|so|ße:** *würzige Sauce aus vergorenen Sojabohnen* || **So|ja|spros|se** (meist Pl.): *ein Gemüse* || **So|ja|spros|sen|sa|lat**

so|kra|tisch: sokratische Fragen, sokratische Methode *(durch gezieltes Fragen den Gesprächspartner zur Einsicht führen) (nach dem altgriechischen Philosophen Sokrates)*

so|lang = **so|lan|ge** (Konj.): spazieren gehen, s. die Sonne scheint; *aber:* es regnet schon so lang[e]!; → so

So|lar|an|la|ge ⟨lat.⟩ || **So|lar|au|to:** *durch Sonnenenergie elektrisch angetriebenes Auto* || **So|lar|bat|te|rie:** *durch Sonnenlicht aufgeladene Batterie* || **So|lar|ener|gie** || **So|la|ri|um** das, -s/Solarien [-iɛn]: *Gerät für künstliche Sonnenbestrahlung* || **So|lar|kol|lek|tor** || **So|lar|kraft|werk** || **So|lar|rech|ner:** *Taschenrechner mit Solarzelle* || **So|lar|tech|nik** || **So|lar|zel|le:** *Element, das Licht in Strom umwandelt*

Sol|bad: *Heilbad mit salzhältiger Quelle*

solch (geh.): s. ein Sturm! || **sol|cher,** solche, solches: ein s. Sturm wie gestern; genau solche Farben; die Handlung als solche *(an sich)* || **sol|cher|art** (geh.): s. Gestein; *aber:* Gestein [von] solcher Art || **sol|cher|lei** (geh.) || **sol|cher|ma|ßen** (geh.): *so*

Sold der, -[e]s/-e ⟨fr.-it.⟩ (geh., auch abw.): in jemandes S. stehen *(jemandem [zweifelhafte, anrüchige] Dienste leisten)* | (früher) *Löhnung des Soldaten* || **Sol|dat** der, -en/-en ⟨lat.-it.⟩: *Angehöriger des Militärs* || **Sol|da|ten|fried|hof:** *Ruhestätte für im Krieg gefallene Soldaten* || **Sol|da|tes|ka** die, -/Soldatesken (abw.): *brutale, zügellose Soldatenhorde* || **Sol|da|tin** die, -/-innen || **sol|da|tisch:** *einem Soldaten gemäß* || **Söld|ling** der, -s/-e (geh., abw.): *Diener einer [fremden] Macht* || **Söld|ner** der, -s/-: *jemand, der gegen Bezahlung [für ein fremdes Land] Kriegsdienst leistet* || **Söld|ner|füh|rer** || **Söld|ner|heer**

So|le die, -/-n: *kochsalzhältiges Wasser; aber:* → Sohle || **So|le|quel|le** → Solquelle

so|lenn ⟨lat.-it.⟩ (geh.): *feierlich;* → Missa solemnis

So|let|ti das, -[s]/-[s] (Wz.): *Salzgebäck in Form von Stäbchen*

So|li die (Pl. von → Solo)

so|lid ⟨lat.-fr.⟩: eine solide *(gediegene, haltbare)* Arbeit | s. *(vernünftig, maßvoll)* leben | solide *(gute)* Kenntnisse || **So|li|dar|ab|ga|be** (Wirt.) || **So|li|dar|ge|fühl** || **so|li|da|risch:** sich mit jemandem s. erklären *(sich zu jemandes Meinung, zu jemandes Handlungsweise bekennen);* sich s. verhalten || **so|li|da|ri|sie|ren** sich || **So|li|da|ri|sie|rung** die, -/-en || **So|li|da|ri|tät** die, -: *Zusammengehörigkeitsbewusstsein; Gemeinschaftssinn* || **So|li|da|ri|täts|bei|trag** (Wirt.) || **So|li|da|ri|täts|er|klä|rung** || **So|li|da|ri|täts|op|fer:** *Einkommensverzicht zu Gunsten Ärmerer* || **So|li|da|ri|täts|zu|schlag** (Admin.) || **So|li|di|tät** die, -: *Zuverlässigkeit* | *Gesetztheit* | *gute Beschaffenheit; Haltbarkeit [einer Ware]*

So|list der, -en/-en ⟨lat.-it.-fr.⟩: als S. auftreten *(allein oder zB vom Orchester begleitet singen bzw. spielen)* || **So|lis|ten|kon|zert** || **So|lis|tin** die, -/-innen || **so|lis|tisch**

So|li|tär der, -s/-e ⟨lat.-fr.⟩: *großer, einzeln gefasster Edelstein* | *einzeln stehender Baum*

Soll das, -[s]/-[s]: *die zu erbringende, festgesetzte Leistung* | (Wirt.) *Sollseite;* → G.: Haben || **Soll|be|stand:** *der geplante, errechnete Bestand;* → G.: Istbestand

sol|len, ich soll/sollte/gesollt bzw. sollen:
sollte ich vergessen, erinnere mich, bitte; sie soll geheiratet haben *(hat angeblich geheiratet)* | sie sollte den Ort nie wieder sehen *(es kam nicht dazu)* | was soll's?; was soll das?

Partizipbildung:
Ist ein weiteres Verb vorhanden, so folgt auf den Infinitiv nicht das 2. Partizip, sondern „sollen":
– ich hätte kommen sollen
– ich hätte das tun sollen

Söl|ler der, -s/-: *balkonartiger Vorbau* | *offener Außengang um ein*

S

Stockwerk I (SüdT) *Holzbalkon [an Bauernhäusern]*

Sollseite (Wirt.): *die linke Seite (Aktivenseite) im Buchführungskonto;* → G.: Habenseite ‖ **Sollstand:** *Sollbestand* ‖ **Sollstärke:** *die geplante, errechnete Stärke* ‖ **Soll und Haben** das, - - -s (Wirt.): *die Aktiven und die Passiven (in der Buchführung)* ‖ **Sollwert:** *der geplante, errechnete Wert;* → G.: Istwert ‖ **Sollzinsen** die (Pl.): *von der Bank geforderte Zinsen* ‖ **Sollzustand:** *der gewünschte, angestrebte Zustand;* → G.: Istzustand

solo ⟨lat.-it.⟩ (sal.): *allein;* er ist s. *(ohne Partnerin);* s. singen I (Mus.) *einzeln; unbegleitet;* → G.: tutti ‖ **Solo** das, -s/Soli [Solos]: *Einzelauftritt, Einzelspiel* I *Alleinspiel beim Kartenspielen* ‖ **Soloinstrument** ‖ **Solonummer** ‖ **Solopart** (Mus.): *Rolle, Stimme des Solisten* ‖ **Solosechser** [-ks-]: einen S. im Lotto haben ‖ **Solospargel** (Küchenspr.): *ein qualitativ hochwertiger Spargel* ‖ **Solostück** (Mus.) ‖ **Solotanz** ‖ **Solotänzer** ‖ **Solotänzerin**

Solothurn: *Schweizer Stadt und Kanton*

Solquelle, *auch:* Solequelle: *salzhaltige Quelle*

Solstitium [-'sti(:)tsi̯-] das, -s/Solstitien [-tsi̯ən] ⟨lat.⟩ (Astron.): *Sonnenwende*

solvent [-v-] ⟨lat.-it.⟩: *zahlungsfähig;* → G.: insolvent ‖ **Solvenz** die, -/-en

somatisch ⟨gr.-lat.⟩ (Med., Psych.): *den menschlichen Körper betreffend;* → psychosomatisch ‖ **somatogen** (Med., Psych.): *körperlich verursacht* ‖ **Somatologie** die, -: *die Lehre vom menschlichen Körper*

Sombrero der, -s/-s ⟨span.⟩: *mexikanischer Hut mit sehr breiter Krempe*

somit: *also, daher, mithin, folglich;* der Fall ist s. erledigt; *aber:* ich ging nur so mit

Somloer Nockerl [ʃ- -] = **Somloer Nockerln** die (Pl.): *eine ungarische Mehlspeise*

Sommelier [-'li̯eː] der, -s/-s ⟨fr.⟩ (Gast.): *Weinkellner* I *Kellermeister* ‖ **Sommeliere** [-'li̯eːə] die, -/-n (Gast.)

Sommer der, -s/-: den S. über ‖ **Sommeranfang:** S. ist zwischen 20. und 23. Juni ‖ **Sommerbutter:** *in der Grünfutterzeit hergestellte Butter* ‖ **Sommerfahrplan:** der S. im Zugverkehr ‖ **Sommerferien** die (Pl.) ‖ **Sommerfest** ‖ **Sommerfrische** die, -/-n: *Erholungsaufenthalt* I *Urlaubsort* ‖ **Sommerfrischler** der, -s/- ‖ **Sommerfrischlerin** die, -/-innen ‖ **Sommergespritzte:** *Gespritzter mit geringerem Alkoholgehalt* ‖ **Sommergetreide:** *im Frühling angebautes Getreide;* → Wintergetreide ‖ **Sommergrippe** (Med.) ‖ **Sommergspritzte** (ugs.): *Sommergespritzte* ‖ **Sommerhaus** ‖ **Sommerhitze** ‖ **Sommerkleid** ‖ **Sommerkollektion** [-tsi̯-]: *Sommermode* ‖ **sommerlich:** sommerliches Wetter ‖ **Sommermode** ‖ **Sommermonat** ‖ **sömmern,** *auch:* sommern (bes. V): *das Vieh im Sommer auf einer Alm halten;* → almen ‖ **Sommernacht** ‖ **Sommerolympiade** [-ly-]: *die Olympischen Sommerspiele* ‖ **Sommerpause** ‖ **Sommerreifen** ‖ **Sommerresidenz** ‖ **sommers:** s. und winters ‖ **Sommersaison** [-zɛz-, fr.: -sɛˌzɔ̃] ‖ **Sommerschlussverkauf** ‖ **Sommersemester:** im S. ‖ **Sommersitz:** *Wohnsitz für den Sommer* ‖ **Sommersonnenwende** (Astron.) ‖ **Sommerspiele:** *Festspiele im Sommer* I die Olympischen Sommerspiele ‖ **Sommersprosse** ‖ **sommersprossig:** ein sommersprossiges Gesicht ‖ **Sommerszeit,** *auch:* Sommerzeit: *sommerliche Jahreszeit;* zur S. *(im Sommer);* → Sommerzeit ‖ **Sommertag** ‖ **Sommertheater:** *Theater im Sommer an besonderen Orten oder unter freiem Himmel* ‖ **Sommertourismus** [-tu-] ‖ **Sommerurlaub** ‖ **Sommerzeit** die, -: *vorverlegte Stundenzählung während der Sommermonate;* → G.: Winterzeit; → Sommerszeit

somnambul ⟨lat.-fr.⟩: *schlafwandlerisch, mondsüchtig* ‖ **Somnambule**[1] der, -n/-n, ein Somnambuler: *Schlafwandler* ‖ **Somnambule**[2] die, -n/-n

sonach [auch: 'zoː-]: *folglich, also; aber:* es riecht so nach Gas

Sonagramm das, -s/-e ⟨lat.+gr.⟩ (Phonetik): *grafische Schallaufnahme*

Sonar das, -s/-e ⟨engl.⟩ (Technik): *Gerät zur Ortung von Gegenständen mittels Schallimpulsen*

Sonate die, -/-n ⟨it.⟩ (Mus.): *solistisches oder kammermusikalisches Instrumentalstück [in mehreren Sätzen]* ‖ **Sonatenform** (Mus.) ‖ **Sonatenhauptsatz** (Mus.): *erster Satz der Sonatenform* ‖ **Sonatensatz** (Mus.) ‖ **Sonatine** die, -/-n (Mus.): *kleinere Sonate*

Sonde die, -/-n ⟨fr.⟩: *Instrument zum Einführen in Körpergänge und -höhlen;* → sondieren I *unbemannter Flugkörper mit Messgeräten; Raumsonde* I *nicht sehr tiefe Probebohrung*

sonder (geh. bzw. veraltet) (Präp. mit Akk.): *ohne;* Sterne s. Zahl ‖ **Sonderabfall** ‖ **Sonderanfertigung** ‖ **Sonderangebot:** *preisgünstiges Angebot* ‖ **Sonderauftrag** ‖ **Sonderausgabe:** *Extranummer [einer Zeitung]* I *steuerlich zu berücksichtigende private Ausgabe im Steuerwesen* ‖ **Sonderausstattung** ‖ **Sonderausstellung** ‖ **sonderbar** ‖ **sonderbarerweise** ‖ **Sonderbehandlung:** keine S. *(Bevorzugung)* bekommen I (im Nationalsozialismus) *verhüllende Bezeichnung für die Ermordung Verfolgter in den Konzentrationslagern* ‖ **Sonderberichterstatter** ‖ **Sonderberichterstatterin** ‖ **Sonderbetrieb** (SüdT): *Betrieb der öffentlichen Verwaltung* ‖ **Sonderbotschafter:** *eigens entsandter Diplomat* ‖ **Sonderbotschafterin** ‖ **Sonderbriefmarke:** *Briefmarke zu einem speziellen Anlass* ‖ **Sonderdruck:** *Separatum, Exemplar eines einzelnen Beitrags aus einer Zeitschrift, einem Sammelband* ‖ **Sondererlaubnis** ‖ **Sonderfahrt** ‖ **Sonderfall** ‖ **Sonderform** ‖ **Sondergebühr** (meist Pl.) ‖ **Sondergenehmigung** ‖ **Sondergerichtsbarkeit** (Jus): *außerordentliche Gerichtsbarkeit* ‖ **sondergleichen:** eine Frechheit s. *(ohnegleichen)* ‖ **Sonderheit** die, - (geh. in der Wendung): in S. *(im Besonderen)* ‖ **Sonderklasse:** *besondere Qualität* ‖ **Sonderkommando:** ein S. der Polizei ‖ **sonderlich:** im Alter s. *(sonderbar, wunderlich)* werden I sie war nicht s. *(nicht sehr)* geschickt ‖ **Sonderling** der, -s/-e: *Mensch mit stark ausgeprägten Eigenheiten; Eigenbrötler* ‖ **Sondermarke:** *Sonderbriefmarke* ‖ **Sondermüll** (Ökol.): *gefährli-*

S

cher, giftiger Abfall ‖ **Sọndermüllbeseitigung** ‖ **Sọndermülldeponie** ‖ **sọndern**[1] (Verb): *voneinander trennen;* die Spreu vom Weizen s.; etwas gesondert *(getrennt, für sich)* behandeln ‖ **sọndern**[2] (Konj.): nicht ich, s. du ‖ **Sọndernummer:** die S. einer Zeitschrift ‖ **Sọnderpädagoge:** *Heilpädagoge* ‖ **Sọnderpädagogik** ‖ **Sọnderpädagogin** ‖ **Sọnderparteitag** ‖ **Sọnderpreis:** *bes. günstiger Kaufpreis* | *spezieller Preis in einem Wettbewerb* ‖ **Sọnderschicht** die, -/-en: *zusätzliche Schicht*[1]; eine S. einlegen ‖ **Sọnderschule** (Bildw.): *Schule zur Förderung körperlich oder geistig behinderter Kinder* ‖ **Sọnderschullehrer** ‖ **Sọnderschullehrerin** ‖ **Sọnderschutzgebiet:** *ein Naturschutzgebiet* ‖ **Sọndersendung:** *aus aktuellem Anlass eingeschobene Hörfunk-, Fernsehsendung* ‖ **Sọndersitzung:** parlamentarische S. ‖ **Sọnderstatut** [-ʃ-] (SüdT): *Verfassung einer Region mit primärer Gesetzgebungsbefugnis* ‖ **Sọnderstellung:** im Betrieb eine S. haben ‖ **Sọnderung** die, -/-en (geh.): *Trennung* ‖ **Sọnderurlaub** ‖ **Sọnderwagen:** *für besondere Zwecke eingeschobener Autobus uÄ* ‖ **Sọnderwunsch** ‖ **Sọnderzug:** *für besondere Zwecke eingeschobener Zug*

sondieren ⟨fr.⟩: *vorsichtig ausforschen;* sondierende Gespräche | (Med.) *mit der Sonde untersuchen* ‖ **Sondierung** die, -/-en ‖ **Sondierungsgespräch:** ein S. führen *(zur Vorerkundung)*

Sonẹtt das, -[e]s/-e ⟨it.⟩ (Lit.): *eine Gedichtform*

Sọng der, -s/-s ⟨engl.⟩: *Lied, Schlager*

Sọnja: *weibl. Vorname*

Sọnnabend (nördl. D): *Samstag* ‖ **Sọnnblick:** *ein Berg in Salzburg* ‖ **Sọnne** die, -/-n: die S. lacht *(scheint bei blauem Himmel);* nichts Neues unter der S. *(auf der Welt)* | (geh.) unter südlicher S. *(im Süden)* | (Astron.) *zentraler Stern eines Sonnensystems* ‖ **sọnnen** sich: sich auf der Terrasse s. *(bräunen lassen)* | sich im Ruhm s. *(den Ruhm genießen)* ‖ **Sọnnenanbeter** (scherzh.): *jemand, der sich gern und oft sonnen lässt* ‖ **Sọnnenanbeterin** (scherzh.) ‖ **Sọnnenaufgang** ‖ **Sọnnenbad:** ein S. nehmen ‖ **sọnnenbaden** (nur Inf. und Part.) ‖ **Sọnnenbahn** (Astron.): scheinbare S. ‖ **Sọnnenblende:** *ein Schutz gegen die Sonne* ‖ **Sọnnenblume:** *eine Pflanze* ‖ **Sọnnenblumenkern** ‖ **Sọnnenblumenöl** ‖ **Sọnnenbrand:** einen S. haben ‖ **Sọnnenbräune** ‖ **Sọnnenbrille:** *Brille mit dunklen Gläsern* ‖ **Sọnnencreme** [-kreːm] = Sonnenkrem = Sonnenkreme: *Sonnenschutzcreme* ‖ **Sọnnendach** ‖ **Sọnneneinstrahlung** ‖ **Sọnnenenergie:** *Solarenergie* ‖ **Sọnnenferne** (Astron.): *Aphel* ‖ **Sọnnenfinsternis:** totale, partielle S. ‖ **Sọnnenfleck** der, -[e]s/-e[n] (Astron.): *ein dunkler Bereich auf der Sonnenoberfläche* ‖ **sọnnengebräunt** ‖ **sọnnengereift:** sonnengereifte Nektarinen ‖ **sọnnenhungrig** ‖ **Sọnnenhut:** *Hut mit breiter Krempe als Schutz vor der Sonne* | *eine Pflanze* ‖ **sọnnenklar:** das ist doch s. *(ohnehin einleuchtend)* ‖ **Sọnnenkollektor:** *Solarkollektor, Teil einer Solaranlage zur Absorbierung von Sonnenlicht (zur Stromerzeugung)* ‖ **Sọnnenkönig** der, -s: *Beiname König Ludwigs XIV. von Frankreich* | (scherzh.) *Beiname des früheren österreichischen Bundeskanzlers Kreisky* ‖ **Sọnnenkrem, Sọnnenkreme** = → Sonnencreme ‖ **Sọnnenkult** (Rel.): *Verehrung der Sonne als Gottheit* ‖ **Sọnnenlicht** ‖ **Sọnnenliege** ‖ **Sọnnenmilch:** *Sonnenschutzmittel* ‖ **Sọnnennähe** (Astron.): *Perihel* ‖ **Sọnnenöl:** *Sonnenschutzöl* ‖ **Sọnnenplache** ‖ **Sọnnenrad:** *als Rad dargestellte Sonne* ‖ **Sọnnenschein** ‖ **Sọnnenschilauf** = → Sonnenskilauf ‖ **Sọnnenschirm** ‖ **Sọnnenschutz** ‖ **Sọnnenschutzcreme** [-kreːm] = Sonnenschutzkrem = Sonnenschutzkreme: *Sonnencreme* ‖ **Sọnnenschutzfaktor:** ein Sonnenschutzmittel mit S. 12 ‖ **Sọnnenschutzmittel:** im Gesicht ein S. auftragen ‖ **Sọnnenseite** ‖ **sọnnenseitig** ‖ **Sọnnenskilauf** [-ʃiː-] = Sonnenschilauf ‖ **Sọnnenstand** ‖ **Sọnnenstich** (Med.): *Hirnhautreizung* ‖ **Sọnnenstrahl** ‖ **Sọnnensystem** [-zy-] (Astron.): *eine Sonne mit ihren Planeten* ‖ **Sọnnenuhr** ‖ **Sọnnenuntergang** ‖ **Sọnnenwende** (Astron.): *Zeitpunkt des höchsten bzw. tiefsten Sonnenstandes, Solstitium;* Sommer-, Wintersonnenwende ‖ **sọnnig:** ein sonniger Platz | ein sonniges *(heiteres)* Gemüt ‖ **Sọnnleite:** *Südhang* ‖ **Sọnnseite** ‖ **sọnnseitig** ‖ **Sọnntag:** S. abends; Weißer S. *(Sonntag nach Ostern);* → Dienstag ‖ **Sọnntagabend:** am S.; eines Sonntagabends; wir kommen S. ‖ **sọnntagabends:** *sonntags abends* ‖ **sọnntägig:** bei einer sonntägigen *(an einem Sonntag stattfindenden)* Veranstaltung ‖ **sọnntäglich:** der sonntägliche *(jeden Sonntag stattfindende)* Gottesdienst | sonntägliche *(wie am Sonntag, festliche)* Stimmung ‖ **sọnntags:** *jeden* (auch: *am*) *Sonntag;* sonn- und feiertags; s. abends *(sonntagabends)* ‖ **Sọnntagsarbeit** ‖ **Sọnntagsausgabe:** die S. einer Tageszeitung ‖ **Sọnntagsbraten** ‖ **Sọnntagsdienst:** S. haben ‖ **Sọnntagsfahrer** (abw.): *ungeübter Autofahrer* ‖ **Sọnntagsfahrerin** (abw.) ‖ **Sọnntagsfrage:** *eine Fragestellung in der Meinungsforschung zur Erstellung von Wahlprognosen* ‖ **Sọnntagsgewand** (veraltend) ‖ **Sọnntagsgottesdienst** ‖ **Sọnntagsjäger** (abw.): *ungeübter Jäger* ‖ **Sọnntagsjägerin** (abw.) ‖ **Sọnntagskind:** *Person, die an einem Sonntag zur Welt kam* | *Glückskind* ‖ **Sọnntagsmesse** ‖ **Sọnntagspredigt** ‖ **Sọnntagsruhe** ‖ **Sọnntagszeitung** ‖ **sọnnverbrannt** ‖ **Sọnnwendfeier** ‖ **Sọnnwendfeuer:** *Brauchtum bes. auf Bergen*

Sonnyboy [ˈsʌnibɔɪ, auch: ˈzɔ-] der, -s/-s ⟨engl.⟩: *sympathischer, fröhlicher junger Mann*

Sonografie = Sonographie [-f-] die, -/-n ⟨lat.+gr.⟩ (Med.): *eine Untersuchungsmethode* ‖ **sonor** (geh.): eine sonore *(klangvolle)* Stimme

sọnst (Adv.): alles ist wie s. *(wie gewöhnlich, wie immer);* willst du s. *(darüber hinaus)* noch etwas?; s. etwas; s. jemand; s. wer; s. wie; s. wo; s. wohin | (Konj.) ich beeile mich, s. werde ich nicht fertig ‖ **sọnstige:** s. *(noch andere)* Geschenke; *aber:* alles Sonstige

sooft (Konj.): er bewirtete mich, s. ich ihn besuchte; *aber:* etwas so oft wiederholen, bis es alle verstehen; → so

S

Sopherl [-f-]: *weibl. Vorname (Sophie)* | die kalte S. *(Sophie, ein Kalendertag nach den Eisheiligen)* || **Sophia** = **Sophie** [auch: -'ɔ-], *auch:* Sofie: *weibl. Vorname* | *Sopherl* || **Sophismus** [-f-] der, -/ Sophismen ⟨gr.⟩: *Scheinargument, Spitzfindigkeit* || **Sophist** der, -en/-en || **Sophistin** die, -/-innen || **sophistisch**

Sopran der, -s/-e (S) ⟨lat.-it.⟩ (Mus.): *hohe Frauen- oder Kinderstimme* | *Sänger[in] mit dieser Stimmlage* || **Sopranflöte:** *eine hohe Flöte* || **Sopranist** der, -en/-en || **Sopranistin** die, -/-innen || **Sopransolo** || **Sopranstimme**

Sorbet [-'beː] das, -s/-s = **Sorbett,** -s/-s ⟨arab.-fr.⟩ (Küchenspr.): *ein gekühltes Getränk* | *ein halbgefrorenes Dessert*

Sordino der, -s/-s [Sordini], *auch:* Sordine die, -/-n = ⟨it.⟩ (Mus.): *Dämpfer;* → con sordino

Sorge die, -/-n: Sorgen haben; jemandem Sorgen machen; [für etwas] S. tragen; in S. *(besorgt)* sein; private Sorgen haben; lass das meine S. sein | (ugs.) deine Sorgen möchte ich haben! *(sie erscheinen mir gering)* || **sorgeberechtigt** (Jus): zur Ausübung der elterlichen Rechte und Pflichten gegenüber einem Kind berechtigt || **sorgen**[1]: für jemanden s. *(zB jemandes Lebensunterhalt bestreiten);* dafür sorgen *(sich darum kümmern),* dass ...; für Unterhaltung ist gesorgt; ihr Interview sorgte für Aufregung || **sorgen**[2] sich: *sich Sorgen machen* || **Sorgenfalte:** eine S. im Gesicht || **sorgenfrei** || **Sorgenkind:** *Kind, das den Eltern ständig Sorgen macht* || **sorgenlos:** *ohne Sorgen* || **sorgenschwer** || **sorgenvoll** || **Sorgepflicht** (Jus): die S. der Eltern || **sorgepflichtig** (Jus): *zur Ausübung der elterlichen Rechte und Pflichten gegenüber einem Kind verpflichtet* || **Sorgerecht** (Jus) || **Sorgfalt** die, -: *Gewissenhaftigkeit* || **sorgfältig:** s. arbeiten || **Sorgfaltspflicht:** die S. bei der Ausübung bestimmter Berufe || **sorglich** (veraltend): *sorgfältig* || **sorglos:** *unvorsichtig, leichtsinnig* || **Sorglosigkeit** die, - || **sorgsam:** s. *(sorgfältig)* aufbewahren

Sorte die, -/-n: verschiedene Sorten *(Arten)* Äpfel || **Sorter** der, -s/-: *Sortiermaschine* || **sortieren:** gut sortierte (= gutsortierte) Ware || **Sortierer** der, -s/- || **Sortiererin** die, -/-innen || **Sortiermaschine** || **Sortierung** die, -/-en || **Sortiment** das, -[e]s/-e: *Warenangebot, Warenauswahl [eines Geschäfts];* ein reiches S. || **Sortimentsbuchhandlung:** *Buchhandlung, die eine breite Palette von Büchern aus verschiedenen Verlagen anbietet*

SOS [ɛs o 'ɛs] das, - (früher): *[Morsezeichen als] internationales [See]notsignal* (··· – – – ···)

sosehr (Konj.): s. ich es bedaure, ...; *aber:* ich bin so sehr beschäftigt, dass ...; → so || **soso:** *Interjektion, die Zweifel, Gleichgültigkeit ausdrückt*

SOS-Ruf [ɛs o 'ɛs-]: *Hilferuf*

Soß, Soße = → Sauce

sostenuto (sost.) ⟨it.⟩ (wörtl.: gehalten) (Mus.): Andante s. *(ruhiges Andante)*

sott → sieden

sotto voce [- 'voːtʃe] ⟨it.⟩ (Mus.): *gedämpft, zurückhaltend*

Soubrette [zu'brɛt(ɛ), s-] die, -/-n ⟨prov.-fr.⟩: *eine Operettensängerin* | *heiteres Rollenfach für Sopran*

Soufflee [zuf-, s-] = Soufflé das, -s/-s ⟨fr.⟩: *eine Speise, Auflauf* || **Souffleur** [-'løːə] der, -s/-e: *Einsager, der Schauspielern während der Vorstellung den Text zuflüstert* || **Souffleurkasten:** *versteckter Platz am Vorderrand der Bühne* || **Souffleuse** [-'løːs, -'løːzɛ] die, -/-n: *weibl. Form von Souffleur* || **soufflieren**

Soul [saʊl] der, -s ⟨engl.⟩ (Mus.): *eine Stilrichtung [im Jazz]*

Sound [saʊnd] der, -s/-s ⟨engl.⟩ (Mus.): *charakteristischer Klang, Klangwirkung* || **Soundkarte** (EDV): *Steckkarte zum Erzeugen von qualitativ hochwertigen Tönen am Computer*

soundso: s. groß; s. oft; s. viel; *aber:* der [Herr] Soundso || **soundsoviel mal,** *bei bes. Betonung auch:* soundso viel Mal || **soundsovielte:** zum soundsovielten Mal (Male); *aber:* am Soundsovielten eines Monats

Soundtrack ['saʊndtræk] der, -s/-s ⟨engl.⟩: *Musikaufnahme eines Films [als CD]*

Souper [zu'peː, s-] das, -s/-s ⟨fr.⟩: *festliches Abendessen* || **soupieren**

Sousafon [zu-] = **Sousaphon** [-f-] das, -s/-e: *ein Blechblasinstrument (nach einem amerikanischen Komponisten)*

Soutane [zu-] = Sutane die, -/-n ⟨lat.-fr.⟩: *Talar der katholischen Priester*

Souterrain [zutɛ'rɛ̃ː, s-] das, -s/-s ⟨fr.⟩: *Tiefparterre, Kellergeschoß* || **Souterrainwohnung**

Souvenir [zuv-, s-] das, -s/-s ⟨fr.⟩: *Andenken, Erinnerungsgeschenk* || **Souvenirgeschäft**

souverän [zuv-] ⟨lat.-fr.⟩: ein souveräner *(unabhängiger, selbständiger)* Staat | (geh.) ein Wissensgebiet s. *(vollkommen, überlegen)* beherrschen; *aber:* der **S**ouveräne Malteser-Ritterorden || **Souverän** der, -s/-e: *Herrscher* || **Souveränität** die, -: *Unabhängigkeit eines Staates* | *sichere Beherrschung, Überlegenheit*

soviel (Konj.): s. ich weiß; *aber:* so viel wie [als] möglich; sie hat so viel gelernt, dass ...; → so

Sowchose [zɔf'x-] die, -/-n ⟨russ.⟩ (früher): *großer staatlicher Landwirtschaftsbetrieb in der Sowjetunion;* → Kolchose

soweit (Konj.): s. ich mich erinnere, ...; *aber:* es geht ihr so weit *(einigermaßen)* gut; er ist so weit gereist, dass ...

sowenig (Konj.): s. sie auch redet, ...; *aber:* so wenig wie/als möglich; er hat so wenig gelernt, dass ...; so wenige

Sowi = **SoWi:** Kurzwort für **So**zial- und **Wi**rtschaftswissenschaften

sowie: s. *(sobald)* ich nach Hause komme | sie s. *(und)* alle ihre Freunde; *aber:* er redet so *(ebenso)* wie ich

sowieso [auch: -'oː] (ugs.): das habe ich s. *(ohnedies)* nicht gesagt

Sowjet [auch: '-ɔ-] der, -s/-s ⟨russ.⟩ (früher): *Volksvertretung („Rat") in der Sowjetunion* | (früher) *Verwaltungsbehörde in der Sowjetunion;* Oberster S. | (Pl.) (früher) *die Regierung der UdSSR* || **Sowjetarmee** (früher) || **Sowjetbürger** (früher) || **Sowjetbürgerin** (früher) || **sowjetisch** (früher) || **Sowjetliteratur** (früher) || **Sowjetrepublik** (meist Pl.) (früher): *Republik der UdSSR* || **Sowjetrussland** (früher): *Sowjetunion* || **Sowjetstern** (früher): *roter fünfzackiger Stern* || **Sowjetunion** die, - (früher): *Union der Sozialistischen Sowjetrepubliken (UdSSR)*

S

so|wohl

sowohl – als/wie
– sowohl Frauen als/wie [auch] Männer
Vor „als/wie" steht kein Beistrich:
– Ich informierte sowohl die Eltern wie auch die Firma.
– Das Gerät soll sowohl präzise als auch leistungsstark als auch bedienungsfreundlich sein.

So|wohl-als-auch das, -s/-s
So|zi der, -[s]/-[s] ‹lat.› (sal., oft abw.): *Sozialdemokrat, Sozialist* ‖ **so|zi|al:** s. *(zum Wohl der Mitmenschen)* handeln; s. schwach; die sozialen *(gesellschaftlichen)* Verhältnisse; soziale Marktwirtschaft; → G.: asozial; → G.: unsozial ‖ **So|zi|al|ab|bau:** *Verminderung staatlicher Sozialleistungen* ‖ **So|zi|al|ab|ga|be** (meist Pl.): *Lohnabzug, der für soziale Leistungen, zB der Krankenkasse, verwendet wird* ‖ **So|zi|al|aka|de|mie** (Bildw.) ‖ **So|zi|al|amt** ‖ **So|zi|al|ar|bei|ter:** *geschulter Betreuer von bedürftigen und sozial gefährdeten Personen* ‖ **So|zi|al|ar|bei|te|rin** ‖ **So|zi|al|as|sis|tent** (SüdT): *Sozialarbeiter* ‖ **So|zi|al|as|sis|ten|tin** (SüdT) ‖ **So|zi|al|aus|ga|ben** die (Pl.): *Ausgaben eines Staates für soziale Belange* ‖ **So|zi|al|de|mo|krat** ‖ **So|zi|al|de|mo|kra|tie:** *sozialdemokratische Bewegung* ‖ **So|zi|al|de|mo|kra|tin** ‖ **so|zi|al|de|mo|kra|tisch:** die sozialdemokratische Bewegung; *aber:* die **S**ozialdemokratische (früher: Sozialistische) Partei Österreichs (SPÖ) ‖ **So|zi|al|fall:** *jemand, der auf Grund von Alkoholismus, Schulden o. dgl. Sozialhilfeempfänger ist* ‖ **So|zi|al|ge|schich|te** ‖ **So|zi|al|ge|setz|ge|bung** ‖ **So|zi|al|hil|fe** ‖ **So|zi|al|hil|fe|emp|fän|ger** ‖ **So|zi|al|hil|fe|emp|fän|ge|rin** ‖ **So|zi|al|hil|fe|ge|setz** ‖ **So|zi|a|li|sa|ti|on** [-tsi̯-] die, -: *Einordnung Heranwachsender in die Gesellschaft* ‖ **so|zi|a|li|sie|ren** (Wirt.): *aus Einzelbesitz in gemeinschaftlichen, staatlichen Besitz überführen* | (Psych.) *jemanden in die Gesellschaft einordnen* ‖ **So|zi|a|li|sie|rung** die, -/-en ‖ **So|zi|a|lis|mus** der, -: *eine politische und wirtschaftliche Lehre, Richtung und Bewegung* ‖ **So|zi|a|list** der, -en/-en ‖ **So|zi|a|lis|tin** die, -/-innen ‖ **so|zi|a|lis|tisch:** sozialistische Staaten *(die früheren Ostblockstaaten);* → sozialdemokratisch ‖ **So|zi|al|kom|pe|tenz:** *Fähigkeit einer Person, sich in Gemeinschaft sozial zu verhalten* ‖ **So|zi|al|kri|tik:** *Gesellschaftskritik* ‖ **so|zi|al|kri|tisch** ‖ **So|zi|al|kun|de** die, -: Geschichte und S. *(ein Schulfach)* ‖ **So|zi|al|leis|tung** (meist Pl.): *staatliche und andere finanzielle Beiträge zur Verbesserung der sozialen Lage* ‖ **So|zi|al|mi|nis|ter** ‖ **So|zi|al|mi|nis|te|rin** ‖ **So|zi|al|mi|nis|te|ri|um:** *Bundesministerium für Arbeit, Soziales und Konsumentenschutz* ‖ **So|zi|al|netz:** *die sozialen staatlichen Fürsorgemaßnahmen;* durch das S. fallen ‖ **So|zi|al|öko|no|mie:** *Volkswirtschaftslehre* ‖ **So|zi|al|ord|nung** ‖ **So|zi|al|pakt** ‖ **So|zi|al|part|ner** (meist Pl.): *die Arbeitnehmer und die Arbeitgeber sowie deren Organisationen* ‖ **So|zi|al|part|ner|schaft** (Pol.): *Zusammenarbeit zwischen den Vertreterverbänden von Arbeitnehmern und -gebern* ‖ **So|zi|al|po|li|tik** ‖ **so|zi|al|po|li|tisch** ‖ **So|zi|al|pres|ti|ge** [-iːʃ]: *Ansehen auf Grund der gesellschaftlichen Position* ‖ **So|zi|al|pro|dukt:** *Gesamtwert der in einem Staat in einem bestimmten Zeitraum produzierten Güter und Dienstleistungen* ‖ **So|zi|al|psy|cho|lo|gie** [-psy-] ‖ **so|zi|al|re|vo|lu|ti|o|när** [-v-] ‖ **So|zi|al|schma|rot|zer** (abw.): *jemand, der öffentliche Sozialleistungen [widerrechtlich] ausnützt* ‖ **So|zi|al|schma|rot|ze|rin** (abw.) ‖ **So|zi|al|spre|cher** (Pol.) ‖ **So|zi|al|spre|che|rin** ‖ **So|zi|al|staat:** *Staat, der soziale Maßnahmen in demokratischer Weise fördert* ‖ **So|zi|al|struk|tur** [-st-, -ʃt-]: *Gesellschaftsstruktur* ‖ **So|zi|al|ver|si|che|rung** ‖ **So|zi|al|ver|si|che|rungs|an|stalt:** *Gebietskrankenkasse ua.* ‖ **So|zi|al|ver|si|che|rungs|bei|trag:** *eine Abgabe des Arbeitnehmers und des Arbeitgebers* ‖ **So|zi|al|ver|si|che|rungs|kar|te** ‖ **so|zi|al ver|träg|lich** = **so|zi|al|ver|träg|lich:** sozial verträgliche Maßnahmen ‖ **So|zi|al|woh|nung:** *billige Wohnung aus Budgetmitteln; Gemeindebauwohnung* ‖ **So|zi|e|tät** die, -/-en (Soz.): *Personengruppe, die auf Grund von gleichen Interessen, Normen, Anschauungen uÄ ein Gemeinschaftsgefühl entwickelt hat* | (Verhaltensforschung) *Gemeinschaft bei Tieren* ‖ **so|zio|kul|tu|rell** ‖ **So|zi|o|lekt** der, -[e]s/-e (Sprachwiss.): *Sprachvarietät einer bestimmten sozialen Schicht* ‖ **So|zio|lin|gu|is|tik** die, - (Sprachwiss.): *Wissenschaft von den Sprachen sozialer Schichten* ‖ **So|zio|lo|ge** der, -n/-n ‖ **So|zio|lo|gie** die, -: *Lehre von den Formen des menschlichen, sozialen Zusammenlebens, Gesellschaftswissenschaft* ‖ **So|zio|lo|gin** die, -/-innen ‖ **so|zio|öko|no|misch:** *Gesellschaft und Volkswirtschaft betreffend* ‖ **So|zi|us|sitz:** *der hintere Sitz auf dem Motorrad*
so|zu|sa|gen (sozus.): *gewissermaßen;* er hat s. gelogen
Sp.: Spalte (zB in Büchern)
Space|lab ['speɪslæb] das, -s/-s ‹engl.›: *Raumlabor der NASA* ‖ **Space|shuttle** [-ʃʌtl] der (*auch:* das), -s/-s: *Raumpendler, Raumfähre [der NASA];* → Shuttle
Spach|tel die, -/-n: *ein Werkzeug;* mit der S. eine Mauer abscheren ‖ **Spach|tel|mas|se:** *Gips, Kitt uÄ* ‖ **spach|teln,** ich spachtle
Spa|gat[1] der, -[e]s/-e ‹it.›: *eine feste Schnur*
Spa|gat[2] der, -[e]s/-e ‹it.›: *ein akrobatisches Kunststück;* einen S. machen
Spa|gat|krap|fen (reg., bes. St): *eine Mehlspeise*
Spa|ghet|ti [spa'gɛ-, ʃp-] = Spagetti die (Pl.) ‹it.›: *lange, dünne Nudeln* ‖ **Spa|ghet|ti|trä|ger** = Spagettiträger: *schmaler Träger an Kleidern, Tops oÄ*
spä|hen: *[vorsichtig] Ausschau halten; genau beobachten* ‖ **Spä|her** der, -s/-: *Kundschafter* ‖ **Spä|he|rin** die, -/-innen ‖ **Späh|trupp** (Mil.): *Erkundungspatrouille*
Spa|lett das, -[e]s/-[e]n ‹gr.-lat.-it.›: *aus schmalen [beweglichen] Brettchen bestehender Fenster-, Türladen* ‖ **Spa|lett|tür** ‖ **Spa|lier** das, -s/-e: Pflanzen am S. *(an einem Gitter oÄ)* ziehen | die Schulkinder bildeten ein S. *(stellten sich links und rechts vom Straßenrand in einer Reihe auf)* ‖ **Spa|lier|obst**
Spalt der, -[e]s/-e: *lange, schmale Öffnung, Ritze, Spalte;* das Fenster einen S. öffnen; → Spaltbreit = Spalt breit ‖ **spalt|bar** (Phys.): spaltbares Material *(in der Kerntechnik)* ‖ **spalt|breit:** die Tür s. *(einen Spalt breit)* öffnen ‖ **Spalt|breit** der, - = **Spalt breit:** einen S.

S

öffnen ‖ **Spal|te** die, -/-n: *Spalt* | *keilförmiges Obststück;* Apfelspalte, Orangenspalte | (mit Abkürzung Sp.) jede Seite dieses Buches hat zwei Spalten *(ist zweispaltig);* siehe Seite 311, Spalte 2 (s. S. 311, Sp. 2) ‖ **spal|ten,** gespalten (gespaltet): Holz s.; gespaltene Haarspitzen; eine Partei s. | (Phys.) Atomkerne s. ‖ **spal|ten|lang** ‖ **-spal|tig** (nur in Zusammensetzungen wie zweispaltig) ‖ **Spalt|pilz:** *Bakterie* ‖ **Spal|tung** die, -/-en: die S. einer Partei | (Med.) die S. des Bewusstseins *(Schizophrenie)*

Spam [spæm] das, -s/-s ⟨engl.⟩: *unerwünschtes E-Mail mit Werbung* ‖ **spam|men** (sal.): *Spams im Internet versenden* ‖ **Spam|ming** das, -s

Span der, -[e]s/Späne: *durch [Holz]bearbeitung entstandenes [Holz]stückchen*

Span|fer|kel: *junges Schwein, das noch vom Mutterschwein gesäugt wird;* gebratenes S.; → abspänen

Span|ge die, -/-n: die Haare mit einer S. hochstecken | *Zahnspange*

Spa|ni|el [ʃp-] der, -s/-s ⟨span.-engl.⟩: *eine Hunderasse*

Spa|ni|en (Kfz: E; → España): *ein Staat* ‖ **Spa|ni|er** der, -s/- ‖ **Spa|ni|e|rin** die, -/-innen ‖ **spa|nisch:** eine spanische *(tragbare, bewegliche)* Wand | (ugs.) das kommt mir s. *(seltsam, unverständlich)* vor; *aber:* die Spanische Reitschule *(Hofreitschule)* in Wien ‖ **Spa|nisch** das, -[s] = **Spa|ni|sche,** -n: *die spanische Sprache;* → Deutsch

spann → spinnen ‖ **Spann|be|ton:** *Beton mit gespannten Stahleinlagen* ‖ **Span|ne** die, -/-n: eine kurze S. Zeit | *Handelsspanne* | *altes Längenmaß;* drei Spannen breit ‖ **span|nen:** eine Schnur s. | Pferde vor den Wagen s. | die neue Hose spannt *(sie ist etwas zu eng)* | Holz in den Schraubstock s. | (mda.) *bemerken;* → gespannt ‖ **span|nend:** eine spannende Erzählung ‖ **Span|ner** der, -s/-: *ein Schmetterling* | *Schuhspanner* | (sal.) *Voyeur* ‖ **Span|ne|rin** die, -/-innen (sal.) ‖ **-spän|nig** (nur in Zusammensetzungen wie zweispännig) ‖ **Spann|kraft:** die menschliche S. *(Leistungsfähigkeit, Energie)* ‖ **Spann|lein|tuch** ‖ **Spann|sä|ge** ‖ **Spann|tep|pich** ‖ **Span|nung** die, -/-en: elektrischer Strom von 220 Volt S. | jemanden in S. *(gespannte Aufmerksamkeit)* versetzen | firmeninterne Spannungen *(Unstimmigkeiten)* | die S. der Saiten ‖ **Span|nungs|feld** ‖ **span|nungs|ge|la|den** ‖ **Span|nungs|mes|ser:** *Voltmeter* ‖ **Span|nungs|ver|hält|nis** ‖ **Spann|wei|te:** eine Brücke mit einer S. von 100 Meter[n]

Span|plat|te: *gepresste Platte aus Holzspänen* ‖ **Span|schach|tel:** *Schachtel aus sehr dünnem Holz*

Spant [ʃp-] das, -[e]s/-en: *Rippe eines Schiffes;* die Spanten *(das Gerippe)* eines Faltbootes

Spar|buch: ein S. anlegen/auflösen ‖ **Spar|büch|se** [-ks-] ‖ **Spa|re|froh** der, -s/-s (scherzh.): *sparfreudige Person* ‖ **Spar|ein|la|ge:** *auf ein Sparbuch eingezahlter Geldbetrag* ‖ **spa|ren:** *Geld zurücklegen, nicht sofort ausgeben* | nicht mit Lob s. | das hätten wir uns s. *(ersparen)* können ‖ **Spa|rer** der, -s/-: die kleinen S. *(Personen mit nur kleinen gesparten Geldbeträgen)*

Spare|ribs [ˈspeə-] die (Pl.) ⟨engl.⟩: *gebratene oder gegrillte Schweinsripperln [mit Dip]*

Spa|re|rin die, -/-innen ‖ **Spar|flam|me:** auf S. *(mit Einschränkungen, reduziert)* ‖ **Spar|form**

Spar|gel der, -s/-: *eine Gemüsepflanze;* ein Bund grüner S.

Spar|geld (meist Pl.): *Spareinlage*

Spar|gel|sup|pe

Spar|ge|sin|nung ‖ **Spar|gro|schen** ‖ **Spar|gut|ha|ben** ‖ **Spar|kas|se,** *auch:* Sparkassa: *ein Geldinstitut* | *Sparbüchse* ‖ **Spar|kon|to** ‖ **Spar|kurs:** auf S. *(geldknapp)* sein ‖ **spär|lich:** *kümmerlich, dürftig* ‖ **Spär|lich|keit** die, - ‖ **Spar|maß|nah|me** (meist Pl.) ‖ **Spar|pa|ket** (Pol.): *Maßnahmenbündel für die Reduzierung [des Staatshaushaltsdefizits]* ‖ **Spar|pro|gramm** (Pol.): *Sparmaßnahmen* | *Zeit und Energie sparendes Programm bei Haushaltsgeräten, zB der Waschmaschine*

Spar|ren der, -s/-: *schräger Dachbalken*

Spar|ring|part|ner [sp-, ʃp-] = Sparringspartner ⟨engl.⟩: *Trainingspartner [beim Boxen]* ‖ **Spar|ring|part|ne|rin** = Sparringspartnerin

spar|sam: ein sparsamer *(wenig Geld verbrauchender)* Mensch; mit dem Vorhandenen s. umgehen; ein sparsames *(wenig Treibstoff verbrauchendes)* neues Auto ‖ **Spar|sam|keit** die, - ‖ **Spar|schwein:** *Sparbüchse*

spar|ta|nisch [sp-, ʃp-]: eine spartanische *(harte, anspruchslose)* Lebensweise *(nach der altgriechischen Stadt Sparta)*

Spar|te [ʃp-, sp-] die, -/-n ⟨gr.-lat.⟩: *Abteilung, Gebiet, Art, zB in Wirtschaft, Wissenschaft, Sport*

Spar|ver|si|on [-v-]: ein Projekt nur in S. durchziehen ‖ **Spar|ziel** ‖ **Spar|zin|sen** die (Pl.)

spas|misch [sp-] ⟨gr.⟩ (Med.): *krampfartig, krampfhaft;* → spastisch ‖ **Spas|mus** der, -/Spasmen (Med.): *langsames oder sich rhythmisch wiederholendes Zusammenziehen von Muskeln, Krampf*

Spaß der, -es/Späße, *auch:* Spass, -es/Spässe:
Scherz; ein schlechter S.; S. beiseite! *(im Ernst!);* er versteht keinen S.; jemandem den S. verderben; sie hat nur S. gemacht *(hat es nicht ernst gemeint)* | ein teurer S. *(teures Vergnügen)*

Für das Wort gibt es zwei Schreibweisen:
- Spaß: Das *a* wird lang ausgesprochen.
- Spass: Das *a* wird kurz ausgesprochen (nach italienisch *spasso*).

Ebenso: spaßen/spassen, spaßhalber/spasshalber ...

spa|ßen, *auch:* spassen, du spaßt ‖ **spa|ßes|hal|ber,** *auch:* spasseshalber ‖ **Spas|settln,** *auch:* Gspassettln (Pl.) (bes. W, ugs.): S. *(Witze, Scherze)* machen ‖ **Spaß|fak|tor,** *auch:* Spassfaktor (sal., Jug.): eine Sendung mit hohem S. ‖ **spaß|haft,** *auch:* spasshaft ‖ **spaß|hal|ber,** *auch:* spasshalber: *zum, im, aus Spaß* ‖ **spa|ßig,** *auch:* spassig ‖ **Spaß|ma|cher,** *auch:* Spassmacher ‖ **Spaß|ma|che|rin,** *auch:* Spassmacherin ‖ **Spaß|ver|der|ber,** *auch:* Spassverderber: sei kein S. ‖ **Spaß|ver|der|be|rin,** *auch:* Spassverderberin ‖ **Spaß|vo|gel,** *auch:* Spassvogel: *Witzbold*

Spas|ti|ker [sp-] der, -s/- ⟨gr.-lat.⟩ (Med.) ‖ **Spas|ti|ke|rin** die, -/-innen (Med.) ‖ **spas|tisch** (Med.): *krampfartig;* spastische *(mit krampfartigen Spannungen der Muskeln verbundene)* Lähmungen; → spasmisch

S

Spat der, -[e]s/-e [Späte]: *ein Mineral;* Flussspat

spät: von früh bis s.; es wird s. werden; → spät geboren = spätgeboren; späte Reue; zu s. ǁ **spätabends** ǁ **spät Berufene**[1] = **Spätberufene**[1] der, -n/-n, ein spät Berufener (= Spätberufener): *jemand, der mit seiner Ausbildung erst spät beginnt, Spätstarter* ǁ **spät Berufene**[2] = **Spätberufene**[2] die, -n/-n

Spatel der, -s/-: *ein medizinisches bzw. kosmetisches Instrument* ǁ **Spaten** der, -s/-: *eine Stichschaufel mit langem Stiel* ǁ **Spatenstich:** der erste S. *(symbolische Handlung bei Baubeginn)*

Spätentwickler der, -s/-: *psychisch bzw. physisch vorübergehend Zurückgebliebener;* → Spätzünder ǁ **Spätentwicklerin** die, -/-innen ǁ **später:** bis s.! ǁ **späterhin** (geh.): *später* ǁ **spätestens:** ich komme s. morgen ǁ **Spätfolge:** an den Spätfolgen eines Unfalls sterben ǁ **spät geboren** = **spätgeboren:** eine s. geborene Tochter ǁ **Spätheimkehrer:** *Kriegsgefangener, der erst lange nach Kriegsende entlassen wurde* ǁ **Spätherbst**

Spatium ['spa(ː)tsi̯-, ʃp-] das, -s/ Spatien [-i̯ɛn] ⟨lat.⟩: *Zwischenraum [zwischen zwei gedruckten Wörtern]*

Spätlese: *Traubenernte nach der normalen Lesezeit | ein Prädikatswein* ǁ **Spätling** der, -s/-e ǁ **Spätnachmittag** ǁ **Spätphase** [-f-] ǁ **Spätschaden** (meist Pl.) ǁ **Spätschicht:** *Schichtarbeit[er] am späten Abend;* S. haben; → Nachtschicht; → Frühschicht ǁ **Spätsommer** ǁ **Spätstadium** [-ʃt-]; → G.: Frühstadium ǁ **Spätstarter:** *Spätberufener;* er ist im Golf ein typischer S. ǁ **Spätstarterin** ǁ **Spätwerk:** *[künstlerisches] Alterswerk*

Spatz der, -en [-es]/-en: *Sperling;* das pfeifen die Spatzen von den Dächern *(ist allgemein bekannt)* | *Kosewort für Kinder*

Spätzeit: *Spätphase;* die S. eines Künstlers *(sein Spätwerk)*

Spatzeln die (Pl.), *auch:* Spatzln (T): *Spätzle* ǁ **Spatzen** die (Pl.): *Apfelspatzen*

Spatzenhirn (abw.): *geringe Intelligenz* ǁ **Spatzenschreck** der, -[e]s/-e: *Vogelscheuche* ǁ **Spatzerl** das, -s/-[n]: *kleiner Spatz | Kosewort für ein Kind; Liebling |* (Kinderspr.) *männliches Geschlechtsorgan, Penis*

Spätzle das, -s/- (meist Pl.): *kleines Nockerl; Käs[e]spätzle* ǁ **Spatzlen** die (Pl.) (SüdT): *Spätzle* ǁ **Spatzln** → Spatzeln

Spätzünder (sal.): *jemand, der langsam begreift | Spätentwickler* ǁ **Spätzünderin** (sal.) ǁ **Spätzündung:** *Fehleinstellung beim Motor*

spazieren: s. gehen; ich bin gestern s. gegangen; s. fahren ǁ **Spazierfahrt** ǁ **Spaziergang** ǁ **Spaziergänger** der, -s/- ǁ **Spaziergängerin** die, -/-innen ǁ **Spaziergeher** ǁ **Spaziergeherin** ǁ **Spazierstock**

Specht der, -[e]s/-e: *ein Vogel*

spechteln, ich spechtle (ugs.): *spähen, spionieren* ǁ **Spechtler** der, -s/- (ugs.): *Voyeur* ǁ **Spechtlerin** die, -/-innen (ugs.)

Special Olympics ['speʃl əʊ'lɪmpɪks] die (Pl.) ⟨engl.⟩: *Olympische Spiele für geistig Behinderte*

Speck der, -[e]s/-e: *Fettschicht;* S. ansetzen *(dicker werden) | geräuchertes Schweinefleisch;* Selchspeck ǁ **Speckbrot** ǁ **speckig:** ein speckiger *(sitzen gebliebener, teigiger)* Kuchen | speckige Erdäpfel | ein speckiges *(abgegriffenes, schmieriges)* Buch ǁ **Speckknödel:** Tiroler S. ǁ **Speckmantel** (Küchenspr.): Ziegenkäse im S. ǁ **Speckscheibe** ǁ **Speckschwarte** ǁ **Speckseite:** *großes Stück Speck*

spedieren [ʃp-] ⟨it.⟩: *befördern* ǁ **Spediteur** [-'tøːə] der, -s/-e: *jemand, der gewerbsmäßig Güter befördert* ǁ **Spediteurin** die, -/-innen ǁ **Spedition** [-tsi̯-] die, -/-en: *ein Transportunternehmen* ǁ **Speditionsfirma** ǁ **Speditionsvertrag** (Jus): *Beförderungsvertrag*

Speed [spiːd] der, -s/-s ⟨engl.⟩: *Schwung, Drive* ǁ **Speedwayrennen** [-weɪ-] = **Speedway-Rennen:** *Motorradrennen auf einer [Aschen]bahn*

Speer der, -[e]s/-e: *ein Sportgerät;* S. werfen | (bes. früher) *eine Wurfwaffe* ǁ **Speerspitze:** eine bronzene S. | *kämpferische Vorhut* | die S. *(der Kopf, Anführer)* einer Bewegung ǁ **Speerwerfen** das, -s (Sport): *eine Sportart* ǁ **Speerwerfer** der, -s/- ǁ **Speerwerferin** die, -/-innen ǁ **Speerwurf**

speiben (ugs.): *sich übergeben, [er]brechen, speien;* er hat gespieben

Speiche die, -/-n: *Teil des Rades;* dem Schicksal in die Speichen greifen *(versuchen, es aufzuhalten) | ein Knochen des Unterarms*

Speichel der, -s: *Spucke* ǁ **Speicheldrüse** ǁ **Speichellecker** der, -s/- (abw.) ǁ **Speichelleckerei** die, -/-en (abw.): *kriecherisches Schmeicheln* ǁ **Speichelleckerin** die, -/-innen (abw.) ǁ **speicheln:** der Hund speichelt *(sondert Speichel ab)*

Speicher der, -s/-: *Vorratsraum | Dachboden |* (EDV) *Einrichtung am Computer zum Speichern von Informationen;* → RAM; → ROM ǁ **Speicherbecken** ǁ **Speicherkapazität** (EDV) ǁ **Speicherkraftwerk:** *Wasserkraftwerk mit Stauanlage[n]* ǁ **Speichermedium** (EDV): *CD-ROM, DVD ua.* ǁ **speichern:** in einem Stausee Wasser s. *(sammeln, aufbewahren)* | (EDV) die Daten s. *(sichern)* ǁ **Speicherplatz** (EDV) ǁ **Speicherung** die, -/-en

speien, spie/gespien: der Vulkan speit Feuer; Blut s. *(spucken)* | (geh.) *[er]brechen;* → speiben

Speik der, -[e]s/-e: *Name einiger Alpenpflanzen; aber:* → Spike ǁ **Speikseife**

Speil der, -[e]s/-e: *Holzstäbchen, Splitter*

Speis die, -/-en (ugs.): *Kasten oder [kleiner] Raum zur Aufbewahrung von Lebensmitteln und Speisen, Speisekammer* ǁ **Speise** die, -/-n: Speisen und Getränke; für S. (auch: Speis) und Trank sorgen | *flüssiges Metall zum Glockenguss* ǁ **Speiseeis** ǁ **Speisefett** ǁ **Speisefisch** ǁ **Speisekammer,** *auch:* Speiskammer: *Raum zur Aufbewahrung von Lebensmitteln* ǁ **Speisekarte,** *auch:* Speiskarte: *Liste der erhältlichen Speisen und Getränke* ǁ **speisen,** du speist: *essen | versorgen;* die Maschine wird durch einen Generator gespeist ǁ **Speisenaufzug** ǁ **Speisenfolge** ǁ **Speiseöl** ǁ **Speisepilz** ǁ **Speiseplan** ǁ **Speiserest** ǁ **Speiseröhre** ǁ **Speisesaal** ǁ **Speisesalz:** *Kochsalz* ǁ **Speisesoda:** *ein Arzneimittel, doppeltkohlensaures Natron* ǁ **Speisetopfen** ǁ **Speisewagen:** *Restaurantwagen in [Fern]zügen* ǁ **Speisezimmer,** *auch:* Speiszimmer: *Esszimmer* ǁ **Speisgitter** (veraltet):

S

Kommuniongitter in einer Kirche ‖ **Speis|kam|mer** → Speisekammer ‖ **Speis|kar|te** → Speisekarte ‖ **Spei|sung** die, -/-en: *Ausspeisung* ‖ **Speis|zim|mer** → Speisezimmer

spei|übel: *zum Erbrechen übel*

Spek|ta|bi|li|tät [sp-] die, -/-en ⟨lat.⟩: „Eure/Euer Spektabilität!" *(Anrede für den Dekan einer Fakultät);* Seine S.

Spek|ta|kel[1] [ʃp-, auch: sp-] das, -s/- ⟨lat.⟩: *Schauspiel, [Groß]ereignis* ‖ **Spek|ta|kel**[2] [ʃp-] der, -s/- (ugs.): *Lärm, Aufregung;* [einen] großen S. machen ‖ **spek|ta|ku|lär** [ʃp-, auch: sp-]: *Aufsehen erregend*

Spek|t|ral|ana|ly|se [sp-ly:-, auch: ʃp-] ⟨lat.+gr.⟩ (Phys.) ‖ **Spek|t|ral|far|ben** die (Pl.) (Phys.): *die sieben reinen Farben im Spektrum* ‖ **Spek|t|ral|li|nie** [-iɛ] (Phys.): *die von Atomen ausgestrahlte oder absorbierte Strahlung* ‖ **Spek|t|rum** das, -s/Spektren [Spektra] (Phys.): *die Farbenreihe, die bei der Brechung von weißem Licht entsteht* | (Phys.) *Zusammensetzung eines Klanges aus Schwingungen* | *Vielfalt, Buntheit;* das ganze S. der Möglichkeiten

Spe|ku|lant [ʃp-] der, -en/-en ⟨lat.⟩: *jemand, der waghalsige Geschäfte [an der Börse] macht* ‖ **Spe|ku|lan|tin** die, -/-innen ‖ **Spe|ku|la|ti|on** [-tsi̯-] die, -/-en: *Mutmaßung* | (Wirt.) *waghalsiges Geschäft; Geschäft, das auf Grund von Preisschwankungen gewinnträchtig ist* ‖ **Spe|ku|la|ti|us** [-tsi̯-] der, -/- (Wz.): *eine Keksorte* ‖ **spe|ku|la|tiv:** *über den reinen Erfahrungsbereich hinaus denkend* | *gewagt* ‖ **spe|ku|lie|ren:** *nachsinnen, grübeln* | *schlau berechnen;* an der Börse s.; in Immobilien s. | (ugs.) auf einen Gewinn s. *(ihn erhoffen)*

Spe|läo|lo|gie [sp-, auch: ʃp-] die, - ⟨gr.⟩: *Höhlenforschung*

Spel|te die, -/-n [ʃp-] (SüdT): *dünne Holzlatte* ‖ **Spel|ten|zaun** (SüdT)

Spe|lun|ke [ʃp-] die, -/-n ⟨lat.⟩ (abw.): *verrufenes Gasthaus, mieses Lokal*

Spelz der, -es/-e: *Hülse des Getreidekorns*

spen|da|bel: spendable *(großzügige)* Chefs ‖ **Spen|de** die, -/-n: Spenden sammeln ‖ **spen|den:** jemandem Trost s.; Blut s. ‖ **Spen|den|ak|ti|on** [-tsi̯-] ‖ **Spen|den|auf|ruf** ‖ **Spen|den|gü|te|sie|gel:** *Kennzeichnung von Organisationen, die Spendengelder korrekt verwalten* ‖ **Spen|den|kon|to:** *Sammelkonto für einen guten Zweck* ‖ **Spen|der** der, -s/-: *Blutspender; Organspender* | Seife im S. ‖ **Spen|der|herz** (Med.): *Herz eines Organspenders* ‖ **Spen|de|rin** die, -/-innen ‖ **spen|die|ren** (ugs.): *schenken;* sie hat uns ein Abendessen spendiert *(bezahlt)* ‖ **spen|dier|freu|dig** ‖ **Spen|dier|ho|se** (meist Pl.) (ugs.): die Spendierhosen anhaben *(sehr großzügig sein)*

Speng|ler der, -s/-: *ein Handwerker für Arbeiten mit Blech;* Autospengler ‖ **Speng|le|rei** die, -/-en ‖ **Speng|le|rin** die, -/-innen

Spen|na|del [ʃp-] (mda., veraltet): *Stecknadel*

Spen|zer [sp-, ʃp-] der, -s/-, *auch:* Spenser: *eine kurze Jacke (nach einem engl. Grafen)*

Sper|ber der, -s/-: *ein Falke*

Spe|r|kas [ˈʃp-] der, - (bes. S): *eine Art Topfenkäse*

Sper|ling der, -s/-e: *Spatz*

Sper|ma [sp-, ʃp-] das, -s/Spermen [Spermata] ⟨gr.⟩: *Samenzellen enthaltende Flüssigkeit* ‖ **Sper|mi|um** das, -s/Spermien [-i̯ən]: *Samenfaden, männliche Keimzelle*

sperr|an|gel|weit: die Tür ist s. *(ganz weit)* offen ‖ **Sperr|be|zirk:** *Sperrgebiet* ‖ **Sperr|druck** der, -[e]s (Druckw.): *Text in Sperrschrift* ‖ **Sper|re** die, -/-n: eine S. *(Absperrung)* errichten | *schmaler Durchgang, an dem Eintrittskarten, Ausweise oÄ überprüft werden;* durch die S. gehen | *Embargo;* Einfuhrsperre | (Sport) über einen Fußballspieler eine S. verhängen *(ihn sperren)* ‖ **sper|ren**[1]: *zusperren, verschließen;* das Haustor s.; das Geschäft s. *(es [für immer] schließen);* die Straße s. *(den Durchgang, die Durchfahrt unmöglich machen)* | den Hamster in den Käfig s. *(einsperren)* | ein Konto s. *(die Verfügung darüber verwehren)* | (Sport) einen Fußballspieler s. *(ihm Spielverbot geben)* | (Druckw.) gesperrte Schrift *(Schrift mit größeren Abständen zwischen den Buchstaben)* ‖ **sper|ren**[2] sich: sich gegen etwas s. *(sich sträuben, es zu tun)* ‖ **Sperr|feu|er** (Mil.): *plötzlicher starker Beschuss gegen einen Angriff* ‖ **Sperr|flä|che** (Verk.): *eine Markierung [mit Fahrverbot]* ‖ **Sperr|frist:** *Zeitspanne, in der [eine Nachricht] nicht veröffentlicht werden darf* ‖ **Sperr|ge|biet** ‖ **Sperr|gut:** *sorgfältig zu behandelndes oder sperriges Transportgut* ‖ **Sperr|holz:** *Holz aus mehreren übereinandergeleimten Schichten mit sich kreuzender Faserrichtung* ‖ **Sperr|holz|plat|te** ‖ **sper|rig:** sperrige *(durch ihre Ausmaße schwer zu handhabende)* Güter ‖ **Sperr|ket|te** ‖ **Sperr|klau|sel:** *Vertragsbestimmung, die etwas ausschließt oder einschränkt* ‖ **Sperr|kon|to:** *gesperrtes Konto* ‖ **Sperr|li|nie** [-iɛ] (Verk.): *Straßenmarkierung, die nicht überfahren werden darf;* doppelte S. ‖ **Sperr|mi|no|ri|tät:** *qualifizierte Minderheit an Stimmen mit besonderen Rechten* ‖ **Sperr|müll:** *sperriger Abfall für die Mülldeponie* ‖ **Sperr|rie|gel** ‖ **Sperr|schrift** (Druckw.): *Schrift mit größeren Zwischenräumen (zur Hervorhebung)* ‖ **Sperr|sitz** (veraltet): auf einem S. *(in einer bevorzugten Sitzreihe)* sitzen ‖ **Sperr|stun|de:** *behördlich festgelegte Schließungszeit [für Gasthäuser]* ‖ **Sper|rung** die, -/-en: *Schließung* | *Sperrdruck* ‖ **Sperr|vor|rich|tung** ‖ **Sperr|zeit:** die S. für den Lebensmittelhandel ‖ **Sperr|zo|ne:** *Sperrgebiet*

Spe|sen [ʃp-] die (Pl.) ⟨it.⟩: jemandem die S. *(Kosten, Auslagen)* ersetzen; S. machen ‖ **spe|sen|frei** ‖ **Spe|sen|kon|to** ‖ **Spe|sen|rit|ter** (abw.): *jemand, der günstig auf Spesen leben möchte* ‖ **Spe|sen|rit|te|rin** (abw.) ‖ **Spe|sen|ver|gü|tung**

Spe|ze|rei [ʃp-] die, -/-en (meist Pl.) ⟨it.⟩ (veraltet): *[überseeische] Gewürze; Delikatessen*

Spe|zi[1] [ʃp-] das, -s/-[s] ⟨lat.⟩ (veraltend): *Mischung aus Cola und Limonade*

Spe|zi[2] [ʃp-] der, -s/-[s] ⟨lat.⟩ (ugs.): *ein bes. guter Freund* ‖ **Spe|zi|al|an|fer|ti|gung** ‖ **Spe|zi|al|aus|bil|dung** ‖ **Spe|zi|al|dis|zi|plin:** *Sonderbereich* ‖ **Spe|zi|al|fach:** *Spezialgebiet* ‖ **Spe|zi|al|ge|biet** ‖ **spe|zi|a|li|sie|ren** sich: *ein bestimmtes, abgegrenztes, engeres Arbeitsgebiet bes. pflegen* ‖ **Spe|zi|a|li|sie|rung** die, -/-en ‖ **Spe|zi|a|list** der, -en/-en: *Fachmann in einem eng begrenzten Arbeitsgebiet, zB Facharzt* ‖ **Spe|zi|a|lis|ten|tum** das, -s ‖ **Spe|zi|a|lis|tin** die, -/-in-

nen ‖ **Spezialität** die, -/-en: *Besonderheit;* Mathematik ist ihre S. *(Stärke)* | eine Tiroler S. *(typische Tiroler Speise)* ‖ **speziell:** ein spezieller *(besonderer)* Wunsch; *aber:* im **S**peziellen *(im Besonderen, im Einzelnen)* ‖ **Spezies** [sp-, ʃp-] die, -/-: *Einheit in der biologischen Systematik, bestimmte Art [von Organismen]* | *eine bestimmte Art Mensch* ‖ **Spezifik** [ʃp-] die, -: *Besonderheit, Spezifikum* ‖ **Spezifikation** [-tsi̯-] die, -/-en: *genaue Einzeldarstellung* ‖ **Spezifikum** das, -s/Spezifika: *etwas Kennzeichnendes, Besonderes* ‖ **spezifisch:** ihre spezifischen *(für sie typische)* Eigenschaften | (Phys.) das spezifische Gewicht *(Masse pro Volumseinheit); aber:* → speziell ‖ **spezifizieren:** *einzeln anführen, zergliedern* ‖ **Spezimen** [sp-, ʃp-] das, -s/Spezimina: *Muster* ‖ **Spezl** [ʃp-] der, -s/-n (ugs.): *Spezi*[2]

Sphäre [sf-] die, -/-n ⟨gr.⟩: *Bereich;* die private S. | (scherzh.) in höheren Sphären schweben *(wirklichkeitsfremden Gedanken nachhängen)* ‖ **Sphärenmusik:** *kosmische Musik, überirdische Klänge* ‖ **sphärisch:** *die Himmelskugel betreffend*

Sphinx [sf-] die = der, -/-e [Sphingen] ⟨gr.⟩: *ein altägyptisches Denkmal mit Löwenleib und Männerkopf* | (nur mit Art. die) *ein griechisches Fabelwesen mit Löwenleib und Frauenkopf* | *ein rätselhafter, geheimnisvoller Mensch*

spicken: einen Braten s. *(ihn mit Speckstreifen durchziehen)* | eine gespickte *(dicke)* Brieftasche | das Diktat mit Schwierigkeiten s. ‖ **Spicknadel** ‖ **Spickzettel** (ugs.): *Notizblatt als Gedächtnishilfe*

spie → speien

Spiegel der, -s/-: schau dich in den S.!; jemandem den S. vorhalten *(jemanden auf seine Fehler aufmerksam machen)* | (Jägerspr.) der S. *(ein heller Fleck auf dem Hinterteil)* des Rehes | einen S. *(eine glänzende Stelle)* auf einem Rock haben | *Wasserspiegel; Wasserstand* | (Med.) *[Fett]gehalt im Blut* ‖ **Spiegelbild** ‖ **spiegelbildlich:** *spiegelverkehrt, seitenverkehrt* ‖ **spiegelblank** ‖ **Spiegelei:** *ein gebratenes Ei* ‖ **Spiegelfechterei** die, -/-en (geh., abw.): *Täuschungsmanöver* ‖ **Spiegelglas** ‖ **spiegelglatt** ‖ **spiegelgleich** (veraltend): *symmetrisch* ‖ **Spiegelgleichheit** (veraltend): *Symmetrie* ‖ **spiegeln,** ich spiegle: dieser Fußboden spiegelt *(ist blitzblank);* die Hose spiegelt *(glänzt auf Grund von Abnützung, Schmutz)* | die Bäume spiegelten sich im See; in ihrer Miene spiegelte sich Sorge ‖ **Spiegelreflexkamera:** *ein Fotoapparat* ‖ **Spiegelsaal:** *festlicher Raum mit vielen Wandspiegeln [in Schlössern]* ‖ **Spiegelschrank** ‖ **Spiegelschrift:** *seitenverkehrte Schrift* ‖ **Spiegelteleskop:** *ein Fernrohr* ‖ **Spiegelung** die, -/-en ‖ **spiegelverkehrt:** *spiegelbildlich, seitenverkehrt*

Spiel das, -[e]s/-e: wie im S. *(ohne Anstrengung);* das königliche S. *(Schach)* | (Sport) die Olympischen Spiele; ein S. anpfeifen/abbrechen/austragen/unterbrechen | *Darbietung durch Schauspieler/innen oder Instrumentalisten* | ein [falsches] S. mit jemandem treiben *(es nicht ganz erst meinen, jemanden täuschen)* | jemanden aus dem S. lassen *(jemanden nicht in etwas hineinziehen);* alles aufs S. setzen *(alles wagen);* leichtes S. haben *(etwas mühelos schaffen);* deine Gesundheit steht auf dem S. *(ist in Gefahr);* etwas/jemanden ins S. bringen *(auf etwas/jemanden hinweisen)* ‖ **Spielabbruch** (Sport) ‖ **Spielalter:** das S. des Kindes ‖ **Spielart:** *Abart, etwas abweichende Form* ‖ **Spielautomat:** *ein Glücksspiel* ‖ **Spielball:** ein S. der Mächtigen sein *(ihnen ausgeliefert sein)* ‖ **Spielbank:** *Kasino* ‖ **spielbar:** ein spielbares Klavier ‖ **Spielbedingung** (meist Pl.) ‖ **Spielbeginn** (Sport) ‖ **Spielbein:** *das nicht das volle Körpergewicht tragende Bein;* → G.: Standbein ‖ **Spielbrett:** *Schachbrett oÄ* ‖ **Spielcasino** [-k-] = Spielkasino ‖ **Spieldose:** *ein kleiner Musikautomat* ‖ **spielen:** Blindekuh s. | Geige s.; Werke von Schubert s. | das spielt keine Rolle *(es ist belanglos, tut nichts zur Sache);* was wird hier gespielt? *(was geht hier vor?)* | der Film spielt in Osttirol | eine Rolle s. | mit dem Leben s. *(es riskieren)* | (ugs.) sich mit etwas s. *(es leicht bewältigen; dabei nicht den nötigen Ernst aufbringen);* → spielen lassen = spielenlassen ‖ **spielend:** mit der Arbeit s. *(leicht)* fertig werden ‖ **spielen lassen** = **spielenlassen:** er lässt seine Beziehungen s. *(setzt sie ein)* | die Muskeln s. l. ‖ **Spieler** der, -s/-: ein Spiel für fünf S. *(Mitspieler)* | *jemand, der an Spielsucht leidet* ‖ **Spielerei** die, -/-en: *Spielzeug* | *leichte oder sinnlose Beschäftigung* ‖ **Spielerin** die, -/-innen ‖ **spielerisch:** *mühelos; absichtslos* | (Sport) das Match war s. großartig ‖ **Spielfeld** ‖ **Spielfilm:** *Film, bei dem ein Handlungsablauf im Vordergrund steht* ‖ **Spielfläche** ‖ **Spielfreude** ‖ **Spielgefährte** ‖ **Spielgefährtin** ‖ **Spielgeld** ‖ **Spielhölle** (abw.): *Lokalität, in der Glücksspiele stattfinden* ‖ **Spielkamerad** ‖ **Spielkameradin** ‖ **Spielkarte** ‖ **Spielkasino** = Spielcasino [-k-] ‖ **Spielkonsole** → Playstation ‖ **Spielleidenschaft** ‖ **Spielleiter:** *Regisseur* ‖ **Spielleiterin** ‖ **Spielleitung** ‖ **Spielmacher** (Sport): *impulsgebende, treibende Spielerpersönlichkeit in einer Mannschaft* ‖ **Spielmacherin** (Sport) ‖ **Spielmann** der, -[e]s/-leute (früher): *wandernder Musikant und Sänger* ‖ **Spielmannsdichtung** (Lit.) ‖ **Spielminute** (Sport) ‖ **Spielmusik:** *leicht spielbare Instrumentalmusik* | *ein Unterrichtsgegenstand* ‖ **Spielothek** die, -/-en: *Spielesammlung* ‖ **Spielplan:** ein Stück vom S. *(aus dem Programm)* streichen ‖ **Spielplatz** ‖ **Spielraum:** wenig S. *(Raum zur Bewegung, zur Betätigung)* haben | die Vorgaben lassen wenig S. *(geben kaum die Möglichkeit der freien Gestaltung)* ‖ **Spielregel** ‖ **Spielsachen** die (Pl.): *Spielzeug* ‖ **Spielschuld:** *Schulden aus dem Glücksspiel* ‖ **Spielstand** (Sport) ‖ **spielstark** (Sport) ‖ **Spielstärke** (Sport) ‖ **Spieltherapie** (Psych.) ‖ **Spieltisch:** *Tisch zum Spielen* | *Teil der Orgel, vor dem der Spieler sitzt* ‖ **Spieluhr:** *Uhr mit eingebautem Musikwerk* ‖ **Spielverbot** ‖ **Spielverderber** der, -s/-: *Störenfried* ‖ **Spielverderberin** die, -/-innen ‖ **Spielwaren** die (Pl.) ‖ **Spielzeit:** *Saison eines Theaters* | *Zeit, in der ein Film oÄ gespielt wird* | *Zeitdauer eines*

Wettkampfes ‖ **Spielzeug** (meist Sing.) ‖ **Spielzeugeisenbahn** ‖ **Spielzeuggeschäft** ‖ **Spielzimmer**

Spieß der, -es/-e: *eine alte Stichwaffe;* den S. umdrehen *(zum Gegenangriff übergehen)* | *ein zugespitztes Gerät;* Fleisch am S. braten | (ugs.) schreien wie am S. *(bes. laut schreien)* | (Jägerspr.) *unverzweigtes Geweih* | (ugs.) *dienstführender Unteroffizier einer Kompanie* ‖ **Spießbürger** (abw.): *kleinlicher, engstirniger Mensch* ‖ **Spießbürgerin** (abw.) ‖ **spießbürgerlich** (abw.) ‖ **Spießbürgertum** (abw.) ‖ **Spießchen** das, -s/- (Küchenspr.): *eine Speise;* gegrillte S. ‖ **spießen**[1]: *aufspießen* ‖ **spießen**[2] sich: die Tischlade spießt sich *(sie lässt sich nicht bewegen)* | eine Sache spießt sich *(sie geht nicht gut weiter)* ‖ **Spießer** der, -s/- (abw.): *Spießbürger* | (Jägerspr.) *Rehbock oder Hirsch im zweiten Jahr* ‖ **spießerhaft** (abw.) ‖ **Spießerin** die, -/-innen (abw.) ‖ **spießerisch** (abw.) ‖ **Spießgeselle** (geh., abw.): *Mittäter, Kumpan* ‖ **spießig** (abw.): *spießbürgerlich; widerspenstig* ‖ **Spießrutenlauf:** *Tätigkeit, bei der jemand von vielen Leuten kritisch und feindselig behandelt wird* ‖ **Spießrutenlaufen** das, -s (früher): *eine schwere Bestrafung* | das war für ihn das reinste S. *(alle musterten ihn kritisch)*

Spike [spaɪk, auch: ʃp-] der, -s/-s (meist Pl.) ⟨engl.⟩: *Metallstift für Winterreifen und Rennschuhe* ‖ **Spikepickerl**

Spin [sp-] der, -s/-s ⟨engl.⟩: *Drehung [des Tennisballs]* | (Phys.) *der bei der Drehung um die eigene Achse auftretende Drehimpuls* ‖ **Spindoktor:** *Berater [eines Politikers] für die Wirkung in der Öffentlichkeit* ‖ **Spindoktorin**

Spina die, -/Spinae ['spiːnɛ] [Spinen] ⟨lat.⟩ (Med.): *dornförmiger Knochenfortsatz* ‖ **spinal** (Med.): *zur Wirbelsäule gehörend*

Spinat der, -[e]s/-e: *eine Gemüsepflanze* ‖ **Spinatknödel** ‖ **Spinatstrudel**

Spind der, -[e]s/-e: *schmaler [Garderobe]kasten [in Kasernen]*

Spindel die, -/-n: *Stäbchen zum Aufwickeln des gesponnenen Fadens* | (Technik) *Gewindewelle* ‖ **spindeldürr** (ugs.): *sehr mager*

Spinett das, -[e]s/-e ⟨it.⟩: *ein kleines Cembalo*

Spinnaker der, -s/- ⟨engl.⟩ (Seemannsspr.): *ein großes Beisegel*

Spinne die, -/-n: die S. spinnt ihr Netz ‖ **spinnefeind:** jemandem s. *(besonders feindlich gesinnt)* sein ‖ **spinnen,** spann/gesponnen: Garn s. | Lügen, Intrigen s. *(planen)* | (ugs.) *nicht ganz richtig im Kopf sein* ‖ **Spinnenfaden** ‖ **Spinnengewebe** ‖ **Spinnennetz** ‖ **Spinner** der, -s/-: *jemand, der Garn spinnt* | (abw.) *jemand, der leicht verrückt, sonderbar ist* ‖ **Spinnerei** die, -/-en ‖ **Spinnerin** die, -/-innen: *weibl. Form von Spinner* | (ugs.) *Spinne* ‖ **spinnert** (ugs., abw.): ein spinnerter *(bisschen verrückter)* Kerl

Spinning [sp-] das, -s ⟨engl.⟩ (Sport): *Gruppentraining [mit Musik] auf Standrädern*

Spinnmaschine ‖ **Spinnrad** ‖ **Spinnrocken:** *Stab, um den die Flachsfasern gewickelt sind* ‖ **Spinnwebe** die, -/-n: *Spinnennetz*

spintisieren ⟨?⟩ (abw.) ‖ **Spintisiererei** die, -/-en (abw.): *überspanntes Grübeln* ‖ **Spintisierer** der, -s/- (abw.) ‖ **Spintisiererin** die, -/-innen (abw.)

Spion der, -s/-e ⟨it.⟩: *jemand, der Spionage betreibt* | *Guckloch in der Wohnungstür* ‖ **Spionage** [-'aːʃ, -ʒɛ] die, -: *das Auskundschaften politischer, militärischer oder wirtschaftlicher Geheimnisse;* S. treiben ‖ **Spionageabwehr** ‖ **spionieren** ‖ **Spionin** die, -/-innen

Spirale die, -/-n ⟨gr.-lat.⟩: *Schraubenlinie* | *sich fortsetzende, steigernde Wirkung;* die S. der Gewalt durchbrechen | *ein Verhütungsmittel; Intrauterinpessar* ‖ **Spiralbohrer** ‖ **Spiralfeder** ‖ **spiralförmig** ‖ **Spiralheftung** die, -/-en: *Heftung [eines Buches] mit einer Draht- oder Kunststoffspirale* ‖ **spiralig** ‖ **Spiralnebel** (Astron.): *eine Galaxienform*

Spirant [sp-] der, -en/-en ⟨lat.⟩ (Sprachw.): *Reibelaut, Hauchlaut, zB* ch, f, h, j, s

Spiritismus [sp-] der, - ⟨lat.⟩: *Glaube an die Möglichkeit, mit den Geistern Verstorbener in Verbindung zu treten* ‖ **spiritistisch:** spiritistische Sitzungen ‖ **Spiritual**[1] der, -s/-e (kath.): *geistlicher Leiter einer katholischen Gemeinschaft, zB eines Priesterseminars* ‖ **Spiritual**[2] [-tjuəl] das, -s/-s ⟨lat.-fr.-engl.⟩: *religiöses Lied nordamerikanischer Schwarzer, Negrospiritual* ‖ **Spiritualität** die, - ⟨lat.⟩: *geistliche Gesinnung* ‖ **spirituell:** *geistig; die Religion betreffend* ‖ **Spirituosen** [ʃp-] die (Pl.): *stark alkoholhältige Getränke* ‖ **Spiritus** der, -/-tusse: *Alkohol, Weingeist* | *Brennspiritus* ‖ **Spiritusbrennerei** ‖ **Spirituskocher** ‖ **Spirituslampe** ‖ **Spiritus Rector** [sp- -k-] der, - - ⟨lat.⟩ (geh.): *geistiger Leiter, Anreger, treibende Kraft*

Spirometrie [sp-] die, - ⟨lat.+gr.⟩ (Med.): *Atmungsmessung*

Spital das, -s/Spitäler ⟨lat.⟩: *Krankenhaus* ‖ **Spitalsabteilung:** *Station in einem Krankenhaus* ‖ **Spitalsarzt** ‖ **Spitalsärztin** ‖ **Spitalsaufenthalt** ‖ **Spitalsbehandlung** ‖ **Spitalsbelag** der, -[e]s: *Anzahl der Kranken in einem Spital* ‖ **Spitalsbett:** kein freies S. *(keine Möglichkeit für die Aufnahme von Patienten)* ‖ **Spitalskost** ‖ **Spitalskosten** die (Pl.) ‖ **Spitalspflege:** sich in S. begeben ‖ **Spitalsschwester:** *Krankenschwester*

Spittal an der Drau (Kfz: SP): *Stadt in Kärnten*

spitz: ein spitzer Winkel; s. zulaufen | ein spitzes *(mageres)* Gesicht | eine spitze *(bissige)* Bemerkung; *aber zB:* → spitzkriegen ‖ **Spitz** der, -es/-e: *Berggipfel* | *eine Hunderasse* | *Zigaretten-, Zigarrenspitz* | (ugs.) *leichter Rausch* ‖ **Spitzbart** ‖ **spitzbärtig** ‖ **Spitzbauch:** *stark vorstehender Bauch* ‖ **spitzbekommen** (ugs.): *etwas durchschauen* ‖ **Spitzbogen** (Arch.): der S. an gotischen Bauwerken ‖ **Spitzbogenfenster** (Arch.) ‖ **Spitzbub:** *Schelm* ‖ **Spitzbube** (veraltet): *Spitzbub* ‖ **spitzbübisch:** s. *(schelmisch)* lachen ‖ **spitze** (ugs.): eine spitze *(tolle)* Party; das ist s. *(super)* ‖ **Spitze** die, -/-n: die S. eines Nagels; die S. eines Berges; einer Sache die S. nehmen *(sie entschärfen);* die S. des Eisbergs *(nur ein kleiner Teil des gesamten Umfangs)* | an der S. *(am Anfang)* eines Aufmarsches | die Spitzen *(die obersten Vertreter)* der Behörden | *kleine Bosheit* | etwas auf die S. treiben *(zur Eskalation bringen)* | (meist Pl.) ein Kleid mit Spitzen

S

Spitzel der, -s/- (abw.): *Polizeiagent, getarnter Aufpasser, Aushorcher; Spion*

spitzen: du spitzt einen Bleistift | die Ohren s. *(scharf aufhorchen, gut aufpassen)* | (ugs.) auf etwas s. *(es gern haben wollen, darauf lauern)* || **Spitzenbeamte:** *hoher, leitender Beamter* || **Spitzenbeamtin** || **Spitzenbluse** || **Spitzenfeld:** statistisch im S. liegen | (Sport) im S. landen || **Spitzenfunktionär** [-tsi̯-] || **Spitzenfunktionärin** || **Spitzengeschwindigkeit** || **Spitzenkandidat:** *der erstgereihte Kandidat für eine Wahl* || **Spitzenkandidatin** || **Spitzenklasse** || **Spitzenkraft:** *bes. gute Arbeitskraft* || **Spitzenkragen:** *mit einer Spitze besetzter oder aus einer Spitze bestehender Kragen* || **Spitzenleistung:** *Höchstleistung* || **Spitzenmanager** [-ˈmænɪdʒə] || **Spitzenposition** [-tsi̯-] || **Spitzenprodukt:** *hervorragendes Erzeugnis* || **Spitzenqualität** || **Spitzenreiter** || **Spitzenreiterin** || **Spitzenspiel** (Sport) || **Spitzensport:** *Leistungssport* || **Spitzensportler** || **Spitzensportlerin** || **Spitzenverdiener** || **Spitzenverdienerin** || **Spitzenzeit:** zur S. im Verkehr stecken || **Spitzer** der, -s/-: *Bleistiftspitzer* || **spitzfindig:** eine spitzfindige *(bes. ausgeklügelte)* Frage || **Spitzfindigkeit** die, -/-en || **Spitzhacke:** *Krampen* || **spitzig:** *spitz* || **spitzkriegen** (ugs.): *etwas durchschauen;* sie hat den Plan gleich spitzgekriegt || **Spitzmaus:** ein mausähnliches Nagetier || **Spitzname,** *auch:* **Spitznamen:** *neckender Beiname, Spottname* || **Spitzwegerich:** *eine Pflanze* || **spitzwinkelig** = **spitzwinklig**

Spleen [spliːn, ugs. auch: ʃpleːn] der, -s/-e [-s] ⟨engl.⟩: *verrückte Eigenheit, fixe Idee, Marotte* || **spleenig:** ein spleeniger *(sonderbarer, verschrobener, leicht verrückter)* Mensch

spleißen, du spleißt/spliss [spleißte]/gesplissen [gespleißt] (Seemannsspr.): zwei Seilenden miteinander verflechten

splendid [ʃp-, auch: sp-] ⟨lat.⟩: *freigebig*

Splint der, -[e]s/-e: *Vorsteckstift; Sicherungsstift [an einer Radachse]* || **Splintholz:** *weiche Holzschichte unter der Rinde*

spliss → spleißen

Splitt der, -[e]s/-e: *zerkleinerte Steinchen [für den Straßenbelag]*

splitten [sp-] ⟨engl.⟩: *aufteilen;* → Splitting

Splitter der, -s/-: die Scheibe zersprang in tausend S. || **splitterfasernackt:** *ganz nackt* || **splitterfrei:** splitterfreies *(nicht splitterndes)* Glas *(Sicherheitsglas oÄ)* || **Splittergruppe** (Pol.): *kleine [politisch orientierte] Gruppe* || **splittern:** splitterndes Flaschenglas || **splitternackt:** *ganz nackt* || **Splitterpartei** (meist Pl.) (Pol.): *Kleinpartei; Splittergruppe* || **splittersicher:** *sicher gegen Splitter | splitterfrei*

Splitting [sp-] das, -s ⟨engl.⟩: *Aufteilung;* das S. von Pensionen; → splitten

SPÖ [ɛs pe ˈøː] die, -: **S**ozialdemokratische (früher: **S**ozialistische) **P**artei **Ö**sterreichs

Spoiler [sp-] der, -s/- ⟨engl.⟩: *eine Windleitvorrichtung an [Sport-]autos*

SPÖler [ɛs pe ˈøː-] der, -s/- || **SPÖlerin** die, -/-innen

Spompanadln [ʃp-] die (Pl.), *auch:* Spompanadeln ⟨it.⟩ (reg., ugs.): *Dummheiten, Streiche | Ausflüchte, Umstände;* keine S. machen

spondieren [sp-, ʃp-] ⟨lat.⟩: *den Magistergrad verliehen bekommen;* → Sponsion

Spondylarthrose [sp-y-] ⟨gr.⟩ (Med.): *eine Wirbelsäulenerkrankung*

sponsern [ʃp-, sp-] ⟨lat.-engl.⟩: *[finanziell] fördern* || **Sponsion** die, -/-en: *feierliche Verleihung des Magistergrades;* → spondieren || **Sponsor** der, -s/-en [-ˈzoː-]: *finanzieller Förderer, Mäzen* || **Sponsorin** die, -/-innen || **Sponsoring** [sp-] das, -s = **Sponsorschaft** [ʃp-, sp-] die, -/-en

spontan [ʃp-, auch: sp-] ⟨lat.⟩: ein spontaner *(plötzlicher und einem inneren Antrieb folgender)* Entschluss || **Spontaneität** die, -, *auch:* **Spontanität**

sporadisch [ʃp-, sp-] ⟨gr.-fr.⟩: ein nur s. *(hin und wieder, vereinzelt)* vorkommender Fehler | *bisweilen; selten*

Spore die, -/-n: *ein Pflanzenkeim;* → Sporen bildend = sporenbildend || **Sporenpflanze** || **Sporen bildend** = **sporenbildend:** S. bildende Pflanzen

Sporn der, -[e]s/Sporen [auch: Sporne]: der S. am Fuß des Hahnes | der S. am Reiterstiefel; sich die ersten Sporen verdienen *(erste Anerkennung, Erfolge erringen)* | (Med.) *Fersensporn* | (mit Pl. Sporne) (früher) *Vorrichtung zum Rammen am Bug eines Kriegsschiffes* || **spornstreichs** (veraltet): *sofort, schnurstracks*

Sport der, -[e]s ⟨engl.⟩: S. [be]treiben; → Sport treibend = sporttreibend || **Sportabzeichen** || **Sportanlage** || **Sportart** || **Sportartikel** (meist Pl.): *Sportgerät; sportliches Kleidungsstück* || **Sportarzt** || **Sportärztin** || **sportärztlich:** sportärztliche Untersuchung || **Sportausrüstung** || **sportbegeistert** || **Sportbericht** || **Sportberichterstatter** || **Sportberichterstatterin** || **Sportclub** [-k-] = → Sportklub || **Sportcoupé** [-kupeː] = Sportkupee: *ein Pkw* || **Sportdisziplin:** *Sportart* || **Sportdress** || **sporteln,** ich sportle (ugs.): *Sport betreiben* || **Sportflugzeug** || **Sportfunktionär** [-tsi̯-] || **Sportfunktionärin** || **Sportgeist** = Sportsgeist || **Sportgerät** || **Sportgeschäft** || **Sportgymnasium:** *eine Sonderform der AHS* || **Sportgymnastik** [-gy-]: rhythmische S. *(eine Sportart)* || **Sporthalle:** in der S. trainieren || **Sporthemd** || **Sporthilfe:** *eine Fördereinrichtung für den Sport* || **Sporthose** || **Sporthotel** || **sportiv** [ʃp-, sp-]: *sportlich* || **Sportjournalist** [ʃp-ʒu-] || **Sportjournalistin** || **Sportkamerad** || **Sportkameradin** || **Sportkanal:** *ein Fernsehsender mit ganztägigem Sportprogramm* || **Sportkanone** = Sportskanone (ugs.): *erfolgreiche[r] Sportler[in]* || **Sportkappe** || **Sportkleidung** die, - || **Sportklub** = Sportclub [-k-] || **Sportkupee** = → Sportcoupé || **Sportlehrer** || **Sportlehrerin** || **Sportler** der, -s/- || **Sportlerin** die, -/-innen || **sportlich** || **Sportmedizin** || **Sportmeldung** || **Sportminister** || **Sportministerin** || **Sportnachrichten** || **Sportplatz** || **Sportreporter** || **Sportreporterin** || **Sportschuh** || **Sportsendung** || **Sportsfreund:** *Sportkamerad | Freund des Sports* || **Sportsfreundin** || **Sportsgeist** = Sportgeist || **Sportskanone** = Sportkanone || **Sportsmann** der, -[e]s/-männer

S

[-leute]: *begeisterter oder vorbildlicher Sportler* || **Sport|stät|te** || **Sport|teil:** der S. einer Zeitung || **Sport|to|to** || **Sport trei|bend** = **sport|trei|bend:** S. treibende Jugendliche || **Sport|un|fall** || **Sport|un|ter|richt** || **Sport|ver|band** || **Sport|ver|ein** || **Sport|ver|let|zung** || **Sport|waf|fe:** *in einer Sportdisziplin verwendete Waffe* || **Sport|wa|gen:** *leichter Kinderwagen* | *sportlicher Pkw* || **Sport|wis|sen|schaft**

Spot [sp-] der, -s/-s ⟨engl.⟩: *kurz [im Fernsehen] eingeblendete Werbung; Werbespot* | *[Bühnen-]scheinwerfer* || **Spot|ge|schäft** (Wirt.): *Sofortgeschäft* || **Spot|light** [-laɪt] das, -s/-s: *Scheinwerferlicht [auf der Bühne]*

Spott der, -[e]s: zum Schaden noch den S. haben *(obendrein ausgelacht werden);* S. und Hohn; zum S. *(verspottet)* werden || **spott|bil|lig:** *außergewöhnlich billig* || **Spöt|te|lei** die, -/-en || **spöt|teln,** ich spöttle: *leichthin spotten; witzeln* || **spot|ten:** über jemanden s.; das spottet jeder Beschreibung *(ist unerhört)* || **Spöt|ter** der, -s/- || **Spöt|te|rin** die, -/-innen || **Spott|ge|dicht** || **Spott|geld** das, -[e]s: etwas um ein S. *(sehr billig)* kaufen || **spöt|tisch:** ein spöttisches Lächeln || **Spott|preis:** *außergewöhnlich günstiger Preis*

sprach → sprechen || **Sprach|at|las:** *Landkartenwerk, das die geografische Verbreitung von sprachlichen Erscheinungen zeigt* || **Sprach|bar|ri|e|re** [-ri̯eːrə, -eːrɛ]: die S. *(Verständigungsschwierigkeiten)* abbauen || **sprach|be|gabt** || **Sprach|be|herr|schung:** vollkommene S. || **sprach|be|hin|dert** || **Sprach|di|dak|tik** || **Sprach|di|plom:** *eine Sprachprüfung* || **Spra|che** die, -/-n: die deutsche S.; eine S. lernen; die S. *(das Kommunikationssystem)* der Bienen | es verschlägt ihm die S. *(er ist [einen Augenblick] sprachlos);* nicht mit der S. herausrücken *(nichts sagen wollen);* etwas zur S. bringen *(thematisieren);* heraus mit der S.! *(erzähl endlich, was du willst!);* dieser Aspekt ist auch zur S. gekommen *(ist auch besprochen worden);* eine deutliche S. sprechen *(klar und unmissverständlich seine Meinung kundtun);* die gleiche S. sprechen *(die gleichen Ansichten vertreten und deshalb gut miteinander auskommen);* die S. der Bienen; → sprechen || **Sprach|emp|fin|den** das, -s: *Sprachgefühl* || **Sprach|ent|wick|lung** || **Sprach|er|ken|nung** (EDV): *elektronische Erfassung gesprochener Sprache* || **Sprach|er|werb:** *Erlernen der Muttersprache* || **Sprach|er|zie|hung:** *Sprachunterricht, -förderung u. dgl.* || **Sprach|feh|ler:** *Sprachstörung, zB das s lispeln* || **Sprach|for|scher** || **Sprach|for|sche|rin** || **Sprach|for|schung** || **Sprach|ge|biet:** *geografischer Raum einer Sprache;* im gesamten deutschen S. || **Sprach|ge|brauch:** *übliche Ausdrucksweise* || **Sprach|ge|fühl** das, -[e]s: ein feines S. haben || **Sprach|ge|mein|schaft** || **Sprach|ge|schich|te** || **sprach|ge|schicht|lich** || **sprach|ge|stört** (Med., Psych.) || **Sprach|ge|walt** die, -: die junge Schriftstellerin besticht durch ihre S. *(Beherrschung der sprachlichen Ausdrucksmittel)* || **sprach|ge|wandt** || **Sprach|ge|wandt|heit** || **Sprach|gren|ze** || **Sprach|grup|pen|zu|ge|hö|rig|keits|er|klä|rung** (SüdT) (Pol.): *bei der Volkszählung erhobene Zugehörigkeit zu einer bestimmten Sprachgruppe* || **-spra|chig** (nur in Zusammensetzungen wie mehrsprachig) || **Sprach|in|sel:** *in einen anderssprachigen Raum eingestreutes kleines Sprachgebiet, zB die deutschen Sprachinseln im Friaul* || **Sprach|kennt|nis** (meist Pl.) || **Sprach|kom|pe|tenz:** *sprachliche Fähigkeiten eines Individuums* || **Sprach|kul|tur** die, - || **sprach|kun|dig** || **Sprach|kurs** || **Sprach|la|bor:** *eine Sprachtrainingsanlage mit Tonbandgeräten* || **Sprach|leh|re:** *Grammatik* || **Sprach|leh|rer** || **Sprach|leh|re|rin** || **sprach|lich** || **sprach|los:** vor Schrecken s. *(stumm)* sein || **Sprach|me|lo|die:** *Intonation, Sprechmelodie* || **Sprach|norm** (Sprachwiss.) || **Sprach|qua|li|tät:** eine schlechte S. bei einem Telefongespräch || **Sprach|raum:** *Sprachgebiet* || **Sprach|re|ge|lung:** *Anweisung für einheitliche Aussagen zu einem bestimmten Thema [in der Politik]* || **sprach|rich|tig** || **Sprach|rohr:** *trichterförmiger Verstärker der Stimme* | sie ist das S. *(die Sprecherin)* der Gruppe || **sprach|schöp|fe|risch:** *s. begabt* || **Sprach|schu|le:** *[private] Fremdsprachenschule* || **Sprach|se|xis|mus:** *Geschlechtsdiskriminierung durch Sprache* || **Sprach|sil|be** (Sprachwiss.): *bedeutungstragende Einheit eines Wortes, Morphem;* → Sprechsilbe || **Sprach|so|zio|lo|gie** || **Sprach|steu|e|rung** (EDV): *Steuerung elektronischer Geräte mittels Spracherkennung* || **Sprach|stö|rung** (Med., Psych.): an einer S. leiden || **sprach|üb|lich** || **Sprach|übung** || **Sprach|un|ter|richt** || **Sprach|va|ri|e|tät** [-v-] → Varietät || **Sprach|wan|del:** *geschichtliche Sprachentwicklung* || **sprach|wid|rig:** der sprachwidrige *(unrichtige)* Gebrauch eines Wortes || **Sprach|wis|sen|schaft:** *Linguistik* || **sprach|wis|sen|schaft|lich:** *linguistisch* || **Sprach|zen|trum:** *Teil des Großhirns*

sprang → springen

Spray [spreɪ, ʃpreː] der = das, -s/-s ⟨engl.⟩: *Sprüher, Zerstäuber; Sprühflüssigkeit* || **Spray|do|se** || **spray|en**

Sprech|an|la|ge: *elektrisches Gerät, das ein Kommunizieren [zwischen Haustor und Wohnung] möglich macht* || **Sprech|aus|bil|dung** || **Sprech|bla|se:** eine Bildgeschichte mit Sprechblasen || **Sprech|büh|ne:** *Theater für gesprochene Stücke* || **Sprech|chor** [-çk-] || **spre|chen,** ich spreche, du sprichst/sprach/gesprochen/sprich!, sprecht!: deutsch *(Wie?)* (= Deutsch; *Welche Sprache?*) s.; sprechen (= Sprechen) lernen | gut über jemanden/etwas s.; nicht gut auf jemanden zu s. sein *(böse auf jemanden sein);* ich spreche für meine Tochter *(an ihrer Stelle);* dein Ehrgeiz spricht für dich *(wirkt sich günstig auf deine Beurteilung aus);* die Beweise s. für sich *(benötigen keine Erklärung);* was spricht dagegen? *(welchen Einwand gibt es?)* | aus ihm spricht nur der Neid *(er sagt das nur aus Neid)* | wir besitzen viele Kühe, sprich *(genauer gesagt)* Rinder | (geh.) „Ich gestehe", sprach *(sagte)* sie | → sprechen lassen = sprechenlassen; → Sprache || **spre|chend:** ein [für sich] sprechendes Beispiel || **spre|chen las|sen** = **spre|chen|las|sen:** Blumen s. l. *(zB seinen Dank auf diese Weise ausdrücken)* || **Spre|cher** der, -s/-: *je-*

S

mand, der eine ganze Gruppe öffentlich vertritt; der S. der Kommission | *[Fernseh]ansager;* Nachrichtensprecher || **Sprecherin** die, -/-innen || **Sprecherziehung** || **sprechfaul** || **Sprechfehler:** *Versprecher;* es passieren ihr viele S. *(sie verspricht sich oft)* || **Sprechfunk** || **Sprechgesang:** *Gesangsform zwischen Sprechen und Singen* || **Sprechlehrer** || **Sprechlehrerin** || **Sprechmelodie:** *Sprachmelodie* || **Sprechpause** || **Sprechrolle:** *Rolle [in der Oper], die nur Sprechtext enthält* || **Sprechsilbe** (Sprachwiss.): *Einheit (eines Wortes), die sich beim Sprechen ergibt;* → Sprachsilbe || **Sprechstörung** (Med.) || **Sprechstück:** *Bühnenwerk, Hörspiel, in dem nur gesprochen wird;* → Sprechtheater || **Sprechstunde:** die Ärztin hat heute S. || **Sprechstundenhilfe** || **Sprechtag:** ein S. in der Schule (für die Eltern) || **Sprechtechnik** || **Sprechtheater:** *Bühne, auf der nur Sprechstücke gebracht werden* || **Sprechübung** || **Sprechverbot** || **Sprechwerkzeuge** die (Pl.): *Organe, die das Sprechen ermöglichen* || **Sprechzimmer:** *Zimmer, in dem Sprechstunden abgehalten werden*

Spreißel das, -s/-[n]: *kleines Holzstück, Span [zum Anheizen]* || **Spreißelholz:** *Kleinholz [zum Anheizen]*

spreiten (geh., veraltet): *ausbreiten*

Spreize die, -/-n: *eine Stange als Stütze [für einen Obstbaumast]* | *eine Turnübung* || **spreizen**[1]: du spreizt die Arme || **spreizen**[2] sich (ugs.): *sich zieren, Umstände machen;* → gespreizt || **Spreizfuß** (Med.)

Sprengel der, -s/-: *Gebiet, Bereich* || **sprengen:** Felsen s.; eine Tür s. *(gewaltsam aufbrechen);* die Fesseln s.; eine Demonstration s. *(gewaltsam auflösen)* | den Rasen s. *(spritzen)* | (geh.) *wild reiten;* die Horde sprengte durch die Stadt || **Sprenggeschoß,** *auch:* Sprenggeschoss || **Sprengkommando:** *Personengruppe für die Durchführung einer Sprengung* || **Sprengkopf:** der S. einer Bombe || **Sprengkörper** || **Sprengkraft** || **Sprengladung** || **Sprengmeister:** *für eine Sprengung Verantwortlicher* || **Sprengmeisterin** || **Sprengmittel** || **Sprengsatz:** *Sprengladung* || **Sprengstoff:** *Dynamit ua.* | ihr Interview enthielt politischen S. || **Sprengstoffanschlag** || **Sprengung** die, -/-en || **Sprengwagen** (reg.): *Spritzwagen* || **Sprengwirkung**

sprenkeln: ein gesprenkelter Frosch *(ein Frosch mit Farbtupfen)*

Spreu die, -: *Abfall beim Dreschen, Hülsen und Grannen;* die S. vom Weizen scheiden *(das Schlechte vom Guten trennen)*

sprich, spricht → sprechen || **Sprichwort** das, -[e]s/-wörter: *allgemein gültiger Satz mit praktischer Lebensweisheit, zB* Hunger ist der beste Koch || **sprichwörtlich:** sprichwörtliche Redensarten

Sprieße die, -/-n: *Sprosse, Querholz [eines Sessels, einer Leiter]* || **Sprießel** das, -s/-n (ugs.): *[kleine] Sprieße; Sitzstange in einem Vogelkäfig* || **sprießen,** du sprießt/spross/gesprossen: das Gras sprießt *(wächst)*; dem jungen Mann beginnt ein Bart zu s. *(wachsen)* | die Softwarefirmen s. nur so aus dem Boden *(vermehren sich stark)*

Springbrunnen: *Brunnen mit aufsteigendem Wasserstrahl* || **springen,** sprang/gesprungen: über einen Graben s.; über Bord s.; aus dem Bett s. *(es rasch verlassen)* | wenn die Chefin ruft, s. die Mitarbeiter *(zeigen sie sich dienstbeflissen)* | die Ampel sprang *(schaltete)* auf Grün | → springen lassen = springenlassen | das Glas springt *(bekommt einen Sprung, zerspringt);* gesprungene *(aufgeplatzte)* Lippen | der springende *(entscheidende)* Punkt || **Springen** das, -s/- (bes. Sport): *ein Bewerb;* Skispringen, Turmspringen || **springen lassen** = **springenlassen:** sie ließ etwas s. *(spendierte etwas)* || **Springer** der, -s/-: Weitspringer | *jemand, der nach Bedarf für einen Arbeitskollegen einspringt, ihn vertritt* | *eine Schachfigur, Rössel* || **Springerin** die, -/-innen || **Springflut:** eine S. verwüstete das Küstengebiet || **Springform:** *eine Backform* || **Springinkerl** das, -s/-[n] (ugs.): *unruhige Person* | *Springinsfeld* || **Springinsfeld** der, -[e]s/-e (scherzh.): *leichtsinnige, lustige Person* || **springlebendig:** *sehr lebhaft und kerngesund* || **Springmesser:** *Schnappmesser* || **Springreiten** das, -s (Sport): *eine Disziplin im Reitsport* || **Springschnur** || **Springturnier** (im Reitsport)

Sprinkleranlage ⟨engl.⟩: *eine Feuerlöschanlage*

Sprint [sp-, ʃp-] der, -s/-s ⟨engl.⟩: *Kurzstreckenlauf, kurzer Wettlauf* || **sprinten** || **Sprinter** der, -s/-: *Kurzstreckenläufer* | *Bezeichnung eines Zuges* || **Sprinterin** die, -/-innen

Sprit [ʃp-] der, -[e]s/-e ⟨lat.-fr.⟩: *Treibstoff* | *Spiritus; Alkohol* || **Spritverbrauch**

Spritzdüse || **Spritze** die, -/-n: *Gerät zum Spritzen von Flüssigkeiten* | *Injektion;* die Ärztin gab ihm eine S. | *Löschgerät* || **spritzen:** du spritzt *(bewässerst)* den Garten | es spritzt *(es regnet leicht)* | gespritztes *(mit Pestiziden behandeltes)* Gemüse | den Wein s. *(mit Wasser verdünnen);* → Gespritzte || **Spritzenwagen** (veraltet): *Löschwagen der Feuerwehr* || **Spritzer** der, -s/-: ein paar S. der Farbe verwischen; einen S. *(einen Schuss, etwas)* Essig in den Salat geben; ein paar S. *(ein leichter Regenguss)* | (ugs.) einen S. *(einen kleinen Ausflug, eine Spritzfahrt)* aufs Land machen | *Gespritzter* || **spritzig:** *flott; prickelnd; geistreich;* ein spritziger Dialog || **Spritzkrapfen** (reg., zB St): *eine Mehlspeise, Strauben* || **Spritzkrug** (mda.): *Gießkanne* || **Spritzlackierung** || **Spritzpistole:** *ein Malergerät* | *ein Spielzeug, Wasserpistole* || **Spritzsack:** *ein Küchengerät* || **Spritztour** [-tuːɐ]: *kleiner Ausflug; Abstecher* || **Spritzwagen:** *Wagen zum Bespritzen der Straßen*

spröd = **spröde:** *nicht elastisch, leicht brechend;* sprödes Metall | sprödes *(nicht geschmeidiges)* Haar | ein sprödes *(abweisendes)* Benehmen | eine spröde *(raue)* Stimme || **Sprödheit** die, - || **Sprödigkeit** die, -

spross → sprießen || **Spross** der, -es/-e[n]: *Pflanzentrieb* | (geh.) *Nachkomme;* der jüngste S. einer Familie | (Jägerspr.) *Zacke des Geweihs* || **Sprosse** die, -/-n: *Sommersprosse* | die S. *(Querstange)* der Leiter | *Kohlsprosse* || **sprossen,** du sprosst: *sprießen, wachsen* || **Sprossenfenster:** *unterteiltes Fenster* || **Sprossenkohl:** *Kohlsprossen* || **Sprossenwand:** *ein Turngerät* || **Sprössling** der,

-s/-e: *kleiner Spross* | *Kind, Nachkomme* || **Sprossung** die, -/-en: *eine ungeschlechtliche Fortpflanzung*
Sprotte die, -/-n: *eine kleine Heringart*
Spruch der, -[e]s/Sprüche: *Urteilsspruch* | (abw.) große Sprüche machen/klopfen *(großsprecherisch reden, angeben, wichtigtun)* | *Satz, der eine Lebensweisheit enthält; Zitat; lehrhaftes Gedicht* | (sal., oft abw.) der hat [aber] einen S. [drauf]! *(eine drastische Ausdrucksweise)* || **Spruchband:** bei einer Demonstration Spruchbänder *(Transparente)* tragen || **Sprüchl** das, -s/-[n] (ugs.): *Sprüchlein;* sein S. aufsagen *(seinen [vorbereiteten] Beitrag loswerden)* || **Spruchpraxis** (Jus): *Urteilspraxis* || **spruchreif:** die Sache ist noch nicht s. *(noch nicht reif zur Entscheidung)* || **Spruchweisheit:** *Sinnspruch*
Sprudel der, -s/-: *Wasserwirbel, Strudel; aufwirbelnde Quelle* | (bes. D) *nicht alkoholisches kohlensäurehältiges Getränk* || **sprudeln:** die sprudelnde Quelle | ich sprudle *(quirle)* saure Milch | sprudelnd kochendes Wasser || **Sprudler** der, -s/-: *ein Küchengerät, Quirl*
Sprühdose: *Spraydose* || **sprühen:** Funken s. *(stieben, spritzen)* nach allen Seiten | (geh.) ein sprühender *(reger, an Einfällen reicher)* Geist || **Sprühflasche:** *Flasche mit einem Zerstäuber* || **Sprühregen:** *Nieselregen*
Sprung der, -[e]s/Sprünge: ein S. im Glas | der S. über einen Graben; ein S. ins kalte Wasser *(ein unvorbereiteter Beginn);* ich bin auf dem S. *(ich werde gleich gehen);* nur auf einen S. *(auf kurze Zeit)* herkommen; jemandem auf die Sprünge helfen *(weiterhelfen)* | keine großen Sprünge machen können *(sich nicht viel leisten können)* | ein qualitativer S. *(eine große Verbesserung)* || **Sprunganlage** (Sport) || **Sprungbecken** || **sprungbereit** || **Sprungbrett:** *ein Sportgerät* || **Sprungfeder:** *Spiralfeder [in Matratzen]* || **Sprunggelenk** || **Sprunggrube** (Sport) || **sprunghaft:** der Verkehr ist s. *(binnen kurzer Zeit und stark)* angestiegen | er arbeitet s. *(unstet, unregelmäßig)* || **Sprunghaftigkeit** die, - || **Sprungkraft** || **Sprunglauf:** *eine Sportdisziplin, Skispringen in der nordischen Kombination* || **Sprungschanze:** *Schanze zum Skispringen* || **Sprungtechnik** (Sport) || **Sprungtuch:** *ein Rettungsgerät* || **Sprungturm:** *Turm zum Turmspringen*
Spucke die, -: *Speichel* || **spucken:** *ausspucken* | (ugs.) der Ofen spuckt *(er gibt große Hitze)* | der Motor spuckt *(macht Probleme); aber:* → spuken || **Spuckerl** das, -s/-[n] (ostöst., ugs., scherzh.): *kleines Auto oÄ*
Spuk der, -[e]s: *gespensterhaftes Geschehen* | (abw.) *schrecklicher, ärgerlicher Vorfall;* die Polizei konnte den S. aufklären || **spuken:** es spukt *(geistert)* | der Glaube an UFOs spukt in seinem Kopf; *aber:* → spucken || **Spukgeschichte:** *Geistergeschichte* || **spukhaft** || **Spukschloss**
Spülbecken: eine Abwasch mit zwei S.
Spule die, -/-n: eine S. Zwirn | (Elektrot.) *Schaltelement* || **spulen:** das Tonband auf eine andere Kassette s.
spülen: den Mund s. | die Wellen spülten *(schwemmten)* Holz an Land || **Spüler** der, -s/-: *Geschirrspüler* | *Taste in einem WC zur Betätigung der Wasserspülung* || **Spülgang:** die Spülgänge der Waschmaschine || **Spülkasten:** *Wasserbehälter eines WCs* || **Spülmaschine:** *Geschirrspülmaschine* || **spülmaschinenfest** || **Spülmittel** || **Spülung** die, -/-en: *Wasserspülung;* die S. betätigen
Spulwurm: *ein im Darm als Parasit lebender Fadenwurm*
Spund der, -[e]s/Spünde: *ein Fassverschluss* | (mit Pl. Spunde) (sal.) ein junger S. *(ein unerfahrener Bursch)* || **Spundloch:** *runde Öffnung in einem Fass*
Spundus [ʃp-] der, - ⟨Pseudolat.⟩ (ugs., scherzh.): vor etwas, jemandem S. *(Angst/Furcht)* haben
Spur die, -/-en: die S. *(Fährte)* des Wildes; eine S. aufnehmen *(entdecken und ihr nachgehen);* eine S. im Schnee; die Polizei verfolgt eine heiße S. *(einen viel versprechenden Hinweis);* jemandem/einer Sache auf die S. kommen *(ein Geheimnis lüften; etwas verstehen);* auf jemandes Spuren *(Lebensspuren)* wandeln | (Verk.) auf die linke S. *(den linken Fahrstreifen)* wechseln | eine S. *(nur wenig)* besser; eine S. *(eine kleine Menge)* Essig fehlt noch; „Keine Spur!" *(überhaupt nicht)*
spürbar
spuren: *beim Skifahren die erste Spur legen* | (ugs.) *tüchtig arbeiten; gehorchen*
spüren: Hunger und Kälte s. *(empfinden)* | er ließ mich seinen Unmut s. *(fühlen)* | (Jägerspr.) der spürende *(die Wildfährte suchende)* Hund; → Gespür
Spurenelement (meist Pl.): *chemisches Element, das in sehr geringen Mengen jedes Lebewesen benötigt* || **Spurensicherung** || **Spurensuche**
Spürhund: *Jagdhund; Polizeihund*
-spurig (nur in Zusammensetzungen wie vierspurig) || **spurlos:** sie ist s. verschwunden
Spürnase: *bes. ausgeprägter Geruchssinn*
Spurrille (Verk.): *durch den Verkehr entstandene Vertiefungen auf Fahrbahnen* || **spursicher:** spursichere Reifen
Spürsinn der, -[e]s: *die Fähigkeit, etwas aufzuspüren;* einen feinen S. haben
Spurt [spɜːt, auch: ʃpurt] der, -[e]s/-s ⟨engl.⟩: *kurze Tempobeschleunigung bei einem Wettrennen* || **spurten**
Spurwechsel [-ks-]: einen S. mit dem Blinker anzeigen || **Spurweite:** *Abstand zwischen den beiden Schienen [der Eisenbahn] bzw. der Räder auf der Achse von Kraftfahrzeugen*
sputen sich [ʃp-]: *sich beeilen*
Sputnik [sp-] der, -[s]/-s ⟨russ.⟩: *erster sowjetischer Erdsatellit*
Sputum [sp-, ʃp-] das, -s/Sputa ⟨lat.⟩ (Med.): *Auswurf*
Squash [skwɒʃ] das, -[s] ⟨engl.⟩: *ein Ballspiel;* S. spielen
Squaw [skwɔː] die, -/-s ⟨indian.-engl.⟩: *Ehefrau (bei den nordamerikanischen Indianern)*
Sr: Strontium
sr.: senio**r**; Karl Müller sr.; → G.: jr.
Sr.: Seine**r**; die Ansprache Sr. Eminenz | (geistliche) **S**chweste**r**; Sr. Immaculata
Sri Lanka: *ein Staat in Asien (früher: Ceylon)*
SS [ɛs ˈɛs] die, - (im Nationalsozialismus): **S**chutz**s**taffel *(eine besonders aggressive Formation der NSDAP);* → Waffen-SS; → SA || **SS-Mann**
SSO: Süd**s**üd**o**st[en]
SSR: Stadt**s**chul**r**at
SSW: Süd**s**üd**w**est[en]

S

st: *ein Ausruf (pst!)*

St (auslaufend auch Kfz): **St**eiermark

St.: **S**ankt (in Orts-, Kirchen-, Heiligennamen); St. Pölten; St. Wolfgang; St. Anna

s. t. [ɛs ˈteː]: **s**ine **t**empore

Staat der, -[e]s/-en: ein souveräner S. | *in manchen Ländern Bezeichnung der Teilstaaten einer Union;* die Vereinigten Staaten von Amerika | (Zool.) → Staaten bildend = staatenbildend | (ohne Pl.) S. machen *(prunken);* mit jemandem keinen S. machen können *(nicht glänzen, imponieren können)* ‖ **Staa|ten bil|dend** = **staa|ten|bil|dend:** S. bildende Insekten ‖ **Staa|ten|bund:** *Konföderation* ‖ **Staa|ten|bünd|nis:** *Föderation* ‖ **Staa|ten|ge|mein|schaft:** *Bündnis souveräner Staaten, zB die EU* | *Gesamtheit oder überwiegende Mehrheit aller Staaten* ‖ **staa|ten|los:** *keine Staatsbürgerschaft besitzend* ‖ **Staa|ten|lo|se**[1] der, -n/-n, ein Staatenloser ‖ **Staa|ten|lo|se**[2] die, -n/-n ‖ **staat|lich:** staatliche Einrichtungen ‖ **Staats|ad|vo|ka|tur** [-v-] die, -/-en (SüdT) (Admin.): *Amt, das in allen zivil- und strafrechtlichen Verfahren die Staatsinteressen vertritt* ‖ **Staats|af|fä|re:** *wichtige, Aufsehen erregende, schwierige Angelegenheit* ‖ **Staats|akt** der, -[e]s/-e: *feierliche Veranstaltung des Staates* ‖ **Staats|an|ge|hö|ri|ge** ‖ **Staats|an|ge|hö|rig|keit** die, -/-en: die S. besitzen *(Staatsbürger/in des betreffenden Landes sein)* ‖ **Staats|an|lei|he** (Wirt.) ‖ **Staats|an|walt:** *der öffentliche Ankläger bei Gericht;* der Erste S. ‖ **Staats|an|wäl|tin** ‖ **Staats|an|walt|schaft** die, - ‖ **Staats|ap|pa|rat:** *Gesamtheit der staatlichen Einrichtungen und ihres Personals* ‖ **Staats|ar|chiv:** das Österreichische S.; → Haus-, Hof- und Staatsarchiv ‖ **Staats|aus|ga|be** (meist Pl.) ‖ **Staats|ban|k|rott** ‖ **Staats|be|am|te** ‖ **Staats|be|am|tin** ‖ **Staats|be|gräb|nis:** *staatlich angeordnetes feierliches Ehrenbegräbnis* ‖ **Staats|be|such** ‖ **Staats|be|trieb** ‖ **Staats|bür|ger:** *Staatsangehöriger* ‖ **Staats|bür|ge|rin** ‖ **staats|bür|ger|lich** ‖ **Staats|bür|ger|schaft** die, -/-en: die österreichische S. erwerben ‖ **Staats|bür|ger|schafts|nach|weis** ‖ **Staats|bür|ger|schafts|wer|ber** (Amtsspr.) ‖ **Staats|bür|ger|schafts|wer|be|rin** (Amtsspr.) ‖ **Staats|chef** [-ʃeːf] ‖ **Staats|che|fin** ‖ **Staats|die|ner** (geh., veraltet): *Beamter* ‖ **Staats|die|ne|rin** (geh., veraltet) ‖ **Staats|dienst** ‖ **Staats|dru|cke|rei** (veraltet): die Österreichische S. (jetzt: Print Media Austria) ‖ **staats|ei|gen** ‖ **Staats|ei|gen|tum** ‖ **Staats|fei|er|tag:** in Österreich ist der 1. Mai S.; → Nationalfeiertag ‖ **Staats|feind:** *Person, die die bestehende staatliche Ordnung bedroht* ‖ **Staats|fein|din** ‖ **staats|feind|lich** ‖ **Staats|fi|nan|zen** die (Pl.) ‖ **Staats|flag|ge:** *Nationalflagge* ‖ **Staats|form:** *Republik, Königreich ua.* ‖ **Staats|ge|biet** ‖ **staats|ge|fähr|dend** ‖ **Staats|ge|heim|nis:** die Angelegenheit aus Sicherheitsgründen zu einem S. erklären ‖ **Staats|ge|schäft** (meist Pl.): *alle Obliegenheiten der Regierung bzw. des Staatsoberhauptes* ‖ **Staats|ge|walt:** *Gesetzgebung, Rechtssprechung, Vollziehung/Exekutive ([Bundes-]polizei);* Widerstand gegen die S. ‖ **Staats|gren|ze** ‖ **Staats|grund|ge|setz** (Gesch., Pol.): *Grundrechte garantierendes Bundesverfassungsgesetz* ‖ **Staats|grün|dung** ‖ **Staats|gut:** *Staatsvermögen* ‖ **Staats|kas|se** ‖ **Staats|kos|ten** die (Pl.): auf S. ‖ **Staats|kri|se** ‖ **Staats|macht** die, - ‖ **Staats|mann:** *führender Politiker eines Staates* ‖ **staats|män|nisch:** eine staatsmännische *(eines Staatsmannes würdige)* Haltung ‖ **Staats|meis|ter** (Sport) ‖ **Staats|meis|te|rin** (Sport) ‖ **Staats|mo|no|pol** → Monopol ‖ **Staats|ober|haupt:** *(in Österreich) der Bundespräsident* ‖ **Staats|oper:** die Wiener S. ‖ **Staats|pen|si|on:** *Volkspension* ‖ **Staats|po|li|zei** (Stapo): *Polizei zum Schutz der Staatssicherheit* ‖ **staats|po|li|zei|lich** ‖ **Staats|prä|si|dent** ‖ **Staats|prä|si|den|tin** ‖ **Staats|preis:** der Große österreichische S. für Literatur ‖ **Staats|prü|fung:** *zur Ausübung bestimmter Tätigkeiten vorgeschriebene staatliche Prüfung* ‖ **Staats|rä|son:** aus S. *(im Interesse des Staates)* handeln ‖ **Staats|rat** (SüdT) (Admin.): *Verwaltungsgerichtshof* | *ein Mitglied des Staatsrats* ‖ **Staats|rä|tin** (SüdT) ‖ **Staats|recht** ‖ **staats|recht|lich** ‖ **Staats|sä|ckel** (veraltet): *Staatskasse* ‖ **Staats|schatz:** *der Fiskus* ‖ **Staats|schiff** (geh.): *Symbol für den Staat;* das S. lenken ‖ **Staats|schuld** (meist Pl.) ‖ **Staats|se|kre|tär:** *(in Österreich) einem Bundesminister zur Unterstützung beigegebenes Organ, ein Regierungsmitglied* ‖ **Staats|se|kre|ta|ri|at** ‖ **Staats|se|kre|tä|rin** ‖ **Staats|si|cher|heit** ‖ **Staats|spra|che:** in Österreich ist Deutsch S.; → Amtssprache ‖ **Staats|stra|ße** (SüdT, CH): *Bundesstraße* ‖ **Staats|streich:** *Putsch* ‖ **staats|tra|gend:** eine staatstragende Partei ‖ **Staats|trau|er:** *staatlich festgelegte Trauer* ‖ **Staats|ver|bre|chen:** *Verbrechen gegen die Sicherheit des Staates* ‖ **Staats|ver|mö|gen** ‖ **Staats|ver|schul|dung** ‖ **Staats|ver|trag:** der österreichische S. wurde am 15. 5. 1955 unterzeichnet ‖ **Staats|volk** ‖ **Staats|we|sen:** ein demokratisches S.

Stab der, -[e]s/Stäbe: *Stock [aus Holz, Metall];* der Löwe starrt durch die Stäbe des Gitters | (geh.) den S. *(Taktstock)* führen; über jemanden den S. brechen *(jemanden verurteilen)* | der S. *(die persönlichen höheren Mitarbeiter/innen)* von Ministerinnen, Direktoren ‖ **Stäb|chen** das, -s/-: mit S. *(Essstäbchen)* essen | *eine Masche beim Häkeln* ‖ **Sta|berl**[1] das, -s/-[n] (ugs.): *Stab, Stäbchen* ‖ **Sta|berl**[2] der, -s: *eine Alt-Wiener Possenfigur* ‖ **stab|för|mig** ‖ **Stab|füh|rung:** *Leitung [als Dirigent]* ‖ **Stab|hoch|sprin|ger** ‖ **Stab|hoch|sprin|ge|rin** ‖ **Stab|hoch|sprung:** *eine Sportart*

sta|bil [ʃt-, st-] ⟨lat.⟩: stabile *(dauerhafte)* Möbel; s. machen | stabile *(gleich bleibende)* Preise; → G.: instabil ‖ **Sta|bi|li|sa|tor** der, -s/-en [-ˈoː-] (Technik): *Gerät, das Schwankungen verringert oder konstant hält oder einseitige Belastungen ausgleicht* | (Chem.) *Stoff, der die chemische Eigenschaft von Substanzen gezielt beeinflusst* ‖ **sta|bi|li|sie|ren:** die Währung s. *(den Wert des Geldes festigen)* | (Med.) den Kreislauf s. ‖ **Sta|bi|li|sie|rung** die, -/-en ‖ **Sta|bi|li|tät** die, -: *Beständigkeit, Dauerhaftigkeit* ‖ **Sta|bi|li|täts|pakt** (Pol.): *Übereinkunft [zwischen Regierungen], eine Politik stabiler Währungen einzuhalten* ‖ **Sta|bi|li|täts|po|li|tik**

Stab|reim: *Anlautreim, Alliteration, zB* Haus und Hof, *K*ind und *K*egel ǁ **stab|rei|men** (nur Inf. und Part.)
Stabs|of|fi|zier (Mil.): *Offizier des Generalstabs*
Stab|spiel (Mus.): *Schlaginstrument mit Stäben aus Holz oder Metall, zB Xylophon* ǁ **Stab|wech|sel** [-ks-] (Sport): *Übergabe des Staffelstabs im Staffellauf*
stacc.: staccato ǁ **stac|ca|to** [stak-] (stacc.) ⟨it.⟩ (Mus.): *gestoßen, kurz (eine Art des Vortrags);* → Stakkato; → G.: legato
stach → stechen
Sta|chel der, -s/-n: die Stacheln des Kaktus; die Stacheln des Igels | (geh.) der S. *(der Antrieb)* der Eifersucht ǁ **Sta|chel|bee|re** ǁ **Sta|chel|draht:** hinter S. *(in einem Gefangenenlager)* ǁ **Sta|chel|draht|ver|hau** ǁ **sta|che|lig** = stachlig: eine stach[e]lige Pflanze; ein stach[e]liger Bart ǁ **Sta|chel|schwein:** *ein Nagetier* ǁ **stach|lig** = → stachelig
stad [ʃt-] (ugs.): *still*
Sta|del der, -s/-: *Scheune*
Sta|di|on [ʃt-] das, -s/Stadien [-i̯ɛn] ⟨gr.⟩: *große Sportanlage mit mehreren Tribünen* ǁ **Sta|di|um** das, -s/Stadien [-i̯ɛn]: *Entwicklungsstufe;* die Krankheit ist in ein gefährliches S. getreten
Stadt die, -/Städte [-ˈɛ-, geh.: -ˈɛː-]: S. und Land; die S. Wien; in die S. ziehen; die Ewige Stadt *(Rom);* die Heilige S. *(Jerusalem);* die Goldene Stadt *(Prag)* ǁ **Stadt|ar|chiv** ǁ **stadt|aus|wärts:** s. fahren ǁ **Stadt|bahn:** *innerstädtische [Schnell]bahnlinie* ǁ **stadt|be|kannt** ǁ **Stadt|be|völ|ke|rung** ǁ **Stadt|be|woh|ner** ǁ **Stadt|be|woh|ne|rin** ǁ **Stadt|be|zirk** ǁ **Stadt|bi|b|li|o|thek** ǁ **Stadt|bild** ǁ **Städt|chen** das, -s/- ǁ **Städ|te|bau** der, -[e]s ǁ **Städ|te|bund** der, -[e]s/-bünde ǁ **stadt|ein|wärts:** s. fahren ǁ **Städ|te|part|ner|schaft:** *Partnerschaft zwischen Städten verschiedener Staaten* ǁ **Städ|ter** der, -s/- ǁ **Stadt|er|he|bung:** *Ernennung einer Marktgemeinde zur Stadt* ǁ **Städ|te|rin** die, -/-in|nen ǁ **Stadt|er|neu|e|rung** ǁ **Stadt|er|neu|e|rungs|fonds** [-fõː] ǁ **Stadt|flucht** die, -: *Tendenz von Städter/innen, sich auf dem Land anzusiedeln* ǁ **Stadt|ge|mein|de** ǁ **Stadt|ge|spräch:** das ist S. *(davon spricht die ganze Stadt)* ǁ **Stadt|gren|ze** ǁ **Stadt Haag** → Haag ǁ **Stadt|haupt|frau:** *ein Amtstitel* ǁ **Stadt|haupt|mann** ǁ **städ|tisch:** sich s. *(wie eine Städterin)* kleiden | der städtische Angestellte *(Angestellter der Stadtgemeinde)* ǁ **Stadt|kern:** *[alter Teil der] Innenstadt* ǁ **Stadt|kind** ǁ **Stadt|kli|ma** ǁ **Stadt|licht** (Kfz): *Standlicht* ǁ **Stadt|mau|er** ǁ **Stadt|mensch** → G.: Landmensch ǁ **Stadt|mit|te:** *Stadtzentrum* ǁ **Stadt|park** ǁ **Stadt|pa|t|ron** ǁ **Stadt|pa|t|ro|nin** ǁ **Stadt|pfarr|kir|che** ǁ **Stadt|pfei|fer** (früher): *Musiker im Dienst der Stadt* ǁ **Stadt|plan** ǁ **Stadt|pla|nung** ǁ **Stadt|po|li|zei|kom|man|do** (Admin.): *eine Behörde der Polizei* ǁ **Stadt|rand** ǁ **Stadt|rand|sied|lung** ǁ **Stadt|rat:** *Mitglied einer Stadtregierung;* der Amtsführende S. *(Leiter eines Sachbereiches in der Stadtverwaltung)* | (Pol., Admin.) *Stadtregierung* ǁ **Stadt|rä|tin** ǁ **Stadt|recht** ǁ **Stadt|rund|fahrt** ǁ **Stadt|schrei|ber** (früher): *Sekretär einer Stadt* ǁ **Stadt|schul|rat** der, -[e]s (SSR) (Admin.): *Schulbehörde;* der S. für Wien *(Bezeichnung des Wiener Landesschulrates)* ǁ **Stadt|schul|rats|prä|si|dent** ǁ **Stadt|schul|rats|prä|si|den|tin** ǁ **Stadt|se|nat** (Pol., Admin.): *Gremium aus Bürgermeister und Stadträten* ǁ **Stadt|staat:** *Stadt als eigenes Staatswesen* ǁ **Stadt|strei|cher:** *Sandler;* → Landstreicher ǁ **Stadt|strei|che|rin** ǁ **Stadt|teil** der, -[e]s/-e ǁ **Stadt|the|a|ter:** *städtisches Theater* ǁ **Stadt|tor:** *Tor in der Stadtmauer* ǁ **Stadt|turm** ǁ **Stadt|vä|ter** die (Pl.) (oft scherzh.): *Bürgermeister, Stadträte und Gemeinderat* ǁ **Stadt|ver|wal|tung** ǁ **Stadt|vier|tel** ǁ **Stadt|vier|tel|rat** (SüdT): *Bezirksparlament, Bezirksrat, Stadtrat | ein Mitglied des Stadtviertelrats* ǁ **Stadt|vier|tel|rä|tin** (SüdT) ǁ **Stadt|wap|pen** ǁ **Stadt|wer|ke** die (Pl.): *städtische Elektrizitäts-, Gaswerke;* Grazer S. ǁ **Stadt|zen|t|rum:** *Innenstadt*
Sta|fel der, -s/Stäfel (V, CH): *Platz um die Almhütte*
Sta|fet|te [ʃt-] die, -/-n ⟨it.⟩ (veraltend) (Sport): *Staffel* ǁ **Sta|fet|ten|lauf** (veraltend) (Sport): *Staffellauf*
Staf|fa|ge [st-aːʒɛ, -aːʃ, ʃt-] die, -/-n ⟨fr.⟩: *nebensächliches Beiwerk; Ausstattung;* → staffieren
Staf|fel[1] der, -s/- = die, -/-n: *[Holz-]stufe*
Staf|fel[2] die, -/-n: *Gruppe im Sport, deren Einzelleistungen gemeinsam bewertet werden | Gruppe von Flugzeugen* | (Sport) *[die Läufer eines] Staffellauf[s], Stafette;* 4 × 100-m-Staffel | *in einem Arbeitsgang gedrehte Folgen einer Fernsehserie* ǁ **Staf|fe|lei** die, -/-en: *Arbeitsgestell zum Malen* ǁ **Staf|fel|lauf** (Sport): *Lauf, bei dem sich die Läufer/innen ablösen* ǁ **staf|feln,** ich staffle: nach dem Einkommen gestaffelte *(abgestufte)* Steuern ǁ **Staf|fel|stab** (Sport) ǁ **Staf|fe|lung** die, -/-en: die S. der Gebühren
staf|fie|ren [ʃt-] ⟨fr.-niederl.⟩: einen Hut s. *(ihn [mit Bändern] schmücken);* → Staffage
Stag|fla|ti|on [st-tsi̯-, ʃt-] die, - ⟨lat.-engl.⟩ (Wirt.): *Inflation mit gleichzeitiger Stagnation* ǁ **Sta|g|na|ti|on** die, -/-en ⟨lat.⟩: *Stockung, Stillstand* ǁ **sta|g|nie|ren:** stagnierende Geschäfte | ein stagnierendes *(stehendes, versumpfendes)* Gewässer
stahl → stehlen
Stahl der, -[e]s/Stähle: *gehärtetes Eisen, Eisenlegierung;* Edelstahl | Nerven aus S. *(gute Nerven)* | (geh.) blanke Waffe ǁ **Stahl|ar|bei|ter** ǁ **Stahl|ar|bei|te|rin** ǁ **Stahl|bau** der, -[e]s/-ten ǁ **Stahl|be|ton:** *mit Stahlteilen armierter (bewehrter) Beton* ǁ **Stahl|blech** ǁ **Stahl|draht** ǁ **stäh|len:** Eisen s. *(zu Stahl härten)* | (geh.) den Körper durch sportliche Betätigung s. *(abhärten, kräftigen)* ǁ **stäh|lern:** ein stählernes Brückentragwerk ǁ **Stahl|fe|der** ǁ **Stahl|fel|ge** ǁ **stahl|hart** ǁ **Stahl|helm:** *Schutzhelm der Soldaten* ǁ **Stahl|in|dus|t|rie** ǁ **Stahl|kam|mer:** *Tresor [in Banken]* ǁ **Stahl|ko|cher** der, -s/- (meist Pl.): *Stahlarbeiter | Stahlindustrie* ǁ **Stahl|rohr|mö|bel** ǁ **Stahl|sai|te:** eine S. beim Klavier ersetzen ǁ **Stahl|stich** der, -[e]s: *eine grafische Technik* | (mit Pl. -e) *in dieser Technik hergestellter Abzug* ǁ **Stahl|werk** ǁ **Stahl|wol|le:** *Knäuel aus feinem Stahldraht [als Putzmittel]*
sta|ken [ʃt-]: *ein Boot mit einer langen Stange stoßend fortbewegen;* → stangeln ǁ **Sta|ke|te** die, -/-n = Stakett das, -[e]s/-e: *Holzlatte* ǁ **Sta|ke|ten|zaun** = Staketenzaun ǁ **Sta|ket|te** = → Stakete

S

‖ **Sta|ket|ten|zaun** = → Staketenzaun
Stak|ka|to [st-] das, -s/-s [Stakkati] ⟨it.⟩ (Mus.); → staccato
sta|ksen [ʃt-] (nördl. D): *ungelenk gehen*
Sta|lag|mit [st-, auch: ʃt-] der, -s [-en]/-e[n] ⟨gr.-lat.⟩: *Tropfstein, der vom Boden in die Höhe ragt* ‖ **Sta|lak|tit** der, -s [-en]/-e[n]: *Tropfstein, der von der Decke herunterhängt*
Sta|lin|grad [st-] → Wolgograd ‖ **Sta|li|nis|mus** [st-, auch: ʃt-] der, - ‖ **Sta|li|nist** der, -en/-en: *Anhänger des politischen Systems Stalins* ‖ **Sta|li|nis|tin** die, -/-innen ‖ **sta|li|nis|tisch** ‖ **Sta|lin|or|gel** (Mil.): *sowjetischer Raketenwerfer (im Zweiten Weltkrieg)*
Stal|king ['stɔːk-] das, -s ⟨engl.⟩: *systematisches Nachstellen durch Verfolgung oder Bedrohungen bis hin zur Gewaltanwendung*
Stall der, -[e]s/Ställe: die Tiere in den S. bringen | *Rennstall* ‖ **Stall|bur|sche** ‖ **Stall|dirn** (veraltet) ‖ **Stall|ge|bäu|de** ‖ **Stall|knecht** (veraltet) ‖ **Stall|la|ter|ne** ‖ **Stall|magd** (veraltet) ‖ **Stall|mist** ‖ **Stall|or|der** (Sport): *Anweisung für ein bestimmtes gemeinsames Verhalten [in einem Wettkampf]* ‖ **Stal|lung** die, -/-en: *großer Stall*
Stamm der, -[e]s/Stämme: *Baumstamm* | *Volksstamm* | (Sprachw.) *Wortstamm* ‖ **Stamm|ak|tie** [-tsiɛ] (Bankw.): *normale Aktie;* → Vorzugsaktie ‖ **Stamm|baum:** *Ahnentafel [eines Rassehundes]* ‖ **Stamm|bei|sel** (reg., bes. ostöst.): *Stammlokal* ‖ **Stamm|beiz** (V, CH): *Stammlokal* ‖ **Stamm|buch:** *Andenkenbuch;* jemandem etwas ins S. schreiben *(jemanden nachdrücklich auf etwas hinweisen)* ‖ **Stamm|da|ten** die (Pl.): *dauernd gespeicherte Daten* ‖ **Stamm|ein|la|ge** (Wirt.): *Einlage in eine Gesellschaft; Anteil am Geschäftskapital*
stam|meln, ich stammle: vor Aufregung s. *(unzusammenhängende Wörter, Wortteile hervorstoßen; stottern)*
stam|men: aus Tirol s.; dieses Lied stammt *(ist)* von F. Schubert ‖ **Stam|mes|be|wusst|sein** ‖ **Stammes|füh|rer:** *Häuptling* ‖ **Stammes|füh|re|rin** ‖ **Stam|mes|geschich|te** (Biol.): *Entwicklungsgeschichte im Lauf der Erdgeschichte* ‖ **Stam|mes|zu|ge|hö|rig|keit** ‖ **Stamm|form** (Biol.): *ursprüngliche Entwicklungsstufe einer Tier- oder Pflanzenart* | (Gramm.) erste, zweite und dritte S. eines Verbs, zB *finden, fand, gefunden* ‖ **Stamm|gast:** *immer wiederkehrender Gast* ‖ **Stamm|hal|ter** der, -s/-: *[einziger, ältester] männlicher Nachkomme, der den Namen der Familie weiterführt* ‖ **Stamm|hal|te|rin** die, -/-innen: *Tochter, die den Namen der Familie weiterführt* ‖ **Stamm|haus:** *ursprünglicher, zentraler Sitz eines Betriebes* ‖ **stäm|mig:** ein stämmiger *(starker, gedrungener)* Bursch ‖ **Stäm|mig|keit** die, - ‖ **Stamm|ka|pi|tal** (Wirt.): *Mindestkapital einer GmbH* ‖ **Stamm|kun|de:** *regelmäßiger, treuer Kunde* ‖ **Stamm|kun|din** ‖ **Stamm|kund|schaft:** *Kundschaft, die regelmäßig in einem Geschäft einkauft* ‖ **Stamm|lei|berl** (sal.): *Stammplatz in einer Mannschaft, Fixleiberl*
Stamm|ler der, -s/-: *Stotterer* ‖ **Stamm|le|rin** die, -/-innen
Stamm|lo|kal: *Lokal, das jemand regelmäßig besucht* ‖ **Stamm|mann|schaft** (Sport) ‖ **Stamm|mut|ter:** *Begründerin einer Sippe* ‖ **Stamm|per|so|nal:** *langjähriges Personal* ‖ **Stamm|platz:** *der gewohnte Platz* ‖ **Stamm|pu|bli|kum** ‖ **Stamm|schrei|bung** (Sprachwiss.): *übereinstimmende Schreibweise in verwandten Wörtern, zB* Mitt*woch (wegen* Mitt*e)* ‖ **Stamm|sil|be** (Sprachwiss.): *Wortteil, der die Grundbedeutung des betreffenden Wortes trägt* ‖ **Stamm|sitz:** der S. einer Familie, Firma ‖ **Stamm|tisch:** *Tisch in einem Gasthaus, der für die Stammgäste bestimmt ist* | *Stammgäste, die sich regelmäßig am Stammtisch treffen* ‖ **Stamm|tisch|po|li|tik** die, - (abw.): *Politik auf niedrigem Niveau* | *Politisieren am Stammtisch* ‖ **Stamm|va|ter:** *Begründer einer Sippe* ‖ **Stamm|wäh|ler:** *Wähler, der immer derselben Partei seine Stimme gibt* ‖ **Stamm|wäh|le|rin** ‖ **Stamm|wür|ze:** *Bestandteile in der unvergorenen Bierwürze* ‖ **Stamm|zel|le** (Med.): *Körperzelle, die für ihre Verwendung im Organismus noch nicht spezifiziert ist;* embryonale Stammzellen ‖ **Stamm|zel|len|for|schung** (Med.) ‖ **Stamm|zel|len|the|ra|pie** (Med.)
Stam|perl das, -s/-[n]: *Schnaps-, Likörglas*
stam|pern (ugs.): *wegjagen*
Stamp|fe die, -/-n: *Stampfer* ‖ **stamp|fen:** mit dem Fuß s. *(fest auftreten);* den Takt s. | Pfosten in den Boden s. | (Seemannsspr.) das Schiff stampft *(es senkt sich abwechselnd vorn und hinten)* ‖ **Stamp|fer** der, -s/-: *Gerät zum Stampfen, Stampfe*
Stam|pi|g|lie [ʃt-'iːljɛ] die, -/-n ⟨it.⟩: *Gerät zum Stempeln* | *Stempelaufdruck*
stand → stehen ‖ **Stand** der, -[e]s/Stände: *Gesellschaftsschicht; Familienstand; Berufsstand* | *Verkaufsstand* | auf der Leiter keinen sicheren S. haben; in der Fremde einen schweren S. haben *(dort unter schwierigen Verhältnissen leben)* | (ohne Pl.) der S. der Dinge; die Daten auf den letzten S. bringen; der S. der Sonne; außer Stand[e] = → außerstand[e]; im Stand[e] = → imstand[e] sein; in Stand (= → instand) setzen; etwas → zu Stande (= → zustande) bringen | (ohne Pl.) (geh.) in den S. der Ehe treten *(heiraten)* | (reg., ugs.) einen S. auf jemanden haben *(in ihn/sie verliebt sein)*
Stan|dard [ʃt-, st-] der, -s/-s ⟨fr.-engl.⟩: *Norm, Richtschnur; Qualitäts-, Leistungsniveau;* ein hoher technischer S. | *Lebenshaltung* ‖ **Stan|dard|aus|füh|rung:** *normale Ausführung [eines Autos]* ‖ **stan|dar|di|sie|ren:** *vereinheitlichen, normen* ‖ **Stan|dar|di|sie|rung** die, -/-en: *Vereinheitlichung* ‖ **Stan|dard|lö|sung:** *routinemäßige Lösung eines Problems* ‖ **Stan|dard|spra|che** (Sprachwiss.): *überregional geregelte, allgemein verbindliche Sprachform (zum Unterschied von Umgangssprache und Mundart), Hochsprache; Schriftsprache* ‖ **Stan|dard|tanz:** *eine Gruppe von Gesellschaftstänzen, zB Foxtrott, Walzer* ‖ **Stan|dard|werk:** *anerkanntes [Fach]buch oÄ*
Stan|dar|te [ʃt-, st-] die, -/-n ⟨fr.⟩: *eine [steife] Fahne [am Diplomatenauto]*
Stand|bein: *dasjenige Bein, welches das Hauptgewicht des Körpers trägt;* → G.: Spielbein ‖ **Stand|bild:** *Statue, Denkmal* | *Standfoto*
Stand-by ['stændbaɪ] = **Stand|by** das, -[s]/-s ⟨engl.⟩: *Reiseplatzver-*

S

gabe nach Warteliste | (Elektrot.) *Betriebsbereitschaft, ohne schon eingeschaltet zu sein, zB beim Fernseher* || **Stand-by-Flug** = **Stand|by-Flug** = **Stand|by|flug** (Verk.): *Flug mit Warteliste für frei werdende Plätze*

Ständ|chen das, -s/-: jemandem ein S. bringen *(jemanden zu Ehren singen, musizieren)* || **Stän|der** der, -s/-: *Ablage [für Noten, Kleidung, Fahrräder]* | (derb) *erigierter Penis*

Stan|des|amt: *Behörde zur Beurkundung von Geburten, Eheschließungen, Todesfällen oÄ* || **stan|des|amt|lich:** s. heiraten || **Stan|des|be|am|te** || **Stan|des|be|am|tin** || **stan|des|be|wusst** || **Stan|des|be|wusst|sein** || **Stan|des|dün|kel** (abw.): *Überheblichkeit gegenüber anderen Gesellschaftsschichten* || **Stan|des|eh|re** || **stan|des|ge|mäß** || **Stän|de|staat** der, -[e]s (Gesch.): *undemokratische Staatsform in Österreich von 1933/34–1938;* → Austrofaschismus || **Stan|des|un|ter|schied** || **stand|fest** || **Stand|gas:** der Motor läuft auf S.; → G.: Vollgas || **Stand|ge|richt:** *ein Kriegsgericht, das Standrecht ausübt* || **stand|haft:** *beharrlich; unnachgiebig (in besonders brisanter Situation)* || **Stand|haf|tig|keit** die, - || **stand|hal|ten:** der Damm hat dem Hochwasser standgehalten || **stän|dig:** *dauernd, häufig, regelmäßig;* ständiger Wohnsitz

Stan|ding Ova|tions ['stæ- əʊ'veɪʃənz] die (Pl.) ⟨engl.⟩: *Applaus, bei dem das Publikum aufsteht*

stän|disch: ständische *(berufsständische)* Interessen vertreten || **Standl** das, -s/-n (ugs.): *Verkaufsstand [auf einem Markt]* || **Stand|lei|tung** (EDV): *permanente Datenverbindung über ein eigenes Kabel zwischen einem Computer und einem Provider* || **Stand|ler** der, -s/-: *Betreiber eines Marktstandes* || **Stand|le|rin** die, -/-innen || **Stand|licht** (Kfz): *Stadtlicht* || **Standl|markt** || **Stand|ort:** *Ort, an dem man sich befindet;* der S. eines Unternehmens | (Ökol.) *Habitat, Lebensraum* || **Stand|ort|be|stim|mung** || **Stand|pau|ke:** *Strafpredigt* || **Stand|platz:** den S. wechseln || **Stand|punkt:** das ist mein S. *(meine Meinung);* sie steht auf dem S., dass ...; jemandem seinen S. klarmachen || **Stand|rad:** *Ergometer* || **Stand|recht** das, -[e]s (Jus): *verschärftes Strafrecht in Not- oder Katastrophenzeiten* || **stand|recht|lich:** jemanden s. erschießen || **Stand|schüt|ze:** *Angehöriger eines traditionellen Tiroler Schützenverbandes* || **Stand|si|cher|heit** || **Stand|uhr:** *in einem Kasten eingebaute Uhr*

Stan|ge die, -/-n: der Stürmer traf nur die S.; jemandem die S. halten *(jemanden verteidigen, jemandem helfen);* jemanden bei der S. halten *(zum Weitermachen bewegen; sich warmhalten)* | eine S. Zigaretten | einen Anzug von der S. kaufen *(Konfektionsware kaufen)* || **Stän|gel** der, -s/-: eine Rose mit langem S. || **Stän|gel|glas:** *[Wein]glas mit dünnem Stiel* || **stan|geln** (ostöst.): *ein Boot mit einer Stange fortbewegen;* → staken || **Stan|gen|boh|ne** || **Stan|gen|brot:** *ein längliches Brot* || **Stan|gen|sel|le|rie** || **Stan|gerl** das, -s/-[n]: *[kleine] Stange* | *eine Mehlspeis- bzw. Gebäckform;* Salzstangerl || **Stangl** das, -s/-[n] (ugs.): *Stangerl* || **Stangl|pass** (ugs.) (Sport): *Pass von der Flanke zur Mitte vors Tor (im Fußball)*

Sta|nis|laus: *männl. Vorname*

Sta|nit|zel das, -s/- ⟨it.⟩: *spitzes Papiersackerl* | (veraltend) *Eistüte*

stank → stinken || **Stän|ke|rei** die, -/-en (abw.) || **Stän|ke|rer** der, -s/- (abw.) || **Stän|ke|rin** die, -/-innen (abw.) || **stän|kern** (abw.): *provozieren, Streit suchen*

Stan|ni|ol [ʃt-, st-] das, -s/-e = **Stan|ni|ol|pa|pier** ⟨lat.⟩: *papierdünne Zinn- oder Aluminiumfolie [zum Verpacken]*

Stan|num das, -s ⟨lat.⟩ (Zeichen: Sn): *Zinn*

stan|te pe|de [st- -] (mda.: stantape [ʃt-]) ⟨lat.⟩ (wörtl.: stehenden Fußes): *sofort*

Stan|ze[1] die, -/-n ⟨it.⟩ (Lit.): *eine Strophenform*

Stan|ze[2] die, -/-n: *ein Ausschneidewerkzeug* || **stan|zen,** du stanzt: *Formen [aus Leder oder Blech] herausschneiden bzw. -schlagen*

Sta|pel der, -s/-: ein S. *(aufgeschichteter Stoß)* Bücher | *Gerüst, auf dem Schiffe gebaut werden;* ein Schiff vom S. [laufen] lassen | (scherzh.) eine Rede vom S. lassen || **sta|pel|bar:** stapelbare Sessel || **Sta|pel|holz:** *stapelbares [Brenn]holz von bestimmter Länge* || **Sta|pel|lauf:** *das Hinabgleiten eines neu gebauten Schiffes vom Stapel ins Wasser* || **sta|peln:** ich staple Bücher, Holz; Waren s. *(ein Warenlager anlegen);* die Arbeit stapelt sich *(wird immer mehr)* || **Sta|pel|ses|sel:** *stapelbarer Sessel* || **sta|pel|wei|se:** etwas s. schlichten

Stap|fe die, -/-n = Stapfen der, -s/- (meist Pl.): *Fußspur;* Fußstapfen || **stap|fen:** *mit schweren Schritten gehen;* durch den Schnee s. || **Stap|fen** = → Stapfe

Stap|ler der, -s/-: Gabelstapler; Hubstapler || **Stap|ler|fah|rer** || **Stap|ler|fah|re|rin**

Sta|po [ʃt-, st-] die, -: **Sta**ats**po**lizei

Star[1] [ʃt-] der, -[e]s/-e: *ein Singvogel*

Star[2] [ʃt-] der, -[e]s/-e: *eine Augenkrankheit;* der grüne S. *(Glaukom);* der graue S. *(Katarakt)*

Star[3] [st-] der, -s/-s ⟨engl.⟩: *berühmte/r Künstler/in;* Filmstar; → Starlet || **Star|al|lü|ren** die (Pl.): *launenhaftes, übertrieben eigenwilliges Benehmen* || **Star|an|walt:** *bekannt hervorragender Anwalt* || **Star|an|wäl|tin** || **Star|auf|ge|bot**

starb → sterben

Star|be|set|zung [st-]: ein Film mit S. || **Star|chi|rurg** [-k-] || **Star|chi|rur|gin**

Sta|ren|bom|ber = **Sta|ren|flie|ger** = **Sta|ren|jä|ger** (B, scherzh.): *Kleinflugzeug zum Verjagen der Starenschwärme während der Weinlesezeit*

stark, stärker/am stärksten: groß und s. | starker *(heftiger)* Regen | ein starker Kaffee; ein starker Raucher | der starke *(der mächtigste)* Mann im Unternehmen | das ist ein starkes Stück *(eine Zumutung)* | ihr neues Buch ist 332 Seiten s.; Kleider für stärkere *(dicke)* Herren | (Gramm.) ein starkes *(stark konjugiertes, unregelmäßiges)* Verb *(zB sprechen)* | (Jug.) das war echt s. *(großartig, beeindruckend)*

Getrenntschreibung bei wörtlicher Bedeutung und in Verbindung mit „sein“:
- stark salzen
- stark sein
- stark werden

Zusammenschreibung bei übertragener Bedeutung:

S

– sich für etwas starkmachen *(mit aller Kraft einsetzen)*
Getrennt- und Zusammenschreibung mit adjektivisch gebrauchten Partizipien:
– stark besiedelte (= starkbesiedelte) Regionen
– stark gesalzen = starkgesalzen

stark besiedelt = **starkbesiedelt** ‖ **Starkbier:** *Bier mit über 16 % Stammwürze* ‖ **Stärke** die, -/-n: sie hat Stärken *(Begabungen)*, aber auch Schwächen | die S. *(der Wirkungsgrad)* von Medikamenten | die S. *(Dicke, Festigkeit)* von Stoff | *Stärkemittel, zB Reisstärke* | (ohne Pl.) S. *(Körperkraft)* ist für diese schwere Arbeit wichtig ‖ **Stärkemehl** ‖ **stärken:** die Muskeln s.; sich mit Speise und Trank s. | Wäsche s. *(steifen)* ‖ **stark gesalzen** = **starkgesalzen** ‖ **starkmachen:** *mit aller Kraft einsetzen;* → stark ‖ **Starkstrom** (Elektrot.) ‖ **Starkstromleitung** ‖ **Starkstromtechnik** ‖ **Starkstromtechniker** ‖ **Starkstromtechnikerin**
Starkult [st-]: *übertriebene Verehrung eines Stars;* → Star[3]
Stärkung die, -/-en ‖ **Stärkungsmittel**
Starlet [st-] das, -s/-s ⟨engl.⟩: *junge [Nachwuchs]schauspielerin;* → Star[3]
Staroperation [ʃt-tsi̯-] → Star[2]
starr: starre *(steife, unbewegliche)* Finger; s. vor Schreck stehen bleiben | ein starres Prinzip *(Dogma)* ‖ **Starre** die, - ‖ **starren:** ins Leere s. ‖ **Starrkopf** (abw.) ‖ **starrköpfig** (abw.): *starrsinnig, stur* ‖ **Starrkrampf** (Med.): *Tetanus* ‖ **Starrsinn** der, -[e]s (abw.) ‖ **starrsinnig** (abw.): *starrköpfig*
Start [ʃt-, st-] der, -[e]s/-s [-e] ⟨engl.⟩: *Beginn [eines Wettlaufs]* | (Sport) an den S. *(Startplatz)* gehen | den S. *(den Abflug)* des Airbusses freigeben ‖ **Startbahn** ‖ **startbereit** ‖ **starten:** das Moped s. | den Marathonlauf s. | eine große Kampagne s. ‖ **Starter** der, -s/-: *jemand, der das Zeichen zum Start gibt* | (Kfz) *Vorrichtung zum Anlassen eines Motors* ‖ **Starterin** die, -/-innen ‖ **Starterlaubnis** ‖ **Starthilfe** ‖ **Startkapital:** *Anfangskapital* ‖ **startklar:** *startbereit* ‖ **Startloch:** in den Startlöchern *(abmarschbereit; bereit loszuschlagen)* ‖ **Startnummer** ‖ **Startpaket:** *Zusammenstellung von grundlegender Ausrüstung für ungeübte Einsteiger, zB eine Computerausrüstung, ein Aktienpaket* ‖ **Startrampe:** *eine Startvorrichtung für Raketen* ‖ **Startschuss** ‖ **Start-und-Lande-Bahn:** *Piste für Landung und Abflug von Flugzeugen* ‖ **Start-up** ['st-ʌp] = **Startup** das, -s/-s (Wirt.): *Unternehmensgründung* ‖ **Startverbot** [ʃt-, st-] ‖ **Startwohnung:** *vom Staat zur Verfügung gestellte Sozialwohnung für Jungfamilien* ‖ **Start-Ziel-Sieg** (Sport)
Stasi die, - (Pol.): **Staatssicher**heitsdienst (in der ehemaligen DDR)
Statement ['steɪtmənt] das, -s/-s ⟨engl.⟩: *öffentliche Feststellung, Stellungnahme;* ein S. abgeben
statieren [ʃt-] ⟨lat.⟩ (Theater): *als Statist arbeiten*
Statik [st-, auch: ʃt-] die, - ⟨gr.⟩: *Lehre vom Gleichgewicht [von Bauwerken]* | *Ruhelage, Beharrung;* → statisch ‖ **Statiker** der, -s/-: *ein Techniker* ‖ **Statikerin** die, -/-innen
Station [ʃtatsi̯-] die, -/-en ⟨lat.⟩: *Bahnhof, Haltestelle;* die 14 Stationen des Kreuzwegs | *Halt, Rast[stätte];* S. machen *(eine Reise oÄ unterbrechen)* | *Krankenhausabteilung* | *Beobachtungseinrichtung;* Wetterstation ‖ **stationär:** *gleich bleibend* | s. *(mit Aufenthalt in einem Spital)* behandeln; → G.: ambulant ‖ **stationieren:** dieser Truppenteil ist in Zeltweg stationiert ‖ **Stationierung** die, -/-en ‖ **Stationsschwester:** *leitende Krankenschwester* ‖ **Stationsspeicher** (Elektrot.): *Speicher für Radiosender* ‖ **Stationsvorstand:** *Bahnhofsvorstand*
statisch [st-, auch: ʃt-] ⟨gr.⟩: *ruhend; unbewegt;* → Statik
Statist [ʃt-, st-] der, -en/-en ⟨lat.⟩: *Darsteller stummer Rollen;* → statieren | (abw.) *unwichtige Person* ‖ **Statistik** die, -/-en: *zahlenmäßige Darstellung [der Bevölkerungsdichte]* | (ohne Pl.) *Wissenschaft von der zahlenmäßigen Umsetzung von häufig auftretenden Gegebenheiten* | [Bundesanstalt] Statistik Österreich (früher: Österreichisches Statistisches Zentralamt) ‖ **Statistiker** der, -s/- ‖ **Statistikerin** die, -/-innen ‖ **Statistin** die, -/-innen ‖ **statistisch:** statistische Angaben ‖ **Stativ** das, -s/-e [-fɛ, -vɛ]: *Ständer, Gestell;* Kamerastativ

statt → anstatt
Präposition mit Genitiv:
– statt des Vaters kam die Mutter
– statt meiner
– der Lehrer, statt dessen (geh.: *für den*) ich einsprang, war erkrankt; *aber als Adverb zusammen:* sie rief nicht an, stattdessen *(dafür)* kam sie
Der Dativ gilt als umgangssprachlich: statt dem Vater kommt die Mutter
Im Plural mit Dativ, wenn Genitiv nicht erkennbar:
– statt Büchern
Außerdem in den Wendungen:
an meiner statt *(für mich);* an Kindes statt annehmen *(adoptieren);* an Zahlungs statt
Konjunktion:
– statt *(anstatt)* zu fahren, ging er zu Fuß

stattdessen: sie rief nicht an, s. *(dafür)* kam sie; *aber:* → statt dessen ‖ **Stätte** die, -/-n (geh.): eine S. *(ein Ort)* der Erinnerung ‖ **stattfinden:** die Feier findet heute Vormittag statt ‖ **stattgeben** (Amtsspr.): einem Ansuchen s. *(es bewilligen)* ‖ **statthaben** (geh.): *stattfinden* ‖ **statthaft** (geh.): *erlaubt; schicklich* ‖ **Statthalter** (früher): *Stellvertreter [eines Herrschers]* ‖ **Statthalterin** ‖ **Statthalterei** die, - (Gesch.): *eine österreichische Verwaltungsbehörde bis 1918* ‖ **stattlich:** eine stattliche *(große, ansehnliche)* Frau; eine stattliche Summe ‖ **Stattlichkeit** die, -
Statue [ʃt-u̯ɛ] die, -/-n ⟨lat.⟩: *Standbild, Bildsäule* ‖ **Statuette** [ʃt-, st-] die, -/-n: *kleine Statue* ‖ **statuieren** [ʃt-]: ein Exempel s. *(ein warnendes Beispiel aufstellen)* ‖ **Statur** die, -/-en: ein Mann von kleiner S. *(Gestalt)* ‖ **Status** [st-, ʃt-] der, -/-: *Lage, Stellung* | (Jus) *Rechtsstellung* | (Med.) *Zustand* ‖ **Status Nascendi** ['sta(ː)- -s'tsɛ-] der, - -: im S. N. *(im Zustand des Entstehens); aber:* in statu nascendi ‖ **Status quo** [- 'kvoː] der, - -: *gegenwärtiger, bisheriger Zustand* ‖ **Status quo ante** der, - - -: *Stand vor*

dem betreffenden Ereignis ‖ **Sta|tus|sym|bol** [st-zy-, ʃt-]: *[vermeintliches] Kennzeichen für Ansehen und Wohlhabenheit* ‖ **Sta|tut** [ʃ-] das, -[e]s/-en: die Statuten *(die Satzung)* eines Vereins ‖ **sta|tu|ta|risch:** *statutengemäß* ‖ **Sta|tu|tar|stadt:** *Gemeinde mit eigenem Statut, zB Krems* ‖ **sta|tu|ten|ge|mäß** ‖ **sta|tu|ten|wid|rig**

Stau der, -[e]s/-s [-e]: *Anhäufung [auf Grund von Behinderung] von fließendem Wasser, Verkehr oÄ;* im S. stehen ‖ **Stau|an|la|ge**

Staub der, -[e]s/(fachspr.) -e [Stäube]: S. wischen; sich aus dem S. machen *(heimlich davongehen);* viel S. aufwirbeln *(großes Aufsehen erregen);* → Staub abweisend = staubabweisend; → Staub saugen = staubsaugen ‖ **Staub ab|wei|send** = **staub|ab|wei|send** ‖ **staub|be|deckt** ‖ **Staub|beu|tel** (Bot.): *Pollen erzeugender Teil des Staubblattes* ‖ **Staub|blatt** (Bot.): *Staubgefäß*

Stau|be|cken: das S. des Wasserkraftwerkes

stau|ben: *Staub absondern, aufwirbeln;* es staubt | (Küchenspr.) gestaubtes *(mit Mehl bestäubtes)* Brot; eine Sauce oder Suppe s. *(mit Mehl leicht verdicken)* ‖ **stäu|ben:** ein stäubender *(fein sprühender)* Wasserfall ‖ **Staub|fän|ger** der, -s/- (abw.): *nutzloser Ziergegenstand* ‖ **staub|frei** ‖ **Staub|ge|fäß** (Bot.): *Teil der Blüte* ‖ **stau|big:** staubige *(mit Staub bedeckte)* Bücher ‖ **Stau|bi|ge** der, -n/-n: *schon fast vergorener, noch etwas trüber Traubensaft (zwischen Sturm und Wein)* ‖ **Staub|kamm:** *Kamm mit vielen feinen Zinken* ‖ **Staub|korn:** *Staubteilchen, Staubpartikel* ‖ **Staub|la|wi|ne:** *aus Pulverschnee bestehende Lawine* ‖ **Staub|lun|ge** (Med.): *eine Krankheit* ‖ **Staub|man|tel:** *ein leichter Mantel* ‖ **Staub|par|ti|kel** (meist Pl.) ‖ **Staub sau|gen** = **staub|sau|gen,** er saugte Staub [staubsaugte]/Staub gesaugt [gestaubsaugt] ‖ **Staub|sau|ger** der, -s/- ‖ **Staub|schicht** = **Staub|schich|te** ‖ **staub|tro|cken** (oft abw.): *äußerst trocken* ‖ **Staub|tuch:** *Tuch zum Abstauben* ‖ **Staub|we|del:** *Flederwisch* ‖ **Staub|wol|ke:** *aufgewirbelter Staub* | (ugs.) er ist eine S. *(schon weg)* ‖ **Staub|zu|cker** der, -s: *ein feiner Zucker*

stau|chen (ugs.): *zurechtweisen* | *niederdrücken, kleiner machen*

Stau|damm: *Damm zum Aufstauen von Wasser*

Stau|de die, -/-n: *mehrjährige, krautartige Pflanze* | *Strauch*

stau|en: einen Fluss s. *(zurückdämmen)* | vor dem Geschäft s. sich die Leute ‖ **Stau|mau|er**

stau|nen: *sich wundern;* man höre und staune ‖ **Stau|nen** das, -s: ihr Plan hat S. hervorgerufen ‖ **Stau|nen er|re|gend** = **stau|nen|er|re|gend:** S. erregende Leistungen ‖ **stau|nens|wert**

Stau|pe die, -/-n: *eine Hundekrankheit*

stäu|pen (früher): *öffentlich auspeitschen*

Stau|raum: *Abstell-, Lagerraum* | *Becken einer Stauanlage* ‖ **Stau|see:** *See, der durch Stauen eines Flusses entsteht* ‖ **Stau|stu|fe:** S. Wien *(Donaukraftwerk Freudenau)* ‖ **Stau|ung** die, -/-en

Std.: Stunde (h)

Steak [steːk, engl.: steɪk] das, -s/-s ‹engl.›: *kurz gebratene bzw. gegrillte [Rind]fleischschnitte* ‖ **Steak|haus:** *auf Steaks spezialisiertes Restaurant*

Ste|a|rin [st-, ʃt-] das, -s/-e ‹gr.›: *ein Bestandteil von Fetten* ‖ **Ste|a|rin|ker|ze**

ste|chen, ich steche, du stichst/stach/gestochen/stich!, stecht!: Löcher s.; sich in den Finger s.; mich hat eine Gelse gestochen | Spargel s. *(ernten)* | Schweine s. *(schlachten)* | die Sonne sticht *(brennt)* vom Himmel | es sticht ihn im Kreuz *(er hat Rückenschmerzen)* | ein stechender *(durchbohrender)* Blick | ein stechender *(scharfer, beißender)* Geruch | etwas sticht in die Augen *(es fällt bes. auf)* | (Kartenspiel) das Ass sticht den König | das Schiff sticht in See *(es läuft/fährt aus);* → gestochen ‖ **Ste|chen** das, -s/-: ein S. *(ein stechender Schmerz)* im Rücken | *Stichwahl* ‖ **Stech|flie|ge** ‖ **Stech|kar|ren:** *eine Transportrodel* ‖ **Stech|mü|cke** ‖ **Stech|schritt** (Mil.): *preußischer Paradeschritt* ‖ **Stech|uhr:** *eine Kontrolluhr [in Betrieben]* ‖ **Stech|vieh:** *Kälber und Schweine* ‖ **Stech|vieh|markt**

Steck|brief: *Personsbeschreibung eines Tatverdächtigen oder Verbrechers mit der Aufforderung, ihn festzunehmen* ‖ **steck|brief|lich:** s. suchen ‖ **Steck|do|se:** *elektrischer Steckanschluss [in der Wand]* ‖ **ste|cken:** etwas in die Tasche s.; der Schlüssel steckte (veraltet: stak) im Schloss; er *ist* im Schloss gesteckt *(Wo?);* sie *hat* ihn ins Schloss gesteckt *(Wohin?);* den Schlüssel s. lassen | sie hat sich ein Ziel gesteckt | mit dem Auto im Schlamm s. bleiben; *aber:* → stecken bleiben = steckenbleiben | etwas in Brand s. *(anzünden)* | jemanden ins Gefängnis s. *(inhaftieren)* | du steckst hinter dem Betrug *(betreibst ihn)* | (ugs.) steck dir das an den Hut *(es interessiert mich nicht)* | ich möchte nicht in seiner Haut s. *(nicht in seiner Lage sein)* | sie steckt voller Überraschungen *(überrascht immer wieder)* | er steckt *(befindet sich)* in Urlaubsvorbereitungen | Geld in etwas s. *(investieren)* | (ugs.) jemandem etwas s. *(etwas heimlich mitteilen);* jemandem Geld s. *(es jemandem heimlich geben, zustecken);* → gesteckt ‖ **Ste|cken** der, -s/-: *Stock* ‖ **ste|cken blei|ben** = **ste|cken|blei|ben:** die Friedensgespräche sind stecken geblieben (= steckengeblieben) *(kamen nicht weiter);* sie blieb beim Referat stecken *(wusste nicht weiter); aber nur:* im Schlamm stecken bleiben ‖ **Ste|cken|pferd:** *ein Kinderspielzeug* | *Lieblingsbeschäftigung, Hobby* ‖ **Ste|cker** der, -s/-: ein elektrischer S. ‖ **Ste|ckerl** das, -s/-[n] (ugs.): *Stöckchen* ‖ **Ste|ckerl|fisch:** *am Spieß gebratener Fisch* ‖ **Steck|kar|te** (EDV): *Zusatzteil für den Computer [zur Erzeugung von Grafiken, Tönen]* ‖ **Steck|kon|takt** (veraltet): *Stecker* ‖ **Steck|ling** der, -s/-e: *abgeschnittener Pflanzenteil, der eingesetzt wird, um sich zu einer vollständigen Pflanze zu entwickeln* ‖ **Steck|na|del:** den Saum mit Stecknadeln befestigen; etwas wie eine S. *(intensiv und genau)* suchen; eine S. im Heuhaufen suchen *(etwas tun ohne Aussicht auf Erfolg)* ‖ **Steck|na|del|kopf** ‖ **steck|na|del|kopf|groß** ‖ **Steck|schuss:** *Geschoß, das im Körper steckt* ‖ **Steck|ta|fel:** *Pinnwand* ‖ **Steck|tuch:** *ein Ziertuch*

Ste|fan, *auch:* Stephan [-f-]: *männl. Vorname;* → Steffi; → Steffl ‖ **Ste|fa|nie** [auch: -'ɛ-], *auch:* Stephanie: *weibl. Vorname;*

S

→ Fanni; → Steffi ‖ **Ste|fa|ni|tag,** *auch:* Stephanitag: *der zweite Weihnachtsfeiertag (26. Dezember)* ‖ **Stef|fel** der, -s, *auch:* Steffl[1] (bes. W): *der Stephansdom, Wahrzeichen von Wien* ‖ **Stef|fi:** *weibl. Vorname (Stefanie)* ‖ **Steffl**[2]: *männl. Vorname (Stefan)* | *Steffel*

Steg der, -[e]s/-e: *schmale Brücke;* Bootssteg | *Teil von Saiteninstrumenten, der die Saiten trägt* ‖ **Steg|ho|se:** *eine [Damen]hose* ‖ **Steg|reif:** aus dem S. *(ohne Vorbereitung)* spielen, sprechen usw. ‖ **Steg|reif|büh|ne** ‖ **Steg|reif|re|de** ‖ **Steg|reif|spiel**

Steh|auf|man|derl = **Steh|auf|mandl** = **Steh|auf|männ|chen** (ugs.): *ein Kinderspielzeug* | (scherzh.) *jemand, der sich nach Schicksalsschlägen stets wieder erholt* ‖ **Steh|bier|hal|le:** *Lokal, in dem man Bier im Stehen trinkt* ‖ **Steh|buf|fet** [-byfeː] = Stehbüfett [-feː, D: -fɛt] ‖ **Steh|ca|fé** [k-]: *kleines Lokal, in dem man Kaffee im Stehen trinkt;* → Stehkaffee

ste|hen, stand/gestanden: am Boden s.; er *ist* im Regen gestanden; etwas steht und fällt mit jemandem *(hängt von jemandem ab)* | (ugs.) die Sache steht mir bis zum Hals *(ich habe genug davon)* | die Brücke steht seit 70 Jahren | die Forellen s. in der Strömung | das Kleid steht ihr gut | zu seinem Wort s. *(halten, was man versprochen hat);* ich stehe zu meiner Meinung *(bekenne mich zu ihr)* | sein Vater steht zwischen uns *(er ist gegen unsere Verbindung)* | die Ampel steht *(zeigt)* auf Grün | die Meldung steht in der Zeitung | der Vertrag steht *(ist ausgehandelt)* | ich stehe auf deiner Seite *(unterstütze dich)* | (ugs.) auf jemanden s. *(jemanden gernhaben);* auf etwas s. *(es schätzen, besitzen wollen)* | (Sport) das Spiel steht 4:1; *aber:* den Zug zum **S**tehen bringen; → gestanden

Getrenntschreibung Verb + Verb:
- den Gast stehen lassen *(nicht niedersetzen lassen)*
- stehen bleiben *(nicht weitergehen; sich nicht setzen)*

Getrennt- und Zusammenschreibung der Verbindung von „stehen“ + „bleiben“/„lassen“ bei übertragener Bedeutung:
- die Uhr ist stehen geblieben (= stehengeblieben)
- das kann nicht so stehen bleiben (= stehenbleiben) *(muss korrigiert werden)*
- den Schirm stehen lassen (= stehenlassen) *(vergessen)*
- jemanden stehen lassen (= stehenlassen) *(nicht beachten, sich wegwenden; sich von jemandem trennen)*

ste|hen blei|ben = **ste|hen|blei|ben:** die Uhr ist stehen geblieben (= stehengeblieben); *aber nur:* du sollst stehen bleiben *(nicht weitergehen);* → stehen ‖ **ste|hen las|sen** = **ste|hen|las|sen:** den Schirm stehen lassen (= stehenlassen) *(vergessen); aber nur:* den Gast stehen lassen *(nicht niedersetzen lassen);* → stehen ‖ **Ste|her** der, -s/-: *Stützpfosten [eines Zaunes]* | (ugs.) *jemand mit großem Stehvermögen* | (Sport) *eine Raddisziplin* ‖ **Ste|he|rin** die, -/-innen (ugs.): *Frau mit großem Stehvermögen* ‖ **Steh|gei|ger:** *Geiger, der stehend eine Instrumentalgruppe leitet* ‖ **Steh|gei|ge|rin** ‖ **Steh|kaf|fee:** *im Stehen getrunkener Kaffee;* → Stehcafé ‖ **Steh|kra|gen** ‖ **Steh|lam|pe** ‖ **Steh|lei|ter**

steh|len[1], ich stehle, du stiehlst/stahl/gestohlen/stiehl!, stehlt!: jemandem die Zeit s. *(jemanden belästigen und von der Arbeit abhalten)* | (ugs.) das kann mir gestohlen bleiben *(interessiert mich nicht)* ‖ **steh|len**[2] sich: sich aus dem Zimmer s. *(davonschleichen)*

Steh|platz → G.: Sitzplatz ‖ **Steh|pult:** *ein Schreibpult* ‖ **Steh|tisch** ‖ **Steh|ver|mö|gen:** *Ausdauer, Widerstandsfähigkeit* ‖ **Steh|wein|hal|le:** *ein Weinlokal*

Stei|er (geh.): *Steiermark* ‖ **Stei|er|mark** die, - (St, Stmk.): *ein österreichisches Bundesland;* in der S. leben; in die S. fahren; → Steirer ‖ **stei|er|mär|kisch:** *die Steiermark betreffend, steirisch; aber:* die **S**teiermärkische Landesregierung

steif: vor Kälte steife Finger haben | steifes *(förmliches, nicht gelöstes)* Benehmen | fest und s. etwas behaupten *(nicht von seiner Behauptung abrücken);* → steif gefroren = steifgefroren; → steifhalten; → steif schlagen = steifschlagen ‖ **steif|bei|nig** ‖ **steif ge|fro|ren** = **steif|ge|fro|ren:** die Finger waren s. g. ‖ **steif|hal|ten** (sal.): die Ohren s. *(durchhalten)* ‖ **Steif|heit** die, - ‖ **steif schla|gen** = **steif|schla|gen:** Eiklar s. s.

Steig der, -[e]s/-e: *schmaler Fußweg;* Gehsteig ‖ **Steig|bü|gel:** *Fußstütze als Teil des Sattels* | (abw.) jemandem den S. halten *(jemanden bei seiner Karriere unterstützen)* ‖ **Steig|bü|gel|hal|ter:** *jemand, der dem Reiter/der Reiterin beim Aufsitzen hilft* | (abw.) *Aufstiegshelfer* ‖ **Steig|bü|gel|hal|te|rin** ‖ **Stei|ge** die, -/-n: *Kistchen aus Latten* | *Käfig [für Hühner]* ‖ **Steig|ei|sen:** *ein Ausrüstungsgegenstand fürs Bergsteigen* ‖ **stei|gen,** stieg/gestiegen: Drachen s. lassen; Rosenduft steigt mir in die Nase | die Preise s.; das Fieber steigt | ins Tal s.; auf die Bremse s. | (ugs.) morgen steigt ihr Fest *(findet es statt);* → steigen lassen = steigenlassen ‖ **stei|gen las|sen** = **stei|gen|las|sen:** eine Party s. l. (= steigenlassen) *(stattfinden lassen); aber nur:* den Drachen steigen lassen ‖ **Stei|ger** der, -s/-: *Leiter einer Arbeitergruppe in einem Bergwerk* ‖ **Stei|ge|rin** die, -/-innen

stei|gern[1]: den Ernteertrag s. *(erhöhen)* | (Gramm.) ein Adjektiv s. *(die Vergleichsformen bilden)* ‖ **stei|gern**[2] sich: *die eigene [sportliche] Leistung verbessern* ‖ **Stei|ge|rung** die, -/-en: eine deutliche S. der Produktion | (veraltet) (Gramm.) *Vergleichsformen* ‖ **stei|ge|rungs|fä|hig** ‖ **Stei|ge|rungs|form** (veraltet) (Gramm.): *Vergleichsform* ‖ **Stei|ge|rungs|ra|te**

Steig|flug: → G.: Sinkflug ‖ **Steig|lei|ter:** *[an einer Hauswand] senkrecht angebrachte Leiter* ‖ **Steig|lei|tung:** *Rohr- bzw. Elektroleitung, die [im Haus] nach oben führt* ‖ **Stei|gung** die, -/-en: eine Straße mit 8 % S.; → G.: Gefälle ‖ **Stei|gungs|win|kel**

steil: steile Wege; steile Felsen | eine steile Karriere | (ugs., Jug.) eine steile *(beeindruckende, tolle)* Party ‖ **Steil|ab|fahrt** ‖ **Steil|hang** ‖ **Steil|heit** die, - ‖ **Steil|kur|ve** [-fɛ, auch: -vɛ] ‖ **Steil|küs|te** ‖ **Steil|pass** (Sport): *hohes Zuspiel über mehrere Gegner hinweg* ‖ **Steil|ufer** ‖ **Steil|wand**

S

Stein der, -[e]s/-e: mir fällt ein S. vom Herzen *(ich bin von einer schweren Sorge befreit);* er ist ein S. des Anstoßes *(er erregt Ärgernis);* den S. ins Rollen bringen *(etwas in Gang bringen)* I (geh.) der S. der Weisen *(die Lösung aller Probleme)* I keinen S. auf dem anderen lassen *(alles zerstören)* I er hat bei seiner Chefin einen S. im Brett *(wird von ihr sehr geschätzt, bevorzugt)* I dir fällt kein S. aus der Krone, wenn ... I *Kern von Steinobst* I (Geogr.) *(in Bergnamen) Felsgipfel, zB der Dachstein* II **Steinadler:** *ein Hochgebirgsvogel* I *ein Wappentier* II **steinalt:** *uralt*

Steinamanger (ung.: Szombathely ['sombɒthɛj]): *Stadt in Ungarn*

Steinblock II **Steinbock:** *im Hochgebirge lebendes Tier mit Hörnern* I *ein Tierkreiszeichen* I *ein Sternbild* II **Steinboden** II **Steinbohrer** II **Steinbrech** der, -[e]s/-e: *eine Pflanze* II **Steinbrecher** der, -s/-: *eine Maschine zum Zerkleinern von Steinen* II **Steinbrocken** II **Steinbruch:** *Abbaustelle von Gestein* II **Steindruck** der, -[e]s: *ein Druckverfahren, Lithographie* I (mit Pl. -e) einen S. herstellen II **steinern:** *aus Stein* I ein steinernes *(hartes, mitleidsloses)* Herz; *aber:* das **S**teinerne Meer *(ein Gebirgszug in Salzburg)* II **Steinerweichen** (nur in der Wendung): er weinte zum S. *(Mitleid erregend)* II **Steinfeder** der, -s, *auch:* die, -: *eine Weinkategorie* II **Steinfeld** das, -[e]s: *eine Landschaft in Niederösterreich* II **Steinfrucht:** *Steinobst* II **Steinfußboden** II **Steingarten:** *eine Art Garten* II **Steingut** das, -[e]s/-e: *Material, aus dem Geschirr hergestellt wird; Geschirr aus diesem Material* II **steinhart:** *sehr hart* II **Steinhaufen** II **steinig:** *mit Steinen bedeckt* I ein steiniger *(mühevoller)* Weg zum Ziel II **steinigen:** *durch Steinwürfe töten* II **Steinigung** die, -/-en II **Steinkohle** II **Steinkohlenbergbau** II **Steinkohlenbergwerk** II **Steinkohlenteer** II **Steinkohlenzeit:** *Karbon* II **Steinlawine** II **Steinmandl** (Volksk.): *Wegzeichen aus Steinen im Hochgebirge* II **Steinmarder:** *ein Raubtier* II **Steinmetz** der, -en/-e[n]: *Handwerker, der Steine bearbeitet* II **Steinmetzin** die, -/-innen II **Steinobst:** *Kirschen, Zwetschken ua.* II **Steinpilz:** *ein essbarer Pilz, Herrenpilz* II **steinreich:** *sehr reich* II **Steinsalz** das, -es: *mineralisches, im Bergbau gewonnenes Kochsalz;* → Meersalz II **Steinschlag:** *Herabfallen von Steinen [im Gebirge]* II **Steinschlaggefahr** II **Steinschleuder:** *eine alte Waffe* II **Steinwurf:** einen S. entfernt *(in unmittelbarer Nähe)* II **Steinzeit:** *ein Abschnitt der Urgeschichte* II **steinzeitlich** II **Steinzeitmensch**

Steirer der, -s/-: *Bewohner der Steiermark* I *Kurzwort für Steireranzug* II **Steireranzug:** *ein Trachtenanzug* II **Steirerhut:** *ein Trachtenhut* II **Steirerin** die, -/-innen II **Steirerkas** = **Steirerkäse:** *ein scharf-würziger Graukäse* II **Steirertor** (ugs.) (Sport): *Tor auf Grund unglücklicher Tormannabwehr, zB durch die Beine* II **steirisch:** steirische Volkslieder; steirische [Zieh]harmonika *(die Steirische); aber:* der **S**teirische Herbst *(jährliche Kulturwochen in der Steiermark);* → steiermärkisch II **Steirische** die, -n/-n: *ein Volksmusikinstrument, Knopfharmonika, steirische [Zieh]harmonika*

Steiß der, -es/-e: *Steißbein* II **Steißbein:** *der unterste Teil der Wirbelsäule* II **Steißgeburt** (Med.) II **Steißlage** (Med.)

Stellage [ʃt-aːʃ, -ʒɛ] die, -/-n ⟨niederl.+fr.⟩: *Regal*

stellar [st-] ⟨lat.⟩ (Astron.): *die Fixsterne betreffend*

Stelldichein das, -[s]/-[s]: *Rendezvous*

Stelle die, -/-n: alles an Ort und S. *(auf den richtigen Platz)* bringen; an jemandes S. treten *(ihn vertreten, ihm nachfolgen);* auf der S. treten *(nicht weiterkommen);* zur S. sein *(da sein);* an S. (= anstelle) der Lehrerin *(an ihrer Stelle);* der Tod trat auf der S. *(sofort)* ein I an erster S. *(Position)* I eine S. *(Passage)* aus dem Buch vorlesen I die zuständige S. *(Dienststelle)* I eine S. *(einen Arbeitsplatz)* suchen; eine S. ausschreiben I (Math.) die ersten zwei Stellen hinter dem Komma

stellen[1]: eine Vase auf den Tisch s. I die Weichen für die Zukunft s. I jemandem ein Bein s. *(jemanden zu Fall bringen)* I jemanden zur Rede s.; jemanden vor eine Entscheidung s.; Bedingungen s.; eine Aufgabe s. I sich gegen einen Kollegen s. *(versuchen, ihn zu behindern);* sich hinter die Chefin s. *(sie unterstützen);* ich bin auf mich selbst gestellt *(muss ohne Hilfe, Unterstützung auskommen)* I Fallen s. *(aufstellen)* I den Wein kalt s. (= kaltstellen) I eine Diagnose s. *(erstellen)* I einen Bürgen s. *(ihn beibringen)* I eine Filmaufnahme s. *(die Personen usw. eigens anordnen);* eine gestellte Filmszene II **stellen**[2] sich: sich krank s. I der Täter stellte sich der Polizei *(meldete sich bei ihr, ließ sich freiwillig verhaften)* II **Stellenangebot** II **Stellengesuch:** *schriftliche Bewerbung um eine Arbeitsstelle* II **stellenlos:** *arbeitslos* II **Stellensuche:** auf S. sein II **Stellenvermittlung** II **stellenweise:** s. *(an manchen Orten)* fiel Schnee II **Stellenwert:** Genauigkeit hat bei ihr einen hohen S. *(ist von großer Bedeutung)* I (Math.) *Stellung einer Ziffer in einer Zahl* II **stellig** (Amtsspr., veraltend): der Verdächtige wurde s. gemacht *(gestellt, festgenommen)* I (in Zusammensetzungen) zweistellig II **Stellmacher** (nördl. D): *Wagenbauer, Wagner* II **Stellmacherin** (nördl. D) II **Stellplatz:** *Abstellplatz für ein Auto* II **Stellprobe:** *Bühnenprobe für die Bewegungen der Schauspieler/innen* II **Stellschraube:** *Schraube zur Regulierung* II **Stellung** die, -/-en: in liegender S. I eine gute S. *(einen guten Arbeitsplatz)* haben I (ohne Pl.) in leitender S. *(Position)* I (ohne Pl.) zu etwas S. nehmen *(die eigene Meinung dazu sagen);* gegen/für jemanden/etwas S. nehmen; S. beziehen *(den eigenen Standpunkt darlegen)* I (Mil.) *kampfbereite Position einer Truppe;* Geschütze in S. bringen I (Amtsspr., Mil.) *Musterung* II **Stellungnahme** die, -/-n: eine S. abgeben *(die eigene Ansicht kundtun)* II **Stellungsbefehl** (Amtsspr., Mil.): *Einberufungsbefehl* II **Stellungskommission** (Amtsspr., Mil.): *Kommission, die über die Tauglichkeit von Wehrpflichtigen entscheidet* II **Stellungskrieg:** *Kampf von befestigten Stellungen aus* II **stellungslos:** *arbeitslos* II **stellungspflichtig** (Amtsspr., Mil.) II **stellungsuchend:** *Arbeit suchend* II **stell-**

S

vertretend || Stellvertreter || Stellvertreterin || Stellvertretung || Stellwagen (früher): *von Pferden gezogener Wagen zur Personenbeförderung* | (veraltend) jemandem mit dem S. ins Gesicht fahren *(jemanden mit groben Worten anfahren)* || **Stellwerk:** *Anlage zum Stellen von Eisenbahnweichen und -signalen*

Stelze die, -/-n: auf Stelzen gehen | *Unterschenkel des Kalbs und des Schweins (als Speise)* || **stelzen,** du stelzt: *steif und stolz schreiten* || **Stelzfuß** (veraltet): *Ersatzbein aus Holz*

Stemmbogen: *ein Schwung beim Skifahren* || **Stemmeisen:** *ein meißelähnliches Werkzeug* || **stemmen:** ein Loch s. | Gewicht s. | sich gegen eine Tür s.; die Arme in die Seiten s. *(stützen)* || **Stemmer** der, -s/-: *ein Schwerathlet* || **Stemmerin** die, -/-innen || **Stemmmeißel**

Stempel der, -s/-: *kleines Druckgerät; Stampiglie* | *Kennzeichen, Prägung;* jemandem/etwas seinen S. aufdrücken | *ein Stützpfosten [in einem Bergwerksstollen]* | (Bot.) *weibl. Organ der Blüte* || **Stempelgebühr** (früher): *in Form von Stempelmarken an den Staat zu entrichtende Verwaltungsgebühr* || **Stempelkissen** || **Stempelmarke** (früher) || **stempeln:** *mit einem Stempel versehen;* Briefmarken s. *(entwerten)* | jemanden zum Verräter s. *(jemanden als Verräter hinstellen)* | (ugs.) s. gehen *(Arbeitslosenunterstützung beziehen)* | (früher) ich stemple ein Gesuch *(versehe es mit Stempelmarken)* || **stempelpflichtig** (Amtsspr.) (früher): *stempelgebührenpflichtig*

S

Steno[1] [ʃt-, st-] das, -s/-s ⟨gr.-engl.⟩: *Kurzwort für Stenogramm* || **Steno**[2] die, -: *Kurzwort für Stenografie* || **Stenoblock** || **Stenograf** = Stenograph [-f] der, -en/-en || **Stenografie** = Stenographie die, -/-n: *Schrift mit eigenen gekürzten Schriftzeichen, Kurzschrift* || **stenografieren** = stenographieren || **Stenografin** = Stenographin die, -/-innen || **stenografisch** = stenographisch || **Stenogramm** das, -s/-e: *stenografische Niederschrift, Steno*[1] || **Stenokardie** [st-] die, -/-n (Med.): *eine Herzkrankheit* || **Stenotypie** [ʃt-ty-, st-] die, - || **Stenotypist** der, -en/-en: *ein Stenograf und Maschinschreiber* || **Stenotypistin** die, -/-innen

Stentorstimme [st-] (geh.): mit S. *(gebieterischer, mächtiger Stimme)* rufen *(nach einem altgriechischen Helden)*

Stephan [-f-] → Stefan || **Stephanie** [auch: -'ɛ-] → Stefanie || **Stephanitag** → Stefanitag || **Stephansdom** der, -[e]s: *Wahrzeichen von Wien, Steffel, Steffl* || **Stephanskrone:** *die ungarische Königskrone;* die Länder der S. (im alten Österreich) *(die ungarische Reichshälfte)*

Stepp [st-, ʃt-] der, -s/-s ⟨engl.⟩: *ein Tanz;* S. tanzen; → steppen

Steppdecke: *eine abgesteppte Bettdecke*

Steppe die, -/-n ⟨russ.⟩: *trockene Ebene [mit spärlichem Graswuchs]*

steppen[1]: *[mit der Maschine] Stofflagen zusammennähen*

steppen[2] [st-, ʃt-] ⟨engl.⟩: *Stepp tanzen*

Steppenbewohner || **Steppenbewohnerin** || **Steppenbrand** || **Steppengras** || **Steppensee**

Stepper [st-, ʃt-] der, -s/- ⟨engl.⟩: *Stepptänzer* || **Stepperin** die, -/-innen

Steppjacke || **Steppnaht** || **Steppstich**

Stepptanz [st-, ʃt-] || **Stepptänzer** || **Stepptänzerin**

Sterbebegleitung: *psychologische, geistliche, ärztliche Fürsorge Todkranker (und ihrer Angehörigen)* || **Sterbebett:** auf dem S. *(im Sterben)* liegen || **Sterbebuch:** *standesamtliches Verzeichnis der Verstorbenen, Sterbematrik* || **Sterbedatum** || **Sterbefall** || **Sterbegebet** || **Sterbeglocke** || **Sterbegottesdienst** (westöst.) || **Sterbehaus** || **Sterbehilfe:** *[ärztliche] Beihilfe zum Sterben unrettbar Kranker, Euthanasie* || **Sterbejahr:** *Todesjahr* || **Sterbelager** (geh.): *Sterbebett* || **Sterbematrik** = **Sterbematrikel** (Admin.): *Sterbebuch* || **sterben,** ich sterbe, du stirbst/starb/gestorben/stirb!, sterbt!: eines schnellen Todes s.; an Krebs s.; ich sterbe vor Neugier; er ist für mich gestorben *(existiert nicht mehr für mich); aber:* etwas ist zum **S**terben langweilig; → sterben lassen = sterbenlassen || **Sterben** das, -s: im S. liegen || **sterben lassen** = **sterbenlassen:** er ließ das Projekt sterben || **Sterbensangst:** *sehr große Angst; Todesangst* || **sterbenselend** || **sterbenskrank** || **sterbenslangweilig** || **sterbensmüde:** *sehr müde* || **Sterbenswörtchen** (nur in der Wendung): kein S. *(nicht ein Wort)* sprechen || **Sterbesakramente** die (Pl.) (veraltet) (kath.): *Krankenölung* || **Sterbestunde:** *Todesstunde* || **Sterbetag** || **Sterbeurkunde** || **sterblich** (geh.): die sterblichen Überreste *(der Leichnam)* | (scherzh.) sich s. *(sehr)* verlieben || **Sterbliche**[1] der, -n/-n, ein Sterblicher (geh.): *[gewöhnlicher] Mensch* || **Sterbliche**[2] die, -n/-n (geh.) || **Sterblichkeit** die, -: die S. der Säuglinge hat stark abgenommen || **Sterblichkeitsrate:** *Quote der Todesfälle;* → G.: Geburtenrate || **Sterblichkeitsziffer:** *Zahl der Todesfälle (in der Statistik)*

stereo [st-, auch: ʃt-] ⟨gr.⟩: *Kurzwort für stereophon;* → G.: mono || **Stereo** das, -s/-s: *Kurzwort für Stereophonie;* eine Sendung in S. || **Stereoanlage** || **stereofon** = stereophon [-f-] || **Stereofonie** = Stereophonie die, -: *akustische Wiedergabe mit räumlicher Klangwirkung* || **Stereolautsprecher** || **Stereometrie** die, - (Math.): *Raumlehre* || **stereophon** [-f-] = stereofon || **Stereophonie** = → Stereofonie || **Stereoskop** das, -s/-e: *optisches Gerät, das Bilder plastisch erscheinen lässt* || **stereoskopisch** || **stereotyp** [-'y:p]: *feststehend; formelhaft;* eine stereotype *(starre, ständig gebrauchte)* Redensart || **Stereotyp** das, -s/-e: *Klischee, Vorurteil*

steril [st-, ʃt-] ⟨lat.-fr.⟩: ein steriler *(keimfreier)* Wundverband | *unfruchtbar* || **Sterilisation** [-tsi̯-] die, -/-en || **sterilisieren:** *keimfrei machen* | *unfruchtbar machen* || **Sterilisierung** die, -/-en || **Sterilität** die, -: *Keimfreiheit* | *Unfruchtbarkeit*

Sterling ['stɜ:-, 'stɛr-] der, -s/-e ⟨engl.⟩: *eine Geldeinheit in Großbritannien* | (mit Pl. Sterling bei Angaben von Beträgen mit Pfund) über drei Pfund Sterling verfügen; → Pfund Sterling || **Sterlingsilber:** *hochprozentige Silberlegierung*

Stern der, -[e]s/-e: Sonne, Mond und Sterne; die Expedition stand unter keinem guten S. *(unter ungünstigen Vorzeichen);* die Sterne vom Himmel holen *(alles Menschenmögliche tun);* das steht noch in den Sternen *(ist noch ungewiss, unsicher)* | (geh.) nach den Sternen greifen *(Unerreichbares anstreben)* | ein fünfzackiger S.; ein Hotel mit fünf Sternen *(Hotel mit der höchstmöglichen Bewertung)* | (ugs.) einen S. reißen *(stürzen)* | *Filmstar* ‖ **Stern|bild:** *als Figur gedeutete Sternengruppe* ‖ **Stern|chen** das, -s/-: *kleiner Stern* | *Starlet* ‖ **Stern|derl** das, -s/-[n] (ugs.): *kleiner Stern* ‖ **Stern|deu|te|rei** die, -: Astrologie ‖ **Sterndl** das, -s/-n (ugs.): *kleiner Stern* ‖ **Ster|nen|ban|ner:** *die Fahne der USA* ‖ **ster|nen|hell** → sternhell ‖ **Ster|nen|him|mel** der, -s, *auch:* Sternhimmel ‖ **ster|nen|klar** → sternklar ‖ **Ster|nen|schein** ‖ **Ster|nen|zelt** das, -[e]s (geh.): *Sternenhimmel* ‖ **Stern|fahrt:** *[Wett]fahrt von verschiedenen Orten aus zu einem gemeinsamen Ziel* ‖ **stern|för|mig** ‖ **Stern|gu|cker** der, -s/- (scherzh., veraltet): *Astronom* ‖ **Stern|gu|cke|rin** die, -/-innen (scherzh., veraltet) ‖ **stern|ha|gel|voll** (scherzh.): *völlig betrunken* ‖ **Stern|hau|fen** (Astron.): *eine Ansammlung von Sternen* ‖ **stern|hell,** *auch:* sternenhell ‖ **Stern|him|mel** → Sternenhimmel ‖ **Stern|kar|te:** *Himmelskarte* ‖ **stern|klar,** *auch:* sternenklar ‖ **Stern|kun|de** die, -: *Astronomie* ‖ **Stern|schnup|pe** die, -/-n: *kleiner Meteor* ‖ **Stern|sin|gen** das, -s: *ein Volksbrauch zur Dreikönigszeit* ‖ **Stern|sin|ger** der, -s/- ‖ **Stern|sin|ge|rin** die, -/-innen ‖ **Stern|stun|de** (geh.): *bes. bedeutungsvoller, günstiger Augenblick* | *schicksalhafte Stunde* ‖ **Stern|war|te** (Astron.): *Observatorium* ‖ **Stern|zei|chen:** *Tierkreiszeichen*

Sterz der, -es/-e: *eine Speise*

Ster|zing (it.: Vipiteno [v-]): *Stadt in Südtirol*

Sterz|pfan|ne: *flaches Kochgeschirr für Sterz* ‖ **Sterz|rein:** *Sterzpfanne*

stet (geh.): *ausdauernd, fortwährend;* „Steter Tropfen höhlt den Stein"; → stetig

Ste|tho|skop [st-] das, -s/-e ⟨gr.⟩ (Med.): *Hörgerät des Arztes*

ste|tig: *beständig;* → stet ‖ **Ste|tig|keit** die, -/-en ‖ **stets:** *immer*

Steu|er[1] das, -s/-: das S. des Schiffes; das S. herumreißen; das S. übernehmen

Steu|er[2] die, -/-n: *genau festgelegter Teil von Lohn, Einkommen, Vermögen, der an den Staat abgegeben werden muss;* Steuern zahlen; etwas von der S. absetzen ‖ **Steu|er|ab|setz|be|trag** ‖ **Steu|er|ab|zug** ‖ **Steu|er|am|nes|tie** ‖ **Steu|er|auf|kom|men:** *Gesamtheit der Steuereinnahmen eines Staates*

steu|er|bar: *lenkbar;* das Auto war auf Eis nicht mehr s.

Steu|er|be|frei|ung ‖ **steu|er|be|güns|tigt:** s. sparen ‖ **Steu|er|be|las|tung** ‖ **Steu|er|be|mes|sungs|grund|la|ge** ‖ **Steu|er|be|ra|ter:** *Vertreter in Steuerangelegenheiten* ‖ **Steu|er|be|ra|te|rin** ‖ **Steu|er|be|ra|tung** ‖ **Steu|er|be|scheid:** *ein Bescheid vom Finanzamt, zB der Einkommensteuerbescheid*

steu|er|bord (Seemannsspr.) ‖ **Steu|er|bord:** *rechte Schiffsseite (von hinten aus gesehen);* → G.: Backbord

Steu|er|ein|he|bung ‖ **Steu|er|er|hö|hung** ‖ **Steu|er|er|klä|rung:** *Angaben über die Vermögens-, Lohn-, Einkommensverhältnisse* ‖ **Steu|er|er|mä|ßi|gung** ‖ **Steu|er|fahn|der** ‖ **Steu|er|fahn|de|rin** ‖ **Steu|er|fahn|dung:** *eine staatliche Betriebsprüfung bei Verdacht* ‖ **Steu|er|flucht:** *Umgehen der Steuerpflicht [durch Wechsel des Wohnortes ins Ausland]*

Steu|er|frau (Sport): Frauenvierer ohne S.

steu|er|frei ‖ **Steu|er|frei|be|trag** ‖ **Steu|er|gel|der** die (Pl.) ‖ **Steu|er|hin|ter|zie|hung** die, -/-en ‖ **Steu|er|klas|se**

Steu|er|knüp|pel

Steu|er|last ‖ **steu|er|lich:** s. begünstigen

steu|er|los: *ohne Steuer; ohne Steuermann* ‖ **Steu|er|mann** der, -[e]s/-männer [-leute] ‖ **steu|ern:** ein Boot s.; eine Maschine s. | (geh.) dem Missbrauch s. *(entgegenwirken)*

Steu|er|pa|ra|dies: *Staat mit niedrigen Steuern* ‖ **Steu|er|pflicht** ‖ **steu|er|pflich|tig** ‖ **Steu|er|pflich|ti|ge**[1] der, -n/-n, ein Steuerpflichtiger ‖ **Steu|er|pflich|ti|ge**[2] die, -n/-n ‖ **Steu|er|pro|gres|si|on:** *ansteigende steuerliche Mehrbelastung von höheren Einkommen* ‖ **Steu|er|prü|fer** ‖ **Steu|er|prü|fe|rin** ‖ **Steu|er|prü|fung:** *eine staatliche Überprüfung*

Steu|er|rad: *Rad des Steuerruders* | *Lenkrad*

Steu|er|recht ‖ **Steu|er|re|form**

Steu|er|ru|der: *Vorrichtung zum Steuern an Schiffen*

Steu|er|schuld ‖ **Steu|er|sen|kung** die, -/-en ‖ **Steu|er|ta|rif**

Steu|e|rung die, -/-en: automatische S. ‖ **Steu|e|rungs|tech|nik** (Elektrot.): Steuerungs- und Regeltechnik

Steu|er|vor|schrei|bung: *Bescheid für die vorausberechnete Steuer des kommenden Jahres* ‖ **Steu|er|vor|teil** ‖ **Steu|er|zah|ler** der, -s/- ‖ **Steu|er|zah|le|rin** die, -/-innen ‖ **Steu|er|zu|ckerl:** *steuerliche Begünstigung*

Ste|ven [ʃteːvn] der, -s/- (Seemannsspr.): *Balken vorn und hinten am Schiffsende*

Ste|ward ['stjuːəd] der, -s/-s ⟨engl.⟩: *Betreuer [auf Schiffen]; Flugbegleiter* ‖ **Ste|war|dess** [-'dɛs, 'stjuː-] die, -/-en

Steyr ['ʃtaiə] (Kfz: SE, SR): *Statutarstadt in Oberösterreich* ‖ **Steyr** die, -: *Nebenfluss der Enns* ‖ **Stey|regg:** *Stadt in Oberösterreich*

StGB [ɛs te ge 'beː] das, -: **Str**af**ge**setz**b**uch; → ABGB

sti|bit|zen [auch: -'bi-], du hast gestibitzt (stibitzt) (scherzh.): *stehlen*

Sti|bi|um [st-, ʃt-] das, -s ⟨gr.-lat.⟩ (Zeichen: Sb): *Antimon*

Stich der, -[e]s/-e: es gab mir einen S. ins Herz *(es schmerzte mich tief)* | etwas mit wenigen Stichen annähen | *Kupferstich* | (im Kartenspiel) einen S. machen | jemanden im S. lassen *(jemandem nicht helfen, jemanden verlassen)* | (ugs.) diese Milch hat schon einen S. *(sie beginnt sauer zu werden)* | das Kleid hat einen S. ins Blaue ‖ **Sti|chel** der, -s/-: *ein Werkzeug* ‖ **Sti|che|lei** die, -/-en: *stichelnde Anspielung, boshafte Bemerkung* ‖ **sti|chel|haa|rig:** ein stichelhaariger Dackel ‖ **sti|cheln,** ich stichle: *mit boshaften Bemerkungen reizen* ‖ **stich|fest:** stichfeste Beweise; → hieb- und stichfest ‖ **Stich|flam|me:** *plötzlich emporschießende Flamme* ‖ **Stich|fra|ge:** *eine nachträgliche Entscheidungsfrage* ‖ **stich|häl|tig,** *auch:* stichhaltig: ein stichhältiger *(nicht widerlegbarer)* Beweis ‖ **Stich|häl|tig|keit** die, - ‖

S

sti|chig (ugs.): die Milch ist s. *(sie beginnt sauer zu werden)* || **Stich|kampf** (Sport): *Ausscheidungs-, Entscheidungskampf* || **Stich|ler** der, -s/- (ugs., abw.): *jemand, der stichelt* || **Stich|le|rin** die, -/-innen (ugs., abw.) || **Stich|ling** der, -s/-e: *ein kleiner Süßwasserfisch* || **Stich|pro|be:** eine S. machen *(einen beliebig herausgegriffenen Teil überprüfen, um auf das Ganze schließen zu können)* || **stich|pro|ben|wei|se** || **Stich|sä|ge** || **sticht** → stechen || **Stich|tag:** *der für bestimmte [statistische] Angaben maßgebende Tag, zB bei einer Volkszählung* || **Stich|waf|fe:** *Dolch ua.* || **Stich|wahl:** *Entscheidungswahl zwischen den zwei stimmenstärksten Kandidaten, von denen niemand die erforderliche Mehrheit erreicht hat* || **Stich|wort** das, -[e]s/-e: *das jeweils letzte Wort in der Rolle eines Schauspielers, auf das hin ein anderer fortsetzt oder auftritt* | etwas in Stichworten *(nur kurz, auf das Wesentliche beschränkt)* notieren | (mit Pl. -wörter) *Lemma;* das Wörterbuch hat 90 000 Stichwörter || **stich|wort|ar|tig** || **Stich|wort|ver|zeich|nis** || **Stich|wun|de**

Stick [stɪk] der, -s/-s ⟨engl.⟩: *Stift, Stäbchen;* USB-Stick

Stick|ar|beit: *Stickerei*

sti|cken: eine Decke s. *(durch Stickarbeit verzieren)* || **Sti|cken** das, -s: *eine textile Technik* || **Sti|cker**[1] der, -s/-: *jemand, der Stickereien anfertigt*

Sti|cker[2] [st-] der, -s/- ⟨engl.⟩: *Aufkleber, Pickerl*

Sti|cke|rei die, -/-en || **Sti|cke|rin** die, -/-innen || **Stick|garn**

S

sti|ckig: stickige *(schlechte, verbrauchte)* Luft

Stick|mus|ter || **Stick|na|del**

Stick|oxid = **Stick|oxyd** [-y:t]: *Stickstoffoxid*

Stick|rah|men: *Rahmen, in den der zu bestickende Stoff eingespannt wird*

Stick|stoff der, -[e]s (Zeichen: N): *ein chemisches Element, Nitrogenium* || **Stick|stoff|dün|ger:** *ein Kunstdünger* || **stick|stoff|frei** || **stick|stoff|häl|tig,** *auch:* stickstoffhaltig

stie|ben, stob [stiebte]/gestoben [gestiebt]: die Funken stieben *(sprühen)* | die Masse stob auseinander; → Gestöber

Stief|bru|der: *Halbbruder*

Stie|fel der, -s/-: ein Paar S. | (ugs., sal.) einen S. *(Unsinn)* reden || **Stie|fel|ab|satz** || **Stie|fe|let|te** [-f'lɛ-] die, -/-n (meist Pl.): *Halbstiefel* || **Stie|fel|knecht:** *ein Gerät zum Stiefelausziehen* || **stie|feln:** ich stiefle *(stapfe, trotte)* durch den Schnee || **Stie|fel|schaft** der, -[e]s/-schäfte

Stief|el|tern die (Pl.): *nicht leibliche Eltern* || **Stief|ge|schwis|ter** die (Pl.): *Halbgeschwister* || **Stief|kind:** *leibliches Kind nur des einen Ehepartners* | *Benachteiligte[r], Zurückgesetzte[r]* || **Stief|mut|ter:** *nicht leibliche Mutter* || **Stief|müt|ter|chen** das, -s/-: *eine Blume* || **stief|müt|ter|lich:** jemanden s. behandeln *(jemanden zurücksetzen, benachteiligen)* || **Stief|schwes|ter:** *Halbschwester* || **Stief|sohn** → Stiefkind || **Stief|toch|ter** → Stiefkind || **Stief|va|ter:** *nicht leiblicher Vater*

stieg → steigen || **Stie|ge** die, -/-n: *Treppe;* Stiegen steigen; auf S. 5 *(Teil der Wohnhausanlage)* wohnen || **Stie|gen|ge|län|der** || **Stie|gen|haus:** *Treppenhaus*

Stieg|litz der, -es/-e ⟨tschech.⟩: *ein Singvogel, Distelfink*

stiehlt → stehlen

Stiel der, -[e]s/-e: der S. des Besens ist abgebrochen | Rosen mit einem langen S.; etwas mit Stumpf und S. *(ganz und gar)* ausrotten || **Stiel|au|ge:** *Auge mancher Krebstiere* | (ugs.) Stielaugen machen *(begierig oder verblüfft schauen)* || **Stiel|bürs|te** || **Stiel|glas:** *Glas mit einem Stiel* || **stiel|los:** *ohne Stiel; aber:* → stillos || **Stiel|pfan|ne** || **Stiel|stich:** *ein Zierstich*

stier: s. *(starr)* dreinschauen; → stieren | (ugs.) *ohne Geld*

Stier der, -[e]s/-e: *männliches Rind, Bulle;* wie ein S. brüllen; den S. bei den Hörnern packen *(in einer schwierigen Situation mutig handeln)* | *ein Tierkreiszeichen*

stie|ren: *starr schauen;* → stier | (ugs.) *herumstöbern;* in Abfällen s. | (ugs.) das stiert mich *(es ist mir zuwider, es ärgert mich)*

Stier|kalb || **Stier|kampf** || **Stier|kampf|are|na** || **Stier|kämp|fer:** *Torero*

stierln, ich stierl[e] (ugs.): *herumstochern und etwas suchen*

stier|na|ckig (oft abw.): *mit kräftigem Genick*

stieß → stoßen

Stift[1] der, -[e]s/-e: ein S. zum Zeichnen | (scherzh.) *Jüngster in einer Arbeitsgruppe*

Stift[2] das, -[e]s/-e: *auf eine Stiftung zurückgehendes größeres Kloster;* S. Melk || **stif|ten**[1]: einen Orden s. *(gründen)* | Geld s. *(einem guten Zweck widmen)* | Frieden s. *(schaffen);* Unheil s. *(verursachen)*

stif|ten[2] (ugs.): s. gehen *(sich aus dem Staub machen)*

Stif|ter der, -s/- || **Stif|te|rin** die, -/-innen

Stif|terl das, -s/-[n]: *eine kleine Flasche Wein oder Sekt*

Stifts|gym|na|si|um [-gy-] || **Stifts|kel|ler** || **Stifts|kir|che** || **Stifts|ta|ver|ne** || **Stif|tung** die, -/-en: *Schenkung [von Geld, Häusern für einen gemeinnützigen Zweck]* || **Stif|tungs|ur|kun|de**

Stift|zahn: *ein künstlicher Zahn*

Stig|ma [st-] das, -s/-ta [Stigmen] ⟨gr.⟩: *[Wund]mal, Zeichen;* das S. des Verräters || **Stig|ma|ti|sa|ti|on** [-tsi̯-] die, -/-en: *Erscheinen der Wundmale Christi an Menschen* || **stig|ma|ti|sie|ren:** *diskriminieren, brandmarken* || **Stig|ma|ti|sier|te**[1] der, -n/-n, ein Stigmatisierter || **Stig|ma|ti|sier|te**[2] die, -n/-n

Stil [st-, auch: ʃt-] der, -[e]s/-e ⟨lat.⟩: ein guter S. *(guter sprachlicher Ausdruck)* | *Baustil; Kunststil, zB Barock, Jugendstil* | (ohne Pl.) das ist nicht mein S. *(das ist nicht meine Art);* etwas im großen S. *(Ausmaß)* betreiben || **stil|bil|dend:** *vorbildlich für einen Stil* || **Stil|blü|te** (scherzh.): *komischer Ausdrucksfehler* || **Stil|bruch:** *auffälliger Wechsel des Stils* || **Stil|ebe|ne** (Sprachwiss.): *Ausdrucksebene* || **stil|echt:** ein stilechter Kasten

Sti|lett [ʃt-, st-] das, -[e]s/-e ⟨it.-fr.⟩: *kurzer, schmaler Dolch*

Stil|ge|fühl [st-, auch: ʃt-] das, -[e]s || **stil|ge|recht** || **sti|li|sie|ren:** *auf besondere Weise ausformulieren* | eine Rose stilisiert *(künstlerisch vereinfacht)* zeichnen || **Sti|li|sie|rung** die, -/-en || **Sti|lis|tik** die, -/-en: *Stillehre, Stilkunde* || **sti|lis|tisch** || **Stil|kun|de**

still
ruhig, lautlos; eine stille Nacht

Großschreibung bei Nominalisierung und in Eigennamen:
– sich im **S**tillen *(für sich)* freuen
– der **S**tille Ozean *(Pazifik)*

Getrenntschreibung bei wörtlicher Bedeutung:
- du sollst still bleiben *(nicht zu reden beginnen)*
- den Kopf still halten *(ruhig halten)*
- ihr sollt still stehen *(ruhig stehen)*

Zusammenschreibung bei übertragener Bedeutung:
- stillhalten *(sich nicht bewegen, nichts tun)*
- im Leid stillhalten *(es geduldig ertragen)*
- einen Betrieb stilllegen *(ihn schließen)*
- die Fabriken werden stillliegen *(außer Betrieb sein)*
- trotz Drohungen stillschweigen
- die Zeit ist stillgestanden
- die Maschinen sind stillgestanden

Still-BH [-be ha:] der, -[s]/-[s]: *vorne zu schließender Büstenhalter für stillende Mütter* || **Stil|le** die, -: in aller S. *(ohne Aufsehen)* || **stil|len:** den Durst s. *(trinken)* | den Säugling s. *(ihm die Brust geben)* | eine Blutung s. || **Still|hal|te|ab|kom|men:** *Übereinkommen, den gegenwärtigen Zustand zu belassen* || **still|hal|ten:** *sich nicht bewegen, nichts tun* | im Leid s. *(es geduldig ertragen); aber:* die Hand still *(ruhig)* halten || **Still|le|ben** [ʃt-]: *Bild mit künstlerisch angeordneten leblosen Gegenständen, zB Blumen, Früchten* || **still|le|gen:** einen Betrieb s. *(ihn schließen)* || **Still|le|gung** die, -/-en || **still|lie|gen:** die Fabriken werden s. *(außer Betrieb sein); aber:* still *(ruhig)* liegen

stil|los [st-, auch: ʃt-]: *einem bestimmten Stil widersprechend* | *geschmacklos; aber:* → stiellos || **Stil|lo|sig|keit** die, -

still|schwei|gen: trotz der Drohungen schwieg sie still || **Still|schwei|gen:** S. bewahren || **still|schwei|gend:** s. zustimmen || **Still|stand** || **still|ste|hen:** das Herz ist stillgestanden *(es hat aufgehört zu schlagen); aber:* ihr sollt still *(ruhig)* stehen || **Stil|lung** die, -/-en: die Ärztin erreichte eine S. der Blutung || **still|ver|gnügt** || **Still|zeit** (Med.): *Zeit, in der ein Säugling an der Brust trinkt*

Stil|mit|tel [st-, auch: ʃt-]: sprachliche S. || **Stil|mö|bel** || **Stil|rich|tung:** in verschiedenen Stilrichtungen erbaut || **stil|voll** || **stil|wid|rig**

Stimm|ab|ga|be: eine ungültige S. bei einer Wahl || **Stimm|band** (meist Pl.): *ein Teil des Kehlkopfs* || **stimm|be|rech|tigt:** alle waren s. *(durften mitstimmen, mitwählen)* || **Stimm|be|rech|tig|te**[1] der, -n/-n: ein Stimmberechtigter || **Stimm|be|rech|tig|te**[2] die, -n/-n || **Stimm|bil|dung** die, -: *Sprech-, Gesangsschulung* || **Stimm|bruch** der, -[e]s: *Stimmwechsel, Übergang von der Knaben- zur Männerstimme, Mutation;* im S. sein || **Stimm|chen** das, -s/- || **Stim|me** die, -/-n: ihre S. versagte; er verstellte seine S.; nicht gut bei S. sein | der S. *(Mahnung)* des Gewissens folgen | (geh.) die S. erheben *(zu reden beginnen; eine Meinung, Warnung aussprechen)* | etwas mit nur einer S. Mehrheit beschließen; Sitz und S. im Aufsichtsrat haben | die S. *(Meinung)* des Volkes | (Mus.) die erste S. singen || **stim|men:** für einen Antrag s. | die Richtung stimmt *(sie ist richtig)* | die Geige s. | jemanden lustig s. *(jemanden erheitern)* || **Stim|men|an|teil** || **Stim|men|aus|zäh|lung** || **Stim|men|gleich|heit** || **Stim|men|ein|hel|lig|keit:** S. *(Einstimmigkeit)* erzielen || **Stim|men|fang** (sal.): auf S. gehen *(die Wähler/innen so beeinflussen, dass sie für einen stimmen)* || **Stim|men|ge|winn** || **Stim|men|ge|wirr:** *Durcheinanderreden* || **Stim|men|gleich|heit** || **Stim|men|mehr|heit** || **Stimm|ent|hal|tung** die, -/-en: S. üben *(bei der Abstimmung keine Stimme abgeben)* || **Stim|men|ver|hält|nis** || **Stim|men|ver|lust** || **Stimm|fach:** *Einteilung der Opernrollen nach dem Stimmcharakter, zB lyrischer, dramatischer Sopran;* → Stimmgattung || **Stimm|füh|rung** (Mus.): die kunstvolle S. in einer Fuge || **Stimm|ga|bel:** *ein Gerät zur Angabe einer bestimmten Tonhöhe* || **Stimm|gat|tung** (Mus.): *Lage (Sopran, Mezzosopran, Alt, Tenor, Bariton, Bass);* → Stimmfach || **stimm|ge|wal|tig** || **stimm|haft:** der stimmhafte sch-Laut [ʒ] im Wort *Journal* || **stim|mig:** *übereinstimmend, harmonisch* | (in Zusammensetzungen) mehrstimmig || **Stimm|la|ge:** *Stimmgattung* || **stimm|lich** || **stimm|los:** das stimmlose sch [ʃ] im Wort *Schule* || **Stimm|recht:** *das Recht abzustimmen, zu wählen* || **Stimm|schlüs|sel:** *Gerät zum Stimmen der [Klavier]saiten* || **Stimm|ton** (Mus.): *Normalstimmton* || **Stim|mung** die, -/-en: in guter S. *(heiter)* sein; das Publikum in S. bringen | ein Film mit eindringlicher S. *(Atmosphäre)* | (Mus.) die S. der Gitarre[saiten] ist zu hoch || **Stim|mungs|ka|no|ne** (ugs., sal.): *jemand, der alle gut unterhalten kann* || **Stim|mungs|ma|che** die, - (abw.): *Beeinflussungsversuch* || **Stim|mungs|ma|cher** || **Stim|mungs|ma|che|rin** || **Stim|mungs|mu|sik:** *Unterhaltungsmusik* || **Stim|mungs|um|schwung** || **stim|mungs|voll** || **Stimm|wech|sel** [-ks-]: *Mutation, Stimmbruch* || **Stimm|zet|tel:** bei der Wahl gab es 21 ungültige S.

Sti|mu|lans [st-, auch: ʃt-] das, -/ Stimulantia [-tsia] [Stimulanzien] [-iən] ⟨lat.⟩: *Anregungs-, Aufputschmittel* || **Sti|mu|la|ti|on** [-tsi-] die, -/-en || **sti|mu|lie|ren:** *anregen, anreizen* || **Sti|mu|lie|rung** die, -/-en || **Sti|mu|lus** der, -/ Stimuli: *Reiz, Antrieb*

stin|ken, stank/gestunken: das stinkt wie die Pest *(riecht abstoßend)* | (sal.) das stinkt nach Betrug *(lässt Betrug vermuten)* | (ugs.) er stinkt vor Faulheit *(ist sehr faul);* das stinkt mir *(ist mir zuwider, verdächtig)* || **Stin|kerl** das, -s/-[n] (reg., ugs.): *leichter Geschmack nach Schwefelsäure (beim Wein)* || **stink|fad** (ugs.): *sehr fad* || **stink|faul** (ugs.) || **Stink|kä|se** (ugs.): *eine Käsesorte, Quargel* || **stink|lang|wei|lig** (ugs.) || **stink|nor|mal** (ugs.): *völlig normal* || **stink|reich** (ugs.): *sehr reich* || **stink|sau|er** (ugs.): *sehr verärgert* || **Stink|tier:** *Skunk* || **Stink|wut** (ugs.): eine S. *(großen Zorn)* haben || **stink|wü|tend** (ugs.): *sehr wütend*

Sti|pen|di|at [ʃt-, auch: st-] der, -en/-en ⟨lat.⟩: *Empfänger eines Stipendiums* || **Sti|pen|di|a|tin** die, -/-innen || **Sti|pen|di|um** das, -s/Stipendien [-iən]: *Geldbeihilfe [für Studierende];* ein S. gewähren/erhalten

Stipfl der, -s/-[n] (mda.): *Stumpf; Baumstumpf; [Zaun]pflock*

Stipp|vi|si|te [-vi-] (D): *kurzer Besuch*

Sti|pu|la|ti|on [st-tsi-, ʃt-] die, -/-en (Jus): *vertragliche Verpflichtung*

S

‖ **sti|pu|lie|ren** (Jus): *vertraglich vereinbaren*
stirbt → sterben
Stirn die, -/-en, *auch:* Stirne, -/-n: eine hohe S.; die S. runzeln | (geh.) jemandem die S. bieten *(sich jemandem widersetzen);* die S. *(Unverschämtheit)* haben, so etwas zu sagen ‖ **Stirn|band** ‖ **Stir|ne** → Stirn ‖ **Stirn|fal|te** ‖ **Stirn|glat|ze** ‖ **Stirn|höh|le** ‖ **Stirn|höh|len|ei|te|rung** die, -/-en (Med.) ‖ **Stirn|höh|len|ka|tarr** = **Stirn|höh|len|ka|tarrh** (Med.): *eine Krankheit* ‖ **Stirn|run|zeln** das, -s ‖ **stirn|run|zelnd:** s. *(missfallend)* reagieren ‖ **Stirn|sei|te:** *Vorderseite* ‖ **Stirn|wand:** die S. *(Vorderwand)* eines Hauses
Stmk.: Steiermark
stob → stieben
stö|bern: in einem Kasten s. *(darin herumsuchen)* | es stöbert *(es schneit bei starkem Wind)*
Sto|chas|tik [st-] die, - ⟨gr.⟩: *Teilgebiet der Statistik, das sich mit der Analyse zufallsabhängiger Ereignisse und deren Wert für statistische Untersuchungen befasst* ‖ **sto|chas|tisch:** *zufallsabhängig*
sto|chern: im Essen s.; mit einem Zahnstocher in den Zähnen s.; in der Ofenglut s.
Stock der, -[e]s/Stöcke: die alte Frau geht am S.; *Taktstock* | *Hackstock* | *Blumenstock* | *Baumstumpf;* über S. und Stein *(über alle Unebenheiten hinweg)* | *Bienenstock* | *Gebirgsstock* | *Grundstock; Grundlage* | *Stockwerk;* im ersten S. | (in Verbindung mit Zahlen mit Pl. Stock); ein zwei Stock hohes *(zweistöckiges)* Haus ‖ **stock|be|trun|ken** (ugs.) ‖ **Stock|bett:** *Gestell mit zwei übereinander befindlichen Betten* ‖ **stock|blind** (ugs.): *völlig blind* ‖ **stock|dumm** (ugs.): *sehr dumm* ‖ **stock|dun|kel** (ugs.): *völlig dunkel* ‖ **Stö|ckel** der, -s/-: *ein hoher [dünner] Schuhabsatz* ‖ **stö|ckeln:** *auf Stöckeln gehen* ‖ **Stö|ckel|schuh:** *Damenschuh mit hohem [dünnem] Absatz* ‖ **sto|cken:** in der Rede s. *(stecken bleiben);* stockend *(zögernd)* antworten; mir stockte vor Schreck der Atem; der Verkehr stockte *(stand still)* | das Blut stockte *(gerann);* gestockte *(saure)* Milch ‖ **Stock|en|te:** *Hausente*
Sto|cke|rau: *Stadt in Niederösterreich*
Sto|ckerl das, -s/-[n]: *Sitzgelegenheit ohne Lehne, Hocker* | (Sport) *Siegespodest;* auf dem S. stehen *(unter die ersten drei kommen)* | (sal.) das haut mich vom S. *(das beeindruckt mich)* ‖ **Sto|ckerl|platz** (Sport): *ein Platz auf dem Siegespodest* ‖ **stock|fins|ter** (ugs.): *ganz finster* ‖ **Stock|fisch:** *auf einem Holzgestell getrockneter Fisch;* steif wie ein S. ‖ **Stock|fleck:** *durch Schimmel entstandener Fleck [auf Stoff oder Papier]* ‖ **stock|fle|ckig** ‖ **Stock|haus:** *ein- oder mehrstöckiges Haus* ‖ **stock|hei|ser** (ugs.): *ganz heiser* ‖ **stock|hoch:** ein stockhohes *(einstöckiges)* Haus
Stock|holm: *Hauptstadt Schwedens*
-stö|ckig (nur in Zusammensetzungen wie achtstöckig)
stock|kon|ser|va|tiv (ugs.): *sehr konservativ* ‖ **Stöckl** das, -s/-[n]: *kleineres, meist einstöckiges Wohngebäude, zB das Nebengebäude eines Schlosses* | (ugs.) *kleiner Blumenstock* ‖ **stock|nüch|tern** (ugs.) ‖ **Stock|schie|ßen** (Sport) ‖ **Stock|schnup|fen:** *ein hartnäckiger Schnupfen* ‖ **stock|steif** (ugs.) ‖ **stock|taub** (ugs.) ‖ **Stock|uhr** (veraltet): *Standuhr* ‖ **Sto|ckung** die, -/-en: eine S. *(Stauung)* des Autoverkehrs; eine S. *(eine Unterbrechung)* im Arbeitsprozess | die S. *(Gerinnung)* des Blutes ‖ **Stock|werk:** im ersten S. *(Stock)* eines Hauses ‖ **Stock|zahn:** *Backenzahn*
Stoff der, -[e]s/-e: drei Meter S. | *Substanz, Materie; Nährstoff* | *Lehrstoff; Gesprächsstoff;* der S. *(der Inhalt, die Handlung)* einer Erzählung | (sal.) *Rauschgift* ‖ **Stoff|bal|len:** *aufgerollter Stoff* ‖ **Stoff|far|be** ‖ **Stoff|fet|zen** ‖ **Stoff|fle|ckerl** (ugs.) ‖ **Stoff|fül|le:** *Fülle an Inhalt, Unterrichts-, Lehrstoff uÄ* ‖ **Stoff|ge|biet:** *Teil eines Wissensstoffes, Lehrstoffes* ‖ **stoff|lich:** die stofflichen *(materiellen)* Dinge ‖ **Stoff|mus|ter** ‖ **Stoff|na|me,** *auch:* **Stoff|na|men** (Gramm.): *konkretes Nomen, das eine gleichartige Stoffmasse bezeichnet, zB* Wasser, Holz ‖ **Stoff|rest** ‖ **Stoff|samm|lung:** *Material [für ein Buch]* ‖ **Stoff|ser|vi|et|te** [-rv-] ‖ **Stoff|tier:** *ein Spielzeug; Plüschtier* ‖ **Stoff|wech|sel** [-ks-] der, -s: *Aufbau und Abbau von [Nähr]stoffen im Körper*
stöh|nen: vor Schmerzen/Lust s. | er stöhnt *(leidet)* unter der vielen Arbeit
Sto|i|ker [st-] der, -s/- ⟨gr.-lat.⟩: *Anhänger einer philosophischen Richtung* ‖ **sto|isch:** mit stoischer *(unerschütterlicher)* Ruhe ‖ **Sto|i|zis|mus** der, -: *eine philosophische Richtung* | *unerschütterliche Gelassenheit*
Sto|la [st-] die, -/Stolen ⟨gr.-lat.⟩: *um den Nacken gelegter langer Stoffstreifen des katholischen Priesters bei Amtshandlungen* | *(in der Damenmode) ein schalartiger Umhang*
Stol|len der, -s/-: *ein Gebäck* | *unterirdischer Gang (in Bergwerken);* einen S. vortreiben | *in das Hufeisen geschraubter Eisenzapfen* | *Profil an der Sohle von Sportschuhen* ‖ **Stol|len|bau** der, -[e]s
Stol|per|draht: *ein Hindernis* ‖ **stol|pern:** über eine Baumwurzel s. | über ein Wort s. *(es nicht verstehen, sich versprechen)* ‖ **Stol|per|stein:** *Hindernis am Weg* | eine Jugendsünde wurde ihr zum S. *(war der Grund für ihr Scheitern)*
stolz: ein stolzer Moment *(voller Freude); überheblich* | ein stolzer *(hoher)* Preis; ein stolzes *(beeindruckendes)* Unternehmen ‖ **Stolz** der, -es: *Selbstwertgefühl;* ihr S. ist berechtigt; voller S. sein ‖ **stolz|ge|schwellt** (geh.): mit stolzgeschwellter Brust ‖ **stol|zie|ren:** *[überheblich] einherschreiten*
stop [ʃt-, st-] ⟨engl.⟩: *halt! (nur auf Verkehrszeichen); aber:* → stopp; → stoppen
stop|fen: alles in den Koffer s.; Pfeife s.; das Besprechungszimmer war gestopft voll | Strümpfe (die Löcher in den Strümpfen) s. | ein Budgetloch s. *(das Defizit beseitigen)* | eine stopfende *(Verstopfung verursachende)* Speise ‖ **Stop|fer** der, -s/- (V): *Schmarren* ‖ **Stopf|garn** ‖ **Stopf|holz:** beim Strümpfestopfen ein S. verwenden ‖ **Stopf|wol|le**
stopp [ʃt-] (Interjektion): s., sofort anhalten!; *aber:* → stop ‖ **Stopp** der, -s/-s: *das Anhalten; Unterbrechung* | (Sport) *Kurzwort für Stoppball;* einen S. spielen ‖ **Stopp|ball** (Sport): *eine Schlagtechnik, Stopp*
Stop|pel[1] der, -s/- (bes. ostöst.): *ein Flaschenverschluss, Stöpsel;* Korkstoppel

S

Stoppel[2] die, -/-n (meist Pl.): Bartstoppeln; Getreidestoppeln ‖ **Stoppelbart:** *ein ganz kurzer Bart* ‖ **stoppelbärtig** ‖ **Stoppelfeld:** *abgeerntetes Getreidefeld* ‖ **Stoppelglatze** (ugs.) ‖ **stoppelhaarig** ‖ **stoppelig:** stoppeliges Kinn

Stoppelzieher der, -s/- (bes. ostöst.): *Korkenzieher*

stoppen: ein Auto s. *(aufhalten)* | das Auto stoppte *(es blieb stehen)* | die Zeit s. *(messen);* → stop; → stopp ‖ **Stopper** der, -s/-: *Autostopper* | *Türstopper* | (Sport) *hinterster Verteidiger im Fußball;* → Libero ‖ **Stopperin** die, -/-innen (Sport) ‖ **Stopplicht:** *ein Signallicht* ‖ **Stoppsignal:** *Haltesignal* ‖ **Stoppstraße** (D): *Straße mit Stopptafel am Ende* ‖ **Stopptafel:** die S. beachten ‖ **Stoppuhr**

Stöpsel der, -s/-: *Verschluss eines Abflusses* | (reg.) *ein Flaschenverschluss* | (ugs.) *kleiner Bub, Knirps* ‖ **stöpseln,** ich stöpsle: *verstöpseln*

Stör[1] der, -[e]s/-e: *ein Fisch*

Stör[2] die, -/-en (früher): *Arbeit des Handwerkers, zB des Schneiders, im Hause des Kunden;* auf die S. (auch: in die S.) gehen; auf der S. arbeiten

Störaktion [-tsi̯-]: *Störmaßnahme* ‖ **störanfällig:** ein störanfälliges Gerät ‖ **Störanfälligkeit** die, -

Storch der, -[e]s/Störche: *ein Vogel* ‖ **Storchennest** ‖ **Storchenschnabel** → Storchschnabel ‖ **Störchin** die, -/-innen ‖ **Storchschnabel,** *auch:* Storchenschnabel: *eine Pflanze* | *Gerät zum Vergrößern oder Verkleinern [von Plänen]*

Store ['stoːɐ] der, -s/-s ⟨it.-fr.⟩: *feiner, durchsichtiger Vorhang*

stören: jemanden bei der Arbeit s.; er will nicht gestört werden; sie fühlt sich durch die lauten Geräte gestört *(wird durch den Lärm belästigt);* lassen Sie sich nicht s.; störe ich sehr?; den Funkempfang s.; → gestört ‖ **Störenfried** der, -[e]s/-e: *jemand, der ständig stört* ‖ **Störfaktor:** *etwas, das den Ablauf stört* ‖ **Störfall:** ein S. in einem Atomkraftwerk ‖ **Störgeräusch** ‖ **Störmanöver** [-v-, -f-]: *Störmaßnahme*

stornieren [ʃt-, st-] ⟨it.⟩: eine Warenbestellung s. *(sie rückgängig machen)* ‖ **Stornierung** die, -/-en ‖ **Storno** der = das, -[s]/Storni [Stornos] ‖ **Stornogebühr** ‖ **Stornoversicherung:** für die Reise eine S. abschließen

störrisch: ein störrisches *(widerspenstiges, trotziges)* Benehmen; ein störrischer Esel

Störung die, -/-en: entschuldigen Sie bitte die S.! | nervöse Störungen ‖ **Störungsdienst** ‖ **störungsfrei:** ein störungsfreier Radioempfang ‖ **Störungsquelle**

Story ['stɔ(ː)ri] die, -/-s ⟨fr.-engl.⟩: *[Kurz]geschichte; Shortstory* | *Handlung [eines Films]* | *Bericht, Reportage* ‖ **Storyboard** [-bɔːd]: *Skizzierung der Szenenabfolge bei einem Film*

Storz der, -[e]s/-e (V, mda.): *Strunk, Stoppel*

Stoß der, -es/Stöße: jemandem einen S. geben | ein S. *(Pack)* Bücher; ein S. Wäsche | *ein Kartenspiel* | (Med.) *Medikament in hoher Dosis* ‖ **Stoßbetrieb:** *Hauptbetrieb zu einer bestimmten Zeit* ‖ **Stoßdämpfer** (Kfz) ‖ **Stößel** der, -s/-: *Teil [des Mörsers] zum Zerstoßen, Zerreiben [von Gewürzen]* ‖ **stoßempfindlich** ‖ **stoßen**[1], du stößt/stieß/gestoßen: sie stößt ihn/ihm in die Seite | auf etwas s. *(es zufällig finden)* | ihr Vorhaben stößt auf Ablehnung | dieser Garten stößt *(grenzt)* an einen Wald | zu jemandem s. *(dazukommen)* | gestoßener *(zerkleinerter)* Pfeffer | ins Jagdhorn s. *(kurz und stark blasen)* ‖ **stoßen**[2] sich: sich an etwas s. *(daran Anstoß nehmen)* ‖ **Stoßen** das, -s (Sport): *eine Disziplin im Gewichtheben* ‖ **stoßfest:** eine stoßfeste Uhr ‖ **Stoßgebet** ‖ **Stoßkraft:** *treibende Kraft* ‖ **Stoßrichtung** ‖ **Stoßseufzer:** *[unbewusster] tiefer Seufzer; schnell gesprochenes, kurzes Gebet* ‖ **stoßsicher:** *stoßfest* ‖ **Stoßspiel:** *ein verbotenes Glücksspiel* ‖ **Stoßstange** (Kfz): *eine Sicherheitsvorrichtung [am Auto]*

Stoßsuppe → Stosuppe

Stoßtherapie (Med.): *intensiv einsetzende Heilbehandlung* ‖ **Stoßtrupp** (Mil.): *kleine Soldatengruppe für besondere Kampfeinsätze* ‖ **Stoßverkehr:** *starker Straßenverkehr, zB nach Arbeitsschluss* ‖ **Stoßwaffe:** zB Degen ‖ **stoßweise** ‖ **Stoßzahn:** *stark ausgebildeter Oberkieferzahn, zB bei Elefanten* ‖ **Stoßzeit:** *Zeit, in der der Straßenverkehr oder der Arbeitsanfall am stärksten ist, Rushhour*

Stosuppe, *auch:* Stoßsuppe (reg.): *Suppe aus gestockter saurer Milch*

Stotterer der, -s/-: *jemand, der stottert* ‖ **Stotterin** die, -/-innen ‖ **stottern:** *eine Sprechstörung mit stockenden Wiederholungen* | eine Ausrede s. *(stammeln)*

Stövchen [-f-] das, -s/-: *kleine Wärmeplatte zum Warmhalten von Speisen und Getränken*

strabanzen → strawanzen ‖ **Strabanzer** → Strawanzer ‖ **Strabanzerin** → Strawanzerin

Stracciatella [st-tʃa-] das, -s = **Stracciatellaeis** ⟨it.⟩: *eine Eissorte*

stracks (veraltet): *schnurstracks*

Stradivari [st-v-] die, -/-s: *dem italienischen Geigenbauer Antonio Stradivari zugeschriebenes Instrument*

Strafaktion [-tsi̯-] ‖ **Strafandrohung** (Jus) ‖ **Strafanstalt:** *Justizanstalt* ‖ **Strafantrag** (Jus): *Anklage* ‖ **Strafanzeige** (Jus): gegen jemanden S. erstatten *(jemanden wegen einer strafbaren Handlung anzeigen)* ‖ **Strafarbeit** ‖ **Strafaufschub** (Jus) ‖ **Strafausmaß** (Jus) ‖ **Strafbank** (Sport): *Bank für Spieler/innen, die vom Spielfeld verwiesen werden* ‖ **strafbar:** *gesetzlich mit Strafe bedroht;* sich s. machen; eine strafbare Handlung ‖ **Strafbarkeit** die, - ‖ **Strafbescheid** (Jus): *Bescheid über eine Verwaltungsstrafe* ‖ **Strafe** die, -/-n: eine gerechte S.; jemandem eine S. androhen; eine S. verhängen; Rauchen ist bei S. verboten; eine S. *(Freiheitsstrafe)* antreten/absitzen/verbüßen; die S. zur Bewährung aussetzen ‖ **strafen:** *bestrafen;* jemanden mit Verachtung s. *(absichtlich übersehen);* ihm einen strafenden Blick zuwerfen; sie ist gestraft genug *(das Geschehene ist für sie schlimm genug);* mit etwas gestraft sein *(viel Kummer und Sorgen damit haben)* | jemanden Lügen s. *(jemandem eine Lüge nachweisen)* ‖ **Strafentlassene**[1] der, -n/-n, ein Strafentlassener ‖ **Strafentlassene**[2] die, -n/-n ‖ **Straferkenntnis** das, -nisses/-nisse (Jus):

S

Strafurteil im Strafverfahren ‖ **straferschwerend**

straff: das Seil s. spannen | straffe *(strenge)* Ordnung; ein s. organisiertes Unternehmen

straffällig (Jus): s. werden *(eine strafbare Handlung begehen)* ‖ **Straffälligkeit** die, - (Jus)

straffen: ein Seil s. *(spannen);* ihre Gesichtszüge strafften sich; die Falten s. | eine Diskussion s. *(sie in feste Bahnen lenken und abkürzen)* ‖ **Straffheit** die, -

straffrei (Jus): er kam s. *(ohne Strafe)* davon ‖ **Straffreiheit** ‖ **Strafgefangene** ‖ **Strafgericht:** ein S. des Himmels ‖ **Strafgesetz** (Jus) ‖ **Strafgesetzbuch** (StGB) (Jus) ‖ **Strafgesetzgebung** (Jus) ‖ **Strafjustiz** (Jus) ‖ **Straflager:** *ein Strafgefangenenlager* ‖ **sträflich:** sträflicher *(unverzeihlicher)* Leichtsinn ‖ **Sträfling** der, -s/-e: *Strafgefangener* ‖ **Sträflingskleidung** ‖ **straflos:** *straffrei* ‖ **Strafmandat:** *die von einem Polizeiorgan verhängte, in der Regel sofort zahlbare Geldstrafe;* der Autofahrer bekam ein S.; → Strafverfügung ‖ **Strafmaß** (Jus): *Strafausmaß* ‖ **strafmildernd** (Jus): strafmildernde Umstände ‖ **strafmündig** (Jus) ‖ **Strafmündigkeit** (Jus) ‖ **Strafporto:** *erhöhte Gebühr für zu gering frankierte Postsendungen* ‖ **Strafpredigt** (oft scherzh.): jemandem eine S. halten *(mit jemandem schimpfen)* ‖ **Strafprozess** (Jus): *Gerichtsverfahren, das über das Vorliegen einer strafbaren Handlung entscheidet* ‖ **Strafprozessordnung** (Jus) ‖ **Strafpunkt:** *Minuspunkt* ‖ **Strafrahmen** (Jus): *gesetzlicher Ermessensspielraum für das Strafausmaß* ‖ **Strafraum** (Sport): *Teil der Spielfläche unmittelbar vor dem [Fußball]tor* ‖ **Strafrecht** das, -[e]s (Jus): *Rechtsordnung über die behördliche Strafbarkeit bestimmten widrigen Verhaltens* ‖ **strafrechtlich** (Jus): jemanden/etwas s. verfolgen ‖ **Strafrechtssache** (Jus): *Gegenstand eines Strafprozesses* ‖ **Strafregister** (Jus, Admin.): *zentrales Verzeichnis aller Verurteilungen* ‖ **Strafregisterauskunft** ‖ **Strafregisterbescheinigung** (Admin.): *Leumundszeugnis* ‖ **Strafrichter** ‖ **Strafrichterin** ‖ **Strafsache** (Jus): *Gegenstand eines Strafverfahrens* ‖ **Strafstoß** (Sport): *Freistoß, Elfmeter, Penalty ua.* ‖ **Straftat** (Jus): *strafbare Handlung* ‖ **Straftäter** ‖ **Straftäterin** ‖ **Strafverfahren** (Jus): *Strafprozess* ‖ **Strafverfolgung** (Jus) ‖ **Strafverfügung** (Amtsspr.): *von der Behörde erlassener Strafbescheid;* → Strafmandat ‖ **strafverschärfend** ‖ **Strafverschärfung** ‖ **strafversetzen:** *jemandem strafweise einen anderen, schlechteren Arbeitsplatz geben* ‖ **Strafversetzung** die, -/-en ‖ **Strafverteidiger:** *Rechtsanwalt im Strafprozess* ‖ **Strafverteidigerin** ‖ **Strafvollzug** (Jus): *Vollzug einer Freiheitsstrafe* ‖ **Strafvollzugsanstalt:** *Justizanstalt, Gefängnis* ‖ **strafweise:** jemanden s. versetzen ‖ **strafwürdig:** ein strafwürdiges *(Strafe verdienendes)* Vergehen ‖ **Strafzettel:** *Organstrafmandat*

Strahl der, -[e]s/-en: *Lichtschein;* Sonnenstrahl | Wasserstrahl | (Phys.) radioaktive Strahlen; elektromagnetische Strahlen ‖ **strahlen:** ein strahlender Tag; vor Freude s.; strahlend hell

strählen: Pferde s. *(striegeln, kämmen)*

Strahlenbehandlung (Med.): *medizinische Behandlung mit [Röntgen]strahlen* ‖ **Strahlenbelastung** ‖ **strahlenförmig** ‖ **Strahlenkranz** ‖ **Strahlenschutz:** *Schutz vor radioaktiver Strahlung* ‖ **Strahlentherapie** (Med.): *Strahlenbehandlung* ‖ **Strahler** der, -s/-: *Heizstrahler* ‖ **-strahlig** (nur in Zusammensetzungen wie zweistrahlig) ‖ **Strahlrohr:** *metallenes Endstück eines Wasserdruckschlauchs* ‖ **Strahltriebwerk:** *ein Flugzeugbzw. Raketenantrieb; Düsentriebwerk* ‖ **Strahlung** die, -/-en: radioaktive S. ‖ **strahlungsarm** ‖ **Strahlungsenergie** (Phys.) ‖ **strahlungsfrei**

Strähn der, -[e]s/-e: ein S. *(Strang)* Wolle ‖ **Strähne** die, -/-n: eine weiße S. im Haar ‖ **strähnig:** strähniges *(in Strähnen herabhängendes)* Haar

stramm: eine stramme *(aufrechte, straffe)* Haltung | der Rock sitzt [zu] s. *(zu eng);* → stramm ziehen = strammziehen ‖ **strammstehen:** der Soldat ist strammgestanden ‖ **stramm ziehen** = **strammziehen:** sie zog den Gurt stramm

Strampelanzug: *Strampelhöschen* ‖ **Strampelhöschen** = **Strampelhose:** *ein Kleidungsstück für Säuglinge* ‖ **strampeln,** ich strample: *mit den Beinen zappeln* | (ugs.) *Rad fahren* | (ugs.) *sich anstrengen* ‖ **Strampeｌ** das, -s/-[n] (veraltend): *Strampelhose*

strampfen (ugs.): *stampfen*

Strampler der, -s/-: *Strampelanzug*

Strand der, -[e]s/Strände: *Ufer, Gestade* ‖ **Strandanzug** ‖ **Strandbad** ‖ **stranden:** ein gestrandetes *(an einer seichten Stelle festsitzendes)* Schiff | ein gestrandetes *(gescheitertes)* Unternehmen ‖ **Strandgut:** *angeschwemmte Gegenstände von gesunkenen Schiffen* ‖ **Strandhotel** ‖ **Strandkleid** ‖ **Strandläufer:** *ein Vogel* ‖ **Strandpromenade**

Strang der, -[e]s/Stränge: *Seil;* Tod durch den S. *(durch Erhängen);* am selben S. ziehen *(dasselbe Ziel verfolgen);* über die Stränge schlagen *(übermütig sein)* | ein S. Wolle; der untere S. der Muskeln; Schienenstrang

Strangulation [-tsi̯-] die, -/-en ⟨gr.-lat.⟩ ‖ **strangulieren:** *erdrosseln*

Strankerl das, -s/-[n] (meist Pl.) (reg., zB K, ugs.) (Küchenspr.): *Fisole*

Strapaz [ʃt-] die, -/-en, *auch:* **Strapaze,** -/-n ⟨it.⟩: *große Anstrengung* ‖ **strapazfähig** = strapazierfähig: strapazfähige Schuhe ‖ **Strapazfähigkeit** = Strapazierfähigkeit ‖ **Strapazhose** (veraltend) ‖ **strapazieren**[1]: *stark beanspruchen* ‖ **strapazieren**[2] sich: *sich abmühen* ‖ **strapazierfähig** = → strapazfähig ‖ **Strapazierfähigkeit** = → Strapazfähigkeit ‖ **strapaziös:** *anstrengend*

Straps der, -es/-e ⟨engl.⟩: *Strumpfgürtelhalter, Hüftgürtelhalter*

Strass der, -[es]/-e: *Edelsteinnachahmung; ein Schmuckstein aus Glas (nach einem französischen Juwelier)*

straßauf, straßab: *die Straße hinauf und hinunter*

Straßburg (fr.: Strasbourg [st-'buːr]): *Stadt in Frankreich (Hauptstadt des Elsass, Sitz des Europarats)* | *Stadt in Kärnten*

Straße die, -/-n: eine ruhige S.; auf offener S. *(in der Öffentlichkeit)* ausgeraubt werden; der Druck der S. *(durch Demonstrationen*

S

uÄ); auf der S. stehen *(obdachlos sein; ohne Arbeit sein);* auf die S. gehen *(demonstrieren);* jemanden auf die S. setzen *(entlassen, hinauswerfen)* | (bes. D) Verkauf über die S. *(zum Mitnehmen)* | die S. *(Meerenge)* von Gibraltar || **Stra|ßen|an|zug:** *Anzug für den Alltag* || **Stra|ßen|ar|bei|ter** || **Stra|ßen|ar|bei|te|rin** || **Stra|ßen|bahn:** *ein öffentliches Verkehrsmittel* || **Stra|ßen|bah|ner** der, -s/- || **Stra|ßen|bah|ne|rin** die, -/-innen || **Stra|ßen|bahn|gar|ni|tur** || **Stra|ßen|bahn|hal|te|stel|le** || **Stra|ßen|bahn|schie|ne** (meist Pl.) || **Stra|ßen|bau** der, -[e]s/-ten || **Stra|ßen|be|lag:** *Asphalt, Beton, Schotter ua.* || **Stra|ßen|be|leuch|tung** || **Stra|ßen|bö|schung** || **Stra|ßen|bub:** *männliches Straßenkind* || **Stra|ßen|dorf:** *lang gestrecktes, beiderseits einer Straße angelegtes Dorf* || **Stra|ßen|fe|ger:** *Veranstaltung oder Fernsehsendung, die so viele Leute anzieht, dass die Straßen wie ausgestorben sind* | (D) *Straßenkehrer* || **Stra|ßen|glät|te:** *Glätte, die durch Eis und Schnee hervorgerufen wird* || **Stra|ßen|gra|ben:** entlang der Straße läuft ein S. || **Stra|ßen|händ|ler** || **Stra|ßen|händ|le|rin** || **Stra|ßen|jun|ge** (bes. D): *Straßenbub* || **Stra|ßen|kampf** (meist Pl.) || **Stra|ßen|kar|te:** *Landkarte der Verkehrswege* || **Stra|ßen|keh|rer** der, -s/- || **Stra|ßen|keh|re|rin** die, -/-innen || **Stra|ßen|kind:** *Kind, das kein Zuhause hat und auf der Straße lebt (bes. in der Dritten Welt)* || **Stra|ßen|klei|dung:** *Alltagskleidung* || **Stra|ßen|kreu|zer** (scherzh.): *sehr großes [luxuriöses] Personenauto* || **Stra|ßen|kreu|zung** || **Stra|ßen|la|ge:** ein Auto mit guter S. *(guten Fahreigenschaften)* || **Stra|ßen|lam|pe** || **Stra|ßen|lärm** || **Stra|ßen|la|ter|ne** || **Stra|ßen|mäd|chen:** *weibliches Straßenkind* | (meist abw.) *junge Prostituierte* || **Stra|ßen|meis|te|rei** die, -/-en: *Dienststelle zur Betreuung und Erhaltung eines Teilbereiches des Straßennetzes* || **Stra|ßen|mu|si|kant** || **Stra|ßen|mu|si|kan|tin** || **Stra|ßen|na|me,** *auch:* **Stra|ßen|na|men** || **Stra|ßen|netz:** *Gesamtheit der Straßen* || **Stra|ßen|pflas|ter** || **Stra|ßen|rand** || **Stra|ßen|raub:** *Raub auf offener Straße* || **Stra|ßen|rei|ni|gung** || **Stra|ßen|ren|nen** (Sport): *eine Disziplin im Radsport;* → G.: Bahnrennen || **Stra|ßen|samm|lung:** *öffentliche Spendensammlung für karitative Zwecke* || **Stra|ßen|sän|ger** || **Stra|ßen|sän|ge|rin** || **Stra|ßen|schild** das, -[e]s/-er || **Stra|ßen|schlacht:** *Straßenkampf* || **Stra|ßen|sei|te** || **stra|ßen|sei|tig:** ein straßenseitiges *(zur Straße gelegenes)* Zimmer || **Stra|ßen|sper|re:** eine S. errichten || **Stra|ßen|the|a|ter:** *auf Straßen und Plätzen veranstaltetes Theater* || **Stra|ßen|tun|nel** || **Stra|ßen|über|füh|rung** || **Stra|ßen|un|ter|füh|rung** || **Stra|ßen|ver|hält|nis|se** die (Pl.) || **Stra|ßen|ver|kehr** || **Stra|ßen|ver|kehrs|ord|nung** (StVO): *Verordnung, die das Verhalten auf öffentlichen Straßen regelt* || **Stra|ßen|ver|kehrs|zei|chen** || **Stra|ßen|ver|zeich|nis:** *alphabetisches Verzeichnis aller Straßennamen, zB als Teil eines Stadtplans* || **Stra|ßen|wal|ze:** *eine Baumaschine* || **Stra|ßen|zug:** *Straße mit Häuserreihe*

Stra|te|ge [st-, ʃt-] der, -n/-n ⟨gr.⟩: *Feldherr* || **Stra|te|gie** die, -/-n: *planvolles Vorgehen; geschickte Verhandlungstechnik* || **Stra|te|gin** die, -/-innen || **stra|te|gisch:** ein s. günstiger Ort | (Mil.) strategische Waffen *(Waffen von großer Sprengkraft bzw. Reichweite);* → G.: taktische Waffen

Stra|ti|gra|fie [st-, auch: ʃt-] = **Stra|ti|gra|phie** [-f-] die, - ⟨lat.+gr.⟩ (Geol.): *Beschreibung der Gesteinsschichten* || **Stra|to|sphä|re** [-sf-] die, -: *Luftschichte, die in über 12 km Höhe liegt* || **Stra|tus|wol|ke:** *Schichtwolke*

Strau|be die, -/-n (reg., zB St): *eine Mehlspeise, Spritzkrapfen*

sträu|ben[1]: die Federn, das Fell s. *(aufstellen)* || **sträu|ben**[2] sich: sich mit Händen und Füßen s. *(sich wehren)*

Strauch der, -[e]s/Sträucher: *Busch* || **Strauch|dieb** (veraltet): *Straßenräuber, Wegelagerer*

strau|cheln, ich strauchle (geh.): *stolpern* | mit diesem Vorhaben wird sie s. *(scheitern);* → Gestrauchelte

Strau|ken die, -s/-, *auch:* der, -/- (mda.): *Schnupfen*

Strauß[1] der, -es/Sträuße: ein S. Tulpen

Strauß[2] der, -es/Sträuße (veraltet): einen S. *(Streit)* ausfechten

Strauß[3] der, -es/-e: *ein Laufvogel*

Sträuß|chen das, -s/-: *Sträußerl*

Strau|ßen|ei || **Strau|ßen|fe|der**

Sträu|ßerl das, -s/-[n]: *kleiner Blumenstrauß*

stra|wan|zen, *auch:* strabanzen, du strawanzt (ugs.): *sich [müßig] herumtreiben* || **Stra|wan|zer** der, -s/-, *auch:* Strabanzer (ugs.) || **Stra|wan|ze|rin** die, -/-innen, *auch:* Strabanzerin (ugs.)

Strea|mer [striːmə] der, -s/- ⟨engl.⟩ (EDV): *Magnetband- und Kassettenlaufwerk eines Computers, auf dem große Datenmengen gespeichert werden können*

Stre|be die, -/-n: *eine schräge Stütze* || **Stre|be|bo|gen** (Arch.)

stre|ben: nach Glück s. *(sich darum bemühen)* | ins Freie s. *(sich mit Eifer hinausbewegen)* || **Stre|be|pfei|ler** (Arch.): gotische S. || **Stre|ber** der, -s/- (ugs., abw.): *übertrieben strebsamer, übertrieben ehrgeiziger Mensch* || **Stre|be|rei** die, - (ugs., abw.) || **Stre|be|rin** die, -/-innen (ugs., abw.) || **stre|bern** (ugs., abw.): für eine Prüfung s. *(eifrig lernen)* || **streb|sam:** *eifrig* || **Streb|sam|keit** die, -

Stre|cke die, -/-n: *Stück eines Weges, einer Route;* eine kurze S. sind wir gelaufen; er ist bei dem Machtkampf auf der S. geblieben *(hat sich nicht durchsetzen können, ist gescheitert); Abschnitt einer Bahnlinie;* die S. Innsbruck – Salzburg | (Jägerspr.) *das erlegte Wild;* Wild zur S. bringen *(es erlegen)* || **stre|cken:** die Arme in die Höhe s.; die Hand durch eine Öffnung s.; in gestrecktem *(raschem)* Galopp davonreiten; sich recken und s. *(sich dehnen);* sich nach der Decke s. *(nach seinem Einkommen sparsam leben)* | der Schnitt der Hose streckt *(lässt den Träger der Hose größer und schlanker erscheinen)* | Schuhe s. *(ausdehnen)* lassen | (Küchenspr.) die Soße s. *(verdünnen)* || **Stre|cken|ab|schnitt** || **Stre|cken|ar|bei|ter:** *Gleisarbeiter* || **Stre|cken|ar|bei|te|rin** || **Stre|cken|füh|rung:** *Verlauf einer [Renn]strecke* || **Stre|cken|kar|te:** *ein Fahrausweis* || **Stre|cken|maut** || **Stre|cken|netz:** die Straßenbahn verfügt über ein weites S. || **Stre|cken|strich** (–) (Druckw.): *mittellanger Strich (ohne Zwischenraum);* die Strecke Graz – Bruck an der Mur – Klagenfurt; 15–6 = 9 (sprich: minus) || **Stre|cken|wär|ter:** *ein*

S

Bahnbediensteter ‖ **Strẹ|cken|wär|te|rin** ‖ **strẹ|cken|wei|se:** *nur an bestimmten Stellen, in Abschnitten, gelegentlich* ‖ **Strẹ|cker** der, -s/-: *Schuhstrecker* | *Streckmuskel;* → G.: Beuger ‖ **Strẹ|ck|ver|band** (Med.)

Street|ball [striːtbɔːl] der, -s ⟨engl.⟩: *eine Sportart* ‖ **Street|wor|ker** [-wɜːkə] der, -s/-: *Sozialarbeiter [für jugendliche Drogenopfer]* ‖ **Street|wor|ke|rin** die, -/-innen

Streich der, -[e]s/-e: jemandem einen S. spielen *(jemanden hereinlegen)* | „Sieben auf einen S." *(Schlag)* ‖ **Strei|chel|ein|heit** (meist Pl.) (scherzh.): Streicheleinheiten *(aufmunternde Zuwendung)* brauchen ‖ **strei|cheln,** ich streichle: *sanft mit der Hand streichen* ‖ **Strei|chel|zoo:** *Gehege, in dem die Tiere gestreichelt werden dürfen* ‖ **strei|chen,** strich/gestrichen: Butter aufs Brot s.; über die Haare s. | den Zaun s. *(anstreichen);* eine frisch gestrichene (= frischgestrichene) Bank | das Glas ist gestrichen *(bis zum Rand)* voll | eine Zeile s. *(wegstreichen);* jemandem die Überstundenzulage s. *(wegnehmen);* den Urlaub s. | der Wind streicht *(weht)* durch die Bäume | die Segel, die Flagge s. *(sie einziehen;* auch: *eine Sache aufgeben, zurückziehen)* ‖ **Strei|cher** der, -s/- (Mus.): *Musiker, der ein Streichinstrument spielt* | (Pl. auch) *die Streichinstrumente im Orchester* ‖ **Strei|che|rin** die, -/-innen (Mus.) ‖ **streich|fä|hig:** streichfähiger *(streichbarer)* Käse ‖ **streich|fer|tig** ‖ **Streich|holz:** *Zündholz* ‖ **Streich|in|st|ru|ment** (Mus.): *Instrument, dessen Saiten mit einem Bogen gestrichen werden, Chordophon* ‖ **Streich|kä|se** ‖ **Streich|or|ches|ter** [meist: -kɛ-] (Mus.) ‖ **Streich|quar|tett** (Mus.): *1. und 2. Violine, Bratsche, Violoncello; eine Komposition für diese Besetzung; ihre Ausführenden* ‖ **Streich|quin|tett** (Mus.) ‖ **Streich|trio** (Mus.) ‖ **Strei|chung** die, -/-en: *das Durchstreichen; Tilgung;* → Deleatur ‖ **Streich|wurst:** *eine Wurstsorte*

Streif[1] die, -: *eine Skiabfahrt in Kitzbühel*

Streif[2] der, -[e]s/-e (geh.): *Streifen;* Nebelstreif ‖ **Strei|fe** die, -/-n: *Patrouille;* die S. *(Polizeistreife)* durchsuchte die Gegend nach Vermissten ‖ **strei|fen:** ich *habe* ihn nur gestreift *(leicht berührt)* | ein Thema s. *(kurz erwähnen)* | den Ring vom Finger s. *(abziehen)* | ich *bin* durch den Wald gestreift ‖ **Strei|fen** der, -s/-: ein S. Papier; ein Hemd mit grünen S. | einen neuen S. *(Film)* vorführen ‖ **Strei|fen|dienst:** Polizisten im S. ‖ **strei|fen|för|mig** ‖ **Strei|fen|wa|gen:** *Polizeiwagen, Funkstreife* ‖ **strei|fig:** den Schinken s. *(in Streifen)* schneiden ‖ **Streif|schuss:** *Schuss, der den Körper nur streift* ‖ **Streif|zug:** einen S. durch ein bestimmtes Gebiet unternehmen

Streik der, -[e]s/-s ⟨engl.⟩: *Arbeitsniederlegung, um eine Forderung durchzusetzen;* ein wilder S. *(von der Gewerkschaft nicht gebilligter Streik)* ‖ **Streik|auf|ruf** ‖ **Streik|bre|cher** der, -s/-: *Arbeitnehmer, der sich dem Streik widersetzt* ‖ **Streik|bre|che|rin** die, -/-innen ‖ **streik|brü|chig** ‖ **Streik|dro|hung** ‖ **strei|ken:** streikende Hafenarbeiter | (scherzh.) diese Maschine streikt *(sie funktioniert nicht)* ‖ **Streik|ko|mi|tee** ‖ **Streik|pos|ten:** *Wachposten gegen Streikbrecher* ‖ **Streik|recht** ‖ **Streik|wel|le:** *sich ausbreitende Streiks*

Streit der, -[e]s/-e: *heftige Auseinandersetzung;* ein erbitterter S.; S. suchen; etwas außer S. stellen *(nicht in Frage stellen)* | (veraltet) *Kampf* ‖ **Streit|axt:** *eine alte Waffe* ‖ **streit|bar** (geh.): *wehrhaft, kampflustig* ‖ **strei|ten,** stritt/gestritten: er streitet [sich] mit seinem Bruder; über etwas s.; darüber lässt sich s. *(kann man verschiedener Ansicht sein)* | (geh.) sie streitet *(kämpft)* für das Recht ‖ **Strei|ter** der, -s/- (geh.): *Kämpfer* ‖ **Strei|te|rei** die, -/-en ‖ **Strei|te|rin** die, -/-innen ‖ **Streit|fall:** *umstrittene, problematische Frage* ‖ **Streit|fra|ge:** *umstrittenes Problem* ‖ **Streit|ge|gen|stand** (Jus): *Gegenstand des Gerichtsverfahrens im Zivilprozess* ‖ **Streit|ge|spräch:** *Diskussion* ‖ **Streit|hahn** = **Streit|ham|mel** = **Streit|hansl** (ugs.): *streitsüchtiger Mensch* ‖ **strei|tig:** jemandem etwas s. machen *(es für sich fordern)* ‖ **Strei|tig|keit** die, -/-en (meist Pl.): *Auseinandersetzung* ‖ **Streit|kräf|te** die (Pl.): *Truppen; Militärmacht eines Staates* ‖ **Streit|kul|tur:** *zivilisierte Art, Differenzen auszutragen* ‖ **Streit|lust** ‖ **streit|lus|tig** ‖ **Streit|macht** die, -: trotz überlegener S. verlieren ‖ **Streit|ob|jekt:** *Streitgegenstand* ‖ **Streit|par|tei** (meist Pl.) (Jus) ‖ **Streit|punkt** ‖ **Streit|sa|che** (Jus): *Rechtsstreitigkeit; das gerichtliche Verfahren in Streitsachen* ‖ **Streit|schrift:** *Pamphlet* ‖ **Streit|sucht** die, - ‖ **streit|süch|tig:** streitsüchtige Nachbarn ‖ **Streit|wa|gen:** *Kriegswagen in der Antike* ‖ **Streit|wert** (Jus): *Bemessungsgrundlage im Zivilprozess, Wert des Streitgegenstandes*

strẹng: eine strenge *(rigorose, bestimmende, unnachsichtige)* Chefin | strenge Vorschriften; sich s. *(genau)* an die Vorschriften halten; strengste *(die allerhöchsten)* Sicherheitsvorkehrungen treffen; s. bewachen; eine strenge Diät; s. nehmen; s. genommen *(eigentlich)* ist das falsch | ein strenger *(sehr kalter)* Winter | s. *(ungut, schlecht)* riechen; *aber:* aufs (= auf das) Strengste (= strengste; mit Frage *Wie?*) bestrafen ‖ **Strẹn|ge** die, -: ein Gesetz mit äußerster S. *(Härte)* anwenden; drakonische S. ‖ **strẹng|gläu|big:** *kompromisslos den Glaubensvorschriften folgend* ‖ **Strẹng|gläu|big|keit**

Stre|se|mann der, -s: *ein klassischer Anzug (benannt nach einem deutschen Politiker)*

Strẹss [ʃt-, st-] der, -es] ⟨lat.-engl.⟩: *körperliche, nervliche und seelische Überbeanspruchung;* sie ist im S.; unter S. stehen ‖ **strẹs|sen,** du stresst, ich bin gestresst ‖ **strẹs|sig** ‖ **Strẹss|si|tu|a|ti|on** [-tsi̯-]

Strẹtch [ˈstretʃ] der, -[es] [-s]/-es [-ɪz] ⟨engl.⟩: *ein dehnbares, elastisches Gewebe* ‖ **Strẹt|ching** das, -s: *Dehnungsgymnastik* ‖ **Strẹtch|ho|se**

Strẹt|ta [st-] die, -/-s ⟨it.⟩ (Mus.): *effektvoller Abschluss einer Opernarie*

Streu die, -/-en (Pl. selten): den Schweinen frische S. geben *(den Stallboden [mit Stroh] belegen)* ‖ **Streu|be|sitz** (Wirt.): *auf viele, meist kleinere Anleger verteilter Aktienbesitz* | *in der Gegend zerstreuter Besitz* ‖ **Streu|bom|be** (Mil.): *Bombe mit einem großen Wirkungsradius* ‖ **Streu|do|se:**

[Zucker]streuer ‖ **streu|en:** bei Glatteis Sand s.; Salz auf das Butterbrot s.; jemandem Sand in die Augen s. *(jemanden täuschen)* | die Daten sind gestreut *(weichen stark vom Durchschnittswert ab)* ‖ **Streu|er** der, -s/-: *Streudose für Zucker, Salz ua.* ‖ **Streu|fahr|zeug:** *Fahrzeug, das bei Glatteis Tausalz oder Splitt streut* ‖ **Streu|gut** das, -[e]s: *Streusalz, Streusand ua.*

streu|nen: *sich herumtreiben;* streunende Hunde ‖ **Streu|ner** der, -s/- (oft abw.) ‖ **Streu|ne|rin** die, -/-**inn**en (oft abw.)

Streu|pflicht: *Pflicht des Hauseigentümers zur Gehsteigstreuung bei Schnee und Glatteis* ‖ **Streu|salz** ‖ **Streu|sand** ‖ **Streu|sel** der (auch: das), -s/- (meist Pl.): *Masse aus Zucker, Butter ua. zum Bestreuen [von Kuchen]* ‖ **Streu|sel|ku|chen** ‖ **Streu|sied|lung:** *Siedlung mit verstreut liegenden Häusern* ‖ **Streu|splitt** ‖ **Streu|ung** die, -/-en: eine breite S. *(weite Verbreitung, breit gefächerte Wirkung)* erreichen | *Salzstreuung* ‖ **Streu|wa|gen**

strich → streichen ‖ **Strich** der, -[e]s/-e: noch keinen S. *(noch nichts)* gemacht haben; einen S. unter eine Angelegenheit ziehen *(sie abschließen, nicht mehr davon sprechen);* jemandem einen S. durch die Rechnung machen *(jemandes Absichten durchkreuzen);* unter dem S. *(nach Berücksichtigung aller Faktoren)* hat das Gespräch nichts gebracht | der S. *(Zug)* der Schwalben | *Landstrich* | die Haare gegen den S. bürsten; das geht mir gegen den S. *(das ist mir unangenehm, kommt mir in die Quere)* | (ugs.) jemanden nach S. und Faden *(ständig, gehörig)* belügen | auf den S. gehen *(der Prostitution nachgehen);* jemanden auf den S. schicken *(zur Prostitution zwingen)* | (zB in der Grafik) *Strichführung* | (–) (Druckw.) *Kurzwort für Streckenstrich und Biszeichen, seltener auch für Gedankenstrich und Bindestrich;* Rapid–Austria (sprich: gegen) | (ohne Pl.) der S. *(die Bogenführung)* der Geigerin ‖ **Strich|code** [-koːt, fr.: -kɔd, engl.: -kəʊd] = → Strichkode ‖ **stri|cheln,** ich strichle: *strichlieren* ‖ **Stri|cherl** das, -s/-[n]: *[kurzer] Strich* ‖ **Stri|cherl|lis|te** (ugs.): *[Anwesenheits-]liste aus Strichen* ‖ **Strich|jun|ge:** *Straßenprostituierter* ‖ **Strich|kode** [-koːt] = Strichcode [-koːt, fr.: -kɔd, engl.: -kəʊd]: *verschlüsselte Daten auf Waren, die maschinell abgelesen werden können;* → EAN-Kode ‖ **strich|lie|ren:** strichlierte Linien ‖ **Strich|mäd|chen:** *Straßenprostituierte* ‖ **Strich|männ|chen:** *mit einfachen Strichen gezeichnete, gekritzelte Figur* ‖ **Strich|punkt** (;): *Semikolon* ‖ **Strich|re|gen:** *Regen, der nur strichweise fällt* ‖ **strich|wei|se:** s. *(nur in einzelnen Gebieten)* auftretende Niederschläge ‖ **Strich|zeich|nung:** *Umrisszeichnung*

Strick der, -[e]s/-e: *dicke Schnur; Seil;* wenn alle Stricke reißen *(im äußersten Fall);* er hat ihr daraus einen S. gedreht *(eine Unachtsamkeit ihrerseits böswillig gegen sie benutzt)* | (ugs.) *Schelm, Spitzbub* ‖ **Strick|ar|beit** ‖ **stri|cken:** einen Pullover s. ‖ **Stri|cker** der, -s/- ‖ **Stri|cke|rei** die, -/-en: *Strickarbeit* ‖ **Stri|cke|rin** die, -/-**inn**en ‖ **Strick|garn** ‖ **Strick|ja|cke** ‖ **Strick|kleid** ‖ **Strick|lei|ter:** *Leiter aus Stricken* ‖ **Strick|ma|schi|ne** ‖ **Strick|mo|de** ‖ **Strick|mus|ter** ‖ **Strick|na|del** ‖ **Strick|wa|ren** die (Pl.) ‖ **Strick|wes|te** ‖ **Strick|zeug:** *Strickarbeit*

Strie|gel der, -s/-: *Gerät zum Reinigen der Stalltiere* ‖ **strie|geln,** ich striegle: Pferde s.

Strie|men der, -s/-, *auch:* Strieme die, -/-n: *blutunterlaufener Streifen auf der Haut*

Strie|zel der, -s/-[n], *auch:* Stritzel: *ein Hefezopf* | *Maiskolben;* → Strutz ‖ **Strie|zerl** das, -s/-[n], *auch:* **Strit|zerl:** *ein Gebäck, Flesserl*

strikt [st-, ʃt-], *auch:* strikte ⟨lat.⟩: ein strikter *(strenger)* Befehl; s. *(genau)* nach den Vorschriften handeln; das ist s. verboten

strin|gent [st-] ⟨lat.⟩: ein stringenter *(zwingender)* Beweis ‖ **Strin|genz** die, -

String|tan|ga [-ŋga] ⟨engl.+indian.-port.⟩: *ein bes. knapper Slip*

Strip [st-] der, -s/-s ⟨engl.⟩: *Kurzwort für Striptease* ‖ **strip|pen** (sal.) ‖ **Strip|per** der, -s/- (sal.): *Stripteasetänzer* ‖ **Strip|pe|rin** die, -/-**inn**en (sal.) ‖ **Strip|tease** [ˈstrɪptiːz] der = das, -: *Entkleidungsszene [in einem Nachtlokal], Strip* ‖ **Strip|tease|lo|kal** ‖ **Strip|tease|tän|zer** ‖ **Strip|tease|tän|ze|rin**

stritt → streiten ‖ **strit|tig:** ein strittiger *(zweifelhafter, umstrittener)* Fall

Strit|zel → Striezel

Stri|zi [ʃt-] der, -s/-s ⟨tschech.⟩: *leichtsinniger, arbeitsscheuer Bursch* | *Zuhälter; Krimineller* ‖ **Stri|zi|lied** (Mus.): *ein Wienerliedtypus*

Stro|bo|skop [st-] das, -s/-e ⟨gr.⟩ (Phys.): *ein Messgerät, das kurze Lichtblitze aussendet*

Stroh das, -[e]s: *getrocknete Getreidehalme ohne Körner;* ein Ballen S.; leeres S. dreschen *(Unwichtiges, Unnützes reden)* ‖ **Stroh|bal|len** ‖ **stroh|blond** ‖ **Stroh|blu|me** ‖ **Stroh|dris|te** → Strohtriste ‖ **stroh|dumm:** *sehr dumm* ‖ **stro|hern:** *aus Stroh* ‖ **Stroh|feu|er:** *Begeisterung, die rasch verfliegt* ‖ **stroh|ge|deckt:** strohgedeckte Dächer ‖ **Stroh|halm:** *getrockneter Getreidehalm;* der Sturm hat den Mast wie einen S. geknickt; sich an einen S. klammern *(sich auf Grund eines winzigen Anhaltspunktes einer Hoffnung hingeben)* | *Trinkhalm* ‖ **Stroh|hut** ‖ **stro|hig:** *wie Stroh; trocken* ‖ **Stroh|mann:** jemanden als S. verwenden *(jemanden als scheinbar Verantwortlichen vorschieben)* ‖ **Stroh|röhrl** das, -s/-n (ugs.): *Trinkhalm* ‖ **Stroh|sack** ‖ **Stroh|scho|ber** ‖ **Stroh|stern:** *ein Weihnachtsschmuck* ‖ **Stroh|tris|te,** *auch:* Strohdriste: *um eine Stange angelegter Strohhaufen* ‖ **stroh|tro|cken:** *sehr trocken* | *humorlos, nüchtern* ‖ **Stroh|wit|we** (scherzh.): *Ehefrau, deren Mann vorübergehend abwesend ist* ‖ **Stroh|wit|wer** (scherzh.): für eine Woche S. sein

Strolch der, -[e]s/-e (abw.): *Verwahrloster* | *Gewalttätiger* | (scherzh.) *Schlingel* ‖ **strol|chen:** ein strolchender *(sich herumtreibender, streunender)* Hund

Strom der, -[e]s/Ströme: *großer Fluss;* Donaustrom; Ströme von Blut; es regnet in Strömen *(in großen Mengen);* ein S. *(eine große Zahl)* von Menschen drängte zum Ausgang | *Strömung;* gegen den S. schwimmen *(sich nicht anpassen)* | der elektrische S.; → Strom führend = stromführend; unter S. stehen ‖ **Strom|ab|nah|me** ‖ **Strom|ab-**

S

neh|mer der, -s/- ‖ **strom|ab|wärts** ‖ **strom|auf|wärts** ‖ **Strom|aus|fall** ‖ **strö|men:** die Menge strömte in den Saal; strömender Regen ‖ **Strom|er|zeu|ger** ‖ **Strom|er|zeu|gung** ‖ **Strom führend** = **strom|füh|rend:** S. führende Leitungen ‖ **Strom|ka|bel** ‖ **Strom|kas|sier** (früher) ‖ **Strom|kos|ten** die (Pl.) ‖ **Strom|kreis:** *elektrische Leitung mit einer Sicherung, an der mehrere Lampen, Steckdosen usw. hängen* ‖ **Strom|li|ni|en|form:** *Bauform [von Autos], die den Luftwiderstand verringert* ‖ **strom|li|ni|en|för|mig** ‖ **Strom|netz** ‖ **Strom|preis** ‖ **Strom|rech|nung** ‖ **Strom|schlag** ‖ **Strom|schnel|le:** *reißende Stelle in einem Fluss* ‖ **Strom|stär|ke** ‖ **Strom|stoß** ‖ **Strö|mung** die, -/-en: *Fließbewegung von Wasser, Luft;* in eine S. geraten | eine literarische S. *(Richtung)* ‖ **Strö|mungs|ge|schwin|dig|keit** ‖ **Strom|ver|brauch** ‖ **Strom|ver|sor|gung** ‖ **Strom|zäh|ler:** *Zähl- und Ablesegerät für den Stromverbrauch*

Stron|ti|um [st-tsi̯-] das, -s (Zeichen: Sr): *ein chemisches Element (nach einem schottischen Dorf)*

Stro|phe [ʃt-f-] die, -/-n ⟨gr.⟩: *Liedabschnitt; Gedichtabschnitt* ‖ **-stro|phig** (nur in Zusammensetzungen wie achtstrophig) ‖ **stro|phisch:** s. *(in Strophen)* gliedern; *aber:* ein vierstrophiges Gedicht

strot|ten (ostöst.): *stochern, nach verwertbaren Abfällen suchen* ‖ **Strot|ter** der, -s/- (ostöst.): *Vagabund* ‖ **Strot|te|rin** die, -/-innen (ostöst.)

strot|zen: *voll sein;* sein Aufsatz strotzt vor/von Fehlern; du strotzt vor/von Gesundheit *(bist sichtbar gesund)*

strub|be|lig, *auch:* strubblig: *zerzaust;* strubbeliges Haar; → struppig ‖ **Strub|bel|kopf** ‖ **strubb|lig** → strubbelig

Stru|del der, -s/-: *Wasserwirbel;* von einem S. erfasst werden | *eine [Mehl]speise;* Apfelstrudel; Blunzenstrudel ‖ **Stru|del|fül|le** ‖ **Stru|del|teig:** *eine Art Teig* | (ugs.) etwas zieht sich wie ein S. *(dauert ermüdend lang)*

Stru|den|gau: *Engtal der Donau in Nieder-, Oberösterreich*

Strud|ler der, -s/- (reg.): *Apfel, der für den Strudel sehr geeignet ist*

Struk|tur [st-, ʃt-] die, -/-en ⟨lat.⟩: *Aufbau; Gliederung;* die wirtschaftliche S. eines Landes | die S. *(das Gefüge)* des Gesteins, der Gesellschaft ‖ **Struk|tu|ra|lis|mus** der, -: *eine wissenschaftlich-philosophische, bes. auch sprachwissenschaftliche Richtung* ‖ **struk|tu|ra|lis|tisch** ‖ **Struk|tur|än|de|rung** ‖ **struk|tu|rell** ‖ **Struk|tur|for|mel** (Chem.): *grafische Darstellung des Aufbaus einer Verbindung;* → G.: Summenformel ‖ **struk|tu|rie|ren:** *mit einer Struktur versehen* ‖ **Struk|tu|rie|rung** die, -/-en ‖ **Struk|tur|po|li|tik** (Wirt.): *Wirtschaftspolitik, die direkt oder indirekt die Wirtschaftsstruktur beeinflusst* ‖ **Struk|tur|re|form** ‖ **struk|tur|schwach:** *wirtschaftlich rückständig, industriell schwach entwickelt* ‖ **Struk|tur|schwä|che** ‖ **Struk|tur|wan|del**

Stru|ma [st-] die, -/Strumen [Strumae] [-mɛ] ⟨lat.⟩ (Med.): *Kropf, eine angeschwollene Drüse*

Strumpf der, -[e]s/Strümpfe: ein S. aus Seide ‖ **Strumpf|hal|ter** ‖ **Strumpf|ho|se** ‖ **Strumpf|mas|ke:** *[bei Banküberfällen] über den Kopf gezogener Strumpf*

Strunk der, -[e]s/Strünke: *Baumstumpf;* beim Kraut den S. *(den holzigen Teil)* entfernen

strup|pig: ein struppiges *(borstiges)* Fell; → strubbelig

Strutz der, -es/-e (reg, bes. K, St): *Brotwecken*

Stru|wwel|kopf: *jemand mit buschigem, zerzaustem Haar* ‖ **Stru|wwel|pe|ter** der, -s: *eine Kinderbuchgestalt* | *Kind mit struppigem Haar*

Strych|nin [ʃtri-, auch: stry-] das, -s ⟨gr.-lat.⟩: *ein Gift*

Stu|bai [ʃt-] das, -[s]: *ein Tal in Tirol*

Stu|ban|ki [ʃt-] → Skubanki

Stu|bat, Stu|ba|ti → Stubete ‖ **Stu|be** die, -/-n: *[gemütliches] Zimmer* | *gemeinsamer Schlafraum [in einer Kaserne]* ‖ **Stu|ben|flie|ge** ‖ **Stu|ben|ho|cker:** *jemand, der am liebsten zu Hause sitzt* ‖ **Stu|ben|ho|cke|rin** die, -/-innen ‖ **Stu|ben|kas|ten** ‖ **Stu|ben|mäd|chen:** *Zimmermädchen [im Hotel]* ‖ **Stu|ben|mu|si** = **Stu|ben|mu|sik** die, -: *Hausmusikgruppe, Volksmusikgruppe, bes. mit Saiteninstrumenten* ‖ **stu|ben|rein:** ihr Hund ist s. | (scherzh.) der Witz ist nicht s. *(unanständig)* ‖ **Stü|berl** das, -s/-[n]: *kleineres, gemütliches Zimmer [in Gasthöfen]* | (reg.) *Wohnung für das Ausgedinge* ‖ **Stu|bet** die, -, *auch:* **Stu|be|te,** Stubat, Stubati (V) (Volksk.): *Zusammenkunft im Rahmen des Brauchtums* | *Besuch bei einem umworbenen Mädchen;* → fensterln ‖ **Stübl** das, -s/-n: *Stüberl* ‖ **Stüb|le** = **Stüb|li** das, -s/- (V): *Stüberl*

Stuck [ʃt-] der, -[e]s ⟨germ.-it.⟩: *Verzierung aus Gipsmörtel; Kunstmarmor;* → Stuckateur

Stück das, -[e]s/-e: in Stücke reißen; ein S. Torte; dein Vertrag ist nur ein S. Papier *(was daraufsteht, ist nichts wert);* sich ein S. abschneiden können *(etwas als Vorbild nehmen können);* sie ein S. des Weges begleiten; ein gutes S. weiterkommen; S. für S. *(der Reihe nach)* kontrollieren; große Stücke auf jemanden halten *(jemanden sehr schätzen)* | *Schandtat;* das ist ein starkes S. *(das ist sehr arg)* | etwas aus freien Stücken *(freiwillig)* tun | *Theaterstück; Musikstück* | (in Mengenangaben mit Pl. Stück) drei Stück Zucker

Stu|cka|teur [ʃt-ˈtøːɐ] der, -s/-e (frühere Schreibung: Stukkateur) ⟨germ.-it.-fr.⟩: *Stuckarbeiter* ‖ **Stu|cka|teu|rin** die, -/-innen ‖ **Stu|cka|tur** die, -/-en (frühere Schreibung: Stukkatur): *Verzierung aus Gipsmörtel [an Saaldecken];* → Stuck ‖ **Stuck|de|cke**

stü|ckeln, ich stückle: *aus Stücken zusammensetzen;* ein gestückeltes Leintuch ‖ **Stü|cke|lung** die, -/-en: die S. *(Gliederung)* von Eurobanknoten zu 5, 10, 20, 50 und 100 €

stu|cken (ugs., veraltend): *angestrengt lernen, büffeln*

Stü|ckerl das, -s/-[n] (ugs.): *Stückchen;* etwas spielt alle Stückerln *(ist bes. technisch ausgefeilt, kann alles);* → Stückl ‖ **stü|ckerl|weis** = stücklweis, *auch:* stückerlweise, stücklweise (ugs.): *stückweise* ‖ **Stü|cke|schrei|ber:** *Verfasser von [modernen] Theaterstücken* ‖ **Stü|cke|schrei|be|rin** ‖ **Stück|ge|wicht** ‖ **Stück|gut:** *Paket oÄ, das [von der Post] als Einzelstück befördert werden muss* ‖ **Stückl** das, -s/-[n] (ugs.): *Stückerl;* ein S. Zucker ‖ **Stück|lis|te:** *Liste aller notwendigen Einzelteile* ‖ **Stück|lohn** der, -[e]s:

Akkordlohn; im S. *(für das einzelne Stück)* bezahlt werden; → G.: Zeitlohn ‖ **stücklweis,** *auch:* **stücklweise** = → stückerlweis ‖ **Stückpreis** ‖ **stückweise** ‖ **Stückwerk** das, -[e]s (geh., abw.): *unvollkommenes, unbefriedigendes Werk* ‖ **Stückzahl**

stud. ⟨lat.⟩: **studiosus, studiosa** [st-]; stud. med. = studiosus/studiosa medicinae *(Student/in der Medizin)* ‖ **Student** [ʃt-] der, -en/-en ‖ **Studentenausweis** ‖ **Studentenbewegung** ‖ **Studentenbude** (veraltend): *Zimmer, kleine, anspruchslose Wohnung für Studenten* ‖ **Studentenfutter:** *Snack aus Nüssen, Rosinen ua.* ‖ **Studentenheim** ‖ **Studentenschaft** die, -/-en: die S. der Wirtschaftsuniversität ‖ **Studentenunruhen** die (Pl.) ‖ **Studentenverbindung:** *eine Vereinigung, Korporation* ‖ **Studentin** die, -/-innen ‖ **studentisch** ‖ **Studie** [-iɛ] die, -/-n: eine S. *(eine wissenschaftliche Untersuchung)* zu einem Thema; eine S. *(ein Entwurf)* zu einem Gemälde ‖ **Studienabbrecher** ‖ **Studienabbrecherin** ‖ **Studienabschnitt** ‖ **Studienaufenthalt** ‖ **Studienaustauschprogramm** ‖ **Studienberatung** ‖ **Studienberechtigungsprüfung:** *Prüfung als Voraussetzung für die Zulassung zum Universitätsstudium ohne Reifeprüfung* ‖ **Studieneingangsphase** [-f-]: *erstes Semester an einer Universität* ‖ **Studieneingangsprüfung:** *Prüfung am Beginn mancher Studien zwecks Selektion der Studierenden* ‖ **Studienfach** ‖ **Studienfreund** ‖ **Studienfreundin** ‖ **Studienförderung** ‖ **Studiengang:** *Verlauf des Studiums* ‖ **Studiengebühr** (meist Pl.) ‖ **Studiengesetz** ‖ **studienhalber:** s. im Ausland sein ‖ **Studienkollege** ‖ **Studienkollegin** ‖ **Studienordnung** ‖ **Studienrat** (D): *Professor an einer höheren Schule;* → Oberstudienrat ‖ **Studienrätin** (D) ‖ **Studienreise** ‖ **Studienzeit** ‖ **Studienzweig** ‖ **studieren:** an einer Universität, Fachhochschule, Akademie oÄ s.; Medizin s. | (ugs.) zwei studierte Schwestern *(mit Hochschulabschluss)* | die ländlichen Verhältnisse s.; sein Verhalten s. *(genau beobachten);* den Vertrag s. *(genau durchlesen)* | (ugs.) *nachdenken, überlegen* ‖ **Studierte**[1] der, -n/-n (ugs.), ein Studierter ‖ **Studierte**[2] die, -n/-n (ugs.) ‖ **Studierzimmer** (veraltend): *Arbeitszimmer* ‖ **Studio** das, -s/-s ⟨lat.-it.⟩: *Aufnahme-, Senderaum [im Rundfunkgebäude]* | *Künstlerwerkstätte;* Fotostudio | *kleines Theater* ‖ **Studiobühne:** *experimentelle Bühne oder Probebühne* ‖ **Studiosus** [ʃt-, auch: st-] der, -/Studiosi ⟨lat.⟩ (scherzh., veraltet): *Student* ‖ **Studium** [ʃt-] das, -s/Studien [-iɛn]: *akademische Ausbildung an einer Universität, Fachhochschule, Akademie oÄ* | Studien betreiben *(etwas erforschen);* das S. *(das genaue Durchlesen)* des Protokolls | (geh.) seinen Studien nachgehen, obliegen ‖ **Studium irregulare** [st-] das, - - (Bildw.): *unkonventionell kombinierter Studiengang;* → irregulär

Stufe die, -/-n: Stufen steigen | *Rang, [Alters]klasse;* mit ihm auf einer S. stehen *(gleichrangig sein)* | (Mus.) *Stelle eines Tons in der Tonleiter, zB Quint* ‖ **stufen:** *abstufen;* gestufte *(gestaffelte)* Eintrittspreise ‖ **Stufenbarren** (Sport): *ein Sportgerät* | *eine Disziplin im Turnen* ‖ **stufenförmig** ‖ **Stufenführerschein** ‖ **Stufenheck:** ein Auto mit S. ‖ **Stufenleiter:** *Hierarchie* ‖ **stufenlos:** *kontinuierlich* ‖ **Stufenplan:** *Entwicklungsplan in mehreren Stufen* ‖ **stufenweise:** *nach und nach* ‖ **-stufig** (nur in Zusammensetzungen wie achtstufig)

Stuhl der, -[e]s/Stühle: *ein Sitzmöbel;* zwischen zwei Stühlen sitzen *(zwischen zwei unangenehmen Möglichkeiten wählen müssen);* der elektrische S. *(für zum Tode Verurteilte)* | ein fester S. *(Stuhlgang)* | (ohne Pl.) (kath.) der Heilige Stuhl *(die päpstliche Regierung)* ‖ **Stuhldrang** der, -[e]s ‖ **Stuhlentleerung** ‖ **Stuhlgang:** *menschlicher Kot* | *Ausscheidungsvorgang* ‖ **Stuhluntersuchung** (Med.)

Stulpe die, -/-n: *umgelegter Teil [des Hosenbeins]* ‖ **stülpen:** den Ärmelaufschlag nach innen s. *(kehren)*

stumm: er ist seit dem 5. Lebensjahr s. *(kann nicht mehr sprechen);* s. vor Schreck; eine stumme Rolle *(Theaterrolle ohne Sprechtext)* | der stumme Diener *(ein fahrbarer Serviertisch; ein Kleiderständer)* | (Sprachwiss.) das stumme h in *gehen* ‖ **Stumme**[1] der, -n/-n, ein Stummer ‖ **Stumme**[2] die, -n/-n

Stummel der, -s/-: *Rest; Endstück;* Zigarettenstummel ‖ **Stummelschwanz**

Stummerl das, -s/-[n] (ugs., veraltend, auch abw.): *stummer Mensch* ‖ **Stummerlsprache** die, - (ugs., veraltend, auch abw.): *Taubstummen-, Zeichen-, Gebärdensprache* ‖ **Stummfilm:** → G.: Tonfilm

Stumpen der, -s/-: *noch nicht geformter Filzhut*

Stümper der, -s/- (abw.): *jemand, der in seinem Beruf/Fach untüchtig ist* ‖ **Stümperei** die, -/-en (abw.) ‖ **stümperhaft** (abw.) ‖ **Stümperin** die, -/-innen (abw.) ‖ **stümpern** (abw.)

stumpf: ein stumpfer Bleistift | (Math.) ein stumpfer Winkel *(Winkel zwischen 90 und 180 Grad)* | er ist geistig s. *(träg)* | stumpfes *(glanzloses)* Gold ‖ **Stumpf** der, -[e]s/Stümpfe: *verbliebener Rest [einer Kerze, eines Baumes];* etwas mit S. und Stiel *(ganz und gar)* ausrotten ‖ **Stumpfheit** die, - ‖ **Stumpfsinn** der, -[e]s: *Teilnahmslosigkeit* | *Unsinn* ‖ **stumpfsinnig** ‖ **stumpfwinkelig,** *auch:* **stumpfwinklig**

Stündchen das, -s/-: ein S. schlafen; sein letztes S. hat geschlagen *(es geht mit ihm zu Ende)* ‖ **Stunde** die, -/-n (Std., h): eine volle S.; eine geschlagene S. *(sechzig Minuten)* warten; der Bus verkehrt jede S.; eine viertel S. (= Viertelstunde); in drei viertel Stunden (= in drei Viertelstunden); von S. zu S. müder werden; ein Mann/eine Frau der ersten S. *(der/die von Anfang an dabei war);* seine letzte S. hat geschlagen *(es geht mit ihm zu Ende);* → Stündchen | schöne Stunden *(eine schöne Zeit)* mit ihr verbracht haben; die S. null *(Zeitpunkt, an dem etwas ganz von vorn beginnt);* die Gunst der S. *(den günstigen Augenblick)* nutzen; zur Stunde *(derzeit)* weiß ich noch nichts Genaues; die S. der Wahrheit *(Zeitpunkt der Bewährung)* | fünf Stunden *(Unterrichtseinheiten, meist zu 50 Minuten)* Schule haben;

S

Stunden *(Nachhilfeunterricht)* in Deutsch und Englisch geben ‖ **stunden:** *einen Aufschub gewähren;* eine Zahlung s.; eine Prüfung s. ‖ **Stundengebet** (kath.): *bestimmten Stunden des Tages zugeordnetes Gebet* ‖ **Stundengeschwindigkeit:** *Durchschnittsgeschwindigkeit innerhalb einer Stunde* ‖ **Stundenhotel:** *Hotel, in dem Paare Zimmer stundenweise zum Geschlechtsverkehr mieten* ‖ **Stundenkilometer** (meist Pl.) (km/h): *Kilometer je/pro Stunde* ‖ **stundenlang:** s. reden; *aber:* drei Stunden lang ‖ **Stundenlohn** ‖ **Stundenplan** ‖ **Stundentafel:** *Stundenplan* ‖ **stundenweise:** s. *(nur einzelne Stunden hindurch)* arbeiten ‖ **stundenweit:** s. *(mehrere Stunden weit)* gehen ‖ **Stundenzahl** ‖ **Stundenzeiger:** der S. der Armbanduhr ‖ **-stündig** (nur in Zusammensetzungen wie dreistündig); → stündlich ‖ **Stündlein** das, -s/- (geh.): *Stündchen* ‖ **stündlich:** eine Nachricht s. *(von Stunde zu Stunde)* erwarten; ein Medikament s. *(jede Stunde wieder)* nehmen; *aber:* ein zweistündiger *(zwei Stunden dauernder)* Vortrag; → -stündig ‖ **Stundung** die, -/-en: *Aufschub;* S. einer Zahlung

Stunk der, -s (bes. D, ugs.): S. *(Ärger)* machen/haben

Stunt [stʌnt] der, -s/-s ⟨engl.⟩: *gefährliche, schwierige Szene im Film* ‖ **Stuntman** [-ˈʌ-mæn] der, -s/Stuntmen [-men]: *jemand, der im Film berufsmäßig in gefährlichen und schwierigen Szenen an die Stelle des Schauspielers tritt* ‖ **Stuntwoman** [-wʊmən] die, -/-women [-wɪmɪn]

stupend [ʃt-, st-] ⟨lat.⟩ (geh.): ein stupendes *(verblüffendes, erstaunliches)* Wissen

stupfen (ugs.): *leicht stoßen, stupsen; stechen* ‖ **Stupfer** der, -s/- (ugs.): *leichter Stoß* | *Ableger einer Pflanze*

stupid [ʃt-, st-] ⟨lat.⟩ (abw.): *dumm;* eine stupide *(geisttötende)* Arbeit ‖ **Stupidität** die, -/-en (abw.)

Stupp das, -[e]s/-e (ugs., veraltend): *Puder* ‖ **stuppen** (ugs., veraltend): einen Säugling s. *(ihn einpudern)*

Stups der, -es/-e: *leichter Stoß, Stupser* ‖ **stupsen,** du stupst: *einen leichten Stoß geben* ‖ **Stupser** der, -s/-: *leichter Stoß, Stups* ‖ **Stupsnase:** *aufgebogene, kurze Nase*

stur (abw.): *starrköpfig, unbeweglich;* ein sturer Kerl ‖ **Sturheit** die, -/-en (abw.)

Sturm der, -[e]s/Stürme: *starker, heftiger Wind;* der S. tobt; bei S. und Regen; ein S. im Wasserglas *(eine Aufregung um nichts)* | ein S. *(Beifallssturm)* der Begeisterung | *Sturmangriff;* zum S. *(zum Angriff)* blasen; S. läuten *(heftig läuten, zB bei Ausbruch eines Brandes);* gegen etwas S. laufen *(dagegen ankämpfen)* | (ohne Pl.) *gärender Traubenmost* | → Sturm und Drang ‖ **Sturmangriff** (Mil.): *energischer Angriff* ‖ **Sturmbö,** *auch:* **Sturmböe** ‖ **stürmen:** es stürmt und schneit | eine Festung s. *(angreifen)* | ins Zimmer s. *(herein-, hineinstürzen)* ‖ **Stürmer** der, -s/- (Sport): *Angreifer, zB beim Fußballspiel* ‖ **Stürmerin** die, -/-innen (Sport) ‖ **sturmerprobt** (geh.): *kampferprobt* ‖ **sturmfest** ‖ **Sturmflut:** *durch Sturm hervorgerufene Wasserflut* ‖ **sturmfrei** (ugs.): eine sturmfreie Bude *(Quartier, wo man ungestört bleibt)* ‖ **Sturmglocke** (früher): *Glocke, die bei drohender Gefahr geläutet wurde* ‖ **sturmgepeitscht** (geh.) ‖ **stürmisch:** stürmisches Wetter; stürmische See | stürmische *(überschwängliche)* Begeisterung; eine stürmische *(rasante)* Entwicklung ‖ **Sturmlaterne** ‖ **Sturmläuten** das, -s (früher): → Sturmglocke ‖ **Sturmlauf:** *heftiger Anstrum, Angriff* | *schneller Lauf* ‖ **sturmreif:** *bereit für einen Sturmangriff;* die belagerte Stadt s. schießen ‖ **Sturmschaden** (meist Pl.) ‖ **Sturmtief:** *Tiefdruckgebiet mit heftigem Wind* ‖ **Sturm und Drang** der, - - -[e]s (Lit.): die literarische Periode des S. u. D. (um 1770 bis 1780) ‖ **Sturm-und-Drang-Zeit** die, - (Lit.): *Periode des Sturm und Drangs* | (scherzh.) *Jugendzeit* ‖ **Sturmwarnung:** S. anzeigen ‖ **Sturmwind**

Sturschädel (ugs., abw.): *sturer, eigensinniger Mensch*

Sturz der, -es/Stürze: ein S. mit dem Fahrrad; ein Skirennen mit vielen Stürzen | der S. *(die Abwahl oder Absetzung)* der Regierung | *Glassturz* | *oberer Abschluss einer Maueröffnung;* Fenstersturz ‖ **Sturzacker:** *grob umgepflügtes Feld* ‖ **Sturzbach:** *zu Tal stürzende Wassermassen, zB nach einem Wolkenbruch* ‖ **Stürze** die, -/-n (Mus.): *Schalltrichter [der Posaune]* ‖ **stürzen,** du stürzt: *in die Tiefe/zu Boden fallen;* mit dem Fahrrad s. | die Regierung s. *(zum Rücktritt zwingen)* | zum Fenster s. *(laufen)* | eine Kiste s. *(kippen);* den Gugelhupf s. *(aus der Form kippen);* Manschetten s. *(die eingestülpten Ränder zusammennähen)* | sich auf sein Opfer s.; sich in die Arbeit s. | (mda., veraltet) Schule s. *(schwänzen)* ‖ **Sturzflug:** *steil nach unten gerichteter Flug* ‖ **Sturzflut:** *[durch Stürme oder Erdbeben] hervorgerufene hohe Flut* ‖ **Sturzglas:** *eine Glasform für Speisen, die man als Ganzes aus dem Glas stürzt, zB Pasteten, Kuchen* ‖ **Sturzhelm:** *ein Kopfschutz* ‖ **Sturzhelmpflicht** ‖ **Sturzsee:** *bes. hohe Welle*

Stuss der, -es (sal.): *Unsinn*

Stute die, -/-n: *weibliches Pferd;* → Hengst

Stuttgart: *Stadt in Deutschland*

Stütze die, -/-n: jemandem eine S. *(Hilfe)* sein; die S. der Chefin | *Pfosten*

stutzen: du stutzt deinen Bart *(schneidest ihn kürzer)* | *erstaunt sein, aufhorchen, misstrauisch werden;* das Pferd stutzte vor dem Hindernis ‖ **Stutzen** der, -s/-: *kurzes Gewehr; kurzes Rohrstück* | *bis unters Knie reichender Strumpf* | *ein Trinkgefäß*

stützen[1]: du stützt den Kopf in die Hände; junge Bäume s.; sich auf einen Stock s.; sich auf jemanden s. *(jemandes Hilfe in Anspruch nehmen)* | (Wirt.) gestützte *(durch Zuschüsse niedrig gehaltene)* Preise ‖ **stützen**[2] sich: sich auf Beweise s. *(sie zur Grundlage haben)*

Stutzer der, -s/- (veraltet, abw.): *Modegeck* | (veraltend) *kurzer [Winter]mantel*

Stützerl das, -s/-[n] (ugs., veraltet): *[gestrickter] Wärmeschutz um das [Hand]gelenk*

Stutzflügel (Mus.): *kurzer Flügel, Klavier*

Stützgewebe

stutzig: s. werden *(aufhorchen; auch: Verdacht schöpfen);* jemanden s. machen

stützig (veraltet): ein stütziges

S

(widerspenstiges, störrisches) Pferd
Stütz|kor|sett ‖ **Stütz|mau|er:** *Mauer an einer Böschung* ‖ **Stütz|punkt:** *Basis/Zentrum, von dem eine Tätigkeit ausgeht* ‖ **Stütz|rad:** *Hilfsrad [seitlich an Kinderfahrrädern]* ‖ **Stütz|strumpf:** *elastischer Strumpf gegen Blutstauungen* ‖ **Stüt|zung** die, -/-en ‖ **Stüt|zungs|maß|nah|me** ‖ **Stütz|ver|band**
StVO [ɛs te faʊ ˈoː] die, -: **S**traßen**v**erkehrs**o**rdnung
Style [staɪl] der, -s/-s ⟨lat.-engl.⟩: *Stil, Mode* ‖ **sty|len:** die Haare perfekt s. ‖ **Sty|ling** das, -s: *Stilisierung, Formgebung, Design, Gestaltung, zB bei Möbeln, Autos, Frisuren* ‖ **Sty|list** der, -en/-en: *Designer* ‖ **Sty|lis|tin** die, -/-innen
Sty|ria [ˈstyː-, ˈstiː-]: *lateinischer Name der Steiermark* ‖ **Sty|ri|a|kum** das, -s/Styriaka = Styriacum [-k-]: *spezifische steirische Eigenart, Erscheinung* | *spezifische Publikation zum Thema Steiermark* ‖ **Sty|ri|ar|te** die, -: *ein jährliches Musikfest in der Steiermark*
Sty|ro|por [sty-, ʃty-] das, -s ⟨gr.+lat.⟩ (Wz.): *ein Kunststoff*
Styx [ˈstyks] der, -: *Fluss in der antiken Totenwelt*
s. u.: **s**iehe **u**nten (bei Hinweisen in Texten)
Sua|da [su̯-] die, -/Suaden ⟨lat.⟩: *Redeschwall; Beredsamkeit*
sub- ⟨lat.⟩ (nur in Zusammensetzungen wie subakut, Substandard)
sub|akut (Med.): *nicht heftig verlaufend*
sub|al|pin (Geogr.): *Höhenstufe zwischen Waldgrenze und Baumgrenze*
sub|al|tern ⟨lat.⟩ (geh.): *untergeordnet; unterwürfig, untertänig*
sub aus|pi|ci|is prae|si|den|tis [- -tsi.is prɛ-] ⟨lat.⟩: *unter dem Ehrenschutz des Bundespräsidenten;* → Promotion
Sub|di|a|kon (früher): *Träger der untersten kirchlichen Weihe*
Sub|do|mi|nan|te (Mus.): *Dreiklang der 4. Stufe der Tonleiter*
su|bi|to ⟨it.⟩ (Mus.): *sofort*
Sub|jekt das, -[e]s/-e ⟨lat.⟩: *denkende, handelnde Person* | (abw.) *verkommener Mensch* | (Gramm.) *Satzgegenstand* ‖ **sub|jek|tiv** [auch: ˈzu-]: eine subjektive *(persönliche, vom eigenen Gefühl, vom eigenen Standpunkt beeinflusste)* Meinung; → G.: objektiv ‖ **Sub|jek|ti|vis|mus** [-v-] der, -/Subjektivismen (Phil.) ‖ **Sub|jek|ti|vi|tät** die, - ‖ **Sub|jekts|teil** (Gramm.): *Subjekt samt den zu ihm gehörigen Attributen und Artikeln*
Sub|kon|ti|nent: *geographisch eigenständiger, großer Teil eines Kontinents, zB Vorderindien*
Sub|kul|tur: *abweichende Kultur- und Lebensformen bestimmter Gruppen der Gesellschaft*
sub|ku|tan ⟨lat.⟩ (Med.): *unter die Haut [bei Injektionen];* → perkutan
su|b|lim ⟨lat.⟩ (geh.): *verfeinert; feinsinnig;* ein sublimes Empfinden ‖ **Su|b|li|ma|ti|on** [-tsi̯-] die, -/-en (Chem.): *Übergehen vom festen in den gasförmigen Zustand* ‖ **su|b|li|mie|ren:** *eine Sublimation herbeiführen* | (Psych.) *vergeistigen; [unbefriedigte] Triebe in geistige Leistungen umsetzen* ‖ **Su|b|li|mie|rung** die, -/-en
Sub|mis|si|on die, -/-en ⟨lat.⟩ (veraltend): *Unterwürfigkeit, das Sichunterwerfen* | (Wirt.) *öffentliche Ausschreibung* ‖ **Sub|mis|si|ons|ver|gleich** (Jus): *Vergleich bei gänzlichem Nachgeben einer Prozesspartei* ‖ **sub|mit|tie|ren** (Jus): *in einem Prozess aufgeben, sich dem Standpunkt des Prozessgegners unterwerfen*
Sub|or|di|na|ti|on [-tsi̯-] ⟨lat.⟩: *Unterordnung, Gehorsam;* → G.: Insubordination
sub|po|lar ⟨lat.⟩ (Geogr.): *an die Polarzone anschließend*
Sub|pri|or ⟨lat.⟩: *Stellvertreter des Priors im Kloster* ‖ **Sub|pri|o|rin**
sub ro|sa ⟨lat.⟩: *unter dem Siegel der Verschwiegenheit*
sub|si|di|är ⟨lat.-fr.⟩: *helfend, unterstützend* ‖ **Sub|si|di|a|ri|tät** die, - ‖ **Sub|si|di|a|ri|täts|prin|zip** das, -s (Pol.): *Prinzip der größtmöglichen Selbstverantwortung kleinerer Gemeinschaften, zB EU, Bund, Land, Gemeinde überlassen der jeweils nächstniedrigeren Ebene möglichst viel zu regeln*
Sub|sis|tenz die, -/-en ⟨lat.⟩ (geh.): *Lebensunterhalt*
Sub|skri|bent der, -en/-en ⟨lat.⟩ ‖ **Sub|skri|ben|tin** die, -/-innen ‖ **sub|skri|bie|ren** ‖ **Sub|skrip|ti|on** [-tsi̯-] die, -/-en: *Vorausbestellung [eines Buches]* ‖ **Sub|skrip|ti|ons|preis:** *verbilligter Vorbestellungspreis*
Sub|stan|dard: *unter dem gewohnten Niveau;* diese Wohnung ist S. ‖ **Sub|stan|dard|haus** ‖ **Sub|stan|dard|woh|nung:** *Wohnung ohne WC, Bad ua. Komfort*
sub|s|tan|ti|ell [-tsi̯-] = → substanziell ‖ **sub|s|tan|ti|ie|ren** [-tsiˈiː-] = → substanziieren ‖ **Sub|s|tan|tiv** das, -s/-e [-fɛ, -vɛ] ⟨lat.⟩ (Gramm.): *Nomen, Hauptwort* ‖ **sub|s|tan|ti|vie|ren** [-v-] (Gramm.) ‖ **Sub|s|tan|ti|vie|rung** die, -/-en (Gramm.): *Nominalisierung* ‖ **sub|s|tan|ti|visch** [auch: -ˈtiː-] (Gramm.): *nominal* ‖ **Sub|s|tanz** die, -/-en: *das Wesen, das Bleibende* | *Stoff, Masse, Material;* etwas geht an die S. *(an den Grundbestand)* ‖ **sub|s|tan|zi|ell** = substantiell [-tsi̯-] ⟨lat.-fr.⟩ (geh.): *wesentlich, gehaltvoll* | *nahrhaft* ‖ **sub|s|tan|zi|ie|ren** = substantiieren (Jus): *deutlicher darlegen, konkretisieren*
sub|s|ti|tu|ie|ren ⟨lat.⟩: *etwas/jemanden an die Stelle eines anderen setzen* ‖ **Sub|s|ti|tu|ie|rung** die, -/-en ‖ **Sub|s|ti|tut**[1] das, -[e]s/-e: *Ersatz, Surrogat* ‖ **Sub|s|ti|tut**[2] der, -en/-en: *Ersatzperson, Aushilfskraft* | (Jus) *junger Jurist in einer Kanzlei; Ersatzmann [für einen Pflichtverteidiger]* ‖ **Sub|s|ti|tu|tin** die, -/-innen ‖ **Sub|s|ti|tu|ti|on** [-tsi̯-] die, -/-en: *Ersatz, Ergänzung* | (Gramm.) *Ersatzform*
Sub|s|trat das, -[e]s/-e ⟨lat.⟩: *Grundlage; Basis; Unterlage* | (Biol.) *Nährboden* | (Sprachwiss.) *Spuren einer früheren Sprache in der nunmehrigen Sprache*
sub|su|mie|ren ⟨lat.⟩: *einem allgemeinen Begriff unterordnen, einordnen*
sub|til ⟨lat.⟩ (geh.): *zart, feinsinnig; differenziert;* subtile Unterschiede
Sub|tra|hend der, -en/-en ⟨lat.⟩ (Math.): *Zahl, die weggezählt wird* ‖ **sub|tra|hie|ren** (Math.): *wegzählen, abziehen* ‖ **Sub|trak|ti|on** [-tsi̯-] die, -/-en (Math.)
Sub|tro|pen die (Pl.) ‖ **sub|tro|pisch** (Geogr.): subtropisches Klima *(Klima zwischen den Tropen und der gemäßigten Zone)*
Sub|un|ter|neh|mer: *Unternehmer, der für einen anderen einen Teilauftrag ausführt* ‖ **Sub|un|ter|neh|me|rin**
Sub|ven|ti|on [-v-tsi̯-] die, -/-en ⟨lat.⟩: *finanzielle Unterstützung aus öffentlichen Geldern, zB an Vereine* ‖ **sub|ven|ti|o|nie|ren** ‖

S

Subventionslehrer: *Bundeslehrer an einer Privatschule* ‖ **Subventionslehrerin** ‖ **Subventionswerber** (Amtsspr.) ‖ **Subventionswerberin** (Amtsspr.)

Subversion [-v-] die, -/-en ⟨lat.⟩ ‖ **subversiv:** subversive *(umstürzlerische)* Tätigkeit

Suchaktion [-tsi̯-]: eine groß angelegte S. starten ‖ **Suchanzeige** ‖ **Suchdienst** ‖ **Suche** die, -: auf die S. gehen; sich auf die S. machen ‖ **suchen:** Schwammerln s.; das Weite s. *(weglaufen);* ihr Engagement sucht seinesgleichen *(ist unerreicht);* Sie haben hier nichts zu s. *(nichts verloren)*!; nach der Wahrheit s.; Lektor/in gesucht (in Stellenanzeigen) | jemandem zu helfen s. *(versuchen)* ‖ **Sucher** der, -s/-: *Einrichtung an der Kamera* ‖ **Suchhund:** *Lawinen-, Drogensuchhund* ‖ **Suchlauf:** *elektronische Einrichtung zum Suchen [der Rundfunksender]* ‖ **Suchmaschine** (Internet): *spezielle Datenbank, mit der man Begriffe im Internet findet*

Sucht die, -/Süchte: *krankhaft starkes Verlangen;* die S., stets aufzufallen | *krankhafte Abhängigkeit [von Alkohol, Drogen]* ‖ **Suchtgefahr** ‖ **Suchtgift:** *Rauschgift* ‖ **Suchtgiftdealer** [-di:l-] ‖ **Suchtgiftdealerin** ‖ **Suchtgiftfahnder** ‖ **Suchtgiftfahnderin** ‖ **Suchtgifthändler** ‖ **Suchtgifthändlerin** ‖ **Suchtgiftkriminalität** ‖ **Suchtgiftszene** ‖ **süchtig:** *einer Sucht verfallen;* rauschgiftsüchtig ‖ **Süchtige**[1] der, -n/-n, ein Süchtiger ‖ **Süchtige**[2] die, -n/-n ‖ **Süchtigkeit** die, - ‖ **Suchtkranke** ‖ **Suchtmittel** ‖ **Suchtprävention** [-v-tsi̯-]

Suchtrupp: *Personengruppe, die eine Suchaktion durchführt*

Sud der, -[e]s/-e: *Flüssigkeit, in der Kaffee, Kräuter oÄ [aus]gekocht wurden*

Süd[1] (Zeichen: S): *Himmelsrichtung;* in Nord und Süd; Graz-Süd (= Graz Süd); → Süden ‖ **Süd**[2] der, -[e]s (geh.): *Südwind;* ein warmer Süd ‖ **Südafrika** ‖ **südafrikanisch** ‖ **Südamerika** ‖ **südamerikanisch**

Sudan der, -[s]: *afrikanischer Staat* ‖ **Sudanese** der, -n/-n ‖ **Sudanesin** die, -/-innen ‖ **sudanesisch**

Südautobahn ‖ **Südbahn:** *Südbahnstrecke der Eisenbahn (Wien–Bruck an der Mur–Graz/Villach)* ‖ **Südbahnhof:** *ein Bahnhof in Wien* ‖ **Südbahnstrecke** ‖ **süddeutsch** ‖ **Süddeutschland**

sudeln, ich sudle: *[mit Schmutz] herumschmieren; [mit der Tinte] unsauber schreiben*

Süden der, -s (Zeichen: S): *Himmelsrichtung* | der sonnige S. *(Land[esteil] im Süden);* → Süd; → Mittag

Sudeten die (Pl.): *ein Gebirgszug (D, Tschechien, Polen)* ‖ **Sudetendeutsche:** *Deutschsprachige/r aus den Sudetenländern* ‖ **Sudetenland** das, -[e]s (Gesch.): *die bis 1945 von Sudetendeutschen bewohnten Teile der Sudetenländer* ‖ **Sudetenländer** die (Pl.) (Gesch.): *Sammelbezeichnung für Böhmen, Mähren und das ehemalige Österreichisch-Schlesien*

Südeuropa ‖ **Südfrucht** (meist Pl.): *Orange, Banane ua.* ‖ **Südhalbkugel** ‖ **Südhang**

Sudhaus: *Gebäude, in dem aus der Sole Kochsalz gewonnen wird* | *Gebäude, in dem Bierwürze gewonnen wird*

Südkorea: *ostasiatischer Staat* (amtlich: Republik Korea) ‖ **Südländer** der, -s/-: *Einwohner eines Landes im Süden, eines Mittelmeerlandes* ‖ **Südländerin** die, -/-innen ‖ **südländisch:** ein südländisches Aussehen ‖ **südlich:** s. des Flusses/s. vom Fluss; s. [von] der Stadt; ein südliches Klima

Sudoku das, -s/-s ⟨jap.⟩: *ein Zahlenrätsel*

Südost = Südosten (SO) ‖ **Südostasien** ‖ **Südosten** = → Südost ‖ **Südosteuropa** ‖ **südöstlich** ‖ **Südosttangente:** *eine frequentierte Stadtautobahn in Wien* ‖ **Südpol** ‖ **Südpolarmeer** ‖ **Südsee** die, - ‖ **Südseite** ‖ **südseitig** ‖ **Südstaaten** die (Pl.): *südliche Bundesstaaten der USA* ‖ **Südsteiermark:** *Landesteil der Steiermark* ‖ **Südsüdost** = **Südsüdosten** (SSO) ‖ **Südsüdwest** = **Südsüdwesten** (SSW) ‖ **Südtirol** (it.: Alto Adige [- ˈa:didʒe]): *1919 an Italien gefallener Teil Tirols; die Provinz Bozen (in Italien);* → Nordtirol; → Osttirol ‖ **Südtiroler**[1] (Adj.): die Südtiroler Landesregierung; S. Trachten ‖ **Südtiroler**[2] der, -s/-, ein Südtiroler ‖ **Südtirolerin** die, -/-innen ‖ **Südtirolpaket** (Gesch., Pol.): *Vereinbarung zwischen Österreich und Italien über die Maßnahmen zur Autonomieregelung Südtirols* ‖ **Südumfahrung** ‖ **südwärts** ‖ **Südwest** = **Südwesten** (SW) ‖ **südwestlich** ‖ **Südwind**

Suff der, -[e]s (sal.): sich dem S. ergeben *(ein Säufer sein)* ‖ **süffeln:** *genussvoll trinken* ‖ **süffig:** ein süffiger *(leichter, angenehm zu trinkender)* Wein

Süffisance [-ˈzɑ̃:s] = → Süffisanz ‖ **süffisant** ⟨lat.-fr.⟩ (geh.): ein süffisantes *(hochmütiges, spöttisches)* Lächeln ‖ **Süffisanz** = Süffisance [-ˈzɑ̃:s] die, -

Suffix das, -es/-e ⟨lat.⟩ (Gramm.): *Wortteil, der auf den Stamm eines Wortes folgt; Nachsilbe;* → Präfix

suffizient ⟨lat.⟩ ‖ **Suffizienz** die, -/-en (Med.): *Funktionstüchtigkeit;* → G.: Insuffizienz

Suffragette die, -/-n ⟨lat.-fr.-engl.⟩ (früher): *eine Frauen[wahl]rechtskämpferin*

suggerieren ⟨lat.⟩: jemandem etwas s. *(ihn in Richtung einer bestimmten Meinung oder Absicht beeinflussen);* die Bezeichnung suggeriert etwas Positives *(soll einen positiven Eindruck erwecken)* ‖ **Suggestion** die, -/-en: *starke seelische Beeinflussung; Willensübertragung* ‖ **suggestiv** ‖ **Suggestivfrage:** *Frage, die die gewünschte Antwort herbeiführen soll* ‖ **Suggestopädie** die, - ⟨lat.+gr.⟩: *eine ganzheitliche Lehr- und Lernmethode*

Sugo der = das, -s/-s ⟨it.⟩: *pikante Tomatensauce nach italienischer Art*

suhlen sich: die Wildschweine s. sich *(wälzen sich)* im Schlamm

Sühne die, -/-n (geh.): *Wiedergutmachung; Buße (für ein Verschulden oder im Sinne einer historischen Verantwortung);* S. für etwas leisten ‖ **sühnen** (geh.): ein Vergehen s. *(gutmachen; abbüßen)* ‖ **Sühneopfer** = Sühnopfer (Rel.): *Opfer zur Sühne* ‖ **Sühneversuch** (Jus): *Schlichtungsversuch im Ehescheidungsverfahren* ‖ **Sühnopfer** = → Sühneopfer

sui generis ⟨lat.⟩: ein Kunstwerk sui g. *(von besonderer, eigener Art)*

S

Su|i|te ['sўi(ː)t] die, -/-n ⟨fr.⟩: *Instrumentalstück aus mehreren [Tanz]sätzen* | *zusammenhängende Zimmerreihe/-flucht, zB in einem Hotel*
Su|i|zid der = das, -[e]s/-e ⟨lat.⟩: *Selbstmord* ‖ **su|i|zid|ge|fähr|det**
Su|jet [sy'ʒeː] das, -s/-s ⟨fr.⟩: *Thema, Gegenstand [einer künstlerischen Darstellung]*
Suk|kurs der, -es/-e ⟨lat.⟩: *Hilfe, Unterstützung*
Suk|kus der, - ⟨lat.⟩ (geh.): *Ertrag, Zusammenfassung des Wesentlichen, Ergebnis*
Suk|zes|si|on die, -/-en ⟨lat.⟩: *Nachfolge; Thronfolge* ‖ **Suk|zes|si|ons|krieg:** *Erbfolgekrieg* ‖ **suk|zes|siv** = **suk|zes|si|ve** [-fɛ, -vɛ]: *nach und nach, allmählich:* sukzessive Gewichtszunahme
Sul|fat das, -[e]s/-e ⟨lat.⟩ (Chem.): *Salz der Schwefelsäure* ‖ **Sul|fid** das, -s/-e (Chem.): *eine Schwefelwasserstoffverbindung* ‖ **Sul|fit** das, -s/-e (Chem.): *Salz der schwefeligen Säure* ‖ **Sul|fo|na|mid** das, -[e]s/-e: *ein Medikament*
Sul|ky ['sʌlki] der, -s/-s ⟨engl.⟩: *leichter zweirädriger Wagen für Trabrennen*
Sul|tan der, -s/-e ⟨arab.⟩: *Titel islamischer Herrscher* ‖ **Sul|ta|nat** das, -[e]s/-e: *Herrschaftsgebiet eines Sultans* ‖ **Sul|ta|nin** die, -/-innen: *Gattin eines Sultans* ‖ **Sul|ta|ni|ne** die, -/-n (meist Pl.): *große, kernlose Rosine*
Sulz die, -/-en, *auch:* das, -es/-e: *Fleisch, Fisch oder Gemüse in Gelee* ‖ **sul|zen,** du sulzt: *Sulz bereiten* | eine sulzende *(gelierende)* Suppe ‖ **sul|zig:** sulziger *(aufgeweichter)* [Frühjahrs]schnee
sum|ma cum lau|de [- k- -] ⟨lat.⟩: *mit höchstem Lob* ‖ **Sum|mand** der, -en/-en (Math.): *Posten einer Addition* ‖ **sum|ma|risch:** *kurz zusammengefasst* ‖ **sum|ma sum|ma|rum** (lat.): *alles in allem* ‖ **Summ|chor** [-k-] (Mus.) ‖ **Sum|me** die, -/-n: *Ergebnis einer Addition* | eine S. *(ein Betrag)* von 1 000 €; das kostet in S. *(insgesamt)* 104 Euro
sum|men: ein Lied vor sich hin s.; es summt mir in den Ohren; die Bienen s.
Sum|men|for|mel (Chem.): *summarische Darstellung der Atome einer Verbindung, zB* H_2SO_4; → G.: Strukturformel
Sum|mer der, -s/-: *Vorrichtung, die ein summendes Geräusch erzeugt;* der S. des Türöffners ‖ **Sum|mer|ton** = Summton
sum|mie|ren ⟨lat.⟩: *zusammenzählen;* die Fehler s. *(häufen)* sich
Summ|ton = → Summerton
Sum|per der, -s/- (mda.): *kleiner Korb als Brotform* | (ugs., abw.) *Mensch ohne höhere Interessen, Banause;* → versumpern
Sumpf der, -[e]s/Sümpfe: einen S. trockenlegen ‖ **Sumpf|ge|biet** ‖ **sump|fig** ‖ **Sumpf|pflan|ze** ‖ **Sumpf|schild|krö|te**
Sund der, -[e]s/-e: *Meerenge*
Sün|de die, -/-n: *Missachtung eines religiösen Gebots; Verstoß [gegen moralische Normen];* es ist eine S., dafür so viel Geld auszugeben ‖ **Sün|den|ba|bel** (geh., abw.): *Ort des Lasters* ‖ **Sün|den|be|kennt|nis** ‖ **Sün|den|bock:** der S. sein *(für andere büßen müssen)* ‖ **Sün|den|fall:** *das Sündigen (in der Bibel: von Adam und Eva)* ‖ **sün|den|los** ‖ **Sün|den|pfuhl** (geh., abw.): *Ort der Verworfenheit* ‖ **Sün|den|re|gis|ter** (scherzh.): *Aufzählung aller Untaten* ‖ **Sün|den|ver|ge|bung** ‖ **Sün|der** der, -s/- ‖ **Sün|de|rin** die, -/-innen ‖ **Sünd|flut** = → Sintflut ‖ **sünd|flut|ar|tig** = → **sint|flut|ar|tig** ‖ **sünd|haft:** s. leben | (ugs.) s. *(übermäßig)* teuer ‖ **sün|dig** ‖ **sün|di|gen:** *eine Sünde begehen;* gegen den guten Geschmack s. ‖ **sünd|teu|er:** *übermäßig teuer*
Sun|nit der, -en/-en ⟨arab.-lat.⟩ (Rel.): *Angehöriger einer islamischen Glaubensrichtung;* → Schiit ‖ **Sun|ni|tin** die, -/-innen (Rel.)
su|per ⟨lat.⟩ (ugs., sal.): *hervorragend;* das ist s. ‖ **Su|per** der = das, -s: *Kurzwort für Superbenzin* ‖ **Su|per|al|ko|ho|li|ka** die (Pl.) (SüdT): *hochprozentige alkoholische Getränke, Spirituosen* ‖ **su|perb** [auch: zy-] (geh.): *vorzüglich, prächtig, köstlich* ‖ **Su|per|ben|zin:** *Benzin mit hoher Oktanzahl* ‖ **su|per|fein:** *bes. fein* ‖ **Su|per-G** [-dʒiː] der, -[s]/-[s] (engl.): *eine Disziplin im alpinen Skisport, Super-Riesenslalom* ‖ **Su|per-GAU:** *größter GAU* ‖ **Su|per|in|ten|dent** der, -en/-en: *geistliches Oberhaupt einer evangelischen Diözese* ‖ **Su|per|in|ten|den|tin** die, -/-innen ‖ **Su|per|in|ten|den|tur** die, -/-en ‖ **Su|pe|ri|or** der, -s/-en [-'oː-]: *Vorsteher bestimmter Mönchsorden, -klöster* ‖ **Su|pe|ri|o|rin** die, -/-innen ‖ **Su|per|la|tiv** der, -s/-e [-fɛ, -vɛ]: *Übersteigerung, Höchststufe;* eine Stadt der Superlative | (Gramm.) *Höchststufe, eine der Vergleichsformen des Adjektivs* ‖ **su|per|leicht:** *sehr leicht* ‖ **Su|per|macht:** *führende Großmacht* ‖ **Su|per|man** [engl.: 's(j)uːpəmæn] ⟨lat.-engl.⟩: *eine Figur aus Zeichentrickfilmen und Comics* ‖ **Su|per|markt:** *großes Kaufhaus mit vielfältigem Angebot und Selbstbedienung* ‖ **su|per|mo|dern:** *übertrieben modern* ‖ **Su|per|no|va** [-v-] (Astron.): *noch lichtstärkere Nova* ‖ **Su|per|phos|phat** [-f-faːt] das, -[e]s: *ein Düngemittel* ‖ **Su|per|preis:** *bes. niedriger Preis* ‖ **Su|per-Rie|sen|sla|lom** → Super-G ‖ **Su|per|star** [-st-]: *außergewöhnlicher Star*[3] ‖ **Su|per|vi|si|on** [-v-] (bes. Psych.): *Beobachtung und Beratung zur Optimierung des Berufsalltags, zB durch Qualitätskontrolle, Gesprächsanalyse* ‖ **Su|per|vi|sor** [engl.: 's(j)uːpəvaɪzə] der, -s/-s ⟨lat.-engl.⟩: *Aufsichts-, Kontrollperson im Betrieb* | (Psych.) *jemand, der Supervision betreibt* | (Sport) *Oberschiedsrichter* ‖ **Su|per|vi|so|rin** die, -/-innen
Süpp|chen das, -s/-: sein eigenes S. kochen *(nur seine eigenen Vorstellungen verfolgen)* ‖ **Sup|pe** die, -/-n: ein Teller S.; eine saure *(mit Sauerrahm zubereitete)* S.; die S. auslöffeln müssen *(die Konsequenzen tragen müssen);* sich eine schöne S. einbrocken *(sich selbst Probleme schaffen)* ‖ **Sup|pen|brü|he** ‖ **Sup|pen|ein|la|ge:** *Frittaten ua.* ‖ **Sup|pen|ex|trakt:** *Suppenwürfel oÄ* ‖ **Sup|pen|fleisch:** *Rindfleisch zum Kochen* ‖ **Sup|pen|ge|mü|se** ‖ **Sup|pen|grün** das, -s, Suppengrünes: *Petersilie, Sellerie und anderes Grünzeug* ‖ **Sup|pen|hendl:** *qualitativ minderwertiges Hendl* ‖ **Sup|pen|huhn** ‖ **Sup|pen|kas|per** der, -s/- (scherzh.): *jemand, der keine Suppe mag (nach einer Kinderbuchfigur)* ‖ **Sup|pen|kno|chen** ‖ **Sup|pen|löf|fel** ‖ **Sup|pen|nu|deln** die (Pl.) ‖ **Sup|pen|schüs|sel** ‖ **Sup|pen|tas|se:** *Suppenschale* ‖ **Sup|pen|tel|ler** ‖ **Sup|pen|ter|ri|ne:** *Suppenschüssel* ‖ **Sup|pen|topf** ‖ **Sup|pen|wür|fel:** *ein Suppenextrakt* ‖ **Sup|pen|wür|ze** ‖ **sup|pig:** *flüssig, dünnbreiig*
Sup|ple|ment das, -[e]s/-e ⟨lat.⟩: *Ergänzungsband, -teil; Nachtrag*

S

‖ **Sup|plẹnt** der, -en/-en (SüdT, sonst veraltet): *Vertretungslehrer* ‖ **Sup|plẹn|tin** die, -/-innen (SüdT, sonst veraltet) ‖ **Sup|plẹnz** die, -/-en (SüdT): *Aushilfeunterricht* ‖ **sup|plie|ren:** für eine andere Lehrerin s. *(sie im Unterricht vertreten)* ‖ **Sup|plier|stun|de** ‖ **Sup|plie|rung** die, -/-en

Sup|po|si|ti|on [-tsi̯-] die, -/-en ⟨lat.⟩: *Voraussetzung, Vorannahme* ‖ **Sup|po|si|to|ri|um** das, -s/Suppositorien [-i̯ən] (Med.): *Zäpfchen*

sụ|pra|lei|tend ⟨lat.⟩ (Phys.): *Strom ohne Widerstand leitend* ‖ **Sụ|pra|lei|ter** (Phys.) ‖ **Sụ|pra|lei|tung** (Phys.): *das Verschwinden des elektrischen Widerstands von bestimmten Metallen bei tiefen Temperaturen* ‖ **sụ|pra|na|ti|o|nal** [-tsi̯-]: *überstaatlich*

Su|pre|mat der = das, -[e]s/-e ⟨lat.⟩: *Vorherrschaft, Obergewalt* ‖ **Su|pre|ma|tie** die, -/-n: *Vorrang*

Sur die, -/-en: *ein gewürztes Salzwasser* ‖ **Sur|bra|ten**

Su|re die, -/-n ⟨arab.⟩: *Kapitel des Korans*

su|ren: *einpökeln*

Surf|brett ['sɜːf-] ⟨engl.⟩: *ein Wassersportgerät* ‖ **sur|fen:** *mit einem Surfbrett segeln* | (EDV) *im Internet von einer Information zur nächsten gehen;* sie surft im Internet ‖ **Sur|fen** das, -s, *auch:* Surfing, -s: *eine besondere Art des Segelsports; Wellenreiten auf einem Surfbrett* ‖ **Sur|fer** der, -s/- ‖ **Sur|fe|rin** die, -/-innen ‖ **Surfing** → Surfen

Sur|fleisch: *in eine Sur (zum Haltbarmachen) eingelegtes Fleisch, Pökelfleisch*

Sụrm der, -[e]s/-e (reg., zB W, ugs.): *dummer Mensch, Einfaltspinsel* | *Schwarm, großer Haufen*

sụr|re|al [auch: 'syr-] ⟨lat.-fr.⟩: *unwirklich* ‖ **Sur|re|a|lịs|mus:** *Strömung in Malerei und Literatur seit Beginn des 20. Jh., die auf die Verschmelzung von Wirklichkeit und Traumhaftem ausgerichtet ist* ‖ **Sur|re|a|lịst** ‖ **Sur|re|a|lịs|tin** ‖ **sur|re|a|lịs|tisch**

sụr|ren: surrende Räder

Sur|ro|gat das, -[e]s/-e ⟨lat.⟩: *Ersatz; Ersatzstoff*

Sur|rol|ler: *Rollbraten aus Surfleisch* ‖ **Sur|schnit|zel**

Sur|vi|val|trai|ning [sə'vaɪvəltreɪn-] ⟨engl.⟩: *Überlebenstraining*

Su|sạn|na = **Su|sạn|ne:** *weibl. Vorname*

Su|ser der, -s/- (SüdT): *in Gärung übergegangener Traubensaft, Gestaubter*

Sụ|shi [-ʃi] das, -s/-s ⟨jap.⟩: *eine japanische Speise aus Reis und mariniertem rohem Fisch* ‖ **Sụ|shi|lo|kal**

Su|si: *weibl. Vorname (Susanna, Susanne)*

sus|pẹkt: *verdächtig*

sus|pen|die|ren ⟨lat.⟩: *jemanden [zeitweilig] vom Dienst entheben;* eine Verfügung s. *(sie zeitweilig aufheben)* ‖ **Sus|pen|die|rung** die, -/-en ‖ **Sus|pen|si|on** die, -/-en (Chem.): *feinste Teilchen in einer Flüssigkeit*

süß: süßer *(nicht saurer)* Wein; ein süßer Duft | ein süßer *(angenehmer, betörender)* Gesang ‖ **Sü|ße** die, -: *das Süßsein* ‖ **sü|ßen:** du süßt eine Mehlspeise ‖ **Süß|holz:** aus S. Lakritze gewinnen | (scherzh.) S. raspeln *(übertrieben schmeicheln, schöntun)* ‖ **Süß|holz|rasp|ler** ‖ **Süß|holz|rasp|le|rin** ‖ **Sü|ßig|keit** die, -/-en (meist Pl.): *Zuckerware* ‖ **Süß|kar|tof|fel** ‖ **süß|lich:** ein süßlicher Geschmack | (abw.) ein süßliches *(kriecherisches, heuchlerisches)* Gehabe ‖ **Süß|most** ‖ **süß|sau|er:** süßsaure Gurkerln ‖ **Süß|spei|se** ‖ **Süß|stoff:** *künstliches Süßmittel* ‖ **Süß|wa|ren** die (Pl.) ‖ **Süß|was|ser:** *Quellwasser, Flusswasser uÄ;* → G.: Salzwasser, Meerwasser ‖ **Süß|was|ser|fisch** → G.: Seefisch, Meeresfisch ‖ **Süß|was|ser|per|le** ‖ **Süß|wein**

Su|ta|ne = → Soutane

Sụt|te die, -/-n (ostöst., ugs.): *Mulde im Gelände*

SVGA [ɛs faʊ ge 'aː] (EDV): *Farbdarstellungstechnik auf Computerbildschirmen;* → CGA; → EGA; → VGA ‖ **SVGA-Gra|fik|kar|te** (EDV) = SVGA-Graphikkarte [-f-] ‖ **SVGA-Kar|te** (EDV)

SW: Südwest[en]

Swea|ter ['swetə] der, -s/- ⟨engl.⟩: *Sweatshirt* | (veraltend) *ein Wollpullover* ‖ **Sweat|shirt** [-ʃɜːt] das, -s/-s: *ein Sportpullover*

Sweet|heart ['swiːthɑːt] das, -/-s ⟨engl.⟩: *Liebling, Liebste[r]*

Swim|ming|pool ['swɪm-puːl] ⟨engl.⟩: *Schwimmbecken [im Garten]*

Swing der, -[s] ⟨engl.⟩: *eine Richtung im Jazz* | *ein Tanz* ‖ **swin|gen:** ein swingender Rhythmus | (Jargon) *ausgefallenen Sex praktizieren, bes. Partnertausch* ‖ **Swin|ger** der, -s/-: *unten weit geschnittener Damenmantel* | (Jargon) *jemand, der ausgefallenen Sex praktiziert, bes. Partnertausch* ‖ **Swin|ge|rin** die, -/-innen (Jargon) ‖ **Swin|ger|klub** = Swingerclub [-k-] (Jargon): *Lokal für Swinger/innen*

swit|chen [-tʃ-] ⟨engl.⟩: *zappen*

Syd|ney ['sɪdni]: *Stadt in Australien*

syl|la|bisch [zy-] ⟨gr.-lat.⟩: *silbenweise* | (Mus.) *silbenweise vertont*

Syl|lo|gis|mus [zy-] der, -/Syllogismen ⟨gr.-lat.⟩: *eine Art von Schlussfolgerung*

Syl|va|ner = → Silvaner

Syl|via ['zilv-] → Silvia

Sym|bi|o|se [zy-] die, -/-n ⟨gr.⟩ (Biol.): *Zusammenleben zweier verschiedenartiger Lebewesen zu gegenseitigem Nutzen*

Sym|bol [zy-] das, -s/-e ⟨gr.⟩: *Sinnbild; Wahrzeichen* | *Zeichen;* ein mathematisches S. ‖ **Sym|bol|cha|rak|ter** [-ka-]: etwas hat S. *(eine symbolhafte Bedeutung)* ‖ **Sym|bol|fi|gur:** *Person als Inbegriff [einer Weltanschauung]* ‖ **sym|bol|haft** ‖ **Sym|bo|lik** die, -: *sinnbildliche Darstellung bzw. Bedeutung;* von tiefer S. ‖ **sym|bo|lisch:** *sinnbildlich* ‖ **sym|bo|li|sie|ren** ‖ **Sym|bo|lịs|mus** der, - (bes. Lit.): *eine Strömung des 19. und 20. Jh.* ‖ **Sym|bol|kraft** ‖ **Sym|bol|spra|che** ‖ **sym|bol|träch|tig:** *voll Symbolik*

Sym|me|t|ra|le [zy-] die, -/-n ⟨gr.-lat.⟩ (Math.): *Symmetrieachse* ‖ **Sym|me|t|rie** die, -/-n ‖ **Sym|me|t|rie|ach|se** [-ks-] (Math.): *Achse, durch die Linien, Flächen und Körper in zwei spiegelgleiche Teile geteilt werden* ‖ **Sym|me|t|rie|ebe|ne** (Math.) ‖ **sym|me|t|risch:** *spiegelgleich;* → G.: asymmetrisch

sym|pa|the|tisch [zy-] ⟨gr.⟩: *auf rätselhafte Art wirkend*

Sym|pa|thie [zy-] die, -/-n ⟨gr.-lat.⟩: *Geneigtheit, Zuneigung, Mitgefühl;* → G.: Antipathie ‖ **Sym|pa|thie|kund|ge|bung** ‖ **Sym|pa|thie|mit|tel:** *volkstümliches [Wunder]heilmittel* ‖ **Sym|pa|thie|trä|ger** ‖ **Sym|pa|thie|trä|ge|rin** ‖ **Sym|pạ|thi|kus** der, -: *Teil des vegetativen Nervensystems;* → Parasympathikus ‖ **Sym|pa|thi|sạnt** der, -en/-en: *jemand, der sympathisiert, unterstützt* ‖ **Sym|pa|thi|sạn|tin** die, -/-innen ‖ **sym|pa|thisch** → G.: unsympa-

S

thisch || **sympathisieren:** mit jemandem s. *(übereinstimmen; liebäugeln)*

Symphonie [zymf-] = → Sinfonie || **Symphonieorchester** [meist -k-] = → Sinfonieorchester || **Symphoniker** = → Sinfoniker: die Wiener Symphoniker || **Symphonikerin** = → Sinfonikerin || **symphonisch** = → sinfonisch

Symposion [zy-] das, -s/Symposien [-iən] ⟨gr.⟩ = **Symposium,** -s/Symposien [-iən] ⟨gr.-lat.⟩: *wissenschaftliche Tagung, Diskussionsveranstaltung*

Symptom [zy-] das, -s/-e ⟨gr.⟩: *typisches Kennzeichen [einer Krankheit]* || **symptomatisch:** *kennzeichnend*

Synagoge [zy-] die, -/-n ⟨gr.⟩: *Tempel/Bethaus der jüdischen Religion*

Synapse [zy-] die, -/-n ⟨gr.⟩ (Med.): *Verbindung zwischen Nervenzellen bzw. Nervenzellen und Muskeln*

Synästhesie [zy-] die, -/-n ⟨gr.⟩: *Verbindung, Verschmelzung von Eindrücken verschiedener Sinne* || **synästhetisch**

synchron [zynk-] ⟨gr.⟩: *gleichzeitig; zeitlich gleichlaufend;* → diachron; → asynchron || **Synchronie** die, -: *Gleichzeitigkeit* || **Synchronisation** [-tsi̯-] die, -/-en: *Synchronisierung* || **synchronisieren:** einen fremdsprachigen Film s. *(ihn mit einem genau passend gesprochenen Text in einer anderen Sprache versehen)* || **Synchronisierung** die, -/-en || **Synchronschwimmen** das, -s (Sport): *eine Disziplin* || **Synchronsprecher** || **Synchronsprecherin**

Syndikat [zy-] das, -[e]s/-e ⟨gr.-lat.-fr.-engl.⟩: *eine Geschäftsorganisation; ein Verkaufskartell* | *getarnte Verbrecherorganisation* || **Syndikus** der, -/-kusse [Syndizi] ⟨gr.-lat.⟩: *Rechtsbeistand, Anwalt [großer Firmen];* → Justitiar

Syndrom [zy-] das, -s/-e ⟨gr.⟩ (Med.): *Krankheitsbild aus einem Komplex von Symptomen*

synergetisch [zy-] ⟨gr.⟩: *zusammenwirkend* || **Synergie** die, - (Psych.): *für ein Vorhaben vorhandene Energie* || **Synergieeffekt** (bes. Wirt.): *Bündelung bzw. Zusammenwirken aller vorhandenen Kräfte zur Leistungsoptimierung* || **Synergiepotenzial** = Synergiepotential [-tsi̯-] (bes. Wirt.)

Synkope [zy-] die, -/-n ⟨gr.-lat.⟩ (Mus.): *Betonung an einer normalerweise unbetonten Taktstelle* | (Sprachwiss.) *aussprachebedingter Ausfall eines Binnenvokals, zB* ewige → ew'ge || **synkopieren** (Mus.): *rhythmisch verschieben* || **synkopisch**

Synkretismus [zy-] der, - ⟨gr.⟩: *Vermischung von Religionen oder Philosophien* || **synkretistisch**

synodal [zy-] ⟨gr.-lat.⟩: *die Synode betreffend* || **Synode** die, -/-n: *eine regionale Kirchenversammlung aus Geistlichen [und Laien]*

synonym [zy-'yːm] ⟨gr.-lat.⟩: *gleichbedeutend, sinnverwandt;* synonyme Wörter *(zB sprechen, reden)* || **Synonym** das, -s/-e (Sprachwiss.): *Wort mit gleicher oder ähnlicher Bedeutung wie ein anderes,* zB *Frühling – Lenz;* → G.: Antonym || **Synonymie** die, -

Synopse [zy-] die, -/-n = **Synopsis,** -/Synopsen ⟨gr.-lat.⟩: *übersichtlich geordnete vergleichende Darstellung; Zusammenschau* || **Synoptiker** die (Pl.): *die drei Evangelisten Matthäus, Markus und Lukas* || **synoptisch:** eine synoptische Darstellung

Syntagma [-'ta-, 'zy-] das, -s/Syntagmen ⟨gr.⟩ (Gramm.): *Verbindung von Wörtern zu Wortgruppen* || **syntaktisch** (Gramm.) || **Syntax** [zy-] die, - (Gramm.): *Satzlehre, Satzbau*

Synthese [zy-] die, -/-n ⟨gr.-lat.⟩: *Zusammenfassung zur Einheit* | *künstliche Herstellung* | (Chem.) *Herstellung chemischer Verbindungen* || **Synthesizer** ['sɪnθəsaɪzə, ugs. auch: 'zynte-] der, -s/- ⟨gr.-lat.-engl.⟩ (Mus.): *ein elektronisches Tasteninstrument* || **Synthetics** [sɪn'θetɪks, zyn'teː-] die (Pl.): *[Gewebe aus] Kunstfasern* || **synthetisch** [zynt-] ⟨gr.-lat.⟩: synthetischer *(künstlich hergestellter)* Kautschuk || **synthetisieren** (Chem.): synthetisch *(aus einfacheren Stoffen)* herstellen

Syphilis ['zyf-, 'zi-] die, - (Med.): *eine Geschlechtskrankheit (nach einer literarischen Figur), Lues* || **syphiliskrank** || **Syphilitiker** der, -s/-: *an Syphilis Leidender* || **Syphilitikerin** die, -/-innen || **syphilitisch**

Syrien ['zyːr-]: *südwestasiatischer Staat* || **syrisch**

System [zy-] das, -s/-e ⟨gr.-lat.⟩: *wissenschaftliche Ordnung; einheitlich geordnetes Ganzes;* Pflanzensystem | *Regierungsform;* ein demokratisches S. | *Ordnungsprinzip;* nach einem S. vorgehen; dahinter steckt S. || **Systemadministrator:** *Verwalter eines Computernetzwerkes* || **Systemadministratorin** || **Systemanalyse** [-y-]: *Analyse von Systemen [in Betrieben]* || **Systemanalytiker** || **Systemanalytikerin** || **Systematik** die, -/-en || **systematisch:** *nach einem bestimmten System;* eine systematische Untersuchung | *planmäßig und gründlich* || **systematisieren:** *systematisch behandeln; in ein System bringen* || **systembedingt** || **Systemfehler** (bes. EDV) || **systemfeindlich** || **systemimmanent:** *im System enthalten, durch dieses bedingt;* systemimmanente Nachteile || **systemisch** (Med.): *auf den gesamten Körper wirkend* || **systemkonform:** *mit dem System übereinstimmend;* systemkonformes Verhalten || **Systemkritik** || **Systemkritiker:** *jemand, der ein [politisches] System bzw. eine Ideologie kritisiert* || **Systemkritikerin** || **systemlos** || **Systemzwang:** *Beeinträchtigung durch das System*

Systole ['zy-, auch: -'oː-] die, -/-n [-'oː-] ⟨gr.⟩ (Med.): *rhythmische Zusammenziehung des Herzmuskels;* → G.: Diastole || **systolisch** (Med.): systolischer Blutdruck

Szegediner Gulasch ['sɛ- -] das, - -[es]/- -: *ungarisches Krautfleisch (nach einer ungarischen Stadt)*

Szenario [sts-] das, -s/-s ⟨gr.-lat.-it.⟩: *vorstellbare Abfolge angenommener Ereignisse, zB Folgen eines Atomkrieges* | *Filmentwurf* || **Szenarium** das, -s/Szenarien ⟨gr.-lat.⟩ (Theater): *Schauplatz; Übersicht für die Inszenierung* || **Szene** die, -/-n: *Bühne; Bühnenbild;* ein Bühnenwerk in S. setzen *(es inszenieren);* sich in S. setzen *(sich aufspielen)* | *Teil eines Aktes in einem Bühnenwerk* | *Schauplatz; Gesamtbild;* die S. beherrschen *(alle Aufmerksamkeit auf sich lenken)* | *Geschehen, Vorfall;* jemandem eine S. *(einen Skandal)* machen | *(oft negativ*

S

bewertetes) gesellschaftliches Milieu; Drogenszene ‖ **Sze|ne|beisel** (reg., bes. ostöst.): *Lokal, das stark frequentiert wird* ‖ **Sze|ne|lo|kal** ‖ **Sze|nen|ap|plaus:** *Applaus während der Szene* ‖ **Sze|nen|fol|ge** ‖ **Sze|nen|wech|sel** [-ks-]: *Wechsel des Schauplatzes* ‖ **Sze|ne|rie** die, -/-n: *Bühnendekoration* | *Landschaftsbild* ‖ **sze|nisch**

Szep|ter [sts-] = Zepter das, -s/- ⟨gr.-lat.⟩: *Herrscherstab; Sinnbild der höchsten Gewalt*

szi|en|ti|fisch [sts-] ⟨lat.⟩: *wissenschaftlich*

Szin|til|la|ti|on [stsi-tsi-] die, -/-en ⟨lat.⟩ (Astron.): *das Funkeln der Sterne* | (Phys.) *Lichtblitze auf einem Leuchtschirm* ‖ **szin|til|lie|ren** (Phys.)

szt.: **s**einerzeit

Szyl|la und Cha|ryb|dis ['stsy- -ka'ry-] → Skylla und Charybdis

t T

t [teː] das, -/- (Kleinbuchstabe): das t im Wort *treu* | (Laut) der t-Laut | **T**onne

T [teː] das, -/- (Großbuchstabe): das T im Wort *Tag* | (auslaufend auch Kfz) **T**irol | (Mus.) **T**enor

Ta: Tantal

Tạb der, -s/-s ⟨lat.-engl.⟩: *Kurzwort für Tabulator* | *Suchhilfe an Karteikarten*

Ta|bạk der, -[e]s/-e ⟨span.⟩: *eine Pflanze;* T. anbauen ‖ **Ta|bạk|do|se** ‖ **Ta|bạk|mo|no|pol:** *das alleinige Recht [des Staates], Tabakwaren herstellen und verkaufen zu lassen* ‖ **Ta|bạk|pfei|fe** ‖ **Ta|bạk|pflan|ze** ‖ **Ta|bạk|re|gie** [-ʒiː] (früher): *Austria Tabakwerke AG* ‖ **Ta|bạk|tra|fik:** *Verkaufsstelle von Tabakwaren, meist auch Zeitungen, Briefmarken usw.;* → Trafik ‖ **Ta|bạk|tra|fi|kant** ‖ **Ta|bạk|tra|fi|kan|tin** ‖ **Ta|bạk|ver|schleiß** (Amtsspr.): *Tabakverkauf* ‖ **Ta|bạk|wa|ren** die (Pl.)

Ta|bạs|co [-k-] der, -s/-s ⟨span.⟩ (Wz.): *eine Würzsauce*

Ta|ba|ti|e|re [-ˈtjeːrə] die, -/-n ⟨span.-fr.⟩ (veraltet): *Zigarettendose, Tabakdose*

ta|bel|la|risch ⟨lat.⟩: *in Form einer Tabelle* ‖ **ta|bel|la|ri|sie|ren** ‖ **Ta|bẹl|le** die, -/-n: *übersichtliche Zusammenstellung (Liste, Zahlentafel)* | (Sport) *Liste mit Rangfolge und Ergebnissen* ‖ **Ta|bẹl|len|füh|rer** (Sport) ‖ **Ta|bẹl|len|kal|ku|la|ti|on** [-tsi̯-] (EDV): *Computerprogramm zum Berechnen statistischer Werte in Tabellenform* ‖ **Ta|bẹl|len|platz** (Sport) ‖ **Ta|bẹl|len|stand** (Sport): der T. der Fußballmeisterschaft

Ta|ber|nạ|kel der (*auch:* das), -s/- ⟨lat.⟩ (Rel.): *Schränkchen zur Aufbewahrung des Altarsakraments in der Kirche*

Ta|bleau [-ˈbloː] das, -s/-s ⟨fr.⟩: *anschauliche [tabellarische] Darstellung, Schaubild* | (Theater) *personenreiches [Schluss]bild auf der Bühne* ‖ **Ta|blẹtt** das, -[e]s/-s [-e] ⟨lat.-fr.⟩: *Trag-, Servierbrett, Tasse* ‖ **Ta|blẹt|te** die, -/-n: *eine Medikamentenform* ‖ **Ta|blẹt|ten|miss|brauch** (Med.) ‖ **Ta|blẹt|ten|sucht** (Med.) ‖ **ta|blẹt|ten|süch|tig** (Med.)

ta|bu ⟨polynesisch⟩: *unantastbar; heilig; unverletzlich;* das ist t. *(man darf oder will nicht daran rühren, nicht darüber reden)* ‖ **Ta|bu** das, -s/-s: gegen ein T. verstoßen ‖ **ta|bu|ie|ren:** *tabuisieren* ‖ **ta|bu|i|sie|ren:** *zum Tabu erheben* ‖ **Ta|bu|i|sie|rung** die, -/-en

Tạ|bu|la ra|sa ⟨lat.⟩ (wörtl.: reiner Tisch): T. r. *(Ordnung)* machen ‖ **Ta|bu|la|tor** der, -s/-en [-ˈoː-]: *Taste zum Erstellen von Kolonnen/Spalten;* → Tab ‖ **Ta|bu|la|tur** die, -/-en (früher) (Mus.): *eine Notierungsweise bes. für Tasteninstrumente oder Laute*

tạ|cet [-ts-] ⟨lat.⟩ (Mus.): *Hinweis auf ein längeres Pausieren*

Tạ|che|les die (Pl.), *auch:* Tạchles ⟨jidd.⟩ (W, ugs.): *Geschäfte;* T. reden *(zur Sache kommen)*

ta|chi|nie|ren ⟨?⟩ (ugs., abw.): *[während der Arbeit] faulenzen; sich einer Arbeit entziehen* ‖ **Ta|chi|nie|rer** der, -s/- (ugs., abw.): *jemand, der sich vom Arbeiten drückt* ‖ **Ta|chi|nie|re|rin** die, -/-innen (ugs., abw.)

Ta|chis|mus [-ˈʃis-] der, - ⟨fr.⟩: *eine Richtung der abstrakten Malerei* ‖ **ta|chis|tisch**

Tach|les → Tacheles

Ta|cho der, -s/-s ⟨gr.⟩: *Kurzwort für Tachometer* ‖ **Ta|cho|me|ter** (Kfz): *Geschwindigkeitsmesser* ‖ **Ta|cho|me|ter|stand** (Kfz): *Kilometerstand*

Tach|tel [-ˈɒ-] → Dachtel

Ta|chy|kar|die [-xy-] die, -/-n ⟨gr.⟩ (Med.): *beschleunigter Herzschlag*

Tạ|cke → Dacke ‖ **Tạ|ckerl** → Dackerl

Tack|ling [ˈtæk-] das, -s/-s ⟨engl.⟩ (Sport): *das Hineingrätschen in die Beine des Gegners [beim Fußball]*

Ta|del der, -s/-: *Vorwurf, Maßregelung, Rüge* ‖ **ta|del|los** ‖ **ta|deln,** ich tadle: *rügen;* eine tadelnde Rede ‖ **ta|delns|wert** ‖ **Tad|ler** der, -s/- ‖ **Tad|le|rin** die, -/-innen

Ta|dschi|ke der, -n/-n: *Bewohner Tadschikistans* ‖ **Ta|dschi|kin** die, -/-innen ‖ **Ta|dschi|ki|s|tan:** *Staat in Zentralasien*

Tae|kwon|do [tɛk-] das, -s ⟨koreanisch⟩ (Sport): *eine Kampfsportart*

taff ⟨engl.⟩ (sal.): *zäh, durchsetzungsstark, hart*

Ta|fel die, -/-n: ein Wort auf die T. schreiben | eine T. Schokolade | (geh.) *für einen festlichen Anlass gedeckter Tisch;* die T. decken; die T. aufheben *(das Mahl beenden)* | *ganzseitige Illustration* ‖ **Ta|fel|be|steck:** *festliches, teures Essbesteck* ‖ **Ta|fel|bild:** *Gemälde [auf einer Holztafel]* ‖ **ta|fel|fer|tig:** *fertig zum Servieren* ‖ **Ta|fel|freu|den** die (Pl.) (geh.) ‖ **Ta|fel|ge|schirr:** *wertvolles Service* ‖ **Ta|fel|ma|le|rei** → Tafelbild ‖ **Ta|fel|mu|sik** (bes. früher): *Tischmusik* ‖ **ta|feln,** ich tafle (geh.): *in Gesellschaft gut und reichlich essen und trinken* ‖ **tä|feln,** ich täfle; → getäfelt; → vertäfeln ‖ **Ta|fel|obst:** *bes. schönes Obst* ‖ **Ta|fel|run|de** (geh.): *eine Tischgesellschaft* ‖ **Ta|fel|sil|ber:** *silbernes Tischbesteck* ‖ **Ta|fel|spitz:** *eine Rindfleischsorte* | *eine daraus zubereitete Speise* ‖ **Ta|fel|tuch:** *Tuch zum Löschen der Schultafel* | (geh.) *Tischtuch für gehobene Anlässe* ‖ **Tä|fe|lung** die, -/-en: *Holztäfelung* ‖ **Ta|fel|was|ser** ‖ **Ta|fel|wein:** *eine Weinkategorie* | *leichter Tischwein* ‖ **Tä|fer** das, -s/- (V): *Getäfel* ‖ **Ta|ferl** das, -s/-[n]: *kleine Tafel* ‖ **Ta|ferl|klas|se** (oft scherzh.): *die erste Schulklasse* ‖ **Ta|ferl|klass|ler** der, -s/- (oft scherzh.): *Schulanfänger* ‖ **Ta|ferl|klass|le|rin** die, -/-innen (oft scherzh.) ‖ **Tä|fe|rung** die, -/-en (V): *Täfelung*

Tạft der, -[e]s/-e ⟨pers.-türk.-it.⟩: *ein Seidengewebe* ‖ **Tạft|kleid**

Tag der, -[e]s/-e:
am Tag[e]; bei Tag[e]; von Tag zu Tag; guten Tag (= Guten Tag) sagen; in acht Tagen; Tag für Tag; Tag und Nacht; eines [schönen] Tag[e]s *(irgendwann);* den Tag über *(untertags);* es ist noch nicht aller Tage Abend *(es kann noch anders werden);* etwas an den Tag bringen *(ans Licht bringen, aufdecken);* der Tag X *(noch unbestimmter entscheidender Tag);* alle acht Tage *(wöchentlich);* auf den Tag genau; von einem Tag auf den anderen *(plötzlich);* ich habe sie erst dieser Tage *(neulich)* gesehen; Tag der offenen Tür *(für freie Besichtigung);* die Tage sind gezählt *(es bleibt nicht lange so);* in den Tag hinein *(sorgenfrei)* leben; → zu Tage (= zutage) treten/kommen | (Rel.) der Jüngste Tag *(der Weltuntergang; Tag des Jüngsten Gerichts)* | (Bergmannsspr.) ober/unter T. *(über/unter der Erdoberfläche);*

aber: → untertags; → Tagbau; → tags

Einige Zusammensetzungen mit „Tag" werden in Österreich im Allgemeinen ohne Fugen-e gebildet, zB Tagblatt, Tagbau, Taggeld, Taglöhner ... (Die in Deutschland üblichen Formen sind Tageblatt, Tagebau, Tagegeld, Tagelöhner ...)

tag|ak|tiv → G.: nachtaktiv ‖ **tag|aus, tag|ein** = tagein, tagaus: *ständig, fortwährend* ‖ **Tag|bau:** *Gewinnung von Erzen u. dgl. über der Erde (ober Tag);* → G.: Untertagbau ‖ **Tag|blatt:** *Tageszeitung* ‖ **Tag|dieb** → Tagedieb ‖ **Ta|ge|buch** ‖ **Ta|ge|dieb,** *auch:* Tagdieb (veraltet, abw.): *Nichtstuer* ‖ **tag|ein, tag|aus** = → tagaus, tagein ‖ **ta|ge|lang:** t. unterwegs sein; *aber:* drei Tage lang ‖ **Ta|ge|löh|ner** → Taglöhner ‖ **Ta|ge|löh|ne|rin** → Taglöhnerin ‖ **ta|gen:** der Nationalrat tagt *(er hält Sitzungen ab)* | (geh.) es tagt *(es wird Tag)* ‖ **Ta|ge|rei|se** = Tagesreise: drei Tagereisen von der Oase entfernt ‖ **Ta|ges|ab|lauf** ‖ **Ta|ges|an|bruch:** bei T. abreisen ‖ **Ta|ges|aus|flug** ‖ **Ta|ges|be|darf** ‖ **Ta|ges|be|fehl** (Mil.) ‖ **Ta|ges|cre|me** [-kreːm] = Tageskrem = Tageskreme; → G.: Nachtcreme ‖ **Ta|ges|do|sis:** *tägliche Einnahmemenge von Medikamenten* ‖ **Ta|ges|ge|sche|hen** ‖ **Ta|ges|ge|spräch:** dieser Unfall ist T. *(er wird zurzeit [öffentlich] diskutiert)* ‖ **Ta|ges|hälf|te** ‖ **Ta|ges|heim|schu|le** (THS) (Bildw.) ‖ **Ta|ges|höchst|tem|pe|ra|tur** [-çst-] ‖ **Ta|ges|höchst|wert** ‖ **Ta|ges|kar|te:** *Fahrkarte, die den ganzen Tag gilt* | *täglich aktuelle Speisekarte* ‖ **Ta|ges|kas|sa** = **Ta|ges|kas|se:** *Kassa [eines Theaters] für den Kartenvorverkauf* ‖ **Ta|ges|krem** = **Ta|ges|kre|me** = → Tagescreme ‖ **Ta|ges|kurs** (Wirt.): *Aktienkurs des entsprechenden Tages* ‖ **Ta|ges|lauf:** *Tagesablauf* ‖ **Ta|ges|licht:** bei T. wieder daheim sein; ans T. kommen *(bekannt werden)* ‖ **Ta|ges|lo|sung:** *Einnahmen eines Tages* ‖ **Ta|ges|marsch:** die Wasserfälle liegen einen T. entfernt ‖ **Ta|ges|mit|tel:** *Mittelwert eines Tages* ‖ **Ta|ges|mut|ter:** *Betreuerin für Kinder berufstätiger Eltern* ‖ **Ta|ges|ord|nung:** *Arbeitsprogramm, vorgesehene Themenfolge einer Sitzung;* etwas auf die T. setzen; zur T. übergehen *(zum vorgesehenen Arbeitsablauf zurückkehren);* Raufereien sind an der T. *(gang und gäbe)* ‖ **Ta|ges|ord|nungs|punkt** (TOP) ‖ **Ta|ges|po|li|tik:** *Politik der aktuellen Fragen des Tages* ‖ **Ta|ges|pres|se:** *die Tageszeitungen* ‖ **Ta|ges|ra|ti|on** [-tsi̯-] ‖ **Ta|ges|raum** → Tagraum ‖ **Ta|ges|rei|se** = → Tagreise ‖ **Ta|ges|satz** → Tagsatz ‖ **Ta|ges|stät|te:** *Tagesheim* ‖ **Ta|ges|stun|de:** du kannst mich zu jeder T. *(während des ganzen Tages)* anrufen ‖ **Ta|ges|um|satz** ‖ **Ta|ges|ver|lauf:** im T. ‖ **Ta|ges|zeit:** zu jeder Tages- und Nachtzeit *(immer)* erreichbar sein ‖ **Ta|ges|zei|tung**

Ta|ge|tes die, -/- ⟨lat.⟩: *Studentenblume*

ta|ge|wei|se, *auch:* tageweis, tagweise, tagweis ‖ **Ta|ge|werk:** *auch:* Tagwerk: *tägliche Arbeit;* sein T. vollbringen ‖ **Tag|fal|ter** → G.: Nachtfalter ‖ **Tag|geld:** *eine Vergütung, Diäten* ‖ **tag|hell** ‖ **-tä|gig** (nur in Zusammensetzungen wie zweitägig)

täg|lich
jeden Tag; t. stattfindende Sitzungen

Nicht verwechseln!
-tägig – täglich
Die Zusammensetzung einer Zahl mit „-tägig" drückt eine Dauer aus:
- ein vierzehntägiger (14-tägiger) Urlaub *(vierzehn Tage lang)*

Die Zusammensetzung einer Zahl mit „-täglich" drückt die Wiederkehr eines Zeitpunkts aus:
- ein vierzehntägliches (14-tägliches) Treffen *(alle vierzehn Tage stattfindend)*

Tag|lohn: *täglich ausbezahlter Lohn* ‖ **Tag|löh|ner** der, -s/-, *auch:* Tagelöhner ‖ **Tag|löh|ne|rin** die, -/-innen, *auch:* Tagelöhnerin ‖ **Tag|raum,** *auch:* Tagesraum: *gemeinsamer Aufenthaltsraum in Heimen, Spitälern uÄ* ‖ **tags:** t. darauf; t. zuvor; → Tag ‖ **Tag|satz,** *auch:* Tagessatz (Amtsspr.): *Tageseinheit für den Bezug von Arbeitslosengeld, Diäten uÄ* | (Jus) *nach dem Einkommen bemessene kleinste Einheit für Geldstrafen* ‖ **Tag|sat|zung** (Jus, Amtsspr.): *Gerichtstermin* ‖ **Tag|sat|zungs|er|stre|ckung** (Jus, Amtsspr.): *Verschiebung einer Tagsatzung* ‖ **Tag|sat|zungs|ver|säum|nis** (Jus, Amtsspr.): *Versäumen eines Gerichtstermins* ‖ **Tag|schicht:** *die Schichtarbeit[er/innen] zur Tageszeit* ‖ T. *(Schichtarbeit am Tag)* haben; → Nachtschicht ‖ **tags|über** ‖ **tag|täg|lich:** *jeden Tag* ‖ **Tag|traum:** *Wachtraum* ‖ **Tag|träu|mer** ‖ **Tag|träu|me|rin** ‖ **Tag|und|nacht|glei|che:** *Tag, an dem Tag und Nacht gleich lang sind, Äquinoktium;* Herbst-T. ‖ **Ta|gung** die, -/-en: *Kongress* ‖ **Ta|gungs|ort** ‖ **Ta|gungs|teil|neh|mer** ‖ **Ta|gungs|teil|neh|me|rin** ‖ **Tag|wa|che** (Mil.): um sechs Uhr ist T. *(Zeit zum Aufstehen)* ‖ **tag|wei|se,** tagweis → tageweise ‖ **Tag|werk** → Tagewerk

Tai-Chi [-ˈtʃiː] das, -[s] ⟨chin.⟩: *eine chinesische Bewegungs- und Entspannungsübung, Schattenboxen*

Tai|fun der, -s/-e ⟨chin.-engl.⟩: *tropischer Wirbelsturm in Ostasien*

Tai|ga die, - ⟨russ.⟩: *[sumpfige] Waldgebiete Sibiriens*

Tail|le [-ljɛ] die, -/-n ⟨fr.⟩: *engste Körperstelle zwischen Hüfte und Brust* ‖ **Tail|len|wei|te** ‖ **tail|lie|ren:** ein tailliertes Hemd

Ta|jo [ˈtaxo] ⟨span.⟩ = Tejo [ˈtəʒu] ⟨port.⟩ der, -[s]: *Fluss in Spanien und Portugal*

tak, *auch:* takt ⟨lat.⟩ (reg., ugs.): ein taker *(tüchtiger)* Bursch

Ta|ke|la|ge [-ˈaːʃ, -ʒɛ] die, -/-n ⟨niederl.-fr.⟩ (Seemannsspr.): *Segelausrüstung eines Schiffes, Takelung* ‖ **ta|keln,** ich takle (Seemannsspr.): *ein Schiff mit Segeln versehen;* → aufgetakelt ‖ **Ta|ke|lung** die, - (Seemannsspr.): *Takelage* ‖ **Ta|kel|werk:** *Takelage*

Ta|ke-off [ˈteɪkɒf] = **Ta|ke|off** der = das, -s/-s ⟨engl.⟩: *Flugzeugstart; Abheben eines Flugzeugs*

takt → tak

Takt der, -[e]s ⟨lat.⟩: jemanden mit T. *(Feingefühl)* behandeln | (mit Pl. -e) *regelmäßiger Zeitabschnitt [in der Musik, der Verslehre];* aus dem T. kommen; acht Takte spielen; im T. klatschen ‖ **Takt|art** (Mus.) ‖ **Takt|fahr|plan:** *Taktverkehr* ‖ **Takt|fre|quenz** (EDV): *Geschwindigkeit, mit der ein Prozessor arbeitet (gemessen in Megahertz)* ‖ **Takt|ge|fühl:** *Feingefühl* ‖ **tak|tie|ren**[1]: *den Takt angeben*

T

tak|tie|ren[2] ⟨gr.-fr.⟩: *klug, berechnend vorgehen* ‖ **Tak|tik** die, -/-en: *Kampfweise* | *[klug] berechnetes Verhalten;* die T. im Schachspiel ‖ **Tak|ti|ker** der, -s/- ‖ **Tak|ti|ke|rin** die, -/-innen

tak|til ⟨gr.⟩: *den Tastsinn betreffend*

tak|tisch ⟨gr.-fr.⟩: einen taktischen Fehler machen | (Mil.) taktische Waffen *(mit geringerer Wirkung)*

takt|los ⟨lat.⟩: *ohne Feingefühl* ‖ **Takt|lo|sig|keit** die, -/-en ‖ **Takt|stock:** der T. der Dirigentin ‖ **Takt|strich** (Mus.) ‖ **Takt|ver|kehr:** *Zugsverkehr in regelmäßigen Zeitabständen* ‖ **takt|voll:** *rücksichtsvoll* ‖ **Takt|wech|sel** [-ks-] (Mus.): *Wechsel der Taktart innerhalb eines Musikstückes*

Tal das, -[e]s/Täler: Berg und Tal ‖ **tal|ab|wärts:** *talab, zum Tal* ‖ **tal|aus:** *talauswärts*

Ta|lar der, -[e]s/-e ⟨lat.-it.⟩: *langes Amtskleid von Richtern, Priestern und akademischen Würdenträgern*

tal|auf|wärts: *talauf* ‖ **Tal|bo|den** ‖ **Tal|en|ge**

Ta|lent das, -[e]s/-e ⟨gr.-lat.⟩: *Anlage, Begabung;* sie hat T. für Sprachen; ein junges T. *(junge begabte Person)* | (im Evangelium) *eine hohe Geldsumme* ‖ **ta|len|tiert:** *begabt* ‖ **ta|lent|los** ‖ **Ta|lent|pro|be:** *erster Auftritt und Beweis der künstlerischen Begabung* ‖ **Ta|lent|su|che**

Ta|ler der, -s/- (früher): *eine Silbermünze*

Tal|fahrt: *Fahrt bergab oder flussabwärts*

Talg der, -[e]s/-e: *ein Fett* ‖ **Talg|drü|se**

Tal|ge|mein|schaft (SüdT): *Verwaltungseinheit für bestimmte öffentliche Aufgaben*

Ta|lis|man der, -s/-e ⟨arab.-gr.-it.⟩: *Glücksbringer; Erinnerungsstück*

Talk[1] der, -[e]s ⟨arab.-rom.⟩: *ein sehr weiches, glattes Mineral*

Talk[2] ['tɔːk] der, -s/-s ⟨engl.⟩: *öffentliche Unterhaltung [im TV]* ‖ **tal|ken** ['tɔːkn]: *in einer Talkshow etwas erzählen*

Tal|ken die (Pl.) ⟨slaw.⟩ (K, St): *eine alte bäuerliche Fertignahrung (zum Einrühren [in Milch]); aber:* → Dalken

Talk|mas|ter ['tɔːkmaː-] der, -s/- ⟨engl.⟩: *Leiter einer Talkshow* ‖ **Talk|mas|te|rin** die, -/-innen

Talk|pu|der ['talk-]

Talk|show ['tɔːkʃəʊ] ⟨engl.⟩: *TV-Unterhaltungssendung unter der Leitung eines Talkmasters*

Tal|la|ge: Schnee bis in [die] Tallagen

Tal|linn (deutsch: Reval [-v-]): *Hauptstadt Estlands*

Tal|mi das, -s ⟨?⟩: *unechtes Zeug* ‖ **Tal|mi|schmuck**

Tal|mud der, -[e]s ⟨hebr.⟩: *Sammlung jüdischer religiöser Gesetze und Lehren* ‖ **tal|mu|dis|tisch:** *den Talmud betreffend* | (oft abw.) *spitzfindig; scharfsinnig*

Tal|mul|de (Geogr.): *Talsenke*

Ta|lon der, -s/-s ⟨fr.⟩: *die beim Geben übrig gebliebenen Spielkarten* | noch etwas im T. *(in Bereitschaft)* haben

Tal|schaft die, -/-en: *die Bewohner eines Tales* ‖ **Tal|sei|te** ‖ **tal|sei|tig** ‖ **Tal|sen|ke:** *Talmulde* ‖ **Tal|soh|le:** *der Talboden* ‖ **Tal|sper|re:** *großer Staudamm* ‖ **Tal|sta|ti|on** [-tsi-]: *die unterste Station einer Bergbahn* ‖ **tal|wärts**

Ta|ma|ra: *weibl. Vorname*

Tam|bour [-'buːə, 'ta-] der, -s/-e ⟨pers.-arab.-fr.⟩: *Trommler* | (Arch.) *[zylindrischer] Zwischenteil einer Kuppel* ‖ **Tam|bour|ma|jor** (Mil.): *Unteroffizier, der die marschierende Musikkapelle anführt* ‖ **Tam|bur** der, -s/-e: *Stickrahmen* ‖ **tam|bu|rie|ren:** Wäsche t. *(einfassen)* | *Haare bei der Perückenherstellung einknoten* ‖ **Tam|bu|rin** das, -s/-e: *Handtrommel mit Schellen* | *Tambur* ‖ **Tam|bu|ri|za** die, -/-s (kroat.: Tamburica [-tsa]) ⟨pers.-türk.-kroat.⟩: *kroatisches [burgenländisches] volkstümliches Zupfinstrument*

Ta|mil das, -[s]: *Sprache der Tamilen* ‖ **Ta|mi|le** der, -n/-n: *Angehöriger eines Volkes in Südindien und Sri Lanka* ‖ **Ta|mi|lin** die, -/-innen ‖ **ta|mi|lisch**

Tam|pon der = das, -s/-s ⟨germ.-fr.⟩: *Bauschen oder Pfropfen aus Mull oder Watte [zum Aufsaugen der Regelblutung]* ‖ **tam|po|nie|ren:** *einen Tampon in eine Wundhöhle einführen, um Blutungen zu hemmen*

Tams|weg (Kfz: TA): *Marktgemeinde und Bezirk in Salzburg*

Tam|tam das (*auch:* der), -s/-s ⟨Hindi-engl.⟩ (Mus.): *großer Gong* | (ohne Pl.) (ugs.) großes T. *(großes Getue, aufdringliche Reklame)* machen

tan = tg: **Tan**gens

TAN die, -/-s (Bankw.): **T**ransaktions**n**ummer *(bei Finanztransaktionen im Internet);* → PIN

Tand der, -[e]s ⟨rom.⟩ (geh.): *wertloses Zeug* ‖ **Tan|del|markt** (ostöst.): *Flohmarkt; Trödelmarkt;* → Tandler ‖ **tän|deln,** ich tändle (geh.): *sich unernst, spielerisch beschäftigen* | *flirten*

Tan|dem das, -s/-s ⟨lat.-engl.⟩: *Fahrrad mit zwei Sitzen und gesonderten Radantrieben hintereinander*

Tand|ler der, -s/- ⟨rom.⟩ (ostöst.): *Trödler, Altwarenhändler;* → Tandelmarkt ‖ **Tand|le|rin** die, -/-innen (ostöst.)

Tang der, -[e]s/-e ⟨germ.⟩: *Name von verschiedenen Meerespflanzen, zB Braunalgen*

Tan|ga [-ŋga] der, -s/-s ⟨indian.-port.⟩: *knapper Slip*

Tan|gens [-ŋg-] der, -/- (tan, tg) ⟨lat.⟩ (Math.): *eine Winkelfunktion* ‖ **Tan|gens|satz** (Math.): *ein Lehrsatz* ‖ **Tan|gen|te** die, -/-n: *Berührungslinie* | *Umfahrungsstraße an der [Innen]stadtgrenze* ‖ **tan|gen|ti|al** [-tsi-] ‖ **tan|gie|ren:** das tangiert mich nicht *(es berührt mich nicht, geht mich nichts an)*

Tan|go [-ŋgɔ] der, -s/-s ⟨span.⟩: *ein Tanz* ‖ **Tan|go Ar|gen|ti|no** [-arx-] der, -[s] -[s]/-s -s: *argentinischer Tango*

Tan|ja, *auch:* Tania: *weibl. Vorname (Tatjana)*

Tank der, -s/-s ⟨Hindi-port.-engl.⟩: *[großer] Behälter für Flüssigkeiten* | (veraltet) (Mil.) *Panzerwagen* ‖ **tan|ken:** Benzin t. *(einfüllen);* Sauerstoff, Frischluft t. ‖ **Tan|ker** der, -s/-: *Tankschiff, Öltransporter* ‖ **Tan|ker|flot|te:** *die Tanker einer Reederei* ‖ **Tank|säu|le:** *Zapfsäule* ‖ **Tank|stel|le:** *Verkaufsstelle, Ausgabestelle von Benzin, Öl uÄ* ‖ **Tank|wa|gen** ‖ **Tank|wart:** *Angestellter einer Tankstelle* | *Tankstellenpächter* ‖ **Tank|war|tin**

Tann der, -s (geh.): *Wald* ‖ **Tan|ne** die, -/-n: *ein Nadelbaum* | (ohne Pl.) *Holz der Tanne* ‖ **Tan|nen|baum:** *Tanne* | *Weihnachtsbaum* ‖ **Tan|nen|na|del** ‖ **Tan|nen|rei|sig** ‖ **Tan|nen|zap|fen** ‖ **Tan|nen|zweig**

Tan|sa|nia: *afrikanischer Staat*

Tan|tal das, -s (Zeichen: Ta): *ein chemisches Element* ‖ **Tan|ta|lus|qua|len** die (Pl.): *qualvolles Verlangen nach Unerreichbarem (nach einer griechischen Sagenfigur)*

Tan|te die, -/-n ⟨fr.⟩: *Schwester oder Schwägerin des Vaters oder der Mutter* | *befreundete ältere Bekannte;* Mitzi-Tant[e] | *Kindergartentante* ‖ **tan|ten|haft** (oft abw.): sich t. *(übervorsichtig, betulich, altmodisch)* verhalten
Tan|ti|e|me [-'tie:-, auch: tɑ̃'tie:-] die, -/-n (meist Pl.) ⟨fr.⟩: *prozentmäßiger Anteil am Gewinn [eines Unternehmens]* | (nur Pl.) *der Anteil zB des Komponisten an den Einnahmen von Aufführungen seiner Werke*
Tan|t|ra das, -[s] ⟨Sanskrit⟩: *eine indische Erlösungslehre*
Tanz der, -es/Tänze: jemanden zum T. auffordern; ein T. auf dem Vulkan *(Ausgelassenheit in Gefahr)* | *Tanzmusik; Tanzveranstaltung* | (ugs.) *Streit;* einen T. machen ‖ **Tanz|abend** ‖ **Tanz|bär** (früher): *dressierter Bär* ‖ **Tanz|bein** (scherzh.): das T. schwingen *(tanzen)* ‖ **Tanz|bo|den:** *Tanzfläche [bei einem Volksfest]* ‖ **Tanz|ca|fé** [-k-] ‖ **tän|zeln,** ich tänzle: ein tänzelndes Pferd ‖ **tan|zen,** du tanzt: sie *hat* Walzer getanzt; er *ist* aus der Reihe getanzt *(hat sich störend, anders als die anderen benommen);* tanzende *(schwärmende)* Mücken ‖ **Tän|zer** der, -s/- ‖ **Tan|ze|rei** die, -/-en (ugs., auch abw.): *Tanzveranstaltung* ‖ **Tän|ze|rin** die, -/-innen ‖ **tän|ze|risch** ‖ **Tanz|flä|che** ‖ **Tanz|grup|pe** ‖ **Tanz|ka|pel|le** ‖ **Tanz|kurs** ‖ **Tanz|leh|rer** ‖ **Tanz|leh|re|rin** ‖ **Tanz|meis|ter** (veraltet): *Tanzlehrer* ‖ **Tanz|meis|te|rin** (veraltet) ‖ **Tanz|mu|sik** ‖ **Tanz|or|ches|ter** [meist: -kɛ-] ‖ **Tanz|part|ner** ‖ **Tanz|part|ne|rin** ‖ **Tanz|saal** ‖ **Tanz|schritt** ‖ **Tanz|schuh** ‖ **Tanz|schu|le** ‖ **Tanz|sport** ‖ **Tanz|stun|de** ‖ **Tanz|the|a|ter** ‖ **Tanz|tur|nier** ‖ **Tanz|un|ter|richt** ‖ **Tanz|ver|an|stal|tung**
Tao das, -s ⟨chin.⟩: *das vollkommene Sein als ein Prinzip in der chinesischen Philosophie* ‖ **Tao|is|mus** der, -
Tape [teɪp] das, -s/-s ⟨engl.⟩ *Klebestreifen, Klebeband [als Verband]* | (Elektrot.) *Magnetband, Audioband, Videoband* ‖ **Tape|deck** das, -s/-s (Elektrot.): *Kassettenrekorder einer Stereoanlage*

Ta|pet [-'pe:t] ⟨gr.-lat.⟩ (nur in den Wendungen):
etwas aufs T. *(zur Sprache)* bringen; aufs T. kommen

Die korrekte Aussprache ist [ta'pe:t]. Der Buchstabe *t* am Wortende ist nicht stumm, denn das Wort ist nicht französischer, sondern griechisch-lateinischer Herkunft.

Ta|pe|te ⟨gr.-lat.⟩ die, -/-n: *[gemusterte] Wandverkleidung (meist aus Papier)* ‖ **Ta|pe|ten|mus|ter** ‖ **Ta|pe|ten|wech|sel** [-ks-]: *Wechsel der Umgebung* ‖ **ta|pe|zie|ren:** ein Zimmer t. | eine Sitzgarnitur frisch t. *(mit einem neuen Stoff überziehen)* lassen ‖ **Ta|pe|zie|rer** der, -s/- ‖ **Ta|pe|zie|re|rin** die, -/-innen ‖ **Ta|pe|zier|tisch:** *zusammenklappbarer Tisch*
tap|fer: *mutig, kühn; furchtlos; beherrscht* ‖ **Tap|fer|keit** die, -
Ta|pir [auch: 'ta:-] der, -s/-e ⟨indian.-port.-fr.⟩: *ein Huftier*
Ta|pis|se|rie die, -/-n ⟨gr.-fr.⟩: *Wandteppich; eine Stickerei auf gitterartigem Gewebe* | *Verkaufsgeschäft für Handarbeiten*
tapp: t., t. *(gibt das Geräusch von Schritten wieder)* ‖ **tap|pen:** *schwerfällig, unsicher gehen;* in eine Falle t.; nach etwas im Dunkeln t. *(suchend greifen);* ich tappe im Dunkel[n] *(bin im Ungewissen)* ‖ **Tap|perl** das, -s/-[n] (ugs.): *Klaps* ‖ **täp|pisch:** täppische *(unbeholfene, plumpe)* Bewegungen ‖ **tap|sig** (ugs.): *täppisch*
Ta|ra die, -/Taren ⟨arab.-it.⟩: *das Gewicht der Verpackung;* → tarieren
Ta|ran|tel die, -/-n ⟨it.⟩: *eine große Spinne;* wie von einer T. gestochen *(wie besessen, jäh)* aufspringen ‖ **Ta|ran|tel|la** die, -/-s (Tarantellen): *ein italienischer Volkstanz*
Tar|ho|nya [-nja] die, -/- ⟨ung.⟩: *eine [ungarische] Teigware;* → Reibgerstel
ta|rie|ren ⟨it.⟩: *ausgleichen, ausbalancieren;* → austarieren ‖ **Ta|rier|waa|ge:** *eine Feinwaage*
Ta|rif der, -[e]s/-e ⟨arab.-it.-fr.⟩: *festgesetzte Gebühr;* jemanden nach T. *(nach festgelegten Sätzen)* entlohnen ‖ **Ta|rif|be|stim|mung** ‖ **Ta|rif|er|hö|hung** ‖ **ta|rif|lich** ‖ **Ta|rif|lohn** ‖ **Ta|rif|part|ner:** *Arbeitgeber oder Arbeitnehmer* ‖ **Ta|rif|po|li|tik** ‖ **Ta|rif|run|de:** *Tarifverhandlungen* ‖ **Ta|rif|über|ein|kom|men:** *Vereinbarung über den Mindestlohntarif ua.* ‖ **Ta|rif|ver|hand|lung:** *Lohnrunde* ‖ **Ta|rif|ver|trag:** *Vertrag zwischen Arbeitgeber und Gewerkschaft über die Höhe der Gehälter*
Tarn|an|strich (Mil.) ‖ **Tarn|an|zug** (Mil.) ‖ **tar|nen:** ein Tun, eine Absicht t. *(verdecken, verschleiern);* sich im Gelände t. ‖ **Tarn|far|be** ‖ **Tarn|kap|pe** (in der Sage): *unsichtbar machende Kapuze* ‖ **Tar|nung** die, -/-en
Ta|rock das, -s/-s ⟨it.⟩: *ein Kartenspiel* ‖ **ta|ro|ckie|ren** ‖ **Ta|rock|kar|te** ‖ **Ta|rot** [-'ro:] das (*auch:* der), -s/-s ⟨it.-fr.⟩: *Wahrsage-Kartenspiel*
Tar|tan[1] der, -s/-s ⟨engl.⟩: *Stoff mit einem bestimmten Schottenmuster*
Tar|tan[2] der, -s (Wz.): *Kunststoffauflage auf Laufbahnen* ‖ **Tar|tan|bahn**
Tar|ta|rus der, -: *Unterwelt in der antiken Sage*
Tar|vis [-v-] (it.: Tarvisio [-v-]): *Stadt in Italien*
Ta|sche die, -/-n: eine T. zum Umhängen; Aktentasche | mein Mantel hat zwei Taschen; etwas aus eigener T. *(aus eigenen Mitteln)* zahlen; jemandem auf der T. liegen *(finanziell zur Last fallen);* tief in die T. greifen *(viel bezahlen)* müssen; in die eigene T. arbeiten *(sich bereichern)* | (ugs.) jemanden in die T. stecken *(jemandem überlegen sein)* ‖ **Ta|schen|buch** ‖ **Ta|schen|buch|aus|ga|be:** die T. eines Romans ‖ **Ta|schen|dieb:** *Dieb, der Wertgegenstände aus den Taschen stiehlt* ‖ **Ta|schen|die|bin** ‖ **Ta|schen|dieb|stahl** ‖ **Ta|schen|fei|tel** (ugs.): *einfaches Taschenmesser* ‖ **Ta|schen|for|mat** ‖ **Ta|schen|geld:** *kleiner [regelmäßiger] Geldbetrag, über den Kinder verfügen können* ‖ **Ta|schen|geld|pa|ra|graf** = **Ta|schen|geld|pa|ra|graph** [-f]: *Gesetzesbestimmung über die Geschäftsfähigkeit Minderjähriger in Höhe des Taschengelds* ‖ **Ta|schen|ka|len|der** ‖ **Ta|schen|lam|pe:** *kleine batteriebetriebene Lampe* ‖ **Ta|schen|rech|ner** ‖ **Ta|schen|spie|ler** ‖ **Ta|schen|spie|le|rei:** *Anwendung von [üblen] Tricks* ‖ **Ta|schen|spie|le|rin** ‖ **Ta|schen|tuch** ‖ **Ta|schen|uhr** ‖ **Ta|scherl** das, -s/-[n]: *kleine Tasche* | *eine Mehlspeise; Teigtasche;* Topfentascherl ‖ **Taschl** das, -s/-n (ugs.): *Tasche* ‖ **Taschl|zie|her** der, -s/- (ugs.): *Taschendieb* ‖ **Taschl|zie|he|rin** die,

T

-/-innen (ugs.) ‖ **Taschner** der, -s/-: *Taschenmacher* ‖ **Taschnerin** die, -/-innen

Tässchen das, -s/- ⟨arab.-it.⟩ ‖ **Tasse** die, -/-n: *ein [Porzellan-]trinkgefäß, Schale;* drei Tassen Tee | *Untertasse* | (veraltet) *Tablett* | *Wanne einer Brause, Dusche*

Tastatur die, -/-en ⟨lat.-it.⟩: die T. *(alle Tasten)* des Klaviers/Computers ‖ **Taste** die, -/-n: eine T. anschlagen; in die Tasten greifen ‖ **Tastempfindung** ‖ **tasten:** sich im Dunkeln zum Ausgang t.; die Rippen t. können ‖ **Tastendruck** ‖ **Tasteninstrument** [-st-]: *Orgel, Klavier, Keyboard ua.* ‖ **Tastentelefon:** *Telefon mit einer Tastatur* ‖ **Tastorgan** (Biol.): Insekten haben Tastorgane ‖ **Tastsinn** der, -[e]s: *Fähigkeit, etwas durch Berühren wahrzunehmen*

tat → tun ‖ **Tat** die, -/-en: eine gute Tat; jemanden auf frischer Tat ertappen; einen Plan in die Tat umsetzen *(ihn verwirklichen);* jemandem mit Rat und Tat beistehen | in der Tat *(wirklich)*

Tatami die, -/-s ⟨jap.⟩: *japanische Bodenmatte*

Tatar[1] der, -en/-en: *Angehöriger eines zentralasiatischen Volkes* ‖ **Tatar**[2] das, -s/-s (Küchenspr.): *rohes Rindfleisch als Speise* ‖ **Tatarin** die, -/-innen, ‖ **Tatarennachricht:** *eine [unverbürgte] Schreckensnachricht*

Tatausgleich (Jus): außergerichtlicher T. *(→ Diversion)* ‖ **Tatbericht** ‖ **Tatbestand:** die Handlungsweise erfüllt den T. der Fahrerflucht *(weist alle Merkmale für diese Straftat auf)* ‖ **Tatendrang** ‖ **Tatendurst** (geh.) ‖ **tatendurstig** (geh.) ‖ **tatenfroh** ‖ **tatenlos:** einem Unglück t. zusehen müssen ‖ **Tatenlosigkeit** die, -/-en ‖ **Täter** der, -s/-: eine Spur vom T. ‖ **Täterbeschreibung** ‖ **Täterin** die, -/-innen ‖ **Täterschaft** die, - ‖ **Tathergang** (Amtsspr.)

Tati → Dati

tätig: in einem Geschäft t. sein *(arbeiten)* | ein tätiger *(aktiver)* Vulkan | (Amtsspr.) t. werden *(eingreifen)* | (Jus) tätige Reue *(rechtzeitige Tatabwendung bzw. Schadensbehebung, die zu Straffreiheit oder milderer Verurteilung führt)* ‖ **tätigen** (Kaufmannsspr.): einen Kauf t. *(etwas kaufen)* ‖ **Tätigkeit** die, -/-en: *Arbeit;* eine anspruchsvolle T. ‖ **Tätigkeitsbereich** ‖ **Tätigkeitsform** (Gramm.): *Aktiv* ‖ **Tätigkeitswort** (Gramm.): *Verb, das ein aktives Geschehen bezeichnet* ‖ **Tätigung** die, -/-en (Kaufmannsspr.): *das Tätigen*

Tatjana: *weibl. Vorname;* → Tanja

Tatkraft die, -: sich mit großer T. *(Energie, Motivation)* einem Projekt widmen ‖ **tatkräftig:** eine tatkräftige *(energische)* Frau

Tatl → Datl

tätlich: *handgreiflich, gewalttätig;* t. werden ‖ **Tätlichkeiten** die (Pl.): es kam zu T. *(zu körperlicher Gewaltanwendung)* ‖ **Tatmotiv:** *der Grund für die [verbrecherische] Tat* ‖ **Tatort:** *Ort, wo die [verbrecherische] Tat begangen wurde*

tätowieren ⟨tahitisch-engl.⟩: *[färbige] Figuren oder Muster in die Haut ritzen bzw. stechen* ‖ **Tätowierung** die, -/-en: → Tattoo[2]

Tatra die, -: *Gebirge in der Slowakei*

Tatsache: das ist eine T. *(ein Faktum; das steht fest);* Vorspiegelung falscher Tatsachen; jemanden vor vollendete Tatsachen stellen; vor vollendeten Tatsachen stehen; den Tatsachen ins Auge sehen *(den Problemen nicht ausweichen)* ‖ **Tatsachenbericht** ‖ **Tatsachendarstellung** (Jus) ‖ **tatsächlich** [auch: -ˈɛ-]: es ist t. *(wirklich)* so; sie ist es t. | der tatsächliche *(wahre)* Grund ihres Kommens

tätscheln: *liebevoll leicht schlagen*

Tätschen die, -/-, *auch:* Dätschen (ugs., derb): *Ohrfeige*

Tatschkerl das, -s/-[n] (W): *eine Mehlspeise, Tascherl* | (ugs.) jemandem ein T. *(einen leichten Schlag)* geben

Tattergreis (ugs., abw.): *zittriger alter Mann, Tatterich* ‖ **Tattergreisin** (ugs., abw.) ‖ **Tatterich** der, -[e]s/-e (ugs, abw.): *Tattergreis* | (ohne Pl.) den T. haben *([krankhaft] zittern)*

Tattersall [engl.: ˈtætəsɔːl] der, -s/-s: *Reithalle (nach einem englischen Pferdetrainer)*

Tattoo[1] [tæˈtuː] das, -s/-s ⟨engl.⟩ (Mil., Mus.): *Zapfenstreich*

Tattoo[2] [tæˈtuː] das, -s/-s ⟨tahitisch-engl.⟩: *Tätowierung*

Tatumstand (meist Pl.) (Amtsspr.) ‖ **Tatverdacht** (Amtsspr.): ein dringender T. ‖ **tatverdächtig** (Amtsspr.): *im Verdacht einer Straftat stehend* ‖ **Tatwaffe**

Tatze die, -/-n: *Pranke;* Löwentatze

Tatzelwurm: *sagenhaftes Alpentier, Drache, Lindwurm*

Tatzeuge ‖ **Tatzeugin**

Tatzmannsdorf → Bad Tatzmannsdorf

Tau[1] das, -[s]/-[s] ⟨gr.⟩ (τ, T): *griechischer Buchstabe (t)*

Tau[2] das, -[e]s/-e: *starkes Seil*

Tau[3] der, -[e]s: *Niederschlag während der Nacht* | (ugs.) keinen Tau davon haben *(keine Ahnung)*

taub: *gehörlos;* sich t. stellen | eine taube *(leere)* Nuss | taube *(gefühllose)* Füße | taubes Gestein *(Gestein ohne Erzgehalt)* ‖ **taubblind:** *taub und blind (mehrfach sinnesbehindert)* ‖ **Taubblinde**[1] der, -n/-n, ein Taubblinder ‖ **Taubblinde**[2] die, -n/-n ‖ **Taube**[1] der, -n/-n, ein Tauber: *Gehörloser* ‖ **Taube**[2] die, -n/-n: *Gehörlose*

Taube[3] die, -/-n: *ein Vogel;* Tauben züchten | (Pol.) *Vertreter/in einer gemäßigten Politik;* → G.: Falke

taubedeckt ‖ **taubenetzt** (geh.): taubenetzte Blätter

taubengrau: *blaugrau* ‖ **Taubenhaus** = **Taubenkobel** = **Taubenschlag:** dieses Haus ist ein T. *(viele Menschen gehen ein und aus)* ‖ **Taubenzüchter** ‖ **Taubenzüchterin**

Tauber[1] der, -s/- (reg.): *flaches Fischnetz an einer Stange*

Tauber[2] = **Täuber** der, -s/- = **Tauberich** = **Täuberich,** -s/-e: *männliche Taube*

Taubheit die, -: *Gehörlosigkeit*

Täubling der, -s/-e: *ein Pilz*

Taubnessel: *eine Pflanze*

taubstumm (ugs.): *gehörlos;* t. sein *(nicht hören und [daher] nicht sprechen können)* ‖ **Taubstumme**[1] der, -n/-n, ein Taubstummer (ugs.): *Gehörloser* ‖ **Taubstumme**[2] die, -n/-n (ugs.) ‖ **Taubstummensprache** die, -: *Gehörlosensprache, eine Gebärdensprache*

tauchen: lange t. *(unter Wasser bleiben)* können; an die Oberfläche t. | eine Hand ins Wasser t. | die Bühne in rotes Licht t. ‖ **Taucher** der, -s/-: *jemand, der taucht* | *ein Vogel* ‖ **Taucheranzug** ‖ **Taucherbrille** ‖ **Taucherin** die, -/-innen ‖ **Tauchfahrt:** die T. eines U-Bootes ‖ **Tauchgang** ‖ **Tauchsieder** der, -s/-: *Elektroge-*

T

rät zum Erhitzen von Flüssigkeiten ‖ **Tauch|sport** ‖ **Tauch|sta|ti|on** [-tsi̯-]: *Taucherzentrum* | auf T. gehen *(U-Boot-Mannschaft auf den entsprechenden Posten;* scherzh. auch: *sich völlig zurückziehen)* ‖ **Tauch|wen|de** (Sport)
tau|en: es taut *(es ist Tauwetter; es fällt Tau)*
Tau|en|de (Seemannsspr.): *Stück von einem Seil*
Tau|ern[1] der, -/-: *Bezeichnung mehrerer Alpenübergänge;* der Radstädter T. ‖ **Tau|ern**[2] die (Pl.): *Bezeichnung mehrerer Gebirgszüge;* die Hohen T.; die Niederen T. ‖ **Tau|ern|au|to|bahn** ‖ **Tau|ern|bahn:** *Gebirgsbahn in den Hohen Tauern* ‖ **Tau|ern|tun|nel** (S, K)
Tauf|be|cken: eine Kirche mit einem gotischen T. ‖ **Tauf|be|kennt|nis:** *Glaubensbekenntnis, das während der Taufe gesprochen wird* ‖ **Tauf|buch:** *Taufmatrikel* ‖ **Tau|fe** die, -/-n: *ein Sakrament;* etwas aus der T. heben *(ins Leben rufen)* | *feierliche Namensgebung;* Schiffstaufe ‖ **tau|fen:** ein Kind t. *(das Sakrament der Taufe vollziehen)* | wir werden den Hund Rex t. *(ihm diesen Namen geben);* ein Schiff t. *(ihm einen Namen geben und es feierlich zum Verkehr freigeben)* ‖ **Täu|fer** der, -s (im Evangelium): Johannes der T. ‖ **Tauf|for|mel** die, -: der Pfarrer spricht die T. ‖ **Tauf|göd,** *auch:* Taufgöt (ugs.): *Taufpate* ‖ **Tauf|go|den** (ugs.): *Taufpatin* ‖ **Tauf|godl,** *auch:* Taufgotl (ugs.): *Taufpatin* ‖ **Tauf|ka|pel|le** ‖ **Tauf|ker|ze** ‖ **Tauf|kleid** ‖ **Täuf|ling** der, -s/-e ‖ **Tauf|ma|t|rik** = **Tauf|ma|t|ri|kel** (Amtsspr.): *kirchliches Taufverzeichnis* ‖ **Tauf|na|me,** *auch:* **Tauf|na|men:** *Vorname* ‖ **Tauf|pa|te** ‖ **Tauf|pa|tin** ‖ **Tauf|re|gis|ter:** *Taufmatrikel*
tau|frisch (geh.): *ganz frisch*
Tauf|schein: *ein kirchliches Dokument* ‖ **Tauf|schein|christ** [-k-]: *Mitglied einer christlichen Religionsgemeinschaft, das die Religion nicht aktiv ausübt* ‖ **Tauf|schein|chris|tin** ‖ **Tauf|was|ser**
tau|gen: *brauchbar, geeignet sein;* das taugt nichts *(es ist zu nichts nutz)* | das taugt mir *(es sagt mir zu)* ‖ **Tau|ge|nichts** der, -[es]/-e (abw.): *Nichtsnutz, zu nichts brauchbarer Kerl* ‖ **taug|lich:** *geeignet* | *wehrdiensttauglich* ‖ **Taug|lich|keit** die, -/-en
tau|ig (geh.): tauige *(mit Tau bedeckte)* Wiesen in der Früh
Tau|mel der, -s: *Schwindelgefühl; Zustand der Begeisterung, des Überschwangs* ‖ **tau|me|lig,** *auch:* taumlig ‖ **tau|meln,** ich taumle: *hin und her wanken* ‖ **taum|lig** → taumelig
tau|nass: taunasse Blätter
taupe [to:p] ⟨lat.-fr.⟩: *bräunlich grau;* ein taupe (*auch:* taupes [-pɛs]) Kleid ‖ **Tau|pe** das, -[s]/-: ein Kleid in T.
Tau|punkt: *vollständige Sättigung der Luft mit Wasserdampf* ‖ **Tau|salz:** *Streusalz, das die Eis- bzw. Schneeschmelze bewirkt*
Tausch der, -[e]s/-e: einen guten/schlechten T. machen ‖ **täu|scheln,** ich täuschle (reg., ugs.): *kleine Tauschgeschäfte machen* ‖ **tau|schen,** du tausch[s]t: die Plätze t.; ich möchte nicht mit ihm t. *(nicht an seiner Stelle sein);* Blicke t. ‖ **täu|schen**[1], du täusch[s]t: *irreführen;* der Eindruck täuscht; jemandem täuschend *(zum Verwechseln)* ähnlich sehen ‖ **täu|schen**[2] sich: *sich irren;* sich in jemandem t. *(eine falsche Meinung von jemandem haben)* ‖ **Tausch|ge|schäft** ‖ **Tausch|han|del:** *[alte] Form des Handels, in der Ware gegen Ware getauscht wird*
tau|schie|ren ⟨arab.-it.-fr.⟩: *Edelmetall zur Verzierung in unedles Metall einlegen*
Tausch|ob|jekt: *Gegenstand eines Tausches* ‖ **Täu|schung** die, -/-en: eine optische T.; sich keiner T. hingeben *(sich keine falschen Hoffnungen machen);* einer T. erliegen; eine fromme *(gut gemeinte)* T. ‖ **Täu|schungs|ab|sicht** ‖ **Täu|schungs|ma|nö|ver** [-v-, -f-]: *Täuschungsversuch* ‖ **Täu|schungs|ver|such** ‖ **Tausch|weg:** etwas auf dem T. erwerben ‖ **Tausch|wert**

tau|send (1 000)

Kleinschreibung als Grundzahl:
– tausend Euro (in Formularen auch: eintausend)
– bis tausend zählen
– drei von tausend [Menschen]
Groß- und Kleinschreibung, wenn „tausend“ eine unbestimmte Menge bezeichnet:
– einige tausend (= **T**ausend) Bäume
– [einige] tausende (= **T**ausende) [von] Menschen
– tausend[e] und abertausend[e] (= **T**ausend[e] und **A**bertausend[e]) hungrige[r] Vögel
Großschreibung als Zahlnomen:
– ein halbes **T**ausend
Das Ordnungszahlwort „tausendste“:
– das tausendste Mal
– zum tausendsten Mal; *aber groß:* vom Hundertsten ins **T**ausendste kommen; jeder **T**ausendste gewinnt
Zusammenschreibung:
– tausendfach (1 000fach = 1 000-fach); *aber groß:* das **T**ausendfache
– tausendmal (1 000-mal)
– abertausend[e] (= **A**bertausend[e]) von Zuhörern *(viele tausende);* → acht; → hundert

Tau|send die, -/-en: *die Zahl 1 000;* → Acht; → Hundert ‖ **Tau|sen|der** (1 000er) der, -s/-: *eine Zahl mit vier Stellen* | (früher) *Tausendschillingschein* ‖ **tau|sen|der|lei** ‖ **tau|send|fach** (1 000fach = 1 000-fach) ‖ **Tau|send|füß|ler** der, -s/-: *ein Gliederfüßer* ‖ **Tau|send|gu|l|den|kraut:** *eine Pflanze* ‖ **Tau|send|jahr|fei|er** (1 000-Jahr-Feier) ‖ **tau|send|jäh|rig:** eine tausendjährige Eiche; das tausendjährige Reich *(in der Bibel)* ‖ **Tau|send|künst|ler** (scherzh.): *jemand, der sich immer zu helfen weiß* ‖ **Tau|send|künst|le|rin** (scherzh.) ‖ **tau|send|mal** (1 000-mal) (bei bes. Betonung auch: tausend Mal) ‖ **Tau|send|sas|sa** der, -s/-[s]: *tüchtiger und vielseitiger Mensch* ‖ **Tau|send|schil|ling|no|te** (1 000-Schilling-Note) (früher): *Tausendschillingschein* ‖ **tau|sends|te** (1 000.): die t. Besucherin | (Großschreibung) vom Hundertsten ins **T**ausendste kommen; jeder **T**ausendste gewinnt; → tausend ‖ **tau|sends|tel** (1 000stel): ein t. Meter (= Tausendstelmeter) *(ein Millimeter)* ‖ **Tau|sends|tel** (1 000stel) das, -s/- ‖ **tau|sends|tel Me|ter** = **Tau|sends|tel|me|ter** ‖ **tau|sends|tel Se|kun|de** = **Tau|sends|tel|se|kun|de** ‖ **tau|send|und|ein:** t. Euro; *aber:* das ist tausend und eins *(das sind zwei ganz ungleiche Dinge);* **T**ausendundeine Nacht *(orientalische Märchensammlung)*
Tau|to|lo|gie die, -/-n ⟨gr.-lat.⟩ (Lit.): *[unnötige] Bezeichnung*

T

mit mehreren Ausdrücken, die das Gleiche besagen, zB runder Kreis || **tautologisch** (Lit.)

Tautropfen || **Tauwasser**

Tauwerk das, -[e]s (Seemannsspr.): *alle Seile eines Schiffes*

Tauwetter das, -s: *Warmwetterphase, in der es taut* | (Pol.) *Entspannung nach einer Konfliktphase* || **Tauwind**

Tauziehen das, -s: *sportlicher Wettkampf* | *zähes Ringen um Entscheidungen*

Taverne [-v-] die, -/-n ⟨it.⟩: *kleines Gasthaus, meist bei oder in Klöstern, Schlössern und Burgen*

Taxameter ⟨griech.+lat.⟩: *Fahrpreisanzeiger [im Taxi]* || **Taxation** [-tsi̯-] die, -/-en: *das Taxieren* || **taxativ:** eine taxative *(erschöpfende, vollständige)* Aufzählung; → G.: demonstrativ

Taxe die, -/-n ⟨lat.-fr.⟩: *Gebühr;* Kurtaxe || **taxfrei:** *gebührenfrei* | (ugs., iron.) sie hat ihn t. *(ohne Berechtigung)* zum Professor gemacht

Taxi das, -[s]/-[s] ⟨lat.-fr.-engl.⟩: *Mietauto mit Chauffeur/in* || **taxieren:** *abschätzen, einschätzen* || **Taxifahrer** || **Taxifahrerin** || **Taxilenker:** *Taxifahrer* || **Taxilenkerin** || **Taxistandplatz** || **Taxler** der, -s/- (ugs.): *Taxilenker* || **Taxlerin** die, -/-innen (ugs.)

Taxonomie die, - ⟨gr.⟩ (Bot.): *Wissenschaft von der verwandtschaftlichen Ordnung der Organismen* || **taxonomisch**

Taxus der, -/- ⟨lat.⟩: *Eibe*

Tazze die, -/-n ⟨arab.-it.⟩ (veraltet): *Tasse* || **Tazzerl** das, -s/-[n] (veraltet): *Tässchen, Untersätzchen*

Tb[1]: **T**er**b**ium

Tb[2] [te 'beː] = **Tbc** [te be 'tseː] die, -: **T**u**b**erkulose || **Tbc-krank** = **Tb-krank:** *tuberkulosekrank*

T-Bone-Steak ['tiːbəʊnsteɪk] ⟨engl.⟩ (Küchenspr.): *ein Rindssteak, T-förmiges Rückenstück*

Tc: **T**e**c**hnetium

TCP [ti si 'piː] (EDV): **T**ransmission **C**ontrol **P**rotocol *(Standard für das Versenden von Informationen im Internet);* → IP

Te: **Te**llur

Teach-in ['tiːtʃɪn] = **Teachin** das, -[s]/-s ⟨engl.⟩: *[politische] Diskussionsveranstaltung*

Teakholz ['tiːk-] das, -es ⟨Tamil-port.-engl.⟩: *ein tropisches Edelholz*

Team [tiːm] das, -s/-s ⟨engl.⟩: *Arbeitsgruppe; Sportmannschaft* || **Teamarbeit** die, -: *Zusammenarbeit, Gemeinschaftsarbeit, Teamwork* || **Teamchef** [-ʃeːf] (Sport): *Nationaltrainer* || **Teamchefin** (Sport) || **Teamfähigkeit** || **Teamgeist** der, -[e]s || **Teamleiberl** (Sport): *Trikot der Nationalmannschaft;* ein T. *(einen Platz im Nationalteam)* haben || **Teamspieler** (Sport) || **Teamspielerin** (Sport) || **Teamteaching** [-tiːtʃ-] das, -s: *gemeinsame Unterrichtsgestaltung durch mehrere Lehrkräfte* || **Teamtrainer** [-treː-, engl. -treɪ-] (Sport) || **Teamtrainerin** (Sport) || **Teamwork** [-wɜːk] das, -s: *Teamarbeit*

Technetium [-tsi̯-] das, -s ⟨gr.-lat.⟩ (Zeichen: Tc): *ein chemisches Element* || **Technik** die, - ⟨gr.-fr.⟩: *angewandte Naturwissenschaft;* mit dem neuesten Stand der T. ausgestattet | *Kurzwort für Technische Universität* | (mit Pl. -en) *Herstellungs- bzw. Verfahrensweise;* die T. des Skilaufs || **Techniker** der, -s/-: *jemand, der eine technische Lehranstalt absolviert hat* || **Technikerin** die, -/-innen || **Technikum** das, -s/Technika [Techniken]: *technische Fach[hoch]schule* || **technisch:** eine Unterbrechung aus technischen Gründen *(wegen Stromausfalls oÄ);* die Höhere technische Lehranstalt (HTL) *(eine berufsbildende höhere Schule technisch-gewerblicher Richtung)* | (Großschreibung) die **T**echnische Universität (in Wien und Graz); → TU; das **T**echnische Museum (in Wien) || **technisieren:** einen Betrieb t. *(ihn auf maschinelle Arbeit umstellen)* || **Technisierung** die, -/-en || **Techno** [-k-] der, -s ⟨gr.-engl.⟩: *eine Stilrichtung im Pop* || **Technokrat** [-ç-] der, -en/-en ⟨gr.⟩ (oft abw.): *Vertreter der Technokratie* || **Technokratie** die, - (oft abw.): *die Vorherrschaft der Technik* || **Technokratin** die, -/-innen (oft abw.) || **technokratisch:** *die Erfordernisse der Technik, Wirtschaft, Verwaltung [zu sehr] betonend* || **Technologe** der, -n/-n: *Fachmann der Technologie* || **Technologie** die, -: *Lehre von technischen Produktionsverfahren* | *Zusammenfassung technischer Methoden und Verfahren auf einem bestimmten Gebiet* || **Technologietransfer:** *Weitergabe neuer technologischer Kenntnisse* || **Technologin** die, -/-innen || **technologisch:** *verfahrenstechnisch; aber:* das **T**echnologische Gewerbemuseum (TGM) *(eine Höhere technische Bundes-Lehr- und Versuchsanstalt in Wien)*

Techtelmechtel das, -s/- ⟨?⟩ (ugs.): *Liebschaft; geheimes Einverständnis*

TED [tɛt] der, -s: **Te**le**d**ialog *(computerunterstützte Telefonbefragung)*

Teddy [-i] der, -s/-s = **Teddybär** ⟨engl.⟩: *Stoffbär*

Tedeum das, -[s]/-s ⟨lat.⟩ (Rel.): *ein kirchlicher Lobgesang (Te Deum laudamus)*

TED-Umfrage ['tɛt-]

Tee der, -s/-s ⟨chin.-engl.⟩: *aufbereitete junge Blätter des Teestrauchs;* schwarzer Tee; russischer Tee | *Aufguss aus Teeblättern; Aufguss aus getrockneten Heilpflanzen;* Tee trinken; verschiedene Tees *(Teesorten)* | jemanden zum Tee einladen || **Teebäckerei** die, -: *Teegebäck* || **Teebeutel** || **Teebutter:** *eine feine Butter* || **Teeei:** *kleiner runder Behälter zur Teebereitung* || **Teeernte** || **Teegebäck:** *Kleingebäck* || **Teehaus** || **Teekanne** || **Teeküche:** *kleine Küche in Betrieben* || **Teelicht:** *spezielle Kerze zum Warmhalten des Tees* || **Teelöffel**

Teen [tiːn] der, -s/-s ⟨engl.⟩: *Kurzwort für Teenager* || **Teenager** ['tiːneɪdʒə] der, -s/-: *Mädchen oder Bursch zwischen 13 und 19 Jahren*

Teer der, -[e]s/-e: *ein zähflüssiger Stoff* || **teeren:** eine Straße t. || **teerhältig,** *auch:* teerhaltig: Zigaretten sind t. || **Teerpappe:** *Dachpappe*

Teeschale || **Teeseiher:** *Teesieb* || **Teeservice** [-viːs] || **Teesorte**

Teflon das, -/-s (Wz.): *ein Kunststoff* || **teflonbeschichtet** || **Teflonpfanne**

Tegel der, -s: *kalkreicher Ton, Ziegellehm*

Teheran: *Hauptstadt des Irans*

Teich der, -[e]s/-e: *kleines stehendes Gewässer* | (scherzh.) der Große T. *(der Atlantische Ozean)*

Teig der, -[e]s/-e: den T. [auf]gehen lassen || **teigig** || **Teigkarte:** *ein Küchengerät* || **Teigwaren** die (Pl.): *Nudeln, Hörnchen uÄ*

Teil der = das, -[e]s/-e: ich für mein[en] T. *(ich persönlich)* verzichte

T

darauf; er hat sein[en] T. dazu beigetragen; sie hat den besseren/das bessere T. gewählt; er hat sein[en] T. *(seine Strafe; seinen Anteil)* bekommen; sich sein[en] T. denken; jeden einzelnen/jedes einzelne T. *(Stück)* genau prüfen | (nur mit Art. der) der größte T. der Reise; der vordere T. des Hauses; der zweite T. des Buches; der klagende T. im Rechtsstreit; zum größten T.; zum Teil (z. T., zT) | (nur mit Art. das) es geht uns ein gut T. *(viel)* besser als früher ‖ **Teil|an|sicht** ‖ **Teil|as|pekt:** *Teilgesichtspunkt* ‖ **teil|bar** ‖ **Teil|bar|keit** die, - ‖ **Teil|be|reich** ‖ **Teil|be|trag** ‖ **Teil|chen** das, -s/-: *kleiner Teil* | (Phys.) *ein [sehr] kleiner materieller Körper, zB ein Atomkern* ‖ **Teil|chen|be|schleu|ni|ger** der, -s/- (Phys.): *Gerät zur Beschleunigung elektrisch geladener Teilchen* ‖ **tei|len:** sein Brot mit den Armen t.; ehrlich t. | die Klasse teilte sich in zwei Gruppen | eine Meinung t. *(ihr zustimmen);* geteilter *(unterschiedlicher)* Meinung sein ‖ **Tei|ler** der, -s/- (Math.): *Divisor* ‖ **Teil|er|folg** ‖ **Teil|fa|bri|kat:** *Halbfabrikat* ‖ **Teil|ge|biet** ‖ **Teil|ge|ständ|nis** (Jus) ‖ **teil|ha|ben:** an etwas t. *(daran beteiligt sein);* sie hat daran teil; *aber:* sie hat kein[en] Teil daran ‖ **Teil|ha|ber** der, -s/-: *Mitbesitzer, Gesellschafter* ‖ **Teil|ha|be|rin** die, -/-innen ‖ **teil|haf|tig** [auch: -'a-] (geh.): der Gnade t. werden *(sie erlangen)* ‖ **-tei|lig** (nur in Zusammensetzungen wie mehrteilig) ‖ **Teil|kas|ko** = **Teil|kas|ko|ver|si|che|rung:** *Autoversicherung gegen bestimmte Arten von Schäden;* → Vollkasko ‖ **Teil|leis|tung** ‖ **Teil|leis|tungs|schwä|che** (Päd.): *Leistungsminderung in bestimmten Bereichen, zB im Lesen* ‖ **Teil|lie|fe|rung** ‖ **Teil|men|ge** ‖ **Teil|mo|bil|ma|chung** (Mil.) → Generalmobilmachung ‖ **teil|möb|liert:** eine teilmöblierte Wohnung ‖ **Teil|nah|me** die, -: *Beteiligung;* seine T. zusagen | seine T. *(sein Beileid)* aussprechen ‖ **teil|nah|me|be|rech|tigt** ‖ **Teil|nah|me|kar|te** ‖ **teil|nahms|los** ‖ **Teil|nahms|lo|sig|keit** die, -/-en ‖ **teil|nahms|voll** ‖ **teil|neh|men:** ich nehme am Spiel teil ‖ **Teil|neh|mer** der, -s/- ‖ **Teil|neh|me|rin** die, -/-innen ‖ **Teil|pri|va|ti|sie|rung** [-v-] ‖ **teil|rechts|fä|hig** (Jus): *beschränkt zu Rechtsgeschäften berechtigt* ‖ **Teil|rechts|fä|hig|keit** (Jus) ‖ **Teil|re|pu|b|lik** (Pol.): *föderale Einheit innerhalb eines Bundesstaates;* → Unionsrepublik ‖ **teils:** die Möbel waren t. alt, t. neu ‖ **Teil|sa|me** das, -n, Teilsames (ostöst.): *Schulter bzw. Schlegel vom Schwein als Einzelstück geselcht* ‖ **Teil|satz** (Gramm.): *Teil eines Ganzsatzes, Haupt- oder Gliedsatz* ‖ **Teil|stre|cke** ‖ **Teil|stück** ‖ **Tei|lung** die, -/-en ‖ **teil|wei|se** ‖ **teil|zah|len** (nur Inf. und Part.) ‖ **Teil|zah|lung:** *Ratenzahlung* ‖ **Teil|zeit** die, -: am liebsten würde er [in] T. arbeiten ‖ **Teil|zeit|ar|beit** ‖ **Teil|zeit|be|schäf|tig|te**[1] der, -n/-n, ein Teilzeitbeschäftigter ‖ **Teil|zeit|be|schäf|tig|te**[2] die, -n/-n ‖ **Teil|zeit|be|schäf|ti|gung:** *Beschäftigung mit reduzierter Arbeitszeit* ‖ **Teil|zeit|job** [-dʒɔp]

Te|in = Thein das, -s ⟨chin.-lat.⟩: *anregender Bestandteil des Tees*

Teint [tɛ̃:] der, -s/-s ⟨fr.⟩: ein reiner T. *(eine Gesichtshaut ohne Unreinheiten)*

T-Ei|sen ['te:-]: *Eisen mit T-förmigem Querschnitt*

Te|jo ['təʒu] → Tajo

Tek|to|nik die, - ⟨gr.-lat.⟩ (Kunstg.): *Lehre vom inneren Aufbau und vom Zusammenfügen der Teile* | (Geol.) die T. *(der Aufbau, die Schichtung)* der Erdkruste ‖ **tek|to|nisch**

Tel.: Telefon[nummer]

Tel Aviv [- a'vif, auch: - -v]: *Stadt in Israel*

Te|le das, -s/-s ⟨gr.⟩ (sal.): *Kurzwort für Teleobjektiv* ‖ **Te|le|ar|beit:** *Heimarbeit mit PC-Verbindung zum Dienstnehmer, Teleworking* ‖ **Te|le|ban|king** [-bæ-] das, -[s] ⟨gr.+engl.⟩: *Abwicklung von Bankgeschäften von zu Hause oder vom Büro aus mittels Internet* ‖ **Te|le|di|a|log** → TED ‖ **Te|le|fax** → Fax ‖ **te|le|fa|xen** → faxen ‖ **Te|le|fax|num|mer** → Faxnummer ‖ **Te|le|fon** [bes. D auch: 'te(:)-] das, -s/-e (frühere Schreibung: Telephon): *Fernsprecher;* nicht ans T. gehen ‖ **Te|le|fon|an|ruf** ‖ **Te|le|fon|an|ruf|be|ant|wor|ter** ‖ **Te|le|fon|an|schluss** ‖ **Te|le|fon|ap|pa|rat** ‖ **Te|le|fo|nat** das, -[e]s/-e: *Anruf, Ferngespräch* ‖ **Te|le|fon|buch** ‖ **Te|le|fon|dienst:** *telefonisches Kundenservice* ‖ **Te|le|fon|ge|bühr** ‖ **Te|le|fon|ge|spräch** ‖ **Te|le|fon|hö|rer** ‖ **Te|le|fon|hot|line** [-laɪn] ‖ **Te|le|fo|nie** die, -: *Oberbegriff für Telefonieren und Telefondienste* ‖ **te|le|fo|nie|ren:** mit jemandem t. ‖ **Te|le|fo|nie|re|rei** die, -/-en (meist abw.): *ständiges Telefonieren* ‖ **te|le|fo|nisch** ‖ **Te|le|fo|nist** der, -en/-en ‖ **Te|le|fo|nis|tin** die, -/-innen ‖ **Te|le|fo|ni|tis** die, - (scherzh.): *übertrieben häufiges und langes Telefonieren* ‖ **Te|le|fon|ka|bel** ‖ **Te|le|fon|li|nie** [-iɛ] (SüdT): *Telefonleitung* ‖ **Te|le|fon|mar|ke|ting** (Wirt.): *Werbung mittels persönlicher Telefonanrufe* ‖ **Te|le|fon|netz** ‖ **Te|le|fon|num|mer** (Tel.) ‖ **Te|le|fon|rech|nung** ‖ **Te|le|fon|seel|sor|ge:** *telefonische Beratung für Hilfe suchende Menschen* ‖ **Te|le|fon|ser|vi|ce** [-sɜ:vɪs]: *Kundenbetreuung/Bestellung über Telefon* ‖ **Te|le|fon|sex:** *erotische Erregung durch [bezahlte] telefonische Kontakte* ‖ **Te|le|fon|über|wa|chung:** *Überwachung der Telefonate verdächtiger oder gefährdeter Personen* ‖ **Te|le|fon|ver|bin|dung** ‖ **Te|le|fon|ver|zeich|nis** ‖ **Te|le|fon|wert|kar|te** ‖ **Te|le|fon|zel|le:** *eine Kabine mit Telefon* ‖ **Te|le|fon|zen|t|ra|le:** *Vermittlungsstelle* ‖ **te|le|gen:** *für Fernsehaufnahmen gut geeignet* ‖ **Te|le|graf** = Telegraph [-f]: *Fernschreiber* ‖ **Te|le|gra|fen|lei|tung** = Telegraphenleitung ‖ **Te|le|gra|fen|mast** = Telegraphenmast ‖ **Te|le|gra|fie** = Telegraphie die, - ‖ **te|le|gra|fie|ren** = telegraphieren: *ein Telegramm übermitteln* ‖ **te|le|gra|fisch** = telegraphisch ‖ **Te|le|gra|fist** = Telegraphist der, -en/-en (früher) ‖ **Te|le|gra|fis|tin** = Telegraphistin die, -/-innen (früher) ‖ **Te|le|gramm** (früher): *telegrafische Nachricht* ‖ **Te|le|gramm|stil** [st-, auch: ʃt-]: im T. *(knapp formuliert)* ‖ **Te|le|graph** [-f] = → Telegraf ‖ **Te|le|gra|phen|lei|tung** = → Telegrafenleitung ‖ **Te|le|gra|phen|mast** = → Telegrafenmast ‖ **Te|le|gra|phie** = → Telegrafie ‖ **te|le|gra|phie|ren** = → telegrafieren ‖ **te|le|gra|phisch** = → telegrafisch ‖ **Te|le|gra|phist** = → Telegrafist ‖ **Te|le|gra|phis|tin** = → Telegrafistin ‖ **Te|le|ka|bel** die, - (Wz.): *ein Anbieter für Fernsehen, Radio, Festnetz und Internet* ‖ **Te|le|kom|mu|ni|ka|ti|on** [-tsi̯-]: *Nachrichtenaustausch unter Verwendung moderner Technologien*

T

Te|le|mark der, -s/-s (Sport): *eine alte Technik im Skilauf (nach einer norwegischen Landschaft)*

Te|le|mar|ke|ting ⟨gr.+engl.⟩: *Fernsehwerbung mit Direktbestellung* ‖ **Te|le|ma|tik** die, - ⟨gr.+lat.⟩: *Forschungsrichtung, die die Bereiche Telekommunikation und Informatik verbindet* ‖ **Te|le|ob|jek|tiv:** *Objektiv für Fernaufnahmen [am Fotoapparat]* ‖ **Te|leo|lo|gie** die, - ⟨gr.⟩ (Phil.): *Lehre von einem sinnvollen Zweck aller Entwicklung* ‖ **te|leo|lo|gisch** (Phil.) ‖ **Te|le|pa|thie** die, -: *geistige Verständigung ohne nachweisbaren Kontakt, zB Gedankenlesen* ‖ **te|le|pa|thisch** ‖ **Te|le|shop|ping** [-ʃ-ʃ-]: *Einkaufen via Internet oder Telefon* ‖ **Te|le|skop** das, -s/-e: *Fernrohr* ‖ **te|le|sko|pisch:** teleskopische Metallrohre ‖ **Te|le|text:** *abrufbare schriftliche Informationen im Fernsehen* ‖ **Te|le|vi|si|on** [-v-] die, - (TV): *Fernsehen* ‖ **Te|le|wor|king** [-wɜːk-]: *Telearbeit* ‖ **Te|lex** das, -/-[e] (bes. früher): *Fernschreiben*

Telfs: *Marktgemeinde in Tirol*

Tel|ler der, -s/-: ein flacher T.; einen T. Suppe essen ‖ **Tel|ler|ei|sen:** *eine tellerförmige Tierfalle* ‖ **Tel|ler|fleisch:** *in der Suppe serviertes Fleisch* ‖ **tel|ler|för|mig** ‖ **Tel|ler|ge|richt:** *einfache Speise im Gasthaus, die auf nur einem Teller serviert wird* ‖ **Tel|ler|mi|ne** (Mil.): *eine tellerförmige Landmine* ‖ **Tel|ler|rand:** einen Blick über den eigenen T. werfen *(den eigenen, beschränkten Blickpunkt verlassen; den Horizont erweitern)* ‖ **Tel|ler|rei|ben** das, -s: *ein Bewegungsspiel* ‖ **Tel|ler|rost:** *Gestell zum Trocknen von Tellern* ‖ **Tel|ler|wä|scher:** *eine Berufsbezeichnung* ‖ **Tel|ler|wä|sche|rin**

Tel|lur das, -s ⟨lat.⟩ (Zeichen: Te): *ein chemisches Element* ‖ **tel|lu|risch** (Geol.): *die Erde betreffend*

Tem|pel der, -s/- ⟨lat.⟩: *ein nichtchristliches Gotteshaus;* ein T. des Jupiter ‖ **Tem|pel|bau** ‖ **Tem|pel|herr:** *Mitglied des Templerordens, Templer* ‖ **tem|pel|hüp|fen,** *auch:* tempelhupfen (nur Inf. und Part.) ‖ **Tem|pel|hüp|fen** das, -s, *auch:* Tempelhupfen: *ein Kinderspiel* ‖ **Tem|pel|rit|ter:** *Templer*

Tem|pe|ra|far|be ⟨lat.-it.⟩: *eine wasserlösliche deckende Farbe* ‖ **Tem|pe|ra|ma|le|rei**

Tem|pe|ra|ment das, -[e]s/-e ⟨lat.⟩: *Gemütsart;* viel T. haben *(lebhaft sein)* ‖ **tem|pe|ra|ment|los** ‖ **Tem|pe|ra|ments|aus|bruch** ‖ **tem|pe|ra|ment|voll** ‖ **Tem|pe|ra|tur** die, -/-en: *Wärmezustand* | T. *(leichtes Fieber)* haben | (Mus.) *Stimmungssystem, Verhältnis der Töne zueinander* ‖ **tem|pe|ra|tur|ab|hän|gig** ‖ **Tem|pe|ra|tur|an|stieg** ‖ **Tem|pe|ra|tur|mit|tel:** *Temperaturdurchschnitt* ‖ **Tem|pe|ra|tur|reg|ler:** *Thermostat* ‖ **Tem|pe|ra|tur|rück|gang** ‖ **Tem|pe|ra|tur|schwan|kung** ‖ **Tem|pe|ra|tur|sturz:** *plötzliches Fallen der Temperatur* ‖ **Tem|pe|ra|tur|um|kehr:** *auf Bergen höhere Temperatur als im Tal* ‖ **Tem|pe|ra|tur|un|ter|schied** ‖ **tem|pe|rie|ren:** *mäßigen;* ein temperiertes *(schwach geheiztes, angenehm warmes)* Zimmer | (Mus.) temperierte Stimmung *(mit ausgeglichenen Intervallen)*

Tem|pi pas|sa|ti die (Pl.) ⟨it.⟩: *vergangene, unwiederbringliche Zeiten*

Temp|ler der, -s/- ⟨lat.⟩: *Tempelherr* ‖ **Temp|ler|or|den:** *ein mittelalterlicher Ritterorden*

Tem|po das, -s/-s [Tempi] ⟨it.⟩: *Zeitmaß;* das T. eines Musikstücks *(zB Allegro)* | *Schwimmbewegung; Schwimmtempo* | (ohne Pl.) *Geschwindigkeit;* in hohem T. ‖ **Tem|po|li|mit:** *Geschwindigkeitsbegrenzung* ‖ **Tem|po|mat** der, -s/-e (Kfz): *Geschwindigkeitsregler* ‖ **tem|po|ral** (Gramm.): eine temporale *(zeitliche)* Bestimmung ‖ **tem|po|rär:** *zeitweise; vorübergehend* ‖ **Tem|po|sün|der:** *jemand, der das Tempolimit überschritten hat* ‖ **Tem|po|sün|de|rin**

Tem|pus das, -/Tempora ⟨lat.⟩ (Gramm.): *Zeitform des Verbs*

Ten|denz die, -/-en ⟨lat.-fr.⟩: *[merkbare] Absicht; Neigung; Bestreben; Entwicklung* ‖ **ten|den|zi|ell:** *in eine bestimmte Richtung neigend* ‖ **ten|den|zi|ös** (abw.): *einseitig; in der Absicht, eine bestimmte Wirkung zu erzielen;* ein tendenziöser Film

Ten|der der, -s/- ⟨engl.⟩: *Anhänger einer Dampflokomotive (für Kohle, Wasser uÄ)*

ten|die|ren ⟨lat.⟩: *streben; zu etwas neigen;* zu etwas t. *(eine Tendenz dazu haben); aber:* → tentieren

Ten|ne die, -/-n: *Dreschboden [in einer Scheune]*

Ten|nen|gau der, -s: *Landesteil von Salzburg* ‖ **Ten|nen|ge|bir|ge** (S)

Ten|nis das, - ⟨fr.-engl.⟩: *ein Ballspiel;* T. spielen ‖ **Ten|nis|arm** (Med.): *Entzündung des Ellbogens* ‖ **Ten|nis|ball** ‖ **Ten|nis|cen|ter** [-s-] ‖ **Ten|nis|cir|cuit** [-sɜːkɪt] → Circuit ‖ **Ten|nis|club** [-k-] = → Tennisklub ‖ **Ten|nis|dress** ‖ **Ten|nis|ho|se** ‖ **Ten|nis|klub** = Tennisclub [-k-] ‖ **Ten|nis|part|ner** ‖ **Ten|nis|part|ne|rin** ‖ **Ten|nis|platz** ‖ **Ten|nis|ra|cket** [-ræk-] ‖ **Ten|nis|rock** ‖ **Ten|nis|schlä|ger:** *Racket* ‖ **Ten|nis|schuh** ‖ **Ten|nis|spie|ler** ‖ **Ten|nis|spie|le|rin** ‖ **Ten|nis|tur|nier**

Ten|no der, -s/-s ⟨jap.⟩: *Titel des japanischen Kaisers*

Te|nor[1] der, -s ⟨lat.⟩: der T. *(das Wesentliche, der Kern, die Botschaft)* einer Rede ‖ **Te|nor**[2] der, -s/Tenöre ⟨lat.-it.⟩ (T) (Mus.): *die hohe Männerstimme;* ersten T. singen ‖ **Te|nor|la|ge** (Mus.): eine Stimme in T. ‖ **Te|nor|lied:** *beliebtes, charakteristisches Lied für Tenorsolo* ‖ **Te|nor|schlüs|sel** (𝄡): *C-Schlüssel auf der 4. Notenlinie von unten (= c1)* ‖ **Te|nor|so|lo** ‖ **Te|nor|stim|me**

Ten|sid das, -[s]/-e ⟨lat.⟩ (Chem.): *eine Substanz in Waschmitteln*

Ten|ta|kel der = das, -s/- ⟨lat.⟩: *Fangarm, Greifarm [des Polypen]*

ten|tie|ren ⟨lat.⟩ (ugs., veraltet): *beabsichtigen, versuchen, vorhaben; aber:* → tendieren

Te|nu|is die, -/Tenues ⟨lat.⟩ (Sprachwiss.): *stimmloser Verschlusslaut, zB p, t, k*

Tepp → Depp ‖ **tep|pen|si|cher** → deppensicher ‖ **tep|pert** → deppert

Tep|pich der, -s/-e: T. saugen; ein roter T. *(für Staatsbesuche);* etwas unter den T. kehren *(verheimlichen, verschweigen)* ‖ **Tep|pich|bo|den** ‖ **Tep|pich|bürs|te** ‖ **Tep|pich|klop|fer:** *ein Haushaltsgerät*

Tep|scher → Depscher

Te|qui|la [-ˈki-] der, -s ⟨mexikanisch-span.⟩: *ein mexikanischer Schnaps*

Ter|bi|um das, -s (Zeichen: Tb): *ein chemisches Element (nach der schwedischen Ortschaft Ytterby)*

te|risch → törisch

Term der, -s/-e ⟨lat.-fr.⟩ (Math.): *Glied einer Formel, einer Summe*

Ter|min der, -s/-e ⟨lat.⟩: *festgesetzte Zeit; Frist;* einen T. absagen/vereinbaren

Ter|mi|nal [ˈtɜːmɪnəl] der = das, -s/-s ⟨lat.-engl.⟩: *Abfertigungs-*

halle [im Flughafen] | *Endstelle einer EDV-Anlage*

Termindruck der, -[e]s ‖ **Termineinlage** (Bankw.): *eine fristgebundene Spareinlage* ‖ **Terminerstreckung** (Amtsspr.): *Terminaufschub* ‖ **termingebunden** ‖ **termingemäß** ‖ **termingerecht** ‖ **Termingeschäft** (Börse): *Geschäft, dessen Erfüllung zu einem späteren Zeitpunkt erfolgt* ‖ **terminieren** = **terminisieren:** *einen Zeitpunkt festlegen* | *befristen* ‖ **Terminkalender** ‖ **terminlich:** *einen Termin, Termine betreffend* ‖ **Terminologe** der, -n/-n ⟨lat.+gr.⟩: *eine Berufsbezeichnung* ‖ **Terminologie** die, -/-n: *die Fachausdrücke eines bestimmten Gebietes* ‖ **Terminologin** die, -/-innen ‖ **terminologisch:** sich t. richtig ausdrücken ‖ **Terminplan** ‖ **Terminus** der, -/Termini: → *Fachausdruck* ‖ **Terminus technicus** [- -k-] der, - -/Termini technici [- -tsi] (lat.): *Fachwort, Fachausdruck*

Termite die, -/-n ⟨lat.⟩: *ein Insekt* ‖ **Termitenhügel**

Ternitz: *Stadt in Niederösterreich*

Terno der, -s/-s ⟨it.⟩: *Lottotreffer mit drei Nummern;* → Ambo

Terpentin der = das, -s/-e ⟨gr.-lat.⟩: *ein flüssiges Harz* ‖ **Terpentinöl**

Terrain [-'rɛ̃ː] das, -s/-s ⟨fr.⟩: *Bodenform, Gelände;* hügeliges T. | das T. sondieren *(in einer Angelegenheit vorfühlen)*

Terra incognita [- -k-] die, - - ⟨lat.⟩: *unbekanntes, unerforschtes Gebiet*

terrakott ⟨it.⟩: *rostbraun, rostrot;* ein terrakott[es] Kleid ‖ **Terrakott** das, -[s]/-: ein Kleid in T. *(rostbrauner Farbe)* ‖ **Terrakotta** die, -/Terrakotten: *künstlerischer Gegenstand aus gebranntem Ton* | (ohne Pl.) *ein gebrannter Ton*

Terrarium das, -s/Terrarien [-i̯ən] ⟨lat.⟩: *[Glas]behälter für lebende Eidechsen, Schlangen uÄ;* → Aquarium

Terrasse die, -/-n ⟨lat.-fr.⟩: *Erdstufe, Geländestufe* | auf der sonnigen T. *(gepflasterten Fläche im Freien, Dachterrasse)* frühstücken ‖ **terrassenartig** ‖ **terrassenförmig:** ein t. *(stufenförmig)* angelegter Weinberg ‖ **terrassieren**

Terrazzo der, -s/Terrazzi ⟨lat.-it.⟩: *eine Kunststeinmasse [für Fußböden]*

terrestrisch ⟨lat.⟩ (Elektrot.): *erdgebunden;* terrestrische *(nicht via Satellit empfangene)* Programme

Terrier der, -s/- ⟨lat.-engl.⟩: *Bezeichnung für verschiedene Hunderassen*

Terrine die, -/-n ⟨lat.-fr.⟩: *Schüssel [mit Deckel];* Suppenterrine

territorial ⟨lat.-fr.⟩: territoriale Forderungen *(Gebietsansprüche)* ‖ **Territorialstaat** ‖ **Territorium** das, -s/Territorien [-i̯ən] ⟨lat.⟩: *Gebiet; Land; Hoheitsgebiet eines Staates*

Terror der, -s ⟨lat.⟩: *Schrecken;* T. *(Druck durch Gewaltanwendung)* ausüben | *Gewalt[herrschaft], Schreckensherrschaft* ‖ **Terrorakt** der, -[e]s/-e ‖ **Terroralarm** ‖ **Terroranschlag** ‖ **Terrorbekämpfung** ‖ **terrorisieren** (abw.): *durch Gewalt einschüchtern, in Angst und Schrecken versetzen* ‖ **Terrorisierung** die, -/-en (abw.) ‖ **Terrorismus** der, -: *Versuch [politische] Forderungen durch Terror zu erzwingen* ‖ **Terrorist** der, -en/-en (abw.) ‖ **Terroristin** die, -/-innen (abw.) ‖ **terroristisch** (abw.) ‖ **Terrorwelle:** *Häufung von Terroranschlägen*

tertiär [-tsi̯-]: *die dritte Stelle einnehmend* | (Geol.) *das Tertiär betreffend* | tertiäres Bildungswesen *(Universitäten ua.)* ‖ **Tertiär** das, -s (Geol.): *vorletzter Abschnitt der Erdgeschichte* ‖ **Tertium Comparationis** [- k-tsi̯-] das, - -/-tia - ⟨lat.⟩: *das Gemeinsame, Vergleichbare zweier verschiedener Sachverhalte* ‖ **Terz** die, -/-en (Mus.): *Intervall der 3. (übernächsten) Tonstufe* ‖ **Terzett** das, -[e]s/-e ⟨lat.-it.⟩: *Musikstück für drei Gesangsstimmen oder Instrumente, Trio* | *die drei Ausführenden eines solchen Musikstücks, Trio*

Teschek der, -s/-s ⟨ung.⟩ (W, ugs.): er ist immer der T. *(Benachteiligte, Ausgenützte)*

Tesla [-s-] das, -[s]/-[s] (Zeichen: T): *Einheit der magnetischen Induktion (nach einem kroatischen Physiker)*

Tessin das (*auch:* der), -s: *Schweizer Kanton*

Test der, -[e]s/-s [-e] ⟨lat.-fr.-engl.⟩: *Versuch, experimentelle Untersuchung; ein Verfahren zur Prüfung der Intelligenz, der Leistung, der Berufseignung, zur Materialprüfung uÄ*

Testament das, -[e]s/-e ⟨lat.⟩: *Vermächtnis;* ein T. errichten/machen *(Erben einsetzen);* ein T. anfechten; sein T. machen können *(auf Böses gefasst sein müssen)* | das Alte und das Neue T. *(Teile der Bibel)* ‖ **testamentarisch:** jemandem etwas t. *(im Testament)* vermachen ‖ **Testamentseröffnung** ‖ **Testamentskundmachung** (Jus) ‖ **Testamentsvollstrecker** (Jus): *zur Durchsetzung des erblasserischen Willens eingesetzte Person* ‖ **Testamentsvollstreckerin** (Amtsspr.) ‖ **Testat** das, -[e]s/-e: *Bestätigung*

Testbatterie: *Gruppe von Tests* ‖ **Testbild:** *Bild zur Einstellung von Farbe, Schärfe ua. auf Bildschirmen* ‖ **testen:** *mit Hilfe von Tests prüfen; überprüfen* ‖ **Tester** der, -s/- ‖ **Testerin** die, -/-innen ‖ **Testfahrer** ‖ **Testfahrerin** ‖ **Testfahrt** ‖ **Testflug** ‖ **Testfrage**

testieren ⟨lat.⟩: *ein Testament errichten/machen; testamentarisch vermachen* | *bescheinigen, attestieren* ‖ **Testierfähigkeit** (Jus): *rechtliche Fähigkeit zur Errichtung eines Testamentes*

Testmethode

Testosteron das, -s/-e ⟨lat.+gr.⟩ (Med.): *ein männliches [Sexual-]hormon;* → Östrogen

Testperson: sich als T. zur Verfügung stellen ‖ **Testpilot** ‖ **Testpilotin** ‖ **Teststrecke** ‖ **Testung** die, -/-en: *das Testen* ‖ **Testverbrauch** (Kfz): *durchschnittlicher Kraftstoffverbrauch eines Fahrzeugs* ‖ **Testverfahren**

Tetanus der, - ⟨gr.-lat.⟩ (Med.): *Wundstarrkrampf* ‖ **Tetanusschutzimpfung** (Med.) ‖ **Tetanusserum** (Med.)

Tete-a-tete [tɛta'tɛːt] = **Tête-à-tête** [tɛta'tɛːt] das, -/-s ⟨fr.⟩ (veraltend): *vertrauliches Beisammensein*

Tetraeder der (*auch:* das), -s/- ⟨gr.⟩ (Math.): *dreiseitige [gleichseitige] Pyramide* ‖ **tetragonal:** *viereckig* ‖ **Tetralogie** die, -/-n: *Werk aus vier selbständigen Teilen [in Literatur und Musik];* → Trilogie ‖ **Tetra-Pak** = Tetrapak das (*auch:* der) -s/-s (Wz.): *eine [quaderförmige] Kartonverpackung für Getränke*

teuer: etwas t. kaufen; das wird

T

dich/dir t. zu stehen kommen *(das wirst du büßen);* etwas t. bezahlen | (geh.) ein teurer *(lieber)* Freund || **Teu|e|rung** die, -/-en: *das Steigen der Preise* || **Teu|e|rungs|ra|te** (Wirt.): die T. der Verbraucherpreise

Teu|fel der, -s/-: *Widersacher Gottes; das verkörperte Böse; Satan;* jemanden zum T. jagen *(davonjagen);* ein armer T. *(ein armer Mensch);* der T. steckt im Detail; „Pfui Teufel!"; den T. an die Wand malen *(ein Unglück herbeireden);* in Teufels Küche *(in eine heikle Situation)* kommen | (ugs.) auf T. komm raus *(unter allen Umständen);* der T. ist los *(es herrscht große Aufregung);* jemanden reitet der T. *(jemand handelt unüberlegt, übermütig);* hol dich der T.! *(Ausruf der Verdammung, Fluch);* weiß der T., wo sie steckt || **Teu|fe|lei** die, -/-en: *tückisch ausgeklügelter Streich* || **Teu|fe|lin** die, -/-innen || **Teu|fels|an|be|tung:** *Satanismus* || **Teu|fels|aus|trei|bung** die, -/-en: *Exorzismus* || **Teu|fels|gei|ge** (Mus.): *ein Rhythmusinstrument der Volksmusik, Bumbass* || **Teu|fels|kerl:** *tüchtiger Mann* || **Teu|fels|kreis:** *Circulus vitiosus;* in einen T. geraten || **Teu|fels|kult** || **Teu|fels|rol|ler** (Küchenspr.): *scharfer Rollmops* || **Teu|fels|werk** || **Teu|fels|zeug** (ugs.): *eine gefährliche, riskante Sache* || **teuf|lisch:** teuflische Bosheit

Teu|ur|nia: *römische Stadt (Ruinenstätte) in Kärnten*

Teu|ro der, -s (abw. bzw. scherzh.): *Bezeichnung für den Euro, weil er Preiserhöhungen zur Folge hatte*

Teu|to|ne der, -n/-n || **Teu|to|nin** die, -/-innen || **teu|to|nisch:** *den germanischen Stamm der Teutonen betreffend* | (oft scherzh.) *betont germanisch, erzdeutsch* || **Teu|to|nis|mus** der, - (Sprachwiss.): *für Österreich und die Schweiz untypisches deutsches Wort;* → Germanismus

Te|xas: *Bundesstaat der USA*

Text der, -[e]s/-e ⟨lat.⟩: der T. *(die Worte)* eines Gesangsstückes; einen Redner aus dem T. bringen *(ihn verwirren)* | (Gramm.) *[größere, aus Sätzen bestehende] sprachliche Einheit* || **Text|ana|ly|se** [-ly-] (Lit.) || **Text|auf|ga|be** (Math.): *Aufgabenstellung in Textform* || **tex|ten:** *einen Text verfassen;* einen Werbespruch t. || **Tex|ter** der, -s/- || **Text|er|fas|sung:** *Niederschrift des Textes auf Computer* || **Tex|te|rin** die, -/-innen || **Text|ge|stal|tung** || **Text|gram|ma|tik:** *Grammatik, die die grammatischen Zusammenhänge ganzer Texte beschreibt*

tex|til ⟨lat.-fr.⟩: textile Techniken || **Tex|til** das, -s: Mode und T. || **Tex|til|ar|bei|ter** || **Tex|til|ar|bei|te|rin** || **Tex|til|druck** der, -[e]s/-e: *Aufdruck auf T-Shirts uÄ* || **Tex|til|fa|brik** || **Tex|ti|li|en** die (Pl.): *Erzeugnisse der Spinnerei und Weberei* || **Tex|til|in|dus|t|rie** || **Tex|til|kunst** die, -: *ein Kunstgewerbe* || **Tex|til|wa|ren**

Text|in|ter|pre|ta|ti|on [-tsi̯-] (Lit.) || **Text|kri|tik** (Lit.): *ein philologisches Verfahren* || **text|kri|tisch** (Lit.) || **Text|pro|duk|ti|on** [-tsi̯-]: *Verfassen von Texten* || **Text|sor|te:** *Textart, zB Roman, Ballade, Brief* || **Text|stel|le** || **Text|teil** || **Text|ver|ar|bei|tung** || **Text|ver|ar|bei|tungs|pro|gramm** (EDV): *Computerprogramm zum Schreiben und Bearbeiten von Texten* || **Text|ver|gleich**

T-för|mig ['teː-]: *in Form eines T*

TFT [te ɛf 'teː] das, -s/-s: **T**hin **F**ilm **T**ransistor *(eine Technik für färbige LCD-Anzeigen*

tg = tan: **T**an**g**ens

TGM [te ge 'ɛm] das, -: **T**echnologisches **G**ewerbe**m**useum

Th: **Th**orium

Thad|dädl der, -s/-n (ostöst., mda., abw.): *[alter] willensschwacher Kerl; Dummkopf (nach dem Namen Thaddäus)*

Thai[1] der, -[s]/-[s]: *Einwohner Thailands* || **Thai**[2] die, -/-[s] || **Thai|land:** *ein Staat in Südostasien*

Tha|la|mus der, -/Thalami ⟨gr.-lat.⟩: *Hauptteil des Zwischenhirns*

Thal|li|um das, -s ⟨gr.-lat.⟩ (Zeichen: Tl): *ein chemisches Element*

Thaya ['taɪ̯a] die, -: *ein Nebenfluss der March (N, Tschechien)*

Thea: *weibl. Vorname (Theodora uÄ)*

The|a|ter das, -s/- ⟨gr.⟩: *Theatergebäude; Zuschauerraum; Bühne; Ensemble* | (ohne Pl.) *darstellende Kunst;* T. spielen | ein T. *(großes Getue, Krach)* machen | (abw.) alles nur T.! *(alles unecht, nur inszeniert!)* || **The|a|ter|abon|ne|ment** [-abɔnmɑ̃ː] || **The|a|ter|auf|füh|rung** || **The|a|ter|be|such** || **The|a|ter|di|rek|tor:** *Intendant* || **The|a|ter|di|rek|to|rin** || **The|a|ter|don|ner:** *wirkungsloser, oft vorgetäuschter Zorn* || **The|a|ter|ge|her:** *[begeisterter] Theaterbesucher* || **The|a|ter|ge|he|rin** || **The|a|ter|ge|schich|te** || **The|a|ter|kar|te** || **The|a|ter|kas|sa** = **The|a|ter|kas|se** || **The|a|ter|kri|ti|ker** || **The|a|ter|kri|ti|ke|rin** || **The|a|ter|ma|cher:** *Theaterregisseur* || **The|a|ter|ma|che|rin** || **The|a|ter|pro|gramm** || **The|a|ter|pu|bli|kum** || **The|a|ter|stück** || **The|a|ter|vor|stel|lung** || **The|a|ter|wis|sen|schaft** || **The|a|t|ra|lik** die, - || **the|a|t|ra|lisch:** sich t. *(übertrieben)* gebärden

The|in = → Tein

The|is|mus der, - ⟨gr.+lat.⟩: *Glaube an einen persönlichen Gott*

Theiß die, - (ung. Tisza [-sɒ]): *ein Nebenfluss der Donau in der Ukraine, Ungarn und Serbien*

The|ke die, -/-n ⟨gr.⟩: *Schanktisch, Tresen*

The|ma das, -s/Themen [Themata] ⟨gr.⟩: *Gegenstand, von dem man spricht;* das ist ein heikles T.; das ist für mich kein T. *(darüber wird nicht diskutiert);* das T. wechseln | *Aufgabenstellung bei einer Schularbeit (in einem Sprachfach)* | *Hauptgedanke eines Musikstückes* || **The|ma|tik** die, -/-en: *Themenstellung; Themenkreis* || **the|ma|tisch:** t. geordnet || **the|ma|ti|sie|ren:** *zum Thema [einer Diskussion] machen* || **The|ma|ti|sie|rung** die, -/-en || **The|men|kreis** || **the|men|zen|t|riert:** *auf ein oder mehrere bestimmte Themen gerichtet*

Them|se die, - (engl. Thames [temz]): *Fluss, an dem London liegt*

Theo: *männl. Vorname (Theodor uÄ)*

The|o|di|zee die, -/-n [-'eː(ɛ)n] ⟨gr.⟩ (Phil., Rel.): *Rechtfertigung Gottes [wegen des Bösen in der Welt]*

The|o|do|lit der, -[e]s [-en]/-e[n] ⟨?⟩: *Winkelmessgerät [zur Vermessung]*

The|o|dor: *männl. Vorname;* → Turl || **The|o|do|ra:** *weibl. Vorname;* → Doris

The|o|go|nie die, - ⟨gr.⟩: *Mythos von der Entstehung der Götter* || **The|o|krat** der, -en/-en || **The|o|kra|tie** die, -/-n: *primär religiös bestimmte Herrschaftsform, Gottesstaat, Gottesherrschaft* || **The|o|kra|tin** die, -/-innen || **the|o-**

T

kratisch ‖ **Theologe** der, -n/-n: *Lehrer oder Studierender der Theologie* ‖ **Theologie** die, -/-n: *Gotteswissenschaft; Glaubenslehre;* katholische, evangelische T. ‖ **Theologin** die, -/-innen ‖ **theologisch**

Theorem das, -[e]s/-e ⟨gr.-lat.⟩: *Lehrsatz* ‖ **Theoretiker** der, -s/-: *jemand, der sich vorrangig mit den theoretischen Grundlagen beschäftigt;* → G.: Praktiker ‖ **Theoretikerin** die, -/-innen ‖ **theoretisch:** *rein wissenschaftlich* | *nur gedanklich* ‖ **theoretisieren:** *sich [nur] mit der Theorie beschäftigen* ‖ **Theorie** die, -/-n: *Versuch einer wissenschaftlichen Erklärung von Tatsachen, Erscheinungen und Vorgängen; Lehrmeinung; Lehre* | *Lehre von den Prinzipien eines Fachbereichs* | (ohne Pl.) *rein gedankliche, wirklichkeitsfremde Betrachtungsweise;* graue T.; → G.: Praxis ‖ **Theorienstreit**

Theosoph [-f] der, -en/-en ⟨gr.⟩ ‖ **Theosophie** die, -/-n: *eine Erlösungslehre* ‖ **Theosophin** die, -/-innen ‖ **theosophisch**

Therapeut der, -en/-en ⟨gr.⟩ (Med., Psych.) ‖ **Therapeutik** die, - (Med., Psych.): *Lehre von der Behandlung der Krankheiten* ‖ **Therapeutikum** das, -s/Therapeutika (Med., Psych.): *Heilmittel* ‖ **Therapeutin** die, -/-innen (Med., Psych.) ‖ **therapeutisch** (Med., Psych.) ‖ **Therapie** die, -/-n (Med., Psych.): *Heilbehandlung* ‖ **therapieren** (Med., Psych.)

Therese = **Theresia:** *weibl. Vorname* ‖ **theresianisch:** → *maria-theresianisch;* theresianische Reformen | (Großschreibung) Theresianische Akademie *(Theresianum);* Theresianische Militärakademie *(in Wiener Neustadt)* ‖ **Theresianum** das, -s (in Wien): *eine AHS* | *Sitz der Diplomatischen Akademie*

Thermalbad ⟨gr.-lat.⟩ ‖ **Thermalquelle** ‖ **Therme** die, -/-n: *warme [Heil]quelle* | *Gerät zur Warmwasserbereitung [und Heizung]* | (nur Pl.) *antike römische Badeanlage* ‖ **Thermenland:** *die Bäderregion in der Oststeiermark und im südlichen Burgenland* ‖ **Thermenlinie** [-iɛ]: *Gebiet südlich von Wien* ‖ **Thermenregion:** *eine Landschaft in Ostösterreich (St, N, B) mit zahlreichen Heilquellen, Thermenlinie und Thermenland* ‖ **Thermik** die, - (Met.): *aufsteigende Warmluft* ‖ **thermisch** ‖ **Thermodynamik** [-dy-] (Phys.): *Wärmelehre* ‖ **Thermometer:** *Wärmegradmesser* ‖ **thermonuklear:** thermonukleare Waffen *(Kernwaffen)* ‖ **Thermophor** [-f-] der, -s/-e: *ein Wärmespeicher, Wärmflasche* ‖ **Thermosflasche:** *eine Warm- bzw. Kühlhalteflasche* ‖ **Thermostat** [-st-] der, -[e]s [-en]/ -e[n]: *automatischer Temperaturregler*

These die, -/-n ⟨gr.⟩: *Behauptung; Leitsatz, Lehrsatz* ‖ **thesenartig** ‖ **thesenhaft**

Theta das, -[s]/-[s] ⟨gr.⟩ (ϑ, θ, Θ): *griechischer Buchstabe (th)*

Thing das, -s/-s ⟨germ.⟩: *germanische Volksversammlung*

Thomas: *männl. Vorname;* ein ungläubiger T. *(zweiflerischer Mensch; nach dem Apostel Thomas)* ‖ **Thomasmehl** das, -[e]s: *ein Düngemittel* ‖ **Thomasnacht** (Volksk.): *eine der Raunächte*

Thonet (Wz.): *eine alte Wiener Möbelfirma* ‖ **Thonetsessel** (Wz.): *Sessel aus gebogenem Holz (von der Firma Thonet)*

Thora [auch: -ˈaː] die, - ⟨hebr.⟩: *die fünf Bücher des Moses in der Bibel* ‖ **Thorarolle:** *eine rollenförmige Abschrift der Thora auf Pergament*

Thorax der, -[es]/-e ⟨gr.⟩ (Med.): *Brustkorb*

Thorium das, -s (Zeichen: Th): *ein chemisches Element (nach dem germanischen Gott Thor)*

Thriller [θ-] der, -s/- ⟨engl.⟩: *äußerst spannender [reißerischer] Film oder Roman*

Thrombose die, -/-n ⟨gr.⟩ (Med.): *Blutgerinnsel, das ein Blutgefäß verstopft* ‖ **thrombotisch** (Med.) ‖ **Thrombozyt** [-ˈy(ː)t] der, -en/-en (Med.): *Blutplättchen*

Thron der, -[e]s/-e ⟨gr.⟩: *Prunksessel [von Herrschenden];* den T. besteigen *(das Herrscheramt antreten)* ‖ **Thronanwärter** ‖ **Thronanwärterin** ‖ **Thronbesteigung** ‖ **thronen** ‖ **Thronfolge** die, -/-n: *Aufeinanderfolge von Herrschenden* ‖ **Thronfolger** der, -s/- ‖ **Thronfolgerin** die, -/-innen ‖ **Thronprätendent:** *Mann, der die Thronfolge beansprucht* ‖ **Thronprätendentin** ‖ **Thronsessel**

THS [te ha ˈɛs]: **T**ages**h**eim**s**chule

Thuja die, -/Thujen ⟨gr.-lat.⟩ (bes. D): *Thuje* ‖ **Thuje** die, -/-n: *ein immergrüner Baum, Lebensbaum*

Thulium das, -s (Zeichen: Tm): *ein chemisches Element (nach der Insel Thule)*

Thunfisch = → Tunfisch

Thurgau der, -s: *Schweizer Kanton*

Thüringen: *deutsches Bundesland* ‖ **thüringisch**

Thurn → Pass T.

Thymian [ˈtyː-] der, -s/-e ⟨gr.-lat.⟩: *eine Gewürzpflanze*

Thymus [ˈtyː-] der, -/Thymi = **Thymusdrüse** ⟨gr.-lat.⟩: *eine Körperdrüse, Wachstumsdrüse*

Ti: Titan

Tiara die, -/Tiaren ⟨pers.-gr.-lat.⟩ (früher): *die dreistufige Krone des Papstes*

Tiber der, -s (it. Tevere [-v-]): *Fluss, an dem Rom liegt*

Tibet [auch: -ˈbeːt]: *Hochland in Innerasien* ‖ **Tibetaner** der, -s/- (veraltet): *Tibeter* ‖ **Tibetanerin** die, -/-innen (veraltet) ‖ **tibetanisch** (veraltet): *tibetisch* ‖ **Tibeter** der, -s/- ‖ **Tibeterin** die, -/-innen ‖ **tibetisch**

Tick der, -[e]s/-s: *Schrulle;* einen T. haben | (Med.) *krankhaftes nervöses Zucken*

ticken: die tickende Uhr | (ugs.) du tickst nicht richtig *(bist nicht ganz bei Verstand)*

Ticket das, -s/-s ⟨engl.⟩: *Fahrkarte;* Flugticket | *Eintrittskarte*

Ticktack[1] das (*auch:* der), -s: das T. der Uhr ‖ **Ticktack**[2] die, -/-s (Kinderspr.): *Uhr*

Tiebreak [ˈtaɪbreɪk] = **Tie-Break** das (*auch:* der), -s/-s ⟨engl.⟩ (Sport): *satzentscheidendes Spiel in einem Tennismatch*

tief
ein tiefer Brunnen; im tiefen Wald; t. unten; tiefe Temperaturen; t. ein- und ausatmen; ein tiefes Rot; eine tiefe Stimme

Großschreibung bei Nominalisierung:
- etwas aufs (auf das) **T**iefste (= tiefste; mit der Frage *Wie?*) bedauern

Schreibung mit Verben:
Getrenntschreibung bei wörtlicher Bedeutung:
- tief atmen
- tief empfinden
- wenn die Schwalben tief fliegen

Zusammenschreibung bei übertragener Bedeutung und

in untrennbaren Zusammensetzungen:
- tieffliegen *(im Tiefflug)*
- tiefgefrieren; tiefgefrorenes Gemüse
- tiefkühlen; tiefgekühlt
- tiefstapeln *(untertreiben)*
- tieftauchen *(ab 30 Metern Tiefe)*

Schreibung mit Adjektiven/Partizipien:
Zusammenschreibung, wenn „tief" die Bedeutung des folgenden Adjektivs verstärkt:
- tiefblau
- tiefernst
- tiefsinnig
- tieftraurig

Getrennt- und Zusammenschreibung in Verbindung mit adjektivisch gebrauchten Partizipien:
- ein tief ausgeschnittenes (= tiefausgeschnittenes) Kleid
- tief betrauert = tiefbetrauert
- tief bewegt (= tiefbewegt) Abschied nehmen
- tief empfunden = tiefempfunden
- tief erschütterte (= tieferschütterte) Zuschauer
- jemandem das tief gefühlte (= tiefgefühlte) Beileid aussprechen
- ein tief gehender (= tiefgehender) Zwiespalt
- tief liegende (= tiefliegende) Augen
- tief schürfende (= tiefschürfende) Gedanken *(nicht oberflächliche)*
- die tief stehende (= tiefstehende) Sonne
- tief verschneite (= tiefverschneite) Hänge

Tief das, -s/-s (Met.): *Gebiet mit niedrigem Luftdruck* | sich in einem [seelischen] T. befinden; → G.: Hoch ‖ **tief aus|ge|schnit|ten** = **tief|aus|ge|schnit|ten** ‖ **Tief|bau** der, -[e]s: *Kanalbau, Straßenbau uÄ* ‖ **tief be|trau|ert** = **tief|be|trau|ert** ‖ **tief be|wegt** = **tief|be|wegt** ‖ **tief|blau:** *dunkelblau* ‖ **Tief|druck** der, -[e]s (Druckw.): *ein Druckverfahren* | (mit Pl. -e) *im T. hergestellter Abzug* | (Met.) *niedriger Luftdruck* ‖ **Tief|druck|ge|biet** (Met.) ‖ **Tief|druck|wet|ter** das, -s: *Wettergebiet mit niedrigem Luftdruck* ‖ **Tie|fe** die, -/-n: die T. eines Kanalschachts; die T. eines Kastens *(seine Ausdehnung nach hinten);* aus der T. des Waldes ‖ **Tief|ebe|ne:** *tief gelegene Ebene;* → G.: Hochebene ‖ **tief emp|fun|den** = **tief|emp|fun|den** ‖ **Tie|fen|mes|sung** ‖ **Tie|fen|psy|cho|lo|gie** [-psy-]: *eine psychologische Richtung, die sich bes. mit dem Unbewussten befasst* ‖ **Tie|fen|schär|fe:** *Schärfentiefe* ‖ **Tie|fen|wir|kung:** *Wirkung in die Tiefe* | *Effekt räumlicher Tiefe* ‖ **tief|ernst:** *sehr ernst* ‖ **tief er|schüt|tert** = **tief|er|schüt|tert** ‖ **tief|flie|gen:** *im Tiefflug fliegen* ‖ **Tief|flie|ger** ‖ **Tief|flug** ‖ **Tief|gang:** *Eintauchtiefe [von Schiffen]* ‖ **Tief|ga|ra|ge** [-aːʃ, -ʒɛ]: *unterirdische Garage* ‖ **tief|ge|frie|ren:** *tiefkühlen;* tiefgefrorene Fertiggerichte ‖ **tief ge|fühlt** = **tief|ge|fühlt** ‖ **tief ge|hend** = **tief|ge|hend** ‖ **tief|ge|kühlt** → tiefkühlen ‖ **tief|grün|dig:** eine tiefgründige *(tiefschürfende)* philosophische Studie ‖ **tief|küh|len:** *tiefgefrieren* ‖ **Tief|kühl|fach** ‖ **Tief|kühl|tru|he** ‖ **Tief|la|der** der, -s/-: *Fahrzeug mit tief liegender Ladefläche* ‖ **Tief|land:** *niedrig gelegenes Flachland* ‖ **tief lie|gend** = **tief|lie|gend** ‖ **Tief|par|ter|re** [-tɛr] → Hochparterre ‖ **Tief|punkt:** sich auf einem T. befinden *(niedergeschlagen, erfolglos sein)* ‖ **Tief|schlaf** ‖ **Tief|schlag** (im Boxkampf): *ein unerlaubter Schlag* ‖ **Tief|schnee** ‖ **tief schür|fend** = **tief|schür|fend** ‖ **tief|schwarz** ‖ **Tief|see:** *das Meer in mehr als 200 m Tiefe* ‖ **Tief|see|for|schung** ‖ **Tief|sinn** ‖ **tief|sin|nig** (geh.): ein tiefsinniges *(gedankenreiches)* Gleichnis ‖ **Tief|stand** der, -[e]s ‖ **tief|sta|peln:** *untertreiben;* → G.: hochstapeln ‖ **tief ste|hend** = **tief|ste|hend** ‖ **Tiefst|preis** ‖ **tief|tau|chen** (nur Inf. und Part.) (Sport): *tauchen ab 30 Metern Tiefe; aber:* [mehrere Meter] tief tauchen ‖ **Tief|tau|chen** das, -s (Sport) ‖ **tief|trau|rig** ‖ **tief ver|schneit** = **tief|ver|schneit**

Tie|gel der, -s/-: *flaches, rundes Gefäß;* Schmelztiegel

Tier das, -[e]s/-e: Tiere halten; er benimmt sich wie ein T. *(roh, triebhaft)* | (ugs.) ein großes/hohes T. *(eine prominente, hohe Persönlichkeit)* ‖ **Tier|art** (Zool.) ‖ **Tier|arzt:** *Veterinär* ‖ **Tier|ärz|tin** ‖ **tier|ärzt|lich:** das tierärztliche Studium ‖ **Tier|bän|di|ger** der, -s/-: *Dompteur* ‖ **Tier|bän|di|ge|rin** die, -/-innen: *Dompteuse* ‖ **Tier|buch** ‖ **Tier|fa|bel** ‖ **Tier|fang** ‖ **Tier|freund** ‖ **Tier|freun|din** ‖ **Tier|gar|ten:** *Zoo; Wildgehege* ‖ **Tier|ge|schich|te** ‖ **Tier|ge|stalt** ‖ **tier|haft:** *animalisch* ‖ **Tier|hal|ter:** *jemand, der ein Tier besitzt, hält* ‖ **Tier|hal|te|rin** ‖ **Tier|hal|tung** ‖ **Tier|hand|lung** ‖ **Tier|heil|kun|de:** *Tiermedizin* ‖ **Tier|heim:** *Unterkunft bes. für [herrenlose] Hunde und Katzen* ‖ **tie|risch:** tierische Fette | (sal.) *besonders groß, sehr;* mit tierischem Ernst ‖ **Tier|kli|nik** ‖ **Tier|koh|le:** *ein Heilmittel* ‖ **Tier|kör|per|be|sei|ti|gung** ‖ **Tier|kör|per|ver|wer|tung** ‖ **Tier|kreis:** *die scheinbare Bahn der Sonne am Himmel, in der die zwölf Tierkreiszeichen liegen* ‖ **Tier|kreis|zei|chen:** *Sternbild im Tierkreis, zB Stier, Zwillinge, Waage* ‖ **Tier|kun|de:** *Zoologie* ‖ **tier|lieb** ‖ **Tier|lie|be** ‖ **tier|lie|bend** ‖ **Tier|me|di|zin:** *Veterinärmedizin* ‖ **Tier|mehl:** *ein (in Österreich verbotener) Futterzusatz* ‖ **Tier|park:** *Zoo* ‖ **Tier|pfle|ger** ‖ **Tier|pfle|ge|rin** ‖ **Tier|quä|ler** der, -s/- ‖ **Tier|quä|le|rei** ‖ **Tier|quä|le|rin** die, -/-innen ‖ **Tier|reich:** *Fauna, Tierwelt [eines Lebensraumes]* ‖ **Tier|schutz:** *gesetzliche Bestimmungen zum Schutz von Tieren* ‖ **Tier|schüt|zer** der, -s/- ‖ **Tier|schüt|ze|rin** die, -/-innen ‖ **Tier|schutz|heim** ‖ **Tier|schutz|or|ga|ni|sa|ti|on** ‖ **Tier|schutz|ver|ein** ‖ **Tier|stim|men|imi|ta|tor:** *Nachahmer von Tierlauten* ‖ **Tier|stim|men|imi|ta|to|rin** ‖ **Tier|trans|port** ‖ **Tier|trans|port|ge|setz** ‖ **Tier|ver|such** (Med.): *wissenschaftliches Experiment mit lebenden Tieren* ‖ **Tier|welt** die, -: *Fauna* ‖ **Tier|zucht** ‖ **Tier|züch|ter** ‖ **Tier|züch|te|rin**

Tif|lis (georgisch: Tbilissi): *Hauptstadt Georgiens*

Ti|ger der, -s/-: *eine Großkatze* ‖ **Ti|ger|au|ge:** *ein Schmuckstein* ‖ **ti|gern** (ugs.): *marschieren, eilen;* → getigert

Ti|gris der, -: *Strom in Vorderasien (Türkei, Irak)*

Til|de die, -/-n ⟨span.⟩: *ein Aussprachezeichen, unter anderem für Nasalierung, zB ã* | *ein Wiederholungszeichen*

til|gen: *auslöschen;* eine Schuld t. *(sie zurückzahlen);* eine Strafe t. *(sie aus den Akten streichen)* ‖ **Til|gung** die, -/-en ‖ **Til|gungs|zei|chen:** *Deleatur*

T

Tilsiter der, -s/-: *ein Käse (nach der Stadt Tilsit)*

Timbre [tɛ̃ːbə, -br] das, -s/-s ⟨fr.⟩: *Klangfarbe;* ein Tenor von hellem T. ‖ **timbrieren:** *eine [andere] Klangfarbe geben*

timen ['taɪm-] ⟨engl.⟩: *zeitlich richtig einteilen, planen* ‖ **Timeout** ['taɪmaʊt] das, -s/-s (Sport): *Spielunterbrechung* ‖ **Timesharing** [-ʃeər-] das, -s/-s: *Kauf von befristetem Wohnrecht in Urlaubsquartieren* ‖ **Timing** das, -s/-s: *die Festsetzung des [günstigen] Zeitpunktes bzw. Ablaufes*

Timmelsjoch: *ein Pass zwischen Süd- und Nordtirol*

Tina: *weibl. Vorname (Christina, Bettina, Martina uÄ)*

tingeln, ich tingle (abw.): *[als Künstler] von einem Ort zum anderen ziehen* ‖ **Tingeltangel** das, -s/- (abw.): *Vergnügungsstätte mit minderwertigen Darbietungen*

Tinktur die, -/-en ⟨lat.⟩: *flüssiger [alkoholischer] Auszug aus pflanzlichen oder tierischen Stoffen;* Jodtinktur

Tinnef der, -s ⟨hebr.-jidd.⟩ (ostöst., veraltet, abw.): *wertloses Zeug;* einen T. *(nichts)* haben

Tinte die, -/-n: mit roter T. schreiben | (ugs.) in der T. sitzen *(in einer peinlichen Lage sein)* ‖ **Tintenburg** (meist scherzh.): *großes Amtsgebäude, Bürogebäude* ‖ **Tintenfass** ‖ **Tintenfisch:** *ein Meerestier* ‖ **Tintenfleck** der, -[e]s/-e[n] ‖ **Tintenpatrone** ‖ **Tintenpatzen** (ugs.)

Tipi das, -s/-s ⟨indian.⟩: *Zelt der amerikanischen Ureinwohner*

Tipp der, -s/-s ⟨engl.⟩: jemandem einen guten T. *(Wink, Rat)* geben | (Lotto, Toto) *vorhergesagtes Gewinnergebnis;* → tippen[1]

T

Tippel → Dippel ‖ **Tippelbruder:** *Sandler, Landstreicher* ‖ **tippeln,** ich tipple (reg.): *mühselig zu Fuß gehen*

tippen[1]: auf ein Pferd t. *(wetten);* → Tipp

tippen[2]: jemandem auf die Schulter t. *(klopfen)* | einen Brief t. *(mit der Schreibmaschine schreiben)* ‖ **Tippfehler:** beim Schreiben auf dem Computer einen T. machen ‖ **Tippkolonne:** *Zahlenreihe auf einem Wettschein*

Tippler der, -s/- (reg., ugs., veraltend): *Herumstreuner, Sandler* ‖ **Tipplerin** die, -/-innen (reg., ugs., veraltend)

Tippschein ‖ **Tippse** die, -/-n (D, ugs., abw.): *Schreibkraft*

tipptopp (ugs.) ⟨engl.⟩: *sehr fein; erstklassig; tadellos*

Tir.: Tirol

Tirade die, -/-n ⟨it.-fr.⟩ (geh.): *Wortschwall*

Tiramisu das, -s/-s ⟨it.⟩: *eine italienische Süßspeise aus Biskotten, Kaffee ua.*

Tirana: *Hauptstadt Albaniens*

tirilieren: die tirilierende *(singende, trillernde)* Lerche

Tirol (T, Tir.): *ein österreichisches Bundesland;* nach (reg. bzw. CH auch: ins) T. fahren; → Tyrolia ‖ **Tirolense** die, -/-lensia: *spezifische Tiroler Eigenart, Erscheinung* | *spezifische Publikation zum Thema Tirol* ‖ **Tiroler[1]** (Adj.): die T. Landesregierung; T. Mundarten ‖ **Tiroler[2]** der, -s/- ‖ **Tiroler Gröstel** = **Tiroler Gröstl** ‖ **Tirolerhut:** *ein Trachtenhut* ‖ **Tirolerin** die, -/-innen ‖ **tirolerisch** ‖ **tirolisch** (veraltet): *tirolerisch*

Tirtl das, -s/-en, *auch:* Türtl (meist Pl.) (westöst., SüdT): *flaches, rundes Gebäck aus gefüllten Teigplättchen*

Tisch der, -[e]s/-e: am/beim T. sitzen; den T. decken; reinen T. machen *(nichts ungeklärt lassen);* das ist vom T. *(ist erledigt);* etwas am runden T. *(mit gleichberechtigten Personen)* klären; etwas am grünen T. *(ohne ausreichende Berücksichtigung der tatsächlichen Verhältnisse)* beschließen; zwei Konkurrenten an einen T. bringen *(zu gemeinsamen Gesprächen, Verhandlungen bewegen);* dieses Argument ist unter den T. gefallen *(nicht berücksichtigt worden);* von T. und Bett *(als Ehepaar)* getrennt | bei T. *(beim Essen)* sein; zu Tisch[e] *(zum Essen)* gehen; vor T. *(vor dem Essen);* zu Tisch[e] laden *(zum Essen einladen)* ‖ **Tischbein** ‖ **Tischdame:** *[rechte] Tischnachbarin eines Herrn* ‖ **Tischdecke** ‖ **Tischfuß** ‖ **Tischgebet:** *Gebet vor bzw. nach dem Essen* ‖ **Tischgesellschaft** ‖ **Tischgespräch** ‖ **Tischherr** → Tischdame ‖ **Tischkante** ‖ **Tischkärtchen:** *Tischkarte* ‖ **Tischkarte:** *bei festlichen Essen Namenskärtchen auf dem betreffenden Platz* ‖ **Tischkultur** ‖ **Tischlampe** ‖ **Tischläufer:** *längliche Zierdecke, die nur den mittleren Teil einer Tischplatte bedeckt* ‖ **Tischleindeckdich** das, -[s]: *Möglichkeit, mühelos in Saus und Braus leben zu können (wie im Märchen)* ‖ **Tischler** der, -s/-: *ein Handwerker* ‖ **Tischlerei** die, -/-en ‖ **Tischlerin** die, -/-innen ‖ **tischlern** ‖ **Tischlerwerkstatt** ‖ **Tischmanieren** die (Pl.): *Tischkultur, Benehmen bei Tisch* ‖ **Tischnachbar:** *Sitznachbar bei Tisch* ‖ **Tischnachbarin** ‖ **Tischordnung:** *Sitzordnung* ‖ **Tischplatte** ‖ **Tischrechaud** [-ʃoː]: *kleines Gerät zum Warmhalten von Speisen oder Getränken* ‖ **Tischrede** ‖ **Tischschmuck** ‖ **Tischsitte** (meist Pl.): *Tischmanieren* ‖ **Tischtennis:** *eine Sportart, Pingpong;* T. spielen ‖ **Tischtennisball** ‖ **Tischtennisschläger** ‖ **Tischtuch** das, -[e]s/-tücher ‖ **Tischvorlage** (bes. D): *Hand-out* ‖ **Tischwein:** *leichter Wein* | *Gratiswein [in einem Lokal]*

Titan[1] der, -en/-en: *riesenhafter Gott der griechischen Mythologie* | *Mensch von ungeheurer Körper- oder Geisteskraft* ‖ **Titan[2]** das, -s (Zeichen: Ti): *ein chemisches Element;* eine Brillenfassung aus T. ‖ **titanenhaft** ‖ **titanisch**

Titel der, -s/- ⟨lat.⟩: *Bezeichnung für Rang, abgeschlossene Ausbildung, Stand, besondere Leistung uÄ* | der T. *(Name)* des Buchs | (Jus) *Urteil, Bescheid, Beschluss uÄ;* Rechtstitel ‖ **Titelanwärter** (Sport): der vorjährige Meister ist wieder T. ‖ **Titelanwärterin** ‖ **Titelbild** ‖ **Titelblatt:** *Seite in einem Buch, die den Titel uÄ anführt* ‖ **Titelgeschichte:** *auf der Titelseite [einer Zeitung] angekündigter Beitrag* ‖ **Titelgestalt:** *Figur in einem Film oÄ, nach der auch das Werk benannt ist* ‖ **Titelheld** ‖ **Titelheldin** ‖ **Titelkampf** (Sport) ‖ **titeln:** *als Schlagzeile führen* ‖ **Titelrolle:** *Titelgestalt* ‖ **Titelseite:** *erste Seite einer Zeitung oÄ* ‖ **Titelsong:** *Liedtitel, nach dem ein Album benannt ist* ‖ **Titelsucht** (abw.): *übertriebenes Sammeln von Titeln und Ämtern* ‖ **Titelträger** ‖ **Titelträgerin** ‖ **Titelverteidiger** (Sport) ‖ **Titelverteidigerin** (Sport) ‖ **Titularbischof** (kath.): *mit dem Bischofstitel ausgezeichneter Geistlicher, der aber kein Bischofsamt ausübt* ‖ **titulieren:** jemanden richtig t. *(mit richtigem Titel anreden)*

Ti|tus: *männl. Vorname*
Ti|xo das, -s/-s (Wz.): *ein durchsichtiger Klebestreifen*
tja: *Ausruf der Unsicherheit, Nachdenklichkeit*
Tl: Thallium
Tm: Thulium
TNT [te ɛn 'te:] das, -: Trinitrotoluol
Toast [to:st, engl.: təʊst] der, -[e]s/-e [-s] ⟨engl.⟩: *geröstete Weißbrotschnitte* | *Trinkspruch* ‖ **Toast|brot:** *zum Toasten bestimmtes Weißbrot* ‖ **toas|ten:** *[Brot] rösten* | *einen Trinkspruch ausbringen* ‖ **Toas|ter** der, -s/-: *Gerät zum Toasten* ‖ **Toast|schinken**
To|bel der, -s/- (reg. bzw. Geogr.): *Waldschlucht*
to|ben: *rasen, wüten;* ein tobender Sturm | *herumtollen*
To|bi|as: *männl. Vorname*
Tob|sucht die, - ‖ **tob|süch|tig** ‖ **Tob|suchts|an|fall:** *unkontrollierter Wutausbruch*
Toc|ca|ta [-k-] = → Tokkata
Toch|ter die, -/Töchter: Sohn und T. haben; die leibliche T. | (veraltet) eine natürliche *(nicht eheliche)* T. | (geh.) Ihre Frau T. | *Kurzwort für Tochterfirma* ‖ **Toch|ter|fir|ma** (Wirt.): *Zweigfirma, Tochter* ‖ **Toch|ter|ge|sell|schaft** (Wirt.): *zur Muttergesellschaft gehörendes Unternehmen*
To|cke die, -/-n, *auch:* Docke (reg., bes. K, mda.): *Puppe*
To|cker → Docker

Tod der, -[e]s/-e:
Aufhören des Lebens; einen qualvollen Tod erleiden; der Tod trat um 23 Uhr ein; sie starb eines natürlichen (G.: gewaltsamen) Todes; zum Tode verurteilt sein; ein Wagnis mit dem Tod bezahlen müssen; den Tod finden *(sterben);* er ist bei einem Skiunfall zu Tode gekommen; dem Tod ins Auge sehen *(in Lebensgefahr sein);* mit dem Tod[e] ringen *(in Lebensgefahr schweben);* zu Tode betrübt/erschrocken; der schwarze (auch: Schwarze) Tod *(die Pest);* der weiße (auch: Weiße) Tod *(Tod durch Lawinen);* → tot

Zusammensetzungen mit „tod-/tot-“:
Die Schreibung mit *d* (tod-/Tod-) geht auf das Bestimmungswort „Tod“ zurück, zB:
– todgeweiht *(dem Tod geweiht)*
– Todesangst
– todesmutig
In anderen Fällen wirkt „tod-“ bedeutungsverstärkend, zB:
– todblass
– todernst
– todkrank
Der Schreibung mit *-t* (tot-/Tot-) liegt als Bestimmungswort das Adjektiv „tot“ zu Grunde, zB:
– sich totärgern
– jemanden totschlagen; Totschlag
– tottrampeln

tod|blass ‖ **tod|bleich** ‖ **tod|brin|gend** (geh.) ‖ **tod|chic** [-ʃik] (sal.): *sehr fesch;* → chick ‖ **tod|elend** ‖ **tod|ernst** ‖ **To|des|ah|nung** ‖ **To|des|angst** ‖ **To|des|an|zei|ge:** *Parte* ‖ **To|des|da|tum** ‖ **To|des|er|klä|rung:** *amtliche Mitteilung, die einen Verschollenen für tot erklärt* ‖ **To|des|fall** ‖ **To|des|fol|ge** die, - (Jus): eine Straftat mit T. ‖ **To|des|furcht** ‖ **To|des|ge|fahr:** in T. schweben ‖ **To|des|jahr:** *Sterbejahr* ‖ **To|des|kampf:** *das Ringen mit dem Tod* ‖ **To|des|kan|di|dat:** *jemand, dessen Leben sehr gefährdet ist* ‖ **To|des|kan|di|da|tin** ‖ **To|des|la|ger:** *Vernichtungslager;* → KZ ‖ **To|des|marsch:** *[Häftlingen, Kriegsgefangenen] aufgezwungener Marsch, den kaum jemand überlebt* ‖ **To|des|mut** ‖ **to|des|mu|tig** ‖ **To|des|nach|richt** ‖ **To|des|op|fer** ‖ **To|des|ra|te:** die T. bei Aids ‖ **To|des|schrei** ‖ **To|des|schüt|ze:** *Mann, der jemanden erschossen hat* ‖ **To|des|schüt|zin** ‖ **To|des|schwa|d|ron:** *[militärische, polizeiähnliche] Terrororganisation [im Dienst eines Regimes]* ‖ **To|des|sehn|sucht** ‖ **To|des|stoß:** jemandem den T. versetzen *(jemanden töten)* ‖ **To|des|stra|fe** ‖ **To|des|stun|de** ‖ **To|des|tag:** *Sterbetag* ‖ **To|des|ur|teil** ‖ **To|des|ver|ach|tung:** *Unerschrockenheit gegenüber dem Tod;* etwas mit T. *(sehr ungern)* essen ‖ **To|des|zeit** ‖ **To|des|zel|le:** *Zelle für zum Tod Verurteilte* ‖ **Tod|falls|auf|nah|me** (Amtsspr.): *Aufnahme der Daten von Verstorbenen, Hinterbliebenen und Erben durch den Notar im Verlassenschaftsverfahren* ‖ **tod|feind** (geh.): jemandem t. sein (Frage *Wie?*); *aber:* → Todfeind ‖ **Tod|feind:** er war sein T.; *aber:* jemandem **t**odfeind sein ‖ **Tod|fein|din** ‖ **tod|ge|weiht** ‖ **tod|krank** ‖ **tod|lang|wei|lig** ‖ **töd|lich:** ein tödlicher Unfall | jemanden t. *(sehr, bes. stark)* beleidigen ‖ **tod|müd** = **tod|mü|de** ‖ **tod|schick** (sal.): *sehr schick;* → chick ‖ **tod|si|cher:** *ganz sicher* ‖ **Tod|sün|de:** *schwere Sünde* ‖ **tod|trau|rig** ‖ **tod|un|glück|lich**
Toe|loop ['təulup, auch: 'tu:-] = **Toe-Loop** der, -s/-s ⟨engl.⟩ (Sport): *ein Sprung im Eiskunstlauf*
Töff|ler der, -s/-: *ein Holzpantoffel*
To|fu der, -s/-s ⟨jap.⟩: *ein Sojaprodukt*
To|ga die, -/Togen ⟨lat.⟩: *Obergewand der Männer im alten Rom*
To|hu|wa|bo|hu das, -[s]/-s ⟨hebr.⟩: *Durcheinander, Wirrwarr, Chaos*

Toi|let|te [toa'lɛt(ɛ)] die, -/-n ⟨fr.⟩: *WC [mit Waschgelegenheit]* | *festliche [Damen]kleidung;* T. machen *(sich festlich, schön kleiden)*

Zusammensetzungen mit „Toilette-“ werden in Österreich im Allgemeinen mit -e gebildet (in der Fuge aber nicht gesprochen), zB:
– Toiletteartikel (in Deutschland: Toilettenartikel)
– Toilettepapier
– Toilettetasche

Toi|let|te|ar|ti|kel [-lɛt.ar-] ‖ **Toi|let|te|frau:** *Aufseherin in einer WC-Anlage* ‖ **Toi|let|te|pa|pier:** *Klosettpapier* ‖ **Toi|let|te|sei|fe** ‖ **Toi|let|te|tisch:** *Tisch fürs Ankleiden und Frisieren*
toi, toi, toi: *Ausruf, der jemandem Glück bringen soll*
To|kai|er [auch: -'o-] = **To|ka|jer** der, -s/- ⟨ung.⟩: *ein ungarischer [süßer] Wein*
To|kio, *auch:* Tokyo: *Hauptstadt von Japan*
Tok|ka|ta = Toccata [-k-] die, -/Tokkaten ⟨it.⟩: *ein Musikstück*
To|kyo → Tokio
To|lar der, -s/-s ⟨dt.-slowen.⟩: *eine Geldeinheit in Slowenien*
to|le|ra|bel ⟨lat.⟩: ein tolerabler *(erträglicher)* Fehler; → G.: intolerabel ‖ **to|le|rant:** *nachsichtig; weitherzig; duldsam;* → G.: intolerant ‖ **To|le|ranz** die, -: *Duldsamkeit;* → G.: Intoleranz | (Med.) *erträgliches Maß an einzunehmenden Medikamenten* | (mit Pl. -en) *zulässige Abwei-*

T

chung von der Norm [bei den Maßen von Maschinenteilen] ‖ **To|le|ranz|gren|ze** ‖ **to|le|rie|ren:** *erlauben; nachsichtig dulden* ‖ **To|le|rie|rung** die, -/-en

toll: *ausgelassen, übermütig;* tolle Streiche; es t. treiben | (sal.) *großartig* | *an Tollwut erkrankt;* ein toller *(tollwütiger)* Hund | (veraltet) *geistesgestört* ‖ **toll|dreist** (geh.): *übermütig, frech*

tol|len: tollende *(ausgelassen lärmende, wild herumlaufende)* Kinder ‖ **Tol|le|rei** die, -/-en: aus Jux und T. *(willkürlich)* ‖ **Toll|haus** (veraltet): *Irrenhaus* ‖ **Toll|heit** die, -/-en: *Narrheit* ‖ **Toll|kir|sche:** *eine Giftpflanze* ‖ **toll|kühn:** *besonders wagemutig* ‖ **Toll|kühn|heit**

Toll|patsch der, -[e]s/-e ⟨ung.⟩: *ungeschickter Mensch* ‖ **toll|pat|schig**

Toll|wut (Med.): *eine Krankheit* ‖ **toll|wü|tig** (Med.): *an Tollwut erkrankt*

Töl|pel der, -s/- (abw.): *plumper, ungeschickter Mensch; Dummkopf* | (Zool.) *ein Meeresvogel* ‖ **töl|pel|haft** (abw.) ‖ **Töl|pel|haf|tig|keit** die, - (abw.) ‖ **töl|pisch** (abw.): *tölpelhaft*

To|ma|hawk [-ha:k, auch: -hɔ:k] der, -s/-s ⟨indian.-engl.⟩: *Streitaxt der Indianer*

To|ma|te die, -/-n ⟨indian.-span.⟩: *ein Gemüse, Paradeiser* ‖ **To|ma|ten|ket|ch|up** [-tʃap] = **To|ma|ten|ket|schup** [-tʃap] ‖ **To|ma|ten|mark** ‖ **To|ma|ten|saft**

Tom|bak der, -s ⟨Sanskrit-mal.-niederl.⟩: *eine Legierung aus Kupfer und Zink*

Tom|bo|la die, -/-s ⟨it.⟩: *ein Lotteriespiel; Verlosung von Gegenständen [bei Festen]*

Tom|merl der (auch: das), -s/-[n] (St, K): *ein Pfannengericht;* Bluttommerl

T

To|mo|gra|fie = **To|mo|gra|phie** [-f-] die, - ⟨gr.⟩ (Med.): *radiologisches Verfahren mit Schichtaufnahmen;* Computertomografie

Ton[1] der, -[e]s/-e: *ein Gefäß aus Ton*

Ton[2] der, -[e]s/Töne ⟨gr.-lat.⟩: einen Ton rein singen; vor Ehrfurcht keinen Ton herausbringen; der Ton macht die Musik *(die Art, wie man spricht, ist ausschlaggebend);* sie gibt den Ton an *(bestimmt, was zu geschehen hat);* der Film wurde in den höchsten Tönen gelobt | der Ton seiner Begrüßungsrede war unfreundlich; einen anderen Ton anschlagen *(zur Strenge übergehen)* | Farbton; Ton in Ton *(in verschieden hellen Abstufungen einer Farbe)* gemustert | (ohne Pl.) der gute Ton *(das feine Benehmen)* ‖ **Ton|ab|neh|mer** der, -s/-: *Teil des Plattenspielers* ‖ **to|nal** (Mus.): *auf eine Grundtonart [einen Grundton] bezogen;* → G.: atonal ‖ **To|na|li|tät** die, - ‖ **ton|an|ge|bend:** *maßgebend* ‖ **Ton|art** (Mus.): die T. c-Moll | *Art, wie man etwas äußert* ‖ **Ton|auf|nah|me** ‖ **Ton|band:** eine Diskussion auf T. aufzeichnen ‖ **Ton|band|auf|nah|me** ‖ **Ton|band|dienst** ‖ **Ton|band|ge|rät:** *Magnetophon* ‖ **Ton|blen|de:** *Obertonregler* ‖ **Ton|dich|ter** (veraltet, geh.): *Komponist* ‖ **Ton|dich|te|rin** (veraltet, geh.) ‖ **Ton|dich|tung:** *sinfonische Dichtung* ‖ **Ton|do|ku|ment:** *historische Schallplattenaufnahme uÄ* ‖ **tö|nen:** eine tönende *(klingende)* Glocke | die Haare t. *(sie leicht [nach]färben)* ‖ **To|ner** der, -s/-: *Farbpulver [für Fotokopiergeräte und Laserdrucker]*

Ton|er|de: essigsaure T. *(eine Lösung für Umschläge uÄ)* ‖ **tö|nern:** tönerne Gefäße

Ton|fall der, -[e]s: mit singendem T. sprechen | *Tonart* ‖ **Ton|film** → G.: Stummfilm ‖ **Ton|ge|bung:** *Intonation*

Ton|ge|fäß: *Gefäß aus Ton* ‖ **ton|häl|tig,** *auch:* tonhaltig: tonhältige Erde

Ton|hö|he

To|ni: *weibl. und männl. Vorname (Anton, Antonia, Antonie)*

To|nic [-k] das, -[s]/-s ⟨gr.-fr.-engl.⟩: *ein Erfrischungsgetränk*

to|nig: das Bild ist t. *(wenig bunt, mit starken Hell-Dunkel-Kontrasten)* gemalt

To|ni|ka die, -/Toniken ⟨gr.-lat.⟩ (Mus.): *Grundton einer Tonleiter* | *Dreiklang auf der ersten Stufe einer Tonleiter* ‖ **To|ni|kum** das, -s/Tonika (Med.): *ein Arzneimittel* ‖ **Ton|kopf:** *Tonabnehmer*

Ton|krug

Ton|kunst die, - (geh.): *Musik* ‖ **Ton|künst|ler** (veraltet): *Komponist, Musiker* | (Pl.) *Name von Orchestern;* die Niederösterreichischen T. ‖ **Ton|künst|le|rin** (veraltet) ‖ **Ton|lei|ter:** *bestimmte Folge von Tönen* ‖ **ton|los:** *klanglos* ‖ **Ton|meis|ter:** *maßgeblicher Tontechniker bei Rundfunkaufnahmen uÄ* ‖ **Ton|meis|te|rin**

Ton|na|ge [-'a:ʃ, -ʒɛ] die, -/-n ⟨lat.-fr.⟩: *Fassungsraum von Schiffen in Bruttoregistertonnen* ‖ **Ton|ne** die, -/-n: *großes zylindrisches Gefäß, Fass;* eine T. Benzin | (mit Abkürzung t) *eine Gewichtseinheit, 1 000 kg* ‖ **Ton|nen|ge|wöl|be** (Arch.): *halbzylinderförmiges Gewölbe* ‖ **ton|nen|wei|se**

Ton|qua|li|tät: die T. einer alten Aufnahme verbessern ‖ **Ton|satz** der, -es (Mus.): *die Kompositionstechnik* | (mit Pl. -sätze) *ein mehrstimmiges Musikstück* ‖ **Ton|set|zer** (veraltet): *Komponist* ‖ **Ton|set|ze|rin** (veraltet) ‖ **Ton|spur:** *Streifen auf einem Film zur Tonaufzeichnung* ‖ **Ton|stu|fe** (Mus.): *Stelle innerhalb der Tonleiter*

Ton|sur die, -/-en ⟨lat.⟩ (früher): *ausrasierte Stelle auf dem Scheitel katholischer Mönche*

Ton|ta|fel: eine T. mit Schriftzeichen ‖ **Ton|tau|be:** *Wurftaube, Wurfscheibe* ‖ **Ton|tau|ben|schie|ßen** das, -s (Sport)

Ton|tech|ni|ker → Tonmeister ‖ **Ton|tech|ni|ke|rin** ‖ **Ton|trä|ger:** *CD, Schallplatte, Tonband, Tonfilm, DVD uÄ* ‖ **Ton|um|fang:** eine Stimme mit großem T. ‖ **Tö|nung** die, -/-en: *Abstufung; Helligkeitsgrad von Farben*

To|nus der, - ⟨gr.-lat.⟩ (Med.): *Spannungszustand [der Muskeln]*

Tool [tu:l] das, -s/-s ⟨engl.⟩ (EDV): *Hilfsmittel, das die Arbeit am Computer unterstützt*

top ⟨engl.⟩ (sal.): *hervorragend;* eine top adaptierte Wohnung ‖ **Top** das, -s/-s: *ärmelloses Oberteil [in der Damenmode]* | (ohne Artikel) auf Top 14 *(auf Türnummer 14)* wohnen

TOP der, -/-: **T**ages**o**rdnungs**p**unkt; TOP 3

To|pas [-'a:s, 'to:-] der, -[es]/-e ⟨gr.-lat.⟩: *ein Schmuckstein* ‖ **to|pas|gelb**

Topf der, -[e]s/Töpfe: *Kochtopf* | *ein breites Gefäß;* Blumentopf; alles in einen T. werfen *(alles in gleicher Weise behandeln)* ‖ **Topf|blu|me** ‖ **Töpf|chen** das, -s/-: *kleiner Topf*

Top|fe|ler der, -s/- (T): *eine Topfenspeise*

top|fen: *[Pflanzen] eintopfen*

Top|fen der, -s: *ein Milchprodukt* | (ugs., sal.) so ein T.! *(Blödsinn!);*

→ Quark ‖ **Top|fen|blattln** → Topfenplattln ‖ **Top|fen|creme** [-kre:m] = Topfenkrem = Topfenkreme ‖ **Top|fen|fül|le** ‖ **Top|fen|go|lat|sche** → Topfenkolatsche ‖ **Top|fen|ha|lusch|ka** (ostöst.): *mit Topfen zubereitete Haluschka* ‖ **Top|fen|kas** (mda.): Topfenkäse ‖ **Top|fen|kä|se:** *ein Brotaufstrich* ‖ **Top|fen|knö|del** ‖ **Top|fen|ko|lat|sche,** *auch:* Topfengolatsche (W, N) ‖ **Top|fen|krem** = **Top|fen|kre|me** = → Topfencreme ‖ **Top|fen|ku|chen** ‖ **Top|fen|nei|ger** (ugs., scherzh., veraltend): *jemand, der ungebräunt [und deshalb blass] ist* ‖ **Top|fen|no|ckerl** ‖ **Top|fen|obers|tor|te** ‖ **Top|fen|pa|lat|schin|ke:** *mit Topfen gefüllte Palatschinke* ‖ **Top|fen|plattln** die (Pl.), *auch:* Topfenblattln: *eine Speise* ‖ **Top|fen|rahm|stru|del** ‖ **Top|fen|stru|del:** *eine süße Mehlspeise* ‖ **Top|fen|ta|scherl** (reg.) = **Top|fen|tatsch|kerl** (W): *eine Mehlspeise* ‖ **Top|fen|tor|te**

Töp|fer der, -s/-: *Erzeuger von Töpfen ua. Tonwaren* ‖ **Töp|fe|rei** die, -/-en ‖ **Töp|fer|hand|werk** ‖ **Töp|fe|rin** die, -/-innen ‖ **Töp|ferl** das, -s/-[n] (ugs.): *Nachtgeschirr [für Kinder]* ‖ **Töp|ferl** das, -s/-[n]: *kleiner Topf* ‖ **töp|fern:** *Töpferarbeiten machen* ‖ **Töp|fer|schei|be:** *Drehscheibe zur Herstellung von Töpferwaren* ‖ **Töp|fer|wa|re**

top|fit ⟨engl.⟩ (Sport): *bes. fit; in bester körperlicher Verfassung*

Topf|lap|pen: *festes Tuch zum Angreifen heißen Kochgeschirrs*

Top|form (bes. Sport): zur Olympiade in T. *(bester Form)* sein

Topf|pflan|ze ‖ **Topf|rei|ni|ger**

To|pi|nam|bur der, -s/-s [-e] ⟨indian.-fr.⟩: *ein Knollengemüse und Wildfutter*

to|pisch ⟨gr.-lat.⟩ (Med.): *äußerlich*

top|less ⟨engl.⟩: *ohne Oberteil, ohne BH*

Top|ma|nage|ment [-mænɪdʒm-] ⟨engl.⟩: *oberste Unternehmensführung* ‖ **Top|ma|na|ger** ‖ **Top|ma|na|ge|rin**

To|po|gra|fie = Topographie [-f-] die, -/-n ⟨gr.⟩ (Geogr.): *Ortskunde, Ortsbeschreibung* ‖ **to|po|gra|fisch** = **to|po|gra|phisch** ‖ **To|po|lo|gie** die, - (Math.): *Lehre von den Eigenschaften und der Anordnung geometrischer Figuren* ‖ **to|po|lo|gisch** ‖ **To|pos** der, -/Topoi: *ein allgemein anerkannter Begriff* | *[bereits abgegriffenes] Denk- und Ausdrucksschema*

topp ⟨?⟩: *einverstanden!; es gilt!*

top|se|cret [-'si:krət] ⟨engl.⟩: *streng geheim*

Top|spin [-sp-] ⟨engl.⟩ (Sport): *eine Technik [im Tischtennis, Tennis]*

Top|star [-st-] der, -s/-s ⟨engl.⟩: *bes. populärer, internationaler Star;* → Star[3]

Top Ten die, -/-s ⟨engl.⟩: *die ersten zehn einer Hitparade, einer Rangliste uÄ;* → top

Tor[1] das, -[e]s/-e: *große Tür, Eingangsöffnung;* Stadttor | (Sport) im Tor stehen; ein Tor schießen | (V) *Felsendurchgang;* → Törl

Tor[2] der, -en/-en (geh.): *einfältiger Mann*

Tor|bo|gen ‖ **Tor|chan|ce** [-ʃɑ̃:s] (Sport) ‖ **Tor|dif|fe|renz** ‖ **Tor|ein|fahrt**

To|re|ro der, -s/-s ⟨span.⟩: *[spanischer] Stierkämpfer*

Torf der, -[e]s/-e: *in Mooren entstandene pflanzliche Substanz;* T. stechen *(Torfstücke aus dem Boden schneiden)* ‖ **tor|fig**

Tor|frau (Sport): *Torhüterin*

Torf|mull ‖ **Torf|stich** ‖ **Torf|streu**

Torg|gel [-k-] → Torkel ‖ **Törg|ge|le|kel|ler** → Torkelkeller ‖ **törg|ge|len** = törkelen ⟨lat.⟩ (SüdT, V): t. gehen *(zur Weinlesezeit wandern und dabei Weinkeller aufsuchen)* ‖ **Torg|gel|kel|ler** → Torkelkeller

Tor|heit die, -/-en (geh.): eine T. *(Dummheit)* begehen

Tor|hü|ter (Sport): *Tormann, Goalie* ‖ **Tor|hü|te|rin** (Sport)

tö|richt (geh.): *dumm* ‖ **Tö|rin** die, -/-innen (geh.): *weibliche Form zu Tor*[2]

tö|risch, *auch:* terisch (mda.): *schwerhörig, taub*

Tor|jä|ger (Sport): *erfolgreicher Torschütze* ‖ **Tor|jä|ge|rin**

Tor|kel die, -/-n, *auch:* Torggel [-k-] ⟨lat.⟩ (SüdT, V): *Weintraubenpresse* ‖ **tör|ke|len** = → törggelen ‖ **Tor|kel|kel|ler,** *auch:* Törggelekeller, Torggelkeller (SüdT, V): *Weinkeller [mit Presse]*

tor|ke|lig = torklig ‖ **tor|keln,** ich torkle: *unsicher gehen, taumeln* ‖ **tork|lig** = → torkelig

Törl das, -s/-[n]: *Felsendurchgang; Gebirgsübergang; [historischer] Grenzübergang*

Tor|lauf (Sport): *Rennstrecke mit Stangen oder Toren* ‖ **Tor|li|nie** [-iɛ] (Sport) ‖ **tor|los** (Sport): das Match blieb t. ‖ **Tor|mann** (Sport)

Törn der, -s/-s ⟨gr.-fr.-engl.⟩ (Seemannsspr., Sport): *Ausfahrt mit einem Segelboot*

Tor|na|do der, -s/-s ⟨span.-engl.⟩: *ein Wirbelsturm in Nordamerika* | *ein Segelboot*

Tor|nis|ter der, -s/- ⟨gr.-slaw.⟩: *[kantiger] Rucksack*

tor|pe|die|ren ⟨lat.⟩ (Mil.): *mit einem Torpedo beschießen* | ein Vorhaben t. *(es durchkreuzen)* ‖ **Tor|pe|die|rung** die, -/-en ‖ **Tor|pe|do** der = das, -s/-s (Mil.): *ein Unterwassergeschoß mit eigenem Antrieb* ‖ **Tor|pe|do|boot** (früher) (Mil.)

Tor|pfos|ten ‖ **Tor|raub** (Sport): *schweres Foul in aussichtsreicher Torsituation* ‖ **Tor|raum** (Sport) ‖ **Tor|schluss** der, -es: gerade noch vor T. *(in letzter Minute)* kommen ‖ **Tor|schluss|pa|nik:** *Angst, eine letzte Gelegenheit zu versäumen* ‖ **Tor|schüt|ze** (Sport): *Spieler, der ein Tor geschossen hat* ‖ **Tor|schüt|zin** (Sport)

Tor|si|on die, -/-en ⟨lat.⟩ (Med.): *Verdrehung, Verrenkung*

Tor|so der, -s/-s [Torsi] ⟨gr.-lat.-it.⟩: *unvollendete oder verstümmelte Statue, Rumpf ohne Kopf, ohne Gliedmaßen; unvollendetes Werk* | *Bruchstück*

Tort der, -[e]s ⟨it.-fr.⟩ (geh.): jemandem einen T. antun *(jemanden kränken, quälen)*

Tor|te die, -/-n ⟨it.⟩: zum Geburtstag eine Torte backen ‖ **Tor|te|lett** [-tl-] das, -s/-s = **Tor|te|let|te** [-t(ɛ)lɛt(ɛ)] die, -/-n ⟨it.-fr.⟩: *ein [kleines] Backwerk in Tortenform; Tortenboden* ‖ **Tor|tel|li|ni** die (Pl.) ⟨it.⟩: *eine italienische Teigware* ‖ **Tor|ten|bo|den:** *untere Schicht für eine Torte* ‖ **Tor|ten|dia|gramm:** *eine grafische Vergleichsdarstellung* ‖ **Tor|ten|he|ber:** *Tortenschaufel* ‖ **Tor|ten|schach|tel** ‖ **Tor|ten|schau|fel** ‖ **Tor|til|la** [-'i(l)ja] die, -/-s ⟨span.⟩: *eine spanische Speise* | *ein Maisfladenbrot*

Tor|tur die, -/-en ⟨lat.⟩: *Folter, Marter;* das war für mich eine T. *(eine Qual)*

Tor|wart (Sport): *Tormann* ‖ **Tor|war|tin** (Sport) ‖ **Tor|wet|te:** *eine Sportwette*

to|sen: ein tosender *(stark, dumpf rauschender)* Wasserfall; tosender *(lauter, begeisterter)* Beifall

to|sisch: das tosische (= Tosi'sche) Schloss *(ein Sicherheitsschloss, benannt nach dem Schlosser Tosi)*

T

Tos|ka|na die, -: *eine Landschaft in Oberitalien*

tot
ein toter Maulwurf; mehr tot als lebendig | halb tot (= halbtot) *(völlig erschöpft)* | tote *(glanzlose)* Farben | eine tote *(nicht mehr gesprochene)* Sprache; die tote Saison *(die geschäftsarme Zeit)*; den toten Punkt *(Stillstand)* überwinden; eine tote *(wenig belebte)* Straße | ein toter Winkel *(nicht einsehbarer Bereich)* | (Med.) klinisch tot; → Tod

Großschreibung in Eigennamen:
- das **T**ote Meer
- das **T**ote Gebirge (O)

Getrenntschreibung:
- tot sein *(gestorben sein)*
- sich tot stellen
- tot umfallen

Zusammenschreibung bei übertragener Bedeutung, zB:
- sich totarbeiten
- sich totärgern
- sich totlachen
- sich totlaufen
- totsagen; totgesagt
- totschweigen

Bei „tot" + Verb, das ein Resultat herbeiführt, gilt im Allgemeinen Zusammenschreibung, zB:
- totfahren
- totmachen
- totschießen
- totschlagen
- tottrampeln

Getrennt- und Zusammenschreibung mit adjektivisch gebrauchten Partizipien:
- ein tot geborenes (= totgeborenes) Kind
- tot geglaubt = totgeglaubt

T

to|tal ⟨lat.-fr.⟩: *gänzlich, völlig;* etwas t. vergessen; eine totale *(vollständige)* Mondesfinsternis | der totale *(absolute, totalitäre)* Staat | (sal.) das war t. *(sehr)* schön ‖ **To|tal|ab|ver|kauf** ‖ **To|tal|an|sicht:** *Gesamtansicht* ‖ **To|ta|le** die, -n/-n: *Kameraeinstellung, die den ganzen Schauplatz zeigt* | (auch mit Pl. -) zwei, alle Totale[n] ‖ **to|ta|li|tär** (Pol.): *unbeschränkt Macht ausübend, gewaltsam reglementierend;* ein totalitärer Staat ‖ **To|ta|li|ta|ris|mus** der, - (Pol.) ‖ **To|ta|li|tät** die, -: *Gesamtheit, Ganzheit* ‖ **To|ta|li|täts|an|spruch** ‖ **To|tal|re|fle|xi|on** (Phys.): *eine bestimmte Form der Reflexion* ‖ **To|tal|scha|den**

tot|ar|bei|ten sich (sal.) ‖ **tot|är|gern** sich (sal.): *sich maßlos ärgern* ‖ **To|te**[1] der, -n/-n, ein Toter ‖ **To|te**[2] die, -n/-n

To|tem das, -s/-s ⟨indian.-engl.⟩: *Ahnentier und Sippenzeichen bei Naturvölkern* ‖ **To|te|mis|mus** der, -: *Verehrung eines Totems* ‖ **to|te|mis|tisch** ‖ **To|tem|pfahl**

tö|ten: du sollst nicht t. ‖ **To|ten|amt** (kath.): *Requiem, Seelenmesse* ‖ **To|ten|bah|re:** *Bahre, auf der der Sarg während der Trauerfeier liegt* ‖ **To|ten|be|schau** die, -: *vorgeschriebene ärztliche Untersuchung einer Leiche* ‖ **To|ten|be|schau|er** der, -s/- ‖ **To|ten|be|schau|e|rin** die, -/-innen ‖ **To|ten|bett:** *Sterbebett* ‖ **to|ten|blass** ‖ **To|ten|bläs|se** ‖ **to|ten|bleich** ‖ **To|ten|buch:** *Sterberegister* ‖ **To|ten|fei|er** ‖ **To|ten|ge|den|ken** ‖ **To|ten|glo|cke:** die T. läutet *(zum Zeichen, dass jemand gestorben ist, eingesegnet oder begraben wird)* ‖ **To|ten|grä|ber** der, -s/- ‖ **To|ten|grä|be|rin** die, -/-innen ‖ **To|ten|hemd** (früher): *Bekleidung für Sterbende oder Leichname* ‖ **To|ten|kla|ge** ‖ **To|ten|kopf:** *Schädel eines Toten* | *Zeichen für Lebensgefahr, zB bei Gift* ‖ **To|ten|kult:** *religiöse Verehrung der Toten* ‖ **To|ten|mas|ke:** *[Gips-]abguss vom Gesicht eines toten Menschen* ‖ **To|ten|mes|se:** *Requiem* ‖ **To|ten|schä|del** ‖ **To|ten|schein:** *Sterbeurkunde* ‖ **To|ten|star|re** (Med.): *Leichenstarre* ‖ **to|ten|still:** *absolut still* ‖ **To|ten|stil|le:** *tiefes Schweigen* ‖ **To|ten|tanz** (Kunstg.): *eine allegorische Darstellung* ‖ **To|ten|wa|che** = **To|ten|wacht** die, -: *Wache bei einem aufgebahrten toten Menschen* ‖ **tot|fah|ren:** er hat die Passantin totgefahren ‖ **tot ge|bo|ren** = **tot|ge|bo|ren** → tot ‖ **Tot|ge|burt** ‖ **Tot|ge|glaub|te**[1] der, -n/-n, ein Totgeglaubter ‖ **Tot|ge|glaub|te**[2] die, -n/-n ‖ **tot|la|chen** sich (sal.): *sehr stark lachen* ‖ **tot|lau|fen** sich: *langsam bedeutungslos werden, zu Ende gehen;* die Diskussion hat sich totgelaufen ‖ **tot|ma|chen** ‖ **Tot|mann|schal|tung** (Technik): *Sicherheitseinrichtung, bei der [vom Lokführer] regelmäßig ein Lebenszeichen gegeben werden muss*

To|to das, -s ⟨fr.⟩: *ein Wettspiel;* Sporttoto ‖ **To|to|ge|winn** ‖ **To|to|schein** ‖ **To|to|tref|fer**

tot|sa|gen: *das falsche Gerücht verbreiten, dass jemand tot sei;* er wurde totgesagt ‖ **tot|schie|ßen** ‖ **Tot|schlag** der, -[e]s (Jus): *vorsätzliche Körperverletzung ohne Tötungsabsicht, aber mit tödlichem Ausgang;* Mord und T. (sal. auch für: *Streit*) ‖ **tot|schla|gen:** das angreifende Tier t. | die Zeit t. *(sich die Zeit nutzlos oder mit Nichtstun vertreiben)* ‖ **Tot|schlä|ger** ‖ **Tot|schlä|ge|rin** ‖ **tot|schwei|gen:** eine Sache t. *(mit Absicht nicht von ihr reden)* ‖ **tot|tram|peln:** in Panik wurden mehrere Personen totgetrampelt ‖ **Tö|tung** die, -/-en ‖ **Tö|tungs|ab|sicht** ‖ **Tö|tungs|vor|satz** (Jus): *Mordentschluss* ‖ **Tot|zeit** (Technik): *Zeit vom Einschalten [einer Maschine] bis zum Beginn des Arbeitsvorgangs*

Touch [tʌtʃ] der, -[e]s/-s ⟨fr.-engl.⟩: ein T. *(Hauch)* von Exotik

tou|chie|ren [tuʃ-] ⟨fr.⟩: *berühren, zusammenprallen*

Touch|pad [ˈtʌtʃpæd] das, -s/-s ⟨engl.⟩ (EDV): *berührungsempfindliche Fläche [auf Laptops] zur Steuerung des Cursors auf dem Bildschirm* ‖ **Touch|screen** [-skriːn] der, -s/-s (EDV): *Computerbildschirm, der auf Berührungen reagiert*

Tou|pet [tuˈpeː] das, -s/-s ⟨fr.⟩: *künstlicher Haarteil* ‖ **tou|pie|ren:** Haare t. *(die Frisur auflockern, um ihr ein volleres Aussehen zu geben)*

Tour [ˈtuːɐ] die, -/-en ⟨fr.⟩: eine T. *(Wanderung, Reise uÄ)* machen | in der Minute 3 000 Touren *(Umdrehungen)*; auf Touren *(in Schwung)* bringen | etwas auf die sanfte T. *(Weise)* machen | (ugs.) krumme Touren *(Gaunereien)*; in einer T. *(ununterbrochen)* ‖ **Tou|ren|ge|her:** *jemand, der eine [geführte] Berg- oder Skiwanderung unternimmt* ‖ **Tou|ren|ge|he|rin** ‖ **Tou|ren|wa|gen** (Sport): *Serienwagen, mit dem Autorennen gefahren werden* ‖ **Tou|ren|zahl:** *Umdrehungszahl* ‖ **Tou|ren|zäh|ler:** *Drehzahlmesser* ‖ **Tou|ris|mus** der, -: *Urlaubsreiseverkehr* ‖ **Tou|ris|mus|ver|ein:** *Tourismus-, Fremdenverkehrsverband* ‖ **Tou|rist** der, -en/-en: *Urlaubsreisender* | (veraltend) *Ausflügler, Bergsteiger* ‖ **Tou|ris|ten|klas|se** die, -:

preisgünstige Reiseklasse auf Schiffen und in Flugzeugen ‖ **Tou|ris|tik** die, -: *organisierter Fremdenverkehr* ‖ **Tou|ris|tin** die, -/-innen ‖ **tou|ris|tisch**

Tour|ne|dos [turn(œ)'do:] das, - [-'do:(s)]/- [-'do:(s)] ⟨fr.⟩ (Küchenspr.): *als Steak gebratenes Rindsfilet*

Tour|nee [tu-] die, -/-n ⟨fr.⟩: *Gastspielreise [von Schauspielern, Musikern]* ‖ **tour-re|tour** [-'tu:ə] ⟨fr.⟩ (veraltet): *hin und zurück*

Tow|er ['taʊə] der, -s/- ⟨engl.⟩: *Kontrollturm des Flughafens* | (ohne Pl.) *ein Wahrzeichen von London* | (EDV) *Rechner in Turmform*

to|xi|gen ⟨gr.-lat.⟩ (Med.): *Giftstoffe erzeugend; durch Vergiftung entstanden* ‖ **To|xi|ko|lo|gie** die, -: *Lehre von den Giftstoffen* ‖ **To|xin** das, -s/-e: *Giftstoff* ‖ **to|xisch** (Med.): *giftig* ‖ **To|xi|zi|tät** die, -

Trab der, -[e]s: *eine Gangart [des Pferdes];* im T. fahren | (ugs.) jemanden auf T. halten *(fortwährenden Einsatz fordern)*

Tra|bant der, -en/-en ⟨tschech.⟩ (Astron.): *Begleiter;* der Mond ist ein T. der Erde | (früher) *Leibwächter* ‖ **Tra|ban|ten|stadt:** *Satellitenstadt*

tra|ben: trabende Pferde ‖ **Tra|ber** der, -s/-: *Trabrennpferd* ‖ **Trab|renn|bahn** ‖ **Trab|ren|nen** ‖ **Trab|renn|platz**

Tra|chee [-'e:ə] die -/-n ⟨gr.-lat.⟩ (Zool.): *Atmungsorgan von Insekten*

Tracht die, -/-en: *Kleidung einer Gemeinschaft, einer bestimmten Zeit* | (veraltet) *Traglast* | eine T. Prügel

trach|ten (geh.): *sich bemühen;* nach Erfolg t.; jemandem nach dem Leben t. *(jemanden töten wollen)*

Trach|ten|an|zug ‖ **Trach|ten|fest** ‖ **Trach|ten|grup|pe** ‖ **Trach|ten|hoch|zeit** ‖ **Trach|ten|jan|ker** ‖ **Trach|ten|ka|pel|le:** *Volksmusikkapelle in Tracht* ‖ **Trach|ten|kos|tüm** ‖ **Trach|ten|look** [-lʊk]: *trachtenähnliche Mode* ‖ **Trach|ten|mo|de** ‖ **Trach|ten|schmuck** ‖ **Trach|ten|ver|ein** ‖ **trach|tig** (ugs.): *in Trachtenart*

träch|tig: eine trächtige *(ein Kalb tragende)* Kuh ‖ **Träch|tig|keit** die, -

Trachtl|er der, -s/- (sal.): *Trachtenträger* ‖ **Trachtl|e|rin** die, -/-innen (sal.)

Tra|cking ['træk-] das, -s ⟨engl.⟩ (Elektrot.): *Einrichtung zur genaueren Videospurabtastung*

Trade|mark ['treɪdmɑ:k] die, -/-s ⟨engl.⟩: *Warenzeichen*

tra|die|ren ⟨lat.⟩: *überliefern, [bestimmte Regeln] weitergeben* ‖ **Tra|di|ti|on** [-tsi̯-] die, -/-en: aus T. *(nach dem Herkommen, nach alter Gewohnheit);* Traditionen pflegen ‖ **Tra|di|ti|o|na|lis|mus** [-tsi̯-] der, -/Traditionalismen: *traditionsverhaftete Haltung* ‖ **Tra|di|ti|o|na|list** der, -en/-en ‖ **Tra|di|ti|o|na|lis|tin** die, -/-innen ‖ **tra|di|ti|o|na|lis|tisch:** *traditionell, traditionsgebunden* ‖ **tra|di|ti|o|nell:** *herkömmlich* ‖ **tra|di|ti|ons|be|wusst** ‖ **tra|di|ti|ons|ge|mäß** ‖ **tra|di|ti|ons|reich**

traf → treffen

Tra|fik die, -/-en ⟨it.-fr.⟩: *Geschäft mit Rauchwaren, Zeitschriften ua.* ‖ **Tra|fi|kant** der, -en/-en: *Inhaber einer Trafik* ‖ **Tra|fi|kan|tin** die, -/-innen

Tra|fo der, -s/-s ⟨lat.⟩: *Kurzwort für Transformator*

träg = träge: *langsam; faul*

Trag|bah|re: *Traggestell zum Tragen [von Verletzten]* ‖ **Trag|bal|ken** ‖ **trag|bar:** ein tragbarer Fernseher | sein Benehmen ist nicht mehr t. *(tolerierbar, akzeptabel)* ‖ **Tra|ge** die, -/-n: *Traggestell*

trä|ge = → träg

tra|gen, du trägst/trug/getragen: Koffer t.; jemandem t. helfen | einen neuen Hut t.; eine Brille t.; [von jemand anderem vorher schon] getragene Schuhe | den Arm in Gips t. | einen Titel t. | den Kopf hoch t. *(stolz sein)* | sein Unglück mit Geduld t. *(ertragen)* | Früchte t. *(hervorbringen)* | diese Brücke trägt *(sie hält die Belastung aus);* eine tragende Wand *(mit stützender Funktion)* | eine tragende *(wichtige)* Rolle; eine tragende *(weithin hörbare)* Stimme | sich mit der Absicht t. *(die Absicht haben),* etwas Bestimmtes zu tun; Bedenken t. *(hegen);* Verlangen nach etwas t. *(es wollen); aber:* etwas kommt zum Tragen *(zur Anwendung, wird aktuell)* | die Kuh trägt *(ist trächtig)* ‖ **Trä|ger** der, -s/-: *jemand, der etwas trägt; Gepäckträger* | der diesjährige T. des Staatspreises | *Haltevorrichtung;* Hosenträger | ein T. *(Baubestandteil)* aus Stahl ‖ **Trä|ger|flug|zeug:** *Flugzeug auf einem Flugzeugträger* ‖ **Trä|ge|rin** die, -/-innen ‖ **Trä|ger|kleid** ‖ **Tra|gerl** das, -s/-[n] (ugs.): *Traggestell [für Flaschen]* ‖ **trä|ger|los:** ein trägerloses Kleid ‖ **Trä|ger|ra|ke|te** ‖ **Trä|ger|schür|ze** ‖ **Trä|ger|ver|ein:** *Verein, der eine Schule oÄ erhält* ‖ **Tra|ge|zeit,** *auch:* Tragzeit: *Zeit der Trächtigkeit* ‖ **trag|fä|hig:** eine tragfähige Brücke ‖ **Trag|fä|hig|keit** die, -: die T. einer Brücke ‖ **Trag|flä|che:** *seitlicher Teil am Rumpf eines Flugzeugs* ‖ **Trag|flü|gel:** *Tragfläche* ‖ **Trag|flü|gel|boot** ‖ **Trag|ge|stell** ‖ **Trag|gurt**

Träg|heit die, -: *Faulheit* | *Langsamkeit* | (Phys.) *Beharrungsvermögen* ‖ **Träg|heits|ge|setz** (Phys.) ‖ **Träg|heits|mo|ment** das, -[e]s/-e (Phys.)

Trag|him|mel: *Baldachin [bei der Fronleichnamsprozession]*

Tra|gik die, - ⟨gr.⟩: *schicksalhaftes Leid* ‖ **Tra|gi|ker** der, -s/-: *Tragödiendichter* ‖ **Tra|gi|ko|mik** ‖ **tra|gi|ko|misch:** eine tragikomische Situation ‖ **Tra|gi|ko|mö|die** [-i̯ɛ]: *ein Schauspiel, teils tragisch, teils komisch* ‖ **tra|gisch:** *erschütternd; traurig; unfassbar; verhängnisvoll;* das ist halb so t. *(nicht so schlimm)*

Trag|kraft die, -: die T. eines Kranes ‖ **trag|kräf|tig** ‖ **Trag|last**

Tra|gö|de der, -n/-n ⟨gr.⟩ (geh.): *Darsteller tragischer Rollen* ‖ **Tra|gö|die** [-i̯ɛ] die, -/-n: *Trauerspiel* | *Unglück;* er macht aus allem eine T. *(macht alles viel schlimmer, als es in Wirklichkeit ist)* ‖ **Tra|gö|di|en|dich|ter** ‖ **Tra|gö|di|en|dich|te|rin** ‖ **Tra|gö|din** die, -/-innen (geh.)

Trag|rie|men ‖ **Trag|seil:** *die Last tragendes Seil [einer Seilbahn];* → G.: Zugseil ‖ **Trag|ta|sche** ‖ **Trag|tier:** *Lasttier, zB Maultier* ‖ **Trag|wei|te:** die T. *(Schussweite)* eines Gewehrs | sich der T. *(der Folgen)* seines Handelns bewusst sein ‖ **Trag|werk** (Technik) ‖ **Trag|zeit** → Tragezeit

Traid = Troad das, -s (Volksk.): *Getreide* ‖ **Traid|bo|den** = Troadboden (Volksk.): *Lagerfläche für Getreide im Bauernhaus* ‖ **Traid|kas|ten** = Troadkasten (Volksk.): *[vom Bauernhof getrennt errichteter] Getreidespeicher*

Trai|ler [treɪ-] der, -s/- ⟨engl.⟩: *Ausschnitt aus einem Film [als Vorschau]*

Train [treːn] der, -s/-s ⟨fr.⟩ (veraltet) (Mil.): *Fuhrwesen, Nachschubeinheiten des Heeres*

Trainee [treɪ'niː] der, -s/-s ⟨fr.-engl.⟩: *Absolvent [einer Universität], der eine praktische Ausbildung in einem Betrieb erhält* ‖ **Trainer** [-'eː-, engl. -'eɪ-] der, -s/-: *jemand, der [Sportler] trainiert* ‖ **Trainerin** die, -/-innen ‖ **trainieren** [-e-]: *[ein]üben; [sich] auf Wettkämpfe vorbereiten;* ein trainierter Körper ‖ **Training** [-'eː-, engl. -'eɪ-] das, -s/-s ⟨engl.⟩ ‖ **Trainingsanzug** ‖ **Trainingscamp** [-kɛ-] ‖ **Trainingseinheit** (Sport) ‖ **Trainingshose** ‖ **Trainingsjacke** ‖ **Trainingslager**

Traisen die, -: *ein Nebenfluss der Donau (N)*

Traiskirchen: *Stadt in Niederösterreich*

Traismauer: *Stadt in Niederösterreich*

Trakt der, -[e]s/-e ⟨lat.⟩: *Gebäudeteil;* Hoftrakt ‖ **Traktat** der = das, -[e]s/-e: *Abhandlung, [religiöse] Schrift* ‖ **traktieren:** *quälen, schlecht behandeln* | (scherzh.) jemanden mit Leckerbissen t. *(jemandem übermäßig viel davon aufdrängen)* ‖ **Traktierung** die, -/-en ‖ **Traktion** [-tsi̯-] die, -/-en (Technik): die T. *(Bodenhaftung)* der Reifen | (Eisenbahn) *Antrieb des Zuges* ‖ **Traktor** der, -s/-en [-'oː-]: *eine Zugmaschine*

trällern: ein Liedchen t.

Tram[1] die, -/-s ⟨engl.⟩: *Kurzwort für Tramway*

Tram[2] der, -[e]s/-e [Träme]: *Holzbalken* ‖ **Trambaum:** *Balken* ‖ **Tramboden:** *Balkendecke* ‖ **Tramdecke:** *Balkendecke*

Tramezzino das, -[s]/Tramezzini ⟨it.⟩: *ein [italienisches] gefülltes Sandwich*

tramhapert (mda.): *verschlafen, verträumt*

Traminer der, -s/-: *eine Reb- und Weinsorte (nach dem Südtiroler Ort Tramin)*

Tramp [-æ-] der, -s/-s ⟨engl.⟩: *Landstreicher/in*

Trampel der, -s/-[n] (ugs.): *derbes Schimpfwort für eine dumme, ungeschickte weibliche Person* ‖ **trampeln,** ich trample: *schwerfällig gehen; aufstampfen* ‖ **Trampelpfad:** *ausgetretener schmaler Weg* ‖ **Trampeltier:** *zweihöckriges Kamel* | (abw.) *plumper, tollpatschiger Mensch*

trampen [-'ɛ-] ⟨engl.⟩ (ugs.): *herumziehen, Auto stoppen* ‖ **Tramper** der, -s/- ‖ **Tramperin** die, -/-innen

Trampolin das, -s/-e ⟨it.⟩: *federndes Sprungbrett für Sportübungen* ‖ **Trampolinsprung**

Tramway [-vaɪ] die, -/-s ⟨engl.⟩: *Straßenbahn*

Tran der, -[e]s/-e: *Fett verschiedener Meerestiere;* Lebertran

Trance [trɑ̃ːs] die, -/-n ⟨fr.⟩: *hypnotischer, schlafähnlicher Zustand; geistige Entrückung;* in T. fallen; jemanden in T. versetzen ‖ **Trancezustand**

Tranche [trɑ̃ːʃ] die, -/-n ⟨fr.⟩: *Teil[betrag];* den Neubau in zwei Tranchen finanzieren | *Fleischschnitte;* → transchieren ‖ **tranchieren** = → transchieren ‖ **Tranchiermesser** = → Transchiermesser

Träne die, -/-: in Tränen ausbrechen; den Tränen nahe *(beinahe weinend);* Tränen lachen *(sich köstlich amüsieren);* ihm keine T. nachweinen *(nicht nachtrauern)* ‖ **tränen:** tränende Augen ‖ **Tränendrüse** (Med.) | (abw.) auf die T. drücken *(zu Tränen rühren)* ‖ **tränenerstickt:** mit tränenerstickter Stimme ‖ **Tränenfluss** ‖ **Tränengas** das, -es ‖ **tränenreich:** tränenreichen Abschied nehmen ‖ **Tränensack:** *Ausbuchtung unter den Augen* ‖ **tränenüberströmt** (geh.)

tranig: t. *(nach Tran)* schmecken

trank → trinken ‖ **Trank** der, -[e]s/Tränke (geh.): *Getränk;* Speis[e] und T. ‖ **Tränke** die, -/-n: Vieh zur T. treiben ‖ **tränken:** Vieh t. *(ihm Wasser geben)* | Leder mit Öl t.

Tranquilizer ['træŋkwɪlaɪzə] der, -s/- ⟨lat.-engl.⟩ (Med., Psych.): *beruhigendes Medikament*

trans- ⟨lat.⟩ (nur in Zusammensetzungen wie transalpin, Transaktion)

Transaktion [-tsi̯-]: *großes Finanzgeschäft*

transalpin: *jenseits der Alpen liegend; sie überquerend;* → G.: zisalpin

transatlantisch: *jenseits des Atlantiks liegend; ihn überquerend*

transchieren = tranchieren [trɑ̃ʃ-] ⟨fr.⟩: Geflügel t. *(es sachgemäß in Stücke schneiden);* → Tranche ‖ **Transchiermesser** = Tranchiermesser

Transdanubien ⟨lat.⟩ (sal.): *die nördlich der Donau gelegenen [neuen] Stadtteile von Wien*

Transfer [-'a-, -'eː-] der, -s/-s ⟨lat.-engl.⟩: *Überweisung von Geldern ins Ausland* | *Verkauf eines [Berufs]spielers an einen anderen Verein* | *Beförderung;* der T. zum Flughafen | *Anwendung erworbener Kenntnisse auf andere [Wissens]gebiete* ‖ **transferieren** ⟨lat.⟩: Geld t. | jemanden t. *([an eine andere Dienststelle] versetzen)* ‖ **Transferierung** die, -/-en: *Versetzung, Verlegung* ‖ **Transferleistung:** *staatliche Zahlungen wie Pensionen, Arbeitslosengeld usw.*

Transformation [-tsi̯-] die, -/-en: *Umformung, Umwandlung* ‖ **Transformator** der, -s/-en [-'toː-]: *Umspanner von elektrischem Strom* ‖ **Transformatorenanlage:** *Umspannwerk* ‖ **transformieren:** *umwandeln;* Wechselstrom t. *(zB seine Spannung von 220 V auf 8 V herabsetzen)*

Transfusion (Med.): *[Blut]übertragung*

Transistor der, -s/-en [-'oː-] ⟨lat.-engl.⟩: *Teil eines Verstärkers* | *Transistorradio* ‖ **Transistorradio**

Transit [auch: -'a-] der, -s/-e ⟨lat.-it.⟩: *Durchfuhr, Durchreise* ‖ **Transitabkommen:** *Transitvertrag* ‖ **Transithandel** ‖ **transitiv** ⟨lat.⟩ (Gramm.): *mit Akkusativobjekt;* transitive *(zielende, bezügliche)* Verben; → intransitiv ‖ **transitorisch:** *vorübergehend* ‖ **Transitstraße** ‖ **Transitstrecke:** *Durchzugsstrecke* ‖ **Transitverkehr:** *Durchzugsverkehr* ‖ **Transitvertrag** (Wirt., Pol.): *internationale Vereinbarung über den Durchzugsverkehr auf österreichischen Straßen* ‖ **Transitvisum** [-v-]: *Durchreisebewilligung*

transkontinental: *einen Erdteil durch-, überquerend*

transkribieren
ein Wort in eine andere Schrift oder in Lautschrift t. *(umschreiben, umschriften)* | (Mus.) *für eine andere Besetzung einrichten*

Nicht verwechseln!
transkribieren – transliterieren
Beim Transkribieren wird von einem Schriftsystem in ein anderes gewechselt:
– Tranquilizer = ['træŋkwɪlaɪzə]

T

(in der Internationalen Lautschrift)
Beim Transliterieren wird buchstabengetreu aus einem Alphabet in ein anderes übertragen:
– griechisch δελτα = *delta*

Tran|skrip|ti|on [-tsi̯-] die, -/-en: *Umschrift* | (Mus.) *Aufzeichnung in einer anderen Notenschrift*
Trans|lei|tha|ni|en (früher): *die ungarische Reichshälfte der österreichisch-ungarischen Monarchie (nach dem Fluss Leitha);* → Zisleithanien; → k.; → k. u.
Trans|li|te|ra|ti|on [-tsi̯-] die, -/-en ‖ **trans|li|te|rie|ren:** einen Namen aus dem kyrillischen Alphabet in die Lateinschrift t. *(buchstabengetreu übertragen);* → transkribieren
Trans|mis|si|on (Technik): *eine Vorrichtung zur Kraftübertragung* | (Jus) *Vererbung des Erbrechts* ‖ **Trans|mis|si|ons|rie|men:** *Treibriemen* ‖ **Trans|mit|ter** der, -s/- (Med.): *Übertragungssubstanz*
trans|oze|a|nisch: *jenseits des Ozeans liegend; ihn überquerend*
trans|pa|rent ⟨lat.⟩: transparentes *(durchscheinendes)* Papier; transparente *(durchschaubare)* Maßnahmen ‖ **Trans|pa|rent** das, -[e]s/-e: *Spruchband* ‖ **Trans|pa|renz** die, -: *Durchsichtigkeit; Durchschaubarkeit*
Tran|s|pi|ra|ti|on [-tsi̯-] die, - ⟨lat.⟩ ‖ **tran|s|pi|rie|ren:** *schwitzen*
Trans|plan|tat das, -[e]s/-e ⟨lat.⟩ (Med.): *das zu verpflanzende Organ* ‖ **Trans|plan|ta|ti|on** [-tsi̯-] die, -/-en (Med.): *operative Verpflanzung von Gewebeteilen oder Organen;* Herztransplantation ‖ **trans|plan|tie|ren** (Med.)
trans|po|nie|ren ⟨lat.⟩ (Mus.): *[ein Musikstück] von einer Tonart in eine andere setzen*
Trans|port der, -[e]s/-e ⟨lat.-fr.⟩: *Beförderung;* Möbeltransport ‖ **trans|por|ta|bel:** ein transportabler *(tragbarer)* Herd ‖ **Trans|port|ar|bei|ter** ‖ **Trans|port|ar|bei|te|rin** ‖ **Trans|port|band:** *Förderband* ‖ **Trans|port|be|häl|ter:** *Container* ‖ **Trans|por|ter** der, -s/-: *Transportfahrzeug* ‖ **Trans|por|teur** [-'tø:ɐ] der, -s/-e: *jemand, der Lasten trägt oder Waren befördert* | *Fließband [an einer Maschine]* | (veraltet) *Winkelmesser* ‖ **Trans|por|teu|rin** die, -/-innen ‖ **trans|port|fä|hig:** nach einer Operation noch nicht t. sein ‖ **Trans|port|flug|zeug** ‖ **Trans|port|ge|wer|be** ‖ **trans|por|tie|ren:** *befördern; verfrachten* ‖ **Trans|port|kos|ten** die (Pl.) ‖ **Trans|port|mit|tel** ‖ **Trans|port|un|ter|neh|men** ‖ **Trans|port|ver|si|che|rung**
Trans|po|si|ti|on [-tsi̯-] die, -/-en → transponieren
trans|se|xu|ell: *sich als Mann oder Frau dem jeweils anderen Geschlecht zugehörig empfindend*
Trans|sil|va|ni|en [-v-]: *Siebenbürgen*
Trans|sub|s|tan|ti|a|ti|on [-tsi̯atsi̯-] die, - ⟨lat.⟩ (kath.): *Umwandlung von Brot und Wein in Fleisch und Blut Christi*
trans|ver|sal [-v-] ⟨lat.⟩ ‖ **Trans|ver|sal|schwin|gung** (Phys.): *Querschwingung;* → G.: Longitudinalschwingung
Trans|ves|tit [-v-] der, -en/-en ⟨lat.⟩: *Mann mit der Neigung, sich durch entsprechende Kleidung als Frau auszugeben;* → Travestie ‖ **Trans|ves|ti|tin** die, -/-innen ‖ **trans|ves|ti|tisch**
tran|s|zen|dent ⟨lat.⟩: *übersinnlich, jenseitig* | *die Erfahrung überschreitend;* → G.: immanent ‖ **tran|s|zen|den|tal:** transzendentale Logik ‖ **Tran|s|zen|denz** die, - ‖ **tran|s|zen|die|ren**
Tra|pez das, -es/-e ⟨gr.-lat.⟩: *ein Viereck* | *ein Turngerät* ‖ **Tra|pez|akt:** *artistisches Kunststück am Trapez* ‖ **tra|pez|för|mig** ‖ **Tra|pez|künst|ler:** *ein Artist* ‖ **Tra|pez|künst|le|rin**
Trap|pe die, -/-n: *ein Laufvogel*
trap|peln, ich trapple: *mit kleinen Schritten laufen* ‖ **trap|pen:** *mit schwerem Schritt geräuschvoll auftreten*
Trap|per der, -s/- ⟨engl.⟩ (früher): *nordamerikanischer Pelztierjäger, Fallensteller*
Trap|pist der, -en/-en: *Angehöriger eines strengen Mönchsordens (nach der französischen Abtei La Trape)* ‖ **Trap|pis|ten|klos|ter** ‖ **Trap|pis|ten|or|den** ‖ **Trap|pis|tin** die, -/-innen
tra|ra: *ein Ausrufwort;* t., die Post ist da! ‖ **Tra|ra** das, -s: *Trompetensignal* | (ugs.) *Aufsehen, Lärm;* mit großem T.
Trash [træʃ] der, -s ⟨engl.⟩ (sal.): *Mist, Blödsinn*
Tras|se die, -/-n ⟨lat.-fr.⟩: *abgesteckte Strecke [beim Bahn- oder Straßenbau]; Straßen-, Bahndamm* ‖ **Tras|sen|füh|rung** ‖ **tras|sie|ren:** eine Straße t. *(abstecken, wo sie angelegt werden soll)* ‖ **Tras|sie|rung** die, -/-en
trat → treten
Tra|te die, -/-n, *auch:* Tratte (reg.): *Weideland*
Tratsch der, -[e]s (abw.): *Gerede, Klatsch; Plauderei* ‖ **trat|schen,** du tratsch[s]t (abw.) ‖ **Trat|sche|rei** die, -/-en (abw.) ‖ **tratsch|süch|tig** (abw.)
Trat|te[1] die, -/-n ⟨it.⟩ (Bankw.): *gezogener Wechsel*
Trat|te[2] → Trate
Trat|to|ria die, -/Trattorien [-'i:(ɛ)n] ⟨it.⟩: *italienisches Gasthaus*
Trau|al|tar (geh.): vor den T. treten *(heiraten)*
Trau|be die, -/-n: Trauben pressen | Weintraube; die Fans hingen in Trauben *(dicht gedrängt)* um den Star | (Biol.) *Blütenstandstyp* ‖ **trau|ben|för|mig** ‖ **Trau|ben|mai|sche** ‖ **Trau|ben|most** ‖ **Trau|ben|saft** ‖ **Trau|ben|zu|cker:** *Fruchtzucker, Glukose*
Trau|de, *auch:* **Trau|del, Traudl:** *weibl. Vorname (Gertraud, Waltraud uÄ);* → Traute
trau|en[1]: ihrem Versprechen nicht t. *(vertrauen)* | ein Brautpaar standesamtlich t. *(verheiraten)* ‖ **trau|en**[2] sich: *wagen, etwas zu tun; sich getrauen*
Trau|er die, -: die T. über den Tod eines Verwandten; voll[er] T.; in tiefer T. | in T. *(in Trauerkleidung)* gehen ‖ **Trau|er|an|zei|ge:** *Parte* ‖ **Trau|er|ar|beit** (Psych.): *Bewältigung von Trauer* ‖ **Trau|er|fah|ne:** *schwarze Fahne; Fahne mit Trauerflor* ‖ **Trau|er|fall:** *Todesfall* ‖ **Trau|er|fei|er:** *Trauergottesdienst uÄ* ‖ **Trau|er|flor:** *schwarze Schleife [um den Ärmel]* ‖ **Trau|er|gast:** *Gast einer Trauerfeier* ‖ **Trau|er|ge|mein|de:** *die bei einer Trauerfeier, einem Begräbnis Versammelten* ‖ **Trau|er|got|tes|dienst** ‖ **Trau|er|klei|dung:** *schwarze Kleidung* ‖ **Trau|er|marsch** (Mus.) ‖ **Trau|er|mie|ne** ‖ **trau|ern:** um einen Freund t.; über einen Verlust t.; die trauernden Hinterbliebenen ‖ **Trau|er|par|te:** *Todesanzeige, Parte[zettel]* ‖ **Trau|er|rand:** ein Briefpapier mit T. *(schwarzem Rand)* ‖ **Trau|er|spiel:** *Tragödie* | *Unglück; trauriges Geschehen* ‖ **Trau|er|wei|de:** *ein Baum* ‖ **Trau|er|zeit** ‖ **Trau|er|zug:** *Prozession der Trauergemeinde*

Traufe die, -/-n: *vorstehender Dachrand, Regenwasserabfluss;* vom Regen in die T. kommen *(von einem Übel in ein noch größeres geraten)* ‖ **träufeln,** ich träufle: Medizin auf einen Würfelzucker t. *(tropfen lassen)*

traulich: eine trauliche *(anheimelnde, gemütliche)* Zimmerecke ‖ **Traulichkeit** die, -/-en

Traum der, -[e]s/Träume: ein böser T.; einen T. analysieren/deuten; nicht [einmal] im T. *(auf keinen Fall)* hätte ich daran gedacht; ein T. von einem Kleid *(ein traumhaft schönes Kleid)*

Trauma das, -s/Traumen [Traumata] ⟨gr.⟩ (Med., Psych.): *[schwere] seelische Erschütterung* | (Med.) *Wunde durch Gewalteinwirkung* ‖ **traumatisch** ‖ **traumatisiert**

Traumberuf: *Wunschberuf; Idealberuf* ‖ **Traumbild** ‖ **Traumdeutung** ‖ **träumen:** ich träumte/mir träumte, ich sei ein Tier; das hätte ich mir nicht t. lassen *(das hätte ich nicht für möglich gehalten);* sie träumt wohl *(ist nicht ganz bei Sinnen)* ‖ **Träumer** der, -s/-: *jemand, der träumt | weltfremder Mann* ‖ **Träumerei** die, -/-en ‖ **Träumerin** die, -/-innen ‖ **träumerisch** ‖ **Traumfabrik** (oft abw.): *große Filmstudios [in Hollywood], die den Wünschen des breiten Publikums entsprechen* ‖ **Traumfrau** ‖ **Traumgesicht** das, -[e]s/-e (geh.): *Traumerscheinung, Traumbild* ‖ **traumhaft:** eine traumhafte Aussicht ‖ **Traumhaus:** *Wunschhaus*

Trauminet der, -[s]/-[s] (ugs., scherzh.) (wörtl.: Traumichnicht): *Zauderer, Feigling*

Traumland ‖ **Traummann:** den T. finden ‖ **Traumpaar** ‖ **Traumreise** ‖ **Traumtänzer** (abw.): *weltfremder Träumer* ‖ **Traumtänzerin** (abw.) ‖ **Traumurlaub** ‖ **traumverloren** ‖ **traumversunken** ‖ **traumwandlerisch:** mit traumwandlerischer Sicherheit ‖ **Traumwelt:** *eine Fantasiewelt*

Traun die, -: *ein Nebenfluss der Donau (St, O)* ‖ **Traun:** *Stadt in Oberösterreich* ‖ **Trauner** der, -s/- (reg.): *ein flaches Lastschiff* ‖ **Traunsee** der, -s (auch: Gmundner See) (O) ‖ **Traunviertel:** *Landesteil von Oberösterreich*

traurig: *betrübt, freudlos;* jemanden t. ansehen; ein tauriges Kapitel der Geschichte | das Haus ist in einem traurigen *(schlechten, erbärmlichen)* Zustand ‖ **Traurigkeit** die, -: kein Kind von T. sein *(lebenslustig sein)*

Trauring: *Ehering* ‖ **Trauschein:** *Heiratsurkunde*

traut (geh., veraltet): ein trautes *(gemütliches)* Heim

Traute: *weibl. Vorname (Gertraut, Waltraut uÄ);* → Traude

Trauung die, -/-en: *Eheschließung;* die standesamtliche T. ‖ **Trauungsmatrik** = **Trauungsmatrikel** (Amtsspr.) ‖ **Trauzeuge** ‖ **Trauzeugin**

Travellerscheck ['trævlə-] = Travellercheck [-ʃ-] ⟨engl.⟩ (Bankw.): *Reisescheck*

travers [-v-] ⟨lat.-fr.⟩: *quer gestreift (in der Mode)* ‖ **Traverse** die, -/-n: *Träger [aus Stahl];* Traversen einziehen | *Querdamm* ‖ **traversieren:** eine Bergwand t. *(queren)*

Travestie [-v-] die, -/-n ⟨lat.-it.-fr.⟩: *scherzhafte [spöttische] Umgestaltung eines literarischen Werkes | Transvestitenshow* ‖ **travestieren** ‖ **Travestieshow** [-ʃəʊ]: *Transvestitenshow*

Trawler ['trɔːlə] der, -s/- ⟨engl.⟩: *ein Fischereifahrzeug*

Treatment ['triːt-] das, -s/-s ⟨engl.⟩: *Handlungsentwurf für einen Film oÄ*

Trebern die, *auch:* Treber (Pl.): → *Trestern* ‖ **Trebernschnaps:** *Tresternschnaps*

Trecento [-tʃ-] das, -[s] ⟨it.⟩: *das 14. Jh. und seine Kunst [in Italien]*

Treck der, -s/-s ⟨engl.⟩: *[Wagen-]zug; Auswanderung* ‖ **trecken:** durch Amerika t. *(ziehen)* | = trekken: *bergwandern* ‖ **Trecker** der, -s/- (nördl. D.): *Traktor* ‖ **Trecking** = Trekking das, -s: *organisiertes Bergwandern* ‖ **Treckingrad** = Trekkingrad

Treff[1] der, -s/-s: *Lokal;* Jugendtreff

Treff[2] die, -/-, *selten auch:* das, -[s]/- ⟨fr.⟩: *eine Farbe im Kartenspiel, Kreuz* ‖ **Treffass** ‖ **Treffdame**

treffen, ich treffe, du triffst/traf/getroffen/triff!, trefft!: [genau] ins Schwarze t. *(das Ziel, das Richtige t.)* | jemanden t. *(jemandem zufällig oder auf Grund einer Verabredung begegnen);* ich treffe mich heute mit ihr | die Schuld trifft ihn *(er ist schuld)* | Vorbereitungen t. *([sich] vorbereiten);* eine Entscheidung t. | er traf (stieß) bei ihr auf Ablehnung | die Nachricht trifft *(erschüttert)* ihn schwer | das trifft sich gut ‖ **Treffen** das, -s/-: *eine Zusammenkunft | Gefecht;* etwas ins T. führen *(als Argument angeben)* ‖ **treffend:** treffende *(passende)* Ausdrücke ‖ **Treffer** der, -s/-: einen T. erzielen; Bombentreffer | (Sport) dieser Schuss war ein T. *(Tor);* einen T. erzielen | ein T. *(Gewinn)* in der Lotterie ‖ **Trefferquote** ‖ **Trefferzahl**

Treffkönig: *eine Spielkarte*

trefflich (geh.): eine treffliche *(sehr gute)* Leistung; *aber:* aufs (auf das) Trefflichste (= trefflichste) ‖ **Treffpunkt** ‖ **treffsicher:** treffsichere Auswahlverfahren ‖ **Treffsicherheit:** soziale T.

Treibarbeit: *Formung dehnbarer Bleche durch Hämmern zu Gefäßen, Schmuck uÄ* ‖ **Treibeis:** *auf Gewässern schwimmendes Eis* ‖ **treiben,** trieb/getrieben: Vieh auf die Weide t.; die Preise in die Höhe t.; du treibst mich zur Verzweiflung | das Floß treibt auf den Wellen; er lässt sich t. *(verhält sich passiv, hat keine Selbstdisziplin);* → treiben lassen = treibenlassen | was hast du im Urlaub getrieben *(getan)?;* es arg t. *(sehr ausgelassen sein);* er treibt es zu weit *(hat den Bogen überspannt)* | einen Pfosten in die Erde t. *(einschlagen)* | ein Handwerk t. *(ausüben)* | treibende *(knospende)* Bäume | (derb) es mit jemandem t. *(mit jemandem Geschlechtsverkehr haben)* ‖ **Treiben** das, -s: das Leben und T. auf einem Bahnhof; dem T. *(zweifelhaften Tun)* ein Ende machen ‖ **treiben lassen** = **treibenlassen** sich: *sich passiv und ohne Selbstdisziplin verhalten* ‖ **Treiber** der, -s/-: *Helfer bei der Treibjagd* | (EDV) *Programm, das die ordnungsgemäße Funktion von Peripheriegeräten an Computern steuert* ‖ **Treibgas:** Spraydosen mit T. ‖ **treibgasfrei** ‖ **Treibgut:** *Gegenstände, die auf der Wasseroberfläche [des Meeres] treiben* ‖ **Treibhaus:** *heizbares Gewächshaus* ‖ **Treibhauseffekt** (Ökol.): *Erwärmung der Erde durch Stau infraroter Strahlung in der Atmosphäre* ‖ **Treibholz:** *schwimmendes Holz* ‖ **Treibjagd** (Jägerspr.): *Jagd,* *bei der das Wild den Schützen [durch Treiber] zugetrieben wird* ‖ **Treib|mit|tel:** *Mittel, das einen Teig aufgehen lässt, zB Germ oder Backpulver* | (Chem.) *ein Treibgas* ‖ **Treib|netz:** *ein Netz für den Fischfang* ‖ **Treib|rie|men:** *Transmissionsriemen* ‖ **Treib|sand:** *[gefährliche] Sandmassen, die vom Wind getrieben werden* ‖ **Treib|stoff:** *Kraftstoff, zB Benzin* ‖ **Treib|stoff|zu|satz**

trei|deln, ich treidle (veraltet): *ein Schiff vom Ufer aus stromaufwärts ziehen* ‖ **Trei|del|weg:** *Treppelweg*

trek|ken = → trecken ‖ **Trek|king** = → Trecking ‖ **Trek|king|rad** = → Treckingrad

Tre|ma das, -s/-s [-ta] ⟨gr.⟩: *im Deutschen nur in manchen Eigennamen gebrauchtes Ausssprachezeichen (¨) beim Zusammentreffen zweier getrennt auszusprechender Vokalbuchstaben, zB* Groër

tre|mo|lie|ren ⟨it.⟩ (Mus.): *zittern, mit der Stimme [absichtlich] beben* ‖ **Tre|mo|lo** das, -s/-s [Tremoli] (Mus.): *Zitternlassen des Tons* ‖ **Tre|mor** der, -s/-es [-'o:-] ⟨lat.⟩: *leichtes Erdbeben* | (Med.) *Zittern*

Trench|coat [-nʃko:t, engl. -kəʊt] der, -[s]/-s ⟨engl.⟩: *ein Regenmantel*

Trend der, -s/-s ⟨engl.⟩: *Entwicklungsrichtung;* der T. *(die Richtung, die Entwicklung)* zum Sparen; im T. liegen ‖ **tren|dig** (sal.): *dem Trend gemäß, im Trend liegend* ‖ **Trend|scout** [-skaʊt]: *jemand, der neue Trends erkundet, aufspürt* ‖ **Trend|set|ter** der, -s/-: *jemand, der einen neuen Trend propagiert* ‖ **Trend|set|te|rin** die, -/-innen ‖ **Trend|wen|de** ‖ **tren|dy** [-i] (sal.): *trendig*

trenn|bar ‖ **Trenn|bar|keit** die, - ‖ **tren|nen:** die guten von den schlechten Erbsen t. | das Ehepaar hat sich getrennt *(seine Partnerschaft beendet);* getrennt wohnen; getrennt lebende (= getrenntlebende) Eheleute | Wörter getrennt schreiben ‖ **Trenn|kost:** *eine Diät* ‖ **Trenn|li|nie** [-iə-] ‖ **Trenn|schär|fe:** die T. eines Radios; mangelnde T. *(zu wenig exakte Unterscheidung)* ‖ **Tren|nung** die, -/-en: die T. ist ihm schwergefallen | *das Abteilen;* die T. eines Wortes am Zeilenende ‖ **Tren|nungs|schmerz** ‖ **Tren|nungs|schock** (Psych.) ‖ **Tren|nungs|strich:** *Strich, der eine Worttrennung anzeigt* | einen T. ziehen *(die Abgrenzung betonen)* ‖ **Trenn|wand**

Tren|se die, -/-n: *Teil des Zaumzeugs*

Tren|ti|no das, -s: *eine Landschaft in Norditalien;* → Welschtirol; → Trient

tren|zen, du trenzt (ugs.): ein trenzender *(speichelnder)* Hund | (mda.) *weinen*

trepp|auf, trepp|ab: t., t. laufen ‖ **Trep|pe** die, -/-n: *Stiege;* Wendeltreppe

Trep|pel|weg: *Weg am Ufer [eines Flusses] zum Stromaufwärtsschleppen von Schiffen, Treidelweg*

Trep|pen|ab|satz: *Stiegenabsatz* ‖ **Trep|pen|be|leuch|tung** ‖ **Trep|pen|haus:** *Stiegenhaus* ‖ **Trep|pen|witz** (scherzh.): *Witz, der einem zu spät einfällt oder den man zu spät erfasst*

Tre|sen der, -s/- (D): *Ladentisch* | *Theke* ‖ **Tre|sor** der, -s/-e: *Panzerschrank; eiserner Geldschrank; Stahlkammer, bes. in Banken und Sparkassen;* einen T. knacken ‖ **Tre|sor|raum** ‖ **Tre|sor|schlüs|sel**

Tres|se die, -/-n ⟨fr.⟩: *Borte an Kleidungsstücken und Uniformen*

Tres|tern die, *auch:* Trester (Pl.) (reg.) *Pressrückstände von Weintrauben* ‖ **Tres|tern|schnaps**

Tret|au|to: *durch Pedale bewegtes Auto* ‖ **Tret|boot** ‖ **tre|ten,** ich trete, du trittst/trat/getreten/tritt!, tretet!: ich bin ins Gras getreten; zur Seite t. *(Platz machen);* an die Stelle einer anderen t. *(ihren Platz einnehmen);* du bist ihr zu nahe getreten *(hast ihre Privatsphäre verletzt)* | mit jemandem in Kontakt t.; außer Kraft t. *(ungültig werden);* in [den] Streik t. *(zu streiken beginnen)* | aufs Gas t. *(das Gaspedal betätigen, schnell fahren);* die Mitarbeiter t. *(schlecht behandeln, antreiben)* ‖ **Tre|ter** der, -s/- (ugs.): *bequemer [plumper, schäbiger] Schuh* ‖ **Tret|mi|ne:** *eine Landmine* ‖ **Tret|müh|le** (ugs., abw.): die T. *(das abstumpfende Einerlei)* des Alltags ‖ **Tret|rol|ler,** *auch:* Trittroller: *ein Sportgerät;* → Scooter

treu: ein treuer Hund; mein treu[e]ster Freund; t. sein; sich selbst t. bleiben *(seine Grundsätze nicht leugnen);* zu treuen Handen *(vertrauensvoll);* → treu ergeben = treuergeben; treu gesinnt (= treugesinnt); treu sorgend (= treusorgend) ‖ **Treu|bruch,** *auch:* Treuebruch ‖ **treu|brü|chig** ‖ **Treue** die, -: jemandem die T. halten; T. geloben; eheliche T.; „Meiner Treu!" *(„Wahrhaftig!");* auf Treu und Glauben *(ohne Überprüfung)* ‖ **Treue|bruch** → Treubruch ‖ **Treue|eid** → Treueid ‖ **Treue|ge|löb|nis** ‖ **Treu|eid,** *auch:* Treueeid ‖ **Treue|pflicht** (Jus): *Verpflichtung des Dienstnehmers/des Ehegatten, des Gesellschafters, die gesetzlichen oder vertraglichen Vereinbarungen zu Treue und gegenseitigem Beistand einzuhalten* ‖ **Treue|prä|mie** [-iə]: *Geldzuwendung, Geschenk oÄ für langjährige Dienste* ‖ **treu er|ge|ben** = **treu|er|ge|ben:** ein t. ergebener Freund ‖ **Treue|schwur:** *Treueeid* ‖ **treu ge|sinnt** = **treu|ge|sinnt** ‖ **Treu|hän|der** der, -s/- (Jus): *Verwalter, zB einer Erbschaft* ‖ **Treu|hän|de|rin** die, -/-innen (Jus) ‖ **Treu|hand|ge|biet** (Pol.): *völkerrechtliches Mandatsgebiet* ‖ **Treu|hand|ge|sell|schaft** (Wirt., Jus) ‖ **treu|hän|dig** = **treu|hän|disch** (Jus): sein Vermögen wird t. *(von einem Treuhänder)* verwaltet ‖ **Treu|hand|schaft:** *Verwaltung von Rechten durch eine bevollmächtigte Person* ‖ **treu|her|zig:** jemanden t. *(offen, lieb)* anschauen ‖ **Treu|her|zig|keit** die, - ‖ **treu|lich** (geh., veraltet): *getreulich, treu, zuverlässig* ‖ **treu|los** ‖ **Treu|lo|sig|keit** die, - ‖ **treu sor|gend** = **treu|sor|gend**

Tre|vi|ra [-v-] der = das, -[s] (Wz.): *eine Kunstfaser*

Tri|a|de die, -/-n ⟨gr.-engl.⟩: *Dreizahl; Dreiheit* | (nur Pl.) *chinesische Verbrecherorganisationen*

Tri|al and Er|ror [ˌtraɪəl ənd 'erə] ⟨engl.⟩ (wörtl.: Versuch und Irrtum) ‖ **Tri|al-and-Er|ror-Ver|fah|ren**

Tri|an|gel der = das, -s/- ⟨lat.⟩ (Mus.): *ein dreieckiges Schlaginstrument* ‖ **tri|an|gu|lie|ren:** *vermessen* ‖ **Tri|an|gu|lie|rungs|zei|chen:** *Vermessungszeichen, zB eine hölzerne Pyramide auf einem erhöhten Geländepunkt*

Tri|as die, - ⟨gr.-lat.⟩: *Dreizahl* | (Geol.) *eine erdgeschichtliche Periode*

Tri|ath|lon der, -s/-s ⟨gr.⟩ (Sport):

T

meist aus den drei Disziplinen Schwimmen, Radfahren und Laufen bestehender Ausdauerwettkampf

tribulieren ⟨lat.⟩ (ugs., veraltet): *bedrängen, quälen*

Tribun der, -s [-en]/-e[n] ⟨lat.⟩: *Volksführer, Volksvertreter* ‖ **Tribunal** das, -s/-e (geh.): *[hoher] Gerichtshof* ‖ **Tribüne** die, -/-n ⟨lat.-fr.⟩: *Podium;* Zuschauertribüne ‖ **Tribut** der, -[e]s/-e ⟨lat.⟩ (früher): *eine Zwangsabgabe [eines besiegten Volkes];* T. entrichten | jemandem seinen T. zollen *(einen Beitrag zu dessen Ehrung leisten);* der Autoverkehr fordert einen hohen T. an Menschenleben ‖ **tributpflichtig**

Trichine die, -/-n ⟨gr.-lat.⟩: *ein Fadenwurm* ‖ **trichinös:** trichinöses Fleisch ‖ **Trichinose** die, -/-n (Med.): *Trichinenkrankheit*

Trichotomie die, -/-n ⟨gr.⟩: *Dreiteilung;* → Dichotomie

Trichter der, -s/-: *Gerät zum Abfüllen von Flüssigkeit* | *trichterförmige Mulde;* Bombentrichter ‖ **trichterförmig**

Trick der, -s/-s ⟨fr.-engl.⟩: hinter den T. *(Kunstgriff)* eines Zauberkünstlers kommen; ein billiger *(leicht durchschaubarer)* T. | *geschickte Methode zur Arbeitserleichterung, Vorteil, Kniff* ‖ **Trickbetrug** ‖ **Trickbetrüger** ‖ **Trickbetrügerin** ‖ **Trickdieb** ‖ **Trickdiebin** ‖ **Trickfilm:** *mit technischen Hilfsmitteln, zB Computeranimationen, produzierter Film* ‖ **trickreich:** trickreiche Fußballer ‖ **tricksen** (Sport): *trickreich Fußball spielen* ‖ **Trickski** [-ʃiː] = Trickschi: *eine Sportdisziplin, Skiakrobatik*

Tridentinum das, -[s] (Gesch., Rel.): *das Konzil von Trient (1545–1563)*

trieb → treiben ‖ **Trieb** der, -[e]s/-e: *innerer [instinktgesteuerter] Antrieb;* Selbsterhaltungstrieb; Geschlechtstrieb | *Spross;* die Triebe des Obstbaums schneiden ‖ **Triebbefriedigung** ‖ **Triebfeder:** die T. der Uhr | Ehrgeiz war die T. *(der Beweggrund)* ihres Handelns ‖ **triebgestört** ‖ **triebhaft** ‖ **Triebhandlung** ‖ **Triebkraft** ‖ **Triebleben** ‖ **Triebmörder:** *ein Triebtäter* ‖ **Triebmörderin** ‖ **Triebrad:** *Antriebsrad* ‖ **Triebtäter:** *jemand, der aus sexuellem Antrieb ein Strafdelikt begeht* ‖ **Triebtäterin** ‖ **Triebverbrechen** ‖ **Triebverbrecher** ‖ **Triebverbrecherin** ‖ **Triebwagen:** *Schienenfahrzeug mit eigenem Antrieb* ‖ **Triebwagengarnitur** ‖ **Triebwerk** (Technik): *Maschine zum Antrieb [eines Flugzeugs]*

triefen, triefte (veraltet: troff)/getrieft (veraltet: getroffen): seine Stirn trieft von Schweiß; deine Nase trieft ständig; triefende *(völlig nasse)* Haare | seine Texte t. von/vor Sentimentalität ‖ **triefnass:** *tropfnass*

Triennium das, -s/Triennien [-i̯ɛn] ⟨lat.⟩: *Zeitraum von drei Jahren* | (SüdT) *die letzten drei Jahre der Südtiroler Oberschule;* → Biennium

Trient [auch: -ˈiːɛ-] (it. Trento): *Stadt in Norditalien*

Triest [auch: -ˈiːɛ-] (it. Trieste [-iˈɛs-]): *eine Hafenstadt in Nordostitalien*

trifft → treffen

trifokal ⟨lat.⟩: *mit drei Brennpunkten;* → bifokal ‖ **Trifokalglas:** *Brille für drei verschiedene Entfernungen*

Trift die, -/-en: *eine Viehweide* | → Drift ‖ **triften:** *flößen* | = → *driften*

triftig: ein triftiger *(gewichtiger, beachtenswerter)* Grund

Triglyzerid [-gly-] das, -[e]s/-e ⟨gr.⟩ (Biol.): *ein Blutfett*

Trigonometrie die, - ⟨gr./lat.⟩ (Math.): *die Berechnung, Messung und Darstellung von Dreiecken* ‖ **trigonometrisch** (Math.): trigonometrischer Punkt *(Vermessungspunkt);* trigonometrische Funktionen *(Winkelfunktionen)*

trikolor ⟨lat.⟩: *dreifarbig* ‖ **Trikolore** die, -/-n ⟨lat.-fr.⟩: *die (dreifärbige) Fahne Frankreichs bzw. Italiens*

Trikot [-ˈkoː] das, -s/-s ⟨fr.⟩: *ein eng anliegendes (meist gewirktes) Kleidungsstück* ‖ **Trikotage** [-ˈtaːʃ, -ʒɛ] die, -/-n (meist Pl.): *Wirkware* ‖ **Trikothemd** ‖ **Trikotstoff**

Triller der, -s/- ‖ **trillern:** eine trillernde Lerche ‖ **Trillerpfeife**

Trilliarde die, -/-n ⟨lat.⟩: *1 000 Trillionen (10^{21})* ‖ **Trillion** die, -/-en: *eine Million Billionen (10^{18})*

Trilogie die, -/-n ⟨gr.⟩: *Werk aus drei [selbständigen, aber zusammenhängenden] Teilen [in Literatur und Musik];* → Tetralogie

Trimester das, -s/- ⟨lat.⟩: *Zeitraum von drei Monaten* | (in Österreich früher) *Drittel eines Schul-, Studienjahres*

trimmen: einen Hund t. *(ihn der Mode entsprechend scheren)* | etwas auf antik t. *(zurechtmachen)* | sich durch Sport fit t. | ein Schiff t. *(auf die optimale Lage einstellen)*

Trinitarier der, -s/- ⟨lat.⟩: *Angehöriger eines geistlichen Ordens* ‖ **trinitarisch** ‖ **Trinität** die, -: *Dreifaltigkeit*

Trinitrotoluol das, -s ⟨gr./lat.⟩ (TNT): *ein Sprengstoff*

trinkbar ‖ **Trinkbecher** ‖ **trinken,** trank/getrunken: *Flüssigkeit zu sich nehmen;* t. *(mögen)* Sie Bier?; er trinkt *(ist Alkoholiker);* auf unser Wohl t. ‖ **Trinker** der, -s/-: *Alkoholiker, Säufer;* zum T. werden ‖ **Trinkerheilanstalt** ‖ **Trinkerheilstätte** ‖ **Trinkerin** die, -/-innen ‖ **trinkfest:** t. sein *(viel Alkohol vertragen)* ‖ **Trinkfestigkeit** ‖ **Trinkflasche** ‖ **trinkfreudig** ‖ **Trinkfreudigkeit** die, - ‖ **Trinkgelage** ‖ **Trinkgeld:** *Geld, das jemandem für eine Dienstleistung freiwillig gegeben wird;* der Kellnerin ein T. geben ‖ **Trinkglas** ‖ **Trinkhalle:** eine T. in Kuranstalten ‖ **Trinkhalm** ‖ **Trinkkur:** eine T. mit Heilwasser ‖ **Trinklied** (Mus.): *geselliges Lied [über den Wein]* ‖ **Trinkmilch** ‖ **Trinkschokolade:** *Kakao* ‖ **Trinkspruch:** *Spruch beim Anstoßen/Erheben der Gläser, Toast* ‖ **Trinkwasser:** „kein T.!“ ‖ **Trinkwasseraufbereitungsanlage** ‖ **Trinkwassermangel** ‖ **Trinkwasserqualität** ‖ **Trinkwasserreserve** [-v-] ‖ **Trinkwasserverbrauch** ‖ **Trinkwasserversorgung** ‖ **Trinkwasservorrat**

Trinom das, -s/-e ⟨lat.⟩ (Math.): *dreigliedriger Ausdruck* ‖ **trinomisch**

Trio das, -s/-s ⟨lat.-it.⟩: *Musikstück für drei Gesangsstimmen oder Instrumente;* Streichtrio | *die drei Ausführenden eines solchen Musikstücks;* → Terzett | *Gruppe von drei Personen*

Triode die, -/-n ⟨gr.⟩ (Phys.): *eine Elektronenröhre mit drei Elektroden;* → Diode

Triole die, -/-n ⟨lat.⟩ (Mus.): *Dritteilung statt Halbierung eines Notenwertes*

Trip der, -s/-s ⟨engl.⟩: *Ausflug, kurze Reise* | *Rauschzustand un-*

ter Einwirkung von Drogen; auf dem LSD-Trip sein
Tripel das, -s/- ⟨lat.-fr.⟩: *Dreizahl* || **Tripelallianz:** *Bündnis dreier Staaten* || **Triplizität** die, -: *Dreifachheit*
Tripolis: *Hauptstadt Libyens*
trippeln, ich tripple: *mit kleinen Schritten [rasch] gehen* || **Trippelschritt**
Tripper der, -s/- (Med.): *eine Geschlechtskrankheit, Gonorrhö*
Triptychon [-ty-] das, -s/Triptychen [Triptycha] ⟨gr.⟩: *dreiteiliges [Altar]bild;* → Diptychon
trist ⟨lat.-fr.⟩: triste *(traurige, trostlose)* Verhältnisse
Triste die, -/-n, *auch:* Driste: *Heu- oder Strohhaufen, der um eine Stange aufgeschichtet ist*
Triton der, -s: *ein Meeresgott in der griechischen Mythologie* || **Tritonshorn:** *eine Meeresschnecke*
Tritonus der, - ⟨gr.-lat.⟩ (Mus.): *Intervall aus drei Ganztönen*
tritt → treten || **Tritt** der, -[e]s/-e: jemandem einen T. geben; Fußtritt | *Trittbrett* | (ugs.) einen T. bekommen *(entlassen werden)* || **Trittbrett:** *Ein- bzw. Aussteighilfe vor der Tür eines Fahrzeuges* || **Trittbrettfahrer** (abw.): *jemand, der ohne besondere Anstrengung an Vorteilen teilnehmen will* || **Trittbrettfahrerin** (abw.) || **trittfest:** ein trittfester Bodenbelag || **Trittroller:** *Tretroller* || **trittsicher**
Triumph [-f] der, -[e]s/-e ⟨lat.⟩: *großer Sieg; [Sieges]freude, Jubel;* einen T. feiern/erringen || **triumphal:** ein triumphaler *(jubelnder, festlicher)* Empfang || **Triumphator** der, -s/-en [-'oː-]: *gefeierter Sieger* || **Triumphatorin** die, -/-innen || **Triumphbogen** (Arch.): *Ehrenpforte* || **triumphieren:** *über einen Sieg große Freude empfinden;* über jemanden t. *(jemanden klar besiegen)* || **Triumphwagen** (Gesch.): *Prunkwagen bei Triumphzügen* || **Triumphzug**
Triumvirat [-v-] das, -[e]s/-e ⟨lat.⟩: *Dreimännerbund, -herrschaft*
trivial [-v-] ⟨lat.-fr.⟩: *alltäglich, abgedroschen* || **Trivialität** die, -/-en || **Trivialliteratur:** *Unterhaltungsliteratur* || **Trivialmusik** || **Trivialname,** *auch:* **Trivialnamen:** *deutsche oder volkstümliche Bezeichnung eines Tieres, einer Pflanze;* → Vulgoname || **Trivialroman**
Troad = → Traid || **Troadboden** = → Traidboden || **Troadkasten** = → Traidkasten
trochäisch ⟨gr.-lat.⟩ (Lit.): trochäische Verse || **Trochäus** der, -/Trochäen (Lit.): *ein zweisilbiger Versfuß, zB* lesen

trocken
ist die Bluse schon t.?; der Sommer war t. *(es hat wenig geregnet);* trockenes Brot | ein trockener *(langweiliger, nüchterner)* Vortrag | trockener *(wenig Restzucker enthaltender)* Wein | ein trockener Husten | (ugs.) seit einem Jahr t. *(nicht mehr alkoholsüchtig)* sein

Großschreibung bei Nominalisierung:
- auf dem **T**rockenen sitzen *(nicht weiterkommen; nichts mehr haben)*
- im **T**rockenen *(in Sicherheit; geborgen)* sein
- sein Schäfchen ins **T**rockene bringen *(sich einen Gewinn, einen Vorteil sichern)*

Getrenntschreibung bei wörtlicher Bedeutung:
- sich trocken rasieren *(elektrisch)*
- trocken reinigen
- trocken wischen *(Wie?, zB mit einem trockenen Tuch)*

Zusammenschreibung bei übertragener Bedeutung:
- ein Baby trockenlegen *(wickeln)*
- einen Sumpf trockenlegen *(entwässern)*

Getrennt- und Zusammenschreibung mit Verben, die ein Resultat herbeiführen, zB:
- nasse Fenster trocken reiben (= trockenreiben)
- trocken schleudern = trockenschleudern
- den nassen Tisch trocken wischen (= trockenwischen)

Trockenbeerenauslese: *ein Prädikatswein* || **Trockenboden:** *Dachbodenraum zum Trocknen der Wäsche* || **trocken bügeln** = **trockenbügeln** || **Trockendock:** *Anlage, in der Schiffe gebaut oder repariert werden* || **Trockeneis** (Chem.): *ein Kühlmittel aus Kohlendioxid* || **Trockenfutter** (Landw.): *Heu uÄ;* → G.: Grünfutter || **Trockengebiet** (Geogr.): *Wüste, Steppe uÄ* || **Trockengestell** || **Trockenhaube:** *Gerät zum Trocknen der Haare* || **Trockenhefe** || **Trockenheit** die, -: *das Trockensein; Periode mit geringem Niederschlag* || **trockenlegen:** ein Baby t. *(wickeln);* einen Sumpf t. *(entwässern)* || **Trockenmasse:** Fettgehalt in der T. *(ohne Wassergehalt),* zB beim Käse; 50 % Fett in der T. *(Abk.: F. i. Tr.)* || **Trockenobst:** *Dörrzwetschken, Rosinen uÄ* || **Trockenperiode:** *längere Zeit trockenen Wetters* || **Trockenrasierer:** *[elektrischer] Rasierapparat* || **Trockenraum:** *Raum zum Trocknen der Wäsche* || **trocken reiben** = **trockenreiben** → trocken || **Trockenreinigung** || **trocken schleudern** = **trockenschleudern** || **Trockenspiritus** [-ʃp-] || **Trockenübung:** *Übung als Vorbereitung* || **trocken wischen** = **trockenwischen** → trocken || **Trockenzeit:** *die niederschlagsarme Jahreszeit in den Tropen und Subtropen* || **trocknen:** es trocknet; die Wäsche im Freien t. | getrocknete Äpfel || **Trockner** der, -s/-: *Wäschetrockner | Gerät mit Heißluftgebläse zum Trocknen der Hände* || **Trocknung** die, -
Troddel die, -/-n (D): *kleine Quaste*
Trödel der, -s (ugs.): *Altwaren, Kram* || **Trödelladen** = Trödlerladen || **Trödelmarkt:** *Flohmarkt, Tandelmarkt* || **trödeln,** ich trödle (ugs.): *langsam sein; Zeit verschwenden* || **Trödler** der, -s/-: *Altwarenhändler, Tandler | jemand, der trödelt* || **Trödlerin** die, -/-innen || **Trödlerladen** = → Trödelladen
Trofaiach: *Stadt in der Steiermark*
troff → triefen
trog → trügen
Trog der, -[e]s/Tröge: *ein längliches Gefäß*
Troika die, -/-s ⟨russ.⟩: *[russisches] Pferdedreigespann | Triumvirat*
Trojaner der, -s/- (EDV): *Programm, das Daten zerstört bzw. verändert (nach der antiken Stadt Troja)* || **trojanisch:** ein trojanisches Pferd *(eine gut getarnte Falle; ein verhängnisvolles Geschenk)* | (EDV) trojanisches Pferd *(Trojaner)* | (Großschreibung) das **T**rojanische Pferd; der **T**rojanische Krieg *(Krieg um Troja)*
Troll der, -[e]s/-e: *ein Sagenwesen* ||

T

Trollblume ‖ **trollen** sich: *sich [ungern, zögernd] entfernen, weggehen*

Trolley [-li] der, -s/-s ⟨engl.⟩: *Rollenkoffer mit ausziehbarem Griff*

Trombe die, -/-n ⟨it.-fr.⟩ (Met.): *eng begrenzter Wirbelwind*

Trommel die, -/-n (Mus.): die T. schlagen *(auch: für etwas Werbung machen)* | (Technik) *Behälter in Zylinderform;* die T. der Waschmaschine; das Seil auf der T. aufwickeln ‖ **Trommelbremse** ‖ **Trommelfell:** *über eine Trommel gespanntes Fell* | *Teil des Gehörgangs* ‖ **Trommelfellentzündung** (Med.) ‖ **Trommelfeuer** (Mil.): *ununterbrochener Beschuss* ‖ **trommeln:** ich trommle an die Tür | die Regentropfen t. an das Fenster ‖ **Trommelrevolver** [-vɔlf-, -vɔlv-] ‖ **Trommelschlag** ‖ **Trommelschlägel** ‖ **Trommelwirbel** ‖ **Trommler** der, -s/- ‖ **Trommlerin** die, -/-innen

Trompete die, -/-n ⟨germ.-fr.⟩: *ein Blechblasinstrument;* T. blasen ‖ **trompeten:** *Trompete blasen* | der Elefant hat wütend trompetet ‖ **Trompetengeschmetter** ‖ **Trompetensignal** ‖ **Trompeter** der, -s/- ‖ **Trompeterin** die, -/-innen

Trope die, -/-n = Tropus der, -/Tropen ⟨gr.-lat.⟩ (Lit.): *bildhafter Ausdruck [mit übertragener Bedeutung]* ‖ **Tropen** die (Pl.): *die Zone zwischen den Wendekreisen, die heiße Zone* ‖ **Tropenanzug:** *[beigefarbener] leichter Anzug* ‖ **Tropenfieber** ‖ **Tropenhelm** ‖ **Tropenholz:** *Edelholz tropischer Baumarten* ‖ **Tropenklima** ‖ **Tropenkrankheit:** *Malaria, Gelbfieber ua.* ‖ **Tropenpflanze**

Tropf[1] der, -[e]s/Tröpfe (abw.): *einfältiger Mensch;* ein armer T. ‖ **Tropf**[2] der, -[e]s/-e (Med.): am T. hängen *(eine Infusion bekommen)* ‖ **Tröpfcheninfektion** [-tsi̯-] (Med.): *Infektion, bei der die Ansteckung durch Schleimtröpfchen erfolgt, zB Grippe* ‖ **tröpfeln:** ich tröpfle *(träufle)* Medizin ins Glas | es tröpfelt *(es regnet leicht)* ‖ **tropfen:** es tropft von den Bäumen; der Wasserhahn tropft ‖ **Tropfen** der, -s/-: keinen T. Wasser haben; ein T. auf den heißen Stein *(viel zu wenig)* | ein guter T. *(guter Wein)* | *Medikament in Tropfenform;* Augentropfen ‖ **Tropfenfänger** der, -s/-: *eine Vorrichtung zum Auffangen von Tropfen* ‖ **Tropfenform** ‖ **tropfenförmig** ‖ **tropfenweise** ‖ **Tröpferl** das, -s/-[n] (ugs.): *Tropfen* | ein gutes T. *(ein guter Wein)* ‖ **Tröpferlbad** (W, ugs., bes. früher): *öffentliches Brausebad* ‖ **tröpferlweise:** *tropfenweise* ‖ **tropfnass** ‖ **Tropfrein** (ugs.): *Passiersieb* ‖ **Tropfstein:** *eine Kalkabsonderung;* → Stalagmit; → Stalaktit ‖ **Tropfsteinhöhle** ‖ **Tropfteig:** *spezieller Teig für Suppeneinlagen*

Trophäe [-ˈfɛːɛ] die, -/-n ⟨gr.-fr.⟩: *Siegeszeichen* | *Jagdbeutestück, zB Geweih*

Tropical [-k(ə)l] der, -s/-s ⟨gr.-lat.-engl.⟩: *ein leichter Stoff* | *Anzug daraus, Tropenanzug* ‖ **tropisch** ⟨gr.-lat.⟩: tropische *(sehr große)* Hitze; tropische Pflanzen *(Pflanzen der heißen Zone);* tropischer Regenwald ‖ **Tropismus** der, -/Tropismen (Biol.): *Bewegung von Pflanzen zu einer Reizquelle oder von ihr weg, zB Fototropismus (zum Licht hin)* ‖ **Troposphäre** [-sf-]: *Luftschicht, in der sich die Wettervorgänge ereignen*

Tropus → Trope

Tross der, -es/-e ⟨fr.⟩: *Gefolge* | (Mil.) *Train*

Trosse die, -/-n ⟨fr.⟩: *starkes Tau, Drahtseil [zum Befestigen von Schiffen]*

Trost der, -[e]s: jemandem T. zusprechen; das ist ein schwacher T. *(ist keine wirkliche Aufmunterung);* nicht ganz bei T. *(bei Sinnen)* sein; → Trost bringend = trostbringend; → Trost spendend = trostspendend ‖ **trostbedürftig** ‖ **Trost bringend** = **trostbringend:** ein T. bringender Rat ‖ **trösten:** jemanden in seinem Leid t.; sich über einen Verlust t. ‖ **Tröster** der, -s/- ‖ **Trösterin** die, -/-innen ‖ **tröstlich** (geh.): tröstliche *(tröstende)* Worte ‖ **trostlos:** *deprimierend;* t. *(verzweifelt)* vor sich hin starren; eine trostlose *(öde, reizlose)* Gegend ‖ **Trostlosigkeit** die, - ‖ **Trostpflaster** (scherzh.): *kleine Gegenleistung für einen Nachteil;* jemandem etwas als T. geben ‖ **Trostpreis:** *Anerkennung für jemand, der keinen Preis gewonnen hat* ‖ **trostreich** (geh.): *tröstlich* ‖ **Trostrunde** (Sport): *eigener Durchgang für Verlierer der vorangegangenen Runde* ‖ **Trost spendend** = **trostspendend** ‖ **Tröstung** die, -/-en ‖ **trostvoll** (geh.)

Trott der, -[e]s/-e: *langsame Gangweise [von Pferden]* | *eintöniger [Tages]ablauf;* im altgewohnten T. dahinarbeiten

Trottel der, -s/-[n] (derb): *Dummkopf* ‖ **Trottelei** die, -/-en (derb) ‖ **trottelhaft** (derb) ‖ **trottelsicher** (derb)

trotten: *langsam, ermüdet, schwerfällig gehen* ‖ **Trottoir** [-ˈtoaːr] das, -s/-e [-s] ⟨fr.⟩ (veraltet): *Gehsteig*

trotz

Präposition mit Genitiv und Dativ:
- trotz des Verbotes/trotz [dem] Verbot *(ohne Rücksicht drauf)*
- trotz allem/alledem
- trotz [des] starken Schneefalls/trotz starkem Schneefall/trotz dem starken Schneefall

Allein stehendes starkes Nomen im Singular bleibt undekliniert:
- trotz Urlaub

Im Plural nur mit Dativ, wenn Genitiv nicht erkennbar:
- trotz Verboten (statt: Verbote)

Trotz der, -es: etwas aus T. *(aus Widersetzlichkeit)* tun; allen Warnungen zum T. | (geh.) jemandem T. bieten *(Widerstand leisten)* ‖ **Trotzalter** das, -s (Psych.): *Trotzphase der kindlichen Entwicklung* ‖ **Trotzbinkerl** (ugs., sal.): *trotziges Kind* ‖ **trotzdem:** sie ist krank, t. *(dennoch)* kommt sie | *obwohl;* t. er krank ist, kommt er ‖ **trotzen:** *Trotz bieten, Widerstand leisten;* du trotzt dem Wetter | *starrköpfig sein; schmollen* ‖ **trotzig:** *eigensinnig; widerspenstig*

Trotzkist der, -en/-en (Pol.): *Anhänger einer radikalen Form des russischen Kommunismus (nach dem Revolutionär Leo Trotzki)* ‖ **Trotzkistin** die, -/-innen ‖ **trotzkistisch**

Trotzkopf: *eigensinniges Kind* ‖ **Trotzphase** [-f-] (Psych.): *ein Entwicklungsstadium des Kindes; Trotzalter* ‖ **Trotzreaktion** [-tsi̯-]

Troubadour [trubaˈduːə] der, -s/-e [-s] ⟨prov.-fr.⟩: *mittelalterlicher südfranzösischer, provenzalischer Minnesänger;* → Trouvère

Trouble [ˈtrʌbl] der, -s/-s ⟨fr.-engl.⟩

(sal.): Trouble[s] *(Probleme, Ärger)* haben ‖ **Trouble|shoo|ter** [-ʃu:tə] der, -s/-: *jemand, der Probleme löst oder zwischen Streitparteien vermittelt* ‖ **Trouble|shoo|te|rin** die, -/-innen

Trou|vère [tru'vɛ:r] der, -s/-s ⟨fr.⟩: *mittelalterlicher nordfranzösischer Minnesänger;* → Troubadour

trüb = **trü|be:** trübes Wasser; ein trüber *(bedeckter, dunkler)* Tag | trübe *(schlechte)* Zukunftsaussichten; trübe *(traurige)* Gedanken; *aber:* im Trüben fischen *(aus einer unklaren Lage Vorteile ziehen)* ‖ **Trü|be** die, - (geh.)

Tru|bel der, -s: ein großer T. *(großer Wirbel, großes Durcheinander)*

trü|ben: kein Wölkchen trübte den Himmel; das Wasser trübte sich | seine spitzen Bemerkungen trübten die Stimmung | ein getrübtes *(nicht klares)* Bewusstsein ‖ **Trüb|sal** die, -/-e (geh.): *Leid, Betrübnis* | (scherzh.) T. blasen *(traurig, bedrückt sein)* ‖ **trüb|se|lig** [-ze:-]: *bekümmert, sehr traurig* | ein trübseliges *(trostloses)* Wetter ‖ **Trüb|se|lig|keit** die, - ‖ **Trüb|sinn** der, -[e]s: *tiefe Niedergeschlagenheit, Trübseligkeit* ‖ **trüb|sin|nig** ‖ **Trü|bung** die, -/-en: die T. der Augen verstärkt sich

Truch|sess der, -es (-en)/-e[n] (im Mittelalter): *ein Hofbeamter*

Truck [-ʌ-] der, -s/-s ⟨engl.⟩: *schwerer Lastwagenzug* ‖ **Tru|cker** der, -s/-: *Lastwagenfahrer* ‖ **Tru|ckerin** die, -/-innen

Trud die, -/-en, *auch:* Drud: *Albdruck; Traumgespenst, das Albdruck hervorruft*

tru|deln, ich trudle: das Flugzeug trudelte *(es drehte sich im Fallen um seine Achse)*

Tru|den|fuß, *auch:* Drudenfuß: *ein Zauberzeichen, Pentagramm*

Trüf|fel die, -/-n = der, -s/- ⟨fr.⟩: *ein exquisiter Speisepilz* ‖ **trüf|feln,** ich trüffle (Küchenspr.): *mit Trüffeln füllen oder würzen* ‖ **Trüf|fel|hund:** *auf Trüffelsuche abgerichteter Hund* ‖ **Trüf|fel|pas|te|te:** *getrüffelte Leberpastete* ‖ **Trüf|fel|scho|ko|la|de** ‖ **Trüf|fel|schwein:** *auf Trüffelsuche abgerichtetes Schwein*

trug → tragen

Trug der, -[e]s (geh.): *Täuschung, Betrug;* Lug und T. ‖ **Trug|bild:** *Sinnestäuschung, trügerische Hoffnung* ‖ **trü|gen,** trog/getrogen: der Schein trügt *(täuscht)* ‖ **trü|ge|risch:** trügerische Sicherheit; die Versprechungen waren t. ‖ **Trug|schluss:** *naheliegende, aber falsche Folgerung*

Tru|he die, -/-n: *ein Möbelstück*

Trumm das, -[e]s/Trümmer (ugs.): *großes Stück;* ein T. Brot; ein T. von einem Mann ‖ **Trüm|mer** die (Pl.): *Bruchstücke;* Schutt und T.; etwas in T. schlagen; in Trümmern liegen *(zerstört sein);* → Trumm ‖ **Trüm|mer|bruch** (Med.): *Knochenbruch mit Splittern* ‖ **Trüm|merl** das, -s/-[n]: *kleines Stück;* Hundstrümmerl ‖ **Trüm|mer|feld** ‖ **Trüm|mer|fraktur** (Med.): *Trümmerbruch* ‖ **Trüm|mer|frau** (meist Pl.): *Frau, die nach Zerstörungen des Zweiten Weltkriegs Wiederaufbauarbeit leistete* ‖ **Trüm|mer|hau|fen** ‖ **Trüm|mer|land|schaft** ‖ **Trümmer|li|te|ra|tur:** *deutsche Literatur der Nachkriegsjahre*

Trumpf der, -[e]s/Trümpfe: *Farbe im Kartenspiel, die sticht;* einen T. ausspielen | *etwas, das zum Erfolg führt;* alle Trümpfe *(Vorteile)* in der Hand haben; einen T. aus dem Ärmel ziehen ‖ **Trumpfass** ‖ **Trumpf|kar|te**

Trunk der, -[e]s/Trünke (geh.): *Getränk;* ein kühler T.; sich dem T. *(dem Alkohol)* ergeben ‖ **trunken** (geh.): *betrunken* | vor Freude t. *(glückselig; berauscht)* sein ‖ **Trun|ken|bold** der, -[e]s/-e (abw.): *Säufer* ‖ **Trun|ken|heit** die, -: *Rausch, Betrunkenheit;* T. am Steuer

Trun|kie|rung [auch: trʌ-] die, -/-en ⟨engl.⟩ (EDV): *Platzhalter für die Suche in Datenbanken und in Suchmaschinen im Internet*

Trunk|sucht die, -: *Alkoholismus* ‖ **trunk|süch|tig**

Trupp der, -s/-s: ein T. *(eine Schar)* Jugendlicher ‖ **Trup|pe** die, -/-n: *Gruppe gemeinsam auftretender Schauspieler* | (Mil.) *ein Heeresteil;* feindliche Truppen ‖ **Truppen|ab|bau** (Mil.): *Reduzierung der militärischen Verbände* ‖ **Trup|pen|be|treu|ung** (Mil.) ‖ **Trup|pen|be|we|gung** (meist Pl.) (Mil.) ‖ **Trup|pen|kon|tin|gent** (Mil.) ‖ **Trup|pen|kon|zen|t|ra|ti|on** [-tsi̯-] (Mil.) ‖ **Trup|pen|pa|ra|de** (Mil.) ‖ **Trup|pen|stär|ke** (Mil.) ‖ **Trup|pen|trans|port** (Mil.) ‖ **Trup|pen|übung** (Mil.) ‖ **Trup|pen|übungs|platz** (Mil.) ‖ **trupp|wei|se:** t. *(in kleinen Gruppen)* beisammenstehen

Trust [-ʌ-] der, -[es] [-s]/-s [-e] ⟨engl.⟩: *Gemeinschaft von gleichartigen Unternehmungen unter einer Dachgesellschaft* ‖ **Trust|bil|dung**

Trut|hahn: *ein Hühnervogel, Indian, Puter* ‖ **Trut|hen|ne**

Trut|scherl das, -s/-[n] (bes. W, ugs., abw.): *einfältiges Mädchen*

Trutz der, -es (veraltet): *Abwehr, Widerstand;* zu Schutz und T. ‖ **trut|zen,** du trutzt (veraltet): *trotzen; eigensinig sein, schmollen* ‖ **trut|zig** (veraltet): eine trutzige *(wehrhafte)* Burg

Tsa|tsi|ki = → Zaziki

Tscha|dor der, -s/-s: *Kopfschleier [iranischer Frauen]*

Tscha|ko der, -s/-s ⟨ung.⟩: *eine [militärische] Kopfbedeckung* | (scherzh.) *Hut*

tscha|li ⟨jidd.⟩ (W, mda.): *tschari*

Tschap|perl [auch: -'ɒ-] das, -s/-[n] (ugs., oft abw.): *Kind; unbeholfener, schutzbedürftiger Mensch*

tscha|ri ⟨tschech.⟩ (ostöst., mda.): mein letzter Euro ist t. [ge]gangen *(er ist weg)*

tschau = → ciao

Tsche|che der, -n/-n: *Angehöriger eines westslawischen Volkes* ‖ **Tsche|chei** die, - (früher, oft als abw. empfunden): *Tschechien*

Tsche|che|rant der, -en/-en ⟨jidd.-Rotwelsch⟩ (reg., ugs., abw.): *Trinker* ‖ **Tsche|che|ran|tin** die, -/-innen (reg., ugs., abw.) ‖ **Tsche|cherl** das, -s/-[n], *auch:* Tschocherl, Tschoch (W, ugs., abw.): *kleines Kaffeehaus, Lokal* ‖ **tsche|chern** (reg., ugs., abw.): *[Alkohol] trinken*

Tsche|chi|en (Kfz: CZ): *ein Staat (*amtlich: *Tschechische Republik);* → ČSSR ‖ **Tsche|chin** die, -/-innen ‖ **tsche|chisch:** die tschechische Küche; *aber:* die Tschechische Republik ‖ **Tsche|chisch** das, -[s] = **Tsche|chi|sche,** -n: *die tschechische Sprache;* → Deutsch ‖ **Tsche|cho|slo|wa|kei** (1918–1939 und 1945–1993): → Tschechien; → Slowakei ‖ **tsche|cho|slo|wa|kisch** (früher)

tschent|schen, du tschentsch[s]t (K, ugs.): *nörgeln, raunzen, [weinerlich] jammern* ‖ **Tschentsche|rei** die, - (K, ugs.)

Tscher|no|byl [-i-]: *eine Stadt in der Ukraine* ‖ **Tscher|no|byl|ka|tas|t|ro|phe** [-f-]

Tsche|tsche|ne der, -n/-n: *Bewoh-*

T

ner Tschetscheniens ‖ **Tsche|t|sche|ni|en:** *autonome Republik der Russischen Föderation* ‖ **Tsche|t|sche|nin** die, -/-innen
Tschi|buk der, -s/-s ⟨türk.⟩: *eine [türkische] Tabakspfeife*
Tschick der, -[s]/-[s] ⟨it.⟩ (ugs.): *Zigarettenstummel; Zigarette*
tschil|pen: die Spatzen t. *(zwitschern)* laut
Tschi|nel|le die, -/-n (meist Pl.) ⟨it.⟩ (Mus.): *ein Schlaginstrument, Becken*
Tschoch[1] der, -s ⟨jidd.-Rotwelsch⟩ (reg., ugs., abw.): *große Mühe, Anstrengung*
Tschoch[2], das, -s/s = **Tscho|cherl,** -s/-[n]: → Tschecherl
Tscho|ckel der, -s/- ⟨it.⟩ (reg., zB T, ugs.): *Holzpantoffel, Zockel, Töffler*
Tschurt|sche die, -/-n (meist Pl.), *auch:* Tschurtschen, -/- (reg., zB T, K, ugs.): *Nadelbaumzapfen, bes. von Föhren* ‖ **Tschurt|schen|geist:** *ein Schnaps*
tschüs, *auch:* tschüss ⟨rom.⟩ (sal.): *ein vertraulicher Abschiedsgruß, servus, adieu;* t. (= **T**schüs) sagen ‖ **Tschüs** das, -/-, *auch:* Tschüss (sal.): T. (= **t**schüs) sagen
Tschu|sch der, -en/-en ⟨?⟩ (ugs., abw.): *Bezeichnung für einen Angehörigen eines südosteuropäischen (oder eines orientalischen) Volkes* ‖ **Tschu|schin** die, -/-innen (ugs., abw.)
tschüss → tschüs ‖ **Tschüs** → Tschüs
T-Shirt [ˈtiːʃɜːt] das, -s/-s ⟨engl.⟩: *Leibchen*
T-Träger [ˈteː-]: *Stahlträger in Form eines T*
TU [te ˈuː] die, -/-[s]: **T**echnische **U**niversität
Tu|ba die, -/Tuben ⟨lat.⟩: *ein Blechblasinstrument* | (auch: Tube) (Med.) *röhrenförmige Verbindung zwischen dem Ohr und dem Rachen* | (auch: Tube) (Med.) *Eileiter* ‖ **Tu|be** die, -/-n: *ein Behältnis [für Zahnpasta], dessen Inhalt herausgedrückt wird* | (Med.) → Tuba ‖ **Tu|ben** die (Pl. von → Tuba, → Tube und → Tubus)
Tu|ber|kel der, -s/- = die, -/-n ⟨lat.⟩ (Med.): *für Tuberkulose charakteristisches Knötchen* ‖ **Tu|ber|kel|ba|zil|lus** (Med.): *Tuberkelbakterium* ‖ **tu|ber|ku|lös,** *auch:* tuberkulos (Med.) ‖ **Tu|ber|ku|lo|se** die, -/-n (Tb, Tbc) (Med.): *eine Infektionskrankheit, zB der Lungen und Knochen, Schwindsucht* ‖ **tu|ber|ku|lo|se|krank** (Tbc-krank, Tb-krank) (Med.)
Tu|bus der, -/Tuben [Tubusse] ⟨lat.⟩ (Med.): *medizinische Röhre, Kanüle;* → Intubation | *optisches Rohr; Fernrohr*
Tuch das, -[e]s/-e: *ein Gewebe [für Anzüge];* ein Ballen T. | (mit Pl. Tücher) *[viereckiges] Stoffstück zur Bedeckung;* ein T. um Kopf und Schultern tragen; ein rotes T. für jemanden sein *(Missfallen, Ärger auslösen)*
Tu|chent die, -/-en ⟨tschech.⟩: *mit Daunen gefüllte Bettdecke;* etwas unter der T. *(im Geheimen)* tun ‖ **Tu|chent|über|zug** ‖ **Tu|chent|zie|che** (veraltend): *Tuchentüberzug* ‖ **Tu|chent|zipf** = **Tu|chent|zip|fel**
Tuch|fa|brik ‖ **Tuch|füh|lung:** mit jemandem T. *(unmittelbaren Kontakt)* haben ‖ **Tuch|ma|cher** ‖ **Tuch|ma|che|rin**
tüch|tig: ein tüchtiger *(fleißiger und fähiger)* Angestellter | *sehr, viel;* mit jemandem t. *(ordentlich)* schimpfen ‖ **Tüch|tig|keit** die, -
Tü|cke die, -/-n (geh.): *Bosheit; Hinterlist; Heimtücke;* die T. des Objekts
tu|ckern: der Motor tuckert *(knattert)*
tü|ckisch (geh.): eine tückische *(schwere und im Verlauf unberechenbare)* Krankheit
Tuff der, -s/-e ⟨it.⟩: *ein Gestein* ‖ **Tuff|stein**
Tüf|te|lei die, -/-en, *auch:* Tüftlerei ‖ **tüf|teln,** ich tüftle: *genau überlegen* | *kleinlich sein* ‖ **Tüft|ler** der, -s/- ‖ **Tüft|le|rei** → Tüftelei ‖ **Tüft|le|rin** die, -/-innen
Tu|gend die, -/-en: *Tugendhaftigkeit* | *sittlich einwandfreie Eigenschaft;* die T. der Bescheidenheit; weibliche Tugenden ‖ **Tu|gend|bold** der, -[e]s/-e (scherzh.): *jemand, der bes. tugendhaft tut* ‖ **tu|gend|haft** ‖ **Tu|gend|haf|tig|keit** die, - (geh.) ‖ **tu|gend|sam** (veraltet) ‖ **Tu|gend|wäch|ter** (abw.): *Sittenrichter* ‖ **Tu|gend|wäch|te|rin** (abw.)
Tüll der, -s/-e: *ein spitzenartiges Gewebe (nach der französischen Stadt Tulle)*
Tül|le = → Dulle
tul|li (W, ugs., veraltet): *bes. gut, ansprechend*
Tulln (Kfz: TU): *Stadt in Niederösterreich* ‖ **Tull|ner Be|cken:** *eine Ebene in Niederösterreich* ‖ **Tull|ner Feld** = **Tull|ner|feld:** *Teil des Tullner Beckens*
Tüll|schlei|er
Tul|pe die, -/-n ⟨pers.-türk.-it.⟩: *eine Blume* ‖ **Tul|pen|baum:** *eine exotische Baumart* ‖ **Tul|pen|blü|te** ‖ **Tul|pen|glas:** *Trinkglas in Tulpenform* ‖ **Tul|pen|zwie|bel**
tumb (geh., veraltet): *töricht-naiv*
Tum|ba die, -/Tumben ⟨gr.-lat.⟩: *sargähnliches Grabmal mit Bildnis*
tum|meln[1] (meist geh.): ich tummle die Pferde *(verschaffe ihnen Bewegung)* | [sich] auf dem Spielplatz t. *(dort umherlaufen)* ‖ **tum|meln**[2] sich: *sich beeilen* ‖ **Tum|mel|platz**
Tüm|mler der, -s/-: *eine Art Delfin*
Tu|mor [auch: -ˈoː-] der, -s/-e[n] [-ˈoː-] ⟨lat.⟩ (Med.): *eine Geschwulst;* ein bösartiger T. *(eine Krebsgeschwulst)* ‖ **Tu|mor|ge|we|be** ‖ **Tu|mor|zel|le**
Tüm|pel der, -s/-: *kleines stehendes Gewässer*
Tu|mult der, -[e]s/-e ⟨lat.⟩: *Lärm, Getümmel; Durcheinander;* die Demonstration endete mit Tumulten ‖ **tu|mult|ar|tig** ‖ **tu|mul|tu|a|risch** = **tu|mul|tu|ös** (geh.): *tumultartig*
Tu|mu|lus der, -/Tumuli ⟨lat.⟩: *[vorgeschichtlicher] Grabhügel*
tun, ich tu[e]/tat/getan: das Richtige tun; so etwas tut man nicht *(gehört sich nicht);* was kann ich für Sie tun? *(wie kann ich Ihnen helfen?);* er tut etwas für seine Figur *(bemüht sich abzunehmen);* Dienst tun; viel zu tun *(viel Arbeit)* haben | endlich tut sich *(passiert)* etwas | das billigere Handy tut es *(genügt)* auch | mit jemandem nichts mehr zu tun haben *(jemanden nicht mehr sehen)* wollen; mit dem Kreislauf zu tun haben *(an Kreislaufproblemen leiden);* du bekommst es mit mir zu tun *(bekommst Schwierigkeiten mit mir);* das hat nichts mit dir zu tun *(berührt dich nicht)* | geheimnisvoll tun *(sich geheimnisvoll geben)* | es war um ihn getan *(er war verloren)* | (stellvertretend für ein anderes Verb) sie wollte weggehen und tat es dann auch; → leidtun; → nottun ‖ **Tun** das, -s: ein nützliches Tun | (geh.); das Tun und Treiben
Tün|che die, -/-n (reg. in D): *ein [Mauer]anstrich* | (ohne Pl.) seine Bildung ist nur T. *(ist oberfläch-*

T

lich) ‖ **tün|chen** (reg. in D): *kalken, weißigen*
Tun|dra die, -/Tundren ⟨fin.-russ.⟩: *[sumpfige] Steppe in der arktischen Zone*
Tu|nell das, -s/-e ⟨fr.-engl.⟩: *Tunnel*
tu|nen ['tju:-] ⟨engl.⟩: einen Radioempfänger t. *(abstimmen)* | ein Motorrad t. *(durch technische Änderungen verstärken);* → Tuning ‖ **Tu|ner** der, -s/- (Technik): *Empfänger- und Verstärkerteil [bei einem Radio]*
Tu|ne|si|en: *ein Staat;* → Tunis
Tun|fisch = Thunfisch ⟨gr.-lat.⟩: *ein Meeresfisch*
Tu|nicht|gut der, -[e]s/-e: *Taugenichts, Schlingel*
Tu|ni|ka die, -/Tuniken ⟨lat.⟩: *ein altrömisches Gewand | ein Doppelrock am Damenkleid*
Tu|ning ['tju:-] das, -s/-s ⟨engl.⟩: *Erhöhung der Leistung eines Motors;* → tunen
Tu|nis: *Hauptstadt von Tunesien*
Tun|ke die, -/-n (D): *Sauce* ‖ **tun|ken:** *tauchen, eintauchen;* das Kipferl in den Kaffee t.
tun|lich: etwas nicht für t. *(ratsam)* halten ‖ **Tun|lich|keit** die, -(nur in der Wendung): nach T. *(so weit wie möglich)* Rücksicht nehmen ‖ **tun|lichst:** t. *(möglichst)* bald

Tun|nel der, -s/-[s] ⟨fr.-engl.⟩: *unterirdischer Verkehrsweg;* Semmeringtunnel

Nicht verwechseln!
der Tunnel – das Tunell
In Schreibung und Aussprache erkennt man noch den Weg, den dieses Wort genommen hat:
- näher am Englischen: der Tunnel (*u* kurz und betont)
- näher am Französischen: das Tunell (*e* kurz und betont)

Die ursprünglich in Österreich häufigere Form „das Tunell" ist auf dem Rückzug.
In Zusammensetzungen wird fast nur noch „der Tunnel" verwendet, zB Brennerbasistunnel, Arlbergtunnel, Karawankentunnel.

Tun|nel|bau der, -[e]s ‖ **tun|ne|lie|ren:** *einen Tunnel durchbrechen* ‖ **Tun|ne|lie|rung** die, -/-en ‖ **Tun|nel|maut** ‖ **Tun|nel|röh|re**
Tun|te die, -/-n (nördl. D, auch abw.): *Homosexueller* ‖ **Tun|ten|ball** ‖ **tun|ten|haft** (nördl. D, auch abw.)
Tupf der, -[e]s/-e: *Tupfen; Fleck* ‖ **Tüp|fel** das, -s/- ‖ **Tüp|fel|chen** das, -s/- (bes. D): *Tüpferl;* i-Tüpfelchen ‖ **tüp|feln,** ich tüpfle: *kleine Tupfen, Punkte machen* ‖ **tup|fen:** den Schweiß von der Stirn t.; jemandem auf die Schulter t. | eine getupfte Bluse ‖ **Tupfen** der, -s/-: *kleiner [runder] Fleck; Punkt* ‖ **Tup|fer** der, -s/-: *leichte Berührung | Wattebausch* ‖ **Tüp|ferl** das, -s/-[n]: *kleiner Tupfen;* das T. auf dem i *(entscheidende Feinheit, Gipfelpunkt);* i-Tüpferl
Tür die, -/-en, *auch:* Türe: die Tür schließen; leise an die Tür klopfen; jemandem die Tür weisen *(jemanden hinausweisen);* verschlossene Türen finden *(auf Ablehnung stoßen);* mit der Tür ins Haus fallen *(ohne Einleitung mit etwas [Unangenehmem] herausplatzen);* jemandem die Tür einrennen *(jemanden dauernd belästigen);* offene Türen einrennen *(eifrig ein Anliegen vortragen, das ohnehin gutgeheißen wird);* die Regierungsverhandlungen finden hinter verschlossenen Türen *(unter Ausschluss der Öffentlichkeit)* statt; jemandem etwas zwischen Tür und Angel *(unter großem Zeitdruck)* mitteilen; vor der eigenen Tür kehren *(sich um die eigenen Angelegenheiten kümmern);* der Winter steht vor der Tür *(ist nah)* ‖ **Tür|an|gel** ‖ **tür|aus, tür|ein** = türein, türaus: ständig t., t. laufen
Tur|ban der, -s/-e ⟨pers.-türk.-rom.⟩: *eine Kopfbedeckung*
Tur|bi|ne die, -/-n ⟨lat.-fr.⟩: *Maschine, die Dampfkraft, Wasserkraft oÄ in drehende Bewegung umsetzt* ‖ **Tur|bi|nen|an|trieb** ‖ **Tur|bi|nen|flug|zeug** → Turbo-Prop ‖ **tur|bi|nen|ge|trie|ben**
Tur|bo der, -s/-s ⟨lat.⟩: *Kurzwort für Turboantrieb, Turbolader, Turbomotor* ‖ **Tur|bo|an|trieb** ‖ **Tur|bo|die|sel:** *Dieselmotor mit Turboantrieb* ‖ **Tur|bo|la|der** der, -s/-: *Gerät, das die Geschwindigkeit des Autos steigert* ‖ **Tur|bo|mo|tor** ‖ **Tur|bo-Prop** die, -: *Kurzwort für Turbinen-Propeller* ‖ **Tur|bo|pro|pel|ler|ma|schi|ne** ‖ **Tur|bo-Prop-Flug|zeug** ‖ **Tur|bo-Prop-Ma|schi|ne**
tur|bu|lent ⟨lat.⟩: eine turbulente *(stürmische)* Szene ‖ **Tur|bu|lenz** die, -/-en: *große Unruhe, wirbelndes Durcheinander | Strömungswirbel*
Tür|da|cke ‖ **Tü|re** → Tür ‖ **tür|ein, tür|aus** = → türaus, türein
Turf [auch: tɜ:f] der, -s ⟨engl.⟩: *Pferderennbahn; Galopprennsport*
Tür|flü|gel ‖ **Tür|glo|cke** ‖ **Tür|griff** ‖ **Tür|hü|ter** (veraltet): *Portier* | (früher) *Torwächter* ‖ **Tür|hü|te|rin** (veraltet)
Tür|ke der, -n/-n ‖ **Tür|kei** die, -(Kfz: TR): *ein Staat* ‖ **tür|ken** (ugs., abw.): *fälschen* ‖ **Tür|ken** der, -s/- (T, K, St): *Mais[kolben]* ‖ **Tür|ken|be|la|ge|rung:** die erste T. Wiens (1529) ‖ **Tür|ken|bund** der, -[e]s/-e: *eine geschützte Pflanze* ‖ **Tür|ken|grieß** (T, K, St): *Maisgrieß* ‖ **Tür|ken|mehl** (T, K, St): *Maismehl* ‖ **Tür|ken|rie|bel** (V): *eine Speise aus Mais* ‖ **Tür|ken|sä|bel:** *krummer Säbel* ‖ **Tür|ken|sitz:** *Schneidersitz* ‖ **Tür|ken|sterz** (reg., bes. St): *Speise aus Maismehl, Polenta* ‖ **Tür|ken|tau|be:** *eine Taubenart* ‖ **Tür|ken|tom|merl** (K, St): *Tommerl mit Mais* ‖ **Tür|kin** die, -/-innen ‖ **tür|kis:** *grünlich blau;* ein türkis[es] Kleid ‖ **Tür|kis**[1] das, -/-: *eine Farbe;* ein Kleid in T. ‖ **Tür|kis**[2] der, -es/-e: *ein Schmuckstein* ‖ **tür|kisch:** türkischer Honig; türkischer Kaffee; türkische Musik *(Janitscharenmusik)* | (reg.) türkischer Sterz *(Türken)* ‖ **Tür|kisch** das, -[s] = **Tür|ki|sche,** -n: *die türkische Sprache;* → Deutsch
Tür|klin|ke: *Türschnalle* ‖ **Tür|klop|fer**
Turk|me|ne der, -n/-n: *Bewohner Turkmenistans* ‖ **Turk|me|ni|en** → Turkmenistan ‖ **Turk|me|nin** die, -/-innen ‖ **turk|me|nisch** ‖ **Turk|me|ni|s|tan,** *auch:* Turkmenien: *ein Staat der GUS* ‖ **Tur|ko|lo|ge** der, -n/-n ‖ **Tur|ko|lo|gie** die, -: *Wissenschaft von der Sprache und Kultur der Turkvölker* ‖ **Tur|ko|lo|gin** die, -/-innen ‖ **Turk|spra|che** ‖ **Turk|volk:** *Volk einer südosteuropäischen und asiatischen Sprachengruppe, zB Türken, Usbeken*
Turl (bes. W): *männl. Vorname (Theodor, Artur, Arthur)*
Türl das, -s/-n (ugs.): *[kleine] Tür;* Hintertürl
Turm der, -[e]s/Türme: *ein Bauwerk | Sprungturm | eine Schachfigur | frei stehender Fels*
Tur|ma|lin der, -s/-e ⟨singhalesisch-fr.⟩: *ein Edelstein*

T

Turmbau || **Turmblasen** das, -s: *das Spiel von Blasinstrumenten von einem [Kirch]turm aus* || **Turmbläser** || **Turmbläserin** || **türmen**[1]: der Schnee türmt sich an den Straßenrändern

türmen[2] (bes. D, sal.): *fliehen, ausreißen*

Türmer der, -s/- (früher): *Turmwächter* || **Türmerin** die, -/-innen (früher) || **Turmfalke:** *ein Greifvogel* || **Turmhelm:** *Dach [eines Zwiebelturms]* || **turmhoch:** jemandem t. überlegen sein || **Turmspringen** (Sport): *eine Disziplin im Wassersport* || **Turmuhr** || **Turmwächter** (früher)

Turn [tɜːn] der, -s/-s ⟨lat.-fr.-engl.⟩: *Kurve* | (ugs.) *Drogenrausch* ||

Turnaround [-əraʊnd] der, -s/-s ⟨engl.⟩ (Wirt.): *positive Trendumkehr im Geschäftsleben*

Turnbeutel: *Sackerl für die Turnsachen* || **turnen:** Reck t.; Barren t. || **Turnen** das, -s: vom T. *(vom Pflichtgegenstand Bewegung und Sport)* befreit sein || **Turner** der, -s/- || **Turnerin** die, -/-innen || **turnerisch:** eine turnerische Spitzenleistung || **Turnerschaft** die, -/-en || **Turngerät** || **Turnhalle** || **Turnhose**

Turnier das, -s/-e ⟨gr.-lat.-engl.⟩: *ein Kampfspiel der Ritterzeit* | *Wettkampf mit mehreren Teilnehmern;* ein Schachturnier austragen || **Turnierreiter** (Sport) || **Turnierreiterin** (Sport) || **Turniertanz** (Sport) || **Turniertänzer** (Sport) || **Turniertänzerin** (Sport)

Turnkleidung || **Turnlehrer** || **Turnlehrerin** || **Turnpatschen** [-ˌpɒ(ː)tʃ-, -ˌpa(ː)tʃ-]: *Turnschuh* || **Turnsaal** || **Turnsachen** die (Pl.): *Turnkleidung* || **Turnsackerl:** *Turnbeutel* || **Turnschuh** || **Turnstunde** || **Turnübung** || **Turnunterricht**

Turnus der, - [-nusses]/-nusse ⟨gr.-lat.⟩: *eine regelmäßige Aufeinanderfolge; regelmäßiger Wechsel* | *Arbeitsschicht* | *mehrjährige Spitalspraxis in der Ärzteausbildung* || **Turnusarzt:** *promovierter Mediziner in der Turnusausbildung* || **Turnusärztin** || **turnusmäßig** || **Turnusplatz:** *Arbeitsstelle für einen Turnusarzt* || **turnusweise**

Turnverein

Türöffner: *eine elektrische Anlage* || **Türöffnung** || **Türpfosten** || **Türrahmen** || **Türriegel** || **Türschild** das, -[e]s/-er || **Türschloss:** *Sicherheitstürschloss* || **Türschnalle:** *Türklinke* || **Türschnapper:** *Schnappschloss an einer Tür* || **Türschwelle** || **Türspalt** || **Türstaffel:** *erhöhte Türschwelle* || **Türsteher** der, -s/-: *Portier* || **Türsteherin** die, -/-innen || **Türstock:** *[Holz]einfassung der Türöffnung, Türrahmen* || **Türstopper** || **Türsturz:** *oberer Abschluss einer Tür*

turteln, ich turtle: turtelnde Tauben | (scherzh.) miteinander t. *(zärtlich sein, flirten)* || **Turteltaube**

Türtl → Tirtl

Tusch der, -[e]s/-e: *kurzes festliches musikalisches Signal*

Tusche die, -/-n: *radierfeste [schwarze] Flüssigkeit zum Zeichnen* | *Wimperntusche*

Tuschelei die, -/-en (oft abw.) || **tuscheln,** ich tuschle: über jemanden t. *(heimlich reden, flüstern)*

tuschen[1]: du tusch[s]t die Wimpern *(trägst Wimperntusche auf)*

tuschen[2] (ugs.): *heftig regnen* | *krachen;* es tuscht; wir lassen es einmal richtig t. *(kommen voll in Fahrt)* || **Tuscher** der, -s/- (ugs.): *Knall*

Tuschfarbe || **Tuschmalerei** || **Tuschzeichnung**

Tussi die, -/-s (bes. D, abw.): *alberne, unsympathische Frau*

Tüte die, -/-n (urspr. D): eine T. Eis; → Stanitzel | *spitzer [Papier]sack, Behälter* | *[Plastik]sackerl*

tuten: das Schiff tutet im Nebel | (ugs.) vom Tuten und Blasen keine Ahnung haben *(überhaupt nichts verstehen)*

tütenförmig

Tutor der, -s/-en [-ˈoː-] ⟨lat.⟩: *ein Studentenbetreuer* || **Tutorin** die, -/-innen || **Tutorium** das, -s/Tutorien [-i̯ən]: *von einem Tutor geleitete Übung an der Universität*

Tutte die, -/-n, *auch:* Dutte (ugs.): *Euterzitze* | (ugs., derb) *Brust[warze]* || **Tuttel** die, -/-n (ugs., derb): *weibliche Brust* || **Tutter** der, -s/- (reg., ugs., abw.): ein junger T. *(unreifer Bursch)*

tutti ⟨it.⟩ (Mus.): *alle;* → G.: solo || **Tutti** das, -[s]/-[s] (Mus.): das T. *(das Zusammenspiel)* des vollen Orchesters || **Tuttifrutti** das, -[s]/-[s] (wörtl.: alle Früchte): *Allerlei, zB gemischte gezuckerte Früchte*

Tutu [tyˈtyː] das, -s/-s ⟨fr.⟩: *kurzes Ballettröckchen*

TV [teˈfaʊ] das, -[s]: **Television** || **TV-Duell:** *gemeinsamer Fernsehauftritt zweier [politischer] Konkurrenten* || **TV-Konfrontation** [-tsi̯-]: *TV-Duell*

Tweed [twiːd] der, -s/-s [-e]: *ein Wollgewebe (nach einem Fluss in Schottland)* || **Tweedjacke**

Twen der, -s/-s ⟨engl.⟩ (veraltend): *junger Mensch zwischen 20 und 29 Jahren*

Twinset das, -s/-s ⟨engl.⟩: *Strickweste und -pullover aus gleichem Material [und gleicher Farbe]*

Twist[1] der, -[e]s/-e ⟨engl.⟩: *ein Baumwollgarn*

Twist[2] der, -s/-s ⟨engl.⟩: *ein Tanz* || **twisten:** *Twist tanzen*

Tycoon [taɪˈkuːn] der, -s/-s [-e] ⟨chin.-jap.-engl.⟩: *mächtiger Geschäftsmann;* → Mogul

Tympanon [ˈty-] das, -s/Tympana [-s] ⟨gr.⟩ (Arch.): *[reich verziertes] Giebelfeld [bei antiken Tempeln]*

Typ [-y(ː)-] der, -s/-en ⟨gr.-lat.⟩: *Urbild, Grundform* | *Gattung* | *Bauart, Modell;* ein Auto vom Typ Minivan | er ist ein dunkler Typ; das ist nicht mein Typ *(Geschmack, Ideal)* | (sal., auch abw.) *Kerl, männliche Person* | (sal.) dein Typ wird verlangt *(du wirst verlangt)* || **Type** die, -/-n: *Bauart, Form, Typus* | *Druckletter* | er ist eine T. *(eine komische, originelle Figur)* || **Typendruck** der, -[e]s/-e (Druckw.) || **Typenrad:** eine Schreibmaschine mit T. || **Typenschein:** *Herstellungsurkunde mit Betriebserlaubnis, zB eines Autos*

Typhus [ˈty(ː)f-] der, - ⟨gr.-lat.⟩ (Med.): *eine Infektionskrankheit* || **Typhusepidemie** (Med.)

typisch [ˈty(ː)-] ⟨gr.-lat.⟩: *kennzeichnend, charakteristisch;* eine typische Vorarlbergerin; → G.: atypisch || **typisieren:** *den Typ feststellen;* typisierte *(in ihrer Bauart festgelegte und vereinheitlichte)* Geräte || **Typisierung** die, -/-en: *Einteilung nach Typen* | *behördliche normengerechte technische Überprüfung* || **Typograf** = Typograph [-f] der, -en/-en: *Schriftsetzer* || **Typografie** = Typographie die, -: *Buchdruckerkunst* || **Typografin** = Typographin die, -/-innen || **typografisch** = **typographisch** || **Typologie** die, -/-n (Psych.): *Einteilung nach Typen* | *Lehre von den*

T

Charakteren ‖ **Ty|po|skript:** *maschingeschriebene Textvorlage* ‖ **Ty|pus** der, -/Typen: *Typ; Urbild;* der T. eines Gelehrten; verschiedene Menschentypen

Ty|rann [-y-] der, -en/-en ⟨gr.-lat.⟩: *Gewaltherrscher, Unterdrücker* ‖ **Ty|ran|nei** die, -/-en: *Gewaltherrschaft* ‖ **Ty|ran|nen|herr|schaft** ‖ **Ty|ran|nen|mord** ‖ **Ty|ran|nin** die, -/-innen ‖ **Ty|ran|nis** die, -: *Tyrannenherrschaft* ‖ **ty|ran|nisch:** *gewaltsam, herrschsüchtig;* ein tyrannischer Chef ‖ **ty|ran|ni|sie|ren:** *jemandem rücksichtslos und mit Willkür den eigenen Willen aufzwingen, jemanden unterdrücken*

Tyr|nau ['ti-] (slowak.: Trnava ['tr̩nava]): *Stadt in der Slowakei*

Ty|rol [-i-] (früher): *Tirol* ‖ **Ty|ro|le|an Air|ways** [-'rəʊliən ˌɛəweɪz] die (Pl.) ⟨engl.⟩ (bes. früher): *eine österreichische Fluglinie der AUA-Gruppe* ‖ **Ty|ro|lia** [-'oː-]: *lateinischer Name Tirols*

T

u U

u [uː] das, -/- (Kleinbuchstabe): das u im Wort *unser* ǀ (Laut) der u-Laut

U [uː] das, -/- (Großbuchstabe): das U im Wort *Uhr* ǀ **U**-Bahn; U 1 (in Wien) ǀ (Sport) U-18-Team *(Mannschaft aus unter 18-Jährigen)* ǀ (Chem.) **U**ran

ü das, -/- (Kleinbuchstabe): das ü im Wort *übel*

Ü das, -/- (Großbuchstabe): das Ü im Wort *Übung*

u.: **u**nd

ua. = **u. a.:** **u**nd **a**nd[e]re, **u**nd **a**nd[e]res ǀ **u**nter **a**nd[e]rem, **u**nter **a**nd[e]ren

uÄ = **u. Ä.:** **u**nd **Ä**hnliche[s]

uam. = **u. a. m.:** **u**nd **a**nd[e]re **m**ehr, **u**nd **a**nd[e]res **m**ehr

u. A. w. g. = **U. A. w. g.:** **u**m/**U**m **A**ntwort **w**ird **g**ebeten *(Abkürzung auf Einladungen)*

U-Bahn (Verk.): *Kurzwort für Untergrundbahn* ‖ **U-Bahn-Netz** (Verk.) ‖ **U-Bahn-Station** [-tsi̯-] (Verk.)

übel
schlecht; nicht ü.; ü. *(schlimm)* dran sein; ein übler Kerl; eine üble Laune haben; *aber:* er hat mir Übles angetan ǀ (bes. Jus) üble Nachrede

Getrenntschreibung:
– übel sein/werden; mir ist/wird übel
– jemandem übel mitspielen *(böse, schlimm)*
– übel riechen; das Parfum riecht nicht übel

Zusammenschreibung bei übertragener Bedeutung:
– jemandem übelwollen *(feindlich gesinnt sein)*

Getrennt- und Zusammenschreibung:
– jemandem etwas übel nehmen (= übelnehmen)

Getrennt- und Zusammenschreibung mit adjektivisch gebrauchten Partizipien:
– ein übel gelaunter (= übelgelaunter) Mensch
– übel gesinnt = übelgesinnt
– übel riechend = übelriechend

Übel das, -s/-: das kleinere Ü. wählen; ein notwendiges Ü. ‖ **Übelkeit** die, -: *Unwohlsein, Brechreiz* ‖ **übel gelaunt** = **übelgelaunt** → übel ‖ **übel gesinnt** = **übelgesinnt** ‖ **übellaunig** ‖ **Übellaunigkeit** die, - ‖ **übel nehmen** = **übelnehmen** → übel ‖ **übel riechend** = **übelriechend** ‖ **Übelsein** das, -s: *Übelkeit, Unwohlsein* ‖ **Übelstand:** einen Ü. *(Fehler, Missstand)* abstellen ‖ **Übeltat** (geh.) ‖ **Übeltäter** (geh.): *Bösewicht, Missetäter* ‖ **Übeltäterin** (geh.) ‖ **übelwollen** → übel ‖ **Übelwollen** das, -s (geh.): *böse Gesinnung*

üben: *sich aneignen; trainieren;* Klavier ü.; Klavier spielen/Klavierspielen ü. ǀ sich im Lesen ü. ǀ (geh.) Barmherzigkeit ü. *(ausüben);* Kritik ü. *(kritisieren);* Verrat ü. *(verraten)*

über (Präp. mit Dat. und Akk.): dieses Bild hängt ü. dem Klavier *(wo?);* das Bild ü. das Klavier hängen *(wohin?);* ü. die Straße gehen; ü. die Mauer klettern; bis ü. die Knie im Wasser stehen; jemanden ü. Gebühr *(übertrieben)* loben; der Zug fährt von Innsbruck ü. Kufstein nach Salzburg; Wein ü. die Gasse verkaufen; den Vermissten ü. den Rundfunk *(mit dessen Hilfe)* suchen; die Arbeit ü. Nacht *(in einer Nacht)* fertig stellen; heute ü. acht Tage *(in acht Tagen);* Hals ü. Kopf *(in höchster Eile)* davonlaufen; ein Vortrag ü. Grillparzer; sich ü. etwas ärgern; die Nacht ü. aufbleiben ǀ (Amtsspr.) ü. *(auf)* Antrag; ü. Wunsch ǀ (reg., zB O, S) [ein] Viertel ü. drei *(viertel nach drei, viertel vier)* ǀ (Adv.) ü. und ü. beschmutzt; Fehler ü. Fehler; ü. *(mehr als)* 10 m; die ü. Zwölfjährigen; ü. 20 Grad ǀ (ugs.) das ist mir schon ü. *(zuwider);* es sind noch Keks ü. *(übrig geblieben);* er ist mir ü. *(überlegen)*

überaktiv ‖ **Überaktivität** [-v-]

überall [auch: -'al]: sie ist ü. bekannt ‖ **überallher:** von ü. kamen die Zuschauer ‖ **überallhin:** sich ü. wenden

überaltert, *auch:* überaltet: eine überalterte *(zu alte)* Maschinenanlage; eine überalterte Bevölkerung *(mit zu geringem Anteil an jungen Menschen)* ‖ **Überalterung** die, - ‖ **überaltet** → überaltert

Überangebot: ein Ü. an Waren

überängstlich: *allzu ängstlich*

überanstrengen: sich überanstrengt haben ‖ **Überanstrengung**

überantworten (geh.): *übergeben, überlassen;* der Verbrecher wurde dem Gericht überantwortet ‖ **Überantwortung** die, - (geh.)

überarbeiten[1]: einen Text ü. *(ihn nach seiner Fertigstellung noch verbessern, vervollkommnen, optimieren)* ‖ **überarbeiten**[2] sich: *sich bei der Arbeit zu sehr anstrengen;* völlig überarbeitet sein ‖ **Überarbeitung** die, -/-en

überaus: *sehr, ungemein*

überbacken: die Melanzani werden noch kurz im Rohr ü.

Überbau der, -[e]s/-ten [-e] (Arch.): einen Ü. *(einen vorragenden Oberbau, ein Schutzdach)* errichten ‖ **überbauen:** die Bushaltestelle wurde mit einem Schutzdach überbaut ‖ **Überbauung** die, -/-en

überbeanspruchen: *zu sehr beanspruchen;* der Lift wurde überbeansprucht ‖ **Überbeanspruchung**

Überbein das, -[e]s/-e (Med.): *eine verhärtete Geschwulst [am Handgelenk]*

überbekommen (ugs.): ich habe das ü. *(bin seiner überdrüssig geworden)*

Überbelag der, -[e]s (Amtsspr.): *Überbelegung*

überbelasten: ein Fahrzeug ü. *(zu sehr belasten)* ‖ **Überbelastung**

überbelegen: das Quartier ist überbelegt *(von zu vielen Leuten bewohnt)* ‖ **Überbelegung** die, -/-en

überbelichten: ein überbelichteter Film ‖ **Überbelichtung**

Überbeschäftigung (Wirt.): *das Angebot an offenen Stellen ist größer als die Zahl der Arbeitssuchenden*

überbetonen: *zu stark hervorheben* ‖ **Überbetonung**

überbetrieblich: über den [eigenen] Betrieb hinaus

überbevölkert: *zu dicht bevölkert* ‖ **Überbevölkerung**

überbewerten: seine Leistung wurde überbewertet *(zu hoch bewertet)* ‖ **Überbewertung**

überbezahlen: *zu hoch bezahlen;* ein überbezahlter *(zu hoch entlohnter)* Manager ‖ **Überbezahlung**

überbieten: jemanden bei der Auktion ü. *(mehr bieten)* ǀ seine

U

Leistung wurde überboten *(übertroffen)* ‖ **Über|bie|tung** die, -

über|bla|sen (Mus.): *auf Blasinstrumenten [eine Oktave] höher blasen*

über|blät|tern: sie hat einige Seiten des Buches überblättert

über|blei|ben (ugs.): *übrig bleiben;* nichts ist übergeblieben; mir ist nichts anderes übergeblieben ‖ **Über|bleib|sel** das, -s/-: *Übergebliebenes, Rest*

über|blen|den[1]: schnell wurde auf die nächste Szene übergeblendet *(übergeleitet)* ‖ **über|blen|den**[2]: ein Bild wird durch ein anderes langsam überblendet *(überstrahlt)* ‖ **Über|blen|dung**

Über|blick: einen guten Ü. haben; sich [einen] Ü. *(Übersicht)* verschaffen ‖ **über|bli|cken:** sie hat die Lage sofort überblickt *(erkannt, richtig eingeschätzt)*

über|bor|den ['y:-, -'ɔ-] (geh.): überbordende *(überquellende)* Gefühle

Über|bot das, -[e]s/-e (Amtsspr.): ein höheres Anbot *(Gebot)* im Versteigerungsverfahren

über|bra|ten (Küchenspr.): *kurz abbraten;* Fleisch rasch ü.

über|breit: *besonders breit* ‖ **Über|brei|te**

über|brin|gen: sie hat uns eine Nachricht überbracht ‖ **Über|brin|ger** der, -s/-: das Sparbuch lautet auf den Ü. ‖ **Über|brin|ge|rin** die, -/-innen ‖ **Über|brin|gung** die, -/-en

über|brü|cken: ein überbrückter Fluss | Gegensätze ü. *(ausgleichen)* | eine finanzielle Notlage ü. ‖ **über|brück|bar:** kaum überbrückbare Gegensätze ‖ **Über|brü|ckung** die, -/-en ‖ **Über|brü|ckungs|hil|fe:** *Geldzuwendung bei besonderer Notlage* ‖ **Über|brü|ckungs|kre|dit**

über|bu|chen: ein Hotel ü.; der Flug war überbucht ‖ **Über|bu|chung**

über|bür|den (geh.): er ist mit Arbeit überbürdet *(überlastet)* ‖ **Über|bür|dung** die, -/-en

Über|dach ‖ **über|da|chen:** ein überdachter Gang ‖ **Über|da|chung** die, -/-en

über|dau|ern: sie haben die Kriegszeiten in großer Not überdauert *(überstanden, überlebt)*

Über|de|cke: *Schutzdecke* ‖ **über|de|cken:** einen Fleck mit Farbe ü. ‖ **Über|de|ckung**

über|deh|nen: ein beim Aufwärmen überdehnter *(zu stark gedehnter)* Muskel ‖ **Über|deh|nung**

über|den|ken: wir haben das genau überdacht

über|deut|lich: *übertrieben deutlich*

über|dies: *außerdem*

über|di|men|si|o|nal: *über das normale Maß hinausgehend* ‖ **über|di|men|si|o|nie|ren:** eine überdimensionierte *(übergroße)* Anlage

über|do|sie|ren: ein überdosiertes Medikament ‖ **Über|do|sie|rung** ‖ **Über|do|sis:** *zu hohe Einnahmemenge [Tabletten, Drogen]*

über|dre|hen: ein überdrehter Wasserhahn ‖ **über|dreht:** *überaktiv; überspannt*

über|drü|ber (sal.): *hervorragend, einzigartig;* ihre Leistung war ü.

Über|druck[1] der, -[e]s/-drucke: *Druck einer größeren Menge als benötigt* ‖ **Über|druck**[2] der, -[e]s/-drücke (Phys.): *über dem normalen Luftdruck liegender Druck* ‖ **über|dru|cken:** die Briefmarken wurden mit einer Aufschrift überdruckt ‖ **Über|druck|ka|bi|ne:** die Ü. in Flugzeugen ‖ **Über|druck|ven|til** [-v-]

Über|druss der, -es: bis zum Ü. *(bis man nicht mehr kann oder nicht mehr will)* ‖ **über|drüs|sig:** ich bin seiner ü.; des Wartens ü. sein

über|dün|gen: *zu stark düngen* ‖ **Über|dün|gung**

über|durch|schnitt|lich: ein ü. begabtes Kind

über|eck: *übers Eck;* den Tisch ü. *(quer über eine Zimmerecke)* stellen

Über|ei|fer ‖ **über|eif|rig:** *allzu eifrig*

über|eig|nen (geh.): jemandem eine Sache übereignet *(als Eigentum übertragen)* haben ‖ **Über|eig|nung** die, -/-en (geh.)

Über|ei|le ‖ **über|ei|len:** eine Sache ü. *(sie zu rasch, unbedacht ausführen);* eine übereilte *(überstürzte)* Abreise ‖ **Über|ei|lung** die, -/-en

über|ei|n|an|der

Getrenntschreibung, wenn die Hauptbetonung auf dem Verb liegt:
- sich übereinander ärgern
- übereinander lachen
- übereinander reden

Zusammenschreibung, wenn die Betonung auf „übereinander“ liegt:
- die Hände übereinanderlegen
- sie hat die Beine übereinandergeschlagen
- übereinanderliegende Hefte
- die Kleider übereinanderwerfen

über|ei|n|an|der|le|gen ‖ **über|ei|n|an|der|lie|gen** ‖ **über|ei|n|an|der|schla|gen** ‖ **über|ei|n|an|der|wer|fen**

über|ein|kom|men: *vereinbaren;* wir sind mit ihnen übereingekommen, dass ... ‖ **Über|ein|kom|men** das, -s/-: *Vereinbarung, Abkommen* ‖ **Über|ein|kunft** die, -/-künfte: nach Ü. *(gemäß der Abmachung)*

über|ein|stim|men: die Abschrift hat mit dem Original nicht übereingestimmt ‖ **Über|ein|stim|mung:** diesbezüglich herrscht volle Ü.

über|emp|find|lich: *übermäßig empfindlich* ‖ **Über|emp|find|lich|keit** die, - (Med.): *Allergie*

über|er|fül|len: die Bedingung ü. *(mehr tun, als gefordert ist);* der Plan ist übererfüllt ‖ **Über|er|fül|lung**

Über|er|näh|rung: *übermäßige Ernährung*

über|er|reg|bar: *zu leicht erregbar* ‖ **Über|er|reg|bar|keit**

über|es|sen sich: sich überessen haben

über|fah|ren[1]: wir sind übergefahren *(über den Fluss gefahren)* ‖ **über|fah|ren**[2]: das Kind ist überfahren worden | *überrumpeln* ‖ **Über|fahrt:** eine stürmische Ü. nach England

Über|fall

Zusammensetzungen mit „Überfall“ werden in Österreich im Allgemeinen mit Fugen-s gebildet, zB:
- überfallsartig (in Deutschland: überfallartig)
- Überfallskommando

über|fal|len: er ist aus dem Hinterhalt überfallen worden; die Reporter ü. die Politikerin mit Fragen | (scherzh.) tut mir leid, dass ich dich überfalle *(unangemeldet besuche)* ‖ **über|fäl|lig:** das Flugzeug ist ü. *(es sollte längst da sein)* | ein überfälliger *(längst fälliger, nicht eingelöster)* Wechsel ‖ **über|falls|ar|tig** ‖

Über|falls|kom|man|do: *eine schnelle Eingreiftruppe der Polizei*
über|fein: *bes. fein* ‖ **über|fei|nert:** ein überfeinerter *(sehr fein ausgebildeter)* Geschmack ‖ **Über|fei|ne|rung** die, -/-en
über|fi|schen: einen See ü. *(durch zu starkes Abfischen den Fischbestand gefährlich minimieren)* ‖ **Über|fi|schung** die, -
über|flei|ßig: *übermäßig fleißig*
über|flie|gen: das Flugzeug hat die Alpen überflogen | einen Brief ü. *(ihn [vorerst] nur flüchtig lesen)*
über|flie|ßen[1]: das Wasser ist übergeflossen | die Chefin fließt über vor Freundlichkeit | Blau und Grau fließen ineinander über ‖ **über|flie|ßen**[2]: vom Bach überflossene Steine
Über|flug ‖ **über|flü|geln:** ich überflügle *(übertreffe)* bald meinen Bruder; überflügelt werden ‖ **Über|flü|ge|lung** = **Über|flüg|lung** die, -
Über|fluss der, -es: Geld im Ü. haben; im Ü. leben; zu allem Ü. *(außerdem, noch dazu)* hat sie sich jetzt auch noch das Bein gebrochen ‖ **über|flüs|sig:** *unnötig, entbehrlich* ‖ **über|flüs|si|ger|wei|se**
über|flu|ten: der Strom hat die Ufer überflutet ‖ **Über|flu|tung** die, -/-en
über|for|dern: der Schüler ist überfordert *(kann nicht so viel leisten, wie von ihm verlangt wird)* ‖ **Über|for|de|rung**
Über|form (Sport): in Ü. *(in Bestform, Höchstform)* sein
über|frach|ten: *zu stark beladen* | der Text ist mit Fremdwörtern überfrachtet ‖ **Über|frach|tung** die, -/-en
über|fra|gen ‖ **über|fragt:** ich bin ü. *(kann auf eine Frage keine Antwort geben)*
über|frem|den ‖ **Über|frem|dung** die, - (meist abw.): die Ü. der deutschen Sprache durch Anglizismen
über|fres|sen sich: *zu viel fressen (bei Tieren)* | (derb) *sich überessen*
Über|fuhr: *Fähre;* mit der Ü. ans andere Ufer fahren | (sal.) die Ü. *(letzte Gelegenheit)* versäumen ‖ **über|füh|ren**[1]: jemanden eines Verbrechens überführt haben *(es jemandem nachgewiesen haben);* der Leichnam wurde in die alte Heimat überführt ‖ **über|füh|ren**[2]: ans andere Ufer übergeführt werden ‖ **Über|füh|rung:** *Brücke über eine Straße/eine Bahnstrecke* | die Ü. des Leichnams in die Heimat | die Ü. eines Angeklagten
Über|fül|le: *sehr große Menge, reiche Auswahl* ‖ **über|fül|len:** die U-Bahn war überfüllt ‖ **Über|fül|lung** die, -; wegen Ü geschlossen
Über|funk|ti|on [-tsi̯-]: *zu starke Tätigkeit [der Schilddrüse]*
über|füt|tern: *übermäßig füttern* ‖ **Über|füt|te|rung**
Über|ga|be: die Ü. eines Bauernhofs *(Übertragung an die Erben)* ‖ **Über|ga|be|ver|trag** = **Über|gabs|ver|trag:** *Vertrag, der die Übergabe eines bäuerlichen Anwesens und die Versorgung der Altbauern regelt*
Über|gang: der Ü. über die Straße | der Ü. vom Frühjahr zum Sommer ‖ **Über|gangs|be|stim|mung:** *[gesetzliche] Regelung für eine Übergangszeit* ‖ **Über|gangs|er|schei|nung** ‖ **Über|gangs|frist** ‖ **über|gangs|los** ‖ **Über|gangs|lö|sung** ‖ **Über|gangs|man|tel:** *Frühjahrs-, Herbstmantel* ‖ **Über|gangs|pe|ri|o|de** ‖ **Über|gangs|pha|se** [-f-] ‖ **Über|gangs|zeit:** *bestimmte Zeit im Frühling und Herbst* | die Ü. zwischen Schilling und Euro
über|ge|ben: ich habe ihr das Buch ü. *(gegeben, anvertraut);* den Betrieb der ältesten Tochter ü. *(ihr als Eigentum übertragen)* | eine Brücke dem Verkehr ü. | (geh.) sich ü. *(erbrechen)* | (geh.) den Flammen ü. *(verbrennen)*
Über|ge|bühr: Ü. *(eine höhere Gebühr als normal)* zahlen
über|ge|hen[1]: das Grundstück geht in ihren Besitz über | die Milch ist beim Kochen übergegangen | zur Tagesordnung ü. ‖ **über|ge|hen**[2]: er wurde bei den Beförderungen übergangen *(nicht berücksichtigt);* sie übergeht den Schlaf *(unterdrückt ihr Schlafbedürfnis)*
über|ge|nau: *übertrieben genau*
über|ge|nug: *mehr als genug*
Über|ge|nuss der, -es (Amtsspr.): in einen Ü. gelangen *([durch Irrtum] zu hohe Bezüge erhalten)*
über|ge|ord|net: *vorgesetzt;* eine übergeordnete Stelle | *umfassend; von größerer Bedeutung*
Über|ge|päck: *[Flug]gepäck mit Übergewicht*
Über|ge|wicht das, -[e]s: *zu hohes Gewicht* | [das] Ü. bekommen *(das Gleichgewicht verlieren)* ‖ **über|ge|wich|tig**
über|gie|ßen: eine mit Schokolade übergossene Torte
über|glück|lich: *sehr glücklich*
über|gol|den: *vergolden*
über|grei|fen: *[beim Klavierspiel] mit der einen Hand über die andere greifen* | das Feuer hat aufs Nachbarhaus übergegriffen ‖ **über|grei|fend:** übergreifende *(mehrere Bereiche umfassende)* Projekte ‖ **Über|griff:** *unberechtigte Handlung*
Über|grö|ße: *Größe [bei Schuhen, Kleidungsstücken], die über der Norm liegt*
Über|guss (Küchenspr.): *eine Art Glasur;* Zuckerüberguss
über|ha|ben: sie hat die Bibliothek übergehabt *(war mit ihr betraut)* | (ugs.) eine Sache ü. *(ihrer überdrüssig sein);* für jemanden nichts ü. *(übrighaben, jemanden nicht leiden können)*
über|hal|ten (veraltet): *beim Kauf übervorteilen;* sie hat ihn überhalten
Über|ham|mer (sal.): das ist der Ü. *(ganz unglaublich, toll)*
über|hand|neh|men: der Straßenlärm hat überhandgenommen *(er ist übermäßig stark, unerträglich geworden)*
Über|hang: *Vorsprung [eines Felsens]* | *ein Zuviel [an Waren]* ‖ **über|hän|gen**[1], übergehangen: überhängende Schneewechten ‖ **über|hän|gen**[2]: er hängte sich das Sakko über; → hängen[2]
über|happs = **über|haps** (mda.): *überstürzt; oberflächlich;* die Entscheidung wurde ü. getroffen
über|hart: *sehr hart*
über|has|ten: *übereilen*
über|häu|fen: mit Arbeit überhäuft sein *(zu viel zu tun haben)*
über|haupt [auch: ˈyː-]: ü. nicht *(gar nicht);* er neigt ü. *(allgemein)* zu Wutausbrüchen
über|he|ben sich, überhoben: *sich beim Heben von etwas Schwerem einen gesundheitlichen Schaden zufügen* | (geh.) *sich hochmütig zeigen* ‖ **über|heb|lich:** *hochmütig; eingebildet* ‖ **Über|heb|lich|keit** die, -/-en
Über|he|ge, *auch:* Überhegung die, -/-en: *übermäßige Hege des Wildes zum Schaden für Forst- bzw. Landwirtschaft* ‖ **über|he|gen** ‖ **Über|he|gung** → Überhege

U

über|hei|zen: ein überheiztes Zimmer
über|hit|zen: überhitzter Dampf || **Über|hit|zung** die, -/-en
über|hö|hen: *erhöhen* || **über|höht:** mit überhöhter *(zu hoher)* Geschwindigkeit fahren || **Über|hö|hung** die, -/-en
über|ho|len[1] (veraltet): „Fährmann, hol über!" || **über|ho|len**[2]: von einem Bus überholt werden | die Konkurrenten ü. *(übertreffen)* | die Maschine ist überholt *(überprüft und wieder in Stand gesetzt)* worden; → überholt || **Über|hol|ma|nö|ver** [-v-, -f-]: *Überholvorgang* || **Über|hol|spur:** *Fahrstreifen zum Überholen* || **über|holt:** das Modell ist ü. *(schon veraltet);* → überholen || **Über|ho|lung** die, -/-en: *Überprüfung und Wiederinstandsetzung* || **über|ho|lungs|be|dürf|tig:** *reparaturbedürftig* || **Über|hol|ver|bot** || **Über|hol|ver|such** || **Über|hol|vor|gang**
über|hö|ren: sie hat die Warnung überhört *(nicht gehört, nicht beachtet)*
Über|ich das, -[s], *auch:* **Über-Ich** (Psych.): *das Gewissen als Kontrollinstanz*
über|in|di|vi|du|ell [-v-]: *über die Individuen hinausgehend, allgemein*
Über|in|ter|pre|ta|ti|on [-tsi̯-]: *zu weit gehende Interpretation* || **über|in|ter|pre|tie|ren**
über|ir|disch: *der Erde entrückt*
über|kan|di|delt [-ˌdiː-] ‹lat.› (ugs.): *überspannt, leicht verrückt, übertrieben*
Über|ka|pa|zi|tät (meist Pl.): *zu viel Kapazität*
über|kip|pen: die Vase ist übergekippt *(ist umgefallen)*
über|kle|ben: die alte Aufschrift mit Etiketten ü.
Über|kleid (veraltet): *über der normalen Kleidung getragenes Kleid* || **Über|klei|dung** (veraltend)
über|knö|cheln (ugs.): ein überknöchelter *(verstauchter, verrenkter)* Fuß; ich überknöchle mich beim Laufen
über|ko|chen[1]: die Milch ist übergekocht *(übergegangen)* || **über|ko|chen**[2]: die Marmelade wurde überkocht *(noch einmal gekocht)*
über|kom|men: es überkommt *(befällt)* mich ein Gefühl der Angst | ein überkommener *(überlieferter, vererbter)* Brauch
Über|kom|pen|sa|ti|on [-tsi̯-] || **über|kom|pen|sie|ren:** *zu stark kompensieren, mehr als ausgleichen*
über|kon|fes|si|o|nell: die Veranstaltung war ü. *(an keine bestimmte Konfession gebunden)*
über|kopf: einen Ball ü. treffen | die Tafel ist ü. angebracht
über|kreu|zen: mit überkreuzten Beinen | die Wege ü. *(überschneiden)* sich
über|kro|nen: den schlechten Zahn ü. *(mit einer Zahnkrone versehen)*
über|küh|len (Küchenspr..): die Suppe ü. *(ein wenig abkühlen)* lassen
über|la|den: der Lkw ist ü. *(hat zu viel Ladung)* | die Schauspielerin ist mit Schmuck ü.
über|la|gern: der Empfang der Radiosendung ist von Störsendern überlagert; die Termine ü. sich || **Über|la|ge|rung**
Über|land|fahrt || **Über|land|flug** || **Über|land|lei|tung** || **Über|land|par|tie** (veraltet): *Ausflugsfahrt aufs Land* || **Über|land|ver|kehr** || **Über|land|zen|tra|le:** *großes E-Werk zur Beförderung von Strom über weite Strecken*
über|lang || **Über|län|ge:** *mehr als normale Länge*
über|lap|pen: *teilweise überdecken;* die Termine haben sich überlappt || **Über|lap|pung** die, -/-en
über|las|sen[1] (ugs.): *übrig lassen;* er hat nichts übergelassen || **über|las|sen**[2]: dem alten Mann den Sitzplatz ü. *(abtreten)* | es bleibt ihr überlassen *(freigestellt),* ob sie kommen will oder nicht || **Über|las|sung** die, -/-en
über|las|ten: mit Arbeit überlastet sein || **Über|las|tung** die, -/-en
Über|lauf: *Abfluss [für überschüssiges Wasser]* || **Über|lauf|be|cken:** *Vorrichtung, um überlaufendes Wasser abfließen zu lassen* || **über|lau|fen**[1]: das Wasser läuft über; es ist übergelaufen | sie sind zum Gegner übergelaufen *(zu ihm übergegangen, kämpfen von nun an für ihn)* || **über|lau|fen**[2]: das neu eröffnete Geschäft ist ü. *(es wird sehr stark besucht)* | es überläuft mich kalt *(mich fröstelt; es gruselt mir)* || **Über|läu|fer:** *jemand, der zum Gegner übergeht* || **Über|läu|fe|rin** || **Über|lauf|schutz:** der Ü. bei einer Waschmaschine
über|laut: *allzu laut* || **Über|lau|tung** die, -/-en: *überdeutliche Aussprache, zB im Funksprechverkehr*
über|le|ben: seinen Freund überlebt haben *(länger gelebt haben als er); aber:* es geht ums Überleben | überlebte *(überholte, veraltete)* Ansichten || **Über|le|ben|de**[1] der, -n/-n, ein Überlebender: ein Unfall ohne Ü. || **Über|le|ben|de**[2] die, -n/-n || **Über|le|bens|chan|ce** [-ʃɑ̃ːs] || **über|le|bens|groß:** *größer als in Wirklichkeit* || **Über|le|bens|grö|ße** die, -: eine Statue in Ü. || **Über|le|bens|kampf** || **Über|le|bens|stra|te|gie** [-ʃt-, -st-] || **Über|le|bens|trai|ning** [-treːn-, engl.: -treɪn-]: *eine Ausbildung für Notsituationen*
über|le|gen[1] (Verb): sie überlegt es sich noch; hin und her ü. | eine überlegte *(wohl durchdachte)* Antwort; überlegtes Handeln || **über|le|gen**[2] (Adj.): ein überlegener Sieg; sie ist ihm ü. *(sie ist stärker, leistet mehr als er)* || **Über|le|gen|heit** die, - || **Über|le|gen|heits|ge|fühl** || **über|le|gens|wert** || **Über|le|ger** der, -s/-: *waagrechter tragender Bauteil, Träger* || **Über|le|gung** die, -/-en: mit Ü. *(mit Vorbedacht)* handeln || **Über|le|gungs|frist:** *Frist für die Annahme eines Angebotes oder Vorschlages*
über|lei|ten: sie hat mit einem Beispiel zu einem anderen Thema übergeleitet || **Über|lei|tung**
über|le|sen: sie überlas *(überflog)* den Brief nur flüchtig | er hat einen Schreibfehler ü. *(übersehen)*
über|lie|fern: sie wird dem Gericht überliefert | ein überlieferter *(von den Vorfahren stammender)* Brauch || **Über|lie|fe|rung**
über|lis|ten: die Feinde wurden überlistet || **Über|lis|tung** die, -/-en
überm: *über dem;* ü. Haus
über|ma|chen (veraltet): jemandem etwas ü. *(testamentarisch vermachen)*
Über|macht die, -: die Ü. *(Überzahl)* der Angreifer war zu groß | *Überlegenheit* || **über|mäch|tig**
über|ma|len: ein übermaltes Bild || **Über|ma|lung** die, -/-en
über|man|gan|sau|er (Chem.): übermangansaures Kali *(ein Desinfektionsmittel)*
über|man|nen (geh.): der Schlaf hat ihn übermannt *(überwältigt)* || **über|manns|hoch:** die Sträucher waren ü.

U

Über|maß das, -es: ein Ü. an Entbehrungen *(zu viele Entbehrungen)* ‖ **über|mä|ßig:** ü. teuer
Über|mensch: *eine allen Menschen überlegene Person* ‖ **über|mensch|lich:** eine übermenschliche Leistung
über|mit|teln: Grüße ü. *(überbringen, bestellen)* ‖ **Über|mitt|lung** die, -/-en ‖ **Über|mitt|lungs|fehler**
über|mor|gen: sie kommt ü. Früh *(in zwei Tagen in der Früh);* → morgen
über|mü|den: übermüdet sein ‖ **Über|mü|dung** die, -
Über|mut: *ausgelassene, leichtsinnige Stimmung* ‖ **über|mü|tig:** ü. werden
übern (ugs.): *über den;* ü. Weg laufen
über|nächs|te: am übernächsten Tag; *aber:* als Übernächste drankommen; → nächste
über|nach|ten: im Freien ü. *(dort eine Schlafgelegenheit haben)* ‖ **über|näch|tig:** *nicht ausgeschlafen* ‖ **über|näch|tigt** (bes. D): *übernächtig* ‖ **Über|nach|tung** die, -/-en

Über|nah|me die, -/-n:
die Ü. eines Geschäftes | die Ü. *(Annahme)* eines Pakets

Zusammensetzungen mit „Übernahme" wurden früher in Österreich im Allgemeinen mit Fugen-s gebildet, zB:
– Übernahmsauftrag
– Übernahmsberechtigung
In jüngerer Zeit sind aber die in Deutschland üblichen Formen (zB Übernahmebestätigung, Übernahmeberechtigung usw.) gebräuchlicher geworden.

Über|nah|me|auf|trag, *auch:* Übernahmsauftrag (Jus): *gerichtlicher Auftrag zur Rücknahme [einer Wohnung]* ‖ **Über|nah|me|be|rech|ti|gung,** *auch:* Übernahmsberechtigung ‖ **Über|nah|me|be|stä|ti|gung,** *auch:* Übernahmsbestätigung ‖ **Über|nah|me|stel|le,** *auch:* Übernahmsstelle: *Annahmestelle* ‖ **Über|nahms|auf|trag** → Übernahmeauftrag ‖ **Über|nahms|be|rech|ti|gung** → Übernahmeberechtigung ‖ **Über|nahms|be|stä|ti|gung** → Übernahmebestätigung ‖ **Über|nahms|stel|le** → Übernahmestelle
Über|na|me, *auch:* **Über|na|men:** *Spitzname, Beiname;* → Vulgoname
über|na|ti|o|nal [-tsi̯-]: *über die einzelnen Staaten hinausgehend*
über|na|tür|lich: übernatürliche *(übersinnliche)* Fähigkeiten, Phänomene
über|neh|men: ein Geschäft ü.; die Haftung übernommen haben; ein Paket ü. | sie hat sich übernommen *(sie hat sich zu viel zugetraut)* | *übervorteilen*
über|ord|nen: eine übergeordnete *(vorgesetzte)* Behörde ‖ **Über|ord|nung** die, -/-en
Über|or|ga|ni|sa|ti|on [-tsi̯-]: *übertriebene Organisation* ‖ **über|or|ga|ni|sie|ren**
über|par|tei|lich: *über den [politischen] Parteien stehend, von ihnen unabhängig*
über|pflan|zen ‖ **Über|pflan|zung:** *Bepflanzung* | (Med.) *Transplantation*
über|pin|seln: *übermalen*
Über|preis: *zu hoher Preis*
Über|pro|duk|ti|on [-tsi̯-]: *Erzeugung, die den Bedarf überschreitet*
über|pro|por|ti|o|nal [-tsi̯-]: *unverhältnismäßig viel*
über|prüf|bar ‖ **über|prü|fen:** eine überprüfte *(nachgeprüfte)* Rechnung ‖ **Über|prü|fung**
über|pur|zeln sich (ugs.): die Ereignisse haben sich überpurzelt *(überschlagen)*
Über|qua|li|fi|ka|ti|on [-tsi̯-]: *zu hohe Qualifikation* ‖ **über|qua|li|fi|ziert**
über|quel|len, übergequollen: *überfließen;* den überquellenden *(übervollen)* Papierkorb leeren
über|quer: Hölzer zum Trocknen ü. *(kreuzweise)* legen | (ugs.) wir sind ü. gekommen *(uneins geworden)* ‖ **über|que|ren:** bei Grün die Straße ü.; mit dem Fahrrad die Alpen ü. ‖ **Über|que|rung** die, -/-en
über|ra|gen[1]: ein überragender *(überhängender)* Felsen ‖ **über|ra|gen**[2]: er hat alle um einen Kopf überragt | eine Gelehrte von überragender Bedeutung
über|ra|schen, du überrasch[s]t: sein rasches Reagieren hat mich echt überrascht *(erstaunt);* wir haben sie mit einem Geschenk überrascht; von einem Gewitter überrascht *(erwischt)* werden ‖ **über|ra|schend:** ü. *(unerwartet)* schnell ‖ **über|ra|schen|der|wei|se** ‖ **Über|ra|schung** die, -/-en: zu meiner Ü.; eine kleine Ü. ‖ **Über|ra|schungs|ef|fekt** ‖ **Über|ra|schungs|mo|ment** das, -[e]s/-e: *überraschende Wirkung, unerwarteter Gesichtspunkt*
über|re|a|gie|ren: *zu stark reagieren*
über|rech|nen: *[genau] nachrechnen; flüchtig durchrechnen;* sie hat den Betrag überrechnet
über|re|den: sie hat mich zum Dableiben überredet ‖ **Über|re|dung** die, -/-en ‖ **Über|re|dungs|kunst**
über|re|gi|o|nal: *nicht an ein bestimmtes Gebiet gebunden*
über|reich: jemanden ü. *(sehr reich)* beschenken
über|rei|chen: das Zeugnis wurde ihr feierlich überreicht
über|reich|lich: ü. vorhandene Lebensmittel
Über|rei|chung die, -/-en: *feierliche Übergabe*
über|reif: überreifes Obst ‖ **Über|rei|fe**
über|rei|ßen (Sport): einen Ball ü. *(mit extremem Drall versehen)* | (ugs.) *begreifen, durchschauen;* er überreißt *(merkt)* auch gar nichts
über|rei|zen: durch Stress überreizt sein ‖ **Über|reizt|heit** die, - ‖ **Über|rei|zung** die, -/-en
über|ren|nen: ein Hindernis ü. *(umrennen)* | (Sport) die Verteidiger wurden überrannt *(überspielt)*
Über|re|prä|sen|ta|ti|on [-tsi̯-] ‖ **über|re|prä|sen|tiert:** *überdurchschnittlich stark vertreten*
Über|rest: alle Überreste beseitigen | (geh.) die sterblichen Überreste *(der Leichnam)*
über|rie|seln: es überrieselt *(überläuft)* mich kalt
Über|rock (veraltet): *[kurzer] [Herren]mantel, Überzieher*
über|rol|len: *überfahren* | von einer neuen Entwicklung überrollt werden
über|rum|peln: der Wächter wurde überrumpelt *(überrascht und überwältigt);* die Chefin ü. *(vor vollendete Tatsachen stellen)* ‖ **Über|rum|pe|lung** = **Über|rump|lung** die, -/-en
über|run|den (Sport): *eine Runde Vorsprung gewinnen* | überrundet *(übertroffen)* werden ‖ **Über|run|dung** die, -/-en
übers: *über das;* ü. ganze Dach; ü. Jahr *(heute in einem Jahr);* ü. Eck

U

(diagonal) zusammenrollen
über|sä|en (geh.): der mit Sternen übersäte Himmel
über|satt: *mehr als satt* ‖ **über|sät|ti|gen:** den Körper mit Protein ü. *(ihm mehr zuführen als erforderlich)* ‖ **Über|sät|ti|gung**
über|säu|ern: ein übersäuerter Magen *(mit zu hohem Säureanteil)* ‖ **Über|säu|e|rung** die, -/-en
Über|schall|ge|schwin|dig|keit: mit Ü. *(schneller als der Schall, mit mehr als 330 m/s)* fliegen
über|schat|ten: das Fest wurde durch einen Unfall überschattet *(beeinträchtigt)* ‖ **Über|schat|tung** die, -/-en
über|schät|zen: er hat seine Kräfte überschätzt *(sich zu viel zugemutet)* ‖ **Über|schät|zung** die, -/-en
Über|schau die, -: *Übersicht* ‖ **über|schau|bar** ‖ **Über|schau|bar|keit** die, - ‖ **über|schau|en:** *überblicken;* vom Gipfel haben sie das ganze Tal überschaut
über|schäu|men: das Bier ist übergeschäumt *(der Schaum ist übergeflossen)* | überschäumende *(außergewöhnliche, begeisternde)* Freude
über|schla|fen: den Vorschlag erst noch ü. *(sich erst später entscheiden)*
Über|schlag: *eine Turnübung* | sie macht nur einen Ü. *(eine ungefähre Berechnung)* ‖ **über|schla|gen**[1] (Verb): mit übergeschlagenen Beinen sitzen | überschlagende Funken | mit überschlagender *(umkippender)* Stimme ‖ **über|schla|gen**[2] (Verb): das Auto hat sich ü. | einige Seiten des Buches ü. *(sie beim Lesen auslassen)* | die Kosten ü. *(schätzen)* | seine Stimme überschlug sich ‖ **über|schla|gen**[3] (Adj.) (reg.): überschlagenes *(lauwarmes)* Wasser ‖ **Über|schlags|rech|nung:** *nur ungefähre Rechnung, Schätzung* ‖ **über|schlags|wei|se:** die Kosten ü. *(beiläufig, ungefähr)* berechnen
Über|schmäh (ugs., sal.): *bes. gelungener, origineller Schmäh*
über|schnap|pen (ugs.): *verrückt werden*
über|schnei|den: die Veranstaltungen haben sich zeitlich überschnitten; diese zwei Linien ü. sich ‖ **Über|schnei|dung** die, -/-en
über|schnell: *zu schnell*
über|schrei|ben: einen Bericht ü. *(mit einer Überschrift versehen)* | eine alte Datei mit der neuen Version ü. *(löschen und ersetzen)* | dieses Haus wurde auf die älteste Tochter überschrieben *(wurde ihr grundbücherlich übergeben)* ‖ **Über|schrei|bung**
über|schrei|en: die anderen ü. *(noch lauter schreien als sie)*
über|schreit|bar ‖ **über|schrei|ten:** die Grenze ü. *(passieren)* | die Frist überschritten haben ‖ **Über|schrei|ten** das, -s: „Das Überschreiten der Gleise ist verboten!" ‖ **Über|schrei|tung** die, -/-en: Ü. der zulässigen Höchstgeschwindigkeit
Über|schrift: eine passende Ü. für den Text finden
Über|schuh: *großer übergezogener zweiter Schuh als Schutz vor Kälte und Nässe*
über|schul|det: die Firma ist ü. *(hat zu viele Schulden)* ‖ **Über|schul|dung** die, -/-en
Über|schuss: einen Ü. *(einen Gewinn)* erzielen ‖ **über|schüs|sig:** er hat noch überschüssige *(zu viele)* Kräfte
über|schüt|ten: mit Beifall überschüttet werden
Über|schwang der, -[e]s: im Ü. [der Gefühle] *(in übergroßer Begeisterung)* ‖ **über|schwäng|lich:** jemanden ü. *(übermäßig begeistert)* loben ‖ **Über|schwäng|lich|keit** die, -/-en
über|schwap|pen: das Wasser ist übergeschwappt
über|schwem|men: völlig überschwemmte Uferstraßen ‖ **Über|schwem|mung** die, -/-en ‖ **Über|schwem|mungs|ge|biet** ‖ **Über|schwem|mungs|ka|ta|st|ro|phe** [-f-]
über|schwer: *sehr schwer*
Über|see (ohne Art.) (veraltend): Waren aus Ü. *(aus Ländern jenseits des Ozeans);* Verwandte in Ü. haben; nach Ü. ‖ **Über|see|damp|fer** (veraltet): *Ozeanschiff* ‖ **Über|see|han|del** (veraltend) ‖ **über|see|isch** (veraltend): überseeische Besitzungen *(Kolonien auf anderen Kontinenten)*
über|seh|bar: *überschaubar* | *einschätzbar* ‖ **über|se|hen:** *überschauen;* vom Gipfel das ganze Tal ü. | *irrtümlich oder absichtlich nicht sehen;* eine Warntafel ü.; wir haben die Zeit ü.
über|sen|den: mit der Post übersendete *(übersandte, zugeschickte)* Waren ‖ **Über|sen|dung**
über|sen|si|bel: *überempfindlich;* ü. reagieren
über|setz|bar: *in eine andere Sprache übertragbar* ‖ **Über|setz|bar|keit** die, - ‖ **über|set|zen**[1]: die Flüchtenden werden eilig in Booten übergesetzt ‖ **über|set|zen**[2]: *aus einer Sprache in eine andere [schriftlich oder mündlich] übertragen;* dieses Buch wurde in mehrere Sprachen übersetzt ‖ **Über|set|zer** der, -s/- ‖ **Über|set|ze|rin** die, -/-innen ‖ **Über|set|zung** die, -/-en: eine gute Ü. aus dem Englischen | *Kraftübertragung beim Fahrrad* ‖ **Über|set|zungs|bü|ro** ‖ **Über|set|zungs|feh|ler**
Über|sicht die, -: die Ü. *(den Überblick)* behalten | (mit Pl. -en) *[tabellarische] Zusammenstellung;* eine Ü. über das vergangene Jahr geben ‖ **über|sich|tig:** *weitsichtig* ‖ **über|sicht|lich:** eine übersichtliche Anordnung ‖ **Über|sicht|lich|keit** die, - ‖ **Über|sichts|kar|te** ‖ **Über|sichts|plan**
über|sie|deln: sie ist aufs Land übersiedelt ‖ **Über|sied|lung,** *auch:* Übersiedelung
über|sinn|lich: *mit den Sinnesorganen nicht mehr wahrnehmbar; übernatürlich*
über|span|nen: *zu stark spannen;* er hat den Bogen überspannt *(die Sache zu weit getrieben)* ‖ **über|spannt:** ein überspanntes *(unnatürliches, geziertes)* Benehmen ‖ **Über|spannt|heit** die, -/-en ‖ **Über|span|nung**[1] (Elektrot.): *zu hohe elektrische Spannung* ‖ **Über|span|nung**[2]: *zu starke Bespannung [eines Tennisschlägers]* ‖ **Über|span|nungs|schutz** (Elektrot.)
über|spie|len: der Stürmer hat den Verteidiger überspielt | seine Angst ü. *(sie sich nicht anmerken lassen)* | von einer CD-ROM auf Kassette ü. | (veraltet) ein überspieltes *(gebrauchtes, abgenütztes)* Klavier ‖ **Über|spie|lung** die, -/-en
über|spit|zen: eine überspitzte *(übertriebene)* Behauptung
über|sprin|gen[1]: der elektrische Funke ist übergesprungen ‖ **über|sprin|gen**[2]: das Pferd hat das Hindernis übersprungen; beim Lesen eine Zeile ü.
über|spru|deln: übersprudelnde *(ausgelassene)* Heiterkeit
über|sprü|hen[1]: sie sind vor Freude übergesprüht ‖ **über-**

U

sprü|hen[2]: sie haben die Haare mit Spray übersprüht
über|spü|len: die Wellen ü. die Sandburgen am Strand
über|staat|lich: *international;* das Rote Kreuz ist eine überstaatliche Vereinigung
über|stän|dig: das Getreide ist ü. *(es hätte schon geerntet werden sollen)*
über|stark: *außerordentlich stark*
über|ste|chen: *[im Kartenspiel] den Stich eines anderen übertreffen*
über|ste|hen[1]: ein weit überstehender Balken || **über|ste|hen**[2]: eine Krankheit glücklich überstanden haben | (ugs.) es überstanden haben *(gestorben sein)*
über|stei|gen: ich habe das Hindernis überstiegen; das übersteigt *(geht über)* meine Kraft
über|stei|gern: ein übersteigertes *(über das normale Maß hinausgehendes)* Geltungsbedürfnis; übersteigerte Preise || **Über|stei|ge|rung**
über|stel|len (Amtsspr.): der Häftling wurde dem Gericht überstellt *(übergeben)* || **Über|stel|lung**
über|steu|ern (Elektrot.): eine Bandaufnahme ü. *(verzerren)* | (Kfz.) das Auto übersteuert *(es zeigt zu starke Wirkung der Lenkung);* → untersteuern
über|stim|men: der Antragsteller wurde überstimmt *(sein Antrag wurde mit Stimmenmehrheit abgelehnt)* || **Über|stim|mung**
über|strah|len: von der Sonne überstrahlte Berghänge | Freude überstrahlte ihr Gesicht
über|stra|pa|zie|ren: *zu sehr strapazieren*
über|strei|chen: die Aufschrift wurde überstrichen
über|strei|fen, übergestreift: sich ein Kleid ü. *(es anziehen)*
über|streu|en: die Torte mit Schokostreusel ü.
über|strö|men[1]: das Wasser ist übergeströmt; überströmende Freude || **über|strö|men**[2]: der Fluss hat die Wiesen überströmt *(überflutet)*
über|stül|pen: eine Kapuze ü. *(über den Kopf ziehen)*
Über|stun|de: *Mehrdienstleistung;* Überstunden machen || **Über|stun|den|zu|schlag**
über|stür|zen: nichts ü. *(nichts übereilen);* die Ereignisse haben sich danach überstürzt
über|ta|rif|lich: ü. entlohnt werden *(mehr Geld als üblich bekommen)*
über|täu|ben: den Lärm ü. *(übertönen)*
über|tau|chen: eine übertauchte *(ohne Behandlung überstandene)* Krankheit
über|töl|peln, ich übertölple, übertölpelt: *jemanden plump übervorteilen* || **Über|töl|pe|lung** die, -/-en
über|tö|nen: durch den Straßenlärm übertönte Hilferufe
Über|topf: äußerer *(meist schön gestalteter)* Blumentopf
Über|trag der, -[e]s/-träge: *Summe, die [in einem Kassabuch] vom Ende der einen Seite auf den Beginn der nächsten Seite überschrieben wird* || **über|trag|bar:** eine übertragbare *(ansteckende)* Krankheit || **Über|trag|bar|keit** die, - || **über|tra|gen**[1] (Verb): das Konzert wird im Radio live ü. | einen Text ü. *(übersetzen)* | eine Krankheit ü. | jemandem eine Aufgabe ü. | die erhobenen Zahlen in eine Liste ü. | in übertragener Bedeutung *(nicht im eigentlichen Wortsinn)* || **über|tra|gen**[2] (Adj.): übertragene *(schon von anderen getragene, gebrauchte)* Kleider || **Über|trä|ger** (Med.): *Lebewesen, das eine Krankheit überträgt* || **Über|trä|ge|rin** (Med.) || **Über|tra|gung** die, -/-en: eine Ü. im Fernsehen | *Übersetzung* | die Übertragung *(das Übertragen) von Funktionen* | die Ü. einer Krankheit || **Über|tra|gungs|ge|schwin|dig|keit** || **Über|tra|gungs|wa|gen:** *Wagen [des Fernsehens] mit eingebauten technischen Anlagen;* → Ü-Wagen
über|trai|niert [-tren-]: der Sportler war ü. *(er hatte zu viel trainiert)*
über|tref|fen: an Fleiß von niemandem übertroffen werden
über|trei|ben: *etwas aufbauschen, dramatisieren;* nicht ü. *(Maß halten)* | übertriebene *(zu hohe)* Ansprüche || **Über|trei|bung** die, -/-en
über|tre|ten[1]: sie ist in eine Fachschule übergetreten | der Bach ist nach dem Regenguss übergetreten *(über das Ufer gestiegen)* | zum Islam ü. || **über|tre|ten**[2]: ein Gesetz ü. *(dagegen verstoßen)* | sich den Fuß ü. *(leicht verstauchen)* || **Über|tre|tung** die, -/-en: eine Ü. begehen *(die Höchstgeschwindigkeit überschreiten oÄ)* || **Über|tre|tungs|fall** (Amtsspr.): im Ü. ist eine hohe Strafe zu zahlen
über|trie|ben: übertriebene *(zu hohe)* Ansprüche stellen; → übertreiben || **Über|trie|ben|heit** die, -/-en
Über|tritt: der Ü. in eine andere Schule
über|trock|nen: *[flüchtig] trocknen; halbwegs trocken werden*
über|trump|fen: übertrumpft *(übertroffen)* werden
über|tün|chen: *flüchtig [nicht deckend] überstreichen*
über|über|mor|gen: *am Tag nach übermorgen*
über|ver|si|chern: eine überversicherte *(zu hoch versicherte)* Wohnung; → unterversichern || **Über|ver|si|che|rung**
über|völ|kert: ein übervölkertes *(zu dicht besiedeltes)* Gebiet || **Über|völ|ke|rung** die, -
über|voll: *zu voll;* eine übervolle *(überfüllte)* U-Bahn
über|vor|sich|tig: *übertrieben vorsichtig*
über|vor|tei|len: *überlisten;* bei einem Kauf übervorteilt *(übertölpelt)* werden || **Über|vor|tei|lung**
über|wach: *hellwach*
über|wa|chen: überwacht *(kontrolliert, beaufsichtigt)* werden
über|wach|sen [-ks-]: ein von Efeu überwachsenes Grabkreuz
Über|wa|chung die, -/-en || **Über|wa|chungs|dienst** || **Über|wa|chungs|ka|me|ra**
über|wäl|ti|gen: überwältigt *(bezwungen)* werden | überwältigt *(beeindruckt)* sein || **über|wäl|ti|gend:** ein überwältigender *(herrlicher)* Anblick | mit überwältigender *(sehr großer)* Mehrheit || **Über|wäl|ti|gung** die, -/-en
über|wäl|zen: die Verantwortung auf andere ü. *(abschieben);* eine überwälzte Schuld
über|wech|seln [-ks-]: der Spieler ist zu einem anderen Verein übergewechselt
über|wei|den: *als Weide überbeanspruchen*
über|wei|sen || **Über|wei|sung:** die Ü. zu einer Fachärztin | (Bankw.) *bargeldloser Vorgang, bei dem ein Geldbetrag von einem Konto auf ein anderes gelangt* || **Über|wei|sungs|auf|trag** (Bankw.) || **Über|wei|sungs|schein:** *Formular, mit dem ein Patient an einen Facharzt überwiesen wird*

Über|wei|te: genügend Ü. *(Spielraum)* im Kleid
über|wer|fen[1]: den Mantel übergeworfen haben ‖ **über|wer|fen**[2] sich: wir haben uns überworfen *(zerstritten)*
über|wer|tig: *von unangemessen hohem Wert* ‖ **Über|wer|tig|keit** die, -
über|wie|gen: in unserer Schule überwogen die Mädchen *(es gab mehr Mädchen als Knaben);* der überwiegende Teil der Österreicher/innen ‖ **über|wie|gend:** Österreich ist ü. *(größerenteils)* Gebirgsland
über|win|deln, überwindelt: ich überwindle *(übernähe)* die Schnittkanten eines Stoffes
über|win|den: etliche Schwierigkeiten überwunden *(bewältigt)* haben | (geh.) *besiegen* ‖ **Über|win|dung:** das kostet mich große Ü. *(ich mache es nur [sehr] ungern)*
über|win|tern: der Dachs hat in seinem Bau überwintert | Erdäpfel im Keller ü. ‖ **Über|win|te|rung** die, -/-en
über|wöl|ben: ein überwölbter Raum ‖ **Über|wöl|bung**
über|wu|chern: ein von Unkraut überwuchertes Grab
Über|wurf: *Zierdecke [für ein Sofa] | Umhang*
über|wu|zelt (reg., bes. W., ugs., scherzh.): *nicht mehr jung und unverbraucht*
Über|zahl die, -: wir waren in der Ü. *(zahlreicher)* ‖ **über|zah|len:** wir haben die Ware überzahlt *(zu teuer gekauft)* ‖ **über|zäh|lig:** *überflüssig*
über|zeich|nen: einen Vorfall ü. *(übertrieben darstellen)* | (Wirt.) eine Anleihe wird überzeichnet *(die Nachfrage nach ihr ist größer als das Angebot)* ‖ **Über|zeich|nung**
über|zeit|lich (geh.): *die Zeiten überdauernd, nicht modisch, nicht zeitgebunden*
über|zeu|gen: jemanden von der Sinnhaftigkeit eines Plans ü.; von sich überzeugt sein *(an sich glauben);* sie ist eine überzeugte Anhängerin ihrer Idee ‖ **über|zeu|gend:** etwas ü. *(glaubwürdig)* darstellen; das sind überzeugende Beweise ‖ **Über|zeu|gung:** das ist meine volle Ü. ‖ **Über|zeu|gungs|ar|beit:** Ü. leisten *(zu überzeugen versuchen)* ‖ **Über|zeu|gungs|kraft**

über|zie|hen[1]: sie hat einen Mantel übergezogen ‖ **über|zie|hen**[2]: die Sendezeit ü. *(überschreiten)* | ein frisch überzogenes Bett | (Bankw.) das Konto ü. *(das Guthaben überschreiten)* | (ugs.) *begreifen;* er überzieht das bestimmt nicht ‖ **Über|zie|her** der, -s/-: *ein leichter [Übergangs-] mantel, Überrock* ‖ **Über|zie|hungs|rah|men** (Bankw.): *Betrag, bis zu dem ein Konto überzogen werden darf*
über|züch|tet: eine überzüchtete *(durch übertriebene Zucht geschädigte)* Hunderasse
über|zu|ckern: der Strudel ist überzuckert; die Berge sind [weiß] überzuckert *(durch leichten Schneefall weiß)*
Über|zug: *Hülle für Polster, Tuchent uÄ*
Ubi|ka|ti|on [-tsi̯-] die, -/-en ⟨lat.⟩ (veraltet): *militärische Unterkunft*
üb|lich: das ist nicht ü. *(nicht gebräuchlich);* zur üblichen *(gewohnten)* Stunde ‖ **üb|li|cher|wei|se**
U-Boot: *Kurzwort für Unterseeboot | jemand, der [zum Schutz vor Verfolgung] untergetaucht lebt, sich versteckt hält* ‖ **U-Boot-Be|sat|zung**

üb|rig

Kleinschreibung:
- die übrigen Anwesenden
- übriges Geld *(überschüssiges)*

Großschreibung bei Nominalisierung:
- die **Ü**brigen
- das/alles **Ü**brige *(das andere)*
- alles **Ü**brige *(andere)*
- im **Ü**brigen *(außerdem)*
- ein **Ü**briges tun *(mehr als nötig)*

Getrenntschreibung bei wörtlicher Bedeutung:
- übrig sein
- übrig behalten
- 3 Stück sind übrig geblieben
- noch etwas Geld übrig haben
- Essen übrig lassen

Zusammenschreibung bei übertragener Bedeutung:
- viel für Musik übrighaben *(für sie viel Sinn, viel Interesse haben)*
- für jemanden nichts übrighaben *(jemanden nicht leiden können)*

Getrennt- und Zusammenschreibung:
- es ist mir nichts übrig geblieben (= übriggeblieben) *(es ist kein anderer Ausweg geblieben)*
- seine Leistung hat zu wünschen übrig gelassen (= übriggelassen) *(hat den Erwartungen nicht entsprochen); aber nur getrennt:* keinen Bissen übrig lassen

üb|rig blei|ben = üb|rig|blei|ben: es ist mir nichts übrig geblieben (= übriggeblieben) *(kein anderer Ausweg geblieben); aber:* es ist noch etwas Geld übrig geblieben; → übrig ‖ **üb|ri|gens:** *außerdem; nebenbei bemerkt; schließlich und endlich* ‖ **üb|rig|ha|ben** → übrig ‖ **üb|rig las|sen = üb|rig|las|sen:** nichts zu wünschen übrig lassen (= übriglassen); *aber:* er hat keinen Bissen übrig gelassen; → übrig
Übung die, -/-en: Ü. macht den Meister; aus der Ü. kommen; eine Ü. der Feuerwehr | *Übungsaufgabe;* Hausübung | (Jus) nach der Ü. des redlichen Verkehrs *(nach dem Gewohnheitsrecht)* ‖ **Übungs|auf|ga|be:** eine schwere Ü. lösen ‖ **übungs|hal|ber:** etwas ü. *(zu Übungszwecken)* tun ‖ **Übungs|haupt|schu|le** (Bildw.) ‖ **Übungs|platz** (Mil.): *Truppenübungsplatz* ‖ **Übungs|sa|che:** das ist reine Ü. ‖ **Übungs|schu|le** (Bildw.): *zu einer Pädagogischen Hochschule gehörende Schule* ‖ **Übungs|stun|de** ‖ **Übungs|volks|schu|le** (Bildw.)
u. dgl.: und **d**er**gl**eichen ‖ **u. dgl. m.: u**nd **d**er**gl**eichen **m**ehr
Udi|ne: *Stadt in Nordostitalien*
u. d. M.: unter **d**em **M**eeresspiegel *(Abkürzung bei Höhenangaben/Tiefenangaben)* ‖ **ü. d. M.: ü**ber **d**em **M**eeresspiegel *(Abkürzung bei Höhenangaben)*
Udo: *männl. Vorname*
UdSSR [u de ɛs ɛs 'ɛr] die, - (früher): **U**nion **d**er **S**ozialistischen **S**owjet**r**epubliken *(Sowjetunion);* in der UdSSR; → GUS
UEFA die, -: **U**nion of **E**uropean **F**ootball **A**ssociations *(Europäischer Fußballverband)* ‖ **UEFA-Cup** [-kʌp]: *ein Europacupbewerb im Fußball*
U-Ei|sen: *Eisenstück mit U-förmigem Querschnitt*
Ufer das, -s/-: am U. des Flusses; über die U. treten ‖ **Ufer|be|fes|ti|gung** ‖ **Ufer|bö|schung** ‖ **Ufer|land|schaft:** *Flusslandschaft* ‖ **ufer|los:** ein uferloses *(endloses)* Gerede | (Großschreibung) ins **U**ferlose *(allzu weit)* gehen; sich

U

ins **Uferlose** *(ins Endlose)* verlieren ‖ **Ufer|pro|me|na|de** ‖ **Uferstra|ße**
uff: *ein Ausruf;* uff, das war anstrengend!
UFO das, -s/-s, *auch:* Ufo: **u**nbekanntes **F**lug**o**bjekt
u-för|mig = **U-för|mig**
Ugan|da: *afrikanischer Staat*
U-Haft: *Kurzwort für Untersuchungshaft*
U-Ha|ken: *u-förmig gebogener Metallstift mit zwei Spitzen* ‖ **U-Hakerl**
Uhr die, -/-en: die Uhr aufziehen; auf die Uhr schauen; sich auf die innere Uhr *(das Zeitgefühl)* verlassen; rund um die Uhr *(Tag und Nacht)* | (mit Abkürzung h, meist hochgestellt) um 5h *(um 5 Uhr);* um 8:10 (auch: 8.10) Uhr (sprich: acht Uhr zehn) ‖ **Uh|ren|in|dus|t|rie** ‖ **Uhr|ket|te:** *Kette für eine Taschenuhr* ‖ **Uhr|ma|cher** ‖ **Uhr|ma|che|rin** ‖ **Uhr|werk** ‖ **Uhr|zei|ger** ‖ **Uhr|zei|ger|sinn** der, -[e]s: sich im U. drehen; gegen den U. ‖ **Uhr|zeit**
Uhu der, -s/-s (Zool.): *eine Eulenart* | (auch mit Art. das) (Wz.) *ein Klebstoff (Produktname)*
Uhud|ler der, -s/-: *Bezeichnung für mehrere nicht veredelte Reb- und Weinsorten im Südburgenland und in der Oststeiermark*
ui: *ein Ausruf* ‖ **ui je** = **ui je|gerl** (ugs.): *Ausruf des Bedauerns oder des Erschreckens*
UK [selten: u 'ka:, ju: 'keɪ] das, -[s]: **U**nited **K**ingdom *(Vereinigtes Königreich von Großbritannien und Nordirland)*
Ukas der, -/Ukasse ⟨russ.⟩ (abw.): *Weisung [der Obrigkeit]*
UKH [u ka 'ha:]: **U**nfall**k**ranken**h**aus
Uk|ra|i|ne [auch: -'aɪ-] die, - (Kfz: UA): *ein Staat* ‖ **Uk|ra|i|ner** der, -s/- ‖ **Uk|ra|i|ne|rin** die, -/-innen ‖ **uk|ra|i|nisch** ‖ **Uk|ra|i|nisch** das, -[s] = **Uk|ra|i|ni|sche,** -n: *die ukrainische (eine ostslawische) Sprache;* → Deutsch
Uku|le|le die, -/-n ⟨hawaiianisch⟩: *kleine viersaitige Gitarre*
UKW [u ka 've:] (ohne Art.): **U**ltra**k**urz**w**elle ‖ **UKW-Emp|fän|ger** ‖ **UKW-Sen|der**
Ulan der, -en/-en ⟨türk.-poln.⟩ (Mil.) (früher): *Lanzenreiter*
Ule|ma der, -s/-s ⟨arab.-türk.⟩: *Rechts- und Religionsgelehrter im Islam*
Ulf: *männl. Vorname*
Uli, *auch:* Ulli: *weibl. und männl. Vorname;* → Ulrike, Ulrich
Ulk der, -[e]s/-e (bes. D): *Scherz, Spaß, Streich* ‖ **ul|kig** (bes. D): *lustig, komisch* ‖ **Ulk|nu|del** (bes. D, ugs.): *bes. spaßige, komische Person*
Ul|kus das (*auch:* der), -/Ulzera ⟨lat.⟩ (Med.): *Entzündung der [Schleim]haut; Geschwür*
Ul|li → Uli
Ul|me die, -/-n: *ein Laubbaum, Rüster*
Ul|rich: *männl. Vorname;* → Uli ‖ **Ul|ri|ke:** *weibl. Vorname;* → Uli
Uls|ter ['ul-, engl. 'ʌl-] der, -s/-: *ein klassischer weiter [Herren]mantel (nach der nordirischen Provinz Ulster)*
Ul|ti|ma Ra|tio [- -tsi̯-] die, - - ⟨lat.⟩: *letzter Beweisgrund; äußerstes Mittel* ‖ **ul|ti|mat** (geh.): *endgültig, unüberbietbar;* die ultimate Biografie der Beatles ‖ **ul|ti|ma|tiv:** *in Form eines Ultimatums* | (sal.) das ultimative *(nicht mehr überbietbare)* Kochbuch ‖ **Ul|ti|ma|tum** das, -s/Ultimaten: *letzte [befristete] Aufforderung;* das U. läuft ab; ich habe ihm ein U. gestellt ‖ **Ul|ti|mo** der, -s/-s (Kaufmannsspr.): *der letzte Tag des Monats, besonders als Zahltag*
ul|t|ra- ⟨lat.⟩ (nur in Zusammensetzungen wie Ultraschall) ‖ **Ul|t|ra**[1] der, -s/-s ⟨lat.⟩: *[politischer] Extremist* ‖ **Ul|t|ra**[2] die, -/-s ‖ **Ul|t|ra|kurz|wel|le** (UKW): das Hörfunkprogramm auf U. empfangen ‖ **Ul|t|ra|kurz|wel|len|emp|fän|ger** ‖ **Ul|t|ra|kurz|wel|len|the|ra|pie** (Med.) ‖ **ul|t|ra|links:** *politisch radikal links [stehend]* ‖ **ul|t|ra|ma|rin:** *tiefblau* ‖ **Ul|t|ra|ma|rin** das, -s ‖ **ul|t|ra|rechts:** *politisch radikal rechts [stehend]* ‖ **Ul|t|ra|schall** der, -[e]s (Phys.): *Schallschwingungen oberhalb der Hörbarkeitsgrenze* ‖ **Ul|t|ra|schall|be|hand|lung** (Med.) ‖ **Ul|t|ra|schall|un|ter|su|chung** (Med.) ‖ **Ul|t|ra|schall|wel|le** (Phys.) ‖ **ul|t|ra|vi|o|lett** [-v-] (UV) (Phys.): ultraviolette Strahlen *(elektromagnetische Schwingungen größerer Wellenlänge als violettes Licht;* → G.: infrarot ‖ **Ul|t|ra|vi|o|lett** (Phys.)
Ul|ze|ra die (Pl. von → Ulkus)

um

Präposition mit Akkusativ:
- rund um den Wolfgangsee
- um sich blicken
- aus Sorge um dich
- sie schickt ihn um Semmeln
- wir treffen uns um 19 Uhr 30 *(Punkt 19:30)*
- um 1930 *(etwa um das Jahr 1930)*
- einen Tag um den anderen verstreichen lassen
- ein Buch um zehn Euro; wir wetten um 5 €

Adverb:
- um sein; deine Zeit ist um *(abgelaufen)*
- es ist um und um nichts zu sehen *(weit und breit); aber:* das **Um** und Auf *(das Wesentliche)*

Konjunktion – Beistrichsetzung: Ist eine Infinitivgruppe mit „um zu" eingeleitet, so muss ein Beistrich stehen:
- Ich komme, um zu helfen.
- Sie fuhr aufs Land, um sich endlich zu erholen.

um|ackern: das frisch umgeackerte Feld
um|ad|res|sie|ren: *die Anschrift ändern*
um|än|dern: ein umgeändertes *(umgearbeitetes)* Kleid ‖ **Um|än|de|rung**
um|ar|bei|ten: ein umgearbeitetes *(im Aussehen verändertes, umgestaltetes)* Kleid ‖ **Um|ar|bei|tung** die, -/-en
um|ar|men: einander herzlich u. ‖ **Um|ar|mung** die, -/-en
Um|bau der, -[e]s/-ten: der U. eines Hauses ‖ **um|bau|en**[1]: *baulich verändern;* ein umgebautes Haus ‖ **um|bau|en**[2]: ein [mit Häusern] umbauter See
um|be|hal|ten: das Halstuch u.
um|be|nen|nen: die Straße wurde umbenannt ‖ **Um|be|nen|nung**
um|be|set|zen: ihre Rolle wurde umbesetzt *(einer anderen Schauspielerin gegeben)* ‖ **Um|be|set|zung**
um|be|stel|len: *die Bestellung ändern*
um|bet|ten: die Kranke wurde umgebettet ‖ **Um|bet|tung** die, -/-en
um|bie|gen: ein umgebogener Draht
um|bil|den: *umgestalten* ‖ **Um|bil|dung:** die Umbildung der Regierung
um|bin|den: eine umgebundene Schürze
um|bla|sen: das Kartenhaus u. *(durch Blasen zum Umstürzen bringen)*

U

um|blat|teln (ugs.): *umblättern* ‖ **um|blät|tern:** *die Seite eines Buchs, einer Zeitung oÄ wenden*
Um|blick: *Übersicht, Umschau* ‖ **um|bli|cken**
Um|bra die, - = das, -[s] ⟨lat.⟩: *eine braune Farbe*
um|bran|den (geh.): vom Meer umbrandete Felsen
um|brau|sen (geh.): von tosendem Beifall umbraust
um|bre|chen[1]: *abbrechen, knicken* | umgebrochene *(umgepflügte)* Äcker ‖ **um|bre|chen**[2] (Druckw.): die Seiten [für ein Buch] u. *(einteilen);* → Umbruch
um|brin|gen: *töten;* er hat einen Menschen umgebracht; sich u. *(Selbstmord begehen)* | (ugs.) diese Lederhose ist nicht umzubringen *(sie ist unverwüstlich)*
Um|bruch: *grundlegende [politische] Änderung* | (Druckw.) *der bereits nach Seiten eingeteilte Drucksatz*
um|bu|chen: eine Summe auf ein anderes Konto u. | sie hat den Flug umgebucht *(auf ein anderes Flugzeug)* ‖ **Um|bu|chung**
um|da|tie|ren: *anders datieren* ‖ **Um|da|tie|rung**
um|den|ken, umgedacht: *anders zu denken beginnen* ‖ **Um|denk|pro|zess**
um|deu|ten: eine Frage u. *(anders deuten)*
um|di|ri|gie|ren: die Firma hat die Lieferung umdirigiert *(sie anderswohin geleitet)*
um|dis|po|nie|ren: wir haben umdisponiert *(anders entschieden, den Plan geändert)* ‖ **Um|dis|po|nie|rung** die, -/-en
um|drän|gen: die Menschenmassen umdrängten die Rednertribüne
um|dre|hen: *umwenden;* alle haben sich umgedreht ‖ **Um|dre|hung** [auch: -ˈeː-]: 2 500 Umdrehungen in der Minute [eines Motors] ‖ **Um|dre|hungs|ge|schwin|dig|keit:** die U. eines Motors ‖ **Um|dre|hungs|zahl**

um|ei|n|an|der

Getrenntschreibung, wenn die Hauptbetonung auf dem Verb liegt:
– sich umeinander kümmern
– sich umeinander sorgen
Zusammenschreibung, wenn die Betonung auf „umeinander" liegt:
– umeinanderlaufen (mda. für: *herumlaufen*)
– umeinanderstehen (mda. für: *herumstehen*)

um|ei|n|an|der|lau|fen (mda.): *herumlaufen* ‖ **um|ei|n|an|der|ste|hen** (mda.): *herumstehen*
um|er|zie|hen: *anders erziehen* | (Pol.) Dissidenten u. *(sie [gewaltsam] zu einer anderen [politischen] Denkweise bringen)* ‖ **Um|er|zie|hung**
um|fah|ren[1] (ugs.): sie hat ihn umgefahren *(niedergefahren)* ‖ **um|fah|ren**[2]: das Hindernis wurde u. ‖ **Um|fah|rung** die, -/-en (Verk.): *Umleitung des Straßenverkehrs* | *Umfahrungsstraße* ‖ **Um|fah|rungs|stra|ße** (Verk.): *Durchzugsstraße, die ein Orts-, Stadtzentrum umfährt*
Um|fall (sal., abw.): *Umfaller, Rückzieher* ‖ **um|fal|len:** vor Erschöpfung u. | (abw.) der Zeuge ist umgefallen *(er hat seine Aussage geändert, widerrufen)* ‖ **Um|fal|ler** der, -s/- (abw.): *plötzlicher Gesinnungswandel;* das war ein U. | *jemand, der oft seine Haltung ändert* ‖ **Um|fal|le|rin** die, -/-innen (abw.)
Um|fang der, -[e]s/-fänge: den U. des Rechtecks berechnen | der volle U. *(das volle Ausmaß)* seiner Tat ‖ **um|fan|gen** (geh.): der Vater hielt sein Kind zärtlich u. *(umarmt)* ‖ **um|fäng|lich:** umfängliche Vorbereitungen ‖ **um|fang|reich:** ein umfangreiches Kapitel
um|fär|ben: *anders färben*
um|fas|sen[1]: die Rubine wurden umgefasst *(neu gefasst)* ‖ **um|fas|sen**[2]: sie hat den Baum [mit den Armen] umfasst | das Festprogramm umfasste *(enthielt)* ernste und heitere Darbietungen ‖ **um|fas|send:** umfassende *(weit reichende)* Kenntnisse ‖ **Um|fas|sung:** *Einfassung* ‖ **Um|fas|sungs|mau|er**
um|feh|det (geh.): *umkämpft;* → Fehde
Um|feld: *Umgebung* | *Zusammenhang*
um|flie|gen[1] (ugs.): die Vase ist umgeflogen *(umgefallen)* ‖ **um|flie|gen**[2]: die Schwalben umflogen den Turm
um|flie|ßen: das Schloss wird von einem Bach umflossen
um|flort (geh.): mit umflortem *(trübem, tränenfeuchtem)* Blick
um|for|men: *die Form verändern* | eine Gleichung u. ‖ **Um|for|mer** der, -s/- (Elektrot.): *Vorrichtung zur Umwandlung von Gleichstrom in Wechselstrom oder umgekehrt* ‖ **um|for|mu|lie|ren:** *mit anderen Worten ausdrücken* ‖ **Um|for|mung**
Um|fra|ge: *Befragung [vieler Personen zur Meinungsforschung]; Rundfrage* | U. halten *(sich nach etwas oder über jemanden erkundigen)*
um|frie|den (geh.): *umzäunen;* ein umfriedeter Garten ‖ **Um|frie|dung** die, -/-en (geh.)
um|füh|ren (ugs.): *mit einem Fahrzeug umstoßen;* sie hat die Stange umgeführt
um|fül|len: den Wein aus der Flasche in eine Karaffe u. ‖ **Um|fül|lung**
um|funk|ti|o|nie|ren [-tsi̯-]: die Räume wurden umfunktioniert *(einem anderen Zweck dienlich gemacht)*
Um|gang der, -[e]s: wenig U. haben *(nur mit wenigen Menschen verkehren);* er ist kein guter U. *(keine gute Gesellschaft)* für dich | der Turm hat einen U. *(Gang, in dem man rundherum gehen kann)* | (mit Pl. -gänge) *[kirchliche] Prozession;* der U. zu Fronleichnam ‖ **um|gäng|lich:** *verträglich, freundlich* ‖ **Um|gangs|form** (meist Pl.): gute Umgangsformen *(Manieren)* haben ‖ **Um|gangs|spra|che** (Sprachwiss.): *Sprachform mit landschaftlichen Eigenheiten zwischen der Mundart und der Standardsprache;* dieses Wort ist [in] U. ‖ **um|gangs|sprach|lich** (Sprachwiss.) ‖ **Um|gangs|ton:** *Art des Umgangs, des Sprechens mit anderen;* ein rauer U.
um|gar|nen: *beeinflussen; bezaubern;* sie hat ihn umgarnt ‖ **Um|gar|nung** die, -/-en
um|gau|keln (geh.): von Schmetterlingen umgaukelte *(umflatterte)* Blumen
um|ge|ben[1] (ugs.): ich habe ihm den Mantel umgegeben *(umgehängt)* ‖ **um|ge|ben**[2]: diese Stadt ist von/mit einer Mauer u. ‖ **Um|ge|bung** die, -/-en: *umgebende Örtlichkeiten;* die nähere U. | sie fühlte sich in der neuen U. *(im fremden Milieu)* nicht wohl | (zB auf Autokennzeichen) Graz-Umgebung = Graz Umgebung (Kfz: GU)

U

umgehen[1]: die Reiterin ist mit dem Pferd gut umgegangen *(hat es gut behandelt);* er kann mit Geld nicht u. | die Grippe geht um *(grassiert)* ‖ **umgehen**[2]: *herumgehen;* ein Gebäude u. | eine Operation lässt sich nicht u. *(vermeiden);* er hat die Gesetze umgangen *(nicht befolgt, ohne sich strafbar zu machen)* ‖ **umgehend:** einen Brief u. *(sofort)* beantworten ‖ **Umgehung** die, -/-en: unter U. der Vorschriften | (D) *Umfahrung* ‖ **Umgehungsgeschäft** (Jus): *Geschäft, das den wahren Geschäftswillen der Vertragsparteien verschleiern soll* ‖ **Umgehungsstraße** (D) (Verk.): *Umfahrungsstraße*

umgekehrt: es verhält sich u. *(gegenteilig)*

umgestalten: *umformen;* das Büro wurde zu einer Wohnung umgestaltet

umgießen: die Milch in ein Kännchen u.

Umgitterung die, -/-en

umgraben: die Erde u.; sie hat das Beet umgegraben

umgreifen: *umfassen;* sie umgriff das Steuer

umgrenzen: das Grundstück mit einem Zaun u. *(abgrenzen)* ‖ **Umgrenzung** die, -/-en

umgruppieren: die Marschierenden sind umgruppiert *(anders gruppiert)* worden ‖ **Umgruppierung**

umgürten (geh.): eine mit Mauern umgürtete *(umgrenzte, befestigte)* Stadt

umhaben (ugs.): er hat ein Sakko umgehabt *(um die Schultern getragen);* ein Armband u.

umhacken: der morsche Baum wurde umgehackt

umhäkeln: *einen Rand häkeln*

umhalsen: er hat sie umhalst *(ist ihr um den Hals gefallen)*

Umhang: *ein Kleidungsstück, Cape, Pelerine* ‖ **umhängen:** ich habe den Mantel umgehängt ‖ **Umhängetasche** = **Umhängtasche**

umhauen: ein umgehauener Baum | (ugs.) dieses Ergebnis hat alle umgehaut *(war umwerfend)*

umhegen: sie wurde fürsorglich umhegt *(betreut)*

umher: *ringsum; herum* ‖ **umherblicken:** Trost suchend u. ‖ **umherfahren:** sie ist in der Gegend umhergefahren ‖ **umhergehen:** im Wald u. *(herumgehen, kreuz und quer durch den Wald gehen)* ‖ **umherirren** ‖ **umherlaufen** ‖ **umherliegen:** die Spielsachen lagen im Zimmer umher *(sie waren im Zimmer verstreut)* ‖ **umherschauen** ‖ **umherschleichen** ‖ **umherstolzieren** ‖ **umherstreifen** ‖ **umhertragen**

umhinkönnen (geh.): ich konnte nicht umhin, ihr das zu sagen *(ich musste es ihr sagen);* ich habe nicht umhinkönnen/umhingekonnt

umhören sich: *durch Mithören und Fragen etwas in Erfahrung bringen*

umhüllen: *mit einer Hülle versehen* ‖ **Umhüllung** die, -/-en

uminterpretieren: *anders interpretieren*

umjubeln: die Sängerin wurde umjubelt

umkämpfen: die Stellung war hart umkämpft

Umkehr die, -: *Wende; Rückzug; Neubeginn* ‖ **umkehrbar:** deine Schlussfolgerungen sind auch u. *(lassen sich auch umkehren)* ‖ **umkehren:** *umdrehen, nach oben oder auf die Seite drehen;* sie hat sich nach ihm umgekehrt | eine umgekehrte *(gegenteilige)* Entwicklung | *umdrehen und zurückkehren*; kurz vor dem Ziel u. ‖ **Umkehrfilm:** *Film, der unmittelbar Positivbilder ergibt;* → G.: Negativfilm ‖ **Umkehrschluss** (Jus): *Grundsatz, dass was im Gesetz nicht verboten ist, erlaubt ist* ‖ **Umkehrung** die, -/-en: *Umdrehung* | (Mus.) *Veränderung durch Vertauschen der Intervallrichtung*

umkippen: ein umgekipptes *(gekentertes)* Boot | die öffentliche Meinung ist umgekippt *(hat sich plötzlich ins Gegenteil gewendet)* | (Ökol.) der See droht umzukippen *(biologisch abzusterben)*

umklammern: den Gegner umklammert halten ‖ **Umklammerung** die, -/-en

umklappbar: die Lehne ist u. ‖ **umklappen:** umgeklappte Sitze

Umkleidekabine ‖ **umkleiden**[1] sich: sie hat sich nach der Arbeit umgekleidet *(umgezogen)* ‖ **umkleiden**[2] (geh.): *umhüllen;* die Säule wurde mit Tüchern umkleidet *(verhängt)* ‖ **Umkleideraum**

umknicken: die Blumen wurden beim Tragen umgeknickt

umkommen: *elend zu Grunde gehen, sterben;* ich bin in der Hitze fast umgekommen *(habe sie kaum ausgehalten)*

umkränzen: ein umkränztes Bild

Umkreis: *Bereich rund um eine bestimmte Stelle;* 3 km im U.; im U. der Präsidentin ‖ **umkreisen:** Krähen haben den Turm umkreist ‖ **Umkreisung** die, -/-en

umkrempeln, ich krempie um: alles wurde umgekrempelt *(von Grund auf geändert)*

umladen: die Kisten wurden umgeladen; die Fracht auf Lastwagen u.

Umlage: *eine Steuer*

umlagern[1]: umgelagerte Vorräte ‖ **umlagern**[2]: die Künstlerin wurde von Autogrammjägern umlagert ‖ **Umlagerung**

Umland das, -[e]s: die Stadt und ihr U. *(ihre nähere Umgebung)* ‖ **Umlandgebiet** ‖ **Umlandgemeinde**

umlassen: den Schal u.

umlauern: die Hyänen u. die Beute

Umlauf: der U. *(die Umdrehung, Rotation)* eines Rades | Geld in U. *(in den Verkehr)* bringen ‖ **Umlaufbahn:** die U. eines Satelliten ‖ **umlaufen**[1]: ein Hindernis u. *(umstoßen)* | *rotieren* | ein umlaufendes *(den ganzen Raum entlang verlaufendes)* Geländer ‖ **umlaufen**[2]: den Platz u. *(außen um ihn herumlaufen)* | (geh.) die Erde umläuft *(umkreist)* die Sonne ‖ **Umlaufgeschwindigkeit** ‖ **Umlaufpumpe:** *Pumpe für den Wasserumlauf [einer Zentralheizung]* ‖ **Umlaufzeit**

Umlaut (Sprachwiss.): *ä, ö, ü, äu;* ein Vokal und sein U.; Umlaut-a *(ä)* ‖ **umlauten** (Sprachwiss.): o wird in ö umgelautet/lautet in ö um *(zB oft – öfter)*

umleeren: *in einen anderen Behälter geben;* das Fett in einen Topf u. *(gießen)* | Koffer u. *(umschichten)*

umlegen: den Kragen u. *(umschlagen)* | umgelegte *(verlegte)* Telefonleitungen | (ugs., derb) jemanden u. *(umbringen)*

umleiten: umgeleiteter Verkehr ‖ **Umleitung** ‖ **Umleitungsschild**

umlernen: sie hat im Alter noch umgelernt *(einen anderen Beruf erlernt)*

umliegend: die umliegenden *(benachbarten)* Ortschaften

Umluft: Klimaanlagen sorgen für U.; [den Backherd] auf U. schalten

ummanteln: *mit einer Hülle umgeben* || **Ummantelung** die, -/-en

ummauern: ein ummauerter *(mit einer Mauer umgebener)* Friedhof || **Ummauerung** die, -/-en

ummelden: *anders, woanders anmelden* || **Ummeldung** die, -/-en

ummodeln (ugs.): *umformen, ändern;* das Gasthaus wurde zum Hotel umgemodelt

ummünzen, umgemünzt: *umdeuten, umfunktionieren*

umnachtet (geh.): *geisteskrank;* geistig u. sein || **Umnachtung** die, -/-en

umnebeln: Rauchschwaden u. die Häuser | sie waren von Alkohol umnebelt

umnehmen: sie hat ein Tuch umgenommen

Umorganisation [-tsi̯-] || **umorganisieren:** *umgestalten;* der Betrieb wurde umorganisiert

umpacken: sie hat den Koffer umgepackt *(anders gepackt)*

umpflanzen[1]: ein frisch umgepflanztes junges Bäumchen || **umpflanzen**[2]: ein mit Rosen umpflanzter Platz

umpflügen: das Feld u.

umpolen (Elektrot.): *Plus- und Minuspol vertauschen* | (sal.) sie wurden durch die Propaganda politisch umgepolt || **Umpolung** die, -/-en (Elektrot.)

umprogrammieren: *neu planen;* das Festival musste umprogrammiert werden | (EDV) *eine bestehende Programmierung ändern* || **Umprogrammierung**

umpumpen: die Benzinladung u.

umquartieren: er wurde umquartiert *(er erhielt ein anderes Quartier)* || **Umquartierung** die, -/-en

umrahmen[1]: das Bild wurde umgerahmt *(neu eingerahmt)* || **umrahmen**[2]: ein von Bergen umrahmter *(umgebener)* Ort || **Umrahmung**

umranden: eine schön umrandete Zeichnung || **umrändert:** er hatte vom Weinen rot umränderte Augen || **Umrandung** die, -/-en

umrangieren [-ranʒiː-, -rɑ̃-]: Eisenbahnwaggons u. *(verschieben)*

umranken: ein von wildem Wein umranktes Fenster

umräumen: die Bücher u.

umrechnen: einen Geldbetrag in eine andere Währung u. || **Umrechnung** || **Umrechnungsfaktor:** *Zahl, mit der beim Umrechnen multipliziert wird* || **Umrechnungskurs:** der U. für den Dollar ist gestiegen || **Umrechnungsschlüssel:** der U. für Schweizer Franken und Euro || **Umrechnungstabelle**

umreihen: die Programmpunkte u. *(die Reihenfolge ändern)* || **Umreihung**

umreißen[1]: diese Mauer wurde umgerissen || **umreißen**[2]: *kurz beschreiben, festsetzen;* eine klar umrissene *(genau bezeichnete)* Aufgabe

umrennen, umgerannt: *umstoßen*

umringen: die Fremde wurde von Neugierigen umringt

Umriss: in groben Umrissen *(nur das Wesentliche)* berichten; den U. des Berges erkennen || **umrissen** → umreißen[2] || **Umrisszeichnung**

Umritt: *Aufmarsch zu Pferd*

umrühren: sie hat den Teig umgerührt

umrunden: der Satellit hat die Erde umrundet || **Umrundung**

umrüsten: *anders ausrüsten;* den PC u. || **Umrüstung**

ums: *um das;* ums Haus herum; es geht ums Ganze; ein Jahr ums andere *(ein Jahr nach dem anderen)* verstreicht | (ugs.) sie ist ums Kennen *(gerade noch merkbar)* kleiner

umsägen: ein umgesägter Baum

umsatteln: sie hat umgesattelt *(einen anderen Beruf ergriffen, das Studium gewechselt)*

Umsatz: großen U. machen *(viel verkaufen);* der U. steigt || **Umsatzbeteiligung** (Wirt.) || **Umsatzbringer** (Wirt.) || **Umsatzplus** (Wirt.) || **Umsatzprovision** [-v-] (Wirt.) || **Umsatzrückgang** (Wirt.) || **Umsatzsteigerung** (Wirt.) || **umsatzstark** || **Umsatzsteuer** (USt.): *Mehrwertsteuer* || **Umsatzzuwachs** [-ks-] (Wirt.)

umsäumen: *einen Saum nähen* | (geh.) der Ort ist von Bergen umsäumt

umschalten: ich habe auf einen anderen Sender umgeschaltet; die Ampel schaltet auf Grün um || **Umschalter** || **Umschalthebel** || **Umschaltung**

umschattet (geh.): seine Augen waren von Kummer u.

Umschau die, -: [nach etwas] U. halten || **umschauen** sich: *sich umsehen;* sie hat sich nach einem besseren Job umgeschaut *(sich um einen solchen bemüht)*

umscheiben (ugs.): *umstoßen, überfahren*

umschichten: umgeschichtet || **umschichtig:** u. *(wechselweise)* arbeiten || **Umschichtung** || **Umschichtungsprozess**

umschiffen[1]: die in ein anderes Schiff umgeschiffte *(verladene)* Fracht || **umschiffen**[2]: umschiffte *(umfahrene)* Klippen

Umschlag: *Heftumschlag* | jemandem einen kalten U. machen | der U. *(die Umstülpung, Stulpe)* an der Hose | der U. *(die plötzliche Änderung)* des Wetters | *das Umladen von Gütern* || **Umschlagbahnhof** || **umschlagen:** die Ärmel des Hemdes u. | einen Baum u. | das Wetter schlägt um | *Güter umladen* || **Umschlagentwurf** || **Umschlaghafen** || **Umschlagplatz:** *Handelsplatz, an dem Güter umgeladen werden, zB Hafen, Bahnhof* || **Umschlagzeichnung**

umschleiert: ein umschleierter *(getrübter)* Blick

umschlichten: *neu ordnen, umschichten*

umschließen: ein von Mauern umschlossener *(umgebener)* Park || **Umschließung**

umschlingen[1]: ein Seil umgeschlungen haben || **umschlingen**[2]: das Kind hielt den Vater umschlungen *(umarmt)* || **Umschlingung** die, -/-en

umschmeicheln: umschmeichelte Stars

umschmeißen: *umwerfen;* er hat vor Wut die Vase umgeschmissen

umschmelzen: ein Metall u. || **Umschmelzung** die, -/-en

umschnallen: sie hat einen Gurt umgeschnallt

umschnüren: ein fest umschnürtes Paket || **Umschnürung**

umschreiben[1]: ein umgeschriebener *(geänderter, neu geschriebener)* Brief | ein Haus u. *(im Grundbuch den Namen der neuen Besitzer eintragen)* lassen || **umschreiben**[2]: sie hat ihre Aufgaben genau umschrieben *(fest-*

U

gelegt und abgegrenzt) | einen Ausdruck u. *(ihn mit anderen Worten wiedergeben)*
um|schrei|ten (geh.): die Prozession umschritt den Platz
Um|schrift: die U. am Rand einer Münze | → *Transkription* || **um|schrif|ten:** → *transkribieren*
um|schul|den (Wirt.): *auf günstigere Schuldbedingungen umstellen* || **Um|schul|dung** die, -/-en
um|schu|len: ein umgeschulter *(einer anderen Schule zugewiesener)* Schüler | die Arbeitslosen wurde umgeschult *(für einen anderen Beruf ausgebildet)* || **Um|schu|lung**
um|schüt|ten: Wasser aus einem Glas in ein anderes u. *(umfüllen)* | er hat ein Glas Wasser umgeschüttet *(umgeworfen und den Inhalt verschüttet)*
um|schwär|men: eine von allen umschwärmte Sängerin
Um|schweif der, -[e]s/-e (meist Pl.) (geh.): ein Anliegen ohne Umschweife *(freimütig, ohne zu zögern)* vorbringen
um|schwen|ken, umgeschwenkt: *eine andere Richtung einschlagen*
um|schwir|ren: von Insekten umschwirrt
Um|schwung: *plötzliche Änderung;* Wetterumschwung; ein wirtschaftlicher U.
um|se|geln: diese Insel wurde umsegelt || **Um|seg|lung** die, -/-en, *auch:* Umsegelung
um|se|hen sich: *sich umschauen;* sie hat sich nach ihm umgesehen *(hat zu ihm zurückgeschaut)* | sich nach einer Arbeit u. *(sich bemühen, eine zu bekommen)*
um|sei|tig: Gebrauchsanweisung u. *(auf der Rückseite)*
um|setz|bar: der Plan ist u. *(lässt sich verwirklichen)* || **um|set|zen:** ein umgesetzter *(an einen anderen Platz gesetzter)* Baum | viele Waren u. *(verkaufen)* | sein Wissen in die Praxis u. *(anwenden)* || **Um|set|zung** die, -/-en
Um|sicht die, -: mit U. *(klug, mit Bedacht)* ans Werk gehen || **um|sich|tig:** u. *(überlegt)* handeln || **Um|sich|tig|keit** die, -
um|sie|deln: *den Wohnort verlegen;* sie sind im Krieg zwangsweise umgesiedelt worden || **Um|sied|ler** || **Um|sied|le|rin** || **Um|sied|lung**
um|sin|ken: er ist vor Müdigkeit umgesunken *(umgefallen)*

um|so: u. besser; u. eher; u. größer; u. lieber; u. mehr; u. weniger

um|sonst
etwas u. *(unentgeltlich, gratis)* tun | sich u. *(vergebens, vergeblich)* plagen | nicht u. *(nicht ohne Grund)* besorgt sein

Nicht verwechseln!
umsonst: Das Adverb „umsonst“ hat drei Bedeutungen, der Satz „Nichts ist umsonst“ ist also mehrdeutig.
vergebens: Das Adverb „vergebens“ hat nur eine der drei Bedeutungen von „umsonst“, der Satz „Nichts ist vergebens“ ist daher eindeutig.

um|sor|gen, umsorgt: jemanden u. *(betreuen)*
um|span|nen[1]: die Pferde wurden umgespannt | ein auf 220 V umgespannter elektrischer Strom || **um|span|nen**[2]: die Säule mit beiden Armen u. *(umfassen)* | der Roman umspannt *(umfasst)* viele Jahre || **Um|spann|werk**
um|spie|len[1]: die Aufnahme ist auf einen anderen [Ton]träger umgespielt worden || **um|spie|len**[2]: ein Lächeln hat seine Lippen umspielt | (Sport) der Stürmer hat den Tormann umspielt
um|spin|nen: mit Seide umsponnener Draht
um|sprin|gen[1]: der Wind ist umgesprungen *(kommt plötzlich aus einer anderen Richtung)* | sie ist mit ihm arg umgesprungen *(hat ihn rücksichtslos, schlecht behandelt)* || **um|sprin|gen**[2]: die Hunde haben den Jäger aufgeregt umsprungen
um|spu|len, umgespult: den Film u. *(auf eine andere Spule überspielen)*
um|spü|len: vom Meer umspülte Felsen
Um|spu|lung die, -/-en
Um|stand: unter diesen Umständen *(Verhältnissen);* unter Umständen (u. U.) *(vielleicht);* besonderer Umstände halber ist dieses Haus zu verkaufen | in anderen Umständen *(schwanger)* sein | mach keine Umstände! *(betreib keinen unnötigen Aufwand)* | (Jus) mildernde Umstände bekommen || **um|stän|de|hal|ber:** etwas u. verkaufen; → halber || **um|ständ|lich:** eine umständliche *(schwerfällige, langsame)* Person | das ist mir zu u. *(zu kompliziert, zu zeitraubend)* || **Um|ständ|lich|keit** die, -/-en || **Um|stands|er|gän|zung** (Gramm.): *Ergänzung/adverbiale Bestimmung eines im Satz genannten Umstandes* || **Um|stands|für|wort** (Gramm.): *Pronominaladverb, zB* dafür, davon || **um|stands|hal|ber** || **Um|stands|klau|sel** (Jus): *Klausel, wonach Vertragsbestimmungen an geänderte Umstände anzupassen sind* || **Um|stands|kleid:** *Kleid für eine schwangere Frau* || **Um|stands|krä|mer** (veraltet): *Umstandsmeier* || **Um|stands|krä|me|rin** (veraltet) || **Um|stands|mei|er** der, -s/- (ugs., abw.): *umständlicher, unentschlossener, geistig schwerfälliger, zu pedantischer Mensch* || **Um|stands|wort** (Gramm.): *Adverb*
um|ste|chen: ein umgestochenes Beet
um|ste|cken: ein Kabel u. | (ugs.) sie hat umgesteckt *(plötzlich ihr Verhalten geändert)*
um|ste|hen: viele Leute haben das Auto umstanden || **um|ste|hend:** *auf der nächsten Seite [eines Buches]* || **Um|ste|hen|den** die (Pl.): *die in der Nähe Stehenden*
Um|steig|an|schluss: *Anschlusszug beim Umsteigen* || **um|stei|gen:** sie ist in Salzburg in den Zug nach München umgestiegen | auf eine andere Automarke u. *(wechseln)* || **Um|stei|ger** der, -s/-: *jemand, der den Beruf wechselt* || **Um|stei|ge|rin** die, -/-innen || **Um|steig|schwung:** *ein Schwung beim Skifahren*
um|stel|len[1]: umgestellte Möbel | sich u. *(umgewöhnen)* müssen || **um|stel|len**[2]: die Polizei hat das Haus umstellt || **Um|stell|pro|be** (Gramm.): *Verschiebeprobe* || **Um|stel|lung**[1]: die U. der Möbel || **Um|stel|lung**[2]: die Polizei hat eine U. des Hauses angeordnet || **Um|stel|lungs|pro|zess**
Um|stieg der, -(e)s/-e: *Wechsel;* der U. auf ein neues Medikament; der U. auf eine andere Marke
um|stim|men: durch Bitten umgestimmt werden | die Gitarre u. *(anders stimmen)* || **Um|stim|mung** die, -/-en
um|sto|ßen: eine Vase u. | der Plan wurde umgestoßen
um|stri|cken[1]: eine umgestrickte *(aufgetrennte und neu gestrickte)*

U

Jacke ‖ **um|stri̩|cken**[2]: *umgarnen, betören;* von Schmeicheleien umstrickt werden
um|stri̩t|ten: eine umstrittene *(nicht allgemein anerkannte)* Meinung | (geh., veraltet) (in der österreichischen Bundeshymne): *umkämpft*
um|strö̩|men: das Gebirge wird von den Luftmassen umströmt
u̩m|struk|tu|rie|ren [-st-, -ʃt-]: ein umstrukturierter *(grundlegend umorganisierter)* Betrieb ‖ **U̩m|struk|tu|rie|rung**
u̩m|stül|pen: ein umgestülpter Ärmel
U̩m|sturz: ein (militärischer) politischer U. *(Putsch)* ‖ **u̩m|stür|zen:** ein umgestürzter Baum ‖ **U̩m|stürz|ler** der, -s/- (meist abw.): *Revoluzzer, Revolutionär* ‖ **U̩m|stürz|le|rin** die, -/-innen ‖ **u̩m|stürz|le|risch:** umstürzlerische Ideen ‖ **U̩m|sturz|ver|such:** *Putschversuch*
um|ta̩n|zen: den Maibaum u.; sie haben den Saal umtanzt
u̩m|tau|fen: *umbenennen;* die Firma hat sich umgetauft
U̩m|tausch: *Austausch* ‖ **u̩m|tau|schen:** Geld u. | sie hat das Geschenk umgetauscht ‖ **U̩m|tausch|recht** ‖ **U̩m|tausch|vor|be|halt** (Jus): *Recht des Käufers, die erworbene Ware gegen eine andere umtauschen zu können*
u̩m|top|fen: die Zimmerpflanzen wurden umgetopft *(in andere Töpfe umgesetzt)*
um|to̲|sen (geh.): von Stürmen umtost *(umbraust)*
U̩m|trie|be die (Pl.) (abw.): *Quertreibereien, versteckte Machenschaften, Intrigen, gefährliche Aktivitäten* ‖ **u̩m|trie|big:** *geschäftig, rege*
U̩m|trunk: einen U. halten *(in geselliger Runde trinken)*
UMTS [u ɛm te ˈɛs] das, -: **U**niversal **M**obile **T**elecommunication **S**ystem *(eine Mobilfunktechnologie)*
u̩m|tun[1]: sie hat ein Tuch umgetan *(umgenommen)* ‖ **u̩m|tun**[2] sich (geh.): *sich um etwas bemühen*
U̲-Mu|sik die, -: *Kurzwort für Unterhaltungsmusik;* → G.: E-Musik
u̩m|ver|tei|len: Einkommen u. *(anders verteilen)* ‖ **U̩m|ver|tei|lung**
U̩m|vol|kung die, -/-en: *Veränderung der Bevölkerung zB durch Sprach- und Kulturwechsel, Zuwanderung oder Vertreibung und Mord (ua. in der Zeit des Nationalsozialismus)*
um|wa̩ch|sen [-ks-]: ein von Efeu umwachsener Grabstein
U̩m|wälz|an|la|ge: mit einer U. das Wasser eines Schwimmbades reinigen ‖ **u̩m|wäl|zen:** einen Baumstamm u. | eine umwälzende *(bahnbrechende)* Erfindung | das Wasser wird durch die Pumpe mehrmals umgewälzt *(zur Qualitätsverbesserung)* ‖ **U̩m|wäl|zung** die, -/-en: tiefgreifende politische Umwälzungen *(Veränderungen)*
u̩m|wan|deln[1]: sie ist wie umgewandelt *(sie ist ganz verändert, wie ausgewechselt)* ‖ **um|wa̩n|deln**[2] (geh.): den Platz u. *(umschreiten)* ‖ **U̩m|wand|lung:** die U. von Stärke in Zucker ‖ **U̩m|wand|lungs|pro|zess**
u̩m|wech|seln [-ks-]: in Hartgeld umgewechselte Banknoten ‖ **U̩m|wechs|lung** die, -/-en
U̩m|weg: einen U. machen ‖ **U̩m|weg|ren|ta|bi|li|tät:** *Gewinn auf Umwegen*
u̩m|we|hen[1]: der Gartenschirm wurde umgeweht ‖ **um|we̲|hen**[2] (geh.): vom Wind umwehte Hügel
U̩m|welt die, -: *alles, was uns umgibt und auf uns einwirkt, Milieu* ‖ **U̩m|welt|ab|ga|be** (Ökol.) ‖ **U̩m|welt|an|walt** ‖ **U̩m|welt|an|wäl|tin** ‖ **U̩m|welt|an|walt|schaft** ‖ **U̩m|welt|be|auf|trag|te:** *Ökologieberater/in für Betriebe und Gemeinden* ‖ **u̩m|welt|be|dingt** ‖ **U̩m|welt|be|din|gung** (meist Pl.) ‖ **u̩m|welt|be|dro|hend** ‖ **U̩m|welt|be|las|tung** ‖ **u̩m|welt|be|wusst** ‖ **U̩m|welt|be|wusst|sein** ‖ **U̩m|welt|ein|fluss** (meist Pl.) ‖ **U̩m|welt|fak|tor** ‖ **u̩m|welt|feind|lich** ‖ **U̩m|welt|for|schung** ‖ **u̩m|welt|freund|lich:** *die Umwelt schonend* ‖ **U̩m|welt|ka|ta|s|t|ro|phe** [-f-] ‖ **U̩m|welt|kun|de** die, -: Biologie und U. *(ein Unterrichtsgegenstand)* ‖ **U̩m|welt|mi|nis|ter** ‖ **U̩m|welt|mi|nis|te|rin** ‖ **U̩m|welt|mi|nis|te|ri|um:** *Bundesministerium für Land- und Forstwirtschaft, Umwelt und Wasserwirtschaft* ‖ **U̩m|welt|pa|pier:** *umweltschonend hergestelltes Papier* ‖ **U̩m|welt|qua|li|tät** die, - ‖ **U̩m|welt|schä|den** ‖ **u̩m|welt|scho|nend** ‖ **U̩m|welt|schutz** ‖ **U̩m|welt|schüt|zer** der, -s/- ‖ **U̩m|welt|schüt|ze|rin** die, -/-innen ‖ **U̩m|welt|schutz|or|ga|ni|sa|ti|on** [-tsi̯-] ‖ **U̩m|welt|schutz|pa|pier:** *Umweltpapier* ‖ **U̩m|welt|sün|der** ‖ **U̩m|welt|sün|de|rin** ‖ **U̩m|welt|tech|nik:** *dem Umweltschutz dienende Technik* ‖ **U̩m|welt|ver|schmut|zung:** *Verschmutzung durch Abfallprodukte, Abgase usw.* ‖ **u̩m|welt|ver|träg|lich** ‖ **U̩m|welt|ver|träg|lich|keits|prü|fung** (Amtsspr., Ökol.) (UVP): *Prüfung zur Feststellung der Auswirkungen eines [Bau]vorhabens auf die Umwelt* ‖ **U̩m|welt|zei|chen:** das Österreichische U. *(ein Qualitätsgütesiegel für umweltfreundliche Produkte)*
u̩m|wen|den: sie hat sich umgewendet *(umgedreht)* ‖ **U̩m|wen|dung**
um|we̩r|ben: eine viel umworbene Künstlerin ‖ **Um|we̩r|bung**
u̩m|wer|fen: der Sessel wurde umgeworfen | (ugs.) ihre Aussage hat mich umgeworfen *(hat mich sehr erstaunt)* ‖ **u̩m|wer|fend:** umwerfende *(überwältigende, außergewöhnliche)* Komik
u̩m|wer|ten: *anders bewerten* ‖ **U̩m|wer|tung**
u̩m|wi|ckeln[1]: das Baby wird wieder umgewickelt *(neu gewickelt)* ‖ **um|wi̩|ckeln**[2]: die Drähte werden mit einem Isolierband umwickelt
u̩m|wid|men: ein umgewidmetes *(für eine andere Bestimmung vorgesehenes)* Grundstück ‖ **U̩m|wid|mung**
u̩m – wi̩l|len (Präp. mit Gen.): um Gottes willen; um des Friedens willen
u̩m|win|den[1]: sich einen Schal u. *(umwickeln)* ‖ **um|wi̩n|den**[2]: ein von Efeu umwundener Brunnen
um|wi̩t|tert (geh.): ihre Herkunft ist von Geheimnissen u.; von Gefahren u. *(bedroht)* sein
um|wo̲|ben (geh.): von Legenden umwobene Landschaften
U̩m|woh|ner die (Pl.): *die im Umkreis Wohnenden*
um|wö̩l|ken: ein umwölkter Himmel
um|wu̩|chern: Unkraut umwuchert die Sträucher
u̩m|wüh|len: die Wildschweine haben die Wiese umgewühlt
um|zä̲u̲|nen: ein umzäunter Garten ‖ **Um|zä̲u̲|nung** die, -/-en
u̩m|zeich|nen: einen Plan u. *(anders zeichnen)*
u̩m|zie|hen[1]: wir sind umgezogen *(übersiedelt)* | sie hat sich umgezogen *(umgekleidet)* ‖ **um|zie̲-**

U

hen[2] (veraltend): ein umzogener *(mit Wolken bedeckter)* Himmel
um|zin|geln, ich umzingle: das Haus ist von der Polizei umzingelt || **Um|zin|ge|lung** die, -/-en
Um|zug: *Aufmarsch, Festzug* | *Übersiedlung* || **Um|zugs|kos|ten** die (Pl.)
um|zün|geln: von Flammen umzüngelt
UN [u 'ɛn] die (Pl.): **U**nited **N**ations *(Vereinte Nationen);* → UNO
un|ab|än|der|lich: ein unabänderlicher *(endgültiger)* Entschluss || **Un|ab|än|der|lich|keit** die, -
un|ab|ding|bar (geh.): ein unabdingbares *(auf keinen Fall preiszugebendes)* Recht; → G.: abdingbar || **un|ab|ding|lich**
un|ab|hän|gig: wirtschaftlich u. sein || **Un|ab|hän|gig|keit**
un|ab|kömm|lich: sie ist u. *(sie kann wegen [dienstlicher, privater] Verpflichtungen nicht kommen);* → G.: abkömmlich || **Un|ab|kömm|lich|keit** die, -
un|ab|läs|sig: es regnet u. *(ununterbrochen)*
un|ab|seh|bar: eine unabsehbare *(nicht überblickbare)* Menschenmenge | die Entscheidung hat unabsehbare Folgen
un|ab|setz|bar: *nicht aus einem Amt abzuberufen* || **Un|ab|setz|bar|keit**
un|ab|sicht|lich
un|ab|weis|bar = **un|ab|weis|lich:** etwas als u. *(unumgänglich, zwingend)* geltend machen
un|ab|wend|bar: diese Entwicklung ist u. *(lässt sich nicht abwenden)* || **Un|ab|wend|bar|keit** die, -
un|acht|sam || **Un|acht|sam|keit**
un|ähn|lich
un|an|fecht|bar: *unwiderleglich*
un|an|ge|bracht: eine unangebrachte *(unpassende)* Bemerkung
un|an|ge|foch|ten: u. an der Spitze liegen
un|an|ge|mel|det: u. zu Besuch kommen
un|an|ge|mes|sen: eine unangemessene *(übertriebene)* Forderung || **Un|an|ge|mes|sen|heit**
un|an|ge|nehm: eine unangenehme Situation
un|an|ge|passt: unangepasstes Verhalten
un|an|ge|tas|tet: ihr Eigentum blieb u. *(wurde nicht angegriffen)*
un|an|greif|bar || **Un|an|greif|bar|keit** die, -
un|an|nehm|bar: ein unannehmbarer Vorschlag || **Un|an|nehm|bar|keit** die, - || **Un|an|nehm|lich|keit** (meist Pl.): viele Unannehmlichkeiten *(lästige Mühen, Verdrießlichkeiten)* haben
un|an|sehn|lich: *unscheinbar, unbedeutend* || **Un|an|sehn|lich|keit** die, -
un|an|stän|dig || **Un|an|stän|dig|keit**
un|an|tast|bar: unantastbare Menschenrechte || **Un|an|tast|bar|keit** die, -
un|ap|pe|tit|lich: ein unappetitlicher Anblick || **Un|ap|pe|tit|lich|keit** die, -/-en
Un|art: *schlechte Angewohnheit, schlechtes Benehmen* || **un|ar|tig**
un|ar|ti|ku|liert: ein unartikulierter Schrei
un|äs|the|tisch
un|auf|dring|lich
un|auf|fäl|lig
un|auf|find|bar
un|auf|ge|for|dert
un|auf|halt|bar = **un|auf|halt|sam:** das Wasser stieg u.
un|auf|hör|lich: es schneite u.
un|auf|lös|bar = **un|auf|lös|lich**
un|auf|merk|sam || **Un|auf|merk|sam|keit**
un|auf|rich|tig || **Un|auf|rich|tig|keit**
un|auf|schieb|bar = **un|auf|schieb|lich**
un|aus|bleib|lich: *unabwendbar;* unausbleibliche Folgen
un|aus|denk|bar: die Folgen wären u. *(nicht vorstellbar)*
un|aus|führ|bar
un|aus|ge|gli|chen || **Un|aus|ge|gli|chen|heit**
un|aus|ge|go|ren: ein unausgegorener *(unüberlegter, zu wenig durchdachter)* Plan
un|aus|ge|schla|fen
un|aus|ge|setzt: u. *(ununterbrochen)* reden
un|aus|ge|spro|chen: ein unausgesprochener Vorwurf
un|aus|lösch|lich: u. im Gedächtnis bleiben
un|aus|rott|bar: ein unausrottbarer Irrglaube
un|aus|sprech|bar: unaussprechbare Namen || **un|aus|sprech|lich** (geh.): u. *(unsagbar)* glücklich sein || **Un|aus|sprech|li|che** die, -n/-n (scherzh., veraltet): *lange [Damen]unterhose*
un|aus|steh|lich: ein unausstehlicher *(lästiger, widerlicher, unangenehmer)* Mensch
un|aus|tilg|bar: ein unaustilgbares Merkmal
un|aus|weich|lich: *unvermeidlich* || **Un|aus|weich|lich|keit** die, -
Un|band der, -[e]s (veraltet): *ungebärdiges, wildes Kind* || **un|bän|dig:** sich u. *(über alle Maßen, außerordentlich)* freuen
un|barm|her|zig || **Un|barm|her|zig|keit**
un|be|ab|sich|tigt
un|be|ach|tet: ihre Warnung blieb unbeachtet *(wurde ignoriert)*
un|be|an|stan|det: u. *(ohne dass jemand einen Einwand macht)* arbeiten können
un|be|ant|wor|tet: ein unbeantwortetes E-Mail
un|be|baut: *unbebaute Grundstücke*
un|be|dacht: u. *(ohne nachzudenken)* handeln
un|be|dankt (geh.): eine unbedankte Arbeit
un|be|darft: *naiv, einfältig* || **Un|be|darft|heit** die, -
un|be|deckt
un|be|denk|lich: *keinen Anlass zu Besorgnis gebend;* unbedenkliche Lebensmittel für Kinder | *ohne Bedenken zu haben, bedenkenlos* || **Un|be|denk|lich|keit**
un|be|deu|tend: ein unbedeutender Vorfall
un|be|dingt: *unter allen Umständen* | (Jus) er wurde zu zwei Jahren u. verurteilt *(ohne Bewährung)* | eine unbedingte *(absolute)* Mehrheit
un|be|ein|druckt
un|be|ein|flusst
un|be|fan|gen: *unbeeinflusst, vorurteilslos* | *ungezwungen* || **Un|be|fan|gen|heit**
un|be|fleckt: *fleckenlos* | *mit makelloser Ehre; aber:* die **Unbe**fleckte Empfängnis *(Erbsündelosigkeit)* Marias
un|be|frie|di|gend: eine unbefriedigende Arbeit || **un|be|frie|digt:** ihr Wissensdurst blieb u.
un|be|fris|tet: eine unbefristete Hauptmiete
un|be|fugt: *ohne Erlaubnis, ohne Zuständigkeit* || **Un|be|fug|te**[1] der, -n/-n, ein Unbefugter: „Unbefugten ist der Eintritt verboten!" || **Un|be|fug|te**[2] die, -n/-n
un|be|gabt
un|be|gli|chen: eine unbeglichene Rechnung
un|be|greif|lich: *unverständlich* || **un|be|greif|li|cher|wei|se**
un|be|grenzt || **Un|be|grenzt|heit**

U

un|be|grün|det: ein unbegründeter Verdacht
un|be|haart
Un|be|ha|gen das, -s: *unangenehmes Gefühl* ‖ **un|be|hag|lich:** *ungemütlich*
un|be|han|delt: die Schale einer unbehandelten Zitrone | die Erkältung blieb lange u. *(ohne ärztliche Behandlung)*
un|be|haust (geh.): *ohne Zuhause*
un|be|hel|ligt: *unbelästigt*
un|be|herrscht: u. schreien ‖ **Un|be|herrscht|heit** die, -/-en
un|be|hin|dert
un|be|hol|fen: er wirkt u. *(plump, schwerfällig)* ‖ **Un|be|hol|fen|heit** die, -
un|be|irr|bar ‖ **Un|be|irr|bar|keit** die, - ‖ **un|be|irrt:** u. ein Ziel verfolgen

un|be|kannt

Kleinschreibung:
- ein unbekannter Künstler
- Anzeige gegen unbekannt erstatten (Amtsspr.)
- sie ist [nach] unbekannt verzogen

Großschreibung bei Nominalisierung und in Eigennamen:
- eine Gleichung mit mehreren **U**nbekannten
- der große **U**nbekannte
- das Denkmal des **U**nbekannten Soldaten

Un|be|kann|te[1] der, -n/-n, ein Unbekannter ‖ **Un|be|kann|te**[2] die, -n/-n: bei der Feier erschien eine U. | (Math.) eine Gleichung mit mehreren Unbekannten *(Variablen, zB x, y, z)* | (auch mit Pl. -) zwei, alle Unbekannte[n] ‖ **un|be|kann|ter|wei|se**
un|be|klei|det: *nackt*
un|be|kömm|lich: *schwer verträglich, ungenießbar;* eine unbekömmliche Speise
un|be|küm|mert: *sorglos;* u. reden ‖ **Un|be|küm|mert|heit** die, -
un|be|las|tet
un|be|leckt (ugs.): von der Zivilisation u. *(unberührt; ohne Kenntnis davon)*
un|be|lehr|bar ‖ **Un|be|lehr|bar|keit** die, -
un|be|leuch|tet
un|be|lich|tet: ein unbelichteter Film
un|be|liebt ‖ **Un|be|liebt|heit**
un|be|mannt: ein unbemanntes Raumschiff
un|be|merkt: sich u. entfernen
un|be|mit|telt: nicht u. *(nicht arm)* sein
un|be|nom|men (geh.): es bleibt ihr u. *(es steht ihr frei)* fortzugehen
un|be|nutz|bar = **un|be|nütz|bar** ‖ **un|be|nutzt** = **un|be|nützt:** ein unbenutztes Handtuch
un|be|ob|ach|tet: in einem unbeobachteten Augenblick
un|be|quem ‖ **Un|be|quem|lich|keit**
un|be|re|chen|bar: er ist ein oft unberechenbarer *(launenhafter; gefährlicher)* Kerl ‖ **Un|be|re|chen|bar|keit** die, -
un|be|rech|tigt ‖ **un|be|rech|tig|ter|wei|se**
un|be|rück|sich|tigt
un|be|ru|fen: da waren unberufene *(unbefugte, ungeeignete)* Hände am Werk | „Unberufen!" *(nicht zu viel davon reden, damit hoffentlich alles in Ordnung geht)*
un|be|rührt: unberührte Natur | sie blieb von den Problemen u. ‖ **Un|be|rührt|heit** die, -
un|be|scha|det (Präp. mit Gen.) (Amtsspr.): u. der gesetzlichen Bestimmungen *(ohne diese zu berühren, zu verändern)* | (Adv.) den Unfall u. *(ohne Schaden)* überstehen
un|be|schä|digt
un|be|schei|den ‖ **Un|be|schei|den|heit**
un|be|schol|ten: *noch niemals gerichtlich bestraft worden; nicht vorbestraft* ‖ **Un|be|schol|ten|heit** die, -
un|be|schrankt: ein unbeschrankter Bahnübergang ‖ **un|be|schränkt:** unbeschränkte *(unbegrenzte)* Redefreiheit
un|be|schreib|lich: ein u. *(überaus)* schöner Anblick
un|be|schrie|ben: sie ist kein unbeschriebenes Blatt *(sie ist schon bekannt, aufgefallen, meist im nachteiligen Sinn)*
un|be|schuht (geh.): *ohne Schuhe; aber:* die **U**nbeschuhten Karmeliter *(ein geistlicher Orden)*
un|be|schwert: ein unbeschwertes *(sorgenfreies)* Leben ‖ **Un|be|schwert|heit** die, -
un|be|seelt: *keine Seele besitzend; leblos;* die unbeseelte Natur
un|be|se|hen: etwas u. *(ohne es zu prüfen)* kaufen
un|be|sieg|bar ‖ **un|be|sieg|lich** (selten): *unbesiegbar* ‖ **un|be|siegt**
un|be|son|nen: *unüberlegt* ‖ **Un|be|son|nen|heit**
un|be|sorgt: sei u. *(mach dir keine Sorgen)*
un|be|spielt: eine unbespielte CD, DVD
un|be|stän|dig: *launenhaft, ohne Ausdauer;* unbeständiges Wetter ‖ **Un|be|stän|dig|keit**
un|be|stä|tigt: unbestätigten Meldungen zufolge
un|be|stech|lich: ein unbestechlicher Beamter ‖ **Un|be|stech|lich|keit**
un|be|stimm|bar: ein unbestimmbarer Geruch ‖ **Un|be|stimm|bar|keit** die, - ‖ **un|be|stimmt:** ein unbestimmtes Gefühl verspüren | (Gramm.) unbestimmtes Fürwort *(Indefinitpronomen)*
un|be|streit|bar: das ist u. *(zweifellos)* richtig ‖ **un|be|strit|ten:** *zweifellos;* unbestrittene *(nicht angezweifelte)* Fakten
un|be|tei|ligt: sie war am Unfall u.; unbeteiligte Zuseher
un|be|tont: eine unbetonte Silbe
un|be|trächt|lich: das Aufsehen war nicht u.
un|beug|bar (Gramm.): *nicht flektierbar* ‖ **un|beug|sam:** u. zu seiner Meinung stehen *(nicht nachgeben)* ‖ **Un|beug|sam|keit** die, -
un|be|wacht
un|be|waff|net
un|be|wäl|tigt: die unbewältigte *(nicht bewältigte, nicht aufgearbeitete)* Vergangenheit
un|be|weg|lich: *ungelenkig; statisch; schwerfällig* | (Jus) unbewegliche Sachen *(Liegenschaften, Grundstücke, Wohnungen);* → G.: bewegliche Sachen ‖ **Un|be|weg|lich|keit** die, - ‖ **un|be|wegt:** mit unbewegter Miene zuhören
un|be|weibt (veraltet bzw. scherzh.): *ohne Ehefrau, unverheiratet*
un|be|wie|sen
un|be|wohn|bar ‖ **Un|be|wohn|bar|keit** die, - ‖ **un|be|wohnt:** eine unbewohnte Insel
un|be|wusst: *unwissentlich, gefühlsmäßig, instinktiv* ‖ **Un|be|wuss|te** das, -n (Psych.): *Inhalte und Vorgänge des Seelenlebens, die uns beeinflussen und bestimmen, ohne dass es uns bewusst wird*
un|be|zahl|bar: ein unbezahlbares *(unersetzbares)* Kunstwerk | ein unbezahlbarer *(außerordentlich wertvoller)* Ratschlag ‖ **un|be-**

U

zahlt: sich unbezahlten Urlaub nehmen
unbezähmbar: unbezähmbaren Durst verspüren ‖ **Unbezähmbarkeit** die, -
unbezweifelbar: das Ergebnis ist u. *(nicht zu bezweifeln)*
unbezwingbar ‖ **unbezwinglich**
Unbilden die (Pl.) (geh.): den U. *(unangenehmen Einwirkungen; Schädigungen)* der Witterung ausgesetzt sein ‖ **Unbill** die, - (geh.): viel U. *(Unrecht)* erdulden müssen ‖ **unbillig** (geh.): ein unbilliges *(unzumutbares, ungebührliches)* Verlangen
unblutig: eine unblutige Revolution
unbotmäßig (geh.): *ungehorsam, widersetzlich* ‖ **Unbotmäßigkeit** die, - (geh.)
unbrauchbar ‖ **Unbrauchbarkeit**
unbunt: *nicht bunt, farblos* | *langweilig*
unbürokratisch: etwas ganz u. *(ohne formale Schwierigkeiten zu machen; einfach und zügig)* erledigen
Uncle Sam [ˌʌŋkl ˈsæm] ⟨engl.⟩ (scherzh.): *US-Amerika*

und (u.):
Vater und Mutter; und Ähnliche[s] (u. Ä., uÄ); und and[e]re, und and[e]res (u. a., ua.); und and[e]re mehr, und and[e]res mehr (u. a. m., uam.); und so fort (usf.); und so weiter (usw.); und viele and[e]re (u. v. a.); und viele and[e]re mehr (u. v. a. m.); und zwar (u. zw.); und dergleichen (u. dgl.); und dergleichen mehr (u. dgl. m.) | (Undzeichen, Pluszeichen, Additionszeichen: +) (Druckw.) 4 + 3 | (Et-Zeichen: &) (Druckw., bei Firmennamen) Firma Gollinger & Co.; *aber:* → At-Zeichen

Beistrichsetzung vor „und“:
Kein Beistrich steht bei gleichrangigen Nebensätzen, Wortgruppen und Wörtern:
– Eltern und Kinder und alle Verwandten
– Sie klingelten und kamen gleich herein.
– Sie fragte, wie spät es sei und ob sie noch kommen dürfe.
Ein Beistrich kann stehen, wenn „und“ gleichrangige Hauptsätze verbindet:
– Die Musik wird leiser[,] und der Vorhang hebt sich.
Ein Beistrich muss stehen, wenn eine nähere Bestimmung folgt:
– Er kam, und zwar allein.

Undank: U. ist der Welt Lohn *(es gibt letztlich keine Dankbarkeit)* ‖ **undankbar:** eine undankbare Aufgabe ‖ **Undankbarkeit**
undatiert: *ohne Datum*
undefinierbar: *unbestimmbar, unerklärbar*
undeklinierbar (Gramm.)
undemokratisch
undenkbar: *nicht vorstellbar, unmöglich* ‖ **undenklich** (geh.): vor undenklichen *(unvorstellbar weit zurückliegenden)* Zeiten
Underdog [ˈʌndədɒg] der, -s/-s ⟨engl.⟩ (sal.): *unterlegener, benachteiliger Mensch*
underdressed [ˈʌndədrest] ⟨engl.⟩: *zu wenig festlich gekleidet [für eine Feier];* → G.: overdressed
Underground [ˈʌndəgraʊnd] der, -s ⟨engl.⟩ : eine im U. *(abseits der Öffentlichkeit, im Untergrund)* tätige Gruppe | *Musik- oder Kunstrichtung als Gegenströmung zur etablierten Kunst bzw. zum Mainstream*
Underscore [ˈʌndəskɔː] der, -s/-s (Druckw.) ⟨engl.⟩ : *Unterstrich*
Understatement [ʌndəˈsteɪtm-] das, -s/-s ⟨engl.⟩: *das Unterspielen, Untertreibung*
undeutlich: u. schreiben ‖ **Undeutlichkeit**
undicht: das Dach ist u. | eine undichte Stelle *(zB ein Mitarbeiter, der Geheimes weitergibt)*
undifferenziert: *ohne Unterschiede, ohne Abstufungen;* undifferenzierte Kritik ‖ **Undifferenziertheit**
Unding: *Unsinn, Dummheit; Unmöglichkeit*
undiplomatisch: u. *(unklug, taktisch ungeschickt)* antworten
undiskutabel (abw.): *indiskutabel*
undiszipliniert ‖ **Undiszipliniertheit**
undramatisch: die Diskussionsrunde verlief u. *(ohne Aufregung, Spannung)*
unduldsam: *rechthaberisch, intolerant* ‖ **Unduldsamkeit**
undurchdringbar ‖ **undurchdringlich:** ein undurchdringliches Dickicht
undurchführbar: eine undurchführbare Aufgabe ‖ **Undurchführbarkeit**
undurchlässig ‖ **Undurchlässigkeit**
undurchschaubar ‖ **Undurchschaubarkeit** die, -
undurchsichtig ‖ **Undurchsichtigkeit** die, -
Und-Zeichen (+): *Pluszeichen, Additionszeichen;* 4 + 3 | (Druckw.) → Et-Zeichen (&)
uneben: unebenes Gelände | (ugs.) der Vorschlag ist nicht u. *(nicht ungünstig, diskutabel)* ‖ **Unebenheit** die, -/-en
unecht: *falsch, gefälscht;* unechter Schmuck *(Modeschmuck)* | unechte *(unbeständige)* Farben ‖ **Unechtheit**
unehelich: ein uneheliches Kind *(Kind einer unverheirateten Mutter)*
Unehre ‖ **unehrenhaft** ‖ **Unehrenhaftigkeit** die, -
unehrlich ‖ **Unehrlichkeit**
uneigennützig: *selbstlos* ‖ **Uneigennützigkeit** die, -
uneinbringlich: eine uneinbringliche *(nicht mehr aufzuholende)* Zugsverspätung | (Kaufmannsspr.) uneinbringliche Geldforderungen
uneingeschränkt: zu jemandem uneingeschränktes Vertrauen haben
uneingestanden: uneingestandene *(nicht ausgesprochene, unbewusste)* Wünsche
uneinig: *uneins; nicht einer Meinung* ‖ **Uneinigkeit**
uneinnehmbar: eine uneinnehmbare *(nicht zu erobernde)* Festung
uneins (geh.): *uneinig;* u. sein
uneinsichtig ‖ **Uneinsichtigkeit** die, -
unempfänglich: für Musik u. sein
unempfindlich: durch eine Injektion gegen Schmerzen u. machen ‖ **Unempfindlichkeit**
unendlich: *unbegrenzt, ewig; aber:* bis ins **U**nendliche ‖ **Unendlichkeit:** *Grenzenlosigkeit; Ewigkeit*
unentbehrlich ‖ **Unentbehrlichkeit**
unentgeltlich: *ohne Entgelt, kostenlos, umsonst, gratis* ‖ **Unentgeltlichkeit**
unentrinnbar (geh.): *unabwendbar*
unentschieden: die weitere Vorgangsweise ist noch u. | (Sport)

das Spiel endete u. *(ohne Sieger und Verlierer)* ‖ **Ụn|ent|schie|den** das, -s/- (Sport): das Spiel endete mit einem U. ‖ **Ụn|ent|schie|den|heit**

ụn|ent|schlos|sen: u. sein *(sich [noch] nicht entschließen können)* ‖ **Ụn|ent|schlos|sen|heit**

ụn|ent|schuld|bar: ein unentschuldbares Vorgehen ‖ **ụn|ent|schul|digt:** u. fernbleiben

ụn|ent|wegt: u. *(beharrlich)* sein Ziel verfolgen

ụn|ent|wirr|bar

ụn|er|ach|tet (Präp. mit Gen.) (geh., veraltet): u. *(trotz, ungeachtet)* aller Einwände

ụn|er|bitt|lich: *hart, erbarmungslos* ‖ **Ụn|er|bitt|lich|keit** die, -

ụn|er|fah|ren ‖ **Ụn|er|fah|ren|heit**

ụn|er|find|lich: aus unerfindlichen *(gänzlich unbekannten, unerklärlichen)* Gründen

ụn|er|forsch|lich (geh.): die unerforschlichen *(unerklärbaren, unbegreiflichen)* Entscheidungen Gottes ‖ **Ụn|er|forsch|lich|keit** die, - (geh.)

ụn|er|freu|lich: *unangenehm; nachteilig*

ụn|er|füll|bar: dieser Wunsch ist leider u.

ụn|er|gie|big: die Diskussion war u. *(brachte kein Ergebnis)* ‖ **Ụn|er|gie|big|keit**

ụn|er|gründ|bar (geh.): *unergründlich* ‖ **Ụn|er|gründ|bar|keit** die, - (geh.) ‖ **ụn|er|gründ|lich** (geh.): *unergründbar;* ein unergründliches *(unbegreifliches)* Schicksal ‖ **Ụn|er|gründ|lich|keit** die, - (geh.)

ụn|er|heb|lich: ein unerheblicher *(unbedeutender)* Schaden ‖ **Ụn|er|heb|lich|keit** die, -

ụn|er|hört[1]: seine Bitte blieb u. *(unerfüllt)* ‖ **ụn|er|hört**[2] [auch: -ˈøː-]: eine unerhörte *(gewaltige)* Leistung | „Das ist unerhört!" *(das ist noch nicht vorgekommen, ist unglaublich, empörend!)*

ụn|er|kannt: der Täter ist u. entwischt

ụn|er|klär|bar ‖ **ụn|er|klär|lich:** ein unerklärlicher Vorfall ‖ **Ụn|er|klär|lich|keit** die, -

ụn|er|läss|lich: eine unerlässliche *(notwendige)* Operation ‖ **Ụn|er|läss|lich|keit** die, -

ụn|er|laubt: u. fernbleiben

ụn|er|mess|lich: *riesig; unzählbar; grenzenlos; aber:* sich ins **U**nermessliche verlieren ‖ **Ụn|er|mess|lich|keit** die, -

ụn|er|müd|lich: u. *(rastlos)* arbeiten ‖ **Ụn|er|müd|lich|keit** die, -

ụn|er|quick|lich: eine unerquickliche *(unangenehme, peinliche)* Auseinandersetzung

ụn|er|reich|bar ‖ **Ụn|er|reich|bar|keit** ‖ **ụn|er|reicht:** ein unerreichtes Vorbild

ụn|er|sätt|lich: unersättliche *(unstillbare)* Habgier ‖ **Ụn|er|sätt|lich|keit** die, -

ụn|er|schöpf|lich: über scheinbar unerschöpfliche *(überaus große)* Vorräte verfügen ‖ **Ụn|er|schöpf|lich|keit** die, -

ụn|er|schro|cken (geh.): u. *(ohne jede Furcht)* handeln ‖ **Ụn|er|schro|cken|heit**

ụn|er|schüt|ter|lich: u. *(fest, unbeirrbar)* bei seiner Überzeugung bleiben ‖ **Ụn|er|schüt|ter|lich|keit** die, -

ụn|er|schwing|lich: *zu teuer, nicht leistbar* ‖ **Ụn|er|schwing|lich|keit** die, -

ụn|er|setz|bar ‖ **ụn|er|setz|lich:** ein unersetzlicher Verlust ‖ **Ụn|er|setz|lich|keit** die, -

ụn|er|sprieß|lich (geh.): *unerfreulich, unangenehm; nutzlos*

ụn|er|träg|lich ‖ **Ụn|er|träg|lich|keit** die, -

ụn|er|wähnt: die vielen Mitarbeiter/innen u. *(ungenannt)* lassen

ụn|er|war|tet: das kam u. *(überraschend)*

ụn|er|wi|dert: seine Zuneigung blieb u.

ụn|er|wünscht: seine Anwesenheit war u.

ụn|er|zwun|gen (Sport): ein unerzwungener Fehler *(Eigenfehler)*

UNẸSCO [-skɔ] die, -: **U**nited **Na**tions **E**ducational, **S**cientific and **C**ultural **O**rganization *(Organisation der Vereinten Nationen für Erziehung, Wissenschaft und Kultur)*

ụn|fä|hig ‖ **Ụn|fä|hig|keit** die, -

ụn|fair [-fɛːɐ]: u. *(unehrlich; unfein; regelwidrig)* spielen/handeln

Ụn|fall: einen U. verursachen; in einen U. verwickelt sein; ein U. ereignet sich | (ugs.) einen U. bauen ‖ **Ụn|fall|arzt** ‖ **Ụn|fall|ärz|tin** ‖ **Ụn|fall|bi|lanz** ‖ **Ụn|fall|chi|rur|gie** [-ki-] (Med.) ‖ **Ụn|fall|end|la|ge** (Amtsspr.): *Zustand bei Ende des Unfalls* ‖ **Ụn|fall|fahr|zeug** ‖ **ụn|fall|frei** ‖ **Ụn|fall|ge|fahr** ‖ **Ụn|fall|her|gang** ‖ **Ụn|fall|kli|nik** ‖ **Ụn|fall|kom|man|do:** auf Unfälle spezialisierte Abteilung der Polizei ‖ **Ụn|fall|kran|ken|haus** (UKH) ‖ **Ụn|fall|len|ker:** *der Lenker eines Unfallfahrzeuges* ‖ **Ụn|fall|len|ke|rin** ‖ **Ụn|fall|op|fer** ‖ **Ụn|fall|ort** ‖ **Ụn|fall|ren|te** ‖ **Ụn|fall|sta|ti|on** [-tsi̯-]: *Unfallklinik* ‖ **Ụn|fall|sta|tis|tik** [-ʃt-, -st-] ‖ **ụn|fall|träch|tig:** dieser Autobahnabschnitt ist u. *(auf ihm passieren viele Unfälle)* ‖ **Ụn|fall|ver|hü|tung** die, - ‖ **Ụn|fall|ver|si|che|rung**

ụn|fass|bar: eine unfassbare *(unbegreifliche; erschütternde)* Nachricht ‖ **ụn|fass|lich:** *unfassbar*

ụn|fehl|bar: nicht u. sein *([sich] auch irren können);* → G.: fehlbar ‖ **Ụn|fehl|bar|keit** die, -

ụn|fein: er war bekannt für sein unfeines Benehmen

ụn|fern (Präp. mit Gen.) (geh.): u. des Gipfels/u. vom Gipfel *(nahe dem Gipfel)*

ụn|fer|tig: unfertige Kleider

Ụn|flat der, -[e]s (geh., veraltet): *Schmutz* ‖ **ụn|flä|tig** (geh., veraltet): *schmutzig; unanständig;* jemanden u. *(grob)* beschimpfen ‖ **Ụn|flä|tig|keit** die, -/-en (geh., veraltet)

ụn|flek|tiert (Gramm.)

ụn|folg|sam ‖ **Ụn|folg|sam|keit** die, -

ụn|för|mig: *plump, formlos* ‖ **Ụn|för|mig|keit** die, -/-en ‖ **ụn|förm|lich** (selten): eine unförmliche *(ungezwungene, formlose)* Einladung

ụn|fran|kiert: *unfrei, ohne [Brief-] porto*

ụn|frei: *nicht frei* | *unfrankiert* ‖ **Ụn|freie**[1] der, -n/-n, ein Unfreier (früher): *Sklave, Höriger, Leibeigener* ‖ **Ụn|freie**[2] die, -n/-n (früher) ‖ **ụn|frei|wil|lig**

ụn|freund|lich ‖ **Ụn|freund|lich|keit**

Ụn|frie|de = **Ụn|frie|den:** U. *(Zwietracht, Feindschaft)* stiften

ụn|fri|siert

ụn|frucht|bar: unfruchtbares Land | eine unfruchtbare *(nicht produktive)* Diskussion | (Med., Biol.) *fortpflanzungsunfähig* ‖ **Ụn|frucht|bar|keit**

Ụn|fug der, -[e]s: U. treiben *(Unsinn, Ungehöriges machen)*

ụn|ga|lant

Ụn|gar [-ŋg-] der, -n/-n ‖ **Ụn|ga|rin** die, -/-innen ‖ **ụn|ga|risch** ‖ **Ụn|ga|risch** das, -[s] = **Ụn|ga|ri|sche,** -n: *die ungarische Sprache;* → Deutsch ‖ **Ụn|garn** (Kfz: H): *ein Staat*

U

un|gast|lich: ein ungastliches *(unfreundliches)* Haus ‖ **Un|gast|lich|keit**

un|ge|ach|tet (Präp. mit Gen.): ungeachtet *(trotz)* des schlechten Wetters; ungeachtet dessen, dass ...; des[sen] u. *(trotzdem)*

un|ge|ahn|det (geh.): das Verbrechen blieb u. *(unbestraft)*

un|ge|ahnt: ungeahnte *(unerwartete)* Schwierigkeiten

un|ge|bär|dig (geh.): ein ungebärdiges *(wildes)* junges Pferd ‖ **Un|ge|bär|dig|keit** die, - (geh.)

un|ge|be|ten: ein ungebetener *(unerwünschter)* Gast

un|ge|beugt: u. *(ohne den Mut zu verlieren, gegen alle Widerstände)* daran festhalten | (Gramm.) *unflektiert*

un|ge|bil|det (oft abw.)

un|ge|bo|ren: das ungeborene Leben

un|ge|bräuch|lich: *unüblich* ‖ **un|ge|braucht:** ein ungebrauchtes *(frisches)* Handtuch

un|ge|bremst: u. in die Absperrung rasen

un|ge|bro|chen: unser Mut ist u.

un|ge|bühr|lich (geh.): ein ungebührliches *(unpassendes)* Benehmen; ein u. *(übermäßig)* hoher Preis ‖ **Un|ge|bühr|lich|keit** die, -/-en (geh.)

un|ge|bun|den: ein ungebundenes *(freies)* Leben führen | ungebundene Bücher *(ohne Einband)* | (Küchenspr.) *nicht verdickt;* → binden ‖ **Un|ge|bun|den|heit** die, -

un|ge|deckt: ein noch ungedeckter Tisch | ein ungedeckter *(durch kein Guthaben gedeckter)* Scheck

un|ge|druckt: sein Roman blieb u. *(wurde nicht veröffentlicht)*

Un|ge|duld ‖ **un|ge|dul|dig**

un|ge|eig|net

un|ge|fähr: u. *(etwa)* drei Stunden; der ungefähre *(annähernde)* Bedarf; von u. *(zufällig)* ‖ **un|ge|fähr|det:** *sicher, gefahrlos* ‖ **un|ge|fähr|lich** ‖ **Un|ge|fähr|lich|keit**

un|ge|fäl|lig: *unfreundlich, unhöflich* ‖ **Un|ge|fäl|lig|keit**

un|ge|färbt

un|ge|formt

un|ge|fragt: u. sprechen

un|ge|fü|ge, *auch:* ungefüg (geh.): *unförmig, massig, schwerfällig;* ungefüges *(plumpes; nicht angebrachtes)* Verhalten

un|ge|gen|ständ|lich: *nicht gegenständlich, abstrakt*

un|ge|glie|dert: ein völlig ungegliederter Text

un|ge|hal|ten: *unwillig, missgestimmt, verärgert;* sei nicht u. ‖ **Un|ge|hal|ten|heit** die, -

un|ge|hei|ßen (geh.): u. *(ohne dazu aufgefordert worden zu sein)* mitreden

un|ge|heizt: ein ungeheiztes Zimmer

un|ge|hemmt: *ohne Hemmungen*

un|ge|heu|er: u. tief; ungeheure Schneemassen; *aber:* ins **Un**geheure steigern ‖ **Un|ge|heu|er** das, -s/-: *riesenhaftes, Furcht erregendes [Fabel]tier* | (abw.) *grausamer, bösartiger Mensch* ‖ **un|ge|heu|er|lich:** das ist u. *(unfassbar, empörend)* ‖ **Un|ge|heu|er|lich|keit** die, -/-en

un|ge|hin|dert: u. *(ohne aufgehalten zu werden)* die Kontrollen passieren

un|ge|ho|belt: ein ungehobeltes Brett | (abw.) *rüpelhaft*

un|ge|hö|rig: ein ungehöriges *(unpassendes)* Benehmen ‖ **Un|ge|hö|rig|keit** die, -/-en

un|ge|hor|sam: u. sein ‖ **Un|ge|hor|sam**

un|ge|hört: die Rufe blieben u.

Un|geist (geh.): *abartige, verwerfliche Geisteshaltung;* der U. des Rassismus

un|ge|klärt: ein ungeklärtes Problem

un|ge|krönt: die ungekrönte Königin *(die beste)* der Leichtathletinnen

un|ge|küns|telt: ihre Bescheidenheit war u. *(echt)*

un|ge|kürzt: der Film wurde u. gezeigt

un|ge|le|gen: zu ungelegener *(unerwünschter)* Zeit kommen ‖ **Un|ge|le|gen|heit** (meist Pl.): jemandem Ungelegenheiten *(Unannehmlichkeiten)* bereiten

un|ge|leh|rig: ein ungelehriger *(lernunwilliger, unbegabter)* Schüler

un|ge|lenk: *ungeschickt, schwerfällig* ‖ **un|ge|len|kig** ‖ **Un|ge|len|kig|keit**

un|ge|lernt: ein ungelernter *(nicht fachlich ausgebildeter, nur angelernter)* Arbeiter

un|ge|liebt: eine ungeliebte Arbeit

un|ge|lo|gen: u. *(ohne zu übertreiben),* sie war die Beste

un|ge|löst: das Problem blieb u.

Un|ge|mach das, -[e]s (geh., veraltet): viel U. *(Leid)* erdulden müssen

un|ge|mäß: *unpassend, nicht zustehend*

un|ge|mein: u. *(außerordentlich)* begabt sein

un|ge|mes|sen (geh.): ungemessene *(ungeheure)* Schätze; *aber:* diese Forderungen gehen ins **Un**gemessene *(sie kennen kein Maß)*

un|ge|min|dert: *unvermindert*

un|ge|müt|lich: eine ungemütliche Gesellschaft ‖ **Un|ge|müt|lich|keit**

un|ge|nannt: eine ungenannte *(anonyme)* Wohltäterin

un|ge|nau: sich nur u. ausdrücken ‖ **Un|ge|nau|ig|keit**

un|ge|niert [-ʒe-]: *zwanglos, ungehemmt;* seine Meinung u. *(ohne Scheu)* sagen ‖ **Un|ge|niert|heit** die, -/-en

un|ge|nieß|bar: ein ungenießbarer Pilz ‖ **Un|ge|nieß|bar|keit**

Un|ge|nü|gen das, -s (geh.): *Unvollkommenheit; Unzufriedenheit* ‖ **un|ge|nü|gend:** eine ungenügende Leistung; → Nicht genügend

un|ge|nutzt = **un|ge|nützt:** einen Acker u. *(unbebaut)* lassen; die Zeit u. *(ohne sie zu nützen)* verstreichen lassen

un|ge|ord|net

un|ge|pflegt ‖ **Un|ge|pflegt|heit**

un|ge|rad (ugs.): *ungrade* ‖ **un|ge|ra|de:** u. Zahlen

un|ge|ra|ten: ein ungeratenes *(missratenes)* Kind

un|ge|recht: u. behandelt werden ‖ **un|ge|rech|ter|wei|se** ‖ **un|ge|recht|fer|tigt:** *unberechtigt, unbegründet* ‖ **un|ge|recht|fer|tig|ter|wei|se:** u. gerügt werden ‖ **Un|ge|rech|tig|keit**

un|ge|re|gelt: eine ungeregelte Straßenkreuzung *(Kreuzung ohne Ampel und Verkehrszeichen)*

un|ge|reimt: ungereimtes *(sinnloses)* Zeug reden ‖ **Un|ge|reimt|heit** die, -/-en

un|gern: etwas u. tun

un|ge|rührt: *unbeeindruckt* ‖ **Un|ge|rührt|heit** die, -

un|ge|sagt: Wichtiges blieb u.

un|ge|sal|zen: die Suppe ist u.

un|ge|sat|telt: das Pferd war u.

un|ge|sät|tigt (Chem.): mehrfach ungesättigte Fettsäuren

un|ge|säu|ert: ungesäuertes Brot

un|ge|säumt[1]: der Rock ist u. *(ohne Saum)*

un|ge|säumt[2] (geh., veraltet): u. *(ohne zu zögern, sofort)* kommen

un|ge|schält: ungeschälte Äpfel

un|ge|sche|hen: etwas nicht mehr u. *(rückgängig)* machen können
un|ge|scheut (geh.): u. *(ohne Scheu, furchtlos)* die Wahrheit sagen
Un|ge|schick das, -[e]s: *Ungeschicklichkeit* ‖ **un|ge|schick|lich** ‖ **Un|ge|schick|lich|keit** ‖ **un|ge|schickt**
un|ge|schlacht (geh.): ein ungeschlachter *(derber, plumper)* Mensch
un|ge|schlif|fen: ein ungeschliffener *(roher, unbearbeiteter)* Diamant | ein ungeschliffenes *(unmanierliches)* Benehmen
un|ge|schmä|lert (geh.): das ungeschmälerte *(volle)* Einkommen
un|ge|schminkt: jemandem u. *(offen)* die Wahrheit sagen
un|ge|scho|ren: jemanden u. *(in Ruhe, in Frieden)* lassen
un|ge|schrie|ben: ein ungeschriebenes *(rechtlich nicht festgelegtes)* Gesetz
un|ge|schult: eine ungeschulte *(nicht ausgebildete)* Stimme
un|ge|schützt: *ohne Schutz;* u. *(ohne Sonnenschutz)* am Strand liegen; ungeschützter Geschlechtsverkehr *(ohne Kondom)*
un|ge|se|hen: u. *(unbeobachtet)* fliehen
un|ge|sel|lig: ein ungeselliger *(die Gesellschaft anderer meidender)* Mensch ‖ **Un|ge|sel|lig|keit**
un|ge|setz|lich: *in den Gesetzen nicht vorgesehen bzw. nach ihnen nicht erlaubt* ‖ **Un|ge|setz|lich|keit**
un|ge|spritzt: ungespritztes *(nicht mit Pflanzenschutzmitteln behandeltes)* Obst
un|ge|stalt (geh.): *plump, unschön*
un|ge|stem|pelt: ungestempelte Briefmarken
un|ge|stillt (geh.): ungestillte Sehnsucht
un|ge|stört: u. arbeiten können ‖ **Un|ge|stört|heit** die, -
un|ge|straft: nicht u. andere gefährden dürfen
un|ge|stüm (geh.): ungestüme *(lebhafte, laute)* Freude ‖ **Un|ge|stüm** das (*auch:* der), -[e]s (geh.): mit jugendlichem U. *(Eifer)* an eine Sache herangehen
un|ge|sühnt (geh.): der Mord ist u. geblieben
un|ge|sund: eine ungesunde Lebensweise
un|ge|süßt: sie bevorzugt ungesüßten Kaffee
un|ge|teilt: die Freude war u. *(außerordentlich, durch keinerlei Umstände getrübt)*
un|ge|treu (geh.): *untreu*
un|ge|trübt: ungetrübte Freude
Un|ge|tüm das, -[e]s/-e: *Ungeheuer, Koloss*
un|ge|übt: ein ungeübter Spieler
un|ge|wa|schen

> **un|ge|wiss**
> seine Absicht bleibt u.; ein ungewisser Ausgang; ungewisse Aussichten
>
> **Großschreibung bei Nominalisierung:**
> – Angst vor dem **U**ngewissen
> – im **U**ngewissen sein/lassen/leben/bleiben
> – ins **U**ngewisse fahren/eine Fahrt ins **U**ngewisse

Un|ge|wiss|heit
Un|ge|wit|ter (geh.): *Unwetter*
un|ge|wöhn|lich: das Ergebnis ist u. ‖ **un|ge|wohnt**
un|ge|wollt: jemanden u. verletzen
un|ge|zählt: ungezählte *(sehr viele)* Stunden warten; *aber:* es kamen **U**ngezählte
Un|ge|zie|fer das, -s: U. *(schädliche Insekten)* vertilgen
un|ge|zie|mend (geh.): ein ungeziemendes *(ungebührliches, ungehöriges)* Verhalten
un|ge|zo|gen: *unartig, lümmelhaft, taktlos* ‖ **Un|ge|zo|gen|heit** die, -/-en
un|ge|zu|ckert: den Kaffee u. trinken
un|ge|zü|gelt: von ungezügelter *(hemmungsloser)* Wildheit
un|ge|zwun|gen: *zwanglos, natürlich* ‖ **Un|ge|zwun|gen|heit**
un|gif|tig
Un|glau|be = **Un|glau|ben** ‖ **un|glaub|haft:** eine unglaubhafte *(nicht glaubwürdige)* Ausrede ‖ **un|gläu|big:** *ohne Glauben* | *zweifelnd;* ein ungläubiger Thomas *(jemand, der an allem zweifelt; nach einem Apostel)* ‖ **Un|gläu|bi|ge**[1] der, -n/-n, ein Ungläubiger ‖ **Un|gläu|bi|ge**[2] die, -n/-n ‖ **un|glaub|lich:** das ist u. *(unerhört)* ‖ **un|glaub|wür|dig** ‖ **Un|glaub|wür|dig|keit**
un|gleich: ein ungleiches *(sehr verschiedenes)* Paar | so ist es u. *(viel)* besser ‖ **un|gleich|ar|tig** ‖ **Un|gleich|be|hand|lung** ‖ **Un|gleich|heit** ‖ **un|gleich|mä|ßig** ‖ **Un|glei|chung** (Math.): *Verknüpfung zweier Terme, die nicht gleich sind, zB x > y (x ist größer als y)*
Un|glück: jemanden ins U. stürzen/bringen; zu allem U. verlor sie auch noch die Schlüssel; ins eigene U. rennen ‖ **un|glück|lich** ‖ **un|glück|li|cher|wei|se** ‖ **Un|glücks|bot|schaft** ‖ **un|glück|se|lig:** eine Verkettung unglückseliger *(tragischer, verhängnisvoller)* Umstände ‖ **Un|glücks|fall** ‖ **Un|glücks|nach|richt** ‖ **Un|glücks|ort** ‖ **Un|glücks|ra|be** (scherzh.): *Pechvogel* ‖ **Un|glücks|stel|le** ‖ **Un|glücks|zei|chen**
Un|gna|de die, -: in U. fallen *(die Gunst verlieren)* ‖ **un|gnä|dig:** *verdrossen, übel gelaunt*
un|grad, un|gra|de (ugs.): *ungerade*
un|gra|zi|ös
un|gschaut = **un|gschau|ter** (ugs.): etwas u. *(ohne zu schauen, ungeprüft; sofort)* kaufen
un|gül|tig: ein ungültiger Fahrschein ‖ **Un|gül|tig|keit**
Un|gunst: unter der U. der Verhältnisse leiden; zu meinen Ungunsten; → zu Ungunsten (= zuungunsten) ‖ **un|güns|tig**
un|gus|ti|ös [-st-]: *unappetitlich* ‖ **Un|gustl** der, -s/-n (ostöst., ugs., abw.): *abstoßende Person*
un|gut: „Nichts für ungut!" *(„Bitte nicht übel nehmen!")* | eine ungute Sache
un|halt|bar: der Zustand war u. *(auf die Dauer nicht aufrechtzuerhalten)* | (Sport) ein unhaltbarer *(nicht abzuwehrender)* Schuss
un|har|mo|nisch
UNHCR [u ɛn ha tse 'ɛr] die, -: **U**nited **N**ations **H**igh **C**ommissioner for **R**efugees *(Hochkommissariat der UNO für Flüchtlinge)*

> **Un|heil**
>
> **Getrenntschreibung:**
> – Unheil bringen
> – Unheil stiften *(Unglück)*
> – Unheil verkünden
>
> **Getrennt- und Zusammenschreibung mit adjektivisch gebrauchten Partizipien:**
> – Unheil bringende (= unheilbringende) Wetter
> – Unheil verkündende (= unheilverkündende) Worte; *aber nur zusammen:* unheildrohend
>
> **Zusammenschreibung bei Steigerung oder näherer Bestimmung der ganzen Fügung:**

U

– [noch] unheilverkündendere Nachrichten
– äußerst unheilverkündende Worte

unheilbar: eine unheilbare Krankheit ‖ **Unheil bringend** = **unheilbringend** (geh.) ‖ **unheildrohend** (geh.) ‖ **Unheilstifter** (geh.) ‖ **Unheilstifterin** (geh.) ‖ **Unheil verkündend** = **unheilverkündend** (geh.) ‖ **unheilvoll**

unheimlich: mir war u. [zu Mute] *(ich bekam Angst)* | (ugs.) das Eis schmeckt u. *(sehr)* gut

unhöflich ‖ **Unhöflichkeit**

Unhold der, -[e]s/-e: *Bösewicht*

unhörbar

unhygienisch [-hy-]: *unsauber, nicht der Hygiene entsprechend*

uni [y-] ⟨fr.⟩: ein uni *(einfärbiges)* Kleid

Uni die, -/-s ⟨lat.⟩: *Kurzwort für Universität* ‖ **Unibibliothek:** *Universitätsbibliothek*

UNICEF [-ts-] die, -: **U**nited **N**ations **I**nternational **C**hildren's **E**mergency **F**und *(Internationaler Kinderhilfsfonds der Vereinten Nationen)*

Unicode ['ju:nikəʊd] der, -s ⟨engl.⟩: *internationaler Zeichensatz für Computer;* → ASCII

UNIDO die, -: **U**nited **N**ations **I**ndustrial **D**evelopment **O**rganization *(Organisation der Vereinten Nationen für industrielle Entwicklung mit Sitz in Wien)*

uniert ⟨lat.⟩: *[wieder]vereinigt;* die griechisch-unierte *(mit der katholischen vereinigte)* Kirche

Unifikation [-tsi̯-] die, -/-en ⟨lat.⟩ (fachspr.): *Vereinheitlichung* ‖ **unifizieren**

uniform ⟨lat.-fr.⟩: *gleichförmig* ‖ **Uniform** [bes. D auch: -'ɔ-]: *einheitliche Dienstkleidung* ‖ **uniformieren:** uniformierte Polizisten | (oft abw.) *gleichförmig machen* ‖ **Uniformität** die, -: *Gleichförmigkeit* ‖ **Uniformkappe** [bes. D auch: -'ɔ-]

unikal ⟨lat.⟩: *einmalig* ‖ **Unikat** das, -[e]s/-e: nur als U. *(in einer einzigen Ausführung)* vorhanden ‖ **Unikum** das, -s/Unika: *etwas Einmaliges, Einzigartiges*

unilateral ⟨lat.⟩ (bes. Pol.): eine unilaterale *(einseitige)* Verpflichtung; → G.: bilateral, multilateral

uninformiert: *nicht informiert* ‖ **Uninformiertheit**

uninteressant ‖ **uninteressiert:** *nicht interessiert* ‖ **Uninteressiertheit** die, -

Union die, -/-en ⟨lat.⟩: *Vereinigung, Verband;* Europäische U. ‖ **Union Jack** ['ju:njən 'dʒæk] der, --s/--s ⟨engl.⟩: *Staatsflagge Großbritanniens*

unirdisch (geh.): *überirdisch*

Unisex der, - ⟨lat.-engl.⟩: *Angleichung der äußeren Erscheinung der Geschlechter*

unison = **unisono** [auch: -'i(:)zono] ⟨lat.-it.⟩ (Mus.): *einstimmig, alle zusammen* ‖ **Unisono** das, -s/-s [Unisoni] (Mus.)

UniStG: Universitäts**st**udien**g**esetz ‖ **universal** [-v-] ⟨lat.⟩: *umfassend* ‖ **Universalbildung** ‖ **Universalerbe:** *Alleinerbe* ‖ **Universalerbin** ‖ **Universalheilmittel:** *Mittel, mit dem man alles heilen könnte* ‖ **Universalie** [-i̯ɛ] die, -/-n (Phil.): *Allgemeinbegriff* ‖ **Universalität** die, -: die U. *(das Allumfassende)* der Wissenschaft ‖ **universell** ⟨lat.-fr.⟩: *universal* ‖ **Universiade** die, -/-n ⟨lat.+gr.⟩: *internationale [zweijährliche] Studentenwettkämpfe* ‖ **universitär** ⟨lat.⟩: eine universitäre Ausbildung ‖ **Universität** die, -/-en: *wissenschaftliche oder künstlerische Hochschule;* Medizinische U. Graz; U. für künstlerische und industrielle Gestaltung Linz; Universität für Musik und darstellende Kunst ‖ **Universitätsausbildung** ‖ **Universitätsautonomie** → Hochschulautonomie ‖ **Universitätsbibliothek** ‖ **Universitätsbuchhandlung:** *wissenschaftlich ausgerichtete Buchhandlung* ‖ **Universitätsdozent** ‖ **Universitätsdozentin** ‖ **Universitätsinstitut** [-st-] ‖ **Universitätsklinik:** *Krankenhaus, das auch der Ausbildung von Ärzten und der Forschung dient* ‖ **Universitätslaufbahn** ‖ **Universitätslehrgang** ‖ **Universitätslektor** ‖ **Universitätslektorin** ‖ **Universitätsorganisationsgesetz** [-tsi̯-] (UOG) ‖ **Universitätsprofessor** (Univ.-Prof., UnivProf) ‖ **Universitätsprofessorin** (Univ.-Prof., UnivProf) ‖ **Universitätsrat:** *eines der obersten Leitungsorgane einer Universität* ‖ **Universitätsstadt** ‖ **Universitätsstudiengesetz** [-ʃt-] das, -[e]s (UniStG) ‖ **Universum** das, -s/Universen: *Weltall, Kosmos* ‖ **Univ.-Prof.,** *auch:* UnivProf: **Univ**ersitäts**prof**essor[in]

Unix ['ju:nɪks] = **UNIX** das, - (Wz.) (EDV): *ein Betriebssystem für Computer und Großrechner*

unkameradschaftlich

Unke die, -/-n: *ein Froschlurch, Feuerkröte* ‖ **unken:** *wie eine Unke rufen* | er unkt schon wieder *(äußert sich pessimistisch)*

unkenntlich: sich u. *(unerkennbar)* machen ‖ **Unkenntlichkeit** die, -: bis zur U. verbrannt ‖ **Unkenntnis:** „Unkenntnis des Gesetzes schützt nicht vor Strafe"

unkeusch (geh.): *unzüchtig* ‖ **Unkeuschheit** (geh.)

unklagbar (Jus): *gerichtlich nicht durchsetzbar;* unklagbare Verbindlichkeit

unklar: unklare Aussichten; *aber:* im **U**nklaren *(Ungewissen)* sein/bleiben ‖ **Unklarheit**

unklug: unkluges Verhalten ‖ **Unklugheit**

unkollegial

unkompliziert

unkontrollierbar ‖ **unkontrolliert**

unkonventionell [-v-tsi̯-]: *vom Üblichen abweichend*

unkonzentriert ‖ **Unkonzentriertheit**

unkoordiniert: unkoordinierte *(unregelmäßige)* Herzmuskeltätigkeit; unkoordinierte *(nicht übereingestimmte)* nationale Regelungen; → inkoordiniert

unkörperlich: *immateriell* | (Jus) unkörperliche Sache *(Recht, Forderungen)*

unkorrekt: *nicht ordnungsgemäß;* → inkorrekt ‖ **Unkorrektheit**

Unkosten die (Pl.): *Spesen;* sich in U. stürzen *(hohe Ausgaben haben)* ‖ **Unkostenbeitrag:** einen U. leisten

Unkraut: U. jäten

unkritisch

unkultiviert [-v-]: der Boden ist u. *(nicht bearbeitet)* | (abw.) ein unkultivierter *(kulturloser; ungebildeter; unfeiner)* Mensch

unkündbar: ein unkündbarer Vertrag ‖ **Unkündbarkeit**

unkundig: des Lesens u. sein *(nicht lesen können)*

unlängst: *vor Kurzem*

unlauter (geh.): ein unlauterer *(unehrlicher; unanständiger)* Vorschlag | (Jus, Wirt.) unlauterer Wettbewerb *(Wettbewerb*

U

mit unehrlichen, unerlaubten Mitteln)
ụnleidlich: *unerträglich, unfreundlich* ‖ **Ụnleidlichkeit** die, -/-en
ụnleserlich: u. schreiben ‖ **Ụnleserlichkeit**
ụnleugbar: *unbestreitbar*
ụnlieb: diese Entscheidung ist mir nicht u. *(willkommen)* ‖ **ụnliebenswürdig** ‖ **ụnliebsam:** ein unliebsamer *(unangenehmer)* Vorfall
ụnliniert, *auch:* **ụnliniiert**
ụnlogisch
ụnlösbar: eine unlösbare Aufgabe ‖ **Ụnlösbarkeit** die, - ‖ **ụnlöslich:** ein in Wasser unlöslicher Stoff
Ụnlust: etwas mit U. *(nur widerwillig)* tun ‖ **Ụnlustgefühl**
ụnmanierlich: *von schlechten Manieren, unschicklich*
ụnmännlich (auch abw.)
Ụnmaß das, -es: *Übermaß*
Ụnmasse: *bes. große Menge*
ụnmaßgeblich: *nicht entscheidend* ‖ **ụnmäßig:** *maßlos* ‖ **Ụnmäßigkeit** die, -
Ụnmenge: *große Menge*
Ụnmensch: *sehr roher, grausamer Mensch* ‖ **ụnmenschlich:** *bes. grausam, inhuman;* unmenschliches *(unvorstellbares)* Leid erdulden ‖ **Ụnmenschlichkeit**
ụnmerklich: die Gewichtszunahme war u. *(kaum feststellbar)*
ụnmessbar: u. gering
ụnmissverständlich: *eindeutig*
ụnmittelbar: *direkt;* → G.: mittelbar ‖ **Ụnmittelbarkeit** die, -
ụnmöbliert: ein unmöbliertes Zimmer
ụnmodern
ụnmöglich ['un-, -'mø:-]: unmögliche *(nicht machbare, umsetzbare)* technische Änderungen wünschen; das ist ganz und gar u.! *(das kommt nicht in Frage!)* | er hat sich durch seine Aussagen vor allen u. gemacht *(sich bloßgestellt); aber:* Mögliches und **U**nmögliches; nichts **U**nmögliches fordern ‖ **Ụnmöglichkeit**
Ụnmoral ‖ **ụnmoralisch**
ụnmotiviert [-v-]: *grundlos, unbegründet*
ụnmündig: *noch nicht volljährig* | (Jus) eine unmündige Person *(Person unter 14 Jahren)* ‖ **Ụnmündigkeit**
ụnmusikalisch: *ohne Verständnis für Musik*
Ụnmut (geh.): *Ärger, Missmut* ‖ **ụnmutig** (geh.): *verärgert, entrüstet*
ụnnachahmlich: *unerreichbar*
ụnnachgiebig: *hart, beharrlich* ‖ **Ụnnachgiebigkeit**
ụnnachsichtig: *streng* ‖ **Ụnnachsichtigkeit**
ụnnahbar: ein unnahbarer *(unzugänglicher, zurückhaltender, abweisender)* Mensch ‖ **Ụnnahbarkeit** die, -
Ụnnatur (geh.): *unnatürlicher Mensch | Unnatürlichkeit* ‖ **ụnnatürlich** ‖ **Ụnnatürlichkeit**
ụnnennbar (geh.): unnennbares *(unsagbares, sehr großes)* Leid
ụnnötig: *überflüssig* ‖ **ụnnötigerweise**
ụnnütz: unnütze Ausgaben
UNO die, -: **U**nited **N**ations **O**rganization *(Organisation der Vereinten Nationen; Vereinte Nationen);* → UN ‖ **UNO-Beobachter:** U. in einem Krisengebiet ‖ **UNO-Beobachterin** ‖ **UNO-Charta** [-k-]: *Satzung der Vereinten Nationen* ‖ **UNO-City** [-sɪti]: *ein Bürohauskomplex der UNO in Wien* ‖ **UNO-Generalsekretär** ‖ **UNO-Generalsekretärin** ‖ **UNO-Generalversammlung** ‖ **UNO-Mandat**
ụnordentlich: sich u. benehmen ‖ **Ụnordentlichkeit** die, - ‖ **Ụnordnung** die, -
ụnorthodox: *vom Üblichen abweichend, unkonventionell*
UNO-Sicherheitsrat: *Weltsicherheitsrat der Vereinten Nationen (mit Sitz in New York)* ‖ **UNO-Soldat** ‖ **UNO-Soldatin** ‖ **UNO-Vollversammlung**
Ụnpaarhufer: *Huftier mit nur einer ausgebildeten Zehe, zB Pferd* ‖ **ụnpaarig:** *in ungerader Zahl*
ụnpädagogisch
ụnparteiisch: *an keine der beteiligten Seiten gebunden; neutral* ‖ **Ụnparteiische**[1] der, -n/-n, ein Unparteiischer (Sport): *Schiedsrichter* ‖ **Ụnparteiische**[2] die, -n/-n ‖ **ụnparteilich:** *unparteiisch* ‖ **Ụnparteilichkeit**
ụnpassend: eine unpassende Bemerkung
ụnpassierbar: die Straße ist u. ‖ **Ụnpassierbarkeit** die, -
ụnpässlich (geh.): *etwas unwohl, ein bisschen krank* ‖ **Ụnpässlichkeit** die, -/-en (geh.)
ụnpathetisch
Ụnperson: *Person, die in der Öffentlichkeit nicht mehr genannt werden darf;* früher einflussreich, jetzt zur U. geworden ‖ **ụnpersönlich:** die Begrüßung war u. *(kühl, formell)*
ụnplatziert (bes. Sport): ein unplatzierter *(ungenauer)* Schuss; → platzieren
ụnplugged ['ʌnplʌgd] ⟨engl.⟩ (Mus.): *ohne Verstärker (bes. bei Rock-, Popmusik)*
ụnpolitisch
ụnpopulär
ụnpraktisch
ụnpräzis = ụnpräzise
ụnproblematisch: sein Vorhaben ist nicht u. *(könnte Probleme bereiten)*
ụnproduktiv
ụnproportioniert [-tsi̯-]
ụnpünktlich ‖ **Ụnpünktlichkeit**
ụnqualifizierbar: unqualifizierbare *(unerhörte)* Äußerungen ‖ **ụnqualifiziert:** ein unqualifizierter *(den Voraussetzungen nicht entsprechender)* Bewerber
ụnrasiert
Ụnrast die, - (geh.): voll U. *(rastlos, unruhig)* sein
Ụnrat der, -[e]s (geh.): *Schmutz, Kot*
ụnrationell [-tsi̯-]
ụnrealistisch: *der Wirklichkeit nicht entsprechend*

ụnrecht

Kleinschreibung des Adjektivs:
- am unrechten *(falschen)* Platz
- das ist unrecht (Frage *Wie?*)
- sich unrecht aufführen

Groß- und Kleinschreibung:
- unrecht (= **U**nrecht) behalten/bekommen/haben
- jemand[em] unrecht (= **U**nrecht) geben/tun
- es geschieht ihr unrecht (= **U**nrecht)

Ụnrecht das, -[e]s

Großschreibung des Nomens:
- im Unrecht sein
- etwas zu Unrecht behaupten *(ohne genügenden Grund)*
- sich ins Unrecht setzen *(sich kompromittieren)*
- [ein] Unrecht [er]leiden
- mir geschah ein großes Unrecht; → unrecht

Ụnrechte[1] der, -n/-n, ein Unrechter: an den Unrechten kommen *(an jemanden, der sich nichts gefallen lässt)* ‖ **Ụnrechte**[2] die,

U

-n/-n ‖ **un|recht|mä|ßig ‖ un|recht|mä|ßi|ger|wei|se:** sich etwas u. aneignen ‖ **Un|recht|mä|ßig|keit ‖ Un|rechts|be|wusst|sein**
un|red|lich: *unehrenhaft* | (Jus) gegen Treu und Glauben handelnd *(bösgläubig)* ‖ **Un|red|lich|keit:** einen Besitz durch U. *(Unredlichsein)* erwerben
un|re|ell: ein unreeller *(nicht seriöser, nicht vertrauenswürdiger)* Geschäftsmann
un|re|flek|tiert: *unüberlegt, nicht durch[ge]dacht*
un|re|gel|mä|ßig ‖ Un|re|gel|mä|ßig|keit: es wurden Unregelmäßigkeiten *(Unkorrektheiten, Fälschungen)* in der Buchhaltung festgestellt
un|reif: unreifes Obst ‖ **Un|rei|fe**
un|rein: unreine Haut; *aber:* etwas ins **Unreine** *(im noch nicht endgültigen Zustand)* schreiben ‖ **Un|rein|heit ‖ un|rein|lich ‖ Un|rein|lich|keit**
un|ren|ta|bel ‖ Un|ren|ta|bi|li|tät
un|rett|bar: u. verloren sein
un|rich|tig: unrichtige Angaben ‖ **un|rich|ti|ger|wei|se ‖ Un|rich|tig|keit** die, -/-en
Un|ruh die, -/-en = **Un|ru|he**[1], -/-n: *ein Teil des Uhrwerkes* ‖ **Un|ru|he**[2] die, -: die U. *(der Lärm)* auf der Straße | eine innere U. *(Erregung)* | (mit Pl. -n) politische Unruhen ‖ **Un|ru|he|herd** (Pol.): *Krisenzentrum* ‖ **Un|ru|he|stif|ter,** *auch:* Unruhstifter ‖ **Un|ru|he|stif|te|rin,** *auch:* Unruhstifterin ‖ **un|ru|hig**
un|rühm|lich: eine unrühmliche *(traurige)* Ausnahme
un|rund: der Motor läuft u. *(ungleichmäßig)* | (ugs.) sich u. *(unwohl, nicht ganz fit)* fühlen
uns: die Eltern rufen uns; wir waren unter uns; unter uns gesagt; wir lieben uns *(einander)* | (vertraulich) Na, wie geht es uns *(dir/Ihnen)*?; → wir
un|sach|ge|mäß: eine Maschine u. handhaben ‖ **un|sach|lich:** *nicht objektiv, nicht mit den Tatsachen übereinstimmend; zu sehr gefühlsbestimmt;* u. argumentieren ‖ **Un|sach|lich|keit**
un|sag|bar = un|säg|lich (geh.): unsagbares *(unsägliches)* Leid
un|sanft: eine unsanfte Landung
un|sau|ber: unsaubere Geldgeschäfte
un|schäd|lich: unschädliche Insekten | jemanden u. machen *(ausschalten, zB durch Verhaftung)* ‖ **Un|schäd|lich|keit ‖ Un|schäd|lich|ma|chung** die, -
un|scharf: eine unscharfe Aufnahme ‖ **Un|schär|fe**
un|schätz|bar: jemandem unschätzbare *(außerordentlich wertvolle)* Dienste leisten
un|schein|bar: ein unscheinbarer *(unansehnlicher, bescheiden aussehender)* Mensch ‖ **Un|schein|bar|keit** die, -
un|schick|lich: sein Benehmen ist u. *(unanständig, unpassend)*
un|schlag|bar: *unbesiegbar* ‖ **Un|schlag|bar|keit** die, -
Un|schlitt das (*auch:* der), -[e]s/-e (früher): *Talg* ‖ **Un|schlitt|ker|ze** (früher)
un|schlüs|sig: *unentschlossen*
un|schön: unschöne Worte
Un|schuld: seine U. beweisen, beteuern; seine Hände in U. waschen *(die Schuld von sich weisen)* | (veraltet) die U. verloren haben *(bereits geschlechtlich verkehrt haben)* | *Reinheit* | (oft abw.) die U. *(ein naives, vertrauensseliges Mädchen)* vom Lande ‖ **un|schul|dig:** an etwas u. sein | ein unschuldiges *(harmloses)* Vergnügen ‖ **Un|schulds|be|teu|e|rung ‖ Un|schulds|en|gel** (meist abw. bzw. iron.): *jemand, der nur so tut, als wäre er nicht schuld* ‖ **Un|schulds|mie|ne** (scherzh.) ‖ **Un|schulds|ver|mu|tung** (Jus): *Grundsatz, dass ein Angeklagter bis zur rechtskräftigen Verurteilung als unschuldig gilt* ‖ **un|schulds|voll** (geh.): *arglos, herzensrein*
un|schwer: das ist u. *(einfach)* zu beweisen
un|selb|stän|dig = un|selbst|stän|dig: u. *(als Arbeitnehmer/in)* erwerbstätig sein | *unbeholfen, hilflos* ‖ **Un|selb|stän|dig|keit = Un|selbst|stän|dig|keit**
un|se|lig [-ze:-]: *unglückselig; Unheil bringend*
un|sen|si|bel
un|sen|ti|men|tal
un|ser: u. Garten, uns[e]re Eltern | wir waren u. drei; „Herr, erbarme dich unser!"; → wir ‖ **un|se|re** der, -n/-n, *auch:* unsre = **Un|se|re,** *auch:* Unsre: die uns[e]re (= Unsere, Unsre); das uns[e]re (= Unsere, Unsre) *(unser Eigentum, unsere Sache)* | (kath., veraltet) Unsere liebe Frau *(die hl. Maria)* ‖ **un|ser|ei|ner = un|ser|eins:** *jemand wie wir, einer wie ich* ‖ **un|se|ren** die (Pl.), *auch:* unsern, unsren = **Un|se|ren,** *auch:* Unsern, Unsren: *unsere Angehörigen* ‖ **un|se|rer|seits,** *auch:* unserseits, unsrerseits: u. *(von uns aus)* besteht kein Einwand ‖ **un|se|res|glei|chen,** *auch:* unsersgleichen, unsresgleichen: *jemand von uns, jemand wie wir* ‖ **un|se|ret|hal|ben,** *auch:* unserthalben, unsrethalben ‖ **un|se|ret|we|gen,** *auch:* unsertwegen, unsretwegen ‖ **un|se|ret|wil|len,** *auch:* unsertwillen, unsretwillen: tut das um u. *(für uns)*
un|se|ri|ös: unseriöse Geschäfte machen
un|sern die (Pl.) → unseren = Unseren ‖ **un|ser|seits** → unsererseits ‖ **un|sers|glei|chen** → unseresgleichen ‖ **un|sert|hal|ben** → unserethalben ‖ **un|sert|we|gen** → unseretwegen ‖ **un|sert|wil|len** → unseretwillen
un|si|cher: alles ist u.; die Gegend u. machen; *aber:* jemanden im Unsichern lassen ‖ **Un|si|cher|heit ‖ Un|si|cher|heits|fak|tor**
un|sicht|bar ‖ Un|sicht|bar|keit
un|sink|bar ‖ Un|sink|bar|keit die, -
Un|sinn: *Dummheit; Unrichtigkeit* ‖ **un|sin|nig:** ein unsinniges *(dummes)* Gerede | unsinnige *(unbändige)* Freude; *aber:* der Unsinnige Montag, Dienstag *(reg., zB T, V, für Faschingmontag, Faschingdienstag)* ‖ **un|sin|ni|ger|wei|se ‖ Un|sin|nig|keit** die, -/-en
un|sinn|lich: *nicht sinnenbezogen*
Un|sit|te: *schlechte Gewohnheit; Untugend* ‖ **un|sitt|lich:** *unanständig, sittenwidrig*
un|so|li|de
un|so|zi|al: unsoziales *(gegen die Gemeinschaftsinteressen gerichtetes)* Verhalten; → asozial; → G.: sozial
un|spe|zi|fisch [-sp-, -ʃp-]: *allgemein, nicht auf etwas Besonderes gerichtet*
un|spiel|bar: das Drama galt bisher als u.
un|sport|lich: ihr Freund ist u. *(treibt keinen Sport)* | *unfair* ‖ **Un|sport|lich|keit** die, -/-en: *unsportliches Verhalten*
uns|re = Uns|re → unsere = Unsere ‖ **uns|ren** → unseren = Unseren ‖ **uns|rer|seits** → unsererseits ‖ **uns|res|glei|chen** → unseresgleichen ‖ **uns|ret|hal|ben** → unserethalben ‖ **uns|ret|we|gen**

U

→ unseretwegen ‖ **ụns|ret|wil|len** → unseretwillen ‖ **ụns|ri|ge** = **Ụns|ri|ge** der, -n/-n: die/das unsrige (= Unsrige); die unsrigen (= Unsrigen) *(die unseren)*

ụn|sta|bil [-ʃt-, -st-]

ụn|statt|haft (Amtsspr.): *nicht erlaubt, unzulässig, verboten*

ụn|sterb|lich [auch: -'ɛ-]: unsterbliche *(unvergängliche)* Meisterwerke | sich u. *(unermesslich, unsäglich)* verlieben ‖ **Ụn|sterb|li|che**[1] der, -n/-n, ein Unsterblicher ‖ **Ụn|sterb|li|che**[2] die, -n/-n ‖ **Ụn|sterb|lich|keit**

Ụn|stern der, -[e]s (geh.): *Missgeschick;* über diesem Unternehmen waltet ein U. *(es wird vom Unglück verfolgt)*

ụn|stet [-ʃt-] (geh.): ein unsteter *(unruhiger)* Blick; er ist unsteten *(wechselnden, unsicheren)* Aufenthalts ‖ **ụn|ste|tig** (veraltet bzw. fachspr.)

ụn|still|bar (geh.): ein unstillbares Verlangen

Ụn|stim|mig|keit die, -/-en: Unstimmigkeiten *(Meinungsverschiedenheiten)* unter den Beschäftigten | *Unklarheiten;* Unstimmigkeiten in der Kassa

ụn|sträf|lich (geh., veraltet): *tadellos*

ụn|strei|tig (geh.): u. *(zweifellos, unwiderleglich)* Recht haben ‖ **ụn|strit|tig** (geh.): *unstreitig*

ụn|sühn|bar (geh.): eine unsühnbare *(nicht wiedergutzumachende)* Schuld

Ụn|sum|me: dieser Bau verschlang Unsummen *(er kostete außerordentlich viel)*

ụn|sym|me|trisch [-zy-]

ụn|sym|pa|thisch [-zy-]: *unangenehm, abstoßend, widerlich* ‖ **Ụn|sym|path|ler** der, -s/- (ugs., abw.): *unsympathischer Kerl* ‖ **Ụn|sym|path|le|rin** die, -/-innen (ugs., abw.)

ụn|sys|te|ma|tisch [-zy-]

ụn|ta|de|lig (geh.): ein untadeliges *(einwandfreies)* Benehmen

ụn|ta|len|tiert

Ụn|tat (geh.): *entsetzliche Tat; Verbrechen* ‖ **ụn|tä|tig:** u. *(ohne zu arbeiten)* herumstehen; die Polizei blieb u. *(unternahm nichts)* ‖ **Ụn|tä|tig|keit**

ụn|taug|lich: *ungeeignet* ‖ **Ụn|taug|lich|keit**

ụn|teil|bar ‖ **Ụn|teil|bar|keit** die, - (Jus): die U. einer Leistung *(sie muss als Ganzes und nicht in Teilen erfüllt werden)*

ụn|ten

- weiter unten
- nach unten
- von unten [her]
- unten bleiben/stehen/erwähnen
- unten im Süden (ugs.)

Getrennt- und Zusammenschreibung mit adjektivisch gebrauchten Partizipien:

- die unten erwähnte (= untenerwähnte) Sache
- das unten Erwähnte (= Untenerwähnte)
- das unten Stehende (= Untenstehende) *(das Folgende)*

ụn|ten er|wähnt = **ụn|ten|er|wähnt** ‖ **ụn|ten Er|wähn|te** = **Ụn|ten|er|wähn|te** das, -n ‖ **ụn|ten ste|hend** = **ụn|ten|ste|hend:** *weiter unten, im folgenden Text* ‖ **ụn|ten Ste|hen|de** = **Ụn|ten|ste|hen|de** das, -n: *das Folgende*

ụn|ter (Präp. mit Dat. und Akk.): der Ball liegt u. dem Tisch *(wo?);* er rollte u. den Tisch *(wohin?);* u. *(zwischen)* Freundinnen; u. *(bei)* Blitz und Donner; 3° u. null; die Bergleute arbeiten u. Tag *(im Stollen);* unter and[e]rem, unter and[e]ren (u. a., ua.); etwas u. der Hand *(privat; bei einer sich zufällig bietenden Gelegenheit)* erfahren; u. lautem Beifall; u. ihrer *(auf ihre)* Verantwortung | (Amtsspr.) u. einem *(zugleich)* auch das Finanzamt verständigen | (ugs.) u. *(während)* der Woche | (Adv.) u. *(weniger als)* 3° minus; er wiegt u. 100 kg

Ụn|ter|ab|tei|lung

Ụn|ter|arm

Ụn|ter|art (Biol.): *Unterabteilung einer Art*

Ụn|ter|bau der, -[e]s/-ten: der U. der Straße | *Basis;* der theoretische U. ‖ **un|ter|bau|en:** das Fundament u.

Ụn|ter|be|klei|dung: *Unterwäsche*

ụn|ter|be|legt: das Hotel war u. *(es waren noch Zimmer frei)*

ụn|ter|be|lich|tet: ein unterbelichtetes Foto | (sal., abw.) geistig u. *(dumm)* sein ‖ **Ụn|ter|be|lich|tung**

ụn|ter|be|schäf|tigt: *nicht ausgelastet* ‖ **Ụn|ter|be|schäf|ti|gung**

ụn|ter|be|setzt: *mit zu wenig Arbeitskräften, Teilnehmenden besetzt*

ụn|ter|be|wer|ten ‖ **Ụn|ter|be|wer|tung**

ụn|ter|be|wusst: *nicht [voll] bewusst* ‖ **Ụn|ter|be|wusst|sein** (Psych.): *die unbewussten seelischen Vorgänge;* sie nahm den Vorfall nur im U. wahr

ụn|ter|be|zahlt: *zu gering bezahlt, entlohnt*

un|ter|bie|ten: der Preis wurde unterboten *(die Ware wurde billiger angeboten als in anderen Geschäften)*

un|ter|bịn|den: etwas u. *(verbieten)* | der unterbundene *(unterbrochene)* Blutkreislauf ‖ **Un|ter|bịn|dung:** die U. des Verkehrs

un|ter|blei|ben: der Besuch ist unterblieben *(er wurde nicht gemacht)*

Ụn|ter|bo|den: *Fußboden [unter dem Belag]* | *Unterseite [eines Autos]* ‖ **Ụn|ter|bo|den|hei|zung** ‖ **Ụn|ter|bo|den|schutz**

un|ter|brẹ|chen: eine unterbrochene Kinovorstellung ‖ **Un|ter|brẹ|cher** (Elektrot.): *Vorrichtung, die den elektrischen Strom regelmäßig aus- und einschaltet* ‖ **Un|ter|brẹ|chung**

ụn|ter|brei|ten[1]: eine Decke wurde untergebreitet ‖ **un|ter|brei|ten**[2] (geh.): dieser Wunsch wurde der Direktorin unterbreitet *(vorgetragen)* ‖ **Un|ter|brei|tung** die, -/-en (geh.)

ụn|ter|brin|gen: der Koffer ist gut untergebracht *(verstaut)* | (ugs.) die Tochter u. *(ihr einen Posten verschaffen)* ‖ **Ụn|ter|brin|gung** die, -/-en

Ụn|ter|bruch (CH): *Unterbrechung*

un|ter|dẹs = **un|ter|dẹs|sen:** *währenddessen, während dieser Zeit; indessen*

Ụn|ter|druck der, -[e]s/-drücke (Phys., Med.): *zu geringer Druck* ‖ **un|ter|drụ̈|cken:** sie unterdrückte einen Aufschrei; ein unterdrücktes *(unterjochtes)* Volk ‖ **Un|ter|drụ̈|ckung** die, -

ụn|ter|durch|schnitt|lich: *unter dem Durchschnitt liegend*

ụn|te|re: die u. Stufe | *in der Hierarchie weit unten;* die unteren Gesellschaftsschichten

un|ter|ei|n|ạn|der

Getrenntschreibung, wenn die Hauptbetonung auf dem Verb liegt:

- etwas untereinander ausmachen
- untereinander besprẹchen *(gemeinsam)*
- untereinander teilen

U

Zusammenschreibung, wenn die Betonung auf „untereinander" liegt:
- untereinanderlegen
- Zahlen untereinanderschreiben
- untereinandersetzen
- die Wörter sollen untereinanderstehen

untereinanderlegen ‖ **untereinanderschreiben:** Zahlen u. ‖ **untereinandersetzen** ‖ **untereinanderstehen**

unterentwickelt: *nicht voll entwickelt; zurückgeblieben* ‖ **Unterentwicklung**

unterernährt: *nicht genügend ernährt* ‖ **Unterernährung**

Unterfahrung die, -/-en: *Unterführung;* eine U. der Autobahn

unterfangen: das Fundament eines Bauwerkes u. *(verstärken)* | (geh.) er hat sich unterfangen *(hat es gewagt)* uns bestechen zu wollen ‖ **Unterfangen** das, -s/- (geh.): *kühnes Unternehmen; Wagnis*

unterfertigen (Amtsspr.): *unterschreiben, unterzeichnen;* ein unterfertigter Vertrag; → fertigen ‖ **Unterfertigung** (Amtsspr.): *Unterschrift*

unterfordern: *an jemand zu geringe Anforderungen stellen* ‖ **Unterforderung**

unterführen, unterführt: eine Straße u. *(sie zB unter einer Eisenbahnstrecke hindurchführen)* ‖ **Unterführung:** *Unterfahrung* ‖ **Unterführungszeichen** (Zeichen: „) (Druckw.)

Unterfunktion [-tsi̯-]: *zu geringe Tätigkeit [der Schilddrüse]*

Unterfutter: *Futter zwischen Stoff und weiterem Futter*

Untergang: der Untergang der Sonne | der U. *(das Versinken)* des Schiffes | *Ruin;* der U. *(Niedergang)* der Monarchie

untergärig: untergäriges *(mit untergäriger Hefe vergorenes)* Bier; → G.: obergärig

Untergatte die, -/-n (ostöst., ugs., veraltet): *lange Männerunterhose*

untergeben: er war ihm u. *(ihm in seiner Position [beruflich] unterstellt)* ‖ **Untergebene**[1] der, -n/-n, ein Untergebener: *Untergeordneter* ‖ **Untergebene**[2] die, -n/-n

untergehen: die untergehende Sonne | ein untergegangenes Schiff | untergehende Kulturen

untergeordnet

Untergeschoß, *auch:* Untergeschoss: *unteres Geschoß | Souterrain; Kellergeschoß*

Untergestell: das U. eines Wagens

Untergewicht das, -[e]s: U. *(zu wenig Gewicht)* haben ‖ **untergewichtig**

untergliedern: den Text in Absätze u. *(gliedern)* ‖ **Untergliederung**

untergraben: eine untergrabene *(geschwächte)* Gesundheit; sie untergräbt seine Autorität *(zerstört sie langsam)*

Untergrenze

Untergriff (meist Pl.) (abw.): Untergriffe und Polemik kennzeichnen den Wahlkampf ‖ **untergriffig** (abw.): untergriffige *(beleidigende, nicht sachliche)* Bemerkungen

Untergrund der, -[e]s: *Bodenschicht unter der Oberfläche* | in den U. gehen *(untertauchen)* ‖ **Untergrundbahn:** *eine [unterirdische] Bahn, U-Bahn* ‖ **untergründig:** *im Inneren, unter der Oberfläche gehaltvoll* ‖ **Untergrundorganisation** [-tsi̯-]: *verbotene politische Organisation; Geheimorganisation*

unterhalb (Präp. mit Gen.): u. des Knies; die Donau u. Wiens/u. von Wien

Unterhalt der, -[e]s: *Lebensunterhalt, Alimentation* | für den U. *(die Erhaltung und Ausbildung)* eines Kindes sorgen | *Unterhaltsbeitrag, Alimente* ‖ **unterhalten**[1]: ein Gefäß untergehalten haben ‖ **unterhalten**[2]: das Feuer u. *(es nicht ausgehen lassen)* | die Gäste u.; wir haben uns gut u. ‖ **Unterhalter** der, -s/-: *Entertainer* ‖ **Unterhalterin** die, -/-innen ‖ **unterhaltsam:** ein unterhaltsames Gespräch führen ‖ **Unterhaltsanspruch** ‖ **Unterhaltsbeitrag:** *Alimente* ‖ **Unterhaltsklage** (Jus) ‖ **Unterhaltsleistung** ‖ **Unterhaltspflicht** (Jus) ‖ **unterhaltspflichtig:** *verpflichtet, für jemandes Lebensunterhalt zu sorgen* ‖ **Unterhaltsvorschuss:** *staatliche Bevorschussung des gesetzlichen Unterhaltes* ‖ **Unterhaltszahlung** ‖ **Unterhaltung** die, -/-en ‖ **Unterhaltungselektronik:** *Sammelname für Fernseh-, Video-, Radio-, Hi-Fi-Geräte, Player und Rekorder, Computerspiele uÄ* ‖ **Unterhaltungsindustrie** [-dust-] ‖ **Unterhaltungsliteratur** ‖ **Unterhaltungsmusik** (U-Musik) ‖ **Unterhaltungsprogramm** ‖ **Unterhaltungssendung** ‖ **Unterhaltungssteuer** (SüdT): *Vergnügungssteuer*

unterhandeln: *[bei militärischen Auseinandersetzungen] verhandeln;* es wurde lange über den Grenzverlauf unterhandelt ‖ **Unterhändler:** *jemand, der im Auftrag anderer Besprechungen oder Verhandlungen durchführt* ‖ **Unterhändlerin** ‖ **Unterhandlung:** *Verhandlung*

Unterhaus das, -es: *eine der beiden Kammern des britischen Parlaments;* → Oberhaus

Unterhemd: *Unterleibchen*

Unterhitze: im Backrohr die U. einschalten; → G.: Oberhitze

unterhöhlen: das Wasser hat den Damm unterhöhlt

Unterholz das, -es: *Buschwerk im Wald*

Unterhose: *ein Wäschestück*

unterirdisch: *unter der Erde gelegen*

unterjochen (geh.): ein unterjochtes *(unterdrücktes, geknechtetes)* Volk ‖ **Unterjochung** die, - (geh.)

unterjubeln [auch: -'ju:-] (ugs., scherzh.): er hat ihr etwas unter[ge]jubelt *(unterschoben, unauffällig zugeschanzt)*

Unterkärnten: *Landesteil von Kärnten;* → Oberkärnten

unterkellern: ein unterkellertes Haus ‖ **Unterkellerung** die, -/-en

Unterkiefer der = das, -s/-

Unterkirche: *Krypta*

Unterkleid ‖ **Unterkleidung:** *Unterwäsche*

unterkommen: wir sind in diesem Gasthof gut untergekommen *(gut untergebracht worden);* sie ist bei dieser Firma untergekommen *(hat dort Arbeit bekommen)* | (ugs.) es kommt einem allerhand unter *(es widerfährt einem allerhand);* das ist mir noch nicht untergekommen

unterkriechen: in einer Hütte u. *(Schutz suchen)*

unterkriegen: sie hat sich nicht u. lassen *(hat sich behauptet);* er hat sie nicht untergekriegt

unterkühlen (Med.): *unter Körpertemperatur abkühlen* ‖ **unterkühlt** (Med.): durch das eisige Wasser stark u. | (scherzh.) *di-*

U

stanziert, unpersönlich || **Unterkühlung** (Med.)
Unterkunft die, -/-künfte: *Obdach, Quartier* || **Unterkunftverzeichnis** (Tour.): *Auflistung der Hotels, Gasthöfe, Pensionen und Privatquartiere [eines Ortes, einer Region]*
Unterlage: eine rutschfeste U. zum Turnen | Unterlagen *(Informationen, Angaben)* für ein Referat
Unterland: *das tiefer gelegene Gebiet;* → Oberland | (K, ugs.) *gemischtsprachiges Gebiet der Bezirke Klagenfurt-Land und Völkermarkt* || **Unterländer** der, -s/- || **Unterländerin** die, -/-innen
Unterlänge (Druckw.): *unterer Teil mancher Buchstaben, zB g, p, y*
Unterlass (nur in der Wendung): ohne U. *(unaufhörlich)* || **unterlassen:** sie hat es unterlassen *(verabsäumt),* sich zu entschuldigen; u. Sie das! *(hören Sie damit auf!)* || **Unterlassung** die, -/-en || **Unterlassungsklage** (Jus): *Klage, dass jemand eine Handlung in Zukunft unterlassen soll* || **Unterlassungssünde** (Rel.): *Unterlassung von etwas, was man hätte tun sollen*
Unterlauf: der U. *(der Mündung nähere Teil)* eines Flusses || **Unterläufel** der, -s/-[n] (ugs., abw.): *Person in untergeordneter Stellung* || **unterlaufen:** ihr ist ein Fehler unterlaufen *(sie hat ihn versehentlich gemacht)* | er hat den Angriff u. *(er hat ihn durch Ausweichen abgewehrt)*
unterlegen[1]: der Henne wurden Eier zum Brüten untergelegt || **unterlegen[2]:** die Zeile ist grau unterlegt *(hat einen grauen Hintergrund)* | → unterliegen || **Unterlegene[1]** der, -n/-n, ein Unterlegener || **Unterlegene[2]** die, -n/-n || **Unterlegenheit** die, -: *Schwäche*
Unterleib: *unterer Teil des Rumpfes* || **Unterleibchen** = **Unterleiberl:** *ein Wäschestück, Unterhemd* || **Unterleibsleiden** (Med.): *Erkrankung des Unterleibs, zB Frauenleiden* || **Unterleibsoperation** [-tsi̯-] (Med.) || **Unterleibsschmerz** (meist Pl.)
unterliegen: es unterliegt keinem Zweifel *(es ist nicht zweifelhaft)*| das unterlegene *(besiegte)* Team
Unterliga (Sport)
Unterlippe
unterm: *unter dem;* u. Christbaum | (ugs.) *während;* u. Essen | Viertel u. Manhartsberg *(Weinviertel);* Viertel u. Wienerwald *(Waldviertel)*
untermalen: ein mit Musik untermalter Filmdialog || **Untermalung** die, -
untermauern, untermauert: eine Behauptung mit Beweisen u. || **Untermauerung** die, -/-en
untermengen[1]: *hineinmischen* || **untermengen[2]:** *vermischen;* Wasser, untermengt mit Alkohol
Untermensch (abw.): *jemand, dessen Verhalten als nicht menschenwürdig angesehen wird* | (im Nationalsozialismus) *jemand, der nicht auf der Stufe der anderen Menschen steht*
Untermiete: *von einem Hauptmieter eingeräumtes Wohnrecht;* in U. wohnen; → Hauptmiete || **Untermieter** || **Untermieterin** || **Untermietzimmer** || **Untermietzins**
unterminieren: *verminen* | eine von Bisamratten unterminierte *(unterhöhlte)* Böschung || **Unterminierung** die, -/-en
untern (Akk. Sing.): *unter den;* u. Tisch schauen; u. Teppich kehren
unternehmen: wir haben einen Spaziergang unternommen *(gemacht)* | du musst etwas dagegen u. *(tun, eingreifen)* || **Unternehmen** das, -s/-: ein gewagtes U. *(ein kühner, riskanter Versuch)* | *Firma;* in einem großen U. *(Betrieb)* angestellt sein || **unternehmend:** *schaffenslustig; wagemutig* || **Unternehmensberater** || **Unternehmensberaterin** || **Unternehmensberatung** || **Unternehmensform** || **Unternehmensführung** || **Unternehmensgegenstand** (Wirt.): *Art der Tätigkeit und Leistung eines Unternehmens* || **Unternehmensphilosophie** [-f-f-]: *Leitgedanken, Ziele eines Unternehmens* || **Unternehmer** der, -s/-: *Eigentümer eines Betriebs;* Bauunternehmer || **Unternehmerfreiheit:** *Entscheidungsfreiheit eines Unternehmers* || **Unternehmerin** die, -/-innen || **Unternehmervertreter:** *Interessenvertreter der Unternehmer/innen* || **Unternehmervertreterin** || **Unternehmung** die, -/-en: *Vorhaben;* eine gewagte U. || **Unternehmungsgeist** || **unternehmungslustig**
Unteroffizier (Mil.) || **Unteroffizierin** (Mil.)
unterordnen: jemandem untergeordnet sein *(unterstehen);* sich u. *(sich [ein]fügen)* || **Unterordnung**
Unterpfand (geh.): ein Ring als U. *(Zeichen)* der Liebe
unterpflügen: das Stroh u. *(in die Erde pflügen)*
unterprivilegiert [-v-]: *benachteiligt* || **Unterprivilegierte[1]** der, -n/-n, ein Unterprivilegierter || **Unterprivilegierte[2]** die, -n/-n || **Unterprivilegiertheit**
Unterpunkt: Punkt 3 des Entwurfs ist in sieben Unterpunkte gegliedert
unterqueren: die Autobahn unterquert haben
unterreden sich (geh.): sich mit jemandem u. *(mit jemandem etwas besprechen)* || **Unterredung** die, -/-en: *Besprechung*
unterrepräsentiert: *nicht ausreichend vertreten*
Unterricht der, -[e]s/-e: U. haben/geben/nehmen || **unterrichten:** Physik u. | gut unterrichtet (= gutunterrichtet) *(genau informiert)* sein || **Unterrichtsbehelf:** *Unterrichtshilfsmittel* || **Unterrichtseinheit** || **Unterrichtsfach** || **unterrichtsfrei** || **Unterrichtsgegenstand** || **Unterrichtslehre:** *Didaktik* || **Unterrichtsminister** || **Unterrichtsministerin** || **Unterrichtsministerium:** *Bundesministerium für Unterricht, Kunst und Kultur* || **Unterrichtsmittel:** *Lehrmittel* || **Unterrichtspraktikant:** *Junglehrer, der nach dem Studium das Unterrichtspraktikum absolviert* || **Unterrichtspraktikantin** || **Unterrichtspraktikum:** *Einführungsjahr für Junglehrer/innen an höheren Schulen* || **Unterrichtsprinzip:** *ein fächerübergreifender Lehrplangrundsatz, Leseerziehung* || **Unterrichtssprache:** *Sprache, in der in einer Schule der Unterricht grundsätzlich abgehalten wird;* eine Schule mit französischer U. || **Unterrichtsstunde** || **Unterrichtsziel** || **Unterrichtung**
Unterrock: *ein Damenwäschestück*

U

unterrühren: zum Schluss die gemahlenen Nüsse u. *(untermengen)*

unters: *unter das;* u. Bett schauen

untersagen: das Rauchen ist untersagt *(verboten)* ‖ **Untersagung** die, -/-en

Untersatz: den Blumentopf auf einen U. stellen

unterschätzen: eine Gefahr unterschätzt haben ‖ **Unterschätzung**

unterscheidbar ‖ **unterscheiden**[1]: Gegenstände im Dunkeln nicht mehr u. *(erkennen)* können ‖ **unterscheiden**[2] sich: sich in den Farben u. ‖ **Unterscheidung** ‖ **Unterscheidungsmerkmal** ‖ **Unterscheidungsvermögen:** *die Fähigkeit unterscheiden zu können* ‖ **Unterscheidungszeichen:** internationales U. *(Länderzeichen für KFZ, zB A für Österreich, SLO für Slowenien)*

Unterschenkel: *Bein vom Knie bis zum Fuß*

Unterschicht (Soz.): *Bevölkerungsschicht mit niedrigem Einkommen und geringer Bildung*

unterschieben[1]: dem Kranken wurde ein Polster untergeschoben ‖ **unterschieben**[2]: ihm wurde eine böse Absicht unterschoben *(fälschlich zugeschrieben)* ‖ **Unterschiebung:** *Unterstellung*

Unterschied der, -[e]s/-e: keinen U. machen; ohne U. des Geschlechts ‖ **unterschiedlich:** *verschieden* ‖ **unterschiedslos:** *gleichartig*

unterschlächtig: ein unterschlächtiges Wasserrad *(das Wasser schlägt von unten an das Mühlrad);* → G.: oberschlächtig

unterschlagen[1]: sie saß mit untergeschlagenen Beinen auf dem Boden ‖ **unterschlagen**[2]: das Geld wurde u. *(veruntreut)* | eine wichtige Nachricht u. *(verschweigen)* ‖ **Unterschlagung** die, -/-en

Unterschleif der, -[e]s/-e (Amtsspr.): *Unterschlagung, Unredlichkeit*

unterschliefen (ugs): *unterschlüpfen*

Unterschlupf der, -[e]s/-e: *Obdach; Schlupfwinkel, Versteck;* jemandem U. gewähren ‖ **unterschlupfen** = **unterschlüpfen:** beim Gewitter in einer Hütte untergeschlupft sein

unterschreiben: einen Vertrag unterschrieben haben; mit vollem Namen u.

unterschreiten: ein unterschrittener Preis; die vorgesehenen Ausgaben u. *(sie nicht ganz verbrauchen)*

Unterschrift: *der eigenhändig geschriebene Name;* eine U. leisten; eine U. fälschen; elektronische U. *(Signatur)* ‖ **Unterschriftenaktion** [-tsi̯-] ‖ **Unterschriftleistung** (Amtsspr.): die U. verweigern ‖ **unterschriftsreif:** den Vertrag u. machen

unterschwellig: jemanden u. *(ohne dass es jemandem selbst bewusst wird)* beeinflussen

Unterseeboot: *Tauchboot;* → U-Boot ‖ **unterseeisch:** ein unterseeischer *(unter dem Meeresspiegel befindlicher)* Vulkan

Unterseite

untersetzen: ein Tablett u. ‖ **Untersetzer** der, -s/-: *Untertasse;* Blumenuntersetzer ‖ **untersetzt:** ein untersetzter *(mittelgroßer und gedrungener)* Mann

Untersicht die, -: ein Auto in U. *(von unten gesehen)* zeichnen

unterspickt (bes. Küchenspr.): unterspicktes *(mit Fett durchzogenes)* Fleisch

unterspielen, unterspielt: eine Sache u. *(als nicht wichtig erscheinen lassen)*

unterspülen: der Bahndamm wurde vom Wasser unterspült ‖ **Unterspülung**

Unterstand: einen U. *(ein Obdach, einen Unterschlupf, ein Quartier)* suchen ‖ **Unterstandsgeber** ‖ **Unterstandsgeberin** ‖ **unterstandslos:** *obdachlos, ohne Unterkunft*

unterste

– die unterste Klasse
– auf der untersten Stufe

Großschreibung bei Nominalisierung:

– das **U**nterste zuoberst kehren
– die **U**ntersten kommen nach oben

unterstehen[1]: während des Regens sind wir untergestanden ‖ **unterstehen**[2]: dem Ministerium u. *(unterstellt sein)* | er hat sich unterstanden *(hat es gewagt),* ohne Erlaubnis fortzugehen; „Untersteh dich!“ *(„Wehe, wenn du es wagst!“)*

Untersteier die, - (geh., früher): *Untersteiermark* ‖ **Untersteiermark** (früher): *heute ein Teil Sloweniens*

unterstellen[1]: ein Gefäß u.; wir haben uns während des Gewitters untergestellt ‖ **unterstellen**[2]: der obersten Chefin unmittelbar unterstellt *(nur ihr verantwortlich)* sein | jemandem eine unlautere Absicht u. *(zuschreiben)* ‖ **Unterstellung:** *[falsche, unbewiesene] Behauptung*

untersteuern: das Auto untersteuert *(es zeigt zu wenig Wirkung der Lenkung);* → übersteuern

Unterstimme (Mus.): *die jeweils tiefste Stimme im Tonsatz*

unterstreichen: ein unterstrichenes Wort | Folgendes möchte ich u. *(hervorheben)* ‖ **Unterstreichung** ‖ **Unterstrich** (_) (Druckw.): *Strich auf Linie, Underscore, bes. in Internet- und E-Mail-Adressen, zB* johanna_muster

Unterstufe (Bildw.): *die 1. bis 4. Klasse der allgemein bildenden höheren Schule*

unterstützen: die Kinder finanziell unterstützen ‖ **Unterstützung:** eine finanzielle U. bekommen; Arbeitslosenunterstützung ‖ **unterstützungsbedürftig**

untersuchen: der Kranke wurde gründlich untersucht ‖ **Untersuchung** die, -/-en ‖ **Untersuchungsausschuss:** ein U. des Parlaments ‖ **Untersuchungsergebnis** ‖ **Untersuchungsgrundsatz** (Jus): *Verfahrensnorm, wonach die Wahrheitserforschung von Amts wegen erfolgt;* → G.: Verhandlungsgrundsatz ‖ **Untersuchungshaft** (Jus) ‖ **Untersuchungskommission** ‖ **Untersuchungsrichter** ‖ **Untersuchungsrichterin**

Untertagbau: Kohle im U. *(unterirdisch)* abbauen; → G.: Tagbau ‖ **untertags:** u. *(tagsüber)* im Büro sein

untertan (geh., veraltet): *untergeordnet;* ein dem König untertaner *(untergebener)* Fürst; sich das Land u. machen *(es unterwerfen, beherrschen)* | (geh.) jemandem u. *(untergeben)* sein ‖ **Untertan** der, -s [-en]/-en (früher): die Untertanen der Königin | (geh.) jemandes U. sein ‖ **Untertanengeist:** *Unterwürfigkeit*

U

‖ **ụn|ter|tä|nig:** *ergeben, unterwürfig;* jemandem u. sein; jemanden u. grüßen ‖ **Ụn|ter|ta|nin** die, -/-innen

Ụn|ter|tas|se: *Untersatz einer [Kaffee]schale* | eine fliegende U. *(ein Flugkörper ungeklärter Herkunft, UFO)*

ụn|ter|tau|chen[1]: *unter Wasser drücken* | der Verbrecher ist untergetaucht *(verschwunden)* ‖ **un|ter|tau|chen**[2]: die Robbe hat die Eisdecke untertaucht *(ist darunter durchgetaucht)*

Ụn|ter|teil der = das, -[e]s/-e ‖ **un|ter|tei|len:** der Roman ist in Kapitel unterteilt ‖ **Un|ter|tei|lung** die, -/-en: eine U. in mehrere Abschnitte vornehmen

Ụn|ter|tem|pe|ra|tur: *Temperatur unter der Körpertemperatur*

Ụn|ter|tel|ler: *Untertasse* | *Platzteller*

Ụn|ter|ti|tel: der U. eines Buches | ein englischer Film im Originalton mit deutschen Untertiteln

Ụn|ter|ton: mit drohendem U. sprechen

un|ter|trei|ben ‖ **Un|ter|trei|bung** die, -/-en: *Understatement;* → G.: Übertreibung

un|ter|tụn|neln: einen Berg u. ‖ **Un|ter|tụn|ne|lung** die, -/-en: → Tunnel

ụn|ter|ver|mie|ten: wir haben die Wohnung untervermietet ‖ **Ụn|ter|ver|mie|tung:** *Einräumung nur eines Untermietrechts*

ụn|ter|ver|si|chern: eine unterversicherte *(zu gering versicherte)* Wohnung; → überversichern ‖ **Ụn|ter|ver|si|che|rung**

Ụn|ter|ver|sor|gung: *nicht ausreichende Versorgung*

Ụn|ter|wal|den: *Oberbegriff für die Schweizer Halbkantone Nidwalden und Obwalden*

un|ter|wạn|dern: die Staatspolizei ist von Parteispitzeln unterwandert *(allmählich durchsetzt)* worden ‖ **Un|ter|wạn|de|rung**

Ụn|ter|wä|sche: *direkt auf der Haut getragene Wäsche* ‖ **un|ter|wạ|schen:** die Ufermauern wurden von den Wellen unterwaschen

Ụn|ter|was|ser|auf|nah|me ‖ **Ụn|ter|was|ser|ka|me|ra** ‖ **Ụn|ter|was|ser|mas|sa|ge** [-aːʃ, -ʒɛ]: *eine Heilbehandlung*

un|ter|wegs: der Zug ist u. *(auf dem Wege)* | bei den Nachbarn ist wieder ein Kind u. *(sie erwarten erneut ein Baby)*

un|ter|wei|sen (geh.): im Nähen unterwiesen *(unterrichtet)* werden ‖ **Un|ter|wei|sung**

Ụn|ter|welt die, -: *das Totenreich [in der griechischen Sage]* | *Verbrecherwelt* ‖ **Ụn|ter|welt|feh|de** ‖ **ụn|ter|welt|lich** (abw.)

un|ter|wẹr|fen: ein unterworfenes *(besiegtes und dann beherrschtes)* Land | sich einem Schiedsspruch u. *(fügen)* ‖ **Un|ter|wẹr|fung** die, -/-en

un|ter|wịn|den (geh., veraltet): sich einer Arbeit u. *(sich dazu überwinden; sich daran wagen)*

un|ter|wüh|len: die Wiese ist von Maulwürfen unterwühlt

ụn|ter|wür|fig: sich u. *(allzu ergeben)* benehmen ‖ **Ụn|ter|wür|fig|keit** die, -/-en

un|ter|zeich|nen: *unterschreiben* ‖ **Un|ter|zeich|ner** ‖ **Un|ter|zeich|ne|rin** ‖ **Un|ter|zeich|ne|te**[1] der, -n/-n, ein Unterzeichneter ‖ **Un|ter|zeich|ne|te**[2] die, -n/-n ‖ **Un|ter|zeich|nung:** die U. des Staatsvertrages

Ụn|ter|zeug das, -[e]s (ugs., selten): *die Unterwäsche, Unterkleidung*

ụn|ter|zie|hen[1]: sie haben warme Wäsche untergezogen ‖ **un|ter|zie|hen**[2] sich: sie hat sich einer Operation unterzogen *(operieren lassen)*

ụn|ter|zün|den: *anheizen;* sie hat mit Kleinholz untergezündet

Ụn|tie|fe: *seichte Stelle in einem Gewässer* | (geh.) *sehr große Tiefe, Abgrund*

Ụn|tier: *Ungetüm, Ungeheuer, Bestie*

ụn|tilg|bar: untilgbare *(nicht wiedergutzumachende)* Schmach

Ụn|to|te[1] der, -n/-n, ein Untoter: *Vampir, Zombie, lebender Leichnam* ‖ **Ụn|to|te**[2] die, -n/-n

ụn|trag|bar: untragbare *(unvorteilhafte, unschöne)* Mode | untragbare *(nicht zu verantwortende)* Risiken ablehnen

ụn|trenn|bar: eine untrennbare Einheit bilden | (Gramm.) untrennbare Verben *(zusammengesetzte Verben, die bei der Verwendung im Satz nicht getrennt werden, zB* zerstören, zerstört*)* ‖ **Ụn|trenn|bar|keit**

ụn|treu ‖ **Ụn|treue**

ụn|tröst|lich: die Hinterbliebenen waren u.

ụn|trüg|lich: untrügliche *(sichere)* Anzeichen

ụn|tüch|tig ‖ **Ụn|tüch|tig|keit**

Ụn|tu|gend: *schlechte Gewohnheit; Unsitte*

ụn|tun|lich (geh.): *unangebracht, nicht am Platz*

ụn|ty|pisch [-ty-]

ụn|über|biet|bar: *unübertrefflich*

ụn|über|brück|bar: unüberbrückbare *(nicht abzubauende)* Gegensätze

ụn|über|hör|bar

ụn|über|legt

ụn|über|schau|bar: *nicht überblickbar*

ụn|über|seh|bar: ein unübersehbarer *(offensichtlicher)* Fehler | eine unübersehbare *(unzählbar große)* Menge

ụn|über|setz|bar

ụn|über|sicht|lich ‖ **Ụn|über|sicht|lich|keit**

ụn|über|trag|bar

ụn|über|treff|lich: eine unübertreffliche *(einzigartige)* Köchin ‖ **ụn|über|trof|fen:** eine bis heute unübertroffene *(noch nicht besser gelungene)* Aufführung

ụn|über|wind|bar = **ụn|über|wind|lich:** ein unüberwindbarer Gegner

ụn|üb|lich: unübliche Bedingungen

ụn|um|gäng|lich: u. *(unbedingt)* notwendig ‖ **Ụn|um|gạng|lich|keit** die, -

ụn|um|schränkt: eine unumschränkte *(unbegrenzte)* Macht

ụn|um|stöß|lich [auch: -'ø-]: eine unumstößliche *(unwiderlegbare)* Tatsache ‖ **Ụn|um|stöß|lich|keit** die, -/-en

ụn|um|strit|ten: *allgemein anerkannt*

ụn|um|wun|den: seine Meinung u. *(offen)* sagen

ụn|un|ter|bro|chen: *fortwährend*

ụn|ver|än|der|lich ‖ **ụn|ver|än|dert**

ụn|ver|ant|wort|lich: unverantwortliches *(verantwortungsloses)* Handeln

ụn|ver|äu|ßer|lich: ein unveräußerlicher *(nicht verkäuflicher)* Besitz | (geh.) ein unveräußerliches *(unverzichtbares)* Recht

ụn|ver|bes|ser|lich: eine unverbesserliche *(unbelehrbare)* Naschkatze

ụn|ver|bil|det: *natürlich, naturbelassen*

ụn|ver|bind|lich: eine unverbindliche *(nichts festlegende)* Antwort | (Bildw.) unverbindliche Übung *(nicht verpflichtender Unterricht zur Vertiefung und Ergänzung der Lehrplaninhalte)* ‖ **Ụn|ver|bind|lich|keit**

U

un|ver|blümt: jemandem u. *(offen, unbeschönigt)* die Wahrheit sagen
un|ver|braucht: u. *(jung, nicht verlebt)* aussehen
un|ver|brüch|lich (geh.): eine unverbrüchliche *(durch nichts zu erschütternde)* Treue
un|ver|bürgt: die Nachricht ist u. *(nicht sicher)*
un|ver|dau|lich
un|ver|dient ‖ **un|ver|dien|ter|ma|ßen** ‖ **un|ver|dien|ter|wei|se**
un|ver|dor|ben: *anständig, natürlich, unschuldig;* ihr unverdorbenes *(unschuldiges)* Wesen | unverdorbene *(genießbare)* Speisen ‖ **Un|ver|dor|ben|heit**
un|ver|dros|sen: u. arbeiten
un|ver|dünnt: unverdünnter Essig
un|ver|ehe|licht: *unverheiratet, ledig*
un|ver|ein|bar: unsere Vorstellungen sind u. *(schließen einen Kompromiss aus)* ‖ **Un|ver|ein|bar|keit** die, -/-en
un|ver|fälscht
un|ver|fäng|lich: eine unverfängliche *(harmlose, ohne Hintergedanken gestellte)* Frage
un|ver|fro|ren: etwas u. *(ohne Bedenken; keck)* behaupten ‖ **Un|ver|fro|ren|heit** die, -/-en
un|ver|gäng|lich: unvergängliche Werte ‖ **Un|ver|gäng|lich|keit**
un|ver|ges|sen: für immer u. bleiben ‖ **un|ver|gess|lich:** unvergessliche Eindrücke
un|ver|gleich|bar: die Bedingungen sind u. *(kann man nicht miteinander vergleichen)* ‖ **un|ver|gleich|lich:** die zweite Arbeit war u. besser als die erste
un|ver|go|ren: unvergorener Süßmost
un|ver|hält|nis|mä|ßig ‖ **Un|ver|hält|nis|mä|ßig|keit:** die U. *(Unangemessenheit)* einer Strafe
un|ver|hei|ra|tet: *nicht verheiratet, ledig*
un|ver|hofft: ein unverhofftes *(nicht erwartetes)* Wiedersehen
un|ver|hoh|len (geh.): u. *(ohne Hehl, offen)* seine Freude äußern
un|ver|hüllt: unverhüllter Neid
un|ver|käuf|lich
un|ver|kenn|bar: eine unverkennbare *(deutlich sichtbare)* Ähnlichkeit
un|ver|läss|lich ‖ **Un|ver|läss|lich|keit**
un|ver|letz|bar: *unverwundbar* ‖ **un|ver|letz|lich:** *unantastbar* ‖ **Un|ver|letz|lich|keit:** *Immunität*

un|ver|lier|bar (geh.): unverlierbare *(beständige)* Werte
un|ver|mählt (geh.): *unverheiratet*
un|ver|meid|bar = **un|ver|meid|lich:** unvermeidbare Auswirkungen
un|ver|merkt (geh.): *ohne bemerkt zu werden; ohne es zu bemerken*
un|ver|min|dert: mit unverminderter *(gleich hoher)* Geschwindigkeit
un|ver|mit|telt: ein Gespräch u. *(plötzlich)* abbrechen
Un|ver|mö|gen: *Mangel an Kraft, an Fähigkeit* ‖ **un|ver|mö|gend:** nicht u. sein *(einigermaßen begütert sein)*
un|ver|mu|tet: *überraschend, unerwartet*
Un|ver|nunft: *Dummheit* ‖ **un|ver|nünf|tig**
un|ver|öf|fent|licht: unveröffentlichte Gedichte
un|ver|pfänd|bar: *unpfändbar*
un|ver|rich|tet: unverrichteter Dinge *(erfolglos; ohne etwas erreicht zu haben)* zurückkommen
un|ver|rück|bar: u. an einer Meinung festhalten
un|ver|schämt: *frech, rücksichtslos* | (scherzh.) unverschämtes *(unverdientes)* Glück ‖ **Un|ver|schämt|heit** die, -/-en
un|ver|schul|det: u. *(unschuldig)* ins Unglück geraten ‖ **un|ver|schul|de|ter|ma|ßen** ‖ **un|ver|schul|de|ter|wei|se**
un|ver|se|hens (geh.): *überraschend, plötzlich*
un|ver|sehrt: *nicht verletzt, nicht beschädigt, unangetastet*
un|ver|sieg|bar = **un|ver|sieg|lich** (geh.): eine unversiegliche *(nicht versiegende)* Quelle
un|ver|söhn|lich: die Streitenden blieben u.
un|ver|sorgt: die Verunglückte hinterließ zwei unversorgte Kinder
Un|ver|stand: *Nichtwissen, Dummheit* ‖ **un|ver|stan|den** ‖ **un|ver|stän|dig:** *unklug* ‖ **un|ver|ständ|lich:** *nicht zu verstehen, unbegreiflich* ‖ **Un|ver|ständ|lich|keit** ‖ **Un|ver|ständ|nis:** auf U. stoßen
un|ver|steu|ert: unversteuerte Trinkgelder
un|ver|sucht: nichts u. lassen
un|ver|träg|lich: *streitsüchtig* | unverträgliche Speisen | unverträgliche Gegensätze ‖ **Un|ver|träg|lich|keit**
un|ver|tret|bar: *nicht gutzuheißen*

un|ver|wandt (geh.): sie blickte ihr u. *(ohne den Blick abzuwenden)* in die Augen
un|ver|wech|sel|bar [-ks-]
un|ver|wehrt: das bleibt ihr u. *(es ist ihr erlaubt)*
un|ver|weilt (geh., veraltet): *unverzüglich*
un|ver|wind|bar (geh.): der Verlust war für ihn u. *(er kam nicht darüber hinweg)*
un|ver|wisch|bar: unverwischbare Farben
un|ver|wund|bar
un|ver|wüst|lich: eine unverwüstliche *(unzerstörbare)* Gesundheit
un|ver|zagt (geh.): *mutig, unerschrocken*
un|ver|zeih|bar = **un|ver|zeih|lich:** der Fehler ist u.
un|ver|zicht|bar: ein unverzichtbares Recht *(eines, auf das man weder verzichten kann noch darf)*
un|ver|zins|lich: ein unverzinsliches *(zinsenfreies)* Darlehen
un|ver|zollt: unverzollte Waren
un|ver|züg|lich: *ohne Verzug, sofort*
un|voll|en|det ‖ **un|voll|kom|men** ‖ **Un|voll|kom|men|heit** ‖ **un|voll|stän|dig:** ein unvollständiger Satz ‖ **Un|voll|stän|dig|keit**
un|vor|be|rei|tet
un|vor|denk|lich (geh., veraltend): seit unvordenklichen *(unvorstellbar lang zurückliegenden)* Zeiten
un|vor|ein|ge|nom|men: ohne vorgefasste Meinung ‖ **Un|vor|ein|ge|nom|men|heit**
un|vor|greif|lich (Amtsspr.): u. einer gesetzlichen Entscheidung *(ohne diese vorwegzunehmen)*
un|vor|her|ge|se|hen: ein unvorhergesehenes *(unerwartet eingetretenes)* Ereignis ‖ **un|vor|her|seh|bar**
un|vor|schrifts|mä|ßig: u. *(gegen die Vorschrift)* handeln
un|vor|sich|tig ‖ **un|vor|sich|ti|ger|wei|se** ‖ **Un|vor|sich|tig|keit**
un|vor|stell|bar: Schäden von unvorstellbarem Ausmaß
un|vor|teil|haft: ein unvorteilhaftes Kleid
un|wäg|bar: ein unwägbarer *(ganz feiner)* Unterschied
un|wahr: diese Behauptung ist u. ‖ **Un|wahr|heit:** die U. sagen ‖ **un|wahr|schein|lich** ‖ **Un|wahr|schein|lich|keit**
un|wan|del|bar (geh.): *nicht veränderbar*
un|weg|sam: ein unwegsames

U

(wegloses, unzugängliches) Gelände

unweiblich (auch abw.): *ohne typisch weibliche [Verhaltens-]merkmale*

unweigerlich: *jedenfalls, gewiss*

unweit (Präp. mit Gen.) (veraltend): *nicht weit;* u. des Dorfes/vom Dorf

Unwesen das, -s: eine Bande trieb in dieser Gegend ihr U. *(sie machte sie unsicher)* ‖ **unwesentlich:** *unwichtig*

Unwetter: *verheerendes Gewitter, Orkan*

unwichtig

unwiderlegbar ‖ **unwiderleglich**

unwiderruflich: *endgültig*

unwidersprochen: ihre Meinung blieb u.

unwiderstehlich: ein unwiderstehliches *(übermächtiges)* Verlangen bekommen ‖ **Unwiderstehlichkeit** die, -

unwiederbringlich: u. verloren

unwiederholbar

Unwille = **Unwillen:** sich den Unwillen der Kolleginnen zuziehen | mit Unwillen *(Unlust)* essen ‖ **unwillig:** *ungehalten; widerwillig* ‖ **unwillkommen** ‖ **unwillkürlich:** eine unwillkürliche *(unabsichtliche)* Bewegung machen

unwirklich: in diesem Licht erschien die Landschaft u. *(wie im Traum)* ‖ **unwirksam:** unwirksame *(wirkungslose, vergebliche)* Maßnahmen ‖ **Unwirksamkeit:** *Wirkungslosigkeit* | (Jus) *Nichtigkeit*

unwirsch: eine unwirsche *(unfreundliche, mürrische)* Antwort

unwirtlich: eine unwirtliche *(öde, wüste; raue)* Gegend ‖ **unwirtschaftlich:** ein u. gewordenes *(Verlust bringendes)* Unternehmen

unwissend: sich u. stellen ‖ **Unwissenheit** die, -: *Unkenntnis; Unerfahrenheit* ‖ **unwissenschaftlich** ‖ **unwissentlich** (geh.): *ohne es zu wissen, ohne Absicht*

unwohl: er fühlt sich u.; ihr ist u. (veraltet auch: *sie hat die Monatsblutung*) ‖ **Unwohlsein** das, -s (geh.): *Unpässlichkeit;* leichtes U.

unwohnlich: *ungemütlich*

Unwort: *unschönes, beschönigendes, verhüllendes Wort;* das U. des Jahres

Unwucht die, -/-en: *ungleich verteilte Masse an einem Rad*

unwürdig ‖ **Unwürdigkeit** die, -

Unzahl die, -: eine U. *(sehr große Menge)* von Büchern ‖ **unzählbar:** die Menge der geraden Zahlen ist u. *(nicht abzählbar)*

unzählig

- unzählig viele Menschen *(außerordentlich viele)*
- unzählige Schwierigkeiten *(äußerst viele)*
- unzählige Mal[e]

Großschreibung bei Nominalisierung:

- **U**nzählige waren gekommen
- die Ersparnisse **U**nzähliger wurden vergeudet

unzähmbar

Unze die, -/-n ⟨lat.⟩: *ein Gewichtsmaß, zB in Großbritannien (etwa 30 g)*

Unzeit: zur U. *(zu unpassender Zeit)* kommen ‖ **unzeitgemäß** ‖ **unzeitig:** unzeitiges *(noch unreifes)* Obst

unzerbrechlich ‖ **Unzerbrechlichkeit**

unzerkaut: die Tablette u. schlucken

unzerreißbar

unzerstörbar ‖ **unzerstört**

unzertrennbar: *untrennbar* ‖ **unzertrennlich:** unzertrennliche Freunde

Unziale die, -/-n ⟨lat.⟩ (Druckw.): *eine Schriftart*

unziemlich (geh.): *ungehörig, unpassend*

unzivilisiert [-v-]: sich u. benehmen

Unzucht die, -: *Unsittlichkeit, unsittliche Handlung* ‖ **unzüchtig** ‖ **Unzüchtigkeit** die, -/-en

unzufrieden ‖ **Unzufriedenheit**

unzugänglich: ein unzugängliches *(nicht betretbares, benützbares)* Archiv; ein unzugänglicher *(nicht erreichbarer)* Felsen | ein unzugänglicher *(verschlossener, nicht kontaktfreudiger)* Mensch

unzukömmlich: die Nahrung war u. *(nicht ausreichend, nicht gut)* ‖ **Unzukömmlichkeit** die, -/-en (meist Pl.) (Amtsspr.): *Missstände, Ungehörigkeiten*

unzulänglich: u. *(nicht ausreichend)* gesichert sein ‖ **Unzulänglichkeit** die, -/-en

unzulässig: *verboten*

unzumutbar ‖ **Unzumutbarkeit** die, -/-en

unzurechnungsfähig (Psych.): *aus psychischen Gründen für die eigenen Handlungen nicht verantwortlich* ‖ **Unzurechnungsfähigkeit** die, - (Psych.)

unzureichend: eine unzureichende *(mangelhafte)* Versorgung

unzusammenhängend

unzuständig ‖ **Unzuständigkeit**

unzustellbar: dieser Brief war u. *(er konnte nicht zugestellt werden)* ‖ **Unzustellbarkeit:** Brief bei U. zurück an den Absender

unzuträglich (geh.): *unbekömmlich*

unzutreffend

unzuverlässig

unzweckmäßig: unzweckmäßige *(ungeeignete)* Ausstattung

unzweideutig: eine unzweideutige *(klare, unmissverständliche)* Antwort

unzweifelhaft: sie hat u. *(zweifelsohne, sicher)* Recht

UOG [u oˈgeː] das, -[s]: **U**niversitäts**o**rganisations**g**esetz

Update [ˈʌpdeɪt] das, -s/-s ⟨engl.⟩ (EDV): *neue Version eines Computerprogramms* ‖ **updaten,** du updatest/sie hat upgedatet (EDV) ‖ **Upgrade** [-greɪd] das, -s/-s (EDV): *neue Version eines Computerprogramms mit verbesserter Leistung* ‖ **upgraden,** du upgradest/er hat upgegradet (EDV)

Uppercut [ˈʌpəkʌt] der, -s/-s ⟨engl.⟩ (Sport): *Schlag von unten [gegen das Kinn]*

üppig: ein üppiger *(starker)* Haarwuchs; eine üppige Vegetation | (sal.) ü. *(übermütig, vorlaut)* werden

up to date [ʌp tə ˈdeɪt] ⟨engl.⟩ (sal.): in seinem Fach up to date *(auf dem Laufenden)* sein

U

Ur der, -[e]s/-e: *Auerochs*

Urabstimmung: *direkte (schriftliche) Befragung aller Stimmberechtigten*

Uradel: *ältester Adel*

Urahn der, -[e]s [-en]/-en = **Urahne**[1], -n/-n: *früher Vorfahre, zB der Urgroßvater* ‖ **Urahne**[2] die, -/-n

Ural der, -[s]: *ein Gebirgszug in Russland*

uralt: *sehr alt*

Uran das, -s ⟨gr.-lat.⟩ (Zeichen: U):

ein [radioaktives] chemisches Element ‖ **Uranbergwerk** ‖ **Uranerz**

Uranfang (geh.): *Ursprung* ‖ **uranfänglich** (geh.)

Urangst (Psych.): *tief eingewurzelte Angst*

Uranus[1] ⟨gr.-lat.⟩: *griechisch-römischer Himmelsgott* ‖ **Uranus**[2] der, -: *ein Planet*

urassen, du urasst (ugs.): *verschwenden;* sie haben mit den Vorräten geurasst

uraufführen: dieser Film wurde vorige Woche uraufgeführt *(zum ersten Mal öffentlich aufgeführt, gespielt)* ‖ **Uraufführung:** die U. eines neuen Stückes; → Erstaufführung

urban ⟨lat.⟩: *städtisch;* urbanes Leben | urbane *(weltgewandte, geschliffene)* Umgangsformen ‖ **urbanisieren:** *städtisch machen* ‖ **Urbanisierung** die, -/-en ‖ **Urbanistik** die, - (SüdT): *Stadtplanung, Städteplanung* ‖ **urbanistisch** (SüdT): *die Städteplanung betreffend* ‖ **Urbanität** die, -: *Bildung und Benehmen von feiner Art*

urbar: ein Stück Land u. *(zum Anbau geeignet)* machen ‖ **Urbar** das, -s/-e ⟨latinisiert⟩: *historisches Grund- und Zinsbuch* ‖ **Urbarmachung** die, -/-en

Urbedeutung: *ursprüngliche Bedeutung*

Urbevölkerung: *ursprüngliche Bevölkerung*

Urbewohner (meist Pl.): *Ureinwohner* ‖ **Urbewohnerin**

urbi et orbi ⟨lat.⟩: der Papst spendete seinen Segen urbi et orbi *(der Stadt Rom und dem ganzen Erdkreis)*

Urbild: *Vorbild, Inbegriff*

Urchristentum [-kr-]: *Christentum der Anfangszeit* ‖ **urchristlich**

urcool [-ku:l] (sal.) (Jug.): *sehr lässig; besonders großartig*

ureigen: deine ureigensten *(persönlichsten)* Interessen

Ureinwohner (meist Pl.): die U. *(die ursprünglichen Bewohner/innen)* eines Landes ‖ **Ureinwohnerin**

Ureltern (geh.): *Stammeltern* | *Adam und Eva*

Urenkel: *Sohn eines Enkelkindes* ‖ **Urenkelin**

Urfahr: *der nördl. der Donau gelegene Stadtteil von Linz (O)* | (Kfz: UU) Urfahr-Umgebung (= Urfahr Umgebung) ‖ **Urfahraner** der, -s/- ‖ **Urfahranerin** die, -/-innen

Urfassung: *ursprüngliche Fassung [einer Dichtung]*

Urfehde (früher): U. schwören *(sich zum Frieden verpflichten)*

Urform: *ursprüngliche Form*

Urgemeinde: *die urchristliche Gemeinde*

urgemütlich: *sehr gemütlich*

Urgenz die, -/-en ⟨lat.⟩: *Mahnung, Hinweis auf die Dringlichkeit;* → urgieren

Urgeschichte: *Geschichte der Frühzeit der Erde bzw. des Menschen* ‖ **urgeschichtlich:** urgeschichtliche Funde

Urgesellschaft: *die [vermeintlich] ursprüngliche Form der menschlichen Gesellschaft*

Urgestalt: *ursprüngliche Form*

Urgestein das, -[e]s: *Gestein vulkanischen Ursprungs, zB Granit*

Urgewalt (geh.): die U. des Orkans

urgieren ⟨lat.⟩: die Erledigung eines Gesuches u. *(wegen der Erledigung nachfragen, um diese dringend ersuchen);* → Urgenz

Urgroßeltern die (Pl.): *die Eltern der Großeltern* ‖ **Urgroßmutter** ‖ **Urgroßvater**

Urgrund (geh.): *tiefster Grund*

Urheber der, -s/-: *Schöpfer eines Werkes; Anstifter* ‖ **Urheberin** die, -/-innen ‖ **Urheberrecht:** *das Recht zB einer Autorin an ihrem Werk;* → Copyright ‖ **urheberrechtlich** ‖ **Urheberrechtsgesetz** das, -es (UrhG) ‖ **Urheberrechtsschutz** ‖ **Urheberschaft** die, -: die U. an einem Gerücht feststellen

Urheimat: die U. eines Volkes

UrhG [u ɛr ha 'ge:] das, -[s]: **Urhe**berrechts**g**esetz

Uri: *Schweizer Kanton*

Uriasbrief: *Brief, der für den nichts ahnenden Überbringer Tod oder Unheil bedeutet (nach einer biblischen Gestalt)*

urig: ein uriger *(komischer, urwüchsiger)* Kauz

Urin der, -s/-e ⟨lat.⟩: *von den Nieren abgesonderte Körperflüssigkeit, Harn* ‖ **Urinal** das, -s/-e: *Uringefäß, Pissbecken* ‖ **urinieren:** *Harn lassen*

Urinstinkt [-st-]

Urinuntersuchung (Med.)

Urkirche (kath.): *die urchristliche Kirche, das Urchristentum*

Urknall (Phys., Astron.): *der [hypothetische] Anfang des Universums*

urkomisch: *sehr komisch*

Urkraft

Urkunde: *Dokument, zB Geburtsurkunde* ‖ **Urkundenfälschung** ‖ **urkundlich:** etwas u. belegen

URL [auch: 'u ɛr ɛl, ɜ:l] der, -s/-s = die, -/-s: **U**niform **R**esource **L**ocator *(standardisierte Adressangabe für Internetseiten)*

Urlandschaft

Urlaub der, -[e]s/-e: ich bin auf/im/in U.; U. haben/machen/nehmen ‖ **Urlauber** der, -s/- ‖ **Urlauberin** die, -/-innen ‖ **Urlaubsabfindung:** *finanzielle Urlaubsabgeltung im aliquoten Ausmaß am Ende eines Dienstverhältnisses* ‖ **Urlaubsabgeltung:** *Urlaubsabfindung* ‖ **Urlaubsablöse:** *[verbotene] finanzielle Abgeltung für nicht konsumierten Urlaub während eines aufrechten Dienstverhältnisses* ‖ **Urlaubsadresse** ‖ **Urlaubsanspruch** ‖ **Urlaubsantritt** ‖ **Urlaubsbeihilfe:** *Urlaubszuschuss* ‖ **Urlaubsbekanntschaft** ‖ **Urlaubsentgelt:** *Geld, das man erhält, während man auf Urlaub ist* ‖ **Urlaubsentschädigung:** *gesamter Urlaubsanspruch bei Beendigung des Dienstverhältnisses* ‖ **Urlaubsgast** ‖ **Urlaubsgeld** (ugs.): *Urlaubsbeihilfe bzw. Urlaubszuschuss;* → Weihnachtsgeld ‖ **Urlaubsort** ‖ **urlaubsreif** (oft scherzh.) ‖ **Urlaubsreise** ‖ **Urlaubssperre:** *befristete Untersagung aller Urlaube [aus dienstlichen, betrieblichen Gründen] | [Betriebs]sperre wegen Urlaubs;* U. von 1. bis 15. August ‖ **Urlaubstag** ‖ **Urlaubsvertretung** ‖ **Urlaubszeit** ‖ **Urlaubszuschuss:** *13. Monatsgehalt (Höhe laut Kollektivvertrag)*

Urmensch (Anthropologie): *Mensch frühester Entwicklungsstufe*

Urne die, -/-n: *Behälter, in den bei Wahlen die Stimmzettel gegeben werden | Gefäß zur Beisetzung der Asche verbrannter Leichen* ‖ **Urnenbeisetzung** ‖ **Urnenbestattung** ‖ **Urnenfeld:** *vor-, frühgeschichtliches Urnengräberfeld* ‖ **Urnenfriedhof** ‖ **Urnengang** (geh.): *Wahlgang* ‖ **Urnengrab:** *Urnenbestattung* ‖ **Urnenhain** (geh.): *Urnenfriedhof*

urogenital ⟨lat.⟩ ‖ **Urogenitaltrakt:** *Teil des Unterleibs, Harn-*

U

und Geschlechtsorgane ‖ **Uro|lo|ge** der, -n/-n ⟨lat.+gr.⟩: *Facharzt für die Harnwegsorgane* ‖ **Uro|lo|gie** die, - ‖ **Uro|lo|gin** die, -/-innen ‖ **uro|lo|gisch**
Ur|oma: *Urgroßmutter*
Ur|opa: *Urgroßvater*
ur|plötz|lich: *ganz plötzlich*
Ur|pro|dukt ‖ **Ur|pro|duk|ti|on** [-tsi̯-] (Wirt.): *Gewinnung von Naturprodukten, zB von Feldfrüchten oder Bodenschätzen*
Ur|quell (geh.): *Ursprung*
Ur|sa|che: die U. *(der Grund)* des Unfalls ist nicht bekannt; das Gesetz von U. und Wirkung ‖ **Ur|sa|chen|for|schung** ‖ **ur|säch|lich:** in ursächlichem *(kausalem)* Zusammenhang stehen
Ur|schel die, -/-n (mda., abw.): *dumme Frau*
Ur|schrift: *die erste Niederschrift; das Original* ‖ **ur|schrift|lich** (Amtsspr.): ein Ansuchen u. *(im Original)* weiterleiten
Ur|sel: *weibl. Vorname (Ursula)*
Ur|sen|dung: *Uraufführung im Fernsehen oder im Hörfunk*
Ur|spra|che: *eine hypothetische ursprüngliche [gemeinsame] Sprache* | *Originalsprache*
Ur|sprung: der U. eines Flusses; Gesteine vulkanischen Ursprungs ‖ **ur|sprüng|lich:** der ursprüngliche *(erste)* Plan | ein ursprünglicher *(natürlicher, unverbildeter)* Mensch ‖ **Ur|sprüng|lich|keit** die, - ‖ **Ur|sprungs|be|zeich|nung** (Amtsspr.): *qualifizierte Herkunftsangabe (in der EU)* ‖ **Ur|sprungs|ge|biet** ‖ **Ur|sprungs|land** ‖ **Ur|sprungs|nach|weis** = **Ur|sprungs|zeug|nis** (Wirt.): *Herkunftsnachweis*
Ur|ständ (nur in der Wendung): fröhliche U. feiern *(auferstehen, wieder aktuell werden)*
Ur|stoff: *[chemisches] Element* | *Materie*
Ur|strumpf|tan|te (ugs., scherzh., veraltet): *ältere, schrullige Tante, Frau;* das kannst du der U. *(der Urgroßmutter, irgendwem)* erzählen *(es glaubt dir doch keiner)*
Ur|su|la: *weibl. Vorname;* → Ursel; → Uschi ‖ **Ur|su|li|ne** die, -/-n = **Ur|su|li|ne|rin,** -/-innen: *Angehörige eines Nonnenordens*
Ur|teil: ein gerechtes U. fällen; ein U. anfechten/aufheben/verkünden | sich über etwas ein U. *(eine Meinung)* bilden ‖ **ur|tei|len:** gerecht u. ‖ **Ur|teils|be|grün|dung** (Jus) ‖ **ur|teils|fä|hig** ‖ **Ur|teils|fä|hig|keit** ‖ **Ur|teils|fin|dung** ‖ **Ur|teils|kraft** ‖ **Ur|teils|schrift** ‖ **Ur|teils|spruch** ‖ **Ur|teils|ver|kün|dung** ‖ **Ur|teils|ver|mö|gen** ‖ **Ur|teils|voll|stre|ckung**
Ur|text: *der ursprüngliche, unverfälschte originale Wortlaut* ‖ **Ur|text|aus|ga|be:** eine U. der Sonaten Haydns
Ur|tier|chen das, -s/-: *ein einzelliges tierisches Lebewesen*
Ur|trieb: *tief [im Menschen] verwurzelter Trieb*
ur|tüm|lich: *ursprünglich, natürlich; primitiv* ‖ **Ur|tüm|lich|keit** die, -/-en
Ur|typ [-yp]: *Urform, Vorbild, Inbegriff*
Uru|gu|ay [auch: 'u-]: *südamerikanischer Staat*
Ur|ur|en|kel: *Enkel der Enkel* ‖ **Ur|ur|en|ke|lin** ‖ **Ur|ur|groß|el|tern** die (Pl.): *die Eltern der Urgroßeltern* ‖ **Ur|ur|groß|mut|ter** ‖ **Ur|ur|groß|va|ter** ‖ **Ur|ur|oma** ‖ **Ur|ur|opa**
Ur|vä|ter|zeit (geh.): *Vorzeit*
Ur|ver|trau|en (Psych.): *grundlegendes Vertrauen des Menschen*
ur|ver|wandt: *ursprünglich verwandt;* die indogermanischen Sprachen sind u.
Ur|viech (ugs., scherzh.): *komischer, urwüchsiger Kerl*
Ur|wald: *noch ursprünglicher Wald*
ur|wüch|sig [-ks-]: ein urwüchsiger *(unverbildeter, natürlicher)* Bauernbub ‖ **Ur|wüch|sig|keit** die, -/-en
Ur|zeit: seit Urzeiten *(seit undenklichen Zeiten)* ‖ **ur|zeit|lich**
Ur|zeu|gung (Biol.): *Entstehung lebender Zellen aus unbelebter Materie*
Ur|zu|stand: *der ursprüngliche Zustand*
USA [u ɛs 'aː] die (Pl.): **U**nited **S**tates of **A**merica *(Vereinigte Staaten von Amerika);* in den USA leben
Usa|bi|li|ty [juːzə-ti] die, - ⟨engl.⟩ (EDV, Internet): *Benutzbarkeit; Bedienerfreundlichkeit*
Usam|ba|ra|veil|chen: *eine Pflanze (nach einem Gebirge in Afrika)*
US-Ame|ri|ka|ner [u 'ɛs-] ‖ **US-Ame|ri|ka|ne|rin** ‖ **US-ame|ri|ka|nisch:** *auf die USA bezogen; von ihnen herrührend*
Usan|ce [y'zãːs] die, -/-n ⟨fr.⟩: *Gepflogenheit, zB im Amts- und Geschäftsbereich;* → Usus
USB [u ɛs 'beː, engl. jʊ es 'biː] (EDV): **U**niversal **S**erial **B**us *(normierter Anschluss an Computern, zB für Drucker, Maus, Tastatur)*
Us|be|ke der, -n/-n: *Bewohner Usbekistans* ‖ **Us|be|kin** die, -/-innen ‖ **us|be|kisch** ‖ **Us|be|ki|s|tan:** *ein Staat der GUS*
USB-Schnitt|stel|le [u ɛs 'beː-, engl. jʊ es 'biː-] (EDV) ‖ **USB-Stick** [-st-]: *ein Speichermedium zum Anschluss an die USB-Schnittstelle*
Uschi: *weibl. Vorname (Ursula)*
US-Dol|lar [u 'ɛs-] ($)
Use|net ['juːsn-] ⟨engl.⟩: *eine Kommunikationsplattform im Internet* ‖ **User** der, -s/- ⟨engl.⟩: *Anwender, Benutzer eines Computers* | *Kurzwort für Username* ‖ **Use|rin** die, -/-innen ‖ **User|na|me:** *Benutzername*
usf.: **u**nd **s**o **f**ort
Uso der, -s ⟨lat.-it.⟩ (Wirt.): *Handelsbrauch*
USP [juː es 'piː] die, -/-s (Werb.): **U**nique **S**elling **P**roposition *(einzigartiger, der Konkurrenz überlegener Verkaufsvorteil eines Produkts)*
USt.: **U**msatz**st**euer
usu|ell ⟨lat.-fr.⟩: *gebräuchlich;* → Usus
Usur|pa|ti|on [-tsi̯-] die, -/-en ⟨lat.⟩: *gesetzwidrige Machtergreifung; Thronraub* ‖ **Usur|pa|tor** der, -s/-en [-'oː-] ‖ **Usur|pa|to|rin** die, -/-innen ‖ **usur|pie|ren**
Usus der, - ⟨lat.⟩: das ist U. *(Gepflogenheit, Brauch);* → usuell; → Usance
usw.: **u**nd **s**o **w**eiter
Ute, *auch:* Uta: *weibl. Vorname*
Uten|sil das, -s/-ien [-i̯ən] ⟨lat.⟩ (meist Pl.): *ein Behelf;* Schreibutensilien
Ute|rus der, -/Uteri [-ru**ss**e] ⟨lat.⟩: *Gebärmutter*
Uti|li|ta|ris|mus der, - ⟨lat.⟩: *[bloßer] Nützlichkeitsstandpunkt* ‖ **Uti|li|ta|rist** der, -en/-en ‖ **Uti|li|ta|ris|tin** die, -/-innen ‖ **uti|li|ta|ris|tisch** ‖ **Uti|li|ty** [juː-i] die, -/-s ⟨lat.-engl.⟩ (EDV): *nützliches Hilfsprogramm für den Computer [zur Datenrettung, zur Reparatur von Disketten]*
Uto|pie die, -/-n ⟨gr.-fr.⟩: *Zukunftsfantasie; unerreichbarer Idealzustand* ‖ **uto|pisch:** das ist u. *(es ist [derzeit] nicht zu verwirklichen)* ‖ **Uto|pist** der, -en/-en: *Schwärmer* ‖ **Uto|pis|tin** die, -/-innen

U

u. U.: **u**nter **U**mständen
UV [u ˈfaʊ]: **u**ltra**v**iolett, **U**ltra**v**iolett
u. v. a.: **u**nd **v**iele[s] **a**ndere ‖ **u. v. a. m.:** **u**nd **v**iele[s] **a**ndere **m**ehr
UV-be|strahlt [u ˈfaʊ-] ‖ **UV-Fil|ter:** *Filter für ultraviolette Strahlung [bei Sonnenbrillen]*
UVP [u faʊ ˈpeː]: **U**mwelt**v**erträglichkeits**p**rüfung
UVS [u faʊ ˈɛs]: **u**nabhängiger **V**erwaltungs**s**enat
UV-Strah|lung: **u**ltra**v**iolette Strahlung *(Höhenstrahlung)* ‖ **UV-Strah|len-ge|fähr|det**
Uvu|la [-v-] die, -/Uvulae [-lɛ] ⟨lat.⟩ (Med.): *Gaumenzäpfchen* ‖ **uvu|lar** (Sprachwiss.): uvulares r *(Gaumen-r)* ‖ **Uvu|lar** der, -s/-e (Sprachwiss.): *Laut, der mit dem Gaumenzäpfchen gebildet wird, zB* [x] *in* ach
Ü-Wa|gen: *Kurzwort für Übertragungswagen*
Uwe: *männl. Vorname*
u. zw.: **u**nd **zw**ar

v V

v [faʊ] das, -/- (Kleinbuchstabe): das v im Wort *von*
V [faʊ] das, -/- (Großbuchstabe): das V im Wort *Vater* | 5 *(römisches Zahlzeichen)* | (auslaufend auch Kfz) **V**orarlberg | (Phys.) **V**olt | (Chem.) **V**anadium
v.: **v**on, **v**om | **v**ide
V.: **V**ers
VA: **V**olt**a**mpere
v. a.: **v**or **a**llem
Va|banque [va'bɑ̃:k], *auch:* va banque ⟨fr.⟩ (nur in der Wendung): V. spielen *(alles aufs Spiel setzen)* || **Va|banque|spiel**
Va|de|me|kum [v-] = Vademecum [-k-] das, -s/-s ⟨lat.⟩: *Leitfaden, Handbuch*
Va|duz [f-, auch: v-]: *Hauptstadt Liechtensteins*
vag [v-] = vage ⟨lat.-fr.⟩: eine vage *(unbestimmte, nicht stichhältige)* Behauptung || **Va|ga|bon|da|ge** [-'a:ʃ, -ʒɛ] die, -: *die Landstreicherei* || **Va|ga|bund** der, -en/-en: *Landstreicher; Taugenichts* || **va|ga|bun|die|ren** || **Va|ga|bun|din** die, -/-innen || **Va|gant** der, -en/-en ⟨lat.⟩: *herumziehender Student im Mittelalter* || **Va|gan|ten|dich|tung** (Lit.) || **va|ge** = → vag || **Vag|heit** die, -/-en ⟨lat.-fr.⟩: *Unklarheit, Unsicherheit*
Va|gi|na [v-, auch: 'va:-] die, -/Vaginen ⟨lat.⟩ (Med.): *Scheide der Frau* || **va|gi|nal** (Med.)
va|kant [v-] ⟨lat.⟩: eine vakante *(unbesetzte, offene)* Stelle || **Va|kanz** die, -/-en: *freie Stelle* || **Va|ku|um** [-u.um] das, -s/Vakua [Vakuen] [-u̯ɛn]: *luftleerer Raum* | *Leere* || **Va|ku|um|brem|se** || **Va|ku|um|pum|pe** || **va|ku|um|ver|packt** || **Va|ku|um|ver|pa|ckung**
Vak|zin [v-] das, -s/-e = **Vak|zi|ne** die, -/-n ⟨lat.⟩ (Med.): *ein Impfstoff*
Va|len|tin [v-, reg. auch: f-]: *männl. Vorname* || **Va|len|ti|na** = **Va|len|ti|ne:** *weibl. Vorname* || **Va|len|tins|tag:** zum V. *(14. Februar)* Blumen schenken
Va|lenz [v-] die, -/-en ⟨lat.⟩: *Wertigkeit*
Va|le|rie [v-, auch: -'e:rie], *auch:* Valeria: *weibl. Vorname;* → Walli
Va|leurs [va'lø:əs] die (Pl.) ⟨fr.⟩: *Farb-, Lichtwerte [in der Malerei]* || **va|lid:** *gültig, zuverlässig* || **va|li|die|ren:** einen Test v. *(seine Zuverlässigkeit, Aussagekraft bestimmen)* || **Va|li|die|rung** die, -/-en || **Va|li|di|tät** die, -: *Güte, Wertigkeit*
Va|let|ta [v-]: *Hauptstadt Maltas (früher: La Valetta)*
Va|lor [v-] der, -s/-en [-'o:-] (meist Pl.) ⟨lat.⟩: *Wert, Wertsachen, -papiere* || **Va|lo|ri|sa|ti|on** [-tsi̯-] die, -/-en || **va|lo|ri|sie|ren:** Gehälter v. *(sie an den jeweiligen Geldwert angleichen, sie aufwerten)* || **Va|lo|ri|sie|rung** die, -/-en || **Va|lu|ta** die, -/Valuten (Bankw.): *[ausländische] Währung;* in fremder V. zahlen | *Datum einer Buchung auf dem Konto, Wertstellung*
Vamp [væmp] der, -s/-s ⟨serb.-engl.⟩: *berechnend verführerische Frau* || **Vam|pir** [va-] der, -s/-e ⟨serb.⟩: *eine Blut saugende Sagengestalt* | (Zool.) *eine Fledermaus*

van [f-, auch: v-] ⟨niederl.⟩

Das „van" (= von) in niederländischen Namen bezeichnet nur die Herkunft, ist jedoch keine Adelsbezeichnung: Ludwig van Beethoven; Vermeer [f-] van Delft; Vincent van Gogh; → von

Van [væn] der, -s/-s ⟨engl.⟩: *Pkw mit viel Innen- und Laderaum*
Va|na|di|um [v-] das, -s, *auch:* Vanadin ⟨lat.⟩ (Zeichen: V): *ein chemisches Element*
Van|cou|ver [væŋ'ku:və]: *Stadt in Kanada*
Van|da|le [v-] = → Wandale || **Van|da|len|akt** = → Wandalenakt || **Van|da|lin** = → Wandalin || **van|da|lisch** = → wandalisch || **Van|da|lis|mus** = → Wandalismus
Va|nil|le [v-] die, - ⟨span.-fr.⟩: *ein Gewürz* || **Va|nil|le|eis** || **Va|nil|le|kip|ferl** || **Va|nil|le|pud|ding** || **Va|nil|le|rost|bra|ten:** *mit Knoblauch zubereiteter Rostbraten* || **Va|nil|le|sau|ce** [-zo:s(ɛ)] = Vanillesoße = Vanillesoße || **Va|nil|le|scho|te** || **Va|nil|le|zu|cker** || **Va|nil|lin** das, -s: *natürlicher Würzstoff der Vanille* | *nach Vanille riechender Geschmacksverstärker* || **Va|nil|lin|zu|cker**
Va|ria [v-] die (Pl.) ⟨lat.⟩: *Verschiedenartiges, Allerlei* || **va|ri|a|bel:** *veränderlich;* variable Kosten; → G.: invariabel; → G.: konstant || **Va|ri|a|bi|li|tät** die, -: *Veränderbarkeit, Veränderlichkeit* || **Va|ri|a|ble** die, -n/-n: *veränderliche [mathematische] Größe, Unbekannte;* mit Variablen rechnen | (auch mit Pl. -) zwei, mehrere Variable[n]; → G.: Konstante || **va|ri|ant** || **Va|ri|an|te** die, -/-n: *abweichende Form, Farbe* || **va|ri|an|ten|reich** || **Va|ri|anz** die, -/-en (Math.): *Abweichung vom Mittelwert;* → Invarianz || **Va|ri|a|ti|on** [-tsi̯-] die, -/-en: *Abwechslung; Veränderung* | (Mus.) Thema und V. || **Va|ri|a|ti|ons|brei|te:** *Bandbreite der Veränderung* || **va|ri|a|ti|ons|fä|hig** || **Va|ri|a|ti|ons|mög|lich|keit** || **Va|ri|e|tät** [-i̯e-] die, -/-en: *Variation, Abwandlung* | (Biol.) *Rasse, Abart innerhalb einer Art* | (Sprachwiss.) *besondere Ausprägung innerhalb einer größeren Sprachlandschaft;* das österreichische Deutsch ist eine V. des Deutschen || **Va|ri|e|tee** = Varieté das, -s/-s ⟨lat.-fr.⟩: *eine Vergnügungsstätte mit verschiedenartigen Darbietungen* || **Va|ri|e|tee|the|a|ter** = **Va|ri|e|té|the|a|ter** || **va|ri|ie|ren** [-i'i:-]: *abändern;* die Temperatur variierte *(schwankte)* erheblich
Va|rix [v-] = **Va|ri|ze** die, -/Varizen ⟨lat.⟩ (Med.): *Krampfader*
Va|sall [v-] der, -en/-en ⟨kelt.-rom.⟩ (früher): *Lehensmann, Gefolgsmann* || **Va|sal|len|staat:** *ein von einem anderen Staat abhängiger Staat, Satellitenstaat* || **Va|sal|len|tum** das, -s || **Va|sal|lin** die, -/-innen
Va|se [v-] die, -/-n ⟨lat.-fr.⟩: Blumen in eine V. stellen
Va|se|lin [v-] das, -s = **Va|se|li|ne** die, - (Wz.): *eine Fettsalbe*
vas|ku|lär ⟨lat.⟩ (Med.): *die Blutgefäße betreffend*
Va|ter der, -s/Väter: ein guter V. sein | er ist der V. dieses Gedankens *(er hatte als Erster die Idee)* | der Heilige V. *(der Papst)* | *Gott[vater];* der V. im Himmel | (geh.) der Glaube der Väter *(Ahnen)* || **Va|ter|bild** || **Va|ter|bin|dung** || **Vä|ter|chen** das, -s/- || **Va|ter|fi|gur:** *Mann, der für andere Menschen Ansehen und Einfluss eines Vaters hat* || **Va|ter|freu|den** die (Pl.): V. entgegensehen *(Vater werden)* || **Va|ter|haus** || **Va|ter|land** (oft geh.): *Land, in dem man geboren wurde, dem man sich zugehörig fühlt* || **va|ter|län|disch** (oft geh.): *das Vaterland betreffend* | (veraltend) (Pol.) *mit [übertriebenem] Stolz und Eifer*

V

die Interessen des eigenen Vaterlandes vertretend; → patriotisch; → national | (Gesch.) die **V**aterländische Front *(Name der offiziellen Organisation des Ständestaates)* || **Va|ter|lands|lie|be:** *Patriotismus* || **va|ter|lands|lie|bend** || **va|ter|lands|los** (abw.) (Pol.): *Haltung, die sich [scheinbar] nicht an den Interessen des Vaterlands orientiert* || **Va|ter|lands|ver|rä|ter** (abw.): *jemand, der dem eigenen Land bewusst schadet* || **Va|ter|lands|ver|rä|te|rin** (abw.) || **vä|ter|lich** || **vä|ter|li|cher|seits:** *vom Vater her* || **va|ter|los** || **Va|ter|mör|der:** *jemand, der seinen Vater getötet hat* | *eine Kragenform an Herrenhemden* || **Va|ter|mör|de|rin** || **Va|ter|schaft** die, - || **Va|ter|schafts|kla|ge** (Jus): *Klage zur Feststellung der Vaterschaft* || **Va|ter|schafts|test** (Med.) || **Va|ter|stadt** || **Va|ter|stel|le** die, -: an Kindern V. vertreten *(wie ein Vater für sie sorgen)* || **Va|ter|tag:** *Ehrentag der Väter am 2. Sonntag im Juni* || **Va|ter|un|ser** das, -s/-: *ein Gebet;* → Paternoster[1] || **Va|ti** der, -[s]/-[s] (Kinderspr.): *Vater*

Va|ti|kan ['va-, -'a:n] der, -s: *Palast und Residenz des Papstes* | *die oberste Behörde der katholischen Kirche* | (Kfz: V) *der Kirchenstaat* || **va|ti|ka|nisch** || **Va|ti|kan|staat** ['va-, -'a:n-] der, -[e]s = **Va|ti|kan|stadt** die, -: *das päpstliche Staatsgebiet in Rom*

V-Aus|schnitt ['faʊ-]: ein Pullover mit V.

va|zie|ren [f-] ⟨lat.⟩ (veraltet): *[Arbeit suchend] herumziehen;* vazierende Händler *(Wanderhändler)*

Vbg.: **V**orarl**b**er**g**

v. Chr.: **v**or **Chr**istus, **v**or **Chr**isto || **v. Chr. G.:** **v**or **Chr**isti **G**eburt

VCÖ [fau tse 'ø:]: **V**erkehrs**c**lub **Ö**sterreich

Ve|da [v-] = → Weda

Ve|du|te [v-] die, -/-n ⟨lat.-it.⟩: *naturgetreue Darstellung einer Stadt oder Landschaft (in der Malerei und Grafik)*

ve|gan [v-] ⟨lat.-engl.⟩: *streng vegetarisch* || **Ve|ga|ner** der, -s/- || **Ve|ga|ne|rin** die, -/-innen || **ve|ge|ta|bil:** *pflanzlich* || **Ve|ge|ta|bi|li|en** die (Pl.): *pflanzliche Nahrungsmittel* || **ve|ge|ta|bi|lisch:** *vegetabil* || **Ve|ge|ta|ri|er** der, -s/- ⟨lat.⟩: *jemand, der von Pflanzenkost lebt;* → Veganer || **Ve|ge|ta|ri|e|rin** die, -/-innen || **ve|ge|ta|risch:** vegetarische Speisen || **Ve|ge|ta|ti|on** [-tsi̯-] die, -/-en ⟨lat.⟩: *Pflanzendecke* || **Ve|ge|ta|ti|ons|gür|tel** || **ve|ge|ta|ti|ons|los** || **Ve|ge|ta|ti|ons|pe|ri|o|de** || **ve|ge|ta|tiv** (Biol., Med.): *nervlich bedingt;* vegetatives Nervensystem *(die dem Bewusstsein nicht unterliegenden Nerven)* || **ve|ge|tie|ren** (meist abw.): *kümmerlich dahinleben*

ve|he|ment [v-] ⟨lat.⟩: *heftig, ungestüm* || **Ve|he|menz** die, -: mit V. *(mit Ungestüm)* || **Ve|hi|kel** das, -s/- (auch abw. bzw. scherzh.): *[schlechtes, veraltetes] Fahrzeug*

Vei|gerl das, -s/-n (ugs.): *Veilchen* || **Veil|chen** das, -s/-: *kleine, blau blühende Frühlingsblume* | (ugs., scherzh.) *blaues Auge* || **veil|chen|blau** || **Veil|chen|duft**

Veit = **Veitl:** *männl. Vorname (Vitus)* | (ugs.) dann will ich V. heißen *(so unwahrscheinlich ist das)*

Veit|schi der, -[s]/-[s]: *eine Kletterpflanze, Mauerkatze*

Veits|tanz: *eine Krankheit*

Vek|tor [v-] der, -s/-en [-'o:-] ⟨lat.⟩: *eine physikalische oder mathematische Größe* || **vek|to|ri|ell** (Math., Phys.) || **Vek|tor|rech|nung** (Math.)

ve|lar ⟨lat.⟩ (Sprachwiss.): ein velarer Laut || **Ve|lar** [v-] der, -s/-e (Sprachwiss.): *Laut, der am hinteren Gaumen gebildet wird, zB* [g, k]; → Palatal

Ve|lour → Velours || **Ve|lours** [və'lu:ə, fr.: vœ'lu:r] der, -s/-s, *auch:* Velour [-'lu:ə], -/- ⟨fr.⟩: *ein Samt* | (mit Art. das) *Velourleder* || **Ve|lours|le|der,** *auch:* Velourleder || **Ve|lours|tep|pich,** *auch:* Velourteppich

Velt|lin [f-, auch: v-] das, -s (it. Valtellina [v-]): *eine Landschaft in Norditalien* || **Velt|li|ner** [f-, v-]: *Name mehrerer Rebsorten;* Grüner V.

Ven|det|ta [v-] die, -/Vendetten ⟨it.⟩: *Blutrache*

Ve|ne [v-] die, -/-n ⟨lat.⟩: *zum Herzen führende Blutader*

Ve|ne|dig [v-] (it. Venezia): *Stadt in Nordostitalien*

Ve|nen|ent|zün|dung [v-] (Med.)

ve|ne|risch [v-] ⟨lat.⟩ (Med.): die venerischen Krankheiten *(Geschlechtskrankheiten);* → Venus

Ve|ne|ti|en [v-tsi̯ən]: *eine Landschaft in Nordostitalien* || **Ve|ne|zi|a|ner** der, -s/-: *Einwohner Venedigs* || **Ve|ne|zi|a|ne|rin** die, -/-innen || **ve|ne|zi|a|nisch:** venezianisches Glas *(Glas aus Venedig)*

ve|ne|zo|la|nisch [v-] || **Ve|ne|zu|e|la:** *Staat in Südamerika*

ve|nös [v-] ⟨lat.-fr.⟩ (Med.): *auf die Venen bezogen*

Ven|til [v-] das, -s/-e ⟨lat.⟩: *bewegliche Absperrvorrichtung;* ein V. schließen || **Ven|ti|la|ti|on** [-tsi̯-] die, -/-en: *Lüftung* || **Ven|ti|la|tor** der, -s/-en [-'o:-]: *Lüftungsvorrichtung;* den V. laufen lassen || **ven|ti|lie|ren:** *[mit einem Ventilator] lüften* | *in Betracht ziehen, erwägen, erkunden*

Ven|ture Ca|pi|tal ['ventʃə ˌkæ-tl] das, - -s ⟨engl.⟩ (Wirt.): *Risikokapital*

Ve|nus [v-] ⟨lat.⟩: *römische Göttin der Liebe und der Schönheit;* → Aphrodite || **Ve|nus** die, -: *ein Planet*

Ve|ra [v-]: *weibl. Vorname*

ver|ab|fol|gen (veraltend): *geben, verabreichen;* dem Patienten eine Injektion v. || **Ver|ab|fol|gung** die, -/-en (veraltend)

ver|ab|re|den: etwas mit jemandem verabredet *(vereinbart)* haben; sich mit jemandem v. || **Ver|ab|re|dung** die, -/-en

ver|ab|rei|chen: Medikamente v. || **Ver|ab|rei|chung** die, -/-en

ver|ab|säu|men: *versäumen, unterlassen, vergessen*

ver|ab|scheu|en: *verachten* || **ver|ab|scheu|ens|wert** || **ver|ab|scheu|ens|wür|dig** || **Ver|ab|scheu|ung** die, -/-en

ver|ab|schie|den: wir müssen uns v. *(müssen gehen);* die Ministerin am Flughafen v. | ein Gesetz v. *(beschließen)* || **Ver|ab|schie|dung** die, -/-en

ver|ab|so|lu|tie|ren: den eigenen Standpunkt v. *(als allgemein gültig ansehen)* || **Ver|ab|so|lu|tie|rung** die, -/-en

ver|ach|ten: *als schlecht ablehnen;* das ist nicht zu v. *(ist erstrebenswert)* || **ver|ach|tens|wert** || **ver|ach|tens|wür|dig** || **Ver|äch|ter** der, -s/- || **Ver|äch|te|rin** die, -/-innen || **ver|ächt|lich:** v. lachen; etwas v. machen *(als verachtenswert hinstellen)* || **Ver|ächt|lich|keit** die, - || **Ver|ach|tung** || **ver|ach|tungs|voll** || **ver|ach|tungs|wür|dig**

ver|al|bern (nördl. D, ugs.): *verspotten, zum Besten halten*

ver|all|ge|mei|nern: *von einem Einzelfall [zu Unrecht] auf die*

V

Gesamtheit schließen ‖ **Verallgemeinerung** die, -/-en
veralten: ein veraltetes *(nicht mehr gebräuchliches)* Wort
Veranda [v-] die, -/Veranden ⟨port.-engl.⟩: *überdachter Vorbau an einem Haus*
veränderbar ‖ **veränderlich:** veränderliches Wetter ‖ **Veränderlichkeit** die, -/-en ‖ **verändern**[1]: etwas zu seinem Vorteil v. ‖ **verändern**[2] sich: *die Erscheinung ändern* | *den Beruf, die Stellung wechseln* ‖ **Veränderung**
verängstigen: ein verängstigtes *(verschüchtertes, angstvolles)* Mädchen ‖ **Verängstigung** die, -/-en
verankern: ein Schiff v. | der Mast eines Senders wurde verankert *(im Boden gut befestigt)* | gesetzlich verankerte *(festgelegte)* Rechte ‖ **Verankerung** die, -/-en
veranlagen: *schätzen, festsetzen* | *investieren, anlegen;* Kapital v. ‖ **veranlagt:** *begabt, befähigt* | v. *(vom Finanzamt steuerlich erfasst)* werden ‖ **Veranlagung** die, -/-en: *erbliche Bestimmung* | *Geldanlage*
veranlassen: jemanden zu etwas v. *(dazu bringen, dazu bewegen)* | nichts v. *(keine Maßnahme treffen)* ‖ **Veranlasser** der, -s/- ‖ **Veranlasserin** die, -/-innen ‖ **Veranlassung** die, -/-en: es besteht keine V. *(kein Grund)* | nötige Veranlassungen *(Maßnahmen)* treffen
veranschaulichen: *durch Bilder, Beispiele uÄ klarmachen, verdeutlichen* ‖ **Veranschaulichung** die, -/-en
veranschlagen: Kosten v. *(vorausberechnen)* ‖ **Veranschlagung** die, -/-en
veranstalten: ein Fest v. ‖ **Veranstalter** der, -s/- ‖ **Veranstalterin** die, -/-innen ‖ **Veranstaltung** die, -/-en ‖ **Veranstaltungskalender:** *eine Übersicht der kommenden Veranstaltungen*
verantworten[1]: seine Tat v. *(für sie eintreten)* ‖ **verantworten**[2] sich: sich v. *(sich rechtfertigen)* müssen; sich wegen Mordes v. müssen *(unter Mordanklage stehen)* ‖ **verantwortlich:** ich bin für etwas v.; dem Volk v. sein ‖ **Verantwortlichkeit** die, -/-en ‖ **Verantwortung** die, -/-en: auf eigene V. ‖ **verantwortungsbewusst:** v. handeln ‖ **Verantwortungsbewusstsein** ‖ **Verantwortungsgefühl** ‖ **verantwortungslos** ‖ **Verantwortungslosigkeit** die, - ‖ **verantwortungsvoll**
verarbeiten: Eisen zu Stahl v. ‖ **Verarbeitung** die, -/-en
verargen (geh.): jemandem etwas nicht v. *(nicht übel nehmen)*
verärgern: verärgert *(missmutig, verstimmt)* reagieren ‖ **Verärgerung** die, -/-en
verarmen: *arm werden* ‖ **Verarmung** die, -
verarschen (ugs., derb): *verspotten, verhöhnen* ‖ **Verarschung** die, -/-en (ugs., derb)
verarzten: *ärztlich behandeln* ‖ **Verarztung** die, -/-en
veraschen (Chem.): *zu Asche machen*
verästeln sich: der Baum verästelt sich ‖ **Verästelung** die, -/-en
verätzen: *durch ätzende Stoffe verletzen, beschädigen* ‖ **Verätzung** die, -/-en
verausgaben: er hat alle Kräfte/alles Geld verausgabt *(zur Gänze verbraucht);* sich völlig v. *(bis zur Erschöpfung einsetzen)* ‖ **Verausgabung** die, -/-en
verauslagen: Geld v. *(ausgeben, auslegen)* ‖ **Verauslagung** die, -/-en
veräußerlich: *käuflich* ‖ **veräußerlichen:** eine Angelegenheit v. *(ihr den tieferen Sinn nehmen)* ‖ **veräußern:** *verkaufen* ‖ **Veräußerung** ‖ **Veräußerungsverbot**
Verb [v-] das, -s/-en, *auch:* Verbum, -s/Verben [Verba] ⟨lat.⟩ (Gramm.): *Zeitwort*
verbacken: *beim Backen verarbeiten*
verbal [v-] ⟨lat.⟩: etwas v. *(in Worten, mündlich)* darstellen; → verbis | (Gramm.) v. *(als Verb)* gebrauchen; verbale Klammer („Ich *bin* in den Wald *gegangen*") | (Bildw.) verbale Beurteilung ‖ **Verbalinjurie** [-i̯ɛ] (meist Pl.) (Amtsspr.): *Beleidigung durch Worte* ‖ **verbalisieren:** *in Worten ausdrücken* ‖ **verbaliter** (geh.): *wörtlich*
verballern (ugs.): sinnlos die Munition v. *(verschießen)*
verballhornen: *einen sprachlichen Ausdruck durch vermeintliche Verbesserung[en] entstellen* ‖ **Verballhornung** die, -/-en
Verbalnote [v-]: *eine schriftliche diplomatische Mitteilung* ‖ **Verbalstil** [-st-, -ʃt-] (Sprachwiss.): *ein sprachlicher Stil;* → G.: Nominalstil

Verband der, -[e]s/-bände: einem Verletzten einen V. anlegen | *Bund, Zusammenschluss von Vereinen uÄ;* der V. der Hundezüchter | (Mil.) *motorisierte [Truppen]verbände;* im V. *(als Gruppe)* fliegen

Zusammensetzungen mit „Verband" werden in der Bedeutung „Bund, Zusammenschluss von Vereinen uÄ" nur mit Fugen-s gebildet, in den übrigen Bedeutungen sowohl mit als auch ohne Fugen-s, also zB:
– Verbandkasten = Verbandskasten; *aber nur:* Verbandskassier

verbandelt (ugs.): die beiden sind miteinander v. *(eng verbunden)*
Verbandkasten = Verbandskasten: *Behälter mit Behelfen für erste Hilfe* ‖ **Verbandmaterial** = Verbandsmaterial ‖ **Verbandmull** = Verbandsmull ‖ **Verbandskassier** ‖ **Verbandskassierin** ‖ **Verbandskasten** = → Verbandkasten ‖ **Verbandsmaterial** = → Verbandmaterial ‖ **Verbandsmull** = → Verbandmull ‖ **Verbandszeug** = Verbandzeug
verbannen: *strafweise des Landes verweisen* ‖ **Verbannte**[1] der, -n/-n, ein Verbannter ‖ **Verbannte**[2] die, -n/-n ‖ **Verbannung** die, -/-en: in der V. *(zwangsweise in der Fremde, im Exil)* leben ‖ **Verbannungsort**
verbarrikadieren: *verschanzen, mit Barrikaden unpassierbar machen;* sich in einem leer stehenden Haus v. ‖ **Verbarrikadierung** die, -/-en
Verbau der, -[e]s/-e: *Verbauung;* Wandverbau ‖ **verbauen:** ein verbautes Grundstück | Millionen verbauen *(beim Bauen aufwenden)* | ein völlig verbautes *(verplantes)* Haus | sich die Zukunft v. *(sich unnötige Hindernisse schaffen)*
verbauern (ugs., abw.): *zu einem ungebildeten Menschen werden, versumpern*
Verbauung die, -/-en: die V. des Wienerwaldes
verbeißen: den Schmerz v. *(ihn nicht zeigen)* | der Fuchs hatte sich in seine Beute verbissen

(festgebissen); sich in eine Arbeit v. *(sich durch nichts von ihr abbringen lassen)*

ver|bel|len (Jägerspr.): der Hund verbellte das angeschossene Reh *(er führte den Jäger durch Bellen zu dem Wild)*

ver|ber|gen: *verstecken, verheimlichen;* nichts zu v. haben; → verborgen

ver|bes|sern[1]: *besser machen* | Schularbeiten v. *(korrigieren)* || **ver|bes|sern**[2] sich: *sich ausbessern* | [es] sich v. *(eine bessere Lage erreichen)* || **Ver|bes|se|rung** || **ver|bes|se|rungs|be|dürf|tig** || **ver|bes|se|rungs|fä|hig** || **Ver|bes|se|rungs|vor|schlag**

ver|beu|gen sich: der Dirigent verbeugt sich *(zum Dank für den Beifall)* || **Ver|beu|gung**

ver|beu|len: ein verbeulter Kotflügel

ver|bie|gen: ein verbogenes Geländer || **Ver|bie|gung**

ver|bie|ten[1]: Alkohol v. | „Durchgang verboten!"; *aber:* → verbitten || **ver|bie|ten**[2] sich: *unmöglich sein;* die Annahme eines solchen Vorschlags verbietet sich von selbst; *aber:* → verbitten

ver|bil|den: ein verbildeter *(falsch geformter)* Geschmack

ver|bild|li|chen: *bildlich darstellen* || **Ver|bild|li|chung** die, -/-en

ver|bil|li|gen || **Ver|bil|li|gung** die, -/-en: *Preissenkung*

ver|bin|den: eine Wunde v.; zwei Drähte miteinander v. | beim Telefonieren falsch verbunden sein | verbindende Worte; Freundschaft verbindet | mit einem Begriff etwas v. *(assoziieren, zB eine Erinnerung);* → verbunden || **ver|bind|lich:** verbindliche *(höfliche)* Worte | eine verbindliche *(verpflichtende)* Zusage | (Bildw.) verbindliche Übung *(verpflichtender Unterricht, jedoch ohne Beurteilung)* || **Ver|bind|lich|keit** die, -/-en: seine Verbindlichkeiten erfüllen *(seine Schulden zahlen)* | (meist Sing.) *Höflichkeit* || **Ver|bin|dung:** beim Telefonieren keine V. bekommen | in V. *(gemeinsam)* mit | eine chemische V. | die kürzeste V. Bregenz–Bozen | *Verein, Bündnis* | sich mit jemandem in V. setzen *(jemanden kontaktieren)* | gute Verbindungen *(Beziehungen)* haben || **Ver|bin|dungs|mann:** *Mittelsmann, Kontaktperson* || **Ver|bin|dungs|of|fi|zier** || **Ver|bin|dungs|stra|ße** || **Ver|bin|dungs|stück** || **Ver|bin|dungs|tür**

ver|bis [v-]: *in Worten;* 100 (verbis: hundert) Euro; → verbal

Ver|biss: *Beschädigung von Pflanzen durch Wild* || **ver|bis|sen:** ein verbissener *(hartnäckiger)* Gegner | sie arbeitet v. *(eifrig, unermüdlich);* → verbeißen || **Ver|bis|sen|heit** die, -

> **ver|bit|ten sich**
>
> **Nicht verwechseln!**
> verbitten – verbieten
> **„verbitten" (verbat/verbeten) drückt eine dringliche Bitte nach Unterlassung aus:**
> – „Ich verbitte mir das!" *(möchte nicht, dass so etwas nochmals vorkommt)*
> – sich eine solche Antwort verbeten haben
> **„verbieten" (verbot/verboten) drückt ein Verbot aus:**
> – „Ich verbiete das!" *(erlaube das nicht mehr)*

ver|bit|tern: jemandem das Leben v. *(sehr unangenehm machen, vergällen)* || **ver|bit|tert:** *vergrämt, verärgert* || **Ver|bit|te|rung** die, -

ver|bla|sen[1] (Adj.) (ugs., abw.): *unklar, verwaschen;* eine verblasene Formulierung || **ver|bla|sen**[2] (Verb) (Jägerspr.): einen [erlegten] Hirsch v. *(ein bestimmtes Jagdhornsignal blasen)*

ver|blas|sen: verblasste Farben; verblasste Erinnerungen

ver|blät|tern: eine Buchseite v.

ver|bläu|en (ugs.): *verprügeln*

Ver|bleib der, -[e]s: wir wissen nichts über ihren V. *(Aufenthaltsort)* || **ver|blei|ben:** wir sind so verblieben *(haben vereinbart),* dass ... | (geh.) *bleiben;* in der Heimat verblieben sein

ver|blei|chen (geh.): die Farben v.; → verblichen

ver|blei|en: *mit Blei überziehen* | (bes. früher) *mit Blei versetzen;* verbleites Benzin || **Ver|blei|ung** die, - (bes. früher)

ver|blen|den: eine Mauer mit besserem Baustoff v. *(verkleiden)* | verblendet *(einsichtslos)* sein || **Ver|blen|dung** die, -/-en

ver|bli|chen: *ausgebleicht* | (geh.) *gestorben* || **Ver|bli|che|ne**[1] der, -n/-n, ein Verblichener (geh.): *[vor kurzer Zeit] Verstorbener* || **Ver|bli|che|ne**[2] die, -n/-n (geh.)

ver|blö|den: *verdummen* || **Ver|blö|dung** die, -

ver|blüf|fen: *zum Staunen bringen;* eine verblüffende Ähnlichkeit || **Ver|blüf|fung** die, -

ver|blü|hen

ver|blümt: eine Bitte v. *(nur angedeutet)* äußern

ver|blu|ten: an einer Wunde v. | (sal.) bei diesem Geschäft hat er sich verblutet *(hat er alles verloren)*

ver|boh|ren sich: er hat sich völlig in seine Idee verbohrt || **verbohrt:** *eigensinnig; starrköpfig* || **Ver|bohrt|heit** die, -

ver|bor|gen[1]: ein Video v. *(herleihen)*

ver|bor|gen[2]: v. bleiben | (Großschreibung) sich im **Ver**borgenen *(in einem Versteck)* aufhalten; im **Ver**borgenen *(unbemerkt)* bleiben; → verbergen || **Ver|bor|gen|heit** die, -

Ver|bot das, -[e]s/-e: ein V. missachten || **ver|bo|ten:** verbotene Bücher || **ver|bo|te|ner|wei|se** || **Ver|bots|ge|setz** (Jus): *das gesetzliche Verbot der nationalsozialistischen Wiederbetätigung* || **Ver|bots|schild** das, -[e]s/-er || **Ver|bots|ta|fel** || **ver|bots|wid|rig** || **Ver|bots|zei|chen**

ver|brä|men: ein mit Pelz verbrämter *(eingefasster, am Rand verzierter)* Mantel | eine geschickt verbrämte *(verschleierte)* Aussage || **Ver|brä|mung** die, -/-en

ver|bra|ten: *zum Braten verwenden* | *zu lange braten* | (ugs.) *unangemessen verwenden;* einen guten Einfall v.

Ver|brauch der, -[e]s: der V. an Seife; zum alsbaldigen V. bestimmt || **ver|brau|chen:** sie haben viel Geld verbraucht | verbraucht *(abgenützt)* sein || **Ver|brau|cher** der, -s/-: *Konsument* || **Ver|brau|cher|be|ra|tung** || **Ver|brau|che|rin** die, -/-innen || **Ver|brau|cher|markt** || **Ver|brau|cher|preis** (meist. Pl.) (Wirt.) || **Ver|brau|cher|preis|in|dex** (VPI) (Wirt.): *statistischer Anzeiger für die Feststellung der allgemeinen Lebenshaltungskosten* || **Ver|brau|cher|schutz** (bes. SüdT, D): *Konsumentenschutz* || **Ver|brau|cher|zen|tra|le** (bes. SüdT, D) || **Ver|brauchs|gü|ter** die (Pl.): *Lebensmittel, Kleider u. dgl.* || **Ver|brauchs|steu|er**

ver|bre|chen: nichts verbrochen

V

haben ‖ **Ver|brẹ|chen** das, -s/-: ein V. *(eine schwere Untat, Straftat)* begehen ‖ **Ver|brẹ|chens|be|kämp|fung** ‖ **Ver|brẹ|chens|op|fer** ‖ **Ver|brẹ|cher** der, -s/- ‖ **Ver|brẹ|cher|ban|de** ‖ **Ver|brẹ|che|rin** die, -/-innen ‖ **ver|brẹ|che|risch** ‖ **Ver|brẹ|cher|jagd** ‖ **Ver|brẹ|cher|kar|tei:** die V. der Polizei ‖ **Ver|brẹ|cher|syn|di|kat** [-zy-]: *Verbrecherorganisation* ‖ **Ver|brẹ|cher|tum** das, -s ‖ **Ver|brẹ|cher|welt** die, -: *Unterwelt*

ver|brei|ten: eine Nachricht v.; das Gerücht hat sich rasch verbreitet *(ausgebreitet)* ‖ **ver|brei|tern:** eine Straße v. *(breiter machen)* ‖ **Ver|brei|te|rung** die, -/-en ‖ **Ver|brei|tung** die, -/-en ‖ **Ver|brei|tungs|ge|biet**

ver|brẹnn|bar ‖ **ver|brẹn|nen:** Reisig v. | (sal.) er hat sich den Mund verbrannt *(sich durch [aufrichtiges oder unbedachtes] Reden geschadet)* ‖ **Ver|brẹn|nung** die, -/-en: Verbrennungen verschiedenen Grades ‖ **Ver|brẹn|nungs|mo|tor**

ver|brieft (geh.): ein verbrieftes *(durch Gesetz oder Urkunde gesichertes)* Recht

ver|brin|gen: den Sonntag im Freien verbracht haben | (Amtsspr.) den Häftling an einen anderen Ort v. *(bringen)* ‖ **Ver|brin|gung** die, -/-en (Amtsspr.): *Überstellung*

ver|bro|deln: die Zeit v. *(vertun, verschleppen)*

ver|brö|seln[1]: *zerbröseln* ‖ **ver|brö|seln**[2] sich (ugs.): das Geld verbröselt sich *(es zerrinnt unter den Händen)* | (ugs.) *sich [unauffällig] entfernen*

ver|brü|dern sich: *sich eng befreunden;* → verschwestern | *Einigkeit bekunden* ‖ **Ver|brü|de|rung** die, -/-en

ver|brü|hen: sich mit heißem Wasser v. *(verbrennen)* ‖ **Ver|brü|hung** die, -/-en

ver|brut|zeln: das Schnitzel v. *(zu lange braten)*

ver|bu|chen: die Einnahmen und die Ausgaben v. *(in die Geschäftsbücher eintragen)* | einen großen Erfolg v. *(erzielen)* ‖ **ver|bü|chern** (Jus): *im Grundbuch eintragen, grundbücherlich einverleiben* ‖ **Ver|bü|che|rung** die, -/-en (Jus) ‖ **Ver|bu|chung**

Vẹr|bum [v-] → Verb

ver|bụm|meln (ugs.): seine Zeit v. *(vertun);* ich habe mich dabei verbummelt; ein verbummelter Student

Ver|bụnd der, -[e]s/-e: *Zusammenarbeit; Zusammenschluss, Verbindung* ‖ **ver|bụn|den** (geh.): jemandem sehr verbunden *(dankbar)* sein; → verbinden ‖ **ver|bụ̈n|den** sich: die Staaten haben sich verbündet ‖ **Ver|bụn|den|heit** die, -: *Zusammengehörigkeit* ‖ **Ver|bụ̈n|de|te**[1] der, -n/-n, ein Verbündeter ‖ **Ver|bụ̈n|de|te**[2] die, -n/-n ‖ **Ver|bụnd|glas:** *ein nicht splitterndes [Sicherheits-]glas* ‖ **Ver|bụnd|netz:** *die miteinander verbundenen Hochspannungsleitungen* ‖ **Ver|bụnd|sys|tem** [-sy-]: *ein modernes Wirtschaftssystem*

ver|bụ̈r|gen: *garantieren;* eine verbürgte *(aus sicherer Quelle stammende)* Nachricht; sich für etwas v. *(dafür garantieren, haften)*

ver|bụ̈r|ger|li|chen (oft abw.): *zum [angeblich typischen] Bürger werden; in bürgerliche Verhältnisse übertragen*

ver|bü|ßen: eine Kerkerstrafe v. *(absitzen)* ‖ **Ver|bü|ßung** die, -/-en

ver|chro|men [-k-]: verchromte Armaturen ‖ **Ver|chro|mung** die, -/-en

Ver|dạcht der, -[e]s/-e: der V. fiel auf ihn; V. schöpfen *(misstrauisch werden);* auf bloßen V. hin; unter V. stehen; V. auf Herzinfarkt; V. erregen; → Verdacht erregend = verdachterregend | (geh.) über jeden V. erhaben ‖ **Ver|dạcht er|re|gend** = **ver|dạcht|er|re|gend:** ein V. erregendes Zeichen ‖ **ver|dạ̈ch|tig:** sich v. machen ‖ **Ver|dạ̈ch|ti|ge**[1] der, -en/-en, ein Verdächtiger ‖ **Ver|dạ̈ch|ti|ge**[2] die, -en/-en ‖ **ver|dạ̈ch|ti|gen:** er wird der Tat verdächtigt ‖ **Ver|dạ̈ch|ti|gung** die, -/-en: ungerechtfertigte Verdächtigungen äußern ‖ **Ver|dạchts|grund:** *Verdachtsmoment* ‖ **Ver|dạchts|mo|ment** das, -[e]s/-e: *Indiz*

ver|dạm|men: *missbilligen, verurteilen;* → verdammt ‖ **ver|dạm|mens|wert** (geh.): eine verdammenswerte *(verwerfliche)* Tat ‖ **Ver|dạmm|nis** die, - (Rel.): ewige V. *(Hölle)* ‖ **ver|dạmmt:** er ist zur Untätigkeit v. *(gezwungen);* ein Unternehmen ist zum Scheitern v. | (ugs.) eine verdammte *(sehr unangenehme)* Geschichte; „Das ist verdammt *(sehr)* schwer!"; → verdammen ‖ **Ver|dạmm|te**[1] der, -n/-n, ein Verdammter ‖ **Ver|dạmm|te**[2] die, -n/-n ‖ **Ver|dạm|mung** die, -/-en: *Verurteilung, Verfluchung* ‖ **ver|dạm|mungs|wür|dig** (geh.)

ver|dạmp|fen: das Wasser ist verdampft ‖ **Ver|dạmp|fer** der, -s/-: *Gerät zum Verdampfen [von Wasser]* ‖ **Ver|dạmp|fung** die, -

ver|dạn|ken: jemandem sehr viel v. | (V, CH) etwas v. *(jemandem dafür Dank abstatten)*

ver|dạrb → verderben

ver|dạt|tert: *bestürzt, verwirrt;* ganz v. dreinschauen

ver|dau|en: üppige Speisen schwer v. | Eindrücke v. *(geistig verarbeiten)* ‖ **ver|dau|lich:** leicht verdauliche (= leichtverdauliche) Speisen ‖ **Ver|dau|lich|keit** die, - ‖ **Ver|dau|ung** die, - ‖ **Ver|dau|ungs|ap|pa|rat:** *die Verdauungsorgane* ‖ **Ver|dau|ungs|be|schwer|den** die (Pl.) ‖ **Ver|dau|ungs|spa|zier|gang** ‖ **Ver|dau|ungs|stö|rung** ‖ **Ver|dau|ungs|trakt** (Med.): *Verdauungsapparat*

Ver|dẹck das, -[e]s/-e: *abnehmbares oder zurückklappbares Dach eines Autos;* das V. zurückschlagen | *oberstes Deck eines Schiffes*

ver|dẹn|ken (geh.): man kann ihr das nicht v. *(übel nehmen)*

ver|dẹp|schen, *auch:* vertepschen, du verdepsch[s]t (ugs.): ein verdepschter *(verbeulter, zerdrückter)* Hut

Ver|dẹrb der, -[e]s: Lebensmittel vor dem V. schützen | auf Gedeih und V. *(bedingungslos)* zusammenhalten ‖ **ver|dẹr|ben,** ich verderbe, du verdirbst/verdarb/verdorben/verdirb!, verderbt!: die Lebensmittel sind verdorben *(schlecht geworden)* | jemandem die Freude v. | sich den Magen v.; du wirst dir noch die Augen v. *(dir ein Augenleiden holen)* | es sich mit jemandem nicht v. *(verscherzen)* wollen; → verdorben; → verderbt ‖ **Ver|dẹr|ben** das, -s: ins V. *(Unglück)* rennen; → V. bringend = verderbenbringend ‖ **Ver|dẹr|ben brin|gend** = **ver|dẹr|ben|brin|gend:** Verderben bringende (= verderbenbringende) Beben; *aber:* äußerst verderbenbringend ‖ **ver|dẹrb|lich:** der Inhalt des Paketes ist v.; leicht verderbliche (= leichtverderbliche) Speisen ‖ **Ver|dẹrb|lich|keit** die, - ‖ **Ver|dẹrb|nis** die, -/-nisse: *Verderben* ‖ **ver|dẹrbt**

V

(geh.): ein verderbter *(schlechter, böser)* Mensch | ein verderbter *(zB durch falsches Abschreiben entstellter)* Text; → verderben || **Ver|derbt|heit** die, - (geh.)

ver|deut|li|chen: *anschaulich, deutlich machen, klarmachen* || **Ver|deut|li|chung** die, -

ver|deut|schen, du verdeutsch[s]t: *ins Deutsche übertragen; leicht fassbar erklären, ausdeutschen* || **Ver|deut|schung** die, -/-en

ver|dich|ten: das Straßennetz v. *(dichter machen);* der Nebel verdichtete sich *(wurde dichter)* | der Verdacht verdichtet *(verstärkt)* sich | *komprimieren* || **Ver|dich|tung**

ver|di|cken: *dicker machen/werden;* Säfte v. | die Geschwulst verdickt sich || **Ver|di|ckung** die, -/-en

ver|die|nen: Geld v. | Anerkennung v. || **Ver|die|ner:** *jemand, der Geld verdient* || **Ver|die|ne|rin** || **Ver|dienst**[1] das, -[e]s/-e: sich große Verdienste erwerben *(Hervorragendes leisten);* Ehrenzeichen für Verdienste um die Republik Österreich || **Ver|dienst**[2] der, -[e]s/-e: *Einkommen, Erwerb, Lohn, Gewinn* || **Ver|dienst|ent|gang:** *Einbuße an Einkommen* || **Ver|dienst|kreuz:** *ein Orden [für Verdienste um die Republik Österreich]* || **ver|dienst|lich:** eine verdienstliche *(verdienstvolle, anerkennenswerte)* Tat || **Ver|dienst|me|dail|le** [-liɐ] || **Ver|dienst|mög|lich|keit:** *Gelegenheit zum Verdienen* || **Ver|dienst|span|ne** (Wirt.): *Gewinnspanne* || **ver|dienst|voll:** *anerkennenswert* || **ver|dient:** sich um etwas v. machen *(viel dafür tun);* ein verdienter Mensch *(jemand, der [für etwas] viel und Wertvolles geleistet hat)* || **ver|dien|ter|ma|ßen** || **ver|dien|ter|wei|se**

Ver|dikt [v-] das, -[e]s/-e ⟨lat.-engl.⟩ (geh.) (Jus): *Urteilsspruch* | *Wahrspruch des Gerichts*

ver|din|gen sich (veraltet): *Arbeit annehmen* || **ver|ding|li|chen:** *als Ding [konkret] darstellen* || **Ver|ding|li|chung** die, -/-en: die V. *(Konkretisierung)* eines abstrakten Begriffs

ver|dirbt → verderben

ver|dol|met|schen: *[mündlich] übersetzen* | *ausdeutschen, erklären*

ver|don|nern (ugs., sal.): jemanden zu einer Strafe v. *(verurteilen)*

ver|dop|peln: den Einsatz v. || **Ver|dop|pe|lung** die, -/-en, *auch:* **Ver|dopp|lung**

ver|dor|ben: ein verdorbener *(böser, schlechter)* Mensch; → verderben || **Ver|dor|ben|heit** die, -: *Schlechtigkeit, Verkommenheit*

ver|dor|ren: *dürr werden, austrocknen*

ver|dö|sen: die Zeit v. *(unnütz verbringen)*

ver|drah|ten: *mit Drähten, Leitungen verbinden*

ver|drän|gen: jemanden von seinem Platz v. | (Psych.) ein unangenehmes Erlebnis [aus seinem Bewusstsein] v. || **Ver|drän|gung** die, -/-en: die V. von Schwächeren | (Psych.) *Unterdrückung von Wünschen, Aggressionen ua.* || **Ver|drän|gungs|me|cha|nis|mus** (Psych.) || **Ver|drän|gungs|wett|be|werb** (Wirt.)

ver|dre|cken (ugs.): eine verdreckte *(sehr schmutzige)* Wohnung

ver|dre|hen: die Augen v. | die Tatsachen v. *(sie unrichtig wiedergeben)* | jemandem den Kopf v. *(jemandem etwas einreden; ihn in Verwirrung bringen; verliebt machen)* || **ver|dreht** || **Ver|dreht|heit** die, -/-en || **Ver|dre|hung**

ver|drei|fa|chen

ver|dre|schen: *verprügeln*

ver|drie|ßen, verdross/verdrossen: es hat mich sehr verdrossen *(verärgert);* es sich nicht v. lassen; → Verdruss || **ver|drieß|lich:** eine verdrießliche *(unangenehme, ärgerliche)* Angelegenheit; ein verdrießliches *(mürrisches, missmutiges)* Gesicht machen || **Ver|drieß|lich|keit** die, -/-en: viele Verdrießlichkeiten *(Unannehmlichkeiten)* haben

ver|dril|len: *[Drähte] zusammendrehen, verdrehen*

ver|dross → verdrießen || **ver|dros|sen:** *missmutig, verärgert* || **Ver|dros|sen|heit** die, -/-en

ver|dru|cken: das ganze Papier v. *(beim Drucken verbrauchen)* | *fehlerhaft drucken*

ver|drü|cken[1]: das Kleid v. *(zerknittern)* | (ugs..) *aufessen* || **ver|drü|cken**[2] sich (sal.): *[unauffällig] verschwinden*

Ver|druss der, -es/-e: *Ärger;* keinen V. haben; → verdrießen

ver|duf|ten (sal.): *verschwinden, flüchten*

ver|dum|men: *dumm werden* | *jemanden durch gezielte Irreführung dumm machen* || **Ver|dum|mung** die, -/-en

ver|dun|keln: ich verdunkle den Raum | der Himmel verdunkelt sich *(wird dunkel)* | einen Tatbestand v. *(verschleiern, unklar machen)* || **Ver|dun|ke|lung** = Verdunklung die, -/-en || **Ver|dun|ke|lungs|ge|fahr** = Verdunklungsgefahr: den Verdächtigen wegen V. *(Gefahr der Verschleierung von Tatsachen)* in Haft nehmen || **Ver|dunk|lung** = → Verdunkelung || **Ver|dunk|lungs|ge|fahr** = → Verdunkelungsgefahr

ver|dün|nen: *dünnflüssig, weniger konzentriert machen* || **Ver|dün|ner** der, -s/-: *Mittel zum Verdünnen* || **Ver|dün|nung** die, -/-en: die V. des Blutes | *Verdünner* || **Ver|dün|nungs|mit|tel**

ver|duns|ten || **Ver|duns|tung** die, -: die V. des Wassers || **Ver|duns|tungs|käl|te** → Verdunstungswärme || **Ver|duns|tungs|mes|ser:** *ein Messgerät* || **Ver|duns|tungs|wär|me:** *beim Verdunsten entzogene Wärme (Ergebnis: Verdunstungskälte)*

ver|durs|ten: vor Hitze v.

ver|düs|tern: Wolken verdüsterten den Himmel | ihre Miene verdüsterte *(verfinsterte)* sich

ver|dut|zen: *verwundern;* ein verdutztes Gesicht; verdutzt *(betroffen, überrascht)* dreinschauen || **Ver|dutzt|heit** die, -

ver|eb|ben: der Lärm verebbte *(nahm allmählich ab)*

ver|edeln: *verfeinern; vervollkommnen* | ich veredle Obstbäume || **Ver|ede|lung** = **Ver|ed|lung** die, -/-en

ver|ehe|li|chen sich (geh.): *heiraten, sich verheiraten;* Karoline Greiner(,) verehelichte Pichler(,) starb 1843 || **Ver|ehe|li|chung** die,-/-en (geh.)

ver|eh|ren: *sehr hoch schätzen;* ein Mädchen v. *(umwerben);* verehrte Festgäste! | jemandem etwas v. *(schenken, widmen)* || **Ver|eh|rer** der, -s/- || **Ver|eh|re|rin** die, -/-in|nen || **Ver|eh|rung** die, -: die V. der Muttergottes | (veraltend) „Meine Verehrung!" *(ein Gruß)* || **ver|eh|rungs|voll** || **ver|eh|rungs|wür|dig**

ver|ei|di|gen: einen Zeugen v. *(ihn einen Eid leisten lassen)* || **Ver|ei|di|gung** die, -/-en

Ver|ein [meist: fəˈraɪn] der, -[e]s/-e: in einem V. Tennis spielen | [fəˈaɪn] (ohne Pl.) im V. mit ... *(ge-*

V

meinsam mit ...) ‖ **vereinbar:** das ist nicht mit ihren Grundsätzen v. ‖ **vereinbaren:** *beschließen, verabreden, ausmachen;* ein Treffen v. | das lässt sich mit seinem Gewissen nicht v. *(nicht in Einklang bringen)* ‖ **Vereinbarung** die, -/-en: eine V. *(ein Übereinkommen)* treffen ‖ **vereinbarungsgemäß** ‖ **vereinen:** wieder vereint *(beisammen)* sein; sich [mit Gleichgesinnten] v.; mit vereinten Kräften

vereinfachen: *einfacher machen* ‖ **Vereinfachung** die, -/-en

vereinheitlichen ‖ **Vereinheitlichung** die, -/-en: die V. von Vorschriften

vereinigen
die meisten Stimmen auf sich v.; bei Passau v. sich Inn und Donau; vereinigte Unternehmungen

Großschreibung in Eigennamen:
- die **V**ereinigten Staaten [von Amerika]
- das **V**ereinigte Königreich [von Großbritannien und Nordirland]

Vereinigung die, -/-en: auf V. hoffen | V. *(Organisation, Zusammenschluss)* österreichischer Künstler

vereinnahmen (Kaufmannsspr.): vereinnahmte *(eingenommene, einkassierte)* Gelder

vereinsamen: *einsam werden;* vereinsamte alte Menschen ‖ **Vereinsamung** die, -

Vereinsbehörde: *für Vereine zuständiges Amt* ‖ **Vereinsbeitrag:** *Mitgliedsbeitrag* ‖ **Vereinskassier** ‖ **Vereinskassierin** ‖ **Vereinslokal** ‖ **Vereinsmeier** der, -s/- (ugs., abw.): *jemand, der sich im Vereinswesen übertrieben betätigt* ‖ **Vereinsmeierei** die, - (ugs., abw.) ‖ **Vereinsmitglied** ‖ **Vereinsregister** ‖ **Vereinsstatut** [-st-, -ʃt-] ‖ **Vereinswechsel** [-ks-] (Sport) ‖ **Vereinten Nationen** [- -tsi-] die (Pl.): → UN; → UNO

vereinzeln, ich vereinzle: Pflanzen v. *(die Zahl zu dicht stehender junger Pflanzen reduzieren)* ‖ **vereinzelt:** *gelegentlich; hie und da; selten; aber:* es kamen nur **V**ereinzelte ‖ **Vereinzelung** die, -/-en

vereisen: die Straßen sind vereist | (Med.) *schmerzunempfindlich machen;* du vereist die Operationsstelle

vereiteln, ich vereitle: einen Plan v. *(durchkreuzen, zunichte machen)* ‖ **Vereitelung** die, -/-en, *auch:* Vereitlung

vereitert: ein vereiterter Zahn ‖ **Vereiterung**

Vereitlung → Vereitelung

verekeln: jemandem den schönen Abend v. *(verleiden)*

verelenden: *verarmen;* durch den Krieg sind viele Menschen verelendet ‖ **Verelendung** die, -

Verena [v-]: *weibl. Vorname;* → Vreni

verenden: verendende *(sterbende)* Tiere; ein verendetes Reh

verengen = **verengern:** *enger machen;* das Tal veren g[er]te sich *(es wurde enger)* ‖ **Verengung** die, -/-en

vererbbar: vererbbare Eigenschaften ‖ **vererben:** einem Kind die Eigentumswohnung v. *(hinterlassen)* | eine vererbte Begabung ‖ **vererblich** ‖ **Vererblichkeit** die, - ‖ **Vererbung** die, -/-en ‖ **Vererbungslehre** (Biol.): *Genetik*

verestern (Chem.): *in Ester umwandeln* ‖ **Veresterung** die, -/-en (Chem.)

verewigen (geh.): *unsterblich machen* | (scherzh.) sich im Gästebuch v. *(eintragen)* ‖ **Verewigte**[1] der, -n/-n, ein Verewigter (geh.): *Verstorbener* ‖ **Verewigte**[2] die, -n/-n (geh.)

verfahren[1] (Verb): *umgehen;* mit jemandem rücksichtsvoll v. ‖ **verfahren**[2] sich (Verb): sich mit dem Auto v. *(eine falsche Richtung einschlagen)* ‖ **verfahren**[2] (Adj.): eine verfahrene *(missglückte, ausweglose)* Angelegenheit ‖ **Verfahren** das, -s/-: *Art und Weise der Herstellung, der Ausführung* | (Jus) *Prozess;* außerstreitiges V. ‖ **Verfahrensfrage:** *Problem der Verfahrensweise* ‖ **Verfahrensgesetz:** *Regelung für den Ablauf [eines Prozesses]* ‖ **Verfahrenshilfe** (Jus): *unentgeltliche Prozesskostenhilfe für bedürftige Prozessparteien* ‖ **Verfahrensregel** ‖ **Verfahrenstechnik:** *Herstellungstechnik* ‖ **Verfahrensweise**

Verfall der, -[e]s: der V. eines Bauwerkes; Kräfteverfall | (Amtsspr., Jus) *gerichtliche Einziehung* ‖ **verfallen:** der Kranke verfällt zusehends *(sein Zustand verschlechtert sich merklich);* ein verfallenes *(baufälliges)* Haus | der Trunksucht v. | verfallene *(ungültig gewordene)* Theaterkarten | auf eine Ausrede v. *(kommen)* ‖ **Verfallsdatum:** *Ablaufdatum [auf Lebensmitteln]* ‖ **Verfallserscheinung:** *Zeichen von Verfall* ‖ **Verfallstag** ‖ **Verfallstermin**

verfälschen: einen Sachverhalt v. *(falsch darstellen)* | Lebensmittel v. *(qualitätsmindernd verändern)* ‖ **Verfälschung**

verfangen: das Tier hat sich im Netz v. | bei ihm verfängt *(nützt)* kein gutes Wort ‖ **verfänglich:** eine verfängliche *(peinliche, heikle)* Frage, Situation ‖ **Verfänglichkeit** die, -/-en

verfärben sich: *die Farbe wechseln;* sein Gesicht verfärbte sich ‖ **Verfärbung**

verfassen: sie hat einen Text/Artikel/Roman verfasst *(geschrieben)* ‖ **Verfasser** der, -s/-: der V. *(Urheber, Autor)* dieser Erzählung ‖ **Verfasserin** die, -/-innen ‖ **Verfasserschaft** die, - ‖ **Verfassung:** die V. *(gesetzliche Grundordnung)* eines Staates | (ohne Pl.) in schlechter V. *(in schlechtem Zustand)* ‖ **Verfassungsänderung** ‖ **Verfassungsbruch** ‖ **Verfassungsdienst** (Admin.): *Sektion im Bundeskanzleramt für rechtliche Grundsatzfragen* ‖ **verfassungsgebend:** eine verfassungsgebende Versammlung ‖ **verfassungsgemäß** ‖ **Verfassungsgerichtshof** (VfGH): *ein Höchstgericht* ‖ **Verfassungsgesetz:** *in der Verfassung verankertes Gesetz* ‖ **verfassungsgesetzlich** (Jus): eine verfassungsgesetzliche Norm; → G.: einfachgesetzliche Norm ‖ **verfassungskonform** ‖ **verfassungsmäßig** ‖ **Verfassungsmäßigkeit** ‖ **Verfassungsrecht** ‖ **verfassungsrechtlich** ‖ **verfassungswidrig**

verfaulen: verfaultes Holz

verfechten: eine Meinung v. *(sie vertreten, sich für sie einsetzen)* ‖ **Verfechter** der, -s/- ‖ **Verfechterin** die, -/-innen

verfehlen: das Ziel v. *(nicht treffen);* eine verfehlte Politik ‖ **Verfehlung** die, -/-en: *Pflichtverletzung; Vergehen*

V

ver|fein|den: sich mit jemandem v.; verfeindete Geschwister
ver|fei|nern: verfeinerte Sitten ‖ **Ver|fei|ne|rung** die, -/-en
ver|fe|men (geh.): *ächten;* → Feme ‖ **Ver|fem|te**[1] der, -n/-n, ein Verfemter (geh.) ‖ **Ver|fem|te**[2] die, -n/-n (geh.) ‖ **Ver|fe|mung** die, -/-en (geh.)
ver|fer|ti|gen: *machen, anfertigen, erzeugen* ‖ **Ver|fer|ti|gung** die, -
ver|fes|ti|gen: *fest[er] machen;* der Gips verfestigt sich *(wird fest[er])* ‖ **Ver|fes|ti|gung**
ver|fet|ten: *fett werden* ‖ **Ver|fet|tung** die, -/-en
ver|feu|ern: Holz v. *(verbrennen, verheizen)* | Munition v. *(verschießen)*
ver|fil|men: einen Roman v. ‖ **Ver|fil|mung** die, -/-en
ver|fil|zen: verfilzte Haare; die Wolle verfilzt sich ‖ **Ver|fil|zung** die, -/-en
ver|fins|tern: dunkle Wolken verfinsterten den Himmel | ihre Miene verfinsterte sich
ver|fla|chen: die Diskussion verflachte *(wurde inhaltsarm)* ‖ **Ver|fla|chung** die, -/-en
ver|flech|ten: Zweige miteinander v. ‖ **Ver|flech|tung** die, -/-en
ver|flie|gen[1]: die Zeit verfliegt rasch ‖ **ver|flie|gen**[2] sich: der Pilot hat sich verflogen
ver|flie|sen [-z-, auch: -s-], du verfliest: das Badezimmer ist verfliest *(mit Fliesen ausgelegt)*
ver|flie|ßen: die Tage v.; verfließende *(ineinander übergehende)* Farben; → verflossen
ver|flixt (ugs.): eine verflixte *(ärgerliche)* Geschichte | ein verflixter *(tüchtiger, schlauer, verwegener)* Kerl
Ver|floch|ten|heit die, -/-en: *Verflechtung*
ver|flos|sen: im verflossenen *(vergangenen)* Jahr; → verfließen ‖ **Ver|flos|se|ne**[1] der, -n/-n, ein Verflossener (sal.): *ehemaliger Liebhaber, Partner* ‖ **Ver|flos|se|ne**[2] die, -n/-n (sal.)
ver|flu|chen: sich vor Ärger selbst v. ‖ **ver|flucht:** ein verfluchter *(verdammter)* Kerl (ugs. auch: *ein toller Bursch*); v. *(verdammt)* noch [ein]mal! *(ein Fluch)*
ver|flüch|ti|gen sich: *sich davonmachen;* Benzin verflüchtigt sich *(verdunstet, verdampft)* leicht
Ver|flu|chung die, -/-en
ver|flüs|si|gen: verflüssigte Luft ‖ **Ver|flüs|si|gung** die, -/-en
ver|fol|gen: Flüchtende v. | jemanden mit etwas v. *(damit nicht in Ruhe lassen)* | jemanden mit Blicken v.; vom Pech verfolgt sein | ein Ziel v. *(anstreben)* | eine Dokumentation v. *(interessiert anschauen)* | (Jus) ein Verbrechen von Gesetzes wegen v. ‖ **Ver|fol|ger** der, -s/- ‖ **Ver|fol|ge|rin** die, -/-innen ‖ **Ver|folg|te**[1] der, -n/-n, ein Verfolgter ‖ **Ver|folg|te**[2] die, -n/-n ‖ **Ver|fol|gung** die, -/-en ‖ **Ver|fol|gungs|jagd** ‖ **Ver|fol|gungs|recht** (Jus): das V. des Staatsanwaltes im Strafprozess ‖ **Ver|fol|gungs|ren|nen** (Sport): *eine Raddisziplin* ‖ **Ver|fol|gungs|wahn** (Psych.): an V. leiden *(sich ständig bedroht glauben)*
ver|form|bar ‖ **Ver|form|bar|keit** die, - ‖ **ver|for|men** ‖ **Ver|for|mung** die, -/-en
ver|frach|ten: Waren v. *(verladen, verschicken)* ‖ **Ver|frach|tung** die, -/-en
ver|frem|den: *durch Veränderung fremd, unvertraut erscheinen lassen* ‖ **Ver|frem|dung** die, -/-en ‖ **Ver|frem|dungs|ef|fekt**
ver|fres|sen (ugs.): *gefräßig* ‖ **Ver|fres|sen|heit** die, -/-en (ugs.)
ver|fro|ren: der Skiläufer sah ganz v. aus *(fror sehr);* → unverfroren
ver|frü|hen sich: sie verfrühte sich um 20 Minuten; etwas für verfrüht *(zu früh)* halten ‖ **Ver|frü|hung** die, -
ver|füg|bar: alle verfügbaren Reserven einsetzen ‖ **Ver|füg|bar|keit** die, -/-en
ver|fu|gen: *die Fugen ausfüllen;* Fliesen v.
ver|fü|gen: *anordnen, bestimmen;* über viel Geld v. *(viel Geld ausgeben können)* | (geh.) die Kommission verfügte *(begab)* sich an den Unfallsort
Ver|fu|gung: eine frostbeständige V. der Fliesen
Ver|fü|gung: sich jemandem zur V. stellen *(jemandem seine Hilfe anbieten);* etwas zur V. stellen *(es zur Verwendung überlassen)* | (Jus) das Gericht hat eine [einstweilige] V. erlassen | letztwillige V. *(Testament, Vermächtnis)* ‖ **ver|fü|gungs|be|rech|tigt** ‖ **Ver|fü|gungs|ge|walt**
ver|füh|ren: jemanden zu etwas v. *(verleiten)* ‖ **Ver|füh|rer** ‖ **Ver|füh|re|rin** ‖ **ver|füh|re|risch:** ein verführerischer *(verlockender)* Anblick ‖ **Ver|füh|rung**
ver|füt|tern: Körner an Vögel v.
Ver|ga|be (Amtsspr.): die V. *(Zuteilung)* von öffentlichen Aufträgen
ver|gaf|fen sich (ugs.): er hat sich in sie vergafft *(verliebt, verschaut)*
ver|gäl|len: jemandem die Freude an einer Sache v. *(verderben)* ‖ **Ver|gäl|lung** die, -/-en
ver|ga|lop|pie|ren sich (ugs.): *sich durch Unbedachtheit irren*
ver|gam|meln (ugs.): *verderben;* die Nahrungsmittel sind inzwischen vergammelt | die Zeit v. *(vertrödeln)* ‖ **ver|gam|melt** (ugs.): *heruntergekommen, verwahrlost;* → gammeln
ver|gan|gen → vergehen ‖ **Ver|gan|gen|heit** die, -: eine Person mit [bewegter] V.; ein Land mit großer V. *(Geschichte);* mit seiner V. brechen *(sich von ihr lossagen)* | (Gramm.) *eine Zeitstufe* ‖ **Ver|gan|gen|heits|be|wäl|ti|gung:** *Auseinandersetzung mit, Verarbeitung der Vergangenheit* ‖ **ver|gäng|lich:** alles ist v. *(begrenzt, vom Tod bedroht)* ‖ **Ver|gäng|lich|keit** die, -
ver|gan|ten (veraltend): *öffentlich versteigern;* → Gant
ver|gä|ren, vergärte/vergärt: *[etwas] zum Gären bringen;* Traubensaft wurde vergärt | (mit Präteritum vergor und Part. II vergoren) *gären; in Gärung übergehen;* Traubensaft ist zu Wein vergoren ‖ **Ver|gä|rung** die, -/-en
ver|ga|sen, du vergast: *[einen festen oder flüssigen Brennstoff] in Gas umwandeln* | *mit giftigem Gas töten, bes. in den Gaskammern der KZs im Nationalsozialismus* ‖ **Ver|ga|ser** der, -s/-: *ein Teil des Verbrennungsmotors* ‖ **Ver|ga|ser|mo|tor**
ver|gaß → vergessen
Ver|ga|sung die, -/-en: *Behandlung mit Giftgas* | (bes. im Nationalsozialismus) *Tötung mit Giftgas* | (abw.) bis zur V. *(bis zum Überdruss, endlos);* → vergasen
ver|gat|tern (Mil.): die Untergebenen v. *(sie [zum Befehlsempfang] zusammenrufen)* | (ugs.) jemanden zum Putzen v. *(einteilen)* ‖ **Ver|gat|te|rung** die, -/-en (Mil.)
ver|ge|ben: eine Arbeit/Wohnung an jemanden v. *(sie jemandem zuteilen)* | alle Chancen v. | (oft geh.) *verzeihen* | sich nichts dabei v. *(seinem Ansehen nicht schaden)* | sich beim Kartenspiel v. *(sich beim Ausspielen/Austei-*

len der Karten irren) || **vergebens:** sich v. *(vergeblich, ohne Erfolg)* bemühen; → umsonst || **vergeblich:** ein vergebliches *(nutzloses, erfolgloses)* Bemühen || **Vergeblichkeit** die, - || **Vergebung** die, -/-en: die V. *(Vergabe)* von Aufträgen | (ohne Pl.) um V. *(Verzeihung)* bitten | (Rel.) V. der Sünden

vergegenständlichen: *deutlich machen, veranschaulichen* || **Vergegenständlichung** die, -/-en

vergegenwärtigen: sich die Folgen einer Handlung v. *(vor Augen führen)* || **Vergegenwärtigung** die, -/-en

vergehen[1]: die Zeit vergeht; vergangene Zeiten | vor Durst v. *(verschmachten)* || **vergehen**[2] sich: sich im Wald v. *(verirren)* | sich gegen die Gesetze v. *(gegen sie verstoßen);* sich an jemandem vergangen haben *(ein [Sittlichkeits]verbrechen an jemandem verübt haben)* || **Vergehen** das, -s/-: *Verstoß gegen das Gesetz, strafbare Handlung*

vergeistigt (geh.): *von Geist erfüllt, durchgeistigt;* ein vergeistigter Gesichtsausdruck

vergelten: Hass mit Liebe v.; „Vergelt's Gott!"; Gleiches mit Gleichem v. || **Vergeltsgott** das, -/-: V. sagen || **Vergeltung:** *Rache;* V. üben | *Gegenleistung* || **Vergeltungsmaßnahme** || **Vergeltungsschlag** (Mil.)

vergesellschaften || **Vergesellschaftung** die, -/-en: *das Zusammenleben verschiedener Pflanzen- und/oder Tierarten | Überführung privater Produktionsmittel in Gemeinbesitz*

vergessen[1], ich vergesse, du vergisst/vergaß/vergessen/vergiss!, vergesst!: die Geldbörse v.; etwas/jemanden nicht v. können; [auf] den Geburtstag v.; nicht zu zahlen v.; mich kannst du v.! *(ich mache nicht mit)* || **vergessen**[2] sich: *die Beherrschung verlieren* || **Vergessenheit** die, -: in V. geraten *(vergessen werden);* etwas der V. entreißen || **vergesslich:** er ist sehr v. *(er hat ein schlechtes Gedächtnis)* || **Vergesslichkeit** die, -

vergeuden: *verschwenden* || **Vergeudung** die, -/-en: die V. öffentlicher Gelder

vergewaltigen: *durch Gewalt-[androhung] zum Geschlechtsverkehr zwingen* | (sal.) *unterdrücken, zu etwas zwingen* || **Vergewaltiger** der, -s/- || **Vergewaltigerin** die, -/-innen || **Vergewaltigung** die, -/-en

vergewissern sich: ich vergewiss[e]re *(überzeuge)* mich persönlich, ob ... || **Vergewisserung** die, -/-en

vergießen: Tränen v.; die Diktatur hat viel Blut vergossen *(Menschen getötet)*

vergiften: Ratten v. || **Vergiftung** die, -/-en || **Vergiftungserscheinung:** *Zeichen von Vergiftung*

vergilben: ein vergilbtes *(im Lauf der Zeit gelb gewordenes)* Blatt Papier

vergipsen: Löcher in der Wand v. *(mit Gips aus-, verschmieren)*

Vergissmeinnicht das, -[e]s/-[e]: *eine Blume* || **vergisst** → vergessen

vergitschen (reg., ugs., sal.): *[Waren] billig verkaufen, verschleudern*

vergittern: die Fenster v. lassen

verglasen: du verglast den Balkon || **Verglasung** die, -/-en

Vergleich der, -[e]s/-e: treffende Vergleiche anstellen | (Jus) einen V. *(eine gütliche Einigung)* schließen || **vergleichbar** || **Vergleichbarkeit** die, - || **vergleichen**[1]: zwei Schriftstücke miteinander v.; er kann sich mit dir nicht v.; vergleichende Literaturwissenschaft; → vgl. | (Gramm.) *[Adjektive] steigern* || **vergleichen**[2] sich (Jus): die beiden streitenden Parteien haben sich verglichen *(gütlich geeinigt)* || **Vergleichsformen** die (Pl.) (Gramm.): *Komparation, Steigerung* || **Vergleichskampf:** *interner Wettkampf [zwischen zwei Mannschaften]* || **Vergleichsmaßstab** || **Vergleichsmöglichkeit** || **vergleichsweise** || **Vergleichszeitraum:** im V. des Vorjahrs

vergletschern: die Alpen sind stark vergletschert || **Vergletscherung** die, -/-en

verglimmen: eine verglimmende Zigarette

verglühen: die Rakete verglühte in der Atmosphäre

vergnügen: sich auf der Party v. *(amüsieren);* es vergnügt ihn, sie zu necken || **Vergnügen** das, -s/-: es war uns ein V.!; viel V.!; ein zweifelhaftes *(nicht erfreuliches)* V. || **vergnüglich:** ein vergnüglicher Abend || **vergnügt:** *fröhlich, zufrieden* || **Vergnügungen** die (Pl.): er geht nur seinen V. nach || **Vergnügungsindustrie:** *Unterhaltungsindustrie* || **Vergnügungspark** || **Vergnügungsreise** || **Vergnügungssteuer** || **Vergnügungssucht** || **vergnügungssüchtig** || **Vergnügungsviertel**

vergolden: ein vergoldeter Bilderrahmen || **Vergolder** der, -s/-: *ein Handwerker* || **Vergolderin** die, -/-innen || **Vergoldung** die, -/-en

vergönnen: *gönnen, zugestehen; gewähren*

vergöttern: eine Künstlerin v. *(sie überschwänglich verehren)* || **Vergötterung** die, -/-en || **vergöttlichen:** *zum Gott machen/werden;* → Apotheose

vergraben[1]: einen Knochen v.; das Gesicht in die Hände v. *(in den Händen verbergen)* || **vergraben**[2] sich: sich in die Arbeit v. *(vertiefen)*

vergrämen: *verärgern* | (Jägerspr.) *das Wild verscheuchen;* → verprellen || **vergrämt:** *sorgenvoll, verbittert*

vergraulen (ugs.): *vergrämen*

vergreifen sich: *das Unrichtige nehmen; danebengreifen* | sich im Ton v. *(sich in unpassender Weise äußern)* | sich an fremdem Eigentum v. *(es unrechtmäßig an sich nehmen)* | sich an jemandem v. *(jemanden tätlich angreifen)*

vergreist: *[vorzeitig] gealtert* || **Vergreisung** die, -: *Überalterung*

vergriffen: dieses Buch ist v. *(ausverkauft, nicht mehr lieferbar)*

vergröbert: etwas stark v. darstellen

vergrößern: den Betrieb v. || **Vergrößerung** die, -/-en: die V. eines Fotos || **Vergrößerungsglas:** *Lupe uÄ* || **Vergrößerungsspiegel**

Vergünstigung die, -/-en: Vergünstigungen *(Vorteile, Erleichterungen)* erhalten

vergüten: jemandem einen Schaden v. *(jemanden dafür [mit Geld] entschädigen)* | *qualitativ verbessern* || **Vergütung** die, -/-en

verh.: verheiratet

verhabern sich (W, ugs., sal.): sich mit jemandem v. *(verbünden)* || **Verhaberung** die, -/-en (W, ugs., sal.): *Packelei*

V

Ver|ha|ckert das, -s = **Ver|ha|cker|te** das, -n, ein Verhackert[e]s (reg., bes. St, K): *Brotaufstrich aus [fein] gehacktem Speck*
ver|haf|ten: der Einbrecher wurde verhaftet *(festgenommen)* ‖ **ver|haf|tet** (geh.): mit etwas eng v. *(verbunden)* sein; der Tradition v. sein *(sich ihr verbunden fühlen)* ‖ **Ver|haf|te|te**[1] der, -n/-n, ein Verhafteter ‖ **Ver|haf|te|te**[2] die, -n/-n ‖ **Ver|haf|tung** ‖ **Ver|haf|tungs|wel|le:** *größere Zahl von Verhaftungen in kurzer Zeit*
ver|ha|ken: *einhaken;* sich v. *(hängen bleiben)*
ver|hal|len: das Echo verhallte allmählich | die Stimme bei der Tonaufnahme v. *(sie mit künstlichem Nachhall versehen)*
ver|hal|ten: das Lachen v. *(zurückhalten);* mit verhaltener *(gedämpfter)* Stimme | sich ruhig v. *(still sein);* das verhält sich so *(das ist so)* | (Amtsspr.) jemanden zu etwas v. *(veranlassen)* ‖ **Ver|hal|ten** das, -s: ihr V. ist beispielhaft ‖ **Ver|hal|ten|heit** die, - ‖ **ver|hal|tens|auf|fäl|lig** (Psych., Päd.): verhaltensauffällige Kinder ‖ **Ver|hal|tens|for|scher** ‖ **Ver|hal|tens|for|sche|rin** ‖ **Ver|hal|tens|for|schung** die, -: *Wissenschaft vom tierischen bzw. menschlichen Verhalten, Ethologie* ‖ **ver|hal|tens|ge|stört** (Psych., Päd.): schwer v. ‖ **Ver|hal|tens|maß|re|gel:** *Verhaltensregel, -vorschrift* ‖ **Ver|hal|tens|mus|ter** (Psych.): *typische Verhaltensweise* ‖ **Ver|hal|tens|no|te** (Bildw.): *Betragensnote, eine Beurteilung in Schulzeugnissen* ‖ **Ver|hal|tens|re|gel** ‖ **Ver|hal|tens|stö|rung** (Psych., Päd.) ‖ **Ver|hal|tens|the|ra|pie** (Psych.) ‖ **Ver|hal|tens|wei|se**
Ver|hält|nis das, -nisses/-nisse: das V. der Menschen *(ihre Beziehung, ihr Verhalten)* zueinander | in guten Verhältnissen leben *(wohlhabend sein);* unter diesen Verhältnissen *(Umständen)* | ein V. *(Liebesverhältnis)* haben ‖ **Ver|hält|nis|glei|chung** (Math.): *Proportion* ‖ **ver|hält|nis|mä|ßig** ‖ **Ver|hält|nis|mä|ßig|keit:** *Angemessenheit* ‖ **Ver|hält|nis|wahl** ‖ **Ver|hält|nis|wahl|recht:** *Regelung, wonach das Verhältnis der abgegebenen Stimmen für die Verteilung der Mandate auf die Parteien entscheidend ist;* → G.: Mehrheitswahlrecht ‖ **Ver|hält|nis|wort** (Gramm.) (veraltet): *Präposition* ‖ **Ver|hält|nis|zahl:** *Zahl, die den Wert eines Verhältnisses angibt (meist als Quotient dargestellt), zB 1:5*
Ver|hal|tungs|maß|re|gel: *Verhaltensmaßregel, Vorschrift*
ver|han|deln: mit jemandem über etwas v.; einen Streitfall vor Gericht v. ‖ **Ver|hand|ler** der, -s/- ‖ **Ver|hand|le|rin** die, -/-innen ‖ **Ver|hand|lung:** Verhandlungen führen ‖ **Ver|hand|lungs|ba|sis:** eine V. *(Verhandlungsgrundlage)* schaffen ‖ **ver|hand|lungs|be|reit** ‖ **Ver|hand|lungs|be|reit|schaft** ‖ **ver|hand|lungs|fä|hig:** ein verhandlungsfähiger Vorschlag ‖ **Ver|hand|lungs|ge|gen|stand** ‖ **Ver|hand|lungs|grund|la|ge:** *Verhandlungsbasis* ‖ **Ver|hand|lungs|grund|satz** (Jus): *Verfahrensnorm, wonach nur das von den Parteien Vorgetragene Entscheidungsgrundlage wird;* → G.: Untersuchungsgrundsatz ‖ **Ver|hand|lungs|part|ner** ‖ **Ver|hand|lungs|part|ne|rin** ‖ **Ver|hand|lungs|run|de** ‖ **Ver|hand|lungs|sa|che** ‖ **Ver|hand|lungs|tisch:** am V. eine Lösung suchen ‖ **Ver|hand|lungs|weg:** einen Konflikt auf dem V. lösen
ver|han|gen: der Himmel ist v. *(trüb, von Wolken verdeckt)*
ver|hän|gen: die Fenster v. | (Amtsspr.) über jemanden eine Strafe v. *(jemanden dazu verurteilen)* ‖ **Ver|häng|nis** das, -nisses/-nisse: *Verderben, Missgeschick, Unglück* ‖ **ver|häng|nis|voll:** ein verhängnisvoller Irrtum ‖ **Ver|hän|gung** die, - (Amtsspr.): die V. einer Strafe
ver|harm|lo|sen: *bagatellisieren;* du verharmlost ein Übel *(stellst es als harmlos hin)* ‖ **Ver|harm|lo|sung** die, -/-en
ver|härmt: *abgehärmt, vergrämt*
ver|har|ren: in unbewegter Stellung v.
ver|har|schen: verharschter *(an der Oberfläche vereister)* Schnee
ver|här|ten: *hart werden;* eine verhärtete Geschwulst; ein verhärtetes Gemüt; die Fronten v. sich ‖ **Ver|här|tung** die, -/-en
ver|has|peln sich: ich verhasple mich beim Reden *(verspreche mich)*
ver|hasst: ein verhasster Gegner
ver|hät|scheln: ein verhätscheltes *(verzärteltes)* Kind ‖ **Ver|hät|sche|lung** die, -/-en
ver|hat|schen (ugs.): verhatschte *(stark ausgetretene)* Schuhe | ein verhatschter *(unpassender, schlechter)* Vergleich
Ver|hau der, -[e]s/-e: *ein künstlich aus vielen Teilen errichtetes Hindernis;* Drahtverhau
ver|hau|chen (geh.): *aushauchen, verlöschen*

ver|hau|en (ugs.): *verprügeln | etwas schlecht oder fehlerhaft machen, zum Scheitern bringen | sich vertun*

Das zweite Partizip lautet in Österreich (wie im Bairischen) nur „verhaut“:
- der neue Schüler wurde verhaut *(verprügelt)*
- eine verhaute Schularbeit *(misslungene)*
- sie hat sich in ihrem Plan total verhaut *(geirrt)*

ver|hed|dern sich: *hängen bleiben* | (bes. D, ugs.) *sich verhaspeln*
ver|hee|ren: *verwüsten* ‖ **ver|hee|rend:** ein verheerendes Unwetter ‖ **Ver|hee|rung** die, -/-en: das Unwetter hat große Verheerungen angerichtet
ver|heh|len (geh.): *verheimlichen, verschweigen*
ver|hei|len: die Wunde ist schlecht verheilt
ver|heim|li|chen ‖ **Ver|heim|li|chung** die, -/-en: V. eines Fundgegenstands
ver|hei|ra|ten: *verehelichen;* die Kinder gut v.; sich zum zweiten Mal v. *(heiraten)* ‖ **ver|hei|ra|tet** (verh.): Karoline Greiner[,] verheiratete (verh.) Pichler[,] starb 1843 ‖ **Ver|hei|ra|te|te**[1] der, -n/-n, ein Verheirateter ‖ **Ver|hei|ra|te|te**[2] die, -n/-n ‖ **Ver|hei|ra|tung** die, -/-en
ver|hei|ßen (geh.): *versprechen, voraussagen;* das hat nichts Gutes v. ‖ **Ver|hei|ßung** die, -/-en (geh.) ‖ **ver|hei|ßungs|voll:** ein verheißungsvolles *(viel versprechendes)* Talent
ver|hei|zen: Brennmaterial v. | (abw.) *für eine aussichtslose Sache einsetzen, opfern* | die Soldaten wurden verheizt *(rücksichtslos eingesetzt)*
ver|hel|fen: er hat ihr zu einer Stelle verholfen
ver|herr|li|chen (geh.): *preisen* ‖ **Ver|herr|li|chung** die, -/-en (geh.): die V. Gottes

V

ver|het|zen: *aufreizen, aufwiegeln* ‖ **Ver|het|zung** die, -/-en
ver|heult: ganz v. *(verweint)* sein
ver|he|xen: es ist heute wie verhext *(heute gelingt nichts)*
ver|hin|dern: den Diebstahl v. *(vereiteln, abwehren);* beruflich verhindert ‖ **Ver|hin|de|rung** ‖ **Ver|hin|de|rungs|fall** (Amtsspr.): im V.
ver|hoh|len (geh.): mit kaum verhohlener *(verborgener)* Neugier
ver|höh|nen: *[arg] verspotten* ‖ **Ver|höh|nung** die, -/-en
ver|hö|kern (D, ugs.): *verkaufen*
ver|hol|zen: die verholzten Stauden ausreißen ‖ **Ver|hol|zung** die, -/-en
Ver|hör das, -[e]s/-e: *Einvernahme;* ein polizeiliches, gerichtliches V. ‖ **ver|hö|ren**[1]: die Richterin verhörte den Angeklagten *(befragte ihn)* ‖ **ver|hö|ren**[2] sich: *sich beim Hören irren*
ver|hor|nen: verhornte Haut *(Hornhaut)*
ver|hu|deln (ugs.): die Zeichnung v. *(durch Hudelei verderben)*
ver|hül|len: *verdecken, verbergen;* eine kaum verhüllte *(versteckte)* Drohung ‖ **Ver|hül|lung** die, -/-en
ver|hun|dert|fa|chen
ver|hun|gern
ver|hun|zen (ugs., abw.): *entstellen, verderben* ‖ **Ver|hun|zung** die, -/-en
ver|hu|ren (ugs., derb): ein verhurter *(total verkommener)* Kerl
ver|hü|ten: ein Unglück v.; eine Schwangerschaft v. ‖ **Ver|hü|ter|li** das, -s/-[s] (scherzh.): *Kondom*
Ver|hüt|te|lung die, - (Ökol.): *Entstellung der Landschaft durch [planloses] Siedeln*
ver|hüt|ten: Erze v. *(aus ihnen Metalle gewinnen)* ‖ **Ver|hüt|tung** die, -/-en: die V. der Eisenerze
Ver|hü|tung die, -/-en: zur V. von Unfällen beitragen ‖ **Ver|hü|tungs|me|tho|de:** *Maßnahme zur Empfängnisverhütung* ‖ **Ver|hü|tungs|mit|tel:** *empfängnisverhütendes Mittel* ‖ **Ver|hü|tungs|pflas|ter:** *eine Verhütungsmethode*
ver|hut|zelt: *eingeschrumpft, faltig*
Ve|ri|fi|ka|ti|on [v-tsi̯-] die, -/-en ⟨lat.⟩: *Richtigkeitsnachweis;* → G.: Falsifikation ‖ **ve|ri|fi|zier|bar** ‖ **ve|ri|fi|zie|ren:** eine Vermutung, ein Protokoll v. *(die Richtigkeit bestätigen)* ‖ **Ve|ri|fi|zie|rung** die, -/-en
ver|in|ner|li|chen: ein verinnerlichter *(äußeren Dingen abgewandter, introvertierter)* Mensch
ver|ir|ren sich: *die Orientierung verlieren* ‖ **Ver|ir|rung** die, -/-en: *Fehler, Vergehen*
Ve|ris|mus [v-] der, - ⟨lat.⟩: *eine stark wirklichkeitsgetreue Darstellung in der Kunst* | (Mus.) *eine Stilrichtung der Oper*
ve|ri|ta|bel [v-] ⟨lat.-fr.⟩: eine veritable *(echte, beachtliche)* Leistung
ver|ja|gen: die Fliegen v. *(vertreiben)*
ver|jäh|ren: ein verjährter *(verfallener)* Anspruch; die Schuld ist verjährt *(sie muss nicht mehr beglichen werden)* ‖ **Ver|jäh|rung** die, -/-en (Jus): *Rechtsverlust durch Zeitablauf* ‖ **Ver|jäh|rungs|frist** (Jus): *Klagefrist*
ver|jan|kern (reg., ugs.): er hat die Uhr verjankert *(verschachert; verlegt)*
ver|jaz|zen [-dʒæzn, -dʒɛsn] (Mus.): *im Jazzstil verarbeiten*
ver|ju|beln (ugs.): sein Geld v. *(es leichtsinnig für Vergnügungen und Luxus ausgeben)*
ver|jün|gen: sich verjüngt haben *(jünger aussehen, frischer und leistungsfähiger geworden sein)* | die Säule verjüngt sich nach oben *(wird nach oben hin schlanker)* ‖ **Ver|jün|gungs|kur**
ver|ju|xen, du verjuxt (ugs.): *vergeuden, verwirtschaften;* → Jux
ver|ka|beln: *durch Kabel miteinander verbinden;* verkabelt *(zB an das Kabelfernsehnetz angeschlossen)* sein ‖ **Ver|ka|be|lung** die, -/-en
ver|ka|cheln: *mit Kacheln verkleiden*
ver|kal|ben (reg.): die Kuh hat verkalbt *(ein totes Kalb geboren)*
ver|kal|ken: eine verkalkte Waschmaschine | er ist schon stark verkalkt *(durch Arterienverkalkung senil geworden)*
ver|kal|ku|lie|ren sich: *sich verrechnen, die Kosten falsch berechnen*
Ver|kal|kung die, -/-en: die V. der Gefäße/der Waschmaschine
ver|kannt: ein verkanntes Genie; → verkennen
ver|kan|ten: er hat [beim Skifahren] verkantet *(die Kanten falsch eingesetzt)*
ver|kappt: ein verkappter *(getarnter)* Terrorist
ver|kap|seln sich, ich verkapsle mich: *sich verschließen, sich einkapseln* ‖ **Ver|kap|se|lung** die, -/-en
ver|kars|ten: eine verkarstete *(wasserlos, öde, steinig, unfruchtbar gewordene)* Gegend; → Karst ‖ **Ver|kars|tung** die, -/-en (Geol.): *[zunehmende] unterirdische Entwässerung*
ver|kä|sen: *zu Käse werden/machen* ‖ **Ver|kä|sung** die, -/-en
ver|ka|tert (ugs.): sich v. fühlen *(Katzenjammer haben)*
Ver|kauf: im V. *(in der Verkaufsabteilung)* arbeiten ‖ **ver|kau|fen:** das Auto v.; ihn für dumm v. *(ihm etwas vormachen)* wollen; der Film verkauft sich gut; den Lesern eine unwahre Geschichte v. ‖ **Ver|käu|fer:** *Verkaufsberater* ‖ **Ver|käu|fe|rin** ‖ **ver|käuf|lich:** diese Gegenstände sind nicht v. ‖ **Ver|kaufs|ab|tei|lung** ‖ **Ver|kaufs|aus|stel|lung** ‖ **Ver|kaufs|be|ra|ter:** *Verkäufer* ‖ **Ver|kaufs|be|ra|te|rin** ‖ **Ver|kaufs|flä|che:** die gesamte V. eines Geschäftes ‖ **ver|kaufs|för|dernd** ‖ **Ver|kaufs|ge|spräch** ‖ **Ver|kaufs|preis** ‖ **Ver|kaufs|schla|ger** ‖ **Ver|kaufs|stand** ‖ **Ver|kaufs|standl** (ugs.) ‖ **Ver|kaufs|zeit**
Ver|kehr der, -s (fachspr. auch mit Pl. -e): reger V. | ein bestimmtes Modell aus dem V. ziehen *(zurückbeordern und die Produktion einstellen)* | diplomatischer V. | *Geschlechtsverkehr* ‖ **ver|keh|ren:** täglich verkehrten *(fuhren)* drei Züge | mit jemandem brieflich v. *(Briefkontakt pflegen)* | mit jemandem geschlechtlich v. | etwas ins Gegenteil v. ‖ **Ver|kehrs|ader:** *eine wichtige Verkehrsstraße* ‖ **Ver|kehrs|am|pel** ‖ **Ver|kehrs|auf|kom|men:** *Verkehrsdichte* ‖ **ver|kehrs|be|ru|higt:** eine verkehrsberuhigte Zone *(mit wenig Durchzugsverkehr)* ‖ **Ver|kehrs|be|ru|hi|gung** ‖ **Ver|kehrs|be|schrän|kung** (Jus): *staatlicher Eingriff, der zB den freien Grundverkehr begrenzt* ‖ **Ver|kehrs|be|trieb:** Grazer Verkehrsbetriebe *(öffentliche Verkehrsmittel)* ‖ **Ver|kehrs|cha|os** [-k-] ‖ **Ver|kehrs|club Ös|ter|reich** [-k- -] der, -s - (VCÖ): *eine Kraftfahrerorganisation* ‖ **Ver|kehrs|de|likt:** *Verstoß gegen die Verkehrsvorschriften* ‖ **Ver|kehrs|dich|te** ‖ **Ver|kehrs|dis|zi|plin** ‖ **Ver|kehrs|durch|sa|ge** ‖ **Ver|kehrs|er|zie|hung** ‖ **Ver|kehrs-**

flug|zeug ‖ **Ver|kehrs|funk:** *Verkehrsmeldungen [im Radio]* ‖ **ver|kehrs|güns|tig** ‖ **Ver|kehrs|hin|der|nis** ‖ **Ver|kehrs|in|farkt:** *Zusammenbruch des Straßenverkehrs* ‖ **Ver|kehrs|in|for|ma|ti|on** [-tsi̯-]: die V. im Radio anhören ‖ **Ver|kehrs|in|sel:** *ein geschützter Fahrbahnbereich* ‖ **Ver|kehrs|kno|ten** ‖ **Ver|kehrs|kno|ten|punkt** ‖ **Ver|kehrs|kon|trol|le** ‖ **Ver|kehrs|la|ge** ‖ **Ver|kehrs|lärm** ‖ **Ver|kehrs|mi|nis|ter** ‖ **Ver|kehrs|mi|nis|te|rin** ‖ **Ver|kehrs|mi|nis|te|ri|um:** *Bundesministerium für Verkehr, Innovation und Technologie* ‖ **Ver|kehrs|mit|tel:** öffentliche V. ‖ **Ver|kehrs|mund|art** (Sprachwiss.): *Mundart mit weitem Verbreitungsgebiet* ‖ **Ver|kehrs|netz** ‖ **Ver|kehrs|op|fer:** *im Straßenverkehr Getötete/r* ‖ **Ver|kehrs|pla|nung** ‖ **Ver|kehrs|po|li|zei:** *Aufsichtsorgan zur Überwachung des Straßenverkehrs* ‖ **Ver|kehrs|pos|ten** ‖ **Ver|kehrs|recht** ‖ **ver|kehrs|reich** ‖ **Ver|kehrs|schild** das, -[e]s/-er ‖ **Ver|kehrs|schrift:** *erste Stufe der Kurzschrift;* → Eilschrift ‖ **Ver|kehrs|si|cher|heit** ‖ **Ver|kehrs|si|che|rung** ‖ **Ver|kehrs|sit|te** (Jus): *die unter den Beteiligten allgemein gebräuchlichen Gewohnheiten* | *unter Kaufleuten geltender Handelsbrauch* ‖ **Ver|kehrs|spin|ne:** *schematischer Straßenplan* ‖ **Ver|kehrs|spra|che:** *gemeinsame Sprache zwischen Angehörigen verschiedener Sprachen* ‖ **Ver|kehrs|spre|cher** (Pol.): *ein* → *Bereichssprecher* ‖ **Ver|kehrs|spre|che|rin** (Pol.) ‖ **Ver|kehrs|stau** ‖ **Ver|kehrs|stö|rung** ‖ **Ver|kehrs|sün|der** ‖ **Ver|kehrs|sün|de|rin** ‖ **Ver|kehrs|teil|neh|mer** ‖ **Ver|kehrs|teil|neh|me|rin** ‖ **Ver|kehrs|to|te** ‖ **Ver|kehrs|über|wa|chung** ‖ **Ver|kehrs|un|fall** ‖ **Ver|kehrs|ver|bin|dung** ‖ **Ver|kehrs|ver|bund:** *Verbundsystem verschiedener Verkehrsmittel in einem Gebiet* ‖ **Ver|kehrs|ver|hält|nis|se** die (Pl.) ‖ **Ver|kehrs|vor|schrift** ‖ **Ver|kehrs|weg** ‖ **Ver|kehrs|wert** (Wirt.): *realistischer [Markt]wert [eines Hauses]* ‖ **ver|kehrs|wid|rig:** ein verkehrswidriges Verhalten ‖ **Ver|kehrs|zei|chen** ‖ **ver|kehrt:** alles v. *(unrichtig)* machen ‖ **Ver|kehrt|heit** die, -/-en

ver|kei|len: *mit Keilen festmachen* | [bei einem Zugsunglück] ineinander verkeilte Waggons; die Waggons haben sich [ineinander] verkeilt

ver|ken|nen: verkannt *(nicht richtig erkannt; unrichtig beurteilt)* werden; ein verkanntes Genie; → verkannt

ver|ket|ten ‖ **Ver|ket|tung** die, -/-en: eine V. *(ein Zusammenwirken)* widriger Umstände

ver|ket|zern (abw.): *als ketzerisch, verwerflich darstellen, verteufeln* ‖ **Ver|ket|ze|rung** die, -/-en (abw.)

ver|kie|feln (ugs.): jemanden nicht v. *(nicht leiden, nicht ertragen)* können

ver|kit|schen, du verkitsch[s]t: *kitschig darstellen;* → Kitsch

ver|kit|ten: Fensterscheiben v.

ver|kla|gen: jemanden bei Gericht auf Schadenersatz v.

ver|klam|mern: *mit Klammern miteinander verbinden*

ver|klä|ren: ein verklärtes *(seliges)* Lächeln ‖ **Ver|klä|rung** die, -/-en

ver|klau|su|lie|ren, *auch:* verklauseln: durch Klauseln *(Bestimmungen)* einschränken; etwas verklausuliert *(schwer verständlich, kompliziert)* ausdrücken ‖ **Ver|klau|su|lie|rung** die, -/-en ‖ **Ver|klau|sung** die, - (V): *Verschüttung, Versperrung einer Straße, eines Flusses*

ver|kle|ben: verklebte Haare

ver|klei|den: Zimmerwände mit Holz v. | sich im Fasching v. ‖ **Ver|klei|dung**

ver|klei|nern: kleiner *(in verkleinertem Maßstab)* darstellen; sein Anteil verkleinert sich *(wird geringer)* ‖ **Ver|klei|ne|rung** die, -/-en ‖ **Ver|klei|ne|rungs|form** (Sprachwiss.): *Diminutiv*

ver|klem|men: der Zippverschluss hat sich wieder verklemmt ‖ **ver|klemmt:** *verkrampft, gehemmt* ‖ **Ver|klemmt|heit** die, -

ver|klin|gen: ein verklungener Ton

ver|klop|fen (ugs.): *verkaufen;* das Handy v.

ver|klum|pen: *Klumpen bilden*

ver|knack|sen (ugs.): ein verknackster *(verstauchter)* Fuß; sich den Finger v.

ver|knal|len[1] (ugs.): das ganze Magazin des Revolvers v. *(verschießen)* ‖ **ver|knal|len**[2] sich (ugs.): *sich Hals über Kopf verlieben*

ver|knap|pen: die Vorräte v. sich ‖ **Ver|knap|pung** die, -

ver|knäu|eln = **ver|knäu|len:** *zu einem Knäuel verknoten*; der Faden hat sich verknäuelt *(verwickelt)*

ver|knaut|schen: dieser Stoff verknautscht *(verdrückt sich)* leicht

ver|knei|fen: den Schmerz v. *(verbeißen);* sich das Lachen v. ‖ **ver|knif|fen:** verkniffene *(harte, verbitterte)* Gesichtszüge

ver|knit|tern: verknitterte Seide

ver|knö|chert: verknöcherte *(veraltete, erstarrte)* Ansichten ‖ **Ver|knö|che|rung** die, -/-en

ver|kno|feln (ugs., veraltet): *verschreien;* → knofeln

ver|knor|peln: *knorpelig werden*

ver|kno|ten: *verknüpfen* ‖ **Ver|kno|tung** die, -/-en

ver|knüp|fen: uns v. *(verbinden)* enge Bande der Freundschaft ‖ **Ver|knüp|fung** die, -/-en: *das Verknüpfen* | (Math.) die V. von Funktionen

ver|ko|chen: viele Eier v. *(verwenden)* | das Wasser ist ganz verkocht *(verdampft)*

ver|koh|len: verkohltes Holz ‖ **Ver|koh|lung** die, -/-en

ver|ko|ken: *Kohle in Koks umwandeln* ‖ **Ver|ko|kung** die, -

ver|kom|men: *verwahrlosen, allmählich zuGrunde gehen;* ein verkommener *(heruntergekommener, verdorbener)* Mensch | (ugs.) *verschwinden, verloren gehen* ‖ **Ver|kom|men|heit** die, -

ver|kom|pli|zie|ren: *zu kompliziert machen*

ver|kop|peln: *verbinden, aneinander befestigen* ‖ **Ver|kop|pe|lung,** *auch:* **Ver|kopp|lung**

ver|kor|ken: Flaschen [maschinell] v. *(zustöpseln)* ‖ **ver|korkst** (ugs.): *verpfuscht, misslungen*

ver|kör|pern: die Schauspielerin verkörpert die Rolle der Titelheldin in diesem Film ‖ **Ver|kör|pe|rung** die, -/-en

ver|kos|ten: die Suppe v. *(kosten)* | (fachspr.) Wein v. *(verschiedene Weine ausprobieren)* ‖ **Ver|kos|ter** der, -s/- ‖ **Ver|kos|te|rin** die, -/-innen ‖ **ver|kös|ti|gen:** wir wurden im Gasthof verköstigt *(verpflegt)* ‖ **Ver|kös|ti|gung** die, -/-en ‖ **Ver|kos|tung** die, -/-en: eine V. der neuen Weine

ver|kra|chen sich (ugs.): miteinander verkracht *(entzweit, zerstritten)* sein | ein verkrachter *(gescheiterter)* Student

ver|kraf|ten: etwas nicht v. können *(es [seelisch] nicht bewältigen)*

ver|kral|len sich: sich in den Haaren v.

V

ver|kramp|fen: verkrampfte *(im Krampf zusammengezogene)* Finger; sich vor Aufregung v. ‖ **Ver|krampft|heit** die, - ‖ **Ver|kramp|fung** die, -/-en
ver|krebst [auch: -'e:-] (sal.): *von Krebs befallen*
ver|krie|chen sich: der Hund hat sich unter den/dem Tisch verkrochen
ver|krü|meln sich (bes. D): *verschwinden*
ver|krüm|men: eine verkrümmte Wirbelsäule; der Finger hat sich verkrümmt ‖ **Ver|krüm|mung**
ver|krüp|pelt: verkrüppelte Eichen
ver|krus|ten: die Wunde hat sich verkrustet
ver|küh|len sich: *sich erkälten* ‖ **Ver|küh|lung** die, -/-en
ver|küm|mern: eine verkümmerte *(im Wachstum zurückgebliebene)* Pflanze
ver|kün|den = verkündigen (geh.): *[öffentlich] bekannt geben* ‖ **Ver|kün|der** = Verkündiger der, -s/- (geh.) ‖ **Ver|kün|de|rin** = Verkündigerin die, -/-innen (geh.) ‖ **ver|kün|di|gen** = → verkünden ‖ **Ver|kün|di|ger** = → Verkünder ‖ **Ver|kün|di|ge|rin** = → Verkünderin ‖ **Ver|kün|di|gung** = Verkündung die, -/-en: die V. eines Urteils | *das Aufgebot eines Brautpaares* | das Fest Maria/Mariä V. *(25. März)*
ver|kup|fern: *mit Kupfer überziehen*
ver|kup|peln: Eisenbahnwaggons v. | (auch scherzh.) *eine Beziehung zwischen zwei Personen herstellen;* ein Paar *(zum Zweck der Heirat)* v.
ver|kür|zen: sich die Zeit v.; die Arbeitszeit v.
ver|kut|zen sich, du verkutzt dich: *sich [beim Essen, Husten] verschlucken*
ver|la|chen (geh.): *auslachen*
Ver|la|de|bahn|hof ‖ **Ver|la|de|kran** ‖ **ver|la|den:** Waren v. ‖ **Ver|la|de|ram|pe**
Ver|lag der, -[e]s/-e: *ein Unternehmen, das Bücher, Zeitungen, Musikalien uÄ herstellen lässt und in den Handel bringt*
ver|la|gern: Waren v. *(anderswo unterbringen);* das Schwergewicht verlagerte *(verschob)* sich ‖ **Ver|la|ge|rung**
Ver|lags|haus ‖ **Ver|lags|ka|ta|log** ‖ **Ver|lags|pro|spekt** ‖ **Ver|lags|recht**
ver|lan|den: ein verlandender *(langsam austrocknender)* See
ver|lan|gen: eine Entschuldigung v. *(fordern);* ist das zu viel verlangt? | [am Telefon] verlangt werden | er verlangt nach der Ärztin ‖ **Ver|lan|gen** das, -s: auf V. *(auf Wunsch, Antrag)*
ver|län|gern: ein verlängertes Wochenende | ein verlängerter Kaffee ‖ **Ver|län|ger|te** der, -n/-n, ein Verlängerter: *mit mehr Wasser zubereiteter Kaffee* ‖ **Ver|län|ge|rung** die, -/-en ‖ **Ver|län|ge|rungs|ka|bel**
ver|lang|sa|men: die Fahrt v. *(langsamer fahren)* ‖ **Ver|lang|sa|mung** die, -/-en
ver|läp|pern (ugs.): *kleinweise vertun, vertändeln;* die Zeit v. *(vertrödeln);* das Geld verläppert sich
Ver|lass der, -es: es ist kein V. auf ihn ‖ **ver|las|sen**[1] (Verb): das Zimmer v. *(hinausgehen);* die Kranke konnte das Bett v. | sich auf jemanden v. *(jemandem vertrauen)* | (geh.) die Welt v. *(sterben)* ‖ **ver|las|sen**[2] (Adj.): eine verlassene *(einsame, unbewohnte)* Gegend | sich v. *(einsam, hilflos)* fühlen ‖ **Ver|las|sen|heit** die, - ‖ **Ver|las|sen|schaft** die, -/-en: *Nachlass, Erbe* ‖ **Ver|las|sen|schafts|ab|hand|lung** (Amtsspr.): *Erbschaftsverhandlung* ‖ **Ver|las|sen|schafts|ge|richt** ‖ **Ver|las|sen|schafts|gläu|bi|ger** ‖ **Ver|las|sen|schafts|gläu|bi|ge|rin** ‖ **Ver|las|sen|schafts|ver|fah|ren** ‖ **ver|läss|lich:** *pünktlich, gewissenhaft, zuverlässig;* eine verlässliche Mitarbeiterin ‖ **Ver|läss|lich|keit** die, -
Ver|laub (geh.): mit V. *(mit deiner, eu[e]rer, Ihrer Erlaubnis)*
Ver|lauf: die Krankheit nahm einen guten V. | im V. *(während)* eines Jahres ‖ **ver|lau|fen**[1]: diese Straße verläuft schnurgerade | in verlaufenden *(ineinander übergehenden)* Farben | im Sand v. *(zu nichts führen)* ‖ **ver|lau|fen**[2] sich: dieser Hund hat sich verlaufen *(verirrt)* | die Menge verlief sich rasch *(ging rasch auseinander)*
ver|laut|ba|ren: das Ergebnis der Untersuchung wurde verlautbart *(veröffentlicht, bekannt gegeben)* | (Jus) ein Gesetz wieder v. *(erneut kundmachen)* ‖ **Ver|laut|ba|rung** die, -/-en: *Kundmachung* ‖ **ver|lau|ten:** kein Wort davon v. lassen *(nichts darüber reden);* wie verlautet *(wie es heißt, wie berichtet wird)*
ver|le|ben: frohe Stunden v. ‖ **ver|le|ben|di|gen:** *lebendig gestalten, veranschaulichen* ‖ **ver|lebt:** v. *(verbraucht, vorzeitig gealtert)* aussehen
ver|le|gen[1] (Verb): die Schlüssel verlegt haben *(nicht mehr wissen, wo man sie hingelegt hat)* | Rohre v. *(legen);* einen Spannteppich v. | Patienten auf eine andere Station v. | einen Termin v. *(verschieben)* | jemandem den Weg v. *(blockieren)* | Bücher v. *(sie herausbringen, drucken lassen)* ‖ **ver|le|gen**[2] sich (Verb): *sich einer bestimmten Sache widmen;* sich aufs Bitten v. ‖ **ver|le|gen**[3] (Adj.): v. *(befangen, verwirrt)* schweigen | um eine Antwort nicht v. sein *([immer] eine Antwort wissen)* ‖ **Ver|le|gen|heit** die, -/-en: seine V. *(Verwirrtheit, Befangenheit)* zu verbergen suchen; in großer V. *(in einer unangenehmen Lage)* sein ‖ **Ver|le|gen|heits|lö|sung** ‖ **Ver|le|ger** der, -s/-: *jemand, der Bücher verlegt; Leiter, Inhaber eines Verlages* ‖ **Ver|le|ge|rin** die, -/-innen ‖ **Ver|le|gung** die, -/-en
ver|lei|den: der Regen hat uns den Urlaub verleidet *(er hat uns die Freude daran genommen)*
Ver|leih der, -[e]s/-e: der V. von Fahrrädern ‖ **ver|lei|hen:** Bücher v. *(herleihen)* | jemandem einen Titel, Orden v. *(jemanden damit auszeichnen)* | einer Sache Nachdruck v. *(geben, verschaffen)* ‖ **Ver|lei|her** der, -s/- ‖ **Ver|lei|he|rin** die, -/-innen ‖ **Ver|lei|hung** die, -/-en
ver|lei|men
ver|lei|ten: sich zu einem unüberlegten Streich v. *(überreden, anstiften)* lassen
ver|ler|nen: *bereits Gelerntes wieder vergessen*
ver|le|sen[1]: die Namen der Anwesenden v. *(vorlesen)* ‖ **ver|le|sen**[2] sich: *sich beim Lesen irren* ‖ **ver|le|sen**[3]: Rosinen v. *(auslesen, ausklauben)* ‖ **Ver|le|sung**
ver|letz|bar: leicht v. sein ‖ **ver|let|zen,** du verletzt: *körperlich verwunden;* sich das Bein v.; leicht verletzte (= leichtverletzte) Sportler | die Pflicht v. | die Grenzen eines Staates v. | *kränken* ‖ **ver|let|zend:** ein verletzendes Benehmen ‖ **ver|letz|lich:** *leicht beleidigt, sehr empfindlich, sensibel* ‖ **Ver|letz|lich|keit** die, - ‖

V

Verletzte[1] der, -n/-n, ein Verletzter: der schwer V. (= Schwerverletzte) ‖ **Verletzte**[2] die, -n/-n ‖ **Verletzung** die, -/-en ‖ **Verletzungserfolg** (Jus): *Schadenseintritt bzw. -ausmaß bei Delikten* ‖ **Verletzungsgefahr**

verleugnen: *behaupten, jemanden nicht zu kennen;* sich v. lassen *(vorgeben, nicht anwesend zu sein);* er kann seine Herkunft nicht v. *(sie ist leicht erkennbar)*

verleumden: *zu Unrecht beschuldigen, diffamieren* ‖ **Verleumder** der, -s/- ‖ **Verleumderin** die, -/-innen ‖ **verleumderisch:** verleumderische Behauptungen ‖ **Verleumdung** die, -/-en

verlieben sich ‖ **verliebt:** in jemanden/etwas v. sein ‖ **Verliebte**[1] der, -n/-n, ein Verliebter ‖ **Verliebte**[2] die, -n/-n ‖ **Verliebtheit** die, -

verlieren[1], verlor/verloren: einen Gegenstand v. | den Kopf v. *(mutlos, kopflos werden)* | das Bewusstsein v. *(ohnmächtig werden)* | keine Zeit v. | das Spiel v.; ich habe nichts zu v. *(meine Situation kann nicht schlimmer werden)* | du hast hier nichts verloren *(bist unerwünscht)* | an ihr ist eine Politikerin verloren gegangen *(sie wäre eine gute Politikerin geworden);* → verloren; → verloren gehen = verlorengehen ‖ **verlieren**[2] sich: die Spur verlor sich beim Bach *(sie hörte dort auf)* | (geh.) sich an eine Aufgabe v. *(ganz in ihr aufgehen)* ‖ **Verlierer** der, -s/- ‖ **Verliererin** die, -/-innen

Verlies das, -es/-e: *[unterirdisches] Gefängnis [einer Burg]*

verlinken → Link

verlischt → verlöschen

verloben: sich heimlich v. *(einander die Heirat versprechen)* ‖ **Verlöbnis** das, -nisses/-nisse: *Verlobung* ‖ **Verlobte**[1] der, -n/-n, ein Verlobter ‖ **Verlobte**[2] die, -n/-n ‖ **Verlobung** die, -/-en ‖ **Verlobungsanzeige**

verlocken: jemanden zu etwas v. *(verleiten, verführen)* ‖ **verlockend:** ein verlockendes Angebot ‖ **Verlockung** die, -/-en

verlogen: *zum Lügen neigend;* ein verlogener Mensch ‖ **Verlogenheit** die, -

verlohnen sich (veraltend): *sich lohnen;* es verlohnt sich nicht *(ist nicht der Mühe wert)*

verlor → verlieren

verloren
verlorene *(nutzlose)* Mühe | auf verlorenem *(aussichtslosem)* Posten stehen | dieser Kranke ist v. *(er wird nicht mehr gesunden)* | diese alte Frau ist schon ganz v. *(sie vergisst alles)* | (Küchenspr.) verlorene (auch: Verlorene) Eier *(in heißes Wasser geschlagene Eier);* → verlieren

Getrennt- und Zusammenschreibung:
- das Spiel verloren geben (= verlorengeben)
- eine verloren gegebene (= verlorengegebene) Schachpartie
- der Ring ist verloren gegangen (= verlorengegangen)
- verloren gegangenes (= verlorengegangenes) Wissen

verloren geben = **verlorengeben** → verloren ‖ **verloren gehen** = **verlorengehen** → verloren

verlosch → verlöschen ‖ **verlöschen,** verlosch/verloschen: das Licht verlischt; sein Ruhm ist verloschen | (mit Präteritum verlöschte und Part. II verlöscht) sie verlöschte die Kerzen

verlosen: den Hauptgewinn v. *(auslosen)* ‖ **Verlosung**

verlöten: zwei Drahtenden miteinander v.

verlottern (abw.): *sich vernachlässigen, verkommen lassen;* ein verlotterter *(verwahrloster, heruntergekommener)* Mann

verludern (derb, abw.): er lässt seinen Hof v. *(verwahrlosen, verkommen)*

Verlust der, -[e]s/-e: in V. geraten *(verloren gehen);* ohne Rücksicht auf Verluste *(rücksichtslos, zielstrebig)* ‖ **Verlustanzeige** ‖ **Verlustgeschäft:** *Handel, der Verlust bringt*

verlustieren sich (scherzh.): *sich vergnügen*

verlustig (geh.): eines Rechtes v. gehen *(es verlieren)* ‖ **verlustreich:** verlustreiche Schlachten ‖ **Verlustträger** (Amtsspr.): *jemand, der etwas verloren hat* ‖ **Verlustträgerin** (Amtsspr.) ‖ **Verlustvortrag** (Wirt.): *die Möglichkeit, Verluste aus der Vergangenheit anzuschreiben* ‖ **Verlustzone** (Wirt.): das Unternehmen geriet in die V. *(machte Verluste)*

vermachen: jemandem etwas testamentarisch v. *(als Erbe bestimmen)* | (ugs.) das zerbrochene Fenster mit Pappendeckel v. ‖ **Vermächtnis** das, -nisses/-nisse

vermahlen: vermahlenes Korn

vermählen (geh.): sich heimlich v. *(heiraten)* ‖ **Vermählte**[1] der, -n/-n, ein Vermählter (geh.) ‖ **Vermählte**[2] die , -n/-n (geh.) ‖ **Vermählung** die, -/-en (geh.): *Hochzeit* ‖ **Vermählungsanzeige** (geh.)

vermahnen (Amtsspr.): *jemanden [strafend] ermahnen, zur Ordnung rufen*

vermaledeit (veraltet): *verwünscht, verflucht*

vermanschen, du vermansch[s]t (ugs.): Dinge v. *(durcheinanderbringen)*

vermarkten: ein Produkt v. *(in den Handel bringen; marktgerecht zubereiten)*

vermasseln, ich vermassle (ugs.): er hat das Geschäft vermasselt *(verdorben, verhindert);* → Masel

Vermassung die, -: *das Aufgehen des Einzelmenschen in der Masse*

vermauern: ein Fenster v. *(zumauern)*

vermehren: sein Vermögen v. *(vergrößern);* das Ungeziefer vermehrt sich rasch ‖ **Vermehrung**

vermeidbar ‖ **vermeiden:** sie hat den Fehler vermieden ‖ **Vermeidung** die, -/-en

vermeinen (geh.): ich vermeinte *(glaubte)* ihn zu kennen | das war mir vermeint *(zugedacht)* ‖ **vermeintlich:** ein vermeintlicher *(irrtümlich angenommener)* Fehler

vermelden (veraltend): nichts zu v. *(zu sagen)* haben

vermengen: *vermischen*

vermenschlichen: *menschlich[er] machen*

Vermerk der, -[e]s/-e: *Anmerkung, Bemerkung;* im Pass einen V. anbringen ‖ **vermerken:** alle haben es ihm übel vermerkt *(übel genommen)*

vermessen[1] (Verb): einen Bauplatz v. *(ausmessen)* ‖ **vermessen**[2] sich (Verb): *sich beim Messen irren* | (geh.) sich v. *(sich unterstehen),* das zu tun ‖ **vermessen**[3] (Adj.) (geh.): eine vermessene *(allzu kühne)* Behauptung ‖ **Vermessenheit** die, - (geh.): *Tollkühnheit; Unverschämtheit* ‖ **vermessentlich** (geh.): etwas v. *(vermessenerweise)* behaupten ‖

V

Ver|mes|sung: *Ausmessung* ‖ **Ver|mes|sungs|we|sen:** Zivilingenieur für V.
ver|mie|sen, du vermiest (ugs.): jemandem etwas v. *(verleiden);* → mies
ver|mie|ten: eine Wohnung v. ‖ **Ver|mie|ter** ‖ **Ver|mie|te|rin** ‖ **Ver|mie|tung** die, -/-en
ver|min|dern: die Fahrgeschwindigkeit v. *(herabsetzen)* ‖ **Ver|min|de|rung**
ver|mi|nen: diese Grenze ist vermint *(es sind Minen ausgelegt)* ‖ **Ver|mi|nung** die, -/-en
ver|mi|schen
ver|mis|sen: du vermisst etwas *(es geht dir ab)* ‖ **ver|mis|sen las|sen** = **ver|mis|sen|las|sen:** das Feingefühl v. l. ‖ **Ver|miss|te**[1] der, -n/ -n, ein Vermisster ‖ **Ver|miss|te**[2] die, -n/-n ‖ **Ver|miss|ten|an|zei|ge:** eine V. machen
ver|mit|teln: ein Geschäft v. *(anbahnen);* ich vermittle zwischen zwei Streitenden *(versuche eine Einigung herbeizuführen)* | den Lehrstoff gut v. *(darstellen, erklären)* können; seine Wohnung vermittelt ein Bild seines Charakters ‖ **ver|mit|tels** (Präp. mit Gen.) (veraltet): v. eines Boten *(mit einem/durch einen Boten)* | (auch mit unflektiertem Nomen) v. Draht | (im Pl. mit Dat., wenn Gen. nicht erkennbar) v. Drähten ‖ **Ver|mitt|ler** der, -s/- ‖ **Ver|mitt|le|rin** die, -/-innen ‖ **Ver|mitt|ler|rol|le:** eine V. spielen ‖ **Ver|mitt|lung** die, -/-en: die V. von Personal | *Telefonvermittlung* ‖ **Ver|mitt|lungs|ge|bühr** ‖ **Ver|mitt|lungs|pro|vi|si|on** [-v-]: *Honorar für eine Geschäftsvermittlung* ‖ **Ver|mitt|lungs|ver|such**
ver|mo|dern: vermodertes *(verfaultes)* Holz
ver|mö|ge (Präp. mit Gen.) (geh.): v. seines sicheren Auftretens *(durch sein sicheres Auftreten)* ‖ **ver|mö|gen** (geh.): er vermag *(kann, erreicht)* viel; sie vermochte nichts; ich habe es nicht zu tun vermocht ‖ **Ver|mö|gen** das, -s/-: ein großes V. besitzen *(sehr reich sein);* das kostet ja ein V.! | (ohne Pl.) sie werden nach V. *(nach Möglichkeit)* gefördert ‖ **ver|mö|gend:** *reich* ‖ **Ver|mö|gens|be|ra|ter:** *Anlageberater* ‖ **Ver|mö|gens|be|ra|te|rin** ‖ **ver|mö|gens|los** ‖ **Ver|mö|gens|nach|weis** ‖ **Ver|mö|gen|steu|er** = **Ver|mö|gens|steu|er** ‖ **Ver|mö|gens|stra|fe** (Jus): *Geldstrafe* ‖ **Ver|mö|gens|strei|tig|keit** (meist Pl.) ‖ **Ver|mö|gens|ver|wal|ter** ‖ **Ver|mö|gens|ver|wal|te|rin** ‖ **Ver|mö|gens|zu|wachs** [-ks]
ver|mor|schen: vermorschtes *(verfaultes)* Holz
Ver|mouth ['v-mut] der, -s/-s: *ein mit Kräutern versetzter Wein;* → Wermut
ver|mu|deln, ich vermudle (mda.): ein vermudelter *(zerknitterter, vernudelter)* Anzug
ver|mum|men: die Räuber haben sich vermummt *(unkenntlich gemacht)* | sich beim Skilaufen v. *(wegen der Kälte [den Kopf] einhüllen)* ‖ **Ver|mum|mung** die, -/-en ‖ **Ver|mum|mungs|ver|bot** (Jus): *Verbot, bei Demonstrationen das Gesicht zu verhüllen*
ver|mu|ren: der Wildbach vermurte eine Straße *(er überschwemmte sie mit Schlamm und Geröll)*
ver|mur|ksen (ugs.): *durch Ungeschicklichkeit verderben, falsch machen*
Ver|mu|rung die, -/-en
ver|mu|ten: *etwas für wahrscheinlich halten* ‖ **ver|mut|lich:** *mutmaßlich, wahrscheinlich* ‖ **Ver|mu|tung** die, -/-en ‖ **ver|mu|tungs|wei|se**
ver|nach|läs|si|gen: Pflichten v. *(außer Acht lassen)* ‖ **Ver|nach|läs|si|gung** die, -
ver|na|dern (ugs., abw.): *anzeigen, verraten;* → Naderer ‖ **Ver|na|de|rung** die, -/-en (ugs., abw.) ‖ **Ver|na|de|rungs|jour|na|lis|mus** [-ʒur-] (sal., abw.): *Berichterstattung, in der Personen denunziert werden*
ver|na|geln: ein Loch im Zaun v. ‖ **ver|na|gelt** (ugs.): bei einer Prüfung wie v. sein *(nichts Gescheites herausbringen können)*
ver|nä|hen: eine Wunde v.
ver|nar|ben: eine vernarbte Wunde ‖ **Ver|nar|bung** die, -/-en
ver|nar|ren sich: in etwas vernarrt *(versessen)* sein | sich in jemanden vernarren *(töricht verlieben)*
ver|na|schen: das Taschengeld v. | (ugs., abw., veraltend) ein Mädchen v. *(mit ihm nur ein flüchtiges Abenteuer haben)*
ver|ne|beln: mit künstlichem Nebel erfüllen | ich verneble *(verschleiere)* Tatsachen ‖ **Ver|ne|be|lung** = **Ver|neb|lung** die, -/-en
ver|nehm|bar: mit gut vernehmbarer Stimme sprechen ‖ **ver|neh|men** (geh.): eine Nachricht mit Freude vernommen *(aufgenommen, gehört)* haben | *[gerichtlich] befragen, einvernehmen* ‖ **Ver|neh|men** das, -s (geh.): dem V. nach *(wie man hört, wie es heißt)* ‖ **ver|nehm|lich:** laut und v. antworten ‖ **Ver|neh|mung** die, -/-en: die V. *(Einvernahme)* der Zeugen ‖ **ver|neh|mungs|fä|hig:** der Angeklagte war nicht v.
ver|nei|gen sich: *sich verbeugen* ‖ **Ver|nei|gung**
ver|nei|nen: eine Frage v. | Gewalt v. *(ablehnen)* ‖ **Ver|nei|nung** die, -/-en
ver|net|zen: ein vernetztes *(in seinen Teilen vielfach verbundenes)* System; zwei Systeme v. *(verbinden)* ‖ **Ver|net|zung** die, -/-en
ver|nich|ten: *[völlig] zerstören;* ein vernichtendes *(negatives)* Urteil; eine vernichtende Niederlage ‖ **Ver|nich|tung** die, - ‖ **Ver|nich|tungs|feld|zug** ‖ **Ver|nich|tungs|la|ger:** *Lager, das der massenhaften und systematischen Ermordung politisch, religiös oder rassisch Verfolgter dient (bes. im Nationalsozialismus);* → Konzentrationslager ‖ **Ver|nich|tungs|werk**
ver|ni|ckeln, ich vernickle ‖ **Ver|ni|cke|lung** = **Ver|nick|lung** die, -/-en
ver|nied|li|chen: eine Sache v. *(verharmlosen)* ‖ **Ver|nied|li|chung** die, -/-en
ver|nie|ten: *mit Nieten verbinden*
Ver|nis|sa|ge [v-'sa:ʃ, -ʒɛ] die, -/-n ⟨fr.⟩: *Ausstellungseröffnung; eine Kunstausstellung*
ver|nu|deln (reg., ugs.): *zerknittern* | eine tolle Chance v. *(vertun, verhauen)*
Ver|nunft die, -: *Fähigkeit zur Einsicht, Besonnenheit;* ohne V. handeln; V. annehmen; zur V. kommen; jemanden zur V. bringen ‖ **ver|nunft|be|gabt** ‖ **Ver|nunft|ehe:** *zweckmäßige Gemeinschaft* ‖ **ver|nunft|ge|mäß** ‖ **Ver|nunft|hei|rat:** *Vernunftehe* ‖ **ver|nünf|tig:** v. *(einsichtig, besonnen)* handeln | (ugs.) ein vernünftiges *(gutes, zweckmäßiges)* Auto ‖ **ver|nünf|ti|ger|wei|se** ‖ **Ver|nunft|mensch** ‖ **ver|nunft|wid|rig**
ver|ö|den: eine verödete *(nicht mehr bebaute/bewohnte)* Gegend | (Med.) Krampfadern v. *(stilllegen)* ‖ **Ver|ö|dung** die, -/-en
ver|öf|fent|li|chen: *publizieren* ‖

Ver|öf|fent|li|chung die, -/-en: *Publikation*
Ve|ro|na [v-]: *Stadt in Italien*
Ve|ro|ni|ka [v-]: *weibl. Vorname;* → Vroni
ver|ord|nen: *anordnen;* dem Kranken eine Kur v. *(verschreiben)* ‖ **Ver|ord|nung:** eine V. der Landesregierung kundmachen
ver|pach|ten: einen Acker v. *(in Pacht geben)* ‖ **Ver|päch|ter** ‖ **Ver|päch|te|rin** ‖ **Ver|pach|tung** die, -/-en
ver|pa|cken: Glaswaren gut v. ‖ **Ver|pa|ckung** ‖ **Ver|pa|ckungs|ma|te|ri|al**
ver|pas|sen: eine Gelegenheit v. *(übersehen);* den Zug v. *(versäumen)* | jemandem einen Denkzettel v. *(geben)*
ver|pat|zen: eine Zeichnung v. *(verderben)*
ver|pes|ten: durch Abgase verpestete Luft ‖ **Ver|pes|tung** die, -/-en
ver|pfän|den: ein verpfändetes Schmuckstück; → Pfand | (geh.) jemandem sein Wort v. *(ein Versprechen geben)* ‖ **Ver|pfän|dung** die, -/-en
ver|pfei|fen (ugs.): *[einen Komplizen] verraten, anzeigen;* die Kameraden haben ihn verpfiffen
ver|pflan|zen: verpflanzte *(umgesetzte)* Bäume | (Med.) Organe v. *(transplantieren)* ‖ **Ver|pflan|zung**
ver|pfle|gen: *ernähren* ‖ **Ver|pfle|gung** die, -/-en: kalte V.
ver|pflich|ten: jemanden zu Dank v.; ich bin dir zu Dank verpflichtet *(schulde dir Dank)* | eine Schauspielerin v. *(fix engagieren)* | sich vertraglich v. ‖ **Ver|pflich|tung** die, -/-en: eine V. übernehmen
ver|pfu|schen: ein verpfuschter *(schlecht gemachter)* Anzug; ein verpfuschtes *(verfehltes)* Leben
ver|pi|chen (fachspr.): ein Fass v. *(seine Fugen [mit Pech] abdichten)*
ver|pi|cken: *verkleben* | sich mit Süßigkeiten den Magen v.
ver|pla|nen: *falsch planen* | das ganze Areal v. *(in eine Planung einbeziehen)*
ver|plap|pern sich: *etwas ungewollt ausplaudern*
ver|plau|dern: ich habe mich verplaudert *(mich durch eine Plauderei verspätet; habe etwas ausgeplaudert, ungewollt verraten)*
ver|plau|schen sich (sal.): *sich durch einen Plausch verspäten*

ver|plem|pern (ugs.): *vertun, vergeuden;* Zeit und Geld v.
ver|plom|ben: *mit einer Plombe versehen*
ver|pönt: eine verpönte *(missbilligte)* Handlung
ver|pras|sen: sein ganzes Geld v. *(genusssüchtig verschwenden)*
ver|prel|len: *verärgern* | (Jägerspr.) *das Wild verscheuchen;* → vergrämen
ver|pro|vi|an|tie|ren [-v-]: *mit Lebensmitteln versehen;* sich für den Ausflug v.
ver|prü|geln: *verhauen*
ver|puf|fen: die Energien v. nutzlos | seine Bemühungen verpufften *(zeigten keinerlei Wirkung)*
ver|pul|vern [-f-]: Geld v. *(vergeuden, unnütz ausgeben)*
ver|pup|pen sich (Zool.): die Raupe verpuppte sich
Ver|putz: *Mörtelanwurf [an Mauern]* ‖ **ver|put|zen:** eine Wand v. | (ugs.) sein Geld v. *(vergeuden);* er hat das Schnitzel schon verputzt *(rasch gegessen)*
ver|qual|men: *verrauchen;* eine verqualmte Wohnung
ver|qui|cken: zwei Fragen miteinander v. *(kombinieren; durcheinanderbringen)* ‖ **Ver|qui|ckung** die, -/-en
ver|quir|len: *versprudeln*
ver|quol|len: verquollenes *(durch Feuchtigkeit aufgequollenes)* Holz
ver|ram|meln, ich verrammle: eine Tür v. *(sie durch schwere Hindernisse blockieren)*
ver|ram|schen, du verramsch[s]t (ugs.): Bücher v. *(zu niedrigen Preisen verschleudern);* → Ramsch
ver|rannt: in etwas v. *(vernarrt, verbohrt)* sein; → verrennen
Ver|rat der, -[e]s: an jemandem/einer Sache V. begehen/üben; V. geheimer Forschungsergebnisse ‖ **ver|ra|ten:** ein Geheimnis v. *(preisgeben);* v. und verkauft *(ohne jede Hilfe);* sich durch das Verhalten v.; diese Zeichnung verrät *(zeigt)* Talent ‖ **Ver|rä|ter** der, -s/- ‖ **Ver|rä|te|rin** die, -/-innen ‖ **ver|rä|te|risch**
ver|rau|chen: ein verrauchtes *(verräuchertes)* Zimmer | verrauchter *(vergangener)* Zorn
ver|räu|men: *wegräumen; verlegen; verstecken*
ver|rau|schen: der Regen verrauscht *(das Geräusch lässt nach)*

ver|rech|nen[1]: eine Arbeitsleistung v. ‖ **ver|rech|nen**[2] sich: sie hat sich bei der Budgetplanung verrechnet *(geirrt)* ‖ **Ver|rech|nung** ‖ **Ver|rech|nungs|scheck** = Verrechnungscheck [-ʃ-]: *Scheck, bei dem keine Barauszahlung erfolgt;* → G.: Barscheck
ver|re|cken (derb): *[elend] sterben* | ums **Verrecken** *(absolut)* nicht wollen
ver|re|den sich: sich verredet *(versprochen; verplappert)* haben | ein Thema v. *(zerreden)*
ver|reg|nen: ein verregneter Tag
ver|rei|ben: eine Salbe auf der Haut v.
ver|rei|sen: *wegfahren*
ver|rei|ßen: das Lenkrad, den Wagen v. | einen Film v. *(ihn scharf und spöttisch kritisieren);* → Verriss
ver|ren|ken: sich den Fuß v. ‖ **Verren|kung** die, -/-en
ver|ren|nen sich: sich in eine Idee v. *(eigensinnig an ihr festhalten);* → verrannt
ver|rich|ten: eine Arbeit v. *(machen, ausführen; erledigen)* | (verhüllend) sein kleines/großes Geschäft *(seine Notdurft)* v. ‖ **Ver|rich|tung** die, -/-en
ver|rie|geln: ich verriegle die Tür ‖ **Ver|rie|ge|lung** = **Ver|rieg|lung** die, -/-en
ver|rin|gern: das Gewicht v. *(es kleiner machen);* die Kosten verringerten sich *(sie wurden geringer)* ‖ **Ver|rin|ge|rung** die, -/-en
ver|rin|nen: die Zeit verrinnt *(vergeht)*
Ver|riss: *scharfe, spöttische Kritik;* → verreißen
ver|rö|cheln (geh.): *röchelnd sterben*
ver|ro|hen: ein verrohter *(brutaler)* Kerl
ver|roh|ren: *[beim Bau] die Rohrleitungen legen* ‖ **Ver|roh|rung** die, -/-en
Ver|ro|hung die, -/-en: sittliche V.
ver|rol|len: der Donner verrollte *(verhallte)*
ver|ros|ten: ein verrosteter Nagel
ver|rot|ten: den Kompost v. *(zu Humus verfallen)* lassen | (abw.) eine verrottete *(schlecht geführte)* Wirtschaft ‖ **Ver|rot|tung** die, -
ver|rucht (geh.): eine verruchte *(ruchlose, schändliche)* Tat ‖ **Verrucht|heit** die, - (geh.)
ver|rü|cken: *verschieben;* den Kasten v.; → verrückt

V

ver|rụckt
geistesgestört; v. vor Angst | sie arbeitet wie v. | *närrisch, überspannt, ausgefallen;* er ist v. nach ihr

Getrenntschreibung bei wörtlicher Bedeutung:
- auf/nach etwas verrückt sein *(darauf versessen sein)*
- verrückt werden; ich werd' verrückt
- sich verrückt stellen

Zusammenschreibung bei übertragener Bedeutung:
- verrücktspielen; das Wetter hat verrücktgespielt

Ver|rụ̈ck|te[1] der, -n/-n, ein Verrückter || **Ver|rụ̈ck|te**[2] die, -n/-n || **Ver|rụ̈ckt|heit** die, -/-en || **ver|rụ̈ckt|spie|len:** der Computer spielt verrückt || **Ver|rụ̈ckt|werden** das, -s (meist in der Wendung): etwas ist zum V.
Ver|ruf der, -[e]s: in V. *(in schlechten Ruf)* kommen; jemanden in V. bringen || **ver|ru|fen:** eine verrufene *(unheimliche, unsichere, berüchtigte)* Gegend
ver|rüh|ren: zwei Dotter mit Zucker v.
ver|rụn|zelt: ein verrunzeltes Gesicht
ver|ru|ßen, *auch:* verrụssen: ein verrußter Kamin
ver|rut|schen: seine Krawatte ist ständig verrutscht
Vẹrs [v-, f-] der, -es/-e ⟨lat.⟩ (V.) (Lit.): *Zeile eines Gedichts* | *Versfuß; Versmaß* | *Strophe; kleines Gedicht* | *Absatz in Bibeltexten*
ver|sạch|li|chen: das Gespräch v. *(frei von Gefühlswerten auf das Sachliche beschränken)* || **Versạch|li|chung** die, -/-en
ver|sạ|cken: *versinken, absinken, absacken*
ver|sa|gen: bei der Prüfung v. *(sie nicht bestehen)* | der Motor versagte *(lief nicht);* seine Nerven versagten | (geh.) jemandem eine Bitte v. *(abschlagen)* || **Ver|sa|gen** das, -s: menschliches Versagen || **Ver|sa|ger** der, -s/-: *jemand, der die in ihn gesetzten Erwartungen nicht erfüllt* | *Fehlschlag* || **Ver|sa|ge|rin** die, -/-innen
Ver|sal [v-] der, -s/-ien [-i̯ən] (meist Pl.): etwas in VERSALIEN *(Großbuchstaben)* drucken
ver|sal|zen: eine versalzene Suppe | (ugs.) jemandem etwas v. *(verderben)*
ver|sạm|meln: die Leute im Saal v.; sie versammelten sich || **Ver|sạmm|lung** || **Ver|sạmm|lungs|frei|heit** || **Ver|sạmm|lungs|lo|kal**
Ver|sạnd der, -[e]s: der V. *(das Versenden)* von Waren | *Versandhaus* | *Versandkosten* || **Ver|sạnd|ab|tei|lung** || **ver|sạnd|be|reit**
ver|sạn|den: eine versandete Flussmündung | eine Debatte versandet *(bleibt ergebnislos)*
ver|sạnd|fer|tig || **Ver|sạnd|handel** || **Ver|sạnd|haus** || **Ver|sạnd|haus|ka|ta|log** || **Ver|sạnd|kosten** die (Pl.)
Ver|sạtz|amt (Amtsspr.): *Pfandleihanstalt* || **Ver|sạtz|stück:** *Pfandstück* | *bewegliches Dekorationsstück auf der Bühne*
ver|sau|en (ugs.): *beschmutzen, ruinieren*
ver|sau|ern: *[geistig] verkümmern, abgestumpft werden*
ver|sau|fen (derb): den Lohn gleich wieder v.
ver|säu|men: einen Zug v.; seine Pflicht v. || **Ver|säum|nis** das, -nisses/-nisse = die, -/-nisse (Amtsspr. bzw. geh.): ein V. *(eine Unterlassung)* der Politik
ver|schạ|chern (abw.): *verkaufen, für Gewinn preisgeben*
ver|schạch|telt: die Eisenbahnwaggons waren nach dem Unfall ineinander v. *(wie Schachteln ineinandergeschoben)*
ver|schaf|fen: jemandem einen Vorteil v.; sich Nahrung v.; „Was verschafft mir die Ehre [Ihres Besuches]?"
ver|scha|len: eine Wand mit Holz v. || **Ver|scha|lung**
ver|schä̲mt: *schüchtern, zaghaft, befangen* || **Ver|schä̲mt|heit** die, -
ver|schạn|deln, ich verschandle: *verunstalten* || **Ver|schạn|de|lung** = **Ver|schạnd|lung** die, -/-en
ver|schạn|zen sich: sich hinter einer Ausrede v.
ver|schär|fen: verschärfte *(größer gewordene)* Gegensätze; die Lage verschärfte sich *(sie wurde ärger)* || **Ver|schär|fung** die, -
ver|schạr|ren: *einscharren, [hastig] eingraben*
ver|schät|zen sich: sich in der Entfernung v.
ver|schau|en sich (ugs.): sich verschaut *(geirrt)* haben | (ugs., meist scherzh.) sich in jemanden v. *(verlieben)*
ver|schei|den (geh.): *sterben;* er ist verschieden *(gestorben);* → Verschiedene
ver|schei|ßern (ugs.): *zum Besten halten*
ver|schẹn|ken: ein Buch v. | einen Vorteil v. *(nicht nutzen)*
ver|schẹp|pern (ugs., sal.): *verkaufen, verschleudern*
ver|schẹr|beln, ich verscherble (ugs., abw.): *billig verkaufen*
ver|schẹr|zen sich: sich einen Vorteil v. *(ihn durch Leichtsinn verlieren)* | es sich mit jemandem v. *(jemandes Gunst verlieren)*
ver|scheu|chen: Spatzen v. *(vertreiben)*
ver|schị|cken: Einladungen v. *(aussenden)*
Ver|schie|be|bahn|hof: *Verschubbahnhof, Rangierbahnhof* || **ver|schie|ben:** Eisenbahnwaggons v. | eine Arbeit [auf später] v. *(sie später machen wollen)* | Devisen [ins Ausland] v. *(sie illegal transferieren)* || **Ver|schie|be|pro|be** (Gramm.): *ein Verfahren zum Feststellen der Satzglieder, Umstellprobe* || **Ver|schie|bung**

ver|schie|den
verschiedene Farben; verschiedene Mal[e]; → verscheiden

Großschreibung bei Nominalisierung:
- Verschiedenes einkaufen *(allerlei)*
- in der Ausstellung war sehr Verschiedenes zu sehen *(Verschiedenartiges)*
- Verschiedenste kamen zur Party

ver|schie|den|ar|tig: verschiedenartige Medien; *aber:* Verschiedenartiges || **Ver|schie|den|ar|tig|keit** die, -/-en || **Ver|schie|de|ne**[1] der, -n/-n, ein Verschiedener (geh.): *Toter;* → verscheiden || **Ver|schie|de|ne**[2] die, -n/-n (geh.) || **ver|schie|de|ner|lei:** v. zur Auswahl haben || **ver|schie|den|far|big,** *auch:* verschiedenfarbig || **ver|schie|den|ge|schlecht|lich:** verschiedengeschlechtliche Zwillinge *(Zwillinge unterschiedlichen Geschlechts)* || **ver|schie|den|ge|stal|tig** || **Ver|schie|den|heit** die, -/-en || **ver|schie|dent|lich** (geh.): das kommt v. *(manchmal, öfters)* vor
ver|schie|ßen: die ganze Munition war verschossen | das ganze Pulver v. *(alle [Lösungs]möglichkeiten erfolglos erproben);* → verschossen
ver|schịf|fen: Waren v. *(mit einem*

V

Schiff versenden) ‖ **Ver|schif|fung** die, -/-en
ver|schil|fen: ein verschilftes Seeufer
ver|schim|meln: verschimmeltes Brot
Ver|schiss (bes. D, derb) (nur in der Wendung): in V. geraten *(den guten Ruf verlieren)*
ver|schla|cken: ein verschlackter Ofen
ver|schla|fen[1] (Verb): den Sonnenaufgang v.; sich häufig v. *(zu spät aufwachen)* ‖ **ver|schla|fen**[2] (Adj.): einen verschlafenen *(schlaftrunkenen, schwerfälligen)* Eindruck machen
Ver|schlag: *ein durch Bretter[wände] abgetrennter Raum* ‖ **ver|schla|gen**[1] (Verb): eine Öffnung mit Brettern v. *(verschließen)* | der Rauch verschlägt *(nimmt)* mir den Atem | auf eine Insel v. werden *(ungewollt hingelangen)* | (geh.) es verschlägt *(macht)* nichts ‖ **ver|schla|gen**[2] (Adj.): *schlau, hinterlistig* ‖ **Ver|schla|gen|heit** die, -
ver|schlam|men: ein stark verschlammter Graben
ver|schlam|pen (ugs., abw.): ein verschlampter *(heruntergekommener, verlotterter)* Betrieb | (ugs.) den Schlüssel verschlampt *(verloren)* haben
Ver|schlan|kung: *Reduzierung*
ver|schlech|tern: seine Lage v. *(schlimmer machen);* sein Befinden hat sich verschlechtert ‖ **Ver|schlech|te|rung** die, -/-en
ver|schlei|ern: das Gesicht v. *(mit einem Schleier bedecken)* | eine peinliche Nachricht v. *(sie nicht offen sagen)* | ein verschleierter *(getrübter)* Blick ‖ **Ver|schlei|e|rung** die, -/-en ‖ **Ver|schlei|e|rungs|tak|tik** ‖ **Ver|schlei|e|rungs|ver|such:** der V. schlug fehl
ver|schleimt: stark v. sein ‖ **Ver|schlei|mung** die, -
Ver|schleiß der, -es/-e: ein großer V. *(eine starke Abnützung)* an Kleidern | (Amtsspr.) *Kleinverkauf;* Tabakverschleiß ‖ **ver|schlei|ßen**[1], du verschleißt/verschliss/verschlissen: *abnützen;* ein verschlissener *(fadenscheiniger)* Rock ‖ **ver|schlei|ßen**[2], du verschleißt/verschleißte/verschleißt (Amtsspr.): *verkaufen, vertreiben;* Waren v. ‖ **Ver|schlei|ßer** der, -s/- (Amtsspr.): *Kleinhändler;* Zeitungsverschleißer ‖ **Ver|schlei|ße|rin** die, -/-innen (Amtsspr.) ‖ **Ver|schleiß|stel|le** (Amtsspr.)
ver|schlep|pen: eine verschleppte *(nicht rechtzeitig behandelte)* Krankheit | der Bau der Straße verschleppte *(verzögerte)* sich | verschleppte *(entführte)* Frauen befreien ‖ **Ver|schlep|pung** die, -/-en
ver|schleu|dern: den Rest einer Ware v. *(sehr billig verkaufen)* ‖ **Ver|schleu|de|rung** die,-/-en
ver|schlie|fen [mda.: -ˈiə-] sich (ugs.): *sich verkriechen*
ver|schließ|bar: eine verschließbare Tasche ‖ **ver|schlie|ßen:** *versperren;* sich gegenüber fremden Einflüssen v.; vor verschlossener Tür stehen; → verschlossen
ver|schlimm|bes|sern (scherzh.): eine Arbeit verschlimmbessert *(sie im Bemühen um Verbesserung verschlechtert)* haben ‖ **ver|schlim|mern:** die Krankheit verschlimmerte sich ‖ **Ver|schlim|me|rung** die, -
ver|schlin|gen[1]: der Hund verschlang das Fleisch *(er fraß es hastig)* | dieses Unternehmen verschlingt *(kostet, erfordert)* viel Geld; ein Buch v. *(gierig lesen)* ‖ **ver|schlin|gen**[2]: verschlungene Weinranken ‖ **Ver|schlin|gung** die, -/-en
ver|schlis|sen → verschleißen
ver|schlos|sen: ein verschlossener *(schweigsamer, ungeselliger)* Mensch; → verschließen ‖ **Ver|schlos|sen|heit** die, -
ver|schlu|cken: einen Kern v.; sich beim Essen v. | Silben v. *(undeutlich reden)*
Ver|schluss: Reißverschluss | etwas unter V. halten *(gesichert aufbewahren)* ‖ **Ver|schluss|akt** der, -[e]s/-en (Amtsspr.): *Akt, der aus Sicherheitsgründen unter Verschluss zu halten ist* ‖ **ver|schlüs|seln,** ich verschlüssle: *chiffrieren;* ein verschlüsselter Text *(in Geheimschrift oder -sprache)* ‖ **Ver|schlüs|se|lung** die, -/-en ‖ **Ver|schluss|laut** (Sprachwiss.): *Gruppe von Lauten ([p], [b], [t], [d], [k], [g])* ‖ **Ver|schluss|sa|che** (Amtsspr.): *Akt, Gegenstand oÄ, der aus Sicherheitsgründen unter Verschluss zu halten ist*
ver|schmach|ten: *[vor Durst] vergehen*
ver|schmä|hen (geh.): *[stolz] ablehnen, zurückweisen* ‖ **Ver|schmä|hung**
ver|schmä|lern: die Straße verschmälert sich ‖ **Ver|schmä|le|rung** die, -/-en
ver|schmel|zen: verschmelzende *(ineinander übergehende)* Farben ‖ **Ver|schmel|zung** die,-/-en
ver|schmer|zen: einen Verlust v. *(darüber hinwegkommen)*
ver|schmie|ren: ein Loch in der Mauer mit Gips v. | eine verschmierte *(verschmutzte)* Zeichnung
ver|schmitzt: *schlau, pfiffig* ‖ **Ver|schmitzt|heit** die, -
ver|schmust (ugs.): ein verschmuster *(gern schmusender)* Kater
ver|schmut|zen: du verschmutzt jedes Kleid ‖ **Ver|schmut|zung** die, -/-en
ver|schnau|fen: *Atem holen; ausruhen, sich erholen;* sie muss [sich] kurz v. ‖ **Ver|schnauf|pau|se**
ver|schnei|den: einen Kleiderstoff v. *(schlecht zuschneiden)* | ein Stierkalb v. *(kastrieren)* | Wein v. *(mit einer anderen Sorte vermischen)*
ver|schneit: verschneite Berge
Ver|schnitt: *Abfall beim Zuschneiden* | → Cuvée ‖ **Ver|schnit|te|ne** der, -n/-n, ein Verschnittener: *Kastrat, Kastrierter, Eunuch*
ver|schnör|kelt: ein verschnörkeltes *(reich verziertes)* Gitter ‖ **ver|schnör|selt** (reg.): *verschnörkelt*
ver|schnupft: *Schnupfen habend* | (sal.) *beleidigt, verärgert*
ver|schnü|ren: ein Paket v. *(zusammenbinden)* ‖ **Ver|schnü|rung** die, -/-en
ver|schol|len: ein verschollener *(vermisster)* Forschungsreisender
ver|scho|nen: dieses Haus blieb von den Flammen verschont; „Verschone mich damit!“ *(„Ich will davon nichts hören!“)*
ver|schö|nen: *verschönern;* ihre Anwesenheit verschönte die Feier ‖ **ver|schö|nern:** *schöner machen;* sich den Alltag v. ‖ **Ver|schö|ne|rung** die, -/-en ‖ **Ver|schö|ne|rungs|ver|ein** ‖ **Ver|schö|nung** die, -/-en: *Verschönerung*
ver|schor|fen: eine schon verschorfte *(mit einer Kruste bedeckte)* Wunde ‖ **Ver|schor|fung** die, -/-en
ver|schos|sen: eine verschossene

(verblasste) Farbe | (ugs.) in jemanden/etwas v. *(vernarrt)* sein; → verschießen
ver|schram|men: *zerkratzen*
ver|schrän|ken: die Arme v.
ver|schrau|ben: *mit Schrauben befestigen*
ver|schre|cken: ein verschrecktes *(verängstigtes)* Kind
ver|schrei|ben[1]**:** jemandem ein Haus v. *(testamentarisch vermachen)* | sich der Kunst v. *(ganz widmen)* | dem Kranken ein Medikament v. *(verordnen)* || **ver|schrei|ben**[2]**:** einen ganzen Notizblock v. || **ver|schrei|ben**[3] sich: *sich beim Schreiben irren* || **Ver|schrei|bung** || **ver|schrei|bungs|pflich|tig:** *rezeptpflichtig*
ver|schrei|en (ugs.): *über etwas unvorsichtig reden und es dadurch vermeintlich beeinflussen* | verschrien sein *(in schlechtem Ruf stehen)*
ver|schrif|ten: *verschriftlichen* || **ver|schrift|li|chen:** *schriftlich darstellen* || **Ver|schrift|li|chung** die, -/-en || **Ver|schrif|tung** die, -/-en
ver|schro|ben: *seltsam, verworren, wunderlich* || **Ver|schro|ben|heit** die, -/-en
ver|schro|ten: Getreidekörner v. *(zu Schrot verarbeiten)*
ver|schrot|ten: Alteisen, Fahrzeuge uÄ für die Wiedergewinnung der Metalle v. *(zu Schrott verarbeiten)* || **Ver|schrot|tung** die, -
ver|schrum|peln: *schrumpelig, faltig werden*
Ver|schub: *das Verschieben, Rangieren;* der V. der Waggons || **Ver|schub|bahn|hof** || **Ver|schub|gar|ni|tur** || **Ver|schub|lok**
ver|schüch|tern: ein verschüchtertes *(verzagtes, verschrecktes)* Kind
ver|schul|den[1]**:** er hat das Unglück verschuldet *(er ist schuld daran)* || **ver|schul|den**[2] sich: *Schulden machen;* sie hat sich stark verschuldet || **Ver|schul|den** das, -s: durch sein V. *(durch seine eigene Schuld)* || **Ver|schul|dens|grad** (Jus): *leichte oder grobe Fahrlässigkeit oÄ* || **Ver|schul|dens|tei|lung** (Jus): *Teilung der Schuld [bei Mitverschulden des Geschädigten]* || **ver|schul|det:** er ist schwer v. *(hat hohe Schulden);* ein verschuldetes Geschäft || **Ver|schul|dung** die, -
ver|schu|len (oft abw.): *der Schule ähnlich machen;* den Kindergarten/die Universität v.
ver|schüt|ten: durch eine Lawine verschüttet werden || **ver|schütt|ge|hen** (bes. D, ugs.): *verloren gehen*
ver|schwä|gert: *durch Heirat verwandt;* weder verwandt noch v.; → Schwager || **Ver|schwä|ge|rung** die, -/-en
ver|schwei|gen[1]**:** jemandem eine Nachricht v. *(verheimlichen)* || **ver|schwei|gen**[2] sich (Amtsspr.): *keine Stellungnahme abgeben*
ver|schwei|ßen: *zusammenschweißen*
ver|schwen|den: Geld v. *(es bedenkenlos ausgeben);* Worte v. *(wirkungslos bleiben)* || **Ver|schwen|der** der, -s/- || **Ver|schwen|de|rin** die, -/-innen || **ver|schwen|de|risch** || **Ver|schwen|dung** die, - || **Ver|schwen|dungs|sucht** die, - || **ver|schwen|dungs|süch|tig**
ver|schwes|tern sich: *sich eng befreunden;* → verbrüdern; → verschwistert
ver|schwie|gen: v. sein *(nichts ausplaudern)* | ein verschwiegenes *(einsames, ruhiges)* Plätzchen || **Ver|schwie|gen|heit** die, - || **Ver|schwie|gen|heits|pflicht:** *Verpflichtung von Ärzten, Rechtsanwälten, Amtspersonen usw., über Tatsachen zu schweigen, die sie auf Grund ihrer Berufstätigkeit erfahren*
ver|schwim|men: die Buchstaben v. vor ihren Augen
ver|schwin|den: *rasch oder heimlich weggehen* | *unsichtbar werden;* verschwindend wenig | Sachen v. lassen *(stehlen, unterschlagen)*
ver|schwis|tert: verschwisterte *(nahe verwandte)* Begriffe; → verschwestern
ver|schwit|zen: ganz verschwitzte Haare | (ugs.) eine Verabredung v. *(vergessen)*
ver|schwol|len: ein verschwollenes Gesicht
ver|schwom|men: verschwommene *(undeutliche)* Konturen
ver|schwo|ren: eine verschworene *(auf Gedeih und Verderb verbundene)* Gemeinschaft || **ver|schwö|ren** sich: alles hat sich gegen ihn verschworen *(nichts will ihm gelingen)* || **Ver|schwo|re|ne**[1] der, -n/-n, ein Verschworener: *Verschwörer* || **Ver|schwo|re|ne**[2] die, -n/-n || **Ver|schwö|rer** der, -s/- || **Ver|schwö|re|rin** die, -/-innen || **Ver|schwö|rung** die, -/-en: eine V. zum Sturz des Diktators
Vers|dra|ma [v-, f-]: *Drama in Versen*
ver|se|hen[1]**:** seinen Dienst v. *(machen, erfüllen)* | (kath.) die Schwerkranke v. *(ihr die Krankenölung spenden)* || **ver|se|hen**[2] sich: *sich irren;* ehe man sich versieht *(unerwartet rasch)* | sich mit Proviant v. *(versorgen)* || **Ver|se|hen** das, -s/-: *Irrtum;* aus V. *(versehentlich)* || **ver|se|hent|lich:** *irrtümlich*
ver|sehrt: *beschädigt, verletzt* || **Ver|sehr|te**[1] der, -n/-n, ein Versehrter || **Ver|sehr|te**[2] die, -n/-n || **Ver|sehr|ten|ren|te** || **Ver|sehr|ten|sport:** *Behindertensport*
ver|selb|stän|di|gen = verselbstständigen: der Geschäftsbereich hat sich verselbständigt *(hat sich selbständig gemacht)* || **Ver|selb|stän|di|gung** = **Ver|selbst|stän|di|gung** die, -
Ver|se|ma|cher [v-, f-] (scherzh. bzw. abw.): *Dichter* || **Ver|se|ma|che|rin** die, -/-innen
ver|sen|den: versendete/versandte Zeitungen || **Ver|sen|dung**
ver|sen|gen: sie hat beim Bügeln die Wäsche versengt *(an der Oberfläche leicht verbrannt)*
ver|senk|bar: elektrisch versenkbare Scheiben || **ver|sen|ken:** ein Schiff v. *(zum Sinken bringen)* | sich in ein Buch v. *(vertiefen)* | versenkte Schrauben || **Ver|sen|kung:** die V. eines Schiffes | *Bühnenversenkung;* aus der V. auftauchen; in der V. verschwinden *(in Vergessenheit geraten)*
Vers|epos [v-, f-] (Lit.): *umfangreiche erzählende Dichtung in Versen*
ver|ses|sen: auf etwas v. sein *(darauf erpicht sein, es heftig begehren)* || **Ver|ses|sen|heit** die, -/-en
ver|set|zen: Bäume v. *(verpflanzen);* einen Beamten v. *(an einem anderen Arbeitsplatz einsetzen);* Berge v. *(unmöglich Erscheinendes ausführen)* | sich in jemandes Situation v. *(hineindenken)* | Schmuckstücke v. *(im Versatzamt zu Geld machen)* | jemandem einen Schlag v. | jemanden in Angst und Schrecken v. | Wein mit Kräutern v. | (sal.) sie hat mich heute versetzt *(vergeblich warten lassen)* | (geh.) *erwidern, antworten* || **Ver|set|zung** die,

-/-en: ihre V. *(ihr Arbeitsplatzwechsel)* ins Ministerium steht bevor ‖ **Ver|set|zungs|zei|chen** (Mus.): *Vorzeichen*

ver|seu|chen: stark verseuchtes *(Krankheitskeime enthaltendes)* Brunnenwasser ‖ **Ver|seu|chung** die, -/-en

Vers|form [v-, f-] (Lit.) ‖ **Vers|fuß** (Lit.): *Verstakt, zB Jambus*

ver|si|chern: ein Haus gegen Einbruch v. lassen | (geh.) ich versichere *dich (Sie)* meiner Treue; ich versichere *dir (Ihnen),* dass dies richtig ist ‖ **Ver|si|cher|te**[1] der, -n/-n, ein Versicherter ‖ **Ver|si|cher|te**[2] die, -n/-n ‖ **Ver|si|che|rung:** *Zusicherung* | eine V. abschließen; Unfallversicherung ‖ **Ver|si|che|rungs|agent:** *Versicherungsmakler* ‖ **Ver|si|che|rungs|agen|tin** ‖ **Ver|si|che|rungs|an|stalt:** *Versicherung* ‖ **Ver|si|che|rungs|bei|trag** ‖ **Ver|si|che|rungs|be|ra|ter** ‖ **Ver|si|che|rungs|be|ra|te|rin** ‖ **Ver|si|che|rungs|be|trug** ‖ **Ver|si|che|rungs|fall:** *Fall für das Eintreten der Versicherung* ‖ **Ver|si|che|rungs|kar|te** ‖ **Ver|si|che|rungs|kauf|frau** ‖ **Ver|si|che|rungs|kauf|mann** ‖ **Ver|si|che|rungs|mak|ler:** *Versicherungsvermittler* ‖ **Ver|si|che|rungs|mak|le|rin** ‖ **Ver|si|che|rungs|pflicht** ‖ **ver|si|che|rungs|pflich|tig** ‖ **Ver|si|che|rungs|po|liz|ze** ‖ **Ver|si|che|rungs|prä|mie** [-i̯ɛ] ‖ **Ver|si|che|rungs|schutz** ‖ **Ver|si|che|rungs|sum|me** ‖ **Ver|si|che|rungs|trä|ger:** *Versicherungsanstalt* ‖ **Ver|si|che|rungs|ver|trag** ‖ **Ver|si|che|rungs|ver|tre|ter** ‖ **Ver|si|che|rungs|ver|tre|te|rin** ‖ **Ver|si|che|rungs|wert**

ver|si|ckern: versickertes Wasser ‖ **Ver|si|cke|rung** die, -/-en

ver|sie|geln: ein Paket v. *(mit einem Siegel verschließen)* | den Fußboden v. *(ihn mit farblosem Lack streichen)* ‖ **Ver|sie|ge|lung** die -/-en, *auch:* Versieglung

ver|sie|gen: ein versiegter *(ausgetrockneter)* Brunnen | das Gespräch versiegte

Ver|sieg|lung → Versiegelung

ver|siert [v-]: eine versierte *(sehr erfahrene)* Steuerberaterin ‖ **Ver|siert|heit** die, -

ver|sil|bern: *mit Silber überziehen* | (sal.) *verkaufen*

ver|sim|peln, ich versimple (ugs.): *simplifizieren* | (abw.) *geistig abstumpfen;* → simpel ‖ **ver|sim|pli|fi|zie|ren** (abw.): *unzulässig vereinfachen;* → simplifizieren

ver|sin|ken: im Wasser v. *(untergehen)* | in Gedanken versunken *(vertieft)* sein

ver|sinn|bild|li|chen: *etwas bildlich darstellen, zB die Liebe durch ein Herz* ‖ **Ver|sinn|bild|li|chung** die, -/-en

Ver|si|on [v-] die, -/-en ⟨lat.⟩: *Fassung, Lesart;* eine andere V. einer Sage; ein Song in deutscher V.

ver|sippt: *verwandt*

ver|sit|zen: die Ferien zu Hause v. | eine Hose v. *(verdrücken)* | einer Kollegin den Platz, der ihr gebühren würde, v. *(wegnehmen)* | die Zeit v. *(nutzlos herumsitzen)*

ver|skla|ven [-v-, -f-]: *jemanden seiner Freiheit berauben;* versklavte *(unterdrückte)* Bevölkerungsgruppen ‖ **Ver|skla|vung** die, -/-en

Vers|leh|re [v-, f-] die, - (Lit.): *Metrik* ‖ **Vers|maß** (Lit.): *Metrum*

ver|slum|men [-'slʌ-]: *zum Elendsviertel werden;* → Slums ‖ **Ver|slum|mung** die, -/-en

ver|snobt (meist abw.): *mit übertriebenem Hang zum Auffälligen, Gesuchten*

ver|sof|fen (derb): ein versoffenes Individuum

ver|soh|len (ugs.): *verprügeln*

ver|söh|nen: *sich mit jemandem wieder vertragen* ‖ **ver|söhn|lich:** v. gestimmt *(zur Versöhnung bereit)* sein ‖ **Ver|söh|nung** die, -/-en ‖ **Ver|söh|nungs|be|reit|schaft** ‖ **Ver|söh|nungs|fest:** *das jüdische Fest Jom Kippur* ‖ **Ver|söh|nungs|ver|such:** der V. im Ehescheidungsverfahren

ver|son|nen (geh.): *in sich gekehrt; in Gedanken versunken* ‖ **Ver|son|nen|heit** die, - (geh.)

ver|sor|gen: jemanden mit Lebensmitteln v.; sich mit Nahrung v.; versorgte *(vom Elternhaus wirtschaftlich unabhängig gewordene)* Kinder ‖ **Ver|sor|ger** der, -s/- ‖ **Ver|sor|ge|rin** die, -/-innen ‖ **Ver|sor|gung** die, -: V. auf dem Luftweg ‖ **Ver|sor|gungs|an|spruch** ‖ **Ver|sor|gungs|ar|beit** (Amtsspr.): partnerschaftliche Teilung der V. *(Arbeit im Haushalt, in der Familie)* ‖ **ver|sor|gungs|be|rech|tigt** ‖ **Ver|sor|gungs|ein|rich|tung** ‖ **Ver|sor|gungs|eng|pass:** *vorübergehende Versorgungsschwierigkeiten* ‖ **Ver|sor|gungs|grad** ‖ **Ver|sor|gungs|la|ge:** die V. der Bevölkerung ist kritisch ‖ **Ver|sor|gungs|pos|ten** (sal.): *Arbeitsplatz für jemanden, der gut untergebracht werden soll* ‖ **Ver|sor|gungs|schwie|rig|kei|ten** die (Pl.)

ver|sot|ten: ein versottener *(durch Rauchrückstände verlegter)* Kamin

ver|spach|teln: Mauerrisse v. *(sie mit der Spachtel verputzen)*

ver|span|nen: verspannte Muskeln ‖ **Ver|span|nung**

ver|spä|ten sich: *zu spät kommen* ‖ **Ver|spä|tung** die, -/-en: eine Stunde V. haben

ver|spei|sen: *aufessen*

ver|spe|ku|lie|ren: sich bei einem Kauf v. *(verrechnen)*

ver|sper|ren: eine Tür v. *(verschließen)* | jemandem den Weg v. *(verstellen)* ‖ **Ver|sper|rung** die, -/-en

ver|spie|len: *beim Spiel verlieren* | er hat bei ihr verspielt *(ihre Gunst verloren)* ‖ **ver|spielt:** ein verspieltes *(nur ans Spielen denkendes)* Kind ‖ **Ver|spielt|heit** die, -

ver|spon|nen: in seine eigene Welt v. sein *(sich nur damit beschäftigen)*

ver|spot|ten: *ausspotten, verhöhnen* ‖ **Ver|spot|tung** die, -/-en

ver|spre|chen[1]: *geloben, garantieren* | der Sommer verspricht heiß zu werden *(wird vermutlich heiß werden)* ‖ **ver|spre|chen**[2] sich: *beim Sprechen einen Fehler machen* ‖ **Ver|spre|chen** das, -s/- ‖ **Ver|spre|cher:** *ein Sprechfehler* ‖ **Ver|spre|chung** die, -/-en (meist Pl.): jemandem viele Versprechungen machen

ver|spren|gen (Mil.): versprengte *(von der Truppe abgekommene)* Soldaten

ver|sprit|zen: *versprühen*

ver|spro|chen: v. und gehalten | (veraltet) einander v. *(miteinander verlobt)* sein

ver|spru|deln: Mehl in Milch v. *(verquirlen)*

ver|sprü|hen: Parfum v. *(zerstäuben)* | Optimismus v. *(verbreiten)*

ver|spü|ren: Hunger v. *(fühlen)*

ver|staat|li|chen: *zu staatlichem Eigentum machen;* ein verstaatlichtes Unternehmen; verstaatlichte Industrie ‖ **Ver|staat|lich|te** die, -n: *Kurzwort für verstaatlichte Industrie* ‖ **Ver|staat|li|chung** die, -/-en

ver|städ|tern: die Menschen v. im-

V

mer mehr *(ihre Lebensformen nehmen städtischen Charakter an)* ‖ **Ver|städ|te|rung** die, -/-en
Vers|takt [v-, f-] (Lit.): *Versfuß, zB Jambus*
Ver|stand der, -[e]s: *Denkfähigkeit;* jemand/etwas raubt ihr den V. *(ist ihr unbegreiflich, verwirrt sie);* das geht über meinen V. *(begreife ich nicht);* hast du den V. verloren? *(bist du wahnsinnig?)* ‖ **ver|stan|des|mä|ßig** ‖ **Ver|stan|des|mensch**

ver|stän|dig

Nicht verwechseln!
verständig – verständlich
„verständig" (zu Verstand) heißt wörtlich „mit Verstand begabt", „klug", aber auch „einsichtsvoll":
– die Lehrerin zeigte sich verständig *(einsichtig)*
„verständlich" (zu verstehen) heißt wörtlich „gut zu verstehen":
– das Interview war verständlich *(gut hörbar; leicht erfassbar)*

ver|stän|di|gen[1]: *benachrichtigen* ‖ **ver|stän|di|gen**[2] sich: *sich einigen | sich verständlich machen, kommunizieren* ‖ **Ver|stän|di|gung** die, -/-en: *Nachricht | Einigung* ‖ **ver|stän|di|gungs|be|reit** ‖ **Ver|stän|di|gungs|be|reit|schaft** die, - ‖ **Ver|stän|di|gungs|schwie|rig|kei|ten** die (Pl.) ‖ **ver|ständ|lich:** *begreiflich;* ihr Unmut war v. | v. *(klar und deutlich)* sprechen | der Text ist v. geschrieben; leicht v. (= leichtverständlich); *aber:* → verständig ‖ **ver|ständ|li|cher|wei|se:** *begreiflicherweise* ‖ **Ver|ständ|nis** das, -nisses; V. *(Sinn)* für Musik haben ‖ **ver|ständ|nis|in|nig** (geh.): v. *(verstehend, im Einverständnis)* lächeln ‖ **ver|ständ|nis|los:** einer Sache v. gegenüberstehen ‖ **Ver|ständ|nis|lo|sig|keit** die, -/-en ‖ **ver|ständ|nis|voll**
ver|stär|ken: durch Lautsprecher verstärkte Klänge; verstärkte Nachfrage ‖ **Ver|stär|ker** der, -s/- (Elektrot.): *Gerät zum Verstärken von Leistungen und Klängen* ‖ **Ver|stär|kung**
ver|stau|ben: verstaubte *(mit Staub bedeckte)* Bücher; verstaubte *(veraltete)* Ansichten ‖ **ver|stäu|ben:** Insektenspray v.
ver|stau|chen: ein verstauchter Fuß; ich habe mir einen Finger verstaucht ‖ **Ver|stau|chung** die, -/-en
ver|stau|en: das Gepäck gut v. *(unterbringen)*
Ver|steck das, -[e]s/-e ‖ **ver|ste|cken:** *verbergen;* sich unter dem Tisch v.; sie brauchen sich nicht vor uns zu v.; *aber:* Verstecken spielen ‖ **Ver|ste|cken|spiel** ‖ **Ver|ste|ckerl** das, -s/- (ostöst., ugs.): V. spielen ‖ **Ver|ste|ckerl|spiel** (ostöst., ugs.) ‖ **Ver|steck|spiel**
ver|ste|hen[1]: den Redner gut v. *(hören können)* | von einer Sache viel v. *(sich auskennen)* ‖ **ver|ste|hen**[2] sich: das versteht sich von selbst *(ist selbstverständlich)* | sich mit jemandem gut v. | sich auf etwas gut v. *(es gut können)*
ver|stei|fen[1]: einen Buchrücken v. *(verstärken)* ‖ **ver|stei|fen**[2] sich: sich auf etwas v. *(hartnäckig darauf bestehen)* ‖ **Ver|stei|fung** die, -/-en: die V. eines Gelenks
ver|stei|gen sich: sich in einer Felswand v. *(verirren)* | sich in seinen Forderungen v. *(zu viel fordern)*
Ver|stei|ge|rer der, -s/-: *Auktionator* ‖ **Ver|stei|ge|rin** die, -/-innen ‖ **ver|stei|gern:** *etwas [öffentlich] dem Meistbietenden unter den Anwesenden verkaufen* ‖ **Ver|stei|ge|rung** ‖ **Ver|stei|ge|rungs|edikt** (Amtsspr.): *Kundmachung einer Versteigerung* ‖ **Ver|stei|ge|rungs|ter|min**
ver|stei|nern: versteinerte *(zu Stein gewordene)* Muscheln | wie versteinert *(starr)* dastehen ‖ **Ver|stei|ne|rung** die, -/-en: *Fossil*
ver|stell|bar: ein verstellbares Notenpult ‖ **ver|stel|len**[1]: einen Kasten v. *(anderswohin stellen)* | ein Buch v. *(wegräumen und es dann nicht finden)* | jemandem den Weg v. *(versperren)* | die Stimme v. ‖ **ver|stel|len**[2] sich: *sich anders zeigen, als man ist* ‖ **Ver|stel|lung**
ver|step|pen: *[durch Wassermangel] zur Steppe werden* ‖ **Ver|step|pung** die, -
ver|ster|ben (geh.): *sterben;* → verstorben
ver|steu|ern: das Einkommen v. *(davon Steuer zahlen)* ‖ **Ver|steu|e|rung**
ver|stie|gen: verstiegene *(überspannte)* Ansichten
ver|stim|men: *jemanden verärgern* | ein verstimmter *(verdorbener)* Magen | ein verstimmtes Klavier ‖ **Ver|stimmt|heit** die, - ‖ **Ver|stim|mung**
ver|stockt (abw.): ein verstockter *(hartnäckiger, unverbesserlicher, chronischer)* Lügner ‖ **Ver|stockt|heit** die, - (abw.)
ver|stoh|len: v. *(heimlich)* lachen
ver|stop|fen: ein verstopfter Abfluss ‖ **Ver|stop|fung** die, -/-en: an V. *(Darmträgheit)* leiden
ver|stop|peln: *verstöpseln* ‖ **ver|stöp|seln:** eine verstöpselte *(mit einem Stöpsel verschlossene)* Flasche
ver|stor|ben: die verstorbene Tante; → versterben ‖ **Ver|stor|be|ne**[1] der, -n/-n, ein Verstorbener ‖ **Ver|stor|be|ne**[2] die, -n/-n
ver|stö|ren: *verängstigt, verwirrt* ‖ **Ver|stö|rung** die, -/-en
Ver|stoß: ein grober V.; ein V. *(Vergehen)* gegen die guten Sitten | (Amtsspr., veraltend) ein Akt ist in V. geraten *(er ist unauffindbar)* ‖ **ver|sto|ßen:** ein verstoßenes *(aus der Familie ausgeschlossenes)* Kind | gegen ein Gesetz v. ‖ **Ver|sto|ßung** die, -/-en
ver|strah|len: verstrahlte *(durch radioaktive Strahlung verseuchte)* Lebensmittel ‖ **Ver|strah|lung**
ver|stre|ben: *mit Streben versehen* ‖ **Ver|stre|bung** die, -/-en: eine Mauer durch Verstrebungen stützen
ver|strei|chen: eine Farbe gut v. | die Zeit verstreicht *(vergeht)*
ver|streu|en: *ausstreuen;* verstreute *(einzeln stehende)* Häuser
ver|stri|cken[1]: 3 Knäuel Wolle v. *(verbrauchen);* sich mehrmals v. *(beim Stricken einen Fehler machen)* ‖ **ver|stri|cken**[2] sich: du verstrickst *(verwickelst)* dich in Widersprüche ‖ **Ver|stri|ckung** die, -/-en
ver|strö|men (geh.): *ausströmen*
ver|stüm|meln, ich verstümmle: eine verstümmelte Hand | ein verstümmeltes *(lückenhaftes, unverständliches)* Fax ‖ **Ver|stüm|me|lung** die, -/-en, *auch:* Verstümmlung
ver|stum|men: *stumm (still) werden*
Ver|stümm|lung → Verstümmelung
Ver|such der, -[e]s/-e: einen letzten V. machen; gescheiterte Versuche *(Experimente)* ‖ **ver|su|chen:** *ausprobieren;* sie versucht zu gewinnen; v., ob das Auto an-

V

springt | es noch einmal mit jemandem v. *(jemandem noch eine Chance geben)* | er versucht sich im Eislaufen | (Rel.) *jemanden vom rechten Weg abbringen wollen* ‖ **Versucher** der, -s/- (geh.): *jemand, der in Versuchung führt* ‖ **Versucherin** die, -/-innen (geh.) ‖ **Versuchsanlage** ‖ **Versuchsanordnung** ‖ **Versuchsanstalt:** *eine Forschungsanstalt* ‖ **Versuchsballon** ‖ **Versuchsgelände** ‖ **Versuchskaninchen** (ugs., abw.): *zu Versuchszwecken missbrauchte Person* ‖ **Versuchsleiter** ‖ **Versuchsleiterin** ‖ **Versuchsperson** ‖ **Versuchsstadium** [-ʃt-] ‖ **Versuchstier** ‖ **versuchsweise:** *probeweise* ‖ **Versuchung** die, -/-en: *Verlockung;* jemanden in V. führen

versumpern (ugs., abw.): *geistig abstumpfen;* → Sumper

versumpfen: eine versumpfte Wiese | (ugs., abw.) im Wirtshaus v. ‖ **Versumpfung** die, -/-en

versündigen sich: er hat sich an seinen Kindern versündigt *(ein Unrecht an ihnen begangen)* ‖ **Versündigung** die, -/-en

versunken: in Gedanken v. *(vertieft)* ‖ **Versunkenheit** die, -

versus [v-] ⟨lat.⟩ (vs.) (Amtsspr.): Prozess Müller vs. *(gegen)* Hofer

versüßen: sich das Leben v. *(angenehmer machen)*

vertäfeln, ich vertäfle: eine Wand v. *(mit Holztafeln verkleiden)* ‖ **Vertäfelung** = **Vertäflung**

vertagen: eine Versammlung v. *(sie auf einen neuen Termin verschieben);* das Gericht hat sich vertagt ‖ **Vertagung**

vertandeln (mda.): *vertändeln* ‖ **vertändeln:** Zeit v. *(vertrödeln)*

vertäuen: ein Schiff v. *(mit Tauen festmachen)*

vertauschbar ‖ **Vertauschbarkeit** die, - ‖ **vertauschen:** *austauschen* ‖ **Vertauschung** die, -/-en

vertausendfachen

Vertäuung die, -/-en (Seemannsspr.)

vertebral [v-] ⟨lat.⟩ (Med.): *zur Wirbelsäule gehörend*

vertechnisieren (abw.): *übertrieben technisch gestalten*

verteidigen: *Angriffe abwehren;* sich gegen Unterstellungen v. *(sich wehren, sich rechtfertigen)* | jemanden (vor Gericht) v. *(vertreten)* ‖ **Verteidiger** der, -s/-: *Anwalt bei Gericht* | (Sport) *Abwehrspieler* ‖ **Verteidigerin** die, -/-innen ‖ **Verteidigung** die, -/-en ‖ **verteidigungsbereit** ‖ **Verteidigungskrieg** (Mil.) ‖ **Verteidigungsminister** ‖ **Verteidigungsministerin** ‖ **Verteidigungsministerium:** *Bundesministerium für Landesverteidigung und Sport* ‖ **Verteidigungsrede**

verteilen: Zettel v. *(austeilen);* mit verteilten Rollen | das Gewicht gleichmäßig v. ‖ **Verteiler** der, -s/-: *jemand, der Prospekte uÄ verteilt* | *Liste von Adressaten für Aussendungen* | (Elektrot.) *Teil der Zündung* ‖ **Verteilerin** die, -/-innen ‖ **Verteilerkasten** (Elektrot.) ‖ **Verteilerkreis:** V. Favoriten *(ein wichtiger Verkehrsknoten in Wien)* ‖ **Verteilerstecker** ‖ **Verteilung**

vertelefonieren: *viel Zeit und Geld für Telefongespräche aufwenden*

vertepschen → verdepschen

verteuern: *teurer machen;* die Ware hat sich verteuert *(ist teurer geworden)* ‖ **Verteuerung**

verteufeln, ich verteufle (abw.): eine Person, Sache v. *(als gefährlich hinstellen)* ‖ **verteufelt** (ugs.): ein v. *(unerhört)* geschickter Kerl | eine verteufelte *(böse)* Lage ‖ **Verteufelung** die, -/-en

vertiefen[1]: einen Graben v. *(tiefer machen)* | sein Wissen v. ‖ **vertiefen**[2] sich: sie hat sich in ein Buch vertieft *(es sehr aufmerksam gelesen)* ‖ **Vertiefung** die, -/-en

vertiert: *verroht, entmenscht*

vertikal [v-]: eine v. *(lotrecht, senkrecht)* abstürzende Felswand; → G.: horizontal, waagrecht ‖ **Vertikale** die, -n/-n: *Senkrechte* | (auch mit Pl. -) zwei, alle Vertikale[n]

vertilgen: Ungeziefer v. *(vernichten, ausrotten)* ‖ **Vertilgung** ‖ **Vertilgungsmittel**

vertippen: sich ständig v. *(unrichtig tippen; auf der Tastatur eine falsche Taste anschlagen)*

vertonen: ein Gedicht v. *(ein Gesangsstück daraus machen);* einen Film v. *(mit Text und Musik versehen)* ‖ **Vertonung** die, -/-en

vertrackt (ugs.): eine ziemlich vertrackte *(verwickelte, verworrene; heikle)* Angelegenheit ‖ **Vertracktheit** die, - (ugs.)

Vertrag der, -[e]s/-träge: einen V. *(ein Übereinkommen)* schließen; Künstler unter V. haben ‖ **vertragen**[1]: Hitze gut v. *(aushalten)* ‖ **vertragen**[2] sich: *miteinander gut auskommen* ‖ **vertraglich:** etwas v. *(durch einen Vertrag)* festlegen ‖ **verträglich:** *friedfertig;* gut verträgliches *(bekömmliches)* Essen ‖ **Verträglichkeit** die, - ‖ **vertraglos** = vertragslos: ein vertragloser Zustand ‖ **Vertragsabschluss** ‖ **Vertragsauslegung** ‖ **Vertragsbedienstete**[1] der, -n/-n, ein Vertragsbediensteter (Amtsspr.): *im öffentlichen Dienst angestellte Person ohne Beamtenstatus;* → Pragmatisierung ‖ **Vertragsbedienstete**[2] die, -n/-n (Amtsspr.) ‖ **Vertragsbestandteil** der, -[e]s/-e ‖ **Vertragsbestimmung** ‖ **Vertragsbruch** ‖ **vertragsbrüchig** ‖ **vertragschließend:** die vertragschließenden Parteien ‖ **Vertragsentwurf** ‖ **Vertragsfreiheit** (Jus): *die Freiheit, ob und mit wem man Verträge eingeht* ‖ **vertragsgebunden** ‖ **vertragsgemäß** ‖ **Vertragsklausel** ‖ **vertragskonform:** *vertragsgemäß* ‖ **Vertragslehrer:** *nicht pragmatisierter Lehrer* ‖ **Vertragslehrerin** ‖ **vertragslos** = vertraglos ‖ **Vertragspartei** ‖ **Vertragspartner** ‖ **Vertragspartnerin** ‖ **Vertragsstrafe** (Jus): *Konventionalstrafe* ‖ **Vertragstext** ‖ **Vertragsverletzung** ‖ **Vertragswerk** ‖ **vertragswidrig**

vertratschen[1] (abw.): einen Mitschüler bei der Lehrerin v. *(denunzieren)* ‖ **vertratschen**[2] sich: *sich verplaudern*

vertrauen: *sich auf jemanden verlassen;* auf Gott v.

Vertrauen das, -s:
jemandem V. schenken; jemanden ins V. ziehen

Zusammenschreibung, zB:
- vertrauensbildende Maßnahmen
- vertrauenswürdig

Getrennt- und Zusammenschreibung mit adjektivisch gebrauchten Partizipien:
- Vertrauen erweckende (= vertrauenerweckende) Gespräche; *aber nur getrennt bzw. zusammen:* großes Vertrauen erweckend; äußerst vertrauenerweckend

Ver|trau|en er|we|ckend = **ver|trau|en|er|we|ckend** → Vertrauen ‖ **Ver|trau|ens|arzt:** den V. einer Krankenkassa konsultieren ‖ **Ver|trau|ens|ärz|tin** ‖ **Ver|trau|ens|ba|sis** ‖ **Ver|trau|ens|be|weis** ‖ **ver|trau|ens|bil|dend** (bes. Pol.): vertrauensbildende Maßnahmen *(zB zwischen Staaten)* ‖ **Ver|trau|ens|bruch** ‖ **Ver|trau|ens|fra|ge:** *Misstrauensvotum zur Überprüfung der Mehrheit;* die Regierung stellt im Parlament die V. ‖ **Ver|trau|ens|frau:** *gewählte Vertreterin einer Gemeinschaft* ‖ **Ver|trau|ens|grund|la|ge:** eine gute V. ‖ **Ver|trau|ens|grund|satz** (Jus): *Annahme, dass sich jede/r an die Regeln und Vorschriften im Straßenverkehr hält* ‖ **Ver|trau|ens|kri|se** ‖ **Ver|trau|ens|leh|rer** (Bildw.): *inoffizielle Lehrerfunktion an manchen Schulen, zB als spezieller Ansprechpartner für Schüler* ‖ **Ver|trau|ens|leh|re|rin** ‖ **Ver|trau|ens|leu|te** die (Pl.) ‖ **Ver|trau|ens|mann** der, -[e]s/-männer [-leute]: *gewählter Vertreter einer Gemeinschaft* ‖ **Ver|trau|ens|per|son** ‖ **Ver|trau|ens|sa|che** ‖ **ver|trau|ens|se|lig:** *anderen blind vertrauend* ‖ **Ver|trau|ens|stel|lung:** eine V. missbrauchen ‖ **Ver|trau|ens|ver|hält|nis** ‖ **ver|trau|ens|voll** ‖ **Ver|trau|ens|vor|schuss** ‖ **ver|trau|ens|wür|dig** ‖ **ver|trau|lich:** eine vertrauliche *(nicht zur Weitergabe bestimmte)* Mitteilung; streng v. ‖ **Ver|trau|lich|keit** die, -/-en

ver|träumt: ein verträumter *(nachdenklicher, fantasievoller; wirklichkeitsfremder)* Mensch | ein verträumter *(stiller)* See ‖ **Ver|träumt|heit** die, -

ver|traut: ein vertrauter Freund; mit einem Werkzeug v. sein *(es richtig, geschickt gebrauchen können);* sich mit etwas v. machen ‖ **Ver|traut|heit** die, -/-en

ver|trei|ben: Menschen aus ihrer Heimat v.; eine Fliege v. *(wegjagen)* | sich die Zeit v. *(sich beschäftigen)* | Zeitschriften v. *(verkaufen)* ‖ **Ver|trei|bung** die, -/-en

ver|tret|bar: ein vertretbarer Vorschlag ‖ **ver|tre|ten:** die Schuhabsätze v. *(schief treten)* | sich den Fuß v. *(verstauchen)* | sich die Füße v. *(ein wenig herumgehen)* | eine Kollegin v. *(deren Arbeit verrichten)* | eine Firma v. *(ihre Waren anbieten)* | eine Meinung v. *(für sie eintreten)* ‖ **Ver|tre|ter** der, -s/-: *Stellvertreter* | Handelsvertreter ‖ **Ver|tre|ter|be|such** ‖ **Ver|tre|te|rin** die, -/-innen ‖ **Ver|tre|tung** die, -/-en: in V. des Chefs; in Vertretung (i. V.) unterschreiben | die [diplomatische] V. der USA ‖ **Ver|tre|tungs|be|hör|de:** eine diplomatische V. im Ausland *(Botschaft, Konsulat uÄ)* ‖ **Ver|tre|tungs|macht:** *eine Vollmacht;* die V. eines Bevollmächtigten | (Pol.) *Interessenvertretung eines anderen Staates gegenüber Dritten* ‖ **ver|tre|tungs|wei|se**

Ver|trieb: *Verkauf* ‖ **Ver|trie|be|ne**[1] der, -n/-n, ein Vertriebener: *Flüchtling;* Heimatvertriebener ‖ **Ver|trie|be|ne**[2] die, -n/-n ‖ **Ver|triebs|ab|tei|lung** ‖ **Ver|triebs|lei|ter:** *Verkaufsleiter* ‖ **Ver|triebs|lei|te|rin**

ver|trin|ken: das ganze Geld v.

ver|trock|nen: *austrocknen*

ver|trö|deln (abw.): die Zeit v. *(sie nicht zweckmäßig nützen)*

ver|trös|ten: jemanden auf die Zukunft v. *(jemandem bessere Zeiten in Aussicht stellen)* ‖ **Ver|trös|tung**

ver|trot|teln, ich vertrottle (derb): *verblöden;* ein vertrottelter Alter

ver|tschüs|sen sich (ugs.): *sich verabschieden, weggehen;* → tschüss

ver|tun[1]: die Zeit v. *(vertrödeln)* ‖ **ver|tun**[2] sich (ugs.): *sich irren*

ver|tu|schen, du vertusch[s]t: einen Skandal v. *(ihn nicht bekannt werden lassen)* ‖ **Ver|tu|schung** die, -/-en

ver|übeln, ich verüble: *übel auslegen, verargen, übel nehmen*

ver|üben: ein Verbrechen v. *(ausführen)*

ver|ul|ken (bes. D): *verspotten* ‖ **Ver|ul|kung** die, -/-en (bes. D)

ver|un|eh|ren (geh.): das Ansehen des Vereins v. *(schädigen)*

Ver|un|fall|te[1] der, -n/-n, ein Verunfallter (Amtsspr.): *Unfallopfer* ‖ **Ver|un|fall|te**[2] die, -n/-n (Amtsspr.)

ver|un|glimp|fen (geh.): *schmähen, beleidigen* ‖ **Ver|un|glimp|fung** die, -/-en

ver|un|glü|cken: *einen Unfall erleiden;* tödlich v. ‖ **Ver|un|glück|te**[1] der, -n/-n, ein Verunglückter ‖ **Ver|un|glück|te**[2] die, -n/-n

ver|un|mög|li|chen: *verhindern*

ver|un|rei|ni|gen: *schmutzig machen* ‖ **Ver|un|rei|ni|gung**

ver|un|si|chern: *unsicher machen* ‖ **Ver|un|si|che|rung** die, -/-en

ver|un|stal|ten: *hässlich machen, entstellen* ‖ **Ver|un|stal|tung** die, -/-en

ver|un|treu|en: *unterschlagen, widerrechtlich für sich behalten* ‖ **Ver|un|treu|ung** die, -/-en

ver|un|zie|ren (geh.): *hässlich machen, entstellen* ‖ **Ver|un|zie|rung** die, -/-en (geh.)

ver|ur|sa|chen: Schaden v.; große Schmerzen v. *(bereiten)* ‖ **Ver|ur|sa|cher** der, -s/- ‖ **Ver|ur|sa|che|rin** die, -/-innen ‖ **Ver|ur|sa|cher|prin|zip** das, -[e]s (bes. Jus): *Grundsatz, für einen Schaden den unmittelbaren Verursacher haftbar zu machen* ‖ **Ver|ur|sa|chung** die, -/-en

ver|ur|tei|len: *missbilligen, ablehnen;* gerichtlich, rechtskräftig verurteilt werden ‖ **Ver|ur|teil|te**[1] der, -n/-n, ein Verurteilter ‖ **Ver|ur|teil|te**[2] die, -n/-n ‖ **Ver|ur|tei|lung** die, -/-en

Ver|ve [vɛrf, fr.: -v] die, - ⟨fr.⟩ (geh.): *Schwung, Begeisterung;* mit gewohnter V.

ver|viel|fa|chen: *stark vermehren; multiplizieren* ‖ **Ver|viel|fa|chung** die, -/-en ‖ **ver|viel|fäl|ti|gen:** *vervielfachen;* ein Schriftstück v. *(es in vielen Exemplaren herstellen, kopieren)* ‖ **Ver|viel|fäl|ti|gung** die, -/-en

ver|vier|fa|chen

ver|voll|komm|nen: sich in einem Fach v. ‖ **Ver|voll|komm|nung** die, -/-en

ver|voll|stän|di|gen: eine Sammlung v. *(ergänzen)* ‖ **Ver|voll|stän|di|gung** die, -/-en

verw.: verwitwet

ver|wach|seln [-ks-] = **ver|wach|sen**[1] [-ks-]: *[die Skier] mit falschem Wachs behandeln*

ver|wach|sen[2] [-ks-]: mit seinem Beruf v. *(eng verbunden)* sein | ein verwachsener *(missgestalteter)* Baum ‖ **Ver|wach|sung** die, -/-en

ver|wa|ckeln: eine verwackelte Fotografie

ver|wäh|len sich: er verwählte sich beim Telefonieren

ver|wah|ren[1]: *sicher aufbewahren* ‖ **ver|wah|ren**[2] sich: sich gegen etwas v. *(dagegen Einspruch erheben); aber:* → verwehren

ver|wahr|lo|sen: ein verwahrloster *(ungepflegter; heruntergekommener)* Mensch ‖ **Ver|wahr|los|te**[1] der, -n/-n, ein Verwahrloster ‖ **Ver|wahr|los|te**[2] die,

V

-n/-n ‖ **Ver|wahr|lo|sung** die, - **Ver|wahr|nis** das, -nisses/-nisse (Amtsspr.): *verwahrter Gegenstand* ‖ **Ver|wah|rung** die, -: etwas in V. nehmen *(sicher aufbewahren)* | gegen ungerechte Behandlung V. *(Einspruch)* einlegen ‖ **Ver|wah|rungs|ge|bühr** ‖ **Ver|wah|rungs|haft** (Jus)

ver|wai|sen, du verwaist: *die Eltern verlieren; aber:* → verweisen ‖ **ver|waist:** *elternlos* | *einsam, verlassen*

Ver|wall[1] [f-] das, -s, *auch:* Ferwall: *ein Tal in Tirol* ‖ **Ver|wall**[2] der, -s, *auch:* Ferwall: *eine Gebirgsgruppe in Tirol und Vorarlberg*

ver|wal|ten: ein Spital v.; ein Amt v. ‖ **Ver|wal|ter** der, -s/-: der V. des Vermögens ‖ **Ver|wal|te|rin** die, -/-innen ‖ **Ver|wal|tung** die, -/-en: *Administration* ‖ **Ver|wal|tungs|ab|ga|be** ‖ **Ver|wal|tungs|akt** der, -[e]s/-en (Jus): *ein Bescheid oÄ* ‖ **Ver|wal|tungs|be|hör|de** ‖ **Ver|wal|tungs|be|zirk:** *politischer Bezirk, Verwaltungseinheit zwischen Land und Gemeinde* ‖ **Ver|wal|tungs|ge|bäu|de** ‖ **Ver|wal|tungs|ge|richts|hof** (VwGH): *ein Höchstgericht* ‖ **Ver|wal|tungs|kos|ten** die (Pl.) ‖ **Ver|wal|tungs|se|nat:** *Berufungsinstanz im Verwaltungs[straf]verfahren;* der unabhängige V. (UVS) ‖ **Ver|wal|tungs|spren|gel** ‖ **Ver|wal|tungs|stra|fe** (Jus) ‖ **Ver|wal|tungs|über|tre|tung** (Amtsspr.): eine V. begehen ‖ **Ver|wal|tungs|ver|fah|ren**

ver|wan|deln: *umändern, umformen* | (Sport) einen Elfmeter v. *(ins Tor schießen)* ‖ **Ver|wand|lung** ‖ **Ver|wand|lungs|künst|ler** ‖ **Ver|wand|lungs|künst|le|rin**

ver|wandt: mit jemandem weitläufig/nah v. sein; weder v. *(blutsverwandt)* noch verschwägert | verwandte *(ähnliche)* Begriffe ‖ **Ver|wand|te**[1] der, -n/-n, ein Verwandter ‖ **Ver|wand|te**[2] die, -n/-n ‖ **Ver|wandt|schaft** die, -: die V. zur Hochzeit einladen | eine V. *(Ähnlichkeit)* zwischen zwei Kunststilen ‖ **ver|wandt|schaft|lich** ‖ **Ver|wandt|schafts|grad** ‖ **Ver|wandt|schafts|ver|hält|nis**

ver|wan|zen (sal.): *mit Abhörgeräten versehen*

ver|war|nen: *rügen, Konsequenzen in Aussicht stellen* ‖ **Ver|war|nung:** jemandem eine V. erteilen

ver|wa|schen: vom Regen verwaschene Inschriften | verwaschene *(schlecht bzw. oft gewaschene)* Leintücher | eine verwaschene *(verschwommene, ungenaue)* Ausdrucksweise

ver|wäs|sern: die Milch, den Wein v. | ein verwässerter *(ungenauer, abgeschwächter)* Bericht ‖ **Ver|wäs|se|rung** die, -/-en

ver|we|ben: Garn v. | (geh.) Beruf und Alltag miteinander v. *(verbinden)*

ver|wech|sel|bar [-ks-] ‖ **ver|wech|seln:** *jemanden irrtümlich für einen anderen halten; aber:* sich zum **V**erwechseln *(sehr)* ähnlich sehen ‖ **Ver|wechs|lung** die, -/-en

ver|we|gen: *kühn, draufgängerisch* ‖ **Ver|we|gen|heit** die, -

ver|we|hen: vom Wind verweht *(davongetragen);* vom Schnee verweht *(zugeweht)*

> **ver|weh|ren**
>
> Nicht verwechseln!
>
> verwehren – sich verwahren
>
> verwehren bedeutet „nicht erlauben", „nicht geben":
> – jemandem etwas (zB einen Zugang) verwehren *(nicht gewähren)*
>
> sich verwahren bedeutet hingegen „sich heftig dagegen wehren", „protestieren":
> – sich gegen etwas (zB eine Anschuldigung) verwahren

Ver|we|hung die, -/-en: *Schneeverwehung*

ver|weich|li|chen (oft abw.): *verwöhnen, verzärteln* ‖ **Ver|weich|li|chung** die, - (oft abw.)

Ver|wei|ge|rer der, -s/- ‖ **Ver|wei|ge|rin** die, -/-innen ‖ **ver|wei|gern:** den Gehorsam v.; die Aussage v. ‖ **Ver|wei|ge|rung** ‖ **Ver|wei|ge|rungs|fall** (Jus): im V.

Ver|weil|dau|er (geh.): *Zeit, die man an einem bestimmten Ort bleibt* ‖ **ver|wei|len** (geh.): an einem Ort v. *(sich dort aufhalten)*

ver|weint: verweinte Augen

Ver|weis der, -es/-e: einen V. erhalten *(gerügt, getadelt werden);* einen V. erteilen | ein V. *(Hinweis)* auf eine bestimmte Stelle im Buch | (Gramm.) *Wörter oder Wortgruppen, die sich auf im Text zurückliegende oder folgende Textteile beziehen* ‖ **ver|wei|sen:** auf etwas v. *(darauf aufmerksam machen)* | jemanden des Landes v. *(jemanden ausweisen, verbannen); aber:* → verwaisen ‖ **Ver|wei|sung**

ver|wel|ken: die Blumen sind verwelkt

ver|welt|li|chen ‖ **Ver|welt|li|chung** die, -: die V. *(Lockerung der Strenge)* der Klöster im Mittelalter

ver|wend|bar: *nützlich; brauchbar* ‖ **Ver|wend|bar|keit** die, - ‖ **ver|wen|den:** *benützen, gebrauchen* | (geh.) sie hat sich für ihn verwendet/verwandt *(eingesetzt)* ‖ **Ver|wen|dung:** keine V. für etwas haben *(es nicht brauchen können);* in V. *(Gebrauch)* nehmen; in V. stehen; V. finden ‖ **Ver|wen|dungs|be|reich** ‖ **ver|wen|dungs|fä|hig** ‖ **Ver|wen|dungs|grup|pe** (Amtsspr.): *Einstufungsgruppe im öffentlichen Dienst* ‖ **Ver|wen|dungs|mög|lich|keit** ‖ **Ver|wen|dungs|wei|se** ‖ **Ver|wen|dungs|zu|la|ge** (Amtsspr.): *eine Gehaltszulage für Beamte* ‖ **Ver|wen|dungs|zweck**

ver|wer|fen: sein Vorschlag wurde verworfen *(abgelehnt, für ungeeignet gehalten)* | der Rahmen hat sich verworfen *(verzogen)* ‖ **ver|werf|lich:** *schlecht, verdammenswert* ‖ **Ver|werf|lich|keit** die, - ‖ **Ver|wer|fung** die, -: *Ablehnung, Verdammung* | (Geol.) (mit Pl. -en) *eine Auffaltung von Gesteinsschichten*

ver|wert|bar: *brauchbar, nützlich* ‖ **ver|wer|ten:** Reste v. ‖ **Ver|wer|tung** die, -/-en

ver|we|sen[1]: *verfaulen, in Verwesung übergehen*

ver|we|sen[2], du verwest (veraltet): *als Stellvertreter [eine Pfarre] verwalten* ‖ **Ver|we|ser** der, -s/- (veraltet): *Verwalter;* Pfarrverweser; Reichsverweser

ver|west|li|chen: *an die abendländische Zivilisation anpassen*

Ver|we|sung die, -: in V. *(Fäulnis)* übergehen ‖ **Ver|we|sungs|ge|ruch**

ver|wet|ten: sein Geld v. *(durch Wetten aufs Spiel setzen, verlieren)*

ver|wi|ckeln: Garn v. *(durcheinanderbringen)* | eine verwickelte *(schwierige)* Aufgabe | in eine böse Sache verwickelt *(hineingeraten)* sein | sich in Widersprüche v. ‖ **Ver|wick|lung,** *auch:* Verwickelung: diplomatische Verwicklungen *(Schwierigkeiten)*

ver|wil|dern: ein verwilderter *(ungepflegter)* Garten; etwas v. *(ver-*

wahrlosen) lassen ‖ **Ver|wil|de|rung** die, -
ver|win|den[1]: sie hat die Kränkung noch nicht verwunden *(überwunden, verschmerzt)*
ver|win|den[2] (Technik): *einen Metallstab oÄ in der Längsachse verdrehen, um einen Bohrer herzustellen*
ver|win|kelt: eng verwinkelte Gassen
ver|wir|ken (geh.): ein Recht v. *(durch eigene Schuld verlieren)* ‖ **ver|wirk|li|chen:** einen Plan v. *(ausführen)* ‖ **Ver|wirk|li|chung** die, -/-en ‖ **Ver|wir|kung** (Jus): *Verlust eines Rechtes [wegen verspäteter Geltendmachung]*
ver|wir|ren: *aus der Fassung bringen* | die Fäden v. *(durcheinanderbringen)* ‖ **Ver|wirr|spiel** ‖ **ver|wirrt:** *kopflos, zerfahren* ‖ **Ver|wirrt|heit** die, - ‖ **Ver|wir|rung** die, -/-en
ver|wirt|schaf|ten: ein Erbe v. *(es vergeuden, durchbringen)*
ver|wi|schen: eine Spur v. *(sie unkenntlich machen)*
ver|wis|sen|schaft|li|chen: *auf wissenschaftliche Grundlage stellen, [zu sehr] wissenschaftlich gestalten*
ver|wit|tern: der Fels verwittert *(seine Oberfläche zerfällt durch Witterungseinflüsse)* ‖ **Ver|wit|te|rung** die, -
ver|wit|wet (verw.): *den Gatten/die Gattin durch den Tod verloren habend;* Anna Müller[,] verwitwete (verw.) Meier[,] hat ... ‖ **Ver|wit|we|te**[1] der, -n/-n, ein Verwitweter ‖ **Ver|wit|we|te**[2] die, -n/-n
ver|wo|ben: mit etwas eng v. *(verknüpft)* sein
ver|wöh|nen: ein verwöhntes *(verzärteltes)* Kind
ver|wor|da|gelt = ver|wor|da|kelt (ostöst., mda.): *verunstaltet, aus der Form gebracht*
ver|wor|fen (geh.): ein verworfener *(verkommener, lasterhafter)* Mensch ‖ **Ver|wor|fen|heit** die, - (geh.)
ver|wor|ren: *unklar; verwickelt; zerfahren* ‖ **Ver|wor|ren|heit** die, -/-en
ver|wund|bar: leicht v. *(verletzlich)* sein ‖ **Ver|wund|bar|keit** die, - ‖ **ver|wun|den**[1]: verwundete Soldaten
ver|wun|den[2] → verwinden[1]
ver|wun|der|lich: *ungewöhnlich, erstaunlich* ‖ **ver|wun|dern:** *staunen;* sich über ihre Frage v.; es ist nicht zu v. *(verwunderlich)* ‖ **Ver|wun|de|rung** die, -
Ver|wun|de|te[1] der, -n/-n, ein Verwundeter: der leicht V. (= Leichtverwundete) ‖ **Ver|wun|de|te**[2] die, -n/-n ‖ **Ver|wun|dung** die, -/-en
ver|wun|schen: ein verwunschenes *(verzaubertes)* Schloss ‖ **ver|wün|schen:** *verfluchen* | ein verwünschter *(unangenehmer, peinlicher)* Zufall ‖ **Ver|wün|schung** die, -/-en
ver|wurs|teln [meist: -ʃt-] (ugs.): etwas verwurstelt *(in Unordnung gebracht; vertan; verlegt)* haben ‖ **ver|wurs|ten** [-st-, auch: -ʃt-]: *in die Wurstmasse mischen*
ver|wur|zelt: in der Heimat v. *(mit ihr innig verbunden)* sein ‖ **Ver|wur|ze|lung** die, -/-en
ver|wüs|ten: *zerstören, verheeren* ‖ **Ver|wüs|tung** die, -/-en: der Sturm richtete große Verwüstungen an
ver|wu|zeln (ugs.): *zerknittern; zerknüllen*
ver|za|gen: *den Mut verlieren* ‖ **Ver|zagt|heit** die, -: *Mutlosigkeit*
ver|zäh|len[1] sich: *sich beim Zählen irren*
ver|zäh|len[2] (mda.): eine Geschichte v. *(erzählen)*
ver|za|hnen: Bretter v. *(sie durch Zapfen miteinander verbinden)* | mit etwas eng verzahnt *(verbunden, verflochten)* sein ‖ **Ver|zah|nung** die, -/-en: die V. der Räder in einem Getriebe
ver|zap|fen: *durch Zapfen verbinden;* der Stuhl ist verzapft | (ugs., abw.) *mitteilen;* Unsinn v. *(reden)*
ver|zär|teln: ich verzärtle *(verweichliche, verwöhne)* ein Kind ‖ **Ver|zär|te|lung** die, -
ver|zau|bern: eine verzauberte Prinzessin | verzaubert *(der Wirklichkeit entrückt)* sein ‖ **Ver|zau|be|rung** die, -/-en
ver|zäu|nen: *mit einem Zaun umgeben*
ver|zehn|fa|chen
Ver|zehr der, -s: *Verbrauch [an Lebensmitteln]* | zum V. *(Genuss)* geeignet ‖ **ver|zeh|ren:** sein Mittagessen v. | (geh.) sich vor Kummer v. *(vor Kummer krank werden)*
ver|zeich|nen: *falsch zeichnen; verzerrt darstellen* | *aufschreiben, festhalten; vermerken;* in der Wirtschaft ist ein Fortgang zu v. ‖ **Ver|zeich|nis** das, -nisses/-nisse: ein V. *(eine Auflistung)* der Personen | (EDV) Dateien und Dokumente in einem V. zusammenstellen
ver|zei|hen: *vergeben;* „Verzeihen Sie!" ‖ **ver|zeih|lich:** *entschuldbar* ‖ **Ver|zei|hung** die, -: *Vergebung;* Verzeihung! *(Entschuldigung!)*
ver|zer|ren: das Gesicht v. | eine verzerrte *(unrichtige, entstellte)* Wiedergabe des Gehörten ‖ **Ver|zer|rung**
ver|zet|teln: ich verzettle meine Kräfte *(verschwende sie für Unwichtiges);* verzettle dich nicht ‖ **Ver|zet|te|lung = Ver|zett|lung** die, -/-en
Ver|zicht der, -[e]s/-e: auf etwas V. leisten *(darauf verzichten)* ‖ **ver|zicht|bar** ‖ **ver|zich|ten:** auf Gewalt[anwendung] v.; auf alle Ansprüche v. ‖ **Ver|zichts|er|klä|rung,** *auch:* Verzichterklärung
ver|zie|hen: den Mund v. | die Kinder v. *(schlecht erziehen; verzärteln)* | das Gewitter verzog sich *(ging vorüber);* → verzogen
ver|zie|ren: *[aus]schmücken;* die Zeichnungen mit einem schönen Rand v. ‖ **Ver|zie|rung** die, -/-en
ver|zin|ken: *mit Zink überziehen* ‖ **Ver|zin|kung** die, -/-en
ver|zin|nen: *mit Zinn überziehen;* verzinntes Kupfer
ver|zin|sen: Geld mit 3 % v.; die Spareinlage verzinst sich gut *(sie bringt hohe Zinsen)* ‖ **ver|zins|lich:** verzinsliches Darlehen ‖ **Ver|zin|sung** die, -/-en
ver|zo|gen: ein verzogenes *(schlecht erzogenes)* Kind | ein verzogener Rahmen | „Empfänger verzogen" (als Postvermerk: *er wohnt nicht mehr hier*); → verziehen
ver|zö|gern: *verlangsamen;* die Fertigstellung verzögert sich noch ein wenig ‖ **Ver|zö|ge|rung** die, -/-en ‖ **Ver|zö|ge|rungs|ma|nö|ver** [-v-, -f-] ‖ **Ver|zö|ge|rungs|tak|tik:** *planmäßiges Verzögern*
ver|zol|len: eine Ware v. *(Zoll für sie zahlen)* ‖ **Ver|zol|lung** die, -/-en
ver|zopft (abw.): *rückständig, altmodisch, spießbürgerlich*
ver|zu|ckern: flüssiger Honig verzuckert *(kandiert, wird fest)*
ver|zückt: *begeistert, tief beglückt, außer sich* ‖ **Ver|zückt|heit** die, - ‖ **Ver|zü|ckung** die, -/-en: in V. geraten
Ver|zug der, -[e]s: ohne V. *(unverzüglich, sofort);* im V. *(im Rückstand)* sein; mit der Lieferung in

V

V. kommen; bei Gefahr im V. *(bei unmittelbarer, akuter Gefahr)* ‖ **Ver|zugs|zin|sen** die (Pl.) (Bankw.): *zusätzliche Zinsen bei verspäteter Zahlung*

ver|zup|fen sich (bes. ostöst., ugs.): *sich davonschleichen, verschwinden; sich [von der Arbeit] drücken*

ver|zwei|feln: *jede Hoffnung aufgeben;* an etwas/jemandem v.; *aber:* es ist zum **V**erzweifeln ‖ **ver|zwei|felt:** *hoffnungslos* | v. *(mit äußerster Anstrengung)* um etwas kämpfen; eine v. ernste Lage ‖ **Ver|zweif|lung** die, -: jemanden zur V. bringen ‖ **Verzweif|lungs|tat**

ver|zwei|gen sich: die Baumkrone verzweigt sich in viele Äste | ein verzweigtes Netz von Straßen und Wegen ‖ **Ver|zwei|gung** die, -/-en

ver|zwi|cken (ugs.): eine Wurstsemmel v. *(aufessen)* ‖ **ver|zwickt** (ugs.): eine verzwickte *(schwierige, verwickelte, knifflige)* Angelegenheit ‖ **Ver|zwickt|heit** die, -

Ves|per [v-, auch: f-] die, -/-n ⟨lat.⟩: *Andacht am Nachmittag; Teil des Stundengebets* | (auch: das, -s/-) (bes. südl. D) *Jause [am Nachmittag]* ‖ **Ves|per|bild** (Kunstg.): *Pietà* ‖ **Ves|per|brot** das, -[e]s (bes. südl. D) ‖ **Ves|per|läu|ten** das, -s ‖ **ves|pern** (bes. südl. D): *jausnen* ‖ **Ves|per|pau|se** ‖ **Ves|per|zeit** (bes. südl. D)

Ves|ta|lin [v-] die, -/-innen ⟨lat.⟩: *eine altrömische [jungfräuliche] Priesterin*

Ves|te [f-] die, -/-n (veraltet): *Festung;* die V. Hohensalzburg; → Feste

Ve|sti|bül [v-] das, -s/-e ⟨lat.-fr.⟩: *Vorhalle, Stiegenhalle [in einem Theater]*

Ve|suv [ve'zu:f] der, -s: *Vulkan bei Neapel*

Ve|te|ran [v-, auch: f-] der, -en/-en ⟨lat.⟩: *ausgedienter Soldat, ehemaliger Kriegsteilnehmer; jemand, der lange gedient hat* ‖ **Ve|te|ra|nin** die, -/-innen

ve|te|ri|när [v-] ⟨lat.-fr.⟩: *tierärztlich; aber:* **V**eterinärmedizinische Universität Wien ‖ **Ve|te|ri|när** der, -s/-e: *Tierarzt* ‖ **Ve|te|ri|nä|rin** die, -/-innen ‖ **Ve|te|ri|när|me|di|zin:** *Tierheilkunde;* → G.: Humanmedizin ‖ **Ve|te|ri|när|me|di|zi|ni|sche Uni|ver|si|tät** [- -v-] die, -n - (in Wien)

Ve|to [v-] das, -s/-s ⟨lat.⟩: *Einspruch;* ein V. gegen einen Beschluss einlegen *(ihn damit blockieren)* ‖ **Ve|to|recht:** *Einspruchsrecht*

Vet|tel [f-] die, -/-n (derb, abw., veraltet): *verwahrloste alte Frau*

Vet|ter [f-] der, -s/-n: → *Cousin* | (reg., veraltet) *vertrauter Freund einer Familie, Onkel* ‖ **Vet|tern|wirt|schaft** (abw.): *Begünstigung von Verwandten; Protektion [bei der Vergabe von Posten], Nepotismus;* → Freunderlwirtschaft

Ve|xier|bild [v-] ⟨lat.⟩: *Scherzzeichnung, in die ein Bild versteckt hineingezeichnet ist* ‖ **Ve|xier|spie|gel:** *Spiegel, der ein verzerrtes Bild wiedergibt*

VfGH: **V**erfassungs**g**erichts**h**of

v-för|mig ['faʊ-] = **V-för|mig:** *wie ein V geformt*

VGA [faʊ ge 'a:] (EDV): *eine Farbdarstellungstechnik auf Bildschirmen;* → CGA; → EGA; → SVGA ‖ **VGA-Bild|schirm** (EDV) ‖ **VGA-Gra|fik|kar|te** = **VGA-Gra|phik|kar|te** [-f-] (EDV) ‖ **VGA-Kar|te** (EDV)

vgl.: **v**er**gl**eiche; vgl. S. 9 *(vergleiche Seite 9)*

vH = **v. H.:** **v**om **H**undert *(Prozent);* 3 v. H *(3 %)*

VHS [faʊ ha 'ɛs]: **V**olks**h**och**s**chule | (Wz.) (Elektrot.) **V**ideo **H**ome **S**ystem *(eine Fernseh- und Videonorm)*

via [v-] ⟨lat.⟩: *auf dem Wege über; mittels;* via Frankfurt nach Wien fliegen ‖ **Via|dukt** das = der, -[e]s/-e: *über ein Tal gebaute Brücke für einen Verkehrsweg;* Eisenbahnviadukt

Vi|bra|fon = **Vi|bra|phon** [v-f-] das, -s/-e ⟨lat.+gr.⟩ (Mus.): *ein Schlaginstrument* ‖ **Vi|bra|ti|on** [-tsi̯-] die, -/-en ⟨lat.⟩: *Schwingung* ‖ **Vi|bra|to** das, -[s]/-s [Vibrati] ⟨lat.-it.⟩ (Mus.): *ausdrucksvolles Bebenlassen des Tons* ‖ **Vi|bra|tor** der, -s/-en [-'o:-]: *Massagestab* ‖ **vi|brie|ren:** ein vibrierender *(schwingender, zitternder, rüttelnder)* Motor

vi|ce ver|sa ['vitse v-] ⟨lat.⟩: *umgekehrt*

Vi|ckerl [v-, auch: f-]: *männl. Vorname (Viktor, Ludwig)* ‖ **Vi|cki,** *auch:* Vicky [-i], Viki: *weibl. und männl. Vorname (Viktoria, Viktor)* ‖ **Vic|tor** [-k-] → Viktor ‖ **Vic|to|ria** → Viktoria ‖ **Vic|to|ria-see:** *See in Ostafrika*

vi|de [v-] (v.): *sieh[e]*

Vi|deo [v-] das, -s/-s ⟨lat.⟩: *Kurzwort für Videofilm uÄ;* eine Fernsehsendung auf V. *(mit dem Videorekorder)* aufzeichnen ‖ **Vi|deo|band** ‖ **Vi|deo|clip** [-k-] ⟨lat.+engl.⟩: *kurzer Videofilm;* → Clip ‖ **Vi|deo|ka|me|ra** ‖ **Vi|deo|kas|set|te** ‖ **Vi|deo|kon|fe|renz:** *Zusammenschaltung verschiedener Teilnehmer per Bildschirm* ‖ **Vi|deo|maut:** *Mauteinhebung, bei der die Fahrzeuge über Video erfasst werden* ‖ **Vi|deo|re|kor|der** = Videorecorder [-k-] ‖ **Vi|deo|tech|nik** ‖ **Vi|deo|text:** *Bildschirmtext [im Fernsehen]* ‖ **Vi|deo|thek** die, -/-en: *Sammlung von Filmen und Videos* | *Videoverleih* ‖ **Vi|deo|über|wa|chung:** ein Haus mit V.

vi|die|ren [v-], *auch:* **vi|di|mie|ren** ⟨lat.⟩ (Amtsspr.): *eine Kopie, Abschrift notariell beglaubigen* | ein Schriftstück vom Chef v. *(abzeichnen, zur Kenntnis nehmen)* lassen

Viech das, -[e]s/-er (ugs.): *Tier, Vieh* | (ugs., sal.) ein hohes/großes V. *(eine wichtige Persönlichkeit)* ‖ **Vie|che|rei** die, -/-en (ugs., sal.): *Schinderarbeit* | *Gemeinheit; Blödsinn* ‖ **Vie|cherl** das, -s/-[n] (ugs.): *Viech;* ein liebes V. ‖ **Viechs|ar|beit** die, - (ugs.): *sehr schwere, lästige Arbeit* ‖ **Viechs|kerl** (derb, abw.): *brutaler Mann* ‖ **Viechs|wut** (ugs., sal.): *große Wut* ‖ **Vieh** das, -[e]s: *landwirtschaftliche Nutztiere* | (derb, abw.) *brutaler Rohling* ‖ **Vieh|ab|trieb** ‖ **Vieh|auf|trieb** ‖ **Vieh|be|stand** ‖ **Vieh|fut|ter** ‖ **Vieh|händ|ler** ‖ **Vieh|händ|le|rin** ‖ **Vieh|her|de** ‖ **vie|hisch** (meist abw.): eine viehische *(unmenschliche)* Tat ‖ **Vieh|markt** ‖ **Vieh|salz** das, -es: *Lecksalz für Wild und Vieh* ‖ **Vieh|seu|che** ‖ **Vieh|trän|ke** ‖ **Vieh|trieb** ‖ **Vieh|wa|gon** = Viehwaggon: *ein Güterwagen* ‖ **Vieh|wirt|schaft** ‖ **Vieh|zucht** ‖ **Vieh|züch|ter** ‖ **Vieh|züch|te|rin**

viel, mehr/am meisten:
v. besser; v. zu wenig; v. Gutes; vieles Gute; das viele Geld; viele Kinder (*ugs. auch:* viel Kinder); die vielen Kinder; → vielmal; → vielmals; → mehr

Im Normalfall gilt Kleinschreibung:
– viel[es] bringen
– um vieles billiger
– in vielem ähnlich

V

– viele tun das
– die vielen, die da waren

Wenn der nominale Gebrauch betont werden soll, ist auch Großschreibung möglich:
– das Verhältnis der Wenigen zu den **V**ielen
– das **V**iele, das auf uns zukommt

Getrenntschreibung:
– so viel Geld haben; *aber als Konjunktion zusammen:* soviel ich weiß, kommt sie morgen
– wie viel kostet das?
– wie viele Menschen waren da?; *aber zusammen:* der wievielte
– ich bekomme gleich viel
– zu viel; viel zu viel; [viel] zu viele Leute
– allzu viel
– soundso viel; *aber zusammen:* am soundsovielten Juni

Getrennt- und Zusammenschreibung mit adjektivisch gebrauchten Partizipien, zB:
– viel beschäftigte (= vielbeschäftigte) Grafiker
– eine viel gereiste (= vielgereiste) Ingenieurin
– viel sagend = vielsagend
– viel versprechende (= vielversprechende) Vorschläge *(verheißungsvolle); aber nur zusammen:* ein äußerst vielversprechender Vorschlag, sehr vielversprechend

viel|ar|tig || **viel|bän|dig** || **viel be|schäf|tigt** = **viel|be|schäf|tigt** || **viel|deu|tig:** ein vieldeutiger Ausspruch *(ein Ausspruch, der viele Deutungen zulässt)* || **Viel|eck:** *Polygon* || **Viel|ehe:** *Ehe mit mehr als einem Partner;* → Polygamie; → G.: Einehe || **vie|len|orts** || **vie|ler|lei:** v. Wünsche || **vie|ler|orts** (geh.) || **viel|fach:** auf vielfachen Wunsch; *aber:* um ein Vielfaches größer || **Viel|fa|che** das, -n: das kleinste gemeinsame V. || **Viel|falt** die, -: *Verschiedenartigkeit, Vielfältigkeit* || **viel|fäl|tig:** *häufig, verschiedenartig, mannigfaltig* || **Viel|fäl|tig|keit** die, - || **viel|fär|big** || **Viel|fraß** der, -es/-e: *eine Marderart* | (scherzh. bzw. abw.) *jemand, der übermäßig viel isst* || **viel ge|braucht** = **viel|ge|braucht** || **viel ge|nannt** = **viel|ge|nannt** || **viel ge|reist** = **viel|ge|reist** || **viel|ge|stal|tig** || **Viel|göt|te|rei** die, -: *Glaube an mehrere Götter, Polytheismus* || **Viel|heit** die, -: *große Anzahl, Fülle* || **viel|köp|fig:** eine vielköpfige *(viele Menschen umfassende)* Menge || **viel|leicht:** v. in hundert Jahren | das war v. eine Aufregung! || **viel|mal** (veraltend): *vielmals;* → wievielmal || **viel|mals:** sich v. bedanken; ich bitte v. um Entschuldigung; *aber:* viele Mal[e] || **viel|mehr** (geh.): ich meine v. *(im Gegenteil, aber, dagegen),* dass ...; *aber:* du hast viel mehr als ich || **viel sa|gend** = **viel|sa|gend:** v. sagende Blicke; *aber nur:* vielsagender, sehr vielsagend || **viel|schich|tig** || **Viel|schrei|ber** (oft abw.) || **Viel|schrei|be|rin** (oft abw.) || **viel|sei|tig:** eine vielseitige Begabung || **Viel|sei|tig|keit** die, - || **viel|spra|chig** || **viel|stim|mig** || **viel|tau|send|mal:** ich hab das schon v. gesagt; *aber:* viele tausend *(auch:* Tausend) Mal[e] || **viel ver|spre|chend** = **viel|ver|spre|chend** → viel || **Viel|völ|ker|staat:** *Staat, in dem mehrere Völker leben, zB Österreich vor 1918* || **Viel|wei|be|rei** die, -: *Polygamie* || **Viel|wis|ser** der, -s/- || **Viel|wis|se|rin** die, -/-innen || **Viel|zahl** die, -: eine V. von Fragen

Vi|en|na [vi'ɛ-]: *latinisierender (heute internationaler) Name für Wien* || **Vi|en|nen|se** das, -s/Viennensia: *spezifische Wiener Eigenart, Erscheinung* | *spezifische Publikation zum Thema Wien*

vier (4): die v. Jahreszeiten; in seinen v. Wänden *(zu Hause)* bleiben; etwas unter v. Augen *(nur zu zweit)* besprechen | (ugs., scherzh.) auf seine v. Buchstaben *(auf den Popo)* fallen; alle viere von sich strecken; auf allen vieren gehen; zu vieren; → viert; → vierte; → acht || **Vier** die, -/-en (bes. D): *Vierer; die Ziffer Vier (4);* die Note V.; → Vierer || **vier|ach|sig** [-ks-] (4-achsig) || **Vier|ak|ter** der, -s/-: *Bühnenwerk in vier Akten* || **Vier|au|gen|ge|spräch:** *Gespräch zu zweit* || **Vier|bei|ner** der, -s/-: *Tier mit vier Beinen;* → Zweibeiner || **vier|bei|nig** (4-beinig) || **vier|bän|dig** (4-bändig) || **vier|blät|te|rig** = **vier|blätt|rig:** ein vierblätt[e]riges Kleeblatt *(Glückssymbol)* finden || **Vier|eck:** *Fläche mit vier Seiten, zB Rechteck* || **vier|eckig** (4-eckig) || **vier|ein|halb**

Vie|rer (4er) der, -s/-: *die Ziffer Vier (4)* | (Sport) *Boot für vier Ruderer*

Die österreichischen Formen der nominalisierten Zahlwörter werden auf -er gebildet:
– einen Vierer hinschreiben (bes. in Deutschland: eine Vier)
– als Note einen Vierer *(ein Genügend)* bekommen (bes. in Deutschland: eine Vier)

Vie|rer|ket|te (Sport): *ein Verteidigungssystem im Fußball* || **vie|rer|lei** || **Vie|rer|rei|he** || **Vie|rer|schnap|sen:** *ein Kartenspiel, Bauernschnapsen* || **vier|fach** (4fach, 4-fach) || **Vier|far|ben|druck** || **vier|fü|ßig** || **Vier|fü|ßler** der, -s/- (Zool.) || **Vier|ge|spann:** *Wagen mit vier Pferden* || **vier|hän|dig:** v. *(zu zweit auf einem Klavier)* spielen || **vier|hun|dert** (400) || **vier|jäh|rig** (4-jährig) || **Vier|kant** der, -[e]s/-e: *ein vierkantiges Metallstück* | *ein Steckschlüssel* || **Vier|kan|ter** der, -s/- = **Vier|kant|hof:** *eine Bauernhofform* || **vier|kan|tig** (4-kantig) || **Vier|kant|schlüs|sel** || **Vier|ling** der, -s/-e: Vierlinge zur Welt bringen; → Zwilling || **vier|mal** (4-mal) (bei bes. Betonung auch: vier Mal) || **vier|mo|to|rig** || **Vier|rad|an|trieb:** *Allradantrieb* || **vier|rä|d|rig,** *auch:* vierräderig || **vier|schrö|tig:** *stämmig, kräftig, gedrungen* || **Vier|sei|ter** der, -s/- = **Vier|seit|hof:** *eine Bauernhofform* || **vier|sei|tig** (4-seitig) || **Vier|sit|zer** der, -s/-: *Fahrzeug mit vier Sitzen* || **vier|sit|zig** || **Vier|spän|ner** der, -s/-: *Wagen mit vier Pferden* || **vier|spän|nig:** v. fahren || **vier|spu|rig** (4-spurig): eine vierspurige Autobahn || **vier|stel|lig** || **Vier|ster|ne|ho|tel** || **vier|stim|mig** || **vier|stö|ckig** || **vier|strah|lig:** eine vierstrahlige Düsenmaschine || **vier|stün|dig** || **viert** [firt]: zu v. gehen || **Vier|ta|ge|wo|che** || **vier|tä|gig** || **Vier|tak|ter** der, -s/- = **Vier|takt|mo|tor** || **vier|te** ['fir-] (4.): die v. Zeile | (Großschreibung) der **V**ierte von links; der **V**ierte (4.) des Monats; Rudolf der **V**ierte (Rudolf IV.); → vier || **vier|tau|send** (4 000) || **Vier|tau|sen|der** (4 000er): *Berg, der zwischen 4 000 und 4 999 m hoch ist* || **vier|tei|len:** *in vier Stücke zerteilen, vierteln;* er hat das Brot geviertteilt || **vier|tei|lig**

vier|tel ['fir-] (4tel, ¼): die Flasche ist drei v. leer; *aber:*

V

drei und ein Viertel | (ostöst.) v. acht (westöst.: *Viertel nach sieben;* reg.: *Viertel über sieben, 7:15/19:15 Uhr*); es schlägt drei v. vier (reg., zB westöst.: *Viertel vor vier*)

Kleinschreibung in Uhrzeitangaben unmittelbar vor Zahlen:
- um viertel fünf
- gegen drei viertel acht; *aber groß:* um **V**iertel vor acht

Getrennt- und Zusammenschreibung mit Maßangaben:
- ein viertel Liter = Viertelliter
- eine viertel Million = Viertelmillion
- eine viertel Stunde = Viertelstunde

Vier|tel das, -s/- (4tel, ¼): drei und ein V.; das erste V. [des Mondes]; ein V. Brot; das akademische V.; → c. t. | es ist [ein] V. vor vier; → viertel | in einem vornehmen V. *(Stadtteil)* wohnen | V. unterm Manhartsberg *(Weinviertel)* ‖ **Vier|tel|dre|hung** ‖ **Vier|tel|fi|na|le** (Sport) ‖ **Vier|tel|jahr** ‖ **vier|tel|jäh|rig:** *ein Kurs von vierteljähriger Dauer* ‖ **vier|tel|jähr|lich:** vierteljährliche *(in jedem Vierteljahr fällige)* Zahlungen ‖ **Vier|tel|jahrs|schrift:** eine vierteljährlich erscheinende Zeitschrift ‖ **Vier|tel|kreis** ‖ **vier|tel Li|ter** = **Vier|tel|li|ter** (¼ Liter, ¼-Liter) ‖ **vier|tel Mil|li|on** = **Vier|tel|mil|li|on** (¼ Million, ¼-Million) ‖ **vier|teln,** ich viertle: *in Viertel teilen, vierteilen* ‖ **Vier|tel|no|te** (♩) (Mus.) ‖ **Vier|tel|pau|se** (𝄽) (Mus.) ‖ **vier|tel Stun|de** = **Vier|tel|stun|de** (¼ Stunde, ¼-Stunde): ich komme in einer v. S.; in drei v. Stunden ‖ **vier|tel|stün|dig:** *eine Viertelstunde dauernd* ‖ **vier|tel|stünd|lich:** *jede Viertelstunde* ‖ **Vier|tel|ton** (Mus.): *ein halber Halbton* ‖ **vier|tens** ['fir-] (4.) ‖ **vier|tü|rig:** ein viertüriges Auto ‖ **Vie|rung** die, -/-en (Arch.): *Teil des Kirchenraums, in dem Längs- und Querschiff sich kreuzen* ‖ **Vie|rungs|kup|pel** (Arch.) ‖ **Vier|vier|tel|takt** [-'firt-] ($^4/_4$-Takt, C-Takt) (Mus.) ‖ **vier|wer|tig** ‖ **vier|wö|chig** ‖ **vier|zehn** ['fir-] (14) ‖ **vier|zehn|hun|dert** (1 400) ‖ **vier|zehn|jäh|rig** (14-jährig) ‖ **vier|zehn|tä|gig** (14-tägig): *zwei Wochen dauernd* ‖ **vier|zehn|täg|lich** (14-täglich): *alle zwei Wochen* ‖ **Vier|zei|ler** der, -s/-: *eine vierzeilige Strophe mit meist scherzhaftem Inhalt, Gstanzl* ‖ **vier|zig** ['fir-] (40): v. Euro; → achtzig ‖ **vier|zi|ger** (40er) → vierziger Jahr = Vierzigerjahr; → achtziger ‖ **Vier|zi|ger** der, -s/- (40er): *die [Zahl] Vierzig | eine Spielansage im Schnapsen* ‖ **Vier|zi|ge|rin** die, -/-innen (40erin) ‖ **vier|zi|ger Jahr** = **Vier|zi|ger|jahr** (40er Jahr, 40er-Jahr): in den vierziger Jahren (= Vierzigerjahren) des 20. Jh.; → achtziger ‖ **vier|zig|jäh|rig** (40-jährig) ‖ **Vier|zig|stun|den|wo|che** (40-Stunden-Woche) ‖ **Vier|zim|mer|woh|nung** (4-Zimmer-Wohnung) ‖ **Vier|zy|lin|der** [-tsy-, -tsi-] (4-Zylinder): *ein Auto mit einem Vierzylindermotor* ‖ **vier|zy|lin|drig**

Vi|et|nam [vi.ɛ-]: *Staat in Südostasien*

vif [v-] ⟨lat.-fr.⟩: *lebhaft, aufgeweckt* ‖ **Vif|zack** der, -s/-s (sal.): *jemand, der besonders vif und auf Zack ist*

Vi|gil [v-] die, -/-ien [-i̯ɛn] ⟨lat.⟩ (Rel.): *Vorabendfeier eines hohen katholischen Feiertages*

Vi|gnet|te [vi'njɛtɛ] die, -/-n ⟨lat.-fr.⟩: *Aufkleber, Etikett, Pickerl | Zeichnung oder kleines Bild als [Rand]verzierung, zB in Büchern* ‖ **Vi|gnet|ten|pflicht** (Verk.): *vorgeschriebener Kauf einer Vignette für die Benützung von Autobahnen*

Vi|kar [v-] der, -s/-e ⟨lat.⟩: *Stellvertreter [des Pfarrers];* Bischofsvikar ‖ **Vi|ka|rin** die, -/-innen

Vi|ki [v-]: *weibl. Vorname;* → Vicki ‖ **Vik|tor** [auch: f-], *auch:* Victor [-k-]: *männl. Vorname;* → Vickerl ‖ **Vik|to|ria,** *auch:* Victoria: *römische Siegesgöttin | weibl. Vorname;* → Vicki ‖ **vik|to|ri|a|nisch:** *dem Geist der Epoche der englischen Königin Viktoria (1837–1901) entsprechend oder aus ihrer Zeit stammend;* viktorianische Anschauungen; *aber:* die **V**iktorianische Zeit

Vik|tu|a|li|en [v-] die (Pl.) ⟨lat.⟩ (veraltet): *Lebensmittel* ‖ **Vik|tu|a|li|en|hand|lung** (veraltet)

Vil|la [v-] die, -/Villen ⟨lat.⟩: *vornehmes Einzelwohnhaus*

Vil|lach [f-] (Kfz: VI): *Statutarstadt in Kärnten* | (Kfz: VL) Villach-Land (= Villach Land) *(Villach-Umgebung)* ‖ **Vil|la|cher Al|pe:** → *Dobratsch*

vil|len|ar|tig [v-]: *ein villenartiges Gebäude* ‖ **Vil|len|vier|tel:** *aus Villen bestehender Stadtteil;* → Cottage

Vil|ni|us [v-] (poln.: Wilna): *Hauptstadt Litauens*

Vils [f-]: *Stadt in Tirol*

Vi|nai|gret|te [vinɛ'grɛt(ɛ)] die, -/-n ⟨lat.-fr.⟩ (Küchenspr.): *ein Salatdressing*

Vin|di|ka|ti|on [v-tsi̯-] die, -/-en ⟨lat.⟩ (Jus): *Eigentumsklage*

Vin|do|bo|na [v-, auch: -'boː-] ⟨kelt.-lat.⟩: *römische Vorgängerstadt Wiens*

Vi|ni|fi|ka|ti|on [v-tsi̯-] die, - ⟨lat.⟩: *Weinbereitung; Kellereitechnik* ‖ **vi|ni|fi|zie|ren:** *Wein herstellen*

vin|ku|lie|ren [v-] ⟨lat.⟩ (Jus): *an die Zustimmung eines anderen binden* ‖ **Vin|ku|lie|rung** die, -/-en (Jus): *die Bindung eines Rechtes, zB auf Auszahlung der Versicherungssumme, an die Zustimmung eines Dritten*

Vi|no|thek [v-] die, -/-en ⟨lat.+gr.⟩: *Sammlung von Weinen | Weinhandlung*

Vinsch|gau [f-] der, -[e]s, *auch:* Vintschgau: *ein Tal in Südtirol* ‖ **Vinsch|gerl** das, -s/-[n], *auch:* Vintschgerl, Vinschger, Vintschger: *ein dunkles Brotlaibchen* ‖ **Vintsch|gau** → Vinschgau ‖ **Vintsch|gerl,** Vintschger → Vinschgerl

Vin|zenz [v-, auch: f-]: *männl. Vorname*

Vi|o|la [v-] die, -/Violen ⟨prov.-it.⟩: *ein Streichinstrument, Bratsche;* V. d'Amore; V. da Gamba *(Gambe)* ‖ **Vi|o|la|spie|ler** ‖ **Vi|o|la|spie|le|rin**

vi|o|lett [v-] ⟨lat.-fr.⟩: *veilchenfarben;* v. färben ‖ **Vi|o|lett** das, -[s]/-: eine Bluse in V.

Vi|o|li|ne [v-] die, -/-n ⟨it.⟩: *Geige* ‖ **Vi|o|lin|kon|zert** ‖ **Vi|o|lin|schlüs|sel** (𝄞) ‖ **Vi|o|lin|spie|ler** ‖ **Vi|o|lin|spie|le|rin** ‖ **Vi|o|lon|cel|lo** [-tʃ-]: *ein Streichinstrument, Cello* ‖ **Vi|o|lo|ne** der, -[s]/-[n] [Violoni] (Mus.): *Kontrabass*

VIP [vip] = **V. I. P.** [vi aɪ 'piː] die, -/-s: **v**ery **i**mportant **p**erson *(sehr wichtige, prominente Person)*

Vi|per [v-, f-] die, -/-n ⟨lat.⟩: *eine Giftschlange*

Vi|re|ment [vir'mɑ̃ː] das, -s/-s ⟨fr.⟩ (Wirt.): *Austausch von Beträgen im Budget;* → Revirement ‖ **vi|re|ment|fä|hig**

Vi|ren [v-] die (Pl. von → Virus)

Vir|gen|tal [f-] das, -[e]s (OstT)

Vir|gi|nia[1] [vir'dʒiː-] die, -/-s: *eine*

Zigarrensorte ‖ **Vir|gi|nia**[2] [auch: və'dʒɪnɪə]: *Bundesstaat der USA*

vi|ri|bus uni|tis [v- -] ⟨lat.⟩: *mit vereinten Kräften*

vi|ril [v-] ⟨lat.⟩ (geh.): *betont männlich* ‖ **Vi|ri|list** der, -en/-en: *Experte mit Mitspracherecht beim Österreich-Konvent* ‖ **Vi|ri|lis|tin** die, -/-innen

Vi|ro|lo|ge [v-] der, -n/-n ⟨lat.+gr.⟩: *Virusforscher* ‖ **Vi|ro|lo|gie** die, - ‖ **Vi|ro|lo|gin** die, -/-innen ‖ **Vi|ro|se** die, -/-n (Med.): *Viruserkrankung*

Vir|tu|a|li|tät [v-] die, -/-en ⟨lat.⟩ ‖ **Vir|tu|al Re|a|li|ty** ['vɜːtjuəl ri'ælɪti] die, - - ⟨engl.⟩ (Technol., EDV): *künstliche Wirklichkeit, vom Computer simulierte Welt;* → Cyberspace ‖ **vir|tu|ell** [vi-] ⟨lat.-engl.⟩ (geh.): *nicht wirklich, nicht real, der Möglichkeit nach* ‖ **vir|tu|os** ⟨lat.-it.⟩: ein virtuoses *(meisterhaftes)* Spiel; eine virtuose Geigerin ‖ **Vir|tu|o|se** der, -n/-n: ein V. auf der Violine *(Geigenkünstler)* ‖ **Vir|tu|o|sin** die, -/-innen ‖ **Vir|tu|o|si|tät** die, -: ein schwieriges Musikstück mit großer V. *(Kunstfertigkeit, Meisterschaft)* vortragen

vi|ru|lent [v-] ⟨lat.⟩: virulente *(ansteckende)* Krankheitskeime | v. werdende *(gefährlich werdende, zum Ausbruch kommende)* Gefahren ‖ **Vi|ru|lenz** die, -

Vi|ru|num [v-]: *römische Stadt, Ruinenstätte bei Klagenfurt (K)*

Vi|rus [v-] das = der, -/Viren ⟨lat.⟩ (Med.): *kleinster Erreger von Infektionskrankheiten;* Grippevirus | (EDV) *Computerprogramm, das andere zerstört* ‖ **Vi|rus|er|kran|kung** (Med.) ‖ **Vi|rus|in|fek|ti|on** [-tsi̯-] (Med.)

Vi|sa [v-] die (Pl. von → Visum)

Vi|sa|ge [vi'zaːʃ, -ʒɛ] die, -/-n ⟨lat.-fr.⟩ (ugs., abw.): *Gesicht;* eine brutale V. ‖ **Vi|sa|gist** [-'ʒist] der, -en/-en: *Spezialist für Gesichtskosmetik, Maskenbildner* ‖ **Vi|sa|gis|tin** die, -/-innen

vis-a-vis [viza'viː] = **vis-à-vis** ⟨fr.⟩ (Präp. mit Dat.): v. dem Rathaus = v. vom Rathaus = dem Rathaus v. *(gegenüber dem Rathaus)* | (Adv.) er wohnt v. *(gegenüber)* ‖ **Vis|a|vis** das, - [-viː(s)]/- [-viː(s)]: *das Gegenüber*

Vi|sier [v-] das, -s/-e ⟨lat.-fr.⟩: *die Zielvorrichtung [des Gewehrs];* jemanden/etwas ins V. nehmen *(genau beobachten)* | *beweglicher Teil des Helms, der das Gesicht schützt;* mit offenem V. *(offen und ehrlich)* kämpfen ‖ **vi|sie|ren:** *auf etwas/jemanden zielen* | *ausmessen* ‖ **Vi|sier|fern|rohr** ‖ **Vi|si|on** die, -/-en ⟨lat.⟩: eine V. *(eine Erscheinung, ein Traumgesicht)* haben | *Zielvorstellung für eine bessere Zukunft* ‖ **vi|si|o|när:** *traumhaft* | *seherisch* ‖ **Vi|si|ta|ti|on** [-tsi̯-] die, -/-en: *Besichtigung; Überprüfung; Durchsuchung* ‖ **Vi|si|te** [-t(ɛ)] die, -/-n ⟨lat.-fr.⟩: *ärztlicher Hausbesuch; täglicher ärztlicher Kontrollbesuch bei den Kranken [im Spital]* ‖ **Vi|si|ten|kar|te,** *auch:* Visitkarte: *Namenskarte* ‖ **vi|si|tie|ren:** *durchsuchen; besichtigen* ‖ **Vi|sit|kar|te** → Visitenkarte

Vis|ko|se [v-] die, - ⟨lat.⟩: *eine Zelluloseverbindung, die zur Herstellung einer Kunstfaser dient* ‖ **Vis|ko|si|tät** die, -: die V. *(Zähflüssigkeit)* des Schmieröls

Vis ma|jor [v- -] die, - - ⟨lat.⟩: *höhere, unbeeinflussbare Gewalt*

vi|su|a|li|sie|ren [v-] ⟨lat.-engl.⟩: *sichtbar machen, veranschaulichen* ‖ **Vi|su|a|li|sie|rung** die, -/-en ‖ **vi|su|ell:** visuelle *(durch das Auge aufgenommene)* Eindrücke; ein visueller Typ *(jemand, der Gesehenes leicht im Gedächtnis behält)* ‖ **Vi|sum** das, -s/Visa [Visen] ⟨lat.⟩: *für Reisen in bestimmte Staaten notwendige Passeintragung, Sichtvermerk* ‖ **Vi|sum|zwang:** *verpflichtendes Visum bei der Einreise in bestimmte Staaten*

Vi|ta [v-] die, -/Viten (Vitae [-tɛ]) ⟨lat.⟩: *Lebensbeschreibung [eines Heiligen], Lebenslauf* ‖ **vi|tal:** *lebenskräftig, energievoll; lebenswichtig* ‖ **Vi|tal|funk|ti|on** [-tsi̯-]: *lebenswichtige Funktion, zB Atmung* ‖ **vi|ta|li|sie|ren:** *beleben* ‖ **Vi|ta|li|tät** die, -: *Lebenskraft* ‖ **Vi|tal|stoff:** *lebensnotwendiger, in Nahrungsmitteln enthaltener Wirkstoff, zB Vitamin* ‖ **Vi|ta|min** das, -s/-e: *ein lebenswichtiger Wirkstoff;* V. C | (scherzh.) Vitamin B *(Beziehungen)* = Vitamin P *(Protektion)* ‖ **Vi|ta|min-B-häl|tig** [-'beː-], *auch:* Vitamin-B-haltig ‖ **Vi|ta|min|ge|halt** der, -[e]s/-e ‖ **vi|ta|min|häl|tig,** *auch:* vitaminhaltig ‖ **Vi|ta|min|man|gel** ‖ **Vit|a|min|prä|pa|rat** ‖ **vi|ta|min|reich:** vitaminreiche Kost ‖ **Vit|a|min|stoß:** *Zufuhr einer größeren Menge eines oder mehrerer Vitamine*

Vi|tri|ne [v-] die, -/-n ⟨lat.-fr.⟩: *Glaskasten, Schaukasten*

Vi|tri|ol [v-] das, -s/-e ⟨lat.⟩ (Chem., veraltet): *ein Schwermetallsulfat*

Vi|tus [v-, auch: f-]: *männl. Vorname;* → Veit

vi|va|ce [vi'vaːtʃɛ] ⟨it.⟩ (Mus.): *lebhaft, munter* ‖ **Vi|va|ce** das, -/- (Mus.) ‖ **vi|vat** ⟨lat.⟩: er/sie lebe hoch!; v. (= Vivat) rufen ‖ **Vi|vat** das, -s/-s: auf jemanden ein V. *(einen Hochruf)* ausbringen; V. (= vivat) rufen ‖ **Vi|vat|ruf** ‖ **Vi|vi|sek|ti|on** [-tsi̯-]: *operativer Eingriff an einem lebenden Tier zu Forschungszwecken* ‖ **vi|vi|se|zie|ren**

Vi|ze[1] [v-, f-] der, -s/-s ⟨lat.⟩ (sal.): *Kurzwort für Vizepräsident, Vizedirektor uÄ* ‖ **Vi|ze**[2] die, -/-s (sal.) ‖ **Vi|ze|bür|ger|meis|ter** ‖ **Vi|ze|bür|ger|meis|te|rin** ‖ **Vi|ze|kanz|ler:** *Stellvertreter des Bundeskanzlers, ein Bundesminister* ‖ **Vi|ze|kanz|le|rin** ‖ **Vi|ze|prä|si|dent:** *Stellvertreter des Präsidenten; zweiter Präsident* ‖ **Vi|ze|prä|si|den|tin** ‖ **Vi|ze|rek|tor** ‖ **Vi|ze|rek|to|rin**

v. J.: **v**origen **J**ahres

VKI [faʊ ka 'iː] der, -: **V**erein für **K**onsumenten**i**nformation

vlg.: **vulg**o

Vlies das, -es/-e: *ein bestimmter weicher Stoff* | *Schaffell;* der Orden vom Goldenen V. ‖ **Vlie|se|li|ne** die, - (Wz.): *ein aufbügelbarer Stoff*

vm.: **v**or**m**ittags ‖ **Vm.:** **V**or**m**ittag

v. M.: **v**origen **M**onats

v. o.: **v**on **o**ben (bei Verweisen in Büchern); 5. Zeile v. o.

Vöck|la|bruck [f-] (Kfz: VB): *Stadt und Bezirk in Oberösterreich*

VOEST-AL|PI|NE ['føːst-] die, -, *auch:* VOEST (früher): *ein Eisen und Stahl erzeugender Betrieb in Linz*

Vo|gel der, -s/Vögel: ein zwitschernder V.; der V. ist ausgeflogen *(die gesuchte Person ist nicht anzutreffen);* sie schießt den V. ab *(übertrifft mit einer Leistung alle anderen)* | (ugs.) er hat einen V. *(er ist verrückt);* jemandem den V. zeigen *(an die Stirn tippen, um zu zeigen, dass man jemanden für verrückt hält)* | (sal.) ein bunter/schräger V. *(eine schillernde, unkonventionelle Persönlichkeit)* ‖ **Vo|gel|beer|baum:** *ein Laubbaum, Eberesche* ‖ **Vo|gel|fän|ger** ‖ **Vo|gel|fän|ge-**

rin ‖ **vogelfrei:** *rechtlos; geächtet | ungebunden* ‖ **Vogelfutter** ‖ **Vogelgezwitscher** ‖ **Vogelgrippe:** *eine Tierseuche, Geflügelpest* ‖ **Vogelhaus:** *Vogelkäfig, Voliere* ‖ **Vogelhäuschen** ‖ **Vogelkäfig** ‖ **Vogelkirsche:** *wilde Kirsche* ‖ **Vogelkunde:** *Ornithologie* ‖ **vögeln** (derb): *koitieren* ‖ **Vogelnest** ‖ **Vogelperspektive** [-fɛ, -vɛ] die, -: *Vogelschau* ‖ **Vogelruf** ‖ **Vogelschar** ‖ **Vogelschau** die, -: eine Ansicht aus der V. *(zB aus dem Flugzeug)* ‖ **Vogelscheuche** die, -/-n: *mit Fetzen behängtes menschenähnliches Gestell, das die Vögel abschrecken soll* ‖ **Vogelschutzgebiet** ‖ **Vogelschwarm** ‖ **Vogelsteige** (reg.): *Vogelkäfig* ‖ **Vogel-Strauß-Politik:** V. betreiben *(den Kopf in den Sand stecken, eine Gefahr nicht zur Kenntnis nehmen)* ‖ **Vogel-V** [-ˈfaʊ] das, -/- (veraltet): das Wort *Vase* schreibt man mit Vogel-V ‖ **Vogelwarte:** *ein Institut für Vogelkunde, bes. zur Beobachtung von Zugvögeln* ‖ **Vogelwürstel** [meist: -ʃt-] (ugs.): *Fruchtstand des Breitwegerichs* ‖ **Vogelzug:** *Flug der Zugvögel* ‖ **Vogerl** das, -s/-[n]: *kleiner Vogel*

Vögerl das, -s/-[n] (Küchenspr.): *Teil der Wade des Kalbs;* Kalbsvögerl

Vogerlsalat der, -[e]s: *Feldsalat*

Vogt der, -[e]s/Vögte (früher): *Schutzherr; Richter; Verwalter* ‖ **Vogtei** die, -/-en: *Amtsbezirk, Sitz eines Vogtes*

Voicebox [ˈvɔɪsb-] die, -/-es [-ɪz] ⟨engl.⟩: *Mailbox für Sprachnachrichten, Anrufbeantworter* ‖ **Voicemail** [-meɪl]: *Sprachnachricht[ensystem]*

voilà [vo̯aˈla] ⟨fr.⟩: *Da ist es/Da sind sie!*

VoIP [faʊ o i ˈpeː] ⟨engl.⟩: **V**oice **o**ver **I**nternet **P**rotocoll *(Telefonie über Internet);* → Skype

Voitsberg [f-] (Kfz: VO): *Stadt und Bezirk in der Steiermark*

Vojvodina [v-v-, auch: -ˈiː-, -ˈvoː-] die, -: → Woiwodina

Vokabel [v-] das, -s/- = die, -/-n ⟨lat.⟩: *Wort aus einer fremden Sprache* ‖ **Vokabelheft** ‖ **Vokabular** das, -s/-e [-ien] [-i̯ɛn]: *Wörterverzeichnis; Wortschatz* ‖ **vokal** (Mus.): *für Singstimme[n];* → instrumental ‖ **Vokal** der, -s/-e (Sprachwiss.): *Selbstlaut (a, e, i, o, u; ä, ö, ü);* → Konsonant ‖ **vokalisch:** Wörter mit vokalischem Anlaut ‖ **Vokalmusik:** *Musik für Singstimme[n];* → G.: Instrumentalmusik ‖ **Vokativ** der, -s/-e (Gramm., Sprachwiss.): *Fall der Anrede (zB im Lateinischen)*

Volant [vɔˈlɑ̃ː] der, -s/-s ⟨fr.⟩: *[gezogener] Besatz an Frauenkleidern, Vorhängen uÄ* | (auch mit Art. das) (veraltend) *Lenkrad*

volatil [v-] ⟨lat.⟩ (Wirt.): *schwankend* ‖ **Volatilität** die, - (Wirt.): *Schwankung von Preisen, Aktienkursen, Märkten usw.*

Voliere [voˈli̯eːʀə, -ʀɛ] die, -/-n ⟨fr.⟩: *Flugkäfig [im Tiergarten, Vogelhaus]*

Volk das, -[e]s/Völker: *eine große Gemeinschaft von Menschen mit gleicher Kultur, Geschichte, Sprache und anderen verbindenden Merkmalen;* die europäischen Völker | *die Bevölkerung eines Staates; Staatsvolk* | (geh.) das auserwählte Volk *(das jüdische Volk [in der Bibel])* | Leute aus dem V. *(aus der einfachen Bevölkerung)* | *Gruppe mit gleichen Merkmalen;* Bienenvolk ‖ **Volker:** *männl. Vorname* ‖ **Völkerball** der (*ugs. auch:* das), -[e]s: *ein Ballspiel;* V. spielen ‖ **Völkerbund** der, -[e]s (Pol.): *eine internationale Staatenvereinigung zur Sicherung des Friedens (von 1920 bis 1946)* ‖ **Völkerkunde** die, -: *Wissenschaft von den fremden [außereuropäischen] Völkern, Ethnologie* ‖ **Völkermarkt** (Kfz: VK): *Stadt und Bezirk in Kärnten* ‖ **Völkermord:** *Vernichtung eines Volks, Ermordung einer Volksgruppe, Genozid* ‖ **Völkerrecht** das, -[e]s (Pol., Jus): *internationales Recht, das die Beziehungen zwischen den Staaten regelt* ‖ **Völker verbindend** = **völkerverbindend** ‖ **Völkerverständigung** ‖ **Völkerwanderung** (Gesch.): *eine Epoche zwischen Antike und Mittelalter* ‖ **völkisch** (im Nationalsozialismus): *das Volk betreffend, national, auf das Volkstum bezogen* ‖ **volkreich** (veraltet): *stark bevölkert* ‖ **Volksabstimmung:** *demokratischer Willensentscheid der Wahlberechtigten eines Staates* ‖ **Volksaltar** (kath.): *dem Volk zugewendeter Altar* ‖ **Volksanwalt** ‖ **Volksanwältin** ‖ **Volksanwaltschaft** die, -: *eine staatliche Einrichtung für Beschwerden gegen die öffentliche Verwaltung* ‖ **Volksaufklärung** (beschön., zB im Nationalsozialismus): *Propaganda* ‖ **Volksauflauf:** *Zusammenlauf* ‖ **Volksaufstand** ‖ **Volksbefragung** (Pol.): *Befragung der Bürger/innen zu wichtigen Entscheidungen in Form einer Abstimmung* ‖ **Volksbegehren:** *durch eine bestimmte Mindestanzahl von Bürgern eingebrachter Gesetzeswunsch* ‖ **Volksbildung:** *Erwachsenenbildung* ‖ **Volksbrauch** ‖ **Volksdemokratie:** *eine Staatsform kommunistisch regierter Staaten* ‖ **volksdeutsch** ‖ **Volksdeutsche**[1] der, -n/-n, ein Volksdeutscher (bes. im Nationalsozialismus): *Bezeichnung für eine Person deutscher Volkszugehörigkeit und nichtdeutscher Staatsbürgerschaft, zB aus Osteuropa* ‖ **Volksdeutsche**[2] die, -n/-n ‖ **Volksdichter:** *Autor volkstümlicher Werke* ‖ **Volksdichterin** ‖ **Volkseinkommen** ‖ **Volksempfänger** (früher): *weit verbreitetes Radiogerät in der NS-Zeit* ‖ **Volksempfinden** (oft abw.): *Meinung der breiten Mehrheit* | das gesunde V. *(Rechtsbegriff im Nationalsozialismus, der es erlaubte, willkürliche Schuldsprüche zu verhängen)* ‖ **Volksetymologie** [-ty-] (Sprachwiss.): *volkstümliche [irrige] Erklärung der Herkunft bzw. Bedeutung von Wörtern und Namen auf Grund ihrer Lautung* ‖ **Volksfeind** (abw.): *in Diktaturen Bezeichnung für politisch Andersdenkende* ‖ **Volksfeindin** (abw.) ‖ **Volksfest** ‖ **Volksfront** (früher): *ein Bündnis linker Parteien* ‖ **Volksgemeinschaft** (veraltet) (Pol., bes. im Nationalsozialismus): *identitätsstiftend empfundene gemeinsame Gesellschaftsordnung eines Volkes* ‖ **Volksgerichtshof:** *ein Gericht, zB im Nationalsozialismus, für politische Straftaten* ‖ **Volksgesang** (Rel.): *Gesang der Gemeinde in der Kirche* ‖ **Volksgruppe:** *ethnische Minderheit* ‖ **Volksgruppenbeirat** (Pol.): *ein beratendes Gremium zur Wahrung der Interessen der Volksgruppen* ‖ **Volksheld:** *Nationalheld* ‖ **Volksheldin** ‖ **Volkshochschule** (VHS): *eine Einrichtung der Erwachsenenbildung* ‖ **Volksinstrument** [-st-]: *Instrument* *der Volksmusik* ‖ **Volks|kul|tur** ‖ **Volks|kun|de** die, -: *Teil der Ethnologie, Wissenschaft von Brauchtum, Sitte usw. des eigenen Volkes [der europäischen Völker]* ‖ **Volks|kund|ler** der, -s/-: *Volkskundeforscher* ‖ **Volks|kund|le|rin** die, -/-innen ‖ **Volks|kunst** die, -: *traditionelle volkstümliche Kunst* ‖ **Volks|lied:** *traditionelles volkstümliches Lied* ‖ **Volks|mär|chen:** *Märchen, das auf mündlicher Überlieferung beruht;* → Kunstmärchen ‖ **Volks|me|di|zin:** *traditionelle volkstümliche Heilkunde* ‖ **Volks|menge** ‖ **Volks|mund** der, -[e]s: *volkstümlicher Sprachgebrauch* ‖ **Volks|mu|sik:** *überlieferte Musik von regionaler Eigenart; aber:* → volkstümliche Musik; → Popularmusik ‖ **Volks|par|tei** → ÖVP ‖ **Volks|pen|si|on:** *einheitliche Grundpension für alle* ‖ **Volks|re|pu|b|lik:** *volksdemokratisch geführte Republik* ‖ **Volks|sa|ge** ‖ **Volks|sän|ger** ‖ **Volks|sän|ge|rin** ‖ **Volks|schäd|ling** (abw.): *nationalsozialistische Bezeichnung für jemanden, der aus der Gesellschaft ausgeschlossen werden sollte* ‖ **Volks|schau|spie|ler:** *anerkannter Darsteller volkstümlicher Rollen* ‖ **Volks|schau|spie|le|rin** ‖ **Volks|schicht** (Soz.) ‖ **Volks|schul|bil|dung** ‖ **Volks|schu|le** (VS): *eine Pflichtschule, Grundschule* ‖ **Volks|schü|ler** ‖ **Volks|schü|le|rin** ‖ **Volks|schul|leh|rer** ‖ **Volks|schul|leh|re|rin** ‖ **Volks|schul|ober|stu|fe** (bes. früher): *5. bis 8. Schulstufe der Volksschule* ‖ **Volks|sou|ve|rä|ni|tät** [-zuv-]: *Selbstbestimmung des Volkes, Grundsatz demokratischer Staatsverfassung* ‖ **Volks|sport:** *verbreitete Sportart* ‖ **Volks|spra|che** ‖ **Volks|stück:** *volkstümliches [heiteres] Bühnenstück* ‖ **Volks|sturm** (im Nationalsozialismus): *Organisation aus Buben und alten Männern zur Unterstützung der Wehrmacht zu Kriegsende 1945* ‖ **Volks|tanz** ‖ **Volks|tanz|grup|pe** ‖ **Volks|tracht:** *volkstümliche regionale Tracht* ‖ **Volks|tum** das, -s (veraltend): *Summe der Eigenschaften und gesellschaftlichen Werte eines Volkes* ‖ **Volks|tü|me|lei** die, -/-en (abw.): *bewusste, unechte Volkstümlichkeit* ‖ **volks|tü|melnd** (abw.) ‖ **volks|tüm|lich:** eine volkstümliche *(allgemein verständliche)* Rede | (Mus.) volkstümliche Musik *(Popularmusik, oft kommerzialisierte, populäre Musik (im Gegensatz zur überlieferten Volksmusik)* ‖ **Volks|ty|pe** [-ty-]: *für die einheimische Bevölkerung typischer Mensch; Original* ‖ **Volks|ver|bun|den|heit** ‖ **Volks|ver|het|zung** ‖ **Volks|ver|samm|lung** ‖ **Volks|ver|tre|ter:** *Abgeordneter* ‖ **Volks|ver|tre|te|rin** ‖ **Volks|ver|tre|tung:** *Parlament* ‖ **Volks|wirt:** *Nationalökonom* ‖ **Volks|wir|tin** ‖ **Volks|wirt|schaft:** *Gesamtheit aller in einem Wirtschaftsraum (zumeist Staat oder Staatenbund) verbundenen Akteure (Haushalte, Unternehmen und der Staat)* ‖ **volks|wirt|schaft|lich** ‖ **Volks|wirt|schafts|leh|re** die, -: *Nationalökonomie* ‖ **Volks|zäh|lung:** *amtliche Erhebung der Bevölkerungszahl* ‖ **Volks|zu|ge|hö|rig|keit**

voll
ein Zimmer voll[er] Menschen; ein Herz voll[er] Liebe; ein volles Jahr warten; v. und ganz zufrieden; ein Koffer voll[er] neuer Kleider (= v. mit neuen Kleidern); → Armvoll = Arm voll; → Handvoll = Hand voll; → Mundvoll = Mund voll

Schreibung mit Verben:
Großschreibung bei Nominalisierung:
- aus dem **V**ollen schöpfen
- im **V**ollen leben
- ins **V**olle greifen
- in die **V**ollen gehen *(beim Kegeln alle neune scheiben)*

Getrenntschreibung:
- voll sein
- jemanden nicht für voll nehmen *(nicht ernst nehmen)*
- den Mund nicht so voll nehmen (aufschneiden, prahlen)

Zusammenschreibung, zB:
- vollbringen
- vollenden
- sich vollessen
- vollfressen; vollgefressen
- sich volllaufen lassen *(sich betrinken)*
- sich den Bauch vollschlagen
- eine Handlung vollziehen

Bei „voll" + Verb, das ein Resultat herbeiführt, gilt im Allgemeinen Zusammenschreibung, zB:
- ein Glas vollfüllen
- den Transportwagen vollladen
- das Glas volllaufen lassen
- volltanken

Schreibung mit Adjektiven/Partizipien:
Zusammenschreibung, wenn „voll" der Bedeutungsverstärkung dient, zB:
- vollautomatisch
- vollbeschäftigt
- vollelektronisch
- vollfetter Käse
- vollgültig

Getrennt- und Zusammenschreibung mit adjektivisch gebrauchten Partizipien, zB:
- voll automatisiert = vollautomatisiert
- ein voll besetzter (= vollbesetzter) Bus

voll|auf [auch: -'auf]: v. zufrieden sein; v. beschäftigt sein ‖ **voll|au|to|ma|tisch:** eine vollautomatische Kaffeemaschine ‖ **voll au|to|ma|ti|siert** = **voll|au|to|ma|ti|siert** ‖ **Voll|bad:** ein V. nehmen ‖ **Voll|bart** ‖ **voll|bär|tig** ‖ **voll|be|schäf|tigt** ‖ **voll be|setzt** = **voll|be|setzt** ‖ **Voll|be|schäf|ti|gung** die, -: *Beschäftigung aller Arbeitskräfte [eines Landes]* ‖ **Voll|be|sitz:** im V. seiner Kräfte ‖ **Voll|blut** das, -[e]s = **Voll|blü|ter** der, -s/-: *Vollblutpferd* ‖ **voll|blü|tig:** ein vollblütiges *(aus reinrassiger Zucht stammendes)* Rennpferd | *voller Lebenskraft* ‖ **Voll|blut|mu|si|ker:** er ist ein V. *(er geht ganz in der Musik auf)* ‖ **Voll|blut|mu|si|ke|rin** ‖ **Voll|blut|pferd:** *ein reinrassiges Pferd* ‖ **Voll|brand:** der Stall stand in V. ‖ **Voll|brem|sung** ‖ **voll|brin|gen** (geh.): ein großes Werk vollbracht haben ‖ **voll|bu|sig:** *mit üppigem Busen* ‖ **Voll|dampf:** „V. voraus!" *(ein Kommando, zB auf Dampfschiffen)* | sich mit V. *(mit voller Kraft)* dahintersetzen ‖ **Völ|le** die, - ‖ **Völ|le|ge|fühl** das, -[e]s: ein V. *(einen überladenen Magen)* haben ‖ **voll|elek|t|ro|nisch** ‖ **voll|en|den:** die Künstlerin hat ein großes Werk vollendet *(ausgeführt, zum Abschluss gebracht)* | (Gramm.) vollendete Gegenwart *(Perfekt);* vollendete Vergangenheit *(Plusquamperfekt)* ‖ **voll|en|det:** ein Kunstwerk von vollendeter Schönheit ‖ **voll|ends** (geh.): das ist v. *(ganz und gar; erst recht)* unmöglich ‖ **Voll|en|dung** die, -: *Meisterschaft; [er-*

V

folgreicher] Abschluss ‖ **voll entwickelt = vollentwickelt** ‖ **voller:** ein Bus v. Kinder; ein Leben v. Sorgen; → voll ‖ **Völlerei** die, -/-en: *Unmäßigkeit beim Essen und Trinken* ‖ **vollessen** sich

volley ['vɔli, engl.: vɒ-] ⟨lat.-fr.-engl.⟩ (Sport): den Ball v. spielen *(aus der Luft übernehmend weiterspielen);* → vollieren ‖ **Volley** der, -s/-s (Sport): *direkt gespielter Ball, Flugball* ‖ **Volleyball** der, -[e]s/-bälle: *ein spezieller Ball fürs Volleyballspiel* | (ugs. auch mit Art. das) (ohne Pl.) *ein Ballspiel;* V. spielen

vollfett ‖ **vollführen:** Kunststücke v. *(ausführen)* ‖ **vollfüllen** → voll ‖ **Vollgas:** V. geben; mit V. fahren; → G.: Standgas ‖ **Vollgatter:** *eine mechanische [Bretter]säge* ‖ **vollgefressen** (derb) ‖ **Vollgefühl** das, -[e]s: im V. des Sieges ‖ **vollgepumpt** ‖ **vollgültig** ‖ **Vollgummi** ‖ **Vollgummireifen** ‖ **vollhaben:** den Kopf v. *(zu viel zu tun haben)* ‖ **Vollidiot** (ugs., abw.): *ein Schimpfwort* ‖ **Vollidiotin** (ugs., abw.)

vollieren [v-] (Sport): *den Ball volley spielen*

völlig: völlige *(vollkommene)* Windstille ‖ **vollinhaltlich:** dem Vorschlag v. *(hinsichtlich des gesamten Inhalts)* zustimmen ‖ **volljährig:** *großjährig* ‖ **Volljährigkeit** die, -: *Alter ab Vollendung des 18. Lebensjahres;* → G.: Minderjährigkeit ‖ **Vollkasko = Vollkaskoversicherung:** *Versicherung gegen alle Arten von Schäden an einem Kraftfahrzeug;* → Teilkasko ‖ **voll klimatisiert = vollklimatisiert:** die Räume sind v. k. *(haben eine automatische Klimaanlage)* ‖ **Vollkoffer** (reg.): *ein Schimpfwort;* → Koffer[2] ‖ **vollkommen** [auch: -'kɔ-]: eine vollkommene *(mustergültige)* Arbeit; es herrschte vollkommene *(völlige)* Finsternis ‖ **Vollkommenheit** die, - ‖ **Vollkornbrot** ‖ **Vollkornmehl** ‖ **Vollkornprodukt** ‖ **vollladen** → voll ‖ **volllaufen** → voll ‖ **vollleibig** ‖ **Vollmacht** die, -/-en: *Recht, im Namen eines anderen zu handeln* | *die Urkunde, die dazu berechtigt* ‖ **Vollmatrose** (Seemannsspr.): *voll ausgebildeter Matrose;* → Leichtmatrose ‖ **Vollmilch:** *Milch mit vollem Fettgehalt* ‖ **Vollmitglied** ‖ **Vollmond:** bei V. ‖ **vollmundig:** ein vollmundiger Geschmack ‖ **Vollnarkose** (Med.) ‖ **Vollpension** die, -: *Unterkunft mit voller Verpflegung;* → Halbpension ‖ **vollpfropfen** → voll ‖ **vollpumpen** → voll ‖ **vollreif:** vollreife Äpfel ‖ **Vollreife** ‖ **vollschenken** → voll ‖ **vollschlagen** (ugs.): sich den Bauch v. ‖ **vollschlank:** *leicht mollig* ‖ **Vollspur** → G.: Schmalspur ‖ **vollständig:** *ganz, völlig* ‖ **Vollständigkeit** die, -: der V. halber ‖ **vollstopfen** → voll ‖ **vollstreckbar** ‖ **Vollstreckbarkeit** die, - (Jus): *gerichtliche Exekutierbarkeit eines Urteils* ‖ **vollstrecken:** ein vollstrecktes *(vollzogenes)* Urteil ‖ **Vollstrecker** der, -s/-: *Gerichtsvollzieher, Exekutor* ‖ **Vollstreckerin** die, -/-innen ‖ **Vollstreckung** die, -/-en: die V. des Urteils ‖ **Vollstreckungsvertrag** (Jus): *Übereinkommen zur Vollziehung ausländischer Urteile* ‖ **vollsynthetisch** [-y-] ‖ **volltanken** → voll ‖ **volltönend:** mit volltönender Stimme ‖ **Volltreffer:** *Treffer genau in die Mitte* ‖ **volltrunken** ‖ **Volltrunkenheit** ‖ **Vollverb** [-v-] (Gramm.): *Verb, das allein das Prädikat bilden kann* ‖ **Vollversammlung:** *Generalversammlung* ‖ **Vollwaise:** *elternloses Kind;* → Halbwaise ‖ **vollwertig:** *ein vollwertiger Ersatz* ‖ **Vollwertkost:** *Nahrung aus naturbelassenen Lebensmitteln* ‖ **vollzählig:** v. versammelt ‖ **Vollzähligkeit** die, - ‖ **vollziehbar** ‖ **vollziehen:** eine Handlung vollzogen *(ausgeführt)* haben; die vollziehende Gewalt *(Exekutive)* ‖ **Vollziehung** die, - ‖ **Vollzug** der, -[e]s (Amtsspr.): der V. eines Urteils ‖ **Vollzugsanstalt** (Amtsspr.): *Gefängnis* ‖ **Vollzugsausschuss** (SüdT): *beschlussfassendes Gremium an einer Schule oder in einem Unternehmen* ‖ **Vollzugsmeldung**

Volontär [v-] der, -s/-e ⟨lat.-fr.⟩: *jemand, der [unentgeltlich] zur Ausbildung in einem Betrieb praktiziert* ‖ **Volontariat** [v-] das, -s/-e: *Berufspraktikum* ‖ **Volontärin** die, -/-innen ‖ **volontieren**

Volt [v-] das, -[s]/- (Phys.) (Zeichen: V): *Maßeinheit der elektrischen Spannung (nach dem italienischen Physiker Volta)* ‖ **Voltampere** [-pe:ɐ] (Phys.) (VA): *Einheit der elektrischen Leistung*

voltigieren [v-'ʒi:-] ⟨lat.-fr.⟩: *Kunstübungen auf dem galoppierenden Pferd ausführen*

Voltmeter [v-] das, -s/- (Phys.): *Spannungsmesser* ‖ **Voltsekunde** (Phys.) (Vs): *Einheit des magnetischen Flusses*

Volumen [v-] das, -s/- [Volumina] ⟨lat.⟩: *Rauminhalt* ‖ **voluminös:** ein voluminöses *(umfangreiches)* Paket ‖ **Volumsprozent:** *in Prozent ausgedrückter Anteil des Volumens eines Stoffes am Gesamtvolumen*

Voluntarismus der, - ⟨lat.⟩ (Phil.): *Lehre vom Willen als Grundprinzip*

vom
von dem; vom 3. bis [zum] 7. Jänner

Großschreibung des nachfolgenden Infinitivs und Adjektivs:
- vom **S**chreiben und vom **L**esen
- vom **K**lavierspielen ermüdet
- vom **B**esten auswählen
- etwas vom **F**einsten

von (Präp. mit Dat.): von ihm/ihr; der Kauf von Büchern; von allem etwas; von dorther; von etwas anderem reden; von früh bis spät; von jeher *(schon immer);* von klein auf; von nah und fern; von rechts nach links; von vornherein; von neuem (= Neuem) *(nochmals);* von weitem (= Weiten); von Amts wegen; es ist von Belang; von Grund auf; von Haus aus; von [ganzem] Herzen; von Nutzen sein; von Rechts wegen; von [geringem] Wert; ein Genie von Maler; von mir aus *(meinetwegen)* | (geh.) von alters her; von Sinnen *(vorübergehend unzurechnungsfähig)* sein; er kam von ungefähr *(zufällig)* | (veraltet) von dannen *(von dort weg);* von hinnen *(von hier weg)* | (Adelsprädikat) Hugo von Hofmannsthal | → vonnöten; → vonstatten; → von Seiten = vonseiten; → von – wegen

voneinander
v. Abschied nehmen; weit entfernt v.

Getrenntschreibung, wenn die Hauptbetonung auf dem Verb liegt:
- voneinander abschreiben

– voneinander lernen
Zusammenschreibung, wenn die Betonung auf „voneinander" liegt:
– voneinandergehen (geh.: *sich trennen*)
– wir müssen voneinanderscheiden (geh.: *uns trennen*); *aber getrennt:* Ungleiches voneinander scheiden *(trennen, ausscheiden)*

von|ei|n|an|der|ge|hen (geh.): *sich trennen* ‖ **von|ei|n|an|der|schei|den** (geh.): *sich trennen;* → voneinander
von|nö|ten: das ist dringend v. *(notwendig);* → Not
von Sei|ten = **von|sei|ten** (Präp. mit Gen.): von S. des Ministeriums; → Seite
von|stat|ten|ge|hen: *stattfinden; vorwärtsgehen;* diese Arbeit geht gut vonstatten
von – we|gen (Präp mit Gen.): von Amts w.; von Rechts w. | (ugs.) von wegen! *(keinesfalls)*
Voo|doo ['vu:du, auch: -'du:] das, -s, *auch:* der, *auch:* Wudu, Wodu ⟨kreolisch⟩: *ein heidnisch-christlicher magischer Geheimkult [auf Haiti]*
vor (Präp. mit Dat. und Akk.): vor dem Eingang stehen *(wo?);* vor den Eingang fahren *(wohin?);* vor allem *(besonders)* das Notwendige tun; vor Gericht; vor Zeugen; vor Angst zittern | vor kurzem (= Kurzem); vor langem (= Langem); vor längerem (= Längerem) | vor sich hin starren; → vor Christi Geburt | (V, T, CH, reg. in D) [ein] Viertel vor vier *(drei viertel vier)*
vo|r|ab: etwas schon v. *(im Vorhinein)* klären
Vor|ab|druck der, -[e]s/-e
Vor|abend: am V. des Festes ‖ **Vorabend|mes|se** (Rel.): *Gottesdienst am Samstagabend* ‖ **Vorabend|pro|gramm:** *die Fernsehsendungen vor dem Hauptabendprogramm*
Vor|ah|nung: eine böse V. haben
Vor|al|pen die (Pl.) ‖ **Vor|al|pen|ge|biet** ‖ **Vor|al|pen|land:** *Voralpengebiet;* → Alpenvorland ‖ **Vor|al|pen|raum**
vo|r|an ‖ **vo|r|an|brin|gen:** *weiterbringen* ‖ **vo|r|an|ge|hen:** mit gutem Beispiel v. | die Arbeit geht zügig v. *(weiter); aber:* im Vorangehenden *(weiter oben)* ‖ **vo|r|an|kom|men:** *weiterkommen*
Vor|an|kün|di|gung
vo|r|an|lie|gen: *voraus sein*
vor|an|mel|den: sich bei der Ärztin v. ‖ **Vor|an|mel|dung:** Ordination nur nach V. ‖ **Vor|an|schlag:** *vorläufige Kostenberechnung, Überschlag*
vo|r|an|schrei|ten (geh.): *weitergehen* ‖ **vo|r|an|stel|len** ‖ **vo|r|an|tra|gen** ‖ **vo|r|an|trei|ben:** *beschleunigen*
Vor|an|zei|ge: *Ankündigung*
Vor|ar|beit: V. leisten *(Vorbereitungen treffen)* ‖ **Vor|ar|bei|ter:** *Leiter einer Partie von Arbeitern* ‖ **Vor|ar|bei|te|rin**
Vor|arl|berg [auch: 'fo:-] (V, Vbg.): *ein österreichisches Bundesland;* nach V. fahren ‖ **Vor|arl|ber|ger** (Adj.): die Vorarlberger Landesregierung ‖ **Vor|arl|ber|ger** der, -s/- ‖ **Vor|arl|ber|ge|rin** die, -/-innen ‖ **vor|arl|ber|gisch,** *auch:* vorarlbergerisch
Vor|auf|füh|rung: *Vorstellung vor der offiziellen Premiere*
vo|r|auf|ge|hen (geh.): dem Vulkanausbruch waren heftige Erdstöße voraufgegangen *(vorausgegangen)*
vo|r|aus: allen v. sein *(der/die Beste sein)* | (Seemannsspr.) volle Kraft v.! *(voran!); aber:* „Besten Dank im Voraus!" ‖ **vo|r|aus|be|rech|nen** ‖ **vo|r|aus|be|stim|men** ‖ **Vo|r|aus|be|zah|lung** ‖ **vo|r|aus|da|tie|ren,** *auch:* vordatieren: einen Brief v. *(darauf ein nach dem tatsächlichen Zeitpunkt liegendes Datum angeben);* → G.: zurückdatieren ‖ **vo|r|aus|ei|len:** *vorauslaufen* | (meist abw.) in vorauseilendem Gehorsam *(noch vor einem offiziellen Auftrag)* handeln ‖ **vo|r|aus|fah|ren** ‖ **vo|r|aus|ge|hen:** dem Beschluss sind viele Verhandlungen vorausgegangen; *aber:* im Vorausgehenden ‖ **vo|r|aus|ge|setzt:** v. *(unter der Bedingung),* dass ... ‖ **vo|r|aus|ha|ben:** jemandem etwas v. *(gegenüber jemandem im Vorteil sein)* ‖ **Vor|aus|kas|sa** = **Vor|aus|kas|se** (Kaufmannsspr.): *Vorkassa* ‖ **vo|r|aus|pla|nen** ‖ **vo|r|aus|sa|ge** ‖ **vo|r|aus|sa|gen:** *vorhersagen* ‖ **vo|r|aus|schau|end**
Vor|aus|schei|dung (Sport): *Qualifikation*
vo|r|aus|schi|cken: einen Koffer mit der Bahn v. | dem Bericht eine Bemerkung v. ‖ **vo|r|aus|se|hen:** die Folgen nicht v. ‖ **vo|r|aus|set|zen:** nichts v. *(nichts erwarten)* ‖ **Vo|r|aus|set|zung:** unter der V. *(Bedingung; in der Annahme),* dass ... ‖ **Vo|r|aus|sicht:** aller V. nach *(voraussichtlich)* ‖ **vo|r|aus|sicht|lich** [auch: 'fo:-]
Vor|aus|wahl
vo|r|aus|wis|sen ‖ **vo|r|aus|zah|len**
Vor|bau der, -[e]s/-ten ‖ **vor|bau|en:** ein vorgebautes *(aus der Baulinie vorspringendes)* Haus | einem Unglück v. *(vorsorgen, dass es nicht eintritt)*
Vor|be|dacht (geh.): mit V. *(mit Überlegung; in bestimmter Absicht)* handeln ‖ **vor|be|den|ken:** *im Voraus bedenken;* alles wurde vorbedacht
Vor|be|deu|tung
Vor|be|din|gung: *Voraussetzung, Bedingung*
Vor|be|halt: eine Ware mit V. *(noch nicht endgültig)* kaufen ‖ **vor|be|hal|ten:** „Alle Rechte vorbehalten" *(Formel in Büchern, zB das Recht der Übersetzung, der Verfilmung);* sich eine Änderung v. ‖ **vor|be|halt|lich** (Präp. mit Gen.): v. Ihres Einverständnisses ‖ **vor|be|halt|los** = **vor|be|halts|los:** v. *(ohne Einschränkung)* zustimmen
vor|bei: am Haus v.; das Gewitter war schon v. *(vorüber);* mit der Ruhe ist es nun v. ‖ **vor|bei|ge|hen:** *vorübergehen* | *danebengehen;* die Kugel ging knapp am Kopf vorbei ‖ **vor|bei|kom|men:** auf einen Sprung v. *(jemanden kurz besuchen)* ‖ **Vor|bei|marsch:** der V. an der Tribüne ‖ **vor|bei|re|den:** am Wesentlichen v.; aneinander v. ‖ **vor|bei|schau|en:** an jemandem v. | *einen kurzen Besuch machen* ‖ **vor|bei|schram|men:** knapp an der Mauer v. ‖ **vor|bei|zie|hen:** das Gewitter zog vorbei
vor|be|las|tet: erblich v. sein
Vor|be|mer|kung: einleitende Vorbemerkungen
vor|be|rei|ten: jemanden auf eine schlimme Nachricht v.; sich auf eine Prüfung v.; → nachbereiten ‖ **Vor|be|rei|tung** die, -/-en: Vorbereitungen treffen ‖ **Vor|be|rei|tungs|lehr|gang** (Bildw.): ein zweisemestriger V. ‖ **Vor|be|rei|tungs|zeit**
Vor|be|richt
Vor|be|sit|zer ‖ **Vor|be|sit|ze|rin**
Vor|be|spre|chung
vor|be|stel|len: Eintrittskarten v.
Vor|be|stim|mung: *Vorherbestimmung, Schicksal*
vor|be|straft: *schon gerichtlich be-*

V

straft ‖ **Vorbestrafte**[1] der, -n/-n, ein Vorbestrafter ‖ **Vorbestrafte**[2] die, -n/-n

vorbeten: beim Gottesdienst v. ‖ **Vorbeter** ‖ **Vorbeterin**

Vorbeugemedizin: *ärztliche Maßnahmen zur Früherkennung von Krankheiten* ‖ **vorbeugen:** den Kopf v.; sich v., um besser zu sehen | einer Krankheit v. *(sie zu verhüten versuchen)* ‖ **Vorbeugung:** alle Möglichkeiten zur V. gegen Erkrankungen nutzen ‖ **Vorbeugungsmaßnahme** (meist Pl.)

Vorbild: *Muster, Beispiel* ‖ **vorbildlich:** *mustergültig* ‖ **Vorbildung:** ohne genügende V. ‖ **Vorbildwirkung**

vorbinden: sich eine Schürze v.

vorbohren: die Löcher für die Schrauben v.

Vorbote: *Anzeichen;* Vorboten des Frühlings

vorbringen: eine Bitte v. ‖ **Vorbringen** das, -s/- (Amtsspr.): *Antrag, Beschwerde uÄ*

Vorchdorf [f-]: *Marktgemeinde in Oberösterreich*

vor Christi Geburt (v. Chr. G.): → nach Christi Geburt ‖ **vorchristlich:** im 5. vorchristlichen Jahrhundert *(im 5. Jh. v. Chr.)* ‖ **vor Christus** (v. Chr.)

Vordach: *vorspringendes Dach*

vordatieren → *vorausdatieren*

vordem (geh.): *früher, einstens*

Vordenker: *jemand, der künftige Entwicklungen vorausbedenkt* ‖ **Vordenkerin**

Vorderachse [-ks-] ‖ **Vorderansicht** → G.: Rückansicht ‖ **Vorderasien:** *südwestliches Asien* ‖ **Vorderbein** das, -[e]s/-e: das V. einer Kuh ‖ **Vorderdeck** (Seemannsspr.): *vorderer Teil des Schiffdecks;* → G.: Hinterdeck; → Achterdeck ‖ **vordere:** die v. Reihe; *aber:* der **V**ordere Orient ‖ **Vordere**[1] der, -n/-n, ein Vorderer: die Vorderen zuerst ‖ **Vordere**[2] die, -n/-n ‖ **Vordere**[3] das, -n, Vorderes (Küchenspr.): *eine Fleischsorte* ‖ **Vordereingang** ‖ **Vorderfrau:** *die Vordere* ‖ **Vorderfront:** die V. eines Gebäudes ‖ **Vorderfuß** ‖ **Vordergrund** der, -[e]s: im V. stehen; etwas in den V. stellen ‖ **vordergründig:** vordergründige *(an der Oberfläche bleibende)* Argumente ‖ **vorderhand:** *zunächst, vorläufig* ‖ **Vorderhaus:** *vorderer Teil eines Hauses* ‖ **Vorderhuf** ‖ **Vorderindien** ‖ **Vorderlader** der, -s/-: *eine Art von Feuerwaffe;* → G.: Hinterlader ‖ **vorderlastig:** der Lkw ist v. *(vorne zu stark belastet)* ‖ **Vordermann:** *der Vordere* ‖ **Vorderösterreich** (früher): *die habsburgischen Länder westlich von Tirol, die Vorlande;* → Innerösterreich ‖ **Vorderpfote** ‖ **Vorderrad** ‖ **Vorderradantrieb** (Kfz) ‖ **Vorderreifen** ‖ **Vorderseite** ‖ **Vordersitz** ‖ **vorderste:** die v. Läuferin; *aber:* die **V**orderste von allen; → vordere ‖ **Vorderteil** das (*auch:* der), -[e]s/-e ‖ **Vordertür**

Vordienstzeiten die (Pl.): *für Gehalts- und Pensionsberechnung anrechenbare Dienstzeiten*

vordrängen sich

vordringen: *vorstoßen* ‖ **vordringlich:** *bes. wichtig, dringend;* die vordringlichste Frage

Vordruck der, -[e]s/-e: *Formular;* ein V. für Stickereien ‖ **vordrucken:** Grußworte v.

voreheIich: voreheliche Beziehungen *(Sex vor der Eheschließung)*

voreilig: *unüberlegt, zu schnell*

voreinander
v. keine Geheimnisse haben

Getrenntschreibung, wenn die Hauptbetonung auf dem Verb liegt:
- voreinander fliehen
- sich voreinander hinstellen
- sich voreinander schämen

Zusammenschreibung, wenn die Betonung auf „voreinander“ liegt:
- voreinandergehen
- voreinanderliegen

voreinandergehen → voreinander ‖ **voreinanderliegen**

voreingenommen: *befangen sein, eine vorgefasste Meinung habend* ‖ **Voreingenommenheit** die, -

Voreltern die (Pl.) (geh.): *die Ahnen*

vorenthalten: jemandem seinen Anteil v. *(nicht geben)*

Vorentscheidung: *vorläufige Entscheidung*

Vorentwurf

Vorerhebung (Amtsspr.): gerichtliche Vorerhebungen einleiten *(Ermittlungen durchführen, ob ein Strafverfahren einzuleiten ist);* → Voruntersuchung

vorerst: *zuerst, zunächst, vor allem*

vorerwähnt: die vorerwähnten *(vorher erwähnten, oben erwähnten)* Tatsachen

vorexerzieren: *an einem Beispiel zeigen, vormachen*

vorfabrizieren: *vorfertigen;* vorfabrizierte Teile

Vorfahr der, -en/-en = **Vorfahre,** -n/-n (geh.): unsere Vorfahren *(Ahnen)* ‖ **vorfahren:** *weiter nach vorn fahren | vorausfahren; vors Haus fahren, zB mit dem Taxi* ‖ **Vorfahrin** die, -/-innen ‖ **Vorfahrt** (bes. D) (Verk.): *Vorrang*

Vorfall: *Ereignis* ‖ **vorfallen:** es ist nichts vorgefallen *(geschehen)*

Vorfeld das, -[e]s: im V. der internationalen Konferenz; im V. einer politischen Partei ‖ **Vorfeldorganisation** [-tsi̯-]: die V. einer Partei

vorfertigen → vorgefertigt

vorfinanzieren: *die Kosten vorläufig aufbringen, vorstrecken* ‖ **Vorfinanzierung**

vorfinden: alles in bester Ordnung v. *(antreffen)*

Vorform: *frühere Form* ‖ **vorformulieren:** *den Wortlaut im Voraus bestimmen*

Vorfreude

Vorfrühling: *frühlingshafte Tage noch im Winter*

vorfühlen: *behutsam erkunden*

Vorführdame (veraltet): *Model* ‖ **vorführen:** Kleider v.; einen Film v. | (Amtsspr.) dem Richter den Angeklagten v. ‖ **Vorführung**

Vorgabe (Sport): mit 10 m V. *(Vorsprung)* starten

Vorgang: *die Art des Geschehens, Vorsichgehens;* ein merkwürdiger V. ‖ **Vorgänger** der, -s/-: sein V. hat den Job gewechseln ‖ **Vorgängerin** die, -/-innen ‖ **Vorgangsweise:** *Art des Vorgehens*

Vorgarten: ein Haus mit einem kleinen V.

vorgaukeln: jemandem etwas v. *(vorspiegeln)*

vorgeben: die Ziele v. | (Sport) beim Wettlauf 10 m v. | sie gab vor *(täuschte vor, behauptete),* das nicht gewusst zu haben | bei Tisch die Speisen v. *(vorlegen, austeilen)*

vorgebildet: *im Voraus geschult*

Vorgebirge: *Berge vor einem Gebirge | Kap*

V

vorgeblich (geh.): *angeblich;* sein vorgebliches Können
vorgeburtlich: *pränatal*
vorgefasst: eine vorgefasste Meinung *(ein Vorurteil)*
vorgefertigt: vorgefertigte Bestandteile
Vorgefühl: das V. eines kommenden Unheils
vorgehen: „Bitte vorgehen!" | die Uhr geht vor *(sie geht zu schnell, sie geht voraus)* | Sicherheit geht vor *(hat Vorrang)* | gegen jemanden streng v. *(jemanden streng behandeln);* gerichtlich v. *(einen Prozess einleiten)* | Entscheidendes ist vorgegangen *(geschehen)* ‖ **Vorgehen** das, -s: *Handlung[sweise];* ein gemeinsames V.; ein rücksichtsloses V.
vorgelagert: vorgelagerte Inseln
vorgenannt (Amtsspr.): der vorgenannte *(bereits genannte)* Zeuge; *aber:* der **V**orgenannte
Vorgeplänkel: *Vorausgefecht*
Vorgeschichte: die V. dieses Ereignisses | *Prähistorie* ‖ **Vorgeschichtsforschung**
Vorgeschmack der, -[e]s: einen V. *(einen ersten Eindruck)* von etwas bekommen
vorgeschritten: in vorgeschrittenem *(höherem)* Alter
Vorgesetzte[1] der, -n/-n, ein Vorgesetzter: *Übergeordneter* ‖ **Vorgesetzte**[2] die, -n/-n
Vorgespräch: es fand schon ein V. statt

vorgestern
eine Semmel von v.; seit v.

Großschreibung der nachfolgenden Tageszeitangabe:
– vorgestern Abend
– vorgestern Früh
– vorgestern Nachmittag

vorgestrig
vorglühen (Technik): *ein Werkstück vor weiterer Bearbeitung glühend machen* | (Kfz) vor dem Starten v. *(die Zündkerzen vor dem Starten glühen lassen)*
vorgreifen: der Entscheidung der Chefin nicht v. ‖ **Vorgriff:** ein V. auf künftige Einnahmen
vorhaben: *tun wollen, beabsichtigen* ‖ **Vorhaben** das, -s: *Plan, Unternehmen, Absicht*
Vorhalle
vorhalten: beim Husten die Hand v. | jemandem seine Fehler v. *(vorwerfen)* ‖ **Vorhaltung** (meist Pl.): jemandem Vorhaltungen *(ernste Ermahnungen, Vorwürfe)* machen
Vorhand die, - (beim Kartenspiel): die V. haben *(die erste Karte bekommen)* | (Sport) → Forehand ‖ **vorhanden:** *existierend; vorrätig;* v. sein ‖ **Vorhandensein** das, -s
Vorhang: den V. vorziehen; es gab [im Theater] drei Vorhänge *(die Schauspieler mussten sich dreimal vor dem Vorhang beim Publikum bedanken);* → eisern ‖ **vorhängen:** eine Sicherheitskette v. ‖ **Vorhängeschloss** = **Vorhängschloss** ‖ **Vorhangstange:** *Karniese* ‖ **Vorhangstoff**
Vorhaus: *Hauseinfahrt, Hausflur*
Vorhaut: *Hautfalte, die das männliche Glied an der Eichel vorn umhüllt*
vorheizen
vorher: man muss das v. gründlich überlegen; zwei Tage v. *(früher)* ‖ **vorherberechnen** ‖ **vorherbestimmen:** etwas ist [schicksalhaft] vorherbestimmt; *aber:* etwas wird vorher bestimmt *(festgelegt)* ‖ **Vorherbestimmung** ‖ **vorhergehend:** am vorhergehenden Tag; *aber:* das **V**orhergehende *(die erwähnten Umstände)* berücksichtigen; im **V**orhergehenden *(vorher)* wurde bereits angeführt, dass ... ‖ **Vorhergesagte** das, -n: *das Vorausgesagte; aber:* das vorher *(früher)* Gesagte ‖ **vorherige:** v. Bezahlung; v. Absprache
Vorherrschaft: nach der V. *(Vorrangstellung)* streben ‖ **vorherrschen:** die vorherrschende Meinung
Vorhersage die, -/-n: die V. des Wetters ‖ **vorhersagen:** *im Voraus ankündigen; aber:* etwas vorher sagen; ‖ **vorhersehbar** ‖ **vorhersehen:** *voraussehen; aber:* vorher *(früher)* sehen
vorhin [auch: -'i(:)-]: *erst vor Kurzem* ‖ **Vorhinein** (nur in der Wendung): im V. *(im Voraus)*
Vorhof: im V. des Schlosses
Vorhölle die, - (kath.): *Vorhof zur Hölle*
Vorhut die, -/-en (Mil.): *zur Sicherung vorausgeschickter Teil der Truppe*
vorige: voriges Jahr; vorigen Jahres (v. J.); vorigen Monats (v. M.) | (Großschreibung) das **V**orige *(die vorigen Ausführungen);* im **V**origen *(weiter vorher);* die **V**origen *(die bereits vorkommenden Personen, zB in Schauspieltexten)*
Vorjahr ‖ **Vorjahressieger,** *auch:* Vorjahrssieger ‖ **Vorjahressiegerin,** *auch:* Vorjahrssiegerin ‖ **vorjährig:** *vom vorigen Jahr;* die vorjährigen Urlaubsfotos
vorjammern: dem Chef etwas v. *(ihn anjammern, sich bei ihm beklagen)*
Vorkammer: die linke V. des Herzens
Vorkämpfer: V. für eine gute Sache sein ‖ **Vorkämpferin**
Vorkasse, *auch:* Vorkassa (Kaufmannsspr.): *Vorauskasse*
vorkauen (ugs.): jemandem alles v. *(lange und breit erklären, nicht selbständig erarbeiten lassen)* müssen
Vorkaufsrecht: das V. haben *(bei einem Verkauf als erster Käufer in Betracht kommen)*
vorkehren: Sicherheitsmaßnahmen v. *(vorbereiten)* ‖ **Vorkehrung** die, -/-en (meist Pl.): rechtzeitig Vorkehrungen *(vorbereitende Maßnahmen)* treffen
Vorkenntnis (meist Pl.): in Englisch gute Vorkenntnisse haben
vorknöpfen (ugs.): sich den Übeltäter v. *(ihn zur Rede stellen bzw. ihn zurechtweisen)*
vorkochen: für drei Tage v.
vorkommen: jemand kommt einem bekannt vor; so was kann v.; eine Pflanze, die nur in den Alpen vorkommt ‖ **Vorkommen** das, -s/-: *Vorhandensein [von Bodenschätzen];* Erdölvorkommen ‖ **Vorkommnis** das, -nisses/ -nisse: *Ereignis, Vorfall*
Vorkost (reg.): *Vorspeise* ‖ **vorkosten:** eine Speise v. *(im Voraus probieren)* ‖ **Vorkoster** der, -s/- ‖ **Vorkosterin** die, -/-innen
Vorkriegszeit: *Periode vor einem Krieg, zB die Jahre vor 1914*
vorladen: von der Polizei vorgeladen werden ‖ **Vorladung**
Vorlage: sich an die V. *(an das Muster)* halten | (Jus) *Gesetzentwurf, der zur Beratung bzw. Entscheidung vorliegt, Gesetzesvorlage* | (ohne Pl.) „Eintritt nur bei Vorlage eines Ausweises" | (beim Skifahren) eine gute V. haben *(den Oberkörper richtig vorbeugen)*
vorlamentieren (ugs.): *vorjammern*
Vorlande die (Pl.) (früher): *Vorderösterreich*

V

vorlassen: *den Vortritt lassen; Zutritt gewähren* | (geh.) *[als Gast] empfangen*

Vorlauf: der schnelle V. des Videobandes | (Sport) *Ausscheidungslauf* || **Vorläufer:** *Vorgänger* | *Vorstufe* | (Sport) in der Abfahrt gab es drei V. || **Vorläuferin** || **vorläufig:** *nicht endgültig, provisorisch; zunächst, einstweilen;* eine vorläufige Entscheidung; eine vorläufige [gerichtliche] Verfügung; ich werde v. nichts unternehmen

vorlaut: ein vorlautes *(vorwitziges, keckes)* Kind

vorleben: *durch sein Leben ein Beispiel geben* || **Vorleben** das, -s: *bisherige Lebensführung;* ein bewegtes V.

Vorlegebesteck || **vorlegen:** jemandem bei Tisch die Speisen v. *(von den Platten und Schüsseln auf den Teller geben)* | sich Kleiderstoffe zur Auswahl v. lassen | einen Entwurf zur Diskussion v. | die Türkette v. || **Vorleger** der, -s/-: *kleiner Teppich [vor dem Bett]*

vorlehnen: eine Platte v. | sich weit v. *(vorbeugen)*

Vorleistung: *Vorausleistung*

vorlesen: laut v. || **Vorlesung:** *eine regelmäßige Lehrveranstaltung (mit Vortragscharakter) an einer Universität* || **Vorlesungsverzeichnis**

vorletzte: der v. Tag des Monats; *aber:* der **V**orletzte des Monats

vorliebnehmen ['fo:-, -'i:-] (geh.): mit Wenig[em] v. *(sich mit Wenig[em] begnügen);* → fürliebnehmen || **Vorliebe** die, -/-n: eine V. für Musik haben

vorliegen: Baupläne liegen bereits vor | gegen sie liegt nichts vor *(es ist nichts Nachteiliges über sie bekannt)* | (Großschreibung) **V**orliegendes; im **V**orliegenden

vorlügen: jemandem etwas v.

vorm: *vor dem;* v. Haus

vorm.: **vorm**als | **vorm**ittags || **Vorm.:** **Vorm**ittag

vormachen: *zeigen, wie etwas gemacht werden soll* | jemandem etwas v. *(vorspiegeln; jemanden täuschen)*

Vormacht || **Vormachtstellung:** eine V. *(eine beherrschende Stellung)* einnehmen

vormalig: der vormalige Besitzer || **vormals:** *früher, vorher, ehemals* | (mit Abkürzung vorm.) (in Firmennamen) Josef Greiner vorm. Karl Burkhart

Vormann: *Vorarbeiter, Anführer* | (Jus) *vorheriger Rechtsbesitzer, Voreigentümer*

Vormarsch (Mil.): *Vorrücken, Vordringen*

Vormärz der, -: *die Zeit zwischen dem Wiener Kongress (1815) und der Märzrevolution (1848)* || **vormärzlich**

vormerken: eine Bestellung v.; sich v. lassen || **Vormerkkalender** || **Vormerksystem** [-zy-]: *Regelung von Verkehrsvergehen im Führerscheinregister* || **Vormerkung** die, -/-en

Vormieter: *früherer Mieter* || **Vormieterin**

vormilitärisch: vormilitärische Ausbildung

Vormittag (Vorm., Vm.)

Großschreibung:
– am/diesen Vormittag
– des/eines Vormittags
– [um] zehn Uhr Vormittag
– heute/morgen/gestern Vormittag; *aber zusammen:* sie kommen [am] Dienstagvormittag

Kleinschreibung von „vormittags":
– vormittags jausnen (*jeden Vormittag,* auch: *am Vormittag*)
– [um] zehn Uhr vormittags
– sie kommen [am] Dienstag vormittags

vormittägig: der vormittägige Unterricht || **vormittags** (vorm., vm.): v. *(am Vormittag; jeden Vormittag)* zu Hause sein; [um] zehn Uhr v.; sie kommen Dienstag v. (*auch:* dienstagvormittags, dienstags vormittags); → Vormittag || **Vormittagsstunde** || **Vormittagsunterricht**

Vormonat

Vormund der, -[e]s/-e [-münder]: *gesetzlicher Vertreter eines Minderjährigen;* → Mündel || **Vormundschaft** die, -/-en || **Vormundschaftsgericht**

vorn, *auch:* vorne: von v. beginnen; v. sitzen

Vornahme: die V. *(Durchführung)* einer Operation

Vorname, *auch:* **Vornamen:** *Taufname, Rufname, zB* Anna, Karl

vorne → vorn

vornehm: eine vornehme *(edle)* Gesinnung | eine vornehme *(schön und erlesen eingerichtete)* Wohnung || **vornehmen:** eine Amtshandlung v. *(durchführen)* | sich etwas v. *(es auszuführen beabsichtigen)* | eine Patientin v. *(vorziehen)* || **Vornehmheit** die, - || **vornehmlich** (geh.): *vor allem, überwiegend* || **Vornehmtuerei** die, - (abw.)

vorneigen: sich v., um besser zu sehen

vorneweg [auch: 'fɔ-]: *vorweg*

vornherein: von v. *(von allem Anfang an)*

vornüber: v. hinfallen || **vornüberbeugen** || **vornüberfallen**

Vorort: *kleinerer Ort im Randbereich einer Stadt*

Vorposten (Mil.): *vorgeschobener Posten*

vorpreschen: *vorstürmen*

Vorprogramm: *Darbietung vor dem Hauptprogramm* || **vorprogrammieren:** *genau vorausplanen*

Vorrang der, -[e]s: dieses Projekt hat V. vor allen anderen *(ist am wichtigsten)* | (Verk.) ich habe V. *(Vorfahrt)* || **vorrangig:** *besonders wichtig* || **Vorrangregel** (Verk.) || **Vorrangseinräumung** (Amtsspr.): *die Gewährung eines vorangehenden Rechtes* || **Vorrangstellung:** eine V. einnehmen || **Vorrangstraße** (Verk.) || **Vorrangtafel** (Verk.): *ein Verkehrszeichen* || **Vorrangverletzung** (Verk.)

Vorrat: einen V. an Lebensmitteln anlegen; etwas in/auf V. haben/kaufen || **vorrätig:** eine Ware ist v. *(sie ist lagernd)* || **Vorratshaltung** || **Vorratskammer:** *Raum für Lebensmittel uÄ*

Vorraum

vorrechnen

Vorrecht: *Vergünstigung, Sonderrecht, Privileg*

Vorrede: *Vorwort in einem Buch* || **Vorredner:** *der vorhergehende Redner* || **Vorrednerin**

Vorreiter: *Vorkämpfer, Pionier* || **Vorreiterin** || **Vorreiterrolle**

vorrichten: *vorbereiten, herrichten* || **Vorrichtung:** eine praktische V.

vorrücken: den Sessel etwas v. | in eine höhere Gehaltsstufe v.; in einen höheren Rang v. | zu vorgerückter *(später)* Stunde || **Vorrückung** die, -/-en (Amtsspr.): *Aufstieg in die nächsthöhere Gehaltsstufe* || **Vorrückungsstichtag** (Amtsspr.)

Vor|run|de (Sport): *erste Ausscheidungskämpfe*
vors: *vor das;* Blumen v. Fenster stellen
Vor|saal
vor|sa|gen: jemandem etwas deutlich v. *(vorsprechen);* sich selber etwas v.
Vor|sai|son [-zɛzo:n, fr.: -sɛzɔ̃]: in der V. günstige Hotelpreise bieten
Vor|säß das, -[es]/-e[r] (V): *im Juni bzw. September bewirtschaftete Voralpen;* → Maisäß
Vor|satz: einen V. fassen *(sich etwas vornehmen)* ‖ **Vor|satz|blatt:** *Blatt zwischen Einband und Titelblatt [in Büchern]* ‖ **Vor|satz|de|likt:** *absichtliche Straftat;* → G.: Fahrlässigkeitsdelikt ‖ **vor|sätz|lich:** *absichtlich*
Vor|schau: *Programmvorschau*
Vor|schein (nur in der Wendung): zum V. kommen/bringen
vor|schie|ben: den Riegel v. | einen Strohmann v. *(als Tarnung benützen)*
vor|schie|ßen: jemandem Geld v. *(leihen; für eine Leistung vorauszahlen);* → Vorschuss
Vor|schiff: *vorderer Teil eines Schiffes*
Vor|schlag: jemandem einen V. *(ein Angebot)* machen; ein V. zur Güte *(Vermittlungsvorschlag)* ‖ **vor|schla|gen:** jemanden für ein Amt v. *(empfehlen)* ‖ **Vor|schlag|brot** (SüdT): *dünnes, rundes, weiches Schwarzbrot* ‖ **Vor|schlag|ham|mer:** *ein schwerer Hammer* ‖ **Vor|schlags|recht**
Vor|schluss|run|de (Sport): *Spielserie vor der Endrunde, Halbfinale*
vor|schme|cken: ein vorschmeckendes *(den Gesamtgeschmack übertönendes)* Gewürz
vor|schnei|den: Kindern das Essen v.
vor|schnell: v. *(übereilt, unbesonnen)* handeln
vor|schnel|len: der Kopf der Schlange schnellte vor
vor|schrei|ben: Buchstaben v. | jemandem etwas v. *(befehlen, anordnen)* ‖ **Vor|schrei|bung:** die V. *(der Steuerbescheid)* vom Finanzamt ‖ **Vor|schrift:** *Anordnung, Anweisung* ‖ **vor|schrifts|mä|ßig:** v. fahren ‖ **vor|schrifts|wid|rig**
Vor|schub (veraltend): jemandem V. leisten *(bei einer unerlaubten Tat helfen)* ‖ **Vor|schub|leis|tung** (Jus): wegen V. bestraft werden
Vor|schul|al|ter: ein Kind im V. ‖ **Vor|schu|le** ‖ **Vor|schul|er|zie|hung:** *der ersten Schulstufe vorangehende Form schulischer Erziehung, Vorschulstufe* ‖ **vor|schul|pflich|tig:** *noch nicht schulpflichtig* ‖ **Vor|schul|stu|fe:** *Vorschulerziehung*
Vor|schuss: einen V. *(für eine Leistung Geld im Voraus)* verlangen ‖ **Vor|schuss|lor|bee|ren** die (Pl.): *im Voraus gespendetes Lob* ‖ **Vor|schuss|mehl:** *noch nicht ganz fein ausgemahlenes Mehl* ‖ **vor|schuss|wei|se** ‖ **Vor|schuss|zah|lung** ‖ **Vor|schuss|zin|sen** die (Pl.) (Bankw.): *Verringerung von Zinsen für Spareinlagen bei vorzeitiger Abhebung*
vor|schüt|zen: eine Krankheit v. *(sie als Ausrede gebrauchen)*
vor|schwär|men: jemandem etwas v.
vor|schwe|ben: mir schwebt etwas vor *(ich stelle es mir vor, ich beabsichtige es)*
vor|schwin|deln: sich [beim Anstellen] v.; jemandem etwas v.
vor|se|hen: es ist alles vorgesehen *(vorbereitet)* | (geh.) „Sieh dich vor!" *(„Gib Acht!")* ‖ **Vor|se|hung** die, -: auf die göttliche V. vertrauen
vor|set|zen: einen Fuß v. *(nach vorn stellen);* jemandem das Essen v.
Vor|sicht: „Vorsicht, Hochspannung!"; diese Information ist mit V. zu genießen *(ist zweifelhaft);* die Chefin ist heute nur mit V. zu genießen *(ist schlecht gelaunt)* ‖ **vor|sich|tig** ‖ **vor|sichts|hal|ber** ‖ **Vor|sichts|maß|nah|me**
Vor|sil|be (Gramm.): *Präfix*
vor|sin|gen
vor|sint|flut|lich = vorsündflutlich (oft scherzh.): ein vorsintflutliches *(ganz veraltetes)* Fahrzeug
Vor|sitz: in einer Versammlung den V. führen *(sie leiten);* unter ihrem V. ‖ **Vor|sit|zen|de**[1] der, -n/-n, ein Vorsitzender: der V. *(Leiter, Präsident)* eines Vereins/einer Kommission ‖ **Vor|sit|zen|de**[2] die, -n/-n
Vor|sor|ge die, -: für den Notfall V. treffen ‖ **vor|sor|gen:** für schlechte Zeiten v. ‖ **Vor|sor|ge|un|ter|su|chung** (Med.) ‖ **vor|sorg|lich:** *vorsichtshalber, vorausschauend*
Vor|spann der, -[e]s/-e: *dem eigentlichen Beginn vorausgestellter Teil eines [Spiel]films, eines Tonbands;* → G.: Nachspann | *bei journalistischen Texten größer gedruckter Einstieg mit den wichtigsten Fakten* ‖ **vor|span|nen:** ein Pferd v. ‖ **Vor|spann|lo|ko|mo|ti|ve** [-fɛ, -vɛ] ‖ **Vor|spann|pferd**
Vor|spei|se
vor|spie|geln: *vortäuschen* ‖ **Vor|spie|ge|lung** die, -/-en: unter V. falscher Tatsachen
Vor|spiel: das V. zu einer Oper *(die musikalische Einleitung, die Ouvertüre);* die Rauferei hatte ein V. *(es gab vorher [einen] Streit)* | *erotische Stimulierung vor dem Geschlechtsakt* ‖ **vor|spie|len:** jemandem etwas v. *(vorführen; vortäuschen)*
Vor|spra|che: eine V. beim Bürgermeister ‖ **vor|spre|chen:** etwas laut v. | bei jemandem v. *(mit einer Bitte oder Beschwerde kommen)*
vor|sprin|gen: beim Skispringen v. *(als Vorspringer)* ‖ **vor|sprin|gend:** ein vorspringender Felsen ‖ **Vor|sprin|ger** (Sport): als V. *(noch vor der eigentlichen Konkurrenz)* springen ‖ **Vor|sprin|ge|rin** (Sport)
Vor|spruch: *kurze Einleitung, Vorrede*
Vor|sprung: einen V. im Wettlauf erzielen | Felsvorsprung
Vor|spur die, - (Technik, Kfz): *richtige Einstellung der Räder*
Vor|sta|di|um [-ʃt-]: *Vorstufe*
Vor|stadt: *noch nicht zur eigentlichen Stadt gezählter Außenbezirk;* → Vorort
Vor|stand der, -[e]s/-stände: *Leiter/in [eines Amtes, Instituts];* Stationsvorstand | (Wirt.) *Leiter/in bzw. Leitung einer AG;* Firmenvorstand | *leitender Ausschuss;* Vereinsvorstand ‖ **Vor|stän|din** die, -/-innen ‖ **Vor|stands|mit|glied** ‖ **Vor|stands|sit|zung** ‖ **Vor|stands|vor|sit|zen|de**
Vor|steck|ring: *Schmuckring über dem Ehering*
vor|ste|hen: einem Verein v. *(ihn leiten)* ‖ **vor|ste|hend:** vorstehende Zähne; *aber* (bes. Amtsspr.): im **V**orstehenden (in einem Bericht, Erlass u. dgl.: *vorher, weiter oben)* ‖ **Vor|ste|her** der, -s/- ‖ **Vor|ste|her|drü|se:** *Prostata* ‖ **Vor|ste|he|rin** die, -/-innen ‖ **Vor|steh|hund:** *ein Jagdhund*
vor|stell|bar: kaum v. *(kaum zu*

V

glauben) || **vor|stel|len:** *bekannt machen;* ihn dem Gast v.; sich den Gästen v. *(seinen Namen nennen)* | die Uhr v. *(die Zeiger vorrücken)* | ich kann mir das nicht v. *(ich kann das nicht glauben)* | (veraltet) [auf der Bühne] den König v. *(darstellen)* || **vor|stel|lig** (Amtsspr.): v. werden *(vorsprechen, um eine Bitte oder Beschwerde vorzubringen)* || **Vor|stel|lung:** *Aufführung eines Theaterstücks, einer Oper, eines Films uÄ* | eine klare V. *(ein genaues geistiges Bild)* von etwas haben | (Amtsspr.) V. erheben *(eine Bitte oder Beschwerde vorbringen)* || **Vor|stel|lungs|ge|spräch:** ein V. bei der Geschäftsführung || **Vor|stel|lungs|ver|mö|gen**

Vor|steu|er (Wirt.): *bei der Umsatzbesteuerung abziehbare Steuerbeträge* || **Vor|steu|er|ab|zug** (Wirt.) || **vor|steu|er|pflich|tig** (Wirt.)

Vor|stop|per (Sport): *ein Verteidiger im Fußball* || **Vor|stop|pe|rin** (Sport)

Vor|stoß: einen V. unternehmen *(etwas Besonderes wagen)* | ein V. *(Besatzstreifen)* an einem Kleid || **vor|sto|ßen**

Vor|stra|fe: *frühere, noch nicht getilgte Strafe;* → vorbestraft

vor|stre|cken: den Kopf v. | jemandem Geld v. *(leihen)*

Vor|stu|die [-ʃt-i̯ɛ]

Vor|stu|fe: eine V. zum Erfolg

vor|stür|men

vor|sünd|flut|lich = → vorsintflutlich

Vor|tag: am V. *(am Tag davor)*

vor|tan|zen || **Vor|tän|zer** || **Vor|tän|ze|rin**

vor|tas|ten sich: sich vorsichtig im Dunkeln v.

vor|täu|schen: *vorspiegeln, vorgaukeln*

Vor|teil der, -[e]s/-e: einen V. haben; das ist hier von V. *(vorteilhaft, günstig);* sich einen V. verschaffen; im V. *(voraus, überlegen)* sein; einen V. *(Kunstgriff)* anwenden | *ein Spielstand im Tennis* || **vor|teil|haft**

Vor|trag der, -[e]s/-träge: einen V. halten | (Amtsspr.) *Antrag eines Bundesministers (einer Bundesministerin) an den Ministerrat* | (Wirt.) *Übertrag* || **vor|tra|gen:** ein Gedicht v. || **Vor|tra|gen|de**[1] der, -n/-n, ein Vortragender || **Vor|tra|gen|de**[2] die, -n/-n || **Vor|trags|be|zeich|nung** (Mus.): *Angabe über Tempo und Ausdruck, zB allegro, forte, legato* || **Vor|trags|saal** || **Vor|trags|wei|se**

vor|treff|lich [auch: -ˈɛ-] (geh.): eine vortreffliche *(ausgezeichnete)* Leistung

vor|trei|ben: einen Tunnel v.; einen Stollen v.

vor|tre|ten: vortretende Backenknochen || **Vor|tritt** der, -[e]s: jemandem [beim Eintreten] den V. lassen

Vor|tur|ner || **Vor|tur|ne|rin**

vo|r|ü|ber: *vorbei;* am Teich v.; v. sein; das Gewitter ist v. || **vo|r|ü|ber|ge|hen** || **vo|r|ü|ber|ge|hend:** *für kurze Zeit;* „Vorübergehend geschlossen" || **vo|r|ü|ber|zie|hen**

Vor|übung

Vor|un|ter|su|chung (Jus): *Untersuchung mit dem Ergebnis der Verfahrenseinstellung oder der Anklageerhebung gegen eine bestimmte Person;* → Vorerhebung

Vor|ur|teil: *vorgefasste, [meist] unbegründete Meinung* || **vor|ur|teils|frei:** *unbefangen* || **vor|ur|teils|los**

Vor|vä|ter die (Pl.) (geh.): *die Ahnen*

Vor|ver|gan|gen|heit (Gramm.): *Plusquamperfekt*

Vor|ver|hand|lung: *vorbereitende Verhandlung*

Vor|ver|kauf: Eintrittskarten im V./per Internet besorgen || **Vor|ver|kaufs|kar|te**

vor|ver|le|gen: einen Termin v. *(früher als geplant ansetzen)* || **Vor|ver|le|gung**

Vor|ver|such

Vor|ver|trag: *die Vereinbarung über den künftigen Abschluss eines bestimmten Vertrages*

vor|ver|ur|tei|len: *schon vor dem Beweis einer Schuld als schuldig behandeln*

Vor|vor|dern die (Pl.) (geh., veraltet): *Vorfahren;* → Altvordern

vor|vor|ges|tern: *am Tag vor vorgestern*

vor|vo|ri|ge: v. Woche

vor|wa|gen sich

Vor|wahl: *Vorwahlnummer beim Telefonieren [nach auswärts und zu Mobilnetzen]* | *Vorauswahl* || **vor|wäh|len** || **Vor|wahl|num|mer**

Vor|wand der, -[e]s/-wände: *Ausflucht;* unter dem V. *(vorgetäuschten Grund),* krank zu sein, daheimbleiben

vor|wär|men: das Essen v.

Vor|warn|stu|fe || **Vor|war|nung**

> **vor|wärts**
> *nach vorn;* los, v.!; v. marsch!/ marsch v.! *(ein Kommando)*
>
> **Zusammenschreibung, wenn die Betonung auf „vorwärts" liegt:**
> – vorwärtsblicken; vorwärtsblickend
> – etwas vorwärtsbringen *(damit weiterkommen)*
> – vorwärtsgehen *(nach vor gehen; besser werden)*
> – mit einer Arbeit rasch vorwärtskommen

vor|wärts|bli|cken || **vor|wärts|brin|gen** || **Vor|wärts|gang:** den V. einlegen || **vor|wärts|ge|hen** || **vor|wärts|kom|men** → vorwärts

Vor|wä|sche || **vor|wa|schen** || **Vor|wasch|gang**

vor|weg: *voraus;* v. sein; etwas v. abklären || **Vor|weg|nah|me** die, - || **vor|weg|neh|men:** Einwände v. *(im Vorhinein berücksichtigen)*

vor|weih|nacht|lich: vorweihnachtliche Stimmung || **Vor|weih|nachts|zeit**

vor|wei|sen: an der Grenze den Pass v. *(herzeigen)*

Vor|welt die, -: vorgeschichtlicher Erdzeitraum || **vor|welt|lich**

vor|wer|fen: dem Löwen Futter v. | jemandem Unaufrichtigkeit v. *(vorhalten)*

vor|wie|gen: bei der Modeschau wogen helle Farben vor || **vor|wie|gend:** v. *(meist)* heiteres Wetter

Vor|win|ter

Vor|wis|sen: zum Verständnis des Buchs fehlt mir das V. | (Amtsspr.) mit V. *(nach Information)* des Chefs

Vor|witz der, -es (geh.): *Neugier; vorlautes Benehmen,* Fürwitz || **vor|wit|zig** (geh.): *vorlaut, keck;* → fürwitzig

Vor|wo|che || **vor|wö|chig:** das vorwöchige Programm

Vor|wort das, -[e]s/-e: *Einleitung zu einem Buch* | (mit Pl. -wörter) (Gramm.) *Präposition* || **Vor|wort|er|gän|zung** (Gramm.): *Präpositionalobjekt*

Vor|wurf: jemandem Vorwürfe machen || **vor|wurfs|voll:** vorwurfsvolle Blicke zuwerfen

vor|zau|bern: *vortäuschen* | *Zaubertricks zeigen*

Vor|zei|chen: ein böses V. *(Zeichen für ein zukünftiges Geschehen)* | (Math.) positives V. (+); negatives V. (–) | (Mus.) *Zeichen in der No-*

V

tenschrift für die Erhöhung bzw. Erniedrigung von Tönen, zB ♯, ♭ ‖ **vor|zeich|nen:** ein Muster v.; ein vorgezeichnetes Kreuz *(Versetzungszeichen)*
vor|zeig|bar ‖ **vor|zei|gen:** *herzeigen* ‖ **Vor|zei|ge|un|ter|neh|men**
Vor|zeit die, -: *Urzeit, Urgeschichte* | (mit Pl. -en) *vergangene Zeit* ‖ **vor|zei|ten** (geh.): *in früherer Zeit; aber:* vor langen Zeiten ‖ **vor|zei|tig:** ein vorzeitiger *(verfrühter)* Wintereinbruch ‖ **Vor|zei|tig|keit** die, - (Gramm.): *eine Form der Zeitenfolge in Gliedsätzen* ‖ **vor|zeit|lich:** vorzeitliche *(vorgeschichtliche)* Funde
vor|zie|hen: den Vorhang v. | etwas anderen Dingen v. *(es lieber haben)* | Wahlen v. *(vorverlegen)*
Vor|zim|mer: *Vorraum, Diele* ‖ **Vor|zim|mer|kas|ten** ‖ **Vor|zim|mer|schrank** ‖ **Vor|zim|mer|wand:** *ein Möbel zur Kleiderablage, Garderobenwand*
Vor|zug: *Vorrecht; Vorrang* | *gute Eigenschaft* | *Vorteil* | (veraltend) *Auszeichnung im Schulzeugnis* ‖ **vor|züg|lich** [auch: -'yː-] ‖ **Vor|zugs|ak|tie** [-tsi̯ɛ] (Bankw.): *Aktie, die gegenüber Stammaktien besondere Vorrechte gewährt* ‖ **Vor|zugs|preis:** etwas zu einem V. verkaufen ‖ **Vor|zugs|schü|ler** (veraltend): *Schüler mit „ausgezeichnetem Erfolg“* ‖ **Vor|zugs|schü|le|rin** (veraltend) ‖ **Vor|zugs|stel|lung** ‖ **Vor|zugs|stim|me:** einer Kandidatin bei einer Landtagswahl die V. geben ‖ **vor|zugs|wei|se:** *besonders, am liebsten* ‖ **Vor|zugs|zeug|nis** (veraltend): *[Jahres- oder Reife]zeugnis mit „ausgezeichnetem Erfolg“;* → Vorzug
Vor|zu|kunft (Gramm.): *Futur II*
Vös|lau [f-] → Bad Vöslau
Vo|ting [v-, engl.: vəʊ-] das, -s/-s ⟨lat.-engl.⟩: *Abstimmung* ‖ **vo|tie|ren** ⟨lat.⟩: für einen Antrag v. *(für ihn stimmen, sich für ihn aussprechen);* → Votum ‖ **Vo|tiv|bild** [-f-]: *zum Dank gestiftetes Bild [in Kirchen]* ‖ **Vo|tiv|ker|ze** ‖ **Vo|tiv|ta|fel:** *zum Dank gestiftete [kleine] Tafel mit Inschrift* ‖ **Vo|tum** das, -s/Voten [Vota]: *Stimme, Urteil, Entscheidung;* sein V. abgeben; → votieren
Vou|cher ['vaʊtʃə] der, -s/-[s] ⟨engl.⟩ (Tour.): *Bestätigung für eine vorausbezahlte Leistung, [Hotel]gutschein*
Vo|yeur [vo̯a'jøːə] der, -s/-s [-e] ⟨fr.⟩: *[heimlicher] Zuschauer bei sexuell erregendem Geschehen, Spanner* ‖ **Vo|yeu|rin** die, -/-**inn**en
VPI [faʊ pe 'iː]: **V**erbraucher**p**reis**i**ndex
VPS [faʊ pe 'ɛs] das, - (Elektrot.): **V**ideo[rekorder]-**P**rogramm[ierungs]-**S**ystem
Vre|ni [f-]: *weibl. Vorname (Verena)*
Vro|ni [f-]: *weibl. Vorname (Veronika)*
Vs: **V**olt**s**ekunde
VS: **V**olks**s**chule
vs.: **v**er**s**us
V-Stil ['faʊst-, -ʃt-] (Sport): *eine Technik beim Skispringen*
vT = v. T.: **v**om **T**ausend *(Promille)*
v. u.: **v**on **u**nten *(in Verweisen auf Textstellen);* 5. Zeile v. u.
vul|gär [v-] ⟨lat.-fr.⟩: *gewöhnlich, ordinär* | *allgemein* ‖ **Vul|gär|la|tein:** *spätere lateinische Volkssprache, Grundlage der romanischen Sprachen* ‖ **vul|go** (vlg.): *allgemein (volkstümlich) genannt;* Leopold Rotter(,) vulgo Eder(,) liegt hier begraben ‖ **Vul|go|na|me,** *auch:* **Vul|go|na|men:** *Hofname, Übername*
Vul|kan [v-] der, -s/-e ⟨lat.⟩: *Feuer speiender Berg;* tätige, erloschene Vulkane ‖ **Vul|kan|aus|bruch** ‖ **Vul|ka|ni|sa|ti|on** [-tsi̯-] die, -/-en ‖ **vul|ka|nisch:** vulkanische Gesteine ‖ **vul|ka|ni|sie|ren:** Kautschuk v. *(fest und geschmeidig bzw. hart machen)* ‖ **Vul|ka|nis|mus** der, -/Vulkanismen (Geol.): *Gesamtheit vulkanischer Erscheinungen*
Vul|va [v-va] die, -/Vulven ⟨lat.⟩: *die äußeren Geschlechtsteile der Frau*
VwGH: **V**er**w**altungs**g**erichts**h**of

w [veː] das, -/- (Kleinbuchstabe): das w im Wort *weit* | (Laut) der w-Laut
W [veː] das, -/- (Großbuchstabe): das W im Wort *Wein* | **W**est[en] | (auslaufend auch Kfz) **W**ien | (Phys.) **W**att | (Chem.) **W**olfram
Waadt die, - = **Waadtland** das, -[e]s: *ein Schweizer Kanton*
Waage die, -/-n: *Gerät zur Bestimmung des Gewichts;* Vor- und Nachteile halten einander die W. | *ein Tierkreiszeichen* ‖ **Waagebalken** ‖ **waagrecht:** *horizontal;* → G.: senkrecht ‖ **Waagrechte** die, -n/-n: *Horizontale* | (auch mit Pl. -) zwei, alle Waagrechte[n] ‖ **Waagschale:** du darfst nicht jedes Wort auf die W. legen *(zu genau nehmen)*
Waal der, -[e]s/-e (SüdT): *künstlich angelegter Bewässerungskanal* ‖ **Waaler** der, -s/- (SüdT): *Betreuer von Waalen* ‖ **Waalerin** die, -/-innen (SüdT) ‖ **Waaweg** (SüdT)
Wabe die, -/-n: *der aus Wachs bestehende Zellbau der Bienen* ‖ **Wabenhonig**

wach
nicht schlafend, ausgeschlafen | ihr wacher Geist *(Scharfsinn);* ein waches *(kluges)* Kind

Getrenntschreibung bei wörtlicher Bedeutung:
- wach sein; sie ist wach *(schläft nicht)*
- wach bleiben/werden
- sich wach halten *(nicht einschlafen)*

Zusammenschreibung bei übertragener Bedeutung:
- die Erinnerung an sie wachhalten/wachrufen
- die Erinnerung an sie wird wachbleiben

Getrennt- und Zusammenschreibung in Zweifelsfällen und mit Verben, die ein Resultat herbeiführen:
- wach liegen = wachliegen *(nicht einschlafen können)*
- wach rütteln = wachrütteln
- Erinnerungen sind wach geworden (= wachgeworden)

Wachablöse = **Wachablösung:** auf die W. warten
Wachau die, -: *ein Engtal der Donau in Niederösterreich* ‖ **Wachauer**[1] (Adj.): W. Marillenschnaps ‖ **Wachauer**[2] das, -s/-: *Wachauer Laibchen* ‖ **Wachauer Laibchen** = **Wachauer Laiberl,** *auch:* Wachauer Laberl (bes. ostöst.): *ein Gebäck*
Wachbataillon [-aljoːn, auch: -ajoːn] ‖ **wachbleiben:** Erinnerungen, die w.; → wach ‖ **Wachdienst** ‖ **Wache** die, -/-n: W. halten; W. stehen; → Wache stehend = wachestehend | *Wachposten* | *Wachlokal* ‖ **Wachebeamte:** *Polizist oÄ* ‖ **Wachebeamtin**
wacheln, ich wachle (ugs.): *[mit einer Fahne] winken; fächeln; wehen*
wachen: über etwas/jemanden w. *(auf etwas/jemanden aufpassen)* | (meist geh.) *wach sein* ‖ **Wachorgan** (Amtsspr.): *Aufsichtsperson in Parks, im Forst, bei Veranstaltungen uÄ* ‖ **Wache stehend** = **wachestehend:** W. stehende Soldaten ‖ **Wachfrau:** *weibl. Form von Wachmann* ‖ **Wachhabende**[1] der, -n/-n, ein Wachhabender (Amtsspr.) ‖ **Wachhabende**[2] die, -n/-n (Amtsspr.) ‖ **wachhalten:** die Erinnerung an einen lieben Verstorbenen w.; *aber:* sich kaum wach halten können ‖ **Wachheit** die, - ‖ **Wachhund** = Wachthund ‖ **Wachkoma** (Med.) ‖ **Wachkompanie** ‖ **Wachkörper** (Amtsspr.): *eine Sicherheitseinheit (Polizei)* ‖ **wach liegen** = **wachliegen** ‖ **Wachlokal:** *Wachzimmer oÄ* ‖ **Wachmann** der, -[e]s/-leute [-männer]: *Polizist im Wach- oder Streifendienst* ‖ **Wachmannschaft**
Wacholder der, -s/-: *ein Nadelholz* | *ein Schnaps, Kranewitter* | *Wacholderbeere* ‖ **Wacholderbeere:** *ein Gewürz* ‖ **Wacholderschnaps:** *Kranewitter*
Wachorgan (Amtsspr.): *Aufsichtsperson in Parks, im Forst, bei Veranstaltungen etc.* ‖ **Wachposten** = Wachtposten ‖ **wachrufen:** die Erinnerung an ein schönes Erlebnis w. ‖ **wach rütteln** = **wachrütteln:** *wecken*
Wachs [-ks] das, -es/-e: das W. der Kerze schmilzt; er ist W. in ihren Händen *(er macht, was sie will);* → wachseln | die Ski mit W. präparieren ‖ **Wachsabdruck**
wachsam: ein wachsamer Hund; ein wachsames Auge auf den Verkehr haben ‖ **Wachsamkeit** die, -
wachseln [-ks-] = wachsen[2], ich wachsle [wachse], du wachselst [wachst]/sie wachselten [wachsten]: *mit Wachs einlassen;* die Ski w.; den Boden w.
wachsen[1] [-ks-], du wächst/wuchs/gewachsen: er lässt sich die Haare w.; → hochgewachsen | die Lärmbelästigung wächst ständig; stark wachsende *(steigende)* Ausgaben; → gewachsen; → Wuchs
wachsen[2] [-ks-] = → wachseln ‖ **wächsern:** *aus Wachs* | (geh.) *bleich wie Wachs* ‖ **Wachsfigur** ‖ **Wachsfigurenkabinett:** *Ausstellung von lebensgroßen Wachsfiguren bekannter Persönlichkeiten* ‖ **Wachskerze** ‖ **Wachsleinwand:** *Wichsleinwand* ‖ **Wachsmalkreide** ‖ **Wachsmodel:** *plastisches Wachsbild* | *dessen Gussform* ‖ **Wachsmodell:** *Modell, Entwurf [für eine Plastik]* ‖ **Wachsstock:** *lange, dünne, schraubenförmig gewickelte Kerze*
Wachstube: *Dienstzimmer der Polizei, kleine Polizeistation, Wachzimmer*
Wachstuch [-ks-]: *Wichsleinwand*
Wachstum [-ks-] das, -s: schnelles W. ‖ **Wachstumsbranche** [-brɑ̃ːʃ] (Wirt.) ‖ **wachstumsfördernd** ‖ **wachstumshemmend** ‖ **Wachstumshormon** ‖ **Wachstumsprozess:** *der Vorgang des Wachsens* ‖ **Wachstumsrate** ‖ **Wachstumsschub** ‖ **Wachstumsstörung**
wachsweich [-ks-] ‖ **Wachszieher** der, -s/-: *Erzeuger von Wachskerzen uÄ* ‖ **Wachszieherin** die, -/-innen
Wacht die, -/-en: auf der W. *(Hut)* sein; am Bett eines Schwerkranken W. halten
Wachtel die, -/-n: *ein Hühnervogel;* eine schlagende *(singende)* W. ‖ **Wachtelei** ‖ **Wachtelschlag:** *Ruf der Wachtel*
Wächter der, -s/-: ‖ **Wächterin** die, -/-innen ‖ **Wachthund** = Wachhund ‖ **Wachtmeister:** *ein militärischer Dienstgrad, Unteroffizier* ‖ **Wachtposten** = Wachposten ‖ **Wachtraum:** *Träumerei, Tagtraum* ‖ **Wachtturm** = **Wachturm** ‖ **wach werden** = **wachwerden:** der alte Verdacht ist wach geworden (= wachge-

worden); *aber:* wach werden *(aufwachen)* ‖ **Wachzimmer:** *Dienstzimmer der Polizei, Wachstube* ‖ **Wachzustand:** *Wachsein*
wackelig, *auch:* wacklig: ein wackeliger Tisch ‖ **Wackelkontakt** ‖ **wackeln,** ich wackle ‖ **Wackelpudding**
wacker (veraltet): ein wackerer *(mutiger; tüchtiger; rechtschaffener)* Mann
Wackerstein (veraltet): *ein Gesteinsbrocken*
wacklig → wackelig
Wade die, -/-n: *Hinterseite des Unterschenkels* ‖ **Wadenkrampf:** *schmerzhafter Krampf der Wadenmuskeln* ‖ **Wadenstutzen,** *auch:* Wadlstutzen: *ein Trachtenkniestrumpf ohne Fußteil* ‖ **Wadenwickel** (Med.): *ein Fieber senkender Umschlag*
Wadi das, -s/-s ⟨arab.⟩: *ausgetrocknetes Flussbett in der Wüste*
Wadl das, -s/-n (ugs.): *Wade* ‖ **Wadlbeißer** (ugs., abw.) ‖ **Wadlbeißerei** die, -/-en (ugs., abw.): *kleinliche boshafte Sticheleien* ‖ **Wadlbeißerin** die, -/-innen (ugs., abw.) ‖ **Wadlstutzen** → Wadenstutzen ‖ **Wadschinken,** *auch:* **Wadschunken** (ostöst.): *eine [Rind]fleischsorte*
Waffe die, -/-n: atomare Waffen; die Waffen strecken *(sich ergeben);* die Waffen sprechen lassen *(kämpfen);* Waffen tragen; → Waffen tragend = waffentragend
Waffel die, -/-n: *ein kleines, flaches Backwerk* ‖ **Waffeleisen:** *Backform für Waffeln*
Waffenarsenal: *Waffenlager* ‖ **Waffenbesitz:** unerlaubter W. ‖ **Waffenbruder** (geh.): *Mitkämpfer* ‖ **Waffenexport** ‖ **waffenfähig** (veraltet): *alle waffenfähigen* (wehrhaften) Männer ‖ **Waffengang** (geh.): *Krieg, Kampf* ‖ **Waffengattung** (Mil.): *Truppengattung* ‖ **Waffengebrauch** ‖ **Waffengesetz** ‖ **Waffengewalt** die, -: mit W. vorgehen ‖ **Waffenhandel** ‖ **Waffenhändler** ‖ **Waffenhändlerin** ‖ **Waffenkunde** die, - ‖ **Waffenlager** ‖ **waffenlos:** *unbewaffnet* ‖ **Waffennarr** ‖ **Waffennärrin** ‖ **Waffenpass:** *Waffenschein für Faustfeuerwaffen* ‖ **Waffenrad** (veraltet) (Wz.): *robustes Fahrrad der Waffenfabrik Steyr* ‖ **Waffenrock** (veraltet): *Uniformrock* ‖ **Waffenruhe:** *vorübergehender Waffenstillstand* ‖ **Waffenschein:** *Erlaubnisschein für Schusswaffenbesitz* ‖ **Waffenschmuggel** ‖ **Waffen-SS** [-ɛs ɛs] (im Nationalsozialismus): *heeresartige Formation der SS* ‖ **waffenstarrend** (geh.): *bedrohlich gerüstet* ‖ **Waffenstillstand:** einen W. schließen; → Waffenruhe ‖ **Waffenstillstandsabkommen** ‖ **Waffentechnik** ‖ **Waffen tragend** = **waffentragend:** W. tragende Verbände ‖ **Waffenübung** (Mil.): *zeitlich begrenzte Truppenübung für Soldaten mit abgeleistetem Präsenzdienst* ‖ **waffnen** sich (geh.): *sich wappnen, sich bewaffnen, sich rüsten*
Wägelle das, -s/- (V): *kleiner Wagen*
Wagemut ‖ **wagemutig:** *mutig, unerschrocken* ‖ **wagen:** viel w. *(viel aufs Spiel setzen, sich viel getrauen)* | sich nicht mehr aus dem Haus w. *(getrauen);* → gewagt
Wagen der, -s/- [Wägen]: die Pferde vor den W. spannen | den W. *(das Auto)* in der Garage parken | *Kinderwagen* | der letzte W. *(Wagon)* wird abgehängt | der Große W. *(der Große Bär, ein Sternbild)*
wägen, du wägst/wog/gewogen (veraltend): *das Gewicht bestimmen, wiegen*[2]; einen Sack Mehl w. *(abwiegen)* | (geh.) seine Worte genau w. *(abwägen, erwägen)*
Wagenbauer der, -s/-: *Wagner* ‖ **Wagenbauerin** die, -/-innen ‖ **Wagendach** ‖ **Wagenheber:** *Vorrichtung zum Heben eines Autos* ‖ **Wagenkolonne** ‖ **Wagenladung:** eine W. Sand ‖ **Wagenpark:** *Gesamtheit der Fahrzeuge, zB einer Firma* ‖ **Wagenplache** ‖ **Wagenplane** ‖ **Wagenrad** ‖ **Wagenschlag** (veraltend): *Tür eines Wagens* ‖ **Wagenschmiere:** *Fett zum Schmieren der Wagenachsen* ‖ **Wagentyp** [-y-] ‖ **Wagerl** das, -s/-[n]: *kleiner Wagen;* Einkaufswagerl ‖ **Waggon** = → Wagon ‖ **Waggonladung** = → Wagonladung ‖ **waggonweise** = → wagonweise
waghalsig: ein waghalsiger *(tollkühner, mutiger)* Mensch ‖ **Waghalsigkeit** die, -/-en
Wagner der, -s/-: *ein Handwerker, Wagenbauer* ‖ **Wagnerin** die, -/-innen
Wagnis das, -nisses/-nisse: kein [großes] W. *(Risiko)* eingehen
Wagon = Waggon der, -s/-s [-e] ⟨niederl.-engl.⟩: *Eisenbahnwagen* | (in Mengenangaben mit Pl. Waggon) zwei Waggon Koks ‖ **Wagonladung** = Waggonladung ‖ **wagonweise** = waggonweise
Wagram der, -s: *Geländestufe, zB im Marchfeld* | (ohne Art.) (Siedlungsname) Kirchberg am W. *(Marktgemeinde in Niederösterreich)*
Wahl die, -/-en: Wahlen ausschreiben, abhalten; eine W. auf Landesebene | eine gute W. treffen; du hast die W. *(kannst dich entscheiden)* zwischen …; in die engere W. *(Auswahl)* kommen/ziehen; Porzellan zweiter W. *(mit kleinen Fehlern, aber billiger)* ‖ **Wahlalter:** *Mindestalter für die Ausübung des Wahlrechts* ‖ **Wahlarzt:** *Arzt ohne Krankenkassenvertrag* ‖ **Wahlärztin** ‖ **Wahlaufruf** ‖ **Wahlausgang** ‖ **Wahlausschuss** ‖ **wählbar:** *berechtigt, zu kandidieren* | dieser Politiker ist für mich nicht wählbar *(ich wähle ihn aus bestimmten Gründen nicht)* ‖ **Wahlbenachrichtigung** ‖ **Wahlbeobachter** ‖ **Wahlbeobachterin** ‖ **wahlberechtigt:** *berechtigt, an einer Wahl teilzunehmen* ‖ **Wahlberechtigte**[1] der, -n/-n, ein Wahlberechtigter ‖ **Wahlberechtigte**[2] die, -n/-n ‖ **Wahlbeteiligung** ‖ **Wahlbezirk** ‖ **Wahleltern** die (Pl.) (Amtsspr.): *Adoptiv-, Zieheltern* ‖ **Wahlempfehlung:** die Organisation gab eine W. ab ‖ **wählen:** aus der Speisekarte w. | eine Telefonnummer w. | eine Partei w.; → gewählt ‖ **Wähler** der, -s/-: *Wahlberechtigter* ‖ **Wählerevidenz** [-v-]: *Wählerverzeichnis, Wählerliste* ‖ **Wahlerfolg** ‖ **Wahlergebnis** ‖ **Wählerin** die, -/-innen ‖ **wählerisch:** *anspruchsvoll, heikel;* ein wählerischer Kunde ‖ **Wählerliste:** *Verzeichnis der Wahlberechtigten* ‖ **Wählerschaft** die, -/-en ‖ **Wählerstromanalyse** [-ly:-]: *Berechnung, welche Partei im Vergleich zur vorigen Wahl Stimmen von einer anderen gewonnen bzw. an diese verloren hat* ‖ **Wählerverzeichnis** ‖ **Wahlfach** (Bildw.): *frei gewähltes Prüfungsfach;* → Wahlpflichtgegenstand ‖ **Wahlfrau** (meist Pl.): *Wahlberechtigte in einem indirekten Wahlverfahren;*

W

→ Wahlmann ‖ **Wahlgang:** die Entscheidung fiel erst im zweiten W. ‖ **Wahlgeheimnis** das, -nisses: *Grundsatz, dass die Entscheidung der einzelnen Person geheim bleiben muss* ‖ **Wahlheimat:** Wien war die W. Beethovens ‖ **Wahlhelfer** ‖ **Wahlhelferin** ‖ **Wahljahr:** *Jahr, in dem eine Wahl stattfindet* ‖ **Wahlkabine:** *kleiner, abgeschirmter Platz im Wahllokal zum Ausfüllen der Stimmzettel* ‖ **Wahlkampagne** [-anjɛ, fr.: -kɑ̃panj] = **Wahlkampf** ‖ **wahlkämpfen** (nur Inf. und Part.): *einen Wahlkampf führen* ‖ **Wahlkandidat** ‖ **Wahlkandidatin** ‖ **Wahlkarte:** *Berechtigung für die Wahl außerhalb des ordentlichen Wohnsitzes* ‖ **Wahlkartenstimme** ‖ **Wahlkartenwähler** ‖ **Wahlkartenwählerin** ‖ **Wahlkind** (Amtsspr.): *Adoptivkind* ‖ **Wahlkomitee** ‖ **Wahlkreis:** *regionale Gliederung eines Staates, Landes im Hinblick auf die Wahl der Volksvertreter* ‖ **Wahlleiter** ‖ **Wahlleiterin** ‖ **Wahlliste:** *Liste der Wahlkandidaten* ‖ **Wahllokal** ‖ **Wahllokomotive** [-fɛ, -vɛ] (oft scherzh.): sie war die W. *(eine besonders zugkräftige Wahlkandidatin)* ihrer Partei ‖ **wahllos:** w. *(ohne Überlegung)* einkaufen ‖ **Wahlmann** der, -[e]s/-männer (meist Pl.) → Wahlfrau ‖ **Wahlmodus:** *Art der Durchführung einer Wahl* ‖ **Wahlmöglichkeit** ‖ **Wahlmutter** (Amtsspr.): *Adoptiv-, Ziehmutter* ‖ **Wahlnacht** ‖ **Wahlniederlage** ‖ **Wahlonkel:** *befreundeter älterer Bekannter* ‖ **Wahlperiode:** *Dauer der Amtszeit bei gewählten Funktionären, Gremien etc.; Legislaturperiode* ‖ **Wahlpflicht** die, - ‖ **Wahlpflichtgegenstand** (Bildw.): *Unterrichtsgegenstand, der aus einem Angebot von alternativen Pflichtgegenständen gewählt werden muss;* → Wahlfach; → Freifach ‖ **Wahlplakat** ‖ **Wahlplattform:** *Wahlprogramm, auf das sich verschiedene Gruppen einigen* ‖ **Wahlprogramm:** *Grundsätze und Ziele einer Partei für eine Wahl* ‖ **Wahlpropaganda** ‖ **Wahlrecht** das, -[e]s: das aktive und das passive W. besitzen *(wählen dürfen und gewählt werden können)* ‖ **Wahlschlacht:** *[emotional und untergriffig geführter] Wahlkampf* ‖ **Wahlschuld** (Jus): *eine vom Schuldner auswählbare Leistungserbringung* ‖ **Wahlsieg** ‖ **Wahlsprengel:** *Wahlbereich mit einem Wahllokal* ‖ **Wahlspruch:** *Motto;* „Ich diene" ist der W. des Jugendrotkreuzes ‖ **Wahltag** ‖ **wahltaktisch** ‖ **Wahltante:** *befreundete ältere Bekannte* ‖ **Wahlumfrage** ‖ **Wahlurne:** *Behälter zur Aufnahme der Stimmzettel* ‖ **Wahlvater** (Amtsspr.): *Adoptivvater, Ziehvater* ‖ **Wahlveranstaltung** ‖ **Wahlverhalten** ‖ **Wahlversammlung** ‖ **Wahlversprechen:** *im Wahlkampf gegebenes Versprechen* ‖ **Wahlverteidiger** (Jus): *vom Angeklagten selbst gewählter Verteidiger;* → G.: Pflichtverteidiger ‖ **Wahlverteidigerin** (Jus) ‖ **wahlverwandt** (geh.): sich jemandem w. *(verbunden, seelisch verwandt)* fühlen ‖ **Wahlverwandtschaft** (geh.) ‖ **wahlweise:** man kann w. *(nach Wunsch)* Kaffee, Tee oder Kakao trinken ‖ **Wahlwerber** (Amtsspr.): *Wahlkandidat* ‖ **Wahlwerberin** (Amtsspr.) ‖ **Wahlwerbung:** *Wahlpropaganda* ‖ **Wahlwiener:** *jemand, dessen Wahlheimat Wien ist* ‖ **Wahlwienerin** ‖ **Wahlzelle:** *Wahlkabine* ‖ **Wahlzettel:** *Stimmzettel* ‖ **Wahlziel:** die Partei hat ihr W. nicht erreicht ‖ **Wahlzuckerl:** *[populistisches] Wahlversprechen*

Wahn der, -[e]s (geh.): *Irrglaube; Einbildung; falsche Meinung* | (Med.) *Denkstörung mit Realitätsverlust* ‖ **Wahnbild** ‖ **wähnen** (geh.): er wähnte *(glaubte, hatte das Gefühl)* zu fliegen ‖ **wahnhaft** ‖ **Wahnidee** ‖ **Wahnsinn** der, -[e]s ‖ **wahnsinnig** ‖ **Wahnsinnige**[1] der, -n/-n, ein Wahnsinniger ‖ **Wahnsinnige**[2] die, -n/-n ‖ **Wahnsinnstat:** *bei geistiger Verwirrtheit begangene Tat* ‖ **Wahnvorstellung** (meist Pl.) ‖ **Wahnwitz** der, -es: der W. *(die Unsinnigkeit)* des Krieges ‖ **wahnwitzig:** *irrsinnig; von gefährlicher Bedenkenlosigkeit*

wahr: eine wahre Begebenheit; w. sein/werden; etwas für w. halten; du kommst, nicht w.?; weil's w. ist! | ein wahrer *(echter)* Freund; *aber:* → war; → wahr machen = wahrmachen

wahren (geh.): seine Unabhängigkeit w. *(bewahren, verteidigen)*

währen (geh.): nichts währt *(dauert)* ewig; die immer währende (= immerwährende) Neutralität Österreichs ‖ **während** (Präp. mit Gen., ugs. auch mit Dat.): w. des Winters (ugs.: w. dem Winter) | (im Pl. mit Dat., wenn Gen. nicht erkennbar) w. zehn Monaten | (Konj.) w. es regnete, las er ihr vor; w. dessen *(des Betreffenden, zB seiner)* Ausführungen; → währenddessen ‖ **währenddem** (ugs.): *währenddessen* ‖ **währenddessen:** w. wurde es finster; → während

wahrhaben: etwas nicht w. *(nicht glauben; nicht gelten lassen)* wollen ‖ **wahrhaft** (geh.): *wirklich* ‖ **wahrhaftig** [auch: ˈvaː-] (geh.): *tatsächlich* ‖ **Wahrhaftigkeit** die, - (geh.): *Aufrichtigkeit* ‖ **Wahrheit** die, -/-en ‖ **Wahrheitsfindung** die, - (bes. Jus): zur W. beitragen ‖ **Wahrheitsgehalt** der, -[e]s/-e: der W. einer Zeugenaussage ‖ **wahrheitsgemäß** ‖ **wahrheitsgetreu** ‖ **Wahrheitsliebe** ‖ **wahrheitsliebend** ‖ **Wahrheitspflicht** (Jus): die W. des Zeugen ‖ **wahrheitswidrig**

Währing: *18. Bezirk Wiens*

wahrlich (geh.): „Das ist w. *(wirklich)* ein Glück!" ‖ **wahr machen** = **wahrmachen:** das Versprechen w. m. ‖ **wahrnehmbar:** kaum w. ‖ **Wahrnehmbarkeit** die, -/-en ‖ **wahrnehmen:** ich nehme meinen Vorteil wahr *(ich bin auf ihn bedacht);* ich nahm meine Rechte wahr *(machte von ihnen Gebrauch)* | sie hat die Bergspitze im Nebel kaum wahrgenommen *(sehen können)* ‖ **Wahrnehmung** die, -/-en ‖ **Wahrnehmungsfähigkeit** ‖ **Wahrnehmungsvermögen** ‖ **wahrsagen,** sie wahrsagte [sagte wahr]/hat gewahrsagt [wahrgesagt]: *prophezeien;* sie hat jemandem wahrgesagt (= gewahrsagt) ‖ **Wahrsager** der, -s/- ‖ **Wahrsagerei** die, -/-en ‖ **Wahrsagerin** die, -/-innen ‖ **Wahrsagung** die, -/-en ‖ **wahrscheinlich:** es ist w. *(anzunehmen),* dass … ‖ **Wahrscheinlichkeit** die, -/-en: aller W. nach ‖ **Wahrscheinlichkeitsrechnung** (Math.) ‖ **Wahrscheinlichkeitstheorie** (Phil., Math.) ‖ **Wahrspruch** (Amtsspr.): der W. *(Urteilsspruch)* der Geschworenen

Wahrung die, -: die W. *(Siche-*

rung) aller unserer Interessen
Wäh|rung die, -/-en: *das in einem Staat geltende Zahlungsmittel, Geldsystem* ‖ **Wäh|rungs|ein|heit** ‖ **Wäh|rungs|fonds** [-fõ:]: der Internationale W.; → international ‖ **Wäh|rungs|kri|se** ‖ **Wäh|rungs|re|form** ‖ **Wäh|rungs|re|ser|ve** (meist Pl.) (Wirt.): *Mittel einer Notenbank zum Ausgleich eines Außenhandelsdefizits ua.* ‖ **Wäh|rungs|sys|tem** [-zy-] ‖ **Wäh|rungs|uni|on** (Wirt.)
Wahr|zei|chen: *ein Denkmal;* der Lindwurm ist das W. Klagenfurts
waid|ge|recht → weidgerecht
Waid|ho|fen (Siedlungsname): W. an der Thaya (Kfz: WT) *(Stadt in Niederösterreich)* | W. an der Ybbs (Kfz: WY) *(Statutarstadt in Niederösterreich)*
Waid|mann → Weidmann ‖ **waid|män|nisch** → weidmännisch ‖ **Waid|manns|dank** → Weidmannsdank ‖ **Waid|manns|heil** → Weidmannsheil ‖ **Waid|werk** → Weidwerk ‖ **waid|wund** → weidwund
Wai|se die, -/-n: *elternloses Kind, Vollwaise; mutter- oder vaterloses Kind, Halbwaise; aber:* → Weise ‖ **Wai|sen|haus** ‖ **Wai|sen|kind** ‖ **Wai|sen|kna|be:** gegen jemanden der reinste W. sein *(an jemandes Fähigkeiten, Gerissenheit nicht heranreichen)* ‖ **Wai|sen|mäd|chen** ‖ **Wai|sen|ren|te**
Wal der, -[e]s/-e: *ein Meeressäugetier*
Wa|la|chei die, -: *eine Landschaft in Rumänien*
Wal|burg: *Walburga* ‖ **Wal|bur|ga,** *auch:* Walpurga, Walburg: *weibl. Vorname;* → Burgl; → Walli
Wald der, -[e]s/Wälder: den W. vor lauter Bäumen nicht sehen *(auf Grund von vielen Details, den Blick auf das Gesamte verlieren);* ein W. *(eine große Zahl)* von Dachantennen ‖ **Wald|ar|bei|ter** ‖ **Wald|ar|bei|te|rin** ‖ **wald|arm** ‖ **Wald|auf|se|her** ‖ **Wald|auf|se|he|rin** ‖ **Wald|be|sitz** ‖ **Wald|be|stand** ‖ **Wald|blö|ße** (fachspr.): *baumlose Stelle im Wald* ‖ **Wald|bo|den** ‖ **Wald|brand** ‖ **Wäld|chen** das, -s/- ‖ **Wald|durch|schlag:** *Schneise* ‖ **Wald|ein|sam|keit** (geh.)
Wal|de|mar: *männl. Vorname*
Wäl|der der, -s/- (V): *Kurzwort für Bregenzerwälder* ‖ **Wald|erd|bee|re** ‖ **Wäl|de|rin** die, -/-innen (V): *Bregenzerwälderin* ‖ **Wal|des|rand** (geh.): *Waldrand* ‖ **Wal|des|rau|schen** (geh.) ‖ **Wald|fre|vel** [-f-]: *mutwillige Beschädigung von Bäumen; Holzdiebstahl* ‖ **Wald|ho|nig** ‖ **Wald|horn:** *ein Blechblasinstrument, Horn* ‖ **wal|dig:** ein waldiges *(bewaldetes)* Gelände ‖ **Wald|land** ‖ **Wald|lauf** ‖ **Wald|lich|tung:** *[größere] ausgeholzte Stelle im Wald* ‖ **Wald|meis|ter** der, -s: *eine würzig duftende [Heil]pflanze* ‖ **Wald|meis|ter|bow|le** [-bo:lɛ, engl.: -bəʊl] ‖ **Wald|nut|zungs|recht**
Wal|dorf|pä|da|go|gik: *eine Richtung der Reformpädagogik* ‖ **Wal|dorf|sa|lat** ‖ **Wal|dorf|schu|le**
Wald|rand ‖ **Wald|schnei|se** ‖ **Wald|schrat** = **Wald|schratt:** *eine Sagengestalt, Waldgeist* ‖ **Wald|ster|ben** ‖ **Wald|stück**
Wald|traud → Waltraud
Wald-und-Wie|sen-The|ma (oft abw.): *sehr allgemein gehaltenes, abgedroschenes Thema* ‖ **Wal|dung** die, -/-en: *Waldbereich;* ausgedehnte Waldungen besitzen ‖ **Wald|vier|tel:** *Landesteil von Niederösterreich (auch: Viertel oberm Manhartsberg)* ‖ **Wald|viert|ler**[1] der, -s/-: *Bewohner des Waldviertels* ‖ **Wald|viert|ler**[2] die, -/-: *eine Wurstsorte* ‖ **Wald|viert|le|rin** die, -/-innen: *Bewohnerin des Waldviertels* ‖ **Wald|weg** ‖ **Wald|wirt|schaft:** *Forstwirtschaft*
Wales [weɪlz]: *ein Teil von Großbritannien* | Prinz von W. *(Titel des britischen Thronfolgers);* → Waliser
Wal|fang ‖ **Wal|fän|ger** der, -s/-: *Walfangschiff* ‖ **Wal|fisch** (veraltet): *Wal*
Wal|hall [auch: -'al] die, - = **Wal|hal|la** [auch: 'va(:)-] die, - = das, -[s] ⟨nordgerm.⟩: *in der nordischen Sage der Aufenthaltsort der ruhmvoll Gefallenen*
Wa|li|ser der, -s/-: *Einwohner von Wales; aber:* → Walliser ‖ **Wa|li|se|rin** die, -/-innen ‖ **wa|li|sisch** ‖ **Wa|li|sisch** das, -[s] = **Wa|li|si|sche,** -n: *eine keltische Sprache*
Wal|ke die, -/-n: *Walkmühle für Loden* ‖ **wal|ken:** einen Teig w. *(auswalken, ihn mit dem Walker flach drücken und ausweiten)* | Loden w. *(die Schafwolle zu Loden zusammenpressen)* ‖ **Wal|ker** der, -s/-: *Nudelwalker* | *Walkjanker*
Wal|kie-Tal|kie [ˌwɔ:ki'tɔ:ki] das, -s/-s ⟨engl.⟩: *ein kleines Sprechfunkgerät* ‖ **Wal|king** ['wɔ:k-] das, -s: *eine Sportart, flottes Gehen;* Nordic W.
Walk|jan|ker: *Lodenjoppe, Walker*
Walk|man ['wɔ:kmən] der, -s/-s [Walkmen] ⟨engl.⟩ (Wz.): *tragbarer kleiner Kassettenrekorder*
Wal|kü|re die, -/-n ⟨nordgerm.⟩: *germanische Kampfgöttin* ‖ **Wal|kü|ren|ge|stalt:** *große, stattliche Frauengestalt* ‖ **wal|kü|ren|haft**
Wall der, -[e]s/Wälle: W. und Graben einer Burg
Wal|lach der, -[e]s [-en]/-e[n]: *kastrierter Hengst*
wal|len: wallendes *(kochendes, sprudelndes)* Wasser | wallende Locken | (veraltet bzw. geh.) durch die Lande w. *(ziehen, pilgern);* → Wallfahrt
Wal|ler[1] der, -s/-: *Wels*
Wal|ler[2] der, -s/- (veraltet bzw. geh.): *Pilger, Wallfahrer* ‖ **wall|fah|ren,** wallfahrte/gewallfahrt: *zu einer Gnadenstätte pilgern* ‖ **Wall|fah|rer** ‖ **Wall|fah|re|rin** ‖ **Wall|fahrt:** eine W. nach Mariazell machen; → wallen ‖ **wall|fahr|ten,** wallfahrtete/gewallfahrtet: *wallfahren* ‖ **Wall|fahrts|kir|che** ‖ **Wall|fahrts|ort:** *Gnadenort*
Wal|li, *auch:* Wally [-i]: *weibl. Vorname (Walburga, Valentine, Valerie)*
Wal|lis das, -: *ein Schweizer Kanton* ‖ **Wal|li|ser** der, -s/-, *auch:* Walser: *Einwohner des Wallis; aber:* → Waliser ‖ **Wal|li|se|rin** die, -/-innen, *auch:* Walserin
Wal|lo|ne der, -n/-n: *Angehöriger eines in Belgien lebenden französischsprachigen Volkes* ‖ **Wal|lo|nin** die, -/-innen ‖ **wal|lo|nisch**
Wall|street ['wɔ:lstri:t] die, -, *auch:* **Wall Street** ⟨engl.⟩: *New Yorker Bankenzentrum* | *die US-amerikanische Hochfinanz*
Wal|lung die, -/-en: jemand[es Blut] gerät in W. *(jemand ist aufgebracht)* | (Med.) (meist Pl.) *Blutandrang; Hitzewallung*
Wal|ly [-i] → Walli
Walm der, -[e]s/-e: *abgeschrägter Dachgiebel* ‖ **Walm|dach**
Wal|nuss: *Nuss* ‖ **Wal|nuss|baum:** *Nussbaum*
Wal|pur|ga → Walburga ‖ **Wal|pur|gis|nacht:** *die Nacht vor Walpurga (vor dem 1. Mai); Hexennacht*
Wal|ross: *ein Meeressäugetier, eine Robbe*

W

wälsch (oft abw.): *italienisch;* → welsch ‖ **Wälsche**[1] der, -n/-n, ein Walscher (westöst., SüdT, oft abw.): *Italiener;* → Welsche ‖ **Wälsche**[2] die, -n/-n (westöst., SüdT, oft abw.)

Walser der, -s/-: *Bewohner eines ursprünglich von (Deutsch-)Wallisern besiedelten Gebiets, zB in Vorarlberg* | → Walliser ‖ **Walserin** → Walliserin ‖ **Walsertal:** Großes W., Kleines W. *(Täler in Vorarlberg)*

Walstatt die, - (veraltet bzw. geh.): *Kampfplatz, Schlachtfeld*

walten (geh.): schalten und w. *(bestimmen, befehlen);* in der Natur w. *(herrschen, gelten)* strenge Gesetze; Milde w. lassen

Walter, *auch:* **Walther:** *männl. Vorname* ‖ **Waltraud** = **Waltraut** = **Waltrud,** *auch:* Waldtraud: *weibl. Vorname*

Walz die, - (früher): auf die W. gehen *(als Handwerksgeselle auf die Wanderschaft gehen)* | (ugs., veraltend) den ganzen Tag auf der W. *(unterwegs)* sein

Walze die, -/-n: *ein Gerät zum Planieren/Glätten* | die alte W. *(die altbekannte Art)* ‖ **walzen,** du walzt: eine Straße w.; Eisen w. *(flach pressen)* ‖ **wälzen:** du wälzt dich im Gras; sie wälzt sich vor Lachen *(lacht sehr)* | Lexika w. *(darin nachschlagen)* ‖ **walzenförmig** ‖ **Walzer** der, -s/-: *ein Musikstück; ein Tanz;* Wiener W. ‖ **Wälzer** der, -s/- (meist abw.): *dickes, unhandliches Buch* ‖ **Walzertakt:** *3/4-Takt* ‖ **Walzwerk:** *Betrieb, in dem Metall zu Blech gewalzt wird*

Wamme die, -/-n: *herabhängende faltige Haut [am Hals der Rinder]* ‖ **Wammerl** das, -s/-[n]: *eine Fleischsorte* ‖ **Wampe** die, -/-n = **Wampen** der, -/- (ugs., abw., derb): *dicker Bauch* ‖ **wampert** (ugs., abw., derb): *dickbäuchig*

Wams das, -es/Wämser (veraltet): *ein Männerrock, kurze Jacke*

wand → winden

Wand die, -/Wände: eine tragende W. *(Mauer);* gegen eine W. reden *(keine Reaktion erhalten);* die eigenen vier Wände *(das Zuhause);* jemanden an die W. drücken *(verdrängen);* jemanden an die W. spielen *(überflügeln);* jemanden an die W. stellen *(erschießen)* | (veraltend) spanische W. *(Wandschirm)* | *Felswand*

Wandale = Vandale der, -n/-n ⟨germ.-fr.⟩: *Angehöriger eines germanischen Volksstammes* | (abw.) *jemand, der alles sinnlos beschädigt, zerstört)* ‖ **Wandalenakt** = Vandalenakt ‖ **Wandalin** = Vandalin die, -/-innen ‖ **wandalisch** = vandalisch ‖ **Wandalismus** = Vandalismus der, -: *blinde Zerstörungswut (einseitigerweise den Wandalen nachgesagt)*

Wandarm: *Wandleuchter* ‖ **Wandbehang** ‖ **Wandbespannung**

Wandel[1] das, -s/-, *auch:* Wandl (Küchenspr.): *ein [wannenförmiges] Kochgeschirr, Terrine* | *in einem Wandel zubereitete Speise*

Wandel[2] der, -s: ein großer W. *(eine große Veränderung)* ist eingetreten; W. schaffen *(Missstände beseitigen)* | (geh.) einen einwandfreien W. *(Lebenswandel)* führen ‖ **Wandelanleihe** (Bankw.): *Geldschuld, die in Aktien umgewandelt werden kann* ‖ **wandelbar** (geh.): *veränderlich, unbeständig* ‖ **Wandelgang** ‖ **Wandelhalle:** *gedeckter Raum zum Promenieren* ‖ **wandeln**[1], ich wandle (geh.): *spazieren, promenieren;* sie ist ein wandelndes Lexikon *(weiß sehr viel)* | die Krankheit hat sie gewandelt *(verändert);* ihre Meinung hat sich gewandelt *(sich geändert)* ‖ **wandeln**[2] (Sport): *mit einer Kugel, Scheibe oder einem Ball an der Wand bzw. Bande anstoßen* ‖ **Wandelstern** (veraltet): *Planet*

Wanderausstellung: *Ausstellung, die an verschiedenen, wechselnden Orten gezeigt wird* ‖ **Wanderbekleidung** ‖ **Wanderbühne:** *Schauspielertruppe, die von Ort zu Ort zieht* ‖ **Wanderbursch** (früher): *wandernder Handwerksgeselle* ‖ **Wanderdüne:** *Düne, die sich im Wind verlagert* ‖ **Wanderer** der, -s/-, *auch:* Wandrer ‖ **Wandergewerbe:** *Schaustellerei ua.* ‖ **Wanderhandel:** *Handel von Haus zu Haus, ortsunabhängiges Gewerbe* ‖ **Wanderhändler:** *Einzelhändler, der im Umherziehen seine Waren feilbietet* ‖ **Wanderhändlerin** ‖ **Wanderin** die, -/-innen, *auch:* Wandrerin ‖ **Wanderkarte:** *Landkarte für Wanderer* ‖ **Wanderleben:** ein W. *(unstetes Leben)* führen ‖ **Wanderlied** ‖ **Wanderlust** ‖ **wandern:** sie wandert mit Zelt und Rucksack | *[ziellos] gehen;* er wandert durch verlassene Gassen | (ugs.) in den Papierkorb w. *(weggeworfen werden)* | (sal.) er wandert *(kommt)* ins Gefängnis ‖ **Wanderniere** (Med.): *Senkung der Niere* ‖ **Wanderpokal** (Sport): *ein Wanderpreis* ‖ **Wanderpreis** (Sport): *Siegespreis, um den jedes Mal wieder gekämpft wird und der an den jeweiligen Sieger übergeht* ‖ **Wanderschaft** die, - ‖ **Wandersfrau** (geh.): *Wanderin* ‖ **Wanderschuh** ‖ **Wandersmann** der, -[e]s/-leute (geh.): *Wanderer* ‖ **Wanderstab** ‖ **Wanderstock** ‖ **Wandertag:** *eine Schulveranstaltung* ‖ **Wandertrieb** ‖ **Wanderung** die, -/-en ‖ **Wandervogel** der, -s: *eine deutsche Jugendbewegung (ab 1900)* | (mit Pl. -vögel) *ein Mitglied davon* ‖ **Wanderweg** ‖ **Wanderzirkus**

Wandgemälde: *an die Wand gemaltes Bild, zB Fresko* ‖ **Wandkalender** ‖ **Wandkarte:** *eine Landkarte oÄ*

Wandl → Wandel[1]

Wandlung die, -/-en: *Veränderung* | (kath.) *Teil der heiligen Messe* | (Jus) *Rückgängigmachung eines Vertrages* ‖ **wandlungsfähig:** ein wandlungsfähiger Schauspieler ‖ **Wandlungsprozess:** einen W. durchlaufen

Wandmalerei ‖ **Wandpfeiler**

Wandrer → Wanderer ‖ **Wandrerin** → Wanderin

Wandschirm: *spanische Wand, Paravent* ‖ **Wandschrank** ‖ **Wandspiegel** ‖ **Wandtafel**

wandte → wenden

Wandteller: *ein Ziergegenstand* ‖ **Wandteppich** ‖ **Wanduhr** ‖ **Wandverbau** ‖ **Wandverkleidung:** *[schmückende] Verdeckung einer Wand, zB mit Holz*

Wange die, -/-n: *Backe* ‖ **Wangenknochen**

Wankelmotor: *Motor mit rotierendem Kolben (nach dem Erfinder)*

Wankelmut (geh.): *Unbeständigkeit, Unentschlossenheit* ‖ **wankelmütig** (geh.) ‖ **wanken:** *nicht fest stehen, zu schwanken beginnen* | (geh.) *unsicher werden*

wann: dann und w.; w. [auch] immer | (ugs.) w. *(wenn)* ich mehr weiß, melde ich mich

Wanne die, -/-n: *großer Behälter, Badewanne* ‖ **Wannenbad**

Wanst der, -[e]s/Wänste (geh.,

W

abw.): *dicker Bauch | Dickwanst*

Wạnt die, -/-en (Seemannsspr.): *Stütztau für den Mast*

Wạn|ze die, -/-n: *ein Blut saugendes Insekt | versteckt angebrachtes Abhörgerät*

WẠP [auch: wɔp] das, -s: **W**ireless **A**pplication **P**rotocol *(Internet am Handy)* || **WAP-Ban|king** [-bæ-] das, -s (Bankw.): *Abwicklung von Bankgeschäften via Handy* || **WAP-Han|dy** [-hɛndi]: *Handy mit Internetzugang*

Wạp|pen das, -s/-: *bildliches Kennzeichen von symbolischer Bedeutung;* Familienwappen || **Wạp|pen|kun|de** die, -: *Heraldik* || **Wạp|pen|schild** der, -[e]s/-e: *schildförmiger Teil in der Mitte eines Wappens* || **Wạp|pen|tier**

Wạpp|ler der, -s/- (reg., ugs., abw.): *jemand, der ungeschickt, untüchtig, unbrauchbar ist* || **Wạpp|le|rin** die, -/-innen (reg., ugs., abw.)

wạpp|nen: sich gegen einen Angriff w. *(sich auf ihn vorbereiten);* sich mit Geduld w. *(sich vornehmen, geduldig zu sein)*

wạr, ihr war[e]t: ich war auf dem Land; → sein[2]; *aber:* → wahr

wạrb → werben

Wa̲|re die, -/-n || **Wa̲|ren|an|ge|bot** || **Wa̲|ren|aus|fuhr** || **Wa̲|ren|be|wirt|schaf|tungs|sys|tem:** *Steuerung der Materialbewegungen innerhalb eines Unternehmens* || **Wa̲|ren|bör|se:** *Börse für Rohstoff-, Getreidehandel uÄ* || **Wa̲|ren|ein|fuhr** || **Wa̲|ren|ex|port** || **Wa̲|ren|han|del** || **Wa̲|ren|haus** || **Wa̲|ren|im|port** || **Wa̲|ren|korb** (Wirt.): *Bezeichnung für die Warengruppe, die den Verbraucherpreisindex mitbestimmt* || **Wa̲|ren|kun|de** die, -: *ein Unterrichtsgegenstand* || **Wa̲|ren|la|ger** || **Wa̲|ren|mar|ke:** *Warenzeichen;* gesetzlich geschützte W. || **Wa̲|ren|pro|be** || **Wa̲|ren|ver|kehr** (Wirt.): freier W. *(zollfreier, grenzüberschreitender Warenaustausch in der EU)* || **Wa̲|ren|zei|chen** (WZ, Wz.): *Marke, Warenmarke, Markenzeichen, Markenname, registrierte Schutzmarke, Fabriksmarke, Trademark*

wa̲|ret, ihr war[e]t; → sein[2]

wạrf → werfen

wạrm, wärmer/am wärmsten: auf kalt und w. reagieren; warme Kleider; warme Küche *(mit warmen Speisen);* → wärmstens | (ugs., abw.) *homosexuell (bei Männern), schwul*

Getrenntschreibung:
- warm sein; das Wetter ist warm gewesen
- es ist warm geworden
- das Essen warm halten
- den Motor warm laufen lassen
- sich vor dem Wettkampf warm laufen *(sich zum Aufwärmen einlaufen)*
- sich warm machen *(aufwärmen)*

Zusammenschreibung bei übertragener Bedeutung:
- sich jemanden warmhalten *(sich jemandes Zuneigung erhalten)*

Getrennt- und Zusammenschreibung mit Verben, die ein Resultat herbeiführen, und in Zweifelsfällen:
- das Essen warm machen (= warmmachen)
- Speisen warm stellen (= warmstellen)
- mit jemandem warm werden (= warmwerden)

Wạrm|blut: *eine Pferderasse* || **Wạrm|blü|ter** der, -s/- (Zool.): *Tier mit konstanter Körperwärme* || **Wạrm|blut|pferd** || **Wạrm|du|scher** der, -s/- (bes. D, sal.): *Weichling* || **Wạ̈r|me** der, -n/-n (ugs., abw.): *Homosexueller, Schwuler* || **Wạ̈r|me** die, -: von der Kälte in die W. | menschliche W. *(Mitgefühl, Liebenswürdigkeit)* || **Wạ̈r|me|aus|deh|nung** || **Wạ̈r|me|aus|tausch** || **Wạ̈r|me|be|hand|lung** || **wạ̈r|me|be|stän|dig** || **Wạ̈r|me|däm|mung:** *Wärmeisolierung* || **Wạ̈r|me|ein|heit:** *Kalorie, Joule ua.* || **Wạ̈r|me|ent|wick|lung:** die W. im Motorraum || **Wạ̈r|me|fla|sche** → Wärmflasche || **Wạ̈r|me|ge|wit|ter** || **wạ̈r|me|iso|lie|rend** || **Wạ̈r|me|kraft|werk** || **Wạ̈r|me|leh|re** die, -: *ein Teilgebiet der Physik* || **Wạ̈r|me|lei|ter** (Phys.): Metall ist ein guter W. || **wạ̈r|men:** sich am Kachelofen w. || **Wạ̈r|me|pe|ri|o|de** || **Wạ̈r|me|pum|pe:** *ein Gerät zum Wärmeaustausch* || **Wạ̈r|me|quel|le** || **Wạ̈r|me|stau** (Med.) || **Wạ̈r|me|strah|lung** || **Wạ̈r|me|tech|nik** || **Wạ̈rm|fla|sche,** *auch:* Wärmeflasche: *Thermophor* || **Wạrm|front** (Met.): *die vordere Grenze heranströmender Warmluft* || **wạrm|hal|ten** sich: sich jemanden w. *(sich jemandes Gunst erhalten); aber:* das Essen warm halten; → warm || **Wạrm|hal|te|plat|te** (Küchenspr.) || **wạrm|her|zig:** ein warmherziger *(mitfühlender)* Mensch || **Wạrm|luft** die, - || **Wạrm|luft|hei|zung** || **wạrm ma|chen** = **wạrm|ma|chen** → warm || **Wạrm|start** (EDV): *Neustart eines Computers, ohne die Stromzufuhr abzuschalten;* → Kaltstart || **wạrm stel|len** = **wạrm|stel|len** → warm || **wạ̈rms|tens:** ich kann die Bewerberin w. *(sehr)* empfehlen || **Warm-up** ['wɔːmʌp] das, -s/-s: *Aufwärmen [von Motoren] | Einstimmung* || **Wạrm|was|ser:** W. bereiten || **Wạrm|was|ser|hei|zung** || **Wạrm|was|ser|spei|cher** || **Wạrm|was|ser|ver|sor|gung** || **wạrm wer|den** = **wạrm|wer|den:** mit ihr wurde ich schnell w. *(vertraut); aber:* es ist warm geworden; → warm

Wạrn|an|la|ge || **Wạrn|blink|an|la|ge:** die W. des Autos einschalten || **Wạrn|drei|eck:** *Pannendreieck [für Autos]* || **wạr|nen:** vor einer Gefahr w. || **Wạrn|lam|pe** || **Wạrn|leuch|te** || **Wạrn|licht** || **Wạrn|ruf** || **Wạrn|schuss:** einen W. *(Schuss in die Luft)* abgeben || **Wạrn|si|gnal** || **Wạrn|streik** || **Wạrn|stu|fe:** W. 1 *(eine Alarmstufe)* || **Wạrn|sys|tem** [-zy-] || **Wạr|nung** die, -/-en

Wạr|schau (polnisch: Warszạwa [-rʃ-]): *Hauptstadt Polens* || **Wạr|schau|er Pakt** (Pol.) (1955–1991): *Verteidigungsbündnis der Ostblockstaaten, die Warschauer-Pakt-Staaten*

wạrt, ihr war[e]t; → sein[2]

Wạrt der, -[e]s/-e: *jemand, der für etwas verantwortlich ist bzw. die Aufsicht über etwas hat;* Schulwart; Tankwart | (veraltet) *Verwalter, Wärter*

Wạr|te die, -/-n: *Aussichtsplattform auf einem höher gelegenen Ort* | von meiner W. *(Sicht)* aus || **Wạr|te|frist** || **Wạr|te|häus|chen** || **Wạr|te|lis|te:** jemanden auf die W. setzen || **wạr|ten:** auf den Zug w. | den Motor w. *(kontrollieren und in Stand halten)* || **Wạr|te|po|si|ti|on** [-tsi̯-] || **Wạ̈r|ter** der, -s/-: *Aufsichtsperson; Pfleger;* Krankenwärter || **Wạr|te|raum:** im W. des Bahnhofs lesen || **War|te|re̲i** die, - (ugs.) || **Wạ̈r|te|rin** die, -/-innen || **Wạr|te|saal** || **Wạr|te|schlan|ge:** vor dem Schalter in der W. stehen || **Wạr|te|schlei|fe:** sich in der W. befinden *([beim*

Telefonieren in der besetzten Leitung] warten müssen) ‖ **Wạrtestand** (SüdT): *vorübergehende Freistellung von einem Dienstverhältnis* ‖ **Wạrtezeit** ‖ **Wạrtezimmer**

Wạrtin die, -/-innen: *weibl. Form von Wart*

Wạrtung die, -/-en: die W. *(Instandhaltung)* des Motors ‖ **Wạrtungsarbeit** ‖ **wạrtungsfrei:** dieses Gerät ist w. *(es braucht nicht gewartet zu werden)* ‖ **wạrtungsfreundlich:** *leicht zu warten* ‖ **Wạrtungsvertrag**

warụm: w. nicht?

Wạrze die, -/-n: *eine Hautwucherung*

wạs: was und wie?; was für ein *(welcher);* für was *(wofür);* um was *(worum);* zu was *(wozu);* was *(warum)* schreist du so? | alles, was recht ist | ist was *(etwas)* los?; so was! *(so etwas!)*; *aber:* das **W**as und Wie *(die genaueren Umstände)* einer Sache

Wạschanlage: mit dem Auto in die W. fahren ‖ **Wạschanleitung:** *Anleitung für das Waschen von Textilien* ‖ **Wạschautomat:** *Waschmaschine* ‖ **wạschbar:** w. bis 60 Grad ‖ **Wạschbär:** *eine Kleinbärenart | ein Pelz daraus* ‖ **Wạschbecken:** *Waschmuschel* ‖ **Wạschbeton:** *eine besonders behandelte Betonfläche* ‖ **Wạschbrett** (bes. früher): *Waschrumpel* ‖ **Wạschbrettbauch** (sal.): ein Mann mit W. *(ohne Fett am Bauch, mit durchtrainiertem Oberkörper)* ‖ **Wặsche** die, -: W. *(Schmutzwäsche)* einweichen | die W. *(bes. Unterwäsche)* wechseln | (ugs., sal.) volle W. *(in voller Stärke, volle Kraft voraus)* ‖ **wạschecht:** ein waschechter *(farbechter, nicht abfärbender)* Stoff | (scherzh.) ein waschechter *(typischer)* Tiroler ‖ **Wặschegarnitur** ‖ **Wặschekasten** ‖ **Wặscheklammer** = **Wặscheklupe** (reg.) ‖ **Wặschekorb** ‖ **Wạschel**[1] der, -s/-[n] (ugs.): *[Draht]fetzen, -schwamm zum Reinigen [von Geschirr]* | (ugs., oft abw.) *Badewaschel* | (ugs., abw.) *[großer] ungeschickter, dummer Mensch* ‖ **Wạschel**[2] das, -s/-[n] (ugs.): *Ohrwaschel* ‖ **Wặscheleine** ‖ **wạschelnass** (ugs.): *durch und durch nass* ‖ **wạschen,** du wäsch[s]t/wusch/gewaschen: Wäsche w.; sich die Hände w.; frisch gewaschene (= frischgewaschene) Hemden; schmutzige Wäsche waschen (auch: *öffentlich unangenehme private Dinge ausbreiten)* | (sal.) eine Strafe, die sich gewaschen hat *(eine ausgiebige Strafe);* jemandem den Kopf w. *(jemanden zurechtweisen)* | illegales Geld w. *(durch Umwege über verschiedene Konten legalisieren)* ‖ **Wặscher** der, -s/- ‖ **Wäscherei** die, -/-en ‖ **Wặscherin** die, -/-innen ‖ **Wặschermädel:** *Alt-Wiener Type, Wäscherin* ‖ **Wặscherolle:** *eine Vorrichtung zum Bügeln* ‖ **Wặscheschnur** ‖ **Wặschestrick** ‖ **Wặschestück** ‖ **Wặschetrockner:** *ein Heißlufttrockner;* → Waschtrockner | *Gestell zum Trocknen der Wäsche* ‖ **Wạschfrau** (früher) ‖ **Wạschgang:** *Abschnitt eines Waschmaschinenprogramms* ‖ **Wạschgelegenheit:** *Waschbecken uÄ* ‖ **Wạschkorb** (reg.): *Wäschekorb* ‖ **Wạschkraft:** die W. eines Waschmittels ‖ **Wạschküche:** *Raum zum Wäschewaschen* ‖ **Wạschlappen:** *kleines Tuch zum Waschen [des Gesichts]* | (ugs., abw.) *willensschwacher Mensch* ‖ **Wạschlauge:** *Mittel zum Wäschewaschen* ‖ **Wạschmaschine** ‖ **wạschmaschinenfest** ‖ **Wạschmittel** ‖ **Wạschmuschel:** *Waschbecken* ‖ **Wạschprogramm:** das W. endet mit Schleudern ‖ **Wạschpulver** [-f-] ‖ **Wạschraum** ‖ **Wạschrumpel** (bes. früher): *Waschbrett* ‖ **Wạschsalon:** *Geschäft, wo man in Selbstbedienung Waschmaschinen benützt* ‖ **Wạschschüssel:** *Schüssel auf einem Waschtisch* ‖ **Wạschstraße:** *eine Autowaschanlage* ‖ **Wạschtag** ‖ **Wạschtisch** (früher): *Tisch mit einer Waschschüssel* ‖ **Wạschtrockner:** *Waschmaschine und Trockner in einem* ‖ **Wạschtrog** ‖ **Wạschung** die, -/-en ‖ **Wạschwasser** das, -s ‖ **Wạschweib** (ugs., abw.): *geschwätzige Person* ‖ **Wạschzettel** (fachspr.): *Werbetext für ein Buch [auf dem Schutzumschlag]* ‖ **Wạschzuber:** *Waschtrog* ‖ **Wạschzwang** (Psych.)

Wasen der, -s/- (mda., sonst veraltet): *Rasen[schicht], oberste Humusschicht* ‖ **Wasenmeister** (veraltet): *Tierkörperverwerter, Abdecker, Schinder*

Waserl das, -s/-[n] (bes. ostöst., ugs.): *hilfloser, harmloser, furchtsamer [junger] Mensch*

Wạshington ['wɒʃɪŋtən]: *Hauptstadt der Vereinigten Staaten,* Washington D. C. | *Bundesstaat der USA*

Wạsser das, -s: ein Glas W.; sich kaum über W. halten können *(kaum genug zum Überleben haben);* ein Schiff zu W. lassen; unter W. stehen; W. treten *(Tretbewegungen machen, um sich an der Oberfläche zu halten oder als Heilanwendung);* zu W. und zu Lande reisen; jemandem nicht das W. reichen können *(nicht so fähig sein);* W. auf jemandes Mühle sein *(jemandem Vorteil bringen);* jemandem das W. abgraben *(jemanden seiner Möglichkeiten berauben);* → Wasser abweisend = wasserabweisend | (sal.) das Konzert fiel ins W. *(fand nicht statt)* | (geh.) ein Patriot reinsten Wassers *(überzeugter Patriot)* | (mit Pl. Wässer) *Flüssigkeit;* Mineralwässer; Abwässer | (mit Pl. Wasser) *Gewässer;* ein Haus direkt am W.; sie ist mit allen Wassern gewaschen *(gegen alles gewappnet);* sie ist ein stilles W. *(schwer zu durchschauen)* | (geh.) die W. rauschen | (geh., veraltend) W. lassen/[sein] W. abschlagen *(urinieren, nur von Männern)* ‖ **Wạsser abweisend** = **wạsserabweisend:** W. abweisende Materialien ‖ **Wạsserader:** *unterirdischer Wasserlauf* ‖ **wạsserarm** ‖ **Wạsseraufbereitung** ‖ **Wạsserbad** ‖ **Wạsserball** der, -[e]s/-bälle: *ein aufblasbarer Ball; spezieller Ball fürs Wasserballspiel* | (ugs. auch mit Art. das, ohne Pl.) *ein Ballspiel;* W. spielen ‖ **Wạsserbau** der, -[e]s: *Flussregulierung uÄ* ‖ **Wạsserbett:** *Bett, dessen Matratze mit Wasser gefüllt ist* ‖ **Wạsserbombe** (Mil.): *Waffe zur U-Boot-Bekämpfung* ‖ **Wạsserbuch** (Admin.): *Verzeichnis der Wassernutzungsrechte* ‖ **Wạsserburg:** *von einem Wassergraben umgebene Burg* ‖ **Wặsserchen** das, -s/-: ein köstliches W. *(Getränk);* kein W. trüben können *(harmlos sein)* ‖ **Wạsserdampf** ‖ **wạsserdicht** ‖ **Wạsserdruck** der, -[e]s/-e [-drücke] ‖ **wạsserdurchlässig** ‖ **Wạssereimer** ‖ **Wạsserer** der, -s/-: *Alt-Wiener Type, Wasserträger für Fiakerpferde* ‖ **Wạs-**

W

ser|fahr|zeug || **Wạs|ser|fall** || **Wạs|ser|far|be** (meist Pl.): *wasserlösliche Farbe* || **wạs|ser|fest** || **Wạs|ser|flä|che** || **Wạs|ser|fla|sche** || **Wạs|ser|flug|zeug:** *Flugzeug, das auf Wasserflächen startet und landet* || **Wạs|ser|flut** || **Wạs|ser|ge|bühr** || **Wạs|ser|ge|halt** der, -[e]s/-e: der W. in Lebensmitteln || **wạs|ser|ge|kühlt:** ein wassergekühlter Motor || **Wạs|ser|glas:** ein volles W. | (ohne Pl.) (früher) *Flüssigkeit, die auch zum Eierkonservieren verwendet wird* || **Wạs|ser|gra|ben** || **Wạs|ser|hahn:** den W. aufdrehen || **Wạs|ser|haus|halt:** *Reserven und Bewirtschaftung des Wassers in der Natur* | (Biol.) der W. des menschlichen Körpers || **Wạs|ser|heil|ver|fah|ren** || **Wạs|ser|ho|se:** *Meer- oder Seewasser mitführender Wirbelsturm* || **wạ̈s|se|rig** → wässrig || **Wạ̈s|se|rig|keit** → Wässrigkeit || **Wạs|ser|ka|nis|ter** || **Wạs|ser|kas|ten:** *Wasserbehälter [in technischen Anlagen]* || **Wạs|ser|kes|sel** || **Wạs|ser|klo|sett** (WC) || **Wạs|ser|kraft** || **Wạs|ser|kraft|werk** || **Wạs|ser|krug** || **Wạs|ser|lauf:** *Verlauf eines Gewässers* || **Wạs|ser|lei|che:** *aus dem Wasser geborgener Leichnam eines Ertrunkenen* || **Wạs|ser|lei|tung** || **Wạs|ser|lei|tungs|in|stal|la|teur** [-ʃt-ˈtøːə, -st-]: *Fachkraft für Wasserinstallationen* || **Wạs|ser|lei|tungs|in|stal|la|teu|rin** || **Wạs|ser|loch:** *Erdloch mit Wasseransammlung* || **wạs|ser|lös|lich** || **Wạs|ser|man|gel** || **Wạs|ser|mann:** *eine Sagengestalt* | *ein Tierkreiszeichen* || **Wạs|ser|mas|se** || **Wạs|ser|me|lo|ne:** *eine Frucht* || **Wạs|ser|men|ge** || **wạs|sern,** ich wass[e]re: das Wasserflugzeug wasserte *(es ging auf dem Wasser nieder)* || **wạ̈s|sern,** ich wäss[e]re: Wein w. *(mit Wasser verdünnen)* | mir wässert der Mund nach dieser Speise *(ich möchte sie gern essen)* || **Wạs|ser|ni|xe:** *eine Sagengestalt* || **Wạs|ser|not** die, -: *Wassermangel; aber:* → Wassersnot || **Wạs|ser|ober|flä|che** || **Wạs|ser|pest:** *eine Wasserpflanze* || **Wạs|ser|pflan|ze** || **Wạs|ser|pum|pe** || **Wạs|ser|rad:** *Mühlrad, Schaufelrad zur Energiegewinnung* || **Wạs|ser|rat|te:** *eine Wühlmaus* | (ugs.) *begeisterter Schwimmer* || **Wạs|ser|recht:** *Gesetze zur Gewässernutzung* || **wạs|ser|reich** || **Wạs|ser|re|ser|voir** [-vo̯aːr]: *ein Wasserspeicher* || **Wạs|ser|scha|den:** *Schaden durch Eindringen von Wasser* || **Wạs|ser|schaff** || **Wạs|ser|schaf|fel** (ugs.): *Wasserschaff* || **Wạs|ser|schei|de:** *Grenze zwischen den Einzugsgebieten benachbarter Flüsse* || **wạs|ser|scheu** || **Wạs|ser|schi** → Wasserski || **Wạs|ser|schlauch** || **Wạs|ser|schloss:** *von Wasser[gräben] umgebenes Schloss* || **Wạs|ser|schutz|ge|biet** || **Wạs|ser|ski** [-ʃiː], *auch:* Wasserschi: *ein Sportgerät;* W. fahren | (mit Art. das und ohne Pl.) *eine Sportart* || **Wạs|sers|not** (geh.): *Überschwemmung; aber:* → Wassernot || **Wạs|ser|spat|zen** die (Pl.) (Küchenspr.): *eine Art von Nockerln* || **Wạs|ser|spei|er** der, -s/-: *Dachrinnenfigur [an gotischen Kirchen]* || **Wạs|ser|spie|gel:** *die Wasseroberfläche;* der W. ist gestiegen || **Wạs|ser|spiel** (meist Pl.): ein Springbrunnen mit Wasserspielen *(Fontänen, Sprudeln)* || **Wạs|ser|sport** || **Wạs|ser|sport|ler** || **Wạs|ser|sport|le|rin** || **Wạs|ser|sprin|gen** das, -s (Sport): *eine Disziplin* || **Wạs|ser|spü|lung** || **Wạs|ser|stand:** der W. der Donau ist gestiegen || **Wạs|ser|stands|mel|dung** || **Wạs|ser|stel|le:** eine W. in der Wüste || **Wạs|ser|stoff** der, -[e]s (Zeichen: H): *ein chemisches Element* || **wạs|ser|stoff|blond:** *mit Wasserstoffperoxid blond gefärbt* || **Wạs|ser|stoff|bom|be** (Mil.): *eine Atombombe, H-Bombe* || **Wạs|ser|stoff|pe|r|oxid,** *auch:* **Wạs|ser|stoff|pe|r|oxyd** [-yːt, -iːt] (Chem.): *ein Desinfektionsmittel* || **Wạs|ser|stoff|su|per|oxid,** *auch:* **Wạs|ser|stoff|su|per|oxyd** [-yːt, -iːt] (veraltend) (Chem.): *Wasserstoffperoxid* || **Wạs|ser|strahl** || **Wạs|ser|stra|ße:** *Verkehrsweg der Binnenschifffahrt* || **Wạs|ser|sucht** die, - (Med.): *eine Krankheit* || **Wạs|ser|sup|pe** (oft abw.): *eine [allzu] dünne Suppe* || **Wạs|ser|tank** || **Wạs|ser|tem|pe|ra|tur** || **Wạs|ser|tier** || **Wạs|ser|trop|fen** || **Wạs|ser|turm:** *Turm mit einem Wasserreservoir* || **Wạs|ser|ver|brauch** || **Wạs|ser|ver|drän|gung:** die W. eines Schiffes (in Tonnen) || **Wạs|ser|ver|schmut|zung** || **Wạs|ser|ver|seu|chung** || **Wạs|ser|ver|sor|gung** || **Wạs|ser|vo|gel** || **Wạs|ser|waa|ge:** *[Handwerks]gerät zur Bestimmung der Waagrechten bzw. der Senkrechten* || **Wạs|ser|weg:** Güter auf dem W. transportieren || **Wạs|ser|wel|le** (veraltend): *eine künstliche Haarwelle* || **Wạs|ser|wer|fer** der, -s/-: die Polizei setzte gegen die Demonstranten einen W. ein || **Wạs|ser|werk** || **Wạs|ser|wirt|schaft** die, - || **Wạs|ser|wirt|schafts|fonds** [-fõː] || **Wạs|ser|zäh|ler** || **Wạs|ser|zei|chen:** *durchscheinendes Zeichen in Banknoten, Briefmarken usw., um Fälschungen zu erschweren* || **Wạs|ser|zu|ber** || **wạ̈ss|rig,** *auch:* wässerig: eine wäss[e]rige Lösung; wäss[e]riger Schnee || **Wạ̈ss|rig|keit** die, -, *auch:* Wässerigkeit

Wastl: *männl. Vorname (Sebastian)*

wa̱|ten: er ist durch den Bach gewatet

Wạt|sche die, -/-n, *auch:* Watschen (ugs.): *Ohrfeige*

wạt|scheln, ich watschle: watschelnde Enten

wạt|schen, du watsch[s]t: (ugs.): *ohrfeigen;* sie hat ihn gewatscht || **wạt|schen|ein|fach** (ugs.): *sehr einfach, babyleicht* || **Wạt|schen|ge|sicht** (ugs., abw.): *Gesicht, das zu einer Ohrfeige provoziert* || **Wạt|schen|mann:** *Apparat in Menschengestalt zum Kraftmessen, bekannte Figur im Wiener Prater* | (ugs.) *Prügelknabe* || **Wạt|schen|tanz** (Volksk.): *eine Art des Schuhplattlers mit vorgetäuschten Ohrfeigen* | (ugs.) *heftige Auseinandersetzung*

Watt[1] das, -[s]/- (Zeichen: W) (Phys.): *Maßeinheit für die [elektrische] Leistung (nach einem englischen Ingenieur);* 40 W

Watt[2] das, -[e]s/-en: *die bei Ebbe trocken liegende Fläche von der [Nordsee]küste bis zu den vorgelagerten Inseln, Wattenmeer*

Wạt|te die, -/-n: *weiches, flauschiges Material zum Reinigen oder zum Verbinden;* die Wunde mit W. abtupfen || **Wạt|te|bausch** || **Wạt|te|lin** das, -s/-e: *ein [wärmendes] Zwischenfutter*

Wạt|ten das, -s (T): *ein Kartenspiel*

Wạt|ten|meer → Watt[2]

Wạt|tens: *Marktgemeinde in Tirol*

Wạt|te|pad [-pæd]: *Wattebausch* || **Wạt|te|stäb|chen** || **wat|tie|ren:** einen Mantel w. *(mit Wattelin füttern)* || **Wat|tie|rung** die, -/-en

Watt|se|kun|de (Ws): *1 Joule* || **Watt|stun|de** (Wh): 3 600 Joule

W

wau (ugs.): *Ausruf des Staunens;* → wow

wau|wau: *Wiedergabe von Hundegebell* ‖ **Wau|wau** der, -s/-s [-e] (ugs.): *ein Schreckgespenst;* den W. *(Bösen)* spielen | (Kinderspr.) *Hund*

WC [ve 'tseː] das, -[s]/-[s]: *Klosett mit Wasserspülung* ‖ **WC-Be|sen** = **WC-Bürs|te** ‖ **WC-Mu|schel**

Web [w-] das, -s ⟨engl.⟩: *Kurzwort für World Wide Web, Internet*

Web|ar|beit

Web|ban|king [w-bæ-] das, -s ⟨engl.⟩ (Bankw.): *Onlinebanking* ‖ **Web|brow|ser** [-braʊzə] (EDV) ‖ **Web|cam** [-kæm] die, -/-s (Elektrot.): *Kamera, die live via Internet überträgt* ‖ **Web|de|sign** [-dɪzaɪn]: *Gestaltung von Internetseiten* ‖ **Web|de|si|gner** ‖ **Web|de|si|gne|rin**

We|be die, -/-n: *Gewebe, bes. für Bettzeug* ‖ **we|ben,** webte [geh.: wob]/gewebt [geh.: gewoben]: Teppiche w. | (geh.) Sagen woben sich um diese Ruine ‖ **We|ber** der, -s/- ‖ **We|be|rei** die, -/-en ‖ **We|be|rin** die, -/-innen ‖ **We|ber|knecht** (Zool.): *Spinne mit besonders langen Beinen* ‖ **We|ber|schiff|chen:** *eine Vorrichtung am Webstuhl*

Web|mas|ter [w-] ⟨engl.⟩: *Gestalter bzw. Verwalter von Internetseiten* ‖ **Web|mas|te|rin**

Web|pelz: *ein Kunstpelz*

Web|ser|ver [w-sɜːvə] der, -s/- ⟨engl.⟩ (EDV): *Server im Internet* ‖ **Web|site** [-saɪt] die, -: *Gruppe mehrerer zusammengehöriger Dokumente im WWW* ‖ **Web|space** [-speɪs] der, - (EDV): *Speicherplatz auf einem Server für eine Homepage*

Web|stuhl: *Vorrichtung zum Weben*

Wech|sel [-ks-] der, -s/-: der W. von Tag und Nacht; fliegender W. *(wie zB beim Staffellauf)* | der W. *(Weg)* des Wildes | der W. *(die Weiche)* in Schienenanlagen | im W. *(in den Wechseljahren)* sein | (Bankw.) einen W. *(eine Urkunde mit einer Zahlungsverpflichtung)* unterschreiben | (Geogr.) *Gebirge in Niederösterreich und der Steiermark* ‖ **Wech|sel|bad** (Med.): *abwechselnd warmes und kaltes Wasser* | im W. der Gefühle *(hin- und hergerissen)* sein ‖ **Wech|sel|balg** der, -[e]s/-bälge[r] (abw.): *hässliches, missratenes Kind* ‖ **Wech|sel|be|zie|hung:** diese Vorgänge stehen in W. *(gegenseitiger Abhängigkeit)* ‖ **Wech|sel|fäl|le** die (Pl.): *verschiedene Stationen im Lauf des Lebens;* die W. des Schicksals ‖ **Wech|sel|fie|ber** (Med.): *Malaria* ‖ **Wech|sel|ge|biet** das, -[e]s: *Landschaft um den Wechsel (N, St)* ‖ **Wech|sel|geld:** *Kleingeld zum Wechseln;* eine Menge W. zurückbekommen ‖ **Wech|sel|ge|sang** (Mus.): *Wechsel zwischen Vorsänger und Chor uÄ* ‖ **Wech|sel|ge|schäft** (Bankw.): *Geschäft, das mit einem Wechsel abgewickelt wird* ‖ **wech|sel|haft** ‖ **Wech|sel|jah|re** die (Pl.): → *Klimakterium* ‖ **Wech|sel|kurs** (Bankw.): *Umrechnungskurs für Währungen;* einen Betrag zum heutigen W. in Dollar umwechseln ‖ **wech|seln:** ich wechsle die Schule; er wechselt seine Ansichten wie die Hemden *(sehr oft)* | können Sie einen Zehner [auf Kleingeld] w.?; ungarisches Geld w. *(umtauschen)* ‖ **Wech|sel|rah|men**: ein W. für Fotos ‖ **Wech|sel|re|de:** *Dialog* ‖ **Wech|sel|schal|ter:** *Lichtschalter zum wechselseitigen Ein- und Ausschalten* | (Bankw.) am W. Geld wechseln ‖ **Wech|sel|schritt:** *ein Tanzschritt* ‖ **wech|sel|sei|tig:** sich w. *(gegenseitig)* unterstützen ‖ **Wech|sel|spiel:** ein W. der politischen Kräfte ‖ **Wech|sel|strom** (Technik): *Strom von wechselnder Stärke und Richtung* ‖ **Wech|sel|stu|be:** *Geschäft, wo man ausländische Währungen wechseln kann* ‖ **Wech|sel|ver|kehr:** *Verkehr mit abwechselnder Fahrtrichtung* | *Ein- und Ausreiseverkehr in das jeweilige Nachbarland* ‖ **wech|sel|voll:** eine wechselvolle Laufbahn ‖ **Wech|sel|wäh|ler:** *Wähler, der bald die eine, bald eine andere politische Partei wählt* ‖ **Wech|sel|wäh|le|rin** ‖ **wech|sel|wei|se:** *abwechselnd* ‖ **Wech|sel|wir|kung:** *gegenseitige Wirkung*

Wech|te die, -/-n: *zusammengewehter, überhängender Schnee;* → Wehe

We|ck|amin [auch: 'vɛ-] das, -s/-e (Med.): *Belebungsmittel* ‖ **wecken:** *wach machen, aufwecken; aber:* um 6 Uhr ist **W**ecken

We|cken der, -s/-: *ca. 1 kg schweres längliches Brot* | (reg.) *Weckerl*

We|cker der, -s/-: den W. auf 6:30 Uhr stellen | (ugs.) sein Jammern geht/fällt mir auf den W. *(geht mir auf die Nerven)*

We|ckerl das, -s/-[n] (reg.): *ein kleines längliches Gebäck*

Weck|ruf

We|da = Veda [v-] der, -[s]/Weden [-s] ⟨Sanskrit⟩ (meist Pl.): *älteste altindische religiöse Schrift*

We|del der, -s/-: *Staubwedel* | *Palmwedel* | (mit Pl. -n) (ostöst., ugs., abw.) *unbedeutender Mensch; jemand, der sich ausnützen lässt* ‖ **we|deln,** ich wedle: *mit parallel geführten Skiern kurze Schwünge machen* | der Hund wedelte mit dem Schwanz

we|der – noch: weder warm noch kalt; *aber:* das **W**eder-noch

Week|end ['wiːk-, 'v-] das, -[s]/-s ⟨engl.⟩: *Wochenende* ‖ **Week|end|haus:** *Wochenendhaus*

weg: geh weg!; nichts wie weg!; jemanden vom Fleck weg engagieren | (ugs.) ganz weg *(völlig überrascht, überwältigt; unansprechbar; bewusstlos)* sein

Weg der, -[e]s/-e: schneebedeckte Wege; auf dem Weg *(unterwegs);* am Weg *(Wegrand)* warten; niemand[em] im Weg[e] stehen; seines Weges gehen; auf halbem Weg[e]; jemandem nicht über den Weg trauen *(misstrauen);* sich auf den Weg machen *(fortgehen);* seiner Wege gehen; vom rechten Weg abkommen; krumme Wege gehen *(unehrlich handeln);* dem steht nichts im Wege *(es gibt keinen Hinderungsgrund);* jemandem nichts in den Weg legen *(ihn nicht behindern);* jemandem den Weg ebnen *(Hindernisse für sein Fortkommen aus dem Weg schaffen, ihn unterstützen);* seinen Weg machen; jemandem aus dem Weg gehen; etwas in die Wege leiten *(veranlassen);* etwas zu Wege (= zuwege) bringen

weg|be|ge|ben sich (geh.): *weggehen, wegfahren* ‖ **weg|be|kommen:** einen Fleck nicht mehr w. *(entfernen können)*

Weg|be|rei|ter (geh.): *Vorkämpfer; Bahnbrecher* ‖ **Weg|be|rei|te|rin** (geh.) ‖ **Weg|bie|gung**

weg|bla|sen: der Schmerz war wie weggeblasen *(er war plötzlich verschwunden)* ‖ **weg|blei|ben:** *fortbleiben* ‖ **weg|brin|gen** ‖ **weg|dis|ku|tie|ren** ‖ **weg|drän|gen** ‖ **weg|drü|cken**

We|ge|bau der, -[e]s: Straßen- und Wegebau ‖ **We|ge|la|ge|rer** der,

-s/- (bes. früher): *Straßenräuber* ‖ **Wegelagerei** die, -/-en (bes. früher) ‖ **Wegelagerin** die, -/-innen (bes. früher)

wegen

Präposition mit Genitiv:
- wegen des Wetters
- von Amts wegen *(behördlicherseits)*
- von Rechts wegen

Der Dativ gilt als umgangssprachlich: wegen dem Wetter; wegen ihm *(seinetwegen);* wegen mir *(meinetwegen)*

Im Plural mit Dativ, wenn Genitiv nicht erkennbar:
- wegen Unfällen bleibt die Straße gesperrt

Wegenetz ‖ **Wegerecht** (Jus): *Recht, einen Weg auf fremdem Grundstück zu benutzen*
Wegerich der, -[e]s/-e: *eine Heilpflanze;* Spitzwegerich
Wegesrand (geh.): *Wegrand*
wegessen: sie hat ihm alles weggegessen ‖ **wegfahren** ‖ **Wegfahrsperre:** ein Auto mit W. *(eine Sicherheitseinrichtung)* ‖ **wegfallen** ‖ **wegfegen:** *wegkehren* | *[gewaltsam] entfernen, hinwegfegen* ‖ **wegfliegen** ‖ **wegfressen**
Weggabelung, *auch:* **Weggablung** ‖ **Weggefährte** ‖ **Weggefährtin**
weggehen: *fortgehen;* der Fleck geht nicht mehr weg
Weggen der, -s/- (CH): *[süßes] Weckerl*
Weggenosse (geh.): *Weggefährte* ‖ **Weggenossin** (geh.)
Weggli das, -s/- (CH): *[Milch]weckerl*
weghaben: jemanden w. wollen ‖ **weghalten** ‖ **weghängen** ‖ **wegholen** ‖ **weghören** ‖ **wegjagen** ‖ **wegkehren** ‖ **wegkippen** ‖ **wegkommen:** *fort-, davonkommen* | (ugs.) *abhandenkommen;* Geld ist weggekommen ‖ **wegkönnen:** ich konnte nicht weg
Wegkreuz: *Marterl* ‖ **Wegkreuzung** ‖ **wegkundig**
weglassen: jemanden nicht w. *(nicht gehen lassen);* einen Satz w. ‖ **Weglassprobe** (Gramm.): *Abstrichverfahren* ‖ **weglaufen** ‖ **weglegen** ‖ **wegleugnen:** etwas nicht w. können ‖ **weglocken** ‖ **wegmachen** (sal.): Flecken w. *(entfernen)* | (derb) ein Kind w. *(abtreiben)* ‖ **wegmüssen** ‖ **Wegnahme** die, -/-n ‖ **wegnehmen** ‖ **wegpacken** ‖ **wegputzen** ‖ **wegradieren**
Wegrand
wegrationalisieren [-tsi-]: *Arbeitsplätze durch Rationalisierung einsparen* ‖ **wegräumen** ‖ **wegreißen** ‖ **wegrennen** ‖ **wegrollen** ‖ **wegsacken** ‖ **wegsaufen** ‖ **wegschaffen** ‖ **wegschauen** ‖ **wegschaufeln**
Wegscheid die, -/-en = **Wegscheide:** *Straßengabelung;* → Gscheid
wegscheren sich (ugs., derb): scher dich weg! *(verschwinde!)* ‖ **wegscheuchen** ‖ **wegschicken** ‖ **wegschieben** ‖ **wegschleichen** sich ‖ **wegschleifen** ‖ **wegschleppen** ‖ **wegschleudern** ‖ **wegschließen:** *versperren, unter Verschluss sichern* ‖ **wegschmeißen** ‖ **wegschmelzen:** der Schnee ist weggeschmolzen ‖ **wegschnappen** ‖ **wegschneiden** ‖ **wegschütten** ‖ **wegsehen** ‖ **wegsetzen:** *[von einem anderen] getrennt setzen* ‖ **wegsprengen** ‖ **wegspringen** ‖ **wegspritzen** ‖ **wegstecken:** den Brief w. | Vorwürfe w. *(nicht beachten)* ‖ **wegstehen:** wegstehende Äste ‖ **wegstellen** ‖ **wegsterben** ‖ **wegstoßen**
Wegstrecke ‖ **Wegstunde**
wegtragen ‖ **wegtreten** ‖ **wegtrinken**
Wegwarte: *eine Blume*
wegwaschen
wegweisen: *abweisen, fortschicken*
wegweisend: wegweisende *(richtungsweisende)* Erfindungen ‖ **Wegweiser** der, -s/-
Wegweisung (Jus): *behördlicher Auftrag [an einen gewalttätigen Ehepartner], die gemeinsame Wohnung auf bestimmte Dauer zu verlassen* ‖ **wegwenden:** sich von jemandem w. ‖ **wegwerfen:** *zum Müll geben* | den Ball nach vorne w. *(schießen)* ‖ **wegwerfend:** eine wegwerfende *(abfällige)* Bemerkung ‖ **Wegwerfflasche:** *Einwegflasche* ‖ **Wegwerfgesellschaft** (abw.) ‖ **wegwischen** ‖ **wegwollen** ‖ **wegwünschen** ‖ **wegzählen:** *abrechnen, subtrahieren* ‖ **wegzaubern**
Wegzehrung die, -/-en (geh.): *[Reise]proviant* ‖ **Wegzeit:** *der Zeitaufwand für das Zurücklegen eines bestimmten Weges*
wegzerren ‖ **wegziehen**
weh: weh (= wehe) dir!; au weh! (= auweh!); o weh! (= oweh!); ach und weh (= Ach und **W**eh) schreien; weh sein; *aber:* → weh tun = wehtun | (ugs.) ein weher Finger ‖ **Weh** das, -[e]s = Wehe, -s (geh.): *Kummer, Schmerz;* das Wohl und Weh einer Familie | (scherzh.) mit Ach und Weh *(mit knapper Not);* Ach und Weh (= ach und **w**eh) schreien ‖ **wehe:** w. (= weh) dir! ‖ **Wehe**[1] → Weh ‖ **Wehe**[2] die, -/-n (meist Pl.): *krampfartiger Schmerz, Kontraktion beim Gebären*
Wehe[3] die, -/-n: *zusammengewehte Schneemasse;* → Wechte ‖ **wehen:** wehende Fahnen
Wehgeschrei ‖ **Wehklage** (geh.) ‖ **wehklagen** (geh.): *jammern* ‖ **Wehlaut** (geh.): *Klagelaut* ‖ **wehleidig:** *sehr empfindlich, angerührt* ‖ **Wehleidigkeit** die, - ‖ **Wehmut** die, - (geh.): des Verstorbenen mit W. *(mit Bedauern, in stiller Trauer)* gedenken ‖ **wehmütig** ‖ **Wehmütigkeit** die, - ‖ **wehmutsvoll** (geh.)
Wehr[1] das, -[e]s/-e: *Anlage zum Aufstauen und Regulieren eines Gewässers*
Wehr[2] die, -: sich zur W. setzen *(sich verteidigen)* | (mit Pl. -en) (früher) *Rüstung* ‖ **Wehrbauer** der, -n [-s]/-n (meist Pl.) (Gesch.): *Bauer, der ständig für den Kriegseinsatz gerüstet war* ‖ **Wehrdiener** (Amtsspr.): *Soldat* ‖ **Wehrdienst** der, -[e]s: *Militärdienst* ‖ **wehrdiensttauglich** ‖ **Wehrdienstverweigerer** der, -s/-: *jemand, der sich aus religiösen oder ethischen Gründen weigert, den Wehrdienst abzuleisten* ‖ **Wehrdienstverweigerung** ‖ **wehren**[1] sich: sich gegen die Anschuldigungen w. *(sich verteidigen)* ‖ **wehren**[2] (geh.): dem Missbrauch w. *(ihn bekämpfen)* ‖ **Wehrersatzdienst** (Admin.): *Zivildienst* ‖ **wehrfähig:** im wehrfähigen Alter ‖ **Wehrgang** (früher) (Arch.) ‖ **wehrhaft:** *im Stande, sich zu wehren* ‖ **Wehrhaftigkeit** die, - ‖ **Wehrkirche** (früher): *befestigte Kirche* ‖ **wehrlos:** ein wehrloses Kind ‖ **Wehrlosigkeit** die, - ‖ **Wehrmacht** die, - (früher): *Militär;* die deutsche W. *(die Streitkräfte)* in der Zeit des Nationalsozialismus ‖ **Wehrmann:** *Soldat* ‖ **Wehr-**

W

pflicht die, -: die allgemeine W. ‖ **wehrpflichtig** ‖ **Wehrpflichtige** der, -n/-n, ein Wehrpflichtiger (Mil.) ‖ **Wehrsport:** *manöverähnliches Kampftraining [militanter Gruppen]* ‖ **Wehrsprecher** (Pol.): *Abgeordneter, der die Anliegen seiner Partei in Fragen der Landesverteidigung vertritt* ‖ **Wehrsprecherin** (Pol.) ‖ **Wehrstein** (SüdT, CH): *Prellstein, Randstein* ‖ **Wehrübung** (Mil.): *Übung nach Ableistung des Präsenzdienstes*

weh tun = **wehtun:** *schmerzen;* du wirst dir weh tun; → weh ‖ **Wehweh** das, -s/-s (Kinderspr.) ‖ **Wehwehchen** das, -s/- (ugs.): *unbedeutender Schmerz*

Weib das, -[e]s/-er (meist abw.): *Frau, weibliche Person* | (veraltet, geh.) *Gattin;* für W. und Kind *(die ganze Familie)* sorgen ‖ **Weibchen** das, -s/-: *weibliches Tier* | (abw.) *verwöhnte Frau* ‖ **Weibergeschichte** (meist Pl.) (ugs., abw.): *kurzes [sexuelles] Verhältnis eines Mannes* ‖ **Weiberheld** (abw.): *Schürzenjäger, Don Juan* ‖ **Weiberleut** das, -/- (meist Pl.) (mda., oft abw.): *Frau* ‖ **Weiberwirtschaft** die, - (ugs., abw.): *von Frauen dominierter Einflussbereich* ‖ **weibisch** (geh., abw.): *weichlich, unmännlich* ‖ **Weiblein** das, -s/-: ein altes W. | (scherzh.) Männlein und W. *(die beiden Geschlechter)* ‖ **weiblich:** das weibliche Geschlecht *(die Frauen)* | (Gramm.) der weibliche Artikel ‖ **Weibsbild** (ugs., meist abw.): *Frau* ‖ **Weibsstück** das, -[e]s (veraltend, abw.): *bösartige, liederliche Frau* ‖ **Weibsteufel** (abw.): *Frau, die einen verhängnisvollen Einfluss [auf einen Mann] ausübt*

weich:
ein weiches Bett | weiches Wasser *(weniger als 12 Härtegrade)* | eine weiche *(sanfte)* Stimme | er hat ein weiches *(mitfühlendes)* Herz | er hat weiche Knie *(Angst)* | ein weiches Ei | ein weiches b, d *(Lenis)*

Getrenntschreibung bei wörtlicher Bedeutung:
- weich sein
- weich werden

Getrennt- und Zusammenschreibung, zB:
- das Schnitzel weich klopfen (= weichklopfen)
- weich gekochte (= weichgekochte) Eier
- die Wäsche weich spülen (= weichspülen)
- er ist weich geworden (= weichgeworden) *(hat nachgegeben)*

Zusammenschreibung bei übertragener Bedeutung:
- jemanden weichklopfen *(gefügig machen)*
- jemanden weichmachen *(zum Nachgeben bringen)*

Weichbild (geh.): *der Siedlungsbereich [eines Ortes]*

Weiche[1] die, -/-n: *bewegliches Gleisstück zum Überwechseln auf ein anderes Gleis* | für jemanden die Weichen stellen *(Vorkehrungen für ihn treffen)*

Weiche[2] die, -/-n: *Seite, Flanke [von Pferden]* ‖ **Weichei** (bes. D, sal., abw.): *weichlicher Mann, Schwächling, Softie*

weichen[1], wich/gewichen: *nachgeben; sich zurückziehen;* dem internationalen Druck w. | zur Seite w. | die Nervosität war endlich gewichen ‖ **weichen**[2], weichte/geweicht: Semmeln in der Milch w. *(weich werden)* lassen ‖ **Weichensteller** der, -s/- ‖ **Weichenstellerin** die, -/-innen ‖ **Weichenstellung:** eine W. am Bahngleis | (bes. Pol.) *Festlegung der zukünftigen [Entwicklungs-]richtung*

weich gekocht = **weichgekocht:** w. gekochte Eier ‖ **Weichheit** die, -/-en ‖ **weichherzig:** *[zu] gutherzig* ‖ **Weichherzigkeit** die, -/-en ‖ **Weichholz** ‖ **Weichkäse** ‖ **weich kauen** = **weichkauen** ‖ **weichklopfen:** *gefügig machen; aber:* das Schnitzel weich klopfen (= weichklopfen) ‖ **weich kochen** = **weichkochen:** Fleisch w. k. ‖ **weichlich** (oft abw.): ein weichlicher Mensch *(Mensch ohne innere Festigkeit)* ‖ **Weichlichkeit** die, - ‖ **Weichling** der, -s/-e (abw.) ‖ **weichmachen:** *zum Nachgeben bringen* ‖ **Weichmacher** (Chem.): *Zusatzstoff beim Wäschewaschen*

Weichsel[1] [-ks-] die, - (polnisch: Wisła [-sua]): *ein Strom in Polen*

Weichsel[2] [-ks-] die, -/-n: *Sauerkirsche* ‖ **Weichselbaum** ‖ **Weichselkompott**

weich spülen = **weichspülen** ‖ **Weichspüler:** *ein Spülmittel für Wäsche* ‖ **Weichteile** die (Pl.) (geh.): *Körperteile ohne Knochen, zB Bauch* ‖ **weich werden** = **weichwerden:** *nachgeben; aber nur:* das Fleisch muss erst weich werden ‖ **Weichzeichner:** *Kameraoptik, die etwas unscharfe Konturen ergibt*

Weide[1] die, -/-n: *ein Baum bzw. Strauch*

Weide[2] die, -/-n: *Weideland* ‖ **Weideland** ‖ **weiden:** weidendes *(grasendes)* Vieh; die Schafe w. | (geh.) sich an einem Anblick w. *(sich daran erfreuen, ihn genießen)*

Weidenbaum ‖ **Weidengerte** ‖ **Weidenkätzchen** das, -s/-: *Palmkatzerl* ‖ **Weidenkorb:** *Korb aus Weidenruten* ‖ **Weidenrute** ‖ **Weidenzweig**

Weideplatz ‖ **Weidevieh** ‖ **Weidewirtschaft** ‖ **weidgerecht,** *auch:* waidgerecht (Jägerspr.): *den Jagdregeln gemäß* ‖ **weidlich** (geh.): eine Gelegenheit w. *(gründlich, gehörig)* ausnützen

Weidling → Weitling

Weidmann, *auch:* Waidmann (Jägerspr.): *Jäger* ‖ **weidmännisch,** *auch:* waidmännisch (Jägerspr.) ‖ **Weidmannsdank,** *auch:* Waidmannsdank (Jägerspr.): *Antwort auf den Gruß „Waidmannsheil"* ‖ **Weidmannsheil,** *auch:* Waidmannsheil (Jägerspr.): *Jägergruß* ‖ **Weidwerk** das, -[e]s, *auch:* Waidwerk (Jägerspr.): *die Jägerei* ‖ **weidwund,** *auch:* waidwund (Jägerspr.): ein weidwundes *(angeschossenes)* Wild

weigern sich: wir w. uns *(lehnen es ab),* das zu tun ‖ **Weigerung** die, -/-en ‖ **Weigerungsfall** (Amtsspr.): im W. mit Anzeige drohen

Weih der, -[e]s/-e, *auch:* Weihe die, -/-n: *ein Greifvogel*

Weihbischof (kath.): *Bischof, der den Diözesanbischof unterstützt und vertritt* ‖ **Weihbrunn** der, -s/-en (mda., veraltend): *Weihwasserkessel* ‖ **Weihbrunnkessel** (veraltend) ‖ **Weihe**[1] die, -/-n: *rituelle Handlung durch Handauflegung bzw. durch Segnung* | (geh.) die W. *(Feierlichkeit, Ergriffenheit)* des Augenblicks

Weihe[2] → Weih

weihen: eine neue Kapelle w.; der Dom ist dem hl. Stefan geweiht | (geh.) das Schiff war dem Untergang geweiht *(preisgegeben)* | (geh.) seine Dienste dem Land w.

Weiher der, -s/-: *Teich*

W

Wei|he|stät|te (geh.): *geheiligte Stätte* ‖ **Wei|he|stun|de** (geh.): *Feierstunde* ‖ **wei|he|voll** (geh.) ‖ **Weih|kes|sel** (kath.): *Weihwasserkessel* ‖ **Weih|nacht** die, - (geh.): *Weihnachten* ‖ **weih|nach|ten** (geh.): es weihnachtet ‖ **Weih|nach|ten** die (Pl.), *bes. D auch:* das, -/- (Art. selten): *Fest am 24. bis 26. Dezember, Fest der Geburt Christi;* zu W. (reg. in D, CH.: an W.); W. kommt bald; W. ist vorbei; die W. sind vorbei; letzte W.; weiße *(verschneite)* W. ‖ **weih|nacht|lich:** eine weihnachtliche Stimmung ‖ **Weih|nachts|abend:** *Heiliger Abend, 24. Dezember* ‖ **Weih|nachts|bä|cke|rei** die, - ‖ **Weih|nachts|baum:** *Christbaum* ‖ **Weih|nachts|be|sche|rung** ‖ **Weih|nachts|fei|er** ‖ **Weih|nachts|fe|ri|en** [-i̯ən] die (Pl.) ‖ **Weih|nachts|fest** ‖ **Weih|nachts|geld:** *14. Gehalt* ‖ **Weih|nachts|gans** ‖ **Weih|nachts|ge|schenk** ‖ **Weih|nachts|kak|tus:** *eine Zierpflanze* ‖ **Weih|nachts|karp|fen** ‖ **Weih|nachts|lied** ‖ **Weih|nachts|mann:** der W. kommt ‖ **Weih|nachts|markt:** *Christkindlmarkt* ‖ **Weih|nachts|re|mu|ne|ra|ti|on** [-tsi̯-] (Amtsspr.): *Weihnachtsgeld, 14. Monatsgehalt* ‖ **Weih|nachts|standl:** *Stand auf einem Christkindlmarkt* ‖ **Weih|nachts|stern** ‖ **Weih|nachts|stol|len** ‖ **Weih|nachts|tag:** der erste W. *(25. Dezember)* ‖ **Weih|nachts|zeit** die, - ‖ **Weih|rauch:** *ein Harz bzw. der Rauch dieses Harzes* ‖ **Weih|was|ser** das, -s (kath.): *geweihtes Wasser* ‖ **Weih|was|ser|be|cken** (kath.) ‖ **Weih|was|ser|kes|sel** (kath.)

weil: sie geht, w. es spät ist

wei|land (veraltet bzw. scherzh.): wie w. *(früher, zu Zeiten)* Maria Theresia

Weil|chen das, -s/-

Wei|le die, -: eine kleine W. *(kurze Zeit)* ‖ **wei|len** (geh.): *sich [an einem Ort] aufhalten;* nicht mehr unter den Lebenden w. *(gestorben sein)*

Wei|ler der, -s/-: *abgelegene Häusergruppe einer Ortschaft*

Wei|mar: *Stadt in Deutschland*

Weim|berl das, -s/-[n] (W, mda., veraltet): → *Weinbeerl;* → einweimberln

Wein der, -[e]s/-e: reinen W. einschenken *(ungeschminkt die Wahrheit sagen)* ‖ **Wein|acker** (SüdT): *Weinberg* ‖ **Wein|bau** der, -[e]s ‖ **Wein|bau|er:** *Winzer, Weinhauer* ‖ **Wein|bäu|e|rin** die, -/-innen, *auch:* Weinbäurin ‖ **Wein|bee|re:** *Weintraube* | *Rosine* ‖ **Wein|beerl** das, -s/-[n] (mda.): *Weinbeere, Rosine* | (W, mda., abw., veraltet) *Schmeichler, Protektionskind;* → einweinberln ‖ **Wein|bei|ßer:** *ein Lebkuchen* | (ugs.) *Weinkenner, -genießer* ‖ **Wein|bei|ße|rin** (ugs.) ‖ **Wein|berg** ‖ **Wein|berg|schne|cke** ‖ **Weinbrand:** *ein alkoholisches Getränk* ‖ **Wein|chau|deau** [-ʃodoː]: *Chaudeau* ‖ **Wein|derl** das, -s/-[n] (bes. W, emotional): *Wein*

wei|nen: bitterlich w.; um jemanden w.; *aber:* dem **W**einen nahe sein ‖ **wei|ner|lich:** eine weinerliche Stimme ‖ **Wei|ner|lich|keit** die, -

Wein|ern|te ‖ **Wein|es|sig** ‖ **Wein|fass** ‖ **Wein|fla|sche** ‖ **Wein|gar|ten** ‖ **Wein|geist** der, -[e]s/-e: *ein Alkohol, Äthylalkohol* ‖ **Wein|geist|es|sig:** *Essig aus Branntwein* ‖ **Wein|glas** ‖ **Wein|gut** ‖ **Wein|händ|ler** ‖ **Wein|händ|le|rin** ‖ **Wein|hand|lung** ‖ **Wein|hau|er:** *Winzer* ‖ **Wein|hau|e|rin** ‖ **Wein|he|ber:** *Gerät zur Weinentnahme aus Fässern* ‖ **Wein|kar|te:** *spezielle Getränkekarte [in Restaurants]* ‖ **Wein|kel|ler** ‖ **Wein|kell|ner** (Gast.): *Sommelier* ‖ **Wein|kell|ne|rin** (Gast.) ‖ **Wein|ken|ner** ‖ **Wein|ken|ne|rin** ‖ **Wein|kost** die, -/-en: *Weinverkostung, Weinprüfung [vor dem Kauf]*

Wein|krampf: *krampfhaftes Weinen*

Wein|küh|ler ‖ **Wein|lau|ne** die, -: in W. sein *(Gusto auf Wein verspüren)* | *Zustand nach dem Genuss von Wein* ‖ **Wein|le|se:** *Traubenernte* ‖ **Wein|lo|kal** ‖ **Wein|pan|scher** = Weinpantscher der, -s/-: *jemand, der Wein [mit Wasser] verfälscht* ‖ **Wein|pan|sche|rin** = **Wein|pant|sche|rin** die, -/-innen ‖ **Wein|pres|se** ‖ **Wein|re|be:** *Rebe* ‖ **wein|rot** ‖ **Wein|säu|re** ‖ **Wein|scharl** der = das, -s/-n (ugs.): *Frucht des Sauerdorns* | *ein Zuckerl* ‖ **wein|se|lig** [-zeː-] ‖ **Wein|se|mi|nar** ‖ **Wein|ste|cken:** *Stock zum Anbinden der Reben* ‖ **Wein|stein** der, -[e]s: *ein Salz der Weinsäure* | *Kristallbildung im Wein* ‖ **Wein|stock** ‖ **Wein|stra|ße:** *landschaftstypische Straße durch ein Weinanbaugebiet;* Schilcher-Weinstraße (in der Weststeiermark) ‖ **Wein|stu|be** ‖ **Wein|trau|be:** reife Weintrauben ‖ **Wein|trin|ker** ‖ **Wein|trin|ke|rin** ‖ **Wein|vier|tel:** *Landesteil von Niederösterreich* (auch: *Viertel unterm Manhartsberg)* ‖ **Wein|zierl** der, -s/-n (reg., veraltet): *Weinbauer, Weinhauer*

Weis (ugs.) (nur in der Wendung): aus der W. *(ohne Maß und Ziel, nicht mehr auszuhalten, ungewöhnlich)*

wei|se: *klug; gescheit; erfahren* ‖ **Wei|se**[1] der, -n/-n, ein Weiser; *aber:* → Waise ‖ **Wei|se**[2] die, -n/-n

Wei|se[3] die, -/-n: auf diese W. *(Art)* | (geh.) eine bekannte W. *(Melodie)*

Wei|sel[1] der, -s/-: *Bienenkönigin*

Wei|sel[2] (reg., ugs.) (nur in der Wendung): jemandem den W. geben *(den Laufpass, eine Abfuhr geben, jemanden wegschicken)*

wei|sen, du weist/wies/gewiesen: jemandem den Weg w. *(zeigen);* die Verantwortung von sich w. *(sie zurückweisen, ablehnen)*

Wei|sen|rat (bes. Pol.): *eigens eingesetztes beratendes Gremium angesehener Persönlichkeiten* ‖ **Weis|heit** die, -: sie ist mit ihrer W. am Ende *(hat schon alles versucht)* | (ugs.) er hat die W. mit Löffeln gefressen *(glaubt, er sei bes. gescheit)* ‖ **Weis|heits|zahn:** *hinterster Backenzahn* ‖ **weis|ma|chen:** er hat ihr etwas weisgemacht *(vorgegaukelt, eingeredet)*

weiß[1] (Verb): ich w.; → wissen; → weiß Gott

weiß[2] **(Adj.)**

Kleinschreibung:

- etwas schwarz auf weiß *(schriftlich)* haben
- eine weiße Weste haben *(unbescholten sein)*
- er ist ein weißer Rabe *(eine erfreuliche Ausnahme)*
- der weiße (auch: **W**eiße) Tod *(Lawinentod)*
- der weiße (auch: **W**eiße) Sport *(Tennis)*
- ein weißer Fleck auf der Landkarte *(unerforschtes Gebiet)*
- weiße Weihnachten/Ostern *(verschneite)*
- die weiße Fahne hissen (Mil.: *sich ergeben*)

W

Großschreibung bei Nominalisierung, in Eigennamen und besonderen Kalendertagen:
- das **W**eiße vom/im Ei
- aus Schwarz **W**eiß machen
- das **W**eiße Haus *(Amtssitz des Präsidenten der USA)*
- das **W**eiße Meer
- der **W**eiße Sonntag *(Sonntag nach Ostern)*

Getrenntschreibung:
- weiß sein; er ist früh weiß geworden
- weiß blühen
- sich weiß kleiden

Zusammenschreibung bei übertragener Bedeutung:
- weißnähen *(Wäsche nähen)*
- jemanden weißwaschen *(von einem Verdacht befreien)*

Getrennt- und Zusammenschreibung mit Verben, die ein Resultat herbeiführen, und mit adjektivisch gebrauchten Partizipien:
- weiß kalken = weißkalken
- weiß streichen = weißstreichen
- ein weiß gekleidetes (= weißgekleidetes) Kind

Weiß das, -/-: in W. [gekleidet]; aus Schwarz W. machen *(die Tatsachen verdrehen)*
weissagen, sie weissagte: *voraussagen, wahrsagen;* etwas geweissagt bekommen ‖ **Weissager** der, -s/- ‖ **Weissagerin** die, -/-innen ‖ **Weissagung** die, -/-en
Weißbier: *Weizenbier* ‖ **Weißbinder** (reg., veraltet): *Fassbinder* ‖ **Weißbinderin** (reg., veraltet) ‖ **Weißblech:** *verzinntes Eisenblech* ‖ **weißblond:** *hellblond, platinblond* ‖ **Weißbluten** (nur in der Wendung): bis zum W. *(bis zum Äußersten)* ‖ **Weißbrot** ‖ **Weißbuch:** *offizielle Dokumentensammlung zu einem bestimmten Thema* ‖ **Weißbuche:** *eine Buchenart* ‖ **Weißburgunder** → Weiße Burgunder ‖ **Weißdorn** der, -[e]s/-e: *ein Strauch bzw. Baum* ‖ **Weiße**[1] der, -n/-n, ein Weißer: *Mensch mit heller Hautfarbe* ‖ **Weiße**[2] die, -n/-n ‖ **Weiße Burgunder** der, -n -s/-n -, *auch:* Weißburgunder, -s/-: *eine Reb- und Weinsorte* ‖ **weißeln:** *weißen* ‖ **weißen,** du weißt: eine Küche w. *(weiß ausmalen)*
Weißensee der, -s (K)
Weißfisch: *ein Süßwasserfisch* ‖ **Weißgebäck** ‖ **weiß gekleidet** = **weißgekleidet:** ein weiß gekleidetes Kind ‖ **Weißgerber** (früher): *Handwerker, der feines Leder herstellt* ‖ **Weißgerberin** (früher) ‖ **Weißglas:** Container für W.; → Buntglas ‖ **Weißglut** die, -: jemanden bis zur W. bringen *(zornig machen)* ‖ **Weißgold**
weiß Gott: ich kann w. G. *(bei Gott, wahrhaftig)* nichts dafür
weißhaarig ‖ **weißigen** (ugs.): *weißen* ‖ **weiß kalken** = **weißkalken** ‖ **Weißkraut** das, -[e]s: *eine Krautsorte* ‖ **weißlich:** *hell* ‖ **Weißling** der, -s/-e: *ein Schmetterling;* Kohlweißling ‖ **Weißmacher:** *aufhellende Substanz in Waschmitteln* ‖ **weißnähen:** *Wäsche nähen* ‖ **Weißnäher** ‖ **Weißnäherin** ‖ **Weißpappel:** *Silberpappel* ‖ **Weißrusse** ‖ **Weißrussin** ‖ **weißrussisch** ‖ **Weißrussland** (Kfz: BY) (amtlich: Belarus): *ein Staat* ‖ **weiß streichen** = **weißstreichen** ‖ **Weißtanne:** *ein Baum* ‖ **Weißwaren** die (Pl.): *ungefärbte Baumwoll- und Leinenstoffe* ‖ **weißwaschen:** jemanden/sich w. *(von einem Verdacht befreien)* ‖ **Weißwein** ‖ **Weißwurst** [-st, auch: -ʃt]
Weisung die, -/-en: *Anordnung, Auftrag;* auf/über W. des Ministers ‖ **Weisungsbefugnis** ‖ **weisungsbefugt** ‖ **weisungsberechtigt** ‖ **weisungsfrei** ‖ **weisungsgebunden:** als Beamter w. sein ‖ **weisungsgemäß** ‖ **Weisungsrecht** (Jus)

weit
eine weite Strecke; 10 m w.; in der weiten Welt *(weltweit);* das geht zu w. *(über das Zumutbare hinaus);* w. und breit; w. hinaus; zu w.; von w. her kommen *(aus großer Ferne);* aber: → weither; → weiter

Großschreibung bei Nominalisierung:
- ins **W**eite blicken
- das **W**eite suchen *(sich schnell davonmachen)*

Groß- und Kleinschreibung:
- von/bei weitem (= **W**eitem)

Getrenntschreibung bei wörtlicher Bedeutung:
- weit gehen
- weit laufen müssen
- Hunde können bis zu 4 m weit springen
- sie wird es weit bringen

Zusammenschreibung bei übertragener Bedeutung:
- gut weitspringen (= Weitspringen) können

Getrennt- und Zusammenschreibung, zB:
- weit blickend = weitblickend *(vorausdenkend)*
- ein weit entfernter (= weitentfernter) Verwandter
- weit gehende (= weitgehende) Folgen; *aber bei adverbialem Gebrauch nur zusammen:* der Fall ist weitgehend gelöst
- weit reichende (= weitreichende) Folgen
- weit verbreitet = weitverbreitet

weitab: w. von den anderen ‖ **weitaus:** *bei Weitem* ‖ **Weitblick:** mit W. ‖ **weit blickend** = **weitblickend:** *vorausdenkend* ‖ **Weite** die, -/-n ‖ **weiten**[1]: *weit machen* ‖ **weiten**[2] sich: das Tal weitet sich *(wird breiter)* ‖ **weit entfernt** = **weitentfernt** → weit

weiter (Adv.):
vorwärts, voran; und so w. (usw.); w. als alle; nicht w. von Bedeutung | (Adj.) keine weiteren Fragen

Großschreibung bei Nominalisierung:
- alles **W**eitere
- das **W**eitere (= **W**eiteres) wird sich finden
- des **W**eiter[e]n *(außerdem)*
- wie im **W**eiteren ausgeführt

Groß- und Kleinschreibung:
- bis auf weiteres (= **W**eiteres)
- ohne weiteres (= **W**eiteres) *(ohneweiters)*

Getrenntschreibung in der Bedeutung „weiter als":
- weiter werfen als alle anderen
- weiter gehende Forderungen

Zusammenschreibung, wenn „weiter" „vorwärts, voran" bedeutet und betont ist, zB:
- in Ruhe weiterarbeiten
- [sich] weiterentwickeln
- wir werden dir gleich weiterhelfen; *aber getrennt:* sie hat mich weiter unterstützt *(weiterhin)*

weiterarbeiten: am Projekt w.; *aber:* in den nächsten Jahren weiter *(weiterhin)* arbeiten ‖ **weiterbefördern** ‖ **Weiterbestand** ‖ **weiter bestehen** = **weiterbestehen:** *fortbestehen* ‖ **weiterbilden:** *fortbilden;* sich

W

beruflich w. ‖ **Wei|ter|bil|dung** ‖ **wei|ter|brin|gen:** nichts w. *(voranbringen)* ‖ **wei|ter|emp|feh|len:** ein Lokal w. ‖ **wei|ter|ent|wi|ckeln**[1]: eine Erfindung w. ‖ **wei|ter|ent|wi|ckeln**[2] sich: sich künstlerisch w. ‖ **Wei|ter|ent|wick|lung** ‖ **wei|ter|er|zäh|len:** Neuigkeiten w. ‖ **wei|ter|fah|ren** ‖ **Wei|ter|fahrt** ‖ **wei|ter|flie|gen** ‖ **Wei|ter|flug** ‖ **wei|ter|füh|ren:** ein Werk w. *(fortsetzen)* ‖ **Wei|ter|ga|be** ‖ **Wei|ter|ga|be|recht** (Jus): *Recht des Mieters auf Weitergabe seines Mietrechts an Dritte* ‖ **wei|ter|ge|ben:** die Schüssel w. ‖ **wei|ter|ge|hen:** es wird alles so w. *(so bleiben);* im Unterricht w. *(fortfahren); aber:* nicht weiter gehen als bis ...; weiter gehende (= weitgehendere) Äußerungen ‖ **wei|ter|hel|fen:** ich kann dir nicht w. ‖ **wei|ter|hin:** auch w. *(in Zukunft)* mitarbeiten; dazu möchte ich w. *(außerdem)* sagen ... ‖ **wei|ter|kämp|fen** ‖ **wei|ter|kom|men:** gut w. *(vorankommen)* ‖ **wei|ter|kön|nen** ‖ **wei|ter|lau|fen** ‖ **wei|ter|le|ben** ‖ **wei|ter|lei|ten:** eine Beschwerde w. ‖ **wei|ter|ma|chen** ‖ **wei|ter|mar|schie|ren** ‖ **wei|ter|müs|sen** ‖ **wei|ter|re|den** ‖ **wei|ter|rei|chen** ‖ **Wei|ter|rei|se** ‖ **wei|ters:** *weiterhin, ferner* ‖ **wei|ter|sa|gen** ‖ **wei|ter|schi|cken** ‖ **wei|ter|schla|fen** ‖ **wei|ter|schlep|pen** ‖ **wei|ter|spie|len** ‖ **wei|ter|spin|nen:** einen Traum w. *(fantasierend ausweiten)* ‖ **wei|ter|spre|chen** ‖ **wei|ter|tra|gen:** eine Lüge w. *(weitererzählen)* ‖ **wei|ter|trei|ben** ‖ **Wei|te|rung** die, -/-en (meist Pl.) (geh.): es ergaben sich ungeahnte Weiterungen *(Ausweitungen, Folgen)* ‖ **wei|ter|ver|ar|bei|ten** ‖ **Wei|ter|ver|ar|bei|tung** ‖ **wei|ter|ver|brei|ten** ‖ **Wei|ter|ver|brei|tung** ‖ **wei|ter|ver|fol|gen** ‖ **wei|ter|ver|kau|fen** ‖ **Wei|ter|ver|mie|tung** ‖ **wei|ter|ver|mit|teln** ‖ **Wei|ter|ver|wei|sung** (Amtsspr.) ‖ **wei|ter|ver|wen|den** ‖ **Wei|ter|ver|wen|dung** ‖ **wei|ter|wis|sen** ‖ **wei|ter|wurs|teln** [meist: -ʃt-] (ugs.): *fortwursteln* ‖ **wei|ter|zah|len** ‖ **wei|ter|zie|hen** ‖ **wei|test|ge|hend:** weitestgehende (= weitgehendste) Einschränkungen ‖ **weit|ge|hend:** der Fall wurde w. *(nahezu völlig)* gelöst; *aber:* das hat weit gehende (= weitgehende) *(schwere)* Folgen ‖ **weit ge|reist** = **weit|ge|reist** ‖ **weit|her:** die Erklärungen sind w. geholt ‖ **weit|her|zig:** *großzügig* ‖ **weit|hin:** der Gesang war w. zu hören ‖ **weit|läu|fig:** ein weitläufiges *(ausgedehntes)* Gebäude

Weit|ling der, -s/-e, *auch:* Weidling: *weites, schüsselartiges Küchengeschirr*

weit|ma|schig: ein weitmaschiges Netz

Weit|ra: *Stadt in Niederösterreich*

weit|räu|mig: ein weiträumiges Gelände ‖ **weit rei|chend** = **weit|rei|chend** → weit ‖ **weit|schich|tig:** w. *(entfernt)* verwandt ‖ **Weit|schuss** ‖ **weit|schwei|fig:** etwas w. *(zu ausführlich)* erzählen ‖ **Weit|sicht:** *Weitblick* ‖ **weit|sich|tig:** w. *(mit großem Überblick)* handeln | *an Weitsichtigkeit leidend;* → G.: kurzsichtig ‖ **Weit|sich|tig|keit** die, -: *Sehkraftschwäche, bei der man in der Nähe nicht scharf sieht* ‖ **weit|sprin|gen** (Sport): gut w. können; *aber:* [mehrere Meter] weit springen ‖ **Weit|sprin|gen** das, -s (Sport) ‖ **Weit|sprin|ger** (Sport) ‖ **Weit|sprin|ge|rin** (Sport) ‖ **Weit|sprung** (Sport): *eine Sportart* ‖ **Weit|strah|ler:** *eine Art Scheinwerfer, Fernlicht bei Fahrzeugen, Schusswaffen usw.* ‖ **weit tra|gend** = **weit|tra|gend:** ein Entschluss von w. tragender *(folgenreicher)* Bedeutung ‖ **weit|um** ‖ **weit ver|brei|tet** = **weit|ver|brei|tet** ‖ **weit ver|zweigt** = **weit|ver|zweigt** ‖ **Weit|win|kel|ob|jek|tiv:** *ein [Zusatz]objektiv zu Kameras* ‖ **weit|zei|lig:** *mit großem Zeilenabstand*

Weiz (Kfz: WZ): *Stadt in der Steiermark*

wei|zen: *aus Weizenmehl;* weizenes Brot ‖ **Wei|zen** der, -s: *eine Getreideart* ‖ **Wei|zen|bier:** *Weißbier* ‖ **Wei|zen|brot** ‖ **Wei|zen|ern|te** ‖ **Wei|zen|keim|öl** ‖ **Wei|zen|korn** das, -[e]s/-körner ‖ **Wei|zen|mehl** ‖ **Wei|zen|schrot**

welch (geh.): w. liebliche Melodie ‖ **wel|cher,** welche, welches: welcher ist es?; welche Melodie? ‖ **wel|cher|art:** w. *(was für ein)* Interesse hat er?; *aber:* welcher Art ist sein Interesse?

welk: welkes Laub ‖ **wel|ken:** welkende Blätter; seine Haut welkt *(altert)* früh

Well|blech: *gewelltes Blech* ‖ **Well|blech|dach** ‖ **Well|blech|hüt|te** ‖ **Wel|le** die, -/-n: in den Wellen versinken; die Wellen [der Aufregung] gehen hoch; die Wellen glätten *(beruhigen)* sich; grüne W. *(bei einer bestimmten Geschwindigkeit zeigen die Ampeln jeweils grün)* | *Kurbelwelle* | eine W. von Beifall *(bes. starker Beifall)* | (Elektrot.) elektromagnetische Wellen ‖ **wel|len|ar|tig** ‖ **Wel|len|bad** ‖ **Wel|len|be|reich:** ein Radio mit mehreren Wellenbereichen ‖ **Wel|len|berg:** *oberer Teil einer Welle* ‖ **Wel|len|be|we|gung** ‖ **Wel|len|bre|cher:** *Uferdamm oÄ* ‖ **wel|len|för|mig** ‖ **Wel|len|gang:** starker W. ‖ **Wel|len|län|ge:** bei einem Bestrahlungsgerät die richtige W. einstellen; die gleiche W. haben *(übereinstimmen, sich gut verstehen)* ‖ **Wel|len|li|nie** [-iɛ]: *gewellte Linie* ‖ **Wel|len|rei|ten** das, -s: *eine Wassersportart* ‖ **Wel|len|schliff:** ein Elektromesser mit W. ‖ **Wel|len|sit|tich:** *ein Papagei* ‖ **Wel|len|tal:** *unterster Punkt zwischen zwei Wellen* ‖ **wel|lig:** *wellenförmig, gewellt*

Well|ness [w-] die, - ⟨pseudoengl.⟩: *Wohlbefinden (als Lebens- und Gesundheitsprinzip)* ‖ **Well|ness|farm** ‖ **Well|ness|ur|laub**

Well|pap|pe ‖ **Well|rad:** *eine einfache Maschine; ein Maschinenbestandteil*

Wel|pe der, -n/-n: *junger Fuchs, Wolf oder Hund*

Wels[1] (Kfz: WE): *Statutarstadt in Oberösterreich* | (Kfz: WL) Wels-Land = Wels Land *(Umgebung der Stadt Wels)*

Wels[2] der, -es/-e: *ein Fisch, Waller*

welsch (veraltend bzw. abw.): *romanisch, vor allem italienisch;* → walsch ‖ **Wel|sche**[1] der, -n/-n, ein Welscher (veraltend bzw. abw.) ‖ **Wel|sche**[2] die, -n/-n (veraltend bzw. abw.) ‖ **Welsch|land** das, -[e]s (veraltend bzw. abw.): *bes. Italien* | (CH) *die französische Schweiz, Welschschweiz* ‖ **Welsch|ries|ling:** *eine Reb- und Weinsorte* ‖ **Welsch|schweiz** die, -: *französischsprachiger Teil der Schweiz* ‖ **Welsch|ti|rol** (früher): *Trentino*

Welt die, -/-en: auf die W. kommen *(geboren werden);* ein Kind zur W. bringen; ein Kind in die W. setzen *(ein Kind zeugen);* zwischen uns liegen *(uns trennen)* Welten; aus aller W. *(von überall);* nicht aus der W. *(durchaus erreichbar)* sein; ein Mann von

W

W. *(mit gewandtem Auftreten);* alle W. *(jeder);* etwas aus der W. schaffen *(beseitigen);* ein Gerücht in die W. setzen *(verbreiten);* die Dritte W. *(die Entwicklungsländer);* die Vierte W. *(die ärmsten Länder);* die Alte W. *(Europa);* die Neue W. *(Amerika)* ‖ **Wẹlt|ab|ge|schie|den|heit:** *Einsamkeit* ‖ **wẹlt|ab|ge|wandt** ‖ **Wẹlt|all:** *Weltraum, Kosmos, Universum;* → All ‖ **wẹlt|an|schau|lich** ‖ **Wẹlt|an|schau|ung:** *Auffassung vom Wesen der Welt und von der Stellung des Menschen in ihr und zu Gott* ‖ **Wẹlt|at|las** ‖ **Wẹlt|aus|stel|lung:** *Expo* ‖ **Wẹlt|bank:** *eine Institution der UNO* ‖ **wẹlt|be|kannt** ‖ **wẹlt|be|rühmt** ‖ **Wẹlt|best|leis|tung** ‖ **Wẹlt|best|zeit** ‖ **wẹlt|be|we|gend** ‖ **Wẹlt|bild:** das W. der modernen Physik ‖ **Wẹlt|bür|ger:** *jemand, der sich nicht [nur] als Bürger seines Landes, sondern [auch] der ganzen Welt fühlt* ‖ **Wẹlt|bür|ge|rin** ‖ **Wẹlt|cup** [-kʌp]: *ein Sportbewerb [im Fußball], Worldcup* ‖ **Wẹlt|emp|fän|ger:** *Radio zum Empfang von Sendern aus aller Welt* ‖ **Wẹl|ten|bumm|ler:** *Weltreisender* ‖ **Wẹl|ten|bumm|le|rin** ‖ **Wẹl|ten|de:** *Untergang der Welt* ‖ **Wẹl|ten|raum** (geh.): *Weltraum* ‖ **wẹlt|ent|rückt** (geh.): *von äußeren/weltlichen Dingen abgewandt* ‖ **Wẹlt|er|be** (Kunstg.): *Weltkulturerbe* ‖ **Wẹlt|er|folg**

Wẹl|ter|ge|wicht das, -[e]s ⟨engl.⟩ (Sport): *eine Gewichtsklasse [beim Boxen]*

wẹlt|er|schüt|ternd ‖ **wẹlt|fern** ‖ **Wẹlt|flucht:** *Abkehr von den irdischen Dingen* ‖ **wẹlt|fremd:** ein weltfremder *(lebensfremder, unpraktischer)* Mensch ‖ **Wẹlt|fremd|heit** die, - ‖ **Wẹlt|frie|de** = **Wẹlt|frie|den** ‖ **Wẹlt|geist** (Phil.): *die Weltgeschichte lenkender Geist, Gott* ‖ **Wẹlt|geist|li|che:** *Weltpriester* ‖ **Wẹlt|gel|tung** die, -: eine Erfindung von W. ‖ **Wẹlt|ge|richt** das, -[e]s (Rel.): *Jüngstes Gericht* ‖ **Wẹlt|ge|sche|hen** ‖ **Wẹlt|ge|schich|te** die, - ‖ **wẹlt|ge|schicht|lich:** *welthistorisch* ‖ **Wẹlt|ge|sund|heits|or|ga|ni|sa|ti|on** [-tsi̯-] die, - (WHO) ‖ **wẹlt|ge|wandt:** *welterfahren* ‖ **Wẹlt|han|del:** der W. wird durch die Abkommen der WTO geregelt; Hochschule für W. (früher für: *Wirtschaftsuniversität*) ‖ **Wẹlt|han|dels|or|ga|ni|sa|ti|on** [-tsi̯-] (WTO) ‖ **Wẹlt|herr|schaft** ‖ **wẹlt|his|to|risch:** *weltgeschichtlich* ‖ **Wẹlt|jah|res|best|leis|tung** (Sport) ‖ **Wẹlt|kar|te:** *Karte der ganzen Erde* ‖ **Wẹlt|klas|se** (bes. Sport): die Leistung war W. ‖ **wẹlt|klug** (geh.): *lebenserfahren* ‖ **Wẹlt|kon|zern** ‖ **Wẹlt|krieg:** der Erste W. (1914–1918); der Zweite W. (1939–1945) ‖ **Wẹlt|ku|gel:** *Erdkugel* ‖ **Wẹlt|kul|tur|er|be** (Kunstg.): *von der UNESCO verliehene Auszeichnung für ein einzigartiges Kultur- oder Naturdenkmal* ‖ **Wẹlt|la|ge** (Pol.) ‖ **wẹlt|lich:** weltliche und kirchliche Bauten ‖ **Wẹlt|li|te|ra|tur:** *Literatur aller Völker bzw. höchsten Ranges* ‖ **Wẹlt|macht:** *Großmacht* ‖ **Wẹlt|mann** ‖ **wẹlt|män|nisch:** ein weltmännisches *(gewandtes)* Auftreten ‖ **Wẹlt|mar|ke:** *auf dem Weltmarkt bekannte Firmenmarke* ‖ **Wẹlt|markt** der, -[e]s ‖ **Wẹlt|meer** das, -[e]s: *die [zusammenhängende] Wassermasse aller Ozeane* ‖ **Wẹlt|meis|ter:** *der Beste in einer Sportart* ‖ **Wẹlt|meis|te|rin** ‖ **Wẹlt|meis|ter|schaft** ‖ **Wẹlt|nach|rich|ten:** *Nachrichten von der ganzen Welt* ‖ **wẹlt|of|fen:** *allem gegenüber aufgeschlossen* ‖ **Wẹlt|öf|fent|lich|keit** ‖ **Wẹlt|po|li|tik** ‖ **wẹlt|po|li|tisch** ‖ **Wẹlt|pres|se** die, -: *bedeutende Zeitungen aus aller Welt* ‖ **Wẹlt|pries|ter:** *katholischer Geistlicher, der keinem Orden angehört;* → G.: Ordenspriester ‖ **Wẹlt|rang** der, -[e]s: eine Musikerin von W. ‖ **Wẹlt|rang|lis|te** (Sport): die W. im Tennis anführen ‖ **Wẹlt|raum** der, -[e]s ‖ **Wẹlt|raum|be|hör|de** ‖ **Wẹlt|raum|fahrt** ‖ **Wẹlt|raum|for|schung** ‖ **Wẹlt|raum|son|de** ‖ **Wẹlt|raum|sta|ti|on** [-ʃtatsi̯-]: *Raumstation* ‖ **Wẹlt|reich:** *Imperium;* das römische W. ‖ **Wẹlt|rei|se** ‖ **Wẹlt|rei|sen|de** ‖ **Wẹlt|re|kord** (bes. Sport) ‖ **Wẹlt|re|li|gi|on:** *weit verbreitete Religion* ‖ **Wẹlt|ruf** der, -[e]s: ein Künstler von W. *(ein weltberühmter Künstler)* ‖ **Wẹlt|ruhm** ‖ **Wẹlt|schmerz** der, -es (geh.): *wehmütiges Gefühl umfassenden Enttäuschtseins* ‖ **Wẹlt|schöp|fer** ‖ **Wẹlt|sen|sa|ti|on** [-tsi̯-] ‖ **Wẹlt|si|cher|heits|rat** der, -[e]s (Pol.): *der Sicherheitsrat der Vereinten Nationen* ‖ **Wẹlt|spar|tag** ‖ **Wẹlt|spra|che:** Englisch ist eine der Weltsprachen ‖ **Wẹlt|stadt:** *bevölkerungsreiche Stadt mit internationalem Charakter* ‖ **wẹlt|städ|tisch** ‖ **Wẹlt|teil:** *Erdteil* ‖ **Wẹlt|um|seg|lung,** *auch:* Weltumsegelung ‖ **wẹlt|um|span|nend** ‖ **Wẹlt|un|ter|gang** ‖ **Wẹlt|un|ter|gangs|stim|mung** ‖ **Wẹlt|ver|bes|se|rer** der, -s/- (abw.) ‖ **Wẹlt|ver|bes|se|rin** die, -/-innen (abw.) ‖ **wẹlt|ver|lo|ren** (geh.): *weltfremd* | *einsam* ‖ **wẹlt|weit:** weltweites Aufsehen erregen ‖ **Wẹlt|wirt|schaft** ‖ **wẹlt|wirt|schaft|lich** ‖ **Wẹlt|wirt|schafts|kri|se** ‖ **Wẹlt|wun|der:** *etwas, das von der ganzen Welt bewundert wird, zB ein Bauwerk;* die sieben W. der Antike

we̲m: wem sagst du das? ‖ **We̲m|fall** (Gramm.): *Dativ* ‖ **we̲n:** wen wirst du treffen?

Wẹn|de die, -/-n: *Drehung* | *Wandel, Änderung* | an der W. zweier Jahrtausende ‖ **Wẹn|de|hals:** *ein Vogel* | (abw.) *jemand, der sich politischen Veränderungen schnell anpasst* ‖ **Wẹn|de|ja|cke:** *auf beiden Seiten tragbare Jacke* ‖ **Wẹn|de|kreis:** *nördlicher bzw. südlicher Breitenkreis, über dem die Sonne zu Sommer- bzw. Winteranfang steht* | *engster Kreis, den ein Fahrzeug beschreiben kann* ‖ **Wẹn|del** die, -/-n: *schraubenförmige Linie; schraubenförmig gewundener Draht, zB in elektrischen Heizkörpern*

Wẹn|de|lin: *männl. Vorname*

Wẹn|del|trep|pe ‖ **Wẹn|de|ma|nö|ver** [-v-, -f-]: das W. eines Schiffs ‖ **wẹn|den**[1]: sie wendete mit dem Auto *(änderte die Richtung)* | bitte w. *(umblättern)* ‖ **wẹn|den**[2], wendete (wandte)/hat gewendet (gewandt): keinen Blick von ihr w.; sich an jemanden w. *(Hilfe bei jemandem suchen);* der Film wendet sich an *(ist gemacht für)* Jugendliche ‖ **Wẹn|de|punkt:** an einem W. der Entwicklung ‖ **wẹn|dig:** *flink, beweglich; geistig regsam* ‖ **Wẹn|dig|keit** die, - ‖ **Wẹn|dung** die, -/-en: eine W. um 180° machen; ihr Leben nahm eine neue W. *(Richtung)* | *Redewendung*

We̲n|fall (Gramm.): *Akkusativ*

we̲nig
w. lesen/wissen; ein klein w.; ich möchte nur ein w. *(ein bisschen);* umso weniger; sie hat am wenigsten; [viel] zu w.; aber: → Wenig zufrieden stellend

Großschreibung des nachfolgenden Adjektivs:
– sie hat wenig **S**chönes gesehen
– er berichtete wenig **E**rfreuliches
Im Normalfall gilt Kleinschreibung:
– nur wenige haben gefehlt
– die wenigen, die zu spät kamen
– einiges wenige; einige wenige *(nur einige)*
Wenn der nominale Gebrauch betont werden soll, ist auch Großschreibung möglich:
– das Verhältnis der wenigen (= Wenigen) zu den vielen (= Vielen); → viel
– das ist das wenigste (= Wenigste)
Getrennt- und Zusammenschreibung mit adjektivisch gebrauchten Partizipien:
– wenig befahren = wenigbefahren
– ein wenig gelesener (= weniggelesener) Roman

wenig befahren = **wenigbefahren** ‖ **wenig gelesen** = **weniggelesen** → wenig ‖ **Wenigkeit** die, - (meist scherzh.): von meiner W. *(von mir)* will ich nicht reden ‖ **wenigstens:** *mindestens* ‖ **Wenigverdiener** ‖ **Wenigverdienerin** ‖ **Wenig zufriedenstellend** das, - -[s]/- - (Amtsspr.): *eine Verhaltensnote in der Schule;* ein W. z. bekommen; *aber:* eine **w**enig zufriedenstellende Leistung; → Zufriedenstellend

wenn: *falls, sobald;* w. auch ungern, stimmte sie zu; [immer] w. Zeit ist | (Großschreibung) „Wenn das **W**enn nicht wär'!"; alle **W**enn und Aber *(alle Umstände; alle Einwände)* bedenken ‖ **wenngleich** (geh.): *wenn auch, obwohl* ‖ **wennschon:** w., dennschon *(wenn es überhaupt sein muss, dann ordentlich)*

Wenzel: *männl. Vorname* ‖ **Wenzelskrone** die, -: *die böhmische Königskrone;* die Länder der W. *(in der Habsburgermonarchie: Böhmen, Mähren und Schlesien)*

wer: wer weiß das? | (ugs.) es kommt wer *(jemand)*

Werbeabteilung ‖ **Werbeagentur:** *ein Werbeunternehmen* ‖ **Werbeaktion** [-tsi̯-] ‖ **Werbeberater** ‖ **Werbeberaterin** ‖ **Werbeeinschaltung** ‖ **Werbefachfrau** ‖ **Werbefachmann** ‖ **Werbefeldzug** ‖ **Werbefernsehen** ‖ **Werbefilm** ‖ **Werbefläche:** *Fläche, die für Plakate, Inserate oÄ zur Verfügung steht* ‖ **Werbegag** [-gæg] ‖ **Werbegeschenk** ‖ **Werbegrafik** = **Werbegraphik** [-f-] ‖ **Werbekampagne** [-anjɛ, fr.: -kɑ̃panʲ]: *Werbefeldzug* ‖ **werbekräftig** ‖ **Werbelinie** [-i̯ɛ] ‖ **Werbemittel** (meist Pl.): *Inserat, Plakat, TV-Spot uÄ* ‖ **werben,** ich werbe, du wirbst/warb/geworben/wirb!, werbt!: er wirbt für Zahnpasta; um jemanden w. *(sich um jemanden bemühen)* ‖ **Werbenummer:** *Gratisnummer [einer Zeitschrift]* ‖ **Werbeplakat**

Werber der, -s/-: *jemand, der Werbung macht, Werbefachmann* | (Amtsspr.) *Bewerber;* Asylwerber ‖ **Werberin** die, -/-innen ‖ **Werbeschmäh:** *nur in der Werbung angepriesener, aber nicht existierender Kaufvorteil* ‖ **Werbesendung** ‖ **Werbeslogan** [-sləʊgən]: *wirksamer Werbespruch* ‖ **Werbespot** [-sp-]: im Radio und im Fernsehen einen W. schalten ‖ **Werbespruch** ‖ **Werbetext** ‖ **Werbetexter** ‖ **Werbetexterin** ‖ **Werbeträger:** *Medium, mit dem Werbung verbreitet werden kann, zB Presse* | *jemand, der auf Grund seiner Bekanntheit bes. werbewirksam ist* ‖ **Werbeträgerin** ‖ **Werbetrommel:** die W. rühren *(eifrig werben)* ‖ **werbewirksam** ‖ **Werbewirtschaft** ‖ **Werbung** die, -/-en ‖ **Werbungskosten** die (Pl.): *bestimmte Steuerabsetzbeträge*

Werd: der, -[e]s/-e[r] (oft in Siedlungsnamen): → *Werder*

Werdegang [geh.: 'veːɐ̯-]: *Entwicklung* ‖ **werden,** ich werde, du wirst/wurde (geh.: ward)/geworden (als Hilfsverb: worden): es wird Abend; es wird nichts aus deinem Vorhaben; es wird Zeit; er wird Vater; eine werdende Mutter; wird's bald? | sie w. bald kommen | sie ist gesehen worden | ich würde dir gerne helfen, aber ... | (ugs.) das wird nicht mehr *(kommt nicht mehr in Ordnung)* | (geh.) *entstehen, geschaffen werden*

Werder der, -s/- (selten auch mit Art. das) (veraltend): *[Au]insel, [Fluss]insel*

Werfall (Gramm.): *Nominativ*

werfen, ich werfe, du wirfst/warf/geworfen/wirf!, werft!: den Ball w.; er wirft nur so um sich mit Geld *(gibt viel Geld aus);* ein neues Produkt auf den Markt w.; sich auf den Boden w. | lange Schatten w.; der Teppich wirft sich *(macht Falten)* | die Hündin wirft *(gebärt)* Junge; → Wurf | das Holz wirft *(verformt)* sich

Werft die, -/-en: *Anlage zum Bau und zum Ausbessern von Schiffen* ‖ **Werftarbeiter** ‖ **Werftarbeiterin**

Werg das, -s: *Abfall von Flachs oder Hanf; Dichtungsmaterial*

Werk das, -[e]s/-e: zu Werke gehen; sich ans W. machen *(mit etwas beginnen)* | ein gutes W. tun | Grillparzers Werke *(Texte)* | *Kunstwerk* | das W. *(den Mechanismus)* der Uhr reparieren | *Fabrik;* das W. schließen ‖ **Werkangehörige** (bes. D): *Werksangehörige* ‖ **Werkbank** die, -/-bänke ‖ **Werkel** das, -s/-: *Drehorgel* | (ugs.) das W. läuft *(die Maschine oÄ funktioniert)* ‖ **Werkelmann:** *Alt-Wiener Type, Straßenmusikant mit Drehorgel* ‖ **werkeln,** ich werkle (ugs.): *unentwegt einer [eintönigen] Arbeit nachgehen* ‖ **werken:** *arbeiten; basteln; herumhantieren* ‖ **Werken** das, -s: Technisches, Textiles W. *(Unterrichtsgegenstände)* ‖ **Werkerziehung:** *ein Unterrichtsgegenstand* ‖ **Werkeverzeichnis** → Werkverzeichnis ‖ **Werkfahrer** (bes. D): *Werksfahrer* ‖ **Werkfahrerin** (bes. D): *Werksfahrerin* ‖ **werkgetreu:** eine werkgetreue *(originalgetreue)* Aufführung ‖ **Werkhalle** (bes. D): *Werkshalle* ‖ **werkimmanent** (bes. Lit.): eine werkimmanente *(nur auf das Werk direkt bezogene)* Deutung ‖ **Werkleitung** (bes. D): *Werksleitung* ‖ **Werklieferungsvertrag** ‖ **Werkmeister:** *leitender Facharbeiter* ‖ **Werkmeisterin** ‖ **Werknutzungsrecht** ‖ **Werksangehörige** ‖ **Werksanlage** ‖ **Werksbus** ‖ **Werkschulheim** (Bildw.): *eine Sonderform der AHS* ‖ **Werkschutz:** *Sicherheitsorgane eines [Groß]betriebs* ‖ **werkseitig** (bes. D): *werksseitig* ‖ **Werksfahrer** ‖ **Werksfahrerin** ‖ **Werksgelände** ‖ **Werkshalle** ‖ **Werksküche** ‖ **Werksleitung** ‖ **Werkspionage** [-aːʃ, -ʒɛ], *auch:* Werksspionage: *Ausspionieren von Betriebsgeheimnissen* ‖ **werksseitig:** *von Seiten des Betriebs* ‖ **Werkstatt** =

W

Werk|stät|te: die W. des Tischlers ‖ **Werk|stoff** ‖ **Werk|stoff-prü|fung** ‖ **Werk|stück:** *Arbeitsstück* ‖ **Werk|stu|dent** (veraltend): *Student, der sich die Mittel zum Studium durch Arbeit erwirbt* ‖ **Werk|stu|den|tin** (veraltend) ‖ **Werks|ver|kehr:** *Gütertransport mit werkseigenen Fahrzeugen* ‖ **Werk|tag:** *Wochentag (im Gegensatz zu Sonntag, Feiertag)* ‖ **werk|tags:** *an Werktagen* ‖ **werk|tä|tig:** *berufstätig* ‖ **Werk|tä|ti|ge**[1] der, -n/-n, ein Werktätiger ‖ **Werk|tä|ti|ge**[2] die, -n/-n ‖ **Werk|treue:** die W. *(Originaltreue)* dieser Aufführung ‖ **Werk|ver|trag** (Jus): *Vertrag über ein befristetes Arbeitsverhältnis* ‖ **Werk|ver|zeich|nis,** *auch:* Werkeverzeichnis: das W. Mozarts ‖ **Werk|zeug** ‖ **Werk|zeug|kas|ten** ‖ **Werk|zeug|ma|cher** ‖ **Werk|zeug|ma|che|rin** ‖ **Werk|zeug|ma|schi|ne**

Wer|mut der, -s/-e: *eine Heilpflanze* | *ein mit Kräutern versetzter Wein;* → Vermouth ‖ **Wer|muts|trop|fen:** *ein betrüblicher Umstand*

Wer|ner: *männl. Vorname*

Wer|re die, -/-n: *Maulwurfsgrille* | *Gerstenkorn*

Werst die, -/-en: *ein altes russisches Längenmaß, ungefähr 1 km)* | (in Maßangaben mit Pl. Werst) 10 Werst

wert [geh. auch: -eː-]: das ist nicht der Mühe w. *(das lohnt sich nicht);* dieser Gegenstand ist 30 € w.; etwas für w. halten; *aber:* → werthalten | (veraltend) werter Herr! ‖ **Wert** der, -[e]s/-e: von geringem W. sein | künstlerischer, praktischer W.; bleibende Werte; auf etwas W. legen | *Zahl, die bei einer Untersuchung, Messung berechnet bzw. abgelesen wird* ‖ **Wert|an|ga|be** ‖ **Wert|ar|beit:** *Qualitätsarbeit* ‖ **wert|be|stän|dig:** *seinen Wert behaltend* ‖ **Wert|be|stän|dig|keit** ‖ **Wert|ein|heit** ‖ **wer|ten:** *[ein]schätzen* ‖ **Wer|te|wan|del:** *Veränderung von Wertvorstellungen* ‖ **wert|frei:** etwas w. *(mit Verzicht auf eine Bewertung)* beschreiben ‖ **Wert|ge|gen|stand** ‖ **Wert|gren|ze** ‖ **wert|hal|ten:** ihr Andenken w. *(hoch schätzen)* ‖ **-wer|tig** (nur in Zusammensetzungen wie zweiwertig, neuwertig) ‖ **Wer|tig|keit** die, -/-en (Chem.): *Bindungsfähigkeit eines chemischen Elements* | (Gramm.) *Eigenschaft des Verbs, eine bestimmte Anzahl von Sinnergänzungen zu fordern, damit ein grammatisch richtiger Satz entsteht, Valenz* ‖ **Wert|kar|te:** *Kurzwort für Telefonwertkarte* ‖ **Wert|kar|ten|han|dy** [-ˌhɛndi] ‖ **Wert|kar|ten|te|le|fon** ‖ **wert|los** ‖ **Wert|lo|sig|keit** die, -/-en ‖ **wert|mä|ßig** ‖ **Wert|maß|stab:** Geld als W. zum Vergleich von Gütern ‖ **Wert|min|de|rung** ‖ **Wert|ord|nung:** *Wertsystem* ‖ **Wert|pa|pier:** *Aktie, Anleihe uÄ* ‖ **Wert|pa|pier|bör|se** (Wirt., Bankw.) ‖ **Wert|sa|che** (meist Pl.): *Schmuck, Kunstwerke uÄ* ‖ **wert|schät|zen** ‖ **Wert|schät|zung:** *Hochachtung* ‖ **Wert|schöp|fung** (Wirt.) ‖ **Wert|schöp|fungs|ab|ga|be** (Wirt.): *politischer Vorschlag zur Stützung von Klein- und Mittelbetrieben unter Berücksichtigung des Faktors Arbeit* ‖ **Wert|si|che|rung** (Jus): *Bindung einer vertraglich geschuldeten Leistung an einen veränderlichen Index* (meist: *Verbraucherpreisindex)* ‖ **Wert|si|che|rungs|klau|sel** ‖ **Wert|ska|la:** *Wertordnung* ‖ **Wert|stei|ge|rung** ‖ **Wert|stel|lung** (Bankw.): *Valuta* ‖ **Wert|sys|tem** [-zy-]: *Wertordnung* ‖ **Wer|tung** die, -/-en: keine W. abgeben ‖ **Wert|ur|teil:** ein W. *(eine Bewertung)* abgeben ‖ **wert|voll** ‖ **Wert|vor|stel|lung** (meist Pl.): *Meinung darüber, was [für den Betreffenden] als mehr oder weniger wertvoll und erstrebenswert gilt* ‖ **Wert|zei|chen:** *Briefmarke oÄ* ‖ **Wert|zu|wachs** [-ks]

Wer|wolf: *Wolfsmensch (in der Sage)*

wes (veraltet bzw. geh.): *wessen;* man sieht, wes Geistes Kind er ist

We|sen das, -s/-: *Geschöpf, Lebewesen* | (ohne Pl.) das W. *(die Eigenart)* eines Menschen; sie hat ein angenehmes W. | das W. *(Wesentliche)* der Sache | (geh.) nicht viel Wesens *(Aufhebens, Umstände)* von/um etwas machen ‖ **we|sen|haft** (geh.): *das Wesen[tliche] ausmachend* ‖ **we|sen|los** (geh.): ein wesenloser *(körperlos wirkender)* Klang ‖ **We|sens|art:** *Charakter, Eigentümlichkeit* ‖ **we|sens|ei|gen** ‖ **we|sens|fremd** ‖ **we|sens|gleich** ‖ **we|sens|not|wen|dig** ‖ **We|sens|zug:** *Charakterzug* ‖ **we|sent|lich:** wesentliche Eigenschaften | (Großschreibung) das ist im **W**esentlichen richtig; das **W**esentliche *(das Wichtige)* vom Unwesentlichen unterscheiden

Wes|fall (Gramm.): *Genitiv*

wes|halb: *warum*

We|sir der, -s/-e ⟨arab.-türk.⟩ (veraltet): *Minister in islamischen Staaten*

Wes|pe die, -/-n: *ein Insekt* ‖ **Wes|pen|nest:** ein W. ausräuchern; in ein W. stechen *(eine brisante Angelegenheit aufwerfen)* ‖ **Wes|pen|stich** ‖ **Wes|pen|tail|le** [-ljɛ] (scherzh.): *sehr schmale [geschnürte] Taille*

wes|sent|we|gen (veraltet bzw. geh.): *warum* ‖ **wes|sent|wil|len** (veraltet bzw. geh.): um w. *(wem zuliebe)* machst du das?

Wes|si[1] der, -s/-s (bes. D): *[scherzhafte] Bezeichnung für einen Westdeutschen (aus der früheren BRD);* → Ossi ‖ **Wes|si**[2] die, -/-s (bes. D)

West[1] (Zeichen: W): *Westen;* in Ost und W.; Graz-West (= Graz West) ‖ **West**[2] der, -[e]s (geh.): *Westwind;* ein milder W. ‖ **West|au|to|bahn** (A 1) ‖ **West|bahn:** *Westbahnstrecke der Eisenbahn (Wien – Salzburg – Bregenz)* ‖ **West|bahn|hof:** *ein Bahnhof in Wien* ‖ **West|bahn|stre|cke** ‖ **West|bank** [w-bæŋk] die, - ⟨engl.⟩: → *Westjordanland* ‖ **West|deutsch|land** (früher): *die BRD im Gegensatz zur DDR* ‖ **West|deut|sche** (früher)

Wes|te die, -/-n: *ein Kleidungsstück;* eine weiße/saubere W. *(sich nichts vorzuwerfen)* haben

Wes|ten der, -s (Zeichen: W): *eine Himmelsrichtung;* die Sonne steht im W.; → West | der Wilde W. *(frühere Bezeichnung für Gebiete im Westen Nordamerikas)* | (Pol., Wirt.) *die marktwirtschaftlich orientierten Staaten Europas und Nordamerikas* | (Pol.) (früher) *Bezeichnung für die dem ehemaligen Ostblock gegenüberstehenden Staaten*

Wes|ten|ta|sche: etwas [so genau] kennen wie seine [eigene] W. *(sehr gut kennen)* ‖ **Wes|ten|ta|schen|for|mat:** *ein Kleinformat*

Wes|tern der, -[s]/- ⟨engl.⟩: *[Abenteuer]film, der im Wilden Westen spielt* ‖ **West|eu|ro|pa** ‖ **west|eu|ro|pä|isch:** die westeuropäische Zeit (WEZ); *aber:* die **W**esteuropäische Union (WEU) ‖ **West|fa|len** → Nordrhein-Westfalen ‖

W

westfälisch ‖ **Westindien:** *die Inselgruppen der Karibik* ‖ **Westjordanland:** *Palästinensergebiet nordwestlich vom Toten Meer* ‖ **Westküste** ‖ **westlich:** w. des Flusses (w. vom Fluss); w. [von] der Stadt ‖ **Westmächte** die (Pl.) (Pol.) (veraltend): *Großbritannien, Frankreich und die USA* ‖ **Westnordwest** = **Westnordwesten** (WNW) ‖ **Westösterreich** ‖ **westösterreichisch** ‖ **westöstlich:** *in westöstlicher Richtung* ‖ **Westrand** ‖ **Westseite** ‖ **westseitig** ‖ **Weststeiermark:** *Landesteil der Steiermark* ‖ **Westsüdwest** = **Westsüdwesten** (WSW) ‖ **Westteil** ‖ **westwärts** ‖ **Westwind**

weswegen: *weshalb*

Wettannahme ‖ **Wettbewerb:** den W. gewinnen | (Jus) unlauterer W. | (SüdT) *öffentliche [Stellen]ausschreibung und -bewerbung* ‖ **Wettbewerbsdruck** ‖ **wettbewerbsfähig** ‖ **Wettbewerbsteilnehmer** ‖ **Wettbewerbsteilnehmerin** ‖ **wettbewerbswidrig:** *die Wettbewerbsregeln missachtend* ‖ **Wettbüro** ‖ **Wette** die, -/-n: eine W. eingehen; um die W. laufen ‖ **Wetteifer** ‖ **wetteifern,** ich wetteifere: er hat mit ihr gewetteifert ‖ **wetten:** *eine Wette abschließen, dafür einsetzen;* ich möchte w., dass ...

Wetter das, -s/-: ein schweres W. *(Gewitter)* zieht auf | (Bergmannsspr.) schlagende W. *(Explosionen im Kohlenbergwerk)* | (ohne Pl.) *Wetterverhältnisse, Witterung;* das W. voraussagen ‖ **Wetteransage** ‖ **Wetteraussicht** (meist Pl.) ‖ **Wetterballon** ‖ **Wetterbericht:** auf den W. hören ‖ **Wetterbesserung** ‖ **wetterbeständig** ‖ **Wetterdienst:** *Einrichtung zur Wetterbeobachtung und Erstellung regelmäßiger Vorhersagen* ‖ **Wetterdistel** ‖ **wetterempfindlich** ‖ **Wetterfahne:** auf der Turmspitze dreht sich die W. ‖ **wetterfest:** wetterfeste Kleidung ‖ **Wetterfleck** der, -[e]s/-e: *ein Kleidungsstück, Regenschutz* ‖ **Wetterfrosch** (scherzh.): *Meteorologe* ‖ **wetterfühlig:** *empfindlich für Wetterveränderungen* ‖ **Wettergott:** der W. in der Mythologie | (scherzh.) wenn der W. mitspielt *(bei gutem Wetter)* ‖ **Wetterhahn:** *eine Wetterfahne* ‖ **Wetterhexe** (ugs.): *Regenschutz [für den Kopf]* | *Schimpfwort für eine [alte] Frau* ‖ **Wetterhütte:** *geschützter Aufstellungsort für meteorologische Messinstrumente* ‖ **Wetterkarte:** *Darstellung der wichtigsten zum selben Zeitpunkt beobachteten Wetterelemente* ‖ **Wetterkragen** (veraltet): *ein [Loden]umhang* ‖ **Wetterkunde** die, -: *Meteorologie* ‖ **Wetterlage:** *Wetterverhältnisse* ‖ **wetterleuchten,** es wetterleuchtet, hat stark gewetterleuchtet (*auch:* wettergeleuchtet) ‖ **Wetterleuchten** das, -s: *fernes Blitzen* ‖ **Wettermantel:** *ein wetterfester Mantel* ‖ **wettern:** es wettert *(ein Gewitter geht nieder)* | er wettert *(schimpft heftig)* dagegen ‖ **Wetterprognose:** *Wettervorhersage* ‖ **Wetterredaktion** [-tsi̯-]: die W. des ORF ‖ **Wettersatellit** ‖ **Wetterscheide:** *Gebirge oder Gewässer, die verschiedene Wetterzonen trennen* ‖ **Wettersegen** (Rel.): *eine kirchliche Andacht* ‖ **Wetterseite:** *dem vorherrschenden Wind ausgesetzte Seite eines Gebäudes* ‖ **Wetterstation** [-tsi̯-]: *Wetterwarte* ‖ **Wetterstein** der, -[e]s: *eine Gebirgsgruppe in Tirol und Deutschland* ‖ **Wettersturz:** *eine plötzliche Wetterverschlechterung* ‖ **Wetterumschlag** ‖ **Wetterumschwung** ‖ **Wetterverschlechterung** ‖ **Wettervoraussage** ‖ **Wettervorhersage** ‖ **Wetterwart** ‖ **Wetterwarte** ‖ **Wetterwartin** ‖ **Wetterwechsel** [-ks-] ‖ **wetterwendisch:** *launenhaft*

Wettfahrt: *Bootswettfahrt*

Wetti: *weibl. Vorname (Barbara)*

Wettkampf ‖ **Wettkämpfer** ‖ **Wettkämpferin** ‖ **Wettlauf** ‖ **wettlaufen:** *um die Wette laufen, wettrennen; aber:* das Wettlaufen ‖ **Wettläufer** ‖ **Wettläuferin** ‖ **wettmachen:** das macht den Verlust wieder wett; ein Fehler wurde wettgemacht *(ausgeglichen, gutgemacht)* ‖ **wettrennen:** *wettlaufen* ‖ **Wettrüsten** das, -s (Pol., Mil.) ‖ **Wettspiel** ‖ **Wettstreit**

wetzen, du wetzt ‖ **Wetzstein:** *ein Schleifstein*

WEU [ve e 'u:] die, -: **W**est**e**uropäische **U**nion

WEZ: **w**est**e**uropäische **Z**eit

Wh: Wattstunde

Whirlpool ['wɜ:lpu:l] ⟨engl.⟩ (Wz.): *Badebecken mit Wasserwirbel;* → Jacuzzi

Whiskey ['wɪski, vi-] = **Whisky** [-ki] der, -s/-s ⟨kelt.-engl.⟩: *ein Edelbrand aus Getreide*

WHO [ve ha 'o:] die, -: **W**orld **H**ealth **O**rganization *(Weltgesundheitsorganisation der Vereinten Nationen)*

Who's who [hu:z 'hu:] das, - -[s] ⟨engl.⟩ (wörtl.: Wer ist wer): *Lexikon prominenter Persönlichkeiten*

wich → weichen

Wichs[1] [-ks] die, -/-en: *Festkleidung von Studenten, die einer Korporation angehören* | (ugs., scherzh.) in voller W. *(sorgfältig und festlich gekleidet)*

Wichs[2] [-ks] → *Wichse* ‖ **Wichse** die, -/-n, *auch:* Wichs[2], -/-en: *eine Paste zum Putzen von Schuhen ua.* | (ugs., veraltend) W. *(Schläge)* bekommen ‖ **wichsen,** du wichst: Schuhe w. *(sie mit Wichse polieren)* | (ugs.) *schlagen* | (ugs., derb) *onanieren* ‖ **Wichsleinwand** [-ks-]: *mit einer wachsartigen, wasserdichten Schichte*

Wicht der, -[e]s/-e: *Zwerg; kleiner Kerl;* ein armer W. | (geh., abw.) *Bösewicht* ‖ **Wichtelmännchen:** *Heinzelmännchen*

wichtig

> **wichtig**
> ihr Hinweis war sehr w.; halb so w.!
>
> **Großschreibung bei Nominalisierung:**
> – das **W**ichtigste ist jetzt, dass ...
> – etwas **W**ichtiges zu tun haben
> – das **W**ichtigste nicht vergessen
>
> **Getrenntschreibung in Verbindung mit „sein" und bei wörtlicher Bedeutung:**
> – wichtig sein; alles, was wichtig ist
> – etwas für wichtig halten
> – etwas/sich wichtig nehmen
>
> **Zusammenschreibung bei übertragener Bedeutung:**
> – sich wichtigmachen *(sich in Szene setzen)*
> – wichtigtun; wichtigtuend; wichtigtuerisch

Wichtigkeit die, - ‖ **wichtigmachen** sich ‖ **Wichtigmacher** (abw.): *Wichtigtuer;* → Gschaftlhuber ‖ **Wichtigmacherin** (abw.) ‖ **wichtigtuend:** wichtigtuende Personen ‖ **Wichtigtuer**

W

der, -s/- (abw.) ‖ **Wich|tig|tu|e|rei** die, - (abw.) ‖ **Wich|tig|tu|e|rin** die, -/-innen (abw.) ‖ **wich|tig|tu|e|risch** (abw.) ‖ **wich|tig|tun:** *sich aufspielen, sich in Szene setzen*

Wi|cke die, -/-n: *eine Pflanze*

Wi|ckel der, -s/-: dem Fiebernden einen W. geben *(ihn in feuchte Tücher hüllen)* | (ugs.) einen W. *(Schwierigkeiten)* haben ‖ **Wi|ckel|ga|ma|sche** (früher): *Wadenbekleidung aus Stoff zu knielanger Hose* ‖ **Wi|ckel|kind** ‖ **wi|ckeln,** ich wickle: einen Faden auf die Spule w.; jemanden um den Finger w. *(charmant beeinflussen)* | er wickelt das Baby; → schief gewickelt = schiefgewickelt ‖ **Wi|ckel|pols|ter** ‖ **Wi|ckel|rock:** *um die Hüften gewickelter [Damen]rock* ‖ **Wi|ckel|tisch** ‖ **Wi|cke|lung** → Wicklung ‖ **Wick|ler** der, -s/- (Zool.): *eine Art der Schmetterlinge* | *Lockenwickler* ‖ **Wick|lung** die, -/-en, *auch:* Wickelung: *das Wickeln* | *etwas Gewickeltes*

Wid|der der, -s/-: *männliches Schaf, Schafbock* | *ein Tierkreiszeichen*

Wi|dem → Widum

wi|der (Präp. mit Akk.) (oft geh.): *gegen;* das geht mir w. den Strich; w. Willen *(unfreiwillig); aber:* das Für und **W**ider bedenken; *aber:* → wieder

wi|der|bors|tig: *widerspenstig*

wi|der|ein|an|der (geh.): *gegeneinander;* w. arbeiten; w. kämpfen ‖ **wi|der|ein|an|der|sto|ßen** (geh.): *ineinanderstoßen, gegeneinanderstoßen*

wi|der|fah|ren (geh.): ihm ist Böses w. *(zugestoßen)*

Wi|der|ha|ken: *ein Haken mit zurückgebogener Spitze*

Wi|der|hall der, -[e]s/-e: *Echo;* W. *(Zustimmung)* finden ‖ **wi|der|hal|len** [auch: -'a-]: die Straße hat von seinen Schritten widergehallt (= widerhallt)

Wi|der|halt der, -[e]s: *Widerstand*

Wi|der|kla|ge (Jus): *Gegenklage des Beklagten* ‖ **Wi|der|klä|ger** (Jus) ‖ **Wi|der|klä|ge|rin** (Jus)

Wi|der|la|ger: *Stützteil [in Bauwerken]*

wi|der|leg|bar ‖ **wi|der|le|gen:** sie widerlegt eine Behauptung *(beweist ihre Unrichtigkeit)* ‖ **Wi|der|le|gung** die, -/-en

wi|der|lich (abw.): ein widerlicher *(äußerst unangenehmer, ekelhafter)* Geschmack ‖ **Wi|der|lich|keit** die, -/-en (abw.) ‖ **Wi|der|ling** der, -s/-e (ugs., abw.): *widerlicher Mensch*

wi|der|na|tür|lich: *gegen die Natur*

Wi|der|part der, -[e]s/-e (geh.): *Gegner [im Spiel];* jemandem W. bieten *(sich jemandem entgegenstellen)*

wi|der|ra|ten, er widerriet, hat widerraten (geh.): einem Vorschlag w. *(davon abraten)*

wi|der|recht|lich: *zu Unrecht; ungesetzlich* ‖ **Wi|der|recht|lich|keit**

Wi|der|re|de: ohne W. gehorchen; keine W.!

Wi|der|rist: *höchster Teil des Rückens [beim Pferd]*

Wi|der|ruf: „Bis auf W. *(bis zur Rücknahme der Erlaubnis)* gestatteter Durchgang" ‖ **wi|der|ru|fen:** ein Geständnis w. *(es zurücknehmen);* sie widerrief, hat w. ‖ **wi|der|ruf|lich** → G.: unwiderruflich

Wi|der|sa|cher der, -s/- (geh.): *Gegner* | *der Teufel* ‖ **Wi|der|sa|che|rin** die, -/-innen (geh.)

wi|der|sa|gen (geh.): ich widersage dem Bösen *(ich sage mich davon los)*

wi|der|schal|len (geh.): *widerhallen*

Wi|der|schein: ein W. *(Abglanz)* der Sonne

wi|der|set|zen sich: *Widerstand leisten;* ich habe mich widersetzt ‖ **wi|der|setz|lich** [auch: -'zɛ-] ‖ **Wi|der|setz|lich|keit** die, -/-en

Wi|der|sinn ‖ **wi|der|sin|nig:** *unsinnig* ‖ **Wi|der|sin|nig|keit** die, -/-en

wi|der|spens|tig: *widerstrebend, widerborstig* ‖ **Wi|der|spens|tig|keit** die, -

wi|der|spie|geln: die Umrisse haben sich im Wasser widergespiegelt | ihre Verfassung spiegelt die schlechte Versorgung wider

Wi|der|spiel das, -[e]s (geh.): *das Gegeneinanderwirken*

wi|der|spre|chen: *dagegenreden;* sie hat ihm widersprochen ‖ **Wi|der|spruch** der, -s: W. erheben *(widersprechen);* keinen W. dulden | (mit Pl. -sprüche) sie verwickelten sich in Widersprüche *(widersprechen sich);* ein W. in sich ‖ **wi|der|sprüch|lich:** ein widersprüchlicher *(in sich widerspruchsvoller)* Bericht ‖ **Wi|der|spruchs|geist** ‖ **wi|der|spruchs|los** ‖ **wi|der|spruchs|voll**

Wi|der|stand: W. leisten *(sich wehren);* auf W. stoßen; passiver W. *(ohne Gewaltanwendung)* | (Jus) W. gegen die Staatsgewalt *(das Sichwehren gegen die Festnahme durch die Polizei)* | *Kurzwort für Widerstandsbewegung* | (ohne Pl.) (Elektrot.) elektrischer W. ‖ **Wi|der|stands|be|we|gung:** die österreichische W. (1938 bis 1945) ‖ **wi|der|stands|fä|hig** ‖ **Wi|der|stands|fä|hig|keit** ‖ **Wi|der|stands|kämp|fer** ‖ **Wi|der|stands|kämp|fe|rin** ‖ **Wi|der|stands|kraft** ‖ **wi|der|stands|los:** sie ließen sich w. festnehmen ‖ **Wi|der|stands|recht** ‖ **wi|der|ste|hen:** sie hat der Verlockung widerstanden *(ist standhaft geblieben)* | es widersteht mir *(ekelt mich)*

wi|der|stre|ben: es widerstrebt mir zu lügen ‖ **wi|der|stre|bend** [auch: 'vi:-]: nur w. *(ungern; zögernd, widerwillig)* gehorchen

Wi|der|streit der, -[e]s (geh.): im W. der Meinungen ‖ **wi|der|strei|ten** (geh.): widerstreitende *(gegensätzliche)* Interessen

wi|der|wär|tig: ein widerwärtiger *(Ekel erregender)* Geruch ‖ **Wi|der|wär|tig|keit** die, -/-en ‖ **Wi|der|wil|le** = **Wi|der|wil|len:** großen Widerwillen *(starke Abneigung)* gegen etwas haben ‖ **wi|der|wil|lig:** *ungern, widerstrebend* ‖ **Wi|der|wil|lig|keit** die, -

wid|men: jemandem ein Buch w. *(zueignen, verehren);* einen Betrag für einen wohltätigen Zweck w. *(spenden, stiften)* | sich den Kindern w. *(sich mit ihnen beschäftigen)* | das Grundstück als Bauland w. ‖ **Wid|mung** die, -/-en: eine W. ins Buch schreiben | *Festlegung für einen bestimmten Zweck* ‖ **wid|mungs|ge|mäß** ‖ **Wid|mungs|plan:** Flächenwidmungsplan ‖ **wid|mungs|wid|rig**

wid|rig (geh.): ein widriger *(unangenehmer)* Geschmack | widrige *(behindernde, hemmende)* Umstände ‖ **wid|ri|gen|falls** (Amtsspr.): das Bußgeld zahlen, w. *(sonst)* wird Anzeige erstattet ‖ **Wid|rig|keit** die, -/-en (meist Pl.): mit Widrigkeiten zu kämpfen haben

Wi|dum der (auch: das), -s/-e = Widem (westöst., K) (veraltend): *Pfarrhof, Pfarrgut*

wie: wie lang[e]; wie wenig; wie oben (w. o.); wie fühlst du dich?; wie oft; wie sehr hast du dich verändert!; wie viel hast du dafür bezahlt?; wie viel ist 3 mal 2?;

W

wie viel er auch redete, es wurde ihm nicht geglaubt; wie viele Kinder waren hier?; *aber:* → wievielte, → wievielmal; wir wissen, wie vielerlei *(wie viele verschiedenartige)* Aufgaben vor uns liegen; wie weit ist es noch bis ...?; *aber:* → wieweit *(inwieweit)* er Recht hat, weiß ich nicht | Eltern wie *(sowie, und)* Kinder | Obst wie Birne[n], Zwetschke[n], Pfirsich[e]; wie [auch] immer *(auf jede mögliche Weise, in jedem Fall)* | ich kann gar nicht sagen, wie wohl mir zu Mute ist; *aber:* wiewohl *(obwohl)* ich dir das erklärt habe, machst du es falsch | sie ist so groß wie du; so bald wie (= als) möglich; *aber:* er ist größer als (ugs. auch: wie) du; → als | (ugs.) wie sie uns gesehen hat *(sobald sie uns sah)*, ...

Wie|de|hopf der, -[e]s/-e: *ein Vogel*

Wie|den die, -: *4. Bezirk Wiens;* auf der W.

wie|der
nochmals, erneut; immer w.; hin und w. *(hie und da, manchmal);* für nichts und w. nichts *(vergeblich, umsonst)* | da hast du auch w. recht (= Recht); aber: → wider

Getrenntschreibung als selbständiges Adverb (mit der Bedeutung „nochmals", „erneut"), zB:
- etwas wieder aufheben
- das Match wieder anpfeifen
- wieder tun

Zusammenschreibung, wenn „wieder" betont ist und „zurück" bedeutet, zB:
- wiederbekommen *(zurückbekommen); aber getrennt:* wieder *(erneut)* bekommen
- wiederbringen *(zurückbringen)*
- wiedererhalten
- wiederkehren (zurückkommen)
- nach einigen Minuten ist er wiedergekommen *(zurückgekommen); aber getrennt:* er ist schon wieder *(erneut)* gekommen

Zusammenschreibung, wenn „wieder" die Wiederherstellung eines früheren Zustands ausdrückt, zB:
- Brennelemente wiederaufbereiten
- den Bewusstlosen wiederbeleben
- Papier wiederverwerten

Getrennt- und Zusammenschreibung, zB:
- wieder aufnehmen = wiederaufnehmen
- wieder eröffnen = wiedereröffnen

Wie|der|auf|bau [auch: -'auf-] der, -[e]s || **wie|der|auf|bau|en:** die Kirche im alten Stil w.; *aber:* den abgebrannten Stall wieder aufbauen

wie|der|auf|be|rei|ten: Brennstäbe w. || **Wie|der|auf|be|rei|tung:** *Bearbeitung [verbrauchter Kernbrennstäbe] zum Zweck des Wiederverwendens;* || **Wie|der|auf|be|rei|tungs|an|la|ge**

wie|der auf|füh|ren = wie|der|auf|füh|ren || Wie|der|auf|füh|rung

wie|der|auf|lad|bar: wiederaufladbare Batterien

Wie|der|auf|nah|me (Jus): die W. eines rechtskräftig abgeschlossenen Strafprozesses || **wie|der auf|neh|men = wie|der|auf|neh|men**

Wie|der|auf|rüs|tung

wie|der|auf|tau|chen: Verlorenes ist wiederaufgetaucht; *aber:* Luft holend wieder auftauchen

wie|der|be|geg|nen: einer Idee in einem Buch w.; *aber:* ich bin ihr schon wieder begegnet

Wie|der|be|ginn: W. ist nach der Sommerpause

wie|der|be|kom|men: sein Eigentum w. *(es zurückbekommen); aber:* das gleiche Geschenk wieder *(noch einmal)* bekommen

wie|der|be|le|ben: die Verunglückte w.; *aber:* die Wirtschaft wieder beleben || **Wie|der|be|le|bung** die, - || **Wie|der|be|le|bungs|ver|such:** an einem Verunglückten Wiederbelebungsversuche machen

wie|der|be|schaf|fen: etwas Gestohlenes w.; *aber:* Nachschub wieder beschaffen *(erneut)* || **Wie|der|be|schaf|fung**

Wie|der|be|tä|ti|gung (Pol.): nationalsozialistische W. *(eine strafbare Handlung [nach dem Verbotsgesetz])*

wie|der|brin|gen: einen Gegenstand w. *(zurückbringen); aber:* etwas wieder *(nochmals)* bringen

wie|der ein|füh|ren = wie|der|ein|füh|ren

wie|der ein|glie|dern = wie|der|ein|glie|dern || Wie|der|ein|glie|de|rung [auch: -'aın-]

wie|der ein|set|zen = wie|der|ein|set|zen || Wie|der|ein|set|zung die, -/-en: die W. in ein Amt | (Jus) *die Zurückversetzung eines Prozesses in ein früheres Verfahrensstadium*

Wie|der|ein|stei|ger der, -s/-: *jemand, der nach einer Pause seinen Beruf, eine Tätigkeit oÄ wieder aufnimmt* || **Wie|der|ein|stei|ge|rin** die, -/-innen

wie|der ein|stel|len = wie|der|ein|stel|len || Wie|der|ein|stel|lung: die W. von Angestellten

Wie|der|ein|stieg: der W. ins Berufsleben

Wie|der|ein|tritt

wie|der|ent|de|cken

wie|der|er|hal|ten: alte Rechte w. *(zurückerhalten)*

wie|der|er|ken|nen

wie|der|er|lan|gen: seine Gesundheit w.

wie|der|er|o|bern: *zurückerobern; aber:* eine Stadt wieder *(nochmals)* erobern

wie|der er|öff|nen = wie|der|er|öff|nen: ein Geschäft nach der Renovierung w. e.

wie|der er|star|ken = wie|der|er|star|ken

wie|der|er|stat|ten: ihm den Betrag w. *(zurückgeben, ersetzen); aber:* den Betrag wieder *(nochmals)* erstatten *(geben)*

wie|der|er|we|cken || Wie|der|er|we|ckung: die W. von klinisch Toten

wie|der|fin|den: er hat das Verlorene wiedergefunden *(gefunden)*

wie|der|for|dern: *zurückfordern; aber:* etwas wieder *(nochmals)* fordern

Wie|der|ga|be: die W. eines Konzerts auf CD || **wie|der|ge|ben:** ein Gedicht gut w. *(vortragen)* | ihm das Buch w. *(zurückgeben); aber:* das Buch wieder *(erneut)* geben

wie|der|ge|bo|ren || Wie|der|ge|burt

wie|der|ge|win|nen: *zurückgewinnen; aber:* wieder *(nochmals)* gewinnen || **Wie|der|ge|win|nung**

wie|der|gut|ma|chen: den Schaden w. *(beheben)* || **Wie|der|gut|ma|chung** die, -/-en

wie|der|ha|ben: ich möchte die CD bald w. *(zurückhaben); aber:* ich möchte die CD morgen wieder haben *(nochmals haben)*

wie|der|her|stel|len: der Verletzte war bald wiederhergestellt; *aber:* nach langer Pause diese Waren

W

wieder herstellen *(produzieren)* ‖ **Wie|der|her|stel|lung** [auch: 'vi:-]: *Erneuerung, Genesung, Reparatur;* die W. einer Datei
wie|der|hol|bar ‖ wie|der|ho|len[1]: eine Frage oft w. *(sie immer wieder stellen)* ‖ **wie|der|ho|len**[2]: sich etwas w. *(zurückholen); aber:* etwas wieder *(nochmals)* holen ‖ **wie|der|holt:** *mehrmals* ‖ **Wie|der|ho|lung** die, -/-en ‖ **Wie|der|ho|lungs|ge|fahr ‖ Wie|der|ho|lungs|prü|fung:** *Prüfung [in der Sekundarstufe] über den Stoff eines im Jahreszeugnis mit Nicht genügend beurteilten Unterrichtsgegenstandes* ‖ **Wie|der|ho|lungs|tä|ter** (Jus) ‖ **Wie|der|ho|lungs|tä|te|rin** (Jus) ‖ **Wie|der|ho|lungs|zei|chen** (𝄆 𝄇) (Mus.)
Wie|der|hö|ren: beim Telefonieren oder im Rundfunk auf (= Auf) W. sagen
Wie|der|in|be|sitz|nah|me: die W. einer vermieteten Wohnung
Wie|der|in|stand|set|zung [auch: 'vi:-]
wie|der|käu|en: *schon geschluckte Nahrung nochmals kauen* | (abw.) alte Phrasen w. ‖ **Wie|der|käu|er** der, -s/- (Zool.): *Rind, Schaf ua.*
Wie|der|kauf ‖ Wie|der|kaufs|recht: *das Recht, eine verkaufte Sache zurückkaufen zu können*
Wie|der|kehr die, - ‖ **wie|der|keh|ren:** *zurückkommen* ‖ **wie|der|keh|rend:** *wiederholt auftretend*
wie|der|kom|men: *zurückkommen; aber:* schon wieder kommen
wie|der|krie|gen: *zurückkriegen;* das Entliehene w.
Wie|der|kunft die, - (geh.): *Wiederkehr*
Wie|der|schau|en: jemandem auf (= Auf) W. *(Wiedersehen)* sagen
wie|der|se|hen: wir werden uns bald w.; *aber:* nach einer Augenoperation wieder sehen können ‖ **Wie|der|se|hen** das, -s/-: es gab kein W.; jemandem auf (= Auf) W. sagen ‖ **Wie|der|se|hens|freu|de:** die W. war groß
Wie|der|täu|fer der, -s/- (Rel.): *Angehöriger einer evangelischen Bewegung im 16. Jh.*
wie|de|rum: *andererseits, dagegen; wieder*
wie|der|ver|ei|ni|gen: ein Land w. ‖ **Wie|der|ver|ei|ni|gung**
wie|der ver|hei|ra|ten = wie|der|ver|hei|ra|ten ‖ Wie|der|ver|hei|ra|tung
Wie|der|ver|käu|fer: *Einzelhändler*
Wie|der|ver|laut|ba|rung (Amtsspr.): *Bekanntmachung eines Gesetzes in aktualisierter Form*
Wie|der|ver|stei|ge|rung
wie|der|ver|wen|den: Altstoffe w.; *aber:* das Sackerl wieder verwenden ‖ **Wie|der|ver|wen|dung:** die W. von Leergut
wie|der|ver|wer|ten: recyclen
Wie|der|wahl ‖ wie|der|wäh|len: den Bundespräsidenten w. *(im Amt bestätigen); aber:* wieder wählen gehen
Wie|ge die, -/-n: von der W. bis zur Bahre *(zeitlebens)* ‖ **Wie|ge|mes|ser:** *ein Küchenmesser mit einer bogenförmigen Schneide* ‖ **wie|gen**[1]: sie wiegte das Kind *(schaukelte es sanft);* sich [in den Hüften] w.

wie|gen[2], **wog/gewogen:** *Gewicht haben;* sie wiegt 60 kg | ihr Wort wiegt viel bei uns *(ist uns wichtig)* | *abwiegen, das Gewicht feststellen;* → wägen

Nicht verwechseln!
Die Wörter „wiegen" und „wägen" werden wegen zum Teil gleich lautender Formen oft verwechselt. Die Hauptverwendungen sind:
wiegen – wog – gewogen: *das Gewicht auf der Waage feststellen;* sie wog den Sack Äpfel; dieses Argument hat am schwersten gewogen
wiegen – wiegte – gewiegt: *in eine Schaukelbewegung bringen;* sie wiegte das Kind in der Wiege
wägen – wog – gewogen: *genau prüfen und überlegen;* sie wog seine Aussagen genau.
Die schwache Konjugation (wägte/hat gewägt) ist selten. Häufiger in dieser Bedeutung ist „abwägen", hier ist auch die schwache Konjugation (wog/wägte ab, hat abgewogen/abgewägt) gebräuchlich.

Wie|gen|druck der, -[e]s/-e: *ein vor 1500 hergestelltes Druckwerk, Inkunabel* ‖ **Wie|gen|fest** (geh. bzw. scherzh.): *Geburtstag* ‖ **Wie|gen|lied:** *Schlummerlied*
wie|hern: das wiehernde Pferd; vor Lachen w.
Wien (W): *österreichische Bundeshauptstadt; zugleich ein österreichisches Bundesland;* → Vienna | (Kfz: WU) Wien-Umgebung (= Wien Umgebung) ‖ **Wie|ner**[1] (Adj., Abkürzung: Wr.): W. Neustadt; die W. Landesregierung; ein W. Schnitzel; der W. Walzer; die W. Philharmoniker, Symphoniker; die W. Klassik *(der reife Stil bes. Haydns, Mozarts, Beethovens);* W. Zeitung *(amtliche Zeitung der Republik Österreich)* ‖ **Wie|ner**[2] der, -s/-: *Bewohner Wiens* ‖ **Wie|ner**[3] die, -/-: *eine Wurstsorte* ‖ **Wie|ne|rin** die, -/-innen ‖ **wie|ne|risch ‖ Wie|ner|lied:** *eine Liedgattung* ‖ **Wie|ner Neu|stadt** (Kfz: WN, WB): *Statutarstadt in Niederösterreich)* ‖ **Wie|ner Neu|städ|ter** der, -s/-, *auch:* Wiener-Neustädter ‖ **Wie|ner Neu|städ|te|rin** die, -/-innen, *auch:* Wiener-Neustädterin ‖ **Wie|ner|stadt** die, -: *volkstümliche Bezeichnung für Wien* ‖ **Wie|ner Wald = Wie|ner|wald:** *ein Bergland in Niederösterreich und Wien*
wies → weisen
Wies|baum: *Stange zum Niederbinden einer Ladung Heu uÄ* ‖ **Wie|se** die, -/-n: satte Wiesen; eine gemähte Wiese (ugs. auch für: *etwas mühelos Erreichbares;* mda: gmahte Wiesen)
wie|scherln → wischerln
wie|sehr (Konj.): *wie, sosehr, obwohl;* w. er sich auch bemühte, der Erfolg blieb aus; *aber:* spüren, wie sehr es schmerzt
Wie|sel das, -s/-: *eine Marderart* ‖ **wie|sel|flink:** sehr flink
Wie|sen|blu|me ‖ Wie|sen|grund (geh.): *Wiese*
wie|so: w. gerade ich?; *aber:* wie so oft ‖ **wie|viel|mal:** w. (bei bes. Betonung auch: wie viel Mal) ist 5 in 30 enthalten?; → wie; → vielmal ‖ **wie|viel|te** [auch: 'vi:-]: zum wievielten Mal sage ich dir das schon?; *aber:* den **W**ievielten *(welches Datum)* haben wir heute? ‖ **wie|weit** (Konj.): w. *(inwieweit)* er Recht hat, wird sich erst zeigen; *aber:* wie weit ist es bis zum nächsten Ort? ‖ **wie|wohl** (Konj.) (geh.): w. *(obwohl, obgleich)* es schon spät ist, bleiben wir noch; *aber:* man sieht, wie wohl er sich fühlt
WIFI ['vi(:)fi] das, -: **W**irtschafts**f**örderungs**i**nstitut
Wigl|wagl [-'vɒ:gl] der, -s/- (W, ugs.): im W. *(unentschlossen)* sein
Wig|wam der = das, -s/-s ⟨indian.-engl.⟩: *Hütte bzw. Zelt der nordamerikanischen Indianer*

W

Wikinger der, -s/-, *auch:* Wiking, -s/-e[r]: *skandinavischer Seefahrer des Mittelalters* ‖ **Wikingerschiff**

Wiki das, -[s]/-[s] ⟨hawaiianisch⟩ (Internet): *Website, deren Seiten für jeden einfach mitgestaltbar sind* | *Kurzwort für Wikipedia* ‖ **Wikipedia** [engl.: w-'piːdiə] die, - ⟨hawaiianisch+gr.-engl.⟩: *ein Internetlexikon*

wild

Kleinschreibung:
- wilde Tiere *(nicht domestizierte)*
- der wilde Wein
- halb so wild *(nicht so arg)*
- ein wilder Abgeordneter (Pol.: *keiner Partei mehr angehörender Abgeordneter*)
- ein wilder Streik *(von den Gewerkschaften nicht getragener)*

Großschreibung bei Nominalisierung und in Eigennamen:
- wie ein **W**ilder
- der **W**ilde Westen
- die **W**ilde Jagd *(eine Geisterschar)*

Zusammenschreibung, wenn „wild" die Bedeutung des folgenden Bestandteils verstärkt:
- ein wildfremder Mann
- wildromantisch

Getrenntschreibung:
- wild sein; sie ist darauf ganz wild gewesen (gierig)
- wild werden
- wild wachsen
- wild entschlossen abreisen

Getrennt- und Zusammenschreibung mit Verben, die ein Resultat herbeiführen, und mit adjektivisch gebrauchten Partizipien:
- jemanden wild machen (= wildmachen) *(zornig machen)*
- wild gewordene (= wildgewordene) Stiere
- wild wachsend = wildwachsend

Wild das, -[e]s: das W. im Wald | gern W. *(Reh oÄ)* essen ‖ **Wildbach** ‖ **Wildbacher:** Blauer W. *(eine Reb- und Weinsorte)* ‖ **Wildbachverbauung** ‖ **Wildbahn:** Tiere in freier W. ‖ **Wildbestand** ‖ **Wildbret** das, -s: *das Fleisch vom Wild* ‖ **Wildbretwoche** (Gast.)

Wildcard ['waɪldk-] die, -/-s ⟨engl.⟩ (Sport): *Teilnahmeberechtigung ohne Qualifikation an einem [Tennis]turnier*

Wilddieb: *Wilderer* ‖ **Wilddiebin** ‖ **Wilde**[1] der, -n/-n, ein Wilder: wie ein Wilder ‖ **Wilde**[2] die, -n/-n ‖ **wildeln** (ugs.): wildelndes *(nach Wild riechendes und schmeckendes)* Fleisch | (ugs.) *wild fahren; wild sein;* wildelnde Kinder ‖ **Wildente** ‖ **Wilderei** die, - ‖ **Wilderer** der, -s/-: *Wilddieb* ‖ **Wilderin** die, -/-innen ‖ **wildern:** *unerlaubt jagen;* ein wildernder Hund ‖ **Wildfang** der, -[e]s/-fänge: *lebhaftes, ungebärdiges Kind* ‖ **wildfremd:** *vollkommen unbekannt* ‖ **Wildgans** ‖ **wild geworden** = **wildgeworden** → wild ‖ **Wildheit** die, - ‖ **Wildhüter** ‖ **Wildhüterin** ‖ **Wildkaninchen** ‖ **Wildkatze** ‖ **Wildkraut** (meist Pl.) ‖ **Wildleder** ‖ **wild lebend** = **wildlebend:** w. lebende Katzen ‖ **Wildling** der, -s/-e: *wild wachsende Pflanze, die veredelt werden kann* | (ugs.) *Wildfang* ‖ **wild machen** = **wildmachen:** jemanden w. m. → wild ‖ **Wildnis** die, -/-nisse ‖ **Wildpark** ‖ **Wildpferd:** *Vorfahre des Hauspferdes* | *verwildertes Pferd, zB Mustang* ‖ **wildreich** ‖ **Wildreis** ‖ **wildromantisch:** eine wildromantische *(abenteuerliche und bezaubernde)* Landschaft ‖ **Wildsau** die, -/-en: *[weibliches] Wildschwein* | (mit Pl. -säue) *ein derbes Schimpfwort;* wie eine W. fahren ‖ **Wildschaden:** *durch Wild verursachter Schaden* ‖ **Wildschütz** der, -en/-en: *Wilddieb* ‖ **Wildschwein** ‖ **Wildtier:** *nicht domestiziertes Tier* ‖ **wild wachsend** = **wildwachsend:** wild wachsender Wein ‖ **Wildwasser** ‖ **Wildwasserfahren:** → *Rafting* ‖ **Wildwechsel** [-ks-]: *vom Wild begangener Weg* ‖ **Wildwest** (ohne Art., ohne Pl.): wie in W. *(im Wilden Westen)* ‖ **Wildwestfilm:** *Western* ‖ **Wildwuchs** [-ks] der, -es: *[vom Menschen] nicht beeinflusstes Wachstum [von Pflanzen]* ‖ **wildwüchsig**

Wilfried: *männl. Vorname* ‖ **Wilhelm:** *männl. Vorname;* → Willi ‖ **Wilhelmine,** *auch:* Wilhelmina: *weibl. Vorname* ‖ **wilhelminisch:** *vom deutschen Kaiser Wilhelm II. (1888–1918) oder aus seiner Zeit stammend;* wilhelminische Bauten; *aber:* die **W**ilhelminische Zeit *(die Epoche Wilhelms II.)* ‖ **Wilhelmsburg** [auch: -'bu-]: *Stadt in Niederösterreich*

will → wollen ‖ **Wille** der, -ns/-n = **Willen,** -s/-: etwas wider Willen *(widerwillig, gegen seine Neigung)* tun; seinen guten Willen zeigen; kein böser W.; mein freier W.; der letzte (auch: Letzte) W. *(das Testament)* | (geh.) jemandem zu Willen sein *(jemandes Willen befolgen)* ‖ **willen** → um – willen ‖ **willenlos** ‖ **Willenlosigkeit** die, - ‖ **willens** (geh.): w. *(gesonnen)* sein, etwas zu tun ‖ **Willensakt** der -[e]s/-e: *Tat, Handlung* ‖ **Willensäußerung:** *Willenskundgebung, Willenserklärung* ‖ **Willensbildung:** durch Information und Diskussion demokratische W. ermöglichen ‖ **Willenserklärung** (Jus): *Willensäußerung* ‖ **Willensfreiheit** ‖ **Willenskraft** die, - ‖ **Willenskundgebung:** *Willensäußerung* ‖ **Willensmangel** (Jus): *Irrtum, Zwang oÄ bei Abschluss eines Vertrages* ‖ **willensschwach** ‖ **Willensschwäche** die, - ‖ **willensstark** ‖ **Willensstärke** die, - ‖ **willentlich** (geh.): *absichtlich* ‖ **willfahren,** du willfahrst (geh.): sie hat seinem Wunsch willfahrt *(ihm den Wunsch erfüllt)* ‖ **willfährig** (geh.): *willig, dienstfertig*

Willi, *auch:* Willy [-i]: *männl. Vorname (Wilhelm, Willibald)* ‖ **Willibald:** *männl. Vorname;* → Willi

willig: ein williges *(folgsames)* Kind ‖ **willigen** (geh.): *einwilligen;* in etwas w. *(seine Zustimmung dazu geben)* ‖ **Willkomm** der, -s/-e (geh.): *Willkommen;* ein freundlicher W. *(eine freundliche Begrüßung)* ‖ **willkommen:** herzlich w.!; eine willkommene *(erwünschte)* Abwechslung; die Gäste w. heißen ‖ **Willkommen** das, -s/-: jemandem ein herzliches W. zurufen ‖ **Willkommensgruß,** *auch:* Willkommgruß ‖ **Willkommenstrunk** ‖ **Willkür** die, -: das ist reine W. *(eine rücksichtslose Entscheidung, Handlung)* ‖ **Willkürakt** der, -[e]s/-e: *Willkürhandlung* ‖ **willkürlich:** in willkürlicher *(beliebiger, grundloser)* Reihenfolge; w. *(ohne Berechtigung; eigenmächtig)* handeln ‖ **Willkürmaßnahme**

Willy [-i] → Willi

Wilna: *deutscher Name von Vilnius*

W

wịm|meln: es wimmelt von Ameisen
wịm|men (SüdT, CH): *die Weinlese halten*
Wịm|merl das, -s/-[n] (ugs.): *Eiterbläschen, Pickel*
wịm|mern: *leise weinen; jammern*
Wịm|pel der, -s/-: *kleine [dreieckige] Fahne oder Flagge*
Wịm|per die, -/-n: *Haar am Augenlid;* ohne mit der W. zu zucken *(unbeirrt)* ‖ **Wịm|pern|tu|sche**
Wịnd der, -[e]s/-e: *Luftbewegung;* leichter W.; bei W. und Wetter *(bei jeder Witterung);* in alle Winde *(Richtungen)* verstreut; den W. im Rücken; schnell wie der W.; vor dem W. segeln; jemandem den W. aus den Segeln nehmen *(den Grund für seinen Eifer nehmen);* etwas in den W. schlagen *(einen guten Rat ausschlagen);* von einer Sache W. bekommen *(etwas, ein Geheimnis erfahren);* wissen, woher der W. weht *(wissen, was dahintersteckt);* frischer W. *(neue Energie);* ein anderer W. *(eine andere [schärfere] Art, Vorgehensweise)* | *Blähung, Darmwind* ‖ **Wịnd|bä|cke|rei:** *Schaumgebäck aus Eischnee und Zucker* ‖ **Wịnd|beu|tel** (abw.): *oberflächlicher, leichtfertiger Mensch* ‖ **Wịnd|bö** = **Wịnd|böe** ‖ **Wịnd|bruch:** *durch starken Wind verursachter Schaden an Bäumen*
Wịn|de die, -/-n: *Vorrichtung zum Aufziehen von Lasten* | *eine Schlingpflanze* ‖ **Wịn|del** die -/-n: dem Säugling frische Windeln geben | das neue Verfahren ist noch in den Windeln *(in früher Kindheit, unausgereift)* ‖ **Wịn|del|hös|chen** ‖ **Wịn|del|ho|se** ‖ **wịn|del|weich:** jemanden w. *(sehr arg)* prügeln ‖ **wịn|den**[1], wand/gewunden: einen Kranz w. *(flechten)* | ich wand ihm das Messer aus der Hand *(nahm es ihm gewaltsam weg)* ‖ **wịn|den**[2] sich: sich vor Schmerzen w. *(krümmen)* | sich um eine Antwort w.

W

Wịnd|ener|gie die, -: *Windkraft* ‖ **Wịn|des|ei|le:** mit/in W. *(sehr schnell)* ‖ **Wịnd|fang** der, -[e]s/-fänge: *Vorbau vor der Haustür; zweite Tür als Windschutz* ‖ **wịnd|ge|schützt** ‖ **Wịnd|ge|schwin|dig|keit** ‖ **Wịnd|hauch** ‖ **Wịnd|ho|se** (Met.): *ein Wirbelwind* ‖ **Wịnd|hund:** *eine Hunderasse;* schnell wie ein W. | (abw.) *leichtlebiger Mann* ‖ **wịn|dig:** windiges Wetter | (abw.) windige *(wenig glaubwürdige)* Ausflüchte
wịn|disch (oft abw.): *slowenisch* ‖ **Wịn|disch** das, -[s] = **Wịn|di|sche**[1], -n (früher): *slowenische Mundarten Kärntens* | (oft abw.) *das Slowenische [in Kärnten]* ‖ **Wịn|di|sche**[2] der, -n/-n, ein Windischer: *Kärntner mit slowenischer Muttersprache, der das Slowenische nur in mundartlicher Form verwendet* | (oft abw.) *Slowene [in Kärnten]* ‖ **Wịn|di|sche**[3] die, -n/-n
Wịnd|ja|cke: *eine leichte Jacke* ‖ **Wịnd|jam|mer** der, -s/- (Seemannsspr.): *ein großes Segelschiff* ‖ **Wịnd|ka|nal:** *Prüf- und Messanlage für [Flugzeug]modelle* ‖ **Wịnd|kraft:** *Windenergie* ‖ **Wịnd|licht:** *gegen Luftzug geschützte Kerze* ‖ **Wịnd|mes|ser** ‖ **Wịnd|müh|le:** *vom Wind angetriebene Mühle;* gegen Windmühlen *(etwas Eingebildetes oder etwas Unveränderbares)* kämpfen ‖ **Wịnd|park:** *Anlage zur Gewinnung von Windenergie*
Wịn|dows ['wɪndəʊz] (Wz.): *ein Betriebssystem für Computer*
Wịnd|po|cken die (Pl.): *Feuchtblattern* ‖ **Wịnd|rad** ‖ **Wịnd|rich|tung** ‖ **Wịnd|ro|se:** *Scheibe am Kompass mit Angabe der Himmelsrichtungen* ‖ **Wịnd|sack:** *Richtung und Stärke des Windes anzeigender Sack* ‖ **Wịnds|braut** die, - (geh.): *Sturm* ‖ **Wịnd|schat|ten** der, -s: *windgeschützte Seite;* im W. eines anderen Fahrzeugs fahren ‖ **wịnd|schief:** *ganz schief, verdreht* | (Math.) windschiefe *(sich nicht schneidende und nicht parallele)* Geraden im Raum ‖ **wịnd|schlüp|fig,** *auch:* **wind|schlüpf|rig:** ein windschlüpfiges *(dem Wind wenig Widerstand bietendes, zB stromlinienförmiges)* Auto ‖ **Wịnd|schutz|schei|be** ‖ **Wịnd|spiel** (veraltet): *ein Windhund* ‖ **Wịnd|stär|ke:** *Skala der Stärke des Windes;* W. 12 ‖ **wịnd|still** ‖ **Wịnd|stil|le** ‖ **Wịnd|stoß** ‖ **wịnd|sur|fen** [-sɜːf-]: ich gehe w. ‖ **Wịnd|sur|fen,** *auch:* Windsurfing: *ein Wassersport*
Wịn|dung die, -/-en: *Wendung, Biegung, Wicklung*
Wịnd|wurf der, -[e]s: durch W. wurde der Schutzwald zerstört
Wịn|fried: *männl. Vorname*
Wịnk der, -[e]s/-e: jemandem einen W. *(ihm ein Zeichen, einen Hinweis)* geben | (oft scherzh.) ein W. mit dem Zaunpfahl *(ein überdeutlicher Hinweis)* ‖ **wịn|ke** (Kinderspr.) (nur in der Verbindung): w., w. machen *(winken)*
Wịn|kel der, -s/-: *Ecke;* in einem stillen W. | *Ort, Gebiet;* ein entlegener W. | im toten W. *(Winkel, zB beim Seitenspiegel im Auto, wo man etwas nicht sehen kann)* | (Math.) rechter W. ‖ **Wịn|kel|ad|vo|kat** [-v-] (abw.): *nichtbefugter* (auch: *unbedeutender) Anwalt* ‖ **Wịn|kel|ad|vo|ka|tin** (abw.) ‖ **Wịn|kel|ei|sen** ‖ **Wịn|kel|funk|ti|on** [-tsi̯-] (Math.) ‖ **wịn|ke|lig** = winklig: ein wink[e]liges altes Haus ‖ **Wịn|kel|mes|ser** der, -s/- (Math.) ‖ **wịn|keln** (ugs., veraltet): *unbefugt Parteien gegen Entgelt vertreten* ‖ **Wịn|kel|schlei|fer** der, -s/-: *ein elektrisches Schleifgerät* ‖ **Wịn|kel|werk:** *enge, winkelige Gassen, Gänge* ‖ **Wịn|kel|zug:** *Kniff, listiger Ausweg*

wịn|ken, winkte/gewinkt [ugs: gewunken]: er winkt von Weitem | dem Gewinner winkt ein Auto

Das 2. Partizip lautet „gewinkt". Das starke Partizip „gewunken" hat sich als Neubildung in manchen Dialekten und in der Umgangssprache entwickelt. Es ist aber nicht in die Standardsprache eingegangen.

Wịn|kerl das, -s/-[n] (ugs.): *[hinterste] Ecke;* zur Strafe im W. stehen müssen ‖ **wịnk|lig** = → winkelig
wịn|nig (reg., ugs.): wie ein winniger *(liebestoller)* Hund
wịn|seln, ich winsle: um Gnade w.; der Hund winselte kläglich
Wịn|ter der, -s/-: ein strenger W. ‖ **Wịn|ter|an|fang** ‖ **Wịn|ter|ap|fel:** *Apfelsorte, die über den Winter hält* ‖ **Wịn|ter|aus|trei|ben** das, -s: *ein Volksbrauch* ‖ **Wịn|ter|ein|bruch** ‖ **Wịn|ter|fahr|plan** ‖ **Wịn|ter|fell:** das W. der Pelztiere ‖ **wịn|ter|fest:** *für den Winter geeignet* | *winterhart* ‖ **Wịn|ter|gar|ten:** *Glasveranda, Gewächshaus zur Pflege von Pflanzen auch im Winter* ‖ **Wịn|ter|ge|trei|de:** *schon im Herbst gesätes Getreide* ‖ **Wịn|ter|ha|fen:** *eisfreier Hafen* ‖ **Wịn|ter|halb|jahr** ‖ **wịn|ter|hart** (Bot.): diese Pflanze ist w. *(überdauert unbeschadet den*

Winter im Freien) ‖ **Winterkleidung** ‖ **Winterkollektion** [-tsi-]: die neue W. *(Wintermode)* vorstellen ‖ **Winterlandschaft** ‖ **winterlich** ‖ **Wintermantel** ‖ **Wintermode** ‖ **Wintermonat** ‖ **wintern:** es wintert *(es wird Winter)* ‖ **Winterolympiade** [-ly-]: *die Olympischen Winterspiele* ‖ **Winterquartier** ‖ **Winterreifen** ‖ **Winterruhe** ‖ **winters:** sommers und w. ‖ **Wintersaat** ‖ **Wintersaison** [-zɛz-] ‖ **Winterschlaf:** die Bären halten W. ‖ **Winterschlussverkauf** ‖ **Wintersemester** ‖ **Wintersonnenwende** ‖ **Wintersport** ‖ **Wintersportler** ‖ **Wintersportlerin** ‖ **Winterszeit** die, -, *auch:* Winterzeit: zur W. *(im Winter)* ‖ **wintertauglich:** *winterfest;* w. ausgerüstet ‖ **Winterurlaub** ‖ **Winterwetter** das, -s ‖ **Winterzeit:** *Winterszeit* | (irrtümlich für) *Normalzeit;* → G.: Sommerzeit

Winzer der, -s/-: *Weinbauer, Weinhauer* ‖ **Winzergenossenschaft** ‖ **Winzerin** die, -/-innen ‖ **Winzerkönigin**

winzig: w. klein *(sehr klein)* ‖ **Winzigkeit** die, -/-en ‖ **Winzling** der, -s/-e (ugs.): *jemand Winziger, etwas Winziges*

Wipfel der, -s/-: *Baumspitze* ‖ **wipfeln:** ich wipfle die Weinstöcke *(schneide ihre Wipfel ab)*

Wippe die, -/-n: *eine Schaukel [auf Kinderspielplätzen]* ‖ **wippen:** auf Zehenspitzen w.

Wipptal das, -[e]s (NordT, SüdT)

wir: wir alle; wir anderen; wir beide; wir Erwachsene[n]; wir freuen uns; → unser; *aber:* **Wir** *(ich),* Leopold, römischer Kaiser | (vertraulich) na, sind wir *(bist du)* ausgeschlafen?

Wirbel der, -s/-: *kreisförmige Strömung in Wasser, Wind ua.* | *Haarwirbel* | *ein Knochen des Rückgrats* | (Mus.) *Trommelwirbel* | (Mus.) *Stift, um den die Saite gewickelt ist* | (ugs.) einen W. *(Lärm, ein Durcheinander)* machen ‖ **wirbelig,** *auch:* wirblig: das macht mich ganz w. *(verwirrt; schwindlig)* ‖ **Wirbelknochen** ‖ **wirbellos:** wirbellose Tiere ‖ **wirbeln,** ich wirble: *wild drehen;* das Laub wirbelt *(treibt drehend)* im Wind ‖ **Wirbelsäule:** *Rückgrat* ‖ **Wirbelsäulenverkrümmung** (Med.) ‖ **Wirbelstrom** (Phys.): *wirbelförmig verlaufender elektrischer Strom in einem Leiter* ‖ **Wirbelsturm** ‖ **Wirbeltier:** *Vogel, Fisch, Amphibie, Kriechtier, Säugetier* ‖ **Wirbelwind** ‖ **wirblig** → wirbelig

wirbt → werben

wird → werden

Wireless ['waɪ̯ələs] das, - ⟨engl.⟩ (EDV): *draht-/kabellose Übertragung* ‖ **Wireless LAN** [- læːn], *auch:* **Wireless-LAN, WLAN** [auch: 'veː laːn], **W-LAN** (EDV): *ein Standard für drahtlose Datenübertragung in kleineren Netzen;* → LAN

wirft → werfen

wirken: er wirkt verstört *(erweckt diesen Eindruck)* | gewirkte Stoffe | die Arznei wirkt beruhigend | (geh.) Wunder w. *(vollbringen, bewirken)* | (geh.) jahrelang als Arzt w. *(tätig sein)* ‖ **Wirken** das, -s: *eine textile Technik* ‖ **Wirker** der, -s/-: *eine Berufsbezeichnung* ‖ **Wirkerin** die, -/-innen ‖ **wirklich:** *tatsächlich;* eine wirkliche *(nicht nur eingebildete)* Krankheit; *aber:* der **Wirkliche** Hofrat (früher: *ein Beamtenrang*) ‖ **Wirklichkeit** die, -/-en ‖ **wirklichkeitsfern** ‖ **Wirklichkeitsform** (Gramm.): *Indikativ* ‖ **wirklichkeitsfremd:** *lebensfremd, unrealistisch* ‖ **wirklichkeitsgetreu** ‖ **wirklichkeitsnah** ‖ **Wirklichkeitssinn** der, -[e]s ‖ **wirksam** ‖ **Wirksamkeit** die, -: die Gehaltserhöhung tritt mit W. vom 1. Juli in Kraft ‖ **Wirkstoff:** *[Sammelbezeichnung für] Hormone, Vitamine und Enzyme* ‖ **Wirkteppich** ‖ **Wirkung** die, -/-en: W. zeigen ‖ **Wirkungsbereich:** *Wirkungskreis* ‖ **Wirkungsgeschichte** (bes. Lit.): *[Geschichte der] Rezeption eines Werkes* ‖ **Wirkungsgrad:** der W. einer Maschine ‖ **Wirkungskreis:** *Wirkungsbereich* ‖ **wirkungslos** ‖ **Wirkungsquantum** (Phys.): *eine fundamentale Konstante in der Quantentheorie* ‖ **Wirkungsstätte** ‖ **wirkungsvoll** ‖ **Wirkungsweise** ‖ **Wirkwaren** die (Pl.): *Wirk- und Strickwaren*

wirr: wirres *(zerzaustes)* Haar; w. *(unklar, ungeordnet)* reden ‖ **Wirren** die (Pl.): in den W. *(in der Unsicherheit, in den Unruhen)* jener Zeit ‖ **Wirrkopf** (abw.): *Person mit wirren Ideen* ‖ **Wirrnis** die, -/-nisse (geh.): *Durcheinander, Verworrenheit* ‖ **Wirrsal** das, -[e]s/-e (geh.): *Verwirrung; Gewirr* ‖ **Wirrwarr** das (auch: der), -s: *Unordnung; Durcheinander*

wirsch (reg., selten): *unfreundlich, abweisend, verärgert; aber:* → unwirsch

Wirsing = **Wirsingkohl** der, -s (D): *[Gemüse]kohl*

wirst → werden

Wirt der, -[e]s/-e: *Gastwirt* | *Vermieter [von Zimmern]* | (Biol.) *Lebewesen, das Parasiten als Lebensraum dient* ‖ **Wirtin** die, -/-innen ‖ **wirtlich:** ein wirtliches *(gastliches)* Haus ‖ **Wirtschaft** die, -: die W. ankurbeln | jemandem die W. *(den Haushalt)* führen | (ugs., abw.) eine W. *(Unordnung)* machen | (mit Pl. -en) *landwirtschaftlicher Betrieb* | *Gastwirtschaft* ‖ **wirtschaften:** auf einem Bauernhof gut w. *(ihn gut führen)* ‖ **Wirtschafter** der, -s/-: *Verwalter* | → *Wirtschaftler* ‖ **Wirtschafterin** die, -/-innen: *Haushälterin* | *Wirtschaftlerin* ‖ **Wirtschaftler** der, -s/-, *auch:* Wirtschafter: *Wirtschaftsforscher; Wirtschaftsfachmann, -wissenschaftler* ‖ **Wirtschaftlerin** die, -/-innen, *auch:* Wirtschafterin ‖ **wirtschaftlich:** *die Wirtschaft betreffend* | *kostendeckend, Gewinn bringend; sparsam* ‖ **Wirtschaftlichkeit** die, -: die W. eines Autos ‖ **Wirtschaftsabkommen** (Pol., Wirt.): *ein staatliches Abkommen* ‖ **Wirtschaftsanwalt** ‖ **Wirtschaftsanwältin** ‖ **Wirtschaftsaufschwung** ‖ **Wirtschaftsbetrieb** ‖ **Wirtschaftsbeziehung** (meist Pl.) ‖ **Wirtschaftsbund** der, -[e]s: *Teilorganisation der ÖVP* ‖ **Wirtschaftsembargo** ‖ **Wirtschaftsflüchtling** ‖ **Wirtschaftsförderungsinstitut** [-st-] (WIFI): *Einrichtung der gewerblichen Wirtschaft zur beruflichen Weiterbildung* ‖ **Wirtschaftsgebäude:** *Scheune, Stall* ‖ **Wirtschaftsgeld:** *Haushaltsgeld* ‖ **Wirtschaftsgemeinschaft** ‖ **Wirtschaftsgeografie** = **Wirtschaftsgeographie** [-f-] ‖ **Wirtschaftsgeschichte** ‖ **Wirtschaftsgipfel:** *Gipfeltreffen führender Wirtschaftsnationen* ‖ **Wirtschaftshilfe:** W. bekommen ‖ **Wirtschaftsimperium** ‖ **Wirtschaftsjahr:** *Zeitraum von höchstens 12 Monaten, in dem ein Unternehmen seine geschäftlichen Tätigkeiten zusammen-*

W

fasst, Geschäftsjahr ‖ **Wirtschaftskammer** (WK): *Kammer der gewerblichen Wirtschaft;* W. Österreich ‖ **Wirtschaftskriminalität** ‖ **Wirtschaftskrise:** *Zeit wirtschaftlicher Not* ‖ **Wirtschaftskunde** die, -: Geographie und W. *(ein Unterrichtsgegenstand)* ‖ **wirtschaftskundlich:** wirtschaftskundliche Fächer; *aber:* das **W**irtschaftskundliche Realgymnasium ‖ **Wirtschaftslage** die, - ‖ **Wirtschaftsminister** ‖ **Wirtschaftsministerin** ‖ **Wirtschaftsministerium:** *Bundesministerium für Wirtschaft, Familie und Jugend* ‖ **Wirtschaftspädagogik:** *Integrationswissenschaft aus Wirtschaft und Pädagogik* ‖ **Wirtschaftspolitik** ‖ **wirtschaftspolitisch** ‖ **Wirtschaftspolizei** ‖ **Wirtschaftsprüfer** ‖ **Wirtschaftsprüferin** ‖ **Wirtschaftsprüfung** ‖ **Wirtschaftsraum** → Europäische W. ‖ **Wirtschaftsspionage** [-a:ʃ, -ʒɛ] ‖ **Wirtschaftsstandort** ‖ **Wirtschaftssystem** [-zy-]: *Organisation der Wirtschaft in einer Gesellschaft, zB die Marktwirtschaft* ‖ **wirtschaftstheoretisch** ‖ **Wirtschaftstheorie** ‖ **Wirtschaftstreibende**[1] der, -n/-n, ein Wirtschaftstreibender: *selbständiger Unternehmer in Industrie, Handel, Gewerbe* ‖ **Wirtschaftstreibende**[2] die, -n/-n ‖ **Wirtschaftstreuhänder** ‖ **Wirtschaftstreuhänderin** ‖ **Wirtschaftsuniversität** [-v-] die, - (WU): die W. in Wien ‖ **Wirtschaftswachstum** [-ks-] ‖ **Wirtschaftswissenschaft** ‖ **Wirtschaftswunder:** *überraschender Wirtschaftsaufschwung [in den Fünfzigerjahren]* ‖ **Wirtschaftszweig** ‖ **Wirtshaus:** *Gasthaus* ‖ **Wirtsleute** die (Pl.): *die Wirtsfamilie* | *die Gastgeber* ‖ **Wirtspflanze** (Biol.): *Pflanze, die als Wirt dient* ‖ **Wirtsstube** ‖ **Wirtstier** (Biol.)

Wisch der, -[e]s/-e: *Bündel [aus Stoh, Federn]* | (abw.) *Schriftstück* ‖ **wischen:** sich den Schweiß von der Stirn w.; du wisch[s]t Staub ‖ **Wischer** der, -s/-: *Scheibenwischer*

wischerln, *auch:* wiescherln (ostöst., mda.): *urinieren*

Wischiwaschi [auch: 'vi-] das, -s (ugs.): *dummes Gerede, Unsinn*

Wisent der, -s/-e: *eine wild lebende Rinderart*

Wismut → Bismut

wispeln, ich wisple: *wispern* | (reg.) *pfeifen* ‖ **wispern:** *undeutlich [leise] reden; flüstern*

Wissbegier = **Wissbegierde** die, - ‖ **wissbegierig** ‖ **wissen,** ich weiß, du weißt/wusste/gewusst: weißt du schon?; Bescheid w.; von etwas/jemandem nichts w. wollen *(damit/mit ihm nichts zu tun haben wollen);* sich in Sicherheit w.; ein wissender Blick; → wissen lassen = wissenlassen | um jemandes Ängste w. *(informiert sein)* | ich weiß *(kenne)* ein schönes Plätzchen | er weiß sich zu helfen | (sal.) gewusst wie *(auf das Wissen, die geschickte Arbeitsweise kommt es an);* → weiß Gott ‖ **Wissen** das, -s: ein großes W. haben; meines Wissens (m. W.) *(soviel ich weiß);* nach bestem W. und Gewissen; ohne mein W.; wider/gegen besseres W. ‖ **wissen lassen** = **wissenlassen:** jemanden etwas w. l. *(davon informieren)* ‖ **Wissenschaft** die, -/-en: *Forschung in einem bestimmten Bereich, um das Wissen darüber zu vergrößern* ‖ **Wissenschafter** → Wissenschaftler ‖ **Wissenschafterin** → Wissenschaftlerin

Wissenschaftler der, -s/-, *auch:* Wissenschafter: *Gelehrter; Forscher*

Personenbezeichnungen werden von Nomen häufig mit der Nachsilbe „-ler" abgeleitet, zB Kunst – Künstler, Sport – Sportler, andere mit „-er", zB Botschaft – Botschafter. Aus der Meinung, „-ler" wäre abwertend, entstand in Österreich und der Schweiz die Form *Wissenschafter* (seltener neben *Wissenschaftler*). „-ler" ist aber nicht abwertend, es wirkt nur manchmal so, weil es auch in umgangssprachlichen Wörtern vorkommt wie zB Postler, Giftler, Grantler.

Wissenschaftlerin die, -/-innen, *auch:* Wissenschafterin ‖ **wissenschaftlich:** w. arbeiten ‖ **wissenschaftlich-technisch** ‖ **wissenschaftsgläubig** (auch abw.) ‖ **Wissenschaftsjournalist** [-ʒur-] ‖ **Wissenschaftsjournalistin** ‖ **Wissenschaftsminister** ‖ **Wissenschaftsministerin** ‖ **Wissenschaftsministerium:** *Bundesministerium für Wissenschaft und Forschung* ‖ **Wissenschaftsrat:** *beratendes Gremium im Universitäts- und Wissenschaftsbereich* ‖ **Wissenschaftstheorie** (Phil.): *Untersuchung der theoretischen Voraussetzungen und Möglichkeiten von Wissenschaft* ‖ **Wissensdrang** ‖ **Wissensdurst** ‖ **wissensdurstig** ‖ **Wissensgebiet** ‖ **Wissenslücke** ‖ **Wissensstand:** nach heutigem W. ‖ **Wissensstoff** der, -[e]s ‖ **Wissensvorsprung** ‖ **wissenswert** ‖ **wissentlich** (geh.): w. *(bewusst)* die Unwahrheit sagen

Witfrau (veraltet): *Witwe* ‖ **Witib** → Wittib ‖ **Witiber** → Wittiber

wittern: der Hund wittert die Fährte des Wildes ‖ **Witterung** die, -/-en: der Hund nahm die W. *(den Geruch)* des Wildes auf | eine günstige W. *(gutes Wetter)* ‖ **witterungsbedingt** ‖ **witterungsbeständig** ‖ **Witterungseinfluss** ‖ **Witterungsumschlag:** *[jäher] Wetterwechsel* ‖ **Witterungsverhältnisse** die (Pl.): ungünstige W.

Wittib die, -/-e, *auch:* Witib (veraltet): *Witwe* ‖ **Wittiber** der, -s/-, *auch:* Witiber (veraltet): *Witwer* ‖ **Witwe** die, -/-n (Wwe.) ‖ **Witwenpension** ‖ **Witwenrente** ‖ **Witwenverbrennung** (bes. früher): *eine hinduistische Sitte in Indien* ‖ **Witwenversorgung** ‖ **Witwer** der, -s/- ‖ **Witwerpension**

Witz der, -es/-e: einen W. *(Spaß)* machen; jemandem einen W. erzählen; ein schlechter W. | (ugs.) das hat keinen W. *(keinen Sinn)* ‖ **Witzblattfigur:** eine W. erfinden | (abw.) *ein lächerlicher Mensch* ‖ **Witzbold** der, -[e]s/-e: *Spaßmacher, Spaßvogel* ‖ **Witzelei** die, -/-en ‖ **witzeln,** ich witzle: über etwas w. *(sich darüber lustig machen)* ‖ **Witzfigur** (abw.) ‖ **witzig:** eine witzige *(spaßhafte, geistvolle)* Bemerkung machen ‖ **Witzigkeit** die, - ‖ **witzlos** (ugs.): *sinnlos*

WK die, -: **W**irtschafts**k**ammer ‖ **WKO** die, -: **W**irtschafts**k**ammer **Ö**sterreich

w. L.: westlicher **L**änge

Wladiwostok: *russische Hafenstadt in Ostasien*

WLAN ['ve: la:n] = **W-LAN** (EDV): → *Wireless LAN*

WNW: West**n**ord**w**est[en]

wo: wo ist das?; wo [auch] immer *(überall)* | (geh., veraltet) *wofern*
w. o.[1]: **w**ie **o**ben
w. o.[2] [ve 'oː] (Sport): **w**alk **o**ver; ein Tennismatch w. o. geben *(kampflos aufgeben)*
wo|an|ders: *anderswo;* etwas w. hinlegen; *aber:* wo anders könnte es sein als hier? ‖ **wo|an|ders|hin:** sie gingen w.
wo|bei: w. ist das passiert?
Wo|che die, -/-n: eine W. lang | in die Wochen kommen *(der Entbindung nahe sein)* ‖ **Wo|chen|ar|beits|zeit** ‖ **Wo|chen|be|ginn:** W. ist Montag (kirchlich: Sonntag) ‖ **Wo|chen|bett** das, -[e]s: *Zeit der Bettlägerigkeit der Frau nach der Entbindung;* im W. liegen ‖ **Wo|chen|bett|fie|ber** (Med.): *eine Infektionskrankheit* ‖ **Wo|chen|end|aus|ga|be** ‖ **Wo|chen|en|de:** *Samstag und Sonntag* ‖ **Wo|chen|end|fahr|ver|bot** (Verk.): W. für Lkw ‖ **Wo|chen|end|haus** ‖ **Wo|chen|end|pfusch** ‖ **Wo|chen|geld** (Admin.): *eine Weiterzahlung für Gehalt bzw. Lohn während der Mutterschutzzeit* ‖ **Wo|chen|kar|te:** *Fahrausweis, der für eine Woche gilt* ‖ **wo|chen|lang:** eine wochenlange Ungewissheit; *aber:* drei Wochen lang ‖ **Wo|chen|lohn** ‖ **Wo|chen|markt:** *wöchentlicher Markttag* ‖ **Wo|chen|schau:** *eine Informationssendung im Fernsehen* (früher: *im Kino*) ‖ **Wo|chen|tag:** *Werktag* ‖ **wo|chen|tags:** *an Wochentagen* ‖ **wö|chent|lich:** den Lohn w. *(jede Woche)* auszahlen; achtwöchentlich (8-wöchentlich) *(alle acht Wochen);* → achtwöchig ‖ **Wo|chen|vi|g|net|te** [-vinjɛtə] ‖ **wo|chen|wei|se:** w. arbeiten ‖ **Wo|chen|zei|tung** ‖ **-wö|chig** (nur in Zusammensetzungen wie achtwöchig) ‖ **Wöch|ne|rin** die, -/-innen: *Frau im Wochenbett*
Wod|ka der, -s/-s ⟨poln.-russ.⟩: *ein Branntwein*
Wo|du [auch: -'duː] → Voodoo
wo|durch ‖ **wo|fern** (geh.): w. *(wenn)* du es erlaubst ‖ **wo|für**
wog → wiegen
Wo|ge die, -/-n: *große Welle* | (geh.) eine W. des Beifalls
wo|ge|gen
wo|gen: *hin- und herschwingen;* im Wind wogende Ähren
wo|her: w. kommst du? | [aber] w. denn? *(keineswegs)* ‖ **wo|hin** ‖ **wo|hin|auf** [auch: 'voː-] ‖ **wo|hi|n|aus** ‖ **wo|hin|ein** ‖ **wo|hi|n|un|ter**

wohl
gut, angenehm; w. oder übel *(ob man will oder nicht)* | w. *(vermutlich, wahrscheinlich)* tausend €; das kann man w. sagen

Getrenntschreibung:
- nicht wohl sein *(nicht ganz gesund sein);* mir ist nicht recht wohl bei dieser Sache
- wohl wissend

Zusammenschreibung mit Verben bei übertragener Bedeutung:
- das wird mir wohltun; wohltuend; wohlgetan
- wohlwollen

Zusammenschreibung, wenn „wohl" die Bedeutung des folgenden Bestandteils verstärkt, zB:
- wohlanständig
- wohlbehalten

Außerdem zusammen:
- wohlgesinnt
- wohlhabend
- wohlwollend

Getrennt- und Zusammenschreibung in Zweifelsfällen und mit adjektivisch gebrauchten Partizipien, zB:
- wohl erzogen = wohlerzogen
- sich wohl fühlen = wohlfühlen

Wohl das, -[e]s: für das W. anderer sorgen; „Zum Wohl!" *(ein Trinkspruch);* das leibliche W. *(Essen und Trinken);* das W. und Wehe *(das weitere Schicksal)*
wohl|an (veraltet, geh.): *nun gut;* „Wohlan, so sei es!"
wohl|an|stän|dig (veraltend): *gesittet, schicklich*
wohl|auf: *gesund, munter*
wohl be|dacht = **wohl|be|dacht:** eine w. bedachte *(gut überlegte)* Antwort
Wohl|be|fin|den: um jemandes W. besorgt sein
wohl be|grün|det = **wohl|be|grün|det:** w. begründete Kritik
Wohl|be|ha|gen: die Einrichtung sorgt für W.
wohl|be|hal|ten: *unversehrt, gesund*
wohl be|ra|ten = **wohl|be|ra|ten:** *vernünftigerweise*
wohl|be|stallt (geh.): ein wohlbestallter *(in guter Stellung befindlicher)* Beamter; → Bestallung
wohl durch|dacht = **wohl|durch|dacht**
wohl er|ge|hen = **wohl|er|ge|hen** ‖ **Wohl|er|ge|hen** das, -s: *gutes [körperliches] Befinden*
wohl er|wor|ben = **wohl|erwor|ben:** w. erworbene *(ordnungsgemäß erworbene)* Rechte
wohl er|zo|gen = **wohl|er|zo|gen:** *gut erzogen*
Wohl|fahrt die, - (Amtsspr., veraltend): *staatliche Fürsorge* ‖ **Wohl|fahrts|amt** (früher): *Fürsorgeamt* ‖ **Wohl|fahrts|staat** (Pol.): *Sozialstaat*
wohl|feil (veraltet): *billig, preiswert*
wohl füh|len = **wohl|füh|len** sich
Wohl|ge|bo|ren (veraltet): „Euer Wohlgeboren!" *(eine Anrede [in Briefen])*
Wohl|ge|fal|len das, -s (geh.): *Sympathie, Wohlwollen;* etwas mit W. betrachten; sich in W. auflösen *(gut ausgehen)* ‖ **wohl|ge|fäl|lig** (geh.): etwas Schönes w. betrachten
wohl ge|formt = **wohl|ge|formt**
Wohl|ge|fühl
wohl|ge|lit|ten (geh.): sie ist überall w. *(gern gesehen)*
wohl ge|meint = **wohl|ge|meint:** ein w. gemeinter Ratschlag
wohl|ge|merkt: er wurde, w. *(das sei betont),* vorher gewarnt
wohl|ge|mut (geh.): *gut aufgelegt, fröhlich*
wohl ge|nährt = **wohl|ge|nährt** (meist iron.): *vollschlank, dick*
wohl ge|ord|net = **wohl|ge|ord|net**
wohl ge|ra|ten = **wohl|ge|ra|ten**
Wohl|ge|ruch (geh.)
Wohl|ge|schmack (geh.)
wohl ge|setzt = **wohl|ge|setzt** (geh.): in w. gesetzten *(gewählten)* Worten begrüßen
wohl|ge|sinnt: *freundlich gesinnt;* wohlgesinnte Lehrer
wohl|ge|stalt (geh.): *wohl gestaltet, von guter Gestalt;* ein wohlgestalter Jüngling ‖ **wohl ge|stal|tet** = **wohl|ge|stal|tet** (geh.): eine w. gestaltete Skulptur
wohl|ge|tan (geh.): das war w. *(richtig gehandelt)*
wohl|ha|bend: *in guten finanziellen Verhältnissen lebend* ‖ **Wohl|ha|ben|heit** die, -
woh|lig: wohlige *(angenehme)* Wärme
Wohl|klang der, -[e]s (geh.): *Wohllaut* ‖ **wohl klin|gend** = **wohl|klin|gend** (geh.)
Wohl|laut der, -[e]s (geh.): *Wohlklang* ‖ **wohl lau|tend** = **wohl-**

W

lau|tend (geh.): eine w. lautende *(angenehm klingende)* Stimme
Wohl|le|ben das, -s (geh.): ein W. *(behagliches, luxuriöses Leben)* führen
wohl|mei|nend: einen wohlmeinenden *(wohlwollenden)* Ratschlag erteilen ‖ **Wohl|mei|nung** (Amtsspr.): die W. *(die Ansichten)* der zuständigen Interessenvertreter einholen
wohl rie|chend = **wohl|rie|chend**
wohl schme|ckend = **wohl-schme|ckend**
Wohl|sein: „Zum Wohlsein *(Wohl)*!"
wohl si|tu|iert = **wohl|si|tu|iert:** *in guten finanziellen Verhältnissen [lebend]*
Wohl|stand der, -[e]s: *gute Lebensverhältnisse;* in/im W. leben ‖ **Wohl|stands|ge|sell|schaft** die, - (Soz.) ‖ **Wohl|stands|kri|mi|na|li|tät** (Jus) ‖ **Wohl|stands|müll** ‖ **wohl|stands|ver|wahr|lost** ‖ **Wohl|stands|ver|wahr|lo|sung:** *durch den Wohlstand bedingte Verwahrlosung*
Wohl|tat: jemandem eine W. erweisen | (ohne Pl.) es war eine W. *(bes. angenehm)*, ihr zuzuhören ‖ **Wohl|tä|ter:** *Förderer, Helfer* ‖ **Wohl|tä|te|rin** ‖ **wohl|tä|tig:** *karitativ* ‖ **Wohl|tä|tig|keit** die, -: *soziale Hilfe* ‖ **Wohl|tä|tig|keits-ver|an|stal|tung:** *Veranstaltung, deren Ertrag wohltätigen Zwecken zufließt*
wohl tem|pe|riert = **wohl|tem|pe-riert:** ein wohl *(angenehm)* temperiertes Zimmer | (Mus.) ein Stimmungssystem ist w. t.
wohl|tun: das hat mir wohlgetan; wohltuende *(angenehme)* Ruhe
wohl über|legt = **wohl|über|legt:** eine w. überlegte Antwort
wohl un|ter|rich|tet = **wohl|un-ter|rich|tet:** *gut informiert*
wohl|ver|dient: der wohlverdiente Ruhestand
Wohl|ver|hal|ten (bes. Amtsspr.): *einwandfreies Verhalten*
wohl ver|sorgt = **wohl|ver|sorgt:** sie ist mit Proviant w. v.
wohl ver|stan|den = **wohl|ver-stan|den** (geh.): *wohlgemerkt* | in seinem wohlverstandenen *(wirklichen)* Interesse
wohl|weis|lich: etwas w. *(mit gutem Grund)* verschweigen
wohl|wol|len (geh.): jemandem w. *(gutgesinnt sein)* ‖ **Wohl|wol|len** das, -s: *Güte, Zuneigung;* jemandem sein W. schenken ‖ **wohl-wol|lend:** jemandem eine wohlwollende *(freundliche)* Behandlung zuteilwerden lassen
Wohn|an|hän|ger: *Wohnwagen* ‖ **Wohn|an|la|ge** ‖ **Wohn|bau** der, -[e]s/-ten: *Wohnhaus[anlage]* | (ohne Pl.) den W. *(Wohnungsbau)* staatlich fördern ‖ **Wohn|bau-an|la|ge** ‖ **Wohn|bau|för|de|rung** (Wirt.): *staatliches Darlehen oÄ* ‖ **Wohn|bau|ge|nos|sen|schaft** ‖ **Wohn|bau|ge|sell|schaft** ‖ **Wohn|bau|in|sti|tut** (SüdT): *Institution, die günstigen Wohnraum [für Familien] schafft* ‖ **Wohn|bei|hil|fe** ‖ **Wohn|be|zirk** ‖ **Wohn|block** der, -[e]s/-s ‖ **wohnen:** auf dem Land w. ‖ **Wohn-flä|che:** das Haus hat 100 m² W. ‖ **Wohn|ge|bäu|de** ‖ **Wohn|ge|biet** ‖ **Wohn|ge|mein|schaft:** *Personengruppe als gemeinsamer Haushalt* ‖ **wohn|haft** (Amtsspr.): in Wels w. sein *(wohnen)* ‖ **Wohn|haus** ‖ **Wohn|haus|an|la-ge** ‖ **Wohn|haus|sa|nie|rung** ‖ **Wohn|heim** ‖ **Wohn|ku|ba|tur** (SüdT): *Rauminhalt eines zum Wohnen bestimmten Gebäudes* ‖ **Wohn|kü|che** ‖ **Wohn|kul|tur** ‖ **Wohn|la|ge:** *Lage, Umgebung einer Wohnung* ‖ **wohn|lich:** ein wohnliches *(behagliches, gemütliches)* Zimmer ‖ **Wohn|mo|bil:** *großes Auto, das innen wie ein Wohnwagen ausgestattet ist* ‖ **Wohn|ob|jekt:** *Wohngebäude* ‖ **Wohn|ort** ‖ **Wohn|raum** ‖ **Wohn-recht** (Jus): *Recht, in einem bestimmten Haus unentgeltlich zu wohnen* ‖ **Wohn|schlaf|zim|mer:** *ein gemeinsamer Raum für Wohnen und Schlafen* ‖ **Wohn|sitz:** *Ort, an dem man wohnt* | (veraltet) ordentlicher W. (→ *Hauptwohnsitz*) ‖ **Wohn|sitz|fi|nanz-amt:** *Finanzamt, das gemäß dem Hauptwohnsitz zuständig ist* ‖ **Wohn|stät|te** ‖ **Woh|nung** die, -/-en ‖ **Woh|nungs|ab|lö|se** ‖ **Woh|nungs|amt** ‖ **Woh|nungs-bau** der, -[e]s ‖ **Woh|nungs|be-wer|ber** ‖ **Woh|nungs|be|wer-be|rin** ‖ **Woh|nungs|brand** ‖ **Woh|nungs|ei|gen|tum** ‖ **Woh-nungs|ein|rich|tung** ‖ **Woh-nungs|ge|nos|senschaft:** eine gemeinnützige W. ‖ **Woh|nungs-in|ha|ber** ‖ **Woh|nungs|in|ha|be-rin** ‖ **Woh|nungs|in|ven|tar** [-v-] ‖ **Woh|nungs|markt:** *der Handel mit Wohnungen* ‖ **Woh|nungs-mie|te** ‖ **Woh|nungs|not** ‖ **Woh-nungs|schlüs|sel** ‖ **woh|nungs-su|chend** = wohnungsuchend: junge wohnung[s]suchende Ehepaare ‖ **Woh|nungs|tausch** ‖ **Woh|nungs|tür** ‖ **woh|nung|su-chend** = → wohnungssuchend ‖ **Woh|nungs|wer|ber** (Amtsspr.): *Wohnungsbewerber* ‖ **Woh-nungs|wer|be|rin** (Amtsspr.): *Wohnungsbewerberin* ‖ **Wohn-vier|tel** ‖ **Wohn|wa|gen:** *Anhänger, der wie eine Wohnung ausgestattet ist* ‖ **Wohn|zim|mer**
Woi|wod der, -s/-en = **Woi|wo|de,** -n/-n ⟨poln.⟩: *polnischer Bezirksvorsteher* | (früher) *Fürst einer Woiwodschaft* ‖ **Woi|wod|schaft** die, - ‖ **Woi|wo|di|na** die, -, *auch:* Vojvodina [v-v-]: *Teil von Serbien*
Wok der, -s/-s ⟨chin.⟩: *eine [chinesische] Kochpfanne*
wöl|ben: der Himmel wölbt sich über uns ‖ **Wöl|bung** die, -/-en: *Krümmung einer Fläche*
Wolf[1] der, -[e]s/Wölfe: *ein Raubtier;* ein Rudel Wölfe; ein W. im Schafspelz *(gefährliche Person, die sich harmlos gibt);* mit den Wölfen heulen *(sich [gegen bessere Überzeugung] der vorherrschenden Meinung anschließen)* ‖ **Wolf**[2]: *männl. Vorname;* → Wolfgang, Wolfram ‖ **Wolf|gang:** *männl. Vorname;* → Wolf[2] ‖ **Wolf|gang|see:** *See in Oberösterreich, Salzburg* (selten auch: *Abersee*) ‖ **Wöl|fin** die, -/-innen ‖ **wöl|fisch** (geh.): wölfische Gier ‖ **Wolf|ram**[1]: *männl. Vorname;* → Wolf[2] ‖ **Wolf|ram**[2] das, -s (Zeichen: W): *ein chemisches Element* ‖ **Wolfs|berg** (Kfz: WO): *Stadt in Kärnten* ‖ **Wolfs|hund:** *Schäferhund* ‖ **Wolfs|hun|ger** (sal.): einen W. *(großen Hunger, Heißhunger)* haben ‖ **Wolfs|ra-chen:** *angeborener gespaltener Gaumen* ‖ **Wolfs|ru|del**
Wol|ga die, -: *ein Strom in Russland* ‖ **Wol|go|grad** (früher: Stalingrad): *Stadt in Südrussland, im Zweiten Weltkrieg Ort einer entscheidenden Schlacht*
Wol|ke die, -/-n: über den Wolken; aus allen Wolken fallen *(völlig überrascht sein)* ‖ **Wol|ken|bank** die, -/-bänke (Met.) ‖ **Wol|ken-bruch:** *kurzer, sehr starker Regen* ‖ **wol|ken|bruch|ar|tig** ‖ **Wol-ken|de|cke** die, -: *[fast] geschlossene Bewölkung* ‖ **Wol|ken|krat-zer:** *Hochhaus* ‖ **Wol|ken|ku-ckucks|heim** (geh.): *Fantasiewelt, Hirngespinst* ‖ **wol|ken|los** ‖ **wol|ken|ver|han|gen** ‖ **Wol-**

W

ken|wand ‖ **wol|kig:** *bewölkt*
Woll|de|cke ‖ **Wol|le** die, -/-n: ein Knäuel W. ‖ **wol|len**[1]: *aus Wolle;* eine wollene Decke

wol|len², ich will/wollte/gewollt bzw. wollen:
der Applaus wollte nicht enden; w. Sie bitte kommen?; → gewollt

Partizipbildung:
Steht „wollen" ohne ein weiteres Verb, lautet das 2. Partizip „gewollt":
– du hast es nicht anders gewollt (ugs.: wollen)
Ist ein weiteres Verb vorhanden, so folgt auf den Infinitiv nicht das 2. Partizip, sondern „wollen":
– ich habe dich nicht kränken wollen

Woll|fa|den ‖ **Woll|hau|be** ‖ **wol|lig:** ein wolliges Fell ‖ **Woll|knäu|el** ‖ **Woll|lap|pen** ‖ **Woll|schal** ‖ **Woll|sie|gel:** *ein Gütezeichen* ‖ **Woll|stoff** ‖ **Woll|strumpf|ho|se**
Wol|lust (geh.): *sexuelle, sinnliche Lust* | (veraltet) *Wonne* ‖ **wol|lüs|tig** (geh.)
wo|mit: „Womit kann ich dienen?" ‖ **wo|mög|lich:** *falls es möglich ist; vielleicht (oft Ausdruck der Befürchtung);* w. regnet es ‖ **wo|nach:** wissen, w. man sich richten soll
Won|der|bra ['wʌ-] der, -s/-s ⟨engl.⟩ (Wz.): *formbetonender BH, Push-up-BH*
Won|ne die, -/-n (geh.): *tiefe Freude; großes Vergnügen* | (ugs., scherzh.) W. und Waschtrog *(in völliger Harmonie)* sein ‖ **Won|ne|mo|nat** (veraltet): *der Mai* ‖ **won|ne|trun|ken** (geh.): *von Freude berauscht* ‖ **won|ne|voll** (geh.) ‖ **won|nig** = **won|nig|lich** (geh.)
wo|ran: ich weiß nicht, w. ich bin ‖ **wo|rauf** ‖ **wo|rauf|hin** ‖ **wo|raus**
Worb der, -[e]s/-e (veraltet): *Sensenstiel*
Worces|ter|sau|ce ['wʊstəzoːs(ɛ)] = **Worces|ter|soß** = **Worces|ter|so|ße:** *eine Würzsauce*
wo|rein (geh., veraltet): der Korb, w. sie das Brot legte
wor|feln, ich worfle (früher): gedroschenes Getreide w. *(zur Reinigung gegen den Wind werfen)*
Wörgl: *Stadt in Tirol*
wo|rin: w. unterscheiden sie sich? | das Buch, w. ich immer schmökere
Work|a|ho|lic [wɜːkəˈhɒlɪk] der, -s/-s ⟨engl.⟩: *[krankhaft] Arbeitssüchtige[r], Workoholiker/in* ‖ **Work|flow** ['wɜː-əʊ] der, -s/-s (Wirt.): *Organisationsablauf von Geschäftsprozessen* ‖ **Wor|ko|ho|li|ker** der, -s/-: *Workaholic* ‖ **Wor|ko|ho|li|ke|rin** die, -/-innen ‖ **Work|shop** ['wɜːkʃ-] der, -s/-s: *[praxisbezogene] Arbeitsgruppe, Werkstatt* ‖ **Work|sta|tion** [-steɪʃn] die, -/-s (EDV): *Einzelarbeitsplatz in einem Netzwerk*
World|cup ['wɜːldkʌp] ⟨engl.⟩: *Weltcup* ‖ **World Wide Fund for Na|ture** [- waɪd fʌnd - 'neɪtʃə] der, - - [s] - - (WWF): *eine internationale Naturschutzorganisation* ‖ **World Wide Web** [- waɪd 'web] das, - - -[s]; → WWW ‖ **World Wild|life Fund** [- 'waɪldlaɪf -] der, - -[s] (WWF) (früher): → *World Wide Fund for Nature*
Wort das, -[e]s/Wörter: Wörter mit Umlaut; W. für W. nachsprechen; einzelne Wörter besonders betonen | (mit Pl. Worte) *inhaltlich zusammenhängende Wörter; Äußerung;* ich verstehe kein W.; mir fehlen die Worte; die Worte der Mutter *(das, was sie sagt)* beherzigen; Englisch in W. und Schrift *(mündlich und schriftlich)* beherrschen; mit W. und Tat; aufs W. *(sofort)* folgen; ein offenes/ernstes W. sprechen; nicht viele Worte machen; mit Worten streiten; das letzte W. haben *(entscheiden);* sie muss immer das letzte W. haben *(sie ist rechthaberisch);* ums W. bitten; sich zu W. melden; am W. sein *(zum Reden an der Reihe sein);* das W. haben/ergreifen; sich zu W. melden; [nicht] zu W. kommen; jemandem das W. erteilen, entziehen; jemandem ins W. fallen *(jemanden unterbrechen);* das ist mein letztes W. *(endgültig);* das große W. führen *(angeben, aufschneiden);* jemandem das W. im Mund umdrehen *(verfälschen);* jemandem das W. reden *(sich für ihn einsetzen);* für jemanden ein gutes W. einlegen; jemandem das W. aus dem Mund nehmen *(beim Reden zuvorkommen);* kein W. über etwas verlieren *(nicht darüber sprechen)* | in W. *(Text)* und Bild | geflügeltes W. *(beliebtes Zitat)* | (ohne Pl.) *Versicherung, Versprechen;* sein W. geben/halten/brechen; ihn beim W. nehmen *(seine Äußerungen wörtlich nehmen, ihn an sein Versprechen erinnern);* jemandem im W. bleiben *(eine Zusage, ein Versprechen aufrechterhalten)* | (ohne Pl.) (Rel.) das W. Gottes *(das Evangelium)* ‖ **Wort|art** (Gramm.): *Nomen, Verb ua.* ‖ **Wort|be|deu|tung** ‖ **Wort|bil|dung** (Gramm.) ‖ **Wort|bruch** ‖ **wort|brü|chig:** w. werden *(sein Versprechen nicht halten)* ‖ **Wört|chen** das, -s/-: das W. *und* | (ugs.) ein W. mit dem Kollegen zu reden haben *(ihm die Meinung sagen, ihn zurechtweisen)* ‖ **Wör|ter|buch:** französisch-deutsches W.; etymologisches W. ‖ **Wort|fa|mi|lie** [-iɛ] (Gramm.): *Wörter, die einen gemeinsamen Wortstamm haben* ‖ **Wort|feld** (Gramm.): *Gruppe von Wörtern, die ihrer Bedeutung nach zusammengehören* ‖ **Wort|fet|zen** die (Pl.): *zusammenhanglose Wörter und Sätze* ‖ **Wort|form** (Gramm.): *grammatisch realisierte Form eines Wortes, zB* getan *(Form von* tun*),* uns *(Form von* wir*)* ‖ **Wort|füh|rer:** *jemand, der für die anderen spricht* ‖ **Wort|füh|re|rin** ‖ **Wort|ge|brauch** (Sprachwiss.): *Verwendungsweise eines Wortes* ‖ **Wort|ge|fecht:** *Auseinandersetzung mit Worten* ‖ **Wort|ge|plän|kel** ‖ **Wort|ge|schich|te** (Sprachwiss.) ‖ **wort|ge|treu:** etwas w. *(wortwörtlich, mit dem genauen Wortlaut)* wiedergeben ‖ **wort|ge|wal|tig** (geh.) ‖ **wort|ge|wandt** ‖ **Wort|got|tes|dienst:** *Lesung, Evangelium und Predigt oÄ* ‖ **Wort|gram|ma|tik:** *Grammatik, die die Verwendung bzw. die Formen einzelner Wörter beschreibt* ‖ **Wort|grup|pe** (Gramm.)
Wör|ther See, *auch:* **Wör|ther|see** (K)
wort|ident: *[sogar] im Wortlaut identisch* ‖ **wort|karg:** *nur wenig redend* ‖ **Wort|klau|be|rei** die, -/-en (abw.): *pedantisches Festhalten am Wortlaut* ‖ **Wort|laut** der, -[e]s: der genaue W. *(wörtliche Inhalt)* des Textes ‖ **wört|lich:** etwas w. nehmen ‖ **wort|los:** *ohne etwas zu sagen* ‖ **Wort|mel|dung:** eine W. in der Diskussion ‖ **Wort|prä|gung** ‖ **wort|reich** ‖ **Wort|schatz:** das Kind hat schon einen großen W. *(es kann viele Wörter verstehen bzw. anwenden)*

|| **Wort|schöp|fung:** *neu geprägtes Wort; Neologismus* || **Wortschwall** (oft abw.) || **Wort|sinn** || **Wort|spen|de:** darf ich um Ihre W. *(Meinungsäußerung)* bitten? || **Wort|spiel:** *Spiel mit gleich oder ähnlich klingenden oder mehrdeutigen Wörtern* || **Wort|stamm** (Gramm.): *wesentlichster Teil des Wortes, an den andere Bestandteile (Vor-, Nachsilben uÄ) angehängt werden* || **Wort|stel|lung** (Gramm.) || **Wort|tren|nung:** *Silbentrennung* || **Wort|ver|dre-hung** || **Wort|wahl** die, -: auf die passende W. achten || **Wortwech|sel** [-ks-]: *Streit* || **wortwört|lich:** *Wort für Wort genau;* etwas w. wiederholen

wo|r|ü|ber: w. *(über welche Sache)* habt ihr geredet? || **wo|r|um:** feststellen, w. *(um welche Dinge)* es sich handelt || **wo|r|un|ter** || **wo|von** || **wo|vor** || **wo|zu**

wow [waʊ] ⟨engl.⟩: *wau*

Wr.: Wiener (Adj.); Wr. Neustadt

Wrack das, -[e]s/-s [auch: -e]: *unbrauchbares oder schadhaftes Fahrzeug;* das W. verschrotten | ein menschliches W. *(körperlich und seelisch schwer angeschlagener Mensch)*

wrang → wringen

Wrest|ling ['resliŋ] das, -s ⟨engl.⟩ (Sport): *[bes. auf Show ausgerichtetes] Catchen*

wrin|gen, wrang/gewrungen (bes. nördl. D): Wäsche w. *(auswinden);* nicht w.! (Hinweis auf Wäschestücken: *tropfnass aufhängen)*

Ws: Wattsekunde

WSW: Westsüdwest[en]

WTO [ve te 'oː] die, -: **W**orld **T**rade **O**rganization *(Welthandelsorganisation)*

WU [ve 'uː] die, -: **W**irtschafts**u**niversität

Wu|cher der, -s (abw.): *übermäßig hoher [ungesetzlicher] Gewinn; Ausbeutung;* W. treiben || **Wu|che|rer** der, -s/- (abw.) || **Wu|che|rin** die, -/-innen (abw.) || **wu|chern:** *üppig wachsen;* die Pflanzen sind/haben im Garten gewuchert; wucherndes Unkraut | (abw.) *Wucher treiben* || **Wu|cher|preis** (abw.) || **Wu|che|rung** die, -/-en (Med.): *krankhafte Gewebeneubildung, Geschwulst* || **Wu|cher|zin|sen** die (Pl.) (abw.)

wuchs [-ks] → wachsen || **Wuchs** der, -es/Wüchse: ein Baum von schönem W. || **-wüch|sig** (nur in Zusammensetzungen wie hochwüchsig) || **Wuchs|stoff** (meist Pl.): *für das Wachstum wichtiger Stoff, zB Hormon*

Wucht die, -: die W. des herabstürzenden Wassers | unter der W. *(dem Druck)* der Zeugenaussagen gestehen

Wuch|tel die, -/-n (ugs., scherzh.): *[Fuß]ball* | (Küchenspr.) → Buchtel

wuch|ten: einen Steinblock in die Höhe w. *(mit großer Kraftanstrengung heben)* | [Auto]räder w. *(durch Gewichtsausgleich für gleichmäßigen Rundlauf sorgen)* || **wuch|tig:** *schwer, massig;* ein wuchtiger Schlag || **Wuch|tig|keit** die, -/-en

Wu|ckerl das, -s/-[n] (W, mda.): *Locke*

Wu|du [auch: -'duː] → Voodoo

Wühl|ar|beit (abw.): *geheime [politische] Agitation* || **wüh|len:** der Maulwurf wühlt *(gräbt)* in der Erde | in einer Lade w. *(wild herumkramen)* || **Wühl|kis|te:** *Kiste mit preisreduzierten Waren bes. in Kaufhäusern* || **Wühl|maus:** *ein Nagetier* || **Wühl|tisch:** *Verkaufstisch für verbilligte Waren*

Wul|fe|nia die, -/Wulfenien [-i̯ən]: *in Kärnten beheimatete, geschützte Bergblume*

Wulst der, -[e]s/Wülste: *längliche oder rundliche verdickte Stelle* || **wuls|tig:** wulstige Lippen

wund: wunde Füße; w. sein; w. werden; *aber zB* → wund liegen = wundliegen; → wund reden = wundreden || **Wund|arzt** (früher): *Chirurg* || **Wund|be|hand-lung** || **Wund|brand** der, -[e]s (Med.): *Entzündung einer Wunde* || **Wun|de** die, -/-n: *offene Verletzung;* alte Wunden aufreißen, in alten Wunden wühlen *(schon vergessenes Leid ansprechen und damit erneut weh tun)*

Wun|der das, -s/-: W. wirken; ein W. an Ausdauer; kein W.! | (ugs.) was W.? *(das ist nicht erstaunlich);* sich W. was *(sehr viel)* einbilden; seine blauen W. *(Erstaunliches, Unerhörtes, Unangenehmes)* erleben; → wunders; → wundernehmen || **wun|der|bar** || **wun|der|ba|rer|wei|se** || **Wun-der|ding** || **wun|der|gläu|big** || **Wun|der|hei|ler:** *jemand, an dessen übernatürliche Heilerfolge man glaubt* || **Wun|der|hei|le|rin** || **Wun|der|hei|lung** || **wun|der-hübsch** || **Wun|der|ker|ze:** *ein Funken sprühender Christbaumschmuck* || **Wun|der|kind:** *überragend begabtes Kind* || **Wun|der-kraft** || **Wun|der|land:** *ein Fantasieland* || **wun|der|lich:** ein wunderlicher *(sonderbarer, schrulliger)* Mensch || **Wun|der|lich|keit** die, -/-en || **Wun|der|mit|tel** || **wun|dern:** es wundert mich; sich über etwas w. || **wun|der|neh-men** (geh.): es nimmt mich wunder *(es wundert mich)* || **wun-ders:** sich w. *(Wunder)* was einbilden || **wun|der|sam** (geh.): *seltsam; übernatürlich* || **wun|der-schön** || **wun|der|tä|tig:** *Wunder vollbringend* || **wun|der|voll** || **Wun|der|werk:** diese Maschine ist ein wahres W. der Technik || **Wun|der|wu|zi = Wun|der|wu|zi** (ugs.): *Wunderdoktor* | *Alleskönner, Problemlöser*

Wund|fie|ber (Med.) || **Wund|in-fek|ti|on** [-tsi̯-] (Med.) || **wund lau|fen = wund|lau|fen:** sich die Füße [nach etwas] w. l. || **wund lie|gen = wund|lie|gen** sich: sie hat sich bis auf die Knochen w. gelegen *(aufgelegen)* || **Wund|mal** das, -[e]s/-e: *unvernarbte Wunde;* die Wundmale Christi || **Wund-pflas|ter** || **wund re|den = wund-re|den:** sich den Mund w. r. || **Wund|sal|be** || **wund schrei|ben = wund|schrei|ben** sich: sich die Finger w. s. || **Wund|starr|krampf** der, -[e]s (Med.): *Tetanus* || **Wund-ver|band**

Wunsch der, -es/Wünsche: auf W.; sich alle Wünsche erfüllen; einen W. äußern; es verlief alles nach W.; das bleibt ein frommer W. *(unerfüllbar)* || **Wunsch|bild:** *höchstes Ziel, Ideal* || **Wunsch-den|ken** das, -s: einem W. verfallen *(die Wirklichkeit so sehen, wie man sie haben möchte)* || **Wün|schel|ru|te:** *gegabelter Zweig oÄ, der zum Aufsuchen unterirdischer Wasser- oder Erzadern dient;* → Radiästhesie || **Wün|schel|ru|ten|gän|ger** der, -s/-: *jemand, der mit der Wünschelrute Erz- oder Wasseradern sucht* || **Wün|schel|ru|ten|gän|ge-rin** die, -/-innen || **Wün|schel|ru-ten|ge|her** || **Wün|schel|ru|ten-ge|he|rin**

wün|schen, du wünsch[s]t: es kam alles wie gewünscht; was w. Sie?; jemandem alles Gute, ein frohes Fest w.; sich etwas zum Geburtstag w.; deine Mit-

W

arbeit lässt zu w. übrig *(ist unzulänglich);* ich wünsche *(fordere)* Ruhe; wir w. zu gehen

Im Süden des deutschen Sprachraums war „wünschen" ein starkes Verb, daher lautete das 2. Partizip „gewunschen". Dies ist in manchen Dialekten (zB Tirol, Bayern) und in älteren Texten erhalten geblieben (zB ein verwunschenes Schloss). In der Standardsprache lautet es aber immer „gewünscht".

wünschenswert ‖ **wunschgemäß:** sie hat die Arbeit w. ausgeführt ‖ **Wunschkandidat:** *erwünschter Kanditat* ‖ **Wunschkandidatin** ‖ **Wunschkennzeichen** (Kfz): *Kennzeichen mit selbst gewähltem Text* ‖ **Wunschkind:** *ein von den Eltern beabsichtigtes Kind* ‖ **Wunschkonzert:** *[Rundfunk]konzert, dessen Programm aus Publikums- oder Hörerwünschen gestaltet wird* ‖ **Wunschkost** ‖ **Wunschliste** ‖ **wunschlos:** wir waren w. glücklich ‖ **Wunschsatz** (Gramm.) ‖ **Wunschtraum:** *Traum von der Erfüllung eines Wunsches* | *große Sehnsucht* ‖ **Wunschvorstellung:** etwas existiert nur in der W. ‖ **Wunschzettel**

wurde → werden

Würde die, -/-n: die menschliche W.; das ist unter meiner W. *(eine Zumutung)* | *Amt/Stellung mit hoher Geltung und einem Titel;* akademische Würden; zu hohen Würden gelangen ‖ **würdelos** ‖ **Würdenträger:** *Inhaber eines hohen Amtes, zB in Staat oder Kirche* ‖ **Würdenträgerin** ‖ **würdevoll** ‖ **würdig:** eine würdige *(Achtung gebietende)* alte Dame; einer Auszeichnung w. sein *(sie verdienen)* ‖ **würdigen:** die Verdienste eines Menschen w. *(sie anerkennen, schätzen);* jemanden keiner Antwort w. ‖ **Würdigung** die, -/-en: jemandem in W. seiner Verdienste einen Orden verleihen

Wurf der, -[e]s/Würfe: *das Werfen mit einem Ball oÄ;* ein weiter W. | ihm ist ein [großer] W. *(Erfolg, eine geniale Tat)* gelungen | ein W. junger Hunde ‖ **Wurfbahn:** die W. eines Speers ‖ **Würfel** der, -s/-: W. spielen; die W. sind gefallen *(es ist entschieden)* | *Kubus* ‖ **Würfelbecher** ‖ **würfelförmig** ‖ **würfelig,** *auch:* würflig: Erdäpfel w. *(würfelförmig)* schneiden ‖ **würfeln,** ich würfle: *Würfel spielen* | ein gewürfeltes *(kariertes)* Stoffmuster ‖ **Würfelspiel** ‖ **Würfelzucker** ‖ **Wurfgeschoß,** *auch:* Wurfgeschoss: *ein Stein, Speer uÄ* ‖ **würflig** → würfelig ‖ **Wurfpfeil:** mit Wurfpfeilen schießen ‖ **Wurfschaufel:** *eine Schaufelart* ‖ **Wurfscheibe:** *Diskus* ‖ **Wurftaube:** *Wurfscheibe zum Tontaubenschießen*

Würgegriff ‖ **Würgemal** das, -[e]s/-e [-mäler]: *Würgespur am Hals* ‖ **würgen:** der Täter würgte sein Opfer *(drückte ihm die Kehle zu)* | es würgt mich im Hals *(ich muss erbrechen; ich verspüre Beklemmung, Angst)* | an einem großen Bissen w. ‖ **Würger** der, -s/-: *ein [berüchtigter] Mörder* | (Zool.) *ein Singvogel* ‖ **Würgerin** die, -/-innen

wurlen (ugs.): es wurlt *(wimmelt)* von Ameisen

Wurm der, -[e]s/Würmer: in der Zwetschke ist ein W. | (ugs.) in dieser Abrechnung sitzt der W. drin *(steckt ein Fehler);* jemandem die Würmer aus der Nase ziehen *(jemanden drängend aushorchen)* | (EDV) *Programm, das über ein Netzwerk Programme auf anderen Computern beschädigt, eine Art Computervirus* ‖ **wurmen** (ugs.): das hat mich schon sehr gewurmt *(geärgert)* ‖ **Wurmfortsatz:** wurmartiger Fortsatz *(Appendix)* des Blinddarms ‖ **Wurmfraß:** der W. im Holz ‖ **wurmig:** wurmiges Obst ‖ **wurmstichig:** wurmstichiges *(von Insektenbohrgängen durchzogenes)* Holz

wurscht = **wurst** [meist: -ʃt] (ugs.): mir ist alles w. *(gleichgültig, egal;* Frage *Wie?); aber:* → Wurst ‖ **Wurst** [-st, auch: -ʃt] die, -/Würste: saure W. *(eine Speise, Wurst in Essig und Öl)* | jetzt geht es um die W. *(entscheidet es sich)* ‖ **Wurstbrat** = **Wurstbrät:** *Wurstfülle* ‖ **Wurstbrot** ‖ **Wurstel** [meist: -ʃt-] der, -s/-[n]: *Hanswurst, Kasperl* ‖ **Würstel** das, -s/-[n]: *Wurst;* Frankfurter Würstel[n] | (ugs., sal.) da gibt's keine Würsteln *(keine Rücksicht)* ‖ **Würstelfinger** die (Pl.) (abw.): *dicke, kurze, ungeschickte Finger* ‖ **wursteln,** ich wurstle (ugs.): *sich ohne Plan und Überlegung [erfolglos] abmühen* ‖ **Wurstelprater:** *ein Vergnügungspark im Wiener Prater* ‖ **Würstelstand** ‖ **wursten** [-st-, auch: -ʃt-]: *Würste erzeugen* ‖ **Wurstfleckerl** = **Wurstfleckerln** die (Pl.): *eine Speise* ‖ **Wursthaut** ‖ **wurstig** [meist: -ʃt-] (ugs.): *gleichgültig* ‖ **Wurstigkeit** die, - (ugs.) ‖ **Wurstknödel** [-st-, auch: -ʃt-] ‖ **Wurstkranz** ‖ **Wurstlerei** [meist: -ʃt-] die, - (ugs.): *Mühsal; unbefriedigendes Arbeiten, Vorgehen* ‖ **Wurstsalat** [-st-, auch: -ʃt-] ‖ **Wurstsemmel** ‖ **Wurstvergiftung** ‖ **Wurstwaren** die (Pl.) ‖ **Wurstzipfel**

Württemberg → Baden-Württemberg ‖ **württembergisch** → baden-württembergisch

Wurz die, -/-en (veraltet): *Wurzel; Gemüsepflanze* | → *Wurzen*

Würze die, -/-n: die Fleischsauce mit W. abschmecken | die W. des Lebens

Wurzel die, -/-n: *unter der Erde befindliche Teile einer Planze;* Wurzeln schlagen (auch: *heimisch werden)* | *Zahnwurzel* | die W. *(Ursache)* des Übels | (Math.) aus einer Zahl die W. ziehen ($\sqrt{9} = 3$) | die W. *(erschlossene Urform)* eines Wortes ‖ **Wurzelballen** (Bot.) ‖ **Wurzelbehandlung** (Med.): *ärztliche Behandlung der Zahnwurzel* ‖ **Wurzelbürste:** *Bürste mit harten Borsten [aus Reisig]* ‖ **Wurzelfaser** ‖ **Wurzelfleisch** (Küchenspr.): *eine Fleischspeise mit Wurzelwerk und Kren;* steirisches W. ‖ **Wurzelgemüse** ‖ **wurzellos:** ich fühle mich w. *(entwurzelt)* ‖ **Wurzelknolle** (Bot.) ‖ **wurzeln,** ich wurzle: tief in der Erde w. ‖ **Wurzelsepp** der, -[en]/-en (bes. früher): *Wurzelklauber* | (ugs.) *urwüchsiger Mensch* ‖ **Wurzelstock** (Bot.) ‖ **Wurzelwerk** das, -[e]s (Küchenspr.): *Petersilwurzeln, Sellerie, Karotten und gelbe Rüben [für Suppen und Fleischspeisen]* ‖ **Wurzelzeichen** ($\sqrt{\ }$) (Math.) ‖ **Wurzelziehen** das, -s (Math.): *das Berechnen der [Quadrat]wurzel einer Zahl* | (Med.) *das Extrahieren/Ziehen einer Zahnwurzel*

wurzen, du wurzt (ugs.): *übervorteilen; überhöhte Preise verlangen*

würzen, du würzt: Speisen mit Salz und Kräutern w. | einen Bericht mit Anekdoten w.

W

Wur|ze|rei die, -/-en (ugs.): *Preistreiberei;* eine W. *(finanzielle Übervorteilung)* der Kunden
wür|zig: w. duftende Kräuter
wusch (ugs.): *ein Ausruf [des Staunens]*
wu|sche|lig: wuscheliges *(dichtes, gelocktes)* Haar ‖ **Wu|schel|kopf**
wu|seln: *wimmeln* | *geschäftig, hektisch herumlaufen;* jemand wuselt hin und her
wusste → wissen
Wust der, -[e]s: ein W. *(ein ungeordnetes Durcheinander)* von Sachen
wüst: eine wüste *(wilde, öde)* Gegend | (abw.) eine wüste *(heftige, wilde)* Auseinandersetzung ‖ **Wüs|te** die, -/-n: *Gebiet mit extremer Trockenheit oder Kälte;* die W. Sahara; eine W. aus Eis und Schnee; jemanden in die W. schicken *(für immer wegschicken, entlassen)* ‖ **wüs|ten** (mda.): *verschwenden, vergeuden;* mit Nahrungsmitteln w. ‖ **Wüs|te|nei** die, -/-en (geh.): *öde Gegend* ‖ **Wüs|ten|kli|ma** ‖ **Wüs|ten|sand** ‖ **Wüs|ten|schiff** (scherzh.): *Kamel* ‖ **Wüst|ling** der, -s/-e (abw.): *Mensch, der ein ausschweifendes Leben führt; grober Mensch* ‖ **Wüs|tung** die, -/-en (fachspr.): *verlassene Siedlung*
Wut die, -: an jemandem seine Wut auslassen; vor Wut schäumend ‖ **Wut|an|fall** ‖ **Wut|aus|bruch** ‖ **wü|ten:** *vor Zorn rasen; Verwüstungen anrichten;* wütende Schneestürme ‖ **wü|tend:** *sehr zornig* ‖ **wut|ent|brannt:** w. *(voll Wut)* weglaufen ‖ **Wü|te|rich** der, -[e]s/-e (abw.): *zu Zorn und Grausamkeit neigender Mensch* ‖ **Wut|ge|heul** ‖ **wut|schäu|mend** = **wut|schnau|bend:** *äußerst wütend* ‖ **Wut|schrei** ‖ **wut|ver|zerrt:** mit wutverzerrtem Gesicht
Wu|zel der, -s/-[n] (ugs.): *etwas Zusammengedrehtes; Wulst* | (ugs., abw.) ein dicker W. *(eine dicke Person)* ‖ **wu|zeln** (ugs.): *etwas zwischen den Fingern drehen, reiben;* gewuzelte Erdäpfelnudeln; ich wuzle [mir] eine Zigarette; sich durch die Menge w. *(drängen, hindurchwinden)* | (ugs.) *Tischfußball spielen* ‖ **Wu|zel|tisch** (ugs.): *Tischfußballtisch* ‖ **Wu|zerl** das, -s/-[n] (ugs.): *Knöllchen aus Wolle, Haut ua.* | (ugs., scherzh. bzw. abw.) *dickes Kind* ‖ **wu|zi|klein** (ugs.): *kleinwinzig*
Wu|zi = Wuzzi der, -s/-s ⟨?⟩ (sal.): *Kerl;* Wunderwuzi
Wu|zler der, -s/- (ugs.): *Tischfußballspieler* ‖ **Wuz|le|rin** die, -/-innen (ugs.)
Wuz|zi = → Wuzi
Wwe.: Witwe (in Firmennamen): L. Steiningers Wwe.
WWF [ve ve ˈɛf] der, -: **W**orld **W**ide **F**und for Nature
WWU [ve ve ˈuː] die, -: **W**irtschafts- **u**nd **W**ährungsunion (in der EU)
WWW [ve ve ˈveː] das, - (EDV): **W**orld **W**ide **W**eb *(Dienst des Internets, der die Möglichkeit bietet, auf dessen Ressourcen zuzugreifen)*
WYSIWYG [ˈwɪziwɪg] (EDV): **W**hat **Y**ou **S**ee **I**s **W**hat **Y**ou **G**et *(Bildschirmdarstellung und Ausdruck auf dem Papier stimmen überein)*
WZ = **Wz.: W**aren**z**eichen

W

x X

x [iks] das, -/- (Kleinbuchstabe): das x im Wort *x-beliebig* | (Math.) *eine Variable (von mehreren die erste); eine unbekannte Größe* | (ugs.) ich habe x *(viele)* Leute getroffen

X [iks] das, -/- (Großbuchstabe): das X im Wort *Xerokopie;* jemand[em] ein X für ein U vormachen *(jemanden täuschen)* | *10 (in römischen Zahlen)*

x-Ach|se ['iks.aksɛ] (Math.): *erste, meist horizontale Achse im Koordinatensystem, Abszissenachse;* → y-Achse

Xandl: *männl. Vorname (Alexander)*

Xan|thip|pe die, -/-n (abw.): *eine streitsüchtige, bösartige Frau (nach einer altgriechischen Frauengestalt)*

Xa|ver [-v-, -f-]: *männl. Vorname*

X-Bei|ne ['iks-] die (Pl.): *Beine, die ein leichtes X bilden* ‖ **x-bei|nig** = **X-bei|nig:** ein x-beiniger Bub; *aber nur:* der **X-B**einige

x-be|lie|big ['iks-]: eine x-beliebige *(irgendeine)* Zahl; *aber:* ein x-**Be**liebiger

X-Chro|mo|som ['iksk-] (Biol.): *geschlechtsbestimmendes Chromosom;* → Y-Chromosom

Xe: **Xe**non ‖ **Xe|non** das, -s (Zeichen: Xe) ⟨gr.⟩: *ein chemisches Element* ‖ **Xe|non|licht:** *bes. leuchtstarkes [Scheinwerfer]licht*

xe|no|phil [-f-] ⟨gr.⟩: *fremdenfreundlich* ‖ **Xe|no|phi|lie** die, - ‖ **xe|no|phob:** *fremdenfeindlich* ‖ **Xe|no|pho|bie** die, -

Xe|ro|gra|fie = **Xe|ro|gra|phie** [-f-] die, - ⟨gr.-engl.⟩: *ein Vervielfältigungsverfahren* ‖ **Xe|ro|ko|pie:** *in Xerographie hergestellte Kopie* ‖ **xe|ro|ko|pie|ren**

x-fach ['iks-] ‖ **x-fa|che** = **x-Fa|che** das, -n

x-för|mig ['iks-] = **X-för|mig**

X-Ha|ken ['iks-]: *ein Bilderhaken*

X-Ha|xen ['iks-] die (Pl.) (ugs.): *X-Beine*

Xi das, -[s]/-[s] (ξ, Ξ) ⟨gr.⟩: *griechischer Buchstabe, entspricht x*

XL ['ɛks 'lɑːdʒ, auch: 'iks 'ɛl]: **X-**large ‖ **X-large** [- 'lɑːdʒ] (XL): *extra groß (bei Konfektionskleidung)*

x-mal ['iks-]: jemandem etwas x-mal *(oft und oft)* sagen müssen

XML [iks ɛm 'ɛl, auch: ɛks - -] (EDV): **E**x**t**ensible **M**arkup **L**anguage *(erweiterbare Auszeichnungssprache zur Erstellung von Dokumenten im Web)*

X-Strah|len ['iks-] die (Pl.) (veraltet): *Röntgenstrahlen*

x-te ['iks-]: der x-te Versuch; das x-te Mal; etwas zum x-ten Mal sagen

XXL ['eks 'eks 'lɑːdʒ, auch: 'iks 'iks 'ɛl]: **XX-**large ‖ **XX-large** (XXL): *besonders/extrem groß (bei Konfektionskleidung)*

Xy|lo|graf [-y-] = Xylograph [-f] der, -en/-en ⟨gr.⟩: *Holzschneider* ‖ **Xy|lo|gra|fie** = Xylographie die, -: *Holzschneidekunst* | mit (Pl. -n) *Holzschnitt* ‖ **Xy|lo|gra|fin** = Xylographin die, -/-innen ‖ **xy|lo|gra|fisch** = xylographisch ‖ **Xy|lo|fon** = **Xy|lo|phon** [-f-] das, -s/-e (Mus.): *ein Schlaginstrument*

X

y Y

y ['ypsilon, auch: -'siː-] das, -/- (Kleinbuchstabe): das y im Wort *Xylophon* | (Math., meist mit Aussprache [-'siː-]) *eine Variable (von mehreren die zweite); eine unbekannte Größe*
Y ['ypsilon, auch: -'siː-] das, -/- (Großbuchstabe): das Y im Wort *Ybbs* [ips] | (Chem.) **Y**ttrium
y.: Yard
y-Ach|se ['ypsilon.akse, auch: -'siː-] (Math.): *die zweite, meist vertikale Achse im Koordinatensystem, Ordinatenachse;* → x-Achse
Yacht [j-] = → Jacht ‖ **Yacht|ha-fen** = → Jachthafen
Yang [j-] das, -s ⟨chin.⟩: *das männliche Prinzip in der chinesischen Philosophie;* Yin und Y.
Yak [j-] = → Jak
Yan|kee ['jæŋki] der, -s/-s ⟨engl.⟩ (auch abw.): *Spitzname für den US-Amerikaner* | *Bewohner der amerikanischen Nordstaaten*
Yard [jɑːd] das, -s/-s (y., yd.; Pl.: yds.) ⟨engl.⟩ (früher): *ein englisches Längenmaß, 0,91 m* | (in Maßangaben auch mit Pl. Yard) 7 Yard[s] lang
Yb: Ytterbium
Ybbs[1] [ips]: *Stadt in Niederösterreich* ‖ **Ybbs**[2] die, -: *ein Nebenfluss der Donau in Niederösterreich*
Y-Chro|mo|som ['ypsilonk-, auch: -'siː-] (Biol.): *geschlechtsbestimmendes Chromosom;* → X-Chromosom
yd.: Yard ‖ **yds.: Yards**
Yel|low Press ['jɛloʊ -] die, - ⟨engl.⟩ (abw.): *Sensationspresse*
Yen [j-] der, -[s]/-[s] ⟨jap.⟩: *eine Geldeinheit in Japan*
Ye|ti [j-] der, -[s]/-[s] ⟨tibetisch⟩: *legendärer Schneemensch im Himalaya*
Yin [j-] das, -s ⟨chin.⟩: *das weibliche Prinzip in der chinesischen Philosophie;* Yin und Yang
Yo|ga [j-] = → Joga ‖ **Yo|ga|übung** = → Jogaübung ‖ **Yo|gi** = → Jogi
Youngs|ter ['jʌŋ(k)s-] der, -s/- ⟨engl.⟩: *Neuling [in einer Gruppe]; Anfänger [in einem Betrieb]*
Yo-Yo [jo'joː] = → Jo-Jo ‖ **Yo-Yo-Ef|fekt** = → Jo-Jo-Effekt
Yp|si|lon ['y-, auch: -'siː-] das, -[s]/-[s] ⟨gr.⟩ (υ, Υ): *griechischer Buchstabe, entspricht in griechischen Wörtern dem ü* | (y, Y) *vorletzter Buchstabe des Alphabets;* → y, Y
Ysop ['iː-, 'yː-] der, -s/-s ⟨sem.-gr.-lat.⟩: *eine Heilpflanze*
Ytong ['yː-, 'iː-] der, -s/-s (Wz.): *ein Leichtbaustoff, Beton mit Poren*
Yt|ter|bi|um [y-] das, -s (Zeichen: Yb): *ein chemisches Element (nach dem Ort Ytterby in Schweden)* ‖ **Yt|tri|um** das, -s (Zeichen: Y): *ein chemisches Element*
Yuan [jyən] der, -[s]/-[s] ⟨chin.⟩: *eine Geldeinheit in China*
Yuc|ca ['juka] die, -/-s ⟨indian.-span.⟩: *eine Zierpflanze*
Yup|pie ['ju-, auch: 'jʌ-] der, -s/-s ⟨engl.⟩ (oft abw.): *aufstrebender, karrierebewusster, meist jüngerer [Groß]stadtmensch*
Yvonne [i'vɔn]: *weibl. Vorname*

z Z

z [tsɛt] das, -/- (Kleinbuchstabe): das z im Wort *zart* | (Math.) *eine Variable; eine unbekannte Größe*
Z [tsɛt] das, -/- (Großbuchstabe): das Z im Wort *Zahl;* von A bis Z *(vom Anfang bis zum Ende)*
Z.: Ziffer *(für Textgliederungen oÄ);* Abs. 2, Z. 1 | Zahl *(Geschäftszahl)*
zach (mda.): *zäh;* das geht z. *(nur langsam, mühsam)*
Za|cha|ri|as: *männl. Vorname*
Zack (ugs.) (nur in der Wendung): auf Z. *(vif, gewappnet)* sein; → Vifzack
Za|cke die, -/-n = **Za|cken** der, -s/-: eine Tischdecke mit Zacken || **za|ckig:** *gezackt;* ein zackiger Gebirgskamm | *stramm, schneidig* || **Za|ckig|keit** die, -
zag (geh.): *furchtsam, schüchtern* || **za|gen** (geh.): *[furchtsam] zögern; aber:* mit Zittern und Zagen || **zag|haft:** etwas z. *(ängstlich, zögernd)* beginnen || **Zag|haf|tig|keit** die, - || **Zag|heit** die, - (geh.)
Za|greb [z-] (dt.: Agram): *Hauptstadt Kroatiens*
zäh: zähes Fleisch | ein zähes *(mühsames)* Leben | z. *(hartnäckig, beharrlich)* an seiner Meinung festhalten || **zäh|flüs|sig:** *dickflüssig* || **Zäh|flüs|sig|keit** die, - || **Zäh|heit** die, - || **Zä|hig|keit** die, -: *Widerstandsfähigkeit, Beharrlichkeit, Hartnäckigkeit*
Zahl die, -/-en: sieben gilt als heilige Z.; römische Zahlen *(Zahlzeichen, Ziffern)* | (Math.) gerade, ungerade Zahlen; eine Z. aus vier Ziffern | (ohne Pl.) *Anzahl;* nur in geringer Z. | (mit Abkürzung Zl., Z.) *[Geschäfts]zahl* | (Wirt.) rote Zahlen schreiben *(negativ bilanzieren);* schwarze Zahlen schreiben *(positiv bilanzieren)* | (Gramm.) *Numerus;* → Ziffer || **Zahl|ad|jek|tiv** (Gramm.): *Eigenschaftswort, das bestimmte oder unbestimmte Mengen ausdrückt, zB* vierte, wenig || **zahl|bar:** *zu zahlen* || **zähl|bar:** die Menge ist nicht z. || **Zahl|bar|keit** die, - || **Zähl|bar|keit** die, -
zäh|le|big: ein zählebiges *(kaum ausrottbares)* Vorurteil
zah|len: Schulden z.; Lehrgeld z. *(durch Unerfahrenheit einen Schaden erleiden);* Strafe z.; bitte z.! || **zäh|len:** Geld z. | das zählt nicht *(gilt nicht)* | Innsbruck zählt rund 135 000 Einwohner | auf Hilfe z. *(damit rechnen)* || **Zah|len|an|ga|be** || **Zah|len|fol|ge** || **Zah|len|ge|dächt|nis** || **Zah|len|kom|bi|na|ti|on** [-tsi̯-]: *Zahlenfolge* || **Zah|len|lot|to:** *ein Glücksspiel* || **zah|len|mä|ßig:** etwas z. *(der Zahl nach)* erfassen; der Anteil ist z. gering || **Zah|len|ma|te|ri|al:** *statistisch verfügbare Daten uÄ* || **Zah|len|mys|tik** [-my-]: *Glaube an eine geheime Bedeutung von Zahlen* || **Zah|len|rei|he** || **Zah|len|schloss:** *Schloss mit Zahlenkombination* || **Zah|len|sym|bo|lik** [-zy-] || **Zah|len|sys|tem** [-zy-]: *das Dezimalsystem ua.* || **Zah|len|ver|hält|nis** || **Zah|ler** der, -s/-: ein säumiger Z. *(jemand, der mit dem Zahlen im Rückstand ist)* || **Zäh|ler** der, -s/- (Math.): *in einem Bruch die Zahl über dem Bruchstrich;* → G.: Nenner | *Gerät mit Zählwerk, zB zum Messen des Stromverbrauchs* || **Zah|le|rin** die, -/-innen || **Zahl|kell|ner:** *Kellner, der kassiert* || **Zahl|kell|ne|rin** || **zahl|los:** zahllose Menschen; *aber:* es sind Zahllose gekommen || **Zahl|meis|ter** (bes. früher): *Verwalter von Geldern* || **Zahl|meis|te|rin** (bes. früher) || **Zahl|no|men,** *auch:* Zahlsubstantiv (Gramm.): *Nomen, das bestimmte Mengen oder Zahlen ausdrückt, zB* ein Dutzend || **zahl|reich:** eine zahlreiche Verwandtschaft haben; *aber:* es sind Zahlreiche gekommen || **Zahl|schein** (Bankw.): *Zahlungsauftrag* || **Zahl|sub|s|tan|tiv:** *Zahlnomen* || **Zahl|tag:** *Tag, an dem Lohn o. dgl. ausgezahlt wird* | *Tag der Vergeltung* || **Zah|lung** die, -/-en: eine Z. leisten *(zahlen);* an Zahlungs statt *(an Stelle einer Z.);* das alte Auto in Z. *(als Anzahlung)* geben || **Zäh|lung** die, -/-en: die Z. *(Auszählung)* der Stimmen abwarten || **Zah|lungs|an|wei|sung** (Bankw.) || **Zah|lungs|auf|for|de|rung** || **Zah|lungs|auf|schub:** Z. erwirken || **Zah|lungs|auf|trag** (Bankw.) || **Zah|lungs|be|din|gung** (meist Pl.) || **Zah|lungs|be|leg** (Bankw.): *Quittung* || **Zah|lungs|er|leich|te|rung:** *Ratenzahlung oÄ* || **zah|lungs|fä|hig** || **Zah|lungs|frist** || **zah|lungs|kräf|tig:** zahlungskräftige Kunden || **Zah|lungs|mit|tel** (meist Pl.): *Geld, Wertpapiere uÄ;* gesetzliche Z. || **Zah|lungs|mo|ral** || **Zah|lungs|ter|min** || **zah|lungs|un|fä|hig** || **zah|lungs|un|wil|lig** || **Zah|lungs|ver|kehr** || **Zah|lungs|ver|zug** || **zah|lungs|wil|lig** || **Zah|lungs|ziel:** *letztmöglicher Zeitpunkt einer Zahlungsfrist* || **Zah|lungs|zweck:** *Vermerk [auf Überweisungen]* || **Zähl|werk** || **Zahl|wort** (Gramm.): *Numerale* || **Zahl|zei|chen:** *Zeichen für eine Zahl, zB* 3, IV, π, x
zahm: zahme Tiere | er war ganz z. *(fügsam, gesittet)* || **zäh|men:** [wilde] Tiere z. *(bändigen, an den Menschen gewöhnen)* | sie zähmt *(zügelt)* ihren Appetit || **Zahm|heit** die, - || **Zäh|mung** die, -
Zahn der, -[e]s/Zähne: Zähne putzen; die dritten Zähne *(ein künstliches Gebiss);* er ist bis an die Zähne *(schwer)* bewaffnet; jemandem die Zähne zeigen *(drohen);* sich an etwas die Zähne ausbeißen *(es trotz großer Anstrengung nicht bewältigen);* die Zähne zusammenbeißen *(gegen Widerstand, Schmerz ankämpfen);* jemandem auf den Z. fühlen *(jemanden gründlich prüfen);* der Z. der Zeit *(Abnutzung)* | *Zacke von einer Säge, einem Kamm o. dgl.* | (ugs.) einen Z. zulegen *(schneller werden)* || **Zahn|arzt:** *Facharzt für Zahn- und Kieferheilkunde* || **Zahn|arzt|as|sis|tent** || **Zahn|arzt|as|sis|ten|tin** || **Zahn|ärz|tin** || **zahn|ärzt|lich:** die zahnärztliche Praxis || **Zahn|be|hand|lung** || **Zahn|be|lag:** *Plaque* || **Zahn|bürs|te** || **Zahn|cre|me** [-k-] = Zahnkrem = Zahnkreme: *Zahnpasta* || **zäh|ne|flet|schend:** der Hund knurrte z. || **zäh|ne|klap|pernd** || **zäh|ne|knir|schend:** z. *(mit verhaltener Wut)* nachgeben || **zah|nen:** zahnende Kinder *(Kinder, die Zähne bekommen)* || **zäh|nen:** gezähnte Briefmarken || **Zahn|er|satz** (Med.): *künstliche Zähne* || **Zahn|fäu|le** (Med.) die, -: *Karies* || **Zahn|fleisch** || **Zahn|fleisch|blu|ten** das, -s (Med.) || **Zahn|fleisch|schwund** (Med.): *Parodontose* || **Zahn|fül|lung:** *Plombe* || **Zahn|heil|kun|de:** *Zahnmedizin* || **Zahn|kli|nik** || **Zahn|krem** = **Zahn|kre|me** = → Zahncreme || **Zahn|kro|ne** (Med.): *ein Zahnaufsatz* || **Zahn|laut** (Sprach-

wiss.): → *Dental* ‖ **zahnlos** ‖ **Zahnlücke** ‖ **Zahnmedizin** ‖ **Zahnnerv** ‖ **Zahnpasta** = **Zahnpaste:** *Zahncreme* ‖ **Zahnpflege** ‖ **Zahnprothese** (Med.): *ein Zahnersatz* ‖ **Zahnputzbecher** ‖ **Zahnrad** ‖ **Zahnradbahn:** *eine Bergbahn* ‖ **Zahnregulierung** (Med.) ‖ **Zahnschmelz:** *äußere Schicht der Zähne* ‖ **Zahnschmerz** (meist Pl.) ‖ **Zahnseide:** *[Seiden]faden zur Reinigung der Zahnzwischenräume* ‖ **Zahnspange** (Med.): *Vorrichtung zur Zahnregulierung* ‖ **Zahnstange:** *gezähnte Stange, in die ein Zahnrad eingreift* ‖ **Zahnstein** der, -[e]s (Med.): *Ablagerung am Zahnschmelz* ‖ **Zahnstocher** der, -s/- ‖ **Zahntechnik:** *Anfertigung von Zahnersatz* ‖ **Zahntechniker** ‖ **Zahntechnikerin** ‖ **Zähnung** die, -/-en: die Z. der Briefmarke ‖ **Zahnweh** ‖ **Zahnwurzel**

Zähre die, -/-n (geh., veraltet): *Träne*

Zaire [za'i:-] (früher): *Demokratische Republik Kongo*

ZAMG: **Z**entral**a**nstalt für **M**eteorologie und **G**eodynamik (in Wien)

Zampano der, -s/-s ⟨it.⟩ (oft abw.): der große Z. *(Alleskönner, nach einer Filmgestalt)*

Zander der, -s/-: *ein Fisch, Fogosch, Schill*

Zange die, -/-n: *ein Werkzeug;* jemanden in die Z. nehmen *(sich jemanden vornehmen, jemanden bedrängen)* ‖ **zangenförmig** ‖ **Zangengeburt** (Med.) ‖ **Zangengriff:** *zangenförmiger Griff*

Zank der, -[e]s: *Streit* ‖ **Zankapfel:** *Gegenstand eines Streites* ‖ **zanken:** die Schwestern z. sich um den besten Platz ‖ **Zänkerei** die, -/-en ‖ **zänkisch:** eine zänkische *(streitsüchtige)* Person ‖ **zanksüchtig**

Zapf der, -[e]s/-e (Jug., veraltend): *mündliche Prüfung* ‖ **Zäpfchen** das, -s/-: *kleiner Zapfen* | *Gaumenfortsatz* | *eine Medikamentenform, Suppositorium* ‖ **Zäpfchen-r** [-ɛr] = **Zäpfchen-R** das, -/- (Sprachwiss.) ‖ **zapfen:** Bier z. *(dem Fass entnehmen)* | (Jug., veraltend) *prüfen* ‖ **Zapfen** der, -s/-: *Fassverschluss* | *Verbindungsglied [bei Kanthölzern]* | *zapfenförmiges Ding, zB Tannenzapfen, Eiszapfen* ‖ **zapfenförmig** ‖ **Zapfenstreich** (Mil.): *abendliches Signal [zur Heimkehr in die Kaserne]* ‖ **Zapfhahn:** ein Fass mit Z. ‖ **Zapfsäule:** *Tankstelle für Treibstoff*

Zappel → Zappin ‖ **zappelig,** *auch:* zapplig: ein zappeliges *(unruhiges; nervöses)* Kind ‖ **zappeln:** ich zapple ständig mit den Beinen ‖ **zappeln lassen** = **zappelnlassen:** jemanden z. l. *(mit einer Entscheidung hinhalten, im Ungewissen lassen)* ‖ **Zappelphilipp** [-fi-] der, -s/-e (ugs., scherzh.): *Kind, das nicht ruhig sitzen kann*

zappen [auch: 'zæ-]: *[ständiges] Hin-und-her-Schalten in [TV-] Programmen*

Zappin der, -s/-e, *auch:* Sappin, Sappel, -s/-, Zappel ⟨it.-friaulisch⟩ (reg.): *Spitzhacke zum Ziehen von gefällten Bäumen*

zapplig → zappelig

Zar der, -en/-en ⟨russ.⟩ (früher): *ein Titel slawischer Herrscher, bes. der russische Kaiser;* → zaristisch ‖ **Zarenreich** (Gesch.) ‖ **Zarewitsch** der, -[es]/-e (früher): *Zarensohn, Kronprinz*

Zarge die, -/-n: *Einfassung von Tür-, Fenster-, Brunnenöffnungen* | *Seitenwand [von Saiteninstrumenten]*

Zarin die, -/-innen (früher) ‖ **Zarismus** der, - (Gesch.) ‖ **zaristisch:** das zaristische Russland *(Russland bis 1917);* → Zar

zart: eine zarte *(feine)* Haut | jemanden z. berühren | eine zarte *(liebliche)* Melodie | ein zarter *(taktvoller)* Wink | (scherzh.) das zarte Geschlecht *(die Frauen)* ‖ **zart besaitet** = **zartbesaitet:** *feinfühlig, empfindsam;* → besaiten ‖ **zartblau** ‖ **zart fühlend** = **zartfühlend:** *taktvoll, rücksichtsvoll* ‖ **Zartgefühl** das, -[e]s: *Taktgefühl* ‖ **Zartheit** die, - ‖ **zärtlich:** *liebevoll, gefühlvoll, sanft* ‖ **Zärtlichkeit** die, -/-en: Zärtlichkeiten *(Liebkosungen)* austauschen

Zaster der, -s (bes. D, sal.): *Geld*

Zäsur die, -/-en ⟨lat.⟩: *Einschnitt; Pause [in einem Vers]*

Zauber der, -s/-: fauler Z. *(Täuschung, Schwindel)* | (ohne Pl.) *Unerklärliches, Wunderbares; fesselnder Reiz;* der Z. der Natur ‖ **Zauberei** die, -/-en ‖ **Zauberer** der, -s/- ‖ **Zauberformel** ‖ **zauberhaft:** ein zauberhafter *(herrlicher)* Anblick ‖ **Zauberhand:** wie von Z. *(auf unerklärliche Weise)* ‖ **Zauberin** die, -/-innen ‖ **zauberisch** (veraltet): *betörend* ‖ **Zauberkunst** ‖ **Zauberkünstler:** *Magier* ‖ **Zauberkünstlerin** ‖ **zaubern:** z. lernen | (ugs.) ich kann nicht z. *(ich kann das nicht schneller machen)* ‖ **Zauberspruch** ‖ **Zauberstab** ‖ **Zaubertrank** ‖ **Zaubertrick** ‖ **Zauberwort**

Zauderer der, -s/- ‖ **Zauderin** die, -/-innen ‖ **zaudern:** *zögern, unentschlossen sein*

Zaum der, -[e]s/Zäume: *Riemenzeug für den Kopf von Reit- und Zugtieren;* sich im Z. halten *(in der Gewalt haben)* ‖ **zäumen:** das Pferd z. *(ihm das Zaumzeug anlegen)* ‖ **Zaumzeug:** *Zaum*

Zaun der, -[e]s/Zäune: ein lebender Z. *(Hecke);* einen Streit vom Z. brechen *(provozieren)* ‖ **zaundürr** (ugs.): *sehr mager* ‖ **Zaungast:** *jemand, der von draußen zuschaut* ‖ **Zaunkönig:** *ein kleiner Singvogel* ‖ **Zaunpfahl:** einen Z. ersetzen | jemandem einen Wink mit dem Z. geben *(sehr deutlich werden)*

zausen, du zaust: der Sturm zaust die Wipfel der Bäume ‖ **zausig** (ugs.): zausige *(zerraufte, zerzauste)* Haare

Zaziki = Tsatsiki das *(auch:* der), -s/-s ⟨türk.-gr.⟩: *eine griechische Joghurtspeise*

zB = **z. B.:** zum **B**eispiel

Zebra das, -s/-s ⟨span.⟩: *ein gestreiftes Wildpferd* ‖ **Zebrastreifen:** *durch Bodenstreifen gekennzeichneter Fußgängerübergang*

Zebu das = der, -s/-s ⟨tibet.-fr.⟩: *Buckelrind*

Zeche die, -/-n: *Bergwerksgesellschaft, -betrieb;* in die Z. *(in das Bergwerk)* einfahren | *genossene Speisen und Getränke im Gasthaus;* eine große Z. *(Gasthausrechnung)* bezahlen müssen; die Z. zahlen *(den Schaden tragen)* müssen | (Volksk.) (bes. O) *eine Burschenvereinigung* ‖ **zechen:** *[viel] Alkohol trinken;* sie zechten bis zum Morgen ‖ **Zecher** der, -s/- ‖ **Zecherin** die, -/-innen: *jemand, der gerne zecht* ‖ **Zechgelage** ‖ **Zechgenosse** ‖ **Zechgenossin** ‖ **Zechkumpan** ‖ **Zechkumpanin** ‖ **Zechpreller** der, -s/-: *jemand, der seine Zeche nicht bezahlt* ‖ **Zechprellerei** die, -/-en ‖ **Zechprellerin** die, -/-innen

Z

Zeck der, -[e]s [-en]/-en (ugs.): *Zecke* ‖ **Zecke** die, -/-n: *ein Blut saugendes Spinnentier* ‖ **Zeckenschutzimpfung**
Zeder die, -/-n ⟨gr.-lat.⟩: *ein südländischer Nadelbaum* ‖ **Zedernholz**
zedieren ⟨lat.⟩ (Jus): eine Forderung z. *(sie an einen anderen abtreten);* → Zession
Zeger → Zöger
Zeh der, -s/-en (bes. D): *Zehe* ‖ **Zehe** die, -/-n: die große Z.; jemandem auf die Zehen steigen/treten *(Druck machen, ihn empfindlich treffen)* | *Knoblauchzehe* ‖ **Zehennagel** ‖ **Zehenspitze:** sich auf den Zehenspitzen ins Haus schleichen
Zehent der, -s (früher): *eine Abgabe, der zehnte Teil [der Feldfrüchte]* ‖ **zehn** (10): z. Euro; *aber:* die Zehn Gebote [Gottes]; der zehnte Teil; → acht ‖ **Zehn** die, -/-en (bes. D): *Zehner, die Zahl Zehn (10)* ‖ **Zehneck** (Math.) ‖ **zehneckig** (10-eckig) ‖ **zehneinhalb**

Zehner (10er) der, -s/-:
die Zahl Zehn (10) | einen Z. im Toto machen | *Zehneuroschein*

Die österreichischen Formen der nominalisierten Zahlwörter werden auf -er gebildet:
- einen Zehner ausgeben (bes. in Deutschland: eine Zehn)
- einen Zehner im Lotto gewinnen

Zehnerl das, -s/-[n] (ugs.): *Zehncentstück* | (früher) *Zehngroschenstück* ‖ **zehnerlei** ‖ **Zehnerpackung** ‖ **Zehneurobanknote** (10-Euro-Banknote) ‖ **Zehneuroschein** (10-Euro-Schein) ‖ **zehnfach** (10fach = 10-fach) ‖ **Zehnfingersystem** [-zy-]: im Z. maschinschreiben ‖ **zehnjährig** (10-jährig) ‖ **Zehnkampf:** *ein Sportwettbewerb in zehn Einzeldisziplinen* ‖ **zehnmal** (10-mal) → achtmal ‖ **zehntausend** (10 000): z. Euro; die oberen z. (= Zehntausend) *(die oberste bzw. vermögendste Gesellschaftsschicht)* ‖ **Zehnte** der, -n/-n (veraltet): *Zehent* ‖ **zehnteilig** (10-teilig): *dezimal* ‖ **zehntel:** → zehntel Gramm = Zehntelgramm; → achtel ‖ **Zehntel** das, -s/-: mit einem Z. Vorsprung gewinnen ‖ **zehntel Gramm** = **Zehntelgramm:** *Dezigramm* ‖ **zehntel Liter** = **Zehntelliter:** *Deziliter* ‖ **zehntel Sekunde** = **Zehntelsekunde** ‖ **zehntens** (10.) ‖ **Zehntonner** (10-Tonner): *Lastwagen von 10 t*
zehren: von den Vorräten z. *(leben)* | die Krankheit zehrt an seinen Kräften ‖ **Zehrgeld** (veraltet): *eine Art Taggeld* ‖ **Zehrpfennig** (veraltet): *Spargeld für den äußersten Notfall; Notgroschen* ‖ **Zehrung** die, -/-en (reg., bes. D): *Leichenschmaus* | (geh., veraltet) *Verpflegung*
Zeichen das, -s/-: sich durch Z. verständigen; ein Z. setzen *(etwas wegweisend Neues tun)* | (geh.) *Vorzeichen, Anzeichen;* es geschehen noch Z. und Wunder *(da bin ich aber überrascht);* die Z. der Zeit; im Z. des Fortschritts | (veraltend) Hans Sachs war seines Zeichens *(von Beruf)* Schuster ‖ **Zeichenblock** der, -[e]s/-blöcke [-blocks] ‖ **Zeichenbrett** ‖ **Zeichendeuter** der, -s/- (veraltet): *Deuter von [schicksalhaften] Vorzeichen und Anzeichen* ‖ **Zeichendeuterin** die, -/-innen (veraltet) ‖ **Zeichenerklärung** ‖ **zeichenhaft** (geh.): *symbolisch* ‖ **Zeichenlehrer** (veraltend): *Lehrer für Bildnerische Erziehung* ‖ **Zeichenlehrerin** (veraltend) ‖ **Zeichenpapier** ‖ **Zeichensaal:** *Unterrichtsraum für Bildnerische Erziehung* ‖ **Zeichensetzung** die, -: *die Verwendung von Satzzeichen, Interpunktion* ‖ **Zeichensprache:** *Verständigung durch Zeichen; Sprache [der Gehörlosen]* ‖ **Zeichentrickfilm:** *aus Serien von Zeichnungen zusammengestellter Trickfilm* ‖ **Zeichenunterricht** (veraltend) ‖ **zeichnen:** Figuren z. | die Wäsche mit dem Namen oder dessen Anfangsbuchstaben z. *(markieren)* | vom Tode gezeichnet | (bes. Bankw.) *unterschreiben;* eine Anleihe z. *(sich zur Abnahme von Anleihescheinen verpflichten)* | verantwortlich z. ‖ **Zeichner** der, -s/- ‖ **Zeichnerin** die, -/-innen ‖ **zeichnerisch:** sie ist z. begabt ‖ **Zeichnung** die, -/-en ‖ **zeichnungsberechtigt:** für dieses Konto sind zwei Personen z. *(unterschriftsberechtigt)* ‖ **Zeichnungsfrist** (Bankw., Börse): *Zeitraum, in dem ein neues Wertpapier geordert werden kann*
zeideln, ich zeidle (veraltet): *aus den Waben Honig und Wachs gewinnen* ‖ **Zeidler** der, -s/- (veraltet): *Bienenzüchter* ‖ **Zeidlerei** die, -/-en (veraltet): *Bienenzucht*
Zeigefinger ‖ **zeigen:** jemandem den Weg z. | mit erhobenem Finger z.; das Thermometer zeigt 30 Grad | es jemandem z. *(jemanden scharf zurechtweisen; jemandem beweisen, was man kann)* | sie zeigte *(bewies)* Mut | es zeigt sich *(wird offenbar),* dass ...; sich erkenntlich z. *(sich dankbar erweisen)* ‖ **Zeiger** der, -s/-: der Z. steht auf fünf ‖ **Zeigerstand** der, -[e]s ‖ **Zeigestab** ‖ **Zeigestock**
zeihen, zieh/geziehen (geh.): jemanden der Lüge z. *(bezichtigen, beschuldigen)*
Zeile die, -/-n: einige Zeilen *(eine kurze Nachricht)* schreiben; keine Z. *(keinerlei schriftliche Mitteilung)* hinterlassen; zwischen den Zeilen lesen *(aus Andeutungen die Wahrheit erraten)* | *Reihe von aneinander anschließenden Bauten* ‖ **Zeilenabstand** (Druckw.) ‖ **Zeilenhonorar:** *Honorierung pro Zeile, zB für einen Zeitungsbeitrag* ‖ **Zeilenlänge** ‖ **zeilenweise** ‖ **-zeilig** (nur in Zusammensetzungen wie achtzeilig)
Zeiselwagen = Zeiserlwagen (W, früher): *eine Art Leiterwagen zur Personenbeförderung*
Zeiserl das, -s/-[n] (mda.): *Zeisig*
Zeiserlwagen = → Zeiselwagen
Zeisig der, -s/-e: *ein Singvogel*
zeit (Präp. mit Gen.): zeit seines Lebens; *aber:* zeitlebens

Zeit die, -/-en:
das hat Z. *(eilt nicht);* es ist höchste Z.; von Z. zu Z. *(ab und zu);* mit der Z. *(allmählich);* mit der Z. *(mit der Entwicklung)* gehen; auf Z. *(für begrenzte Z.);* du bist die längste Z. mein Freund gewesen *(bist es nicht mehr);* zu meiner Z.; sich die Z. vertreiben; zu jeder Z.; *aber:* → jederzeit | (geh.) zu nachtschlafender Z. *(nachts)* | (Sport) auf Z. spielen *(das Spiel verzögern);* Z. schinden *(das Spiel verzögern)* | (mit Abkürzung: z. Z., z. Zt.) zur Zeit

Getrennt- und Zusammenschreibung:
- eine Zeit lang (= Zeitlang) nur zusehen

Z

– Zeit raubende (= zeitraubende) Vorkehrungen; *aber nur:* sehr zeitraubend, am zeitraubendsten
– eine Zeit sparende (= zeitsparende) Maßnahme

Getrenntschreibung:
– zur Zeit Mozarts; *aber zusammen:* zurzeit *(derzeit)* habe ich viel zu tun
– zu Zeiten Maria Theresias; *aber zusammen:* zuzeiten beschäftigt sie sich damit (geh.: *zeitweise*)

Kleinschreibung der Präposition:
– zeit ihres Lebens half sie Kranken; *aber zusammen:* zeitlebens half sie Kranken

zeit|ab|hän|gig ‖ **Zeit|ab|lauf** ‖ **Zeit|ab|schnitt** ‖ **Zeit|al|ter:** im Z. der Technik; das goldene (auch: Goldene) Z. *(Blütezeit)* ‖ **Zeit|an|ga|be:** eine falsche Z. ‖ **Zeit|an|sa|ge:** die Uhr nach der Z. im Radio stellen ‖ **Zeit|auf|wand** ‖ **zeit|auf|wän|dig** = **zeit|auf|wen|dig** ‖ **Zeit|aus|gleich:** *[für Überstundenleistung] gewährte Freizeit* ‖ **zeit|be|dingt** ‖ **Zeit|be|griff:** *Vorstellung über die Zeit* ‖ **Zeit|be|stim|mung** ‖ **Zeit|bom|be:** *Bombe mit Zeitzünder* | *Gefahrenquelle, die jederzeit hervorbrechen kann* ‖ **Zeit|dau|er** ‖ **Zeit|deh|nung** die, -: *Zeitlupe* ‖ **Zeit|do|ku|ment** ‖ **Zeit|druck** der, -[e]s: unter Z. arbeiten *(wenig Zeit für seine Arbeit haben)* ‖ **Zeit|ein|tei|lung** ‖ **Zei|ten|fol|ge** die, - (Gramm.): *Abhängigkeit der Zeitformen in Gliedsätzen* ‖ **Zei|ten|wen|de,** *auch:* Zeitwende: *Beginn einer neuen Epoche;* vor/nach der Z. *(vor/nach Christi Geburt)* ‖ **Zeit|er|schei|nung:** *Erscheinung, die für eine bestimmte Zeit typisch ist* ‖ **Zeit|er|spar|nis** ‖ **Zeit|fak|tor** ‖ **Zeit|form** (Gramm.): einfache Zeitformen *(Präsens, Präteritum);* zusammengesetzte Zeitformen *(Perfekt, Plusquamperfekt, Futur)* ‖ **Zeit|fra|ge:** das ist nur eine Z. ‖ **zeit|ge|bun|den:** zeitgebundene *(durch die Zeitverhältnisse bedingte)* Anschauungen ‖ **Zeit|ge|fühl:** er hat kein Z. *(kann Zeitdauer oder Uhrzeit nicht einschätzen)* ‖ **Zeit|geist:** *geistige Haltung der Menschen in einem bestimmten Zeitalter* ‖ **zeit|ge|mäß** ‖ **Zeit|ge|nos|se:** *jemand, der zur gleichen Zeit lebt oder gelebt hat* ‖ **Zeit|ge|nos|sin** ‖ **zeit|ge|nös|sisch:** zeitgenössische Musik *(heutige Musik; Musik der betreffenden Zeit)* ‖ **zeit|ge|recht:** zeitgerechte *(der Auffassung, dem Stand, dem Geschmack der Zeit entsprechende)* Methoden | z. *(rechtzeitig)* kommen ‖ **Zeit|ge|sche|hen** ‖ **Zeit|ge|schich|te:** *Geschichte der neuesten Zeit* ‖ **zeit|ge|schicht|lich** ‖ **Zeit|ge|schmack** ‖ **Zeit|ge|winn** ‖ **zeit|gleich:** *gleichzeitig;* die Veranstaltungen finden z. statt ‖ **Zeit|grün|de** die (Pl.): aus Zeitgründen absagen ‖ **zei|tig:** z. *(früh)* aufstehen | (ugs.) zeitige *(reife)* Äpfel ‖ **zei|ti|gen** (geh.): unsere Mühe hat Erfolg gezeitigt *(gebracht);* sein Entschluss wird schwere Folgen z. *(nach sich ziehen)* ‖ **Zeit|kri|tik** ‖ **zeit|kri|tisch:** *die Verhältnisse der eigenen Zeit kritisch betrachtend* ‖ **Zeit lang** = **Zeit|lang** (in der Wendung): eine Z. l. ‖ **Zeit|läuf|te** die (Pl.), *auch:* Zeitläufe (geh.): *Folge der Geschehnisse, Ereignisse;* diese Z. überdauern ‖ **zeit|le|bens** [auch: -'le:-]: *während des ganzen Lebens; aber:* zeit seines Lebens ‖ **zeit|lich:** z. und räumlich | (geh.) *irdisch; aber:* das **Z**eitliche segnen *(sterben)* ‖ **Zeit|lohn** (Wirt.): *auf Grund der Arbeitszeit berechneter Lohn;* → G.: Stücklohn ‖ **zeit|los:** *nicht der Mode unterworfen, unvergänglich* ‖ **Zeit|lo|sig|keit** ‖ **Zeit|lu|pe:** *Zeitdehnung [im Film], verlangsamte Darstellung eines Ablaufs;* → G.: Zeitraffer ‖ **Zeit|lu|pen|auf|nah|me** ‖ **Zeit|lu|pen|tem|po** ‖ **Zeit|man|gel** ‖ **Zeit|ma|schi|ne:** *utopische Maschine für Zeitreisen [in der Sciencefiction]* ‖ **Zeit|maß** ‖ **Zeit|mes|sung** ‖ **zeit|nah,** *auch:* **zeit|na|he:** *gegenwartsnah, zeitgemäß* ‖ **Zeit|nä|he** ‖ **Zeit|neh|mer** der, -s/- (Sport): *jemand, der bei Wettkämpfen die erzielten Zeiten feststellt* ‖ **Zeit|neh|me|rin** die, -/-innen (Sport) ‖ **Zeit|not** die, -: *Zeitmangel* ‖ **Zeit|plan** ‖ **Zeit|punkt:** zum richtigen Z. *(im richtigen Moment)* kommen ‖ **Zeit|raf|fer:** *Zeitbeschleunigung [im Film];* → G.: Zeitlupe ‖ **Zeit|raf|fer|auf|nah|me** ‖ **Zeit rau|bend** = **zeit|rau|bend:** eine Z. raubende Arbeit ‖ **Zeit|raum:** *Zeitabschnitt* ‖ **Zeit|rech|nung:** im Jahr 976 unserer Z. *(der Zeitrechnung nach Christi Geburt)* ‖ **Zeit|rei|se:** *utopische Reise durch verschiedene Zeitepochen* ‖ **Zeit|schrift** ‖ **Zeit|sinn:** keinen Z. haben *(die Zeitdauer nicht abschätzen können)* ‖ **Zeit|sol|dat** (Mil.): *freiwillig auf bestimmte Zeit verpflichteter Berufssoldat* ‖ **Zeit|span|ne:** *[kurzer] Zeitraum* ‖ **Zeit spa|rend** = **zeit|spa|rend** ‖ **Zeit|sprung** ‖ **Zeit|stu|fe** (Gramm.): die drei Zeitstufen *(Gegenwärtiges, Vergangenes, Zukünftiges)* ‖ **Zeit|ta|fel** ‖ **Zeit|um|stän|de** die (Pl.) ‖ **Zei|tung** die, -/-en ‖ **Zei|tungs|abon|ne|ment** [-abɔnmɑ̃:] ‖ **Zei|tungs|an|non|ce** [-anɔ̃:s(ɛ)] ‖ **Zei|tungs|ar|ti|kel** ‖ **Zei|tungs|aus|schnitt** ‖ **Zei|tungs|aus|trä|ger:** *Zeitungszusteller* ‖ **Zei|tungs|aus|trä|ge|rin** ‖ **Zei|tungs|en|te:** *falsche, irreführende Meldung in der Zeitung* ‖ **Zei|tungs|in|se|rat** ‖ **Zei|tungs|ki|osk** ‖ **Zei|tungs|le|ser** ‖ **Zei|tungs|le|se|rin** ‖ **Zei|tungs|mel|dung** ‖ **Zei|tungs|no|tiz:** *Vermerk in einer Zeitung* ‖ **Zei|tungs|pa|pier** ‖ **Zei|tungs|ver|käu|fer:** *Kolporteur* ‖ **Zei|tungs|ver|käu|fe|rin** ‖ **Zei|tungs|ver|schleiß** (Amtsspr.) ‖ **Zei|tungs|ver|schlei|ßer** (Amtsspr.): *Kleinhändler mit Zeitungen, zB Trafikant* ‖ **Zei|tungs|ver|schlei|ße|rin** (Amtsspr.) ‖ **Zei|tungs|ver|trieb** ‖ **Zeit|un|ter|schied** ‖ **Zeit|ver|geu|dung** ‖ **Zeit|ver|lust** ‖ **zeit|ver|pflich|tet** (Mil.): zeitverpflichteter Soldat (zvS) ‖ **Zeit|ver|schie|bung:** *Zeitunterschied bei Reisen auf Grund der Zeitzonen* ‖ **Zeit|ver|schwen|dung** ‖ **zeit|ver|setzt:** das Konzert 1 Stunde z. übertragen ‖ **Zeit|ver|trag:** *befristeter [Arbeits]vertrag* ‖ **Zeit|ver|treib** der, -[e]s/-e: zum Z. malen ‖ **Zeit|ver|zö|ge|rung** ‖ **Zeit|vor|sprung** ‖ **zeit|wei|lig:** *vorübergehend, eine Zeit lang* | *gelegentlich* ‖ **zeit|wei|se:** *zuweilen* | *vorübergehend* ‖ **Zeit|wen|de** → Zeitenwende ‖ **Zeit|wert:** den Z. *(derzeitigen Wert)* eines Autos angeben ‖ **Zeit|wort** (Gramm.): *Verb* ‖ **Zeit|zäh|lung:** *Zeitrechnung* ‖ **Zeit|zei|chen:** *akustisches Zeichen, bei dessen Ertönen die angesagte Zeit erreicht ist, zB im Hörfunk* ‖ **Zeit|zeu|ge:** *Zeitgenosse als Geschichtsquelle* ‖ **Zeit|zeu|gin** ‖ **Zeit|zo|ne:** *Zone, innerhalb der an allen Orten dieselbe Uhrzeit gilt;* es gibt 24 Zeitzonen ‖ **Zeit-**

zünder: *auf eine bestimmte Zeit einstellbare Zündvorrichtung*

Zelebrant der, -en/-en ⟨lat.⟩: *Priester, der die Messe liest* ‖ **Zelebration** [-tsi̯-] die, -/-en ‖ **zelebrieren:** eine Messe z. *(feiern)* | (scherzh.) *etwas feierlich* (auch: *umständlich) vollziehen* ‖ **Zelebrität** die, -/-en (geh.): *berühmte Persönlichkeit*

Zell (Siedlungsname): Z. am See *(Stadt in Salzburg, Kfz: ZE)*

Zellatmung (Biol.) ‖ **Zelle** die, -/-n: *ein kleiner Raum;* Telefonzelle | (Biol.) *kleinste lebende Einheit [von Pflanzen und Tieren]* | (meist scherzh.) die kleinen grauen Zellen *(Großhirnrindenzellen, Denkfähigkeit, Gedächtnis)* ‖ **Zellengewebe** (Biol.): *Zellgewebe*

Zeller der, -s/- (reg., ugs.): *Sellerie* ‖ **Zellersalat** (reg., ugs.)

Zeller See: *See in Salzburg* | *auch:* Irrsee: *See in Oberösterreich*

Zellgewebe (Biol.) ‖ **Zellglas** das, -es: *ein Kunststoff* ‖ **-zellig** (nur in Zusammensetzungen wie mehrzellig) ‖ **Zellkern** (Biol.) ‖ **Zellmembran** (Biol.) ‖ **Zellophan** [-f-] = Cellophan [ts-] das, -s (Wz.): *eine glasklare Kunststofffolie* ‖ **Zellplasma** (Biol.) ‖ **Zellstoff** der, -[e]s: *technisch hergestellte Zellulose* ‖ **Zellstoffwechsel** [-ks-] (Biol.) ‖ **Zellstofffabrik** ‖ **Zellteilung** (Biol.) ‖ **Zellulitis** = Cellulitis = Cellulite ['seljʊlaɪt] die, - (Med.): *eine Schwächung des Bindegewebes, Orangenhaut* ‖ **Zelluloid** [-'lo̯it, auch: -lo'i:t] = Celluloid [ts-] das, -[e]s ⟨lat.-engl.⟩: *ein durchsichtiger Kunststoff* ‖ **Zellulose** = Cellulose die, - ⟨lat.⟩: *Hauptbestandteil der pflanzlichen Zellwände* ‖ **Zellwolle** die, - (veraltend): *eine Kunstfaser*

Zelot der, -en/-en ⟨gr.-lat.⟩: *Glaubenseiferer, Fanatiker* ‖ **Zelotin** die, -/-innen

Zelt das, -[e]s/-e: in einem Z. übernachten; die Zelte abbrechen *(weiterziehen, den Aufenthaltsort ändern)* ‖ **Zeltbahn:** *Zeltblatt* ‖ **Zeltblatt:** *Stoffteil für den Zeltbau*

zelteln = **zelten:** *ein Zelt aufschlagen, in einem Zelt wohnen, campen*

Zelten der, -s/- (reg.): *Früchtebrot, Lebkuchen*

Zelter der, -s/- (veraltet): *ein Damenreitpferd*

Zeltlager ‖ **Zeltler** der, -s/-: *jemand, der zeltet* ‖ **Zeltlerin** die, -/-innen ‖ **Zeltpflock:** *Hering* ‖ **Zeltplache** ‖ **Zeltplane** ‖ **Zeltplatz**

Zeltweg: *Stadt in der Steiermark*

Zement der (*auch:* das), -[e]s/-e ⟨lat.-fr.⟩: *ein Baustoff* | *eine Zahnfüllung* ‖ **Zementboden** ‖ **zementieren:** *mit Zement ausfüllen, verputzen* | einen Standpunkt z. *(ihn nachdrücklich, unverrückbar festlegen)* ‖ **Zementierung** die, -/-en ‖ **Zementmörtel**

Zen [z-, auch: ts-] das, -[s] ⟨Sanskrit-chin.-jap.⟩: *eine [buddhistische] philosophische Richtung* ‖ **Zenbuddhismus**

Zenit der, -[e]s ⟨arab.⟩: *Scheitelpunkt [des scheinbaren Himmelsgewölbes];* im Z. *(auf dem Höhepunkt)* seines Schaffens

zensieren ⟨lat.⟩: *zensurieren* | *beurteilen* ‖ **Zensierung** die, -/-en ‖ **Zensor** der, -s/-en [-'o:-]: *Zensurbeamter* ‖ **Zensorin** die, -/-innen ‖ **Zensur** die, -: die Meldung ist der Z. *(der amtlichen Kontrolle)* zum Opfer gefallen | (mit Pl. -en) (D) *Beurteilung; Zeugnisnote[n]* ‖ **zensurieren,** *auch:* zensieren: Nachrichten, Bücher, Briefe z. *(amtlich auf verbotene Inhalte prüfen)* ‖ **Zensus** der, -/-: *Volkszählung*

Zentaur = → Kentaur

Zentenarium das, -s/Zentenarien [-i̯ən] ⟨lat.⟩: *Hundertjahrfeier* ‖ **Zenti-** ⟨lat.⟩ (nur in Zusammensetzungen wie zB Zentimeter) ‖ **Zentigramm** (cg): *0,01 g* ‖ **Zentiliter** (cl): *0,01 l* ‖ **Zentimeter** [auch: 'tsen-] (cm): *0,01 m* ‖ **Zentimeter-Gramm-Sekunden-System** [-zy-] das, -s (CGS-System) ‖ **Zentimetermaß:** *ein Maßband* ‖ **Zentner** der -s/- (q) (in Österreich keine gesetzliche Maßeinheit mehr): *100 kg* | (veraltet) *50 kg* (= Wiener Zentner) ‖ **Zentnerlast:** eine Z. fällt mir vom Herzen *(ich bin erleichtert)* ‖ **zentnerschwer:** *sehr schwer* ‖ **zentnerweise**

zentral ⟨gr.-lat.⟩: ein z. *(in der Ortsmitte)* gelegenes Kaufhaus ‖ **Zentralafrika** ‖ **Zentralamerika** ‖ **Zentralanstalt** → ZAMG ‖ **Zentralasien** ‖ **Zentralausschuss** ‖ **Zentralbahnhof** ‖ **Zentralbank** → Europäische Zentralbank ‖ **Zentralbau** der, -[e]s/-ten (Arch.): *um einen Mittelteil, zB um einen Raum mit Kuppel, angelegtes Bauwerk* ‖ **Zentralbesoldungsamt** (früher): *Bundesrechenzentrum* ‖ **Zentrale** die, -/-n: *Hauptstelle; Hauptgeschäft* | *Telefonzentrale* ‖ **Zentraleinheit** (EDV): *Hauptkomponente eines Computers, CPU, Prozessor* ‖ **Zentralfigur:** *Hauptgestalt* ‖ **Zentralfriedhof** ‖ **zentralgeheizt** ‖ **Zentralgewalt** (Gesch.): *von einer übergeordneten, zentral organisierten Stelle ausgeübte Macht* ‖ **Zentralheizung:** *Heizung, die ein ganzes Haus von einer zentralen Stelle aus beheizt* | *Radiator* ‖ **zentralisieren:** *an einem Punkt zusammenziehen, vereinigen;* → G.: dezentralisieren ‖ **Zentralisierung** die, -/-en ‖ **Zentralismus** der, -: *das Bestreben, Gesetzgebung und Verwaltung für den gesamten Staat von einer Stelle aus einheitlich zu gestalten;* → G.: Föderalismus ‖ **zentralistisch:** zentralistische *(auf Zusammenziehung, auf den Zentralismus hinzielende)* Bestrebungen ‖ **Zentralkomitee** (ZK): *[politischer] Führungsausschuss [in kommunistischen Parteien]* ‖ **Zentralnervensystem** [-f-zy-] (Biol.) ‖ **Zentralperspektive** [-fɛ-, -vɛ] (bes. Kunstg.) ‖ **Zentralstelle:** *die Zentralstellen des Bundes, zB die Bundesministerien* ‖ **Zentralverriegelung:** ein Auto mit Z. ‖ **Zentralverwaltung** ‖ **zentrieren:** ein Rad z. *(es so einrichten, dass sein Schwerpunkt genau in der Mitte liegt)* | (Druckw.) die Überschrift z. *(in die Mitte der Seite setzen)* ‖ **zentrifugal:** *vom Mittelpunkt wegstrebend;* → G.: zentripetal ‖ **Zentrifugalkraft:** *Fliehkraft* ‖ **Zentrifuge:** *Schleudermaschine; Schwungmaschine* ‖ **zentrifugieren:** die Wäsche z. *(schleudern)* ‖ **zentripetal:** *zum Mittelpunkt [hin]strebend;* → G.: zentrifugal ‖ **Zentripetalkraft** ‖ **zentrisch:** *im Mittelpunkt befindlich* ‖ **Zentrum** das, -s/Zentren: *Mittelpunkt;* im Z. *(in der Innenstadt)* wohnen

Zenzi: *weibl. Vorname (Crescentia, Innocentia uÄ)*

Zephir [-f-] = Zephyr [-yr] der, -s ⟨gr.-lat.⟩: *ein sanfter Wind, bes. aus Südwesten* | (mit Pl. Zephire) *ein Baumwollgewebe*

Zeppelin der, -s/-e: *mit Gas ge-*

Z

fülltes Luftschiff (nach dem Konstrukteur)
zep|peln, ich zepple (reg., ugs., veraltend): *trippeln*
Zep|ter = → Szepter
zer|bei|ßen
zer|bers|ten
Zer|be|rus = Cerberus [ts-] der, -/-russe ⟨gr.-lat.⟩: *Höllenhund (in der griechischen Sage)* | (meist scherzh.) *grimmiger Wächter*
zer|beu|len
zer|bom|ben: *durch Bomben zerstören*
zer|bre|chen: ein Glas z.; sich den Kopf über etwas z. *(darüber angestrengt nachdenken)* | er ist an seinem Kummer zerbrochen *(verzweifelt)* ‖ **zer|brech|lich:** ein zerbrechliches Porzellan ‖ **Zer|brech|lich|keit** die, -
zer|brö|ckeln
zer|brö|seln
zer|dep|schen, *auch:* zertepschen (ugs.): du zerdepsch[s]t *(zerdrückst, zerschlägst)* ein Ei
zer|drü|cken: Erdäpfel z. | ein zerdrücktes *(zerknittertes)* Kleid
Ze|re|a|li|en [-i̯en] die (Pl.) ⟨lat.⟩: *Getreide[produkte]*
ze|re|b|ral = cerebral [ts-] ⟨lat.⟩ (Med.) *das Gehirn betreffend, vom Gehirn ausgehend*
Zer|ei|sen das, -s (Chem.): *eine Legierung für Feuersteine;* → Cer
Ze|re|mo|nie [-i̯e] die, -/-n ⟨lat.⟩: *feierliche Handlung in genau festgelegter Form, zB beim Gottesdienst* ‖ **ze|re|mo|ni|ell** ‖ **Ze|re|mo|ni|ell** das, -s/-e: *Vorschriften bei feierlichen [festlichen] Anlässen* ‖ **Ze|re|mo|ni|en|meis|ter** (früher): *ein Hofbeamter* ‖ **ze|re|mo|ni|ös:** eine zeremoniöse *(förmliche, steife)* Begrüßung
zer|fah|ren[1] (Verb): eine zerfahrene *(durch Fahrzeuge zerstörte)* Wiese ‖ **zer|fah|ren**[2] (Adj.): ein zerfahrener *(verwirrter, zerstreuter)* Mensch ‖ **Zer|fah|ren|heit** die, -
Zer|fall der, -[e]s: radioaktiver Z. ‖ **zer|fal|len:** *auseinanderfallen* | (geh.) er ist mit allen Freunden z. *(zerstritten)* ‖ **Zer|falls|er|schei|nung** ‖ **Zer|falls|pro|dukt** (Phys.)
zer|fa|sern
zer|fet|zen: das Sprengstück zerfetzte *(zerriss)* ihm den Arm
zer|flat|tern: das Gespräch begann zu z. *(begann sich zu verlieren, vom eigentlichen Thema abzuweichen)*
zer|fled|dert: *abgenützt, zerlesen*
zer|flei|schen: von Wölfen zerfleischte *(zerrissene)* Schafe | du zerfleisch[s]t *(quälst)* dich
zer|flie|ßen: auf Papier zerflossene Tinte | vor Mitleid z.
zer|fran|sen: eine zerfranste Hose | (ugs.) sich für jemanden z. *(übereifrig anstrengen)*
zer|fres|sen: von Rost zerfressenes Eisen | von Ehrgeiz z.
zer|fur|chen: ein von Sorgen zerfurchtes *(faltiges)* Gesicht
zer|ge|hen: Fett z. lassen; zergehender *(schmelzender)* Schnee
zer|glie|dern: etwas z. *(es in seine Bestandteile zerlegen, bis ins Einzelne erklären, analysieren)*
zer|ha|cken ‖ **Zer|ha|cker** der, -s/-: *Gerät zur Unterbrechung von elektrischer Spannung, zB für Lichteffekte* | (ugs., oft scherzh.) *starker Schnaps [zur Verdauung]*
zer|hau|en: *zerschlagen*
zer|kau|en: *im Mund zerkleinern; zerbeißen*
zer|klei|nern: Holz z.
zer|klüf|tet: zerklüftete Felsen
zer|knaut|schen: ein zerknautschter *(zerknitterter)* Mantel
zer|knirscht: *reumütig; niedergedrückt* ‖ **Zer|knirscht|heit** die, - ‖ **Zer|knir|schung** die, -
zer|knit|tern: zerknitterte Seide
zer|knül|len: Papier z. *(mit der Hand zusammenballen)*
zer|ko|chen: die Erdäpfel sind/haben sich zerkocht
zer|krat|zen
zer|krie|gen sich (ugs.): sich mit jemandem z. *(zerstreiten)*
zer|ku|geln sich (ugs.): sich vor Lachen z. *(nicht halten können)*
zer|las|sen: zerlassene *(geschmolzene)* Butter
zer|lau|fen: *zerfließen*
zer|leg|bar ‖ **zer|le|gen:** das Handy z. *(auseinandernehmen)* | ein Huhn z. *(tranchieren)*
zer|lem|pert (mda.): *zerrissen; beschädigt; angeschlagen; zerlumpt*
zer|le|sen: ein zerlesenes *(durch vieles Lesen abgenütztes)* Buch
zer|lö|chert
zer|lumpt: z. *(abgerissen)* daherkommen
zer|mah|len
zer|mal|men: *zerquetschen, [z]erdrücken*
zer|man|schen, du zermansch[s]t (ugs.): *[etwas Weiches] zerdrücken*
zer|mar|tern sich: sich das Hirn z. *(angestrengt nachdenken)*
zer|mür|ben: er ist durch Kummer und Sorgen zermürbt *(mutlos, hoffnungslos)* ‖ **zer|mür|bend**
zer|na|gen
zer|nepft (ostöst., ugs.): *zerzaust, verwahrlost, in Unordnung geraten*
zer|nie|ren (Mil.): *umschließen; [durch Truppen] umzingeln*
Ze|ro [z-] das, -s/-s = die, -/-s ⟨arab.-it.-fr.⟩: *Null [beim Roulett]*
zer|pflü|cken: *auseinanderzupfen;* eine Rede z. *(sie Punkt für Punkt [missgünstig] kritisieren)*
zer|plat|zen: der Luftballon ist zerplatzt
zer|quet|schen: zerquetschte Beeren
zer|rau|fen: zerraufte *(zerzauste)* Haare
Zerr|bild: *Spottbild, Karikatur*
zer|re|den: einen guten Gedanken z. *(ihn durch zu vieles Reden zunichtemachen)*
zer|rei|ben: etwas zwischen den Fingern z.
zer|reiß|bar: schwer z. ‖ **zer|rei|ßen:** eine zerrissene Hose | (ugs.) sich für jemanden z. *(übertrieben bemühen)* ‖ **Zer|reiß|pro|be:** ein Werkstück einer Z. unterziehen | eine Z. für die Regierung
zer|ren: der Hund zerrte *(zog)* an der Leine | jemanden in den Dreck z. *(über jemanden schlecht reden)* | (Med.) sich einen Muskel z. *(überdehnen)*
zer|rin|nen: *schmelzen, zerfließen*
Zer|ris|sen|heit die, -
Zerr|spie|gel: etwas im Z. *(verzerrt)* darstellen
Zer|rung die, -/-en (Med.): *Überdehnung*
zer|rup|fen: *zerzausen*
zer|rüt|ten: zerrüttete *(stark strapazierte, verwirrte)* Nerven | zerrüttete *(heruntergekommene)* Finanzen; eine zerrüttete Ehe ‖ **Zer|rüt|tung** die, -
zer|sä|gen
zer|schel|len: das Boot zerschellte *(zerbrach)* an den Klippen
zer|schie|ßen: zerschossene Dörfer
zer|schla|gen[1] (Verb): einen Stein z. | die Polizei hat einen Drogenring z. | das Vorhaben hat sich zerschlagen *(es ist nicht zu Stande gekommen)* ‖ **zer|schla|gen**[2] (Adj.): sich z. *(außerordentlich müde)* fühlen ‖ **Zer|schla|gen|heit** die, -: die Z. am ganzen Körper fühlen ‖ **Zer|schla|gung** die, -/-en: die Z. des Widerstands

Z

zer|schlei|ßen: zerschlissene *(fadenscheinige, zerrissene)* Wäsche
zer|schmei|ßen (ugs.): *zerschmettern*
zer|schmet|tern: *zerschlagen, zertrümmern*
zer|schnei|den
zer|schun|den: zerschundene *(abgeschürfte)* Knie
zer|set|zen: das Medikament zersetzt sich *(einzelne Bestandteile sondern sich ab)* ‖ **Zer|set|zung** die, -/-en ‖ **Zer|set|zungs|pro|dukt** ‖ **Zer|set|zungs|pro|zess**
zer|sie|deln: *das Landschaftsbild durch [planlose] Besiedelung zerstören* ‖ **Zer|sie|de|lung** = **Zer|sied|lung**
zer|sin|gen: ein Lied z. *(durch ungenaue mündliche Überlieferung verändern)*
zer|spal|ten ‖ **Zer|spal|tung** die, -/-en
zer|split|tern: zersplittertes Holz | sich in der Arbeit z. *(sich mit zu vielen Dingen befassen)* ‖ **Zer|split|te|rung** die, -/-en
zer|spra|geln sich (W, ugs.): sich für jemanden z. *(übertrieben bemühen, aufopfernd einsetzen)*
zer|spren|gen
zer|sprin|gen: ein zersprungenes Glas
zer|stamp|fen
zer|stäu|ben ‖ **Zer|stäu|ber** der, -s/-: *Vorrichtung zum Versprühen von Flüssigkeiten*
zer|ste|chen: sie ist von den Gelsen ganz zerstochen
zer|stie|ben (geh.): die Funken zerstoben *(sie sprühten nach allen Seiten)*
zer|stör|bar ‖ **zer|stö|ren:** *vernichten* ‖ **Zer|stö|rer** der, -s/- (Mil.): *ein Kriegsschiff* | (veraltet) (Mil.) *ein Kampfflugzeug* ‖ **zer|stö|re|risch** ‖ **Zer|stö|rung** ‖ **Zer|stö|rungs|trieb** ‖ **Zer|stö|rungs|wut**
zer|sto|ßen: *zerstampfen, zerkleinern*
zer|strah|len (Phys.)
zer|strei|ten sich: sie haben sich zerstritten *(sie sind in Streit geraten)*
zer|streu|en: die Menge zerstreute sich | einen Verdacht z. *(darlegen, dass er unbegründet ist)* | sich mit einem Buch z. *(sich ablenken, sich erholen)* ‖ **zer|streut:** *an etwas anderes denkend, als im Augenblick geboten ist; vergesslich* ‖ **Zer|streut|heit** die, -: *Vergesslichkeit* ‖ **Zer|streu|ung:** *Unterhaltung, Entspannung*
zer|stü|ckeln: *[gewaltsam] zerteilen*
zer|tei|len ‖ **Zer|tei|lung**
zer|tep|schen → zerdepschen
Zer|ti|fi|kat das, -[e]s/-e ⟨lat.⟩: *[amtliche] Bescheinigung; Bestätigung; Zeugnis* ‖ **zer|ti|fi|zie|ren** (Amtsspr.)
zer|tram|peln: *zertreten*
zer|tren|nen: ein altes Kleid z.
zer|tre|ten
zer|trüm|mern: einen Felsblock *(zur Schottergewinnung)* z. ‖ **Zer|trüm|me|rung** die, -/-en
Zer|ve|lat|wurst [-ve-st, auch: -ʃt] ⟨lat.-it.⟩: *eine Wurstart;* → Safaladi
zer|wer|fen sich (geh.): sich mit jemandem z. *(überwerfen, entzweien)*
zer|wir|ken (Jägerspr.): *dem erlegten Wild die Haut abziehen, es zerlegen*
zer|wüh|len: ein von Mäusen zerwühltes Gemüsebeet
Zer|würf|nis das, -nisses/-nisse (geh.): *Entzweiung*
zer|wu|zeln[1] (ugs.): etwas mit den Fingern z. *(zerreiben)* ‖ **zer|wu|zeln**[2] sich: *sich vor Lachen nicht halten können*
zer|zau|sen: vom Sturm zerzauste Bäume
zer|zup|fen: zerzupfte Haare
Ze|serl|kraut (bes. S, ugs.): *Sauerkraut; eingesäuerte, gehobelte Rüben*
Zes|si|on die, -/-en ⟨lat.⟩ (Jus): *Abtretung, Überlassung einer Forderung;* → zedieren ‖ **Zes|si|o|nar** der, -s/-e (Jus): *Gläubiger, an den eine Forderung abgetreten wird* ‖ **Zes|si|ons|ur|kun|de** (Jus) ‖ **Zes|si|ons|ver|trag** (Jus)
ZEST die, -, *auch:* ZESt, Zest (Bankw.): **Z**insertrag**s**s**t**euer
Zes|te die, -/-n (Küchenspr.): *hauchdünne Streifen aus der äußersten Schale von Zitrusfrüchten oder Gemüse*
Ze|ta das, -[s]/-[s] (ζ, Z) ⟨gr.⟩: *griechischer Buchstabe, entspricht z*
Ze|ter (geh.) (nur in der Wendung): Z. und Mordio schreien *(laut schreiend und jammernd um Hilfe rufen)* ‖ **Ze|ter|ge|schrei** (geh.) ‖ **ze|ter|mor|dio** (veraltet): z. (= **Zetermordio**) schreien *(lauthals jammern)* ‖ **Ze|ter|mor|dio** das, -s (veraltet): Z. (= **zetermordio**) schreien ‖ **ze|tern** (geh.): *schreien, jammern, schimpfen*
Zett das, -[s]/-[s]: *der Buchstabe z/Z;* von A bis Z.
Zet|tel der, -s/- ‖ **Zet|tel|kar|tei** ‖ **Zet|tel|kas|ten** ‖ **Zet|tel|ka|ta|log:** *ein Verzeichnis auf losen Blättern oder Karten, zB in Büchereien* ‖ **Zet|tel|wirt|schaft** (ugs.) ‖ **Zet|terl** das, -s/-[n]: *[Notiz]zettel*
Zeug das, -[e]s/-e: *eine Gewebeart; Kleider und Wäsche verschiedener Art;* Bettzeug; jemand[em] etwas am Z. flicken *(über jemanden schlecht reden, jemanden kritisieren)* | (ohne Pl.) (oft abw.) minderwertiges Z.; sein Z. *(seine Sachen)* in Ordnung halten; → Zeugs; das Z. *(die Begabung)* zum Studium haben | *Geschirr für Zugtiere, Zaumzeug;* sich für jemanden/etwas ins Z. legen *(einsetzen)* | (ugs.) was das Z. hält *(mit aller Kraft)* ‖ **Zeug|druck** der, -[e]s: *Bedrucken von Stoffen mit färbigen Mustern*
Zeu|ge der, -n/-n: er wurde Z. eines Überfalls
zeu|gen: ein Kind z. | seine Arbeit zeugt von hohem Können *(sie beweist hohes Können);* ihre Aufrichtigkeit zeugt *(spricht)* für sie | bei Gericht gegen jemanden z. *(Zeugnis ablegen)*
Zeu|gen|aus|sa|ge ‖ **Zeu|gen|ein|ver|nah|me:** *Zeugenvernehmung* ‖ **Zeu|gen Je|ho|vas** [- -v-] die (Pl.): *eine [christliche] Religionsgemeinschaft* ‖ **Zeu|gen|pflicht** (Jus) ‖ **Zeu|gen|schaft** die, -/-en (Jus) ‖ **Zeu|gen|schutz** (Jus) ‖ **Zeu|gen|stand** der, -[e]s (Jus): in den Z. gerufen werden ‖ **Zeu|gen|ver|neh|mung** (Jus): *Zeugeneinvernahme*
Zeug|haus: *Gerätehaus [der Feuerwehr]* | (früher) *Waffenarsenal*
Zeu|gin die, -/-**innen**
Zeugl das, -s/-n (W): *Gespann eines Kutschers*
Zeug|nis das, -nisses/-nisse: *Jahreszeugnis [in der Schule];* ärztliches Z. *(Bestätigung des Gesundheitszustandes)* | die Maßnahmen sind Z. *(Beweis)* der ernsten Lage | (geh.) von etwas Z. ablegen *(wahrheitsgetreu davon berichten)*
Zeugs das, - (ugs., abw.): *[minderwertiges] Zeug*
Zeu|gung die, -/-en ‖ **Zeu|gungs|akt** der, -[e]s/-e ‖ **zeu|gungs|fä|hig:** *im Stande sein, Nachkommen zu zeugen* ‖ **zeu|gungs|un|fä|hig**
Zeus: *höchster griechischer Gott* ‖ **Zeus|tem|pel**

Z

zH = **z. H.: zu Handen**; → zuhanden

ZiB [tsip] die, -/-[s]: **Z**eit **i**m **B**ild *(Nachrichtensendung im ORF);* ZiB 1

Zibebe die, -/-n ⟨arab.-it.⟩ (veraltend): *eine [große] getrocknete Weinbeere, Rosine*

Ziborium das, -s/Ziborien [-i̯ɛn] ⟨gr.-lat.⟩ (kath.): *Hostiengefäß*

Zichorie [-i̯ɛ] die, -/-n ⟨gr.-lat.-it.⟩: *Wegwarte;* → Chicorée ‖ **Zichorienkaffee**

Zicke die, -/-n: *weibliche Ziege, Geiß* | (D, ugs., abw.) *zickige Frau* ‖ **zicken** (ostöst., mda.): *sauer werden* ‖ **Zicken** die (Pl.) (abw.) (nur in der Wendung): Z. machen *(widerborstig sein, Schwierigkeiten machen)* ‖ **zickig** (ostöst., mda.): zickige *(säuerliche)* Milch | (bes. D, ugs., abw.): *zimperlich, überspannt* ‖ **Zicklein** das, -s/-: *junge Ziege*

zickzack: z. laufen ‖ **Zickzack** der, -[e]s/-e: im Z. laufen ‖ **Zickzackkurs:** einen Z. steuern ‖ **Zickzacklinie** [-i̯ɛ]

Zider der, -s ⟨hebr.-gr.-lat.-fr.⟩: → *Cidre*

Zieche die, -/-n (ugs., veraltend): *Tuchent-, Polsterüberzug*

Ziege die, -/-n: Ziegen hüten | *derbes Schimpfwort für eine Frau*

Ziegel der, -s/-: Z. schupfen *(werfend weitergeben);* Z. brennen ‖ **Ziegelbau** der, -[e]s/-ten ‖ **Ziegelbrennerei:** *Ziegelei* ‖ **Ziegeldach** ‖ **Ziegeldecker** der, -s/- (reg.): *Dachdecker* ‖ **Ziegeldeckerin** die, -/-innen (reg.) ‖ **Ziegelei** die, -/-en ‖ **ziegelrot** ‖ **Ziegelstein:** *Ziegel* ‖ **Ziegelteich:** *aus einer Lehmgrube entstandener Teich*

Ziegenbock ‖ **Ziegenkäse,** *auch:* Ziegenkäs ‖ **Ziegenleder** ‖ **Ziegenmilch** ‖ **Ziegenpeter** der, -s (bes. D, ugs.): *Mumps*

Zieger der, -s/- (westöst.), *CH auch:* Ziger: *gewürzter Topfen* ‖ **Ziegerkäse** (westöst.), *CH auch:* Zigerkäse

zieh → zeihen ‖ **Ziehbrunnen:** *Brunnen, aus dem das Wasser mit einem Gefäß heraufgezogen wird* ‖ **Zieheltern** die (Pl.) ‖ **ziehen**[1], zog/gezogen: ein Boot an Land z.; den Hut z.; die Mütze ins Gesicht z. | einen Zahn z. *(reißen, entfernen)* | den Revolver z. *(zücken)* | aus dem Geschäft viel Nutzen z. *(viel Gewinn daraus schöpfen)* | (Bot.) Pflanzen aus Samen z. *(anbauen);* → züchten | einen Strich z. *(zeichnen)* | einen Schluss aus etwas z. *(folgern);* jemanden zur Verantwortung z. | aufs Land z. *(übersiedeln)* | es zieht mich *(ich will)* ans Meer | beim Schachspiel z. *(mit einer Figur einen Zug auf ein anderes Feld machen)* | den Tee z. lassen *(die Blätter im heißen Wasser belassen)* | es zieht *(es herrscht Zugluft)* | er zog ein Gesicht *(zeigte seinen Unwillen)* | ziehende Schmerzen | (ugs.) das Theaterstück zieht *(lockt viele Besucher an)* | jemanden/etwas aus dem Verkehr z. *(aus seiner Position entfernen)* ‖ **ziehen**[2] sich: die Spur zieht sich quer durch den Wald | (ugs.) dieser Weg zieht sich *(er erscheint lang)* ‖ **Ziehharmonika:** *ein Musikinstrument, zB Akkordeon* ‖ **Ziehkind:** *ein [zur Erziehung] angenommenes [fremdes] Kind* ‖ **Ziehmutter** ‖ **Ziehsohn** ‖ **Ziehtochter** ‖ **Ziehung** die, -/-en: die heutige Z. der Klassenlotterie ‖ **Ziehungsliste** ‖ **Ziehvater**

Ziel das, -[e]s/-e: ins Z. treffen; über das Z. hinausschießen *(zu viel tun, das vernünftige Maß überschreiten)* | ein Z. vor Augen haben *(etwas Bestimmtes erreichen wollen);* ans Z. *(ans erstrebte Ende)* kommen; zum Z. führen; ohne Maß und Z. *(schrankenlos)* | (Kaufmannsspr.) drei Monate Z. *(Zahlungsfrist)* ‖ **Zielbahnhof** ‖ **zielbewusst:** z. handeln ‖ **zielen:** genau z. *(anvisieren)* | gezielte *(genau durchdachte)* Fragen stellen; die Kritik zielt auf Verbesserung ‖ **Zielfernrohr:** *ein Visiergerät [am Gewehr]* ‖ **Zielfoto** (Sport): *Foto, das im Ziel aufgenommen wird, zur Ermittlung der Reihenfolge* ‖ **zielführend:** *zweckmäßig, erfolgreich* ‖ **Zielgebiet** (Mil.) ‖ **zielgenau** ‖ **Zielgerade** (Sport): in die Z. *(ins letzte, gerade Bahnstück vor dem Ziel)* einlaufen, einfahren ‖ **zielgerichtet** ‖ **Zielgruppe:** *Bevölkerungsgruppe, auf die eine Werbung, ein Produkt oÄ abgestimmt ist* ‖ **Ziellinie** [-i̯ɛ] ‖ **ziellos** ‖ **Ziellosigkeit** die, - ‖ **Zielscheibe:** mit dem Pfeil die Z. treffen | Z. der Kritik sein ‖ **Zielsetzung** die, -/-en ‖ **zielsicher** ‖ **Zielsicherheit** ‖ **Zielsprache:** *Sprache, in die übersetzt wird;* → Ausgangssprache ‖ **zielstrebig** ‖ **Zielvorstellung** ‖ **Zielwasser** (scherzh.): *Schnaps*

ziemen (geh.): es ziemt mir nicht *(es schickt sich für mich nicht);* es ziemt *(schickt, gehört)* sich

Ziemer der, -s/- (bes. Jägerspr.): *Rehrücken, Hirschrücken*

ziemlich: ein z. *(fast)* voller Saal

Zier die, -: *Zierde* ‖ **Zierde** die, -/-n: *Verzierung, Schmuck* ‖ **zieren**[1]: das Heim mit Blumen z. *(verschönern, schmücken)* ‖ **zieren**[2] sich: die Umworbene zierte sich anfänglich *(sträubte sich scheinbar)* ‖ **Ziererei** die, -/-en: *[ständiges] Sichzieren*

Zierfandler der, -s/-: *eine Weinsorte*

Zierfisch ‖ **Ziergras** ‖ **zierlich:** eine zierliche *(feine, zarte)* Gestalt ‖ **Zierpflanze** ‖ **Zierpolster** ‖ **Zierrat** der, -[e]s/-e (geh.): *Verzierung* ‖ **Zierschrift** ‖ **Zierstrauch** ‖ **Ziervogel**

Ziesel das, -s/- = **Zieselmaus:** *ein Nagetier*

Ziff.: Ziffer

Ziffer die, -/-n (Ziff.): *Zahlzeichen;* eine Zahl mit vier Ziffern; die römischen Ziffern *(Zahlen),* die arabischen Ziffern *(Zahlen);* die Z. Null | (mit Abkürzung Z.): *Gliederungsziffer, zB in Gesetzestexten* ‖ **Zifferblatt** = **Ziffernblatt** ‖ **ziffernmäßig:** das Ergebnis z. *(in Ziffern)* festhalten

zig (ugs.): es waren zig *(sehr viele)* Leute da; → zigfach

Zigarette die, -/-n ⟨span.-fr.⟩ ‖ **Zigarettenasche** ‖ **Zigarettenautomat** ‖ **Zigarettenetui** [-tyi:] ‖ **Zigarettenpause** ‖ **Zigarettenraucher** ‖ **Zigarettenraucherin** ‖ **Zigarettenschachtel** ‖ **Zigarettenspitz:** ein Z. aus Horn ‖ **Zigarettenstummel** ‖ **Zigaretterl** das, -s/-[n] (ugs., oft scherzh.): *Zigarette* ‖ **Zigarillo** [auch: -ljɔ] der = das, -s/-s = die, -/-s ⟨span.⟩: *kleine, dünne Zigarre* ‖ **Zigarre** die, -/-n ⟨span.-fr.⟩ ‖ **zigarrenförmig** ‖ **Zigarrenspitz:** ein Z. aus Horn

Ziger → Zieger ‖ **Zigerkäse** → Ziegerkäse

Zigeuner der, -s/- (oft diskriminierend): → *Rom*[2]; → *Sinto* ‖ **Zigeunerin** die, -/-innen (oft als abw. und diskriminierend empfunden): → *Romni;* → *Sintiza* ‖ **Zigeunerisch** das, -[s] = **Zigeunerische,** -n: *die Zigeunersprache;* → Romanes ‖ **Zigeunerla-**

Z

ger || **Zi|geu|ner|mu|sik** || **Zi|geu|ner|pri|mas** [-ʃ]: *leitender Geiger einer Zigeunerkapelle* || **Zi|geu|ner|spra|che:** *Zigeunerisch;* → Romanes

zig|fach (ugs.): *mehrfach, vielfach;* → zig || **Zig|fa|che** das, -n (ugs.) || **zig|mal** (ugs.): *oft;* etwas z. versuchen || **zig|tau|send = Zig|tau|send:** zigtausend[e] (= Zigtausend[e]) von Zuhörern

Zi|ka|de die, -/-n ⟨lat.⟩: *ein grillenartiges Insekt*

Zil|le die, -/-n: *ein flaches Boot*

Zim|bal das, -s/-s [-e] ⟨gr.⟩ (Mus.): *ungarisches Hackbrett*

Zi|ment das, -[e]s/-e ⟨lat.-fr.⟩ (veraltet): *metallenes, zylindrisches Hohlmaß mit Henkel* | *ein Trinkgefäß*

Zim|mer das, -s/-: ein möbliertes Z. || **Zim|mer|an|ten|ne:** *Innenantenne* || **Zim|mer|brand:** *Brand im Zimmer* || **Zim|mer|brun|nen:** *ein Ziergegenstand [zur Luftbefeuchtung]* || **Zim|me|rer** der, -s/-: *Zimmermann* || **Zim|mer|flucht:** *zusammenhängende Folge von Zimmern* || **Zim|mer|frau:** *Zimmervermieterin* || **Zim|mer|ge|sel|le** || **Zim|mer|ge|sel|lin** || **Zim|mer|herr** (früher): *Untermieter* || **Zim|me|rin** die, -/-innen (west-öst.): *Stuben-, Zimmermädchen* || **Zim|mer|kell|ner** || **Zim|mer|kell|ne|rin** || **Zim|mer|laut|stär|ke** die, -: das Radio auf Z. stellen || **Zim|mer|mäd|chen:** *Hotelangestellte, die ua. Zimmer putzt* || **Zim|mer|mann** der, -[e]s/-leute: *ein Handwerker* || **Zim|mer|meis|ter** || **Zim|mer|meis|te|rin** || **zim|mern:** eine Hütte aus Holz z. || **Zim|mer|num|mer** || **Zim|mer|pflan|ze** || **zim|mer|rein:** *stubenrein* || **Zim|mer|tem|pe|ra|tur** || **Zim|mer|ti|ger** (scherzh.): *Hauskatze* || **Zim|me|rung** die, -/-en: *hölzernes Stützwerk [in Bergwerken]* || **Zim|mer|ver|mie|tung**

zim|per|lich: *weichlich; überempfindlich* | *heikel* || **Zim|per|lich|keit** die, -/-en

Zimt der (*auch:* das), -[e]s/-e: *ein Gewürz* || **zimt|far|ben = zimt|far|big,** *auch:* zimtfarbig || **Zimt|schne|cke:** *eine Mehlspeise* || **Zimt|stan|ge:** *ein Stück Zimtrinde*

Zin|gu|lum das, -s/Zingula ⟨lat.⟩ (kath.): *Schärpe, die bei einer Soutane wie ein Gürtel getragen wird; Strick zum Schürzen der Alba*

Zink[1] das, -[e]s (Zeichen: Zn): *ein chemisches Element* || **Zink**[2] der, -en/-en: *ein altes Blasinstrument* || **Zink|blech** || **Zin|ke** die, -/-n = Zinken der, -s/-: *ein zahnartiger, spitzer Vorsprung; Zacke;* die Zinken *(Zähne, Spieße)* einer Gabel, eines Rechens | *ein Holzzapfen bei Tischlerarbeiten* || **zin|ken:** die Spielkarten z. *(in betrügerischer Absicht mit geheimen Erkennungszeichen versehen)* | gezinkte *(ineinandergefügte)* Kastenbretter || **Zin|ken** → Zinke

Zinn das, -[e]s (Zeichen: Sn): *ein chemisches Element, Stannum (nach dem deutschen Botaniker Zinn)* | altes Z. *(Zinngeschirr oÄ)* sammeln || **Zinn|be|cher**

Zin|ne die, -/-n: *zahnartiger Aufbau auf alten Burg- oder Stadtmauern* | *Zacke*

zin|nen = zin|nern: *aus Zinn* || **Zinn|fi|gur** || **Zinn|fo|lie** [-iɛ] || **Zinn|ge|schirr** || **Zinn|gie|ßer:** *eine Berufsbezeichnung* || **Zinn|gie|ße|rin** || **Zinn|guss**

Zin|nie [-iɛ] die, -/-n: *eine Zierpflanze (nach einem deutschen Arzt und Botaniker)*

Zinn|kraut: *eine Pflanze, Schachtelhalm*

Zin|no|ber[1] der, -s/- ⟨gr.-lat.-fr.⟩: *ein Mineral* | (ugs., abw.) *Unsinn, Unfug;* „red keinen Z.!" | (ugs.) Z. *(großes Aufheben)* machen || **Zin|no|ber**[2] das, -s: *karminrote Farbe* || **zin|no|ber|rot**

Zinn|sol|dat: *aus Metall gegossene, bemalte kleine Soldatenfigur* || **Zinn|tel|ler**

Zins[1] der, -es/-e: *Mietzins* || **Zins**[2] der, -es/-en (meist Pl.): *für geliehenes Geld zu zahlender Betrag;* jemandem etwas mit Z. und Zinseszins zurückzahlen *(vollständig, mit Zinsen zurückzahlen,* auch: *es jemandem heimzahlen);* → Zinsen || **Zin|sen** die (Pl.): *Vergütung für geliehenes Geld;* Z. zahlen, bekommen; → Zins[2] || **zin|sen|frei:** ein zinsenfreies Darlehen *(Darlehen, für das keine Zinsen zu zahlen sind)* || **zin|sen|los:** *zinsenfrei;* zinsenlose Kredite || **Zins|er|trag** || **Zins|er|trags|steu|er** (ZEST, ZESt, Zest) (Bankw.): *eine Steuer auf Zinserträge* || **Zin|ses|zin|sen** die (Pl.): *Zinsen für die Zinsen;* → Zins[2] || **zins|frei:** eine zinsfreie Wohnung *(Wohnung, für die kein Zins zu zahlen ist)* || **Zins|fuß:** *Prozentsatz der zu zahlenden Zinsen* || **zins|güns|tig** || **Zins|haus:** *Mietshaus* || **zins|los** (D): *zinsenlos* || **zins|pflich|tig** (früher): *abgabe-, tributpflichtig* || **Zins|rück|stand:** *Mietrückstand* || **Zins|satz:** *Zinsfuß* || **Zins|woh|nung:** *Mietwohnung* || **Zins|wu|cher**

Zi|on: *ein Berg in Jerusalem* | (geh.) *Jerusalem* || **Zi|o|nis|mus** der, - (früher): *Bewegung für einen jüdischen Nationalstaat in Palästina* | (heute) *eine politische Bewegung zur Stärkung der Unabhängigkeit Israels* || **Zi|o|nist** der, -en/-en || **Zi|o|nis|tin** die, -/-innen

Zip [auch: z-] das, -[s] ⟨engl.⟩ (EDV): *ein Speichermodus mit Datenkomprimierung;* → zippen; *aber:* → Zipp

Zipf der, -[e]s/-e: *Zipfel* | *Nachzipf* | (ugs., abw.) ein fader Z. *(Mensch)* | (zB T) *Brotanschnitt, Scherzel* || **Zip|fel** der, -s/-: der Z. des Taschentuchs | (ugs.) *Penis, Zipferl* || **Zip|fel|hau|be** || **Zip|fel|müt|ze** || **zip|feln,** ich zipfle (ugs.): *knausern* | *auslosen* || **zip|fen** (ugs.): das Kleid zipft || **Zip|ferl** das, -s/-[n] (ugs., Kinderspr.): *Penis;* → Zipfel

Zipp der, -s/-s ⟨engl.⟩ (Wz.): *Kurzwort für Zippverschluss; aber:* → Zip

zip|pen [auch: z-] ⟨engl.⟩ (EDV): *Daten mit dem Speichermodus Zip komprimieren*

Zip|per|lein das, -s (scherzh., veraltend): *Gicht, Gliederreißen*

Zipp|ver|schluss ⟨engl.⟩ (Wz.): *Reißverschluss, Zipp*

Zips die, - (slowak.: Spiš [spiʃ]): *eine deutsche Sprachinsel in der Slowakei*

Zir|be die, -/-n, *auch:* **Zir|bel:** *Zirbelkiefer, ein Nadelbaum* || **Zir|bel|drü|se:** *zapfenförmige Drüse am Gehirn* || **Zir|bel|holz** → Zirbenholz || **Zir|bel|kie|fer:** *Zirbe* || **Zir|ben|geist:** *ein Schnaps* || **Zir|ben|holz,** *auch:* Zirbelholz: *eine wertvolle Holzart*

Zir|co|ni|um [-k-] = → Zirkonium

zir|ka = circa ['tsirka] ⟨lat.⟩ (ca.): *ungefähr, rund, etwa* || **Zir|kel** der, -s/- ⟨gr.-lat.⟩: *ein Zeichengerät* | *eine Gruppe von Menschen, die sich zu einem bestimmten Zweck zusammenfinden, zB Klub, Kränzchen, Runde* || **Zir|kel|schluss:** *Schlussfolgerung, die das voraussetzt, was bewiesen werden soll*

Zir|kon der, -s/-e ⟨lat.⟩: *ein*

Z

Schmuckstein ‖ **Zirkonium** = Zirconium [-k-] das, -s (Zeichen: Zr): *ein chemisches Element*
Zirkular das, -[e]s/-e ⟨lat.⟩: *Rundschreiben* ‖ **Zirkulation** [-tsi̯-] die, -/-en: Z. der Luft; die Z. *(der Kreislauf)* des Blutes ‖ **zirkulieren:** das Schriftstück zirkulierte *(es ging von Hand zu Hand)* ‖ **Zirkumflex** der, -es/-e (^, ˜): *ein Akzent-, Dehnungszeichen, zB in französisch* tête-à-tête, *in mittelhochdeutsch* hûs *(Haus), in altgriechisch* δῆμος ['dɛːmos] *(Volk)* ‖ **Zirkus** = Circus [ts-] der, -[-kusses]/-kusse ⟨gr.-lat.⟩: im Z. als Clown auftreten | (ohne Pl.) (ugs.) so ein Z.! *(Durcheinander)* ‖ **Zirkuspferd** = Circuspferd ‖ **Zirkuszelt** = Circuszelt
Zirpe die, -/-n: *ein Insekt, Zikade, Grille* ‖ **zirpen:** zirpende Grillen
Zirrhose die, -/-n ⟨gr.-lat.⟩ (Med.): *eine Erkrankung [der Leber]*
Zirrus der, -/- [Zirren] = **Zirruswolke** ⟨lat.⟩ (Met.): *Federwolke*
zirzensisch ⟨gr.-lat.⟩: zirzensische Spiele *([altrömische] Zirkusspiele)*
zisalpin ⟨lat.⟩: *diesseits der Alpen;* → G.: transalpin
zischeln, ich zischle: *flüstern; tuscheln; wispern* ‖ **zischen,** du zisch[s]t: der Dampf zischte *(stieß hörbar)* aus der Lokomotive ‖ **Zischlaut** (Sprachwiss.): *zischender Laut, zB* s, ss, sch
Ziseleur [-'løːə] der, -s/-e, *auch:* Ziselierer, -s/- ⟨lat.-fr.⟩: *Metallstecher* ‖ **Ziseleurin** die, -/-innen, *auch:* Ziselierin ‖ **ziselieren:** *eine Metallfläche mit dem Stichel und anderen Werkzeugen [künstlerisch] bearbeiten* ‖ **Ziselierer** → Ziseleur ‖ **Ziselierin** → Ziseleurin ‖ **Ziselierung** die, -/-en
Zisleithanien [-i̯ən], *auch:* Cisleithanien [ts-] ⟨lat.⟩ (früher): *die österreichische Reichshälfte der österreichisch-ungarischen Monarchie (nach dem Grenzfluss Leitha);* → Transleithanien; → k.
Zisterne die, -/-n ⟨lat.⟩: *[gemauerter] Behälter zum Auffangen von Regenwasser*
Zistersdorf: *Stadt in Niederösterreich*
Zisterzienser der, -s/-: *Angehöriger eines Mönchsordens (nach einem Kloster in Frankreich)* ‖ **Zisterzienserin** die, -/-innen ‖ **Zisterzienserorden** der, -s
Zita: *weibl. Vorname*
Zitadelle die, -/-n ⟨lat.-it.-fr.⟩: *Kernstück einer Befestigungsanlage oder befestigten Stadt*
Zitat das, -[e]s/-e ⟨lat.⟩: *aus einem Schriftwerk oder einer mündlichen Äußerung wörtlich angeführte Stelle* ‖ **Zitatenlexikon** ‖ **Zitatenschatz**
Zither die, -/-n ⟨gr.-lat.⟩: *ein Zupfinstrument;* Z. spielen (geh., reg.: Z. schlagen) ‖ **Zitherspieler** ‖ **Zitherspielerin**
zitieren ⟨lat.⟩: einen Ausspruch z. *(wörtlich anführen);* ein Buch z. *(seinen genauen Titel anführen)* | jemanden vor Gericht z. *(laden)* ‖ **Zitierregel:** *allgemein übliche Zitierweise von Quellen, Fundstellen* ‖ **Zitierung** die, -/-en
Zitrin der, -s/-e ⟨lat.-it.⟩: *ein Schmuckstein* ‖ **Zitronade** die, -/-n: *eine Zitronenlimonade* ‖ **Zitronat** das, -[e]s/-e: *mit Zucker haltbar gemachte Schalen einer Zitronenart* ‖ **Zitrone** die, -/-n: *eine Südfrucht;* jemanden wie eine Z. ausquetschen *(aufdringlich ausfragen)* ‖ **Zitronenbaum** ‖ **Zitronenfalter:** *ein Schmetterling* ‖ **zitronengelb** ‖ **Zitronengras:** *ein Gewürz* ‖ **Zitronenlimonade** ‖ **Zitronenmelisse:** *eine Gewürzpflanze* ‖ **Zitronenpresse** ‖ **Zitronensaft** ‖ **Zitronensäure** die, -(Chem.) ‖ **Zitronenschale** ‖ **Zitronenspalte** ‖ **Zitrusfrucht** (meist Pl.): *Zitrone, Orange ua.*
zitterig → zittrig ‖ **zittern:** zitternde Hände; vor Erregung z.; *aber:* mit Zittern und Zagen *(voll Angst)* ‖ **Zitterpappel:** *Espe* ‖ **Zitterpartie** (sal.): *Vorhaben mit ungewissem Ausgang* ‖ **zittrig,** *auch:* zitterig
Zitze die, -/-n: *Saugwarze weiblicher Säugetiere*
Zivi [-v-] der, -[s]/-[s] ⟨lat.-fr.⟩: *Kurzwort für Zivildiener* ‖ **zivil** [-v-]: das zivile *(bürgerliche)* Recht | *nicht militärisch;* zivile Opfer | (veraltet) *gemäßigt;* zivile *(mäßige)* Preise ‖ **Zivil** das, -s: in Z. *(nicht in Uniform)* gehen ‖ **Zivilbevölkerung** ‖ **Zivilcourage** [-kuraːʃ, -ʒɛ]: *Mut, für seine Meinung auch Nachteile zu riskieren* ‖ **Zivildiener:** *jemand, der seinen Zivildienst ableistet* ‖ **Zivildienst:** *Wehrersatzdienst* ‖ **Zivilehe:** *standesamtlich geschlossene Ehe* ‖ **Zivilfahnder** ‖ **Zivilfahnderin** ‖ **Zivilgericht:** *Gericht für Zivilrechtssachen* ‖ **zivilgerichtlich:** das zivilgerichtliche Verfahren ‖ **Zivilgesellschaft** (Soz.): *aktive Bürger/innen, die sich in bewusster Eigenverantwortung an der Gestaltung des öffentlichen Lebens beteiligen;* → Bürgerinitiative ‖ **Zivilgesetzbuch** (SüdT, CH): *Sammlung von Grundsätzen des Zivilrechts* ‖ **Zivilingenieur** [-ʒeni̯øːə]: *ein Ziviltechniker* ‖ **Zivilingenieurin** ‖ **Zivilisation** [-tsi̯-] die, -/-en: *Gesamtheit der [technischen] Errungenschaften, die das Leben bequemer und angenehmer machen* ‖ **Zivilisationskrankheit** ‖ **zivilisatorisch:** *die Zivilisation fördernd* ‖ **zivilisieren:** *der [abendländischen] Zivilisation angleichen* ‖ **zivilisiert:** sich z. *(gesittet, wohl erzogen)* benehmen ‖ **Zivilist** der, -en/-en: *nicht dem Militär Angehörende(r)* ‖ **Zivilistin** die, -/-innen ‖ **Zivilkleidung** ‖ **Zivilluftfahrt** ‖ **Zivilperson** ‖ **Zivilprozess** (Jus): *ein Erbschaftsprozess oÄ;* → Strafprozess; → Kriminalprozess ‖ **Zivilrecht** (Jus): *das bürgerliche Recht;* → G.: Strafrecht ‖ **zivilrechtlich** (Jus) ‖ **Zivilrechtssache** (Jus): *Rechtsstreitigkeit, die vor ein Zivilgericht gehört;* → G.: Strafrechtssache ‖ **Zivilschutz:** *Schutzmaßnahmen der Zivilbevölkerung [im Krieg]* ‖ **Zivilstreife** ‖ **Ziviltechniker:** *Unternehmer, der befugt ist, technische Aufgaben verantwortlich zu bearbeiten, zB Zivilingenieur* ‖ **Ziviltechnikerin** ‖ **Zivilteilung** (Jus): *Teilung des Erlöses aus dem Verkauf einer im Miteigentum stehenden Sache;* → G.: Naturalteilung ‖ **Zivilverfahren** (Jus): *Gerichtsverfahren zur Regelung bzw. Entscheidung zivilrechtlicher Ansprüche;* → G.: Strafverfahren
zizerlweis = **zizerlweise** (ugs.): *kleinweise, nach und nach;* z. mit der Wahrheit herausrücken
ZK [tsɛt 'kaː] das, -[s] (Pol.): **Zen**tral**k**omitee
Zl.: Zahl
Zloty ['zlɔti] der, -s/-s (Zl, Zł) ⟨poln.⟩ (poln.: Złoty ['zu̯ɔtɪ]): *Währungseinheit in Polen;* 10 Złoty
Zn: Zink
Znaim (tschech.: Znojmo ['znɔɪ-]): *Stadt in Tschechien*
Zniachterl [-'iəx-] das, -s/-[n] (bes.

W, mda.): *schmächtiger, unscheinbarer Mensch*
Znüne der = das, -n/-n (V): *Vormittagsjause* ‖ **Znünepause** (V)
Zobel der, -s/-: *ein Marder* | *ein Pelz*
Zockel der, -s/- ⟨it.⟩ (reg., zB T, ugs.): → *Tschockel* ‖ **zockeln** (reg., ugs.): *schwerfällig gehen;* ich zockle nach Hause
zocken (reg., bes. D): *[illegal] Glücksspiele betreiben;* → abzocken ‖ **Zocker** der, -s/- (reg., bes. D) ‖ **Zockerin** die, -/-innen (reg., bes. D)
Zofe die, -/-n: *eine herrschaftliche Bedienstete*
Zoff der, -s ⟨hebr.-jidd.⟩ (bes. D, ugs.): *Streit, Ärger;* sie hat/sucht ständig Z.
zog → ziehen
Zöger der, -s/-, *auch:* Zeger (reg., veraltend): *große Tragtasche [aus Schilf- oder Korbgeflecht]* | *Tragkorb aus Drahtgeflecht*
Zögerer der, -s/-: *Zauderer* ‖ **Zögerin** die, -/-innen ‖ **zögerlich:** *zögernd* ‖ **zögern:** *zaudern, zuwarten*
Zögling der, -s/-e (veraltet): *Schüler bestimmter Anstalten/Internate* | *Kind oder Jugendlicher in Heimpflege*
Zölibat der = das, -[e]s ⟨lat.⟩: *gesetzliche Ehelosigkeit des Klerus* ‖ **zölibatär**
Zoll[1] der, -[e]s/Zölle: *eine Abgabe bei der Ein- oder Ausfuhr von Waren*
Zoll[2] der, -[e]s/-e: *ein altes Längenmaß, 2,6 cm* | (in Mengenangaben mit Pl. Zoll) ein zwei Zoll dickes *(zweizölliges)* Brett | (veraltet) jeder Z. *(durch und durch)* ein Gentleman
Zollabfertigung ‖ **Zollabkommen** ‖ **Zollagenden** die (Pl.) (Amtsspr.): *Zollangelegenheiten, -obliegenheiten* ‖ **Zollamt** ‖ **Zollbeamte** ‖ **Zollbeamtin** ‖ **Zollbehörde**
zollbreit: eine zollbreite Leiste; *aber:* die Leiste ist einen Zoll breit ‖ **Zollbreit** = **Zoll breit** der, -: keinen Z. des Landes abtreten
Zolldeklaration [-tsi̯-]: *[schriftliche] Erklärung über zu verzollende Waren* ‖ **zollen** (geh.): jemandem [seine] Anerkennung z. *(ausdrücken);* seinen Tribut z. *(seinen Beitrag, seinen Teil leisten)* ‖ **Zolleinhebung** ‖ **Zollerklärung** (Wirt.) ‖ **Zollfahndung**
Zollfeld: *ein Gebiet in Kärnten*
zollfrei: Waren z. einführen ‖ **Zollfreigrenze** (Amtsspr.): *Geldwert, bis zu dem Waren aus dem Ausland zollfrei eingeführt werden können* ‖ **Zollfreizone** ‖ **Zollgrenzbezirk** ‖ **Zöllner** der, -s/-: *Zollbeamter* | (früher) *Steuereinnehmer* ‖ **Zöllnerin** die, -/-innen ‖ **zollpflichtig** ‖ **Zollrevision** [-v-]: *Zollüberprüfung*
Zollstab: *zusammenlegbarer Maßstab mit Zoll- und Zentimetereinteilung, Zollstock*
Zollstellung (Amtsspr.): *das Deklarieren einer zollpflichtigen Ware*
Zollstock: *Zollstab*
Zolltarif ‖ **Zollunion** ‖ **Zollwache** (Kfz: ZW): *Behörde für Grenzformalitäten* ‖ **Zollwachebeamte** ‖ **Zollwachebeamtin**
Zombie [auch: z-] der, -s/-s ⟨kreolisch-engl.⟩: *wiederbelebter Leichnam* | *willenloses* (auch: *grauenvolles, scheußliches) Wesen*
Zone die, -/-n ⟨gr.⟩: *abgegrenztes Gebiet;* die nördliche gemäßigte Z. *(eine Klimazone);* die blaue Z. *(Kurzparkzone)* | (Mil.) *Besatzungszone* ‖ **Zonentarif:** *Tarif mit nach Entfernungen gestaffelten Preisen bzw. Gebühren, zB bei der Bahn*
Zoo der, -s/-s ⟨gr.⟩: *Kurzwort für zoologischer Garten; Tiergarten* ‖ **Zoohandlung:** *Tierhandlung* ‖ **Zoologe** der, -n/-n: *Wissenschaftler auf dem Gebiet der Zoologie* ‖ **Zoologie** die, -: *Tierkunde* ‖ **Zoologin** die, -/-innen ‖ **zoologisch:** ein zoologischer Garten *(Tiergarten, Zoo, Menagerie)*
Zoom [zuːm, auch: tsuːm, tsoːm] das, -s ⟨engl.⟩: *stufenlos veränderbare Brennweiteneinstellung an einem Objektiv* | (mit Pl. -s) *Zoomobjektiv* ‖ **zoomen:** mit der Kamera z. *(den Gegenstand des Bildes optisch näher bzw. ferner rücken)* ‖ **Zoomobjektiv** [-f]
Zooplankton ⟨gr.⟩ (Biol.): *tierisches Plankton;* → Phytoplankton ‖ **Zootier**
Zopf der, -[e]s/Zöpfe: Zöpfe flechten | (Küchenspr.) *ein geflochtener Striezel* | (früher) *Zopfperücke;* ein alter Z. *(eine hinlänglich bekannte Sache);* → verzopft ‖ **Zopfbrot** (V): *ein geflochtener Striezel* ‖ **Zopfperücke**
Zores die (Pl.) ⟨hebr.-jidd.⟩ (ugs.): Z. *(Ärger, Schwierigkeiten)* haben
Zorn der, -[e]s: *Wut, Unwille* ‖ **Zornausbruch** ‖ **Zornbinkel** = **Zornbinkerl** (ugs.): *aufbrausender, jähzorniger Mensch* ‖ **zornentbrannt** (geh.): *zornig, wütend* ‖ **Zornesröte** ‖ **zornig**
Zote die, -/-n: *grob unanständiger Witz* ‖ **Zotenreißer** der, -s/-: *jemand, der Zoten erzählt* ‖ **Zotenreißerin** die, -/-innen ‖ **zotig**
Zotte die, -/-n (meist Pl.): *Haarbüschel, herabhängende Haarsträhne* ‖ **Zottel** die, -/-n (meist Pl.) (abw.): *ungepflegtes, ungeordnetes Haar* ‖ **Zottelbär** ‖ **zottelig** = zottlig = zottig: *struppig;* ein zotteliges Fell | *wirr;* zottelige Haare ‖ **zotteln** (ugs.): ich zottle *(gehe langsam, schwerfällig)* durch die Straßen ‖ **zottig** = → zottelig ‖ **zottlig** = → zottelig
Zr: Zirconium
zT = **z. T.:** zum Teil

zu

Präposition mit Dativ:
- zu dem Haus; → zum
- zu Mittag; zu Ostern
- von Haus zu Haus; von Zeit zu Zeit
- zu dreien/zu dritt musizieren *(in einer Dreiergruppe)*
- zu eigen machen; zu Dank verpflichtet
- zu Diensten stehen; zu Ende gehen
- zu Fleiß; zu Hilfe rufen
- zu guter Letzt; zu Tode betrübt
- zu Recht *(dem Recht, Gesetz nach)* bestehen; *aber:* er kommt damit nicht zurecht
- zu Werke gehen; zu Willen sein
- zu Zeiten *(zur Zeit)* Maria Theresias; *aber zusammen:* zuzeiten *(bisweilen)*
- [geboren] *zu (in)* Wien (geh.)

Getrennt- und Zusammenschreibung, zB:
- zu Grunde (= zugrunde) gehen
- zu Handen = zuhanden
- zu Hause = zuhause
- hier zu Lande = hierzulande
- zu Leid[e] (= zuleid[e]) tun
- zu Nutze (= zunutze) sein
- zu Rate (= zurate) ziehen
- zu Schanden (= zuschanden) werden
- zu Stande (= zustande) bringen

Adverb:
- ab und zu *(manchmal)*
- Augen zu, Mund zu, Ohren zu!
- zu spät; zu weit; zu viel reden;

Z

viel zu wenig
– der Stadt zu gehen *(stadtwärts)*
– zu sein; das Geschäft ist zu gewesen; *aber:* → zuhaben
Konjunktion:
– nichts zu lesen
– noch viel zu erledigende Arbeit

zu|al|ler|erst → allererste ‖ **zu|al|ler|letzt** ‖ **zu|al|ler|meist** ‖ **zu|al|ler|oberst** ‖ **zu|al|ler|un|terst**
zu|ar|bei|ten: *jemandem bei der Arbeit [vorbereitend] helfen*
Zu|bau der, -[e]s/-ten: einen Z. am Hauptgebäude errichten ‖ **zu|bau|en**
Zu|be|hör das, -s/-e, *auch:* Zugehör: *Bestandteile, Ersatzteile;* ein Aquarium mit Z. | *Nähzubehör*
zu|bei|ßen: der Hund hat zugebissen *(zugeschnappt)*
zu|be|kom|men: das Schloss nicht z. *(es nicht zumachen, nicht schließen können)*
zu|be|nannt (veraltet): Herzog Rudolf IV., z. der Stifter
Zu|ber der, -s/-: *ein großes Gefäß [mit zwei Traggriffen]*
zu|be|rei|ten: die Mahlzeit ist gut zubereitet ‖ **Zu|be|rei|tung**
zu|be|to|nie|ren
Zu|bett|ge|hen das, -
zu|bil|li|gen: jemandem den guten Glauben z. *(annehmen, dass jemand nach bestem Wissen und Gewissen gehandelt hat)* ‖ **Zu|bil|li|gung**
zu|bin|den: *verschnüren*
zu|blei|ben: *geschlossen bleiben*
zu|blin|zeln: jemandem heimlich z. *(zuzwinkern)*
zu|brin|gen: Nächte im Freien z. | den Koffer nicht z. ‖ **Zu|brin|ger** der, -s/-: *Vorrichtung [bei Maschinen], die etwas heranbringt* | *Zufahrtsstraße;* Autobahnzubringer ‖ **Zu|brin|gung** die, -/-en: *[Holz]transport*
Zu|brot (bes. D): *Nebenverdienst;* sich ein Z. verdienen
Zu|bu|ße (veraltet): *über das Normale hinaus gewährter Zuschuss an Speisen, Geld uÄ*
Zuc|chi|ni [-'kiː-] die, -/-, *auch:* **Zuc|chi|no** der, -s/Zucchini ⟨it.⟩: *eine kleine [Speise]kürbisart*
Zucht die, -/-en: sich der Z. von Pferden widmen | (ohne Pl.) (geh.) auf Z. und Ordnung *(Disziplin)* sehen ‖ **züch|ten:** Rinder z.; Rosen z. | (Bot.) *genetisch verändern;* → ziehen ‖ **Züch|ter** der, -s/- ‖ **Zucht|er|folg** ‖ **Züch|te|rin** die, -/-innen ‖ **züch|te|risch** ‖ **Zucht|haus** (veraltend): *eine Gefängnisanstalt* ‖ **Zucht|häus|ler** (abw., veraltend) ‖ **Zucht|häus|le|rin** (abw., veraltend) ‖ **Zucht|hengst** ‖ **züch|tig** (geh.): *sittsam* ‖ **züch|ti|gen** (geh.): *[körperlich] strafen* ‖ **Züch|ti|gung** die, -/-en (geh.) ‖ **zucht|los** (geh.): *zügellos* ‖ **Zucht|lo|sig|keit** die, - (geh.) ‖ **Zucht|per|le:** *gezüchtete Perle* ‖ **Zucht|stier** ‖ **Züch|tung** die, -/-en ‖ **Zucht|vieh** ‖ **Zucht|wahl** (Biol.): *Selektion*
zu|cken: die Achseln z.; mit den Achseln z.; mit keiner Wimper z. *(vollkommen ruhig bleiben)* | zuckende Blitze ‖ **Zu|cken** das, -s
zü|cken: das Messer z. *(drohend bereithalten);* mit gezückter Waffe | (scherzh.) die Geldbörse z. *(herausnehmen)*
Zu|cker[1] der, -s/- (ugs.): *Zuckung;* ein kurzer Z. ging durch ihren Körper
Zu|cker[2] der, -s/-: gesponnener Z. | (ugs.) *Zuckerkrankheit* ‖ **Zu|cker|aus|tausch|stoff:** *natürlicher oder chemischer [kalorienfreier] Süßstoff [als Ersatz für Zucker]* ‖ **Zu|cker|bä|cker:** *Konditor* ‖ **Zu|cker|bä|cke|rei:** *Konditorei* ‖ **Zu|cker|bä|cke|rin** ‖ **Zu|cker|brot** (nur in der Wendung): mit Z. und Peitsche *(abwechselnd mit Belohnung und Strafe)* ‖ **Zu|cker|do|se** ‖ **Zu|cker|erb|se** ‖ **Zu|cker|fa|brik** ‖ **Zu|cker|gla|sur** ‖ **Zu|cker|go|scherl** (ostöst., ugs., scherzhaft): *jemand, der gern Süßigkeiten isst* ‖ **Zu|cker|guss:** *Zuckerglasur* ‖ **zu|cker|häl|tig,** *auch:* zuckerhaltig ‖ **Zu|cker|kam|pa|gne** [-anjɛ, fr.: -kɔ̃paɲ]: *Zeit der Ernte, Anlieferung und Verarbeitung von Zuckerrüben* ‖ **Zu|cker|kan|dis** der, -, *auch:* **Zu|cker|kandl** (veraltet): *Kandiszucker* ‖ **zu|cker|krank** (Med.) ‖ **Zu|cker|krank|heit** die, - (Med.): *eine Stoffwechselkrankheit, Diabetes*
Zu|ckerl das, -s/-[n]: *Bonbon* | ein Z. *(etwas Außergewöhnliches, Besonderes)* für die Zuschauer ‖ **Zu|cker|le** das, -s/-n (westöst.): *Zuckerl* ‖ **Zu|cker|le|cken** (nur in der Wendung): kein Z. *(nichts Angenehmes)* sein; → Honiglecken ‖ **Zu|ckerl|ge|schäft** ‖ **zu|ckerl|ro|sa** (oft abw.): *auffällig rosa, pink* ‖ **Zu|cker|me|lo|ne** ‖ **zu|ckern:** den Tee z. ‖ **Zu|cker|pup|pe:** *herziges Mädchen* ‖ **Zu|cker|rohr:** *eine zuckerhältige Pflanze* ‖ **Zu|cker|rü|be** ‖ **Zu|cker|streu|er** ‖ **zu|cker|süß** ‖ **Zu|cker|wat|te** ‖ **Zu|cker|zan|ge:** *Gerät zum Greifen von Würfelzucker*
Zu|ckung die, -/-en (Med.): *unwillkürliche ruckartige Bewegungen*
zu|de|cken: sie hat das frierende Kind zugedeckt
zu|dem (geh.): *außerdem, überdies*
zu|den|ken (geh.) (meist im Part. II): dieses Geschenk war dir zugedacht *(für dich bestimmt)*
zu|dre|hen: den Wasserhahn z. *(abdrehen)*
zu|dring|lich: *hartnäckig aufdringlich; herausfordernd; anmaßend* ‖ **Zu|dring|lich|keit** die, -/-en
zu|drü|cken: ein Auge z. *(nachsichtig sein)*
zu|eig|nen (geh.): jemandem ein Buch z. *(widmen); aber:* zu eigen machen ‖ **Zu|eig|nung** die, -/-en (geh.)
zu|ei|len: auf jemanden z.
zu|ei|n|an|der: z. sprechen ‖ **zu|ei|n|an|der fin|den** = **zu|ei|n|an|der|fin|den** ‖ **zu|ei|n|an|der pas|sen** = **zu|ei|n|an|der|pas|sen** ‖ **zu|ei|n|an|der ste|hen** = **zu|ei|n|an|der|ste|hen**
zu|er|ken|nen: jemandem einen Preis z. ‖ **Zu|er|ken|nung** die, -/-en
zu|erst: z. *(als Erstes)* essen; z. *(zu Beginn)* hatten sie noch Probleme
Zu|er|werb: *Nebenverdienst*
zu|fä|cheln: jemandem Luft z.
zu|fah|ren: zum Haus z. können ‖ **Zu|fahrt:** „Zufahrt gestattet!" ‖ **Zu|fahrts|ram|pe** ‖ **Zu|fahrts|stra|ße** ‖ **Zu|fahrts|weg**
Zu|fall: *unerwarteter Umstand* ‖ **zu|fal|len:** die Tür ist zugefallen | das Erbe fiel ihm zu *(er erbte, wurde Erbe)* ‖ **zu|fäl|lig** ‖ **zu|fäl|li|ger|wei|se** ‖ **Zu|fäl|lig|keit** die, -/-en ‖ **Zu|falls|aus|wahl** ‖ **Zu|falls|be|kannt|schaft** ‖ **Zu|falls|er|geb|nis** ‖ **Zu|falls|fund** ‖ **Zu|falls|ge|ne|ra|tor** ‖ **Zu|falls|prin|zip:** Versuchspersonen nach dem Z. auswählen ‖ **Zu|falls|tref|fer**
zu|fas|sen (bes. D): *zupacken*
zu Fleiß → Fleiß
zu|flie|gen: es ist mir einfach so zugeflogen *(kam wie von selbst)*
zu|flie|ßen: *zuteilwerden;* der Reinertrag fließt wohltätigen Zwecken zu
Zu|flucht: bei einem Freund Z. *(Hilfe, Unterschlupf)* suchen

müssen ‖ **Zufluchtsort** ‖ **Zufluchtsstätte**

Zufluss: ein See mit mehreren Zuflüssen

zuflüstern: jemandem ein Geheimnis z.

zufolge (Präp., vor dem Nomen mit Gen., nach dem Nomen mit Dat.): z. *(auf Grund)* des Auftrages; dem Auftrag z. *(entsprechend)*

zufrieden

Getrenntschreibung:
- zufrieden sein
- zufrieden machen

Zusammenschreibung bei übertragener Bedeutung:
- sich damit nicht zufriedengeben *(sich damit nicht begnügen, mehr wollen)*
- du sollst mich zufriedenlassen *(in Ruhe lassen)*

Getrennt- und Zusammenschreibung:
- den Kunden zufrieden stellen (= zufriedenstellen)
- eine zufrieden stellende (= zufriedenstellende) Leistung

Zufriedenheit die, - ‖ **zufriedengeben** → zufrieden ‖ **zufriedenlassen** → zufrieden ‖ **zufrieden stellen** = **zufriedenstellen** ‖ **Zufriedenstellend** das, -[s]/- (Amtsspr.): *eine Verhaltensnote in der Schule; aber:* eine **z**ufrieden stellende (= **z**ufriedenstellende) Leistung

zufrieren: ein zugefrorener Teich

zufügen: jemandem ein Leid z. ‖ **Zufügung**

Zufuhr die, -: *Versorgung, Herbeischaffung;* die Z. *(der Nachschub)* von Nahrungsmitteln ist unterbunden; die Z. von Warmluft ‖ **zuführen:** jemanden seiner gerechten Strafe z.

Zug[1] der, -[e]s/Züge: den Zug *(die Eisenbahn)* benützen | (ugs.) im falschen Zug sitzen *(sich falsch entschieden haben)* | der Zug der Wolken; ein Zug *(eine Schar)* Vögel | ein schöner Zug *(eine nette Geste, eine schöne Charaktereigenschaft)* | *Schluck;* auf einen/in einem Zug austrinken; das Leben in vollen Zügen genießen; etwas in einem Zug *(ohne Unterbrechung)* erledigen; in den letzten Zügen liegen *(im Sterben liegen)* | in tiefen Zügen atmen | *Gebirgszug* | *Glockenzug* | *Schriftzug;* in großen/groben Zügen *(grob umrissen)* | *Gesichtszug* | *Fortbewegung einer Figur bei Brettspielen;* am Zug *(an der Reihe)* sein; zum Zug kommen; die Reform Zug um Zug *(schrittweise, konsequent, zügig)* vorantreiben | (ohne Pl.) ein Ofen mit gutem Zug *(Luftzug, Abzug);* im Zug *(in der Zugluft)* stehen | *Vertiefung im Gewinde, bes. im Gewehrlauf*

Zug[2]: *Schweizer Stadt und Kanton*

Zugabe: *Draufgabe*

Zugabteil = Zugsabteil: *Waggonabteil*

Zugang: Z. versperrt | Z. *(Zunahme)* an Urlaubern ‖ **zugänglich:** eine schwer zugängliche Stelle | ein zugänglicher *(freundlicher, offener, verständnisvoller)* Mensch ‖ **Zugänglichkeit** die, - ‖ **Zugangsbeschränkung**

Zugbegleiter, *auch:* Zugsbegleiter: *Schaffner* | *Faltfahrplan für bestimmte Bahnstrecken bzw. Züge* ‖ **Zugbegleiterin,** *auch:* Zugsbegleiterin: *Schaffnerin* ‖ **Zugbrücke:** *Brücke [bei Burgen], die hochgezogen werden kann*

zugeben: einen Irrtum z. *(eingestehen)* | einige Zentimeter Stoff z. *(größer zuschneiden);* beim Kochen etwas Milch z. *(dazugeben)*

zugegebenermaßen: er hat sich z. geirrt

zugegen (geh.): sie war bei der Feier z. *(anwesend)*

zugehen: diese Tür geht leicht zu *(sie schließt leicht)* | der Polizeihund geht Fremden nicht zu | der Turm geht nach oben spitz zu *(er verjüngt sich)* | hier geht's lustig zu | eine gute Nachricht ging ihm zu *(wurde ihm bekannt)* | aufeinander z. *(sich [auch persönlich] näherkommen)* ‖ **Zugeherin** (bes. westöst.): *Bedienerin* ‖ **Zugehfrau** (bes. westöst.): *Putzfrau, Haushaltshilfe, Bedienerin*

Zugehör → *Zubehör* ‖ **zugehörig** ‖ **Zugehörigkeit** ‖ **Zugehörigkeitsgefühl**

zugeknöpft: ein zugeknöpfter *(zurückhaltender, unzugänglicher, verschlossener; geiziger)* Mensch; → zuknöpfen

Zügel der, -s/-: *Riemen zum Lenken von Pferden;* die Z. straff [an-]ziehen *(streng sein, strenger werden);* die Z. schleifen/schießen lassen *(lockerer, nicht mehr so streng sein);* die Z. fest in der Hand *(alles im Griff)* haben ‖ **zügellos:** *unbeherrscht* ‖ **Zügellosigkeit** die, - ‖ **zügeln,** ich zügle: *die Zügel anziehen;* das Pferd z. | (geh.) seine Leidenschaften z. *(beherrschen, im Zaum halten)* | (CH, V) *umziehen, übersiedeln* ‖ **Zügelung** die, -

Zugendbahnhof (Amtsspr.): *Endstation*

Zügenglöckerl = **Zügenglöcklein** (veraltend): *Sterbeglocke*

Zugereiste[1] der, -n/-n, ein Zugereister: *Zugezogener und nicht als einheimisch Empfundener* ‖ **Zugereiste**[2] die, -n/-n

zugesellen: sich einer Gruppe z. *(anschließen)*

zugestanden: z. *(zugegeben),* ich habe darauf vergessen ‖ **zugestandenermaßen** ‖ **Zugeständnis:** jemandem Zugeständnisse machen *(teilweise nachgeben)* ‖ **zugestehen:** ich habe ihr das zugestanden *(zugebilligt, zuteilwerden lassen)*

zugetan (geh.): ihr z. sein *(sie gernhaben, ihr freundlich gesinnt sein)*

Zugewanderte[1] der, -n/-n, ein Zugewanderter: *Zugereiste* ‖ **Zugewanderte**[2] die, -n/-n

zugewandt → zuwenden

Zugewinn (bes. D): *zusätzlicher Gewinn*

Zugfeder (Technik): *eine Stahlfeder* ‖ **Zugfestigkeit** ‖ **Zugführer** (Mil.): *ein Unteroffizier* | (auch: Zugsführer) *Bahnschaffner, Zugbegleiter* ‖ **Zugführerin,** *auch:* Zugsführerin

zugießen: Wasser z. *(dazugeben)*

zugig: ein zugiger *(windiger)* Hausflur ‖ **zügig:** *in einem Zug;* eine zügige *(flotte, geübte)* Handschrift ‖ **Zügigkeit** die, -

zugipsen: den Spalt z.

Zugkraft ‖ **zugkräftig:** ein zugkräftiger *(publikumswirksamer)* Film ‖ **Zuglast:** *Last, die zu ziehen ist*

zugleich: *gleichzeitig*

Zugluft die, -: sich vor Z. schützen ‖ **Zugmaschine:** *Kraftfahrzeug zum Ziehen von Anhängern* ‖ **Zugnummer:** *beste, wirksamste Nummer [in einem Programm]* | (auch: Zugsnummer) *Nummer eines Zuges im Fahrplan* ‖ **Zugpersonal** = Zugspersonal ‖ **Zugpferd:** *Pferd zum Ziehen von Lasten* | sie ist unser Z. *(sie reißt uns*

Z

mit, ist unser Vorbild) ‖ **Zug|pflas|ter** (Med.): *hautreizendes Heilpflaster* ‖ **Zug|po|sau|ne:** *ein Instrument*

zu|grei|fen: bei der Arbeit fest z. *(tüchtig arbeiten);* er hat beim Essen tüchtig zugegriffen

Zug|re|s|tau|rant [-torã:]

Zu|griff ‖ **Zu|griffs|zeit** (EDV): *Ladezeit von Daten eines Computers*

zu Grun|de = **zu|grun|de:** zu G. liegen/legen; zu G. gehen *(untergehen, zerstört werden);* jemanden zu G. richten *(vernichten)* ‖ **Zu|grun|de|le|gung** die, -/-en

Zugs|ab|teil = → Zugabteil ‖ **Zugs|be|glei|ter** → Zugbegleiter ‖ **Zugs|be|glei|te|rin** → Zugbegleiterin ‖ **Zug|sal|be** (Med.): *eine durchblutungsfördernde Heilsalbe;* → Zugpflaster ‖ **Zug|seil:** *[Stahl]seil zum Ziehen von Lasten;* → G.: Tragseil ‖ **Zugs|füh|rer** → Zugführer ‖ **Zugs|füh|re|rin** → Zugführerin ‖ **Zugs|num|mer** → Zugnummer ‖ **Zugs|per|so|nal** = → Zugpersonal ‖ **Zug|stück:** *beliebtes, gängiges, oft gespieltes Theaterstück uÄ* ‖ **Zugs|un|glück** = Zugunglück ‖ **Zugs|ver|bin|dung** = Zugverbindung ‖ **Zugs|ver|kehr** = Zugverkehr ‖ **Zugs|ver|spä|tung** → Zugverspätung ‖ **Zug|te|le|fon** ‖ **Zug|tier:** *Pferd, Esel ua.* ‖ **Zug|un|glück** = → Zugsunglück

zu Guns|ten = **zu|guns|ten** (Präp., vor dem Nomen mit Gen., nach dem Nomen mit Dat.): eine Veranstaltung zu G. des Roten Kreuzes; seinem Freund zu G. hat er verzichtet; zu ihren Gunsten; → G.: zu Ungunsten; → Gunst

zu|gu|te|hal|ten: jemandem seine Müdigkeit z. *(sie als Entschuldigung gelten lassen)* ‖ **zu|gu|te|kom|men:** die neue Anschaffung wird allen z. ‖ **zu|gu|te|tun:** er kann sich auf seine Bildung viel z. *(sehr stolz auf sie sein)* ‖ **zu guter Letzt:** *schließlich*

Zug|ver|bin|dung = → Zugsverbindung ‖ **Zug|ver|kehr** = → Zugsverkehr ‖ **Zug|vo|gel:** *Vogel, der für den Winter in wärmere Länder fliegt* ‖ **Zug|ver|spä|tung,** *auch:* Zugsverspätung ‖ **Zug|zwang:** unter Z. stehen *(zum Handeln, zu einer Entscheidung gezwungen sein)*

zu|ha|ben: das Geschäft hat zu *(geschlossen); aber:* → zu sein

zu|hal|ten: die Tür z. ‖ **Zu|häl|ter** der, -s/-: *jemand, der von den Einkünften von Prostituierten lebt* ‖ **Zu|häl|te|rei** die, -

zu Han|den = **zu|han|den:** zu H. sein; ein Wörterbuch zu H. haben | zu Handen (z. H., zH) [von] Herrn Meier ‖ **zu Hän|den** (bes. D): *zu Handen*

zu|hauf (geh.): sie kamen z. *(in Scharen)*

zu Hau|se = **zu|hau|se,** *auch:* zu Haus, zuhaus: zu H. sein ‖ **Zu|hau|se** das, -s, *auch:* Zuhaus: kein Z. *(kein Heim)* haben

zu|hei|len: die Wunde heilt zu

Zu|hil|fe|nah|me die, -: unter Z. *(mit Hilfe)* eines Krans

zu|hin|terst: *ganz hinten*

zu|höchst [-çst]: *ganz hoch oben*

zu|hor|chen: horch zu!

zu|hö|ren: der Rednerin z. ‖ **Zu|hö|rer** ‖ **Zu|hö|re|rin** ‖ **Zu|hö|rer|schaft** die, -

zu|in|nerst: *ganz innen*

zu|ju|beln: dem Sieger z.

zu|kau|fen: *zur eigenen Produktion dazukaufen;* Futter z.

zu|keh|ren: jemandem das Gesicht z. *(zuwenden)* | (veraltend) unterwegs z. *(einen Besuch machen; in einem Gasthaus einkehren)*

zu|klap|pen: ein Buch z.

zu|kle|ben: einen Brief z.

zu|knal|len: die Autotür z. *(heftig zuschlagen)*

zu|knöp|feln = **zu|knöp|fen:** den Mantel z.; → zugeknöpft

zu|kno|ten (bes. D): *zubinden, zuknüpfen*

zu|kom|men: etwas kommt auf uns zu *(wir werden etwas [Unangenehmes] erleben)* | jemandem eine Unterstützung z. *(zuteilwerden)* lassen | dieser Idee wird große Bedeutung z.

zu|kor|ken (bes. D): *verkorken, zustöpseln*

Zu|kost (reg.): *zusätzliche Nahrung; Beikost*

zu|krie|gen (ugs.): *zubekommen;* den Hemdkragen nicht z. *(schließen können)*

Zu|kunft die, -: die Z. voraussagen; für alle Z. *(für immer);* in Z. *(ab jetzt);* ihre Erfindung hat Z. | (Gramm.) *Futur* ‖ **zu|künf|tig** ‖ **Zu|künf|ti|ge**[1] der, -n/-n: mein Zukünftiger *(künftiger Ehemann)* ‖ **Zu|künf|ti|ge**[2] die, -n/-n ‖ **Zu|kunfts|aus|sicht** (meist Pl.) ‖ **Zu|kunfts|for|schung** ‖ **zu|kunfts|freu|dig** ‖ **zu|kunfts|ge|rich|tet** ‖ **zu|kunfts|gläu|big** ‖ **Zu|kunfts|kom|mis|si|on** (Admin.): *Kommission für Entwicklungen im Bildungsbereich* ‖ **Zu|kunfts|mu|sik** die, -: das ist noch Z. *(das wird sich erst in ferner Zukunft verwirklichen lassen)* ‖ **zu|kunfts|ori|en|tiert** ‖ **Zu|kunfts|pers|pek|ti|ve** [-fɛ, -vɛ] ‖ **Zu|kunfts|plä|ne** die (Pl.) ‖ **zu|kunfts|reich** ‖ **Zu|kunfts|ro|man:** *utopischer Roman, Sciencefictionroman* ‖ **zu|kunfts|träch|tig:** *aussichtsreich, viel versprechend* ‖ **zu|kunfts|wei|send:** *bahnbrechend*

zu|lä|cheln: jemandem freundlich z. ‖ **zu|la|chen**

zu|la|den: *noch dazu [auf]laden* ‖ **Zu|la|dung**

Zu|la|ge: *etwas Zusätzliches, bes. ein Geldbetrag*

zu Lan|de → Land

zu|lan|gen: *zugreifen* ‖ **zu|läng|lich:** *ausreichend;* → G.: unzulänglich

zu|las|sen: die Tasche z. *(geschlossen halten)* | das kann ich nicht z. *(erlauben)* | jemanden zur Prüfung z.; ein Auto [für den Verkehr] z. ‖ **zu|läs|sig:** *erlaubt, gestattet* ‖ **Zu|las|sung** die, -/-en: die Z. zu einer Prüfung | (Bildw.) *Immatrikulation* ‖ **Zu|las|sungs|be|schei|ni|gung** (Amtsspr.): *Dokument, das ua. alle Fahrzeugdaten enthält* ‖ **zu|las|sungs|pflich|tig** ‖ **Zu|las|sungs|schein** (veraltet): *Zulassungsbescheinigung* ‖ **Zu|las|sungs|ver|fah|ren**

zu Las|ten = **zu|las|ten:** zu L. des Verbrauchers *(zu seinen Lasten)*

Zu|lauf: ein großer Z. *(Andrang)* im neuen Geschäft | *Zufluss* ‖ **zu|lau|fen:** ein zugelaufener Hund

zu|le|gen: sich ein Auto z. *(anschaffen)* | Tempo z. *(schneller fahren)*

zu Leid = **zu|leid** = **zu Lei|de** = **zu|lei|de:** er tut keinem etwas zu Leid[e]; *aber:* es tut mir **leid**

zu|lei|ten: Wasser z. ‖ **Zu|lei|tung:** die Z. von Wasser

zu|letzt: es gelang nicht z. *(besonders, vor allem)* durch ihre Hilfe

zu|lie|be, *auch:* zulieb: sie macht das nur dir z.

Zu|lie|fe|rer der, -s/-: *Lieferant von [Halbfertig]produkten* ‖ **Zu|lie|fer|fir|ma** ‖ **Zu|lie|fe|rin** die, -/-innen ‖ **Zu|lie|fer|in|dus|t|rie** [-dus-] ‖ **zu|lie|fern:** Informationen z. ‖ **Zu|lie|fe|rung**

Zu|luft (Technik): *zugeleitete Luft*
zum: *zu dem;* zum anderen (*auch:* Anderen) *(weiters);* nicht zum Arbeiten kommen; zum Beispiel (z. B., zB); zum Ersten/zum Zweiten *(erstens/zweitens);* zum Mindesten (= mindesten) *(zumindest);* zum Voraus *(zunächst);* zum Teil (z. T., zT) *(teilweise);* Abgeordneter zum Nationalrat; *aber:* im Gasthof „**Z**um Weißen Schwan"
zu|ma|chen: die Tür ganz leise z. *(schließen);* die Augen nicht z. *(nicht einschlafen)* können | die Augen für immer z. *(sterben)*
zu|mal (geh.): *vor allem weil, besonders weil*
zu|mau|ern: die Tür ganz z.
zu|meist: *meistens*
zu|mes|sen: jedem seinen Teil z. *(zuweisen)*
zu|mie|ten: einen Raum z. ‖ **Zu|mie|tung** die, -/-en
zu|min|dest: *wenigstens, zum Mindesten*
Zumpf der, -es/Zumpfen = **Zump|ferl** das, -s/-[n] (mda., meist scherzh.): *Penis*
zu|mül|len (sal.): *mit [geistigem] Abfall zuschütten*
zu|mut|bar: das ist ihm nicht z. *(das kann man nicht von ihm verlangen, erwarten)* ‖ **zu Mu|te** = **zu|mu|te:** es ist ihr nicht wohl zu M. *(nicht behaglich)* ‖ **zu|mu|ten:** jemandem eine schwere Arbeit z. *(sie von jemandem verlangen)* ‖ **Zu|mu|tung** die, -/-en: eine starke Z. *(ein unangemessenes Ansinnen)*
zu|nächst [-çst] (Adv.): z. *(zuerst)* kommen die Kinder dran | (Präp. mit Dat.) (geh.) ihm z. *(in seiner unmittelbaren Nähe)* stehen
zu|na|geln: eine Kiste z.
zu|nä|hen: das Loch z.
Zu|nah|me die, -/-n: eine starke Z. der Arbeitslosigkeit
Zu|na|me, *auch:* **Zu|na|men:** *Familienname*
zün|deln: ich zündle *(spiele)* mit dem Feuer ‖ **zün|den:** vom Blitz gezündet *(in Brand gesetzt)* ‖ **zün|dend:** eine zündende *(mitreißende)* Rede ‖ **Zün|der** der, -s/-: *filzige Zündmasse;* wie Z. brennen ‖ **Zün|der** der, -s/-: *Zündvorrichtung in Sprengkörpern* | (nur Pl.) *Streichhölzer* ‖ **Zünd|flam|me** ‖ **Zünd|fun|ke** = **Zünd|fun|ken** ‖ **Zünd|holz:** *Streichholz* ‖ **Zünd|hölz|chen** ‖ **Zünd|hölzl** ‖ **Zünd|holz|schach|tel** ‖ **Zünd|hüt|chen:** *eine Sprengkapsel* ‖ **Zünd|ker|ze:** *Zündvorrichtung in Verbrennungsmotoren* ‖ **Zünd|ler** der, -s/-: *jemand, der zündelt* ‖ **Zünd|le|rin** die, -/-innen ‖ **Zünd|schloss** (Kfz): *Schloss für den Zündschlüssel* ‖ **Zünd|schlüs|sel** (Kfz): *Schlüssel zum Anlassen des Motors* ‖ **Zünd|schnur:** *Schnur zum Zünden eines Sprengkörpers* ‖ **Zünd|stoff:** *leicht brennbarer Sprengstoff* | *Anlass für Auseinandersetzungen* ‖ **Zün|dung** die, -/-en: die Z. eines Motors
zu|neh|men: 5 Kilo z.; an Gewicht z.; der Tag nimmt zu *(er wird länger);* der zunehmende Mond; zunehmende Gewitterhäufigkeit
zu|nei|gen: einer Meinung z. ‖ **Zu|nei|gung** die, -: *Wohlwollen, Sympathie*
Zunft die, -/Zünfte (im Mittelalter): *Vereinigung von Handwerkern; Innung; Genossenschaft* ‖ **zünf|tig:** *urig, ländlich-deftig, volkstümlich; ausgiebig; tüchtig* | *fachmännisch*
Zun|ge die, -/-n: eine belegte Z.; ihr Name liegt mir auf der Z. *(fällt mir gerade nicht ein);* er hat eine spitze Z. *(ist oft boshaft);* böse Zungen *(Menschen)* behaupten ...; eine böse Z. haben *(von anderen schlecht reden);* seine Z. im Zaum halten *(aufpassen, was man sagt);* etwas zergeht auf der Z. *(ist besonders weich und schmackhaft);* mit hängender Z. *(atemlos)* | (geh.) Menschen deutscher Z. *(Sprache)* | *Lasche bei Schnürschuhen* | (Mus.) *schwingendes Rohr- oder Metallblatt zur Tonerzeugung [bei Klarinette, Oboe]* ‖ **zün|geln,** ich züngle: züngelnde Flammen ‖ **Zun|gen|bre|cher** (scherzh.): *schwierig auszusprechendes Wort* ‖ **zun|gen|fer|tig:** *redegewandt* ‖ **Zun|gen|fer|tig|keit** ‖ **zun|gen|för|mig** ‖ **Zun|gen|kuss** ‖ **Zun|gen-r** [-ɛr] = **Zun|gen-R** ‖ **Zun|gen|schlag** ‖ **Zun|gen|spit|ze** ‖ **Zun|gen|wurst** ‖ **Züng|lein** das -s/-: das Z. an der Waage sein *(den Ausschlag geben)*
zu|nich|te: z. sein ‖ **zu|nich|te|ma|chen:** *vereiteln, zerstören* ‖ **zu|nich|te|wer|den:** mein Plan wurde zunichte *(er ließ sich nicht mehr durchführen)*
zu|ni|cken: dem Nachbarn freundlich z.
zu Nut|ze = **zu|nut|ze:** sich die Situation zu N. machen *(sie ausnützen)*
zu|oberst: etwas z. *(obenauf)* legen
zu|ord|nen: sie lässt sich keiner Partei z. ‖ **Zu|ord|nung**
zu|pa|cken: *zugreifen, helfen*
zu|pass|kom|men (geh.): der Vorschlag ist mir sehr zupassgekommen *(gelegen gekommen)*
zup|fen: am Rock z. *(ziehen)* ‖ **Zupf|in|s|tru|ment:** *Gitarre ua.*
zu|pi|cken: das Kuvert z. *(zukleben)*
zu|pres|sen: den Mund krampfhaft z.
zu|pros|ten: *zutrinken*
zur: *zu der;* zur Arbeit gehen; sich zur Ruhe begeben *(schlafen gehen);* das Brot reicht zur Not *(gerade noch);* zur Zeit (auch mit Abkürzung: z. Z., z. Zt.) Maria Theresias; *aber:* → zurzeit nicht anwesend sein; jemandem zur Rechten/Linken sitzen; *aber:* Gasthof „**Z**ur Alten Post"
zu Ran|de = **zu|ran|de:** mit jemandem/etwas nicht zu R. kommen *(nicht zurechtkommen)*
zu Ra|te = **zu|ra|te:** jemanden zu R. ziehen ‖ **zu|ra|ten:** ich kann dir weder zu- noch abraten
zu|rau|nen: *zuflüstern*
Zür|cher der, -s/-, *auch:* Züricher: *Einwohner von Zürich* ‖ **Zür|che|rin** die, -/-innen, *auch:* Züricherin
zu|re|chen|bar ‖ **Zu|re|chen|bar|keit** die, - ‖ **zu|rech|nen:** das ist ihr zuzurechnen *(zuzuschreiben)* ‖ **zu|rech|nungs|fä|hig:** jemanden [für seine Handlungen] für z. *(verantwortlich)* erklären; → unzurechnungsfähig ‖ **Zu|rech|nungs|fä|hig|keit**
zu|recht|bas|teln ‖ **zu|recht|bie|gen** ‖ **zu|recht|fin|den** sich: *sich orientieren können, sich auskennen* ‖ **zu|recht|kom|men:** er kam zum Zug noch zurecht *(hat ihn noch erreicht)* | mit einer Arbeit z. *(sich damit auskennen, damit fertig werden)* ‖ **zu|recht|le|gen:** sich eine Rede z. *(sie vorbereiten)* ‖ **zu|recht|ma|chen:** das Bett z. | sich [zum Fortgehen] z. *(sich [dazu] vorbereiten)* ‖ **zu|recht|rü|cken:** den Hut z. | jemandem den Kopf z. *(ihn zur Vernunft bringen)* ‖ **zu|recht|stut|zen** ‖ **zu|recht|wei|sen:** *ermahnen; tadeln* ‖ **Zu|recht|wei|sung**
zu|re|den: dem Kind gut z.
zu|rei|chen (veraltend): dem Mau-

Z

rer z. *(an die Hand gehen)* | *ausreichen;* vier Stück müssen z. ‖ **zu|rei|chend:** zureichende *(genügende)* Nahrung ‖ **Zu|rei|cher** der, -s/- (veraltend): *Hilfsarbeiter, Handlanger* ‖ **Zu|rei|che|rin** die, -/-innen (veraltend)

zu|rei|ten: ein Pferd z. *(es als Reitpferd abrichten)*

Zü|rich [CH: -'y-]: *Schweizer Stadt und Kanton* ‖ **Zü|ri|cher** → Zürcher ‖ **Zü|ri|che|rin** → Zürcherin

zu|rich|ten: *für den Gebrauch vorbereiten* | sie hat sich bei dem Sturz übel zugerichtet *(verletzt)* ‖ **Zu|rich|tung**

zu|rie|geln: ich riegle die Tür zu *(verriegle sie)*

zür|nen (geh.): sie zürnt ihrem Gatten *(ist auf ihn bös)*

zur|ren (Seemannsspr.): *festbinden*

Zur|schau|stel|lung die, -: die Z. des nackten Körpers

zu|rück: einen Schritt z. *(nach hinten)* machen; bald z. sein; der Bote ist noch nicht z. ‖ **Zu|rück** das, -s: da gibt es kein Z. mehr

zu|rück|be|för|dern

zu|rück|be|ge|ben sich

zu|rück|be|hal|ten: Geld z.

zu|rück|be|kom|men

zu|rück|be|or|dern: *zurückberufen*

zu|rück|be|ru|fen: die Botschafterin wurde z. *(abberufen)*

zu|rück|beu|gen: sich z., um etwas aufzuheben

zu|rück|be|we|gen: sich rhythmisch vor- und z.

zu|rück|bie|gen

zu|rück|bil|den sich: die Geschwulst bildet sich zurück ‖ **Zu|rück|bil|dung:** *Rückbildung*

zu|rück|blei|ben: wir blieben bei den Verletzten zurück, bis Hilfe kam | (Psych.) das Kind ist geistig zurückgeblieben *(hat sich nur langsam entwickelt)* | nach der dritten Runde blieb er zurück *(konnte dem Tempo der anderen Läufer nicht folgen)*

zu|rück|blen|den: *im Film eine Rückblende zeigen*

zu|rück|bli|cken: auf eine erfolgreiche Tätigkeit z. können

zu|rück|brin|gen

zu|rück|däm|men: die Seuche z.

zu|rück|da|tie|ren: einen Brief z. *(rückdatieren, nachdatieren, darauf ein vor dem tatsächlichen Zeitpunkt liegendes Datum angeben);* → G.: vorausdatieren | die Funde datieren bis ins 4. Jh. zurück *(sie stammen aus dieser oder auch einer späteren Zeit)*

zu|rück|den|ken: *sich erinnern;* soweit man z. kann, ...

zu|rück|drän|gen ‖ **Zu|rück|drän|gung** die, -

zu|rück|dre|hen: das Rad der Geschichte nicht z. können

zu|rück|dür|fen: wieder in die alte Klasse z.

zu|rück|er|hal|ten: *zurückbekommen*

zu|rück|er|in|nern sich: sich an die Kindheit z.

zu|rück|er|obern: Marktanteile z. ‖ **Zu|rück|er|obe|rung:** *Rückeroberung*

zu|rück|er|stat|ten: *zurückgeben, rückerstatten*

zu|rück|fah|ren: du kannst noch drei Meter z. | erschrocken z. *(zurückweichen)*

zu|rück|fal|len: in alte Fehler z. | *langsamer werden, in der Leistung nachlassen;* die Läuferin ist zurückgefallen | deine Fehler fallen auf mich zurück *(werden mir angelastet)*

zu|rück|fin|den: auf den richtigen Weg z.

zu|rück|flie|gen: nach Salzburg z.

zu|rück|flie|ßen

zu|rück|for|dern: einen irrtümlich bezahlten Betrag z.

zu|rück|füh|ren: es führt kein anderer Weg zurück | die Feuerwehr führte den Brand auf Kurzschluss zurück

zu|rück|ge|ben

zu|rück|ge|blie|ben → zurückbleiben

zu|rück|ge|hen: *umkehren* | bestellte Ware z. lassen *(zurückschicken)* | das Fieber geht zurück *(sinkt);* die Temperatur geht zurück *(es wird kälter);* das Geschäft geht zurück *(der Umsatz wird geringer)* | dieser Hausname geht auf den Urgroßvater zurück *(er stammt von ihm bzw. aus seiner Zeit)*

zu|rück|ge|win|nen: sie hat ihr Selbstvertrauen wieder zurückgewonnen

zu|rück|ge|zo|gen: z. *(einsam)* leben ‖ **Zu|rück|ge|zo|gen|heit** die, -

zu|rück|grei|fen: auf die Ersparnisse z.

zu|rück|hal|ten[1]: Waren z. *(nicht verkaufen)* | jemanden von einer unüberlegten Tat z. *(abhalten)* ‖ **zu|rück|hal|ten**[2] sich: sich beim Essen z. *(sich beherrschen, sich bezwingen)* ‖ **zu|rück|hal|tend:** *abwartend, vorsichtig im Reden und im Handeln* ‖ **Zu|rück|hal|tung** die, -: sich Z. auferlegen

zu|rück|ho|len: eine gelöschte Datei wieder z.

zu|rück|käm|men: sich das Haar z.

zu|rück|kau|fen: ein Gemälde z.

zu|rück|keh|ren

zu|rück|klap|pen: das Verdeck z.

zu|rück|kom|men: *zurückkehren* | auf etwas [schon Gesagtes] z. *(wieder zu sprechen kommen, erneut hinweisen)*

zu|rück|kön|nen: nicht mehr z.

zu|rück|las|sen: eine Nachricht z. *(hinterlegen)*

zu|rück|le|gen: Geld für eine Reise z. *(sparen);* → Rücklage | einen weiten Weg z. *(gehen);* er hat das 50. Lebensjahr zurückgelegt *(vollendet)* | den Vorsitz z. *(niederlegen)*

zu|rück|leh|nen: sich bequem z.

zu|rück|lie|gen: das Fest liegt Jahre zurück

zu|rück|mel|den: sich vom Urlaub wieder z.

Zu|rück|nah|me die, - ‖ **zu|rück|neh|men:** er hat sein Versprechen zurückgenommen *(rückgängig gemacht);* eine Beleidigung z.

zu|rück|pfei|fen: den Hund z. | (sal.) *jemandem die Weisung zum Aufhören geben*

zu|rück|pral|len: der Ball prallte von der Wand zurück | sie prallte bei dem Anblick zurück *(wich vor Schreck zurück)*

zu|rück|rei|chen: bis ins Mittelalter z.

zu|rück|ru|fen: *auffordern zurückzukommen* | sich eine Begebenheit ins Gedächtnis z. *(sich an sie erinnern)* | (beim Telefonieren) „Ich rufe [dich/Sie] später zurück!"

zu|rück|schal|ten: *[beim Autofahren] in einen niedrigeren Gang schalten* | mit der Fernbedienung wieder auf ORF 1 z.

zu|rück|schau|dern: sie schauderte *(schreckte)* zurück

zu|rück|schau|en: *nach hinten schauen;* sie konnte auf erfolgreiche Jahre z.

zu|rück|scheu|en: vor nichts z.

zu|rück|schi|cken

zu|rück|schie|ben: den Haarreifen z. | er schob den Wagen zurück *(fuhr rückwärts)*

zu|rück|schla|gen: den Angriff z.

zu|rück|schrau|ben: seine Erwartungen z. *(sie herabsetzen)*

zu|rück|schre|cken: er schreckte/

Z

schrak auch vor dem Äußersten nicht zurück; → schrecken[1]
zu|rụ̈ck|seh|nen sich: sich nach der Heimat, zu seiner Frau z.
zu|rụ̈ck|sen|den, zurückgesandt/zurückgesendet
zu|rụ̈ck|set|zen: sich zurückgesetzt *(benachteiligt)* fühlen | das Auto ein Stück z. *(rückwärtsfahren)* || **Zu|rụ̈ck|set|zung** die, -/-en
zu|rụ̈ck|sprin|gen: vor dem Steinschlag z. | ein Teil der Fassade springt zurück *(ist nach hinten versetzt)*
zu|rụ̈ck|ste|cken: sie musste ihre Ansprüche z. *(sie musste bescheidener werden)*
zu|rụ̈ck|ste|hen: zu Gunsten eines anderen z. *(verzichten)*
zu|rụ̈ck|stel|len: Bücher z. *(sie [ins Regal] zurückgeben)* | einen Wehrpflichtigen z. *(noch nicht einziehen)* || **Zu|rụ̈ck|stel|lung:** *Rückstellung*
zu|rụ̈ck|sto|ßen: jemanden brutal z. | zwei Meter z. *(mit dem Auto rückwärtsfahren)*
Zu|rụ̈ck|strah|lung: *Rückstrahlung*
zu|rụ̈ck|stu|fen: *auf einen niedrigeren Rang stellen* || **Zu|rụ̈ck|stu|fung** die, -/-en: *Rückstufung*
zu|rụ̈ck|stut|zen: die Hecke z. | Erwartungen z. *(herabsetzen)*
zu|rụ̈ck|trei|ben: die Herde z.
zu|rụ̈ck|tre|ten: zwei Schritte z. | die Bürgermeisterin ist zurückgetreten *(sie hat ihr Amt niedergelegt, hat demissioniert)*
zu|rụ̈ck|ver|fol|gen: die Geschichte einer Familie z.
zu|rụ̈ck|ver|lan|gen: das hergeborgte Video z.
zu|rụ̈ck|ver|set|zen: sich in alte Zeiten z. || **Zu|rụ̈ck|ver|set|zung:** Z. in den vorigen Stand
zu|rụ̈ck|ver|wei|sen: auf ein altes Gutachten z.
zu|rụ̈ck|wei|chen
zu|rụ̈ck|wei|sen: den Vorwurf z. || **Zu|rụ̈ck|wei|sung**
zu|rụ̈ck|wen|den: sich nach der Verabschiedung noch einmal z.
zu|rụ̈ck|wer|fen: den Feind z. *(zurückdrängen)* | die Verletzung hat die Sportlerin zurückgeworfen *(sie ist in ihrer Form zurückgefallen)*
zu|rụ̈ck|wol|len: seine Sachen wieder z.
zu|rụ̈ck|wün|schen: [sich] die Jugend z.
zu|rụ̈ck|zah|len: einen erhaltenen Betrag z. | (ugs.) das werde ich dir z. *(heimzahlen)*
zu|rụ̈ck|zie|hen[1]: sein Gesuch z. *(zurücknehmen)* || **zu|rụ̈ck|zie|hen**[2] sich: sich ins Privatleben z. | das Gericht zieht sich zur Beratung zurück
zu|rụ̈ck|zu|cken: beim Gedanken an die Prüfung zuckte sie zurück
Zu|ruf: durch Z. *(Akklamation)* abstimmen || **zu|ru|fen**
zur|zeit (zz., zzt.): *derzeit, jetzt; aber:* zur Zeit (z. Z., z. Zt.) Schuberts
Zu|sa|ge: eine Z. machen *(etwas zusagen)* || **zu|sa|gen:** etwas z. *(versprechen)* | diese Speise sagt mir zu *(schmeckt mir)*

zu|sạm|men
z. *(gemeinsam)* mit den anderen

Getrenntschreibung in Verbindung mit „sein" und bei adverbialem Gebrauch (in der Bedeutung „gemeinsam"):
- zusammen sein; sie sind zusammen gewesen
- zusammen *(gemeinsam)* tragen; *aber zusammen:* zusammentragen *(sammeln)*

Zusammenschreibung, zB:
- die Fäuste zusạmmenballen
- alles zusạmmenessen
- zusạmmenfügen

Zu|sạm|men|ar|beit die, - || **zu|sạm|men|ar|bei|ten:** die beiden Firmen wollen z. *(kooperieren); aber:* mit jemandem zusammen *(zB gemeinsam in einem Büro)* arbeiten
zu|sạm|men|bal|len: zusammengeballter *(zusammengedrückter)* Schnee || **Zu|sạm|men|bal|lung**
Zu|sạm|men|bau der, -[e]s/-e: *Montage* || **zu|sạm|men|bau|en:** den Motor z.; *aber:* das Haus zusammen *(gemeinsam)* bauen
zu|sạm|men|bei|ßen: die Zähne z. *(Leiden ertragen)*
zu|sạm|men|be|kom|men: wir haben tausend Euro an Spenden z.
zu|sạm|men|bin|den
zu|sạm|men|blei|ben: wir wollen für immer z.
zu|sạm|men|brau|en: ein Gewitter braut sich zusammen *(entwickelt sich)*
zu|sạm|men|bre|chen: er ist erschöpft zusammengebrochen
zu|sạm|men|brin|gen: die beiden z. *(miteinander bekannt machen)* | viele Spenden z. | die Aufgabe z. *(lösen können)*
Zu|sạm|men|bruch: *ein körperlicher Schwächeanfall* | der Z. eines Regimes
zu|sạm|men|drän|gen
zu|sạm|men|drü|cken
zu|sạm|men|es|sen (ugs.): *aufessen; aber:* zusammen *(gemeinsam)* essen
zu|sạm|men|fah|ren: *erschrecken* | die beiden Autos sind zusammengefahren *(zusammengestoßen); aber:* zusammen *(gemeinsam)* fahren
Zu|sạm|men|fall der, -[e]s: der Z. zweier Feste auf einen Tag || **zu|sạm|men|fal|len:** *zusammensinken* | die beiden Ereignisse sind zusammengefallen *(gleichzeitig eingetreten)*
zu|sạm|men|fal|ten
zu|sạm|men|fas|sen: das Gehörte kurz z. *(kurz wiedergeben)* || **Zu|sạm|men|fas|sung**
zu|sạm|men|fin|den: sich nach Jahren wieder z. *(treffen);* die beiden haben wieder zusammengefunden *(vertragen sich wieder); aber:* die Lösung zusammen *(gemeinsam)* finden
zu|sạm|men|fli|cken
zu|sạm|men|flie|ßen || **Zu|sạm|men|fluss:** der Z. von Inn und Donau
zu|sạm|men|fü|gen: alles hat sich gut zusammengefügt
zu|sạm|men|füh|ren: die Verwandten wieder z. *(vereinigen)* | (ugs.) die Hühner mit dem Auto z. *(überfahren); aber:* den Verein zusammen *(gemeinsam)* führen
zu|sạm|men|ge|hö|ren || **zu|sạm|men|ge|hö|rig** || **Zu|sạm|men|ge|hö|rig|keit** die, - || **Zu|sạm|men|ge|hö|rig|keits|ge|fühl**
zu|sạm|men|ge|setzt: ein zusammengesetztes Wort *(Kompositum)*
Zu|sạm|men|halt der, -[e]s || **zu|sạm|men|hal|ten:** *einander helfen, füreinander einstehen* | sein Geld z. *(sparsam sein); aber:* die Leiter zusammen *(gemeinsam)* halten
Zu|sạm|men|hang: mit dem Wetter im/in Z. stehen || **zu|sạm|men|hän|gen** || **zu|sạm|men|hang|los** || **zu|sạm|men|hangs|los** (bes. D): *zusammenhanglos*
zu|sạm|men|hau|en (ugs.): *zerschlagen*
zu|sạm|men|hef|ten
zu|sạm|men|kau|fen: alte Schallplatten z.
zu|sạm|men|keh|ren: Abfälle z.
zu|sạm|men|klapp|bar || **zu|sạm-**

Z

men|klap|pen: das Taschenmesser z. | (ugs.) er ist zusammengeklappt *(zusammengebrochen, kollabiert)*

zu|sạm|men|klau|ben: Kastanien z. *(sammeln)*

zu|sạm|men|kle|ben: die zwei Hälften z.

zu|sạm|men|kom|men: sich treffen; *aber:* zusammen *(gemeinsam)* kommen | (ugs.) schau, dass du zusammenkommst *(alles [rechtzeitig] schaffst)*

zu|sạm|men|kra|chen: zwei Autos sind zusammengekracht | (sal.) mit einer Kollegin z. *(in Streit geraten)*

zu|sạm|men|krat|zen: das letzte Geld z.

zu|sạm|men|krüm|men: sich vor Schmerzen z.

Zu|sạm|men|kunft die, -/-künfte

zu|sạm|men|läp|pern sich (ugs.): das läppert sich zusammen *(es sammelt sich an)*

zu|sạm|men|lau|fen: in Villach laufen viele Bahnlinien zusammen; *aber:* zusammen *(miteinander)* laufen

zu|sạm|men|le|ben: ohne Trauschein z. || **Zu|sạm|men|le|ben** das, -s

zu|sạm|men|leg|bar || **zu|sạm|men|le|gen:** das Tischtuch z. | Grundstücke z. *(vereinigen)* | Geld z. *(sparen)* || **Zu|sạm|men|leg|spiel** || **Zu|sạm|men|le|gung** die, -/-en: die Z. von Wohnungen; die Z. *(Kommassierung)* einzelner Grundstücke

zu|sạm|men|näh|en: die geplatzte Naht z.

zu|sạm|men|neh|men: sie haben sich sehr zusammengenommen *(sich beherrscht; Acht gegeben; sich sehr angestrengt)*

zu|sạm|men|pa|cken: die Schulsachen z.; *aber:* den Koffer zusammen *(gemeinsam)* packen

zu|sạm|men|pas|sen: die Teile passen nicht mehr zusammen

zu|sạm|men|pfer|chen: die Menschen stehen zusammengepfercht *(dicht gedrängt)*

zu|sạm|men|pi|cken: ein zerrissenes Blatt z. *(zusammenkleben)*

Zu|sạm|men|prall der, -[e]s/-e: *Zusammenstoß* || **zu|sạm|men|pral|len**

zu|sạm|men|pres|sen

zu|sạm|men|raf|fen: ein Vermögen z. *(gierig anhäufen)*

zu|sạm|men|rau|fen sich (ugs.): *sich trotz Schwierigkeiten einigen*

zu|sạm|men|räu|men: *aufräumen, Ordnung machen*

zu|sạm|men|re|chen: das Laub z.

zu|sạm|men|rech|nen: alle Zahlen z. *(addieren)*

zu|sạm|men|re|den[1] sich: *durch ein Gespräch zu einer Einigung kommen* || **zu|sạm|men|re|den**[2] (ugs., abw.): viel Blödsinn z. *(daherreden)*

zu|sạm|men|rei|men: wie reimt sich das zusammen? *(wie passt das zusammen, wie ist das zu verstehen?)*

zu|sạm|men|rei|ßen sich: *sich zusammennehmen, sich aufraffen*

zu|sạm|men|rich|ten (ugs.): *herrichten, zurechtmachen*

zu|sạm|men|rin|nen (ugs.): die Milch ist zusammengeronnen *(beim Kochen geronnen)*

zu|sạm|men|rol|len: ein Poster z. *(einrollen);* die Katze rollt sich ganz zusammen

zu|sạm|men|rot|ten sich: *sich in großer Zahl versammeln* || **Zu|sạm|men|rot|tung** die, -/-en

zu|sạm|men|rü|cken: näher z. *(näher beisammensitzen; solidarisch sein)*

zu|sạm|men|ru|fen: alle Anwesenden z.

zu|sạm|men|scha|ren sich: *sich in Scharen versammeln*

zu|sạm|men|schar|ren: *zusammenkratzen*

Zu|sạm|men|schau die, -: eine Z. aller einzelnen Forschungsergebnisse versuchen

zu|sạm|men|schie|ben: den Taschenschirm z.

zu|sạm|men|schimp|fen (ugs.): *jemanden beschimpfen*

zu|sạm|men|schla|gen: die Wellen schlugen über ihr zusammen | *niederschlagen, schwer misshandeln* | *zerschlagen;* die Möbel z.

zu|sạm|men|schlie|ßen: sich zu einem Verein z. || **Zu|sạm|men|schluss:** der Z. von Staaten zu einem Wirtschaftsbündnis

zu|sạm|men|schmel|zen: zwei Metalle z. | das Vermögen ist zusammengeschmolzen *(ist [stark] geschrumpft)*

zu|sạm|men|schnei|den: *in Stücke schneiden* | einen Film z. *(durch Schneiden verkürzen)*

zu|sạm|men|schnü|ren: die Aufregung hat ihm die Kehle zusammengeschnürt

zu|sạm|men|schrau|ben

zu|sạm|men|schre|cken: *zusammenzucken;* sie schreckte/schrak bei jedem Geräusch zusammen; → schrecken[1]

zu|sạm|men|schrei|ben: die Notizen z. | (ugs., abw.) allerhand Unsinn z. *(schreiben); aber:* wir werden die Übung zusammen *(gemeinsam)* schreiben || **Zu|sạm|men|schrei|bung** die, -: Getrennt- und Zusammenschreibung

zu|sạm|men|schrump|fen: unsere Essensvorräte schrumpfen zusammen

zu|sạm|men|schus|tern (ugs., abw.): *etwas schlampig machen*

zu|sạm|men|schwei|ßen: die Schienen z. | die Schwestern wurden durch das gemeinsame Schicksal zusammengeschweißt

Zu|sạm|men|sein: *Beisammensein;* ein geselliges Z.; *aber:* mit jemandem zusammen *(ein Paar)* sein; → zusammen

zu|sạm|men|set|zen[1]: das Modellauto z. *(seine Teile zusammenfügen);* zusammengesetzte Nomen || **zu|sạm|men|set|zen**[2] sich: der Vorstand setzt sich aus acht Personen zusammen | sich mit Freunden z. || **Zu|sạm|men|set|zung:** eine bunt gemischte Z. | (Gramm.): *Kompositum*

zu|sạm|men|sin|ken: bei der Nachricht z.

zu|sạm|men|sit|zen: bis in die Nacht z.

Zu|sạm|men|spiel das, -[e]s || **zu|sạm|men|spie|len:** man könnte nicht besser z. *(aufeinander abgestimmt sein); aber:* die Kinder dürfen zusammen *(miteinander)* spielen

zu|sạm|men|stau|chen: *zusammendrücken, ineinanderschieben* | (ugs.) *[einen Untergebenen] in erniedrigender Weise tadeln*

zu|sạm|men|ste|cken: ein Kleid zur Probe mit Nadeln z. | die Köpfe z. *(über etwas heimlich reden);* die beiden stecken immer zusammen *(sie sind unzertrennlich)*

zu|sạm|men|ste|hen: stets z. *(zusammenhalten)*

zu|sạm|men|stel|len: die Sessel z. | die Daten z. *(übersichtlich darstellen)* || **Zu|sạm|men|stel|lung**

zu|sạm|men|stim|men: *zusammenpassen*

zu|sạm|men|stop|peln (ugs.): ein zusammengestoppelter *(aus verschiedenen Quellen, nicht zusammengehörenden Teilen bestehender)* Aufsatz

Z

Zu|sam|men|stoß: *Streit* | *Aufprall* || **zu|sam|men|sto|ßen**
zu|sam|men|strö|men: die Leute strömten zusammen
zu|sam|men|stür|zen: *einstürzen, zusammenfallen*
zu|sam|men|su|chen: seine Sachen von überall her z.; *aber:* Schwammerln zusammen *(gemeinsam)* suchen
zu|sam|men|tra|gen: *sammeln; aber:* die Koffer zusammen *(gemeinsam)* tragen
zu|sam|men|tref|fen: mit Freunden z.
zu|sam|men|trei|ben: das Vieh z.
zu|sam|men|tre|ten: das Gras z. *(niedertreten)* | zu einer Abstimmung z.
zu|sam|men|trom|meln: Freiwillige z.
zu|sam|men|tun[1] (ugs.): die Sachen z. *(vereinigen)* || **zu|sam|men|tun**[2] sich (ugs.): *zusammenschließen*
zu|sam|men|wach|sen [-ks-]
zu|sam|men|wi|ckeln: ein paar Sachen z.
zu|sam|men|wir|ken: verschiedene Maßnahmen wirkten zusammen || **Zu|sam|men|wir|ken** das, -s: im Z. *(in Zusammenarbeit)* mit ...
zu|sam|men|wür|feln: eine [bunt] zusammengewürfelte Gesellschaft
zu|sam|men|zäh|len: *addieren*
zu|sam|men|zie|hen[1]: Truppen z. *(vereinigen, sammeln)* | *in eine gemeinsame Wohnung ziehen* || **zu|sam|men|zie|hen**[2] sich: *sich verengen, sich schließen;* die Wunde zieht sich zusammen | ein Gewitter zieht *(braut)* sich über den Bergen zusammen || **Zu|sam|men|zie|hung**
zu|sam|men|zu|cken
zu|samt (Präp. mit Dat.) (veraltet): z. *(mit)* seinen Freunden
Zu|satz: *Beigabe* | ein Z. *(ergänzender Text)* zu einem Vertrag | (Bildw.) *zusätzliche Prüfung auf Grund einer negativ beurteilten Klausur im Rahmen der Reifeprüfung* || **Zu|satz|ab|kom|men** || **Zu|satz|ge|rät** || **Zu|satz|klau|sel:** *Zusatzbestimmung* || **zu|sätz|lich** || **Zu|satz|pen|si|on** || **Zu|satz|prü|fung** || **Zu|satz|stoff** || **Zu|satz|ver|si|che|rung:** *freiwillige zusätzliche Versicherung* || **Zu|satz|zahl:** die Z. im Lotto
zu Schan|den = zu|schan|den: zu S. machen/werden; ein Pferd zu S. reiten *(es bis zur totalen Erschöpfung reiten)*
zu|schan|zen (meist abw.): jemandem einen Posten z. *(zukommen lassen)*
zu|schar|ren: die Grube z.
zu|schau|en: *zusehen* || **Zu|schau|er** der, -s/- || **Zu|schau|e|rin** die, -/-innen || **Zu|schau|er|raum** || **Zu|schau|er|tri|bü|ne**
zu|schau|feln: eine Grube z.
zu|schi|cken: *zusenden*
zu|schie|ben: die Schuld wurde ihm zugeschoben
zu|schie|ßen: Geld z. *(beisteuern)* | der Falke schoss auf die Beute zu
Zu|schlag: auf Grund des besten Angebotes den Z. erteilen *(den Auftrag geben);* bei einer Versteigerung den Z. erhalten | *zusätzlich zu bezahlender Geldbetrag;* der Z. für ein Einzelzimmer beträgt 20 Euro || **zu|schla|gen:** eine Tür z. | die Möbel bei der Versteigerung dem Meistbietenden z. *(verkaufen)* | Steinplatten passend z. | die Kriminalpolizei schlug zu *(nahm die Täter fest)* || **zu|schlags|frei,** *auch:* zuschlagfrei || **zu|schlags|pflich|tig,** *auch:* zuschlagpflichtig
zu|schlie|ßen: *verschließen, zusperren*
zu|schnal|len: [sich] die Skischuhe vor der Abfahrt z.
zu|schnap|pen: der Hund wollte z. *(beißen)* | ein zugeschnapptes Schloss
zu|schnei|den: den Kleiderstoff z. || **Zu|schnei|der** || **Zu|schnei|de|rin**
zu|schnei|en: das Auto war ganz zugeschneit
Zu|schnitt
zu|schnü|ren
zu|schrau|ben
zu|schrei|ben: jemandem die Schuld an einem Unfall z. *(geben)* || **Zu|schrift:** eine Z. *(ein Schreiben)* erhalten
zu Schul|den = zu|schul|den: sich nichts zu S. kommen lassen
Zu|schuss: *Geldbetrag, der jemandem unter bestimmten Bedingungen zur Verfügung gestellt wird*
zu|schüt|ten: das Loch mit Erde z.
zu|se|hen: *zuschauen* | einem Unfall hilflos z. *(ihn mitansehen)* müssen || **zu|se|hends:** der Kranke wurde z. *(merkbar, sichtlich)* kräftiger || **Zu|se|her:** *Zuschauer* || **Zu|se|he|rin**
zu Sei|ten = zu|sei|ten (Präp. mit Gen.): zu S. des Freundes *(zu seinen Seiten);* → Seite
zu|sen|den: *zuschicken* || **Zu|sen|dung**
zu|set|zen: dem Salz Jod z. | alle Geldmittel z. *(aufbrauchen)* | dem Gegner sehr z. *(ihn heftig bedrängen)*
zu|si|chern: jemandem einen Posten z. *(fest versprechen)* || **Zu|si|che|rung**
Zu|spät|kom|men das, -s || **zu spät Kom|men|de**[1] = **Zu|spät|kom|men|de**[1] der, -n/-n, ein zu spät Kommender (= ein Zuspätkommender) || **zu spät Kom|men|de**[2] = **Zu|spät|kom|men|de**[2] die, -n/-n
Zu|spei|se: *Gemüse, Nudeln oÄ als Beilage*
zu|sper|ren: *[ab]schließen*
Zu|spiel das, -[e]s (Sport) || **zu|spie|len** (Sport): ihr den Ball z.
zu|spit|zen: die Lage hat sich gefährlich zugespitzt *(verschärft)* || **Zu|spit|zung** die, -/-en
zu|spre|chen: jemandem Trost z. *(jemanden trösten)* | jemandem ein Recht z. *(zuerkennen)* | (geh.) dem Essen z. *(es sich schmecken lassen)*
zu|sprin|gen: der Hund sprang auf mich zu
Zu|spruch der, -[e]s: das Geschäft erfreut sich regen Zuspruchs *(es wird von vielen aufgesucht);* viel Z. haben
Zu|sel die, -/-n (reg.): *Zutzel* | (K, T) *Fetzen* | (reg., ugs., abw.) *schlampige Frau*
Zu|stand: *Beschaffenheit;* in gutem Z.; der Z. der Verletzten ist kritisch | *Situation;* ein unhaltbarer Z. | (ugs.) Zustände kriegen *(sich sehr ärgern)* || **zu Stan|de = zu|stan|de:** etwas zu S. bringen *(leisten);* zu S. kommen | (Amtsspr.) das Diebsgut wieder zu S. bringen *(herbeischaffen)* || **Zu|stan|de|brin|gen** das, -s || **Zu|stan|de|brin|gung** die, - (Amtsspr.) || **Zu|stan|de|kom|men** das, -s || **zu|stän|dig:** das für diesen Fall zuständige Bezirksgericht | (früher) nach Imst z. *(dort heimatberechtigt)* || **Zu|stän|dig|keit** die, - || **Zu|stän|dig|keits|be|reich:** der Z. des Gerichts || **zu|stän|dig|keits|hal|ber** || **Zu|stands|än|de|rung**
zu|stat|ten|kom|men: *zugutekommen, gelegen kommen*
zu|ste|chen
zu|ste|cken: jemandem etwas z.

Z

(heimlich geben) | den Riss mit Sicherheitsnadeln z.
zu|ste|hen: dieser Lohn steht ihr zu *(gebührt ihr)*
zu|stei|gen: in den überfüllten Zug z.
zu|stel|len: das Fleisch z. *(auf den Herd stellen)* | Waren ins Haus z. *(liefern)* || **Zu|stel|ler** der, -s/-: *Briefträger* || **Zu|stel|le|rin** die, -/-innen || **Zu|stell|ge|bühr:** *Gebühr für Warenzustellung* || **Zu|stel|lung:** Z. von Paketen || **Zu|stell|ver|merk:** *Benachrichtigung auf einer unzustellbaren Postsendung*
zu|steu|ern: auf ein Ziel z. *(zustreben)*
zu|stim|men: *einwilligen* || **Zu|stim|mung:** die Z. erteilen *(geben)*
zu|stop|fen: ein Loch z.
zu|stop|peln = **zu|stöp|seln:** eine Flasche z. *(mit einem Stoppel verschließen)*
zu|sto|ßen: eine Tür z. | es ist ihm ein Unfall zugestoßen *(widerfahren)*
zu|stre|ben: einem Ziel z.
Zu|strom der, -[e]s: der Z. zu einer Demonstration | *Zufluss* || **zu|strö|men**
zu|stür|zen: alle stürzten auf den Star zu
zu|stut|zen: Sträucher z.
zu Ta|ge = **zu|ta|ge:** zu T. fördern/kommen/liegen; weitere Beweise zu T. bringen; die Quelle tritt am Fuße des Berges zu T.
Zu|tat: *Speisezutaten, zB Gewürze*
zu|tei|len: jemandem eine Arbeit z. *(zuweisen)* || **Zu|tei|lung** || **zu|teil|wer|den** (geh.): uns ist Hilfe zuteilgeworden *(wir haben sie bekommen)*
zu|tiefst: z. *(ganz unten)* im Bergwerk | er ist z. *(aufs Tiefste, sehr)* gerührt
zu|tra|gen: jemandem etwas z. *(heimlich mitteilen)* | ein Unfall hat sich zugetragen *(ereignet)* || **Zu|trä|ger** (abw.): *jemand, der andere ausrichtet, anschwärzt* || **Zu|trä|ge|rei** die, -/-en (abw.) || **Zu|trä|ge|rin** (abw.) || **zu|träg|lich:** zuträgliche *(leicht verdauliche; bekömmliche)* Kost
zu|trau|en: jemandem etwas z. *(jemanden dazu fähig halten)* || **Zu|trau|en** das, -s: das Z. *(Vertrauen)* zu jemandem verlieren || **zu|trau|lich:** ein zutrauliches Kind || **Zu|trau|lich|keit** die, -
zu|tref|fen: *richtig sein, passen* || **zu|tref|fend:** eine zutreffende Bemerkung || **Zu|tref|fen|de** das, -n: Zutreffendes ankreuzen || **zu|tref|fen|den|falls:** *wenn es zutrifft, falls es eintrifft*
zu|trei|ben: auf die Küste z.
zu|tre|ten: auf jemanden z.
zu|trin|ken: *zuprosten*
Zu|tritt der, -[e]s: *das Betreten;* „Zutritt verboten!"
zu|tun: kein Auge z. *(schließen)* || **Zu|tun:** ohne ihr Z. *(ohne ihre Mitwirkung, Unterstützung)* || **zu|tun|lich:** *zutraulich*
Zutz der, -/- = **Zut|zel,** -s/-[n], *auch:* Zuzel (ugs.): *Luller, Schnuller* | *Lutscher* || **Zut|zel|fleck** der, -[e]s/-e[n], *auch:* Zuzelfleck (ugs.): *Knutschfleck* || **zut|zeln,** *auch:* zuzeln, ich zutzle (ugs.): *saugen, lutschen* | *beim Sprechen mit der Zunge anstoßen, lispeln*
zu Un|guns|ten = **zu|un|guns|ten** (Präp., vor dem Nomen mit Gen., nach dem Nomen mit Dat.): zu U. des Beschuldigten *(zu seinen Ungunsten);* dem Käufer zu U. die Lieferung verzögern
zu|un|terst: *ganz unten*
Zu|ver|dienst der, -[e]s/-e: *Nebenverdienst*
zu|ver|läs|sig: sie ist z. *(verlässlich)* || **Zu|ver|läs|sig|keit** die, -
Zu|ver|sicht: mit Z. *(festem Vertrauen)* in die Zukunft blicken || **zu|ver|sicht|lich**
Zu|viel das, -s: ein Z. an Gewürzen; *aber:* zu viel des Guten
zu|vor: *vorher; vorhin* || **zu|vor|derst:** *ganz vorn* || **zu|vör|derst** (geh., veraltet): *in erster Linie, vor allem* || **zu|vor|kom|men:** die Konkurrenz kam unserem Plan zuvor *(war schneller)* || **zu|vor|kom|mend:** *freundlich, höflich, liebenswürdig* || **Zu|vor|kom|men|heit** die, - || **zu|vor|tun:** es den anderen z. *(sie übertreffen)*
Zu|waa|ge: *das Zugewogene;* Fleisch mit Z. *(Knochenbeigabe)*
Zu|wachs [-ks] der, -es/-wächse: der Z. *(die Vermehrung)* der Bevölkerung || **zu|wach|sen:** der Weg ist zugewachsen | (geh.) neue Arbeit wächst ihr zu || **Zu|wachs|ra|te:** *Ausmaß, Anteil des Zuwachses*
zu|wan|dern: *von auswärts zuziehen* || **Zu|wan|de|rer** || **Zu|wan|de|rin,** *auch:* Zuwandrerin || **Zu|wan|de|rung** || **Zu|wan|de|rungs|quo|te**
zu|war|ten: mit der Entscheidung noch z. *(zurückhalten)*
zu We|ge = **zu|we|ge:** etwas zu W. bringen; zu W. kommen *(etwas fertigbringen;* reg. auch: *des Weges kommen, daherkommen)*
zu|we|hen: zugewehte Spuren im Schnee
zu|wei|len (geh.): *manchmal*
zu|wei|sen: jemandem eine Arbeit/eine Stelle z. || **Zu|wei|sung**
zu|wen|den: sich der Landwirtschaft z. *(widmen; Landwirt/in werden)* | (geh.) allem Schönen zugewandt sein | sich dem Publikum z. || **Zu|wen|dung:** kaum menschliche Z. bekommen | (Jus) eine unentgeltliche Z. *(Schenkung)*
Zu|we|nig das, -s: ein Z. ist oft besser als ein Zuviel; *aber:* zu wenig Zeit haben
zu|wer|fen: jemandem den Ball z. *(zuspielen)* | jemandem einen Blick z.
zu|wi|der (Präp. mit Dat.): dem Verbot z. *(entgegen)* | (Adv.) es ist mir z. *(widerwärtig)* || **zu|wi|der|han|deln** (Amtsspr.): sie handelte dem Gesetz zuwider; den Verkehrsvorschriften z. *(gegen sie verstoßen, sie verletzen)* || **Zu|wi|der|han|deln|de**[1] der, -n/-n, ein Zuwiderhandelnder (Amtsspr.): Z. werden bestraft || **Zu|wi|der|han|deln|de**[2] die, -n/-n (Amtsspr.) || **Zu|wi|der|hand|lung** (Amtsspr.) || **zu|wi|der|lau|fen:** den Interessen z.
zu|win|ken
zu|zäh|len: dieses Buch ist ihren Erfolgen zuzuzählen
zu|zei|ten (geh.): *zeitweise, bisweilen; aber:* zu Zeiten *(zur Zeit)* Maria Theresias
Zu|zel → Zutzel || **Zu|zel|fleck** → Zutzelfleck || **zu|zeln** → zutzeln
zu|zie|hen: den Vorhang z. | zur Begutachtung einen Sachverständigen z. *(beiziehen)* | sich eine Erkältung z. *(sich erkälten)* || **Zu|zie|hung:** *Beiziehung* || **Zu|zug:** *Zusiedlung, Zuwanderung* || **Zu|züg|ler** der, -s/- || **Zu|züg|le|rin** die, -/-innen

zu|züg|lich

Präposition mit Genitiv:
- zuzüglich eines Trinkgeldes *(samt einem Trinkgeld)*

Allein stehendes starkes Nomen im Singular bleibt undekliniert:
- zuzüglich Trinkgeld

Im Plural mit Dativ, wenn Genitiv nicht erkennbar:

Z

– zuzüglich Trinkgeldern (*statt:* Trinkgelder)

zu|zwin|kern: dem Mädchen z.
zvS [tsɛt fau ˈɛs] (Mil.): **zeit**ver**p**flichteter **S**oldat
ZW (Kfz): **Z**oll**w**ache
zwa̤|cken (ugs., scherzh.): *zwicken;* es zwickt und zwackt mich überall *(alles tut mir weh)*
zwa̤ng → zwingen ‖ **Zwa̤ng** der, -[e]s/Zwänge: keinen Z. ausüben *(frei handeln lassen);* sich keinen Z. auferlegen *(ungezwungen handeln)* ‖ **zwä̤n|gen:** sich durch einen engen Spalt z. ‖ **zwa̤ng|haft** ‖ **zwa̤ng|los:** *ungezwungen, locker, frei* ‖ **Zwa̤ng|lo|sig|keit** die, -/-en ‖ **Zwa̤ngs|ab|schie|bung** ‖ **Zwa̤ngs|ar|beit:** *eine Freiheitsstrafe* | *Arbeit, zu der Menschen menschenrechtswidrig gezwungen werden, zB in der NS-Zeit* ‖ **Zwa̤ngs|ar|bei|ter** ‖ **Zwa̤ngs|ar|bei|te|rin** ‖ **Zwa̤ngs|aus|gleich** (Jus): *der Ausgleich im Konkursverfahren* ‖ **zwa̤ngs|be|glü|cken:** *jemandem wohlmeinend gegen dessen Wunsch etwas aufdrängen* ‖ **Zwa̤ngs|be|glü|ckung** ‖ **Zwa̤ngs|ehe:** *eine erzwungene Heirat* ‖ **Zwa̤ngs|hand|lung** (Psych.): *neurotisch bedingte Handlung* ‖ **Zwa̤ngs|herr|schaft** ‖ **Zwa̤ngs|ja|cke:** der Tobsüchtige wurde in eine Z. gesteckt ‖ **Zwa̤ngs|la|ge:** in einer Z. sein *([fast] keine Wahl mehr haben)* ‖ **zwa̤ngs|läu|fig:** so etwas führt z. *(unabwendbar)* ins Verderben ‖ **Zwa̤ngs|läu|fig|keit** die, -/-en ‖ **Zwa̤ngs|maß|nah|me** (meist Pl.) ‖ **Zwa̤ngs|mit|glied|schaft** ‖ **Zwa̤ngs|mit|tel** ‖ **Zwa̤ngs|neu|ro|se** (Psych.): *Neurose mit Zwangsvorstellungen* ‖ **Zwa̤ngs|räu|mung** ‖ **Zwa̤ngs|ver|schi|ckung:** *Deportation* ‖ **Zwa̤ngs|ver|stei|ge|rung** ‖ **Zwa̤ngs|ver|wal|ter** ‖ **Zwa̤ngs|ver|wal|te|rin** ‖ **Zwa̤ngs|ver|wal|tung** (Jus): *gerichtlich verfügte Verwaltung [einer Liegenschaft] im Exekutionsverfahren* ‖ **Zwa̤ngs|voll|stre|ckung** (Jus): *Exekution, Eintreibung [durch Gericht, Verwaltungsbehörde]* ‖ **Zwa̤ngs|vor|füh|rung** (Amtsspr.) ‖ **Zwa̤ngs|vor|stel|lung** (Psych.): an einer Z. leiden ‖ **zwa̤ngs|wei|se**
zwa̤n|zig (20): z. Euro; → achtzig ‖ **Zwa̤n|zig** die, -/-en (bes. D) (20): *Zwanziger; die Zahl 20 (Zwanzig)* ‖ **Zwa̤n|zi|ger** der, -s/- (20er): seinen Z. *(20. Geburtstag)* feiern | *Zwanzigeuroschein* | *eine Spielansage im Schnapsen* ‖ **Zwa̤n|zi|ger|jahr** = **zwa̤n|zi|ger Jahr** (20er-Jahr, 20er Jahr) ‖ **Zwan|zig|eu|ro|bank|no|te** (20-Euro-Banknote) ‖ **Zwan|zig|eu|ro|schein** (20-Euro-Schein) ‖ **zwa̤n|zig|jäh|rig** (20-jährig)
zwa̲r: ich war z. *(allerdings, wohl)* dort, aber ...; heute, und z. um vier
Zwe̤ck der, -[e]s/-e: Geld für einen guten Z. sammeln; der Z. heiligt die Mittel | das hat keinen Z. *(Sinn)* ‖ **Zwe̤ck|bau** der, -[e]s/-ten: die Fabrikshalle ist ein reiner Z. ‖ **zwe̤ck|be|dingt** ‖ **Zwe̤ck|be|stim|mung** ‖ **Zwe̤ck|bin|dung** ‖ **zwe̤ck|dien|lich:** zweckdienliche Hinweise ‖ **Zwe̤ck|ehe** ‖ **zwe̤ck|ent|frem|det** ‖ **Zwe̤ck|ent|frem|dung** ‖ **zwe̤ck|ent|spre|chend** ‖ **zwe̤ck|frei** ‖ **zwe̤ck|fremd** ‖ **zwe̤ck|ge|bun|den:** zweckgebundene *(nur für einen besonderen Zweck bestimmte)* Geldmittel ‖ **Zwe̤ck|ge|bun|den|heit** die, - ‖ **zwe̤ck|los** ‖ **Zwe̤ck|lo|sig|keit** die, -/-en ‖ **zwe̤ck|mä|ßig** ‖ **zwe̤ck|mä|ßi|ger|wei|se** ‖ **Zwe̤ck|mä|ßig|keit** die, -/-en ‖ **Zwe̤ck|op|ti|mis|mus:** *absichtsvoll gezeigter Optimismus* ‖ **zwe̤cks** (Präp. mit Gen.): z. besseren Verständnisses | (im Pl. auch mit Dat.) z. Einkäufe[n] | **Zwe̤ck|satz** (Gramm.): *Finalsatz* ‖ **zwe̤ck|voll** ‖ **zwe̤ck|wid|rig**
zwe̲i (2): z. Euro; die z. *(die beiden);* das Urteil zweier Sachverständiger (Sachverständigen); mit z., drei Worten *(kurz ausgedrückt);* er isst für z. *(zu viel);* z. glatt, z. verkehrt *(ein einfaches Strickmuster;* abw. auch: *routinemäßig, primitiv);* zu zweien *(zu zweit)* gehen; → zweite; → acht ‖ **Zwe̲i** die, -/-en (bes. D): *Zweier; die Ziffer Zwei (2);* die Note Z. | **zwe̲i|ach|sig** [-ks-] (2-achsig): ein zweiachsiger Wagen ‖ **zwe̲i|ar|mig** (2-armig) ‖ **zwe̲i|bän|dig** (2-bändig) ‖ **Zwe̲i|bei|ner** der, -s/- (auch scherzh.): *Mensch;* → Vierbeiner ‖ **zwe̲i|bei|nig** (2-beinig) ‖ **Zwe̲i|bett|zim|mer** (2-Bett-Zimmer): ein Z. bestellen ‖ **zwe̲i|deu|tig** (2-deutig): *doppelsinnig* ‖ **Zwe̲i|deu|tig|keit** die, -/-en ‖ **zwe̲i|di|men|si|o|nal** (2-dimensional): eine Fläche ist z. ‖ **Zwei|dri̤t|tel|ge|sell|schaft** (⅔-Gesellschaft) (Wirt., Soz.): *Bevölkerung, in der ein Drittel arm ist* ‖ **Zwei|dri̤t|tel|mehr|heit** (⅔-Mehrheit): *Mehrheit von mindestens zwei Dritteln der Stimmen, qualifizierte Mehrheit* ‖ **zwe̲i|ei|ig** (2-eiig): zweieiige Zwillinge *(Zwillinge, die zwei befruchteten Eiern entstammen);* → G.: eineiig ‖ **zwe̲i|ein|halb**

Zwe̲i|er (2er) der, -s/-: *die Ziffer Zwei (2);* einen Z. hinschreiben; als Note einen Z. *(die Note Gut)* bekommen; → Zwei

Die österreichischen Formen der nominalisierten Zahlwörter werden auf -er gebildet:
- einen Zweier hinschreiben (bes. in Deutschland: eine Zwei)
- den Zweier nehmen *(die Linie 2)*

zwe̲i|er|lei: z. Farben; z. Maß anlegen *(ungerecht beurteilen)* ‖ **Zwe̲i|er|pack** der, -[e]s/-s [-e]: *Packung, die zwei einzelne Stück enthält* ‖ **Zwe̲i|er|rei|he** ‖ **zwe̲i|fach** (2fach = 2-fach) ‖ **Zwe̲i|fa|che** (2fache = 2-Fache) das, -n ‖ **Zwei|fa|mi|li|en|haus** ‖ **Zwei|fa̤r|ben|druck** der, -[e]s/-drucke ‖ **zwe̲i|fär|big,** *auch:* zweifarbig (2-färbig, *auch:* 2-farbig)
Zwe̲i|fel der, -s/-: im Z. *(im Ungewissen)* sein; über jeden Z. erhaben; etwas in Z. ziehen; das steht außer Z. ‖ **zwe̲i|fel|haft:** zweifelhaftes *(unsicheres)* Wetter; ein zweifelhaftes *(fragwürdiges)* Vergnügen ‖ **zwe̲i|fel|los** ‖ **zwe̲i|feln:** *etwas bezweifeln;* ich zweifle an der Richtigkeit der Aussage ‖ **Zwe̲i|fels|fall** ‖ **Zwe̲i|fels|fra|ge** ‖ **zwe̲i|fels|frei** ‖ **zwe̲i|fels|o̲h|ne:** *zweifellos*
zwe̲i|fenst|rig: ein zweifenstriges Zimmer
Zwe̲i|f|ler der, -s/- ‖ **Zwe̲i|f|le|rin** die, -/-innen
zwe̲i|flüg|lig, *auch:* zweiflügelig (2-flüglig, *auch:* 2-flügelig): eine zweiflüglige Tür
Zwe̲ig der, -[e]s/-e: auf keinen grünen Z. kommen *(nichts erreichen)* ‖ **Zwe̲ig|an|stalt:** *Filiale*
Zwe̲i|gelt der, -s/-: *eine Reb- und Weinsorte*
zwe̲i|ge|schlecht|lich (2-geschlechtlich): *bisexuell* ‖ **zwe̲i|ge|scho|ßig,** *auch:* zweigeschossig (2-geschoßig, *auch:* 2-geschossig) ‖ **Zwe̲i|ge|spann:** *Gespann, das von zwei [Pferden] gezogen wird* | *2-Personen-Team* ‖

Z

zwei|ge|stri|chen (2-gestrichen) (Mus.): das zweigestrichene c (c", c²) singen ‖ **zwei|ge|teilt**
Zweig|ge|schäft: *Nebengeschäft, Filiale*
zwei|glei|sig, *auch:* zweigeleisig (2-gleisig, *auch:* 2-geleisig) ‖ **zwei|glied|rig** (2-gliedrig)
Zweig|nie|der|las|sung: *Filiale* ‖ **Zweig|stel|le**
zwei|hän|dig (2-händig) ‖ **Zwei|heit** die, -: → *Dualismus* ‖ **zwei|henk|lig,** *auch:* zweihenkelig (2-henklig, *auch:* 2-henkelig): ein zweihenkeliger Krug ‖ **zwei|höck|rig,** *auch:* zweihöckerig (2-höckrig, *auch:* 2-höckerig): ein zweihöckriges Kamel *(Trampeltier)* ‖ **zwei|hun|dert** (200) ‖ **Zwei|hun|dert|eu|ro|bank|no|te** (200-Euro-Banknote) ‖ **Zwei|hun|dert|eu|ro|schein** (200-Euro-Schein) ‖ **zwei|jäh|rig** (2-jährig) ‖ **Zwei|kampf:** *bewaffneter Kampf zwischen zwei Personen, Duell* | (Sport) *Wettkampf zwischen zwei Gegnern/Mannschaften* ‖ **Zwei|ka|nal|ton:** *beim Fernsehen wahlweise verschiedene Sprachen* ‖ **zwei|köp|fig** (2-köpfig): ein zweiköpfiger Adler *(Doppeladler als Wappentier)* ‖ **Zwei|li|ter|fla|sche** (2-Liter-Flasche) ‖ **zwei|mal** (2-mal) (bei Betonung auch: zwei Mal) ‖ **zwei|ma|lig** (2-malig) ‖ **Zwei|mas|ter** (Seemannsspr.): *Segelschiff mit zwei Masten* ‖ **zwei|mo|na|tig** (2-monatig): *zwei Monate dauernd;* eine zweimonatige Weltreise ‖ **zwei|mo|nat|lich** (2-monatlich): *alle zwei Monate* ‖ **Zwei|mo|nats|schrift:** *Zeitschrift, die nur alle zwei Monate erscheint* ‖ **zwei|mo|to|rig** (2-motorig) ‖ **zwei|pha|sig** [-f-] (2-phasig) ‖ **zwei|po|lig** (2-polig) ‖ **Zwei|rad** ‖ **zwei|räd|rig,** *auch:* zweiräderig (2-rädrig, *auch:* 2-räderig) ‖ **Zwei|rei|her** der, -s/-: *Sakko/Mantel mit zwei Knopfreihen* ‖ **zwei|rei|hig** (2-reihig): ein zweireihiges Sakko ‖ **zwei|sam** (scherzh.): *zu zweit* ‖ **Zwei|sam|keit** die, - (scherzh.) ‖ **zwei|schnei|dig** (2-schneidig): ein zweischneidiges Messer *(beidseitig geschliffenes Messer)* | das ist [für sie] ein zweischneidiges Schwert *(das hat seine guten, aber auch seine schlechten Seiten)* ‖ **zwei|sei|tig** (2-seitig) ‖ **zwei|sil|big** (2-silbig): ein zweisilbiges Wort ‖ **Zwei|sit|zer** der, -s/-: *Fahrzeug mit zwei Sitzen* ‖ **zwei|sit|zig** (2-sitzig) ‖ **zwei|spal|tig** (2-spaltig): z. gedruckt ‖ **zwei|spän|nig** (2-spännig): *mit zwei Pferden bespannt* ‖ **Zwei|spitz:** *eine Kopfbedeckung* ‖ **zwei|spra|chig** (2-sprachig): eine zweisprachige Ortstafel ‖ **Zwei|spra|chig|keit** die, - (SüdT): *die für viele öffentliche Anstellungen vorgeschriebene Beherrschung von Deutsch und Italienisch* ‖ **Zwei|spra|chig|keits|kom|mis|sion** (SüdT) ‖ **Zwei|spra|chig|keits|nach|weis** (SüdT) ‖ **zwei|spu|rig** (2-spurig): zweispurige Fahrzeuge; eine zweispurige Straße/Bahnstrecke ‖ **zwei|stel|lig** (2-stellig): eine zweistellige Zahl ‖ **zwei|stim|mig** (2-stimmig) (Mus.) ‖ **zwei|stö|ckig** (2-stöckig) ‖ **zwei|strah|lig** (2-strahlig): eine zweistrahlige Düsenmaschine ‖ **zwei|stu|fig** (2-stufig): eine zweistufige Rakete ‖ **zwei|stün|dig** (2-stündig): eine zweistündige *(zwei Stunden dauernde)* Sitzung ‖ **zwei|stünd|lich** (2-stündlich): diese Medizin ist z. *(alle zwei Stunden)* einzunehmen ‖ **zweit:** zu zweit *(zu zweien);* → zweite ‖ **zwei|tä|gig** (2-tägig): eine zweitägige Veranstaltung ‖ **Zwei|tak|ter** der, -s/-: *Zweitaktmotor* ‖ **Zwei|takt|mo|tor** ‖ **zweit|äl|tes|te:** sie ist die z. Tochter ‖ **Zweit|äl|tes|te**[1] der, -n/-n, ein Zweitältester ‖ **Zweit|äl|tes|te**[2] die, -n/-n ‖ **Zweit|aus|fer|ti|gung:** *Duplikat* ‖ **zwei|tau|send** (2 000) ‖ **Zwei|tau|sen|der** (2 000er): *Berg, der zwischen 2 000 und 2 999 m hoch ist* ‖ **Zweit|au|to** ‖ **Zweit|bes|te**[1] der, -n/-n, ein Zweitbester ‖ **Zweit|bes|te**[2] die, -n/-n

zwei|te
der z. Platz; Verbrennungen zweiten Grades; zum zweiten Mal[e]; → zweit; → achte

Großschreibung bei Nominalisierung:
- der Erste und der **Z**weite *(die ersten beiden)*
- das **Z**weite, was ich sah
- jeder **Z**weite
- wie kein **Z**weiter *(anderer)* laufen können

Großschreibung in Eigennamen:
- [Kaiser] Joseph der **Z**weite *(Joseph II.)*
- die **Z**weite Republik *(die Republik Österreich seit 1945)*
- der **Z**weite Weltkrieg

Zwei|te[1] der, -n/-n, ein Zweiter: → zweite ‖ **Zwei|te**[2] die, -n/-n ‖ **Zwei|tei|ler** der, -s/-: *ein zweiteiliges Damenkleid* | *ein zweiteiliger Film* ‖ **zwei|tei|lig** (2-teilig): ein zweiteiliges Kostüm; eine zweiteilige Fernsehsendung ‖ **Zwei|tei|lung** ‖ **Zwei|te-Klas|se-Ab|teil,** *auch:* Zweiter-Klasse-Abteil: *ein Abteil in der Bahn* ‖ **zwei|tens** (2.) ‖ **Zweit|ge|rät:** *ein zweiter Fernseher oÄ* ‖ **zweit|ge|reiht** ‖ **Zweit|größ|te**[1] der, -n/-n, ein Zweitgrößter ‖ **Zweit|größ|te**[2] die, -n/-n ‖ **zweit|in|stanz|lich** (Jus): *in zweiter Instanz* ‖ **zweit|klas|sig:** *nicht von erster Qualität;* der Film ist z. ‖ **Zweit|mei|nung:** eine Z. *(Beurteilung durch einen anderen Experten, ein Gegengutachten)* einholen ‖ **Zweit|plat|zier|te**[1] der, -n/-n, ein Zweitplatzierter ‖ **Zweit|plat|zier|te**[2] die, -n/-n ‖ **zweit|ran|gig:** *weniger wichtig;* das ist jetzt z. ‖ **Zweit|schlüs|sel** ‖ **Zweit|schrift:** *nochmalige Ausfertigung eines Dokuments; Duplikat* ‖ **Zweit|spra|che:** *Sprache, die (fast) wie die Muttersprache neben dieser gesprochen wird* | (SüdT) *die jeweils andere Landessprache in Südtirol* ‖ **Zweit|sprach|un|ter|richt** (SüdT) ‖ **Zweit|wa|gen:** *zweites Auto* ‖ **Zweit|wohn|sitz:** *Nebenwohnsitz* ‖ **Zweit|woh|nung:** *zweiter Wohnsitz, meist außerhalb der Stadt* ‖ **Zwei|und|drei|ßigs|tel|no|te** (Mus.) ‖ **Zwei|vier|tel|takt** [-'fir-] (Mus.) ‖ **zwei|wer|tig** (2-wertig) (Phys.): ein zweiwertiges Atom | (Gramm.) ein zweiwertiges Verb ‖ **Zwei|zei|ler** der, -s/-: *zweizeilige Strophe* ‖ **zwei|zei|lig** (2-zeilig): das Manuskript ist z. *(mit je einer Zeile Zwischenraum)* geschrieben ‖ **Zwei|zim|mer|woh|nung** (2-Zimmer-Wohnung) ‖ **Zwei|zy|lin|der|mo|tor** [-tsy-, -tsi-]
zwerch (veraltet): *quer* ‖ **Zwerch|fell:** *Scheidewand zwischen Brusthöhle und Bauchhöhle* ‖ **Zwerch|fell|at|mung** ‖ **zwerch|fell|er|schüt|ternd:** zwerchfellerschütterndes *(heftiges)* Lachen
Zwerg der, -[e]s/-e: *eine Märchen- und Sagenfigur* | (oft abw.) *kleinwüchsiger Mensch* ‖ **Zwerg|baum** ‖ **Zwerg|da|ckel** ‖ **zwer-**

Z

genhaft ‖ **Zwergin** die, -/-innen ‖ **Zwergkiefer** die, -/-n ‖ **Zwergpudel** ‖ **Zwergstern** (Astron.) ‖ **Zwergstaat:** *sehr kleiner Staat, Kleinstaat* ‖ **Zwergwuchs** [-ks] (Biol.) ‖ **zwergwüchsig** (Biol.): zwergwüchsige Bäume

Zwetsche die, -/-n (nördl. D): *Zwetschke* ‖ **Zwetschge** die, -/-n (südl. D, CH): *Zwetschke* ‖ **Zwetschke** die, -/-n: *ein Steinobst* ‖ **Zwetschkenfleck** der, -[e]s/-: *eine Mehlspeise* ‖ **Zwetschkenknödel** ‖ **Zwetschkenkompott:** zum Nachtisch Z. servieren ‖ **Zwetschkenkrampus:** *Figur aus Dörrzwetschken ua.* ‖ **Zwetschkenpafese,** *auch:* Zwetschkenpofese: *eine Mehlspeise* ‖ **Zwetschkenpfeffer:** *Mus aus Dörrpflaumen* ‖ **Zwetschkenpofese** → Zwetschkenpafese ‖ **Zwetschkenröster** ‖ **Zwetschkenschnaps** ‖ **Zwetschkenstrudel** ‖ **Zwetschkerne** [-kɔnɛ] der, -n/-n, ein Zwetschkerner: *Zwetschkenschnaps* ‖ **Zwetschkerl** [-kəl] das, -s/-[n] (ugs.): *[kleine] Zwetschke* | *[liebes, hilfloses] Kind* | *etwas [zu] klein Geratenes*

Zwettl (Kfz: ZT): *Stadt (und Stift) in Niederösterreich*

Zwickel der, -s/-: in die Hose einen Z. *(ein keilförmiges Stoffstück)* einsetzen | *Zwickelbier* ‖ **Zwickelbier:** *eine Biersorte* ‖ **Zwickeltag:** *Tag zwischen zwei [arbeits-, schul]freien Tagen, Fenstertag* ‖ **zwicken:** *drücken, kneifen;* es zwickt mich | *lochen;* Fahrscheine z. ‖ **Zwicker** der, -s/-: *eine Brille ohne Bügel* ‖ **Zwickerbusserl,** *auch:* Zwickerbussl, Zwickerbussi (ugs., scherzh.): einem Kind ein Z. geben *(es beim Küssen zärtlich in die Wangen zwicken)* ‖ **Zwickmühle** (geh.): in der/einer Z. *(in einer Zwangslage, einem Dilemma)* sein ‖ **Zwickzange:** *ein Werkzeug*

zwider (ugs.): *zuwider, widerlich;* sie ist keine zwidere *(eine ziemlich hübsche; eine angenehme)* Person ‖ **Zwiderwurzen** (ugs., abw.): *stets mürrische, unfreundliche Person*

Zwieback der, -s/-e: *durch Rösten haltbar gemachte Weißbrotscheibe*

Zwiebel die, -/-n: *eine Gemüsepflanze, Küchenzwiebel* | (Bot.) *unterirdischer fleischiger Spross der Zwiebelpflanzen, zB der Tulpen* ‖ **zwiebelfarben:** ein zwiebelfarbener Schilcher ‖ **zwiebelförmig** ‖ **Zwiebelhäuptel** = **Zwiebelhäuptl:** *Zwiebelknolle* ‖ **Zwiebelring** ‖ **Zwiebelrostbraten:** *eine Fleischspeise* ‖ **Zwiebelschale** ‖ **Zwiebelsenf** ‖ **Zwiebelsuppe** ‖ **Zwiebelturm:** *[Kirch]turm mit zwiebelförmigem Dach*

zwiefach (veraltet): *zweifach* ‖ **Zwiefache** der, -n/-n, ein Zwiefacher (Mus.): *ein Volkstanz mit Taktwechsel (zB ¾ – ²⁄₄)*

Zwiegespräch: *Dialog;* ein Z. führen ‖ **Zwielaut** (Sprachwiss.): *Diphthong* ‖ **Zwielicht** das, -[e]s: *Dämmerlicht* | *Gemisch von schwachem Tageslicht und künstlichem Licht* ‖ **zwielichtig:** eine zwielichtige *(undurchschaubare; zweifelhafte, verdächtige)* Person ‖ **Zwiesel** die, -/-n = der = das, -s/- (reg.): *Gabelung; Astgabel* | *Wegteilung* | *das in einer Flussgabelung gelegene Gebiet (in Siedlungsnamen)* ‖ **zwieseln** sich (reg.): die Wege z. *(spalten, gabeln)* sich ‖ **Zwiespalt** der, -[e]s/-e [auch: -spälte] (Pl. selten): *Uneinigkeit;* mit sich im Z. sein ‖ **zwiespältig:** ein zwiespältiger *(widersprüchlicher, unausgeglichener)* Charakter ‖ **Zwiespältigkeit** die, - ‖ **Zwiesprache** (geh.): mit jemandem Z. *(ein Gespräch zu zweit)* halten ‖ **Zwietracht** die, - (geh.): in Z. *(Uneinigkeit)* leben ‖ **zwieträchtig** (geh.)

Zwilch = **Zwillich** der, -[e]s/-e: *Gewebe aus zweifachem Faden;* → Drillich

Zwilling der, -s/-e: Zwillinge *(gleichzeitig zwei Kinder)* zur Welt bringen; eineiige, zweieiige Zwillinge; siamesische Zwillinge *(Zwillinge, die miteinander verwachsen sind)* | *ein Tierkreiszeichen* ‖ **Zwillingsbruder** ‖ **Zwillingsgeburt** ‖ **Zwillingsgeschütz** (Mil.) ‖ **Zwillingspaar:** *[verschiedengeschlechtliche] Zwillinge* ‖ **Zwillingsreifen:** *doppelte Autoreifen* ‖ **Zwillingsschwester**

Zwingburg (früher): *Burg, von der aus das umliegende Land [gewaltsam] beherrscht wurde* ‖ **Zwinge** die, -/-n: *Vorrichtung zum Zusammenpressen [von geleimten Holzstücken]* ‖ **zwingen,** zwang/gezwungen: jemanden zum Rücktritt z.; sich zum Essen z.; ich sehe mich gezwungen, Sie zu verklagen; zwingende *(unumgängliche)* Gründe | (Jus) zwingendes Recht *(auch durch Parteienvereinbarung nicht abänderbare Rechtsnormen)* ‖ **Zwinger** der, -s/-: *umschlossener Raum zur Tierhaltung* | (früher) *Raum zwischen äußerer und innerer Burg- oder Stadtmauer; Burggraben* ‖ **Zwingherrschaft** (geh.): *Unterdrückung, Tyrannei*

zwinkern: mit den Augen z. *(zucken, blinzeln)* ‖ **zwinzeln,** ich zwinzle (reg., ugs.): *blinzeln, zwinkern*

zwirbeln: ich zwirble den Bart *(drehe ihn zwischen den Fingern)*

Zwirn der, -[e]s/-e: *ein reißfestes [Näh]garn* ‖ **zwirnen:** *Zwirn erzeugen* ‖ **Zwirnknäuel** ‖ **Zwirnsfaden**

zwischen (Präp. mit Dat. und Akk.): z. dem Bach und dem Weg stehen *(wo?);* sich z. den Bach und den Weg stellen *(wohin?);* z. den Streitenden vermitteln; sich z. die Streitenden stellen ‖ **Zwischenabrechnung** ‖ **Zwischenaktmusik:** *Musikstück für die Pause zwischen zwei Akten eines Bühnenwerkes* ‖ **Zwischenapplaus:** *Beifall während einer Darbietung oder Rede* ‖ **Zwischenaufenthalt** ‖ **Zwischenbemerkung** ‖ **Zwischenbericht** ‖ **Zwischenbescheid** (Amtsspr.) ‖ **Zwischenbilanz** ‖ **Zwischendeck:** *billiges Quartier auf Passagierschiffen* ‖ **Zwischendecke:** eine Z. *(zusätzliche Decke)* in einem Raum einziehen ‖ **Zwischending:** dieses Auto ist ein Z. *(Mittelding)* zwischen Pkw und Lkw ‖ **zwischendrein:** ein Blatt z. *(wohin?)* legen ‖ **zwischendrin:** das Lesezeichen lag z. *(wo?)* ‖ **zwischendurch** ‖ **Zwischeneiszeit** (Geol.): *eine erdgeschichtliche Periode* ‖ **Zwischenergebnis** ‖ **Zwischenfall:** *unvorhergesehenes, störendes Ereignis* | *Auseinandersetzung* ‖ **zwischenfinanzieren** (Bankw.): einen Kredit z. ‖ **Zwischenfinanzierung** (Bankw.): *ein Kredit zur Überbrückung* ‖ **Zwischenfrage** ‖ **Zwischenglied:** *Verbindungsstück* ‖ **Zwischenhandel** ‖ **Zwischenhändler** ‖ **Zwischenhändlerin** ‖ **Zwischenhirn:** *ein Teil des Gehirns* ‖ **Zwischenhoch** (Met.):

Z

kurzfristiges Hochdruckwetter ‖ **Zwischenkriegszeit** die, -: *die Zeit zwischen den beiden Weltkriegen (1918–1939)* ‖ **Zwischenlager** ‖ **Zwischenlagerung** ‖ **zwischenlanden:** wir sind auf dem Flug von Wien nach New York in Frankfurt zwischengelandet ‖ **Zwischenlandung** ‖ **Zwischenlösung:** *vorläufige Lösung* ‖ **Zwischenmahlzeit:** *Jause* ‖ **zwischenmenschlich:** zwischenmenschliche Beziehungen ‖ **Zwischenprodukt:** *ein Halbfertigprodukt* ‖ **Zwischenraum:** *Abstand; Intervall* ‖ **Zwischenrechnung** ‖ **Zwischenresultat** ‖ **Zwischenruf:** den Redner durch einen Z. unterbrechen ‖ **Zwischenrufer** der, -s/- ‖ **Zwischenruferin** die, -/-innen ‖ **Zwischensaison** [-zɛz-]: *Zeit zwischen den Hauptsaisonen* ‖ **zwischenschalten:** *dazwischenschalten* ‖ **Zwischenspeicher** (EDV) ‖ **Zwischenspiel:** der Waffenstillstand war nur ein kurzes Z. *(dauerte nur kurz an)* | (Mus.) *instrumentale Überleitung* ‖ **zwischenstaatlich:** eine zwischenstaatliche *(zwischen zwei oder mehreren Staaten abgeschlossene)* Vereinbarung ‖ **Zwischenstadium** [-ʃt-] ‖ **Zwischenstand:** *Zwischenergebnis* ‖ **Zwischenstation** [-ʃtatsi̯-]: auf einer Reise eine Z. einlegen ‖ **Zwischenstock:** *Zwischengeschoß* ‖ **Zwischenstück:** *Verbindungsstück* ‖ **Zwischenstufe** ‖ **Zwischentext:** *verbindender Text* ‖ **Zwischenträger** (abw.): *jemand, der Tratsch uÄ weitergibt* ‖ **Zwischenträgerin** (abw.) ‖ **Zwischenwand** ‖ **Zwischenzeit:** in der Z. *(unterdessen)* ‖ **zwischenzeitlich:** *inzwischen*

Zwist der, -[e]s/-e (geh.): *Entzweiung, Streit* ‖ **Zwistigkeit** die, -/-en (geh.): *Streit*

zwitschern: zwitschernde Schwalben

Zwitter der, -s/-: *Lebewesen, das sowohl weibliche wie männliche Organe hat* ‖ **Zwitterblüte** ‖ **Zwitterform** ‖ **zwitterhaft** ‖ **Zwitterhaftigkeit** die, - ‖ **Zwitterstellung:** *Zwischenstellung* ‖ **Zwitterwesen**

zwo: *zwei (beim Telefonieren, Diktieren)*

zwölf (12): fünf vor z. *(im letzten Augenblick);* z. Stück *(ein Dutzend);* die z. Monate; *aber:* die Zwölf Nächte *(die Raunächte, die im Volksglauben für dämonisch gehaltenen Nächte zwischen Weihnachten und dem Dreikönigstag);* → acht ‖ **Zwölf** die, -/-en (bes. D): *Zwölfer, die Zahl Zwölf (12)* ‖ **Zwölfeck** (Math.) ‖ **zwölfeckig** (12-eckig) ‖ **Zwölfender** der, -s/- (Jägerspr.): *Hirsch, dessen Geweih zwölf Enden hat*

Zwölfer der, -s/-:
die Zahl Zwölf (12) | einen Z. im Toto machen; → Zwölf

Die österreichischen Formen der nominalisierten Zahlwörter werden auf -er gebildet:
- einen Zwölfer hinschreiben (bes. in Deutschland: eine Zwölf)
- den Zwölfer nehmen *(die Linie 12)*

zwölffach (12fach = 12-fach) ‖ **Zwölffingerdarm:** *Darmteil beim Magenausgang* ‖ **zwölfhundert** (1 200) ‖ **zwölfjährig** (12-jährig) ‖ **Zwölfkampf** (Sport): *eine Disziplin im Geräteturnen für Männer* ‖ **zwölfmal** (12-mal) (bei Betonung auch: zwölf Mal) ‖ **zwölft** (nur in der Wendung): zu z. ‖ **Zwölftel** das, -s/- ‖ **zwölftens** (12.) ‖ **Zwölftonmusik** die, -: *Kompositionstechnik mit den zwölf gleichwertigen chromatischen Tonstufen* ‖ **Zwölfzylindermotor** [-tsy-, -tsi-]

Zwutschkerl [-kəl] das, -s/-[n] (reg., ugs.): *auffallend kleine Person* | *[zu] klein geratene Sache*

Zyane [tsy-] die, -/-n ⟨gr.-lat.⟩: *Kornblume*

Zyankali [tsy-, tsi-] das, -s ⟨gr.-lat.+arab.⟩: *ein Gift*

Zygote [tsy-] die, -/-n ⟨gr.⟩ (Biol.): *befruchtete Eizelle*

Zyklame [tsy-, tsi-] die, -/-n ⟨gr.-lat.⟩: *eine Blume* ‖ **Zyklen** ['tsy(ː)-] die (Pl. von → Zyklus) ‖ **zyklisch:** *[in einem Kreislauf] immer wiederkehrend* | *in zusammenhängender Folge;* eine zyklische Aufführung der Dramen Grillparzers ‖ **Zyklon** der, -s/-e ⟨gr.-engl.⟩: *ein Wirbelsturm* ‖ **Zyklone** die, -/-n: *Tiefdruckgebiet; das Tief* ‖ **Zyklop** der, -en/-en ⟨gr.-lat.⟩: *ein einäugiger Riese (in der griechischen Sage)* ‖ **zyklopisch:** eine zyklopische *(aus riesigen Steinblöcken ohne Bindemittel aufgeführte)* Mauer ‖ **zyklothym** [-'yːm] (Psych.): ein zyklothymer *(in seinen Stimmungen schwankender, jedoch aufgeschlossener, umgänglicher)* Mensch ‖ **Zyklus** der, -/Zyklen ⟨gr.-lat.⟩: *Kreis; Kreislauf* | *regelmäßig wiederkehrende Abfolge;* ein Z. *(eine zusammenhängende Folge)* von Konzerten

Zylinder [tsy-, tsi-] der, -s/- ⟨gr.-lat.⟩: *ein geometrischer Körper* | *ein Herrenhut* | *zylinderförmiges Glas einer [Petroleum]lampe* | (Technik) ein Motor mit vier Zylindern ‖ **Zylinderhut** ‖ **Zylinderkopf** (Technik): *oberster Teil des Zylinders* ‖ **Zylinderschloss:** *ein Sicherheitsschloss* ‖ **zylindrisch:** ein zylindrischer *(walzenförmiger)* Körper

Zyniker ['tsyː-] der, -s/- ⟨gr.-lat.⟩: *ein zynischer Mensch* ‖ **Zynikerin** die, -/-innen ‖ **zynisch:** eine zynische *(freche, höhnische, schamlose)* Bemerkung ‖ **Zynismus** der, -/Zynismen

Zypern ['tsyː-]: *ein [Insel]staat* ‖ **Zyprer** der, -s/-, *auch:* Zyprier [-iə]: *Bewohner Zyperns;* → Zypriot ‖ **Zyprerin** die, -/-innen, *auch:* Zyprierin

Zypresse [tsy-, tsi-] die, -/-n ⟨gr.-lat.⟩: *ein Nadelbaum* ‖ **Zypressenhain**

Zyprier ['tsyː-] → Zyprer ‖ **Zyprierin** → Zyprerin ‖ **Zypriot** der, -en/-en: *[griechischer] Bewohner Zyperns;* → Zyprer ‖ **Zypriotin** die, -/-innen ‖ **zypriotisch** → Zypriot ‖ **zyprisch** → Zyprer

zyrillisch [tsy-, tsi-] = → kyrillisch

Zyste ['tsy-, 'tsi-] die, -/-n ⟨gr.-lat.⟩ (Med.): *mit Flüssigkeit gefüllte Geschwulst im Körpergewebe*

zz., *auch:* zzt.: **z**ur**z**eit ‖ **z. Z.**, *auch:* z. Zt.: **z**ur **Z**eit; z. Z. (z. Zt.) Maria Theresias; → zurzeit

Anhang

Alle Anregungen und Vorschläge zum Österreichischen Wörterbuch bitte an eine der folgenden Adressen senden:

Österreichischer Bundesverlag Schulbuch GmbH & Co. KG
Redaktion Österreichisches Wörterbuch
Frankgasse 4
1090 Wien

E-Mail: oewb@oebv.at

Zur deutschen Sprache in Österreich

1 Sprachschichten

Sprachschichten betreffen das soziologische und regionale Umfeld, in dem ein Wort verwendet wird. Das System der Sprachschichten geht in seiner etwas vereinfachten Form von den Großschichten Standardsprache, regionale Standardsprache, Umgangssprache und Dialekt aus, die regional und situativ in sehr unterschiedlicher Wechselwirkung zueinander stehen.

1.1 Standardsprache

Die Standardsprache (Hochsprache, Schriftsprache) ist die in der Öffentlichkeit allgemein gültige, offiziell anerkannte und weitgehend genormte Sprachform. Sie wird im ganzen deutschen Sprachraum verstanden und angewandt. Abweichungen von den Normen werden im Allgemeinen in irgendeiner Form geahndet, entweder durch Wertung als Fehler oder durch Nachteile in Beruf oder gesellschaftlichem Status. Die Standardsprache wird vor allem im schriftlichen Bereich verwendet und als die mündliche Sprachform in den Medien sowie in formellen Situationen wie öffentlicher Rede, Vortrag, Predigt, künstlerischer Darbietung, wissenschaftlicher oder politischer Diskussion.

1.2 Regionaler Standard

Unter regionalem Standard versteht man sprachliche Ausprägungen, die zwar der Standardsprache angehören, aber in der Verbreitung begrenzt sind, entweder nach Staatsgrenzen (Österreich, Schweiz, Deutschland) oder nach meist größeren Sprachregionen (zB Norddeutschland, Ostösterreich, Westösterreich, Bayern, Südtirol).

1.3 Umgangssprache

Die Umgangssprache ist eine Sprachform, die zwar auf dem System der Standardsprache beruht, dieses aber nur ungenau einhält und auch viele Dialektelemente aufnimmt. Sie verfügt über kein festes Normensystem. Daher nähert sie sich einmal stärker dem Dialekt und ist in anderen Kommunikationssituationen wieder mehr vom Standard geprägt. Die Bandbreite ihrer Verwendung ist individuell, nach Regionen oder Sozialschichten höchst unterschiedlich. Die Umgangssprache weist regionale Eigenheiten auf, allerdings in wesentlich großräumigerer Verbreitung als der Dialekt. Sie wird vor allem in der mündlichen Sprache angewandt, schlägt sich aber immer mehr auch schriftlich nieder, vor allem in den Medien.

1.4 Dialekt

Der Dialekt (die Mundart) ist eine Sprachform, die auf der ursprünglichen sprachlichen Entwicklung einer Region beruht, meist kleinräumig verbreitet ist und vor allem mündlich verwendet wird. Der Dialekt hat eine andere Norm als die Standardsprache, daher kann eine Form im Dialekt richtig sein, die im Standard als falsch gilt, zB *der Butter* (Dialekt) gegenüber *die Butter* (Standard). Dialekt wurde früher vor allem von der ländlichen bäuerlichen und handwerklichen Bevölkerung, die in der Regel geringe Mobilität aufweist, gesprochen. Heute gelten diese klaren Abgrenzungen nicht mehr, zumal auch in ländlichen Gegenden nur noch ein kleiner Teil der Bevölkerung ausschließlich in der Landwirtschaft tätig ist bzw. die Bauern und Bäuerinnen auch in ihrem Arbeitsbereich eine höhere Bildung aufweisen als früher. Die Verwendung des Dialekts ist in Österreich sehr unterschiedlich. Auf der einen Seite müssen ursprüngliche Dialekte im Einzugsgebiet großer Städte der Umgangssprache oder Standardsprache weichen, etwa im Umkreis von Wien. In anderen Regionen dagegen wird heute auch von Berufsgruppen mit höherer Bildung, die in ihrer Heimat bleiben, der ursprüngliche Dialekt beibehalten. Die klare Abgrenzung zwischen gebildeten Standardsprecherinnen und -sprechern und manuell arbeitenden Dialektsprecherinnen und -sprechern ist weitgehend aufgehoben bzw. in verschiedenen Regionen unterschiedlich ausgeprägt.

Dialektgeografisch gesehen gehört der größte Teil Österreichs zum bairischen Dialektraum (gemeinsam mit Altbayern und Südtirol), nur Vorarlberg gehört (wie die Schweiz und Südwestdeutschland) zum alemannischen

Dialektraum. Innerhalb dieser Großräume sind die Unterschiede – etwa zwischen dem mittelbairischen Donauraum und dem südbairischen Alpenraum – sehr groß. Besonders in den alpinen Gebieten sind die Dialekte – zum Teil geografisch bedingt – sehr kleinräumig. Wien hat auf Grund seiner besonderen historischen Rolle und soziologischen Entwicklung einen ausgeprägten Stadtdialekt entwickelt, und in den Bundesländern mit sprachlichen Minderheiten ist auch der slowenische, kroatische oder magyarische Einfluss spürbar.

1.5 Das Verhältnis zwischen den Sprachschichten

Das Verhältnis der Sprachschichten zueinander ist sehr komplex und auch regional unterschiedlich. Der größte Teil der österreichischen Bevölkerung kennt einen Dialekt oder eine Umgangssprache, nur ein kleiner Teil, besonders in den Städten, spricht nur Standard, der allerdings regional gefärbt ist. Der manchmal fast übergangslose Wechsel von einer Sprachschicht zur anderen ist für Österreich typisch. Die Abgrenzung zwischen dem Dialekt und dem Standard ist im Westen deutlicher als in dem von Wien dominierten Osten, wo die Tendenz besteht, Umgangssprachliches in bestimmten Sprechsituationen in den Standard zu übernehmen.

Die Verwendung der verschiedenen Sprachschichten hängt auch von der Situation ab. Noch immer ist in hohem Maß Dialekt bzw. Umgangssprache die Sprache des vertrauten privaten Umgangs, Standard die Sprache der Öffentlichkeit, wenn auch mit unterschiedlichsten Schattierungen und Nuancen.

2 Ausdrucksformen von Sprache

Neben den Sprachschichten gibt es eine Reihe weiterer Faktoren, die für die Sprache und somit die Darstellung eine Rolle spielen.

2.1 Fachsprachen und Sondersprachen

Fachsprachen sind Sprachformen, die auf ein bestimmtes Fachgebiet beschränkt sind und der eindeutigen Benennung in einem wissenschaftlichen und technischen Bereich dienen. Daher müssen sie – im Gegensatz zu möglicher Mehrdeutigkeit bei gemeinsprachlichen Wörtern – eindeutig sein. Manche Fachsprachen sind sehr umfangreich und werden in Spezialwörterbüchern dargestellt. In allgemeinen Wörterbüchern werden vor allem jene Fachbereiche verzeichnet, die für eine breite Schicht der Bevölkerung von Bedeutung sind, zB Rechtswesen, Schulwesen, Informatik, Sport sowie die in den Schulfächern vorkommenden Fachsprachen.

Unter Sondersprachen sind die speziellen Ausdrucksformen einer bestimmten gesellschaftlichen Gruppe, zB eines Vereins, eines Betriebs, ganz allgemein von Menschen ähnlicher Interessen, zu rechnen. Auch der Jargon einer bestimmten politisch-ideologischen Gruppe oder historisch gewachsene Formen wie die Gaunersprache gehören dazu. Durch die Verwendung sondersprachlicher Formen bekennen sich Menschen einer Gruppe oder Ideologie zugehörig, sondersprachliche Formen können aber auch zur Geheimhaltung und Absonderung dienen.

2.2 Altersschichten

Neuprägungen sind Wörter oder Wendungen, deren Entstehung in den Medien oder in gesellschaftlichen Gruppen noch nachvollziehbar ist und die oft noch nicht von allen Menschen verstanden werden, zB *Blaulichtsteuer, chatten, Briefing.*

Als **veraltend** werden Wörter bezeichnet, die noch allgemein bekannt sind, aber nur noch von einer älteren Generation aktiv gebraucht werden.

Als **veraltet** gelten Wörter, die nicht im Gebrauch sind, aber wegen ihres Vorkommens in wichtigen älteren Texten und in der Literatur erklärt werden müssen, zB *Beinkleid, von dannen, darob, honett.*

Daneben gibt es den so genannten *historischen* Wortschatz, der eine Sache bezeichnet, die nicht mehr in Gebrauch ist, etwa Bezeichnungen einer Ritterrüstung oder eines **früher** verwendeten Werkzeugs, zB *Leibeigener, Mundschenk.*

2.3 Wertungen durch Sprache: Stilschichten

Gehoben sind Wörter, die nur in einem feierlichen Zusammenhang gebraucht werden, bei anderen Anlässen als unangebracht hochgestochen empfunden werden, zB *Aar, sich erkühnen, immerdar*. Veraltete Wörter werden ebenfalls oft als gehoben empfunden. Den Gegensatz bilden als **derb** gekennzeichnete Wörter. Darunter ist eine Ausdrucksweise zu verstehen, bei der sich die Sprecher/innen durch ihre Wortwahl bewusst von Normen des gesellschaftlichen Zusammenlebens absetzen und oft verletzen wollen, zB *kotzen, Rotz, Arschloch*. Derbe, als obszön empfundene u. ä. Wörter müssen in Wörterbüchern ebenfalls verzeichnet werden. Die entsprechende Kennzeichnung informiert über stilistischen Zusammenhang und stellt somit die Verwendung in die Verantwortung der Sprachbenützer/innen. Das gilt im Besonderen auch für den Sexualwortschatz: Hier ist die Hinführung zu sachlicher Ausdrucksweise durch Worterklärung und Stilangabe Ziel des Wörterbuchs.

Als **beschönigend** bezeichnet man Ausdrücke, die etwas Negatives nicht in voller Schärfe nennen sollen. Dazu gehören gehobene Wörter für den Sinnbereich Tod, zB *der Verblichene, heimgehen*, Wörter für Arbeitslosigkeit, Krieg oder den sexuellen Bereich und Körperfunktionen.

Als **aufwertend** bezeichnet man Wörter, mit denen man einen Sachverhalt besser darstellt, als er ist. Mit **abwertend** ist ein negatives Werturteil mit dem Wort selbst verbunden, zB *Spelunke, Firlefanz, Lobhudelei*.

Weitere häufig verwendete stilistische Angaben, die sich aus der Bezeichnung selbst verstehen, sind **ironisch** (es wird eine Aussage nicht ernst genommen oder das Gegenteil des Gemeinten genannt), **salopp** (die Aussage wird in einer wenig kontrollierten und emotionalen Weise gemacht, zB *flunkern, Kautschukparagraf, Schnapsidee, verteufelt*) oder **scherzhaft**, zB *Blitzgneißer, Einkehrschwung, Beamtenburg, benamsen*.

2.4 Gesellschaftlich-politische Relevanz von Wörtern und Formen

Wörter können auch in besonderen politischen oder gesellschaftlichen Zusammenhängen eine spezielle Bedeutung erlangen, die aus dem Wort selbst noch nicht ablesbar wäre, etwa bei Ausdrücken im Zusammenhang mit Nationalsozialismus, Rassendiskriminierung, bei deren Verwendung man heute gegen politische Korrektheit verstößt (zB *Endlösung, Neger*). Hier ist aber klar zu unterscheiden, ob ein Wort zB in einer anderen Altersschicht völlig wertfrei verwendet wird oder in der Geschichtswissenschaft vielleicht zum Terminus geworden ist (zB *Reichskristallnacht*). Ein Wörterbuch kann auf die Problematik bei der Verwendung eines Wortes zwar hinweisen, nicht aber die Sprachbenützer/innen von der Verantwortung der Verwendung von Wörtern entbinden.

In allen diesen stilistischen Zuordnungen kann man sich nicht auf klare linguistische und lexikografische Kriterien berufen, die Aussagen sind vielmehr zu einem gewissen Grad subjektiv und zeitabhängig.

3 Standardsprache in Österreich

3.1 Die Rolle der Standardsprache in Österreich

Das österreichische Standarddeutsch ist eine Varietät im Rahmen des Deutschen. Sie fügt sich in dieses Gesamtsystem in Wortschatz, Aussprache und Grammatik ein, hat aber in vielen Bereichen eigene Ausprägungen entwickelt. Die Standardsprache erfüllt auch in Österreich die oben genannten Aufgaben einer genormten Standardsprache.

Das österreichische Standarddeutsch ist das Ergebnis verschiedener sprachgeografischer und historischer Ursachen.

3.2 Die Wurzeln des österreichischen Deutsch

Österreich gehört zum süddeutschen Sprachraum, der seit der Reformation und durch die habsburgische Verwaltungssprache vielfach andere Wege beschritten hat als Mittel- und Norddeutschland (zB *Samstag/Sonnabend*). Österreich gehört innerhalb des süddeutschen Sprachraums außerdem zum bairischen Dialektraum, aus dem viele Merkmale in die Standardsprache gelangt sind (zB *Fasching, Maut, Rauchfang, selchen*); für das alemannische Vorarlberg gilt Entsprechendes für die Ausprägungen dieses Bundeslandes (zB *Fergger, Nüsslesalat*).

Schließlich haben sich Merkmale innerhalb des österreichischen Staatsgebietes herausgebildet, vor allem im Gebiet der österreichisch-ungarischen Monarchie im 19. Jahrhundert. Der Sprachgebrauch der staatlichen Behörden hat sich auf die Sprache in hohem Maß ausgewirkt, da Elemente der Verwaltungssprache an vielen Stellen in die Gemeinsprache eingegangen sind (zB *Drucksache, Erlagschein, Obsorge, Verlassenschaft*). Auch heute wirkt sich der Einfluss der gesamtstaatlichen Verwaltung in dieser Weise aus, so in den Bezeichnungen aus dem Schulwesen (zB *Unterrichtspraktikantin, Schuleingangsphase*) oder dem Verkehrswesen (zB *Vorrang, Autobahnknoten*), die über das ganze Bundesgebiet verbreitet sind.

3.3 Regionale Verhältnisse innerhalb Österreichs

Zum österreichischen Deutsch gehören auch Standardwörter, die auf einzelne Bundesländer oder kleinere Gebiete beschränkt sind. Innerhalb Österreichs gibt es einige mehr oder weniger deutlich abgegrenzte Regionen, die sich im Allgemeinen nicht mit Bundesländergrenzen decken: Ostösterreich (Niederösterreich, Burgenland, Oststeiermark und als Mittelpunkt Wien), der Südosten (mit Kärnten und Teilen der Steiermark), eine mittlere Zone (Oberösterreich, Salzburg und weiter südlich Teile der Steiermark und Kärntens), Westösterreich (mit Tirol und Vorarlberg).

Beispiele für standardsprachliche und umgangssprachliche Wörter aus verschiedenen österreichischen Bundesländern:

Kärnten: *Frigga, tschentschen, Reindling*

Kärnten und Tirol: *Tschurtschen, Türken, Widum*

Wien und Ostösterreich: *Bartwisch, Pallawatsch, Paradeiser, Greißler, Strotter, Bassena, Bim, Brimsen, Coloniakübel*

Steiermark: *Klapotetz, Tommerl, Verhackert, Röhrlsalat*

Salzburg, Oberösterreich: *Flesserl, Schranne, Dult*

Westösterreich: *Hauser, Häuserin, Fasnacht, aufhausen, Zugehfrau*

Vorarlberg: *Alp, Fasnat, Gob, Maisäß, Rüfe, Täfer*

3.4 Das Verhältnis zu den Nachbarregionen

Die Geschichte Österreichs hat durch viele Fremdworteinflüsse in der Sprache ihre Spuren hinterlassen, so aus dem Italienischen *(Fisole, Melanzani, Biskotte, Krida)*, aus dem Ungarischen *(Schinakel, Fogosch*, über ungarische Vermittlung auch das rumänische *Palatschinke)* oder Tschechischen *(Buchtel, Powidl, Kolatsche, petschiert)*. Die lateinische Verwaltungssprache, die in Österreich länger gültig war als in Deutschland, zeigt sich in Wörtern wie *Aviso, Ferial(praktikant), Remuneration, Evidenz*.

Über die Medien und die Verwaltung strahlt Wien über ganz Österreich aus, was sich im Vordringen mancher Wiener Ausdrücke bis in den Westen zeigt, zB im Vordringen von *Fleischhauer* ins westösterreichische Gebiet, wo das Wort *Metzger* ursprünglich beheimatet ist. Kleinräumige Merkmale sind vor allem in der Küchensprache vertreten. Da kulinarische Spezialitäten häufig über die Landesgrenzen verbreitet werden, tritt ein reger sprachlicher Austausch und Wandel ein.

Auch mit den Nachbarregionen in Bayern und der Schweiz gibt es unterschiedliche Beziehungen. Einerseits bedingt das gemeinsame Dialektgebiet viele Gemeinsamkeiten, andererseits lassen sich in anderen Merkmalen die Staatsgrenzen deutlich erkennen. So kennt das gesamte bairische Dialektgebiet das Verb *picken* (kleben), die Ableitung *Pickerl* (Vignette, Aufkleber) ist aber spezifisch österreichisch, wie auch das verdumpfte „a" in Bayern deutlich anders gesprochen wird als das verdumpfte „a" in Österreich. Die schweizerische Verkleinerungssilbe „-li" tritt in Vorarlberg meist als „-le" auf (zB *Flädlisuppe/Flädlesuppe*).

Zum Schweizer Standarddeutsch gibt es (abgesehen von Vorarlberg und abgesehen von gesamtoberdeutschen Merkmalen) verhältnismäßig wenige Beziehungen, wohl aber steht Österreich ständig in regem Kontakt zum Standarddeutsch in Deutschland, das vor allem durch das Nord- und Mitteldeutsche repräsentiert wird. Durch die Wirkung der Medien, den Tourismus und die engen Wirtschaftsbeziehungen unterliegt Österreich stark den Einflüssen aus Deutschland.

Die Wanderungen von Austriazismen nach Deutschland sind im Vergleich gering, aber es gibt sie durchaus (zB *halt, eh, Maut, Strudel und viele Speisenbezeichnungen*). Die Grenzen zwischen dem österreichischen und dem (nord)deutschen Deutsch sind im Einzelfall schwer zu ziehen, zumal Deutschland selbst sprachlich sehr heterogen ist.

Österreichisches Deutsch unterliegt selbst einem starken Wandel. Viele typische Austriazismen sind im Veralten begriffen oder halten sich nur noch in Ostösterreich. Auf der anderen Seite aber regeneriert sich das österreichische Deutsch durch Übernahmen aus dem Dialekt, die oft – besonders aus Wien – über die Mediensprache Eingang in den überregionalen Standard finden (zB *Haberer, Verhaberung, Häfen, Häfenurlaub, verbandelt, vernadern, Naderer, packeln, Packelei, Körberlgeld*).

In den in Deutschland erscheinenden Wörterbüchern gilt das „deutsche" Deutsch als nicht gekennzeichneter Normalfall, die österreichischen und schweizerischen Ausprägungen werden je nach Umfang mehr oder weniger ausführlich dargestellt und als solche gekennzeichnet. Das „Österreichische Wörterbuch" (ÖWB) verzeichnet einen Querschnitt durch den gesamten deutschen Wortschatz; die Benützer/innen, besonders auch Schüler/innen, müssen ja über alle Spracherscheinungen informiert werden.

Das ÖWB ist aber auch ein spezifisch österreichisches Wörterbuch, das auf die nationalen Ausprägungen ausführlich eingeht. Allerdings sind die österreichischen Wörter, Formen oder Bedeutungen in diesem Fall der ungekennzeichnete Normalfall, während Abweichungen in Deutschland und der Schweiz bzw. in Bayern, Süddeutschland oder Norddeutschland gekennzeichnet sind.

4 Merkmale des österreichischen Deutsch

Einige kurze Hinweise sollen die Vielfalt der österreichischen Ausprägung, die Österreicherinnen und Österreichern selbst naturgemäß nicht immer bewusst sind, verdeutlichen. Sie zeigen zugleich auch die Aufgaben, die ein Wörterbuch in diesem Bereich hat.

4.1 Wortschatz und Wortbedeutung

Am auffälligsten ist das Österreichische durch seinen spezifischen Wortschatz: *Jänner* (Januar), *Topfen* (Quark), *Exekution* (Pfändung), *Parte* (Todesanzeige), *Pickerl* (Aufkleber), *Palatschinke* (Omelett, Pfannkuchen), *Marille* (Aprikose), *Haubenrestaurant*.

Eine große Zahl von Wörtern kommt im gesamten deutschsprachigen Gebiet vor, hat aber in Österreich eine andere oder eine zusätzliche Bedeutung: *Pfusch* (schlechte Arbeit, in Österreich auch Schwarzarbeit), *Fuß* (Körperteil von der Ferse zu den Zehen, in Österreich von der Hüfte bis zu den Zehen), *Schnalle* (Verschluss an Gürteln oder Schuhen, in Österreich auch für Klinke).

4.2 Wortbildung

In vielen Fällen werden zwar dieselben gemeindeutschen Wortbestandteile wie in gemeindeutschen Wörtern verwendet, aber in anderer Bildungsweise. Besonders auffällig ist dabei das Fugen-s: *Zugsverkehr* (Zugverkehr), *Gelenksentzündung* (Gelenkentzündung), *überfallsartig* (überfallartig); außerdem: *Toilettepapier* (Toilettenpapier), *röntgenisieren* (röntgen), *Verbauung* (Bebauung). Manche Bildungen richten sich nach anderen fremdsprachlichen Mustern, zB *Molo* (Mole), *Kassa* (Kasse), *Aviso* (Avis), *Austro-* (österreichisch, zB *Austropop*). Die Neigung zu Umlauten sieht man zB in *-hältig* (-haltig), *färbig* (farbig). Ein wichtiges Merkmal ist die Verkleinerungssilbe -erl: *Tischerl* (Tischchen); in manchen Wörtern ist die Silbe zu einer Wortbildungssilbe ohne verkleinernde Bedeutung geworden, zB *Pickerl, Zuckerl* (Bonbon), *Stockerl.*

4.3 Phraseologie

Beispiele für österreichische Redewendungen, die eine breite Palette von Stilmerkmalen zum Ausdruck bringen: *etwas ist jemand(em) powidl* (etwas ist jemandem gleichgültig), *seinen Sanktus zu etwas geben* (seine Zustimmung geben), *ein Schäuferl nachlegen* (einen Konflikt anheizen), *Schmäh führen* (Sprüche klopfen, Witze machen), *anno/im Jahre Schnee* (vor langer Zeit), *unter der Tuchent* (im Verborgenen), *jemand(en) auf die Schaufel nehmen* (hänseln, in Deutschland: auf die Schippe nehmen), *keinen Tau von etwas haben* (keine Ahnung haben). Spezifisch österreichische Funktionsverbgefüge sind zB *zur Besetzung gelangen, in Verwendung nehmen/stehen, eine Aktion setzen, in Krankenstand gehen/sein.*

Unterschiede zu Deutschland liegen auch in der Pragmatik, der Sprachverwendung in bestimmten Situationen, wie im Umgang mit Grußformen und Titeln, zB wird der akademische Grad *Magister/Magistra* in Österreich auch als Anrede und Bestandteil des Namens geführt.

4.4 Aussprache

Ein allgemeines Merkmal nicht nur des Österreichischen, sondern auch des Süddeutschen ist das Fehlen von stimmhafter Aussprache bei weichen Konsonanten. Statt des Gegensatzes stimmhafte Lenis (weicher Laut) und stimmlose Fortis (scharfer Laut), wie es in der deutschen Aussprachenorm vorgesehen ist, also d/t, b/p, g/k, werden in Österreich (und Süddeutschland) alle Laute stimmlos gesprochen; der Unterschied zwischen *baden* und *baten* liegt in der Druckstärke. Das gilt nicht für geschulte Sprecher/innen und Schauspieler/innen.

Ein weiteres generelles Aussprachemerkmal ist das Fehlen des harten Stimmeinsatzes bei Wörtern, die mit einem Vokal beginnen, was einen weicheren Klang der Sprache vermittelt. Statt des Schwa-Lautes (Murmellautes) wird in Österreich ein schwach betonter Vokal gesprochen. Die Nebensilbe (zweite Silbe) in *gehen* lautet daher (nord)deutsch [ən], in Österreich [en], also der volle Vokal e, allerdings mit sehr schwacher Betonung. Das bewirkt einen stärkeren Wechsel zwischen betonten und unbetonten Silben, der für den Klang der Sprache in Österreich charakteristisch ist.

Entgegen der (nord)deutschen Aussprachenorm werden Wörter wie *Schwert, Erde, Art, Geburt* mit kurzem Vokal gesprochen, dagegen Wörter wie *Vorteil, rächen* mit langem Vokal. Französische Fremdwörter werden im Österreichischen meist ohne „e" zwischen den Silben oder am Wortende gesprochen: *Abonnement, Boulevard, Bronze, Brosche, Chance.* Das Wort *Chef* wird in Österreich [ʃeːf] (mit langem geschlossenem e), in Deutschland und der Schweiz [ʃɛf] (mit kurzem offenem e) gesprochen. Eine der Schreibung entsprechende eingedeutschte Aussprache finden wir in *Pension, Beton, Email.* Anlautendes „Ch-" in *China, Chirurg* usw. wird wie [k] gesprochen, in Deutschland meist wie [ç].

4.5 Betonung

Charakteristisch für das österreichische Deutsch ist die Betonung auf der ersten Silbe in Wörtern wie *Calvin, Kolleg, Leguan, Vatikan, Lehár, die Oblate* sowie in Zusammensetzungen mit „Anti-" *(Antialkoholiker)*, „Makro-" *(Makrokosmos)*, „un-" *(unbegreiflich).*

Dagegen werden Wörter wie *Kaffee, Telefon, Platin, Sakko, Tabak* auf der letzten Silbe betont. Typisch ist auch die Betonung von *Mathematik* nach dem Muster von *Grammatik.*

4.6 Grammatik

Das österreichische Deutsch richtet sich nach dem grammatischen System der deutschen Standardsprache, es weicht aber in einigen Punkten davon ab. In der Formenbildung ist die Neigung zu umgelauteten Pluralformen charakteristisch: *die Kästen, die Pölster*, eine besondere Pluralbildung weist auch *Risiko* auf: *die Risken.* Ein anderes Genus haben zB *die Abwasch* (als Möbelstück, gegenüber in Deutschland *der Abwasch*: das abzuwaschende Geschirr, das Abwaschen), *das Brezel, das Cola.*

Präpositionen werden in vielen Fällen anders verwendet als in Deutschland: *am* (auf dem) Land, *über* (auf) Antrag (in der Amtssprache), ein Buch *um* (für) 20 Euro, *bei* (an) der Kassa.

Das Perfekt wird in Österreich bei allen Verben, die eine Körperhaltung ausdrücken, mit *sein* gebildet: *ich bin/war gelegen, gesessen, gestanden, gesteckt, gekniet, geschwebt, gehangen, gehockt, gebaumelt.*

4.7 Orthografie

Durch die Neuregelung der deutschen Rechtschreibung von 1996 gibt es nur geringe orthografische Unterschiede. Im Wörterverzeichnis des Regelwerkes sind als besondere österreichische Schreibungen verzeichnet: *Kücken, Buffet, Kaprize, Koreferat, Maroni, maschinschreiben, Mocca* (neben *Mokka*), *ohneweiters, Szepter, Zieger*, auf Grund der unterschiedlichen Wortverwendung schreibt man in Österreich *früh* in Zeitangaben groß: *heute Früh, morgen Früh.*

Die eigenständige Prägung des österreichischen Deutsch entsteht aus dem Zusammenwirken von Wortschatz, Intonation, Betonung und Aussprache.

Die wichtigsten verwendeten grammatischen Ausdrücke

Verwendete Terminologie	Alternative Ausdrücke	Beispiele
Adjektiv	Eigenschaftswort	*schön, blau, hart*
Adverb	Umstandswort	*daheim, dorthin, morgens, gern, am liebsten*
Akkusativ	4. Fall	Ich schenke meinem Opa *einen Schal.*
Attribut	Beifügung	das *dicke* Buch
Dativ	3. Fall	Ich schenke *meinem Opa* einen Schal.
Deklination	Beugung des Nomens, Adjektivs, Pronomens	*das dicke Buch, des dicken Buches ...*
Flexion	Oberbegriff für Deklination und Konjugation	*den leuchtenden Augen ich denke, du denkst, sie denkt ...*
Genitiv	2. Fall	die Schwester *des Mädchens*
Gliedsatz	Nebensatz	Ich melde mich wieder, *wenn ich gesund bin.*
Infinitiv	Nennform	*gehen, holen, tun*
Interjektion	Ausrufwort	*au!, oh!*
Kardinalzahl	Grundzahl	*zwei, vierzehn*
Komparativ	Höherstufe, Mehrstufe, 2. Vergleichsform des Adjektivs (und bestimmter Adverbien)	*besser, größer, glücklicher, härter, mehr*
Konjugation	Abwandlung des Verbs	*ich lese, du liest, sie liest ...*
Konjunktion	Bindewort	*und, weil, wenn, dass*
Konsonant	Mitlaut	*g, d, h, k, s*
Nomen	Substantiv, Hauptwort	das *Haus*, die *Freude*, die *Erfahrung*
Nominalisierung	Gebrauch als Substantiv, Hauptwort	das *Autofahren*, im *Allgemeinen*, der *Nächste*
Nominativ	1. Fall	*Meine Schwester* geht ins Ausland.
Partikel	meist zusammenfassende Bezeichnung für Adverbien, Präpositionen	*auf, entlang, heran, wieder, zurück*
Partizip	Mittelwort	*lesend* (Partizip I), *gelesen* (Partizip II)
Plural	Mehrzahl	*die kleinen Äpfel, wir kommen*
Prädikat	Satzaussage; Satzglied, das vom Verb gebildet wird	Ich *habe* noch nie einen Dachs *gesehen.*
Präposition	Vorwort	*auf, über, gegen, statt*
Pronomen	Fürwort	*wir, dein, manche, wer*
Singular	Einzahl	*der kleine Apfel, sie kommt*
Subjekt	Satzgegenstand; Satzglied im Nominativ	*Die Wissenschaftlerin* gewann einen Preis.
Superlativ	Höchststufe, Meiststufe, 3. Vergleichsform des Adjektivs (und bestimmter Adverbien)	die *beste* Arbeit, der *größte* Erfolg; *am besten, am größten, am härtesten*
Verb	Zeitwort	*arbeiten, gehst, war*
Vokal	Selbstlaut	*a, e, i, o, u, ä, ö, ü (y)*

Deklinationen

1 Deklination der Nomen

1.1 Deklination ohne Umlaut

	Fall	Maskulinum	Neutrum	Femininum
Singular	*Nominativ*	der Löffel	das Messer	die Gabel
	Genitiv	des Löffel**s**	des Messer**s**	der Gabel
	Dativ	dem Löffel	dem Messer	der Gabel
	Akkusativ	den Löffel	das Messer	die Gabel
Plural	*Nominativ*	die Löffel	die Messer	die Gabel**n**
	Genitiv	der Löffel	der Messer	der Gabel**n**
	Dativ	den Löffel**n**	den Messer**n**	den Gabel**n**
	Akkusativ	die Löffel	die Messer	die Gabel**n**

1.2 Mit Umlaut im Plural, mit oder ohne -er

	Fall	Maskulinum	Neutrum	Femininum
Singular	*Nominativ*	der Stuhl	das Haus	die Hand
	Genitiv	des Stuhl**(e)s**	des Haus**es**	der Hand
	Dativ	dem Stuhl	dem Haus	der Hand
	Akkusativ	den Stuhl	das Haus	die Hand
Plural	*Nominativ*	die St**ü**hl**e**	die H**ä**us**er**	die H**ä**nd**e**
	Genitiv	der St**ü**hl**e**	der H**ä**us**er**	der H**ä**nd**e**
	Dativ	den St**ü**hl**en**	den H**ä**us**ern**	den H**ä**nd**en**
	Akkusativ	die St**ü**hl**e**	die H**ä**us**er**	die H**ä**nd**e**

1.3 Fremdwörter

	Fall	Maskulinum	Neutrum	Femininum
Singular	***Nominativ***	der Student	das Auto	die Maschine
	Genitiv	des Student**en**	des Auto**s**	der Maschine
	Dativ	dem Student**en**	dem Auto	der Maschine
	Akkusativ	den Student**en**	das Auto	die Maschine
Plural	***Nominativ***	die Student**en**	die Auto**s**	die Maschine**n**
	Genitiv	der Student**en**	der Auto**s**	der Maschine**n**
	Dativ	den Student**en**	den Auto**s**	den Maschine**n**
	Akkusativ	die Student**en**	die Auto**s**	die Maschine**n**

	Fall	Maskulinum	Neutrum	Femininum
Singular	***Nominativ***	der Pianist	das Thema	die Klinik
	Genitiv	des Pianist**en**	des Thema**s**	der Klinik
	Dativ	dem Pianist**en**	dem Thema	der Klinik
	Akkusativ	den Pianist**en**	das Thema	die Klinik
Plural	***Nominativ***	die Pianist**en**	die Them**en**	die Klinik**en**
	Genitiv	der Pianist**en**	der Them**en**	der Klinik**en**
	Dativ	den Pianist**en**	den Them**en**	den Klinik**en**
	Akkusativ	die Pianist**en**	die Them**en**	die Klinik**en**

2 Deklination der Adjektive

2.1 Schwache Deklination

Mit bestimmtem Artikel und vor Pronomen (*dieser, jener;* im Plural nach *beide, alle, sämtliche*):

	Fall	Maskulinum	Neutrum	Femininum
Singular	*Nominativ*	der blau**e** Anzug	das blau**e** Hemd	die blau**e** Bluse
	Genitiv	des blau**en** Anzug**(e)s**	des blau**en** Hemd**(e)s**	der blau**en** Bluse
	Dativ	dem blau**en** Anzug	dem blau**en** Hemd	der blau**en** Bluse
	Akkusativ	den blau**en** Anzug	das blau**e** Hemd	die blau**e** Bluse
Plural	*Nominativ*		die blau**en** Anzüge/Hemden/Blusen	
	Genitiv		der blau**en** Anzüge/Hemden/Blusen	
	Dativ		den blau**en** Anzügen/Hemden/Blusen	
	Akkusativ		die blau**en** Anzüge/Hemden/Blusen	

2.2 Starke Deklination

Ohne Artikel, jedoch im Plural nach *andere, einige, etliche, mehrere, viele, wenige* als Begleiter:

	Fall	Maskulinum	Neutrum	Femininum
Singular	*Nominativ*	grün**er** Garten	grün**es** Beet	grün**e** Wiese
	Genitiv	grün**en** Gartens	grün**en** Beet(e)s	grün**er** Wiese
	Dativ	grün**em** Garten	grün**em** Beet	grün**er** Wiese
	Akkusativ	grün**en** Garten	grün**es** Beet	grün**e** Wiese
Plural	*Nominativ*		grün**e** Gärten/Beete/Wiesen	
	Genitiv		grün**er** Gärten/Beete/Wiesen	
	Dativ		grün**en** Gärten/Beeten/Wiesen	
	Akkusativ		grün**e** Gärten/Beete/Wiesen	

2.3 Gemischte Deklination

Nach *ein, kein, mein, dein, sein, ihr, unser, euer:*

	Fall	Maskulinum	Neutrum	Femininum
Singular	***Nominativ***	ein blau**er** Anzug	ein blau**es** Hemd	eine blau**e** Bluse
	Genitiv	eines blau**en** Anzug(e)s	eines blau**en** Hemd(e)s	einer blau**en** Bluse
	Dativ	einem blau**en** Anzug	einem blau**en** Hemd	einer blau**en** Bluse
	Akkusativ	einen blau**en** Anzug	ein blau**es** Hemd	eine blau**e** Bluse
Plural	***Nominativ***	keine blau**en** Röcke/Hemden/Blusen		
	Genitiv	keiner blau**en** Röcke/Hemden/Blusen		
	Dativ	keinen blau**en** Röcken/Hemden/Blusen		
	Akkusativ	keine blau**en** Röcke/Hemden/Blusen		

Nach *mancher/manche/manches* schwach, im Plural stark oder schwach:

	Fall	Maskulinum	Neutrum	Femininum
Singular	***Nominativ***	mancher alt**e** Bau	manches alt**e** Haus	manche alt**e** Burg
	Genitiv	manchen alt**en** Bau(e)s	manchen alt**en** Hauses	mancher alt**en** Burg
	Dativ	manchem alt**en** Bau	manchem alt**en** Haus	mancher alt**en** Burg
	Akkusativ	manchen alt**en** Bau	manches alt**e** Haus	manche alt**e** Burg
Plural	***Nominativ***	manche alt**e(n)** Bauten/Häuser/Burgen		
	Genitiv	mancher alt**er**/alt**en** Bauten/Häuser/Burgen		
	Dativ	manchen alt**en** Bauten/Häusern/Burgen		
	Akkusativ	manche alt**e(n)** Bauten/Häuser/Burgen		

Zur starken Deklination nach *manch, solch, viel* (ohne Beugungsendung), beispielsweise *solch alt***er** *Bau, viel alt***es** *Gemäuer, manch alt***e** *Burg,* vgl. S. 813, 2.2.

Konjugation der Verben (Zeitwörter)

1 Zu Gebrauch und Schreibung einiger Formen der Verben

1.1 Die Formen des Präsens

Beispiele für schwache, starke und unregelmäßige Verben:

ich	lebe	fahre	stoße	helfe	bin
du	lebst	fährst	stößt	hilfst	bist
er/sie/es	lebt	fährt	stößt	hilft	ist
wir	leben	fahren	stoßen	helfen	sind
ihr	lebt	fahrt	stoßt	helft	seid
sie	leben	fahren	stoßen	helfen	sind

In der 1. Person Singular fällt das auslautende *-e* auch oft weg (besonders in der gesprochenen Sprache): *ich komme* oder *ich komm.*

1.2 Imperativ

Der Imperativ Singular kann bei vielen Verben sowohl mit der Endung *-e* als auch ohne diese gebildet werden, zB *bind!, binde!* Verben auf *-eln* und *-ern* bilden den Imperativ auf *-e*: *bügle!, änd(e)re!* Ebenso zB *öffne!, rechne!, atme!*

Starke Verben, in deren Präsensstamm ein Wechsel zwischen *e* und *i* bzw. *ie* stattfindet, wie zB *ich helfe – du hilfst, ich esse – du isst, ich lese – du liest,* bilden den Imperativ nur mit dem Stammvokal *i (ie)* und ohne Endung: *hilf!, iss!, lies!*

Im Imperativ ist am Wortende kein Apostroph zu setzen.

Zum Imperativ Plural vgl. S. 817, 1.4.1.

1.3 Konjunktiv

1.3.1 Man unterscheidet der Form nach den Konjunktiv I (zB *ich sei, er komme, sie gehe*) und den Konjunktiv II (zB *ich wäre, er käme, sie ginge*). Der Konjunktiv I tritt vornehmlich in Anweisungen, in verwirklichbaren Wünschen und in indirekter Rede auf: *Man nehme ... – Man lache nicht! – Gehen wir! – Seien Sie so gut ... – Er behauptet, ich sei unaufmerksam und sie komme immer zu spät. – Dein Reich komme.* Hauptanwendungsgebiete des Konjunktivs II sind Bedingungssätze und unverwirklichte Wünsche: *Wenn sie käme, wäre ich froh. – Wenn sie nur käme!*

1.3.2 Die Formen des Konjunktivs I:

ich	sei	(habe)	(werde)	(frage)	(spreche)
du	sei(e)st	habest	werdest	fragest	sprechest
er/sie/es	sei	habe	werde	frage	spreche
wir	seien	(haben)	(werden)	(fragen)	(sprechen)
ihr	seiet	habet	(werdet)	fraget	sprechet
sie	seien	(haben)	(werden)	(fragen)	(sprechen)

Deutlich erkennbare, charakteristische Formen hat der Konjunktiv I im Allgemeinen nur in der 2. und der 3. Person Singular; schon weniger deutlich ist die 2. Person Plural gekennzeichnet. Die oben eingeklammerten Formen sind mit den entsprechenden Formen des Präsens Indikativ gleich lautend. Um in solchen Fällen dennoch den Konjunktiv erkennen zu lassen, kann man zwei Mittel anwenden:

a) Ersatz der nicht oder nur unzureichend als solche erkennbaren Konjunktiv-I-Formen durch die entsprechenden Formen des Konjunktivs II (vgl. unten, 1.3.3), zB:

ich	hätte	würde	fragte	spräche
du	habest	werdest	fragest	sprechest
er/sie/es	habe	werde	frage	spreche
wir	hätten	würden	fragten	sprächen
ihr	hättet	würdet	fragtet	sprächet
sie	hätten	würden	fragten	sprächen

b) Umschreibung des Konjunktivs I durch Verbindung eines Hilfs- oder Modalverbs mit dem Infinitiv des betreffenden Vollverbs, zB *Er behauptet, ich würde zu laut sprechen. – Man soll (möge) nicht lachen.*

1.3.3 Die Formen des Konjunktivs II sind bei schwachen Verben mit den Formen des Präteritums Indikativ gleich lautend, zB: *ich fragte, du fragtest, er fragte, wir fragten, ihr fragtet, sie fragten.*

Bei den starken und bei fast allen unregelmäßigen Verben sind die Formen des Konjunktivs II von den Formen des Präteritums Indikativ abgeleitet und meist deutlich erkennbar, zB:

	Präteritum Indikativ	Konjunktiv II	Präteritum Indikativ	Konjunktiv II	Präteritum Indikativ	Konjunktiv II
ich	hatte	hätte	sprach	spräche	blieb	bliebe
du	hattest	hättest	sprachst	spräch(e)st	bliebst	bliebest
er/sie/es	hatte	hätte	sprach	spräche	blieb	bliebe
wir	hatten	hätten	sprachen	sprächen	blieben	blieben
ihr	hattet	hättet	spracht	sprächet	bliebt	bliebet
sie	hatten	hätten	sprachen	sprächen	blieben	blieben

Die Formen des Konjunktivs II werden oft durch Verbindung von *ich würde, du würdest ...* und dem Infinitiv des betreffenden Vollverbs umschrieben, also zB statt *ich spräche, ich schriebe – ich würde sprechen, ich würde schreiben.* Derartiges gilt insbesondere dann,

a) wenn die Konjunktiv-II-Form, weil mit dem Präteritum Indikativ gleich lautend, nicht hinreichend als solche erkennbar ist (zB statt *ich fragte – ich würde fragen*);

b) wenn die Konjunktiv-II-Form wenig gebräuchlich (veraltet) ist (zB statt *ich wüsche – ich würde waschen*);

c) wenn eine Voraussetzung oder Bedingung als unerfüllbar besonders betont werden soll: Ich *würde* ja gerne kommen, wenn ich nur Zeit hätte.

Anmerkung:

Die oft zitierte Regel, wonach in einem mit *wenn* eingeleiteten Gliedsatz kein *würde* stehen dürfe („Wennsätze sind würde-los"), lässt sich in dieser Form nicht halten bzw. ist meist missverstanden worden. Es kann sich dabei nur um eine Empfehlung handeln,

a) nicht zu einer Umschreibung mit *würde* zu greifen, wenn die betreffende Konjunktiv-II-Form ohnehin allgemein gebräuchlich ist (zB *sie käme* – besser als *sie würde kommen*);

b) die Aufeinanderfolge von zwei *würde* zu vermeiden (zB statt *Wenn ich ihn fragen würde, würde er antworten* – besser: *Wenn ich ihn fragte, würde ...* oder *Würde ich ihn fragen, so würde er antworten*).

1.4 Stammauslaut

1.4.1 Schwache Verben, deren Stamm auf *d* oder *t* endet, wie zB *reden, retten,* bilden die Endungen der 2. und 3. Person Singular und des Plurals im Präsens und Präteritum sowie den Imperativ Plural und das Partizip Perfekt mit *-e-*: *du redest, sie rettet.* Gleiches gilt für Verben, deren Stamm auf *m* oder *n* nach einem anderen Konsonanten (außer *l, r*) endet, wie zB *widmen, rechnen, öffnen, ordnen: ihr widmet, rechnet!, sie öffneten, geordnet.*

1.4.2 Verben, deren Stamm auf unbetontes *el* endet, wie zB *wechseln, zweifeln,* lassen in einigen Formen das *e* dieser Buchstaben- bzw. Lautfolge ausfallen: *ich wechsle* (daneben umgangssprachlich auch: *wechsel;* in Österreich ungebräuchlich ist *wechsele*). Konjunktiv I: *er zweifle;* Imperativ: *zweifle nicht!*

1.4.3 Verben, deren Stamm auf *s, ß, ss, x, z, tz* endet, bilden die 2. Person Singular Indikativ auf bloßes *t* (nicht auf *st*): *du reist, du reißt, du lässt, du hext, du heizt, du sitzt.*

(Vgl. aber auch unten, 1.5.1.)

1.4.4 Verben, deren Stamm auf *sch* endet, bilden die 2. Person Singular Indikativ entweder auf bloßes *t* (also *scht*) oder auf *st* (also *schst*): *du wäscht* oder *du wäschst, du wünscht* oder *du wünschst.* Im Wörterverzeichnis ist bei den betreffenden Stichwörtern (im Simplex) das *s* eingeklammert.

1.5 Formen in gehobener Ausdrucksweise und in der Umgangssprache

1.5.1 In gehobener Ausdrucksweise finden sich mitunter Endungen mit einem zusätzlichen *-e-*:

a) In der 2. Person Plural Präsens und Präteritum Indikativ sowie im Imperativ: *ihr habet, ihr gehet, ihr kommet, ihr ginget, ihr kamet, esset!, trinket!*

b) Bei Verben, deren Stamm auf einen Zischlaut endet, in der 2. Person Singular Präsens Indikativ: *du sitzest, du lässest, du löschest.*
(Solche Formen sind in der Stammformentabelle nicht eigens angeführt.)

1.5.2 In umgangssprachlichem oder dichterischem Gebrauch kann die Endung *-e* der 1. Person Singular im Präsens Indikativ wegfallen: *ich hör, ich nehm, ich sprech, ich hab.* Es ist nicht erforderlich, an die Stelle des ausgefallenen *e* einen Apostroph zu setzen. (Vgl. auch S. 857 f., 9.)

2 Die Stammformen der starken und der unregelmäßigen Verben

Zu den drei Stammformen – 1. Stammform: Infinitiv oder 1. Person Singular Präsens, 2. Stammform: Präteritum, 3. Stammform: 2. Partizip, zB *binde(n), band, gebunden* – werden im Präsens schwierigere oder abweichend gebildete Formen angegeben. Nach einem Schrägstrich stehen die Konjunktive. Die meisten der Konjunktive II (Konjunktiv Präteritum) sind nur der Vollständigkeit halber angeführt. Der Konjunktiv II vieler Verben kommt nur selten vor und wird im Allgemeinen mit „würde" umschrieben, zB statt *ich backte* oder *ich büke: ich würde backen.* Einige früher starke Verben bilden im Präteritum meist nur noch schwache Formen, zB statt *buk: backte.* Ungebräuchlichere Formen stehen in Klammern. Die mit einem Pfeil (↑) versehenen Wörter werden – in anderer Bedeutung – auch schwach konjugiert.

Infinitiv	Präsens Indikativ; Imperativ / Konjunktiv I	Präteritum Indikativ / Konjunktiv II	2. Partizip
backen	du bäckst, backst, er bäckt, backt; back(e)!, backt! / er backe	backte (buk) / backte (büke)	gebacken
befehlen	ich befehle, du befiehlst, er befiehlt; befiehl!, befehlt! / er befehle	befahl / (befähle, beföhle)	befohlen
beginnen	beginn(e)!	begann / begänne (begönne)	begonnen
beißen	du beißt; beiß(e)!	biss / bisse	gebissen
bergen	ich berge, du birgst, er birgt; birg!, bergt! / er berge	barg / (bärge, bürge)	geborgen
bersten	ich berste, du birst, er birst; birst!, berstet! / er berste	barst / (bärste, börste)	geborsten
bewegen ↑	beweg(e)!	bewog / (bewöge)	bewogen
biegen	bieg(e)!	bog / (böge)	gebogen
bieten	biet(e)!	bot / böte	geboten
binden	bind(e)!	band / bände	gebunden
bitten	bitt(e)!	bat / bäte	gebeten
blasen	du bläst, er bläst; blas(e)!, blast! / er blase	blies / bliese	geblasen
bleiben	bleib(e)!	blieb / bliebe	geblieben
bleichen ↑	bleich(e)!	blich / bliche	geblichen
braten	du brätst, er brät; brat(e)!, bratet! / er brate	briet / briete	gebraten
brechen	ich breche, du brichst, er bricht; brich!, brecht! / er breche	brach / bräche	gebrochen
brennen	brenn(e)!	brannte / brennte	gebrannt
bringen	bring(e)!	brachte / brächte	gebracht
denken	denk(e)!	dachte / dächte	gedacht
dingen	ding(e)!	dingte (dang) / dingte (dänge, dünge)	gedungen (gedingt)
dreschen	ich dresche, du drisch(s)t, er drischt; drisch!, drescht! / er dresche	drosch / (drösche)	gedroschen
dringen	dring(e)!	drang / dränge	gedrungen
dünken	mich (mir) dünkt (deucht)	dünkte (deuchte) / dünkte (deuchte)	gedünkt (gedeucht)
dürfen	ich darf, du darfst, er darf, wir dürfen / er dürfe	durfte / dürfte	gedurft (bzw. Infinitiv: dürfen)

Infinitiv	Präsens Indikativ; Imperativ / Konjunktiv I	Präteritum Indikativ / Konjunktiv II	2. Partizip
empfehlen	ich empfehle, du empfiehlst, er empfiehlt; empfiehl!, empfehlt! / er empfehle	empfahl / (empfähle, empföhle)	empfohlen
erkiesen	du erkiest	erkor / erköre	erkoren
erklimmen	erklimm(e)!	erklomm / (erklömme)	erklommen
erlöschen	ich erlösche, du erlisch(s)t, er erlischt; erlisch!, erlöscht! / er erlösche	erlosch / erlösche	erloschen
erschrecken ↑	ich erschrecke, du erschrickst, er erschrickt; erschrick!, erschreckt! / er erschrecke	erschrak / erschräke	erschrocken
essen	ich esse, du isst, er isst; iss!, esst! / er esse	aß / äße	gegessen
fahren	du fährst, er fährt; fahr(e)!, fahrt! / er fahre	fuhr / führe	gefahren
fallen	du fällst, er fällt; fall(e)!, fallt! / er falle	fiel / fiele	gefallen
fangen	du fängst, er fängt; fang(e)!, fangt! / er fange	fing / finge	gefangen
fechten	ich fechte, du fichtst, er ficht; ficht!, fechtet! / er fechte	focht / (föchte)	gefochten
finden	find(e)!	fand / fände	gefunden
flechten	ich flechte, du flichtst (flechtest), er flicht (flechtet); flicht!, flechtet! / er flechte	flocht / (flöchte)	geflochten
fliegen	flieg(e)!	flog / (flöge)	geflogen
fliehen	flieh(e)!	floh / (flöhe)	geflohen
fließen	du fließt; fließ(e)!	floss / (flösse)	geflossen
fressen	ich fresse, du frisst, er frisst; friss!, fresst! / er fresse	fraß / fräße	gefressen
frieren	frier(e)!	fror / (fröre)	gefroren
gären ↑	gär(e)!	gor / (göre)	gegoren
gebären	ich gebäre, du gebärst (gebierst), sie gebärt (gebiert); gebär(e)!	gebar / gebäre	geboren
geben	ich gebe, du gibst, er gibt; gib!, gebt! / er gebe	gab / gäbe	gegeben
gedeihen	gedeih(e)!	gedieh / gediehe	gediehen
geh(e)n	geh(e)!	ging / ginge	gegangen
gelingen	geling(e)!	gelang / gelänge	gelungen

Infinitiv	Präsens Indikativ; Imperativ / Konjunktiv I	Präteritum Indikativ / Konjunktiv II	2. Partizip
gelten	ich gelte, du giltst, er gilt; gilt!, geltet!/ er gelte	galt / gälte (gölte)	gegolten
genesen	du genest; genese!	genas / (genäse)	genesen
genießen	du genießt; genieß(e)!	genoss / (genösse)	genossen
geschehen	es geschieht / es geschehe	geschah / geschähe	geschehen
gewinnen	gewinn(e)!	gewann / gewänne (gewönne)	gewonnen
gießen	du gießt; gieß(e)!	goss / (gösse)	gegossen
gleichen	gleich(e)!	glich / gliche	geglichen
gleiten	gleit(e)!	glitt / glitte	geglitten
glimmen	glimm(e)!	glomm, glimmte / (glömme, glimmte)	geglommen (geglimmt)
graben	du gräbst, er gräbt; grab(e)!, grabt! / er grabe	grub / grübe	gegraben
greifen	greif(e)!	griff / griffe	gegriffen
haben	ich habe, du hast, er hat; hab(e)!, habt! / er habe	hatte / hätte	gehabt
halten	du hältst, er hält; halt(e)!, haltet! / er halte	hielt / hielte	gehalten
hängen ↑	häng(e)!	hing / hinge	gehangen (gehängt)
hauen	hau(e)!	haute, hieb / haute (hiebe)	gehaut (gehauen)
heben	heb(e)!	hob / höbe	gehoben
heißen	du heißt; heiß(e)!	hieß / hieße	geheißen
helfen	ich helfe, du hilfst, er hilft; hilf!, helft! / er helfe	half / (hülfe, hälfe)	geholfen
kennen	kenn(e)!	kannte / kennte	gekannt
klingen	kling(e)!	klang / klänge	geklungen
kneifen	kneif(e)!	kniff / kniffe	gekniffen
kommen	komm(e)!	kam / käme	gekommen
können	ich kann, du kannst, er kann / er könne	konnte / könnte	gekonnt (bzw. Infinitiv: können)
kriechen	kriech(e)!	kroch / (kröche)	gekrochen
laden	du lädst (ladest), er lädt (ladet); lad(e)!, ladet! / er lade	lud / (lüde)	geladen
lassen	du lässt, er lässt; lass!, lasst! / er lasse	ließ / ließe	gelassen (bzw. Infinitiv: lassen)

Infinitiv	Präsens Indikativ; Imperativ / Konjunktiv I	Präteritum Indikativ / Konjunktiv II	2. Partizip
laufen	du läufst, er läuft; lauf(e)!, lauft! / er laufe	lief / liefe	gelaufen
leiden	leid(e)!	litt / litte	gelitten
leihen	leih(e)!	lieh / liehe	geliehen
lesen	ich lese, du liest, er liest; lies!, lest! / er lese	las / läse	gelesen
liegen	lieg(e)!	lag / läge	gelegen
lügen	lüg(e)!	log / (löge)	gelogen
mahlen	mahl(e)!	mahlte / mahlte	gemahlen
meiden	meid(e)!	mied / miede	gemieden
melken	ich melke, du melkst (milkst), er melkt (milkt); melk(e)! (milk!), melkt! / er melke	molk, melkte / melkte (mölke)	gemolken (gemelkt)
messen	ich messe, du misst, er misst; miss!, messt! / er messe	maß / mäße	gemessen
misslingen	es misslingt	misslang / misslänge	misslungen
mögen	ich mag, du magst, er mag / er möge	mochte / möchte	gemocht (bzw. Infinitiv: mögen)
müssen	ich muss, du musst, er muss / er müsse	musste / müsste	gemusst (bzw. Infinitiv: müssen)
nehmen	ich nehme, du nimmst, er nimmt; nimm!, nehmt! / er nehme	nahm / nähme	genommen
nennen	nenn(e)!	nannte / nennte	genannt
pfeifen	pfeif(e)!	pfiff / pfiffe	gepfiffen
pflegen ⭡	pfleg(e)!	pflog / (pflöge)	gepflogen
preisen	du preist; preis(e)!	pries / priese	gepriesen
quellen ⭡	ich quelle, du quillst, er quillt; quill!, quellt! / er quelle	quoll / (quölle)	gequollen
raten	rat(e)!	riet / riete	geraten
reiben	reib(e)!	rieb / riebe	gerieben
reißen	du reißt; reiß(e)!	riss / risse	gerissen
reiten	reit(e)!	ritt / ritte	geritten
rennen	renn(e)!	rannte / (rennte)	gerannt
riechen	riech(e)!	roch / (röche)	gerochen

Infinitiv	Präsens Indikativ; Imperativ / Konjunktiv I	Präteritum Indikativ / Konjunktiv II	2. Partizip
ringen	ring(e)!	rang / (ränge)	gerungen
rinnen	rinn(e)!	rann / (ränne, rönne)	geronnen
rufen	ruf(e)!	rief / riefe	gerufen
salzen	du salzt; salz(e)!	salzte / salzte	gesalzen
saufen	du säufst, er säuft; sauf(e)!, sauft! / er saufe	soff / (söffe)	gesoffen
saugen ↑	saug(e)!	sog, saugte / saugte (söge)	gesogen (gesaugt)
schaffen ↑	schaff(e)!	schuf / schüfe	geschaffen
schallen	schall(e)!	schallte (scholl) / schallte (schölle)	geschallt
scheiden	scheid(e)!	schied / schiede	geschieden
scheinen	schein(e)!	schien / schiene	geschienen
scheißen	du scheißt; scheiß(e)!	schiss / (schisse)	geschissen
schelten	ich schelte, du schiltst, er schilt; schilt!, scheltet! / er schelte	schalt / (schölte)	gescholten
scheren ↑	scher(e)!	schor / (schöre)	geschoren
schieben	schieb(e)!	schob / (schöbe)	geschoben
schießen	du schießt; schieß(e)!	schoss / (schösse)	geschossen
schinden	schind(e)!	schindete (schund) / schindete (schünde)	geschunden
schlafen	du schläfst, er schläft; schlaf(e)!, schlaft! / er schlafe	schlief / schliefe	geschlafen
schlagen	du schlägst, er schlägt; schlag(e)!, schlagt! / er schlage	schlug / schlüge	geschlagen
schleichen	schleich(e)!	schlich / schliche	geschlichen
schleifen ↑	schleif(e)!	schliff / schliffe	geschliffen
schleißen ↑	du schleißt; schleiß(e)!	schliss / schlisse	geschlissen
schließen	du schließt; schließ(e)!	schloss / (schlösse)	geschlossen
schlingen	schling(e)!	schlang / schlänge	geschlungen
schmalzen	du schmalzt; schmalz(e)!	schmalzte / schmalzte	geschmalzen (geschmalzt)
schmeißen	du schmeißt; schmeiß(e)!	schmiss / schmisse	geschmissen

Infinitiv	Präsens Indikativ; Imperativ / Konjunktiv I	Präteritum Indikativ / Konjunktiv II	2. Partizip
schmelzen ↑	ich schmelze, du schmilzt, er schmilzt; schmilz!, schmelzt! / er schmelze	schmolz / (schmölze)	geschmolzen
schnauben	schnaub(e)!	schnaubte (schnob) / schnaubte (schnöbe)	geschnaubt (geschnoben)
schneiden	schneid(e)!	schnitt / schnitte	geschnitten
schrecken ↑	ich schrecke, du schreckst (schrickst), er schreckt (schrickt); schreck! (schrick!), schreckt! (schrickt!) / er schrecke	schreckte (in Komposita auch: schrak)	geschreckt (in Komposita auch: [ge]schrocken)
schreiben	schreib(e)!	schrieb / schriebe	geschrieben
schreien	schrei(e)!	schrie / (schrie)	geschrien
schreiten	schreit(e)!	schritt / schritte	geschritten
schweigen	schweig(e)!	schwieg / schwiege	geschwiegen
schwellen ↑	ich schwelle, du schwillst, er schwillt; schwill!, schwellt! / er schwelle	schwoll / (schwölle)	geschwollen
schwimmen	schwimm(e)!	schwamm / (schwämme)	geschwommen
schwinden	schwind(e)!	schwand / schwände	geschwunden
schwingen	schwing(e)!	schwang / schwänge	geschwungen
schwören	schwör(e)!	schwor (schwur) / (schwüre, schwöre)	geschworen
sehen	ich sehe, du siehst, er sieht; sieh(e)!, seht! / er sehe	sah / sähe	gesehen
sein	ich bin, du bist, er ist, wir sind, ihr seid, sie sind; sei!, seid! / er sei	war / wäre	gewesen
senden	send(e)!	sandte, sendete / sendete	gesandt (gesendet)
sieden	sied(e)!	sott, siedete / siedete (sötte)	gesotten (gesiedet)
singen	sing(e)!	sang / sänge	gesungen
sinken	sink(e)!	sank / sänke	gesunken
sinnen	sinn(e)!	sann / (sänne, sönne)	gesonnen
sitzen	du sitzt; sitz(e)!	saß / säße	gesessen
sollen	ich soll / er solle	sollte / sollte	gesollt (bzw. Infinitiv: sollen)
spalten	spalt(e)!	spaltete / spaltete	gespalten (gespaltet)
speien	spei(e)!	spie / (spie)	gespien

Infinitiv	Präsens Indikativ; Imperativ / Konjunktiv I	Präteritum Indikativ / Konjunktiv II	2. Partizip
spinnen	spinn(e)!	spann / (spönne, spänne)	gesponnen
spleißen	du spleißt; spleiß(e)!	spliss / splisse	gesplissen
sprechen	ich spreche, du sprichst, er spricht; sprich!, sprecht! / er spreche	sprach / spräche	gesprochen
sprießen	du sprießt; sprieß(e)!	spross / (sprösse)	gesprossen
springen	spring(e)!	sprang / spränge	gesprungen
stechen	ich steche, du stichst, er sticht; stich!, stecht! / er steche	stach / stäche	gestochen
stecken	steck(e)!	steckte (stak) / steckte (stäke)	gesteckt
steh(e)n	steh(e)!	stand / stünde (stände)	gestanden
stehlen	ich stehle, du stiehlst, er stiehlt; stiehl!, stehlt! / er stehle	stahl / (stähle, stöhle)	gestohlen
steigen	steig(e)!	stieg / stiege	gestiegen
sterben	ich sterbe, du stirbst, er stirbt; stirb!, sterbt! / er sterbe	starb / stürbe	gestorben
stieben	stieb(e)!	stob (stiebte) / (stöbe, stiebte)	gestoben (gestiebt)
stinken	stink(e)!	stank / (stänke)	gestunken
stoßen	du stößt, er stößt; stoß(e)!, stoßt! / er stoße	stieß / stieße	gestoßen
streichen	streich(e)!	strich / striche	gestrichen
streiten	streit(e)!	stritt / stritte	gestritten
tragen	du trägst, er trägt; trag(e)!, tragt! / er trage	trug / trüge	getragen
treffen	ich treffe, du triffst, er trifft; triff!, trefft! / er treffe	traf / träfe	getroffen
treiben	treib(e)!	trieb / triebe	getrieben
treten	ich trete, du trittst, er tritt; tritt!, tretet! / er trete	trat / träte	getreten
triefen	trief(e)!	triefte (troff) / triefte (tröffe)	getrieft (getroffen)
trinken	trink(e)!	trank / tränke	getrunken
trügen	trüg(e)!	trog / (tröge)	getrogen
tun	ich tu(e), du tust, er tut, wir tun; tu(e)!, tu(e)t! / er tue	tat / täte	getan
verderben	ich verderbe, du verdirbst, er verdirbt; verdirb!, verderbt! / er verderbe	verdarb / verdürbe	verdorben

Infinitiv	Präsens Indikativ; Imperativ / Konjunktiv I	Präteritum Indikativ / Konjunktiv II	2. Partizip
verdrießen	du verdrießt; verdrieß(e)!	verdross / (verdrösse)	verdrossen
vergessen	ich vergesse, du vergisst, er vergisst; vergiss!, vergesst! / er vergesse	vergaß / vergäße	vergessen
verlieren	verlier(e)!	verlor / verlöre	verloren
verlöschen ↑	ich verlösche, du verlisch(s)t, er verlischt; verlisch!, verlöscht! / er verlösche	verlosch / verlösche	verloschen
wachsen	du wächst, er wächst; wachs(e)!, wachst! / er wachse	wuchs / wüchse	gewachsen
wägen	wäg(e)!	wog / (wöge)	gewogen
waschen	du wäsch(s)t, er wäscht; wasch(e)!, wascht! / er wasche	wusch / (wüsche)	gewaschen
weben	web(e)!	webte (wob) / webte (wöbe)	gewebt (gewoben)
weichen ↑	weich(e)!	wich / wiche	gewichen
weisen	du weist; weis(e)!	wies / wiese	gewiesen
wenden	wend(e)!	wendete (wandte) / wendete	gewendet (gewandt)
werben	ich werbe, du wirbst, er wirbt; wirb!, werbt! / er werbe	warb / (würbe)	geworben
werden	ich werde, du wirst, er wird; werde!, werdet! / er werde	wurde (ward) / würde	(ge)worden
werfen	ich werfe, du wirfst, er wirft; wirf!, werft! / er werfe	warf / würfe	geworfen
wiegen ↑	wieg(e)!	wog / (wöge)	gewogen
winden	wind(e)!	wand / (wände)	gewunden
winken	wink(e)!	winkte / winkte	gewinkt (gewunken)
wissen	ich weiß, du weißt, er weiß, wir wissen, ihr wisst; wisse!, wisset (wisst!) / er wisse	wusste / wüsste	gewusst
wollen	ich will, du willst, er will; wolle!, wollt! / er wolle	wollte / wollte	gewollt (bzw. Infinitiv: wollen)
wringen	wring(e)!	wrang / (wränge)	gewrungen
zeihen	zeih(e)!	zieh / ziehe	geziehen
ziehen	zieh(e)!	zog / zöge	gezogen
zwingen	zwing(e)!	zwang / zwänge	gezwungen

Groß- und Kleinschreibung

Großschreibung gilt für die Wortart Nomen (Substantiv, Hauptwort) und nominal gebrauchte Wörter (Nominalisierungen, Substantivierungen), für das Anredepronomen „Sie", für mehrteilige Eigennamen, für Satzanfänge und das erste Wort in Überschriften. In allen übrigen Fällen wird mit kleinem Anfangsbuchstaben geschrieben.

1 NOMEN

1.1 **Nomen** schreibt man groß.

Das gilt auch für:	*Lineal, Abend, Diät, Wahrheit, Salzburg ...*
a) Nomen aus fremden Sprachen	a) *das Mail, das Crescendo, eine Terra incognita, das Cordon bleu, die Hardware ...*
b) Nomen in Zusammensetzungen mit Bindestrich	b) *Frage-und-Antwort-Spiel, E-Mail, 3-Zimmer-Wohnung, Österreich-weit ...*
c) Das erste Wort einer nominalen Zusammensetzung mit Bindestrich	c) *Ad-hoc-Entscheidung, Pro-Kopf-Verbrauch, das Auf-die-lange-Bank-Schieben ...*

Kennzeichen von Nomen:

- Sie haben ein bestimmtes **Geschlecht:** *der Bauer, die Lösung, das Essen*
- Sie stehen im **Singular** oder im **Plural:** *der Garten – die Gärten*
- Sie stehen in einem **bestimmten Fall:** *das Haus* (Nominativ), *des Hauses* (Genitiv)
- Sie können einen **Artikel** und/oder ein **Attribut** bei sich haben: *Hunde sind verspielt* – denkbar: *die Hunde (viele, junge Hunde) sind verspielt; gute Nachrichten, ziemlich große Äpfel*
- Sie können ein **Pronomen** bei sich haben: *jene Frauen, dieselbe Frau*
- Sie können **nach Präpositionen** stehen, wobei oft noch ein Artikel dazukommt: *auf Zuruf, nach dem Kino, mit Einverständnis, zu Hilfe, im* (= in dem) *Garten*
- Sie haben oft **bestimmte Endungen:** *Lösung, Wahrheit, Heiterkeit, Kenntnis, Trübsal, Wachstum, Eigenschaft, Täter, Ärztin*

1.1.1 Klein schreibt man ursprüngliche Nomen, die zu Präpositionen geworden sind:	*dank (seiner Hilfe), kraft (ihres Amtes), statt (des Buches), um (des lieben Friedens) willen, zeit (meines Lebens) ...*
1.1.2 Klein schreibt man ursprüngliche Nomen, die zu unbestimmten Pronomen geworden sind:	*ein bisschen davon nehmen, ein paar (Äpfel) ...* Aber groß: *ein Paar Schuhe* (zwei zusammengehörige).

1.2 **Nomen in festen Verbindungen** schreibt man groß.

a) Nomen mit Präpositionen:	a) *auf Abruf, in Bezug auf, in Kürze, zu Handen von; auf Grund* (auch: *aufgrund*, vgl. S. 841, 4.1.2), *auf Seiten* (auch: *aufseiten*), *zu Grunde gehen* (auch: *zugrunde gehen*, vgl. S. 841, 4.1.1) ...
b) Nomen mit Verben:	b) *Angst haben, Auto fahren, Rat suchen, Maß halten, Schuld tragen ...*

1.2.1 **Klein schreibt man** die vorwiegend prädikativ gebrauchten Wörter wie ***angst, bange, feind, freund, bankrott, gram, klasse, pleite, recht, schuld, spitze, unrecht, weh*** in Verbindung mit den Verben ***sein, bleiben, werden,*** weil sie dann Adjektive sind:	*Mir wird angst.* (Vgl.: *Mir wird kalt.*) *Uns ist angst und bange.* *Sie sind bankrott.* *Wir sind ihr gram.* *Dir kann man nicht feind sein.* *Das ist spitze/klasse.* *Das ist mir recht.*
1.2.2 **Klein- und Großschreibung** ist möglich in Verbindungen aus ***Recht/recht/Unrecht/unrecht*** **+ Verben** wie ***behalten, bekommen, geben, haben, tun***:	*Sie wird recht/Recht haben.* *Ich gebe ihm recht/Recht.* *Ich bekam recht/Recht.* *Du tust ihm unrecht/Unrecht.* *Du gibst mir unrecht/Unrecht.*
1.2.3 **Klein schreibt man** Nomen als Verbzusätze (vgl. S. 837, 1.6.1):	*Sie läuft eis (= eislaufen). Es tut mir leid (= leidtun).* *Ich nehme teil (= teilnehmen) ...*

1.3 **Tageszeiten in Verbindung mit anderen Zeitangaben** schreibt man groß:

	*heute **A**bend, gestern **M**ittag, vorgestern **N**achmittag, morgen [in der] **F**rüh ...* Aber zusammen: *Donnerstagabend,* vgl. S. 840, 3.1.1 a.
1.3.1 **Klein schreibt man** reine Zeitadverbien, die aus Nomen entstanden sind. Man erkennt sie an der Endung ***-s***:	*morgens, mittags, abends* (= jeden oder am Morgen/Abend ...). Ebenso: *donnerstags, angesichts, namens, seitens ...* Aber groß: *des Nachts, eines Abends* (weil Nomen im Genitiv).

1.4 **Zahlnomen** schreibt man groß:

Zu Zahlnomen in unbestimmten Mengenangaben, zB *dutzend/Dutzend* uÄ, vgl. S. 830, 2.3.4.	*zwei **M**illionen, das **P**aar Schuhe, ein **D**utzend; ein **F**ünftel, ein **Z**ehntel des Gewinnes, das erste **V**iertel, um [ein] **V**iertel vor fünf ...*
1.4.1 **Klein schreibt man** Bruchzahlen vor Maßangaben:	*ein zehntel Millimeter, ein viertel Kilogramm, in drei viertel Stunden* (möglich ist auch immer die Zusammenschreibung: *drei Viertelstunden,* vgl. S. 840, 3.2.2) ... Aber groß: *in einer Dreiviertelstunde.*
1.4.2 **Klein schreibt man** Bruchzahlen in Uhrzeitangaben unmittelbar vor Zahlen:	*um viertel fünf, gegen drei viertel acht ...* Aber groß: *um Viertel vor sechs.*

2 NOMINAL GEBRAUCHTE WÖRTER

Nominalisierungen sind Wörter anderer Wortart, die aber wie ein Nomen (Substantiv) gebraucht werden. Man schreibt sie groß.

2.1 **Nominalisierte Infinitive** schreibt man groß:

Kennzeichen von nominalisierten Infinitiven:

- vorangehender Artikel/vorangehendes Pronomen: *Das Zuhören fällt mir schwer. Sein Jammern ist unerträglich.*
- Artikel kann eingefügt werden: *Mein Hobby ist Fernsehen. (... ist das Fernsehen)*
- vorangehendes dekliniertes Adjektiv: *Ich hörte ein starkes Hämmern.*
- vorangehende Präposition [+ Artikel]: *etwas ist zum Weinen, auf Anraten der Ärztin*
- Attribut im Genitiv oder Attribut mit *von* folgt: *Ölen und Reinigen der Maschine, Basteln von Laternen*

Weitere Beispiele: *der Augenblick zum Handeln, beim Spielen, das Autofahren, das Eislaufen, mit Zittern, zum Auf-und-davon-Laufen ...* (Vgl. auch S. 826, 1.1 c.)

Groß- und Kleinschreibung ist möglich, wenn Infinitive ohne Artikel, Präposition, Pronomen ... stehen. Man kann sie sowohl als nominales Satzglied als auch als Verb auffassen:	*Sie übt Kopfrechnen/kopfrechnen* (= das Kopfrechnen/gut kopfzurechnen). *Er lernt Sprechen/sprechen* (= das Sprechen/zu sprechen). *Es ist bekannt, dass Probieren/probieren über Studieren/studieren geht.*

2.2 **Nominalisierte Adjektive und Partizipien** schreibt man groß:

Kennzeichen von nominalisierten Adjektiven und Partizipien:

- vorangehender Artikel: *Das Folgende musst du selbst lösen. Die Neuen werden vorgestellt.*
- vorangehendes unbestimmtes Zahlwort/Pronomen: *Er hat viel Falsches erzählt. Das bedeutet nichts Gutes. Alles Gute zum Geburtstag! Etwas Besseres fällt mir nicht ein. Einige Alte wussten davon.*
- Präposition + Artikel: *Sie arbeitet im (= in dem) Dunklen. Ich bin auf dem Laufenden.*
- dekliniertes Adjektiv bzw. Attribut, das sich auf das nominalisierte Wort bezieht: *Ihr bestechendes Äußeres beeindruckte mich. Das Angenehme ihres Wesens wussten wir zu schätzen.*
- fallbestimmtes Satzglied [+ Artikel]: *Wir haben Folgendes ausgemacht. Du verstehst Wesentliches nicht. Sie wird dir Näheres morgen erläutern.*

Klein schreibt man feste Verbindungen aus Präposition und artikellosem, nicht dekliniertem Adjektiv:	*grau in grau, von [nah und] fern, schwarz auf weiß, von klein auf, durch dick und dünn, über kurz oder lang ...*

Groß- und Kleinschreibung ist möglich, wenn das Adjektiv dekliniert ist:	*von Neuem/neuem, von Weitem/weitem, ohne Weiteres/weiteres, seit Längerem/längerem, binnen Kurzem/kurzem ...*

Klein schreibt man Adjektive und Partizipien, die sich auf ein vorhergehendes oder nachfolgendes Nomen beziehen:	*Der Verkäufer zeigte mir seine Auswahl an Krawatten, die **gestreiften** und **gepunkteten** gefielen mir am besten. – Siehst du die beiden Mädchen? Das **kleinere** ist die Freundin meines Bruders. ...*
2.2.1 **Nominalisierte Superlative** schreibt man groß:	*Ich suche mir immer das **B**este aus. Daran denke ich nicht im **E**ntferntesten* (im = in dem). *Ich war auf das/aufs Schrecklichste gefasst* (Frage: Worauf?). Klein schreibt man aber den normalen Superlativ mit „am“: *Die roten Zuckerln schmecken am besten* (Frage: Wie?).
Groß- und Kleinschreibung ist möglich, wenn sich die Fügung ***aufs*** + Superlativ mit ***Wie?*** erfragen lässt:	*Er hat mich auf das/aufs Herzlichste/herzlichste* (Frage: Wie?) *begrüßt.*
2.2.2 **Paarformen**, die auch ohne Präposition üblich sind, schreibt man groß:	*Das Fest begeisterte **G**roß und **K**lein.* *Für **G**roße und **K**leine gab es etwas zu sehen.* *Die Musik gefällt **J**ung und **A**lt.* *Sein Vorschlag war jenseits von **G**ut und **B**öse.*
2.2.3 **Farbbezeichnungen** schreibt man groß:	**Kennzeichen:** • **Präposition + Artikel:** *Du hast ins **S**chwarze getroffen.* • **Frage *Was?, Welche Farbe?*:** *Ich trage niemals **G**rau. Ihr steht **R**ot am besten* (die Farbe Grau/Rot). • **Präposition:** *Wir liefern das Sofa nur in **S**chwarz. Die Ampel schaltet auf **R**ot.* Aber klein als einfaches Farbadjektiv: *Der Himmel ist grau in grau* (Wie?). *Sie ärgern sich grün und blau.*
2.2.4 **Sprachbezeichnungen** schreibt man groß:	*das **D**eutsche, sein **F**ranzösisch, mit **E**nglisch, auf **I**talienisch ...*
Groß- und Kleinschreibung ist möglich, wenn die Sprache mit ***Wie?*** oder ***Was?*** erfragt werden kann:	*Sie spricht Spanisch* (Was?/Welche Sprache?)/ *spanisch* (Wie?). Dagegen: *Wir lernen Englisch* (Was? – die englische Sprache). Aber klein: *Wir lernen englisch* (Wie? – der Unterricht findet auf Englisch statt).

2.3 **Nominalisierte Zahlwörter** schreibt man groß:

a) **Ordnungszahladjektive** und ähnliche **Adjektive**	a) *am **E**rsten des Monats, als **V**ierte ins Ziel laufen, nur **D**ritter werden, jeder **V**ierte, vom **H**undertsten ins **T**ausendste kommen; der **N**ächste bitte; die **E**rsten werden die **L**etzten sein ...*
b) **unbestimmte Zahladjektive**	b) *Die Explosion haben **U**nzählige gesehen. Alles **Ü**brige besprechen wir morgen. Jeder **E**inzelne muss mitmachen. Sie war die **E**inzige, die davon wusste.*
2.3.1 Die Zahladjektive *viel* *(mehr, meisten)*, ***wenig***, *der/die/das* ***eine***, *der/die/das* ***andere*** werden in der Regel **kleingeschrieben.**	*Das haben schon viele behauptet. Es kam einer nach dem anderen. Es war nur weniges zu gebrauchen. Alles andere erfährst du morgen.* (Vgl. auch unten, 2.4.1.)
Wenn der nominale Gebrauch betont werden soll, ist auch Großschreibung möglich:	*Die Konstrukteurin erfand etwas völlig anderes/Anderes. Die meisten/Meisten lehnten den Antrag ab.*
2.3.2 Klein schreibt man Kardinalzahlen unter einer Million:	*hundert Gäste, um viertel drei, sie wird im Sommer achtzig, an die zwanzig, wir fünf, Abschnitt sieben ...*
2.3.3 Groß schreibt man Kardinalzahlen als Nomen nur dann, wenn sie das Zahlzeichen bezeichnen:	*die [Ziffer] **V**ier, die [Zahl] **Z**wölf, die verhängnisvolle **D**reizehn, einen **S**echser/eine **S**echs würfeln ...*
2.3.4 Groß- und Kleinschreibung ist möglich, wenn ***hundert, tausend, dutzend*** unbestimmte Mengen angeben:	*mehrere tausend/Tausend Menschen, zigtausende/Zigtausende von Zuschauern, zu aberhunderten/Aberhunderten, in einigen dutzend/Dutzend Farben ...*

2.4 **Nominalisierte Pronomen** schreibt man groß:

	*das **I**ch, das **D**u anbieten, ein solcher **N**iemand, das gewisse **E**twas, vor dem **N**ichts stehen ...* (Vgl. auch S. 826, 1.1.2.)
2.4.1 Klein schreibt man Pronomen, auch wenn sie als Stellvertreter von Nomen gebraucht werden:	*Dabei hat sich schon mancher geirrt. Sie hat sich mit diesem und jenem verabredet. Sie hatte beides mitgebracht. Wir sollten uns mit (den) beiden unterhalten.*
2.4.2 Groß- und Kleinschreibung ist bei Possessivpronomen mit einem Artikel möglich:	*die mein(ig)en/Mein(ig)en, das sein(ig)e/das Sein(ig)e* (= seine Pflicht) *tun ...*

2.5 Andere nominalisierte Wortarten schreibt man groß:

ein fortwährendes ***H****in und* ***H****er, ein* ***D****urcheinander, das* ***U****m und* ***A****uf, das* ***E****ntweder-oder, kein* ***W****enn und* ***A****ber, mit* ***A****ch und* ***K****rach, den Freund mit* ***H****allo empfangen* ... (Vgl. auch S. 826, 1.1.1.)

3 DAS ANREDEPRONOMEN „SIE"

Die **distanzierte Anrede** (Höflichkeitsanrede) ***Sie*** und das dazugehörige Possessivpronomen ***Ihr*** schreibt man immer groß:

„Was wünschen ***S****ie?", fragte der Verkäufer. „Ich werde* ***I****hnen einige Muster vorlegen."*
Hier ist ***I****hr Schirm. Wir werden uns* ***I****hrer ganz bestimmt erinnern. Ich habe* ***I****hretwegen lange gewartet.* ... Aber klein das Reflexivpronomen „sich":
Wie stellen Sie sich das vor?

- **Großschreibung** gilt auch für **veraltete Formen der Anrede:**
  - *Eulenspiegel fragte die Bäuerin: „Gebt* ***I****hr die Hühner nicht billiger?"*
- **Großschreibung** gilt auch für einige **Pronomen als Teile von Titeln** (zB eines Botschafters, des Rektors einer Universität, eines kirchlichen Würdenträgers):
  - *Ich begrüße* ***E****ure (****E****uer) Exzellenz/Magnifizenz/Eminenz; die Ansprache* ***S****einer Exzellenz, des Herrn Botschafters;* ***S****eine Eminenz, der Herr Kardinal; ein Bild* ***I****hrer Majestät, der Königin*

Klein schreibt man die vertraulichen Anredepronomen *du* und *ihr* mit ihren Beugungsformen und die entsprechenden **Possessivpronomen *dein, euer:***	*Diese Arbeit ist dir gut gelungen!* *Überzeuge dich nun, ob ihr die Maße eingehalten habt!* *Liebe Anna! Ich habe deine Glückwünsche erhalten.*
In Briefen kann die vertrauliche Anrede auch großgeschrieben werden:	*Lieber Kurt, ich schreibe dir/Dir diesen Brief und schicke dir/Dir eure/Eure Bilder ...*

4 EIGENNAMEN UND BESTIMMTE FESTE VERBINDUNGEN

4.1 In **Eigennamen** schreibt man Adjektive, Partizipien, Pronomen und Zahlwörter groß:

Ein Eigenname identifiziert bestimmte einmalige Personen oder Sachen, zB *Kunsthistorisches Museum* (gemeint ist ein ganz bestimmtes Museum mit Sitz in Wien), aber klein: *höhere Schule* (hier wird die Gattung bezeichnet, nicht eine bestimmte Schule [Anstalt] mit eindeutiger Anschrift).

• **Personennamen**	• *Karl der **G**roße, Joseph der **Z**weite (Joseph II.) ...*
• **geografische Eigennamen**	• *die **A**lte Welt* (Europa, Asien, Afrika), ***T**schechische Republik, **L**ange Gasse, **N**iedere Tauern, **R**otes Meer ...*
• **Sternbilder und andere Himmelskörper**	• *der **G**roße Bär* (Sternbild), *der **R**ote Planet* (der Mars), *der **B**laue Planet* (die Erde) ...
• **Fahrzeuge, Bauwerke und Örtlichkeiten**	• *die **B**laue Moschee* (in Istanbul), *der **R**asende Roland* (Eisenbahnzug) ...
• **Orden und Auszeichnungen**	• ***G**roßer **Ö**sterreichischer Staatspreis für Literatur ...*
• **Institutionen, Organisationen, Einrichtungen**	• *Museum für **A**ngewandte Kunst, **Ö**sterreichischer Gewerkschaftsbund, Gasthaus **G**oldener Adler, **O**berösterreichische Nachrichten* (Zeitung) ...
• **historische Ereignisse und Epochen**	• *das **A**ugusteische Zeitalter, die **Z**weite Republik, der **Z**weite Weltkrieg, der **W**estfälische Friede, die **G**oldenen Zwanziger ...*

4.2 **Ableitungen von geografischen Namen auf *-er*** schreibt man groß:

Kärntner Seen, Mühlviertler Leinen, Salzburger Festspiele, Veitscher Magnesit, Wachauer Obst ...

4.2.1 **Klein schreibt man:**

a) Ableitungen von **geografischen Namen auf *-isch***	a) *burgenländisches Obst, holländischer Käse, spanischer Wein*
b) Ableitungen von **Personennamen**	b) *die homerischen Epen, kafkaeske Stimmung, darwinsche* (auch: *Darwin'sche*) *Evolutionstheorie, das ohmsche* (auch: *Ohm'sche*) *Gesetz* ... (Vgl. auch S. 858, 9.2.2.)

4.3 **In bestimmten festen Verbindungen** schreibt man Adjektive groß, obwohl keine Eigennamen vorliegen:

a) **Titel, Ehrenbezeichnungen, Amts- und Funktionsbezeichnungen**	a) *der **H**eilige Vater* (der Papst), *die **A**mtsführende Präsidentin, Dr. Anna Holzer, **E**rste Staatsanwältin ...*
b) **besondere Kalendertage**	b) *der **H**eilige Abend, der **I**nternationale Frauentag, der **E**rste Mai ...*
c) **fachsprachliche Klassifizierungseinheiten,** bes. der Botanik, Zoologie	c) *der **R**ote Milan, das **F**leißige Lieschen ...*
Großschreibung ist auch in **Fachsprachen** außerhalb der Biologie und für **Verbindungen mit terminologischem Charakter** üblich, wenn das Adjektiv mit dem Nomen zusammen für eine begriffliche Einheit steht:	*Gelbe* (auch: *gelbe*) *Karte, Dringliche* (auch: *dringliche*) *Anfrage, Erste* (auch: *erste*) *Hilfe* ... (Aber: In manchen Fachsprachen wird demgegenüber die Kleinschreibung bevorzugt: *eiserne Lunge, grauer Star, seltene Erden ...*)

4.3.1 **Klein schreibt man** alle anderen Adjektive in solchen Wortgruppen, wenn sie keine Eigennamen sind:	*das autogene Training, das neue Jahr, die schöne Bescherung, der bunte Hund, die künstliche Intelligenz, die österreichischen Bundesregierungen, die steirischen Wälder ...*
4.3.2 In **festen Verbindungen mit einer neuen, übertragenen Gesamtbedeutung** ist die **Kleinschreibung des Adjektivs der Regelfall.** Der Schreibende kann zur Hervorhebung dieses besonderen Gebrauchs das Adjektiv auch großschreiben:	*das schwarze* (auch: *Schwarze*) *Brett* (= Anschlagtafel), *der weiße* (auch: *Weiße*) *Tod* (= Lawinentod) ... Im Wörterverzeichnis ist im Allgemeinen der Normalfall, d. h. die Kleinschreibung, dargestellt.

5 SCHREIBUNG AM SATZANFANG, IN ÜBERSCHRIFTEN UÄ

Das erste Wort eines Satzes, einer direkten Rede, in Überschriften uÄ und nach einem Schlusspunkt schreibt man groß:

Der Zug hat große Verspätung. Wie viel?
Da kommt er schon! Achtung!
Van Gogh wurde am 30. März 1853 geboren.
Der Schaffner ruft: „Rasch einsteigen, bitte!“
Die Aufführung von Grillparzers Drama „Der Traum ein Leben“
Gasthof „Zur Alten Post“ ...

6 SCHREIBUNG NACH EINEM DOPPELPUNKT

Nach einem Doppelpunkt schreibt man groß, wenn man den darauffolgenden Satz als Ganzsatz (Satz mit einer Personalform) empfindet:

	Es ist eine alte Erfahrung: Manche Reisende lassen sich zu lange Zeit. Es heißt nicht umsonst: Frisch gewagt ist halb gewonnen.
Groß- oder Kleinschreibung ist möglich, wenn der Doppelpunkt durch einen Gedankenstrich oder Beistrich ersetzt werden könnte:	*Beim Heiraten heißt es: Bis/bis dass der Tod euch scheidet.* (Denkbar: *Beim Heiraten heißt es – bis dass der Tod euch scheidet.*)

Klein schreibt man nach einem Doppelpunkt, wenn eine Aufzählung, eine Erläuterung oder eine Wortgruppe folgt:	*Familienstand: ledig* *Für gesundheitsbewusste Menschen empfiehlt sich folgendes Frühstück: frisch gepresster Fruchtsaft, Joghurt, verschiedenste Müslis, Vollkornbrot und Milch.*

7 SONDERFÄLLE DER KLEINSCHREIBUNG

7.1 Das abgekürzte ***von*** als Teil eines Namens wird auch am Satzanfang kleingeschrieben:

v. Hofmannsthal schrieb 1911 den „Jedermann". Aber groß: *Von Hofmannsthal schrieb ...*

7.2 ***'s*** für ***es*** bzw. ***das*** wird immer **kleingeschrieben**, auch am Satzanfang:

's ist gut! – 's wird schon wieder werden! ...

7.3 **Klein schreibt man auch nach einem Strichpunkt:**

Sie wünscht sich schon immer ein neues Teleobjektiv; die besseren Typen sind allerdings sehr teuer. ...

7.4 **Nach einem Ruf- oder Fragezeichen** wird klein weitergeschrieben, wenn es eine sinnvolle Einheit abschließt und an Stelle eines Beistrichs steht (besonders aus stilistischen Gründen und in älteren Texten):

Hu! heulte der Wind. Bim, bam! läuten die Glocken. Piff, paff! knallten die Korken. ...

8 ABKÜRZUNGEN UND EINZELNE BUCHSTABEN

8.1 **Groß- oder kleingeschrieben** wird ein Buchstabe je nachdem, ob es sich im Zusammenhang (im jeweiligen Wort) um einen Groß- oder um einen Kleinbuchstaben handelt:

das s in „das"; das S in „Saal" ...

8.2 **Klein und mit Bindestrich** schreibt man **Mengenangaben in Verbindung mit Buchstaben:**

x-fach, x-mal, x-beliebig ...

8.3 **Klein schreibt man auch viele Zeichen für Maße und Gewichte:**

dag = Dekagramm, *t* = Tonne, *km* = Kilometer ...

Da sich sonst sehr wenige allgemein gültige Regeln angeben lassen, muss in Zweifelsfällen im Wörterverzeichnis nachgeschlagen werden.

Getrennt- und Zusammenschreibung

Fragen um Getrennt- und Zusammenschreibung sind der schwierigste Bereich der Rechtschreibung. Wenn die Entscheidung über Getrennt- oder Zusammenschreibung nicht eindeutig zu treffen ist, soll in diesen Zweifelsfällen beides gelten.

Im Text als zusammengehörig empfundene Wörter können eine Wortgruppe (zB *mit Bezug auf*) oder eine Zusammensetzung (zB *schlafwandeln*) sein. Oft liegt es im Ermessen der Schreibenden, ob sie etwas als Wortgruppe *(Gewähr leisten)* oder als Zusammensetzung *(gewährleisten)* verstehen wollen.

1 SCHREIBUNG MIT VERBEN

1.1 **Untrennbare Zusammensetzungen** aus folgenden Bestandteilen schreibt man stets **zusammen:**

a) **Nomen + Verb**	a) *brandmarken (sie brandmarkt, hat gebrandmarkt, ... um zu brandmarken), lobpreisen, maßregeln, nachtwandeln, schlussfolgern ...*
b) **Adjektiv + Verb**	b) *frohlocken (er frohlockt), langweilen, liebäugeln, vollbringen, vollenden, weissagen ...*
c) **Präposition/Adverb + betontes Verb**	c) *durchbrechen (er durchbricht die Regel ≠ er bricht die Mauer durch), hintergehen, übersetzen, umfahren, unterstellen, widersprechen, wiederholen ...*
In manchen Fällen ist nicht eindeutig festzustellen, ob eine Wortgruppe oder eine untrennbare Zusammensetzung vorliegt. In diesen Fällen kann man **getrennt oder zusammenschreiben:**	• *gewährleisten/Gewähr leisten (sie gewährleistet/sie leistet Gewähr), staubsaugen/Staub saugen ...* • *brustschwimmen/Brust schwimmen (er schwimmt Brust), marathonlaufen/Marathon laufen (sie läuft Marathon) ...*

Für **trennbare Zusammensetzungen** gilt:

1.2 **Präposition + unbetontes Verb** schreibt man **zusammen:**

auf-, aus-, bei-, durch-, ein-, entgegen-, entlang-, gegenüber-, hinter-, mit-, nach-, über-, unter-, vor-, wider-, zu-, zwischen- ...	• *aufstellen: er hat die Skier aufgestellt, ... um sie aufzustellen; sie stellt die Skier auf* • *mitspielen: sie haben nicht mitgespielt, ... anstatt mitzuspielen; sie spielt nicht mit*

1.3 **Adverbien + Verb,** wenn die **Betonung auf dem Adverb** liegt, schreibt man **zusammen:**

abwärts-, auseinander-, beisammen-, dabei-, davor-, dazu-, dazwischen-, empor-, fort-, heraus-, hin-, hinein-, hinüber-, nebenher-, rückwärts-, voraus-, vorbei-, vorher-, weg-, weiter-, wieder-, zurück-, zusammen- ...	• *sich mit einem Thema auseinandersetzen, zwei tratschende Schülerinnen auseinandersetzen* • *zwei Bücher übereinanderlegen,* aber getrennt: *übereinander reden*

Weitere Probe: Bei Getrenntschreibung können zwischen den Bestandteilen (Adverb + Verb) Satzglieder eingeschoben werden:	*dabei sitzen: er wollte dabei auf seinem Sessel sitzen,* aber zusammen: *sie wollte nicht dabeisitzen (bei den anderen Spielern)*

1.4 Bestimmte **Wortarten + Verb** schreibt man **zusammen:**

a) Bestandteile, die die Merkmale von frei vorkommenden Wörtern verloren haben:	a) *abhanden- (abhandenkommen), anheim-, bevor- (bevorstehen), dar-, einher-, entzwei-, fürlieb-, hintan-, inne-, überein-, überhand-, umhin-, vorlieb- (vorliebnehmen), zurecht- ...*
b) Folgende neun Bestandteile:	b) *fehl- (fehlgehen), feil-, heim-, irre- (irreführen), kund- (kundtun), preis- (preisgeben), wahr- (wahrnehmen), weis- (weismachen), wett- (wettlaufen)*

1.5 Adjektiv + Verb

1.5.1 Wenn eine **übertragene** (idiomatisierte) **Gesamtbedeutung** vorliegt, schreibt man **zusammen:** Das betrifft jene Fälle, wo sich die (neue) Gesamtbedeutung nicht aus der wörtlichen Bedeutung der einzelnen Bestandteile erschließen lässt.	*falschliegen* (= sich täuschen), *festnageln* (= festlegen), *glattgehen* (= klappen), *heimlichtun* (= geheimnisvoll tun), *kaltstellen* (= [politisch] ausschalten), *kürzertreten* (= sich einschränken), *richtigstellen* (= berichtigen), *schwerfallen* (= Mühe verursachen) ...
In **Zweifelsfällen** kann man **getrennt und zusammenschreiben:**	*ein Thema bekannt machen/bekanntmachen, jemanden hoch achten/hochachten, sich das Leben leicht machen/leichtmachen ...*

1.5.2 Verbindungen mit **Verben, die ausdrücken, dass ein bestimmtes Resultat erzielt wird,** können **getrennt** und **zusammengeschrieben** werden (= resultative Verben):	*den Tisch glatt hobeln/glatthobeln* (Das Adjektiv bezeichnet in dieser Verbindung den endgültigen Zustand des Objekts: der Tisch ist nach dem Hobeln glatt) *klein schneiden/kleinschneiden, kaputt machen/kaputtmachen, leer essen/leeressen ...*
Bei Zusammensetzungen mit den ersten Bestandteilen *fest-, tot-* und *voll-* ist die Getrenntschreibung unüblich. Das Wörterverzeichnis folgt dem Schreibgebrauch und führt nur die Zusammenschreibung an:	*ein Brett festnageln,* *die Erde feststampfen,* aber getrennt: *den Teppich fest* (= stark) *klopfen* *eine Passantin totfahren,* *das Auto volltanken,* *die Kanne vollfüllen ...*

1.5.3 In den anderen Fällen schreibt man **getrennt.** Dazu zählen insbesondere Wortgruppen mit komplexen (abgeleiteten, zusammengesetzten) oder erweiterten Adjektiven:	*bewusstlos schlagen* (= komplexes Adjektiv), *die Geige falsch spielen* (nicht resultativ, keine übertragene Bedeutung), *beim Referat frei reden* (nicht resultativ, keine übertragene Bedeutung), *ganz nahe kommen* (= erweitertes Adjektiv) ...

1.6 Nomen + Verb

1.6.1 In folgenden elf Fällen mit dem Nomen als Verbzusatz schreibt man **zusammen:**	*eislaufen, kopfstehen, leidtun, nottun, standhalten, stattfinden, stattgeben, statthaben, teilhaben, teilnehmen, wundernehmen* Daher: *ich laufe* **eis**, *sie steht* **kopf** ...
1.6.2 In folgenden vier Fällen kann man **getrennt und zusammenschreiben:**	*achtgeben/Acht geben* (aber nur: *sehr achtgeben, allergrößte Acht geben*), *achthaben/Acht haben,* *haltmachen/Halt machen,* *maßhalten/Maß halten* (Zu Fällen wie *staubsaugen/Staub saugen* vgl. S. 835, 1.1.)
1.6.3 In den anderen Fällen schreibt man **getrennt:**	*Ski fahren, Schlange stehen, Not leiden, Rad fahren, Zeit rauben, Dienst haben* ...

1.7 Verb + Verb

1.7.1 Verbindungen aus **zwei Verben** schreibt man **getrennt:**	*laufen lernen, arbeiten kommen, baden gehen, lesen üben* ...
1.7.2 Verbindungen mit ***bleiben*** oder ***lassen*** als zweitem Bestandteil kann man bei übertragener Bedeutung getrennt und zusammenschreiben. Ebenso kann man *kennen lernen/kennenlernen* getrennt oder zusammenschreiben.	*sitzen bleiben/sitzenbleiben* (= nicht in die nächste Klasse aufsteigen) *stehen lassen/stehenlassen* (= nicht länger beachten, sich abwenden) *liegen bleiben/liegenbleiben* (= unerledigt bleiben) ...

1.8 Verbindungen mit *sein* schreibt man getrennt:

beisammen sein, fertig sein, los sein, vonnöten sein, vorbei sein, vorüber sein, zufrieden sein ...
(Ebenso: *weil ich mit ihrer Leistung zufrieden war; wir sind lange beisammen gewesen; es war schön, daheim zu sein*)

1.9 In **Satzspitzenstellung** schreibt man den **Verbzusatz getrennt** von der Personalform:

Schwarz fährt er nie. Aber zusammen: ... *weil er nie schwarzfährt.*
Zusammen schreibt man, wenn ... Aber zusammen: ... *wo man zusammenschreibt.*

2 SCHREIBUNG MIT ADJEKTIVEN, PARTIZIPIEN UND ZAHLWÖRTERN

In allen Fällen, die nicht unter 2.1 oder 2.2 behandelt sind, schreibt man getrennt. Das gilt zB für folgende Fälle:

winzig klein, schrecklich nervös, kochend heiß, leuchtend rot, brennend heiß ...

2.1 Zusammen schreibt man:

2.1.1 Wenn der **erste Bestandteil für eine Wortgruppe steht,** die sozusagen verkürzt ist:

angsterfüllt (= *von* Angst erfüllt), *butterweich* (= weich *wie* Butter), *freudestrahlend* (= *vor* Freude strahlend), *jahrelang, meterhoch; denkfaul, schreibgewandt; selbstbewusst ...* Aber getrennt oder zusammen: *die Not leidende/notleidende Bevölkerung,* weil: Not leiden, vgl. S. 839, 2.2.1.

2.1.2 Wenn die beiden Teile mit einem **Fugenelement** (zB *-s-, -n-*) verbunden sind:

altersschwach, sonnenarm, anlehnungsbedürftig, lebensfremd ...

2.1.3 Wenn der erste oder der zweite Bestandteil in dieser Form/Bedeutung **nicht als selbstständiges Wort vorkommt:**

zweifach, letztmalig, redselig, blauäugig, großspurig, kleinmütig, die zeitsparendste Lösung ... (Es gibt keine selbstständigen Wörter wie zB *„fach", „letzt", „red", „äugig" ...*)

2.1.4 Wenn der **zu Grunde liegende Infinitiv zusammengeschrieben wird:**

wehklagend (→ wehklagen), *herunterfallend, heruntergefallen* (→ herunterfallen), *irreführend* (→ irreführen), *aufeinanderliegend* (→ aufeinanderliegen, vgl. S. 835, 1.3), *ein richtiggestellter Fehler* (→ richtigstellen, vgl. S. 836, 1.5.1) ...

2.1.5 Gleichrangige (nebengeordnete) **Adjektive:**	*blaugrau* (= eine Mischung aus Blau *und* Grau; vgl. auch S. 843, 5.3.3), *feuchtwarm* (= feucht *und* warm), *nasskalt, taubstumm ...*
2.1.6 Wenn der erste Bestandteil den **Bedeutungsinhalt** des folgenden Adjektivs oder Partizips **verstärkt oder abschwächt:**	*bitter- (bitterböse, bitterernst), brand- (brandaktuell), dunkel- (dunkelblau), erz- (erzkonservativ), hyper-, stock-, super-, tod-, ultra-, ur-, voll- ...*
2.1.7 a) **Mehrteilige Grundzahlen** unter einer Million sowie b) **alle Ordnungszahlen:**	a) *vierzehn, sechshundert, viertausendsiebenhundertzehn ...* b) *der siebenunddreißigste Sieg in Folge, der einmillionste Besucher ...* Aber getrennt und groß: Wörter wie *zwei Dutzend, drei Millionen, vier Billionen* sind Nomen und werden großgeschrieben.

2.2 Getrennt oder zusammen schreibt man:

2.2.1 Verbindungen mit einem **Partizip,** wenn die **zu Grunde liegende Verbindung mit dem Verb getrennt geschrieben wird:**	*die Not leidenden/notleidenden Kinder* (⇢ Not leiden), *ein klein geschnittenes/kleingeschnittenes Radieschen* (⇢ klein schneiden/kleinschneiden) ... Aber nur zusammen: *aufeinandergestapelte Bücher* (⇢ aufeinanderstapeln, vgl. S. 835, 1.3), *ein richtiggestellter Fehler* (⇢ richtigstellen, vgl. S. 836, 1.5.1), *freudestrahlende Gesichter* (⇢ *vor* Freude strahlen, vgl. S. 838, 2.1.1).
Diese Regel gilt auch für Nominalisierungen:	*das auswendig Gelernte/das Auswendiggelernte, die Not Leidenden/die Notleidenden, die Auto Fahrenden/die Autofahrenden ...*
2.2.2 Verbindungen mit einem **einfachen Adjektiv,** das das folgende in seiner **Bedeutung abstuft:**	*schwer verständlich/schwerverständlich, eng verwandt/engverwandt, allgemein gültig/allgemeingültig ...* Aber nur getrennt bei Steigerung oder Erweiterung des Adjektivs: *leichter verdaulich, besonders schwer verständlich, höchst erfreulich.*
2.2.3 Verbindungen mit ***nicht***:	*eine nicht öffentliche/nichtöffentliche Sitzung, nicht operativ/nichtoperativ behandeln ...* Aber nur getrennt, wenn sich „nicht" auf den ganzen Satz bezieht: *Die Sitzung findet nicht öffentlich statt.*

3 SCHREIBUNG MIT NOMEN

3.1 Zusammen schreibt man:

3.1.1 Zusammensetzungen mit Nomen (Substantiven):

a) **Nomen + Nomen**

a) *Holztür, Hosenrock, Donnerstagabend, Theaterwissenschaft, Preisentwicklung, Adoptivtochter ...*

- Das gilt auch für Zusammensetzungen mit Eigennamen:
  - *Goethegedicht, Europabrücke, Brennerpass, Tendlergasse ...* Aber getrennt: *Währinger Straße,* vgl. S. 841, 3.3.
- Das gilt auch für Zusammensetzungen aus dem Englischen, die fest in der deutschen Sprache verankert sind:
  - *Bandleader, Mountainbike, Hardware ...* (In solchen Zusammensetzungen kann zur Verdeutlichung ein Bindestrich stehen: *Science-Fiction, Swimming-Pool,* vgl. S. 843, 5.3.2.)

b) **Adjektiv + Nomen**

b) *Hochhaus, Schnellstraße ...*

- Das gilt auch für Zusammensetzungen mit Zahlen:
  - *Achterbahn, Viererbob ...* Aber getrennt oder zusammen: *ein Viertelkilo/ein viertel Kilo,* vgl. unten, 3.2.2.

c) **Verb + Nomen**

c) *Backform, Schreibtisch ...*

d) **Pronomen + Nomen**

d) *Ichsucht, Niemandsland ...*

e) **Adverbien + Nomen**

e) *Jetztzeit, Nichtraucher ...*

3.1.2 Mehrteilige Nominalisierungen:

das Holzholen, das Computerspielen, beim Skifahren, das Inkrafttreten; das Stelldichein, das Vergissmeinnicht ...
Aber getrennt oder zusammen: *die Not Leidenden/Notleidenden, die Auto Fahrenden/Autofahrenden,* vgl. S. 839, 2.2.1. (Zur Schreibung mit Bindestrich vgl. S. 842, 5.2.2.)

3.2 Getrennt oder zusammen schreibt man:

3.2.1 Aus dem **Englischen stammende Bildungen** aus **Adjektiv + Nomen,** wenn der Hauptakzent auf dem ersten Bestandteil liegt:

Bigband/Big Band, Hotdog/Hot Dog ...
Aber nur getrennt, wenn der Hauptakzent nicht auf dem ersten Bestandteil liegen kann: *High Society, Electronic Banking, New Economy ...*
(vgl. auch oben, 3.1.1 a)

3.2.2 Maßbezeichnungen:

ein Viertelkilo/ein viertel Kilo,
drei Achtelliter/drei achtel Liter,
vier Zehntelsekunden/vier zehntel Sekunden ...

3.3 Getrennt schreibt man:

Ableitungen von **geografischen Namen auf *-er*:**	*Bregenzer Wald, Südtiroler Straße, Linzer Straße, Grinzinger Allee, Viktringer Ring ...*

4 SCHREIBUNG MIT ANDEREN WORTARTEN

Die Schreibung von Adverbien, Konjunktionen, Präpositionen und Pronomen ist nur schwer über allgemeine Regeln vermittelbar, vielfach handelt es sich um Einzelfestlegungen. Die folgende Darstellung ist daher nicht vollständig. Die richtigen Schreibungen müssen auch über das Wörterverzeichnis ermittelt werden.

4.1 Getrennt oder zusammen schreibt man:

4.1.1 Fügungen in **adverbialer Verwendung:**	*außer Stand setzen/außerstand setzen,* *im Stande sein/imstande sein,* *in Frage stellen/infrage stellen,* *zu Grunde gehen/zugrunde gehen,* *zu Leide tun/zuleide tun,* *zu Wege bringen/zuwege bringen ...*
4.1.2 Fügungen, die wie **Präpositionen verwendet werden:**	*an Stelle/anstelle, auf Grund/aufgrund, auf Seiten/aufseiten, mit Hilfe/mithilfe, von Seiten/vonseiten, zu Gunsten/zugunsten, zu Lasten/zulasten, zu Ungunsten/zuungunsten ...*
4.1.3 Die Konjunktion ***so dass/sodass:***	*Sie lachte laut, so dass/sodass man sie auf der Straße hören konnte.* Aber nur getrennt: *ohne dass, statt dass, außer dass.*

4.2 Die Schreibung richtet sich nach der Bedeutung:

In einigen Fällen richtet sich die Getrennt- oder Zusammenschreibung nach der Bedeutung. Genau genommen handelt es sich hier um verschiedene Wortarten, die auch unterschiedlich geschrieben werden müssen.

Die **Konjunktionen *sobald, solange, sooft*** ua. schreibt man **zusammen**, die **Wortgruppe getrennt** (*so* bedeutet in dieser Verwendung *derart*):

- *Komm, sobald* (= sofort wenn) *du kannst!* Aber getrennt: *So bald* (= so früh) *bist du schon da?*
- *Lies, solange du willst!* Aber getrennt: *So lange warst du nicht hier!*
- *Besuche uns, sooft* (= immer wenn) *du kannst!* Aber getrennt: *Das wurde schon so oft gesagt.*
- *Soviel* (= wie) *ich erfahren habe, kommt sie morgen.* Aber getrennt: *Sie weiß so viel!*

5 SCHREIBUNG MIT BINDESTRICH

Zum Bindestrich allgemein und als Ergänzungsbindestrich vgl. S. 859, 10.

Einen Bindestrich **muss** man setzen:
- in Zusammensetzungen/Ableitungen mit Einzelbuchstaben, Abkürzungen und Ziffern,
- in mehrteiligen Zusammensetzungen und Aneinanderreihungen aus Wortgruppen, auch mit Eigennamen.

Einen Bindestrich **kann** man setzen:
- zur Verdeutlichung oder Hervorhebung.

5.1 Einzelbuchstaben, Abkürzungen und Ziffern

5.1.1 Man setzt einen Bindestrich in Zusammensetzungen mit	
a) **Einzelbuchstaben**	a) *A-Dur* (zu *A-Dur-Tonleiter* vgl. S. 843, 5.2.3), *b-Moll, i-Punkt, S-Kurve, s-Laut, s-förmig/ S-förmig, T-Träger, x-beliebig, x-mal, y-Achse ...*
b) **Abkürzungen**	b) *Kfz-Schlosser, Fußball-WM, UNO-Sicherheitsrat, H_2O-gesättigt, UV-bestrahlt; Univ.-Prof., Dipl.-Ing., Akk.-Objekt ...*
c) **Ziffern/Zahlen**	c) *3-Tonner, 5-mal, 100-prozentig, 1-zeilig, 17-jährig, der 17-Jährige, 8:6-Sieg, ¾-Takt ...*

5.1.2 Vor **Nachsilben** setzt man nur dann einen Bindestrich, wenn sie mit einem **Einzelbuchstaben verbunden** werden:	*der x-te, zum x-ten Mal, die n-te Potenz ...* (Sonst gilt für Nachsilben Zusammenschreibung: *ÖVPler; der 68er, ein 32stel, 100%ig ...* Aber mit Bindestrich: *68er-Generation.*)
Vor ***-fach*** kann man einen Bindestrich setzen oder auch nicht:	*25-fach/25fach, das 25-Fache/25fache ...*

5.2 Zusammensetzungen mit Wortgruppen

Man setzt einen Bindestrich:

5.2.1 In **nominal gebrauchten Zusammensetzungen:**	*das Entweder-oder, das Als-ob, der Boogie-Woogie, das Walkie-Talkie ...*
Aus dem Englischen stammende Nominalisierungen aus Verb + Adverb schreibt man mit Bindestrich:	*das Make-up, das Go-in ...*
Wenn die Lesbarkeit nicht beeinträchtigt ist, ist auch Zusammenschreibung möglich:	*das Lay-out/Layout, das Come-back/Comeback ...*

5.2.2 In **nominal gebrauchten Infinitiven** aus mehr als zwei Teilen:	*das Auf-die-lange-Bank-Schieben, das Von-der-Hand-in-den-Mund-Leben ...* Das gilt nicht für übersichtliche Zusammensetzungen mit Infinitiv: *das Inkrafttreten, das Autofahren, beim Walzertanzen ...*

5.2.3 In **mehrteiligen Zusammensetzungen,** in denen eine Wortgruppe oder eine Zusammensetzung **mit Bindestrich auftritt:**	
a) Nominale Zusammensetzungen	a) *Grund-Folge-Beziehung, Kopf-an-Kopf-Rennen, Nord-Süd-Dialog, Wort-für-Wort-Übersetzung, Erste-Hilfe-Kurs, Abend-Make-up, Do-it-yourself-Bewegung ...*
b) Adjektivische Zusammensetzungen	b) *Fata-Morgana-ähnliche Erscheinung, Ruhe-vor-dem-Sturm-artig ...*
c) Zusammensetzungen mit Ziffern, Einzelbuchstaben oder Abkürzungen	c) *A-Dur-Tonleiter, S-Kurven-reich* (aber ohne Bindestrich: *kurvenreich*), *Vitamin-B-hältig* (aber ohne Bindestrich: *vitaminhältig*), *K.-o.-Schlag; 2-Euro-Stück, 400-m-Lauf ...*

5.2.4 In Zusammensetzungen mit **mehrteiligen Eigennamen:**	*Franz-Grillparzer-Museum, Dr.-Karl-Renner-Ring, Donau-Oder-Kanal, La-Plata-Mündung, Barack-Obama-freundlich ...*

5.2.5 In **Zusammensetzungen** aus gleichrangigen, nebengeordneten Adjektiven, deren Zusammenschreibung **schwer lesbar** wäre:	*ein lateinisch-deutsches Wörterbuch, deutsch-österreichische Angelegenheiten; physikalisch-chemisch-biologische Prozesse ...*

5.3 Bindestrich zur Verdeutlichung und Hervorhebung

Man **kann** einen Bindestrich setzen:

5.3.1 Zur **Hervorhebung** einzelner Bestandteile, besonders von Eigennamen:	*das Ist-Aufkommen, die Kann-Bestimmung, die Goethe-Ausgabe, Wörthersee-Schifffahrt, ein Bush-kritischer Artikel ...*

5.3.2 In **unübersichtlichen Zusammensetzungen,** auch mit Fremdwörtern:	*Arbeiter-Unfallversicherungsgesetz, Lotto-Annahmestelle, Ultraschall-Messgerät; Desktop-Publishing, Midlife-Crisis ...*

5.3.3 Zur **Vermeidung von Missverständnissen:**	*Drucker-Zeugnis und Druck-Erzeugnis; re-integrieren, ein grau-blauer Pullover* (hat die Farben Grau und Blau, nicht ein bläuliches Grau) ...

5.3.4 Beim Zusammentreffen von **drei gleichen Buchstaben:**	*Hawaii-Inseln, Kaffee-Ersatz, See-Elefant, Tee-Ei, Imbiss-Stube ...*

Zeichensetzung

1 DER PUNKT

1.1 Der Schlusspunkt steht am Ende eines Ganzsatzes:

a) **Nach Aussagesätzen:**

a) *Westwinde bringen meist Regen.*
Heute regnet es, aber morgen wird hoffentlich wieder die Sonne scheinen.

b) **Nach abhängigen Frage-, Ausruf-, Wunsch- und Befehlssätzen** (der übergeordnete Satz bestimmt das Satzzeichen):

b) *Der Vater befahl ihm, sofort zurückzukommen.*
Er fragte mich, wie ich heiße.
Sie riefen mir zu, ich möge stehen bleiben.

c) **Nach auffordernden Sätzen, die ohne Nachdruck gesprochen werden:**

c) *Bitte gib mir das Buch.*
Hier ist kein Rufzeichen zu setzen.
Ergänze die fehlenden Buchstaben.

1.2 Der Abkürzungspunkt:

d. h.; usw.; u. dgl.; Dr. med.; Univ.-Prof.; S. 9; n. Chr. Geb.

Steht ein Abkürzungspunkt am Satzende, so dient er gleichzeitig als Schlusspunkt:

Namen verschiedener alter Münzen lauten: Gulden, Kreuzer, Batzen, Taler usw.

1.3 Der Ordnungszahlpunkt:

Joseph II.; 28. 11. 2009;
4. Schularbeit; 41. Auflage

1.4 Der Dezimalgliederungspunkt wird zwischen die Stellen einer „dezimalen" Gliederung gesetzt:

1.5.2 (sprich: eins – fünf – zwei)

1.5 Der Punkt in Fahrplan-Zeitangaben:

13.20 (= 13 Uhr 20 [Minuten]; auch Doppelpunkt ist möglich: *13:20*)

Kein Punkt wird gesetzt:

- nach Aufschriften, Überschriften,
- nach Buch-, Aufsatz- und Zeitungstiteln (durch die Anordnung deutlich abgehoben),
- nach selbstständigen Datumsangaben,
- nach Unterschriften uÄ,
- nach Namen auf Visitenkarten und in Briefköpfen.

2 DAS FRAGEZEICHEN

2.1 Das Fragezeichen kennzeichnet **eine Äußerung oder einen Satz als Frage:**

Weißt du, ob er zu Hause ist?
Wohin so schnell? – Wer? – Einverstanden?
Sie fragte mich: „Wie heißt du?“

Das Fragezeichen kann auch in Titeln uÄ stehen. Ist der ganze Satz eine Frage, wird auch er mit einem Fragezeichen abgeschlossen:

Kennst du den Roman „Quo vadis?“?
Fragte sie dich: „Wie heißt du?“?

Kein Fragezeichen steht:

- Nach abhängigen Fragesätzen steht nur ein Punkt (vgl. S. 844, 1.1 b).
- Schwach betonte Fragewörter werden vom folgenden Satz nur durch einen Beistrich getrennt: *Wie, jetzt erst kommst du?* Aber betont mit Fragezeichen: *Wie? Jetzt erst kommst du?*

2.2 Das Fragezeichen steht **als Ausdruck des Zweifels** an einer **Angabe oder Behauptung** (eingeklammert):

Ein neuer Schreibtisch um 500 Euro (?) zu verkaufen. – 7 m (?) Stoff für einen Mantel.

Zum Zusammentreffen von Fragezeichen und Beistrich in der direkten Rede vgl. S. 852, 4.8.2.2.

3 DAS RUFZEICHEN

3.1 Das Rufzeichen gibt **Äußerungen besonderen Nachdruck:**

Es steht nach Ausrufen, Zurufen, Befehlen, Aufforderungen, Warnungen, Verboten, Wünschen, Grüßen, nachdrücklichen Behauptungen:

Sie hat das bestimmt nicht getan! – Zu Hilfe! – Sie, Herr Meier! – Pst! – Verhaltet euch ruhig! – Der Vater befahl ihm: „Komm sofort zurück!“ – Langsam fahren! – Bank frisch gestrichen! – Wenn es doch bald regnete! – Frohe Weihnachten! – Er wünschte: „Wäre ich doch zu Hause!“ – Guten Morgen!

Ist der ganze Satz, der einen Ausruf enthält, selbst ein Ausruf o. dgl., wird auch er von einem Rufzeichen abgeschlossen:

Sag ihm doch: „Ich will nichts mehr von ihm wissen!“!

Manchmal sieht ein Ausruf/eine Aufforderung wie ein Fragesatz/Aussagesatz aus. Das Satzzeichen richtet sich jeweils nach dem Sinn des Satzes: *Du kommst morgen zu mir. – Du kommst morgen zu mir! – Du kommst morgen zu mir?*

Kein Rufzeichen steht:

- Nach schwach betonten Ausrufen kommt nur ein Beistrich: *Ach, wie schade!*
- Nach abhängigen Sätzen steht nur ein Punkt (vgl. S. 844, 1.1 b).
- Folgen mehrere Wörter des Ausrufs aufeinander, so werden sie durch Beistriche getrennt, und das Rufzeichen wird erst am Ende gesetzt: *„Ja, ja!“, nickte sie zustimmend.* Aber mit Rufzeichen hinter jedem Ausrufwort, wenn auf jedes besonderer Nachdruck gelegt wird: *Hallo! Hallo! Komm her!*

3.2 Das Rufzeichen steht **nach Anreden in Briefen, Schriftstücken, Ansprachen und Aufrufen:**

Liebe Freunde! – Sehr geehrte Damen und Herren! – Mitbürgerinnen und Mitbürger!

In Briefen kann die einleitende Anrede auch durch einen Beistrich abgetrennt werden: *Liebe Freunde, ... Sehr geehrte Damen und Herren, ...* (Vgl. S. 851, 4.6.2.)

Am Briefschluss steht hinter *Hochachtungsvoll, Mit besten Grüßen* und ähnlichen Wendungen kein Satzzeichen.

3.3 Das Rufzeichen steht **als Ausdruck des Zweifels** an der Richtigkeit einer Aussage oder **als Ausdruck des Erstaunens** (eingeklammert):

Die Katze fiel vom dritten (!) Stock auf die Straße und blieb unverletzt. – Der Radrennfahrer legte an einem Tag 450 km (!) zurück.

Zum Zusammentreffen von Rufzeichen und Beistrich in der direkten Rede vgl. S. 852, 4.8.2.2.

4 DER BEISTRICH

Der Beistrich hat vier Hauptaufgaben:

- Er steht zwischen gleichrangigen Teilsätzen, Wortgruppen und Wörtern, wenn nicht eine beiordnende Konjunktion gesetzt wird.
- Er steht zwischen nicht gleichrangigen Teilsätzen (Hauptsatz – Gliedsatz/Infinitivgruppe).
- Er grenzt Einschübe, Nachträge und Zusätze ab.
- Er grenzt Anreden, Ausrufe usw. ab.

4.1 Ein Beistrich trennt **gleichrangige Glieder einer Reihung** (Aufzählung):

Er trennt gleichrangige

- Wörter, Wortgruppen,

Parteienverkehr: Montag, Mittwoch, Freitag. – Er kam, sah, siegte. – Einmal ist sie da, einmal dort. – Er starb nach langem, schwerem Leiden.

- Teilsätze.

Der Damm zerreißt, das Feld erbraust, die Fluten spülen, die Fläche saust. – Bald schien der Mond hell, bald bedeckten Wolken den Himmel. – Teils waren die Verhältnisse daran schuld, teils muss man die Schuld ihm selbst zuschreiben.

Kein Beistrich steht zwischen **nicht gleichrangigen Adjektiven:** *eine grelle rote Farbe* (= ein grelles Rot), *ein bekannter dramatischer Dichter* (= ein bekannter Dramatiker). Aber mit Beistrich: *nach langem, schwerem Leiden* (= nach langem *und* schwerem Leiden = nebengeordnete Adjektive).

Oft hängt es vom Sinn ab, ob ein Beistrich notwendig ist oder nicht: *die oberen, gebrochenen Leitersprossen* (die unteren sind nicht gebrochen); *die oberen gebrochenen Leitersprossen* (auch die unteren sind gebrochen).

4.1.1 Ein Beistrich trennt die Glieder einer Aufzählung, wenn sie durch **entgegensetzende Konjunktionen** verbunden sind:	*Der Abend war schön, aber kühl. – Die Mühe war groß, doch nicht vergebens. – Wir waren gestern Abend nicht zu Hause, sondern im Theater. – Heute ist es noch schön, allein schon morgen kann es regnen.*

Kein Beistrich steht, wenn die Glieder der Aufzählung durch **anreihende und ausschließende Konjunktionen** wie *und, wie, sowie, oder, beziehungsweise, entweder – oder, sowohl – als auch, weder – noch* verbunden sind:

Maria, Erich, Katharina und Michael besuchen den Kurs gemeinsam. – Knaben wie Mädchen wiesen gute Leistungen auf. – Ich komme entweder heute Abend oder morgen Früh. – Der Film ist sowohl für Jugendliche als auch für Kinder geeignet. – Entweder du kommst zu mir oder ich zu dir. – Sie fragte, ob ein Brief gekommen sei und ob jemand angerufen habe.

4.1.2 Zwischen Hauptsätzen kann ein Beistrich vor *und, oder, beziehungsweise, entweder – oder, nicht/weder – noch* **gesetzt werden,** um die Gliederung des Ganzsatzes deutlich zu machen:	*Du wartest auf mich(,) und die Kinder gehen schon voraus.* *Hast du ihn angerufen(,) oder wirst du es am Sonntag tun?* *Weder schrieb er einen Brief(,) noch kam er selbst.*

4.1.3 Ein Beistrich vor *und, oder, beziehungsweise, entweder – oder, nicht/weder – noch* **muss stehen:**	
a) nach einem eingeschalteten Gliedsatz, einer eingeschalteten Infinitivgruppe oder eingefügten Beifügung:	a) *Der Onkel meint, dass es regnen wird, und nimmt den Schirm mit. – Sie dachte nicht daran, auf ihn zu warten, und fuhr pünktlich weg. – Anna, die Älteste von uns, und ich schossen die Tore. – Weder schrieb sie ein Mail, um mich zu benachrichtigen, noch kam sie selbst.*
b) nach einer eingeschobenen direkten Rede:	b) *Er fragte: „Willst du mitkommen?", und öffnete die Tür.*
c) vor *und, und zwar, und das,* wenn diese Wörter nachträgliche genauere Bestimmungen einleiten:	c) *Die Polizei ließ ihn überwachen, und mit gutem Grund. – Ich kann den Koffer heben, und zwar leicht. – Es ist bloß für fünf Personen Platz, und das nur schwer.* (Vgl. S. 850, 4.5.4.)

4.2 Ein Beistrich trennt **Gliedsätze von Hauptsätzen:**

Kennzeichen eines Gliedsatzes:

- Gliedsätze sind abhängige Sätze. Sie können normalerweise nicht allein stehen.
- In eingeleiteten Gliedsätzen steht die Personalform des Prädikats an letzter Stelle: *Er fragte, warum ich nie zu Hause war.*
- Am Beginn von Gliedsätzen steht meist ein Einleitewort (Konjunktion, Relativpronomen, Fragewort): *Sie verspätet sich, weil sie im Stau steckt. – Sie holte die Fotos, die sie schon viele Jahre nicht mehr angeschaut hatte.*

Gliedsätze (GS) werden **vom Hauptsatz** (HS) durch einen **Beistrich abgegrenzt:**	*Dass du wieder gesund bist, freut mich* (GS, HS). – *Ich erinnere mich, dass wir in unserer Kindheit in einem Haus wohnten, das rings von Obstbäumen umgeben war* (HS, GS 1, GS 2).
Wenn sie in einen anderen **Satz eingeschoben sind,** werden sie am **Anfang und am Ende durch einen Beistrich abgegrenzt:**	*Hunde, die bellen, beißen nicht* (HS, eingeschobener GS, Fortsetzung HS). – *Den Ausflug, den wir uns vorgenommen haben, machen wir, wenn es schön ist* (HS, eingeschobener GS 1, Fortsetzung HS, GS 2).

Zum Beistrich vor „und", „oder" ... vgl. S. 847, 4.1.3.

4.2.1 Vergleichssätze: Die Sätze bestehen aus Haupt- und Gliedsatz. Jeder Teilsatz hat ein eigenes Prädikat.	*Ich singe, wie der Vogel singt.* – *Du wirst höher springen, als er gesprungen ist.* – *Wie sie diese Zeichnung ausgeführt hat, so treffe ich es bestimmt nicht.*

Kein Beistrich steht, wenn auf „wie"/„als" kein vollständiger Satz folgt: *Ich singe wie ein Vogel in den Lüften. Du springst höher als er oder ich.* (Diese Sätze haben nur ein Prädikat.)

4.2.2 Gliedsätze mit mehrteiligen Einleitungen:	
4.2.2.1 Im Allgemeinen setzt man den Beistrich vor die ganze Wortgruppe:	• *Sie war sehr gutmütig, aber wenn sie in Wut geriet, war es besser, man ging ihr aus dem Weg.* – *Er wollte das schon früher haben, mehrere Tage bevor der eigentliche Termin war.*
4.2.2.2 In einigen Fällen kann man zwischen die Teile einer einleitenden Wortgruppe einen Beistrich setzen oder nicht:	• *Morgen wird es regnen, angenommen(,) dass der Wetterbericht stimmt.* – *Sie rechnete nicht damit, dass er anrufen würde, geschweige denn(,) dass er bei ihr vorbeikommen würde.*
4.2.2.3 Durch Beistrich kann man auch deutlich machen, ob man Wörter als Teil der Einleitung eines abhängigen Satzes verstehen will oder nicht:	• *Er sorgt sich um seine Tochter, besonders wenn sie nachts weg ist.* – *Er sorgt sich um seine Tochter besonders, wenn sie nachts weg ist.* (Der Beistrich dient hier zur Vermeidung von Missverständnissen oder um gewisse Nuancen im Text auszudrücken.)

4.2.3 Auslassungssätze (elliptische Sätze):	
a) Der Hauptsatz ist unvollständig:	a) *Vielleicht, dass wir den Frühzug noch erreichen.* (= Vielleicht gelingt es, dass wir den Frühzug noch erreichen.)
b) Der Gliedsatz ist unvollständig:	b) *Ich weiß nicht, was tun.* (= Ich weiß nicht, was ich tun soll.)
c) Haupt- und Gliedsatz sind unvollständig:	c) *Ende gut, alles gut.* (= Wenn das Ende gut ist, so ist alles gut.)

Man kann den Beistrich weglassen, wenn die verkürzten Gliedsätze formelhaft geworden sind: *Der Bau eines Krankenhauses ist(,) wie bekannt(,) dringend notwendig.* – *Falls nötig(,) wird er selbst zu uns kommen.* – *Wie (bereits) gesagt(,) verhält sich die Sache anders.*

4.3 Ein Beistrich trennt **Infinitivgruppen in den folgenden Fallgruppen:**

4.3.1 Die Infinitivgruppe ist mit ***um, ohne, statt, anstatt, außer, als*** eingeleitet:

Sie öffnete das Fenster, um frische Luft hereinzulassen. – Das Kind rannte, ohne auf den Verkehr zu achten, über die Straße. – Statt am Bericht zu arbeiten, vergnügte sich Herbert mit Computerspielen.

4.3.2 Die Infinitivgruppe **hängt von einem Nomen ab:**

Etwas Angenehmeres, als Tennis zu spielen, kennt sie nicht. – Sein Wunsch, die Firma schuldenfrei übergeben zu können, ging nicht in Erfüllung. – Er wurde beim Versuch, den Tresor zu knacken, vom Nachtwächter überrascht.

4.3.3 Die Infinitivgruppe ist mit dem übergeordneten Satz über ein **hinweisendes Wort oder eine Wortgruppe** verbunden:

Daran, die Aufgabe nicht zu erfüllen, dachte sie nie. – Seine größte Freude war es, die Kinder um sich versammelt zu sehen. – Unser aller Pflicht ist es, den Notleidenden zu helfen. – Lange auszuschlafen, das liebt Anita sehr. (Vgl. S. 850, 4.5.6.)

In den Fallgruppen 4.3.2 und 4.3.3 können die Beistriche weggelassen werden, wenn ein bloßer Infinitiv vorliegt: *Anita liebte es(,) auszuschlafen. – Thomas dachte nicht daran(,) zu gehen. – Den Plan(,) abzureisen(,) hatte sie schon lange gefasst.* (Im letzten Beispielsatz können entweder beide Beistriche stehen oder keiner.)

In allen anderen Fällen ist der Beistrich freigegeben:
Ich werde versuchen(,) etwas länger zu bleiben. – Ich hoffe(,) kommen zu können(,) und werde dir noch genau Bescheid geben. (Im letzten Beispielsatz können entweder beide Beistriche stehen oder keiner.)
Man soll jedoch einen Beistrich setzen, wenn Missverständnisse möglich sind: *Wir raten ihm, nichts zu schenken.* Aber: *Wir raten, ihm nichts zu schenken. – Er hofft täglich, einen Brief von ihr zu bekommen.* Aber: *Er hofft, täglich einen Brief von ihr zu bekommen.*

4.4 **Partizip- und Adjektivgruppen können mit Beistrich(en) abgegrenzt werden,** um die Gliederung eines Satzes deutlich zu machen:

a) Partizipgruppen:

a) *Auf die Konkurrenz aufmerksam gemacht(,) hat die Firma das Angebot deutlich erweitert. Sie sah sich(,) ihn laut und wütend beschimpfend(,) nach einem Fluchtweg um.*

b) Adjektivgruppen:

b) *Müde und schläfrig(,) verließ sie den Ball.*

4.5 Beistriche grenzen **Zusätze, Nachträge und Einschübe** ab:

4.5.1 Eingeschaltete Sätze (Parenthesen):

Dann aber, es waren schon einige Minuten vergangen, sprach er endlich zu uns. – Eines Tages, es war mitten im Sommer, hagelte es.

4.5.2 **Appositionen** (nachgestellte Beifügungen):	*Siegfried Marcus, der Pionier des Benzinautos, starb in Armut. – Innsbruck, die Hauptstadt Tirols, wird gerne von Touristen besucht. – Dr. Erika Neuner, Primaria, referierte über Diabetes.* Aber kein Beistrich bei vorangestelltem Titel ohne Artikel: *Primaria Dr. Erika Neuner ...*

Die Beistriche sind freigestellt, d. h., man setzt entweder beide oder keinen:

- beim nachgestellten Geburtsnamen: *Anna Frey(,) geb. Müller(,) wurde ...,*
- wenn Eigennamen einem Titel oder einer Berufsbezeichnung folgen: *Der Pionier des Benzinautos(,) Siegfried Marcus(,) starb in Armut. – Die Primaria(,) Prof. Dr. Elisabeth Müllner(,) leitete selbst die Untersuchungen.*

Beinamen werden ohne Beistrich angefügt: *Alexander der Große – Friedrich der Zweite (Friedrich II.) – Friedrich der Streitbare.*

4.5.3 Nachgestellte **Einschübe, Hervorhebungen:**	*Der Tod, gefürchtet oder willkommen, ist jedem Menschen gewiss. – Der Tag, der verhängnisvolle, war angebrochen. – Wir beide, du und ich, wissen das ganz genau.*

Es wird kein Beistrich gesetzt, wenn ein Adjektiv oder Partizip nach einem Nomen ohne Artikel steht, zB in Gedichten: *Röslein rot – mein Vater selig.*

4.5.4 **Nachträglich hinzugefügte** nähere **Bestimmungen,** die durch *und zwar, und das* oder ein in diesem Sinn gebrauchtes *und* eingeleitet werden:	*Ich wählte die rascheste Art des Reisens, und zwar die mit dem Flugzeug. – Wir machten diesmal einen Umweg, und das in bestimmter Absicht. – Sie bestand hartnäckig auf ihrer Forderung, und mit Recht.*

4.5.5 **Erläuternde Angaben und Aufzählungen,** die mit *also, besonders, namentlich, nämlich, wie (als), z. B., u. zw., d. i., d. h.* und dergleichen eingeleitet werden:	*Das allgemeine Wahlrecht für Männer wurde im Jahre 1907, also noch im alten Österreich, eingeführt. – Glas ist spröd, daher leicht zerbrechlich. – Unkraut, besonders (namentlich) die Quecke, ist oft schwer auszurotten. – 47 Schüler/innen, d. i. fast die Hälfte, konnten bei Familien untergebracht werden.*

Es empfiehlt sich einen Beistrich zu setzen, wenn Aufzählungen mit „wie“ eingeleitet werden: *Großstädte(,) wie Wien, Berlin, Paris, Moskau, New York u. a.(,) sind beliebte Reiseziele.* Aber ohne Beistrich (v. a. bei Vergleichen): *Es gibt nicht viele (solche) Kurorte wie Bad Gastein, Bad Hall und Baden.*
Zum Beistrich vor Vergleichssätzen mit „wie“ vgl. auch S. 848, 4.2.1.

4.5.6 Wörter oder Wortgruppen, die durch ein **hinweisendes Wort** oder eine **hinweisende Wortgruppe** angekündigt oder **wieder aufgenommen** werden:	*Dies, eine Familie zu gründen, ist sein größter Wunsch. – So, aus vollem Halse lachend, kam sie auf mich zu. – Denn die Gärtnerin, die weiß das ganz genau. – Den Rucksack auf dem Rücken, so bepackt standen wir vor dem Tor. – Doch die Verhältnisse, sie sind nicht so.*

Bei einer Reihe von eingeschobenen Wortgruppen ist das Beistrichpaar freigestellt. Die Schreibenden können diesen Freiraum nützen, um stilistische Feinheiten auszudrücken:
Sie hatte(,) trotz aller guten Vorsätze(,) wieder zu rauchen angefangen. – Er hat sich(,) den ganzen Tag über(,) mit diesem Problem beschäftigt. – Die Klasse war(,) zum Ausflug bereit(,) auf dem Schulhof versammelt.

4.6 Ein Beistrich trennt **Ausrufe, Anreden:**

4.6.1 **Ausrufe:**

Ach, wie schade! Aber: *Au! Das schmerzt!*
Ja, da lässt sich nichts machen. – Nein, das ist unmöglich. – Hallo, wer spricht?

Kein Beistrich wird gesetzt:

- wenn der Ausruf eng mit dem folgenden Wort oder Ausrufsatz zusammengehört: *Ach ja! – O nein. – Ja freilich. – O du meine Güte!*
- nach einem Ausdruck mit steigerndem „ja“ (etwa in der Bedeutung von „ja sogar“): *Wir fuhren mit 80, ja mit 100 km/h Geschwindigkeit.*

4.6.2 **Anreden:**

Karl, was hast du vor? – Besuch mich, lieber Freund, in den nächsten Tagen.

In Briefen steht ein Beistrich, wenn die einleitende Anrede nicht durch ein Rufzeichen abgesetzt ist:

Sehr geehrter Herr,
es tut mir leid, ... oder: *Sehr geehrter Herr!*
Es tut mir leid, ...

4.7 Ein Beistrich trennt **Datums-, Literaturangaben, Adressen, Dezimalzahlen** uÄ:

4.7.1 **Datumsangaben:**

Mehrteilige Datums- und Zeitangaben können als Aufzählung oder als Fügung mit Apposition aufgefasst werden, daher kann der Beistrich nach dem letzten Teil auch wegfallen, wenn der Text weitergeht. Das gilt auch für Literatur- und Adressangaben.

Wien, am 27. November 1945 – Montag, den 10. 4. 2009 – Graz, den 23. 6. 2009

Morgen, 8. Juni, 15 Uhr(,) Beginn des großen Gartenfestes

Die Ausstellung wird am Montag, dem/den 23. Oktober 2009, (um) 17 Uhr(,) eröffnet.

Die Ausstellung wird Montag, (den) 23. Oktober 2009, um 17 Uhr(,) eröffnet.

4.7.2 **Literaturangaben:**

Wiener Straßenverzeichnis, Seite 50, Spalte 3
Sie hat aus „profil“, Heft 51, 2006, S. 24(,) zitiert.

Kein Beistrich wird gesetzt in mehrteiligen Hinweisen auf Stellen in Gesetzen, Verordnungen u. dgl.: *§ 7 Abs. 5 Satz 3 der Verordnung über die Leistungsbeurteilung.*

4.7.3 **Mehrteilige Adressangaben** werden nach dem Grad ihrer Zusammengehörigkeit gegliedert:

Dr. med. univ. Elisabeth Kornherr, Kinderärztin, Neubaugürtel 42/I/15, 1070 Wien(,) ordiniert Mo – Fr von 14 bis 17 Uhr.
Gasthof Alte Post, 8970 Schladming

4.7.4 Dezimalzahlen: In Dezimalzahlen trennt der Beistrich die Dezimalen von den Ganzen.	*€ 4,–; € 4,00; 4,– €; 4,00 €; 2,5 m; 73,4 kg; 0,3 l*

Die Beistriche (und der Schlusspunkt) können auch weggelassen werden, wenn Aufzählungen untereinandergeschrieben sind: *Wir suchen: Einkäufer/innen*
Sachbearbeiter/innen
Programmierer/innen

4.8 Sonderfragen der Beistrichsetzung:

4.8.1 Der Beistrich beim Wort *bitte* wird gesetzt, wenn dieses „bitte" als Auslassungssatz *(Ich bitte Sie, ...)* aufgefasst und mit Nachdruck gesprochen wird:	*Bitte, leihen Sie mir doch das Buch!* *Kommen Sie, bitte, noch einmal!*

Der Beistrich wird nicht gesetzt, wenn dieses „bitte" ohne Nachdruck gesprochen (als Höflichkeitsformel gebraucht) wird:
Bitte leihen Sie mir das Buch. – Kommen Sie bitte morgen.

4.8.2 Der Beistrich in Verbindung mit anderen Satzzeichen:

4.8.2.1 Er wird nach einem eingeschobenen Satz hinter dem zweiten **Gedankenstrich** gesetzt, sofern er auch ohne den Schaltsatz hätte stehen müssen:	*Ich bestehe darauf – das muss ich dir noch sagen –, dass die Arbeit heute fertig wird.*
4.8.2.2 Er steht immer nach dem schließenden und vor dem öffnenden **Anführungszeichen,** ausgenommen der Begleitsatz steht voran. In diesem Fall wird die direkte Rede mit Doppelpunkt angekündigt (vgl. zum Doppelpunkt S. 853, 6.1):	*„Es ist anzunehmen", meinte er, „dass sich das Wetter bessern wird."* *Ich sagte: „Guten Abend!", er gab mir aber keine Antwort. – Sie rief: „Komm mit!", und startete das Auto.*
• Der Begleitsatz ist eingeschoben:	• *„Das ist", behauptete sie, „ein Kinderspiel für mich!"*
• Der Begleitsatz steht am Ende:	• *„Willst du mich begleiten?", fragte er gut gelaunt.*
4.8.2.3 In bestimmten Fällen, vor allem bei Einschüben aller Art, können **statt zweier Beistriche** auch **Gedankenstriche oder Klammern stehen:**	*Die Straße, das kann nicht oft genug gesagt werden, ist kein Spielplatz.* *Die Straße – das kann nicht oft genug gesagt werden – ist kein Spielplatz.* *Die Straße (das kann nicht oft genug gesagt werden) ist kein Spielplatz.*

5 DER STRICHPUNKT

Der Strichpunkt trennt schwächer als der Punkt und stärker als der Beistrich. Nach einem Strichpunkt schreibt man klein weiter.

Einen Strichpunkt setzt man:

5.1 **In Aufzählungen** oÄ, um Gruppen gleichartiger Begriffe voneinander zu scheiden, besonders dann, wenn innerhalb der Gruppe ein Beistrich steht:

In unserem Garten wachsen: Marillen- und Apfelbäume; Ribisel-, Stachelbeer- und Himbeersträucher; Salat, Zwiebeln und Bohnen.
Iss, was gar ist; trink, was klar ist; sprich, was wahr ist!

5.2 **In der Satzreihe,** um die Hauptsätze stärker voneinander zu trennen, als es der Beistrich vermag:

Ein Strichpunkt steht besonders dann, wenn Hauptsätze größeren Umfang haben und durch entgegenstellende oder begründende Konjunktionen wie *denn, doch, aber, deshalb* uÄ verbunden sind.

Keiner ist bestellt, sich selbst zu richten; denn selten schätzt er recht, was er getan, und was er tut, weiß er fast nie zu schätzen (Goethe).
Kärnten und das Salzkammergut sind reich an Seen; deshalb werden sie von Urlaubern gern besucht.

6 DER DOPPELPUNKT

Über die Groß- oder Kleinschreibung nach dem Doppelpunkt vgl. S. 833, 6.

Einen Doppelpunkt setzt man:

6.1 **Vor der wörtlichen (direkten) Rede** und vor einem in Anführungszeichen **wörtlich angeführten Gedanken** nach dem Ankündigungssatz:

Ich sagte: „Was nicht ist, kann noch werden."
Die Mutter dachte: „Ich bleibe daheim."

6.2 **Vor Aufzählungen und Erklärungen,** wenn sie vorher angekündigt sind:

Die vier Himmelsrichtungen sind: Osten, Westen, Süden, Norden.
Die Mondesfinsternis ist etwa so zu erklären: Der Schatten der Erde fällt auf den Mond; dieser ist daher ganz oder teilweise verfinstert.
Wir stellen ein: Einkäufer/innen
Sachbearbeiter/innen
Programmierer/innen

Der Doppelpunkt ist entbehrlich, wenn den Aufzählungen die Wörter *also, besonders, namentlich, nämlich, wie (als), z. B., u. zw., d. i., d. h.* oder dergleichen vorangehen: *Das Schiff verkehrt nur an drei Tagen, nämlich Dienstag, Donnerstag und Samstag.*

6.3 Oft vor solchen Sätzen, **die eine Folgerung, eine Erläuterung oder eine Zusammenfassung** des vorher Gesagten darstellen:

Am Schluss stellte sich heraus: Der Bericht war vollständig erfunden.
Rinder und Pferde, Schafe und Ziegen, Schweine und Geflügel: Alles ist auf diesem Bauernhof zu finden.

6.4 Zwischen einem umfangreichen, **mehrfach gegliederten Vordersatz** und einem **Nachsatz:**

Autos hupen, Straßenbahnen und U-Bahnen kreischen, Motorräder und Lastkraftwagen dröhnen: Das ist die Melodie der Großstadt.

7 DIE ANFÜHRUNGSZEICHEN

Meist „...“; auch ”...“, »...«, «...»; vgl. auch „halbe Anführungszeichen“, S. 855, 7.3. In gedruckten Texten können direkte Rede, wörtlich angeführte Sätze und Zitate auch durch eine andere Schriftart gekennzeichnet werden.

7.1 Zwischen Anführungszeichen setzt man die **direkte Rede:**

„Morgen“, sagte sie, „besuche ich euch.“
„Wenn es regnet“, meinte er, „bleiben wir daheim.“
„Auf Wiedersehen!“, rief sie.

7.2 Zwischen Anführungszeichen setzt man **Hervorhebungen und Zitate:**

7.2.1 Ausdrücke oder Satzteile, die einer **direkten Rede entnommen** sind und innerhalb eines anderen Satzes verwendet werden:

Sie sagte, sie wolle „nur kurz vorbeischauen“.

7.2.2 **Titel** von Büchern, Zeitungen, Theater- und Musikstücken uÄ:

Wann trifft der „Prinz Eugen“ (Name eines Schnellzugs; als Schiffsname: *die „Prinz Eugen“) ein?*
„Die Strudelhofstiege“ ist ein Roman von Heimito von Doderer.

Wenn der Artikel verändert wird, steht er nicht innerhalb der Anführungszeichen:

Sie fuhr mit der „Strudelhofstiege“ im Gepäck in den Urlaub.

Es müssen keine Anführungszeichen stehen, wenn aus dem übrigen Inhalt klar hervorgeht, dass es sich um einen Titel oder Namen handelt:

Dieses Wort steht im „Österreichischen Wörterbuch“. Oder: *Dieses Wort steht im Österreichischen Wörterbuch.*

7.2.3 a) **Ausdrücke,** über die man eine **Aussage machen will:**

b) **Sprichwörter** u. dgl.:

a) *Was versteht man unter „leerer Menge“? Der Ausdruck „leere Menge“ bedeutet ...*

b) *Nach dem Motto „Doppelt hält besser“ wollen wir es wiederholen. – „Doch die Verhältnisse, sie sind nicht so“ (Bert Brecht).*

7.2.4 Wörter, die als solche **innerhalb eines Satzes zitiert werden;** das gilt auch für Wortteile und Buchstaben (Laute):

Die Konjunktion „dass“ schreibt man mit „ss“.

Meist ist es zweckmäßiger, in solchen Fällen statt der Anführungszeichen Kursivschrift zu verwenden.

7.2.5 Ausdrucksweisen und Benennungen, die der Schreibende **nicht gutheißt,** von denen er sich distanziert, die er ironisch meint:

In diese missliche Lage haben ihn „gute Freunde“ gebracht.

7.3 Halbe (einfache) Anführungszeichen:

Halbe Anführungszeichen (meist: ‚...‘, auch: ’...‘, ›...‹, ‹...›) setzt man, wenn innerhalb eines zwischen Anführungszeichen stehenden Satzes oder Textes wieder Anführungszeichen erforderlich sind:

Sie fragte uns: „Habt ihr die ‚Strudlhofstiege‘ von Doderer gelesen?“
„Von wem“, fragte er, „ist der Roman ‚Quo vadis?‘?“

7.4 Das Anführungszeichen in Verbindung mit anderen Satzzeichen:

7.4.1 Sind (mehrere) ganze Sätze zwischen Anführungszeichen gesetzt, so steht das **schließende Anführungszeichen nach dem Punkt,** Rufzeichen oder Fragezeichen:

Er sagte: „Ich komme mit.“
Er rief: „Ich komme mit!“
Er fragte: „Kommst du mit?“
Der Reporter berichtet: „Das Stadion ist bis auf den letzten Platz gefüllt. Alle warten auf die beiden Mannschaften.“

7.4.2 Der **satzschließende Punkt** (das Ruf-, Fragezeichen) **folgt nach dem Anführungszeichen,** wenn innerhalb eines Satzes nur ein Wort bzw. eine Wortgruppe am Satzende zwischen Anführungszeichen steht:

Wir lesen Stifters „Bergkristall“.
Sie meinte, diesmal sei ihr Plan „gründlich danebengegangen“.

7.4.3 Eine Wendung wie ***sagte sie, fragte er*** uÄ wird von der zwischen Anführungszeichen stehenden direkten Rede durch Beistrich(e) getrennt:	*„Ich komme mit“, sagte er.* *„Auch meine Schwester“, sagte er, „kommt mit.“* *„Monika“, rief sie, „ich komme mit.“*
Das gilt auch nach einem Frage- oder Rufzeichen:	*„Ich komme mit!“, rief sie.* *„Kommst du mit?“, fragte sie.*
7.4.4 Wird der Begleitsatz nach dem zwischen Anführungszeichen stehenden Satz fortgesetzt, so folgt nach dem **schließenden Anführungszeichen ein Beistrich:**	*Als sie sagten: „Wir holen euch ab“, waren wir sofort bereit.* *Als sie riefen: „Kommt mit!“, waren wir sofort bereit.*

8 RUNDE UND ECKIGE KLAMMERN

Zur Austauschbarkeit von Klammern, Beistrich und Gedankenstrich vgl. S. 852, 4.8.2.3.

8.1 Zwischen runde Klammern setzt man:

8.1.1 Zusätze, Nachträge oder Erläuterungen, um sie vom Hauptgedanken zu trennen oder besonders kenntlich zu machen:	*Au und ei sind Zwielaute (Diphthonge). – Gestern (Sonntag) kam ich hier an. – Johann Bernhard Fischer von Erlach (1656–1723) ist Österreichs größter Barockbaumeister. – Zeichen-(Skizzen-) Heft – Ich habe das (leider sehr umfangreiche) Buch noch nicht gelesen.*
8.1.2 Buchstaben oder Silben in Wörtern, die **weggelassen werden dürfen:**	*Man soll niemand(en) kränken.* *Der(jenige) ist glücklich, der ...* *im Teich(e) fischen* *Lob(e)t den Herrn!*
8.1.3 Alternative Ausdrücke, beispielsweise weibliche Wortformen innerhalb von Paarformeln.	*Schüler(innen)* Oft lassen Klammern das Eingeklammerte als zweitrangig erscheinen. Es empfiehlt sich daher die Verwendung des Schrägstrichs: *Schüler/innen.* (Vgl. S. 861, 12.1.)

8.2 Eckige Klammern setzt man:

8.2.1 Wenn in einem eingeklammerten Satzteil oder Satz **noch etwas eingeklammert werden soll:**	*Dieser Abschnitt behandelt die Satzzeichen (zB den Beistrich [das Komma]).*

8.2.2 Bei **Aussprachehinweisen** zu einzelnen Wörtern:	*Couch* [kaʊtʃ]
8.2.3 Um **in einem zitierten Text** eigene erläuternde oder ergänzende **Einschübe eindeutig zu kennzeichnen:**	*Er hatte öfters erklärt: „Das Haus und der Garten [in Oberndorf] sollen einmal der Anna gehören."*

8.3 Die Klammer in Verbindung mit anderen Satzzeichen:

8.3.1 **Ruf- oder Fragezeichen,** die zum eingeklammerten Text gehören, setzt man vor die abschließende Klammer:	*Nie hat er sich zu Wort gemeldet (oder täusche ich mich?).*
8.3.2 Ein **Punkt** steht nur dann vor der abschließenden Klammer, wenn ein ganzer Satz eingeklammert ist, der nicht an den vorhergehenden Satz angeschlossen ist:	*Niemand hat den Fall angesprochen. (Auch die Konkurrenz verlor darüber kein Wort.)* Oder: *Niemand hat den Fall angesprochen (auch die Konkurrenz verlor darüber kein Wort).*
8.3.3 Nach einem **Zitat** wird der Name des Autors oder die Fundstelle zwischen runde Klammern gesetzt:	*„Die Zeit ist aus den Fugen." (Shakespeare)*
Oder der abschließende Punkt wird nicht am Ende des Zitats gesetzt, sondern erst nach der Klammer:	*„Niemand kann zwei Herren dienen" (Evangelium Matth. 6, 24).*

9 DER APOSTROPH

Ein Apostroph steht:

- an Stelle eines oder mehrerer beim Lesen oder Schreiben ausgelassener Laute oder Buchstaben,
- bei Eigennamen als Grenzsignal oder Wortgliederungszeichen.

9.1 Der Apostroph als Auslassungszeichen:

9.1.1 **Personennamen, deren Grundform** (Nominativform) auf **einen s-Laut** (geschrieben: *-s, -ss, -ß, -tz, -z, -x, -ce*) **endet,** bekommen im Genitiv, damit man diesen erkennt, den Apostroph:	*Aristoteles' Schriften, Thomas' Schwester, Beatrix' Freunde, Fritz' Geburtstag, Boulez' bedeutender Beitrag* Der Apostroph steht auch, wenn *-s, -z, -x* usw. in der Grundform stumm sind: *Cannes' Filmfestspiele* (Aussprache: *Cannes* [kan], *Cannes'* [kans]), *Giraudoux' Werke.*

Kein Apostroph steht, wenn die Namen einen Artikel, ein Possessivpronomen oder ein anderes Wort, das den Genitiv erkennen lässt, bei sich haben: *die Schriften des Aristoteles, die Schwester des Thomas, der Geburtstag unseres kleinen Fritz.*

Kein Apostroph steht in der Regel vor dem *s* des Genitivs von Eigennamen: *Josef Leitners Kohlenhandlung, Müllers Salon, Bruckners Symphonien, Mozarts Opern, Annas Fahrrad, Wiens Umgebung, Österreichs Grenzen* (vgl. aber unten, 9.2.1).

9.1.2 In **Wörtern mit Auslassungen,** die ohne Kennzeichnung schwer lesbar oder undurchsichtig sind, **kennzeichnet man den ausgelassenen Teil durch Apostroph.**	*In wen'gen Augenblicken ...* *'s ist schade um ihn.* *Das Wasser rauscht', das Wasser schwoll.* *Bitte, nehmen S' (= Sie) doch Platz!* *Wollen S' mich pflanzen?*
Das ist oft der Fall in dichterischen oder in umgangssprachlichen Texten.	*Käpt'n* *B'hofen (Bischofshofen)*
Wenn man aber ein Wort nicht als unklar empfindet, kann man auf den Apostroph verzichten:	*Schön wärs!* *Worauf kommts hier an?* *Wir ham nix gsehn.*

Kein Apostroph steht:

- in umgangssprachlichen und mundartlichen Verbformen für die 2. Person Plural: *Was machts ihr morgen? – Lassts mich herein! – Seids ruhig!* (es liegt keine Auslassung vor),
- in üblichen Verschmelzungen von Präpositionen mit dem bestimmten Artikel „das": *ans Fenster, aufs Land, durchs Feuer, fürs Leben, hinters, ins, übers, ums, unters, vors,*
- im Imperativ Singular (in der Einzahl der Befehlsform): *nimm!, frag!*

Der Apostroph ist meist entbehrlich für das weggelassene Schluss-e bei Verben in der 1. und der 3. Person Singular: *ich hör – ich glaub – ich lass – ich ess – ich/er hätt.* Aber mit Apostroph zur Kenntlichmachung des Präteritums, zB *rauscht' = rauschte.*

9.2 Der Apostroph als Wortgliederungszeichen:

9.2.1 Um die **Grundform des Namens zu verdeutlichen,** ist vor Genitiv-*s* in Personennamen der Apostroph zur Unterscheidung zulässig.	Zum Beispiel beim Namen *Carlo*: *Carlo's Taverne,* um anzuzeigen, dass der Besitzer *Carlo* und nicht *Carlos* heißt. Ebenso zB *Andrea's Boutique* (die Besitzerin heißt *Andrea*).
Im Normalfall steht jedoch kein Apostroph:	*Barbaras Tasche, Monikas Buch ...*

9.2.2 **Ableitungen von Eigennamen mittels -*sche*** (nicht: -*ische*!) können mit einem Apostroph gegliedert werden:	*die Einstein'sche Relativitätstheorie, das Ohm'sche Gesetz* (oder: *die einsteinsche Relativitätstheorie, das ohmsche Gesetz,* vgl. auch S. 832, 4.2.1)

10 DER BINDESTRICH

Zum Bindestrich bei Getrennt- und Zusammenschreibung vgl. S. 842 f., 5.

10.1 Der Ergänzungsbindestrich:

Der Bindestrich steht als Ergänzung für ausgelassene Wörter oder Wortteile.	*Haupt- und Gliedsatz, das Hin- und Herlaufen, Fliederbäume und -sträucher, ab- und zunehmen, zehn- bis zwanzigmal* (in Ziffern: *10- bis 20-mal* oder *10–20-mal*), *Herren-(Stein-)Pilz* (Herrenpilz bzw. Steinpilz), *(Stein-)Pilz* oder auch *(Stein)pilz, zusammen- oder getrennt schreiben.* Aber ohne Bindestrich: *getrennt oder zusammenschreiben.*

10.2 Der Bindestrich zur Bezeichnung einer Doppelnummer:

Der Bindestrich kann in diesem Fall durch einen Gedanken- oder Schrägstrich ersetzt werden.	*Burggasse 14-16* (auch: *14–16; 14/16; 14 u. 16*) *Tür Nr. 9-10* (auch: *9–10; 9/10; 9 u. 10*)

10.3 Der Bindestrich im Datum:

Bei der Datumsschreibweise „Jahreszahl-Monat-Tag" in Ziffern werden die Bestandteile zusammengeschrieben:	*20061231* Zugelassen ist auch die Variante: *2006-12-31* (früher auch: *2006 12 31, 06 12 31*)

11 DER GEDANKENSTRICH

Der Gedankenstrich trennt Sätze manchmal nachdrücklicher voneinander als der Beistrich, der Doppelpunkt bzw. der Strichpunkt, oder er bezeichnet längere Pausen.

Über das Verhältnis zu Bindestrich, Schrägstrich usw. vgl. oben, 10.2.

11.1 Der einfache Gedankenstrich steht:

11.1.1 Oft zwischen den einzelnen Sätzen zur **Bezeichnung des Wechsels der Sprechenden**, des Übergangs zu etwas anderem uÄ:	*„Noch da, John Maynard?" – „Ja, Herr, ich bin." – „Auf den Strand! In die Brandung!" – „Ich halte drauf hin" (Fontane).*
11.1.2 Bei **Unterbrechung, längerer Pause, Gegensatz oder Gegenüberstellung, zur Abtrennung der Überschriften** u. dgl.: Insbesondere wenn die Satzzeichen Doppelpunkt bzw. Beistrich als zu schwach empfunden werden:	*Sie gab den Takt an: eins – zwei, eins – zwei. Geld verloren – nichts verloren. Ehre verloren – alles verloren.* *Wahl – Wall, Gebäck – Gepäck* *Inhalt: Idee und Planung – Gestaltung – Rundschau* *Ich wartete lange – aber sie kam nicht.*

11.1.3 Um auf **Unerwartetes oder Überraschendes** vorzubereiten:	*Es blitzte und donnerte unaufhörlich – aber kein Tropfen fiel vom regnerischen Himmel.* *Plötzlich – ein lauter Knall.*
11.1.4 Vor **Zusätzen und Nachträgen:**	*Ich schenkte ihr zwei Bücher – einen Roman und einen Gedichtband.* *Er schläft gut und lange – besonders im Urlaub.*
11.1.5 Zwischen die Teile zusammengehöriger Konjunktionen, Pronomen und Präpositionen, wenn sie ohne Zwischentext stehen:	*teils – teils* *nicht nur – sondern auch* *der eine – der andere* *um – willen*

11.2 Der paarige Gedankenstrich steht:

11.2.1 Um **eingeschobene Zusätze oder Nachträge** abzutrennen: (Kann oft auch durch Beistriche oder runde Klammern ausgedrückt werden, vgl. S. 852, 4.8.2.3.)	*Auf einmal – er war sonst eine sanfte Natur – geriet er in rasende Wut.* *Ihre Schwester – eine begeisterte Wanderin – half uns beim Planen der Bergtour.* *Schokolade – besonders dunkle – isst er gerne.*

11.3 Der Gedankenstrich in Verbindung mit anderen Satzzeichen:

11.3.1 Der **einfache Gedankenstrich** steht nie zusammen mit einem Beistrich. Wenn der Gedankenstrich am Ende eines Satzes steht, wird kein Punkt gesetzt, wohl aber gegebenenfalls ein Ruf- oder Fragezeichen:	*Das Losungswort oder –!* *Werden Sie kommen oder –?* Der Gedankenstrich kann in solchen Fällen auch durch die drei Auslassungspunkte ersetzt werden.
11.3.2 Beim **paarigen Gedankenstrich** dürfen Satzzeichen, die auch beim Weglassen des Zusatzes oder Nachtrages stehen müssten, nicht weggelassen werden.	*Es ist nun einmal so – ob wir es wollen oder nicht –, dass Übermut selten guttut.*
Ruf- oder Fragezeichen, die zum Zusatz oder Nachtrag gehören, stehen vor dem abschließenden Gedankenstrich; der Punkt wird weggelassen.	*Ich nehme an – hoffentlich nicht zu Unrecht! –, dass Sie einverstanden sind.* *Drohend rief sie ihm zu – er stand abgewendet vor ihr –: „Auf der Stelle hinaus!“*

11.4 Der Gedankenstrich in anderen Verwendungsmöglichkeiten:

Heute steht der Gedankenstrich (Strich) meist auch als Zeichen für „bis“, „weniger“, „gegen“ und in Streckenangaben. Der Streckenstrich ist typografisch oft um ein Drittel kürzer.

11.4.1 Der Strich wird gesetzt für **„bis"** in Alters-, Wert-, Zeit- und ähnlichen Angaben (ohne Zwischenraum):	*Franz Grillparzer (1791–1872)* *Wert des Schmuckes: 3000–3500 €* *Höchstalter von Hunden: 15–20 Jahre* *10–15 Tropfen Medizin* *§§ 7–25 der StVO (Straßenverkehrsordnung)*

Für „bis" soll kein Strich gesetzt werden in vollständigen Sätzen sowie in der Verbindung „von – bis": *Grillparzer lebte von 1791 bis 1872.*

11.4.2 Der Strich wird gesetzt für **„weniger"** (minus) zwischen Zahlen, Buchstaben uÄ (mit Zwischenraum):	*196 – 14 = 182* *a – b – c* *a – b = g*

11.4.3 Der Strich wird gesetzt für **„gegen"**, zB in Sportberichten (mit Zwischenraum):	*Rapid – Austria* *LASK – Sturm Graz* *Österreich – Italien*

11.4.4 Der Strich wird gesetzt **zur Bezeichnung einer Doppelnummer** (mit oder ohne Zwischenraum):	*Burggasse 5 – 7/Burggasse 5–7* Auch ein Bindestrich kann stehen, vgl. S. 859, 10.2.

11.4.5 Der Strich wird verwendet in **Streckenangaben**, zB in Eisenbahnfahrplänen (mit Zwischenraum):	*Wien – St. Pölten*

12 DER SCHRÄGSTRICH (/)

Im Druck wird normalerweise vor und nach dem Schrägstrich kein Abstand gesetzt: *Müller/Meier* (= zwei Familiennamen). Manchmal empfiehlt sich jedoch aus Gründen der Übersichtlichkeit ein (kleiner) Abstand.

12.1 Der Schrägstrich dient der **Anführung mehrerer Möglichkeiten.** Er hat die Bedeutungen *und, oder, bzw., bis.*

Der Kuchen wird mit Kirschen und/oder Ribiseln belegt. – Die korrekte Schreibung lautet Paragraf/Paragraph. – Schuljahr 2001/02, am 2./3. Februar.

Der Schrägstrich ist eine Möglichkeit, Personen beiderlei Geschlechts anzuführen.
Folgende Varianten stehen zur Verfügung:

a) *die Schülerinnen und Schüler*
b) *die Schüler/Schülerinnen*
c) *die Schüler/innen*
d) *die Schüler/-innen*
e) *die Schüler(innen)* (Zur Zweitrangigkeit des Klammerausdrucks vgl. S. 856, 8.1.3.)
f) *die SchülerInnen* (Das große I im Wortinneren wird im amtlichen Regelwerk nicht behandelt. Daraus kann aber nicht geschlossen werden, dass der Gebrauch fehlerhaft ist.)

Von den Schreibenden ist zu bedenken, dass die einzelnen Möglichkeiten der Darstellung unterschiedlich bewertet werden.

12.2 Der Schrägstrich dient der **Gliederung von Nummern u. dgl.:**

a) Um eine Doppelnummer zu bezeichnen:

b) In Briefzeichen von Geschäftspapieren:

a) *Burggasse 14/16, Tür Nr. 9/10* (Vgl. auch S. 859, 10.2.)

b) *Dr. St/C (Verfasser/Schreiber)*

12.3 Der Schrägstrich dient **in Verhältnisangaben als Zeichen im Sinne von *je, pro*:**

40 km/h, 3 000 U/min, 9 l/100 km

12.4 Der Schrägstrich dient der **Kennzeichnung eines Absatzes oder eines Zeilenwechsels** (zB bei einem Zitat aus einem Gedicht):

Auf dem Teich, dem regungslosen, / weilt des Mondes holder Glanz / ... (Lenau).

13 DIE AUSLASSUNGSPUNKTE

Die drei Auslassungspunkte zeigen an:

13.1 Dass ein **Textteil** (Wort, Teil eines Satzes ...) **ausgelassen wird** oder dass die **Fortführung des Gedankens** den Lesenden überlassen bleibt:

Setzen Sie das fehlende Wort ein: Sie vertragen sich wie ... und Katze.
Er hatte seine Chance nicht genützt. Vorüber, vorbei ...

Statt der Auslassungspunkte kann oft, zB bei abgebrochener Rede oder bei offenem Satzschluss, auch der Gedankenstrich stehen.

In Verbindung mit anderen Satzzeichen:

- Stehen die Auslassungspunkte am Satzende, so entfällt der Schlusspunkt, nicht aber ein Rufzeichen, ein Fragezeichen oder ein Abkürzungspunkt: *Werden Sie kommen oder ...? – Sein Buch behandelt viele Themen, zB Frieden, Entwicklungshilfe, Umweltschutz usw. ...*
- Wenn eine Aufzählung mit den drei Auslassungspunkten schließt, so steht vor diesen meist kein Beistrich: *Wir führen viele Räder: Citybikes, Mountainbikes, Renn-, Kinderfahrräder ...*

13.2 **Kürzungen in einem Zitat** (sie stehen dann in Klammern):

Wie es in dem Aufruf ausdrücklich lautet, sind auch „alle (...) Schülerinnen und Schüler zur Mitwirkung eingeladen“. (Der hier ausgelassene Textteil mag zB gelautet haben „Lehrerinnen und Lehrer sowie“.)

Worttrennung

Mehrsilbige Wörter dürfen getrennt werden, wenn der Platz für das ganze Wort nicht ausreicht. Man soll nur dann abteilen, wenn es unbedingt nötig ist.

1 DIE TRENNUNG NACH SILBEN

1.1 Mehrsilbige Wörter trennt man im Allgemeinen so, wie sie sich beim langsamen Vorlesen **in Silben** zerlegen lassen:

Bau-er, Scho-ko-la-de, lau-fen, Am-pel, Fo-li-en, Stau-ung, in-di-vi-du-ell, eu-ro-pä-i-sche, Be-fund, ehr-lich, lus-tig ...

Einsilbige Wörter sind daher untrennbar: *deutsch, (sie) schleicht, Pflicht, Team, Tour ...*

1.1.1 Nicht abgetrennt werden dürfen einzelne Vokalbuchstaben am Wortanfang oder -ende. Das gilt auch in Zusammensetzungen:

edel, Abend; Haus-übung, Ra-dio-sen-der ...

1.1.2 Zu vermeiden sind sinnentstellende Trennungen, die das Lesen erschweren:

Sprech-erziehung (nicht: *Sprecher-ziehung*), *Ge-nießer* (nicht: *Genie- ßer*), *be-stehende* (nicht: *beste-hende*) ...

Nicht immer werden allerdings Sprechsilben von allen Sprechenden gleich empfunden, man denke etwa an *klatschen, Karpfen, empfangen, elendste, Symptom*. Beachte daher auch die folgenden Regeln.

2 DIE TRENNUNG VON ZUSAMMENSETZUNGEN UND WÖRTERN MIT VORSILBE

Zusammengesetzte Wörter und Wörter mit Vorsilbe trennt man grundsätzlich **zwischen den einzelnen Bestandteilen:**

Haus-tür, durch-aus, voll-enden, voll-strecken; er-kennen, be-erben, Ver-ein, syn-thetisch, Pro-jekt, Prä-position, Dia-gramm, Re-print ...

Die Bestandteile selbst trennt man, wie in den anderen Regeln erläutert wird.

Werden **Zusammensetzungen** und **Wörter mit Vorsilbe nicht als solche erkannt**, so kann man sie auch nach den Sprechsilben trennen:

Deutsche Wörter:
hi-nauf/hin-auf, da-rum/dar-um, wa-rum/war-um, wo-rum/wor-um ...

Fremdwörter:
Diph-thong/Di-phthong, Helikop-ter/Heliko-pter, Inte-resse/Inter-esse, Pä-dagogik/Päd-agogik ...

Eigennamen:
Ma-thilde/Mat-hilde, Lo-bau/Lob-au ...

3 DIE TRENNUNG VON EINFACHEN WÖRTERN UND WÖRTERN MIT NACHSILBE

Folgende Fälle können auftreten:

3.1 **Trennung zwischen zwei Vokalbuchstaben**, die zu zwei verschiedenen Silben gehören:

Ei-er, Famili-en, freu-en, Knäu-el, na-iv, Ru-ine ...

3.2 **Trennung vor dem Konsonantenbuchstaben**, bei zwei oder mehreren Konsonantenbuchstaben **Trennung vor dem letzten Konsonantenbuchstaben:**

- *le-ben, Ta-gung, sau-ber, Rei-he ...*
- *(ich) hob-le, Ad-ler, nied-rig, Trop-fen, put-zen, Wüs-te, sin-gen, hof-fen, beis-sen* (wenn *ss* statt *ß*) ...
- *knusp-rig, Drechs-ler, gest-rig, emp-fangen, Karp-fen, dunk-le, sechs-te ...*

3.2.1 Untrennbare Verbindungen von Konsonantenbuchstaben, die für einen **einzigen Laut stehen**, kommen als Ganzes auf die neue Zeile.	***ch*** **und** ***sch*****:** *la-chen, sol-che; na-schen, Peit-sche ...* ***th, ph, rh, sh, dh*** **und** ***gh*****:** *Zi-ther, Stro-phe, Myr-rhe, Gei-sha, Bud-dha, Spa-ghetti ...* ***ck*****:** *Zu-cker, pa-cken ...* Aber nicht zB in slawischen Namen, in denen *c* und *k* als zwei Laute gesprochen werden: *Mac-ku* ['matsku]
3.2.2 In **Fremdwörtern** gibt es bei Verbindungen aus **Konsonantenbuchstabe + *l, n*** oder ***r*** zwei Möglichkeiten der Trennung:	*Dip-lom/Di-plom, Zyk-lus/Zy-klus, Fab-rik/Fa-brik, Hyd-rant/Hy-drant, Mag-net/Ma-gnet, Sig-nal/Si-gnal ...*

Erläuterungen

In Fremdwörtern kann die originale Aussprache berücksichtigt werden. In Wörtern wie *Kognak* gibt es zwei Möglichkeiten der Trennung: *Ko-gnak* (nach der Aussprache ['kɔnjak]) und *Kog-nak* (nach dem Schriftbild). Das gilt auch für Wörter wie *Fi-dschi/Fid-schi, So-wjet/Sow-jet.*

Bei manchen Wörtern französischer Herkunft (zB *Gage, Garage, Plantage, Manege, Bonboniere, Engagement, Portefeuille, Chance*) gibt es individuell oder regional verschiedene Aussprachen: [gaːʃ] oder ['gaːʒɛ]. In diesen Fällen ist die Worttrennung grundsätzlich auch bei einsilbiger Aussprache zugelassen. Dies ist im Wörterverzeichnis auch jeweils angegeben (also: *Ga-ge*).

Beziehungen zwischen Lauten und Buchstaben

1 Grundsätze der deutschen Rechtschreibung

1.1 Unsere Sprache hat – ebenso wie viele andere europäische Sprachen – ihre Schrift, die lateinischen Buchstaben, von den Römern entlehnt. Die Geschichte des geschriebenen Deutsch setzt ungefähr mit dem 8. Jahrhundert n. Chr. ein. Seine Rechtschreibung hat sich im Lauf von Jahrhunderten allmählich herausgebildet und ist 1901 und neuerdings 1996/2004 und 2006 auf Grund von Vereinbarungen zwischen den deutschsprachigen Staaten einheitlich geregelt bzw. reformiert worden.

1.2 Eine Rechtschreibung oder Orthografie ist eine von Menschen getroffene Regelung; sie kann Mängel enthalten und kann, wie sie durch Übereinkunft entstanden ist, auch durch Übereinkunft verändert werden (Orthografiereform). Der Wert einer einheitlichen und konsequent eingehaltenen Rechtschreibung für die schriftliche Verständigung und damit für die Einheit der Standardsprache ist offenkundig. Aber mindestens ebenso wichtig wie orthografische Genauigkeit sind beispielsweise die Treffsicherheit im Wortschatz und die Gewandtheit des Ausdrucks. Durchaus verfehlt wäre es, vollendetes Rechtschreibkönnen etwa zum alleinigen Maßstab für Bildung und gesellschaftliche Wertschätzung machen zu wollen.

1.3 Unsere Schrift ist eine Buchstabenschrift. In einer solchen Schrift sollte – dem „phonologischen" Prinzip nach – je eine Schriftzeichen-Einheit je eine lautliche Einheit wiedergeben. So stehen zB im Wort *dick* die Schriftzeichen-Einheiten *d, i, ck* für die lautlichen Einheiten /d/, /i/, /k/. Statt „Schriftzeichen-Einheit" sagt man oft „Graphem" [-'feːm], statt „lautliche Einheit" ist der Ausdruck „Phonem" [fo'neːm] gebräuchlich.

1.4 Die Art und Weise, wie im Deutschen die Buchstaben und Buchstabenfolgen den Phonemen zugeordnet sind, ist mitunter recht kompliziert. Das kommt zum Teil daher, dass unsere Rechtschreibung mehreren Grundsätzen oder Prinzipien folgt, deren Auswirkungen einander oftmals durchkreuzen. Unter „orthografischen Prinzipien" verstehen wir Gesichtspunkte, die eine Begründung oder Rechtfertigung dafür liefern, weshalb ein bestimmtes Wort orthografisch so und nicht anders geschrieben wird. (Zum Beispiel: Warum *Mann* mit *M* und *nn*, aber *man* mit *m* und *n*? Warum *Männer* mit *ä*? Warum Physik mit *ph* und *y*?) Orthografische Prinzipien können auf verschiedene Weise beschrieben, gegeneinander abgegrenzt und benannt werden; eine Möglichkeit ist die in den folgenden Punkten 1.4.1 bis 1.4.6 dargestellte.

1.4.1 Phonologisches (phonematisches) Prinzip

Dieses orthografische Prinzip ist das grundlegende und ursprüngliche; es besagt, dass im Idealfall je einem Phonem ein Graphem zugeordnet sein sollte (vgl. 1.3). Von dem Grundsatz der Eins-zu-eins-Zuordnung zwischen Phonemen und Graphemen gibt es aber viele Abweichungen. Beispielsweise wird das Phonem /f/ durch die Grapheme *f, v* und *ph* wiedergegeben *(Fisch, Vogel, Philosophie)*; andererseits steht *v* sowohl für /f/ *(Vater, brav)* als auch für stimmhaftes /v/ *(Violine, bravo)*. Das *x* bezeichnet die Phonemfolge /k/ + /s/, die andererseits aber auch durch *chs, ks, cks, gs* dargestellt wird *(Hexe, wachsen, links, Klecks, flugs)*.

Ein weiterer Bereich, wo keine einfache Zuordnung zwischen Aussprache und Schreibung vorliegt, ist die Bezeichnung von Länge und Kürze der Vokale (vgl. S. 867 f., 2.1).

Viele Abweichungen vom phonologischen Prinzip lassen sich damit erklären, dass die Schreibung in solchen Fällen durch ein anderes orthografisches Prinzip beeinflusst wird.

1.4.2 Morphologisches (morphematisches) Prinzip (Stammschreibung)

Dieser orthografische Grundsatz, der in der deutschen Orthografie eine große Rolle spielt, besteht darin, dass ein Wortstamm, der in mehreren Wortformen oder Wörtern vorkommt, jeweils so weit wie möglich auf übereinstimmende Weise geschrieben wird. So schreibt man zB in *Rad* den letzten Laut als *d*, obwohl er wie [t] klingt, und in *Räder, Rädchen* den betonten e-Laut als *ä*. Auf diese Weise wird der Zusammenhang zwischen den Wortformen besser veranschaulicht, als wenn man, der Aussprache folgend, *Rad* mit *t* und *Räder* mit *e* (und *Rädchen* mit *e, t*) schriebe. Ebenso schreibt man den stimmlosen s-Laut in *er reist* als *s*, weil diese Form zu *reisen* gehört, aber in *er reißt* als *ß* wegen der Zugehörigkeit zu *reißen*. Der Vorteil dieses Verfahrens liegt darin, dass sich der Zusammenhang zwischen verwandten Wortformen besser erkennen und der Sinn leichter erfassen lässt, wenn das ihnen gemeinsame Morphem (sprich: [mɔr'feːm], das ist die kleinste bedeutungstragende Einheit) jeweils in gleicher oder ähnlicher schriftlicher Gestalt auftritt.

Mitunter deutet übereinstimmende Schreibung in zwei Wörtern darauf hin, dass zwischen ihnen ein sprachgeschichtlicher Zusammenhang besteht oder dass sie gleiche Wortherkunft (Etymologie) haben (Übergang zum historischen Prinzip, vgl. 1.4.3). Beispiele: *Ärmel, hässlich, Gebäude* mit *ä, äu* wegen der Herkunft von *Arm, hassen, bauen (a, au)*.

Allerdings werden manche Wörter trotz gemeinsamer Herkunft verschieden geschrieben, zB *füllen* (trotz *voll*), *Eltern* (trotz *alt, älter*), *fertig* (trotz *Fahrt* – die ursprüngliche Bedeutung war „zur Fahrt bereit"), *Gewinst* (trotz *Gewinn*). In einigen Fällen ist die unterschiedliche Schreibung damit zu erklären, dass der Bedeutungszusammenhang der Wörter nicht mehr offenkundig ist oder dass ältere Schreibgewohnheiten fortbestehen.

1.4.3 Historisches Prinzip

Wenn ein Wort anders geschrieben wird, als man es auf Grund der Aussprache erwarten würde, so liegt die Ursache mitunter darin, dass die Schreibung Rücksicht auf die Geschichte oder die Herkunft des Wortes nimmt. Beispiele: *ab* mit *b* trotz der Aussprache [ap], weil es in früherer Zeit *abe* ['abɛ] lautete; *weg* mit *g* trotz der Aussprache [vɛk] wegen seines ursprünglichen Zusammenhangs mit dem Nomen *der Weg*. Besonders deutlich ist das historische Prinzip bei der Schreibung von Fremdwörtern erkennbar. Sie werden oft zum Teil oder zur Gänze so geschrieben wie in ihrer Herkunftssprache, zB *Couch, charmant* (auch: *scharmant*), *Tourist, Kommuniqué* (auch: *Kommunikee*). Hieher zählen auch die vielen Wörter, in denen der w-Laut als *v* geschrieben wird (zB *Vase*), ebenso die Wörter auf *-tion* (gesprochen -'tsi̯oːn); nicht zuletzt auch die dem Griechischen entnommenen Wortstämme, die auf Grund ihrer Vermittlung durch das Lateinische die Schreibungen *ch, ph, th* oder *rh* enthalten können.

1.4.4 Prinzip der Wortunterscheidung (semantisches Prinzip)

Es handelt sich um ein orthografisches Verfahren, bei dem gleich lautende, aber bedeutungsverschiedene Wörter unterschiedlich geschrieben werden, zB *Wagen* (Fahrzeug) – *Waagen* (Pl. von Waage), *wieder* (nochmals) – *wider* (gegen), *sie sind – Sie sind*. Die Verschiedenheit des Schriftbildes kann der leichteren Sinnerfassung beim Lesen dienen. In manchen Fällen bestünde aber ohnehin keine Gefahr von Missverständnissen, zB *die Wahl* (zu *wählen*) – *der Wal* (Meerestier), *seit (einem Jahr) – ihr seid*. Tatsächlich werden ja mehrere solcher gleich lautender Wortpaare gleich geschrieben, ohne dass das Verstehen beeinträchtigt ist, zB *kosten* (probieren – einen Preis haben), *Ton* (Schall – Erde). Übrigens kommt Verschiedenschreibung gleich lautender Wörter oft auch durch die Anwendung anderer orthografischer Prinzipien zu Stande, zB *Rat – Rad, Feld – fällt, ist – isst, Mann – man, Kaffee – Café, Kuh – Coup, Kot – Code*.

1.4.5 Grammatikalisches Prinzip

Auf Grund des grammatikalischen Prinzips werden im Deutschen Wörter einer bestimmten Wortart, nämlich die Nomen (Substantive), durch große Anfangsbuchstaben gekennzeichnet. Die Schwierigkeit, die mit dieser Regelung verbunden ist, besteht hauptsächlich darin, dass es Grenzfälle gibt, wo es zweifelhaft sein kann, ob man es mit einem Nomen (Substantiv) zu tun hat oder nicht.

1.4.6 Ökonomisches Prinzip (Prinzip der Sparschreibung)

In manchen kurzen und besonders häufigen Wörtern, wie Artikeln, einigen Pronomen,

Präpositionen und Formen von Hilfsverben, wird die Verdopplung eines Konsonantenbuchstabens, die normalerweise zur Anzeige des vorhergehenden kurzen Vokals dient, „eingespart"; so in den Wörtern *des, es, was, man, in, im, an, am, um, bin, hat.*

1.5 Eigennamen

1.5.1 Die Schreibung mancher Eigennamen – abgesehen von den fremdsprachlichen – weicht von den allgemeinen Rechtschreibregelungen ab. Das gilt besonders für Personen- und geografische Namen, wie zB *Roswitha, Günther, Curt, Goethe, Nietzsche, Trauttmansdorff, Roessler, Weiss, Weihs, Bismarck, Landegg, Spittal, Steyr, Thaya, Ybbs, Rhein, Bayern, Württemberg, Liechtenstein*; ferner für Namen von Firmen und Markenartikeln.

1.5.2 In deutschen Ortsnamen Österreichs wird fast ausnahmslos der Buchstabe *v* als [f] ausgesprochen (nicht als [v]) und der Buchstabe *y* als [i] (nicht als [y]). Beispiele: *Veitsch, Velden, Vent, Viktring, Villach, Bad Vöslau; Ybbs, Ybbsitz, Ysper.* (Dasselbe gilt übrigens für *v* und *y* in den meisten Ortsnamen im süddeutschen Sprachraum auch außerhalb Österreichs, zB *Vilshofen, Schwyz.*)

In einigen Ortsnamen steht die Schreibung *ie* für den mundartlichen Diphthong [iə], zB *Diex, Mieming.* Hingegen wird *Lienz* in der Standardsprache zweisilbig, also ['liːɛnts], ausgesprochen.

Mit der Schreibung *ue* ist die mundartliche Aussprache [uə] gemeint, so zB in *Pass Lueg.* Das trifft auch für Familiennamen wie *Hueber, Huemer, Lueger* zu; bei diesen hat sich allerdings die (eigentlich gekünstelte) Aussprache mit [u'eː] durchgesetzt, weil der Diphthong [uə] im Lautsystem der neuhochdeutschen Schriftsprache nicht vorkommt.

Ähnlich verhält es sich mit der Schreibung *gg* in Namen wie *Brugger, Eggenburg, Rosegger, Waggerl.* Mit *gg* ist hier eigentlich ein (unbehauchter) k-Laut gemeint, also: ['brukə(r)], ['ɛkn-], [ro'zɛkə(r)] oder ['roːzɛkə(r)], ['vakəl]. Daneben ist aber heute auch die Aussprache mit [g] verbreitet.

1.5.3 Bei Eigennamen aus Norddeutschland ist zu beachten: *-ow* am Wortende wird als unbetontes langes [oː] gesprochen, zB *Flotow* ['floːtoː], *Teltow* ['tɛltoː]; *ae* steht manchmal für [aː], *oe* steht manchmal für [oː], *ui* für [yː], zB *Laer* ['laːr], *Soest* [zoːst], *Duisburg* ['dyːs-].

2 Von der Schreibung zur Aussprache

Wer deutsch reden und lesen kann, weiß im Allgemeinen, wie die Buchstaben und Buchstabenfolgen in deutschen Wörtern (einschließlich von Eigennamen und gebräuchlichen Fremdwörtern) auszusprechen sind. Wo sich Zweifel ergeben können, bietet das Wörterbuch bei den einzelnen Stichwörtern Aussprachehilfen (siehe S. 12 ff., 2.5). Einige ausgewählte Aussprachehinweise allgemeiner Art findet man in diesem Abschnitt.

2.1 Schreibweisen für kurze und lange Vokale

Ob ein Vokal kurz (wie in *stẹllen*) oder lang (wie in *stehlen*) auszusprechen ist, lässt sich oft, wenn auch nicht immer, aus der Schreibung erkennen.

2.1.1 Kurz ist ein Vokal

- wenn nach dem Vokalbuchstaben ein verdoppelter Konsonantenbuchstabe, *ck* oder *tz* steht, zB *ạlle, Schịff, kọmmt, Kụss, wẹcken, Kạtze*;
- meist vor einer Folge von zwei oder drei verschiedenen Konsonanten innerhalb des Wortstammes, zB *Ạmt, Hạls, Kịnd, stạrk, Wẹspe, Wẹste, Wụrst*; ebenso vor *sch,* zB *Tạsche.*

2.1.2 Lang ist ein Vokal

- wenn der Vokalbuchstabe verdoppelt oder mit folgendem *h* geschrieben wird, zB *Aal, Boot, Allee, Wahl, nehmen, Naht, ihr*; für langes [iː] steht oft die Schreibung *ie,* zB *lieb, Melodie*;

- meist vor nur einem Konsonanten innerhalb des Wortstammes, zB *Bär, Tag, holen, ich war, schön*; auch wenn darauf ein weiterer Konsonant in einer Endung oder in einer Ableitungssilbe (also außerhalb des Wortstammes) folgt, zB *des Tags, täglich, du holst, ihr wart, am schönsten*;
- vor *ß*, zB *Gruß, Straße*;
- Diphthonge, also *au, ei (ai), eu (äu)*, gelten immer als lang.

2.1.3 **In manchen Wörtern kurz, in anderen lang** können Vokale unter anderem vor *ch* und *st* sein, zB *Sache – Sprache, Küste – Wüste*.

2.1.4 **Auf Fremdwörter** treffen diese Ausspracheregeln nur begrenzt zu. Beispielsweise haben *chic, fit, Job* trotz des einfachen Konsonantenbuchstabens kurzen Vokal; Wörter auf *-ik, -it* (wie *Physik, Jesuiten*) werden in Österreich überwiegend mit kurzem [i] gesprochen.

2.1.5 **In gehobenem Sprechstil,** beim Deklamieren ernster Dichtung und ähnlichen Anlässen können Vokallänge und -kürze einiger Wörter vom normalen Sprachgebrauch Österreichs, wie er im ÖWB verzeichnet ist, abweichen. Hiezu zählen folgende Wörter:

- Langen Vokal der betonten Silbe in „gehobenem" Sprechstil haben unter anderem: *Art, Bart, Erde, erst, der Erste, Gebärde, Geburt, Gemälde, genug, Herd, Herde, Mond, Montag, Musik, Obst, Pferd, Schwert, werden, wert, Wuchs, zart.*
- Kurzen Vokal der betonten Silbe in „gehobenem" Sprechstil haben unter anderem: *Bruch, dahin, davon, Geruch, Herberge, rächen, Spruch, Urteil, Vorteil, Wollust.*

2.2 Verdoppelung von Buchstaben; Zusammentreffen dreier gleicher Buchstaben

2.2.1 **Verdoppelung** (auch: Gemination) der Vokalbuchstaben *a, e* oder *o* ist eines der Verfahren zur Bezeichnung eines langen Vokals, zB *Saal, Komitee, Moor*.

2.2.2 Verdoppelung eines Konsonantenbuchstabens kommt vor:

- nach dem Vokalbuchstaben einer betonten Silbe, wodurch der Vokal als kurz gekennzeichnet wird, zB *Löffel* (auch wenn die Silbe in einer Wortzusammensetzung unbetont ist, zB *Teelöffel*).
- nach dem Vokalbuchstaben einer unbetonten Silbe in den Flexionsformen der weiblichen Personenbezeichnungen auf *-in*, zB *Lehrerin – Lehrerinnen*; der Wörter auf *-nis* und einiger Wörter auf *-as, -is, -us*, zB *Ereignis – Ereignisse, Kaktus – des Kaktusses.*
- in vielen Fremdwörtern, zB *Kollegin, Kommission, korrigieren, Assistent, Attest.*

Nicht verdoppelt werden *h, j, q, ß, v, x*. Nur in Fremdwörtern oder Eigennamen (und zum Teil in Mundartwörtern) finden sich *cc, kk, ww, zz*, zB *Zucchini, sekkieren, Ekkehard, Struwwelpeter, Pizza, Strizzi.*

2.2.3 **Treffen in einer Wortzusammensetzung drei gleiche Buchstaben zusammen,** so werden alle drei geschrieben, zB *Schifffahrt, Brennnessel, Schwimmmeisterin, Imbissstube, Missstimmung, genusssüchtig, Seeelefant.* Verwendung des Bindestrichs ist möglich, doch nicht in jedem Fall gleichermaßen empfehlenswert: *Schiff-Fahrt, Imbiss-Stube, See-Elefant; Schwimm-Meisterin, Brenn-Nessel, Miss-Stimmung, Genuss-süchtig.*

Ausnahmen mit Wegfall des dritten Konsonantenbuchstabens sind *dennoch, Mittag.*

2.3 Zu den Buchstaben im Einzelnen

Zeichenerklärung: Eckige Klammern „[ ]" enthalten die Aussprachebezeichnung. Drei Punkte „..." bedeuten: „Diese Schreibung hat folgenden Lautwert". Das Zeichen „(+)" bedeutet: „Diese Art der Aussprache wird bei den einzelnen Stichwörtern eigens angegeben". Das Zeichen „(-)" bedeutet: „Diese Art von Aussprache wird bei den einzelnen Stichwörtern nicht eigens angegeben". Das Zeichen „→" bedeutet: „Dieser Laut wird in Fremdwörtern innerhalb deutscher Sätze bei zwanglosem Sprechstil durch folgenden Laut ersetzt".

2.3.1 *a*

- In vielen mundartlichen Wörtern ... Vokal zwischen *a* und *o* = [ɒ], auch [ɔ], zB *Patschen* ['pɒːtʃn], ['pɔː-]. (+)
- In vielen Fremdwörtern aus dem Englischen ... [æ] → [ɛ], [eɪ] → [eː], zB *Fan* [fæn] → [fɛn], *Statement* ['steɪt-] → ['steːt-], *Baby* ['beːbi] (im Deutschen nur so!). (+)

2.3.2 *ai, ay*

- In einheimischen Wörtern (*ay* nur in Eigennamen) ... wie *ei* (in Aussprachebezeichnung [aɪ]), zB *Waise* wie *Weise*, *Mayer* wie *Meier*. (-)
- In manchen Fremdwörtern ... [ɛ], [e], zB *fair* [fɛːə], *Saison* [zɛ'zoːn], *Essay* [ɛ'seː]. (+)

2.3.3 *ä*

- Wenn es einen kurzen Vokal bezeichnet ... wie kurzes offenes [ɛ], zB *Lärche* wie *Lerche*. (-)
- Wenn es einen langen Vokal bezeichnet ... normalerweise wie langes geschlossenes [eː], zB *Bären* wie *Beeren*, *Ähre* wie *Ehre*, *Säle* wie *Seele*. (-)

Anmerkung: In gehobenem Stil oder ausnahmsweise zur Wortunterscheidung kann *ä*, wenn es einen langen Vokal bezeichnet, wie langes offenes [ɛː] gesprochen werden, zB *ich gäbe* (gegenüber *ich gebe*).

2.3.4 *b*

Hat am Wortende den gleichen Lautwert wie *p*, zB *lieb* [-p]. (-)

In Fremdwörtern: [-b] → [-p], zB [kæb] → [kɛp].

2.3.5 *c* (Gesondert behandelt werden *ch, chs, ck, sch.*)

1. In den meisten Fremdwörtern und fremden Eigennamen:
    - Vor *ä, e, i, ö, y* ... wie *z* = [ts], zB *Cäsar, Acetat, Circus, Cölestin, Cyrus.* (In manchen Wörtern vor *e, i, y* ... stimmloses [s], in anderen vor *e, i* ... [tʃ], zB *City* ['sɪti], *Cello* [tʃ-].) (+)
    - Vor *a, o, u,* Konsonant und am Wortende ... [k], zB *Café, Clan, chic* [ʃik]. (+)
2. In manchen Familiennamen slawischer Herkunft oder Schreibweise ... [tʃ], zB *Cap*, in anderen ... [ts], zB *Pacolt.*

2.3.6 *ch*

In vielen Fremdwörtern und fremden Eigennamen am Wortanfang ... [k], zB *Chemie, China, Chianti, Chor, Chlor, Christus*; in anderen ... [ʃ], zB *Chance, chic*; wieder in anderen ... [tʃ], zB *checken, Chile, Chip.* (+)

Anmerkung: *-ich* am Ende burgenlandkroatischer Familiennamen: ... [-itʃ], zB *Pintarich.*

2.3.7 *chs*

- Wenn die gesamte Buchstabenfolge *chs* zum Wortstamm gehört ... wie *x* = [ks], zB *Dachs, sechs, der Sechste, Fuchs, wechseln.* (+)
- Wenn *ch* und *s* zu verschiedenen Bestandteilen eines Wortes gehören (zusammengesetztes Wort; Wortstamm + Vor- oder Nachsilbe; Wortstamm + Endung) ... getrennte Aussprache: [xz], zB *Kochsalz, nachsehen, wachsam*; [xs], zB *des Dachs* (= *des Daches*, Genitiv von *Dach*), *du suchst*; [çz], zB *bleichsüchtig*; [çs], zB *die Nächste.* (-)

2.3.8 *ck*

In Familiennamen slawischer Herkunft ... meist [tsk], zB *Macku, Potocki.*

2.3.9 *d*

Hat am Wortende den gleichen Lautwert wie *t*, zB *Rad* wie *Rat.* (-)

In Fremdwörtern: [-d] → [-t], zB [saʊnd] → [-t].

2.3.10 *e*

- Ist stumm (d. h. wird nicht gesprochen) in den Buchstabenfolgen *-el, -en* am Ende zwei- oder mehrsilbiger Wörter, zB *Igel* ['iːgl], *reden* ['reːdn], *Besen* ['beːzn] (aber nicht zB *en* nach *m, n, ng*, zB *kommen, nennen, singen*). (-)
- Die Buchstabenfolge *-er* am Ende zwei- und mehrsilbiger Wörter ... wie ein *a*-ähnlicher Vokal (in der Aussprachebezeichnung: [ə]), zB *Vater, besser;* so auch vor weiteren Konsonanten, zB *gestern.* (-)

- Am Ende vieler Fremdwörter aus dem Englischen und Französischen ist *-e* stumm, zB *Safe* [seɪf] → [zeːf], *Creme* [kreːm]. (+)

2.3.11 *eu*

In Fremdwörtern aus dem Französischen ... [ø], zB *Ingenieur, Souffleuse.* (+)

2.3.12 *g* (Gesondert behandelt werden *gg, ng.*)

1. In der Buchstabenfolge *-ig* am Wortende ... wie *k* oder (in Österreich selten, zB im Gesang) wie *ch*, zB *eilig, König, wenig*: [-ik] oder [-iç]; so auch vor weiteren Konsonanten, zB *du reinigst* [-ikst] oder [-içst]. In „gehobenem" Sprechstil gilt die Aussprache [-iç]. (-)
2. Sonst hat *g* am Wortende den gleichen Lautwert wie *k*, zB *Werg* wie *Werk*. (-)
3. *g* vor *e* und *i*:
   - In Fremdwörtern aus dem Französischen ... als stimmhafter *sch*-Laut (Aussprachebezeichnung: [ʒ]), zB *Genie* [ʒe'niː], *leger* [le'ʒeːə], *Giraffe* [ʒi'rafɛ]. (+)
   - In vielen Fremdwörtern aus dem Englischen ... als [dʒ], zB *Gentleman, Gin.* (+)

Anmerkung: Wenn der stimmhafte *sch*-Laut [ʒ] am Wortende zu stehen kommt, wird er – im Deutschen! – stimmlos, also zu [ʃ], zB *Garage, Manege, Image* ... statt [ga'raːʒ, ma'nɛːʒ, 'ɪmɪdʒ] → [-'raːʃ, -'neːʃ, 'imitʃ]. (-)

2.3.13 *gg*

In österreichischen (Südtiroler und bayrischen) Familien- und geografischen Namen ... als unbehauchter *k*-Laut, zB *Lugger, Rosegger, Defreggen, Eggenburg, Seggau* (wie *Seckau*).

2.3.14 *h*

ist stumm zwischen einem Vokal und einem unbetonten *e* oder *i (-ig)* oder *u (-ung)*, zB *Ehe, Ruhe, ruhen, ruhig, Ziehung.* (-)

2.3.15 *ie*

In vielen Wörtern fremder Herkunft werden *i* und *e* nicht zusammen als langes *i* [iː], sondern getrennt ausgesprochen, zB *Familie* [-i̯ɛ], *Italien* [-li̯ɛn], *Vegetarier* [-i̯ə], *Karriere* [-'i̯eː-], *Atelier* [-'li̯eː]. (Zum Teil: +)

2.3.16 *j*

In Fremdwörtern:

- aus dem Französischen ... stimmhaftes *sch* = [ʒ], zB *Journalist* [ʒur-] (+);
- aus dem Englischen ... [dʒ], zB *Jogging* (+).

2.3.17 *ng*

- In einheimischen Wörtern ... im Allgemeinen als einheitlicher *ng*-Laut (Aussprachebezeichnung: [ŋ]) ohne darauffolgenden *g*- oder *k*-Laut, zB *lang, Länge, Zeitung, Zeitungen, vorrangig, Engel, Angler, längstens.* (-)
- In Wörtern fremder Herkunft im Wortinneren ... meist [ŋg], zB *Angina, Anglistik, Angora, Bangladesch, Hangar, Mango, Tango, Känguru*; namentlich auch in: *Ungarn, ungarisch* ['uŋga-]. (Zum Teil: +)
- Wenn *n* und *g* verschiedenen Bestandteilen eines zusammengesetzten Wortes angehören ... getrennte Aussprache, also [n.g], zB *Eingang, ungern, Wohngemeinschaft.* (-)

2.3.18 *oi*

In Fremdwörtern aus dem Französischen ... [o̯a], zB *Repertoire* [-'to̯aːr], *Soiree* [so̯a-] (Originalaussprache: [u̯a]). (+)

2.3.19 *ou*

In Fremdwörtern aus dem Französischen ... [u], zB *Tourist.* (+)

2.3.20 *ow*

Am Ende norddeutscher Familien- und geografischer Namen ... unbetontes geschlossenes *o*, zB *Bülow, Virchow* ['firçoː], *Levetzow* ['leːfɛtsoː], *Teltow* ['tɛltoː].

2.3.21 *ph*

In Fremdwörtern und Eigennamen griechischer Herkunft ... [f], zB *Philosophie, Phosphor, Philipp.* (+)

2.3.22 *r*

Nach langem Vokal

- am Wortende, zB *wer, Papier, Ohr;* und
- vor Konsonanten, zB *sie hört, verliert, natürlich*, ... als schwacher *a*-ähnlicher Vokal (unsilbisches [ə]). (-)

2.3.23 s (Gesondert behandelt werden *sch, sp, st.*)

Hier kommen zwei Lautwerte in Frage:

- [s], der stimmlose, „scharfe“, „harte“ s-Laut, zB *was, es*;
- [z], der „linde“, „weiche“ s-Laut, der stimmhaft gesprochen werden kann, allerdings im größten Teil Österreichs ein stimmloser (aber nicht „scharfer“) Zischlaut ist.

1. Am Wortanfang:

- Vor Vokal ... meist [z], zB *Salz* (-), aber
- in manchen Fremdwörtern mit Originalaussprache ... [s], zB *Sound* [saʊnd]. (+)
- Vor Konsonanten (abgesehen von *sp, st*, vgl. unten 2.3.26) ... [s], zB *Skala, slawisch, Smog, Sphäre.* (-)

2. Am Wortende ... [s], zB *was, Haus, Hans.* (-)

3. Im Wortinneren:

- Zwischen Vokalen ... [z], zB *Hase*; auch vor geschriebenem, aber nicht gesprochenem *e* (vgl. S. 869 f., 2.3.10), zB *Rasen, Esel.* (-)
- Zwischen Vokal und *l* oder *n* ... [z], zB *Häusler, wohlweislich, Klausner.* (-)
- Zwischen *l, m, n* oder *r* einerseits und Vokal andererseits ... [z], zB *Gelse, Gänse, Hirse, Bremse, also.* (-)
- Sonst ... [s], zB *Erbse, Papst, Rätsel, Achsel, Kosmos.* (-)

2.3.24 sch

- Wenn *s* zum Wortstamm und *ch* zur Verkleinerungssilbe *-chen* gehört ... [sç], zB *das Häuschen.* (-)
- *sch* am Wortanfang bei manchen Fremdwörtern ... [sç] oder [ʃ], zB *Schema*; bei anderen [sk] oder [ʃ], zB *Scholastik.* (+)

2.3.25 sh

In Wörtern aus dem Englischen ... [ʃ], zB *Show, Finish.* (+)

2.3.26 sp, st

1. Am Wortanfang:

1.1 In allen einheimischen Wörtern und in vielen Fremdwörtern ... [ʃ], zB *Spiel, Sport, Stern, Statue*; so auch in zusammengesetzten Wörtern, zB *verspielen, Wintersport, Abendstern.* (-)

1.2 In vielen anderen Fremdwörtern ... [ʃp] oder [ʃt] bzw. [sp] oder [st], zB *Spike, Standard.* (+)

1.3 In seltener vorkommenden Fremdwörtern ... [sp], [st], zB *spastisch, Stalagmit.* (+)

2. Im Wortinneren und am Wortende ... [sp], [st], zB *Wespe, Westen, Last, erst.* (-)

Anmerkung: In manchen Wörtern mundartlicher Herkunft wird auch in dieser Stellung [ʃp], [ʃt] gesprochen, zB *Kasperl, wurstig.* (+)

2.3.27 ß, ss

haben die Aussprache [s], zB *Straße, Gasse.* Der Vokal vor *ß* ist lang, der Vokal vor *ss* kurz. (Siehe auch S. 872, 3.2.)

2.3.28 t

- Vor *i* und einem weiteren Vokal in Fremdwörtern ... [ts], zB *Station, infektiös, partiell, Kroatien, initiieren.* (+)
- Am Ende mancher Fremdwörter aus dem Französischen ... stumm, zB *Buffet* [by'feː], *Porträt* [pɔr'trɛː], *Etat* [e'taː]. (+)

2.3.29 v

- In wenigen, aber zum Teil sehr häufig vorkommenden einheimischen Wörtern und Vorsilben ... [f], zB *Vater, viel, vier, Volk, voll, von, vor, ver-.* (-)
- In den meisten geografischen Namen des deutschen Sprachgebiets ... [f], zB *Velden, Viktring, Villach, Virgen, Vöcklabruck, Vaduz, Vilshofen, Vinschgau, Wilhelmshaven.* (+)
- Am Wortende ... [f], zB *Adjektiv, brav, naiv, Nerv.* (-)
- In Flexionsformen von Adjektiven und Nomina mit der Grundform auf *-iv* sowie in Nomina auf *-ive* ... [v] oder [f], zB *eine naive Vorstellung, die Motive* (Plural von *Motiv*), *Lokomotive.* (+)
- In manchen sonstigen Wörtern fremder Herkunft ... [v] oder [f], zB *Pulver, Sklave, Vers, Eva, Vize-.* (+)
- In den meisten übrigen Wörtern und Eigennamen fremder Herkunft ... [v], zB *nervös, privat, Vase, Vera, vibrieren, Virus, Visitkarte, zivil.* (+)

2.3.30 *y*

1. Wenn es einen Vokal bezeichnet:
   - In geografischen Namen des deutschen Sprachraums ... [i], zB *Ybbs* [ips]. (+)
   - Am Ende von Vornamen in Kurz- oder Koseform ... [i], zB *Anny*. (+)
   - Am Ende von Wörtern aus dem Englischen ... [i], zB *Baby, Pony*. (+)
   - In den meisten Fremdwörtern griechischer Herkunft ... [y], zB *Lyrik, Rhythmus*. (+)

   Anmerkung: In manchen Wörtern – und nicht selten in unbetonter Silbe – ist neben der Aussprache mit [y] auch die mit [i] möglich, zB *Ägypten, Dynastie, Zylinder*. (+)
2. Wenn *y* einen Konsonanten bezeichnet (hauptsächlich in Wörtern aus dem Englischen oder in englischer Schreibung) ... [j], zB *Yard, Yoga*. (+)

3 Zur s-Schreibung (s, ss, ß)

Die deutsche Standardaussprache kennt zwei s-Laute: einen stimmlosen (zischenden – IPA-Zeichen [s]) und einen stimmhaften (summenden – IPA-Zeichen [z]) s-Laut. In der Schreibung werden die s-Laute durch *s, ss* und *ß* dargestellt.

Im Zuge der Rechtschreibreform wurde die Verwendung von *ss* an die aller anderen Konsonantenbuchstaben angeglichen, sodass das *ss* nun keine Ausnahme (vor *t* oder am Silben- und Wortende) mehr darstellt.

3.1 Der stimmhafte s-Laut wird immer als s geschrieben:

lesen, reisen, Nase, Häuser, Bluse, sausen, säuseln. Diese Schreibung mit *s* wird in allen Formen eines solchen Wortes beibehalten: *er liest, sie reist, Näschen, Haus,* also auch an Stellen, wo der stimmhafte s-Laut zB am Wortende oder vor *t* stimmlos wird.

3.2 Der stimmlose s-Laut wird als *ss, ß,* aber auch als *s* geschrieben.

Folgende Regeln führen zur richtigen Schreibung:

3.2.1 ss schreibt man für stimmlosen s-Laut nach kurzem Vokal:

- *Ass, Gasse, geschlossen, müssen, muss, musst, messen, misst, lässig, Wasser, Fass, Fässer, Fässchen, Biss, Bisse, Schloss, Schlösser, Nuss, Nüsse, wässerig, wässrig;*
- in der Vorsilbe *miss-* (zB *missachten*).
- Die Konjunktion *dass* schreibt man mit *ss*, im Gegensatz zum Artikel und zum Pronomen *das*: Ich glaube, *dass* es schön wird. Aber: *Das* Haus, *das* ich bewohne, ...

Ausnahmen:

Wörter, die im Plural auf *-sse* enden, schreibt man im Singular mit *-s*. Solche sind:

- die Wörter auf *-nis*, zB *Zeugnis – Zeugnisse, Hindernis – Hindernisse, Besorgnis – Besorgnisse;*
- einige Wörter auf *-as, -is, -os, -us*, zB *Atlas – Atlasse, Kürbis – Kürbisse, Albatros – Albatrosse, Autobus – Autobusse.*
- Ebenso wird kein *ss* geschrieben, auch wenn der vorangehende Vokal kurz ist, in folgenden einsilbigen Wörtern: *bis, das, des, plus, was,* und in Zusammensetzungen mit diesen Wörtern, zB *bisweilen, deswegen, etwas, weswegen* (aber: *dessen, wessen*).

3.2.2 *ß* schreibt man, wenn der stimmlose s-Laut auf einen langen Vokal folgt (auch ein Diphthong zählt als langer Vokal), zB *schießen, schießt, stoßen, Stoß, Gruß, Grüße, grüßen, bloß, Blöße, außen, außer, heißen, fleißig.*

3.3 In allen sonstigen Fällen **schreibt man den s-Laut** – ob stimmhaft oder stimmlos – **mit *s*,** zB *Trübsal, seltsam, Rätsel, Erbse, Binse, Hirse, Lotse, Espe, Knospe, Wespe, Kasten, Hast, Nest, dies, was, eines, indes, aus.*

3.4 *ss* tritt an die Stelle von *ß*

Ist auf einer Tastatur kein *ß* vorhanden, so tippt man dafür *ss*: *sass, Grossstadt, Strassenbahn.*

Bei VERSALIEN-Schreibung (Blockschrift, Großantiqua) wird für *ß SS* geschrieben, zB *STRASSENBAHN.* Beim Zusammentreffen von drei S-Zeichen ist es allerdings zweckmäßig, die Wortteile durch einen Bindestrich zu trennen: *IMBISS-STUBE.*

4 Sonderbuchstaben

Außer den 26 „Grundbuchstaben" des Alphabets, also *a, b, c* usw. bis *z*, gibt es auch noch „Sonderbuchstaben", zB *ß, æ.* Im weiteren Sinn zählen zu ihnen auch Buchstaben mit „diakritischen", d. h. unterscheidenden Zeichen, zB *ö, é, ç.*

Sonderbuchstaben des Deutschen sind *ä, ö, ü, ß.*

Ersatzschreibungen dafür sind *ae, oe, ue, ss.* Alphabetisch eingeordnet werden *ä, ö, ü* meist wie *a, o, u; ß* wie *ss.*

Dazu kommen noch andere Sonderbuchstaben, die hauptsächlich oder ausschließlich in Fremdwörtern und/oder Eigennamen auftreten. Es folgt eine Auswahl davon; in eckigen Klammern steht die Aussprache, in runden Klammern die Herkunftssprache(n).

à	[a] (Französisch, Italienisch), zB *à* (= „zu je ..."), *Pietà*
å	[ɔ, o] (Dänisch, Schwedisch), zB *Ångström, skål!* (Steht auch in deutschen mundartlichen Texten für *o*-ähnliches *a* [ɒ].)
æ	[ɛ, æ] (Dänisch, Lateinisch), zB *Næstved, encyclopædia.* Ersatzschreibung: *ae*
ç	[s] (Französisch, Portugiesisch), zB *Garçonnière, Bragança*
č	[tʃ] (zB Kroatisch, Slowenisch, Tschechisch), zB *Háček*
ć	[tʃʲ, tçʲ] (Kroatisch, Polnisch, Serbisch), zB *Preradović*
é	[e] (zB Französisch), zB *Café, Varieté*
ë, ï	[e (ɛ), i] (zB Deutsch, Französisch, Latein) zeigen in manchen Wörtern (Namen) an, dass *e* bzw. *i* nicht zur vorhergehenden Silbe gehört, zB *Boëthius, Citroën, Noëmi, Aïda, Saïs, Hexaëder* (ältere Schreibung); außerdem zB *Brontë, Goëss*
ñ	[nʲ] (Spanisch), zB *Cañon*
œ	[ø, œ] (Französisch), zB *Œuvre, Bœuf Stroganoff.* Ersatzschreibung: *oe*
ř	[rʒ (rʃ)] (Tschechisch), zB *Dvořák, Přemysl*
š	[ʃ] (zB Kroatisch, Slowenisch, Tschechisch), zB *Lošinj, Beneš*
ž	[ʒ] (zB Kroatisch, Slowenisch, Tschechisch), zB *Varaždin*

Nicht selten sind Vokalbuchstaben mit diversen Akzentzeichen, vgl. die schon genannten *à, é*; zB *Crème fraîche* [krɛm ˈfrɛʃ], *Hévíz* [ˈheːviːz]. Der Lautwert solcher Buchstaben ist je nach Sprache unterschiedlich.

Auffallende Sonderbuchstaben, die allerdings in deutschen Texten selten vorkommen: ő, ű [øː, yː] (Ungarisch); ł [u̯, w] (Polnisch); ı, İ (Türkisch); ø (Dänisch, Norwegisch), Ersatzschreibung *ö.*

Zahlen und römische Zahlzeichen

1 Zahlen

1.1 Die Schreibung der Zahlen von 1 bis 12 in attributiver Verwendung erfolgt zumeist in Worten, also *ein Schüler, zwei Schüler ... zwölf Schüler.* Diese Zahlen können auch in Ziffern geschrieben werden, wenn sie die Aufmerksamkeit auf sich lenken sollen: *Der Preis beträgt 6 Euro. – Aufenthaltsdauer: 8 Tage.*

1.2 Vor abgekürzten Angaben von Geldsorten, Maßen uÄ wird die Zahl in Ziffern geschrieben: *6 € – 7,20 € – 5 m – 10,5 m – 23,5 kg – 0,3 l*

Werden solche Angaben ausgeschrieben, kann die Schreibung der Zahlen in Ziffern oder in Worten erfolgen: *6 Euro* (auch: *sechs Euro*) – *5 Meter* (auch: *fünf Meter*) – *10 Kilogramm* (auch: *zehn Kilogramm*).

1.3 Ganze Zahlen, die aus mehr als drei Ziffern bestehen, werden zur Erleichterung des Lesens und des Rechnens von rechts in dreistelligen Gruppen gegliedert: *4 276 703 – 17 654 321 € – 1 988 € – 1 988 m* (aber nicht in Jahreszahlen, Postleitzahlen und Telefonnummern: *im Jahr 1997*; vgl. unten, 1.7 und 1.8).

1.4 Zahlen in Worten werden zusammengeschrieben, soweit sie kleiner als 1 000 000 sind. Die Wörter *Million(en), Milliarde(n)* usw. schreibt man getrennt: *zwei Millionen viertausendfünfhundertfünfzig* (auch: *2 Mill. 4 550* oder: *2 Mio. 4 550*).

1.5 In Dezimalzahlen werden die Dezimalen von den ganzen Zahlen durch ein Komma getrennt: *10,25 m – 10,255 m – 9,564 321 – 1 Mikrometer = 0,000 001 m*

1.6 Bei Zeitangaben wird die Zahl der Stunden von der Zahl der Minuten entweder durch einen Doppelpunkt oder durch einen Punkt oder durch Hochstellung der Minutenzahl abgehoben: *8:30 Uhr* oder *8.30 Uhr* oder *8^{30} Uhr* (sprich: acht Uhr dreißig) – *12:45 Uhr* oder *12.45 Uhr* oder *12^{45} Uhr – 0:05 Uhr* oder *0.05 Uhr* oder *0^{05} Uhr.* An Stelle des Wortes „Uhr“ kann auch ein – meist hochgestelltes – *h* (hora: „Stunde“) geschrieben werden: *$8{:}30^h$* oder *8.30^h* oder *8^{30h} – $12{:}45^h$* oder *12.45^h* oder *12^{45h} – $0{:}05^h$* oder *0.05^h* oder *0^{05h}*.

1.7 Jahreszahlen und Postleitzahlen werden nicht mit Zwischenräumen oder Punkten gegliedert: *1997 – 2009/10 – A-1070 Wien – D-10178 Berlin, Alexanderplatz – CH-6003 Luzern*

1.8 Telefonnummern werden beispielsweise folgendermaßen gegliedert (ausgenommen Vorwahlnummern):

- dreistellige (werden nicht gegliedert): *144*
- vierstellige und sechsstellige zweistellig von rechts: *52 23 72*
- fünfstellige: *362 45 (36 2 45)*
- siebenstellige: *522 37 24 (52 23 724)*

1.8.1 Verfügt die Rufnummer über Nebenstellen, so wird deren Nummer nach Bindestrich oder Schrägstrich mit bzw. ohne die Abkürzung *DW* (Durchwahl) angegeben: *52 23 72-123 – 52 23 72/123 – 52 23 72/123 DW*

1.8.2 Die Ortskennzahl bzw. Länderkennzahl wird oft auch in Klammern davorgesetzt: *(01) 522 37 24 – (0 28 22) 21 39 oder: (02822) 2139 – ++43-1-401 36-0*

1.9 Verbindungen von Zahlen in Ziffern mit Wörtern oder Wortbestandteilen

1.9.1 In Zusammensetzungen von Ziffern mit einem Wort oder Wortbestandteil wird zumeist ein Bindestrich gesetzt: *40-jährig – der 40-Jährige – 8-mal(ig) – 10-eckig – 3-Tonner – 80er-Jahre* (oder: *80er Jahre*); aber: *ein 32stel – 15%ig.*

1.9.2 Aneinanderreihungen von Ziffern und mehr als einem Wort oder Wortbestandteil werden durch Bindestriche gekoppelt: *50-Jahr-Feier*, aber: *Fünfzigjahrfeier – 2-Euro-Stück* (auch: *2-€-Stück*), aber: *Zweieurostück – 2-Kilo-Dose* (auch: *2-kg-Dose*), aber: *Zweikilodose – ¾-Liter-Flasche* (auch: *¾-l-Flasche*), aber: *Dreiviertelliterflasche – 4 x 100-m-Staffel* (auch: *4-mal-100-Meter-Staffel*) *– Formel-1-Wagen.*

1.10 In manchen technischen Angaben wird ein Schrägstrich gesetzt:

40 km/h – 3 000 U/min km – 9 l/100 km

2 Römische Zahlzeichen

I	1
V	5
X	10
L	50
C	100
D	500
M	1000

Anwendungsbeispiele:

In einer Zahl dürfen (nach heutigem Gebrauch) I, X und C je dreimal vorkommen, V, L und D nur je einmal. Steht ein Zeichen mit geringerem Zahlwert vor einem mit höherem, so ist sein Wert vom höheren abzuziehen. Früher setzte man auch vier gleiche Zeichen nebeneinander, zB IIII für 4, MDCCCC für 1900.

II	(1 + 1) = 2
III	(1 + 1 + 1) = 3
IV	(5 – 1) = 4
VI	(5 + 1) = 6
VII	(5 + 2) = 7
VIII	(5 + 3) = 8
IX	(10 – 1) = 9
XI	(10 + 1) = 11
XIV	(10 + 4) = 14
XVI	(10 + 6) = 16

XIX	(10 + 9) = 19
XX	(10 + 10) = 20
XL	(50 – 10) = 40
IL	(50 – 1) = 49 (früher auch: XLIX)
LXIV	(50 + 10 + 4) = 64
XC	(100 – 10) = 90
XCI	(90 + 1) = 91
IC	(100 – 1) = 99 (früher auch: XCIX)
VD	(500 – 5) = 495 (früher auch: XDV)
CMXXXIII	(1000 – 100 + 33) = 933

Jahreszahlen:

MDCCCXCIII	1893
MLM	1950 (früher auch: MCML)
MCMLXXXVI	1986
MCMIC oder MIM	1999 (früher auch: MCMXCIX)
MMIX	2009
MMX	2010

Grammatische und sprachwissenschaftliche Ausdrücke

Die folgende Zusammenstellung grammatischer Fachausdrücke ist didaktisch ausgerichtet. Sie enthält die in der Schule heute gängigen Termini und verzeichnet auch ältere Ausdrücke, die manchen aus der Schulzeit geläufig sein könnten. Das Verzeichnis beansprucht aber keine Vollständigkeit. Ebenso sind manche Definitionen nicht streng wissenschaftlich formuliert, sondern bewusst einfach gehalten. Manche Ausdrücke werden hier – obwohl sie zB in der österreichischen Schule überhaupt nicht gebräuchlich sind – deshalb erklärt, weil sie in den amtlichen Rechtschreibregeln verwendet werden.

Abhängigkeitsgrammatik → Dependenzgrammatik

Ablaut: Wechsel des Stammvokals in verwandten Wörtern, zB tr*i*nken – tr*a*nk – getr*u*nken; g*e*ben – die G*a*be

Ableitung → Derivation; → Wortbildung

Ableitungssuffix: Nachsilbe, die zur → Wortbildung dient, zB *-lich* in *wörtlich*, *-heit* in *Krankheit* oder *-bar* in *essbar*; → Suffix

Abstraktum: ein → Nomen, das etwas Nichtgegenständliches bezeichnet, zB *Angst, Freude, Friede, Schönheit, Zorn*; → Konkretum

Abstrichverfahren, Weglassprobe, Eliminierungsprobe; sie dient zum Feststellen des kleinstmöglichen Satzes durch Abstreichen (grammatikalisch) entbehrlicher Satzglieder: *Der Bauer holt* ⌜täglich⌝ *das Vieh* ⌜von der Weide⌝; → operationales Verfahren

Abtönungspartikel → Modalpartikel; → Partikel; → Situativ

abwandeln → konjugieren

Abwandlung → Konjugation

Adjektiv: Eigenschaftswort; wird attributiv (zum Nomen, zB *der graue Mantel*) oder prädikativ (Teil des Prädikats, zB *der Mantel ist grau*) verwendet; dazu werden auch bestimmte Arten von Numeralien gezählt

Adjektivgruppe (im Sinne der Rechtschreibregeln zB): Der November, *kalt und nass*, löste eine Grippewelle aus.

adjektivisches Attribut: Beifügung in der Form eines Eigenschaftswortes, zB *große* in *das große Haus*

Adverb, Umstandswort: fallfreie Wortart; gibt Ort, Zeit, Art oder Grund an; → Kausaladverb

adverbial, adverbiell: als oder wie ein Adverb verwendet

adverbiale Bestimmung, Adverbialbestimmung, Umstandsangabe, Umstandsergänzung, zB: Ich komme *heute Morgen* (wann?); → Ergänzung; → Präpositionalobjekt

adverbiell → adverbial

Affix: Sammelbezeichnung für nicht selbständige Elemente der → Wortbildung und der Wortformbildung (→ Präfix = vor dem Wortstamm, → Suffix = nach dem Wortstamm)

Akkusativ, Wenfall: 4. Fall; ich sehe *den Hund*

Akronym → Initialwort

Aktiv: Tätigkeitsform (des Verbs): Er *repariert* den Motor; → Passiv

Akzent: Hervorhebung einer Silbe/eines Lautes durch Lautstärke, Tonhöhe oder Dauer | grafisches Zeichen auf Vokalbuchstaben, zB Akut (´), Gravis (`), Zirkumflex (^)

Alternativfrage → Entscheidungsfrage

Ambiguität: Doppeldeutigkeit eines Wortes oder Satzes

Anakoluth: Bruch im Satz (ein Stilmittel)

Anapher: absichtliche Wiederholung eines Wortes (einer Wortgruppe) am Beginn aufeinander folgender Sätze | (in der Textgrammatik): anaphorischer Verweis: Rückverweis, Verweis auf bereits genannte Textteile; → Katapher

Anführung: mit → Anführungszeichen hervorgehobener Teil eines Textes (meist als Zeichen für die wörtliche Wiedergabe)

Anführungszeichen: grafisches Mittel zur Hervorhebung einzelner Teile eines Textes, zB als wörtliche Wiedergabe („ " oder « » oder » «); halbe Anführungszeichen (‚ ' oder ‹ › oder › ‹) verwendet man, wenn innerhalb eines schon angeführten Textes ein weiterer Textteil hervorgehoben werden soll; → direkte Rede

Anlaut: erster Laut einer Silbe oder eines Wortes; → Auslaut

Anredepronomen: persönliches Fürwort, das der direkten Anrede von Gesprächspartnern dient: *du, deiner, dir, dich; Sie, Ihrer, Ihnen, Sie; ihr, eurer, euch, euch*

Antonym, Gegensatzwort: Wort, das einem anderen mit gegensätzlicher Bedeutung entspricht, zB *groß – klein; Freund – Feind*; → Synonym

Apostroph: grafisches Zeichen, das anzeigt, wenn ein Teil eines Wortes ausgelassen wurde, zB: *Hat's gereicht?*; dient auch zur Abgrenzung von Namen: *goethesche Gedichte – Goethe'sche Gedichte*

Appellativ → Gattungsname

Apposition, Beisatz: nominales → Attribut (meist im gleichen Fall wie das Bezugswort): Johann Nestroy, *der sozialkritische Dichter*, wurde ...

Artikel: Begleiter des Nomens; drückt oft aus, dass etwas im Text schon genannt wurde oder aber erst neu erwähnt wird; bestimmter A. *(der, die, das)*; unbestimmter A. *(ein, eine, ein)*; zeigt im Wörterbuch das grammatische Geschlecht des Nomens an („Geschlechtswort")

Assimilation: Anpassung eines Lautes an den benachbarten Laut; → Dissimilation

asyndetische Verbindung: Verbindung sprachlicher Teile ohne Konjunktion; → syndetische Verbindung

Attribut, Beifügung: Teil eines Satzgliedes (→ Gliedteil), bestimmt den Gliedkern (das Nomen) näher: das *dicke* Buch; das Buch *auf dem Tisch*; → Apposition

Attributsatz, Beifügung: Gliedteilsatz (abhängiger Satz) in der Funktion eines → Attributs, zB: Sie trägt einen Hut, *der sehr gut zu ihrem Mantel passt*; formal können Attributsätze → Relativsätze, → Konditionalsätze oder Komparativsätze sein

Aufforderungssatz, Befehlssatz: Satz, der eine Aufforderung oder einen Befehl zum Ausdruck bringt; die Personalform (im Imperativ) steht an erster Stelle, zB: ⌜*Geh*⌝ *aus der Sonne!*; ohne Veränderung der Wortstellung, aber mit geänderter Betonung, zB: ⌜*Wir gehen*⌝ *jetzt, ohne Widerrede!*; → Wunschsatz

Augenblickskompositum: Wortzusammensetzung, die nach Bedarf (auch aus dem Stegreif) gebildet wird, zB *Mülltrennungshysterie*

Ausklammerung: Satzglied oder Teil eines Satzglieds, steht außerhalb der → verbalen Klammer

Auslassungspunkte: im Allgemeinen drei Punkte, die anzeigen, dass ein oder mehrere Wörter im Text ausgelassen wurden bzw. noch folgen können, zB: *Und dann wandte sie sich enttäuscht ab ...*

Auslaut: letzter Laut einer Silbe oder eines Wortes; → Anlaut

Auslautverhärtung: stimmlose („harte") Aussprache eines ursprünglich stimmhaften („weichen") Konsonanten am Wortende, zB [raːt] für *Rad*

Ausrufwort → Interjektion

Aussagesatz: Satz, der einen Sachverhalt oder eine Behauptung wiedergibt; → Hauptsatz

Aussageweise → Modus

Äußerung: sinnvoll abgeschlossene kommunikative Einheit; kann aus einzelnen Wörtern und Wortgruppen, aber auch aus mehreren Sätzen bestehen

Austauschprobe → Ersatzprobe

Auxiliar, Auxiliarverb → Hilfsverb

Basisdialekt → Grundmundart

Basismorphem → Wortstamm

Bedingungssatz → Konditionalsatz

Befehlsform → Imperativ

Befehlssatz → Aufforderungssatz

Begleitsatz: Trägersatz, Einleitesatz für eine direkte (wörtliche) Rede, zB: ⌜Sie sagte:⌝ *„Morgen muss alles anders sein!"*

Beifügung → Attribut

Beifügesatz → Attributsatz

Beisatz → Apposition

Beistrich, Komma: Satzzeichen zur Gliederung innerhalb von → Ganzsätzen

besitzanzeigendes Fürwort → Possessivpronomen

Bestimmungswort: Teil eines → Kompositums, zB ⌜*Haus*⌝*tür*; → Grundwort; → Wortbildung

beugen, biegen → deklinieren

Beugung, Biegung → Deklination

bezügliches Fürwort → Relativpronomen

biegen, beugen → deklinieren

Biegung, Beugung → Deklination

Bindevokal → Fugenzeichen

Bindewort → Konjunktion

Bindestrich: Satzzeichen zur Verbindung zweier Wörter (Buchstaben, Zahlen), die als zusammengehörig angesehen werden, zB *Beer-Hofmann, Ignaz-Seipel-Platz*; → Ergänzungsstrich

Dativ, Wemfall: 3. Fall; gib das *dem Hund*

defektives Verb: Verb, von dem nicht alle Stamm- bzw. Zeitformen gebildet werden können, zB *wettrennen* (aber nicht in der Personalform, sondern nur: *wir rennen um die Wette*)

Deixis, deiktische Wörter: Wörter mit hinweisender, zeigender Funktion (Zeigewörter), zB Demonstrativpronomen

Deklination: Beugung (Biegung) des Nomens, Adjektivs und Pronomens; das Nomen in die vier Fälle (Singular und Plural) setzen; → Flexion

deklinieren: ein Nomen, Adjektiv, Pronomen beugen (biegen); → flektieren

Deletion: Tilgung, Eliminierung; grammatisches Verfahren zur Ermittlung von Kernsätzen, vgl. auch → Weglassprobe; →Abstrichverfahren

Deminutiv → Diminutiv

Demonstrativpronomen, hinweisendes Fürwort: zB *diese, jener, diejenige, derselbe*; → Pronomen; → Deixis

Denominalisierung, Desubstantivierung: Nomen, das im konkreten Fall nicht (mehr) als Nomen verwendet wird, also die Wortart gewechselt hat, zB: *Ich nehme* ⌜*teil*⌝; *er ist* ⌜*schuld*⌝; → Nominalisierung

Denotation, Denotat: der rein sachbezogene Wortinhalt (ohne hinzutretende Stilnuancen und Begleitvorstellungen), der zB den Wörtern *Menschen, Leute, Personen* bzw. *essen, verzehren, speisen, fressen* gemeinsam ist, ist ihre Denotation; → Konnotation

Dental, Zahnlaut: zB *d, t*

Dependenzgrammatik, Abhängigkeitsgrammatik: ein Sprachbeschreibungsmodell, das alle Satzteile als abhängig von einem bestimmten Satzteil ansieht, zB vom Prädikat; → Wertigkeit; → Ergänzung

Derivation, Ableitung: neben der → Komposition (Zusammensetzung) wichtigster Typ der → Wortbildung

Desubstantivierung → Denominalisierung

Desubstantivum: von → Substantiven abgeleitete Wörter, zB *hämmern* von *Hammer*; → Denominalisierung

Deverbativum: von einem → Verb abgeleitetes Wort, zB *genießbar* von *genießen*

Dialekt → Mundart

Diminutiv, Deminutiv: Verkleinerungsform, zB Bäch*lein*, Häus*chen*, Schwamm*erl*, Glas*l*

Diphthong: Zwielaut, zB *au, äu, ei*; → Monophthong; → Umlaut

direkte Rede, wörtliche Rede (zwischen → Anführungszeichen), zB: Er sagte: *„Ich komme morgen." „Du kommst morgen?"*, fragte sie. *„Aber ich"*, sagte er, *„komme morgen."*; → indirekte Rede

Dissimilation: das Unähnlichmachen zweier ähnlicher Laute, gegenläufiger Vorgang zu → Assimilation

Doppelpunkt: Satzzeichen im Inneren eines Satzes, zeigt an, was sich aus einer Ankündigung ergibt

Durchkoppelung, Durchkopplung: Verbindung mehrerer Wörter mit Bindestrichen, zB *das In-den-Tag-hinein-Leben*

Eigenname, Eigennamen, Nomen proprium: Nomen, das etwas nur einmal Vorkommendes (zB Person, Bauwerk, Land, Fluss, Berg, Organisation) bezeichnet, um es zu identifizieren, zB *Grillparzer, Franz, Schloss Schönbrunn, Wien, Donau, Österreich, Rotes Meer, Österreichisches Rotes Kreuz*

Eigenschaftswort → Adjektiv

Einleitewort: Sammelbegriff für alle Wörter, die abhängige Sätze (Gliedsätze, Nebensätze) einleiten, zB → Konjunktionen, → Relativpronomen

einschließender Satz: zB Hauptsatz, der einen Gliedsatz einschließt

Einwortsatz: situationsabhängiger Kurzsatz, zB: *„Wohin?“ – „Heim!“*

Einzahl → Singular

Elativ: absoluter → Superlativ; sehr hoher Grad der Steigerung, außerhalb von Vergleichen, zB *in tiefster Trauer*; → Vergleichsformen

Eliminierungsprobe → Weglassprobe; → Abstrichverfahren

Ellipse, elliptischer Satz: grammatisch unvollständiger Satz

Empfindungswort → Interjektion

Emphase: Nachdruck, besondere Betonung

Endonym: geographischer Eigenname in der betreffenden Landessprache, zB *Milano, Donau, Danmark, Österreich;* → Exonym

Endstellung des Verbs: die → finite Verbform (Personalform) steht in Aussagesätzen meist als zweites Satzglied, in eingeleiteten Gliedsätzen jedoch an letzter Stelle

Endung: letzter Bestandteil eines Wortes, der grammatische Formen (Beugungs- oder Flexionsendung) oder Ableitungen (Ableitungsendung) kennzeichnet, zB *des Mann⌜es⌝* (→ Flexionsendung; zeigt den Genitiv an), *die Krank⌜heit⌝* (Ableitungsendung; zeigt an, dass es sich um ein vom Adjektiv *krank* abgeleitetes Nomen handelt), *mach⌜bar⌝* (Ableitungsendung; zeigt an, dass das Wort vom Verb *machen* abgeleitet wird); → Suffix, → Ableitungssuffix

Entlehnung: aus einer fremden Sprache übernommenes Wort; → Lehnwort

Entscheidungsfrage: → Fragesatz, der mit der Personalform eingeleitet wird, zB: *⌜Spielt⌝ Barbara Tennis?*; Antwort: *ja/nein* (oder eine andere Zustimmung oder Ablehnung); → Ergänzungsfrage

Erbwort: Wort, das in der Sprache seit ältesten Zeiten vorhanden war (im Gegensatz zu → Lehnwort oder → Fremdwort)

Ergänzung: Satzglied, das den Sachverhalt oder die Personen, auf die ein Geschehen bezogen ist, charakterisiert, das zusätzliche Informationen bietet oder vom Verb gefordert wird; kann in einem bestimmten Fall (zB Akkusativobjekt), mit einer Präposition (→ Präpositionalobjekt) oder fallfrei (Umstandsergänzung oder -angabe, → adverbiale Bestimmung) in den Satz eingebunden werden; → Objekt; → Gleichsetzungsakkusativ; → Gleichsetzungsnominativ; je nach grammatischem System sind Ergänzungen, Angaben und Bestimmungen im Wesentlichen gleich bedeutend oder haben unterschiedliche Bedeutungen (zB eine Form der → Dependenzgrammatik unterscheidet zwischen obligatorischen (notwendigen) Ergänzungen und fakultativen (freien) Angaben, gelegentlich auch zwischen obligatorischen und fakultativen Ergänzungen und freien Angaben)

Ergänzungsfrage: → Fragesatz, der mit einem Fragewort eingeleitet wird, zB: *⌜Wie⌝ konnte das passieren?*; Antwort: ergänzende Information; → Entscheidungsfrage

Ergänzungsstrich, Ergänzungsbindestrich: zeigt an, dass ein Wortteil weggelassen wurde, zB *Haupt- und Nebeneingang;* → Bindestrich

Ersatzform, Substitution, Proform: Wortgruppe bzw. Wort, das in einem Text an Stelle eines anderen eingesetzt wird; textgrammatisch eine Art von → Verweis: *„⌜Bastelt⌝ ⌜Hans⌝?“ – „⌜Das tut⌝ ⌜er⌝.“*

Ersatzprobe, Austauschprobe, Kommutationstest, Substitution: Ersatz eines Wortes (Satzgliedes) durch ein anderes zwecks Bestimmung der grammatischen Form; zB: *Ich besuche* ⌜*Hans*⌝. (Hans ist unter anderem durch *dich* ersetzbar, also Akkusativ); → operationales Verfahren

Etymologie: Erforschung von Herkunft, Grundbedeutung und geschichtlicher Entwicklung eines Wortes sowie über dessen Verwandtschaft mit Wörtern gleichen Ursprungs in anderen Sprachen; → Volksetymologie

Exonym: geographischer Eigenname in einer auswärtigen Sprache, zB *Mailand, Danube, Dänemark, Austria;* → Endonym

Fall → Kasus

Fallergänzung → Objekt

fallfrei: nicht flektierbar

Femininum: „weibliches" grammatisches Geschlecht | Nomen, das diesem Geschlecht angehört; → Genus

Finalsatz, Zwecksatz: abhängiger Satz (Gliedsatz, Nebensatz), der den Zweck einer Handlung angibt, meist mit *damit* oder *(auf) dass* eingeleitet, aber auch mit *um zu* und dem Infinitiv: *Er zog die dicken Fäustlinge aus,* ⌜*auf dass/damit er mehr Gefühl in den Fingern hatte*⌝. *Sie zog die Handschuhe aus,* ⌜*um mehr Gefühl in den Fingern zu haben*⌝.

finite Verbform, Personalform: jede Verbform, die → Person, → Numerus und → Tempus (auch → Modus) erkennen lässt: sie *geht; geh!*; → infinite Verbform; → Endstellung des Verbs

flektieren: Oberbegriff für → deklinieren (beugen, biegen beim Nomen, Adjektiv und Pronomen) und → konjugieren (abwandeln beim Verb)

Flexion: Oberbegriff für → Deklination und → Konjugation

Flexionsendung → Endung

Folgesatz → Konsekutivsatz

Fonem → Phonem

Fonetik → Phonetik

fonetische Umschrift → phonetische Umschrift

Fonologie → Phonologie

Formenlehre → Morphologie

Fortis: scharf (mit stärkerer Energie) ausgesprochener Konsonant, zB „hartes" *p, t, k;* → Lenis

fragendes Fürwort → Interrogativpronomen

Fragesatz, Interrogativsatz: Satz, der eine Fragestellung beinhaltet; → Entscheidungsfrage; → Ergänzungsfrage

Fremdwort: aus einer anderen Sprache übernommenes Wort, das (zum Unterschied vom → Lehnwort) in Aussprache, Schreibung oder Grammatik seine fremde Herkunft noch erkennen lässt, zB *Photosynthese, Chance, cool;* → Erbwort

Fugenzeichen, Fugenelement, Bindevokal: Element, das zwei Bestandteile einer Wortzusammensetzung verbindet, zB sonne*n*arm

Füllwort → Partikel

Funktionsverb: Verb, das in bestimmten Zusammenhängen, bes. in → Funktionsverbgefügen, seine lexikalische Bedeutung weitgehend verloren hat, zB *bringen, finden, nehmen;* → Funktionsverbgefüge

Funktionsverbgefüge: feste Verbindung eines Nomens mit einem Verb (dessen Bedeutung verblasst ist), zB *Kontakt aufnehmen – kontaktieren; zur Aufführung bringen – aufführen; zum Abschluss bringen – abschließen;* → Funktionsverb

Funktionswort → Partikel

Fürwort → Pronomen

Futur, Futurum: 1. (erste) Zukunft, unvollendete Zukunft, Futur I: ich *werde laufen*; ich *werde singen* | 2. (zweite) Zukunft, vollendete Zukunft, Futur II (früher auch Futurum exaktum, Vorzukunft): ich *werde gelaufen sein*; ich *werde gesungen haben* | dient neben der Aufgabe, künftige Handlungen usw. anzuzeigen, heute fast überwiegend zum Ausdruck von Modalität (Vermutung/Wahrscheinlichkeit): *Sie wird das schon machen! Das wird schon gehen;* → Zeitform

Futurum exaktum (früher) → 2. Futur

Ganzsatz: gesamter Satz mit allen seinen Teilsätzen (Haupt- und Gliedsätzen); → Satz; → Teilsatz

Gattungsname, Gattungsnamen, Appellativ: konkretes → Nomen, das eine Gattung gleichartiger Dinge oder Lebewesen bezeichnet, zB *Tisch, Mädchen*

Gaumenlaut → Palatal; → Velar

Gedankenstrich: Satzzeichen innerhalb von → Ganzsätzen zur Kennzeichnung von Weiterführendem, von Einschüben oder von einem deutlichen Wechsel, ohne dass ein neuer Absatz gewählt wird; → Parenthese

Gegenwart (früher, unwissenschaftlich für) → Präsens

Gemination: Verdoppelung (zB von Konsonantenbuchstaben)

Genitiv, Genetiv, Wesfall: 2. Fall; der Name *des Hundes*

Genus, Geschlecht, grammatisches Geschlecht: *das* Mädchen; *der* Hund; *die* Fliege; → Femininum; → Maskulinum; → Neutrum; stimmt nicht unbedingt mit dem natürlichen Geschlecht überein, vgl. ⌜*das*⌝ *Mädchen*

Genus verbi: Handlungsform des Verbs: Aktiv, Passiv

Geschlecht → Genus

Geschlechtswort → Artikel

gleichrangiger Teilsatz → Teilsatz

Gleichsetzungsakkusativ: Sinnergänzung, Gleichsetzungsglied im 4. Fall (Akkusativ): *Franz nannte sich* ⌜*einen Sportler*⌝; → Ergänzung

Gleichsetzungsnominativ: Sinnergänzung, Gleichsetzungsglied im 1. Fall (Nominativ): *Franz ist* ⌜*ein Sportler*⌝. *Sie heißt* ⌜*Rosa*⌝; → Ergänzung

Gliedsatz: Nebensatz, der dem Hauptsatz untergeordnet ist; Satzglied in Gestalt eines (abhängigen) Satzes (zB Objektsatz, Umstandssätze des Ortes, der Zeit, des Grundes, einer Bedingung ..., Lokalsatz, Temporalsatz, Kausalsatz, Konditionalsatz ...); → Satz; → Hauptsatz

Gliedteil: Teil eines Satzgliedes; → Attribut

Gliedteilsatz → Attributsatz

Grammatik, Sprachlehre: Lehre vom Bau und von den Regeln einer Sprache

grammatisches Geschlecht → Genus

Graphem, Grafem: Buchstabe oder Buchstabenverbindung, insofern als damit ein Phonem oder eine Phonemfolge bezeichnet wird; zB *Fleisch: f, l, ei, sch*; *ei* und *sch* bilden jeweils nur ein Graphem | (auch für): kleinste sinnunterscheidende Schriftzeichen-Einheit (zB Buchstabe, Ziffer, Interpunktionszeichen) ohne Rücksicht auf die Zeichengestalt; so stellen *a* und a dasselbe Graphem dar; → Phonem; → Morphem

Grundform: beim Nomen und Adjektiv: Nominativform (im Singular); beim Verb: Infinitiv

Grundmorphem → Wortstamm

Grundmundart: Basisdialekt in ursprünglicher Form mit engem Verbreitungsgebiet; → Verkehrsmundart; → Mundart

Grundstufe → Positiv

Grundwort: Teil eines → Kompositums, zB *Haus*⌜*tür*⌝; → Bestimmungswort; → Wortbildung

Grundzahlwort, Kardinalzahlwort: zB *zwei, elf*; → Ordnungszahlwort; → Numerale

Hauptsatz: (unabhängiger) → Satz, der selbständig bestehen kann; die Personalform steht im → Aussagesatz an zweiter Stelle; → Gliedsatz

Hauptsatzreihe: aus Hauptsätzen bestehende Satzverbindung: ⌜*Meine Mutter malt gern*⌝ (Hauptsatz), *(und)* ⌜*mein Vater spielt gern Klavier*⌝ (Hauptsatz); → Parataxe

Hauptwort (früher) → Nomen

Herkunftssprache: die (Art von) Sprache, die jemand aus seiner Umgebung (Familie, Freunde, Milieu) mitbringt | die Sprache, aus der ein (fremdes) Wort stammt

Hilfsverb, Auxiliar, Auxiliarverb (früher auch: Hilfszeitwort der Zeit): die Wörter *sein, haben, werden*, wenn sie helfen, zusammengesetzte Zeitformen zu bilden: *Goethe* ⌜*wurde*⌝ *gefeiert; Goethe* ⌜*hat*⌝ *den „Faust“*

geschrieben. Hilfsverben können auch als Vollverben auftreten: *Goethe* ⌜*war*⌝ *ein Dichter. Ich* ⌜*habe*⌝ (= besitze) *ein Auto;* → Vollverb; → Verb; → Modalverb; → modifizierendes Verb

Hilfszeitwort (früher) → Hilfsverb

hinweisendes Fürwort → Demonstrativpronomen

Hochdeutsch: die von der 2. (hochdeutschen) Lautverschiebung erfasste Ausprägung der deutschen Sprache im Süden (einschließlich Österreichs und der Schweiz) und in der Mitte des deutschen Sprachraums; → Niederdeutsch | (auch für): Standardsprache des Deutschen

Hochlautung: die der Hochsprache zugehörige Aussprache

Hochsprache → Standardsprache

Höchststufe → Superlativ

Höherstufe → Komparativ

Homograph, Homograf: Wort gleicher Schreibung wie ein anderes, aber verschiedener Herkunft und Bedeutung (auch Aussprache), zB *Rentier* (Rentner oder Tier); → Homonym; → Homophon

Homonym: Wort, das gleich wie ein anderes lautet und auch so geschrieben wird, sich von ihm aber in Herkunft und Bedeutung unterscheidet, zB *Ton* (Musik) und *Ton* (Erde); → Homophon; → Homograph

Homophon, Homofon: Wort, das gleich wie ein anderes lautet, aber verschieden geschrieben wird und sich von ihm auch in Herkunft und Bedeutung unterscheidet, zB *Lerche* (Vogel) und *Lärche* (Baum); (ein Bild) *malen* und (Kaffee) *mahlen*; → Homonym; → Homograph

Hypotaxe: → Satzgefüge, in dem ein Satz einem anderen untergeordnet ist (Haupt- und Gliedsatz, Gliedsätze unterschiedlichen Grades); → Parataxe

Idiolekt: charakteristischer Sprachgebrauch einer bestimmten Person; → Soziolekt

Idiom: Ausdrucksweise, die einer bestimmten Sprache eigentümlich ist | Sprache, Mundart | feststehende Redewendung

idiomatisch: dem (lebendigen, richtigen) Sprachgebrauch entsprechend; idiomatische Wendung (Redewendung)

Imperativ, Befehlsform, Aufforderungsform: eine Verbform mit Aufforderungscharakter: ⌜*sprich*⌝ *leise!*; ⌜*sprecht*⌝ *deutlicher!*; → Modus

Imperfekt (früher) → Präteritum

Indefinitpronomen, unbestimmtes Fürwort: zB *man, jemand, niemand, jedermann, irgendwer, kein;* → Pronomen

Indikativ, Wirklichkeitsform: eine Aussageweise des Verbs: ich *lese*; er *hat geschlafen*; → Modus

indirekte Rede, nicht wörtliche Rede, zB: *Er sagte,* ⌜*er könne*⌝ *das nicht verantworten;* → direkte Rede

infinite Verbform: jede Verbform, die nicht nach Person und Zahl konjugiert ist: *gehen; gegangen;* → finite Verbform

Infinitiv, Nennform: die → Grundform des Verbs: *lesen*

Infinitivgruppe, Nennformgruppe: ⌜*Statt zu lesen,*⌝ *hört sie Radio.*

Initialwort, Akronym, Abkürzungswort, Buchstabenwort: zB *NATO, EDV, AIDS ...*

Integration: Anpassung der Aussprache und/oder der Schreibung eines fremden Wortes an die aufnehmende Sprache, zB *Büro, streiken, Schal;* download*en*, down*ge*load*et*; → Lehnwort

Interjektion, Ausrufwort, Empfindungswort: drückt eine Empfindung oder Aufforderung aus: *au!, oh!, o weh!, pfui!, hallo!*

Internationalismus: Wort, das auf Grund von Entlehnung in mehreren Sprachen in ähnlicher Form und gleicher Bedeutung vorkommt, zB *Natur, Kilogramm, stop(p), Kalender, Kontakt, real*

Interpunktion, Zeichensetzung: Art und Anwendung von Interpunktionszeichen

Interpunktionszeichen, Satzzeichen: zB Beistrich, Fragezeichen, Rufzeichen, Punkt

Interrogativpronomen, fragendes Fürwort: zB *wer?, was?, welcher?, was für ein?*; → Pronomen

Interrogativsatz → Fragesatz

Intonation: Tongebung beim Sprechen, Veränderungen der Tonhöhe und -stärke im Satz oder in einer Äußerung (Stimmtonverlauf)

intransitive Verben: intransitive (nicht zielende, unbezügliche) Verben sind solche, die keine Ergänzung im Akkusativ als Zielpunkt einer Handlung verlangen und von denen kein Passiv gebildet werden kann: *Es ⌜regnet⌝. Die Rosen ⌜blühen⌝. Wien ⌜liegt⌝ an der Donau;* → transitiv

IPA: Internationales Phonetisches Alphabet; → phonetische Umschrift | International Phonetic Association

Kardinalzahlwort → Grundzahlwort

Kasus, Fall, Beugungsfall, Biegungsfall: drückt die Beziehung des Nomens, Adjektivs und Pronomens zu anderen Satzgliedern (Satzteilen) aus; → Nominativ; → Genitiv; → Dativ; → Akkusativ

Katapher, kataphorischer Verweis (in der Textgrammatik): Vorausverweis; Wort bzw. Wortgruppe, die auf ein im Text folgendes Wort vorausweist; → Verweis; → Anapher

Kausaladverb: → Adverb, das einen Grund/ eine Begründung ausdrückt

Kausativum: Verben, die ein „Verursachen" ausdrücken, zB *tränken* (= trinken machen), *senken* (= sinken machen), *töten* (= tot machen), *schwärzen* (= schwarz machen)

Kohärenz: Textzusammenhang in inhaltlicher und grammatikalischer Hinsicht; gelegentlich wird zwischen Kohärenz = inhaltlicher Textzusammenhang und Kohäsion = grammatischer/sprachlich-struktureller Zusammenhang unterschieden

Kollektivum → Sammelname

Kollokation: Möglichkeit der Kombination von Wörtern, zB *es schmeckt* + *gut* (aber in Österreich nicht: *es schmeckt* + *schön*)

Komma → Beistrich

Komparation → Vergleichsformen

Komparativ, Höherstufe, Mehrstufe: die 2. Vergleichsform (des Adjektivs): *älter* als du; → Vergleichsformen

Komparativsatz, Vergleichssatz, zB: *Sie wird das so machen, ⌜wie wir es besprochen haben⌝.*

Kompositum, Zusammensetzung, zusammengesetztes Wort: *Haus-tor; Haus-tor-schlüssel;* bei Verben unterscheidet man trennbare (unfeste) Zusammensetzungen, zB *ausgehen – ich gehe aus,* und untrennbare (feste) Zusammensetzungen, zB *schlafwandeln – ich schlafwandle;* → Derivation; → Wortbildung; → Simplex

Konditionalsatz: Bedingungssatz, zB: *Ich komme nur, ⌜wenn (falls) ich eingeladen werde⌝;* → Attributsatz

Kongruenz: Übereinstimmung zusammengehöriger Satzteile in Genus, Numerus und Kasus: *Vater und Mutter ⌜sind⌝ zu Hause; die Dramen Grillparzer⌜s, des⌝ bedeutendst⌜en⌝ österreichisch⌜en⌝ Dichter⌜s⌝*

Konjugation: Abwandlung (des Verbs); → Flexion

konjugieren, abwandeln: ein Verb in die drei Personen des Singulars und des Plurals und in die verschiedenen Zeitformen setzen; → flektieren

Konjunktion, Bindewort: verbindet zwei Wörter, Satzteile oder Sätze, zB *und, oder, aber, denn, weil;* auch zweiteilig: *teils – teils, weder – noch;* → Einleitewort

Konjunktionaladverb: Adverb/Umstandswort, das die Aufgabe einer koordinierenden Konjunktion übernehmen kann, zB *allerdings, auch, also, inzwischen, trotzdem*

Konjunktiv, Möglichkeitsform: eine Aussageweise des Verbs; drückt nur Gedachtes, Mögliches uÄ aus; dient auch der Relativierung und der subjektiven Stellungnahme: *er sagt, er ⌜habe⌝ ein neues Fahrrad* (1. Konjunktiv, Konjunktiv I, Konjunktiv Präsens); *sie ⌜hätte⌝ sich ein Fahrrad ⌜gekauft⌝, wenn es nicht so teuer ⌜gewesen wäre⌝* (2. Konjunktiv, Konjunktiv II, Konjunktiv Präteritum, Konjunktiv Imperfekt); heute weniger gebräuchlich; → Modus

Konkretum: ein → Nomen, das Gegenständliches bezeichnet, zB *Maria, Kafka, Ybbs, Dachstein, Mensch, Hund, Tanne, Tisch, Wald, Herde, Familie, Wasser;* → Abstraktum

Konnotation, Konnotat: die zum rein sachbezogenen Wortinhalt hinzutretenden Stilnuancen und Begleitvorstellungen (Gefühlswert, Nebensinn); so haben zB die Wörter *Menschen, Leute, Personen* bzw. *essen, verzehren, speisen, fressen* jeweils verschiedene Konnotationen; → Denotation

Konsekutivsatz, Folgesatz, zB: *Sie hatte zu wenig gelernt, ⌜als dass sie die Prüfung hätte bestehen können⌝.*

Konzessivsatz: ein Umstandssatz („Einräumungssatz“), zB: *Sie arbeitete weiter, ⌜obwohl sie starke Schmerzen hatte⌝.*

Konsonant, Mitlaut; *b, p, d, t, g, k, m, n, r, ch* zB sind Konsonanten; → Vokal

Konsonantenbuchstabe: Schreibweise für einen Konsonanten

Kopula, Kopulativverb: finite Form bestimmter Verben *(sein, werden, bleiben, heißen, scheinen ...),* die das Subjekt mit dem Prädikatsnomen verbindet, zB: *Sie ist (bleibt, wird) mein Vorbild.* Auch: *Er scheint heute müde.*

Korrelation: Wechselbeziehung, Aufeinanderbezogenheit zweier Elemente (zB *derjenige – welcher, dort – wo; nicht nur – sondern auch*)

Labial, Lippenlaut (zB *p, m*)

Lautschrift → phonetische Umschrift

Leerstelle → Planstelle

Lehnwort: aus einer fremden Sprache übernommenes Wort, das in Lautung, Schreibung und Grammatik der übernehmenden Sprache angeglichen wurde, zB *Fenster* aus lat. *fenestra*; → Entlehnung; → Fremdwort; → Erbwort; → Integration

Leideform (früher) → Passiv

Leitwort: in einem Text wiederkehrende Wörter, die das Thema des Textes bestimmen (auch Wörter aus demselben Wortfeld)

Lenis: „schwach“ ausgesprochener Konsonant, Verschluss- oder Reibelaut (muss nicht notwendigerweise stimmhaft sein), zB *b, d, g* in österreichischer Aussprache; → Fortis

Lexem: jedes einzelne Wort (mit seinen Formen) im Sprachwortschatz

Ligatur: grafische Verbindung zweier oder mehrerer Buchstaben, zB æ, Æ, œ, Œ

Lippenlaut → Labial

Maskulinum: „männliches“ grammatisches Geschlecht | (mit Pl. Maskulina): Nomen, das diesem Geschlecht angehört; → Genus

Mehrstufe → Komparativ

Mehrzahl → Plural

Meiststufe → Superlativ

Mitlaut → Konsonant

Mittelwort → Partizip

Mittelwortgruppe → Partizipialgruppe

Mitvergangenheit (früher) → Präteritum

Modalpartikel, Abtönungspartikel, auch Modaladverb: bezeichnet die Einstellung der sprechenden oder schreibenden Person zum Inhalt einer Aussage, einer Frage oder einer Aufforderung, zB: *Da bist du ⌜ja⌝! Was meinst du ⌜denn⌝? Komm ⌜doch⌝! Das ist ⌜natürlich⌝ etwas anderes;* → Satzadverb; → Partikel; → Situativ

Modalsatz: Gliedsatz (Nebensatz, Adverbialsatz), der die Umstände der Art und Weise angibt; wird zB mit *indem* oder *dadurch, dass* oder *damit, dass* eingeleitet

Modalverb (früher auch: Hilfszeitwort der Aussage): bestimmt die Aussage eines → Vollverbs im Satz näher: *dürfen, können, mögen, müssen, sollen, wollen.* Er *durfte* nicht *lesen*; → Hilfsverb; → modifizierendes Verb; → Verb

Modalwort → Satzadverb

modifizierendes Verb: bestimmt wie ein → Modalverb die Aussage eines → Vollverbs im Satz näher, verlangt aber einen Infinitiv (mit *zu*), zB *brauchen, sich (ge)trauen, hoffen, meinen, scheinen, vermögen, verstehen, wissen. Sie ⌜versuchten⌝ die Aufgabe ⌜zu lösen⌝. Sie ⌜brauchen⌝ nicht persönlich ⌜(zu) kommen⌝*; → Hilfsverb; → Verb

Modus, Aussageweise; → Imperativ; → Indikativ; → Konjunktiv; → finite Verbform

Möglichkeitsform → Konjunktiv

Monophthong: einfacher Vokal, zB *a, e, ü;* → Diphthong

Morphem: kleinste bedeutungstragende Gestalteinheit in der Sprache; *fliegt* besteht aus den Morphemen *flieg* (Wortstamm) und *t* (Zeichen der 3. Person Singular); → Phonem; → Graphem

Morphologie, Formenlehre: Lehre von den → Morphemen

Mundart, Dialekt; → Grundmundart; → Verkehrsmundart; → Standardsprache; → Umgangssprache

Nachsilbe → Suffix

Nachzeitigkeit → Zeitenfolge

Namenwort → Nomen

Nasalvokale: nasalierte Selbstlaute, zB in *Chance* [ʃɑ̃:s] oder in mundartlich [ʃɛ̃:] für *schön*

Nebensatz → Gliedsatz

Negation: Verneinung(swort)

Nennform → Infinitiv

Nennformgruppe → Infinitivgruppe

Neutrum: „sächliches" (neutrales) grammatisches Geschlecht | (mit Pl. Neutra): Nomen, das diesem Geschlecht angehört und weder „männlich" noch „weiblich" ist; → Genus

Niederdeutsch, Plattdeutsch: die von der 2. (hochdeutschen) Lautverschiebung nicht erfasste Ausprägung der deutschen Sprache in Norddeutschland (vgl. *ik, wat* gegenüber *ich, was*); → Hochdeutsch

Nomen, Substantiv, Namenwort (früher auch: Hauptwort): zB *Blume*; verblasstes Nomen: Wort, das im Sprachgebrauch nicht mehr als Nomen gilt, zB ⌜*schuld*⌝ *sein;* → Abstraktum; → Konkretum; → Gattungsname; → Eigenname; → Sammelname; → Zahlnomen

Nomen agentis, Täterwort: Wort, das den Träger einer Handlung bezeichnet, zB *Täter, Lehrerin, Gewinner, Raser, Maler, Studentin*

Nomen proprium → Eigenname

nominal: in der Wendung *beim Gehen* ist das Verb *gehen* nominal gebraucht

nominales Attribut → Apposition

Nominalisierung, Substantivierung: Umwandlung eines Wortes, das kein Nomen ist, in ein Nomen; sein nominaler Gebrauch; zB *singen – das Singen, zum Singen, beim Singen, vor dem Singen; schön – etwas Schönes, nichts Schönes, die Schöne ...;* → Denominalisierung

Nominalstil: sprachlicher Stil, der den Nomen bzw. den Nominalisierungen und nicht den Verben den Vorzug gibt; → Verbalstil

Nominativ, Werfall: 1. Fall; ⌜*der Hund*⌝ *bellt;* → Grundform

Numerale, Zahlwort: wird meist zu den entsprechenden Wortarten gezählt, nämlich Adjektiv oder Nomen; zB *eins, zwei; erster, zweiter; einmal; manche, viele;* → Grundzahlwort; → Ordnungszahlwort; → Zahladjektiv; → Zahlnomen

Numerus, Zahl: Bezeichnung für → Singular und → Plural; → finite Verbform

Objekt, Fallergänzung (im 2., 3., 4. Fall): Satzglied, das den Sachverhalt oder die Personen, auf die ein Geschehen bezogen ist, charaktersiert; wird (meist) vom Verb gefordert; seinen Kasus (Fall) bestimmt das Verb; kann nur durch Pronomina ersetzt werden: Martin gedenkt *des Toten*; Petra dankt *dem Vater;* Lotte liest *einen Roman*; → Ergänzung; → Präpositionalobjekt

operationales Verfahren: eine Methode zur grammatikalischen Analyse eines Satzes; → Abstrichverfahren; → Ersatzprobe; → Verschiebeprobe

Ordnungszahlwort, Ordinalzahlwort: → Numerale, das die Stelle in einer Reihenfolge angibt; zB die *zweite* Klasse; die *Elfte;* → Grundzahlwort

Palatal: Vordergaumenlaut (zB *g* vor *i*); → Velar; → Gaumenlaut

Parataxe: Nebenordnung von Sätzen (gleichrangige Sätze – etwa einer → Hauptsatzreihe); → Satzgefüge; → G.: Hypotaxe

Parenthese: Redeteil, der außerhalb des Satzverbandes steht: Wir gingen – *ich erwähnte es schon* – sofort nach Hause. Heute ist *(wie schon gestern verlautbart)* geschlossen; → Gedankenstrich

Partikel, Füllwort, Funktionswort: ein → unflektierbares Wort, zB *jetzt, nach, wenn, ja, nur, doch;* wird meist als zusammenfassende Bezeichnung für → Adverbien, → Präpositionen, → Konjunktionen und → Interjektionen verwendet

Partizip, Mittelwort: eine infinite Verbform; 1. Partizip (Partizip I, früher auch Partizip Präsens, Mittelwort der Gegenwart), zB *schlafend, spielend*; 2. Partizip (Partizip II, früher auch Partizip Perfekt, Mittelwort der Vergangenheit), zB *geschlafen, gespielt*

Partizipialgruppe, Partizipgruppe, Mittelwortgruppe: ⌜*Soeben angekommen*⌝, rief sie an.

Passiv (früher auch: Leideform) (des Verbs): *Der Motor* ⌜*wird repariert*⌝ (Vorgangspassiv); *der Motor* ⌜*ist repariert*⌝ (Zustandspassiv); → Aktiv

Perfekt, 2. Vergangenheit, vollendete Gegenwart: eine → Zeitform des Verbs, die eine zwar in der Vergangenheit abgeschlossene, in ihrer Auswirkung aber noch in die Gegenwart hineinwirkende Handlung bezeichnet: *sie sind gegangen; sie haben geschrieben*

Person: Form des Verbs oder Pronomens, zB *du* sprichst (2. Person Singular); → finite Verbform

Personalform → finite Verbform

Personalpronomen, persönliches Fürwort; vertritt ein Nomen, zB *ich (meiner, mir, mich); du; er, sie, es; wir; ihr; sie;* → Pronomen; → Anredepronomen

persönliches Fürwort → Personalpronomen

Phonem, Fonem: kleinste (bedeutungsunterscheidende) Lauteinheit, zB *T*eich – *D*eich; zugleich übergeordnete Einheit für alle Lautvarianten, die in einer Sprache untereinander austauschbar sind, ohne dass dadurch ein Wort unverständlich oder zu einem anderen Wort würde, zB im Deutschen /r/ – Zungenspitzen- oder Zäpfchen-r-Laut; → Graphem; → Morphem

Phonetik, Fonetik: Lehre von Art, Bildung und Wahrnehmung der Sprachlaute

phonetische Umschrift, fonetische Umschrift, Lautschrift, Transkription: möglichst genaue grafische Darstellung der Laute einer Sprache, zB *Faible* [fɛːbl]; → IPA; → Transkription

Phonologie, Fonologie: Lehre von den Lauten in deren Funktion als wortunterscheidende Zeichen (Phoneme)

Phrase: zusammengehörige Wortgruppe ohne Personalform eines Verbs; Wortgruppe oder Satzteil von relativer Selbständigkeit, zB Nominalphrase, Verbalphrase in der Phrasenstrukturgrammatik

Planstelle: Leerstelle, die auf Grund der → Wertigkeit (Valenz) des Verbs von einem Satzglied besetzt werden muss: ⌜*Sie*⌝ ⇐ arbeitet. ⌜*Er*⌝ ⇐ holt ⇒ ⌜*den Ball*⌝. ⌜*Er*⌝ ⇐ verdankt ⇒ ⌜*sein Wissen*⌝ ⇐ ⌜*dem Lehrer*⌝.

Plattdeutsch → Niederdeutsch

Plural, Mehrzahl → Singular; → Numerus

Pluraletantum: Mehrzahlwort, zB *Alpen, Leute, Eltern;* → Singularetantum

Plusquamperfekt: die 3. Vergangenheit, vollendete Vergangenheit, Vorvergangenheit; eine → Zeitform des Verbs: er *war gegangen*; sie *hatte geschrieben*

Positiv: Grundstufe, 1. Vergleichsform (des Adjektivs): so *alt* wie du; *alte* Menschen; → Vergleichsformen

Possessivpronomen, besitzanzeigendes Fürwort, zuordnendes Fürwort: zB ⌜*mein*⌝ *Fahrrad;* ⌜*unser*⌝ *Vater;* → Pronomen

Prädikat, Satzaussage: Satzglied, das vom Verb gebildet wird; man unterscheidet: einteiliges Prädikat (er *läuft*); mehrteiliges Prädikat (sie *ist gelaufen*; du *hast geschrieben*); → Subjekt

Prädikativ: nominaler Prädikatsteil, der zusammen mit *sein, werden, bleiben* ua. das Prädikat bildet, zB Prädikatsnominativ (=

Gleichsetzungsnominativ), Prädikatsakkusativ (= Gleichsetzungsakkusativ) und auch Prädikatsadjektiv: *Das Wasser* ⌜*ist kalt*⌝.

Prädikatsteil: Prädikatsgruppe, Prädikat samt den zu ihm gehörigen Satzgliedern (Ergänzungen)

Präfix, Vorsilbe: Wortteil, der dem Stamm eines Wortes vorangeht: ⌜*be*⌝*wegen*, ⌜*ent*⌝*laufen*, ⌜*ge*⌝*sehen*, ⌜*un*⌝*wahr*; kann auch aus zwei Sprechsilben bestehen, zB ⌜*über*⌝*blicken*; → Suffix; → Endung

Präposition, Vorwort (früher auch: Verhältniswort): steht zumeist vor dem von ihm abhängigen Wort (meist Nomen oder Pronomen) und bestimmt dessen Kasus; Präpositionen sind zB *wegen, bis, für, an, auf;* → Partikel

Präpositionalobjekt, Präpositionalergänzung, Vorwortergänzung (Ergänzung mit einem Vorwort): *Die Polizei achtet* ⌜*auf den Verkehr*⌝; → Ergänzung; → adverbiale Bestimmung; → Objekt

Präsens, Gegenwart: eine → Zeitform des Verbs: wir *gehen*; sie *schreibt*

Präteritum, 1. Vergangenheit (früher auch: Imperfekt, früher missverständlich auch: Mitvergangenheit): eine → Zeitform des Verbs, die einen bereits abgeschlossenen Vorgang bezeichnet: ich *sagte*; sie *schrieben*

Proform: Pronomen, das an Stelle eines anderen Wortes eingesetzt wird; → Ersatzform

Pronomen, Fürwort: begleitet oder vertritt ein anderes Wort, besonders ein Nomen; persönliches Fürwort *(sie)* (→ Personalpronomen; → Anredepronomen); rückbezügliches Fürwort *(sich)* (→ Reflexivpronomen); besitzanzeigendes Fürwort *(mein)* (→ Possessivpronomen); bezügliches Fürwort *(welcher)* (→ Relativpronomen); Fragefürwort *(was?)* (→ Interrogativpronomen); hinweisendes Fürwort *(diese)* (→ Demonstrativpronomen); unbestimmtes Fürwort *(man)* (→ Indefinitpronomen)

Punkt: Satzzeichen zur Kennzeichnung des Schlusses von → Ganzsätzen; Ordnungszeichen nach Ziffern (zB *2.*)

reflexiv: rückbezüglich

reflexives Verb, rückbezügliches Verb: die Handlung wendet sich auf das Subjekt zurück, zB: *Es regnet. Die Sache hat sich ereignet.*

Reflexivpronomen, rückbezügliches Fürwort: ich wasche *mich*; sie haben *sich* verletzt; → Pronomen; → reflexives Verb

regelmäßiges Verb: schwach (= regelmäßig) konjugiertes → Verb, zB *zeichnen, zeichnete, gezeichnet;* → unregelmäßiges (= starkes) Verb

Rektion: Eigenschaft von Verben und Präpositionen (mitunter auch Adjektiven), den Fall eines von ihnen abhängigen Nomens oder Pronomens zu bestimmen, zB *rufen* – Akkusativ, *mit* – Dativ; *ruf den Arzt!; ruf ihn!; mit ihm*

Relativpronomen, bezügliches Fürwort: der Mann, *der* gekommen war; die Frau, *welche* das gesagt hatte; → Pronomen; → Einleitewort

Relativsatz: abhängiger Satz (Nebensatz), der von einem → Relativpronomen eingeleitet wird und eine Beziehung (Relation) zu einem Teil des übergeordneten Hauptsatzes herstellt, zB: *Der Mann,* ⌜*der gekommen war*⌝, *hieß xy;* → Attributsatz

rückbezüglich → reflexiv

rückbezügliches Fürwort → Reflexivpronomen

rückbezügliches Verb → reflexives Verb

Rufzeichen: Zeichen (!), das eine Äußerung grafisch als Ausruf, Aufforderung oder Befehl kennzeichnet, zB *Komm!*

Sammelname, Sammelnamen, Kollektivum: konkretes → Nomen, das mehrere gleichartige Dinge oder Lebewesen bezeichnet, zB *Wald* (Bäume), *Herde* (Schafe), *Gebirge*

Satz: (größte) grammatische Einheit (innerhalb eines Textes); Sinneinheit, die beim Reden durch die Sprechmelodie gebunden ist: ⌜*Die Sonne scheint*⌝; ⌜*Der Vater gab seinen Kindern Taschengeld*⌝; → Ganzsatz; → Gliedsatz; → Hauptsatz; → Teilsatz; → Satzglied

Satzadverb, Modalwort: Adjektive und Adverbien, die eine subjektive Einschätzung einer Situation durch den Sprechenden anzeigen, zB: *Sie ist* ⌜*glücklicherweise/leider/hoffentlich*⌝ *nicht hier;* → Modalpartikel; → Situativ; → Satzadverbial

Satzadverbial: hat dieselbe Funktion wie das → Satzadverb, schließt jedoch Fügungen aus Präposition und Nomen mit ein, zB *ohne Zweifel, ohne Frage*

Satzaussage → Prädikat

Satzbauplan: grundlegende Muster von elementaren Sätzen, zB Subjekt + Prädikat; Subjekt + Prädikat + Akkusativobjekt; Subjekt + Prädikat + Dativobjekt; Subjekt + Prädikat + Präpositionalobjekt ...

Satzgefüge: aus Haupt- und Gliedsatz zusammengesetzter Satz: ⌜*Er hoffte*⌝ (Hauptsatz), ⌜*dass sein Freund bald käme*⌝ (Gliedsatz); → Satzreihe; → Hypotaxe; → Hauptsatz; → Gliedsatz; → Parataxe

Satzgegenstand → Subjekt

Satzglied: kleinste grammatische Einheit eines Satzes, die als ganze ersetzt bzw. an eine andere Stelle im Satz verschoben werden kann: ⌜*Der Vater*⌝ (Subjekt) ⌜*gab*⌝ (Prädikat) ⌜*seinen Kindern*⌝ (Dativobjekt) ⌜*Taschengeld*⌝ (Akkusativobjekt); die Satzglieder können mit Hilfe der → Verschiebeprobe gefunden werden; → Gliedteil

Satzgrammatik: Grammatik, die den Bau von Sätzen und ihre Beziehung beschreibt; → Textgrammatik; → Wortgrammatik

Satzklammer, verbale Klammer, Verbklammer, zB: Ich *bin* gestern Abend in den Wald *gegangen (bin ________ gegangen);* → Hilfsverb und → Vollverb – in der Form eines Partizips oder eines Infinitivs – bilden eine Klammer im Satz: das Hilfsverb in der Personalform an 2. Stelle, das aussagende Verb an letzter Stelle, zB: *Sie* ⌜*hat*⌝ *sehr hart* ⌜*gearbeitet*⌝. *Er* ⌜wird⌝ *das nicht* ⌜*schaffen*⌝. Auch bei Verben mit trennbarer Vorsilbe entsteht eine Klammer, zB: *Sie* ⌜*schlug*⌝ *ihr Zelt unter einer Pinie* ⌜*auf*⌝; → Ausklammerung

Satzlehre → Syntax

Satzreihe → Hauptsatzreihe; → Satzgefüge; → Hauptsatz

Satzzeichen → Interpunktionszeichen

Schrägstrich: grafisches Zeichen, das zumeist zum Anzeigen von Alternativen verwendet wird, zB *die meisten Arbeiter/innen*

Schreibaussprache: Aussprache von Wörtern, die genau der Schreibung folgt, aber gerade dadurch unrichtig sein kann, zB *Ehe:* ['eːhɛ] anstelle von (richtig) ['eːɛ], *Mutter:* ['mutɛr] anstelle von (richtig) ['mutə], *Ybbs:* [yps] anstelle von (richtig) [ips]

Schriftsprache: überregionale und schriftnahe Sprachform; → Standardsprache

Selbstlaut → Vokal

Semantik: (Lehre von der) Bedeutung der Wörter

Semikolon → Strichpunkt

Semiotik: Lehre von den „Zeichensystemen" in den verschiedensten Lebensbereichen, zB in Gesellschaft, Sprache, Wissenschaft, Kunst und im Verhalten von Lebewesen überhaupt

Silbe: Laut(gruppe) bzw. Buchstabe(ngruppe); man unterscheidet Sprechsilben (oft Abteilungssilben), zB *Ta-ges*, und Sprachsilben (Morpheme bzw. Wortstamm, Präfix, Suffix, Endung), zB *Tag-es, Tag-ung-en*

Simplex: einfaches (nicht zusammengesetztes oder abgeleitetes) Wort, zB *Luft, essen;* → Kompositum

Singular, Einzahl → Plural; → Numerus

Singularetantum: Einzahlwort, zB *Hunger;* → Pluraletantum

Situativ: Adverb, mit dem eine Stellungnahme zum Inhalt der eigenen Äußerung ausgedrückt wird: *Sie ist* ⌜*leider*⌝ *nicht da. Du kommst* ⌜*natürlich*⌝ *zu spät;* → Modalpartikel

Soziolekt: Sondersprache einer bestimmten (gesellschaftlichen, beruflichen) Gruppe; → Idiolekt

Sprachlehre → Grammatik

Sprachschicht: Sozialschicht der Sprache; → Standardsprache; → Umgangssprache; → Verkehrsmundart; → Grundmundart

Sprachsilbe → Silbe

Sprechsilbe → Silbe

Stammform: die 1. Stammform (Infinitiv oder 1. Person Singular Präsens): *laufe(n), hole(n);* die 2. Stammform (Präteritum = Imperfekt): *lief, holte;* die 3. Stammform (Partizip Perfekt = 2. Partizip, Partizip II): *gelaufen, geholt;* die Kenntnis der Stammformen ermöglicht es, die → Zeitformen des Verbs zu bilden

Stammmorphem → Wortstamm

Stammschreibung: übereinstimmende Schreibweise des bedeutungstragenden Teils verwandter Wörter, zB Ra*d* mit *d* wegen Rä*d*er, mu*ss* mit *ss* wegen mü*ss*en; → Wortstamm; → Stammsilbe

Stammsilbe: der Wortteil, der die Grundbedeutung des betreffenden Wortes trägt, zB *⌜fahr⌝en, ⌜fähr⌝t, ⌜fuhr⌝, ge⌜fahr⌝en, ⌜Fahr⌝t, ⌜Fahr⌝er;* → Stammmorphem

Standardlautung: Standardaussprache, wie sie in Aussprachewörterbüchern als für den deutschen Sprachraum allgemein gültig festgelegt ist (aber regional und in Einzelheiten mit der tatsächlichen Aussprache in Konflikt geraten kann)

Standardsprache: überregional geregelte, allgemein verbindliche Sprachform (zB zum Unterschied von → Umgangssprache und → Mundart); Hochsprache; Schriftsprache; → Hochdeutsch

starkes Verb → unregelmäßiges Verb

Steigerung (früher) → Vergleichsformen

Stoffname, Stoffnamen: konkretes Nomen, das eine gleichartige Stoffmasse bezeichnet, zB *Wasser, Salz, Holz*

Strichpunkt, Semikolon: Satzzeichen (;), das stärker gliedert als ein Beistrich, aber weniger stark als ein Punkt

Subjekt, Satzgegenstand: Satzglied im Nominativ; nennt den Gegenstand (die Person, das Thema), über den im Satz etwas ausgesagt wird: *Er* läuft. *Der Vater* liest ein Buch; → Prädikat

Subjektsteil, Subjektgruppe: Subjekt samt den zu ihm gehörigen Attributen und Artikeln

Subordination: Unterordnung eines Satzes oder Satzteiles (Satzgliedes) unter einen anderen (zB Gliedsatz unter Hauptsatz)

Substantiv → Nomen; → Desubstantivum

Substantivierung → Nominalisierung

Substitution → Ersatzform

Suffix, Nachsilbe: Wortteil, der auf den Stamm eines Wortes folgt: *Früh⌜ling⌝; Schick⌜sal⌝; Gleich⌜heit⌝; Eitel⌜keit⌝; Freund⌜schaft⌝; Bild⌜ung⌝; Mäd⌜chen⌝; Fräu⌜lein⌝; Schwamm⌜erl⌝; Köch⌜in⌝; lust⌜ig⌝*; es kann auch aus zwei Sprechsilben bestehen *(Büch⌜erei⌝)* oder keine eigene Sprechsilbe sein *(Fahr⌜t⌝)*; → Präfix; → Endung

Superlativ, Höchststufe, Meiststufe: die 3. Vergleichsform (des Adjektivs): am *ältesten*; der *Älteste* von allen; → Vergleichsformen; → Elativ

syndetische Verbindung: Verbindung sprachlicher Teile mit Konjunktion; → asyndetische Verbindung

Synonym: Synonyme sind Wörter mit gleicher oder ähnlicher Bedeutung, zB *Frühling – Lenz; Ross – Gaul – Pferd; Aufzug – Lift;* → Antonym

Syntax, Satzlehre: Lehre vom Satzbau

Tätigkeitsform → Aktiv

Tätigkeitswort: bezeichnet ein Geschehen, das vom zugehörigen Subjekt Aktivität verlangt, zB *arbeiten, sprechen*; größte Gruppe der Verben (Zeitwörter); → Verb

Teilsatz: Teil eines Ganzsatzes (Haupt- oder Gliedsatz); gleichrangige Teilsätze: Reihe von Hauptsätzen oder mehrere Gliedsätze, die alle vom selben Hauptsatz abhängig sind; → Satz

Tempus: → Zeitform des Verbs; man unterscheidet → Präsens, → Präteritum, → Perfekt, → Plusquamperfekt, → Futur I, → Futur II; → finite Verbform

Text: (größere) sprachliche Einheit, die aus aufeinander folgenden Sätzen besteht, deren Reihenfolge nicht beliebig vertauschbar ist

Textgrammatik: Grammatik, die die grammatischen Zusammenhänge ganzer (mehrere Sätze langer) Texte beschreibt; → Satzgrammatik; → Wortgrammatik

Textsorte, Textart: zB Roman, Ballade, Brief, Telegramm, Inserat, Gebrauchsanweisung, Drehbuch

Textthema: inhaltlicher Kern eines Textes

transitive Verben: transitive (zielende, bezügliche) Verben sind solche, die eine Ergänzung im Akkusativ als Zielpunkt einer Handlung verlangen bzw. verlangen können und von denen ein unpersönliches Passiv gebildet werden kann: *Ich ⌜benütze⌝ ⇒ das Werkzeug. – Die Frau ⌜gießt⌝ ⇒ die Blumen. – Die Blumen ⌜werden gegossen⌝*; → intransitiv

Transkription: Umsetzung der Schreibweise eines Wortes (besonders eines Namens) aus einer Schrift (zB der griechischen) in eine andere (zB die Lateinschrift) | → phonetische Umschrift

Überlautung: überdeutliche Aussprache, die sich möglichst genau nach dem Schriftbild richtet, zB bei schlechter Verständigung am Telefon oder im Funksprechverkehr, oft auch beim Diktieren, zB für *Wagen* statt normal ['vaːgŋ] – überdeutlich ['vaːgɛn] (vgl. auch *zwo* statt *zwei*, um Verwechslung mit *drei* zu vermeiden)

Umgangssprache: Sprachform mit landschaftlichen Eigenheiten zwischen → Mundart und → Standardsprache

Umlaut: *ä, ö, ü* sind Umlaute; Veränderung eines Vokals: G*a*rten – G*ä*rten; h*o*ch – h*ö*her; D*u*ft – D*ü*fte; H*au*s – H*äu*ser; → Vokal; → Diphthong

Umstandsangabe, Umstandsergänzung → adverbiale Bestimmung

Umstandswort → Adverb

unbestimmtes Fürwort → Indefinitpronomen

unflektierbar: Wörter, die in ihrer Form nicht verändert, d. h. weder konjugiert noch dekliniert werden können; → Partikel

Univerbierung: Zusammenwachsen von Wortgruppen zu einem zusammengesetzten Wort, zB *Auto fahren ⇒ das Autofahren, lebe wohl ⇒ das Lebewohl; das Haus auf dem Lande ⇒ Landhaus*

unpersönliche Verben: können in keiner anderen als der 3. Person Singular verwendet werden, als Subjekt wird oft *es* gesetzt, zB *es regnet/taut/dämmert, es fröstelt mich = mich fröstelt*

unregelmäßiges Verb: stark (= unregelmäßig) konjugiertes → Verb, zB *schreiben, schrieb, geschrieben;* → regelmäßiges (= schwaches) Verb

Valenz → Wertigkeit (des Verbs)

Velar: Hintergaumenlaut (zB *ch* in „ach“); → Palatal; → Gaumenlaut

Verb, Zeitwort: kennzeichnet das Sein oder Geschehen im Satz und ist konjugierbar, das heißt, es lässt sich in Person, Numerus (Zahl) und Tempus (Zeit) setzen; „schwache“ (→ regelmäßige) Verben sind zB *machen* (mach*te*, gemach*t*), *arbeiten* (arbeite*te*, gearbeite*t*); „starke“ (→ unregelmäßige) Verben sind zB s*i*ngen (s*a*ng, ges*u*ngen), h*a*lten (h*ie*lt, geh*a*lten); manche Verben haben von beiden Arten Formen, zB *salzen* (sal*zte*, gesal*zen*); einige Verben haben Formen ganz verschiedener Stämme, zB *sein (bin, ist, sind, war, gewesen)*; man unterscheidet Tätigkeitsverben (zB laufen, sprechen, arbeiten), Zustandsverben (zB *bleiben, liegen, leben*) und Vorgangsverben (zB *wachsen, regnen, fallen*); → Tätigkeitswort; → Hilfsverb; → Modalverb; → modifizierendes Verb; → Vollverb; → finite Verbform; → infinite Verbform; → Deverbativum

verbale Klammer, Verbklammer → Satzklammer

Verbalstil: sprachlicher Stil, in dem Handlungen durch Verben ausgedrückt werden; → Nominalstil

Verbzusatz: trennbarer Teil unfest zusammengesetzter Verben, zB *hoch* in *hochstapeln* oder *aus* in *ausgehen*

Vergangenheit: 1. Zeitstufe des Vergangenen; 2. im engeren Sinn deutsche Bezeichung für die Zeitform → Perfekt (sie *ist gegangen*, er *hat gelacht*); 3. Sammelbegriff für alle → Zeitformen der Vergangenheit; → Präteritum; → Perfekt; → Plusquamperfekt

Vergleichsformen, Komparation (früher auch: Steigerung): man unterscheidet drei Vergleichsformen; sie geben den Grad einer Eigenschaft, eines Zustandes uÄ vergleichsweise an: *alt, älter, älteste;* → Positiv; → Komparativ; → Superlativ; → Elativ

Vergleichssatz → Komparativsatz

Verhältniswort (früher) → Präposition

Verkehrsmundart: Mundart mit weitem Verbreitungsgebiet; → Grundmundart; → Mundart

Verschiebeprobe: ein Verfahren, bei dem die → Satzglieder durch Umstellen als die kleinsten grammatischen Bestandteile des Satzes erkannt werden: *Der Vater ⌜gab⌝ seinen Kindern | Taschengeld. – Seinen Kindern ⌜gab⌝ der Vater | Taschengeld. – Taschengeld ⌜gab⌝ der Vater | seinen Kindern;* → operationales Verfahren

Verweis: Wörter oder Wortgruppen, die sich auf im Text zurückliegende oder folgende Textteile beziehen; 1. Rückverweis (→ Anapher, anaphorischer Verweis) zB *dazu, er, aus diesem Grunde;* 2. Vorausverweis (→ Katapher, kataphorischer Verweis) zB *⌜Folgendes, eines⌝ sage ich dir: ...;* → Ersatzform

Vokal: Selbstlaut, zB *a, e, i, o, u; ä, ö, ü;* → Umlaut; → Monophthong; → Diphthong; → Konsonant

Vokalbuchstabe: Schreibweise für einen Vokal

Volksetymologie: volkstümliche (irrige, unwissenschaftliche) Erklärung der Herkunft bzw. Bedeutung von Wörtern und Namen auf Grund ihrer Lautung; so hat zB *Wetterleuchten* nichts mit *leuchten* zu tun, sondern kommt vom älteren *Wetterleichen* (*leichen* = tanzen, hüpfen, auf Blitze bezogen); → Etymologie

Vollverb: Verb, das allein das Prädikat bilden kann und einen lexikalischen Inhalt hat: *Die Kinder ⌜spielen⌝*; auch Hilfsverben können als Vollverben auftreten: *Franz ⌜ist⌝ Sportler. Er ⌜hat⌝ ein Rad. Sie ⌜wird⌝ Lehrerin;* → Hilfsverb; → Modalverb; → modifizierendes Verb; → Verb

Vorsilbe → Präfix; → Affix

Vorvergangenheit → Plusquamperfekt

Vorwort → Präposition

Vorwortergänzung → Präpositionalobjekt

Vorzeitigkeit → Zeitenfolge

Vorzukunft (früher) → Futurum II

Weglassprobe → Abstrichverfahren

Wemfall → Dativ

Wenfall → Akkusativ

Werfall → Nominativ

Wertigkeit, Valenz: Eigenschaft des Verbs, eine bestimmte Anzahl von Sinnergänzungen zu fordern, damit ein grammatisch richtiger Satz entsteht: *⌜die Bäume⌝ ⇐ blühen* (einwertig). *⌜Anna⌝ ⇐ holt ⇒ ⌜die Milch⌝* (zweiwertig). *⌜Otto⌝ ⇐ klopft ⇒ ⌜dem Freund⌝ ⇒ ⌜auf die Schulter⌝* (dreiwertig); → Abstrichverfahren; → Planstelle

Wesfall → Genitiv

Wirklichkeitsform → Indikativ

Wortart: je nach dem grammatischen Modell gibt es unterschiedlich viele Wortarten, im Allgemeinen gelten jedoch → Nomen, → Verb, → Adjektiv, → Artikel, → Pronomen, → Präposition und häufig → Adverb als deutlich unterscheidbare Wortarten; in jüngeren Zusammenfassungen werden meist Artikel und Pronomen gemeinsam unter „Begleiter und Stellvertreter des Substantivs" geführt; Präpositionen, Adverbien, Konjunktionen und Interjektionen werden als unflektierbare → Partikeln gruppiert

Wortbildung: Bildung eines Wortes zB durch → Zusammensetzung *(⌜Geh⌝weg)* oder → Derivation *(be⌜geh⌝bar)* aus einem anderen Wort *(⌜geh⌝en);* → Affix; → Grundwort; → Bestimmungswort

Wortfamilie: Gruppe von Wörtern, die einen gemeinsamen Wortstamm haben, zB *⌜lauf⌝en, ⌜Lauf⌝, ⌜Läuf⌝er, Ver⌜lauf⌝, bei⌜läuf⌝ig*

Wortfeld: Begriffsfeld; Gruppe von Wörtern, die gemeinsame Bedeutungsmerkmale haben, zB *Pferd, Ross, Gaul, Stute, Schimmel;* im weiteren Sinn auch: *wiehern, stampfen, Reitstall, Parcours*

Wortgrammatik: Grammatik, die die Verwendung bzw. die Formen einzelner Wörter beschreibt; → Textgrammatik; → Satzgrammatik

Wortgruppe: im Unterschied zu Komposita bleiben in Wortgruppen die einzelnen Wörter als selbständige Wörter erhalten, auch wenn die ganze Gruppe in sich eine Bedeutung hat, zB *in Erfahrung bringen; in die Ferne sehen; große Stadt* (aber: *Großstadt*)

wörtliche Rede → direkte Rede

Wortstamm, Basismorphem, Grundmorphem, Stammmorphem: wesentlichster Teil des Wortes, an den andere Bestandteile (Vor-, Nachsilben uÄ) angehängt werden, zB *ge⌜zeig⌝t; Ent⌜sprech⌝ung;* → Stammschreibung; → Stammsilbe

Worttrennung: Trennung (Abteilen) der Wörter am Zeilenende

Wunschsatz: Satz, der einen Wunsch zum Ausdruck bringt; die Personalform steht an erster Stelle, zB: ⌜*Wäre*⌝ *nur schon Weihnachten!*; → Aufforderungssatz

Zahl → Numerus

Zahladjektiv: Eigenschaftswort, das bestimmte *(vierte, neun)* oder unbestimmte *(viel, wenig)* Mengen ausdrückt; → Numerale

Zahlnomen, Zahlsubstantiv: → Nomen, das bestimmte Mengen oder Zahlen ausdrückt (zB *ein Dutzend, eine Million*); → Numerale

Zahlsubstantiv → Zahlnomen

Zahlwort → Numerale

Zahnlaut → Dental

Zeichensetzung → Interpunktion

Zeitenfolge: Abhängigkeit der Zeitformen in Gliedsätzen: Als ich *kam, war* sie schon *gegangen* (vorzeitig). Nachdem sie *gekommen war, begann* die Feier (nachzeitig). Als ich *fortging, regnete* es (gleichzeitig)

Zeitform: man unterscheidet zwei Arten: einfache Zeitformen (Präsens, Präteritum; *ich gehe, ging*) und zusammengesetzte Zeitformen (Perfekt, Plusquamperfekt, Futur I, Futur II; *ich bin gegangen, war gegangen, werde gehen, werde gegangen sein*); → Tempus; → Stammform

Zeitstufe: es gibt sechs Zeitformen, aber nur drei Zeitstufen: Gegenwärtiges, Vergangenes, Zukünftiges

Zeitwort → Verb

Zitatwort: Wort oder Wortgruppe, die (gleichsam zitierend) ohne Veränderung aus einer fremden Sprache übernommen wird, zB *First Lady, en bloc, crescendo, deleatur*

Zukunft → Futur

Zusammensetzung, zusammengesetztes Wort → Kompositum

Zwecksatz → Finalsatz

Zwielaut → Diphthong

Druck- und Schreibschriften

Antiqua („Lateinschrift“)	Fraktur („Deutsche Schrift“)
A, a	A, a
B, b	B, b
C, c	C, c
D, d	D, d
E, e	E, e
F, f	F, f
G, g	G, g
H, h	H, h
I, i	I, i
J, j	J, j
K, k	K, k
L, l	L, l
M, m	M, m
N, n	N, n
O, o	O, o
P, p	P, p
Q, q	Q, q
R, r	R, r
S, s, ß	S, ſ, s, ß
T, t	T, t
U, u	U, u
V, v	V, v
W, w	W, w
X, x	X, x
Y, y	Y, y
Z, z	Z, z

Österreichische Schulschrift 1969 / 1995 · Deutsche Schreibschrift (Kurrentschrift)

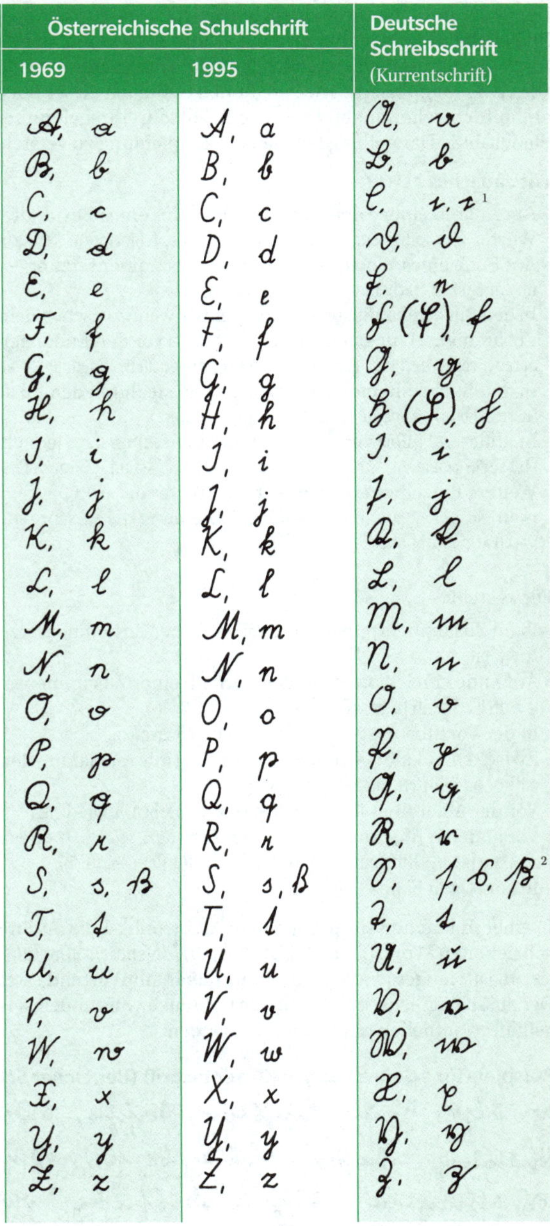

[1] ch, sch, ck = ; sonst c = 

[2] St = ; st = 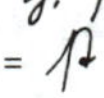 (außer bei der Wortfuge)

Die s-Schreibung in Fraktur- und Kurrentschrift

Dem *s* der Antiquaschrift entsprechen in der Frakturschrift ſ („langes s“) und s („rundes s“). Der Buchstabenfolge *ss* entsprechen ſſ, ſs und sſ. Dem *ß* in der Antiqua entspricht in der Fraktur ß. Analoges gilt für die Kurrentschrift (deutsche Schreibschrift).
Die etwas komplizierten Regeln für den Gebrauch dieser Buchstabenformen werden nicht ganz einheitlich gehandhabt. Die neue Rechtschreibregelung sagt nichts darüber aus. Deshalb ist die folgende Darstellung lediglich als Empfehlung zu verstehen.

Für einfaches *s* steht:

- Am Anfang einer Silbe, eines Wortes oder eines Bestandteiles in einem zusammengesetzten Wort ... ſ: ſo, alſo, Turnſaal, Häuſer, Obſorge, ſchweigſam, Inſkription *(In + skription!)*.
- Am Ende eines Wortes – auch in der Zusammensetzung – oder einer Vorsilbe ... s: Haus, Haus-tor, ausgehen, ſechsmal, desinfizieren, transalpin.
- In den Buchstabenfolgen *sch, sp, st,* außer wenn zwischen dem *s* und dem darauf Folgenden eine Zusammensetzungsfuge liegt ... ſ; ebenso vor den Endungen *-t, -te* ... ſ: Taſche, Weſpe, iſt; reiſt, gereiſt, reiſte, ſechſter. (Aber: Häuschen, auspacken, Dienstag – siehe oben.)
- In den Buchstabenfolgen *sl, sn, sr,* wenn sie durch den Ausfall eines *e* entstehen ... ſ: Verwechſlung (verwechſeln), geweſne (geweſene), unſre (unſere).
- In anderen Fällen vor Konsonantenbuchstaben ... s (jedoch einer anderen Regelung zufolge ... ſ): brüsk, riskieren, Kreisky, Egoismus, Oslo, Islam, Israel, Disziplin (brüſk, riſkieren usw.).
- Weitere Einzelheiten: *ps,* außer am Wortende ... pſ (Pſyche, Mops). – In fremden Wörtern (Namen) *sc, sh, sz,* wenn eine solche Schreibung die Aussprache [ʃ] bzw. [s] bezeichnet ... ſc, ſh, ſz: Breſcia, Waſhington, Leſzek, Tiſza.

Für *ss* steht:

- Beim Zusammentreffen von zwei *s* an einer Zusammensetzungsfuge ... sſ: dasſelbe, ausſehen, Eisſalon.
- Am Ende eines Wortes, auch innerhalb einer Zusammensetzung ... ſs: daſs, Paſs, Paſsamt, Eſstiſch, Imbiſsſtube, Fairneſs.
- In der Vorsilbe *miss-* ... ſs: Miſstrauen, miſsachten.
- Zwischen Vokalbuchstaben sowie vor *t* (mit Ausnahme der zuvor genannten Fälle) ... ſſ: Meſſe, paſſiv, du wuſſteſt, ihr müſſt.
- Vor der Ableitungssilbe *-chen* ... ſs: ein biſschen, Gäſschen.
- Vor anderen Ableitungssilben, wie *-bar, -lein, -lich* ... ſs oder aber, einer anderen Regelung zufolge ... ſſ: meſsbar, Nüſslein, häſslich (meſſbar, Nüſſlein, häſſlich).
- In sonstigen Fällen ... ſſ.

In einer Abkürzung sowie vor einem Apostroph ist die s-Schreibung die gleiche wie im voll ausgeschriebenen Wort: ſ. (ſiehe), Abſ. (Abſatz, Abſender), uſw. (und ſo weiter), ich leſ', ich laſſ'. (Aber: ich les, ich laſs; langes ſ kann nicht unmittelbar am Wortende stehen.)
Der ausschließliche, durchgehende Gebrauch von rundem s ist stilwidrig und kann nur als mangelhafter Notbehelf hingenommen werden.

Beispiele für s-Schreibung in Kurrentschrift (deutscher Schreibschrift):

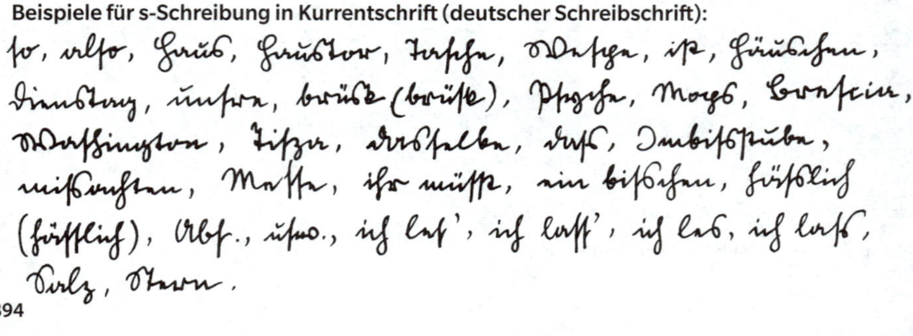

Gebrauch und Aussprache fremdsprachlicher Eigennamen – fremde Alphabete

Wenn in einem deutschen Text von Personen, Orten, Einrichtungen oder Dingen die Rede ist, die einen fremdsprachlichen Namen haben, ergibt sich eine Reihe von Fragen zu der Form des Namens, zu seiner Schreibung und seiner Aussprache. Zu den Namen (Eigennamen) zählen unter anderem: geografische Namen (beispielsweise Namen von Städten, Gebieten, Flüssen, Bergen), Personennamen (zB Vor- und Familiennamen), Werkstitel (zB Titel von Büchern, Zeitungen, Kunstwerken) sowie Benennungen von Organisationen, Firmen, öffentlichen Stellen.

1 Fremdsprachliche oder deutsche Form des Eigennamens

In vielen Fällen gibt es für einen Eigennamen neben einer fremdsprachlichen auch eine deutsche (oder in deutschen Texten übliche) Namensform; so zB neben *Milano, Thames, Louis XIV, House of Commons – Mailand, Themse, Ludwig XIV., Unterhaus.*

Solche deutsche Namenformen (Exonyme) sollen verwendet werden unter anderem

- bei geografischen Namen (also zB *Mailand*, nicht *Milano*) – außer wenn dadurch die Deutlichkeit in Frage gestellt wäre (etwa in Postadressen) oder wenn es fremde nationale Gefühle zu berücksichtigen gilt;
- oft bei Namen von (historischen) Herrscherpersönlichkeiten, immer bei Papstnamen (zB *Ludwig XIV.*, nicht *Louis XIV; Johannes Paul II.*);
- meist bei Namen von Kunstwerken (zB Tschaikowskis Ballett *Schwanensee*, nicht *Lebedinoje osero*).

Hingegen ist die fremdsprachliche Originalform unter anderem zu verwenden bei Namen sonstiger Personen (zB *William* – nicht *Wilhelm* – *Shakespeare*); bei Namen von Schiffen (zB die *„Giulio Cesare"*, nicht die *„Julius Cäsar"*); bei Titeln von Zeitungen (zB *„Le Monde"*, nicht *„Die Welt"*).

2 Schreibung fremdsprachlicher Wörter (fremde Alphabete)

Sofern es feststeht, dass ein Eigenname in seiner fremdsprachlichen Form zu verwenden ist, gilt es bezüglich der Schreibung zu unterscheiden:

- Namen, die einer Sprache angehören, die (so wie das Deutsche) die lateinische Schrift gebraucht: Hier ist die originale Schreibweise unverändert anzuwenden, einschließlich allfälliger diakritischer Zeichen, wie Akzente u. dgl., beispielsweise *é, ñ, š*.
- Namen, die einer Sprache angehören, die nicht die lateinische Schrift verwendet: Solche Namen müssen in der Regel in die lateinische Schrift umgesetzt (umgeschriftet, transkribiert bzw. transliteriert) werden. Die Verfahren dafür sind unterschiedlich je nach Sprache oder auch nach Benützerkreis; im Folgenden können nur ein paar Hinweise gegeben werden. Das Zeichen → bedeutet in diesem Abschnitt „Wird umgesetzt in ...".

2.1 Griechisches Alphabet (Altgriechisch)

Groß- und Kleinbuchstabe		Name	Transkription	
A,	α	Alpha	A,	a
B,	β	Beta	B,	b
Γ,	γ	Gamma	G,	g[1]

Groß- und Kleinbuchstabe		Name	Transkription	
Δ,	δ	Delta	D,	d
Ε,	ε	Epsilon	E,	e
Ζ,	ζ	Zeta	Z,	z
Η,	η	Eta	E,	e (Ē, ē)
Θ,	θ, ϑ	Theta	Th,	th
Ι,	ι	Jota	I,	i
Κ,	κ	Kappa	K,	k
Λ,	λ	Lambda	L,	l
Μ,	μ	My	M,	m
Ν,	ν	Ny	N,	n
Ξ,	ξ	Xi	X,	x
Ο,	ο	Omikron	O,	o[2]
Π,	π	Pi	P,	p
Ρ,	ρ	Rho	R,	r
Σ,	σ, ς[3]	Sigma	S,	s
Τ,	τ	Tau	T,	t
Υ,	υ	Ypsilon	Y,	y[4]
Φ,	φ	Phi	Ph,	ph
Χ,	χ	Chi	Ch,	ch
Ψ,	ψ	Psi	Ps,	ps
Ω,	ω	Omega	O,	o (Ō, ō)

Das Hauchzeichen ῾ über bzw. vor einem Vokalbuchstaben wird mit h wiedergegeben, zB ἑκατόν → hekatón (hundert), Ἑλένη → Helénē (Helena), ηὕρηκα → hēúrēka (ich hab's gefunden).
Ῥ, ῥ wird mit Rh, rh wiedergegeben, zB Ῥόδος → Rhodos.
Das Zeichen ᾿ entfällt in der Umschrift.
Die drei Akzentzeichen ´ ` ˜ werden in der Umschrift beibehalten, können aber auch entfallen.

[1] Aber: γγ → ng, γκ → nk, γξ → nx, γχ → nch; zB Σφίγξ → Sphinx.
[2] Aber: ου → u, zB μουσική → musikē (Musik).
[3] σ steht am Wortanfang und im Wortinneren, ς am Wortende, zB σεισμός (seismós: Erschütterung, Erdbeben).
[4] Aber: αυ → au, ευ → eu, ηυ → eu (ēu), ου → u; zB Ὀδυσσεύς → Odysseus.

2.2 Russisch

Groß- und Kleinbuchstabe (kyrillisch)		Transliteration (Großbuchstaben hier nicht eigens angegeben)	Transkription	Aussprache
А,	а	a	a	a (ɑ, ə)
Б,	б	b	b	b
В,	в	v	w	v

Groß- und Kleinbuchstabe (kyrillisch)		**Transliteration** (Großbuchstaben hier nicht eigens angegeben)	**Transkription**	**Aussprache**
Г,	г	g	g; Genitivendung го → wo	ɡ
Д,	д	d	d	d
Е,	е	e	e; am Wortanfang, nach Vokalbuchstaben, nach ъ oder ь → je; bei Aussprache [(j)ɔ] → siehe Ё, ё	jɛ, ʲɛ, ɛ (e, ɪ)
Ё,	ё	ë	jo; o (nach sch, sh)	jɔ, ʲɔ, ɔ
Ж,	ж	ž	sch, auch sh	ʒ
З,	з	z	s	z
И,	и	i	i; ьи → ji	i, ʲi
Й,	й	j	i; Endungen ий → i, ый → y; oder: й durchwegs → j	ɪ, i̯
К,	к	k	k; кс → x	k
Л,	л	l	l	l, ɫ
М,	м	m	m	m
Н,	н	n	n	n
О,	о	o	o	ɔ, a, ə
П,	п	p	p	p
Р,	р	r	r	r
С,	с	s	s; zwischen Vokalbuchstaben → ss; сх → ßch	s
Т,	т	t	t	t
У,	у	u	u	u
Ф,	ф	f	f	f
Х,	х	ch (ISO[1]: h)	ch	x (ç)
Ц,	ц	c	z	ts
Ч,	ч	č	tsch	tʃ
Ш,	ш	š	sch	ʃ
Щ,	щ	šč (ISO[1]: ŝ)	schtsch	ʃtʃ (ʃʲː)
Ъ,	ъ	″	(bleibt weg; siehe aber Е, е)	–
Ы,	ы	y	y	ɨ, ə
Ь,	ь	′	(bleibt weg; siehe aber Е, е, И, и)	–
Э,	э	ė(ISO[1]: è)	e	ɛ
Ю,	ю	ju (ISO[1]: û)	ju	ju, ʲu
Я,	я	ja (ISO[1]: â)	ja	ja, ʲa (ʲə)

Im Fachschrifttum und im Bibliothekswesen werden die russischen Buchstaben transliteriert (siehe in der Tabelle die Spalte „Transliteration"); sonst, zB für nichtfachliches Schrifttum, schöngeistige Literatur, Zeitungen, gebraucht man ein Verfahren der Wiedergabe, wie es aus der Spalte „Transkription" der Tabelle zu ersehen ist. Beispiel: Чехов – nach dem einen Verfahren: Čechov (Čehov), nach dem anderen Verfahren: Tschechow.

[1] ISO: International Organization for Standardization

2.3 Serbisch

Die Serben schreiben ihre Sprache vorwiegend in kyrillischer Schrift. In der Tabelle ist angegeben, wie im Serbischen und zugleich bei dessen Transkription die kyrillischen Buchstaben in lateinische umgesetzt werden. Diese Lateinschreibung, und nur sie, wird von Kroaten und islamischen Bosniern verwendet. Serbisch, Kroatisch und Bosnisch sind einander überaus ähnlich; sie wurden früher mit dem gemeinsamen Namen „Serbokroatisch" benannt.

Kyrillische Schrift, Groß- und Kleinbuchstabe		Lateinschrift, zugleich Transkription [1,2]	
А,	а	A,	a
Б,	б	B,	b
В,	в	V,	v
Г,	г	G,	g
Д,	д	D,	d
Ђ,	ђ	Đ (Dj),	đ (dj)
Е,	е	E,	e
Ж,	ж	Ž,	ž
З,	з	Z,	z
И,	и	I,	i
Ј,	ј	J,	j
К,	к	K,	k
Л,	л	L,	l
Љ,	љ	Lj,	lj
М,	м	M,	m
Н,	н	N,	n
Њ,	њ	Nj,	nj
О,	о	O,	o
П,	п	P,	p
Р,	р	R,	r
С,	с	S,	s
Т,	т	T,	t
Ћ,	ћ	Ć,	ć
У,	у	U,	u
Ф,	ф	F,	f
Х,	х	H,	h
Ц,	ц	C,	c
Ч,	ч	Č,	č
Џ,	џ	Dž,	dž
Ш,	ш	Š,	š

[1] Buchstabenfolge im Lateinalphabet: a, b, c, č, ć, d, dž, đ, e, f, g, h, i, j, k, l, lj, m, n, nj, o, p, r, s, š, t, u, v, z, ž.
[2] Zur Aussprache vgl. S. 900, 3.7.

2.4 Andere Sprachen,

die in nichtlateinischen Schriften geschrieben werden, sind zB Bulgarisch, Arabisch, Persisch, Hebräisch, die Sprachen Indiens, Chinesisch, Japanisch. Die Verfahren der Umsetzung in lateinische Schrift richten sich nach den einzelnen Fachwissenschaften.

3 Aussprache fremdsprachlicher Wörter (lateinisches Alphabet)

Im Allgemeinen gilt als Richtschnur: Während für Texte in der jeweiligen Fremdsprache selbstverständlich eine originalgetreue Aussprache anzustreben ist, würde es gekünstelt

wirken, wenn man einen fremden Namen, der in einem deutschen Text eingestreut vorkommt, völlig originalgetreu aussprechen wollte. Vielmehr empfiehlt es sich, dabei gewisse maßvolle Anpassungen der Aussprache der fremden Laute an die Artikulationsgewohnheiten des Deutschen vorzunehmen.
Im Folgenden werden für einige Sprachen Aussprachehinweise gegeben, soweit die von der Schreibung zum Laut führenden Regeln von jenen des Deutschen erheblich abweichen und soweit sie einfach darstellbar sind. Vollständigeres und Genaueres ist aus einschlägigen Lehrbüchern und im Fremdsprachenunterricht zu erfahren. Auf diesen ist insbesondere zu verweisen hinsichtlich der Aussprache des **Englischen**, wo die Beziehungen zwischen Schreibung und Aussprache so verwickelt sind, dass nur wenige einfach formulierbare allgemein gültige Regeln angegeben werden könnten.
Zur Bedeutung der Aussprachezeichen siehe S. 13 ff., 2.5.3.

3.1 Französisch

Schreibung	Aussprache	Schreibung	Aussprache	Schreibung	Aussprache
ai	ɛ, e	au	o	ay	e
c (vor e, i, y)	s	c (sonst)	k	ç	s
ch (vor l, r)	k	ch (sonst)	ʃ	eu	ø, œ
g (vor e, i, y)	ʒ	gn	nʲ	gu (vor e, i, y)	g
g (sonst)	g	h	stumm	ill	(i)j
j	ʒ	œu	ø, œ	oi	u̯a
ou	u	qu	k	u	y
v	v	y	i	z	z

Nasalvokale: Lautwerte von Vokalbuchstaben plus n oder m, wenn sie vor Konsonantenbuchstaben oder am Wortende stehen:

an, am, en, em ... ɑ̃	in, im ... ɛ̃
ain, aim, ein ... ɛ̃	oin ... u̯ɛ̃
eun ... œ̃	on, om ... ɔ̃
ien ... i̯ɛ̃	un, um ... œ̃

Nicht ausgesprochene („stumme“) Buchstaben am Wortende sind meist: -d (-ds), -e (-es), -r (in -er), -s, -t (-ts), x (in -aux, -eux, -oux), -z (in -ez). Betonung: Auf der letzten Silbe.

3.2 Italienisch

Schreibung	Aussprache	Schreibung	Aussprache
ce, cce	tʃe	ci, cci (vor a, o, u)	tʃ
ci, cci (sonst)	tʃi	ch, cch	k
c, cc (sonst)	k	ge, gge	dʒe
gi, ggi (vor a, o, u)	dʒ	gi, ggi (sonst)	dʒi
gh	g	gli (vor Vokal)	lʲ
gli (sonst)	lʲi	gn	nʲ
g, gg (sonst)	g	h	stumm
qu	ku̯	sce	ʃe

Schreibung	Aussprache	Schreibung	Aussprache
sci (vor a, o, u)	ʃ	sci (sonst)	ʃi
sch	sk	v	v

Betonung: Das Akzentzeichen ` gibt an, dass der Vokal betont ist: *Pietà* [pie'ta].

3.3 Niederländisch

Schreibung	Aussprache	Schreibung	Aussprache	Schreibung	Aussprache
ee	eː	ei	ɛɪ	eu	ø
g	x	ij	ɛɪ	oe	u
oo	oː	ou	ɔʊ	sch	sx
u	y, ʏ	ui	œʏ	z	z

3.4 Polnisch

Schreibung	Aussprache	Schreibung	Aussprache	Schreibung	Aussprache
ą	ɔ̃	ci (vor Vokal)	tʃʲ	ci (sonst)	tʃʲi
cz	tʃ	c (sonst)	ts	ć	tʃʲ
ę	ɛ̃	ł	u̯, w	ń	nʲ
ó	u	rz	ʒ	si (vor Vokal)	ʃʲ
si (sonst)	ʃʲi	sz	ʃ	s (sonst)	s
ś	ʃʲ	zi (vor Vokal)	ʒʲ	zi (sonst)	ʒʲi
z (sonst)	z *(vgl. aber cz, rz, sz!)*	ź	ʒʲ	ż	ʒ

Betonung: Meist vorletzte Silbe.

3.5 Russisch

S. S. 896 ff., 2.2.

3.6 Serbisch

S. S. 898, 2.3.

3.7 Slowenisch, Burgenlandkroatisch, Kroatisch, Bosnisch

Schreibung	Aussprache	Schreibung	Aussprache	Schreibung	Aussprache
c	ts	č	tʃ	ć[1]	tɕ
đ[2]	dʲ	s	s	š	ʃ
v	v	z	z	ž	ʒ

[1] Nicht im Slowenischen.

[2] Nicht im Slowenischen und Burgenlandkroatischen.

Anmerkung: Manche burgenlandkroatische Familiennamen enthalten Schreibungen in (zum Teil früherer) ungarischer Orthografie, zB *Tomsich, Vukovits* – Aussprache: ['tɔmʃitʃ], ['vukɔvitʃ]. Es gelten unter anderem folgende Ausspracheregeln: -ich ... [-itʃ] (nicht [-iç] wie im Deutschen!); cs, ts ... [tʃ]; cz ... [ts]; s ... [ʃ]; sz ... [s]; zs ... [ʒ].

3.8 Spanisch

Schreibung	Aussprache	Schreibung	Aussprache	Schreibung	Aussprache
ce	θe, se	ci	θi, si	ch	tʃ
c (sonst)	k	ge	xe	gi	xi
gue	ge	gui	gi	g (sonst)	g
h	stumm	j	x	ll	j (lʲ)
ñ	nʲ	qu	k	s	s
y	i, j	z	θ, s		

Betonung: Auf der vorletzten Silbe, wenn das Wort auf Vokal, n oder s endet; auf der letzten Silbe, wenn es auf einen anderen Konsonanten endet. Abweichungen von diesen Regeln werden durch das Akzentzeichen ´ angezeigt.

3.9 Tschechisch und Slowakisch

Schreibung	Aussprache	Schreibung	Aussprache	Schreibung	Aussprache
c	ts	č	tʃ	d’	dʲ
ě[1]	ʲɛ	l’[2]	lʲ	ň	nʲ
ô[2]	u̯ɔ	ou	ɔʊ	ř[1]	rʒ
s	s	š	ʃ	t’	tj
v	v	z	z	ž	ʒ

[1] Nur tschechisch.
[2] Nur slowakisch.

Betonung: Auf der ersten Silbe. Das Zeichen ´ zeigt langen Vokal an.

3.10 Türkisch

Schreibung	Aussprache	Schreibung	Aussprache
c	dʒ	ç	tʃ
ğ nach a, o, u	wird nicht gesprochen	ğ (sonst)	j
ı (i ohne Punkt)	ɨ	j	ʒ
s	s	ş	ʃ
v	v	y	j
z	z		

3.11 Ungarisch

Schreibung	Aussprache	Schreibung	Aussprache	Schreibung	Aussprache
a	ɒ	á	aː	c	ts
cs	tʃ	cz	ts	gy	dʲ
ly	j	ny	nʲ	s	ʃ
sz	s	z	z	zs	ʒ

Betonung: Auf der ersten Silbe. Das Zeichen ´ zeigt langen Vokal an.

Internationale Lautschrift

Die Internationale Lautschrift (International Phonetic Alphabet, IPA), die auch im ÖWB verwendet wird, findet weite Verbreitung im Sprachunterricht, in der Sprachwissenschaft und in Handbüchern verschiedener Art (Lexika, Wörterbücher). Diejenigen IPA-Buchstaben und IPA-Zusatzzeichen, die in den Ausspracheangaben des Wörterbuchteils vorkommen, werden auf S. 13 ff., 2.5.3 genau erklärt. Der gegenwärtige Abschnitt hingegen erläutert dieselben IPA-Buchstaben und IPA-Zeichen (sowie weitere, die für die Wiedergabe der Laute einiger anderer für uns wichtiger Sprachen nötig sind) im Rahmen ihrer systematischen phonetischen Zusammenhänge.

1 Vokale (Selbstlaute), gereiht nach zunehmendem Öffnungsgrad

1.1 Vordervokale

ungerundet:	i	ɪ	e	ɛ	æ	a
gerundet:	y	ʏ	ø	œ		

1.2 Hintervokale

ungerundet:	u	ʊ	o	ɔ	ɒ
gerundet:				ʌ	ɑ

1.3 Zentralvokale

ɨ ə[1] ɜ ɐ (ɨ – wie i, aber flachere Zungenstellung)

1.4 Zusatzzeichen

unsilbische Vokale[2]: i̯, u̯, o̯

nasale Vokale: ɑ̃, ɛ̃, œ̃, õ, ɔ̃

lange Vokale, zB iː, øː, aː, ɜː

2 Konsonanten (Mitlaute)

Gereiht nach zunehmender Rückwärtsverlagerung der Artikulationsstelle

2.1 Okklusive (Verschlusslaute)

stimmlos:	p	t	k	ʔ (ʔ – Knacklaut, zB *be*[ʔ]*achten*)
stimmhaft:	b	d	g	

2.2 Frikative (Reibelaute)

ungerundet:	f	θ	s	ʃ	ç	x	h
gerundet:	v	ð	z	ʒ	j[3]		

2.3 Approximanten w ɥ j[3]

2.4 Nasale Konsonanten m n ɲ[4] ŋ

2.5 l-Laute ʎ[4] l ɫ (ɫ – u-haltiges l wie in engl. *well*)

2.6 r-Laute r ʀ (ʀ – „hinteres" r)

2.7 Zusatzzeichen: ʲ (hochgestelltes j) für palatalisierte (j-haltige) Aussprache,
zB tʲ, dʲ, nʲ, lʲ [4]

3 Andere Zusatzzeichen

ˈ	vor der haupttonigen Silbe
ˌ	vor einer nebentonigen Silbe
.	trennt zwei Silben voneinander
‿	bezeichnet engere Verbindung zweier Laute
l̥ l̥; r̥ r̥	sibirisches l bzw. r

[1] Der IPA-Buchstabe ə kann je nach Sprache unterschiedliche Vokale bezeichnen.
[2] Ein unsilbischer Vokal ist dem Approximanten („angenäherten Laut") gleicher Artikulationsstelle ähnlich, zB i̯ – j, u̯ – w.
[3] Der IPA-Buchstabe j bezeichnet oft sowohl den Frikativ als auch den entsprechenden Approximanten.
[4] Lautlich einander sehr ähnlich sind: ʎ und lʲ, ɲ und nʲ.

Anschriften (Adressen)

1 Briefanschriften

Die Bestimmungen der Post und anderer Institutionen werden von Zeit zu Zeit den Entwicklungen angepasst. Die folgenden Grundsätze gelten daher nur als beispielhaft.

Das Adressfeld richtet sich nach Größe und Beschaffenheit der Sendung (mit oder ohne Fenster). Die Adresse steht bei Kuverts ohne Fenster normalerweise im rechten unteren Viertel. Die Zeilen beginnen genau untereinander („linksbündig").

Neben der Anrede „Herr" oder „Frau" stehen etwaige Titel, in die nächste Zeile kommen nach allfälligen akademischen Graden die Vor- und Familiennamen, darunter gegebenenfalls eine Berufs- oder Branchenbezeichnung.

Bei Untermietern, Gästen oder Einzelpersonen in Firmen, Behörden usw. wird vor den Namen des Adressaten der Zusatz „bei", „p. A." oder „c/o" gesetzt; bei Schreiben an Ämter, Behörden, Firmen usw. kann vor den Namen des Empfängers der Zusatz „z. H." („zH") gestellt werden. In der Zeile danach folgt die eigentliche Adresse, beginnend mit der Straße, dem Postfach u. dgl.

Unmittelbar vor den Bestimmungsort wird die Postleitzahl gesetzt. Im Postverkehr mit dem Ausland wurde früher auch das Länderkennzeichen (internationale Kraftfahrzeugkennzeichen) vor die Postleitzahl gesetzt: für Österreich A, für die Bundesrepublik Deutschland D, für die Schweiz CH. Zwischen dem Länderkennzeichen und der Postleitzahl stand dann ein Bindestrich, zB: *A-5020 Salzburg*

Im innerösterreichischen Postverkehr ist das Länderkennzeichen auf jeden Fall entbehrlich. Ausländische Orts- und Ländernamen sind in Großbuchstaben zu schreiben. Wenn die Postleitzahl angegeben wird, kann die Angabe des Bestimmungslandes entfallen.

Ein eventueller postdienstlicher Vermerk (zB „Einschreiben", „Flugpost", „Priority", „Postlagernd") sollte über die gesamte Adresse geschrieben werden.

Beispiele:

Herrn Ottokar Pausch Burggasse 60/1/15 1070 Wien	Frau Hertha Nagel bei Familie B. Gellner Aumühle 4292 Kefermarkt
Amt der Kärntner Landesregierung Arnulfplatz 1 9020 Klagenfurt	Herrn Hofrat Univ.-Prof. Dr. Albert Lamprecht Vorstand d. Chirurg. Univ.-Klinik Maria-Theresien-Straße 42 6010 Innsbruck
Frau Dr. Anna Weiß Rechtsanwältin Oberolberndorf 45 2000 Stockerau	Gemeindeamt Krieglach zH Herrn Sekretär Eduard Pichler 8670 Krieglach
Firma Hans Keller KG Import/Export Postfach 144 80335 MÜNCHEN DEUTSCHLAND	Einschreiben! Firma Anton Gotthard & Co. Eisenhandlung Theaterplatz 5 9020 Klagenfurt

Beispiel für eine der Regelung des Bestimmungslandes angepasste Form:

Mr. Tom Walker
203, Whiteladies Road
Blackboy Hill
BRISTOL BS8 2TX
GROSSBRITANNIEN

Beispiel für eine Absenderadresse auf der Briefrückseite und Postkarte:

Bei Zeilenschreibung sind die einzelnen Teile der Absenderangabe durch Beistriche zu trennen:
Mag. Hans Müller, Franz-Josef-Straße 3, 4540 Bad Hall

2 E-Mail-Adressen

E-Mail-Adressen unterliegen meist nicht der freien Gestaltung. Sie sollten nur aus Kleinbuchstaben bestehen, außerdem dürfen sie (noch) keine Umlaute und Sonderzeichen enthalten. Weiters gibt es keine Leerzeichen, sie werden entweder durch Punkt (.), Bindestrich (-) oder Unterstrich (_) ersetzt.

E-Mail-Adressen sind in vielen Fällen folgendermaßen aufgebaut:

johanna.muster@oebv.at
1 2 3 4

1 ist die Stelle für den Namen der Empfängerin/des Empfängers (kann auch ein Firmenname oÄ sein).
2 ist das At-Zeichen (Klammeräffchen), das so viel wie „bei“ bedeutet.
3 gibt in vielen Fällen den Namen des Internetproviders (zB *aon, chello, utanet*) wieder oder wie im Beispiel oben den Firmennamen.
4 ist das Kürzel für das jeweilige Land. Im Beispiel oben steht *at* für Österreich. (Andere Beispiele: Die Schweiz wird mit *ch* abgekürzt, Italien mit *it.*)

Vor dem Länderkennzeichen kann auch noch eine Abkürzung für ein bestimmtes Sachgebiet stehen, zB *gv* für *government* (staatliche Verwaltung), *ac* für *academic* (akademische Institution, Universität), *co* für *company* (Firma). Manchmal fehlt die Abkürzung für das Land, zum Schluss steht dann nur ein Sachbereich. Sehr häufig findet man beispielsweise *com* für *commercial, org* für *organization, edu* für *education.*

Korrekturzeichen

Vorbemerkung

In diesem Kapitel sind die Korrekturzeichen in einer zeitgemäßen, auch den Möglichkeiten moderner Texterfassung entsprechenden Form vereinheitlicht und zusammengefasst.[1] Diese Zeichen sind keine Neuschöpfungen; sie wurden allerdings zum Teil systematisiert und neuen oder zusätzlichen Anwendungen zugeordnet. Auf etliche früher übliche Korrekturzeichen konnte auf Grund veränderter Satztechnik (Licht- und Computersatz statt Bleisatz) verzichtet werden.

1 Hauptregeln

1.1 Die Korrekturzeichen sind so zu handhaben, dass kein Irrtum entstehen kann.

1.2 Jedes Korrekturzeichen ist am Papierrand in Zeilenhöhe mit Angabe der erforderlichen Änderung **zu wiederholen.**

1.3 Im Text sollten **nur die erforderlichen Korrekturzeichen** (ohne inhaltliche Ergänzungen) verwendet werden.

1.4 Die **Reihenfolge** der Korrekturzeichen im Text muss bei der Wiederholung am Papierrand beibehalten werden bzw. klar erkennbar sein.

1.5 Kommen in einer Zeile mehrere Fehler oder Änderungen vor, müssen für jede Korrektur **unterschiedliche Zeichen** gewählt werden.

Beispiele:

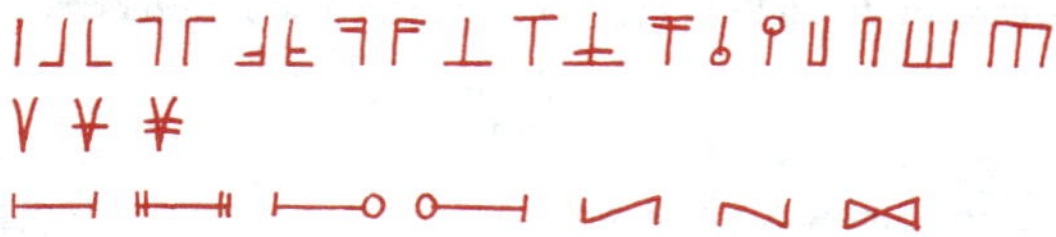

1.6 Ergeben sich **umfangreiche Korrekturen**, wird der betreffende Abschnitt mit] oder } markiert oder durchgestrichen (zB ). Am Rand wird ein Hinweis auf das beigelegte Manuskript (zB „s. Ms. S. 122“, „siehe Beilage!“) angebracht.

1.7 Damit **Erläuterungen zu einer Korrektur** nicht irrtümlich gesetzt werden, sind sie durch Einkreisen kenntlich zu machen.

Beispiel:

1.8 Es wird empfohlen, die Korrekturen zur besseren Unterscheidung gegenüber dem zu korrigierenden Text **färbig** anzuzeichnen. Auf Kopierbarkeit (auch Telefax) und Mikroverfilmbarkeit ist zu achten!

1.9 Durch die technische Entwicklung (zB Desktoppublishing) und die damit verbundene **stärkere Einbindung der Illustrierung** kann mit den traditionellen Korrekturzeichen oft nicht das Auslangen gefunden werden (zB bei Umpositionierung von Abbildungen). Solange sich dafür keine eigenen Zeichen eingebürgert haben, muss die gewünschte Korrekturleistung genau beschrieben werden.

Beispiele:

90° seitenverkehrt!

2 Anwendung

2.1 **Falsche, aus anderer $chrift gesetzte** oder auch **beschädigte Buchstaben oder Wörter** wurden durchgestrochen und am Papierrund mit die richtigen ersetzt. | S | e | i | a | durch

2.2 **Überflüssige Buchstaben oder Wörter** werdenn durchgestrichen durchgestrichen und am Papierrand durch ꝺ (Zeichen für deleatur = „es werde getilgt“) angezeichnet.

2.3 **Fehlende Buchstaben** werden angezeichnet, indem der vorangende oder der nachfolgende uchstabe durchgestrichen und am Rand zusammen mit dem felenden Buchstaben wiederholt wird. Es kann auch das ganze Wort der nur ein Teil durchgesrichn und am Rand berichtigt werden. | eh | Bu | hl | oder | strichen

2.4 Überflüssige oder fehlende **Satzzeichen** werden wie überflüssige, oder fehlende Buchstaben angezeichne | t.

2.5 Wird die **Getrennt- oder Zusammenschreibung**, zB nach Streichung eines Bindestrichs oder Buchstabens, zweifelhaft, so ist wie folgt zu verfahren (siehe auch unten, S. 908, 2.10):

Beispiele: ein hell-gelbes Kleid; das Kleid ist leuchtend gelb

2.6 **Ligaturen** (Buchstabenverbindungen, vor allem in Frakturschriften) werden verlangt, indem man die einzeln gesetzten Buchstaben durchstreicht und am Rand mit einem Vermerk („Ligatur“ oder „Lig.“) wiederholt. | tz (Ligatur!)

Fälschlich gesetzte Ligaturen werden ebenso durchgestrichen, die betreffenden Buchstaben am Rand wiederholt und mit einem Vermerk (zB „keine Ligatur“) ergänzt.

Beispiel: Auflage | fl (keine Lig.!)

2.7 **Verstellte Buchstaben** werden durchgestrichen und am Rand richtig angebegen. | geb

Verstellte Wörter werden durch Umstellungszeichen (⌒ ↓, ⊓⊔ oder ⊔⊓) berichtigt.

Die Wörter werden bei größeren Umstellungen beziffert.

Verstellte oder falsche **Zahlen** sind zur Gänze durchzustreichen und am Papierrand in der richtigen Ziffernfolge zu schreiben. | 1984

Beispiele: 1498 / 3702665 | 3702765

2.8 **Fehlende Wörter** sind in Lücke kenntlich zu machen und am anzuführen. | der | Rand

Bei umfangreichen Auslassungen wird auf die entsprechende Manuskriptseite verwiesen. Die Stelle ist auf dem Manuskript zu markieren.

Beispiel: Die Erfindung Gutenbergs ist Entwicklung. s. Ms. S. 122

2.9 Falsche Trennungen werden jeweils am Zeilenende und am folgenden Zeilenanfang angezeichnet. Bei vielen falschen, zB durch den Computersatz automatisch vorgegebenen Teilungen empfiehlt sich eine Abschnittmarkierung durch] oder } und eine ergänzende Bemerkung (zB „Silbentrennung prüfen!").

2.10 Zu enger Wortzwischenraum wird durch das Zeichen angezeichnet.

Komplett fehlender Wortzwischenraum wird durchdas Zeichen gekennzeichnet.

Zu weiter Wortzwischenraum wird durch das Zeichen angezeichnet.

Soll der **Zwischen raum** ganz entfallen, wird dies mit dem Korrekturzeichen gefordert.

2.11 Jede Hervorhebung im Text (zB durch andere Schrift, andere Schriftgröße, Sperrung, kursiv) oder jede Aufhebung der Hervorhebung wird verlangt, indem man die betreffende Stelle unterstreicht und die *gewünschte Schrift*, Schriftgröße, Hervorhebung oder Aufhebung der H e r v o r h e b u n g am Rand vermerkt. halbfett gerade nicht sperren

2.12 Ganze Absätze oder Seiten, die nicht in der gewünschten Art gesetzt sind, werden mit] oder } markiert. Die gewünschte Schrift, die Schriftgröße, die Hervorhebungsart oder die Aufhebung der Hervorhebung sind am Rand zu vermerken (zB „10 p Helvetica", „halbfett", „nicht sperren!"), ebenso aber auch satztechnische Hinweise wie „Wortabstände enger", „linksbündig, kein Blocksatz!", „Text 2-spaltig".

2.13 Bei **Sonderzeichen** sowie mathematischen, chemischen und anderen *Formeln* sind die Auszeichnungen und Korrekturen so vorzunehmen, dass sie eindeutig sind. Eine nicht durchgeführte Hochstellung oder Tiefstellung von Buchstaben, Ziffern und Sonderzeichen kann durch einen Pfeil nach oben (Hochstellung) bzw. nach unten (Tiefstellung) deutlich gemacht werden. Um Missverständnisse auszuschließen, kann der Pfeil in einer anderen Farbe oder zB mit Bleistift geschrieben werden.

Beispiele: H2O, ~~13n~~ 2 13n

Bei umfangreichen Korrekturen in komplizierten Formeln empfiehlt es sich, die ganze Formel zu wiederholen oder zB als Manuskriptkopie anzuheften.

Beispiel: ~~Na2Co3H4C8~~ Na2Co3H4C8

2.14 Ein **Absatz** wird durch das Zeichen verlangt.

Beispiel: Die ältesten Drucke sind so gleichmäßig, dass sie die schönste Handschrift übertreffen. Die älteste Druckerpresse scheint von der, die uns Jost Amman im Bild vorführt, nicht wesentlich verschieden gewesen zu sein.

2.15 Das **Anhängen eines Absatzes** wird durch eine verbindende Schleife verlangt.

Beispiel: Diese Presse bestand aus zwei Säulen, die durch ein Gesims verbunden waren.

In halber Mannshöhe war auf einem verschiebbaren Karren die Druckform befestigt.

2.16 Fehlender oder zu erweiternder Einzug wird durch das Zeichen ⊏ verlangt.

Beispiel: Der Einzug bleibt im ganzen Werk gleich groß, auch wenn einzelne Teile aus einem kleineren Schriftgrad gesetzt sind.

2.17 Zu tilgender oder zu verringernder Einzug wird durch das Zeichen ⊢ oder das Zeichen |←— verlangt. |←

Beispiel: |←— Es erfordert jahrelange Übung, das Auge an die Beurteilung guter Verhältnisse zu gewöhnen.

2.18 Verstellte Zeilen werden am Zeilenrand in der richtigen Reihenfolge nummeriert.

Beispiel: Sah ein Knab ein Röslein stehn, —— 1
lief er schnell, es nah zu sehn, —— 4
war so jung und morgenschön, —— 3 (Reihung!)
Röslein auf der Heiden, —— 2
sah's mit vielen Freuden. —— 5
Goethe.

2.19 Verstellte Absätze werden deutlich mit] oder } eingegrenzt und in der richtigen Reihenfolge nummeriert.

Beispiel: (2) Mit der Vollziehung dieses Bundesgesetzes ist der Bundeskanzler im Zusammenwirken mit dem Bundesminister für Wirtschaft und Arbeit betraut.] 2 (Reihung!)

(1) Dieses Bundesgesetz tritt am 1. Jänner 2003 in Kraft.] 1

2.20 Fehlender Durchschuss (zu enger Zeilenabstand) wird durch einen zwischen die Zeilen gezogenen Strich mit nach außen offenem Bogen gekennzeichnet. Gegebenenfalls ist der gewünschte Zeilenabstand exakt anzugeben (zB „1½-zeilig", „8 mm", „12 p"). (1½-zeilig)

2.21 Zu großer Durchschuss wird durch einen zwischen die Zeilen gezogenen Strich mit einem nach innen offenen Bogen gekennzeichnet. Gegebenenfalls ist der gewünschte Zeilenabstand exakt anzugeben.

2.22 Falsche und fehlerhafte Linien werden markiert (zB mit × oder mit //). Am Rand wird neben der Wiederholung des Korrekturzeichens die verlangte Linienart (zB „punktiert", „strichliert", „voll") oder Linienstärke (zB „fein", „2p halbfett"; „1pt", „0,15 mm", „0,375 mm") angegeben.

Beispiel:

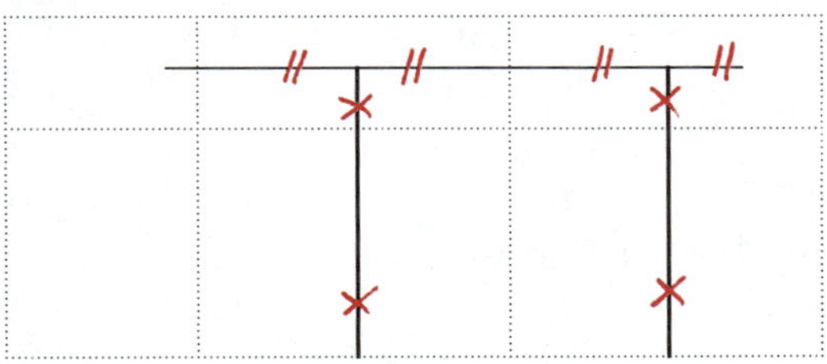

× × × × (fein)

2.23 **Beschädigte** (zB zerkratzte), **verschmutzte oder irrtümlich mitdruckende Stellen** (zB Film-Schnittkanten) werden durch Einkreisen deutlich gemacht.

2.24 **Unleserliche, zweifelhafte oder noch nicht bekannte Manuskriptstellen** werden in der erforderlichen Breite mit XXXXXXXXXXXX, bei umfangreichen Textstellen mit  blockiert. Das gilt auch für noch fehlende Ziffern, da eine Blockade mit Nullen (zB 0000) zu leicht übersehen werden kann.

2.25 **Irrtümlich angezeichnete Korrekturen** werden im Text unterpunktiert. Eine bereits vorgenommene Korrektur am Rand ist durchzustreichen. H auf dem

[1] Entspricht der ÖNORM A 1082. Abdruck mit freundlicher Genehmigung des Österreichischen Normungsinstituts.

Maßeinheiten

1 Die gebräuchlichsten Maße und Gewichte (Grundeinheiten)

Name (Zeichen)	Größe für
das Meter (m)	die Länge
das Quadratmeter (m^2)	den Flächeninhalt[1]
das Kubikmeter (m^3)	den Rauminhalt
das Liter (l)	den Rauminhalt (= 1 dm^3)
die Sekunde (s)	die Zeit[2]
das Kilogramm (kg)	die Masse[3]
das Kelvin (K)	die thermodynamische Temperatur
die Candela [kan'deː-] (cd)	die Lichtstärke
das Mol (mol)	die Stoffmenge
das Hertz (Hz)	die Frequenz
das Newton ['njuːtn] (N)	die Kraft, das Gewicht
das Pascal [-'kal] (Pa)	den Druck, die Spannung
das Joule [dʒuːl] (J)	die Arbeit, die Energie und die Wärmemenge
das Watt (W)	die Leistung
das Ampere [-'pɛːə] (A)	die elektrische Stromstärke
das Coulomb [ku'lõː] (C)	die Elektrizitätsmenge
das Volt (V)	die elektrische Spannung
das Ohm (W)	den elektrischen Widerstand
das Siemens (S)	den elektrischen Leitwert
das Farad (F)	die elektrische Kapazität
das Henry ['henri] (H)	die Induktivität
das Weber (Wb)	den magnetischen Fluss
das Tesla (T)	die magnetische Flussdichte
das Lumen (lm)	den Lichtstrom
das Lux (lx)	die Beleuchtungsstärke
der Grad Celsius (°C)	die Celsius-Temperatur
das Röntgen (R)	die Ionendosis
die Dioptrie [-'triː] (dpt)	die Brechkraft von optischen Systemen
der Radiant [-'ant] (rad)	den ebenen Raumwinkel[4]
der Steradiant [-'ant] (sr)	den Raumwinkel

[1] Auch: Ar (a) (= 100 m^2), Hektar (ha) (= 10 000 m^2) (für Grund und Boden).
[2] Auch: Minute (min), Stunde (h), Tag (d), Woche, Monat, Jahr (a).
[3] Auch: Tonne (t) (= 1 000 kg); Karat (ct) (= 0,000 2 kg) (für Gold und Edelsteine).
[4] Auch: rechter Winkel, Grad (°), Minute ('), Sekunde (").

2 Gebräuchlichste Vielfache und Teile von Maßeinheiten

Vorsatz	Zeichen	Wert (Faktor)		Beispiel	
Giga-	G	1 000 000 000	$= 10^{9}$	1 Gigahertz (GHz)	= 1 000 000 000 Hertz (Hz)
Mega-	M	1 000 000	$= 10^{6}$	1 Megatonne (Mt)	= 1 000 000 Tonnen (t)
Kilo-	k	1 000	$= 10^{3}$	1 Kilometer (km)	= 1 000 Meter (m)
Hekto-	h	100	$= 10^{2}$	1 Hektoliter (hl)	= 100 Liter (l)
Deka-	da	10	$= 10^{1}$	1 Dekagramm (dag)	= 10 Gramm (g)
Dezi-	d	0,1	$= 10^{-1}$	1 Dezimeter (dm)	= 0,1 Meter (m)
Zenti-	c	0,01	$= 10^{-2}$	1 Zentiliter (cl)	= 0,01 Liter (l)
Milli-	m	0,001	$= 10^{-3}$	1 Millimeter (mm)	= 0,001 Meter (m)
Mikro-	µ	0,000 001	$= 10^{-6}$	1 Mikrometer (µm)	= 0,000 001 Meter (m)
Nano-	n	0,000 000 001	$= 10^{-9}$	1 Nanoampere (nA)	= 0,000 000 001 Ampere (A)

Chemische Elemente

Name	Symbol (chemisches Zeichen)	Ordnungszahl
Actinium	Ac	89
Aluminium	Al	13
Americium	Am	95
Antimon (Stibium)	Sb	51
Argon	Ar	18
Arsen	As	33
Astat	At	85
Barium	Ba	56
Berkelium	Bk	97
Beryllium	Be	4
Bismut (Wismut)	Bi	83
Blei (Plumbum)	Pb	82
Bohrium	Bh	107
Bor	B	5
Brom	Br	35
Cadmium (Kadmium)	Cd	48
Calcium (Kalzium)	Ca	20
Californium	Cf	98
Cäsium	Cs	55
Cer	Ce	58
Chlor	Cl	17
Chrom	Cr	24
Curium	Cm	96
Darmstadtium	Ds	110
Dubnium	Db	105
Dysprosium	Dy	66
Einsteinium	Es	99
Eisen (Ferrum)	Fe	26
Erbium	Er	68
Europium	Eu	63
Fermium	Fm	100

Name	Symbol (chemisches Zeichen)	Ordnungszahl
Fluor	F	9
Francium	Fr	87
Gadolinium	Gd	64
Gallium	Ga	31
Germanium	Ge	32
Gold (Aurum)	Au	79
Hafnium	Hf	72
Hassium	Hs	108
Helium	He	2
Holmium	Ho	67
Indium	In	49
Iridium	Ir	77
Jod (Iod)	I	53
Kalium	K	19
Kobalt (Cobalt)	Co	27
Kohlenstoff (Carboneum)	C	6
Krypton	Kr	36
Kupfer (Cuprum)	Cu	29
Lanthan	La	57
Lawrencium	Lr	103
Lithium	Li	3
Lutetium	Lu	71
Magnesium	Mg	12
Mangan	Mn	25
Meitnerium	Mt	109
Mendelevium	Md	101
Molybdän	Mo	42
Natrium	Na	11
Neodym	Nd	60
Neon	Ne	10
Neptunium	Np	93

Name	Symbol (chemisches Zeichen)	Ordnungszahl
Nickel	Ni	28
Niob	Nb	41
Nobelium	No	102
Osmium	Os	76
Palladium	Pd	46
Phosphor	P	15
Platin	Pt	78
Plutonium	Pu	94
Polonium	Po	84
Praseodym	Pr	59
Promethium	Pm	61
Protactinium	Pa	91
Quecksilber (Hydrargyrum)	Hg	80
Radium	Ra	88
Radon	Rn	86
Rhenium	Re	75
Rhodium	Rh	45
Roentgenium	Rg	111
Rubidium	Rb	37
Ruthenium	Ru	44
Rutherfordium	Rf	104
Samarium	Sm	62
Sauerstoff (Oxygenium)	O	8
Scandium	Sc	21
Schwefel	S	16
Seaborgium	Sg	106
Selen	Se	34
Silber (Argentum)	Ag	47
Silicium	Si	14
Stickstoff (Nitrogenium)	N	7
Strontium	Sr	38
Tantal	Ta	73
Technetium	Tc	43
Tellur	Te	52
Terbium	Tb	65
Thallium	Tl	81
Thorium	Th	90
Thulium	Tm	69
Titan	Ti	22
Uran	U	92
Vanadin	V	23
Wasserstoff (Hydrogenium)	H	1
Wolfram	W	74
Xenon	Xe	54
Ytterbium	Yb	70
Yttrium	Y	39
Zink	Zn	30
Zinn (Stannum)	Sn	50
Zirkonium (Zirconium)	Zr	40

Buchstabieralphabete

1 Österreichisches Buchstabieralphabet

A	Anton	J	Julius	S	Siegfried
Ä	Ärger	K	Konrad	ß	scharfes s
B	Berta	L	Ludwig	Sch	Schule
C	Cäsar	M	Martha	T	Theodor
Ch	Christine	N	Nordpol	U	Ulrich
D	Dora	O	Otto	Ü	Übel
E	Emil	Ö	Österreich	V	Viktor
F	Friedrich	P	Paula	W	Wilhelm
G	Gustav	Q	ku	X	Xaver
H	Heinrich	Qu	Quelle	Y	Ypsilon
I	Ida	R	Richard	Z	Zürich

2 Internationales Buchstabieralphabet (International Spelling Code)

A	Alpha	J	Juliet ['dʒuːliət]	S	Sierra ['si̯ɛra]
B	Bravo	K	Kilo	T	Tango
C	Charlie ['tʃɑːli]	L	Lima	U	Uniform ['juːnɪfɔːm]
D	Delta	M	Mike [maɪk]	V	Victor
E	Echo	N	November	X	X-Ray ['eksreɪ]
F	Foxtrott	O	Oscar	Y	Yankee ['jæŋki]
G	Golf	P	Papa	Z	Zulu ['zuː-]
H	Hotel	Q	Quebec [kwɪ'bek]		
I	India	R	Romeo		

Kraftfahrzeugkennzeichen

1 Für Fahrzeuge im internationalen Verkehr (Auswahl)

A	Österreich (Austria)
ADN	Jemen
AFG	Afghanistan
AL	Albanien
AND	Andorra
AUS	Australien
B	Belgien
BD	Bangladesch
BDS	Barbados
BY	Weißrussland (Belarus)
BF	Burkina Faso
BG	Bulgarien
BH	Belize (früher British Honduras)
BIH	Bosnien-Herzegowina
BOL	Bolivien
BR	Brasilien
BRN	Bahrain
BRU	Brunei
BS	Bahamas
BUR	Myanmar (Birma, Burma)
C	Kuba
CAM	Kamerun
CDN	Kanada
CH	Schweiz (Confoederatio Helvetica)
CI	Côte d'Ivoire (Elfenbeinküste)
CL	Sri Lanka (früher Ceylon)
CO	Kolumbien
CR	Costa Rica
CY	Zypern
CZ	Tschechien (Czech Republic)
D	Deutschland
DK	Dänemark (mit Grönland)
DOM	Dominikanische Republik
DY	Benin (früher Dahomey)
DZ	Algerien (al-Djazaïr)
E	Spanien (España)
EAK	Kenia (East Africa, Kenya)
EAT	Tansania
EAU	Uganda
EC	Ecuador
ES	El Salvador
EST	Estland
ET	Ägypten (Egypt)
ETH	Äthiopien (Ethiopia)
F	Frankreich
FIN	Finnland
FJI	Fidschi (Fiji)
FL	Fürstentum Liechtenstein
FO	Färöer
GB	Großbritannien und Nordirland
GBA	Alderney
GBG	Guernsey
GBJ	Jersey
GBM	Insel Man
GBZ	Gibraltar
GCA	Guatemala (G., Centroamérica)
GH	Ghana
GR	Griechenland
GUY	Guyana
H	Ungarn (Hungaria)
HD	Honduras
HK	Hongkong
HKJ	Jordanien (Haschemitisches Königreich des Jordan)
HR	Kroatien (Hrvatska)
I	Italien
IL	Israel
IND	Indien
IR	Iran
IRL	Irland
IRQ	Irak (Iraq)
IS	Island
J	Japan
JA	Jamaika
K	Kambodscha
KS	Kirgisistan
KWT	Kuwait
KZ	Kasachstan

L	Luxemburg
LAO	Laos
LAR	Libyen
LB	Liberia
LS	Lesotho
LT	Litauen
LV	Lettland (Latvija)
M	Malta
MA	Marokko
MAL	Malaysia
MC	Monaco
MEX	Mexiko
MK	Makedonien
MOL	Moldau (Moldova)
MS	Mauritius
MW	Malawi
N	Norwegen
NA	Niederländische Antillen
NAM	Namibia
NEP	Nepal
NIC	Nikaragua (Nicaragua)
NL	Niederlande
NZ	Neuseeland (New Zealand)
O	Oman
P	Portugal
PA	Panama
PE	Peru
PK	Pakistan
PL	Polen
PNG	Papua-Neuguinea
PY	Paraguay
Q	Katar (Qatar)
RA	Argentinien (República Argentina)
RB	Botswana
RC	Taiwan („Republic of China")
RCA	Zentralafrikanische Republik (République centrafricaine)
RCB	Kongo (Congo, Brazzaville)
RCH	Chile
RH	Haiti
RI	Indonesien
RIM	Mauretanien
RL	Libanon
RM	Madagaskar
RMM	Mali
RN	Niger
RO	Rumänien (România)
ROK	Republik Korea (Südkorea)
ROU	Uruguay
RP	Philippinen
RSM	San Marino
RU	Burundi
RUS	Russland
RWA	Ruanda (Rwanda)
S	Schweden
SA	Saudi-Arabien
SD	Swasiland
SGP	Singapur
SK	Slowakei
SLO	Slowenien
STP	São Tomé und Príncipe
SME	Surinam(e)
SN	Senegal
SP	Somalia
SUD	(auch: SDN) Sudan
SY	Seychellen
SYR	Syrien
T	Thailand
TCH	(auch: TCD) Tschad (Tchad)
TG	Togo
TJ	Tadschikistan
TM	Turkmenistan
TN	Tunesien
TR	Türkei
TT	Trinidad und Tobago
UA	Ukraine
UAE	Vereinigte Arabische Emirate (United Arabic Emirates)
USA	Vereinigte Staaten von Amerika
V	Vatikanstadt
VN	Vietnam
WAG	Gambia (West Africa, G.)
WAI	Nauru
WAL	Sierra Leone
WAN	Nigerien
WD	Dominica
WG	Grenada
WL	St. Lucia

WS	Westsamoa	Z	Sambia (Zambia)
WV	St. Vincent	ZA	Südafrika
YV	Venezuela		

2 Diplomatische Kraftfahrzeugkennzeichen

CD Diplomatisches Korps (Corps diplomatique)
CC Konsularisches Korps (Corps consulaire)

3 Österreichische Kraftfahrzeugkennzeichen (seit 1. Jänner 1990)

3.1 Bezeichnung der ausstellenden Behörde im Kennzeichen

(Bezirkshauptmannschaft bzw. BPDir. = Bundespolizeidirektion)

AM	Amstetten (N)	GS	Güssing (B)	L	Linz, BPDir. (O)
B	Bregenz (V)	GU	Graz-Umgebung (St)	LA	Landeck (T)
BA	Bad Aussee (St)	HA	Hallein (S)	LB	Leibnitz (St)
BL	Bruck an der Leitha (N)	HB	Hartberg (St)	LE	Leoben, BPDir. (St)
BM	Bruck an der Mur (St)	HE	Hermagor (K)	LF	Lilienfeld (N)
BN	Baden (N) (Bezirk)	HL	Hollabrunn (N)	LI	Liezen (St)
BR	Braunau am Inn (O)	HO	Horn (N)	LL	Linz-Land (O)
BZ	Bludenz (V)	I	Innsbruck, BPDir. (T)	LN	Leoben (St)
DL	Deutschlandsberg (St)	IL	Innsbruck (T)	LZ	Lienz (T)
DO	Dornbirn (V)	IM	Imst (T)	MA	Mattersburg (B)
E	Eisenstadt, BPDir. (B)	JE	Jennersdorf (B)	MD	Mödling (N)
EF	Eferding (O)	JO	St. Johann (S)	ME	Melk (N)
EU	Eisenstadt (B)	JU	Judenburg (St)	MI	Mistelbach (N)
FB	Feldbach (St)	K	Klagenfurt, BPDir. (K)	MU	Murau (St)
FE	Feldkirchen (K)	KB	Kitzbühel (T)	MZ	Mürzzuschlag (St)
FF	Fürstenfeld (St)	KF	Knittelfeld (St)	ND	Neusiedl am See (B)
FK	Feldkirch (V)	KI	Kirchdorf an der Krems (O)	NK	Neunkirchen (N)
FR	Freistadt (O)	KL	Klagenfurt (K)	OP	Oberpullendorf (B)
G	Graz, BPDir. (St)	KO	Korneuburg (N)	OW	Oberwart (B)
GB	Gröbming (St)	KR	Krems an der Donau (N)	P	St. Pölten, BPDir. (N)
GD	Gmünd (N)	KS	Krems an der Donau, Magistrat (N)	PE	Perg (O)
GF	Gänserndorf (N)	KU	Kufstein (T)	PL	St. Pölten (N)
GM	Gmunden (O)			RA	Radkersburg (St)
GR	Grieskirchen (O)			RE	Reutte (T)

RI	Ried im Innkreis (O)	SZ	Schwaz (T)	WL	Wels (O)
RO	Rohrbach im Mühlkreis (O)	TA	Tamsweg (S)	WN	Wiener Neustadt, BPDir. (N)
S	Salzburg, BPDir. (S)	TU	Tulln (N)	WO	Wolfsberg (K)
SB	Scheibbs (N)	UU	Urfahr-Umgebung (O)	WT	Waidhofen an der Thaya (N)
SD	Schärding (O)	VB	Vöcklabruck (O)	WU	Wien-Umgebung (N)
SE	Steyr-Land (O)	VI	Villach, BPDir. (K)	WY	Waidhofen an der Ybbs, Magistrat(N)
SL	Salzburg-Umgebung (S)	VK	Völkermarkt (K)	WZ	Weiz (St)
SP	Spittal an der Drau (K)	VL	Villach (K)	ZE	Zell am See (S)
SR	Steyr, BPDir. (O)	VO	Voitsberg (St)	ZT	Zwettl (N)
SV	St. Veit an der Glan (K)	W	Wien, BPDir. (W)		
SW	Schwechat, BPDir. (N)	WB	Wiener Neustadt (N)		
		WE	Wels, BPDir. (O)		

3.2 An die Stelle der Bezeichnung der Behörde treten folgende Buchstaben:

3.2.1 Der Buchstabe A für: Bundespräsident, Präsidenten des Nationalrats, Bundesrats, Mitglieder der Bundesregierung, Staatssekretäre, Mitglieder der Volksanwaltschaft, Präsidenten oder Vizepräsidenten des Rechnungshofs, Verfassungsgerichtshofs, Verwaltungsgerichtshofs, Obersten Gerichtshofs.

3.2.2 Präsidenten der Landtage, Mitglieder der Landesregierungen:

B	Burgenland	O	Oberösterreich	T	Tirol
K	Kärnten	S	Salzburg	V	Vorarlberg
N	Niederösterreich	ST	Steiermark	W	Wien

3.2.3 In Verbindung mit diesen Bundesländerkennzeichen oder mit G (Graz):

D Diplomatisches Korps
K Konsularkorps

3.2.4 Für die Bezeichnung des sachlichen Bereichs:

BB	Österreichische Bundesbahnen	FV	Finanzverwaltung
BD	Bundesbusdienst	JW	Justizwache
BH	Bundesheer	PT	Post und Telekom Austria
BP	Bundespolizei	ZW	Zollwache

Text der amtlichen Regelung

Vorbemerkung zum folgenden Abdruck der amtlichen Regelung der deutschen Rechtschreibung

Den Benützern dieser Ausgabe des ÖWBs soll in Ergänzung zur leicht fasslichen Regeldarstellung oben (S. 826–864) auch der Originaltext des Regelwerks zur Verfügung stehen, um in Zweifelsfällen eine Regelung oder eine Regelauslegung nachzuvollziehen oder eine Einzelschreibung im Zusammenhang mit einer ganzen Beispielreihe sehen zu können. Das amtliche Regelwerk muss ja alle Bereiche der Rechtschreibung vollständig abdecken, daher auch Regelungen mit einbeziehen, die nur für speziellen Gebrauch nötig sind. Es ist allerdings – wenigstens an manchen inhaltlich schwierigen Stellen – nicht leicht zu lesen; es richtet sich in erster Linie an Fachleute, die die Regeln in ihrem Bereich (Schule, Medien, grafisches Gewerbe usw.) weitervermitteln.

Das amtliche Regelwerk, das in einer ersten Fassung am 1. Juli 1996 in Wien unterzeichnet wurde, im Jahr 2004 in einer modifizierten Version und in seiner endgültigen Fassung im Februar 2006 erschien, besteht aus einem Regelteil und einem Wörterverzeichnis. Ein Vorwort klärt Grundlagen über die Regelung, grundlegende Begriffe und das Verhältnis zwischen Schreibung und Lautung einerseits, zwischen Schreibung und Bedeutung andererseits. Der Regelteil ist in sechs Teilbereiche gegliedert: Laut-Buchstaben-Zuordnungen (also die Wortschreibung), die Getrennt- und Zusammenschreibung, die Schreibung mit Bindestrich, die Groß- und Kleinschreibung, die Zeichensetzung und die Worttrennung am Zeilenende.

Beim Lesen ist der Aufbau der einzelnen Kapitel zu beachten. Ausgehen muss man von der allgemeinen Hauptregel (gekennnzeichnet durch §); sie muss bei den Unterregeln immer mitgedacht werden. Aus den allgemeinen Regeln sind nicht immer alle Fälle mit Sicherheit abzuleiten. Daher sind häufig Ergänzungen und Ausnahmen (gekennzeichnet mit E) angefügt, die im Zweifelsfall jene Fälle, die in der übergeordneten Regel erfasst werden, auflisten oder klären. Die aufgezählten Fälle und Beispiellisten sind zum Teil geschlossene Listen, d. h., alle dazugehörenden Fälle sind hier aufgezählt, zum Teil offene Listen, bei denen man aus einer größeren Reihe von Beispielen selbst erschließen kann, welche anderen noch dazugehören könnten. Geschlossene Listen erkennt man etwa an der Formulierung „dies betrifft“, offene Listen erkennt man an Formulierungen wie „zum Beispiel“.

Das Wörterverzeichnis wird hier nicht abgedruckt, weil es durch das Wörterbuch selbst ersetzt wird.

Inhalt

Vorwort

1 Geltungsbereich der neuen Rechtschreibregelung

Das amtliche Regelwerk regelt die Rechtschreibung innerhalb derjenigen Institutionen (Schule, Verwaltung), für die der Staat Regelungskompetenz hinsichtlich der Rechtschreibung hat. Darüber hinaus hat es zur Sicherung einer einheitlichen Rechtschreibung Vorbildcharakter für alle, die sich an einer allgemein gültigen Rechtschreibung orientieren möchten (das heißt Firmen, speziell Druckereien, Verlage, Redaktionen – aber auch Privatpersonen).

2 Grundlagen der deutschen Rechtschreibung

Die deutsche Rechtschreibung beruht auf einer Buchstabenschrift. Wie ein gesprochenes Wort aus Lauten besteht, so besteht ein geschriebenes Wort aus Buchstaben. Die [regelgeleitete] Zuordnung von Lauten und Buchstaben soll es ermöglichen, jedes geschriebene Wort zu lesen und jedes gehörte Wort zu schreiben.

Die Schreibung der deutschen Sprache – worunter im Folgenden immer auch die Zeichensetzung mitverstanden wird – ist durch folgende grundlegende Beziehungen geprägt:

- die Beziehung zwischen Schreibung und Lautung
- die Beziehung zwischen Schreibung und Bedeutung

2.1 Die Beziehung zwischen Schreibung und Lautung

Jedem Laut entspricht ein Buchstabe oder eine Buchstabenverbindung (zum Beispiel *sch, ch*). Gelegentlich werden auch *zwei* Laute durch *einen* Buchstaben bezeichnet (so durch *x* und *z*).

Die Zuordnung von Lauten und Buchstaben orientiert sich an der deutschen Standardaussprache. Das hat den Vorteil, dass ein Wort immer in derselben Weise geschrieben wird, obwohl es regionale Varianten in der Aussprache geben kann. Wer schreiben lernt, muss daher manchmal mit der Schreibung auch die Standardaussprache erlernen.

Besondere Probleme bereitet die Schreibung der Fremdwörter, weil andere Sprachen über Laute verfügen, die im Deutschen nicht vorkommen (zum Beispiel [θ] im Englischen wie in *Thriller* und die französischen Nasalvokale wie in *Teint*). Darüber hinaus können fremde Sprachen andere Laut-Buchstaben-Zuordnungen haben (zum Beispiel in *Nightclub*). Grundsätzlich kann man, was die Schreibung von Fremdwörtern angeht, zwei Tendenzen unterscheiden:

(1) Schreibung wie in der fremden Sprache:

Diese Lösung hat Vorteile beim Erlernen fremder Sprachen, bei Mehrsprachigkeit, bei der internationalen Verständigung, speziell bei den Internationalismen (zum Beispiel *City, Taxi*) oder in den Fachsprachen (zum Beispiel *Calcium*). Teilweise verbindet sich mit der fremden Schreibung auch das Flair von Weltläufigkeit, dies besonders bei Varianten (zum Beispiel *Club* neben *Klub*).

(2) Lautliche und/oder orthografische Angleichung (zum Beispiel beides in englisch strike, gesprochen [straɪ̯k], zu deutsch Streik, gesprochen [ʃtraɪ̯k]):

Diese Lösung hat Vorteile für den, der die fremde Herkunftssprache nicht kennt. Denn bei nicht erfolgter Angleichung kann er sich das Fremdwort nur als Schreibschema oder Schreibaussprache einprägen (zum Beispiel *Portemonnaie* als *Por-te-mon-na-i-e*). Die Angleichung vollzog und vollzieht sich meist nicht systematisch, sondern von Fall zu Fall, und sie hängt sehr stark von der Häufigkeit und Gebräuchlichkeit eines Wortes ab. Gelegentlich gibt es auch Doppelschreibungen, besonders wenn spezielle fachsprachliche Schreibungen auftreten (zum Beispiel *Karbid – Carbid*).

Nicht immer gelten die regelmäßigen Laut-Buchstaben-Zuordnungen bei Eigennamen; man vergleiche *Schmidt, Schmid; Maier, Mayer, Meyer, Meier; Duisburg; Soest*.

2.2 Die Beziehung zwischen Schreibung und Bedeutung

Die deutsche Rechtschreibung bezieht sich nicht nur auf die Lautung, sondern sie dient auch der grafischen Fixierung von Inhalten der sprachlichen Einheiten, das heißt der Bedeutung von Wortteilen, Wörtern, Sätzen und Texten. So wird ein Wortstamm möglichst gleich geschrieben, selbst wenn er in unterschiedlicher Umgebung verschieden ausgesprochen wird. Man spricht hier von Stammschreibung oder Schemakonstanz. Dies betrifft zum Beispiel die Schreibung bei Auslautverhärtung in manchen deutschen Sprachgebieten (*Rad* und *Rat* werden gleich ausgesprochen, aber unterschiedlich geschrieben wegen *des Rades* und *des Rates*), den Umlaut (zum Beispiel *Wand – Wände*, aber *Wende*), das Zusammentreffen gleicher Konsonanten (zum Beispiel *Haussegen, fünffach, zerreißen, enttäuschen, Blinddarm*), gelegentlich auch Einzelfälle (*vier* mit langem [iː], aber *vierzehn, vierzig* trotz kurzem [ɪ]).

Hingegen werden in manchen Fällen verschiedene Wörter, obwohl sie gleich ausgesprochen werden, unterschiedlich geschrieben (Unterscheidungsschreibung; zum Beispiel *Saite, Seite; wieder, wider*).

Diese Schemakonstanz sichert den Lesenden ein rasches Erkennen einzelner Wörter und ihrer „Bausteine". Schwierig an diesem Verfahren ist, dass den Sprachteilhaberinnen und Sprachteilhabern einerseits in manchen Fällen nicht klar ist, ob eine Wortverwandtschaft vorliegt (gehört zum Beispiel *Herbst* zu *herb*?), oder dass sie andererseits eine Wortverwandtschaft rechtschreiblich nicht beachten müssen (zum Beispiel *Eltern* zu *alt*; *voll* zu *füllen*). Bei der Unterscheidungsschreibung wirkt die Wahl der unterscheidenden Buchstaben auf die heutigen Sprachteilhaberinnen und Sprachteilhaber zufällig (zum Beispiel *Laib, Leib; Lied, Lid; Lärche, Lerche*).

Der Kennzeichnung des Wortes und seiner Unterscheidung von Wortgruppen dient unter anderem die Getrennt- und Zusammenschreibung. Die Großschreibung hat im Deutschen mehrere Aufgaben. So dient sie zum Beispiel dazu, Eigennamen sowie Substantive und Substantivierungen zu markieren. Gleichzeitig dient die Großschreibung auch der Hervorhebung des Anfangs von Sätzen und Überschriften. Sätze und Texte als komplexere sprachliche Einheiten werden ihrerseits durch die Mittel der Zeichensetzung in einzelne Teileinheiten untergliedert. Die Lesenden erhalten dadurch schnell erfassbare Informationen über grammatisch-semantische Zusammenhänge.

Schwierig bei all diesen grafischen Bedeutungsmarkierungen ist, dass von den Schreibenden ein gewisses Maß an grammatischem Wissen verlangt wird. Darüber hinaus liegt es in der Natur der Sprache, dass es manchmal keine eindeutige Entscheidung für die eine oder andere Schreibung gibt, weil es sich um Übergangsfälle zwischen verschiedenen sprachlichen Einheiten oder Klassen handelt (zum Beispiel zwischen Zusammensetzung und Wortgruppe).

3 Regelteil und Wörterverzeichnis

Auf der Basis dieser grundlegenden Beziehungen wird durch den Regelteil und das Wörterverzeichnis die geltende Norm der deutschen Schreibung festgelegt. Dabei ergänzen sie einander. So kann die Norm, den Satzanfang großzuschreiben oder gleichrangige Teile in Aufzählungen durch ein Komma zu trennen, durch Regeln im Regelteil allgemein beschrieben werden. Hingegen kann die Schreibung vieler Fremdwörter nur durch Einzelfestlegungen im Wörterverzeichnis erfasst werden; es gibt dazu weder Regeln noch ist es sinnvoll, lange Ausnahmelisten im Regelteil anzulegen.

In vielen Fällen kann man die Schreibung sowohl mit Hilfe der Regeln allgemein bestimmen als auch durch das Nachschlagen im Wörterverzeichnis ermitteln. So besagt zum Beispiel eine Regel, dass der Buchstabe für einen einzelnen Konsonanten nach betontem kurzem Vokal verdoppelt und so die Kürze des Vokals gekennzeichnet wird (zum Beispiel *Affe, Barren, gönnen, schlimm*); aber auch im Wörterverzeichnis ist notwendigerweise jedes einschlägige Wort mit dem verdoppelten Buchstaben für den Konsonanten (zum Beispiel *Affe*) verzeichnet.

Der vorliegende Text ist gemäß der neuen Regelung geschrieben.

3.1 Zum Aufbau des Regelteils

Der Regelteil ist in sechs Teilbereiche gegliedert:

A Laut-Buchstaben-Zuordnungen
B Getrennt- und Zusammenschreibung
C Schreibung mit Bindestrich
D Groß- und Kleinschreibung
E Zeichensetzung
F Worttrennung am Zeilenende

Den Teilbereichen ist jeweils eine Vorbemerkung vorangestellt, die über Inhalt und Aufbau Auskunft gibt. Die Teilbereiche sind durch Zwischenüberschriften mit arabischer Nummerierung (1, 1.1, 1.2 ...) untergliedert. Der gesamte Regelteil ist darüber hinaus fortlaufend durch Paragrafen durchgezählt, um Verweisungen sowohl innerhalb des Regelteils als auch vom Wörterverzeichnis auf den Regelteil zu ermöglichen.

Alle Regeln werden durch Beispiele verdeutlicht; die Ausnahmen sind, wenn nicht anders vermerkt, vollständig angeführt. In den Erläuterungen (= E) werden zusätzliche Hinweise gegeben. Dabei wird prinzipiell von einer Grundregel ausgegangen. In dem weiteren Text werden dann regelhafte Abweichungen als Einzelregeln oder als Ausnahmen genannt.

Es werden die üblichen grammatischen Fachausdrücke verwendet.

Speziell gilt:

Im Regelwerk:	Varianten:
Ausrufezeichen	Rufzeichen (Österreich)
Komma	Beistrich (Österreich)

Im Regelwerk:	Varianten:
Nebensatz	Gliedsatz (Österreich)
Semikolon	Strichpunkt (Österreich, Schweiz)
Substantiv	Nomen (Österreich, Schweiz), Nomen oder Substantiv (Deutschland)

Die Beispiele sind im Regelteil kursiv gesetzt.

3.2 Zum Aufbau des Wörterverzeichnisses

Das Wörterverzeichnis führt den zentralen rechtschreiblichen Wortschatz in alphabetischer Reihenfolge an; Ableitungen und Zusammensetzungen sind nur angegeben, wenn sich bei der Anwendung von Regeln (zum Beispiel zur Getrennt- und Zusammenschreibung) Schwierigkeiten ergeben können. Ebenso sind Angaben zu Flexion und Bedeutung nur dann aufgeführt, wenn dies für rechtschreibliche Zwecke notwendig ist; diese Angaben sind jedoch nicht amtlich festgelegt.

Im Einzelnen gilt:

(1) Stichwörter

Regionale und mundartliche Besonderheiten sind *nicht* erfasst. Länderspezifische Wörter (Austriazismen und Helvetismen) werden jedoch verzeichnet, sofern sie in Österreich beziehungsweise in der Schweiz als standardsprachlich gelten. Sie sind, sofern es sich nicht um österreichische oder schweizerische Schreibvarianten handelt, nicht markiert.

Eigennamen werden nicht aufgeführt. Eingetragene Warenzeichen sind mit ® gekennzeichnet.

Zitatwörter und fremdsprachliche Wendungen wie *all right, de facto, dolce far niente* sind nicht aufgenommen, jedoch werden Beispiele für den Gebrauch in Zusammensetzungen gegeben (*De-facto-Anerkennung* usw.).

(2) Weitere Angaben

Zur Unterscheidung von gleich gesprochenen beziehungsweise gleich geschriebenen Wörtern werden zusätzliche Angaben gemacht, zum Beispiel: *Band* (zu *binden*) und *Band* (Musikgruppe). Bei gleicher Aussprache wird außerdem mit aber wechselseitig aufeinander aufmerksam gemacht, zum Beispiel: *Saite* (beim Musikinstrument), aber *Seite* und *Seite* (etwa im Buch), aber *Saite.*

Bei Wörtern, die einander in Schreibung und/oder Bedeutung so ähnlich sind, dass sie verwechselt werden können, steht ebenfalls *aber,* zum Beispiel: *Apartment,* aber *Appartement* und *Appartement,* aber *Apartment.* Unterschiedliche Wortarten erhalten getrennte Einträge ohne Kommentar, zum Beispiel: *bar, Bar.*

(3) Rechtschreibliche und lexikalische Varianten

Während rechtschreiblichen Varianten die gleiche Aussprache zugrunde liegt (zum Beispiel *Anchovis, Anschovis*), unterscheiden sich lexikalische Varianten auch durch die Aussprache (zum Beispiel *Ahn, Ahne*). Sowohl rechtschreibliche als auch lexikalische Varianten stehen ohne Verweis gleichberechtigt nebeneinander. Sofern die Stichwörter in der alphabetischen Abfolge nicht unmittelbar benachbart sind, werden die Varianten an beiden Stellen aufgeführt (zum Beispiel *Anchovis, Anschovis* und *Anschovis, Anchovis*).

(4) Wortreihen

Mit dem Bogen und drei Pünktchen wird auf Reihenbildung hingewiesen, zum Beispiel:

an◡brennen ...

Der Bestandteil vor dem Bogen gilt als Stichwort. Der Bestandteil hinter dem Bogen zählt als Beispiel und bleibt bei der alphabetischen Einordnung unberücksichtigt. Bei mehreren Beispielen wird das Stichwort durch Pünktchen ersetzt, zum Beispiel: *bereit◡halten, ... stehen, ...stellen ...*

(5) Verweise

Die Paragrafen verweisen auf den Regelteil.

A Laut-Buchstaben-Zuordnungen

0 Vorbemerkungen

(1) Die Schreibung des Deutschen beruht auf einer Buchstabenschrift. Jeder Buchstabe existiert als Kleinbuchstabe und als Großbuchstabe (Ausnahme ß):

a b c d e f g h i j k l m n o p q r s t u v w x y z ä ö ü ß

A B C D E F G H I J K L M N O P Q R S T U V W X Y Z Ä Ö Ü

Die Umlautbuchstaben *ä, ö, ü* werden im Folgenden mit den Buchstaben *a, o, u* zusammen eingeordnet; *ß* nach *ss*. Zum Ersatz von *ß* durch *ss* oder *SS* siehe § 25 E2 und E3.

In Fremdwörtern und fremdsprachigen Eigennamen kommen außerdem Buchstaben mit zusätzlichen Zeichen sowie Ligaturen vor (zum Beispiel *ç, é, â, œ*).

(2) Für die Schreibung des Deutschen gilt:

(2.1) Buchstaben und Sprachlaute sind einander zugeordnet. Die folgende Darstellung bezieht sich auf die Standardaussprache, die allerdings regionale Varianten aufweist.

(2.2) Die Schreibung der Wortstämme, Präfixe, Suffixe und Endungen bleibt bei der Flexion der Wörter, in Zusammensetzungen und Ableitungen weitgehend konstant (zum Beispiel *Kind, die Kinder, des Kindes, Kindbett, Kinderbuch, Kindesalter, kindisch, kindlich; Differenz, Differenzial, differenzieren;* aber *säen, Saat; nähen, Nadel*). Dies macht es in vielen Fällen möglich, die Schreibung eines Wortes aus verwandten Wörtern zu erschließen.

Dabei ist zu beachten, dass Wortstämme sich verändern können, so vor allem durch Umlaut (zum Beispiel *Hand – Hände, Not – nötig, Kunst – Künstler, rauben – Räuber*), durch Ablaut (zum Beispiel *schwimmen – er schwamm – geschwommen*) oder durch *e/i*-Wechsel (zum Beispiel *geben – du gibst – er gibt*).

In manchen Fällen werden durch verschiedene Laut-Buchstaben-Zuordnungen gleich lautende Wörter unterschieden (zum Beispiel *malen* aber *mahlen, leeren* aber *lehren*).

(3) Der folgenden Darstellung liegt die deutsche Standardsprache zugrunde.

Besonderheiten sind bei Fremdwörtern und Eigennamen zu beachten.

(3.1) Fremdwörter unterliegen oft fremdsprachigen Schreibgewohnheiten (zum Beispiel *Chaiselongue, Sympathie, Lady*). Ihre Schreibung kann jedoch – und Ähnliches gilt für die Aussprache – je nach Häufigkeit und Art der Verwendung integriert, das heißt dem Deutschen angeglichen werden (zum Beispiel *Scharnier* aus französisch *charnière, Streik* aus englisch *strike*). Manche Fremdwörter werden sowohl in einer integrierten als auch in einer fremdsprachigen Schreibung verwendet (zum Beispiel *Fotografie/Photographie*).

Nicht integriert sind üblicherweise:

a) zitierte fremdsprachige Wörter und Wortgruppen (zum Beispiel: *Die Engländer nennen dies „one way mind“*);

b) Wörter in international gebräuchlicher oder festgelegter – vor allem fachsprachlicher – Schreibung (zum Beispiel *City;* medizinisch *Phlegmone*).

Für die nicht oder nur teilweise integrierten Fremdwörter lassen sich wegen der Vielgestaltigkeit fremdsprachiger Schreibgewohnheiten keine handhabbaren Regeln aufstellen. In Zweifelsfällen siehe das Wörterverzeichnis.

(3.2) Für Eigennamen (Vornamen, Familiennamen, geografische Eigennamen und dergleichen) gelten im Allgemeinen amtliche Schreibungen. Diese entsprechen nicht immer den folgenden Regeln. Eigennamen aus Sprachen mit nicht lateinischem Alphabet können unterschiedliche Schreibungen haben, die auf die Verwendung verschiedener Umschriftsysteme zurückgehen (zum Beispiel *Schanghai, Shanghai*).

(4) Beim Aufbau der folgenden Darstellung sind zunächst **Vokale** (siehe Abschnitt 1) und **Konsonanten** (siehe Abschnitt 2) zu unterscheiden.

Unterschieden sind des Weiteren in beiden Gruppen grundlegende Zuordnungen (siehe Abschnitt 1.1 und 2.1), besondere Zuordnungen (siehe Abschnitte 1.2 bis 1.7 und 2.2 bis 2.7) sowie spezielle Zuordnungen in Fremdwörtern (siehe Abschnitt 1.8 und 2.8).

Laute werden im Folgenden durch die phonetische Umschrift wiedergegeben (zum Beispiel das lange *a* durch [aː]). Sind die Buchstaben gemeint, so ist dies durch kursiven Druck gekennzeichnet (zum Beispiel der Buchstabe *h* oder *H*).

1 Vokale

1.1 Grundlegende Laut-Buchstaben-Zuordnungen

§ 1 Als grundlegend im Sinne dieser orthografischen Regelung gelten die folgenden Laut-Buchstaben-Zuordnungen.

Besondere Zuordnungen werden in den sich anschließenden Abschnitten behandelt.

(1) Kurze einfache Vokale

Laute	Buchstaben	Beispiele
[a]	*a*	*ab, Alter, warm, Bilanz*
[ɛ], [e]	*e*	*enorm, Endung, helfen, fett, penetrant, Prozent*
[ə]	*e*	*Atem, Ballade, gering, nobel*
[ɪ], [i]	*i*	*immer, Iltis, List, indiskret, Pilot*
[ɔ], [o]	*o*	*ob, Ort, folgen, Konzern, Logis, Obelisk, Organ*
[œ], [ø]	*ö*	*öfter, Öffnung, wölben, Ökonomie*
[ʊ], [u]	*u*	*unten, Ulme, bunt, Museum*
[ʏ], [y]	*ü*	*Küste, wünschen, Püree*

(2) Lange einfache Vokale

Laute	Buchstaben	Beispiele
[aː]	*a*	*artig, Abend, Basis*
[eː]	*e*	*edel, Efeu, Weg, Planet*
[ɛː]	*ä*	*äsen, Ära, Sekretär*
[iː]	*ie*	(in einheimischen Wörtern:) *Liebe, Dieb*
	i	(in Fremdwörtern:) *Diva, Iris, Krise, Ventil*
[oː]	*o*	*oben, Ofen, vor, Chor*
[øː]	*ö*	*öde, Öfen, schön*
[uː]	*u*	*Ufer, Bluse, Muse, Natur*
[yː]	*ü*	*üben, Übel, fügen, Menü, Molekül*

(3) Diphthonge

Laute	Buchstaben	Beispiele
[aɪ]	*ei*	*eigen, Eile, beiseite, Kaleidoskop*
[aʊ]	*au*	*auf, Auge, Haus, Audienz*
[ɔʏ]	*eu*	*euch, Eule, Zeuge, Euphorie*

1.2 Besondere Kennzeichnung der kurzen Vokale

Folgen auf einen betonten Vokal innerhalb des Wortstammes – bei Fremdwörtern betrifft dies auch den betonten Wortausgang – zwei verschiedene Konsonanten, so ist der Vokal in der Regel kurz; folgt kein Konsonant, so ist der Vokal in der Regel lang; folgt nur ein Konsonant, so ist der Vokal kurz oder lang. Deshalb beschränkt sich die besondere grafische Kennzeichnung des kurzen Vokals auf den Fall, dass nur ein einzelner Konsonant folgt.

§ 2 Folgt im Wortstamm auf einen betonten kurzen Vokal nur ein einzelner Konsonant, so kennzeichnet man die Kürze des Vokals durch Verdopplung des Konsonantenbuchstabens.

Das betrifft Wörter wie:
Ebbe; Paddel; schlaff, Affe; Egge; generell, Kontrolle; schlimm, immer; denn, wann, gönnen; Galopp, üppig; starr, knurren; Hass, dass (Konjunktion), *bisschen, wessen, Prämisse; statt* (aber *Stadt*), *Hütte, Manschette*

§ 3 Für ***k*** und ***z*** gilt eine besondere Regelung:
(1) Statt ***kk*** schreibt man ***ck***.
(2) Statt ***zz*** schreibt man ***tz***.

Das betrifft Wörter wie:
Acker, locken, Reck; Katze, Matratze, Schutz

Ausnahmen: Fremdwörter wie *Mokka, Sakko; Pizza, Razzia, Skizze*

E zu § 2 und § 3: Die Verdopplung des Buchstabens für den einzelnen Konsonanten bleibt üblicherweise in Wörtern, die sich aufeinander beziehen lassen, auch dann erhalten, wenn sich die Betonung ändert, zum Beispiel: *Galopp – galoppieren, Horror – horrend, Kontrolle – kontrollieren, Nummer – nummerieren, spinnen – Spinnerei, Stuck – Stuckatur, Stuckateur*

§ 4 In acht Fallgruppen verdoppelt man den Buchstaben für den einzelnen Konsonanten nicht, obwohl dieser einem betonten kurzen Vokal folgt.

Dies betrifft:
(1) eine Reihe **einsilbiger Wörter** (besonders aus dem Englischen), zum Beispiel: *Bus, Chip, fit, Gag, Grog, Jet, Job, Kap, Klub, Mob, Pop, Slip, top, Twen*

E1: Ableitungen schreibt man entsprechend § 2 mit doppeltem Konsonantenbuchstaben: *jobben – du jobbst – er jobbt; jetten, poppig, Slipper;* außerdem: *die Busse* (zu *Bus*)

(2) die fremdsprachigen Suffixe ***-ik*** und ***-it***, die mit kurzem, aber auch mit langem Vokal gesprochen werden können, zum Beispiel: *Kritik, Politik; Kredit, Profit*

(3) einige Wörter mit **unklarem Wortaufbau oder mit Bestandteilen, die nicht selbständig vorkommen**, zum Beispiel: *Brombeere, Damwild, Himbeere, Imbiss, Imker (aber Imme), Sperling, Walnuss; aber Bollwerk*

(4) eine Reihe von **Fremdwörtern**, zum Beispiel: *Ananas, April, City, Hotel, Kamera, Kapitel, Limit, Mini, Relief, Roboter*

(5) Wörter mit den nicht mehr produktiven Suffixen ***-d, -st*** und ***-t***, zum Beispiel: *Brand* (trotz *brennen*), *Spindel* (trotz *spinnen*); *Geschwulst* (trotz *schwellen*), *Gespinst* (trotz *spinnen*), *Gunst* (trotz *gönnen*); *beschäftigen, Geschäft* (trotz *schaffen*), *[ins]gesamt, sämtlich* (trotz *zusammen*)

(6) eine Reihe **einsilbiger Wörter mit grammatischer Funktion**, zum Beispiel: *ab, an, dran, bis, das* (Artikel, Pronomen), *des* (aber *dessen*), *in, drin* (aber *innen, drinnen*), *man, mit, ob, plus, um, was, wes* (aber *wessen*)

E2: Aber entsprechend § 2: *dann, denn, wann, wenn; dass* (Konjunktion)

(7) die folgenden **Verbformen**: *ich bin, er hat*; aber nach der Grundregel (§ 2): *er hatte, sie tritt, nimm!*

(8) die folgenden Ausnahmen: *Drittel, Mittag, dennoch*

§ 5 In vier Fallgruppen verdoppelt man den Buchstaben für den einzelnen Konsonanten, obwohl der vorausgehende kurze Vokal nicht betont ist.

Dies betrifft:

(1) das scharfe (stimmlose) ***s*** **in Fremdwörtern**, zum Beispiel: *Fassade, Karussell, Kassette, passieren, Rezession*

(2) die **Suffixe *-in*** und ***-nis*** sowie die **Wortausgänge *-as, -is, -os*** und ***-us***, wenn in erweiterten Formen dem Konsonanten ein Vokal folgt, zum Beispiel:

-in:	*Ärztin – Ärztinnen, Königin – Königinnen*
-nis:	*Beschwernis – Beschwernisse, Kenntnis – Kenntnisse*
-as:	*Ananas – Ananasse, Ukas – Ukasse*
-is:	*Iltis – Iltisse, Kürbis – Kürbisse*
-os:	*Albatros – Albatrosse, Rhinozeros – Rhinozerosse*
-us:	*Diskus – Diskusse, Globus – Globusse*

(3) eine Reihe von **Fremdwörtern**, zum Beispiel: *Allee, Batterie, Billion, Buffet, Effekt, frappant, Grammatik, Kannibale, Karriere, kompromittieren, Konkurrenz, Konstellation, Lotterie, Porzellan, raffiniert, Renommee, skurril, Stanniol*

E: In Zusammensetzungen mit fremdsprachigen **Präfixen** wie ***ad-, dis-, in-, kon-/con-, ob-, sub-*** und ***syn-*** ist deren auslautender Konsonant in manchen Fällen an den Konsonanten des folgenden Wortes angeglichen, zum Beispiel: *Affekt, akkurat, Attraktion* (vgl. aber *Advokat, addieren*); ebenso: *Differenz, Illusion, korrekt, Opposition, suggerieren, Symmetrie*

(4) wenige Wörter mit ***tz*** (siehe § 3(2)), zum Beispiel: *Kiebitz, Stieglitz*

1.3 Besondere Kennzeichnung der langen Vokale

Folgt im Wortstamm auf einen betonten Vokal kein Konsonant, ist er lang. Die regelmäßige Kennzeichnung mit *h* hat auch die Aufgabe, die Silbenfuge zu markieren, zum Beispiel Kü|he; vgl. § 6. Folgt nur ein Konsonant, so kann der Vokal kurz oder lang sein. Die Länge wird jedoch nur bei einheimischen Wörtern mit [iː] regelmäßig durch *ie* bezeichnet; vgl. § 1. Ansonsten erfolgt die Kennzeichnung nur ausnahmsweise:

a) in manchen Wörtern vor *l, m, n, r* mit *h*; vgl. § 8;

b) mit Doppelvokal *aa, ee, oo*; vgl. § 9;

c) mit *ih, ieh*; vgl. § 12.

Zum *ß* (statt *s*) nach langem Vokal und Diphthong siehe § 25.

§ 6 Wenn einem betonten einfachen langen Vokal ein unbetonter kurzer Vokal unmittelbar folgt oder in erweiterten Formen eines Wortes folgen kann, so steht nach dem Buchstaben für den langen Vokal stets der Buchstabe ***h***.

Dies betrifft Wörter wie:

ah:	*nahen, bejahen* (aber *ja*)
eh:	*Darlehen, drehen*
oh:	*drohen, Floh* (wegen *Flöhe*)
uh:	*Kuh* (wegen *Kühe*), *Ruhe, Schuhe*
äh:	*fähig, Krähe, zäh* (Ausnahme *säen*)
öh:	*Höhe* (Ausnahme *Bö*, trotz *Böe, Böen*)
üh:	*früh* (wegen *früher*)

Zu *ieh* siehe § 12(2).

Zu *See* u. a. siehe § 9.

§ 7 Das ***h*** steht ausnahmsweise auch nach dem Diphthong [ai̯].

Das betrifft Wörter wie:
gedeihen, Geweih, leihen (aber *Laien*), *Reihe, Reiher, seihen, verzeihen, weihen, Weiher;* aber sonst: *Blei, drei, schreien*

§ 8 Wenn einem betonten langen Vokal einer der Konsonanten [l], [m], [n] oder [r] folgt, so wird in vielen, jedoch nicht in der Mehrzahl der Wörter nach dem Buchstaben für den Vokal ein ***h*** eingefügt.

Dies betrifft:
(1) Wörter, in denen auf [l], [m], [n] oder [r] **kein weiterer Konsonant folgt**, zum Beispiel:

ah:	*Dahlie, lahm, ahnen, Bahre*
eh:	*Befehl, benehmen, ablehnen, begehren*
oh:	*hohl, Sohn, bohren*
uh:	*Pfuhl, Ruhm, Huhn, Uhr*
äh:	*ähneln, Ähre*
öh:	*Höhle, stöhnen, Möhre*
üh:	*fühlen, Bühne, führen*

Zu *ih* siehe § 12(1).

(2) die folgenden Einzelfälle: *ahnden, fahnden*

E1: Zu unterscheiden sind gleich lautende, aber unterschiedlich geschriebene Wortstämme wie: *Mahl* aber *Mal*; *mahlen* aber *malen; Sohle* aber *Sole*; *dehnen* aber *denen; Bahre* aber *Bar; wahr* aber *er war; lehren* aber *leeren; mehr* aber *Meer; Mohr* aber *Moor; Uhr* aber *Ur*; *währen* aber *sie wären*

E2 zu § 6 bis 8: Das *h* bleibt auch bei Flexion, Stammveränderung und in Ableitungen erhalten, zum Beispiel: *befehlen – befiehl – er befahl – befohlen, drehen – gedreht – Draht, empfehlen – empfiehl – er empfahl – empfohlen, gedeihen – es gedieh – gediehen, fliehen – er floh – geflohen, leihen – er lieh – geliehen, mähen – Mahd, nähen – Naht, nehmen – er nahm, sehen – er sieht – er sah – gesehen, stehlen – er stiehlt – er stahl – gestohlen, verzeihen – er verzieh – verziehen, weihen – geweiht – Weihnachten*

Ausnahmen, zum Beispiel: *Blüte, Blume* (trotz *blühen*), *Glut* (trotz *glühen*), *Nadel* (trotz *nähen*)

E3: In Fremdwörtern steht bis auf wenige Ausnahmen wie *Allah, Schah* kein *h*.

§ 9 Die Länge von [aː], [eː] und [oː] kennzeichnet man in einer kleinen Gruppe von Wörtern durch die Verdopplung ***aa, ee*** bzw. ***oo.***

Dies betrifft Wörter wie:

aa:	*Aal, Aas, Haar, paar, Paar, Saal, Saat, Staat, Waage*
ee:	*Beere, Beet, Fee, Klee, scheel, Schnee, See, Speer, Tee, Teer;* außerdem eine Reihe von Fremdwörtern mit *ee* im Wortausgang wie: *Armee, Idee, Kaffee, Klischee, Tournee, Varietee*
oo:	*Boot, Moor, Moos, Zoo*

Zu *die Feen, Seen* siehe § 19.

E1: Zu unterscheiden sind gleich lautende, aber unterschiedlich geschriebene Wortstämme wie: *Waage* aber *Wagen*; *Heer* aber *her, hehr*; *leeren* aber *lehren*; *Meer* aber *mehr*; *Reede* aber *Rede*; *Seele, seelisch* aber *selig*; *Moor* aber *Mohr*

E2: Bei Umlaut schreibt man nur *ä* bzw. *ö*, zum Beispiel: *Härchen* aber *Haar; Pärchen* aber *Paar; Säle* aber *Saal; Bötchen* aber *Boot*

§ 10 Wenige einheimische Wörter und eingebürgerte Entlehnungen mit dem langen Vokal [iː] schreibt man ausnahmsweise mit ***i.***

Dies betrifft Wörter wie:
dir, mir, wir; gib, du gibst, er gibt (aber *ergiebig*); *Bibel, Biber, Brise, Fibel, Igel, Liter, Nische, Primel, Tiger, Wisent*

E: Zu unterscheiden sind gleich lautende, aber unterschiedlich geschriebene Wörter wie: *Lid* aber *Lied*; *Mine* aber *Miene*; *Stil* aber *Stiel*; *wider* aber *wieder*

§ 11 Für langes [iː] schreibt man ***ie*** in den fremdsprachigen Suffixen und Wortausgängen ***-ie, -ier*** und ***-ieren.***

Dies betrifft Wörter wie:
Batterie, Lotterie; Manier, Scharnier; marschieren, probieren
Ausnahmen, zum Beispiel: *Geysir, Saphir, Souvenir, Vampir, Wesir*

§ 12 In Einzelfällen kennzeichnet man die Länge des Vokals [iː] zusätzlich mit dem Buchstaben ***h*** und schreibt ***ih*** oder ***ieh***.

Im Einzelnen gilt:
(1) ***ih*** steht nur in den folgenden Wörtern (vgl. § 8): *ihm, ihn, ihnen, ihr* (Personal- und Possessivpronomen), außerdem *Ihle*

(2) ***ieh*** steht nur in den folgenden Wörtern (vgl. § 6): *fliehen, Vieh, wiehern, ziehen*

Zu *ieh* in Flexionsformen wie *befiehl* (zu *befehlen*) siehe § 8 E2.

1.4 Umlautschreibung bei [ɛ]

§ 13 Für kurzes [ɛ] schreibt man ***ä*** statt **e**, wenn es eine Grundform mit **a** gibt.

Dies betrifft flektierte und abgeleitete Wörter wie:
Bänder, Bändel (wegen *Band*); *Hälse* (wegen *Hals*); *Kälte, kälter* (wegen *kalt*); *überschwänglich* (wegen *Überschwang*)

E1: Man schreibt *e* oder *ä* in *Schenke/Schänke* (wegen *ausschenken/Ausschank*), *aufwendig/aufwändig* (wegen *aufwenden/Aufwand*).

E2: Für langes [eː] und langes [ɛː], die in der Aussprache oft nicht unterschieden werden, schreibt man *ä*, sofern es eine Grundform mit *a* gibt, zum Beispiel: *quälen* (wegen *Qual*). Wörter wie *sägen, Ähre* (aber *Ehre*), *Bär* sind Ausnahmen.

§ 14 In wenigen Wörtern schreibt man ausnahmsweise ***ä***.

Dies betrifft Wörter wie:
ätzen, dämmern, Geländer, Lärm, März, Schärpe

E: Zu unterscheiden sind gleich lautende, aber unterschiedlich geschriebene Wörter wie: *Äsche* aber *Esche*; *Färse* aber *Ferse*; *Lärche* aber *Lerche*

§ 15 In wenigen Wörtern schreibt man ausnahmsweise **e**.

Das betrifft Wörter wie:
Eltern (trotz *alt*); *schwenken* (trotz *schwanken*)

1.5 Umlautschreibung bei [ɔʏ]

§ 16 Für den Diphthong [ɔʏ] schreibt man ***äu*** statt ***eu***, wenn es eine Grundform mit ***au*** gibt.

Dies betrifft flektierte und abgeleitete Wörter wie:
Häuser (wegen *Haus*), *er läuft* (wegen *laufen*), *Mäuse, Mäuschen* (wegen *Maus*); *Gebäude* (wegen *Bau*), *Geräusch* (wegen *rauschen*), *sich schnäuzen* (wegen *Schnauze*), *verbläuen* (wegen *blau*)

§ 17 In wenigen Wörtern schreibt man ausnahmsweise ***äu***.

Das betrifft Wörter wie:
Knäuel, Räude, sich räuspern, Säule, sich sträuben, täuschen

1.6 Ausnahmen beim Diphthong [aɪ]

§ 18 In wenigen Wörtern schreibt man den Diphthong [aɪ] ausnahmsweise ***ai***.

Das betrifft Wörter wie:
Hai, Kaiser, Mai

E: Zu unterscheiden sind gleich lautende, aber unterschiedlich geschriebene Wortstämme wie: *Bai* aber *bei*; *Laib* aber *Leib*; *Laich* aber *Leiche*; *Laie, Laien* aber *leihen*; *Saite* aber *Seite*; *Waise* aber *Weise, weisen*

1.7 Besonderheiten beim *e*

§ 19 Folgen auf ***-ee*** oder ***-ie*** die Flexionsendungen oder Ableitungssuffixe ***-e, -en, -er, -es, -ell***, so lässt man ein **e** weg.

Das betrifft Wörter wie:
die Feen; die Ideen; die Mondseer, des Sees; die Knie, knien; die Fantasien; sie schrien, geschrien; ideell; industriell

1.8 Spezielle Laut-Buchstaben-Zuordnungen in Fremdwörtern

§ 20 Über die bisher dargestellten Laut-Buchstaben-Zuordnungen hinaus treten in Fremdwörtern auch fremdsprachige Zuordnungen auf. In den folgenden Listen sind nur die wichtigeren angeführt.

Dabei ist zu beachten, dass Kürze und Länge der Vokale von der Betonung abhängen. Vokale, die in betonten Silben lang sind, werden in unbetonten Silben kurz gesprochen, zum Beispiel *Analyse* mit langem Vokal [yː] – *analysieren* mit kurzem Vokal [y].

(1) Fremdsprachige Laut-Buchstaben-Zuordnungen

Laute	Buchstaben	Beispiele
[a], [aː]	*u*	*Butler, Cup, Make-up, Slum*
	at	*Eklat, Etat*
[ɛ], [ɛː]	*a*	*Action, Camping, Fan, Gag*
	ai	*Airbus, Chaiselongue, fair, Flair, Saison*
[e], [eː]	*é*	*Abbé, Attaché, Lamé*
	er	*Atelier, Bankier, Premier*
	et	*Budget, Couplet, Filet*
	ai	*Cocktail, Container*
[i], [iː]	*y*	*Baby, City, Lady, sexy*
	ea	*Beat, Dealer, Hearing, Jeans, Team*
	ee	*Evergreen, Spleen, Teenager*
[o], [oː]	*au*	*Chaussee, Chauvinismus*
	eau	*Niveau, Plateau, Tableau*
	ot	*Depot, Trikot*
[øː]	*eu*	*adieu, Milieu;* häufig in den Suffixen *-eur, -euse:* *Ingenieur, Souffleuse*

Laute	Buchstaben	Beispiele
[ʊ], [u], [uː]	*oo* *ou*	*Boom, Swimmingpool* *Journalist, Rouge, Route, souverän*
[ʏ], [y], [yː]	*y*	*Analyse, Hymne, Physik, System, Typ;* auch in den Präfixen *dys-* (aber *dis-*), *hyper-, hypo-, syl-, sym-, syn-: dysfunktional, hyperkorrekt, Hypozentrum, Syllogismus, Symbiose, synchron*
[ã], [ãː]	*an* *ant* *en* *ent*	*Branche, Chance, Orange, Renaissance, Revanche* *Avantgarde, Pendant, Restaurant* *engagiert, Ensemble, Entree, Pendant, Rendezvous* *Abonnement, Engagement*
[ɛ̃], [ɛ̃ː]	*ain* *eint* *in*	*Refrain, Souterrain, Terrain* *Teint* *Bulletin, Dessin, Mannequin*
[ɔ̃], [ɔ̃ː]	*on*	*Annonce, Chanson, Pardon*
[œ̃], [œ̃ː]	*um*	*Parfum*
[aʊ]	*ou* *ow*	*Couch, Countdown, Foul, Sound* *Clown, Countdown, Cowboy, Power(play)*
[aɪ]	*i* *igh* *y*	*Lifetime, Pipeline* *Copyright, high, Starfighter* *Nylon, Recycling*
[ɔʏ]	*oy*	*Boy, Boykott*
[oa]	*oi*	*Memoiren, Repertoire, Reservoir, Toilette*

(2) Doppelschreibungen
Im Prozess der Integration entlehnter Wörter können fremdsprachige und integrierte Schreibung nebeneinanderstehen. Manche fremdsprachige Schreibungen sind nur noch fachsprachlich üblich.

Laute	Buchstaben	Beispiele
[ɛ], [ɛː]	*ai – ä*	*Drainage – Dränage, Mayonnaise – Majonäse, Mohair – Mohär, Polonaise – Polonäse*
[eː]	*é – ee*	*Bouclé – Buklee, Doublé – Dublee, Exposé – Exposee Café – Kaffee* (mit Bedeutungsdifferenzierung), *Kommuniqué – Kommunikee, Varieté – Varietee*
[oː]	*au – o*	*Sauce – Soße*
[ʊ], [u], [uː]	*ou – u*	*Bravour – Bravur, Bouquet – Bukett, Doublé – Dublee, Coupon – Kupon, Nougat – Nugat*

§ 21 Fremdwörter aus dem Englischen, die auf ***-y*** enden und im Englischen den Plural ***-ies*** haben, erhalten im Plural ein ***-s***.

Das betrifft Wörter wie:
Baby – Babys, Lady – Ladys, Party – Partys

E: Bei Zitatwörtern gilt die englische Schreibung, zum Beispiel: *Grand Old Ladies*

2 Konsonanten

2.1 Grundlegende Laut-Buchstaben-Zuordnungen

§ 22 Als grundlegend im Sinne dieser orthografischen Regelung gelten die folgenden Laut-Buchstaben-Zuordnungen.

Besondere Zuordnungen werden in den sich anschließenden Abschnitten behandelt.

(1) Einfache Konsonanten

Laute	Buchstaben	Beispiele
[b]	*b*	*backen, Baum, Obolus, Parabel*
[ç], [x]	*ch*	*ich, Bücher, lynchen; ach, Rauch*
[d]	*d*	*danken, Druck, leiden, Mansarde*
[f]	*f*	*fertig, Falke, Hafen, Fusion*
[g]	*g*	*gehen, Gas, sägen, Organ, Eleganz*
[h]	*h*	*hinterher, Haus, Hektik, Ahorn, vehement*
[j]	*j*	*ja, Jagd, Boje, Objekt*
[k]	*k*	*Kiste, Haken, Flanke, Majuskel, Konkurs*
[l]	*l*	*laufen, Laut, Schale, lamentieren*
[m]	*m*	*machen, Mund, Lampe, Maximum*
[n]	*n*	*nur, Nagel, Ton, Natur, nuklear*
[ŋ]	*ng*	*Gang, Länge, singen, Zange*
[p]	*p*	*packen, Paste, Raupe, Problem*
[r], [ʀ], [ʁ]	*r*	*rauben, Rampe, hören, Zitrone*
[s]	*s*	*skurril, Skandal, Hast, hopsen*
[z]	*s*	*sagen, Seife, lesen, Laser*
[ʃ]	*sch*	*scharf, Schaufel, rauschen*
[t]	*t*	*tragen, Tür, fort, Optimum*
[v]	*w*	*wann, Wagen, Möwe*

(2) Konsonantenverbindungen (innerhalb des Stammes)

Laute	Buchstaben	Beispiele
[kv]	*qu*	*quälen, Quelle, liquid, Qualität*
[ks]	*x*	*xylographisch, Xenophobie, boxen, toxisch*
[ts]	*z*	*zart, Zaum, tanzen, speziell, Zenit*

2.2 Auslautverhärtung und Wortausgang *-ig*

§ 23 Die in großen Teilen des deutschen Sprachgebiets auftretende Verhärtung der Konsonanten [b], [d], [g],[v] und [z] am Silbenende sowie vor anderen Konsonanten innerhalb der Silbe wird in der Schreibung nicht berücksichtigt.

E1: Bei vielen Wörtern kann die Schreibung aus der Aussprache erweiterter Formen oder verwandter Wörter abgeleitet werden, in denen der betreffende Konsonant am Silbenanfang steht, zum Beispiel:

Konsonant am Silbenende usw.	Konsonant am Silbenanfang
Lob, löblich, du lobst	*Lobes, belobigen* (aber *Isotop-Isotope*)
trüb, trübselig, eingetrübt	*trübe, eintrüben* (aber *Typ – Typen*)
Rad, Radumfang	*Rades, rädern* (aber *Rat – Rates*)
absurd	*absurde, Absurdität* (aber *Gurt – Gurte*)
Sieg, siegreich, er siegt	*siegen* (aber *Musik – musikalisch*)
Trug, er betrog, Betrug	*betrügen* (aber *Spuk – spuken*)
gläubig	*gläubige* (aber *Plastik – Plastiken*)
Möwchen	*Möwe* (aber *Öfchen – Ofen*)
naiv, Naivling, Naivheit	*Naive, Naivität* (aber *er rief – rufen*)
Preis, preislich, preiswert	*Preise* (aber *Fleiß – fleißig*)
Haus, häuslich, behaust	*Häuser* (aber *Strauß – Sträuße*)

E2: Bei einer kleinen Gruppe von Wörtern ist es nicht oder nur schwer möglich, eine solche Erweiterung durchzuführen oder eine Beziehung zu verwandten Wörtern herzustellen. Man schreibt sie trotzdem mit *b, d, g* bzw. *s*, zum Beispiel: *ab, Eisbein (Eis – Eises), flugs (Flug), Herbst, hübsch, jeglich, Jugend, Kies (Kiesel), Lebkuchen, morgendlich, ob, Obst, Plebs (Plebejer), preisgeben, Rebhuhn, redlich (Rede), Reis (Reisig), Reis* (= Korn; *Reise* fachsprachlich = Reissorten; aber *Grieß*), *ihr seid* (aber *seit*), *sie sind, und, Vogt, weg (Weges), weissagen (weise)*

§ 24 Für den Laut [ç] schreibt man regelmäßig ***g***, wenn erweiterte Formen am Silbenanfang mit dem Laut [g] gesprochen werden.

Das betrifft Wörter wie:
ewig, Ewigkeit (wegen *ewige*), *gläubig* (wegen *gläubige*); aber *unglaublich* (wegen *unglaubliche*); *heilig, Käfig, ruhig*

E: In einigen Sprachlandschaften wird *-ig* mit [k] gesprochen; dann gilt § 23.

2.3 Besonderheiten bei [s]

§ 25 Für das scharfe (stimmlose) [s] nach langem Vokal oder Diphthong schreibt man ***ß***, wenn im Wortstamm kein weiterer Konsonant folgt.

Das betrifft Wörter wie:
Maß, Straße, Grieß, Spieß, groß, grüßen; außen, außer, draußen, Strauß, beißen, Fleiß, heißen

Ausnahme: *aus*

Zur Schreibung von [s] in Wörtern mit Auslautverhärtung wie *Haus, graziös, Maus, Preis* siehe § 23.

E1: In manchen Wortstämmen wechselt bei Flexion und in Ableitungen die Länge und Kürze des Vokals vor [s]; entsprechend wechselt die Schreibung *ß* mit *ss*.

Beispiele:

fließen – er floss – Fluss – das Floß
genießen – er genoss – Genuss
wissen – er weiß – er wusste

E2: Steht der Buchstabe *ß* nicht zur Verfügung, so schreibt man *ss*. In der Schweiz kann man immer *ss* schreiben. Beispiel: *Straße – Strasse*

E3: Bei Schreibung mit Großbuchstaben schreibt man *SS*, zum Beispiel: *Straße – STRASSE*

§ 26 Folgt auf das ***s, ss, ß, x*** oder ***z*** eines Verb- oder Adjektivstammes die Endung ***-st*** der 2. Person Singular bzw. die Endung ***-st(e)*** des Superlativs, so lässt man das ***s*** der Endung weg.

Das betrifft Wörter wie:
du reist (zu *reisen*), *du hasst* (zu *hassen*), *du reißt* (zu *reißen*), *du mixt* (zu *mixen*), *du sitzt* (zu *sitzen*); *(groß – größer –) größte*

2.4 Besonderheiten bei [ʃ]

§ 27 Für den Laut [ʃ] am Anfang des Wortstammes vor folgendem [p] oder [t] schreibt man ***s*** statt ***sch***.

Das betrifft Wörter wie:
spielen, verspotten; starren, Stelle, Stunde

2.5 Besonderheiten bei [ŋ]

§ 28 Für den Laut [ŋ] vor [k] oder [g] im Wortstamm schreibt man ***n*** statt ***ng***.

Das betrifft Wörter wie:
Bank, dünken, Enkel, Schranke, trinken; Mangan, Singular

2.6 Besonderheiten bei [f] und [v]

§ 29 Für den Laut [f] schreibt man ***v*** statt ***f*** in ***ver-*** (wie in *verlaufen*) sowie am Anfang einiger weiterer Wörter.

Das betrifft Wörter wie:
Vater, Veilchen, Vettel, Vetter, Vieh, viel, vielleicht, vier, Vlies, Vogel, Vogt, Volk, voll (aber *füllen*), *von, vor, vordere, vorn*
Dazu kommen: *Frevel, Nerv (Nerven)*

§ 30 Für den Laut [v] schreibt man in Fremdwörtern regelmäßig und in wenigen eingebürgerten Entlehnungen ***v*** statt ***w***.

Das betrifft Wörter wie:
privat, Revolution, Universität, Virus, zivil, Malve, Vase; Suffix bzw. Endung *-iv, -ive: Aktivität, die Detektive, Motivation; Initiative, Perspektive*

E: Bei einigen Wörtern schwankt die Aussprache von *v* zwischen [v] und [f] wie bei *Initiative, Larve, Pulver, evangelisch, Vers, Vesper, November, brave.*

2.7 Besonderheiten bei [ks]

§ 31 Für die Lautverbindung [ks] schreibt man in einigen Wortstämmen ausnahmsweise ***chs*** bzw. ***ks*** statt **x**.

Das betrifft Wörter wie:
Achse, Achsel, Büchse, Dachs, drechseln, Echse, Flachs, Fuchs, Lachs, Luchs, Ochse, sechs, Wachs, wachsen, Wechsel, Weichsel[kirsche], wichsen, Keks, schlaksig

E: Die bei Flexion und in Ableitungen entstehende Lautverbindung [ks] wird je nach dem zugrunde liegenden Wort *gs, ks* oder *cks* geschrieben, zum Beispiel: *du hegst* (wegen *hegen*), *du hinkst* (wegen *hinken*), *Streiks* (wegen *Streik*), *Häcksel* (wegen *hacken*)

2.8 Spezielle Laut-Buchstaben-Zuordnungen in Fremdwörtern

§ 32 Über die bisher dargestellten Laut-Buchstaben-Zuordnungen hinaus treten in Fremdwörtern auch fremdsprachige Zuordnungen auf.

In den folgenden Listen sind nur die wichtigeren angeführt.

(1) Fremdsprachige Laut-Buchstaben-Zuordnungen

(1.1) Einfache Konsonanten

Laute	Buchstaben	Beispiele
[f]	*ph*	*Atmosphäre, Metapher, Philosophie, Physik*
[k]	*c* *ch* *qu*	*Clown, Container, Crew* *Chaos, Charakter, Chlor, christlich* *Mannequin, Queue*
[r]	*rh* *rt*	*Rhapsodie, Rhesusfaktor* *Dessert, Kuvert, Ressort*
[s]	*c, ce*	*Annonce, Chance, City, Renaissance, Service*
[ʃ]	*ch* *sh*	*Champignon, Chance, charmant, Chef* *Geisha, Sheriff, Shop, Shorts*
[ʒ]	*g* *j*	*Genie, Ingenieur, Loge, Passagier, Regime;* auch im Suffix *-age: Blamage, Garage* *Jalousie, Jargon, jonglieren, Journalist*
[t]	*th*	*Ethos, Mathematik, Theater, These*
[v]	*v*	*Virus, zivil* (vgl. § 30)

(1.2) Konsonantenverbindungen

Laute	Buchstaben	Beispiele
[dʒ]	*g* *j*	*Gentleman, Gin, Manager, Teenager* *Jazz, Jeans, Jeep, Job, Pyjama*
[lj] [j]	*ll*	*Billard, Bouillon, brillant, Guerilla, Medaille, Pavillon, Taille*
[nj]	*gn*	*Champagner, Kampagne, Lasagne*
[ts]	*c* *t* (vor [i] + Vokal)	*Aceton, Celsius, Cellophan* sehr häufig im Suffix *-tion;* außerdem häufig in Fällen wie *-tie, -tiell, -tiös: Funktion, Nation, Produktion; Aktie, partiell, infektiös*
[tʃ]	*c* *ch* *ge* *dge*	*Cello, Cembalo* *Chip, Coach, Ranch* *College* *Bridge*

(2) Doppelschreibungen

Im Prozess der Integration entlehnter Wörter können fremdsprachige und integrierte Schreibung nebeneinanderstehen. Manche fremdsprachige Schreibungen sind nur noch fachsprachlich üblich.

Laute	Buchstaben	Beispiele
[f]	*ph – f*	*-photo- – -foto-*, zum Beispiel *Photographie – Fotografie* *-graph- – -graf-*, zum Beispiel *Graphik – Grafik* *-phon- – -fon-*, zum Beispie: *Mikrophon – Mikrofon* *Delphin – Delfin,* *phantastisch – fantastisch*
[g]	*gh – g*	*Ghetto – Getto, Joghurt – Jogurt, Spaghetti – Spagetti*
[j]	*y – j*	*Yacht – Jacht, Yoga – Joga, Mayonnaise – Majonäse*
[k]	*c – k* *qu – k*	*Calcit – Kalzit, Caritas – Karitas, Code – Kode, codieren – kodieren, circa – zirka* *Bouquet – Bukett, Kommuniqué – Kommunikee*
[r]	*rh – r*	*Katarrh – Katarr, Myrrhe – Myrre*
[s]	*c – ss, ß*	*Facette – Fassette, Necessaire – Nessessär, Sauce – Soße*
[ʃ]	*ch – sch*	*Anchovis – Anschovis, Chicorée – Schikoree, Sketch – Sketsch*
[t]	*th – t*	*Kathode – Katode, Panther – Panter, Thunfisch – Tunfisch*
[ts]	*c – z* *t – z* (vor [i] + Vokal)	*Acetat – Azetat, Calcit – Kalzit, Penicillin – Penizillin, circa – zirka* *pretiös – preziös, Pretiosen – Preziosen; potentiell – potenziell* (wegen *Potenz*), *substantiell – substanziell* (wegen *Substanz*)

B Getrennt- und Zusammenschreibung

0 Vorbemerkungen

(1) Die Getrennt- und Zusammenschreibung betrifft Einheiten, die im Text unmittelbar benachbart und aufeinander bezogen sind. Handelt es sich um die Bestandteile von Wortgruppen, so schreibt man sie getrennt. Handelt es sich um die Bestandteile von Zusammensetzungen, so schreibt man sie zusammen.

(2) Einheiten derselben Form können manchmal sowohl eine Wortgruppe (wie *schwer beschädigt*) als auch eine Zusammensetzung (wie *schwerbeschädigt*) bilden. Die Verwendung einer Wortgruppe oder einer Zusammensetzung richtet sich danach, was jeweils gemeint ist und was dem Sprachgebrauch und den Regularitäten des Sprachbaus entspricht.

(3) Bei den verschiedenen Wortarten sind – auch in Abhängigkeit von sprachlichen Entwicklungsprozessen – spezielle Bedingungen zu beachten. Daher ist die folgende Darstellung nach der Wortart der Zusammensetzung gegliedert:

1 Verb (§ 33 bis 35)

2 Adjektiv (§ 36)

3 Substantiv (§ 37 und § 38)

4 Andere Wortarten (§ 39)

1 Verb

Zusätzlich zur generellen Unterscheidung von Wortgruppen (wie *auf den Berg steigen*) und Zusammensetzungen (wie *bergsteigen*) hat man bei Verbstämmen untrennbare von trennbaren Zusammensetzungen zu unterscheiden:

a) Untrennbare Zusammensetzungen bestehen aus einem Verbstamm, dem ein Stamm eines Substantivs, eines Adjektivs oder einer Partikel vorausgeht. Man erkennt sie daran, dass die Reihenfolge ihrer Bestandteile stets unverändert bleibt:

maß + regeln: Wer jemanden *maßregelt* … Man *maßregelte* ihn … Niemand wagte, ihn zu *maßregeln*. Er wurde offiziell *gemaßregelt*.

b) Trennbare Zusammensetzungen bestehen aus einem Verbstamm, dem ein Verbzusatz vorausgeht. Man erkennt sie daran, dass die Reihenfolge ihrer Bestandteile in Abhängigkeit von ihrer Stellung im Satz wechselt:

hinzu + kommen: Wenn dieses Argument *hinzukommt* … Dieses Argument *kommt hinzu*. Dieses Argument *kommt* erschwerend *hinzu*.

§ 33 Substantive, Adjektive, Präpositionen oder Adverbien können mit Verben untrennbare Zusammensetzungen bilden. Man schreibt sie zusammen.

Dies betrifft:

(1) Zusammensetzungen aus Substantiv + Verb, zum Beispiel: *brandmarken (gebrandmarkt, zu brandmarken), handhaben, lobpreisen, maßregeln, nachtwandeln, schlafwandeln, schlussfolgern*

E: In manchen Fällen stehen Zusammensetzung und Wortgruppe nebeneinander, zum Beispiel:

danksagen/Dank sagen (er sagt Dank), gewährleisten/Gewähr leisten (sie leistet Gewähr), staubsaugen/Staub saugen (er saugt Staub); brustschwimmen/Brust schwimmen (er schwimmt Brust), delfinschwimmen/Delfin schwimmen (sie schwimmt Delfin), marathonlaufen/Marathon laufen (sie läuft Marathon).

Zu Fällen wie *Acht geben/achtgeben* vgl. § 34 E6.

(2) Zusammensetzungen aus Adjektiv + Verb, zum Beispiel: *frohlocken (frohlockt, zu frohlocken), langweilen, liebäugeln, vollbringen, vollenden, weissagen*

(3) Zusammensetzungen aus Präposition + Verb oder Adverb + Verb mit Betonung auf dem zweiten Bestandteil, zum Beispiel: *durchbrechen (er durchbricht die Regel, zu durchbrechen), hintergehen, übersetzen (sie übersetzt das Buch), umfahren, unterstellen, widersprechen, wiederholen*

§ 34 Partikeln, Adjektive, Substantive oder Verben können als Verbzusatz mit Verben trennbare Zusammensetzungen bilden. Man schreibt sie nur in den Infinitiven, den Partizipien sowie im Nebensatz bei Endstellung des Verbs zusammen.

Dies betrifft:
(1) Zusammensetzungen mit einer Verbpartikel als erstem Bestandteil.

Verbpartikeln sind Bestandteile, die

(1.1) formgleich mit Präpositionen sind, zum Beispiel: *ab-, an-, auf-, aus-, bei-, durch-, ein-* (zur Präposition in-), *entgegen-, entlang-, gegen-, gegenüber-, hinter-, in-, mit-, nach-, über-, um-, unter-, vor-, wider-, zu-, zuwider-, zwischen-*

(1.2) formgleich mit Adverbien, insbesondere Adverbien der Richtung, des Ortes, der Zeit sowie mit Pronominaladverbien sind, zum Beispiel: *abwärts-, auseinander-, beisammen-, davon-, davor-, dazu-, dazwischen-, empor-, fort-, her-, heraus-, herbei-, herein-, hin-, hinaus-, hindurch-, hinein-, hintenüber-, hinterher-, hinüber-, nebenher-, nieder-, rückwärts-, umher-, voran-, voraus-, vorbei-, vorher-, vorweg-, weg-, weiter-, wieder-, zurück-, zusammen-, zuvor-*

E1: Zur Unterscheidung von Verbpartikel und selbständigem Adverb: Bei Zusammensetzungen liegt der Hauptakzent normalerweise auf der Verbpartikel (vgl. *wiedersehen, zusammensitzen*), während bei Wortgruppen das selbständige Adverb auch unbetont sein kann (vgl. *wieder sehen, zusammen sitzen*). Wenn das Betonungskriterium nicht zu einem eindeutigen Ergebnis führt, hilft in manchen Fällen eine der folgenden Proben weiter:

(1) Das Adverb kann im Aussagesatz vor dem finiten Verb an erster Stelle stehen, die Verbpartikel hingegen nicht, vgl.: *Dabei wollte sie nicht immer sitzen, sondern auch ab und zu mal stehen* (Adverb *dabei*), aber *Dabeisitzen wollte sie nicht immer* (Verbpartikel *dabei-*).

(2) Zwischen Adverb und Infinitiv können ein oder mehrere Satzglieder eingeschoben werden, zwischen Verbpartikel und verbalen Bestandteil hingegen nicht, vgl.: *Sie wollte dabei nicht immer sitzen, sondern auch ab und zu mal stehen* (Adverb *dabei*), aber *Sie wollte nicht immer dabeisitzen* (Verbpartikel *dabei-*).

E2: Eine Reihe von Pronominaladverbien mit dem Bestandteil *dar-* wirft besonders bei der Verwendung als Verbpartikel das *a* ab, zum Beispiel: *darin sitzen – drinsitzen*, ähnlich *dran- (dranbleiben), drauf- (draufhauen), drauflos- (drauflosreden).*

E3: Unter Kontrastakzent kann die Verbpartikel an die erste Stelle im Satz treten und wird dann vom Verb getrennt geschrieben, zum Beispiel: *Beisammen bleiben wir immer. Heraus kam leider nichts. Hintan stellte er seine eigenen Bedürfnisse.*

(1.3) die Merkmale von frei vorkommenden Wörtern verloren haben, zum Beispiel: *abhanden-, anheim-, bevor-, dar-, einher-, entzwei-, fürlieb-, hintan-, inne-, überein-, überhand-, umhin-, vorlieb-, zurecht-*

E4: Dazu gehören auch die folgenden ersten Bestandteile, die in der Verwendung beim Verb nicht mehr einer bestimmten Wortartkategorie zugeordnet werden können:

fehl-, feil-, heim-, irre-, kund-, preis-, wahr-, weis-, wett-

Zu Fällen wie *infrage stellen – in Frage stellen* vgl. § 39 E3(1).

(2) Zusammensetzungen mit einem adjektivischen ersten Bestandteil.

Dabei sind folgende Fälle zu unterscheiden:

(2.1) Es kann zusammen- wie auch getrennt geschrieben werden, wenn ein einfaches Adjektiv eine Eigenschaft als Resultat des Verbalvorgangs bezeichnet (sog. resultative Prädikative), zum Beispiel: *blank putzen/blankputzen, glatt hobeln/glatthobeln, klein schneiden/ kleinschneiden; kalt stellen/kaltstellen, kaputt machen/kaputtmachen, leer essen/leeressen*

(2.2) Es wird zusammengeschrieben, wenn der adjektivische Bestandteil zusammen mit dem verbalen Bestandteil eine neue, idiomatisierte Gesamtbedeutung bildet, die nicht auf der Basis der Bedeutungen der einzelnen Teile bestimmt werden kann, zum Beispiel: *krankschreiben, freisprechen, (sich) kranklachen; festnageln* (= festlegen), *heimlichtun* (= geheimnisvoll tun), *kaltstellen* (= [politisch] ausschalten), *kürzertreten* (= sich einschränken), *richtigstellen* (= berichtigen), *schwerfallen* (= Mühe verursachen), *heiligsprechen*

E5: Lässt sich in einzelnen Fällen keine klare Entscheidung darüber treffen, ob eine idiomatisierte Gesamtbedeutung vorliegt, so bleibt es dem Schreibenden überlassen, getrennt oder zusammenzuschreiben.

(2.3) In den anderen Fällen wird getrennt geschrieben. Dazu zählen insbesondere Verbindungen mit morphologisch komplexen oder erweiterten Adjektiven, zum Beispiel: *bewusstlos schlagen, ultramarinblau streichen, ganz nahe kommen, dingfest machen, schachmatt setzen*

(3) Zusammensetzungen mit einem substantivischen ersten Bestandteil.

Dabei handelt es sich um folgende Fälle, bei denen die ersten Bestandteile die Eigenschaften selbständiger Substantive weitgehend verloren haben: *eislaufen, kopfstehen, leidtun, nottun, standhalten, stattfinden, stattgeben, statthaben, teilhaben, teilnehmen, wundernehmen*

E6: In den nachstehenden Fällen ist bei den nicht näher bestimmten oder ergänzten Formen sowohl Zusammen- als auch Getrenntschreibung möglich, da ihnen eine Zusammensetzung oder eine Wortgruppe zugrunde liegen kann: *achtgeben/Acht geben* (aber nur: *sehr achtgeben, allergrößte Acht geben*), *achthaben/Acht haben, haltmachen/Halt machen, maßhalten/Maß halten*

Zu Fällen wie *staubsaugen/Staub saugen* vgl. § 33 E.

(4) Verbindungen mit einem verbalen ersten Bestandteil.

Verbindungen aus zwei Verben werden getrennt geschrieben, zum Beispiel: *laufen lernen, arbeiten kommen, baden gehen, lesen üben*

E7: Bei Verbindungen mit *bleiben* und *lassen* als zweitem Bestandteil ist bei übertragener Bedeutung auch Zusammenschreibung möglich.

Dasselbe gilt für *kennen lernen*:
sitzen bleiben/sitzenbleiben (= nicht versetzt werden), *stehen lassen/stehenlassen* (= nicht länger beachten, sich abwenden), *liegen bleiben/liegenbleiben* (= unerledigt bleiben); *kennen lernen/kennenlernen* (= Erfahrung mit etwas oder jemandem haben).

§ 35 Verbindungen mit ***sein*** werden getrennt geschrieben.

Zum Beispiel:
beisammen sein, fertig sein, los sein, vonnöten sein, vorbei sein, vorhanden sein, vorüber sein, zufrieden sein

2 Adjektiv

§ 36 Substantive, Adjektive, Verben, Adverbien oder Wörter anderer Kategorien können als erster Bestandteil zusammen mit einem adjektivischen oder adjektivisch gebrauchten zweiten Bestandteil Zusammensetzungen bilden.

(1) Es wird zusammengeschrieben, wenn

(1.1) der erste Bestandteil mit einer Wortgruppe paraphrasierbar ist, zum Beispiel: *angsterfüllt, bahnbrechend, butterweich, fingerbreit, freudestrahlend, herzerquickend, hitzebeständig, jahrelang, knielang, meterhoch, milieubedingt; denkfaul, fernsehmüde, lernbegierig, röstfrisch, schreibgewandt, tropfnass; selbstbewusst, selbstsicher; altersschwach, anlehnungsbedürftig, geschlechtsreif, lebensfremd, sonnenarm, werbewirksam*
E1: Im Unterschied zur Zusammensetzung weist die entsprechende syntaktische Fügung Artikel, Präpositionen u. Ä. auf, zum Beispiel: *von Angst erfüllt (= angsterfüllt), das Herz erquickend (= herzerquickend), durch das Milieu bedingt (= milieubedingt), rot wie Feuer (= feuerrot)*
E2: Viele der Zusammensetzungen sind bereits an der Verwendung eines Fugenelements zu erkennen, zum Beispiel: *altersschwach, sonnenarm, werbewirksam*

(1.2) der erste oder der zweite Bestandteil in dieser Form nicht selbständig vorkommt, zum Beispiel: *einfach, zweifach; letztmalig, redselig, saumselig, schwerstbehindert, schwindsüchtig; blauäugig, großspurig, kleinmütig, vieldeutig; der schwerwiegendere Vorwurf, die zeitsparendste Lösung*

(1.3) das dem Partizip zugrunde liegende Verb entsprechend § 33 bzw. § 34 mit dem ersten Bestandteil zusammengeschrieben wird, zum Beispiel: *wehklagend* (wegen *wehklagen*); *herunterfallend, heruntergefallen; irreführend, irregeführt; teilnehmend, teilgenommen*

(1.4) es sich um gleichrangige (nebengeordnete) Adjektive handelt, zum Beispiel: *blaugrau, dummdreist, feuchtwarm, grünblau, nasskalt, taubstumm*

Zur Schreibung mit Bindestrich siehe § 45(2).

(1.5) der erste Bestandteil bedeutungsverstärkend oder bedeutungsabschwächend ist. Mit Bestandteilen dieser Art werden zum Teil lange Reihen gebildet, zum Beispiel: *bitter- (bitterböse, bitterernst, bitterkalt), brand-, dunkel-, erz-, extra-, früh-, gemein-, grund-, hyper-, lau-, minder-, stock-, super-, tod-, ultra-, ur-, voll-*

Zu adjektivischen Bestandteilen siehe § 36 (2.2).

(1.6) es sich um mehrteilige Kardinalzahlen unter einer Million sowie allgemein um Ordinalzahlen handelt, zum Beispiel: *dreizehn, siebenhundert, neunzehnhundertneunundachtzig; der siebzehnte Oktober, der einhundertste Geburtstag, der fünfhunderttausendste Fall, der zweimillionste Besucher*
Beachte aber Substantive wie *Dutzend, Million, Milliarde, Billion*, zum Beispiel: *zwei Dutzend Hühner, eine Million Teilnehmer, zwei Milliarden fünfhunderttausend Menschen*

(2) Zusammen- wie auch getrennt geschrieben werden kann, wenn der entsprechende Ausdruck sowohl als Zusammensetzung als auch als syntaktische Fügung angesehen werden kann.

Dies betrifft:
(2.1) Verbindungen von Substantiven, Adjektiven, Verben, Adverbien oder Partikeln mit adjektivisch gebrauchten Partizipien, zum Beispiel: *die Rat suchenden/ratsuchenden Bürger, eine allein erziehende/alleinerziehende Mutter; ein klein geschnittenes/kleingeschnittenes Radieschen, selbst gebackene/selbstgebackene Kekse*

E3: Bei erweiterten bzw. gesteigerten Formen richtet sich die Schreibung danach, ob nur der erste Bestandteil oder die gesamte Verbindung betroffen ist, vgl. *ein schwerwiegenderer Vorfall – ein schwerer wiegender Vorfall; eine äußerst notleidende Bevölkerung – eine große Not leidende Bevölkerung*

(2.2) Verbindungen mit einem einfachen unflektierten Adjektiv als graduierender Bestimmung, zum Beispiel: *allgemein gültig/allgemeingültig, eng verwandt/engverwandt, schwer verständlich/ schwerverständlich, schwer krank/schwerkrank*

E4: Ist der erste Bestandteil erweitert oder gesteigert, dann wird getrennt geschrieben, zum Beispiel: *leichter verdaulich, besonders schwer verständlich, höchst erfreulich*

In Zweifelsfällen entscheidet die Akzentplatzierung, vgl. *er ist höchstpersönlich gekommen – das ist eine höchst persönliche Angelegenheit.*

(2.3) Verbindungen von *nicht* mit Adjektiven, zum Beispiel: *eine nicht öffentliche/nichtöffentliche Sitzung, nicht operativ/nichtoperativ behandeln*
E5: Bezieht sich *nicht* auf größere Einheiten, wie zum Beispiel auf den ganzen Satz, so wird es getrennt vom Adjektiv geschrieben, vgl. *Die Sitzung findet nicht öffentlich statt.*

3 Substantiv

§ 37 Substantive, Adjektive, Verbstämme, Pronomen oder Partikeln können mit Substantiven Zusammensetzungen bilden. Man schreibt sie ebenso wie mehrteilige Substantivierungen zusammen.

Dies betrifft:
(1) Zusammensetzungen:

(1.1) mit substantivischem Erstglied: *Holztür, Hoheitsgebiet, Holzbearbeitung, Hosenrock*

E1: Als Erstelemente können auch Eigennamen *(Goethegedicht; Parisreise)* und in lexikalisierten Fällen von Namen abgeleitete Herkunfts- und Zugehörigkeitsbezeichnungen auf *-er (Danaergeschenk)* auftreten (vgl. aber § 38).

E2: Das betrifft auch Eigennamen mit dieser Struktur – es handelt sich besonders um Straßennamen (*Bahnhofstraße, Schopenhauerstraße*; zum Typ *Willy-Brandt-Straße* vgl. § 50).

(1.2) mit adjektivischem Erstglied: *Hochhaus, Schnellstraße, Freileitung*

(1.3) mit verbalem Erstglied: *Backform, Schreibtisch, Waschmaschine*

(1.4) mit pronominalem Erstglied: *Ichsucht, Wemfall, Niemandsland*

(1.5) mit Elementen unflektierter Wortarten (Adverbien, Partikeln): *Jetztzeit, Nichtraucher, Selbstverständnis*

E3: Dieser Regel folgen auch lexikalisierte, ursprünglich aus dem Englischen stammende bzw. aus englischen Einheiten gebildete Zusammensetzungen: *Bandleader, Cheerleader, Chewinggum, Mountainbike, Bluejeans, Hardware, Swimmingpool.*

Zu den verschiedenen Fällen von Bindestrichschreibung vgl. § 45.

E4: Aus dem Englischen stammende Bildungen aus Adjektiv + Substantiv können zusammengeschrieben werden, wenn der Hauptakzent auf dem ersten Bestandteil liegt, also *Hotdog* oder *Hot Dog, Softdrink* oder *Soft Drink*, aber nur *High Society, Electronic Banking* oder *New Economy.*

E5: Bruchzahlangaben vor entsprechenden Maßeinheiten können als ein zweiteiliges Zahladjektiv angesehen werden: *fünf hundertstel Sekunden.* Der Nenner der Bruchzahl kann auch mit der Maßeinheit eine Zusammensetzungen bilden: *fünf Hundertstelsekunden.* Bei der Unterscheidung hilft die Betonung.

(2) Mehrteilige Substantivierungen, zum Beispiel: *das Holzholen, das Inkrafttreten; der Kehraus, das Stelldichein, das Vergissmeinnicht*

§ 38 Ableitungen auf ***-er*** von geografischen Eigennamen, die sich auf die geografische Lage beziehen, schreibt man in der Regel von dem folgenden Substantiv getrennt.

Beispiele:
Allgäuer Alpen, Brandenburger Tor, Naumburger Dom, Potsdamer Abkommen, Thüringer Wald, Wiener Straße

4 Andere Wortarten

Manche mehrteilige Adverbien, Konjunktionen, Präpositionen und Pronomen sind aus Elementen verschiedener Wortarten entstanden. Zum Teil sind sie als Wortgruppe erhalten geblieben, zum Teil haben sie sich zu einer Zusammensetzung entwickelt.

In Zweifelsfällen siehe das Wörterverzeichnis.

§ 39 Mehrteilige Adverbien, Konjunktionen, Präpositionen und Pronomen schreibt man zusammen, wenn die Wortart, die Wortform oder die Bedeutung der einzelnen Bestandteile nicht mehr deutlich erkennbar ist.

Dies betrifft:
(1) Adverbien, zum Beispiel: *bergab, bergauf; kopfüber; landaus, landein; stromabwärts, stromaufwärts; tagsüber; zweifelsohne*

-dessen	*indessen, infolgedessen, unterdessen*
-dings	*allerdings, neuerdings, schlechterdings*
-falls	*allenfalls, ander(e)nfalls, keinesfalls, schlimmstenfalls*
-halber	*ehrenhalber, umständehalber*
-mal	*diesmal, einmal, zweimal, keinmal, manchmal*
-maßen	*dermaßen, einigermaßen, gleichermaßen, solchermaßen, zugegebenermaßen*
-orten	*allerorten, mancherorten*
-orts	*allerorts, ander(e)norts, mancherorts*
-seits	*allseits, allerseits, and(e)rerseits, einerseits, meinerseits*
-so	*ebenso, genauso, geradeso, sowieso, umso, wieso*
-teils	*einesteils, großenteils, meistenteils*
-wärts	*himmelwärts, meerwärts, seitwärts*
-wegen	*deinetwegen, deswegen, meinetwegen*
-wegs	*geradewegs, keineswegs, unterwegs*
-weil	*alldieweil, alleweil, derweil*
-weilen	*bisweilen, derweilen, zuweilen*
-weise	*probeweise, klugerweise, schlauerweise*
-zeit	*all(e)zeit, derzeit, jederzeit, seinerzeit, zurzeit*
-zeiten	*beizeiten, vorzeiten, zuzeiten*
-zu	*allzu, geradezu, hierzu, immerzu*
bei-	*beileibe, beinahe, beisammen, beizeiten*
der-	*derart, dereinst, dergestalt, dermaßen, derweil(en), derzeit*
irgend-	*irgendeinmal, irgendwann, irgendwie, irgendwo, irgendwohin*
nichts-	*nichtsdestominder, nichtsdestoweniger*
zu-	*zuallererst, zuallerletzt, zuallermeist, zuerst, zuhauf, zuhinterst, zuhöchst, zuletzt, zumal, zumeist, zumindest, zunächst, zuoberst, zutiefst, zuunterst, zuweilen, zuzeiten*

E1: Zu Fällen wie *abhandenkommen, anheimfallen* siehe § 34(1.3); zu Fällen wie *außerstand setzen/außer Stand setzen, imstande sein/im Stande sein* siehe unten E3(1).

(2) Konjunktionen, zum Beispiel: *anstatt (dass/zu), indem, inwiefern, sobald, sofern, solange, sooft, soviel, soweit*

(3) Präpositionen, zum Beispiel: *anhand, anstatt (des/der), infolge, inmitten, zufolge, zuliebe*

(4) Pronomen, zum Beispiel: *irgend-: irgendein, irgendetwas, irgendjemand, irgendwas, irgendwelcher, irgendwer*

E2: In anderen Fällen schreibt man getrennt. Siehe auch § 39 E3(1).

Dies betrifft:
(1) Fälle, bei denen ein Bestandteil erweitert ist, zum Beispiel:

- *dies eine Mal* (aber *diesmal*), *den Strom abwärts* (aber *stromabwärts*)
- *der Ehre halber* (aber *ehrenhalber*), *in keinem Fall, das erste Mal, ein einziges Mal, in bekannter Weise, zu jeder Zeit*
- *irgend so ein/eine/einer* (aber *irgendein*), *irgend so etwas*

(2) Fälle, bei denen die Wortart, die Wortform oder die Bedeutung der einzelnen Bestandteile deutlich erkennbar ist, und zwar

(2.1) Fügungen in adverbialer Verwendung, zum Beispiel: *zu Ende [gehen, kommen], zu Fuß [gehen], zu Hilfe [kommen], zu Lande, zu Wasser und zu Lande, zu Schaden [kommen]; darüber hinaus, nach wie vor, vor allem*

(2.2) mehrteilige Konjunktionen, zum Beispiel: *ohne dass, statt dass, außer dass*

(2.3) Fügungen in präpositionaler Verwendung, zum Beispiel: *zur Zeit [Goethes], zu Zeiten [Goethes]*

(2.4) *so, wie* oder *zu* + Adjektiv, Adverb oder Pronomen, zum Beispiel: *so (wie, zu) hohe Häuser; er hat das schon so (wie, zu) oft gesagt; so (wie, zu) viel Geld; so (wie, zu) viele Leute; so (wie, zu) weit*

(2.5) *gar kein, gar nicht, gar nichts, gar sehr, gar wohl*

E3: In den folgenden Fällen bleibt es dem Schreibenden überlassen, ob er sie als Zusammensetzung oder als Wortgruppe verstanden wissen will:

(1) Fügungen in adverbialer Verwendung, zum Beispiel:

außerstand setzen/außer Stand setzen; außerstande sein/außer Stande sein; imstande sein/im Stande sein; infrage stellen/in Frage stellen; instand setzen/ in Stand setzen; zugrunde gehen/zu Grunde gehen; zuhause/zu Hause [bleiben, sein]; zuleide tun/zu Leide tun; zumute sein/zu Mute sein; zurande kommen/zu Rande kommen; zuschanden machen, werden/zu Schanden machen, werden; zuschulden kommen lassen/zu Schulden kommen lassen; zustande bringen/zu Stande bringen; zutage fördern, treten/zu Tage fördern, treten; zuwege bringen/zu Wege bringen

(2) die Konjunktion *sodass/so dass*

(3) Fügungen in präpositionaler Verwendung, zum Beispiel: *anstelle/an Stelle; aufgrund/auf Grund; aufseiten/auf Seiten; mithilfe/mit Hilfe; vonseiten/von Seiten; zugunsten/zu Gunsten; zulasten/zu Lasten; zuungunsten/zu Ungunsten*

C Schreibung mit Bindestrich

0 Vorbemerkungen

(1) Der Bindestrich bietet dem Schreibenden die Möglichkeit, anstelle der sonst bei Zusammensetzungen und Ableitungen üblichen Zusammenschreibung die einzelnen Bestandteile als solche zu kennzeichnen, sie gegeneinander abzusetzen und sie dadurch für den Lesenden hervorzuheben.

(2) Die Schreibung mit Bindestrich bei Fremdwörtern (zum Beispiel bei *7-Bit-Code, Stand-by-System*) folgt den für das Deutsche geltenden Regeln.

Die Schreibung mit Bindestrich bei Eigennamen entspricht nicht immer den folgenden Regeln, so dass nur allgemeine Hinweise gegeben werden können. Zusammensetzungen aus Eigennamen und Substantiv zur Benennung von Schulen, Universitäten, Betrieben, Firmen und ähnlichen Institutionen werden so geschrieben, wie sie amtlich festgelegt sind. In Zweifelsfällen sollte man nach § 46 bis § 52 schreiben.

Steht ein Bindestrich am Zeilenende, so gilt er zugleich als Trennungsstrich.

(3) Zu unterscheiden sind:

- Zusammensetzungen und Ableitungen, die keine Eigennamen als Bestandteile enthalten (§ 40 bis § 45)
- Zusammensetzungen und Ableitungen, die Eigennamen als Bestandteile enthalten (§ 46 bis § 52)
- Gruppen, in denen man den Bindestrich setzen muss (§ 40 bis § 44; § 46 und § 48 bis § 50), und solche, in denen der Gebrauch des Bindestrichs dem Schreibenden freigestellt ist (§ 45, § 51 bis § 52).

Zum Ergänzungsstrich (zum Beispiel in *Haupt- und Nebeneingang*) siehe § 98.

1 Zusammensetzungen und Ableitungen, die keine Eigennamen als Bestandteile enthalten

§ 40 Man setzt einen Bindestrich in Zusammensetzungen mit Einzelbuchstaben, Abkürzungen oder Ziffern.

Dies betrifft:

(1) Zusammensetzungen mit Einzelbuchstaben, zum Beispiel: *A-Dur (ebenso Cis-Dur), b-Moll, b-Strahlen, i-Punkt, n-Eck, S-Kurve, s-Laut, s-förmig, T-Shirt, T-Träger, x-beliebig, x-beinig, x-mal, y-Achse; Dativ-e, Zungenspitzen-r, Fugen-s*

(2) Zusammensetzungen mit Abkürzungen und Initialwörtern, zum Beispiel:

dpa-Meldung, D-Zug, Kfz-Schlosser, km-Bereich, UNO-Sicherheitsrat, VIP-Lounge; Fußball-WM, Lungen-Tbc; H_2O*-gesättigt, DGB-eigen, Na-haltig, UV-bestrahlt; Abt.-Leiter, Inf.-Büro*

Abt.-Ltr. (= Abteilungsleiter), Dipl.-Ing. (= Diplomingenieur), Tgb.-Nr. (= Tagebuchnummer), Telegr.-Adr. (= Telegrammadresse)

E: Aber ohne Bindestrich bei Kurzformen von Wörtern (Kürzeln), zum Beispiel: *Busfahrt, Akkubehälter*

(3) Zusammensetzungen mit Ziffern, zum Beispiel:

- *3-Tonner, 2-Pfünder, 8-Zylinder; 5-mal, 4-silbig, 100-prozentig, 1-zeilig, 17-jährig, der 17-Jährige*
- *8:6-Sieg, 2:3-Niederlage, der 5:3-[2:1-]Sieg* (auch *5:3[2:1]-Sieg*)
- *$^2/_3$-Mehrheit, $^3/_8$-Takt, 2^n-Eck*

§ 41 Vor Suffixen setzt man nur dann einen Bindestrich, wenn sie mit einem Einzelbuchstaben verbunden werden.

Beispiele:
der x-te, zum x-ten Mal, die n-te Potenz

E: Aber: *abclich, ÖVPler; der 68er, ein 32stel, 100%ig*

§ 42 Bilden Verbindungen aus Ziffern und Suffixen den vorderen Teil einer Zusammensetzung, so setzt man nach dem Suffix einen Bindestrich.

Beispiele:
ein 100stel-Millimeter, die 61er-Bildröhre, eine 25er-Gruppe, in den 80er-Jahren (auch *in den 80er Jahren*)

E: Aber ausgeschrieben: *die Zweierbeziehung, die Zehnergruppe, die Achtzigerjahre* (auch *die achtziger Jahre*)

§ 43 Man setzt Bindestriche in substantivisch gebrauchten Zusammensetzungen (Aneinanderreihungen), insbesondere bei substantivisch gebrauchten Infinitiven mit mehr als zwei Bestandteilen.

Beispiele:
das Entweder-oder, das Teils-teils, das Als-ob, das Sowohl-als-auch; der Boogie-Woogie, das Walkie-Talkie

das Auf-die-lange-Bank-Schieben, das An-den-Haaren-Herbeiziehen, das In-den-Tag-Hineinträumen, das Von-der-Hand-in-den-Mund-Leben

E: Dies gilt nicht für übersichtliche Zusammensetzungen mit Infinitiv, zum Beispiel: *das Autofahren, das Ballspielen, beim Walzertanzen, das Inkrafttreten*

Zur Groß- und Kleinschreibung siehe § 57 E3.

§ 44 Man setzt einen Bindestrich zwischen allen Bestandteilen mehrteiliger Zusammensetzungen, in denen eine Wortgruppe oder eine Zusammensetzung mit Bindestrich auftritt, sowie in unübersichtlichen Zusammensetzungen aus gleichrangigen, nebengeordneten Adjektiven.

Dies betrifft:
(1) mehrteilige Zusammensetzungen, in denen eine Wortgruppe oder eine Zusammensetzung mit Bindestrich auftritt, zum Beispiel:

A-Dur-Tonleiter, D-Zug-Wagen, S-Kurven-reich (aber *kurvenreich*), *Vitamin-B-haltig* (aber *vitaminhaltig*), *K.-o.-Schlag, UV-Strahlen-gefährdet* (aber *strahlengefährdet*), *Dipl.-Ing.-Ök.*

2-Euro-Stück, 800-Jahr-Feier, 40-Stunden-Woche, 55-Cent-Briefmarke, 8-Zylinder-Motor, 400-m-Lauf, 2-kg-Büchse, 3-Zimmer-Wohnung, $^1/_2$-kg-Packung

Berg-und-Tal-Bahn, Frage-und-Antwort-Spiel; Kopf-an-Kopf-Rennen, Mund-zu-Mund-Beatmung, Wort-für-Wort-Übersetzung

Arzt-Patient-Verhältnis, Grund-Folge-Beziehung, Links-rechts-Kombination, Hals-Nasen-Ohren-Klinik, Ost-West-Gespräche, September-Oktober-Heft (auch *September/Oktober-Heft;* siehe § 106(1))

Ad-hoc-Bildung, Als-ob-Philosophie, De-facto-Anerkennung, Do-it-yourself-Bewegung, Erste-Hilfe-Lehrgang, Go-go-Girl, Rooming-in-System; Make-up-freie Haut, Ruhe-vor-dem-Sturm-artig, Fata-Morgana-ähnlich; Trimm-dich-Pfad

Abend-Make-up, Wasch-Eau-de-Cologne

(2) unübersichtliche Zusammensetzungen aus gleichrangigen, nebengeordneten Adjektiven, zum Beispiel: *der wissenschaftlich-technische Fortschritt, ein lateinisch-deutsches Wörterbuch, deutsch-österreichische Angelegenheiten; manisch-depressives Verhalten; physikalisch-chemisch-biologische Prozesse*

§ 45 Man kann einen Bindestrich setzen zur Hervorhebung einzelner Bestandteile, zur Gliederung unübersichtlicher Zusammensetzungen, zur Vermeidung von Missverständnissen oder beim Zusammentreffen von drei gleichen Buchstaben.

Dies betrifft:
(1) Hervorhebung einzelner Bestandteile, zum Beispiel: *der dass-Satz, die Ich-Erzählung, das Ist-Aufkommen, die Kann-Bestimmung, die Soll-Stärke; die Hoch-Zeit, das Nach-Denken, Vor-Sätze, be-greifen*

(2) unübersichtliche Zusammensetzungen, zum Beispiel: *Arbeiter-Unfallversicherungsgesetz, Haushalt-Mehrzweckküchenmaschine, Lotto-Annahmestelle, Mosel-Winzergenossenschaft, Software-Angebotsmesse, Ultraschall-Messgerät*

(3) Vermeidung von Missverständnissen, zum Beispiel: *Drucker-Zeugnis* und *Druck-Erzeugnis, Musiker-Leben* und *Musik-Erleben; re-integrieren*

(4) Zusammentreffen von drei gleichen Buchstaben in Zusammensetzungen, zum Beispiel: *Hawaii-Inseln, Kaffee-Ersatz, See-Elefant, Zoo-Orchester; Bett-Tuch, Schiff-Fahrt, Schrott-Transport*

E1: Aus anderen Sprachen stammende Verbindungen aus Substantiv + Substantiv, die sich im Deutschen grammatisch wie Zusammensetzungen verhalten, werden zusammengeschrieben; ebenso ist die verdeutlichende Schreibung mit Bindestrich möglich: *Sexappeal (Sex-Appeal), Sciencefiction (Science-Fiction), Shoppingcenter (Shopping-Center), Desktoppublishing (Desktop-Publishing), Midlifecrisis (Midlife-Crisis)*

Zur Groß- und Kleinschreibung siehe § 55(1) und § 55(3).

Zu Verbindungen aus Adjektiv + Substantiv siehe § 37 E4.

E2: Aus dem Englischen stammende Substantivierungen aus Verb + Adverb schreibt man mit Bindestrich; das Adverb wird dann kleingeschrieben, zum Beispiel: *Make-up, Go-in*

Daneben ist auch Zusammenschreibung möglich, sofern die Lesbarkeit nicht beeinträchtigt ist, zum Beispiel: *Count-down (Countdown), Come-back (Comeback), Knock-out (Knockout), Stand-by (Standby)*

2 Zusammensetzungen und Ableitungen, die Eigennamen als Bestandteile enthalten

§ 46 Man setzt einen Bindestrich in Zusammensetzungen, die als zweiten Bestandteil einen Eigennamen enthalten oder die aus zwei Eigennamen bestehen.

Dies betrifft:
(1) Zusammensetzungen mit Personennamen, zum Beispiel:

Frau Müller-Weber, Herr Schmidt-Wilpert; Eva-Maria (auch *Eva Maria, Evamaria*), *Karl-Heinz* (auch *Karl Heinz, Karlheinz*)

die Bäcker-Anna, der Schneider-Karl; Blumen-Richter, Foto-Müller, Möbel-Schmidt; Müller-Lüdenscheid, Schneider-Partenkirchen

E1: Die standesamtliche Schreibung mehrteiliger Personennamen kann von dieser Regelung abweichen.

(2) geografische Eigennamen, zum Beispiel: *Annaberg-Buchholz, Baden-Württemberg, Flughafen Köln-Bonn, Neu-Bamberg, Rheinland-Pfalz, Sachsen-Anhalt*

E2: Die amtliche Schreibung von Zusammensetzungen mit einem geografischen Eigennamen, die ihrerseits zu einem geografischen Eigennamen geworden sind, kann von dieser Regelung abweichen.

Adjektiv + Eigenname, zum Beispiel: *Neu Seehagen, Neubrandenburg*

Immer Getrenntschreibung bei *Sankt*, zum Beispiel: *Sankt Georgen (St. Georgen)*

Substantiv + Eigenname, zum Beispiel: *Nordkorea, Königs Wusterhausen, Marktredwitz, Markt Indersdorf, Stadtlauringen, Stadt Rottenmann*

Immer Getrenntschreibung bei *Bad*, zum Beispiel: *Bad Säckingen*

Zwei Eigennamen, zum Beispiel: *Grindelwald Grund, Rostock Lütten Klein; Berlin Schönefeld* (auch *Berlin-Schönefeld*)

§ 47 Werden Zusammensetzungen mit einem ursprünglichen Personennamen als Gattungsbezeichnung gebraucht, so schreibt man ohne Bindestrich zusammen.

Beispiele:
Gänseliesel, Heulsuse, Meckerfritze

§ 48 Bei Ableitungen von Verbindungen mit einem Eigennamen als zweitem Bestandteil bleibt der Bindestrich erhalten.

Beispiele:
baden-württembergisch (Baden-Württemberg), rheinland-pfälzisch, alt-wienerische/Alt-Wiener Kaffeehäuser, Spree-Athener

§ 49 Bei Ableitungen von mehreren Eigennamen, von Titeln und Eigennamen oder von einem mehrteiligen Eigennamen setzt man einen Bindestrich.

Beispiele:
die sankt-gallischen/st.-gallischen Klosterschätze (St. Gallen), die gräflich-rieneckische Güterverwaltung (Graf Rieneck)

die kant-laplacesche Theorie (Kant und Laplace), der de-costersche Roman (de Coster), die gräflich-rienecksche Güterverwaltung (Graf Rieneck)

die Kant-Laplace'sche Theorie (Kant und Laplace), der de-Coster'sche Roman (de Coster), die Gräflich-Rieneck'sche Güterverwaltung (Graf Rieneck)

Zur Groß- und Kleinschreibung und zur Schreibung mit Apostroph siehe § 62.

E: Bei Ableitungen auf *-er* kann man den Bindestrich weglassen, zum Beispiel: *die Bad-Schandauer (Bad Schandau)/Bad Schandauer, die Sankt-Galler/ Sankt Galler, die New-Yorker/ New Yorker*

§ 50 Man setzt einen Bindestrich zwischen allen Bestandteilen mehrteiliger Zusammensetzungen, deren erste Bestandteile aus Eigennamen bestehen.

Beispiele:
Albrecht-Dürer-Allee, Heinrich-Heine-Platz, Kaiser-Karl-Ring, Ernst-Ludwig-Kirchner-Straße, Rainer-Maria-Rilke-Promenade, Thomas-Müntzer-Gasse

Elbe-Havel-Kanal, Oder-Neiße-Grenze, La-Plata-Mündung

Albert-Einstein-Gedenkstätte, Georg-Büchner-Preis, Jacob-und-Wilhelm-Grimm-Preis, Goethe-Schiller-Archiv, Johann-Sebastian-Bach-Gymnasium, Van-Gogh-Ausstellung

am Lago-di-Como-seitigen Abhang, Fidel-Castro-freundlich

§ 51 Man kann einen Bindestrich in Zusammensetzungen setzen, die als ersten Bestandteil einen Eigennamen haben, der besonders hervorgehoben werden soll, oder wenn der zweite Bestandteil bereits eine Zusammensetzung ist.

Beispiele:
Goethe-Ausgabe, Johannes-Passion, Richelieu-freundlich, Kafka-Kolloquium; Goethe-Geburtshaus, Brecht-Jubiläumsausgabe

Ganges-Ebene, Krim-Treffen, Mekong-Delta; Elbe-Wasserstandsmeldung, Helsinki-Nachfolgekonferenz

§ 52 Wird ein geografischer Eigenname von einem nachgestellten Substantiv näher bestimmt, so kann man einen Bindestrich setzen.

Beispiele:
Frankfurt Hauptbahnhof/Frankfurt-Hauptbahnhof, München Ost/München-Ost

D Groß- und Kleinschreibung

0 Vorbemerkungen

(1) Die Großschreibung, das heißt die Schreibung mit einem großen Anfangsbuchstaben, dient dem Schreibenden dazu, den Anfang bestimmter Texteinheiten sowie Wörter bestimmter Gruppen zu kennzeichnen und sie dadurch für den Lesenden hervorzuheben.

(2) Die Großschreibung wird im Deutschen verwendet zur Kennzeichnung von

- Überschriften, Werktiteln und dergleichen
- Satzanfängen
- Substantiven und Substantivierungen
- Eigennamen mit ihren nichtsubstantivischen Bestandteilen
- bestimmten festen nominalen Wortgruppen mit nichtsubstantivischen Bestandteilen
- Anredepronomen und Anreden

(3) Die Abgrenzung von Groß- und Kleinschreibung, wie sie sich in der Tradition der deutschen Orthografie herausgebildet hat, macht es erforderlich, neben den Regeln für die Großschreibung auch Regeln für die Kleinschreibung zu formulieren. Diese werden in den einzelnen Teilabschnitten jeweils im Anschluss an die Großschreibungsregeln angegeben. In einigen Fallgruppen ist eine eindeutige Zuweisung zur Groß- oder Kleinschreibung fragwürdig. Hier sind beide Schreibungen zulässig.

(4) Entsprechend gliedert sich die folgende Darstellung in die Abschnitte:

1 Kennzeichnung des Anfangs bestimmter Texteinheiten durch Großschreibung (§ 53: Überschriften, Werktitel und dergleichen; § 54: Ganzsätze)

2 Anwendung von Groß- oder Kleinschreibung bei bestimmten Wörtern und Wortgruppen

2.1 Substantive und Desubstantivierungen (§ 55 bis § 56)

2.2 Substantivierungen (§ 57 bis § 58)

2.3 Eigennamen mit ihren nichtsubstantivischen Bestandteilen sowie Ableitungen von Eigennamen (§ 59 bis § 62)

2.4 Feste Verbindungen aus Adjektiv und Substantiv (§ 63 bis § 64)

2.5 Anredepronomen und Anreden (§ 65 bis § 66)

1 Kennzeichnung des Anfangs bestimmter Texteinheiten durch Großschreibung

§ 53 Das erste Wort einer Überschrift, eines Werktitels, einer Anschrift und dergleichen schreibt man groß.

Dies betrifft unter anderem:

(1) Überschriften und Werktitel (etwa von Büchern und Theaterstücken, Werken der bildenden Kunst und der Musik, Rundfunk- und Fernsehproduktionen), zum Beispiel:

Allmähliche Normalisierung im Erdbebengebiet
Hohe Schneeverwehungen behindern Autoverkehr
Keine Chance für eine diplomatische Lösung!
Kleines Wörterbuch der Stilkunde

Wo warst du, Adam?
Der kaukasische Kreidekreis
Der grüne Heinrich
Hundert Jahre Einsamkeit
Ungarische Rhapsodie
Unter den Dächern von Paris
Ein Fall für zwei

(2) **Titel von Gesetzen, Verträgen, Deklarationen** und dergleichen sowie Bezeichnungen für Veranstaltungen, zum Beispiel:

Bayerisches Hochschulgesetz
Potsdamer Abkommen
Internationaler Ärzte- und Ärztinnenkongress
Grüne Woche (in Berlin)

E1: Die Großschreibung des ersten Wortes bleibt auch dann erhalten, wenn eine Überschrift, ein Werktitel und dergleichen innerhalb eines Textes gebraucht wird, zum Beispiel: *Das Theaterstück „Der kaukasische Kreidekreis" steht auf dem Programm. Sie lesen Kellers Roman „Der grüne Heinrich".*

Wird dabei am Anfang ein Titel und dergleichen verkürzt oder sein Artikel verändert, so schreibt man das nächstfolgende Wort des Titels groß, zum Beispiel: *Wir haben im Theater Brechts „Kaukasischen Kreidekreis" gesehen. Sie lesen den „Grünen Heinrich".*

Zur Schreibung nach Gliederungsangaben oder nach Auslassungszeichen und Zahlen siehe § 54(5) und (6). Zum Gebrauch der Anführungszeichen siehe § 94(1).

(3) **Anschriften, Datumszeilen und Anreden sowie Grußformeln** in Briefen, zum Beispiel:

Frau — *Donnerstag, 16. Februar 2006*
Ulla Schröder
Rüdesheimer Str. 29
D-65197 Wiesbaden

Sehr geehrte Frau Schröder,

entsprechend unserer telefonischen Vereinbarung ...
... erwarten wir Ihre Antwort.

Mit freundlichen Grüßen

Werner Meier

E2: Wenn man nach der Anrede – wie in der Schweiz üblich – auf ein Satzzeichen verzichtet, schreibt man das erste Wort des folgenden Abschnitts groß.

Siehe auch § 69 E3.

§ 54 Das erste Wort eines Ganzsatzes schreibt man groß.

Beispiele:
Gestern hat es geregnet. Du kommst bitte morgen! Hat er das wirklich gesagt?

Nachdem sie von der Reise zurückgekehrt war, hatte sie den dringenden Wunsch ein Bad zu nehmen. Im Hausflur war es still, ich drückte erwartungsvoll auf die Klingel. Meine Freundin hatte den Zug versäumt, deshalb kam sie eine halbe Stunde zu spät. Wir sehen nach, was Paul macht. Sehen Sie nur, wie schön die Aussicht ist. Haben Sie ihn aufgefordert, die Wohnung zu verlassen?

Kommt doch schnell! Bitte die Türen schließen und Vorsicht bei der Abfahrt des Zuges!

Ob sie heute kommt? Nein, morgen. Warum nicht? Gute Reise!

Vorwärts! Vgl. Anlage 3, Ziffer 7.

Alles war zerstört: das Haus, der Stall, die Scheune. Die Teeküche kann zu folgenden Zeiten benutzt werden: morgens von 7 bis 8 Uhr, abends von 18 bis 19 Uhr.

Im Einzelnen ist zu beachten:

(1) Wird die nach dem Doppelpunkt folgende Ausführung als Ganzsatz verstanden, so schreibt man das erste Wort groß, zum Beispiel: *Beachten Sie bitte folgenden Hinweis: Alle Bänke sind frisch gestrichen. Die Regel lautet: Würfelt man eine Sechs, dann …*

(2) Das erste Wort der wörtlichen Rede schreibt man groß, zum Beispiel: *Sie fragte: „Kommt er heute?" Er sagte: „Wir wissen es nicht." Alle baten: „Bleib!"*

(3) Folgt dem wörtlich Wiedergegebenen der Begleitsatz oder ein Teil von ihm, so schreibt man das erste Wort nach dem abschließenden Anführungszeichen klein, zum Beispiel: *„Hörst du?", fragte sie. „Ich verstehe dich gut", antwortete er. „Mit welchem Recht", fragte er, „willst du das tun?" Sie rief mir zu: „Wir treffen uns auf dem Schulhof!", und lief weiter.*

(4) Das erste Wort von Parenthesen schreibt man klein, wenn es nicht nach einer anderen Regel großzuschreiben ist, zum Beispiel: *Eines Tages, es war mitten im Sommer, hagelte es. Er behauptete – so eine Frechheit! –, dass er im Kino gewesen sei. Sie hat das (erinnerst du dich?) gestern gesagt.* Zu den Satzzeichen siehe § 77(1), § 84(1), § 86(1).

(5) Gliederungsangaben wie Ziffern, Paragrafen, Buchstaben gehören nicht zum nachfolgenden Ganzsatz; entsprechend schreibt man das folgende Wort groß. Dies gilt auch für Überschriften, Werktitel und dergleichen. Beispiele:

3. Die Besitzer und Besitzerinnen von Haustieren sollten …

§ 13 Die Behandlung sollte sofort einsetzen.

c) Vgl. Anlage 3, Ziffer 7.

2 Die Säugetiere

(6) Auslassungspunkte, Apostroph oder Zahlen zu Beginn eines Ganzsatzes gelten als Satzanfang; entsprechend bleibt die Schreibung des folgenden Wortes unverändert. Dies gilt auch für Überschriften, Werktitel und dergleichen. Beispiele:

… und gab keine Antwort.

's ist schade um sie.

52 volle Wochen hat das Jahr.

2 Anwendung von Groß- oder Kleinschreibung bei bestimmten Wörtern und Wortgruppen

2.1 Substantive und Desubstantivierungen

§ 55 Substantive schreibt man groß.

Beispiele:

Tisch, Wald, Milch, Mond, Genie, Team, Ladung, Feuer, Wasser, Luft, Sandkasten

Verständnis, Verantwortung, Freiheit, Aktion

Gabriela, Markus, Europa, Wien, Alpen

Substantive dienen der Bezeichnung von Gegenständen, Lebewesen und abstrakten Begriffen. Sie besitzen in der Regel ein festes Genus (Maskulinum, Femininum, Neutrum) und sind im Numerus (Singular, Plural) und im Kasus (Nominativ, Genitiv, Dativ, Akkusativ) bestimmt.

Die Großschreibung gilt auch:

(1) für nichtsubstantivische Wörter, wenn sie am Anfang einer Zusammensetzung mit Bindestrich stehen, die als Ganzes die Eigenschaften eines Substantivs hat, zum Beispiel: *die Ad-hoc-Entscheidung, der A-cappella-Chor* (vgl. auch § 55 E2), *das In-den-Tag-hinein-Leben* (vgl. auch § 57(2)), *der Trimm-dich-Pfad, die X-Beine, die S-Kurve*

Abkürzungen sowie zitierte Wortformen und Einzelbuchstaben und dergleichen bleiben allerdings unverändert, zum Beispiel:

die km-Zahl, die pH-Wert-Bestimmung, der dass-Satz, die x-Achse, der i-Punkt (der Punkt auf dem kleinen *i*)

(2) für Substantive – auch Initialwörter (§ 102(2)) und Einzelbuchstaben, sofern sie nicht als Kleinbuchstaben zitiert sind – als Teile von Zusammensetzungen mit Bindestrich, zum Beispiel:

die Natrium-Chlor-Verbindung, der 400-Meter-Lauf, zum Aus-der-Haut-Fahren (vgl. auch § 57(2))

pH-Wert-neutral, Napoleon-freundlich, S-Kurven-reich, Formel-1-tauglich

UV-empfindlich, T-förmig (in der Form eines großen *T*), *S-förmig* oder *s-förmig* (in der Form eines großen *S* bzw. eines kleinen *s*), *x-beliebig*

(3) für Substantive aus anderen Sprachen, wenn sie nicht als Zitatwörter gemeint sind. Sind sie mehrteilig, wird der erste Teil großgeschrieben. Beispiele: *das Crescendo, der Drink, das Center, die Ratio; die Conditio sine qua non, das Cordon bleu, eine Terra incognita; das Know-how, das Make-up*

Substantivische Bestandteile werden auch im Innern mehrteiliger Fügungen großgeschrieben, die als Ganzes die Funktion eines Substantivs haben, zum Beispiel:

die Alma Mater, die Ultima Ratio, das Desktop-Publishing, der Soft Drink, der Sex-Appeal, das Corned Beef

E1: Teilweise wird auch zusammengeschrieben, siehe Getrennt- und Zusammenschreibung, § 37 E3 und E4, und Schreibung mit Bindestrich, § 44 und § 45. Beispiele: *der Softdrink, der Sexappeal, das Cornedbeef*

(4) für Substantive, die Bestandteile fester Gefüge sind und nicht mit anderen Bestandteilen des Gefüges zusammengeschrieben werden (siehe dazu auch Teil B, Getrennt- und Zusammenschreibung, § 34(3) und § 39), zum Beispiel:

auf Abruf, in Bälde, in/mit Bezug auf, im Grunde, auf Grund (auch *aufgrund*)*; zu Grunde gehen* (auch *zugrunde gehen*), *zu Händen von* (aber *zuhanden von*), *in Hinsicht auf* (aber *infolge*), *zur Not* (aber *vonnöten*), *zur Seite, von Seiten, auf Seiten* (auch *aufseiten, vonseiten*)

etwas außer Acht lassen, die Haare stehen jemandem zu Berge, in Betracht kommen, zu Hilfe kommen, in Kauf nehmen

Auto fahren, Rad fahren, Maschine schreiben, Kegel schieben, Diät leben, Folge leisten, Hof halten, Not leiden, Gefahr laufen, Modell sitzen, Radio hören, Tee trinken, Unkraut jäten, Zeitung lesen

Ernst machen mit etwas, Wert legen auf etwas, Angst haben, jemandem Angst (und Bange) machen, (keine) Schuld tragen (vgl. aber § 34(2.3) sowie § 56(1) und § 56 E2, zum Beispiel: *etwas ernst nehmen; ernst sein/werden, recht sein, unrecht sein; recht/Recht haben*)

zum ersten Mal (aber nach § 39(1): *einmal, diesmal, manchmal*)

eines Abends, des Nachts, letzten Endes, guten Mutes, schlechter Laune (aber nach § 56(3): *abends, nachts;* aber nach § 39(1): *keinesfalls, andernorts*)

E2: In festen adverbialen Fügungen, die als Ganzes aus einer fremden Sprache entlehnt worden sind, gilt Kleinschreibung, zum Beispiel: *a cappella, in flagranti, à discrétion, de jure, de facto, in nuce, pro domo, ex cathedra, coram publico*

Zu Schreibungen wie *A-cappella-Chor, De-facto-Anerkennung* siehe oben Absatz (1).

(5) für Zahlsubstantive, zum Beispiel: *ein Dutzend, das Schock* (= 60 Stück), *das Paar* (aber *ein paar* = einige), *das Hundert* (zum Beispiel: *das erste Hundert Schrauben*), *das Tausend, eine Million, eine Milliarde, eine Billion*

Zu Dutzend, Hundert und *Tausend* siehe auch § 58 E5.

(6) für Ausdrücke, die als Bezeichnung von Tageszeiten nach den Adverbien *vorgestern, gestern, heute, morgen, übermorgen* auftreten, zum Beispiel: *Wir treffen uns heute Mittag. Die Frist läuft übermorgen Mitternacht ab. Sie rief gestern Abend an.*

Zu Verbindungen wie *(am) Dienstagabend* siehe § 37(1.1).

§ 56 Klein schreibt man Wörter, die formgleich als Substantive vorkommen, aber selbst keine substantivischen Merkmale aufweisen.

Dies betrifft:
(1) Wörter, die vorwiegend prädikativ gebraucht werden, wie *angst, bange, feind, freund, gram, klasse, leid, pleite, recht, schuld, spitze, unrecht, weh* in Verbindung mit den Verben *sein, bleiben* oder *werden.*

Beispiele:
Mir wird angst. Uns ist angst und bange. Wir sind ihr gram. Sein Spiel ist klasse. Mir ist das alles leid. Die Firma ist pleite. Das ist mir recht. Er ist schuld daran.

E1: Das gilt auch für Zusammensetzungen mit diesen Wörtern, zum Beispiel: *Er ist ihm spinnefeind.*

E2: Groß- wie kleingeschrieben werden können *recht/Recht* und *unrecht/ Unrecht* in Verbindung mit Verben wie *behalten, bekommen, geben, haben, tun,* zum Beispiel: *Ich gebe ihm recht/Recht. Du tust ihm unrecht/Unrecht.*

(2) den ersten Bestandteil unfest zusammengesetzter Verben auch in getrennter Stellung (siehe § 34(3)), zum Beispiel: *Ich nehme daran teil (teilnehmen). Die Besprechung findet am Freitag statt (stattfinden). Die Stadt stand kopf (kopfstehen). Man konnte ihm ansehen, wie leid es ihm tat (leidtun). Es nimmt mich wunder (wundernehmen).*

E3: Wird ein Substantiv mit dem Infinitiv nicht zusammengeschrieben, so schreibt man es entsprechend § 55(4) groß, zum Beispiel: *Ich nehme daran Anteil (Anteil nehmen). Du fährst Auto, und ich fahre Rad (Auto fahren, Rad fahren). Sie leistete der Aufforderung nicht Folge (Folge leisten).*

(3) Adverbien, Präpositionen, Konjunktionen auf *-s* und *-ens*, zum Beispiel: *abends, anfangs, donnerstags, schlechterdings, morgens, hungers (hungers sterben), willens, rechtens (rechtens sein, etwas rechtens machen); abseits, angesichts, mangels, mittels, namens, seitens; falls, teils ... teils*

(4) die folgenden Präpositionen: *dank, kraft (kraft ihres Amtes), laut, statt, an ... statt (an Kindes statt, an seiner statt), trotz, wegen, von ... wegen (von Amts wegen), um ... willen, zeit (zeit seines Lebens)*

(5) die folgenden unbestimmten Zahlwörter: *ein bisschen (= ein wenig), ein paar (= einige)*

Beispiele:
ein bisschen Leim, dieses kleine bisschen Leim; ein paar Steine, diese paar Steine (aber nach § 55(5): *ein Paar Schuhe*)

(6) Bruchzahlen auf *-tel* und *-stel*

(6.1) vor Maßangaben (siehe auch § 37 E5), zum Beispiel: *ein zehntel Millimeter, ein viertel Kilogramm, in fünf hundertstel Sekunden, nach drei viertel Stunden*

E4: Hier ist auch Zusammenschreibung nach § 37 E5 möglich, zum Beispiel: *ein Zehntelmillimeter, ein Viertelkilogramm, in fünf Hundertstelsekunden, nach drei Viertelstunden*

(6.2) in Uhrzeitangaben unmittelbar vor Kardinalzahlen, zum Beispiel: *um viertel fünf, gegen drei viertel acht*

E5: In allen übrigen Fällen schreibt man Bruchzahlen auf *-tel* und *-stel* entsprechend § 55 groß, zum Beispiel: *ein Drittel, das erste Fünftel, neun Zehntel des Umsatzes, um drei Viertel größer, um [ein] Viertel vor fünf*

2.2 Substantivierungen

§ 57 Wörter anderer Wortarten schreibt man groß, wenn sie als Substantive gebraucht werden (= Substantivierungen).

Substantivierte Wörter nehmen die Eigenschaften von Substantiven an (vgl. § 55). Man erkennt sie im Text an zumindest einem der folgenden Merkmale:

a) an einem vorausgehenden Artikel *(der, die, das; ein, eine, ein)*, Pronomen *(dieser, jener, welcher, mein, kein, etwas, nichts, alle, einige …)* oder unbestimmten Zahlwort *(ein paar, genug, viel, wenig …)*, die sich auf das substantivierte Wort beziehen;
b) an einem vorangestellten adjektivischen Attribut oder einem nachgestellten Attribut, das sich auf das substantivierte Wort bezieht;
c) an ihrer Funktion als kasusbestimmtes Satzglied oder kasusbestimmtes Attribut.

Siehe dazu folgende Beispiele:

Das Inkrafttreten (a, b, c) *des Gesetzes verzögert sich. Er übersah alles Kleingedruckte* (a, c). *Das Ausschlaggebende* (a, b, c) *für ihre Einstellung war ihr sicheres Auftreten* (a, b, c). *Nichts Menschliches* (a, c) *war ihr fremd. Das Deutsche* (a, c) *gilt als schwere Sprache. Sie bot ihr das Du* (a, c) *an. Der Beschluss fiel nach langem Hin und Her* (b, c). *Bananen kosten jetzt das Zweifache* (a, b, c) *des früheren Preises. Lesen und Schreiben* (c) *sind Kulturtechniken. Sie brachte eine Platte mit Gebratenem* (c). *Du sollst Gleiches* (c) *nicht mit Gleichem* (c) *vergelten. Man sagt, Liebende* (c) *seien blind.*

E1: Zahlreiche Substantivierungen sind ein fester Bestandteil des Substantivwortschatzes geworden, zum Beispiel: *das Essen, das Herzklopfen, das Leben, das Deutsche, die Grünen, die Studierenden, der/die Angestellte, das Durcheinander, das Jenseits, das Vergissmeinnicht*

Die folgende Aufgliederung der Großschreibung von Substantivierungen ist nach Wortarten geordnet.

(1) Substantivierte Adjektive und adjektivisch gebrauchte Partizipien, besonders auch in Verbindung mit Wörtern wie *alles, allerlei, etwas, genug, nichts, viel, wenig*, zum Beispiel:

Wir wünschen alles Gute. Zum Aperitif gab es Süßes und Salziges. Geh nicht mit Unbekannten! Das Ausschlaggebende für die Einstellung war ihre Erfahrung. Er hat nichts/wenig/etwas/viel Bedeutendes geschrieben. Das nie Erwartete trat ein. Sie hatte nur Angenehmes erlebt. Der Umsatz war dieses Jahr um das Dreifache höher. Das andere Gebäude war um ein Beträchtliches höher. Das ist das einzig Richtige, was du tun kannst. Es wäre wohl das Richtige, wenn wir noch einmal darüber reden. Bitte lesen Sie das unten Stehende/unten Stehendes genau durch. Wir haben das Folgende/Folgendes verabredet. Wir werden das im Folgenden noch genauer darstellen. Des Näheren vermag ich mich nicht zu entsinnen. Sie hat mir die Sache des Näheren erläutert. Wir haben alles des Langen und Breiten diskutiert. Wir wohnen im Grünen. Beim Umweltschutz liegen noch viele Dinge im Argen. Wir sind uns im Großen und Ganzen einig. Die Arbeiten sind im Allgemeinen nicht schlecht geraten. Das ist im Wesentlichen richtig. Im Einzelnen sind aber noch Verbesserungen möglich. Plötzlich ertönte eine Stimme aus dem Dunkeln. Die Polizei tappt im Dunkeln. Die Direktorin war auf dem Laufenden.

Sie war unsere Jüngste. Das Beste, was dieser Ferienort bietet, ist die Ruhe. Es ist das Beste, wenn du kommst. Es änderte sich nicht das Geringste. Dies geschieht zum Besten unserer Kinder. Er gab wieder einmal eine seiner Geschichten zum Besten. Sie konnte uns vor dem Ärgsten bewahren. Daran haben wir nicht im Entferntesten gedacht. Sie war bis ins Kleinste vorbereitet. Sie war aufs Schrecklichste/auf das Schrecklichste gefasst. Sie hat uns aufs Herzlichste/auf das Herzlichste begrüßt (siehe auch § 58 E1).

Die Pest traf Hohe und Niedrige/Hoch und Niedrig. Diese Musik gefällt Jungen und Alten/Jung und Alt. Die Teilnehmenden diskutierten über den Konflikt zwischen Jungen und Alten/zwischen Jung und Alt. Das ist ein Fest für Junge und Alte/für Jung und Alt.

Sie trug das kleine Schwarze. Der Zeitungsbericht traf ins Schwarze. Wenn man Schwarz mit Weiß mischt, entsteht Grau. Die Ampel schaltete auf Rot. Wir liefern das Gerät in Grau oder Schwarz.

Das Englische ist eine Weltsprache. Ihr Englisch hatte einen südamerikanischen Akzent. Mit Englisch kommt man überall durch. In Ostafrika verständigt man sich am besten auf Swahili oder auf Englisch.

E2: Gelegentlich ist Groß- oder Kleinschreibung möglich, zum Beispiel: *Sie spricht Englisch* (was? – *die englische Sprache)/englisch* wie?).

Ordnungszahladjektive sowie sinnverwandte Adjektive, zum Beispiel:

Die Miete ist am Ersten jedes Monats zu bezahlen. Er ist schon der Zweite, der den Rekord des vergangenen Jahres überboten hat. Jeder Fünfte lehnte das Projekt ab. Endlich war sie die Erste im Staat. Dieses Vorgehen verletzte die Rechte Dritter. Er kam als Dritter an die Reihe. Er kam vom Hundertsten ins Tausendste. Fürs Erste wollen wir nicht mehr darüber reden. Die Nächste bitte! Liebe deinen Nächsten wie dich selbst! Trotz ihrer Verletzung wurde sie noch Viertletzte. Als Letztes muss der Deckel angeschraubt werden. Arthur und Armin gingen unterschiedliche Wege: der Erste/Ersterer wurde Beamter, der Zweite/der Letzte/Letzterer hatte als Schauspieler Erfolg.

Unbestimmte Zahladjektive (siehe aber auch § 58(5)), zum Beispiel:

Den Kometen haben Unzählige (Ungezählte, Zahllose) gesehen. Ich muss noch Verschiedenes erledigen. Er hatte das Ganze rasch wieder vergessen. Der Kongress war als Ganzes ein Erfolg. Das muss jeder Einzelne mit sich selbst ausmachen. Anita war die Einzige, die alles wusste. Alles Übrige besprechen wir morgen. Er gab sein Geld für alles Mögliche aus.

(2) Substantivierte Verben, zum Beispiel:

Das Lesen fällt mir schwer. Sie hörten ein starkes Klopfen. Wer erledigt das Fensterputzen? Viele waren am Zustandekommen des Vertrages beteiligt. Die Sache kam ins Stocken. Das ist zum Lachen. Euer Fernbleiben fiel uns auf. Uns half nur noch lautes Rufen. Die Mitbewohner begnügten sich mit Wegsehen und Schweigen.

Sie wollte auf Biegen und Brechen gewinnen. Er klopfte mit Zittern und Zagen an. Ich nehme die Tabletten auf Anraten meiner Ärztin.

Sie hat ihr Soll erfüllt. Dies ist ein absolutes Muss.

Bei mehrteiligen Fügungen, deren Bestandteile mit einem Bindestrich verbunden werden, schreibt man das erste Wort, den Infinitiv und die anderen substantivischen Bestandteile groß (siehe auch § 55(1) und (2)), zum Beispiel: *es ist zum Auf-und-davon-Laufen, das Hand-in-Hand-Arbeiten, das In-den-Tag-hinein-Leben*

E3: Gelegentlich ist bei einfachen Infinitiven Groß- oder Kleinschreibung möglich, zum Beispiel: *Der Gehörgeschädigte lernt Sprechen.* (Wie: *Der Gehörgeschädigte lernt das Sprechen/das deutliche Sprechen.*) Oder: *Der Gehörgeschädigte lernt sprechen.* (Wie: *Der Gehörgeschädigte lernt deutlich sprechen.*) Ebenso: *Bekanntlich ist Umlernen/umlernen schwieriger als Dazulernen/dazulernen. Doch geht Probieren/probieren über Studieren/ studieren.*

(3) Substantivierte Pronomen (vgl. aber auch § 58(4)), zum Beispiel: *Sie hatte ein gewisses Etwas. Er bot ihm das Du an. Das ist ein Er, keine Sie. Wir standen vor dem Nichts. Er konnte Mein und Dein nicht unterscheiden.*

(4) Substantivierte Grundzahlen als Bezeichnung von Ziffern, zum Beispiel: *Er setzte alles auf die Vier. Sie fürchtete sich vor der Dreizehn. Der Zeiger nähert sich der Elf. Sie hat lauter Einsen im Zeugnis. Er würfelt eine Sechs.*

(5) Substantivierte Adverbien, Präpositionen, Konjunktionen, Interjektionen, zum Beispiel:

Es gab ein großes Durcheinander. Mich störte das ewige Hin und Her. Ich will das noch im Diesseits erleben. Auf das Hier und Jetzt kommt es an. Das Danach war ihr egal. Es gibt kein Übermorgen. Sie hatte so viel wie möglich im Voraus erledigt. Im Nachhinein wussten wir es besser. Er stand im Aus. Sie überlegte sich das Für und Wider genau. Sein ständiges Aber stört mich. Es kommt nicht nur auf das Dass an, sondern auch auf das Wie. Er erledigte es mit Ach und Krach. Ein vielstimmiges Ah ertönte. Ihr freudiges Oh freute ihre Kolleginnen. Das Nein fällt ihm schwer.

E4: Bei mehrteiligen substantivierten Konjunktionen, die mit einem Bindestrich verbunden werden (siehe § 43), schreibt man nur das erste Wort groß, zum Beispiel: *ein Entweder-oder, das Als-ob, das Sowohl-als-auch*

§ 58 In folgenden Fällen schreibt man Adjektive, Partizipien und Pronomen klein, obwohl sie formale Merkmale der Substantivierung aufweisen.

(1) Adjektive, Partizipien und Pronomen, die sich auf ein vorhergehendes oder nachstehendes Substantiv beziehen, zum Beispiel: *Sie war die aufmerksamste und klügste meiner Zuhörerinnen. Vor dem Haus spielten viele Kinder, einige kleine im Sandkasten, die größeren am Klettergerüst. Es waren neun Teilnehmer erschienen, auf den zehnten wartete man vergebens. Alte Schuhe sind meist bequemer als neue. Dünne Bücher lese ich in der Freizeit, dicke im Urlaub. Zwei Männer betraten den Raum; der erste trug einen Anzug, der zweite Jeans und Pullover. Leih mir bitte deine Farbstifte, ich habe meine/die meinen/die meinigen vergessen. Der Verkäufer zeigte mir seine Auswahl an Krawatten. Die gestreiften und gepunkteten gefielen mir am besten.*

(2) Superlative mit „am", nach denen mit „Wie?" gefragt werden kann, zum Beispiel: *Dieser Weg ist am steilsten.* (Frage: Wie ist der Weg?) *Dieser Stift schreibt am feinsten.* (Frage: Wie schreibt dieser Stift?) *Der ICE fährt am schnellsten.*

E1: Superlative mit „am" gehören zur regulären Flexion des Adjektivs; „am" ist in diesen Fügungen nicht in „an dem" auflösbar. Beispiele: *Dieser Weg ist steil – steiler – am steilsten. Dieser Stift schreibt fein – feiner – am feinsten.*

In Anlehnung an diese Fügungen kann man auch feste adverbiale Wendungen mit *aufs* oder *auf das*, die mit „Wie?" erfragt werden können, kleinschreiben, zum Beispiel: *Sie hat uns aufs/auf das herzlichste begrüßt* (Frage: *Wie hat sie uns begrüßt?*). *Der Fall ließ sich aufs/auf das einfachste lösen.*

Superlative, nach denen mit „Woran?“ („An was?“) oder „Worauf?“ („Auf was?“) gefragt werden kann, schreibt man nach § 57(1) groß, zum Beispiel: *Es fehlt ihnen am/an dem Nötigsten.* (Frage: *Woran fehlt es ihnen?*) *Wir sind aufs/auf das Beste angewiesen.* (Frage: *Worauf sind wir angewiesen?*)

(3) bestimmte feste Verbindungen

(3.1) aus Präposition und nichtdekliniertem Adjektiv ohne vorangehenden Artikel, zum Beispiel:

Ich hörte von fern ein dumpfes Grollen. Die Pilger kamen von nah und fern. Die Ware wird nur gegen bar ausgeliefert. Die Mädchen hielten durch dick und dünn zusammen. Das wird sich über kurz oder lang herausstellen. Damit habe ich mich von klein auf beschäftigt.

Er hat die frei erfundene Geschichte für wahr gehalten. Man hat ihn für dumm verkauft. Sie hat sich die Argumentation zu eigen gemacht.

Das werde ich dir schwarz auf weiß beweisen. Die Stimmung war grau in grau.

(3.2) aus Präposition und dekliniertem Adjektiv ohne vorangehenden Artikel. In diesen Fällen ist jedoch auch die Großschreibung des Adjektivs zulässig, zum Beispiel: *Aus der Brandruine stieg von neuem/Neuem Rauch auf. Wir konnten das Feuer nur von weitem/Weitem betrachten. Der Fahrplan bleibt bis auf weiteres/Weiteres in Kraft. Unsere Pressesprecherin gibt Ihnen ohne weiteres/Weiteres Auskunft. Der Termin stand seit längerem/Längerem fest. Die Aufgabe wird binnen kurzem/Kurzem erledigt.*

E2: Substantivierungen, die auch ohne Präposition üblich sind, werden nach § 57(1) auch dann großgeschrieben, wenn sie mit einer Präposition verbunden werden, zum Beispiel:

Die Historikerin beschäftigt sich mit dem Konflikt zwischen Arm und Reich. Das ist ein Fest für Jung und Alt. Sein Vorschlag war jenseits von Gut und Böse. (Vgl.: *Die Königin lud Arm und Reich ein. Das Fest gefiel Jung und Alt.*)

Die Ampel schaltete auf Rot. Wir liefern das Gerät in Grau (= in grauer Farbe). (Vgl.: *Das ist ein grelles Rot. Sie hasst Grau.*)

Mit Englisch kommst du überall durch. In Ostafrika verständigt man sich am besten auf Swahili oder Englisch. (Vgl.: *Bekanntlich ist Englisch eine Weltsprache. Sein Englisch war gut verständlich.*)

(4) Pronomen, auch wenn sie als Stellvertreter von Substantiven gebraucht werden, zum Beispiel: *In diesem Wald hat sich schon mancher verirrt. Ich habe mich mit diesen und jenen unterhalten. Wenn einer eine Reise tut, so kann er was erzählen. Das muss (ein) jeder mit sich selbst ausmachen. Wir haben alles mitgebracht. Sie hatten beides mitgebracht. Man muss mit (den) beiden reden.*

Zur Großschreibung der Anredepronomen siehe § 65, § 66.

E3: In Verbindung mit dem bestimmten Artikel oder dergleichen lassen sich Possessivpronomen auch als substantivische possessive Adjektive bestimmen, entsprechend kann man hier nach § 57(1) auch großschreiben, zum Beispiel: *Grüß mir die deinen/Deinen (die deinigen/Deinigen)! Sie trug das ihre/Ihre (das ihrige/Ihrige) zum Gelingen bei. Jedem das seine/Seine!*

(5) die folgenden Zahladjektive mit allen ihren Flexionsformen: *viel, wenig; (der, die, das) eine, (der, die, das) andere*

Beispiele:
Das haben schon viele erlebt. Zum Erfolg trugen auch die vielen bei, die ohne Entgelt mitgearbeitet haben. Nach dem Brand war nur noch weniges zu gebrauchen. Sie hat das wenige, was noch da war, in eine Kiste versorgt. Die meisten haben diesen Film schon einmal gesehen. Die einen kommen, die anderen gehen. Was der eine nicht tut, soll der andere nicht lassen. Die anderen kommen später. Das können auch andere bestätigen. Alles andere erzähle ich dir später. Sie hatte noch anderes zu tun. Unter anderem wurde auch über finanzielle Angelegenheiten gesprochen.

E4: Wenn der Schreibende zum Ausdruck bringen will, dass das Zahladjektiv substantivisch gebraucht ist, kann er es nach § 57(1) auch großschreiben, zum Beispiel: *Sie strebte etwas ganz Anderes an. Die Einen sagen dies, die Anderen das. Die Meisten stimmten seiner Meinung zu.*

(6) Kardinalzahlen unter einer Million, zum Beispiel: *Was drei wissen, wissen bald dreißig. Diese drei kommen mir bekannt vor. Sie rief um fünf an. Wir waren an die zwanzig. Er sollte die Summe durch acht teilen. Dieser Kandidat konnte nicht bis drei zählen. Wir fünf gehören zusammen. Der Abschnitt sieben fehlt im Text. Der Mensch über achtzig schätzt die Gesundheit besonders.*

E5: Wenn *hundert* und *tausend* eine unbestimmte (nicht in Ziffern schreibbare) Menge angeben, können sie auch auf die Zahlsubstantive *Hundert* und *Tausend* bezogen werden (vgl. § 55(5)); entsprechend kann man sie dann klein- oder großschreiben, zum Beispiel: *Es kamen viele tausende/Tausende von Zuschauern. Sie strömten zu aberhunderten/Aberhunderten herein. Mehrere tausend/Tausend Menschen füllten das Stadion. Der Beifall zigtausender/Zigtausender von Zuschauern war ihr gewiss.*

Entsprechend auch: *Der Stoff wird in einigen Dutzend/dutzend Farben angeboten. Der Fall war angesichts Dutzender/dutzender von Augenzeugen klar.*

2.3 Eigennamen mit ihren nichtsubstantivischen Bestandteilen sowie Ableitungen von Eigennamen

§ 59 Eigennamen schreibt man groß.

Eigennamen sind Bezeichnungen zur Identifizierung bestimmter einzelner Gegebenheiten (eine Person, ein Ort, ein Land, eine Institution usw.). Viele sind einfache, zusammengesetzte oder abgeleitete Substantive, zum Beispiel: *Peter, Wien, Deutschland, Europa, Südamerika, Bahnhofstraße, Sigmaringen, Albrecht-Dürer-Allee, Ostsee-Zeitung.* Sie werden nach § 55 großgeschrieben. Daneben gibt es mehrteilige Eigennamen, die häufig auch nichtsubstantivische Bestandteile enthalten, zum Beispiel: *Kap der Guten Hoffnung, Norddeutsche Neueste Nachrichten, Vereinigte Staaten von Amerika.* Im Folgenden wird die Groß- und Kleinschreibung dieser Gruppe von Eigennamen dargestellt.

§ 60 In mehrteiligen Eigennamen mit nichtsubstantivischen Bestandteilen schreibt man das erste Wort und alle weiteren Wörter außer Artikel, Präpositionen und Konjunktionen groß.

E1: Ein vorangestellter Artikel ist in der Regel nicht Bestandteil des Eigennamens und wird darum kleingeschrieben.

Zu Ausnahmen siehe unten, Absatz (4.4).

Als Eigennamen im Sinne dieser orthografischen Regelung gelten:

(1) Personennamen, Eigennamen aus Religion, Mythologie sowie Beinamen, Spitznamen und dergleichen, zum Beispiel: *Johann Wolfgang von Goethe, Gertrud von Le Fort, Charles de Coster, Ludwig van Beethoven, der Apokalyptische Reiter, Walther von der Vogelweide, Holbein der Jüngere, der Alte Fritz, Katharina die Große, Heinrich der Achte, Elisabeth die Zweite; Klein Erna*

Präpositionen wie *von, van, de, ten, zu(r)* in Personennamen schreibt man im Satzinnern auch dann klein, wenn ihnen kein Vorname vorausgeht, zum Beispiel: *Der Autor dieses Buches heißt von Ossietzky.*

(2) Geografische und geografisch-politische Eigennamen, so

(2.1) von Erdteilen, Ländern, Staaten, Verwaltungsgebieten und dergleichen, zum Beispiel: *Vereinigte Staaten von Amerika, Freie und Hansestadt Hamburg* (als Bundesland), *Tschechische Republik*

(2.2) von Städten, Dörfern, Straßen, Plätzen und dergleichen, zum Beispiel: *Neu Lübbenau, Groß Flatow, Rostock Lütten Klein, Unter den Linden, Lange Straße, In der Mittleren Holdergasse, Am Tiefen Graben, An den Drei Pfählen, Hamburger Straße, Neuer Markt*

(2.3) von Landschaften, Gebirgen, Wäldern, Wüsten, Fluren und dergleichen, zum Beispiel: *Kahler Asten, Hohe Tatra, Holsteinische Schweiz, Schwäbische Alb, Bayerischer Wald, Libysche Wüste, Goldene Aue, Thüringer Wald*

(2.4) von Meeren, Meeresteilen und -straßen, Flüssen, Inseln und Küsten und dergleichen, zum Beispiel: *Stiller Ozean, Indischer Ozean, Rotes Meer, Kleine Antillen, Großer Belt, Schweriner See, Straße von Gibraltar, Kapverdische Inseln, Kap der Guten Hoffnung*

(3) Eigennamen von Objekten unterschiedlicher Klassen, so

(3.1) von Sternen, Sternbildern und anderen Himmelskörpern, zum Beispiel: *Kleiner Bär, Großer Wagen, Halleyscher Komet* (auch: *Halley'scher Komet;* § 62)

(3.2) von Fahrzeugen, bestimmten Bauwerken und Örtlichkeiten, zum Beispiel: *die Vorwärts* (Schiff), *der Blaue Enzian* (Eisenbahnzug), *der Fliegende Hamburger* (Eisenbahnzug), *die Blaue Moschee* (in Istanbul), *das Alte Rathaus* (in Leipzig), *der Französische Dom* (in Berlin), *die Große Mauer* (in China), *der Schiefe Turm* (in Pisa)

(3.3) von einzeln benannten Tieren, Pflanzen und gelegentlich auch von Einzelobjekten weiterer Klassen, zum Beispiel: *der Fliegende Pfeil* (ein bestimmtes Pferd), *die Alte Eiche* (ein bestimmter Baum)

(3.4) von Orden und Auszeichnungen, zum Beispiel: *das Blaue Band des Ozeans, Großer Österreichischer Staatspreis für Literatur*

(4) Eigennamen von Institutionen, Organisationen, Einrichtungen, so

(4.1) von staatlichen bzw. öffentlichen Dienststellen, Behörden und Gremien, von Bildungs- und Kulturinstitutionen und dergleichen, zum Beispiel: *Deutscher Bundestag, Statistisches Bundesamt, Mecklenburgisches Staatstheater Schwerin, Naturhistorisches Museum* (in Wien), *Grünes Gewölbe* (in Dresden), *Klinik für Innere Medizin der Universität Rostock, Akademie für Alte Musik Berlin, Zweites Deutsches Fernsehen, Eidgenössische Technische Hochschule* (in Zürich)

(4.2) von Organisationen, Parteien, Verbänden, Vereinen und dergleichen, zum Beispiel: *Vereinte Nationen, Internationales Olympisches Komitee, Deutscher Gewerkschaftsbund, Sozialdemokratische Partei Deutschlands, Christlich-Demokratische Union, Allgemeiner Deutscher Automobilclub, Börsenverein des Deutschen Buchhandels, Österreichisches Rotes Kreuz*

(4.3) von Betrieben, Firmen, Genossenschaften, Gaststätten, Geschäften und dergleichen, zum Beispiel: *Deutsche Bank, Österreichischer Raiffeisenverband, Bibliographisches Institut* (in Mannheim), *Deutsche Bahn, Weiße Flotte, Hotel Vier Jahreszeiten, Gasthaus zur Neuen Post, Zum Goldenen Anker* (Gaststätte), *Salzburger Dombuchhandlung, Rheinisch-Westfälisches Elektrizitätswerk AG*

(4.4) von Zeitungen und Zeitschriften und dergleichen, zum Beispiel: *Berliner Zeitung, Sächsische Neueste Nachrichten, Deutsch als Fremdsprache, Dermatologische Monatsschrift, Die Zeit*

Wird der Artikel am Anfang verändert, so schreibt man ihn klein, zum Beispiel: *Sie hat das in der Zeit gelesen.*

(5) inoffizielle Eigennamen, Kurzformen sowie Abkürzungen von Eigennamen, zum Beispiel:

Schwarzer Kontinent, Ferner Osten, Naher Osten, Vereinigte Staaten, Hohes Haus

A. Müller, Astrid M., A. M. (= Astrid Müller), *J. W. v. Goethe; SPD* (= Sozialdemokratische Partei Deutschlands), *DGB* (= Deutscher Gewerkschaftsbund), *EU* (= Europäische Union), *SBB* (= Schweizerische Bundesbahnen), *ORF* (= Österreichischer Rundfunk)

(6) bestimmte historische Ereignisse und Epochen, zum Beispiel: *der Westfälische Frieden, der Deutsch-Französische Krieg 1870/1871, der Zweite Weltkrieg, die Goldenen Zwanziger*

E2: In einigen der oben genannten Namengruppen kann die Schreibung im Einzelfall abweichend festgelegt sein, zum Beispiel: *neue deutsche literatur, profil, konkret* (Zeitschriften); *Akademie für Musik und darstellende Kunst „Mozarteum"; Zur letzten Instanz* (Gaststätte)

Zur Kennzeichnung der Namen von Zeitungen und Zeitschriften mit Anführungszeichen siehe § 94(1).

§ 61 Ableitungen von geografischen Eigennamen auf ***-er*** schreibt man groß.

Beispiele:
das Bad Krozinger Kurgebiet, die Berliner Bevölkerung, die Mecklenburger Landschaft, die New Yorker Kunstszene, der Schweizer Käse, das St. Galler/Sankt Galler Kloster

Zur Schreibung mit oder ohne Bindestrich siehe § 49 E.

§ 62 Kleingeschrieben werden adjektivische Ableitungen von Eigennamen auf ***-(i)sch***, außer wenn die Grundform eines Personennamens durch einen Apostroph verdeutlicht wird, ferner alle adjektivischen Ableitungen mit anderen Suffixen.

Beispiele:
die darwinsche/die Darwin'sche Evolutionstheorie, das wackernagelsche/Wackernagel'sche Gesetz, die goethischen/goetheschen/Goethe' schen Dramen, die bernoullischen/Bernoulli'schen Gleichungen

die homerischen Epen, das kopernikanische Weltsystem, die darwinistische Evolutionstheorie, tschechisches Bier, indischer Tee, englischer Stoff

mit eulenspiegelhaftem Schalk, eine kafkaeske Stimmung

Zur Schreibung mit Apostroph siehe auch Zeichensetzung, § 97 E.

Zur Schreibung mehrteiliger Ableitungen mit Bindestrich siehe § 49 E.

2.4 Feste Verbindungen aus Adjektiv und Substantiv

§ 63 In substantivischen Wortgruppen, die zu festen Verbindungen geworden, aber keine Eigennamen sind, schreibt man Adjektive klein.

Beispiele:
das autogene Training, das neue Jahr, die höhere Mathematik, die graue Maus, die schöne Bescherung, das tolle Treiben, der bunte Hund

E: Bei Verbindungen mit einer neuen, idiomatisierten Gesamtbedeutung kann der Schreibende zur Hervorhebung dieses besonderen Gebrauchs das Adjektiv großschreiben, zum Beispiel: *das Schwarze Brett* (= Anschlagtafel), *der Weiße Tod* (= Lawinentod)

Kleinschreibung des Adjektivs ist in diesen Fällen der Regelfall.

§ 64 In bestimmten substantivischen Wortgruppen werden Adjektive großgeschrieben, obwohl keine Eigennamen vorliegen.

Dies betrifft:

(1) Titel, Ehrenbezeichnungen, bestimmte Amts- und Funktionsbezeichnungen, zum Beispiel: *der Heilige Vater, der Regierende Bürgermeister, die Königliche Hoheit, der Technische Direktor*

(2) besondere Kalendertage, zum Beispiel: *der Heilige Abend, der Internationale Frauentag, der Erste Mai*

(3) fachsprachliche Bezeichnungen bestimmter Klassifizierungseinheiten, so von Arten, Unterarten oder Rassen in der Botanik und Zoologie, zum Beispiel: *Fleißiges Lieschen, Grüner Veltliner, Roter Milan, Schwarze Witwe*

E: Die Großschreibung von Adjektiven, die mit dem Substantiv zusammen für eine begriffliche Einheit stehen, ist auch in Fachsprachen außerhalb der Biologie und bei Verbindungen mit terminologischem Charakter belegt, zum Beispiel: *Gelbe Karte, Goldener Schnitt, Kleine Anfrage; Erste Hilfe*

In manchen Fachsprachen wird demgegenüber die Kleinschreibung bevorzugt, zum Beispiel: *eiserne Lunge, grauer Star, seltene Erden*

2.5 Anredepronomen und Anreden

§ 65 Das Anredepronomen ***Sie*** und das entsprechende Possessivpronomen ***Ihr*** sowie die zugehörigen flektierten Formen schreibt man groß.

Beispiele:

Würden Sie mir helfen? Wie geht es Ihnen? Ist das Ihr Mantel? Bestehen Ihrerseits Bedenken gegen den Vorschlag?

E1: Großschreibung gilt auch für ältere Anredeformen wie: *Habt Ihr es Euch überlegt, Fürst von Gallenstein? Johann, führe Er die Gäste herein.*

E2: In Anreden und Titeln wie *Seine Majestät, Eure Exzellenz, Eure Magnifizenz* schreibt man das Pronomen ebenfalls groß.

§ 66 Die Anredepronomen ***du*** und ***ihr***, die entsprechenden Possessivpronomen ***dein*** und ***euer*** sowie das Reflexivpronomen ***sich*** schreibt man klein.

Beispiele:

Würdest du mir helfen? Hast du dich gut erholt? Haben Sie sich schon angemeldet?

E: In Briefen können die Anredepronomen *du* und *ihr* mit ihren Possessivpronomen auch großgeschrieben werden:

Lieber Freund,

ich schreibe dir/Dir diesen Brief und schicke dir/Dir eure/Eure Bilder …

E Zeichensetzung

0 Vorbemerkungen

(1) Die Satzzeichen sind Grenz- und Gliederungszeichen. Sie dienen insbesondere dazu, einen geschriebenen Text übersichtlich zu gestalten und ihn dadurch für den Lesenden überschaubar zu machen. Zudem kann der Schreibende mit den Satzzeichen besondere Aussageabsichten oder Einstellungen zum Ausdruck bringen oder stilistische Wirkungen anstreben.

Zu unterscheiden sind Satzzeichen:
- zur Kennzeichnung des Schlusses von Ganzsätzen: Punkt, Ausrufezeichen, Fragezeichen
- zur Gliederung innerhalb von Ganzsätzen: Komma, Semikolon, Doppelpunkt, Gedankenstrich, Klammern
- zur Anführung von Äußerungen oder Textstellen bzw. zur Hervorhebung von Wörtern oder Textteilen: Anführungszeichen

(2) Daneben dienen bestimmte Zeichen
- zur Markierung von Auslassungen: Apostroph, Ergänzungsstrich, Auslassungspunkte
- zur Kennzeichnung der Wörter bestimmter Gruppen: Punkt nach Abkürzungen bzw. Ordinalzahlen, Schrägstrich

1 Kennzeichnung des Schlusses von Ganzsätzen

Der Kennzeichnung des Schlusses von Ganzsätzen dienen:
- der Punkt
- das Ausrufezeichen
- das Fragezeichen

Ganzsätze im Sinne dieser orthografischen Regelung zeigen Beispiele wie:

Gestern hat es geregnet. Du kommst bitte morgen! Hat er das wirklich gesagt? Im Hausflur war es still, ich drückte erwartungsvoll auf die Klingel. Ich hoffe, dass wir uns bald wiedersehen. Meine Freundin hatte den Zug versäumt; deshalb kam sie eine halbe Stunde zu spät.

Niemand kannte ihn. Auch der Gärtner nicht. Bitte die Türen schließen und Vorsicht bei der Abfahrt des Zuges! Ob er heute kommt? Nein, morgen. Warum nicht? Gute Reise! Hilfe!

Zu den Zeichen in Verbindung mit Gedankenstrich oder Klammern siehe § 85 bzw. § 88.

Zu den Zeichen bei wörtlich Wiedergegebenem siehe § 90.

Zum Gedankenstrich zwischen zwei Ganzsätzen siehe § 83.

§ 67 Mit dem Punkt kennzeichnet man den Schluss eines Ganzsatzes.

Ich habe ihn gestern gesehen. Sie kommt morgen. Das Kind weinte, weil es seinen Schlüssel verloren hatte.

Wir sehen nach, was Paul macht. Sie habe ihn gestern gesehen, behauptete sie. Sie forderte ihn auf die Wohnung sofort zu verlassen. Ich wünschte, die Prüfung wäre vorbei. Sie fragte ungeduldig, ob er endlich käme. Der Redner stellte die Frage, wie es nach diesen Umweltschäden weitergehen solle.

Im Hausflur war es still. Ich drückte erwartungsvoll auf die Klingel.

E1: Wenn aber als mehrteiliger Ganzsatz verstanden, entsprechend § 71(1) bzw. § 80(1) mit Komma oder Semikolon:

Im Hausflur war es still, ich drückte erwartungsvoll auf die Klingel.
Im Hausflur war es still; ich drückte erwartungsvoll auf die Klingel.

E2: Bei Aufforderungen, denen man keinen besonderen Nachdruck geben will, setzt man einen Punkt und kein Ausrufezeichen (hierzu siehe § 69): *Rufen Sie bitte später noch einmal an. Nehmen Sie doch Platz. Vgl. S. 25 seiner letzten Veröffentlichung.*

E3: In den folgenden Fällen setzt man keinen Punkt:

- am Ende von freistehenden Zeilen (siehe § 68)
- am Ende einer kolumnenartigen Aufzählung ohne schließende Satzzeichen (siehe § 71 E2)
- am Ende von Parenthesen (mit Gedankenstrich siehe § 85, mit Klammern siehe § 88)
- bei wörtlich Wiedergegebenem am Anfang oder im Inneren von Ganzsätzen (siehe § 92)
- nach Auslassungspunkten (siehe § 100)
- nach Punkt zur Kennzeichnung von Abkürzungen (siehe § 103) und Ordinalzahlen (siehe § 105)

§ 68 Nach freistehenden Zeilen setzt man keinen Punkt.

Dies betrifft unter anderem:
(1) Überschriften und Werktitel (etwa von Büchern und Theaterstücken, Werken der bildenden Kunst und der Musik, Rundfunk- und Fernsehproduktionen):

Allmähliche Normalisierung im Erdbebengebiet
Schneeverwehungen behindern Autoverkehr
Chance für eine diplomatische Lösung
Einführung in die höhere Mathematik
Der kaukasische Kreidekreis
Die Zauberflöte

Zum Ausrufezeichen siehe § 69 E2(1); zum Fragezeichen siehe § 70 E2.

(2) Titel von Gesetzen, Verträgen, Deklarationen und dergleichen sowie Bezeichnungen für Veranstaltungen:

Bundesgesetz über den Straßenverkehr
Konferenz über Sicherheit und Zusammenarbeit in Europa
Internationaler Ärztekongress

(3) Anschriften und Datumszeilen sowie Grußformeln und Unterschriften etwa in Briefen:

Werner Meier — *Donnerstag, 16. Februar 2006*
Gerichtsweg 12
04103 Leipzig

Herrn Rudolf Schröder
Rüdesheimer Str. 29
62123 Wiesbaden

Sehr geehrter Herr Schröder,

entsprechend unserer telefonischen Vereinbarung …

…

Mit freundlichen Grüßen

Ihr Werner Meier

Zur Zeichensetzung bei der Anrede etwa in Briefen siehe § 69 E3.

§ 69 Mit dem Ausrufezeichen gibt man dem Inhalt des Ganzsatzes einen besonderen Nachdruck wie etwa bei nachdrücklichen Behauptungen, Aufforderungen, Grüßen, Wünschen oder Ausrufen.

Ich habe ihn gestern bestimmt gesehen! Komm bitte morgen! Du kommst morgen! Lasst uns keine Zeit verlieren! Du musst die Arbeit abgeben, weil morgen der letzte Termin ist!

Seht nach, was Paul macht! Sehen Sie nur, wie schön die Aussicht ist! Bitte fordern Sie ihn auf die Wohnung sofort zu verlassen! Frag ihn, ob er kommt!

Ruhe! Bitte nicht stören! Zurücktreten! Bitte die Türen schließen und Vorsicht bei der Abfahrt des Zuges! Guten Morgen! Hoffentlich sehen wir uns bald wieder! Wäre nur die Prüfung erst einmal vorbei! Wenn ich dich noch einmal erwische, kannst du was erleben! Das ist ja großartig! Welch ein Glück! Au! Das tut weh! Nein! Nein!

Zum Punkt nach Aufforderungen ohne besonderen Nachdruck siehe § 67 E2.

E1: Wenn aber als mehrteiliger Ganzsatz oder als Teile einer Aufzählung verstanden, entsprechend § 71 mit Komma (siehe auch § 79(2) und (3)): *Das ist ja großartig, welch ein Glück! Au, das tut weh! Nein, nein!*

E2: Zur Kennzeichnung eines besonderen Nachdrucks setzt man auch nach freistehenden Zeilen ein Ausrufezeichen.

Dies betrifft:
(1) Überschriften und Werktitel:

Chance für eine diplomatische Lösung!

Kämpft für den Frieden!

Endlich!

Zum Punkt siehe § 68(1); zum Fragezeichen siehe § 70 E2.

(2) die Anrede: *Sehr geehrter Herr Präsident! Meine Damen und Herren!*

E3: Nach der Anrede etwa in Briefen kann man ein Ausrufezeichen oder entsprechend § 79(1) ein Komma setzen:

Sehr geehrter Herr Schröder!

Entsprechend unserer telefonischen Vereinbarung ...

Sehr geehrter Herr Schröder,

entsprechend unserer telefonischen Vereinbarung ...

In der Schweiz auch ohne Zeichen am Ende:

Sehr geehrter Herr Schröder

Entsprechend unserer telefonischen Vereinbarung ...

§ 70 Mit dem Fragezeichen kennzeichnet man den Ganzsatz als Frage.

Hast du ihn gestern gesehen? Wann kommst du? Kommst du wirklich morgen? Ob er morgen kommt? Soll er ihm einen Brief schreiben oder ist es besser, dass er ihn anruft?

Habt ihr nachgesehen, was Paul macht? Sehen Sie, wie schön die Aussicht ist? Haben Sie ihn aufgefordert die Wohnung sofort zu verlassen? Hat er gefragt, ob Fritz kommt?

Warst du im Kino? In welchem Film? Dein Freund war auch mit? Was möchtet ihr trinken: Bier, Wein oder Apfelmost? Ist das nicht großartig? Ist das nicht ein Glück? Warum? Weshalb? Weswegen?

E1: Wenn aber als mehrteiliger Ganzsatz oder als Teile einer Aufzählung verstanden, entsprechend § 71 mit Komma: *Ist das nicht großartig, ist das nicht ein Glück? Warum, weshalb, weswegen?*

E2: Zur Kennzeichnung einer Frage setzt man auch nach freistehenden Zeilen, zum Beispiel nach Überschriften und Werktiteln, ein Fragezeichen: *Chance für eine diplomatische Lösung? Wo warst du, Adam? Quo vadis?*

Zum Punkt siehe § 68(1); zum Ausrufezeichen siehe § 69 E2.

2 Gliederung innerhalb von Ganzsätzen

(1) Der Gliederung des Ganzsatzes dienen die folgenden Satzzeichen:

- das Komma
- das Semikolon
- der Doppelpunkt
- der Gedankenstrich
- die Klammern

Zu den Auslassungspunkten siehe § 99 bis § 100.

(2) Das Komma wird sowohl einfach als auch paarig gebraucht: *Er trug einen schwarzen, breitkrempigen Hut. Seine Kopfbedeckung, ein schwarzer und breitkrempiger Hut, lag auf dem Tisch.* Dasselbe gilt für den Gedankenstrich.

Nur paarig werden die Klammern gebraucht, nur einfach das Semikolon und der Doppelpunkt.

(3) Manchmal kann man zwischen verschiedenen Zeichen wählen:

Im Hausflur war es still, ich drückte erwartungsvoll auf die Klingel.
Im Hausflur war es still; ich drückte erwartungsvoll auf die Klingel.
Im Hausflur war es still – ich drückte erwartungsvoll auf die Klingel.

Zur stärkeren Abgrenzung kann man entsprechend § 67 auch einen Punkt setzen:

Im Hausflur war es still. Ich drückte erwartungsvoll auf die Klingel.

Eines Tages, es war mitten im Sommer, hagelte es. Eines Tages – es war mitten im Sommer – hagelte es. Eines Tages (es war mitten im Sommer) hagelte es.

2.1 Komma

§ 71 Gleichrangige (nebengeordnete) Teilsätze, Wortgruppen oder Wörter grenzt man mit Komma voneinander ab.

Dies betrifft (siehe aber § 72):
(1) gleichrangige Teilsätze: *Im Hausflur war es still, ich drückte erwartungsvoll auf die Klingel. Die Musik wird leiser, der Vorhang hebt sich, das Spiel beginnt. Er dachte angestrengt nach, aber ihr Name fiel ihm nicht ein. Ich wollte ihm helfen, doch er ließ es nicht zu. Ich wollte ihm helfen, er ließ es jedoch nicht zu. Das ist ja großartig, welch ein Glück! Ist das nicht großartig, ist das nicht ein Glück?*

Zur Möglichkeit der Wahl zwischen Komma, Semikolon oder Punkt siehe § 80(1).

Er log beharrlich, er wisse von nichts, er sei es nicht gewesen. Wenn das wahr ist, wenn du ihn wirklich nicht gesehen hast, brauchst du dir keine Vorwürfe zu machen. Er erkundigte sich, was es Neues gebe, ob Post gekommen sei. Dass sie ihn nicht nur übersah, sondern dass sie auch noch mit anderen flirtete, kränkte ihn sehr.

(2) gleichrangige Wortgruppen oder Wörter in Aufzählungen:

Der Nachbar hatte versprochen den Briefkasten zu leeren, die Blumen zu gießen, hin und wieder zu lüften. Völlig erschöpft, hungrig und frierend, vom Regen durchnässt kamen sie nach Hause. Er hat nicht behauptet in Berlin gewesen zu sein, sondern in Mainz seinen Onkel besucht zu haben. Sie ärgerte sich ständig über ihren Mann, über die Kinder, über die Hausbewohner.

Er trug einen schwarzen, breitkrempigen Hut. Das ist ein ausgesprochen süßes, widerlich klebriges Getränk. (Siehe aber unten E1.)

Zu Fällen wie den folgenden siehe § 77(4):

Auf der Ausstellung waren viele ausländische, insbesondere holländische Firmen vertreten. Als er sein Herz ausgeschüttet, das heißt alles erzählt hatte, fühlte er sich besser.

Die Buchstaben x, y, z bilden den Schluss des Alphabets. Frühling, Sommer, Herbst, Winter.

Er fährt nicht mit dem Auto, sondern mit dem Zug. Er ist klug, (dabei) aber faul. Einerseits ist er klug, andererseits faul. Der März war teils freundlich, teils regnerisch, aber im Ganzen zu kalt. Sie lächelte halb verlegen, halb belustigt.

Nein, nein! Warum, weshalb, weswegen?

Zum Ausrufe- oder Fragezeichen siehe § 69 bzw. § 70.

Zum Komma bei mehrteiligen Orts-, Wohnungs-, Zeit- und Literaturangaben siehe § 77(3).

E1: Sind zwei Adjektive nicht gleichrangig, so setzt man kein Komma: *die letzten großen Ferien, eine neue blaue Bluse, dunkles bayerisches Bier, die allgemeine wirtschaftliche Lage, zahlreiche wertende Stellungnahmen*

Gelegentlich kann der Schreibende dadurch, dass er ein Komma setzt oder nicht, deutlich machen, ob er die Adjektive als gleichrangig verstanden wissen will oder nicht.

Gleichrangig: *neue, umweltfreundliche Verfahren* (neben den bisherigen Verfahren, die nicht umweltfreundlich sind, gibt es nunmehr neue und umweltfreundliche Verfahren)

Nicht gleichrangig: *neue umweltfreundliche Verfahren* (zusätzlich zu den bisherigen umweltfreundlichen Verfahren gibt es weitere umweltfreundliche Verfahren)

E2: Das Komma (und gegebenenfalls der Schlusspunkt) kann in kolumnenartigen Aufzählungen fehlen, zum Beispiel:

Unser Sonderangebot:
– Äpfel
– Birnen
– Orangen

§ 72 Sind die gleichrangigen Teilsätze, Wortgruppen oder Wörter durch ***und, oder, beziehungsweise/bzw., sowie (= und), wie (= und), entweder … oder, nicht … noch, sowohl … als (auch), sowohl … wie (auch)*** oder durch ***weder … noch*** verbunden, so setzt man kein Komma.

Dies betrifft:
(1) gleichrangige Teilsätze (siehe aber § 73):

Die Musik wird leiser und der Vorhang hebt sich und das Spiel beginnt. Ich habe sie oft besucht und wir saßen bis spät in die Nacht zusammen. Seid ihr mit meinem Vorschlag einverstanden oder habt ihr Einwände vorzubringen?

Sie wisse Bescheid und der Vorgang sei ihr völlig klar, sagte sie. Er erkundigte sich, was es Neues gebe und ob Post gekommen sei. Alle wollten wissen, wie es gewesen war und warum es so lange gedauert hatte. Ich hoffe, dass es dir gefällt und dass du zufrieden bist.

(2) gleichrangige Wortgruppen oder Wörter in Aufzählungen:

Der Nachbar hatte versprochen den Briefkasten zu leeren und die Blumen zu gießen und hin und wieder zu lüften. Völlig erschöpft und vom Regen durchnässt kamen sie nach Hause.

Sie fährt sowohl bei gutem als auch bei schlechtem Wetter. Der März war kalt und unfreundlich. Das ist ein ausgesprochen süßes sowie widerlich klebriges Getränk. Feuer, Wasser, Luft und Erde

Sie fährt entweder mit dem Auto oder mit dem Zug. Er ist klug und dabei faul. Nein und abermals nein! Wie und warum und wozu?

E1: Ein Komma vor *und* usw. kann dadurch begründet sein, dass mit ihm entsprechend § 74 ein Nebensatz, entsprechend § 77 ein Zusatz oder Nachtrag bzw. entsprechend § 93 ein wörtlich wiedergegebener Satz abgeschlossen wird: *Er sagte, dass er morgen komme, und verabschiedete sich. Mein Onkel, ein großer Tierfreund, und seine Katzen leben in einer alten Mühle. Sie fragte: „Brauchen Sie die Unterlagen?", und öffnete die Schublade.*

E2: Bei entgegenstellenden Konjunktionen wie *aber, doch, jedoch, sondern* steht nach der Grundregel (§ 71) ein Komma, wenn sie zwischen gleichrangigen Wörtern oder Wortgruppen stehen: *Sie fährt nicht nur bei gutem, sondern auch bei schlechtem Wetter. Der März war sonnig, aber kalt. Er hat mir ein süßes, jedoch wohlschmeckendes Getränk eingeschenkt.*

§ 73 Bei der Reihung von selbständigen Sätzen, die durch ***und, oder, beziehungsweise/ bzw., entweder – oder, nicht – noch*** oder durch ***weder – noch*** verbunden sind, kann man ein Komma setzen, um die Gliederung des Ganzsatzes deutlich zu machen.

Das Feuer brannte endlich(,) und sie machten es sich gemütlich. Hast du ihn angerufen(,) oder wirst du es erst am Sonntag tun? Dem Täter ist die Flucht ins Ausland gelungen(,) bzw. er versteckt sich. Entweder du kommst(,) oder du schreibst einen Brief. Nicht einmal ein Dank kam von seinen Lippen(,) noch fand er sonst wohlwollende Worte. Weder schrieb er einen Brief(,) noch kam er selbst.

Ich fotografierte die Berge(,) und meine Frau lag in der Sonne. Er traf sich mit meiner Schwester(,) und deren Freundin war auch mitgekommen. Wir warten auf euch(,) oder die Kinder gehen schon voraus.

§ 74 Nebensätze grenzt man mit Komma ab; sind sie eingeschoben, so schließt man sie mit paarigem Komma ein.

Am Anfang des Ganzsatzes:
Was ich anfangen soll, weiß ich nicht. Als wir nach Hause kamen, war es schon spät. Dass es dir wieder besser geht, freut mich sehr. Obwohl schlechtes Wetter war, suchten wir die Ostereier im Garten. Ist dir der Weg zu weit, kannst du mit dem Bus fahren. Er komme morgen, sagte er. Als er sich niederbeugte, weil er ihre Tasche aufheben wollte, stießen sie mit den Köpfen zusammen.

Eingeschoben:
Das Buch, das ich dir mitgebracht habe, liegt auf dem Tisch. Seine Annahme, dass Peter käme, erfüllte sich nicht. Sie konnte, wenn sie wollte, äußerst liebenswürdig sein. Er sagte, dass er morgen komme, und verabschiedete sich. Er sagte, er komme morgen, und verabschiedete sich.

Am Ende des Ganzsatzes:
Ich weiß nicht, was ich anfangen soll. Sie beobachtete die Kinder, die auf der Wiese ihre Drachen steigen ließen. Gestern traf ich eine Freundin, von der ich lange nichts mehr gehört hatte. Das Kind weinte, weil es seinen Schlüssel verloren hatte. Ich hätte nie gedacht, dass du mich so enttäuschen würdest. Sie sah gesünder aus, als sie sich fühlte. Seine Tochter war ebenso rothaarig, wie er es als Kind gewesen war. Sie sagte, sie komme morgen. Er war zu klug, als dass er in die Falle gegangen wäre, die man ihm gestellt hatte.

E1: Besteht die Einleitung eines Nebensatzes aus einem Einleitewort und weiteren Wörtern, so gilt:

(1) Man setzt das Komma vor die ganze Wortgruppe: *Ich habe sie selten besucht, aber wenn ich bei ihr war, saßen wir bis spät in die Nacht zusammen. Er rannte, als ob es um sein Leben ginge, über die Straße. Sie rannte, wie wenn es um ihr Leben ginge. Ein Passant hatte bereits Risse in den Pfeilern der Brücke bemerkt, zwei Tage bevor sie zusammenbrach.*

(2) In einigen Fällen kann der Schreibende zusätzlich ein Komma zwischen den Bestandteilen der Wortgruppe setzen: *Morgen wird es regnen, angenommen(,) dass der Wetterbericht stimmt. Wir fahren morgen, ausgenommen(,) wenn es regnet. Ich glaube nicht, dass er anruft, geschweige(,)* *dass er vorbeikommt. Ich glaube nicht, dass er anruft, geschweige denn(,) dass er vorbeikommt. Ich komme morgen, gleichviel(,) ob er es will oder nicht. Ich werde ihnen gegenüber abweisend oder entgegenkommend sein, je nachdem(,) ob sie hartnäckig oder sachlich sind. Egal(,) welche Farbe sie sich aussucht, sie wird immer gut aussehen.*

(3) Der Schreibende kann durch das Komma deutlich machen, ob er Wörter als Bestandteil der Nebensatzeinleitung verstanden wissen will oder nicht: *Ich freue mich, auch wenn du mir nur eine Karte schreibst. Ich freue mich auch, wenn du mir nur eine Karte schreibst. Die Rehe bemerkten ihn, gleich als er sein Versteck verließ. Die Rehe bemerkten ihn gleich, als er sein Versteck verließ. Er ärgerte sich zeitlebens, so dass er schon früh graue Haare bekam. Er ärgerte sich zeitlebens so, dass er schon früh graue Haare bekam. Sie sorgt sich um ihn, vor allem(,) wenn er nachts unterwegs ist. Sie sorgt sich um ihn vor allem, wenn er nachts unterwegs ist.*

E2: Wenn eine beiordnende Konjunktion wie *und, oder* (§ 72) Satzglieder oder Teile von Satzgliedern mit Nebensätzen verbindet, so steht zwischen den Bestandteilen einer solchen Reihung kein Komma. Gegenüber dem übergeordneten Satz sind die Teile der Reihung nur dann mit Komma abgetrennt, wenn der Nebensatz anschließt, nicht aber, wenn das Satzglied bzw. ein Teil eines Satzgliedes anschließt:

Außerordentlich bedauert hat er diesen Vorfall und dass das hier geschehen konnte.
Bei großer Dürre oder wenn der Föhn weht, ist das Rauchen hier streng verboten.
Wenn der Föhn weht oder bei großer Dürre ist das Rauchen hier streng verboten.
Das Rauchen ist hier streng verboten bei großer Dürre oder wenn der Föhn weht.
Das Rauchen ist hier streng verboten, wenn der Föhn weht oder bei großer Dürre.

E3: Vergleiche mit *als* oder *wie* in Verbindung mit einer Wortgruppe oder einem Wort sind keine Nebensätze; entsprechend setzt man kein Komma (zu *wie* siehe auch § 78(2)):

Früher als gewöhnlich kam er von der Arbeit nach Hause. Wie im letzten Jahr hatten wir auch diesmal einen schönen Herbst. Er kam früher als gewöhnlich von der Arbeit nach Hause. Er kam wie am Vortage auch heute zu spät. Peter ist größer als sein Vater. Heute war er früher da als gestern. Das ging schneller als erwartet. Er ist genauso groß wie sie.

§ 75 Infinitivgruppen grenzt man mit Komma ab, wenn eine der folgenden Bedingungen erfüllt ist.

(1) die Infinitivgruppe ist mit *um, ohne, statt, anstatt, außer, als* eingeleitet:

Sie öffnete das Fenster, um frische Luft hereinzulassen. Das Kind rannte, ohne auf den Verkehr zu achten, über die Straße. Statt am Bericht zu arbeiten, vergnügte sich Herbert mit Computerspielchen. Ihr fiel nichts Besseres ein, als zu kündigen. Ihre Forderung, um das noch einmal zu sagen, halten wir für wenig angemessen (siehe auch § 77 (1)). *Er, ohne den Vertrag vorher gesehen zu haben, hatte ihn sofort unterschrieben* (siehe auch § 77 (6)).

(2) die Infinitivgruppe hängt von einem Substantiv ab:

Er wurde beim Versuch, den Tresor zu knacken, vom Nachtwächter überrascht. Er fasste den Plan, heimlich abzureisen.

(3) die Infinitivgruppe hängt von einem Korrelat oder einem Verweiswort ab (siehe § 77(5)):

Anita liebt es, lange auszuschlafen. Werner hat es nie bereut, diese Ausbildung gemacht zu haben. Es missfällt mir, diesen Vertrag zu unterzeichnen. René hat nicht damit gerechnet, doch noch zu gewinnen, und strahlte über das ganze Gesicht.

Lange auszuschlafen, das liebt Anita sehr. Doch noch zu gewinnen, damit hat René nicht gerechnet. Damit, doch noch zu gewinnen, hat René nicht gerechnet.

E1: Wenn ein bloßer Infinitiv vorliegt, können in den Fallgruppen (2) und (3) die Kommas weggelassen werden, sofern keine Missverständnisse entstehen: *Den Plan(,) abzureisen(,) hatte sie* *schon lange gefasst. Die Angst(,) zu fallen(,) lähmte seine Schritte. Thomas dachte nicht daran(,) zu gehen.*

E2: In den Fällen, die nicht durch § 75(1) bis (3) geregelt sind, kann ein Komma gesetzt werden, um die Gliederung deutlich zu machen bzw. um Missverständnisse auszuschließen. Dasselbe gilt für Partizip-, Adjektiv- und entsprechende Wortgruppen (siehe § 77(7) und § 78(3)).

§ 76 Bei formelhaften Nebensätzen kann man das Komma weglassen.

Wie bereits gesagt(,) verhält sich die Sache anders. Ich komme(,) wenn nötig(,) bei dir noch vorbei.

§ 77 Zusätze oder Nachträge grenzt man mit Komma ab; sind sie eingeschoben, so schließt man sie mit paarigem Komma ein.

Möglich sind in bestimmten Fällen auch Gedankenstrich (siehe § 84) oder Klammern (siehe § 86); mit diesen Zeichen kennzeichnet man stärker, dass man etwas als Zusatz oder Nachtrag verstanden wissen will.

Dies betrifft (1) Parenthesen, (2) Substantivgruppen als Nachträge (Appositionen), (3) Orts-, Wohnungs-, Zeit- und Literaturangaben ohne Präposition, (4) Erläuterungen, (5) angekündigte Wörter oder Wortgruppen, (6) Infinitivgruppen und (7) Partizip- oder Adjektivgruppen.

(1) Parenthesen: *Eines Tages, es war mitten im Sommer, hagelte es. Dieses Bild, es ist das letzte und bekannteste des Künstlers, wurde nach Amerika verkauft. Ihre Forderung, um das noch einmal zu sagen, halten wir für wenig angemessen.*

Zum Gedankenstrich oder zu Klammern siehe § 84(1) bzw. § 86(1).

(2) Substantivgruppen als Nachträge (Appositionen), insbesondere auch Titel, Berufsbezeichnungen und dergleichen in Verbindung mit Eigennamen:

Mein Onkel, ein großer Tierfreund, und seine Katzen leben in einer alten Mühle. Wir gingen in die Hütte, einen kalten Raum mit kleinen Fenstern. Wir gingen in die Hütte, einen kalten Raum mit kleinen Fenstern, und zündeten ein Feuer an. Walter Gerber, Mannheim, und Anita Busch, Berlin, verlobten sich letzte Woche.

Mainz ist die Geburtsstadt Johannes Gutenbergs, des Erfinders der Buchdruckerkunst. Johannes Gutenberg, der Erfinder der Buchdruckerkunst, wurde in Mainz geboren. Professor Dr. med. Max Müller, Direktor der Kinderklinik, war unser Gesprächspartner. Franz Meier, der Angeklagte, verweigerte die Aussage. Gertrud Patzke, Hebamme des Dorfes, wurde 60 Jahre alt.

Zum Gedankenstrich oder zu Klammern siehe § 84(2) bzw. § 86(2).

E1: Folgt der Eigenname einem Titel, einer Berufsbezeichnung und dergleichen, so kann man nach § 78(4) das Komma weglassen: *Der Erfinder der Buchdruckerkunst(,) Johannes Gutenberg(,) wurde in Mainz geboren.*

E2: Bestandteile von mehrteiligen Eigennamen und vorangestellte Titel ohne Artikel sind keine Zusätze oder Nachträge; entsprechend setzt man kein Komma:

Wilhelm der Eroberer unterwarf ganz England.

Direktor Professor Dr. med. Max Müller führte uns durch die Klinik.

Frau Schmidt geb. Kühn hat dies mitgeteilt.

Nach der Grundregel (§ 77) auch mit Komma: *Frau Schmidt, geb. Kühn, hat dies mitgeteilt.*

(3) Mehrteilige Orts-, Wohnungs-, Zeit- und Literaturangaben ohne Präposition (das schließende Komma kann hier auch weggelassen werden):

Orts-, Wohnungs- und Zeitangaben:

Gustav Meier, Wiesbaden, Wilhelmstr. 24, 1. Stock(,) hat diese Annonce aufgegeben. Gabi Schmid, Berlin, Landsberger Allee 209, 3. Stock(,) gewann eine Reise in den Harz. Aber: Gabi hat lange in Köln am Kirchplatz 4 gewohnt.

Die Tagung soll Mittwoch, (den) 14. November(,) beginnen. Die Tagung soll am Mittwoch, dem 14. November(,) beginnen. Die Tagung soll am Mittwoch, dem 14. November, (um) 9.00 Uhr(,) im Rosengarten beginnen.

Mehrteilige Hinweise auf Stellen aus Büchern, Zeitschriften und dergleichen:

Die Zeitschrift Spektrum, Jahrgang 29, Heft 2, S. 134(,) hat darüber berichtet. In der Zeitschrift Spektrum, Jahrgang 29, Heft 2, S. 134(,) findet sich ein entsprechendes Zitat.

Ausnahme: In mehrteiligen Hinweisen auf Gesetze, Verordnungen und dergleichen setzt man kein Komma: *§ 6 Abs. 2 Satz 3 der Verordnung*

(4) Nachgestellte Erläuterungen, die häufig mit *also, besonders, das heißt (d. h.), das ist (d. i.), genauer, insbesondere, nämlich, und das, und zwar, vor allem, zum Beispiel (z. B.)* oder dergleichen eingeleitet werden:

Sie isst gern Obst, besonders Apfelsinen und Bananen. Obst, besonders Apfelsinen und Bananen, isst sie gern. Wir erwarten dich nächste Woche, und zwar am Dienstag. Nachmittags kommt Gewitterneigung auf, vor allem im Süden. Mit einem Scheck über 2000 €, in Worten: zweitausend Euro, hat er die Rechnung bezahlt. Sie bezahlte mit einem Scheck über 2000 €, in Worten: zweitausend Euro.

Auf der Ausstellung waren viele ausländische Firmen, insbesondere holländische [Maschinenhersteller/Firmen], vertreten. Wir erwarten dich nächste Woche, das heißt vielleicht auch übernächste [Woche], zu einem Gespräch. Als sie ihr Herz ausgeschüttet hatte, das heißt alles erzählt hatte, fühlte sie sich besser.

Wird – im Unterschied zu den letztgenannten Beispielen – die Erläuterung in die substantivische oder verbale Fügung einbezogen, so grenzt man sie mit einfachem Komma ab: *Auf der Ausstellung waren viele ausländische, insbesondere holländische Firmen vertreten. Wir erwarten dich nächste, das heißt vielleicht auch übernächste Woche zu einem Gespräch. Er wird sein Herz ausgeschüttet, das heißt alles erzählt haben.*

Zum Gedankenstrich oder zu Klammern siehe § 84(3) bzw. § 86(3).

(5) Wörter oder Wortgruppen, die durch ein hinweisendes Wort oder eine hinweisende Wortgruppe angekündigt werden:

Sie, die Gärtnerin, weiß das ganz genau. Wir beide, du und ich, wissen es genau.

Daran, den Job länger zu behalten, dachte sie nicht. Sie dachte nicht daran, den Job länger zu behalten, und kündigte. Sein größter Wunsch ist es, eine Familie zu gründen. Dies, eine Familie zu gründen, ist sein größter Wunsch.

So, aus vollem Halse lachend, kam sie auf mich zu. So, mit dem Rucksack bepackt, standen wir vor dem Tor. So bepackt, den Rucksack auf dem Rücken, standen wir vor dem Tor.

Werden Wörter oder Wortgruppen durch ein hinweisendes Wort oder eine hinweisende Wortgruppe wieder aufgenommen, so grenzt man sie mit einfachem Komma ab:

Denn die Gärtnerin, die weiß das ganz genau. Und du und ich, wir beide wissen das genau. Wie im letzten Jahr, so hatten wir auch diesmal einen schönen Herbst.

... und den Job länger zu behalten, daran dachte sie nicht und kündigte. Eine Familie zu gründen, das ist sein größter Wunsch.

Aus vollem Halse lachend, so kam sie auf mich zu. Mit dem Rucksack bepackt, so standen wir vor dem Tor. Den Rucksack auf dem Rücken, so bepackt standen wir vor dem Tor.

Zum Gedankenstrich siehe § 84(4).

(6) nachgetragene Infinitivgruppen oder entsprechende Wortgruppen (siehe dazu auch § 78 (3)): *Er, ohne den Vertrag vorher gelesen zu haben, hatte ihn sofort unterschrieben. Er, ohne jede Kenntnis des Vertragsinhalts, hatte sofort unterschrieben. Er, statt ihm zu Hilfe zu kommen, sah tatenlos zu.*

(7) nachgetragene Partizip- oder Adjektivgruppen oder entsprechende Wortgruppen auch am Ende des Ganzsatzes (siehe auch § 78(3)):

Sie, aus vollem Halse lachend, kam auf mich zu. Er, außer sich vor Freude, lief auf sie zu und umarmte sie. Sie, ganz in Decken verpackt, saß auf der Terrasse. Er kam auf mich zu, aus vollem Halse lachend. Er lief auf sie zu und umarmte sie, außer sich vor Freude. Sie saß auf der Terrasse, ganz in Decken verpackt. Die Klasse, zum Ausflug bereit, war auf dem Schulhof versammelt. Wir, den Rucksack auf dem Rücken, standen vor dem Tor. Die Klasse war auf dem Schulhof versammelt, zum Ausflug bereit. Wir standen vor dem Tor, den Rucksack auf dem Rücken.

Suchen Mitarbeiter, sprachkundig und schreibgewandt. Mehrere Mitarbeiter, sprachkundig und schreibgewandt, werden gesucht. Der November, kalt und nass, löste eine Grippe aus.

E3: In einer festen Verbindung mit einem nachgestellten Adjektiv setzt man kein Komma: *Hänschen klein, Forelle blau, Whisky pur*

§ 78 Oft liegt es im Ermessen des Schreibenden, ob er etwas mit Komma als Zusatz oder Nachtrag kennzeichnen will oder nicht.

Dies betrifft:

(1) Gefüge mit Präpositionen, entsprechende Wortgruppen oder Wörter: *Die Fahrtkosten(,) einschließlich D-Zug-Zuschlag(,) betragen 25,00 Euro. Die Fahrtkosten betragen 25,00 Euro(,) einschließlich D-Zug-Zuschlag. Sie hatte(,) trotz aller guten Vorsätze(,) wieder zu rauchen angefangen. Sie hatte(,) bedauerlicherweise(,) wieder zu rauchen angefangen. Der Kranke hatte(,) entgegen ärztlichem Verbot(,) das Bett verlassen. Das war(,) nach allgemeinem Urteil(,) eine Fehlleistung. Er hatte sich(,) den ganzen Tag über(,) mit diesem Problem beschäftigt. Die ganze Familie(,) samt Kindern und Enkeln(,) besuchte die Großeltern.*

(2) Gefüge mit *wie* (zu *wie* in Vergleichen siehe § 74 E3): *Ihre Ausgaben(,) wie Fahrt- und Übernachtungskosten(,) werden Ihnen ersetzt.*

(3) Infinitiv-, Partizip- oder Adjektivgruppen oder entsprechende Wortgruppen (siehe aber § 75 sowie § 77(6) und (7)):

Er hatte(,) ohne jede Kenntnis des Vertragsinhalts(,) sofort unterschrieben. Er hatte sofort unterschrieben(,) ohne jede Kenntnis des Vertragsinhalts. Unfähig(,) einen Kompromiss zu schließen(,) beendete er die Verhandlung. Er beabsichtigte(,) nach seiner Ausbildung ein Studium aufzunehmen. Ich hoffe sehr(,) Ihnen mit dieser Auskunft geholfen zu haben(,) und verbleibe mit freundlichen Grüßen.

Sie kam(,) aus vollem Halse lachend(,) auf mich zu. Er lief(,) außer sich vor Freude(,) auf sie zu und umarmte sie. Sie saß(,) ganz in Decken verpackt(,) auf der Terrasse. Die Klasse war(,) zum Ausflug bereit(,) auf dem Schulhof versammelt. Wir standen(,) den Rucksack auf dem Rücken(,) vor dem Tor. Er sah(,) den Spazierstock in der Hand(,) tatenlos zu.

Diese Aufgabe zu lösen(,) sollte dir leichtfallen. Durch eine Tasse Kaffee gestärkt(,) werden wir die Arbeit fortsetzen. Darauf aufmerksam gemacht(,) haben wir den Fehler beseitigt.

(4) Eigennamen, die einem Titel, einer Berufsbezeichnung und dergleichen folgen (siehe auch § 77(2)): *Der Erfinder der Buchdruckerkunst(,) Johannes Gutenberg(,) wurde in Mainz geboren. Der Direktor der Kinderklinik(,) Professor Dr. med. Max Müller(,) war der Gesprächspartner. Der Angeklagte(,) Franz Meier(,) verweigerte die Aussage. Die Hebamme des Dorfes(,) Gertrud Patzke(,) wurde 60 Jahre alt.*

§ 79 Anreden, Ausrufe oder Ausdrücke einer Stellungnahme, die besonders hervorgehoben werden sollen, grenzt man mit Komma ab; sind sie eingeschoben, so schließt man sie mit paarigem Komma ein.

Dies betrifft:

(1) Anreden: *Kinder, hört doch mal zu. Hört doch mal zu, Kinder. Hört, Kinder, doch mal zu. Du, stell dir vor, was mir passiert ist! Kommst du mit ins Kino, Klaus-Dieter? Für heute sende ich dir, liebe Ruth, die herzlichsten Grüße.*

Zur Möglichkeit der Wahl zwischen Komma oder Ausrufezeichen nach der Anrede etwa in Briefen siehe § 69 E3.

(2) Ausrufe: *Oh, wie kalt das ist! Au, das tut weh! He, was machen Sie da? Was, du bist umgezogen? Du bist umgezogen, was? So ist es, ach, nun einmal. So ist es nun einmal, ach ja. Ach ja, so ist es nun einmal.*

Aber ohne Hervorhebung: *Oh wenn sie doch käme! Ach lass mich doch in Ruhe!*

(3) Ausdrücke einer Stellungnahme wie etwa einer Bejahung, Verneinung, Bekräftigung oder Bitte:

Ja, daran ist nicht zu zweifeln. Nein, das sollten Sie nicht tun, nein! Tatsächlich, das ist es. Das ist es, tatsächlich. Leider, das hat er gesagt. Das hat er gesagt, leider. Sie hat uns angerufen, eine gute Idee. Er hat, eine Unverschämtheit, uns auch noch angerufen.

Bitte, komm doch morgen pünktlich. Komm doch, bitte, morgen pünktlich. Komm doch morgen pünktlich, bitte. Danke, ich habe schon gegessen. Ich habe schon gegessen, danke.

Aber ohne Hervorhebung: *Bitte komm doch morgen pünktlich!*

Zum Ausrufezeichen siehe § 69.

Zur Möglichkeit der Wahl zwischen Komma, Gedankenstrich oder Doppelpunkt siehe § 82.

2.2 Semikolon

§ 80 Mit dem Semikolon kann man gleichrangige (nebengeordnete) Teilsätze oder Wortgruppen voneinander abgrenzen. Mit dem Semikolon drückt man einen höheren Grad der Abgrenzung aus als mit dem Komma und einen geringeren Grad der Abgrenzung als mit dem Punkt.

Zur Abgrenzung mit Punkt siehe § 67; zur Abgrenzung mit Komma siehe § 71.

Dies betrifft:

(1) gleichrangige, vor allem auch längere Hauptsätze (mit Nebensatz): *Im Hausflur war es still; ich drückte erwartungsvoll auf die Klingel. Meine Freundin hatte den Zug versäumt; deshalb kam sie eine halbe Stunde zu spät. Steffen wünscht sich schon lange einen Hund; aber seine Eltern dulden keine Tiere in der Wohnung. Die Angelegenheit ist erledigt; darum wollen wir nicht länger streiten. Wir müssen uns überlegen, mit welchem Zug wir fahren wollen; wenn wir den früheren Zug nehmen, müssen wir uns beeilen.*

Möglich sind hier auch das schwächer abgrenzende Komma oder der stärker abgrenzende Punkt:

Im Hausflur war es still, ich drückte erwartungsvoll auf die Klingel.
Im Hausflur war es still. Ich drückte erwartungsvoll auf die Klingel.

Zum hier ebenfalls möglichen Gedankenstrich siehe § 82.

(2) gleichrangige Wortgruppen gleicher Struktur in Aufzählungen: *Unser Proviant bestand aus gedörrtem Fleisch, Speck und Rauchschinken; Ei- und Milchpulver; Reis, Nudeln und Grieß.*

Möglich ist hier auch das schwächer abgrenzende, nicht untergliedernde Komma:

Unser Proviant bestand aus gedörrtem Fleisch, Speck und Rauchschinken, Ei- und Milchpulver, Reis, Nudeln und Grieß.

2.3 Doppelpunkt

§ 81 Mit dem Doppelpunkt kündigt man an, dass etwas Weiterführendes folgt.

Zur Schreibung des ersten Wortes nach Doppelpunkt siehe § 54(1) und (2).

Dies betrifft:

(1) wörtlich wiedergegebene Äußerungen oder Textstellen, wenn der Begleitsatz oder ein Teil von ihm vorausgeht: *Er sagte: „Ich komme morgen.“ Er sagte zu ihr: „Komm bitte morgen!“ Er fragte: „Kommst du morgen?“ Sie sagte: „Brauchen Sie die Unterlagen?“, und öffnete die Schublade. Die Zeitung schrieb, dass die Bahn erklären ließ: „Wir haben die feste Absicht, die Strecke stillzulegen.“*

Zu den Anführungszeichen siehe § 89.

(2) Aufzählungen, spezielle Angaben, Erklärungen oder dergleichen:

Er hat schon mehrere Länder besucht: Frankreich, Spanien, Rumänien, Polen. Die Namen der Monate sind folgende: Januar, Februar, März usw. Er hatte alles verloren: seine Frau, seine Kinder und sein ganzes Vermögen.

Wir stellen ein: Maschinenschlosser
Reinigungskräfte
Kraftfahrer

Nächste Arbeitsberatung: 30.09.2006

Familienstand: ledig

Latein: befriedigend

Robert Musil: Der Mann ohne Eigenschaften

Gebrauchsanweisung: Man nehme jede zweite Stunde eine Tablette.
Beachten Sie bitte folgenden Hinweis: Infolge der anhaltenden Trockenheit besteht Waldbrandgefahr.

(3) Zusammenfassungen des vorher Gesagten oder Schlussfolgerungen aus diesem:

Haus und Hof, Geld und Gut: alles ist verloren.

Wer immer nur an sich selbst denkt, wer nur danach trachtet, andere zu übervorteilen, wer sich nicht in die Gemeinschaft einfügen kann: der kann von uns keine Hilfe erwarten.

Möglich ist hier auch ein Gedankenstrich: *Haus und Hof, Geld und Gut – alles ist verloren.*

Zur Möglichkeit der Wahl zwischen Doppelpunkt, Gedankenstrich und Komma siehe § 82.

2.4 Gedankenstrich

§ 82 Mit dem Gedankenstrich kündigt man an, dass etwas Weiterführendes folgt oder dass man das Folgende als etwas Unerwartetes verstanden wissen will.

Sie trat in das Zimmer und sah – ihren Mann. Im Hausflur war es still – ich drückte erwartungsvoll auf die Klingel. Zuletzt tat er etwas, woran niemand gedacht hatte – er beging Selbstmord. Plötzlich – ein vielstimmiger Schreckensruf!

Möglich sind hier teilweise auch Doppelpunkt oder Komma:

Plötzlich: ein vielstimmiger Schreckensruf!
Plötzlich, ein vielstimmiger Schreckensruf!

Zur Möglichkeit der Wahl zwischen Gedankenstrich und Doppelpunkt siehe § 81(3).

§ 83 Zwischen zwei Ganzsätzen kann man zusätzlich zum Schlusszeichen einen Gedankenstrich setzen, um – ohne einen neuen Absatz zu beginnen – einen Wechsel deutlich zu machen.

Dies betrifft:

(1) den Wechsel des Themas oder des Gedankens: *Wir sind nicht in der Lage, diesen Wunsch zu erfüllen. – Nunmehr ist der nächste Punkt der Tagesordnung zu besprechen.*

(2) den Wechsel des Sprechers: *Komm bitte einmal her! – Ja, ich komme sofort.*

§ 84 Mit dem Gedankenstrich grenzt man Zusätze oder Nachträge ab; sind sie eingeschoben, so schließt man sie mit paarigem Gedankenstrich ein.

Möglich sind auch Komma (siehe § 77) oder Klammern (siehe § 86).

Dies betrifft:

(1) Parenthesen: *Eines Tages – es war mitten im Sommer – hagelte es. Eines Tages – es war mitten im Sommer! – hagelte es. Eines Tages – war es mitten im Sommer? – hagelte es. Dieses Bild – es ist das letzte und bekannteste des Künstlers – wurde nach Amerika verkauft. Ihre Forderung – um das noch einmal zu sagen – halten wir für wenig angemessen.*

Zum Komma oder zu Klammern siehe § 77(1) bzw. § 86(1).

(2) Substantivgruppen als Nachträge (Appositionen): *Mein Onkel – ein großer Tierfreund – und seine Katzen leben in einer alten Mühle. Wir gingen in die Hütte – einen kalten Raum mit kleinen Fenstern. Wir gingen in die Hütte – einen kalten Raum mit kleinen Fenstern – und zündeten ein Feuer an. Johannes Gutenberg – der Erfinder der Buchdruckerkunst – wurde in Mainz geboren.*

Zum Komma oder zu Klammern siehe § 77(2) bzw. § 86(2).

(3) nachgestellte Erläuterungen, die häufig mit *also, besonders, das heißt (d. h.), das ist (d. i.), genauer, insbesondere, nämlich, und das, und zwar, vor allem, zum Beispiel (z. B.)* oder dergleichen eingeleitet werden:

Sie isst gern Obst – besonders Apfelsinen und Bananen. Obst – besonders Apfelsinen und Bananen – isst sie gern. Wir erwarten dich nächste Woche – und zwar am Dienstag. Mit einem Scheck über 2000 € – in Worten: zweitausend Euro – hat er die Rechnung bezahlt. Er bezahlte mit einem Scheck über 2000 € – in Worten: zweitausend Euro.

Auf der Ausstellung waren viele ausländische Maschinenhersteller – insbesondere holländische – vertreten. Auf der Ausstellung waren viele ausländische Maschinenhersteller – vor allem holländische Firmen – vertreten. Auf der Ausstellung waren viele ausländische – insbesondere holländische – Maschinenhersteller vertreten.

Zum Komma oder zu Klammern siehe § 77(4) bzw. § 86(3).

(4) Wörter oder Wortgruppen, die durch ein **hinweisendes Wort oder eine hinweisende Wortgruppe** angekündigt werden: *Sie – die Gärtnerin – weiß es ganz genau. Wir beide – du und ich – wissen das genau. Das – eine Familie zu gründen – ist sein größter Wunsch.*

Werden Wörter oder Wortgruppen durch ein hinweisendes Wort oder eine hinweisende Wortgruppe wieder aufgenommen, so grenzt man sie mit einfachem Gedankenstrich ab.

Denn die Gärtnerin – die weiß das ganz genau. Und du und ich – wir beide wissen das genau. Eine Familie zu gründen – das ist sein größter Wunsch.

Zum Komma siehe § 77(5).

§ 85 Ausrufe- oder Fragezeichen, die zum Zusatz oder Nachtrag im paarigen Gedankenstrich gehören, setzt man vor den abschließenden Gedankenstrich; ein Schlusspunkt wird weggelassen.

Satzzeichen, die zum einschließenden Satz gehören und daher auch bei Weglassen des Zusatzes oder Nachtrags stehen müssten, dürfen nicht weggelassen werden.

Er behauptete – so eine Frechheit! –, dass er im Kino gewesen wäre. Sie hat das – erinnerst du dich nicht? – gestern gesagt.
Sie betonte – ich weiß es noch ganz genau –, dass sie für einen Erfolg nicht garantieren könne.
Vgl.: *Sie betonte, dass sie für einen Erfolg nicht garantieren könne.*

2.5 Klammern

§ 86 Mit Klammern schließt man Zusätze oder Nachträge ein.

Möglich sind auch Komma (siehe § 77) oder Gedankenstrich (siehe § 84).

Dies betrifft:
(1) Parenthesen: *Eines Tages (es war mitten im Sommer) hagelte es. Eines Tages (es war mitten im Sommer!) hagelte es. Eines Tages (war es mitten im Sommer?) hagelte es. Dieses Bild (es ist das letzte und bekannteste des Künstlers) wurde nach Amerika verkauft. Ihre Forderung (um das noch einmal zu sagen) halten wir für wenig angemessen.*

Zum Komma oder zum Gedankenstrich siehe § 77(1) bzw. § 84(1).

(2) Substantivgruppen als Nachträge (Appositionen): *Mein Onkel (ein großer Tierfreund) und seine Katzen leben in einer alten Mühle. Wir gingen in die Hütte (einen kalten Raum mit kleinen Fenstern). Wir gingen in die Hütte (einen kalten Raum mit kleinen Fenstern) und zündeten ein Feuer an. Johannes Gutenberg (der Erfinder der Buchdruckerkunst) wurde in Mainz geboren.*

Zum Komma oder zum Gedankenstrich siehe § 77(2) bzw. § 84(2).

(3) nachgestellte Erläuterungen, die häufig mit *also, besonders, das heißt (d. h.), das ist (d. i.), genauer, insbesondere, nämlich, und das, und zwar, vor allem, zum Beispiel (z. B.)* oder dergleichen eingeleitet werden:

Sie isst gern Obst (besonders Apfelsinen und Bananen). Obst (besonders Apfelsinen und Bananen) isst sie gern. Wir erwarten dich nächste Woche (und zwar am Dienstag). Mit einem Scheck über 2000 € (in Worten: zweitausend Euro) hat er die Rechnung bezahlt. Er bezahlte mit einem Scheck über 2000 € (in Worten: zweitausend Euro).

Auf der Ausstellung waren viele ausländische Maschinenhersteller (insbesondere holländische) vertreten. Auf der Ausstellung waren viele ausländische Maschinenhersteller (vor allem holländische Firmen) vertreten. Auf der Ausstellung waren viele ausländische (insbesondere holländische) Maschinenhersteller vertreten.

Zum Komma oder zum Gedankenstrich siehe § 77(4) bzw. § 84(3).

(4) Worterläuterungen, geografische, systematische, chronologische, biografische Zusätze und dergleichen:

Frankenthal (Pfalz)

Grille (Insekt) – Grille (Laune)

Als Hauptwerke Matthias Grünewalds gelten die Gemälde des Isenheimer Altars (vollendet 1511 oder 1515).

§ 87 Mit Klammern kann man neben einzelnen Ganzsätzen insbesondere auch größere Textteile einschließen und auf diese Weise als selbständige Texteinheit kennzeichnen.

Sie betonte, dass sie für den Erfolg garantieren könne. (Ich weiß es noch ganz genau, da ich mir das notiert hatte. Und ich habe ihr diese Notiz auch gezeigt.) Aber heute will sie nichts mehr davon wissen.

§ 88 Ausrufe- oder Fragezeichen, die zum Zusatz oder Nachtrag in Klammern gehören, setzt man vor die abschließende Klammer.

Ist der Zusatz oder Nachtrag in einen anderen Satz einbezogen, so lässt man seinen Schlusspunkt weg; wird er als Ganzsatz oder als selbständige Texteinheit verstanden, so setzt man den Schlusspunkt.

Satzzeichen, die zum einschließenden Satz gehören und daher auch bei Weglassen des Zusatzes oder Nachtrags stehen müssten, dürfen nicht weggelassen werden.

Das geliehene Buch (du hast es schon drei Wochen!) hast du mir noch nicht zurückgegeben. Er hat das (erinnerst du dich nicht?) gestern gesagt.

Damit wäre dieses Thema vorerst erledigt (weitere Angaben siehe Seite 145).

Damit wäre dieses Thema vorerst erledigt. (Weitere Angaben siehe Seite 145.)

Er sagte (dabei senkte er seine Stimme), dass das nicht alle wissen müssten.

„Der Staat bin ich“ (Ludwig der Vierzehnte).

3 Anführung von Äußerungen oder Textstellen bzw. Hervorhebung von Wörtern oder Textstellen: Anführungszeichen

§ 89 Mit Anführungszeichen schließt man etwas wörtlich Wiedergegebenes ein.

Dies betrifft:

(1) wörtlich wiedergegebene Äußerungen (direkte Rede):

„Es ist unbegreiflich, wie ich das hatte vergessen können“, sagte sie. „Immer muss ich arbeiten!“, seufzte sie. „Dass ich immer arbeiten muss!“, seufzte sie. Er fragte: „Kommst du morgen?“ „Kommst du morgen?“, fragte er. Er fragte: „Kommst du morgen?“, und verabschiedete sich. „Du siehst“, sagte die Mutter, „recht gut aus.“ „Wir haben die feste Absicht, die Strecke stillzulegen“, erklärte der Vertreter der Bahn, „aber die Entscheidung der Regierung steht noch aus.“

Dies gilt auch für Beispiele wie: *„Das war also Paris!“, dachte Frank. „Deine Vermutung könnte schon zutreffen“, lächelte sie.*

(2) wörtlich wiedergegebene Textstellen (Zitate):

Über das Ausscheidungsspiel berichtete ein Journalist: „Das Stadion glich einem Hexenkessel. Das Publikum stürmte auf das Spielfeld und bedrohte den Schiedsrichter.“

Zum Doppelpunkt siehe § 81(1).

§ 90 Satzzeichen, die zum wörtlich Wiedergegebenen gehören, setzt man vor das abschließende Anführungszeichen; Satzzeichen, die zum Begleitsatz gehören, setzt man nach dem abschließenden Anführungszeichen.

Im Einzelnen gilt:

§ 91 Sowohl der angeführte Satz als auch der Begleitsatz behalten ihr Ausrufe- oder Fragezeichen.

„Du kommst jetzt!“, rief sie. „Kommst du morgen?“, fragte er. Du solltest ihm sagen: „Ich kann das auf keinen Fall akzeptieren“! Hast du gesagt: „Ich kann das auf keinen Fall akzeptieren“? Sag ihm: „Ich habe keine Zeit!“! Fragtest du: „Wann beginnt der Film?“?

§ 92 Beim angeführten Satz lässt man den Schlusspunkt weg, wenn er am Anfang oder im Innern des Ganzsatzes steht.

Beim Begleitsatz lässt man den Schlusspunkt weg, wenn der angeführte Satz oder ein Teil von ihm am Ende des Ganzsatzes steht.

„Ich komme morgen“, versicherte sie. Sie sagte: „Ich komme gleich wieder“, und holte die Unterlagen.

Die Bahn erklärte: „Wir haben die feste Absicht, die Strecke stillzulegen.“ Sie versicherte: „Ich komme morgen!“ Er rief: „Du kommst jetzt!“ Er fragte: „Kommst du?“ „Komm bitte“, sagte er, „morgen pünktlich.“

§ 93 Folgt nach dem angeführten Satz der Begleitsatz oder ein Teil von ihm, so setzt man nach dem abschließenden Anführungszeichen ein Komma. Ist der Begleitsatz in den angeführten Satz eingeschoben, so schließt man ihn mit paarigem Komma ein.

„Ich komme gleich wieder“, versicherte sie. „Komm bald wieder!“, rief sie. „Wann kommst du wieder?“, rief sie. Sie sagte: „Ich komme gleich wieder“, und holte die Unterlagen. Sie fragte: „Brauchen Sie die Unterlagen?“, und öffnete die Schublade.

„Ich werde“, versicherte sie, „bald wiederkommen.“ „Kommst du wirklich“, fragte sie, „erst morgen Abend?“

§ 94 Mit Anführungszeichen kann man Wörter oder Teile innerhalb eines Textes hervorheben und in bestimmten Fällen deutlich machen, dass man zu ihrer Verwendung Stellung nimmt, sich auf sie bezieht.

Dies betrifft:

(1) Überschriften, Werktitel (etwa von Büchern und Theaterstücken), **Namen von Zeitungen** und dergleichen: *Sie las den Artikel „Staatliche Schulen testen Einheitskleidung“ im „Spiegel“. Sie liest Heinrich Bölls Roman „Wo warst du, Adam?“. Kennst du den Roman „Wo warst du, Adam?“? Wir lesen gerade den „Kaukasischen Kreidekreis“ von Brecht.*

Zur Groß- und Kleinschreibung siehe § 53 E2.

(2) Sprichwörter, Äußerungen und dergleichen, **zu denen man kommentierend Stellung nehmen will:**

Das Sprichwort „Eile mit Weile“ hört man oft. „Aller Anfang ist schwer“ ist nicht immer ein hilfreicher Spruch.

Sein kritisches „Der Wein schmeckt nach Essig“ ärgerte den Kellner. Ihr bittendes „Kommst du morgen?“ stimmte mich um. Seine ständige Entschuldigung „Ich habe keine Zeit!“ ist wenig glaubhaft. Mich nervt sein dauerndes „Ich kann nicht mehr!“.

Textteile dieser Art werden nicht mit Komma abgegrenzt. Im Übrigen gilt § 90 bis § 92.

(3) Wörter oder Wortgruppen, über die man eine Aussage machen will: *Das Wort „fälisch“ ist gebildet in Anlehnung an West„falen“. Der Begriff „Existenzialismus“ wird heute vielfältig verwendet. Alle seine Freunde nannten ihn „Dickerchen“. Die Präposition „ohne“ verlangt den Akkusativ.*

(4) Wörter oder Wortgruppen, die man anders als sonst – etwa **ironisch oder übertragen** – verstanden wissen will: *Und du willst ein „treuer Freund“ sein? Für diesen „Liebesdienst“ bedanke ich mich. Er bekam wieder einmal seine „Grippe“. Sie sprang diesmal „nur“ 6,60 Meter.*

§ 95 Steht in einem Text mit Anführungszeichen etwas ebenfalls Angeführtes, so kennzeichnet man dies durch die so genannten halben Anführungszeichen.

Die Zeitung schrieb: „Die Bahn hat bereits im Frühjahr erklärt: ‚Wir haben die feste Absicht, die Strecke stillzulegen', und sie hat das auf Anfrage gestern noch einmal bestätigt." „Das war ein Satz aus Bölls ‚Wo warst du, Adam?', den viele nicht kennen", sagte er.

4 Markierung von Auslassungen

4.1 Apostroph

Mit dem Apostroph zeigt man an, dass man in einem Wort einen Buchstaben oder mehrere ausgelassen hat.

Zu unterscheiden sind:

a) Gruppen, bei denen man den Apostroph setzen muss (siehe § 96),
b) Gruppen, bei denen der Gebrauch des Apostrophs dem Schreibenden freigestellt ist (siehe § 97).

§ 96 Man setzt den Apostroph in drei Gruppen von Fällen.

Dies betrifft:
(1) Eigennamen, deren Grundform (Nominativform) **auf einen s-Laut** (geschrieben: *-s, -ss, -ß, -tz, -z, -x, -ce*) endet, bekommen im Genitiv den Apostroph, wenn sie nicht einen Artikel, ein Possessivpronomen oder dergleichen bei sich haben: *Aristoteles' Schriften, Carlos' Schwester, Ines' gute Ideen, Felix' Vorschlag, Heinz' Geburtstag, Alice' neue Wohnung*

E1: Aber ohne Apostroph: *die Schriften des Aristoteles, die Schwester des Carlos, der Geburtstag unseres kleinen Heinz*

E2: Der Apostroph steht auch, wenn *-s, -z, -x* usw. in der Grundform stumm sind: *Cannes' Filmfestspiele, Boulez' bedeutender Beitrag, Giraudoux' Werke*

(2) Wörter mit Auslassungen, die ohne Kennzeichnung schwer lesbar oder missverständlich sind: *In wen'gen Augenblicken ... 's ist schade um ihn. Das Wasser rauscht', das Wasser schwoll.*

(3) Wörter mit Auslassungen im Wortinneren wie: *D'dorf* (= Düsseldorf), *M'gladbach* (= Mönchengladbach), *Ku'damm* (= Kurfürstendamm)

§ 97 Man kann den Apostroph setzen, wenn Wörter gesprochener Sprache mit Auslassungen bei schriftlicher Wiedergabe undurchsichtig sind.

der Käpt'n, mit'm Fahrrad

Bitte, nehmen S' (= Sie) doch Platz! Das war 'n (= ein) Bombenerfolg!

E: Von dem Apostroph als Auslassungszeichen zu unterscheiden ist der gelegentliche Gebrauch dieses Zeichens zur Verdeutlichung der Grundform eines Personennamens vor der Genitivendung *-s* oder vor dem Adjektivsuffix *-sch*: *Carlo's Taverne, Einstein'sche Relativitätstheorie*

Zur Schreibung der adjektivischen Ableitungen von Personennamen auf *-sch* siehe auch § 49 und § 62.

4.2 Ergänzungsstrich

§ 98 Mit dem Ergänzungsstrich zeigt man an, dass in Zusammensetzungen oder Ableitungen einer Aufzählung ein gleicher Bestandteil ausgelassen wurde, der sinngemäß zu ergänzen ist.

Zum Bindestrich wie in *A-Dur* siehe § 40ff.

Dies betrifft:
(1) den letzten Bestandteil:
Haupt- und Nebeneingang (= Haupteingang und Nebeneingang); Eisenbahn-, Straßen-, Luft- und Schiffsverkehr; vitamin- und eiweißhaltig, saft- und kraftlos, ein- und ausladen
Natur- und synthetische Gewebe, Standard- und individuelle Lösungen; fertig- und zuwege bringen; (in umgekehrter Abfolge:) *synthetische und Naturgewebe, individuelle und Standardlösungen; zuwege und fertigbringen*

(2) den ersten Bestandteil:
Verkehrslenkung und -überwachung (= Verkehrslenkung und Verkehrsüberwachung); Schulbücher, -hefte, -mappen und -utensilien; heranführen oder -schleppen, bergauf und -ab
Mozart-Symphonien und -Sonaten (= Mozart-Symphonien und Mozart-Sonaten)

(3) den letzten und den ersten Bestandteil:
Textilgroß- und -einzelhandel (= Textilgroßhandel und Textileinzelhandel), Eisenbahnunter- und -überführungen
Werkzeugmaschinen-Import- und -Exportgeschäfte

4.3 Auslassungspunkte

§ 99 Mit drei Punkten (Auslassungspunkten) zeigt man an, dass in einem Wort, Satz oder Text Teile ausgelassen worden sind.

Du bist ein E...! Scher dich zum ...!

„... ihm nicht weitersagen", hörte er ihn gerade noch sagen. Der Horcher an der Wand ...

Vollständiger Text:
In einem Buch heißt es: „Die zahlreichen Übungen sind konkret auf das abgestellt, was vorher behandelt worden ist. Sie liefern in der Regel Material, mit dem selbst gearbeitet und an dem geprüft werden kann, ob das, was vorher dargestellt wurde, verstanden worden ist oder nicht. Die im Anhang zusammengestellten Lösungen machen eine unmittelbare Kontrolle der eigenen Lösungen möglich."

Mit Auslassung:
In einem Buch heißt es: „Die ... Übungen ... liefern ... Material, mit dem selbst gearbeitet ... werden kann ... Die ... Lösungen machen eine ... Kontrolle ... möglich."

§ 100 Stehen die Auslassungspunkte am Ende eines Ganzsatzes, so setzt man keinen Satzschlusspunkt.

Ich habe die Nase voll und ...

Diese Szene stammt doch aus dem Film „Die Wüste lebt" ...

Mit „Es war einmal ..." beginnen viele Märchen.

Viele Märchen beginnen mit den Worten: „Es war einmal ..."

Aber: *Verflixt! Ich habe die Nase voll und ...!*

5 Kennzeichnung der Wörter bestimmter Gruppen

5.1 Punkt

§ 101 Mit dem Punkt kennzeichnet man bestimmte Abkürzungen (abgekürzte Wörter).

Dies betrifft Fälle wie:
Tel. (= Telefon), Ztr. (= Zentner), v. (= von), Bd. (= Band), Bde. (= Bände), Ms. (= Manuskript), Jg. (= Jahrgang), Jh. (= Jahrhundert), Jh.s (= des Jahrhunderts), f. (= folgende Seite), ff. (= folgende Seiten); lfd. Nr. (= laufende Nummer), z. B. (= zum Beispiel), u. A. w. g. (= um Antwort wird gebeten); Weißenburg i. Bay. (= Weißenburg in Bayern), Bad Homburg v. d. H. (= Bad Homburg vor der Höhe); Reg.-Rat (= Regierungsrat), Masch.-Schr. (= Maschinenschreiben); Abt.-Leiter (= Abteilungsleiter), Rechnungs-Nr. (= Rechnungsnummer); Tsd. (= Tausend), Mio. (= Million(en)), Mrd. (= Milliarde(n))

Dr. med., stud. med., stud. phil., a. D., h. c.

§ 102 Bestimmte Abkürzungen, Kurzwörter und dergleichen stehen üblicherweise ohne Punkt.

Dies betrifft:
(1) Abkürzungen, die national oder international festgelegt sind, wie etwa Abkürzungen

(1.1) für Maße in Naturwissenschaft und Technik nach dem internationalen Einheitensystem: *m (= Meter), g (= Gramm), km/h (= Kilometer pro Stunde), s (= Sekunde), A (= Ampere), Hz (= Hertz)*

(1.2) für Himmelsrichtungen: *NO (= Nordost), SSW (= Südsüdwest)*

(1.3) für bestimmte Währungsbezeichnungen: *EUR (= Euro)*

(2) so genannte Initialwörter und Kürzel: *BGB (= Bürgerliches Gesetzbuch), TÜV (= Technischer Überwachungsverein), Na* (= *Natrium;* so alle chemischen Grundstoffe)*; des Pkw(s), die EKG(s), Kfz-Papiere, FKKler, U-Bahn*

E1: Ohne Punkt stehen teilweise auch fachsprachliche Abkürzungen wie: *RücklVO (= Rücklagenverordnung), LArbA (= Landesarbeitsamt)*

E2: In einigen Fällen gibt es Doppelformen: *Co./Co (ko) (= Companie), M. d. B./MdB (= Mitglied des Bundestages), G.m.b.H./GmbH (= Gesellschaft mit beschränkter Haftung); WW/Wirk. Wort (= Wirkendes Wort; Titel einer Zeitschrift), AA/Ausw. Amt (= Auswärtiges Amt)*

§ 103 Am Ende eines Ganzsatzes setzt man nach Abkürzungen nur einen Punkt.

Sein Vater ist Regierungsrat a. D.

Aber: *Ist sein Vater Regierungsrat a. D.?*

§ 104 Mit dem Punkt kennzeichnet man Zahlen, die in Ziffern geschrieben sind, als Ordinalzahlen.

der 2. Weltkrieg, der II. Weltkrieg; Sonntag, den 20. November; Friedrich II., König von Preußen; die Regierung Friedrich Wilhelms III. (des Dritten)

§ 105 Am Ende eines Ganzsatzes setzt man nach Ordinalzahlen, die in Ziffern geschrieben sind, nur einen Punkt.

Der König von Preußen hieß Friedrich II.

Aber: *Wann regierte Friedrich II.?*

5.2 Schrägstrich

§ 106 Mit dem Schrägstrich kennzeichnet man, dass Wörter (Namen, Abkürzungen), Zahlen oder dergleichen zusammengehören.

Dies betrifft:
(1) die Angaben mehrerer (alternativer) Möglichkeiten im Sinne einer Verbindung mit *und, oder, bzw., bis* oder dergleichen:

die Schüler/Schülerinnen der Realschule, das Semikolon/der Strichpunkt als stilistisches Zeichen, Männer/Frauen/Kinder; Abfahrt vom Dienstort/Wohnort, die Rundfunkgebühren für Januar/Februar/März, Montag/Dienstag, Wien/Heidelberg 1996, September/Oktober-Heft (auch September-Oktober-Heft; siehe § 44)

die Koalition CDU/FDP, die SPÖ/ÖVP-Koalition

das Wintersemester 2005/06, am 9./10. Dezember 2005

(2) die Gliederung von Adressen, Telefonnummern, Aktenzeichen, Rechnungsnummern, Diktatzeichen und dergleichen: *Linzer Straße 67/I/5-6, 0621/1581-0, Az III/345/5, Re-Nr 732/24, me/la*

(3) die Angabe des Verhältnisses von Zahlen oder Größen im Sinne einer Verbindung mit *je/pro*: *im Durchschnitt 80 km/h, 1000 Einwohner/km²*

F Worttrennung am Zeilenende

Die Worttrennung am Zeilenende dient dazu, den vorhandenen Platz bei einem geschriebenen Text optimal zu nutzen. Getrennt werden können nur mehrsilbige Wörter.

§ 107 Mehrsilbige Wörter kann man am Ende einer Zeile trennen. Dabei stimmen die Grenzen der Silben, in die man die geschriebenen Wörter bei langsamem Vorlesen zerlegen kann, gewöhnlich mit den Trennstellen überein.

Beispiele:
Bau-er, Ei-er, steu-ern, na-iv, Mu-se-um, in-di-vi-du-ell; eu-ro-pä-i-sche, Ru-i-ne, na-ti-o-nal, Fa-mi-li-en; Haus-tür, Be-fund, ehr-lich

E1: Einzelne Vokalbuchstaben am Wortanfang oder -ende werden nicht abgetrennt, auch nicht bei Komposita, zum Beispiel: *Abend, Kleie, Ju-li-abend, Bio-müll*

E2: Irreführende Trennungen bzw. Trennungen, die beim Lesen die Sinnerfassung stören, sollten vermieden werden, zum Beispiel:

An-alphabet (nicht: *Anal-phabet*),
Sprech-erziehung (nicht: *Sprecher-ziehung*),
Ur-instinkt (nicht: *Urin-stinkt*)

1 Trennung zusammengesetzter und präfigierter Wörter

§ 108 Zusammensetzungen und Wörter mit Präfix trennt man zwischen den einzelnen Bestandteilen.

Beispiele:
Heim-weg, Schul-hof, Week-end; Ent-wurf, Er-trag, Ver-lust, voll-enden, Dia-gramm, Re-print, syn-chron, Pro-gramm, At-traktion, kom-plett, In-stanz

2 Trennung mehrsilbiger einfacher und suffigierter Wörter

Bei der Trennung mehrsilbiger einfacher und suffigierter Wörter treten folgende Fälle auf:

- es steht kein Konsonantenbuchstabe an der Silbengrenze: *Bauer, Eier, Pleuel* (siehe § 109)
- es stehen ein oder mehrere Konsonantenbuchstaben an der Silbengrenze: *Liebe, Heimat, eigen; atmen, Berge, knusprig* (siehe § 110 bis § 112)

§ 109 Zwischen Vokalbuchstaben, die zu verschiedenen Silben gehören, kann getrennt werden.

Beispiele:
Bau-er, Ei-er, europä-ische, Famili-en, Foli-en, freu-en, individu-ell, Knäu-el, klei-ig, Lai-en, Mani-en, Muse-um, na-iv, nati-onal, re-ell, Ru-ine, Spi-on, steu-ern

§ 110 Steht in einfachen oder suffigierten Wörtern zwischen Vokalbuchstaben ein einzelner Konsonantenbuchstabe, so kommt er bei der Trennung auf die neue Zeile. Stehen mehrere Konsonantenbuchstaben dazwischen, so kommt nur der letzte auf die neue Zeile.

Beispiele:
Au-ge, Bre-zel, He-xe, bei-ßen, Rei-he;

Trai-ning, trau-rig, nei-disch, Hei-mat;

El-tern, Gar-be, Hop-fen, ros-ten, Wüs-te, leug-nen, sin-gen, sin-ken, sit-zen, Städ-te; Bag-ger, Wel-le, Kom-ma, ren-nen, Pap-pe, müs-sen, beis-sen (wenn *ss* statt *ß*, vgl. § 25 E2 und E3), *Drit-tel;*

zän-kisch, Ach-tel, Rech-ner, ber-gig, wid-rig, eif-rig, Ar-mut, freund-lich, sechs-te;

imp-fen, Karp-fen, dunk-le;

knusp-rig, Kanz-ler

§ 111 Stehen Buchstabenverbindungen wie ***ch, sch, ph, rh, sh*** oder ***th*** für einen Konsonanten, so trennt man sie nicht. Dasselbe gilt für ***ck***.

Beispiele:
la-chen, wa-schen, Deut-sche; Sa-phir, Myr-rhe, Fa-shion, Zi-ther; bli-cken, Zu-cker

§ 112 In Fremdwörtern können die Verbindungen aus Buchstaben für einen Konsonanten + ***l, n*** oder ***r*** entweder entsprechend § 110 getrennt werden, oder sie kommen ungetrennt auf die neue Zeile.

Beispiele:
nob-le/no-ble, Zyk-lus/Zy-klus, Mag-net/Ma-gnet, Feb-ruar/Fe-bruar, Hyd-rant/Hy-drant, Arth-ritis/Ar-thritis

3 Besondere Fälle

§ 113 Wörter, die sprachhistorisch oder von der Herkunftssprache her gesehen Zusammensetzungen oder Präfigierungen sind, aber nicht mehr als solche empfunden oder erkannt werden, kann man entweder nach § 108 oder nach § 109 bis § 112 trennen.

Beispiele:
hin-auf/hi-nauf, her-an/he-ran, dar-um/da-rum, war-um/wa-rum;
Chrys-antheme/Chry-santheme, Hekt-ar/Hek-tar, Heliko-pter/Helikop-ter, inter-essant/inte-ressant, Lin-oleum/Li-noleum, Päd-agogik/Pä-dagogik

Zur Geschichte der Rechtschreibung in Österreich

Die ersten „Regelwerke" der deutschen Orthografie entstanden im 16. Jahrhundert. Der Hauptgrund dafür war, dass nach der Erfindung des Buchdrucks (um 1450) die Schreibung nach einer Vereinheitlichung verlangte und somit die Regeln dafür aktuell wurden. Für lange Zeit waren es dann auch die Buchdrucker, die eine solche vereinheitlichte Schreibung vermittelten. Das Problem dabei war allerdings, dass sich (noch) keine überregionale deutsche Hochsprache herausgebildet hatte, wenn es auch im deutschen Sprachraum Zentren gab, die immer mehr an Bedeutung gewannen – vor allem das obersächsische, dessen Sprache durch Martin Luthers Bibelübersetzung immer größere Verbreitung fand. Die Position bairisch-österreichische Ausprägung des Deutschen wurde durch die Bedeutung der Hauptstadt Wien und die dortige kaiserliche Hofkanzlei gefestigt.

Im 18. Jahrhundert wurde wiederum ein Schritt in Richtung Vereinheitlichung der Rechtschreibung nötig. Deutsch wurde mehr und mehr Schulsprache. (Zuvor bedienten sich die gebildeten Schichten hauptsächlich des Lateinischen oder des Französischen.) Man suchte nach Regeln, welche Ausprägung des Deutschen und welche Schreibung als Grundlage für den Unterricht herangezogen werden sollte. So entstanden deutsche Grammatiken und Sprachbücher. Das wichtigste deutsche Schulbuch war die „Anweisung zur Teutschen Orthografie" von Hieronymus Freyer (1722). Sogar die österreichischen Traditionen wurden damals bereits erforscht: Johann Balthasar von Antesperg berücksichtigte schon 1747 – in einer der ältesten österreichischen Grammatiken – auch österreichische Besonderheiten, und Johann Popowitsch befasste sich mit der „Volkssprache".

Besonders einflussreich war Johann Christoph Gottsched (1700–1766). Er trug maßgeblich dazu bei, dass das Obersächsische als – wie er meinte – beste deutsche Mundart Grundlage der Hochsprache wurde. Außerdem geht die allgemeine Durchsetzung der Substantivgroßschreibung wesentlich auf Gottsched zurück. Auch am Hof in Wien übte er großen Einfluss aus.

Noch größere Bedeutung für die Vereinheitlichung der deutschen Schriftsprache kommt im 18. Jahrhundert Johann Christian Adelung (1732–1801) zu. Für ihn war ebenfalls das Obersächsische Grundlage der Schriftsprache. Großteils wurde unsere heutige Orthografie von Adelung bereits festgeschrieben, sodass man nun von einer bruchlosen Kontinuität in der Rechtschreibentwicklung sprechen kann. Die Verbreitung des Adelung'schen Regelwerks wurde vor allem auch dadurch begünstigt, dass sich bedeutende Schriftsteller wie Goethe und Wieland vollkommen danach gerichtet haben. Besonders tief greifend war der Einfluss Adelungs in Österreich, wo sein Wörterbuch bis 1876 immer wieder aufgelegt wurde.

In Österreich wurde 1774 unter Kaiserin Maria Theresia eine „Allgemeine Schulordnung" verlautbart. Autor und überhaupt wissenschaftlich-pädagogisches Haupt der schulischen Reformen Maria Theresias war der von ihr aus dem niederschlesischen Augustiner-Chorherren-Stift Sagan berufene Abt Johann Ignaz (von) Felbiger (1724–1788). Neben seinen grundlegenden schulpädagogischen und -administrativen Arbeiten wie „Methodenbuch für Lehrer der deutschen Schulen" und „Kern des Methodenbuches" gehen auf ihn auch bahnbrechende Lehrwerke zurück (meist anonym erschienen, in einigen Fällen war er wahrscheinlich nur Mitverfasser bzw. Herausgeber): „ABC oder Namenbüchlein", „Anleitung zur deutschen Sprachlehre", „Anleitung zur Schreibart in Briefen, und einigen andern Aufsätzen". Besonders die 1774 erschienene „Anleitung zur deutschen Rechtschreibung. Zum Gebrauche der deutschen Schulen in den kaiserlich-königlichen Staaten" zeigt sich als ein Rechtschreib-Schulbuch, das darüber hinaus schon erste Ansätze zu einem österreichischen Wörterbuch hat. Es handelt sich dabei um ein Regelwerk mit einem kurzen Wörterverzeichnis. Diese Anleitung hat die Tradition österreichischer Rechtschreibbücher eingeleitet. Als bedeutendste, weil für diese Zeit erstaunlich umfassende und genaue Leistung auf diesem Gebiet, kann die 1779 („Im Verlagsgewölbe der deutschen Schulanstalt bei St. Anna in der Johannesgasse") erschienene „Verbesserte Anleitung zur deutschen Sprachlehre" angesehen werden. Sie enthält eine komplette Grammatik der deutschen Sprache, eine Zusammenstellung der unregelmäßigen Verben, Konjugations- und Deklinationstabellen, Angaben zu Kasus- und Stilgebrauch bei schwierigen Verben und eine Lautlehre. Die Deklination hatte nach lateinischem Muster damals kurioserweise auch im Deutschen den Vokativ und den Ablativ. Dieses Werk erschien 1791 nochmals in überarbeiteter Fassung und fand seine Fortsetzung in der „Anweisung, die deutsche Sprache richtig zu sprechen, zu lesen und zu schreiben" (ab 1805). Die übrigen Regelwerke, wie die „Deutsche Sprachlehre" von 1794 (1824/25 für verschiedene Klassen adaptiert), folgten mehr oder weniger der Schulorthografie.

Im 19. Jahrhundert wurde eine Vielzahl von Schulgrammatiken und Wörterbüchern (J. Grimm, F. L. K. Weigand, D. Sanders) produziert. Die Rechtschreibdiskussion wurde sowohl von Schulleuten als auch von Sprachwissenschaftlern vorangetrieben. Dazu kamen noch große Bemühungen staatlicher Behörden um eine einheitliche und verbindliche Rechtschreibregelung. 1855 erschien in Hannover erstmals ein Regelbuch mit dem fast hundert Jahre lang in den verschiedensten Bearbeitungen im ganzen deutschen Raum ziemlich stereotyp übernommenen Titel „Regeln und Wörterverzeichnis für die deutsche Rechtschreibung" (1858 St. Gallen, 1859 Leipzig, 1861 Württemberg usw.). 1854 baute Theodor Vernaleken seine jahrelangen Vorarbeiten zu einem „Kurzen Orthografischen Wörterbuch" (Wien 1869) aus, und der Brockhaus-Verlag in Leipzig ließ 1864 ein „Orthografisches Hilfsbuch" für seine Schriftsetzer und Korrektoren zusammenstellen. 1868 erschien „Die deutsche Rechtschreibung für Schüler der österreichischen Volksschulen" von Paul Bernhard, 1870 eine Arbeit von Karl Julius Schröer, „Die deutsche Rechtschreibung in der Schule und deren Stellung zur Schreibung der Zukunft. Mit einem Verzeichnisse zweifelhafter Wörter", die ihm im Auftrag des k. k. österreichischen Ministeriums für Cultus und Unterricht übertragen worden war, um „in die Orthografie der Volks- und Mittelschulen Ordnung und Einklang zu bringen". 1874 stellte Edwart Hermann Regeln und ein Verzeichnis zweifelhafter Wörter zusammen, ein Jahr später arbeiteten die Vereine „Innerösterreichische Mittelschulen" und „Steiermärkischer Lehrerbund" Regeln aus, die 1876 erschienen.

Ab 1870 gewinnen die Arbeiten des deutschen Gymnasiallehrers Konrad Duden zunehmende Bedeutung. Seine Zielsetzung war es, dass die Rechtschreibung von einer breiten Bevölkerungsschicht gehandhabt werden müsse. Demnach habe sich die Rechtschreibung primär an das phonetische Prinzip zu halten. Erst sekundär sei das etymologische Prinzip zu berücksichtigen. Demgegenüber stand die vor allem von Daniel Sanders propagierte traditionalistische Auffassung, wonach dem etymologischen Prinzip der Vorrang eingeräumt werden müsse.

1876 tagte in Berlin die Konferenz „zur Herstellung größerer Einigung in der Deutschen Rechtschreibung". Regierungsmitglieder, Pädagogen, Sprachwissenschaftler und Rechtschreibfachleute (darunter Daniel Sanders und Konrad Duden) verhandelten über eine Regelvorlage und ein Wörterverzeichnis des Sprachwissenschaftlers Rudolf von Raumer. Wenn diese letztlich auch nicht offiziell anerkannt wurde, so setzten sich bei dieser Expertenkonferenz doch seine Auffassungen und die Konrad Dudens durch. Daniel Sanders wurde niedergestimmt.

Im Wesentlichen wurde Folgendes beschlossen:

1. die Schreibung *-iren* statt *-ieren: probiren, studiren;*
2. *z* beziehungsweise *k* statt *c* in assimilierten Fremdwörtern: *Kasse* statt *Casse, Zirkel* statt *Cirkel;*
3. die so genannte Heyse'sche s-Regelung: *Fass – Fässer, Fuß – Füße, heiß;*
4. die Trennbarkeit von *pf, st, tz*: *Karp-fen, Tas-te, Frat-ze, Wes-te;*
5. lang gesprochenes *a, o, u* werden nicht mehr gesondert bezeichnet: *Bare, Fane, Höle, Mos, Stul.*

Die Ergebnisse der Konferenz von 1876 wurden wegen zu großer Widerstände amtlich nicht eingeführt. Notgedrungen mussten die einzelnen deutschsprachigen Länder ihre eigenen Rechtschreibregeln für den Schulgebrauch aufstellen, die sich an den Ergebnissen von 1876 orientierten: Österreich und Bayern (beide 1879), Preußen (1880), Württemberg usw. Die größte Wirkung zeigte die preußische Schulorthografie; nicht nur für den Unterricht, sondern auch durch freiwillige Übernahme im Buchdruck:

1. die Regelungen von 1876 bezüglich lang gesprochenem a, o, u werden wieder zurückgenommen: *Bahre, Fahne, Moos;*

2. das *th* in Anfangsstellung deutscher Wörter wird beibehalten: *Thor, Thür;*
3. die Heyse'sche s-Regelung wird aufgegeben;
4. *k* beziehungsweise *z* statt *c* in assimilierten Fremdwörtern wird weitgehend beibehalten: *Kasse, Zirkel;*
5. *-iren* statt *-ieren* wird nicht beibehalten;
6. die Trennung von *st* wird nicht akzeptiert.

Die österreichische Regelung – veröffentlicht als „Regeln und Wörter-Verzeichnis für die deutsche Rechtschreibung" im „kaiserlich-königlichen Schulbücher-Verlage" – fand allerdings im Wörterbuch des Konrad Duden (erstmals 1880), das sich vorwiegend an der preußischen und auch an der bayerischen Regelung orientierte, einen starken Konkurrenten. Die Regelungen des „Duden" wurden nämlich auch in Österreich vielfach akzeptiert. Von Bedeutung war auch Daniel Sanders' „Orthografisches Hilfsbuch als Norm für Schriftsetzer und Druckberichtiger" (1879), das auch viele Druckereien in Österreich-Ungarn anerkannten.

Die meisten Unterschiede zwischen den österreichischen und deutschen Regeln beziehen sich auf systematische Schreibungen, für die bei der Konferenz von 1876 keine befriedigende Einigung erzielt werden konnte. Das Vorwort zu den österreichischen Regeln von 1879 weist selbst darauf hin, dass sie in der Schreibung einiger Fremdwörter von Raumer abwichen, ebenso in deutschen Wörtern zB bei der Bezeichnung von Länge und Kürze der Vokale. Darüber hinaus behielt Österreich die Heyse'sche s-Schreibung (*ss* nach kurzem Vokal auch am Wortende!) bei und formulierte Teile der Regeln eigenständig. Schon nach einem Jahr, 1880, kam die zweite Auflage der österreichischen „Regeln" heraus – mit Modifizierungen der Schreibung des runden und des langen s für einige deutsche Wörter (für die Fraktur ja ein wichtiges und schwieriges Problem).

Obwohl schon die dritte Auflage (auch noch 1880) eine kleine Erweiterung brachte, genügte das schmale Bändchen, das in verschiedenen Ländern der Monarchie in eigenen Ausgaben herauskam, einem intensiveren Gebrauch kaum; ja es entsprach nicht einmal seiner primären Bestimmung, der Verwendung an Volksschulen. Anderseits erlangte keines der übrigen danach recht zahlreich in Österreich erschienenen umfassenderen Wörterbücher (zB das von Brunner-Huth, 1894, und das von Meyer-Hess, 1897) eine hervorragende Stellung. Erlaubt waren alle Wörterbücher an den „Volks-, Bürger- und Mittelschulen", soweit sie sich an die amtlich festgelegte Orthografie hielten.

Vor allem wegen Differenzen zwischen Preußen und Bayern wurde 1901 in Berlin die „II. Orthografische Konferenz" einberufen. Es war eine reine Verwaltungskonferenz ohne fachliche Diskussion. Der Konferenz schlossen sich auch Österreich und die Schweiz an. Grundlage war im Wesentlichen die ohnehin schon weit verbreitete preußische Schulorthografie, weswegen die Neuregelung von 1901 weitgehend ohne Übergangsfristen in den darauf folgenden Jahren eingeführt werden konnte:

1. genereller Wegfall der *th*-Schreibung in deutschen Wörtern: *Tür, Tor;*
2. weitere Ersetzung von *c* durch *k* und z in assimilierten Fremdwörtern;
3. Beibehaltung verschiedener Möglichkeiten der Schreibung von Langvokalen: *Aal, fahl, mal;*
4. Ablehnung der Heyse'schen s-Regelung (die ja nur in Österreich galt);
5. Beibehaltung der Substantivgroßschreibung.

Diese Neuregelung ist bezüglich der Einfachheit gegenüber der Regelung von 1876 zwar als Rückschritt zu betrachten, aber es wurde doch erstmals ein für den gesamten deutschen Sprachraum verbindliches Ergebnis erreicht. Diese Regelung sollte nun bis 1996 beziehungsweise 1998 in Deutschland gültig bleiben. Die neuen Regelbücher erschienen ein Jahr nach der Konferenz. Im Titel stand nun statt des „neben" ein „nebst": „Regeln für die deutsche Rechtschreibung nebst Wörterverzeichnis", Berlin 1902 und – als „einzige, vom k. k. Ministerium für Kultus und Unterricht autorisierte Ausgabe" – Wien 1902. Die österreichische Ausgabe war zusätzlich als „Große Ausgabe" tituliert, parallel dazu erschien eine kleine Ausgabe (als „Manuscript-Ausgabe" bereits 1901). Franz Streinz stellte 1903 übersichtsmäßig eine Liste von etwa 1 500 Wörtern „zur raschen Einprägung" zusammen. Die österreichische Ausgabe der Regeln von 1901 wurde bis 1941 immer wieder publiziert, bis sie dann – wie der Bundesverlag vom Deutschen Schulverlag – von deutscher Seite geschluckt wurde.

Nach dem Zweiten Weltkrieg setzten in Österreich (vor allem unter Schulleuten) Maßnahmen ein, ein primär für den Schul- und Amtsgebrauch gültiges Wörterbuch, und zwar auf der Grundlage der auch in Österreich gültigen Schriftsprache, zu schaffen. Im Verordnungsblatt des Bundesministeriums für Unterricht vom 1. Jänner 1950 regelt der Erlass 4 vom 30. November 1949 die „Neuauflage des amtlichen Regel- und Wörterverzeichnisses", das „den in Österreich gebräuchlichen Wortschatz enthält und für alle Fragen der Rechtschreibung, die erfahrungsgemäß in Schule, Amt oder Büro auftauchen, die passende Lösung" zu finden hilft. Das „Österreichische Wörterbuch" in der Erstbearbeitung von Albert Krassnig hat viele Wiederauflagen, aber nur wenige Neubearbeitungen erfahren: die 34. Auflage (1974), die 35. Auflage (1979), die 36. Auflage (1985), die 37. Auflage (1990), die 38. Auflage (1997), die 39. Auflage (2001) und die 40. Auflage (2006).

Die Bemühungen um eine tiefer greifende Reform der Orthografie wurden unter den deutschsprachigen Staaten nach dem Zweiten Weltkrieg wieder aufgenommen. Gründe für die Notwendigkeit wurden vor allem in der Kompliziertheit und Undurchschaubarkeit der inzwischen von den Wörterbüchern ausgebauten Regelwerke gesehen. Das Erlernen der Rechtschreibregeln setzte oft grammatikalische Detailkenntnisse voraus, die in breiten Schichten nicht vorhanden sein können. Im Einzelnen versuchte man folgende Hauptschwierigkeiten zu erleichtern:

1. bloß historisch erklärbare Schwankungen und Undurchsichtigkeit in der Laut-Buchstaben-Beziehung, vor allem bei der Quantitätskennzeichnung von Vokalen: zB *aa, ah, a* für lang gesprochenes *a (Saal, Mahl, Wal)*;
2. Probleme der Substantivgroßschreibung;
3. Schwierigkeiten bei einer systematischen Regelung der Getrennt- und Zusammenschreibung;
4. Probleme der Silbentrennung.

Besonders zwischen Befürwortern der Substantivgroßschreibung und deren Gegnern gab es heftige Diskussionen. Zu den bekanntesten Reformvorschlägen zählen die „Stuttgarter Empfehlungen" von 1954, die „Wiesbadener Empfehlungen" von 1958 sowie der „Vorschlag zur Neuregelung der deutschen Rechtschreibung" von 1987/88. Letzterer hat sich schließlich durchgesetzt. Dieser „Vorschlag" stammt vom „Internationalen Arbeitskreis für Orthografie", der sich seit den Siebzigerjahren aus verschiedenen Experten- und Arbeitsgruppen zusammengefunden hat und dem von österreichischer Seite aus die „Wissenschaftliche Arbeitsgruppe" des „Koordinationskomitees für Orthografie beim Bundesministerium für Unterricht und Kunst" angehörte.

Entschärfte Fassungen dieses „Vorschlags" führten schließlich zu jenem neuen Regelwerk („Deutsche Rechtschreibung – Regeln und Wörterverzeichnis – Amtliches Regelwerk"), das am 1. Juli 1996 (mit einer langen Übergangszeit bis zum 31. Juli 2005) in der so genannten Wiener Absichtserklärung zur Grundlage der neuen Rechtschreibung aller deutschsprachigen Staaten erhoben wurde (in Kraft seit 1. August 1998). Eine internationale Schiedskommission („Zwischenstaatliche Kommission") mit Mitgliedern aus Deutschland, der Schweiz und Österreich und mit dem Sitz in Mannheim beobachtete ab März 1997 die Entwicklung der deutschen Sprache und Schreibung und hatte die Aufgabe, die Regelungen zu interpretieren und die Entwicklung von Sprache und Schreibung zu beobachten und gegebenenfalls geeignet darauf zu reagieren. Als Ergebnis dieser jahrelangen Nachbearbeitungsphase erschien im Jahr 2004 das amtliche Regelwerk in einer revidierten 2. Auflage. Der Diskussionsprozess, der vor allem in Deutschland seit der Einführung der neuen Rechtschreibung entbrannt war, kam jedoch nicht zur Ruhe. Ende 2004 wurde als Nachfolgeinstitution der „Zwischenstaatlichen Kommission" der internationale „Rat für deutsche Rechtschreibung" gegründet, und zwar mit der Zielsetzung, sich nochmals mit den drei schwierigen Bereichen Getrennt- und Zusammenschreibung, Worttrennung und Interpunktion zu befassen. Als Folge dieser Entwicklung wurden zum Stichtag 1. August 2005 nur die unstrittigen Teile des Regelwerks freigegeben und die übrigen Teile überarbeitet. Im Februar 2006 wurde dann die dritte und nunmehr endgültige Auflage des amtlichen Regelwerks veröffentlicht und mit Stichtag 1. August 2006 – mit einer Übergangsfrist – auch in Kraft gesetzt.

Das Regelwerk ist streng wissenschaftlich abgefasst und bedarf einer populären Umsetzung in den Sprach- und Wörterbüchern. Das ÖWB hat diesen Schritt unter Bedachtnahme auf österreichische Eigenheiten vollzogen, dokumentiert den endgültigen Stand der neuen Rechtschreibung und entspricht vollinhaltlich dem amtlichen Regelwerk von 2006.

Geschlechtsneutrale Formulierung

„Die Förderung der Gleichstellung von Männern und Frauen ist eine der Aufgaben der Europäischen Gemeinschaft" lautet der Artikel 2 des EG-Vertrages vom 1. Mai 1999 (Amsterdamer Vertrag). Und im Artikel 3 heißt es: „Bei allen ihren Tätigkeiten wirkt die Gemeinschaft darauf hin, Ungleichheiten zu beseitigen und die Gleichstellung von Männern und Frauen zu fördern." Die Verpflichtung zur Gleichberechtigung von Mann und Frau (im Rahmen des so genannten Gender-Mainstreaming-Konzepts) schließt im Besonderen die sprachliche Gleichberechtigung mit ein. Eine geschlechtergerechte Sprache soll gewährleisten, dass sich Frauen und Männer in gleicher Weise angesprochen empfinden.

In der Sprachpraxis und auf Grund von langen sprachlichen Traditionen herrscht immer noch ein Überhang an männlich dominierten Personenbezeichnungen und -benennungen vor, wenn auch in den letzten Jahren entscheidende Verbesserungen erreicht wurden. Bereits in vielen Bereichen ist es inzwischen Standard geworden, immer die männliche und die weibliche Form anzuführen (auch das ÖWB handhabt das bei den Stichwörtern schon seit Jahren so). Bei der Verwendung paariger männlicher und weiblicher Formen ist allerdings zu beachten, dass die Orthografie gewisse Einschränkungen auferlegt. Will man die ausgeschriebene Form (zB *die Lehrerinnen und [die] Lehrer* oder alphabetisch in umgekehrter Reihenfolge) abkürzen, gibt es dafür mehrere Möglichkeiten, zB *die Lehrer/innen, die Lehrer(innen).* Auch auf die Variante mit dem Binnen-I, die allerdings im amtlichen Regelwerk nicht erwähnt wird, geht das ÖWB zumindest kurz ein (vgl. dazu S. 861, 12.1). Für manche Textsorten eignen sich diese abgekürzten Schreibungen, für andere wieder nicht.

Die geschlechtsneutrale Formulierung dient der Vermeidung von Diskriminierung. Das kann auf Kosten von Gewohnheiten gehen und bedarf eines Gesinnungswandels, der vielleicht nur im Laufe eines Generationenwechsels vollzogen werden kann. Auch wenn einiges bereits erreicht wurde – für ein allgemeines geschlechtersensibles Sprachbewusstsein ist noch einiges umzusetzen. Als ersten Überblick zu diesem Thema sei auf folgende Internetseiten des BMUKK verwiesen:

http://www.bmukk.gv.at/schulen/unterricht/ba/sprachliche_gleichbehandlung.xml

Alle Anregungen und Vorschläge zum Österreichischen Wörterbuch bitte an eine der folgenden Adressen senden:

Österreichischer Bundesverlag Schulbuch GmbH & Co. KG
Redaktion Österreichisches Wörterbuch
Frankgasse 4
1090 Wien

E-Mail: oewb@oebv.at

Abkürzungsverzeichnis

abw. = abwertend

Adj. = Adjektiv

Admin. = öffentliche Administration, Verwaltungswesen

Adv. = Adverb

afrik. = afrikanisch

Akk. = Akkusativ

arab. = arabisch

Arch. = Architektur

Art. = Artikel

Astron. = Astronomie

austr. = australisch

B = (im) Burgenland

Bankw. = Bankwesen

bes. = besonders

beschön. = beschönigend

Bildw. = Bildungswesen, Schule

Biol. = Biologie

Bot. = Botanik

bzw. = beziehungsweise

CH = (in der) Schweiz

Chem. = Chemie

chin. = chinesisch

D = (in) Deutschland

d. h. = das heißt

Druckw. = Druckwesen, Typografie

EDV = elektronische Datenverarbeitung, Informatik

Elektrot. = Elektrotechnik

engl. = englisch

fin. = finnisch

fr. = französisch

G. = Gegensatz, gegenteilige Bedeutung

Gast. = Gastronomie, Gastgewerbe

geh. = gehoben

Gen. = Genitiv

Geogr. = Geografie

Geol. = Geologie

germ. = germanisch

Gesch. = Geschichte

Gramm. = Grammatik

gr. = griechisch

hebr. = hebräisch

indian. = indianisch

iron. = ironisch

it. = italienisch

jap. = japanisch

Jh. = Jahrhundert(s)

jidd. = jiddisch

Jug. = Jugendsprache, Schülerjargon

K = (in) Kärnten

kath. = (römisch-)katholisch

kelt. = keltisch

Kfz = Kraftfahrzeugwesen

Konj. = Konjunktion

kroat. = kroatisch

Kunstg. = Kunstgeschichte, bildende Kunst

Landw. = Landwirtschaft

lat. = lateinisch

Lit. = Literatur(wissenschaft)

mal. = malaiisch

männl. = männlich

Math. = Mathematik

mda. = mundartlich

Med. = Medizin

Medienw. = Medienwesen, Film, TV, Rundfunk

Met. = Meteorologie

Mil. = Militärwesen, Militärsprache

Mus. = Musik

N = (in) Niederösterreich

niederl. = niederländisch

nördl. = nördlich